OAB

PRIMEIRA FASE

VOLUME ÚNICO

ESQUEMATIZADO®

Coordenador

Pedro Lenza

www.editorasaraiva.com.br/direito

Visite nossa página

Histórico da Obra

- **1.ª edição:** out./2016; 2.ª tir., mar./2017
- **2.ª edição:** maio/2017; 2.ª tir., dez./2017
- **3.ª edição:** jan./2018; 2.ª tir., mar./2018; 3.ª tir., jun./2018
- **4.ª edição:** ago./2018; 2.ª tir., ago./2018

2018

OAB

PRIMEIRA FASE

VOLUME ÚNICO

ESQUEMATIZADO®

Coordenador

Pedro Lenza

4ª edição
2ª tiragem

saraiva jur

SOMOS EDUCAÇÃO | saraiva jur

Av. das Nações Unidas, 7.221, 1º andar, Setor B
Pinheiros – São Paulo – SP – CEP 05425-902

SAC | 0800-0117875
De 2ª a 6ª, das 8h às 18h
www.editorasaraiva.com.br/contato

Diretoria executiva Flávia Alves Bravin
Diretoria editorial Renata Pascual Müller
Gerência editorial Roberto Navarro

Consultoria acadêmica Murilo Angeli Dias dos Santos

Edição Liana Ganiko Brito

Produção editorial Ana Cristina Garcia (coord.)
Carolina Massanhi

Arte e digital Mônica Landi (coord.)
Claudirene de Moura Santos Silva
Fernanda Matajs
Guilherme H. M. Salvador
Tiago Dela Rosa
Verônica Pivisan Reis

Planejamento e processos Clarissa Boraschi Maria (coord.)
Juliana Bojczuk Fermino
Kelli Priscila Pinto
Marília Cordeiro

Fernando Penteado
Mônica Gonçalves Dias
Tatiana dos Santos Romão

Novos projetos Fernando Alves

Projeto gráfico Claudirene de Moura Santos Silva
Mônica Landi

Diagramação Fernanda Matajs
Revisão Lílian Moreira
Capa Aero Comunicação / Danilo Zanott
Mônica Landi
Tiago Dela Rosa

Produção gráfica Marli Rampim
Sergio Luiz Pereira Lopes

Impressão e acabamento EGB Editora Gráfica Bernardi Ltda.

ISBN 978-85-53601-77-6

DADOS INTERNACIONAIS DE CATALOGAÇÃO NA PUBLICAÇÃO (CIP)
ANGÉLICA ILACQUA CRB-8/7057

OAB primeira fase : volume único / Pedro Lenza...[et al.]. – 4. ed. – São Paulo : Saraiva Educação, 2018. (Coleção esquematizado® / coordenador Pedro Lenza).

1. Direito 2. Ordem dos Advogados do Brasil - Exames, questões etc. I. Lenza, Pedro.

18-0811 CDU 347.965.8(81)(079.1)

Índice para catálogo sistemático:

1. Ordem dos Advogados do Brasil :
Exames de Ordem : Direito 347.965.8(81)(079.1)

Data de fechamento da edição: 29-6-2018

Dúvidas? Acesse www.editorasaraiva.com.br/direito

CL 605111 CAE 628219

Sumário

Apresentação

Durante o ano de 1999, pensando, naquele primeiro momento, nos alunos que prestariam o exame da OAB, resolvemos criar uma **metodologia** de estudo que tivesse linguagem "fácil" e, ao mesmo tempo, oferecesse o conteúdo necessário à preparação para provas e concursos.

O trabalho, por sugestão de **Ada Pellegrini Grinover**, foi batizado ***Direito constitucional esquematizado®***. Em nosso sentir, surgia ali uma metodologia **pioneira**, idealizada com base em nossa experiência no magistério e buscando, sempre, otimizar a preparação dos alunos.

Depois de muitos anos de **aprimoramento**, o livro passou a atingir tanto os candidatos ao **Exame de Ordem** quanto todos aqueles que enfrentam os concursos em geral, sejam das **áreas jurídica** ou **não jurídica**, de **nível superior** ou mesmo de **nível médio**, assim como os **alunos de graduação** e demais **profissionais**.

Grinover, sem dúvida, anteviu, naquele tempo, a evolução do *Esquematizado®*. Segundo a Professora escreveu em 1999, "a obra destina-se, declaradamente, aos candidatos às provas de concursos públicos e aos alunos de graduação, e, por isso mesmo, após cada capítulo, o autor insere questões para aplicação da parte teórica. Mas será útil também aos operadores do direito mais experientes, como fonte de consulta rápida e imediata, por oferecer grande número de informações buscadas em diversos autores, apontando as posições predominantes na doutrina, sem eximir-se de criticar algumas delas e de trazer sua própria contribuição. Da leitura amena surge um livro 'fácil', sem ser reducionista, mas que revela, ao contrário, um grande poder de síntese, difícil de encontrar mesmo em obras de autores mais maduros, sobretudo no campo do direito".

Atendendo ao apelo de "concurseiros" de todo o País, sempre com o apoio incondicional da Editora Saraiva, convidamos professores das principais matérias exigidas nos concursos públicos das *áreas jurídica* e *não jurídica* para compor a **Coleção Esquematizado®**.

Metodologia pioneira, vitoriosa, consagrada, testada e aprovada. **Professores** com larga experiência na área dos concursos públicos. Estrutura, apoio, profissionalismo e *know-how* da **Editora Saraiva**. Sem dúvida, ingredientes indispensáveis para o sucesso da nossa empreitada!

O resultado foi tão positivo que a Coleção se tornou preferência nacional!

Depois de 16 anos de muito trabalho, muitos ajustes (sempre escutando o nosso leitor!), surgiu um novo convite da Editora Saraiva para, agora, pensarmos em um **volume único**, focando o **Exame de Ordem Unificado**, executado pela **FGV**. A aceitação foi **extraordinária**!

Coincidentemente ou não, a ideia retoma as origens do nosso Esquematizado®, mas agora, certamente, com um perfil de Exame de Ordem totalmente diferente.

O exame se tornou extremamente exigente, mas possível de ser superado, bastando, para isso, um estudo estratégico e focado.

Surgiu, então, a necessidade de **evoluir** a metodologia esquematizado®, que, partindo de sua estrutura, foi ampliada para atender, de modo específico, o objetivo deste livro, destacando-se os seguintes pilares:

- **esquematizado®:** a parte teórica é apresentada de forma objetiva, dividida em vários itens e subitens e em parágrafos curtos. Essa estrutura revolucionária rapidamente ganhou a preferência dos concurseiros;
- **superatualizado:** doutrina, legislação e jurisprudência em sintonia com as grandes tendências da atualidade e na linha dos concursos públicos de todo o País;
- **linguagem clara:** a exposição fácil e direta, a leitura dinâmica e estimulante trazem a sensação de que o autor está "conversando" com o leitor;
- **palavras-chave (*keywords*):** os destaques na cor azul possibilitam a leitura "panorâmica" da página, facilitando a fixação dos principais conceitos. O realce colorido recai sobre os termos que o leitor certamente grifaria com a sua caneta marca-texto;
- **recursos gráficos:** esquemas, tabelas e gráficos favorecem a assimilação e a memorização dos principais temas. Há tabelas específicas que organizam os prazos processuais, comparam temas importantes, destacam assuntos relevantes. Resultado: melhor entendimento da matéria e aumento da memorização;
- **ícone gráfico "apontando":** indica ao leitor os institutos que devem ser estudados com atenção porque normalmente são confundidos pelo aluno. Muitos deles são utilizados dentro da mesma questão por terem elementos parecidos que induzem o leitor ao erro;
- **lupa:** chama a atenção do leitor para pontos cuja incidência é certa e recorrente nas provas do *Exame de Ordem/FGV*. Os autores, especialistas na matéria, selecionaram cuidadosamente estes trechos. Então, fique de olho!;
- **conteúdo interdisciplinar:** existem matérias que são comuns a duas ou mais disciplinas, ou que se complementam. Nesse sentido, o estudo interdisciplinar se mostra extremamente rico e, sem dúvida, mais uma importante ferramenta na preparação para o Exame de Ordem;
- **artigos de leis:** em alguns casos, recebem destaque próprio para facilitar a leitura e o estudo. Isso porque muitas questões da prova exigem o conhecimento detalhado da "letra da lei";
- **súmulas e jurisprudência:** em sua literalidade, as súmulas receberam destaque próprio. Há grande recorrência, especialmente das súmulas vinculantes que, sem dúvida, deverão ser lidas para a prova. Em algumas situações, houve destaque para determinado julgado de tribunal que tenha importância para o tema e a preparação do candidato;
- **organogramas e esquemas:** facilitam a memorização do conteúdo, otimizando a fixação da informação;
- **questões resolvidas:** retiradas do *Exame de Ordem Unificado*, executado pela FGV, as alternativas foram comentadas uma a uma. O objetivo é oferecer ao leitor a explicação de cada item, mostrando onde está o erro ou, até mesmo, a "pegadinha". Além disso, essa importante ferramenta, que é maximizada na plataforma do **Saraiva Aprova**, serve para checar o aprendizado.

E agora o mais importante: os **PROFESSORES**! Foram escolhidos com muito critério, após uma impressionante e rigorosa seleção por parte da Editora Saraiva. A avaliação considerou a experiência de cada um na preparação para concursos e exames, a titulação e a formação acadêmica (veja o currículo de cada um na orelha!), a experiência profissional e, ainda, o desempenho em aula, pois a obra está atrelada a uma poderosíssima **solução educacional** que é o **Saraiva Aprova**. Realmente, ficamos muito felizes com o resultado e honrados por ter no projeto pessoas extremamente preparadas e comprometidas com um só objetivo: a aprovação no *Exame de Ordem Unificado*! Mas não vamos nos surpreender se, também, os "concurseiros" do Brasil passarem a ler este trabalho como mais uma ferramenta em sua preparação!

Não temos dúvida de que **este livro** e a poderosa plataforma do **Saraiva Aprova** contribuirão para "encurtar" o caminho do ilustre e "guerreiro" "OABEIRO" na busca do "sonho dourado"!

Esperamos que, na **Coleção Esquematizado®**, este trabalho cumpra o seu papel. Em constante parceria, estamos juntos e aguardamos as suas críticas e sugestões, sempre em busca do cumprimento da nossa missão de vida: **ajudar a realizar sonhos**!

Sucesso a todos!

Pedro Lenza

Mestre e Doutor pela USP

pedrolenza@terra.com.br

https://twitter.com/pedrolenza

http://instagram.com/pedrolenza

http://www.periscope.tv/pedrolenza

https://www.facebook.com/pedrolenza

https://www.youtube.com/pedrolenza

saraiva jur http://saraivajur.com.br/esquematizado

saraiva aprova http://www.saraivaaprova.com.br

Como se preparar para o Exame da OAB

Marcelo Hugo da Rocha

Escritor de mais de sessenta títulos para OAB e concursos públicos, professor na graduação de Direito no Centro Universitário CNEC – UNICNEC, na pós-graduação da PUCRS e *coach* da plataforma Saraiva Aprova. Palestrante motivacional e editor do blog Passe na OAB. Advogado. Mestre em Direito (PUCRS) e Especialista em Direito Empresarial (PUCRS). Pós-graduando em Psicologia Positiva e *Coaching* (Faculdade Unyleya). *Leader Coach* (IBC – Instituto Brasileiro de Coaching) e Mentor (FGV). *Site*: www.passenaoab.com.br.

Sumário

1. CONHECENDO O PROVIMENTO E O EDITAL DO EXAME DE ORDEM

Quando alguém adquire um produto novo, em especial, jogos, eletrônicos ou eletrodomésticos, é inevitável que se consulte um manual de instruções ou de instalação. Deveria ser do mesmo modo para quem presta exames e provas: conhecer as instruções do que irá enfrentar. Em razão disso, destacamos os principais pontos dos instrumentos que deveriam ser consultados para o Exame de Ordem.

1.1. O Provimento n. 144 do CFOAB

O Provimento n. 144 de 2011 do Conselho Federal da OAB – CFOAB (e sua atualização, Provimento n. 156/2013) dispõe sobre o Exame de Ordem. Todos os editais deverão respeitá-lo, antes de tudo. Sendo assim, destacam-se no seu texto regras que são imutáveis até a formalização de outro provimento, como a realização de três Exames de Ordem por ano (art. 1º, § 2º) e a prestação da prova pelos estudantes de Direito dos últimos dois semestres ou do último ano do curso (art. 7º, § 3º).

Segundo ainda o referido provimento, o Exame de Ordem será composto por **duas provas**, uma *objetiva*, sem consulta, e uma *prático-profissional*, com consulta, ambas de caráter eliminatório (art. 11). De forma esquematizada, sintetiza-se quanto às provas:

1ª fase	■ Prova objetiva conterá no máximo 80 (oitenta) questões de múltipla escolha; ■ Sem consulta; ■ Exige-se o mínimo de 50% (cinquenta por cento) de acertos para habilitação à 2ª fase; ■ O conteúdo contemplará as disciplinas do Eixo de Formação Profissional, de Direitos Humanos, do Estatuto da Advocacia e da OAB e seu Regulamento Geral e do Código de Ética e Disciplina, podendo contemplar disciplinas do Eixo de Formação Fundamental; ■ A prova objetiva conterá, no mínimo, 15% (quinze por cento) de questões versando sobre Estatuto da Advocacia e seu Regulamento Geral, Código de Ética e Disciplina, Filosofia do Direito e Direitos Humanos.
2ª fase	■ Prova prático-profissional composta de 02 (duas) partes distintas: a) redação de peça profissional; b) questões práticas, sob a forma de situações-problema; ■ Consulta, exclusivamente, a legislação, súmulas, enunciados, orientações jurisprudenciais e precedentes normativos sem qualquer anotação ou comentário; ■ Será considerado aprovado o examinando que obtiver, na prova prático-profissional, nota igual ou superior a 06 (seis) inteiros, vedado o arredondamento.

A formulação do que se convencionou como "repescagem" também está prevista no provimento. Segundo ele, "ao examinando que não lograr aprovação na prova prático-profissional será facultado computar o resultado obtido na prova objetiva apenas quando se submeter ao Exame de Ordem imediatamente subsequente" (art. 11, § 3º). Em outras palavras, o **reaproveitamento** serve no caso de reprovação na 2ª fase, oportunizando ao *examinando* repeti-la, imediatamente, sem a necessidade de enfrentar a 1ª fase. Caso ocorra a reprovação pela segunda vez seguida, cai o benefício e o candidato deverá começar tudo de novo, desde o início. A *repescagem* pode ser utilizada novamente, desde que cumprido o ciclo.

O referido provimento ainda determina que o examinando prestará o Exame de Ordem no Conselho Seccional da OAB da unidade federativa na qual concluiu o curso de graduação em Direito ou na sede do seu domicílio eleitoral (art. 12) e que o **certificado de aprovação** possui eficácia por tempo *indeterminado* e validade em todo o território nacional (art. 13, § 1º).

1.2. Os editais da OAB

Enquanto o principal provimento sobre o Exame de Ordem tem apenas *quinze* artigos, os editais referentes ao certame têm em média *trinta e sete* páginas de conteúdo. Sinteticamente, ele é dividido por estes capítulos:

- [1] Das disposições;
- [2] Da inscrição no Exame de Ordem;
- [3] Das provas;
- [4] Dos critérios de avaliação;
- [5] Dos recursos;
- [6] Das disposições finais.

O edital ainda tem mais *cinco* **anexos** que tratam das *cidades de realização da prova objetiva, conteúdo programático da prova prático-profissional, materiais e procedimentos permitidos para consulta, declaração de hipossuficiência financeira* e, por fim, *cronograma geral de eventos*. Para o propósito da obra, importa destacar neste tópico algumas regras que constam nos dois primeiros capítulos, porque eles justificam a inscrição no Exame de Ordem. Quanto aos demais assuntos, serão referenciados ao longo das explicações sobre como se preparar para a prova da OAB.

Através de perguntas-respostas, **atente-se**!

- *Ainda não me formei, posso prestar o Exame da OAB?*

O Exame de Ordem é prestado por bacharel em Direito, ainda que pendente apenas a sua colação de grau ou pelos estudantes de Direito que comprovem estar matriculados nos últimos dois semestres ou no último ano do curso de graduação em Direito no semestre da publicação do edital (primeiro ou segundo semestre do ano).

- *E se eu estiver em outro semestre, posso mesmo assim me inscrever?*

Segundo o que vem sendo alertado pelos editais, os estudantes de Direito que declararem falsamente estarem matriculados nos últimos dois semestres ou no último ano do curso de graduação em Direito no semestre da publicação do edital, além de não aproveitar o resultado obtido do exame, poderão responder por crime de falsidade ideológica e estarão sujeitos a eventual processo de averiguação de idoneidade moral perante a OAB.

- *Posso escolher a cidade para prestar o Exame?*

Sim, desde que observe que seja no estado em que concluiu o curso de graduação em Direito ou no estado sede de seu domicílio eleitoral, sendo vedada a realização de etapa subsequente em local diverso do inicialmente escolhido, visto que é obrigatória a realização da 1ª e da 2ª fase na mesma cidade de opção. Mas o examinando pode interpor requerimento fundamentado à Coordenação Nacional do Exame de Ordem, em data disponível no edital, solicitando a realização das provas em estado distinto do escolhido no ato da inscrição, o qual deverá ser encaminhado exclusivamente pela *internet*. Os pedidos serão apreciados pelas Comissões de Exame de Ordem das Seccionais OAB de origem, que deliberarão por seu deferimento ou indeferimento.

- *Caso consiga a aprovação no Exame de Ordem, mas não concluí ainda o curso de graduação, como faço para garantir o resultado?*

Poderá retirar seus certificados de aprovação caso comprove que a matrícula nos dois últimos semestres ou no último ano do curso foi efetivada no semestre respectivo do edital. A comprovação será feita por meio de documentação idônea e em original, entregue à Seccional, que, depois de comprovadas a condição e a quitação das despesas correspondentes, expedirá o Certificado de Aprovação.

- *Quando começam as inscrições para o Exame?*

Tradicionalmente, no mesmo dia da publicação do edital. O prazo é, geralmente, de *dez* dias e a inscrição é realizada de forma exclusiva na *internet* no *site* específico da FGV. Submetido o formulário, o examinando deverá imprimir o boleto bancário correspondente, lembrando que a homologação da inscrição somente se dará após o pagamento da taxa de inscrição e que é reajustada anualmente. Após o pagamento do boleto, o examinando deve aguardar o prazo médio de cinco dias úteis para confirmar a sua inscrição junto à FGV.

- *Em que momento faço a minha escolha da disciplina para 2ª fase da OAB?*

No momento da inscrição dentre as seguintes: Direito Administrativo, Direito Civil, Direito Constitucional, Direito do Trabalho, Direito Empresarial, Direito Penal ou Direito Tributário.

- *E sobre o reaproveitamento da 1ª fase da OAB?*

As instruções sobre o reaproveitamento da 1ª fase da OAB constam em edital complementar, cuja data de publicação é previamente divulgada. Inclusive as inscrições ocorrem em momento distinto da 1ª fase da OAB.

2. O INÍCIO DA PREPARAÇÃO PARA OAB

Além da pergunta *como começar* a estudar para Exame da OAB, *quando* também é bastante requisitada. Se você está ainda na faculdade, parabéns, as **chances de aprovação** são maiores enquanto se é *formando* ao invés de *formado*, já bacharel. A razão é simples: a pressão da aprovação é *suavizada* por todas as outras responsabilidades que estão em jogo, como ser aprovado nas provas finais e no TCC. Portanto, faça a prova o quanto antes, dentro das regras do edital. O que *vier é lucro*!

2.1. Como começar

O primeiro passo sempre é o mais difícil. Iniciar uma dieta, os exercícios físicos ou os estudos sempre é uma tarefa mais idealizadora do que executável. Como diz um dos maiores *coaches* do mundo, **Marshall Goldsmith**, todos nós somos "planejadores visionários" e "realizadores míopes". Muitos dirão que sempre se começa do "início". Mas o que é o início? Pois bem, há duas situações que devem ser apontadas em razão de onde se começará a preparação, mais adiantada ou não.

Assim, quem vem de reprovações está mais adiantado na preparação do que aquele que irá fazer pela primeira vez o Exame da OAB. O **ponto de partida** é o mesmo: a última prova aplicada. A **estratégia** também: analisar a prova. A diferença está, em geral, no adiantamento desta tarefa. Explico. Para quem irá fazer pela primeira vez, precisará, necessariamente, tentar resolver a prova; já quem a prestou e não teve êxito ficará apenas com a missão da análise. Por que começar resolvendo a prova?

Todo engenheiro responsável por construir uma estrada precisa conhecer o trajeto por onde ela passará. Disso, inclui avaliar o terreno e as dificuldades que encontrará pelo caminho. O examinando também precisa conhecer a sua prova e analisar o que enfrentará até a redenção de encontrar seu nome na lista de aprovados. Fazer (ou refazer) a última prova é descobrir o que está por vir, mas é necessária a reflexão sobre quais são as dificuldades diante de tantas disciplinas e matérias a serem vencidas ou apenas contornadas.

Caso Direito Constitucional tenha revelado muitos erros de conhecimento, fica o alerta que esta disciplina precisará de uma atenção maior, especialmente porque detém grande número de questões na prova e relação interdisciplinar forte com as demais. Um **planejamento consistente** exige que você conheça seus limites e virtudes, pois não terá sentido algum dedicar mais tempo para as matérias que gosta ou se sai bem ao contrário daquelas que precisa de reforços e preocupações. No capítulo próprio trataremos melhor o assunto.

Se você não ficar satisfeito com o resultado, pois acreditava que *sabia mais* do que a prova lhe mostrou, busque realizar o penúltimo exame e, assim, sucessivamente. Para quem é *marinheiro de primeira viagem*, ao fazer a prova evite "chutar" as alternativas caso desconheça ou não tenha certeza do que está sendo pedido. Arriscar a sorte nesta fase de **pré-preparação** não é recomendado, pois afetará o diagnóstico do resultado. *Deixe em branco* a questão, pois ao final você saberá que a sua omissão foi produtiva, porque aquele assunto ou tema pode não ter sido objeto de seus estudos. Veja que a gravidade é muito maior ao errar uma questão por convicção: você *achava que sabia*, mas o erro indica o contrário.

Assim, numa **escala de importância** na preparação: 1º matérias com erros; 2º matérias não estudadas; 3º matérias com acertos. No item **preparação adequada** será reforçada esta tese também. Neste momento importa destacar o porquê de iniciar os estudos na avaliação da última prova da OAB. Serve ainda para tirar uma *fotografia* das tendências do Exame de Ordem, pois caso opte em começar por uma prova mais antiga, certamente, a *foto* servirá apenas para colocar no museu da preparação.

Para aqueles que reprovaram na última prova, servirá *melhor* de lição, já que passaram pela experiência de enfrentar todas as dificuldades do clima do exame. Será importante avaliar questão por questão e identificar as questões que você *acertou mesmo* (com convicção), aquelas que *acertou ou errou no chute* (sem convicção) e, por fim, os *erros convictos* (achava que sabia). Pelos motivos anteriores, o direcionamento dos estudos será pela gravidade, iniciando sempre por **reaprender**, depois em **aprender** e, por último, em **manter** o que sabe.

1º reaprender	2º aprender	3º manter
o que imaginava saber	o que não sabe	o que já sabe

2.2. O material especializado

Depois de conhecer muito bem o terreno que construirá a sua estrada, o engenheiro precisará de equipamentos adequados para vencer o trajeto. O estudante, do mesmo modo, deverá ter em mãos um material especializado para a sua preparação. Ferramentas como caderno da faculdade e apostilas pouco servirão, visto que a prova cada vez mais está especializada e exige conhecimentos além da mera memorização de artigos. O próprio edital da OAB prevê que "as questões da prova objetiva poderão ser formuladas de modo que, necessariamente, a resposta reflita a jurisprudência pacificada dos Tribunais Superiores".

Assim, quando você escolheu estudar pela obra **OAB Esquematizado®** sua pretensão está amparada com o que se tem de melhor para preparação para o Exame de Ordem, porque traz conteúdo direcionado e atualizado, bem como a ilustração com as questões das últimas provas aplicadas. Além dela, é importante e fundamental consultar a legislação. Desse modo, ter um *vade mecum* atualizado para a prova (não só para 1ª fase, mas para 2ª fase em que poderá ser consultada na sala de aula) é condição para que todo o aprendizado tenha a base legal vigente e não ultrapassada.

Atente-se ainda que um livro específico que traga somente questões comentadas será útil para revisão de conteúdo teórico, visto que estudar por provas anteriores é um dos melhores métodos de estudo, como veremos em tópico específico.

Por fim, obras com **perfil motivacional** também devem ser consideradas, especialmente em razão de que uma preparação adequada deve observar não só a "parte material" dos estudos, mas também a "parte psicológica", já que a falta de concentração por si impede todo o aprendizado. Em outras palavras, não adianta estudar *oito horas* por dia sem estar com a mente em paz, por isso, encontrar o equilíbrio é *conditio sine qua non* para que toda a leitura, por exemplo, não se perca facilmente. Neste quesito, indicamos a obra ***Poder da Aprovação:* Coaching + Mentoring para OAB e Concursos**, de nossa autoria e publicada pela Editora Saraiva.

3. AS DISCIPLINAS PARA 1ª FASE

Todo mundo sabe, logo quando se tem contato com o Exame de Ordem, que a prova da 1ª fase tem *dezessete* disciplinas. Se fosse uma prova de concurso, certamente, seria uma das mais complexas em razão do elevado número de conceitos que se exige do candidato. Similares seriam para magistratura e Ministério Público Estadual e Federal. Mesmo assim, não há unanimidade entre os professores e examinandos sobre a importância de cada uma delas na prova da OAB.

3.1. Resolução do CNE

De acordo com os editais e o Provimento n. 144 da OAB, as disciplinas objeto de prova da 1ª fase estão na Resolução n. 9, de 29 de setembro de 2004, da CES/CNE, além de Direitos Humanos, Código do Consumidor, Estatuto da Criança e do Adolescente, Direito Ambiental, Direito Internacional, Filosofia do Direito, bem como Estatuto da Advocacia e da OAB, seu Regulamento Geral e Código de Ética e Disciplina da OAB.

A referida resolução institui as diretrizes curriculares nacionais do curso de graduação em Direito, dividindo o conteúdo a ser ministrado em **três eixos interligados**: [1] formação fundamental; [2] formação profissional; [3] formação prática. De acordo com o Provimento n. 144, o conteúdo das provas contemplará as disciplinas do eixo de **formação profissional** e também do eixo de **formação fundamental**. Atualmente, o eixo de formação profissional é a base da prova com as seguintes disciplinas: Direito Constitucional, Direito Administrativo, Direito Tributário, Direito Penal, Direito Civil, Direito Empresarial, Direito do Trabalho, Direito Internacional e Direito Processual.

3.2. Mapa da prova

Nem o edital, muito menos os provimentos informam como é a sequência de disciplinas nem quantas questões cada uma delas terá na prova objetiva. Nem sempre foram *dezessete* disciplinas ou *oitenta* questões, portanto, muitas mudanças aconteceram desde o I Exame de Ordem Unificado ainda sob organização da banca CESPE. Somente a partir do II Exame, a FGV assumiu sua produção. Desde então, basicamente, a disposição das disciplinas na prova objetiva é esta:

Ética => Filosofia => Constitucional => Direitos Humanos => Internacional => Tributário => Administrativo => Ambiental => Civil => ECA => CDC => Empresarial => Processo Civil => Penal => Processo Penal => Trabalho => Processo do Trabalho

É importante destacar que a cada edição são quatro tipos de provas: branca, verde, amarela e azul. Assim, já tivemos edições que as provas apresentaram uma ordem diversa entre elas quanto às disciplinas, mas nunca quanto ao número de questões. **Ética** continua sendo a *rainha das disciplinas*, não só por apresentar o maior número de questões por prova (*oito*) como também por ter o melhor índice de aproveitamento entre os examinandos.

Diante da divisão que vem sendo dada por número de questões entre as disciplinas, é possível apontar os seguintes grupos disciplinares:

8 Questões	Ética
7 Questões	Civil Constitucional Processo Civil
6 Questões	Administrativo Penal Processo Penal Trabalho
5 Questões	Empresarial Processo do Trabalho Tributário
2 Questões	Ambiental CDC ECA Direitos Humanos Filosofia do Direito Direito Internacional

Essa divisão não é imune de alterações, portanto, a cada certame é possível que a sua composição seja distinta do quadro acima. Sugerimos que observe sempre a última prova aplicada e, mesmo assim, a banca pode alterar sem qualquer aviso prévio, como ocorreu no XXIII Exame de Ordem.

3.3. Índice de aproveitamento

A FGV divulgou em 2016, dentre outras informações a respeito do Exame de Ordem, o **aproveitamento médio** por disciplina na 1ª fase da OAB com base em *dezesseis* provas. O resultado é este:

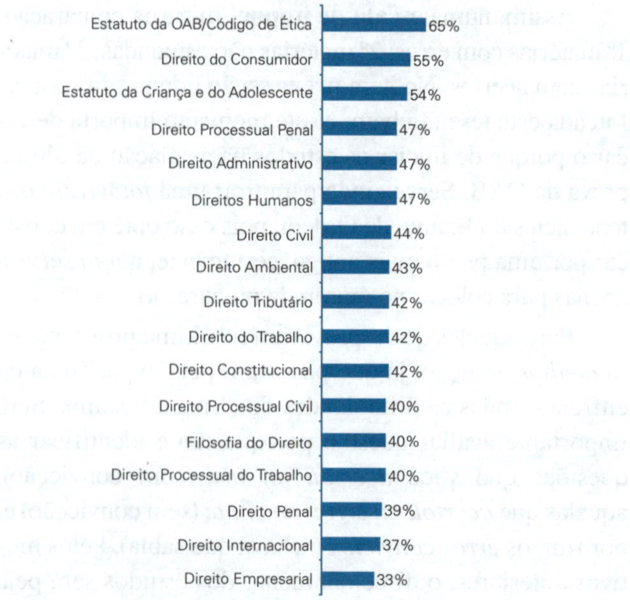

Fonte: FGV Projetos - Núcleo de Concursos.
Nota (*): medido em termos de percentual de acerto das questões objetivas.

Como interpretar esses dados? Em primeiro lugar, as disciplinas com maior número de questões na prova não são aquelas com maior aproveitamento médio, exceto por **Ética**. Em segundo, o *pódio* das campeãs é composto, basicamente, por disciplinas que exigem o conhecimento de uma única lei, como é o caso da Lei n. 8.906/94 (Estatuto da OAB), da Lei n. 8.078/90 (CDC) e da Lei n. 8.069/90 (ECA). Afirmarão que Ética tem ainda o Código de Ética e o Regulamento Geral, mas a grande maioria da prova é o Estatuto unicamente. Observe, ainda, que somente o *pódio* é representado por disciplinas com mais de 50% de acertos, todas as demais estão abaixo da média exigida para aprovação.

Esses dados desmistificam aquela ideia de estudar apenas as disciplinas com maior incidência na prova, pois duas disciplinas com apenas duas questões cada estão no topo de melhor média de acertos. Em outras palavras, as chances de gabaritá-las e conquistar quatro acertos é muito grande, então por que deixá-las de lado? Sabe-se que a reprovação por uma única questão é mais dolorosa do que não ser aprovado por cinco, sendo assim, reconsidere a sua importância.

4. A PREPARAÇÃO ADEQUADA E OS SEUS DOIS LADOS ESSENCIAIS

Nossa longa experiência em preparação para o Exame da OAB trouxe-nos a certeza de que *modelos* ou *planos* estáticos de estudos não servem do mesmo modo a todos. Por isso, dentro do conceito de ajustar, individualmente, a preparação para cada aluno ou leitor, bem como oferecer todas as ferramentas necessárias para alcançar a aprovação, encontramos na figura da **moeda** a solução! Toda moeda tem **dois lados**, como também toda preparação: o **lado pedagógico** e o **psicológico**. Ambos os lados, no entanto, devem estar em equilíbrio durante os estudos e na hora da prova. Daniel Goleman, um dos precursores a tratar sobre a *inteligência emocional*, já afirmava que temos *duas mentes*, uma racional e outra emocional, e que precisamos encontrar o equilíbrio inteligente entre as duas. É o que veremos a seguir.

4.1. Preparação adequada

Em nosso sentido, *adequar* é *particularizar, individualizar* determinada rota ou destino para chegar ao objetivo final, no caso, a aprovação. Assim, **preparação adequada** é aquela que serve para VOCÊ alcançar o resultado desejado da aplicação de seus estudos. Em outras palavras, é uma preparação baseada em diagnósticos, ministrando receitas e doses para resolver as enfermidades pessoais e fortalecer o que já *vai bem*.

O diagnóstico mais preciso são os resultados da resolução de questões de provas anteriores. Quanto **mais testes** são realizados, mais firme e exato é o diagnóstico. Desse modo, caso o percentual de acertos seja baixo em Constitucional, por exemplo, depois de resolver diversas provas, não há dúvidas de que para superar este *trauma* deverá o acadêmico juntar forças e material para reverter esse quadro. Para tanto, a programação e a agenda de estudos deverão contemplar um tempo maior de leitura e videoaulas para esta disciplina. Portanto, não é possível, simplesmente, acreditar num plano de estudos de *outrem* que contemple apenas duas horas semanais para ela, porque não vai dar certo!

Resta, assim, adequar o planejamento conforme as características de cada estudante de acordo com sua *performance* diante das *dezessete* disciplinas. A plataforma **Saraiva Aprova**, ineditamente, trabalha com esse conceito de entregar o que precisa o seu aluno, otimizando seus estudos com o que importa para alcançar a aprovação. Ela faz um diagnóstico inicial e, depois, de forma periódica, acompanha a evolução dos estudos de cada um de seus alunos, em razão da alta tecnologia empregada na preparação.

4.2. Lado pedagógico

O lado pedagógico é o *lado material* ou *racional*, isto é, os estudos na sua concepção mais básica. Se antigamente "estudar" era apenas ler ou ir à aula, hoje esse verbo é muito mais complexo. Entenda que a tecnologia ajuda muito o aluno dos tempos atuais, neste caso, você. Só a internet já é uma ferramenta espetacular, e não conseguimos mais viver sem sinal. No entanto, não só pelo aspecto positivo como também negativo. Do mesmo modo, o *smartphone* é um grande companheiro, especialmente pelos seus incríveis aplicativos que facilitam muito a nossa vida.

Hoje podemos citar os *audiolivros* como uma ótima opção para estudar enquanto se está num transporte coletivo ou em trânsito, inclusive nos momentos de ócio. As videoaulas, por meio de cursos *online*, como a **Saraiva Aprova**, também são uma evolução no aprendizado, especialmente pelo fato de permitir o acesso ao conteúdo quantas vezes quiser. Os simulados *online* e *e-books*, da mesma forma, agilizam a preparação. No lado pedagógico vamos enfrentar questões como **ambientação de estudos, como e quando iniciá-los, métodos de estudo, técnicas de aprendizado, planejamento, distribuição do tempo, indicação de material**, enfim, todo o universo relacionado ao verbo *estudar*.

4.3. Lado psicológico

Como se sabe há séculos, *mens sana in corpore sano*, uma mente sã num corpo são. Em outras palavras, não adianta estudar, estudar e estudar quando a *cabeça* não está boa. Ocorre que esse "detalhe" passa despercebido pela grande maioria quando se organiza para estudar, pensa em tudo (local dos estudos, material, planejamento, preparatório etc.), mas não se dá conta que logo ali os seus problemas sabotarão a sua preparação. Não há estudos que resistam à falta de concentração, efeito consequente da ansiedade, medo, pressões diversas, sofrimento, enfim, um coquetel de emoções ou sentimentos negativos que resultarão, sem dúvida alguma, em doenças *psicossomáticas*, ou seja, problemas psicológicos que se transformam em doenças físicas.

Na jornada da preparação, o *coaching* pode ajudar muito a enfrentá-los quando a solução está diante dos olhos, mas o estudante não quer enxergar ou tem dificuldades de perceber o que está afetando seu rendimento. Por essa razão, a **Saraiva Aprova** tem um módulo de *coaching* para ser consultado em todos os momentos durante o aprendizado e alavancar a *performance*. Através da **autorreflexão** sobre questões como **por que alguns passam antes e outros depois, motivação e inspiração, pressões internas e externas, foco, procrastinação, propósitos**, e claro, **concentração**, é possível melhorar muito os estudos, a parte material da preparação.

5. OS MELHORES MÉTODOS DE ESTUDOS

Uma pergunta bastante comum que nos é dirigida refere-se ao "melhor método" de estudos. Acredito também que as particularidades devem ser observadas em cada um dos alunos para responder a essa pergunta e que se faz através de uma breve entrevista. Por outro lado, há métodos que são infalíveis para todos, quaisquer que sejam os objetivos e as peculiaridades. A ciência se deu o *trabalho* de avaliar os mais populares métodos e, a seguir, iremos compartilhar com vocês!

5.1. Panorama

O estudo divulgado pela revista *Psychological Science in the Public Interest* e compartilhado no Brasil pelo *site* Mude.nu[1], classificou os *dez* métodos mais populares entre os estudantes em três níveis de **utilidade**: **baixa**, **moderada** e **alta**. O resultado é bastante surpreendente quanto a alguns métodos que todos utilizam por acreditar na sua eficiência. Aos *campeões*, não tenho dúvidas de que, realmente, entregam melhores resultados que os demais. Confira!

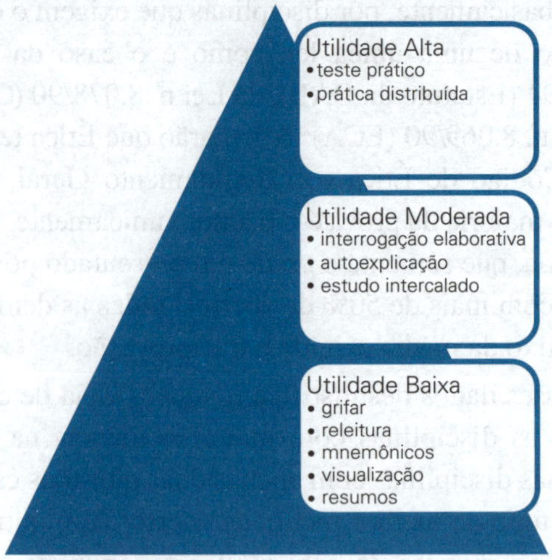

Nas técnicas que tiveram o "selo" de *utilidade baixa*, sabemos que é prática muito comum entre os estudantes **grifar** os livros e a legislação. Ela está diretamente interligada com a **releitura**, pois se *grifo* é para leitura posterior, como também, para montar um **resumo**. Quando estudante e ainda leitor voraz, são técnicas que utilizo bastante. Mas somente elas não bastam, sabemos disso. Os **mnemônicos** ajudam sim, mas, quando eles se tornam dezenas e dezenas, fica difícil *decorá-los* todos. Para ilustrar, um dos mais famosos é o LIMPE, os princípios da Administração Pública: *legalidade, impessoalidade, moralidade, publicidade* e *eficiência.*

A **visualização** que trata os estudos publicados é a associação de imagens com palavras ou frases, o que muitos denominam *mapas mentais*. Acredito que trazem benefícios sim, no entanto, nem todos conseguem dominar essa "arte" e ficam frustrados com os resultados. Quanto aos métodos de *utilidade moderada*, a **interrogação elaborativa** é uma das mais comuns, *vide* os livros de perguntas e respostas, especialmente as indagações que trazem o *porquê* na sua construção. Entender a partir dessas associações fortalece os conceitos básicos. A **autoexplicação** é quando se constroem afirmativas com suas próprias palavras em vez de meramente *copiar* alguma definição. Também os resumos ganham mais *eficiência* caso sigam esse caminho.

Já o **estudo intercalado** é uma técnica bastante indicada para quem sofre de *tédio* para estudar. Assim, num dia único, melhor estudar duas disciplinas do que apenas uma durante um período completo. A diversidade desperta maior interesse nos estudos. Quanto aos métodos de *utilidade alta*, iremos abordar nos dois próximos tópicos.

[1] Disponível em: <https://mude.nu/estudo-10-melhores-formas/>.

5.2. Resolução de questões

A realização de testes práticos é um dos dois únicos métodos de estudo que a ciência comprovou de *utilidade alta*. Acredito que você já sabia disso, porque todo bom professor insiste que se realize o maior número de questões possíveis. Por outro lado, você sabe qual o impacto dos testes práticos na preparação? Pelo menos *três* **efeitos** poderosos eles produzem, a saber:

- **Autoavaliação** – resolver questões faz um *juízo* dos seus estudos. Considerando cada disciplina e matéria, você terá condições de afirmar se o tempo que passa à frente do conteúdo está sendo suficiente ou aproveitado como deveria.
- **Descobrimento** – a cada análise de questões, você saberá quais temas são mais cobrados, o modo de questionamento, o perfil da banca, bem como tendências com a evolução de provas.
- **Aprendizado** – muitas vezes o modo de aprendizado por meio da leitura da teoria e da legislação ou por meio de videoaulas não é completo, porque as questões práticas trazem outra dinâmica de raciocínio. Aprender com os erros traz um progresso impressionante nos estudos.

Portanto, invista muito em resolver questões das provas anteriores da OAB. Você pode ter resultados melhores, observando as seguintes regras:

- Resolva mais de uma disciplina a cada bateria de testes, pois lembre-se de que no dia da prova serão *dezessete* disciplinas numa única vez!
- Resolver questões logo após a leitura ou o aprendizado de determinado tema é importante, mas não se deixe levar pelos acertos; experimente fazer testes uma semana depois também.
- Mantenha uma agenda cheia de testes, inclusive no final de semana; cansado de estudar, vá resolver questões!
- Faça simulados, eles são os testes que mais impactam no rendimento de seus estudos[2].
- Nunca deixe de compreender o porquê do erro, aprenda com ele para não errar no dia da prova.
- Livros exclusivos de questões comentadas para OAB otimizam os estudos, porque fazem uma abordagem completa delas, inclusive das erradas.

5.3. Preparação antecipada

Por fim, a **prática distribuída** é um método de *utilidade alta* pelas razões que você já sabe: estudar somente na véspera da prova não traz bons resultados. Temos conhecimento que muitos começam a estudar somente após a publicação do edital da OAB, cerca de dois meses antes da aplicação da prova da 1ª fase. Esse tempo já foi suficiente, mas não é mais. Veja que o tempo de acesso ao curso da **Saraiva Aprova** é de **6 meses**, ou seja, um semestre de aprendizado contínuo em busca da aprovação definitiva.

Você pode estar na faculdade e preocupado com a prova. Como manter essa preocupação de forma positiva? Estudando desde já de forma organizada, mesmo que seja uma hora por dia focada no exame num prazo bastante antecedente. Estar vinculado à prova é um passo importante, porque gera responsabilidade. O problema da *urgência*, quando há pouco tempo para se preparar, é gerar uma ansiedade que poderia ser evitada caso estudasse com maior antecipação possível. Deixar tudo para depois, procrastinar a preparação traz um arrependimento maior quando, por uma ou duas questões, a aprovação não vem.

Na faculdade, muitas vezes deixamos os estudos para a véspera da prova e dá certo. Ocorre que o Exame de Ordem não é apenas uma matéria de uma única disciplina, mas praticamente *cinco anos* do curso de Direito em cinco horas distribuídas em *oitenta* questões. Importante, assim, é criar um **planejamento consistente**, distribuindo as disciplinas nos dias da semana até o dia da prova. É o que vamos tratar no próximo tópico.

6. PLANEJAMENTO CONSISTENTE

Planejamento consistente é um planejamento com propósitos *firmes*, baseado em mais de dez anos de experiência na preparação para o Exame de Ordem e milhares de aprovações nesse período. A organização dos estudos a partir de um roteiro e uma agenda compatível são condições que não podem ser deixadas de lado, porque não basta mais abrir um livro, mas sim abrir a mente para um novo nível de comprometimento. No *blog* da **Saraiva Aprova** é possível fazer o *download* de um "kit planejador", inteiramente grátis[3].

---

[2] Sugerimos os simulados *online* e gratuitos da Saraiva Aprova. Saiba mais em: <materiais.saraivaaprova.com.br/simulado-oab-saraiva-aprova>.

[3] Disponível em: <materiais.saraivaaprova.com.br/kit-roteiro-e-planejador-oab>.

6.1. Quantas disciplinas estudar por dia

Durante a faculdade e mesmo no colégio, o hábito era estudar uma matéria ou disciplina por vez. Estudava-se *por demanda*. Ocorre que para o Exame de Ordem são *dezessete* disciplinas em oitenta questões para cinco horas de resolução. Realmente, um exercício complexo para a *cabeça* de qualquer estudante. Se mantermos essa média de uma disciplina por dia – vamos imaginar que segunda-feira será de Direito Civil – quando será a próxima vez que abrirá os livros para essa matéria? Mais de duas semanas depois caso se aproveite para estudar também aos finais de semana, pois, senão, serão três semanas!

Nós temos uma *nova* fórmula que ajuda a equalizar e a equilibrar os estudos: **duas disciplinas por dia nos dias úteis e o restante no final de semana**. Essa fórmula compreende as **17 disciplinas**. Nos **dias úteis**, exceto Ética, todas as disciplinas com mais de duas questões na prova. No **sábado** (pode ser invertido com domingo), 4 disciplinas que exigem apenas duas questões cada. E no **domingo**, o *trio campeão* em aproveitamento: Ética, ECA e CDC. Para uma breve ideia de como seria a sua agenda, segue o exemplo abaixo.

Segunda	Civil Processo Civil
Terça	Trabalho Processo do Trabalho
Quarta	Penal Processo Penal
Quinta	Constitucional Administrativo
Sexta	Tributário Empresarial
Sábado	Ambiental Internacional Direitos Humanos Filosofia
Domingo	Ética CDC ECA

Acima está uma divisão por vinculação, mas a melhor divisão é trazer uma disciplina **fraca** com outra **forte** no mesmo dia. Explico melhor. Vamos imaginar que você tem grandes dificuldades em Penal e Processo Penal. Os resultados das suas avaliações ao resolver questões anteriores indicam isso, bem como seu histórico na faculdade. Talvez as notas tenham sido boas, mas você não entende nada delas. Veja que o tempo de estudo disponível não é dos melhores, cerca de *2 horas e meia* por dia. Como dividir esse tempo com duas disciplinas que exigem maior atenção do que as outras? Assim, **equilibrar** uma fraqueza com uma destreza é a resposta mais sábia para essa divisão.

Provavelmente, nos **finais de semana** você terá mais tempo para estudar, por isso, uma maior carga quanto ao número de disciplinas. Lembramos que Exame de Ordem é *estratégia*: basta fazer **50% de acertos** para ser aprovado, e todas as disciplinas têm o mesmo peso. Assim, em razão de seus compromissos, do tempo que dispõe e atendendo às suas necessidades, você pode *abreviar* as disciplinas do sábado e reforçar o que trouxe poucos resultados durante a semana. **Planos emergenciais** exigem até mesmo *ignorar* as disciplinas listadas no sábado, não só pela pouca efetividade na prova, como também por contemplarem grande extensão de conteúdo. Não esqueça que **resolver questões** não escolhe dia, precisa ser um exercício permanente, além dos **simulados** sazonais!

Para a **última semana** antes da prova, pode haver uma programação diferente, em especial, para resolver as dificuldades que ficaram para trás e ajustar o *foco* com a realização de uma bateria maior de questões. Como costumamos comparar, toda preparação se assemelha a uma *maratona*. Ela é longa e cansativa. Para tanto, é necessário reservar fôlego para os últimos *quilômetros* para o *sprint final*, ou seja, a corrida decisiva. Nos estudos é igual: a última semana é o momento de grande sacrifício para chegar à prova "voando"! E não se esqueça de revisar Ética, dada a sua importância na prova.

6.2. Quantas horas estudar por dia

Lamento informar, mas não há uma "fórmula mágica" ou um número que seja a resposta para essa pergunta. Como defendemos o propósito de *duas* disciplinas por dia nos *sete* dias da semana, será necessário muito mais do que uma breve passagem de olhos no conteúdo. O ideal seria ao menos um turno de estudos, ou seja, entre três ou quatro horas dedicadas à preparação para a OAB. O que importa destacar é que não precisa ser, necessariamente, *horas corridas*, podendo ser diluídas durante o dia.

Esse é o **arranjo** que impede a *velha* desculpa: não tenho tempo para estudar. Realmente, é difícil estudar quatro horas seguidas, porque esse tempo não existe, seja pelas atividades ainda na faculdade, seja estágio, seja mesmo o emprego que exerce. Ocorre que durante *24 horas* é possível *arranjar* as quatro horas necessárias para desenvolver uma preparação adequada e coerente com o objetivo desejado. As horas podem ser posicionadas antes de se iniciarem as atividades pela manhã, durante trajetos e deslocamentos, no momento de ócio no estágio ou trabalho e ao se encerrarem os compromissos pela noite.

Como adiantado, há dias que a agenda permite maior carga horária, portanto, aproveite para estudar as disciplinas com maiores dificuldades. Nos finais de semana, da mesma forma. Caso não consiga cumprir o tempo durante a semana ou deixe alguma disciplina de fora, corrija a agenda incluindo-as no final de semana. Se você tem tempo disponível para estudar *oito horas* ou dois turnos por dia, poderá aumentar o número de disciplinas diárias para deixar a folga nos domingos.

A divisão da **carga horária** deve ser coerente com a sua realidade em relação às disciplinas. Assim, caso o problema esteja em Empresarial (e sempre está!), tenha mais tempo com ela do que com Direitos Humanos, por exemplo, se nela você não enfrenta dificuldades. Há melhor equilíbrio se você *dosar* um dia com uma disciplina com bons resultados e outra que requer cuidados. E jamais deixe de resolver questões, porque elas serão a "voz da consciência" a respeito dos seus estudos!

7. LADO PSICOLÓGICO DA PREPARAÇÃO

Dentro do conceito de preparação adequada, a sua perspectiva *psicológica* é aquela menos considerada dentre os examinandos, pois o que *importa*, para muitos, é apenas *estudar*. Ocorre que não temos apenas uma *mente racional*, que acumula informações; também temos uma *mente emocional*, cujos sentimentos em grande parte dominam nossas escolhas, inclusive, de maneira inconsciente.

7.1. As pressões

Vivemos num *mundo* de resultados e as redes sociais são o maior exemplo da exposição das conquistas pessoais. Raramente fracassos são ilustrados. O fato é que lidamos com **dois tipos** de pressões, o que torna mais prudente resolver cada um deles separadamente. A pressão *interna* e a pressão *externa*. A primeira trata da busca incansável de resultados pessoais, qualquer que seja a sua motivação, como mostrar para os demais que não lhe falta capacidade ou, simplesmente, para deleite próprio. A segunda diz respeito a exigências de terceiros para obtenção de resultado positivo.

Não há dúvidas de que não faltam motivos para você alcançar a aprovação e, justamente, por todos eles, a **pressão interna** é, consideravelmente, muito alta. O que não pode ocorrer é essa pressão *sufocar* os pensamentos e todas as demais atividades. A aprovação no Exame de Ordem não pode ser *objetivo* de vida para ninguém! Deve ser encarado como mais um teste, o *meio* para alcançar o seu propósito, seja na advocacia, seja em concursos públicos. Quem pensa só na OAB deve *blindar* a sua mente para não atrapalhar os estudos, caso contrário, a **ansiedade** não permitirá a concentração e, logo, a fixação do conteúdo. Estuda e estuda, mas não vence a matéria ou se vence, não fixa o conteúdo.

De acordo com dados da própria FGV, a cada exame não vencido, ao se acumularem as reprovações, fica mais difícil a aprovação. Ou seja, cria-se uma barreira psicológica quase intransponível, necessitando, nesses casos, do auxílio de um profissional. Por essas razões, conforme já ilustrado anteriormente, aqueles que ainda estão na faculdade têm maior índice de aprovação, pois ser aprovado na OAB não é a maior prioridade. Um dos modos de *escape* dessa pressão são os exercícios físicos, principalmente a corrida ou a caminhada, pois libertam **endorfina**, considerado um hormônio poderoso da *felicidade*.

Para as pressões **externas**, além dos exercícios físicos, sugere-se o *afastamento* das pessoas que lhe cobram resultados, ao menos sobre o "assunto OAB". Evite ao máximo falar sobre esse tema para aqueles que você tem certeza que acham que "só estudar" é coisa de quem não tem mais nada o que fazer. Por outro lado, busque enxergar, dentro do círculo familiar, que as exigências diretas ou indiretas têm apenas um objetivo: querem te ver feliz. Pode ser que a *dose* seja exagerada, mas no final todos querem o seu *bem*. Por isso, suavize tais pressões mesmo que carregadas de muita verdade (p. ex., falta de engajamento). O objetivo é não se *afetar* com elas, caso contrário, o aprendizado será apenas superficial.

7.2. A falta de concentração

A **distração** é consequência, o reflexo de que algo não está bem. Às vezes, a falta de concentração não se manifesta de forma *explícita*, como o sono, a preguiça, a procrastinação, o desinteresse etc. Quando é de forma *silenciosa*, torna todo o tempo produtivo em *tempo perdido*. Oito horas à frente de livros e da tela do computador e pouco se aproveita. É importante observar o que impede os seus estudos de terem progresso.

Canais de *fuga* devem ser fechados, como o uso do *smartphone*, as abas do navegador que não têm qualquer ligação com os estudos, inclusive as persianas para evitar se distrair com o que acontece no mundo exterior. Se há uma propensão de muitas pausas desnecessárias, é melhor se precaver e impor limites, como um descanso de *dez minutos* a cada hora estudada. Beba muita água e não estude com muita fome ou depois de estar farto de comida, porque ambas as situações prejudicam o *foco*.

Autoquestionar-se, semanalmente, se a preparação está como deveria ser é um modo simples de avaliar o rendimento. Nessa reflexão, observar-se-á como está o resultado da resolução de questões, se o conteúdo está sendo consumido e, se está, em que nível (baixo, médio ou alto), se as horas dedicadas à leitura e às videoaulas estão sendo suficientes, enfim, não deixe que apenas a FGV *julgue* seus estudos somente no dia da prova, porque você, antes dela, tem a *régua* para medir seus esforços!

REFERÊNCIAS BIBLIOGRÁFICAS

Uma observação: o conteúdo exposto neste capítulo, bem como as citações e seu embasamento científico, foi elaborado a partir da nossa obra ***Poder da Aprovação*: Coaching + Mentoring para OAB e Concursos**, São Paulo: Saraiva, 2017, dentro da proposta deste projeto. A referida obra tem 300 páginas e trata de todos estes temas de forma mais profunda, extensa (1ª e 2ª fases da OAB e concursos públicos) e com uma abordagem mais motivacional e de *autoajuda*.

Direito Constitucional

Pedro Lenza

Doutor e Mestre pela USP. Advogado e professor. Autor do consagrado *Direito constitucional esquematizado®*, idealizador e coordenador da Coleção Esquematizado® (Editora Saraiva). Chamado pelo jornal *Tribuna do Direito* de "o advogado do *best-seller*", o Autor é membro do IBDP – Instituto Brasileiro de Direito Processual e do IBDC – Instituto Brasileiro de Direito Constitucional. Ex-consultor internacional da UNESCO, prestou serviços para a ANS – Agência Nacional de Saúde Suplementar. Ex-coordenador do Núcleo Pinheiros da Escola Superior de Advocacia – OAB/SP, foi integrante do projeto piloto, professor da Escola Virtual e orientador da pós-graduação. Professor no Saraiva Aprova, em vários cursos de pós-graduação e em instituições como STF, TST, TRT, TJ/DF, Escolas do MP, PGE/SP etc., é palestrante convidado por todo o País.

Sumário

1. (NEO)CONSTITUCIONALISMO

1.1. Alocação do Direito Constitucional

1.1.1. A classificação em "ramos do direito"

Admitindo essa divisão em ditos "ramos do direito", podemos afirmar que o Direito Constitucional estaria alocado como direito público e, por tratar diretamente da organização e funcionamento do Estado, bem como das normas estruturais e fundamentais, deveria ser alocado dentro do direito público **fundamental**.

Contudo, devemos alertar que, modernamente, vem sendo dito que o direito é **uno** e **indivisível, indecomponível**. O direito deve ser definido e estudado como um grande **sistema**, em que tudo se harmoniza no conjunto. A divisão em ramos do direito é meramente didática, a fim de facilitar o entendimento da matéria.

Avançando, especialmente em razão da evidenciação de novos direitos e das transformações do Estado (de autoritário/absolutista para liberal e de liberal para social, podendo-se, inclusive, falar em Estado pós-social de direito), cada vez mais se percebe uma forte influência do **direito constitucional** sobre o **direito privado**.

Sob essa perspectiva, especialmente diante da **dignidade da pessoa humana**, fundamento da República Federativa do Brasil e **regra matriz** dos direitos fundamentais (art. 1º, III, da CF/88), parece mais adequado, então, falarmos em um **direito civil-constitucional**, estudando o direito privado à luz das regras constitucionais e podendo, inclusive, em muitos casos, reconhecer a aplicação direta dos direitos fundamentais nas relações privadas **(eficácia horizontal dos direitos fundamentais)**.

Dignidade da pessoa humana
■ Direito Civil-Constitucional
■ Eficácia Horizontal dos Direitos Fundamentais
■ Descodificação do Direito Civil
■ Microssistemas
■ Despatrimonialização do Direito Civil

1.2. Constitucionalismo

1.2.1. Conceito

Canotilho define o constitucionalismo como uma "técnica específica de limitação do poder com fins garantísticos" (2003, p. 51).

Avançando, podemos afirmar que os textos constitucionais contêm regras de **limitação ao poder autoritário** e de **prevalência dos direitos fundamentais**, afastando-se da visão autoritária do antigo regime.

Lembramos que o constitucionalismo passou por uma ampla evolução ao longo da história. Para alguns autores, a chamada "Lei do Senhor" entre os hebreus, fixando limites bíblicos, já seria um exemplo. Destacam-se, contudo, outros documentos, a partir da *Magna Carta de 1215* (Idade Média), em constante evolução protetiva, assim identificados:

Momento histórico	Documentos/ características marcantes
Antiguidade	■ "Lei do Senhor" – hebreus – limites bíblicos ■ democracia direta – Cidades-Estados gregas
Idade Média	■ Magna Carta de 1215
Idade Moderna	■ pactos e forais ou cartas de franquia ■ *Petition of Rights* de 1628 ■ *Habeas Corpus Act* de 1679 ■ *Bill of Rights* de 1689 ■ *Act of Settlement* de 1701
Constitucionalismo Norte-Americano	■ contratos de colonização ■ *Compact* (1620) ■ *Fundamental Orders of Connecticut* (1639) ■ Carta outorgada pelo rei Carlos II (1662) ■ *Declaration of Rights* do Estado de Virgínia (1776) ■ Constituição da Confederação dos Estados Americanos (1781)
Constitucionalismo Moderno	■ Constituição norte-americana de 1787 ■ Constituição francesa de 1791
Constitucionalismo Contemporâneo	■ totalitarismo constitucional ■ dirigismo comunitário ■ constitucionalismo globalizado ■ direitos de segunda dimensão ■ direitos de terceira dimensão (fraternidade e solidariedade)
Constitucionalismo do futuro	■ consolidação dos direitos de terceira dimensão: fraternidade e solidariedade ■ segundo Dromi, a verdade, a solidariedade, o consenso, a continuidade, a participação, a integração e a universalidade são perspectivas para o constitucionalismo do futuro

1.3. Neoconstitucionalismo

Não se pode enfrentar qualquer prova de concurso sem conhecer a ideia de **neoconstitucionalismo**, aliás temática expressa nos editais de abertura do exame unificado da OAB (anexo II – conteúdo programático da prova prático-profissional).

Isso porque a doutrina passa a desenvolver, a partir do início do séc. XXI, uma nova perspectiva em relação ao constitucionalismo, denominada **neoconstituciona-**

lismo, ou, segundo alguns, **constitucionalismo pós-moderno**, ou, ainda, **pós-positivismo**.

Busca-se dentro dessa nova realidade **não** mais apenas atrelar o constitucionalismo à ideia de limitação do poder político, mas, acima de tudo, assegurar a eficácia da Constituição, deixando o texto de ter um caráter meramente retórico e passando a ser mais efetivo, especialmente diante da expectativa de **concretização dos direitos fundamentais**.

Podemos, assim, reconhecer uma **hierarquia** entre normas não apenas do ponto de vista formal, mas, especialmente, axiológica e valorativa. Vejamos:

Constitucionalismo Moderno	Neoconstitucionalismo
▪ hierarquia entre as normas	▪ hierarquia entre normas não apenas formal, mas também **axiológica – valor**
▪ limitação do poder	▪ **concretização** dos direitos fundamentais

Agora, então, vamos destacar alguns **pontos marcantes** desse movimento que se aflora:

- **Estado constitucional de direito**: a Constituição passa a ser o **centro** do sistema, marcada por uma intensa **carga valorativa**;
- **conteúdo axiológico da Constituição**: a Constituição passa a consagrar **valores** e **opções políticas**, destacando-se a **dignidade da pessoa humana** e os **direitos fundamentais**;
- **concretização dos valores constitucionais e garantia de condições dignas mínimas**.

1.3.1. Marcos fundamentais para se chegar a um "novo direito constitucional" (neoconstitucionalismo)

Agora devemos lembrar um interessante trabalho, no qual Barroso aponta 3 **marcos fundamentais** que definem a trajetória do direito constitucional para o atual estágio de "novo": o **histórico**, o **teórico** e o **filosófico**.

Nas palavras do professor, "o neoconstitucionalismo ou novo direito constitucional, na acepção aqui desenvolvida, identifica um conjunto amplo de transformações ocorridas no Estado e no direito constitucional, em meio às quais podem ser assinalados, (i) como *marco histórico*, a formação do Estado constitucional de direito, cuja consolidação se deu ao longo das décadas finais do século XX; (ii) como *marco filosófico*, o pós-positivismo, com a centralidade dos direitos fundamentais e a reaproximação entre Direito e ética; e (iii) como *marco teórico*, o conjunto de mudanças que incluem a força normativa da Constituição, a expansão da jurisdição constitucional e o desenvolvimento de uma nova dogmática da interpretação constitucional. Desse conjunto de fenômenos resultou um processo extenso e profundo de constitucionalização do Direito" (BARROSO, 2006, p. 5).

1.4. O novo constitucionalismo democrático latino-americano. Constitucionalismo pluralista (andino ou indígena). Estado plurinacional e intercultural

O denominado **novo constitucionalismo latino-americano** (por alguns chamado de *constitucionalismo andino* ou *indígena*) culmina com a promulgação das Constituições do **Equador** (2008) e da **Bolívia** (2009) e sedimenta-se na ideia de **Estado plurinacional**, reconhecendo, constitucionalmente, o direito à **diversidade cultural** e à **identidade** e, assim, revendo os conceitos de **legitimidade** e **participação popular**, especialmente de parcela da população historicamente excluída dos processos de decisão, como a população indígena.

1.5. Constitucionalismo e soberania popular

A ideia de que todo Estado deve possuir uma Constituição e que esta conterá **limitações ao poder autoritário**, bem como regras de **prevalência dos direitos fundamentais**, desenvolve-se no sentido de consagração de um **Estado Democrático de Direito** (art. 1º, *caput*, da CF/88) e, portanto, de **soberania popular**.

Assim, de forma expressa, o parágrafo único do art. 1º da CF/88 estabelece que "todo poder emana do povo, que o exerce por meio de seus representantes eleitos ou diretamente, nos termos desta Constituição".

Vale dizer, mencionado artigo distingue **titularidade** de **exercício** do poder. O **titular** do poder é o **povo**. Como regra, o **exercício** desse poder, cujo titular, repita-se, é o povo, dá-se por meio dos **representantes do povo**.

Além de desempenhar o poder de maneira indireta (democracia representativa), por intermédio de seus representantes, o povo também o realiza **diretamente** (democracia direta), concretizando a **soberania popular**, que é exercida por sufrágio universal e pelo voto direto e secreto, com valor igual para todos, nos termos da Lei n. 9.709/98 e das normas constitucionais pertinentes, mediante:

- **plebiscito;**
- **referendo;**
- **iniciativa popular.**

Podemos falar, então, que a Constituição consagra a ideia de **democracia semidireta** ou **participativa**, verdadeiro **sistema híbrido**, ou seja, tanto a democracia direta como a indireta.

A democracia indireta será estudada ao tratarmos sobre o Poder Legislativo.

Desde já, dada a importância, diferenciamos *plebiscito* de *referendo*:

> Ambos são formas de consulta ao povo. A diferença está no **momento da consulta:** *a)* no *plebiscito*, a consulta é prévia; *b)* no *referendo*, primeiro se toma o ato legislativo ou administrativo, para, só então, submetê-lo à apreciação do povo, que o ratifica (confirma) ou o rejeita (afasta), sendo, assim, a consulta posterior.

A competência de **autorizar** referendo e **convocar** plebiscito é **exclusiva** do **Congresso Nacional**, materializada por **decreto legislativo**.

A **iniciativa popular** será estudada no capítulo sobre o Legislativo.

2. CONSTITUIÇÃO: CONCEITO, CONSTITUCIONALIZAÇÃO SIMBÓLICA, CLASSIFICAÇÕES, ELEMENTOS E HISTÓRICO

Nesta parte do trabalho devemos conceituar e classificar as *Constituições*. Lembramos que ao conceituar ou classificar qualquer instituto surgirão diversos critérios, não sendo um mais certo que outro, talvez, no máximo, mais adequado. Procuramos trazer os que mais aparecem nos concursos e na prova da OAB, dado o objetivo deste trabalho.

2.1. Conceito

Existem várias concepções ou acepções a serem tomadas para definir o termo "Constituição". Vejamo-las.

2.1.1. Sentido sociológico

Valendo-se do sentido sociológico, **Ferdinand Lassale**, em seu livro *¿Qué es una Constitución?*, defendeu que uma Constituição só seria legítima se representasse o efetivo poder social, refletindo as forças sociais que constituem o poder. Caso isso não ocorresse, ela seria ilegítima, caracterizando-se como uma simples *"folha de papel"*. A Constituição, segundo a conceituação de Lassale, seria, então, a **somatória dos fatores reais do poder dentro de uma sociedade**.

2.1.2. Sentido político

Segundo **Carl Schmitt**, podemos distinguir *Constituição* de *lei constitucional*. Constituição seria a **decisão política fundamental**. Por outro lado, leis constitucionais seriam os dispositivos que estão inseridos na Constituição, mas que não tratam da matéria de decisão política fundamental.

2.1.3. Sentido material e formal

Do ponto de vista **material**, o que vai importar para definirmos se uma norma tem caráter constitucional é o seu **conteúdo**, e não a forma pela qual foi aquela norma introduzida no ordenamento jurídico.

Por outro lado, quando nos valemos do critério **formal** não mais nos interessará o conteúdo da norma, mas sim a **forma** como ela foi introduzida no ordenamento jurídico.

O sistema brasileiro de 1988 é formal, mas, tendo em vista a incorporação de tratados internacionais de direitos humanos com força de emenda, pode ser definido mais adequadamente como misto (art. 5º, § 3º). Vejamos:

> Os tratados e convenções internacionais sobre **direitos humanos** que forem aprovados, em cada Casa do Congresso Nacional, em **2 turnos**, por **3/5** dos votos dos respectivos membros, serão **equivalentes às emendas constitucionais**.

2.1.4. Sentido jurídico

Hans Kelsen é o representante deste sentido conceitual, alocando a Constituição no mundo do **dever ser**, e não no mundo do **ser**, caracterizando-a como fruto da **vontade racional** do homem, e não das leis naturais.

Plano lógico-jurídico
norma fundamental hipotética
plano do suposto
fundamento lógico transcendental da validade da Constituição jurídico-positiva
Plano jurídico-positivo
norma posta, positivada
norma positivada suprema

2.1.5. Sentido culturalista

Nesse sentido, pode-se dizer que a Constituição é produto de um fato cultural, produzido pela sociedade e que sobre ela pode influir.

Ainda, como destacou Meirelles Teixeira, a concepção culturalista do direito conduz ao conceito de uma **Constituição Total** em uma visão suprema e sintética que "... apresenta na sua complexidade intrínseca aspectos *econômicos, sociológicos, jurídicos e filosóficos*, a fim de abranger o seu conceito em uma *perspectiva unitária*" (1991, p. 58-59).

2.1.6. Constituição aberta

Grande parte dos publicistas vem destacando a ideia de uma Constituição aberta, no sentido de que ela possa permanecer dentro de seu tempo e, assim, evitar risco de desmoronamento de sua "força normativa".

2.1.7. Concepções da Constituição: qual o seu papel no ordenamento jurídico de um país?

Virgílio Afonso da Silva, depois de fazer críticas às classificações (da Constituição) apresentadas pela doutrina brasileira (tipologia), muitas vezes, em sua opinião, sem utilidade prática ou com utilidade teórica limitada, propõe a análise do **papel da Constituição**, ou, ainda, da sua **função no ordenamento jurídico** e a sua **relação com a atividade legislativa ordinária**, analisando a capacidade de conformação atribuída ao legislador, aos cidadãos e à autonomia privada (2005, p. 107-131).

Dentro dessa perspectiva de análise do papel da Constituição ou da sua função, destacamos, também, a concepção proposta no trabalho de Gustavo Zagrebelsky (*Il diritto mite*).

Passamos, então, a analisar as quatro propostas a seguir:

- **Constituição-lei**: para Virgílio Afonso da Silva, muito embora não mais viável na maioria das democracias constitucionais contemporâneas, a **Constituição-lei** em muito **pouco se distingue da legislação ordinária**. "Talvez a principal defesa desse tipo de Constituição seja aquela formulada por Gerhard Anschütz em fins do século XIX. Segundo ele, **a Constituição 'não está acima do poder legislativo, mas à disposição dele'**. Nesse sentido, a Constituição é, na verdade, *uma lei como qualquer outra*" (2005, p. 111).
- **Constituição-fundamento (Constituição-total)**: a onipresença **(ubiquidade)** da Constituição é tamanha que a área reservada ao legislador, aos cidadãos e à autonomia privada se torna muito pequena. Assim, esses atos passam a ser encarados como instrumentos da realização da Constituição.
- **Constituição-moldura (ou quadro)**: proposta intermediária entre os dois conceitos trazidos *supra*, evitando-se a politização excessiva da *Constituição-lei* (já que a sua concretização fica destinada ao legislador, estando ao seu serviço), ou a judicialização excessiva, decorrente do sentido de *Constituição-total* (já que ao legislador não sobraria qualquer espaço de atuação, sobrecarregando-se o Judiciário para verificar se houve ou não abuso).
- **Constituição dúctil (Constituição maleável, "costituzione mite")**: conforme observa Canotilho, entre as novas avançadas sugestões da moderna teoria da Constituição está a denominada por Zagrebelsky **Constituição dúctil** ou **maleável, suave** (*Costituzione mite*), "para exprimir a necessidade de a Constituição acompanhar a perda do centro ordenador do estado e **refletir o pluralismo social, político e econômico**. Neste sentido, a uma Constituição caberá a tarefa básica de assegurar apenas as condições possibilitadoras de uma vida em comum, mas já não lhe pertence realizar diretamente um projeto predeterminado dessa vida comunitária. As Constituições concebem-se, pois, como **plataformas de partida** para a realização de políticas constitucionais diferenciadas que utilizem em termos inventivos os 'vários materiais de construção' semeados nos textos constitucionais" (CANOTILHO, 2003, p. 1386 e 1387).

2.2. Constitucionalização simbólica

A elaboração de uma ideia de "**constitucionalização simbólica**" deve-se a Marcelo Neves em trabalho apresentado para a obtenção do cargo de Professor Titular da Universidade Federal de Pernambuco realizado em 1992.

O autor procura identificar a discrepância entre a previsão constitucional e a insuficiência de concretização jurídica dos diplomas constitucionais e destaca três formas de manifestações da **constitucionalização simbólica**:

- confirmar valores sociais;
- demonstrar a capacidade de ação do Estado (**constitucionalização-álibi**);
- adiar a solução de conflitos sociais por meio de compromissos dilatórios.

Diante de todo o exposto, percebe-se que a proposta de **constitucionalização simbólica** deve ser o ponto de partida para que, compreendendo a problemática, diante das expectativas colocadas, as normas não sirvam apenas como retórica política, ou álibi dos governantes.

É preciso identificar os mecanismos de sua **concretização** e, nisso, além do papel da sociedade, parece-nos que o **Judiciário** tem uma importante missão, realizando a implementação da efetividade das normas constitucionais.

2.3. Classificação (tipologia) da Constituição

2.3.1. Quanto à origem

De acordo com este critério, as Constituições poderão ser classificadas em **outorgadas, promulgadas, cesaristas** (ou **bonapartistas**) e **pactuadas** (ou **dualistas**).

Outorgadas são as Constituições **impostas**, de maneira unilateral, pelo agente revolucionário, sendo por alguns apelidadas de *Cartas Constitucionais*.

Promulgadas, também chamadas de **democráticas**, **votadas** ou **populares**, são aquelas Constituições fruto do trabalho de uma Assembleia Nacional Constituinte, eleita diretamente pelo povo.

Cesarista, segundo José Afonso da Silva, "... não é propriamente outorgada, mas tampouco é democrática, ainda que criada com participação popular". E continua o mestre definindo-a como aquela "... formada por plebiscito popular sobre um projeto elaborado por um Imperador (plebiscitos napoleônicos e por esse motivo por alguns autores chamada de **bonapartista**) ou um Ditador (plebiscito de Pinochet, no Chile). A participação popular, nesses casos, não é democrática, pois visa apenas ratificar a **vontade do detentor do poder**. Não destacamos esse tipo no esquema porque bem pode ser considerado um modo de outorga por interposta pessoa" (SILVA, 2013, p. 44). Complementando, cabe acrescentar que a participação popular pode dar-se não apenas por *plebiscito* como, também, na hipótese de ratificação, por **referendo**, já que este se caracteriza como instrumento de confirmação das decisões políticas e governamentais, ou seja, toma-se a decisão para, posteriormente, levar-se a referendo popular.

Pactuadas, segundo Bonavides, seriam aquelas que exprimem "um compromisso instável de duas forças políticas rivais: a realeza absoluta debilitada, de uma parte, e a nobreza e a burguesia, em franco progresso, doutra" (BONAVIDES, 1997).

A Constituição brasileira de 1988 foi promulgada.

2.3.2. Quanto à forma

Quanto à forma, elas podem ser **escritas (instrumentais)** ou **costumeiras (não escritas** ou **consuetudinárias)**.

Escrita seria a Constituição formada por um conjunto de regras sistematizadas e organizadas em um único documento.

Costumeira (não escrita ou **consuetudinária)**, por seu turno, seria aquela Constituição que, ao contrário da escrita, não traz as regras em um único texto solene e codificado, sendo formada por "textos" esparsos, reconhecidos pela sociedade como fundamentais, e baseia-se nos usos, costumes, jurisprudência, convenções. Exemplo clássico é a Constituição da Inglaterra.

Cabe alertar que é possível encontrarmos textos escritos em países consuetudinários.

A brasileira de 1988 tem sido definida como escrita, lembrando que, a partir da EC n. 45/2004 (Reforma do Judiciário), é possível encontrarmos normas de caráter constitucional em outros documentos, como os tratados e convenções internacionais de direitos humanos incorporados com o *quorum* das emendas constitucionais (art. 5º, § 3º).

2.3.3. Quanto à extensão

Quanto à extensão, podem ser **sintéticas** (concisas, breves, sumárias, sucintas, básicas) ou **analíticas** (amplas, extensas, largas, prolixas, longas, desenvolvidas, volumosas, inchadas).

Sintéticas são aquelas enxutas, veiculadoras apenas dos princípios fundamentais e estruturais do Estado.

Analíticas, por outro lado, são aquelas que abordam todos os assuntos que os representantes do povo entenderem fundamentais. Normalmente descem às minúcias, estabelecendo regras que deveriam estar em leis infraconstitucionais.

A Constituição brasileira de 1988 é analítica.

2.3.4. Quanto ao modo de elaboração

Quanto ao modo de elaboração, as Constituições poderão ser **dogmáticas** (chamadas de *sistemáticas* por Meirelles Teixeira) ou **históricas**.

Dogmáticas, sempre escritas, consubstanciam os dogmas estruturais e fundamentais do Estado.

Históricas, constituem-se através de um lento e contínuo processo de formação, ao longo do tempo, reunindo a história e as tradições de um povo. Aproximam-se, assim, da costumeira e têm, como exemplo, a Constituição inglesa.

A Constituição brasileira de 1988 é dogmática.

2.3.5. Quanto à alterabilidade

Quanto à alterabilidade (mutabilidade, estabilidade, consistência), as Constituições podem ser classificadas em **rígidas, flexíveis, semirrígidas** (ou **semiflexíveis**). Alguns autores ainda lembram as **fixas** ou **silenciosas**, as **imutáveis** (**permanentes, graníticas** ou **intocáveis**) e as **super-rígidas**.

Rígidas são aquelas que exigem, para a sua alteração, um processo legislativo mais árduo, mais solene, mais dificultoso do que o processo de alteração das normas não constitucionais.

Flexíveis, por sua vez, seriam aquelas Constituições que não possuem um processo legislativo de alteração mais dificultoso do que o processo legislativo de alteração das normas infraconstitucionais.

Semiflexíveis ou **semirrígidas** seriam aquelas que são tanto rígidas como flexíveis, ou seja, algumas matérias exigem um processo de alteração mais dificultoso do que o exigido para alteração das leis infraconstitucionais, enquanto outras não requerem tal formalidade.

Fixas (ou silenciosas) só podem ser alteradas por um poder de hierarquia igual ao daquele que as criou. Possuem, portanto, valor histórico.

Imutáveis (permanentes, graníticas ou intocáveis) são aquelas inalteráveis, ou seja, verdadeiras relíquias históricas.

A Constituição brasileira de 1988 é rígida.

2.3.6. Quanto à sistemática

Valendo-se do critério sistemático, Pinto Ferreira divide as Constituições em **reduzidas** (ou **unitárias**) e **variadas**.

Reduzidas seriam aquelas que se materializariam em um só código básico e sistemático, dando como exemplo as brasileiras.

Variadas são aquelas que se distribuem em vários textos e documentos esparsos, sendo formadas de distintas leis constitucionais, destacando-se a belga de 1830 e a francesa de 1875.

Nesse mesmo sentido, Bonavides distingue as Constituições **codificadas** das **legais**.

A **brasileira de 1988**, em um primeiro momento, como aponta Pinto Ferreira, seria **reduzida**, **codificada** ou **unitária**.

Contudo, especialmente diante da ideia de "bloco de constitucionalidade", parece que **caminhamos** (de maneira muito tímida, reconheça-se) para um critério que se aproxima de Constituição **esparsa**, especialmente diante da regra contida no art. 5º, § 3º, que admite a constitucionalização dos tratados ou convenções internacionais de direitos humanos que forem incorporados com o *quorum* e o procedimento das emendas constitucionais.

Como exemplo, lembramos o **Decreto Legislativo n. 186/2008**, que aprova o texto da *Convenção sobre os Direitos das Pessoas com Deficiência* e de seu *Protocolo Facultativo*, assinados em Nova York, em 30 de março de 2007, promulgados pelo **Decreto n. 6.949, de 25-8-2009**, tendo sido, assim, incorporados ao ordenamento jurídico brasileiro com o *status* de norma constitucional.

Nos termos do art. 5º, § 3º, destacamos também o **Decreto Legislativo n. 261/2015**, que "Aprova o texto do *Tratado de Marraqueche* para Facilitar o Acesso a Obras Publicadas às Pessoas Cegas, com Deficiência Visual ou com outras Dificuldades para Ter Acesso ao Texto Impresso, concluído no âmbito da Organização Mundial da Propriedade Intelectual (OMPI), celebrado em Marraqueche, em 28 de junho de 2013".

Ainda, além de vários dispositivos que estão em artigos de emendas e não foram formalmente incorporados ao texto, com valor constitucional, lembramos a **EC n. 91/2016**, que, sem introduzir qualquer artigo, seja no corpo ou mesmo no ADCT, alterou regra sobre perda do mandato eletivo por infidelidade partidária, estabelecendo a possibilidade, excepcional e em período determinado, de desfiliação, sem prejuízo do mandato.

Cabe alertar, contudo, que apesar dessa percepção, de modo geral, as provas de concursos vêm definindo a Constituição brasileira de 1988 como reduzida. **Porém**, devemos ficar atentos, pois o examinador pode estar se referindo a essas novas perspectivas.

2.3.7. Quanto à dogmática

No tocante à **dogmática**, Pinto Ferreira, valendo-se do **critério ideológico** e lembrando as lições de **Paulino Jacques**, identifica tanto a Constituição **ortodoxa** como a **eclética**.

A **ortodoxa** é aquela formada por uma só ideologia, como, por exemplo, a soviética de 1977, hoje extinta, e as diversas Constituições da China marxista.

Por sua vez, **eclética** seria aquela formada por ideologias conciliatórias, como a **Constituição brasileira de 1988** ou a da Índia de 1949.

Nessa linha, alguns autores aproximam a **eclética** da **compromissória**. De fato, parece possível dizer que a **brasileira de 1988 é compromissória**, assim como a portuguesa de 1976.

Nas palavras de Canotilho, "numa sociedade plural e complexa, a Constituição é sempre um produto do 'pacto' entre forças políticas e sociais. Através de 'barganha' e de 'argumentação', de 'convergência' e 'diferenças', de cooperação na deliberação mesmo em caso de desacordos persistentes, foi possível chegar, no procedimento constituinte, a um *compromisso constitucional* ou, se preferirmos, a vários 'compromissos constitucionais'" (CANOTILHO, 2003, p. 218).

2.3.8. Quanto à correspondência com a realidade (critério ontológico – essência)

Karl Loewenstein distinguiu as Constituições **normativas**, **nominalistas** (**nominativas** ou **nominais**) e **semânticas**. Trata-se do **critério ontológico**, que busca identificar a correspondência entre a realidade política do Estado e o texto constitucional.

Segundo Pinto Ferreira, "as *Constituições normativas* são aquelas em que o processo de poder está de tal forma disciplinado que as relações políticas e os agentes do poder subordinam-se às determinações do seu conteúdo e do seu controle procedimental. As *Constituições nominalistas* contêm disposições de limitação e controle de dominação política, sem ressonância na sistemática de processo real de poder, e com insuficiente concretização constitucional. Enfim, as *Constituições semânticas* são simples reflexos da realidade política, servindo como mero instrumento dos donos do poder e das elites políticas, sem limitação do seu conteúdo" (1999, p. 13).

Isso quer dizer que da **normativa** à **semântica** percebemos uma gradação de **democracia e Estado democrático de direito** para o **autoritarismo**.

A Constituição brasileira de 1988 "pretende ser" normativa.

2.3.9. Quanto ao sistema

Quanto ao sistema, podem ser classificadas em **principiológicas** ou **preceituais**.

Nas **principiológicas** predominam os **princípios**.

Por seu turno, nas **preceituais** prevalecem as **regras**.

A Constituição brasileira de 1988 é principiológica.

2.3.10. Quanto à função

Quanto à função, as Constituições podem ser classificadas como **provisórias** ou **definitivas**.

De acordo com Jorge Miranda, "chama-se de *pré-Constituição, Constituição provisória* ou, sob outra ótica, *Constituição revolucionária* ao conjunto de normas com a dupla finalidade de definição do regime de elaboração e aprovação da Constituição formal e de estruturação do poder político no interregno constitucional, a que se acrescenta a função de eliminação ou erradicação de resquícios do antigo regime. Contrapõe-se à Constituição *definitiva* ou de *duração indefinida para o futuro* como pretende ser a Constituição produto final do processo constituinte" (1987, p. 108).

2.3.11. Quanto à origem de sua decretação: heterônomas (heteroconstituições) *x* autônomas ("autoconstituições" ou "homoconstituições")

De modo **incomum**, a doutrina identifica Constituições que foram decretadas de fora do Estado por outro (ou outros) Estado(s) ou por organizações internacionais. Estamos diante daquilo que *Miguel Galvão Teles* denominou **heteroconstituição**. Trata-se de verdadeira raridade.

O normal são as Constituições elaboradas e decretadas dentro do próprio Estado que irão reger. Podemos, assim, denominá-las, nesse sentido, Constituições **autônomas**, ou **autoconstituições**, ou, por que não, **homoconstituições** (fazendo um contraponto à terminologia proposta por Miguel Galvão Teles). É o caso da brasileira de 1988.

2.3.12. Constituições garantia, balanço e dirigente (Manoel Gonçalves Ferreira Filho)

A Constituição **garantia** busca garantir a liberdade, limitando o poder; a **balanço** reflete um degrau de evolução socialista; e a **dirigente** estabelece um projeto de Estado (ex.: a portuguesa).

A Constituição brasileira de 1988 é tanto garantia como dirigente.

2.3.13. Constituições liberais (negativas) e sociais (dirigentes) – conteúdo ideológico das Constituições

André Ramos Tavares propõe outra classificação, levando-se em conta o conteúdo ideológico das Constituições, classificando-as em **liberais** (ou **negativas**) e **sociais** (ou **dirigentes**).

Conforme afirma, "as constituições **liberais** surgem com o triunfo da ideologia burguesa, com os ideais do liberalismo" (2011, p. 98).

Por outro lado, as Constituições **sociais** refletem um momento posterior, de necessidade da atuação estatal, consagrando a igualdade substancial, bem como os direitos sociais, também chamados de direitos de **2ª dimensão**.

A Constituição brasileira de 1988 é social.

2.3.14. Constituições expansivas

Raul Machado Horta inscreve a brasileira de 1988 no grupo das **Constituições expansivas**, já que tanto a sua estrutura como a comparação interna e a externa demonstram uma ampliação dos direitos fundamentais.

2.3.15. Classificações da CF/88

Dentre as várias classificações, podemos assim definir a Constituição brasileira de 1988:

> Promulgada, escrita, analítica, formal (alertando para nova perspectiva classificatória decorrente do art. 5º, § 3º), dogmática, rígida, reduzida, eclética, normativa (pretende ser), principiológica, definitiva ou de duração indefinida para o futuro, autônoma ("autoconstituição" ou "homoconstituição"), garantia, dirigente, social e expansiva.

2.4. Elementos das Constituições

Muito embora encontremos na Constituição um todo orgânico e sistematizado, as normas constitucionais estão agrupadas em títulos, capítulos e seções, com conteúdo, origem e finalidade diversos.

Esses dispositivos, trazendo valores distintos, caracterizam a natureza **polifacética** da Constituição, fazendo com que a doutrina agrupe as diversas normas de acordo com a sua ***finalidade***, surgindo, então, o que se denominou **elementos da Constituição**, classificados em **cinco categorias distintas**:

- **elementos orgânicos**: normas que regulam a estrutura do Estado e do Poder. Exemplos: a) Título III (Da Organização do Estado); b) Título IV (Da Organização dos Poderes e do Sistema de Governo); c) Capítulos II e III do Título V (Das Forças Armadas e da Segurança Pública); d) Título VI (Da Tributação e do Orçamento);
- **elementos limitativos**: manifestam-se nas normas que compõem o elenco dos direitos e garantias fundamentais (direitos individuais e suas garantias, direitos de nacionalidade e direitos políticos e democráticos), limitando a atuação dos poderes estatais. Exemplo: Título II (Dos Direitos e Garantias Fundamentais), excetuando-se o Capítulo II do referido Título II (Dos Direitos Sociais), estes últimos definidos como elementos socioideológicos;
- **elementos socioideológicos**: revelam o compromisso da Constituição entre o Estado individualista e o Estado social, intervencionista. Exemplos: a) Capítulo II do Título II (Dos Direitos Sociais); b) Título VII (Da Ordem Econômica e Financeira); c) Título VIII (Da Ordem Social);
- **elementos de estabilização constitucional**: consubstanciados nas normas constitucionais destinadas a assegurar a solução de conflitos constitucionais, a defesa da Constituição, do Estado e das instituições democráticas. Constituem instrumentos de defesa do Estado e buscam garantir a paz social. Exemplos: a) art. 102, I, *a* (ação direta de inconstitucionalidade); b) arts. 34 a 36 (Da intervenção nos Estados e Municípios); c) arts. 59, I, e 60 (processo de emenda à Constituição); d) arts. 102 e 103 (Jurisdição constitucional); e) Título V (Da Defesa do Estado e das Instituições Democráticas, especialmente o Capítulo I, que trata do estado de defesa e do estado de sítio, já que os Capítulos II e III do Título V caracterizam-se como elementos orgânicos);
- **elementos formais de aplicabilidade**: encontram-se nas normas que estabelecem regras de aplicação das Constituições. Exemplos: a) preâmbulo; b) disposições constitucionais transitórias; c) art. 5º, § 1º, quando estabelece que as normas definidoras dos direitos e garantias fundamentais têm aplicação imediata.

2.5. Histórico das Constituições brasileiras

	Características marcantes
1824	■ outorgada em 25 de março de 1824, foi, dentre todas, a que durou mais tempo, tendo sofrido considerável influência da francesa de 1814. Foi marcada por forte centralismo administrativo e político, tendo em vista a figura do Poder Moderador, constitucionalizado, e também por unitarismo e absolutismo; ■ não se adotou a separação tripartida de Montesquieu, mas quadripartida; ■ fez previsão de religião oficial, no caso a Católica Apostólica Romana.
1891	■ teve por Relator o Senador Rui Barbosa e sofreu forte influência da Constituição norte-americana de 1787, consagrando o sistema de governo presidencialista, a forma de Estado federal (abandonando o unitarismo) e a forma de governo republicana (em substituição à monárquica); ■ deixou de ter religião oficial, havendo separação entre Estado e Igreja; ■ o Poder Moderador foi extinto, adotando-se a teoria clássica de Montesquieu da tripartição de "Poderes"; ■ houve expressa previsão, pela primeira vez no constitucionalismo pátrio, do remédio constitucional do *habeas corpus*.
1934	■ a crise econômica de 1929, bem como os diversos movimentos sociais por melhores condições de trabalho, influenciaram a promulgação do texto de 1934, abalando, assim, os ideais do liberalismo econômico e da democracia liberal da Constituição de 1891; ■ sofreu forte influência da Constituição de Weimar da Alemanha de 1919, evidenciando, portanto, os direitos humanos de 2ª geração ou dimensão e a perspectiva de um Estado social de direito (democracia social); ■ houve influência, também, do fascismo, já que o texto estabeleceu, além do voto direto para a escolha dos Deputados, a modalidade indireta, por intermédio da chamada "representação classista" do Parlamento; ■ dentro do constitucionalismo pátrio, o texto de 1934 teve curtíssima duração, sendo abolido pelo golpe de 1937; ■ foram mantidos alguns princípios fundamentais, como a República, a Federação, a tripartição de Poderes, o presidencialismo e o regime representativo.

1937	■ elaborada por Francisco Campos, foi apelidada de "Polaca" em razão da influência exercida pela Constituição polonesa fascista de 1935, imposta pelo Marechal Josef Pilsudski. Deveria ter sido submetida a plebiscito nacional, nos termos de seu art. 187, o que nunca aconteceu; ■ além de fechar o Parlamento, o Governo manteve amplo domínio do Judiciário. A Federação foi abalada pela nomeação dos interventores. Os direitos fundamentais foram enfraquecidos, sobretudo em razão da atividade desenvolvida pela "Polícia Especial" e pelo "DIP – Departamento de Imprensa e Propaganda". Para piorar, pelo Decreto-lei n. 37, de 2-12-1937, os partidos políticos foram dissolvidos; ■ apesar do regime extremamente autoritário, na medida em que o Estado, centralizador, atuava diretamente na economia, não se pode negar o seu importante crescimento nesse setor; ■ buscando atrair o apoio popular, a política desenvolvida foi denominada "populista", consolidando-se as Leis do Trabalho (CLT) e importantes direitos sociais, como o salário mínimo.
1946	■ marca a redemocratização, repudiando o Estado totalitário que vigia desde 1930; ■ inspirou-se nas ideias liberais da Constituição de 1891 e nas ideias sociais da de 1934. Na ordem econômica, procurou harmonizar o princípio da livre-iniciativa com o da justiça social; ■ o regime parlamentarista, já experimentado durante o império, foi adotado em 1961, não referendado pelo povo em 6-1-1963; ■ foi suplantada pelo Golpe Militar de 1964.
1967	■ na mesma linha da Carta de 1937, a de 1967 concentrou, bruscamente, o poder no âmbito federal, esvaziando os Estados e Municípios e conferindo amplos poderes ao Presidente da República. Houve forte preocupação com a segurança nacional.
EC n. 1/1969	■ dado o seu caráter revolucionário, podemos considerar a EC n. 1/69 como a manifestação de um novo poder constituinte originário, outorgando uma nova Carta, que "constitucionalizava" a utilização dos Atos Institucionais. Nos termos de seu art. 182, manteve em vigor o AI-5 e todos os demais atos baixados. O mandato do Presidente foi aumentado para 5 anos, continuando a eleição a ser indireta.
1988	■ democrática e liberal, a Constituição de 1988, que sofreu forte influência da Constituição portuguesa de 1976, foi a que apresentou maior legitimidade popular; ■ adotou a tripartição de funções estatais, a forma federativa de estado e o presidencialismo; ■ rígida, há amplo catálogo de direitos fundamentais; ■ foi a primeira Constituição brasileira a separar a ordem econômica da ordem social.

3. HERMENÊUTICA E ESTRUTURA DA CONSTITUIÇÃO

3.1. Mutações constitucionais *x* reformas constitucionais

Reforma constitucional seria a modificação do texto da Constituição por meio dos mecanismos definidos pelo poder constituinte originário (emendas), alterando, suprimindo ou acrescentando artigos ao texto original.

Por seu turno, as **mutações** não seriam alterações "físicas", "palpáveis", materialmente perceptíveis, mas, em realidade, alterações no significado e no sentido interpretativo do texto. Como consequência, exteriorizam o caráter dinâmico e de prospecção das normas jurídicas, por meio de processos informais (informais no sentido de não serem previstos dentre aquelas mudanças formalmente estabelecidas no texto constitucional).

3.2. Regras e princípios

A doutrina vem se debruçando sobre a importante e complexa distinção entre **regras** e **princípios**, partindo da premissa de que ambos são espécies de normas e que, como referenciais para o intérprete, não guardam, entre si, hierarquia, especialmente diante da ideia da unidade da Constituição.

De modo geral, podemos esquematizar as distinções essenciais entre regras e princípios:

Regras	Princípios
■ dimensão da **validade**, **especificidade** e **vigência**	■ dimensão da **importância**, **peso** e **valor**
■ **conflito** entre **regras** (uma das regras em conflito ou será afastada pelo princípio da especialidade, ou será declarada **inválida** – *cláusula de exceção*, que também pode ser entendida como "declaração parcial de invalidade")	■ **colisão** entre **princípios** (não haverá declaração de invalidade de qualquer dos princípios em colisão. Diante das **condições** do caso concreto, um princípio **prevalecerá** sobre o outro)
■ "tudo ou nada"	■ ponderação, balanceamento, sopesamento entre princípios colidentes
■ mandamentos ou mandados de **definição**	■ mandamentos ou mandados de **otimização**

Devemos alertar que muitos autores, assim como a jurisprudência do STF, começam a reconhecer a **derrotabilidade** (*defeasibility*) das regras, superando-se o modelo "tudo ou nada" de Dworkin.

A ideia de derrotabilidade (Ávila se refere a ela como **superabilidade**), historicamente, vem sendo atribuída a **Hart**, na seguinte passagem: "quando o estudante aprende que na lei inglesa existem condições positivas exigidas para a existência de um contrato válido, ele ainda tem que aprender o que pode derrotar a reivindicação de que há um contrato válido, mesmo quando todas essas condições são satisfeitas", daí por que "o estudante tem ainda que aprender o que pode seguir as palavras 'a menos que', as quais devem acompanhar a indicação dessas condições" (VASCONCELLOS, 2010, p. 54).

■ 3.3. Métodos de interpretação

Conforme anota Canotilho, "a interpretação das normas constitucionais é um conjunto de **métodos**, desenvolvidos pela doutrina e pela jurisprudência com base em critérios ou premissas (filosóficas, metodológicas, epistemológicas) diferentes mas, em geral, reciprocamente complementares" (1993, p. 212-213). Nessa linha, limitar-nos-emos a expor algumas características de cada um dos métodos destacados pelo mestre português.

■ 3.3.1. Método jurídico ou hermenêutico clássico

Para os que se valem desse método, a Constituição deve ser encarada como uma **lei** e, assim, todos os **métodos tradicionais** de hermenêutica deverão ser utilizados na tarefa interpretativa.

■ 3.3.2. Método tópico-problemático

Por meio desse método, parte-se de um problema concreto para a norma, atribuindo-se à interpretação um caráter prático na busca da solução dos problemas concretizados.

A Constituição é, assim, um **sistema aberto de regras e princípios**.

■ 3.3.3. Método hermenêutico-concretizador

Diferentemente do método tópico-problemático, que parte do caso concreto para a norma, o método hermenêutico-concretizador parte da Constituição para o problema.

■ 3.3.4. Método científico-espiritual

A análise da norma constitucional não se fixa na literalidade da norma, mas parte da **realidade social** e dos **valores subjacentes** do texto da Constituição.

Assim, a Constituição deve ser interpretada como algo **dinâmico** e que se **renova constantemente**, no compasso das modificações da vida em sociedade.

■ 3.3.5. Método normativo-estruturante

A doutrina que defende esse método reconhece a inexistência de identidade entre a norma jurídica e o texto normativo.

Isto porque o teor literal da norma (elemento literal da doutrina clássica), que será considerado pelo intérprete, deve ser analisado à luz da concretização da norma em sua realidade social.

■ 3.3.6. Método da comparação constitucional

A interpretação dos institutos se implementa mediante comparação nos vários ordenamentos.

■ 3.4. Princípios da interpretação constitucional

Ao lado dos métodos de interpretação, a doutrina estabelece alguns **princípios específicos de interpretação**.

■ 3.4.1. Princípio da unidade da Constituição

A Constituição deve ser sempre interpretada em sua globalidade, como um todo, e, assim, as aparentes antinomias deverão ser afastadas.

■ 3.4.2. Princípio do efeito integrador

Muitas vezes associado ao princípio da unidade, conforme ensina Canotilho, "... na resolução dos problemas jurídico-constitucionais deve dar-se primazia aos critérios ou pontos de vista que favoreçam a integração política e social e o reforço da unidade política. Como tópico argumentativo, o princípio do efeito integrador não se assenta numa concepção integracionista de Estado e da sociedade (conducente a reducionismos, autoritarismos, fundamentalismos e transpersonalismos políticos), antes arranca da conflitualidade constitucionalmente racionalizada para conduzir a soluções pluralisticamente integradoras" (2003, p. 227).

■ 3.4.3. Princípio da máxima efetividade

Também chamado de princípio da **eficiência** ou da **interpretação efetiva**, o princípio da máxima efetividade das normas constitucionais deve ser entendido no sentido de a norma constitucional ter a mais ampla efetividade social.

■ 3.4.4. Princípio da justeza ou da conformidade funcional

O intérprete máximo da Constituição, no caso brasileiro o STF, ao concretizar a norma constitucional, será responsável por estabelecer a *força normativa* da Constituição, não podendo alterar a repartição de funções constitucionalmente estabelecidas pelo Constituinte Originário.

■ 3.4.5. Princípio da concordância prática ou harmonização

Partindo da ideia de unidade da Constituição, os bens jurídicos constitucionalizados deverão coexistir de forma harmônica na hipótese de eventual conflito ou concorrência entre eles, buscando-se, assim, evitar o sacrifício (total) de um princípio em relação a outro em um choque. O fundamento da concordância decorre da inexistência de hierarquia entre os princípios.

3.4.6. Princípio da força normativa

Os aplicadores da Constituição, ao solucionarem conflitos, devem conferir a máxima efetividade às normas constitucionais.

3.4.7. Princípio da interpretação conforme a Constituição

Diante de **normas plurissignificativas** ou **polissêmicas** (que possuem mais de uma interpretação), deve-se preferir a exegese que mais se aproxime da Constituição e, portanto, não seja contrária ao texto constitucional.

3.4.8. Princípio da proporcionalidade ou razoabilidade

Trata-se de princípio extremamente importante, especialmente na situação de colisão entre valores constitucionalizados.

Como parâmetro, podemos destacar a necessidade de preenchimento de 3 importantes elementos:

- **necessidade** (por alguns denominada exigibilidade): a adoção da medida que possa restringir direitos só se legitima se indispensável para o caso concreto e se não se puder substituí-la por outra menos gravosa;
- **adequação** (também chamada de pertinência ou idoneidade): quer significar que o meio escolhido deve atingir o objetivo perquirido;
- **proporcionalidade em sentido estrito**: sendo a medida necessária e adequada, deve-se investigar se o ato praticado, em termos de realização do objetivo pretendido, supera a restrição a outros valores constitucionalizados. Podemos falar em máxima efetividade e mínima restrição.

3.5. Críticas ao denominado "pamprincipiologismo"

Parte da doutrina vem tecendo (severas) críticas à exacerbação dos (pseudo)princípios, ou seja, a criação de princípios de acordo com o "*sentire*" ou a vontade de cada julgador, de modo arbitrário, em decisão "solipsista" (seguindo a orientação pessoal de cada intérprete) e em violação à Constituição, o que pode levar à discricionariedade e a um inaceitável e antidemocrático decisionismo (julgamento discricionário e sem fundamentação, surgindo decisões contraditórias a fragilizar a isonomia) – tendo sido essa problemática-constatação denominada "**pamprincipiologismo**" (STRECK, 2010, *passim*).

Nesse sentido, Daniel Sarmento deixa um importante e valioso recado: "no Estado Democrático de Direito, não só os princípios, mas também as regras devem ser 'levadas a sério', evitando-se a 'anarquia metodológica' e a 'carnavalização' da Constituição" (2006b, p. 200).

3.6. Teoria dos poderes implícitos

Conforme anotou o Min. Celso de Mello, de acordo com a **teoria dos poderes implícitos**, "...a outorga de competência expressa a determinado órgão estatal importa em deferimento implícito, a esse mesmo órgão, dos ***meios*** necessários à integral realização dos fins que lhe foram atribuídos" (MS 26.547).

O Pleno do STF, prescrevendo que os arts. 5º, LIV e LV, 129, III e VIII, e 144, § 1º, IV, da CF/88, **não tornam a investigação criminal exclusividade da polícia, nem afastam os poderes de investigação do MP**, afirmou a seguinte tese: "o Ministério Público dispõe de competência para promover, por autoridade própria, e por prazo razoável, investigações de natureza penal, desde que respeitados os direitos e garantias que assistem a qualquer indiciado ou a qualquer pessoa sob investigação do Estado, observadas, sempre, por seus agentes, as hipóteses de reserva constitucional de jurisdição e, também, as prerrogativas profissionais de que se acham investidos, em nosso País, os Advogados (Lei n. 8.906/94, art. 7º, notadamente os incisos I, II, III, XI, XIII, XIV e XIX), sem prejuízo da possibilidade – sempre presente no Estado Democrático de Direito – do permanente controle jurisdicional dos atos, necessariamente documentados (Súmula Vinculante n. 14), praticados pelos membros dessa Instituição" (**RE 593.727**, j. 14-5-2015, *DJe* de 4-9-2015).

3.7. Hermenêutica constitucional: a sociedade aberta dos intérpretes da Constituição: contribuição para a interpretação pluralista e "procedimental" da Constituição

Peter Häberle propõe que se supere o modelo de interpretação de uma *sociedade fechada* (nas mãos de juízes e em procedimentos formalizados) para a ideia de uma **sociedade aberta dos intérpretes da Constituição**, vale dizer, uma interpretação **pluralista** e **democrática** e por aqueles que "vivem" a norma.

Como exemplo, podemos lembrar o papel do ***amicus curiae*** e as **audiências públicas** buscando legitimar as decisões tomadas pelo STF.

3.8. Estrutura da Constituição

Estruturalmente, a Constituição contém um **preâmbulo, nove títulos (corpo)** e o **Ato das Disposições Constitucionais Transitórias (ADCT)**.

O preâmbulo situa-se no domínio da **política**. **Não** tem relevância jurídica, **não** tem força normativa, **não** cria direitos ou obrigações, **não** tem força obrigatória, servindo, apenas, como **norte interpretativo das normas constitucionais**. Por essas características, a invocação à divindade não é de reprodução obrigatória nos preâmbulos das Constituições Estaduais e leis orgânicas do DF e dos Municípios.

O **ADCT**, como o nome já induz (Ato das Disposições **Constitucionais** Transitórias), tem natureza de norma constitucional e poderá, portanto, trazer exceções às regras colocadas no corpo da Constituição.

4. PODER CONSTITUINTE

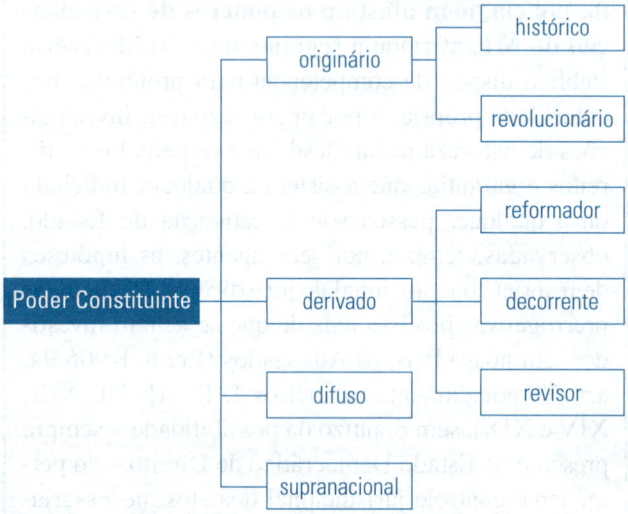

4.1. Poder constituinte originário

4.1.1. Conceito

O **poder constituinte originário** (também denominado **inicial**, **inaugural**, **genuíno** ou de **1º grau**) é aquele que instaura uma nova ordem jurídica, um novo Estado, rompendo por completo com a ordem jurídica precedente.

O poder constituinte originário pode ser subdividido em **histórico** (ou **fundacional**) **e revolucionário**. *Histórico* seria o verdadeiro poder constituinte originário, estruturando, pela primeira vez, o Estado. *Revolucionário* seriam todos os posteriores ao histórico, rompendo por completo com a antiga ordem e instaurando uma nova ordem jurídica, um novo Estado. Como exemplo de histórico, lembramos, no caso brasileiro, a Constituição de 1824. Todas as que se seguiram, inclusive a de 1988, são fruto da manifestação do **Poder Constituinte Originário Revolucionário**.

4.1.2. Características

O Poder Constituinte Originário é **inicial**, **autônomo**, **ilimitado juridicamente**, **incondicionado**, **soberano na tomada de suas decisões**, **poder de fato e poder político** (uma energia ou força social, tendo natureza pré-jurídica), **permanente**.

Conforme anota Meirelles Teixeira, "... esta ausência de vinculação, note-se bem, é apenas de caráter jurídico-positivo, significando apenas que o Poder Constituinte não está ligado, em seu exercício, por normas jurídicas anteriores. Não significa, porém, e nem poderia significar, que o Poder Constituinte seja um poder arbitrário, absoluto, que não conheça quaisquer limitações. Ao contrário, tanto quanto a soberania nacional, da qual é apenas expressão máxima e primeira, está o Poder Constituinte limitado pelos grandes princípios do bem comum, do direito natural, da moral, da razão" (1991, p. 213).

4.1.3. Formas de expressão

Duas são as formas de expressão do poder constituinte originário:

- **outorga**: declaração unilateral do agente revolucionário;
- **assembleia nacional constituinte** (ou **convenção**): nasce da deliberação da representação popular, destacando-se, nesse sentido, a CF de 1988.

4.2. Poder constituinte derivado

4.2.1. Conceito e espécies

Poder Constituinte	
■ Poder constituinte originário ■ Poder de fato[1] ■ Poder político ■ Energia ou força social ■ Natureza pré-jurídica ■ A ordem jurídica começa com o poder constituinte originário e não antes dele	■ Poder constituinte derivado ■ Natureza jurídica

[1] O Min. Ayres Britto, no julgamento da **ADI 2.356-MC** (25-11-2010), utilizou como sinônimo de **"poder de fato"** a expressão **"poder suprapositivo"**, que não deve ser confundida, em outro contexto (e os dois sentidos já foram perguntados em concursos públicos), com **"princípios de direito suprapositivo"** (**ADI 815**, Rel. Min. Moreira Alves, j. 28-3-1996), que significou **"princípios de direito natural"**. Nesses termos, o Min. Celso de Mello utilizou a expressão **"direito suprapositivo"** não positivado, ou seja, "**direito natural**, consubstanciado em 'princípios naturais e critérios isonômicos, gerais e coletivos da lei de um estado democrático'" (**ADI 2.062**, j. 11-3-2004).

O **poder constituinte *derivado*** é também denominado **instituído**, **constituído**, **secundário**, **de segundo grau** ou **remanescente**.

Como o próprio nome sugere, é criado e instituído pelo *originário*.

Assim, ao contrário de seu "criador", que é inicial, ilimitado e incondicionado juridicamente, o *derivado* deve obedecer às regras colocadas e impostas pelo *originário*, sendo, nesse sentido, **limitado** e **condicionado** aos parâmetros a ele impostos.

Pode ser classificado em derivado **reformador**, **decorrente** e **revisor**. Vejamos cada um deles.

4.2.2. Poder constituinte derivado reformador

O **poder constituinte derivado reformador**, chamado por alguns de *competência reformadora*, tem a capacidade de modificar a Constituição Federal, por meio de um procedimento específico, estabelecido pelo originário, sem que haja uma verdadeira *revolução*. Implementa-se por meio das **emendas constitucionais**.

O poder de reforma constitucional, assim, tem **natureza jurídica**, ao contrário do originário, que é um *poder de fato*, um poder *político*, ou, segundo alguns, *uma força ou energia social*.

4.2.3. Poder constituinte derivado decorrente

O **poder constituinte derivado decorrente**, assim como o reformador, por ser derivado do originário e por ele criado, é também jurídico e encontra os seus parâmetros de manifestação nas regras estabelecidas pelo originário.

Sua missão é estruturar a Constituição dos Estados-Membros ou, em momento seguinte, havendo necessidade de adequação e reformulação, modificá-la. Tal competência decorre da capacidade de **auto-organização** estabelecida pelo poder constituinte originário.

Além disso, entendemos que o poder constituinte derivado decorrente se manifesta, também, na elaboração da Lei Orgânica do Distrito Federal, que deverá obedecer aos limites impostos pela Constituição Federal, nos exatos termos do art. 32, *caput*, sendo votada em 2 turnos, com interstício mínimo de 10 dias, e aprovada por 2/3 da Câmara Legislativa do DF, que a promulgará.

O poder constituinte derivado decorrente, por outro lado, não se estende aos Municípios e aos Territórios Federais que eventualmente venham a ser criados, no primeiro caso pelo fato de o Município sofrer uma dupla vinculação (Constituição Estadual e Constituição Federal) e, na situação dos Territórios, por não terem autonomia federativa, já que devem ser considerados como mera extensão da União.

4.2.4. Poder constituinte derivado revisor

O poder constituinte derivado revisor, assim como o reformador e o decorrente, é fruto do trabalho de criação do originário, estando, portanto, a ele vinculado.

O art. 3º do ADCT determinou que a revisão constitucional seria realizada após 5 anos, contados da promulgação da Constituição, pelo voto da **maioria absoluta** dos membros do Congresso Nacional e em **sessão unicameral**.

A revisão foi feita – sendo admitida uma única vez, e dela decorreram 6 emendas de revisão.

4.3. Poder constituinte difuso

O **poder constituinte difuso** pode ser caracterizado como um **poder de fato** e se manifesta por meio das **mutações constitucionais** (tema já estudado), quais sejam, alterações no sentido interpretativo das normas.

4.4. Poder constituinte supranacional

O poder constituinte supranacional busca a sua fonte de validade na **cidadania universal**, no **pluralismo de ordenamentos jurídicos**, na **vontade de integração** e em um **conceito remodelado de soberania**, buscando estabelecer uma **Constituição supranacional** legítima.

4.5. Nova Constituição e ordem jurídica anterior

Após estudarmos o tema do Poder Constituinte, devemos analisar o que acontece com as normas que foram produzidas na vigência da Constituição anterior diante do advento de uma nova Constituição, um novo Estado. Elas são revogadas? Perdem a validade? Devem ser, novamente, editadas?

Estamos diante de um dos temas **mais** fascinantes do direito, qual seja, o do **direito intertemporal *lato sensu***, podendo ser verificados 4 grandes institutos:

- **recepção;**
- **repristinação;**
- **desconstitucionalização;**
- **recepção material de normas constitucionais.**

4.5.1. Recepção

Todas as normas que forem incompatíveis do ponto de vista material com a nova Constituição serão, por regra, **revogadas**, em razão da **ausência de recepção**. Vale dizer, *a contrario sensu*, a norma infraconstitucional que não contrariar (materialmente) a nova ordem será **recepcionada**, podendo, inclusive, adquirir uma nova "roupagem", ou haver uma mudança de competência federativa para legislar.

O STF, por regra, **não** admite a **teoria da inconstitucionalidade superveniente** de ato normativo produzido antes da nova Constituição e perante o novo paradigma.

Neste caso, ou se fala em **compatibilidade**, e aí haverá **recepção**, ou em **revogação** por **inexistência de recepção**.

Podemos, então, concluir: para se verificar o fenômeno da recepção, é preciso que a lei (ou ato normativo) preencha os seguintes requisitos:

- estar em vigor no momento do advento da nova Constituição;
- não ter sido declarada inconstitucional durante a sua vigência no ordenamento anterior;
- ter compatibilidade **somente material**, pouco importando a compatibilidade formal, com a nova Constituição;
- ter compatibilidade **formal** e **material** perante a Constituição sob cuja regência ela foi editada (no ordenamento anterior).

4.5.2. Repristinação

O fenômeno da repristinação ocorrerá quando uma lei revogada volta a produzir efeitos se a lei que a revogou vier a ser revogada. Para tanto, é necessária previsão **expressa**.

Nesse sentido, imaginemos uma norma produzida na vigência da Constituição de 1946 que tenha sido revogada pela de 1967, pois incompatível do ponto de vista material com ela. Promulgada a Constituição de 1988, que vai revogar a anterior de 1967, verifica-se que aquela lei (editada durante o texto de 1946), em tese, poderia ser recepcionada pela CF/88, visto que totalmente compatível com ela. Nessa situação ela repristina? Ou seja, ela volta a produzir efeitos? Como regra geral, o Brasil adotou a **impossibilidade do fenômeno da repristinação automática**, salvo se a nova ordem jurídica expressamente assim se pronunciar.

Dessa maneira, para a lei ser recebida, o texto de 1988 teria que expressamente determinar.

4.5.3. Desconstitucionalização

Trata-se do fenômeno pelo qual as normas da Constituição anterior, desde que compatíveis com a nova ordem, permanecem em vigor, mas com o *status* de lei infraconstitucional.

O fenômeno **não é automático**, dependendo de expressa manifestação da nova Constituição.

4.5.4. Recepção material de normas constitucionais

A **recepção material das normas constitucionais** ocorre quando uma norma da Constituição anterior é recepcionada com o mesmo *status* de norma constitucional pelo novo ordenamento jurídico.

Como exemplo, lembramos o art. 34, *caput*, e seu § 1º, do ADCT da Constituição de 1988, que assegurou, expressamente, a continuidade da vigência do sistema tributário anterior durante os 5 primeiros meses do novo ordenamento.

Note-se, porém, que referidas normas são recebidas por **prazo certo** e com **caráter precário**.

O fenômeno só será admitido se **houver expressa manifestação da nova Constituição**; caso contrário, as normas da Constituição anterior, como visto, serão **revogadas**.

5. EFICÁCIA E APLICABILIDADE DAS NORMAS CONSTITUCIONAIS

5.1. Eficácia jurídica e eficácia social

Por regra, todas as normas constitucionais apresentam **eficácia**, algumas **jurídica** e **social** e outras apenas **jurídica**.

As normas constitucionais, segundo José Afonso da Silva, podem ser de eficácia:

- **plena;**
- **contida;**
- **limitada.**

Vejamos cada uma delas.

5.2. Normas constitucionais de eficácia plena

Normas constitucionais de **eficácia plena e aplicabilidade direta, imediata e integral** são aquelas que, no momento em que a Constituição entra em vigor, estão aptas a produzir todos os seus efeitos, independentemente de norma integrativa infraconstitucional.

Como exemplo, lembramos os arts. 2º; 5º, III; 14, § 2º; 16; 17, § 4º; 19; 20; 21; 22; 24; 28, *caput*; 30; 37, III; 44, parágrafo único; 45, *caput*; 46, § 1º; 51; 52; 60, § 3º; 69; 70; 76; 145, § 2º; 155; 156; 201, §§ 5º e 6º (cf. AI 396.695-AgR, *DJ* de 6-2-2004); 226, § 1º; 230, § 2º (gratuidade de transporte coletivo urbano para os maiores de 65 anos – cf. ADI 3.768, *DJ* de 26-10-2007), todos da CF/88.

5.3. Normas constitucionais de eficácia contida

As normas constitucionais de **eficácia contida** ou **prospectiva** têm **aplicabilidade direta e imediata, mas possivelmente não integral**. Embora tenham condições de, quando da promulgação da nova Constituição, produzir todos os seus efeitos, poderão sofrer uma redução de sua abrangência por uma norma infraconstitucional.

São também denominadas de *normas constitucionais de eficácia redutível* ou *restringível*, apesar de sua *aplicabilidade plena*.

A restrição de referidas normas constitucionais pode-se concretizar não só por meio de lei infraconstitucional, mas, também, em outras situações, pela incidência de normas da própria Constituição, desde que ocorram certos pressupostos de fato, por exemplo a decretação do estado de defesa ou de sítio, limitando diversos direitos (arts. 136, § 1º, e 139 da CF/88).

Enquanto não materializado o fator de restrição, a norma tem eficácia plena.

Como exemplo, citamos o art. 5º, XIII, da CF/88, que assegura ser livre o exercício de qualquer trabalho, ofício ou profissão, atendidas as qualificações profissionais que a lei estabelecer. Ou seja, garante-se o direito do livre exercício profissional, mas uma lei, por exemplo o Estatuto da OAB, pode exigir que para nos tornarmos advogados sejamos aprovados em um exame de ordem. Sem essa aprovação, infelizmente, não poderemos exercer a profissão de advogado, sendo apenas bacharéis em direito. O que a lei infraconstitucional fez foi reduzir a amplitude do direito constitucionalmente assegurado, situação essa tida por constitucional pelo STF (RE 603.583).

5.4. Normas constitucionais de eficácia limitada

São aquelas que, de imediato, no momento em que a Constituição é promulgada, não têm o condão de produzir todos os seus efeitos, precisando de uma lei integrativa infraconstitucional. São, portanto, de **aplicabilidade mediata** e **reduzida**, ou, segundo alguns autores, **aplicabilidade diferida**.

> Cuidado: está errado dizer que elas não têm nenhuma eficácia, já que as *normas constitucionais de eficácia limitada*, pelo simples fato de existirem, produzem um mínimo de efeito (jurídico), ou, ao menos, o efeito de vincular o legislador infraconstitucional aos seus vetores.

O mestre do Largo São Francisco divide-as em dois grandes grupos: normas de princípio institutivo (ou organizativo) e normas de princípio programático.

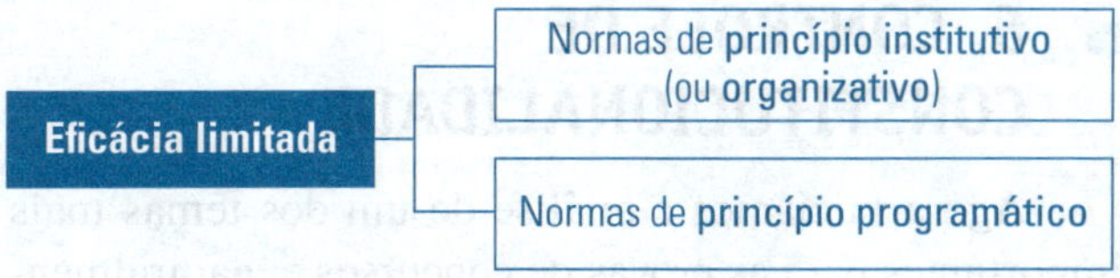

As normas de eficácia limitada, declaratórias de princípios institutivos ou organizativos (ou orgânicos) contêm esquemas gerais (iniciais) de estruturação de instituições, órgãos ou entidades. Podemos exemplificar com os arts. 18, § 2º; 22, parágrafo único; 25, § 3º; 33; 37, VII; 37, XI; 88; 90, § 2º; 91, § 2º; 102, § 1º; 107, § 1º; 109, VI; 109, § 3º; 113; 121; 125, § 3º; 128, § 5º; 131; 146; 161, I; 224.

Já as normas de eficácia limitada, declaratórias de princípios programáticos, veiculam programas a serem implementados pelo Estado, visando à realização de fins sociais (arts. 6º – direito à alimentação; 196 – direito à saúde; 205 – direito à educação; 215 – cultura; 218, *caput* – ciência, tecnologia e inovação (EC n. 85/2015); 227 – proteção da criança...).

5.5. Normas constitucionais de eficácia exaurida e aplicabilidade esgotada

São próprias do ADCT, notadamente aquelas normas que já cumpriram o papel, encargo ou tarefa para o qual foram propostas.

5.6. Normas definidoras dos direitos e garantias fundamentais e o gradualismo eficacial das normas constitucionais

As normas definidoras dos direitos e garantias fundamentais, de acordo com o art. 5º, § 1º, da CF/88, têm aplicação imediata.

O termo "aplicação", não se confunde com "aplicabilidade", na teoria de José Afonso da Silva, que classifica, conforme visto, as normas de eficácia plena e contida como tendo aplicabilidade direta e imediata e as de eficácia limitada como possuidoras de aplicabilidade mediata ou indireta.

Conforme anota José Afonso da Silva, ter aplicação imediata significa que as normas constitucionais são "dotadas de todos os meios e elementos necessários à sua pronta incidência aos fatos, situações, condutas ou comportamentos que elas regulam. A regra é que as normas definidoras de direitos e garantias individuais sejam de aplicabilidade imediata. Mas aquelas definidoras de direitos sociais, culturais e econômicos nem sempre o são, porque não raro dependem de providências ulteriores que lhes completem a eficácia e possibilitem sua aplicação" (2007, p. 408).

6. CONTROLE DE CONSTITUCIONALIDADE

Agora iniciamos a análise de um dos temas mais importantes para as provas de concursos e, naturalmente, da OAB, e com maior incidência, qual seja, o do **controle de constitucionalidade**.

6.1. Teoria da nulidade: regra geral

Sistema Austríaco (Kelsen)	Sistema Norte-Americano (Marshall)
■ decisão tem eficácia **constitutiva** (caráter constitutivo--negativo)	■ decisão tem eficácia **declaratória** de situação preexistente
■ por regra, o vício de inconstitucionalidade é aferido no **plano da eficácia**	■ por regra, o vício de inconstitucionalidade é aferido no **plano da validade**
■ por regra, decisão que reconhece a inconstitucionalidade produz **efeitos *ex nunc*** (prospectivos)	■ por regra, decisão que declara a inconstitucionalidade produz **efeitos *ex tunc*** (retroativos)
■ a lei inconstitucional é **ato anulável** (a anulabilidade pode aparecer em vários graus)	■ a lei inconstitucional é **ato nulo** (*null and void*), **ineficaz** (nulidade *ab origine*), **írrito** e, portanto, **desprovido de força vinculativa**
■ lei **provisoriamente válida**, produzindo efeitos até a sua anulação	■ **invalidação *ab initio*** dos atos praticados com base na lei inconstitucional, atingindo-a no berço
■ o reconhecimento da ineficácia da lei produz efeitos a partir da decisão ou para o futuro (*ex nunc* ou *pro futuro*), sendo *erga omnes*, preservando-se, assim, os efeitos produzidos até então pela lei	■ a lei, por ter nascido morta (natimorta), nunca chegou a produzir efeitos (não chegou a viver), ou seja, apesar de existir, **não entrou no plano da eficácia**

Pode-se afirmar que a maioria da doutrina brasileira acatou, inclusive por influência do direito norte-americano, a caracterização da **teoria da nulidade** ao se declarar a inconstitucionalidade de lei ou ato normativo (afetando **o plano da validade**).

Trata-se, nesse sentido, de ato **declaratório** que reconhece uma situação pretérita, qual seja, o "vício congênito", de "nascimento" do ato normativo.

Assim, o ato legislativo, por regra, uma vez declarado inconstitucional, deve ser considerado, nos termos da doutrina brasileira majoritária, como "... nulo, írrito, e, portanto, desprovido de força vinculativa".

6.2. Flexibilização da teoria da nulidade no direito brasileiro

A regra geral da nulidade da lei inconstitucional vem sendo, casuisticamente, afastada pela jurisprudência brasileira e repensada pela doutrina.

Ao lado do **princípio da nulidade**, que adquire, certamente, o *status* de **valor constitucionalizado**, tendo em vista o princípio da **supremacia da Constituição**, outros valores, de igual hierarquia, destacam-se, como, por exemplo, o princípio da **segurança jurídica** e o da **boa-fé**.

Nessa linha, de acordo com o **art. 27 da Lei n. 9.868/99**, ao declarar a inconstitucionalidade de lei ou ato normativo, e tendo em vista **razões de segurança jurídica** ou de **excepcional interesse social**, poderá o STF, por maioria de 2/3 de seus membros, **restringir os efeitos daquela declaração ou decidir que ela só tenha eficácia a partir de seu trânsito em julgado ou de outro momento que venha a ser fixado.**

Trata-se da denominada técnica de **modulação dos efeitos da decisão**, a qual o STF também vem aceitando, em algumas situações, para o controle difuso.

6.3. Histórico do controle de constitucionalidade no direito brasileiro (Constituições)

Características marcantes	
1824	■ não se estabeleceu nenhum sistema de controle de constitucionalidade, consagrando o **dogma da soberania do Parlamento**, já que, sob a influência do direito francês (a lei como "expressão da vontade geral") e do inglês (supremacia do Parlamento), somente o Órgão Legislativo poderia saber o verdadeiro sentido da norma. ■ outro elemento a justificar a inexistência de controle de constitucionalidade durante o Império foi a figura do **Poder Moderador**. ■ art. 98: o Poder Moderador é a chave de toda a organização Política e é delegado privativamente ao Imperador, como Chefe Supremo da Nação, cabendo-lhe a manutenção da independência, equilíbrio e harmonia entre os demais Poderes.
1891	■ surgimento do **controle difuso** no direito brasileiro, sob a influência do direito norte-americano. O controle difuso foi mantido em todas as Constituições que se seguiram.
1934	■ manteve o controle difuso e estabeleceu as seguintes novidades: a) representação interventiva (equivalente ao art. 36, III, CF/88); b) cláusula de reserva de plenário (prevista no art. 97, CF/88); c) definiu a atuação do Senado Federal no controle difuso (estabelecida no art. 52, X, CF/88).
1937	■ manteve o controle difuso. ■ hipertrofia do Poder Executivo, enfraquecendo o controle judicial. ■ o art. 96 da Carta de 1937 permitia ao Parlamento tornar sem efeito decisão proferida pelo STF.

1946	■ fim da hipertrofia do Executivo. ■ controle difuso mantido. ■ EC n. 16/1965: prescreveu, pela primeira vez, o **controle concentrado** de constitucionalidade, estabelecendo a legitimação ativa exclusiva do PGR para a propositura da então denominada representação interventiva. Fixou-se a possibilidade de controle concentrado estadual.
1967	■ controle difuso mantido. ■ controle concentrado com a legitimação exclusiva do PGR mantido. ■ controle concentrado estadual: retirado.
EC n. 1/1969	■ controle difuso mantido. ■ controle concentrado com a legitimação exclusiva do PGR mantido. ■ controle concentrado estadual: restabelecido para fins de intervenção.
1988	■ controle difuso mantido. ■ ampliação dos legitimados para a propositura da ADI genérica no STF: rol do art. 103. ■ introdução da ADPF. ■ fixação de controle das omissões normativas (ADO e MI). ■ ampla previsão de controle em âmbito estadual.
EC n. 3/93	■ introdução da **ADC – ação declaratória de constitucionalidade**, fixando, inicialmente, apenas 4 legitimados (Presidente da República, Mesa do SF, Mesa da CD e PGR). ■ deixou claro na Constituição a produção de efeitos vinculantes em razão do julgamento da ADC.
EC n. 45/2004	■ igualou os legitimados da ADC aos da ADI, quais sejam, aqueles fixados no art. 103, CF/88. ■ deixou claro a produção de efeitos vinculantes em razão do julgamento não apenas da ADC, como, também, da ADI (art. 102, § 2º, CF/88).

6.4. Espécies de inconstitucionalidade

6.4.1. Vícios formal, material e de decoro parlamentar

A inconstitucionalidade pode ser por **ação** (positiva ou por atuação) ou por **omissão** (negativa), decorrente da inércia legislativa na regulamentação de normas constitucionais de **eficácia limitada**.

Para Canotilho, enquanto a inconstitucionalidade por **ação** pressupõe a existência de normas inconstitucionais, a inconstitucionalidade por **omissão** pressupõe a "violação da lei constitucional pelo *silêncio legislativo* (violação por omissão)" (2003, p. 982), deixando clara a existência não apenas de omissão total, como, também, de omissão parcial.

A inconstitucionalidade por **ação** pode ser caracterizada pelos seguintes **vícios**:

- **formal**;
- **material**; ou
- de **"decoro parlamentar"**.

Como o próprio nome ajuda a entender, a inconstitucionalidade **formal**, também conhecida como **nomodinâmica**, verifica-se quando a lei ou ato normativo infraconstitucional contém algum vício em seu processo de formação, vale dizer, no processo legislativo de sua elaboração, ou, ainda, em razão de sua elaboração por autoridade incompetente.

Como exemplos, podemos mencionar um projeto de matéria de lei complementar sendo aprovado com *quorum* de lei ordinária, ou um Estado-Membro legislando sobre bingos e loterias, matéria que é de competência da União, ou, ainda, um projeto de lei que modifique o efetivo do Exército (matéria de iniciativa reservada ao Presidente da República – art. 61, § 1º, I) sendo iniciado por um deputado federal (cabe lembrar aqui que a sanção presidencial não convalida o vício de iniciativa).

Por seu turno, o vício **material** (de conteúdo, substancial, doutrinário ou nomoestático) diz respeito à "matéria", ao conteúdo do ato normativo. Assim, aquele ato normativo que afrontar qualquer preceito ou princípio da Lei Maior deverá ser declarado inconstitucional, por possuir um vício material. Não nos interessa saber aqui o procedimento de elaboração da espécie normativa, mas, de fato, o seu **conteúdo**. Por exemplo, uma lei discriminatória que afronta o princípio da igualdade.

Finalmente, o **vício de decoro parlamentar** foi por nós lançado quando houve a denúncia de compra de votos para obtenção de apoio político no Parlamento. Sugerimos a referida expressão já que, nos termos do art. 55, § 1º, CF/88, "é incompatível com o decoro parlamentar, além dos casos definidos no regimento interno, o abuso das prerrogativas asseguradas a membro do Congresso Nacional ou a percepção de vantagens indevidas".

Essa questão está para ser enfrentada pelo STF nas ADIs 4.887, 4.888 e 4.889, tendo o PGR, em seu parecer, admitido a hipótese em tese, passando a denominá-la "vício na formação da vontade no procedimento legislativo" (matéria pendente).

6.4.2. "Estado de coisas inconstitucional"

A terminologia "**estado de coisas inconstitucional**" foi utilizada pelo Min. Marco Aurélio, no julgamento da cautelar na **ADPF 347** (j. 9-9-2015), a partir de decisão proferida pela Corte Constitucional da Colômbia (mérito pendente).

Segundo esclareceu, "presente quadro de violação massiva e persistente de direitos fundamentais, decorrente de falhas estruturais e falência de políticas públicas e cuja modificação depende de medidas abrangentes de natureza normativa, administrativa e orçamentária, deve o sistema penitenciário nacional ser caracterizado como 'estado de coisas inconstitucional'".

6.5. Momentos de controle

O controle pode ser realizado antes de o projeto de lei virar lei (**controle prévio ou preventivo**), impedindo a inserção no sistema normativo de normas que padeçam de vícios, ou já sobre a lei, geradora de efeitos potenciais ou efetivos (**controle posterior ou repressivo**).

O **controle preventivo** pode ser exercido pelo **Legislativo** quando o projeto é apreciado pela CCJ; ou, ainda, pelo **Executivo**, quando o Presidente da República veta o projeto de lei; ou, ainda, pelo **Judiciário**, quando um parlamentar impetra um mandando de segurança preventivo alegando violação ao devido processo legislativo. **Cuidado**: o controle preventivo, pela impetração de MS, só poderá ser exercido por Parlamentar, que seria o único a demonstrar o direito líquido e certo ao processo legislativo hígido.

No julgamento do **MS 32.033**, o STF definiu o cabimento do **controle judicial preventivo** em apenas 2 hipóteses: a) PEC manifestamente ofensiva a cláusula pétrea; b) projeto de lei ou PEC em cuja tramitação se verifique manifesta ofensa a cláusula constitucional que disciplinasse o correspondente processo legislativo. Ou seja, em relação a projeto de lei, o STF restringiu o controle preventivo apenas para a hipótese de violação ao devido processo legislativo, não se admitindo a discussão sobre a matéria.

Por seu turno, o **controle posterior** é exercido pelo **Judiciário**. Excepcionalmente, encontramos o controle posterior pelo **Legislativo**, quando, por exemplo, não aprova uma medida provisória por entendê-la inconstitucional.

Ainda, apesar de polêmico o tema, o STF vem admitindo, em situações muito particulares, desde que presentes elementos de razoabilidade, que o **Executivo**, por sua Chefia e no âmbito administrativo, determine aos seus órgãos subordinados que deixem de aplicar administrativamente as leis ou atos com força de lei que considerem inconstitucionais. O risco de abuso poderá ser combatido pela decretação de intervenção ou caracterização do crime de responsabilidade.

Finalmente, devemos lembrar que os **"órgãos administrativos autônomos de controle"**, como, por exemplo, TCU, CNJ e CNMP, **não exercem** nem o controle concentrado, nem mesmo o controle difuso de constitucionalidade, tendo sido esse posicionamento explicitado no julgamento da **Pet 4.656** (Pleno, j. 19-12-2016, *DJe* de 4-12-2017).

Dessa forma, referidos órgãos, com a função constitucional de controlar a validade de atos administrativos, **poderão afastar a aplicação de lei ou ato normativo violador da Constituição**. Mas que fique claro: isso não é controle de constitucionalidade!

Nesse sentido, conforme estabeleceu o Min. Celso de Mello, "a defesa da integridade da ordem constitucional pode resultar, legitimamente, do repúdio, por órgãos administrativos (como o Conselho Nacional de Justiça), de regras incompatíveis com a Lei Fundamental do Estado, valendo observar que os órgãos administrativos, embora não dispondo de competência para declarar a inconstitucionalidade de atos estatais (atribuição cujo exercício sujeita-se à reserva de jurisdição), podem, não obstante, **recusar-se a conferir aplicabilidade a tais normas**, eis que – na linha do entendimento desta Suprema Corte – 'há que distinguir entre declaração de inconstitucionalidade e não aplicação de leis inconstitucionais, pois esta é obrigação de qualquer tribunal ou órgão de qualquer dos Poderes do Estado (RMS 8.372/CE, Rel. Min. Pedro Chaves, Pleno, j. 11-12-1961)'" (medida cautelar no MS 31.923, decisão monocrática, j. 14-4-2013, fls. 9).

6.6. Sistemas e vias de controle judicial

O controle judicial de constitucionalidade poderá ser **difuso** ou **concentrado**.

No sistema **difuso**, qualquer juiz ou tribunal, observadas as regras de competência, realizará o controle de constitucionalidade, sempre de modo **incidental**.

Por seu turno, no sistema **concentrado**, como o nome já diz, o controle se "concentra" ou no STF ou no TJ. Trata-se de **competência originária** dos referidos tribunais e que, por regra, implementa-se pela via **principal**.

6.7. Controle difuso

6.7.1. Origem histórica

Pode-se afirmar que o controle difuso de constitucionalidade encontra o seu fundamento histórico no julgamento em que o Juiz *John Marshall*, da Suprema Corte dos EUA, em 1803, apreciando o caso **Marbury** *v.* **Madison**, decidiu que, havendo conflito entre a aplicação de uma lei em um caso concreto e a Constituição, deve **prevalecer a Constituição**, por ser hierarquicamente superior.

6.7.2. Noções gerais

O **controle difuso**, repressivo, ou posterior, é também chamado de controle pela via de **exceção** ou **defesa**, ou controle **aberto**, sendo realizado por qualquer juízo ou tribunal do Poder Judiciário, de acordo com as regras de competência.

O controle difuso verifica-se em um caso concreto, e a declaração de inconstitucionalidade implementa-se de forma incidental (***incidenter tantum***), prejudicialmente ao exame do mérito.

6.7.3. Controle difuso nos tribunais

No tribunal competente, distribuído o processo para uma turma, câmara ou seção (órgão fracionário – depende da organização interna do tribunal a ser estabelecida em seu regimento interno), **arguida**, em controle difuso, a **inconstitucionalidade** de lei ou de ato normativo do poder público, o relator, após ouvir o Ministério Público e as partes, submeterá a questão ao referido órgão fracionário ao qual competir o conhecimento do processo, que poderá proferir duas decisões:

- **rejeitar a arguição:** o julgamento prosseguirá;
- **acolher a arguição:** a questão será submetida ao plenário do tribunal ou ao seu órgão especial, onde houver.

Para esta última situação, o art. 97 da CF/88 estabelece que somente pelo voto da **maioria absoluta** de seus membros ou dos membros do respectivo órgão especial poderão os tribunais declarar a inconstitucionalidade de lei ou ato normativo do Poder Público. Temos aqui a chamada **cláusula de reserva de plenário (*full bench*)**, reforçada pela **Súmula Vinculante 10**. Vejamos:

> **STF – Súmula Vinculante 10**
> Viola a cláusula de reserva de plenário (CF, artigo 97) a decisão de órgão fracionário de Tribunal que, embora não declare expressamente a inconstitucionalidade de lei ou ato normativo do poder público, afasta sua incidência, no todo ou em parte.

Devemos alertar, contudo, que a **cláusula de reserva de plenário** (art. 97) **não vem sendo exigida nas seguintes hipóteses**:

- art. 949, parágrafo único, CPC/2015;
- se Tribunal mantiver a **constitucionalidade** do ato normativo, ou seja, não afastar a sua presunção de validade (o art. 97 determina a observância do *full bench* para declarar a inconstitucionalidade de lei ou ato normativo do Poder Público);
- nos casos de **normas pré-constitucionais**, porque a análise do direito editado no ordenamento jurídico anterior em relação à nova Constituição não se funda na teoria da inconstitucionalidade, mas, como já estudado, em sua recepção ou revogação;
- quando o Tribunal utilizar a técnica da **interpretação conforme a Constituição**, pois não haverá declaração de inconstitucionalidade;
- nas hipóteses de decisão em sede de **medida cautelar**, já que não se trata de decisão definitiva;
- em relação às turmas recursais dos juizados especiais, por não serem consideradas tribunais;
- ao juízo monocrático de primeira instância, pois o art. 97 é direcionado para os tribunais.

6.7.4. Efeitos da decisão

Por regra, uma vez declarada a inconstitucionalidade de lei no controle difuso, os efeitos serão (regra):

- ***inter partes***: a decisão está limitada às partes do processo (**CUIDADO**: essa regra terá que ser lida com os temperamentos decorrentes da perspectiva de efeito *erga omnes* da tese do julgamento a partir de uma perspectiva de **mutação constitucional do art. 52, X**, que discutimos em item seguinte);
- ***ex tunc***: consagra-se a regra da **nulidade**. Se a lei ou o ato normativo é inconstitucional, estamos diante de vício congênito, ou seja, vício de "nascimento". Assim, a declaração de inconstitucionalidade produz, em regra, efeito retroativo.

No tocante a essa última regra (nulidade), o STF já entendeu que, mesmo no controle difuso, poder-se-á dar efeito *ex nunc* ou *pro futuro*, tendo em vista razões de **segurança jurídica** ou um **excepcional interesse social** (modulação dos efeitos da decisão, aplicando-se, por analogia, o art. 27 da Lei n. 9.868/99).

E em relação à primeira regra (efeitos *inter partes*), não considerando a atual jurisprudência que será estudada a seguir e que vem sustentando a **mutação constitucional do papel do Senado Federal**, como era o entendimento clássico prescrito no art. 52, X, da CF/88?

A regra do art. 52, X, permitia a produção de efeitos *erga omnes* a partir de edição de **resolução do Senado**

Federal. Vejamos a redação do dispositivo constitucional e, em seguida, o entendimento clássico da matéria:

> Compete privativamente ao **Senado Federal** suspender a execução, no todo ou em parte, de lei declaradamente inconstitucional por **decisão definitiva** do Supremo Tribunal Federal (art. 52, X, CF/88).

O Senado Federal **não** era obrigado a suspender a execução de lei declarada inconstitucional, tendo, assim, **discricionariedade**.

A suspensão pelo Senado Federal dava-se em relação a leis federais, estaduais, distritais ou mesmo municipais que tivessem sido declaradas inconstitucionais pelo STF, de modo incidental, no controle difuso de constitucionalidade.

A expressão "no todo ou em parte" era interpretada como sendo impossível ao Senado Federal ampliar, interpretar ou restringir a extensão da decisão do STF. Assim, o Senado, na hipótese de edição de resolução suspendendo a execução da lei declarada inconstitucional, deveria fazê-lo exatamente conforme e nos termos do decidido pelo STF.

6.7.5. Teoria da transcendência dos motivos determinantes da sentença no controle difuso: análise crítica – abstrativização do controle difuso? Mutação constitucional do art. 52, X? (ADIs 3.406 e 3.470)

Parte da doutrina vem sustentando o fenômeno de **autêntica mutação constitucional do art. 52, X**, da Constituição de 1988 e propondo que, uma vez declarada a inconstitucionalidade de uma lei, mesmo que no controle difuso, no caso concreto, a declaração, quando implementada pelo Pleno do STF, já produza efeitos *erga omnes*, sem a necessidade da edição da resolução do Senado Federal.

Os principais argumentos a justificar esse novo posicionamento podem ser assim resumidos:

- força normativa da Constituição;
- princípio da supremacia da Constituição e a sua aplicação uniforme a todos os destinatários;
- o STF sendo o guardião da Constituição e seu intérprete máximo;
- a dimensão política das decisões do STF.

O STF, contudo, em um primeiro momento, no julgamento da **Reclamação 4.335**, não admitiu a tese da mutação constitucional (j. 20-3-2014). Em outras palavras, o efeito *erga omnes* no controle difuso ainda dependeria de resolução do Senado Federal (ou de súmula vinculante do STF).

Esse entendimento foi proferido na vigência do revogado CPC/73 e, assim, naquele momento, não houve apreciação explícita das novas regras trazidas pelo CPC/2015 por parte do Plenário do STF.

Tanto no revogado CPC/73 como no de 2015, já se vislumbrava um inegável processo de **expansividade das decisões proferidas em casos concretos**, bem como a força dada à jurisprudência dos tribunais, destacando-se, no CPC/2015, que esta deve ser estável, íntegra e coerente (art. 926, *caput*), tema a ser estudado em processo civil.

CUIDADO: em julgamento posterior ao da RCL 4.335, já na vigência do CPC/2015, o STF, por 7 x 2, **entendeu ter havido mutação constitucional do art. 52, X**, prescrevendo, então, que o papel do **Senado Federal** é apenas dar **publicidade à decisão**. O efeito *erga omnes* e vinculante decorreria da própria decisão judicial (ADIs 3.406 e 3.470, j. 29-11-2017).

Esse entendimento foi fixado em controle concentrado de lei estadual, como questão prejudicial (caso do amianto). Contudo, apesar das particularidades, entendemos que o STF avançou a matéria e não há mais volta. Para a prova da OAB deve-se analisar a questão e verificar se o examinador está cobrando esse novo entendimento firmado.

Assim, as regras do CPC deverão ser observadas nas provas, até porque não declaradas inconstitucionais pelo STF, que, inclusive, sinaliza a tendência de aproximação entre o controle difuso e o controle concentrado (cf. ADI 2.418, j. 4-5-2016, *DJe* de 17-11-2016).

6.7.6. Controle difuso em sede de ação civil pública

Segundo o Ministro Celso de Mello, só será cabível o controle difuso, em sede de ação civil pública, "... como instrumento idôneo de fiscalização incidental de constitucionalidade, pela **via difusa**, de quaisquer leis ou atos do Poder Público, mesmo quando contestados em face da Constituição da República, desde que, nesse processo coletivo, a *controvérsia constitucional, longe de identificar-se como objeto único da demanda, qualifique-se como simples* **questão prejudicial**, *indispensável à resolução do litígio principal*" (RCL 1.733).

> A ação civil pública não pode ser ajuizada como sucedâneo de ação direta de inconstitucionalidade, pois, em caso de produção de efeitos *erga omnes*, estaria provocando verdadeiro controle concentrado de constitucionalidade, usurpando competência do STF (RCL 633-6/STF).

Esse tema, sem dúvida, deverá ser acompanhado tendo em vista a nova perspectiva de **mutação constitucional do art. 52, X**, reconhecida pelo STF no julgamento das **ADIs 3.406** e **3.470** (j. 29-11-2017).

6.8. Controle concentrado

O controle concentrado de constitucionalidade de lei ou ato normativo recebe tal denominação pelo fato de "concentrar-se" em um único tribunal. Pode ser verificado em cinco situações:

Ação	Fundamento Constitucional	Regulamentação
ADI – Ação Direta de Inconstitucionalidade Genérica	art. 102, I, *a*	Lei n. 9.868/99
ADC – Ação Declaratória de Constitucionalidade	art. 102, I, *a*	Lei n. 9.868/99
ADPF – Arguição de Descumprimento de Preceito Fundamental	art. 102, § 1º	Lei n. 9.882/99
ADO – Ação Direta de Inconstitucionalidade por Omissão	art. 103, § 2º	Lei n. 12.063/2009
IF – Representação Interventiva (ADI Interventiva)	art. 36, III, c/c art. 34, VII	Lei n. 12.562/2011

6.8.1. ADI genérica

6.8.1.1. ADI genérica – regras gerais

O que se busca é o controle de constitucionalidade de lei ou de ato normativo em **tese**, em **abstrato**, marcado pela **generalidade**, **impessoalidade** e **abstração**.

Ao contrário da via de **exceção ou defesa**, na qual o controle difuso se verificava em casos concretos e incidentalmente ao objeto principal da lide, no **controle concentrado** a **representação de inconstitucionalidade**, em virtude de ser em relação a um ato normativo em tese, tem por **objeto principal** a **declaração de inconstitucionalidade** da lei ou ato normativo impugnado.

Entendam-se por **leis** todas as espécies normativas do art. 59 da CF/88, quais sejam: *emendas à Constituição, leis complementares, leis ordinárias, leis delegadas, medidas provisórias, decretos legislativos* e *resoluções*. Isso porque devem ser considerados atos normativos primários que buscam a sua validade diretamente na Constituição.

Por sua vez, **atos normativos** passíveis de controle seriam aqueles de indiscutível caráter normativo, como o regimento interno dos tribunais.

6.8.1.2. ADI genérica – competência

A competência para processar e julgar as ações diretas de inconstitucionalidade será definida em conformidade com a natureza do objeto da ação e o paradigma de confronto de constitucionalidade. Vejamos as hipóteses.

- **Lei ou ato normativo federal ou estadual que violar a Constituição Federal**: competência originária do STF.
- **Lei ou ato normativo estadual ou municipal que violar a Constituição Estadual**: competência originária do **Tribunal de Justiça do Estado**.
- **Lei ou ato normativo municipal que violar a Constituição Federal**: nesse caso, por falta de expressa previsão constitucional, **inexistirá o controle concentrado e originário por ADI no STF**. Estamos diante do denominado **silêncio eloquente**. Contudo, e agora muita atenção, caberá o controle difuso ou, também, o concentrado, mas por outra ação, qual seja, a **ADPF**. E, ainda, a partir do controle concentrado estadual, nas hipóteses de **norma de reprodução obrigatória da CF na CE**, caberá a interposição de recurso extraordinário contra o acórdão do TJ estadual, o que permitirá a análise da constitucionalidade de lei municipal em face da CF pelo STF, **mas não originariamente**. Como se disse, na citada hipótese, a análise dar-se-á em razão da interposição de **recurso extraordinário**.

Isso posto, devemos fazer um destaque: Raul Machado Horta fez importante distinção entre as normas de imitação da CF na CE e as de reprodução obrigatória da CF na CE (HORTA, 2010, p. 45). Vejamos:

Normas de imitação	Normas de reprodução
"exprimem a cópia de técnicas ou de institutos, por **influência de sugestão** exercida pelo modelo superior", traduzindo uma "**adesão voluntária** do constituinte a uma determinada disposição constitucional".	"decorrem do caráter **compulsório** da norma constitucional superior."

Feita essa distinção, devemos esquematizar a atual jurisprudência do STF, com a importante novidade fixada a partir do julgamento do **RE 650.898** (j. 1º-2-2017). Pelo atual entendimento da Corte, é possível a propositura de **ADI no TJ local**, tendo por objeto lei ou ato normativo estadual ou municipal, confrontados em face de três hipóteses de parâmetros:

- norma de reprodução obrigatória da CF expressamente copiada na CE, cabendo RE para o STF;

- norma de reprodução obrigatória da CF mesmo que não tenha sido expressamente reproduzida na CE. Nesse caso, segundo a atual jurisprudência do STF (RE 650.898), os TJs poderão exercer o controle abstrato de constitucionalidade de leis estaduais ou mesmo municipais utilizando como parâmetro as referidas normas da CF de reprodução obrigatória pelos Estados, estando ou não textualmente escritas na CE. Contra o acórdão do TJ também caberá a interposição de RE para o STF;
- normas de imitação, hipótese em que não caberá RE para o STF, devendo a decisão ficar "confinada" no TJ local.

6.8.1.3. ADI genérica – legitimidade

A Constituição de 1988, ampliando o rol, estabeleceu que a ADI poderá ser proposta pelos seguintes legitimados (para as provas preambulares, todos terão que decorar!):

- Presidente da República;
- Mesa do Senado Federal;
- Mesa da Câmara dos Deputados;
- Mesa de Assembleia Legislativa ou da Câmara Legislativa do Distrito Federal;
- Governador de Estado ou do Distrito Federal;
- Procurador-Geral da República;
- Conselho Federal da Ordem dos Advogados do Brasil;
- Partido político com representação no Congresso Nacional;
- Confederação sindical ou entidade de classe de âmbito nacional.

Trata-se de rol taxativo (*numerus clausus*) e, assim, a ampliação dos legitimados depende de alteração do art. 103 da CF por emenda constitucional.

Segundo a jurisprudência do STF, os incisos IV, V e IX devem demonstrar pertinência temática, ou seja, nexo de causalidade entre a propositura da ADI e a sua finalidade institucional. Vejamos:

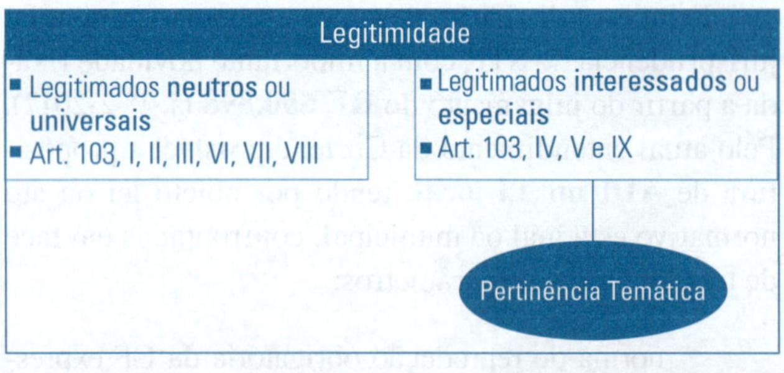

E vamos a algumas questões já resolvidas pelo STF:

- **entidade de classe de âmbito nacional**: é aquela organizada em pelo menos **9** Estados da Federação (aplicação analógica do art. 7º, da Lei n. 9.096/95). Em caso específico da **ABERSAL**, o STF afastou essa jurisprudência consolidada em razão da produção de sal se dar em apenas parte dos entes federativos (ADI 2.866). A classe tem que ter **caráter profissional** e, portanto, a UNE – União Nacional dos Estudantes não foi admitida como legitimada (ADI 89). O STF exige, ainda, o requisito da **homogeneidade** da classe (ADI 386). Como exemplo, citamos a AMB – Associação dos Magistrados Brasileiros, ou a CONAMP – Associação Nacional dos Membros do Ministério Público;
- **confederação sindical**: constituída por, no mínimo, 3 federações sindicais (art. 535, CLT). Ex.: a CNS – Confederação Nacional de Saúde, ou a CNC – Confederação Nacional do Comércio. A CUT não foi admitida como legitimada (trata-se de central sindical e não de confederação, como prescreve a CF);
- **"associação de associações"**: o STF vem admitindo a legitimação ativa, como, no caso, a ADEPOL do Brasil (Associação dos Delegados de Polícia do Brasil);
- **partido político com representação no Congresso Nacional**: basta que o partido tenha um Deputado Federal eleito ou um Senador da República. A aferição da representação deve ser feita no momento da propositura da ação, pouco importando que o partido venha a perder a representação depois do ajuizamento da ação;
- **e a necessidade de advogado?** somente os partidos políticos e as confederações sindicais ou entidades de classe de âmbito nacional é que precisarão contratar advogado para a propositura da ADI (**art. 103, VIII e IX**), devendo, no instrumento de mandato (procuração), haver a outorga de poderes específicos para atacar a norma impugnada, indicando-a. Quanto aos legitimados elencados nos demais incisos do art. 103, a capacidade postulatória decorre da própria Constituição.

6.8.1.4. ADI genérica – procedimento

A **ADI genérica** será proposta por um dos legitimados do art. 103, no STF e tendo por objeto lei ou ato normativo federal ou estadual (ou distrital de natureza estadual) que violar a Constituição Federal.

O relator pedirá **informações** aos órgãos ou às autoridades das quais emanou a lei ou o ato normativo impugnado no prazo de 30 dias contado do recebimento do pedido. Decorrido o prazo das informações, serão ouvidos, sucessivamente, o Advogado-Geral da União e o Procurador-Geral da República, que deverão manifestar-se, cada qual, no prazo de 15 dias (arts. 6º e 8º, da Lei n. 9.868/99).

Finalmente, o relator lançará o relatório, com cópia a todos os Ministros, e pedirá dia para o julgamento.

Desde que haja necessidade de esclarecimento de matéria ou circunstância de fato ou de notória insuficiência das informações existentes nos autos, poderá o **relator** requisitar outras, designar perito ou comissão de peritos para que emita parecer sobre a questão, ou fixar data para, em **audiência pública**, ouvir depoimentos de pessoas com experiência e autoridade na matéria.

Ainda, o relator, considerando a relevância da matéria e a representatividade dos postulantes, poderá, por despacho irrecorrível, admitir a manifestação de outros órgãos ou entidades (art. 7º, § 2º, da Lei n. 9.868/99 – *amicus curiae*).

O prazo para admissão do *amicus curiae*, de acordo com a jurisprudência do STF, em tese, é até a data em que o relator libera o processo para pauta. Trata-se de terceiro, estranho à relação processual e que poderá apresentar memoriais e fazer sustentação oral. Está vedado ao *amicus curiae* interpor recurso impugnando o acórdão proferido nas ações de controle concentrado de constitucionalidade.

Contudo, excepcionalmente, a atual jurisprudência do STF, que inclusive está sendo rediscutida (5 x 5, matéria pendente no julgamento da ADI 3.396), interpretando o art. 7º, § 2º, da Lei n. 9.868/99, admite a impugnação da decisão que denega o pedido de intervenção nos autos como *amicus curiae* (agravo regimental no prazo de 5 dias, alertando que o CPC/2015 prevê a figura do agravo interno – art. 1.021 –, no prazo de 15 dias – art. 1.070).

A declaração de inconstitucionalidade será proferida pelo voto da **maioria absoluta** dos membros do STF (pelo menos 6 Ministros), desde que presente o *quorum de instalação da sessão de julgamento*, qual seja, ao menos 8 dos 11 Ministros.

6.8.1.5. ADI genérica – características marcantes do processo objetivo

Por se tratar de **processo objetivo** de controle abstrato de constitucionalidade, algumas regras são muito importantes e particulares, destacando-se:

- inexistência de prazo recursal diferenciado para recorrer ou contestar;
- inexistência de prazo prescricional ou decadencial;
- não admissão da assistência jurídica a qualquer das partes, nem intervenção de terceiros, salvo a figura do *amicus curiae* (art. 7º da Lei n. 9.868/99 – apesar de o instituto do *amicus curiae* estar dentro do Título III do Livro III, do CPC/2015, que trata sobre a intervenção de terceiros);
- proposta a ação direta, não se admitirá desistência (art. 5º, *caput*, da Lei n. 9.868/99);
- irrecorribilidade (art. 26, Lei n. 9.868/99): **a) exceção 1**: embargos declaratórios; **b) exceção 2**: agravo interno contra decisão do Relator que indeferir a petição inicial inepta, não fundamentada e a manifestamente improcedente; **c) exceção 3**: recurso extraordinário contra acórdão do TJ em ADI – norma de reprodução obrigatória ou compulsória da CF na CE;
- não cabimento de ação rescisória (art. 26, Lei n. 9.868/99);
- não vinculação à tese jurídica (causa de pedir): o STF, ao julgar a ADI, não está condicionado à *causa petendi*, ou seja, não está vinculado a qualquer tese jurídica apresentada.

6.8.1.6. ADI genérica – efeitos da decisão

As decisões definitivas de mérito, proferidas pelo Supremo Tribunal Federal, nas ações diretas de inconstitucionalidade produzirão **eficácia contra todos** (*erga omnes*) e efeito **vinculante**, relativamente aos demais órgãos do Poder Judiciário e à administração pública direta e indireta, nas esferas federal, estadual e municipal, além de ter efeito retroativo, ***ex tunc***, retirando do ordenamento jurídico o ato normativo ou lei incompatível com a Constituição (ato nulo).

A decisão **não atingirá o Poder Legislativo na sua função típica de legislar**, sob pena de "fossilização" da Constituição, podendo o parlamento, portanto, editar uma lei com conteúdo idêntico àquela que fora objeto da ADI (Min. Peluso, Rcl 2.617).

Avançando, a Lei n. 9.868/99, em seu art. 27, introduziu a técnica da **modulação dos efeitos da decisão**. Neste sentido, ao declarar a inconstitucionalidade de lei ou ato normativo, e tendo em vista razões de **segurança jurídica ou de excepcional interesse social**, poderá o STF, por maioria qualificada de **2/3** de seus membros (pelo menos 8 dos 11 Ministros), restringir os efeitos daquela declaração ou decidir que ela só tenha eficácia a partir de seu trânsito em julgado ou de outro momento que venha a ser fixado.

Em razão do **efeito vinculante**, em caso de descumprimento pelos demais órgãos do Poder Judiciário ou da Administração Pública, caberá **reclamação cons-**

titucional (art. 102, I, *l* – verdadeiro direito de petição – art. 5º, XXXIV, *a*).

Em regra, estando em curso a ADI e sobrevindo a revogação (total ou parcial) da lei ou ato normativo, assim como a perda de sua vigência (o que acontece com a medida provisória), ocorrerá, por regra, a prejudicialidade da ação, por "perda do objeto", salvo na hipótese de fraude processual (ADI 3.232) ou singularidade do caso (ADI 4.426). Há perspectivas de o STF modificar esse entendimento (cf. ADI 2.158 – tema pendente).

Ainda, a declaração de inconstitucionalidade reconhece a nulidade dos atos inconstitucionais e, por consequência, a inexistência de qualquer carga de eficácia jurídica. Assim, entre tantos efeitos, a declaração de inconstitucionalidade de ato normativo que tenha "revogado" outro ato normativo (nossa análise nesse ponto refere-se à ADI perante o STF, de lei ou ato normativo federal ou estadual, ou distrital, desde que no exercício da competência estadual) provoca o **restabelecimento do ato normativo anterior**, quando a decisão tiver efeito retroativo. Trata-se do denominado **efeito repristinatório** decorrente da declaração de inconstitucionalidade. Por isso é que diante dessa situação o autor da ADI deve indicar toda **cadeia ou complexo normativo** que possam vir a ser atingidos pela declaração de inconstitucionalidade.

6.8.1.7. ADI genérica – medida cautelar

> **Lei n. 9.868/99**
> **Art. 10.** Salvo no período de recesso, a medida cautelar na ação direta será concedida por decisão da **maioria absoluta** dos membros do Tribunal, observado o disposto no art. 22, após a audiência dos órgãos ou autoridades dos quais emanou a lei ou ato normativo impugnado, que deverão pronunciar-se no prazo de cinco dias.
> **§ 1º** O relator, julgando indispensável, ouvirá o Advogado-Geral da União e o Procurador-Geral da República, no prazo de 3 dias.
> **§ 2º** No julgamento do pedido de medida cautelar, será facultada sustentação oral aos representantes judiciais do requerente e das autoridades ou órgãos responsáveis pela expedição do ato, na forma estabelecida no Regimento do Tribunal.

Assim, observa-se que, presentes 8 dos 11 Ministros, o *quorum* necessário será o da maioria absoluta, ou seja, 6 Ministros. Durante o recesso, a apreciação da cautelar se dará pelo Min. Presidente do STF (e não pelo Relator!).

A medida cautelar, dotada de eficácia contra todos (*erga omnes*), será concedida com efeito *ex nunc*, salvo se o Tribunal entender que deva conceder-lhe eficácia retroativa.

A **concessão** da cautelar, portanto, **vincula**. Contudo, a sua *não concessão* não vincula.

Finalmente, havendo pedido de medida cautelar, o relator, em face da **relevância da matéria** e de seu **especial significado para a ordem social e a segurança jurídica**, poderá, após a prestação das informações, no prazo de 10 dias, e a manifestação do Advogado-Geral da União e do Procurador-Geral da República, sucessivamente, no prazo de 5 dias, submeter o processo diretamente ao Tribunal, que terá a faculdade de julgar definitivamente a ação (art. 12, da Lei n. 9.868/99).

6.8.2. ADC – Ação Declaratória de Constitucionalidade

6.8.2.1. ADC – conceito e objeto

A ADC foi introduzida pela EC n. 3/93. Por meio desta ação, busca-se declarar a constitucionalidade de lei ou ato normativo **federal**.

CUIDADO, somente lei ou ato normativo federal, não tendo por objeto lei ou ato normativo estadual, distrital ou municipal. Estamos diante do princípio da reserva constitucional de competência e, por esse motivo, é necessário observar o rol taxativo de atribuições previsto no art. 102 da Constituição para o STF. O silêncio constitucional é eloquente.

ADI e ADC são ações dúplices ou ambivalentes, ou seja, são "ações com sinais trocados". A procedência de uma implica a improcedência da outra		
Ação	ADI (ação direta de inconstitucionalidade)	ADC (ação declaratória de constitucionalidade)
Resultado do julgamento	(+) procedência	(–) improcedência
Consequência em relação à lei	Inconstitucionalidade	Inconstitucionalidade

6.8.2.2. ADC – competência

O órgão competente para apreciar a ADC é o **STF**, de forma originária.

6.8.2.3. ADC – legitimidade

A EC 3/93, ao introduzir a ADC, prescreveu apenas 4 legitimados, quais sejam, o Presidente da República, a Mesa do Senado Federal, a Mesa da Câmara dos Deputados e o Procurador-Geral da República.

A partir da EC n. 45/2004, contudo, **os legitimados para a propositura da ADC passaram a ser os mesmos da ADI genérica**, quais sejam, aqueles elencados no **art. 103** da Constituição.

6.8.2.4. ADC – efeitos da decisão

- *erga omnes* (eficácia contra todos);
- *ex tunc*;
- **vinculante** relativamente aos demais órgãos do Poder Judiciário e à administração pública direta e indireta, nas esferas federal, estadual e municipal.

6.8.2.5. ADC – medida cautelar

> **Art. 21 da Lei n. 9.868/99**
> O Supremo Tribunal Federal, por decisão da **maioria absoluta** de seus membros, poderá deferir pedido de medida cautelar na ADC, consistente na determinação de que os juízes e os Tribunais **suspendam o julgamento dos processos** que envolvam a aplicação da lei ou do ato normativo objeto da ação até seu julgamento definitivo.

A cautelar concedida terá eficácia por **180 dias**. Findo esse prazo, não tendo sido julgada em definitivo a ADC, os juízes e Tribunais voltam a julgar os seus processos.

6.8.3. Arguição de descumprimento de preceito fundamental

6.8.3.1. ADPF – regras de cabimento

O § 1º do art. 102 da CF/88 estabelece que a arguição de descumprimento de preceito fundamental (ADPF) será apreciada pelo STF, na forma da lei.

A Lei n. 9.882/99 regulamentou a matéria e estabeleceu duas modalidades de ADPF:

- **arguição autônoma**;
- **arguição incidental** (por alguns denominada **arguição por equivalência** ou **equiparação**).

ADPF Autônoma (art. 1º, *caput*, da Lei n. 9.882/99)
A arguição prevista no § 1º do art. 102 da Constituição Federal será proposta perante o STF, e terá por objeto **evitar** ou **reparar** lesão a **preceito fundamental**, resultante de **ato** do Poder Público.
ADPF Incidental (art. 1º, parágrafo único, I, da Lei n. 9.882/99)
Caberá também arguição de descumprimento de preceito fundamental, quando for relevante o fundamento da **controvérsia constitucional** sobre lei ou ato normativo **federal**, **estadual** ou **municipal, incluídos os anteriores à Constituição**.

Nessa última hipótese, deverá ser demonstrada a **divergência jurisdicional (comprovação da controvérsia judicial) relevante** na aplicação do ato normativo, violador do preceito fundamental.

Além disso, conforme argumenta o Min. Gilmar Mendes ao procurar justificar a denominação de ADPF incidental (preferindo-a àquela por equivalência ou equiparação), o art. 6º da Lei n. 9.882/99 prescreve que, se entender necessário, poderá o relator **ouvir as partes nos processos que ensejaram a arguição** (por isso o uso da perspectiva de incidentalidade).

6.8.3.2. ADPF – competência

A ADPF será apreciada pelo **STF** (competência originária), na forma da lei.

6.8.3.3. ADPF – legitimidade

Os legitimados são os **mesmos da ADI genérica**, previstos no art. 103, I a IX, da CF/88. Portanto, não deixem de decorar os referidos incisos!

6.8.3.4. ADPF – princípio da subsidiariedade

De acordo com o art. 4º, § 1º, da Lei n. 9.882/99, não será admitida ADPF quando houver qualquer outro meio eficaz capaz de sanar a lesividade. Trata-se do **princípio da subsidiariedade**, que deverá ser entendido no contexto da ordem constitucional global, devendo, portanto, só ser afastada a ADPF se o outro meio tiver a mesma eficácia.

Assim, acabam sobrando as ações do controle concentrado, como a ADI. Ou seja, se couber ADI, não cabe ADPF.

Por isso que vem ganhando força a proposta de Gilmar Mendes (incidentalidade – art. 6º, da Lei n. 9.882/99), já que a lei federal e a lei estadual são objeto da ADI.

6.8.3.5. ADPF – efeitos da decisão

Julgada a ação, far-se-á comunicação às autoridades ou órgãos responsáveis pela prática dos atos questionados, fixando-se as condições e o modo de interpretação e aplicação do preceito fundamental.

A decisão terá eficácia contra todos (***erga omnes***) e **efeito vinculante** relativamente aos demais órgãos do Poder Público, além de, por regra, efeitos retroativos (*ex tunc*).

No mesmo sentido da ADI, ao declarar a inconstitucionalidade de lei ou ato normativo, no processo de ADPF, e tendo em vista razões de **segurança jurídica** ou de **excepcional interesse social**, poderá o STF, por maioria de 2/3 de seus membros (8 Ministros), restringir os efeitos daquela declaração ou decidir que ela só tenha eficácia a partir de seu trânsito em julgado ou de outro momento que venha a ser fixado (modulação dos efeitos da decisão).

6.8.3.6. ADPF – ADI – fungibilidade

O STF vem admitindo a fungibilidade, inclusive recíproca, entre ADI e ADPF, considerando, contudo, a noção de **dúvida objetiva** e a **proibição da incidência de erro grosseiro**.

6.8.4. ADO – Ação Direta de Inconstitucionalidade por Omissão

6.8.4.1. ADO – conceito

Trata-se de novidade introduzida pela Constituição de 1988, inspirada no art. 283 da Constituição portuguesa. O que se busca é combater uma "doença" chamada pela doutrina de **"síndrome de inefetividade das normas constitucionais"**. Vejamos:

> **Art. 103, § 2º, da CF/88**
> Declarada a inconstitucionalidade por omissão de **medida** para tornar efetiva norma constitucional, será dada **ciência** ao **Poder** competente para a adoção das providências necessárias e, em se tratando de **órgão administrativo**, para fazê-lo em **30 dias**.

O que se busca é **tornar efetiva norma constitucional** destituída de efetividade, ou seja, destina-se para as normas constitucionais de **eficácia limitada**.

6.8.4.2. ADO – competência

O **STF** é o tribunal competente para o julgamento, de forma originária, da ADO, quando o responsável para suprir a omissão for o Congresso Nacional ou o Presidente da República, ou, ainda, órgão administrativo que se sujeite à sua competência.

6.8.4.3. ADO – legitimidade

Os legitimados para a propositura da ADO são os mesmos da ADI genérica, ou seja, o rol previsto no **art. 103**. Novamente, insistimos na necessidade de decorarem o referido rol!

6.8.4.4. ADO – procedimento

O procedimento é praticamente o mesmo da ADI genérica, com algumas peculiaridades.

Proposta a ação pelos legitimados do art. 103, o requerido será o responsável para suprir a omissão, ou seja, os órgãos ou as autoridades responsáveis pela omissão inconstitucional.

Modificando o entendimento do STF, a Lei n. 12.063/2009 passou a estabelecer que o relator poderá solicitar a manifestação do AGU, que deverá ser encaminhada no prazo de 15 dias.

O Procurador-Geral da República, por sua vez, nas ações em que não for autor, terá vista do processo, por 15 dias, após o decurso do prazo para informações.

6.8.4.5. ADO – medida cautelar

A Lei n. 12.063/2009 passou a admitir medida cautelar em ADO, pela maioria absoluta (6), presentes 8 (dos 11) Ministros, nos seguintes termos:

- suspensão da aplicação da lei ou do ato normativo questionado, no caso de omissão parcial;
- suspensão de processos judiciais ou de procedimentos administrativos;
- ou ainda em outra providência a ser fixada pelo Tribunal (art. 12-F, § 1º, da Lei n. 9.868/99).

6.8.4.6. ADO – efeitos da decisão

O art. 103, § 2º, estabelece efeitos diversos para o **poder competente** e para o **órgão administrativo**:

- **poder competente:** será dada ciência ao poder competente, não tendo sido fixado qualquer prazo para a elaboração da lei;
- **órgão administrativo:** deverá editar a medida no prazo de 30 dias, sob pena de responsabilidade, ou, nos termos do art. 12-H, § 1º, da Lei n. 9.868/99, em prazo razoável a ser estipulado excepcionalmente pelo Tribunal, tendo em vista as circunstâncias específicas do caso e o interesse público envolvido.

No tocante ao Poder competente, desenvolve-se doutrina no sentido de não se aceitar uma inconsequente e desarrazoada *inertia deliberandi*, manifestamente **negligente** e **desidiosa**, conforme chegou a afirmar o Min. Gilmar Mendes. Apesar disso, a jurisprudência do STF ainda vem consagrando, na forma da lei, a mera ciência (em se tratando de Poder).

Por esse motivo, o **mandado de injunção**, agora regulamentado pela Lei n. 13.300/2016, tem sido muito mais efetivo do que a ADO, especialmente em razão da possibilidade de se dar, além dos normais – eficácia subjetiva limitada às partes, produzindo efeitos até o advento da norma regulamentadora –, os efeitos *ultra partes* ou até *erga omnes* (art. 9º, § 1º, da Lei n. 13.300/2016).

Devemos, contudo, trazer uma exceção a todo esse quadro. Trata-se do julgamento da **ADO 25**, discutindo a omissão de edição de lei complementar nacional, na forma do art. 91, ADCT.

No caso concreto, o STF, de modo inédito, adotou a posição **concretista intermediária**, que é a regra estabelecida pela lei que regulamentou o mandado de injunção (cf. art. 8º da Lei n. 13.300/2016). Como disse a Min. Cármen Lúcia, "a fixação de um prazo para que o parlamento supra a omissão é um passo adiante na natureza recomendatória que se tinha no julgamento das ADOs" (*Notícias STF* de 30-11-2016).

6.8.5. IF – representação interventiva

A representação interventiva, que surgiu com a Constituição de 1934, apresenta-se como um dos pressupostos para a decretação da intervenção federal, ou estadual, pelos Chefes do Executivo, nas hipóteses contempladas na CF/88 (arts. 34 e 35).

O procedimento pode ser descrito em 3 fases:

Fase 1	Fase 2	Fase 3
■ fase jurisdicional: o STF ou TJ analisam apenas os pressupostos para a intervenção, não nulificando o ato que a ensejou. Julgando procedente o pedido, requisitam a intervenção para o Chefe do Executivo	■ intervenção branda: o Chefe do Executivo, por meio de decreto, limita-se a suspender a execução do ato impugnado, se essa medida bastar ao restabelecimento da normalidade ■ controle político? NÃO. Nesta *fase 2*, está dispensada a apreciação pelo Congresso Nacional ou pela Assembleia Legislativa	■ intervenção efetiva: se a medida tomada durante a *fase 2* não foi suficiente, o Chefe do Executivo decretará a efetiva intervenção, devendo especificar a amplitude, o prazo e as condições de execução e que, se couber, nomeará o interventor ■ controle político? SIM. Nesta *fase 3*, deverá o decreto do Chefe do Executivo ser submetido à apreciação do Congresso Nacional ou da Assembleia Legislativa do Estado, no prazo de 24 horas, sendo que, estando em recesso, será feita a convocação extraordinária, no mesmo prazo de 24 horas

6.8.5.1. IF – objeto

De acordo com o art. 3º, II, da Lei n. 12.562/2011, podem ser objeto da ação (fase 1: judicial):

- lei ou ato normativo que viole princípios sensíveis;
- omissão ou incapacidade das autoridades locais para assegurar o cumprimento e a preservação dos princípios sensíveis, por exemplo, os direitos da pessoa humana;
- ato governamental estadual que desrespeite os princípios sensíveis;
- ato administrativo que afronte os princípios sensíveis;
- ato concreto que viole os princípios sensíveis.

6.8.5.2. IF – princípios sensíveis

Cabe o pedido de intervenção quando houver violação aos denominados **princípios sensíveis**, que estão expostos no art. 34, VII, *a* a *e*, da CF:

- forma republicana, sistema representativo e regime democrático;
- direitos da pessoa humana;
- autonomia municipal;
- prestação de contas da Administração Pública, direta e indireta;
- aplicação do mínimo exigido da receita resultante de impostos estaduais, compreendida a proveniente de transferências, na manutenção e no desenvolvimento do ensino e nas ações e nos serviços públicos de saúde.

6.8.5.3. IF – legitimação ativa

O único e exclusivo legitimado ativo para a propositura da representação interventiva federal é o **Procurador-Geral da República (PGR)**, que tem total autonomia e discricionariedade para formar o seu convencimento de ajuizamento.

No âmbito estadual, em sendo a ação proposta no TJ como premissa para eventual intervenção estadual em município, o legitimado exclusivo será o Chefe do MP Estadual, qual seja, o **Procurar-Geral de Justiça (PGJ)**.

6.8.5.4. IF – competência

Na hipótese de representação interventiva **federal**, a competência é originária do **STF** (art. 36, III). Por sua vez, em se tratando de representação interventiva estadual, a competência originária será do TJ local.

6.8.5.5. IF – medida liminar

De acordo com o art. 5º, da Lei n. 12.562/2011, o Supremo Tribunal Federal, por decisão da **maioria absoluta** de seus membros, poderá deferir pedido de medida liminar na representação interventiva, que poderá consistir na determinação de que se suspenda o andamento de processo ou os efeitos de decisões judiciais ou administrativas ou de qualquer outra medida que apresente relação com a matéria objeto da representação interventiva.

6.8.5.6. IF – representação interventiva no caso de recusa à execução de lei federal

O art. 36, III, estabelece o cabimento de representação interventiva perante o STF, a ser ajuizada pelo PGR, no caso de recusa à execução de lei federal por parte de Estado-Membro ou do Distrito Federal (art. 34, VI, 1ª parte).

Gilmar Mendes prefere falar em "recusa à execução do direito federal", o que também entendemos mais adequado (2012, p. 1345).

6.9. Controle abstrato de constitucionalidade nos Estados-Membros

Nos termos do art. 125, § 2º, cabe aos Estados a instituição de **representação de inconstitucionalidade** de leis ou atos normativos estaduais ou municipais em face da Constituição **Estadual**, vedada a atribuição da legitimação para agir a um único órgão.

Pelo princípio da **simetria**, muito embora o art. 125, § 2º, tenha fixado somente a possibilidade de instituição de **representação de inconstitucionalidade** (que corresponderia à ADI), parece-nos perfeitamente possível que, desde que respeitadas as regras da Constituição, de modo amplo, se implementem os demais meios de controle.

Explicitando a legitimação ativa, a regra constitucional não especificou os legitimados. Apenas proibiu a atribuição da legitimação para agir a um único órgão.

Assim, cabe às Constituições Estaduais a delimitação da regra, e, nesse sentido, como se trata de manifestação do poder constituinte derivado decorrente, deve-se respeitar, pela simetria, o art. 103 da CF/88, consoante o quadro abaixo:

Art. 103 – CF/88 – legitimados para o controle concentrado perante o STF	Art. 125, § 2º – CF/88 – legitimados para o controle concentrado perante o TJ local – "princípio da simetria"	Art. 125, § 2º – CF/88 – legitimados para o controle concentrado perante o TJ local – "princípio da simetria" – especialmente em relação a leis ou atos municipais
■ Presidente da República	■ Governador de Estado	■ Prefeito
■ Mesa do Senado Federal ■ Mesa da Câmara dos Deputados	■ Mesa de Assembleia Legislativa	■ Mesa de Câmara Municipal
■ Procurador-Geral da República	■ Procurador-Geral de Justiça	
■ Conselho Federal da OAB	■ Conselho Seccional da OAB	
■ Partido político com representação no Congresso Nacional	■ Partido político com representação na Assembleia Legislativa	■ Partido político com representação na Câmara do Município
■ Confederação sindical ■ Entidade de classe de âmbito nacional	■ Federação sindical ■ Entidade de classe de âmbito estadual	

7. DIVISÃO ESPACIAL DO PODER – ORGANIZAÇÃO DO ESTADO

7.1. Noções preliminares

A organização e a estrutura do Estado podem ser analisadas sob três aspectos:

- **forma de governo:** República *ou* Monarquia;
- **sistema de governo:** presidencialismo *ou* parlamentarismo;
- **forma de Estado:** Estado unitário *ou* Federação. Entre um e outro, parte da doutrina (*v.g.*, Juan Ferrando Badía) identifica outras formas de Estado, quais sejam, o Estado regional (Itália) e o autonômico (Espanha).

O Brasil adotou a **forma republicana** e o **sistema presidencialista** de governo, bem como a **forma federativa** de Estado.

7.2. Federação

7.2.1. Características comuns a toda Federação

Apesar de cada Estado federativo apresentar características peculiares, inerentes às suas realidades locais, encontramos alguns pontos em comum, que podem ser assim esquematizados:

- **descentralização política**;
- **Constituição rígida como base jurídica**;
- **inexistência do direito de secessão** (ou o **princípio da indissolubilidade do vínculo federativo**), lembrando que a forma federativa de Estado é cláusula pétrea (art. 60, § 4º, I, CF/88);
- **soberania do Estado federal**;
- **auto-organização dos Estados-Membros:** por meio da elaboração de suas Constituições estaduais;
- **órgão representativo dos Estados-Membros:** no Brasil, o Senado Federal;
- **guardião da Constituição:** no direito brasileiro, o STF.

7.2.2. Federação brasileira

A Federação no Brasil surgiu com o Decreto n. 1, de 15-11-1889, já que, durante o Império, vigorava a forma unitária de Estado.

As Constituições posteriores mantiveram a forma federativa de Estado, porém, como constata a doutrina, as Constituições de 1937 e de 1967, bem como a EC n. 1/1969, estabeleceram uma Federação de fachada.

Então podemos esquematizar em relação ao texto de 1988:

- **forma de governo:** republicana;
- **forma de Estado:** Federação;
- **característica do Estado brasileiro:** trata-se de Estado Democrático de Direito;
- **entes componentes da Federação:** União, Estados, Distrito Federal e Municípios. Os Territórios Federais não têm autonomia, sendo uma descentralização da União, mera autarquia federal;
- **sistema de governo:** presidencialista.

7.2.3. Fundamentos da República Federativa do Brasil

De acordo com o art. 1º, CF/88, são **fundamentos** da República Federativa do Brasil:

- **soberania:** fundamento da República Federativa do Brasil, e não da União, enquanto ente federativo;
- **cidadania;**
- **dignidade da pessoa humana:** regra matriz dos direitos fundamentais;
- **valores sociais do trabalho e da livre-iniciativa;**
- **pluralismo político.**

7.2.4. Objetivos fundamentais da República Federativa do Brasil

Os objetivos fundamentais (e em concursos já foi necessário conhecê-los, em contraposição aos fundamentos, daí a necessidade de memorizá-los) vêm relacionados no art. 3º. Vamos a eles:

- **construir uma sociedade livre, justa e solidária;**
- **garantir o desenvolvimento nacional;**
- **erradicar a pobreza e a marginalização e reduzir as desigualdades sociais e regionais;**
- **promover o bem de todos, sem preconceitos de origem, raça, sexo, cor, idade e quaisquer outras formas de discriminação.**

7.2.5. Princípios que regem a República Federativa do Brasil nas relações internacionais

O art. 4º da CF/88 dispõe que a República Federativa do Brasil é regida nas suas relações internacionais pelos seguintes princípios:

- **independência nacional;**
- **prevalência dos direitos humanos;**
- **autodeterminação dos povos;**
- **não intervenção;**
- **igualdade entre os Estados;**
- **defesa da paz;**
- **solução pacífica dos conflitos;**
- **repúdio ao terrorismo e ao racismo;**
- **cooperação entre os povos para o progresso da humanidade;**
- **concessão de asilo político.**

7.2.6. Idioma oficial e símbolos da República Federativa do Brasil

O **idioma oficial** da República Federativa do Brasil é a **língua portuguesa**. Dessa forma, o ensino fundamental regular será ministrado em língua portuguesa, assegurada às comunidades indígenas **também** a utilização de suas línguas maternas e processos próprios de aprendizagem (art. 13, *caput*, c/c o art. 210, § 2º, CF/88).

Por sua vez, são **símbolos** da República Federativa do Brasil:

- a **bandeira**;
- o **hino**;
- as **armas**;
- e o **selo nacionais**.

As **cores nacionais** são o **verde** e o **amarelo**, permitindo-se que sejam usadas sem quaisquer restrições, inclusive associadas a azul e branco.

Para ilustrar, passamos a representar graficamente os símbolos da República Federativa do Brasil (todas as imagens estão disponíveis em: <http://www2.planalto.gov.br/acervo/simbolos-nacionais>):

- **Bandeira Nacional**

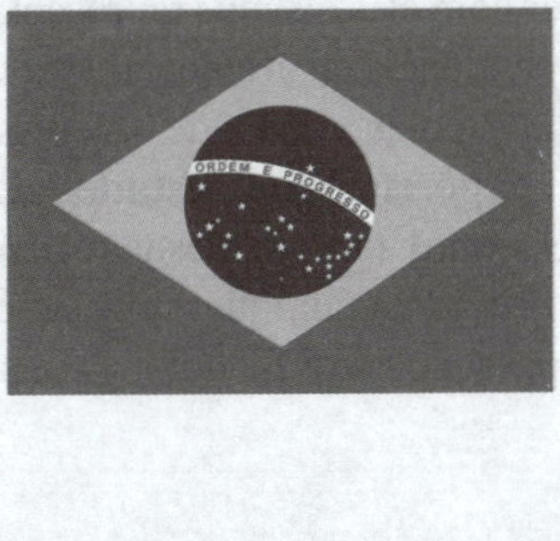

- **Hino Nacional**

- **Armas Nacionais (Brasão de Armas)**

- **Selo Nacional**

7.2.7. Vedações constitucionais impostas à União, aos Estados, ao Distrito Federal e aos Municípios

Existe expressa vedação constitucional, prevista no art. 19 da CF/88, impossibilitando aos entes federativos (União, Estados, Distrito Federal e Municípios):

- estabelecer cultos religiosos ou igrejas, subvencioná-los, embaraçar-lhes o funcionamento ou manter com eles ou seus representantes relações de dependência ou aliança, ressalvada, na forma da lei, a colaboração de interesse público. O Brasil é, portanto, um **Estado leigo, laico, não confessional**, ou seja, desde o advento da República não adota qualquer religião oficial, havendo separação entre Estado e Igreja;

> **Laicidade** não se confunde com **laicismo**. Laicidade significa neutralidade religiosa por parte do Estado. Laicismo, uma atitude de intolerância e hostilidade estatal em relação às religiões. Portanto, a **laicidade** é marca da República Federativa do Brasil, e não o laicismo, mantendo-se o Estado brasileiro em posição de neutralidade axiológica, mostrando-se indiferente ao conteúdo das ideias religiosas (cf. voto do Min. Celso de Mello na ADPF 54 – anencefalia).

Mas um alerta deve ser feito: conforme sustentou o Min. Gilmar Mendes, "**neutralidade estatal não é o mesmo que indiferença** (...). Ainda que o Estado seja laico, a religião foi e continua sendo importante para a formação da sociedade brasileira (...). A proposta de ensino não confessional retira o sentido da norma constitucional" (*Inf. 878/STF* – ADI 4.439).

> Nesse sentido, o STF, por 6 x 5, entendeu que **o ensino religioso nas escolas públicas de ensino fundamental**, que constituirá disciplina dos horários normais, **pode ter natureza confessional**, na medida em que a sua **matrícula é facultativa** nos termos do art. 210, § 1º, CF/88 (cf. ADI 4.439, Pleno, j. 27-9-2017).

- recusar fé aos documentos públicos;
- criar distinções entre brasileiros ou preferências entre si, inegável desdobramento do princípio da isonomia.

7.3. União Federal

A União Federal mais os Estados-Membros, o Distrito Federal e os Municípios compõem a República Federativa do Brasil, vale dizer, o Estado Federal, o país Brasil.

De acordo com o art. 18, § 1º, a Capital Federal é **Brasília**.

A União tem tanto competência não legislativa (administrativa ou material) como competência legislativa para fazer leis.

7.3.1. Competência não legislativa (administrativa ou material)

A competência **não legislativa** (administrativa ou material) da União pode ser assim esquematizada:

- **exclusiva da União:** prevista no art. 21 (decorem!), não pode ser atribuída a qualquer outro ente federativo;

- **comum (cumulativa, concorrente, administrativa ou paralela):** prevista no art. 23 (decorem!), é comum aos quatro entes federativos, quais sejam, a União, Estados, Distrito Federal e Municípios.

Em relação à *competência comum*, de maneira bastante interessante, o art. 23, parágrafo único, estabelece que **leis complementares** fixarão normas para a **cooperação** entre a União e os Estados, o Distrito Federal e os Municípios, tendo em vista o equilíbrio do desenvolvimento e do bem-estar em âmbito nacional. Como exemplo, citamos a LC n. 140/2011, que regulamentou os incisos III, VI e VII do art. 23.

Não havendo definição da cooperação nos termos da lei complementar, eventual conflito de políticas governamentais deverá ser dirimido levando-se em consideração o critério da **preponderância de interesses**: os mais amplos devem prevalecer sobre os mais restritos.

7.3.2. Competência legislativa

Por sua vez, a **competência legislativa** da União pode ser assim definida:

- **privativa:** todas as matérias previstas no art. 22 (decorem!). Apesar de ser competência privativa, a União, por meio de **lei complementar**, poderá autorizar os Estados (e o DF) a legislarem sobre questões específicas das matérias previstas no referido art. 22. Deixamos claro: **lei complementar** e somente **questões específicas**;
- **concorrente:** o art. 24 define as matérias de competência concorrente da União, Estados e Distrito Federal. Em relação àquelas matérias, a competência da União limitar-se-á a estabelecer **normas gerais**, cabendo aos Estados editar normas específicas (peço, por favor, que decorem o art. 24). Em caso de inércia da União, inexistindo lei federal sobre norma geral, os Estados e o Distrito Federal poderão suplementar a União e legislar, também, sobre as normas gerais, exercendo a **competência legislativa plena**. Se a União resolver legislar sobre norma geral, a norma geral que o Estado (ou Distrito Federal) havia elaborado terá a sua **eficácia suspensa**, no ponto em que for contrária à nova lei federal sobre norma geral. Caso não seja conflitante, passam a conviver, perfeitamente, a norma geral federal e a estadual (ou distrital). Observe-se que se trata de **suspensão da eficácia e não revogação**, pois, caso a norma geral federal que suspendeu a eficácia da norma geral estadual seja revogada por outra norma geral federal, que, por seu turno, não contrarie a norma geral feita pelo Estado, esta última voltará a produzir efeitos (lembre-se de que a norma geral estadual apenas teve a sua **eficácia suspensa**).

7.3.3. Competência para legislar sobre o Sistema Nacional de Ciência, Tecnologia e Inovação – EC n. 85/2015

> **Art. 24, IX, CF/88**
> Compete à União, aos Estados e ao Distrito Federal legislar **concorrentemente** sobre educação, cultura, ensino, desporto, ciência, tecnologia, pesquisa, desenvolvimento e inovação.

Muito embora a Constituição, ao definir a competência concorrente, fale em União, Estado e DF, a **EC n. 85/2015**, ao disciplinar o assunto, inovou e passou a prescrever competência sobre o assunto também para os Municípios. Vejamos:

- **União (lei federal):** disporá sobre as *normas gerais* do Sistema Nacional de Ciência, Tecnologia e Inovação.
- **Estados, Distrito Federal e Municípios:** legislarão *concorrentemente* sobre suas peculiaridades.

Deixamos claro que a competência dos Municípios se limitará a suplementar a legislação federal e a estadual existentes no que couber e sempre à luz do interesse local.

7.3.4. Legislação sobre o meio ambiente e competência municipal. O caso particular da queima da palha da cana-de-açúcar (RE 586.224)

> **Art. 24, VI, CF/88**
> Compete à União, aos Estados e ao Distrito Federal legislar **concorrentemente** sobre florestas, caça, pesca, fauna, conservação da natureza, defesa do solo e dos recursos naturais, **proteção do meio ambiente** e controle da poluição.

> O STF, ao julgar o **RE 586.224**, de maneira inovadora, por unanimidade, firmou a seguinte tese:
>
> "O Município é competente para legislar sobre o meio ambiente com a União e Estado, no limite do seu interesse local e desde que tal regramento seja harmônico com a disciplina estabelecida pelos demais entes federados (art. 24, inciso VI, c/c 30, incisos I e II, da Constituição Federal)".

7.3.5. Regiões administrativas ou de desenvolvimento

A Constituição estabelece que, para **efeitos administrativos**, a União poderá articular sua ação em um mesmo complexo geoeconômico e social, visando ao seu **desenvolvimento** e à **redução das desigualdades regionais**. As condições para a integração e a composição dos organismos implementam-se por meio de **lei complementar**, como no caso da criação da SUDAM e SUDENE.

Trata-se, nos dizeres de José Afonso da Silva, de "formas especiais de organização administrativa do território", **destituídas de competência legislativa**, em razão de sua falta de capacidade política no âmbito jurídico-formal (SILVA, 2007).

7.4. Estados-Membros

Os Estados federados são *autônomos* em decorrência de sua capacidade de **auto-organização, autogoverno, autoadministração** e **autolegislação**. Trata-se de **autonomia**, e não **soberania**, na medida em que a **soberania** é um dos **fundamentos** da República Federativa do Brasil. Vejamos:

- **auto-organização:** de acordo com o art. 25, *caput*, os Estados se **organizarão** e serão **regidos** pelas leis e Constituições que adotarem, observando-se, sempre, as regras e preceitos estabelecidos na CF (trata-se de poder constituinte derivado decorrente);
- **autogoverno:** os arts. 27, 28 e 125 estabelecem regras para a estruturação dos "Poderes": **Legislativo:** Assembleia Legislativa; **Executivo:** Governador do Estado; e **Judiciário:** Tribunais e Juízes;
- **autoadministração e autolegislação:** arts. 18 e 25 a 28 – regras de competências legislativas e não legislativas.

Para a criação de novos Estados-Membros o art. 18, § 3º estabelece a necessidade de **plebiscito** e de **lei complementar** do Congresso Nacional, pelo processo de fusão, cisão ou desmembramento.

Os Estados-Membros têm tanto competência **não legislativa** como **legislativa**.

7.4.1. Competência não legislativa (administrativa ou material) dos Estados-Membros

- **comum (cumulativa, concorrente, administrativa ou paralela):** trata-se de competência não legislativa comum aos quatro entes federativos, quais sejam, a União, Estados, Distrito Federal e Municípios, e descrita no art. 23;
- **residual (remanescente ou reservada):** são reservadas aos Estados as competências administrativas que não lhe sejam vedadas, ou a competência que sobrar (eventual resíduo), após a enumeração dos outros entes federativos (art. 25, § 1º).

7.4.2. Competência legislativa dos Estados-Membros

Como a terminologia indica, trata-se de competências, constitucionalmente definidas, **para elaborar leis**. Elas foram assim definidas para os Estados-Membros:

- **expressa:** art. 25, *caput* → qual seja, como vimos, a capacidade de auto-organização dos Estados-Membros, que se regerão pelas Constituições e leis que adotarem, observados os princípios da CF/88;
- **residual (remanescente ou reservada):** art. 25, § 1º → toda competência que não for vedada está reservada aos Estados-Membros;
- **delegada pela União:** art. 22, parágrafo único → a União poderá autorizar os Estados a legislarem sobre **questões específicas** das matérias de sua competência privativa prevista no art. 22 e incisos. Tal autorização, conforme já alertamos, dar-se-á por meio de **lei complementar**;
- **concorrente:** art. 24 → a concorrência para legislar dar-se-á entre a União, os Estados e o Distrito Federal, cabendo à **União** legislar sobre normas gerais e aos **Estados**, sobre normas específicas;
- **suplementar:** art. 24, §§ 1º ao 4º → no âmbito da legislação concorrente, como vimos, a União limita-se a estabelecer normas gerais, e os Estados, as normas específicas. No entanto, em caso de inércia legislativa da União, os Estados poderão **suplementá-la**, regulamentando as regras gerais sobre o assunto, sendo que, na superveniência de lei federal sobre norma geral, a aludida norma estadual geral (suplementar) terá a sua eficácia suspensa, no que for contrária à lei federal sobre normas gerais editada posteriormente.

7.5. Municípios

Os Municípios têm capacidade de **auto-organização, autogoverno, autoadministração** e **autolegislação**.

- **auto-organização:** art. 29, *caput* – os Municípios organizam-se por meio de **Lei Orgânica**, votada em **dois turnos**, com o **interstício mínimo de 10 dias**, e aprovada por **2/3** dos membros da Câmara Municipal, que a promulgará, atendidos os princípios estabelecidos na Constituição Federal, na

Constituição do respectivo Estado e o preceituado nos incisos I a XIV do art. 29 da CF/88;

- **autogoverno:** elegem, diretamente, o Prefeito, Vice-Prefeito e Vereadores (confira incisos do art. 29);
- **autoadministração e autolegislação:** art. 30 – regras de competência que serão oportunamente estudadas. O STF, ao destacar a essência da autonomia municipal, estabeleceu que a autoadministração implica a capacidade decisória quanto aos interesses locais, sem delegação ou aprovação hierárquica (ADI 1.842, *item 3* da *ementa*).

Como já alertamos, trata-se de **autonomia**, e não de **soberania**, uma vez que a **soberania** é um dos **fundamentos** da República Federativa do Brasil. Internamente, os entes federativos são **autônomos**, na medida de sua competência, constitucionalmente definida, delimitada e assegurada.

7.5.1. Formação dos Municípios

Art. 18, § 4º, CF/88
A criação, a incorporação, a fusão e o desmembramento de Municípios, far-se-ão por **lei estadual**, dentro do período determinado por **Lei Complementar Federal**, e dependerão de **consulta prévia**, mediante **plebiscito**, às populações dos Municípios envolvidos, após divulgação dos **Estudos de Viabilidade Municipal**, apresentados e publicados na forma da lei.

A referida lei complementar federal ainda não foi editada. Assim, lei estadual que criar Municípios padecerá de vício formal de inconstitucionalidade por violação a um dos pressupostos objetivos do ato.

Devemos alertar, contudo, que, mesmo sem a existência de lei complementar federal definindo critérios e o período de criação de novos Municípios, alguns Municípios foram criados.

Apesar da inegável inconstitucionalidade de referidos atos, buscando regularizar a situação, o Congresso Nacional promulgou a **EC n. 57/2008**, acrescentando um art. 96 ao ADCT com a seguinte redação: "ficam convalidados os atos de criação, fusão, incorporação e desmembramento de Municípios, cuja lei tenha sido publicada até 31-12-2006, atendidos os requisitos estabelecidos na legislação do respectivo Estado à época de sua criação".

7.5.2. Competências não legislativas (administrativas ou materiais) dos Municípios

As competências **não legislativas** (administrativas ou materiais) dos Municípios podem ser assim definidas:

- **comum (cumulativa, concorrente, administrativa ou paralela):** trata-se de competência não legislativa comum aos quatro entes federativos, nos termos do art. 23;
- **privativa (enumerada):** art. 30, III a IX.

7.5.3. Competências legislativas dos Municípios

As **competências legislativas** dos Municípios podem ser assim definidas:

- **expressa:** art. 29, *caput* – o Município auto-organiza-se por meio de **lei orgânica**, votada em 2 turnos, com o interstício mínimo de 10 dias, e aprovada por 2/3 dos membros da Câmara Municipal, que a promulgará, atendidos os princípios estabelecidos na Constituição Federal e na Constituição do respectivo Estado;
- **interesse local:** art. 30, I – o Município pode legislar sobre peculiaridades e necessidades ínsitas à localidade, como, por exemplo, ao disciplinar sobre o tempo de fila em bancos;
- **suplementar:** art. 30, II – estabelece competir aos Municípios suplementar a legislação federal e a estadual no que couber e à luz do **interesse local**;
- **plano diretor:** art. 182, § 1º – o plano diretor deverá ser aprovado pela Câmara Municipal, sendo **obrigatório** para cidades com mais de **20.000** habitantes. Serve como instrumento básico da política de desenvolvimento e de expansão urbana.

7.6. Distrito Federal

O Distrito Federal é uma unidade federada **autônoma**, visto que possui capacidade de **auto-organização**, **autogoverno**, **autoadministração** e **autolegislação**:

- **auto-organização:** art. 32, *caput* – estabelece que o Distrito Federal se regerá por **lei orgânica**, votada em **dois turnos** com interstício mínimo de **dez dias** e aprovada por **2/3** da Câmara Legislativa, que a promulgará, atendidos os princípios estabelecidos na Constituição Federal;
- **autogoverno:** art. 32, §§ 2º e 3º – eleição de Governador e Vice-Governador e dos Deputados Distritais;
- **autoadministração e autolegislação:** regras de competências legislativas e não legislativas, que serão a seguir estudadas.

Algumas outras regras devem também ser lembradas:

- **impossibilidade de divisão do Distrito Federal em Municípios;**
- **autonomia parcialmente tutelada pela União:** cf. art. 21, XIII e XIV, e art. 22, XVII.

7.6.1. Competência não legislativa (administrativa ou material) do Distrito Federal

- **comum (cumulativa ou paralela):** trata-se de competência **não legislativa** comum aos quatro entes federativos, quais sejam, a União, Estados, Distrito Federal e Municípios, prevista no art. 23 da CF/88.

7.6.2. Competência legislativa do Distrito Federal

No tocante à **competência legislativa**, o art. 32, § 1º, estabelece que ao Distrito Federal são atribuídas as competências legislativas reservadas aos **Estados** e **Municípios**. Assim, tudo o que foi dito a respeito dos Estados aplica-se ao Distrito Federal, bem como o que foi dito sobre os Municípios no tocante à competência para legislar também a ele se aplica.

7.7. Territórios Federais

Apesar de terem personalidade, os territórios **não são dotados de autonomia política**. Trata-se de mera **descentralização administrativo-territorial da União**, qual seja, uma **autarquia** que, conforme expressamente previsto no art. 18, § 2º, **integra a União**.

Antes da CF/88 existiam 3 Territórios Federais: a) Roraima e Amapá foram transformados em Estados (art. 14, *caput*, ADCT); b) Fernando de Noronha foi extinto, sendo a sua área reincorporada ao Estado de Pernambuco (art. 15, ADCT).

Apesar de não existirem, podem ser criados Territórios Federais no Brasil, na forma do art. 18, §§ 2º e 3º, CF/88, mediante lei complementar.

7.8. Intervenção

7.8.1. Regras gerais

Retomando o que já tanto falamos, o art. 18, *caput*, preceitua que a organização político-administrativa da República Federativa do Brasil compreende a União, os Estados, o Distrito Federal e os Municípios, **todos autônomos**, nos termos da Constituição Federal.

No entanto, **excepcionalmente**, a CF prevê situações (de anormalidade) em que haverá intervenção, suprimindo-se, temporariamente, a aludida autonomia. As hipóteses, por trazerem regras de anormalidade e exceção, devem ser interpretadas restritivamente, consubstanciando-se um rol taxativo, *numerus clausus*.

A regra da intervenção seguirá o seguinte esquema:

- **intervenção federal:** União → nos Estados, Distrito Federal (hipóteses do art. 34) e nos Municípios localizados em território federal (hipótese do art. 35);
- **intervenção estadual:** Estados → em seus Municípios (art. 35).

Recomendamos a leitura dos arts. 34 e 35 da CF/88, para o conhecimento das hipóteses de intervenção prescritas na Constituição, assim como a do art. 36, que descreve o procedimento.

7.8.2. Espécies de intervenção federal

- **espontânea:** neste caso, o Presidente da República age de ofício → art. 34, I, II, III e V;
- **provocada por solicitação:** art. 34, IV, combinado com o art. 36, I, primeira parte → quando coação ou impedimento recaírem sobre o **Poder Legislativo** ou o **Poder Executivo**, obstruindo o livre exercício dos aludidos Poderes nas unidades da Federação, a decretação da intervenção federal, pelo Presidente da República, dependerá de **solicitação** do Poder Legislativo ou do Poder Executivo coacto ou impedido;
- **provocada por requisição:** a) art. 34, IV, combinado com o art. 36, I, segunda parte → se a coação for exercida contra o **Poder Judiciário**, a decretação da intervenção federal dependerá de **requisição** do Supremo Tribunal Federal; b) art. 34, VI, segunda parte, combinado com o art. 36, II → no caso de desobediência a ordem ou decisão judicial, a decretação dependerá de **requisição** do STF, do STJ ou do TSE, de acordo com a matéria;
- **provocada, dependendo de provimento de representação:** a) art. 34, VII, combinado com o art. 36, III, primeira parte → no caso de ofensa aos princípios constitucionais sensíveis, previstos no art. 34, VII, da CF/88, a intervenção federal dependerá de **provimento**, pelo **STF, de representação do Procurador-Geral da República** (representação interventiva); b) art. 34, VI, primeira parte, combinado com o art. 36, III, segunda parte → para prover a execução de lei federal (pressupondo ter havido recusa à execução de lei federal), a intervenção dependerá de **provimento**

de representação do Procurador-Geral da República pelo **STF (EC n. 45/2004)** (trata-se, também, de representação interventiva, regulamentada pela **Lei n. 12.562/2011**).

■ 7.8.3. A intervenção federal na vigência da Constituição Federal de 1988: o caso particular da intervenção federal no Estado do Rio de Janeiro nos termos do Decreto n. 9.288/2018

Durante a vigência da Constituição Federal de 1988, tivemos apenas uma situação de efetiva decretação de intervenção federal, implementada pelo **Decreto n. 9.288/2018** no Estado do Rio de Janeiro.

O Presidente da República, no uso da atribuição que lhe confere o art. 84, X, da CF/88, decretou a intervenção federal no Estado do Rio de Janeiro com o objetivo de pôr termo ao grave comprometimento da ordem pública (art. 34, III, CF/88 e Decreto n. 9.288/2018). Trata-se, portanto, de exemplo de intervenção federal espontânea.

Devemos lembrar que, nos termos do art. 60, § 1º, da CF/88, a Constituição não poderá ser emendada na vigência de intervenção federal, de estado de defesa ou de estado de sítio (limites circunstanciais ao poder de reforma). Essa regra, então, impediu, no período da decretação da intervenção federal no Estado do Rio de Janeiro, a apreciação da Reforma da Previdência.

■ 8. DIVISÃO ORGÂNICA DO PODER – “TRIPARTIÇÃO DE PODERES” – TEORIA GERAL

> A teoria da “tripartição de Poderes”, exposta por Montesquieu, foi adotada por grande parte dos Estados modernos, só que de maneira abrandada.

A teoria da “tripartição de Poderes”, exposta por Montesquieu, foi adotada por grande parte dos Estados modernos, só que de maneira abrandada.

Isso porque, diante das realidades sociais e históricas, passou-se a permitir maior interpenetração entre os Poderes, atenuando a teoria que pregava uma separação pura e absoluta entre eles.

Dessa forma, além do exercício de **funções típicas** (*predominantes*), inerentes e ínsitas à sua natureza, cada órgão exerce, também, outras duas funções atípicas (de natureza típica dos outros dois órgãos).

Importante notar que, mesmo no exercício da função atípica, o órgão exercerá uma função que é sua, não havendo aí ferimento ao princípio da separação de Poderes, porque tal competência foi constitucionalmente assegurada pelo Poder Constituinte Originário. Vejamos:

Órgão	Função típica	Função atípica
Legislativo	■ legislar ■ fiscalização contábil, financeira, orçamentária e patrimonial do Executivo	■ Natureza executiva: ao dispor sobre sua organização, provendo cargos, concedendo férias, licenças a servidores etc. ■ Natureza jurisdicional: o Senado julga o Presidente da República nos crimes de responsabilidade (art. 52, I)
Executivo	■ prática de atos de chefia de Estado, chefia de governo e atos de administração	■ Natureza legislativa: o Presidente da República, por exemplo, adota medida provisória, com força de lei (art. 62) ■ Natureza jurisdicional: o Executivo julga, apreciando defesas e recursos administrativos
Judiciário	■ julgar (*função jurisdicional*), dizendo o direito no caso concreto e dirimindo os conflitos que lhe são levados, quando da aplicação da lei	■ Natureza legislativa: regimento interno de seus tribunais (art. 96, I, *a*) ■ Natureza executiva: administra, *v.g.*, ao conceder licenças e férias aos magistrados e serventuários (art. 96, I, *f*)

Por fim, lembre-se de que a Constituição erigiu à categoria de **cláusula pétrea a separação de Poderes**, conforme se observa pelo art. 60, § 4º, III.

■ 9. PODER LEGISLATIVO

■ 9.1. Estrutura do Poder Legislativo

No âmbito federal, vigora o **bicameralismo federativo**, já que, conforme estabelece o art. 44, “o Poder Legislativo é exercido pelo Congresso Nacional, que se compõe da Câmara dos Deputados e do Senado Federal”.

Enquanto o Senado representa os Estados e o Distrito Federal, os Deputados Federais representam o povo.

Em relação ao **sistema de eleição**, os Senadores são eleitos pelo **sistema majoritário**, enquanto os Deputados pelo **sistema proporcional** à população de cada Estado e do DF, sendo que os Territórios, se criados, elegerão um número fixo de 4 deputados federais.

São eleitos 3 Senadores por Estado e pelo DF, cada qual com 2 suplentes.

Por seu turno o número de deputados, proporcional à população de cada Estado e do DF, não poderá ser inferior a 8 nem superior a 70, lembrando, novamente, que os Territórios, se criados, elegerão um número **fixo** de 4 Deputados Federais, pouco importando a sua população.

Cada Senador exerce mandato de 8 anos (ou 2 legislaturas), enquanto para os Deputados o mandato é de 4 anos (ou 1 legislatura).

A eleição de Deputados implementa-se a cada 4 anos, sendo que os Senadores serão também eleitos a cada 4 anos, só que, alternadamente, 1/3 e 2/3, e, retome-se, cada qual cumprindo o mandato de 8 anos.

A idade mínima, enquanto condição de elegibilidade, é de 35 anos para os Senadores e de 21 anos para os Deputados.

■ 9.2. Das reuniões

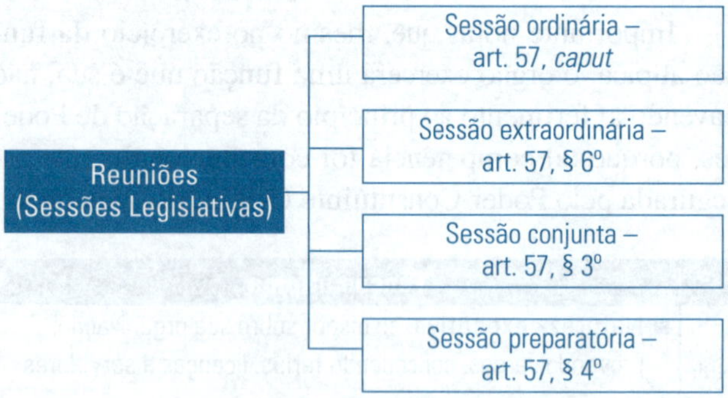

■ 9.2.1. Sessão legislativa ordinária e extraordinária

De acordo com o art. 57, *caput*, o Congresso Nacional reunir-se-á, anualmente, na Capital Federal, de **2 de fevereiro a 17 de julho** e de **1º de agosto a 22 de dezembro**. Nesse período, chamado de **sessão legislativa**, os parlamentares se reúnem **ordinariamente**.

Fora desse período, ou seja, de **18 a 31 de julho** e de **23 de dezembro a 1º de fevereiro**, temos o **recesso parlamentar** e, havendo necessidade, os parlamentares serão convocados **extraordinariamente**.

> **Art. 57, CF/88**
> **§ 6º** A **convocação extraordinária** do Congresso Nacional far-se-á:
> **I** – pelo **Presidente do Senado Federal**, em caso de decretação de estado de defesa ou de intervenção federal, de pedido de autorização para a decretação de estado de sítio e para o compromisso e a posse do Presidente e do Vice-Presidente da República;
> **II** – pelo **Presidente da República**, pelos **Presidentes da Câmara dos Deputados** e do **Senado Federal** ou a **requerimento da maioria dos membros de ambas as Casas**, em caso de urgência ou interesse público relevante, em todas as hipóteses deste inciso com a aprovação da maioria absoluta de cada uma das Casas do Congresso Nacional.
> **§ 7º** Na sessão legislativa extraordinária, o Congresso Nacional somente deliberará sobre a matéria para a qual foi convocado, ressalvada a hipótese do § 8º deste artigo, **vedado o pagamento de parcela indenizatória**, em razão da convocação.
> **§ 8º** Havendo medidas provisórias em vigor na data de convocação extraordinária do Congresso Nacional, serão elas automaticamente incluídas na pauta da convocação.

■ 9.2.2. Reunião em sessão conjunta

Em determinadas hipóteses, a Câmara dos Deputados e o Senado Federal reunir-se-ão em **sessão conjunta**. Isso se dará, entre outros casos previstos na Constituição, para (art. 57, § 3º):

- inaugurar a sessão legislativa;
- elaborar o regimento comum e regular a criação de serviços comuns às duas Casas;
- receber o compromisso do Presidente e do Vice-Presidente da República;
- conhecer do veto e sobre ele deliberar.

■ 9.2.3. Sessão preparatória

Cada uma das Casas reunir-se-á em sessões preparatórias, a partir de **1º de fevereiro**, no primeiro ano da legislatura, para a posse de seus membros e eleição das respectivas Mesas, para mandato de 2 anos, vedada a recondução para o mesmo cargo na eleição imediatamente subsequente (art. 57, § 4º).

■ 9.3. Das comissões parlamentares

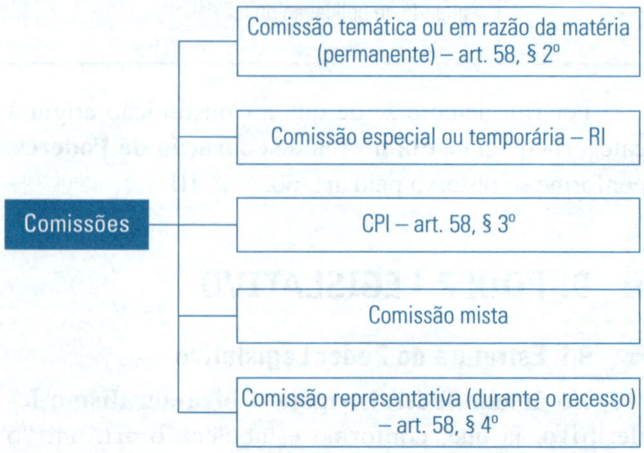

9.3.1. Comissão temática ou em razão da matéria

As **comissões temáticas** estabelecem-se em razão da **matéria** (por exemplo, comissão de saúde, orçamento, transporte, constituição e justiça etc.) e são **permanentes**.

> **Art. 58, § 2º, CF/88**
> Às comissões, em razão da **matéria** de sua competência, cabe:
> **I** – discutir e votar projeto de lei que dispensar, na forma do regimento, a competência do Plenário, salvo se houver recurso de um décimo dos membros da Casa;
> **II** – realizar audiências públicas com entidades da sociedade civil;
> **III** – convocar Ministros de Estado para prestar informações sobre assuntos inerentes a suas atribuições;
> **IV** – receber petições, reclamações, representações ou queixas de qualquer pessoa contra atos ou omissões das autoridades ou entidades públicas;
> **V** – solicitar depoimento de qualquer autoridade ou cidadão;
> **VI** – apreciar programas de obras, planos nacionais, regionais e setoriais de desenvolvimento e sobre eles emitir parecer.

9.3.2. Comissão especial ou temporária

As **comissões especiais** ou **temporárias** são criadas para apreciar uma matéria específica, extinguindo-se com o término da legislatura ou cumprida a finalidade para a qual foi criada.

9.3.3. Comissão parlamentar de inquérito (CPI)

As regras sobre as CPIs estão disciplinadas no art. 58, § 3º, da CF/88, na Lei n. 1.579/52 (alterada pelas Leis n. 10.679/2003 e 13.367/2016), na Lei n. 10.001/2000, na LC n. 105/2001 e nos Regimentos Internos das Casas, destacando-se:

- **criação:** as CPIs serão criadas pela Câmara dos Deputados e pelo Senado Federal, em conjunto ou separadamente, mediante requerimento de 1/3 de seus membros;
- **objeto:** apuração de fato determinado;
- **prazo:** certo;
- **poderes:** as CPIs terão poderes de **investigação**, próprios das autoridades **judiciais**, além de outros previstos nos regimentos internos das Casas;
- **conclusões:** as CPIs não podem nunca impor penalidades ou condenações. As suas conclusões serão encaminhadas ao Ministério Público e outros órgãos responsáveis, como a AGU, a Mesa da Casa Legislativa, Tribunal de Contas, e estes serão os responsáveis para, existindo elementos, promover a responsabilização dos infratores, seja civil, criminal, administrativa, política etc.;
- **direito público subjetivo das minorias:** uma vez autorizada a criação da CPI pelo *quorum* indicado de 1/3, o Plenário das Casas não poderá barrar a instalação da referida comissão, mesmo se essa for a vontade da maioria.

Toda **deliberação da CPI** deverá ser **motivada**, sob pena de padecer do vício de ineficácia, nos termos do art. 93, IX, da Constituição.

A CPI não poderá praticar determinados **atos de jurisdição** atribuídos exclusivamente ao Poder Judiciário, vale dizer, atos **propriamente jurisdicionais**. Trata-se daquilo que a doutrina e a jurisprudência denominaram de **postulado da reserva constitucional de jurisdição**, destacando-se a **impossibilidade** de a CPI determinar, por ato próprio:

- **diligência de busca domiciliar;**
- **quebra do sigilo das comunicações telefônicas;**
- **ordem de prisão, salvo no caso de flagrante delito, como, por exemplo, por crime de falso testemunho.**

A CPI pode, contudo, por **autoridade própria**, ou seja, sem a necessidade de qualquer intervenção judicial, sempre por **decisão fundamentada** e **motivada**, observadas todas as formalidades legais, determinar a **quebra do sigilo fiscal**, **bancário** e de **dados**, neste último caso, destaque-se o sigilo dos dados telefônicos.

Este entendimento abrange também as CPIs estaduais, mas não as municipais.

Por fim, é **competência originária** do **STF** processar e julgar **MS** e **HC** impetrados contra CPIs constituídas no âmbito do **Congresso Nacional ou de quaisquer de suas Casas**.

9.3.4. Comissão mista

As **comissões mistas** são formadas por Deputados e Senadores para apreciar, dentre outros e em especial, os assuntos que devam ser examinados em **sessão conjunta** pelo Congresso Nacional.

9.3.5. Comissão representativa

A comissão representativa será constituída somente durante o **recesso parlamentar** (período fora da **sessão legislativa ordinária**, prevista no art. 57, *caput*) e para representar o Congresso Nacional. É como se fosse um plantão representando o Congresso Nacional no recesso.

9.4. Imunidades parlamentares

9.4.1. Parlamentares federais

Imunidades parlamentares são **prerrogativas** inerentes à função parlamentar, garantidoras do exercício do mandato parlamentar, com plena liberdade.

- **imunidade material**, **real** ou **substantiva** (também denominada **inviolabilidade**): implica a exclusão da prática de crimes, bem como a inviolabilidade civil, pelas opiniões, palavras e votos dos parlamentares (art. 53, *caput*);
- **imunidade processual**, **formal** ou **adjetiva**: regras sobre prisão e processo criminal dos parlamentares (art. 53, §§ 1º ao 5º – decorar!).

Cabe alertar que o STF, no julgamento da **ADI 5.526**, em 11-10-2017, estabeleceu duas importantes teses jurídicas:

- "o Poder Judiciário dispõe de competência para impor, por autoridade própria, as medidas cautelares a que se refere o art. 319 do Código de Processo Penal" (10 x 1);
- "encaminhar-se-á à Casa Legislativa a que pertencer o parlamentar, **para os fins a que se refere o art. 53, § 2º**, da Constituição, a decisão pela qual se aplique medida cautelar, sempre que a execução desta impossibilitar, direta ou indiretamente, **o exercício regular de mandato parlamentar**" (6 x 5).

9.4.2. Prerrogativa de foro

De acordo com o art. 53, § 1º, os Deputados e Senadores, desde a expedição do diploma, serão submetidos a julgamento perante o **STF**, pela prática de **qualquer tipo de crime**, seja de natureza penal comum *stricto sensu*, ou mesmo crimes contra a vida, eleitorais, contravenções penais.

O tema da **prerrogativa de foro** sofreu marcante viragem jurisprudencial (verdadeira mutação constitucional) ao ser apreciado pelo STF no julgamento da questão de ordem na **AP 937**, suscitada pelo Min. Barroso, Relator.

No dia 3 de maio de 2018, seis ministros aderiram integralmente às teses propostas pelo Min. Barroso, apresentadas a seguir, estabelecendo que a nova linha interpretativa deve ser **aplicada imediatamente aos processos em curso**, com a ressalva de todos os atos praticados e decisões proferidas pelo STF e pelos demais juízos com base na jurisprudência anterior, conforme precedente firmado na Questão de Ordem no Inquérito 687 (Rel. Min. Sydney Sanches, j. 25-8-1999). Vejamos:

- "o foro por prerrogativa de função aplica-se apenas aos crimes cometidos durante o exercício do cargo e relacionados às funções desempenhadas"; e
- "após o final da instrução processual, com a publicação do despacho de intimação para apresentação de alegações finais, a competência para processar e julgar ações penais não será mais afetada em razão de o agente público vir a ocupar outro cargo ou deixar o cargo que ocupava, qualquer que seja o motivo".

Referida orientação foi estabelecida **apenas para parlamentares federais**, não tendo havido definição de interpretação em relação às demais autoridades, apesar de críticas de ministros para que a definição fosse geral.

9.4.3. As imunidades parlamentares podem ser renunciadas?

Não! As **imunidades parlamentares são irrenunciáveis** na medida em que decorrem da função exercida e não da pessoa do parlamentar.

9.4.4. As imunidades parlamentares se estendem aos suplentes?

As imunidades parlamentares são prerrogativas que decorrem do efetivo exercício da função parlamentar. Não são garantias da pessoa, mas direitos inerentes à função e ao cargo. Assim, as imunidades, inclusive a prerrogativa de foro, **não** se estendem aos suplementes, a não ser que assumam o cargo ou estejam em seu efetivo exercício.

9.4.5. Parlamentares estaduais e do DF

De acordo com o art. 27, § 1º, CF/88, será de 4 anos o mandato dos Deputados Estaduais, aplicando-se-lhes as regras da Constituição Federal sobre sistema eleitoral, inviolabilidade, **imunidades**, remuneração, perda de mandato, licença, impedimentos e incorporação às Forças Armadas, disposição aplicada aos deputados distritais por força do art. 32, § 3º.

Apesar da literalidade da regra, o STF vem discutindo a sua extensão no julgamento das ADIs 5.823, 5.824 e 5.825, que tiveram o julgamento suspenso em 7-12-2017 (pendentes no fechamento desta edição).

9.4.6. Parlamentares municipais

De acordo com o art. 29, VIII, como já visto, os Municípios reger-se-ão por lei orgânica, que deverá obedecer, dentre outras regras, à da inviolabilidade dos Vereadores por suas opiniões, palavras e votos no exercício do mandato e na circunscrição do Município.

Assim, os Vereadores Municipais, e muito cuidado agora, somente terão **imunidade material** e na **circunscrição municipal**, não lhes tendo sido atribuída a imunidade formal ou processual.

9.5. Incompatibilidades e impedimentos dos parlamentares federais

Em decorrência de sua nobre função, aos parlamentares é vedado o exercício de algumas atividades, bem como determinados comportamentos, desde a expedição do diploma e, posteriormente, após tomarem posse. Os Deputados e Senadores não poderão, conforme enuncia o art. 54, I e II, da CF/88:

I – Desde a expedição do diploma	■ firmar ou manter contrato com pessoa jurídica de direito público, autarquia, empresa pública, sociedade de economia mista ou empresa concessionária de serviço público, salvo quando o contrato obedecer a cláusulas uniformes; ■ aceitar ou exercer cargo, função ou emprego remunerado, inclusive os de que sejam demissíveis *ad nutum*, nas entidades constantes da alínea anterior.
II – Desde a posse	■ ser proprietários, controladores ou diretores de empresa que goze de favor decorrente de contrato com pessoa jurídica de direito público, ou nela exercer função remunerada; ■ ocupar cargo ou função de que sejam demissíveis *ad nutum*, nas entidades referidas no inciso I, *a*; ■ patrocinar causa em que seja interessada qualquer das entidades a que se refere o inciso I, *a*; ■ ser titulares de mais de um cargo ou mandato público eletivo.

9.6. Perda do mandato do Deputado ou Senador

O art. 55 da CF/88 estabelece que **perderá o mandato** o parlamentar federal:

Hipóteses de perda do mandato (art. 55)	Peculiaridades
I – quando o parlamentar infringir qualquer das proibições estabelecidas no art. 54 (quadro anterior);	§ 2º a perda do mandato será decidida pela Câmara dos Deputados ou pelo Senado Federal, por maioria absoluta, mediante provocação da respectiva Mesa ou de partido político representado no Congresso Nacional, assegurada ampla defesa.
II – cujo procedimento for declarado incompatível com o decoro parlamentar;	§ 1º É incompatível com o decoro parlamentar, além dos casos definidos no regimento interno, o abuso das prerrogativas asseguradas a membro do Congresso Nacional ou a percepção de vantagens indevidas. Nesta hipótese, de acordo com o § 2º do art. 55, a perda do mandato será decidida pela Câmara dos Deputados ou pelo Senado Federal, por maioria absoluta, mediante provocação da respectiva Mesa ou de partido político representado no Congresso Nacional, assegurada ampla defesa.
III – que deixar de comparecer, em cada sessão legislativa, à terça parte das sessões ordinárias da Casa a que pertencer, salvo licença ou missão por esta autorizada;	§ 3º a perda do mandato será declarada pela Mesa da Casa respectiva, de ofício ou mediante provocação de qualquer de seus membros, ou de partido político representado no Congresso Nacional, assegurada ampla defesa.
IV – que perder ou tiver suspensos os direitos políticos (Obs.: sabemos ser, na vigência da CF/88, vedada a cassação de direitos políticos. Porém, o art. 15 da CF/88 estabelece hipóteses de perda e suspensão);	§ 3º a perda do mandato será declarada pela Mesa da Casa respectiva, de ofício ou mediante provocação de qualquer de seus membros, ou de partido político representado no Congresso Nacional, assegurada ampla defesa.
V – quando o decretar a Justiça Eleitoral, nos casos previstos nesta Constituição;	§ 3º a perda do mandato será declarada pela Mesa da Casa respectiva, de ofício ou mediante provocação de qualquer de seus membros, ou de partido político representado no Congresso Nacional, assegurada ampla defesa.
VI – que sofrer condenação criminal em sentença transitada em julgado.	§ 2º a perda do mandato será decidida pela Câmara dos Deputados ou pelo Senado Federal, por maioria absoluta, mediante provocação da respectiva Mesa ou de partido político representado no Congresso Nacional, assegurada ampla defesa.

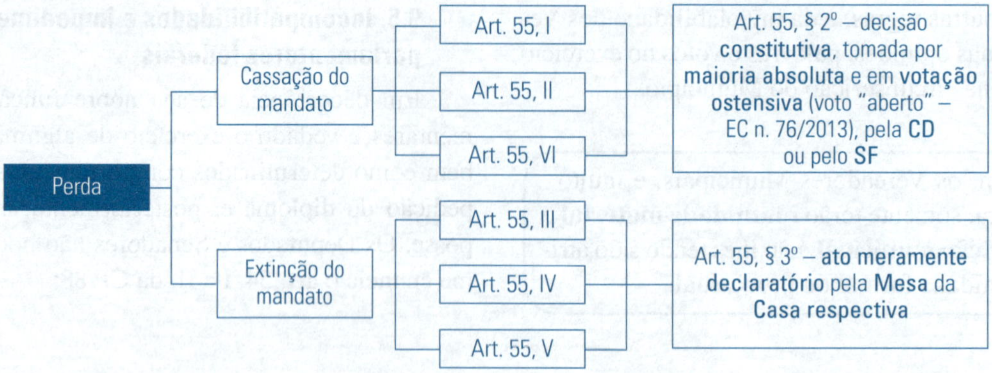

■ 9.7. Processo legislativo

O processo legislativo consiste nas regras procedimentais, constitucionalmente previstas, para a elaboração das espécies normativas, previstas no art. 59, a saber:

- emendas à Constituição;
- leis complementares;
- leis ordinárias;
- leis delegadas;
- medidas provisórias;
- decretos legislativos;
- resoluções.

■ 9.7.1. Leis ordinárias e complementares

O processo legislativo de formação das leis ordinárias e complementares compreende 3 fases distintas, a saber: **fase de iniciativa**; **fase constitutiva**; e **fase complementar**.

■ 9.7.1.1. Fase de iniciativa

A primeira fase do processo legislativo é a **fase de iniciativa**, *deflagradora*, *iniciadora*, *instauradora* de um procedimento que deverá culminar, desde que preenchidos todos os requisitos e seguidos todos os trâmites, com a formação da espécie normativa.

Qualquer vício nessa fase de iniciativa vai gerar o denominado vício formal subjetivo de inconstitucionalidade, que se mostra insanável e incurável.

Algumas leis são de **iniciativa privativa** de determinadas pessoas ou órgãos, só podendo o processo legislativo ser deflagrado por eles, sob pena de se configurar vício formal de iniciativa, caracterizador da inconstitucionalidade do referido ato normativo.

Muito embora a Constituição fale em competência privativa, melhor seria dizer, em muitas das hipóteses, **competência exclusiva** (ou **reservada**), em razão da marca de sua indelegabilidade.

Como exemplo, temos o art. 61, § 1º, que descreve leis de iniciativa "privativa" (ou melhor, reservada) do Presidente da República e que devem ser decoradas para a prova da OAB. Nesse rol há uma exceção, qual seja, o **art. 61, § 1º, II, *d***, que prevê a organização do MPU. Essa matéria, contudo, é, também, de competência (no caso, então, concorrente) do PGR, na forma do art. 128, § 5º.

> As hipóteses previstas na Constituição Federal de iniciativa reservada do Presidente da República, pelos **princípios da simetria** e da **separação de Poderes**, devem ser observadas em âmbito estadual, distrital e municipal, ou seja, referidas matérias terão de ser iniciadas pelos Chefes do Executivo (Governadores dos Estados e do DF e Prefeitos), sob pena de se configurar inconstitucionalidade formal subjetiva.

■ 9.7.1.2. Fase constitutiva

Nesta segunda fase do processo legislativo, teremos a conjugação de vontades, tanto do **Legislativo** (deliberação parlamentar – discussão e votação) como do **Executivo** (deliberação executiva – sanção ou veto).

Em decorrência do **bicameralismo federativo**, tratando-se de processo legislativo de lei federal, sempre haverá a apreciação de duas casas: a **Casa iniciadora** e a **Casa revisora**. Assim, para que o projeto de lei complementar e ordinária seja apreciado pelo Chefe do Executivo, necessariamente, deverá ter sido, previamente, apreciado e **aprovado** pelas duas Casas, a Câmara dos Deputados e o Senado Federal.

A matéria constante de projeto de lei rejeitado somente poderá constituir objeto de novo projeto, na mesma sessão legislativa, mediante proposta da maioria absoluta dos membros de qualquer das Casas do Congresso Nacional (art. 67, CF/88).

Terminada a fase de discussão e votação, aprovado o projeto de lei, deverá ele ser encaminhado para a apreciação do Chefe do Executivo, que terá o prazo de **15 dias úteis** para sancionar ou vetar (art. 66, § 1º, CF/88).

Em caso de **concordância**, de **aquiescência**, o Presidente da República **sancionará o projeto de lei**, expressamente ou tacitamente. Sanção é o mesmo que **anuência**, **aceitação**. Decorrido o prazo de 15 dias úteis, o silêncio do Presidente da República importará sanção (trata-se da denominada **sanção tácita**).

Em caso de **discordância**, poderá o Presidente da República **vetar** o projeto de lei, total ou parcialmente, devendo ser observadas as seguintes regras:

- **prazo para vetar:** 15 dias úteis, contados da data do recebimento;
- **tipos de veto:** total ou parcial. Ou se veta todo o projeto de lei (veto total), ou somente parte dele. O veto parcial só abrangerá **texto integral de artigo, de parágrafo, de inciso ou de alínea**. Assim, pode-se afirmar que **não** existe **veto de palavras**, o que poderia alterar, profundamente, o sentido do texto. Na hipótese de veto parcial, haverá análise pelo Congresso Nacional apenas da parte vetada, o que significa que a parte não vetada, que será promulgada e publicada, poderá entrar em vigor em momento anterior à referida parte vetada (veto parcial), se este vier a ser derrubado;
- **motivos do veto:** vetando o projeto de lei, total ou parcialmente, o Presidente da República deverá comunicar ao Presidente do Senado Federal os **motivos do veto** no prazo de **48 horas**. Poderá o Presidente da República vetar o projeto de lei se entendê-lo **inconstitucional** (veto jurídico), ou **contrário ao interesse público** (veto político);
- **características do veto:** o veto é sempre **expresso**, conforme visto. Assim, não existe veto tácito, devendo ser **motivado** e por **escrito**. O veto é sempre **supressivo**, não podendo adicionar. Além disso, o veto é **superável** ou **relativo**, pois poderá ser "derrubado" pelo Parlamento. Podemos afirmar, também, que o veto é **irretratável**, pois, vetando e encaminhando os motivos para o Senado Federal, o Presidente da República não poderá retratar-se;
- **veto sem motivação:** se o Presidente da República simplesmente vetar, sem explicar os motivos de seu ato, estaremos diante da **inexistência** do veto; portanto, o veto sem motivação expressa produzirá os mesmos efeitos da sanção (no caso, tácita).

O veto será apreciado em **sessão conjunta**, dentro de **30 dias** a contar de seu recebimento, só podendo ser rejeitado pelo **voto aberto da maioria absoluta** dos Deputados e Senadores.

9.7.1.3. Fase complementar – promulgação e publicação

A fase final ou complementar do processo legislativo biparte-se na **promulgação** e na **publicação** da lei.

A **promulgação** nada mais é do que um atestado da existência válida da lei e de sua executoriedade.

A lei deverá ser promulgada pelo Presidente da República. Se no prazo de 48 horas não houver promulgação, nas hipóteses do art. 66, § 3º (sanção tácita) e § 5º (derrubada do veto pelo Congresso), a lei será promulgada pelo Presidente do Senado Federal e, se este não o fizer em igual prazo, pelo Vice-Presidente do Senado Federal.

Promulgada a lei, ela deverá ser **publicada**, ato pelo qual se levará ao conhecimento de todos o conteúdo da inovação legislativa.

Por meio da **publicação**, tem-se o estabelecimento do momento em que o cumprimento da lei deverá ser exigido.

A lei começa a vigorar em todo o País **45 dias** depois de oficialmente publicada, salvo disposição expressa em contrário.

Nos Estados estrangeiros, a obrigatoriedade da lei brasileira, quando admitida, inicia-se **3 meses** depois de oficialmente publicada.

Algumas exceções à regra geral também foram previstas na Constituição nos arts. 150, III, *b*, e 195, § 6º.

O período que vai da publicação da lei à sua vigência chama-se *vacatio legis*.

9.7.1.4. Lei complementar e lei ordinária: diferenças

Existem duas grandes diferenças entre a lei complementar e a ordinária, uma do ponto de vista **material** e outra do ponto de vista **formal**.

Do ponto de vista **material**, as hipóteses de regulamentação da Constituição por meio de **lei complementar** estão **taxativamente** previstas no texto Maior, enquanto as **leis ordinárias** têm um campo material **residual**, ou seja, tudo o que não for regulamentado por lei complementar, decreto legislativo ou resoluções será regulamentado por lei ordinária.

No tocante ao **aspecto formal**, a grande diferença entre lei complementar e lei ordinária está no ***quorum* de aprovação** do respectivo projeto de lei. Enquanto a **lei complementar** é aprovada por **maioria absoluta**, as **leis ordinárias** o serão por **maioria simples** ou **relativa**.

Finalmente, o STF se posicionou no sentido da **inexistência de hierarquia** entre lei complementar e lei ordinária, tratando-se de campos materiais de atuação.

■ 9.7.2. Emenda constitucional

As **emendas constitucionais** são produto do *Poder Constituinte Derivado Reformador*, alterando o trabalho do Poder Constituinte Originário, pelo acréscimo, modificação ou supressão de normas.

Ao contrário do constituinte originário, que é juridicamente ilimitado, o poder constituinte derivado é condicionado, submetendo-se a algumas limitações, expressamente previstas, ou decorrentes do sistema. Trata-se das limitações **expressas** ou **explícitas** (*formais* ou *procedimentais, circunstanciais* e *materiais*) e das **implícitas**, estando aquelas previstas no art. 60 da Constituição.

■ 9.7.2.1. Limitações formais ou procedimentais (art. 60, I, II, III e §§ 2º, 3º e 5º)

Quanto à iniciativa: trata-se de **iniciativa privativa** e **concorrente**. A Constituição, e vamos decorar, só poderá ser emendada mediante proposta:

- de 1/3, no mínimo, dos membros da Câmara dos Deputados ou do Senado Federal;
- do Presidente da República;
- de mais da metade das Assembleias Legislativas das unidades da Federação, manifestando-se, cada uma delas, pela **maioria relativa** de seus membros.

***Quorum* de aprovação:** a proposta de emenda será discutida e votada em cada Casa do Congresso Nacional, em **2 turnos**, considerando-se aprovada se obtiver, em ambos, **3/5** dos votos dos respectivos membros.

Promulgação: pelas **Mesas da Câmara dos Deputados** e do **Senado Federal**, com o seu respectivo **número de ordem**.

Proposta de emenda rejeitada ou havida por prejudicada: não pode ser objeto de nova apresentação na mesma sessão legislativa.

■ 9.7.2.2. Limitações circunstanciais (art. 60, § 1º)

A Constituição não poderá ser emendada na vigência de:

- intervenção federal;
- estado de defesa;
- estado de sítio.

■ 9.7.2.3. Limitações materiais (art. 60, § 4º)

Não será objeto de deliberação a proposta de emenda tendente a abolir:

- a forma federativa de Estado;
- o voto direto, secreto, universal e periódico;
- a separação dos Poderes;
- os direitos e garantias individuais.

> Muito embora haja previsão constitucional do voto obrigatório nas hipóteses previstas na Constituição, **a obrigatoriedade do voto não é cláusula pétrea**, podendo ser aprovada emenda constitucional tornando-o facultativo. Conforme visto acima, a cláusula pétrea é o voto direto, secreto, universal e periódico, e **não o voto obrigatório**.

■ 9.7.2.4. Limitações implícitas

Até agora, estudamos as limitações expressas. Resta verificar quais seriam as limitações implícitas.

A doutrina aponta duas limitações implícitas. São elas:

- as **próprias limitações expressas** já apontadas; e
- a **impossibilidade de se alterar tanto o titular do poder constituinte originário** como o **titular do poder constituinte derivado reformador**.

■ 9.7.2.5. Tratados e convenções internacionais sobre direitos humanos e a sua equivalência com as emendas constitucionais – EC n. 45/2004

> Nos termos do § 3º do art. 5º, introduzido pela **EC n. 45/2004** (**Reforma do Judiciário**), os tratados e convenções internacionais sobre **direitos humanos** que forem aprovados, em cada Casa do Congresso Nacional, em dois turnos, por 3/5 dos votos dos respectivos membros, serão **equivalentes** às **emendas constitucionais** e, assim, terão natureza constitucional.

Como exemplo, destacamos o **Decreto Legislativo n. 186, de 9-7-2008**, que aprova o texto da *Convenção sobre os Direitos das Pessoas com Deficiência* e de seu *Protocolo Facultativo*, assinados em Nova Iorque, em 30 de março de 2007, tendo sido incorporado ao ordenamento jurídico brasileiro com o *status* de norma constitucional.

■ 9.7.3. Lei delegada

A lei delegada caracteriza-se como exceção ao **princípio da indelegabilidade de atribuições**, na medida em que a sua elaboração é antecedida de delegação de atribuição do Poder Legislativo ao Executivo, através da chamada delegação *externa corporis*. Logo, quem elabora a Lei Delegada é o **Presidente da República**.

Art. 68, CF/88
As leis delegadas serão elaboradas pelo Presidente da República, que deverá solicitar a delegação ao Congresso Nacional.
§ 1º Não serão objeto de delegação os atos de competência exclusiva do Congresso Nacional, os de competência privativa da Câmara dos Deputados ou do Senado Federal, a matéria reservada à lei complementar, nem a legislação sobre:
I – organização do Poder Judiciário e do Ministério Público, a carreira e a garantia de seus membros;
II – nacionalidade, cidadania, direitos individuais, políticos e eleitorais;
III – planos plurianuais, diretrizes orçamentárias e orçamentos.
§ 2º A delegação ao Presidente da República terá a forma de **resolução** do Congresso Nacional, que especificará seu conteúdo e os termos de seu exercício.
§ 3º Se a resolução determinar a apreciação do projeto pelo Congresso Nacional, este a fará em votação única, vedada qualquer emenda.

9.7.4. Medida provisória

9.7.4.1. MP – Regras gerais

- **legitimado para a edição da MP:** exclusivamente por ato unilateral do Presidente da República (competência **exclusiva**, marcada por sua **indelegabilidade**). Os Governadores de Estado e do DF, assim como os Prefeitos, podem editar a medida provisória se prevista esta atribuição nas Constituições estaduais e nas leis orgânicas e seguindo a simetria da Constituição Federal;
- **pressupostos constitucionais:** relevância **e** urgência. Os requisitos conjugam-se;
- **prazo de duração da MP:** 60 dias, prorrogável, uma vez, por igual período (novos 60 dias);
- **eficácia:** as MPS perderão eficácia, desde a edição, se não forem convertidas em lei no prazo de **60 dias**, prorrogável, uma vez, por igual período (**novos 60 dias**), devendo o Congresso Nacional disciplinar, por **decreto legislativo**, as relações jurídicas delas decorrentes;
- **regime de urgência constitucional:** se a medida provisória não for apreciada em até **45 dias** contados de sua **publicação**, entrará em **regime de urgência**, subsequentemente, em cada uma das Casas do Congresso Nacional, ficando sobrestadas, até que se ultime a votação, todas as demais deliberações legislativas da Casa em que estiver tramitando;

Cabe alertar que o STF estabeleceu que não haverá travamento de pauta em relação à tramitação de PEC, dos projetos de LC, de decreto legislativo, de resolução e, até mesmo, tratando-se de projetos de lei ordinária, daqueles que veiculem temas pré-excluídos do âmbito de incidência das medidas provisórias (CF, art. 62, § 1º, I, II e IV) (**MS 27.931**, j. 29-6-2017).

- **reedição de medida provisória:** vedada na mesma **sessão legislativa**. Portanto, possível na sessão legislativa seguinte.

Editada a medida provisória, o Congresso Nacional poderá tomar as seguintes atitudes:

- **aprovação sem alteração;**
- **aprovação com alteração;**

Isso significa que o Parlamento poderá apresentar emendas ao texto original. Nesse caso, contudo, as modificações parlamentares deverão guardar pertinência temática com o conteúdo da MP, sob pena de ser caracterizar verdadeiro "**contrabando legislativo**", como denominou o STF (ADI 5.127).

Aprovado **projeto de lei de conversão** alterando o texto original da medida provisória, esta se manterá integralmente em vigor até que seja sancionado ou vetado o projeto (art. 62, § 12).

- **não apreciação (rejeição tácita);**
- **rejeição expressa.**

9.7.4.2. MP – limites materiais

Art. 62, CF/88:
§ 1º É vedada a edição de medidas provisórias sobre matéria:
I – relativa a:
a) nacionalidade, cidadania, direitos políticos, partidos políticos e direito eleitoral;
b) direito penal, processual penal e processual civil;
c) organização do Poder Judiciário e do Ministério Público, a carreira e a garantia de seus membros;
d) planos plurianuais, diretrizes orçamentárias, orçamento e créditos adicionais e suplementares, ressalvado o previsto no art. 167, § 3º;
II – que vise a detenção ou sequestro de bens, de poupança popular ou qualquer outro ativo financeiro;
III – reservada a lei complementar;
IV – já disciplinada em projeto de lei aprovado pelo Congresso Nacional e pendente de sanção ou veto do Presidente da República.

Além desses limites materiais, outros devem ser lembrados:

- **art. 246**: é vedada a adoção de medida provisória na regulamentação de artigo da Constituição cuja redação tenha sido alterada por meio de emenda promulgada entre 1º de janeiro de 1995 e a promulgação da EC n. 32/2001, inclusive;
- **matérias que não podem ser objeto de delegação legislativa**: art. 68, § 1º, pela própria natureza do ato que reforça o princípio da indelegabilidade de atribuições;
- **matérias reservadas às resoluções e aos decretos legislativos**: por serem de competência das Casas ou do próprio Congresso Nacional;
- **art. 25, § 2º, da CF/88**: "Cabe aos Estados explorar diretamente, ou mediante concessão, os serviços locais de gás canalizado, na forma da lei, vedada a edição de medida provisória para a sua regulamentação";
- **art. 73 do ADCT**: acrescentado pela ECR n. 1/94, que já teve a sua eficácia exaurida, vedando a regulação do Fundo Social de Emergência, criado inicialmente para os exercícios financeiros de 1994 e 1995, por medida provisória;
- **art. 2º da EC n. 8/95**: veda a adoção de medida provisória para regulamentar o disposto no inciso XI do art. 21 da CF/88;
- **art. 3º da EC n. 9/95**: veda a adoção de medida provisória na regulamentação da matéria prevista nos incisos I a IV e nos §§ 1º e 2º do art. 177 da CF/88.

9.7.4.3. Medidas provisórias editadas em data anterior à EC n. 32/2001

De acordo com o art. 2º da EC n. 32/2001, as medidas provisórias editadas em data anterior à da publicação dessa emenda **continuam em vigor** até que medida provisória ulterior as revogue explicitamente ou até deliberação definitiva do Congresso Nacional.

9.7.5. Decreto legislativo

O decreto legislativo é o instrumento normativo pelo qual serão materializadas as **competências exclusivas do Congresso Nacional**, previstas no art. 49 (decore!).

Além das matérias do art. 49 da CF/88, o Congresso Nacional deverá regulamentar, por decreto legislativo, os efeitos decorrentes da medida provisória não convertida em lei.

Deflagrado o processo legislativo, ocorrerá discussão no Congresso, e, havendo aprovação do projeto (pela maioria simples, art. 47), passa-se, imediatamente, à promulgação, realizada pelo **Presidente do Senado Federal**, que determinará a sua publicação. Não existe manifestação do Presidente da República, sancionando ou vetando o decreto legislativo, pela própria natureza do ato (pois versa sobre matérias de competência do Congresso), bem como em virtude de expressa previsão constitucional (art. 48, *caput*).

9.7.6. Resolução

Por meio das resoluções regulamentar-se-ão as matérias de competência privativa da Câmara dos Deputados (art. 51), do Senado Federal (art. 52) e algumas de competência do Congresso Nacional, fixadas, além das poucas hipóteses constitucionais, regimentalmente.

Uma vez aprovada (maioria simples – art. 47), passa-se à promulgação, que será realizada pelo Presidente da Casa (Câmara ou Senado) e, no caso de resolução do Congresso, pelo Presidente do Senado Federal. Os mencionados Presidentes determinarão a publicação.

> **Um alerta**: a fixação da **remuneração** dos cargos, empregos e funções dos serviços de cada uma das Casas dar-se-á por **lei ordinária** do Congresso Nacional, de iniciativa reservada da Câmara ou do Senado (arts. 51, IV, e 52, XIII), e não por resolução.

9.8. Função fiscalizatória exercida pelo Legislativo e o Tribunal de Contas

9.8.1. Regras gerais

Além da função típica de legislar, ao Legislativo também foi atribuída função **fiscalizatória**.

De modo geral, todo Poder deverá manter, de forma integrada, sistema de **controle interno fiscalizatório**, conforme estabelece o art. 74, *caput*.

Em relação ao legislativo, além do controle interno (inerente a todo Poder), também realiza **controle externo**, por meio da fiscalização contábil, financeira, orçamentária, operacional e patrimonial da União e das entidades da administração direta (pertencentes ao Executivo, Legislativo e Judiciário) e indireta, levando-se em consideração a legalidade, legitimidade, economicidade, aplicação das subvenções e renúncia de receitas.

A Constituição consagra, dessa forma, um sistema harmônico, integrado e sistêmico de perfeita convivência entre os **controles internos** de cada Poder e o **controle externo** exercido pelo **Legislativo**, com o auxílio do Tribunal de Contas.

As atribuições do Tribunal de Contas estão previstas no art. 71 e deverão ser lidas para a prova. Fazemos um destaque para os incisos I ("apreciar") e II ("julgar") do art. 71 e passamos a explicar.

O julgamento das contas dos Chefes dos Executivos não é feito pelo Tribunal de Contas, mas pelo respectivo Poder Legislativo. O Tribunal de Contas apenas aprecia as contas, mediante parecer prévio conclusivo, que deverá ser elaborado em 60 dias a contar de seu recebimento.

Nesse sentido, o art. 49, IX, da CF/88 estabelece ser competência exclusiva do Congresso Nacional **julgar** anualmente as contas prestadas pelo Presidente da República e apreciar os relatórios sobre a execução dos planos de governo. Portanto, quem julga as contas é o Poder Legislativo de cada ente federativo.

Por sua vez, o art. 71, II, dá total autonomia para o TCU **julgar** – e agora percebam que o verbo é "**julgar**", e não "apreciar" – as contas dos administradores e demais responsáveis por dinheiros, bens e valores públicos da administração direta e indireta, incluídas as fundações e sociedades instituídas e mantidas pelo Poder Público federal e as contas daqueles que derem causa a perda, extravio ou outra irregularidade de que resulte prejuízo ao erário público.

Finalmente, devemos alertar que o Tribunal de Contas não é órgão do Poder Judiciário (não está elencado no art. 92 e não exerce jurisdição no sentido de definitividade), nem mesmo do Legislativo.

9.8.2. Ministros do TCU

O Tribunal de Contas da União, integrado por **9 Ministros**, tem sede no Distrito Federal, quadro próprio de pessoal e exerce as suas atribuições em todo o território nacional.

Os Ministros do Tribunal de Contas da União serão nomeados dentre brasileiros que satisfaçam os seguintes **requisitos**:

- mais de 35 e menos de 65 anos de idade;
- idoneidade moral e reputação ilibada;
- notórios conhecimentos jurídicos, contábeis, econômicos e financeiros ou de administração pública;
- mais de 10 anos de exercício de função ou de efetiva atividade profissional que exija os conhecimentos mencionados no inciso anterior.

Os **Ministros do TCU**, que terão as mesmas garantias, prerrogativas, impedimentos, vencimentos e vantagens dos Ministros do STJ, aplicando-se-lhes, quanto à aposentadoria e pensão, as normas constantes do art. 40, serão **escolhidos**:

- 1/3 pelo Presidente da República, com aprovação do Senado Federal, sendo dois alternadamente dentre auditores e membros do Ministério Público junto ao Tribunal, indicados em lista tríplice pelo Tribunal, segundo os critérios de antiguidade e merecimento;
- 2/3 pelo Congresso Nacional.

9.8.3. Tribunais de Contas Estaduais

As Constituições estaduais disporão sobre os Tribunais de Contas respectivos, que serão integrados por **7 Conselheiros**.

Partindo da regra de escolha fixada para o TCU (9 Ministros nomeados na forma do art. 73, § 2º, I e II), o STF definiu a forma de escolha dos referidos Conselheiros estaduais nos seguintes termos:

> **STF – Súmula 653**
> No Tribunal de Contas estadual, composto por sete conselheiros, **quatro** devem ser escolhidos pela **Assembleia Legislativa** e **três** pelo **Chefe do Poder Executivo estadual**, cabendo a este indicar um dentre auditores e outro dentre membros do MP especial, e **um** terceiro à sua livre escolha.

9.8.4. Tribunais de Contas Municipais

A Constituição veda a criação de Tribunais, Conselhos ou órgãos de Contas Municipais (art. 31, § 4º). Contudo, os que já existiam, como os de São Paulo e Rio de Janeiro, permanecem.

Devemos alertar que o STF entendeu ser **possível a extinção de Tribunal de Contas dos Municípios por emenda constitucional estadual**, transferindo-se as suas competências para o Tribunal de Contas do Estado (**ADI 5.763**, Pleno, j. 26-10-2017). Conforme informado, "os Estados, considerada a existência de tribunal de contas estadual e de tribunais de contas municipais, podem optar por concentrar o exame de todas as despesas em apenas um órgão, sem prejuízo do efetivo controle externo. O meio adequado para fazê-lo é a promulgação de norma constitucional local" (*Inf. 883/STF*, pendente a publicação do acórdão).

A fiscalização do Município será exercida pelo Poder Legislativo Municipal, mediante controle externo, e pelos sistemas de controle interno do Poder Executivo Municipal, na forma da lei.

O controle externo da Câmara Municipal será exercido com o **auxílio** dos Tribunais de Contas dos Estados ou do Município ou dos Conselhos ou Tribunais de Contas dos Municípios, onde houver.

O parecer prévio, emitido pelo órgão competente sobre as contas que o Prefeito deve anualmente prestar só deixará de prevalecer por decisão de **2/3** dos membros da Câmara Municipal.

A Corte, em votação bastante apertada (6 x 5), ao analisar a literalidade do art. 31, § 2º, que estabelece que o parecer prévio emitido pelo Tribunal de Contas *"só deixará de prevalecer"* por decisão de 2/3 do Parlamento, fixou a seguinte **tese** (a partir do que denominou interpretação sistêmica da referida expressão): "o **parecer técnico** elaborado pelo Tribunal de Contas tem **natureza meramente opinativa**, competindo exclusivamente à Câmara de Vereadores o julgamento das contas anuais do Chefe do Poder Executivo local, sendo incabível o julgamento ficto das contas por decurso de prazo" (RE 729.744, Pleno, j. 10-8-2016).

Mas um **ALERTA**: em outro julgado, em momento seguinte, decidiu o STF que, apesar de o parecer técnico elaborado pelo Tribunal de Contas ter natureza meramente opinativa, a sua emissão é **imprescindível**.

As contas dos Municípios ficarão, durante 60 dias, anualmente, à disposição de qualquer contribuinte, para exame e apreciação, o qual poderá questionar-lhes a legitimidade, nos termos da lei.

■ 10. PODER EXECUTIVO

Exercendo funções típicas, o órgão executivo pratica atos de chefia de Estado, chefia de governo e atos de administração. **Atipicamente**, o Executivo *legisla*, por exemplo, por meio de medida provisória e *julga*, no "contencioso administrativo".

O sistema de governo adotado pela Constituição, mantido pelo plebiscito previsto no art. 2º do ADCT, é o **presidencialista**, influenciado, historicamente, pela experiência norte-americana. Trata-se, inclusive, de tradição do direito constitucional pátrio, vivenciada durante toda a República, com exceção do período de 1961/1963.

Podemos afirmar, então, seguindo as lições de Maurice Duverger, que o Brasil adotou o ***executivo monocrático***, e não *dual* ou *dualista* como no Parlamentarismo.

■ 10.1. O exercício do Poder Executivo no Brasil

O Poder Executivo no Brasil, conforme estabelece o art. 76 da CF/88, é exercido pelo **Presidente da República**, auxiliado pelos Ministros de Estado.

Em **âmbito estadual**, o Poder Executivo é exercido pelo Governador de Estado; em âmbito do DF, pelo Governador do DF; em âmbito municipal, pelo Prefeito, todos, por regra, eleitos pelo voto direto, secreto, universal e periódico.

Finalmente, devemos destacar que a direção dos Territórios Federais se dará por Governador, **nomeado** pelo Presidente da República, após aprovação pelo Senado Federal. A regra no caso específico de Territórios Federais, então, preste muita atenção, é a da nomeação pelo Presidente da República.

■ 10.2. Condições de elegibilidade

As condições de elegibilidade para o cargo de Presidente e Vice-Presidente da República são:

- ser brasileiro **nato**;
- estar no pleno exercício dos direitos políticos;
- alistamento eleitoral;
- domicílio eleitoral na circunscrição;
- filiação partidária;
- idade mínima de 35 anos;
- não ser inalistável nem analfabeto;
- não ser inelegível, nos termos do art. 14, § 7º.

■ 10.3. Posse e mandato

Eleito o Presidente da República, juntamente com o Vice-Presidente, tomarão **posse** em sessão **conjunta** do Congresso Nacional, prestando o compromisso de manter, defender e cumprir a Constituição, observar as leis, promover o bem geral do povo brasileiro, sustentar a união, a integridade e a independência do Brasil (art. 78).

O **mandato** do Presidente da República é de **4 anos**, tendo início em **1º de janeiro** do ano seguinte ao da sua eleição, sendo atualmente, em decorrência da EC n. 16/97, **permitida a reeleição**, para um **único período subsequente**, do Presidente da República, dos Governadores de Estado e do Distrito Federal, dos Prefeitos e de quem os houver sucedido ou substituído no curso dos mandatos.

■ 10.4. Impedimento e vacância dos cargos

O Presidente da República será **sucedido** pelo Vice-Presidente no caso de **vaga**, ou **substituído**, no caso de **impedimento** (art. 79). A **vacância** nos dá uma ideia de impossibilidade **definitiva** (cassação, renúncia ou morte), enquanto a **substituição** tem **caráter temporário** (por exemplo: doença, férias).

Assim, tanto na vacância como no impedimento, o Vice-Presidente assumirá o cargo, na primeira hipótese até o final do mandato e, no caso de impedimento, enquanto este durar.

E em caso de **impedimento** do Presidente e do Vice-Presidente, ou vacância de ambos os cargos? Quem deverá assumi-los? Por qual período?

De acordo com o art. 80, serão sucessivamente chamados ao exercício da presidência, nas hipóteses de **impedimento** do Presidente e do Vice e em caso de **vacância** dos cargos, na seguinte ordem:

- o Presidente da Câmara dos Deputados;
- o Presidente do Senado Federal;
- o Presidente do STF.

E fica um alerta: conforme assentado pelo Min. Celso de Mello, "os substitutos eventuais do Presidente da República a que se refere o art. 80 da Constituição, caso ostentem a posição de réus criminais perante esta Corte Suprema, ficarão unicamente impossibilitados de exercer o ofício de Presidente da República, **embora conservem a titularidade funcional da chefia e direção de suas respectivas Casas**", não se justificando o afastamento cautelar do exercício da presidência (voto do Min. Celso de Mello, **ADPF 402**, fls. 11).

A **assunção do cargo** por referidas pessoas (ao contrário do que ocorre no caso da vacância (do cargo de Presidente) e a sua sucessão pelo Vice, que o assume definitivamente) **será em caráter temporário (substitutos eventuais** ou **legais**).

- **vacância de AMBOS os cargos (de Presidente e de Vice) nos 2 primeiros anos do mandato:** far-se-á eleição **90 dias** depois de aberta a última vaga. Trata-se de **eleição direta**, pelo sufrágio universal e pelo voto direto e secreto, com valor igual para todos;
- **vacância de AMBOS os cargos nos últimos 2 anos do mandato:** nesta hipótese, a eleição será feita **30 dias** depois da última vaga, pelo **Congresso Nacional**, na forma da lei, ou seja, **eleição indireta**!

Nas duas situações os eleitos (novo Presidente e novo Vice-Presidente da República) deverão apenas completar o período de seus antecessores. Trata-se do denominado **"mandato-tampão"**.

10.5. Ministros de Estado

Os Ministros de Estado são escolhidos pelo Presidente da República, que os nomeia, podendo ser demitidos (exonerados) a qualquer tempo, *ad nutum*, não tendo qualquer estabilidade (art. 84, I). Os requisitos para assumir o cargo de Ministro de Estado, cargo de provimento em comissão, são, de acordo com o art. 87, *caput*:

- ser brasileiro, nato ou naturalizado (exceto para o cargo de **Ministro de Estado da Defesa**, que deverá ser preenchido por **brasileiro nato** – art. 12, § 3º, VII);
- ter mais de 21 anos de idade;
- estar no exercício dos direitos políticos.

10.6. Conselho da República e Conselho de Defesa Nacional

O Conselho da República e o Conselho de Defesa Nacional são órgãos superiores de consulta do Presidente da República e as suas manifestações **não terão caráter vinculativo** aos atos a serem tomados pelo Presidente da República.

As atribuições (que deverão ser lidas) estão previstas nos arts. 90 e 91, § 1º, tendo sido estabelecida a seguinte composição:

Conselho da República – art. 90	Conselho de Defesa Nacional – art. 91
I – o Vice-Presidente da República; II – o Presidente da Câmara dos Deputados; III – o Presidente do Senado Federal; IV – os líderes da maioria e da minoria na Câmara dos Deputados; V – os líderes da maioria e da minoria no Senado Federal; VI – o Ministro da Justiça; VII – 6 cidadãos brasileiros natos, com mais de 35 anos de idade, sendo 2 nomeados pelo Presidente da República, 2 eleitos pelo Senado Federal e 2 eleitos pela Câmara dos Deputados, todos com mandato de 3 anos, vedada a recondução.	I – o Vice-Presidente da República; II – o Presidente da Câmara dos Deputados; III – o Presidente do Senado Federal; IV – o Ministro da Justiça; V – o Ministro de Estado da Defesa; VI – o Ministro das Relações Exteriores; VII – o Ministro do Planejamento; VIII – os Comandantes da Marinha, do Exército e da Aeronáutica.

10.7. Crimes comum e de responsabilidade

10.7.1. Regras gerais

Os detentores de altos cargos públicos poderão praticar, além dos **crimes comuns**, os **crimes de responsabilidade**, vale dizer, infrações político-administrativas (crimes, portanto, de natureza **política**), submetendo-se ao processo de *impeachment*.

O procedimento é **bifásico**, tendo sido apreciado e delimitado pelo STF no julgamento da **ADPF 378**, que procurou reafirmar o adotado para o processo de *impeachment* de Fernando Collor.

Compete à Câmara dos Deputados **autorizar**, por **2/3** de seus membros, a instauração de processo contra o Presidente e o Vice-Presidente da República.

O julgamento do crime comum será realizado pelo **STF** (art. 102, I, *b*), e o de responsabilidade, pelo **Sena-**

do Federal, que é competente, no caso, para **processar** e **julgar** (art. 52, I).

Em relação ao crime de responsabilidade, isso significa que, havendo autorização da Câmara, o processo se inicia com a decisão do Senado Federal, momento, então, em que haverá o afastamento do Presidente da República pelo prazo de 180 dias.

De acordo com a Constituição, são crimes de responsabilidade os atos do Presidente da República que atentem contra a Constituição Federal, devendo as hipóteses estar definidas em lei especial do Congresso Nacional, no caso a Lei n. 1.079/50.

> **STF – Súmula Vinculante 46**
> A definição dos crimes de responsabilidade e o estabelecimento das respectivas normas de processo e julgamento são da **competência legislativa privativa da União**.

Crime comum é aquele que, não sendo de responsabilidade, foi praticado *in officio* ou *propter officium*. Assim, o Presidente da República, durante a vigência do mandato, não poderá ser responsabilizado por atos estranhos ao exercício de suas funções.

Por sua vez, o **crime de responsabilidade** restará caracterizado quando houver qualquer ato que viole a Constituição, devendo estar definido em lei, no caso a Lei n. 1.079/50.

A pena do crime comum será aquela prevista na lei. No caso de crime de responsabilidade, havendo a necessidade do *quorum* de 2/3 dos Senadores e funcionando o Ministro do STF como Presidente do Julgamento, a Constituição prevê duas penas autônomas:

- perda do cargo;
- inabilitação para o exercício de função pública por 8 anos.

No julgamento do *impeachment* de Dilma Rousseff, o Senado Federal decidiu "fatiar" a votação e, assim, resolveu duas questões, isoladamente: a) houve crime de responsabilidade? Se sim, a pena imposta seria a perda do cargo; b) deve ser imposta a pena de inabilitação por 8 anos?

Em nosso entender, não poderia ter havido o "fatiamento" da Constituição, já que o texto é explícito ao falar em perda do cargo, **com inabilitação**, por oito anos, para o exercício de função pública, sem prejuízo das demais sanções judiciais cabíveis.

10.7.2. A regra da licença prévia no âmbito dos demais entes federativos

Os demais entes federativos podem estabelecer a licença prévia pelo Legislativo local para o julgamento dos Chefes do Executivo?

Em outras palavras, o **art. 51, I, da CF/88** pode ser transplantado por **simetria** no âmbito estadual, distrital e municipal?

NÃO.

Trata-se de **norma de reprodução proibida** no âmbito estadual, distrital e municipal, tendo o STF, no julgamento da **ADI 5.540** (j. 3-5-2017), superado o antigo entendimento, segundo o qual se tratava de norma de reprodução facultativa, dentro do âmbito da autonomia federativa.

> O STF, sobre o tema, estabeleceu duas regras importantes: é **inconstitucional** norma da Constituição Estadual que condicione a instauração de ação penal contra o Governador de Estado à autorização prévia da Assembleia Legislativa ou que preveja a suspensão automática do Governador de suas funções pela mera aceitação de denúncia ou queixa-crime. Assim, é **vedado** às unidades federativas instituírem normas que condicionem a instauração de ação penal contra Governador, por crime comum, à prévia autorização da casa legislativa, cabendo ao **STJ** dispor, fundamentadamente, sobre a aplicação de **medidas cautelares penais**, inclusive sobre o afastamento do cargo (**ADIs 5.540, 4.798, 4.764 e 4.797**).

10.8. Imunidade formal em relação à prisão (art. 86, § 3º) e a cláusula de irresponsabilidade penal relativa (art. 86, § 4º)

Nos termos do art. 86, § 3º, da CF/88, enquanto não sobrevier sentença condenatória, nas infrações comuns, o Presidente da República não estará sujeito a prisão.

Por sua vez, o art. 86, § 4º, também da CF/88, estabelece que o Presidente da República, na vigência de seu mandato, não pode ser responsabilizado por atos estranhos ao exercício de suas funções.

Assim, as infrações penais praticadas antes do início do mandato ou durante a sua vigência, porém sem qualquer relação com a função presidencial (ou seja, não praticadas *in officio* ou *propter officium*), não poderão ser objeto da *persecutio criminis*, que ficará, provisoriamente, inibida, acarretando, logicamente, a suspensão do curso da prescrição. Trata-se da irresponsabilidade penal relativa, pois a imunidade só abrange ilícitos penais praticados antes do mandato, ou durante, sem relação funcional.

As regras sobre a imunidade formal em relação à prisão (art. 86, § 3º), bem como aquelas relacionadas à imunidade penal relativa (art. 86, § 4º), estabelecidas para o Presidente da República, **não podem ser estendidas** aos Governadores de Estado e, no mesmo sentido, ao Governador do DF e Prefeitos **por atos normativos próprios**, na medida em que referidas prerrogativas (que são regras derrogatórias do direito comum) foram fixadas na CF/88 ou estão reservadas à **competência exclusiva da União** para disciplinar, nos termos do art. 22, I (direito processual) (cf. ADI 978).

Nesse importante precedente, também se estabeleceu que "os Estados-membros não podem reproduzir em suas próprias Constituições o conteúdo normativo dos preceitos inscritos no art. 86, §§ 3º e 4º, da Carta Federal, pois as prerrogativas contempladas nesses preceitos da Lei Fundamental – **por serem unicamente compatíveis com a condição institucional de Chefe de Estado – são apenas extensíveis ao Presidente da República**" (ementa da ADI 978).

10.9. Responsabilidade fiscal e os limites fixados pelo "Novo Regime Fiscal" introduzido pela EC n. 95/2016

O tema da **responsabilidade fiscal** vem sendo constantemente discutido, sobretudo diante das regras trazidas pela LC n. 101/2000, bem como as alterações implementadas pela LC n. 148/2014. Não pretendemos, aqui, discutir a referida lei, na medida em que fugiria do propósito deste trabalho.

O objetivo do tema, dentro dessa perspectiva de reequilíbrio das contas públicas, é destacar a **EC n. 95/2016**, que instituiu o **"Novo Regime Fiscal"** no âmbito dos *Orçamentos Fiscal e da Seguridade Social da União* e que vigorará por **20 exercícios financeiros**, nos termos dos arts. 107 a 114 do ADCT. A reforma constitucional define **limites individualizados** para as **despesas primárias** dos Poderes da União, do MPU e CNMP e da DPU (art. 107, § 1º, I e II, ADCT – como se disse, enfatize-se, apenas **no âmbito da União**, não atingindo os demais entes federativos).

A partir do **10º exercício** da vigência do *Novo Regime Fiscal*, contudo, o Presidente da República poderá propor projeto de lei complementar para **alteração** do método de correção dos limites a que se refere o inciso II do § 1º do art. 107 do ADCT, qual seja, a correção pela variação do IPCA.

Finalmente, lembramos que as disposições introduzidas pelo *Novo Regime Fiscal* não revogam, dispensam ou suspendem o cumprimento de dispositivos constitucionais e legais que disponham sobre metas fiscais ou limites máximos de despesas (art. 112, II, ADCT), como é o caso da já comentada *Lei de Responsabilidade Fiscal* (LC n. 101/2000).

11. PODER JUDICIÁRIO

O Poder Judiciário tem por **função típica** a **jurisdicional**, inerente à sua natureza. Exerce, ainda, **funções atípicas** de **natureza executivo-administrativa** (organização de suas secretarias, a concessão de licença e férias a seus membros, juízes e servidores imediatamente vinculados), bem como **funções atípicas** de **natureza legislativa** (elaboração do regimento interno).

11.1. Reforma do Poder Judiciário – EC n. 45/2004

Antes de iniciarmos a análise de algumas regras específicas sobre o Poder Judiciário convém lembrar a importante aprovação da **Reforma do Poder Judiciário**.

Constatamos que, na maioria dos concursos, vem sendo dada ênfase às novidades trazidas pela Reforma do Judiciário, motivo pelo qual iniciamos a nossa análise apontando os seus principais pontos:

- **princípio da efetividade do processo**: "a todos, no âmbito judicial e administrativo, são assegurados a razoável duração do processo e os meios que garantam a celeridade de sua tramitação" (art. 5º, LXXVIII, da CF);
- **acesso à justiça – 1ª "onda renovatória" do processo**: previsão de real cumprimento do princípio do acesso à ordem jurídica justa, estabelecendo-se a Justiça itinerante e a sua descentralização, assim como a autonomia funcional, administrativa e financeira da Defensoria Pública **Estadual**.

  É importante notar que, nesse primeiro momento (*EC n. 45/2004*), a novidade de autonomia foi introduzida **apenas** para a Defensoria Pública **Estadual**. Anotamos que a *EC n. 69/2012*, por sua vez, com atraso de quase 8 anos (já que o assunto deveria ter sido introduzido pela Reforma do Judiciário), finalmente transferiu, agora formal e oficialmente, da União para o Distrito Federal, as atribuições de organizar e manter a Defensoria Pública do DF. A *EC n. 74/2013* explicitou a autonomia das Defensorias Públicas do DF, bem como da União. Finalmente, a *EC n. 80/2014* consagrou, de vez, a instituição da Defensoria Pública;
- **justiça especializada**: possibilidade de se criarem varas especializadas para a solução das questões agrárias, no âmbito estadual e por proposta do Tribunal de Justiça;
- **"constitucionalização" dos tratados e convenções internacionais sobre direitos huma-**

nos, desde que aprovados pelo *quorum* qualificado das emendas constitucionais: dessa forma, temos a ampliação do conceito de norma de caráter constitucional, dentro de um contexto de "bloco de constitucionalidade".

Convém lembrar que os tratados e convenções internacionais de direitos humanos que não forem incorporados com o *quorum* de emenda, em razão da matéria veiculada, terão natureza **supralegal**, ou seja, estarão acima da lei e abaixo da Constituição. Por esse motivo e em razão do Pacto de São José da Costa Rica, estabeleceu o STF ser **ilícita** a prisão civil de depositário infiel, qualquer que seja a modalidade do depósito (SV n. 25/2009);

- **TPI**: o Brasil se submete à jurisdição do Tribunal Penal Internacional a cuja criação tenha manifestado adesão.

  O Estatuto de Roma estabelece dois princípios a serem observados: a) **complementaridade**, ou seja, o TPI só vai atuar em caso de incapacidade ou omissão da jurisdição nacional; b) **cooperação**, no sentido de que os Estados-Partes deverão cooperar com o Tribunal durante o inquérito e no procedimento, em relação aos crimes de sua competência, quais sejam, de **genocídio**, **contra a humanidade**, de **guerra** e de **agressão**;
- **federalização de crimes contra direitos humanos**: nas hipóteses de grave violação de direitos humanos, o Procurador-Geral da República, com a finalidade de assegurar o cumprimento de obrigações decorrentes de tratados internacionais de direitos humanos dos quais o Brasil seja parte, poderá suscitar, perante o STJ, em qualquer fase do inquérito ou processo, Incidente de Deslocamento de Competência para a Justiça Federal.

  Trata-se do **IDC**, que só será provido se o STJ entender que a Justiça Estadual está sendo inoperante ou incapaz de processar e punir qualquer violação a direitos humanos. O deslocamento, repita-se, dar-se-á da Justiça Estadual para a Justiça Federal. O STJ não julgará a ação, apenas analisará se é o caso de se deslocar a competência.

  O primeiro caso no Brasil foi o IDC n. 1, que analisou o julgamento do assassinato da freira Dorothy Stang pela Justiça Estadual da Comarca de Anapu, no Pará;
- **criação do Conselho Nacional de Justiça:** enquanto Órgão do Poder Judiciário, com sede na Capital Federal, não exerce jurisdição.

  Compete ao Conselho o controle da atuação **administrativa** e **financeira** do Poder Judiciário e do cumprimento dos deveres funcionais dos juízes. Isso quer dizer que o CNJ não exerce jurisdição, enfatize-se, não podendo, portanto, ser instância recursal das decisões jurisdicionais.

  O CNJ compõe-se de 15 membros, com mandato de 2 anos, admitida 1 recondução. Para as provas, o candidato atento deve memorizar os seus componentes, previstos no art. 103-B da Constituição;
- **ampliação de algumas regras mínimas a serem observadas na elaboração do *Estatuto da Magistratura* (art. 93), todas no sentido de dar maior produtividade e transparência à prestação jurisdicional, na busca da efetividade do processo, destacando-se:**

  a) previsão da exigência de 3 anos de atividade jurídica para o bacharel em Direito como requisito para o ingresso na carreira da Magistratura (quarentena de entrada);

  b) aferição do merecimento para a promoção conforme o desempenho, levando-se em conta critérios objetivos de produtividade;

  c) maior garantia ao magistrado, já que a recusa da promoção por antiguidade somente poderá se implementar pelo voto fundamentado de 2/3 dos membros do Tribunal a que ele estiver vinculado, conforme procedimento próprio e assegurada a ampla defesa;

  d) impossibilidade de promoção do magistrado que, injustificadamente, retiver autos em seu poder além do prazo legal;

  e) previsão de cursos oficiais de preparação, aperfeiçoamento e promoção de magistrados, constituindo *etapa obrigatória do processo de vitaliciamento*;

  f) o ato de remoção, disponibilidade e aposentadoria do magistrado, por interesse público, fundar-se-á em decisão por voto da **maioria absoluta** (e não mais 2/3) do respectivo tribunal ou do Conselho Nacional de Justiça, assegurada ampla defesa;

  g) na hipótese de processo que tramite sob "segredo de justiça", existindo colisão de dois grandes direitos fundamentais, quais sejam, a preservação do direito à intimidade do interessado no sigilo e o interesse público à informação, parece ter o constituinte reformador dado preferência a este último;

  h) previsão de serem as decisões administrativas dos tribunais tomadas em *sessão pública*;

i) modificação da sistemática de preenchimento das vagas dos integrantes do Órgão Especial dos Tribunais, sendo metade por antiguidade e a outra metade por eleição pelo Tribunal Pleno;

j) fim das férias coletivas nos juízos e tribunais de segundo grau, tornando a atividade jurisdicional *ininterrupta*;

k) previsão de número de juízes compatível com a demanda judicial e à respectiva população;

l) possibilidade de os servidores receberem delegação para a prática de atos de administração e atos de mero expediente sem caráter decisório;

m) distribuição imediata dos processos em todos os graus de jurisdição.

Para as provas, recomendamos a leitura atenta do art. 93, já que, acima, destacamos apenas as novidades trazidas pela Reforma do Judiciário.

- **ampliação da garantia de imparcialidade dos órgãos jurisdicionais por meio das seguintes proibições**: **a)** vedação aos juízes de receber, a qualquer título ou pretexto, auxílios ou contribuições de pessoas físicas, entidades públicas ou privadas, ressalvadas as exceções previstas em lei; **b)** instituição da denominada *quarentena de saída*, proibindo membros da magistratura de exercer a advocacia no juízo ou tribunal do qual se afastaram por aposentadoria ou exoneração pelo prazo de 3 anos. A *quarentena* também se aplica aos membros do MP;
- **ampliação da fonte de custeio do Judiciário**: previsão de que as custas e emolumentos sejam destinados exclusivamente ao custeio dos serviços afetos às atividades específicas da Justiça, fortalecendo-a, portanto;
- **regulação do procedimento de encaminhamento da proposta orçamentária do Judiciário e solução em caso de inércia**: proibição de realização de despesas ou a assunção de obrigações que extrapolem os limites estabelecidos na lei de diretrizes orçamentárias, exceto se previamente autorizadas, mediante a abertura de créditos suplementares ou especiais;
- **extinção dos Tribunais de Alçada**: passando os seus membros a integrar os TJs dos respectivos Estados e uniformizando, assim, a nossa Justiça;
- **homologação de sentenças estrangeiras e a concessão de *exequatur* às cartas rogatórias**: transferência de competência do STF para o STJ;
- **ampliação da competência do STF**: para o julgamento de recurso extraordinário quando se *julgar válida lei local contestada em face de lei federal*. Muito se questionou sobre essa previsão. Observa-se que ela está **correta**, já que, no fundo, quando se questiona a aplicação de lei, acima de tudo, tem-se conflito de constitucionalidade, pois é a Constituição que fixa as regras sobre competência legislativa federativa;
- **repercussão geral das questões constitucionais discutidas no caso para o conhecimento do recurso extraordinário**: essa importante regra busca evitar que o STF julgue brigas particulares de vizinhos, como algumas discussões sobre "assassinato" de papagaio ou "furto" de galinha já examinadas pela mais alta Corte. Trata-se de verdadeiro "**filtro constitucional**", buscando tornar o STF uma verdadeira Corte Constitucional;
- **controle de constitucionalidade**: houve a constitucionalização do efeito dúplice ou ambivalente da ADI e da ADC, assim como do seu efeito vinculante, além da ampliação da legitimação para agir. Com a EC n. 45/2004, os legitimados da ADC são os mesmos da ADI (e não mais somente os 4 que figuravam no art. 103, § 4º, *revogado*);
- **criação da Súmula Vinculante do STF**: dada a importância, vamos analisar mais adiante, com cuidado, algumas regras sobre este novo instituto;
- **aprovação da nomeação de Ministro do STJ pelo *quorum* de maioria absoluta dos membros do Senado Federal**: equiparando-se ao *quorum* de aprovação para a sabatina dos Ministros do STF, e não mais maioria simples ou relativa, como era antes da Reforma;
- **previsão de funcionamento, junto ao STJ**: **a)** da Escola Nacional de Formação e Aperfeiçoamento de Magistrados (ENFAM), cabendo-lhe, dentre outras funções, regulamentar os cursos oficiais para o **ingresso** e **promoção** na carreira; **b)** e do Conselho da Justiça Federal como órgão central do sistema e com poderes correicionais, cujas decisões terão caráter vinculante;
- **no âmbito trabalhista, dentre tantas modificações podemos destacar**:

  a) aumento da composição do TST de 17 para 27 Ministros;

  b) em relação ao sistema de composição, reduziram-se as vagas de Ministros do TST oriundos da advocacia e do Ministério Público do Trabalho. Agora eles ocupam somente

1/5, sendo os outros 4/5 preenchidos por juízes dos Tribunais Regionais do Trabalho, oriundos da Magistratura da carreira, indicados pelo próprio Tribunal Superior;

c) fixação do número mínimo de 7 juízes para os TRTs;

d) modificação da competência da Justiça do Trabalho (leia o art. 114!). Nesse ponto, destacamos a seguinte jurisprudência:

- A Justiça do Trabalho não é competente para apreciar as causas instauradas entre o Poder Público e seus servidores, a ele vinculados por típica relação de ordem estatutária ou de caráter jurídico-administrativo (ADI 3.395);
- "A Justiça do Trabalho é competente para processar e julgar as ações de indenização por danos morais e patrimoniais decorrentes de acidente de trabalho propostas por empregado contra empregador, inclusive aquelas que ainda não possuíam sentença de mérito em primeiro grau quando da promulgação da Emenda Constitucional n. 45/04" (SV n. 22/2009);
- A Justiça do Trabalho não tem competência para julgar ações penais (ADI 3.684);
- "A Justiça do Trabalho é competente para processar e julgar ação possessória ajuizada em decorrência do exercício do direito de greve pelos trabalhadores da iniciativa privada" (SV n. 23/2009);
- "A competência da Justiça do Trabalho prevista no art. 114, VIII, da Constituição Federal, alcança a execução de ofício das contribuições previdenciárias relativas ao objeto da condenação constante das sentenças que proferir e acordos por ela homologados" (SV n. 53/2015).

e) previsão de criação da *Escola Nacional de Formação e Aperfeiçoamento de Magistrados do Trabalho* e do *Conselho Superior da Justiça do Trabalho*;

f) a lei criará varas da Justiça do Trabalho, podendo, nas comarcas não abrangidas por sua jurisdição, atribuí-las aos juízes de direito, com recurso para o respectivo Tribunal Regional do Trabalho;

g) previsão de criação, por lei, do Fundo de Garantia das Execuções Trabalhistas, integrado pelas multas decorrentes de condenações trabalhistas e administrativas oriundas da fiscalização do trabalho, além de outras receitas;

- **fixação de novas regras para a Justiça Militar Estadual**: alertamos que apenas a Estadual foi alterada pela Reforma do Judiciário e passou a ter a possibilidade de julgamento monocrático por juiz togado e não somente julgamento colegiado na primeira instância, assim como passou a julgar não somente matéria exclusivamente criminal, como, também, atos disciplinares (art. 125, §§ 3º a 5º);
- **ampliação da garantia de imparcialidade dos membros do MP**: **a)** vedação do exercício de atividade político-partidária, sem qualquer exceção; **b)** vedação do recebimento, a qualquer título ou pretexto, de auxílios ou contribuições de pessoas físicas, entidades públicas ou privadas, ressalvadas as exceções previstas em lei; **c)** instituição, conforme já vimos e nos mesmos termos da Magistratura, da denominada *quarentena de saída*, proibindo-os de exercer a advocacia no juízo ou tribunal do qual se afastaram por aposentadoria ou exoneração pelo prazo de 3 anos.

11.2. Garantias do Judiciário

As garantias atribuídas ao Judiciário assumem importantíssimo papel no cenário da tripartição de funções, assegurando-se a sua independência e que possa decidir livremente, sem se abalar com qualquer tipo de pressão que venha dos outros Poderes.

José Afonso da Silva divide tais garantias em:

- **institucionais:** protegem o Judiciário como um todo, como instituição: a) garantias de autonomia orgânico-administrativa; e b) garantias de autonomia financeira;
- **garantias funcionais ou de órgãos:** "... asseguram a independência (vitaliciedade, inamovibilidade e irredutibilidade de subsídios) e a imparcialidade dos **membros** do Poder Judiciário (vedações), previstas, aliás, tanto em razão do próprio titular mas em favor ainda da própria instituição".

Destacamos as garantias de independência dos órgãos judiciários.

A **vitaliciedade** significa que o **magistrado** só perderá o cargo (uma vez vitaliciado) por **sentença judicial transitada em julgado**, sendo-lhe asseguradas todas as garantias inerentes ao processo jurisdicional.

A regra da **inamovibilidade** garante ao juiz a impossibilidade de remoção, sem seu consentimento, de um local para outro, de uma comarca para outra, ou mesmo sede, cargo, tribunal, câmara, grau de jurisdição, salvo na hipótese de **interesse público**, fundando-se tal decisão por voto da **maioria absoluta** do respectivo tribunal ou do Conselho Nacional de Justiça, assegurada ampla defesa.

A garantia da inamovibilidade se aplica aos juízes substitutos. Não se pode admitir a remoção indistinta do juiz substituto para circunscrições diversas. O seu papel será o de substituir dentro de sua circunscrição judiciária.

Por fim, de acordo com a **irredutibilidade de subsídios**, o subsídio dos magistrados (forma de remuneração) não poderá ser reduzido, garantindo-se, assim, o livre exercício das atribuições jurisdicionais.

11.3. A regra do "quinto constitucional"

O art. 94 da CF/88 estabelece que **1/5 (20%)** dos lugares dos **TRFs**, dos **Tribunais dos Estados** e do **Distrito Federal** e **Territórios** será composto de membros do **Ministério Público**, com mais de **10 anos** de carreira, e de **advogados** de **notório saber jurídico** e de **reputação ilibada**, com mais de **10 anos** de efetiva atividade profissional, indicados em **lista sêxtupla** pelos órgãos de representação das respectivas classes.

Muito embora o art. 94 só se refira explicitamente aos referidos tribunais, a "regra do quinto" está prevista, também, para os **tribunais do trabalho** e para o **STJ**, lembrando a particularidade de que, nesse caso do STJ, os advogados e membros do Ministério Público representam **1/3**, e não 1/5, do Tribunal. Explicitando, a **indicação** é que se dá na **forma** da "regra do quinto", e não a quantidade de Ministros provenientes da advocacia e do Ministério Público, que, no caso, implementa-se, se é que assim podemos denominar, de acordo com uma particular regra do "terço".

Os órgãos de representação das classes dos advogados e do Ministério Público elaboram lista **sêxtupla**. Recebidas as indicações, o tribunal para o qual foram indicados forma lista **tríplice** (escolhe 3 dos 6). Nos 20 dias subsequentes, o Chefe do Executivo (em se tratando de Tribunal Estadual, o Governador de Estado; na hipótese do TJ do DF e Territórios, o Presidente da República; e para indicação ao TRF, também o Presidente da República) escolherá **1** dos 3 para nomeação.

11.4. STF x STJ

STF (art. 101)	STJ (art. 104)
■ **Composição:** 11 Ministros	■ **Composição:** no mínimo 33 Ministros • **1/3** dentre juízes dos TRFs; • **1/3** dentre desembargadores dos TJs } **Indicação para escolha:** lista tríplice elaborada pelo próprio STJ • **1/3** { • 1/6 dentre advogados • 1/6 dentre membros do Ministério Público Federal, Estadual, do Distrito Federal e Territórios, alternadamente } } **Indicação para escolha:** alternadamente, na forma da regra do "quinto constitucional" – art. 94
■ **Escolha e nomeação:** Presidente da República	■ **Escolha e nomeação:** Presidente da República
■ **Sabatina:** Senado Federal – aprovação da escolha pela maioria absoluta	■ **Sabatina:** Senado Federal – aprovação da escolha pela maioria absoluta (EC n. 45/2004)
■ **Requisitos para o cargo I:** a) ter mais de 35 e menos de 65 anos de idade; b) ter notável saber jurídico e reputação ilibada	■ **Requisitos para o cargo I:** a) ter mais de 35 e menos de 65 anos; b) ter notável saber jurídico e reputação ilibada
■ **Requisitos para o cargo II:** ser brasileiro **nato** (art. 12, § 3º, IV)	■ **Requisitos para o cargo II:** ser brasileiro nato ou naturalizado

11.5. Justiça de Paz (art. 98, II)

A "Justiça de Paz" é órgão do Poder Judiciário, integra a organização judiciária local (ADI 954) e tem as seguintes características:

- é **remunerada**;
- é composta de cidadãos **eleitos** pelo voto direto, universal e secreto, com idade mínima de 21 anos;
- o juiz de paz exercerá **mandato** de 4 anos;
- a Justiça de Paz terá **competência** para, na forma da lei, celebrar casamentos, verificar, de ofício ou em face de impugnação apresentada, o processo de habilitação e exercer atribuições conciliatórias, **sem caráter jurisdicional**, além de outras previstas na legislação.

11.6. Súmula vinculante

O **STF**, com exclusividade, de ofício ou mediante

provocação, poderá editar, revisar ou cancelar enunciado de **súmula vinculante**, que terá por objeto a validade, a interpretação e a eficácia de normas determinadas.

Devem existir reiteradas decisões sobre matéria constitucional em relação a normas acerca das quais haja, entre órgãos judiciários ou entre estes e a administração pública, controvérsia atual que acarrete grave insegurança jurídica e relevante multiplicação de processos sobre idêntica questão.

Além de o STF poder, de ofício, editar, rever ou cancelar súmula vinculante, o processo poderá ser, também, iniciado mediante provocação, tanto pelos legitimados **autônomos** como pelos **incidentais** (cf. art. 3º, da Lei n. 11.417/2006).

De forma **autônoma**, sem a necessidade de se ter um processo em andamento, são legitimados os mesmos da ADI, quais sejam, os previstos no art. 103 da Constituição, bem como o Defensor Público-Geral da União, os Tribunais Superiores, os TJs dos Estados ou do DF e Territórios, os TRFs, os TRTs, os TREs e os Tribunais Militares.

CUIDADO: Os tribunais indicados são apenas os estabelecidos como órgãos do Poder Judiciário (art. 92, CF/88), não incluindo, naturalmente, os Tribunais de Contas (da União, dos Estados e dos Municípios, esses onde houver, conforme o art. 31, § 1º), já que estes não integram o Poder Judiciário.

Os **Municípios** também passaram a ter legitimação ativa, porém como **legitimados incidentais** em relação aos processos em que sejam parte, o que, contudo, não autoriza a suspensão dos referidos processos.

No processo de edição, revisão ou cancelamento de súmula, seja de ofício, ou mediante provação, sempre haverá a manifestação do Procurador-Geral da República, salvo nas propostas que houver formulado.

Deflagrado o processo, colhida a manifestação do PGR, admitida ou não, por decisão irrecorrível do relator, a manifestação de terceiros na questão (*amicus curiae*), a edição, a revisão e o cancelamento de enunciado de súmula, com efeito vinculante, dependerão de decisão tomada por pelo menos **2/3** dos membros do STF, em sessão plenária, ou seja, mediante manifestação no mesmo sentido de pelo menos 8 dos 11 Ministros do STF.

A partir da publicação do enunciado da súmula na imprensa oficial, ela terá efeito vinculante em relação aos **demais órgãos do Poder Judiciário** e à **administração pública direta e indireta, nas esferas federal, estadual e municipal**, cabendo **reclamação** em caso de seu descumprimento.

A súmula com efeito vinculante tem eficácia imediata, mas o STF, por decisão de 2/3 dos seus membros, poderá restringir os efeitos vinculantes ou decidir que só tenha eficácia a partir de outro momento, tendo em vista razões de **segurança jurídica** ou de **excepcional interesse público**.

Para as provas da OAB, recomendamos a leitura de todas as súmulas vinculantes editadas pelo STF.

12. FUNÇÕES ESSENCIAIS À JUSTIÇA

Com o objetivo de dinamizar a atividade jurisdicional, o poder constituinte originário institucionalizou atividades profissionais (públicas e privadas), atribuindo-lhes o *status* de **funções essenciais à Justiça**, tendo estabelecido suas regras nos arts. 127 a 135 da Constituição, a saber:

- **Ministério Público** (arts. 127 a 130-A);
- **Advocacia Pública** (arts. 131 e 132);
- **Advocacia** (art. 133);
- **Defensoria Pública** (arts. 134 e 135).

12.1. Ministério Público

De acordo com o art. 127, *caput*, o **Ministério Público** é instituição permanente, essencial à função jurisdicional do Estado, incumbindo-lhe a defesa da ordem jurídica, do regime democrático e dos interesses sociais e individuais indisponíveis.

O Ministério Público (MP) abrange tanto o Ministério Público da União (MPU), que compreende o MPF, MP do Trabalho, MP Militar e o MP do DF e Territórios, como os Ministérios Públicos dos Estados. Vejamos:

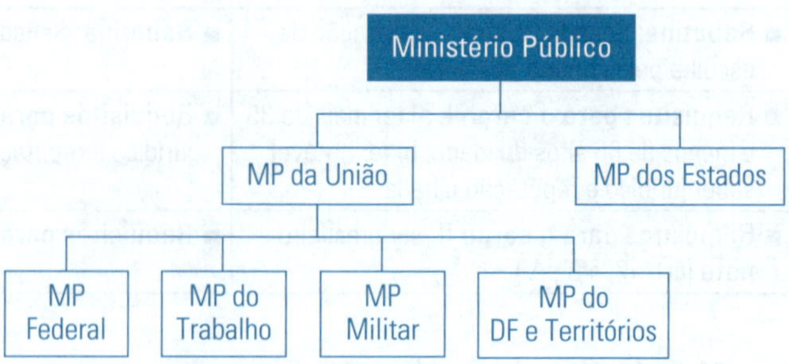

12.1.1. MP Eleitoral

O **MP Eleitoral** não tem estrutura própria, sendo a sua composição mista (membros do Ministério Público Federal e do Ministério Público Estadual).

12.1.2. Chefe do Ministério Público

O **Ministério Público da União** tem por chefe o **Procurador-Geral da República**, nomeado pelo Presidente da República dentre **integrantes da carreira**, maiores de **35 anos**, após a aprovação de seu nome pela **maioria absoluta** dos membros do Senado Federal, para mandato de **2 anos**, permitida **mais de uma recondução**, sem qualquer limite (art. 128, § 1º).

O Procurador-Geral da República poderá ser **destituído** pelo próprio Presidente da República, dependendo, contudo, de prévia autorização da **maioria absoluta** do Senado Federal (art. 128, § 2º).

Por seu turno, os Procuradores-Gerais nos Estados e no Distrito Federal e Territórios poderão ser destituídos por deliberação da **maioria absoluta** do **Poder Legislativo**, na forma da lei complementar respectiva, e **não** pelo Executivo.

Os **Ministérios Públicos dos Estados** e do **Distrito Federal e Territórios** formarão lista tríplice dentre integrantes da carreira, na forma da lei respectiva, para escolha de seus **Procuradores-Gerais**, que serão nomeados pelo Chefe do Poder Executivo (Governador para os Estados e *Presidente da República* para o Chefe do MP do DF e Territórios) para mandato de 2 anos, permitida **uma única recondução**. O Chefe do Ministério Público, nesta hipótese, designa-se **Procurador-Geral de Justiça (PGJ)**.

Em relação ao **Procurador-Geral de Justiça dos Estados**, a lista tríplice será formada pelo próprio MP, na forma da lei respectiva de cada Estado, mediante voto plurinominal de todos os integrantes da carreira. A destituição do PGJ dos Estados será implementada pela **Assembleia Legislativa local**, por deliberação de sua **maioria absoluta**, na forma da lei orgânica do respectivo Ministério Público.

Já o **Procurador-Geral de Justiça do DF e Territórios** será destituído por deliberação da maioria absoluta **do Senado Federal**, mediante representação do Presidente da República.

> **PGJ do DF e Territórios**
>
> **Nomeação**: Presidente da República, e não Governador do DF ou de Território
>
> **Destituição**: pela maioria absoluta do Senado Federal, mediante representação do Presidente da República, e não pela Câmara Legislativa do DF
>
> **Fundamento**: o MPDFT é organizado e mantido pela União (art. 21, XIII)

Uma pergunta importante: em caso de vacância do cargo, o novo Procurador-Geral assume pelo tempo que restava para acabar os 2 anos (mandato-tampão), ou cumpre um novo "mandato" de 2 anos completos?

O novo Procurador-Geral deve cumprir os 2 anos completos, vale dizer, um novo período de 2 anos, já que, conforme apontou José Afonso da Silva, não se trata de mandato, mas sim de **investidura a tempo certo**.

12.1.3. Princípios institucionais

O art. 127, § 1º, prevê como princípios institucionais do Ministério Público:

- a **unidade**;
- a **indivisibilidade**; e
- a **independência funcional**.

12.1.4. Garantias do Ministério Público

São **garantias institucionais** do Ministério Público:

- **autonomia funcional**: inerente à Instituição como um todo e abrangendo todos os órgãos do Ministério Público, devendo o membro do MP observar, apenas, a Constituição, as leis e a sua própria consciência;
- **autonomia administrativa**: consiste na capacidade de direção de si próprio, autogestão, autoadministração;
- **autonomia financeira**: capacidade de elaborar sua proposta orçamentária dentro dos limites estabelecidos na lei de diretrizes orçamentárias, podendo, autonomamente, administrar os recursos que lhe forem destinados.

São **garantias dos membros do MP**, na mesma linha da magistratura:

- **vitaliciedade**: após 2 anos (estágio probatório) de efetivo exercício do cargo, assegurando ao membro do MP a garantia de que, uma vez vitaliciado, a **perda** do cargo se dê somente por **sentença judicial transitada em julgado**;
- **inamovibilidade**: salvo motivo de **interesse público**, mediante decisão do órgão colegiado competente do Ministério Público (no caso, o **Conselho Superior do Ministério Público**), por voto da **maioria absoluta** de seus membros, desde que lhe seja assegurada ampla defesa;
- **irredutibilidade de subsídios**.

12.1.5. Impedimentos imputados aos membros do Ministério Público (vedações)

Os membros do Ministério Público não poderão:

- receber, a qualquer título e sob qualquer pretexto, honorários, percentagens ou custas processuais;
- exercer a advocacia, salvo os membros do MP da União (exceto os do MP do DF e Territórios)

que integravam a carreira na data da promulgação da Constituição e que desde então permanecem regularmente inscritos na OAB (art. 29, § 3º, ADCT);

- participar de sociedade comercial, na forma da lei;
- exercer, ainda que em disponibilidade, qualquer outra função pública, salvo uma de magistério;
- exercer atividade político-partidária; sem qualquer exceção, nos termos da restrição trazida pela **EC n. 45/2004**;
- receber, a qualquer título ou pretexto, auxílios ou contribuições de pessoas físicas, entidades públicas ou privadas, ressalvadas as exceções previstas em lei;
- exercer a advocacia no juízo ou tribunal do qual se afastou, antes de decorridos **3 anos** do afastamento do cargo por aposentadoria ou exoneração (quarentena);
- exercer a representação judicial e a consultoria jurídica de entidades públicas.

12.1.6. Funções institucionais do Ministério Público

As funções institucionais do Ministério Público estão previstas no art. 129 da CF. Trata-se de rol meramente **exemplificativo**, uma vez que seu inciso IX estabelece que compete, ainda, ao Ministério Público, exercer outras funções que lhe forem conferidas, desde que compatíveis com sua finalidade. Assim, suas funções podem ser exemplificadas como segue:

- titularidade e monopólio da ação penal pública, na forma da lei, com a única exceção prevista no art. 5º, LIX, que admite ação privada nos crimes de ação pública, se esta não for intentada no prazo legal (sem, contudo, observe-se, retirar-se a titularidade da ação penal pública do Ministério Público);
- zelar pelo efetivo respeito dos Poderes Públicos e dos serviços de relevância pública aos direitos assegurados na Constituição, promovendo as medidas necessárias a sua garantia;
- promover o inquérito civil e a ação civil pública, para a proteção do patrimônio público e social, do meio ambiente e de outros interesses difusos e coletivos. Lembre-se de que a legitimação acima referida para a ação civil pública não impede a dos outros legitimados (*vide* art. 5º da Lei n. 7.347/85);
- promover a ação de inconstitucionalidade ou representação para fins de intervenção da União e dos Estados, nos casos previstos na Constituição;
- defender judicialmente os direitos e interesses das populações indígenas;
- expedir notificações nos procedimentos administrativos de sua competência, requisitando informações e documentos para instruí-los, na forma da lei complementar respectiva;
- exercer o controle externo da atividade policial, na forma da lei complementar mencionada no art. 128;
- requisitar diligências investigatórias e a instauração de inquérito policial, indicados os fundamentos jurídicos de suas manifestações processuais;
- exercer outras funções que lhe forem conferidas, desde que compatíveis com sua finalidade, sendo-lhe vedada a representação judicial e a consultoria jurídica de entidades públicas.

12.1.7. A teoria dos "poderes implícitos" e o poder de investigação criminal pelo MP

O Ministério Público dispõe de competência para promover, por autoridade própria, e por prazo razoável, investigações de natureza penal, desde que respeitados os direitos e garantias que assistem a qualquer indiciado ou a qualquer pessoa sob investigação do Estado, observadas, sempre, por seus agentes, as hipóteses de reserva constitucional de jurisdição e, também, as prerrogativas profissionais de que se acham investidos, em nosso País, os Advogados (Lei n. 8.906/94, art. 7º, notadamente os incisos I, II, III, XI, XIII, XIV e XIX), sem prejuízo da possibilidade – sempre presente no Estado Democrático de Direito – do permanente controle jurisdicional dos atos, necessariamente documentados (SV n. 14), praticados pelos membros dessa Instituição (**RE 593.727**, j. 14-5-2015, *DJe* de 8-9-2015).

12.1.8. Conselho Nacional do Ministério Público

O art. 130-A, introduzido pela **Reforma do Judiciário**, prevê a criação do **Conselho Nacional do Ministério Público**, composto de 14 membros nomeados pelo Presidente da República, depois de aprovada a escolha pela **maioria absoluta** do Senado Federal, para um mandato de 2 anos, admitida uma recondução, sendo:

- o Procurador-Geral da República, que o preside;
- 4 membros do Ministério Público da União, assegurada a representação de cada uma de suas carreiras;
- 3 membros do Ministério Público dos Estados;
- 2 juízes, indicados um pelo Supremo Tribunal Federal e outro pelo Superior Tribunal de Justiça;

- 2 advogados, indicados pelo Conselho Federal da Ordem dos Advogados do Brasil;
- 2 cidadãos de notável saber jurídico e reputação ilibada, indicados um pela Câmara dos Deputados e outro pelo Senado Federal.

Compete ao Conselho o controle da atuação administrativa e financeira do Ministério Público e do cumprimento dos deveres funcionais de seus membros.

12.1.9. Ministério Público junto ao Tribunal de Contas

De acordo com o art. 130, aos membros do Ministério Público junto aos Tribunais de Contas aplicam-se as disposições pertinentes a **direitos**, **vedações** e **forma de investidura** estabelecidas para o Ministério Público, como instituição, até aqui por nós estudadas.

12.2. Advocacia pública

A **Advocacia-Geral da União** (AGU) caracteriza-se como instituição que, diretamente ou por intermédio de órgão vinculado, representa a União, judicial e extrajudicialmente, cabendo-lhe, nos termos da lei complementar que dispuser sobre sua organização e funcionamento, as atividades de consultoria e assessoramento jurídico do Poder Executivo.

A Constituição estabelece que, na execução da dívida ativa de natureza tributária, a representação da União caberá à **Procuradoria-Geral da Fazenda Nacional**.

Por sua vez, a representação judicial e a consultoria jurídica das respectivas unidades federadas serão exercidas pelos Procuradores dos Estados e do Distrito Federal, organizados em **carreira**, na qual o ingresso dependerá de concurso público de provas e títulos, com a **participação da OAB** em todas as suas fases.

12.3. Advocacia

O art. 133 da CF/88 dispõe que o **advogado** é **indispensável à administração da justiça**, sendo inviolável por seus atos e manifestações no exercício da profissão, nos limites da lei (Estatuto da Advocacia e a Ordem dos Advogados do Brasil – Lei n. 8.906/94).

O tema deverá ser aprofundado na matéria específica, destacando-se alguns entendimentos já consolidados pelo STF:

- o advogado é indispensável à administração da Justiça. Sua presença, contudo, pode ser dispensada em certos atos jurisdicionais;
- a imunidade profissional é indispensável para que o advogado possa exercer condigna e amplamente seu múnus público;
- a inviolabilidade do escritório ou do local de trabalho é consectário da inviolabilidade assegurada ao advogado no exercício profissional;
- a presença de representante da OAB em caso de prisão em flagrante de advogado constitui garantia da inviolabilidade da atuação profissional. A cominação de nulidade da prisão, caso não se faça a comunicação, configura sanção para tornar efetiva a norma;
- a prisão do advogado em sala do Estado-Maior é garantia suficiente para que fique provisoriamente detido em condições compatíveis com o seu múnus público;
- a administração de estabelecimentos prisionais e congêneres constitui uma prerrogativa indelegável do Estado;
- a sustentação oral pelo advogado, após o voto do Relator, afronta o devido processo legal, além de poder causar tumulto processual, uma vez que o contraditório se estabelece entre as partes;
- a imunidade profissional do advogado não compreende o desacato, pois conflita com a autoridade do magistrado na condução da atividade jurisdicional;
- o múnus constitucional exercido pelo advogado justifica a garantia de somente ser preso em flagrante e na hipótese de crime inafiançável;
- o controle das salas especiais para advogados é prerrogativa da Administração forense;
- a incompatibilidade com o exercício da advocacia não alcança os juízes eleitorais e seus suplentes, em face da composição da Justiça eleitoral estabelecida na Constituição;
- a requisição de cópias de peças e documentos a qualquer tribunal, magistrado, cartório ou órgão da Administração Pública direta, indireta ou fundacional pelos Presidentes do Conselho da OAB e das Subseções deve ser motivada, compatível com as finalidades da lei e precedida, ainda, do recolhimento dos respectivos custos, não sendo possível a requisição de documentos cobertos pelo sigilo.

12.4. Defensoria Pública

Cappelletti e Garth produziram interessante ensaio para o Projeto de Florença, buscando "... delinear o surgimento e desenvolvimento de uma abordagem nova e compreensiva dos problemas" de acesso à "ordem jurídica justa" (1988).

No referido estudo, os autores destacam **3 grandes ondas renovatórias** (CAPPELLETTI; GARTH, 1988, p. 8).

A **primeira grande onda** teve início em 1965 e se concentra na assistência judiciária. A **segunda** refere-se às "... reformas tendentes a proporcionar representação jurídica para os interesses 'difusos', especialmente nas áreas da proteção ambiental e do consumidor". O **terceiro movimento ou onda** foi pelos autores chamado de "enfoque de acesso à justiça".

Portanto, podemos afirmar que o estudo da **defensoria pública e da garantia constitucional da assistência jurídica integral e gratuita** encontra fundamento na perspectiva da **primeira onda renovatória** de Cappelletti e Garth.

O art. 5º, LXXIV, da CF dispõe que o Estado prestará **assistência jurídica integral e gratuita** aos que comprovarem insuficiência de recursos.

A "Reforma do Judiciário" (**EC n. 45/2004**) fortaleceu as Defensorias Públicas **Estaduais** ao constitucionalizar a autonomia funcional e administrativa e fixar competência para proposta orçamentária.

A **EC n. 69/2012**, por sua vez, com atraso de quase 8 anos (já que o assunto deveria ter sido introduzido pela Reforma do Judiciário), transferiu, formal e oficialmente, da União para o Distrito Federal, as atribuições de organizar e manter a Defensoria Pública do DF.

A **EC n. 74/2013** explicitou a autonomia das Defensorias Públicas do DF, bem como da União.

Finalmente, a **EC n. 80/2014** consagrou, de vez, a instituição da Defensoria Pública.

Lei complementar organizará a Defensoria Pública da União e do Distrito Federal e dos Territórios e prescreverá normas gerais para sua organização nos Estados, em cargos de carreira, providos, na classe inicial, mediante **concurso público de provas e títulos**, assegurada a seus integrantes a garantia da inamovibilidade e vedado o exercício da advocacia fora das atribuições institucionais.

São princípios institucionais da Defensoria Pública a unidade, a indivisibilidade e a independência funcional, aplicando-se também, no que couber, o disposto no art. 93 e no inciso II do art. 96 da Constituição Federal.

13. DEFESA DO ESTADO E DAS INSTITUIÇÕES DEMOCRÁTICAS

Ocorrendo qualquer violação da normalidade constitucional, surge o denominado **sistema constitucional das crises**, definido por Aricê Amaral Santos como "... o conjunto ordenado de normas constitucionais que, informadas pelos princípios da **necessidade** e da **temporariedade**, têm por objeto as situações de crises e por finalidade a **mantença** ou o **restabelecimento da normalidade constitucional**" (1989, p. 32).

13.1. Estado de defesa

As hipóteses em que se poderá decretar o estado de defesa estão, de forma taxativa, previstas no art. 136, *caput*, da CF/88, quais sejam: para preservar ou prontamente restabelecer, em locais **restritos** e **determinados**, a **ordem pública** ou a **paz social ameaçadas** por grave e iminente **instabilidade institucional** ou atingidas por **calamidades de grandes proporções na natureza**.

Destacamos, ainda, alguns procedimentos da decretação do Estado de Defesa:

- **Titularidade:** o Presidente da República, por meio de **decreto**, pode, ouvidos o Conselho da República e o Conselho de Defesa Nacional, decretar estado de defesa (art. 84, IX).
- **Conselho da República e Defesa Nacional:** como órgãos de consulta, são previamente ouvidos, porém suas opiniões não possuem caráter vinculativo. Trata-se de parecer meramente **opinativo**.
- **O decreto que instituir o estado de defesa:** deverá determinar: *a*) o tempo de duração; *b*) a área a ser abrangida **(locais restritos e determinados)**; *c*) as medidas coercitivas a vigorar durante a sua vigência.
- **Tempo de duração:** máximo de **30 dias**, podendo ser prorrogado por mais **30 dias**, uma única vez. Havendo necessidade de se prorrogar por mais um período, a decretação deverá ser de estado de sítio, na forma do art. 137, I ("ineficácia de medida tomada durante o estado de defesa").
- **Medidas coercitivas:** restrições (não supressão) a direitos, conforme quadro a seguir.
- **Prisão por crime contra o Estado:** como exceção ao art. 5º, LXI, poderá ser determinada pelo executor da medida (não pela autoridade judicial competente). O juiz competente, imediatamente comunicado, poderá relaxá-la. Referida ordem de prisão não poderá ser superior a **10 dias**, facultando-se ao preso requerer o exame de corpo de delito à autoridade policial.
- **Incomunicabilidade do preso:** é vedada.
- **Controle político:** imediato e logo após a decretação do Estado de Defesa. Isso porque, decretado o estado de defesa ou sua prorrogação, o Presidente da República, dentro de 24 horas, submeterá o ato com a respectiva justificação ao Congresso Nacional, que decidirá por **maioria absoluta**. Se o Congresso Nacional estiver em recesso, será convocado, **extraordinariamente**, pelo **Presidente do Senado Federal** (art. 57, § 6º, I), no prazo de **5 dias**. O Congresso Nacional

apreciará o decreto dentro de 10 dias contados de seu recebimento, devendo continuar funcionando enquanto vigorar o estado de defesa. Rejeitado o decreto, cessa imediatamente o estado de defesa.

- **Demais formas de controle:** haverá controle político concomitante (art. 140), bem como sucessivo ou *a posteriori* (art. 141, parágrafo único). Haverá, também, controle judicial imediato, concomitante e sucessivo.
- **Imunidades parlamentares:** subsistirão, não havendo previsão de suspensão (art. 53, § 8º).

Estado de defesa

Possibilidade das seguintes medidas coercitivas:

I – restrições aos direitos de:

a) reunião, ainda que exercida no seio das associações;

b) sigilo de correspondência;

c) sigilo de comunicação telegráfica e telefônica;

II – ocupação e uso temporário de bens e serviços públicos, na hipótese de calamidade pública, respondendo a União pelos danos e custos decorrentes.

13.2. Estado de sítio

As hipóteses em que poderá ser decretado o estado de sítio estão, de forma taxativa, previstas no art. 137, *caput*, da CF/88:

- comoção grave de repercussão **nacional** (se fosse de repercussão **restrita** e em **local determinado**, seria hipótese, primeiramente, de decretação de estado de defesa);
- ocorrência de fatos que comprovem a ineficácia de medida tomada durante o estado de defesa (portanto, pressupõe-se situação de maior gravidade);
- declaração de estado de guerra ou resposta a agressão armada estrangeira.

Assim como no estado de defesa, quem **decreta** o estado de sítio é o **Presidente da República**, após prévia oitiva do Conselho da República e de Defesa Nacional (pareceres não vinculativos).

No entanto, para a decretação do estado de sítio, ao contrário do que ocorre com o estado de defesa, deverá haver **prévia** solicitação pelo Presidente da República de **autorização** do **Congresso Nacional**, que se manifestará pela **maioria absoluta** de seus membros.

O **decreto do estado de sítio** indicará sua **duração**, as **normas necessárias a sua execução** e **as garantias constitucionais que ficarão suspensas**, e, depois de publicado, o Presidente da República designará o **executor das medidas específicas** e as **áreas abrangidas** (art. 138, *caput*).

A **duração** do estado de sítio, no caso de comoção grave de repercussão nacional ou da ineficácia das medidas tomadas durante o estado de defesa (art. 137, I), não poderá ser superior a **30 dias**, podendo ser prorrogada, sucessivamente (não há limites), enquanto perdurar a situação de anormalidade, sendo que cada prorrogação também não poderá ser superior a **30 dias**.

No caso de declaração de estado de guerra ou resposta a agressão armada estrangeira (art. 137, II), o estado de excepcionalidade permanecerá enquanto perdurar a guerra ou a agressão armada estrangeira.

Devemos ainda lembrar que as **imunidades** de Deputados ou Senadores subsistirão durante o estado de sítio, só podendo ser **suspensas** mediante o voto de **2/3** dos membros da Casa respectiva, nos casos de atos praticados **fora do recinto do Congresso Nacional** que sejam incompatíveis com a execução da medida (art. 53, § 8º).

Estado de sítio com fundamento no art. 137, I

(comoção grave de repercussão nacional ou ocorrência de fatos que comprovem a ineficácia de medida tomada durante o estado de defesa)

Só poderão ser tomadas contra as pessoas as seguintes medidas:

I – obrigação de permanência em localidade determinada;

II – detenção em edifício não destinado a acusados ou condenados por crimes comuns;

III – restrições relativas à inviolabilidade da correspondência, ao sigilo das comunicações, à prestação de informações e à liberdade de imprensa, radiodifusão e televisão, na forma da lei (obs.: **não se inclui** nessas restrições a difusão de pronunciamentos de parlamentares efetuados em suas Casas Legislativas, desde que liberada pela respectiva Mesa);

IV – suspensão da liberdade de reunião;

V – busca e apreensão em domicílio;

VI – intervenção nas empresas de serviços públicos;

VII – requisição de bens.

13.3. Forças Armadas

A **Marinha**, o **Exército** e a **Aeronáutica** constituem as **Forças Armadas**, sendo consideradas instituições nacionais permanentes e regulares, destinadas à defesa da Pátria, à garantia dos poderes constitucionais e, por iniciativa de qualquer destes, da lei e da ordem.

As Forças Armadas organizam-se com base na **hierarquia** e na **disciplina**, sob a autoridade e comando supremos do **Presidente da República**, que tem por atribuições nomear os comandantes da Marinha, do Exército e da Aeronáutica, promover seus oficiais-generais e nomeá-los para os cargos que lhes são privativos.

Os membros das Forças Armadas, conforme estabelece o art. 142, § 3º, são denominados **militares**, aplicando-se-lhes, além das regras que vierem previstas em lei, as diversas disposições dos incisos I a X, dentre as quais a **proibição** da **sindicalização** e da **greve** (para as provas, ler os referidos dispositivos!).

Essa proibição deve ser estendida aos **militares dos Estados, do Distrito Federal e dos Territórios** (membros das Polícias Militares e Corpos de Bombeiros Militares — art. 42, § 1º, que determina a aplicação do art. 142, § 3º), confirmando, então, que referido direito fundamental não é absoluto.

Caracterizando-se exceção expressa ao art. 5º, LXVIII, com base no princípio da hierarquia, não caberá *habeas corpus* em relação a eventuais punições disciplinares militares, salvo eventual violação aos **pressupostos de legalidade** (hierarquia, poder disciplinar, ato ligado à função e pena suscetível de ser aplicada disciplinarmente), excluídas as questões do mérito da sanção administrativa.

Por fim, de acordo com a **Súmula Vinculante 6/2008**, "não viola a Constituição o estabelecimento de remuneração inferior ao salário mínimo para as praças prestadoras de serviço militar inicial".

Finalmente, a prestação do serviço militar é **obrigatória**, ficando as mulheres e os eclesiásticos isentos de tal compulsoriedade em tempos de **paz**, sujeitando-se, porém, a outros encargos que a lei lhes atribuir.

Apesar de obrigatória, alegando-se imperativo de consciência, decorrente de crença religiosa, convicção filosófica ou política (direito de escusa de consciência), às Forças Armadas competirá, na forma da lei, atribuir serviço alternativo em tempo de paz (art. 5º, VIII, c/c o art. 143, §§ 1º e 2º).

Havendo recusa da prestação alternativa nos termos da Lei n. 8.239/91, caracterizada estará a hipótese do art. 15, IV, da CF/88.

13.4. Segurança Pública

Podemos dividir a **polícia de segurança** em polícia **administrativa** (preventiva ou ostensiva) e polícia **judiciária** (ou de investigação).

A **polícia administrativa** atua preventivamente, evitando que o crime aconteça, na área do ilícito administrativo. Já a **polícia judiciária** atua repressivamente, depois de ocorrido o ilícito penal.

13.4.1. Polícias da União

Os órgãos que compõem a polícia no âmbito federal são: **polícia federal, polícia rodoviária federal** e **polícia ferroviária federal**.

A polícia federal atua tanto preventivamente como repressivamente, enquanto as polícias rodoviária federal e ferroviária federal atuam somente preventivamente, buscando evitar o crime.

13.4.2. Polícias dos Estados

A segurança pública em nível estadual foi atribuída às **polícias civis**, às **polícias militares** e ao **corpo de bombeiros**.

A investigação e a apuração de infrações penais (exceto militares e aquelas de competência da polícia federal), ou seja, o exercício da **polícia judiciária**, em âmbito estadual, coube às **polícias civis**, dirigidas por **delegados de polícia de carreira**.

Já a polícia ostensiva e a preservação da ordem pública **(polícia administrativa)** ficaram a cargo das **polícias militares** e do **corpo de bombeiros**, forças auxiliares e reserva do Exército.

Tanto as polícias civis como as militares e o corpo de bombeiros **subordinam-se** aos Governadores dos Estados.

13.4.3. Polícias do Distrito Federal

As polícias civil, militar e o corpo de bombeiros militar pertencentes ao Distrito Federal, embora do ponto de vista hierárquico subordinados ao Governador do Distrito Federal, são **organizados** e **mantidos** diretamente pela União, consagrando, assim, um regime **jurídico híbrido**, particular aos integrantes da polícia civil, da polícia militar e do corpo de bombeiros. Nesse sentido, confira:

STF – Súmula Vinculante 39
Compete privativamente à União legislar sobre vencimentos dos membros das polícias civil e militar e do corpo de bombeiros militar do Distrito Federal.

13.4.4. Polícias dos Municípios

Os Municípios poderão constituir guardas municipais destinadas à proteção de seus bens, serviços e instalações, conforme dispuser a lei. Regulamentando a Constituição, a Lei n. 13.022/2014 dispôs sobre o Estatuto das Guardas Municipais e está sendo questionada no STF (ADI 5.156, pendente).

Uma questão bastante polêmica já foi, contudo, resolvida pela Corte, que firmou a seguinte tese: "é constitucional a atribuição às guardas municipais do exercício de poder de polícia de trânsito, inclusive para imposição de sanções administrativas legalmente previstas" (**RE 658.570**, Rel. orig. Min. Marco Aurélio, red. p/ o acórdão Min. Roberto Barroso, j. 6-8-2015, *DJe* de 30-9-2015).

13.4.5. Segurança viária. Carreira dos agentes de trânsito. EC n. 82/2014

A segurança viária, exercida para a preservação da ordem pública e da incolumidade das pessoas e do seu patrimônio nas vias públicas, compreende a educação, engenharia e fiscalização de trânsito, além de outras atividades previstas em lei que assegurem ao cidadão o direito à mobilidade urbana eficiente, e compete, no âmbito dos Estados, do Distrito Federal e dos Municípios, aos respectivos órgãos ou entidades executivos e seus agentes de trânsito, **estruturados em Carreira**, na forma da lei.

13.4.6. Aos policiais civis e servidores públicos que atuem diretamente na área de segurança pública está assegurado o direito de greve?

Não.

Superando o entendimento inicial firmado nos MIs 670, 708 e 712, o STF entendeu que o direito de greve não pode ser exercido por policiais civis, apesar de servidores civis e não militares, já que as atividades desenvolvidas são análogas às dos militares (**Rcl 6.568**, Rel. Min. Eros Grau, j. 20-5-2009).

A Corte, por 6 x 3, reafirmou esse entendimento ao apreciar o *tema 541* da repercussão geral:

- "o exercício do direito de greve, sob qualquer forma ou modalidade, é vedado aos policiais civis e a todos os servidores públicos que atuem diretamente na área de segurança pública";
- "é obrigatória a participação do Poder Público em mediação instaurada pelos órgãos classistas das carreiras de segurança pública, nos termos do art. 165 do CPC, para vocalização dos interesses da categoria" (**ARE 654.432**, Pleno, Rel. Min. Alexandre de Moraes, j. 5-4-2017).

14. DIREITOS E GARANTIAS FUNDAMENTAIS

14.1. Localização

A Constituição, em seu Título II, classifica o gênero **direitos e garantias fundamentais** em importantes grupos, a saber:

- direitos e deveres individuais e coletivos (art. 5º);
- direitos sociais (art. 6º a 11);
- direitos de nacionalidade (arts. 12 e 13);
- direitos políticos (arts. 14 a 16);
- partidos políticos (art. 17).

14.2. Gerações (dimensões) de direitos fundamentais

A doutrina, dentre vários critérios, costuma classificar os direitos fundamentais em "gerações" de direitos (lembrando a preferência da doutrina mais atual pela expressão "dimensões" dos direitos fundamentais), nos seguintes termos:

- **Direitos fundamentais de primeira dimensão:** dizem respeito às **liberdades públicas e aos direitos políticos**, ou seja, direitos civis e políticos a traduzirem o valor de **liberdade**.
- **Direitos fundamentais de segunda dimensão:** privilegiam os **direitos sociais, culturais e econômicos**, correspondendo aos direitos de **igualdade**.
- **Direitos fundamentais de terceira dimensão:** consagram os **direitos de solidariedade** e de **fraternidade**.
- **Direitos fundamentais de quarta dimensão:** segundo orientação de Norberto Bobbio, referida geração de direitos decorreria dos avanços no campo da **engenharia genética**, ao colocarem em risco a própria existência humana, por meio da manipulação do patrimônio genético. Para Bonavides, como direitos de quarta dimensão destacam-se a democracia (direta), a informação e o pluralismo; decorrem da globalização dos direitos fundamentais.
- **Direitos fundamentais de quinta dimensão:** segundo Bonavides, o direito à paz, que é entendido como de terceira dimensão por Karel Vasak.

14.3. Diferenciação entre direitos e garantias fundamentais

Os **direitos** são bens e vantagens prescritos na norma constitucional, enquanto as **garantias** são os instrumentos por meio dos quais se assegura o exercício dos aludidos direitos (preventivamente) ou prontamente os repara, caso violados.

Por sua vez, os **remédios constitucionais** são espécie do gênero garantia.

14.4. Características dos direitos e garantias fundamentais

Os direitos fundamentais têm as seguintes características:

- **historicidade:** decorrem de uma evolução histórica;
- **universalidade:** destinam-se, de modo indiscriminado, a todos os seres humanos;
- **limitabilidade:** os direitos fundamentais não são absolutos **(relatividade)**, havendo, muitas vezes, no caso concreto, confrontos, conflitos de interesses. Nesse hipótese, deve ser levada em consideração a regra da **máxima observância dos direitos fundamentais envolvidos**, conjugada com a sua **mínima restrição**;
- **concorrência:** podem ser exercidos cumulativamente;
- **irrenunciabilidade:** o que pode ser observado é o seu não exercício, mas nunca a sua renúncia;
- **inalienabilidade:** por não terem conteúdo econômico-patrimonial;
- **imprescritibilidade.**

14.5. Abrangência dos direitos e garantias fundamentais

O art. 5º, *caput,* da CF/88 estabelece que **todos** são iguais perante a lei, sem distinção de qualquer natureza, garantindo-se aos **brasileiros** e aos **estrangeiros residentes no País** a inviolabilidade do direito à vida, à liberdade, à igualdade, à segurança e à propriedade, nos termos dos seus 78 incisos e parágrafos.

Trata-se de rol meramente **exemplificativo**, na medida em que os direitos e garantias expressos na Constituição não excluem outros decorrentes do regime e dos princípios por ela adotados, ou dos tratados internacionais em que a República Federativa do Brasil seja parte.

Este tema ganha relevância com o art. 5º, § 3º, ao estabelecer que os tratados e convenções internacionais sobre direitos humanos que forem aprovados, em cada Casa do Congresso Nacional, em dois turnos, por 3/5 dos votos dos respectivos membros, serão equivalentes às emendas constitucionais.

O *caput* do art. 5º faz referência expressa somente a brasileiros (natos ou naturalizados, já que não os diferencia) e estrangeiros residentes no País. Contudo, a estes destinatários expressos, a doutrina e o STF vêm acrescentando, por meio da interpretação sistemática, os estrangeiros não residentes (por exemplo, a turismo), os apátridas e as pessoas jurídicas.

14.6. Aplicabilidade das normas definidoras dos direitos e garantias fundamentais

Nos termos do art. 5º, § 1º, as normas definidoras dos direitos e garantias fundamentais têm **aplicação imediata**.

14.7. A teoria dos quatro *status* de Jellinek

Várias teorias tentam explicar o papel desempenhado pelos direitos fundamentais. Dentre outros estudos, destacamos a **teoria dos quatro *status* de Jellinek** que, apesar de elaborada no final do séc. XIX, ainda se mostra muito atual.

- ***Status* passivo ou *subjectionis*** – o indivíduo aparece como detentor de **deveres** perante o Estado.
- ***Status* negativo** – o indivíduo, por possuir personalidade, goza de um espaço de **liberdade** diante das ingerências dos Poderes Públicos.
- ***Status* positivo ou *status civitatis*** – o indivíduo tem o direito de exigir que o Estado atue **positivamente**, realizando uma prestação a seu favor.
- ***Status* ativo** – o indivíduo possui competências para influenciar a formação da vontade do Estado, como, por exemplo, pelo exercício do direito do voto (exercício de **direitos políticos**).

14.8. Eficácia horizontal dos direitos fundamentais

O tema da **eficácia horizontal dos direitos fundamentais**, também denominado eficácia **privada** ou **externa**, surge como importante contraponto à ideia de eficácia **vertical** dos direitos fundamentais.

A aplicação dos direitos fundamentais nas relações entre o particular e o Poder Público não se discute (eficácia vertical).

Agora, por outro lado, será que nas relações privadas devem os direitos fundamentais ser observados?

O STF consagrou a teoria da **eficácia direta ou imediata**, ou seja, alguns direitos fundamentais podem ser aplicados às relações privadas sem que haja a necessidade de "intermediação legislativa" para a sua concretização.

Nessa linha, poderá o magistrado deparar-se com inevitável colisão de direitos fundamentais, quais sejam, o princípio da **autonomia da vontade privada** e da **livre-iniciativa** de um lado (arts. 1º, IV, e 170, *caput*) e o da **dignidade da pessoa humana** e da **máxima efetividade dos direitos fundamentais** (art. 1º, III) de outro.

Diante dessa "colisão", indispensável será a **"ponderação de interesses"** à luz da **razoabilidade** e da

concordância prática ou harmonização. Não sendo possível a harmonização, o Judiciário terá de avaliar qual dos interesses deverá prevalecer.

14.9. Direitos individuais e coletivos

Dado o objetivo principal deste trabalho, qual seja, ferramenta a ajudar o candidato em concursos públicos, focando a prova da OAB, após uma brevíssima exposição de uma teoria geral dos direitos fundamentais, remetemos o nosso ilustre leitor para uma leitura atenta do art. 5º da Constituição, sendo indagada nas provas, muitas vezes, a letra da lei.

Assim, o estudo deve ser feito com muito cuidado, analisando-se cada um dos incisos do art. 5º. Insistimos, não deixem de ler os incisos do art. 5º. Para tanto, destacamos os principais pontos:

Dispositivo Constitucional	Direito Fundamental
▪ art. 5º, *caput*	▪ direito à vida
▪ art. 5º, *caput*, I	▪ princípio da igualdade
▪ art. 5º, II	▪ princípio da legalidade
▪ art. 5º, III	▪ proibição da tortura
▪ art. 5º, IV e V	▪ liberdade de manifestação do pensamento
▪ art. 5º, VI a VIII	▪ liberdade de consciência, crença e culto
▪ art. 5º, IX e X	▪ liberdade de atividade intelectual, artística, científica ou de comunicação. Indenização em caso de dano
▪ art. 5º, X	▪ inviolabilidade da intimidade, vida privada, honra e imagem das pessoas
▪ art. 5º, XI	▪ inviolabilidade domiciliar
▪ art. 5º, XII	▪ sigilo de correspondência e comunicações
▪ art. 5º, XIII	▪ liberdade de profissão
▪ art. 5º, XIV e XXXIII	▪ liberdade de informação
▪ art. 5º, XV e LXI	▪ liberdade de locomoção
▪ art. 5º, XVI	▪ direito de reunião
▪ art. 5º, XVII, XVIII, XIX, XX e XXI	▪ direito de associação
▪ art. 5º, XXII, XXIII, XXIV, XXV e XXVI	▪ direito de propriedade
▪ art. 5º, XXX e XXXI	▪ direito de herança e estatuto sucessório
▪ art. 5º, XXVII, XXVIII e XXIX	▪ propriedade intelectual
▪ art. 5º, XXXII	▪ defesa do consumidor
▪ art. 5º, XXXIV	▪ direito de petição e obtenção de certidões
▪ art. 5º, XXXV	▪ princípio da inafastabilidade da jurisdição
▪ art. 5º, XXXVI	▪ limites à retroatividade da lei
▪ art. 5º, LIII	▪ princípio do promotor natural
▪ art. 5º, XXXVII e LIII	▪ princípio do juiz natural ou legal
▪ art. 5º, § 4º	▪ tribunal penal internacional – TPI
▪ art. 109, V-A e § 5º	▪ federalização dos crimes contra direitos humanos – Incidente de deslocamento de competência – IDC
▪ art. 5º, XXXVIII	▪ tribunal do júri
▪ art. 5º, XXXIX a LXVII	▪ segurança jurídica em matéria criminal
▪ art. 5º, LIV e LV	▪ devido processo legal, contraditório e ampla defesa
▪ arts. 5º, LV, e 3º, I	▪ devido processo legal substantivo ou material
▪ art. 5º, LVI	▪ provas ilícitas
▪ art. 5º, LX	▪ publicidade dos atos processuais e dever de motivação das decisões judiciais
▪ art. 5º, LXXIV	▪ assistência jurídica integral e gratuita
▪ art. 5º, LXXV	▪ erro judiciário
▪ art. 5º, LXXVI	▪ gratuidade das certidões de nascimento e de óbito
▪ art. 5º, LXXVII	▪ gratuidade nas ações de *habeas corpus* e *habeas data*
▪ art. 5º, LXXVIII	▪ celeridade processual

14.10. Remédios constitucionais

A primeira Constituição a estabelecer expressamente o remédio do *habeas corpus* foi a de 1891 (muito embora previsto durante o Império). À época não havia previsão do mandado de segurança, que apareceu somente no texto de 1934.

Por esse motivo, no Brasil, desenvolveu-se a teoria brasileira do *habeas corpus*, vindo a ser restringida apenas pela reforma de 1926, quando, de vez, atrelou-se o *habeas corpus* à liberdade de **locomoção**.

O mandado de segurança coletivo, o mandando de injunção e o *habeas data* vão surgir apenas a partir do texto de 1988.

Por fim, a ação popular foi prevista, nos moldes atuais, pela primeira vez, no texto de 1934.

14.10.1. *Habeas corpus*

Art. 5º, LXVIII, CF/88
Conceder-se-á *habeas corpus* sempre que alguém sofrer ou se achar ameaçado de sofrer violência ou coação em sua **liberdade de locomoção**, por ilegalidade ou abuso de poder;

O autor da ação constitucional de *habeas corpus* recebe o nome de **impetrante**; o indivíduo em favor do qual se impetra, **paciente** (podendo ser o próprio impetrante); e a autoridade que pratica a ilegalidade ou abuso de poder, **autoridade coatora** ou **impetrado**.

O impetrante, portanto, poderá ser qualquer pessoa física (nacional ou estrangeira) em sua própria defesa, em favor de terceiro, podendo ser o Ministério Público ou mesmo pessoa jurídica (mas, é claro, em favor de pessoa física). Já o magistrado, na qualidade de Juiz de Direito, no exercício da atividade jurisdicional, a Turma Recursal e o Tribunal poderão **concedê-lo de ofício**, em exceção ao *princípio da inércia do órgão jurisdicional*. Mas **cuidado**: o Juiz de Direito, o Desembargador, Ministros, quando não estiverem exercendo a atividade jurisdicional, **impetrarão**, e não concederão de ofício, naturalmente, o *habeas corpus*, já que atuando como pessoa comum.

Referida ação pode ser formulada **sem advogado**, não tendo de obedecer a qualquer formalidade processual ou instrumental, sendo **gratuita**.

Pode ser impetrado para trancar ação penal ou inquérito policial, bem como em face de particular, como no clássico exemplo de hospital psiquiátrico que priva o paciente de sua liberdade de ir e vir, ilegalmente.

O *habeas corpus* será **preventivo** quando alguém se achar **ameaçado** de sofrer violência ou coação em sua liberdade de locomoção, por ilegalidade ou abuso de poder (a restrição à locomoção ainda não se consumou). Nesta situação poderá obter um **salvo-conduto**, para garantir o direito de ir e vir.

Quando a constrição ao direito de locomoção já se consumou, estaremos diante do *habeas corpus* **liberatório** ou **repressivo**, para cessar a violência ou coação.

Por fim, destacamos a decisão do STF que entendeu por **superada** a Súmula 690, definindo a competência **originária** do **TJ local** para o julgamento de *habeas corpus* contra decisão de turma recursal de juizados especiais criminais.

14.10.2. *Habeas corpus* coletivo

O instituto do *habeas corpus* coletivo não está previsto em nosso ordenamento jurídico.

Em 20 de fevereiro de 2018, contudo, a 2ª Turma do STF, no julgamento do **HC 143.641**, por votação unânime, entendeu cabível a **impetração coletiva de *habeas corpus*** e, por maioria, concedeu a ordem para determinar a **substituição da prisão preventiva pela domiciliar** – sem prejuízo da aplicação concomitante das medidas alternativas previstas no art. 319 do CPP – de **todas as mulheres presas, gestantes, puérperas, ou mães de crianças e deficientes sob sua guarda**, nos termos do art. 2º do ECA e da Convenção sobre Direitos das Pessoas com Deficiências (Decreto Legislativo n. 186/2008 e Lei n. 13.146/2015), relacionadas no processo pelo DEPEN e outras autoridades estaduais, enquanto perdurar tal condição, **excetuados os casos de crimes praticados por elas mediante violência ou grave ameaça, contra seus descendentes ou, ainda, em situações excepcionalíssimas, as quais deverão ser devidamente fundamentadas pelos juízes que denegarem o benefício**.

A Turma, ainda, **estendeu** a ordem, **de ofício**, às **demais mulheres** presas, gestantes, puérperas ou mães de crianças e de pessoas com deficiência, bem assim às adolescentes sujeitas a medidas socioeducativas em idêntica situação no território nacional, observadas as restrições previstas acima.

Em sendo a detida tecnicamente reincidente, explicitou a Corte, "o juiz deverá proceder em atenção às circunstâncias do caso concreto, mas sempre tendo por norte os princípios e as regras acima enunciadas, observando, ademais, a diretriz de excepcionalidade da prisão. Se o juiz entender que a prisão domiciliar se mostra inviável ou inadequada em determinadas situações, poderá substituí-la por medidas alternativas arroladas no já mencionado art. 319 do CPP".

A Corte estabeleceu que a legitimidade ativa do *habeas corpus* coletivo deve ser entendida a partir da aplicação analógica do art. 12 da Lei n. 13.300/2016 (Lei do Mandado de Injunção), que deverá ser lida.

Esperamos que a decisão da Corte no **HC 143.641** sirva de estímulo para que o legislador regulamente de vez esse instrumento, fundamental para a efetiva proteção de direitos da sociedade de massa.

14.10.3. Mandado de segurança

Art. 5º, LXIX, CF/88
Conceder-se-á mandado de segurança para proteger **direito líquido e certo**, não amparado por *habeas corpus* ou *habeas data*, quando o responsável pela ilegalidade ou abuso de poder for autoridade pública ou agente de pessoa jurídica no exercício de atribuições do Poder Público;

Conforme ensina Hely Lopes Meirelles, **direito líquido e certo** é aquele "manifesto na sua existência, delimitado na sua extensão e apto a ser exercitado no momento da impetração" (1998, p. 34-35).

O mandado de segurança pode ser **repressivo** de ilegalidade ou abuso de poder já praticados, ou **preventivo**, quando estivermos diante de ameaça a violação de direito líquido e certo do impetrante. Muitas vezes, para evitar o perecimento do objeto, o impetrante poderá solicitar concessão de liminar, desde que, é claro, demonstre o *fumus boni iuris* e o *periculum in mora*.

O prazo para impetração do mandado de segurança, já reconhecido como constitucional pelo STF, é de **120 dias**, contado da ciência, pelo interessado, do ato a ser impugnado.

14.10.4. Mandado de segurança coletivo

Art. 5º, LXX, *a* e *b*, CF/88
O mandado de segurança coletivo pode ser impetrado por: *a)* partido político com representação no Congresso Nacional; *b)* organização sindical, entidade de classe ou associação legalmente constituída e em funcionamento há pelo menos um ano, em defesa dos interesses de seus membros ou associados;

A grande diferença entre o mandado de segurança individual e o coletivo (este último criado pela Constituição de 1988) reside em seu **objeto** e na **legitimação ativa**.

Com o mandado de segurança coletivo busca-se a proteção de direito líquido e certo, não amparado por *habeas corpus* ou *habeas data* (campo residual), contra atos ou omissões ilegais ou com abuso de poder de autoridade, buscando a preservação (preventivo) ou a reparação (repressivo) de interesses transindividuais, sejam **individuais homogêneos**, sejam **coletivos** (art. 21, da Lei n. 12.016/2009).

Já em relação à legitimidade ativa, o mandado de segurança coletivo poderá ser impetrado por:

- partido político com representação no Congresso Nacional, na defesa de seus interesses legítimos relativos a seus integrantes ou à finalidade partidária;
- organização sindical, entidade de classe ou associação legalmente constituída e em funcionamento há, pelo menos, 1 ano, em defesa de direitos líquidos e certos da totalidade, ou de parte, dos seus membros ou associados, na forma dos seus estatutos e desde que pertinentes às suas finalidades, dispensada, para tanto, autorização especial.

Já entendeu o STF que essa pré-constituição ânua é exclusiva das associações.

Para as provas, recomendamos a leitura da **Lei n. 12.016/2009**, que disciplinou o mandado de segurança individual e coletivo e deu outras providências.

14.10.5. Mandado de injunção

Art. 5º, LXXI, CF/88
Conceder-se-á mandado de injunção sempre que a falta de norma regulamentadora torne inviável o exercício dos direitos e liberdades constitucionais e das prerrogativas inerentes à nacionalidade, à soberania e à cidadania;

Trata-se, juntamente com o mandado de segurança coletivo e o *habeas data*, de remédio constitucional introduzido pelo constituinte originário de 1988.

Os dois requisitos constitucionais para o mandado de injunção são:

- norma constitucional de **eficácia limitada**, prescrevendo **direitos, liberdades constitucionais** e **prerrogativas** inerentes à nacionalidade, à soberania e à cidadania;
- falta de norma regulamentadora, tornando inviável o exercício dos direitos, liberdades e prerrogativas acima mencionados (omissão do Poder Público).

Dessa forma, assim como a *ação direta de inconstitucionalidade por omissão*, o mandado de injunção surge para "curar" uma "doença" denominada **síndrome de inefetividade das normas constitucionais**, vale dizer, normas constitucionais que, de imediato, no momento em que a Constituição é promulgada, não têm o condão de produzir todos os seus efeitos, precisando de uma lei integrativa infraconstitucional.

No tocante aos efeitos da decisão, várias teorias surgiram: **a)** posição não concretista; **b)** posição concretista.

A posição **não concretista**, por muito tempo, foi a dominante no STF e tinha por entendimento a impossibilidade de o Judiciário assegurar o exercício do direito no caso de omissão normativa, limitando-se a declarar e reconhecer a mora.

Este posicionamento sofreu as nossas críticas, na medida em que se tornaria inviável o exercício de direitos fundamentais na persistência da inércia legislativa, ou mesmo na não deliberação de projeto já encaminhado.

Evoluindo, o STF adotou, em alguns casos, a **posição concretista individual intermediária**, fixando um prazo ao órgão omisso para que elaborasse a norma naquele período. Decorrido *in albis* o prazo fixado, o autor passaria a ter o direito pleiteado (efeitos *inter partes*).

Avançando, no julgamento dos **MIs 670, 708 e 712**, ajuizados por Sindicatos com o objetivo de se assegurar o direito de greve para os seus filiados, tendo em vista a inexistência de lei regulamentando o art. 37, VII, o STF declarou a omissão legislativa e, por maioria, determinou a aplicação, no que couber, da lei de greve vigente no setor privado, Lei n. 7.783/89.

A aplicação da lei não se restringiu aos impetrantes, mas se estendeu a todo o funcionalismo público, consagrando, assim, o STF, nesse caso específico, a **teoria concretista geral**.

Finalmente, com quase 30 anos de atraso!, a **Lei n. 13.300/2016** (Lei do Mandado de Injunção – LMI, que deve ser lida para a prova) disciplinou o processo e o julgamento dos **mandados de injunção individual** e **coletivo** e deu outras providências.

O art. 8º da LMI estabelece que, reconhecido o estado de mora legislativa, será deferida a injunção para: a) determinar prazo razoável para que o impetrado promova a edição da norma regulamentadora; b) estabelecer as condições em que se dará o exercício dos direitos, das liberdades ou das prerrogativas reclamados ou, se for o caso, as condições em que poderá o interessado promover ação própria visando a exercê-los, caso não seja suprida a mora legislativa no prazo determinado. Esse prazo será dispensado quando comprovado que o impetrado deixou de atender, em mandado de injunção anterior, ao prazo estabelecido para a edição da norma.

O legislador, portanto, optou pela **posição concretista intermediária**, sendo, então, mais conservador do que vinham sendo as decisões do STF.

> **Lei n. 13.300/2016**
> **Art. 9º** A decisão terá **eficácia subjetiva limitada às partes** e produzirá efeitos até o advento da norma regulamentadora.
> **§ 1º** Poderá ser conferida **eficácia *ultra partes*** ou ***erga omnes*** à decisão, quando isso for inerente ou indispensável ao exercício do direito, da liberdade ou da prerrogativa objeto da impetração.

14.10.6. Mandado de injunção coletivo

As regras expostas acima aqui se aplicam. Destacamos, na forma do art. 12 da Lei n. 13.300/2016, os legitimados para a impetração do MI coletivo, como impetrantes:

- **Ministério Público**, quando a tutela requerida for especialmente relevante para a defesa da ordem jurídica, do regime democrático ou dos interesses sociais ou individuais indisponíveis;
- **partido político com representação no Congresso Nacional**, para assegurar o exercício de direitos, liberdades e prerrogativas de seus integrantes ou relacionados com a finalidade partidária;
- **organização sindical, entidade de classe ou associação legalmente constituída e em funcionamento há pelo menos 1 ano**, para assegurar o exercício de direitos, liberdades e prerrogativas em favor da totalidade ou de parte de seus membros ou associados, na forma de seus estatutos e desde que pertinentes a suas finalidades, dispensada, para tanto, autorização especial;
- **Defensoria Pública**, quando a tutela requerida for especialmente relevante para a promoção dos direitos humanos e a defesa dos direitos individuais e coletivos dos necessitados, na forma do inciso LXXIV do art. 5º da Constituição Federal.

Os direitos, as liberdades e as prerrogativas protegidos por mandado de injunção coletivo são os pertencentes, indistintamente, a uma coletividade indeterminada de pessoas ou determinada por grupo, classe ou categoria.

14.10.7. *Habeas data*

> **Art. 5º, LXXII, *a* e *b*, CF/88**
> Conceder-se-á *habeas data: a)* para assegurar o conhecimento de informações relativas à pessoa do impetrante, constantes de registros ou bancos de dados de entidades governamentais ou de caráter público; *b)* para a retificação de dados, quando não se prefira fazê-lo por processo sigiloso, judicial ou administrativo;

Introduzido pela Constituição de 1988, a garantia constitucional do *habeas data* não se confunde com o direito de obter certidões (art. 5º, XXXIV, *b*), ou informações de interesse particular, coletivo ou geral (art. 5º, XXXIII). Havendo recusa no fornecimento de certidões (para a defesa de direitos ou esclarecimento de situações de interesse pessoal, próprio ou de terceiros), ou informações de terceiros o remédio próprio é o **mandado de segurança**, e não o *habeas data*. Se o pedido for para assegurar o conhecimento de informações relativas à **pessoa do impetrante**, como visto, o remédio será o *habeas data*.

O art. 8º da lei regulamentadora (Lei n. 9.507/97), estabelece a necessária recusa de informações pela autoridade, sob pena de, inexistindo pretensão resistida, a parte ser julgada carecedora da ação, por falta de interesse processual.

O art. 21 da lei do *habeas data*, em cumprimento ao dispositivo constitucional constante do art. 5º, LXXVII, estabeleceu serem **gratuitos** o procedimento administrativo para acesso a informações e retificação de dados e para anotações de justificação, bem como a ação de *habeas data*.

14.10.8. Ação popular

> **Art. 5º, LXXIII, CF/88**
> Qualquer **cidadão** é parte legítima para propor ação popular que vise a anular ato lesivo ao patrimônio público ou de entidade de que o Estado participe, à moralidade administrativa, ao meio ambiente e ao patrimônio histórico e cultural, ficando o autor, salvo comprovada má-fé, isento de custas judiciais e do ônus da sucumbência;

Muito embora o texto de 1824 falasse em ação popular, parece que esta se referia a certo caráter disciplinar ou mesmo penal. Desse modo, concordamos com Mancuso, ao sustentar que o texto de 1934 foi "o primeiro texto constitucional que lhe deu guarida" (2001, p. 52).

Elevada ao nível constitucional em **1934**, retirada da Constituição de 1937, retornou na de 1946 e permanece até os dias atuais, estando prevista no art. 5º, LXXIII, conforme visto.

Somente poderá ser autor da ação popular o **cidadão**, assim considerado o brasileiro nato ou naturalizado, desde que esteja no pleno gozo de seus direitos políticos, provada tal situação (e como requisito essencial da inicial) por meio do título de eleitor, ou documento que a ele corresponda.

Assim, excluem-se do polo ativo os estrangeiros, os apátridas, as pessoas jurídicas (*vide* Súmula 365 do STF) e mesmo os brasileiros que estiverem com os seus direitos políticos suspensos ou perdidos (art. 15 da CF/88).

Entendemos que aquele entre 16 e 18 anos, que tem título de eleitor, pode ajuizar a ação popular sem a necessidade de assistência, porém sempre por advogado (capacidade postulatória).

Cabe alertar que "a competência para julgar ação popular contra ato de qualquer autoridade, até mesmo do Presidente da República, é, **em regra**, do juízo competente de primeiro grau" (AO 859-QO, STF).

O autor da ação popular é isento de custas judiciais e do ônus da sucumbência, salvo comprovada má-fé.

15. DIREITOS SOCIAIS

15.1. Aspectos gerais

Nos termos do art. 6º, na redação dada pelas ECs ns. 26/2000, 64/2010 e 90/2015, são **direitos sociais** a educação, a saúde, a alimentação, o trabalho, a moradia, o transporte, o lazer, a segurança, a previdência social, a proteção à maternidade e à infância, a assistência aos desamparados, na forma da Constituição.

Trata-se de desdobramento da perspectiva de um **Estado Social de Direito**, tendo como documentos marcantes a Constituição Mexicana de 1917, a de Weimar, na Alemanha, de 1919, e, no Brasil, a de 1934.

Os **direitos sociais**, direitos de **segunda dimensão**, apresentam-se como **prestações positivas** a serem implementadas pelo Estado (Social de Direito) e tendem a concretizar a perspectiva de uma **isonomia substancial** e **social** na busca de melhores e adequadas condições de vida, estando, ainda, consagrados como **fundamentos** da República Federativa do Brasil (art. 1º, IV, CF/88).

15.2. Direitos sociais individuais dos trabalhadores

> O art. 7º estabelece um rol de direitos sociais dos **trabalhadores urbanos** e **rurais**, assim como dos **avulsos**, tendo sido, para os **domésticos**, assegurados apenas alguns direitos (art. 7º, parágrafo único).

Cabe lembrar, ainda, que, nos termos do art. 39, § 3º, aplica-se aos **servidores ocupantes de cargo público** o disposto no art. 7º, IV, VII, VIII, IX, XII, XIII, XV, XVI, XVII, XVIII, XIX, XX, XXII e XXX, podendo a lei estabelecer requisitos diferenciados de admissão quando a natureza do cargo o exigir.

Assim, para as provas, recomendamos a leitura atenta dos incisos do art. 7º, devendo o assunto ser aprofundado na parte de direito do trabalho deste livro!

15.3. Direitos sociais coletivos dos trabalhadores (arts. 8º a 11)

Os **direitos sociais coletivos** são aqueles exercidos pelos trabalhadores coletivamente, ou no interesse de uma coletividade, e podem ser classificados em:

- **direito de associação profissional ou sindical;**
- **direito de greve;**
- **direito de substituição processual;**
- **direito de participação;**
- **direito de representação classista.**

Traremos breves explicações, mas, naturalmente, o assunto deverá ser aprofundado na parte de direito do trabalho deste livro.

15.3.1. Direito de associação profissional ou sindical

Nos termos do art. 8º, *caput*, é livre a associação profissional ou sindical, observando-se as regras previstas nos incisos.

Caber lembrar que o art. 8º, parágrafo único, estabelece que as disposições fixadas nos incisos desse artigo se aplicam à organização de **sindicatos rurais** e de **colônias de pescadores**, atendidas as condições que a lei estabelecer.

15.3.2. Direito de greve

Nos termos do art. 9º, é assegurado o **direito de greve**, competindo aos trabalhadores decidir sobre a oportunidade de exercê-lo e sobre os interesses que devam por meio dele defender.

A lei definirá os serviços ou atividades essenciais e disporá sobre o atendimento das necessidades inadiáveis da comunidade, sendo que os abusos cometidos sujeitam os responsáveis às penas da lei (cf. **Lei n. 7.783/89**).

Muito embora seja um tema a ser desenvolvido em Direito Administrativo, em relação ao **direito de greve no funcionalismo público**, assegurado no art. 37, VII, e ainda não regulamentado por lei (mas admitido o seu exercício em razão de decisão proferida em mandado de injunção que adotou a posição concretista geral – cf. *item 14.10.4*), importante deixar registrada a tese firmada pelo STF ao apreciar o *tema 531* da repercussão geral: "a administração pública deve proceder ao desconto dos dias de paralisação decorrentes do exercício do direito de greve pelos servidores públicos, em virtude da suspensão do vínculo funcional que dela decorre, permitida a compensação em caso de acordo. O desconto será, contudo, incabível se ficar demonstrado que a greve foi provocada por conduta ilícita do Poder Público" (RE 693.456, Plenário, j. 27-10-2016).

15.3.3. Direito de substituição processual

Nos termos do art. 8º, III, ao sindicato cabe a defesa dos direitos e interesses coletivos ou individuais da categoria, inclusive em questões judiciais ou administrativas.

Nesse particular, o STF "decidiu que os sindicatos têm **legitimidade processual para atuar na defesa de todos e quaisquer direitos subjetivos individuais e coletivos dos integrantes da categoria por ele representada**" (RE 210.029/STF).

15.3.4. Direito de participação

Nos termos do art. 10, é assegurada a participação dos trabalhadores e empregadores nos colegiados dos órgãos públicos em que seus interesses profissionais ou previdenciários sejam objeto de discussão e deliberação.

15.3.5. Direito de representação classista

Nos termos do art. 11, nas empresas de mais de **200 empregados**, é assegurada a eleição de um representante destes com a finalidade exclusiva de promover-lhes o entendimento direto com os empregadores, tendo sido a matéria regulamentada nos arts. 510-A a 510-D da CLT (introduzidos pela **Reforma Trabalhista**, Lei n. 13.467/2017).

15.4. Princípio do não retrocesso social ou da proibição da evolução reacionária

De acordo com o **princípio da vedação ao retrocesso**, uma vez concretizado o direito ele não pode ser diminuído ou esvaziado, consagrando aquilo que a doutrina francesa chamou de *effet cliquet*.

Entendemos que nem a lei poderá retroceder, como, em igual medida, o poder de reforma, já que a emenda à constituição deve resguardar os direitos sociais já consagrados.

16. NACIONALIDADE

16.1. Conceito

Nacionalidade pode ser definida como o vínculo jurídico-político que liga um indivíduo a determinado Estado, fazendo com que esse indivíduo passe a integrar o povo daquele Estado e, por consequência, desfrute de direitos e submeta-se a obrigações.

16.2. Espécies de nacionalidade

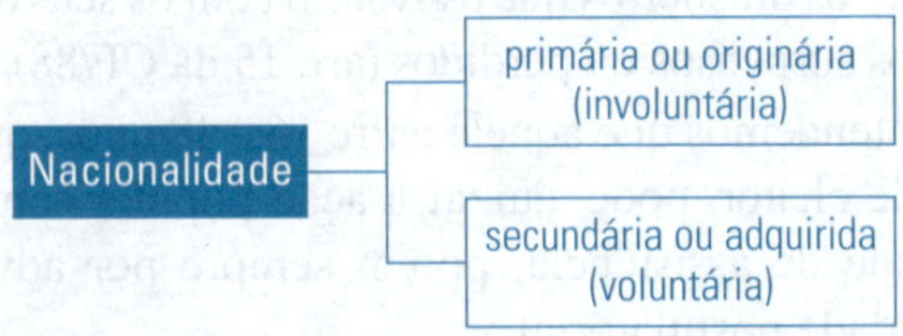

A **nacionalidade primária** é imposta, de maneira unilateral, independentemente da vontade do indivíduo, pelo Estado, no momento do **nascimento**.

Já a **nacionalidade secundária** é aquela que se adquire por vontade própria, depois do nascimento, normalmente pela **naturalização**, que poderá ser requerida tanto pelos **estrangeiros** como pelos ***heimatlos* (apátridas)**, ou seja, aqueles indivíduos que não têm pátria alguma.

O estrangeiro, ainda, dependendo das regras de seu país, poderá ser enquadrado na categoria de **polipátrida** (**multinacionalidade** – ex.: filhos de italiano – critério do sangue – nascidos no Brasil – critério da territorialidade).

Surge, então, o chamado **conflito de nacionalidade:** a) **positivo** – polipátrida (multinacionalidade); e b) **negativo** – apátrida, intolerável, especialmente diante do art. XV da Declaração Universal dos Direitos Humanos, que assegura a toda pessoa o direito a uma nacionalidade, proibindo que seja arbitrariamente dela privada, ou impedida de mudá-la.

16.3. Brasileiro nato

Como regra geral prevista no art. 12, I, o Brasil, país de imigração, adotou o critério do *ius solis*. Esta regra, porém, é atenuada em diversas situações, ou "temperada" por outros critérios, indicados no referido inciso (cuja leitura recomendamos) e que podem ser assim identificados:

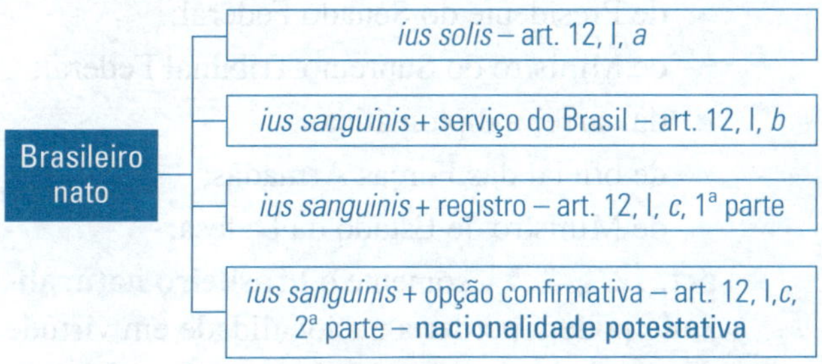

16.4. Brasileiro naturalizado

Como forma de aquisição da **nacionalidade secundária**, a Constituição prevê o processo de naturalização, que dependerá tanto da manifestação de vontade do interessado como da aquiescência estatal, que, por meio de ato de soberania, de forma discricionária, poderá ou não atender à solicitação do estrangeiro ou apátrida.

Dessa forma, não mais se prevê a naturalização tácita (grande naturalização), como aconteceu na vigência da Constituição de 1891. A Constituição somente estabeleceu a **naturalização expressa**, que se divide em **ordinária constitucional** e **extraordinária constitucional (quinzenária)**, previstas no art. 12, II, de recomendável leitura.

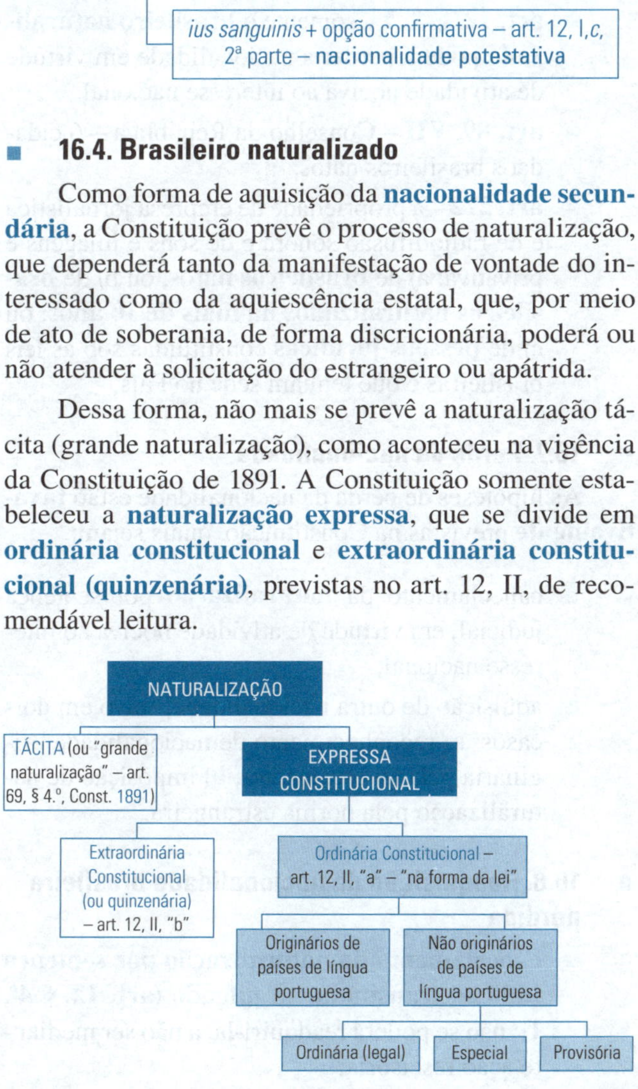

16.4.1. Naturalização ordinária constitucional em relação aos originários de países de língua portuguesa

De acordo com o art. 12, II, *a*, CF/88, são **brasileiros naturalizados** os que, na forma da lei, adquiram a nacionalidade brasileira, exigidos dos **originários de países de língua portuguesa** apenas dois requisitos:

- **residência por 1 ano ininterrupto**; e
- **idoneidade moral**.

Aos **portugueses**, além dessa possibilidade de naturalização, foi expressamente estabelecida na Constituição a garantia da reciprocidade (art. 12, § 1º), caso não optem pelo processo de naturalização (cf. *item 16.5*).

16.4.2. Naturalização ordinária legal

Conforme visto, são brasileiros naturalizados os que, **na forma da lei**, adquiram a nacionalidade brasileira. A regulamentação desse dispositivo se deu nos termos do art. 65 da **Lei de Migração** – Lei n. 13.445/2017 –, que prevê as seguintes **condições**:

- ter capacidade civil, segundo a lei brasileira;
- ter residência em território nacional, pelo prazo mínimo de 4 anos[2];
- comunicar-se em língua portuguesa, consideradas as condições do naturalizando; e
- não possuir condenação penal ou estar reabilitado, nos termos da lei.

16.4.3. Naturalização especial

A **naturalização especial** poderá ser concedida ao estrangeiro que se encontre **em uma** das seguintes situações (art. 68 da Lei n. 13.445/2017):

- ser cônjuge ou companheiro, há mais de 5 anos, de integrante do Serviço Exterior Brasileiro em atividade ou de pessoa a serviço do Estado brasileiro no exterior; **ou**
- ser ou tenha sido empregado em missão diplomática ou em repartição consular do Brasil por mais de 10 anos ininterruptos.

---

[2] Esse prazo será **reduzido** para, no mínimo, **1 ano** se o naturalizando preencher **quaisquer** das seguintes condições: ter filho brasileiro; ter cônjuge ou companheiro brasileiro e não estar dele separado legalmente ou de fato no momento de concessão da naturalização; haver prestado ou poder prestar serviço relevante ao Brasil, avaliado na forma disposta em regulamento; ou recomendar-se por sua capacidade profissional, científica ou artística, também avaliada na forma disposta em regulamento.

Enquadrando-se em uma das situações acima, o naturalizando deverá preencher os seguintes requisitos para que possa ser concedida a naturalização especial (art. 69 da Lei n. 13.445/2017):

- ter capacidade civil, segundo a lei brasileira;
- comunicar-se em língua portuguesa, consideradas as condições do naturalizando; e
- não possuir condenação penal ou estar reabilitado, nos termos da lei.

16.4.4. Naturalização provisória

A **naturalização provisória** poderá ser concedida ao migrante criança ou adolescente que tenha fixado residência em território nacional **antes de completar 10 anos de idade** e deverá ser requerida por intermédio de seu representante legal, sendo **convertida em definitiva** se o naturalizando expressamente assim o requerer no **prazo de 2 anos após atingir a maioridade**.

Essa hipótese, denominada pela doutrina "**radicação precoce**", era expressamente prevista no art. 140, II, *b*, 1, da Constituição de 1967 e no art. 140, II, *b*, 1, além de estar também descrita no art. 115, § 2º, I, do revogado Estatuto dos Estrangeiros (Lei n. 6.815/80). A única diferença era que a idade de radicação no Brasil era 5 e não 10 anos, como na nova lei.

16.4.5. Naturalização extraordinária ou quinzenária

Prevista no art. 12, II, *b*, da CF/88 e no art. 67 da Lei n. 13.445/2017, a **naturalização extraordinária** ou **quinzenária** dar-se-á quando os estrangeiros, de **qualquer nacionalidade**, residentes na República Federativa do Brasil **há mais de 15 anos ininterruptos e sem condenação penal**, requisitarem a nacionalidade brasileira.

16.5. Quase nacionalidade – reciprocidade

> **Art. 12, § 1º, CF/88**
> Aos portugueses com residência permanente no País, se houver reciprocidade em favor de brasileiros, serão atribuídos os direitos inerentes ao brasileiro, salvo os casos previstos nesta Constituição.

Trata-se da chamada **cláusula de reciprocidade** (*do ut des*), assegurada pelo *Tratado de Amizade, Cooperação e Consulta, entre a República Federativa do Brasil e a República Portuguesa.*

16.6. A lei poderá estabelecer distinções entre brasileiros natos e naturalizados?

De maneira coerente com o **princípio da igualdade** (isonomia), a Constituição vedou qualquer possibilidade de se estabelecer por lei distinção entre brasileiros natos e naturalizados, ressalvados os casos previstos **taxativamente** pela própria Carta, quais sejam:

- **art. 5º, LI** – extradição: nenhum brasileiro será extraditado, salvo o naturalizado, em caso de crime comum, praticado antes da naturalização, ou de comprovado envolvimento em tráfico ilícito de entorpecentes e drogas afins, na forma da lei;
- **art. 12, § 3º** – são privativos de brasileiro nato os cargos (decorem!):
  - de Presidente e Vice-Presidente da República;
  - de Presidente da Câmara dos Deputados;
  - de Presidente do Senado Federal;
  - de Ministro do Supremo Tribunal Federal;
  - da carreira diplomática;
  - de oficial das Forças Armadas;
  - de Ministro de Estado da Defesa;
- **art. 12, § 4º, I** – somente o **brasileiro naturalizado** poderá perder a nacionalidade em virtude de atividade nociva ao interesse nacional;
- **art. 89, VII** – Conselho da República – 6 cidadãos brasileiros natos;
- **art. 222** – a propriedade de empresa jornalística e de radiodifusão sonora e de sons e imagens é privativa: a) de **brasileiros natos**; ou b) de **brasileiros naturalizados há mais de 10 anos**; ou c) de **pessoas jurídicas** constituídas sob as leis brasileiras e que tenham sede no País.

16.7. Perda da nacionalidade

As hipóteses de perda da nacionalidade estão **taxativamente** previstas na Constituição, quais sejam:

- cancelamento da **naturalização** por sentença judicial, em virtude de atividade nociva ao interesse nacional;
- aquisição de outra nacionalidade, salvo em dois casos: **a)** reconhecimento de nacionalidade originária pela lei estrangeira; **b)** imposição de naturalização pela norma estrangeira.

16.8. Reaquisição da nacionalidade brasileira perdida

- **cancelamento da naturalização por sentença judicial transitada em julgado (art. 12, § 4º, I):** não se poderá readquiri-la, a não ser mediante ação rescisória;

- **aquisição de outra nacionalidade (art. 12, § 4º, II):** o revogado art. 36 da Lei n. 818/49 previa a possibilidade de reaquisição por decreto presidencial, se o ex-brasileiro estivesse domiciliado no Brasil. Entendemos, contudo, que tal dispositivo só teria validade se a reaquisição não contrariasse os dispositivos constitucionais e, ainda, se existissem elementos que atribuíssem nacionalidade ao interessado.

Essa nossa preocupação, apresentada ao analisar o agora revogado art. 36 da Lei n. 818/49, ainda persiste, pensamos, com a entrada em vigor da Lei de Migração (Lei n. 13.445/2017, regulamentada pelo Decreto n. 9.199/2017), que traz a seguinte regra em seu art. 27: "o brasileiro que, em razão do previsto no inciso II do § 4º do art. 12 da Constituição Federal, houver perdido a nacionalidade, uma vez cessada a causa, poderá readquiri-la ou ter o ato que declarou a perda revogado, **na forma definida pelo órgão competente do Poder Executivo**".

17. DIREITOS POLÍTICOS

Os **direitos políticos** nada mais são do que instrumentos por meio dos quais a Constituição garante o exercício da **soberania popular**, atribuindo poderes aos cidadãos para interferirem na condução da coisa pública, seja direta seja indiretamente.

17.1. Direito político positivo (direito de sufrágio)

Como núcleo dos direitos políticos, surge o direito de sufrágio, que se caracteriza tanto pela **capacidade eleitoral ativa** (direito de votar, capacidade de ser eleitor, alistabilidade) como pela **capacidade eleitoral passiva** (direito de ser votado, elegibilidade).

17.1.1. Capacidade eleitoral ativa (direito de votar, capacidade de ser eleitor, alistabilidade)

O exercício do sufrágio ativo dá-se pelo **voto**, que pressupõe:

- alistamento eleitoral na forma da lei (título eleitoral);
- nacionalidade brasileira (portanto, não podem alistar-se como eleitores os estrangeiros);
- idade mínima de 16 anos;
- não ser conscrito durante o serviço militar obrigatório.

Assim, o alistamento eleitoral e o voto são:

> **Obrigatórios**: para maiores de 18 e menores de 70 anos de idade;
> **Facultativos**: para maiores de 16 e menores de 18 anos de idade; para os analfabetos; e para os maiores de 70 anos de idade.

Dentre as características do voto, destacamos ser ele **direto**, **secreto**, **universal**, **periódico**, **livre**, **personalíssimo** e com **valor igual para todos**, além de ser **cláusula pétrea**, conforme o art. 60, § 4º, II.

> Ser obrigatório o voto não é cláusula pétrea, podendo emenda torná-lo facultativo. O que é cláusula pétrea é o voto direto, secreto, universal e periódico.

17.1.2. Capacidade eleitoral passiva (direito de ser votado, elegibilidade)

A **capacidade eleitoral passiva**, por seu turno, nada mais é do que a possibilidade de eleger-se, concorrendo a um mandato eletivo. O direito de ser votado, no entanto, só se torna absoluto se o eventual candidato preencher todas as **condições de elegibilidade** para o cargo ao qual se candidata e, ainda, não incidir em nenhum dos impedimentos constitucionalmente previstos, quais sejam, os **direitos políticos negativos**.

São **condições de elegibilidade**, na forma da lei (art. 14, § 3º, I a V):

- nacionalidade brasileira;
- pleno exercício dos direitos políticos;
- alistamento eleitoral;
- domicílio eleitoral na circunscrição;
- filiação partidária;
- idade mínima de acordo com o cargo ao qual se candidata.

No tocante ao requisito da idade, esta condição de elegibilidade inicia-se aos 18 anos, terminando aos 35 anos, conforme se observa pelas regras abaixo transcritas e que apresentam-se com incidência muito grande nas provas:

- **18 anos** para Vereador;
- **21 anos** para Deputado Federal, Deputado Estadual ou Distrital, Prefeito, Vice-Prefeito e Juiz de paz;
- **30 anos** para Governador e Vice-Governador de Estado e do Distrito Federal;

- **35 anos** para Presidente, Vice-Presidente da República e Senador.

17.2. Direitos políticos negativos

Ao contrário dos direitos políticos positivos, os **direitos políticos negativos** individualizam-se ao definirem formulações constitucionais restritivas e impeditivas das atividades político-partidárias, privando o cidadão do exercício de seus direitos políticos, bem como o impedindo de eleger um candidato (capacidade eleitoral ativa) ou de ser eleito (capacidade eleitoral passiva). Comecemos pelas **inelegibilidades** para depois apontarmos as situações em que os **direitos políticos ficam suspensos ou são perdidos** (privação dos direitos políticos).

17.2.1. Inelegibilidades

As inelegibilidades são as circunstâncias (constitucionais ou previstas em **lei complementar**) que impedem o cidadão do exercício total ou parcial da capacidade eleitoral passiva, ou seja, da capacidade de eleger-se. Restringem, portanto, a elegibilidade do cidadão.

As inelegibilidades podem ser **absolutas** (impedimento eleitoral para qualquer cargo eletivo, em situações **taxativamente** previstas na CF/88) ou **relativas** (impedimento eleitoral para algum cargo eletivo ou mandato, em função de situações em que se encontre o cidadão candidato, previstas na CF/88 – art. 14, §§ 5º a 8º, ou em lei complementar – art. 14, § 9º –; leia os referidos artigos!).

O instrumento para o estabelecimento de outros casos de inelegibilidade relativa só poderá ser a **lei complementar**, sob pena de incorrer-se em vício de inconstitucionalidade (formal).

O art. 14, § 9º, da CF/88, foi regulamentado pela LC n. 64/90, com importantes alterações trazidas pela denominada "Lei da Ficha Limpa" (LC n. 135/2010).

17.2.2. Privação dos direitos políticos – perda e suspensão

Em **nenhuma hipótese** será permitida a **cassação de direitos políticos**, mas apenas a perda ou suspensão, que passamos a enumerar.

17.2.2.1. Perda dos direitos políticos (arts. 15, I e IV, e 12, § 4º, II)

- cancelamento da naturalização por sentença transitada em julgado;
- recusa de cumprir obrigação a todos imposta ou prestação alternativa (sobre essa hipótese, alertamos que a maioria dos autores de direito eleitoral vem entendendo como situação de **suspensão**, e não de perda de direitos políticos, nos termos da literalidade do art. 4º, § 2º, da Lei n. 8.239/91);
- perda da nacionalidade brasileira em virtude de aquisição de outra.

17.2.2.2. Suspensão dos direitos políticos (arts. 15, II, III e V, e 55, II e § 1º, da CF/88; art. 17.3 do Dec. n. 3.927/2001 c/c o art. 1º, I, *b*, da LC n. 64/90)

- incapacidade civil absoluta;
- condenação criminal transitada em julgado;
- improbidade administrativa, nos termos do art. 37, § 4º;
- exercício assegurado pela cláusula de reciprocidade (art. 12, § 1º);
- procedimento do Deputado ou Senador declarado incompatível com o decoro parlamentar – inelegibilidade por 8 anos, nos termos do art. 55, II e § 1º, CF, c/c o art. 1º, I, *b*, da LC n. 64/90.

17.2.2.3. Reaquisição dos direitos políticos perdidos ou suspensos

Perdido o direito político, na hipótese de cancelamento da naturalização por sentença transitada em julgado, a reaquisição só se dará por meio de ação rescisória. Se a hipótese for a perda por recusa de cumprir obrigação a todos imposta ou prestação alternativa, a reaquisição dar-se-á quando o indivíduo, a qualquer tempo, cumprir a obrigação devida.

No tocante às hipóteses de suspensão, a reaquisição dos direitos políticos dar-se-á quando cessarem os motivos que determinaram a suspensão.

17.3. Servidor público e exercício do mandato eletivo

Art. 38, I a V, CF/88

Ao servidor público da administração direta, autárquica e fundacional, no exercício de mandato eletivo, aplicam-se as seguintes disposições:

I – tratando-se de mandato eletivo federal, estadual ou distrital, ficará afastado de seu cargo, emprego ou função;

II – investido no mandato de Prefeito, será afastado do cargo, emprego ou função, sendo-lhe facultado optar pela sua remuneração;

III – investido no mandato de Vereador, havendo compatibilidade de horários, perceberá as vantagens de seu cargo, emprego ou função, sem prejuízo da remuneração do cargo eletivo, e, não havendo compatibilidade, será aplicada a norma do inciso anterior;

IV – em qualquer caso que exija o afastamento para o exercício de mandato eletivo, seu tempo de serviço será contado para todos os efeitos legais, exceto para promoção por merecimento;

V – para efeito de benefício previdenciário, no caso de afastamento, os valores serão determinados como se no exercício estivesse.

18. PARTIDOS POLÍTICOS

18.1. Conceito

Segundo a doutrina, partido político pode ser conceituado como uma "... organização de pessoas reunidas em torno de um mesmo programa político com a finalidade de assumir o poder e de mantê-lo ou, ao menos, de influenciar na gestão da coisa pública através de críticas e oposição" (BASTOS, 1997, p. 275).

18.2. Regras constitucionais

A primeira regra refere-se à **liberdade de organização partidária**, visto ser livre a criação, a fusão, a incorporação e a extinção dos partidos políticos.

No entanto, **não se trata de liberdade partidária absoluta**, uma vez que deverão ser resguardados a soberania nacional, o regime democrático, o pluripartidarismo, os direitos fundamentais da pessoa humana, bem como observados os seguintes preceitos:

- caráter nacional;
- proibição de recebimento de recursos financeiros de entidade ou governo estrangeiros ou de subordinação a estes;
- prestação de contas à Justiça Eleitoral;
- funcionamento parlamentar de acordo com a lei;
- vedação da utilização pelos partidos políticos de organização paramilitar.

A **constituição** dos partidos políticos consolida-se na forma da lei civil, perante o **Serviço de Registro Civil de Pessoas Jurídicas** competente (na Capital Federal, Brasília) e, posteriormente, já tendo adquirido a personalidade jurídica, formaliza-se por meio do registro de seus estatutos perante o TSE.

> Os partidos políticos são verdadeiras instituições, pessoas jurídicas de **direito privado**.

A **EC n. 97/2017** alterou a Constituição Federal para **vedar as coligações partidárias nas eleições proporcionais**, admitindo-a para as eleições majoritárias.

De acordo com a nova redação dada ao art. 17, § 1º, é assegurada aos partidos políticos autonomia para definir sua estrutura interna e estabelecer regras sobre escolha, formação e duração de seus órgãos permanentes e provisórios e sobre sua organização e funcionamento e para adotar os critérios de escolha e o regime de suas coligações nas eleições majoritárias, vedada a sua celebração nas **eleições proporcionais**, sem obrigatoriedade de vinculação entre as candidaturas em âmbito nacional, estadual, distrital ou municipal, devendo seus estatutos estabelecer normas de disciplina e fidelidade partidária.

Essa vedação à celebração de coligações nas **eleições proporcionais**, prevista no § 1º do art. 17 da Constituição Federal, contudo, aplicar-se-á somente a partir das eleições de 2020 (art. 2º da EC n. 97/2017).

18.3. Cláusula de barreira, proteção constitucional às minorias, "direito de antena" e as regras trazidas pela EC n. 97/2017

O STF entendeu como inconstitucional a chamada **"cláusula de barreira"** em lei que "restringia o direito ao funcionamento parlamentar, o acesso ao horário gratuito de rádio e televisão e a distribuição dos recursos do Fundo Partidário" (ADI 1.351). Em outras palavras, assegurou-se o **direito de antena**!

A chamada **minirreforma eleitoral** (Lei n. 13.165/2015) alterou os critérios para distribuição dos horários reservados à propaganda eleitoral (art. 47, § 2º, I e II), **restringindo o direito das minorias**.

O STF, por 6 x 3, declarou a **constitucionalidade** dos referidos dispositivos (**ADI 5.491**, j. 25-8-2016), prescrevendo que o direito de **participação em debates eleitorais**, diferentemente da propaganda eleitoral gratuita no rádio e na televisão, não tem assento constitucional e, então, pode sofrer **maior restrição**, em razão do formato e do objetivo desse tipo de programação (*Inf. 836/STF*).

Em seguida, o Parlamento aprovou a **EC n. 97/2017** estabelecendo normas sobre acesso dos partidos políticos aos recursos do fundo partidário e ao tempo de propaganda gratuito no rádio e na televisão.

De acordo com a nova regra constitucional (**art. 17, § 3º**), somente terão direito a recursos do fundo partidário e acesso gratuito ao rádio e à televisão, na forma da lei, os partidos políticos que **alternativamente**:

- obtiverem, nas eleições para a Câmara dos Deputados, no mínimo, 3% dos votos válidos, distribuídos em pelo menos um terço das unidades da Federação, com um mínimo de 2% dos votos válidos em cada uma delas; ou
- tiverem elegido pelo menos 15 Deputados Federais distribuídos em pelo menos 1/3 das unidades da Federação.

Art. 3º O disposto no § 3º do art. 17 da Constituição Federal quanto ao acesso dos partidos políticos aos recursos do fundo partidário e à propaganda gratuita no rádio e na televisão aplicar-se-á a partir das eleições de 2030.
Parágrafo único. Terão acesso aos recursos do fundo partidário e à propaganda gratuita no rádio e na televisão os partidos políticos que:
I – na legislatura seguinte às eleições de 2018:
a) obtiverem, nas eleições para a Câmara dos Deputados, no mínimo, 1,5% (um e meio por cento) dos votos válidos, distribuídos em pelo menos um terço das unidades da Federação, com um mínimo de 1% (um por cento) dos votos válidos em cada uma delas; ou
b) tiverem elegido pelo menos nove Deputados Federais distribuídos em pelo menos um terço das unidades da Federação;
II – na legislatura seguinte às eleições de 2022:
a) obtiverem, nas eleições para a Câmara dos Deputados, no mínimo, 2% (dois por cento) dos votos válidos, distribuídos em pelo menos um terço das unidades da Federação, com um mínimo de 1% (um por cento) dos votos válidos em cada uma delas; ou
b) tiverem elegido pelo menos onze Deputados Federais distribuídos em pelo menos um terço das unidades da Federação;
III – na legislatura seguinte às eleições de 2026:
a) obtiverem, nas eleições para a Câmara dos Deputados, no mínimo, 2,5% (dois e meio por cento) dos votos válidos, distribuídos em pelo menos um terço das unidades da Federação, com um mínimo de 1,5% (um e meio por cento) dos votos válidos em cada uma delas; ou
b) tiverem elegido pelo menos treze Deputados Federais distribuídos em pelo menos um terço das unidades da Federação.

18.4. Fidelidade partidária

18.4.1. Sistema proporcional

Em relação ao **sistema proporcional** (eleição de deputados federais, estaduais, distritais e vereadores), o STF, em 3 e 4-10-2007, julgando os **MS 26.602**, **26.603** e **26.604**, resolveu a matéria e estabeleceu que a fidelidade partidária deve ser respeitada pelos candidatos eleitos.

Dessa forma, teoricamente, aquele que mudar de partido **(transferência de legenda)** sem motivo justificado **perderá o cargo eletivo**. Mudar de partido, sem justa causa, é fraude contra a vontade do povo.

Isso porque reconheceu o STF o caráter eminentemente partidário do sistema proporcional e as inter-relações entre o eleitor, o partido político e o representante eleito.

18.4.2. Sistema majoritário

Em relação ao **sistema majoritário** (eleição de Chefes do Executivo e Senadores da República), o TSE, seguindo o entendimento firmado no STF, confirmou a **não aplicação** da regra da perda do mandato acima exposta, nos seguintes termos:

TSE – Súmula 67
A perda do mandato em razão da desfiliação partidária **NÃO** se aplica aos candidatos eleitos pelo sistema majoritário (j. 10-5-2016, *DJe* de 24, 27 e 28-6-2016).

Esse entendimento foi fixado pela Suprema Corte no julgamento da **ADI 5.081** (Pleno, *DJe* de 19-8-2015). De acordo com o item 3 da ementa do voto do Min. Relator Roberto Barroso, "o sistema majoritário, adotado para a eleição de Presidente, Governador, Prefeito e Senador, tem lógica e dinâmica diversas da do sistema proporcional. **As características do sistema majoritário, com sua ênfase na figura do candidato, fazem com que a perda do mandato, no caso de mudança de partido, frustre a vontade do eleitor e vulnere a soberania popular** (CF, art. 1º, par. ún., e art. 14, *caput*)". Assim, conforme destacamos, **a perda de mandato por troca de partido não se aplica ao sistema majoritário**.

18.4.3. EC n. 91/2016 ("Janela Partidária Constitucional")

A **EC n. 91/2016** não altera formalmente nenhum artigo da Constituição, nem introduz disposição na Carta. No caso, estamos diante de uma norma constitucional que está fora do texto, mas, que, naturalmente, pelo conceito de "bloco de constitucionalidade", tem, inegavelmente, caráter constitucional.

Pois bem, referida reforma constitucional passou a admitir, expressamente, mais uma "janela" a permitir a mudança de partido, sem a perda do mandato. Vejamos:

Art. 1º da EC n. 91/2016
É facultado ao detentor de mandato eletivo desligar-se do partido pelo qual foi eleito nos **30 dias seguintes à promulgação desta Emenda Constitucional**, sem prejuízo do mandato, não sendo essa desfiliação considerada para fins de distribuição dos recursos do Fundo Partidário e de acesso gratuito ao tempo de rádio e televisão.

18.4.4. EC n. 97/2017 (mais uma exceção à regra da fidelidade partidária)

A **EC n. 97/2017**, conforme visto, estabeleceu normas sobre acesso dos partidos políticos aos recursos do fundo partidário e ao tempo de propaganda gratuito no rádio e na televisão (art. 17, § 3º).

Ao eleito por partido que não preencher os requisitos previstos no § 3º do citado art. 17 ficou assegurado o mandato e facultada a filiação, **sem perda do mandato**, a outro partido que os tenha atingido, não sendo essa filiação considerada para fins de distribuição dos recursos do fundo partidário e de acesso gratuito ao tempo de rádio e de televisão.

19. ORDEM SOCIAL

A ideia de **constituição social** está materializada no Título VIII da Constituição, que trata da **ordem social**.

Para o enfrentamento das provas da OAB, recomendamos a leitura atenta de todo esse título, pois a análise das questões sinaliza perguntas que reproduzem a "letra da lei".

Nos termos do art. 193, a ordem social tem como **base o primado do trabalho** e, como **objetivo, o bem-estar** e a **justiça sociais**, estabelecendo perfeita harmonia com a *ordem econômica*, que se funda, também, nos termos do art. 170, *caput*, na valorização do trabalho humano e na livre-iniciativa. A ordem econômica tem por fim (objetivo), em igual medida, assegurar a todos a existência digna, conforme os ditames da justiça social.

Segundo José Afonso da Silva, "ter como *objetivo* o bem-estar e a justiça sociais quer dizer que as relações econômicas e sociais do país, para gerarem o bem-estar, hão de propiciar trabalho e condição de vida, material, espiritual e intelectual, adequada ao trabalhador e sua família, e que a riqueza produzida no país, para gerar justiça social, há de ser equanimemente distribuída" (2007, p. 758).

Nesse contexto, com razão, anota José Afonso da Silva que, juntamente com o título dos direitos fundamentais, a ordem social forma o **núcleo substancial do regime democrático**, apresentando o seguinte conteúdo, que deve ser lido como preparação para a prova da OAB, completando-se com os breves comentários em seguida expostos:

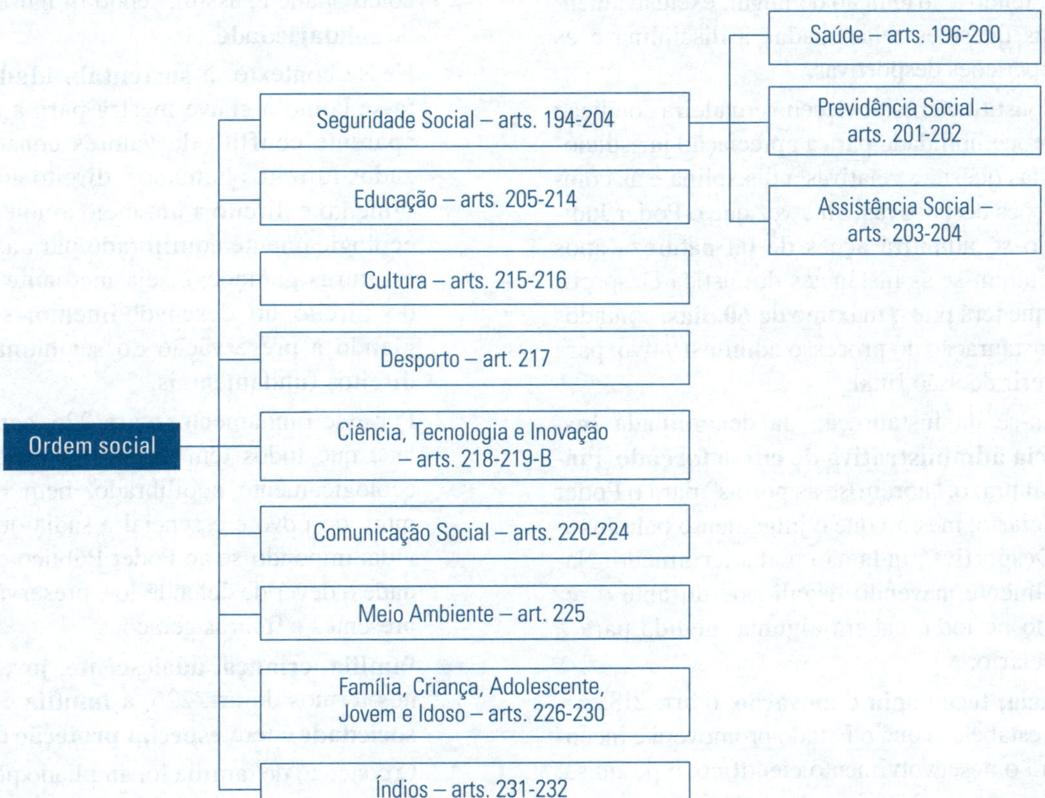

- **seguridade social**: compreende um conjunto integrado de ações de iniciativa dos Poderes Públicos e da sociedade, destinadas a assegurar os direitos relativos à **saúde**, à **previdência** e à **assistência social**;
- **educação**;
- **cultura**: o art. 215 consagra como direito fundamental o princípio da cidadania cultural ao estabelecer que o Estado garantirá a todos o pleno exercício dos direitos culturais e o acesso às fontes da cultura nacional, bem como apoiará e incentivará a valorização e a difusão das manifestações culturais;
- **desporto**: previsto em sentido amplo no texto de 1988, não se restringindo somente ao esporte, mas englobando também a ideia de re-

creação, lazer, divertimento, uma vez que, nos termos do art. 217, § 3º, o Poder Público incentivará o lazer como forma de promoção social.

De acordo com o art. 217, I a III, CF/88, é dever do Estado fomentar práticas desportivas formais e não formais, como direito de cada um, observados: a autonomia das entidades desportivas dirigentes e associações, quanto a sua organização e funcionamento; a destinação de recursos públicos para a **promoção prioritária do desporto educacional** e, em casos específicos, para a do desporto de alto rendimento; o tratamento diferenciado para o desporto profissional e o não profissional.

Ligado ao desporto, lembramos que a **Justiça Desportiva não integra o Poder Judiciário**, portanto não está arrolada entre os órgãos do art. 92 da CF/88. Trata-se de órgão administrativo, tendo a atribuição de julgar, exclusivamente, as questões relacionadas à disciplina e às competições desportivas.

A Constituição estabeleceu verdadeira condição de procedibilidade para a apreciação jurisdicional das questões relativas à disciplina e às competições desportivas, uma vez que o Poder Judiciário só admitirá ações de tal natureza após esgotarem-se as instâncias da Justiça Desportiva, que terá prazo máximo de **60 dias**, contados da instauração do processo administrativo, para proferir decisão final.

Trata-se da instauração da denominada **instância administrativa de curso forçado**. Findo tal prazo, "abrem-se as portas" para o Poder Judiciário, mesmo que o julgamento pela Justiça Desportiva ainda não tenha terminado. Naturalmente, havendo ilegalidade durante o referido período, caberá alguma medida para o Judiciário;

- **ciência, tecnologia e inovação**: o art. 218, *caput*, estabelece que o Estado promoverá e incentivará o desenvolvimento científico, a pesquisa, a capacitação científica e tecnológica e a inovação (EC n. 85/2015).

Na linha do que Norberto Bobbio chamou de direitos fundamentais de 4ª dimensão, destacamos o julgamento da ADI 3.510, declarando o STF a constitucionalidade do art. 5º da Lei de Biossegurança no tocante à pesquisa com as células-tronco embrionárias;

- **comunicação social**: o capítulo da comunicação social aparece com destaque no texto de 1988 (regulação, pela primeira vez, em capítulo específico e autônomo), marcando o momento histórico, qual seja, a redemocratização do País após mais de 20 anos de ditadura, com fortes restrições às liberdades democráticas e de imprensa.

Resgatamos a redação dada ao art. 399 do Anteprojeto da Comissão Afonso Arinos, que, embora não aprovado, parece colaborar para o conceito de **comunicação social**: "o sistema de comunicação social compreende a imprensa, o rádio e a televisão e será regulado por lei, atendendo à sua função social e ao respeito à verdade, à livre circulação e à difusão universal da informação, à compreensão mútua entre os indivíduos e aos fundamentos éticos da sociedade";

- **meio ambiente**: o preservacionismo ambiental caracteriza-se como direito humano de **terceira dimensão**, estando o ser humano inserido na coletividade e, assim, sendo titular dos direitos de **solidariedade**.

Nesse contexto, a **sustentabilidade** apresenta-se como a chave mestra para a solução de aparente conflito de valores constitucionalizados (direitos humanos, direito ao desenvolvimento e direito a um meio ambiente sadio e ecologicamente equilibrado para as presentes e futuras gerações), seja mediante a garantia do direito ao desenvolvimento, seja prestigiando a preservação do ser humano e seus direitos fundamentais.

Por esse fundamento, o art. 225, *caput*, estabelece que todos têm direito ao meio ambiente ecologicamente equilibrado, bem de uso comum do povo e essencial à sadia qualidade de vida, impondo-se ao Poder Público e à coletividade o dever de defendê-lo e preservá-lo para as presentes e futuras gerações;

- **família, criança, adolescente, jovem e idoso**: nos termos do art. 226, a **família** é a **base da sociedade** e terá **especial proteção** do Estado.

O conceito de família foi ampliado pelo texto de 1988, visto que, para efeito de proteção pelo Estado, foi reconhecida como **entidade familiar** também a **união estável** entre o homem e a mulher, devendo a lei facilitar sua conversão em casamento.

Com base no princípio da **dignidade da pessoa humana** e da **proibição de qualquer tipo de discriminação**, admitiu o STF o reconhecimento da união homoafetiva;

- **índios**.

Arts. 231 e 232 da CF/88

Art. 231. São reconhecidos aos índios sua organização social, costumes, línguas, crenças e tradições, e os direitos originários sobre as terras que tradicionalmente ocupam, competindo à União demarcá-las, proteger e fazer respeitar todos os seus bens.

§ 1º São terras tradicionalmente ocupadas pelos índios as por eles habitadas em caráter permanente, as utilizadas para suas atividades produtivas, as imprescindíveis à preservação dos recursos ambientais necessários a seu bem-estar e as necessárias a sua reprodução física e cultural, segundo seus usos, costumes e tradições.

§ 2º As terras tradicionalmente ocupadas pelos índios destinam-se a sua posse permanente, cabendo-lhes o usufruto exclusivo das riquezas do solo, dos rios e dos lagos nelas existentes.

§ 3º O aproveitamento dos recursos hídricos, incluídos os potenciais energéticos, a pesquisa e a lavra das riquezas minerais em terras indígenas só podem ser efetivados com autorização do Congresso Nacional, ouvidas as comunidades afetadas, ficando-lhes assegurada participação nos resultados da lavra, na forma da lei.

§ 4º As terras de que trata este artigo são inalienáveis e indisponíveis, e os direitos sobre elas, imprescritíveis.

§ 5º É vedada a remoção dos grupos indígenas de suas terras, salvo, *ad referendum* do Congresso Nacional, em caso de catástrofe ou epidemia que ponha em risco sua população, ou no interesse da soberania do País, após deliberação do Congresso Nacional, garantido, em qualquer hipótese, o retorno imediato logo que cesse o risco.

§ 6º São nulos e extintos, não produzindo efeitos jurídicos, os atos que tenham por objeto a ocupação, o domínio e a posse das terras a que se refere este artigo, ou a exploração das riquezas naturais do solo, dos rios e dos lagos nelas existentes, ressalvado relevante interesse público da União, segundo o que dispuser lei complementar, não gerando a nulidade e a extinção direito a indenização ou a ações contra a União, salvo, na forma da lei, quanto às benfeitorias derivadas da ocupação de boa-fé.

§ 7º Não se aplica às terras indígenas o disposto no art. 174, § 3º e § 4º.

Art. 232. Os índios, suas comunidades e organizações são partes legítimas para ingressar em juízo em defesa de seus direitos e interesses, intervindo o Ministério Público em todos os atos do processo.

A terra, conforme bem anota Daniel Sarmento, em comunidades como a dos índios, caracteriza-se como importante mecanismo para manter a união do grupo, permitindo, assim, a sua continuidade ao longo do tempo, assim como a preservação da cultura, dos valores e de seu modo particular de vida dentro da comunidade. Consequentemente, anota o professor, "privado da terra, o grupo tende a se dispersar e a desaparecer, tragado pela sociedade envolvente..." (SARMENTO, 2006, *passim*).

20. ORDEM ECONÔMICA E FINANCEIRA

A primeira Constituição brasileira a separar a *ordem econômica* da *ordem social* foi a de **1988**.

A ordem econômica recebeu tratamento sistemático, pioneiramente, na Constituição do México de 1917. No Brasil, sob a influência da *Constituição de Weimar*, de 1919, a primeira a tratar da ordem econômica e da ordem social em título único (Título IV) foi a de **1934**.

A Constituição de 1937, embora mantendo as matérias sobre a ordem econômica e social, aboliu a utilização de títulos e passou a destacar, de modo simplificado, a ordem econômica.

As Constituições de 1946, 1967 e a EC n. 1/69 seguiram a mesma estrutura da de 1934, agregando a ordem econômica e a ordem social em um único título.

A Constituição de 1988 inova e passa a tratar da ordem social em título próprio, **desvinculando-a** da ordem econômica, que, por sua vez, recebe matérias sobre o sistema financeiro nacional (Título VII). Alguns temas da ordem social que eram assegurados nas Constituições anteriores, como os *direitos dos trabalhadores*, foram deslocados para o Título II, que trata dos direitos e garantias fundamentais (direitos sociais).

20.1. Princípios gerais da atividade econômica

Para o enfrentamento das provas da OAB, recomendamos a leitura dos arts. 170 a 192, pois as questões que são cobradas sobre esse assunto (com uma incidência não muito alta), exigem basicamente conhecimento da "letra" da lei.

Limitamo-nos a indicar, então, os princípios gerais da atividade econômica:

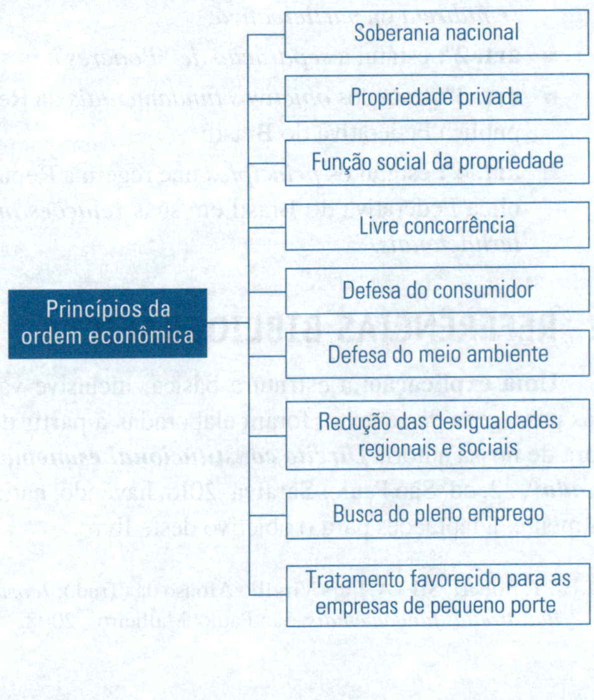

20.2. Sistema financeiro nacional

O **sistema financeiro nacional**, estruturado de forma a promover o desenvolvimento equilibrado do País e a servir aos interesses da coletividade, em todas as partes que o compõem, abrangendo as cooperativas de crédito, será **regulado por leis complementares** que disporão, inclusive, sobre a participação do capital estrangeiro nas instituições que o integram (art. 192).

Alertamos, nos termos da **Súmula Vinculante 7/2008/STF**, que "a norma do § 3º do artigo 192 da Constituição, revogada pela Emenda Constitucional n. 40/2003, que limitava a taxa de juros reais a 12% ao ano, tinha sua aplicação condicionada à edição de lei complementar".

21. PRINCÍPIOS FUNDAMENTAIS

Os **princípios fundamentais** encontram-se no início da Constituição, mais precisamente no *Título I*, arts. 1º a 4º.

Para a prova da OAB, referidos artigos deverão ser lidos de modo específico e com muito cuidado.

Os temas ali previstos já foram abordados, direta ou indiretamente, no presente trabalho, motivo pelo qual, agora, limitamo-nos a indicar os dispositivos.

- **art. 1º, *caput*:** estabelece que a *República Federativa* do Brasil, formada pela *união indissolúvel dos Estados e Municípios e do Distrito Federal*, constitui-se em *Estado Democrático de Direito*;
- **art. 1º, I a V:** define os *fundamentos* da República Federativa do Brasil;
- **art. 1º, parágrafo único:** trata da *democracia semidireta* ou *participativa*;
- **art. 2º:** estatui a *separação de "Poderes"*;
- **art. 3º:** trata dos *objetivos fundamentais* da República Federativa do Brasil;
- **art. 4º:** estatui os *princípios* que regem a República Federativa do Brasil em suas *relações internacionais*.

REFERÊNCIAS BIBLIOGRÁFICAS

Uma explicação: a estrutura básica, inclusive várias passagens deste texto, foram elaboradas a partir da obra de nossa autoria ***Direito constitucional esquematizado***®, 22. ed. São Paulo: Saraiva, 2018, havendo, naturalmente, adaptações para o objetivo deste livro.

ALEXY, Robert; SILVA, Luís Virgílio Afonso da (Trad.). *Teoria dos direitos fundamentais*. São Paulo: Malheiros, 2008.

ÁVILA, Humberto. *Teoria dos princípios:* da definição à aplicação dos princípios jurídicos. 7. ed. rev. e atual. São Paulo: Malheiros, 2007.

BARROSO, Luís Roberto. *Curso de direito constitucional contemporâneo:* os conceitos fundamentais e a construção do novo modelo. 2. ed. São Paulo: Saraiva, 2010.

______. Neoconstitucionalismo e constitucionalização do direito (o triunfo tardio do direito constitucional no Brasil). *Revista Forense*, Rio de Janeiro, v. 102, n. 384, p. 71-104, mar./abr. 2006.

BASTOS, Celso Ribeiro. *Curso de direito constitucional*. 18. ed. São Paulo: Saraiva, 1997.

BONAVIDES, Paulo. *Curso de direito constitucional*. 7. ed. rev., atual. e ampl. São Paulo: Malheiros, 1997.

CANOTILHO, J. J. Gomes. *Direito constitucional e teoria da Constituição*. 6. ed. rev. Coimbra: Almedina, 1993 (7. ed., 2003).

CAPPELLETTI, Mauro; GARTH, Bryant. *Acesso à justiça*. Trad. Ellen Gracie Northfleet. Porto Alegre: Sérgio A. Fabris, 1988.

DROMI, José Roberto. La reforma constitucional: el constitucionalismo del "por-venir". In: ENTERRÍA, Eduardo García de; ARÉVALO, Manuel Clavero (Coord.). *El derecho público de finales de siglo*: una perspectiva iberoamericana. Madrid: Fundación Banco Bilbao Vizcaya/Civitas, 1997.

FERREIRA, Luiz Pinto. *Curso de direito constitucional*. São Paulo: Saraiva, 1999.

HORTA, Raul Machado. *Direito constitucional*. 5. ed. rev. e atual. por Juliana Campos Horta. Belo Horizonte: Del Rey, 2010.

LENZA, Pedro. *Direito constitucional esquematizado*. 22. ed. São Paulo: Saraiva, 2018.

MANCUSO, Rodolfo de Camargo. *Ação popular:* proteção do erário, do patrimônio público, da moralidade administrativa e do meio ambiente. 4. ed. rev., atual. e ampl. São Paulo: Revista dos Tribunais, 2001 (Coleção Controle Jurisdicional dos Atos do Estado).

MEIRELLES, Hely Lopes. *Mandado de segurança, ação popular, ação civil pública, mandado de injunção, "habeas corpus"*. 19. ed. atual. por Arnoldo Wald. São Paulo: Malheiros, 1998.

MENDES, Gilmar Ferreira; BRANCO, Paulo Gustavo Gonet. *Curso de direito constitucional*. 7. ed. São Paulo: Saraiva, 2012.

MIRANDA, Jorge. *Manual de direito constitucional*. 2. ed. Coimbra: [s.n.], 1987. t. 2.

SANTOS, Aricê Moacyr Amaral. *O estado de emergência*. São Paulo: Revista dos Tribunais, 1989 (originalmente defendida como dissertação de mestrado na PUC-SP).

SANTOS, Boaventura de Sousa. *La reinvención del Estado y el Estado plurinacional*. Santa Cruz de la Sierra/Bolívia: Alianza Interinstitucional CENDA/CEJIS/CEBID, 2007.

SARLET, Ingo Wolfgang. *A eficácia dos direitos fundamentais*. 7. ed. rev., atual. e ampl. Porto Alegre: Livraria do Advogado, 2007.

SARMENTO, Daniel. *A ponderação de interesses na Constituição Federal*. Rio de Janeiro: Lumen Juris, 2002.

______. *Direitos fundamentais e relações privadas*. 2. ed. Rio de Janeiro: Lumen Juris, 2006a.

______. *Livres e iguais:* estudos de direito constitucional. Rio de Janeiro: Lumen Juris, 2006b.

______. *A garantia do direito à posse dos remanescentes de quilombos antes da desapropriação.* Parecer de 9-10-2006. Disponível em: <http://www.cpisp.org.br/acoes/upload/arquivos/AGarantiadoDireitoaPosse_DanielSarmento.pdf>.

SILVA, José Afonso da. *Comentário contextual à Constituição.* 4. ed. São Paulo: Malheiros, 2007 (8. ed., 2012).

______. *Curso de direito constitucional positivo.* 36. ed. rev. São Paulo: Malheiros, 2013.

______. *Processo constitucional de formação das leis.* 2. ed. São Paulo: Malheiros, 2006.

SILVA, Luís Virgílio Afonso da. *A constitucionalização do direito:* os direitos fundamentais nas relações entre particulares. São Paulo: Malheiros, 2005 (originalmente apresentada como tese de livre-docência à Faculdade de Direito da USP).

STRECK, Lenio Luiz. Aplicar a "letra da lei" é uma atitude positivista?. *Novos Estudos Jurídicos*, v. 15, n. 1, 2010. Disponível em: <http://siaiap32.univali.br/seer/index.php/nej/article/view/2308>. Acesso em: 19 set. 2016.

______. *Hermenêutica jurídica e(m) crise:* uma exploração hermenêutica da construção do direito. 5. ed. rev. e atual. Porto Alegre: Livraria do Advogado, 2004.

______; NUNES, Dierle; CUNHA, Leonardo Carneiro da (Orgs.). *Comentários ao Código de Processo Civil.* São Paulo: Saraiva, 2016.

TAVARES, André Ramos. *Curso de direito constitucional.* 9. ed. São Paulo: Saraiva, 2011.

TEIXEIRA, J. H. Meirelles. *Curso de direito constitucional.* Rio de Janeiro: Forense, 1991.

VASCONCELLOS, Fernando Andreoni. *Hermenêutica jurídica e derrotabilidade.* Curitiba: Juruá, 2010.

YRIGOYEN FAJARDO, Raquel. Hitos del reconocimiento del pluralismo jurídico y el derecho indígena en las políticas indigenistas y el constitucionalismo andino, em BERRAONDO, Mikel (coord.). *Pueblos indígenas y derechos humanos.* Bilbao: Universidad de Deusto, 2006.

■ QUESTÕES

(XIX Exame de Ordem Unificado / FGV) André, jovem de 25 anos, é Vereador pelo Município M, do Estado E. Portanto, com domicílio eleitoral nesse Estado. Suas perspectivas políticas se alteram quando, ao liderar um grande movimento de combate à corrupção, o seu nome ganha notoriedade em âmbito nacional. A partir de então, passa a receber inúmeras propostas para concorrer a diversos cargos eletivos, advindas, inclusive, de outros Estados da Federação, a exemplo do Estado X. Nessas condições, seduzido pelas propostas, analisa algumas possibilidades.

De acordo com a Constituição Federal, assinale a opção que indica o cargo eletivo ao qual André pode concorrer.

A) Deputado Estadual pelo Estado X.

B) Deputado Federal pelo Estado E.

C) Senador da República pelo Estado E.

D) Governador pelo Estado E.

RESPOSTA

A) A alternativa deixa claro que André tem domicílio eleitoral no Estado E e não no Estado X. Assim, por não possuir domicílio eleitoral no Estado X, André não preenche uma das condições de elegibilidade, qual seja, domicílio eleitoral na circunscrição (art. 14, § 3º, IV).

☑ Por possuir domicílio eleitoral no Estado E (art. 14, § 3º, IV) e, também, a idade mínima de 21 anos (art. 14, § 3º, VI, *c*), essa é a alternativa correta.

C) André não pode concorrer ao cargo eletivo de Senador da República por não possuir a idade mínima de 35 anos (art. 14, § 3º, VI, *a*).

D) André não pode concorrer ao cargo eletivo de Governador do Estado E, muito embora possua domicílio eleitoral no referido Estado, por não possuir a idade mínima de 30 anos (art. 14, § 3º, VI, *b*).

(XIX Exame de Ordem Unificado / FGV) O instituto da súmula vinculante aos poucos vai tendo suas características cristalizadas a partir da interpretação dos seus contornos constitucionais pela jurisprudência do Supremo Tribunal Federal. Considerando a importância assumida pelo instituto, determinada associação de classe procura seu advogado e solicita esclarecimentos a respeito dos legitimados a requerer a edição da súmula vinculante, dos seus efeitos e do órgão que pode editá-la.

Com base no fragmento acima, assinale a opção que se apresenta em consonância com os delineamentos desse instituto.

A) Pode ser editada pelos tribunais superiores quando houver reiteradas decisões, proferidas na sua esfera de competência, que recomendem a uniformização de entendimento junto aos órgãos jurisdicionais inferiores.

B) Estão legitimados a propor a sua edição, exclusivamente, os legitimados para o ajuizamento da ação direta de inconstitucionalidade e da ação declaratória de constitucionalidade, estabelecidos no art. 103 da Constituição Federal.

C) Pode dizer respeito a qualquer situação jurídica constituída sob a égide das normas brasileiras, de natureza constitucional ou infraconstitucional, e ser especificamente direcionada à resolução de um caso concreto, nele exaurindo a sua eficácia.

D) A vinculação sumular incide sobre a administração pública direta e indireta e os demais órgãos do Poder Judiciário, não podendo, porém, atingir o Poder Legislativo.

RESPOSTA

A) A súmula vinculante foi introduzida pela "Reforma do Judiciário" (EC n. 45/2004) que estabeleceu a **exclusividade** do STF para a sua edição (art. 103-A, *caput*). Portanto, nenhum outro órgão do Poder Judiciário (art. 92) poderá editá-la.

B) De acordo com o art. 103-A, § 2º, sem prejuízo do que vier a ser estabelecido em lei, a aprovação, revisão ou cancelamento de súmula vinculante poderá ser provocada por aqueles que podem propor a ação direta de inconstitucionalidade. Dessa forma, **não se estabeleceu a exclusividade dos legitimados da ADI**, que são os mesmos legitimados da ADC e estão previstos no art. 103, I-IX, CF. Nos termos da Lei n. 11.417/2006, que disciplinou sobre o novo instituto, além dos legitimados da ADI, podem propor a edição, revisão ou o cancelamento de SV o Defensor Público-Geral da União, os Tribunais e, incidentalmente, os Municípios. Portanto, está errado afirmar que há exclusividade dos legitimados da ADI.

C) Nessa alternativa há duplo erro. Em primeiro lugar, a SV diz respeito apenas a questões de índole **constitucional** e não infraconstitucional. Em segundo lugar, o seu objetivo não é solucionar caso concreto. Conforme prescreve o art. 103-A, § 1º, a súmula vinculante terá por objetivo a validade, a interpretação e a eficácia de normas determinadas, acerca das quais haja controvérsia atual entre órgãos judiciários ou entre esses e a administração pública que acarrete grave insegurança jurídica e relevante multiplicação de processos sobre questão idêntica.

✓ Nos termos do art. 103-A, *caput*, a SV terá efeito vinculante em relação aos demais órgãos do Poder Judiciário e à administração pública direta e indireta, nas esferas federal, estadual e municipal. O STF, portanto, afirma não haver efeito vinculante em relação ao Poder Legislativo (na sua função típica de legislar), que poderá editar uma lei contrária ao sentido firmado na súmula vinculante, permitindo, assim, uma revisão da matéria e evitando o fenômeno denominado "fossilização da constituição" (Rcl 2.617, Min. Cezar Peluso).

(XIX Exame de Ordem Unificado / FGV) Após ampla investigação, os órgãos competentes concluíram que o deputado federal X praticara um crime de homicídio, figurando como vítima o também deputado federal Y, seu desafeto político. Esse fato, ocorrido dentro das dependências da respectiva Casa Legislativa, despertou intenso debate a respeito de qual seria o órgão competente para julgá-lo.

À luz da sistemática constitucional, é correto afirmar que X deve ser julgado:

A) pelo Supremo Tribunal Federal, órgão competente para processar e julgar os Deputados Federais em qualquer infração penal comum.

B) pelo Tribunal do Júri, órgão competente para julgar qualquer pessoa pela prática de crime doloso contra a vida.

C) pelo Superior Tribunal de Justiça, órgão competente para processar e julgar os Deputados Federais no caso de crime doloso contra a vida.

D) pela Câmara dos Deputados, órgão competente para julgar os Deputados Federais por crimes de responsabilidade, considerados como tais aqueles que tenham relação com o exercício do mandato.

RESPOSTA

✓ De acordo com o art. 53, § 1º, os Deputados e Senadores, desde a expedição do diploma, serão submetidos a julgamento perante o STF, pela prática de qualquer tipo de crime, seja de natureza penal comum *stricto sensu*, seja crimes contra a vida, eleitorais, contravenções penais (art. 102, I, *b* – infrações penais comuns).

B) A regra do Júri não é absoluta. As eventuais exceções devem estar explícitas na Constituição Federal, como, por exemplo, o julgamento de crime doloso contra vida praticado por parlamentares federais. Nesse sentido, a Corte editou a **SV n. 45**: "a competência constitucional do Tribunal do Júri prevalece sobre o foro por prerrogativa de função estabelecido exclusivamente pela constituição estadual".

C) Como se sabe, devemos observar o "princípio da reserva constitucional de competência originária", e, dessa forma, toda a atribuição do STJ está explicitada, taxativamente, no art. 105 da CF/88 (cf. Pet. 1.738-AgR, Rel. Min. Celso de Mello). Assim, por não estar descrita essa competência, o STJ não é o tribunal competente para esse julgamento, mas, sim, conforme vimos na letra *a*, o STF.

D) O enunciado descreve crime comum e não de responsabilidade. Eventual procedimento que seja caracterizado como incompatível com o decoro parlamentar será julgado pela Casa respectiva (art. 55, II, c/c art. § 2º).

(XIX Exame de Ordem Unificado / FGV) O Governador do Distrito Federal, ao tomar conhecimento de que existe jurisprudência pacífica do Supremo Tribunal Federal a respeito da competência do Município para legislar sobre os requisitos de segurança das agências bancárias, solicita à Procuradoria Geral do Distrito Federal que se manifeste acerca da possibilidade de lei distrital tratar da matéria.

Sobre a hipótese apresentada, de acordo com a Constituição Federal de 1988, assinale a afirmativa correta.

A) Haveria tal possibilidade, pois o Distrito Federal possui competências legislativas reservadas aos Estados e aos Municípios.

B) Haveria tal possibilidade, pois a competência legislativa do Distrito Federal, como sede da União, abarca as competências legislativas da União, dos Estados e dos Municípios.

C) Não seria possível, pois o Distrito Federal tem competências taxativamente expressas, que não podem abarcar aquelas concedidas aos Municípios.

D) Não seria possível, pois as competências legislativas do Distrito Federal seriam apenas aquelas reservadas aos Estados-membros da União.

RESPOSTA

✓ De acordo com o art. 32, § 1º, ao Distrito Federal são atribuídas as competências legislativas reservadas aos Estados e Municípios. Assim, correta a alternativa. Questão, como várias da FGV – OAB, que exige conhecimento de "letra de lei".

B) O DF não possui competência legislativa da União, mas sim, conforme vimos na letra *a*, as competências legislativas reservadas aos Estados e Municípios.

C) As competências não foram descritas de modo expresso, abarcando as competências atribuídas aos Estados e Municípios.

D) De acordo com o art. 32, § 1º, ao DF são atribuídas as competências legislativas reservadas aos **Estados** e aos **Municípios** e não apenas aos Estados-membros.

(XIX Exame de Ordem Unificado / FGV) O constitucionalismo brasileiro, desde 1824, foi construído a partir de vertentes teóricas que estabeleceram continuidades e clivagens históricas no que se refere à essência e à inter-relação das funções estatais, tanto no plano vertical como no horizontal, bem como à proteção dos direitos fundamentais.

A partir dessa constatação, assinale a afirmativa correta.

A) A Constituição de 1824 adotou, de maneira rígida, a tripartição das funções estatais, que seriam repartidas entre o Executivo, o Legislativo e o Judiciário.

B) A Constituição de 1891 dispôs sobre o federalismo de cooperação e delineou um Estado Social e Democrático de Direito.

C) A Constituição de 1937 considerou o Supremo Tribunal Federal o guardião da Constituição, detendo a última palavra no controle concentrado de constitucionalidade.

D) A Constituição de 1946 foi promulgada e reinaugurou o período democrático no Brasil, tendo contemplado um rol de direitos e garantias individuais.

RESPOSTA

A) Seguindo as ideias de Benjamin Constant, na Constituição de 1824 não se adotou a separação tripartida de Montesquieu. Isso porque, além das funções legislativa, executiva e judiciária, estabeleceu-se a **função moderadora**. Nesse sentido, o art. 10 da Constituição do Império de 1824: "Os Poderes Políticos reconhecidos pela Constituição do Império do Brasil são quatro: o Poder Legislativo, o Poder Moderador, o Poder Executivo, e o Poder Judicial".

B) A Constituição de 1934 (e não a de 1891) é que, sofrendo forte influência da Constituição de Weimar da Alemanha de 1919, evidenciou os direitos humanos de 2ª geração ou dimensão e a perspectiva de um Estado social de direito (democracia social).

C) A Carta de 1937, elaborada por Francisco Campos, foi apelidada de "Polaca" em razão da influência sofrida pela Constituição polonesa fascista de 1935, tendo sido imposta (outorgada) pelo Marechal Josef Pilsudski. Nesse contexto, o seu art. 96, parágrafo único, "esvaziou" o controle de constitucionalidade, por permitir ao Parlamento tornar sem efeito a decisão proferida em controle de Constitucionalidade pelo STF.

☑ De fato, a Constituição de 1946 reestabeleceu o regime democrático e fez previsão de um rol de direitos e garantias fundamentais.

(XIX Exame de Ordem Unificado / FGV) José, internado em um hospital público para tratamento de saúde, solicita a presença de um pastor para lhe conceder assistência religiosa. O pedido, porém, é negado pela direção do hospital, sob a alegação de que, por se tratar de instituição pública, a assistência não seria possível em face da laicidade do Estado. Inconformado, José consulta um advogado.

Após a análise da situação, o advogado esclarece, com correto embasamento constitucional, que:

A) a negativa emanada pelo hospital foi correta, tendo em vista que a Constituição Federal de 1988, ao consagrar a laicidade do Estado brasileiro, rejeita a expressão religiosa em espaços públicos.

B) a direção do hospital não tem razão, pois, embora a Constituição Federal de 1988 reconheça a laicidade do Estado, a assistência religiosa é um direito garantido pela mesma ordem constitucional.

C) a correção ou incorreção da negativa da direção do hospital depende de sua consonância, ou não, com o regulamento da própria instituição, já que se está perante direito disponível.

D) a decisão sobre a possibilidade, ou não, de haver assistência religiosa em entidades públicas de saúde depende exclusivamente de comando normativo legal, já que a temática não é de estatura constitucional.

RESPOSTA

A) Laicidade não se confunde com laicismo. Laicidade significa neutralidade religiosa por parte do Estado. Laicismo, uma atitude de intolerância e hostilidade estatal em relação às religiões. Assim, está errado dizer que a Constituição rejeita a expressão religiosa em espaços públicos. O que não se estabeleceu foi uma religião oficial da República Federativa do Brasil.

☑ A laicidade é reconhecida expressamente no art. 19, I, e o direito à assistência religiosa, no art. 5º, VII.

C) Não se trata de direito disponível, já que a Constituição diz ser assegurada a prestação de assistência religiosa (art. 5º, VII). Assim, o regulamento da instituição não pode prevalecer sobre a Constituição.

D) Conforme vimos, a temática é de estatura constitucional, prevista no art. 5º, VII.

(XIX Exame de Ordem Unificado / FGV) O Presidente da República tem dúvidas sobre como proceder em determinado projeto de lei que vem gerando muitas críticas na imprensa. No décimo quarto dia útil do prazo para sancionar ou vetar o referido projeto de lei, o Chefe do Executivo consulta o Advogado-Geral da União para saber os efeitos jurídicos que adviriam do transcurso do prazo de quinze dias úteis sem a adoção de nenhuma providência expressa, simplesmente permanecendo silente.

De acordo com a sistemática constitucional, essa situação implicaria:

A) veto total, que ainda será apreciado em sessão conjunta das casas do Congresso Nacional.

B) sanção tácita, o que não exclui a possibilidade de o Chefe do Poder Executivo promulgar a lei.

C) sanção tácita, o que convalida eventual vício de iniciativa, ainda que da lei decorra aumento de despesa.

D) veto parcial, que ainda será apreciado em sessão separada, pelo plenário de cada uma das Casas do Congresso Nacional.

RESPOSTA

A) Diz o art. 66, § 3º, CF/88, que, decorrido o prazo de **15 dias úteis**, o silêncio do Presidente da República importará sanção. Trata-se da chamada sanção tácita.

✔ Art. 66, § 3º. Em relação à promulgação, de fato, não haverá exclusão. Contudo, se a lei não for promulgada dentro de 48 horas pelo Presidente da República, o Presidente do Senado a promulgará, e, se este não o fizer em igual prazo, caberá ao Vice-Presidente do Senado fazê-lo (art. 66, § 7º).

C) Está correta a afirmação de que a sanção é tácita. **Contudo, a sanção presidencial não convalida vício de iniciativa**. Muito embora a regra contida na S. 5/STF, de 13.12.1963 ("a sanção do projeto supre a falta de iniciativa do Poder Executivo"), pode-se dizer que o seu conteúdo está **superado** desde o advento da EC n. 1/69 (art. 57, parágrafo único – cf. Rp 890, *RTJ* 69/625), bem como insubsistente em razão da CF/88 (ADI 1.381-MC, Rel. Min. Celso de Mello, j. 7-12-1995, Plenário, *DJ* de 6-6-2003. Assim, deixamos claro: **a sanção presidencial não convalida vício de iniciativa**. Trata-se de vício formal, insanável, "incurável".

D) Conforme vimos, o silêncio do Presidente da República importará sanção, e não veto. Cabe lembrar, ainda, apenas para recordarmos, que, se houvesse veto, que tem de ser sempre expresso e motivado, este deveria ser apreciado em **sessão conjunta** e não em separado a caracterizar, então, mais um erro da alternativa (art. 66, § 4º).

(XX Exame de Ordem Unificado / FGV) Ao ouvir, em matéria telejornalística, referência ao Conselho Nacional de Justiça (CNJ), João, estudante do primeiro ano de curso jurídico, interessado em melhor compreender a estrutura e as atribuições dos órgãos estatais, procura o seu professor de Direito Constitucional para obter maiores informações sobre o tema. Narra o conteúdo da matéria, informando-lhe não ter conseguido entender adequadamente o papel desempenhado pelo referido Conselho na estrutura do Estado.

O referido professor, então, plenamente alicerçado na ordem constitucional, esclarece que o Conselho Nacional de Justiça:

A) é um órgão atípico, que não se encontra na estrutura de nenhum dos Poderes da República, mas que, sem prejuízo das suas atribuições administrativas, excepcionalmente possui atribuições jurisdicionais.

B) é um órgão pertencente à estrutura do Poder Judiciário e, como tal, possui todas as atribuições jurisdicionais recursais, sem prejuízo das atribuições administrativas de sua competência.

C) embora seja um órgão pertencente à estrutura do Poder Judiciário, possui atribuições exclusivamente administrativas, não sendo, portanto, órgão com competência jurisdicional.

D) é um órgão auxiliar da Presidência da República, com atribuições de controle da atividade administrativa, financeira e disciplinar de toda a magistratura, incluído neste rol o Supremo Tribunal Federal.

RESPOSTA

A) De acordo com o art. 92, I-A, CF/88, o CNJ é órgão do Poder Judiciário. Além disso, há **erro** ao afirmar que o CNJ possui atribuições jurisdicionais.

B) Muito embora tenha afirmado de modo acertado que o CNJ "é um órgão pertencente à estrutura do Poder Judiciário", a assertiva erra ao prescrever que o CNJ possui atribuições jurisdicionais. Conforme visto na parte teórica, o CNJ não exerce jurisdição.

✔ O acerto dessa alternativa encontra fundamento no art. 103-B, § 4º, CF/88, e na jurisprudência do STF (ADI 3.367). De acordo com o referido dispositivo constitucional, compete ao Conselho o controle da **atuação administrativa** e **financeira** do Poder Judiciário e do cumprimento dos **deveres funcionais** dos juízes. Assim, enfatizamos, o CNJ é **órgão de natureza exclusivamente administrativa**.

D) Conforme vimos, o CNJ é órgão do Poder Judiciário e não auxiliar da Presidência da República. Ainda, a parte final está errada, pois, conforme decidiu o STF, o CNJ tem competência apenas em relação "aos órgãos e juízes situados, hierarquicamente, abaixo do Supremo Tribunal Federal". Assim, o CNJ "não tem nenhuma competência sobre o Supremo Tribunal Federal e seus ministros, sendo esse o órgão máximo do Poder Judiciário nacional, a que aquele está sujeito" (ADI 3.367).

(XX Exame de Ordem Unificado / FGV) Jovem governador do Estado Alfa, vencedor das eleições com o slogan "A vez dos jovens", propõe projeto de emenda à constituição do Estado a fim de alterar os requisitos para escolha de conselheiros no Tribunal de Contas do Estado. A idade mínima, que antes seguia o padrão constitucional federal, sendo fixada em 35 anos, passaria a ser de 30 anos.

Segundo a ordem jurídico-constitucional brasileira, tal norma deveria ser considerada:

A) inconstitucional, pois o padrão estabelecido pela CRFB/88, para o caso, configura típica cláusula de imposição de simetria.

B) constitucional, pois a organização dos Tribunais de Contas estaduais está exclusivamente submetida ao poder constituinte derivado decorrente.

C) constitucional, pois está baseada na autonomia dos Estados-Membros, princípio basilar e inflexível que sustenta o Pacto Federativo.

D) inconstitucional, pois a estrutura do Poder Judiciário somente pode ser disciplinada pela Constituição da República, não pela Constituição Estadual.

RESPOSTA

✔ O art. 75, *caput*, CF/88, estabelece que as normas daquela seção aplicam-se, no que couber, à organização, composição e fiscalização dos Tribunais de Contas dos Estados e do Distrito Federal, bem como dos Tribunais e Conselhos de Contas dos Municípios. Como o art. 73, § 1º, I, CF/88, fixa, dentre os requisitos para os Ministros do TCU, a idade de mais de 35 e menos de 65 anos de idade, esse dispositivo deve ser observado por **simetria** no âmbito do TCE.

B) Essa assertiva viola a regra contida no art. 75, *caput*, CF/88.

C) De fato, os Estados-membros são entes federativos autônomos. Essa autonomia, contudo, deve observar os princípios e preceitos decorrentes da CF/88 (art. 25, *caput*).

D) O erro está em dizer que os Estados-membros não podem dispor sobre a "estrutura" do Poder Judiciário local. Essa afirmação não se sustenta à luz do art. 96, I, alíneas, CF/88.

(XX Exame de Ordem Unificado / FGV) O Presidente da República, cumprido todos os pressupostos constitucionais exigíveis, decreta estado de defesa no Estado-membro Alfa, que foi atingido por calamidades naturais de grandes proporções, o que causou tumulto e invasões a supermercados, farmácias e outros estabelecimentos, com atingimento à ordem pública e à paz social. Mesmo após o prazo inicial de 30 dias ter sido prorrogado por igual período (mais 30 dias), ainda restava evidente a ineficácia das medidas tomadas no decorrer do citado estado de defesa.

Sem saber como proceder, a Presidência da República recorre ao seu corpo de assessoramento jurídico que, de acordo com a CRFB/88, informa que:

A) será possível, cumpridas as exigências formais, uma nova prorrogação de, no máximo, 30 dias do estado de defesa.

B) será possível, cumpridas as exigências formais, prorrogar o estado de defesa até que seja a crise completamente debelada.

C) será possível, cumpridas as exigências formais, decretar o estado de sítio, já que vedada nova prorrogação do estado de defesa.

D) será obrigatoriamente decretada a intervenção federal no Estado Alfa, que possibilita a utilização de meios de ação mais contundentes do que os previstos no estado de defesa.

RESPOSTA

A) De acordo com o art. 136, § 2º, o estado de defesa poderá ser prorrogado uma única vez. Assim, persistindo a situação de instabilidade e presentes os requisitos constitucionais, a hipótese será de decretação de estado de sítio (art. 137, I).

B) Essa assertiva viola os arts. 136, § 2º, e 137, I, conforme explicado na alternativa "a".

✓ A fundamentação legal está nos arts. 136, § 2º, e 137, I.

D) Diante das hipóteses de situações de crise constitucional, tendo a legalidade normal sido substituída pela legalidade extraordinária, o mesmo fato poderá dar ensejo à decretação de estado de defesa ou de sítio e também a eventual intervenção federal. O erro da assertiva está em dizer que a decretação da intervenção federal será obrigatória.

(XX Exame de Ordem Unificado / FGV) O deputado federal João da Silva, em seu primeiro mandato, propõe um projeto de lei sobre regulamentação de aplicativos de mensagens. As discussões em plenário se mostram acirradas, sendo o projeto de lei rejeitado. Inconformado, o deputado, por entender que a rejeição do projeto se deveu a fatores circunstanciais e passageiros, quer voltar a tê-lo reavaliado, ainda na mesma sessão legislativa.

Em dúvida se poderia vir a fazê-lo, consulta sua assessoria que, em consonância com a CRFB/88, presta a seguinte informação:

A) A matéria constante do referido projeto de lei somente poderá constituir objeto de novo projeto na próxima sessão legislativa, em deferência ao princípio da oportunidade.

B) A matéria objeto do projeto de Lei rejeitado ainda poderá ser apreciada na mesma sessão legislativa, desde que proposta pela maioria absoluta dos membros de qualquer uma das casas do Congresso Nacional.

C) A matéria, objeto do projeto de lei rejeitado, somente poderá ser apreciada na mesma sessão legislativa se comprovadamente tratar de direito que aumente o grau de dignidade e proteção da pessoa humana.

D) A matéria, discutida em projeto de lei rejeitado pelo Congresso Nacional, não pode ser apreciada na mesma sessão legislativa, exceto se o Presidente da República, alegando interesse nacional, assim o determinar.

RESPOSTA

A) A matéria em debate na questão não tem qualquer relação com o chamado "princípio da oportunidade", mas, sim, com o denominado "princípio da irrepetibilidade". Projeto de lei não aprovado, ou mesmo se vetado e mantido o veto pelo Parlamento (o que corresponderia a uma não aprovação), como regra geral só poderá ser reapresentado na sessão legislativa seguinte (lembrar que a sessão legislativa é o período anual em que os parlamentares se reúnem em Brasília, cf. o art. 57, *caput*). Essa é a **regra** da irrepetibilidade, que, contudo, comporta exceção na forma do art. 67, descrita na alternativa "b", a correta.

✓ A fundamentação legal está no art. 67, CF/88.

C) O requisito para a repropositura na mesma sessão legislativa não é material, mas meramente formal, qual seja, a **maioria absoluta** dos membros de qualquer das Casas do Congresso Nacional.

D) A única exceção à regra da irrepetibilidade é aquela descrita no art. 67, CF/88.

(XX Exame de Ordem Unificado / FGV) Um Senador da República apresentou projeto de lei visando determinar à União que sejam adotadas as providências necessárias para que toda a população brasileira seja vacinada contra determinada doença causadora de pandemia transmitida por mosquito. O Senado Federal, no entanto, preocupado com o fato de que os servidores da saúde poderiam descumprir o que determinaria a futura lei, isso em razão de seus baixos salários, acabou por emendar o projeto de lei, determinando, igualmente, a majoração da remuneração dos servidores públicos federais da área de saúde pública. Aprovado em ambas as Casas do Congresso Nacional, o projeto foi encaminhado ao Presidente da República.

Com base na hipótese apresentada, assinale a afirmativa correta.

A) O Presidente da República não terá motivos para vetar o projeto de lei por vício de inconstitucionalidade formal, ainda que possa vetá-lo por entendê-lo contrário ao interesse público, devendo fazer isso no prazo de quinze dias úteis.

B) O Presidente da República, ainda que tenha motivos para vetar o projeto de lei por vício de inconstitucionalidade formal, poderá, no curso do prazo para a sanção ou o veto presidencial, editar medida provisória com igual conteúdo ao do projeto de lei aprovado pelo Congresso Nacional, tendo em vista o princípio da separação dos poderes.

C) O Presidente da República poderá vetá-lo, por motivo de inconstitucionalidade material e não por inconstitucionalidade formal, uma vez que os projetos de lei que acarretem despesas para o Poder Executivo são de iniciativa privativa do Presidente da República.

D) O Presidente da República poderá vetá-lo, por motivo de inconstitucionalidade formal, na parte que majorou a remuneração dos servidores públicos, uma vez que a iniciativa legislativa nessa matéria é privativa do Chefe do Poder Executivo, devendo o veto ser exercido no prazo de quinze dias úteis.

RESPOSTA

A) De fato, o prazo para deliberação executiva é de 15 dias úteis e, no caso, a Constituição deixa claro tratar-se de dias **úteis** (art. 66, § 1º). Contudo, como se verá na alternativa correta "d", o motivo do veto (lembrando que todo veto tem de ser motivado) será o vício formal de inconstitucionalidade, e não o material.

B) Essa alternativa viola regra explícita e literal do art. 62, § 1º, IV, que **veda** a edição de medidas provisórias sobre matéria já disciplinada em projeto de lei aprovado pelo Congresso Nacional e pendente de sanção ou veto do Presidente da República.

C) A fundamentação do veto está correta, qual seja, os projetos de lei que acarretem aumento de despesas para o Poder Executivo são de iniciativa privativa do Presidente da República (art. 61, § 1º, II, *a*). O erro está em afirmar que esse vício seria material e não formal, no caso, formal propriamente dito subjetivo, por violar a fase de iniciativa.

✔ De fato, trata-se de veto parcial, a ser exercido dentro do prazo de 15 dias úteis, e terá por fundamento o art. 61, § 1º, II, *a*.

(XX Exame de Ordem Unificado / FGV) Como determinado minério vem obtendo alto preço no mercado mundial devido às grandes quantidades compradas pela China, o Estado-membro Alfa recorre ao governo chinês para obter um empréstimo, com vistas à construção da infraestrutura necessária à sua extração. Sabedor do fato, o prefeito do Município Beta, onde se localiza o principal porto do Estado Alfa, também solicita um empréstimo à China, para viabilizar o melhor escoamento do minério. Concedidos os empréstimos, com estrita observância da sistemática constitucional e gastos os recursos, a crise no setor público acaba por inviabilizar o pagamento da dívida contraída pelos entes federativos. Insatisfeita, a China ajuíza ação, no Brasil, contra o Estado Alfa e o Município Beta.

Assinale a opção que indica a competência para processar e julgar as matérias.

A) Supremo Tribunal Federal nos dois processos, posto que a presença da China no polo ativo da relação processual obriga que a Corte Suprema seja responsável pela solução dos dois litígios.

B) Supremo Tribunal Federal na relação jurídica entre a China e o Estado Alfa, e Superior Tribunal de Justiça na relação entre a China e o Município Beta, por expressa determinação constitucional.

C) Supremo Tribunal Federal na relação jurídica entre a China e o Estado Alfa, e juiz federal, na relação entre a China e o Município Beta, por expressa determinação constitucional.

D) Tribunal de Justiça do Estado Alfa, posto que, não havendo interesse da União nos negócios jurídicos firmados, os órgãos da Justiça Federal não podem solucionar as lides.

RESPOSTA

A) A definição de competência do STF não será, no caso, unicamente definida pela existência de Estado estrangeiro ou organismo internacional, mas, também, dependerá do conhecimento de quem é o outro ente em litígio, se União, Estados, Distrito Federal ou Municípios.

B) No caso, a competência descrita não se encontra no art. 105 da CF. Portanto, não há, para o caso, competência do STJ.

✔ De fato, estamos diante de expressa determinação constitucional: art. 102, I, *e*, e art. 109, II, CF/88. Esses artigos devem ser lidos com muito cuidado durante a preparação (assim como os arts. 105 – STJ, 114 – Justiça do Trabalho etc.).

D) Essa alternativa viola o art. 109, II, lembrando que a competência dos juízes federais para processar e julgar as causas em que a União, entidade autárquica ou empresa pública federal forem interessadas na condição de autoras, rés, assistentes ou oponentes, exceto as de falência, as de acidentes de trabalho e as sujeitas à Justiça Eleitoral e à Justiça do Trabalho, está definida em outro inciso, no caso, no inciso I.

(XX Exame de Ordem Unificado / FGV) O Presidente da República, após manter áspera discussão com um de seus primos, que teve por motivação assuntos relacionados à herança familiar, efetua um disparo de arma de fogo e mata o referido parente. Abalado com o grave fato e preocupado com as repercussões políticas em razão de sua condição de Presidente da República, consulta seu corpo jurídico, indagando quais as consequências do referido ato no exercício da presidência.

Seus advogados, corretamente, respondem que a solução extraída do sistema jurídico-constitucional brasileiro é a de que:

A) será imediatamente suspenso de suas funções pelo prazo de até 180 dias, se recebida a denúncia pelo Supremo Tribunal Federal.

B) será imediatamente suspenso de suas funções pelo prazo de até 180 dias, se recebida a denúncia pelo Senado Federal.

C) será imediatamente suspenso de suas funções, se a acusação for autorizada por dois terços da Câmara dos Deputados e a denúncia recebida pelo Supremo Tribunal Federal.

D) será criminalmente processado somente após o término do mandato, tendo imunidade temporária à persecução penal.

RESPOSTA

A) Trata-se de crime estranho ao exercício de suas funções (matar primo por motivo de herança). Assim, no caso, ele tem imunidade presidencial à prisão (art. 86, § 4º).

B) Aplicam-se a esta hipótese os motivos expostos na alternativa "a" e, também, por se tratar de crime comum e não de responsabilidade, a hipótese dos fatos descritos na alternativa.

C) Vale a mesma fundamentação da alternativa "a".

☑ De acordo com a regra do art. 86, § 4º, o Presidente da República, durante a vigência do mandato, não poderá ser responsabilizado por atos estranhos ao exercício de suas funções. Dessa forma, ele só poderá ser responsabilizado (e entenda-se a responsabilização pela prática de infração penal comum – ilícitos penais) por atos praticados em razão do exercício de suas funções (*in officio* ou *propter officium*). A *persecutio criminis* ficará, provisoriamente, inibida, acarretando, logicamente, a suspensão do curso da prescrição. Trata-se da **irresponsabilidade penal relativa**, pois a imunidade só abrange ilícitos penais praticados antes do mandato, ou durante, sem relação funcional.

(XXI Exame de Ordem Unificado / FGV) Carlos pleiteia determinado direito, que fora regulado de forma mais genérica no corpo principal da CRFB/88 e de forma mais específica no Ato das Disposições Constitucionais Transitórias – o ADCT. O problema é que o corpo principal da Constituição da República e o ADCT estabelecem soluções jurídicas diversas, sendo que ambas as normas poderiam incidir na situação concreta. Carlos, diante do problema, consulta um(a) advogado(a) para saber se a solução do seu caso deve ser regida pela norma genérica oferecida pelo corpo principal da Constituição da República ou pela norma específica oferecida pelo ADCT.

Com base na CRFB/88, assinale a opção que apresenta a proposta correta dada pelo(a) advogado(a).

A) Como o corpo principal da CRFB/88 possui hierarquia superior a todas as demais normas do sistema jurídico, deve ser aplicável, afastada a aplicação das normas do ADCT.

B) Como o ADCT possui o mesmo *status* jurídico das demais normas do corpo principal da CRFB/88, a norma específica do ADCT deve ser aplicada no caso concreto.

C) Como o ADCT possui hierarquia legal, não pode afastar a solução normativa presente na CRFB/88.

D) Como o ADCT possui caráter temporário, não é possível que venha a reger qualquer caso concreto, posto que sua eficácia está exaurida.

RESPOSTA

A) O erro está em afirmar que as normas do corpo principal da Constituição possuem hierarquia superior às normas do ADCT. Ambas possuem a mesma hierarquia.

☑ De fato, ambas as normas possuem a mesma hierarquia, e, por isso, as normas do ADCT poderão trazer exceções às regras do corpo.

C) O erro está em afirmar que o ADCT possui hierarquia legal. Como se sabe, as suas normas possuem hierarquia constitucional. Aliás, o próprio nome confirma esse entendimento: Ato das Disposições **Constitucionais** Transitórias.

D) Conforme ensina Pedro Lenza, "as disposições transitórias, como o próprio nome já sinaliza, exercem o papel de acomodação e transição do ordenamento jurídico anterior com a nova ordem constitucional. Por natureza, portanto, diante de sua eficácia temporária (essa a ideia das disposições de transição), após produzirem os seus efeitos, ou diante do advento da condição ou termo estabelecidos, esgotam-se, tornando-se normas de eficácia exaurida" (LENZA, 2016, p. 200). Assim, a transitoriedade é das normas do ADCT e não do ADCT em si, que se apresenta como uma das partes da Constituição, que é dividida em um preâmbulo, 9 títulos e o ADCT.

(XXI Exame de Ordem Unificado / FGV) O Governador do Estado E, diante da informação de que poderia dispor de um lastro orçamentário mais amplo para a execução de despesas com a seguridade social, convocou seu secretariado a fim de planejar o encaminhamento a ser dado a tais recursos. Na reunião foram apresentadas quatro propostas, mas o governador, consultando sua equipe de assessoramento jurídico, foi informado de que apenas uma das propostas era adequada para assegurar diretamente direitos relativos à seguridade social, segundo a definição que lhe dá a CRFB/88.

Dentre as opções a seguir, assinale-a.

A) Ampliação da rede escolar do ensino fundamental e do ensino médio.

B) Ampliação da rede hospitalar de atendimento à população da região.

C) Desenvolvimento de programa de preservação da diversidade cultural da população.

D) Aprimoramento da atuação da guarda municipal na segurança do patrimônio público.

RESPOSTA

A) De acordo com o art. 194, *caput*, CF/88, a **seguridade social** compreende um conjunto integrado de ações de iniciativa dos Poderes Públicos e da sociedade, destinadas a assegurar os direitos relativos à **saúde**, à **previdência** e à **assistência social**, estando a sua forma de financiamento prevista no art. 195. Como na alternativa se informa que foram apresentadas propostas para "assegurar diretamente direitos relativos à seguridade social", portanto, tais direitos devem se referir à saúde, previdência ou assistência. Dessa forma, a resposta correta deverá tratar desses assuntos. Como a alternativa em análise menciona a ampliação da rede escolar, estamos tratando da "educação", que tem capítulo próprio e distinto.

✓ Rede hospitalar refere-se à saúde, portanto, seguridade social, encontrando fundamento no art. 194.

C) Essa alternativa refere-se à diversidade cultural, inserida dentro de "cultura" e não de seguridade social.

D) O erro está em falar em "segurança", não compreendida na noção de seguridade social.

(XXI Exame de Ordem Unificado / FGV) A Constituição de determinado país veiculou os seguintes artigos:

> Art. X. As normas desta Constituição poderão ser alteradas mediante processo legislativo próprio, com a aprovação da maioria qualificada de três quintos dos membros das respectivas Casas Legislativas, em dois turnos de votação, exceto as normas constitucionais que não versarem sobre a estrutura do Estado ou sobre os direitos e garantias fundamentais, que poderão ser alteradas por intermédio de lei infraconstitucional.
>
> Art. Y. A presente Constituição, concebida diretamente pelo Exmo. Sr. Presidente da República, deverá ser submetida à consulta popular, por meio de plebiscito, visando à sua aprovação definitiva.
>
> Art. Z. A ordem econômica será fundada na livre iniciativa e na valorização do trabalho humano, devendo seguir os princípios reitores da democracia liberal e da social democracia, bem como o respeito aos direitos fundamentais de primeira dimensão (direitos civis e políticos) e de segunda dimensão (direitos sociais, econômicos, culturais e trabalhistas).

Com base no fragmento acima, é certo afirmar que a classificação da Constituição do referido país seria:

A) Semirrígida, promulgada, heterodoxa.
B) Flexível, outorgada, compromissória.
C) Rígida, bonapartista e ortodoxa.
D) Semiflexível, cesarista e compromissória.

RESPOSTA

A) O art. X define exemplo de Constituição **semirrígida** ou **semiflexível**, já que algumas matérias exigem um processo formal e diferenciado e outras não. Já o art. Y define o que a doutrina denomina Constituição **cesarista**. O art. Z, por sua vez, enseja a classificação da Constituição como **compromissória**. Segundo alguns autores, há uma aproximação da Constituição **eclética** (aquela formada por ideologias conciliatórias) com a compromissória, pela qual se busca a harmonização de forças muitas vezes antagônicas, conforme descrito no enunciado. Assim, a letra A não encontra fundamento no enunciado, pois, muito embora semirrígida, a Constituição não foi promulgada e não pode ser considerada heterodoxa. Aliás, não é comum na doutrina o uso da expressão *heterodoxo*, que é o antônimo (inverso) de *ortodoxo*. Conforme vimos na parte teórica, a classificação quanto à dogmática segue os ensinamentos de Paulino Jacques, que distingue a ortodoxa da eclética.

B) Apenas a classificação de compromissória define as Constituições indicadas no enunciado.

C) Conforme vimos, quanto à alterabilidade, o art. Y define exemplo de Constituição semirrígida ou semiflexível e não rígida. Muito embora cesarista ou bonapartista, quanto à dogmática, a Constituição deve ser classificada como eclética e não ortodoxa, já que não é formada por uma só ideologia.

✓ Conforme explicado na letra A, a descrição do enunciado se enquadra perfeitamente nas classificações da presente alternativa.

(XXI Exame de Ordem Unificado / FGV) Finalizadas as Olimpíadas no Brasil, certo deputado federal pelo Estado Beta, ex-desportista conhecido nacionalmente, resolve elaborar projeto de lei visando a melhorar a *performance* do Brasil nos Jogos Olímpicos de 2020.

Para realizar esse objetivo, o projeto dispõe que os recursos públicos devem buscar promover, prioritariamente, o esporte de alto rendimento. Submetida a ideia à sua assessoria jurídica, esta exteriorizou o único posicionamento que se mostra harmônico com o sistema jurídico-constitucional brasileiro, afirmando que o projeto

A) É constitucional, contanto que o desporto educacional também seja contemplado com uma parcela, mesmo que minoritária, dos recursos.
B) É inconstitucional, pois, segundo a Constituição da República, a destinação de recursos públicos deve priorizar o desporto educacional.
C) É constitucional, pois, não havendo tratamento explícito da questão pela Constituição da República, o poder público tem discricionariedade para definir a destinação da verba.
D) É inconstitucional, pois a Constituição da República prevê que a destinação de recursos públicos para o desporto contemplará exclusivamente o desporto educacional.

RESPOSTA

A) De acordo com o art. 217, II, CF/88, é dever do Estado fomentar práticas desportivas formais e não formais, como direito de cada um, observada, dentre outras regras, a **destinação de recursos públicos** para a **promoção prioritária do desporto educacional** e, em casos específicos, para a do desporto de alto rendimento. Assim, a regra geral prestigia o desporto educacional e apenas em casos específicos o de alto rendimento.

✓ Conforme vimos, a fundamentação legal está no art. 217, II, CF/88.

C) Diferentemente do enunciado na alternativa, há expresso tratamento da matéria no art. 217, CF/88.

D) A destinação de recursos para o desporto educacional será prioritária e não exclusiva (art. 217, II, CF/88).

(XXI Exame de Ordem Unificado / FGV) A parte autora em um processo judicial, inconformada com a sentença de primeiro grau de jurisdição que se embasou no ato normativo X, apela da decisão porque, no seu entender, esse ato normativo seria inconstitucional.

A 3ª Câmara Cível do Tribunal de Justiça do Estado Alfa, ao analisar a apelação interposta, reconhece que assiste razão à recorrente, mais especificamente no que se refere à inconstitucionalidade do referido ato normativo X. Ciente da existência de cláusula de reserva de plenário, a referida Turma dá provimento ao recurso sem declarar expressamente a inconstitucionalidade do ato normativo X, embora tenha afastado a sua incidência no caso concreto.

De acordo com o sistema jurídico-constitucional brasileiro, o acórdão proferido pela 3ª Turma Cível:

A) Está juridicamente perfeito, posto que, nestas circunstâncias, a solução constitucionalmente expressa é o afastamento da incidência, no caso concreto, do ato normativo inconstitucional.

B) Não segue os parâmetros constitucionais, pois deveria ter declarado, expressamente, a inconstitucionalidade do ato normativo que fundamentou a sentença proferida pelo juízo *a quo*.

C) Está correto, posto que a 3ª Turma Cível, como órgão especial que é, pode arrogar para si a competência do Órgão Pleno do Tribunal de Justiça do Estado Alfa.

D) Está incorreto, posto que violou a cláusula de reserva de plenário, ainda que não tenha declarado expressamente a inconstitucionalidade do ato normativo.

RESPOSTA

A) De acordo com a **SV 10/STF**, "viola a cláusula de reserva de plenário (CF, artigo 97) a decisão de órgão fracionário de Tribunal que, embora não declare expressamente a inconstitucionalidade de lei ou ato normativo do poder público, afasta sua incidência, no todo ou em parte". Assim, afastar a incidência da lei por ato do próprio órgão fracionário é violar o art. 97.

B) De fato, não segue os parâmetros constitucionais, mas não deveria ter declarado inconstitucional, pois essa atribuição é do Pleno ou do órgão especial e não do órgão fracionário, que é o caso da 3ª Turma.

C) A 3ª Turma é órgão fracionário e não órgão especial.

✓ Nesse sentido é a jurisprudência do STF, materializada na SV 10.

(XXI Exame de Ordem Unificado / FGV) Ricardo é o diretor geral do órgão da administração direta federal responsável pela ordenação de despesas. Inconformado com o fato de o Tribunal de Contas da União (TCU) ter apreciado e julgado as contas do órgão que dirige e, por fim, lhe aplicando sanções com fundamento em irregularidades apontadas por auditoria realizada pelo próprio TCU, procura um(a) advogado(a). Seu objetivo é saber se o referido Tribunal possui, ou não, tais competências.

Neste sentido, o(a) advogado(a) responde que, segundo a ordem jurídico-constitucional vigente, as competências do TCU.

A) Abrangem a tarefa referida, já que até mesmo as contas do Presidente da República estão sujeitas ao julgamento do referido Tribunal.

B) Não abarcam a tarefa de julgar tais contas, competindo ao Tribunal tão somente apreciá-las, para que, posteriormente, os Tribunais Federais venham a julgá-las.

C) Abrangem o julgamento das contas, devendo o TCU aplicar as sanções previstas na ordem jurídica em conformidade com os ilícitos que venha a identificar.

D) Não abrangem essa atividade, pois o TCU é órgão responsável pelo controle externo, não podendo, por força do princípio hierárquico, julgar contas de órgão da administração direta.

RESPOSTA

A) A atribuição de julgar as contas do Presidente da República é do Poder Legislativo e não do TCU, que auxilia o Congresso Nacional (art. 49, IX).

B) De acordo com o art. 71, II, compete ao Tribunal de Contas **julgar** as contas dos administradores e demais responsáveis por dinheiros, bens e valores públicos da administração direta e indireta, incluídas as fundações e sociedades instituídas e mantidas pelo Poder Público federal, e as contas daqueles que derem causa a perda, extravio ou outra irregularidade de que resulte prejuízo ao erário público. Assim, o TCU "aprecia" as contas do Presidente da República, já que, nesse caso, quem julga é o Congresso Nacional, mas **julga** as contas dos administradores e demais responsáveis na forma do art. 71, II.

✓ O art. 71, VIII, estabelece ser atribuição do Tribunal de Contas aplicar aos responsáveis, em caso de ilegalidade de despesa ou irregularidade de contas, as sanções previstas em lei, que estabelecerá, entre outras cominações, multa proporcional ao dano causado ao erário.

D) Conforme vimos, entre as atribuições do TCU está a de julgar as contas na forma do art. 71, II.

(XXI Exame de Ordem Unificado / FGV) W, deputado federal pelo Estado Beta, proferindo discurso no Congresso Nacional, fez contundentes críticas ao que denominou de "abuso midiático contra a classe política". Na oportunidade, acrescentou estar elaborando um projeto de lei ordinária que tem por objetivo criar regras de licenciamento (por autoridades do poder público), a que deverão se submeter os veículos de comunicação, principalmente jornais e revistas. Segundo o referido deputado, a vida privada dos políticos deve ser preservada, devendo, por isso, ser estabelecidos limites à mídia jornalística.

Com relação ao projeto de lei ordinária idealizado pelo deputado federal W, de acordo com a ordem jurídico-constitucional brasileira, assinale a afirmativa correta.

A) É constitucional, pois a preservação da intimidade e da privacidade não pode estar sujeita à influência das mídias e deve ser garantida, na máxima extensão possível, pela ordem jurídica.

B) É inconstitucional, pois matéria referente a controle de informação somente pode ser objeto de iniciativa legislativa com o assentimento de dois terços dos membros de qualquer das Casas legislativas.

C) É constitucional, pois se trata de aplicação de tratamento análogo àquele atualmente concedido às mídias jornalísticas que adotam o sistema de radiodifusão e de sons e imagens.

D) É inconstitucional, pois a Constituição da República garante expressamente que a publicação de veículo impresso de comunicação independe de licença de autoridade.

RESPOSTA

A) Não há razoabilidade em impedir os meios de comunicação de noticiar informações, mesmo que sejam sobre parlamentares. Naturalmente, havendo abuso, responderão.

B) Essa regra não encontra fundamento na Constituição.

C) A propriedade de empresa jornalística e de radiodifusão sonora e de sons e imagens é privativa de brasileiros natos ou naturalizados há mais de dez anos, ou de pessoas jurídicas constituídas sob as leis brasileiras e que tenham sede no País, possuindo regramento próprio no art. 222. Assim, não há relação com os limites que o enunciado pretende colocar.

✓ De acordo com o art. 220, § 6º, a publicação de veículo impresso de comunicação independe de licença de autoridade.

(XXII Exame de Ordem Unificado / FGV) O Presidente da República descumpriu ordem judicial, emanada de autoridade competente, impondo à União o pagamento de vantagens atrasadas, devidas aos servidores públicos federais ativos e inativos. A Advocacia-Geral da União argumentava que a mora era justificável por conta da ausência de previsão de recursos públicos em lei orçamentária específica.

Apesar disso, um grupo de parlamentares, interessado em provocar a atuação do Ministério Público, entendeu ter ocorrido crime comum de desobediência, procurando você para que, como advogado(a), informe que órgão seria competente para julgar ilícito dessa natureza.

Dito isto e a par da conduta descrita, é correto afirmar que o Presidente da República deve ser julgado

A) pela Câmara dos Deputados, após autorização do Senado Federal.

B) pelo Senado Federal, após autorização da Câmara dos Deputados.

C) pelo Supremo Tribunal Federal, após autorização da Câmara dos Deputados.

D) pelo Supremo Tribunal Federal, após autorização do Congresso Nacional.

RESPOSTA

A) O julgamento de crime comum praticado pelo Presidente da República é de competência do STF, na forma do art. 102, I, *b*, e, por se tratar de procedimento bifásico, compete à Câmara dos Deputados autorizar (art. 51, I). Dessa forma, a Câmara não julga, mas simplesmente autoriza, e o Senado Federal não autoriza, mas julga o crime de responsabilidade (art. 52, II).

B) O Senado Federal julga crime de responsabilidade e não crime comum (art. 52, I), após autorização da Câmara dos Deputados.

✓ Exatamente, na forma do art. 102, I, *b*, c/c o art. 51, I, todos da CF/88.

D) Conforme vimos, a autorização é da competência da Câmara dos Deputados e não do Congresso Nacional.

(XXII Exame de Ordem Unificado / FGV) A teoria dimensional dos direitos fundamentais examina os diferentes regimes jurídicos de proteção desses direitos ao longo do constitucionalismo democrático, desde as primeiras Constituições liberais até os dias de hoje. Nesse sentido, a teoria dimensional tem o mérito de mostrar o perfil de evolução da proteção jurídica dos direitos fundamentais ao longo dos diferentes paradigmas do Estado de Direito, notadamente do Estado Liberal de Direito e do Estado Democrático Social de Direito. Essa perspectiva, calcada nas dimensões ou gerações de direitos, não apenas projeta o caráter cumulativo da evolução protetiva, mas também demonstra o contexto de unidade e indivisibilidade do catálogo de direitos fundamentais do cidadão comum.

A partir dos conceitos da teoria dimensional dos direitos fundamentais, assinale a afirmativa correta.

A) Os direitos estatais prestacionais, ligados ao Estado Liberal de Direito, nasceram atrelados ao princípio da igualdade formal perante a lei, perfazendo a primeira dimensão de direitos.

B) A chamada reserva do possível fática, relacionada à escassez de recursos econômicos e financeiros do Estado, não tem nenhuma influência na efetividade dos direitos fundamentais de segunda dimensão do Estado Democrático Social de Direito.

C) O conceito de direitos coletivos de terceira dimensão se relaciona aos direitos transindividuais de natureza indivisível de que sejam titulares pessoas indeterminadas e ligadas por circunstâncias de fato, como ocorre com o direito ao meio ambiente.

D) Sob a égide da estatalidade mínima do Estado Liberal, os direitos negativos de defesa dotados de natureza absenteísta são corretamente classificados como direitos de primeira dimensão.

RESPOSTA

A) Os direitos estatais prestacionais, definidos pela doutrina como direitos de segunda dimensão, estão ligados não ao Estado Liberal, mas ao Estado Social, o Estado do bem-estar, ou Estado assistencial, que procura evidenciar a igualdade material e não a meramente formal, perfazendo, portanto, os direitos de segunda dimensão e não os de primeira.

B) Os direitos fundamentais de segunda dimensão exigem do Estado prestações materiais (direitos sociais, culturais e econômicos). Dessa forma, ao contrário da afirmação da alternativa, há total relação com a denominada "reserva do possível".

C) Os direitos coletivos ou de coletividade correspondem aos direitos de igualdade (material) e são exemplos de direitos de segunda dimensão e não de terceira. Assim, não se relacionam aos direitos transindividuais, apesar da definição precisa desses direitos na alternativa, exatamente conforme estabelece o art. 81, parágrafo único, I, do CDC. Os direitos transindividuais são interesses ou direitos difusos e não coletivos.

✓ Conforme escrevemos, "no Estado Liberal percebe-se uma evidenciação do indivíduo, delineando-se um Estado não intervencionista, dentro da perspectiva de 'intervenção mínima'". Essa noção de absenteísmo estatal marca os direitos de 1ª dimensão (*Direito constitucional esquematizado*, 20. ed., p. 1517).

(XXII Exame de Ordem Unificado / FGV) Enzo, brasileiro naturalizado há três anos, apaixonado por ópera, ao saber que a sociedade empresária de radiodifusão, Rádio WXZ, situada na capital do Estado Alfa, encontra-se em dificuldade econômica, apresenta uma proposta para ingressar na sociedade.

Nessa proposta, compromete-se a adquirir 25% do capital total da sociedade empresária, com a condição inafastável de que o controle total sobre o conteúdo da programação veiculada pela rádio seja de sua inteira responsabilidade, de forma a garantir a inclusão de um programa diário, com duração de uma hora, sobre ópera.

A proposta foi aceita pelos atuais sócios, mas Enzo, preocupado com a licitude do negócio, dada a sua condição de brasileiro naturalizado, procura a consultoria de um advogado.

Considerando a hipótese apresentada, segundo o sistema jurídico-constitucional brasileiro, assinale a afirmativa correta.

A) Não será possível a concretização do negócio nos termos apresentados, tendo em vista que a Constituição da República não permite que os meios de comunicação divulguem manifestações culturais estrangeiras.

B) Será possível a concretização do negócio nos termos apresentados, posto que Enzo é brasileiro naturalizado e a Constituição da República veda qualquer distinção entre brasileiro nato e brasileiro naturalizado.

C) Não será possível a concretização do negócio nos termos acima apresentados, pois a Constituição da República veda que brasileiro naturalizado há menos de dez anos possa estabelecer o conteúdo da programação da rádio.

D) Será possível a concretização do negócio nos termos acima apresentados, pois a Constituição da República, em respeito aos princípios liberais que sustenta, não interfere no conteúdo pactuado entre contratantes privados.

RESPOSTA

A) Os arts. 215, *caput* e § 1º, 220, *caput*, e 221, II, estimulam a cultura nacional, mas não impedem que os meios de comunicação divulguem manifestações culturais estrangeiras.

B) De acordo com o art. 12, § 2º, da CF/88, a lei não poderá estabelecer distinção entre brasileiros natos e naturalizados, **salvo nos casos previstos na Constituição**, quais sejam: art. 5º, LI; art. 12, § 3º; art. 12, § 4º, I; art. 89, VII; e art. 222. Essa distinção, conforme se observa, foi introduzida pelo poder constituinte originário.

✓ De fato, de acordo com o art. 222, § 1º, pelo menos 70% do capital total e do capital votante das empresas jornalísticas e de radiodifusão sonora e de sons e imagens deverão pertencer, direta ou indiretamente, a **brasileiros natos** ou **naturalizados há mais de dez anos**, que **exercerão obrigatoriamente a gestão das atividades e estabelecerão o conteúdo da programação**. Como no exemplo da alternativa estamos diante de brasileiro naturalizado há menos de 10 anos, não será possível a concretização do negócio nos termos apresentados.

D) A interferência estatual está presente em várias passagens do texto constitucional.

(XXII Exame de Ordem Unificado / FGV) Carlos, contando com 59 (cinquenta e nove) anos de idade, resolve se inscrever em concurso público para o cargo de Agente de Polícia, dos quadros da Polícia Civil do Estado Beta. Todavia, sua inscrição é negada com base no edital, que reproduz a Lei Estadual X, segundo a qual o candidato, no momento da inscrição, deve ter entre 18 (dezoito) e 32 (trinta e dois) anos de idade. Inconformado, Carlos consulta um advogado a respeito de possível violação do direito fundamental à igualdade. Diante do caso concreto, assinale a opção que se harmoniza com a ordem jurídico-constitucional brasileira.

A) Houve violação ao princípio da igualdade, pois o sistema jurídico-constitucional brasileiro veda, em caráter absoluto, que a lei estabeleça requisitos de ordem etária para o provimento de cargos públicos.

B) Não houve violação ao princípio da igualdade, pois o jurídico-constitucional brasileiro permite que a lei estabeleça limite de idade para inscrição em concurso público quando tal medida se justificar pela natureza das atribuições do cargo a ser preenchido.

C) Houve violação ao princípio da razoabilidade, pois as atividades inerentes ao cargo a ser ocupado não justificam a previsão do critério etário como requisito para inscrição no concurso público que visa ao seu provimento.

D) Não houve violação ao princípio da igualdade, pois o sistema jurídico-constitucional brasileiro concede aos administradores públicos poder discricionário para definir, por via editalícia, independentemente da lei, os limites etários para a participação em concursos.

RESPOSTA

A) De acordo com a **Súmula 683/STF**, "o limite de idade para a inscrição em concurso público só se legitima em face do art. 7º, XXX, da Constituição, quando possa ser justificado pela natureza das atribuições do cargo a ser preenchido". Por sua vez, a **Súmula 14/STF** estabelece não ser admissível, por ato administrativo, restringir, em razão da idade, inscrição em concurso para cargo público. Assim, haverá a necessidade de lei formal. A Constituição, por sua vez, veda a discriminação em razão da idade (art. 3º, IV), mas, naturalmente, admite requisitos de ordem etária desde que haja razoabilidade na discriminação, em verdadeiro prestígio ao princípio da igualdade material, desigualando os desiguais na medida de sua desigualdade. Assim, não há vedação absoluta.

☑ Observe que a alternativa copia a redação da Súmula 683/STF. Há precedente idêntico na jurisprudência do STF analisando caso concreto em que também houve previsão de limites de idade entre 18 e 32: cf. ARE 678.112.

C) De fato, em nosso entender, a fixação de limite máximo de 32 anos viola o princípio da razoabilidade. O erro dessa alternativa está na justificativa da violação ao princípio da razoabilidade, afirmando que "as atividades inerentes ao cargo a ser ocupado não justificam as previsão do critério etário". Naturalmente, em razão da atividade a ser exercida (Agente de Polícia), é possível, sim, a fixação de limite etário. Esse, portanto, o erro da alternativa.

D) A limitação a direitos fundamentais deve se dar por **lei** e não por via editalícia.

(XXII Exame de Ordem Unificado / FGV) O Presidente da República, objetivando adotar medidas urgentes para melhorar o desempenho da máquina burocrática pública, solicita delegação ao Congresso Nacional a fim de normatizar, por meio de lei delegada, a tramitação mais eficiente de processos no âmbito da Administração Pública.

O Congresso Nacional, embora tenha concordado com o pedido formulado, específica, por meio de resolução, que o projeto de lei delegada proposto pelo Presidente da República, antes de adentrar o sistema jurídico vigente pela via legal, deverá ser por ele avaliado.

O Presidente da República, tendo dúvidas sobre se a condição imposta pelo Poder Legislativo é violadora da ordem jurídico-constitucional brasileira, solicita esclarecimentos à sua assessoria jurídica.

Sobre a exigência do Congresso Nacional, assinale a afirmativa correta.

A) A exigência é constitucional, posto que a CRFB/88 prevê a possibilidade de controle prévio sobre o conteúdo normativo da delegação, quando a resolução assim o previr.

B) A exigência é inconstitucional, posto que a autorização para a edição de lei delegada, quando concedida pelo Congresso Nacional, retira desse órgão qualquer possibilidade de controle sobre o seu conteúdo.

C) A exigência é constitucional, podendo o Parlamento arrogar-se o direito de propor emendas ao conteúdo normativo do projeto de lei proposto pelo Presidente da República.

D) A exigência é inconstitucional, pois a lei delegada é espécie normativa cujo fundamento encontra-se alicerçado no princípio da total independência de um Poder nos assuntos de outro.

RESPOSTA

☑ A constitucionalidade da exigência se encontra expressamente no art. 68, § 3º.

B) De acordo com o art. 68, § 3º, se a resolução determinar a apreciação do projeto pelo Congresso Nacional, este a fará em votação única, **vedada qualquer emenda.**

C) Conforme visto, é vedada qualquer emenda.

D) Estamos diante de interessante exemplo de mecanismo de "freios e contrapesos", ao contrário do informado na alternativa.

(XXII Exame de Ordem Unificado / FGV) Parlamentar brasileiro, em viagem oficial, visita o Tribunal Constitucional Federal da Alemanha, recebendo numerosas informações acerca do seu funcionamento e de sua área de atuação. Uma, todavia, chamou especialmente sua atenção: a referida Corte Constitucional reconhecia a possibilidade de alteração da Constituição material – ou seja, de suas normas – sem qualquer mudança no texto formal.

Surpreendido com essa possibilidade, procura sua assessoria jurídica a fim de saber se o Supremo Tribunal Federal fazia uso de técnica semelhante no âmbito da ordem jurídica brasileira.

A partir da hipótese apresentada, assinale a opção que apresenta a informação dada pela assessoria jurídica.

A) Não. O Supremo Tribunal Federal somente pode reconhecer nova norma no sistema jurídico constitucional a partir de emenda à constituição produzida pelo poder constituinte derivado reformador.

B) Sim. O Supremo Tribunal Federal, reconhecendo o fenômeno da mutação constitucional, pode atribuir ao texto inalterado uma nova interpretação, que expressa, assim, uma nova norma.

C) Não. O surgimento de novas normas constitucionais somente pode ser admitido por intermédio das vias formais de alteração, todas expressamente previstas no próprio texto da Constituição.

D) Sim. O sistema jurídico-constitucional brasileiro, seguindo linhas interpretativas contemporâneas, admite, como regra, a interpretação da Constituição independentemente de limites semânticos concedidos pelo texto.

RESPOSTA

A) De fato, a emenda à Constituição é fruto da manifestação do poder constituinte derivado reformador, verdadeiro processo formal de mudança do texto. Há, contudo, também a possibilidade de alteração por um processo informal, modificando o sentido interpretativo da disposição e, portanto, a norma jurídica a ser extraída, o que, certamente, caracterizará o instituto da mutação constitucional.

☑ A nova norma decorre, portanto, do processo informal de mudança, qual seja, a manifestação do poder constituinte difuso.

C) Diferentemente do afirmado na alternativa, é admissível, também, o chamado processo informal de mudança, destacando-se a denominada mutação constitucional.

D) O erro da alternativa está em afirmar que o processo de interpretação se implementará "independentemente de limites semânticos concedidos pelo texto".

(XXII Exame de Ordem Unificado / FGV) A Lei n. 13.300/16, que disciplina o processo e o julgamento dos mandados de injunção individual e coletivo, surgiu para combater o mal da síndrome da inefetividade das normas constitucionais. Nesse sentido, o seu art. 8º, inciso II, inovou a ordem jurídica positivada ao estabelecer que, reconhecido o estado de mora legislativa, será deferida a injunção para estabelecer as condições em que se dará o exercício dos direitos, das liberdades ou das prerrogativas reclamados, ou, se for o caso, as condições em que o interessado poderá promover ação própria visando a exercê-los, caso não seja suprida a mora legislativa no prazo determinado.

Considerando o conteúdo normativo do art. 8º, inciso II, da Lei n. 13.300/16 e a teoria acerca da efetividade das normas constitucionais, assinale a afirmativa correta.

A) Foi adotada a posição neoconstitucionalista, na qual cabe ao Poder Judiciário apenas declarar formalmente a mora legislativa, atuando como legislador negativo e garantindo a observância do princípio da separação dos poderes, sem invadir a esfera discricionária do legislador democrático.

B) Foi consolidada a teoria concretista, em prol da efetividade das normas constitucionais, estabelecendo as condições para o ativismo judicial, revestindo-o de legitimidade democrática, sem ferir a separação de Poderes e, ao mesmo tempo, garantindo a força normativa da Constituição.

C) Foi promovida a posição não concretista dentro do escopo de um Estado Democrático de Direito, na qual cabe ao Poder Judiciário criar direito para sanar omissão legiferante dos Poderes constituídos, geradores da chamada "síndrome da inefetividade das normas constitucionais", em típico processo objetivo de controle de constitucionalidade.

D) Foi retomada a posição positivista normativista, concedendo poderes normativos momentâneos aos juízes e tribunais, de modo a igualar os efeitos da ação direta de inconstitucionalidade por omissão (modalidade do controle abstrato) e do mandado de injunção (remédio constitucional).

RESPOSTA

A) Como se verá, adotou-se a posição concretista e não a neoconstitucionalista. Ainda, se fôssemos admitir a perspectiva neoconstitucionalista, deveríamos falar em concretização de direitos fundamentais.

✓ De fato, a Lei n. 13.300/2016 adotou a posição **concretista intermediária**, pois assegurou a possibilidade de o órgão omisso suprir a omissão e, havendo mora, nesse caso, assegurou ao STF a concretização dos direitos fundamentais.

C) Além de indicar a posição não concretista como errada, fala em processo objetivo de controle de omissões, característica essa marcante da ADO e não do MI, muito embora a nova lei tenha admitido a produção de efeitos *ultra partes* ou *erga omnes* (art. 9º, § 1º, Lei n. 13.300/2016).

D) Não se buscou adotar a posição positivista normativa, mas, conforme vimos, a concretista. Além disso, também não se procurou igualar os efeitos do MI com os da ADO.

(XXIII Exame de Ordem Unificado / FGV) Ao constatar que numerosas tribos indígenas, que ocupam determinadas áreas em caráter permanente, estão sendo fortemente atingidas por uma epidemia de febre amarela, o Governador do Estado Alfa remove-as da localidade de maneira forçada. Dada a repercussão do caso, logo após a efetivação da remoção, submete suas justificativas à Assembleia Legislativa do Estado Alfa, informando que o deslocamento das tribos será temporário e que ocorreu em defesa dos interesses das populações indígenas da região. A Assembleia Legislativa do Estado Alfa termina por referendar a ação do Chefe do Poder Executivo estadual.

Sobre o ato do Governador, com base no quadro acima apresentado, assinale a afirmativa correta.

A) Agiu em consonância com o sistema jurídico-constitucional brasileiro, pois é de competência exclusiva do Chefe do Poder Executivo decidir quais as medidas a serem tomadas nos casos que envolvam perigo de epidemia.

B) Não agiu em consonância com o sistema jurídico-constitucional brasileiro, pois o princípio da irremovibilidade dos índios de suas terras é absoluto e, por essa razão, torna ilegítima a ação de remoção das tribos.

C) Agiu em consonância com a CRFB/88, pois, como o seu ato foi referendado pelo Poder Legislativo do Estado Alfa, respeitou os ditames estabelecidos pelo sistema jurídico-constitucional brasileiro.

D) Não agiu em consonância com o sistema jurídico-constitucional brasileiro, posto que, no caso concreto, as autoridades estaduais não poderiam ter decidido, de modo conclusivo, pela remoção das tribos.

RESPOSTA

A) De acordo com o art. 231, § 5º, é vedada a remoção dos grupos indígenas de suas terras, salvo, ad referendum do Congresso Nacional, em caso de catástrofe ou epidemia que ponha em risco sua população, ou no interesse da soberania do País, **após deliberação do Congresso Nacional**, garantido, em qualquer hipótese, o retorno imediato logo que cesse o risco.

B) Conforme visto acima a regra da irremovibilidade não é absoluta.

C) A Constituição exige o referendo do Congresso Nacional e não do Poder Legislativo estadual.

✓ Conforme visto, nos termos do art. 231, § 5º, a regra é a vedação; contudo, essa proibição não é absoluta, desde que nos termos da Constituição e após deliberação do **Congresso Nacional**.

(XXIII Exame de Ordem Unificado / FGV) João, rico comerciante, é eleito vereador do Município "X" pelo partido Alfa. Contudo, passados dez dias após sua diplomação, o partido político Pi, adversário de Alfa, ajuíza ação de impugnação de mandato eletivo, perante a Justiça Eleitoral, requerendo a anulação da diplomação de João. Alegou o referido partido político ter havido abuso do poder econômico por parte de João na eleição em que logrou ser eleito, anexando, inclusive, provas que considerou irrefutáveis.

João, sentindo-se injustiçado, já que, em momento algum no decorrer da campanha ou mesmo após a divulgação do resultado, teve conhecimento desses fatos, busca aconselhamento com um advogado acerca da juridicidade do ajuizamento de tal ação.

Com base no caso narrado, assinale a opção que apresenta a orientação dada pelo advogado.

A) O Partido Pi não poderia ter ingressado com a ação, pois abuso de poder econômico não configura fundamento que tenha o condão de viabilizar a impugnação de mandato eletivo conquistado pelo voto.

B) O Partido Pi respeitou os requisitos impostos pela CRFB/88, tanto no que se refere ao fundamento (abuso do poder econômico) para o ajuizamento da ação como também em relação à sua tempestividade.

C) O Partido Pi, nos termos do que dispõe a CRFB/88, não poderia ter ingressado com a ação, pois, ocorrida a diplomação, precluso encontrava-se o direito de impugnar o mandato eletivo de João.

D) O Partido Pi só poderia impugnar o mandato eletivo que João conquistou pelo voto popular em momento anterior à diplomação, sob pena de afronta ao regime democrático.

RESPOSTA

A) De acordo com o art. 14, §§ 10 e 11, CF/88, o mandato eletivo **poderá** ser impugnado ante a Justiça Eleitoral no prazo de **15 dias** contados da diplomação, instruída a ação com provas de abuso do poder econômico, corrupção ou fraude. A ação de impugnação de mandato tramitará em segredo de justiça, respondendo o autor, na forma da lei, se temerária ou de manifesta má-fé.

✓ Estamos diante de tema de direito eleitoral – constitucional e mostrando uma tendência da prova da OAB, no caso, a interdisciplinaridade das questões. Apesar disso, conforme vimos acima, a resposta encontra-se na "letra da Constituição", qual seja, na literalidade do art. 14, § 10. Deixamos apenas uma observação: a legitimação ativa para propor a ação não se encontra na Constituição, mas na lei, o que poderia levar a alguma dúvida do candidato.

C) O prazo de 15 dias para a propositura da ação é contado da diplomação.

D) Novamente, o prazo é contato a partir da diplomação.

(XXIII Exame de Ordem Unificado / FGV) Leonardo matriculou seus dois filhos em uma escola pública municipal, mas foi surpreendido ao tomar conhecimento de que ambos estão tendo aulas regulares, como disciplina obrigatória, de uma específica religião de orientação cristã. Indignado, ele procura você para, como advogado(a), orientá-lo sobre a regularidade de tal situação.

Sobre tal prática, com base no que dispõe o sistema jurídico-constitucional brasileiro, assinale a afirmativa correta.

A) É constitucional, pois a força normativa do preâmbulo constitucional auxilia uma interpretação que autoriza o ensino de religião, contanto que com viés cristão.

B) É inconstitucional, pois a laicidade estatal deve garantir que nenhuma religião possa ser preferida a outra no âmbito do espaço público-estatal, sendo o ensino religioso facultativo.

C) É constitucional, posto que o ensino religioso deve ser ministrado, segundo a Constituição de 1988, como disciplina obrigatória nas escolas públicas de ensino fundamental.

D) É inconstitucional, pois a laicidade estabelecida pela Constituição de 1988 pressupõe a vedação a qualquer espécie de orientação de ordem religiosa em instituições públicas.

RESPOSTA

A) Conforme vimos na parte teórica, o STF, por 6 x 5, entendeu que o ensino religioso nas escolas públicas de ensino fundamental, que constituirá disciplina dos horários normais, **pode ter natureza confessional**, na medida em que a sua **matrícula é facultativa** nos termos do art. 210, § 1º, CF/88 (cf. ADI 4.439, Pleno, j. 27-9-2017). O problema é que o enunciado fala que a disciplina seria obrigatória.

✓ Não há religião oficial da República Federativa do Brasil. Trata-se de Estado leigo, laico ou não confessional conforme o art. 19, I. No tocante ao ensino religioso, o art. 210, § 1º, estabelece que este será de matrícula **facultativa**, constituindo disciplina dos horários normais das escolas públicas de ensino fundamental. Assim, a obrigatoriedade viola a Constituição, lembrando que o STF, no julgamento da ADI 4.439, admitiu o **ensino religioso** de natureza **confessional**, mas, claro, de **matrícula facultativa**.

C) Conforme vimos, de acordo com o art. 201, § 1º, o ensino religioso, de **matrícula facultativa**, constituirá disciplina dos horários normais das escolas públicas de ensino fundamental.

D) O STF, em decisão posterior à realização desse Exame XXIII, entendeu que o ensino religioso, pode ter natureza confessional. De acordo com o Min. Gilmar Mendes, "**neutralidade estatal não é o mesmo que indiferença** (...). Ainda que o Estado seja laico, a religião foi e continua sendo importante para a formação da sociedade brasileira (...). A proposta de ensino não confessional retira o sentido da norma constitucional" (Inf. 878/STF – ADI 4.439).

(XXIII Exame de Ordem Unificado / FGV) As contas do Município Alfa referentes ao exercício financeiro de 2014, apresentadas pelo prefeito em 2015, receberam parecer desfavorável do Tribunal de Contas do referido Município, o qual foi criado antes da promulgação da Constituição da República Federativa do Brasil de 1988.

O Presidente da Câmara, após o regular trâmite interno, editou resolução e aprovou as referidas contas públicas municipais, uma vez que as demonstrações contábeis de exercícios financeiros anteriores deveriam ter sido analisadas em consonância com o plano plurianual.

Diante da narrativa exposta, assinale a afirmativa correta.

A) A competência para julgar as contas é do Tribunal de Contas do Município, órgão do Poder Judiciário, não podendo, em nenhuma hipótese, o Legislativo local afastá-la, sob pena de violação ao princípio da separação e harmonia entre os Poderes.

B) O parecer do Tribunal de Contas do Município a respeito da rejeição das contas somente não será acatado pela Câmara Municipal por decisão de 2/3 (dois terços) dos membros deste órgão.

C) Considerando que o Tribunal de Contas do Município é órgão do Poder Legislativo e o Presidente da Câmara é a autoridade máxima de sua estrutura, é constitucional o afastamento, pelo Chefe do Poder Legislativo local, do entendimento de órgão a ele subordinado.

D) O Presidente da Câmara agiu corretamente, pois a periodicidade para análise das contas públicas do Município deve ser de 5 (cinco) anos, e tal disposição não foi observada pelo Tribunal de Contas do Município.

RESPOSTA

A) O julgamento das contas dos Chefes dos Executivos não é feito pelo Tribunal de Contas, mas pelo respectivo Poder Legislativo. O Tribunal de Contas apenas **aprecia** as contas, mediante parecer prévio conclusivo. Cabe lembrar, ainda, que apesar de o art. 31, § 4º, vedar a criação de Tribunais de Contas Municipais após 1988, admite os que já existiam antes de 1988 e, por esse motivo, a previsão na alternativa que referido Tribunal havia sido criado antes da promulgação da atual Constituição. Finalmente, está errado dizer que o Tribunal de Contas é órgão do Poder Judiciário.

✔ O art. 31, § 2º, fundamenta a alternativa.

C) O Tribunal de Contas não é órgão do Legislativo.

D) De acordo com o art. 31, § 3º, "as contas dos Municípios ficarão, durante sessenta dias, **anualmente**, à disposição de qualquer contribuinte, para exame e apreciação, o qual poderá questionar-lhes a legitimidade, nos termos da lei".

(XXIII Exame de Ordem Unificado / FGV) O prefeito do Município Ômega, ante a carência de estabelecimentos públicos de saúde capazes de atender satisfatoriamente às necessidades da população local, celebra diversos convênios com hospitais privados para que passem a integrar a rede de credenciados junto ao Sistema Único de Saúde (SUS).

Considerando o disposto na Constituição da República de 1988, sobre os convênios firmados pelo prefeito do Município Ômega, assinale a afirmativa correta.

A) São válidos, uma vez que as instituições privadas podem participar de forma complementar do SUS, tendo preferência as entidades filantrópicas e as sem fins lucrativos.

B) São nulos, pois a CRFB/88 apenas autoriza, no âmbito da assistência à saúde, a participação de entidades públicas, não de instituições privadas, com ou sem fins lucrativos.

C) São válidos, porque a destinação de recursos públicos para auxílio ou subvenção às instituições privadas com fins lucrativos está, inclusive, autorizada pela CRFB/88.

D) São nulos, porque, conforme previsão constitucional expressa, compete privativamente à União, mediante convênio ou contrato de direito público, autorizar a participação de instituições privadas no SUS.

RESPOSTA

✔ Questão interdisciplinar, exigindo o conhecimento da literalidade da Constituição (art. 199, § 1º).

B) De acordo com o art. 199, § 1º, as instituições privadas poderão participar de **forma complementar** do sistema único de saúde, segundo diretrizes deste, mediante contrato de direito público ou convênio, tendo preferência as entidades filantrópicas e as sem fins lucrativos.

C) Nos termos do art. 199, § 2º, é **vedada** a destinação de recursos públicos para auxílios ou subvenções às instituições privadas com fins lucrativos.

D) O art. 199, *caput*, estabelece, sem requisitos, que a assistência à saúde é livre à iniciativa privada.

(XXIII Exame de Ordem Unificado / FGV) A lei federal n. 123, sancionada em 2012, é objeto de Ação Direta de Inconstitucionalidade proposta por partido político com representação no Congresso Nacional. O referido diploma legal é declarado materialmente inconstitucional pelo Supremo Tribunal Federal (STF), em março de 2014.

Em outubro de 2016, membro da Câmara dos Deputados apresenta novo projeto de lei ordinária contendo regras idênticas àquelas declaradas materialmente inconstitucionais.

Tomando por base o caso apresentado acima, assinale a afirmativa correta.

A) A decisão proferida pelo STF produz eficácia contra todos e efeito vinculante relativamente aos órgãos dos Poderes Executivo, Legislativo e Judiciário, inclusive nas suas funções típicas; logo, o novo projeto de lei ordinária, uma vez aprovado pelo Congresso Nacional, será nulo por ofensa à coisa julgada.

B) Em observância ao precedente firmado na referida Ação Direta de Inconstitucionalidade, o plenário do STF pode, em sede de controle preventivo, obstar a votação do novo projeto de lei por conter regras idênticas àquelas já declaradas inconstitucionais.

C) A decisão proferida pelo STF não vincula o Poder Legislativo ou o plenário do próprio Tribunal em relação a apreciações futuras da temática; logo, caso o novo projeto de lei venha a ser aprovado e sancionado, a Corte pode vir a declarar a constitucionalidade da nova lei.

D) A decisão proferida pelo STF é ineficaz em relação a terceiros, porque o partido político com representação no Congresso Nacional não está elencado no rol constitucional de legitimados aptos a instaurar o processo objetivo de controle normativo abstrato.

RESPOSTA

A) O efeito vinculante em ADI, na linha de interpretação dada pelo STF, não atinge o Poder Legislativo no exercício de sua **função típica de legislar**, produzindo eficácia contra todos e efeito vinculante, relativamente aos demais órgãos do **Poder Judiciário** e à **Administração Pública** direta e indireta, nas esferas federal, estadual e municipal.

B) Em relação ao controle preventivo, ou seja, sobre projeto de lei, o entendimento da jurisprudência é no sentido de se negar a análise de vício material, admitindo apenas o controle em relação ao devido processo legislativo (cf. **MS 32.033**, Rel. p/ o ac. Min. Teori Zavascki, j. 20-6-2013, Plenário, *DJe* de 18-2-2014).

✓ A possibilidade de não vinculação ao Poder Legislativo se mostra extremamente importante no sentido de se admitir a evolução da jurisprudência da Corte, já que o STF poderá mudar o seu entendimento.

D) A necessidade de se conhecer os legitimados para propor ADI é fundamental e esperada. Como se sabe, nos termos do art. 103, VIII, o partido político com representação no Congresso Nacional pode propor ADI.

(XXIII Exame de Ordem Unificado / FGV) A Lei Orgânica do Município "Z", com 70.000 habitantes, dispõe que o Poder Legislativo deverá fixar o número de vereadores para a composição da Câmara Municipal. Resolução da Câmara Municipal de "Z" fixou em 13 o número de vereadores para a próxima legislatura.

Considerando a situação narrada e o sistema constitucional brasileiro, assinale a afirmativa correta.

A) A Lei Orgânica e a Resolução são inconstitucionais por afrontarem a Constituição da República.

B) Como ato normativo secundário, a Resolução não pode ser objeto de controle de constitucionalidade.

C) A resolução é inconstitucional, em razão do número de vereadores estabelecido.

D) A Lei Orgânica do Município "Z" é inconstitucional, pois viola o princípio da separação dos poderes.

RESPOSTA

✓ A fixação do número de vereadores se implementa pela **lei orgânica de cada município** e não por resolução de sua Câmara dos Vereadores. A Constituição Federal fixa o **limite máximo** de acordo com as faixas do art. 29, IV. A lei orgânica, por sua vez, define esse número, vinculando o parlamento municipal que não poderá alterá-lo. Isso porque o Parlamento, ao estabelecê-lo em sua lei orgânica – até o limite constitucional máximo, pode querer limitá-lo de acordo com a receita daquele ente federativo. Assim, o erro da questão está em afirmar que a lei orgânica delegou ao parlamento local essa definição. Como se disse, é a própria lei orgânica que define e isso decorre do *caput* do art. 29. Portanto, a lei orgânica é inconstitucional. Por sua vez, a resolução, ao fixar o número, também se mostra inconstitucional, pois, no caso, foi editada como ato normativo primário, passível de controle.

B) No caso concreto, referida resolução foi editada como ato normativo primário, violando diretamente a Constituição.

C) O número de vereadores foi fixado dentro do limite constitucional (art. 29, IV, *d*). Mas seria muito complicado que o examinador esperasse que o candidato decorasse todas as alíneas do art. 29, IV. A resposta a essa alternativa está no conceito de que a resolução é inconstitucional por afrontar a regra contida no art. 29, *caput*, segundo a qual a definição do número de vereadores se dá nos termos da lei orgânica e não por resolução.

D) A lei orgânica em análise é inconstitucional por delegar à resolução o "papel" de fixar o número de vereadores.

(XXIV Exame de Ordem Unificado / FGV) Considere a seguinte situação hipotética: Decreto Legislativo do Congresso Nacional susta Ato Normativo do Presidente da República que exorbita dos limites da delegação legislativa concedida. Insatisfeito com tal Iniciativa do Congresso Nacional e levando em consideração o sistema brasileiro de controle de constitucionalidade, o Presidente da República pode:

A) deflagrar o controle repressivo concentrado mediante uma Arguição de Descumprimento de Preceito Fundamental (ADPF), pois não cabe Ação Direta de Inconstitucionalidade de decreto legislativo.

B) recorrer ao controle preventivo jurisdicional mediante o ajuizamento de um Mandado de Segurança perante o Supremo Tribunal Federal.

C) deflagrar o controle repressivo político mediante uma representação de inconstitucionalidade, pois se trata de um ato do Poder Legislativo.

D) deflagrar o controle repressivo concentrado mediante uma Ação Direta de Inconstitucionalidade (ADI), uma vez que o decreto legislativo é ato normativo primário.

RESPOSTA

A) Estamos diante de interessante modelo de controle posterior ou repressivo de constitucionalidade exercido pelo Poder Legislativo, nos termos do art. 49, V, CF/88. O decreto legislativo, instrumento para materializar essa atribuição, deve ser entendido como ato normativo primário (art. 59, VI) e, por esse motivo, passível de controle por meio de ADI genérica.

B) O primeiro erro dessa alternativa é dizer que se trata de controle preventivo. Isso porque o ato normativo atacado é o decreto legislativo. Assim, não há projeto de ato normativo, situação do controle preventivo, mas, sim, ato normativo primário. O segundo erro é estabelecer que, se cabível (e vimos que não é), o controle preventivo seria exercido pelo Presidente da República. Como sabemos, o único legitimado a exercer o controle preventivo via mandado de segurança é o parlamentar e não o Presidente da República. Este, no caso, é legitimado para a ADI genérica (art. 103, I).

C) A representação de inconstitucionalidade que, no caso do controle concentrado deve ser entendida como a ADI genérica, é controle judicial repressivo e não político, já que exercido pelo Poder Judiciário.

☑ Conforme vimos, de fato, estamos diante de ato normativo primário, marcado pela generalidade, impessoalidade e abstração. O STF é o órgão competente (art. 102, I, *a*) e o Presidente da República tem legitimação ativa (art. 103, I).

(XXIV Exame de Ordem Unificado / FGV) Edinaldo, estudante de Direito, realizou intensas reflexões a respeito da eficácia e da aplicabilidade do art. 14, § 4º, da Constituição da República, segundo o qual "os inalistáveis e os analfabetos são inelegíveis".

A respeito da norma obtida a partir desse comando, à luz da sistemática constitucional, assinale a afirmativa correta.

A) Ela veicula programa a ser implementado pelos cidadãos, sem interferência estatal, visando à realização de fins sociais e políticos.

B) Ela tem eficácia plena e aplicabilidade direta, imediata e integral, pois, desde que a CRFB/88 entrou em vigor, já está apta a produzir todos os seus efeitos.

C) Ela apresenta contornos programáticos, dependendo sempre de regulamentação infraconstitucional para alcançar plenamente sua eficácia.

D) Ela tem aplicabilidade indireta e imediata, não integral, produzindo efeitos restritos e limitados em normas infraconstitucionais quando da promulgação da Constituição da República.

RESPOSTA

A) Referido dispositivo não veicula nenhum programa. Na verdade, define regra clara ao afirmar que "os inalistáveis e os analfabetos são inelegíveis".

☑ A banca examinadora, mais uma vez, segue as lições de José Afonso da Silva e define, com precisão, a norma constitucional de eficácia plena.

C) O art. 14, § 4º não é norma de eficácia limitada, mas, conforme visto na alternativa B, de eficácia plena e, por esse motivo, errado dizer que referido dispositivo contém contornos programáticos.

D) Conforme vimos, referido dispositivo tem eficácia plena e, por isso, de aplicabilidade direta, imediata e integral.

(XXIV Exame de Ordem Unificado / FGV) Atos generalizados de violência e vandalismo foram praticados nas capitais de alguns estados do país, com ações orquestradas pelo crime organizado. Identificados e presos alguns dos líderes desses movimentos, numerosos políticos, com apoio popular, propuseram a criação, pela forma juridicamente correta, de um juízo especial para apreciação desses fatos, em caráter temporário, a fim de que o julgamento dos líderes presos se revele exemplar. Ao submeterem essa ideia a um advogado constitucionalista, este afirma que, segundo a ordem jurídico-constitucional brasileira, a criação de tal juízo

A) é constitucional, pois o apoio popular tem o condão de legitimar a atuação do poder público, ainda que esta seja contrária ao ordenamento jurídico vigente.

B) é inconstitucional, em razão de vedação expressa da Constituição da República de 1988 à criação de juízo ou tribunal de exceção.

C) necessita de previsão legislativa ordinária, já que a criação de juízos é competência do Poder Legislativo, após iniciativa do Poder Judiciário.

D) pressupõe a necessária alteração da Constituição da República de 1988, por via de emenda, de maneira a suprimir a vedação ali existente.

RESPOSTA

A) A manifestação popular não tem o condão de constitucionalizar ato que afronta a Constituição, em especial a garantia que proíbe a criação de tribunal de exceção (art. 5º, XXXVII).

☑ Art. 5º, XXXVII, CF/88, não podendo ninguém ser processado nem sentenciado senão pela autoridade competente.

C) Eventual lei criando tribunal para julgamento de fato anterior seria flagrantemente inconstitucional. Todos têm o direito de serem submetidos a julgamento perante juízo competente e pré-constituído, qual seja, o juiz natural ou legal.

D) A garantia do art. 5º, XXXVII, deve ser entendida como cláusula pétrea e, assim, eventual PEC que a elimine seria flagrantemente inconstitucional.

(XXIV Exame de Ordem Unificado / FGV) Numerosos partidos políticos de oposição ao governo federal iniciaram tratativas a fim de se fundirem, criando um novo partido, o Partido Delta. Almejam, com isso, criar uma força política de maior relevância no contexto nacional. Preocupados com a repercussão da iniciativa no âmbito das políticas regionais e percebendo que as tratativas políticas estão avançadas, alguns deputados federais buscam argumentos jurídico-constitucionais que impeçam a criação desse novo partido. Em reunião, concluem que, embora o quadro jurídico-constitucional brasileiro não vede a fusão de partidos políticos, estes, como pessoas jurídicas de direito público, somente poderão ser criados mediante lei aprovada no Congresso Nacional. Ao submeterem essas conclusões a um competente advogado, este, alicerçado na Constituição da República, afirma que os deputados federais

A) estão corretos quanto à possibilidade de fusão entre partidos políticos, mas equivocados quanto à necessidade de criação de partido por via de lei, já que, no Brasil, os partidos políticos possuem personalidade jurídica de direito privado.

B) estão equivocados quanto à possibilidade de fusão entre partidos políticos no Brasil, embora estejam corretos quanto à necessidade de que a criação de partidos políticos se dê pela via legal, por serem pessoas jurídicas de direito público.

C) estão equivocados, pois a Constituição da República não só proibiu a fusão entre partidos políticos como também deixou a critério do novo partido político escolher a personalidade jurídica de direito que irá assumir, pública ou privada.

D) estão corretos, pois a Constituição da República, ao exigir que a criação ou a fusão de partidos políticos se dê pela via legislativa, concedeu ao Congresso Nacional amplos poderes de fiscalização para sua criação ou fusão.

RESPOSTA

✓ De acordo com o art. 17, *caput*, é livre a criação, **fusão**, incorporação e extinção de partidos políticos, resguardados a soberania nacional, o regime democrático, o **pluripartidarismo**, os direitos fundamentais da pessoa humana e observados os preceitos indicados nos incisos I a IV. Dessa forma, como na alternativa não se sinalizava a violação ao pluripartidarismo, o problema não estaria na perspectiva da fusão com a criação de novo partido. O problema está em dizer que o partido seria criado por lei e que seria pessoa jurídica de direito público. Como se sabe, os partidos políticos, após adquirirem personalidade jurídica, **na forma da lei civil**, registrarão seus estatutos no Tribunal Superior Eleitoral (art. 17, § 2º).

B) Conforme visto, a CF/88 não veda a fusão. O erro está em afirmar que a criação de partidos políticos se dê pela via legal, por serem pessoas jurídicas de direito público.

C) Afronta ao art. 17, *caput* e § 2º. Não há possibilidade jurídica de escolha da personalidade jurídica.

D) Os partidos políticos são verdadeiras instituições, pessoas jurídicas de **direito privado**.

(XXIV Exame de Ordem Unificado / FGV) Em observância aos princípios da transparência, publicidade e responsabilidade fiscal, o prefeito do Município Alfa elabora detalhado relatório contendo a prestação de contas anual, ficando tal documento disponível, para consulta e apreciação, no respectivo Poder Legislativo e no órgão técnico responsável pela sua elaboração.

Carlos, morador do Município Alfa, contribuinte em dia com suas obrigações civis e políticas, constata diversas irregularidades nos demonstrativos apresentados, apontando indícios de superfaturamento e desvios de verbas em obras públicas.

Em função do exposto e com base na Constituição da República, você, como advogado de Carlos, deve esclarecer que:

A) a fiscalização das referidas informações, concernentes ao Município Alfa, conforme previsto na Constituição brasileira, é de responsabilidade exclusiva dos Tribunais de Contas do Estado ou do Município, onde houver.

B) Carlos tem legitimidade para questionar as contas do Município Alfa, já que, todos os anos, as contas permanecem à disposição dos contribuintes durante sessenta dias para exame e apreciação.

C) a impugnação das contas apresentadas pelo Chefe do Executivo local exige a adesão mínima de um terço dos eleitores do Município Alfa.

D) a CRFB/88 não prevê qualquer forma de participação popular no controle das contas públicas, razão pela qual Carlos deve recorrer ao Ministério Público Estadual para que seja apresentada ação civil pública impugnando os atos lesivos ao patrimônio público praticados pelo prefeito do Município Alfa.

RESPOSTA

A) A Constituição consagra um sistema harmônico, integrado e sistêmico de perfeita convivência entre os controles internos de cada Poder e o controle externo exercido pelo Legislativo, com o auxílio do Tribunal de Contas. Por sua vez, o art. 74, § 2º, estabelece que qualquer cidadão, partido político, associação ou sindicato é parte legítima para, na forma da lei, denunciar irregularidades ou ilegalidades perante o Tribunal de Contas da União. Nessa mesma linha de ampliação da fiscalização, destacamos o art. 31, § 3º.

✓ De acordo com o art. 31, § 3º.

C) Não há previsão de adesão mínima de eleitores para a impugnação das contas.

D) A previsão de possibilidade de participação popular no controle das contas públicas está explícita nos arts. 31, § 3º, e 74, § 2º.

(XXIV Exame de Ordem Unificado / FGV) Maria, maior e capaz, reside no Município Sigma e tem um filho, Lucas, pessoa com deficiência, com 8 (oito) anos de idade. Por ser uma pessoa humilde, sem dispor de recursos financeiros para arcar com os custos de um colégio particular, Maria procura a Secretaria de Educação do Município Sigma para matricular seu filho na rede pública. Seu requerimento é encaminhado à assessoria jurídica do órgão municipal, para que seja emitido o respectivo parecer para a autoridade executiva competente.

A partir dos fatos narrados, considerando a ordem jurídico-constitucional vigente, assinale a afirmativa correta.

A) O pedido formulado por Maria deve ser indeferido, uma vez que incumbe ao Município atuar apenas na educação infantil, a qual é prestada até os 5 (cinco) anos de idade por meio de creches e pré-escolas. Logo, pelo sistema constitucional de repartição de competências, Lucas, pela sua idade, deve cursar o Ensino Fundamental em instituição estadual de ensino.

B) O parecer da assessoria jurídica deve ser favorável ao pleito formulado por Maria, garantindo ao menor uma vaga na rede de ensino municipal. Pode, ainda, alertar que a Constituição da República prevê expressamente a possibilidade de a autoridade competente ser responsabilizada pelo não oferecimento do ensino obrigatório ou mesmo pela sua oferta irregular.

C) O pleito de Maria deve ser deferido, ressalvando-se que Lucas, por ser pessoa com deficiência, necessita de atendimento educacional especializado, não podendo ser incluído na rede regular de ensino do Município Sigma.

D) A assessoria jurídica da Secretaria de Educação do Município Sigma deve opinar pela rejeição do pedido formulado por Maria, pois incumbe privativamente à União, por meio do Ministério da Educação e Cultura (MEC), organizar e prestar a educação básica obrigatória e gratuita dos 4 (quatro) aos 17 (dezessete) anos de idade.

RESPOSTA

A) De acordo com o art. 208, I, o dever do Estado com a educação será efetivado mediante a garantia de educação básica **obrigatória** e gratuita dos 4 aos 17 anos de idade, assegurada inclusive sua oferta gratuita para todos os que a ela não tiveram acesso na idade própria.

✔ A Constituição, além de estabelecer a obrigatoriedade e gratuidade, na forma do art. 208, I, estabelece ser dever do Estado o atendimento educacional especializado aos portadores de deficiência, preferencialmente na rede regular de ensino (art. 208, III). O art. 208, § 2º, por sua vez, prescreve que o não oferecimento do ensino obrigatório pelo Poder Público, ou sua oferta irregular, importa responsabilidade da autoridade competente.

C) De acordo com o art. 208, III, o atendimento educacional especializado aos portadores de deficiência deverá ser **preferencialmente** na rede regular de ensino.

D) Nos termos do art. 23, V, é competência comum da União, dos Estados, do Distrito Federal e dos Municípios proporcionar os meios de acesso à educação. A educação, direito de todos e dever do Estado e da família, será promovida e incentivada com a colaboração da sociedade, visando ao pleno desenvolvimento da pessoa, seu preparo para o exercício da cidadania e sua qualificação para o trabalho. Dessa forma, o Constituinte não definiu como sendo incumbência privativa da União.

(XXIV Exame de Ordem Unificado / FGV) Marcos recebeu, por herança, grande propriedade rural no estado Sigma. Dedicado à medicina e não possuindo maior interesse pelas atividades agropecuárias desenvolvidas por sua família, Marcos deixou, nos últimos anos, de dar continuidade a qualquer atividade produtiva nas referidas terras.

Ciente de que sua propriedade não está cumprindo uma função social, Marcos procura um advogado para saber se existe alguma possibilidade jurídica de vir a perdê-la.

Segundo o que dispõe o sistema jurídico-constitucional vigente no Brasil, assinale a opção que apresenta a resposta correta.

A) O direito de Marcos a manter suas terras deverá ser respeitado, tendo em vista que tem título jurídico reconhecidamente hábil para caracterizar o seu direito adquirido.

B) A propriedade que não cumpre sua função social poderá ser objeto de expropriação, sem qualquer indenização ao proprietário que deu azo a tal descumprimento; no caso, Marcos.

C) A propriedade, por interesse social, poderá vir a ser objeto de desapropriação, devendo ser, no entanto, respeitado o direito de Marcos à indenização.

D) O direito de propriedade de Marcos está cabalmente garantido, já que a desapropriação é instituto cabível somente nos casos de cultura ilegal de plantas psicotrópicas.

RESPOSTA

A) De acordo com o art. 184, *caput*, compete à União desapropriar por interesse social, para fins de reforma agrária, o **imóvel rural que não esteja cumprindo sua função social**, mediante prévia e justa indenização em títulos da dívida agrária, com cláusula de preservação do valor real, resgatáveis no prazo de até vinte anos, a partir do segundo ano de sua emissão, e cuja utilização será definida em lei.

B) A previsão de expropriação sem qualquer indenização viola o art. 184, *caput*.

✔ Art. 184, *caput*. Deve-se deixar claro que a alternativa da questão fala em "**grande**" propriedade rural. Esse detalhe é muito importante já que, nos termos do art. 185, I, são *insuscetíveis de desapropriação* para fins de reforma agrária, a **pequena** e **média** propriedade rural, assim definida em lei, desde que seu proprietário não possua outra.

D) De acordo com o art. 243, as propriedades rurais e urbanas de qualquer região do País onde forem localizadas culturas ilegais de plantas psicotrópicas ou a exploração de trabalho escravo na forma da lei serão **expropriadas** e destinadas à reforma agrária e a programas de habitação popular, sem qualquer indenização ao proprietário e sem prejuízo de outras sanções previstas em lei, observado, no que couber, o disposto no art. 5º. Assim, a desapropriação não é o instituto relacionado ao cultivo ilegal de plantas psicotrópicas.

(XXV Exame de Ordem Unificado / FGV) Todos os dispositivos da Lei Y, promulgada no ano de 1985, possuem total consonância material e formal com a Constituição de 1967, com a redação dada pela Emenda Constitucional n. 1/1969.

No entanto, o Supremo Tribunal Federal, em sede de recurso extraordinário, constatou que, após a atuação do Poder Constituinte originário, que deu origem à Constituição de 1988, o Art. X da mencionada Lei Y deixou de encontrar suporte material na atual ordem constitucional.

Sobre esse caso, segundo a posição reconhecida pela ordem jurídico-constitucional brasileira, assinale a afirmativa correta.

A) Ocorreu o fenômeno conhecido como "não recepção", que tem por consequência a revogação do ato normativo que não se compatibiliza materialmente com o novo parâmetro constitucional.

B) Ao declarar a inconstitucionalidade do Art. X à luz do novo parâmetro constitucional, devem ser reconhecidos os naturais efeitos retroativos (*ex tunc*) atribuídos a tais decisões.

C) Na ausência de enunciado expresso, dá-se a ocorrência do fenômeno denominado "desconstitucionalização", sendo que o Art. X é tido como inválido perante a nova Constituição.

D) Terá ocorrido o fenômeno da inconstitucionalidade formal superveniente, pois o Art. X, constitucional perante a Constituição de 1967, tornou-se inválido com o advento da Constituição de 1988.

RESPOSTA

✓ Conforme explicamos em nosso *Direito Constitucional Esquematizado*, 21 ed., p. 215, no fenômeno da recepção, só se analisa a compatibilidade material perante a nova Constituição. Assim, para ser recebida, a lei precisa ter, também, compatibilidade formal e material perante a Constituição sob cuja regência ela foi editada.

B) O instituto da recepção não se confunde com o controle de constitucionalidade. Lei editada antes da nova Constituição não pode ser confrontada à luz do instituto da inconstitucionalidade. Trata-se, conforme visto, do fenômeno da recepção. Não sendo hipótese de recepção, haverá revogação, e não inconstitucionalidade superveniente.

C) Pelo fenômeno da desconstitucionalização, dispositivo da constituição revogada será recepcionado no novo ordenamento jurídico com o *status* de lei infraconstitucional. Não se trata da hipótese do enunciado, lembrando que o referido fenômeno não é automático, devendo haver previsão expressa na nova Constituição.

D) Em regra não se verifica o fenômeno da inconstitucionalidade superveniente. Trata-se da recepção ou não de lei ou ato normativo editado antes do advento da nova Constituição.

(XXV Exame de Ordem Unificado / FGV) O chefe do Poder Executivo do município Ômega, mediante decisão administrativa, resolve estender aos servidores inativos do município o direito ao auxílio-alimentação, contrariando a Súmula Vinculante n. 55 do Supremo Tribunal Federal.

Para se insurgir contra a situação apresentada, assinale a opção que indica a medida judicial que deve ser adotada.

A) Ação Direta de Inconstitucionalidade, perante o Supremo Tribunal Federal, com o objetivo de questionar o decreto.

B) Mandado de injunção, com o objetivo de exigir que o Poder Legislativo municipal edite lei regulamentando a matéria.

C) Reclamação constitucional, com o objetivo de assegurar a autoridade da súmula vinculante.

D) *Habeas data*, com o objetivo de solicitar explicações à administração pública municipal.

RESPOSTA

A) Decisão administrativa emanada de Prefeito de certo município não pode ser questionada perante o STF por ADI genérica. A ADI a ser ajuizada originariamente no STF tem por objetivo lei ou ato normativo federal ou estadual (ou do DF de natureza estadual) que violar a CF/88.

B) O mandado de injunção pressupõe omissão. No caso, estamos diante de decisão administrativa, ato comissivo, portanto.

✓ De acordo com o art. 103-A, § 3º, da CF/88, do ato administrativo ou decisão judicial que contrariar a **súmula vinculante** aplicável ou que indevidamente a aplicar, caberá **reclamação constitucional** ao STF que, julgando-a procedente, anulará o ato administrativo ou cassará a decisão judicial reclamada, e determinará que outra seja proferida com ou sem a aplicação da súmula, conforme o caso.

D) Como se sabe, conceder-se-á *habeas data* para assegurar o conhecimento de **informações** relativas à pessoa do impetrante, constantes de registros ou bancos de dados de entidades governamentais ou de caráter público; ou para a retificação de dados, quando não se prefira fazê-lo por processo sigiloso, judicial ou administrativo (art. 5º, LXXII, CF/88). Não é o caso da alternativa.

(XXV Exame de Ordem Unificado / FGV) Por entender que o voto é um direito, e não um dever, um terço dos membros da Câmara dos Deputados articula proposição de emenda à Constituição de 1988, no sentido de tornar facultativo a todos os cidadãos o voto nas eleições a serem realizadas no país.

Sabendo que a proposta gerará grande polêmica, o grupo de parlamentares resolve consultar um advogado especialista na matéria.

De acordo com o sistema jurídico-constitucional brasileiro, assinale a opção que indica a orientação correta a ser dada pelo advogado.

A) Não é possível sua supressão por meio de Emenda Constitucional, porque o voto obrigatório é considerado cláusula pétrea da Constituição da República, de 1988.

B) Não há óbice para que venha a ser objeto de alteração por via de Emenda Constitucional, embora o voto obrigatório tenha estatura constitucional.

C) Para que a proposta de Emenda Constitucional seja analisada pelo Congresso Nacional, é necessária manifestação de um terço de ambas as Casas.

D) A emenda, sendo aprovada pelo Congresso Nacional, somente será promulgada após a devida sanção presidencial.

RESPOSTA

A) De acordo com o art. 60, § 4º, II, não será objeto de deliberação a proposta de emenda tendente a abolir, dentre outras disposições, o voto direto, secreto, universal e periódico. Não se fala em voto obrigatório, portanto.

✓ Conforme vimos, o voto obrigatório não é cláusula pétrea, embora a obrigatoriedade do voto esteja prevista como regra na Constituição.

C) De acordo com o art. 60, I, da CF/88, a Constituição poderá ser emendada mediante proposta de 1/3, no mínimo, dos membros da Câmara dos Deputados **ou** do Senado Federal. Assim, não se trata de manifestação, mas de proposta, e, no caso, o encaminhamento se implementará por uma das Casas, não havendo a necessidade de propositura conjunta.

D) Após a aprovação da PEC, diferentemente do projeto de lei ordinária, para se ter um exemplo, não haverá controle a ser implementado pelo Executivo, que pode, no procedimento de reforma constitucional, ao máximo, deflagrar o processo legislativo (art. 60, II).

(XXV Exame de Ordem Unificado / FGV) Após uma vida dura de trabalho, Geraldo, que tem 80 anos, encontra-se doente em razão de um problema crônico nos rins e não possui meios de prover a própria manutenção. Morando sozinho e não possuindo parentes vivos, sempre trabalhou, ao longo da vida, fazendo pequenos biscates, jamais contribuindo com a previdência social.

Instruído por amigos, procura um advogado para saber se o sistema jurídico-constitucional prevê algum meio assistencial para pessoas em suas condições.

O advogado informa a Geraldo que, segundo a Constituição Federal,

A) é garantido o amparo à velhice somente àqueles que contribuíram com a seguridade social no decorrer de uma vida dedicada ao trabalho.

B) é assegurado o auxílio de um salário mínimo apenas àqueles que comprovem, concomitantemente, ser idosos e possuir deficiência física impeditiva para o trabalho.

C) seria garantida a prestação de assistência social a Geraldo caso ele comprovasse, por intermédio de laudos médicos, ser portador de deficiência física.

D) há previsão, no âmbito da seguridade social, de prestação de assistência social a idosos na situação em que Geraldo se encontra.

RESPOSTA

A) Conforme se observa, a FGV tem cobrado uma questão sobre ordem social e que, normalmente, é marcada por interdisciplinaridade. No caso da questão em análise, sobre assistência social, seria tema específico de direito previdenciário. Questão simples e letra de lei, no caso, art. 203, V, da CF/88: "A assistência social será prestada a quem dela necessitar, **independentemente de contribuição à seguridade social**, e tem por objetivos: V – a garantia de **um salário mínimo de benefício mensal** à pessoa portadora de deficiência e ao **idoso** que comprovem **não possuir meios de prover à própria manutenção ou de tê-la provida por sua família**, conforme dispuser a lei".

B) O art. 203, V, assegura a garantia de **um salário mínimo de benefício mensal** à **pessoa portadora de deficiência** e ao **idoso**, bastando encontrar-se em uma situação ou em outra e desde que comprovem **não possuir meios de prover à própria manutenção ou de tê-la provida por sua família**, conforme dispuser a lei.

C) Não basta comprovar a situação de ser pessoa portadora de deficiência. A Constituição exige, também, que haja comprovação de não possuir a pessoa meios de prover à própria manutenção ou de tê-la provida por sua família.

✓ A alternativa está em total concordância com o art. 203, V, da CF/88.

(XXV Exame de Ordem Unificado / FGV) Jean Oliver, nascido em Paris, na França, naturalizou-se brasileiro no ano de 2003. Entretanto, no ano de 2016, foi condenado, na França, por comprovado envolvimento com tráfico ilícito de drogas (cocaína), no território francês, entre os anos de 2010 e 2014. Antes da condenação, em 2015, Jean passou a residir no Brasil.

A França, com quem o Brasil possui tratado de extradição, requer a imediata extradição de Jean, a fim de que cumpra, naquele país, a pena de oito anos à qual foi condenado.

Apreensivo, Jean procura um advogado e o questiona acerca da possibilidade de o Brasil extraditá-lo. O advogado, então, responde que, segundo o sistema jurídico-constitucional brasileiro, a extradição

A) não é possível, já que, a Constituição Federal, por não fazer distinção entre o brasileiro nato e o brasileiro naturalizado, não pode autorizar tal procedimento.

B) não é possível, pois o Brasil não extradita seus cidadãos nacionais naturalizados, por crime comum praticado após a oficialização do processo de naturalização.

C) é possível, pois a Constituição Federal prevê a possibilidade de extradição em caso de comprovado envolvimento com tráfico ilícito de drogas, ainda que praticado após a naturalização.

D) é possível, pois a Constituição Federal autoriza que o Brasil extradite qualquer brasileiro quando comprovado o seu envolvimento na prática de crime hediondo em outro país.

RESPOSTA

A) De acordo com o art. 12, § 1º, da CF/88, a lei não poderá estabelecer distinção entre brasileiros natos e naturalizados, **salvo nos casos previstos nesta Constituição**. Assim, a regra é a da igualdade, salvo nos casos específicos em relação aos quais a Constituição, por manifestação do poder constituinte originário, distinguiu brasileiros natos dos naturalizados. Esse rol de distinção, conforme vimos na parte teórica, é taxativo, não podendo ser ampliado por lei infraconstitucional.

B) Conforme prescreve o art. 5º, LI, nenhum brasileiro será extraditado, salvo o **naturalizado**, em caso de crime comum, praticado antes da naturalização, ou de comprovado envolvimento em tráfico ilícito de entorpecentes e drogas afins, na forma da lei.

✓ Essa prescrição segue a literalidade do art. 5º, LI.

D) Na verdade, a Constituição autoriza a extradição, na hipótese da questão, apenas do brasileiro naturalizado, e não do nato.

(XXV Exame de Ordem Unificado / FGV) O Estado Alfa deixou de aplicar, na manutenção e no desenvolvimento do ensino, o mínimo exigido da receita resultante de impostos estaduais, compreendida a proveniente de transferências.

À luz desse quadro, algumas associações de estudantes procuram um advogado e o questionam se, nessa hipótese, seria possível decretar a intervenção federal no Estado Alfa.

Com base na hipótese narrada, assinale a afirmativa correta.

A) A intervenção federal da União no Estado Alfa pode ser decretada, *ex officio*, pelo Presidente da República.

B) A intervenção federal não é possível, pois, por ser um mecanismo excepcional, o rol previsto na Constituição que a autoriza é taxativo, não contemplando a situação narrada.

C) A intervenção da União no Estado Alfa dependerá de requerimento do Procurador-Geral da República perante o Supremo Tribunal Federal.

D) A intervenção federal não seria possível, pois a norma constitucional que exige a aplicação de percentual mínimo de receita na educação nunca foi regulamentada.

RESPOSTA

A) Esse tema era esperado no momento em que, quando da aplicação da prova, se vivia a realidade da intervenção federal no Estado do Rio de Janeiro. Na pergunta, contudo, não se descreveu a hipótese do Rio, que seria um exemplo de intervenção espontânea, mas, de fato, uma das hipóteses de **representação interventiva** por violação a um dos princípios sensíveis da Constituição, qual seja, a hipótese do art. 34, VII, *e*, c/c o art. 36, III.

B) De fato, a intervenção federal é um mecanismo excepcional. Contudo, diferentemente do afirmado, a situação encontra-se descrita na Constituição, conforme visto acima.

✓ A situação apresentada na questão está descrita literalmente no art. 34, VII, *e*, c/c o art. 36, III.

D) A própria Constituição descreve a situação de aplicação do mínimo exigido na forma do art. 34, VII.

(XXV Exame de Ordem Unificado / FGV) Policiais militares do estado Y decidiram entrar em greve em razão dos atrasos salariais e por considerarem inadequadas as condições de trabalho. Em razão desse quadro, a Associação de Esposas e Viúvas dos Policiais Militares procura um advogado para saber da constitucionalidade dessa decisão dos policiais militares.

Sobre a hipótese apresentada, assinale a afirmativa correta.

A) Compete aos referidos policiais militares decidir sobre a oportunidade de exercer o direito de greve, que lhes é assegurado pela CRFB/88.

B) O direito de greve pode ser livremente exercido pelos policiais militares estáveis, mas aqueles que estiverem em estágio probatório podem ser demitidos por falta injustificada ao serviço.

C) O exercício do direito de greve, sob qualquer forma ou modalidade, é-lhes vedado, pois sua atividade é essencial à segurança da sociedade, tal qual ocorre com os militares das Forças Armadas.

D) O direito de greve dos servidores públicos ainda não foi regulamentado por lei específica, o que torna a decisão constitucionalmente incorreta.

RESPOSTA

A) De acordo com o art. 142, § 3º, IV, c/c o art. 42, § 1º, ao militar são proibidas a sindicalização e a greve. Essa proibição é absoluta.

B) A Constituição é categórica ao não admitir o direito de greve aos militares.

✓ A proibição é absoluta e direcionada tanto aos militares das Forças Armadas (Marinha, Exército e Aeronáutica), como aos militares estaduais (PM e Corpos de Bombeiros).

D) De fato, apesar de não ter havido regulamentação do direito de greve dos servidores públicos (civis), a omissão normativa não tem inviabilizado o seu exercício (e vejam que a alternativa não trata de militares), em razão de julgamento de mandado de injunção no qual se adotou a posição concretista geral (*vide* parte teórica).

Direito Administrativo

Licínia Rossi

Mestre em Direito Constitucional pela PUC-SP. Especialista em Direito Constitucional pela Escola Superior de Direito Constitucional. Advogada na seara de Direito Público. Professora de Direito Administrativo e Constitucional na rede LFG. Professora no Saraiva Aprova. Colunista de Direito Administrativo da Rádio Justiça no STF. Autora de diversas obras para concursos públicos e OAB.
Site: www.liciniarossi.com.br. Redes sociais: @liciniarossi. WhatsApp para participação da lista de transmissão de dicas da autora: 011-99739-9991 (mande uma mensagem com seu nome completo).

Sumário

1. PRINCÍPIOS DA ADMINISTRAÇÃO PÚBLICA

1.1. Introdução

O direito administrativo é um ramo recente. Teve o seu nascimento no século XVIII no momento em que se consolidou o Princípio da Tripartição dos Poderes de Montesquieu.

Os Estados eram governados por um soberano, e a ideia de poder vinha porque diziam que os soberanos representavam a divindade – *v.g.*, Luís XIV, com a máxima "o Estado sou eu".

A partir dos séculos XVI e XVII surgem pensamentos visando à limitação desse poder (sobretudo com John Locke em seus dois Tratados sobre o Governo, e em Montesquieu em *O espírito das leis*: "só o poder limita o poder").

Assim, atribui-se as funções do Estado a diversos órgãos, objetivando o combate ao poder através da imposição de limites a quem o exerce.

O direito administrativo aparece com o objetivo de estudar qual a função administrativa do Estado e os órgãos que a desempenham.

1.2. Conceito de direito administrativo

Diversos são os critérios para conceituar direito administrativo: a) escola do serviço público; b) critério do poder executivo; c) critério das relações jurídicas; d) critério teleológico ou finalístico; e) critério negativo ou residual; e o mais recorrente em provas, f) **critério da Administração Pública:** o direito administrativo brasileiro consiste "no conjunto harmônico dos princípios jurídicos que regem os órgãos, os agentes e as atividades públicas tendentes a realizar concreta, direta e imediatamente os fins desejados pelo Estado" (MEIRELLES, 2010, p. 40).

O denominado "regime jurídico administrativo" é um regime de direito público, aplicável aos órgãos e entidades que compõem a administração pública e à atuação dos agentes administrativos em geral. Baseia-se na ideia de existência de poderes especiais passíveis de serem exercidos pela administração pública, contrabalançados pela imposição de restrições especiais à atuação dessa mesma administração, não existentes – nem os poderes nem as restrições – nas relações típicas do direito privado. Essas prerrogativas e limitações traduzem-se, respectivamente, nos princípios da supremacia do interesse público e da indisponibilidade do interesse público (ALEXANDRINO; VICENTE, 2010, p. 10).

1.3. Princípios expressos na Constituição Federal

O art. 37, *caput*, CF estabelece que: "A administração pública direta e indireta de qualquer dos Poderes da União, dos Estados, do Distrito Federal e dos Municípios obedecerá aos princípios de legalidade, impessoalidade, moralidade, publicidade e eficiência".

1.3.1. Princípio da legalidade

Pela legalidade, só a lei obriga os homens e permite atuação do Estado, e administrar é **atuar conforme a lei.**

Legalidade no direito privado não se confunde com legalidade no direito público.

Para o direito privado adota-se um critério de não contradição à lei: ao particular é lícito realizar todas as condutas, excetuadas aquelas que por lei estão proibidas.

Já a legalidade no direito público pauta-se num critério de subordinação à lei: o administrador só pode fazer o que a lei autoriza ou determina.

Os atos ilegais podem ser anulados tanto pela Administração Pública (através do Princípio da Autotutela) quanto pelo Poder Judiciário (porque nenhuma lesão ou ameaça a direito será excluída da apreciação do Poder Judiciário). Os efeitos da anulação são *ex tunc*.

> O direito da Administração a anular os atos administrativos de que decorram efeitos favoráveis para os destinatários decai em cinco anos, contados da data em que foram praticados, salvo comprovada má-fé. No caso de efeitos patrimoniais contínuos, o prazo de decadência contar-se-á da percepção do primeiro pagamento.

1.3.2. Princípio da impessoalidade

O princípio da impessoalidade estabelece que ao administrador é vedado tratar o administrado de forma benéfica ou detrimentosa, significa, portanto, ausência de subjetividade no exercício da atividade administrativa.

Alguns institutos do direito administrativo representam a observância do princípio da impessoalidade: a) obrigatoriedade de licitação nos termos do art. 37, XXI, CF; b) obrigatoriedade de concurso público nos termos do art. 37, II, CF; c) vedação ao nepotismo nos termos da Súmula Vinculante 13:

A nomeação de cônjuge, companheiro ou parente em linha reta, colateral ou por afinidade, até o terceiro grau, inclusive, da autoridade nomeante ou de servidor da mesma pessoa jurídica investido em cargo de direção, chefia ou assessoramento, para o exercício de cargo em comissão ou de confiança ou, ainda, de função gratificada na administração pública direta e indireta em qualquer dos poderes da União, dos Estados, do Distrito Federal e dos Municípios, compreendido o ajuste mediante designações recíprocas, viola a Constituição Federal.

1.3.3. Princípio da moralidade

A moralidade administrativa aparece de forma expressa no Texto Constitucional de 1988. Por esse princípio a conduta do administrador deve ser pautada em postulados da honestidade, ética, transparência, boa-fé, probidade.

Por exemplo, o administrador desapropria um bem para prejudicar um inimigo. Há abuso de poder nesta conduta na modalidade desvio de finalidade: o ato é ilegal e imoral.

Trata-se de princípio sistematizado por Hauriou (nos *Précis élémentaire de droit administratif* e desenvolvido pelo Conselho de Estado francês), no sentido de buscar sempre a boa administração, distinguindo o certo do errado, o legal do ilegal, o honesto do desonesto, o moral do imoral.

Para o referido autor, a moral comum é a imposta ao homem para sua conduta externa; a moral administrativa é a imposta ao agente público para sua conduta interna, segundo as exigências das instituições a que serve, e a finalidade de sua ação: o bem comum.

A imoralidade administrativa surge como uma forma de ilegalidade; consequentemente, ao responsável pela prática de atos imorais, é cabível sua responsabilização com base na **Lei n. 8.429/92**, que dispõe sobre as sanções aplicáveis aos agentes públicos nos casos de cometimento de improbidade administrativa.

A Constituição Federal prevê, em seu art. 37, § 4º, quatro sanções diferentes aplicáveis àquele que comete improbidade administrativa: sanções administrativas – perda da função pública; sanções políticas – suspensão dos direitos políticos e sanções civis – consistente na obrigação de ressarcir ao erário e declaração de indisponibilidade dos bens. E o art. 12 da Lei n. 8.429/92 estabelece em detalhes a gradação dessas penalidades.

1.3.4. Princípio da publicidade

Os atos praticados pela Administração Pública devem ser acessíveis aos administrados de modo que tenham ciência e possam controlar as ações do Poder Público (e consequentemente saber o que está ocorrendo na máquina administrativa).

A publicidade é fundamental para controle e conhecimento dos atos praticados, e também representa condição de eficácia: é com a publicidade que o ato possui condições de desencadear seus efeitos.

Por exemplo, quando o administrado recebe uma multa de trânsito, tem o prazo de trinta dias para se defender. Esse prazo começa a correr a partir do recebimento da notificação de trânsito. Somente com a publicidade que haverá o início de contagem de prazo para o recurso.

> O princípio da publicidade pode ser reclamado através de dois instrumentos básicos: 1) ***o direito de petição***, pelo qual os indivíduos podem dirigir-se aos órgãos administrativos para formular qualquer tipo de postulação (art. 5º, XXXIV, *a*, CF); e 2) as ***certidões***, que, expedidas por tais órgãos, registram a verdade de fatos administrativos, cuja publicidade permite aos administrados a defesa de seus direitos ou o esclarecimento de certas situações (art. 5º, XXXIV, *b*, CF). (CARVALHO FILHO, 2010, p. 23).

A publicação que produz efeitos é a do órgão oficial da Administração (diário oficial ou jornais contratados para publicações oficiais) e não a divulgação pela imprensa particular, pela televisão ou pelo rádio, ainda que em horário oficial. É possível, ainda, seja a publicação oficial realizada mediante afixação dos atos e leis municipais na sede da Prefeitura ou da Câmara, quando não houver órgão oficial (MEIRELLES, 2010, p. 97).

As exceções à publicidade aparecem sempre que a publicidade colocar em risco a intimidade, a vida privada, a honra e a imagem das pessoas, bem como puder colocar em risco a segurança da sociedade e do Estado – nesse sentido *vide* art. 5º, X, XXXIII e LX, CF.

O STF, ao julgar o ARE 652.777, decidiu, por unanimidade, que é legítima a publicação, inclusive em sítio eletrônico mantido pela Administração Pública, do nome de servidores e dos valores dos correspondentes vencimentos e vantagens pecuniárias. Foi após esse entendimento que sobreveio a Lei de Acesso à Informação – Lei n. 12.527/2011.

1.3.5. Princípio da eficiência

É o mais moderno princípio da Administração Pública, introduzido pela reforma constitucional através da Emenda Constitucional n. 19, de 4 de junho de 1998.

A eficiência consiste no desempenho concreto das atividades necessárias à prestação das utilidades materiais, de molde a satisfazer necessidades dos usuários, com imposição do menor encargo possível, inclusive do ponto de vista econômico. Eficiência é a aptidão da atividade a satisfazer necessidades, do modo menos oneroso (JUSTEN FILHO, 1997, p. 130).

2. PRINCÍPIOS IMPLÍCITOS NA CONSTITUIÇÃO FEDERAL

2.1. Princípio da supremacia do interesse público sobre o particular

Uma vez que o objetivo fundamental da Administração é atingir o bem comum, os interesses coletivos prevalecem sobre os individuais (em uma relação de verticalidade), e, para isto, utiliza-se do princípio da supremacia do interesse público.

Está intimamente conjugado ao princípio da finalidade e dele decorre o subprincípio da indisponibilidade, vez que não há faculdade na atuação do Poder Público, mas sim "dever" de atuação.

Como exemplos de supremacia do Estado podemos citar: a) a existência legal de cláusulas exorbitantes em favor da Administração, nos contratos administrativos; b) o exercício do poder de polícia; c) a encampação de serviços concedidos pela Administração (prevista no art. 37 da Lei n. 8.987/95); d) os atributos dos atos administrativos; e) as formas de intervenção do Estado na propriedade (*v.g.*, desapropriação, requisição administrativa), entre outras.

2.2. Princípio da indisponibilidade do interesse público

É o que afirma que o interesse público não pode ser disposto livremente pelo administrador, que deve sempre atuar dentro dos estritos limites da lei.

O administrador cuida dos bens públicos, não é senhor da coisa pública, é mero preposto e, assim, deve atuar conforme a vontade geral e coletiva, que é a vontade da lei, devendo gerir os bens, serviços e interesses coletivos.

Por exemplo, se o administrador dispensar a licitação em hipóteses que esta era indispensável, ele terá violado o Princípio da indisponibilidade do interesse Público, pois abriu mão de escolher a proposta mais vantajosa para a Administração Pública.

2.3. Princípio da autotutela

Autotutela é a revisão pela Administração Pública de seus próprios atos. Pela autotutela a Administração realizará a anulação dos atos ilegais e a revogação dos atos inconvenientes ou inoportunos.

STF – Súmula 346

A Administração Pública pode declarar a nulidade de seus próprios atos.

STF – Súmula 473

A Administração Pública pode anular seus próprios atos quando eivados de vícios que os tornam ilegais, porque deles não se originam direitos, ou revogá-los, por motivo de conveniência ou oportunidade, respeitados os direitos adquiridos, e ressalvada, em todos os casos, a apreciação judicial.

2.4. Princípio da continuidade dos serviços públicos

Esse princípio estabelece que a Administração deve prestar os serviços de forma contínua e sem interrupções.

A Lei n. 8.987/95, em seu art. 6º, § 3º, estabelece que não se caracteriza a descontinuidade do serviço se houver sua interrupção em caso de urgência (independentemente de aviso prévio ao usuário) e, com aviso prévio em se tratando de desobediência de normas técnicas ou de inadimplemento do usuário, tendo como fundamento o corte em caso de inadimplemento o Princípio da Supremacia do Interesse Público sobre o particular e o Princípio da Indisponibilidade do Interesse Público e Isonomia.

2.5. Princípio da tutela ou controle

Impõe aos entes da Administração Pública Direta (União, Estados, Distrito Federal e Municípios) o poder-dever de fiscalizar e controlar os entes da Administração Indireta que vierem a criar. Exerce-se um controle externo.

O ente se sujeita à fiscalização da entidade pública maior.

A Constituição, ao prever a criação de autarquias e a autorização para a instituição das outras entidades da Administração indireta, no art. 37, XIX, por lei específica, implicitamente dá poderes para a entidade maior, criadora ou autorizadora, fiscalizar o ente criado ou instituído.

No âmbito Federal, o controle é chamado de supervisão ministerial, porque cada ente indireto está ligado a um Ministério. Temos como exemplo o Ibama – ligado ao Ministério do Meio Ambiente.

2.6. Princípio da isonomia

A Constituição Federal, em seu art. 5º, *caput*, estabelece que todos são iguais perante a lei, sem distinção de qualquer natureza. Com esta afirmação, o Texto Constitucional consigna uma igualdade formal: trata-se da igualdade de todos perante a concessão de benefícios, isenções, vantagens, sacrifícios, multas, sanções.

Há, ainda, a igualdade material, que é aquela que se consubstancia na máxima aristotélica, presente também em "Oração aos moços", de Rui Barbosa, no sentido de "tratar igualmente os iguais e desigualmente os desiguais, na medida de suas desigualdades". Essa igualdade material aparece em diversos dispositivos constitucionais, a saber: a) art. 5º, *I*; b) art. 7º, XVIII e XIX; c) art. 143, §§ 1º e 2º.

Em 11 de março de 2016, o STF deu provimento ao RE 778.889 para fixar que a legislação não pode prever prazos diferenciados para concessão de licença-maternidade para servidoras públicas gestantes e adotantes, já que a Constituição Federal, ao estabelecer o período mínimo de 120 dias de licença-maternidade, não faz qualquer ressalva ou distinção entre maternidade biológica e adotiva e, ainda, que o Texto Constitucional, em seu art. 227, § 6º, equipara expressamente os filhos biológicos e adotivos – portanto, razão não há para tratamento diferenciado.

2.6.1. Considerações sobre a Lei n. 13.656/2018

A Lei n. 13.656, de 30 de abril de 2018, **isenta** da taxa de inscrição os candidatos em concursos para provimento de cargo efetivo ou emprego permanente em órgão ou entidades da Administração Pública Direta e Indireta da **União**.

A lei considera isentos:

a) os candidatos que pertençam a família inscrita no Cadastro Único para Programas Sociais (CadÚnico), do Governo Federal, cuja renda familiar mensal *per capita* seja **inferior ou igual** a meio salário mínimo nacional;

b) os candidatos **doadores** de medula óssea em entidades reconhecidas pelo Ministério da Saúde.

Importante ressaltar que, independentemente de sanções penais cabíveis, se o candidato prestar **informações falsas** com o intuito de burlar a norma legal objetivando usufruir das benesses estabelecidas no art. 1º da referida lei (qual seja, isenção da taxa de inscrição), estará sujeito a:

- cancelamento da inscrição e exclusão do concurso, se a falsidade for constatada antes da homologação de seu resultado;
- exclusão da lista de aprovados, se a falsidade for constatada após a homologação do resultado e antes da nomeação para o cargo;
- declaração de nulidade do ato de nomeação, se a falsidade for constatada após a sua publicação.

2.7. Princípio da motivação

É a obrigação conferida ao administrador de motivar, justificar, expressar todos os atos que edita, sejam gerais, sejam de efeitos concretos.

Tem **previsão expressão** no art. 50 da Lei n. 9.784/99:

Os atos administrativos deverão ser motivados, com indicação dos fatos e dos fundamentos jurídicos, quando:

a) Neguem, limitem ou afetem direitos ou interesses.

b) Imponham ou agravem deveres, encargos ou sanções.

c) Decidam processos administrativos de concurso ou seleção pública.

d) Dispensem ou declarem a inexigibilidade de processo licitatório.

e) Decidam recursos administrativos.

f) Decorram de reexame de ofício.

g) Deixem de aplicar jurisprudência firmada sobre a questão ou discrepem de pareceres, laudos, propostas e relatórios oficiais.

h) Importem anulação, revogação, suspensão ou convalidação de ato administrativo.

Entre nós há, igualmente, valiosíssimo estudo de Carlos Ari Sundfeld no qual também se sustenta, e de modo enfático, a necessidade de motivação, que deve ser anterior ou contemporânea ao ato e como requisito indispensável de sua validade, admitindo-se sua dispensa tão só 'quando estiver contida implícita e claramente no conteúdo do ato vinculado, de prática obrigatória, baseado em fato sem qualquer complexidade' (SUNDFELD, 1985, notadamente p. 124-125; BANDEIRA DE MELLO, 2010, p. 74).

2.8. Princípio da razoabilidade e proporcionalidade

A Administração deve ter uma atuação equilibrada, sensata, aceitável, pois visa evitar toda forma de intervenção ou restrição abusiva ou desnecessária por parte da Administração Pública.

Esse Princípio possui três elementos: a) **Adequação**: em que as medidas tomadas pelo Poder Público devem ser aptas a atingir seus objetivos; b) **Necessidade**

ou Exigibilidade: impondo a verificação de inexistência de meios menos gravosos para atingimento dos objetivos; c) **Proporcionalidade *stricto sensu***: consistente na proporção entre o ônus imposto e o benefício trazido, isto é, proporção entre o meio e o fim.

2.9. Princípio da boa-fé ou da confiança

Serve para equilibrar o princípio da legalidade com fatos que, pelas suas falhas ou vícios, deveriam ser afastados do mundo jurídico, pois, sempre que um ato for viciado em sua legalidade, teremos sua anulação, com efeitos *ex tunc,* isto é, retroativos desde sua origem. No entanto, às vezes, o interesse público exige sua convalidação e preservação das relações jurídico-administrativas, e o princípio da boa-fé, que decorre da confiança recíproca, é invocado para esse benefício.

> A *convalidação* (também denominada por alguns autores de *aperfeiçoamento* ou *sanatória*) é o processo de que se vale a Administração para aproveitar atos administrativos com vícios superáveis, de forma a confirmá-los no todo ou em parte. Só é admissível o instituto da convalidação para a doutrina dualista, que aceita possam os atos administrativos ser nulos ou anuláveis (CARVALHO FILHO, 2010, p. 151).

Em todas as situações que se revestem de forte aparência de legalidade, gerando convicção de sua legitimidade, especialmente pelo decurso do tempo, seria absurdo deixar ao administrador o poder infinito de autotutela; aparece então, o princípio da boa-fé, para manter a situação criada pela reciprocidade de fidúcia.

2.10. Princípio da segurança jurídica

É uma das vigas mestras do Estado de Direito e que dá estabilidade ao sistema jurídico pátrio. Embora não previsto, taxativamente, no texto constitucional como princípio explícito, o seu preâmbulo coloca a segurança como um dos valores supremos da sociedade, e o *caput* do seu art. 5º garante a inviolabilidade do direito à segurança. Mas a lei ordinária que regula o processo administrativo no âmbito da Administração Pública Federal, Lei n. 9.784/99, no seu art. 1º, determina obediência ao princípio da segurança jurídica.

> No direito comparado, especialmente no direito alemão, os estudiosos se têm dedicado à necessidade de estabilização de certas situações jurídicas, principalmente em virtude do transcurso do tempo e da boa-fé, e distinguem os princípios da **segurança jurídica** e da **proteção à confiança.** Pelo primeiro, confere-se relevo ao **aspecto objetivo** do conceito, indicando-se a inafastabilidade da estabilização jurídica; pelo segundo, o realce incide sobre o **aspecto subjetivo**, e neste se sublinha o sentimento do indivíduo em relação a atos, inclusive e principalmente do Estado, dotados de presunção de legitimidade e com a aparência de legalidade (CARVALHO FILHO, 2010, p. 33; COUTO E SILVA, 2004).

3. PODERES DA ADMINISTRAÇÃO

3.1. Introdução

Os poderes da Administração são prerrogativas que a Administração Pública tem para buscar o interesse público e, dessa forma, fazer valer o princípio da supremacia do interesse público sobre o particular e o princípio da indisponibilidade do interesse público.

Os agentes públicos, então, deverão possuir certas prerrogativas para a consecução desses fins públicos através de seus poderes: de polícia, disciplinar, hierárquico, regulamentar, vinculado, discricionário (esses poderes não se confundem com poderes políticos, que são estruturais e orgânicos: compõem a estrutura do Estado e integram a organização constitucional – MEIRELLES, 2010, p. 119).

Além de prerrogativas atribuídas ao agente público, o ordenamento jurídico impõe também deveres administrativos. Há para o agente não apenas prerrogativas, mas verdadeiros deveres, consistentes em um **poder-dever** de agir.

Tais poderes são outorgados ao agente público, que devem agir no interesse da coletividade.

3.2. Características dos poderes da administração

a) **Irrenunciabilidade:** de acordo com Hely Lopes Meirelles (2010, p. 107): "se para o particular o poder de agir é uma faculdade, para o administrador público é uma obrigação de atuar, desde que se apresente o ensejo de exercitá-lo em benefício da comunidade".
b) **Observância ao princípio da legalidade:** o administrador só pode fazer o que a lei manda ou determina, estando inteiramente subordinado aos ditames legais. Aliás, se o administrador extrapolar os limites legais, poderá ser responsabilizado.

Sempre que o administrador extrapolar os limites legais de forma desproporcional, haverá **abuso**. "Abuso de poder é toda ação que torna irregular a execução do ato administrativo, legal ou ilegal, e que propicia, contra seu autor, medidas disciplinares, civis e criminais" (GASPARINI, 2009, p. 148).

O abuso manifesta-se de duas maneiras: a) excesso de poder; b) desvio de finalidade (ou desvio de poder):

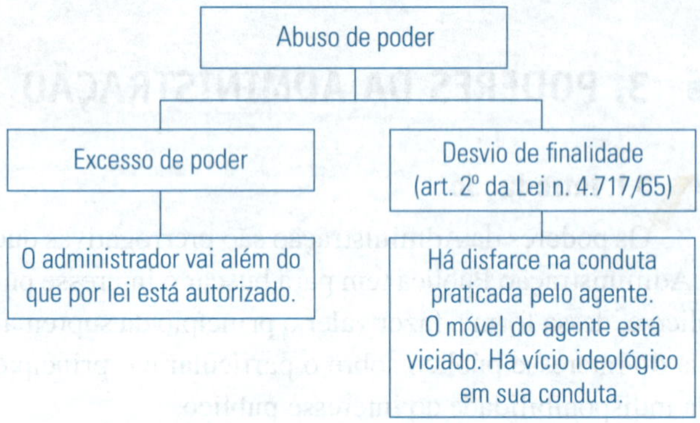

c) **Limite de competência:** se o agente público invadir atribuições de outro agente ou ainda exercer atividades que a lei não lhe conferiu, cometerá abuso de poder na modalidade ***excesso de poder***.

d) **Observância aos princípios da razoabilidade e proporcionalidade:** não é possível o administrador fazer uso imoderado dos meios para alcance de seus resultados. O atuar do administrador deve ser pautado em critérios equilibrados, sensatos, com bom senso.

3.3. Poderes em espécie

3.3.1. Poder vinculado ou regrado

Consiste na prerrogativa atribuída ao administrador que não lhe confere qualquer traço de liberdade. O agente público deve estar inteiramente preso ao enunciado da lei. Não comporta juízo de valores, de conveniência e de oportunidade.

Como exemplo podemos citar a aposentadoria compulsória do agente público nos termos do art. 40, § 1º, II, CF – com proventos proporcionais ao tempo de contribuição, aos **70 (setenta) anos de idade**, ou aos **75 (setenta e cinco) anos de idade**, na forma de lei complementar (com redação dada pela Emenda Constitucional n. 88/2015).

3.3.2. Poder discricionário

No poder discricionário, o agente está inteiramente preso ao enunciado da lei, porém, a lei não estabelece um único comportamento a ser adotado pelo administrador, que deverá lançar mão de um juízo de valor e de conveniência e oportunidade para escolher qual a melhor opção para aquele caso. Por exemplo, concessão de porte de armas e a colocação de mesas e cadeiras na calçada defronte a bares e restaurantes (permissão de uso de bem público – calçada).

> Convém esclarecer que poder *discricionário* não se confunde com poder *arbitrário*. Discricionariedade e arbítrio são atitudes inteiramente diversas. Discricionariedade é liberdade de ação administrativa, dentro dos limites permitidos em lei; arbítrio é ação contrária ou excedente da lei. Ato discricionário, quando autorizado é legal e válido; ato arbitrário é sempre ilegítimo e inválido. De há muito já advertia Jèze: "Il ne faut pas confondre pouvoir *discrétionnaire et pouvoir arbitraire*". Mais uma vez insistimos nessa distinção, para que o administrador público, nem sempre familiarizado com os conceitos jurídicos, não converta a discricionariedade em arbítrio, como também não se arreceie de usar plenamente de seu poder discricionário quando estiver autorizado e o interesse público o exigir (MEIRELLES, 2010, p. 121-122).

3.3.3. Poder disciplinar

É a prerrogativa utilizada pela Administração para aplicar sanção a um de seus agentes em razão da prática de uma infração disciplinar (*v.g.*, demissão, advertência, suspensão). Portanto, só poderá ser afetado por esse poder aquele que está no exercício de uma função pública.

Ao agente público deve ser dada oportunidade de exercício de contraditório e de ampla defesa – nos termos do art. 5º, LV, CF, todavia, o STF decidiu (**Súmula Vinculante 5**) que a falta de defesa técnica por advogado em processo administrativo disciplinar **não ofende** a Constituição Federal.

> Com a Constituição de 1988 firmou-se entendimento de que não é possível punir o servidor com base no Princípio da Verdade Sabida. Esse princípio autorizava o superior a punir de imediato seu subordinado sempre que aquele tivesse conhecimento pessoal do cometimento da infração; por exemplo, flagrar o subordinado cometendo infração configuraria situação apta a ensejar a punição do inferior, ainda que sem oportunidade de defender-se em contraditório e ampla defesa. Hoje, não é possível a punição com base no Princípio da Verdade Sabida, já que a Constituição Federal de 1988, art. 5º, LV, trouxe o direito ao contraditório e ampla defesa inclusive no âmbito administrativo.

3.3.4. Poder hierárquico

Esse poder, também denominado "poder do hierarca" tem por base a estruturação vertical dos quadros da Administração, estabelecendo quem manda, quem obedece. Assim, é o instrumento de que dispõe o Executivo para distribuir e escalonar as funções de seus órgãos, ordenar e rever a atuação de seus agentes, estabelecendo a **relação de subordinação** entre os servidores de seu quadro de pessoal.

Nas lições de Hely Lopes Meirelles:

> O poder hierárquico tem por objetivo ordenar, coordenar, controlar e corrigir as atividades administrativas, no âmbito interno da Administração Pública. Ordena as atividades da Administração, repartindo e escalonando as funções entre os agentes do Poder, de modo que cada um possa exercer eficientemente seu encargo; coordena, entrosando as funções no sentido de obter o funcionamento harmônico de todos os serviços a cargo do mesmo órgão; controla, velando pelo cumprimento da lei e das instruções e acompanhando a conduta e o rendimento de cada servidor; corrige os erros administrativos, pela ação revisora dos superiores sobre os atos dos inferiores. Desse modo, a hierarquia atua como instrumento de organização e aperfeiçoamento do serviço e age como meio de responsabilização dos agentes administrativos, impondo-lhes o dever de obediência (MEIRELLES, 2010, p. 124).

3.3.5. Poder de polícia

Poder de polícia é a prerrogativa de direito público, que, calcada na lei, autoriza a Administração Pública a restringir o uso e gozo da liberdade e da propriedade, em favor do interesse da coletividade (CARVALHO FILHO, 2010, p. 70).

Consiste na faculdade de que dispõe a Administração Pública para condicionar e restringir o uso e gozo de bens, atividades e direitos individuais, em benefício da coletividade ou do próprio Estado (MEIRELLES, 2010, p. 134). Figura como mecanismo de frenagem de que dispõe a Administração Pública para conter os abusos do direito individual.

O poder de polícia encontra definição também no art. 78 do Código Tributário Nacional, entendido como atividade da Administração Pública que, limitando ou disciplinando direito, interesse ou liberdade, regula a prática de ato ou abstenção de fato, em razão de interesse público concernente à segurança, à higiene, à ordem, aos costumes, à disciplina da produção e do mercado, ao exercício de atividades econômicas dependentes de concessão ou autorização do Poder Público, à tranquilidade pública ou ao respeito à propriedade e aos demais direitos individuais e coletivos.

> O poder de polícia limita a atuação do particular em nome do interesse público. Incide sobre a liberdade e a propriedade e não pode ser delegado para entes da iniciativa privada (já que entes da iniciativa privada não são dotados do *ius imperii* estatal), exceto os atos materiais ou de mera execução.

3.3.5.1. Características do poder de polícia

a) **Editado pela Administração Pública:** pode ser tanto através de atos preventivos de fiscalização ou repressivos.

b) Fundamenta-se no vínculo geral entre a administração pública e os administrados.

- **Supremacia geral:** determinações que incidem para todos os indivíduos indistintamente.

Exemplos:

1) Proibição de construções verticais acima da altura fixada por determinado Estatuto da Cidade.
2) Obrigatoriedade aos administrados em observarem determinado recuo de construção.
3) Imposição de denunciar determinada doença contagiosa.
4) Proibição de manutenção de certos animais na zona urbana.
5) Proibição de promover determinada lavoura em certa localidade.
6) Fixação de limite máximo de velocidade em certa rodovia.
7) Autorização para porte de arma de fogo.

- **Supremacia especial:** situações que se fundamentam em privilégios ou vínculos especiais da Administração Pública sobre os administrados. Normalmente são situações decorrentes de um estatuto ou contrato.

Exemplos:

1) Atos que impõem restrições ao servidor público no sentido de obrigá-lo a trabalhar uniformizado.
2) Imposições atribuídas ao concessionário como decorrência do contrato de concessão de serviços públicos: obrigação de mencionar certos dizeres no ônibus de transporte coletivo.

3) Ato de retirar invasores dos edifícios públicos e de áreas públicas, tais como praças, ruas, estradas, rodovias e vielas. Não se trata de exercício do poder de polícia. Tal ato consubstancia defesa do patrimônio público.
4) Situação dos matriculados em escolas ou faculdades públicas e penalidades impostas, tais como suspensão ao aluno que atirou contra o ventilador uma pedra.
5) Situações dos inscritos em bibliotecas públicas que devolvem o livro com atraso e, como consequência da inobservância das regras da biblioteca, precisam pagar multa.
6) Situação dos internados em hospitais públicos, asilos ou estabelecimentos penais. O mero fato de tais estabelecimentos fixarem horário de visitas não manifesta exercício do poder de polícia. São apenas normas internas dos respectivos estabelecimentos relativas apenas às pessoas aqui envolvidas.
7) Exigência imposta pelo Poder Permitente ao permissionário de uso de bem público para que abra a cantina e atenda aos alunos aos sábados até o horário do meio-dia. Não é poder de polícia, uma vez que não está fundado em vínculo geral.

c) Incide sobre liberdade e a propriedade.

d) Está inserida no âmbito de atuação da função administrativa – atuando em diversos setores: **polícia edilícia; polícia sanitária; polícia de trânsito e tráfego; polícia de diversões públicas; polícia de águas; polícia da atmosfera; polícia funerária etc.**

e) Atividade que se submete ao princípio da legalidade.

O STF, ao julgar a ADI 1.856, decidiu pela inconstitucionalidade de lei fluminense que autorizava e disciplinava o exercício do poder de polícia em competição entre “galos combatentes”.

O STF entendeu que essa prática afrontaria o art. 225, *caput* e § 1º, VII, CF, que veda qualquer prática capaz de submeter os animais à crueldade.

f) Os **atributos do poder de polícia** são:

- **Discricionariedade:** em regra, os atos de polícia são discricionários, ou seja, há juízo de conveniência e oportunidade para sua prática. Alguns atos de polícia, todavia, não são discricionários – é o caso da licença para construir (que é ato vinculado).

Observe que o ato de polícia é, em princípio, discricionário, mas passará a ser vinculado se a norma legal que o rege estabelecer o **modo e forma** de sua realização. Neste caso, a autoridade só poderá praticá-lo validamente atendendo a todas as exigências da lei ou regulamento pertinente (MEIRELLES, 2010, p. 139).

- **Autoexecutoriedade:** em nome do princípio da eficiência e da supremacia do interesse público sobre o particular, os atos de polícia deverão ser realizados independentemente de autorização do poder judiciário.

Não confunda autoexecutoriedade das sanções de polícia com punição sumária e sem defesa: só é possível a aplicação de sanção sumariamente e sem defesa em situações urgentes, capazes de colocar em risco a segurança ou saúde pública (*v.g.*, a interdição de um bar que está vendendo coxinhas estragadas) ou quando se tratar de situação de flagrância. Em todos os demais casos é necessária a instauração de processo administrativo.

- **Coercibilidade:** atributo que aparece sempre que o ato constituir obrigação para o administrado. Esse atributo justifica o emprego de força física sempre que houver oposição por parte do infrator – mas desde que pautado nos princípios da proporcionalidade e razoabilidade.

g) O STF, ao julgar a **ADI 1.717**, decidiu pela impossibilidade de delegação do exercício do poder de polícia para entes da iniciativa privada, uma vez que esses entes são carecedores do *ius imperii* necessário ao exercício deste poder.

Essa vedação também encontra respaldo na **Lei n. 11.079/2004**, lei que traz normas para o contrato de concessão especial – Parceria Público-privada, e fixou como diretriz obrigatória a indelegabilidade do exercício do poder de polícia.

Celso Antônio Bandeira de Mello (2010, p. 826) entende que essa delegação para particulares só poderia ocorrer em situações **muito específicas**, como é o caso dos capitães de navio, que outorgariam a particulares cometimentos tipicamente públicos relacionados à liberdade e à propriedade.

Mas é possível delegação de **atos materiais de polícia ou de mera execução**: *v.g.*, empresa privada pode realizar o serviço de executar a demolição de uma obra clandestina. Porém, o decidir demolir a obra clandestina foi ato anterior e necessariamente emanado da autoridade administrativa.

> No RE 658.570, por seis votos a cinco, aos 6 de agosto de 2015, o STF decidiu que as guardas municipais têm competência para fiscalizar o trânsito, lavrar auto de infração de trânsito e impor multas.

3.3.6. Poder regulamentar (ou normativo)

É poder que o chefe do executivo tem de **complementar** a lei (através de um ato normativo secundário) e, assim, garantir sua fiel execução (**regulamento executivo ou de execução**). Esse poder regulamentar pode ser exercido através de diversos atos de regulamentação, por exemplo, decretos, regulamentos, portarias, editais, circulares etc.

> O regulamento não é lei, embora a ela se assemelhe no conteúdo e poder normativo. Nem toda lei depende de regulamento para ser executada, mas toda e qualquer lei pode ser regulamentada se o executivo julgar conveniente fazê-lo (MEIRELLES, 2010, p. 132).

A lei de drogas (ato normativo primário) estabelece quais os crimes e procedimento envolvendo drogas, mas não fixa quais são as substâncias consideradas drogas. É necessário, assim, um ato de *complementação* dessa lei, a fim de garantir sua fiel execução. A Anvisa, então, através de ato normativo secundário, expediu o ato de regulamentação, estabelecendo quais as substâncias que seriam consideradas proibidas e quais as consideradas de uso controlado. Em janeiro de 2015, o CBD (**canabidiol**), e, em março de 2016, o THC (tetra-hidrocanabinol – que são dois componentes extraídos da folha da maconha e que têm propriedades para tratar algumas doenças (*v.g.*, câncer, esclerose múltipla, mal de Parkinson) – deixaram de integrar a lista E e F2 da Anvisa (lista que inclui as substâncias entorpecentes) e passaram a integrar a lista C1 (que cuida da lista de substâncias classificadas como controladas, ou seja, aquelas cujo desenvolvimento e registro necessitam de aprovação). Dessa forma, com essa reclassificação, os pacientes podem solicitar à Anvisa a importação dessas substâncias – já que no Brasil ainda não há registro de medicamentos ou produtos semelhantes contendo essas substâncias. (Diversas notícias e reportagens sobre esse tema você encontra em www.liciniarossi.com.br).

Há, ainda, a figura dos **regulamentos autônomos ou independentes** que podem ser conceituados como "aqueles editados pela autoridade competente para dispor sobre matérias constitucionalmente reservadas ao Executivo. Constituem reminiscências do antigo poder de legislar, dantes concentrado nas mãos dos Chefes de Estado. Não estão esses regulamentos, verdadeiras leis em sentido material, atrelados a nenhuma lei, nem dependem de qualquer delegação prévia do Legislativo" (GASPARINI, 2009, p. 125).

4. ATOS ADMINISTRATIVOS

4.1. Introdução

Ato administrativo é toda manifestação unilateral de vontade da Administração Pública que, agindo nessa qualidade, tenha por fim imediato adquirir, resguardar, transferir, modificar, extinguir e declarar direitos, ou impor obrigações aos administrados ou a si própria (MEIRELLES, 2010, p. 153).

4.2. Classificações importantes

4.2.1. Ato simples

Uma única manifestação de vontade que torna o ato perfeito e acabado. Celso Antônio Bandeira de Mello (2007, p. 419) exemplifica com a licença de habilitação para dirigir automóvel.

Os atos simples podem ser **singulares**, quando há a vontade de apenas uma autoridade, e **colegiais**, quando a decisão é tomada por Comissões ou Conselhos.

4.2.2. Ato composto

Mais de uma manifestação de vontade e agentes em patamar de desigualdade. Mesmo órgão: a vontade do órgão é única. Por exemplo, autorização que depende de **visto** da autoridade superior.

4.2.3. Ato complexo

Mais de uma manifestação de vontade e agentes em patamar de igualdade em órgãos diferentes. Por exemplo, nomeação dirigente de agência reguladora – Presidente da República nomeia (ato 1) e depende de aprovação do Senado Federal (ato 2).

Quanto aos destinatários, podem ser **gerais ou normativos**. São aqueles que não têm destinatário determinado. Possuem "sujeitos inespecificados, porque colhidos em razão de se incluírem em uma situação determinada ou em uma classe de pessoas" (GASPARINI, 2009, p. 416). Portanto, são atos de comando abstrato, impessoal, aplicados *erga omnes* e abarcando todos aqueles que se encontrarem na mesma situação de fato disciplinada pelo ato. Por exemplo, horário de funcionamento da repartição pública das oito até dezessete horas.

Já os atos **individuais ou especiais** são aqueles que possuem destinatários determinados e individualizados, trazendo-lhes uma situação jurídica peculiar e produzindo efeitos jurídicos no caso concreto, como é o caso do ato expropriatório que desapropria a propriedade do José ou do ato de nomeação da servidora Joana para ocupar o cargo "x".

É possível que tais atos abarquem vários sujeitos, desde que estes possam ser individualizados. Desta forma, podemos classificá-los em **singular**, quando há somente um destinatário específico para o ato: nomeação do servidor Roberto, ou, ainda, pode ser classificado como **plúrimo**, quando há mais de um destinatário, os destinatários do ato são vários – exemplo: nomeação, em uma única lista, de múltiplos sujeitos especificados (BANDEIRA DE MELLO, 2007, p. 416); o ato de classificação dos aprovados em concurso público (GASPARINI, 2009, p. 79).

Quanto à exequibilidade "podemos considerar os atos administrativos *perfeitos* (que reúnem todos os elementos necessários à sua operatividade, aptos a produzir os efeitos objetivados), *imperfeitos* (cuja formação é ainda incompleta, faltando ainda um elemento ou requisito ou ato complementar para que seja operante), *pendentes* (os atos perfeitos, presentes os elementos e requisitos de formação, mas faltando ainda a verificação de algum fator de eficácia para a produção dos efeitos, tais como condição ou termo) e *consumados* (quando já produziram ou estão produzindo todos os efeitos objetivados, tornando-se irretratáveis ou imodificáveis)" (NETTO DE ARAÚJO, 2007, p. 456).

4.3. Atributos dos atos administrativos

4.3.1. Presunção de legitimidade

Significa que, uma vez praticado o ato administrativo, este presume-se que foi praticado em conformidade com a lei, e que os atos e fatos alegados pelo administrador são verdadeiros e morais.

Essa presunção é relativa, ou seja, admite prova em contrário, cabendo o ônus dessa prova ao administrado.

4.3.2. Autoexecutoriedade

A Administração Pública pode colocar em prática as decisões que tomou sem a necessidade de recorrer ao Poder Judiciário, gozando, para isso, de mecanismos coercitivos próprios, inclusive o uso da força se necessário for. Desta forma, não há que se falar *prima facie* de contraditório e ampla defesa.

A autoexecutoriedade possui duas vertentes:

a) **Exigibilidade:** "É a qualidade em virtude da qual o Estado, no exercício da função administrativa, pode exigir de terceiros o cumprimento, a observância, das obrigações que impôs" (BANDEIRA DE MELLO, 2007, p. 411).

b) **Executoriedade:** "É a qualidade pela qual o Poder Público pode compelir materialmente o administrado, sem precisão de buscar previamente as vias judiciais, ao cumprimento da obrigação que impôs e exigiu" (BANDEIRA DE MELLO, 2007, p. 411).

4.3.3. Tipicidade

"Tipicidade é o atributo pelo qual o ato administrativo deve corresponder a figuras definidas previamente pela lei como aptas a produzir determinados resultados. Para cada finalidade que a Administração pretende alcançar existe um ato definido em lei" (DI PIETRO, 2007, p. 186-187).

4.3.4. Imperatividade

A imperatividade significa que o ato administrativo constitui unilateralmente em obrigações. Por exemplo, se um indivíduo dirigir em alta velocidade, receberá multa independentemente de sua concordância.

4.4. Elementos ou requisitos dos atos administrativos

4.4.1. Forma

É o meio pelo qual se exterioriza a vontade, consistindo em verdadeiro requisito de validade do ato administrativo. Em regra, a forma para a prática do ato administrativo deverá ser a forma escrita – **princípio da solenidade**. Excepcionalmente, poderá ser admitida a forma verbal (normalmente em ordens dadas pelo superior ao seu subordinado) e o silêncio (sempre que a lei atribuir algum valor para o silêncio).

No processo administrativo federal (Lei n. 9.784/99, art. 22) vigora o **princípio do informalismo**: "os atos do processo administrativo não dependem de forma determinada senão quando a lei expressamente a exigir".

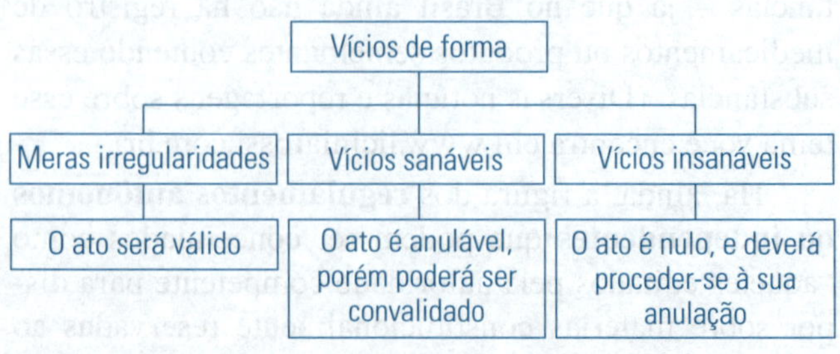

4.4.2. Finalidade

A finalidade de todo e qualquer ato administrativo é buscar o interesse público. Quando o administrador passa a perseguir interesses pessoais (e não mais o interesse da coletividade) haverá desvio de finalidade na conduta do agente – o móvel (intenção) do agente estará contaminado. Por exemplo, o agente confere uma autorização apenas para o seu melhor amigo, porque sua intenção é a de beneficiá-lo. Tal ato, inclusive, configura improbidade administrativa (Lei n. 8.429/92).

> Fins – Os fins da administração pública resumem-se num único objetivo: o bem comum da coletividade administrada. Toda atividade do administrador público deve ser orientada para esse objetivo. Se dele o administrador se afasta ou desvia, trai o mandato de que está investido, porque a comunidade não institui a Administração senão como meio de atingir o bem-estar social. Ilícito e imoral será todo ato administrativo que não for praticado no interesse da coletividade (MEIRELLES, 2010, p. 87).

4.4.3. Sujeito competente

A competência funda-se na necessidade de **divisão do trabalho** entre os agentes estatais. Há necessidade de distribuir a intensa quantidade de tarefas decorrentes de cada uma das funções entre os vários agentes do Estado.

> A competência administrativa é irrenunciável[1], porque criada por lei e atribuída ao cargo ou função, não ao indivíduo. Então, o sujeito pode renunciar ao cargo que ocupa, mas não pode manter o cargo e eliminar a competência correspondente (JUSTEN FILHO, 2010, p. 336).

4.4.3.1. Critérios para definição de competência

a) **Em razão da matéria:** traz intrínseca a ideia de ***especificidade*** da função para sua melhor execução. Por essa razão são criados diversos Ministérios, Secretarias e suas subdivisões.

b) **Em razão da hierarquia:** normalmente terá atribuições mais complexas aquele que estiver situado em um plano hierárquico mais elevado.

c) **Em razão do lugar:** qual agente público é o competente para cuidar do assunto "x" no local "y"?

d) **Em razão do tempo:** durante certo tempo, certo período a norma confere a certo órgão competência, como ocorre em situações de calamidades públicas, quando poderá, excepcionalmente, atribuir-se a determinado agente uma competência, que persistirá enquanto perdurar a situação.

A competência excepcionalmente poderá ser delegada (delegação) e avocada (avocação), mas, em algumas situações, a **delegação não será permitida**.

> **Lei n. 9.784/99**
> **Art. 13 (...)**
> I – a edição de atos de caráter normativo;
> II – a decisão de recursos administrativos;
> III – as matérias de competência exclusiva do órgão ou autoridade.

4.4.4. Motivo

Entende-se por motivo o evento ou fato da realidade ontológica, que suscita a emissão do ato administrativo. O prédio que se incendeia é um evento que se constitui em causa para a emissão de diversos atos administrativos (interdição do imóvel, modificação nas mãos de direção das cercanias etc.). Um pedido de fornecimento de determinada certidão é um fato que igualmente é motivo para a expedição do correspondente ato administrativo (PESTANA, 2008, p. 223).

Pressupostos de fato + **pressupostos de direito** = embasamento necessário para a prática do ato.

Pressuposto de fato (ou motivo de fato, conforme José dos Santos Carvalho Filho (2010, p. 105) são as circunstâncias ocorridas. **Pressuposto de direito** (ou motivo de direito conforme José dos Santos Carvalho Filho (2010, p. 105) são os fundamentos legais que embasam a prática do ato. Por exemplo, um servidor comete uma infração e é punido.

O **pressuposto de fato** é o cometimento da infração. Esta é a circunstância ocorrida. O **pressuposto de direito** é a legislação que diz que tal conduta é infração. É o fundamento legal que embasa a prática do ato. Assim, **motivo é a razão da prática do ato.**

4.4.4.1. Motivação

A motivação é a justificativa do pronunciamento tomado. Nos termos do art. 50 da Lei n. 9.784/99 será **obrigatória** nos seguintes casos: a) neguem, limitem ou afetem direitos ou interesses; b) imponham ou agravem deveres, encargos ou sanções; c) decidam processos administrativos de concurso ou seleção pública; d) dispensem

---

[1] É o que determina o art. 11 da Lei n. 9.784/99: A competência é irrenunciável e se exerce pelos órgãos administrativos a que foi atribuída como própria, salvo os casos de delegação e avocação legalmente admitidos.

ou declarem a inexigibilidade de processo licitatório; e) decidam recursos administrativos; f) decorram de reexame de ofício; g) deixem de aplicar jurisprudência firmada sobre a questão ou discrepem de pareceres, laudos, propostas e relatórios oficiais; h) importem anulação, revogação, suspensão ou convalidação de ato administrativo.

> A motivação se relaciona à forma do ato administrativo e consiste na exposição formal do motivo. O motivo é esse processo mental interno ao agente que pratica o ato. A motivação consiste na exteriorização formal do motivo, visando a propiciar o controle quanto à regularidade do ato (JUSTEN FILHO, 2010, p. 339).

Assim, "a motivação é necessária para todo e qualquer ato administrativo, consoante já decidiu o STF" (*RDP* 34:141). Hoje, com mais razão, essa afirmação é de todo pertinente, pois a Constituição Federal exige que até as decisões administrativas dos Tribunais sejam motivadas (art. 93, X). Daí a correta observação de Lúcia Valle Figueiredo (2004, p. 53): "Ora, se, quando o Judiciário exerce função atípica – a administrativa – deve motivar, como conceber o administrador desobrigado da mesma conduta?". Não obstante tem-se apregoado que a motivação só é obrigatória quando se trata de ato vinculado (casos de dispensa de licitação) ou quando, em razão da lei ou da Constituição, ela for exigida. "Nesta última hipótese, não importa a natureza vinculada ou discricionária do ato, ela é indispensável à sua legalidade" (GASPARINI, 2009, p. 23-24).

4.4.4.2. Teoria dos motivos determinantes

Gaston Jèze sistematizou a "teoria dos motivos determinantes". Por essa teoria, os atos administrativos, quando tiverem sua prática motivada, vinculam-se aos motivos expostos, que devem corresponder perfeitamente à realidade. Os atos discricionários, se motivados, ficam vinculados aos motivos dados.

Ensina Caio Tácito: "Ocorrendo desconformidade entre os motivos determinantes e a realidade, o ato é inválido" (*RDA* 36/78).

Sobre este tema podemos destacar duas peculiaridades:

- **Exoneração *ad nutum*:** consiste na exoneração do servidor ocupante de cargo em comissão, sem para tanto ser necessário justificativa do porquê da exoneração.

  Todavia, se a Administração, mesmo não precisando elencar os motivos da exoneração, o disser, esse motivo alegado passará a integrar o ato. O motivo alegado deve ser verdadeiro e existente, sob pena de comprometer a legalidade do ato (incidência da Teoria dos Motivos Determinantes).

  Assim, se a Administração disser que está exonerando o servidor para "reduzir despesas com folha de pagamento", este será o motivo da exoneração.

  Importante ressaltar que a decisão do STF, ao julgar o tema 763 na repercussão geral no RE 786.540, firmou a tese de que "1. Os servidores ocupantes de **cargo exclusivamente em comissão não se submetem** à regra da aposentadoria compulsória prevista no art. 40, § 1º, II, da Constituição Federal, a qual atinge apenas os ocupantes de cargo de provimento efetivo, inexistindo, também, qualquer idade limite para fins de nomeação a cargo em comissão; 2. Ressalvados impedimentos de ordem infraconstitucional, **não há óbice** constitucional a que o servidor efetivo aposentado compulsoriamente permaneça no cargo comissionado que já desempenhava ou a que seja nomeado para cargo de livre nomeação e exoneração, uma vez que não se trata de continuidade ou criação de vínculo efetivo com a Administração".

> A LRF (Lei de Responsabilidade Fiscal – LC 101/2000) e o art. 169 da CF estabelecem limites com gastos destinados a folha de pagamento de pessoal: "a despesa com pessoal ativo e inativo da União, dos Estados, do Distrito Federal e dos Municípios **não poderá exceder** os limites estabelecidos em **lei complementar**. Quando os gastos estiverem acima dos limites previstos na referida LC, algumas providências deverão ser tomadas: **a)** redução em pelo menos vinte por cento das despesas com cargos em comissão e funções de confiança; **b)** exoneração dos servidores não estáveis. O tema em questão envolve não só conteúdo de direito administrativo, mas também o direito constitucional e o direito financeiro.

- **Tredestinação legal:** de acordo com o Decreto-lei n. 3.365/41, é possível a mudança de motivo na desapropriação, sem que isso viole a teoria dos motivos determinantes, desde que mantida uma razão de interesse público. Por exemplo, inicialmente desaproprio determinada área para a construção de uma escola pública. Em momento posterior, muda-se o motivo daquela desapropriação e resolve-se fazer um hospital público.

4.4.5. Objeto ou conteúdo

Consiste em determinar qual o efeito jurídico imediato que o ato produz. Para que serve determinado ato? O objeto é o que se cria, modifica, extingue, adquire, resguarda, transfere na ordem jurídica.

Os elementos do ato administrativo encontram definição no art. 2º, parágrafo único, da Lei da Ação Popular:

a) A **incompetência** fica caracterizada quando o ato não se incluir nas atribuições legais do agente que o praticou.

b) O **vício de forma** consiste na omissão ou na observância incompleta ou irregular de formalidades indispensáveis à existência ou seriedade do ato.

c) A **ilegalidade do objeto** ocorre quando o resultado do ato importa em violação de lei, regulamento ou outro ato normativo.

d) A **inexistência dos motivos** se verifica quando a matéria de fato ou de direito, em que se fundamenta o ato, é materialmente inexistente ou juridicamente inadequada ao resultado obtido.

e) O **desvio de finalidade** se verifica quando o agente pratica o ato visando a fim diverso daquele previsto, explícita ou implicitamente, na regra de competência.

4.5. Extinção dos atos administrativos

1) Extinção do ato em razão do cumprimento de seus efeitos:

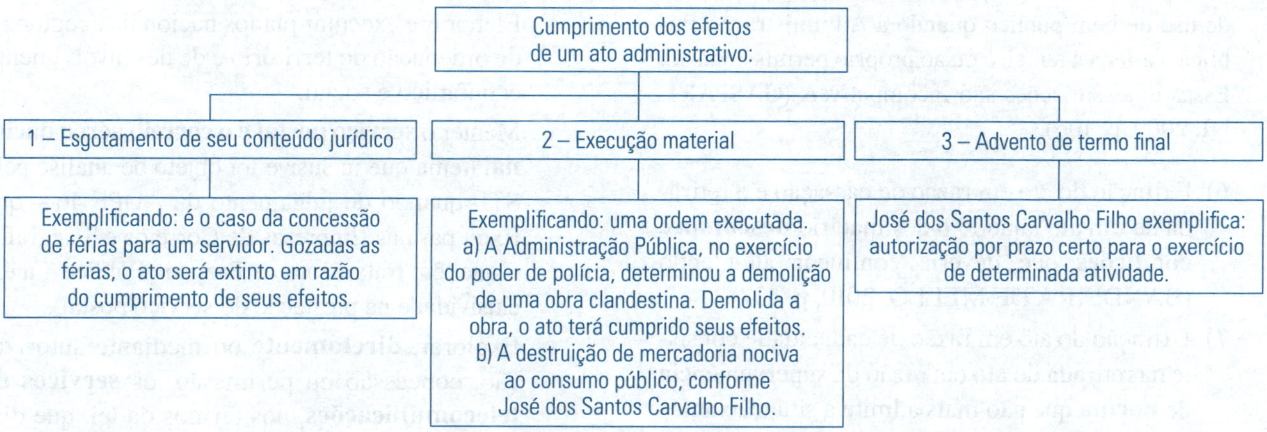

2) Extinção do ato em razão do desaparecimento do sujeito ou do objeto.

3) Extinção do ato em razão da renúncia: com a renúncia ocorre a extinção dos efeitos do ato em razão da rejeição, pelo beneficiário, de uma situação jurídica favorável que gozava como consequência daquele ato. Assim, haverá renúncia quando um agente público renunciar férias em dobro.

4) Extinção do ato em razão de anulação é a retirada de um ato em razão de ilegalidade.

Sobre este tema, o Supremo Tribunal Federal possui as Súmulas 346 e 473.

STF – Súmula 346
A administração pública pode declarar a nulidade dos seus próprios atos.

STF – Súmula 473
A Administração pode anular seus próprios atos, quando eivados de vícios que os tornam ilegais, porque deles não se originam direitos; ou revogá-los, por motivo de conveniência ou oportunidade, respeitados os direitos adquiridos, e ressalvada, em todos os casos, a apreciação judicial.

Em regra, a anulação opera efeitos *ex tunc*, isto é, efeitos retroativos.

Se o ato ilegal é restritivo de direitos, os seus efeitos, quando da anulação, serão *ex tunc*. Entretanto, se o ato ilegal é ampliativo de direitos, aí então seus efeitos serão *ex nunc*, conforme ensinamentos de Celso Antônio Bandeira de Mello (2010, p. 417-418):

> O direito da Administração de anular os atos administrativos de que decorram efeitos favoráveis para os destinatários decai em cinco anos, contados da data em que foram praticados, salvo comprovada má-fé. No caso de efeitos patrimoniais contínuos, o prazo de decadência contar-se-á da percepção do primeiro pagamento. Considera-se exercício do direito de anular qualquer medida de autoridade administrativa que importe impugnação à validade do ato.

5) Extinção do ato em razão de revogação tem por **fundamento** o Poder Discricionário da Administração Pública, repetindo-se o uso de uma

competência sobre uma mesma questão. Se a Administração Pública verificar que o ato ou a situação jurídica por ele gerados são inconvenientes ou inoportunos ao interesse público, o ato será retirado, revogado.

A revogação, ainda, pode ser **expressa** ou **tácita**. É **expressa** quando a Administração Pública declara revogado tal ou qual ato. Há, portanto, um ato específico para determinada finalidade. Assim é se a Administração Pública declara revogado o ato que outorgou a certo particular o uso privativo de algum bem público, usando para tanto outro ato administrativo. É **tácita** quando a Administração, ao prover sobre certa situação, dispõe de forma incompatível com outra já existente. É o que ocorre com uma permissão de uso de bem público quando a Administração Pública o aliena a terceiro ou ao próprio permissionário. Essas duas situações são incompatíveis (GASPARINI, 2009, p. 106).

6) Extinção do ato em razão de cassação é a retirada de um ato quando o destinatário **descumpre condições** que deveria continuar atendendo (BANDEIRA DE MELLO, 2010, p. 437).
7) Extinção do ato em razão de caducidade consiste na retirada do ato em razão da superveniência de **norma** que não mais admite a situação antes permitida e concedida pelo ato.
8) Extinção do ato em razão de contraposição (ou derrubada) é a retirada do ato em razão do advento de um segundo **ato** que impede que o primeiro produza efeitos.

5. ORGANIZAÇÃO DA ADMINISTRAÇÃO

5.1. Administração direta

Integrando a organização político-administrativa da República Federativa do Brasil, temos a **Administração Direta (ou centralizada)**, composta pelos entes políticos: União, Estados, Distrito Federal e Municípios – todos autônomos, com personalidade jurídica de direito público e regidos pela Constituição Federal.

À **União** compete:

- Manter relações com Estados estrangeiros e participar de organizações internacionais.
- Declarar a guerra e celebrar a paz.
- Assegurar a defesa nacional.
- Permitir, nos casos previstos em lei complementar, que forças estrangeiras transitem pelo território nacional ou nele permaneçam temporariamente.
- Decretar o estado de sítio (art. 137, CF), o estado de defesa (art. 136, CF) e a intervenção federal (art. 34, CF).
- Autorizar e fiscalizar a produção e o comércio de material bélico (inclusive se houver danos decorrentes da manipulação de material bélico, adota-se a teoria da responsabilidade objetiva na modalidade **risco integral**).
- Emitir moeda.
- Administrar as reservas cambiais do País e fiscalizar as operações de natureza financeira, especialmente as de crédito, câmbio e capitalização, bem como as de seguros e de previdência privada.
- Elaborar e executar planos nacionais e regionais de ordenação do território e de desenvolvimento econômico e social.
- Manter o **serviço postal e o correio aéreo nacional** (tema que inclusive foi objeto de análise pelo STF quando do julgamento da ADPF 46 – que fixou para as Empresas de Correios e Telégrafos – que têm tratamento de Fazenda Pública – a exclusividade na prestação do serviço postal).
- Explorar, **diretamente** ou mediante autorização, concessão ou permissão, os **serviços de telecomunicações**, nos termos da lei, que disporá sobre a organização dos serviços, a criação de um órgão regulador e outros aspectos institucionais.
- Explorar, **diretamente** ou mediante autorização, concessão ou permissão:
  a) Os serviços de radiodifusão sonora, e de sons e imagens.
  b) Os serviços e instalações de energia elétrica e o aproveitamento energético dos cursos de água, em articulação com os Estados onde se situam os potenciais hidroenergéticos.
  c) A navegação aérea, aeroespacial e a infraestrutura aeroportuária.
  d) Os serviços de transporte ferroviário e aquaviário entre portos brasileiros e fronteiras nacionais, ou que transponham os limites de Estado ou Território.
  e) Os serviços de transporte rodoviário interestadual e internacional de passageiros.
  f) Os portos marítimos, fluviais e lacustres.
- Organizar e manter o Poder Judiciário, o Ministério Público do Distrito Federal e dos Territórios e a Defensoria Pública dos Territórios.

- Organizar e manter a polícia civil, a polícia militar e o corpo de bombeiros militar do Distrito Federal, bem como prestar assistência financeira ao Distrito Federal para a execução de serviços públicos, por meio de fundo próprio.
- Organizar e manter os serviços oficiais de estatística, geografia, geologia e cartografia de âmbito nacional.
- Exercer a classificação, para efeito indicativo, de diversões públicas e de programas de rádio e televisão.
- Conceder anistia.
- Planejar e promover a defesa permanente contra as calamidades públicas, especialmente as secas e as inundações (quando em nome do princípio da supremacia do interesse público sobre o do particular será possível intervenção do Estado na propriedade particular com, *v.g.*, o instituto da **requisição administrativa** do art. 5º, XXV, CF – que será estudado oportunamente).
- Instituir sistema nacional de gerenciamento de recursos hídricos e definir critérios de outorga de direitos de seu uso.
- Instituir diretrizes para desenvolvimento urbano, inclusive habitação, saneamento básico e transportes urbanos.
- Estabelecer princípios e diretrizes para o Sistema Nacional de Viação.
- Executar serviços de polícia marítima, aeroportuária de fronteiras.
- Explorar os **serviços e instalações nucleares** de qualquer natureza e exercer monopólio estatal sobre a pesquisa, a lavra, o enriquecimento e reprocessamento, a industrialização e o comércio de minérios nucleares e seus derivados, atendidos os seguintes princípios e condições:

a) Toda atividade nuclear em território nacional somente será admitida para fins pacíficos e mediante aprovação do Congresso Nacional.

b) Sob regime de permissão, são autorizadas a comercialização e a utilização de radioisótopos para a pesquisa e usos médicos, agrícolas e industriais.

c) Sob regime de permissão, são autorizadas a produção, comercialização e utilização de radioisótopos de meia-vida igual ou inferior a duas horas.

d) A **responsabilidade civil por danos nucleares independe da existência de culpa** (essa responsabilidade é objetiva na modalidade **risco integral**).

- Organizar, manter e executar a inspeção do trabalho.
- Estabelecer as áreas e as condições para o exercício da atividade de garimpagem, em forma associativa.

Além dessas atribuições da União (art. 21), a Constituição Federal (art. 23) trouxe também um rol de **competências comuns** da União, dos Estados, do Distrito Federal e dos Municípios:

- Zelar pela guarda da Constituição, das leis e das instituições democráticas e conservar o patrimônio público.
- Cuidar da saúde e assistência pública, da proteção e garantia das pessoas portadoras de deficiência (nesse sentido *vide* Estatuto das Pessoas com Deficiência).
- Proteger os documentos, as obras e outros bens de valor histórico, artístico e cultural, os monumentos, as paisagens naturais notáveis e os sítios arqueológicos.
- Impedir a evasão, a destruição e a descaracterização de obras de arte e de outros bens de valor histórico, artístico ou cultural (*vide* art. 216, CF).
- Proporcionar os meios de acesso à cultura, à educação, à ciência, à tecnologia, à pesquisa e à inovação.
- Proteger o meio ambiente e combater a poluição em qualquer de suas formas.
- Preservar as florestas, fauna e flora.
- Fomentar a produção agropecuária e organizar o abastecimento alimentar.
- Promover programas de construção de moradias e a melhoria das condições habitacionais e de saneamento básico.
- Combater as causas da pobreza e os fatores de marginalização, promovendo a integração social dos setores desfavorecidos.
- Registrar, acompanhar e fiscalizar as concessões de direitos de pesquisa e exploração de recursos hídricos e minerais em seus territórios.
- Estabelecer e implantar política de educação para a segurança do trânsito.

5.1.1. Descentralização *versus* desconcentração

- **Descentralização:** *"Descentralizar*, em sentido comum, é *afastar do centro*; *descentralizar*, em sentido jurídico-administrativo, é *atribuir a outrem poderes da Administração*. O detentor dos poderes da Administração é o Estado, pessoa única, embora constituída dos vários órgãos que integram sua estrutura.

Despersonalizados, esses órgãos não agem em nome próprio, mas no do Estado, de que são instrumentos indispensáveis ao exercício de suas funções e atividades típicas. A *descentralização administrativa* pressupõe, portanto, a existência de uma pessoa, distinta da do Estado, a qual, investida dos necessários poderes de administração, exercita atividade pública ou de utilidade pública. O ente descentralizado age por outorga do serviço ou atividade, ou por delegação de sua execução, mas sempre em nome próprio" (MEIRELLES, 2010, p. 784-785). Com a descentralização ocorrerá a criação de uma nova pessoa jurídica que "ajudará" na execução e prestação dos serviços públicos.

- **Desconcentração:** "O fenômeno da distribuição *interna* de plexos de competências decisórias, agrupadas em unidades individualizadas, denomina-se *desconcentração*. Tal desconcentração se faz tanto em razão da matéria, isto é, do assunto (por exemplo, Ministério da Justiça, da Saúde, da Educação etc.), como em razão do *grau* (hierarquia), ou seja, do nível de responsabilidade decisória conferido aos distintos escalões que corresponderão aos diversos patamares de autoridade (por exemplo, diretor de Departamento, diretor de Divisão, chefe de Seção, encarregado de Setor). Também se desconcentra com base em critério *territorial ou geográfico* (por exemplo, delegacia regional da Saúde em São Paulo, Minas Gerais, Rio de Janeiro etc.). A aludida distribuição de competências não prejudica a unidade monolítica do Estado, pois todos os órgãos e agentes permanecem ligados por um sólido vínculo denominado *hierarquia*" (BANDEIRA DE MELLO, 2007, p. 150). Na desconcentração não há criação de nova pessoa jurídica.

5.2. Autarquias

Autarquia é uma pessoa jurídica de direito público que integra a Administração indireta e Descentralizada do Estado, criada por lei específica, para o exercício de funções próprias e típicas do Estado, com independência de autoadministração e sujeição ao controle de tutela. As atividades que podem ser outorgadas a uma autarquia variam desde a previdência pública (INSS), poder de polícia (Ibama) e regulamentação (Cade, Banco Central, CVM), passam por atividade assistencial (Incra) e chegam até mesmo à saúde (FHEMIG) e educação (UFRJ). Em todos estes casos tem-se uma pessoa administrativa, sujeita ao regime jurídico de direito público, que desempenha atividade típica dos entes federativos: senão serviço público, poder de polícia, atividade regulatória ou assistência social previstas na Constituição como de competência própria do Estado (CARVALHO, 2009, p. 671-672).

5.2.1. Características

a) Regidas pelo Decreto-lei n. 200/67.

b) Personalidade jurídica de direito público (o que é confirmado pelo CC – art. 41, IV).

c) Criação por lei (art. 37, XIX, CF).

d) Seus atos e contratos são classificados como administrativos.

e) Quanto ao nível federativo, as autarquias podem ser federais, estaduais, distritais ou municipais.

f) Desempenha funções e atividades típicas de Estado – e podem ter diversos objetivos: autarquias assistenciais; autarquias previdenciárias; autarquias profissionais; autarquias administrativas; autarquias de controle (que são as agências reguladoras); autarquias associativas (que são as associações públicas).

g) As autarquias, nos termos do art. 37, § 6º, da CF, respondem **objetivamente** pelos danos que seus agentes, nessa qualidade, causarem a terceiros.

h) Gozam de imunidade tributária para impostos sobre o patrimônio, a renda e os serviços (art. 150, § 2º, da CF) – desde que vinculados às suas finalidades essenciais.

i) Dívidas e direitos em favor de terceiros contra autarquias prescrevem em cinco anos – **prescrição quinquenal**.

j) Sobre a OAB, o STF decidiu (na ADI 3.026) **não é considerada autarquia e que não integra nem a Administração Pública direta nem a indireta**. Dessa forma, goza de algumas características específicas:

   1) Seu pessoal é regido pela CLT, porém não submetidos a concurso público (enquanto nas demais autarquias profissionais – Conselhos Profissionais – devem sujeitar-se ao regime estatutário da Lei n. 8.112/90).

   2) As contribuições pagas pelos inscritos não tem natureza tributária.

   3) A OAB não está sujeita a controle financeiro e orçamentário pelo Tribunal de Contas. É, portanto, um regime diferente e, assim, é considerada entidade *sui generis*.

k) O STF, em julho de 2016, ao julgar o RE 704.292, com repercussão geral, decidiu que

Conselhos de profissão não podem fixar anuidade acima da previsão legal.

5.3. Agências reguladoras

As agências reguladoras são **autarquias de regime especial** criadas com o escopo de disciplinar e controlar determinadas atividades, tais como (BANDEIRA DE MELLO, 2007, p. 170-171):

1) Serviços públicos propriamente dito. Como é o caso da Aneel; Anatel; ANTT; Antaq; ANAC.
2) Atividades de fomento e fiscalização de atividades privada – como é o caso da ANCINE.
3) Atividades exercitáveis para promover a regulação, a contratação e a fiscalização das atividades econômicas integrantes da indústria do petróleo. Como é o caso da ANP.
4) Atividades em que o Estado também protagoniza (e quando o fizer serão serviços públicos), mas, paralelamente, são facultadas aos particulares. Como é o caso da Anvisa e da ANS.
5) Agência reguladora do uso de bem público. Como é o caso da ANA.

As características principais das agências reguladoras:

a) **Autonomia de seus dirigentes:** que são nomeados por **ato complexo** (aquele em que existe mais de uma manifestação de vontade expedida por agentes em patamar de igualdade, porém em órgãos diferentes): Presidente da República nomeia, mas sob aprovação do Senado Federal.
b) **Autonomia normativa:** que traz a ideia de disciplinar e normatizar (através de normas técnicas e específicas relacionadas à área de atuação) as atividades a que estão submetidas.
c) **Autonomia gerencial, orçamentária e financeira:** que demonstra que estas entidades têm recursos próprios.
d) Nos dizeres da **Súmula Vinculante 27**, compete à Justiça Estadual julgar causas entre consumidor e concessionária de serviço público de telefonia, quando a Anatel não seja litisconsorte passiva necessária, assistente nem opoente.

5.4. Fundações públicas

De nossa parte, definimos fundação pública como a entidade da administração indireta instituída pelo poder público mediante a personificação jurídica de direito público ou personalidade jurídica de direito privado, à qual a lei atribui competências administrativas específicas, consubstanciadas, regra geral, em atividades de interesse social (a serem definidas em lei complementar) (ALEXANDRINO; VICENTE, 2010, p. 56).

Nos termos do art. 37, XIX, CF, somente por lei específica poderá ser criada autarquia e **autorizada a instituição** de empresa pública, de sociedade de economia mista e de **fundação**, cabendo à lei complementar, neste último caso, definir as áreas de sua atuação.

É, portanto, lei complementar que definirá as áreas de atuação e finalidades da fundação.

Mas essa expressão **fundação** que o Texto Constitucional menciona diz respeito à fundação pública de direito público ou à fundação pública de direito privado? Qual a interpretação que a doutrina faz desse dispositivo?

Para a doutrina administrativista, se essa expressão **fundação** for entendida como **fundação pública de direito público**, seu regime será muito semelhante ao das autarquias, e, portanto deverá ser conceituada como **autarquia fundacional** – e então **lei** será responsável por sua criação (lei cria autarquia e lei cria autarquia fundacional – que é a fundação pública de direito público).

Mas, se a expressão **fundação** foi entendida como **fundação pública de direito privado**, seu regime será muito semelhante ao das empresas públicas e sociedades de economia mista e, portanto, deverá ser classificada como **fundação governamental** – tendo, assim, sua criação **autorizada** por lei.

A **lei cria** autarquia e fundação pública de direito público (autarquias fundacionais) e **lei autoriza** a criação de empresas públicas, sociedade de economia mista e fundações públicas de direito privado (fundações governamentais).

5.5. Agências executivas

Define Diógenes Gasparini:

> Pode-se conceituar a agência executiva como sendo a autarquia ou a fundação governamental assim qualificada por ato do Executivo, responsável pela execução de certo serviço público, livre de alguns controles e dotada de maiores privilégios que as assim não qualificadas, desde que celebre com a Administração Pública a que se vincula um contrato de gestão. A *qualificação não cria uma nova pessoa* (GASPARINI, 2009, p. 341-342).

As agências executivas não exercem controle sobre particulares prestadores de serviços públicos, mas, desempenham atividade estatal objetivando maior desenvoltura e resultados. Exemplos atuais de agências executivas são Inmetro (Instituto Nacional de Metrologia Normalização e Qualidade Industrial); ABIN (Agência Brasileira de Inteligência).

5.6. Empresas públicas *versus* sociedades de economia mista

- **Empresas públicas:** "Deve-se entender que *empresa pública federal* é a pessoa jurídica criada por força de autorização legal como instrumento de ação do Estado, dotada de personalidade de Direito Privado, mas submetida a certas regras especiais decorrentes de ser coadjuvante da ação governamental, constituída sob quaisquer das formas admitidas em Direito e cujo *capital* seja formado *unicamente por recursos de pessoas de Direito Público interno ou de pessoas de suas Administrações indiretas, com predominância acionária residente na esfera federal*" (BANDEIRA DE MELLO, 2007, p. 186). Por exemplo, Empresa Brasileira de Correios e Telégrafos; Financiadora de Estudos e Projetos – Finep; Casa da Moeda do Brasil; Caixa Econômica Federal; Banco Nacional de Desenvolvimento Econômico Social – BNDES; Serviço Federal de Processamento de Dados – Serpro.
  - Finalidade: a) prestação de serviço público ou b) exploração da atividade econômica.
  - Capital exclusivamente público.
  - Constituídas sob qualquer modalidade empresarial.
  - Tem sua criação autorizada por lei (art. 37, XIX, CF) somente por **lei específica** poderá ser criada autarquia e autorizada a instituição de empresa pública, de sociedade de economia mista e de fundação, cabendo à lei complementar, neste último caso, definir as áreas de sua atuação.
  - As empresas públicas prestadoras de serviços públicos responderão **objetivamente** pelos danos que seus agentes causarem a terceiros (art. 37, § 6º, CF).
  - As empresas públicas exploradoras da atividade econômica em sentido estrito terão seu regime de responsabilidade pautado nas regras do Código Civil e, portanto, fundada na teoria da responsabilidade **subjetiva**.
- **Sociedades de economia mista:** "são pessoas jurídicas de direito privado integrantes da Administração Indireta do Estado, criadas por autorização legal, sob a forma de sociedades anônimas, cujo controle acionário pertença ao poder público, tendo por objetivo, como regra, a exploração de atividades gerais de caráter econômico e, em algumas ocasiões, a prestação de serviços públicos" (CARVALHO FILHO, 2016, p. 599). Por exemplo, Banco do Brasil S.A., Banco da Amazônia S.A., Petrobras.
  - Finalidade: a) prestação de serviço público ou b) exploração da atividade econômica.
  - Capital misto: uma parte pública e outra privada.

  Interessante é observar-se que não é o *capital misto* que configura a sociedade de *economia* mista, pois o termo "economia" sugere conteúdo mais amplo que "capital". Na verdade, o traço marcante é a participação necessária do Estado na *direção* da *empresa*, pois este é o elemento que lhe confere o *poder de atuar*, vale dizer, de decidir em nível de execução sobre a específica atividade que lhe foi *cometida por delegação legal* (MOREIRA NETO, 2014, p. 354-355).

  - Só pode ser constituída sob a modalidade de sociedade anônima.
  - Tem sua criação autorizada por lei (art. 37, XIX, CF) somente por **lei específica** poderá ser criada autarquia e autorizada a instituição de empresa pública, de sociedade de economia mista e de fundação, cabendo à lei complementar, neste último caso, definir as áreas de sua atuação.
  - As sociedades de economia mista prestadoras de serviços públicos responderão **objetivamente** pelos danos que seus agentes causarem a terceiros – art. 37, § 6º, CF.
  - As sociedades de economia exploradoras da atividade econômica em sentido estrito terão seu regime de responsabilidade pautado nas regras do Código Civil e, portanto, fundada na teoria da responsabilidade **subjetiva**.

STF – Súmula 517
As sociedades de economia mista só têm foro na Justiça Federal, quando a União intervém como assistente ou opoente.

STF – Súmula 556
É competente a Justiça comum para julgar as causas em que é parte sociedade de economia mista.

A Empresa Brasileira de Correios e Telégrafos é empresa pública, porém com tratamento de Fazenda Pública. Assim, o STF, ao julgar o RE 773.992, reconheceu a imunidade tributária da EBCT no que tange ao pagamento de IPTU – aplicou, no caso, a imunidade recíproca entre os entes federativos, prevista no art. 150, VI, *a*, CF.

Ainda sobre a Empresa Brasileira de Correios e Telégrafos, o STF, ao julgar o tema 402 com repercussão geral no RE 627.051, fixou a tese de que "não incide o ICMS sobre o serviço de transporte de encomendas realizado pela Empresa Brasileira de Correios e Telégrafos – ECT, tendo em vista a imunidade recíproca prevista no art. 150, VI, *a*, da Constituição Federal".

A Lei n. 13.303, de 30 de junho de 2016, dispõe sobre o estatuto jurídico da empresa pública, da sociedade de economia mista e de suas subsidiárias, abrangendo toda e qualquer empresa pública e sociedade de economia mista da União, dos Estados, do Distrito Federal e dos Municípios que explorem atividade econômica de produção ou comercialização de bens ou de prestação de serviços, ainda que a atividade econômica esteja sujeita ao regime de monopólio da União ou seja de prestação de serviços públicos, trazendo diversos pontos específicos sobre essas empresas estatais.

Os principais aspectos trazidos pela lei são:

a) A exploração de atividade econômica pelo Estado será exercida por meio de empresa pública, de sociedade de economia mista e de suas subsidiárias.

b) A constituição de empresa pública ou de sociedade de economia mista dependerá de prévia autorização legal que indique, de forma clara, relevante interesse coletivo ou imperativo de segurança nacional, nos termos do art. 173 da CF.

c) O art. 3º da referida lei define "empresa pública" como a entidade dotada de personalidade jurídica de direito privado, com criação autorizada por lei e com patrimônio próprio, cujo capital social é integralmente detido pela União, pelos Estados, pelo Distrito Federal ou pelos Municípios.

d) O art. 4º da lei define "sociedade de economia mista" como a entidade dotada de personalidade jurídica de direito privado, com criação autorizada por lei, sob a forma de sociedade anônima, cujas ações com direito a voto pertençam em sua maioria à União, aos Estados, ao Distrito Federal, aos Municípios ou a entidade da administração indireta.

e) A sociedade de economia mista será constituída sob a forma de sociedade anônima e, ressalvado o disposto nessa lei, estará sujeita ao regime previsto na Lei n. 6.404, de 15 de dezembro de 1976.

f) O estatuto da empresa pública, da sociedade de economia mista e de suas subsidiárias deverá observar regras de governança corporativa, de transparência (esses requisitos de transparência estão elencados no art. 8º da Lei n. 13.303/2016), de estruturas, práticas de gestão de riscos e de controle interno, composição da administração e, havendo acionistas, mecanismos para sua proteção, todos constantes da Lei n. 13.303/2016.

g) A empresa pública e a sociedade de economia mista terão a função social de realização do interesse coletivo ou de atendimento a imperativo da segurança nacional expressa no instrumento de autorização legal para a sua criação.

h) As licitações realizadas e os contratos celebrados por empresas públicas e sociedades de economia mista destinam-se a assegurar a seleção da proposta mais vantajosa, inclusive no que se refere ao ciclo de vida do objeto, e a evitar operações em que se caracterize sobrepreço ou superfaturamento, devendo observar os princípios da impessoalidade, da moralidade, da igualdade, da publicidade, da eficiência, da probidade administrativa, da economicidade, do desenvolvimento nacional sustentável, da vinculação ao instrumento convocatório, da obtenção de competitividade e do julgamento objetivo.

i) O art. 29 da Lei n. 13.303/2016 elenca as hipóteses em que será dispensável a realização de licitação, e o art. 30 lista os casos em que a contratação será direta (em se tratando de hipótese de inviabilidade de competição).

5.7. Associações públicas

O consórcio público (Lei n. 11.107/2005) constituirá a **associação pública** ou **pessoa jurídica de direito privado** (art. 1º, § 1º).

O consórcio público adquirirá **personalidade jurídica de direito público**, no caso de constituir **associação pública**, mediante vigência das leis de ratificação do protocolo de intenções (art. 6º, I) e é o art. 4º da referida lei que estabelece as cláusulas necessárias do **protocolo de intenções**, por exemplo: denominação, finalidade, prazo de duração, sede do consórcio, identificação dos entes da federação consorciados, indicação da área de atuação do consórcio, previsão de que o consórcio público é associação pública ou pessoa jurídica de direito privado sem fins econômicos, critérios para, em assuntos de interesse comum, autorizar o consórcio público, representar os entes da federação consorciados perante outras esferas do governo, as normas de convocação e funcionamento da assembleia geral, inclusive para a elaboração, aprovação e modificação dos estatutos do consórcio público; a previsão de que a assembleia geral é a instância máxima do consórcio público e o número de votos para as suas deliberações.

Nos termos do art. 6º, § 1º, da Lei n. 11.107/2005, o consórcio público com personalidade jurídica **de direito público integra Administração Indireta** de todos os entes da Federação consorciados.

Resulta, pois, que, formado consórcio público com a fisionomia jurídica de associação pública – sempre para consecução de objetivos de interesse comum dos entes pactuantes e para implementação do **sistema de gestão associada**, está com base no art. 241, CF – terá ela personalidade jurídica de direito público e natureza jurídica de autarquia. Consequentemente, a tais associações serão atribuídas todas as prerrogativas que a ordem jurídica dispensa às autarquias em geral (CARVALHO FILHO, 2016, p. 598).

Já o consórcio público adquirirá **personalidade jurídica de direito privado**, mediante o preenchimento dos requisitos da legislação civil, e neste caso observará as normas de direito público no que concerne à realização de licitação, celebração de contratos, prestação de contas e admissão de pessoal, que será regido pela Consolidação das Leis do Trabalho – CLT.

6. TERCEIRO SETOR

6.1. Organizações sociais

Organização social é uma associação civil sem fim lucrativo ou fundação que, em virtude do preenchimento de certos requisitos legais, é submetida a um regime jurídico especial, que contempla benefícios especiais do Estado para a execução de determinadas atividades de interesse coletivo (JUSTEN FILHO, 2010, p. 255).

São características das Organizações Sociais:

a) Regidas pela Lei n. 9.637/98.

b) Têm personalidade jurídica de direito **privado**.

c) Não integram nem a Administração Pública Direta nem a Indireta.

d) Sem fins lucrativos.

e) Suas atividades são dirigidas ao ensino, à pesquisa científica, ao desenvolvimento tecnológico, à proteção e preservação do meio ambiente, à cultura e à saúde.

f) Para uma entidade privada ser classificada como "organização social" deverá **preencher alguns requisitos** previstos no art. 2º da Lei n. 9.637/98, *v.g.*, comprovar o **registro** de seu ato constitutivo, dispondo sobre: natureza social de seus objetivos relativos à respectiva área de atuação; finalidade não lucrativa, com a obrigatoriedade de investimento de seus excedentes financeiros no desenvolvimento das próprias atividades; previsão expressa de a entidade ter, como órgãos de deliberação superior e de direção, um conselho de administração e uma diretoria definidos nos termos do estatuto; previsão de participação, no órgão colegiado de deliberação superior, de representantes do Poder Público e de membros da comunidade, de notória capacidade profissional e idoneidade moral; composição e atribuições da diretoria; haver aprovação, quanto à conveniência e oportunidade de sua qualificação como organização social, do Ministro ou titular de órgão supervisor ou regulador da área de atividade correspondente ao seu objeto social e do Ministro de Estado da Administração Federal e Reforma do Estado etc.

g) Celebram com o Poder Público **contrato de gestão** – elaborado de comum acordo entre o órgão ou entidade supervisora e a organização social, com discriminação das atribuições, responsabilidades e obrigações do Poder Público e da organização social (art. 6º da Lei n. 9.637/98).

h) O **contrato de gestão** deve ser **submetido**, após aprovação pelo Conselho de Administração da entidade, **ao Ministro de Estado** ou autoridade supervisora da área correspondente à atividade fomentada (art. 6º, parágrafo único, Lei n. 9.637/98).

i) Para as organizações sociais poderão ser destinados **recursos orçamentários e bens públicos** necessários ao cumprimento do contrato de gestão (art. 12, Lei n. 9.637/98).

6.2. Serviços sociais autônomos

Os *serviços sociais autônomos* são *entes paraestatais*, organizados para fins de amparo, de educação ou de assistência social, comunitária ou restrita a determinadas categorias profissionais, com patrimônio e renda próprios, que, no caso da União, pode ser auferida por *contribuições parafiscais*, tudo obedecendo a parâmetros constitutivos instituídos por lei, que lhes confere *delegação legal* no campo do ordenamento social e do fomento público (MOREIRA NETO, 2014, p. 359).

São características dos Serviços Sociais Autônomos:

a) São pessoas jurídicas de direito privado.

b) São entidades que cooperam com o Poder Público e que não integram a Administração Pública Indireta.

c) Prestam serviços de utilidade pública, beneficiando determinados grupos sociais ou profissionais.

d) Recebem contribuições parafiscais, "recolhidas compulsoriamente pelos contribuintes que as diversas leis estabelecem, para enfrentarem os custos decorrentes de seu desempenho, sendo vinculados aos objetivos da entidade" (CARVALHO FILHO, 2016, p. 636) – e, assim, estão vinculados à supervisão do Ministério em cuja área de atuação exerçam competência (art. 183 do Decreto-lei n. 200/67).

e) Art. 183 do Decreto-lei n. 200/67: "as entidades e organizações em geral, dotadas de personalidade jurídica de direito privado, que recebem contribuições parafiscais e prestam serviços de interesse público ou social, estão sujeitas à fiscalização do Estado nos termos e condições estabelecidos na legislação pertinente a cada uma".

f) Não podem alvitrar fins lucrativos, portanto, são entidades de caráter não econômico.

g) Estão obrigadas a realizar licitação antes de suas contratações. O TCU também entendia nesse sentido, todavia mudou seu entendimento (com fundamento no art. 22, XXVII, CF), excluindo essas entidades da incidência da Lei n. 8.666/93.

h) Em setembro de 2014, o STF, ao julgar o RE 789.874, sustentou que as entidades que compõem os serviços sociais autônomos, por possuírem natureza jurídica de direito privado e não integrarem a administração indireta, não estão sujeitas à regra prevista no art. 37, II, CF, mesmo que desempenhem atividades de interesse público em cooperação com Estado. Portanto, entidade do "Sistema S" não está obrigada a realizar concurso para contratação de pessoal. Por exemplo, Sesi (Serviço Social da Indústria), Sesc (Serviço Social do Comércio); Senai (Serviço Nacional de Aprendizagem Industrial) e Senac (Serviço Nacional de Aprendizagem Comercial); Sebrae (Serviço Brasileiro de Apoio às Micro e Pequenas Empresas).

STF – Súmula 516
O Serviço Social da Indústria – SESI – está sujeito à jurisdição da Justiça Estadual.

6.3. Organizações da sociedade civil de interesse público

São características das organizações da sociedade civil de interesse público:

a) Regidas pela Lei n. 9.790/99.

b) Têm personalidade jurídica de direito privado que tenham sido constituídas e se encontrem em funcionamento **regular há, no mínimo, 3 (três) anos** e desde que os respectivos objetivos sociais e normas estatutárias atendam aos requisitos instituídos pela Lei n. 9.790/99.

c) Seus objetivos sociais devem ter ao menos uma das seguintes finalidades: promoção da assistência social; promoção da cultura, defesa e conservação do patrimônio histórico e artístico; promoção gratuita da educação, observando-se a forma complementar de participação das organizações de que trata esta Lei; promoção gratuita da saúde; promoção da segurança alimentar e nutricional; defesa, preservação e conservação do meio ambiente e promoção do desenvolvimento sustentável; promoção do voluntariado; promoção do desenvolvimento econômico e social e combate à pobreza; experimentação, não lucrativa, de novos modelos socioprodutivos e de sistemas alternativos de produção, comércio, emprego e crédito; promoção de direitos estabelecidos, construção de novos direitos e assessoria jurídica gratuita de interesse suplementar; promoção da ética, da paz, da cidadania, dos direitos humanos, da democracia e de outros valores universais; estudos e pesquisas, desenvolvimento de tecnologias alternativas, produção e divulgação de informações e conhecimentos técnicos e científicos relacionadas às atividades aqui listadas; estudos e pesquisas para o desenvolvimento, a disponibilização e a implementação de tecnologias voltadas à mobilidade de pessoas, por qualquer meio de transporte.

d) **Não integram** nem a Administração Pública Direta nem a Indireta.

e) **Não tem fins lucrativos**, ou seja, não distribui, entre os seus sócios ou associados, conselheiros, diretores, empregados ou doadores, eventuais excedentes operacionais, brutos ou líquidos, dividendos, bonificações, participações ou parcelas do seu patrimônio, auferidos mediante o exercício de suas atividades, e que os aplica integralmente na consecução do respectivo objeto social.

f) **Não podem** receber o qualificativo de organizações da sociedade civil de interesse público as seguintes entidades: as sociedades comerciais; os sindicatos, as associações de classe ou de representação de categoria profissional; as instituições religiosas ou voltadas para a disseminação de credos, cultos, práticas e visões devocionais e confessionais; as organizações partidárias e assemelhadas, inclusive suas fundações; as entidades de benefício mútuo destinadas a proporcionar bens ou serviços a um círculo restrito de associados ou sócios; as entidades e empresas que comercializam planos de saúde e assemelhados; as instituições hospitalares privadas não gratuitas e suas mantenedoras; as escolas privadas dedicadas ao ensino formal não gratuito e suas mantenedoras; as organizações sociais; as cooperativas; as fundações públicas; as fundações, sociedades civis ou associações de direito privado criadas por órgão público ou por fundações públicas; as organizações creditícias que tenham quaisquer tipos de vinculação com o sistema financeiro nacional a que se refere o art. 192, CF.

g) Para formação do vínculo de cooperação, firmam com o Poder Público o **Termo de Parceria** – nos termos do art. 9º da Lei n. 9.790/99 – que conterá os direitos, responsabilidades e obrigações das partes signatárias.

h) Caso a organização adquira **bem imóvel** com recursos provenientes da celebração do Termo de Parceria, este será gravado com **cláusula de inalienabilidade**.

6.4. Lei n. 13.019/2014

6.4.1. Introdução

A Lei n. 13.019, de 31 de julho de 2014, institui normas gerais para as parcerias entre a **Administração Pública** e **Organizações da Sociedade Civil**, em regime de mútua cooperação, para a consecução de finalidades de interesse público e recíproco. Isso é efetivado mediante a execução de atividades ou de projetos previamente estabelecidos em planos de trabalho inseridos em a) **termos de colaboração**; b) termos de fomento; ou c) **acordos de cooperação**. Foi a Lei n. 13.204/2015 que fixou essas situações.

6.4.2. Conceituações importantes

a) **Organização da Sociedade Civil**;

Espécie 1	entidade privada sem fins lucrativos que não distribua entre os seus sócios ou associados, conselheiros, diretores, empregados, doadores ou terceiros eventuais resultados, sobras, excedentes operacionais, brutos ou líquidos, dividendos, isenções de qualquer natureza, participações ou parcelas do seu patrimônio, auferidos mediante o exercício de suas atividades, e que os aplique integralmente na consecução do respectivo objeto social, de forma imediata ou por meio da constituição de fundo patrimonial ou fundo de reserva; (Incluído pela Lei n. 13.204, de 2015)
Espécie 2	as sociedades cooperativas previstas na Lei n. 9.867, de 10 de novembro de 1999; as integradas por pessoas em situação de risco ou vulnerabilidade pessoal ou social; as alcançadas por programas e ações de combate à pobreza e de geração de trabalho e renda; as voltadas para fomento, educação e capacitação de trabalhadores rurais ou capacitação de agentes de assistência técnica e extensão rural; e as capacitadas para execução de atividades ou de projetos de interesse público e de cunho social. (Incluído pela Lei n. 13.204, de 2015)
Espécie 3	as organizações religiosas que se dediquem a atividades ou a projetos de interesse público e de cunho social distintas das destinadas a fins exclusivamente religiosos; (Incluído pela Lei n. 13.204, de 2015)

b) **Administração Pública**: União, Estados, Distrito Federal, Municípios e respectivas autarquias, fundações, empresas públicas e sociedades de economia mista prestadoras de serviço público, e suas subsidiárias, alcançadas pelo disposto no § 9º do art. 37 da CF;

c) **Parceria**: conjunto de direitos, responsabilidades e obrigações decorrentes de relação jurídica estabelecida formalmente **entre a Administração Pública e Organizações da Sociedade Civil**, em regime de mútua cooperação, para a consecução de finalidades de **interesse público e recíproco**, mediante a execução de atividade ou de projeto expressos em termos de colaboração, em termos de fomento ou em acordos de cooperação;

d) **Atividade**: conjunto de operações que se realizam de modo contínuo ou permanente, das quais resulta um produto ou serviço necessário à satisfação de interesses compartilhados pela administração pública e pela organização da sociedade civil;

e) **Projeto**: conjunto de operações, limitadas no tempo, das quais resulta um produto destinado à satisfação de interesses compartilhados pela Administração Pública e pela Organização da Sociedade Civil;

f) **Dirigente**: pessoa que detenha poderes de administração, gestão ou controle da organização da sociedade civil, habilitada a assinar termo de colaboração, termo de fomento ou acordo de cooperação com a Administração Pública para a consecução de finalidades de interesse público e recíproco, ainda que delegue essa competência a terceiros;

g) **Administrador Público**: agente público revestido de competência para assinar termo de colaboração, termo de fomento ou acordo de cooperação com organização da sociedade civil para a consecução de finalidades de interesse público e recíproco, ainda que delegue essa competência a terceiros;

h) **Gestor**: agente público responsável pela gestão de parceria celebrada por meio de termo de colaboração ou termo de fomento, designado por ato publicado em meio oficial de comunicação, com poderes de controle e fiscalização;

i) **Termo de Colaboração**: instrumento por meio do qual são **formalizadas** as parcerias estabelecidas pela Administração Pública com Organizações da Sociedade Civil para a consecução de finalidades de interesse público e recíproco **propostas pela Administração Pública** que envolvam a transferência de recursos financeiros.

O termo de colaboração deve ser adotado pela Administração Pública para consecução de planos de trabalho de sua iniciativa, para celebração de parcerias com Organizações da Sociedade Civil que envolvam a transferência de recursos financeiros;

j) **Termo de Fomento**: instrumento por meio do qual são **formalizadas** as parcerias estabelecidas pela Administração Pública com Organizações da Sociedade Civil para a consecução de finalidades de interesse público e recíproco **propostas pelas Organizações da Sociedade Civil**, que envolvam a transferência de recursos financeiros.

O termo de fomento deve ser adotado pela Administração Pública para consecução de planos de trabalho propostos por Organizações da Sociedade Civil que envolvam a transferência de recursos financeiros;

k) **Acordo de Cooperação**: instrumento por meio do qual são **formalizadas** as parcerias estabelecidas pela Administração Pública com Organizações da Sociedade Civil para a consecução de finalidades de interesse público e recíproco que **não envolvam** a transferência de recursos financeiros;

l) **Conselho de Política Pública**: órgão criado pelo Poder Público para atuar como instância consultiva, na respectiva área de atuação, na formulação, implementação, acompanhamento, monitoramento e avaliação de políticas públicas;

m) **Comissão de Seleção**: órgão colegiado destinado a processar e julgar chamamentos públicos, constituído por ato publicado em meio oficial de comunicação, assegurada a participação de pelo menos um servidor ocupante de cargo efetivo ou emprego permanente do quadro de pessoal da Administração Pública;

n) **Comissão de Monitoramento e Avaliação**: órgão colegiado destinado a monitorar e avaliar as parcerias celebradas com organizações da sociedade civil mediante termo de colaboração ou termo de fomento, constituído por ato publicado em meio oficial de comunicação, assegurada a participação de pelo menos um servidor ocupante de cargo efetivo ou emprego permanente do quadro de pessoal da Administração Pública;

o) **Chamamento Público**: procedimento destinado a **selecionar** Organização da Sociedade Civil para firmar parceria por meio de termo de colaboração ou de fomento, no qual se garanta a observância dos princípios da isonomia, da legalidade, da impessoalidade, da moralidade, da igualdade, da publicidade, da probidade administrativa, da vinculação ao instrumento convocatório, do julgamento objetivo e dos que lhes são correlatos.

A Administração Pública deverá adotar procedimentos **claros, objetivos** e **simplificados** que orientem os interessados e facilitem o acesso direto aos seus órgãos e instâncias decisórias, independentemente da modalidade de parceria prevista na Lei n. 13.019/2014;

p) **Bens Remanescentes**: os de natureza permanente adquiridos com recursos financeiros envolvidos na parceria, necessários à consecução do objeto, mas que a ele não se incorporam;

q) **Prestação de Contas**: procedimento em que se analisa e se avalia a execução da parceria, pelo qual seja possível verificar o cumprimento do objeto da parceria e o alcance das metas e dos resultados previstos, compreendendo duas fases: q.1) apresentação das contas, de responsabilidade da organização da sociedade civil; q.2) análise e manifestação conclusiva das contas, de responsabilidade da administração pública, sem prejuízo da atuação dos órgãos de controle.

6.4.3. Vedações

Ficará impedida de celebrar qualquer modalidade de parceria prevista na Lei n. 13.019/2014 a Organização da Sociedade Civil que:

- não esteja regularmente constituída ou, se estrangeira, não esteja autorizada a funcionar no território nacional;

- esteja omissa no dever de prestar contas de parceria anteriormente celebrada;
- tenha como dirigente membro de Poder ou do Ministério Público, ou dirigente de órgão ou entidade da administração pública da mesma esfera governamental na qual será celebrado o termo de colaboração ou de fomento, estendendo-se a vedação aos respectivos cônjuges ou companheiros, bem como parentes em linha reta, colateral ou por afinidade, até o segundo grau;
- tenha tido as contas rejeitadas pela Administração Pública nos últimos cinco anos, **exceto se**:

a) sanada a irregularidade que motivou a rejeição e quitados os débitos eventualmente imputados;

b) for reconsiderada ou revista a decisão pela rejeição;

c) a apreciação das contas estiver pendente de decisão sobre recurso com efeito suspensivo;

d) tiver sido punida com uma das seguintes sanções, pelo período que durar a penalidade: d.1) suspensão de participação em licitação e impedimento de contratar com a Administração; d.2) declaração de inidoneidade para licitar ou contratar com a Administração Pública; d.3) a prevista no inciso II do art. 73 da Lei n. 13.019/2014; d.4) a prevista no inciso III do art. 73 da Lei n. 13.019/2014;

e) tiver tido contas de parceria julgadas irregulares ou rejeitadas por Tribunal ou Conselho de Contas de qualquer esfera da Federação, em decisão irrecorrível, nos últimos 8 (oito) anos;

f) tiver entre seus dirigentes pessoa: f.1) cujas contas relativas a parcerias tenham sido julgadas irregulares ou rejeitadas por Tribunal ou Conselho de Contas de qualquer esfera da Federação, em decisão irrecorrível, nos últimos 8 (oito) anos; f.2) julgada responsável por falta grave e inabilitada para o exercício de cargo em comissão ou função de confiança, enquanto durar a inabilitação; f.3) considerada responsável por ato de improbidade, enquanto durarem os prazos estabelecidos nos incisos I, II e III do art. 12 da Lei de Improbidade Administrativa.

Importante: é vedada a celebração de parcerias previstas nesta Lei que tenham por objeto, envolvam ou incluam, direta ou indiretamente, delegação das funções de regulação, de fiscalização, de exercício do poder de polícia ou de outras atividades exclusivas de Estado.

7. RESPONSABILIDADE CIVIL DO ESTADO

7.1. Introdução

Entende-se por responsabilidade patrimonial extracontratual do Estado a obrigação que lhe incumbe de reparar economicamente os danos lesivos à esfera juridicamente garantida de outrem e que lhe sejam imputáveis em decorrência de comportamentos unilaterais, lícitos ou ilícitos, comissivos ou omissivos, materiais ou jurídicos (BANDEIRA DE MELLO, p. 977).

Assim, a responsabilidade civil do Estado (também denominada de responsabilidade aquiliana) ocorrerá sempre que houver por parte do Estado uma conduta causadora de um dano ao particular e existir **nexo causal** entre a referida conduta e o dano – essa responsabilidade é **objetiva** na modalidade **risco administrativo**.

Teoria do risco administrativo – A teoria do risco administrativo faz surgir a obrigação de indenizar o dano do só ato lesivo e injusto causado à vítima pela Administração. Não se exige qualquer falta do serviço público, nem culpa de seus agentes. Basta a lesão, sem o concurso do lesado. Na teoria da culpa administrativa exige-se a falta do serviço; na teoria do risco administrativo exige-se, apenas, o fato do serviço. Naquela, a culpa é presumida da falta administrativa; nesta, é inferida do fato lesivo da Administração (MEIRELLES, 2010, p. 682).

7.2. Fundamentos da responsabilidade civil do Estado

a) Se o Estado praticar atos ilícitos, por desobedecer ao **princípio da legalidade**, deverá indenizar o administrado.

b) Se o Estado praticar **atos lícitos** e mesmo assim causar danos ao particular, com fundamento no **princípio da distribuição igualitária dos ônus e encargos a que estão sujeitos os administrados**, deverá indenizar o administrado.

7.3. Sujeitos da responsabilidade do Estado

Nos termos do art. 37, § 6º, CF as **pessoas jurídicas de direito público** (*v.g.*, União, Estados, Distrito Federal, Municípios, Autarquias, Fundações Públicas de Direito Público) e as de **direito privado prestadoras de serviços públicos** (*v.g.*, concessionários de serviços públicos, empresas públicas e sociedades de economia mista prestadoras de serviços públicos) responderão pelos danos que seus agentes, nessa qualidade, causarem a terceiros, assegurado o direito de regresso contra o responsável nos casos de dolo ou culpa.

As pessoas jurídicas de direito privado, quando prestadoras de serviços públicos, responderão objetivamente pelos danos causados tanto aos usuários quanto aos não usuários de serviços públicos – decisão do STF no RE 591.874.

7.4. Exclusão da responsabilidade estatal

Não haverá responsabilidade do Estado, justamente por não ser possível demonstração do nexo causal entre a conduta do Estado e o dano causado, nos principais casos:

a) **Culpa exclusiva da vítima:** ocorre quando a vítima deu causa ao evento danoso e se atirou sobre as rodas do carro do INSS (que é uma autarquia).
b) Caso fortuito ou força maior.
c) **Ato de terceiro:** "ocorre nas hipóteses em que o prejuízo pode ser atribuído a pessoa estranha aos quadros da Administração Pública (como é o caso de prejuízos decorrentes de atos de multidão). Neste caso, o Estado só responderá se ficar configurada sua culpa" (ROSSI, 2016, p. 281).

7.5. Teoria do risco integral

A teoria do risco integral é vertente mais radical da responsabilidade objetiva e somente é utilizada em nosso ordenamento jurídico nos casos de: a) danos decorrentes de manipulação de material bélico; b) danos nucleares; c) danos ambientais; d) atos terroristas em aeronaves.

7.6. Responsabilidade civil do Estado em casos de omissão

Só haverá a responsabilidade do Estado por omissão (caso em que será considerada **subjetiva**) se no caso concreto estiverem presentes os seguintes elementos: a) conduta estatal omissa (porque houve comportamento aquém dos padrões legais por parte do Estado); b) dano; c) nexo causal entre a conduta omissa e o dano; d) *faute du service*, ou seja, no caso ou o serviço não funcionou ou funcionou mal ou funcionou atrasado – tudo isso por **dolo ou culpa** por parte do Estado; e e) se o Estado tivesse atuado e fosse possível atuar, o dano teria sido evitado (princípio da reserva do possível).

7.7. Responsabilidade do Estado por atos legislativos e judiciais

a) **Atos legislativos:** em regra não haverá para o Estado responsabilidade decorrente de atos legislativos, exceto se houver lei declarada inconstitucional (ou em controle difuso ou em controle concentrado) causadora de dano ao particular – por se tratar de atuação **indevida** por parte do Poder Legislativo.
b) **Atos judiciais:** haverá a responsabilidade do Estado no caso de **erro judiciário** conforme estabelecido no art. 5º, LXXV, CF: "o Estado indenizará o condenado por erro judiciário, assim como o que ficar preso além do tempo fixado na sentença" ou em se tratando de **condutas manifestamente dolosas por parte do magistrado** (nos termos do art. 143 do CPC/2015).

7.8. Jurisprudência sobre responsabilidade civil do Estado

Em 4 de abril de 2016, o STF decidiu que a morte de detento em estabelecimento penitenciário **gera responsabilidade civil** do Estado quando houver inobservância do seu dever específico de proteção (RE 841.526). A tese fixada tem a seguinte redação: "em caso de inobservância do seu dever específico de proteção previsto no art. 5º, XLIX, da Constituição Federal, o Estado é responsável pela morte de detento".

7.9. Direito de regresso

Ação regressiva é de rito ordinário, que possibilita ao Estado reaver o que desembolsou à custa do patrimônio do agente causador direto do dano, que tenha agido com dolo ou culpa no desempenho de suas funções (ROSSI, 2016, p. 297).

O Estado, após pagar indenização para a vítima pelos danos sofridos (responsabilidade objetiva), poderá, em momento posterior, reaver o que desembolsou e entrar – via ação regressiva – contra o agente público causador do dano (e que agiu com dolo ou culpa, portanto, responsabilidade subjetiva).

> O STF ao julgar o RE 580.252 (tema 365) fixou a tese de que "considerando que é dever do Estado, imposto pelo sistema normativo, manter em seus presídios padrões mínimos de humanidade previstos no ordenamento jurídico, é de sua responsabilidade, nos termos do art. 37, § 6º, da CF, a obrigação de ressarcir os danos, inclusive morais, comprovadamente causados a detentos em decorrência da falta ou insuficiência das condições legais de encarceramento". O tema em questão envolve, entre outros, a análise do art. 37, § 6º; art. 5º, III; art. 5º, X; art. 5º, XLIX, todos da CF, além do art. 1º da Lei de Execução Penal.

8. SERVIÇOS PÚBLICOS E CONCESSÃO DE SERVIÇOS PÚBLICOS

8.1. Introdução

Serviço público é a atividade material que o Estado assume como pertinente a seus deveres em face da coletividade para satisfação de necessidades ou utilidades públicas singularmente fruíveis pelos administrados cujo desempenho entende que deva se efetuar sob a égide de um regime jurídico outorgador de prerrogativas capazes de assegurar a preponderância do interesse residente no serviço e de imposições necessárias para protegê-lo contra condutas comissivas ou omissivas de terceiros ou dele próprio gravosas a direitos ou interesses dos administrados em geral e dos usuários do serviço em particular (BANDEIRA DE MELLO, 2010, p. 282).

8.2. Princípios dos serviços públicos

Além dos princípios que regem toda atuação da Administração Pública, há, ainda, princípios previstos expressamente na Lei n. 8.987/95 – e que cuidam especificamente da prestação dos serviços públicos pelos concessionários de serviços públicos: a) Princípio da Continuidade dos Serviços Públicos; b) princípio da eficiência; c) princípio da segurança; d) princípio da atualidade; e) princípio da generalidade; f) princípio da cortesia na sua prestação; e g) modicidade das tarifas (nesse sentido *vide* art. 6º da Lei n. 8.987/95).

O **princípio da segurança** estabelece que os serviços públicos não podem, durante sua prestação, colocar em risco a segurança dos usuários. Devem ser prestados de maneira cuidadosa para que dano algum aconteça aos usuários.

O **princípio da atualidade** compreende a modernidade das técnicas, do equipamento e das instalações e a sua conservação, bem como a melhoria e expansão do serviço.

A **modicidade das tarifas** impõe a fixação de preços acessíveis aos usuários. "Destarte, em um país como o Brasil, no qual a esmagadora maioria do povo vive em estado de pobreza ou miserabilidade, é óbvio que o serviço público, para cumprir sua função jurídica natural, terá de ser remunerado por valores baixos, *muitas vezes subsidiados*. Tal circunstância – que não ocorre em países desenvolvidos – dificulta ou impossibilita a obtenção de resultados bem-sucedidos com o impropriamente chamado movimento das 'privatizações', isto é, da concessão de tais serviços a terceiros para que os explorem com evidentes e naturais objetivos de lucro" (BANDEIRA DE MELLO, 2007, p. 667)[2].

E, por fim, o **princípio da cortesia** estabelece que, aquele incumbido da prestação do serviço deverá fazê-lo de forma cortês, educada, com respeito ao usuário.

Os demais princípios já foram estudados em capítulo anterior.

Várias são as possíveis categorias de serviços públicos. Vejamos algumas:

a) **Serviços delegáveis:** são aqueles em que o ordenamento jurídico possibilita a transferência de sua prestação, ou seja, ou são executados diretamente pelo próprio Estado, ou por outra entidade – via delegação. Por exemplo, serviço de energia elétrica, telefonia etc.

b) **Serviços indelegáveis:** são os que só podem ser prestados pelo Estado – de forma direta – através de seus próprios órgão ou agentes. É o caso do serviço de defesa nacional.

c) **Serviços coletivos (*uti universi*):** "são aqueles prestados a grupamentos indeterminados de indivíduos, de acordo com as opções e prioridades da Administração, e em conformidade com os recursos de que disponha. São exemplos os serviços de pavimentação de ruas, de iluminação pública, de implantação do serviços de abastecimento de água, de prevenção de doenças e outros do gênero" (CARVALHO FILHO, 2016, p. 414-415).

d) **Serviços singulares (*uti singuli*):** "preordenam-se a destinatários individualizados, sendo mensurável a utilização por cada um dos indivíduos. Exemplos desses serviços são os de energia domiciliar ou de uso de linha telefônica" (CARVALHO FILHO, 2016, p. 415).

e) **Serviços que o Estado tem obrigação de promover, e o particular, por determinação constitucional, também tem sua titularidade**, é o caso do serviço de saúde e de educação.

---

[2] Em abono dessas concessões, alega-se, muitas vezes, que o Estado é mau prestador de serviços, ao contrário do particular. Esquece-se, entretanto, de atentar para o fato de que o Estado é muito pior fiscalizador ou "controlador" do que prestador de serviços. Assim, dando em concessão ou permissão um bem, pode-se imaginar que os interesses do público em geral serão facilmente postergados sem que o Poder Público os defenda como teria de fazê-lo. Bem por isso, os serviços públicos, depois de concedidos, tornaram-se muito mais caros do que ao tempo em que o Estado os prestava por meio de empresas estatais, e sua qualidade, ao menos em alguns setores, decaiu visivelmente.

f) **Serviços que pelas características intrínsecas é conveniente sejam prestados por particulares** (até mesmo como forma de garantia do modelo de Estado Democrático) – é o caso do serviço de rádio e televisão previsto no art. 222 da Constituição Federal.

Alguns enunciados de súmulas vinculantes merecem destaque no estudo dos serviços públicos.

STF – Súmula Vinculante 12
A cobrança de taxa de matrícula nas universidades públicas viola o disposto no art. 206, IV, da Constituição Federal.

STF – Súmula Vinculante 19
A taxa cobrada exclusivamente em razão dos serviços públicos de coleta, remoção e tratamento ou destinação de lixo ou resíduos provenientes de imóveis, não viola o art. 145, II, CF.

STF – Súmula Vinculante 41
O serviço de iluminação pública não pode ser remunerado mediante taxa.

8.2.1. Lei n. 13.460/2017

8.2.1.1. Considerações importantes

a) Esta lei estabelece normas básicas para participação, proteção e defesa dos direitos do usuário dos serviços públicos prestados direta ou indiretamente pela Administração Pública.

b) Conceitos importantes previstos na referida Lei:

- **Usuário**: pessoa física ou jurídica que se beneficia ou utiliza, efetiva ou potencialmente, de serviço público;
- **Serviço Público**: atividade administrativa ou de prestação direta ou indireta de bens ou serviços à população, exercida por órgão ou entidade da Administração Pública;
- **Administração Pública**: órgão ou entidade integrante da administração pública de qualquer dos Poderes da União, dos Estados, do Distrito Federal e dos Municípios, a Advocacia Pública e a Defensoria Pública;
- **Agente Público**: quem exerce cargo, emprego ou função pública, de natureza civil ou militar, ainda que transitoriamente ou sem remuneração;
- **Manifestações**: reclamações, denúncias, sugestões, elogios e demais pronunciamentos de usuários que tenham como objeto a prestação de serviços públicos e a conduta de agentes públicos na prestação e fiscalização de tais serviços.

As manifestações (que deverão obedecer aos princípios da **eficiência e celeridade**) serão apresentadas perante a Administração Pública acerca da prestação de serviços públicos, podendo ser realizada por meio eletrônico, correspondência convencional ou verbalmente (hipótese em que será reduzida a termo).

c) **Princípios expressos** previstos na Lei n. 13.460/2017: c.1) regularidade, c.2) continuidade, c.3) efetividade, c.4) segurança, c.5) atualidade, c.6) generalidade, c.7) transparência e c.8) cortesia.

A esse respeito, recomenda-se a consulta ao art. 6º, § 1º, da Lei n. 8.987/95, que também elenca diversos princípios dos serviços públicos.

d) Principais Direitos e Deveres dos Usuários:

Direitos dos Usuários	Deveres dos Usuários
Participação no acompanhamento da prestação e na avaliação dos serviços	Utilizar adequadamente os serviços, procedendo com urbanidade e boa-fé
Obtenção e utilização dos serviços com liberdade de escolha entre os meios oferecidos e sem discriminação	Prestar as informações pertinentes ao serviço prestado quando solicitadas
Acesso e obtenção de informações relativas à sua pessoa constantes de registros ou bancos de dados, observado o disposto no inciso X do *caput* do art. 5º da Constituição Federal e na Lei n. 12.527, de 18 de novembro de 2011	Colaborar para a adequada prestação do serviço
Proteção de suas informações pessoais, nos termos da Lei n. 12.527, de 18 de novembro de 2011 Atuação integrada e sistêmica na expedição de atestados, certidões e documentos comprobatórios de regularidade	Preservar as condições dos bens públicos por meio dos quais lhes são prestados os serviços previstos na Lei n. 13.460 de 2017
Obtenção de informações precisas e de fácil acesso nos locais de prestação do serviço, assim como sua disponibilização na internet, especialmente sobre: a) horário de funcionamento das unidades administrativas; b) serviços prestados pelo órgão ou entidade, sua localização exata e a indicação do setor responsável pelo atendimento ao público; c) acesso ao agente público ou ao órgão encarregado de receber manifestações; d) situação da tramitação dos processos administrativos em que figure como interessado; e	

e) valor das taxas e tarifas cobradas pela prestação dos serviços, contendo informações para a compreensão exata da extensão do serviço prestado.	

e) Das principais atribuições das **ouvidorias**:

- promover a participação do usuário na administração pública, em cooperação com outras entidades de defesa do usuário;
- acompanhar a prestação dos serviços, visando a garantir a sua efetividade;
- propor aperfeiçoamentos na prestação dos serviços;
- auxiliar na prevenção e correção dos atos e procedimentos incompatíveis com os princípios estabelecidos na Lei n. 13.460/2017;
- propor a adoção de medidas para a defesa dos direitos do usuário, em observância às determinações previstas na Lei n. 13.460/2017;
- receber, analisar e encaminhar às autoridades competentes as manifestações, acompanhando o tratamento e a efetiva conclusão das manifestações de usuário perante órgão ou entidade a que se vincula;
- promover a adoção de mediação e conciliação entre o usuário e o órgão ou a entidade pública, sem prejuízo de outros órgãos competentes.

8.3. Concessão e permissão de serviços públicos (tema previsto na Lei n. 8.987/95 – que regulamenta o art. 175, CF)

- **Concessão de serviço público** consiste na delegação de sua prestação, feita pelo poder concedente, mediante licitação, na modalidade de concorrência, à pessoa jurídica ou consórcio de empresas que demonstre capacidade para seu desempenho, por sua conta e risco e por prazo determinado. O **concedente** tem os seguintes poderes: "a) poder de inspeção e fiscalização; b) poder de alteração unilateral das cláusulas regulamentares; c) poder de extinguir a concessão antes de findo o prazo inicialmente estatuído; d) poder de intervenção; e) poder de aplicar sanções ao concessionário inadimplente" (BANDEIRA DE MELLO, 2007, p. 716-717).

> Diferentemente da permissão de serviços públicos – que pode ser realizada por pessoas jurídicas ou pessoas físicas –, a concessão de serviços públicos só poderá ser delegada para pessoa jurídica ou consórcio de empresas.

A **responsabilidade** das concessionárias de serviços públicos por eventuais danos causados a terceiros é objetiva tanto com relação aos usuários do serviço quanto em relação aos não usuários (Decisão do STF, no RE 591.874).

8.4. Formas de extinção do contrato de concessão

As formas de extinção do contrato de concessão estão previstas no art. 35 da Lei n. 8.987/95: a) advento do termo contratual; b) encampação; c) caducidade; d) rescisão; e) anulação; f) falência ou extinção da empresa concessionária e falecimento ou incapacidade do titular, no caso de empresa individual.

> **Encampação** consiste na extinção da concessão pelo Poder Concedente por razões de interesse público. Necessita de autorização legislativa para sua ocorrência (*vide* art. 37 da Lei n. 8.987/95).
> **Caducidade** consiste na extinção da concessão pelo Poder Concedente considerando o descumprimento total ou parcial do contrato de concessão pelo concessionário nos termos do art. 38 da Lei n. 8.987/95.

A caducidade da concessão poderá ser declarada pelo poder concedente quando:

a) O serviço estiver sendo prestado de forma inadequada ou deficiente, tendo por base as normas, critérios, indicadores e parâmetros definidores da qualidade do serviço.

b) A concessionária descumprir cláusulas contratuais ou disposições legais ou regulamentares concernentes à concessão.

c) A concessionária paralisar o serviço ou concorrer para tanto, ressalvadas as hipóteses decorrentes de caso fortuito ou força maior.

d) A concessionária perder as condições econômicas, técnicas ou operacionais para manter a adequada prestação do serviço concedido.

e) A concessionária não cumprir as penalidades impostas por infrações, nos devidos prazos.

f) A concessionária não atender a intimação do poder concedente no sentido de regularizar a prestação do serviço.

g) A concessionária não atender a intimação do poder concedente para, em 180 (cento e oitenta) dias, apresentar a documentação relativa a regularidade fiscal, no curso da concessão, na forma do art. 29 da Lei n. 8.666/93.

Extinta a concessão, **retornam ao poder concedente** todos os bens reversíveis, direitos e privilégios transferidos ao concessionário conforme previsto no edital e estabelecido no contrato e haverá a imediata assunção do serviço pelo poder concedente, procedendo-se aos levantamentos, avaliações e liquidações necessários.

Portanto, **reversão** pode ser conceituada como: a passagem ao poder concedente dos bens do concessionário aplicados ao serviço, uma vez extinta a concessão (art. 35, § 2º). Portanto, através da chamada reversão, os bens do concessionário, *necessários ao exercício do serviço público*, integram-se no patrimônio do concedente ao se findar a concessão. Está visto que a reversão também não é, de modo algum – ao contrário do que, às vezes, se vê afirmado –, uma forma de extinção da concessão. É isto sim, uma *consequência* dela; portanto, a pressupõe. Sem a extinção da concessão não há reversão. Esta procede dela, mas, evidentemente, não se confundem as duas coisas (STF, *RDA* 40/313, e TJDF, *RDA* 45/218; BANDEIRA DE MELLO, 2007, p. 740-741).

8.5. Concessão especial de serviços públicos (tema previsto na Lei n. 11.079/2004) – parceria público-privada

8.5.1. Conceito e modalidades

- **Parceria público-privada** é o contrato administrativo de concessão, na modalidade patrocinada ou administrativa.
- **Concessão patrocinada** é a concessão de serviços públicos ou de obras públicas de que trata a Lei n. 8.987/95 quando envolver, adicionalmente, à tarifa cobrada dos usuários contraprestação pecuniária do parceiro público ao parceiro privado.
- **Concessão administrativa** é o contrato de prestação de serviços de que a Administração Pública seja a usuária direta ou indireta, ainda que envolva execução de obra ou fornecimento e instalação de bens.

8.5.2. Características importantes

a) O art. 6º da Lei n. 13.529/2017 deu nova redação ao art. 2º, § 4º, da Lei n. 11.079/2004. Alterou o valor de vedação do contrato de PPP – que não podia ser inferior a 20 milhões de reais para o valor de 10 milhões de reais. Assim, a nova redação fixou a impossibilidade de contrato de PPP, cujo valor seja inferior a 10 milhões de reais.

b) É vedada a celebração de contrato de parceria cujo período de prestação do serviço seja inferior a 5 (cinco) anos.

c) É vedada a celebração de contrato de parceria que tenha como objeto único o fornecimento de mão de obra, o fornecimento e instalação de equipamentos ou a execução de obra pública.

d) Na contratação de parceria público-privada deve ser observada a diretriz de **indelegabilidade** das funções de regulação, jurisdicional, do exercício do poder de polícia e de outras atividades exclusivas do Estado.

O Supremo Tribunal Federal, ao julgar a **ADI 1.717/DF**, "declarou inconstitucional dispositivo da Lei n. 9.469/98, que previa a delegação a entidades privadas do poder de fiscalização de profissões regulamentadas, fundando-se a decisão na indelegabilidade do poder de polícia". Assim, não é possível a outorga a pessoas da iniciativa privada do exercício do poder de polícia, vez que carecedoras do *ius imperii* necessário ao exercício desse poder.

e) No contrato de parceria público-privada deverá haver a repartição objetiva de riscos entre as partes.

f) O prazo de vigência do contrato de concessão especial deverá ser compatível com a amortização dos investimentos realizados, não inferior a 5 (cinco), nem superior a 35 (trinta e cinco) anos, incluindo eventual prorrogação.

g) Repartição de riscos entre as partes, inclusive os referentes a caso fortuito, força maior, fato do príncipe e álea econômica extraordinária.

h) A contraprestação da Administração Pública nos contratos de parceria público-privada poderá ser feita por ordem bancária, cessão de créditos não tributários, outorga de direitos em face da Administração Pública, outorga de direitos sobre bens públicos dominicais e outros meios admitidos em lei.

8.6. Permissão de serviços públicos

Permissão de serviço público é a delegação, a título precário, mediante licitação, da prestação de serviços públicos, feita pelo poder concedente à pessoa física ou jurídica que demonstre capacidade para seu desempenho, por sua conta e risco (nesse sentido *vide* arts. 2º, IV, e 40, ambos da Lei n. 8.987/95).

A Lei n. 12.869/2013 regulou nova forma de permissão, a permissão lotérica, assim considerada como a outorga, a título precário e mediante licitação, do serviço de comercialização das loterias federais e de outros produtos autorizados, bem como a delegação de outros serviços definidos na legislação, como é o caso de serviços bancários, figurando como *outorgante* a Caixa Econômica Federal e como *outorgado o permissionário lotérico* particular.

As principais características dessa nova modalidade são: a) é forma de delegação de serviço público e que não impede o exercício de atividades complementares e comerciais pelo particular; b) remuneração do permissionário através de **comissão** (incidentes sobre o preço de venda das apostas, deduzidos os devidos repasses); c) a extinção dessa permissão pode ocorrer por rescisão, por caducidade ou pelas demais formas previstas na Lei n. 8.987/95.

8.7. Autorização de serviços públicos

Os *autorizados de serviços públicos* são entes privados, executores de *administração associada de interesses públicos de natureza econômica por parceria*, instrumentada por *ato administrativo* que delega precariamente a um particular a execução de certos serviços públicos em caráter instável, emergente ou transitório (CARVALHO FILHO, 2016, p. 525).

A Lei n. 12.815/2013 regula a exploração pela União, direta ou indiretamente, dos **portos e instalações portuárias** e as **atividades desempenhadas pelos operadores portuários** e fixa, além do **contrato** de arrendamento portuário, também uma modalidade unilateral de parceria outorgada por **ato administrativo** (nos termos do art. 8º da referida lei). Assim, serão exploradas mediante **autorização**, precedida de chamada ou anúncio públicos e, quando for o caso, **processo seletivo público, as instalações portuárias localizadas fora** da área do porto organizado, compreendendo as seguintes modalidades: a) terminal de uso privado; b) estação de transbordo de carga; c) instalação portuária pública de pequeno porte; d) instalação portuária de turismo.

9. AGENTES PÚBLICOS

É comum entre todos os agentes públicos o fato de todos eles serem, embora muitas vezes apenas em alguns aspectos das respectivas atividades, agentes que exprimem um poder estatal, munidos de uma autoridade que só podem exercer por lhes haver o Estado emprestado sua força jurídica, exigindo ou consentindo-lhes o uso, para satisfação de fins públicos. Em suma, é o exercício do poder estatal (GASPARINI, 2009, p. 140).

9.1. Acessibilidade

A investidura em cargo ou emprego público depende de aprovação prévia em **concurso público** de provas ou de provas e títulos, de acordo com a natureza e a complexidade do cargo ou emprego, na forma prevista em lei.

Baseia-se o concurso em três postulados fundamentais. O primeiro é o *princípio da igualdade*, pelo qual se permite que todos os interessados em ingressar no serviço público disputem a vaga em condições idênticas para todos. Depois, o *princípio da moralidade administrativa*, indicativo de que o concurso veda favorecimentos e perseguições pessoais, bem como situações de nepotismo, em ordem a demonstrar que o real escopo da Administração é o de selecionar os melhores candidatos. Por fim, o *princípio da competição*, que significa que os candidatos participam de um certame, procurando alçar-se a classificação que os coloque em condições de ingressar no serviço público (CAETANO, 1991, v. 2, p. 638; CARVALHO FILHO, 2010, p. 574).

Todavia, o próprio Texto Constitucional (art. 37, II) excetua a regra e ressalva as nomeações para cargo em comissão (declarado em lei de livre nomeação e exoneração – *ad nutum*).

Ainda, a CF excetua a regra constitucional da obrigatoriedade de concurso para as contratações temporárias (art. 37, IX) em caso de necessidade de excepcional interesse público. Inclusive o STF, ao julgar o **tema 612** de repercussão geral no RE 658.026, fixou a seguinte tese: "Nos termos do art. 37, IX, da CF, para que **se considere válida** a contratação temporária de servidores, é preciso que: a) os casos excepcionais estejam previstos em lei; b) o prazo de contratação seja predeterminado; c) a necessidade seja temporária; d) o interesse público seja excepcional; e) a contratação seja indispensável, sendo vedada para os serviços ordinários permanentes do Estado que estejam sob o espectro das contingências normais da Administração".

Mais, sobre contratações temporárias o STF, ao julgar o tema 916 de repercussão geral no RE 765.320, fixou a tese de que: "a contratação por tempo determinado para atendimento de necessidade temporária de excepcional interesse público realizada em desconformidade com os preceitos do art. 37, IX, da Constituição Federal **não gera quaisquer efeitos jurídicos válidos** em relação aos servidores contratados, **com exceção** do direito à percepção dos salários referentes ao período trabalhado e, nos termos do art. 19-A da Lei n. 8.036/90, ao levantamento dos depósitos efetuados no Fundo de Garantia do Tempo de Serviço – FGTS".

9.2. Jurisprudência sobre concurso público

a) **Súmula Vinculante 43:** É inconstitucional toda modalidade de provimento que propicie ao servidor investir-se, sem prévia aprovação em concurso público destinado ao seu provimento, em cargo que não integra a carreira na qual anteriormente investido.

b) **Súmula Vinculante 44:** Só por **lei** se pode sujeitar a exame psicotécnico a habilitação de candidato a cargo público.

c) O STF, em 15 de abril de 2016, decidiu que a comprovação do triênio de atividade jurídica exigida para ingresso no cargo de juiz substituto (art. 93, I, CF) se dá na **inscrição definitiva** no concurso e não no momento da posse (RE 655.265).

d) Em 10 de dezembro de 2015, o STF (RE 837.311) decidiu que "o surgimento de novas vagas ou a abertura de novo concurso para o mesmo cargo, durante o prazo de validade do certame anterior, não gera automaticamente o direito à nomeação dos candidatos aprovados fora das vagas previstas no edital, ressalvadas as hipóteses de preterição arbitrária e imotivada por parte da administração, caracterizada por comportamento tácito ou expresso do Poder Público capaz de revelar a inequívoca necessidade de nomeação do aprovado durante o período de validade do certame, a ser demonstrada de forma cabal pelo candidato".

Desta forma, o direito subjetivo à nomeação do candidato aprovado em concurso público exsurge nos seguintes casos:

- Se a aprovação ocorrer dentro do número de vagas dentro do edital.
- Se houver preterição na nomeação por não observância da ordem de classificação.
- Quando surgirem novas vagas, ou for aberto novo concurso durante a validade do certame anterior, e ocorrer a preterição de candidatos de forma arbitrária e imotivada por parte da administração nos termos acima.

e) Em 27 de abril de 2015, o STF (RE 632.853) decidiu que os critérios adotados por banca examinadora de concurso **não podem** ser revistos pelo Poder Judiciário. Apenas em casos de flagrante ilegalidade ou inconstitucionalidade que o Judiciário poderá ingressar no mérito administrativo para rever critérios de correção e de avaliação impostos pela banca examinadora.

f) O STF decidiu, ao julgar o RE 705.140, com repercussão geral (tema 308), que contratação pela Administração Pública sem realização de concurso público é nula (não gerando efeitos jurídicos válidos) a não ser o direito à percepção dos salários em razão do período trabalhado e o levantamento do FGTS.

g) O STF, ao julgar o tema 671 de repercussão geral no RE 724.347, firmou a tese de que "na hipótese de posse em cargo público determinada por decisão judicial, o servidor **não faz jus** a indenização, sob fundamento de que deveria ter sido investido em momento anterior, salvo situação de arbitrariedade flagrante".

h) O STF, ao julgar o tema 335 de repercussão geral no RE 630.733, fixou a tese de que "inexiste direito dos candidatos em concurso público à prova de segunda chamada nos testes de aptidão física, salvo contrária disposição editalícia, em razão de circunstâncias pessoais, ainda que de caráter fisiológico ou de força maior, mantida a validade das provas de segunda chamada realizadas até 15/5/2013, em nome da segurança jurídica".

i) O STF, ao julgar o tema 376 de repercussão geral no RE 635.739, fixou a tese de que "é constitucional a regra inserida no edital de concurso público, denominada cláusula de barreira, com o intuito de selecionar apenas os candidatos mais bem classificados para prosseguir no certame".

j) O STF, ao julgar o tema 838 de repercussão geral no RE 898.450, firmou a tese de que "editais de concurso público **não podem estabelecer** restrições a pessoas com tatuagem, salvo situações excepcionais em razão de conteúdo que viole valores constitucionais".

k) O STF, ao julgar o tema 569 de repercussão geral no RE 789.874, firmou a tese de que "os serviços sociais autônomos integrantes do denominado Sistema 'S' não estão submetidos à exigência de concurso público para contratação de pessoal, nos moldes do art. 37, II, da Constituição Federal".

9.3. Categorias de agentes públicos

9.3.1. Agentes políticos

São os titulares dos cargos estruturais à organização política do País, ou seja, ocupantes dos que integram o arcabouço constitucional do Estado, o esquema fundamental do Poder. Daí que se constituem nos formadores da vontade superior do Estado. São agentes políticos apenas o Presidente da República, os Governadores, Prefeitos e respectivos vices, os auxiliares imediatos dos Chefes de Executivo, isto é, Ministros e Secretários das diversas Pastas, bem como os Senadores, Deputados federais e estaduais e os Vereadores (BANDEIRA DE MELLO, 2007, p. 245-246).

9.3.2. Servidores estatais

9.3.2.1. Servidores públicos

São todos os agentes que, exercendo com caráter de permanência uma função pública em decorrência de relação de trabalho, integram o quadro funcional das pessoas federativas, das autarquias e das fundações públicas de natureza autárquica (CARVALHO FILHO, 2016, p. 714).

São os que trabalham nas entidades da Administração Pública que tem personalidade jurídica de **direito público** e, em regra, são titulares de **cargo público** – portanto gozam da estabilidade prevista no art. 41 da CF.

Na esfera federal, a União disciplinou o seu regime estatutário através da Lei n. 8.112/90.

A Lei n. 13.370, de 12 de dezembro 2016, deu nova redação ao § 3º da Lei n. 8.112/90, estabelecendo a possibilidade de concessão de horário especial ao servidor estudante nos seguintes casos:

a) se houver comprovada incompatibilidade entre o horário escolar e o da repartição, sem prejuízo do exercício do cargo;

b) quando o servidor tiver cônjuge, filho ou dependente com deficiência.

9.3.2.2. Servidor de ente governamental de direito privado (empregados públicos)

São os que trabalham nas entidades da Administração Pública que tem personalidade jurídica de **direito privado**. Esse regime se caracteriza "pelo princípio da *unicidade normativa*, porque o conjunto integral das normas reguladoras se encontra em um único diploma legal – a CLT" (CARVALHO FILHO, 2016, p. 720).

Esses servidores **não gozam** da estabilidade prevista no art. 41, CF (por serem titulares de um **emprego público** e não de um cargo público), mas o STF decidiu, ao julgar o RE 589.998, com repercussão geral (tema 131), que, apesar de não terem a estabilidade, é **obrigatória a motivação** da dispensa unilateral de empregado por empresa pública e sociedade de economia mista tanto da União quanto dos Estados, do DF e dos Municípios. A tese fixada foi a seguinte: "Os empregados públicos das empresas públicas e sociedades de economia mista não fazem jus à estabilidade prevista no art. 41 da Constituição Federal, mas sua dispensa deve ser motivada".

9.3.3. Particulares em colaboração com o Estado

1) Concessionários e permissionários de serviços públicos.

2) Mesários em época de eleição.

3) Jurados integrantes do tribunal do júri.

4) Titulares de registro e ofícios de notas (cujas funções são desempenhadas em caráter privado) por delegação do Poder Público, nos termos do art. 236, CF.

5) **Agentes honoríficos** "são cidadãos convocados, designados ou nomeados para prestar, transitoriamente, determinados serviços ao Estado, em razão de sua condição cívica, de sua honorabilidade ou de sua notória capacidade profissional, mas sem qualquer vínculo empregatício ou estatutário e, normalmente, sem remuneração. Tais serviços constituem o chamado múnus público, ou serviços públicos relevantes, de que são exemplos a função de jurado, de mesário eleitoral, de comissário de menores, de presidente ou membro de comissão de estudo ou de julgamento e outros dessa natureza" (MEIRELLES, 2010, p. 81).

9.3.4. Agentes de fato

Nomenclatura empregada para distingui-los dos agentes de direito. O ponto marcante dos agentes de fato é que o desempenho da função pública deriva de situação excepcional, sem prévio enquadramento legal, mas suscetível de ocorrência no âmbito da Administração, dada a grande variedade de casos que se originam da dinâmica social. Podem ser agrupados em duas categorias: agentes necessários e agentes putativos (CARVALHO FILHO, 2016, p. 713).

Os **agentes necessários** realizam atividades de emergência em situações excepcionais. Os **agentes putativos** realizam atividade pública, sem que haja tido investidura para isso (é o caso do agente investido sem aprovação em concurso público). Os atos praticados pelos agentes putativos devem ser convalidados, a fim de que terceiros de boa-fé não sejam prejudicados. Ainda, mesmo que ilegítima a investidura, fará *jus* à percepção da remuneração – para não configurar enriquecimento sem causa da Administração.

9.3.5. Militares

9.3.5.1. Militares dos Estados, Distrito Federal e Territórios (art. 42 e parágrafos da CF)

Art. 42. Os membros das Polícias Militares e Corpos de Bombeiros Militares, instituições organizadas com base na hierarquia e disciplina, são militares dos Estados, do Distrito Federal e dos Territórios.

Aplicam-se aos militares dos Estados, do Distrito Federal e dos Territórios, além do que vier a ser fixado em lei, as disposições constitucionais do art. 14, § 8º; do art. 40, § 9º; e do art. 142, §§ 2º e 3º, cabendo a lei estadual específica dispor sobre as matérias do art. 142, § 3º, X, sendo as patentes dos oficiais conferidas pelos respectivos governadores.

Aos pensionistas dos militares dos Estados, do Distrito Federal e dos Territórios aplica-se o que for fixado em lei específica do respectivo ente estatal.

9.3.5.2. Militares das Forças Armadas – integrantes da União (art. 142, § 3º, CF)

Art. 142. As Forças Armadas, constituídas pela **Marinha**, pelo **Exército** e pela **Aeronáutica**, são instituições nacionais permanentes e regulares, organizadas com base na hierarquia e na disciplina, sob a autoridade suprema do Presidente da República, e destinam-se à defesa da Pátria, à garantia dos poderes constitucionais e, por iniciativa de qualquer destes, da lei e da ordem.

§ 3º Os membros das Forças Armadas são denominados militares, aplicando-se-lhes, além das que vierem a ser fixadas em lei, as seguintes disposições:

I – as patentes, com prerrogativas, direitos e deveres a elas inerentes, são conferidas pelo Presidente da República e asseguradas em plenitude aos oficiais da ativa, da reserva ou reformados, sendo-lhes privativos os títulos e postos militares e, juntamente com os demais membros, o uso dos uniformes das Forças Armadas;

II – o militar em atividade que tomar posse em cargo ou emprego público civil permanente, ressalvada a hipótese prevista no art. 37, XVI, alínea *c*, será transferido para a reserva, nos termos da lei;

III – o militar da ativa que, de acordo com a lei, tomar posse em cargo, emprego ou função pública civil temporária, não eletiva, ainda que da administração indireta, ressalvada a hipótese prevista no art. 37, XVI, alínea *c*, ficará agregado ao respectivo quadro e somente poderá, enquanto permanecer nessa situação, ser promovido por antiguidade, contando-se-lhe o tempo de serviço apenas para aquela promoção e transferência para a reserva, sendo depois de dois anos de afastamento, contínuos ou não, transferido para a reserva, nos termos da lei;

IV – ao militar são proibidas a sindicalização e a greve;

V – o militar, enquanto em serviço ativo, **não pode** estar filiado a partidos políticos;

VI – o oficial só perderá o posto e a patente se for julgado indigno do oficialato ou com ele incompatível, por decisão de tribunal militar de caráter permanente, em tempo de paz, ou de tribunal especial, em tempo de guerra;

VII – o oficial condenado na justiça comum ou militar a pena privativa de liberdade superior a dois anos, por sentença transitada em julgado, será submetido ao julgamento previsto no inciso anterior;

VIII – aplica-se aos militares o disposto no art. 7º, VIII, XII, XVII, XVIII, XIX e XXV, e no art. 37, XI, XIII, XIV e XV, bem como, na forma da lei e com prevalência da atividade militar, no art. 37, XVI, *c*;

IX – revogado

X – a lei disporá sobre o ingresso nas Forças Armadas, os limites de idade, a estabilidade e outras condições de transferência do militar para a inatividade, os direitos, os deveres, a remuneração, as prerrogativas e outras situações especiais dos militares, consideradas as peculiaridades de suas atividades, inclusive aquelas cumpridas por força de compromissos internacionais e de guerra.

Súmula Vinculante 51: "O reajuste de 28,86%, concedido aos servidores militares pelas Leis n. 8.622/93 e 8.627/93, estende-se aos servidores civis do poder executivo, observadas as eventuais compensações decorrentes dos reajustes diferenciados concedidos pelos mesmos diplomas legais".

9.4. Cargos *versus* empregos públicos

Os regimes jurídicos de pessoal para os agentes públicos são, basicamente: o **estatutário**, de direito **público**, no qual o Estado se coloca em posição de supremacia, podendo alterar certas condições de trabalho unilateralmente (o que reforça a suposição antiga de que "estatutário" e "contrato de função pública" seriam meros jogos de palavras); (ARAÚJO, *Contrato administrativo*, cit., p. 118-125, ao comentar a posição (bastante criticada na época) assumida por José Cretella Júnior – 1967, v. III, p. 185 e s.), e **contratual**, de direito **privado**, pelo qual a posição do Estado não detém tal supremacia, embora sofra algumas derrogações em sua pureza, em virtude da **pessoa** do empregador e dos **serviços públicos** que o órgão ou entidade prestam.

No primeiro caso, são ocupantes de **cargos**, e chamam-se atualmente servidores públicos; no segundo, são ocupantes de **empregos públicos** ou de **funções** (na Administração estadual de São Paulo, **função-atividade**), e denominam-se servidores celetistas (CASTRO, 1981, p. 14, 17 e 11 e s.). Mas também são servidores estatutários em algumas Administrações, por exemplo, na do Estado de São Paulo, aqueles que não são efetivos (remanescentes dos antigos extranumerários, servidores temporários etc.), e ocupam **funções,** não cargos (NETTO DE ARAÚJO, 2007, p. 25).

Três são as categorias de cargos públicos:

a) **Cargos vitalícios:** são aqueles que conferem ao agente maiores garantias, só possibilitando a perda do cargo através de processo judicial (art. 95, I, CF). São vitalícios os cargos dos magistrados, dos membros do Ministério Público e dos membros dos Tribunais de Contas.

b) **Cargos efetivos:** seu conceito é obtido de forma residual: se o cargo não for classificado nem como vitalício nem como cargo em comissão, será considerado efetivo. Para titulares de cargos efetivos, as hipóteses de perda do cargo só podem ocorrer nos casos estabelecidos pelo art. 41, § 1º, CF.

c) **Cargos em comissão:** são de ocupação transitória e seus titulares são nomeados em razão da existência de relação de confiança entre a autoridade nomeante e o agente escolhido. Os cargos em comissão somente podem destinar-se a funções de **direção, chefia e assessoramento**. A nomeação das pessoas que ocuparão cargos em comissão é livre, bem como a exoneração (exoneração *ad nutum*), devendo apenas respeitar o teor da Súmula Vinculante 13 – que para essas nomeações veda o **nepotismo**.

> Viola a Constituição Federal a nomeação de cônjuge, companheiro ou parente em linha reta, colateral ou por afinidade, **até o terceiro grau, inclusive**, da autoridade nomeante ou de servidor da mesma pessoa jurídica investido em cargo de direção, chefia ou assessoramento, para o exercício de cargo em comissão ou de confiança ou, ainda, de função gratificada na administração pública direta e indireta em qualquer dos poderes da União, dos Estados, do Distrito Federal e dos Municípios, **compreendido o ajuste mediante designações recíprocas** (Súmula Vinculante 13).

Importante ressaltar que a lei que veda o nepotismo não tem iniciativa exclusiva do Executivo. Assim, há legitimidade ativa partilhada entre o Legislativo e o chefe do Executivo na propositura de leis que versam sobre nepotismo (STF, RE 570.392).

9.5. Estabilidade

São estáveis após **três anos** de efetivo exercício os servidores nomeados para **cargo** de provimento efetivo em virtude de concurso público. Como condição para a aquisição da estabilidade, é obrigatória a **avaliação especial** de desempenho por comissão instituída para essa finalidade.

O servidor público estável só perderá o cargo: a) em virtude de sentença judicial transitada em julgado; b) mediante processo administrativo em que lhe seja assegurada ampla defesa; c) mediante procedimento de **avaliação periódica** de desempenho, na forma de lei complementar, assegurada ampla defesa.

Cuidado:

> *Estabilidade*, como vimos acima, é a garantia constitucional do servidor público estatutário de permanecer no serviço público, após o período de três anos de efetivo exercício. *Efetividade* nada mais é do que a situação jurídica que qualifica a titularização de cargos efetivos, para distinguir-se da que é relativa aos ocupantes de cargos em comissão. Se um servidor ocupa um cargo efetivo, tem efetividade; se ocupa cargo em comissão, não a tem (CARVALHO FILHO, 2010, p. 615).

9.6. Provimento *versus* investidura

Provimento é o fato administrativo que traduz o preenchimento de um cargo público. Como esse fato depende da manifestação volitiva da autoridade competente em cada caso, tem-se que o fato *provimento* é consubstanciado através de um ato administrativo de caráter funcional: são os atos de provimento (CARVALHO FILHO, 2010, p. 563).

> A investidura consiste no aperfeiçoamento jurídico da aquisição da titularidade da posição jurídica correspondente ao cargo público no qual um sujeito foi aprovado.
>
> Sob esse prisma, deve ser bem entendida a consideração de Márcio Cammarosano no sentido de que o provimento diz respeito ao cargo, enquanto a investidura é concernente à pessoa. O cargo é provido, alguém é investido. A distinção decorre, portanto, do ângulo de observação: se tenho em vista o cargo. Refiro-me ao provimento; se a pessoa que o titulariza, refiro-me à investidura (apud BANDEIRA DE MELLO, 2007, p. 294; JUSTEN FILHO, 2010, p. 899).

Nos termos da Lei n. 8.112/90, art. 8º, os **atos de provimento** são: a) nomeação; b) promoção; c) readaptação; d) reversão; e) aproveitamento; f) reintegração; g) recondução.

a) **Nomeação:** a nomeação para cargo de carreira ou cargo isolado de provimento efetivo depende de prévia habilitação em concurso público de provas ou de provas e títulos, obedecidos a ordem de classificação e o prazo de sua validade. Pode ocorrer **em caráter efetivo** quando se tratar de cargo isolado de provimento efetivo ou de carreira; ou **em comissão**.

b) **Promoção:** "é o provimento que eleva o servidor a uma classe imediatamente superior dentro da mesma carreira" (MOREIRA NETO, 2014, p. 405) – desde que haja vaga e de acordo com critérios de merecimento, antiguidade, realização de cursos de aperfeiçoamento, por exemplo.

c) **Readaptação:** é a investidura do servidor em cargo de atribuições e responsabilidades compatíveis com a limitação que tenha sofrido em sua capacidade física ou mental verificada em inspeção médica. Se julgado incapaz para o serviço, o readaptando será aposentado.

d) **Reversão:** é o retorno à atividade de servidor aposentado ou por invalidez, quando junta médica oficial declarar insubsistentes os motivos da aposentadoria; ou interesse da administração em casos especificados pelo art. 25, II, Lei n. 8.112/90.

e) **Aproveitamento:** consiste no retorno à atividade de servidor em disponibilidade; far-se-á mediante aproveitamento obrigatório em cargo de atribuições e vencimentos compatíveis com o anteriormente ocupado.

f) **Reintegração:** é a reinvestidura do servidor estável no cargo anteriormente ocupado, ou no cargo resultante de sua transformação, quando invalidada a sua demissão por decisão administrativa ou judicial, com ressarcimento de todas as vantagens.

Trata-se de uma especialíssima forma de execução de sentença *in natura* contra a Administração Pública, que, tal como a anulação, atua *ex tunc*, impondo, ainda, como corolário, à Fazenda Pública condenada, o *ressarcimento indenizatório* de todas as importâncias que deveriam ter sido pagas desde a demissão anulada e, finalmente, a reposição dos demais direitos estatutários, que teriam sido hipoteticamente deferidos ao servidor durante o período, como promoções, licenças, progressão horizontal, tempo de serviço etc. (MOREIRA NETO, 2014, p. 403).

g) **Recondução:** é o retorno do servidor estável ao cargo anteriormente ocupado; decorrerá de inabilitação em estágio probatório relativo a outro cargo ou reintegração do anterior ocupante.

9.7. Remuneração dos agentes públicos: considerações essenciais

a) A remuneração dos servidores públicos e o subsídio de que trata o § 4º do art. 39, CF, somente poderão ser fixados ou alterados por **lei específica**, observada a iniciativa privativa em cada caso, assegurada **revisão geral anual**, sempre na mesma data e sem distinção de índices.

b) A remuneração e o subsídio dos ocupantes de cargos, funções e empregos públicos da administração direta, autárquica e fundacional, dos membros de qualquer dos Poderes da União, dos Estados, do Distrito Federal e dos Municípios, dos detentores de mandato eletivo e dos demais agentes políticos e os proventos, pensões ou outra espécie remuneratória, percebidos cumulativamente ou não, incluídas as vantagens pessoais ou de qualquer outra natureza, **não poderão exceder** o subsídio mensal, em espécie, dos **Ministros do Supremo Tribunal Federal,** aplicando-se como limite, **nos Municípios, o subsídio do Prefeito, e nos Estados e no Distrito Federal,** o subsídio mensal do Governador no âmbito do Poder Executivo, o subsídio dos Deputados Estaduais e Distritais no âmbito do Poder Legislativo e o subsídio dos Desembargadores do Tribunal de Justiça, limitado a **noventa inteiros e vinte e cinco centésimos por cento** do subsídio mensal, em espécie, dos Ministros do Supremo Tribunal Federal, no âmbito do Poder Judiciário, aplicável este limite aos membros do Ministério Público, aos Procuradores e aos Defensores Públicos.

c) Os vencimentos dos cargos do Poder Legislativo e do Poder Judiciário **não poderão** ser superiores aos pagos pelo Poder Executivo.

d) É **vedada** a vinculação ou equiparação de quaisquer espécies remuneratórias para o efeito de remuneração de pessoal do serviço público.

e) É **vedada** a acumulação remunerada de cargos públicos, **exceto** nos seguintes casos:

- a dois cargos de professor;

- a um cargo de professor com outro técnico ou científico;
- dois cargos ou empregos privativos de profissionais de saúde, com profissões regulamentadas.

> Para ser possível a acumulação remunerada, alguns requisitos devem ser preenchidos: 1) existir compatibilidade de horários; 2) observar o disposto no art. 37, XI, CF; 3) a proibição de acumular estende-se a empregos e funções e abrange autarquias, fundações, empresas públicas, sociedades de economia mista, suas subsidiárias, e sociedades controladas, direta ou indiretamente, pelo Poder Público.

f) O STF, ao julgar o RE 609.381, entendeu que a regra do teto remuneratório dos servidores públicos é de eficácia imediata, admitindo a redução de vencimentos daqueles que recebem acima do limite constitucional.

> O STF (RE 675.978) decidiu que o teto constitucional do funcionalismo público deve ser aplicado sobre o valor bruto da remuneração, sem os descontos do Imposto de Renda (IR) e da contribuição previdenciária. Assim, "subtraído o montante que exceder o teto e subteto previsto no art. 37, XI, CF, tem-se o valor que vale como base para o Imposto de Renda e para a contribuição previdenciária".

9.8. Direito de greve dos agentes públicos

A Constituição Federal no art. 37, VII (norma constitucional de eficácia limitada), possibilita o direito de greve aos servidores, porém condiciona seu exercício nos termos da lei.

Ocorre que essa lei ainda não foi editada (ocorre o fenômeno da "síndrome da inefetividade das normas constitucionais").

Diante desse cenário surge o remédio constitucional **mandado de injunção** (previsto no art. 5º, LXXI, CF e regulamentado pela Lei n. 13.300, de 23 de junho de 2016) que tem por objetivo forçar a norma a produzir seus efeitos.

Assim, diante desse cenário de **falta de norma regulamentadora**, três mandados de injunção foram impetrados no STF (MI 670, 708 e 712) com o escopo de assegurar o direito de greve para os seus filiados ante a falta de norma infraconstitucional regulamentando o exercício do direito de greve.

Nesses julgamentos, o STF declara a omissão legislativa e decide que, enquanto não for editada a lei específica regulamentando a greve no funcionalismo público, aplica-se, no que couber, as leis que regulamentam a greve no setor privado (Leis ns. 7.783/89 e 7.701/88).

Ainda sobre o tema "greve", em 27 de outubro de 2016 o STF concluiu o julgamento do RE 693.456, com repercussão geral, e fixou a tese de que "a Administração Pública **deve proceder** ao desconto dos dias de paralisação decorrentes do exercício do direito de greve pelos servidores públicos, em virtude da suspensão do vínculo funcional que dela decorre, permitida a compensação em caso de acordo. O desconto será, contudo, **incabível** se ficar demonstrado que a greve foi provocada por conduta ilícita do Poder Público".

9.9. Principais pontos da Lei n. 13.300/2016 – Lei do Mandado de Injunção

a) A Lei n. 13.300/2016 trouxe a figura não só da regulamentação total, mas da **regulamentação parcial** de norma. Assim, conceder-se-á mandado de injunção sempre que a **falta total ou parcial** de norma regulamentadora torne inviável o exercício dos direitos e liberdades constitucionais e das prerrogativas inerentes à nacionalidade, à soberania e à cidadania.

b) Definiu o que seria **parcial regulamentação**: considera-se parcial a regulamentação quando forem insuficientes as normas editadas pelo órgão legislador competente.

c) São **legitimados ativos (impetrantes)** para a propositura do **mandado de injunção individual** as pessoas naturais ou jurídicas que se afirmam titulares dos direitos, das liberdades ou das prerrogativas inerentes à nacionalidade, à soberania e à cidadania.

d) São **legitimados passivos (impetrado)** o poder, o órgão ou a autoridade com atribuição para editar a norma regulamentadora.

e) Reconhecido o estado de **mora legislativa**, será deferida a injunção para: I – determinar **prazo razoável** para que o impetrado promova a edição da norma regulamentadora (determinação que só será dispensada quando comprovado que o impetrado deixou de atender, em mandado de injunção anterior, ao prazo estabelecido para a edição da norma) e II – estabelecer as **condições** em que se dará o exercício dos direitos, das liberdades ou das prerrogativas reclamados ou, se for o caso, as condições em que poderá o interessado promover ação própria visando a exercê-los, caso não seja suprida a mora legislativa no prazo determinado.

f) A norma regulamentadora superveniente produzirá efeitos ***ex nunc*** em relação aos beneficiados por decisão transitada em julgado, salvo se a aplicação da norma editada lhes for mais favorável. Todavia, estará **prejudicada a impetração** se a norma regulamentadora for editada **antes da decisão**, caso em que o processo será extinto **sem** resolução de mérito.

g) A Lei n. 13.300/2016 fixou, ainda, os legitimados para a propositura do **mandado de injunção coletivo**:

- **Ministério Público:** quando a tutela requerida for especialmente relevante para a defesa da ordem jurídica, do regime democrático ou dos interesses sociais ou individuais indisponíveis.
- **Partido político com representação no Congresso Nacional:** para assegurar o exercício de direitos, liberdades e prerrogativas de seus integrantes ou relacionados com a finalidade partidária.
- **Organização sindical, entidade de classe ou associação legalmente constituída e em funcionamento há pelo menos 1 (um) ano:** para assegurar o exercício de direitos, liberdades e prerrogativas em favor da totalidade ou de parte de seus membros ou associados, na forma de seus estatutos e desde que pertinentes a suas finalidades, dispensada, para tanto, autorização especial.
- **Defensoria Pública:** quando a tutela requerida for especialmente relevante para a promoção dos direitos humanos e a defesa dos direitos individuais e coletivos dos necessitados, na forma do art. 5º, LXXIV, CF.

> Os legitimados para a propositura do mandado de segurança coletivo são: partido político com representação no Congresso Nacional e organização sindical, entidade de classe ou associação legalmente constituída e em funcionamento há pelo menos um ano, em defesa dos interesses de seus membros ou associados.

9.10. Aposentadoria do servidor

Sobre o tema aposentadoria do servidor, alguns pontos merecem destaque e atenção:

a) A **Emenda Constitucional n. 88/2015** estabeleceu que aos servidores titulares de **cargos efetivos** da União, dos Estados, do Distrito Federal e dos Municípios, incluídas suas autarquias e fundações, é assegurado regime de previdência de caráter **contributivo e solidário**, mediante contribuição do respectivo ente público, dos servidores ativos e inativos e dos pensionistas, observados os critérios que preservem o equilíbrio financeiro e atuarial. E, assim, determinou que a **aposentadoria compulsória** ocorrerá, com proventos proporcionais ao tempo de contribuição, **aos 70 anos de idade, ou aos 75 anos de idade**, na forma de lei complementar (Lei Complementar n. 152/2015).

b) Serão aposentados **compulsoriamente aos 75 anos** de idade, com proventos proporcionais, os servidores titulares de cargos efetivos da União, dos Estados, do Distrito Federal e dos Municípios, incluídas suas autarquias e fundações; os membros do Poder Judiciário; os membros do Ministério Público; os membros das Defensorias Públicas; os membros dos Tribunais e dos Conselhos de Contas.

c) A Constituição Federal (art. 40, § 4º) **veda** (em nome do princípio da igualdade ou isonomia) a adoção de requisitos e critérios diferenciados para a concessão de aposentadoria aos abrangidos pelo regime próprio de previdência social – RPPS. Porém, faz uma **ressalva**: permite em três situações (que devem estar definidas em **leis complementares**) um **tratamento diferenciado**: I – aos portadores de deficiência; II – para aqueles que exercem atividades de risco; e III – para aqueles cujas atividades sejam exercidas sob condições especiais que prejudiquem a saúde ou a integridade física.

Ocorre que, para essa terceira hipótese, não há lei complementar definindo os critérios para concessão dessa aposentadoria.

Assim, diante dessa falta de norma regulamentadora (síndrome da inefetividade das normas constitucionais) diversos **mandados de injunção** foram propostos no STF, até que foi editada a **Súmula Vinculante 33** fixando que "aplicam-se ao servidor público, no que couber, as regras do regime geral da previdência social sobre aposentadoria especial de que trata o artigo 40, § 4º, inciso III, da Constituição Federal, até a edição de lei complementar específica".

Ou seja, enquanto não houver a lei complementar específica que regulamenta a aposentadoria especial do servidor que exerce atividades sob condições especiais que prejudiquem a sua saúde ou sua integridade física (prevista no art. 40, § 4º, III, CF), utiliza-se, no que couber, a lei que regulamenta essa mesma situação no setor privado e, portanto, no Regime Geral de Previdência Social (RGPS).

Sobre esse assunto *vide* esse precedente representativo:

Ementa: Mandado de injunção. Aposentadoria especial do servidor público. Art. 40, § 4º, da Constituição da República. Ausência de lei complementar a disciplinar a matéria. Necessidade de integração legislativa. 1. Servidor público. Investigador da polícia civil do Estado de São Paulo. Alegado exercício de atividade sob condições de periculosidade e insalubridade. 2. Reconhecida a omissão legislativa em razão da ausência de lei complementar a definir as condições para o implemento da aposentadoria especial. 3. Mandado de injunção conhecido e concedido para comunicar a mora à autoridade competente e determinar a aplicação, no que couber, do art. 57 da Lei n. 8.213/91 (MI 795, Relatora Ministra Cármen Lúcia, Tribunal Pleno, julgamento em 15-4-2009, *DJe* 22-5-2009).

10. IMPROBIDADE ADMINISTRATIVA

10.1. Introdução

A Lei n. 8.429/92 é um dos maiores diplomas de combate à corrupção e às condutas desonestas, não éticas, eivadas de vícios de moralidade cometidos pelo agente público contra a administração direta, indireta ou fundacional de qualquer dos Poderes da União, dos Estados, do Distrito Federal, dos Municípios, de Território, de empresa incorporada ao patrimônio público ou de entidade para cuja criação ou custeio o erário haja concorrido ou concorra com mais de cinquenta por cento do patrimônio ou da receita anual. Serão punidos na forma desta lei e também contra o patrimônio de entidade que receba subvenção, benefício ou incentivo, fiscal ou creditício, de órgão público, bem como daquelas para cuja criação ou custeio o erário haja concorrido ou concorra com menos de cinquenta por cento do patrimônio ou da receita anual, limitando-se, nestes casos, a sanção patrimonial à repercussão do ilícito sobre a contribuição dos cofres públicos.

10.2. Atos de improbidade administrativa

10.2.1. Enriquecimento ilícito (art. 9º da LIA) – necessidade de dolo ou má-fé para sua configuração

Art. 9º da LIA

I – receber, para si ou para outrem, dinheiro, bem móvel ou imóvel, ou qualquer outra vantagem econômica, direta ou indireta, a título de comissão, percentagem, gratificação ou presente de quem tenha interesse, direto ou indireto, que possa ser atingido ou amparado por ação ou omissão decorrente das atribuições do agente público;

II – perceber vantagem econômica, direta ou indireta, para facilitar a aquisição, permuta ou locação de bem móvel ou imóvel, ou a contratação de serviços pelas entidades referidas no art. 1º por preço superior ao valor de mercado;

III – perceber vantagem econômica, direta ou indireta, para facilitar a alienação, permuta ou locação de bem público ou o fornecimento de serviço por ente estatal por preço inferior ao valor de mercado;

IV – utilizar, em obra ou serviço particular, veículos, máquinas, equipamentos ou material de qualquer natureza, de propriedade ou à disposição de qualquer das entidades mencionadas no art. 1º desta lei, bem como o trabalho de servidores públicos, empregados ou terceiros contratados por essas entidades;

V – receber vantagem econômica de qualquer natureza, direta ou indireta, para tolerar a exploração ou a prática de jogos de azar, de lenocínio, de narcotráfico, de contrabando, de usura ou de qualquer outra atividade ilícita, ou aceitar promessa de tal vantagem;

VI – receber vantagem econômica de qualquer natureza, direta ou indireta, para fazer declaração falsa sobre medição ou avaliação em obras públicas ou qualquer outro serviço, ou sobre quantidade, peso, medida, qualidade ou característica de mercadorias ou bens fornecidos a qualquer das entidades mencionadas no art. 1º desta lei;

VII – adquirir, para si ou para outrem, no exercício de mandato, cargo, emprego ou função pública, bens de qualquer natureza cujo valor seja desproporcional à evolução do patrimônio ou à renda do agente público;

VIII – aceitar emprego, comissão ou exercer atividade de consultoria ou assessoramento para pessoa física ou jurídica que tenha interesse suscetível de ser atingido ou amparado por ação ou omissão decorrente das atribuições do agente público, durante a atividade;

IX – perceber vantagem econômica para intermediar a liberação ou aplicação de verba pública de qualquer natureza;

X – receber vantagem econômica de qualquer natureza, direta ou indiretamente, para omitir ato de ofício, providência ou declaração a que esteja obrigado;

XI – incorporar, por qualquer forma, ao seu patrimônio bens, rendas, verbas ou valores integrantes do acervo patrimonial das entidades mencionadas no art. 1º desta lei;
XII – usar, em proveito próprio, bens, rendas, verbas ou valores integrantes do acervo patrimonial das entidades mencionadas no art. 1º desta lei.

10.2.2. Dano ao erário (art. 10 da LIA) – necessidade de dolo ou culpa para sua configuração

Art. 10 da LIA
I – facilitar ou concorrer por qualquer forma para a incorporação ao patrimônio particular, de pessoa física ou jurídica, de bens, rendas, verbas ou valores integrantes do acervo patrimonial das entidades mencionadas no art. 1º desta lei;
II – permitir ou concorrer para que pessoa física ou jurídica privada utilize bens, rendas, verbas ou valores integrantes do acervo patrimonial das entidades mencionadas no art. 1º desta lei, sem a observância das formalidades legais ou regulamentares aplicáveis à espécie;
III – doar à pessoa física ou jurídica bem como ao ente despersonalizado, ainda que de fins educativos ou assistências, bens, rendas, verbas ou valores do patrimônio de qualquer das entidades mencionadas no art. 1º desta lei, sem observância das formalidades legais e regulamentares aplicáveis à espécie;
IV – permitir ou facilitar a alienação, permuta ou locação de bem integrante do patrimônio de qualquer das entidades referidas no art. 1º desta lei, ou ainda a prestação de serviço por parte delas, por preço inferior ao de mercado;
V – permitir ou facilitar a aquisição, permuta ou locação de bem ou serviço por preço superior ao de mercado;
VI – realizar operação financeira sem observância das normas legais e regulamentares ou aceitar garantia insuficiente ou inidônea;
VII – conceder benefício administrativo ou fiscal sem a observância das formalidades legais ou regulamentares aplicáveis à espécie;
VIII – frustrar a licitude de processo licitatório ou de processo seletivo para celebração de parcerias com entidades sem fins lucrativos, ou dispensá-los indevidamente; (Redação dada pela Lei n. 13.019, de 2014)
IX – ordenar ou permitir a realização de despesas não autorizadas em lei ou regulamento;
X – agir negligentemente na arrecadação de tributo ou renda, bem como no que diz respeito à conservação do patrimônio público;
XI – liberar verba pública sem a estrita observância das normas pertinentes ou influir de qualquer forma para a sua aplicação irregular;
XII – permitir, facilitar ou concorrer para que terceiro se enriqueça ilicitamente;
XIII – permitir que se utilize, em obra ou serviço particular, veículos, máquinas, equipamentos ou material de qualquer natureza, de propriedade ou à disposição de qualquer das entidades mencionadas no art. 1º desta lei, bem como o trabalho de servidor público, empregados ou terceiros contratados por essas entidades.
XIV – celebrar contrato ou outro instrumento que tenha por objeto a prestação de serviços públicos por meio da gestão associada sem observar as formalidades previstas na lei; (Incluído pela Lei n. 11.107, de 2005)
XV – celebrar contrato de rateio de consórcio público sem suficiente e prévia dotação orçamentária, ou sem observar as formalidades previstas na lei. (Incluído pela Lei n. 11.107, de 2005)
XVI – facilitar ou concorrer, por qualquer forma, para a incorporação, ao patrimônio particular de pessoa física ou jurídica, de bens, rendas, verbas ou valores públicos transferidos pela administração pública a entidades privadas mediante celebração de parcerias, sem a observância das formalidades legais ou regulamentares aplicáveis à espécie; (Incluído pela Lei n. 13.019, de 2014)
XVII – permitir ou concorrer para que pessoa física ou jurídica privada utilize bens, rendas, verbas ou valores públicos transferidos pela administração pública a entidade privada mediante celebração de parcerias, sem a observância das formalidades legais ou regulamentares aplicáveis à espécie; (Incluído pela Lei n. 13.019, de 2014)
XVIII – celebrar parcerias da administração pública com entidades privadas sem a observância das formalidades legais ou regulamentares aplicáveis à espécie; (Incluído pela Lei n. 13.019, de 2014)
XIX – agir negligentemente na celebração, fiscalização e análise das prestações de contas de parcerias firmadas pela administração pública com entidades privadas; (Incluído pela Lei n. 13.019, de 2014)
XX – liberar recursos de parcerias firmadas pela administração pública com entidades privadas sem a estrita observância das normas pertinentes ou influir de qualquer forma para a sua aplicação irregular. (Incluído pela Lei n. 13.019, de 2014)
XXI – liberar recursos de parcerias firmadas pela administração pública com entidades privadas sem a estrita observância das normas pertinentes ou influir de qualquer forma para a sua aplicação irregular. (Incluído pela Lei n. 13.019, de 2014)

10.2.2.1. Atos de improbidade administrativa decorrentes de concessão ou aplicação indevida de benefício financeiro ou tributário (art. 10-A da LIA)

De acordo com a Lei Complementar n. 157/2016, constitui ato de improbidade administrativa qualquer ação ou omissão para conceder, aplicar ou manter benefício financeiro ou tributário contrário ao que dispõem o *caput* e o § 1º do art. 8º-A da Lei Complementar n. 116, de 31 de julho de 2003.

Para a configuração dessa hipótese de improbidade é indispensável a presença de dolo ou má-fé.

10.2.3. Violação aos princípios da administração (art. 11 da LIA) – necessidade de dolo ou má-fé para sua configuração

Art. 11 da LIA

I – praticar ato visando fim proibido em lei ou regulamento ou diverso daquele previsto, na regra de competência;
II – retardar ou deixar de praticar, indevidamente, ato de ofício;
III – revelar fato ou circunstância de que tem ciência em razão das atribuições e que deva permanecer em segredo;
IV – negar publicidade aos atos oficiais;
V – frustrar a licitude de concurso público;
VI – deixar de prestar contas quando esteja obrigado a fazê-lo;
VII – revelar ou permitir que chegue ao conhecimento de terceiro, antes da respectiva divulgação oficial, teor de medida política ou econômica capaz de afetar o preço de mercadoria, bem ou serviço.
VIII – descumprir as normas relativas à celebração, fiscalização e aprovação de contas de parcerias firmadas pela administração pública com entidades privadas. (Redação dada pela Lei n. 13.019, de 2014)
IX – deixar de cumprir a exigência de requisitos de acessibilidade previstos na legislação. (Incluído pela Lei n. 13.146, de 2015)

10.3. Sanções aplicáveis ao agente ímprobo

- **Enriquecimento ilícito (art. 9º da LIA):** perda dos bens ou valores acrescidos ilicitamente ao patrimônio, ressarcimento integral do dano, quando houver, perda da função pública, **suspensão dos direitos políticos de oito a dez anos**, pagamento de **multa civil de até três vezes o valor do acréscimo patrimonial** e proibição de contratar com o Poder Público ou receber benefícios ou incentivos fiscais ou creditícios, direta ou indiretamente, ainda que por intermédio de pessoa jurídica da qual seja sócio majoritário, **pelo prazo de dez anos**.
- **Dano ao erário (art. 10 da LIA):** ressarcimento integral do dano, perda dos bens ou valores acrescidos ilicitamente ao patrimônio, se concorrer esta circunstância, perda da função pública, **suspensão dos direitos políticos de cinco a oito anos**, pagamento de **multa civil de até duas vezes o valor do dano** e proibição de contratar com o Poder Público ou receber benefícios ou incentivos fiscais ou creditícios, direta ou indiretamente, ainda que por intermédio de pessoa jurídica da qual seja sócio majoritário, **pelo prazo de cinco anos.**
- **Violação aos princípios da administração (art. 11 da LIA):** ressarcimento integral do dano, se houver, perda da função pública, **suspensão dos direitos políticos de três a cinco anos,** pagamento de **multa civil de até cem vezes o valor da remuneração percebida pelo agente** e proibição de contratar com o Poder Público ou receber benefícios ou incentivos fiscais ou creditícios, direta ou indiretamente, ainda que por intermédio de pessoa jurídica da qual seja sócio majoritário, **pelo prazo de três anos.**

Ainda, o art. 12 da LIA sofreu alteração por meio da inclusão do inciso IV pela Lei Complementar n. 157/2016. Assim, na hipótese prevista no art. 10-A, as penalidades atribuídas ao agente ímprobo são: perda da função pública, suspensão dos direitos políticos de cinco a oito anos e multa civil de até três vezes o valor do benefício financeiro ou tributário concedido.

A perda da função pública e a suspensão dos direitos políticos só se efetivam com o trânsito em julgado da sentença condenatória.
A aplicação das sanções previstas na LIA independe da efetiva ocorrência de dano ao patrimônio público, **salvo** quanto à pena de ressarcimento, e da aprovação ou rejeição das contas pelo órgão de controle interno ou pelo Tribunal ou Conselho de Contas.

10.4. Sujeito ativo do ato de improbidade administrativa

- **Agente público em sentido lato:** todo aquele que exerce, ainda que transitoriamente ou sem remuneração, por eleição, nomeação, designação, contratação ou qualquer outra forma de investidura ou vínculo, mandato, cargo, emprego ou função nas entidades mencionadas no art. 1º da LIA.
- Aquele que não é agente público mas que **induza** ou **concorra** para a prática do ato de improbidade ou dele **se beneficie** sob qualquer forma direta ou indireta.
- **Sucessor:** o sucessor daquele que causar lesão ao patrimônio público ou se enriquecer ilicitamente está sujeito às cominações desta lei até o limite do valor da herança.

O Presidente da República (que é agente político), se atentar contra a probidade na Administração, não responderá nos termos da lei de improbidade administrativa. Responderá por **crime de responsabilidade** (art. 85 da Constituição) e será regido por ***normas especiais de responsabilidade*** previstas na Lei n. 1.079/50.

10.5. Ação civil pública *versus* ação popular

A criação da ação civil pública constitui um avanço do nosso ferramental jurídico para conferir proteção a bens que, até então, escapavam, ao alcance das ações comuns. Diríamos ao mesmo tempo que a ação civil pública é a arma mais forte de que se dispõe para dar combate aos desvios de toda sorte que se praticam com sérios prejuízos no patrimônio público, no patrimônio social, no meio ambiente e, de forma muito mais abrangente, nos interesses difusos e coletivos (BASTOS, p. 151).

Tanto a ação civil pública (prevista na Lei n. 7.347/85) quanto a ação popular (prevista na Lei n. 4.717/65) podem ter por finalidade a repressão de atos ímprobos. Vejamos as principais diferenças entre essas duas ações:

10.5.1. Ação civil pública

Tem por objeto a tutela do meio ambiente; consumidor; bens e direitos de valor artístico, estético, histórico, turístico e paisagístico; honra e à dignidade de grupos raciais, étnicos ou religiosos; patrimônio público e social e demais direitos difusos, coletivos ou individuais homogêneos (art. 1º da Lei n. 7.347/85).

Art. 81, parágrafo único, do CDC

A defesa coletiva será exercida quando se tratar de:

I – interesses ou direitos difusos, assim entendidos, para efeitos deste código, os transindividuais, de natureza indivisível, de que sejam titulares pessoas indeterminadas e ligadas por circunstâncias de fato;

II – interesses ou direitos coletivos, assim entendidos, para efeitos deste código, os transindividuais, de natureza indivisível de que seja titular grupo, categoria ou classe de pessoas ligadas entre si ou com a parte contrária por uma relação jurídica base.

III – interesses ou direitos individuais homogêneos, assim entendidos os decorrentes de origem comum.

Legitimidade ativa:

a) Ministério Público;

b) Defensoria Pública;

c) União, os Estados, o Distrito Federal e os Municípios;

d) Autarquia, empresa pública, fundação ou sociedade de economia mista;

e) Associação que, concomitantemente esteja constituída há pelo menos 1 (um) ano nos termos da lei civil e inclua, entre suas finalidades institucionais, a proteção ao patrimônio público e social, ao meio ambiente, ao consumidor, à ordem econômica, à livre concorrência, aos direitos de grupos raciais, étnicos ou religiosos ou ao patrimônio artístico, estético, histórico, turístico e paisagístico.

Em 5 de novembro de 2015, ao julgar o RE 733.433, o STF decidiu que a Defensoria Pública tem legitimidade para a propositura da ação civil pública que objetiva promover a tutela judicial de direitos difusos e coletivos de que sejam titulares pessoas necessitadas.

10.5.2. Ação popular

Tem por objeto a defesa da moralidade administrativa, meio ambiente e patrimônio público (art. 1º da Lei n. 4.717/65).

Art. 5º, LXXIII, CF

Qualquer cidadão é parte legítima para propor ação popular que vise a anular ato lesivo ao patrimônio público ou de entidade de que o Estado participe, à moralidade administrativa, ao meio ambiente e ao patrimônio histórico e cultural, ficando o autor, salvo comprovada má-fé, isento de custas judiciais e do ônus da sucumbência.

Legitimidade ativa: cidadão – a prova da cidadania, para ingresso em juízo, será feita com o **título eleitoral,** ou com documento que a ele corresponda.

Em 4 de setembro de 2015, o STF (no ARE 824.781) reafirmou a jurisprudência no sentido de que não é necessária a comprovação de prejuízo material aos cofres públicos como condição para a propositura de ação popular.

10.6. Prescrição na lei de improbidade administrativa

As ações destinadas a levar a efeito as sanções previstas na lei de improbidade administrativa podem ser propostas:

a) E **até cinco anos** após o término do exercício de mandato, de cargo em comissão ou de função de confiança.

b) Dentro do prazo prescricional previsto em lei específica para faltas disciplinares puníveis com demissão a bem do serviço público, nos casos de exercício de cargo efetivo ou emprego.

c) **Em até cinco anos** da data da apresentação à administração pública da prestação de contas final pelas entidades referidas no parágrafo único do art. 1º da Lei de Improbidade Administrativa.

Até então o entendimento majoritário acerca da prescrição nas ações de improbidade era no sentido de que a eventual prescrição das sanções decorrentes de atos de improbidade administrativa não obstariam o prosseguimento da demanda quanto ao pleito de ressarcimento dos danos causados ao erário, que é imprescritível. Nesse sentido: STJ, AgRg no AREsp 663.951/MG, Rel. Ministro Humberto Martins, 2ª Turma, julgado em 14-4-2015, *DJe* 20-4-2015; AgRg no REsp 1.481.536/RJ, Rel. Ministro Mauro Campbell Marques, 2ª Turma, julgado em 18-12-2014, *DJe* 19-12-2014; REsp 1.289.609/DF, Rel. Ministro Benedito Gonçalves, 1ª Seção, julgado em 12-11-2014, *DJe* 2-2-2015; AgRg no REsp 1.287.471/PA, Rel. Ministro Castro Meira, 2ª Turma, julgado em 6-12-2012, *DJe* 4-2-2013.

O STF reconheceu a existência de repercussão geral em Recurso Extraordinário (RE 852.475) que trata da prescrição nas ações de ressarcimento ao erário por parte de agentes públicos em decorrência de ato de improbidade administrativa. O relator do referido RE, Ministro Teori Zavascki, assinalou que, no RE 669.069, de sua relatoria, o STF reconheceu a repercussão geral da matéria, mas, no julgamento do mérito, firmou-se a tese de que é prescritível a ação de reparação de danos à Fazenda Pública decorrente de ilícito civil, não alcançando, portanto, as ações decorrentes de ato de improbidade. Portanto, "em face disso, incumbe ao Plenário pronunciar-se acerca do alcance da regra do § 5º do art. 37 da Constituição, desta vez especificamente quanto às ações de ressarcimento ao erário fundadas em atos tipificados como ilícitos de improbidade administrativa". Até o fechamento desta edição, não houve decisão definitiva do RE 852.475.

10.7. Jurisprudência sobre improbidade administrativa

a) (...) A improbidade administrativa é a caracterização atribuída pela Lei n. 8.429/92 a determinadas condutas praticadas por qualquer agente público e também por particulares contra "a administração direta, indireta ou fundacional de qualquer dos Poderes da União, dos Estados, do Distrito Federal, dos Municípios, de Território, de empresa incorporada ao patrimônio público ou de entidade para cuja criação ou custeio o erário haja concorrido ou concorra com mais de cinquenta por cento do patrimônio ou da receita anual" (art. 1º). [...] Pela Ação Civil Pública por ato de improbidade administrativa busca-se, além da punição do agente, o ressarcimento do dano causado ao patrimônio público, bem como a reversão dos produtos obtidos com o proveito do ato ímprobo [...] (REsp 1.319.515/ES, Rel. Ministro Napoleão Nunes Maia Filho, Rel. p/ Acórdão Ministro Mauro Campbell Marques, 1ª Seção, julgado em 22-8-2012, *DJe* 21-9-2012).

b) É **inadmissível** a responsabilidade objetiva na aplicação da Lei n. 8.429/92, exigindo – se a presença de **dolo nos casos dos arts. 9º e 11** (que coíbem o enriquecimento ilícito e o atentado aos princípios administrativos, respectivamente) e **ao menos de culpa** nos termos do art. 10, que censura os atos de improbidade por dano ao erário (STJ, AgRg no REsp 1.500.812/SE, Rel. Ministro Mauro Campbell Marques, 2ª Turma, julgado em 21-5-2015, *DJe* 28-5-2015).

c) O Ministério Público tem legitimidade *ad causam* para a propositura de Ação Civil Pública objetivando o ressarcimento de danos ao erário, decorrentes de atos de improbidade (STJ, REsp 1.261.660/SP, Rel. Ministro Napoleão Nunes Maia Filho, Rel. p/ Acórdão Ministro Benedito Gonçalves, 1ª Turma, julgado em 24-3-2015, *DJe* 16-4-2015).

d) O termo inicial da prescrição em improbidade administrativa em relação a particulares que se beneficiam de ato ímprobo é idêntico ao do agente público que praticou a ilicitude (STJ, AgRg no REsp 1510589/SE, Rel. Ministro Benedito Gonçalves, 1ª Turma, julgado em 26/05/2015, *DJe* 10-6-2015).

e) É inviável a propositura de ação civil de improbidade administrativa exclusivamente contra o particular, sem a concomitante presença de agente público no polo passivo da demanda (STJ, AgRg no AREsp 574.500/PA, Rel. Ministro Humberto Martins, 2ª Turma, julgado em 2-6-2015, *DJe* 10-6-2015).

11. PROCESSO ADMINISTRATIVO FEDERAL – LEI N. 9.784/99

11.1. Introdução

É a sucessão de atos e atividades (tanto do Estado quanto de particulares) ordenados para a obtenção de decisão sobre uma controvérsia no âmbito administrativo, produzindo uma vontade final da Administração Pública (ROSSI, 2016, p. 497).

11.2. Critérios observados no processo administrativo federal

a) Atuação conforme a lei e o Direito.

b) Atendimento a fins de interesse geral, vedada a renúncia total ou parcial de poderes ou competências, salvo autorização em lei.

c) Objetividade no atendimento do interesse público, vedada a promoção pessoal de agentes ou autoridades.

d) Atuação segundo padrões éticos de probidade, decoro e boa-fé.

e) Divulgação oficial dos atos administrativos, ressalvadas as hipóteses de sigilo previstas na Constituição.

f) Adequação entre meios e fins, vedada a imposição de obrigações, restrições e sanções em medida superior àquelas estritamente necessárias ao atendimento do interesse público.

g) Indicação dos pressupostos de fato e de direito que determinarem a decisão.

h) Observância das formalidades essenciais à garantia dos direitos dos administrados.

i) Adoção de formas simples, suficientes para propiciar adequado grau de certeza, segurança e respeito aos direitos dos administrados.

j) Garantia dos direitos à comunicação, à apresentação de alegações finais, à produção de provas e à interposição de recursos, nos processos de que possam resultar sanções e nas situações de litígio.

k) Proibição de cobrança de despesas processuais, ressalvadas as previstas em lei.

l) Impulsão, de ofício, do processo administrativo, sem prejuízo da atuação dos interessados.

m) Interpretação da norma administrativa da forma que melhor garanta o atendimento do fim público a que se dirige, vedada aplicação retroativa de nova interpretação.

11.3. Fases do processo administrativo federal

a) **Instauração:** art. 5º da Lei n. 9.784/99.

b) **Instrução:** arts. 29 a 47 da Lei n. 9.784/99 – "Instruir significa esclarecer, informar, cientificar, mas, no campo jurídico, quer dizer principalmente 'pôr (um processo, uma causa etc.) em estado de ser julgado', ou anexar, a uma petição ou representação, os documentos comprobatórios das alegações nela feitas" (HOLANDA, *Novo dicionário Aurélio*; NETTO DE ARAÚJO, 2007, p. 884).

c) **Defesa:** art. 44 da Lei n. 9.784/99.

d) **Relatório:** art. 47 da Lei n. 9.784/99 – "Trata-se de manifestação que possui a natureza jurídica de 'ato de administração consultiva', que vai informar, elucidar e sugerir providências de 'administração ativa', ao contrário do ato decisório, que não é vinculado à proposta que o relatório contém, e caracteriza-se como 'ato administrativo constitutivo', que pode modificar situação jurídica anterior" (LEITE, Luciano Ferreira. *A instrução do processo disciplinar*, p. 196; NETTO DE ARAÚJO, 2007, p. 889).

e) **Decisão:** arts. 48 e 49 da Lei n. 9.784/99.

f) **Pedido de reconsideração**.

g) **Recurso**.

h) **Revisão do processo**.

11.4. Do recurso administrativo

a) Das decisões administrativas cabe recurso, em face de razões de legalidade e de mérito.

O mérito administrativo consubstancia-se, portanto, na valoração dos motivos e na escolha do objeto do ato, feitas pela Administração incumbida de sua prática, quando autorizada a decidir sobre a conveniência, oportunidade e justiça do ato a realizar. Daí a exata afirmativa de Seabra Fagundes de que "o merecimento é aspecto pertinente apenas aos atos administrativos praticados no exercício de competência discricionária" (SEABRA FAGUNDES, *RDA* 23/1-16; MEIRELLES, 2010, p. 159).

b) O recurso administrativo tramitará no máximo por **três instâncias** administrativas, salvo disposição legal diversa.

c) Têm legitimidade para interpor recurso administrativo: os titulares de direitos e interesses que forem parte no processo; aqueles cujos direitos ou interesses forem indiretamente afetados pela decisão recorrida; as organizações e associações representativas, no tocante a direitos e interesses coletivos; os cidadãos ou associações, quanto a direitos ou interesses difusos.

d) É de dez dias **o prazo para interposição** de recurso administrativo, contado a partir da ciência ou divulgação oficial da decisão recorrida.

e) Quando a lei não fixar prazo diferente, o recurso administrativo deverá ser **decidido no prazo** máximo de trinta dias, a partir do recebimento dos autos pelo órgão competente.

f) Salvo disposição legal em contrário, o recurso **não tem efeito suspensivo**. Porém, havendo **justo receio de prejuízo de difícil ou incerta reparação** decorrente da execução, a autoridade recorrida ou a imediatamente superior poderá, de ofício ou a pedido, **dar efeito suspensivo ao recurso**.

11.5. Da revisão do processo

Os processos administrativos de que resultem sanções poderão ser revistos, a qualquer tempo, a pedido ou de ofício, quando surgirem fatos novos ou circunstâncias relevantes suscetíveis de justificar a inadequação da sanção aplicada.

Da revisão do processo **não poderá** resultar agravamento da sanção, ou seja, não será admitida a *reformatio in pejus*.

11.6. Súmulas do STJ

a) Súmula 591: É permitida a "prova emprestada" no processo administrativo disciplinar, desde que devidamente autorizada pelo juízo competente e respeitados o contraditório e a ampla defesa.

b) Súmula 592: O excesso de prazo para a conclusão do processo administrativo disciplinar só causa nulidade se houver demonstração de prejuízo à defesa.

12. LICITAÇÃO

12.1. Conceito e base constitucional (art. 37, XXI)

Licitação é um procedimento prévio para a escolha da proposta mais vantajosa para a Administração Pública antes da celebração de um contrato administrativo. Também objetiva assegurar igualdade de oportunidades àqueles que desejam e têm condições de contratar com ela, garantindo, assim, a eficiência, impessoalidade e moralidade aos negócios administrativos (ROSSI, 2016, p. 519).

Tem previsão no art. 37, XXI, do Texto Constitucional, que estabelece: "ressalvados os casos especificados na legislação, as obras, serviços, compras e alienações serão contratados mediante processo de licitação pública que assegure igualdade de condições a todos os concorrentes, com cláusulas que estabeleçam obrigações de pagamento, mantidas as condições efetivas da proposta, nos termos da lei, o qual somente permitirá as exigências de qualificação técnica e econômica indispensáveis à garantia do cumprimento das obrigações".

12.2. Princípios da licitação

A licitação destina-se a garantir a observância do princípio constitucional da isonomia, a seleção da proposta mais vantajosa para a administração e a promoção do desenvolvimento nacional sustentável e será processada e julgada em estrita conformidade com os princípios básicos da legalidade, da impessoalidade, da moralidade, da igualdade, da publicidade, da probidade administrativa, da vinculação ao instrumento convocatório do julgamento objetivo e dos que lhes são correlatos.

12.3. Fases da licitação

- **Instauração ou abertura:** com o instrumento convocatório (edital ou carta-convite a depender do caso) – art. 21 da Lei n. 8.666/93.

> A Administração não pode descumprir as normas e condições do edital, ao qual se acha estritamente vinculada – observância ao princípio de vinculação ao instrumento convocatório.

A *vinculação ao edital* é princípio básico de toda licitação. Nem se compreenderia que a Administração fixasse no edital a forma e o modo de participação dos licitantes e no decorrer do procedimento ou na realização do julgamento se afastasse do estabelecido, ou admitisse documentação e propostas em desacordo com o solicitado. O *edital é a lei interna da licitação*, e, como tal, vincula aos seus termos tanto os licitantes como a Administração que o expediu (art. 41) (MEIRELLES, 2010, p. 285).

- **Habilitação ou qualificação:** (arts. 27 e s. da Lei n. 8.666/93) nessa fase será exigida e verificada toda a documentação dos licitantes: habilitação jurídica (art. 28); qualificação técnica (art. 30); qualificação econômico-financeira (art. 31); regularidade fiscal e trabalhista (art. 29); cumprimento do disposto no art. 7º, XXXIII, CF.

- **Classificação das propostas:** no julgamento das propostas, a Comissão levará em consideração os critérios **objetivos** definidos no edital ou convite, os quais não devem contrariar as normas e princípios estabelecidos na Lei n. 8.666/93, desconsiderando qualquer oferta de vantagem não prevista no edital ou no convite, inclusive financiamentos subsidiados ou a fundo perdido, nem preço ou vantagem baseada nas ofertas dos demais licitantes.

É vedada a utilização de qualquer elemento, critério ou fator sigiloso, secreto, subjetivo ou reservado que possa, ainda que indiretamente, elidir o princípio da igualdade entre os licitantes.

Assim, a empresa que cumprir todos os requisitos será considerada classificada. Ao contrário, aquela que não os cumprir, será desclassificada (art. 48 da Lei n. 8.666/93).

- **Julgamento das propostas:** de acordo com o tipo de licitação: menor preço; melhor técnica; técnica e preço; maior lance ou oferta.
- **Homologação:** a homologação é a fase de verificação, pela autoridade superior que nomeou a Comissão da Licitação, da regularidade do procedimento.

A *homologação* se situa no âmbito do poder de controle hierárquico da autoridade superior e tem a natureza jurídica de ato administrativo de *confirmação*. Quando a autoridade procede à homologação do julgamento, confirma a validade da licitação e o interesse da Administração em ver executada a obra ou o serviço, ou contratada a compra, nos termos previstos no edital. A lei, além de referir-se à homologação, alude também à expressão *aprovação do procedimento*, que possui o mesmo significado (art. 49 do Estatuto). Consequência jurídica da homologação é a *adjudicação*, que espelha o ato pelo qual a Administração, através da autoridade competente, atribui ao vencedor do certame a atividade (obra, serviço ou compra) que constitui o objeto da futura contratação (CARVALHO FILHO, 2010, p. 271).

- **Adjudicação:** com a adjudicação dá-se ao vencedor o *status* de vencedor. É o resultado oficial.

São efeitos jurídicos da adjudicação: a) a aquisição do direito de contratar com a Administração nos termos em que o adjudicatário venceu a licitação; b) a vinculação do adjudicatário a todos os encargos estabelecidos no edital e aos prometidos, na proposta; c) a sujeição do adjudicatário às penalidades previstas no edital e normas legais pertinentes se não assinar o contrato no prazo e condições estabelecidas; d) o impedimento de a Administração contratar o objeto licitado com outrem; e) a liberação dos licitantes vencidos de todos os encargos da licitação e o direito de retirarem os documentos e levantarem as garantias oferecidas, salvo se obrigados a aguardar a efetivação do contrato por disposição do edital ou norma legal (MEIRELLES, 2010, p. 323).

- **Fase contratual:** tema estudado no capítulo "contratos administrativos".

12.4. Modalidades de licitação

- **Concorrência:** é a modalidade de licitação entre quaisquer interessados que, na fase inicial de habilitação preliminar, comprovem possuir os requisitos mínimos de qualificação exigidos no edital para execução de seu objeto.
- **Tomada de preços:** é a modalidade de licitação entre interessados devidamente cadastrados ou que atenderem a todas as condições exigidas para cadastramento até o terceiro dia anterior à data do recebimento das propostas, observada a necessária qualificação.
- **Convite:** é a modalidade de licitação entre interessados do ramo pertinente ao seu objeto, cadastrados ou não, escolhidos e convidados em número mínimo de 3 (três) pela unidade administrativa, a qual afixará, em local apropriado, cópia do instrumento convocatório e o estenderá aos demais cadastrados na correspondente especialidade que manifestarem seu interesse com antecedência de até 24 (vinte e quatro) horas da apresentação das propostas.

Existindo na praça mais de três possíveis interessados, a cada novo convite, realizado para objeto idêntico ou assemelhado, é obrigatório o convite a, no mínimo, mais um interessado, enquanto existirem cadastrados não convidados nas últimas licitações.

- **Concurso:** é a modalidade de licitação entre quaisquer interessados para escolha de trabalho técnico, científico ou artístico, mediante a instituição de prêmios ou remuneração aos vencedores, conforme critérios constantes de edital publicado na imprensa oficial com antecedência mínima de 45 (quarenta e cinco) dias.

- A **modalidade licitatória pregão** goza das seguintes características: I – a fase de julgamento das propostas ocorre antes da fase de habilitação; II – para julgamento e classificação das propostas, será adotado o critério de menor preço, observados os prazos máximos para fornecimento, as especificações técnicas e parâmetros mínimos de desempenho e qualidade definidos no edital; III – declarado o vencedor, qualquer licitante poderá manifestar imediata e motivadamente a intenção de recorrer, quando lhe será concedido o prazo de 3 (três) dias para apresentação das razões do recurso, ficando os demais licitantes desde logo intimados para apresentar contrarrazões em igual número de dias, que começarão a correr do término do prazo do recorrente, sendo-lhes assegurada vista imediata dos autos; IV – a falta de manifestação **imediata e motivada** do licitante importará a **decadência** do direito de recurso e a adjudicação do objeto da licitação pelo pregoeiro ao vencedor; V – aplicação subsidiária da Lei n. 8.666/93, no que couber.

12.4.1. Tipos de licitação (critério de julgamento das propostas)

- **Menor preço:** quando o critério de seleção da proposta mais vantajosa para a Administração determinar que será vencedor o licitante que apresentar a proposta de acordo com as especificações do edital ou convite e ofertar o menor preço.
- **Melhor técnica:** esse critério será utilizado exclusivamente para serviços de natureza predominantemente intelectual, em especial na elaboração de projetos, cálculos, fiscalização, supervisão e gerenciamento e de engenharia consultiva em geral e, em particular, para a elaboração de estudos técnicos preliminares e projetos básicos e executivos.
- **Técnica e preço:** esse critério conjuga os dois critérios anteriores e deve obedecer ao fixado no art. 46, § 2º, da Lei n. 8.666/93.
- **Maior lance ou oferta:** nos casos de alienação de bens ou concessão de direito real de uso.

Modalidades de licitação – definidas em razão do valor da futura contratação (art. 23 da Lei n. 8.666/93)	Art. 23 da Lei n. 8.666/93 ↓ Considerações antes do Decreto n. 9.412, de 18 de junho de 2018. ↓ (Portanto, antes do dia 19-7-2018 – já que o Decreto entra em vigor 30 dias após a data de sua publicação, nos termos do art. 2º do referido Decreto.)	Atualização do art. 23 da Lei n. 8.666/93 pelo Decreto n. 9.412, de 18 de junho de 2018 Embasamento para a referida alteração: a) art. 84, IV, da CF; b) art. 120 da Lei n. 8.666/93 (estabelece que "os valores fixados por esta Lei poderão ser anualmente revistos pelo Poder Executivo Federal, que os fará publicar no Diário Oficial da União, observando como limite superior a variação geral dos preços do mercado, no período").
OBRAS E SERVIÇOS DE ENGENHARIA		
Convite	Até R$ 150.000,00	Até R$ 330.000,00
Tomada de Preços	Até R$ 1.500.000,00	Até R$ 3.300.000,00
Concorrência	Acima de R$ 1.500.00,00	Acima de R$ 3.300.00,00
COMPRAS E OUTROS SERVIÇOS (QUE NÃO ENGENHARIA)		
Convite	Até R$ 80.000,00	Até R$ 176.000,00
Tomada de Preços	Até R$ 650.000,00	Até R$ 1.430.000,00
Concorrência	Acima de R$ 650.000,00	Acima de R$ 1.430.000,00
DISPENSA DE LICITAÇÃO – ART. 24 DA LEI N. 8.666/93 (*vide* item 12.4.2.1)		
Obras e Serviços de Engenharia (art. 24, I, da Lei n. 8.666/93)	Até R$ 15.000,00	Até R$ 33.000,00
Compras e Outros Serviços – que não engenharia (art. 24, II, da Lei n. 8.666/93)	Até R$ 8.000,00	Até R$ 17.600,00

12.4.2. Contratação direta: licitação dispensável *versus* inexigibilidade de licitação

12.4.2.1. Licitação dispensável

Licitação dispensável é toda aquela que a Administração pode dispensar se assim lhe convier (MEIRELLES, 2010, p. 291):

Art. 24 da Lei n. 8.666/93

I – para obras e serviços de engenharia de valor até 10% (dez por cento) do limite previsto na alínea *a*, do inciso I do art. 23, desde que não se refiram a parcelas de uma mesma obra ou serviço ou ainda para obras e serviços da mesma natureza e no mesmo local que possam ser realizadas conjunta e concomitantemente;

II – para outros serviços e compras de valor até 10% (dez por cento) do limite previsto na alínea *a*, do inciso II do art. 23 anterior e para alienações, nos casos previstos nesta Lei, desde que não se refiram a parcelas de um mesmo serviço, compra ou alienação de maior vulto que possa ser realizada de uma só vez;

III – nos casos de guerra ou grave perturbação da ordem;

IV – nos casos de emergência ou de calamidade pública, quando caracterizada urgência de atendimento de situação que possa ocasionar prejuízo ou comprometer a segurança de pessoas, obras, serviços, equipamentos e outros bens, públicos ou particulares, e somente para os bens necessários ao atendimento da situação emergencial ou calamitosa e para as parcelas de obras e serviços que possam ser concluídas no prazo máximo de 180 (cento e oitenta) dias consecutivos e ininterruptos, contados da ocorrência da emergência ou calamidade, vedada a prorrogação dos respectivos contratos;

V – quando não acudirem interessados à licitação anterior e esta, justificadamente, não puder ser repetida sem prejuízo para a Administração, mantidas, neste caso, todas as condições preestabelecidas;

VI – quando a União tiver que intervir no domínio econômico para regular preços ou normalizar o abastecimento;

VII – quando as propostas apresentadas consignarem preços manifestamente superiores aos praticados no mercado nacional, ou forem incompatíveis com os fixados pelos órgãos oficiais competentes, casos em que, observado o parágrafo único do art. 48 desta Lei e, persistindo a situação, será admitida a adjudicação direta dos bens ou serviços, por valor não superior ao constante do registro de preços, ou dos serviços;

VIII – para a aquisição, por pessoa jurídica de direito público interno, de bens produzidos ou serviços prestados por órgão ou entidade que integre a Administração Pública e que tenha sido criado para esse fim específico em data anterior à vigência desta Lei, desde que o preço contratado seja compatível com o praticado no mercado;

IX – quando houver possibilidade de comprometimento da segurança nacional, nos casos estabelecidos em decreto do Presidente da República, ouvido o Conselho de Defesa Nacional;

X – para a compra ou locação de imóvel destinado ao atendimento das finalidades precípuas da administração, cujas necessidades de instalação e localização condicionem a sua escolha, desde que o preço seja compatível com o valor de mercado, segundo avaliação prévia;

XI – na contratação de remanescente de obra, serviço ou fornecimento, em consequência de rescisão contratual, desde que atendida a ordem de classificação da licitação anterior e aceitas as mesmas condições oferecidas pelo licitante vencedor, inclusive quanto ao preço, devidamente corrigido;

XII – nas compras de hortifrutigranjeiros, pão e outros gêneros perecíveis, no tempo necessário para a realização dos processos licitatórios correspondentes, realizadas diretamente com base no preço do dia;

XIII – na contratação de instituição brasileira incumbida regimental ou estatutariamente da pesquisa, do ensino ou do desenvolvimento institucional, ou de instituição dedicada à recuperação social;

XIV – para a aquisição de bens ou serviços nos termos de acordo internacional específico aprovado pelo Congresso Nacional, quando as condições ofertadas forem manifestamente vantajosas para o Poder Público;

XV – para a aquisição ou restauração de obras de arte e objetos históricos, de autenticidade certificada, desde que compatíveis ou inerentes às finalidades do órgão ou entidade;

XVI – para a impressão dos diários oficiais, de formulários padronizados de uso da administração, e de edições técnicas oficiais, bem como para prestação de serviços de informática a pessoa jurídica de direito público interno, por órgãos ou entidades que integrem a Administração Pública, criados para esse fim específico;

XVII – para a aquisição de componentes ou peças de origem nacional ou estrangeira, necessários à manutenção de equipamentos durante o período de garantia técnica, junto ao fornecedor original desses equipamentos, quando tal condição de exclusividade for indispensável para a vigência da garantia;

XVIII – nas compras ou contratações de serviços para o abastecimento de navios, embarcações, unidades aéreas ou tropas e seus meios de deslocamento quando em estada eventual de curta duração em portos, aeroportos ou localidades diferentes de suas sedes, por motivo de movimentação operacional ou de adestramento, quando a exiguidade dos prazos legais puder comprometer a normalidade e os propósitos das operações e desde que seu valor não exceda ao limite previsto na alínea *a* do inciso II do art. 23 desta Lei;

XIX – para as compras de material de uso pelas Forças Armadas, com exceção de materiais de uso pessoal e administrativo, quando houver necessidade de manter a padronização requerida pela estrutura de apoio logístico dos meios navais, aéreos e terrestres, mediante parecer de comissão instituída por decreto;

XX – na contratação de associação de portadores de deficiência física, sem fins lucrativos e de comprovada idoneidade, por órgãos ou entidades da Administração Pública, para a prestação de serviços ou fornecimento de mão de obra, desde que o preço contratado seja compatível com o praticado no mercado;

XXI – para a aquisição ou contratação de produto para pesquisa e desenvolvimento, limitada, no caso de obras e serviços de engenharia, a 20% (vinte por cento) do valor de que trata a alínea *b* do inciso I do ***caput*** do art. 23 (Incluído pela Lei n. 13.243, de 2016);
XXII – na contratação de fornecimento ou suprimento de energia elétrica e gás natural com concessionário, permissionário ou autorizado, segundo as normas da legislação específica;
XXIII – na contratação realizada por empresa pública ou sociedade de economia mista com suas subsidiárias e controladas, para a aquisição ou alienação de bens, prestação ou obtenção de serviços, desde que o preço contratado seja compatível com o praticado no mercado;
XXIV – para a celebração de contratos de prestação de serviços com as organizações sociais, qualificadas no âmbito das respectivas esferas de governo, para atividades contempladas no contrato de gestão;
XXV – na contratação realizada por Instituição Científica e Tecnológica – ICT ou por agência de fomento para a transferência de tecnologia e para o licenciamento de direito de uso ou de exploração de criação protegida;
XXVI – na celebração de contrato de programa com ente da Federação ou com entidade de sua administração indireta, para a prestação de serviços públicos de forma associada nos termos do autorizado em contrato de consórcio público ou em convênio de cooperação;
XXVII – na contratação da coleta, processamento e comercialização de resíduos sólidos urbanos recicláveis ou reutilizáveis, em áreas com sistema de coleta seletiva de lixo, efetuados por associações ou cooperativas formadas exclusivamente por pessoas físicas de baixa renda reconhecidas pelo poder público como catadores de materiais recicláveis, com o uso de equipamentos compatíveis com as normas técnicas, ambientais e de saúde pública;
XXVIII – para o fornecimento de bens e serviços, produzidos ou prestados no País, que envolvam, cumulativamente, alta complexidade tecnológica e defesa nacional, mediante parecer de comissão especialmente designada pela autoridade máxima do órgão;
XXIX – na aquisição de bens e contratação de serviços para atender aos contingentes militares das Forças Singulares brasileiras empregadas em operações de paz no exterior, necessariamente justificadas quanto ao preço e à escolha do fornecedor ou executante e ratificadas pelo Comandante da Força;
XXX – na contratação de instituição ou organização, pública ou privada, com ou sem fins lucrativos, para a prestação de serviços de assistência técnica e extensão rural no âmbito do Programa Nacional de Assistência Técnica e Extensão Rural na Agricultura Familiar e na Reforma Agrária, instituído por lei federal;
XXXI – nas contratações visando ao cumprimento do disposto nos arts. 3º, 4º, 5º e 20 da Lei n. 10.973, de 2 de dezembro de 2004, observados os princípios gerais de contratação dela constantes;
XXXII – na contratação em que houver transferência de tecnologia de produtos estratégicos para o Sistema Único de Saúde – SUS, no âmbito da Lei n. 8.080, de 19 de setembro de 1990, conforme elencados em ato da direção nacional do SUS, inclusive por ocasião da aquisição destes produtos durante as etapas de absorção tecnológica;
XXXIII – na contratação de entidades privadas sem fins lucrativos, para a implementação de cisternas ou outras tecnologias sociais de acesso à água para consumo humano e produção de alimentos, para beneficiar as famílias rurais de baixa renda atingidas pela seca ou falta regular de água;
XXXIV – para a aquisição por pessoa jurídica de direito público interno de insumos estratégicos para a saúde produzidos ou distribuídos por fundação que, regimental ou estatutariamente, tenha por finalidade apoiar órgão da administração pública direta, sua autarquia ou fundação em projetos de ensino, pesquisa, extensão, desenvolvimento institucional, científico e tecnológico e estímulo à inovação, inclusive na gestão administrativa e financeira necessária à execução desses projetos, ou em parcerias que envolvam transferência de tecnologia de produtos estratégicos para o Sistema Único de Saúde – SUS, nos termos do inciso XXXII deste artigo, e que tenha sido criada para esse fim específico em data anterior à vigência desta Lei, desde que o preço contratado seja compatível com o praticado no mercado.

12.4.2.2. Inexigibilidade de licitação

Inexigível é o que não pode ser exigido, asseguram os dicionaristas; *inexigibilidade*, a seu turno, é a qualidade do que não pode ser exigido. Desse modo, a inexigibilidade da licitação é a circunstância de fato encontrada na pessoa que se quer contratar, ou com quem se quer contratar, que impede o certame, a concorrência; que impossibilita o confronto das propostas para os negócios pretendidos por quem, em princípio, está obrigado a licitar, e permite a contratação direta, isto é, sem a prévia licitação. Assim, ainda que a administração desejasse a licitação, esta seria inviável ante a absoluta ausência de concorrentes. Com efeito, onde não há disputa ou competição não há licitação. É uma particularidade da pessoa *que se quer contratar*, encontrável, por exemplo, no profissional de notória especialização e no artista consagrado pela crítica especializada. É circunstância encontrada na pessoa *com quem se quer contratar* a qualidade de ser a proprietária do único ou de todos os bens existentes (GASPARINI, 2009, p. 551).

Assim, é **inexigível** a licitação quando houver inviabilidade de competição, em especial:

Art. 25 da Lei n. 8.666/93
I – para aquisição de materiais, equipamentos, ou gêneros que só possam ser fornecidos por produtor, empresa ou representante comercial exclusivo, vedada a preferência de marca, devendo a comprovação de exclusivi-

dade ser feita através de atestado fornecido pelo órgão de registro do comércio do local em que se realizaria a licitação ou a obra ou o serviço, pelo Sindicato, Federação ou Confederação Patronal, ou, ainda, pelas entidades equivalentes;

II – para a contratação de serviços técnicos enumerados no art. 13 desta Lei, de natureza singular, com profissionais ou empresas de notória especialização, vedada a inexigibilidade para serviços de publicidade e divulgação;

III – para contratação de profissional de qualquer setor artístico, diretamente ou através de empresário exclusivo, desde que consagrado pela crítica especializada ou pela opinião pública.

§ 1º Considera-se de notória especialização o profissional ou empresa cujo conceito no campo de sua especialidade, decorrente de desempenho anterior, estudos, experiências, publicações, organização, aparelhamento, equipe técnica, ou de outros requisitos relacionados com suas atividades, permita inferir que o seu trabalho é essencial e indiscutivelmente o mais adequado à plena satisfação do objeto do contrato.

§ 2º Na hipótese deste artigo e em qualquer dos casos de dispensa, se comprovado superfaturamento, respondem solidariamente pelo dano causado à Fazenda Pública o fornecedor ou o prestador de serviços e o agente público responsável, sem prejuízo de outras sanções legais cabíveis.

12.5. Desistência da licitação

Importante é a situação envolvendo o conceito de **desistência da licitação**:

Há **desistência** quando a entidade licitante, antes do final da licitação, renuncia ao seu prosseguimento, interrompe o seu curso. O motivo da desistência é qualquer um, desde que de interesse público e superveniente. Assim, deve, por exemplo o Município desistir da licitação em andamento para a aquisição de mil e duzentas caixas de laranja se um benemérito citricultor se propõe a doá-las. Conseguido o objeto da licitação, mesmo que por outros meios, não há sentido lógico, nem jurídico, para o prosseguimento da licitação. Aliás, sua continuidade em tais casos seria ilegal dada a ausência de interesse público (GASPARINI, 2009, p. 690).

13. REGIME DIFERENCIADO PARA CONTRATAÇÕES – RDC

É a Lei n. 12.462/2011 que institui o RDC (Regime Diferenciado de Contratações Públicas).

13.1. Aplicação do RDC

O RDC é aplicável exclusivamente às licitações e contratos necessários à realização de:

a) Dos Jogos Olímpicos e Paralímpicos de 2016, constantes da Carteira de Projetos Olímpicos a ser definida pela Autoridade Pública Olímpica (APO).

b) Da Copa das Confederações da Federação Internacional de Futebol – Fifa 2013 e da Copa do Mundo Fifa 2014, definidos pelo Grupo Executivo – Gecopa 2014 do Comitê Gestor instituído para definir, aprovar e supervisionar as ações previstas no Plano Estratégico das Ações do Governo Brasileiro para a realização da Copa do Mundo Fifa 2014 – CGCOPA 2014, restringindo-se, no caso de obras públicas, às constantes da matriz de responsabilidades celebrada entre a União, Estados, Distrito Federal e Municípios.

c) De obras de infraestrutura e de contratação de serviços para os aeroportos das capitais dos Estados da Federação distantes até 350 km (trezentos e cinquenta quilômetros) das cidades-sede dos mundiais referidos nos itens *a* e *b* acima.

d) Das ações integrantes do Programa de Aceleração do Crescimento – PAC (Incluído pela Lei n. 12.688, de 2012).

e) Das obras e serviços de engenharia no âmbito do Sistema Único de Saúde – SUS (Incluído pela Lei n. 12.745, de 2012).

f) Das obras e serviços de engenharia para construção, ampliação e reforma e administração de estabelecimentos penais e de unidades de atendimento socioeducativo (Incluído pela Lei n. 13.190, de 2015).

g) Das ações no âmbito da segurança pública (Incluído pela Lei n. 13.190, de 2015).

h) Das obras e serviços de engenharia, relacionadas a melhorias na mobilidade urbana ou ampliação de infraestrutura logística (Incluído pela Lei n. 13.190, de 2015).

i) Dos contratos a que se refere o art. 47-A da Lei n. 12.462/2011 (Incluído pela Lei n. 13.190, de 2015).

j) Das ações em órgãos e entidades dedicados à ciência, à tecnologia e à inovação (Incluído pela Lei n. 13.243, de 2016).

13.2. Características principais

a) O objeto da licitação deverá ser definido de forma **clara e precisa** no instrumento convocatório, vedadas especificações excessivas, irrelevantes ou desnecessárias.

b) Na execução indireta de obras e serviços de engenharia, são admitidos os seguintes regimes: empreitada por preço unitário; empreitada por preço global; contratação por tarefa; empreitada integral; ou contratação integrada.

c) A administração pública poderá, **mediante justificativa expressa**, contratar mais de uma empresa ou instituição para executar o mesmo serviço, desde que não implique perda de economia de escala, quando: o objeto da contratação puder ser executado de forma **concorrente e simultânea por mais de um** contratado; ou a múltipla execução for **conveniente** para atender à administração pública.

d) As licitações deverão ser realizadas preferencialmente sob a forma eletrônica, admitida a presencial.

e) Será admitida a participação de licitantes sob a forma de consórcio, conforme estabelecido em regulamento.

f) Poderão ser exigidos requisitos de sustentabilidade ambiental, na forma da legislação aplicável.

g) Nas licitações (de acordo com o combinado na forma do regulamento), poderão ser adotados os modos de **disputa aberto** (em que os licitantes apresentarão suas ofertas por meio de lances públicos e sucessivos, crescentes ou decrescentes, conforme o critério de julgamento adotado) **e fechado** (em que as propostas apresentadas pelos licitantes serão sigilosas até a data e hora designadas para que sejam divulgadas).

h) As hipóteses de dispensa e inexigibilidade de licitação estabelecidas nos arts. 24 e 25 da Lei n. 8.666/93, aplicam-se, no que couber, às contratações realizadas com base no RDC.

13.3. Fases do RDC

a) preparatória;
b) publicação do instrumento convocatório (edital);
c) apresentação de propostas ou lances;
d) julgamento;
e) habilitação;
f) recursal;
g) encerramento.

13.4. Critérios de julgamento do RDC

No RDC poderão ser utilizados os seguintes critérios de julgamento:

a) **Menor preço ou maior desconto:** o julgamento pelo menor preço ou maior desconto considerará o menor dispêndio para a administração pública, atendidos os parâmetros mínimos de qualidade definidos no instrumento convocatório.

b) **Técnica e preço:** será utilizado esse critério de julgamento quando a avaliação e a ponderação da qualidade técnica das propostas que superarem os requisitos mínimos estabelecidos no instrumento convocatório forem relevantes aos fins pretendidos pela administração pública, e destinar-se-á exclusivamente a objetos de natureza predominantemente intelectual e de inovação tecnológica ou técnica; **ou** que possam ser executados com diferentes metodologias ou tecnologias de domínio restrito no mercado, pontuando-se as vantagens e qualidades que eventualmente forem oferecidas para cada produto ou solução.

c) **Melhor técnica ou conteúdo artístico:** esse critério de julgamento poderá ser utilizado para a contratação de projetos, inclusive arquitetônicos, e trabalhos de natureza técnica, científica ou artística, **excluindo-se** os projetos de engenharia. Serão consideradas exclusivamente as propostas técnicas ou artísticas apresentadas pelos licitantes com base em **critérios objetivos** previamente estabelecidos no instrumento convocatório, no qual será definido o prêmio ou a remuneração que será atribuída aos vencedores.

d) **Maior oferta de preço:** esse critério será utilizado no caso de contratos que resultem em receita para a administração pública.

e) **Maior retorno econômico:** esse critério será utilizado exclusivamente para a celebração de contratos de eficiência, as propostas serão consideradas de forma a selecionar a que proporcionará a maior economia para a administração pública decorrente da execução do contrato.

14. CONTRATOS ADMINISTRATIVOS

Os contratos administrativos são as manifestações de vontade entre duas ou mais pessoas visando à celebração de negócio jurídico, havendo a participação do Poder Público, atuando com todas as prerrogativas decorrentes da supremacia do interesse público, visando sempre à persecução de um fim coletivo. Este contrato é regido pelo direito público, sendo inerentes a ele todas as prerrogativas e limitações de Estado (CARVALHO, 2014, p. 513).

a) Os contratos administrativos sujeitam-se aos preceitos do Direito Público e têm peculiaridades que ultrapassam os ajustes de Direito Privado – as "cláusulas exorbitantes" (art. 58 da Lei n. 8.666/93).

São exemplos de cláusulas exorbitantes:

- A alteração e rescisão unilaterais do contrato pela Administração.

- O reajustamento de preços e tarifas; a alegação da cláusula da exceção do contrato não cumprido – que num primeiro momento não será aplicada nos contratos administrativos devido ao princípio da continuidade dos serviços públicos.
- Controle e fiscalização da execução contratual pelo Poder Público.
- Aplicação de penalidades contratuais etc.

b) É **vedado** o contrato com prazo de vigência indeterminado.

c) O contratado é responsável pelos danos causados diretamente à Administração ou a terceiros, decorrentes de sua **culpa ou dolo** na execução do contrato, não excluindo ou reduzindo essa responsabilidade, a fiscalização ou o acompanhamento pelo órgão interessado.

d) O contratado é responsável pelos encargos trabalhistas, previdenciários, fiscais e comerciais resultantes da execução do contrato.

e) A inexecução total ou parcial do contrato enseja a sua **rescisão**.

São exemplos de motivos para a rescisão:

1) O não cumprimento de cláusulas contratuais, especificações, projetos ou prazos; o cumprimento irregular de cláusulas contratuais, especificações, projetos e prazos.

2) A lentidão do seu cumprimento, levando a Administração a comprovar a impossibilidade da conclusão da obra, do serviço ou do fornecimento, nos prazos estipulados.

3) O atraso injustificado no início da obra, serviço ou fornecimento; a paralisação da obra, do serviço ou do fornecimento, sem justa causa e prévia comunicação à Administração.

4) A dissolução da sociedade ou o falecimento do contratado.

5) Razões de interesse público, de alta relevância e amplo conhecimento, justificadas e determinadas pela máxima autoridade da esfera administrativa a que está subordinado o contratante e exaradas no processo administrativo a que se refere o contrato etc.

f) A cláusula da **exceção do contrato não cumprido** (que estabelece que ambos os contratantes têm a obrigação de cumprir, ao mesmo tempo, as prestações que assumiram e nenhum poderá exigir, isoladamente, que o outro cumpra sua parte, se não adimpliu o que lhe cabia) só poderá ser alegada pelo contratado quando o Poder Público incorrer em atraso **superior a 90 (noventa) dias** da data do pagamento devido ao contratado – nos termos do art. 78, XV, Lei n. 8.666/93.

g) Manutenção do equilíbrio econômico-financeiro: "A palavra equação econômico-financeira significa 'igualdade', 'equivalência'. Corresponde ao termo de equilíbrio que se definiu na conformidade do que os contratantes estipularam quando do travamento do liame". Esta noção de equivalência, de igualdade, que deverá persistir, fica muito bem esclarecida nas seguintes expressões com que Marcel Waline a descreve: "Assim, o equilíbrio econômico e financeiro do contrato é uma relação que foi estabelecida pelas próprias partes contratantes no momento da conclusão de encargos deste, que pareceram equivalentes, donde o nome de 'equação'; desde então esta equivalência não mais pode ser alterada" (WALINE, 1963, p. 618; BANDEIRA DE MELLO, 2010, p. 211).

h) O equilíbrio econômico-financeiro pode ser quebrado em razão de ato ou medida instituídos pelo próprio Estado – e daí decorrem dois conceitos importantes:

1) Fato do príncipe: é toda determinação estatal, positiva ou negativa, geral, imprevista e imprevisível, que onera substancialmente à execução do contrato administrativo (MEIRELLES, 2010, p. 244).

2) Fato da administração: é toda ação ou omissão do Poder Público que, incidindo direta e especificamente sobre o contrato, retardam ou impedem sua execução. O *fato da Administração* equipara-se à força maior e produz os mesmos efeitos excludentes da responsabilidade do particular pela inexecução do ajuste[3]. É o que ocorre, p. ex., quando a Administração deixa de entregar o local da obra ou serviço, ou não providencia as desapropriações necessárias, ou atrasa os pagamentos por longo tempo, ou pratica qualquer ato impeditivo dos trabalhos a cargo da outra parte (art. 78, XIV-XVI) (MEIRELLES, 2010, p. 245).

i) Diversas são as **espécies** de contratos administrativos. Cada um com uma característica peculiar:

1) Contratos de obras: objetiva uma construção, reforma, fabricação, recuperação de um bem público.

2) Contratos de serviços: nos termos do art. 6º da Lei n. 8.666/93, são os que objetivam a

[3] No mesmo sentido: MARIENHOFF (1970, v. III, p. 639); LAUBADÈRE (1956, II, p. 55 e s.); GASTON SIR (1950, IV, p. 286).

realização de uma atividade de interesse concreto para a Administração.

3) **Contratos de fornecimento (ou compras):** objetivam a aquisição de bens móveis para a realização dos serviços administrativos.

4) **Contratos de concessão e de permissão:** definidos e regidos pela Lei n. 8.987/95.

5) **Contratos de gerenciamento:** aqueles firmados com empresas que conduz empreendimentos de engenharia.

6) **Contratos de trabalhos artísticos:** objetivando a realização de obras de arte.

15. INTERVENÇÃO DO ESTADO NA PROPRIEDADE

O direito de propriedade é direito fundamental previsto inclusive no art. 5º, *caput*, CF e garantido pelo inciso XXII.

A propriedade **urbana** cumprirá sua **função social** (art. 5º, XXIII, CF) quando atender as exigências previstas no **plano diretor** (que deverá ser aprovado pela Câmara Municipal, obrigatório para cidades com mais de vinte mil habitantes).

A propriedade **rural** cumprirá sua **função social** quando atender simultaneamente aos seguintes requisitos: aproveitamento racional e adequado; utilização adequada dos recursos naturais disponíveis e preservação do meio ambiente; observância das disposições que regulam as relações de trabalho; exploração que favoreça o bem-estar dos proprietários e dos trabalhadores.

15.1. Desapropriação

A própria análise etimológica do vocábulo deixa evidente o significado que lhe é inerente: privar alguém da sua propriedade. Desapropriar (des + apropriar) significa retirar a propriedade do seu titular. Afinal, o prefixo "des" traz consigo a ideia de perda, sendo clara a privação que decorre da figura em tese. O direito de propriedade do terceiro, que seria por ele exercido com perpetuidade, é suprimido pelo Estado em razão do procedimento desapropriatório, independentemente da aquiescência do titular do bem.

Adequando tais ideias ao delineamento jurídico estabelecido no ordenamento brasileiro, pode-se conceituar a desapropriação como o procedimento por meio do qual o Estado, fundado em interesse público, despoja compulsoriamente alguém de um bem e o adquire para si, de forma originária e mediante indenização, ressalvada a exceção constitucional (art. 243 da CR) (CARVALHO, 2009, p. 1097).

a) **Desapropriação ordinária – art. 5º, XXIV, CF:** a lei estabelecerá o procedimento para desapropriação por necessidade ou utilidade pública (art. 5º do Decreto-lei n. 3.365/41), ou por interesse social (art. 2º da Lei n. 4.132/62), mediante justa e prévia indenização em dinheiro, ressalvados os casos previstos nesta Constituição.

Indenização: justa, prévia e em dinheiro.

b) **Desapropriação por descumprimento da função social da propriedade urbana (art. 182, § 4º, III, CF):** a política de desenvolvimento urbano, executada pelo Poder Público municipal, conforme diretrizes gerais fixadas em lei, tem por objetivo ordenar o pleno desenvolvimento das funções sociais da cidade e garantir o bem-estar de seus habitantes.

É facultado ao Poder Público municipal, mediante lei específica para área incluída no plano diretor, exigir, nos termos da lei federal, do proprietário do solo urbano não edificado, subutilizado ou não utilizado, que promova seu adequado aproveitamento, sob pena, sucessivamente, de:

I – parcelamento ou edificação compulsórios;

II – imposto sobre a propriedade predial e territorial urbana progressivo no tempo;

III – desapropriação com pagamento mediante títulos da dívida pública de emissão previamente aprovada pelo Senado Federal, com prazo de resgate de até dez anos, em parcelas anuais, iguais e sucessivas, assegurados o valor real da indenização e os juros legais.

Indenização: em títulos da dívida pública com prazo de resgate de até 10 anos.

c) **Desapropriação por descumprimento da função social da propriedade rural (art. 184, CF):** compete à União desapropriar por interesse social, para fins de reforma agrária, o imóvel rural que não esteja cumprindo sua função social, mediante prévia e justa indenização em títulos da dívida agrária, com cláusula de preservação do valor real, resgatáveis no prazo de até vinte anos, a partir do segundo ano de sua emissão, e cuja utilização será definida em lei.

Indenização: em títulos da dívida agrária com prazo de resgate de até 20 anos.

d) **Desapropriação sancionatória ou confiscatória (art. 243, CF):** as propriedades rurais e urbanas de qualquer região do País onde forem localizadas culturas ilegais de plantas psicotrópicas ou a exploração de trabalho escravo na forma da lei serão expropriadas e destinadas à reforma agrária e a programas de habitação popular, sem qualquer indenização ao proprietário e sem prejuízo de outras sanções previstas em lei, observado, no que couber, o disposto no art. 5º.

Indenização: não há.

O STF, ao julgar o tema 399 de repercussão geral no RE 635.336, fixou a tese de que "a expropriação prevista no art. 243 da CF pode ser afastada, desde que o proprietário comprove que **não incorreu** em culpa, ainda que *in vigilando* ou *in elegendo*".

15.2. Características principais da desapropriação ordinária (art. 5º, XXIV, CF)

a) A desapropriação tem natureza jurídica de forma originária de aquisição da propriedade.

b) A finalidade da desapropriação é a busca do interesse público.

c) A competência para legislar sobre desapropriação é privativa da União – para normas gerais – podendo lei complementar autorizar os Estados a disciplinar matéria específica (art. 22, parágrafo único, CF).

d) A competência declaratória da desapropriação – consiste na competência para declaração da necessidade, utilidade pública (art. 5º do Decreto-lei n. 3.365/41) ou interesse social (Lei n. 4.132/62).

O STF, ao julgar o tema 399 de repercussão geral no RE 635.336, fixou a tese de que "a expropriação prevista no art. 243 da CF pode ser afastada, desde que o proprietário comprove que não incorreu em culpa, ainda que *in vigilando* ou *in elegendo*.

Nos termos do art. 2º do Decreto-lei n. 3.365/41, esta competência é **concorrente** da União, Estados, Distrito Federal e Municípios – "Mediante declaração de utilidade pública, todos os bens poderão ser desapropriados pela União, pelos Estados, Municípios, Distrito Federal e Territórios".

e) Aspectos da declaração expropriatória:

- É formalizada normalmente por **decreto** (decreto expropriatório do chefe do executivo – Presidente da República, Governador ou Prefeito – art. 6º do Decreto-lei n. 3.365/41), mas pode ser formalizada também por **lei** (art. 8º do Decreto-lei n. 3.365/41).
- Declarada a utilidade pública, ficam as autoridades administrativas **autorizadas a penetrar** nos prédios compreendidos na declaração, podendo recorrer, em caso de oposição, ao auxílio de força policial.
- É com a declaração expropriatória que se inicia a contagem de prazo para a caducidade, afinal a desapropriação deverá efetivar-se mediante acordo ou intentar-se judicialmente, **dentro de cinco anos**, contados da data da expedição do respectivo decreto e findos os quais este caducará.

f) A competência **executória** consiste na atribuição para promover a desapropriação, ou seja, para a realização de todos os atos desde a negociação com o proprietário até a efetiva transferência da propriedade.

Podem propor a ação expropriatória a União, Estados, DF e Municípios (de forma incondicionada) e os concessionários de serviços públicos e os estabelecimentos de caráter público ou que exerçam funções delegadas de poder público, desde que haja autorização expressa, constante de lei ou contrato (de forma condicionada).

g) Na ação de desapropriação há a figura do Poder Público expropriante e do proprietário expropriado.

h) A petição inicial da ação de desapropriação deve conter os requisitos do art. 319 do CPC/2015 e no **mérito** discutirá o *quantum* indenizatório proposto pelo Poder Público – é o que determina o art. 13 do Decreto-lei n. 3.365/41: "a petição inicial, além dos requisitos previstos no Código de Processo Civil, conterá a oferta do preço e será instruída com um exemplar do contrato, ou do jornal oficial que houver publicado o decreto de desapropriação, ou cópia autenticada dos mesmos, e a planta ou descrição dos bens e suas confrontações".

i) Feita a citação do proprietário expropriado, a ação seguirá com o rito ordinário e a contestação só poderá versar sobre vício do processo judicial ou impugnação do preço; qualquer outra questão deverá ser decidida por ação direta (art. 20 do Decreto-lei n. 3.365/41).

j) A **imissão provisória** na posse é possível, desde que o Poder Público expropriante alegue urgência na desapropriação e desde que haja depósito da quantia arbitrada nos termos do art. 874 do CPC/2015. Concedida a imissão provisória na posse, ao final da ação será concedido ao proprietário expropriado direito ao recebimento de **juros compensatórios** (justamente a título de compensação pela imissão provisória e antecipada na posse do bem) – sobre o cálculo desses juros, *vide* Súmula 408 do STJ, e, no STF, Súmula 618 e ADI 2.332.

k) Os **juros moratórios** destinam-se a recompor a perda decorrente do atraso no efetivo pagamento da indenização fixada na decisão final de mérito, portanto, são devidos ao proprietário expropriado sempre que houver demora no pagamento da condenação – nos termos do art. 15-B do Decreto-lei n. 3.365/41.

l) **Honorários sucumbenciais** são devidos ao advogado sempre que houver diferença entre o valor ofertado inicialmente pelo Poder Público expropriante e o valor, ao final, fixado na sentença – art. 27 do Decreto-lei n. 3.365/41. Nesse sentido, *vide* Súmulas 141, 378 e 617 do STF.

> São insuscetíveis de desapropriação para fins de reforma agrária a pequena e média propriedade rural, desde que seu proprietário não possua outra, e a propriedade produtiva (art. 185, CF).

15.3. Desapropriação indireta

A desapropriação indireta é o irregular comportamento do Poder Público de descumprir o procedimento exigido pelo ordenamento para que a aquisição compulsória do bem se realize, imitindo-se indevidamente na sua posse. Assim, o estado, em vez de cumprir as regras que condicionam o modo de aquisição originária e coercitiva da propriedade, limita-se a materialmente apossar-se da coisa alheia, esbulhando-lhe a posse, em flagrante ilicitude. O instituto é resultado de construção pretoriana que foi absorvida pela doutrina e, na realidade administrativa, consubstancia procedimento comum (CARVALHO, 2009, p. 1196).

15.4. Requisição administrativa

Tem previsão no art. 5º, XXV, CF, que estabelece que "no caso de iminente perigo público, a autoridade competente poderá usar de propriedade particular, assegurada ao proprietário indenização ulterior, se houver dano".

São características da Requisição Administrativa:

a) A requisição pode ser civil (que tem por escopo evitar danos à vida, coletividade ou saúde) ou militar (nos casos de guerra ou de perturbação da ordem).

b) Incide sobre **bens móveis** (*v.g.*, requisição de leitos de hospitais particulares para atender a demanda nos hospitais públicos), **imóveis** (requisição do ginásio esportivo da escola particular para abrigar os desabrigados da chuva) ou **serviços** (requisição dos serviços de médicos de hospitais particulares para cuidar dos pacientes infectados pela epidemia).

c) Atinge o caráter **exclusivo** da propriedade.

15.5. Tombamento

Previsão no Decreto-lei n. 25/37 e no art. 216 da Constituição Federal. É forma de intervenção do Estado na propriedade responsável pela proteção do patrimônio histórico e artístico nacional.

> Constitui o patrimônio histórico e artístico nacional o conjunto dos bens móveis e imóveis existentes no País e cuja conservação seja de interesse público, quer por sua vinculação a fatos memoráveis da história do Brasil, quer por seu excepcional valor arqueológico ou etnográfico, bibliográfico ou artístico.

O tombamento pode ser: a) **voluntário** ou b) **compulsório**.

a) Será **voluntário** sempre que o proprietário o pedir e a coisa se revestir dos requisitos necessários para constituir parte integrante do patrimônio histórico e artístico nacional, a juízo do Conselho Consultivo do Serviço do Patrimônio Histórico e Artístico Nacional, ou sempre que o mesmo proprietário anuir, por escrito, à notificação, que se lhe fizer, para a inscrição da coisa em qualquer dos Livros do Tombo.

b) Será **compulsório** quando o proprietário se recusar a anuir à inscrição da coisa (*vide* art. 9º do Decreto-lei n. 25/37).

Os efeitos do tombamento são:

a) As coisas tombadas, que pertençam à União, aos Estados ou aos Municípios, **inalienáveis** por natureza, só poderão ser transferidas de uma a outra das referidas entidades.

b) A coisa tombada não poderá sair do país, senão por curto prazo, sem transferência de domínio e para fim de intercâmbio cultural, a juízo do Conselho Consultivo do Serviço do Patrimônio Histórico e Artístico Nacional.

c) As coisas tombadas **não poderão, em caso nenhum** ser destruídas, demolidas ou mutiladas, nem, sem prévia autorização especial do Serviço do Patrimônio Histórico e Artístico Nacional, ser reparadas, pintadas ou restauradas, sob pena de multa de 50% do dano causado.

d) Sem prévia autorização do Serviço do Patrimônio Histórico e Artístico Nacional, **não** se poderá, na vizinhança da coisa tombada, fazer construção que lhe **impeça ou reduza** a visibilidade, nem nela **colocar** anúncios ou cartazes, sob pena de ser mandado destruir a obra ou retirar o objeto, impondo-se neste caso a multa de 50% do valor do mesmo objeto.

e) O proprietário de coisa tombada, que **não dispuser de recursos** para proceder às obras de conservação e reparação que a mesma requerer, levará ao conhecimento do Serviço do Patrimônio Histórico e Artístico Nacional a necessidade das mencionadas obras, sob pena de multa correspondente ao dobro da importância em que for avaliado o dano sofrido pela mesma coisa.

f) Com a entrada em vigor do CPC/2015, o instituto do "direito de preferência" desde sempre previsto no Decreto-lei n. 25/37 foi **revogado**.

15.6. Servidão administrativa

A servidão administrativa consiste no regime jurídico específico, imposto por ato administrativo unilateral de cunho singular, quanto ao uso e fruição de determinado bem imóvel e que acarreta dever de suportar e de não fazer, podendo gerar direito de indenização (JUSTEN FILHO, 2010, p. 598).

Nas lições de José dos Santos Carvalho Filho pode ser conceituada como: "direito real público que autoriza o Poder Público a usar a propriedade imóvel para permitir a execução de obras e serviços de interesse coletivo" (2010, p. 946).

São características da Servidão Administrativa:

a) É direito real sobre coisa alheia.

b) Na servidão duas figuras importantes merecem destaque: **dominante** – que é o serviço; **serviente** – que é a propriedade do particular.

c) Em regra, a servidão não acarreta o dever de indenizar, salvo se houver dano.

d) A servidão administrativa acarreta ao proprietário **um dever de suportar**. Um exemplo de servidão administrativa é a passagem de fios elétricos (dominante) por uma propriedade particular (serviente).

e) Normalmente, a servidão administrativa é formalizada por **acordo** entre o Poder Público e o particular, mas pode ser instituída por sentença judicial ou lei específica.

15.7. Limitação administrativa

Limitação administrativa é toda imposição geral, gratuita, unilateral e de ordem pública condicionadora do exercício de direitos ou atividades particulares às exigências do bem-estar social (MEIRELLES, 2010, p. 664).

São características da Limitação Administrativa:

a) Atinge indivíduos indeterminados: modalidade de expressão de supremacia geral.

b) Em regra, não acarreta o dever de indenizar.

c) Atinge o caráter absoluto da propriedade.

d) Considerada direto pessoal e não direito real.

Por exemplo, é limitação administrativa a imposição de altura máxima para construir até o oitavo andar do prédio "x" no terreno "y" – é **determinação geral** que vale para qualquer particular que queira construir naquele local.

> A **limitação administrativa** difere tanto da **servidão administrativa** como da **desapropriação**. A limitação administrativa, por ser uma restrição geral e de interesse coletivo, em regra, não obriga o Poder Público a qualquer indenização (TJSP, *RJTJSP* 127/85 e 136/101); a servidão administrativa ou pública, como ônus especial a um ou a algumas propriedades, exige indenização dos prejuízos que a restrição acarretar aos particulares; a desapropriação, por retirar do particular sua propriedade ou parte dela, impõe cabal indenização do que foi expropriado e dos consequentes prejuízos. Distingue-se da desapropriação indireta porque esta pressupõe o apossamento do bem, ao reverso do que ocorre na limitação (MEIRELLES, 2010, p. 671).

15.8. Ocupação temporária

Ocupação temporária consiste no apossamento, mediante ato administrativo unilateral, de bem privado para uso temporário, em caso de iminente perigo público, com o dever de restituição no mais breve espaço de tempo e o pagamento da indenização pelos danos eventualmente produzidos (JUSTEN FILHO, 2010, p. 608).

Nas conceituações de José dos Santos Carvalho Filho "é instituto típico de utilização da propriedade imóvel, porque seu objetivo é o de permitir que o Poder Público deixe alocados, em algum terreno desocupado, máquinas, equipamentos, barracões de operários, por pequeno espaço de tempo. Esse fim, como é lógico, não se coaduna com o uso de bens móveis" (CARVALHO FILHO, 2016, p. 955).

Pontos importantes:

a) A ocupação temporária pode estar **vinculada à desapropriação**, neste caso será remunerada e com indenização – art. 36 do Decreto-lei n. 3.365/41 – caso em que será efetivada por **ato formal**.

b) Quando a ocupação temporária **não estiver vinculada** à desapropriação, será formalizada mediante simples desocupação material.

16. ESTATUTO DA CIDADE

O Estatuto da Cidade vem para regulamentar os arts. 182 e 183, CF, e cuida da política urbana estabelecendo normas de ordem pública e interesse social que regulam o uso da propriedade urbana em prol do bem coletivo, da segurança e do bem-estar dos cidadãos, bem como do equilíbrio ambiental.

Diversas são as **diretrizes** estabelecidas no Estatuto da Cidade, dentre elas destacam-se:

a) Garantia do direito a cidades sustentáveis, entendido como o direito à terra urbana, à moradia, ao saneamento ambiental, à infraestrutura urbana, ao transporte e aos serviços públicos, ao trabalho e ao lazer, para as presentes e futuras gerações.

b) Gestão democrática por meio da participação da população e de associações representativas dos vários segmentos da comunidade na formulação, execução e acompanhamento de planos, programas e projetos de desenvolvimento urbano.

c) Cooperação entre os governos, a iniciativa privada e os demais setores da sociedade no processo de urbanização, em atendimento ao interesse social.

d) Proteção, preservação e recuperação do meio ambiente natural e construído, do patrimônio cultural, histórico, artístico, paisagístico e arqueológico.

e) Audiência do Poder Público municipal e da população interessada nos processos de implantação de empreendimentos ou atividades com efeitos potencialmente negativos sobre o meio ambiente natural ou construído, o conforto ou a segurança da população.

f) Estímulo à utilização, nos parcelamentos do solo e nas edificações urbanas, de sistemas operacionais, padrões construtivos e aportes tecnológicos que objetivem a redução de impactos ambientais e a economia de recursos naturais – incluído pela Lei n. 12.836/2013.

g) Tratamento prioritário às obras e edificações de infraestrutura de energia, telecomunicações, abastecimento de água e saneamento – incluído pela Lei n. 13.116/2015.

16.1. Instrumentos jurídicos de política urbana

O estatuto da cidade prevê diversos instrumentos de política urbana, dentre eles destacam-se:

16.1.1. Parcelamento, edificação ou utilização compulsórios

Lei municipal específica para área incluída no plano diretor poderá determinar o parcelamento ("é a subdivisão do solo em tratos juridicamente autônomos" (MOREIRA NETO, 2014, p. 633)), a edificação ou a utilização compulsórios do solo urbano não edificado, subutilizado (cujo aproveitamento seja inferior ao mínimo definido no plano diretor ou em legislação dele decorrente); ou não utilizado, devendo fixar as condições e os **prazos** para implementação da referida obrigação.

Prazos:

- Não inferior a um ano: a partir da notificação, para que seja protocolado o projeto no órgão municipal competente.
- Não inferior a dois anos: a partir da aprovação do projeto, para iniciar as obras do empreendimento.

16.1.2. Do IPTU progressivo no tempo

Se houver o não cumprimento das condições e prazos estabelecidos no item "a" anterior, então o Município procederá à aplicação do imposto sobre a propriedade predial e territorial urbana (IPTU) progressivo no tempo, mediante a majoração da alíquota pelo **prazo de cinco anos consecutivos**.

16.1.3. Da desapropriação com pagamento em títulos

Se decorridos cinco anos de cobrança do IPTU progressivo sem que o proprietário tenha cumprido a obrigação de parcelamento, edificação ou utilização, o Município poderá proceder à **desapropriação** do imóvel, com pagamento em títulos da dívida pública.

O prazo de resgate desses títulos será de até dez anos, em prestações anuais, iguais e sucessivas, assegurados o valor real da indenização e os juros legais de seis por cento ao ano.

16.1.4. Da usucapião especial de imóvel urbano

Os requisitos para implementação desse instrumento são:

- Possuir como sua área ou edificação urbana de até duzentos e cinquenta metros quadrados.
- Por cinco anos, ininterruptamente e sem oposição.
- Utilizando-a para sua moradia ou de sua família, adquirir-lhe-á o domínio.
- Desde que não seja proprietário de outro imóvel urbano ou rural.

São partes legítimas para a propositura da ação de usucapião especial urbana: **o possuidor**, isoladamente ou em litisconsórcio originário ou superveniente; **os possuidores**, em estado de composse; como substituto processual, **a associação de moradores** da comunidade, regularmente constituída, com personalidade jurídica, desde que explicitamente autorizada pelos representados.

16.1.5. Do direito de superfície

O proprietário urbano poderá conceder a outrem o direito de superfície do seu terreno, por tempo determinado ou indeterminado, mediante escritura pública registrada no cartório de registro de imóveis.

O direito de superfície abarca o direito de utilizar o solo, o subsolo ou o espaço aéreo relativo ao terreno, na forma estabelecida no contrato respectivo, atendida a legislação urbanística.

16.1.6. Do direito de preempção

O direito de preempção confere ao Poder Público municipal preferência para aquisição de imóvel urbano objeto de alienação onerosa entre particulares.

Esse direito será exercido sempre que o Poder Público necessitar de áreas para:

a) Regularização fundiária.
b) Execução de programas e projetos habitacionais de interesse social.
c) Constituição de reserva fundiária.
d) Ordenamento e direcionamento da expansão urbana.
e) Implantação de equipamentos urbanos e comunitários.
f) Criação de espaços públicos de lazer e áreas verdes.
g) Criação de unidades de conservação ou proteção de outras áreas de interesse ambiental.
h) Proteção de áreas de interesse histórico, cultural ou paisagístico.

16.1.7. Da outorga onerosa do direito de construir

O plano diretor poderá fixar áreas nas quais o direito de construir poderá ser exercido **acima do coeficiente** de aproveitamento básico adotado, mediante contrapartida a ser prestada pelo beneficiário.

16.1.8. Das operações urbanas consorciadas

Considera-se operação urbana consorciada o conjunto de intervenções e medidas coordenadas pelo Poder Público municipal, com a participação dos proprietários, moradores, usuários permanentes e investidores privados, com o objetivo de alcançar em uma área transformações urbanísticas estruturais, melhorias sociais e a valorização ambiental.

16.2. Estudo de impacto de vizinhança (EIV)

Lei municipal definirá os empreendimentos e atividades privados ou públicos em área urbana que dependerão de elaboração de estudo prévio de impacto de vizinhança (EIV) para obter as licenças ou autorizações de construção, ampliação ou funcionamento a cargo do Poder Público municipal.

16.3. Plano diretor

A propriedade urbana cumpre sua **função social** quando atende os requisitos previstos no plano diretor.

O plano diretor é obrigatório para:

a) Cidades com mais de vinte mil habitantes.
b) Integrantes de regiões metropolitanas e aglomerações urbanas.
c) Onde o Poder Público municipal pretenda utilizar os instrumentos previstos no § 4º do art. 182, CF.
d) Integrantes de áreas de especial interesse turístico.
e) Inseridas na área de influência de empreendimentos ou atividades com significativo impacto ambiental de âmbito regional ou nacional.
f) Incluídas no cadastro nacional de Municípios com áreas suscetíveis à ocorrência de deslizamentos de grande impacto, inundações bruscas ou processos geológicos ou hidrológicos correlatos.

17. CONTROLE DA ADMINISTRAÇÃO

a) "Pode-se conceituar controle administrativo como o conjunto de instrumentos definidos pelo ordenamento jurídico a fim de permitir a fiscalização da atuação estatal por órgãos e entidades da própria Administração Pública, dos Poderes Legislativo e Judiciário, assim como pelo povo diretamente, compreendendo ainda a possibilidade de orientação e revisão da atuação administrativa de todas as entidades e agentes públicos, em todas as esferas de poder" (CARVALHO, 2014, p. 368).

b) Em 10 de agosto de 2016, o STF decidiu (no RE 848.826 e RE 729.744) que a competência para julgar as contas de prefeitos é exclusivamente da Câmara de Vereadores, cabendo ao Tribunal de Contas auxiliar o Poder Legislativo municipal, emitindo parecer prévio e opinativo, que somente poderá ser derrubado por decisão de 2/3 dos vereadores.

c) **Coisa julgada administrativa:** "a denominada coisa *julgada administrativa*, que, na verdade, é apenas uma *preclusão de efeitos internos*, não tem o alcance da *coisa julgada judicial*, porque o ato jurisdicional da Administração não deixa de ser um simples ato administrativo decisório, sem a força conclusiva do ato jurisdicional do Poder Judiciário (MEIRELLES, 2010, p. 714-715)[4].

d) Em 14 de agosto de 2015, o STF decidiu (RE 592.581) que o Poder Judiciário pode determinar que a Administração Pública realize obras ou reformas emergenciais em presídios para garantir os direitos fundamentais dos presos, como sua integridade física e moral.

18. BENS PÚBLICOS

18.1. Introdução

São considerados bens públicos aqueles bem jurídicos cuja titularidade é do Estado. São bens submetidos ao regime jurídico de direito público, e, justamente por isso merecem proteção especial.

A regra básica deste tema (e mais aceita pelas bancas examinadoras) está prevista no art. 98 do CC, que estabelece que: são públicos os bens do domínio nacional pertencentes às pessoas jurídicas de direito público interno; todos os outros são particulares, seja qual for a pessoa a que pertencerem (**corrente exclusivista**).

18.2. Principais classificações dos bens públicos

18.2.1. Quanto à titularidade

Os bens pertencentes à União estão elencados no art. 20, CF; os bens dos Estados, no art. 26; os bens do distrito federal, no art. 32; e os bens dos municípios a CF/88 não faz referência, mas devem ser considerados as ruas, praças, jardins, estradas municipais.

18.2.2. Quanto à destinação

Os **bens de uso comum do povo** (*v.g.*, ruas, praças, mares, meio ambiente) encontram previsão no art. 99 do CC; os **bens de uso especial** (aqueles que fazem parte do patrimônio administrativo, *v.g*, os veículos da Administração, os cemitérios públicos, os edifícios das repartições públicas) estão previstos no art. 100 do CC. Por fim, os **bens dominicais ou dominiais** são aqueles que não têm destinação específica nem se encontram sujeitos ao uso comum do povo, tais como as viaturas sucateadas, os terrenos baldios, os imóveis desocupados.

18.3. Atributos dos bens públicos

a) **Inalienabilidade:** os bens públicos de uso comum do povo e os de uso especial são inalienáveis, enquanto conservarem essa qualificação. Quando passarem para a categoria de bens públicos dominicais podem ser alienados, desde que respeitadas algumas condições (alienabilidade condicionada).

b) **Impenhorabilidade:** os bens públicos não estão sujeitos à constrição judicial.

c) **Imprescritibilidade:** os bens públicos não são passíveis de usucapião – arts. 183, § 3º, e 191, parágrafo único, ambos da CF, e art. 102 do CC.

d) **Não onerabilidade:** impossibilidade de recaída de ônus real sobre os bens públicos.

REFERÊNCIAS BIBLIOGRÁFICAS

ALEXANDRINO, Marcelo; VICENTE, Paulo. *Direito administrativo descomplicado*. 18. ed. São Paulo: Método, 2010.

BANDEIRA DE MELLO, Celso Antônio. *Curso de direito administrativo*. 25. ed. São Paulo: Malheiros, 2007.

______. *Grandes temas de direito administrativo*. São Paulo: Malheiros, 2010.

BASTOS, Celso Ribeiro. *Comentários à Constituição do Brasil*. 4. v., t. IV. São Paulo: Saraiva, 2000.

CAETANO, Marcello. *Manual de direito administrativo*. 10. ed. Coimbra: Almedina, 1991. v. 1, 2 e 3.

CARVALHO FILHO, José dos Santos. *Manual de direito administrativo*. 24. ed. Rio de Janeiro: Lumen Juris, 2010.

______. *Manual de direito administrativo*. 30. ed. São Paulo: Atlas-Gen, 2016.

CARVALHO, Matheus. *Manual de direito administrativo*. Salvador: JusPodivm, 2014.

CARVALHO, Raquel Melo Urbano de. *Curso de direito administrativo*. 2. ed. Salvador: JusPodivm, 2009.

CASTRO, Carlos Borges de. *Regime jurídico da CLT no funcionalismo*. São Paulo: Saraiva, 1981.

COUTO E SILVA, Almiro do. O princípio da segurança jurídica (proteção à confiança) no Direito Público Brasileiro e o direito da Administração Pública de anular seus próprios atos administrativos: o prazo decadencial do art. 54 da lei do processo administrativo da União (Lei n. 9.784/99). *RDA 237*: 271-315, 2004.

[4] Não se confunda *ato jurisdicional* com *ato judicial*. Jurisdição é atividade de *dizer o direito*, de *decidir* na sua esfera de competência. E tanto decide o Judiciário como o Executivo e até o Legislativo, quando interpretam e aplicam a lei. Portanto, todos os Poderes e órgãos exercem jurisdição, mas somente o Poder Judiciário tem o monopólio da *jurisdição judicial*. Isto é, de decidir com força de coisa julgada, definitiva e irreformável por via recursal ou por lei subsequente (CF, art. 5º, XXXVI). Há, portanto, coisa julgada administrativa e coisa julgada judicial, inconfundíveis entre si, porque resultam de jurisdições diferentes.

CRETELLA JR., José. *Natureza jurídica da função pública*. São Paulo: Saraiva, 1953.

DI PIETRO, Maria Sylvia Zanella. *Direito administrativo*. 20. ed. São Paulo: Atlas, 2007.

FIGUEIREDO, Lúcia Valle. *Curso de direito administrativo*. 7. ed., rev., atual. e ampl. São Paulo: Malheiros, 2004.

GASPARINI, Diógenes. *Direito administrativo*. 14. ed. São Paulo: Saraiva, 2009.

GASTON SIR. *Tratado de derecho administrativo*. Buenos Aires, 1950. v. IV.

JUSTEN FILHO, Marçal. *Curso de direito administrativo*. 5. ed. São Paulo: Saraiva, 2010.

______. *Teoria geral das concessões de serviços públicos*. São Paulo: Dialética, 1997.

LAUBADÈRE, André de. *Contrats administratifs*. Paris, 1956. v. II.

MARIENHOFF, Miguel S. *Tratado de derecho administrativo*. Buenos Aires, 1970. v. III.

MEIRELLES, Hely Lopes. *Direito administrativo brasileiro*. 36. ed. São Paulo: Malheiros, 2010.

MOREIRA NETO, Diogo de Figueiredo. *Curso de direito administrativo*. 16. ed. Rio de Janeiro: Forense-Gen, 2014.

NETTO DE ARAÚJO, Edmir. *Curso de direito administrativo*. 3. ed. São Paulo: Saraiva, 2007.

PESTANA, Marcio. *Direito administrativo brasileiro*. Rio de Janeiro: Campus Jurídico, 2008.

ROSSI, Licínia. *Manual de direito administrativo*. 2. ed. São Paulo: Saraiva, 2016.

SEABRA FAGUNDES, M. Conceito de mérito no direito administrativo. *RDA* 23/1-16.

SUNDFELD, Carlos Ari. Motivação do ato administrativo como garantia dos administrados. *RDP 75*. São Paulo: RT, jul./set. 1985.

TÁCITO, Caio. A inexistência dos motivos nos atos administrativos. *RDA* 36/78.

WALINE, Marcel. *Droit administratif*. 5. ed. Paris: Sirey, 1963.

■ QUESTÕES

(XIX Exame de Ordem Unificado / FGV) Fulano, servidor público federal lotado em órgão da administração pública federal no Estado de São Paulo, contesta ordens do seu chefe imediato, alegando que são proibidas pela legislação. A chefia, indignada com o que entende ser um ato de insubordinação, remove Fulano, contra a sua vontade, para órgão da administração pública federal no Distrito Federal, para exercer as mesmas funções, sendo certo que havia insuficiência de servidores em São Paulo, mas não no Distrito Federal.

Considerando as normas de Direito Administrativo, assinale a afirmativa correta.

A) A remoção de Fulano para o Distrito Federal é válida, porque configura ato arbitrário da Administração.

B) Não é cabível a remoção do servidor com finalidades punitivas, por se ter, em tal hipótese, desvio de finalidade.

C) A remoção pode ser feita, uma vez que Fulano não pautou sua conduta com base nos princípios e regras aplicáveis aos servidores públicos.

D) O ato de insubordinação deveria ter sido constatado por meio de regular processo administrativo, ao fim do qual poderia ser aplicada a penalidade de remoção.

RESPOSTA

A) A remoção não é válida.

☑ No caso, houve o abuso de poder na modalidade desvio de finalidade, ou seja, há vício no móvel (intenção) do agente que praticou o ato. Assim, nos termos fixados pelo art. 2º, parágrafo único, *e*, da Lei da Ação Popular "o desvio de finalidade se verifica quando o agente pratica o ato visando a fim diverso daquele previsto, explícita ou implicitamente, na regra de competência".

C) A remoção não poderia ter sido feita.

D) Ao final não poderia ser aplicada a penalidade de remoção.

(XIX Exame de Ordem Unificado / FGV) O Estado X e os Municípios A, B e C subscreveram protocolo de intenções para a constituição de um consórcio com personalidade jurídica de direito privado para atuação na coleta, descarte e reciclagem de lixo produzido no limite territorial daqueles municípios.

Com base no caso apresentado, assinale a afirmativa correta.

A) Por se tratar de consórcio a ser constituído entre entes de hierarquias diversas, a saber, Estado e Municípios, é obrigatória a participação da União.

B) O consórcio de direito privado a ser constituído pelo Estado e pelos Municípios não está alcançado pela exigência de prévia licitação para os contratos que vier a celebrar.

C) O consórcio entre o Estado e os Municípios será constituído por contrato e adquirirá personalidade jurídica mediante o atendimento dos requisitos da legislação civil.

D) Por se tratar de consórcio para atuação em área de relevante interesse coletivo, não se admite que seja constituído com personalidade de direito privado.

RESPOSTA

A) Não é obrigatória a participação da União.

B) Há exigência de licitação, sim (art. 37, XXI, CF e art. 6º, § 2º, da Lei n. 11.107/2005).

☑ Esta alternativa está de acordo com o art. 6º, II, da Lei n. 11.107/2005.

D) Um consórcio público adquirirá personalidade jurídica de direito público, no caso de constituir associação pública, mediante a vigência das leis de ratificação do protocolo de intenções e/ou de direito privado, mediante o atendimento dos requisitos da legislação civil (art. 6º da Lei n. 11.107/2005).

(XIX Exame de Ordem Unificado / FGV) A pretexto de regulamentar a Lei n. 8.987/1995, que dispõe sobre a concessão e a permissão de serviços públicos, o Presidente da República editou o Decreto XYZ, que estabelece diversas hipóteses de gratuidade para os serviços de transporte de passageiros.

A respeito da possibilidade de controle do Decreto XYZ, expedido pelo chefe do Poder Executivo, assinale a afirmativa correta.

A) Como ato de natureza essencialmente política, o Decreto XYZ não está sujeito a qualquer forma de controle.
B) Como ato discricionário, o Decreto XYZ não está sujeito a qualquer forma de controle.
C) Como ato normativo infralegal, o Decreto XYZ está sujeito apenas ao controle pelo Poder Judiciário.
D) Como ato normativo infralegal, o Decreto XYZ sujeita-se ao controle judicial e ao controle legislativo.

RESPOSTA

A) Esse ato está sujeito a controle.
B) O decreto XYZ está sujeito a controle.
C) Esse ato está sujeito a controle tanto por parte do Poder Judiciário quanto por parte do Poder Legislativo, o que torna esta alternativa incompleta.
✓ O poder regulamentar ou normativo consiste na edição de atos normativos secundários que têm por finalidade a complementação da lei para, assim, garantir sua efetividade. Esse ato normativo infralegal está sujeito ao controle (tanto por parte do Poder Judiciário quanto por parte do Poder Legislativo).

(XIX Exame de Ordem Unificado / FGV) Um paciente de um hospital psiquiátrico estadual conseguiu fugir da instituição em que estava internado, ao aproveitar um momento em que os servidores de plantão largaram seus postos para acompanhar um jogo de futebol na televisão. Na fuga, ao pular de um viaduto próximo ao hospital, sofreu uma queda e, em razão dos ferimentos, veio a falecer.

Nesse caso,

A) o Estado não responde pela morte do paciente, uma vez que não configurado o nexo de causalidade entre a ação ou omissão estatal e o dano.
B) o Estado responde de forma subjetiva, uma vez que não configurado o nexo de causalidade entre a ação ou omissão estatal e o dano.
C) o Estado não responde pela morte do paciente, mas, caso comprovada a negligência dos servidores, estes respondem de forma subjetiva.
D) o Estado responde pela morte do paciente, garantido o direito de regresso contra os servidores no caso de dolo ou culpa.

RESPOSTA

A) Há responsabilidade do Estado e essa responsabilidade é objetiva.
B) A responsabilidade do Estado nesse caso não é subjetiva.
C) O Estado responde, sim, pela morte do paciente.
✓ Nos termos fixados pelo art. 37, § 6º, da Constituição, "as pessoas jurídicas de direito público e as de direito privado prestadoras de serviços públicos responderão pelos danos que seus agentes, nessa qualidade, causarem a terceiros, assegurado o direito de regresso contra o responsável nos casos de dolo ou culpa".

(XIX Exame de Ordem Unificado / FGV) A associação de moradores do Município F solicitou ao Poder Público municipal autorização para o fechamento da "rua de trás", por uma noite, para a realização de uma festa junina aberta ao público. O Município, entretanto, negou o pedido, ao fundamento de que aquela rua seria utilizada para sediar o encontro anual dos produtores de abóbora, a ser realizado no mesmo dia.

Considerando que tal fundamentação não está correta, pois, antes da negativa do pedido da associação de moradores, o encontro dos produtores de abóbora havia sido transferido para o mês seguinte, conforme publicado na imprensa oficial, assinale a afirmativa correta.

A) Mesmo diante do erro na fundamentação, o ato é válido, pois a autorização pleiteada é ato discricionário da Administração.
B) Independentemente do erro na fundamentação, o ato é inválido, pois a autorização pleiteada é ato vinculado, não podendo a Administração indeferi-lo.
C) Diante do erro na fundamentação, o ato é inválido, uma vez que, pela teoria dos motivos determinantes, a validade do ato está ligada aos motivos indicados como seu fundamento.
D) A despeito do erro na fundamentação, o ato é válido, pois a autorização pleiteada é ato vinculado, não tendo a associação de moradores demonstrado o preenchimento dos requisitos.

RESPOSTA

A) O ato não é válido.
B) O vício ocorreu, pois a Administração não se vinculou aos motivos que ela mesmo elegeu quando da prática do ato.
✓ Pela teoria dos motivos determinantes, a Administração se vincula aos motivos que elegeu para a prática do ato. O motivo alegado deve ser verdadeiro e existente, sob pena de invalidação do ato.
D) O ato não é válido.

(XX Exame de Ordem Unificado / FGV) Determinada empresa apresenta impugnação ao edital de concessão do serviço público metroviário em determinado Estado, sob a alegação de que a estipulação do retorno ao poder concedente de todos os bens reversíveis já amortizados, quando do advento do termo final do contrato, ensejaria enriquecimento sem causa do Estado.

Assinale a opção que indica o princípio que justifica tal previsão editalícia.

A) Desconcentração.
B) Imperatividade.
C) Continuidade dos Serviços Públicos.
D) Subsidiariedade.

RESPOSTA

A) Desconcentração é instituto relacionado ao tema "organização" da Administração.

B) Imperatividade é um dos atributos do ato administrativo – o que não tem relação alguma com a questão da prova.

✓ Em nome do princípio da continuidade dos serviços públicos, os serviços devem ser prestados de forma contínua, com regularidade e sem interrupções (previsão do art. 6º da Lei n. 8.987/95).

D) Subsidiariedade é instituto utilizado no estudo da responsabilidade.

(XX Exame de Ordem Unificado / FGV) O diretor-presidente de uma construtora foi procurado pelo gerente de licitações de uma empresa pública federal, que propôs a contratação direta de sua empresa, com dispensa de licitação, mediante o pagamento de uma "contribuição" de 2% (dois por cento) do valor do contrato, a ser depositado em uma conta no exterior. Contudo, após consumado o acerto, foi ele descoberto e publicado em revista de grande circulação.

A respeito do caso descrito, assinale a afirmativa correta.

A) Somente o gerente de licitações da empresa pública, agente público, está sujeito a eventual ação de improbidade administrativa.

B) Nem o diretor-presidente da construtora e nem o gerente de licitações da empresa pública, que não são agentes públicos, estão sujeitos a eventual ação de improbidade administrativa.

C) O diretor-presidente da construtora, beneficiário do esquema, está sujeito a eventual ação de improbidade, mas o gerente da empresa pública, por não ser servidor público, não está sujeito a tal ação.

D) O diretor-presidente da construtora e o gerente de licitações da empresa pública estão sujeitos a eventual ação de improbidade administrativa.

RESPOSTA

A) Errada a palavra "somente".

B) Esses agentes estão sujeitos à Lei de Improbidade Administrativa.

C) Esses agentes estão sujeitos à Lei de Improbidade Administrativa.

✓ Nos termos do art. 9º da Lei n. 8.429/92, responderá por improbidade administrativa aquele que auferir qualquer tipo de vantagem patrimonial indevida em razão do exercício de cargo, mandato, função ou emprego. E será considerado sujeito ativo do ato de improbidade não só o agente público (nos termos do art. 2º), mas também todo aquele que, mesmo não sendo agente público, induzir, concorrer ou se beneficiar do ato de improbidade.

(XX Exame de Ordem Unificado / FGV) Carlos Mário, chefe do Departamento de Contratos de uma autarquia federal descobre, por diversos relatos, que Geraldo, um dos servidores a ele subordinado, deixara de comparecer a uma reunião para acompanhar a tarde de autógrafos de um famoso artista de televisão. Em outra ocasião, Geraldo já se ausentara do serviço, durante o expediente, sem prévia autorização do seu chefe, razão pela qual lhe fora aplicada advertência. Irritado, Carlos Mário determina a instauração de um processo administrativo disciplinar, aplicando a Geraldo a penalidade de suspensão, por 15 (quinze) dias, sem a sua oitiva, em atenção ao princípio da verdade sabida.

Considerando o exposto, assinale a afirmativa correta.

A) A penalidade aplicada é nula, em razão de violação às garantias constitucionais da ampla defesa e do contraditório, razão pela qual o princípio da verdade sabida não guarda compatibilidade com a ordem constitucional vigente.

B) A penalidade aplicada é nula, pois a ausência do serviço sem autorização do chefe é hipótese de aplicação da penalidade de advertência e jamais poderia dar ensejo à aplicação da penalidade de suspensão.

C) A penalidade aplicada é correta, pois a ausência do servidor no horário de expediente é causa de aplicação da penalidade de suspensão, e o fato era de ciência de vários outros servidores.

D) A penalidade aplicada contém vício sanável, devendo ser ratificada pelo Diretor-Presidente da autarquia, autoridade competente para tanto.

RESPOSTA

✓ Nos termos do art. 5º, LV, CF "aos litigantes, em processo judicial ou administrativo, e aos acusados em geral são assegurados o contraditório e ampla defesa, com os meios e recursos a ela inerentes". A não observância de contraditório e ampla defesa acarretarão a nulidade da penalidade aplicada.

B) O erro da assertiva não diz respeito ao tipo de penalidade aplicada, mas à inobservância do art. 5º, LV, CF.

C) Esta alternativa também discute o tipo de penalidade aplicada – e o fato principal é a inobservância de contraditório e ampla defesa.

D) O vício não é sanável.

(XX Exame de Ordem Unificado / FGV) A fim de pegar um atalho em seu caminho para o trabalho, Maria atravessa uma área em obras, que está interditada pela empresa contratada pelo Município para a reforma de um viaduto. Entretanto, por desatenção de um dos funcionários que trabalhava no local naquele momento, um bloco de concreto se desprendeu da estrutura principal e atingiu o pé de Maria.

Nesse caso,

A) a empresa contratada e o Município respondem solidariamente, com base na teoria do risco integral.

B) a ação de Maria, ao burlar a interdição da área, exclui o nexo de causalidade entre a obra e o dano, afastando a responsabilidade da empresa e do Município.

C) a empresa contratada e o Município respondem de forma atenuada pelos danos causados, tendo em vista a culpa concorrente da vítima.

D) a empresa contratada responde de forma objetiva, mas a responsabilidade do Município demanda comprovação de culpa na ausência de fiscalização da obra.

RESPOSTA

A) Não há que se falar neste caso em risco integral. Em nosso ordenamento jurídico adotamos, como regra, a teoria do risco administrativo e, apenas em casos excepcionais, a teoria do risco integral.

B) Há nexo causal, e não se trata de caso de exclusão da responsabilidade do Estado.

✓ Neste caso descrito pelo problema ocorreu o denominado "problema das concausas" (ou culpa concorrente): todo aquele que concorrer de alguma forma para o evento danoso responderá na exata medida de sua participação.

D) Não há que se falar em presença de "culpa" neste caso. Para complementar, *vide* art. 37, § 6º, CF.

(XXI Exame de Ordem Unificado / FGV) Uma autarquia federal divulgou edital de licitação para a concessão da exploração de uma rodovia que interliga diversos Estados da Federação. A exploração do serviço será precedida de obras de duplicação da rodovia. Como o fluxo esperado de veículos não é suficiente para garantir, por meio do pedágio, a amortização dos investimentos e a remuneração do concessionário, haverá, adicionalmente à cobrança do pedágio, contraprestação pecuniária por parte do Poder Público.

Sobre a hipótese apresentada, assinale a afirmativa correta.

A) Trata-se de um exemplo de parceria público-privada, na modalidade concessão administrativa.

B) Trata-se de um consórcio público com personalidade de direito público entre a autarquia federal e a pessoa jurídica de direito privado.

C) Trata-se de um exemplo de parceria público-privada, na modalidade concessão patrocinada.

D) Trata-se de um exemplo de consórcio público com personalidade jurídica de direito privado.

RESPOSTA

A) Duas são as formas de PPP previstas na Lei n. 11.079/2004: concessão patrocinada e concessão administrativa. Concessão patrocinada é a concessão de serviços públicos ou de obras públicas de que trata a Lei n. 8.987, de 13 de fevereiro de 1995, quando envolver, adicionalmente à tarifa cobrada dos usuários, contraprestação pecuniária do parceiro público ao parceiro privado. Concessão administrativa é o contrato de prestação de serviços de que a Administração Pública seja a usuária direta ou indireta, ainda que envolva execução de obra ou fornecimento e instalação de bens. Seguindo essas conceituações, a alternativa A não se refere à concessão administrativa.

B) Não se trata de consórcio público.

✓ A questão define exatamente o conceito de concessão patrocinada (prevista no § 1º do art. 2º da Lei n. 11.079/2004).

D) Não estamos diante de consórcio público.

(XXI Exame de Ordem Unificado / FGV) José, acusado por estupro de menores, foi condenado e preso em decorrência da execução de sentença penal transitada em julgado. Logo após seu recolhimento ao estabelecimento prisional, porém, foi assassinado por um colega de cela.

Acerca da responsabilidade civil do Estado pelo fato ocorrido no estabelecimento prisional, assinale a afirmativa correta.

A) Não estão presentes os elementos configuradores da responsabilidade civil do Estado, porque está presente o fato exclusivo de terceiro, que rompe o nexo de causalidade, independentemente da possibilidade de o Estado atuar para evitar o dano.

B) Não estão presentes os elementos configuradores da responsabilidade civil do Estado, porque não existe a causalidade necessária entre a conduta de agentes do Estado e o dano ocorrido no estabelecimento estatal.

C) Estão presentes os elementos configuradores da responsabilidade civil do Estado, porque o ordenamento jurídico brasileiro adota, na matéria, a teoria do risco integral.

D) Estão presentes os elementos configuradores da responsabilidade civil do Estado, porque o poder público tem o dever jurídico de proteger as pessoas submetidas à custódia de seus agentes e estabelecimentos.

RESPOSTA

A) A própria assertiva enfatiza que não estão presentes os elementos configuradores da responsabilidade civil do Estado.

B) A justificativa é a mesma da alternativa A: a própria assertiva deixa claro que estão ausentes os elementos configuradores da responsabilidade civil do Estado.

C) Não adotamos como regra a teoria do risco integral, vertente mais radical da teoria da responsabilidade objetiva que só é válida para algumas situações, por exemplo, danos decorrentes de acidentes nucleares.

✓ Os elementos configuradores da responsabilidade civil do Estado são: conduta estatal, dano decorrente dessa conduta e relação de causalidade – nexo causal – entre a conduta e o dano. Estamos diante de nítido caso de responsabilidade civil do Estado, seguindo a teoria da responsabilidade objetiva na modalidade risco administrativo.

(XXI Exame de Ordem Unificado / FGV) A sociedade "Limpatudo" S/A é empresa pública estadual destinada à prestação de serviços públicos de competência do respectivo ente federativo. Tal entidade administrativa foi condenada em vultosa quantia em dinheiro, por sentença transitada em julgado, em fase de cumprimento de sentença.

Para que se cumpra o título condenatório, considerar-se-á que os bens da empresa pública são

A) impenhoráveis, certo que são bens públicos, de acordo com o ordenamento jurídico pátrio.

B) privados, de modo que, em qualquer caso, estão sujeitos à penhora.

C) privados, mas, se necessários à prestação de serviços públicos, não podem ser penhorados.
D) privados, mas são impenhoráveis em decorrência da submissão ao regime de precatórios.

RESPOSTA

A) Os bens das empresas públicas não podem ser considerados bens públicos.
B) A expressão "em qualquer caso" não cabe nesta definição.
☑ As empresas públicas são entidades da Administração Pública Indireta e gozam de personalidade jurídica de direito privado. A empresa pública pode ter por finalidade ou a prestação de um serviço público – caso em que seus bens não poderão ser penhorados – ou a exploração de atividade econômica.
D) O tema "regime de precatórios" não tem relação com o tema abordado nesta questão.

(XXI Exame de Ordem Unificado / FGV) O Município Beta verificou grave comprometimento dos serviços de educação das escolas municipais, considerando o grande número de professoras gozando licença-maternidade e de profissionais em licença de saúde, razão pela qual fez editar uma lei que autoriza a contratação de professores, por tempo determinado, sem a realização de concurso, em situações devidamente especificadas na norma local.

Diante dessa situação hipotética, assinale a afirmativa correta.

A) A Constituição da República não autoriza a contratação temporária sem a realização de concurso público.
B) O Município Beta somente poderia se utilizar da contratação temporária para os cargos permanentes de direção, chefia e assessoramento.
C) A contratação temporária, nos termos da lei, é possível, considerando que a situação apresentada caracteriza necessidade temporária de excepcional interesse público.
D) A contratação temporária de servidores, independentemente de previsão legal, é possível.

RESPOSTA

A) A Constituição Federal autoriza, sim, a contratação temporária.
B) Não existe essa restrição para a realização de contratação temporária.
☑ Essa alternativa está de acordo com o art. 37, IX, da Constituição Federal: "a lei estabelecerá os casos de contratação por tempo determinado para atender a necessidade temporária de excepcional interesse público".
D) A contratação temporária depende de previsão legal, conforme a redação do inciso IX do art. 37 da Constituição Federal.

(XXI Exame de Ordem Unificado / FGV) João foi aprovado em concurso público para o cargo de agente administrativo do Estado Alfa. Após regular investidura, recebeu sua primeira remuneração. Contudo, os valores apontados na folha de pagamento causaram estranheza, considerando que a rubrica de seu vencimento-base se mostrava inferior ao salário mínimo vigente, montante que só era alcançado se considerados os demais valores (adicionais e gratificações) que compunham a sua remuneração total.

Diante dessa situação hipotética, assinale a afirmativa correta.

A) A remuneração de João é constitucional, porque a garantia do salário mínimo não é aplicável aos servidores públicos.
B) A remuneração de João é inconstitucional, porque o seu vencimento-base teria que ser superior ao salário mínimo.
C) A remuneração de João é constitucional, porque a garantia do salário mínimo se refere ao total da remuneração percebida.
D) A remuneração de João é inconstitucional, pois todo servidor público deve receber por subsídio, fixado em parcela única.

RESPOSTA

A) A garantia de salário mínimo legal é aplicável, sim, aos servidores públicos.
B) A remuneração de João não é inconstitucional.
☑ A garantia do salário mínimo se refere ao total da remuneração percebida. Recomendo a leitura (sobre o tema remuneração dos agentes públicos) dos arts. 37, X, XI, XIII, e 38, todos da Constituição Federal. Remuneração dos agentes públicos é um tema recorrente no Exame da OAB. Fica a dica para você, leitor.
D) Não se trata de remuneração inconstitucional.

(XXII Exame de Ordem Unificado / FGV) O Município Beta foi assolado por chuvas que provocaram o desabamento de várias encostas, que abalaram a estrutura de diversos imóveis, os quais ameaçam ruir, especialmente se não houver imediata limpeza dos terrenos comprometidos. Diante do iminente perigo público a residências e à vida de pessoas, o Poder Público deve, prontamente, utilizar maquinário, que não consta de seu patrimônio, para realizar as medidas de contenção pertinentes.

Assinale a opção que indica a adequada modalidade de intervenção na propriedade privada para a utilização do maquinário necessário.

A) Requisição administrativa.
B) Tombamento.
C) Desapropriação.
D) Servidão administrativa.

RESPOSTA

☑ Utiliza-se a requisição administrativa para enfrentar iminente perigo público, como dispõe expressamente o art. 5º, XXV, da CF, evitando danos à vida, à saúde e aos bens da comunidade, mediante ulterior indenização, atendendo situações urgentes e transitórias.
B) O tombamento é intervenção do Estado para preservar valores históricos, artísticos, paisagísticos, naturais, turísticos, culturais ou científicos, como forma de proteção ao patrimônio cultural do país.

C) A desapropriação consiste na transferência compulsória da propriedade. Aqui não há necessidade dessa forma originária de aquisição da propriedade, mas somente de sua utilização temporária. Nesse sentido, *vide* o art. 5º, XXIV, da CF.

D) Servidão administrativa é direito real público sobre a propriedade alheia, restringindo sua utilização. Geralmente é perpétua, só se extinguindo com o desaparecimento do bem, ou com a incorporação ao domínio público, ou por manifesto desinteresse do Estado, o que não ocorre na hipótese, na qual há apenas atuação emergencial e transitória.

(XXII Exame de Ordem Unificado / FGV) A Administração Federal irá realizar sucessivos contratos de compra de produtos de papelaria, de uso contínuo nos órgãos para os quais os bens estão destinados. Para tanto, pretende fazer uso dos mecanismos legais que melhor atendam ao princípio da eficiência.

No caso, acerca da modalidade de licitação a ser adotada, assinale a afirmativa correta.

A) É cabível a utilização do regime diferenciado de contratações públicas (RDC).

B) Deverá ser utilizada a modalidade leilão para cada uma das compras a contratar.

C) É possível o processamento das compras pelo sistema de registro de preços, mediante a utilização da modalidade pregão.

D) É obrigatória a utilização da modalidade convite, independentemente do valor orçado.

RESPOSTA

A) O RDC foi criado para viabilizar obras e contratações necessárias para criar a infraestrutura indispensável para eventos específicos da Lei n. 12.462/2011 e não para simples aquisição de materiais de papelaria.

B) O leilão é destinado à venda de bens móveis inservíveis ou de produtos legalmente apreendidos ou penhorados, ou alienação de bens imóveis (art. 19 da Lei n. 8.666/93), sendo usado, também, no Programa Nacional de Desestatização (Leis n. 8.031/90 e 9.491/97).

✓ O pregão é utilizado para a aquisição de bens e serviços comuns, caracterizados pela padronização, que permite a substituição de uns por outros, com o mesmo padrão de qualidade. Produtos de papelaria gozam dessa característica – *vide* a Lei n. 10.520/2002.

D) O valor é o fator mais importante na classificação da modalidade de licitação a ser efetivada, sendo o convite só para bens ou serviços de pequeno valor.

(XXII Exame de Ordem Unificado / FGV) A Associação Delta se dedica à promoção do voluntariado e foi qualificada como Organização da Sociedade Civil sem fins lucrativos – OSCIP, após o que formalizou termo de parceria com a União, por meio do qual recebeu recursos que aplicou integralmente na realização de suas atividades, inclusive na aquisição de um imóvel, que passou a ser a sede da entidade.

Com base nessa situação hipotética, assinale a afirmativa correta.

A) A Associação não poderia ter sido qualificada como OSCIP, considerando que o seu objeto é a promoção do voluntariado.

B) A qualificação como OSCIP é ato discricionário da Administração Pública, que poderia indeferi-lo, mesmo que preenchidos os requisitos legais.

C) A qualificação como OSCIP não autoriza o recebimento de recursos financeiros por meio de termo de parceria, mas somente mediante contrato de gestão.

D) A Associação não tem liberdade para alienar livremente os bens adquiridos com recursos públicos provenientes de termo de parceria.

RESPOSTA

A) A promoção do voluntariado é um serviço social não exclusivo do Estado e tem por fim institucional a promoção da cultura, da educação e de outras atividades que auxiliarão a comunidade.

B) O qualificativo é recebido por meio de ato vinculado do Ministro da Justiça. Preenchidos os requisitos legais, não há juízo de oportunidade ou conveniência.

C) O vínculo estabelecido com o poder público ocorre por meio de termo de parceria; o contrato de gestão é para as organizações sociais, que assumem atividade por delegação. E, pelo termo de parceria, podem receber recursos financeiros.

✓ A Associação, de fato, não tem liberdade para alienar livremente os bens adquiridos como recursos públicos provenientes de termo de parceria. Os recursos do erário devem ser usados conforme previsão do Termo de Parceria, e, se utilizados na aquisição de um imóvel, este ficará vinculado ao acordo e só com a anuência da Administração poderá ser alienado, com o produto utilizado para os fins institucionais.

(XXII Exame de Ordem Unificado / FGV) O governador do estado Alfa, diante de grave crise financeira que assola as contas estaduais, elaborou numerosos projetos de lei para diminuir os gastos públicos e atender ao disposto na Lei de Responsabilidade Fiscal. Dentre esses projetos encontram-se: i) corte de 25% (vinte e cinco por cento) dos cargos em comissão do Poder Executivo; ii) redução dos subsídios e vencimentos dos servidores públicos estáveis em 10% (dez por cento) de seu valor nominal.

Com relação à constitucionalidade de tais projetos, assinale a afirmativa correta.

A) Os projetos são constitucionais, porque cabe ao Estado zelar por suas finanças, à luz dos princípios aplicáveis à Administração Pública.

B) O projeto que determina o corte de cargos em comissão é inconstitucional, pois resultará na exoneração dos servidores que os ocupam.

C) O projeto que reduz diretamente os subsídios e vencimentos pagos aos servidores públicos é inconstitucional.

D) Os projetos são inconstitucionais, porque há direito adquirido à imutabilidade de regime jurídico dos servidores públicos.

RESPOSTA

A) Mesmo considerando a importância de zelar por suas finanças, impossível sob esse argumento ferir direitos e garantias individuais resguardados pela Constituição. Nesse sentido, o art. 169 da CF.

B) Os cargos em comissão são de confiança do nomeante e destituíveis *ad nutum*, a qualquer tempo.

☑ Ao ingressar no serviço público, cria-se um vínculo trabalho-remuneração, que gera direitos que integram o patrimônio do servidor. Este não poderá ser prejudicado com redução salarial.

D) O direito adquirido prende-se à não redução de vencimentos, mas, quanto à redução de cargos em comissão, era de competência do Governador a iniciativa da lei, projeto constitucional.

(XXII Exame de Ordem Unificado / FGV) A Agência Nacional do Petróleo – ANP, no exercício do poder de polícia, promoveu diligência, no dia 05/01/2010, junto à sociedade Petrolineous S/A, que culminou na autuação desta por fatos ocorridos naquela mesma data. Encerrado o processo administrativo, foi aplicada multa nos limites estabelecidos na lei de regência. O respectivo crédito não tributário resultou definitivamente constituído em 19/01/2011, e, em 15/10/2015, foi ajuizada a pertinente execução fiscal.

Com base na situação hipotética descrita, acerca da prescrição no Direito Administrativo, assinale a afirmativa correta.

A) Operou-se a prescrição para a execução do crédito, considerando o lapso de cinco anos transcorrido entre a data da autuação e a do ajuizamento da ação.

B) Não se operou a prescrição para a execução do crédito, que pode ser cobrado pela administração federal a qualquer tempo.

C) Operou-se a prescrição para a execução do crédito, considerando o lapso de três anos decorrido entre a data de sua constituição definitiva e a do ajuizamento da ação.

D) Não se operou a prescrição para a execução do crédito, considerando o lapso de cinco anos entre a data de sua constituição definitiva e a do ajuizamento da ação.

RESPOSTA

A) A prescrição não é contada da data do fato, mas da constituição definitiva do crédito, com a certidão da dívida ativa.

B) Já houve tentativas de tornar o crédito fazendário imprescritível, mas o STF firmou posição sobre sua prescritibilidade, garantindo a segurança jurídica.

C) O art. 174 do CTN é preciso: o crédito tributário prescreve em cinco anos, segundo a tradição que vem desde o Decreto n. 20.910, de 1932.

☑ Não se operou a prescrição para a execução do crédito, considerando o lapso de cinco anos decorrido entre a data de sua constituição definitiva e a do ajuizamento da ação. De 19-1-2011 até 15-10-2015, não transcorreram os cinco anos para a prescrição, previstos em lei.

(XXII Exame de Ordem Unificado / FGV) O Município Beta procedeu ao recadastramento de seus servidores efetivos e constatou que 6 (seis) bacharéis em contabilidade exerciam variados cargos na estrutura administrativa, todos providos mediante concurso público. Verificou também que existiam 10 (dez) cargos vagos de auditores fiscais de tributos, decorrentes de aposentadorias havidas nos últimos anos. O Município, considerando a necessidade de incrementar receitas, editou lei reorganizando sua estrutura funcional de modo a reenquadrar aqueles servidores como auditores fiscais de tributos.

Com base na hipótese apresentada, acerca do provimento de cargo público, assinale a afirmativa correta.

A) A medida é inválida, porque o provimento originário de cargo efetivo em uma determinada carreira exige concurso público específico.

B) A medida é válida, porque os servidores reenquadrados são concursados, configurando-se na espécie mera transformação de cargos, expressamente prevista na CRFB/88.

C) A medida é inválida, porque o provimento de todo e qualquer cargo faz-se exclusivamente mediante concurso público.

D) A medida é válida, porque os servidores reenquadrados são concursados e não há aumento de despesa, uma vez que os cargos preenchidos já existiam.

RESPOSTA

☑ A medida é inválida porque o provimento originário de cargo efetivo em determinada carreira exige concurso público específico. Essa alternativa decorre da CF, art. 37, II, do concurso público. Com a investidura do agente, conferem-se as prerrogativas, os direitos e os deveres daquele cargo ou mandato.

B) Certo que o Executivo pode ter iniciativa de lei para transformação de cargos, mas, se a transformação, como no caso, "implicar em alteração do título e das atribuições do cargo, configura novo provimento" (STF, Pleno, ADI 266-0/RJ, *DJU* 6-8-1993; ADIn 1.267, *Inf. STF* 363, 6-10-2004), que exige o concurso público.

C) Para agentes públicos ocupantes de cargo em comissão, de livre nomeação e exoneração, não há concurso público – *vide* a parte final do art. 37, II, da CF.

D) Não é o aspecto econômico que interfere na questão, mas as decorrências dos títulos profissionais que serviram de base para o ingresso no serviço público e a não coincidência de atribuições entre os cargos.

(XXIII Exame de Ordem Unificado/ FGV) O Estado Alfa, mediante a respectiva autorização legislativa, constituiu uma sociedade de economia mista para o desenvolvimento de certa atividade econômica de relevante interesse coletivo.

Acerca do Regime de Pessoal de tal entidade, integrante da Administração Indireta, assinale a afirmativa correta.

A) Por se tratar de entidade administrativa que realiza atividade econômica, não será necessária a realização de concurso público para a admissão de pessoal, bastando processo seletivo simplificado, mediante análise de currículo.

B) É imprescindível a realização de concurso público para o provimento de cargos e empregos em tal entidade administrativa, certo que os servidores ou empregados regularmente nomeados poderão alcançar a estabilidade mediante o preenchimento dos requisitos estabelecidos na Constituição da República.

C) Deve ser realizado concurso público para a contratação de pessoal por tal entidade administrativa, e a remuneração a ser paga aos respectivos empregados não pode ultrapassar o teto remuneratório estabelecido na Constituição da República, caso sejam recebidos recursos do Estado Alfa para pagamento de despesas de pessoal ou de custeio em geral.

D) A entidade administrativa poderá optar entre o regime estatutário e o regime de emprego público para a admissão de pessoal, mas, em qualquer dos casos, deverá realizar concurso público para a seleção de pessoal.

RESPOSTA

A) Essa alternativa está incorreta, pois o art. 37, II, da Constituição Federal estalebece, como forma de consagração dos princípios da impessoalidade, isonomia e indisponibilidade de concurso público a obrigatoriedade de licitação.

B) Os ocupantes de cargos públicos gozam da estabilidade do art. 41 da CF, porém os empregados públicos (ou servidor de ente governamental de direito privado) não. No caso de dispensa de empregados públicos (regidos pelo regime celetista), é indispensável a motivação da dispensa – como já decidiu o STF ao julgar o RE 589.998.

✓ Essa é a resposta que deveria ser assinalada como gabarito. O teto remuneratório previsto no art. 37, X, da CF estabelece: "a remuneração e o subsídio dos ocupantes de cargos, funções e empregos públicos da administração direta, autárquica e fundacional, dos membros de qualquer dos Poderes da União, dos Estados, do Distrito Federal e dos Municípios, dos detentores de mandato eletivo e dos demais agentes políticos e os proventos, pensões ou outra espécie remuneratória, percebidos cumulativamente ou não, incluídas as vantagens pessoais ou de qualquer outra natureza, **não poderão exceder** o subsídio mensal, em espécie, dos Ministros do Supremo Tribunal Federal, aplicando-se como limite, nos **Municípios**, o subsídio do Prefeito, e nos **Estados e no Distrito Federal**, o subsídio mensal do Governador **no âmbito do Poder Executivo**, o subsídio dos Deputados Estaduais e Distritais **no âmbito do Poder Legislativo** e o subsídio dos Desembargadores do Tribunal de Justiça, limitado a noventa inteiros e vinte e cinco centésimos por cento do subsídio mensal, em espécie, dos Ministros do Supremo Tribunal Federal, **no âmbito do Poder Judiciário**, aplicável este limite aos membros do Ministério Público, aos Procuradores e aos Defensores Públicos.

D) O regime de pessoal das empresas estatais (empresas públicas ou sociedades de economia mista) é o regime celetista, devendo os interessados prestarem concurso público para ingresso no emprego público.

(XXIII Exame de Ordem Unificado / FGV) Após a Polícia Federal colher farto material probatório, o Ministério Público denunciou Ricardo, servidor público federal estável, por crime funcional e comunicou o fato às autoridades competentes para eventual apuração administrativa.

Antes do recebimento da denúncia, diante da vasta documentação que demonstrava a materialidade de violação de dever funcional remetida para a Administração, foi instaurado o processo administrativo disciplinar, sem a realização de sindicância, que, mediante regular processamento do inquérito administrativo, culminou na aplicação da pena de demissão de Ricardo.

Sobre a situação hipotética narrada, assinale a afirmativa correta.

A) Ricardo não poderia ser demitido sem a realização de sindicância, que é procedimento prévio imprescindível para a instauração de processo administrativo disciplinar.

B) O recebimento da denúncia deveria ter suspendido o processo administrativo disciplinar contra Ricardo, e o prosseguimento de tal apuração só poderia ocorrer após a conclusão do Juízo criminal.

C) O processo administrativo disciplinar instaurado contra Ricardo é nulo, pois não é cabível a utilização de prova produzida para a apuração criminal.

D) A hipótese não apresenta qualquer nulidade que contamine o processo administrativo disciplinar instaurado contra Ricardo.

RESPOSTA

A) A sindicância pode ou não ocorrer. Não é condição indispensável para instauração de processo administrativo disciplinar. A alternativa "a" está, portanto, incorreta.

B) Há um princípio intitulado "princípio da independência das instâncias" que estabelece que as esferas civil, penal e administrativas são independentes. Assim, o meró recebimento de denúncia não teria o condão de suspender o processo administrativo disciplinar contra Ricardo, portanto, incorreta a alternativa "b".

C) Essa alternativa está incorreta. Importante ressaltar que o decidido na esfera penal apenas vinculará as demais esferas nos seguintes casos: 1- absolvição no processo-crime em razão de prova de que o réu não foi o autor e 2- absolvição no processo-crime em razão de inexistência do fato.

✓ Alternativa correta. De fato, não há que se falar em qualquer nulidade no fato apresentado. O art. 5º, LV, da CF foi integralmente observado.

(XXIII Exame de Ordem Unificado/ FGV) O Estado Alfa, com o objetivo de articular a prestação dos serviços de saneamento básico entre municípios limítrofes, instituiu uma região metropolitana, de modo a promover a organização, o planejamento e a execução de tais atividades.

Acerca da criação de regiões metropolitanas para a realização de serviços públicos, assinale a afirmativa correta.

A) A instituição de região metropolitana para a organização, o planejamento e a execução dos serviços públicos é de competência do Estado Alfa, por meio de lei complementar.

B) A organização, o planejamento e a execução dos serviços de saneamento básico entre municípios limítrofes deveria, necessariamente, ser promovida por meio de consórcio público.

C) A competência para a criação de regiões metropolitanas é exclusiva da União, sob pena de violar a autonomia dos municípios que seriam por elas alcançados.

D) A criação da região metropolitana pretendida pelo Estado Alfa não é possível, diante da ausência de previsão para tanto no nosso ordenamento jurídico.

RESPOSTA

✓ Nos termos do art. 25, § 3º da CF, Os Estados poderão, **mediante lei complementar**, instituir regiões metropolitanas, aglomerações urbanas e microrregiões, constituídas por agrupamentos de municípios limítrofes, para integrar a organização, o planejamento e a execução de funções públicas de interesse comum. Trata-se de tema de direito constitucional e que tem relação interdisciplinar com o direito administrativo. Essa é a alternativa que deveria ter sido assinalada nessa questão.

B) O erro dessa assertiva é a expressão "necessariamente", que traduz ideia de "obrigatoriedade", o que não é verdade.

C) Essa competência não é exclusiva da União conforme podemos observar da leitura do art. 25, § 3º, da CF, portanto, incorreta a alternativa "c".

D) Incorreta essa alternativa conforme redação conferida pelo art. 25, § 3º, da CF.

(XXIII Exame de Ordem Unificado/ FGV) O Ministério Público estadual ajuizou ação civil pública por improbidade em desfavor de Odorico, prefeito do Município Beta, perante o Juízo de 1º grau.

Após os devidos trâmites e do recebimento da inicial, surgiram provas contundentes de que Odorico se utilizava da máquina administrativa para intimidar servidores e prejudicar o andamento das investigações, razão pela qual o Juízo de 1º grau determinou o afastamento cautelar do chefe do Poder Executivo municipal pelo prazo de sessenta dias.

Nesse caso, o Juízo de 1º grau

A) não poderia ter dado prosseguimento ao feito, na medida em que Odorico é agente político e, por isso, não responde com base na lei de improbidade, mas somente na esfera política, por crime de responsabilidade.

B) não tem competência para o julgamento da ação civil pública por improbidade ajuizada em face de Odorico, ainda que o agente tenha foro por prerrogativa junto ao respectivo Tribunal de Justiça estadual.

C) não poderia ter determinado o afastamento cautelar de Odorico, pois a perda da função pública só se efetiva com o trânsito em julgado da sentença condenatória.

D) agiu corretamente ao determinar o afastamento cautelar de Odorico, que, apesar de constituir medida excepcional, cabe quando o agente se utiliza da máquina administrativa para intimidar servidores e prejudicar o andamento do processo.

RESPOSTA

A) Incorreta. Prefeito é agente político e hoje prefeito responde por improbidade administrativa, muito embora haja sobre esse tema reconhecimento de repercussão geral pelo STF (com mérito ainda não julgado até a data de fechamento desta edição) – no tema 576 no RE 976.566.

B) Tem sim competência, portanto, incorreta essa alternativa.

C) É possível o afastamento cautelar conforme previsão no parágrafo único do art. 20 da Lei n. 8.429/92. Aliás a perda da função pública e a suspensão dos direitos políticos só se efetivam com o trânsito em julgado da sentença condenatória. Todavia, a autoridade judicial ou administrativa competente **poderá determinar o afastamento do agente público** do exercício do cargo, emprego ou função, sem prejuízo da remuneração, quando a medida se fizer necessária à instrução processual.

✓ Essa é a alternativa correta conforme previsão no art. 20 da Lei 8.429/92.

(XXIII Exame de Ordem Unificado/ FGV) O Estado "X" pretende fazer uma reforma administrativa para cortar gastos. Com esse intuito, espera concentrar diversas secretarias estaduais em um mesmo prédio, mas não dispõe de um imóvel com a área necessária. Após várias reuniões com a equipe de governo, o governador decidiu desapropriar, por utilidade pública, um enorme terreno de propriedade da União para construir o edifício desejado.

Sobre a questão apresentada, assinale a afirmativa correta.

A) A União pode desapropriar imóveis dos Estados, atendidos os requisitos previstos em lei, mas os Estados não podem desapropriar imóveis da União.

B) Para que haja a desapropriação pelo Estado "X", é imprescindível que este ente federado demonstre, em ação judicial, estar presente o interesse público.

C) A desapropriação é possível, mas deve ser precedida de autorização legislativa dada pela Assembleia Legislativa.

D) A desapropriação é possível, mas deve ser precedida de autorização legislativa dada pelo Congresso Nacional.

RESPOSTA

✓ A alternativa "a" está correta. Aqui segue a regra: "entidade maior pode desapropriar bens pertencentes à entidade menor, mas a recíproca não é verdadeira".

B) Incorreta essa alternativa. A entidade menor – no caso o Estado – não poderá desapropriar bens pertencentes à União.

C) Incorreta. Entidade menor não pode desapropriar bens pertencentes a entidade maior.

D) Incorreta. Nem mesmo com autorização legislativa dada pelo Congresso Nacional poderá ser realizada a desapropriação nos moldes fixados pelo enunciado da questão.

(XXIV Exame de Ordem Unificado/FGV) João foi aprovado em concurso público promovido pelo Estado Alfa para o cargo de analista de políticas públicas, tendo tomado posse no cargo, na classe inicial da respectiva carreira. Ocorre que João é uma pessoa proativa e teve, como gestor, excelentes experiências na iniciativa privada. Em razão disso, ele decidiu que não deveria cumprir os comandos determinados por agentes superiores na estrutura administrativa, porque ele as considerava contrárias ao princípio da eficiência, apesar de serem ordens legais.

A partir do caso apresentado, assinale a afirmativa correta.

A) João possui total liberdade de atuação, não se submetendo a comandos superiores, em decorrência do princípio da eficiência.

B) A liberdade de atuação de João é pautada somente pelo princípio da legalidade, considerando que não existe escalonamento de competência no âmbito da Administração Pública.

C) João tem dever de obediência às ordens legais de seus superiores, em razão da relação de subordinação decorrente do poder hierárquico.

D) As autoridades superiores somente podem realizar o controle finalístico das atividades de João, em razão da relação de vinculação estabelecida com os superiores hierárquicos.

RESPOSTA

A) Incorreta: João se submete ao comando de seus superiores. Tal relação de subordinação e escalonamento vertical decorre do poder hierárquico ou poder do hierarca.

B) Incorreta. De fato o princípio da legalidade norteia toda atuação do administrador, todavia, há instrumentos e prerrogativas que deverão ser utilizados na busca do interesse público, e uma dessas prerrogativas é o poder hierárquico.

✓ Correta. Essa assertiva traz o próprio conceito de poder hierárquico.

D) Incorreta. A expressão "somente" faz com que a assertiva fique incorreta. O Controle finalístico pode ser realizado, todavia, não é o único tipo de controle realizado.

(XXIV Exame de Ordem Unificado/FGV) Marcelo é médico do Corpo de Bombeiros Militar do Estado Beta e foi aprovado em concurso público para o cargo de médico civil junto a um determinado hospital da União, que é uma autarquia federal.

A partir do fato apresentado, acerca da acumulação de cargos públicos, assinale a afirmativa correta.

A) Por exercer atividade militar, Marcelo não pode acumular os cargos em comento.

B) Marcelo pode acumular os cargos em questão, pois não existe, no ordenamento pátrio, qualquer vedação à acumulação de cargos ou de empregos públicos em geral.

C) A acumulação de cargos por Marcelo não é viável, sendo cabível somente quando os cargos pertencem ao mesmo ente da Federação.

D) É possível a acumulação de cargos por Marcelo, desde que haja compatibilidade de horários.

RESPOSTA

A) Incorreta essa assertiva. Fundamentação: art. 37, XVI, da CF.

B) Há sim vedação da acumulação. A acumulação só será permitida nas hipóteses constitucionalmente previstas.

C) A assertiva da questão inventou uma situação não presente em nosso ordenamento jurídico.

✓ O Texto Constitucional prevê a possibilidade de acumulação desde que respeitados os seguintes requisitos: 1 – compatibilidade de horários e 2 – em se tratando de dois cargos de professor ou de um cargo de professor com outro técnico ou científico ou de dois cargos ou empregos privativos de profissionais de saúde, com profissões regulamentadas (nesse sentido *vide* art. 37, XVI, da CF).

(XXIV Exame de Ordem Unificado/FGV) Em ação civil pública por atos de improbidade que causaram prejuízo ao erário, ajuizada em desfavor de José, servidor público estadual estável, o Juízo de 1º grau, após os devidos trâmites, determinou a indisponibilidade de todos os bens do demandado, cujo patrimônio é superior aos danos e às demais imputações que constam na inicial.

Apresentado o recurso pertinente, observa-se que a aludida decisão

A) não merece reforma, na medida em que José deve responder com todo o seu patrimônio, independentemente do prejuízo causado pelos atos de improbidade que lhe são imputados.

B) deve ser reformada, considerando que somente podem ser objeto da cautelar os bens adquiridos depois da prática dos atos de improbidade imputados a José.

C) deve ser reformada, pois não é possível, por ausência de previsão legal, a determinação de tal medida cautelar em ações civis públicas por ato de improbidade.

D) deve ser reformada, porquanto a cautelar somente pode atingir tantos bens quantos bastassem para garantir as consequências financeiras dos atos de improbidade imputados a José.

RESPOSTA

A) Incorreta. A decisão merece reforma. A cautelar somente poderá atingir quantidade suficientes de bens para garantir consequências financeiras e demais ressarcimentos decorrentes da prática do ato de improbidade.

B) Incorreta ao dizer que somente podem ser objeto da cautelar os bens adquiridos depois da prática dos atos de improbidade imputados a José. Incorretas as expressões "somente" e "depois"

C) É previsto na Lei 8.429/92 tal medida – fato que torna a referida assertiva incorreta.

☑ Correta. De fato e em nome dos princípios da razoabilidade e proporcionalidade, não poderão ser requisitados mais bens do que os necessários para reprimir a conduta ímproba cometida.

(XXIV Exame de Ordem Unificado/FGV) Determinado município é proprietário de um extenso lote localizado em área urbana, mas que não vem sendo utilizado pela Administração há anos. Em consequência do abandono, o imóvel foi ocupado por uma família de desempregados, que deu à área uma função social. O poder público teve ciência do fato, mas, como se tratava do final da gestão do então prefeito, não tomou qualquer medida para que o bem fosse desocupado. A situação perdurou mais de trinta anos, até que o município ajuizou a reintegração de posse.

Sobre a questão apresentada, assinale a afirmativa correta.

A) O terreno não estava afetado a um fim público, razão pela qual pode ser adquirido por usucapião.

B) O terreno é insuscetível de aquisição por meio de usucapião, mesmo sendo um bem dominical.

C) O poder público municipal não poderá alienar a área em questão, dado que todos os bens públicos são inalienáveis.

D) O bem será classificado como de uso especial, caso haja a reintegração de posse e o município decida construir uma grande praça no local anteriormente ocupado pela família.

RESPOSTA

A) Bens públicos são insuscetíveis de aquisição por usucapião. Esse é um dos atributos dos bens públicos.

☑ Correta. De fato não há possibilidade de aquisição do bem por usucapião. Nesse sentido *vide* artigos 98 a 103 do Código Civil – questão que demonstra, neste aspecto, conteúdo multidisciplinar.

C) Incorreta. A regra é a inalienabilidade de bens públicos, todavia, é possível a alienabilidade condicionada – quando passarem a categoria de bens dominicais.

D) Incorreta. O bem não será classificado como de uso especial, afinal "praça" não estaria inserida nessa classificação.

(XXIV Exame de Ordem Unificado/FGV) Um fiscal de posturas públicas municipais verifica que um restaurante continua colocando, de forma irregular, mesas para os seus clientes na calçada. Depois de lavrar autos de infração com aplicação de multa por duas vezes, sem que a sociedade empresária tenha interposto recurso administrativo, o fiscal, ao verificar a situação, interdita o estabelecimento e apreende as mesas e cadeiras colocadas de forma irregular, com base na lei que regula o exercício do poder de polícia correspondente.

A partir da situação acima, assinale a afirmativa correta.

A) O fiscal atuou com desvio de poder, uma vez que o direito da sociedade empresária de continuar funcionando é emanação do direito de liberdade constitucional, que só pode ser contrastado a partir de um provimento jurisdicional.

B) A prática irregular de ato autoexecutório pelo fiscal é clara, porque não homenageou o princípio do contraditório e da ampla defesa ao não permitir à sociedade empresária, antes da apreensão, a possibilidade de produzir, em processo administrativo específico, fatos e provas em seu favor.

C) O ato praticado pelo fiscal está dentro da visão tradicional do exercício da polícia administrativa pelo Estado, que pode, em situações extremas, dentro dos limites da razoabilidade e da proporcionalidade, atuar de forma autoexecutória.

D) A atuação do fiscal é ilícita, porque os atos administrativos autoexecutórios, como mencionado acima, exigem, necessariamente, autorização judicial prévia.

RESPOSTA

A) Não houve desvio de poder. Pautado na presunção de legitimidade dos atos administrativos e também no atributo da coercibilidade do poder de polícia, a conduta do fiscal foi perfeitamente lícita, portanto, incorreta a alternativa "a".

B) Não há que se falar em prática irregular por parte do fiscal. O atributo da discricionariedade, da coercibilidade e da autoexecutoriedade justificam e amparam a conduta praticada pelo fiscal.

☑ De fato a autoexecutoriedade é atributo do poder de polícia presente sempre que houver situação de emergência capaz de justificar a utilização de meios diretos de coerção. Correta essa alternativa. Inclusive foi exatamente esse o exemplo dado em minha aula na MARATONA SARAIVA APROVA alguns dias antes da realização do referido Exame XXIV da OAB/FGV.

D) Incorreta. A atuação do fiscal não é ilícita.

(XXIV Exame de Ordem Unificado/FGV) Um Estado da Federação lançou um grande programa de concessões como forma de fomentar investimentos, diante das dificuldades financeiras por que vem passando. Por meio desse programa, ele pretende executar obras de interesse da população e ceder espaços públicos para a gestão da iniciativa privada. Como parte desse programa, lançou edital para restaurar um complexo esportivo com estádio de futebol, ginásio de esportes, parque aquático e quadras poliesportivas.

Diante da situação acima, assinale a afirmativa correta.

A) O Estado pode optar por celebrar uma parceria público-privada na modalidade de concessão patrocinada, desde que o contrato tenha valor igual ou superior a R$ 20.000.000,00 (vinte milhões de reais) e que as receitas decorrentes da exploração dos serviços não sejam suficientes para remunerar o particular.

B) A constituição de sociedade de propósito específico – SPE, sociedade empresária dotada de personalidade jurídica e incumbida de implantar e gerir o objeto da parceria, deve ocorrer após a celebração de um contrato de PPP.

C) O contrato deverá prever o pagamento de remuneração fixa vinculada ao desempenho do parceiro privado, segundo metas e padrões de qualidade e disponibilidade nele definidos.

D) A contraprestação do Estado deverá ser obrigatoriamente precedida da disponibilização do serviço que é objeto do contrato de parceria público-privada; dessa forma, não é possível o pagamento de contraprestação relativa à parcela fruível do serviço contratado.

RESPOSTA

☑ Correta. A Lei n. 11.079/2004 prevê no art. 2º, § 4º, requisitos que um contato de PPP devem obedecer.

B) Incorreta. A constituição da sociedade de propósito específico (SPE) deve ocorrer antes da celebração do contrato – como fixa o art. 9º da Lei n. 11.079/2004.

C) Incorreta. Não há previsão em lei de pagamento de remuneração condicionada ao desempenho do parceiro privado.

D) Incorreta. Nesse sentido vide art. 6º da Lei n. 11.079/2004 – que estabelece a possibilidade de pluralidade compensatória.

(XXV Exame de Ordem Unificado/FGV) Raimundo tornou-se prefeito de um pequeno município brasileiro. Seu mandato teve início em janeiro de 2009 e encerrou-se em dezembro de 2012. Em abril de 2010, sabendo que sua esposa estava grávida de gêmeos e que sua residência seria pequena para receber os novos filhos, Raimundo comprou um terreno e resolveu construir uma casa maior. No mesmo mês, com o orçamento familiar apertado, para não incorrer em novos custos, ele usou um trator de esteiras, de propriedade do município, para nivelar o terreno recém adquirido.

O Ministério Público teve ciência do fato em maio de 2015 e ajuizou, em setembro do mesmo ano, ação de improbidade administrativa contra Raimundo. Após análise da resposta preliminar, o juiz recebeu a ação e ordenou a citação do réu em dezembro de 2015.

Considerando o enunciado da questão e a Lei de Improbidade Administrativa, em especial as disposições sobre prescrição, o prazo prescricional das eventuais sanções a serem aplicadas a Raimundo é de

A) cinco anos, tendo como termo inicial a data da infração (abril de 2010); logo, como a ação foi ajuizada em setembro de 2015, ocorreu a prescrição no caso concreto.

B) três anos, tendo como termo inicial a data em que os fatos se tornaram conhecidos pelo Ministério Público (maio de 2015); logo, como a ação foi ajuizada em setembro de 2015, não ocorreu a prescrição no caso concreto.

C) cinco anos, tendo como termo inicial o término do exercício do mandato (dezembro de 2012); logo, como a ação foi ajuizada em setembro de 2015, não ocorreu a prescrição no caso concreto.

D) três anos, tendo como termo inicial o término do exercício do mandato (dezembro de 2012); logo, como a ação foi ajuizada em setembro de 2015, ocorreu a prescrição no caso concreto.

RESPOSTA

A) A alternativa "A" está incorreta. O termo inicial é o término do exercício do mandato.

B) A alternativa "B" fixa prazo de três anos, o que não obedece ao prazo previsto no art. 23 da Lei n. 8.429/92.

☑ A alternativa "C" deveria ser assinalada. Com base no art. 23 da LIA, que estabelece que "as ações destinadas a levar a efeitos as sanções previstas nesta lei podem ser propostas até cinco anos após o término do exercício de mandato, de cargo em comissão ou de função de confiança".

D) Por fim, o prazo previsto na alternativa "D" também está incorreto, tendo como fundamento o mesmo art. 23 da mencionada Lei.

(XXV Exame de Ordem Unificado/FGV) Ricardo, servidor público federal, especializou-se no mercado imobiliário, tornando-se corretor de imóveis. Em razão do aumento da demanda, passou a atender seus clientes durante o horário de expediente, ausentando-se da repartição pública sem prévia autorização do chefe imediato.

Instaurada sindicância, Ricardo foi punido com uma advertência. A despeito disso, ele passou a reincidir na mesma falta que ensejou sua punição. Nova sindicância foi aberta.

Com base na situação narrada, assinale a afirmativa correta.

A) A sindicância não pode resultar, em nenhuma hipótese, na aplicação da pena de suspensão; neste caso, deve ser instaurado processo administrativo disciplinar.

B) A reiteração da mesma falha não enseja a aplicação da pena de suspensão; neste caso, a única sanção possível é a advertência.

C) A sindicância pode dar ensejo à aplicação da pena de suspensão, desde que a sanção seja de até 30 (trinta) dias.

D) A pena de demissão independe da instauração de processo administrativo disciplinar, podendo ser aplicada após sindicância.

RESPOSTA

A) A alternativa "A" está incorreta ao trazer a expressão "em nenhuma hipótese".

B) A alternativa "B" é incorreta, já que a única sanção possível não é a advertência.

☑ A alternativa "C" deveria ser assinalada. Com fulcro no art. 145, II, da Lei n. 8.112/90, da sindicância poderá resultar: I – arquivamento do processo; II – aplicação de penalidade de advertência ou suspensão de até 30 (trinta) dias; III – instauração de processo disciplinar.

D) Por fim, a alternativa "D" traz grave erro ao estabelecer a não dependência da instauração de processo administrativo disciplinar. Nesse sentido, *vide* art. 5º, LV, da CF.

(XXV Exame de Ordem Unificado/FGV) A organização religiosa Tenhafé, além dos fins exclusivamente religiosos, também se dedica a atividades de interesse público, notadamente à educação e à socialização de crianças em situação de risco. Ela não está qualificada como Organização Social (OS), nem como Organização da Sociedade Civil de Interesse Público (OSCIP), mas pretende obter verbas da União para a promoção de projetos incluídos no plano de Governo Federal, propostos pela própria Administração Pública.

Sobre a pretensão da organização religiosa Tenhafé, assinale a afirmativa correta.

A) Por ser uma organização religiosa, Tenhafé não poderá receber verbas da União.

B) A transferência de verbas da União para a organização religiosa Tenhafé somente poderá ser formalizada por meio de contrato administrativo, mediante a realização de licitação na modalidade concorrência.

C) Para receber verbas da União para a finalidade em apreço, a organização religiosa Tenhafé deverá qualificar-se como OS ou OSCIP.

D) Uma vez selecionada por meio de chamamento público, a organização religiosa Tenhafé poderá obter a transferência de recursos da União por meio de termo de colaboração.

RESPOSTA

A) A alternativa "A" está errada ao estabelecer a impossibilidade de recebimento de verbas da União.

B) A alternativa "B" está incorreta ao trazer a expressão "somente". Normalmente expressões assim aparecem como "pegadinha" nas assertivas.

C) A alternativa "C" está errada ao exigir a forma e a qualificação de OS ou OSCIP.

☑ Por fim, a alternativa D, que deveria ter sido assinalada, está correta. A prova exigiu teor da Lei n. 13.019/2014, art. 2º, I, *c*, c.c. inciso VII do mesmo artigo. Nos termos da referida lei, são consideradas organização da sociedade civil as organizações religiosas que se dediquem a atividades ou a projetos de interesse público e de cunho social distintas das destinadas a fins exclusivamente religiosos. Assim, podem firmar "termo de colaboração" (como pontuou a assertiva "D" da questão), que é o instrumento por meio do qual são formalizadas as parcerias estabelecidas pela Administração Pública com organizações da sociedade civil para a consecução de finalidades de interesse público e recíproco propostas pela administração pública que envolvam a transferência de recursos financeiros. Essa conceituação teve sua redação dada pela Lei n. 13.204/2015.

(XXV Exame de Ordem Unificado/FGV) João foi aprovado em concurso público para ocupar um cargo federal. Depois de nomeado, tomou posse e entrou em exercício imediatamente. Porém, em razão da sua baixa produtividade, o órgão ao qual João estava vinculado entendeu que o servidor não satisfez as condições do estágio probatório.

Considerando o Estatuto dos Servidores Públicos Civis da União, à luz do caso narrado, assinale a afirmativa correta.

A) A Administração Pública deve exonerar João, após o devido processo legal, visto que ele não mostrou aptidão e capacidade para o exercício do cargo.

B) A Administração Pública deve demitir João, solução prevista em lei para os casos de inaptidão no estágio probatório.

C) João deve ser redistribuído para outro órgão ou outra entidade do mesmo Poder, a fim de que possa desempenhar suas atribuições em outro local.

D) João deve ser readaptado em cargo de atribuições afins.

RESPOSTA

☑ A alternativa "A" deveria ser assinalada pelo candidato. Nesse sentido, *vide* art. 41, § 4º, da CF: como condição para a aquisição da estabilidade, é obrigatória a avaliação especial de desempenho por comissão instituída para essa finalidade.

B) A alternativa "B" está errada. Importante atentar para as diferenças entre "demissão" e "exoneração", que sempre são cobradas nas provas.

C) A alternativa "C" traz o conceito de "redistribuição", que nada tem relação com a situação descrita na questão.

D) Por fim, a alternativa "D" também está errada. O instituto da readaptação tem previsão no art. 24 da Lei n. 8.112/90 e consiste na investidura do servidor em cargo de atribuições e responsabilidades compatíveis com a limitação que tenha sofrido em sua capacidade física ou mental verificada em inspeção médica. Se julgado incapaz para o serviço público, o readaptando será aposentado.

(XXV Exame de Ordem Unificado/FGV) Em novembro de 2014, Josué decidiu gozar um período sabático e passou, a partir de então, quatro anos viajando pelo mundo. Ao retornar ao Brasil, foi surpreendido pelo fato de que um terreno de sua propriedade havia sido invadido, em setembro de 2015, pelo Município Beta, que nele construiu uma estação de tratamento de água e esgoto.

Em razão disso, Josué procurou você para, na qualidade de advogado(a), traçar a orientação jurídica adequada, em consonância com o ordenamento vigente.

A) Deve ser ajuizada uma ação possessória, diante do esbulho cometido pelo Poder Público municipal.

B) Não cabe qualquer providência em Juízo, considerando que a pretensão de Josué está prescrita.

C) Impõe-se que Josué aguarde que o bem venha a ser destinado pelo Município a uma finalidade alheia ao interesse público, para que, somente então, possa pleitear uma indenização em Juízo.

D) É pertinente o ajuizamento de uma ação indenizatória, com base na desapropriação indireta, diante da incorporação do bem ao patrimônio público pela afetação.

RESPOSTA

A) A alternativa "A" está errada – não é caso de ação possessória.

B) A alternativa "B" está incorreta ao impedir providência em Juízo.

C) A alternativa "C" criou situação esdrúxula e totalmente absurda, razão pela qual não poderia ter sido assinalada pelo candidato.

✓ A alternativa que deveria ter sido assinalada nessa questão é a "D". Ocorreu verdadeiro esbulho possessório no caso, fato em que fica configurado o instituto da **desapropriação indireta**. Não há dúvidas de que se trata de forma de intervenção do Estado na propriedade, todavia **sem** as formalidades necessárias para esse ato – no caso, sem o competente decreto expropriatório e a justa e prévia indenização em dinheiro. As demais alternativas, nessa questão, acabaram por "inventar" situações totalmente impertinentes com o problema descrito na questão em análise.

(XXV Exame de Ordem Unificado/FGV) A União celebrou com a empresa Gama contrato de concessão de serviço público precedida de obra pública. O negócio jurídico tinha por objeto a exploração, incluindo a duplicação, de determinada rodovia federal. Algum tempo após o início do contrato, o poder concedente identificou a inexecução de diversas obrigações por parte da concessionária, o que motivou a notificação da contratada. Foi autuado processo administrativo, ao fim do qual o poder concedente concluiu estar prejudicada a prestação do serviço por culpa da contratada.

Com base na hipótese apresentada, assinale a afirmativa correta.

A) O contrato é nulo desde a origem, eis que a concessão de serviços públicos não pode ser precedida da execução de obras públicas.

B) O poder concedente pode declarar a caducidade do contrato de concessão, tendo em vista a inexecução parcial do negócio jurídico por parte da concessionária.

C) O poder concedente deve, necessariamente, aplicar todas as sanções contratuais antes de decidir pelo encerramento do contrato.

D) O processo administrativo tem natureza de inquérito e visa coletar informações precisas dos fatos; por isso, não há necessidade de observar o contraditório e a ampla defesa da concessionária.

RESPOSTA

A) A alternativa "A" está incorreta por violar dispositivo previsto expressamente em lei (nesse sentido, *vide* art. 2º, III, da Lei n. 8.987/95).

✓ A alternativa "B" deveria ter sido assinalada pelo candidato. Ocorreu a caducidade da concessão nos termos do art. 38 da Lei n. 8.987/95 – tema que inclusive foi apontado em nossa MARATONA SARAIVA APROVA como o tema "bola da vez" dessa prova e, de fato, foi cobrado!

C) A alternativa "C" traz erro ao inserir a expressão "necessariamente aplicar todas as sanções contratuais".

D) Por fim, a alternativa "D" falou da não necessidade de contraditório e ampla defesa – o que viola o dispositivo constitucional do art. 5º, LV, da CF (que fixa observância de contraditório e ampla defesa não apenas em âmbito judicial, mas também na esfera administrativa).

Direito Civil

Bruno Zampier

Mestre e Doutorando em Direito Privado pela PUC Minas. Professor de Direito Civil de diversas pós-graduações, do Supremo Concursos e do Curso Fórum. Professor no Saraiva Aprova. Delegado de Polícia Federal.

Carla Carvalho

Doutora em Direito pela UFMG, com período de pesquisa na Université Libre de Bruxelles (Bélgica). Mestre em Direito pela UFMG. Professora em Cursos de Graduação e Pós-Graduação. Professora no Saraiva Aprova. Membro da Association Henri Capitant des Amis de la Culture Juridique Française. Advogada.

Sumário

PARTE GERAL

1. INTRODUÇÃO AO ESTUDO DO DIREITO – IED

1.1. Norma jurídica

Norma é um preceito que determina certo comportamento. Quando o comportamento adotado por um sujeito equivale àquele expresso pela norma, diz-se que esta foi respeitada. Por outro lado, quando ocorrer transgressão a tal preceito, haverá a imposição de uma sanção pelo Estado, de maneira coercitiva. Nestes casos, a norma passa a ser qualificada como norma jurídica. **Portanto, norma jurídica é aquela em que a transgressão ao preceito conduzirá à aplicação de uma sanção coercitiva pelo Estado.**

A diferença entre **norma jurídica e norma moral** reside exatamente na aplicação de sanção coercitiva, quando de seus descumprimentos. Nesse sentido, a norma jurídica, quando desrespeitada, conduzirá, como dito, à aplicação de sanção coercitiva pelo Estado. Já na norma moral, em que pese ser possível a aplicação de sanção, não é feita pelo Estado e sim pela sociedade ou por entes desta. Assim, poderá haver sanção nas normas morais, contudo esta não será adjetivada pela coercitividade.

Cabe ressaltar que as normas jurídicas têm suas origens nas **vontades do Estado** (norma estatal) ou **das partes** (norma convencional). Ou seja, o preceito que indica certo comportamento passível de reprimenda pelo Estado emerge das leis ou do negócio jurídico criado pelas partes.

1.2. Direito objetivo

Direito objetivo é o conjunto das normas jurídicas que, quando transgredidas pelo homem, desencadearão a aplicação de sanções coercitivas pelo Estado. É conhecido também como ***norma agendi***.

O direito objetivo não se confunde com a usual expressão "ordenamento jurídico". Quando se fala em ordenamento jurídico, refere-se, em verdade, ao conjunto das normas **positivadas** pelo Estado. O conceito de direito objetivo é mais amplo, englobando inclusive o conceito de ordenamento jurídico. Assim, ordenamento jurídico é o conjunto de normas positivadas que esteja em vigor, em um Estado, em determinado momento histórico.

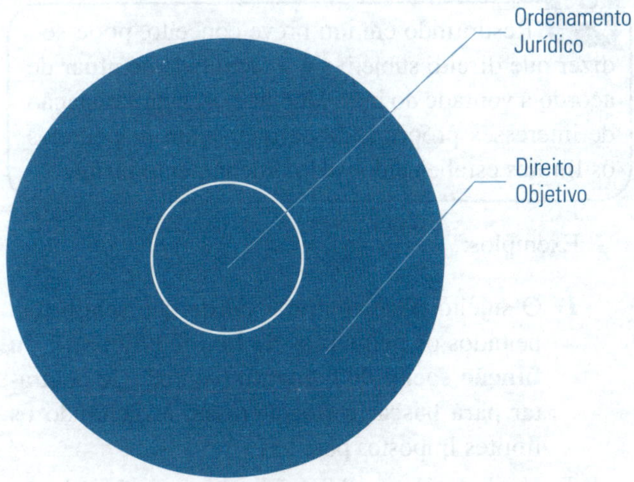

Em relação ao ordenamento jurídico, vale ressaltar que este não contempla todos os fatos da vida em sociedade, ocasionando a existência de espaços não preenchidos por normas, que são reconhecidamente denominados lacunas. Estas são observadas no ordenamento jurídico. Diferentemente do direito objetivo, que jamais será lacunoso.

O art. 4º da Lei de Introdução às Normas do Direito Brasileiro estabelece que, havendo **lacuna no ordenamento jurídico**, esta deverá ser preenchida por meio do método da **colmatação**, que se concretizará por meio da aplicação de alguma das formas expressas no rol exemplificativo constante do sobredito artigo, quais sejam: **analogia, princípios gerais de direito, costumes, equidade, direito comparado** etc. Nesse contexto, tais formas são utilizadas pelo juiz quando presente alguma lacuna no ordenamento jurídico. É correto, então, dizer que a lei brasileira traz expressamente um método para preencher as eventuais lacunas existentes.

1.3. Direito subjetivo

A norma concede a cada indivíduo a faculdade de agir ou não. A tal poder dá-se o nome de ***facultas agendi***. Ao agir, o sujeito atuará conforme sua vontade, na busca da satisfação de um interesse próprio. Para a doutrina majoritária, o direito subjetivo é a expressão da vontade individual que se concretizará através da busca de um resultado, da realização de um interesse, já que não há manifestação de vontade sem um objetivo.

Entretanto, ao atuar de acordo com sua vontade, visando alcançar interesse próprio, o sujeito deverá se submeter a **limites** impostos pelo Estado. A observância desses limites é pressuposto do Estado Democrático de Direito. Por exemplo, o indivíduo que decide contratar um serviço o faz porque quer, com a intenção de satisfazer dado interesse. Ao celebrar esse negócio jurídico, tem-se claramente o exercício de um direito subjetivo.

> Resumindo em um breve conceito, pode-se dizer que direito subjetivo é a faculdade de atuar de acordo a vontade do indivíduo na busca da satisfação de interesses próprios, desde que sejam respeitados os limites estabelecidos pelo ordenamento jurídico.

Exemplos:

1) O sujeito pode contratar desde que sejam respeitados os **princípios da boa-fé objetiva e da função social do contrato** (vontade de contratar para buscar certo interesse, respeitando os limites impostos pela lei).
2) Um indivíduo pode se tornar proprietário de um bem, devendo para tanto cumprir a **função social da propriedade**.
3) Um indivíduo pode se casar, mas para isso deverá atender aos requisitos estabelecidos pelo Estado para o casamento, bem como observar os **deveres matrimoniais**.

1.3.1. Elementos do direito subjetivo

1.3.1.1. Sujeito

Se o direito subjetivo é uma expressão da vontade, é fundamental que esta provenha de um sujeito a quem a ordem jurídica concede aquela faculdade de agir.

Não há como trabalhar o conceito de direito subjetivo sem que haja um titular. Assim, todo direito subjetivo será titularizado por alguém. Não há direitos sem sujeitos. Eventualmente, pode-se ter um direito com indeterminação temporária de sua titularidade. Por exemplo, título ao portador, a herança deixada a uma prole eventual (prole eventual = concepturos, que são os seres que nem sequer foram concebidos).

1.3.1.2. Objeto

É o bem sobre o qual o sujeito exerce o poder que o ordenamento lhe defere. A vontade, necessariamente, deverá ser exteriorizada sobre algo que não o próprio sujeito.

Não há direito subjetivo sem a presença de bens sobre os quais a vontade recairá. Esse objeto poderá ou não ter apreciação econômica. Uma das classificações dos direitos subjetivos leva em conta o objeto sobre o qual a vontade recairá; se o objeto tiver apreciação econômica, teremos direitos subjetivos patrimoniais (direitos reais e obrigacionais), e se não houver apreciação econômica têm-se os direitos existenciais (direitos da personalidade).

Bens da personalidade: os atributos inerentes à condição de ser humano, por terem a possibilidade de sofrerem os influxos da vontade de seu titular, são denominados bens da personalidade. Por isso, pode-se deliberar sobre o seu nome, imagem e privacidade.

> Em regra, o ser humano será apenas titular de direitos. Entretanto, alguns bens da sua personalidade podem pontualmente vir a ser objeto de direito (p. ex.: cessão de direito de imagem).

1.3.1.3. Relação jurídica

É o elemento de ligação entre dois ou mais sujeitos, integrando-se a vontade destes. Consiste então no elo que se forma a partir da manifestação de vontade.

Interessante observar que a Parte Geral do Código Civil divide seus três Livros de acordo com os elementos do direito subjetivo. Vejamos:

Código Civil – Parte Geral		
Livro I – Das Pessoas	Livro II – Dos Bens	Livro III – Dos Fatos Jurídicos
1º elemento → Sujeito	**2º elemento →** Objeto	**3º elemento →** Relação jurídica

1.4. Abuso do direito

O abuso do direito se configura quando o exercício de um direito subjetivo persegue apenas o interesse próprio, esquecendo-se do interesse social. O legítimo exercício de direito subjetivo deve atender a interesses próprios (individuais) e aos da coletividade. Caso contrário, tem-se a figura do abuso do direito. A verificação do cumprimento do atendimento de uma função social e dos demais limites impostos pela lei será realizada por um juiz, diante das circunstâncias de um caso concreto que lhe seja apresentado.

Portanto, quando se fala em abuso de direito, o primeiro conceito que deve ser lembrado é o de direito subjetivo. A lei, exemplificativamente, elenca os **limites** que devem ser respeitados, sob pena de se caracterizar o abuso de direito: bons costumes, **boa-fé objetiva, função social e função econômica.**

> **Art. 187.** Também comete ato ilícito o titular de um direito que, ao exercê-lo, excede manifestamente os limites impostos pelo seu fim econômico ou social, pela boa-fé ou pelos bens e costumes.

O legislador brasileiro optou por considerar **o abuso do direito** como **ato ilícito**, o que traz como via de consequência a possibilidade de responsabilização civil do titular que exerce o direito subjetivo de forma indevida. Assim, o art. 187 deve ser lido da seguinte maneira: também comete ato ilícito o titular de um direito **(subjetivo)** que, ao exercê-lo, excede manifestamente os limites impostos pelo seu fim econômico ou social, pela boa-fé ou pelos bons costumes (limites estes que serão analisados no caso concreto pelo magistrado).

Deve-se recordar que a figura do abuso do direito foi inserida pelo legislador no Código Civil de 2002 como verdadeira "cláusula geral", ou seja, ao se elaborar a norma, deixou-se uma janela proposital por onde o juiz fará penetrar os valores consagrados pela Constituição. A norma é vaga, cabendo ao juiz concretizá-la.

> Hoje o direito subjetivo não é uma expressão ilimitada do poder individual, devendo haver então uma conjugação dos interesses particulares com os da coletividade.

1.5. Direito potestativo

Direito potestativo é o poder concedido pela lei ou pelo contrato para que seu titular possa atuar, unilateralmente, criando, modificando ou extinguindo direitos na esfera alheia. Este outro sujeito ficará submetido a tal poder, não tendo qualquer conduta exigível a não ser suportar o exercício dessa potestade. Encontrando-se em **estado de sujeição,** não tem qualquer prestação a ser adimplida. Por esse motivo, os direitos potestativos são denominados direitos sem prestações ou invioláveis.

Não se há que confundir direito subjetivo com direito potestativo. A título exemplificativo, o direito potestativo se expressaria, dentre outras hipóteses, naquelas situações em que se permite a um contratante resilir o negócio unilateralmente, ou reclamar os vícios redibitórios encontrados na coisa adquirida.

Nesse contexto, por razões de segurança jurídica, a lei ou o contrato que criam um direito potestativo estabelecerá, via de regra, prazos para o exercício desse poder, sob pena de extinção desse direito. Tais prazos de exercício de um direito potestativo são denominados prazos decadenciais ou de caducidade.

1.6. Lei de Introdução às Normas do Direito Brasileiro (LINDB)

A Lei de Introdução às Normas do Direito Brasileiro é o Decreto-lei n. 4.657/42, sendo composta de 19 artigos, aplicáveis a todos os ramos da ciência jurídica. É uma norma de introdução às leis, prevendo como estas devem ser elaboradas, interpretadas, complementadas. Por isto, o próprio nome desta norma foi alterado em 2010: de Lei de Introdução ao Código Civil (LICC) passou-se a Lei de Introdução às Normas do Direito Brasileiro (LINDB).

Os arts. 1º a 6º tratam do processo de enfrentamento da lei em si: eficácia, obrigatoriedade, lacunas, interpretação e direito intertemporal. Já os arts. 7º a 17 traçam normas relativas ao direito internacional privado. Por fim, os arts. 18 e 19 tratam dos atos civis praticados por autoridades consulares brasileiras no estrangeiro.

Importante registrar que a Lei Complementar n. 95/98 (alterada posteriormente pela Lei Complementar n. 107/2001) também trata da elaboração, redação, alteração e consolidação das leis. Ou seja, esta lei deve ser lida em conjunto com a LINDB.

1.6.1. Eficácia da lei

É possível dizer que, assim como as pessoas naturais, as leis também têm sua vida, ou seja, nascem, existem e morrem. A este processo vital dá-se o nome de **vigência**.

Antes de obter esta vigência, a lei passará pelo processo legislativo, que nada mais é que seu período de concepção e gestação, normalmente nas casas legislativas. Este processo legislativo é objeto de estudo do Direito Constitucional. Ao final deste processo, ter-se-á dois atos marcantes: a promulgação e a publicação.

A **promulgação** é a autenticação da lei por quem de direito. É, por assim dizer, o ato que afirma que está tudo certo e que aquela norma está pronta para nascer e produzir seus regulares efeitos, ou seja, é uma chancela pela autoridade constitucionalmente competente.

Contudo, a lei só será um comando geral a partir do momento em que a sociedade possa dela tomar conhecimento. Então, para a difusão de seu texto, tem-se a publicação, que no Brasil será feita através de **publicação** no Diário Oficial. Com este ato, a lei nasce e estará apta a produzir seus regulares efeitos após o início de sua vigência.

Como regra geral, é possível dizer que o início de vigência de uma lei deve ser buscada em seu próprio texto. Segundo a LC n. 95/98:

> **Art. 8º** A vigência da lei será indicada de forma expressa e de modo a contemplar prazo razoável para que dela se tenha amplo conhecimento, reservada a cláusula "entra em vigor na data de sua publicação" para as leis de pequena repercussão.

O início da vigência, portanto, atende a um critério de conveniência do próprio legislador. Se este entende que a lei não necessita de um tempo de maturação pela sociedade, sendo de interesse público, sua vigência será imediata. Ao revés, se o legislador percebe que a nova lei, por sua relevância, quer em virtude do rompimento com a cultura jurídica anterior ou mesmo pelo impacto que irá proporcionar, necessita de mais estudos e ampla divulgação, é interessante que seja dado um tempo maior de espaço entre a publicação e a vigência. Tal fato ocorreu com o Código Civil de 2002 e com o Código de Processo Civil de 2015, ambos com período de um ano para início da vigência.

Convém recordar que este período que medeia a publicação e a efetiva vigência recebe o nome de *vacatio legis*. Neste interregno, a lei já existe, está perfeita e completa. Todavia, como não está em vigor, não obriga, não pode ser invocada e consequentemente não cria direitos ou deveres.

Na ausência de disposição expressa na própria lei a respeito de sua vigência, a Lei de Introdução optou por estabelecer o princípio do prazo único ou simultâneo, estipulando que o início se dará em todo o país 45 dias após a publicação (art. 1º, LINDB).

Se porventura a lei brasileira for aplicável no estrangeiro (p. ex.; atos praticados por servidores das representações diplomáticas), o início da vigência ocorrerá três meses após a publicação (art. 1º, § 1º, LINDB).

Questão que traz bastante polêmica é a que diz respeito à contagem destes prazos. A fim de solucionar tal questão, o art. 8º, § 1º, LC n. 95/98 trouxe a seguinte redação:

"A contagem do prazo para entrada em vigor das leis que estabeleçam período de vacância far-se-á com a inclusão da data da publicação e do último dia do prazo, entrando em vigor no dia subsequente à sua consumação integral".

Por tal razão, o NCPC com *vacatio* de um ano, sendo publicado em 17 de março de 2015, entrou em vigor no dia 18 de março de 2017 (um dia após a consumação integral do prazo).

Logo, aqui há que se ter um cuidado. Os prazos no Direito Civil obedecem a regra diversa, estampada no art. 132, CC:

"Salvo disposição legal ou convencional em contrário, computam-se os prazos, excluído o dia do começo, e incluído o do vencimento".

Os prazos referidos neste artigo são aqueles estipulados pelo Código Civil ou por atos de autonomia privada, tais como prazos de prescrição ou decadência, de vigência de contratos e assim por diante.

A lei publicada pode conter erros ou incorreções que venham a exigir nova publicação de seu texto para que essas falhas sejam supridas. Se esta republicação ocorrer durante o período de *vacatio legis*, inicia-se nova contagem para que o texto correto seja conhecido por todos, sem qualquer necessidade de novo processo legislativo. Esta previsão está no art. 1º, § 3º, LINDB.

Porém, se as emendas ou correções vierem a ocorrer depois da entrada em vigor da lei, estas serão consideradas leis novas. Assim, eventuais direitos que se adquirirem no período de vigência da lei reformada devem ser resguardados, não podendo então serem atingidos pela publicação do texto corrigido. Esta é a interpretação que se colhe do art. 1º, § 4º, LINDB.

De todo modo, estas disposições servem para marcar hipóteses nas quais se tenha correções de falhas materiais. Caso haja alteração do próprio conteúdo da lei, somente respeitando o devido processo legislativo será possível alterá-la.

Havendo necessidade de regulamentação, pelo Poder Executivo, da lei publicada, enquanto não for editado o decreto correspondente, a eficácia da norma será considerada suspensa. Esta necessidade de regulamentação será considerada verdadeira condição suspensiva à obrigatoriedade da lei.

Abordando a questão da **obrigatoriedade**, há um verdadeiro princípio que estabelece que a lei a todos se dirige, sendo inescusável seu descumprimento, mesmo diante da alegação de desconhecimento. Isto é o que se extrai do art. 3º da LINDB.

Um cuidado: este princípio não significa que presumidamente todos conheçam a lei. Mesmo os juristas não têm possibilidade de conhecerem todas as leis, ante o fenômeno da hiperinflação legislativa. O que se quer instituir é a possibilidade de conhecimento de todas as leis. Há aqui uma distinção entre efetivo conhecimento e possibilidade deste. A lei então é obrigatória por uma necessidade de convivência e organização social.

A teoria do erro, seja este de fato ou de direito, seria uma hipótese excepcional ao princípio da obrigatoriedade, desde que provado que o agente agiu justificadamente em situação de erro ou ignorância. Vale lembrar que conforme os arts. 138 e s., no Direito Civil, tanto o erro de fato quanto o de direito podem, respeitados certos requisitos, gerar a invalidação da vontade manifestada.

Outra questão interessante: as partes necessitam provar a vigência de uma norma? Com base neste princípio da obrigatoriedade é que se construiu a regra de que as partes não necessitam provar em juízo qual seria a norma aplicável ao caso *sub judice* e se ela estaria em vigor. *Iura novit curia* – o juiz deve aplicar a norma correta ao caso sob sua análise. Entretanto, esta obrigatoriedade que se dirige ao magistrado é relativa ao Direito Nacional, ou seja, às normas que estão em vigor no País. Logo, quando se trata de direito costumeiro ou estrangeiro, estadual ou municipal, as partes teriam este dever de produzir prova, nos termos do art. 376 do NCPC:

"A parte que alegar direito municipal, estadual, estrangeiro ou consuetudinário provar-lhe-á o teor e a vigência, se assim o juiz determinar".

Este é o mesmo sentido do art. 14, LINDB:

"Não conhecendo a lei estrangeira, poderá o juiz exigir de quem a invoca prova do texto e da vigência".

Quanto à **continuidade**, é possível afirmar que via de regra as leis nascem para vigorar por tempo indeterminado. Isto não significa dizer que as leis seriam eternas, o que seria contraditório com a própria função do Direito de regulamentar a vida em sociedade, algo extremamente dinâmico.

Assim, deve-se entender que uma lei terá vigor até que uma força contrária possa lhe retirar a eficácia. Este o sentido do art. 2º, LINDB.

Esta **cessação da eficácia** pode decorrer, basicamente, de três fatores: a) revogação; b) temporariedade da lei; c) declaração de inconstitucionalidade.

A respeito da revogação, esta é sem dúvida a principal força contrária que fará com que a lei venha a ter interrompida sua produção de efeitos. Pode ser classificada em: revogação total (ab-rogação) – quando todos seus dispositivos são atingidos; revogação parcial (derrogação) – quando apenas uma parcela de seus dispositivos perde eficácia.

A revogação pode ainda ser classificada conforme a sua forma em: expressa ou direta – quando o próprio legislador estabelece qual lei ou dispositivos desta estão revogados; tácita ou indireta – presente quando se apresentar uma incompatibilidade entre a nova norma e a anterior. Como o ordenamento deve ser um todo único e harmônico, a incompatibilidade entre normas deverá ser revolvida a partir de critérios hermenêuticos, tais como o cronológico, hierárquico e a especialidade da norma para tratar de certas situações. As antinomias porventura constatadas serão, portanto, aparentes.

Tais hipóteses de revogação estão estampadas no art. 2º, § 1º, LINDB. Há que se destacar que a LC n. 95/98 estabeleceu expressamente, por razões de segurança jurídica, que a revogação deve ser preferencialmente expressa, nos termos do art. 9º:

"A cláusula de revogação deverá enumerar, expressamente, as leis ou disposições legais revogadas".

Havendo compatibilidade entre a lei velha e a lei nova, não há razão para suscitar qualquer conflito que afete a eficácia de qualquer delas. Isto também irá ocorrer quando o legislador vier a estabelecer disposições especiais ou gerais a par das já existentes. Nestes casos, ter-se-ão retas paralelas que não se cruzam. Isto não significa dizer, contudo, que uma norma geral não possa revogar uma norma especial e vice-versa. Este é o sentido do art. 2º, § 2º, LINDB.

Sobre as leis temporárias, é possível que se tenham normas que nascem com data para morrer. Isto poderá decorrer de sua própria natureza, como no caso daquelas que se destinam a regular certo fato (como, p. ex., Lei Geral da Copa, Lei Orçamentária Anual) ou por conveniência do legislador (como, p. ex., uma lei que fixa determinada isenção tributária). Salvo a possibilidade de sua prorrogação, as leis temporárias perdem vigência com o advento do termo designado ou extinção dos fatos que a ensejaram.

Quanto à declaração de inconstitucionalidade, não se trata tecnicamente de uma revogação da lei assim reconhecida. O mais correto é dizer que o Poder Judiciário nega aplicação em virtude da constatada ofensa à Constituição. Após o reconhecimento da incompatibilidade com a Carta Maior, o Senado poderá suspender a execução da norma, nos termos do art. 52, X, CRFB/88.

Questiona-se: esta força contrária que gera a cessação da eficácia poderia ser o desuso da lei? Duas correntes se formaram para responder a este questionamento; a primeira prevê que o costume contrário, resultante no não uso prolongado denota a inutilidade da norma, atentando-se então contra sua obrigatoriedade e continuidade. No Direito Penal, os autores costumam se referir a este ponto abordando o princípio da adequação social de uma figura típica (p. ex., casas de prostituição). Já para uma segunda corrente, um costume (mesmo que de ordem negativa ou omissiva no cumprimento de uma norma) não pode servir para retirar a eficácia vinculante de uma norma jurídica como a lei. Isto seria o denominado "princípio da supremacia da lei sobre os costumes", majoritariamente adotado no Brasil.

Finalizando a eficácia da lei, é importante ainda abordar o denominado efeito repristinatório. Tal efeito consiste na possibilidade de ressuscitar uma lei que havia sido morta, em virtude da aniquilação da lei revogadora. Em outros termos; uma lei revogada poderia voltar a ter eficácia caso a norma que cassara esta viesse a ser também revogada por uma terceira? No Brasil, a lei revogadora de outra lei revogadora não possui efeito repristinatório automático, conforme estabelecido no art. 2º, § 3º, LINDB. Apenas se o legislador optar expressamente é que será possível a incidência deste efeito.

1.6.2. Interpretação e integração

O ordenamento jurídico é composto pelo conjunto de normas vigentes, num determinado espaço territorial. Este ordenamento não pode ser lacunoso, a ponto de não resolver questões conflituosas existentes entre os sujeitos que integram a sociedade para a qual aquele fora construído. Entretanto, a lei em si pode não regular algumas situações, quer seja pela incapacidade do legislador em prevê-las quando de sua formulação ou mesmo pela inexistência daquela realidade à época.

Estas eventuais lacunas devem ser objeto de preenchimento por parte do magistrado que se depara com tais situações inusitadas, sendo indevida a atuação que simplesmente declare a inexistência de norma em abstrato. Há que se construir uma norma em concreto.

Para tanto, a LINDB prevê em seu art. 4º métodos de preenchimento das eventuais lacunas existentes, determinando que o juiz se valha da analogia, dos costumes e dos princípios gerais de direito. Assim, haverá integração entre as normas, preservando-se a unidade e completude do ordenamento jurídico.

No que tange à interpretação das leis, pode-se dizer que esta é um processo mental de pesquisa do conteúdo e alcance de uma norma, que deverá ser empreendido tanto em abstrato (tarefa muitas vezes deixada a cargo da Doutrina), quanto em concreto (papel do Poder Judiciário).

A fim de não construir um direito eminentemente egoístico e individualista, a LINDB estabeleceu norma de interpretação que determina a busca do fim social e do bem comum, tal como descrito em seu art. 5º.

O Código Civil, especialmente na seara dos negócios jurídicos, também estabelece normas interpretativas, conforme se vê nos seus arts. 111 a 114.

1.6.3. Lei no tempo

Sendo a sociedade dinâmica e a lei algo que visa regulamentar a própria convivência social, é instintivo que em algum momento as necessidades mudem e, assim, as respectivas regras. Via de regra, a entrada em vigor de uma nova lei se projeta para o presente e futuro, devendo, ao menos do ponto de vista ideal, permanecerem intactas situações ocorridas e consolidadas no passado. Logo, o desafio enfrentado pela lei no tempo é: harmonizar a necessidade de progresso social ditada pela aprovação de novas leis e a segurança jurídica e paz social de situações que foram criadas e consolidadas no passado, e que podem ter efeitos contínuos no presente.

Para resolver esta questão, dois paradigmas foram construídos dentro daquilo que majoritariamente optou-se por denominar direito intertemporal: a) irretroatividade da nova lei; b) efeito imediato da lei nova.

No Brasil, desde a primeira Constituição Republicana (1891), estabeleceu-se o *status* de norma constitucional ao princípio da irretroatividade, hoje assentado no art. 5º, XXXVI, da CRFB/88.

Sob a rubrica de princípio da irretroatividade, há um primeiro comando dirigido ao legislador, no sentido de ser vedado se construir normas que se voltem para situações passadas.

Esta irretroatividade também se dirige ao magistrado que, como regra, não deverá aplicar a nova lei a situações que se consolidaram antes desta. Para regular estas últimas, o juiz pode e deve aplicar a lei anterior, mesmo que esta esteja revogada, naquilo que se convencionou denominar ultratividade da lei revogada. Por exemplo, o CC/1916 ainda continua sendo aplicável a situações que se consolidaram sob sua vigência, mesmo após sua revogação expressa pelo CC/2002.

Quanto ao efeito imediato, todas as novas situações surgidas devem ser regulamentadas pela novel legislação, sendo vedado ao juiz aplicar a lei revogada a estes fatos. Ou seja: a lei nova se aplica a todos os fatos que ocorrerem durante a sua vigência. Esta previsão está no art. 6º, *caput*, LINDB.

Porém, o fato de ser conveniente que a lei não se volte para o passado, não tem o condão de impedir que vez por outra ela efetivamente mire o tempo que se foi. Desta maneira, excepcionalmente a lei poderá ter efeito retroativo, se assim expressamente for previsto. Mas mesmo nestas situações, há que se respeitar três pontos: o ato jurídico perfeito, o direito adquirido e a coisa julgada, proteção esta que, como dito, encontra-se prevista na própria CRFB/88.

Haverá direito adquirido quando o fato que o enseja tiver ocorrido por inteiro na vigência da lei antiga. Por exemplo; o sujeito já completou o tempo previsto pela lei revogada para se aposentar. Nesta situação, a completude do fato faz com que este direito passe a se integrar no patrimônio do titular, não podendo a lei nova mudar este cenário.

Logo, não há que se confundir direito adquirido com expectativa de direito. Nesta, tem-se um fato aquisitivo incompleto. No mesmo exemplo; sujeito está cumprindo tempo de serviço na esperança de vir a se aposentar em X anos. Se a nova lei aumenta este tempo, não há que se falar em violação a direito adquirido. Por isto se diz que não há direito adquirido a um determinado regime jurídico, sendo legítima a sua alteração por uma nova lei.

A LINDB optou por conceituar direito adquirido como sendo aquele que o seu titular, ou alguém por ele, possa exercer, como aquele cujo começo do exercício tenha termo prefixado, ou condição preestabelecida inalterável, a arbítrio de outrem (art. 6º, § 2º).

Já o ato jurídico perfeito seria aquele plenamente

constituído, ou seja, que cumpriu todos os requisitos previstos na lei anterior, como, por exemplo, um contrato que atendeu a todos seus requisitos de validade previsto na lei da época. Encontra-se também conceituado na LINDB, desta feita no art. 6º, § 1º.

A coisa julgada, por sua vez, conceituada no § 3º do mesmo dispositivo, é aquela decisão judicial da qual não se possa mais interpor recursos. Tal conceito é comumente criticado pela doutrina, uma vez que não atenta ao que há de principal: a característica de imutabilidade da decisão sobre a qual incide o fenômeno temporal do trânsito em julgado. Esta proteção à coisa julgada alcançaria tanto a coisa julgada formal quanto a coisa julgada material.

Vale recordar que atualmente muito se tem afirmado a respeito da denominada coisa julgada inconstitucional (espécie), que admitiria a relativização da coisa julgada (gênero), quando por exemplo a decisão soberanamente julgada é repugnante por razões de moralidade ou dignidade. É o famoso caso da sentença que apreciou a investigação de paternidade sem que se fizesse uso de exame de DNA. Contudo, o NCPC reforça a coisa julgada, restringindo a sua relativização. O único método possível para desconstituir a coisa julgada seria a ação rescisória, não sendo mais cabível a relativização em sede de primeiro grau com propositura de nova demanda, segundo entendimento de alguns autores.

Para finalizar a temática da lei no tempo, é possível sistematizar algumas regras quanto:

a) À capacidade – a alteração de critérios legais acerca da capacidade de fato produz efeitos imediatos. Assim, se a lei estabelece um novo limite etário, diminuindo a idade, todos aqueles que se encontram na faixa delimitada serão reputados capazes (p. ex.: diminuição da maioridade civil no novo Código). Ao contrário, se uma nova lei aumenta este limite, aqueles que eram considerados já capazes pelo regime da lei vigente, não serão reputados como incapazes.

b) À forma dos atos – prevalece a regra do momento em que foram realizados. Assim, se uma nova lei estabelece que um contrato agora deve se revestir da forma pública, o contrato anteriormente realizado por instrumento particular não será inválido.

c) Ao estado da pessoa – a nova lei aplica-se imediatamente. Assim, se alguém está casado e uma nova lei permite o fim do casamento por mera declaração de vontade perante um tabelião, esta regra de dissolução terá efeito imediato.

d) Aos direitos reais – os direitos reais também terão eficácia imediata. Sendo criado o novo direito real *de lage*, é possível que o sujeito estabeleça imediatamente novos negócios jurídicos que estabeleçam tal direito.

e) Aos direitos obrigacionais – também terão eficácia imediata tal qual os direitos reais.

f) À responsabilidade civil – deve ser regida pela lei do tempo do ato ilícito praticado. Se nova hipótese mais gravosa vier a ser construída após a consumação do dano, o autor deste não poderá ser alcançado.

g) Aos direitos sucessórios – tais direitos são regulados pela lei do momento da abertura da sucessão, ou seja, do tempo da morte do sujeito.

1.6.4. Lei no espaço

A soberania estatal é preconizada no art. 1º, CRFB/88 como um princípio fundamental da República Federativa do Brasil. Assim, a lei brasileira deve ser aplicada, como regra, apenas nos limites territoriais do País. Contudo, os interesses individuais numa sociedade globalizada, mais do que nunca, projetam-se para além desses limites, sendo comuns situações nas quais o sujeito se vê diante de contingências ou desejos que envolvem a soberania de outras nações.

Para tanto surge o princípio da extraterritorialidade da lei, permitindo que em situações excepcionais ocorra a aplicação da lei nacional, mesmo diante de outro sistema jurídico estrangeiro. Para resolver problemas ou atender demandas individuais, um Estado cede à aplicação das normas de outro, evitando o conflito de leis no espaço. Ao invés deste propalado conflito de normas, o melhor é que se entenda este ponto como uma forma de conciliação de sistemas distintos, na busca da satisfação de demandas individuais.

A escolha de qual direito deve ser aplicado num determinado caso concreto é denominada Direito Internacional Privado, regulado pela LINDB entre os arts. 7º e 17. Através de vários tratados internacionais, são estabelecidos critérios para a definição do efeito extraterritorial da lei.

O Direito Brasileiro optou pelo princípio do domicílio, ou seja, para reger as regras sobre começo e fim da personalidade, o direito ao nome, a capacidade jurídica, os direitos de família, aplica-se as leis do País no qual a pessoa for domiciliada. Para tanto, devem-se aplicar as regras de domicílio previstas nos arts. 70 e s. do Código Civil. Aplicações deste princípio estão espalhadas pelos parágrafos do art. 7º, LINDB.

Todavia, este princípio não tem caráter absoluto. Como exceção, o art. 8º, LINDB prevê a lei do lugar em que se localizem os bens, para situações a eles relacionadas. De igual modo, no campo das obrigações, estas serão regidas pelo local em que se constituírem, nos termos do art. 9º, LINDB. Também seguirá a lei do local quanto à prova de fato ocorrido em país estrangeiro (art. 13, LINDB). A sucessão por morte ou ausência será regida pelas leis do país onde o morto era domiciliado, qualquer que seja a localização dos bens deixados (art. 10, LINDB). E, por fim, nenhuma lei, ato jurídico ou sentença de outro país terão eficácia no Brasil se ofenderem a soberania nacional, a ordem pública ou os bons costumes (art. 17, LINDB).

Sobre eventual antinomia entre os arts. 9º e 17, LINDB, no que toca às dívidas de jogo ou aposta contraídas em outro país por brasileiros, o STJ entendeu que, se no exterior a lei estabelece ser esta uma obrigação civil (ao contrário da lei brasileira, que a reputa como mera obrigação natural; *vide* arts. 814 e s., CC), o brasileiro pode sofrer a execução em território nacional de sentença estrangeira que o condena ao pagamento. Ou seja, optou-se pela regra contida no art. 9º, LINDB (para reger as obrigações, aplica-se a lei do país onde se constituíram).

2. DA PESSOA NATURAL

2.1. Conceito. Personalidade

Pessoa é o ser dotado de personalidade. E a personalidade, no Código Civil, apresenta dois sentidos técnicos: a **personalidade jurídica** e os **direitos da personalidade**, previstos nos capítulos inaugurais do diploma legal, respectivamente. É possível:

Personalidade jurídica	Direitos da personalidade
Prevista no Código Civil de 1916 e no Código Civil de 2002.	Presente apenas no Código Civil de 2002.
Tradicional/Clássica Arts. 1º e 2º – Capítulo I	**Moderna** Arts. 11 a 21 – Capítulo II
Liga-se à possibilidade de o sujeito vir a titularizar **direitos subjetivos patrimoniais**, ou seja, seria uma aptidão genérica para ser titular de direitos e obrigações na ordem civil. Liga-se à ideia de subjetividade (possibilidade de o sujeito vir a ser titular de direitos subjetivos patrimoniais)	Aqui a personalidade significa um conjunto de **direitos subjetivos existenciais** inerentes à própria condição de ser humano. A personalidade como categoria de direitos reuniria atributos essenciais da pessoa humana, tais como a vida, a integridade física e psíquica, a imagem, a honra, a privacidade, o direito ao corpo, o direito ao nome, o direito à intimidade etc.
Denomina-se personalidade jurídica ou personalidade civil	Denomina-se direito da personalidade

A pessoa jurídica seria titular de direitos da personalidade? É fato que a pessoa jurídica tem nome, imagem e reputação, contudo isso não significa que esta tenha titularidade de direito da personalidade. A doutrina majoritária entende que **as pessoas jurídicas não são titulares de direitos da personalidade**. O que há, no art. 52, CC, é um empréstimo da tutela dos direitos da personalidade da pessoa natural à pessoa jurídica, ***no que couber***. Assim, as pessoas jurídicas ofendidas em sua reputação, ou que tiverem seu nome utilizado indevidamente, poderão se socorrer de medidas de proteção semelhantes às previstas para a pessoa natural, tais como a tutela inibitória ou a tutela reparatória.

> **Art. 52.** Aplica-se às pessoas jurídicas, **no que couber**, a proteção dos direitos da personalidade.

Vale lembrar que o dano moral é aquele oriundo da violação aos direitos da personalidade (dano moral é uma técnica de que o legislador se vale para proteger a pessoa natural, compensando-se o titular que sofreu uma lesão em seus direitos da personalidade). Nesse sentido, há construção jurisprudencial que prevê a possibilidade de a pessoa jurídica ser reparada por eventuais danos que afetem sua imagem, reputação e nome. O STJ sumulou há mais de uma década esse entendimento.

> **STJ – Súmula 227**
> A pessoa jurídica pode sofrer dano moral.

2.2. Início da personalidade

Quanto à pessoa jurídica, o art. 45, CC é claro no sentido de que a personalidade jurídica desta se inicia com o **registro dos atos constitutivos**. Já quanto à pessoa natural, sempre houve certa polêmica, com divergências entre três correntes.

Em resumo, pode-se dizer que:

Teoria	Entendimento acerca do início da personalidade da pessoa natural
Natalista	Aquisição da personalidade a partir do nascimento com vida
Da personalidade condicionada	O nascimento com vida (evento futuro e incerto) faz com que o início da personalidade retroaja desde a concepção
Concepcionista	A aquisição da personalidade se dá desde a concepção

Observações:

1) **Nascer** é ser separado do corpo da mãe. Nascer com vida é ser separado do corpo da mãe e respirar autonomamente.

2) **Nascer com vida** é pressuposto para a aquisição da personalidade civil.

3) **Nascituro** é o ser já concebido, mas ainda não nascido.

4) **Natimorto** é o ser que nasce sem vida e, portanto, não chega a adquirir personalidade civil.

5) **Concepturo** é o possível ser, já que ainda nem sequer foi concebido (conhecido em direito de família e direitos das sucessões como prole eventual. Vale lembrar que o concepturo pode ser beneficiado em testamento, desde que seja concebido no prazo decadencial de 2 anos – art. 1.800, § 4º, CC).

O entendimento das expressões acima é importante para melhor compreensão do art. 2º, CC e, consequentemente, da polêmica entre as correntes retromencionadas.

> **Art. 2º** A personalidade civil da pessoa começa do nascimento com vida; mas a lei põe a salvo, desde a concepção, os direitos do nascituro.

Este artigo pode ser lido da seguinte forma: a personalidade civil da pessoa começa do nascimento com vida (teoria natalista); mas a lei põe a salvo, desde a concepção, os direitos (na verdade, as expectativas de direitos patrimoniais) do nascituro. Ou seja, deve-se entender que, como a personalidade civil só se inicia com o nascimento com vida, até esse momento o nascituro não pode adquirir direitos de cunho patrimonial, o que conduz, quanto a estes, a existir apenas uma expectativa. Com o nascimento com vida, a expectativa se transforma em verdadeiro direito subjetivo.

Nesse contexto, entretanto, deve-se entender que **o nascituro é titular de direitos da personalidade**, estes protegidos desde a concepção. Tanto é verdade que pode haver condenação por danos morais em benefício do nascituro, se seus direitos da personalidade vierem a ser violados.

> O nascituro tem direitos da personalidade, mas como ainda não nasceu com vida, não adquire até esse momento a personalidade jurídica.

As três teorias clássicas a respeito do início da personalidade foram elaboradas com foco na aquisição da personalidade jurídica. Assim, tradicionalmente, com base no art. 2º, CC, entende-se dominante a **teoria natalista** (aquisição da personalidade a partir do nascimento com vida). Porém, deve-se recordar que, quanto aos direitos da personalidade, estes são protegidos desde a concepção, devendo, nesse caso, prevalecer a **teoria concepcionista.**

> **Direitos patrimoniais (personalidade jurídica)** → prevalece a teoria natalista
> **Direitos da personalidade** → prevalece a teoria concepcionista

Dessa maneira, é correto dizer que o natimorto, apesar de não adquirir personalidade jurídica, será titular de direitos da personalidade.

2.3. Capacidade

A capacidade é comumente conceituada como a medida da personalidade jurídica (ou personalidade civil).

Essa capacidade se dividiria em duas espécies:

Capacidade de direito	Capacidade de fato
Também denominada capacidade de gozo	Também denominada capacidade de exercício
Para parte da doutrina, seria sinônimo de personalidade jurídica (aptidão genérica para o sujeito ser titular de direitos e deveres)	É a possibilidade de praticar os atos da vida civil diretamente, por si só, sem necessidade do auxílio de terceiros
Art. 1º Toda pessoa é capaz (liga-se à capacidade de direitos) de direitos e deveres na ordem civil	Arts. 3º a 5º, CC
A **capacidade de direito** não admite graduações, expressando critério qualitativo (estático). Ou seja, é ou não é capaz (de direito)	A **capacidade de fato** expressa critério quantitativo. Assim, pode ser mais ou menos capaz, comportando gradação. É exatamente sobre essa capacidade de fato que incide a teoria das incapacidades

Indo à capacidade de fato, nota-se que esta consiste na possibilidade de o sujeito praticar atos da vida civil pessoalmente (por si só), ou seja, sem a necessidade da presença de terceiros para representá-lo ou assisti-lo. Como dito no quadro acima, é sobre essa capacidade de fato que incidirá a importante teoria das incapacidades.

2.4. Teoria das incapacidades

O legislador trabalha as hipóteses de incapacidade com a **finalidade de proteger as pessoas que não têm o necessário discernimento para a prática dos atos da vida civil** por si sós. A proteção recai precipuamente sobre o patrimônio desses sujeitos, denominados incapazes. Essa proteção, trazida pela teoria das incapacidades, manifestar-se-á basicamente de duas maneiras:

2.4.1. Necessidade de representante ou assistente para a prática dos atos da vida civil

Para que um incapaz possa praticar atos da vida civil, será importante a presença de um **representante** para o absolutamente incapaz ou de um **assistente** para o relativamente incapaz. O representante manifestará vontade própria na persecução do interesse do absolutamente incapaz. Já o assistente manifestará a sua, coadjuvando com a vontade do relativamente incapaz (vontade do assistente + vontade do relativamente incapaz) na persecução de um único interesse. No caso dos **menores**, os titulares do poder familiar (pais) irão assumir a condição de representante e assistente. Na hipótese de **ausência** (ou morte, por exemplo) dos pais, os tutores designados pelos juízes irão exercer o poder familiar. Já na hipótese de **insanidade**, o curador, nomeado no bojo de um procedimento de interdição, assumirá o papel ou de representante (se o incapaz não tiver discernimento) ou de assistente (no caso de incapaz com discernimento reduzido), a depender do grau de insanidade.

2.4.2. Invalidade dos atos praticados pelo incapaz, sem a presença do representante ou assistente

Os atos praticados pelos incapazes pessoalmente serão inválidos, se não contarem com a presença de representantes ou assistentes, nos termos dos arts. 166, I (atos nulos), e 171, I (atos anuláveis).

> **Art. 166.** É nulo o negócio jurídico quando:
> I – celebrado por pessoa absolutamente incapaz;
> **Art. 171.** Além dos casos expressamente declarados na lei, é anulável o negócio jurídico:
> I – por incapacidade relativa do agente;

Os arts. 3º a 5º, CC fixam os critérios legais para a definição das hipóteses de incapacidade, ou seja, as razões que justificariam que alguém viesse a ser considerado incapaz.

Pode-se resumir em dois critérios:

a) **Fator etário (critério objetivo):** são absolutamente incapazes os menores de 16 anos (art. 3º, *caput, CC*), e, ainda, são relativamente incapazes os maiores de 16 e menores de 18 anos (art. 4º, I, CC). São plenamente capazes os maiores de 18 anos (art. 5º, *caput,* CC). Vale recordar que, quando da concretização de direitos existenciais relativos ao menor, sempre que possível a vontade deste deve ser levada em consideração, desde que demonstre discernimento para tanto. Exemplos: adoção, guarda, cessão de direitos da imagem – o menor deve ter sua vontade respeitada nesses casos, se tiver discernimento. Há alguns atos que podem ser praticados pelo relativamente incapaz sem a necessidade de manifestação de vontade do assistente. São atos personalíssimos, que podem ser praticados validamente, quais sejam: ser testemunha (art. 228, I, CC), ser mandatário (art. 666, CC), fazer testamento (art. 1.860, CC).

b) **Fator sanidade (critério subjetivo):** esse fator se fazia fortemente presente nos arts. 3º, II e III, e 4º, II a IV, CC até ocorrer uma substancial mudança nesse regime com o advento do **Estatuto da Pessoa com Deficiência**, a Lei n. 13.146/2016. A nova norma alterou o sistema de incapacidades do CC, partindo da premissa de que **uma pessoa deficiente não deve ser considerada a princípio como um incapaz**. Pela lógica do Estatuto, a deficiência física, mental, intelectual ou sensorial não deve ser tida como causa de incapacidade, preservando-se dessa maneira a autonomia do indivíduo portador de tais deficiências. Assim, foram eliminadas do Código as hipóteses nas quais o deficiente mental era tido como incapaz.

De qualquer modo, o Direito não quer com a novel legislação alterar a realidade dos fatos. Evidentemente, em algumas situações o deficiente não terá condições de manifestar adequadamente sua vontade, por exemplo, naquelas circunstâncias em que o indivíduo tem uma doença degenerativa em estágio avançado, ou mesmo uma síndrome que afeta seu perfeito juízo, razão pela qual fica ainda permitida a instituição da curatela para tais casos.

Todavia, há que registrar que a nomeação de um curador é medida excepcional, só sendo possível a partir de adequada fundamentação judicial, em um processo no qual seja garantido ao deficiente o contraditório e ampla defesa. Tal medida será ancorada no art. 4º, III, CC, que diz serem relativamente incapazes aqueles que, por causa transitória ou permanente, não puderem exprimir sua vontade. O curador será, então, assistente desse deficiente, que será, assim, considerado apenas um relativamente incapaz.

Inovando ainda no sistema, o Estatuto em comento criou a figura da tomada de decisão apoiada, agora prevista no art. 1.783-A, CC, permitindo que o deficiente que tenha alguma dificuldade para se expressar possa nomear duas pessoas de sua confiança para auxiliá-lo no exercício de sua capacidade. O juiz, analisando o caso, verificará se aceita ou não a instituição desse novo modelo protetivo.

Em **resumo**, hoje **a pessoa portadora de deficiência poderá se enquadrar em três situações** relativas à sua capacidade:

- **Regra geral:** será considerada plenamente capaz.
- **Primeira exceção:** será submetida ao regime da curatela, sendo então relativamente incapaz.
- **Segunda exceção:** será submetida ao regime da tomada de decisão apoiada, preservando-se assim sua plena capacidade.

O deficiente jamais será considerado absolutamente incapaz. **Atualmente, a única hipótese de absoluta incapacidade, nos termos do art. 3º, CC, é a do menor de 16 anos.**

2.5. Emancipação

A emancipação é a aquisição antecipada da plena capacidade de fato, ou seja, o sujeito, antes de completar a maioridade civil, acaba por alcançar a situação jurídica de plenamente capaz. O emancipado continua sendo menor, e em razão disso permanece sob a proteção do Estatuto da Criança e do Adolescente. Dessa maneira, o menor emancipado não poderá praticar atos reservados por lei aos maiores de 18 anos, por exemplo, adoção, frequência a certos locais e obtenção da Carteira Nacional de Habilitação.

A emancipação foi disciplinada pelo CC em seu art. 5º, parágrafo único, e comportaria três espécies: (a) voluntária; (b) judicial; (c) legal.

a) **Emancipação voluntária (art. 5º, parágrafo único, I, CC):** apresenta os seguintes **requisitos**:
- O emancipando ser maior de 16 anos.
- A vontade ser manifestada pelos pais, titulares do poder familiar. A manifestação será realizada pelos dois em conjunto ou apenas de um deles na ausência do outro.
- Manifestação devidamente realizada através de instrumento público.
- O ato é extrajudicial, não havendo necessidade de homologação pelo juiz.

Importante recordar que não há previsão legal expressa para que haja o consentimento do menor quando de sua emancipação voluntária. Porém, vários doutrinadores recomendam que se colha o consentimento do menor a fim de preservar os interesses deste.

> A emancipação voluntária é incondicionada e não admite qualquer encargo ou termo.

Há que se recordar que a emancipação voluntária é um ato não negocial, ou seja, os efeitos são impostos pela lei (efeitos *ex legis*), não podendo ser estabelecidos pelas partes. A prática do ato deflagra os efeitos previamente previstos pela lei.

A emancipação voluntária é **irrevogável** por ato de vontade dos pais, contudo esse ato de emancipação, por ser um ato de vontade, poderá ser invalidado se estiver presente, por exemplo, algum vício do consentimento. Por exemplo, menor que coage moralmente seus pais a emancipá-lo.

Por fim, há que ter em conta que os pais respondem pelos atos do incapaz (art. 932, I, CC). **A emancipação voluntária não exonerará os pais da responsabilidade civil pelos atos ilícitos praticados pelos incapazes.** Ou seja, a emancipação é ineficaz em relação à vítima do ato ilícito praticado pelo menor. Isso evita a simulação e a fraude contra credores, sendo esse o posicionamento da doutrina majoritária e do Superior Tribunal de Justiça, o STJ.

b) **Emancipação judicial (art. 5º, parágrafo único, I, CC):** essa modalidade emancipatória terá os seguintes requisitos:
- O emancipando ser maior de 16 anos.
- Sentença de emancipação (procedimento de jurisdição voluntária).
- Presença de menores que estão sob o pálio da tutela. Os menores que são colocados sob regime de tutela são aqueles cujos pais estão mortos, ausentes ou destituídos do poder familiar (art. 1.728, CC).
- Oitiva do tutor.

c) **Emancipação legal (art. 5º, parágrafo único, II a V, CC):** o Código Civil prevê quatro hipóteses de emancipação legal:
- A primeira delas é o **casamento**. A idade núbil, segundo o art. 1.517, CC, se dá aos 16 anos. Porém, pode o menor se casar antes desta quando envolver uma situação de gravidez. Neste caso, o absolutamente incapaz migrará diretamente para a condição de capaz. O casamento emancipa por ser um dos negócios jurídicos mais formais, impondo uma

série de deveres aos cônjuges. Logo, o legislador entende que, se já há maturidade para casar, há também maturidade para a prática dos demais atos da vida civil.

Destaque-se que a separação, o divórcio ou a viuvez não farão o emancipado retornar à condição de incapaz. Porém, se o casamento for invalidado por alguma razão, os efeitos produzidos serão cassados, dentre eles a eventual emancipação do menor. Para a lei só o casamento emancipa, não sendo prevista a hipótese de emancipação no caso de constituição de uma união estável.

- A segunda hipótese de emancipação legal ocorre com o **exercício de emprego público efetivo**, conforme previsto no art. 5º, parágrafo único, III, CC. Registre-se que o Código Civil não foi técnico a ponto de excluir tal hipótese em caso de cargo ou função pública, devendo a expressão "emprego público efetivo" ser interpretada extensivamente.
- A terceira hipótese refere-se à **colação de grau em curso de ensino superior**, uma hipótese extremamente difícil na prática, já que o menor deveria se graduar numa universidade antes dos 18 anos.
- A última situação que conduziria à emancipação *ex lege* seria o desenvolvimento de **estabelecimento civil ou comercial, ou a existência de relação de emprego, desde que, em função deles, o menor com 16 anos completos tenha economia própria.** Essa hipótese de emancipação deve ser avaliada pelo juiz diante de algum caso concreto, especialmente quando o assistente discordar do ato praticado isoladamente pelo relativamente incapaz e ingressar com ação anulatória. O juiz avaliará *a posteriori* se o menor, ao tempo do ato, era ou não emancipado com base em tal hipótese.

Economia própria é um **conceito jurídico indeterminado** que serve ao juiz para aplicar a regra, de acordo com o que demandar o caso concreto. Ou seja, o juiz dirá no caso concreto o que é economia própria, fundamentando seu entendimento. É comum a utilização de conceitos indeterminados pelo legislador civilista.

3. MORTE

Juridicamente, a morte pode ser conceituada como o fim da personalidade (tanto da personalidade civil quanto dos direitos da personalidade). A morte, antes de ser um fato jurídico, é um fato natural que desencadeia efeitos jurídicos. Dentro da classificação dos fatos jurídicos, a morte será considerada fato jurídico em sentido estrito, ou seja, é um evento da natureza que deflagrará uma série de efeitos na esfera do Direito. Dentre tais efeitos, vale destacar os seguintes:

Art. 1.784, CC (princípio da *saisine*) – o patrimônio deixado pelo morto transfere-se desde logo aos herdeiros, sejam estes legítimos ou testamentários.

Extinção de vínculos personalíssimos, como o poder familiar, o casamento e os deveres alimentares.

Extinção do contrato de prestação de serviço, nos termos do art. 607, CC.

Extinção do contrato de mandato, nos termos do art. 682, CC.

A morte deflagra o **pagamento do capital estipulado no caso de seguro de vida**.

A morte do credor ou do devedor **extingue a solidariedade em relação a seus herdeiros**, nos termos dos arts. 270 e 276, CC.

A morte do possuidor pode fazer com que o seu sucessor permaneça na posse, continuando a posse exercida, nos termos do art. 1.207, CC.

A morte do usufrutuário gera a **extinção do usufruto** se este não foi feito por prazo certo nem condição resolutiva, nos termos do art. 1.410, CC.

O que é morte civil? Seria a extinção da personalidade jurídica em vida. Atualmente não é admitida no Brasil. No passado era uma forma de penalizar a pessoa que atentava contra a ordem jurídica. A morte civil era uma forma de extinguir a personalidade jurídica. Apesar disso, alguns autores entendem que no Brasil ainda existe morte civil no caso da declaração de indignidade de herdeiro (art. 1.816, CC), como naquelas situações em que o filho atenta contra a vida dos pais.

3.1. Modalidades de morte

Para fins de melhor compreensão do tema, é comum na doutrina ser feita a distinção entre a morte real e a morte presumida, conforme o quadro abaixo:

Morte real	Morte presumida
Morte real é aquela em que há cadáver, sendo então constada a ocorrência da morte e suas eventuais causas por um médico. O marco legal é a morte encefálica – paralisação das atividades do tronco encefálico, comandante das funções vitais.	A morte presumida poderá ocorrer de duas maneiras: sem declaração de ausência ou com declaração de ausência. Há o desaparecimento de uma pessoa natural e uma incerteza quanto a sua morte.

3.1.1. Real

O médico, diante da presença de um cadáver, atesta a morte e suas possíveis causas. O atestado deverá conter as possíveis causas da morte, que constarão da certidão de óbito. A certidão de óbito autoriza o sepultamento.

> No Brasil, o marco legal da morte é a ocorrência da **morte encefálica**, nos termos do art. 3º da Lei n. 9.434, de 1997, que estabelece que o transplante de órgãos só pode ser autorizado após a constatação por dois médicos, não integrantes da equipe que irá realizar o transplante, da morte encefálica.

3.1.2. Presumida

A morte presumida ocorre quando uma pessoa natural desaparece, havendo incerteza quanto a sua morte ou não. A morte presumida poderá se dar com ou sem declaração de ausência.

- **Sem declaração de ausência:** ocorrerá quando o desaparecido estiver em situação de perigo de vida ou de risco de morte. Art. 7º, CC. Exemplos: desaparecimento em situações de incêndio, terremoto, inundação, acidentes de avião, sequestro, guerra.
- **Com declaração de ausência:** arts. 22 a 39, CC, combinados com os arts. 744 e 745 CPC. Ausente é aquele que desaparece de seu domicílio sem deixar notícias ou representante constituído. Para entender o procedimento relativo aos ausentes é importante observar que a **finalidade** deste é **proteger o ausente e seu patrimônio**. O procedimento sucessório é mera consequência da declaração de ausência.

Ao contrário do que se passava no Código Civil anterior, no Código atual **o ausente não é incapaz**. A nomeação de um curador não se liga à incapacidade, mas sim à necessidade de ter alguém que administre o patrimônio deixado pelo ausente. Prova disto é que, se o indivíduo desaparece, mas deixa alguém que o represente (procurador), em princípio não será considerado ausente. Ultrapassados 3 anos do desaparecimento sem o indivíduo reaparecer, o mandato caduca e os herdeiros poderão solicitar a declaração de ausência juntamente com a sucessão provisória, conforme previsto no art. 26, CC.

3.1.2.1. Fases da declaração da ausência

A ausência é dividida em três fases, que ocorrerão após o evento inicial, qual seja, o desaparecimento do indivíduo.

- **1ª Fase – Declaração de ausência:** nesta fase haverá a nomeação de um curador, que, preferencialmente, será a esposa ou companheiro. Tal curador terá como dever primário realizar um inventário dos bens deixados pelo ausente, passando então a administrar esses bens. A ideia é tutelar o patrimônio do ausente, sendo função do curador arrecadar todos os bens, zelando pela sua conservação e administração.

Ultrapassado 1 ano da primeira fase

- **2ª Fase – Sucessão provisória:** os herdeiros necessários serão imitidos na posse dos bens deixados pelo ausente, sendo desnecessária a prestação de caução. Os demais herdeiros só se imitirão na posse se prestada a caução, nos termos dos arts. 26 e s., CC. Não há ainda sucessão definitiva dos bens. O Ministério Público é parte interessada para requerer a declaração de ausência (art. 22, CC).

  Como se dará a declaração de ausência? Dependerá da existência ou não de procurador. Se não foi deixado procurador, a declaração de ausência se dará com base no art. 22, CC. Por outro lado, se foi deixado procurador passa-se direto para a segunda fase, pois já há alguém para administrar os bens deixados. Nesse caso, a declaração de ausência se dará com fundamento no art. 26, CC, concomitantemente com a sucessão provisória.

Ultrapassados 10 anos

- **3ª Fase – Sucessão definitiva:** via de regra, ultrapassados 10 anos da declaração da sucessão provisória (contados do trânsito em julgado da sentença), poderá ser requerida a sucessão definitiva. Ocorrerá a transmissão da propriedade, que, por sua vez, tem como pressuposto a consideração do ausente como presumidamente morto (art. 6º, c/c os arts. 37 e s., CC).

> **Art. 6º** A existência da pessoa natural termina com a morte; presume-se esta, **quanto aos ausentes, nos casos em que a lei autoriza a abertura de sucessão definitiva**.

No caso de idoso com mais de 80 anos, a lei autoriza procedimento diferente, dispensando-se a 1ª e a 2ª fases.

> **Art. 38.** Pode-se requerer a sucessão definitiva, também, provando-se que o ausente conta 80 anos de idade, e que de 5 datam as últimas notícias dele.

A propriedade transmitida aos herdeiros do ausente, nos 10 anos seguintes à sucessão definitiva, será uma propriedade resolúvel, pois se submete a uma condição resolutiva, qual seja, o reaparecimento do ausente. Nesse caso, o ausente terá direito aos bens no estado em que se encontrarem (art. 39, CC).

> **Art. 39.** Regressando o ausente nos 10 anos seguintes à abertura da sucessão definitiva, ou algum de seus descendentes ou ascendentes, aquele ou estes haverão só os bens existentes no estado em que se acharem, os sub-rogados em seu lugar, ou o preço que os herdeiros e demais interessados houverem recebido pelos bens alienados depois daquele tempo.

Se o ausente reaparecer até a sucessão definitiva, irá reaver os bens no estado em que se encontrarem e somente terá de indenizar por benfeitorias e frutos se a ausência for voluntária. Se for involuntária, não terá de indenizar os acessórios ao possuidor.

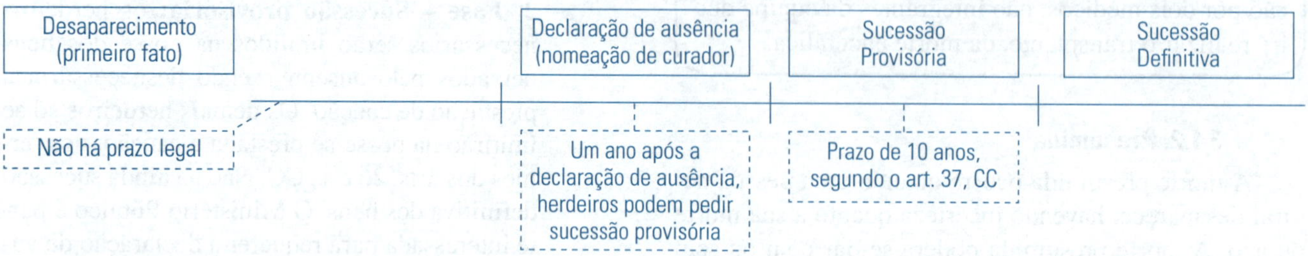

3.2. Comoriência

Comoriência é a presunção de **morte simultânea de duas ou mais pessoas** (art. 8º, CC). Se não for possível averiguar qual indivíduo morreu primeiro, por exemplo, num acidente aéreo ou de trânsito, para efeito de sucessão, ambos serão considerados presumidamente mortos no mesmo momento. Só faz sentido falar em comoriência se as pessoas simultaneamente mortas forem herdeiras entre si. Caso contrário, a comoriência carece de qualquer efeito prático.

4. DIREITOS DA PERSONALIDADE

Os direitos da personalidade são direitos subjetivos existenciais. Em sede de direitos subjetivos, poder-se-ia propor a seguinte divisão:

Direitos subjetivos		
Direitos subjetivos patrimoniais		Direitos subjetivos existenciais
Obrigações	Reais	Direitos da personalidade

E são direitos subjetivos ligados à própria existência da pessoa humana. O ordenamento concede a toda pessoa natural o poder de agir para tutelar os bens da sua personalidade. Os direitos subjetivos podem ser violados, e essa violação faz nascer uma pretensão, que nada mais é que um poder de exigibilidade. Esse poder será dirigido contra quem ofendeu os direitos da personalidade, com a devida intervenção estatal, que emprestará sua coercibilidade. Dano moral é aquele oriundo da violação dos direitos da personalidade. É um dano imaterial decorrente de uma lesão ao direito da personalidade.

4.1. Perspectiva histórica

A partir da Segunda Guerra Mundial, a comunidade internacional passou a entender que a proteção dos direitos inerentes à condição humana não poderia ser fundamentada apenas no direito natural. Houve necessidade de construir normas positivadas com a previsão de sanções para aqueles que, de alguma forma, viessem a lesar tais direitos existenciais.

Nesse sentido, em 1948, foi elaborada a **Declaração Universal dos Direitos do Homem**, por meio da qual os Estados signatários se comprometeram a internalizar em seus ordenamentos tais normas protetivas. A maioria dos Estados, ao proceder a essa incorporação, criou título próprio dentro de suas Constituições (Título dos Direitos e Garantias Fundamentais). Tal proteção em princípio defenderia as pessoas naturais em face das atuações estatais.

No Brasil o legislador infraconstitucional, especialmente no CC de 2002, optou por traçar um capítulo específico para que essa proteção pudesse também ser exigida dos demais particulares (Capítulo II – Dos Direitos da Personalidade). Logo, **todo direito da personalidade é também direito fundamental** (mas nem todo direito fundamental será considerado direito da personalidade).

Conclusão: quando a relação se der entre Estado e particular, havendo eventual restrição a direitos inerentes à condição de ser humano deste, a proteção se dará com base nos direitos fundamentais previstos na **Constituição** (eficácia vertical dos direitos fundamentais). Quando a restrição ou lesão a tais direitos for oriunda de ato de particular, a proteção ocorrerá com base no **Código Civil**, ou seja, com base no direito da personalidade, podendo também ser invocada a proteção da própria Constituição, por evidente. Por isso é comum julgados que tratam da lesão a direitos da personalidade utilizarem como fundamentação tanto o Código Civil quanto a CRFB/88.

Quando houver conflito entre particulares que envolvam direitos fundamentais que não se enquadrem na categoria de direitos da personalidade, será resolvido com base na Constituição, falando-se, então, em eficácia horizontal dos direitos fundamentais.

Exemplo: conflito entre associação e associado. Para ocorrer a expulsão do último deverá haver respeito ao contraditório e à ampla defesa, ainda que não haja tal previsão no estatuto da associação.

4.2. Características

4.2.1. Prevalência em caso de conflito com outros direitos

O fundamento dos direitos da personalidade é o princípio da dignidade da pessoa humana. Logo, quando os direitos da personalidade entrarem em conflito com direitos subjetivos patrimoniais, a dignidade da pessoa humana que fundamenta a existência do primeiro fará com que o sopesamento ocorra em prol dos direitos existenciais.

Quais são os possíveis conflitos entre direitos?

- **Direito existencial x direito patrimonial:** sopesamento pelo julgador em prol do direito existencial. Por exemplo, direito do credor x liberdade do devedor (como decidido pelo STF no caso da prisão do depositário infiel, que redundou na edição da Súmula Vinculante 25, vedando tal prisão).
- **Direito existencial x direito existencial:** o juiz deverá analisar no caso concreto qual direito existencial deverá prevalecer. Por exemplo, imagem e honra de um sujeito *versus* liberdade de expressão de outro (situação muito comum, especialmente quando há manifestação do pensamento por um jornalista sobre determinada pessoa).
- **Direito patrimonial x direito patrimonial:** dependerá do caso concreto, verificando-se quem foi o responsável pela violação ao direito subjetivo patrimonial alheio. Por exemplo, inadimplemento por parte do devedor, violando os direitos de crédito do credor.

4.2.2. São direitos subjetivos de caráter absoluto

Ou seja, toda a coletividade deverá se abster de condutas que possam lesar direito da personalidade alheio (os direitos da personalidade são oponíveis *erga omnes*).

4.2.3. São direitos inatos e vitalícios

O início da proteção legal dos direitos da personalidade ocorrerá **a partir da concepção**, como visto acima. Nesse sentido, os direitos são inatos porque são alvo de tutela desde que surge a vida e não desde o momento do nascimento.

Quando se pensa em direito vitalício, lembra-se de usufruto (morre o usufrutuário se extingue o instituto do usufruto, quando não houver prazo específico para tal extinção). Os direitos da personalidade existirão até o momento em que a pessoa natural falecer. Por isso, a morte é a extinção das duas concepções de personalidade (personalidade civil e direitos da personalidade).

Contudo, algumas observações devem ser feitas. Os direitos da personalidade da pessoa falecida podem ser tutelados pelos parentes próximos. Os arts. 12, parágrafo único, e 20, parágrafo único, do Código Civil facultam que certos direitos da personalidade possam ser protegidos pelos parentes, por exemplo: violação ao nome e à honra do morto. Por via reflexa, a imagem e a honra dos parentes vivos são violados.

Exemplo: no livro biográfico de Garrincha foram descritas passagens íntimas da vida do jogador. As filhas de Garrincha não concordaram e se sentiram ofendidas por tais passagens. Ingressaram com ação solicitando a supressão dessas partes e solicitando indenização pelo dano moral reflexo (ou por ricochete). V. STJ, REsp 521.697.

A **legitimidade *post mortem***, como dito, encontra-se descrita no Código Civil. Observe que esse dispositivo se esqueceu do companheiro. Porém, a doutrina entende que tal direito, por isonomia, deve ser estendido ao companheiro.

O prazo para que os parentes ingressem com essa ação de proteção ao morto não existe, uma vez que a ação para que os parentes próximos solicitem a proteção dos direitos da personalidade da pessoa falecida é imprescritível. Porém, para buscar a devida reparação civil decorrente da violação dos direitos da personalidade, tem-se o prazo prescricional de 3 anos, nos termos do art. 206, § 3º, V, CC. Logo, não se deve confundir essas duas pretensões: a primeira não se sujeita a prazo prescricional; a segunda terá o prazo trienal.

4.2.4. São direitos absolutos e limitados

Como podem os direitos da personalidade ao mesmo tempo ser absolutos e limitados? São absolutos quanto a sua oponibilidade *erga omnes* e limitados em relação a seu exercício. Se todo direito da personalidade é também um direito fundamental, não existe direito fundamental ilimitado; logo, em caso de conflito entre dois ou mais direitos da personalidade, resolve-se por meio da técnica da ponderação de interesses ou outra teoria da argumentação. A resposta será dada de acordo com o caso concreto. Não há como dizer de antemão qual direito da personalidade prevalecerá. O que prevalece: o nome, a honra ou a liberdade de expressão? Só o caso concreto poderá trazer essa resposta.

4.2.5. São direitos relativamente indisponíveis

Os direitos da personalidade são relativamente indisponíveis, porque alguns desses direitos podem ser transmitidos para outra pessoa. Por exemplo, no caso de transmissão de parte do corpo humano, nos termos do art. 199, § 4º, CRF.

> **Art. 199.** A assistência à saúde é livre à iniciativa privada.
> (...)
> **§ 4º** A lei disporá sobre as condições e os requisitos que facilitem a remoção de órgãos, tecidos e substâncias humanas para fins de transplante, pesquisa e tratamento, bem como a coleta, processamento e transfusão de sangue e seus derivados, sendo vedado todo tipo de comercialização.

A regra constitucional acima estabelece dois requisitos acerca da transmissão de parcela dos direitos da personalidade: (a) não pode prejudicar a saúde do cedente e (b) não pode ser remunerada.

Já outros direitos da personalidade comportam apenas a cessão de seu exercício (e não do direito em si), caso do direito de imagem e do uso do nome. Nessa hipótese, a doutrina aponta os seguintes requisitos:

- **Cessão específica:** deve-se ceder pontualmente algum de seus direitos. Por exemplo: se um jogador de futebol cede sua imagem para ser feito um *outdoor*, a empresa contratante não poderá usar a voz para nova propaganda. Assim, a cessão deve ser interpretada restritivamente, já que se trata de uma exceção.
- **Temporária:** não existe cessão perpétua do exercício de direitos da personalidade. Ninguém pode ter seu direito da personalidade restrito pelo resto da vida.
- **Dignidade da pessoa humana respeitada:** a dignidade do cedente deve ser respeitada.

4.2.6. Atipicidade

Os direitos da personalidade são colocados em nosso Código Civil por meio de um rol exemplificativo, pois o legislador entendeu que a melhor forma de tutelar tais direitos seria por meio de uma cláusula geral prevista no art. 12, *caput,* CC. Portanto, **nem todos os direitos da personalidade são previstos no Código Civil**, podendo o juiz reconhecer diante do caso concreto a proteção de outros que não estejam taxativamente arrolados na lei.

No Código Civil, os arts. 13, 14 e 15 trazem normas sobre **disposições acerca do corpo**, asseverando, no primeiro deles, que, "salvo por exigência médica, é defeso o ato de disposição do próprio corpo, quando importar diminuição permanente da integridade física, ou contraria os bons costumes". Ou seja, a regra é a vedação à disposição do próprio corpo, salvo quando houver questões de ordem médica que demandem tal ato, tal como ocorre no caso de transplante de órgãos e tecidos. No art. 14 se afirma ser "válida, com objetivo científico, ou altruístico, a disposição gratuita do próprio corpo, no todo ou em parte, para depois da morte". Nesse sentido, será válida a manifestação de vontade de um sujeito que deseje deixar seu corpo para uma instituição de pesquisa, uma universidade por exemplo. Por evidente, tal manifestação pode ser revogada antes da morte do declarante. Por fim, o art. 15 afirma que "ninguém pode ser constrangido a submeter-se, com risco de vida, a tratamento médico ou a intervenção cirúrgica". Um sujeito que doente, portanto, pode escolher se deseja ou não ser submetido a tratamento ou cirurgia, estando tal escolha em sua esfera individual de decisão.

Já nos arts. 16 a 19, o Código Civil traz normas a respeito do **direito ao nome**. Importante lembrar que o nome compreende o prenome e o sobrenome (também denominado patronímico ou nome de família). O nome não pode ser empregado por outrem em publicações que exponham o titular a desprezo público, ainda que não haja a intenção de difamar o sujeito, ou seja, há proteção contra a utilização indevida do nome alheio. Por isso, o nome alheio também não pode ser usado, sem autorização, em propagando comercial. Cabe lembrar que o apelido (pseudônimo) adotado para atividades lícitas goza da mesma proteção concedida ao nome. Por fim, vale o registro de que o nome obedece ao princípio da imutabilidade, ou seja, via de regra não pode ser alterado. Todavia, diversas normas preveem a possibilidade de modificação do nome, tais como: em virtude do casamento ou divórcio, homonímia prejudicial, nomes vexatórios ou com erros de grafia, naturalização, proteção a testemunhas, transexuais, dentre outras hipóteses.

O art. 20, CC, protege o **direito à imagem e à honra**, dizendo serem estas invioláveis, salvo se necessárias à manutenção da ordem pública e à administração da justiça. No que tange à necessidade de autorização prévia por parte do titular para o uso da imagem e honra, o STF, em 2015, no bojo da ADIn 4.815, promoveu interpretação conforme a Constituição desse artigo, para entender que no caso de livros biográficos não se faz necessária a autorização prévia do retratado. Preservou-se assim, como regra, a não restrição à liberdade de expressão (ver a parte relativa à intepretação constitucional e controle de constitucionalidade em Direito Constitucional).

> **Art. 20.** Salvo se autorizadas, ou se necessárias à administração da justiça, ou à manutenção da ordem pública, a divulgação de escritos, a transmissão da palavra, ou a publicação, a exposição ou a utilização da imagem de uma pessoa poderão ser proibidas, a seu requerimento e sem prejuízo da indenização que couber, se lhe atingirem a honra, a boa fama ou a respeitabilidade, ou se destinarem a fins comerciais.

Por sua vez o art. 21, CC, afirma que a vida privada da pessoa é inviolável, devendo o juiz, a requerimento da parte interessada, adotar as providências necessária para impedir ou fazer cessar qualquer ato contrário a tal mandamento. Ou seja, a norma em comento protege o direito à privacidade e à intimidade, o direito de ser deixado só, refutando qualquer intervenção indevida de outrem em seu círculo mais restrito. O intuito da norma é não apenas resguardar a vida privada como dar ao titular desse direito o poder de controlar as informações existentes a seu respeito.

5. PESSOA JURÍDICA

5.1. Noções gerais e características

As pessoas jurídicas, ente moral criado a partir da manifestação de vontade de pessoas naturais, possuem personalidade jurídica, como dito linhas atrás. Assim, por meio de seus representantes, são capazes de adquirir direitos e contrair obrigações na órbita civil. **A pessoa jurídica é uma entidade de pessoas** (individual ou coletiva) **ou de bens objetivando fins específicos**, conforme delimitado em seus atos constitutivos.

Podem ser citadas as seguintes características para esse ente moral:

a) **Personalidade jurídica autônoma**, não se confundindo com a personalidade das pessoas naturais que a constituíram.

b) **Estrutura organizacional própria.**

c) **Patrimônio igualmente distinto das pessoas que a constituíram.**

d) **Necessidade de concessão de publicidade aos atos constitutivos.**

5.2. Classificação

As pessoas jurídicas podem ser classificadas em dois grupos: pessoas jurídicas **de direito público** (interno ou externo) e **de direito privado**.

São consideradas pessoas jurídicas de direito público interno: a União, os Estados-membros, os Municípios, o Distrito Federal. Também pertencem a esse grupo as autarquias, as fundações públicas e as demais entidades de caráter público, criadas por lei, com personalidade jurídica própria, tais como as associações públicas.

Nesse sentido, importante recordar que as pessoas jurídicas de direito público a que se tenha dado estrutura de direito privado regem-se, no que couber, quanto a seu funcionamento, pelas normas desse Código, nos termos do art. 41, parágrafo único, CC.

Note-se que as empresas públicas e as sociedades de economia mista são regidas pelo regime jurídico de direito privado (ver a parte referente à Administração Indireta em Direito Administrativo).

Nos termos do art. 42, CC, são pessoas jurídicas de direito público externo os Estados estrangeiros e todas as pessoas que forem regidas pelo direito internacional público.

Por fim, são consideradas pessoas jurídicas de direito privado, além das já citadas empresas públicas e sociedades de economia mista, nos termos do art. 44, CC, as associações, as sociedades, as fundações, as organizações religiosas e os partidos políticos. Os dois últimos submetem-se a regras específicas, que serão oportunamente estudadas.

Em breve análise sobre as várias espécies de pessoa jurídica de direito privado, tem-se que:

5.2.1. Associações

Segundo definição corrente, as associações são **sociedades civis sem finalidade lucrativa** em que há um somatório de esforços e/ou recursos dos associados para a obtenção de fins comuns. As associações são criadas, geralmente, com finalidades filantrópicas, literárias, religiosas, morais, culturais, educacionais, científicas, profissionais, esportivas, entre outras. Embora não possuam fins lucrativos, as associações podem realizar atividades que produzam rendimentos, desde que estes sejam empregados na própria associação, ou seja, que não sejam revertidos lucros para seus associados ou diretores. Pode, portanto, haver resultado positivo oriundo de determinada atividade, por exemplo, um clube recreativo que promove uma festa e arrecada fundos, porém o que se veda é a repartição desses valores entre seus associados. O dinheiro arrecadado deve ser aplicado no próprio clube, reformando quadras, vestiários, piscinas, saldando dívidas ou outra atividade do gênero.

Entre os associados, não haverá obrigações recíprocas, ou seja, um associado não terá deveres em relação ao outro. As obrigações serão estabelecidas dos associados perante a pessoa jurídica que integram, nos termos do art. 53, parágrafo único, CC.

As associações são constituídas por documento escrito, normalmente um estatuto ou contrato, em que devem estar presentes ao menos os seguintes requisitos: I – a denominação, os fins e a sede da associação; II – os requisitos para a admissão, demissão e exclusão dos associados; III – os direitos e deveres dos associados; IV – as fontes de recursos para sua manutenção; V – o modo de constituição e de funcionamento dos órgãos deliberativos; VI – as condições para a alteração das disposições estatutárias e para a dissolução; VII – a forma de gestão administrativa e de aprovação das respectivas contas.

Nos termos do art. 55, CC, convém destacar que dentro de uma mesma associação poderá haver categorias diferentes de associados (por exemplo, os sócios fundadores, que ficam dispensados de adimplir mensalidades e obtêm outros privilégios). Contudo, dentro de uma mesma categoria, não poderá existir tratamento diferenciado entre os associados.

5.2.2. Fundações

De acordo com definição comumente estabelecida, as fundações são na verdade são um **conjunto de bens arrecadados e personificados, tendentes a alcançar determinado fim**. A lei estabelecerá uma unidade entre esses bens, ainda que tal unidade seja parcial. Nos termos do art. 62, CC, as fundações são criadas a partir de escritura pública ou testamento, e para essa criação se pressupõe a presença dos seguintes elementos: (a) afetação de bens livres e desembaraçados; (b) especificação dos fins visados; (c) previsão da maneira pela qual a fundação será administrada; (d) elaboração de estatutos com base em seus objetivos, que serão submetidos à apreciação do Ministério Público, a quem caberá o dever de fiscalizá-la. É comum dizer que o Ministério Público é o curador das fundações.

Assim como ocorre com as associações, as fundações também não terão finalidade lucrativa. Os fins buscados devem ser morais, culturais, assistenciais ou outro de natureza similar, conforme definido no ato constitutivo.

Quando os bens destinados à constituição da fundação forem insuficientes, se não houver disposição em contrário pelo instituidor, tais bens serão incorporados em outra fundação que se proponha a fim idêntico ou semelhante, nos termos do art. 63, CC.

É possível que seja alterado o estatuto da fundação, mas tal reforma só será viável se estiverem presentes os requisitos trazidos pelo art. 67, CC, quais sejam: (a) seja deliberada por dois terços dos incumbidos por gerir e representar a fundação; (b) não contrarie ou desvirtue o fim desta; (c) a alteração seja aprovada pelo órgão do Ministério Público no prazo máximo de 45 dias. **Importante este último requisito, uma vez que foi alterado pela Lei n. 13.151/2015**. Se o prazo acima decorrer sem manifestação do Ministério Público, ou no caso de este órgão denegar a alteração, poderá o juiz suprir tal manifestação, a requerimento do interessado.

Nos termos do art. 68, CC, quando a alteração não houver sido aprovada por votação unânime, os administradores da fundação, ao submeterem o estatuto ao órgão do Ministério Público, requererão que se dê ciência à minoria vencida para impugná-la, se quiser, em 10 dias.

Quanto à extinção da fundação, o art. 68, CC prevê: tornando-se ilícita, impossível ou inútil a finalidade a que visa a fundação, ou vencido o prazo de sua existência, o órgão do Ministério Público, ou qualquer interessado, lhe promoverá a extinção, incorporando-se o seu patrimônio, salvo disposição em contrário no ato constitutivo, ou no estatuto, em outra fundação, designada pelo juiz, que se proponha a fim igual ou semelhante.

5.2.3. Sociedades

Nos termos do art. 981, CC, celebram contrato de sociedade **as pessoas que reciprocamente se obrigam a contribuir, com bens ou serviços, para o exercício de uma atividade econômica e a partilha, entre si, dos resultados**. Tal atividade "pode restringir-se à realização de um ou mais negócios determinados". Em doutrina, conceitua-se sociedade como uma espécie de corporação, dotada de personalidade jurídica própria, e instituída por meio de um contrato social, podendo ser simples ou empresária (sobre sociedade, empresária ver mais em Direito Empresarial).

Importante asseverar que as **sociedades simples** visam ao lucro através do exercício de atividades não empresárias. Significa dizer que as atividades não são realizadas por empresários. Exemplos clássicos são as sociedades de profissionais liberais, como os médicos e advogados. As cooperativas são sociedades simples, sujeitas à inscrição na Junta Comercial, nos termos designados no art. 982, parágrafo único, CC.

Quanto às sociedades de advogado, cabe ressaltar que elas adquirem personalidade com o registro na Ordem dos Advogados do Brasil, conforme os arts. 15 e 16, § 3º, da Lei n. 8.906/94.

As **sociedades empresárias**, por sua vez, são organizações econômicas dotadas de personalidade jurídica e patrimônio, sendo normalmente constituídas por vários sujeitos, tendo por fim a produção de bens, sua circulação ou a prestação de serviços, sempre com fins lucrativos.

As sociedades, como dito, são trabalhadas na parte relativa ao Direito Empresarial.

5.2.4. Partidos políticos

São entidades integradas por **pessoas que possuem, em tese, uma ideologia em comum, visando à conquista de parcelas de poder estatal, cumprindo assim um programa governamental**. São associações civis que buscam assegurar, no interesse do regime democrático, a autenticidade do sistema representativo e defender os direitos fundamentais estabelecidos na Constituição.

Além do registro civil na Capital Federal, devem possuir registro junto ao Tribunal Superior Eleitoral.

Sobre partidos políticos, ver também a parte relativa a direitos políticos em Direito Constitucional.

5.2.5. Organizações religiosas

São **entidades de direito privado, estabelecidas por meio de doutrinas, cultos e outros rituais que lhes são próprios**.

O art. 44, CC, estabelece que é livre a criação, a organização, a estruturação interna e o funcionamento das organizações religiosas, sendo vedado ao Poder Público negar-lhes reconhecimento ou registro dos atos constitutivos e necessários a seu funcionamento. Sendo o Estado brasileiro um estado laico, ou seja, não possuindo uma religião oficial, não cabe ao Poder Público a análise do tipo de doutrina ou ritual traçado pela organização religiosa, salvo nos casos em que houver evidente prejuízo a seres ou bens dignos de tutela.

A liberdade de organização religiosa é uma garantia constitucional, que permite a liberdade de expressão religiosa, coexistindo com a liberdade de crença e de culto. Assim, a liberdade de funcionamento das organizações religiosas não afasta o controle de legalidade e legitimidade constitucional de seu registro, nem a possibilidade de avaliação da compatibilidade de seus atos com a lei e seus estatutos, realizada pelo Poder Judiciário.

5.3. Desconsideração da personalidade jurídica

Prevista no Código Civil e no Código de Defesa do Consumidor, pretende a desconsideração permitir o **afastamento temporário da personalidade da pessoa jurídica**, a fim de que o credor possa ver satisfeita sua pretensão de cobrança, a partir da invasão do patrimônio pessoal do sócio ou do administrador que cometeu um ato abusivo ou com desvio de poder. A teoria da desconsideração, do ponto de vista prático, é mais comum quando se está diante de uma sociedade empresária. Entretanto, nada impede seja ela utilizada diante de qualquer pessoa jurídica.

O art. 50 do Código Civil estabelece que, em caso de **abuso da personalidade jurídica**, caracterizado pelo desvio de finalidade, ou pela confusão patrimonial, pode o juiz decidir, a requerimento da parte, ou do Ministério Público, quando lhe couber intervir no processo, que os efeitos de certas e determinadas relações de obrigações sejam estendidos aos bens particulares dos administradores ou sócios da pessoa jurídica. Deve então haver requerimento, não podendo ser decretada de ofício pelo juiz. Ainda, cabe destacar que a desconsideração só alcançará certas e determinadas relações jurídicas, não sendo geral e irrestrita.

A doutrina entende que só se aplica a desconsideração da personalidade da pessoa jurídica quando houver a prática de ato irregular e, limitadamente, aos administradores ou sócios que nela hajam incorrido, evitando-se assim que coadministradores inocentes possam vir a sofrer invasões em seu patrimônio pessoal.

Ainda sobre a desconsideração, importante perceber que duas teorias foram construídas:

a) **Teoria maior:** exige o abuso da personalidade (desvio de finalidade ou confusão patrimonial) e o prejuízo do credor. Foi a teoria adotada no Código Civil.

b) **Teoria menor:** é a teoria adotada nas relações de consumo, consagrada no art. 28 do CDC. Exige apenas o prejuízo do credor para a responsabilização pessoal do sócio ou administrador.

6. DOMICÍLIO

6.1. Conceito

É a sede jurídica da pessoa. É o local onde o sujeito ordinariamente (com habitualidade) pratica os atos da vida civil. O domicílio terá uma série de utilidades no âmbito do Direito, tais como: definir o local de competência para julgamento, o foro da abertura da sucessão, o local de pagamento das obrigações etc.

6.2. Domicílio da pessoa jurídica

Inicialmente, o art. 75, I a III, CC regula o domicílio da União (como sendo o Distrito Federal), dos Estados (suas capitais) e dos Municípios (lugar onde funcione a administração municipal). Para as demais pessoas jurídicas (excluídos a União, Estados, Distrito Federal e Municípios), o domicílio será via de regra o local onde funcionar a sua diretoria ou a sua administração, salvo se elegerem domicílio especial nos seus atos constitutivos (estatuto ou contrato social).

De toda forma, duas observações são pertinentes: (a) se a pessoa jurídica tiver diversos estabelecimentos em lugares diferentes, cada um deles será considerado seu domicílio para os atos nele praticados, nos termos do art. 75, § 1º, CC; (b) se a pessoa jurídica tiver sua sede no estrangeiro, o domicílio desta no Brasil será o lugar onde ela vier a funcionar, conforme previsto no art. 75, § 1º, CC.

6.3. Pessoa natural

Primeiramente, há que se afirmar que **residência não se confunde com moradia ou habitação**. Moradia ou habitação pode ter caráter transitório, enquanto o vocábulo "residência" traz consigo a intenção de permanência, *animus manendi*, que é o caráter de definitividade.
O art. 70, CC utiliza-se de residência para definição do domicílio da pessoa natural.

Art. 70. O domicílio da pessoa natural é o lugar onde ela estabelece a sua residência com ânimo definitivo.

Algumas observações são importantes em termos de domicílio da pessoa natural. Vejamos:

1) *É possível que a pessoa natural tenha mais de uma residência?* Sim, é o chamado domicílio múltiplo. Se o sujeito tiver duas residências onde viva alternadamente, qualquer delas será considerada seu domicílio.

Art. 71. Se, porém, a pessoa natural tiver **diversas** residências, onde, **alternadamente**, viva, considerar-se-á domicílio seu qualquer delas.

2) Para a lei, mesmo aquele que não tem residência terá um domicílio fictício, que será o local onde esse sujeito for encontrado, conforme o art. 73, CC (ter-se-á por domicílio da pessoa natural, que não tenha residência habitual, o lugar onde for encontrada). Pense-se no exemplo de um mendigo ou andarilho.

3) Todos os locais em que a profissão for exercida serão considerados domicílios profissionais quanto às **relações concernentes à profissão.**

Art. 72. É também domicílio a pessoa natural, quanto às relações concernentes à profissão, o lugar onde for encontrada.

4) **Domicílio necessário ou legal:** algumas pessoas, quando inseridas em situações especiais, não terão a liberdade de escolher seu domicílio, já que a lei imporá o domicílio. Todas as hipóteses de domicílio legal se encontram no art. 76, CC:

Art. 76. Têm domicílio necessário o incapaz, o servidor público, o militar, o marítimo e o preso.
Parágrafo único. O domicílio do incapaz é o do seu representante ou assistente; o do servidor público, o lugar em que exercer permanentemente suas funções; o do militar, onde servir e, sendo da Marinha ou Aeronáutica, a sede do comando a que se encontrar imediatamente subordinado; o do marítimo, onde o navio estiver matriculado; e o do preso, o lugar em que cumprir a sentença.

5) **Domicílio de eleição:** as partes, com base na autonomia privada, poderão designar local específico, em contrato escrito, para que ali sejam cumpridas as obrigações resultantes daquele instrumento. Quando isso ocorrer, estaremos diante do domicílio de eleição. **Art. 78, CC: nos contratos escritos**, poderão os contratantes especificar o domicílio onde se exercitem e cumpram os direitos e obrigações deles resultantes. Não confunda foro de eleição com domicílio de eleição. O domicílio de eleição se liga ao local de pagamento (art. 327, CC), e o foro de eleição se liga à modificação da competência territorial (art. 63, NCPC). Um tem efeito material (domicílio de eleição); o outro, processual (foro de eleição).

7. DOS BENS

7.1. Conceito

Os bens são o objeto de uma relação jurídica, constituindo-se em **valores materiais ou imateriais**. Toda relação jurídica travada entre sujeitos terá seu objeto. Assim, por exemplo, em um contrato de compra e venda o preço a ser pago e o bem a ser transferido são o objeto dessa relação jurídica de natureza contratual.

No Código Civil, a partir do art. 79, são previstos três capítulos para disciplinar os bens: bens considerados em si mesmos, bens reciprocamente considerados e bens públicos. Essas divisões nada mais são que classificações dos bens.

7.2. Bens considerados em si mesmos

Móvel	Imóvel
a) Os bens suscetíveis de movimento próprio, ou de remoção por força alheia, sem alteração da substância ou da destinação econômico-social. b) As energias que tenham valor econômico. c) Os direitos reais sobre objetos móveis e as ações correspondentes. d) Os direitos pessoais de caráter patrimonial e respectivas ações. e) Os materiais destinados a alguma construção, enquanto não forem empregados, conservam sua qualidade de móveis; readquirem essa qualidade os provenientes da demolição de algum prédio.	a) O solo e tudo quanto se lhe incorporar natural ou artificialmente. b) Os direitos reais sobre imóveis e as ações que os asseguram. c) O direito à sucessão aberta. d) As edificações que, separadas do solo, mas conservando a sua unidade, forem removidas para outro local. e) Os materiais provisoriamente separados de um prédio, para nele se reempregarem.
Fungível Os móveis que podem substituir-se por outros da mesma espécie, qualidade e quantidade.	**Infungível** Conceito por exclusão.
Consumíveis Os bens móveis cujo uso importa destruição imediata da própria substância, sendo também considerados tais os destinados à alienação.	**Inconsumível ou duráveis** Conceito por exclusão.
Divisíveis a) Os que se podem fracionar sem alteração na sua substância, diminuição considerável de valor, ou prejuízo do uso a que se destinam. b) Os bens naturalmente divisíveis podem tornar-se indivisíveis por determinação da lei ou por vontade das partes.	**Indivisíveis** Conceito por exclusão.
Singulares São singulares os bens que, embora reunidos, se consideram de per si, independentemente dos demais.	**Coletivos** Têm-se as universalidades de fato e de direito. Universalidade de fato: pluralidade de bens singulares, pertinentes à mesma pessoa e que tenham destinação única. Por exemplo, coleções, rebanho de gado, biblioteca. ■ **Universalidade de direito:** complexo de relações jurídicas de uma pessoa, dotadas de conteúdo econômico. Por exemplo, o patrimônio de alguém.

7.3. Bens reciprocamente considerados

O tratamento pelo Código Civil dos bens reciprocamente considerados se inicia no art. 92, que conceitua bem principal como aquele que existe sobre si, abstrata ou concretamente, e como acessório, aquela cuja existência supõe a do principal.

Do artigo acima se pode extrair implicitamente o **princípio da gravitação jurídica**, popularmente conhecido como princípio do "acessório que segue o principal". Esse princípio traz três implicações:

- A **natureza jurídica** do bem acessório será a mesma do bem principal. Assim sendo, se o bem principal for um bem imóvel, o seu acessório terá igual natureza jurídica. Por exemplo, o fruto pendente em árvore tem natureza jurídica de bem imóvel (após colhido, será bem móvel).
- Será **proprietário** do bem acessório aquele que for proprietário do bem principal. Por exemplo, as crias de um animal irão pertencer ao proprietário desse animal.
- Quanto à **destinação**, prevalece o brocardo jurídico *acessorium sectum principale*. Assim, o acessório terá o mesmo destino do bem principal:
  a) Sendo alienado o bem principal, consequentemente os bens acessórios também serão alienados.
  b) Se for oposta cláusula de inalienabilidade ao principal, os acessórios também se sujeitarão ao ônus real instituído.
  c) Se houver decreto expropriatório sob bem imóvel, os acessórios a esse também serão desapropriados.

O princípio da gravitação jurídica não é um princípio de caráter absoluto. Assim, as regras jurídicas oriundas desse princípio poderão ser alteradas pelas circunstâncias do caso concreto, pela vontade das partes ou pela própria lei. Por exemplo, o art. 233, CC.

> **Art. 233.** A obrigação de dar coisa certa abrange os acessórios dela embora não mencionados, salvo se o contrário resultar do título ou das circunstâncias do caso.

Ainda dentro do estudo dos bens reciprocamente considerados se encontra o conceito de **pertenças**. A própria lei estabelece esse conceito, ressaltando que, não sendo partes integrantes, elas existem de modo duradouro, destinando-se ao uso, serviço e aformoseamento de outro. O conceito de pertença está no art. 93, CC:

> **Art. 93.** São pertenças os bens que, não constituindo partes integrantes, se destinam, de modo duradouro, ao uso, ao serviço ou ao aformoseamento de outro.

O art. 94, CC, estabelece que **às pertenças, via de regra, não será aplicado o princípio da gravitação jurídica**, salvo disposição em contrário pelas partes, por determinação legal ou por decorrência das circunstâncias do caso. Ou seja, a alienação do bem principal não significa que as pertenças terão o mesmo destino, já que **pertença não é bem acessório**. Exemplos de pertenças: os tratores em relação à fazenda; os quadros decorativos de um apartamento; os aparelhos de ar-condicionado de uma escola.

8. FATOS JURÍDICOS

8.1. Conceito de fato jurídico

É um acontecimento, um evento que deriva de um comportamento humano ou de um fato da natureza. Este se torna um fato jurídico quando repercute na ciência jurídica, ou seja, quando o Direito passa a valorá-lo.

Quando o fato se enquadrar nas espécies previstas abstratamente pelo ordenamento jurídico, desencadeando-se assim efeitos regulamentados pelo Direito, teremos aí o fato jurídico. Já quando o fato não repercute juridicamente, a doutrina o denomina fato material ou ajurídico. A classificação de um fato como jurídico ou material depende das circunstâncias do caso concreto e dos efeitos produzidos.

8.2. Classificação dos fatos jurídicos

Várias são as classificações trazidas pela doutrina. Opta-se por expor aquela que mais comumente é apresentada.

8.2.1. Quanto à licitude

8.2.1.1. Fatos ilícitos

São aqueles fatos que de alguma forma violarão a ordem jurídica, desencadeando a aplicação de sanções. Sempre que se falar em fato ilícito, haverá um comportamento humano (ato) transgressor da norma, que poderá ser analisado sob duplo aspecto:

8.2.1.1.1. Atos ilícitos subjetivos

Refere-se à conduta permeada pelo elemento culpa. Para gerar indenização, deve-se caracterizar o dano (sem dano não há ilícito subjetivo, e, assim, não há responsabilidade). O dano é elemento do ato ilícito de natureza subjetiva no Direito Civil, conforme o art. 186, CC.

> **Art. 186, CC.** Aquele que, por ação ou omissão voluntária, negligência ou imprudência, violar direito e causar dano a outrem, ainda que exclusivamente moral, comete ato ilícito.

8.2.1.1.2. Atos ilícitos objetivos

Aqui não se analisa a culpa, mas sim o comportamento do titular quando do exercício de seu direito subjetivo. Esse ilícito objetivo nada mais é que a figura do abuso do direito, que se configura quando um titular, no exercício de seu direito subjetivo, adota um comportamento que excede os limites impostos pela função social, função econômica, boa-fé objetiva e bons costumes.

> Também comete ato ilícito o titular de um direito que, ao exercê-lo, excede manifestamente os limites impostos pelo seu fim econômico ou social, pela boa-fé ou pelos bons costumes.

8.2.1.2. Fatos lícitos

Nestes, os efeitos oriundos do evento são tutelados pela ordem jurídica. A ocorrência de tais fatos não gera qualquer tipo de sanção. Os fatos lícitos que produzem efeitos válidos podem ser de três ordens: atos jurídicos, atos-fatos jurídicos e fatos jurídicos em sentido estrito. Essa classificação leva em conta a presença ou não de uma conduta humana volitiva.

8.2.1.2.1. Atos jurídicos

Ocorre sempre que houver a presença de um comportamento humano voluntário. Dos atos jurídicos decorrem:

Negócios jurídicos	Atos não negociais (ou atos jurídicos em sentido estrito)
Arts. 104 a 184	Art. 185
Nascem da vontade	Nascem da vontade
Os efeitos serão definidos pelas partes, respeitados os limites impostos pela lei	Os efeitos decorrem da lei (*ex lege*). Os efeitos já estão previstos pela lei. É uma adesão volitiva aos efeitos estabelecidos previamente pela lei
Exemplos: contrato, casamento e testamento	Exemplos: adoção, reconhecimento voluntário de paternidade e emancipação voluntária

8.2.1.2.2. Atos-fatos

Ocorrem sempre que há um comportamento humano, independentemente da presença da vontade humana, desencadeando-se os efeitos previstos em lei. A diferença do ato não negocial é que no ato-fato não há necessariamente uma conduta volitiva. A lei não se importa com a voluntariedade da conduta. Exemplos: descoberta (art. 1.233, CC), prescrição e decadência (arts. 189 e s., CC).

8.2.1.2.3. Fato jurídico em sentido estrito

É qualquer evento da natureza que desperte consequências jurídicas. Por exemplo, morte, nascimento com vida, eventos de força maior, terremotos, enchentes, simples decurso do tempo etc.

Seguindo a ordem estabelecida pelo próprio Código Civil, é importante ingressar nos pontos nodais de cada um dos fatos jurídicos retrodescritos.

9. NEGÓCIO JURÍDICO

Segundo a teoria estrutural, teoria que melhor explica o instituto, negócio jurídico seria todo fato jurídico consistente em uma declaração de vontade à qual o ordenamento jurídico atribuirá os efeitos designados como desejados, desde que sejam respeitados os pressupostos de existência, os requisitos de validade e os fatores de eficácia (impostos pela norma jurídica). Portanto, o negócio jurídico seria **a expressão máxima do princípio da autonomia privada**, permitindo a cada indivíduo definir, a partir de sua manifestação de vontade, quais são as normas particulares que irão reger sua vida. Para tal fim, a vontade do Estado, inserida nas mais diversas leis, deve ser igualmente respeitada. Assim, a celebração de um negócio jurídico atualmente é a soma da vontade do particular e da vontade do Estado.

Negócio jurídico = Vontade do particular + Vontade do Estado

No negócio jurídico se pode observar que o ato que partiu da vontade humana terá efeitos indicados por quem o praticou, gerando a criação, a modificação ou a extinção de direitos. Ao contrário do ato não negocial, em que o resultado (efeito) do exercício da vontade deriva da lei, no negócio jurídico a exteriorização consciente da vontade se dirige à obtenção do resultado eleito das partes (desde que respeitados os limites impostos pela ordem jurídica).

A fim de melhor compreender o negócio jurídico, a doutrina construiu ao longo dos anos os planos de análise do negócio jurídico, quais sejam: **plano da existência, da validade e da eficácia**. Esse esquema de planos foi trazido para o Brasil por Pontes de Miranda, sendo então chamada de **escada ponteana**.

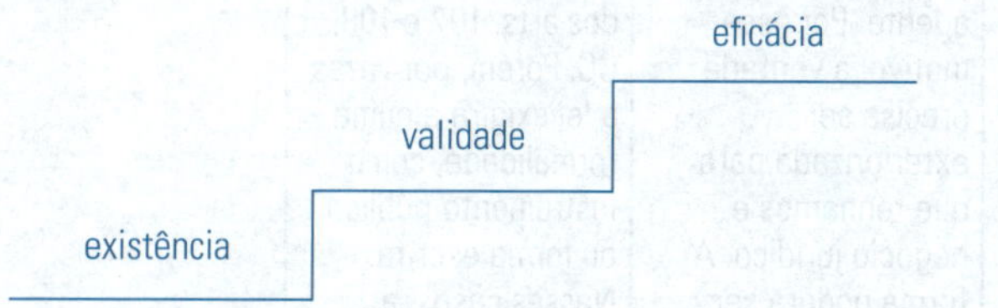

(Pressupostos de) existência: são os elementos sem os quais não há sequer negócio jurídico.	(Requisitos de) validade: são as exigências que a lei estabelece para que um negócio existente possa receber a chancela do ordenamento jurídico.	(Fatores de) eficácia: são os que afetarão de alguma maneira a produção de efeitos do negócio existente.
Agente (pessoa): somente uma pessoa pode declarar e recepcionar a vontade. Assim, por exemplo, não pode ser beneficiário de testamento algo que não seja pessoa.	Agente capaz (arts. 3º a 5º, CC): deve-se ter um agente com plena capacidade de fato.	Eficácia simples: se inserida uma condição ou um termo (arts. 121 a 137, CC), pode ser que os efeitos a serem produzidos pelo negócio fiquem submetidos ao advento de certos fatos. Assim, diz-se que há ineficácia simples.
Vontade: a vontade é fundamental para a criação do negócio jurídico. Assim, atos de extorsão da vontade não induzem o nascimento de negócio, tais como aqueles obtidos através de coação *vis absoluta* (violência física).	Vontade livre e consciente (arts. 138 a 157, CC): se presente algum vício do consentimento, como o erro, dolo, coação, estado de perigo e lesão, haverá invalidade do negócio.	Eficácia relativa: por vezes o negócio existe, é válido, produz efeitos. Porém, se tais efeitos não se produzem em face de um sujeito determinado, diz-se que o negócio é a este inoponível (ineficaz relativamente a...).

		Têm-se bons exemplos dessa ineficácia nos arts. 290 e 662, CC.
Objeto: há que se ter um objeto, sobre o qual a vontade das partes recairá. Dessa maneira, o serviço ou o produto serão comumente o objeto no âmbito de contratos de consumo, a título de exemplo.	**Objeto lícito, possível, determinado ou determinável**: a licitude do objeto é fundamental para a validade do negócio, assim como a possibilidade física e jurídica e a determinabilidade.	
Forma: se o negócio não tem forma, significa que a vontade ainda está no âmbito interno do agente. Por esse motivo, a vontade precisa ser exteriorizada para que tenhamos o negócio jurídico. A forma poderá ser verbal, gestual, escrita.	**Forma prescrita ou não defesa em lei**: a regra é o princípio da liberdade das formas, nos termos dos arts. 107 e 108, CC. Porém, por vezes a lei exigirá alguma formalidade, como instrumento público ou forma escrita. Nesses casos, a forma é prescrita e deve ser seguida, sob pena de se afetar a validade do negócio.	
Caráter substantivo	**Caráter adjetivo**	

Observações sobre os requisitos de validade:

1) Os requisitos estabelecidos nos arts. 104 e s., CC são denominados **requisitos gerais de validade**, ou seja, aplicam-se indistintamente a qualquer negócio jurídico (contrato, testamento, casamento etc.). Além destes, a lei, ao regulamentar cada negócio, poderá instituir requisitos especiais de validade, estabelecendo-se assim novas hipóteses de nulidade ou anulabilidade, tal como acontece nos seguintes artigos, a título de exemplo:

> **Art. 489.** Nulo é o contrato de compra e venda, quando se deixa ao arbítrio exclusivo de uma das partes a fixação do preço.
> **Art. 496.** É anulável a venda de ascendente a descendente, salvo se os outros descendentes e o cônjuge do alienante expressamente houverem consentido.
> **Parágrafo único.** Em ambos os casos, dispensa-se o consentimento do cônjuge se o regime de bens for o da separação obrigatória.
> **Art. 548.** É nula a doação de todos os bens sem reserva de parte, ou renda suficiente para a subsistência do doador.
> **Art. 549.** Nula é também a doação quanto à parte que exceder à de que o doador, no momento da liberalidade, poderia dispor em testamento. (Doação inoficiosa.)

2) O não atendimento aos requisitos gerais ou especiais acarretará a **invalidade do negócio jurídico**. Há que se destacar que essa invalidade é um gênero que comporta duas espécies: **nulidade** e **anulabilidade**. Alguns autores mais antigos denominavam tais espécies, respectivamente, nulidade absoluta e nulidade relativa.

Nulidade – art. 166 (nulidade absoluta)	Anulabilidade – art. 171 (nulidade relativa)
Viola interesses públicos.	Viola interesses privados.
Alegada por qualquer interessado, MP e juiz *ex officio* (art. 168, CC).	Somente a parte interessada pode suscitar (art. 177, 2ª parte).
Não convalescem pelo decurso do tempo, não podendo ser confirmadas ou ratificadas (art. 169, CC).	Admite-se o convalescimento pelo decurso do tempo (decadência do direito potestativo de anular). Ademais, admite confirmação (ato de a própria parte confirmar, podendo ser expressa ou tácita) ou ratificação (é a confirmação feita pelo assistente) – arts. 172 a 174, CC.
Ação declaratória para pedir o reconhecimento do não preenchimento dos requisitos de validade (**ação declaratória de nulidade**). Essas ações de nulidade são imprescritíveis (perpétuas).	Ação desconstitutiva ou constitutiva negativa (**ação anulatória**). Os prazos para anular estão nos arts. 178 (4 anos – relativamente incapaz, erro, dolo, coação, estado de perigo, lesão) e 179 (2 anos – prazo genérico).
Eficácia *ex tunc*. O que é nulo o é desde sua origem. Logo, os efeitos retroagirão à data do ato praticado.	Quantos aos efeitos, temos duas correntes: *ex nunc* ou *ex tunc*. A **corrente tradicional** coloca que a eficácia seria *ex nunc*, preservando os efeitos pretéritos. A **doutrina moderna** entende que a questão é de qualificação, e desde a origem o negócio jurídico não atendeu a essa qualificação estabelecida pela lei. Assim, o negócio jurídico seria anulável desde a origem – eficácia *ex tunc*, art. 182 (retorno ao *status quo ante*).

3) **Princípio da conservação dos negócios jurídicos (da preservação ou da continuidade dos negócios jurídicos):** a lei estabelecerá uma série de regras para que o juiz possa, diante do caso concreto, ao verificar o não atendimento de um requisito de validade, evitar a aplicação da sanção de invalidade, preservando-se assim a vontade declarada. Dessa forma, a invalidação de um negócio jurídico é atualmente a *ultima ratio*, ou seja, a invalidade só deve ser decretada quando não se tiver como "salvar" o ato pratica-

do. Têm-se algumas hipóteses de conservação estabelecidas expressamente pelo CC:

a) **Confirmação ou ratificação:** tanto quanto possível, a própria parte ou seu assistente podem confirmar o negócio a fim de afastar a anulabilidade. A confirmação é ato da própria parte, e a ratificação é ato do seu assistente. Após a prática do negócio com uma causa de anulabilidade, a parte ou o seu assistente, de maneira expressa ou tácita, podem manifestar concordância com aquilo que foi praticado.

> **Art. 172.** O negócio anulável pode ser confirmado pelas partes, salvo direito de terceiro.
> **Art. 173.** O ato de confirmação deve conter a substância do negócio celebrado e a vontade expressa de mantê-lo.
> **Art. 174.** É escusada a confirmação expressa, quando o negócio já foi cumprido em parte pelo devedor, ciente do vício que o inquinava.

b) **Redução (art. 184, CC):** o negócio eivado de invalidade é como um paciente doente. A melhor forma de tratá-lo certamente não é a morte. Assim, a redução permite a realização de uma cirurgia no negócio jurídico, para que a parte ruim seja retirada, mantendo-se o restante. Logo, há declaração de nulidade apenas da cláusula que tiver maculada, ocorrendo então uma declaração parcial de invalidade do negócio, como no exemplo de uma multa abusiva dentro do contrato de consumo – declara-se a nulidade apenas da cláusula específica que traz a previsão dessa multa. Todavia, se a cláusula invalidante for essencial (p. ex.: o próprio objeto), não poderá haver a redução, sob pena de inexistência (haveria uma desfiguração do negócio jurídico).

c) **Revisão:** é uma forma de conservar o negócio jurídico sem declarar a nulidade deste, a partir da releitura das cláusulas contratuais estabelecidas inicialmente. Normalmente, a revisão terá lugar quando as prestações estabelecidas forem desproporcionais, como ocorre por exemplo nas hipóteses de contratação por inexperiência ou premente necessidade (lesão, art. 157, CC) ou para salvar-se ou salvar pessoa próxima de perigo iminente conhecido pela outra parte (estado de perigo, art. 156, CC). Tais cláusulas serão alteradas para que o negócio se mantenha, preservando assim o equilíbrio das prestações ajustadas. Por exemplo, art. 157, § 2º, CC.

d) **Conversão substancial (recategorização ou transinterpretação):** está prevista no art. 170, CC. As partes, por vezes, ao emitirem suas vontades, ignoram que a lei exige certos requisitos. Se o juiz entender que se a parte soubesse do requisito iria preenchê-lo, a lei permite que ele possa recategorizar o negócio jurídico a fim de que a vontade manifestada venha a se amoldar à exigência legal (considera a manifestação de vontade de celebrar contrato principal como mera vontade de celebrar contrato preliminar, já que este, por exemplo, possui a forma livre). É uma *tarefa construtiva* do juiz para converter o negócio jurídico inicial, evitando-se assim sua invalidade. O juiz deve atentar para não alterar a vontade real das partes.

> **Art. 170.** Se, porém, o negócio jurídico nulo contiver os requisitos de outro, subsistirá este quando o fim a que visavam as partes permitir supor que o teriam querido, se houvessem previsto a nulidade.

4) **Simulação:** configura-se quando um sujeito, ao manifestar a sua vontade, tem a intenção de prejudicar terceiros ou fraudar lei imperativa, nos termos do art. 167, CC. A doutrina aponta para algumas espécies de simulação:

a) **Simulação absoluta:** as partes não chegam a celebrar qualquer negócio jurídico; há apenas aparência, com a finalidade de iludir terceiros. Por exemplo, o locador simula um contrato de compra e venda com terceiro, com a finalidade de despejar o locatário.

b) **Simulação relativa/dissimulação:** haverá a celebração de dois negócios jurídicos; um que aparece e outro denominado dissimulado (o que fica escondido). A intenção da parte é a celebração do negócio dissimulado, porém este ocorrerá com fraude a lei ou violação a interesse de terceiros. Assim, celebra-se um negócio aparente para ocultar a verdadeira intenção. O Código Civil, visando preservar a vontade verdadeiramente emitida, entende que o negócio dissimulado ***não*** será nulo se válido for na substância e na forma (art. 167, *caput*, CC). Por exemplo, o pai supostamente celebra uma doação de imóvel para um de seus filhos; entretanto, o real negócio celebrado é uma compra e venda; ao contrato fora dado o nome de doação apenas para burlar a norma do art. 496, CC, que exige o consentimento dos demais descendentes para a realização da compra e venda. A doação é o negócio aparente; a compra e venda, o negócio efetivamente realizado.

Art. 167. É nulo o negócio jurídico simulado, mas subsistirá o que se dissimulou, se válido for na substância e na forma.

c) Simulação inocente/tolerável: é aquele negócio jurídico em que não há a presença da intenção de fraudar a lei ou prejudicar terceiros. Ou seja, não há finalidade ilícita, contudo a pessoa declara a sua vontade de outra forma, por acreditar que assim evitará a imposição de uma sanção legal. Por exemplo, sujeito que, acreditando que a namorada teria direito a seus bens em face do longo tempo de namoro, simula doação destes para um amigo. Esse tipo de ato simulado não prejudica direitos de terceiros nem frauda lei imperativa. Essa doação, por ser ato simulado, acarretará a anulação do ato? Mesmo esse tipo de simulação tida como "inocente" acarretará a nulidade do negócio jurídico, conforme a doutrina majoritária.

d) Reserva mental: a reserva mental não é propriamente um tipo de simulação, mas poderá ter efeitos equiparados. Configurará o ato em reserva mental quando uma das partes oculta secretamente a sua verdadeira intenção ao praticar o negócio jurídico, conforme o art. 110, CC. Ou seja, há um descompasso entre aquilo que se declarou e o que efetivamente se quer. Se a outra parte não tiver conhecimento da reserva mental, o ato subsistirá. Entretanto, se a parte tinha conhecimento da reserva mental, o ato não subsistirá. Contudo, o Código não trouxe a consequência, dizendo apenas que não subsiste o negócio. A doutrina abre duas possibilidades:

- **1ª corrente:** trata-se de ato simulado porque frauda a lei imperativa, e o negócio será nulo (como se houvesse um conluio entre as partes para fraudar a lei).
- **2ª corrente:** não houve vontade qualificada para o negócio jurídico, sendo este inexistente.

Art. 110. A manifestação de vontade subsiste ainda que o seu autor haja feito a reserva mental de não querer o que manifestou, salvo se dela o destinatário tinha conhecimento.

5) Vícios do consentimento:

a) Erro ou ignorância (arts. 138 a 144, CC): configura-se o erro quando a pessoa que declara a sua vontade se engana a respeito de um dos elementos essenciais do negócio jurídico, tais como a outra pessoa com quem se relaciona, o objeto da contratação, ou quanto à própria natureza do negócio que celebra. Não há indução por parte de terceiros; quem erra erra sozinho. O erro deve ser substancial/essencial para gerar a nulidade do negócio (arts. 138 e 139, CC). Se o erro for acidental, o negócio não será anulado, cabendo apenas a única consequência de pagar perdas e danos. Num exemplo tradicional, configura-se o erro quando alguém compra um anel dourado acreditando ser de ouro, quando na verdade se trata de bijuteria (erro essencial quanto ao objeto). Se a outra parte percebe que o declarante está em erro, há o dever de esclarecer a situação (princípio da boa-fé objetiva).

Art. 138. São anuláveis os negócios jurídicos, quando as declarações de vontade emanarem de erro substancial que poderia ser percebido por pessoa de diligência normal, em face das circunstâncias do negócio.
Art. 139. O erro é substancial quando:
I – interessa à natureza do negócio, ao objeto principal da declaração, ou a alguma das qualidades a ele essenciais;
II – concerne à identidade ou à qualidade essencial da pessoa a quem se refira a declaração de vontade, desde que tenha influído nesta de modo relevante;
III – sendo de direito e não implicando recusa à aplicação da lei, for o motivo único ou principal do negócio jurídico.
Art. 140. O falso motivo só vicia a declaração de vontade quando expresso como razão determinante.
Art. 141. A transmissão errônea da vontade por meios interpostos é anulável nos mesmos casos em que o é a declaração direta.
Art. 142. O erro de indicação da pessoa ou da coisa, a que se referir a declaração de vontade, não viciará o negócio quando, por seu contexto e pelas circunstâncias, se puder identificar a coisa ou pessoa cogitada.
Art. 143. O erro de cálculo apenas autoriza a retificação da declaração de vontade.
Art. 144. O erro não prejudica a validade do negócio jurídico quando a pessoa, a quem a manifestação de vontade se dirige, se oferecer para executá-la na conformidade da vontade real do manifestante.

b) Dolo: configura-se o dolo quando uma terceira pessoa, utilizando-se de fraude ou ardil, faz com que o declarante se engane (induz o declarante a erro), ou seja, em suma *é o erro provocado*, estando previsto nos arts. 145 a 150, CC. O dolo acidental não enseja a anulação do negócio, sendo a questão resolvida no âmbito das perdas e danos.

Art. 145. São os negócios jurídicos anuláveis por dolo, quando este for a sua causa.
Art. 146. O dolo acidental só obriga à satisfação das perdas e danos, e é acidental quando, a seu despeito, o negócio seria realizado, embora por outro modo.
Art. 147. Nos negócios jurídicos bilaterais, o silêncio intencional de uma das partes a respeito de fato ou qualidade que a outra parte haja ignorado, constitui omissão dolosa, provando-se que sem ela o negócio não se teria celebrado.
Art. 148. Pode também ser anulado o negócio jurídico por dolo de terceiro, se a parte a quem aproveite dele tivesse ou devesse ter conhecimento; em caso contrário, ainda que subsista o negócio jurídico, o terceiro responderá por todas as perdas e danos da parte a quem ludibriou.
Art. 149. O dolo do representante legal de uma das partes só obriga o representado a responder civilmente até a importância do proveito que teve; se, porém, o dolo for do representante convencional, o representado responderá solidariamente com ele por perdas e danos.
Art. 150. Se ambas as partes procederem com dolo, nenhuma pode alegá-lo para anular o negócio, ou reclamar indenização.

6) **Coação:** configura-se a coação quando alguém, seja por ato de violência ou ato de constrição moral, ameaçar terceiro de *dano iminente considerável à sua pessoa, à sua família ou aos seus bens*, nos termos expostos no art. 151, CC. Para configuração da coação, esta deve ser a causa do negócio jurídico (há nexo de causalidade entre a ameaça feita e o negócio jurídico). Além disso, o juiz, ao apreciar a coação, deve levar em conta as circunstâncias do caso concreto, dispensando-se figuras hipotéticas como a do "homem médio". O art. 152 apela para a concretude dos fatos, exigindo seja verificado o coator e o coacto, a personalidade, circunstâncias etc.

Art. 151. A coação, para viciar a declaração da vontade, há de ser tal que incuta ao paciente fundado temor de dano iminente e considerável à sua pessoa, à sua família, ou aos seus bens.
Parágrafo único. Se disser respeito a pessoa não pertencente à família do paciente, o juiz, com base nas circunstâncias, decidirá se houve coação.

a) **Coação exercida por terceiro:** na coação exercida por terceiro deve-se analisar se a parte beneficiada tinha ou não conhecimento daquela. Se não tinha conhecimento da coação feita, o negócio celebrado subsiste, contudo o terceiro coator responderá por perdas e danos perante o coacto (art. 155, CC). Já se a parte que aproveita a coação tivesse (ou devesse ter) conhecimento desta, o negócio poderá ser anulado (negócio viciado), e, quanto à responsabilidade civil, o terceiro e o beneficiado serão solidariamente responsáveis (art. 154, CC).

Art. 154. Vicia o negócio jurídico a coação exercida por terceiro, se dela tivesse ou devesse ter conhecimento a parte a que aproveite, e esta responderá solidariamente com aquele por perdas e danos.
Art. 155. Subsistirá o negócio jurídico, se a coação decorrer de terceiro, sem que a parte a que aproveite dela tivesse ou devesse ter conhecimento; mas o autor da coação responderá por todas as perdas e danos que houver causado ao coacto.

10. PRESCRIÇÃO E DECADÊNCIA

A distinção entre **prescrição** e **decadência** é feita corretamente pelo Código Civil. Porém, antes de proceder à diferenciação, é importante elencar os elementos comuns entre os institutos, quais sejam:

a) **Conduta omissiva** (comportamento humano, que poderá ser voluntário ou não).
b) **Decurso do tempo:** fato na natureza.
c) **Necessidade de pacificação social** (conceder segurança jurídica).

Assim, pode-se afirmar que a prescrição e a decadência são classificadas como ATOS-FATOS jurídicos, conforme dito no capítulo anterior.

Para correta compreensão da prescrição, deve-se voltar ao conceito de **direito subjetivo**, a faculdade de agir por meio da qual o sujeito poderá manifestar a sua vontade na busca da realização/satisfação de um interesse próprio, desde que respeitados os limites estabelecidos pelo ordenamento jurídico. Para cada titularidade de um direito subjetivo se contrapõe um dever. Se o sujeito passivo não cumprir esse dever, ocorre uma violação ao direito subjetivo da outra parte, nascendo, então, para o titular violado um **poder de exigibilidade** relativo à prestação não cumprida. A esse poder dá-se o nome de **pretensão**.

A **pretensão** será conduzida ao Estado, que detém o monopólio da jurisdição, por meio do direito processual de ação. Logo, pretensão é instituto de direito material, enquanto ação é instituto de direito processual.

A partir daí o Estado adotará atos constritivos sobre o patrimônio daquele que não cumpriu o dever que lhe cabia. Por razões de segurança jurídica, o CC estabeleceu prazos para que a pretensão seja exercida, sob pena de esta não poder ser mais viabilizada pelo titular violado, visto que o decurso do prazo conduz à extinção da pretensão. **A essa extinção da pretensão pelo decurso do tempo dá-se o nome de prescrição.** O art. 189, CC assevera que, uma vez violado o direito, nasce para o titular a pretensão, que se extingue pela prescrição nos prazos a que aludem os arts. 205 e 206, dentre outros casos previstos em lei especial.

Já para compreensão da decadência, deve-se regressar ao conceito de **direito potestativo**. A lei ou o contrato poderão conceder a um sujeito um poder para que este possa, unilateralmente, influenciar a esfera jurídica de outrem, quer seja criando, modificando ou extinguindo direitos. A outra parte não poderá resistir ao exercício desse poder, permanecendo em verdadeiro estado de sujeição.

O direito potestativo se contrapõe ao **estado de sujeição**, nessa relação jurídica vertical. A lei ou o contrato vão outorgar a um sujeito um poder. O sujeito titular desse poder, para agir, não depende de nenhuma violação de seu direito. O exercício do poder é unilateral, e a outra parte, como dito, ficará em estado de submissão. Logo, direito potestativo é o poder conferido pela lei ou pelo contrato para que um sujeito possa, unilateralmente, criar, modificar ou extinguir direitos na esfera alheia; a outra parte não poderá se opor ao exercício desse poder. No direito potestativo, portanto, não há prestação a ser cumprida, sendo assim chamados também de "direitos sem prestação". Se não há prestação a ser cumprida, não há como tal direito ser violado por outrem. Por essa razão, os direitos potestativos são invioláveis, não se falando em nascimento de pretensão.

10.1. Resumo inicial sobre os conceitos de prescrição e decadência

O Estado estabelece prazo legal (nunca contratual) para que o sujeito possa exercer sua pretensão, sob pena de extinção desta.

> Em resumo: a prescrição é a extinção do poder de exigibilidade de uma prestação (pretensão) pelo seu não exercício no prazo estipulado pela lei.

Veja o art. 189, CC:

> **Código Civil, art. 189**
> Violado o direito (subjetivo), nasce para o titular a pretensão, a qual se extingue, pela prescrição, nos prazos a que aludem os arts. 205 e 206 (dentre outros previstos em lei especial).

Logo, **o direito subjetivo não se extingue. O que se extingue é a pretensão.** O direito de ação não prescreve, pois é um direito público, abstrato e indisponível. O que prescreve é o poder de exigir a prestação não cumprida.

Na decadência (também conhecida como caducidade), o direito potestativo, na maior parte dos casos, irá se submeter a prazos legais ou contratuais, dependendo de sua origem, para ser exercido. Quando o titular desse direito não o exercer dentro desses prazos, haverá a extinção desse poder (do próprio direito potestativo). A essa extinção se dá o nome de decadência ou caducidade. Decadência é, portanto, a extinção do direito potestativo pelo seu não exercício nos prazos legais ou contratuais.

Continuando no tema, quanto aos prazos prescricionais, há que se destacar que diante de uma pretensão se deve analisar se será submetida a prazos especiais de prescrição expressos no art. 206, CC (gravitando as hipóteses entre 1 e 5 anos). Caso contrário, a regra geral é a prescrição ocorrer em 10 anos, nos termos do art. 205, CC. Nada impede, entretanto, que existam prazos prescricionais previstos em leis especiais, por exemplo, o prazo de 5 anos para a pretensão reparatória previsto no art. 27 do CDC, ou ainda o Decreto n. 20.910/32, que estabelece também o prazo quinquenal para pretensões deduzidas contra a Fazenda Pública.

Ainda quanto aos prazos, o art. 205 estabelece o **prazo geral de prescrição (10 anos)**, não fazendo diferença se se trata de ação pessoal ou real. Já o art. 206 trata dos **prazos especiais (1, 2, 3, 4 ou 5 anos)**. O prazo previsto no Código Civil que não estiver previsto nesses dois artigos será decadencial (como ocorre, por exemplo, no caso de anulação do negócio jurídico – prazo decadencial de 4 ou 2 anos, conforme os arts. 178 e 179, CC; o art. 1.649 trata da ausência de outorga conjugal, dispondo do prazo decadencial de 2 anos; o art. 445 trata dos prazos decadenciais para reclamar os vícios redibitórios).

Perceba-se que os prazos prescricionais serão sempre normas de ordem pública, não podendo ser alterados por inciativa das partes. A lei estabelece qual será o prazo prescricional. Portanto, nessa linha de raciocínio, as partes só podem renunciar à prescrição que lhes beneficia após o decurso do prazo legal previsto (caso contrário, haveria alteração de véspera do prazo, pelas partes). Ver arts. 191 e 192, CC.

Cumpre observar ainda que os prazos prescricionais são dados em anos; por exclusão, quaisquer prazos dados em dias, meses ou em ano e dia serão decadenciais.

Quanto ao início da contagem dos prazos, a regra geral para a prescrição determina que os prazos começam a correr da **data da violação do direito subjetivo**. A prescrição, na prática, conta-se a partir do dia seguinte à violação ao direito subjetivo (exclui-se o dia do início e se inclui o dia do final. Por exemplo, o sujeito foi atropelado no dia 1º-8-2017, sofrendo lesões corporais; o prazo de 3 anos para exercício da pretensão de reparação civil se inicia do dia seguinte, ou seja, 2-8-2017). As exceções a esse início da contagem ocorrerão em certos casos nos quais a lei ou a jurisprudência estabeleçam outros termos iniciais para esses prazos, como forma de beneficiar o titular lesado. Há uma postergação do prazo prescricional para proteger pessoas vulneráveis, senão vejamos:

- **Exceção 1 – Súmula 278 do STJ:** o termo inicial do prazo prescricional, na ação de indenização, é a data em que o segurado **teve ciência inequívoca da incapacidade laboral** (essa teoria se denomina *actio nata)*.
- **Exceção 2 – Art. 27 do CDC:** prescreve em **5 anos** a pretensão à reparação pelos danos causados por fato do produto ou do serviço prevista na Seção II deste Capítulo, iniciando-se a contagem do prazo **a partir do conhecimento do dano e de sua autoria**. Teoria da *actio nata*; enquanto não se souber quem é o responsável pelo dano ocasionado pelo acidente de consumo, não se inicia o prazo da prescrição.
- **Exceção 3 – STJ:** em recente posicionamento, o STJ afirmou que, se houver uma lesão inicial e esta se conduzir para outra mais grave, o prazo prescricional para exercício da pretensão de reparação começará a correr da data do segundo evento mais grave. Por exemplo, o sujeito é atropelado no dia 1º-5-2017, sendo levado ao hospital com vários danos à sua integridade. No dia 15-5-2017 vem a falecer em decorrência daquele atropelamento. O início do prazo prescricional será a data do segundo evento.

Quanto à contagem dos prazos decadenciais, estes se iniciam no momento em que houve o **nascimento do próprio direito potestativo**, exceto nos seguintes casos:

- **Exceção 1 –** no vício redibitório o prazo é contado da entrega da coisa no caso de móvel (30 dias) **ou** da imissão na posse no caso de imóvel (1 ano) – ver art. 445, CC.
- **Exceção 2 –** na coação o prazo inicia-se quando a coação cessa – ver art. 178, CC.

Quanto às **causas impeditivas, suspensivas e interruptivas**, o Código Civil prevê que via de regra apenas os prazos prescricionais podem ser afetados por estas. Dessa forma, os arts. 197 a 204 estabelecem normas para a ocorrência do impedimento, suspensão e interrupção.

Nas **causas impeditivas**, o prazo nem começa a correr. Já nas **causas suspensivas**, o prazo começa a correr e para, voltando em dado momento a correr pelo restante. Nas **causas de interrupção**, o prazo começa a correr, é interrompido (zerado) e volta a correr por inteiro. As causas impeditivas e suspensivas (arts. 197 a 201) são geralmente ligadas a critérios subjetivos (relacionados aos sujeitos envolvidos na relação jurídica), ao passo que, na interrupção (arts. 202 a 204), o critério costuma ser objetivo (prática de atos jurídicos).

A regra geral é que, tanto na **prescrição** quanto na **decadência**, uma vez iniciado o prazo, este não se interrompe nem se suspende. Ocorre que na prescrição há exceções a essa regra, consoante os arts. 197 a 204.

As hipóteses de impedimento se confundem com as de suspensão. A diferença entre elas é que no impedimento o prazo nem começa a correr. Agora, quando o prazo se inicia e há a presença dessas causas, este será suspenso. As causas que acarretam a suspensão são basicamente subjetivas, por exemplo, "ser absolutamente incapaz", "entre marido e mulher" etc. Quanto às causas de interrupção (arts. 202 a 204), estas se interrompem apenas uma vez e traduzem critério objetivo (prática de atos jurídicos). Por exemplo, despacho que ordena a citação, protesto, confissão de dívida.

Em caráter didático, podem ser traçados quatro passos para o raciocínio da prescrição:
1. Se houve o nascimento de uma pretensão (se houve violação direito subjetivo).
2. O prazo é especial, geral ou não tem prazo (ação perpétua ou imprescritível).
3. Início da contagem: regra geral ou exceção.
4. Presença de causas impeditivas, interruptivas ou suspensivas.

Em relação à regra geral, à decadência **não se aplicam as causas impeditivas, interruptivas ou suspensivas da prescrição**.

As exceções são:

1) **Art. 208.** *Não corre decadência contra os absolutamente incapazes.* Começa a correr a prescrição e decadência quando eles fizerem 16 anos.
2) **Art. 26, §§ 2º e 3º, CDC**, quando o consumidor reclama de um vício e fica no aguardo da resposta do fornecedor, não corre os prazos de 30 e 90 dias.

Quanto à arguição, a prescrição em tese deveria ser suscitada pela parte a quem aproveita. A prescrição historicamente foi tida como exceção de mérito (defesa de mérito). A partir da Lei n. 11.280/2006, que promoveu a reforma do art. 219, § 5º, CPC revogado, existe hoje a possibilidade de o juiz levantar essa questão da **prescrição *ex officio*.** Se a prescrição tiver ocorrido, o juiz vai proferir decisão com resolução de mérito (lide), mas deve antes ouvir a manifestação das partes. Esse foi o sentido inserido no Novo CPC nos arts. 332, § 1º, e 487, parágrafo único. Se o juiz perceber a possibilidade de a pretensão estar prescrita, deverá convocar as partes envolvidas para se manifestarem sobre tal fato. Após a manifestação das partes, ele proferirá a decisão de mérito reconhecendo a prescrição ou, caso contrário, dará continuidade ao processo.

No que tange à decadência, se o direito potestativo nascer da lei, teremos a ***decadência legal,*** e esta será uma objeção, podendo ser conhecida de ofício pelo juiz, nos termos do art. 210, CC:

> **Art. 210.** Deve o juiz, de ofício, conhecer da decadência, quando estabelecida por lei.

O juiz não precisará citar a parte contrária, porque direito potestativo é um direito sem prestação (art. 209, CC). Essa decadência legal é, inclusive, irrenunciável.

> **Art. 209.** É nula a renúncia à decadência fixada em lei.

Quanto à ***decadência convencional,*** poderá haver renúncia, que não poderá ser reconhecida *ex officio* pelo juiz. Logo, ao revés, seria uma exceção (deve ser trazida aos autos pela parte a quem aproveita).

> **Art. 211.** Se a decadência for convencional, a parte a quem aproveita pode alegá-la em qualquer grau de jurisdição, mas o juiz não pode suprir a alegação.

Tanto a prescrição quanto a decadência (legal ou convencional) poderão ser arguidas em qualquer grau de jurisdição (arts. 193 e 211, CC) pela parte a quem aproveitem. A prescrição é matéria fática, uma vez que deverão ser contados prazos e o *STF e STJ podem reconhecer a prescrição, desde que preenchido o pré-questionamento.* Logo, as instâncias inferiores precisam ter se manifestado de forma expressa a respeito dessas causas extintivas.

PARTE ESPECIAL
DIREITO DAS OBRIGAÇÕES

11. INTRODUÇÃO AO ESTUDO DAS OBRIGAÇÕES

A Parte Especial Código Civil é inaugurada com o Livro do Direito das Obrigações, dado seu extremado grau de importância. Este livro, por sua vez, englobará dez títulos, dentre os quais aqueles referentes à teoria geral das obrigações (modalidades, transmissão, extinção e inadimplemento), à teoria geral dos contratos, aos contratos em espécie, aos atos unilaterais, à responsabilidade civil e até mesmo aos títulos de crédito.

De início mostra-se adequado esboçar um conceito tradicional do direito das obrigações. Assim, **obrigação é a relação jurídica que, unindo dois ou mais sujeitos, faz com que um tenha o dever de adimplir uma prestação em benefício do outro.** Essa prestação consistirá na entrega ou restituição de bens (prestação de dar), na realização de uma atividade ou serviço (prestação de fazer) ou ainda na abstenção de uma conduta que em tese seria lícito ao devedor realizar (prestação de não fazer).

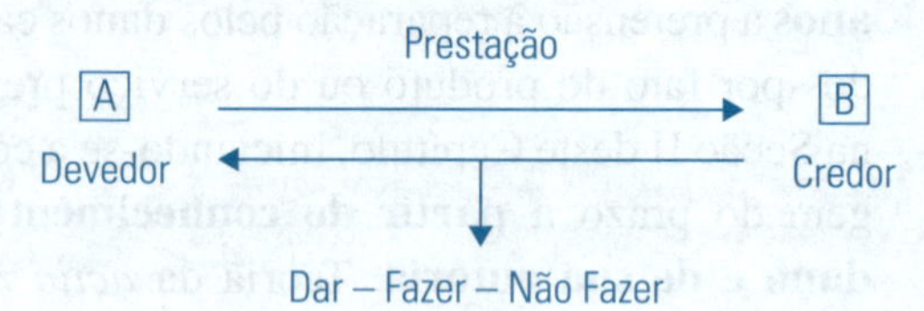

A preocupação imediata do direito obrigacional são as relações jurídicas criadas a partir de uma declaração de vontade efetivada por dois ou mais sujeitos. Os deveres de prestar e receber serão aqueles que especificamente caracterizam tal relação.

Com a intenção de melhor compreender o fenômeno obrigacional, repartiu-se essa relação jurídica para pudéssemos enxergar dois momentos diferentes ou duas sub-relações distintas. Os dois momentos criados ficaram conhecidos como:

- ***Schuld* – débito:** dever jurídico específico titularizado pelo devedor no sentido de ter de cumprir a prestação entre eles ajustada. O não cumprimento desse dever específico gera o inadimplemento. A fase da responsabilidade somente será alcançada quando ocorrer o inadimplemento.

- *Haftung* – **responsabilidade:** responsabilizar é imputar efeitos a uma conduta que transgrediu um dever jurídico. No direito somente podemos falar em responsabilização a partir do momento em que algum dever jurídico seja descumprido. Assim, ao se descumprir a prestação ajustada em uma obrigação (não cumprimento voluntário do débito), irão surgir os efeitos do inadimplemento, tais como: perdas e danos, correção monetária, juros, honorários advocatícios. Essa responsabilidade será via de regra patrimonial, ou seja, o patrimônio do devedor responderá pelo não cumprimento do débito, conforme a previsão do art. 391, CC.

Quando o débito e a responsabilidade estão presentes em uma obrigação, recaindo ambos sobre a pessoa do devedor, diz-se que essa obrigação é **perfeita**. Ao revés, se numa relação obrigacional houver a presença de um dos elementos sem a do outro (p. ex.: débito sem a consequente responsabilidade), a obrigação será considerada **imperfeita**.

Um caso clássico de obrigação imperfeita pode ser observado nas **obrigações naturais**, também denominadas obrigações judicialmente inexigíveis. O dever de pagamento não é jurídico, sendo apenas moral, como nas dívidas prescritas ou naquelas derivadas do contrato de jogo ou aposta (arts. 814 e s., CC). Um detalhe: se as obrigações naturais forem voluntariamente pagas não, há que se falar em pretensão à repetição, uma vez que a quantia era devida, em que pese inexigível judicialmente, nos termos do art. 882, CC.

Para sistematizar o estudo do Direito das Obrigações, o atual Código Civil adotou a visão da **obrigação como um processo**. Segundo essa teoria, a relação obrigacional seria composta de uma série de atos cuja finalidade é a **busca do adimplemento**. As partes dessa relação devem durante o seu transcurso adotar condutas honestas, que não violem direitos de terceiros, para que a busca desse adimplemento se dê com respeito aos princípios da função social do contrato e da boa-fé objetiva.

> Em resumo, enxergar a obrigação como um processo é percebê-la como uma linha do tempo, com início, meio e fim, onde estarão respectivamente os títulos iniciais: modalidades obrigacionais, transmissão das obrigações, adimplemento e inadimplemento. E o fim almejado, apto a satisfazer os interesses tanto do credor quanto do devedor, certamente será o adimplemento pelo pagamento.

12. MODALIDADES DAS OBRIGAÇÕES (CLASSIFICAÇÃO)

Estudar as modalidades obrigacionais significa avançar em direção às mais diversas possibilidades que envolvem uma relação obrigacional, os sujeitos e prestações existentes. É entender a natureza do pacto celebrado, com os respectivos deveres específicos previstos pelas partes com base em sua autonomia negocial.

12.1. Obrigação de dar

Consiste no compromisso de entrega ou restituição de coisas pelo devedor ao credor. Esse compromisso se divide em:

- **Dar coisa certa (ou obrigação específica):** nesta hipótese, a prestação estará definida pelo gênero, quantidade e qualidade da coisa a ser entregue. As obrigações de dar quantia certa, assim como a obrigação de restituir, são subespécies da obrigação de dar coisa certa.

Detalhe importante: quando se está diante da obrigação de restituir, não há transmissão do direito de propriedade. Há apenas uma devolução da posse direta obtida a partir de um contrato ou direito real sobre coisa alheia. Por exemplo, contrato de locação, comodato, arrendamento, depósito, direito de superfície.

- **Dar coisa incerta (ou obrigação genérica, ou ainda "dívida de gênero"):** nesta espécie faltará ao objeto designado como prestação o atributo da qualidade. A prestação será apenas definida pelo gênero e pela quantidade. O adimplemento somente será possível a partir do momento em que as partes definirem a qualidade do objeto a ser prestado. A obrigação de dar coisa incerta nasce incerta, mas para ser cumprida precisa ser especificada.

A regra que está no art. 244, CC é a de que **a escolha da qualidade na obrigação genérica caberá ao devedor** porque facilita o adimplemento da obrigação. O art. 244 é uma norma dispositiva, e as partes podem acordar de outra forma, estabelecendo que caberá, por exemplo, ao credor escolher.

Um dos temas mais relevantes no direito obrigacional diz respeito à perda do objeto antes do adimplemento. Portanto, passa-se ao estudo da **perda do objeto na obrigação de dar.**

- **Obrigação de dar coisa certa:** a análise da perda da coisa na obrigação de dar coisa certa será feita a partir da ocorrência ou não da tradição (entrega do bem). Como regra geral, pode-se dizer que, se houver conduta culposa no Direito Civil, o responsável terá de efetuar o pagamento de perdas e danos. Ao revés, se não houver culpa, não haverá reparação com perdas e danos. Esse raciocínio será aplicado no estudo da perda do objeto.

Antes da tradição	Depois da tradição
Perda total (ou perecimento): ■ Sem culpa do devedor: o contrato resolve-se para ambas as partes. Devolve-se o que já foi pago pelo credor, regressando as partes ao *status quo ante* (art. 234, 1ª parte, CC). ■ Com culpa do devedor: resolve-se a obrigação, devolve-se o que já foi pago e há pagamento de perdas e danos pelo culpado (art. 234, 2ª parte, CC). Perda parcial (ou deterioração): ■ Sem culpa do devedor: o credor terá o direito potestativo de escolher se fica com o bem, abatido do preço o valor que perdeu, ou se resolve a obrigação (art. 235, CC). ■ Com culpa do devedor: o mesmo direito potestativo, acrescido em qualquer escolha das devidas perdas e danos (art. 236, CC).	Se já houve a tradição, a coisa perece para o dono (*res perit domino*), ou seja, para o atual proprietário. São exceções ao *res perit domino*, por um princípio geral de garantia concedido ao adquirente: ■ Vícios ocultos (vícios redibitórios – art. 441, CC). ■ Vícios jurídicos (evicção – art. 447, CC).

- **Obrigação de dar coisa incerta:** será analisada a partir da concentração (escolha da qualidade do objeto) e também da ocorrência da tradição.

Antes da tradição	Depois da tradição
Genus non perit: o gênero não perece. Mesmo em caso de caso fortuito ou força maior, não poderá o devedor alegar a perda do bem (art. 246, CC), já que ao menos o gênero existirá, sendo impensável a sua perda por completo. Por exemplo, o devedor se compromete a entregar 10 cães para o credor. Não poderá alegar perda do objeto antes da tradição, pois o gênero cão não pereceu.	Após a escolha da qualidade e respectiva tradição da coisa, o tratamento será idêntico ao fornecido à obrigação de dar coisa certa. Ou seja, perece para o dono (*res perit domino*).

- **Obrigação de restituir:** apesar de ser subespécie da obrigação de dar, ela terá um regramento próprio no que diz respeito à perda da coisa, conforme os arts. 238 a 240, CC. Lembre-se de que não haverá transmissão de propriedade, mas somente uma devolução da posse direta do bem. Antes ou depois da restituição, quem sofre a perda é sempre o credor, já que ele nunca deixou de ser o proprietário da coisa (*res perit domino*).

Antes da restituição	Depois da restituição
Perda total: ■ Sem culpa do devedor: o credor sofrerá a perda e a obrigação se resolverá (art. 238, CC). ■ Com culpa do devedor: o credor sofrerá a perda, mas o devedor responderá pelo equivalente, mais perdas e danos (art. 239, CC). Perda parcial (art. 240, CC): ■ Sem culpa do devedor: o credor receberá a coisa tal qual se ache, sem direito a indenização. ■ Com culpa do devedor: o devedor responderá pelo equivalente, acrescido das perdas e danos.	Após a devolução da coisa ao credor, o tratamento será idêntico ao fornecido à obrigação de dar coisa certa.

12.2. Obrigação de fazer

Consiste no compromisso do devedor de realizar uma atividade ou serviço em prol do credor. O melhor exemplo é o contrato de prestação de serviço; a contratação de um pedreiro, marceneiro, jardineiro etc.

As obrigações de fazer se classificam em:

- **Obrigação de fazer fungível:** aquela em que a atividade ou serviço pode ser realizado por qualquer devedor. Não se exige qualquer qualidade especial do devedor.
- **Obrigação de fazer infungível:** também chamada de obrigação *intuitu personae* ou personalíssima, porque aqui há uma demanda de qualidades especiais do devedor. Ou seja, essa obrigação somente poderá ser adimplida por determinado devedor. A infungibilidade pode decorrer da natureza do devedor (p. ex.: cantor famoso) ou de disposição em cláusula contratual (p. ex.: contrato de mandato em que se proíbe o substabelecimento).

Na execução das **obrigações de fazer infungíveis** não poderá haver adimplemento por parte de terceiro. Já nas **fungíveis**, é possível ocorrer a execução da tarefa por um terceiro estranho ao contrato. Certo é que a contratação desse terceiro se dará à custa do devedor inadimplente, nos termos do art. 249, CC.

O novo CPC prevê nos arts. 536 e 537 o cumprimento de sentença que reconhece a exigibilidade de obrigações de fazer, trazendo novidades interessantes no que toca à multa cominatória e a deveres de fazer de natureza não obrigacional (não convencional, como aqueles deveres impostos diretamente pela lei).

12.3. Obrigação de não fazer

Consiste no compromisso de **abstenção por parte do devedor de realizar alguma atividade** que em tese seria lícito a ele realizar. Nesse tipo de obrigação, a inércia do devedor conduz ao adimplemento. Daí ser chamada também de obrigação negativa.

Ao contrário do que ocorre com as obrigações de fazer (em que se pode ter obrigação fungível e infungível), as obrigações de não fazer serão sempre infungíveis, pois em tese seria lícito ao devedor realizar a atividade, logo somente poderá exigir o cumprimento da abstenção daquele devedor determinado. Essa infungibilidade, inclusive, será contratual, partindo da livre manifestação de vontade do devedor, que decide se abster da atividade.

Vale salientar que, quanto ao inadimplemento, esse tipo de obrigação **não comporta a figura da** mora. Isso porque essa figura intermediária relativa ao cumprimento imperfeito da obrigação não coadunaria com a abstenção exigida na obrigação de não fazer. Ou se permanece inerte, adimplindo assim a obrigação negativa, ou se age minimamente, inadimplindo a obrigação. Por essa razão, o art. 391, CC estabelece que, nas obrigações negativas, o devedor é havido por inadimplente desde o dia em que executou o ato de que se devia abster.

12.4. Demais modalidades de obrigações

Para o estudo das demais modalidades obrigacionais, deve-se recordar a classificação que divide as obrigações em simples e compostas.

- **Obrigação simples:** aquela na qual há um sujeito ativo, um sujeito passivo e um objeto. Haverá unicidade em relação aos elementos objetivos e subjetivos da obrigação.
- **Obrigação composta** (**múltipla, plúrima** ou **complexa):** aquela em que se tem uma multiplicidade de sujeitos ou de objetos. Assim, pode ser objetivamente composta (mais de um objeto) ou subjetivamente composta (mais de um sujeito).

Objetivamente compostas:

- Obrigação alternativa (arts. 252 a 256, CC).
- Obrigação cumulativa (sem previsão legal expressa, mas aceita pela doutrina).
- Obrigação facultativa (sem previsão legal expressa, mas aceita pela doutrina).

Subjetivamente compostas:

- Obrigações divisíveis ou fracionárias (art. 257, CC).
- Obrigações indivisíveis (arts. 258 a 263, CC).
- Obrigações solidárias (arts. 264 a 285, CC).

12.5. Obrigação alternativa (arts. 252 a 256, CC)

Também chamadas de obrigações disjuntivas, são caracterizadas pela conjunção "ou", quando da previsão de duas ou mais prestações. O devedor se liberará pagando qualquer das prestações ajustadas.

Para facilitar o adimplemento, o Código Civil estabelece no art. 252, *caput*, que **a escolha entre as prestações alternativas será do devedor**, se o contrário não dispuserem as partes no instrumento contratual. De todo modo, as partes podem designar um terceiro para a efetivação dessa escolha. Se esse terceiro eleito pelas partes para efetivar a escolha não quiser ou não puder escolher, a decisão voltará para as partes decidirem em conjunto. Apenas se não houver acordo entre elas o juiz decidirá, nos termos do art. 252, § 4º, CC.

A lei civil, com base na autonomia das partes, permite também que se faça a designação de um colegiado para efetivar a escolha da prestação a ser cumprida pelo devedor. Se houver pluralidade de optantes na obrigação alternativa, a escolha deverá ser feita por unanimidade. Se não houver unanimidade, o juiz assinará um prazo para que as partes cheguem a um acordo, conforme a previsão do art. 252, § 3º, CC. A atuação do juiz será igualmente subsidiária, só intervindo ele se não houver o mencionado acordo.

Aqui nas obrigações alternativas também é importante a análise das regras sobre a perda do objeto. Para tanto, será útil analisar não apenas a culpa do devedor, mas igualmente a quem cabia a escolha entre as prestações previstas alternativamente. Para facilitar o estudo, pode-se traçar quatro regras sobre essa perda:

1ª) **Ocorrendo a perda de um dos objetos**, a obrigação se concentra no objeto restante – art. 253, CC.

2ª) **Se ambas as prestações se perderem sem culpa do devedor**, extinguir-se-á a obrigação – art. 256, CC.

3ª) **Se a escolha cabe ao devedor** e somente uma das prestações se impossibilitou com culpa deste, segue-se a regra do art. 253, ou seja, concentra-se no objeto restante. Se ambas as prestações se perderem por culpa do devedor, cabendo a ele a escolha, dever-se-á analisar qual a prestação que por último se perdeu, sendo obrigado o devedor a pagar o equivalente mais perdas e danos quanto a esta – art. 254, CC.

4ª) **Se a escolha for do credor** e uma das prestações se perder por culpa do devedor, o credor poderá escolher entre a prestação restante ou o equivalente mais perdas e danos em relação àquela que se perdeu – art. 255, 1ª parte, CC. Se ambas se perderem por culpa do devedor, o credor escolherá qualquer delas (equivalente mais perdas e danos) – art. 255, 2ª parte, CC.

12.6. Obrigação cumulativa

O devedor será obrigado a pagar **todos os objetos determinados** e somente se desobrigará quando adimplir todas as prestações que estiverem pactuadas. Essas obrigações são caracterizadas pela conjunção "e". Se o devedor entregar uma das prestações e não entregar as restantes, configurar-se-á o inadimplemento parcial.

Se uma das prestações se perder sem culpa do devedor, a obrigação se extinguirá parcialmente e se tornará uma obrigação simples. Se ambos os objetos se perderem sem culpa do devedor, extinguir-se-á a obrigação para ambas as partes.

Entretanto, se um dos objetos se perder com culpa do devedor, este deverá pagar o equivalente mais perdas e danos em relação ao objeto que se perdeu e, ainda, adimplir a prestação restante.

Se ambos os objetos se perderem com culpa do devedor, este deverá pagar o equivalente mais perdas e danos em relação a todos os objetos que se perderam.

12.7. Obrigação facultativa

Também denominada obrigação com faculdade alternativa de cumprimento, na obrigação facultativa haverá a fixação de duas prestações, uma principal e uma subsidiária. **Eventualmente o devedor pode se valer da prestação secundária (subsidiária) para adimplir a obrigação.** Isso facilita o adimplemento da obrigação, colocando mais uma opção para o devedor se liberar.

O devedor se desobrigará entregando qualquer uma delas, porém o credor somente terá direito à prestação principal. Logo, o devedor é titular de um direito potestativo, e para ele a prestação será composta. Já para o credor a prestação será simples, jamais tendo ele direito ao objeto secundário.

Um excelente exemplo de obrigação facultativa pode ser visto no contrato estimatório (também chamado de contrato de consignação), previsto a partir do art. 534 do Código Civil. Nesse contrato, o consignante entrega ao consignatário um bem para que este possa vendê-lo a terceiro. Ao final do prazo ajustado, o consignatário (devedor) tem o dever de pagar o preço ajustado, salvo se preferir restituir o bem entregue em consignação. O preço é a prestação principal; a restituição do bem, a prestação secundária. O credor consignante somente poderá exigir o preço ajustado. Esse contrato é muito comum no comércio de veículos, quando se entrega o bem para que uma loja especializada possa tentar a alienação à sua clientela.

Assim como nas demais modalidades, a perda do objeto nas obrigações facultativas merece a devida atenção. Dessa maneira, se o objeto secundário vier a se perder com culpa ou sem culpa do devedor, haverá apenas a extinção de seu direito potestativo de optar entre quaisquer das prestações.

Entretanto, se a perda for do objeto principal, deve-se analisar a responsabilidade do devedor por tal evento. Ocorrendo a perda sem culpa do devedor, extingue-se a obrigação, já que ele, por evidente, não terá interesse em adimplir o objeto secundário e nem poderá ser constrangido a tanto. Já se a perda do objeto principal for culposa, o devedor poderá escolher entre pagar o equivalente mais perdas e danos referentes a este ou entregar o objeto subsidiário. O credor, mesmo nesse caso, jamais terá direito ao objeto secundário, podendo apenas cobrar o equivalente mais perdas e danos relativo ao objeto principal.

12.8. Obrigações divisíveis ou fracionárias

A obrigação composta, via de regra, será divisível (também chamada de fracionária). Isso **porque terá seu objeto dividido de acordo com o número de credores ou devedores que se fizerem presentes.** Por exemplo, numa dívida de 900 reais, com três devedores, cada um deles só será obrigado a pagar a sua parte na dívida, ou seja, 300 reais, conforme previsto no art. 257, CC. Dessa forma, as obrigações indivisíveis e solidárias são exceções, e como tais devem ser compreendidas. Logo, não há como presumir indivisibilidade ou solidariedade. Para a configuração destas, há que se ter uma causa.

Caso contrário, aplica-se a regra geral da divisibilidade de uma obrigação.

12.9. Obrigações indivisíveis

Nessa modalidade obrigacional, **a prestação poderá ser exigida em sua integralidade, pela impossibilidade de fracionamento do objeto**. A obrigação indivisível, portanto, terá como objeto um bem indivisível. Tais bens estão previstos nos arts. 87 e 88, CC e terão relevância jurídica exatamente no momento em que constituírem objeto de relações obrigacionais, quando então serão regulamentados entre os arts. 258 a 263, CC.

> Pode-se afirmar que a indivisibilidade é um fenômeno jurídico que leva em conta quatro fatores: (a) natureza do bem; (b) contrato; (c) lei; (d) razões econômicas.

O bem poderá ser indivisível em razão da natureza, por exemplo, um animal ou um veículo novo. As partes podem estabelecer que um objeto que em tese seria divisível poderá se tornar indivisível. Se as partes disserem que aquele contrato não comporta pagamento parcial, será uma forma de estabelecer a indivisibilidade da prestação. A indivisibilidade também pode se impor por força de lei, como na entrega de lote urbano, que possui metragem mínima pela lei de ocupação do solo, ou na herança (nos termos do art. 1.791, CC). Por fim, existem certos objetos que, apesar de materialmente admitirem o fracionamento, se o forem, perderão o valor econômico.

As obrigações indivisíveis se tornam muito importantes em dois momentos:

- **Pluralidade de devedores na obrigação indivisível (art. 259, c/c os arts. 346 e 263, CC):** quando se fazem presentes vários devedores em uma obrigação indivisível, qualquer deles poderá ser demandado a pagar a dívida por inteiro, já que o objeto não admite fracionamento. Por essa razão, o devedor da obrigação indivisível que paga se sub-rogará no direito de crédito, passando a ocupar então o lugar do credor originário. A sub-rogação, nessa hipótese, será parcial, podendo o devedor que pagou cobrar dos codevedores a cota da dívida referente a seus quinhões, nos termos do art. 259, CC.

Se o objeto da obrigação indivisível se perder sem culpa do devedor, extinguir-se-á a obrigação. Se a perda se der com culpa do devedor, dever-se-á pagar o equivalente mais perdas e danos. Todavia, há que se pontuar que, ao se converter em perdas e danos, a obrigação se tornará divisível. Havendo mais de um devedor, apenas o culpado pagará a verba referente às perdas e danos – art. 263, CC.

- **Pluralidade de credores na obrigação indivisível (arts. 260 a 262, CC):** se a pluralidade na obrigação indivisível for dos credores, poderá cada um destes exigir a dívida inteira.

O devedor, por sua vez, pode se desobrigar pagando aos credores conjuntamente ou somente a um deles, exigindo uma quitação especial como garantia quanto ao outro credor. Essa quitação especial recebe o nome de **caução de ratificação**. A caução de ratificação não tem forma especial, somente exigindo que esteja escrita no documento de quitação – art. 260, CC.

O credor que nada recebeu do devedor exigirá do cocredor a cota que lhe caiba no total – art. 261, CC.

Se na dívida concorrerem vários credores, poderá um deles, isoladamente, perdoar o devedor quanto à dívida inteira? Poderá, mas isso não vai impedir que o outro credor exija do devedor a prestação. O devedor poderá exercer o direito de retenção e somente entregar a prestação ao outro credor se for descontada a cota do remitente, conforme a previsão do art. 262, CC.

12.10. Obrigações solidárias

Nesse tipo de obrigação haverá uma ampliação da regra geral, ou seja, no polo passivo, aquele que somente seria responsável por pagar a sua parte poderá ser responsável pela dívida inteira. No campo ativo, aquele que deveria receber a sua parte poderá exigir a dívida como um todo.

Para facilitar o estudo, é possível traçar algumas regras que são comuns à **solidariedade ativa (polo dos credores)** e **passiva (polo dos devedores)**:

a) A solidariedade é um fenômeno que só se manifesta nas relações externas, um polo em relação ao outro. Internamente, a obrigação solidária continua a ser divisível. Assim, quem pagar a dívida toda, ou recebê-la por inteiro, terá de ajustar suas contas com os codevedores ou cocredores.

b) A relação jurídica que se forma na obrigação solidária é única, ou seja, independentemente do número de credores ou devedores, qualquer deles que receber ou pagar acarretará a extinção da solidariedade.

c) A solidariedade não se presume, já que as exceções não podem ser presumidas. Somente a regra geral pode ser presumida. Assim, a solidariedade sempre decorrerá da lei ou da vontade das partes – art. 265, CC.

d) A morte de um dos devedores ou credores solidários extingue a solidariedade em relação aos herdeiros desse falecido. Assim, só se poderá cobrar do herdeiro ou este só poderá exigir a sua cota parte na dívida – arts. 270 e 276, CC. Entretanto, se além de solidária a obrigação for também indivisível, permanecerá para os herdeiros a possibilidade de cobrar a dívida por inteiro ou a responsabilidade pela dívida integral, nos termos da parte final dos artigos retrocitados.

Passe-se agora ao estudo das principais **regras relativas à solidariedade ativa** (vários credores com direito à dívida por inteiro).

- **1ª regra:** na data do vencimento, qualquer dos credores poderá cobrar a dívida toda. Em princípio o devedor poderá pagar a qualquer dos credores solidários. Porém, essa liberdade cessará no momento que um dos credores acionar esse devedor comum – prevenção judicial: art. 268, CC.
- **2ª regra:** é possível que um dos credores solidários promova a remissão da dívida inteira. Isso porque, se um credor pode cobrar o todo, ele também pode perdoar o todo. Pode novar o todo, compensar o todo, pode perdoar e cobrar o todo – art. 272, CC. Recebendo ou remitindo, o credor deverá se acertar com os demais cocredores.
- **3ª regra:** quanto ao regime das exceções (defesas opostas pelo devedor, diante da pretensão de cobrança do credor), há uma divisão entre exceção pessoal e exceção comum. Pessoal será aquela que o devedor pode opor perante apenas um credor específico. Exceção comum é aquela defesa oponível pelo devedor em face de qualquer credor.
    - **Exceção pessoal:** a compensação é o principal exemplo.
    - **Exceção comum:** o pagamento, a remição, a novação e a prescrição são bons exemplos.

  Assim, nos termos do art. 273, CC, o devedor não poderá opor a outros credores a exceção pessoal que porventura tiver contra um credor específico. As comuns, a toda a evidência, podem ser arguidas.
- **4ª regra:** quanto aos limites subjetivos da coisa julgada, em se tratando de demanda proposta por um credor solidário contra o devedor comum, poderá ocorrer a denominada coisa julgada *secundum eventum litis* (segundo o resultado da demanda). Se o credor sair vitorioso, os demais cocredores solidários serão beneficiados com essa procedência do pedido, já que poderão cobrar do autor suas respectivas cotas na dívida. Assim, a coisa julgada será *ultra partes* (por beneficiar terceiros que não foram parte na lide). Ao revés, se o credor for derrotado, os demais cocredores solidários não serão prejudicados, sendo então a coisa julgada apenas *inter partes*. Em resumo: os efeitos da coisa julgada dependerão do resultado da demanda.

Por sua redação truncada, o art. 274, CC, que prevê a regra acima descrita, foi alterado pelo NCPC, sendo agora então mais inteligível em seus termos:

> **Código Civil, art. 274**
> O julgamento contrário a um dos credores solidários não atinge os demais, mas o julgamento favorável aproveita-lhes, sem prejuízo de exceção pessoal que o devedor tenha direito de invocar em relação a qualquer deles.

Por fim, a análise das principais **regras relativas à solidariedade passiva** (vários devedores obrigados a pagar a dívida por inteiro):

- **1ª regra:** quando houver a **exoneração ou renúncia da solidariedade** do devedor solidário pelo credor, esse devedor continuará como sujeito passivo, porém apenas como devedor fracionário (de sua cota-parte). Segundo doutrina majoritária, mantida a solidariedade quantos aos demais, deve-se abater a cota daquele que foi exonerado.

  Ao contrário, quando houver a **remissão** de um dos devedores solidários, este perderá a condição de devedor, ou seja, implicará sua completa liberação do vínculo obrigacional. Mantendo-se a solidariedade quanto aos demais, deve-se abater a cota do remitido – art. 388, CC.

  Ou seja: não se deve confundir **exoneração** (ou renúncia) com **remissão**.
- **2ª regra:** se um dos devedores tiver sua insolvência declarada, a cota deste será repartida igualmente entre os demais codevedores – art. 283, CC.

  Nesse caso, o exonerado participa da cota do rateio do insolvente, pois a exoneração se deu apenas em relação à solidariedade e não à condição de devedor – art. 284, CC.

O remitido participa desse rateio da cota do insolvente? Não. O remitido estará integralmente liberado, não tendo nem mesmo a responsabilidade pelo rateio da cota do insolvente.

- **3ª regra:** o devedor solidário demandado integralmente pela dívida poderá chamar ao processo os demais devedores solidários para exercer seus direitos de credor sub-rogado – art. 130, NCPC, c/c o art. 346, CC. Isso gera economia processual, permitindo-se que o regresso seja viabilizado com mais agilidade por quem pagou.

13. TRANSMISSÃO DAS OBRIGAÇÕES

A transmissão das obrigações é um ato facultativo, ou seja, pode ocorrer em algumas relações obrigacionais, gerando a **substituição dos personagens originais**. Ou seja, através de um novo negócio jurídico, o credor ou o devedor podem transmitir suas posições ativas ou passivas a terceiros que até então eram estranhos ao negócio original. Têm-se, assim, duas espécies de transmissão: (a) cessão de crédito – arts. 286 a 298, CC; (b) assunção de dívida – arts. 299 a 303, CC.

1) **Cessão de crédito:** é um verdadeiro negócio jurídico, admitindo a forma gratuita ou onerosa. O credor originário será o cedente, ao que passo que o novo credor será o cessionário. O negócio é celebrado entre esses dois personagens. O devedor não é parte na cessão de crédito. Contudo, é importante saber para quem deverá pagar na data do vencimento. Por essa razão, o devedor tem de ser notificado a respeito da ocorrência da cessão.

O que acontece se o devedor não for notificado? A cessão de crédito não terá eficácia perante o devedor, ou seja, será inoponível – art. 290, CC.

Em regra, todo o crédito poderia ser cedido. Porém, há três situações em que a cessão estaria vedada:

- Pela natureza de determinado crédito: por exemplo, crédito alimentar, crédito trabalhista, por serem personalíssimos.
- Por uma proibição legal: por exemplo, a lei proíbe a cessão de crédito que já tiver sido penhorado, combatendo-se assim eventual fraude à execução – art. 298, CC. Importante também lembrar que o insolvente não pode fazer a cessão gratuita de um crédito, sob pena de fraude contra credores – art. 158, CC.
- Em virtude de disposição expressa no contrato originário: nada impede que as partes incluam uma cláusula contratual que impeça a cessão de crédito.

Como forma de evitar a simulação, a lei civil permite que o devedor possa arguir exceções comuns ou pessoais que tinha contra o cedente também contra o cessionário – art. 294, CC. Isso previne a má utilização da cessão pelos credores, que poderiam enxergar nesse instituto uma maneira de burlar o sistema de arguição de exceções.

Para preservar a boa-fé, o devedor poderá arguir as exceções, desde que notifique o novo credor, no momento em que veio a ter conhecimento da cessão. Nessa notificação o devedor informará quais sãos as exceções que detinha em face do antigo credor (cedente).

A cessão de crédito poderá ocorrer ainda de duas formas:

- **Cessão *pro soluto* (regra geral):** é aquela em que o cedente deve garantir ao cessionário ao menos a **existência** do crédito cedido – art. 295, CC.
- **Cessão *pro solvendo* (exceção):** é aquela em que o cedente, além da existência do crédito, garante também a **solvência** do devedor – arts. 296 e 297, CC. Na cessão *pro solvendo* não há caráter especulativo. Ao se voltar contra o cedente, o cessionário somente poderá cobrar o valor que houver pago pelo crédito, acrescido de juros moratórios e eventuais despesas que houver tido com a cobrança.

2) **Assunção de dívida (cessão de débito):** assim como na cessão de crédito, a assunção de dívida será um negócio jurídico. Através deste, um terceiro estranho ao contrato assume obrigação do devedor originário, seja liberando este ou coadjuvando. Quem assume a dívida é chamado de assuntor.

Espécies de assunção:

- **Assunção liberatória:** o assuntor vai substituir o devedor originário, que, por sua vez, preenchidos alguns requisitos, ficará isento de responsabilidade. Ou seja, se forem preenchidos os requisitos, o devedor será completamente liberado. Essa é a espécie prevista no Código Civil, nos arts. 299 a 303, CC. Assim, são requisitos da assunção liberatória:
  - **Consentimento do credor:** esse consentimento deve ser expresso, como regra geral – art. 299, CC. O silêncio nesse caso significa recusa (art. 299, parágrafo único, c/c o

art. 111, CC), uma vez que a lei exigiu manifestação expressa. O silêncio poderá valer como aceitação na hipótese veiculada pelo art. 303, c/c o art. 111, CC, ou seja, quando a dívida for garantida por uma hipoteca (já que o credor estaria minimamente resguardado com essa garantia real).

- **Validade da assunção:** o negócio jurídico assunção deve passar pelo exame de sua validade. Caso seja reputado como inválido, o devedor liberado volta a ter responsabilidade, nos termos do art. 301, CC. Invalidada a assunção, retornam as garantias prestadas pelo devedor, como consequência do próprio retorno da responsabilidade deste. As garantias prestadas por terceiros (como a fiança, por exemplo) não retornarão com a invalidação da assunção. Entretanto, se ficar comprovado que esse terceiro garantidor tinha ciência da causa da invalidade, este voltará a ter responsabilidade juntamente com o devedor.
- **Solvência do assuntor no momento da assunção:** conforme previsão da parte final do art. 299, CC, se o assuntor era insolvente ao tempo da assunção, o devedor não restará liberado, pois isso seria uma frustração dos interesses do credor que consentiu com sua saída.

Algumas observações finais sobre a assunção liberatória são necessárias:

a) A assunção de dívida libera o fiador, como regra geral.

b) Será que a assunção de dívida pode ocorrer sem a participação do devedor primário? Sim. Chama-se **assunção de dívida por expromissão**, ou seja, ocorre sem que haja a participação do devedor originário. É também denominada assunção com efeitos expromissórios.

c) É possível ao assuntor arguir em face do credor as exceções pessoais que competiam ao devedor originário? Não, pois se trata de uma proteção do art. 302, CC, ao credor que consentiu.

d) Qual a diferença entre a novação subjetiva e a cessão de crédito e a assunção de dívida? Novação é a criação de uma obrigação substancialmente nova com personagens diversos, com a finalidade de substituir e extinguir uma obrigação anterior que não seja nula (arts. 360 e s., CC). Cessão de crédito e assunção de dívida não são formas de extinção da obrigação, e sim de transmissão da obrigação com substituição dos personagens dentro da mesma relação jurídica obrigacional. Já na novação, cria-se uma nova obrigação, extinguindo a anterior; nasce um novo processo obrigacional (é muito comum na renegociação de dívidas bancárias).

- **Assunção cumulativa:** é admitida pela doutrina com base na autonomia da vontade, não possuindo expressa previsão legislativa. Haverá solidariedade entre os devedores, desde que haja uma cláusula no contrato estabelecendo a solidariedade, pois não se pode presumir a solidariedade. O assuntor ingressará para se tornar codevedor, não havendo exoneração do devedor primitivo.

14. ADIMPLEMENTO E EXTINÇÃO DAS OBRIGAÇÕES

Previsto no Título III, arts. 304 a 388, CC, didaticamente é possível dividir tal título em três grandes partes.

- **Pagamento direto** – chamado por muitos de teoria do pagamento, é a forma de extinção das obrigações com satisfação imediata dos interesses do credor, sendo a melhor e mais eficaz maneira de se extinguir uma dívida – arts. 304 a 333, CC. Nessas regras inclui-se a análise dos sujeitos do pagamento, objeto, prova, local e tempo do pagamento.
- **Pagamento indireto** – é a forma de extinção das obrigações com satisfação mediata dos interesses do credor. Esse sujeito ativo receberá o pagamento; entretanto, há um ato intermediário antes da efetivação – arts. 334 a 359, CC. Têm-se quatro institutos vinculados ao pagamento indireto. São eles:
  - **Consignação em pagamento:** diante da recusa injustificada do credor em receber, da dúvida do devedor quanto a quem deve se pagar ou da dificuldade em realizar esse pagamento, a lei permite que o sujeito passivo se utilize do procedimento de consignação (arts. 334 a 345, CC e arts. 539 a 549, NCPC).
  - **Sub-rogação:** ocorre o pagamento satisfazendo-se os interesses do credor. Contudo, aquele que pagou será transferido para a posição do credor originário, para que possa exercer seu direito de sub-rogado contra o devedor que nada desembolsou. Ou seja, na sub-rogação há a transmissão da qualidade

de credor para aquele que efetua o adimplemento da prestação (arts. 346 a 351, CC).

- **Imputação:** quando houver mais de uma dívida, de igual natureza, estabelecida entre os mesmos credores e os mesmos devedores, será necessário que este último, ao oferecer a prestação em pagamento, indique qual dívida está a saldar naquele momento. Esse direito de imputar pertence ao devedor. Todavia, se não o exercer, tal direito passará ao credor, que o exercerá por declaração na quitação (arts. 352 a 355, CC).
- **Dação em pagamento:** o credor não é obrigado a receber objeto diverso daquele que fora pactuado (art. 313, CC). Entretanto, se consente em receber coisa diversa daquela que fora pactuada, ocorre a denominada dação em pagamento (arts. 356 a 359, CC).

- **Formas especiais de extinção:** por fim, a terceira parte do título em estudo compreende as formas especiais de extinção das obrigações, assim apelidadas pela doutrina em virtude de não haver satisfação do interesse patrimonial do credor, em que pese a extinção da dívida.
  - **Novação:** a partir da criação de uma nova obrigação, substancialmente diversa da anterior, com a finalidade de extinguir a primeira (*animus novandi*), tem-se a novação. Importante lembrar que obrigações nulas não são passíveis de serem novadas. E, ainda, que a novação passiva pode ocorrer por expromissão – extinção da obrigação anterior, com a substituição do devedor, sem que este consinta com sua própria saída (arts. 360 a 367, CC).
  - **Compensação:** nesse instituto há a extinção da obrigação por ocorrer uma atração de direitos opostos, ou seja, credor e devedor têm ao mesmo tempo créditos e débitos um para com o outro. Logo, sendo as dívidas de mesma natureza, haverá compensação como forma de extinção (arts. 368 a 380, CC).
  - **Confusão:** seja por ato *inter vivos* ou *mortis causa*, configura-se a confusão quando há uma reunião, na mesma pessoa, das figuras de credor e devedor. Sendo impossível a cobrança, a obrigação restará extinta (arts. 381 a 384, CC).
  - **Remissão:** do verbo "remitir", a remissão é um ato de renúncia ao crédito, pelo perdão que se concede ao devedor. Para ter eficácia, a remissão deve ser aceita pelo devedor. Não se deve confundir remissão com remição. A segunda acepção vem do verbo "remir", que significa resgatar. Tal remição é comum no âmbito de processos executivos, quando se efetiva o resgate de bens que já estejam submetidos a um ato constritivo como a penhora (arts. 385 a 388, CC).

Visualizada essa distinção do título em três partes, como forma de fixação do conteúdo, volte-se agora ao estudo específico das principais regras relativas ao pagamento. A análise da teoria do pagamento envolve este instituto:

- **Quanto aos sujeitos:** procede-se à análise de quem paga e quem recebe. Na teoria do pagamento, aquele que efetua o adimplemento é chamado de ***solvens*** (figura que ordinariamente será assumida pelo devedor).

Excepcionalmente, é possível que terceiros assumam a condição de pagadores (*solvens*). Nessa situação, será importante analisar qual conduta fora adotada pelo terceiro no momento em que realizou o pagamento. Para tanto, observa-se se o terceiro tinha ou não interesse jurídico no pagamento feito.

Terceiro interessado	Terceiro não interessado
Tem interesse jurídico: se o devedor principal não pagar, o terceiro poderá vir a sofrer responsabilização patrimonial (exemplo de terceiro interessado: fiador, avalista etc.).	Tem interesse moral: se o devedor principal não pagar, o terceiro não sofrerá responsabilidade patrimonial. Logo, esse terceiro é não interessado do ponto de vista jurídico (exemplo de terceiro desinteressado: pai que paga a dívida contraída por seu filho).
Efeito: o terceiro interessado que paga irá se sub-rogar no direito do credor originário.	Efeito: há que se analisar se o terceiro desinteressado pagou em nome próprio ou em nome do devedor. Se o pagamento foi em nome próprio, o terceiro terá direito de reembolso, mas não se sub-rogará nos direitos do credor – art. 305, CC. Se o pagamento for feito em nome do devedor: considera-se que o terceiro fez uma doação indireta (e o devedor pode recusar a doação). Somente se pagar em nome do devedor e se o devedor se recusar é que ele poderá ingressar com a consignação em pagamento.

Possibilidade de consignar: o terceiro interessado, por ter interesse jurídico, é legitimado ativo para a consignação em pagamento (art. 304, parágrafo único, CC).	Possibilidade de consignar: se o terceiro pagar em nome do devedor, terá legitimidade para eventual pretensão de consignar em pagamento (art. 304, parágrafo único, CC).

Já aquele que recebe, na teoria do pagamento, é denominado *accipiens*. Geralmente o *accipiens* é o credor, mas pode ser que um terceiro venha a ser representante do credor. O representante pode ser legal, contratual ou ainda judicial.

- **No pagamento feito a credor putativo:** tem-se o pagamento feito àquele que aparenta ser o credor, mas no fundo não o é. Se o *solvens* realizou esse pagamento estando de boa-fé (ignorando se tratar de pessoa diversa do credor verdadeiro), tal ato é válido (art. 309, CC).
- **Quanto ao objeto:** aqui vigora a regra da especificidade, ou seja, o credor não é obrigado a receber objeto diverso daquele que fora pactuado, nos termos do art. 313, CC. Se o credor aceitar receber objeto diverso, configura-se a dação em pagamento, prevista no art. 356, CC.

Sobre o quanto deve ser pago, o credor não é obrigado a receber pagamento parcial se assim não foi convencionado. Não haverá possibilidade de consignação em pagamento de um pagamento parcial se assim não foi estipulado no contrato. Essa regra é chamada de indivisibilidade do pagamento e está prevista no art. 314, CC.

No que toca à possibilidade de serem inseridos indexadores, o valor das prestações em uma obrigação poderá ser estabelecido a partir de uma cláusula de escala móvel. Assim, pode-se ter como indexador de um contrato: o preço do grama do ouro, o dólar, o valor da saca de soja etc. No dia do pagamento haverá a conversão desse indexador em moeda corrente, nos termos do art. 318, CC.

> Em regra, cabe lembrar que as prestações pecuniárias no Brasil deverão ser adimplidas na moeda de curso forçado, que desde 1994 é o real. Se houver uma cláusula estipulando o pagamento em moeda estrangeira, será nula. Excepcionalmente, alguns contratos admitem, por expressa autorização legal, que o próprio pagamento ocorra em moeda estrangeira. O melhor exemplo disso são os contratos internacionais.

> Não confunda: o dólar pode ser indexador do valor de uma prestação. Isso ajudará a fixar o valor da prestação, o que não se confunde com o pagamento dessa prestação. Logo, o contrato não pode, como regra, estabelecer que a prestação será paga em dólar.

- **Prova do pagamento:** o pagamento se prova pela quitação. A quitação não tem forma especial, e sempre poderá ser efetivada por instrumento particular, conforme o art. 319, CC. A quitação deve conter quem paga, quem recebe, o objeto do pagamento e o local do pagamento, nos termos do art. 320, CC.

Em se tratando de prova do pagamento, há algumas presunções relativas de pagamento traçadas pelo Código Civil. Todas essas presunções admitem prova em contrário, ou seja, são presunções relativas:

a) Quando o contrato comportar prestações periódicas, a quitação da última prestação presume a quitação das anteriores – art. 322, CC.

b) Se o capital (principal da dívida) foi pago, presumem-se que os juros que sobre ele se vencem também estejam quitados – art. 323, CC. Essa presunção é uma clara derivação do princípio da gravitação jurídica.

c) Se o credor entrega o título representativo da obrigação ao devedor (por exemplo, uma nota promissória), presume-se que houve o pagamento da obrigação – art. 324, CC.

- **Lugar do pagamento:** a fim de facilitar o pagamento, a lei estabelece que a regra geral quanto ao local de pagamento é a de que este seja feito no domicílio do devedor. Essas dívidas que são pagas no domicílio do devedor são denominadas quesíveis (ou *quérable*). Todavia, essa regra é dispositiva, e as partes poderão determinar que o pagamento seja feito no domicilio do credor. Nesse caso, a dívida será denominada de portável (ou *portable*). Essas sãos as disposições do art. 327, CC.

> Atenção: se as partes estabelecerem dois locais para o pagamento, a escolha entre eles ficará a cargo do credor, nos termos do parágrafo único do art. 327, CC. É uma rara hipótese na qual a escolha cabe ao credor.

É possível ainda haver a renúncia quanto ao local de pagamento, nos termos do art. 330, CC. Se o credor é omisso ao exigir o cumprimento de uma cláusula contratual (pagamento portável) e a omissão é reiterada, tal comportamento pode induzir legítimas expectativas no devedor, no sentido de que o credor jamais exigiria que o pagamento fosse feito em seu domicílio. Em sua defesa, o devedor poderá alegar o instituto da ***suppressio*** (quando a omissão reiterada enseja expectativas, estas devem ser respeitadas, como forma de respeitar o princípio da boa-fé objetiva).

- **Tempo do pagamento:** quanto ao tempo do pagamento, a regra geral é o contrato dizer quando a dívida será paga. Se nada foi dito no contrato a respeito do termo de vencimento da obrigação, a dívida considera-se à vista, podendo o credor exigi-la imediatamente, conforme o art. 331, CC.

O devedor, mesmo tendo sido ajustado termo de vencimento da obrigação, poderá quitar antecipadamente a dívida, pois, segundo o art. 133, CC, os prazos estabelecidos em um contrato são presumidamente estipulados em benefício do devedor. Logo, ele poderá abdicar desse prazo e pagar antecipadamente a obrigação. Havendo a quitação antecipada da dívida, terá o devedor direito ao abatimento proporcional dos juros remuneratórios programados (já que o credor não ficará privado do seu capital pelo período mais longo).

É possível também que ocorra o vencimento antecipado da dívida, nos termos do art. 333, CC. Quando houver risco ao direito de crédito, o legislador protege o credor, permitindo cobrar a dívida desde logo. Isso ocorrerá quando, por exemplo, se configurar a falência ou insolvência do devedor com a consequente abertura de concurso de credores; no caso de a garantia real (penhor, hipoteca e anticrese) perecer e o devedor intimado não a substituir; ou ainda quando os bens, hipotecados ou empenhados, forem penhorados em execução por outro credor.

15. INADIMPLEMENTO

O Título IV do Livro das Obrigações prevê regras acerca do inadimplemento obrigacional (arts. 389 a 420, CC).

O não cumprimento da prestação deve derivar de uma conduta imputável (com culpa) ao devedor, para que os efeitos do inadimplemento sejam deflagrados. Esse é o verdadeiro inadimplemento, e por isso desencadeia maior preocupação do legislador. A impossibilidade do cumprimento da prestação seria aquele evento não imputável ao devedor. Como não haveria a culpa, os efeitos do inadimplemento ficariam retidos. Portanto, a primeira distinção importante em termos de inadimplemento se liga à verificação da presença ou não de uma conduta culposa do devedor.

Nos dois casos citados acima, podemos falar em **resolução** da obrigação. No caso de impossibilidade da prestação (não há fato ou omissão imputável ao devedor), a resolução não terá efeitos – art. 396, CC. No caso de não cumprimento da prestação, a resolução vem acompanhada dos efeitos maléficos do inadimplemento, quais sejam: perdas e danos, juros moratórios, correção monetária e honorários advocatícios. Esses efeitos estão previstos no arts. 389 e 395, CC.

Se possível for, a parte prejudicada pelo inadimplemento culposo poderá exigir o cumprimento específico da obrigação (ver art. 475, CC, c/c os arts. 497 a 501, NCPC). Essa é uma forma de conceder ao credor a tutela específica, entregando-se então a este aquilo que efetivamente lhe é devido. Se não for possível por alguma razão a concessão dessa tutela específica, pode ainda o credor exigir um resultado prático equivalente ao adimplemento (tutela inespecífica), ou ainda a reparação dos danos que o inadimplemento lhe causou (tutela reparatória).

> O inadimplemento culposo é a fonte da chamada responsabilidade civil contratual.

As espécies de inadimplemento podem ser **mora** (ou inadimplemento relativo), **inadimplemento absoluto** (ou total) e **violação positiva do contrato** (ou adimplemento ruim).

15.1. Mora

É o **cumprimento imperfeito da prestação em razão do tempo, lugar e forma** inicialmente ajustados pelas partes (art. 394, CC), desde que ainda esteja presente a viabilidade e utilidade daquela prestação para o credor.

Não se deve identificar a mora como o mero atraso no cumprimento da prestação. A mora se configura com o atraso certamente, mas vai além disso. Se as partes elegeram um local para o cumprimento da prestação, mas esta acaba sendo adimplida em local diverso, configura-se também a mora. De igual maneira, se a partes ajustaram que o pagamento seria feito de uma certa forma, por exemplo, através da entrega de quantia em dinheiro, a tentativa de pagar com a entrega de um cheque igualmente configuraria a mora. Então, a mora relaciona-se com o tempo, lugar e forma.

Outro detalhe importante: para a configuração da mora, há que se ter a utilidade da prestação para o credor. Se a prestação não é mais útil para o credor, passamos a ter inadimplemento absoluto. Por exemplo, *buffet* contratado para uma festa de casamento chega às 23h, quando tal evento estava marcado para as 18h. Em tese seriam apenas 5 horas de atraso; entretanto, certamente a festa não se realizou e os convidados já foram embora. Ou seja, não há mais utilidade na prestação dos serviços contratados. Assim, não há mais a mora, configurando-se então a segunda modalidade, o inadimplemento absoluto.

Para a preservação da boa-fé objetiva, a inutilidade da prestação que autoriza a recusa da prestação por parte do credor deverá ser aferida objetivamente, e não de acordo com o mero interesse subjetivo do credor.

Por fim, não há mora nas obrigações negativas, sendo o devedor considerado inadimplente absolutamente desde o momento em que venha a praticar o ato pelo qual tinha obrigado a se abster – art. 390, CC.

15.1.1. Espécies de mora

15.1.1.1. Mora *solvendi*

É a mora do devedor. Têm-se dois requisitos para a configuração da mora *solvendi*.

- **Requisito objetivo:** haver um cumprimento imperfeito da obrigação.
- **Requisito subjetivo:** presença de culpa do devedor. A lei presume esse requisito subjetivo, tanto que, se o devedor não for culpado, caberá a ele o ônus da prova quanto à demonstração de inexistência de culpa.

15.1.1.1.1. Efeitos da mora do devedor

- **Responsabilidade patrimonial:** art. 395 CC – o devedor deverá reparar todos os prejuízos a que sua mora deu causa, além de juros moratórios, correção monetária e honorários advocatícios.
- **Ampliação da responsabilidade:** art. 399 CC – o devedor em mora responde até mesmo pelo fortuito ou força maior, caso esses eventos venham a ocorrer durante o período da mora (após a data de vencimento e antes do efetivo cumprimento da prestação). Todavia, não haverá ampliação da responsabilidade se ficar comprovado que aquele evento ocorreria de qualquer forma, ou seja, independentemente da atuação pontual do devedor.

Observação 1:

Mora *ex re* x mora *ex personae* – art. 397 CC. Na mora *ex re,* o dia interpela pelo homem, ou seja, há um dia de vencimento convencionado. Não cumprindo o devedor a prestação naquela data estipulada, não há necessidade de qualquer notificação para constituí-lo em mora; esta se dá de maneira automática. A mora *ex personae*, por sua vez, ocorre quando a obrigação não trouxer uma data para seu vencimento (p. ex.: contrato de locação por prazo indeterminado). Ou, ainda, quando em certos contratos a lei ou o próprio instrumento negocial exigem que seja feita uma notificação ao devedor para purgar a mora (p. ex.: contrato de *leasing,* alienação fiduciária, compromisso de compra e venda de imóveis). Nesse caso, somente após a notificação o devedor está constituído em mora.

Observação 2:

Mora presumida – art. 398, CC e Súmula 54 do STJ. Nas obrigações provenientes de ato ilícito, considera-se o devedor em mora desde o momento em que praticou esse ilícito. Esse artigo deveria estar localizado junto aos arts. 927 e s. do CC, já que se refere à responsabilidade civil extracontratual. Desde a data em que o ato fora praticado, o autor do dano já está em mora quanto à sua reparação.

15.1.1.2. Mora *accipiendi*

É a **mora do credor**. Aqui, tem-se apenas o requisito objetivo, qual seja, a recusa injustificada do credor em receber a prestação no tempo, lugar e forma estabelecidos. Caberá ao juiz verificar se a mora do credor foi motivada ou imotivada.

15.1.1.2.1. Efeitos da mora do credor – art. 440, CC

- A mora do credor isenta o devedor da responsabilidade pela conservação da coisa, desde que este não tenha dolo.
- Obriga, ainda, o credor a ressarcir o devedor pelas despesas empregadas na eventual conservação do bem.
- Sujeitará o credor a receber a coisa pelo valor mais favorável ao devedor se houver oscilação deste no período (entre a data da recusa e o efetivo recebimento).

Observações finais em relação à mora:

- **Purgação ou emenda da mora – art. 401, CC:** purgar é fazer desaparecer a imperfeição daquela situação desencadeada pela mora. O devedor purga a sua mora oferecendo a prestação que não foi adimplida acrescida dos efeitos patrimoniais retrocitados (arts. 395 e 399, CC). O credor purga a mora se oferecendo a receber a prestação e se submetendo aos efeitos do art. 400, CC.

Podem as partes, por meio de um contrato, excluir a possibilidade de purga da mora? A purgação da mora é hoje uma manifestação da função social dos contratos, princípio de ordem pública, logo inderrogável. É um direito das partes purgar a sua mora, desde que a prestação ainda se mantenha útil à outra parte, como dito. A purgação da mora somente será possível se ainda houver objetivamente a presença da utilidade daquela prestação.

- **Cessação da mora:** é a remissão dos efeitos deletérios provocados pela mora. É admitida pela doutrina como forma de remissão (perdão).

15.2. Inadimplemento absoluto

O inadimplemento absoluto, segunda espécie de inadimplemento, decorre principalmente de três fatores:

1) Recusa voluntária do devedor em cumprir a prestação ajustada.
2) Perda total do objeto por culpa do devedor.
3) Caráter transformista da mora – uma situação que em princípio seria de mora, pela perpetuação desta, poderá gerar a perda da utilidade da prestação para o credor, convertendo-se assim a situação inicial de mora em inadimplemento absoluto.

Ocorrendo qualquer dessas causas, haverá resolução da obrigação com pagamento de perdas e danos, juros moratórios, correção monetária e honorários advocatícios (art. 389, CC). Desses três fatores apresentados, apenas a recusa voluntária do devedor em cumprir a obrigação autoriza a utilização da tutela especifica da obrigação. Nessa situação, o devedor poderá se valer das medidas de coerção trazidas pelo NCPC a fim de ver efetivamente cumprida a prestação à qual faz jus. O art. 475, CC prevê a extinção do contrato (resolução) quando se fizer presente tal modalidade de inadimplemento, podendo a parte prejudicada exigir a devida reparação e, se possível for, exigir o cumprimento específico da prestação.

Destaque-se que o inadimplemento parcial não se confunde com a mora, sendo uma modalidade de inadimplemento absoluto, já que o cumprimento imperfeito da obrigação se relaciona com a quantidade inadimplida. Por exemplo, se o devedor se obriga a entregar 10 objetos mas entrega apenas 6, há inadimplemento parcial.

15.3. Violação positiva do contrato

Além das prestações principais (dar, fazer e não fazer), as partes devem cumprir os deveres anexos ou laterais que são criados pela lei a partir da incidência do princípio da boa-fé objetiva. Esses deveres, se não cumpridos, desencadeiam uma nova modalidade de inadimplemento, denominada "violação positiva do contrato", conhecida também pelo nome de "adimplemento ruim". Pontue-se que esses deveres são impostos pelo art. 422, CC, especificamente pela função integrativa da boa-fé objetiva (ver capítulo relativo aos princípios contratuais). Portanto, se a parte cumpre a prestação principal, mas não cumpre os deveres anexos, configura-se essa nova hipótese de inadimplemento.

Tais deveres podem ser resumidos em: (a) deveres de cooperação; (b) deveres de proteção; (c) deveres de cuidado. Para saber mais sobre esses deveres e seu significado, verificar a parte relativa aos princípios contratuais.

15.4. Outras figuras relacionadas ao inadimplemento

- **Inadimplemento antecipado:** se, mesmo antes do advento da data prevista para o cumprimento da prestação, já se constata que há uma grande probabilidade de o inadimplemento vir a ocorrer, a lei permite ao possível prejudicado ingressar com ação de **resolução antecipada do contrato**, pedido este que poderá ser cumulado com perdas e danos, provando-se os prejuízos efetivamente sofridos. Essa pretensão ancora-se nos arts. 477 e 495, CC (este, específico para o contrato de compra e venda). Em verdade, aqui haveria uma forma de utilização da ***exceptio non adimpleti contratus*** (exceção do contrato não cumprido) de maneira antecipada. Por exemplo, antes mesmo da data de vencimento, o credor percebe que o devedor não entregará a obra em imóvel, por não haver tempo para seu início e finalização. Nesse caso, é possível valer-se da resolução antecipada.
- **Inadimplemento mínimo:** também chamado de "adimplemento substancial", essa modalidade se configura quando, em um contrato de trato sucessivo ou execução diferida, a maior parte do contrato já houver sido adimplida pelo devedor. Diante de eventual inadimplemento mínimo, o credor não poderá pretender a resolução do contrato, pois tal conduta contrariaria a boa-fé objetiva. Nesse aspecto, resolver o contrato por um mínimo inadimplemento seria considerado uma conduta abusiva por parte do credor, por ser medida absolutamente desproporcional (verdadeiro exercício abusivo de direito, nos termos do art. 187, CC). Caberá ao credor nesses

casos cobrar as prestações faltantes, acrescidas dos efeitos patrimoniais. A finalidade dessa figura é inibir a utilização indevida da resolução contratual.

15.5. Cláusula penal e arras

Tanto a cláusula penal quanto as arras (ou sinal), previstas nos arts. 408 a 420, CC, têm por finalidade **resguardar as partes quanto a eventual inadimplemento por parte da outra**, seja a mora ou mesmo o inadimplemento absoluto. Sendo cláusulas acessórias (presença não obrigatória), só irão despertar seus efeitos no momento em que o inadimplemento vier a ocorrer.

A cláusula penal (chamada também de penalidade ou multa contratual) pode ser de duas naturezas:

- **Moratória:** visa resguardar as partes em face de eventual ocorrência da mora, sendo calculada então, normalmente, como um percentual da prestação inadimplida. Por exemplo, nas obrigações regidas pelo Código de Defesa do Consumidor, essa multa não poderá ser superior a 2% do valor da prestação em atraso (ver art. 52, § 1º, CDC). Essa multa tem natureza complementar à própria obrigação, ou seja, o credor continua tendo interesse em cobrar a prestação principal, agora acrescida da cláusula penal moratória.
- **Compensatória:** visa resguardar as partes da ocorrência do inadimplemento absoluto. Portanto, essa multa será substitutiva da própria obrigação inadimplida, razão pela qual seu teto equivale ao valor da própria prestação, nos termos do art. 412, CC. O credor pode buscar: (a) a tutela específica da obrigação, ou; (b) a reparação dos danos através de ação própria, ou; (c) a execução da cláusula penal compensatória prevista no contrato.

Então, é possível perceber que a cláusula penal tem a função de auxiliar as partes na prefixação daquele valor devido a título de perdas e danos. Para tanto, não é necessário que o credor demonstre a presença de qualquer prejuízo efetivo (art. 416, CC). Para exigir uma indenização suplementar, entretanto, o credor terá de contar com dois requisitos: (a) previsão no próprio corpo do contrato; (b) prova do prejuízo excedente.

Se num caso concreto o juiz entender que o valor fixado a título de cláusula penal é excessivo, deverá reduzir a penalidade, sem, contudo, descarta-la. É o que está previsto no art. 413, CC, verdadeira norma de ordem pública. O STJ entende que tal artigo também poderia ser aplicável às arras ou sinal.

TEORIA GERAL DOS CONTRATOS

16. INTRODUÇÃO AOS CONTRATOS

Após a Revolução Francesa, a burguesia, classe ascendente, calcada na ideologia liberal, necessitava de um instrumento legal para resguardar seus interesses econômicos, especialmente no sentido da livre acumulação de riquezas. Assim, em 1804 o chamado Código Civil Napoleônico resguardou à propriedade o papel de principal instituto jurídico no âmbito privado.

Esse papel central dado ao direito de propriedade, aliado à perspectiva marcadamente individual e liberal, eram as características mais acentuadas do diploma francês (patrimonialismo, individualismo e liberalismo).

Os particulares poderiam manifestar livremente a sua vontade a fim de alcançar a situação de proprietários, restando ao Estado uma mínima intervenção. Logo, os contratos, como instrumento de condução à aquisição da propriedade, eram fruto da chamada autonomia da vontade (poder dado aos particulares para livremente criar a sua norma individual, contando com uma restrita intervenção estatal).

Ocorre que esse ambiente oitocentista de extrema liberdade acabou por gerar uma situação de opressão, pois aqueles que eram política ou economicamente mais fortes subjugavam os mais fracos. A pretensa igualdade oriunda da livre manifestação de vontade era apenas formal. Do ponto de vista material, havia uma grande desigualdade.

Para garantir uma verdadeira isonomia (igualdade material ou substancial), os mais fracos passaram a exigir do Estado uma intervenção no ambiente privado, como forma de impor limites à atuação do contratante mais forte. O Estado, então, passou a realizar intervenções no âmbito contratual para que fosse alcançada tal isonomia. O Estado seria o fiel dessa balança, entre as partes contratantes. A esta intervenção do Estado deu-se o nome de "dirigismo contratual".

Tendo a **autonomia da vontade** como grande centro, a teoria contratual foi construída com base em três princípios:

a) **Princípio da liberdade contratual:** as partes poderiam escolher se contratavam ou não, qual seria o conteúdo dessa contratação e quem seria seu parceiro.
b) **Princípio da força obrigatória dos contratos/obrigatoriedade dos contratos:** conhecido

como ***pacta sunt servanda***. Os contratos constituem uma lei entre as partes, nascendo para serem cumpridos. Assim, não haveria possibilidade de alteração unilateral do contrato, nem por determinação do juiz. Só se admitiria a revisão contratual por novo acordo entre as partes contratantes.

c) **Princípio da relatividade dos efeitos contratuais:** os contratos não atingem terceiros, gerando efeitos apenas entre as partes contratantes (eficácia *inter partes*).

Essa principiologia contratual nascida na Europa veio para o Brasil com a promulgação CC de 1916 (um Código inspirado nos diplomas do velho mundo, tendo, portanto, as mesmas características do patrimonialismo, liberalismo e individualismo).

Entretanto, da mesma forma como ocorreu em solo europeu, ao longo do século XX sentiu-se a necessidade de maior intervencionismo do Estado nos contratos. A sociedade urbanizada e de massa não enxergava mais o Código Civil com o protagonismo de outrora. Iniciou-se um progressivo processo de esvaziamento normativo daquele diploma, fenômeno que se fez conhecido como "descodificação". Vários microssistemas paralelos foram surgindo, regulamentando-se temas que agora não mais integravam o Código, graças à complexidade da sociedade que se descortinava àquela altura. A principiologia clássica era insuficiente para o novo momento sociojurídico.

17. AUTONOMIA PRIVADA

A velha autonomia da vontade gerava desigualdade, conduzindo à necessária intervenção do Estado. Em verdade, a necessidade de atualização dos dispositivos do Código se fez presente não apenas na seara contratual, mas também em outros ramos, como o Direito de Família, o Direito das Coisas, o Direito Sucessório, razão pela qual, a partir da década de 1960 do século passado, iniciaram-se projetos para a elaboração de uma nova codificação civil, fato esse que resultou na promulgação, em 2002, de nosso novo diploma.

Voltando especificamente aos contratos, a doutrina acaba por elaborar um conceito mais bem adaptado à fase atual: **autonomia privada** – em substituição à autonomia da vontade. O poder concedido aos particulares para elaborar a sua norma própria, que regularia seus interesses individuais, iria até o ponto em que o Estado viesse a impor limites. Não há mais a ideia de um poder ilimitado, mas sim de uma liberdade regrada. Haveria um espaço dentro do qual essa autonomia seria concedida aos particulares. O contrato estaria inserido no âmbito desta.

Dito isso, pode-se conceituar a autonomia privada como o poder que o Estado concede aos particulares para que estes possam regulamentar seus interesses privados, respeitados os limites impostos pelo ordenamento jurídico.

Todos os atos jurídicos que o Estado permite ao sujeito praticar são manifestações da autonomia privada, por exemplo, casamento, testamento, contrato, constituição de direitos reais, emissão de título de crédito, constituição de uma associação ou uma sociedade, cessão de direitos de imagem, dentre outros. Registre-se que a prática de um ato ilícito não é exercício de autonomia privada, pois o Estado não lhe concede esse tipo de liberdade.

18. NOVOS PRINCÍPIOS CONTRATUAIS

Verificado esse panorama inicial, com a perspectiva histórica aliada à caminhada para chegar ao conceito de autonomia privada, importante agora compreender que o contrato começa a ser encarado não mais pela sua estrutura, mas sim pelas funções que ele, como instrumento negocial, passa a desempenhar. Quais seriam as funções que o contrato cumprirá? Na perspectiva de um direito civil constitucionalizado, os institutos privados, dentre eles o contrato, devem ser analisados com base nos princípios do solidarismo e da socialidade.

Logo, entende-se que o contrato possuiria tríplice função, cada uma delas desencadeando a formulação de um novo princípio:

Função ética	Busca da construção de uma sociedade solidária (art. 3º, I, CR/88). Além disso, é a maior expressão da diretriz da eticidade, estabelecida pela comissão formuladora CC de 2002.	Princípio da boa-fé objetiva
Função social	Busca da superação do individualismo, marcante na codificação anterior (em atendimento ainda ao art. 5º, XXIII, CR/88). Além disso, é mais uma expressão da diretriz da socialidade, estabelecida pela comissão formuladora do CC/2002.	Princípio da função social dos contratos

Função econômica	Busca da construção de uma sociedade justa (art. 3º, I, CR/88). Além disso, enaltece a função primordial do contrato, como instrumento que permite a circulação de riquezas.	Princípio do equilíbrio econômico

O Novo Código Civil preocupa-se com a superação daquele exacerbado liberalismo, individualismo e patrimonialismo de seu predecessor. Dessa maneira, os novos princípios contratuais, carregados com esse viés intervencionista, serão considerados princípios de ordem pública. Por isso podem ser aplicados pelo juiz independentemente de provocação de qualquer parte. Porém, ao aplicá-los, o magistrado não poderá desconfigurar a vontade das partes, pois se assim atuar haverá um esvaziamento do contrato como norma jurídica.

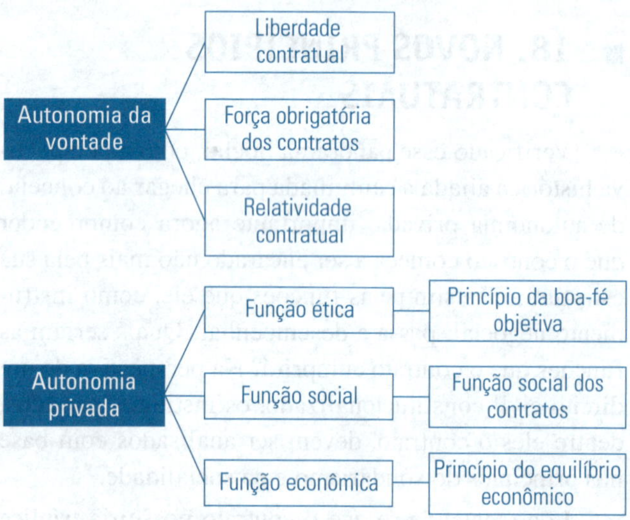

Há que se recordar ainda que os novos princípios contratuais foram inseridos no Código de 2002 por meio da técnica legislativa das **cláusulas gerais**. Através dessas cláusulas gerais, o legislador, de forma proposital, estabelece uma **norma com conteúdo aberto**, com a finalidade de o magistrado poder, diante do caso concreto, aplicar os valores vigentes na sociedade no momento de exarar a sentença. Importante asseverar que, ao concretizar uma cláusula geral, o juiz buscará esses valores sociais na Constituição, seja diretamente ou a partir de interpretação desta.

O sistema com a presença de cláusulas gerais é um sistema aberto, poroso aos novos valores vigentes na sociedade. Para evitar uma possível insegurança jurídica ao se concretizar uma cláusula geral, o juiz deverá se utilizar de uma extensa fundamentação. Esse ativismo judicial é permitido pelo próprio legislador.

> Em conclusão, é possível afirmar que os novos princípios contratuais são verdadeiras cláusulas gerais, que irão demandar a atuação do magistrado para que, ao longo do tempo, possam apresentar seu verdadeiro conteúdo.

19. PRINCÍPIO DA BOA-FÉ OBJETIVA

Antes de avançarmos no estudo do princípio da boa-fé objetiva, importante se mostra a distinção em relação à boa-fé *subjetiva*, também denominada boa-fé regra, ou boa-fé psicológica.

Agir "de boa-fé" sempre foi considerado pela lei uma atitude digna de merecimento de um tratamento diferenciado. Ou seja, aquele que age ignorando certas circunstâncias deve ser tutelado pelo Direito e não reprimido. O revés dessa acepção de boa-fé seria o "agir de má-fé". A boa-fé e a má-fé são utilizadas, por exemplo, no regramento dos efeitos da posse (direito aos frutos e benfeitorias, arts. 1.214 e 1.219, CC).

Por sua vez, a atuação "conforme" ou "segundo a boa-fé" avulta a concepção objetiva da expressão "boa-fé". Seria a boa-fé um princípio, um padrão de comportamento. As partes adotam um padrão de conduta dentro do qual serão respeitadas as expectativas da outra, tutelando-se a lealdade, a honestidade, a confiança que uma deposita no comportamento alheio. Quem não atua conforme a boa-fé não está de má-fé; simplesmente age contrariamente ao preceituado pela boa-fé objetiva.

A fim de melhor compreender a dimensão desse princípio, a doutrina ressalta quais seriam as funções desempenhadas pela boa-fé objetiva:

a) **Função interpretativa ou hermenêutica (art. 113):** encontra-se no capítulo das Disposições Gerais acerca do negócio jurídico.

> **Art. 113.** Os negócios jurídicos devem ser interpretados conforme a boa-fé e os usos do lugar de sua celebração.

> Em sede de interpretação dos negócios jurídicos, o Código passado adotava a teoria da vontade, no art. 85. Por meio desta, o juiz deveria buscar na mente das partes quais eram suas reais intenções, afastando-se de uma interpretação puramente gramatical.

Já no Código atual, numa tentativa de conceder maior segurança jurídica à interpretação do negócio jurídico, adotou-se a teoria da declaração (art. 112). Por meio dela, o juiz verificará a intenção das partes a partir do que por elas foi declarado. Assim, a busca da real intenção será objetivada por intermédio da análise das declarações feitas (manifestação da diretriz da operabilidade ou concretude). O juiz não necessitará ir à mente das partes, devendo, portanto, buscar a vontade contratual por meio das declarações realizadas.

Em sua função interpretativa, o princípio da boa-fé atuará como norma auxiliar à teoria da declaração, ou seja, quando o juiz entender que a interpretação de um negócio jurídico não será bem conduzida apenas a partir da análise das declarações emitidas, poderá verificar também quais eram as expectativas que uma parte depositava no comportamento da outra, para que assim possa alcançar uma interpretação que retrate a real intenção, preservando-se os interesses em jogo.

b) Função integrativa, supletiva ou criadora (art. 422): essa função está disposta no título referente à teoria geral dos contratos.

> **Art. 422.** Os contratantes são obrigados a guardar, assim na conclusão do contrato, quanto em sua execução, os princípios de probidade e boa-fé.

Antigamente, as obrigações eram denominadas simples, em virtude da necessidade de adimplemento apenas das prestações principais ajustadas a partir do acordo de vontades (dar, fazer e não fazer). Entretanto, agora, as partes deverão cumprir, por força de lei, os chamados deveres anexos ou laterais (acessórios, instrumentais, paralelos ou deveres de conduta). Tais deveres são oriundos do princípio da boa-fé objetiva.

Os deveres anexos podem ser subdivididos, segundo a doutrina em:

- **b.1) Dever de cooperação (colaboração ou lealdade):** as partes devem colaborar para a consecução dos fins do contrato, buscando-se o atendimento do interesse demonstrado pela outra. O contrato deverá ser uma relação de intensa parceria a fim de que seja obtido o sucesso, ou seja, a satisfação dos interesses (o êxito do negócio jurídico). Cooperar nesse sentido é fazer com que o contrato chegue ao seu final da maneira mais proveitosa ao credor e menos onerosa ao devedor. Exemplos: dever de sigilo/cláusulas de confidencialidade: independentemente de haver uma cláusula contratual impondo o dever de sigilo, este poderá ser exigido com base na boa-fé objetiva. Mesmo porque, se houvesse cláusula contratual nesse sentido, seria uma cláusula principal e não dever anexo. Dever de não concorrência após o término do contrato. *Recall* de veículos, comum no mercado automotivo.
- **b.2) Dever de proteção (segurança ou cuidado):** as partes devem proteger o patrimônio e os direitos da personalidade de seu parceiro contratual. Deve haver acautelamento físico e patrimonial da contraparte. Exemplos: furto de veículo em estabelecimento comercial; instruções para uso seguro de determinado produto ou serviço.
- **b.3) Dever de informação (esclarecimento ou transparência ou aviso):** tudo aquilo que puder influir na vontade da parte de contratar, especialmente em relação ao objeto da contratação, deve ser informado ao parceiro contratual. A ideia é ampliar o conhecimento acerca do objeto da avença. Exemplos: omissão de informações importantes quando da compra e venda de apartamento ou veículo.

Ainda quanto aos deveres anexos, vale registrar que, em determinado caso concreto, o comportamento do contratante poderá violar um ou mais deveres ao mesmo tempo. Logo, a categorização possui um caráter mais didático que prático.

Conforme foi dito no tópico relativo ao inadimplemento, ao se descumprir um dever lateral haverá o desencadeamento de uma terceira via de responsabilidade contratual. Além do inadimplemento absoluto e da mora (previstos nos art. 389 e s. do CC), tem-se agora a "violação positiva do contrato" (ou "adimplemento ruim") como mais uma forma moderna de inadimplemento. Diante dessa nova figura de incumprimento, a parte prejudicada poderá pedir a resolução do contrato cumulada com tutela ressarcitória, se for o caso, baseando-se esse pedido no art. 475, CC.

Observação: a extinção do contrato como gênero poderá ocorrer por meio de uma das seguintes espécies: **resolução** (presente alguma modalidade de inadimplemento – art. 475, CC), **rescisão** (presente algum vício sobre o objeto – art. 455, CC) e **resilição** (quando a vontade for o fator de término do contrato). No caso da resilição, há que se distinguir se a vontade extintiva foi declarada de forma unilateral (recebendo o nome de **denúncia** – art. 473) ou bilateral (quando será denominada de **distrato** – art. 472, CC).

c) Função controle/limitativa (art. 187): a boa-fé objetiva é um dos elementos de controle do exercício de direitos subjetivos. Assim, um sujeito, ao exercer um direito do qual é titular, deverá atuar dentro dos limites impostos pela boa-fé, sob pena de praticar abuso do direito. Para facilitar a compreensão da boa-fé e sua função de controle, a doutrina criou categorias de exercícios abusivos de direito por violação à boa-fé (figuras parcelares da boa-fé), quais sejam:

> **Art. 187.** Também comete ato ilícito o titular de um direito que, ao exercê-lo, excede manifestamente os limites impostos pelo seu fim econômico ou social, pela boa-fé ou pelos bons costumes.

- **c.1) Adimplemento substancial ou inadimplemento mínimo ou *substancial performance*:** quando um contrato já tiver sido cumprido em sua maior parte, restando parcela mínima a ser adimplida, a utilização de medidas como a resolução ou a exceção do contrato não cumprido (arts. 475 e 476) devem ser inibidas como forma de preservação da boa-fé objetiva, evitando que a adoção dessas providências se configure como abusivas do direito do credor. Em situações como essa, o credor deverá adotar medidas menos drásticas para resguardar seu direito subjetivo, até mesmo como forma de preservação do contrato.

- **c.2) *Nemo potest venire contra factum proprium* (a ninguém é dado vir contra os seus próprios atos):** essa teoria, também denominada "teoria dos atos próprios", tem por finalidade reprimir a adoção de comportamentos contraditórios quando estes violarem a confiança depositada pela outra parte. Ressalte-se que a expectativa digna de tutela surge exatamente a partir do primeiro comportamento. Essa teoria ultrapassou o Direito Civil e pode hoje ser observada no Direito Processual Civil, no Direito Administrativo, no Direito Tributário, dentre outros ramos.

  Antes de seguir até as teorias da *supressio*, *surrectio* e *tu quoque*, vale consignar que, segundo nosso humilde entendimento, elas seriam subespécies da *venire contra factum proprium*, visto que se baseiam igualmente na ocorrência de atos contraditórios e quebra da confiança.

- **c.3) *Supressio*:** para a aplicação da *supressio*, faz-se necessária a titularidade de um direito subjetivo qualquer, conjugada à omissão do titular prolongada no tempo. Ao se resolver por exercer esse direito, o titular acabará por quebrar a confiança da contraparte que acreditava na manutenção da situação de inércia.

Através da alegação da *supressio* em defesa, a parte que viu suas expectativas se quebrarem pelo comportamento ativo daquele que estava inerte poderá conseguir o esvaziamento do direito subjetivo. O titular continua no gozo de sua situação jurídica, porém sem a possibilidade de exercer esse seu direito. A inércia continuada suprimiria a possibilidade de atuação, gerando como consequência a manutenção da confiança da outra parte.

Exemplo: convenção de condomínio autoriza um condômino a usar a área comum para fazer ali sua área de serviço. O condômino é mero detentor (atos de mera permissão ou tolerância não induzem posse, nos termos do art. 1208, CC). O condômino, se ocupar por 20 anos essa área comum, não vai usucapi-la, porque o primeiro requisito para que tenhamos a usucapião é a posse (o mero detentor jamais irá usucapir). O condomínio, por sua vez, durante aquele período, sendo titular do direito de propriedade, está sendo omisso na retomada daquela área. Quando decidir retomá-la, o condômino poderá arguir a *supressio* como argumento de defesa. Esse exemplo foi retirado do REsp 214.680/SP – STJ.

Resumindo os requisitos para configuração da *supressio*:

1) Titular de um direito subjetivo, omisso em relação ao exercício deste.
2) Omissão perpetuada por um período relevante (dependerá do caso concreto).
3) Atuação repentina do titular do direito, até então omisso, ocasionando a quebra das expectativas da outra parte, que confiara na manutenção da omissão.
4) Uma desproporção entre o benefício que será auferido pelo titular do direito e o prejuízo suportado pela contraparte.

Vale dizer que alguns autores exemplificam dizendo que a *supressio* foi colocada na nossa lei no art. 330, CC, ao tratar do local de pagamento.

> **Art. 330.** O pagamento reiteradamente feito em outro local faz presumir renúncia do credor relativamente ao previsto no contrato.

Exemplo: no contrato de locação ficou ajustado que a dívida seria portável (paga no domicílio do credor). Entretanto, o reiterado comportamento do credor faz com que a dívida seja quesível (o credor, mensalmente, vai até o domicílio do devedor para receber o aluguel). Com isso, a disposição contratual foi renunciada pelo comportamento reiterado.

- **c.4)** ***Surrectio*****:** é a outra face da moeda da *supressio*. Quando uma das partes adota um comportamento positivo reiterado, induzindo assim expectativas na outra, a interrupção abrupta daquela sequência poderia gerar a quebra da confiança alheia. Logo, a contraparte teria o direito, baseado na preservação das expectativas, de exigir a continuidade daquela relação, nos moldes perpetuados.

Logo, a *surrectio*, ao contrário da *supressio*, não deveria ser aplicada como simples instrumento de defesa, mas verdadeiramente como pretensão à continuidade. Nasceria para a parte um direito subjetivo à continuação da situação vivenciada por longo período.

São requisitos configuradores da *surrectio*:

1) Comportamento positivo adotado no âmbito de relação jurídica (contratual ou não contratual).
2) Comportamento continuado durante um período relevante.
3) Interrupção desse comportamento, acarretando a quebra das expectativas.
4) Direito subjetivo à continuidade da situação anterior.

Exemplo: plano de saúde ou seguradores aceitam seus segurados por vários anos, sem qualquer questionamento. Os planos ou seguros se renovam automaticamente. De repente, a contratada informa ao contratante, sem qualquer justificativa relevante, que não irá mais renovar aquele produto ou serviço. Nasce o direito subjetivo à continuidade (*surrectio*).

- **c.5)** ***Tu quoque*****:** a expressão seria proveniente de Roma, após o Imperador Júlio César ter dito *Tu quoque, Brute, fili mi*, ao ver que entre seus algozes estava seu filho adotivo Brutus.

"Não faça aos outros aquilo que você não quer que os outros façam a você." "Você só poderá exigir seus direitos a partir do momento em que cumprir seus deveres." Essas seriam significações juridicamente adaptadas para o *tu quoque*.

Em síntese, se o titular deseja exercer um direito, deve igualmente respeitar as expectativas da outra parte. A maior manifestação do *tu quoque* em nosso ordenamento estaria no art. 476, CC: exceção do contrato não cumprido (*exceptio non adimpleti contractus*).

> **Art. 476.** Nos contratos bilaterais, nenhum dos contratantes, antes de cumprida a sua obrigação, pode exigir o implemento da do outro.

20. FUNÇÃO SOCIAL DOS CONTRATOS

Fundamento constitucional: art. 5º, XXIII, e art. 170, III, CRFB/88 – a função precípua do contrato seria promover a circulação de riquezas, da propriedade. Logo, para muitos autores, a função social do contrato estaria, do ponto de vista constitucional, inserida na função social da propriedade.

Já quanto ao fundamento infraconstitucional: art. 421, CC. Foi inserido no CC/2002 como grande cláusula geral a balizar o exercício da liberdade contratual.

> **Art. 421.** A liberdade de contratar será exercida em razão e nos limites da função social do contrato.

Interpretando-se o vago conteúdo do art. 421, CC, chegamos à conclusão de que, ao contratar, o sujeito não poderá atender apenas a seus interesses individuais, egoísticos. Devem igualmente ser respeitados os interesses de toda a coletividade.

A função social dos contratos é fruto da diretriz teórica da socialidade. Dessa forma, ao se celebrar um contrato, os interesses individuais estariam no mesmo patamar dos interesses da coletividade. É errado dizer que os interesses da sociedade superaram os interesses individuais, pois, se isso fosse verdadeiro, o Brasil ter-se-ia tornado um país socialista.

Pelo exposto, essa função social dos contratos mitigará o velho princípio da relatividade dos efeitos contratuais, já que é perfeitamente possível que um contrato gere efeitos, tanto diretos quanto indiretos, contra terceiros estranhos à avença.

Para o reconhecimento e aplicação desse princípio, o juiz também poderá atuar de ofício, visto que possui nítido caráter de ordem pública. Importante também registrar que a função social não aniquila a autonomia privada, mas apenas conforma, sempre que possível. Na aplicação do princípio em tela, o juiz deverá ajustar a vontade das partes àquilo que for exigido pela função social, não suprimindo das partes o poder de regular volitivamente seus interesses.

Partindo para a doutrina, é muito comum visualizarmos a seguinte distinção, acerca da eficácia ou grau de aplicabilidade dessa norma: o princípio da função social dos contratos possui eficácia interna e externa. Porém, ao conceituarem a eficácia interna, os autores acabam confundindo tal perspectiva com o próprio princípio da boa-fé objetiva.

Alguns autores apontam que haveria incidência dessa eficácia interna quando as partes possuíssem o dever de respeitar os interesses umas das outras, colaborando para os fins da segurança jurídica (mas isso nada mais é que a boa-fé objetiva). Por isso, para alguns autores, a função social teria apenas e tão somente a eficácia externa.

Dessa maneira, a função social deveria ser encarada como verdadeiro manto protetor do contrato. O contrato não poderá gerar efeitos maléficos para terceiros estranhos ao pacto, bem como não poderá ser prejudicado pela conduta da coletividade em geral ou de um terceiro determinado. Esse princípio blindaria o contrato contra efeitos indevidos, quer vindos de fora, quer vindos do comportamento das próprias partes e alcançando sujeitos estranhos.

Seguindo-se ainda a linha desse esforço doutrinário, no sentido de dar concretude à redação quase simplista do art. 421, CC, entende-se que o princípio em estudo poderia alcançar uma manifestação tríplice (no sentido de possíveis violações à função social):

1ª manifestação: Contrato que prejudica a coletividade não atenderá à função social dos contratos.

- Exemplo: duas empresas que se unem a fim de monopolizar o mercado em que atuam (o CADE – Conselho Administrativo de Defesa Econômica – terá de analisar se o contrato viola ou não a função social e a função econômica). Em resumo, qualquer contrato que venha a violar direitos e interesses difusos desrespeita a função social.

2ª manifestação: Contrato que prejudica um terceiro determinado.

- Exemplo 1: acidente de consumo – a pessoa atingida pelo acidente (como fato do produto ou do serviço) é equiparada a consumidor (art. 17 do CDC), sendo chamada de *bystander*. Apesar de não ser parte do contrato, será equiparada à parte mais vulnerável.
- Exemplo 2: direito de imagem – um *paparazzi* contratado por revista para violar o direito de privacidade, captando indevidamente a imagem de uma celebridade. O contrato entre a revista e o *paparazzi* viola interesses de terceiros (direitos da personalidade).

3ª manifestação: Terceiro que prejudica um contrato em curso.

- Exemplo: a Ambev contratou Zeca Pagodinho para fazer propaganda da Brahma quando ainda estava em curso seu contrato com a Nova Schin. A Ambev pagou indenização para a Nova Schin correspondente a 2 anos de contrato de Zeca Pagodinho. Zeca Pagodinho adimpliu cláusula penal compensatória para a Nova Schin.

> **Art. 608.** Aquele que aliciar pessoas obrigadas em contrato escrito a prestar serviço a outrem pagará a este a importância que ao prestador de serviço, pelo ajuste desfeito, houvesse de caber durante 2 anos.

Louvável a tentativa da doutrina de explicar as possíveis manifestações do princípio da função social. Mais ainda ao questionar: quais são as consequências estipuladas para o descumprimento da função social dos contratos?

A Constituição de 1988 prevê sanções no caso de descumprimento da função social da propriedade. Na propriedade urbana, teremos: parcelamento, edificação e utilização compulsória do solo, IPTU progressivo e, por fim, a possibilidade de desapropriação como sanção. Já em se tratando de propriedade rural, desapropriação como sanção, para fins de reforma agrária.

O Estado, como visto, tem medidas de coerção, punição ao proprietário inerte, sanções estas que, além de estarem na Constituição, estão também na legislação infraconstitucional. Essa discussão no campo da propriedade chegou também aos contratos. Repita-se: qual é a consequência se a um contrato não for dada a função social?

A CRFB/88 não prevê medidas de punição no âmbito contratual para tal descumprimento. A legislação ordinária, igualmente, não trouxe uma sanção direta e específica. Sendo assim, ficou a cargo da doutrina tal previsão. A doutrina tenta achar uma série de soluções e não há unanimidade. As melhores respostas, a nosso sentir, são as seguintes:

1) Se o contrato for de prestação de serviços, teremos a possibilidade de aplicação da sanção prevista no art. 608, CC, culminando-se então em uma indenização ao contratante prejudicado pelo aliciamento indevido da contraparte.
2) Aplicação da sanção de nulidade ao contrato. Isso porque o art. 2.035, parágrafo único, CC estabelece que nenhuma convenção prevalecerá se desrespeitar preceitos de ordem pública,

como a função social. Logo, o que não prevalece é porque será reputado como inválido, na espécie nulidade.

> **Art. 2.035.** A validade dos negócios e demais atos jurídicos, constituídos antes da entrada em vigor do Código, obedece ao disposto nas leis anteriores, referidas no art. 2.045, mas os seus efeitos, produzidos após a vigência do Código, aos preceitos dele se subordinam, salvo se houver sido prevista pelas partes determinada forma de execução.
> **Parágrafo único.** Nenhuma convenção prevalecerá se contrariar preceitos de ordem pública, tais como os estabelecidos por este Código para assegurar a função social da propriedade e dos contratos.

A disposição desse parágrafo único poderia ser encarada como sanção genérica inserida em nosso ordenamento, cabendo ao juiz pronunciá-la de ofício, nos termos do art. 169, CC.

Contudo, vale lembrar que, ao falarmos do art. 187, CC, aprendemos que, ao exercer um direito subjetivo, devem ser atendidos limites impostos pela boa-fé objetiva, pela função econômica e pela função social. Ou seja, se alguém contrata sem atendimento da função social, acabou por exercer sua liberdade de contratar de maneira abusiva, sendo qualificado como ato ilícito pelo nosso legislador e se desencadeando como consequência o dever de indenizar (art. 927, CC). Logo, à sanção de nulidade deve ser agregado o dever de reparação, quando o caso comportar, por ser o exercício da liberdade contratual um verdadeiro ato abusivo do direito.

> Conclusão: quando a liberdade de contratar for exercida sem atendimento dos limites impostos pela função social, deve-se considerar o exercício desse direito como abusivo (art. 187, CC). Como no Brasil o abuso do direito foi qualificado como ato ilícito (opção legislativa), deve-se concluir que, quando a liberdade de contratar for exercida de forma a não atender à função social, haveria um dever de reparação por aquele que não respeitou esse princípio (art. 187, c/c o art. 927).

21. PRINCÍPIO DA JUSTIÇA CONTRATUAL (OU DO EQUILÍBRIO ECONÔMICO)

Esse princípio estabelece que as prestações de um contrato devem guardar uma relação de equilíbrio, equivalência, do início até o final. Para tanto, deve haver correspondência entre o que se presta e o que se recebe. Note-se que seria um princípio instituidor da isonomia material no âmbito dos contratos, tidos então como sinalagmáticos.

Quando em um contrato houver desequilíbrio quanto às prestações, esse princípio será aplicado para fazer com que o contrato recupere a equivalência entre as prestações. Desse modo, vale lembrar que o desequilíbrio contratual poderá se manifestar no início do contrato, ou durante sua execução.

Ocorrerá a "quebra *genética do sinalagma*" quando o contrato nascer desequilibrado. Essa quebra *genética* poderá ocorrer em qualquer dos tipos contratuais abaixo (classificação dos contratos quanto ao tempo de execução):

1) Contrato de execução imediata.
2) Contrato de execução continuada (também denominados "cativos de longa duração", "relacionais" ou "de trato sucessivo").
3) Contrato de execução diferida (a execução se dará em momento certo, no futuro).

Os institutos do estado de perigo (art. 156, CC) e lesão (art. 157, CC) são formas de cultivar o equilíbrio contratual quando o contrato nasce desequilibrado. No caso desses dois institutos, até mesmo como forma de preservar o equilíbrio contratual, a consequência da aplicação destes deve ser a revisão dos contratos (art. 157, § 2º). Apenas excepcionalmente é que deve se pensar em sua anulação (art. 171, II).

De idêntica maneira, a previsão da sanção de nulidade no caso de um contrato repleto de cláusulas abusivas é forma de manifestação do princípio do equilíbrio econômico. É evidente que um contrato recheado com cláusulas fruto de abuso de direito de estipular prejudica a isonomia entre os contratantes.

O desequilíbrio contratual também poderá se apresentar no curso da execução de dado contrato. Logo, não há como trabalhar a quebra do sinalagma durante a execução em contratos nos quais esta seja *imediata*. Durante o curso dos contratos de *execução sucessiva ou diferida*, aí sim, o contrato poderá se desequilibrar em razão de fatores internos e/ou externos.

Todo contrato se forma a partir de uma equação econômico-financeira, denominada pela doutrina "base do contrato". Se ocorrer algum fato durante a execução dessa avença que configure o concreto rompimento da base, deve-se aplicar o princípio do equilíbrio econômico (da justiça contratual), objetivando, como dito, o reequilíbrio das prestações outrora ajustadas.

Após as grandes guerras do século XX na Europa, os juristas do velho continente resgataram teorias do direito romano para fins de solucionar problemas contratuais, em uma economia arrasada naquele momento. Desse modo, três teorias foram construídas (ver teorias abaixo).

A primeira premissa teórica seria a de que em todo contrato de trato *sucessivo* ou de execução diferida, existiria uma cláusula implícita denominada *rebus sic stantibus* (numa tradução simples, "enquanto se mantiverem as condições"). Essa cláusula permitiria que, em caso de alterações das condições iniciais, as cláusulas contratuais originariamente estabelecidas também poderiam ser modificadas. Esse é o fundamento jurídico para a aplicação das teorias. O fundamento fático, por sua vez, seria a ocorrência de um evento extraordinário que acarrete a onerosidade excessiva de uma ou mais prestações ajustadas. A imprevisibilidade desse evento que alcança o contrato autorizaria a aplicação da cláusula *rebus sic stantibus*:

1) **Teoria da imprevisão.**
2) **Teoria da base do negócio jurídico.**
3) **Teoria da excessiva onerosidade.**

> **CC**
> **Art. 478.** Nos contratos de execução continuada ou diferida, se a prestação de uma das partes se tornar excessivamente onerosa, com extrema vantagem para a outra, em virtude de acontecimentos extraordinários e imprevisíveis, poderá o devedor pedir a resolução do contrato. Os efeitos da sentença que a decretar retroagirão à data da citação.
> **Art. 479.** A resolução poderá ser evitada, oferecendo-se o réu a modificar equitativamente as condições do contrato. **(Revisão)**
> **Art. 317.** Quando, por motivos imprevisíveis, sobrevier desproporção manifesta entre o valor da prestação devida e o do momento de sua execução, poderá o juiz corrigi-lo, a pedido da parte, de modo que assegure, quanto possível, o valor real da prestação.
> **CDC**
> **Art. 6º** São direitos básicos do consumidor: (...)
> **V** – a modificação das cláusulas contratuais que estabeleçam prestações desproporcionais ou sua revisão em razão de fatos supervenientes que as tornem excessivamente onerosas;

Teoria da imprevisão

1) A doutrina entende que a extrema vantagem para uma das partes não necessita estar presente para que se aplique a teoria da imprevisão. Ou seja, a doutrina trabalha esse requisito como meramente acidental.
2) Frustração dos fins do contrato (*frustration*): nesse caso, ocorrerá algum evento ou fato que fará com que o contrato perca sua finalidade. Assim, se o contrato perder sua utilidade, não podendo alcançar mais qualquer finalidade (p. ex.: o noivo fugiu na véspera do casamento – não há mais por que contratar o *buffet*), a doutrina entende que, diante da frustração dos fins do negócio, pode-se aplicar a *teoria da imprevisão*, solicitando-se a resolução do contrato.

Teoria da base do negócio jurídico

1) Essa teoria só poderia ser aplicada, segundo a doutrina, quando a relação contratual for de consumo. Isso porque sua previsão estaria no Código de Defesa do Consumidor (CDC).
2) Evento não esperado *versus* evento imprevisível: nessa teoria, basta o evento ser "não esperado". As partes poderiam até prever a ocorrência do evento, mas não acreditavam na sua ocorrência (p. ex.: desvalorização abrupta da moeda – ocorrida no Brasil em 1999, quando o governo adotou o regime de câmbio flutuante, acarretando a desvalorização do real em face do dólar americano).

Teoria da excessiva onerosidade

O art. 317 se encontra no capítulo relativo ao pagamento, no âmbito da teoria geral do Direito das Obrigações. Isso quer dizer que tal teoria se aplica a relações contratuais ou extracontratuais. Poderia ter sua aplicação solicitada por qualquer das partes e não apenas pelo devedor (como diz a literalidade do art. 478, CC, ao trazer a teoria da imprevisão). Melhor exemplo é o fenômeno inflacionário. O art. 317 será, normalmente, utilizado pelo credor, que se depara com a corrosão econômica da prestação à qual tem direito. Ele não solicitará a extinção da prestação, mas sim a revisão de seu valor.

22. PRINCIPAIS REGRAS DA TEORIA GERAL DOS CONTRATOS

Após a análise da principiologia contratual, é chegada a hora de abordar as principais regras dispostas entre os arts. 421 e 480, CC.

22.1. Contrato de adesão

Inicialmente, é importante registrar que não se deve fazer uma associação imediata entre contrato de adesão e Código de Defesa do Consumidor. Há uma forte tendência nesse sentido, já que a norma consumerista traz um conceito legal de contrato de adesão, em seu art. 54. De qualquer forma, há que se consignar que também existem contratos de adesão na órbita das relações entre sujeitos iguais, regidos então pelo Código Civil. Nada impede que um dos contratantes redija unilateralmente as cláusulas de certo contrato, cabendo à outra parte apenas aderir ou não.

> **CDC**
> **Art. 54.** Contrato de adesão é aquele cujas cláusulas tenham sido aprovadas pela autoridade competente ou estabelecidas unilateralmente pelo fornecedor de produtos ou serviços, sem que o consumidor possa discutir ou modificar substancialmente seu conteúdo.

O conceito doutrinário do contrato de adesão poderia ser indicado como: forma contemporânea de contratação, peculiar à sociedade de massas, tendo como principais características: (1) a ausência ou redução da fase das tratativas, sendo as cláusulas preestabelecidas pela parte estipulante e (2) presença de cláusulas uniformes. Ou seja, o contrato será idêntico, independentemente de quem for o aderente.

O grande problema dos contratos de adesão é que, ao exercer o direito de redigir unilateralmente as cláusulas, o estipulante poderá eventualmente *abusar* desse poder, nascendo então as chamadas **cláusulas abusivas**.

O legislador, visando reprimir esse abuso de direito, trouxe a sanção de nulidade para tais cláusulas, conforme disposto no art. 424, CC, que, valendo-se de uma espécie de cláusula geral das cláusulas abusivas, assim dispôs:

> **Art. 424.** Nos contratos de adesão, são nulas as cláusulas que estipulem a renúncia antecipada do aderente a direito resultante da natureza do negócio.

Toda renúncia antecipada de direitos que a lei concede ao aderente será considerada nula, quando inserida em um contrato de adesão. Por exemplo, contrato de compra e venda no qual o adquirente renuncia o direito de reclamar os vícios redibitórios.

Outra regra sobre contratos de adesão é aquela prevista no art. 423, CC. Como se vê, trata-se de regra interpretativa: ***in dubio pro aderente***. Na dúvida interpretativa, deve-se dar preferência àquela que mais proteja aquele que aderiu ao contrato. Em tempo, se houver uma cláusula dizendo que a interpretação, naquele contrato específico, será contra o aderente (*pro estipulante*) esta será nula (por ser abusiva – art. 423, c/c o art. 424, CC).

> **Art. 423.** Quando houver no contrato de adesão cláusulas ambíguas ou contraditórias, dever-se-á adotar a interpretação mais favorável ao aderente.

22.2. Pacto sucessório (ou pacto corvina)

Trata-se da proibição da **herança de pessoa viva** constar como objeto de um contrato. O art. 426, CC traz essa vedação, cuja sanção prevista será a de nulidade. Segundo as doutrinas existentes, o que fundamenta o pacto corvina ser considerado nulo seria: a ilicitude do objeto (pela sua imoralidade) ou a impossibilidade jurídica daquele. De qualquer forma, estaria no art. 104, II, CC.

> **Art. 426.** Não pode ser objeto de contrato a herança de pessoa viva.

A intenção do legislador é a vedação a que terceiras pessoas estranhas ao titular negociem sua herança, que ainda será deixada (*post mortem*). Assim, a partilha em vida é permitida, porque tem como pressuposto a participação das partes legitimadas, ou seja, os titulares dos patrimônios, conforme os arts. 548 e 2.018, CC.

22.3. Formação dos contratos

As fases da formação do contrato seriam:

a) Contato inicial entre as partes: é a única fase obrigatória.

b) Tratativas (também conhecidas como negociações preliminares ou fase da pontuação).

c) Minuta contratual.

d) Contrato preliminar.

e) Celebração do contrato principal.

Essas fases poderão ser deflagradas a partir do momento em que a parte interessada realizar uma proposta (ou policitação, ou oblação). A proposta, para valer como tal, deverá ser firme e completa, contendo todos os elementos do negócio jurídico a ser celebrado, de modo que um simples "sim" da outra parte possa gerar a formação do contrato. Ostentando tais requisitos, a proposta obriga o proponente, sendo, portanto, via de regra, irrevogável, nos termos do art. 427, CC.

> **Art. 427.** A proposta de contrato obriga o proponente, se o contrário não resultar dos termos dela, da natureza do negócio, ou das circunstâncias do caso.

Porém, excepcionalmente a proposta deixará de ser obrigatória. Para tanto, deve-se observar:

a) Primeiro: se a proposta foi feita entre **presentes** ou **ausentes**. Proposta feita entre **presentes** é aquela na qual o *oblato* – pessoa a quem se dirige a proposta – tem condições de imediatamente aceitar ou não. Por exemplo, por telefone ou serviço de mensagem instantânea, estando a pessoa *online*. Se aceitar a proposta, passa a ser um *aceitante*. Proposta feita entre **ausentes** é aquela que o *oblato* não possui meios de responder prontamente ao proponente, por exemplo, por *e-mail*.

b) Segundo: se o proponente forneceu ou não prazo para a aceitação da proposta pelo *oblato*. Nesta hipótese, o prazo é decadencial, pois o *oblato* será titular do direito potestativo de aceitar ou não.

O artigo abaixo é literal quanto às hipóteses em que a proposta deixa de ser obrigatória:

> **Art. 428.** Deixa de ser obrigatória a proposta:
> **I** – se, feita **sem prazo a pessoa presente**, não foi imediatamente aceita. Considera-se também presente a pessoa que contrata por telefone ou por meio de comunicação semelhante;
> **II** – se, feita **sem prazo a pessoa ausente,** tiver decorrido **tempo suficiente (= conceito jurídico indeterminado)** para chegar a resposta ao conhecimento do proponente;
> **III** – se, **feita a pessoa ausente**, não tiver sido *expedida* a resposta dentro do prazo dado; *(No Brasil, adota-se a teoria da expedição)*
> **IV** – se, antes dela, ou simultaneamente, chegar ao conhecimento da outra parte a retratação do proponente. **(Essa regra é uma forma de preservar a confiança.)**

O art. 434, por sua vez, trata das três posturas que o oblato poderá adotar após o recebimento da proposta:

1) **Recusar:** situação na qual o contrato não se aperfeiçoará e a proposta cederá.
2) **Aceitar:** gerará a vinculação das partes nos termos estabelecidos na proposta. Essa aceitação admite retratação (da mesma forma que a proposta admite simetria). No art. 433, CC, em vez de ter sido usado o termo "inexistência", deveria ter sido utilizado o termo "ineficácia".
3) **Fazer uma contraproposta:** situação na qual haverá uma troca das posições iniciais. O proponente passa a ser oblato e, este, proponente.

Para o CC, a oferta se diferencia da proposta. A oferta é a proposta feita a um número indefinido de pessoas, enquanto a proposta tem destinatário certo (art. 429, CC).

> **Art. 429.** A oferta ao público equivale a proposta quando encerra os requisitos essenciais ao contrato, salvo se o contrário resultar das circunstâncias ou dos usos.
> **Parágrafo único.** Pode revogar-se a oferta pela mesma via de sua divulgação, desde que ressalvada esta faculdade na oferta realizada.
> **Art. 433.** Considera-se inexistente a aceitação, se antes dela ou com ela chegar ao proponente a retratação do aceitante.
> **Art. 434.** Os contratos entre ausentes tornam-se perfeitos desde que a aceitação é expedida, exceto:
> **I** – no caso do artigo antecedente;
> **II** – se o proponente se houver comprometido a esperar resposta;
> **III** – se ela não chegar no prazo convencionado.

22.4. Vícios redibitórios

Vícios redibitórios são os **defeitos ocultos existentes na coisa**, transferida em virtude de contrato comutativo, que prejudicarão sua normal utilização ou reduzir seu valor. No momento em que se constata a presença do vício, nasce para o adquirente um direito potestativo, digno de exercício por meio das denominadas ações edilícias.

Essas ações seriam:

- *Ação redibitória*: ação para extinguir o negócio jurídico, nos termos do art. 441, CC.

> **Art. 441.** A coisa recebida em virtude de contrato comutativo pode ser enjeitada por vícios ou defeitos ocultos, que a tornem imprópria ao uso a que é destinada, ou lhe diminuam o valor.
> **Parágrafo único.** É aplicável a disposição deste artigo às doações onerosas.

- *Ação estimatória (ou quanti minoris):* tem a finalidade de conservar o negócio jurídico celebrado, ficando o adquirente com a coisa viciada, merecendo assim um abatimento no preço.

> **Art. 442.** Em vez de rejeitar a coisa, redibindo o contrato (art. 441), pode o adquirente reclamar abatimento no preço.

Essas ações terão prazos decadenciais para o seu exercício, conforme o art. 445, CC. Vale observar que o Código Civil tanto estabeleceu os prazos quanto os termos iniciais para sua contagem.

Art. 445. O adquirente decai do direito de obter a redibição ou abatimento no preço no prazo de 30 dias se a coisa for móvel, e de 1 ano se for imóvel, **contado da entrega efetiva (a contagem inicial se dará com o efetivo contato com a coisa adquirida)**; se já estava na posse, o prazo conta-se da alienação, reduzido à metade.

No CDC (art. 18) há regramento específico acerca dos vícios dos produtos e dos serviços, ou seja, há regramento próprio para uma situação bastante semelhante. O CDC não poderá ser utilizado em caráter subsidiário ao Código Civil, pois elaborado para proteger uma parte vulnerável. Entretanto, eventualmente e como forma de ampliar a proteção ao consumidor, o CC poderá ser aplicado ao CDC, pela disposição do art. 7º, parágrafo único, da lei especial.

Retomando-se a regra de contagem de prazo, trazida pelo art. 445, CC:

30 dias	Bens móveis	O termo *a quo* é a entrega efetiva do bem
1 ano	Bens imóveis	Posse

Em alguns casos, quando ocorrer a denominada *traditio brevi manu* – hipótese em que o adquirente já estava na posse do bem antes de sua alienação, e por isso a tradição ocorrerá "mãos breves" –, haverá disposição especial ao final do *caput* do art. 445, CC. Os prazos serão diferentes (contados pela metade), bem como o termo *a quo* será a data da alienação (e não a data da entrega efetiva).

Note-se que os prazos do *caput* da comentada norma são, a um só tempo, para o adquirente constatar o vício oculto e propor a ação edilícia de sua predileção. O prazo é único.

Outra regra digna de registro e atenção é a prevista no § 1º do art. 445, CC. Trouxe o Código o denominado "vício que por sua natureza só puder ser conhecido mais tarde", ou simplesmente, segundo a doutrina, "vício de difícil constatação". Mais uma vez, temos a utilização de conceitos jurídicos indeterminados, cabendo então ao juiz definir, na concretude dos fatos, se o vício merece essa qualificação especial do § 1º. Aqui o legislador estabeleceu dois prazos distintos: um para que o vício seja constatado pelo adquirente (180 dias para móvel e 1 ano para imóvel); e outro para se adotar uma das ações edilícias em consonância com os prazos do *caput* (30 dias para móvel e 1 ano para imóvel). Quanto ao termo inicial, os prazos correrão da data da constatação do vício (desde que constatados em 180 dias ou 1 ano).

Art. 445 (...)
§ 1º Quando o vício, por sua natureza, só puder ser conhecido mais tarde, o prazo contar-se-á do momento em que dele tiver ciência, até o prazo máximo de 180 dias, em se tratando de bens móveis; e de 1 ano, para os imóveis.

Relevante questionamento: o conhecimento de vício redibitório, pela parte alienante, interferirá no manejamento e ações edilícias? Ainda que o alienante esteja de boa-fé, isso não interfere no manejamento das ações edilícias. Não fará diferença a presença de má-fé ou boa-fé para fins de ingresso das ações redibitória ou estimatória. Entretanto, a lei não trata a má-fé da mesma forma que a boa-fé. Por isso, quando o alienante sabia que o bem transferido possuía vícios, terá de indenizar perdas e danos, conforme art. 443, CC.

Por fim, convém recordar ser extremamente comum que ofertantes de bens estipulem cláusulas de garantia contratual, como forma de atrair maior clientela, além, é claro, de ser uma forma interessante de atestar a qualidade do que se oferece. Assim, se, além dos prazos de *"garantia legal"*, previstos no art. 445, o alienante conceder ao adquirente uma *garantia contratual*, enquanto não findar este último, aqueles não correrão (o termo inicial para contagem dos prazos do art. 445 será o término do prazo de **garantia contratual**). Esse é o posicionamento que decorre da leitura do art. 446, CC.

22.5. Evicção

Para melhor compreensão inicial, fornece-se um conceito para a evicção: consiste na **garantia** que se dá ao adquirente de um bem, adquirido em virtude de um contrato oneroso, quando este vier a se perder, como efeito de uma decisão judicial ou administrativa, que conceda o direito a esse bem a um terceiro estranho à relação contratual originária. O direito deste precede ao do adquirente.

Pelo conceito, nota-se que a evicção não é a perda do bem, mas sim a garantia despertada por essa perda. Logo, provém a evicção do mesmo princípio geral de garantia que o regramento dos vícios redibitórios. A evicção seria um vício jurídico incidente sobre a coisa, normalmente pelo fato de que quem figurou como alienante não poderá ostentar essa condição.

Segundo o art. 447, a evicção só ocorrerá em contratos onerosos. Assim, a evicção não se manifesta em contratos gratuitos, por exemplo, na doação pura. Porém, se as partes quiserem, poderão incluir cláusula (expressa) relativa à evicção em contratos gratuitos. As regras sobre a evicção são regras dispositivas, ou seja, caso as partes desejem é possível ampliar, reduzir ou excluir a responsabilidade pela evicção (art. 448). Lembrando, uma vez mais, que isso só não será permitido no contrato de adesão, porque configuraria cláusula abusiva (renúncia antecipada a direito resultante do negócio).

Uma decisão administrativa hoje, segundo o STJ e a doutrina, poderá também desencadear a garantia da evicção. A decisão da autoridade fazendária e da policial são decisões administrativas que podem desencadear os efeitos da evicção. Por exemplo, apreensão do veículo por um Delegado de Polícia.

Mas qual o direito que resultaria para o adquirente quando verificada a perda do bem pela evicção? Primeiro, ressalte-se que o adquirente que sofre a evicção será denominado "evicto". Quanto ao direito, este nada mais é que o de cobrar as verbas reparatórias, nos termos do art. 450, CC, tais como perdas e danos, frutos que teve de restituir ao verdadeiro dono da coisa (chamado *evictor*), despesas do contrato, dentre outras.

Quando se fala em restituição do valor pago, deve-se considerar o valor do bem no momento em que ocorreu a evicção (art. 450, parágrafo único, CC) e não necessariamente aquele que fora pago pelo evicto. Isso permite a atualização monetária do bem, evitando-se também o enriquecimento sem causa.

Tradicionalmente, a denunciação da lide era apontada como o instrumento por meio do qual o adquirente iria regredir contra o alienante, para solicitar os direitos que da evicção lhe resultam, previstos no art. 450, CC, conforme a previsão do art. 70, I do CPC revogado.

Os processualistas entendiam que a denunciação da lide nesse caso seria obrigatória, já que esta, além de resguardar o regresso, fará o alienante denunciado se tornar um assistente litisconsorcial do adquirente denunciante, auxiliando-o na defesa na ação movida pelo terceiro reivindicante (ver o art. 74, c/c o art. 54, CPC revogado).

> **Art. 54.** Considera-se litisconsorte da parte principal o assistente, toda vez que a sentença houver de influir na relação jurídica entre ele e o adversário do assistido.
> **Parágrafo único.** Aplica-se ao assistente litisconsorcial, quanto ao pedido de intervenção, sua impugnação e julgamento do incidente, o disposto no art. 51.
> **Art. 70.** A denunciação da lide é obrigatória:
> **I –** ao alienante, na ação em que terceiro reivindica a coisa, cujo domínio foi transferido à parte, a fim de que esta possa exercer o direito que da evicção lhe resulta;
> **Art. 74.** Feita a denunciação pelo autor, o denunciado, comparecendo, assumirá a posição de litisconsorte do denunciante e poderá aditar a petição inicial, procedendo-se em seguida à citação do réu.

Modernamente, entretanto, entende-se que o evicto pode ingressar com ação direta contra o alienante para cobrar os direitos que da evicção lhe resultam, sendo, portanto, a denunciação da lide facultativa. O STJ vem entendendo assim. E esse foi o posicionamento adotado expressamente pelo NCPC, nos arts. 125 e s.

Ainda nessa linha da efetivação do direito do evicto, surge a contestada "denunciação direta" ou "*per saltum*". O CC permitiu que, em caso de evicção, ocorra a denunciação direta daquele que efetivamente gerou a evicção, conforme o art. 456, CC. Seria uma tremenda forma de economia processual, pois desde o início é possível que o evicto já saiba quem é o responsável efetivo pela ocorrência da evicção. Contudo, esse artigo foi revogado pelo Novo Código de Processo Civil (NCPC), que além disso vetou expressamente a denunciação por saltos no art. 125, § 2º.

Outra questão igualmente intrigante é a que se refere à possibilidade de ocorrência de evicção sobre bens adquiridos em hasta pública. O art. 447, CC deixou bem claro que essa hipótese é plenamente possível, superando a dúvida até então existente em nosso ordenamento jurídico. Entretanto, a grande dúvida seria: o*correndo a evicção de um bem adquirido em hasta pública, quem será o responsável pelo pagamento das verbas do art. 450, CC?* O Código não responde a essa indagação.

Assim, a doutrina e a jurisprudência procuram encontrar uma resposta, podendo-se afirmar que, majoritariamente, o entendimento é o de que quem deveria pagar seria o credor, pois ele teria recebido o dinheiro proveniente da arrematação em hasta pública (o STJ ratificou essa corrente por meio do REsp 1.237.703).

23. CONTRATOS EM ESPÉCIE

Dispostas em vinte capítulos, as regras estampadas nos arts. 481 a 854, CC (contratos em espécie) deverão ser interpretadas com base nos princípios contratuais e normas da teoria geral, retroestudados.

Interessante notar que os contratos estipulados em nosso Código retratam aqueles que, na opinião do legislador, mais teriam incidência na vida social brasileira. De qualquer modo, há que recordar que existem outros contratos típicos que ali não estão regulamentados, ficando tal tarefa a cargo do legislador extraordinário. Da mesma forma, sempre conveniente retomar a possibilidade de as partes formularem contratos atípicos, como fruto da autonomia privada, desde que sejam respeitados os requisitos gerais de validade dos negócios jurídicos em geral (art. 425, CC).

O Código Civil, no título das "Várias Espécies de Contratos", normalmente inicia o regramento apontando um conceito, mais ou menos unânime na doutrina, que passa então a ser o conceito normativo daquela modalidade contratual. Tal tomada de posição é fator de auxílio, se bem lido, na interpretação e compreensão das normas que seguem em cada um dos capítulos.

Neste tópico serão delineadas as principais regras dos mais importantes contratos, sem qualquer pretensão de esgotamento dos temas.

23.1. Da compra e venda

A partir do conceito legal contido no art. 481, CC, verifica-se que compra e venda nada mais é do que **a troca de uma coisa por dinheiro**. Nesse sentido, cumpre observar que a troca de uma coisa por outra coisa não configura contrato de compra e venda, mas sim contrato de troca ou permuta, disciplinado pelo art. 533, CC.

A compra e venda institui uma obrigação de transferência de domínio. A transferência do bem ocorrerá com a tradição (móveis) ou com o registro (imóveis). A compra e venda não tem força translatícia, o que está expressamente consignado no art. 481, CC.

Tem como **características**:

a) **Contrato oneroso:** a partir do contrato de compra e venda, ambas as partes obtêm vantagem econômica.

b) **Contrato bilateral:** estabelece prestações para ambas as partes.

c) **Contrato comutativo ou aleatório:** será comutativo quando desde o início se verificar uma certeza acerca do objeto e do preço a ser pago. Por outro lado, *contrato aleatório* é aquele caracterizado por uma incerteza quanto à existência ou quantidade de uma das prestações, que estará subordinada a determinada álea ou risco. Por exemplo, compra e venda de safra futura (ver arts. 458 e 459, CC).

d) **Quanto à execução:** a compra e venda pode ser um contrato de execução instantânea, de execução diferida ou mesmo de execução continuada (ou de trato sucessivo). A importância dessa classificação, como visto, residirá na aplicação da *teoria da imprevisão* (ver arts. 479 e 479, CC). Os contratos de execução diferida e os de execução continuada possibilitam essa aplicação, desde que preenchidos os demais requisitos legais.

e) **Contrato consensual (ver art. 482, CC):** no que tange à produção dos efeitos, contrato consensual é aquele que se aperfeiçoa a partir do simples acordo de vontades. Já o contrato real, por outro lado, exige a efetiva transferência do bem para produção de seus efeitos (p. ex.: contrato de mútuo e contrato de comodato).

Quanto ao **objeto**, vale pontuar que somente bens corpóreos podem ser objeto de contrato de contrato de compra e venda, pois, diante de objetos incorpóreos, o negócio jurídico receberá a denominação de *cessão*. Por exemplo, cessão de crédito, cessão de débito, cessão de direitos hereditários, cessão de direitos autorais, cessão de direitos da personalidade etc.

O contrato de compra e venda deverá ter como objeto bens alienáveis (ver arts. 1.848 e 1.911, CC).

De outro lado, pode ter por objeto bens atuais ou bens futuros; nesse caso, por vezes teremos contratos aleatórios (ver art. 483, CC), caracterizados pela incerteza de uma das prestações.

Quanto ao **preço**, via de regra, deverá ser estabelecido em dinheiro. Contudo, o Código Civil permite que o preço seja determinado ou determinável, ou seja, o preço não necessariamente estará expresso nominalmente no contrato, sendo permitido às partes se valerem de parâmetros ou índices para a fixação futura do preço, afastada qualquer possibilidade de fixação puramente subjetiva (ver art. 487, CC).

Nessa linha, o art. 489, CC comina a sanção de nulidade para a compra e venda celebrada com *condição puramente potestativa* (quando apenas uma das partes define o preço a ser pago no contrato).

O preço, portanto, deve derivar de um acordo entre as partes. Concluindo-se pela nulidade do preço, a conclusão lógica será a nulidade de todo o contrato, uma vez que o preço é requisito especial de existência da compra e venda, como visto.

Ainda quanto ao preço, terceiro estranho ao contrato poderá ficar encarregado de defini-lo. Diante da recusa ou impossibilidade do terceiro designado, em princípio, o contrato restará ineficaz; contudo, diante dessa situação, as partes podem se resguardar o direito de nomear outra pessoa (ver art. 485, CC).

Por vezes, o preço estará traduzido em um título de crédito quando, em regra, o pagamento será considerado definitivo no momento da entrega do título (obrigação *pro soluto*), desgarrando-se assim o título da obrigação principal (autonomia e abstração do título de crédito).

Porém, nada impede que excepcionalmente as partes estipulem que a entrega do título de crédito se dê em caráter *pro solvendo*, o que deverá estar expressamente pactuado. Nesse caso, o preço só será considerado pago (quitação) no momento da efetiva satisfação daquele título de crédito, que restará vinculado àquela obrigação adjacente. O não pagamento do título ensejará a resolução do negócio principal.

Além disso, a doutrina aponta que, em respeito ao princípio da justiça contratual, o preço deverá ser justo. Caso o preço se apresente ínfimo ou exagerado, possibilitar-se-á a revisão do negócio jurídico. No âmbito do Código de Defesa do Consumidor, o preço injusto do produto poderá resultar em nulidade (ver art. 51, IV e § 1º, III, CDC).

No Brasil, via de regra, não se permite que o pagamento ocorra em moeda estrangeira ou metal precioso, já que o real (nossa atual moeda) tem curso legal e forçado. Assim, cláusula contratual com esse teor será reputada nula. Todavia, nada impede que o preço seja fixado em moeda estrangeira, sendo este um índice ou parâmetro objetivamente aferível na data convencionada para o pagamento, nos termos do art. 487, CC, como já comentado. Nessa linha, arts. 315 e 318, CC. Logo, não se pode confundir cláusula de pagamento com cláusula de preço.

No que tange às **despesas** oriundas do contrato de compra e venda, aquelas atinentes à escrituração, tributos e eventualmente com o registro caberão ao comprador. Já as despesas com comissões, embalagem e transporte da mercadoria serão assumidas pelo vendedor (ver art. 490, CC). Contudo, essa regra é comumente superada pelas partes. Trata-se, portanto, de uma regra geral, com caráter dispositivo, que mediante cláusula expressa poderá ser flexibilizada.

Além disso, todos os débitos que pesem sobre a coisa até o momento da tradição ficarão a cargo do vendedor, salvo estipulação em contrário (ver art. 502, CC). Com a tradição se transfere a responsabilidade por esses pagamentos.

Já sobre a questão dos **riscos** na compra e venda, como visto na parte relativa ao direito das obrigações, o marco para a análise desses riscos é a data de transferência do bem, seja a data da tradição (bens móveis), seja a data do registro (bens imóveis). *Res perit domino* (a coisa se perde para seu dono), ou seja, o risco da coisa corre por conta do vendedor e o risco do preço corre por conta do comprador (ver art. 492, CC).

Quanto ao **tempo**, a regra geral determina que deve haver concomitância quanto ao adimplemento das prestações, ou seja, o vendedor não está obrigado a entregar a coisa antes de receber o preço (ver art. 491, CC). Nessa linha, por óbvio, o primeiro passo será dado pelo comprador, mediante a entrega do preço estipulado.

> Exceção a essa regra geral ocorrerá nas vendas a crédito, quando o vendedor poderá entregar a coisa antes de receber o preço. Nessa linha, a parte terá direito de retenção de sua prestação caso a outra se recuse a cumprir aquela que lhe cabe, sem que isso configure hipótese de inadimplemento (ver art. 476, CC – ***exceptio non adimpleti contractus***).

Note-se que a exceção do contrato não cumprido é regra concernente à teoria geral dos contratos, aplicando-se não apenas à compra e venda, mas a todo e qualquer contrato, desde que *bilateral*. O termo "*exceção*", tanto no âmbito do Direito Civil quanto no âmbito do Direito Processual Civil, genericamente significa uma forma de defesa. Desse modo, a arguição da exceção do contrato não cumprido cumprirá à parte prejudicada.

No fundo, a *exceptio non adimpleti contractus* é um modo de oposição temporária à exigibilidade do cumprimento das prestações ajustadas. A função da *exceptio* não é gerar a extinção do contrato. A parte que a argui não busca a extinção do contrato, mas sim evitar que a parte contrária lhe exija o cumprimento da prestação ou, eventualmente, alegue que ele estaria em mora. A *exceptio* evita que o quem a arguiu sofra os efeitos do inadimplemento.

Assim, como instrumento de defesa, a *exceptio non adimpleti contractus* busca um limite à atuação da contraparte, ou seja, significa colocar *freios* no exercício dos direitos subjetivos da outra parte contratante. Para muitos autores, a *exceptio* é inclusive forma de defesa derivada da boa-fé objetiva, uma vez que as partes devem ser parceiras em prol do adimplemento das obrigações. O exercício de direitos subjetivos extraídos do contrato deve ser de certa forma controlado ou limitado (art. 187, CC). Conclui-se, assim, que a *exceptio non adimpleti contractus* será a máxima manifestação da denominada *tu quoque* (não faça aos outros aquilo que você não deseja que os outros façam contra você – aquele que não cumpre a norma não pode pretender suscitar em seu favor os benefícios advindos daquela mesma norma).

É possível que as partes proíbam expressamente no contrato a utilização da *exceptio non adimpleti contractus*. Trata-se da denominada ***cláusula solve et repete.*** Mesmo diante do inadimplemento por parte de uma das contratantes, a outra estará obrigada ao cumprimento da contraprestação. Observe-se que a previsão dessa cláusula não impede a incidência dos demais efeitos advindos do inadimplemento (ver arts. 389 e 395, CC), impedindo-se apenas a arguição da *exceptio non adimpleti contractus*.

Acerca da **insolvência** no âmbito da compra e venda, este somente gerará maiores preocupações quando a venda se der a crédito, não repercutindo, por evidente, na compra e venda à vista. Diante disso, o legislador elaborou uma regra (ver art. 495, CC) que visa proteger o vendedor do não pagamento do preço pelo comprador insolvente (ainda que apenas no campo das hipóteses). Possibilita-se com essa regra que o vendedor suspenda a entrega da coisa, até que lhe seja prestada alguma garantia, sem que com isso ele esteja em mora – impossibilitando à outra parte a arguição de *exceptio non adimpleti contractus*.

O art. 495, CC repete, de certa maneira, o disposto no art. 477, CC, que trata do chamado **inadimplemento antecipado,** e não por coincidência está localizado topograficamente em seguida ao dispositivo legal que prevê a *exceptio non adimpleti contractus*. A arguição do *inadimplemento antecipado* é uma forma de proteção daquele contratante que verifica a possibilidade de descumprimento da prestação ajustada pela outra parte. Os dispositivos, portanto, devem ser lidos em conjunto, e a medida mais correta diante dessa situação será o manejamento de uma **ação de resolução antecipada do contrato**, aplicável não somente ao contrato de compra e venda, mas a qualquer tipo de contrato bilateral. O pedido da ação será sempre alternativo: (1) resolução do contrato em face do efetivo estado de insolvência verificado pelo juiz; ou (2) prestação de garantias reais ou fidejussórias por parte do devedor.

Acerca da **compra e venda de ascendente a descendente**, registre-se que não se trata apenas de compra e venda entre pai e filho. A questão envolve a compra e venda de *ascendente* para *descendente* (pai para filho, avô para neto etc.).

A regra geral é prevista no art. 496, CC – para que o ascendente possa vender um bem para seu descendente será necessário colher o consentimento de todos os demais descendentes e também do cônjuge (erigido à condição de herdeiro necessário no Código Civil de 2002) –, sob pena do negócio ser **anulável**.

Sendo, então anulável se não houver o consentimento dos demais, pode-se concluir que: (a) poderá haver posterior ratificação do ato pelos familiares que não consentiram, que não foram consultados ou que foram omissos em um primeiro momento, de modo que o ato que seria anulável tornar-se-á convalidado (ver art. 176, CC); (b) a anulabilidade somente poderá ser arguida pelos interessados (demais descendentes ou cônjuge), não se permitindo declaração de ofício por parte do juiz (ver art. 168, CC *a contrario sensu*); (c) a ação de anulação está sujeita a prazo decadencial de 2 anos, contando-se da data da conclusão do ato, aplicando-se o disposto no art. 179, CC.

> Indaga-se se seria possível o suprimento judicial do consentimento do descendente e do cônjuge. Para a corrente doutrinária majoritária, seria, sim, possível, especialmente quando a recusa se comprovar imotivada, emulativa ou com fins egoísticos, surgindo o suprimento exatamente como forma de controle dessa modalidade de abuso do direito (recusar é um direito, e esse direito deve ser exercido moderada e justificadamente). Fundamento: art. 1.648, CC.

Considerando a **possibilidade de conflito de interesses**, a lei estabelece a impossibilidade de certas pessoas adquirirem bens de outras. Nessa linha, confira-se o disposto no art. 497, CC, que comina sanção de **nulidade** para a compra e venda efetivada por tutores, curadores, testamenteiros e administradores, os bens confiados à sua guarda ou administração; pelos servidores públicos, em geral, os bens ou direitos da pessoa jurídica a que servirem, ou que estejam sob sua administração direta ou indireta; pelos juízes, secretários de tribunais, arbitradores, peritos e outros serventuários ou auxiliares da justiça, os bens ou direitos sobre que se litigar em tribunal, juízo ou conselho, no lugar onde servirem, ou a que se estender a sua autoridade; pelos leiloeiros e seus prepostos, os bens de cuja venda estejam encarregados.

Em relação à **compra e venda entre cônjuges**, o Código Civil estabelece como regra geral que marido e mulher podem licitamente celebrar contrato de compra e venda em relação àqueles bens que estiverem excluídos da comunhão patrimonial (ver art. 499, CC).

Sobre a venda conforme a medida, também denominada **compra e venda *ad mensuram*** (conforme a medida), há que se recordar que nessa situação o imóvel será representado por certa medida (p. ex.: compra de mil metros quadrados de área urbana). Nessa hipótese, o preço será estipulado a partir da proporção entre o valor do metro quadrado e a metragem da área adquirida. Logo, se o bem entregue tiver metragem inferior à enunciada, o comprador poderá exigir o **complemento de área**, por meio da propositura de uma ação de rito real denominada **ação *ex empto*** ou **ação *ex vendito***. Sendo impossível esse complemento, adota-se tratamento semelhante ao dos vícios redibitórios (com nascimento de direito potestativo para o adquirente): (a) pode pedir a rescisão do negócio jurídico viciado, devolvendo-se as quantias adiantadas, acrescidas inclusive de perdas e danos; ou (b) abatimento no preço (**ação estimatória ou "*quanti minoris*"**). Nesse sentido, confira-se o disposto no art. 500, *caput*, CC.

O comprador fará a opção (verdadeiro direito potestativo), submetendo-se a prazo decadencial, nesse caso, de 1 ano a partir da data do registro do título (ver art. 501, CC). Porém, há uma possibilidade excepcional de impedimento do início desse prazo de decadência: quando o atraso na imissão na posse do bem for imputável ao alienante.

A lei traça uma interessante hipótese de **inadimplemento mínimo na venda *ad mensuram***: se a diferença entre a área negociada e a área efetivamente entregue for inferior a 1/20 (ou 5%), o Código Civil presumirá que a menção à metragem foi meramente enunciativa. Logo, o comprador não terá direito a exigir o complemento de área, a redibição ou o abatimento no preço, ou seja, as providências previstas no art. 500, *caput*, CC.

Ainda no que toca à compra e venda *ad mensuram*, o que ocorre se a área entregue for maior do que aquela prevista no contrato? Agora, com amparo no princípio da boa-fé objetiva, o comprador deverá adotar uma das seguintes providências: (a) devolver a área excedente; ou (b) oferecer complemento proporcional do preço. Nessa linha, o § 2º do art. 500, CC, que busca impedir o enriquecimento sem causa. Não seria ético permitir a exigência de complemento e não impor a devolução do excesso.

Relativamente à **compra e venda *ad corpus***, convém lembrar que nesta há um imóvel perfeitamente especificado, em relação ao qual as medidas serão apenas mais uma de suas características (p. ex.: compra e venda de apartamento). Sendo assim, em se tratando de compra e venda *ad corpus*, não há que se falar em complemento ou devolução de área. De qualquer forma, o comprador prejudicado poderá pleitear as eventuais perdas e danos, oriundas da metragem divergente (ver art. 500, § 3º, CC).

Sobre a **compra entre condôminos**, o legislador estipula regras com a intenção de prevenir conflitos, mas também buscando sempre a extinção do condomínio. Não obstante, por vezes a extinção do condomínio se apresenta dificultada, mormente em se tratando de coisa indivisível. Sendo assim, se um condômino pretender alienar a sua parcela no condomínio, deverá oferecê-lo em primeiro lugar aos demais condôminos (direito de preferência), nos termos do art. 504, CC. Tal regra, como dito, visa facilitar a extinção do condomínio. Não observado o direito de preferência, qualquer dos condôminos preteridos poderá haver a coisa para si depositando o preço pago pelo comprador, no prazo decadencial de 180 dias. Todavia, essa norma somente se aplica às alienações onerosas. Não se fala em regra de preferência caso se trate de alienação gratuita (doação, testamento). Evidentemente, tal regra também não se aplica em relação ao denominado *condomínio edilício*.

Se mais de um condômino pretender exercer seu direito de preferência, devem-se considerar alguns critérios legais: I – terá preferência aquele que tiver benfeitorias de maior valor; II – não havendo benfeitorias, prefere-se o condômino de quinhão maior; III – verificando-se ausência de benfeitorias e quinhões igualitários, a aquisição será equitativa, partilhando-se igualmente o quinhão que está sendo alienado.

O contrato de compra e venda é regulamentado no Código Civil com a presença de algumas cláusulas especiais, expressas a partir do art. 505, CC.

- **Retrovenda (ver arts. 505 a 508, CC):** a retrovenda, somente aplicável a bens ***imóveis***, e nada mais é do que a cláusula expressamente prevista no contrato que faculta ao vendedor recomprar o bem no prazo decadencial estipulado na avença (limitado ao teto de 3 anos). Nesse sentido, verificando-se pacto de retrovenda, em verdade haverá propriedade resolúvel, que somente se aperfeiçoará ao final do prazo estipulado, caso o vendedor não exerça referido direito potestativo. A cláusula é vantajosa, porque possibilita ao vendedor devolver o preço recebido, que será de todo modo acrescido de correção monetária, despesas do contrato e indenização por eventuais benfeitorias necessárias.
- **Venda a contento (cláusula *ad gustum* – ver arts. 509 a 512, CC):** a previsão dessa cláusula institui direito potestativo em prol do comprador, uma vez que o negócio jurídico só se reputará concluído no momento em que o adquirente manifestar seu agrado. Portanto, a manifestação do agrado atuará como verdadeira condição suspensiva para a completa eficácia da compra e venda. Tanto isso é verdade que, enquanto não manifestar seu agrado, o comprador se comportará como mero comodatário do bem (deveres de guarda e conservação da coisa – ver art. 511, CC). *Detalhe*: a lei não estipula prazo máximo para que o comprador externe seu agrado, prazo este que será, portanto, contratual. Diante da omissão do contrato, competirá ao juiz decidi-lo (ver art. 512, CC).
- **Preempção ou preferência (ver arts. 513 a 520, CC):** prevista essa cláusula, o comprador que pretenda alienar onerosamente o bem que lhe foi vendido deverá oferecê-lo em primeiro

lugar ao vendedor, facultando-lhe o direito de preferência (semelhante previsão se encontra nos arts. 25, 26 e 27 da Lei n. 10.257/2001 – Estatuto das Cidades). Para que tal direito não se estenda *ad aeternum*, prejudicando a segurança jurídica, o Código Civil previu prazos máximos: 180 dias para bens móveis e 2 anos para bens imóveis (ver parágrafo único do art. 513). Tais patamares máximos são criticados pela doutrina, ao entendimento de que deveriam ficar ao arbítrio da autonomia da vontade.

- **Venda com reserva de domínio (ver arts. 521 a 528, CC):** nas vendas a crédito de bens móveis, é possível que as partes prevejam a cláusula de reserva de domínio. O vendedor conservará consigo a propriedade sobre o **bem móvel** até que seja integralmente satisfeito o preço ajustado. Cumpre destacar que, para valer, a cláusula de reserva de domínio deverá vir estipulada em **contrato escrito** e **levado a registro** no Ofício de Títulos e Documentos.

23.2. Da fiança

O contrato de fiança é acessório e estabelece uma **garantia pessoal (fidejussória) em prol do credor de um contrato principal.** Portanto, como espécie de garantia pessoal ou fidejussória, a fiança implica colocar o patrimônio do fiador integralmente à disposição do credor do afiançado, para a hipótese de ocorrência de inadimplemento por parte do devedor afiançado.

Assim, é possível dizer que o contrato de fiança é aquele em que um terceiro se apresenta para garantir com o seu patrimônio a eventual inadimplência de um devedor, obrigado em um contrato principal.

Quanto aos **sujeitos**, o contrato de fiança é celebrado entre o credor e o fiador. Tal conclusão se comprova quando se verifica que o fiador intervém no contrato para garantir interesses patrimoniais do credor. O consentimento do devedor é irrelevante para a celebração do contrato de fiança (ver art. 820, CC).

Como dito, o contrato de fiança é **acessório**, portanto se submete ao princípio da gravitação jurídica, daí advindo algumas consequências importantes:

a) **Invalidade do contrato principal**: declarado nulo o contrato principal ou desconstituído em razão da anulabilidade, a fiança terá o mesmo destino. Exceção a essa regra pode ser encontrada no art. 824, CC: a incapacidade de uma das partes, seja absoluta (ver art. 166, I, CC), seja relativa (ver art. 171, I, CC), implica a invalidade do negócio jurídico. Contudo, verificada a incapacidade pessoal do devedor, a fiança perderá o seu caráter acessório, ou seja, persistirá a fiança quando o fiador prestar garantia em prol de um devedor incapaz (ver arts. 3º e 4º, CC). Retorna-se à regra geral se a incapacidade pessoal do devedor ocorrer no âmbito do contrato de mútuo (**"mútuo feito a menor"**). Pessoa maior que empresta quantia em dinheiro a pessoa menor sabe que, via de regra, não poderá reaver a quantia (ver art. 588, CC).

b) **Novação:** a novação (forma de extinção da obrigação originária pela constituição de uma nova substancialmente diversa) feita sem consentimento do fiador implica a exoneração deste (extinto o principal, extinto estará o acessório – ver art. 366, CC). Dito de outra forma, o fiador que não anui com a novação estará automaticamente liberado.

c) **Valor da fiança:** é plenamente possível que a fiança seja celebrada em valor inferior ao da obrigação principal. Mas, de toda forma, tal valor deve ser observado como limite máximo para a fiança, por ser obrigação acessória. Eventualmente celebrada com valor superior ao da obrigação principal, a fiança será válida, mas ineficaz em relação ao valor que sobejar (aplicação do *princípio da conservação dos negócios jurídicos*). Nesse sentido, conferir o art. 823, CC.

d) **Exceções comuns e pessoais:** *exceções comuns* são aquelas oponíveis a quaisquer credores (p. ex.: prescrição), ao passo que *exceções pessoais* são aquelas oponíveis apenas a um credor específico (p. ex.: compensação). Assim, o fiador demandado pelo credor poderá alegar tanto as exceções comuns quanto as pessoais que lhe favoreçam perante aquele. Destaque-se, contudo, que, em razão do caráter acessório da fiança, inclusive as exceções pessoais que competiriam ao devedor afiançado poderão ser alegadas pelo fiador quando demandado pelo credor (ver art. 837, CC). Por óbvio, o devedor principal demandado pelo credor não poderá se valer de exceções pessoais, que competiriam somente ao fiador (ver art. 371, CC).

e) **Obrigação natural:** obrigação natural pode ser objeto de fiança? O contrato de jogo ou aposta, plenamente lícito em nosso ordenamento jurídico (ver arts. 814 e s., CC), é exemplo de obrigação judicialmente inexigível (obrigação natural), de modo que o pagamento não pode ser exigido, mas se feito voluntariamente não ensejará repetição. Considerando isso, se a obrigação natural é inexigível, não faz sentido que se fale em prestação de fiança, que seria igualmente inexigível.

O contrato de fiança é caracterizado ainda pela **subsidiariedade**, ou seja, regra geral, a responsabilidade do fiador é de caráter subsidiário em relação à responsabilidade do devedor. Dessa maneira, diante da inadimplência por parte do devedor principal, deverá o credor primeiro cobrar a dívida em face daquele; somente diante da insuficiência patrimonial do devedor, poderá o credor voltar-se contra o fiador.

O fiador goza do denominado **benefício de ordem**, verdadeira defesa legalmente estabelecida em seu favor. Assim, ao ser demandado, o fiador poderá exigir que o credor demonstre que restaram frustradas as tentativas de solver a dívida por meio da constrição ao patrimônio do devedor principal (ver art. 827, CC).

Considerando o disposto no parágrafo único do dispositivo acima colacionado, alguns autores apontam um **dever de colaboração imposto ao fiador**, que, ao se valer do benefício de ordem, estará obrigado a indicar bens do devedor.

Em três situações descritas pelo art. 828, CC, o fiador deixa de ser devedor subsidiário, podendo então ser cobrado diretamente pelo credor: I – renúncia expressa ao benefício de ordem, deixando de ser coobrigado subsidiário para se tornar coobrigado solidário; II – expressamente assume a condição de coobrigado solidário (art. 828, II, c/c o art. 265, CC); III – abertura de concurso de credores em razão da decretação de insolvência ou falência do devedor principal, restando o credor dispensado de habilitar seu crédito no concurso e podendo cobrá-lo diretamente do fiador.

A fiança é um **contrato solene**; assim, necessariamente deverá observar a forma escrita, não existindo contrato de fiança verbal (ver art. 819, CC).

Via de regra, a fiança é **contrato gratuito e unilateral**, uma vez que, regra geral, a posição de fiador não será remunerada, e apenas uma das partes aferirá vantagens. Tais características geram algumas consequências:

a) **Interpretação restritiva (ver art. 114, c/c o art. 819, CC):** como qualquer negócio jurídico benéfico, o contrato de fiança não admite interpretação extensiva.

b) **Aditamento:** o fiador não responderá por aditamentos ao contrato principal em relação aos quais não tiver anuído expressamente. Esse é um posicionamento clássico do STJ, iniciado a partir dos contratos de locação (ver Enunciado n. 214 da Súmula do STJ), mas que atualmente é estendido a qualquer tipo de contrato.

c) **Fiança e casamento:** como o contrato de fiança estabelece, em regra, vantagens apenas para o credor, a lei estabelece que, se casado, o fiador deverá colher a anuência de seu cônjuge, salvo se casados pelo regime da separação de bens (ver art. 1.647, III, CC).

Nesse passo, prestada a fiança por um dos cônjuges sem autorização do outro, poderá este pleitear a *anulação* da garantia no prazo decadencial de 2 anos (ver art. 1.649, CC). O termo inicial para o exercício de tal direito potestativo não será a data da celebração da fiança, mas sim a data em que for extinta a sociedade conjugal.

A fiança é ainda um **contrato personalíssimo,** prestada em razão de uma relação de confiança entre o fiador e o devedor afiançado, de modo que a morte de um ou de outro gerará a automática extinção da garantia prestada.

Os herdeiros do fiador não suportarão os efeitos ocorridos após a morte deste. Todavia, serão responsáveis pelos débitos constituídos até a data da morte, desde que respeitada as forças da herança (ver arts. 836 e 1.792, CC).

Acerca da **exoneração do fiador**, caso o credor concorde, a exoneração voluntária do fiador é possível a qualquer momento. Entretanto, a exoneração voluntária poderá ocorrer ainda que sem o consenso do credor, bastando a observância de alguns requisitos (ver art. 835, CC): I – fiança prestada por prazo indeterminado; II – permanecer responsável pelos débitos existentes até a data da exoneração; e III – permanecer responsável por eventuais débitos constituídos nos 60 dias posteriores à data da exoneração (notificação do credor acerca dessa vontade).

Conclusões:
1) tratando-se de fiança prestada por prazo determinado, não será possível a exoneração do fiador;
2) o fiador exonerado não será responsável por qualquer débito surgido após os 60 dias posteriores à notificação encaminhada ao credor;

Ressalte-se que a exoneração da fiança no bojo de um contrato de locação de imóveis urbanos possui regramento especial (ver art. 40, X, da Lei n. 8.245/91). Do mesmo modo, no âmbito da locação, o fiador somente poderá se exonerar se prestada a fiança por prazo indeterminado. O prazo de carência, contudo, será de 120 dias, respondendo ainda o fiador exonerado pelas dívidas constituídas durante esse prazo.

Vale lembrar que, se alguém presta fiança no bojo de um contrato de locação de imóveis urbanos, estará, automaticamente, abdicando da proteção conferida pela lei quanto à impenhorabilidade do único imóvel residencial, prevista na Lei n. 8.009/90, conhecida como Lei do Bem de Família. O art. 3º, VII, prevê essa renúncia, que já foi confirmada tanto pelo STJ quanto pelo STF. Logo, o fiador pode ver seu único imóvel residencial ser penhorado caso o devedor afiançado venha a ser inadimplente.

23.3. Da doação

O art. 538, CC traz um conceito legal para o contrato de doação, afirmando que ocorrerá tal tipo contratual quando uma pessoa, por **liberalidade**, transfere do seu patrimônio bens ou vantagens para o de outra.

O doador realiza uma liberalidade em prol do donatário. A prestação entre eles ajustada normalmente será uma prestação de dar coisa certa e, como expresso no dispositivo mencionado, terá caráter patrimonial. Portanto, trata-se de relação jurídica patrimonial em que se convenciona uma obrigação de entregar coisa certa.

Para que o contrato de doação reste efetivamente configurado, necessário que se verifiquem dois elementos; um subjetivo e outro objetivo. O **elemento subjetivo**, denominado *animus donandi*, é a intenção do doador de fazer uma liberalidade em prol do donatário. Portanto, a transferência do bem deverá estar qualificada pelo *animus donandi*, do contrário não estará configurado o contrato de doação (p. ex.: no contrato de comodato não há essa intenção).

> Importante destacar que, assim como na compra e venda – contrato já estudado –, a doação também não transfere a propriedade. Após a liberalidade qualificada pelo *animus donandi*, necessariamente dever-se-á verificar um ato translatício do domínio: tradição, para bens móveis, ou registro, para bens imóveis. Os contratos no Brasil não têm força translatícia de domínio, insista-se. Os contratos instituem a obrigação de transferir o bem.

Já o **elemento objetivo** é a transferência de patrimônio. O *animus donandi* é exercido com a intenção de transferir patrimônio. Necessária, portanto, uma prestação patrimonial envolvida para que esteja configurado o contrato de doação.

Quanto às características:

a) **Bifronte:** via de regra, o contrato de doação é **gratuito**, na modalidade doação pura e simples; não obstante, poderá assumir caráter **oneroso** no caso de doação com encargo. Trata-se, portanto, de modalidade ***bifronte*** de contrato (bifrontes são aqueles negócios que admitem tanto a forma onerosa quanto a gratuita).

b) **Unilateral ou bilateral:** quando a doação for pura e simples, será contrato ***unilateral***, gerando prestação apenas para o doador. Já na doação onerosa, verifica-se um contrato **bilateral**, uma vez que podem ser estabelecidas prestações para ambas as partes.

c) **Consensual:** para a maioria da doutrina, a doação é contrato **consensual**, ou seja, efetiva-se com o mero acordo de vontades, independentemente da efetiva transmissão do bem.

d) **Formal:** a doação é contrato **formal**, pois demanda instrumento escrito, seja público, seja particular (ver art. 541, CC). Necessariamente, deverá assumir a forma pública quando se tratar, por exemplo, de doação de bem imóvel cujo valor supere 30 salários mínimos (ver art. 108, CC).

Excepcionalmente a lei autoriza a doação verbal, conforme se verifica no parágrafo único do art. 541, CC. Requisitos para essa doação verbal: I – trate de bens móveis; II – bens de pequeno valor (conceito jurídico indeterminado); III – que a tradição ocorra de imediato.

Quanto à **aceitação** dos objetos doados, em qualquer hipótese, mesmo em se tratando de doação pura e simples, a manifestação de vontade do donatário será necessária. Isto porque, como negócio jurídico que é, o contrato de doação se aperfeiçoa pela manifestação de vontade de ambas as partes. Não se pode confundir; o fato de, por vezes, a doação gerar prestação apenas para uma das partes não significa que prescinde de manifestação da outra.

Portanto, a doação só se aperfeiçoa com a aceitação por parte do donatário.

Sobre a aceitação, regra geral, deve ser manifestada pelo donatário de maneira **expressa**. Porém, excepcionalmente, o Código Civil admite a aceitação **presumida**, nas seguintes hipóteses: (a) quando, na doação pura e simples, o doador estipula prazo para que o donatário aceite a liberalidade, o silêncio deste equivalerá à aceitação (ver arts. 539 e 111, CC); (b) quando, na doação pura e simples, o donatário for pessoa absolutamente incapaz (ver art. 543, CC); (c) quando a doação for celebrada em contemplação de casamento futuro com certa e determinada pessoa, a efetivação do matrimônio servirá como aceitação (ver art. 546, CC).

O **nascituro** é um ser ainda não dotado de personalidade jurídica (personalidade civil – aptidão genérica para titularizar direitos e obrigações na ordem civil). Nesse sentido, a teoria natalista estabelece que o nascimento com vida marca o início da personalidade jurídica de uma pessoa (ver art. 2º, CC). Portanto, obviamente o nascituro não pode ser doador, uma vez que nem sequer titulariza bens; não possui ainda aptidão para titularizar relações jurídicas de caráter patrimonial. De outro lado, **a lei autoriza o nascituro a ser donatário**. A doação feita em favor do nascituro será aceita por seu representante legal. Porém, o negócio jurídico somente terá eficácia após a aquisição da personalidade civil, ou seja, do nascimento com vida (ver art. 542, CC).

Se o donatário falecer antes do doador, havendo **cláusula de reversão** na doação celebrada, o bem objeto daquela liberalidade retornará ao acervo patrimonial do doador em vez de ir para os herdeiros do donatário (ver art. 547, CC). Obviamente a cláusula de reversão deverá decorrer de manifestação de vontade expressamente consignada pelo doador no contrato de doação. Entretanto, a cláusula de reversão não poderá favorecer terceiros, somente beneficiando o próprio doador (caso isso fosse permitido, estar-se-ia permitindo o fideicomisso em vida). Vê-se que a cláusula de reversão é personalíssima. Logo, se o doador vier a falecer anteriormente ao donatário, a cláusula de reversão perderá sua eficácia, consolidando-se em favor do donatário a propriedade do bem doado.

O patrimônio não se presta tão somente à satisfação dos interesses econômicos de seu titular. O patrimônio hoje deve ser encarado também como forma de garantir proteção aos interesses existenciais do titular. A preservação de um mínimo existencial garantirá a existência digna do ser humano. Exemplo disso é a proteção garantida ao bem de família, preservando-se de eventuais constrições judiciais o único bem imóvel no qual reside a família (ver Lei n. 8.009/90), bem como as hipóteses de impenhorabilidade de certos bens, traçadas no NCPC. Contudo, esse mínimo existencial também se manifesta no âmbito do contrato de doação, quando a lei proíbe, sob pena de **nulidade**, a doação de todos os bens componentes do patrimônio do doador, sem que este reserve para si parte, ou no mínimo uma renda suficiente para a sua subsistência. Nesse sentido, art. 548 do Código Civil.

Havendo herdeiros necessários, o doador somente poderá praticar uma liberalidade, seja mediante testamento, seja sob a forma de um contrato de doação, se observar a denominada **legítima** (parte indisponível do patrimônio, em virtude da existência de herdeiros necessários). A doação que vier a ultrapassar o valor da legítima, que é denominada **doação inoficiosa**, recebe da lei a sanção de nulidade (ver art. 549, CC).

Porém, em nome do princípio da conservação dos negócios jurídicos, apenas a parte da doação que exceder o limite da legítima deverá ser considerada inválida. Os interessados, ao ingressarem com ação declaratória de nulidade da parte inoficiosa, deverão também atentar para a divisibilidade ou indivisibilidade do bem objeto da liberalidade. Isso porque, caso o bem se verifique indivisível, deverá a doação ser desfeita para que retorne integralmente ao patrimônio do doador e possibilite o resguardo à legítima dos herdeiros necessários.

Tal ação, denominada pela doutrina **ação de redução**, terá o objetivo de fazer retornar ao patrimônio do doador a parte excedente doada.

Destaque-se ainda que o montante que pode ser objeto de doação será apurado no momento em que se pratica a liberalidade, e não no momento da abertura da sucessão do doador (ver art. 549, CC, prestigiado reiteradamente pela jurisprudência do STJ).

A doação pode envolver não só bens presentes como também **bens futuros**. Não há, em princípio, qualquer irregularidade caso o bem doado ainda não exista ao tempo da celebração. Nessa hipótese, o negócio jurídico estará sujeito a uma condição suspensiva (condicionado a um evento futuro e incerto).

É possível ao menor doar os bens integrantes de seu patrimônio? Sendo ele absolutamente incapaz, será impossível que seus bens sejam doados. Entretanto, tratando-se de pessoa relativamente incapaz, havendo participação de seu assistente, será possível ao menor ser doador.

Se o menor for autorizado por seus representantes legais a se casar, caso queira doar um de seus bens para o futuro cônjuge ainda no pacto antenupcial, deverá contar com a aprovação de seus representantes também para esse ato (ver art. 1.654, CC).

Sobre a **doação onerosa** (também chamada de modal ou com encargo), vale registrar que o encargo, disciplinado pelos arts. 136 e 137, CC, não suspende a aquisição do direito, e também não suspende seu exercício. Consequentemente, o donatário não precisa em um primeiro momento cumprir o encargo para que faça jus ao objeto da doação.

Além disso, o encargo será estipulado em benefício do próprio doador, de um terceiro ou de uma coletividade em geral (ver art. 553, CC). *A contrario sensu*, conclui-se que a doação feita com encargo instituído em benefício do próprio donatário deve ser encarada como mero conselho ou recomendação (p. ex.: doa um apartamento para que o donatário ali resida).

Questiona-se o que ocorrerá se o donatário não cumprir o encargo imposto ou se mantiver em mora a respeito do cumprimento. Se o encargo não for cumprido, verificar-se-á inadimplemento, podendo o doador exigir o cumprimento específico, se possível, ou resolver aquela doação (ver art. 475, CC). Porém, o legislador optou por utilizar no art. 562, CC a expressão "revogação da doação" (o que nada mais é do que uma resolução ante o inadimplemento).

Às obrigações onerosas aplica-se o regramento pertinente aos vícios redibitórios, ou seja, o donatário com encargo pode se valer das ações edilícias (ação redibitória ou ação *quanti minoris*). O regramento dos vícios redibitórios é incompatível somente com a doação pura e simples. É o que está disposto no art. 441, parágrafo único, CC.

Quanto à **doação remuneratória**, convém asseverar que será aquela doação feita como forma de retribuição aos serviços prestados pelo donatário, quando este por qualquer razão não puder exigir os valores correspondentes. Por exemplo, doação feita em favor de pessoa que salva a vida do doador, como um médico de um hospital público.

Cumpre destacar que, se o valor doado ultrapassa em tese o valor do serviço prestado, ainda assim a doação feita não perderá o caráter de liberalidade (ver art. 540, CC).

Quando a doação for feita em favor de várias pessoas simultaneamente (multiplicidade de donatários), tem-se a denominada **doação conjuntiva**. Como já destacado, a doação somente se aperfeiçoa com a aceitação do donatário. Em uma situação hipotética, o que ocorreria se na doação conjuntiva um dos donatários recusasse receber a liberalidade e o outro a aceitasse? Havendo vários donatários, exige-se a aceitação por todos. Porém, se apenas um deles aceitar, terá este direito ao objeto por inteiro (regra). Posto isso, nada impede que o doador estipule cláusula exigindo a aceitação da liberalidade por todos os donatários, para que a doação possa produzir efeitos.

De outro lado, observa-se que o objeto da doação conjuntiva em regra será divisível, sendo partilhado igualmente entre os donatários (ver art. 551, CC). Salvo se tal divisibilidade se opuser à natureza do bem (p. ex.: apartamento, carro etc. – bem naturalmente indivisível, ver art. 87, CC) ou à vontade manifestada pelo doador (indivisibilidade convencional, ver art. 88, CC).

Quanto à **revogação da doação**, o art. 555, CC prevê que ela pode ser revogada por ingratidão do donatário, ou por inexecução do encargo.

Relativamente à **ingratidão** (ver art. 557, CC), a lei prevê hipóteses nas quais o doador poderá revogar a liberalidade em razão de um comportamento nocivo praticado pelo donatário, ainda que a ofensa seja perpetrada em face não do doador pessoalmente, mas de um parente próximo (ver art. 558, CC).

Importante notar que, para a maioria da doutrina, a condenação no âmbito criminal é requisito para a revogação da doação por ingratidão, exigindo-se uma certeza jurídica acerca daquele comportamento nocivo.

De outro lado, o direito do doador de exigir a revogação da doação por ingratidão enseja um direito potestativo, sujeitando-se, portanto, ao prazo decadencial de 1 ano (ver art. 559, CC).

Por fim, a revogação por ingratidão pode ser pleiteada também pelos herdeiros do doador (ver art. 561, CC).

Contudo, o art. 564, CC prevê que **algumas doações não podem ser revogadas**, quais sejam: 1ª) as doações puramente remuneratórias; 2ª) as doações onerosas em que o encargo já foi cumprido; 3ª) as realizadas em contemplação de casamento com pessoa determinada; 4ª) as doações estipuladas em cumprimento de dever moral.

23.4. Do empréstimo

O contrato de empréstimo é um gênero que comporta duas espécies: (a) comodato; (b) mútuo.

23.4.1. Comodato

Em sua origem, a palavra "comodato" significa **empréstimo para uso**. O conceito legal está previsto no art. 579, CC, mas, de forma mais ampla, pode-se dizer que o comodato é o contrato por meio do qual o proprietário ou possuidor de um bem infungível transfere a posse direta deste para um terceiro, que poderá usá-lo por prazo determinado ou não, devendo restituir a coisa ao final do prazo ou quando requisitado. Verifica-se que o comodato é uma forma de operar o desdobramento da posse, nesse caso por direito pessoal (ver art. 1.197, CC).

O proprietário do bem, em um primeiro momento, concentra em si todos os poderes inerentes a seu direito (uso, gozo, disposição e reivindicação). Celebrado o contrato de comodato, aquele se tornará **comodante**, resguardando somente a posse indireta do bem, passando a posse direta a ser titularizada pelo **comodatário**.

Em razão do desdobramento, tanto comodante como comodatário são considerados possuidores do bem, o que se mostra muito vantajoso, visto que ambos farão jus aos efeitos da posse, sobremaneira à proteção possessória (pelos atos de autotutela ou por meio das ações possessórias – ver art. 1.210, CC).

Quanto às características, tem-se o comodato:

a) **Gratuito:** o comodato sempre será um contrato gratuito. Se oneroso, confundir-se-ia com a locação.

b) **Unilateral:** tal contrato somente gera prestação para o comodante, sendo classificado como *unilateral*. Em que pese a lei impor ao comodatário certos deveres em relação à coisa, não se verifica qualquer contraprestação a ser cumprida por este.

c) **Real:** o comodato é um contrato **real**, uma vez que, enquanto não ocorrer a efetiva entrega do bem, o comodato não produz efeitos (ver art. 579, CC).

d) **Não solene:** não se exige a forma escrita, admitindo-se o comodato verbal; ***não solene***, portanto.

e) **Caráter personalíssimo:** a partir do caráter personalíssimo extrai-se a regra geral de proibição ao *subcomodato*. Não obstante essa regra, nada impede que o comodante autorize o subcomodato expressamente, o que decorre da autonomia privada.

f) **Temporário**: o contrato de comodato sempre será temporário. Estipulado por prazo determinado, ao final daquele prazo não haverá necessidade de interpelação por parte do comodante (*dies interpellat pro homine* – ver art. 397, *caput,* CC), devendo o comodatário restituir o bem, sob pena de restar em mora (mora *ex re*). Já se estipulado por prazo indeterminado, para reaver a coisa, o comodante deverá interpelar o comodatário para que este restitua o bem em prazo razoável (mora *ex personae* – ver art. 397, parágrafo único, CC).

Seja no comodato celebrado por prazo determinado, seja naquele celebrado por prazo indeterminado, o comodatário será considerado possuidor justo, já que a posse é decorrente do contrato. Nesse sentido, a não devolução do bem no prazo estipulado ou após a interpelação do comodante implicará uma posse injusta, maculada pela precariedade decorrente do abuso da confiança (ver art. 1.200, CC). Nessa perspectiva, o comodatário, possuidor injusto pela precariedade, estará praticando um esbulho e poderá ser apontado como réu na ação possessória (na modalidade reintegração de posse) movida pelo comodante, possuidor indireto.

Quanto à **legitimidade** para celebração desse contrato, registre-se que o bem pode ser dado em comodato pelo proprietário. Para dar em comodato, contudo, necessário que o proprietário esteja na prerrogativa de usar a coisa (p. ex.: proprietário que concedeu seu imóvel em usufruto para terceiro não poderá concedê-lo em comodato).

Nessa linha, terceiros que sejam titulares de direitos reais sobre coisas alheias também podem dar o bem titularizado em comodato. Exemplos: usufrutuário; enfiteuta ou foreiro; superficiário; usuário.

E o locatário, pode dar o bem em comodato? Se o locatário tem o direito de usar a coisa, em tese, teria também o direito de dar esta em comodato, desde que o comodatário respeite todos os deveres inerentes ao locatário (ver art. 569, CC). O locador, de todo modo, poderá proibir o comodato (ver art. 13, Lei n. 8.245/91).

É legítimo ao administrador, tutor ou curador dar em comodato os bens de seu pupilo em comodato? Como regra, o art. 580, CC estabelece que os tutores, curadores e administradores de bens em geral não podem dar em comodato os bens que lhe forem confiados. Porém, é possível que isso seja autorizado judicialmente.

Em relação à **mora do comodatário**, além da possibilidade de manejamento da reintegração de posse pelo comodante, a lei estabelece uma sanção para o atraso relativo à restituição do bem. Trata-se do chamado *"aluguel-pena"*, previsto na segunda parte do art. 582, CC.

Obviamente, essa sanção é passível de controle judicial relativamente ao arbitramento do aluguel-pena, vedando-se o abuso de direito.

Quanto às **obrigações do comodatário**, a lei detalha as seguintes: 1) Obrigação de restituir o bem; 2) Dever de cuidado e conservação da coisa emprestada (ver art. 582, CC). Não poderá o comodatário utilizar a coisa emprestada para finalidade diversa daquela convencionada. 3) Dever de salvar em primeiro lugar a coisa dada em comodato diante de risco de deterioração (ver art. 583, CC). 4) Solidariedade quando houver vários comodatários (ver art. 585, CC).

23.4.2. Mútuo

Previsto no art. 586 e s. do Código Civil, o mútuo consiste no **empréstimo de coisas fungíveis**, sendo dever do mutuário (devedor) restituir ao mutuante (credor) coisa do mesmo gênero, qualidade e quantidade (obrigação de dar coisa certa).

> No mútuo, ao contrário do que se passa no comodato, há a efetiva transferência da propriedade da coisa emprestada ao mutuário, razão pela qual correm por conta deste os eventuais riscos de perda do objeto, desde a tradição deste. Assim, por exemplo, se uma pessoa recebe dinheiro da outra por terem celebrado esse contrato, sendo minutos depois assaltada, o risco é do mutuário que, portanto, arcará com a perda.

Como fora abordado no contrato de fiança, o mútuo feito a menor, sem que haja autorização daquele sob cuja guarda estiver, não pode ser reavido nem do mutuário nem de seus eventuais fiadores, nos termos dos arts. 588 e 589, CC.

Se o mútuo se destinar a fins econômicos, é lícito às partes a pactuação de juros, nos termos do art. 591, CC.

Se não for estipulado um prazo expresso para que ocorra a restituição por parte do mutuário, o art. 592, CC determina que esse prazo será: I – até a próxima colheita, se o mútuo for de produtos agrícolas, assim para o consumo como para a semeadura; II – de 30 dias, pelo menos, se for de dinheiro; III – do espaço de tempo que declarar o mutuante, se for de qualquer outra coisa fungível.

23.5. Do transporte

Com a entrada em vigor do Código Civil, o contrato de transporte foi regulamentado com profundidade pelos arts. 730 e s.

Contudo, se estivermos diante de uma relação travada entre fornecedor e consumidor, nos moldes definidos pelos arts. 2º e 3º do CDC, o regramento consumerista terá aplicabilidade porque trará equilíbrio e isonomia àquela relação pautada pela discrepância de forças. De outro lado, as normas do Código Civil incidirão naquelas relações igualitárias ou equânimes, de modo a garantir a manutenção dessa paridade.

O art. 732, CC, portanto deve ser conjugado com o art. 7º, *caput*, CDC. De toda forma, como o Código Civil disciplinou com profundidade o contrato de transporte, por vezes, seu regramento será mais vantajoso inclusive em relação ao CDC. Tal conclusão fica evidente quando se observa, por exemplo, que o fato de terceiro é causa admitida como excludente da responsabilidade no âmbito do CDC (ver art. 14, § 3º, II), mas não o é no âmbito da disciplina do contrato de transporte no Código Civil (ver art. 735).

Mais uma vez, nosso legislador optou por delinear um conceito legal, relatando assim no art. 730, CC que pelo contrato de transporte alguém se obriga, mediante retribuição, a transportar, de um lugar para outro, pessoas ou coisas.

Ainda nesse ponto, observe-se que a disciplina do contrato de transporte no Código Civil foi dividida em três seções: disposições gerais; transporte de pessoas; transporte de coisas.

Quanto às características do contrato em estudo:

a) **Bilateral:** no contrato de transporte estabelecem-se prestações e contraprestações.

b) **Consensual:** contrato que se aperfeiçoa pelo mero consentimento das partes, não se exigindo a entrega de bens.

c) **Não formal:** o contrato de transporte poderá observar tanto a forma escrita como a verbal, sendo esta inclusive a mais comum.

d) **Por adesão ou paritário:** modernamente, é muito mais comum que o contrato de transporte seja celebrado por adesão, permeado por cláusulas uniformes, preestabelecidas pelo estipulante, nesse caso, o transportador. Plenamente possível, no entanto, a celebração de um contrato de transporte paritário, aquele no qual as partes discutem as cláusulas que irão reger a relação.

e) **Bifronte:** em princípio, à luz do conceito trazido pelo art. 730, CC, o contrato de transporte somente admite a forma onerosa. Mais à frente, contudo, faremos observações sobre o transporte gratuito.

O contrato de transporte se aperfeiçoa independentemente do pagamento do valor da retribuição. A doutrina considera tal pagamento uma fase de execução do contrato, não uma fase de formação do contrato.

A principal cláusula desse contrato, no entanto, é a **cláusula de incolumidade**. Por esta há um regramento estabelecendo para o transportador o dever jurídico de transportar a pessoa ou a coisa até o destino final sem qualquer violação à sua integridade (dever de transportar "são e salvo").

A primeira consequência advinda dessa cláusula é que o transportador não assume obrigação de meio. Compromete-se a cumprir uma *obrigação de resultado*.

Além do mais, a violação por qualquer forma, desse dever jurídico, ou seja, o transporte incompleto, com violação da integridade do passageiro ou da encomenda, importará responsabilização civil por inadimplemento contratual. Como já adiantado, a hipótese inclusive será de **responsabilização civil objetiva, fundada na teoria do risco**; independe da comprovação de culpa do transportador. Tomando-se como exemplo o contrato de transporte aéreo de passageiros, o cancelamento do voo, independentemente do motivo, faz nascer para o transportador o dever de realocar o imediatamente o passageiro em outro voo, mesmo que de outra companhia e sem gerar qualquer custo adicional. Caso contrário, surgirá dever de indenizar pelos prejuízos causados.

Ainda sobre a cláusula de incolumidade, importante observar que não se afigura possível a renúncia ou a sua mitigação (ver art. 734, CC, parte final, inspirado no Enunciado n. 161 da Súmula do STF). Assim, será nula qualquer cláusula excludente da responsabilidade objetiva do transportador. Claramente, esse regramento deriva também do disposto no art. 424, CC (nulidade de renúncia antecipada de direitos).

Quanto ao transporte gratuito, há que se fazer uma distinção: **transporte aparentemente gratuito x puramente gratuito**. O *transporte aparentemente gratuito* é aquele em que se observa algum interesse patrimonial (p. ex.: transporte de empregados realizado por seu empregador; corretor de imóveis que leva o interessado até o bem; transporte de pessoa idosa e, em alguns locais, de estudantes – o custo desse transporte é suportado pelos demais passageiros na composição tarifária). Esse transporte aparentemente gratuito deve ser tratado como verdadeiro contrato de transporte, aplicando-se todo o regramento pertinente sem qualquer ressalva, inclusive a responsabilização civil objetiva (ver art. 736, *caput,* CC).

De outro lado, no *contrato puramente gratuito* o transporte é prestado no exclusivo interesse do transportado, sem que haja qualquer interesse patrimonial por parte do transportador. Como já adiantado, esse contrato puramente gratuito não se enquadra no conceito legal previsto no art. 730, *caput,* CC, no que conclui a doutrina pela inaplicabilidade do regramento pertinente ao contrato de transporte. Nesse caso, o risco seria suportado não pelo transportador, mas pela pessoa transportada (ver art. 736, CC). Para alguns autores, essa modalidade de transporte nem sequer configuraria contrato.

Entretanto, tratando-se de contrato puramente gratuito, pode-se cogitar da responsabilização civil aquiliana (extracontratual), fundada na prática de ato ilícito (ver arts. 186 e 927, CC). Por exemplo, motorista de veículo automotor que ingere bebida alcoólica ou imprime velocidade incompatível com a via e causa a morte ou sérios danos às pessoas que estavam com ele no veículo na qualidade de carona. Por se tratar de transporte puramente gratuito, não será possível a responsabilização objetiva com base no regramento do contrato de transporte, mas será plenamente possível a responsabilização civil extracontratual, bastando comprovar que o motorista agiu culposamente.

No que toca à **exclusão de responsabilidade**, deve-se primeiro relembrar os elementos ou pressupostos da responsabilidade civil. Temos a *conduta* (culposa), o *nexo de causalidade* e o *dano ou prejuízo.* Portanto, o elemento que faz a ligação entre a conduta e o resultado danoso é o nexo de causalidade; na tentativa de explicá-lo, várias teorias foram desenvolvidas.

Observando-se a inexistência de qualquer desses três elementos, não haverá falar em responsabilização civil. Assim, não havendo dano, apesar da conduta ilícita, não se fala em responsabilidade. Do mesmo modo, o dano produzido por fato de terceiro, por evento fortuito ou força da natureza afasta a responsabilização civil. Além disso, em Direito Civil também se admite a exclusão da responsabilidade por ausência comprovada de nexo de causalidade.

Considerando esse raciocínio, especificamente no que tange ao contrato ora em estudo, excluindo-se o nexo de causalidade, o resultado danoso não poderá ser imputado à conduta do transportador, que, apesar de desenvolver atividade de risco, não é daquelas pautadas pelo risco integral. Dessa forma, o transportador poderá alegar em sua defesa as causas excludentes do nexo causal.

a) **Caso fortuito:** abstendo-se da distinção entre caso fortuito ou de força maior, o Código Civil atual está mais preocupado com a inevitabilidade do evento danoso. Contudo, importante distinguir:
   - **Fortuito interno:** evento inevitável que se vincula à atividade desempenhada pelo causador do dano (transportador nesse caso); como está na linha de desdobramento da atividade desenvolvida, não excluirá a responsabilidade do transportador (*exemplos*: quebra da barra de direção de um ônibus, mal súbito do motorista, estouro de pneu, desprendimento de turbina de avião, abertura da porta do avião em pleno voo).
   - **Fortuito externo:** evento inevitável e imprevisível que não se liga à atividade do transportador (evento de força maior); logo, haverá exclusão da responsabilidade civil do transportador (*exemplos*: tumulto no aeroporto, acidente na estrada que provoca o atraso no transporte rodoviário).

b) **Fato exclusivo da vítima:** o fato imputado à vítima somente excluirá a responsabilidade se comprovadamente tiver sido a **causa única e determinante** daquele evento danoso. Logo, necessário observar se no curso do transporte o passageiro respeitou as regras preestabelecidas no contrato (ver art. 738, CC).

   O parágrafo único do art. 738, que deve ser conjugado com o art. 945, CC trabalha a denominada ***culpa concorrente da vítima***, hipótese em que não haverá exclusão do dever do transportador de indenizar, mas haverá uma redução equitativa em razão da desobediência de normas por parte do transportado. Cuidado: a redução da indenização equitativamente em razão da culpa concorrente pode ser aplicada inclusive em casos de responsabilidade civil objetiva, a exemplo do contrato de transporte. Importante notar ainda que o grau da culpa, em regra, não influenciará no valor da indenização, que será arbitrada de acordo com a extensão do dano (ver art. 944, *caput,* CC). Contudo, essa regra é excepcionada no caso de culpa concorrente da vítima, pois o grau de culpa será considerado pelo juiz no momento de fixar a indenização.

c) **Fato de terceiro:** no âmbito do contrato de transporte, terceiro é aquela pessoa que não o integra; não é passageiro, não é transportadora e nem preposto desta. Em geral, o fato de terceiro é causa excludente da responsabilidade civil. Contudo, como já adiantado, no contrato de transporte ***não*** se admite tal excludente (ver art. 735, CC, inspirado no Enunciado n. 187 da Súmula do STF).

O fato doloso imputável a terceiro é equiparado a fortuito externo (evento de força maior), ou seja, totalmente estranho à atividade do transportador. Exemplos: arremesso de pedra, bala perdida e assalto a ônibus.

Acerca da possibilidade de **recusar passageiros**, via de regra, o transportador não pode recusar a realização do transporte de passageiros, ressalvadas hipóteses excepcionais, a exemplo de recusa por questões de higiene e saúde (ver art. 739, CC).

Em hipótese de autotutela, o Código Civil consagra a possibilidade de **retenção das bagagens** do passageiro. Feito o transporte, o transportador tem direito de retenção das bagagens do transportado, nos termos do art. 742, CC, uma espécie de penhor legal sobre as bagagens (ver art. 1.647, I, CC).

23.6. Do seguro

O Código Civil de 2002 optou por disciplinar essa modalidade contratual tão importante na vida moderna. Além disso, o Decreto-lei n. 73/66 traz farto regramento acerca do contrato de seguro, assim como outras várias leis específicas.

O contrato de seguro é celebrado porque **proteção** e **segurança** são necessidades vitais para todo ser humano. Dessa forma, o seguro é um negócio jurídico que fornece um acautelamento econômico em face dos riscos inerentes à vida em sociedade.

Assim, o objeto do contrato de seguro é um bem imaterial ou intangível, qual seja, ***a segurança***.

O seguro é uma operação coletiva de poupança. Várias pessoas, contratantes de seguros, depositam dinheiro em um fundo determinado (pagam o denominado **prêmio**). Por conseguinte, apenas algumas delas observarão a concretização do risco coberto pelo seguro, ou seja, o denominado **sinistro** ocorrerá para poucos segurados, de modo que será possível ao fundo reparar os danos sofridos mediante pagamento da **indenização**.

Observa-se que algumas pessoas não receberão qualquer contraprestação econômica, por não terem sido vítimas de sinistros. Ainda assim, estas receberão uma contraprestação imaterial e intangível: ***a segurança***.

O segurado é titular de um interesse legítimo, que pode se ligar tanto a questões patrimoniais (*seguro de dano*) como a questões existenciais (*seguro de pessoa).* Pretendendo resguardar esse interesse legítimo em face de certos riscos predeterminados (p. ex.: furto, roubo, incêndio e colisão para o seguro de dano; ou morte, no seguro de vida), contrata-se seguro. Nesse sentido, o segurado paga à seguradora determinada quantia para que esta resguarde o seu interesse legítimo contra tais riscos. Essa quantia em dinheiro é denominada *prêmio.* O valor do prêmio leva em conta a possibilidade de concretização do risco coberto, o que é feito por meio de cálculos atuariais, de modo que, quanto maior a probabilidade, mais elevado será o prêmio.

Pago o prêmio pelo segurado, ele terá uma contraprestação certa, a segurança, e outra incerta, a indenização. Esta última somente aparecerá quando ocorrer eventual sinistro.

Quanto às características do contrato de seguro:

a) **Bilateral:** implica prestações recíprocas para os contratantes.

b) **Oneroso:** sempre envolverá pagamento do prêmio; não existe seguro gratuito.

c) **Consensual:** aperfeiçoa-se com o acordo de vontades, sem necessidade de entrega de bens.

d) **Adesão:** regra geral, o contrato de seguro será celebrado por adesão, sendo difícil vislumbrar celebração paritária nesse tipo contratual.

e) **Consumo:** as seguradoras são equiparadas a instituições financeiras e, portanto, abarcadas pelo conceito de fornecedor, como disciplina o art. 3º, § 2º, do CDC. Nessa linha, à semelhança daquilo que visualizamos para o contrato de transporte, a proteção ao segurado se dará da forma que lhe for mais benéfica, ou seja, deve-se aplicar tanto o regramento consumerista quanto o Código Civil.

f) **Trato sucessivo:** quase sempre o contrato de seguro será de prestações continuadas.

g) **Aleatório ou comutativo:** contrato comutativo é aquele em que há uma certeza a respeito das prestações e contraprestações desde a celebração; já no contrato aleatório, haverá incerteza quanto à existência ou à quantidade de uma das prestações. Considerando esse conceito, segundo a doutrina tradicional, o contrato de seguro seria aleatório, pois a contrapartida da indenização a ser paga pela seguradora é incerta. Contudo, a doutrina mais moderna considera o contrato de seguro comutativo, uma vez que a contraprestação da segurança é certa e sempre estará presente. A melhor conclusão: o contrato de seguro é aleatório quanto à indenização e comutativo quanto à segurança.

O contrato de seguro sofre forte intervencionismo por parte do Estado. Assim, somente estão autorizadas a ofertar seguros as pessoas jurídicas constituídas para esse fim específico, mediante a forma de sociedade anônima ou cooperativa e que contem com a devida autorização estatal específica (ver art. 757, parágrafo único, CC).

Os elementos do contrato de seguro são: **risco, mutualidade e boa-fé**.

- **Risco:** é o perigo; é a probabilidade de ocorrência de um dano. É justamente a existência dessa probabilidade de dano que leva as pessoas a pretenderem a celebração dos contratos de seguro.

Os riscos devem ser sempre **predeterminados** (ver art. 757, CC). A apólice ou bilhete de seguro (provas da existência do contrato de seguro) irão mencionar quais são os riscos cobertos por aquele contrato de seguro. Nessa linha, o risco que não está predeterminado não será coberto quando concretizado (p. ex.: chuva de granizo, inundação).

Posto isso, se os riscos não vierem **predeterminados** na apólice ou bilhete de seguro, o juiz deverá realizar interpretação constitutiva, que levará em conta os princípios gerais dos contratos e a boa-fé objetiva (ver art. 760, CC).

- **Agravamento do risco:** regra geral, o agravamento intencional do risco contratado importará na perda da cobertura (ver art. 768, CC). *Por exemplo,* após celebrar seguro de danos à sua residência, o segurado instala nesta uma fábrica de fogos de artifício.

Contudo, interpretando esse dispositivo legal, a doutrina conclui que eventual situação que gere agravamento pontual do risco não deve ser suficiente para afastar o direito à indenização a ser paga pela seguradora. *Por exemplo,* o segurado intencionalmente imprime velocidade excessiva a seu veículo objeto do seguro, mas o faz para tentar salvar a vida de pessoa gravemente ferida, vindo a sofrer um acidente no percurso até o hospital. Não seria justo que ele perdesse o direito à indenização. Essa conclusão resulta da conjugação dos arts. 768, 799 e 422, CC.

Quanto à **mutualidade**, esse elemento está diretamente ligado à prestação do segurado, ou seja, ao prêmio. Desse modo, os riscos elencados e a sua probabilidade de concretização irão gerar uma correspondência direta e imediata com o valor do prêmio, ou seja, quanto mais interesses resguardados e, quanto mais provável a ocorrência do sinistro, maior será o valor do prêmio a ser pago pelo segurado.

Preservar tal equilíbrio é uma questão de mutualidade. Portanto, a mutualidade se liga diretamente ao *princípio do equilíbrio contratual.*

No que toca à **boa-fé**, esse elemento jurídico do contrato de seguro corresponde tanto à ausência de má-fé (boa-fé subjetiva) quanto à adoção de comportamentos que respeitem padrões de honestidade e transparência (boa-fé objetiva). Aqui, portanto, ingressam as duas concepções de boa-fé (subjetiva e objetiva).

Havendo dolo do segurado quanto à ocorrência do sinistro, não terá este direito a perceber a indenização (ver art. 762, CC, c/c o art. 171 CP).

Segunda questão interessante no que se refere à boa-fé está prevista no art. 763, CC, segundo o qual a mora do segurado quanto ao pagamento do prêmio ocasionaria perda do direito de perceber a indenização.

Ainda a respeito da boa-fé, o fato de não se concretizar o risco coberto não exime o segurado de quitar integralmente o valor estipulado para o prêmio (ver art. 764, CC).

Por fim, manifestação máxima da boa-fé objetiva nos contratos de seguro está no art. 765, CC (que repete o art. 422, CC).

Na questão da boa-fé ingressa também o **dever de informação**. O art. 766, CC trata das informações a serem prestadas pelo segurado, extremamente importantes para a fixação do prêmio. O dever de informação, que para os contratos em geral é tido como dever anexo, nos contratos de seguro é verdadeiro dever principal. Nesse sentido, o segurado que presta declarações falsas ou omite certas circunstâncias, regra geral, perderá o direito à garantia. Sobre o tema, conferir o julgado colacionado no *Informativo STJ* n. 482, segundo o qual as informações falsamente prestadas devem implicar necessariamente o agravamento do risco, sob pena de não afastarem a cobertura.

Tema interessante relativo ao seguro de pessoas é **o suicídio**. Para o Código Civil, o suicídio ocorrido nos 2 anos seguintes à celebração do contrato de seguro de vida seria presumidamente premeditado (ver art. 798). Essa disposição, contudo, vem sendo interpretada pelo STJ com base no princípio da boa-fé objetiva (ver art. 113, CC). Por conseguinte, o prazo de 2 anos seria referência para permitir à seguradora a prova de que o suicídio foi premeditado; caso não logre êxito em produzir tal prova, o segurado terá direito ao capital estipulado ainda que o suicídio ocorra no prazo de 2 anos. Esse posicionamento ainda não está pacificado naquele Tribunal.

23.7. Da locação de coisas

Trata-se de contrato por meio do qual um dos contratantes, mediante percepção de remuneração, assume a obrigação de ceder uma coisa para uso e gozo do outro contratante. Se a obrigação avençada é de ceder coisa, diz-se de contrato de locação propriamente dito.

Quanto às características, pode-se dizer que a locação de coisas será:

a) **Bilateral:** o locador tem o dever de permitir o uso da coisa, ao passo que o locatário tem como dever principal pagar os aluguéis ajustados;

b) **Oneroso:** uma vez que os aluguéis correspondem a uma quantia em dinheiro pactuada entre as partes;

c) **Consensual:** não depende da entrega da coisa para se aperfeiçoar, produzindo efeitos regulares desde o momento em que há o encontro de vontades das partes;

d) **Não formal:** é um contrato não solene, ou seja, pode ser celebrado por qualquer forma, mesmo verbal;

e) **Quanto ao tempo:** no que tange às obrigações assumidas, diz-se que o contrato de locação é de trato sucessivo, pois as partes se manterão vinculadas por determinado período.

No contrato de locação não há necessidade que o locador seja o proprietário da coisa, pois, assim como se passa no comodato, haverá o desdobramento da posse (art. 1.197, CC), de tal modo que o locador transfere ao locatário poderes inerentes à propriedade – prerrogativas de uso e gozo – mas não a propriedade em si. O locador, então, passa a figurar como possuidor indireto, ao passo que o locatário assume a posição de possuidor direto. Dessa forma, ainda que o locador não seja proprietário, será considerado possuidor indireto por força do contrato de locação. Assim, pode assumir a condição de locador quem for usufrutuário, usuário, superficiário, ou mesmo comodatário do bem (salvo se este contrato não permitir a locação).

No tocante às coisas passíveis de locação, podem ser elas bens móveis ou imóveis, infungíveis, em regra, uma vez que o locatário tem a obrigação de restituir, ao fim do contrato, a coisa locada.

Os elementos do contrato de locação de coisas seriam o **objeto, o preço e o consentimento**.

A **coisa** objeto da locação, por sua vez, é aquela que o locador assumiu restituir ao locatário, podendo ser bem fungível ou infungível.

O **preço** diz respeito à remuneração pelo uso e gozo da coisa pelo locatário, trata-se do aluguel, que é a contrapartida da cessão da coisa pelo locador. O aluguel deve este ser certo, determinado ou, ao menos, determinável, bem como deve ser sério. Do contrário, o contrato de locação é **simulação do contrato de comodato**, no qual a cessão da coisa para uso e gozo do comodatário se dá de modo gratuito.

Em geral, o locatário não é obrigado a pagar os aluguéis de modo antecipado, mas há duas **exceções** a tal regra. São elas: (1) o contrato de locação por temporada; (2) quando o locatário não fornecer garantia ao pagamento, hipótese em que ficará obrigado a pagar os aluguéis até o sexto dia do mês vincendo.

Nos contratos de locação de imóveis urbanos não pode o aluguel ser fixado em moeda estrangeira, nem vinculado ao salário mínimo, tampouco podem variar de acordo com a taxa cambial. Tal vedação cinge-se aos contratos de locação que tenham por objeto imóveis urbanos.

O **consentimento** deve ser livre, esclarecido e ponderado para que seja válido o contrato de locação. Se há vício de consentimento na celebração do contrato, este é anulável, como qualquer outro contrato. O consentimento pode ser expresso ou tácito, podendo, ser, ainda, direto ou indireto, isto é, pode ser dado pelo próprio locador ou por pessoa a que tenha ele conferido poderes para tanto, como seu advogado ou uma imobiliária.

Quanto às obrigações das partes, a primeira das obrigações atinentes ao locador é a entrega da coisa, acompanhada de todos os acessórios, salvo disposição contratual em contrário.

O locador deve, também, manter a coisa em seu normal estado. Durante a execução contratual, deve ser a coisa locada objeto de manutenção, para que bem possa o locatário dela usar e gozar, consoante se interpreta da disposição do art. 566, I, c/c o art. 567, CC. Se a coisa não é mantida em seu estado, poderá o locatário requerer o abatimento do preço dos aluguéis ou, ainda, rescisão contratual.

Deve o locador também **garantir ao locatário o uso pacífico da coisa**, consoante o art. 566, II, CC, tanto que poderá ele **ajuizar ação possessória** par afastar eventual esbulho ou turbação na posse direta pelo locatário, *vide*, também, art. 568, CC.

As **obrigações do locatário** estão estabelecidas no art. 569, CC: I – servir-se da coisa alugada para os usos convencionados ou presumidos, conforme a natureza dela e as circunstâncias, bem como tratá-la com o mesmo cuidado como se sua fosse; II – pagar pontualmente o aluguel nos prazos ajustados, e, em falta de ajuste, segundo o costume do lugar; III – levar ao conhecimento do locador as turbações de terceiros, que se pretendam fundadas em direito; IV – restituir a coisa, finda a locação, no estado em que a recebeu, salvas as deteriorações naturais ao uso regular.

Se antes do termo final do contrato o locador requerer a restituição da coisa, deverá pagar indenização ao locatário pela quebra antecipada do contrato. De outro modo, se o locatário devolver a coisa antes do termo final, deverá pagar a multa contratual para tanto imposta, que poderá ser reduzida em juízo caso seja excessiva.

Se o locatário não restituir a coisa no prazo devido e o locador não se opuser contra tal conduta, o contrato será considerado renovado por tempo indeterminado.

De outro modo, se o locatário for notificado para a entrega da coisa (isto é, se houver oposição do locador à não entrega da coisa) e deixar de restituí-la, deverá pagar aluguéis então arbitrados pelo locador pelo período além do avençado que ficar com a coisa. Além disso, será responsável por todas as deteriorações sofridas pela coisa, mesmo aquelas advindas de caso fortuito ou força maior.

Ao locatário cabe, também, direito de retenção pelas benfeitorias necessárias e úteis, conquanto tenham sido estas últimas autorizadas pelo locador. O direito de retenção é compreendido, então, como exceção à obrigação de restituição pelo locatário. É o que se extrai do art. 578, CC:

> Sobre a locação de imóveis urbanos, remete-se à Lei n. 8.245/91 (Lei do Inquilinato), a qual estabelecerá regras especiais para esse tipo contratual, que viabiliza não apenas o direito fundamental à moradia, mas também a livre-iniciativa, especialmente quando se está diante de locações não residenciais (comerciais).

RESPONSABILIDADE CIVIL

24. INTRODUÇÃO À RESPONSABILIDADE CIVIL

O titular de um direito se relacionará juridicamente com a toda a coletividade. A lei imporá a essa coletividade um **dever jurídico de abstenção**, ou seja, ninguém poderá praticar atos que venham a causar lesões a direitos (patrimoniais ou extrapatrimoniais) desse titular.

A esse dever de abstenção (imposto por lei) deu-se o nome de ***neminem laedere***, que teria a natureza de um dever jurídico primário. Descumprido tal dever, com a lesão aos direitos daquele titular, nascerá para este a pretensão de se recompor aqueles direitos lesados. Tal pretensão seria uma espécie de dever jurídico secundário ou sucessivo e consistirá principalmente na reparação do dano que foi causado. Essa é a estrutura da denominada **responsabilidade civil extracontratual**, que ainda hoje, apesar de algumas críticas, é denominada responsabilidade civil aquiliana. Quando este *neminem laedere* é violado haverá transgressão à norma e, assim, pode-se falar na ocorrência de um ato ilícito.

Outro tipo de relação jurídica que poderá existir é aquela que vincula dois sujeitos determinados, na qual um deles terá um dever jurídico específico a ser cumprido. Este consistirá em uma prestação de dar, fazer ou não fazer, e tal dever nascerá a partir da manifestação de vontade das partes envolvidas. Não cumprindo esse dever, haverá violação do direito subjetivo da outra parte, que por sua vez poderá exercer sua pretensão no sentido de ver satisfeita a prestação que fora ajustada. Tal fato conduzirá à ocorrência do inadimplemento (violação do dever primário de prestar), fundamentando, em consequência, o exercício de sua pretensão na forma de um dever jurídico secundário ou sucessivo. Esta é a estrutura da chamada responsabilidade civil contratual.

Tanto na responsabilidade contratual quanto na extracontratual a violação a esses deveres primários (genéricos ou específicos) gerará a possibilidade de reparação dos danos causados, e em ambos os casos essa reparação recairá, como regra, sobre o patrimônio do agressor (responsabilidade patrimonial nos dois casos).

> **Responsabilidade civil:** consiste no dever de indenizar o dano suportado por outrem.

A função da responsabilidade civil, calcada em um ideal de justiça, seria fazer com que as partes envolvidas pudessem retornar à situação vivenciada anteriormente à ocorrência da lesão. Essa intenção no plano ideal é normalmente denominada ***restitutio in integrum***. Tal ideal será mais facilmente atingido quando a violação for direitos patrimoniais, sendo mais difícil em se tratando de danos extrapatrimoniais (direitos de caráter existencial).

Sob o ponto de vista de um Direito Civil Constitucional, a função da responsabilidade civil seria dar concretude às normas constitucionais, tais como a dignidade da pessoa humana (art. 1º, III, CRFB/88) e o solidarismo constitucional (art. 3º, I, da CRFB/88). Nesta linha, exsurge a **vítima como o principal personagem** da responsabilidade civil atual. As regras relativas a essa matéria devem ser lidas e interpretadas focando-se na preservação do interesse da vítima. Daí se falar hoje no **princípio da reparação integral**, norma que representa a necessidade de se indenizar todos os danos suportados pela vítima, sejam eles materiais, morais, estéticos, vinculados à perda de uma chance, reflexos etc.

25. ATO ILÍCITO

Conforme fora dito na introdução ao estudo do Direito neste livro, a norma jurídica é caracterizada pela imposição de um comportamento. Caso este não seja adotado, haverá a possibilidade da aplicação de uma sanção coercitiva pelo Estado. Logo, quando alguém atua contrariamente ao previsto na norma jurídica teremos uma conduta denominada antijurídica ou ilícita (ato ilícito *lato sensu*). Numa concepção mais restrita, que interessa diretamente ao Direito Civil, o ato ilícito seria aquele comportamento que além de transgredir a norma jurídica geraria um resultado danoso para alguém (ato ilícito absoluto ou *stricto sensu* ou delito civil).

Logo, há que se ter uma violação de direitos que venha a produzir o resultado danoso para que se possa falar na art. 186 (ato ilícito em sentido estrito) e consequentemente no dever de reparação, conforme arts. 186 c/c 927.

Ato ilícito: é aquela conduta humana que ao transgredir a ordem jurídica, acaba por violar direitos alheios, causando danos pessoais e/ou patrimoniais a uma vítima.

Assim, **se não houver dano não se configura o ato ilícito** e, consequentemente, não há que se falar em dever de reparação. O que vai se reparar é o dano causado. No Direito Penal e no Direito Administrativo a ilicitude não se ligará necessariamente à produção de um evento danoso. Por exemplo, dirigir alcoolizado não necessariamente gerará reparação civil, mas é ilícito penal e administrativo.

O comportamento contrário à norma, produtor de um resultado danoso, poderá vir a não ser imputado naquele que praticou a conduta, por expressa disposição legal. Nestes casos, teremos as excludentes de ilicitude daquele determinado comportamento (art. 188, CC). O legislador, ao analisar a causa produtora da conduta, opta por não considerar essa conduta como sendo ilícita (são as causas excludentes da ilicitude). O juiz analisará a teoria geral das excludentes da ilicitude de acordo com o caso concreto.

No art. 188, I, tem-se a legítima defesa e o exercício regular de direito como excludentes de ilicitude. Desta maneira, se por exemplo, alguém reage proporcionalmente, com os meios à disposição, logo após injusta agressão de outrem, não há a prática de ilícito pela configuração da legítima defesa (que também é excludente de ilicitude no âmbito do Direito Penal). De igual forma, se alguém exerce regularmente um direito do qual é titular, sem que com isto esteja a ofender injustificadamente direitos alheios, está configurada a excludente do exercício regular de um direito. Se, por exemplo, a imprensa divulga um fato criminoso e o seu autor, baseando-se em investigações feitas, não terá, via de regra, que indenizar o envolvido, mesmo se ele vier a ser absolvido no futuro, já que está no exercício do direito à liberdade de expressão. Entretanto, o exercício abusivo desse direito de informar poderá gerar dever de indenizar.

O estado de necessidade no âmbito do Direito Civil também é uma excludente de ilicitude, prevista no art. 188, II, CC. Portanto, quem age numa situação, sacrificando certos bens para salvaguardar outros, não comete ato ilícito. A toda evidência, a regra é: se não há ilicitude não há responsabilização. Entretanto, excepcionalmente, o Código Civil, nos arts. 929 e 930, estabeleceu o dever de reparação para aquele que pratica um ato lesivo em estado de necessidade (exemplo clássico do motorista que desvia para não atropelar uma criança e bate em outro carro). Apesar de praticar um ato lícito, aqui haverá o dever de indenizar. Sendo paga a indenização à vítima, assegura-se o direito de regresso face ao verdadeiro causador da situação de perigo (no exemplo dado, quem desvia o carro e colide no outro veículo parado deve pagar os reparos neste último, tendo depois ação de regresso contra o pai da criança que não a custodiou adequadamente).

26. EVOLUÇÃO DA RESPONSABILIDADE CIVIL QUANTO AO ELEMENTO CULPA

Tradicionalmente no Direito Civil a responsabilidade detinha um caráter subjetivo, ou seja, deveria se provar que a conduta comissiva ou omissiva produtora do dano decorreu de um comportamento culposo por parte do agressor. E a culpa aqui referida é aquela em sentido amplo que engloba tanto o dolo (intenção deliberada de causar um dano a outrem) e a culpa estrito senso (dano oriundo da inobservância de um dever objetivo de cuidado, pela adoção de conduta negligente, imprudente e imperita).

Na perspectiva da responsabilidade subjetiva, o ônus da prova dessa culpa seria da vítima que suportou aquele prejuízo (deveria se provar a ocorrência de um ato ilícito fundado na ideia de culpa). Este momento da responsabilidade ficou conhecido como **responsabilidade subjetiva por culpa provada**.

No final do século XIX, a partir de ideias socializantes, começou-se a perceber que exigir da vítima a prova de que o agente causador do dano agiu com culpa seria equivalente a não o responsabilizar, face à dificuldade na produção dessa prova. Assim, em alguns casos, a legislação começou a ser alterada (acidente do trabalho, por exemplo) ao se perceber que certas atividades de risco eram potencialmente produtoras de resultados danosos. Dessa maneira, a lei operou uma inversão do ônus da prova a respeito da culpa. O agressor só não seria responsabilizado se conseguisse comprovar a sua isenção de culpa. A responsabilidade continua sendo subjetiva, porém por culpa presumida. O grande salto da responsabilidade civil é esta inversão do ônus da prova. A esta responsabilidade dá-se usualmente o nome de **responsabilidade civil subjetiva por culpa presumida**.

Pouco a pouco no Brasil, a jurisprudência, acompanhada posteriormente pela legislação, foi traçando hipóteses de responsabilidade objetiva evitando-se a eterna discussão de culpa, beneficiando-se consequentemente a vítima.

Logo, **responsabilidade objetiva** é aquela em que a lei dispensa a produção de prova a respeito da culpa. Porém, na origem é normal que se tenha um ato culposo. A lei apenas estabelecerá não ser necessária a produção de prova acerca dessa culpa. Desta forma, é errado dizer que responsabilidade objetiva é aquela em que não há culpa. Em verdade, responsabilidade objetiva é aquela em que não há necessidade de discussão do elemento culpa.

E qual desses três sistemas de responsabilidade constituiria a regra no Brasil? O melhor posicionamento é o de que não há uma regra geral, pois o sistema de responsabilidade no Brasil hoje se baseia em uma convivência harmônica entre a responsabilidade civil subjetiva e objetiva cabendo ao juiz verificar caso a caso qual será a aplicável, mesmo porque o art. 927, parágrafo único, CC, traz com base na teoria do risco, uma cláusula geral de responsabilização objetiva, ou seja, o julgador poderá entender que a atividade normalmente desempenhada pelo agressor implica na exposição de bens a risco, gerando a condenação desse sujeito independentemente da discussão de culpa no bojo do processo.

27. ELEMENTOS DA RESPONSABILIDADE CIVIL

A doutrina entende que elemento é o mesmo que pressuposto. Caso não esteja presente um dos elementos, não há que se falar em responsabilidade civil. Seriam eles: a) conduta; b) culpa; c) nexo de causalidade; d) dano ou prejuízo.

- **1º elemento:** conduta
- **2º elemento:** culpa
- **3º elemento:** nexo de causalidade
- **4º elemento:** dano ou prejuízo

A doutrina tradicional entende que é necessária a presença dos quatro elementos para se caracterizar a responsabilidade civil, enquanto a doutrina moderna entende que devem estar presentes os elementos 1, 3 e 4, ou seja, a culpa é elemento dispensável (pois viveria seu ocaso, diante do crescente número de hipóteses de responsabilidade objetiva).

27.1. Conduta

Conduta é aquele comportamento humano voluntário, exteriorizado através de atos comissivos ou omissivos. Mesmo nas hipóteses em que se tenha responsabilidade por fato da coisa ou do animal (arts. 936 a 938), haverá uma conduta humana, que seria ao menos omissiva em relação à guarda e custódia do animal, ou ainda relativa à conservação de determinado bem. Se não houver conduta humana, não haverá responsabilidade, ou seja, se o fato for apenas da natureza, não haverá responsabilidade civil por haver excludente do nexo de causalidade.

- **Conduta:** é o comportamento humano voluntário que se exterioriza através de uma ação ou de omissão.

  Indo mais a fundo no estudo da conduta, tem-se que ela deveria ser:

- **Voluntária:** a ação ou omissão deve ser controlável pela vontade, ou seja, deve haver um querer íntimo a ser manifestado livremente. A conclusão: somente condutas que são fruto do querer livre manifestado pelo sujeito são passíveis de responsabilização. Logo, o indivíduo não pode ser responsabilizado por condutas involuntárias. Nada impede, porém, que uma disposição contratual estabeleça a responsabilização civil por atos involuntários, por exemplo, no contrato de seguro, quando haverá responsabilidade da seguradora mesmo diante de atos de terceiros ou ocasionados por eventos naturais.

Dessa forma, se o evento danoso deriva de uma conduta humana voluntária, a **responsabilidade civil será como regra geral direta (ou por fato próprio)**. Significa dizer que o sujeito só poderá responder pelas suas próprias condutas, em regra, insista-se.

Excepcionalmente, contudo, a responsabilidade civil pode ser **indireta ou por fato de outrem**. A lei, focada no princípio da reparação integral, por vezes prevê a possibilidade de responsabilização a partir do comportamento alheio (de terceira pessoa). O art. 932, CC traz em seus incisos hipóteses de responsabilização por fatos de terceiro, tais como: pai em relação aos filhos, empregador em relação ao empregado, curador em relação ao curatelado e tutor em relação ao pupilo, donos de escolas em relação aos alunos, dentre outras. Essas hipóteses hoje são de responsabilização objetiva, nos termos do art. 933, CC, e necessitam de uma relação jurídica anterior, seja essa relação contratual (empregado e empregador) ou baseada no exercício do poder familiar ou do poder de representação.

A toda evidência, aquele que for responsabilizado pela conduta alheia e tiver de pagar uma indenização à vítima terá direito de regresso em face do verdadeiro causador do dano, exceto quando este for seu descendente, nos termos do art. 934, CC.

- **Imputável:** a imputabilidade no campo da responsabilidade civil se liga à plena capacidade de fato, delineada nos arts. 3º a 5º, CC, conforme estudado. Segundo o art. 5º, *caput*, essa capacidade será adquirida com a maioridade. Recorde-se que é possível ter aquisição da capacidade de fato antes da maioridade, com a emancipação.

Assim, quem é capaz responderá, e quem é incapaz, via de regra, não responderá. Conclusão: o menor emancipado já pode sofrer a imputação de responsabilidade civil.

Entretanto, há que se frisar que a responsabilidade civil aqui tratada é a do incapaz, quer seja este absolutamente ou relativamente incapaz. Quando o Código Civil estabelece uma regra citando apenas "incapaz", está a se referir a duas modalidades incapacitantes.

Pensando mais uma vez nos interesses da vítima (personagem principal da responsabilidade civil), a norma estabeleceu que o próprio incapaz pode ser responsabilizado pelos seus atos (ele mesmo; não seus pais, tutores ou curadores). A regra é a inserida no art. 932, I e II, CC, no sentido de que os responsáveis por estes é quem devem responder em um primeiro momento.

Em que pese a redação do art. 932, I, CC, ambos os pais respondem pelos atos do menor, independentemente de a guarda estar apenas com um deles, em regra. Porém, o STJ tem entendido que, se ficar provado que houve culpa exclusiva de um dos pais para o evento danoso, só este deverá responder. Por exemplo, pai que empresta o carro para o filho menor com total desconhecimento da mãe.

Assim, o art. 928, CC estabeleceu que a **responsabilidade civil do incapaz**, quando cabível, será **subsidiária**. Para sua incidência, devem estar presentes os seguintes requisitos:

I – as pessoas responsáveis pelo incapaz não devem dispor de recursos para efetuar a reparação; ou

II – as pessoas responsáveis não devem ter obrigação de reparar o dano;

III – a indenização fixada não poderá privar o incapaz ou pessoas que dele necessitem do indispensável a sua subsistência;

IV – a indenização deverá ser fixada equitativamente pelo juiz, ou seja, com proporcionalidade, evitando o enriquecimento sem causa da vítima e o empobrecimento exagerado por parte do incapaz.

- **Comissiva:** é aquela conduta que envolverá um agir, uma ação do sujeito. Porém, essa ação acaba por violar um dever jurídico imposto pela lei ou pelo contrato, gerando danos que devem ser indenizados.
- **Omissiva:** para que possa haver a imputação de responsabilidade a um sujeito pela sua omissão, é fundamental que antes exista um ***dever de agir*** imposto pela norma. Sem dever de agir não há que se falar em conduta omissiva. Esse dever de agir pode ser oriundo:
  - **a) da lei:** por exemplo, policial diante de um crime no qual tenha a possibilidade de agir; bombeiro em uma situação de perigo; pai em relação aos filhos etc.;
  - **b) do contrato:** o guia da montanha é obrigado a agir em razão de sua custódia; instrutor de mergulho; babá etc.;

c) **dever de ingerência:** quando uma conduta anterior expõe a perigo bens de outrem (bem patrimonial ou da personalidade). Por exemplo, jogar amigo na piscina: quem jogou tem o dever de agir no sentido de salvar o amigo.

Se não há anteriormente a fixação de um dever de agir, não há responsabilidade por omissão. O agente, ao não impedir o resultado, através da adoção de comportamento positivo de cumprimento desse dever de agir, acaba por permitir que a causa se opere, ou seja, que o dano ocorra.

27.2. Culpa

É um elemento bastante comum na origem das condutas que ensejam responsabilização civil. Entretanto, hoje, em face do crescimento das hipóteses de responsabilização objetiva, cada vez mais a discussão probatória desse elemento fica esvaziada.

O elemento culpa na responsabilidade civil é mais abrangente, como dito linhas atrás, englobando tanto o dolo quanto a culpa *stricto sensu*. O dolo aqui não tem ligação com o vício do consentimento (art. 145, CC). Esse dolo é a violação intencional de um dever jurídico com a intenção deliberada de causar prejuízo a outrem, ou seja, o agente quer adotar aquela conduta a fim de alcançar determinado resultado prejudicial para a vítima. No direito civil não é importante aquela divisão clássica do direito penal entre dolo direto e dolo eventual, porque no direito de civil o grau de culpa raramente será discutido. Há hipóteses em que o grau de culpa é importante de forma excepcional. O que é relevante para a indenização é a extensão do dano, e não o elemento subjetivo.

Não haverá na culpa *stricto sensu* intenção deliberada de violar um dever jurídico preestabelecido, porém o dever acaba sendo violado em razão do fato de o agente não observar um **dever objetivo de cuidado** (o agente quer a conduta, mas não quer a ocorrência do resultado). O resultado acaba advindo em virtude de a conduta ter sido imprudente, imperita, negligente.

- **Imprudência:** o sujeito, ao adotar um comportamento positivo, deixa de observar o cuidado necessário. Por exemplo, indivíduo bêbado não observa que está na contramão e bate o carro.
- **Imperícia:** falta de qualificação ou treinamento de determinado profissional para o exercício de sua função. Por exemplo, erro médico.
- **Negligência:** ao contrário da imprudência, na negligência existe a não observância de um dever de cuidado quando o sujeito é omisso. Há omissão na observância dos deveres impostos.

O art. 951, CC trabalha essas três categorias. O disposto nos arts. 948, 949 e 950 aplica-se ainda no caso de indenização devida por aquele que, no exercício de atividade profissional, por negligência, imprudência ou imperícia, causar a morte do paciente, agravar-lhe o mal, causar-lhe lesão ou inabilitá-lo para o trabalho.

Ao analisar um caso concreto, é difícil afirmar que a conduta foi culposa em virtude de uma única modalidade. Haverá a mescla de duas ou mais categorias, por exemplo, no caso acima, do sujeito embriagado, que a um só tempo é imprudente e negligente. Na prática é comum se verificar a presença de duas ou mais modalidades culposas.

A classificação da culpa como consciente e inconsciente, própria da teoria do crime, também não é importante para o Direito Civil. Porém, no Direito Privado, tradicionalmente se faz a distinção entre culpa grave, leve, levíssima e gravíssima. Essa classificação era importante quando a culpa era o grande personagem da responsabilidade civil, especialmente quando a maioria das hipóteses concretas era de responsabilidade subjetiva. Naquela época a indenização se baseava na análise da culpa, se grave ou leve (relevante para mensurar a própria indenização). Hoje, como a indenização se mede pela extensão do dano (art. 944, CC), tal classificação faz pouco sentido.

Vale registrar que, **excepcionalmente**, o **grau de culpa** poderá ter importância na fixação do valor da indenização em duas situações:

- **1ª hipótese: desproporção excessiva entre o grau de culpa e a extensão do dano**. Se houver uma culpa levíssima e um dano extenso, o art. 944, parágrafo único, CC concede ao juiz o poder de reduzir equitativamente o valor da indenização. Ex.: ao sair com o carro lentamente de sua garagem, um indivíduo se distrai com seu celular e esbarra com seu veículo em uma senhora que passa pela calçada; ela se desequilibra, cai, bate a cabeça no chão e vem a falecer. Culpa levíssima e dano extenso – a indenização será reduzida equitativamente.
- **2ª hipótese:** quando houver **culpa concorrente**. Nestes casos a verificação do grau de culpa será importante para a fixação do *quantum* indenizatório (a indenização será reduzida). A culpa de ambas as partes não é causa de exclusão do dever de indenizar, mas sim de redução do

quantum. Ver o art. 945, CC: se a vítima tiver concorrido culposamente para o evento danoso, sua indenização será fixada tendo em conta a **gravidade de sua culpa** em confronto com a do autor do dano.

27.3. Nexo causal

Nexo causal é a relação de causa e efeito entre a conduta do agente e o dano sofrido pela vítima. Constitui um elemento imaterial (abstrato) da responsabilidade civil. O nexo causal é a ponte que conduzirá a conduta ao dano. É o caminho que levará a conduta à produção daquele resultado.

Deve ser feita a seguinte pergunta para saber se houve o nexo causal: qual foi a causa que produziu o resultado?

Para fornecer uma resposta a tal questionamento, sobremaneira quando várias causas se acumulam concomitantemente para a produção de determinado resultado, algumas teorias são criadas. As principais seriam:

- **1ª – Teoria da equivalência dos antecedentes causais ou teoria da equivalência das condições (*conditio sine qua non*):** por essa teoria, todas as causas e condições que antecedem determinado resultado se equivalem, sendo o resultado uno e indivisível, ou seja, todos os fatos relativos ao evento danoso, sejam eles diretos ou indiretos, equiparam-se para fins de responsabilidade civil.

  Crítica: ao se igualarem todas as causas e condições, permite-se uma regressão infinita, o que poderia acarretar responsabilidade para sujeitos que não se ligam diretamente àquele dano. Por isso ela não foi aceita no Direito Civil: porque reavivaria o elemento culpa.

  No Direito Penal, a teoria da equivalência dos antecedentes causais é adotada de maneira mitigada, ou seja, haverá uma regressão, e esta será interrompida a partir do momento em que não houver dolo ou culpa por parte das pessoas que de alguma forma contribuíram para o resultado (ver art. 13, Código Penal). Esse tema é tratado neste livro na parte referente ao Direito Penal.

- **2ª – Teoria da causalidade adequada:** causa para essa teoria é o antecedente adequado, na perspectiva de um juízo de probabilidade, à produção do resultado danoso. Essa teoria será importante quando várias causas concorrerem para um resultado, por exemplo, chuva, trânsito, sono e alta velocidade. O juiz deverá, ao se debruçar sobre as provas produzidas, verificar qual das causas provavelmente teve interferência decisiva para o resultado danoso.

- **3ª – Teoria do dano direto ou imediato (teoria da interrupção do nexo causal):** para essa teoria, deve-se buscar a causa que se vincula de maneira direta e imediata ao dano produzido. Nesse sentido, seriam desconsideradas causas sucessivas e/ou indiretas. Essa teoria é prevista pelo nosso Código Civil no art. 403 (dentro da responsabilidade contratual, mas se aplica indistintamente à responsabilidade contratual e extracontratual).

Qual dessas três teorias é adotada no Brasil para fins de responsabilidade civil? No STJ, há julgados que expressamente adotam a teoria da causalidade adequada. Já em outros, o mesmo Tribunal Superior aplica a teoria da causalidade direta e imediata. Há ainda julgados em que o STJ utiliza a causalidade adequada e o dano direto e imediato de forma conjunta. Em linha de conclusão, é possível dizer que não há unanimidade na doutrina nem na jurisprudência acerca da teoria adotada pelo sistema jurídico brasileiro. Certo é que se gravita entre a causalidade adequada e o dano direto e imediato, sendo totalmente impensável a aplicação da equivalência dos antecedentes.

Para finalizar o estudo do nexo de causalidade, importante analisar as causas que o excluem.

27.3.1. Excludentes do nexo de causalidade

Excluirão o nexo e consequentemente o próprio dever de indenizar. Isso porque, se o agente não cumpriu o dever jurídico que lhe era cabível, tal ocorreu por um fato que não lhe pode ser imputado (o dano ocorre, porém sem que se possa imputá-lo ao agente que adotou determinada conduta).

> A ausência de dano não é excludente do nexo causal, apesar de acarretar a mesma consequência prática – isenção do dever de indenizar.

As excludentes do nexo seriam:

- **Fato exclusivo da vítima:** fato tem o sentido de comportamento. Nesses casos o agente é apenas um instrumento para a produção daquele dano, sendo a conduta da vítima a única adequada e decisiva para sua ocorrência. Por exemplo, a vítima, querendo se suicidar, atira-se na frente de um veículo em avenida movimentada. O motorista que a atropela não será responsabilizado, uma vez que o fato se deu exclusivamente em virtude do comportamento da própria pessoa vitimada.

- **Caso fortuito ou de força maior:** o melhor entendimento é o de que essas expressões são equivalentes, independentemente do fato de derivarem de eventos naturais ou do homem. O art. 393, CC, ao que parece, realmente equipara essas duas expressões sob uma denominação maior que seria a "inevitabilidade do evento". Ocorrendo esse evento inevitável, a conclusão é a de que o nexo estaria rompido, não havendo falar em responsabilidade civil. Por exemplo, enchentes, furacões, greves, dentre outros.
- **Fato de terceiro:** terceiro seria aquele sujeito que em princípio não tem aparentemente qualquer ligação com o agente causador do dano ou com a vítima. Dessa forma, então, o agente causador do dano não poderia ser responsabilizado, já que este se deu em virtude da conduta do terceiro. Por exemplo, um terceiro empurra a vítima naquela mesma avenida, vindo ela a ser atropelada. O motorista do veículo não será responsabilizado civilmente. Para o dano ser ressarcido, a pretensão da vítima deve ser direcionada contra o terceiro (e não contra o agente diretamente causador do dano).

27.4. Dano (ou prejuízo)

Dano ou prejuízo é a redução ou a subtração de um bem jurídico, podendo afetar o patrimônio ou os direitos da personalidade do indivíduo. Dano é a lesão a bem jurídico, seja patrimonial (material) ou extrapatrimonial (imaterial ou moral).

Alguns autores entendem que o dano é um pressuposto objetivo para responsabilidade civil, ou seja, para que possa configurar o dever de indenizar. Sem dano, não há que se falar em pagamento de indenização.

27.4.1. Espécies de dano

- **Patrimoniais (materiais):** esse tipo de dano corresponde ao desfalque sofrido no patrimônio da vítima, podendo sempre ser avaliado por critérios pecuniários. Divide-se em:
  - **Danos positivos (danos emergentes):** serão verificados por meio de avaliação feita no patrimônio da vítima antes da lesão e depois desta. A diferença apurada corresponde ao dano emergente, sendo então aquilo que a vítima efetivamente perdeu em termos patrimoniais.
  - **Danos negativos (lucros cessantes):** o dano causado ao patrimônio do sujeito poderá acarretar consequências futuras, por exemplo, um impedimento à percepção de ganhos, de lucros. Porém, somente se fala em lucros cessantes quando houver uma quase certeza da obtenção efetiva dos ganhos. Não se trata de mera possibilidade de ganho. O exemplo é o da colisão com veículo de um taxista; este ficará vários dias sem trabalhar, aguardando o conserto do automóvel, razão pela qual faria jus ao recebimento dos lucros que deixou de auferir.

Lucros hipotéticos ou remotos não são indenizáveis até como forma de se aplicar a teoria do dano direto e imediato (prevista no art. 403, CC).

Três observações são importantes no que se refere aos danos materiais:

Primeira: o art. 402, ao mencionar o lucro cessante, exige que o juiz o fixe com razoabilidade.

> **Art. 402.** Salvo as exceções expressamente previstas em lei, as perdas e danos devidas ao credor abrangem, além do que ele efetivamente perdeu (dano emergente), o que razoavelmente deixou de lucrar (lucro cessante).

Assim, evita-se que o lucro cessante seja uma fonte de enriquecimento sem causa.

Segunda: o art. 948 apresenta, no título referente à responsabilidade civil, hipóteses de dano emergente e de lucro cessante:

> **Art. 948.** No caso de homicídio, a indenização consiste, sem excluir outras reparações:
> **I** – no pagamento das despesas com o tratamento da vítima, seu funeral e o luto da família **(dano emergente)**;
> **II** – na prestação de alimentos às pessoas a quem o morto os devia, levando em conta a duração provável da vida da vítima **(lucro cessante)**.

Terceira: os alimentos indenizatórios, para maioria da doutrina, têm natureza de lucros cessantes.

- **Existenciais (morais ou imateriais):** é o dano injusto oriundo de uma violação a direitos da personalidade.

Ocorre que nem toda violação a direito da personalidade acarreta dano moral, sendo necessário, assim, que no caso concreto fique demonstrado que o dano foi injustificado. Por exemplo, a utilização da imagem sem autorização do titular – se houve fins jornalísticos, em um contexto de veracidade da informação e interesse público, pode não gerar qualquer dano moral.

Atualmente não mais se discute a possibilidade de reparação do dano moral puro (aquele dano que não se liga ao dano material): art. 5º, V, X, CR/88; Súmula 37, STJ; art. 186, CC.

Parte da doutrina entende que somente se configuraria o dano moral quando a lesão à personalidade viesse a interferir de alguma forma no psicológico do indivíduo, causando-lhe aflições, angústias e desequilíbrio em seu bem-estar. Meros aborrecimentos da sociedade moderna não ensejariam dano moral.

O dano moral seria consequência da responsabilidade civil extracontratual (aquiliana), ou seja, o inadimplemento via de regra não acarretaria dano moral. Excepcionalmente, entretanto, a doutrina e o STJ aceitam que o inadimplemento venha a ensejar dano moral, desde que comprovado que aquele inadimplemento tenha causado desequilíbrio no bem-estar do credor. Por exemplo, negativa de cobertura em plano de saúde, compra e venda de imóvel na planta, sendo que este não vem a ser construído.

O STJ há muito entende que hoje, na maioria dos casos, o dano moral ocorreria ***in re ipsa***, o que significa que o dano seria presumido, sem necessidade, portanto, de cumprimento, por parte da vítima, do ônus da prova. Exemplos: morte de parente próximo, perda de um membro do corpo, inscrição indevida no cadastro de inadimplentes, devolução indevida de cheque, utilização de imagem sem autorização do titular com fins comerciais. Ver Súmulas 385, 388 e 403, STJ.

- **Danos estéticos:** seriam os que causam à vítima desgosto ou algum tipo de complexo de inferioridade, constituindo alteração da formação corporal que venha a agredir a visão alheia. Tem-se dano estético quando há transformação ou alteração da normalidade corporal. Por exemplo, perda de um membro, cicatrizes profundas, deformações etc. Tradicionalmente, o dano estético era tido como modalidade de dano moral, porém hoje o STJ entende que o dano estético não se confunde com o dano moral, sendo ambos, inclusive, cumuláveis (Súmula 387). Assim, atualmente, pode-se cumular o dano patrimonial, moral e estético em uma mesma demanda reparatória.
- **Dano moral coletivo:** muito se discutiu sobre a possibilidade ou não da fixação do dano moral coletivamente. A grande fundamentação, segundo os defensores dessa possibilidade, seria o art. 6º, VI, CDC. A doutrina entende cabível o dano moral coletivo quando forem afetados consumidores determinados ou determináveis, afetando direitos individuais homogêneos ou coletivos em sentido estrito, devendo a indenização fixada ser revertida aos próprios prejudicados. Esse seria também o fundamento para tal modalidade quando se estivesse diante de grandes lesões ao meio ambiente. A jurisprudência não é pacífica, mas se pode afirmar que o STJ vem caminhando na direção da permissão da fixação desse tipo de dano moral.

Outro tipo de dano que merece ser estudado é o oriundo da **perda de uma chance**. Essa possiblidade nasceu na França na década de 1960, entendendo que chance seria a probabilidade de obter um lucro ou de evitar uma perda, quando um ato (ou uma conduta) vier a suprimir da vítima a oportunidade de esta vir a obter uma situação futura melhor. Diante dessa supressão da oportunidade, dever-se-ia condenar o responsável ao pagamento de uma reparação pela chance perdida. A teoria se situaria em uma perspectiva de probabilidades, em patamar inferior ao do lucro cessante. Hipóteses remotas de a chance se concretizar não merecem ser indenizadas. A verificação estatística seria feita pelo juiz, no caso concreto. O grande alerta é que não podem ser indenizadas chances improváveis de sucesso. O fundamento legal apontado para a perda de uma chance seriam os arts. 186, 927, 948 e 949, CC. Há vários julgados do STJ que aceitam a perda de uma chance, por exemplo, o famoso caso do "Show do Milhão" (programa de TV do apresentador Silvio Santos), quando uma participante foi indenizada por não ter respondido corretamente à pergunta final que lhe fora feita, ou no caso do paciente que veio a falecer sem que o médico lhe ofertasse a possibilidade de se tratar de outra forma.

Em linha de conclusão, para completo atendimento ao princípio da reparação integral, deve-se indenizar o dano emergente, o lucro cessante, o dano moral, o dano estético e a perda de uma chance.

DIREITO DAS COISAS

28. INTRODUÇÃO

Para entendermos o Direitos das Coisas, devemos analisar mais uma vez o conceito de *direito subjetivo*. Trata-se da faculdade concedida pelo ordenamento jurídico para que o sujeito possa agir conforme a sua vontade na busca da satisfação de um interesse próprio (faculdade de agir/vontade + interesse próprio).

Esse interesse próprio ao qual se busca satisfazer poderá ser um interesse *existencial* ou *patrimonial*. Portanto no âmbito do Direito Civil, a atuação do indivíduo estará sempre pautada pelo atendimento de interesses próprios, sejam eles existenciais, patrimoniais ou mesmo ambos.

Por exemplo, ao exercer a faculdade de testar, o sujeito poderá atender a interesses patrimoniais e/ou existenciais. Outro exemplo: ao se casar, o sujeito atenderá a interesses pessoais (existenciais) e/ou patrimoniais. Ao adquirir a propriedade de um imóvel para sua moradia, o sujeito atenderá ao mesmo tempo interesses existenciais e patrimoniais.

Considerando isso, falar em direitos reais remete à busca de interesses patrimoniais. Contudo, essa concepção clássica que atrela os direitos reais a interesses patrimoniais está ultrapassada, uma vez que hoje em dia muitos direitos reais irão atender também a interesses existenciais. Tradicionalmente, os direitos reais eram apontados como a categoria de direitos subjetivos que buscavam atender aos interesses patrimoniais do sujeito titular. Entretanto, atualmente eles buscam muitas vezes atender também a interesses existenciais, como ocorre, por exemplo, na hipótese da propriedade utilizada como moradia por seu titular.

Por conseguinte, a concepção de propriedade como interesse meramente patrimonial está superada. A propriedade possui uma função extrapatrimonial, o que significa que o conceito deve passar por uma releitura, a fim de realçar sua **função promotora da dignidade da pessoa humana**; a propriedade surge como um dos meios para a concessão de efetividade a tal princípio regente de nosso ordenamento.

Nessa linha, destaque-se a **teoria do patrimônio mínimo** ou do **mínimo existencial**. Tal teoria preleciona que a Constituição assegura a propriedade como direito fundamental, mas impõe a leitura desse direito à luz dos demais valores constantes em seu texto. Significa dizer: para que cada indivíduo tenha sua dignidade respeitada, deverá fazer jus a um mínimo de propriedade, para que a partir daí outros direitos fundamentais possam ser resguardados. O acesso à propriedade garantiria ao sujeito a preservação de seu direito à privacidade e à intimidade, o direito à saúde, o direito à vida, entre outros.

29. CARACTERÍSTICAS

29.1. Absolutismo

Os direitos reais são direitos de caráter absoluto. Significa dizer que toda a coletividade possui um dever jurídico genérico de abstenção em face do titular do direito de propriedade (ou outro direito real), ou seja, todas as pessoas devem se abster da prática de atos que possam violar de alguma forma a titularidade de um direito real.

Daí se falar que os direitos reais são **oponíveis *erga omnes***. O direito subjetivo real fará com que a coletividade tenha uma prestação a ser adimplida, e, caso essa prestação não seja cumprida, haverá uma violação ao direito subjetivo, fazendo nascer uma pretensão para seu titular. Essa pretensão variará conforme o tipo de lesão ao direito real (p. ex.: pretensão de reparação dos danos causados; pretensão inibitória; pretensão reivindicatória).

29.2. O atributo da sequela

O direito real adere ao seu titular, trazendo para ele a prerrogativa de perseguir o bem aonde quer que ele esteja e independentemente de quem venha a ser o seu possuidor ou detentor. Portanto, a sequela é uma manifestação do tipo de pretensão que nascerá a partir da violação do direito real.

29.3. Preferência

A preferência se faz presente no âmbito dos direitos reais de garantia (penhor, hipoteca e anticrese), determinando que o credor (titular dessas garantias reais) preferirá a outros credores em caso de concurso, uma vez que terá um bem afetado ao pagamento de seu crédito.

Contudo, *preferência* não pode ser confundida com *privilégios legais*; a preferência normalmente nasce da manifestação de vontade das partes e recai sobre um bem específico, jamais sobre uma universalidade de bens. Por outro lado, o privilégio legal decorre da lei, incidindo sobre o patrimônio como um todo. Conferir os arts. 958 e 1.422, CC e, ainda, os arts. 83 e 84 da Lei n. 11.101/2005.

29.4. Taxatividade

Só a lei cria novos direitos reais, ou seja, o particular não pode exercer sua autonomia privada no sentido de criar novos direitos reais (**rol** "*numerus clausus*" **de direitos reais**).

O rol exaustivo de direitos reais está expresso no art. 1.225, CC. Importante observar que a grande maioria dos institutos está regulamentada no próprio Código Civil. Entretanto, alguns deles estão regulamentados em legislação extravagante, quais sejam, *a concessão de uso especial para fins de moradia* (regulamentada pela MP n. 2.220/2001) e *a concessão de direito real de uso* (regulamentada pelo Decreto-lei n. 271/69).

Art. 1.225. São direitos reais:
I – a propriedade;
II – a superfície;
III – as servidões;
IV – o usufruto;
V – o uso;
VI – a habitação;
VII – o direito do promitente comprador do imóvel;
VIII – o penhor;
IX – a hipoteca;
X – a anticrese.
XI – a concessão de uso especial para fins de moradia; (Incluído pela Lei n. 11.481, de 2007.)
XII – a concessão de direito real de uso. (Incluído pela Lei n. 11.481, de 2007.)

Anote-se que o contrato de **alienação fiduciária em garantia** institui a chamada **propriedade fiduciária**, regulamentada pelos arts. 1.361 e s. do CC e considerada por vários autores também um verdadeiro direito real de garantia, pois tem a finalidade de dotar o credor fiduciário de instrumentos para fazer valer com mais força o seu direito de crédito. Como espécie de direito real, a propriedade fiduciária estaria abarcada pelo inciso I do art. 1.225, CC, sendo assim uma forma especial de propriedade. A regulamentação específica da alienação fiduciária está no Decreto-lei n. 911/69 (móveis) e na Lei n. 9.514/97 (imóveis).

Ao estabelecer os direitos do promitente comprador no inciso VII do art. 1.225, o Código Civil confirmou que, quando inscrita no registro imobiliário, a **promessa de compra e venda** se torna direito real oponível *erga omnes*. Entretanto, o promitente comprador terá direito à adjudicação compulsória ou à outorga de escritura contra o devedor, independentemente de registro (relação obrigacional – eficácia *inter partes*). Logo, o registro será importante apenas para obter tais tutelas (adjudicação compulsória ou outorga de escritura) em face de terceiros estranhos àquele contrato, quando os direitos do promitente vendedor houverem sido transferidos (ver arts. 1.225, VII, 1.417 e 1418, CC; e Súmula 239, STJ).

29.5. Perpétuo ou temporário

A propriedade, como principal direito real, terá caráter **perpétuo**, visto que o simples não uso não é capaz de gerar a perda dessa propriedade. Contudo, todos os demais direitos reais, denominados direitos reais sobre coisas alheias (nascidos a partir do desmembramento das faculdades inerentes à propriedade), serão **transitórios**, característica que deriva de sua essência, uma vez que em algum momento as faculdades transferidas para o terceiro regressarão para o domínio do proprietário.

Em conclusão, considerando que tanto os direitos reais quanto os direitos obrigacionais derivam de um mesmo tronco, o tronco dos interesses patrimoniais, a doutrina costuma apresentar o seguinte quadro comparativo para resumir as características das duas categorias de direitos:

Reais	Obrigacionais
Absolutos	Relativos
Sequela	Sem sequela
Preferência	Sem preferência
Taxatividade	Sem taxatividade (ver art. 425, CC)
Perpétuos/temporários	Sempre temporários

30. OBRIGAÇÕES *PROPTER REM*

As obrigações *propter rem* (também denominadas obrigações *ob rem*, obrigações mistas, obrigações ambulatoriais, obrigações reais, obrigações reipersecutórias) são aquelas derivadas da titularidade de um direito real, independentemente de quem seja o seu atual titular. Ou seja, o titular deverá adimpli-las em virtude de um mandamento legal. Exemplos: pagamento das despesas condominiais; direitos de vizinhança; pagamento dos tributos reais (IPTU, ITR e IPVA); obrigação de edificar, parcelar solo urbano (ver art. 5º, Lei n. 10.257/2001 – Estatuto da Cidade).

Há que se recordar que, via de regra, o adquirente de um imóvel responde pelos débitos condominiais inadimplidos pelo alienante (ver art. 1.345, CC); adimplidas tais despesas, o adquirente teria uma ação de regresso contra o alienante, nos termos do art. 884, CC (cláusula geral de vedação ao enriquecimento sem causa).

31. OBRIGAÇÕES COM EFICÁCIA REAL

Certos direitos obrigacionais são levados a registro com a finalidade de conferir-lhes oponibilidade *erga omnes* (**obrigação com eficácia real** – obrigação que valerá contra todos). Por exemplo, (a) o fato de o proprietário dar o imóvel em locação não retira seu direito de dispor daquele bem; mas é possível que o contrato de locação preveja essa situação, garantindo sua continuidade ainda que o imóvel seja alienado pelo proprietário (**cláusula de vigência em caso de alienação** – ver art. 8º, Lei n. 8.245/91). Será necessário, contudo, que esse contrato de locação seja averbado junto à matrícula do imóvel para que tenha oponibilidade perante o terceiro adquirente; e (b) para exercer o direito de preferência em face do terceiro adquirente do imóvel, o locatário deve comprovar ter promovido a prévia averbação do contrato de locação junto à matrícula do imóvel (ver art. 33, Lei n. 8.245/91).

32. PROPRIEDADE

32.1. Conceito

Tradicionalmente, a propriedade é conceituada a partir das faculdades jurídicas contidas em tal direito subjetivo. Assim, a propriedade seria o direito de usar, gozar, dispor e reivindicar um bem, nos termos do art. 1.228, CC.

Em conceituação mais moderna, define-se a propriedade como uma relação jurídica complexa, que se forma entre seu titular e a coletividade, tendo como objeto um dever jurídico genérico de abstenção. A propriedade deve ser encarada não apenas com base em suas faculdades jurídicas, mas sim fundada em uma relação jurídica genérica. A proteção ao direito de propriedade somente passa a ter importância quando inserida em uma relação intersubjetiva, ainda que de um lado só contenha sujeitos indeterminados. A propriedade não traz para o proprietário apenas faculdades; traz também limitações de ordem pública ou privada; impõe o cumprimento de sua função social; impõe obrigações *propter rem*, dentre outras.

32.2. Características

a) **Presença obrigatória, caráter genético ou caráter originário:** sem a presença da propriedade é impossível haver qualquer outro direito real. Isso porque os demais direitos reais (*direitos reais sobre coisas alheias*) nascem a partir da decomposição das faculdades inerentes ao direito de propriedade.

b) **Elasticidade:** a propriedade pode se distender e se contrair, ou seja, a propriedade poderá ser mantida com seu titular de maneira plena, quando este conservará todas as faculdades inerentes ao domínio (propriedade plena ou *alodial*). Poderá, contudo, ser limitada, o que ocorrerá quando estiver decomposta pelos chamados *direitos reais sobre coisa alheia*. Observe-se que, havendo direitos reais sobre coisa alheia, sempre haverá a possibilidade de retorno para o proprietário daquelas faculdades transferidas a terceiros, retornando à propriedade plena.

c) **Exclusividade:** ainda que em condomínio, a propriedade mantém seu caráter exclusivo, de modo que cada condômino proprietário poderá isoladamente exercer suas faculdades jurídicas.

d) **Perpetuidade:** a propriedade não se perde pelo simples não uso; a falta de utilização da propriedade não é causa de perda.

32.3. Faculdades jurídicas inerentes à propriedade

a) **Usar (*jus utendi*):** traduz a possibilidade conferida ao proprietário de se servir da coisa e tê-la à disposição. Segundo preleciona a doutrina mais moderna, tal faculdade também traria para o proprietário a possibilidade de extrair os frutos naturais (ver art. 1.412, CC, que prevê os direitos do usuário).

b) **Gozar (*jus fruendi*):** é a faculdade que possibilita ao proprietário, enquanto titular do principal, extrair os acessórios da coisa, principalmente os denominados frutos e produtos (ver art. 95, CC).

> A diferença entre frutos e produtos deriva de sua capacidade renovatória. Os **frutos** são acessórios retirados da coisa principal com periodicidade, ou seja, capacidade renovatória. Exemplos: manga (fruto natural); doce de manga (fruto industrial); os aluguéis e os juros remuneratórios (frutos civis – aqueles extraídos quando alguém se utiliza da coisa de outrem). Os **produtos**, quando extraídos, esgotam o bem principal, não havendo, portanto, capacidade renovatória. Por exemplo, minerais em geral.

c) **Dispor (*jus disponendi*):** é a faculdade conferida ao proprietário de alterar a substância da coisa por meio dos atos de disposição. A alteração da substância pode ocorrer por meio de atos jurídicos ou de atos materiais. Os atos materiais são aqueles que não necessitam da participação de terceiros, como ocorre no **abandono** e na **destruição**, ao passo que, nos atos de disposição jurídica, fala-se em **alienação**, que poderá ser total (gratuita ou onerosa) ou parcial (ônus reais – penhor, hipoteca e anticrese), sempre com a participação de um terceiro.

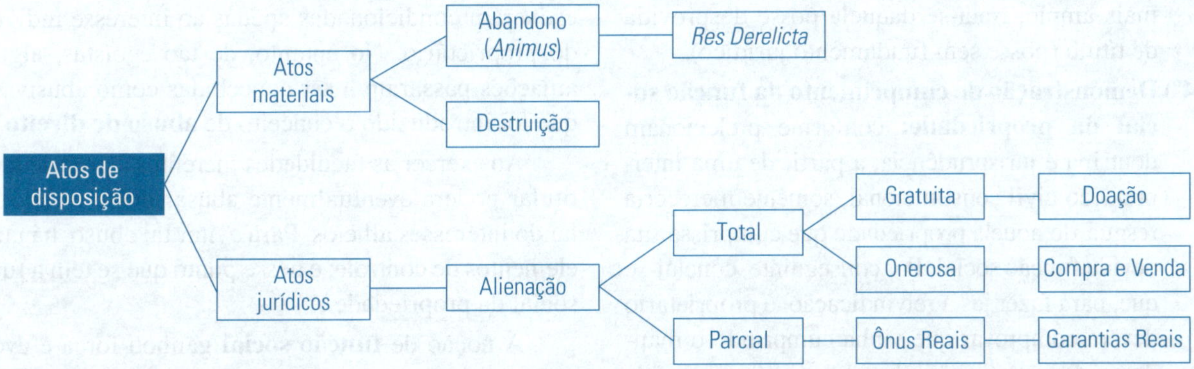

d) **Reivindicar (*jus persequendi*):** é a possibilidade conferida ao proprietário de reaver a posse da coisa, exercendo essa faculdade diante de quem injustamente a possua ou detenha. A violação ao dever genérico de abstenção imposto a toda a coletividade faz nascer uma pretensão para o titular do direito real, que terá a faculdade de reivindicar sua coisa de quem quer que a injustamente possua ou detenha, o que fará pela submissão de sua pretensão à apreciação do Estado, por meio do exercício do direito de ação; trata-se da chamada *ação reivindicatória* (a principal espécie dentre as denominadas **ações petitórias**).

Na ação reivindicatória, a causa de pedir (fundamento fático e jurídico do pedido) será o *direito de propriedade* e a *violação* a esse direito. O pedido na ação reivindicatória será a *posse* (direito que decorre do direito de propriedade e que foi retirado do proprietário).

Importante que não se confundam **ações petitórias (*jus possidendi*)** com **ações possessórias (*jus possessionis*)**. Tanto o possuidor natural quanto o possuidor civil têm o direito de pleitear a reintegração de sua posse, mediante o ajuizamento das chamadas ações possessórias. A causa de pedir dessa ação será a *posse* e a *violação* dessa posse (esbulho ou turbação); o pedido será a proteção da *posse*. Em um primeiro momento não há caráter excludente entre tais espécies de ações.

Petitórias (*ius possidendi*)		Possessórias (*ius possessionis*)	
Causa de pedir	PROPRIEDADE VIOLAÇÃO	Causa de pedir	POSSE VIOLAÇÃO
Pedido	POSSE	Pedido	POSSE

O possuidor será aquele que exercer, de maneira plena ou não, uma das faculdades concernentes ao domínio – usar, gozar e dispor, nos termos do conceito estampado no art. 1.196, CC.

Importante destacar ainda que se deve avaliar corretamente qual a ação a ser movida, já que não há fungibilidade entre as ações possessórias e as petitórias. Existe fungibilidade somente entre as ações possessórias (art. 554, NCPC).

Por fim, relembre-se que o que é decidido no juízo possessório não faz coisa julgada material perante o juízo petitório, em virtude da diversidade entre as causas de pedir. Logo, a finalidade da ação possessória é gerar uma pacificação social imediata e não estabelecer um juízo definitivo acerca da posse sobre o bem.

São requisitos da ação reivindicatória:

1º) **Comprovação da condição de proprietário (apresentação de um título de propriedade):** para a comprovação de propriedade de um bem imóvel será imprescindível a apresentação da certidão do registro imobiliário em nome do reivindicante.

2º) **Individualização do bem reivindicado (o bem reivindicado deve ser perfeitamente especificado):** não se admite reivindicação de universalidade de bens (p. ex.: herança); o bem deve estar plenamente individualizado na petição inicial da ação reivindicatória.

3º) **Demonstração da posse injusta do réu:** o proprietário deve demonstrar no bojo da ação reivindicatória a injustiça da posse do réu (ver art. 1.228, *caput*, CC). Posse injusta, como disposto no art. 1.200, CC, é a posse *violenta* (violência contra a pessoa), *clandestina* (desconhecimento do proprietário) ou *precária* (abuso de confiança). Contudo, esse conceito de posse injusta destina-se às ações possessórias. Tal conceito não deve ser confundido com o terceiro requisito para a ação petitória (posse injusta do art. 1200 ≠ de posse injusta do art. 1.228). Posse injusta, nos termos do art. 1.228, CC, é conceito mais amplo; trata-se daquela posse desprovida de título (posse sem fundamento jurídico).

4º) **Demonstração de cumprimento da função social da propriedade:** conforme prelecionam doutrina e jurisprudência, a partir de uma interpretação civil constitucional, somente mereceria resguardo aquela propriedade que cumprisse sua devida função social. Por conseguinte, conclui-se que, para fazer jus à reivindicação, o proprietário deverá comprovar que vinha cumprindo o mandamento constitucional pelo cumprimento da função social no momento da violação.

5º) **Não estar em curso uma ação possessória (pressuposto processual negativo – ver art. 557 do NCPC):** quanto ao prazo para a propositura, a doutrina e jurisprudência majoritárias entendem que a ação reivindicatória veicula uma **pretensão perpétua**, já que visa proteger o direito de propriedade, direito **imprescritível** e que não se extingue pelo não uso.

Em se tratando de condomínio (titularidade de duas ou mais pessoas sobre o mesmo bem), é possível que cada um dos condôminos ingresse sozinho com a ação reivindicatória.

Vale lembrar que se tem o **condomínio *pro indiviso*** e o **condomínio *pro diviso***. No condomínio *pro indiviso* há uma indivisibilidade tanto jurídica quanto fática, ou seja, as duas pessoas constam no registro como proprietárias e, na prática, não há delimitação da área de atuação de cada uma delas. No condomínio pró-diviso, temos uma indivisibilidade jurídica, mas, faticamente, já houve uma delimitação da área de atuação de cada um dos indivíduos (condôminos).

32.4. Função social da propriedade

Ao analisarmos a função do direito de propriedade, devemos nos perguntar para que serve aquele instituto. A função tradicional do direito de propriedade é a satisfação dos interesses econômicos pessoais de seu titular. Até o final do século XIX, essa era a verdadeira e única função visualizada no direito de propriedade (**concepção liberal**), uma vez que não se falava em função transindividual da propriedade. A ideia de bem comum à época estava ligada a uma **concepção individualista**, ou seja, o bem comum seria alcançado quando cada sujeito tivesse resguardada sua liberdade de atuar egoisticamente (essa é a ideia de bem comum presente no art. 5º, LINDB).

Diante da possibilidade de atuar egoisticamente, as faculdades inerentes ao direito de propriedade sempre estiveram condicionadas apenas ao interesse individual do proprietário. No entanto, de tão egoístas, algumas atuações passaram a ser concebidas como abusivas, no que foi introduzido o conceito de **abuso de direito**.

Ao exercer as faculdades inerentes à propriedade, o titular poderá eventualmente abusar desse direito, violando interesses alheios. Para evitar tal abuso, há que ter elementos de controle; é nesse ponto que se tem a função social da propriedade.

A noção de **função social** ganhou força e evoluiu ao longo dos anos, passando a figurar nos ordenamentos jurídicos das diversas nações pelo mundo. No Brasil, o ponto alto do conceito de função social foi atingido com a Constituição de 1988 e, mais recentemente, com o Código Civil de 2002. Em nosso país a propriedade privada é resguardada, desde que cumpra sua devida função social (ver art. 5º, *caput* e XXII e XXIII, e art. 170, III, da Constituição).

Diante do descumprimento da função social da propriedade, surgirão algumas sanções a serem aplicadas ao proprietário. Os efeitos do não atendimento da função social da propriedade estão dispostos na Constituição, principalmente no que tange aos bens imóveis. Por opção, o Poder Constituinte trouxe sanções para tal descumprimento em relação aos bens imóveis, o que não quer dizer que somente os bens imóveis tenham de cumprir sua função social. Tratando-se de imóveis urbanos, verifique-se o art. 182, § 4º, CR/88 (regulamentado pelos arts. 5º a 8º, Lei n. 10.257/2001 – Estatuto da Cidade). Já se o descumprimento se der no âmbito de imóveis rurais, o regramento estará no art. 184, CR/88 (regulamentado pelas leis relativas ao procedimento de reforma agrária).

32.5. Formas de aquisição da propriedade

As formas de aquisição da propriedade podem ser classificadas em **originárias** e **derivadas**. A aquisição será originária quando não houver relação jurídica entre o atual proprietário e seu antecessor. Consequentemente, os vícios eventualmente existentes naquela propriedade pretérita não serão transmitidos aos novos proprietários (recebe-se uma propriedade isenta de vícios). Usucapião é exemplo de aquisição originária da propriedade.

Já na aquisição derivada da propriedade, teremos a presença de uma relação jurídica entre o atual proprietário e seu antecessor. Consequentemente, se há relação jurídica, os eventuais vícios existentes na propriedade serão transmitidos para o restante da cadeia dominial (cadeia de proprietários). Assim, por exemplo, diante de uma compra e venda *a non domino* (celebrada por quem não era proprietário do bem), vício de legitimidade que contaminará toda a cadeia dominial, o verdadeiro proprietário prejudicado poderá impugnar todas as alienações posteriores. A tradição e o registro são modos de aquisição derivados.

As **principais** (mas não as únicas) **formas de aquisição da propriedade**, reguladas no Livro do Direito das Coisas, são (ver art. 1.238 e s. do CC):

Imóveis	Móveis
Registro	Tradição
Usucapião	Usucapião
Acessão	Ocupação

32.5.1. Registro

No Brasil, como é sabido, a compra e venda não é forma de aquisição da propriedade. No *Sistema Brasileiro*, o negócio jurídico celebrado entre as partes, quando apresentar imóvel de valor superior a 30 salários mínimos, deverá observar a forma pública, sendo necessário que esse título (contrato) seja levado a registro perante o órgão público encarregado, momento no qual o adquirente se tornará proprietário do bem. Além disso, o registro no Brasil gera **presunção relativa de propriedade**.

32.5.1.1. Características do sistema registral brasileiro

1º) Modo vinculado ao título que o fundamenta, ou seja, o registro não tem autonomia e terá sua validade condicionada à perfeição do título que o fundamenta. A doutrina afirma que o registro no Brasil não tem caráter sanatório de vícios. Logo, conclui-se que o registro deve ser classificado como uma forma derivada de aquisição de propriedade.

2º) O registro gerará apenas presunção relativa de domínio, pois terceiros eventualmente prejudicados poderão impugnar o registro imobiliário. Nesse sentido, aquele proprietário que tem o imóvel em seu nome nada terá que provar, sendo o ônus probatório de quem contesta a propriedade.

Excepcionalmente, é possível ter a presença do denominado **Registro Torrens** (ver arts. 277 e s. da Lei n. 6.015/73) – esse é um procedimento de jurisdição voluntária que tem como finalidade gerar uma presunção absoluta de propriedade, mas somente terá cabimento em face de imóveis rurais.

32.5.1.2. Princípios do registro imobiliário

1º) **Princípio da constitutividade:** o registro imobiliário instituirá uma nova situação jurídica, qual seja, a situação de proprietário, ou, ainda, de titular de novos diretos reais (ver os arts. 1.277 e 1.245, § 1º, CC). Daí se falar em seu caráter constitutivo. Contudo, em alguns casos o registro terá caráter meramente declaratório, por exemplo, na ação de usucapião (o registro apenas declara uma questão já decidida em juízo, uma vez que o sujeito se torna proprietário pelo preenchimento dos requisitos legais) e na sucessão (o registro do formal de partilha não constitui o direito de propriedade, que já se constituiu pela *saisine* – ver art. 1.784, CC).

2º) **Prioridade ou preferência do registro:** é a proteção concedida àquele que, ao apresentar um título, o prenota em primeiro lugar. Com isso se garante que a análise da legalidade daquele título será feita em primeiro lugar; caso esteja regular, proceder-se-á ao seu registro. Efetivado o registro, o ato retroagirá à data da prenotação (ver arts. 1.246, CC e 188, 191 e 192, Lei n. 6.015/73).

3º) **Continuidade:** pelo princípio da continuidade, o registro deve trazer um encadeamento perfeito dos vários proprietários, ou seja, no título apresentado, o alienante deve ser a pessoa em nome de quem consta o registro do imóvel (ver art. 222, Lei n. 6.015/73). Não obstante, há que destacar que nas hipóteses de usucapião e desapropriação haverá uma quebra dessa cadeia dominial, pois são exemplos de aquisição originária do direito de propriedade.

4º) **Princípio da especialidade:** só será levado a registro o imóvel perfeitamente especificado; não se admite registro de universalidade de bens (ver art. 225, Lei n. 6.015/73).

5º) **Princípio da veracidade:** o registro deve retratar com perfeição a realidade fática. Logo, havendo algum erro ou omissão no registro imobiliário, o interessado poderá solicitar a retificação ou anulação deste (ver art. 1.247, *caput*, CC). O procedimento de retificação do registro foi trabalhado pela Lei n. 6.015/73 nos arts. 212 a 214, podendo-se optar entre a via administrativa e a judicial; quando o erro disser respeito ao registro em si, o procedimento de retificação será administrativo; a retificação será, por outro lado, judicial quando disser respeito ao título translativo da propriedade, hipótese em que o contraditório deverá ser respeitado.

6º) **Publicidade do registro imobiliário:** a publicidade do registro se justifica pelo caráter *erga omnes* dos direitos reais.

7º) **Princípio da unitariedade:** cada imóvel deverá ter sua própria matricula, e cada matrícula não pode ter como objeto mais de um imóvel.

8º) **Princípio da legalidade:** todo título passará pelo exame de legalidade, incumbência esta do oficial do registro de imóveis, quando deverá ser observado, por exemplo, se foi respeitada ou não a forma pública; se há ou não outorga uxória etc. Observada a legalidade, proceder-se-á ao registro. Por outro lado, caso o oficial observe alguma irregularidade, chamará o particular para suprir o vício alegado. Se o particular não concordar com a exigência feita, poderá solicitar que o Oficial Registrador suscite dúvida ao juiz (art. 198, Lei n. 6.015/73).

32.5.2. Tradição

Assim como ocorre com os bens imóveis, em relação aos bens móveis o contrato celebrado relativo a sua alienação também não terá força translativa (conferir o art. 481, CC). Dessa forma, a compra e venda não transfere o domínio sobre o bem, mas cria a obrigação de transferir. Quanto aos bens móveis, então, a transferência da propriedade dar-se-á pela tradição.

Quanto às espécies, a tradição pode ser **real**, **presumida** ou **ficta**. A **tradição real** ocorre com a entrega efetiva do bem. Já a **tradição presumida** (ou **simbólica**) ocorre quando há a entrega de algo que simboliza o bem móvel (p. ex.: a entrega das chaves de um carro). Por fim, na **tradição ficta** (ou **jurídica**) haverá transmissão do direito de propriedade do bem sem que haja alteração da posse, ou seja, há apenas uma cláusula contratual alterando a propriedade do bem, sem modificação no âmbito da posse da coisa. São subespécies da **tradição ficta** o **constituto-possessório** e a ***traditio brevi manu***.

No **constituto-possessório**, aquele que detinha a coisa em nome próprio passa a possuí-la em nome alheio (o sujeito continua sendo possuidor, mas deixa de ser proprietário do bem). Já a ***traditio brevi manu*** ocorre quando aquele que era possuidor em nome alheio passa a possuir em nome próprio, porque passa a ser proprietário (o possuidor passa a ser também proprietário).

Exemplo dessas subespécies de tradição ocorre na alienação fiduciária em garantia, na qual a **cláusula *constituti*** será inserida no contrato para garantir que o bem móvel adquirido passe a ser de propriedade da instituição financeira durante o prazo estipulado para o pagamento do empréstimo. Após a quitação integral do contrato, o bem móvel passará novamente para a propriedade do adquirente, momento em que ocorrerá a chamada *traditio brevi manu*, ou seja, para aquele adquirente que jamais deixou de ser possuidor do bem. Porém, realizada a quitação de todas as parcelas devidas à instituição financeira no bojo daquele contrato, o devedor volta a ser proprietário do bem móvel.

32.5.3. Usucapião

O vocábulo "usucapião" significa "*tomar pelo uso*". Usucapião é a forma originária de aquisição da propriedade e de outros direitos reais, em decorrência do exercício manso, pacífico e contínuo da posse pelos prazos estabelecidos em lei, respeitados os demais requisitos específicos de cada uma das modalidades. Aplica-se tanto aos móveis quanto aos imóveis, sendo a única modalidade de aquisição de propriedade que tem essa dupla incidência.

O primeiro detalhe importante é que, como forma de aquisição originária, o usucapiente adquire a propriedade contra o anterior proprietário, não havendo entre eles qualquer tipo de relação jurídica. Conclui-se, então, que não haverá fato gerador tributário (ITBI).

A usucapião é, ao mesmo tempo, um prêmio e uma sanção. Prêmio àquele que exerceu a posse por prolongado período de tempo, verdadeira "ponte" que elevará o mero possuidor à condição de proprietário (a usucapião é um efeito da posse); daí por que meros detentores não poderão usucapir. Simultaneamente, a usucapião incide como sanção pelo não exercício da posse pelo proprietário do bem, sanção que implicará a perda da propriedade.

Importa ressaltar que, ao preencher os requisitos legais para a usucapião, o possuidor se tornará proprietário independentemente de qualquer manifestação por parte do Estado. Logo, a ação de usucapião, prevista no art. 1.241, CC, tem natureza **declaratória** do direito de propriedade; não se presta a constituir o direito de propriedade, mas meramente a declará-lo. A finalidade da ação de usucapião é trazer ao novo proprietário segurança jurídica, mediante a obtenção de uma chancela do Estado acerca do preenchimento dos requisitos legais para a aquisição da propriedade, além de permitir a circulação de riquezas, uma vez que o novo proprietário poderá alienar o bem após a regularização do registro.

A ação de usucapião era de rito especial no CPC revogado. No NCPC, o legislador consagrou o rito ordinário para essa ação, com uma diferença no âmbito da citação, nos termos do art. 246, § 3º, quando se diz que os confinantes devem ser citados pessoalmente.

32.5.3.1. Requisitos da usucapião

A fim de facilitar o estudo, a doutrina costuma dividir os requisitos da usucapião em três categorias: **pessoais**, **reais** e **formais**.

32.5.3.2. Requisitos pessoais da usucapião

1º) Para que ocorra essa aquisição originária, é necessária a presença de um possuidor que exerça sobre aquele bem a chamada **posse *ad usucapionem***, ou seja, uma posse qualificada para fins de usucapião, que nada mais é que uma posse exercida com ***animus domini*** (intenção de se tornar proprietário do bem). O que importará para tanto será a intenção do possuidor. Este pode até saber que não é proprietário, bastando que se verifique existir a intenção de algum dia vir a se tornar proprietário.

2º) União de posses: possibilidade conferida pela lei ao atual possuidor de somar seu tempo de posse ao tempo exercido por seu antecessor, para fins de contagem de prazo para aquisição da propriedade pela usucapião. A união de posses é dividida em duas modalidades: ***acessio possessionis*** e ***sucessio possessionis*** (ver arts. 1.207 e 1.243, CC). Na *acessio possessionis* a transmissão da posse se dará a título singular e o novo possuidor terá a faculdade de unir sua posse à posse do anterior possuidor. Já na *sucessio possessionis,* a transmissão se dá em caráter universal (decorrente da *saisine*), e o novo possuidor deve obrigatoriamente unir sua posse à posse do antecessor.

3º) Prescrição aquisitiva: essa nomenclatura surge em razão de serem aplicadas também à usucapião as causas impeditivas, suspensivas e interruptivas da prescrição (ver arts. 197 a 204, c/c o art. 1.244, CC).

32.5.3.3. Requisitos reais da usucapião

1º) Primeiramente, importa destacar que somente os bens que estejam **no comércio** podem ser usucapidos, e que os bens **fora do comércio**, como ocorre com os bens públicos de qualquer natureza, não podem ser usucapidos; essa inclusive é uma proibição expressa (ver arts. 183, § 3º, e 191, parágrafo único, Constituição, art. 102, CC e Súmula STF 340).

Sobre os bens públicos, em que pese não poderem ser usucapidos, podem ser objeto de outro direito real, a chamada **concessão de uso especial para fins de moradia** (ver art. 1.225, XI, CC, regulamentado pela MP n. 2.220/2001). Essa nova modalidade de direito real possui os mesmos requisitos que a usucapião urbana individual (ver art. 1.240, CC), com apenas uma diferença: *a usucapião incide sobre imóveis particulares, enquanto a concessão de uso especial para fins de moradia incide sobre imóveis públicos.*

A finalidade do novo instituto foi regularizar a ocupação de terras públicas, trazendo aos possuidores maior segurança jurídica. Ao preencher os requisitos previstos na medida provisória, o possuidor terá direito à declaração da concessão de uso, seja administrativa, seja judicialmente (**obriga o poder público**). Tal direito de concessão é transmissível, *causa mortis* ou *inter vivos.* Importante destacar, por fim, que esse direito poderá ser concedido coletivamente (ver art. 2º, MP n. 2.220/2001).

2º) Bem de família: no Brasil o bem de família submete-se a duplo regime: **bem de família voluntário** (ver art. 1.711, CC) e **bem de família legal** (ver Lei n. 8.008/90). De toda forma, afigura-se como possível a usucapião do bem de família em qualquer de suas modalidades, já que o proprietário foi tão desidioso a ponto de permitir que alguém viesse a possuir o seu bem, preenchendo os demais requisitos.

3º) Usucapião em condomínio: duas espécies de condomínio: ***pro indiviso*** e ***pro diviso*** (conforme haja ou não divisão de área exclusiva de atuação de cada um dos condôminos). No condomínio *pro indiviso* será possível a usucapião, dede que um dos condôminos exerça posse exclusiva, excluindo o outro. Já no condomínio *pro diviso,* bastará que um dos condôminos ocupe a área delimitada para a atuação do outro condômino.

Já no condomínio edilício (arts. 1.331 e s. do CC), questiona-se: é possível a usucapião de vaga de garagem? Segundo o STJ, somente será possível se esta possuir registro e matrícula própria e individualizada. Noutra hipótese, quem ocupa área comum de condomínio é considerado mero detentor e nunca poderá usucapir. Evidentemente que unidade autônoma do condomínio edilício, como um apartamento, pode ser usucapida.

32.5.3.4. Requisitos formais da usucapião

Analisar os requisitos formais da usucapião significa estudar cada modalidade delineada pelo Código Civil e pela legislação extravagante, enxergando assim pontos comuns a todas elas, tais como a posse mansa, pacífica e contínua e outros pontos distintos, tal qual o fator temporal, metragem ou localização do bem, entre outros.

É possível dizer que o Código Civil trouxe cinco modalidades de usucapião: extraordinária (art. 1.238), ordinária (art. 1.242), rural (art. 1.239), urbana individual (art. 1.240) e urbana familiar (art. 1.240-A). O Estatuto das Cidades (Lei n. 10.257/2001) trouxe ainda a hipótese de usucapião urbana coletiva em seu art. 10.

Todas essas modalidades devem ser declaradas por meio de ação ordinária de usucapião, ação declaratória, como dito. Entretanto, o NCPC trouxe a possiblidade de todas essas modalidades virem a ser declaradas **extrajudicialmente**, a partir de procedimento realizado junto ao Cartório de Registro de Imóveis no qual o bem esteja matriculado. A nova lei processual incluiu o art. 216-A na Lei de Registro Público – Lei n. 6.015/73. Esse artigo elenca os requisitos e estabelece o procedimento cartorário para tal pedido.

Hipóteses de usucapião					
Extraordinária	**Ordinária**	**Rural**	**Urbana individual**	**Urbana coletiva**	**Família**
Art. 1.238, CC	Art. 1.242, CC	Art. 1.239, CC Lei n. 6.969/81 Art. 191 da Constituição	Art. 1.240, CC Lei n. 10.257/2001, art. 9º Art. 183 da Constituição	Arts. 10 a 14, Lei n. 10.257/2001 (Estatuto das Cidades)	Art. 1.240-A, CC
■ *Animus domini* ■ **15 anos** (*caput*)	■ Justo título e boa-fé (subjetiva) ■ **10 anos** (*caput*)	■ Moradia ou trabalho ■ Área rural ■ *Até 50 ha* ■ Não ser proprietário de outro bem imóvel urbano ou rural ■ **5 anos**	■ Moradia ■ Urbana ■ *Até 250 m²* ■ Não ser proprietário de outro bem imóvel urbano ou rural ■ **5 anos**	■ Moradia ■ Urbana ■ *Mais de 250 m²* ■ Não ser proprietário de outro bem imóvel urbano ou rural ■ **5 anos** ■ Não ser possível a individualização ■ Ocupação por famílias de baixa renda (CJI)	■ Moradia ■ Imóvel urbano ■ **Até 250 m²** ■ Não ser proprietário de outro bem imóvel urbano ou rural ■ **2 anos** de posse ■ Posse exclusiva ■ Proprietário em regime de condomínio ■ Abandono do lar pelo ex-cônjuge
■ Função Social ■ **10 anos** (parágrafo único)	■ Função social ■ Aquisição onerosa ■ **5 anos** (parágrafo único)				

32.5.4. Acessão

A acessão é a forma de aquisição da propriedade imóvel por aplicação direta do princípio da gravitação jurídica, ou seja, tudo que adere ao imóvel já pertencente a alguém será da propriedade deste. Assim, os acrescidos ou surgidos em terrenos rurais que margeiam um rio, por exemplo, serão considerados **acessões naturais** (álveo abandonado, formação de ilhas, aluvião e avulsão), nos termos dos arts. 1.248 a 1.252, CC.

Já as construções ou plantações feitas em um terreno presumem-se pertencer ao proprietário desse bem, constituindo-se assim **acessões artificiais**, conforme os arts. 1.253 a 1.259, CC.

As regras da acessão serão importantes para regular a quem pertencerão esses acrescidos, bem como estabelecer regras indenizatórias a partir da constatação da boa ou má-fé da posse exercida sobre aquele bem, metragens envolvidas, possibilidade do retorno à situação anterior etc.

32.5.5. Ocupação

Relativamente à ocupação, pode-se dizer que é a modalidade de aquisição de bens móveis, pela apropriação de bens abandonados (*res derelicta*) ou de bens que nunca pertenceram a ninguém (*res nullius*), nos termos do art. 1.263, CC. Pelo fato de não terem um dono, essa forma de aquisição da propriedade móvel é considerada uma aquisição originária. O ocupante só não será considerado dono do bem se alguma lei especial proibir o assenhoreamento deste, por exemplo, a apropriação de um animal de espécie em extinção (vedações das leis ambientais).

32.6. Propriedade superficiária (arts. 1.369 e s., CC)

É o direito real temporário e autônomo em que o proprietário do bem transfere para um terceiro, chamado de superficiário, a propriedade das construções e plantações que se fizerem sobre seu terreno, ou seja, de tudo aquilo que existir ou vier a ser criado na superfície do bem.

Pela incidência do já estudado princípio da gravitação jurídica, em regra, o proprietário do bem principal é o proprietário do bem acessório, sendo essa inclusive a lógica que rege o instituto da acessão. Essa lógica é quebrada em se tratando de **direito real de superfície**, uma vez que o proprietário do bem imóvel (*concedente ou nu-proprietário*) desmembra sua propriedade, mantendo consigo a propriedade do solo e transferindo ao terceiro (*superficiário* ou *concessionário*) a propriedade das plantações e construções sobre a superfície.

Desse modo, o proprietário do solo poderá exercer todas as faculdades inerentes ao domínio, transferindo ao superficiário apenas o **domínio útil** sobre o solo. Não há, portanto, transferência de poderes dominiais; daí por que a doutrina não considera que o direito real de superfície seja uma espécie de direito real de gozo ou fruição. Ou seja, a superfície é uma nova propriedade, instituída pelo proprietário originário. Daí o nome de **propriedade superficiária**.

Verifica-se que o direito real de superfície se apresenta como importante mecanismo para dar cumprimento à função social da propriedade. O direito real de superfície permite que terceira pessoa munida de capital confira uma destinação econômica à propriedade, o que talvez o proprietário não tivesse condições de fazer sozinho.

Quanto à sua concessão, o direito real de superfície traz a possibilidade da modalidade de negócio jurídico gratuito ou oneroso. Se previsto, o concedente poderá exigir o pagamento do chamado *solarium*, conforme a periodicidade de pagamento, ajustada livremente pelas partes (ver art. 1.370, CC).

Outra característica é que a propriedade superficiária apresenta-se como propriedade resolúvel (ver art. 1.359, CC), ou seja, uma propriedade sujeita a termo final, que, uma vez alcançado, produz sua extinção. Assim, com o advento do termo final do direito real de superfície, a propriedade superficiária será extinta, concentrando-se novamente nas mãos do proprietário do solo a propriedade plena, com todos os seus acrescidos, sem que se fale em indenização ao superficiário (como regra).

Verifica-se ainda que a propriedade superficiária pode perfeitamente ser transmitida a terceiros, como preleciona o art. 1.372, CC. Por outro lado, mesmo não havendo previsão expressa no Código Civil, a transmissibilidade também da propriedade do solo é consequência lógica do instituto, sendo plenamente permitido ao proprietário concedente a alienação de seu direito a terceiros, uma vez que mantém consigo o direito de dispor da coisa.

Se ocorrer transmissibilidade do direito real de superfície, há vedação imposta ao proprietário do solo de cobrar do superficiário qualquer valor decorrente do ato de transmissão (ver o parágrafo único do art. 1.372, CC). Isso ocorre porque o direito real de superfície veio para substituir a enfiteuse, que implicava o pagamento do chamado laudêmio pelo enfiteuta ao senhorio direto.

Em caso de alienação, deve-se recordar também que o superficiário deverá dar preferência ao proprietário do solo (concedente) na aquisição do direito real de superfície; e, do mesmo modo, o nu-proprietário deverá dar preferência ao superficiário, caso pretenda alienar seu direito (ver art. 1.373, CC). Essa regra é bem semelhante à compra e venda entre condôminos (art. 504, CC) e à preferência existente no contrato de locação de bens (art. 28, Lei n. 8.245/91).

Ainda diante da característica da transmissibilidade do direito real de superfície, conclui-se pela possibilidade de instituição de direitos reais de garantia com base na propriedade superficiária. Poderá ocorrer, por exemplo, que o proprietário superficiário necessite buscar um financiamento junto a determinada instituição financeira, quando poderá oferecer em garantia ao adimplemento desse contato o próprio direito real de superfície. Por isso o art. 1.473, CC autoriza que a superfície seja objeto da hipoteca.

Por fim, as obrigações *propter rem* incidentes sobre a propriedade superficiária, tais como os tributos reais ou despesas condominiais, recaem sobre o superficiário se as partes não decidirem de maneira diversa no contrato, nos termos do art. 1.371, CC.

33. POSSE

33.1. Introdução

Historicamente, duas teorias foram construídas para designar quem seria considerado possuidor.

- **Teoria subjetiva da posse (*Savigny*):** aponta que, para ser possuidor, o sujeito deveria ter poder sobre a coisa (*corpus*) juntamente com o *animus*, ou seja, a intenção de um dia se tornar proprietário daquele bem. Portanto, para *Savigny*, a posse seria uma situação fática verificada a partir do momento em que o sujeito viesse a exercer o controle sobre o bem, tendo ao mesmo tempo a intenção de vir a se tornar proprietário de tal bem.

- **Teoria objetiva da posse (*Ihering*):** segundo essa teoria, para ser considerado possuidor, o sujeito necessitaria apresentar apenas o *corpus*, ou seja, exige-se somente a visibilidade do domínio, o que é atingido ao ser dada uma destinação econômica ao bem, restando assim dispensado o elemento anímico.

Tanto o Código Civil de 1916 quanto o atual valeram-se da teoria objetiva de *Ihering* para a conceituação da figura do possuidor. Contudo, ao elaborar sua teoria, *Ihering* entendeu que a posse decorreria como simples consequência do exercício do direito de propriedade. Logo, o fundamento da proteção possessória, segundo *Ihering*, seria permitir uma defesa imediata da propriedade. Atualmente essa concepção é bastante criticada, uma vez que a proteção da posse independe do exercício do direito de propriedade.

Sob o ponto de vista de um Direito Civil constitucionalizado, alguns autores apontam que as duas teorias são insuficientes para explicar o fenômeno possessório. Isso porque a análise estanque de cada uma delas não justificaria a proteção possessória em algumas hipóteses, como ocorreria, por exemplo, em relação ao invasor da propriedade imobiliária alheia. Não obstante, o Código Civil adotou a teoria de Ihering, conforme se verifica pelo disposto no art. 1.196:

> **Art. 1.196.** Considera-se possuidor todo aquele que tem de fato o exercício, pleno ou não, **de algum dos poderes inerentes à propriedade**.

Posse seria, portanto, a exteriorização da propriedade por meio do exercício fático de uma de suas faculdades. Em princípio, aquele que apresenta exercício pleno de alguma das faculdades de uso, gozo ou disposição sobre o bem é possuidor desse bem. Portanto, todo aquele que ocupa um bem é, presumidamente, seu possuidor.

A vantagem dessa presunção de posse surge quando são analisados os efeitos desse instituto. O possuidor é considerado como tal para que faça jus aos efeitos da posse. Assim, podem ser listados como principais efeitos da posse: **o direito de perceber frutos** (ver art. 1.214, CC); **o direito de ser indenizado pelas benfeitorias e acessões realizadas na coisa** (ver art. 1.219, CC); **o direito à usucapião** (ver art. 1.238, CC); **a proteção possessória** (ver art. 1.210, CC), via autotutela (legítima defesa ou desforço imediato) ou por meio dos chamados interditos possessórios (ações possessórias).

Contudo, por vezes, a presunção não militará em favor do ocupante do bem, hipóteses em que se apresentará a chamada **detenção**. Um sujeito poderá vir a ocupar um bem sem que essa ocupação seja considerada posse. Nessas hipóteses, configurar-se-á a detenção (também denominada de *tença*).

Para Savigny, detentor seria aquele que não tivesse o elemento anímico (*animus domini*). Consequentemente, conforme essa teoria, o detentor não teria direito aos efeitos da posse. O locatário, o comodatário e o arrendatário seriam meros detentores, que não teriam direito aos efeitos possessórios.

Por outro lado, segundo a teoria de Ihering, do mesmo modo que aponta quem é possuidor, a lei também deveria ditar quem não o é detentor, ou seja, o conceito de detentor deveria ser normativo. Portanto, conforme a lição de Ihering, o detentor seria aquele a quem a lei não confere a qualidade de possuidor; aquele para quem a lei desqualifica a posse. Alguns autores assim definem: **detenção é a posse juridicamente desqualificada.** Detentor é o ocupante de um bem a quem a lei recusa a concessão de efeitos possessórios.

Dessa forma, seria possível apontar algumas **hipóteses legais de detenção**:

a) **Servidor da posse (fâmulo da posse – ver art. 1.198, CC):** nessa hipótese, os ocupantes são meros instrumentos da vontade alheia, praticando atos de posse em nome do verdadeiro proprietário ou possuidor. Haverá vínculo de subordinação, uma vez que a atuação do fâmulo da posse é subordinada a terceiro. São exemplos dessa espécie de detentor os empregados do possuidor ou proprietário, cabendo destacar, contudo, a desnecessidade de haver contrato formal de trabalho ou mesmo remuneração.

   Observa-se que essa modalidade de detenção permite a conversão em posse se houver rompimento do vínculo de subordinação, quando a ocupação que era desinteressada e em nome alheio passa a ser interessada e em nome próprio. Esse entendimento está no parágrafo único do art. 1.198, CC.

b) **Atos de violência e clandestinidade (ver art. 1.208, CC):** num primeiro momento, a ocupação de um bem com atos de violência ou clandestinidade não induzirá a posse, ou seja, os ocupantes serão meros detentores. Porém, cessada a violência ou clandestinidade, haverá posse. Será considerada posse injusta em virtude da presença desses vícios objetivos, nos termos do art. 1.200, CC. A doutrina denomina esse tipo **detenção independente**.

c) **Atos de mera permissão ou tolerância (ver art. 1.208, CC):** há permissão quando o ocupante do bem obtém do legítimo possuidor ou proprietário a autorização expressa para o exercício do *corpus*. Já a tolerância derivará de autorização tácita. Nessas hipóteses, não se fala em posse, porque não há negócio jurídico subjacente entre as partes, ou seja, o legítimo possuidor ou proprietário é titular de um direito potestativo, podendo revogar a qualquer tempo a autorização de ocupação que fora dada.

d) **Ocupação de bens insuscetíveis de posse:** o sujeito que ocupa bens insuscetíveis de posse (por exemplo, os bens públicos) será considerado mero detentor. Nossos Tribunais Superiores possuem uma visão conservadora acerca do tema, sendo refratários à ideia de exercício de atos de posse por particulares sobre bens públicos de qualquer natureza sem que estejam preenchidos os requisitos estabelecidos pelas leis específicas. Logo, para o STJ e o STF o ocupante de bem público é mero detentor e não faz jus aos efeitos da posse.

Além dessa distinção normativa entre posse e detenção, a adoção pelo nosso Código da teoria de Ihering traz as seguintes vantagens:

1º) Permite o **desdobramento da posse** – exercício de posses paralelas (ver art. 1.197, CC). A partir de uma relação jurídica de direito real ou obrigacional, uma ou mais faculdades inerentes ao domínio poderão ser transmitidas a um terceiro. Ao obter a atuação imediata sobre a coisa, o terceiro será considerado **possuidor direto**, e aquele que transferiu será considerado **possuidor indireto**. Logo, sendo ambos considerados possuidores, farão jus aos efeitos da posse, seja em face de terceiros, seja entre si. A posse direta terá duas características: (a) será temporária, pois somente existirá enquanto se mantiver hígido o negócio jurídico que a fundamenta; e (b) a posse direta será subordinada, pois quem delimitará os poderes a serem conferidos ao possuidor direto será o possuidor indireto (normalmente o próprio proprietário da coisa).

> **Art. 1.197.** A posse direta, de pessoa que tem a coisa em seu poder, temporariamente, em virtude de direito pessoal, ou real, não anula a indireta, de quem aquela foi havida, podendo o possuidor direto defender a sua posse contra o indireto.

2º) Outra vantagem advinda da adoção da teoria de Ihering é a possibilidade de composses (ver art. 1.199), ou seja, é possível que duas ou mais pessoas exerçam simultaneamente a posse sobre a coisa. Mas cuidado: a composse não se confunde com o condomínio (propriedade pertencente ao mesmo tempo a dois ou mais sujeitos).

> **Art. 1.199.** Se duas ou mais pessoas possuírem coisa indivisa, poderá cada uma exercer sobre ela atos possessórios, contanto que não excluam os dos outros compossuidores.

33.2. Classificação da posse

A posse é um instituto que se classifica quanto aos seus vícios, que podem ser **subjetivos** (estado anímico frente à coisa que se possui – boa-fé ou má-fé) ou **objetivos** (forma pela qual a posse foi adquirida – justa ou injusta).

A classificação da posse é importante para traçar regras quanto a seus efeitos, ou seja, para que sejam modulados os efeitos da posse.

Assim, a posse será:

- **Quanto aos vícios objetivos:** posse **justa ou injusta**, a depender da forma como veio a ser adquirida. Será justa quando não for adquirida pela violência, clandestinidade ou precariedade, nos termos do art. 1.200, CC. Violenta é a posse adquirida com atos de agressão à pessoa do antigo possuidor. Clandestina, a adquirida às escondidas do verdadeiro possuidor. Por fim, precária será a posse derivada do abuso de confiança, ou seja, o possuidor deveria ter restituído o bem, mas indevidamente nele permanece.
- **Quanto aos vícios subjetivos:** posse de **boa-fé** ou de **má-fé**. Será de boa-fé a posse quando o possuidor ignorar os vícios que lhe impedem a aquisição da coisa. Ao revés, quando tiver ciência da presença desses vícios, a posse será considerada de má-fé, nos termos do art. 1.201, CC. Vale lembrar que quem tem para si um justo título (título formalmente perfeito, mas materialmente viciado) guarda consigo a presunção relativa de boa-fé de sua posse.

33.3. Efeitos da posse

Para fins didáticos, os efeitos da posse podem ser divididos em quatro hipóteses:

- **Proteção possessória:** sem sombra de dúvida, o principal efeito da posse. A posse, se lesada, ensejará o nascimento de pretensão a seu titular, no sentido de retomá-la, inibir indevidas intervenções ou ameaças. Assim, diante de um esbulho, turbação ou ameaça de ocorrência dos dois primeiros, pode o possuidor reagir contra as indevidas lesões, preservando assim seu direito de possuir o bem.

Configura-se o esbulho quando o possuidor vem a ser privado do bem, total ou parcialmente. A proteção possessória correta será a ação de reintegração de posse ou a autotutela através do desforço imediato, nos termos do art. 1.210, CC.

Há turbação quando terceiro prejudica a normal utilização do bem por seu possuidor. A proteção possessória se faz por meio da ação de manutenção de posse ou a autotutela a partir de atos de legítima defesa.

Se houver mera ameaça, pode-se buscar a proteção via Judiciário, inibindo-se a concretização do ilícito por meio da ação de interdito proibitório, na qual pode inclusive haver fixação de multa cominatória.

As ações possessórias foram regulamentadas no NCPC, a partir do art. 554. Normalmente, será réu em ação possessória aquele que se qualificar como possuidor injusto (art. 1.200, CC).

- **Direito aos frutos:** os arts. 1.214 e s., CC estabelecem que o possuidor poderá ter direito aos frutos colhidos enquanto ocupar a coisa. Tal regramento será variável quanto ao estágio em que os frutos se encontrarem (percebidos, pendentes, colhidos por antecipação) e também de acordo com a boa-fé ou má-fé do possuidor.
- **Direito às benfeitorias:** os arts. 1.219 e s., CC regulamentam a possibilidade de o possuidor vir a ser indenizado, ou não, pelas benfeitorias que tiver realizado na coisa. Para tanto, o Código se utiliza da boa-fé ou má-fé, bem como da natureza da benfeitoria realizada no bem (útil, necessária ou voluptuária). Há que registrar a possibilidade conferida ao possuidor de boa-fé de reter consigo o bem até que lhe sejam pagas as benfeitorias úteis e necessárias. Denomina-se essa possibilidade **direito de retenção**.
- **Direito à usucapião:** tratado no capítulo anterior, vale registrar que apenas possuidores podem vir a se tornar proprietários do bem ocupado pelo implemento da usucapião.

34. DIREITOS REAIS SOBRE COISAS ALHEIAS

34.1. Introdução

Como dito no capítulo referente à propriedade, esta é elástica, ou seja, o proprietário tem o poder de desmembrar as faculdades inerentes ao domínio e transferi-las para terceiros de forma temporária, sem nunca perder a condição de proprietário. Sendo assim, fala-se em **propriedade plena**, quando o proprietário reúne todas as faculdades inerentes ao domínio, e em **propriedade limitada**, quando o proprietário transfere para terceiros alguma das faculdades dominiais.

A partir das limitações ao direito de propriedade é que surgem os direitos reais sobre coisa alheia, quando se observará um terceiro exercendo poderes dominiais sem ser o proprietário do bem. O Código Civil traz três espécies de direitos reais sobre coisa alheia, segundo classificação usualmente estabelecida em doutrina: **direitos reais de gozo ou de fruição** (usufruto, uso, habitação); **direitos reais de garantia** (penhor, hipoteca, anticrese); e o **direito real de aquisição** (promessa de compra e venda).

34.2. Direitos reais de gozo (ou fruição)

Nos direitos reais de gozo, o proprietário transfere a terceiro as faculdades de **usar** e **gozar** do bem. Como estudado no capítulo referente à propriedade, a faculdade de usar permite ao indivíduo se servir da coisa de acordo com sua destinação. Permite que o titular perceba os frutos naturais advindos da coisa, ou seja, aqueles acessórios que advêm independentemente da intervenção humana.

Já a faculdade de gozar permite que o indivíduo frua do bem de acordo com a destinação econômica. O indivíduo pode extrair do bem todas as suas utilidades, ou seja, seus acessórios (frutos e produtos).

A partir do momento em que é instituído um dos direitos reais de gozo ou fruição, passam a subsistir duas relações jurídicas em torno do bem: uma formada entre o proprietário e o titular do direito real de fruição e outra entre o titular do direito real de fruição e a coletividade (que assume um dever genérico de abstenção).

> É importante lembrar quais são os direitos reais de gozo hoje previstos no Código Civil. São eles: usufruto, servidão, uso e habitação.

A enfiteuse era um direito de gozo previsto no Código Civil de 1916 e que foi abolido pelo Código atual, nos termos do art. 2.038, CC. Hoje não se permite a criação de novas enfiteuses, estando as antigas submetidas ao Código revogado (pela ultratividade da lei civil).

34.3. Servidão (ver arts. 1.378 e s., CC)

Servidão é o direito real incidente sobre bem imóvel que grava um prédio, dito serviente, para que o proprietário de outro prédio, chamado de dominante, possa extrair daquele algumas de suas utilidades. Assim como ocorre com a superfície, a servidão é interessante instrumento de adimplemento da função social da propriedade, a partir da utilização do bem por outrem.

Na servidão sempre existirá uma dicotomia, consistente em uma vantagem para o prédio dominante e um ônus para o prédio serviente. Necessariamente, os prédios devem pertencer a proprietários distintos (ver art. 1.378, CC).

As servidões caracterizam-se por serem **acessórias, perpétuas e indivisíveis**. A servidão é instituída para que o prédio dominante tenha utilidade, de modo que, enquanto existir o prédio dominante, existirá a servidão; daí seu caráter acessório, seguindo o destino do bem principal. Assim, as servidões são perpétuas; enquanto durar a necessidade do prédio dominante, existirá a servidão.

Por fim, terão caráter indivisível, não se admitindo sejam fracionadas no curso de sua duração.

Falar em indivisibilidade significa dizer que a servidão atinge a totalidade do bem. Todos os proprietários do prédio serviente terão de suportar o ônus da servidão. Do mesmo modo, todos os proprietários do prédio dominante se beneficiarão com a servidão instituída em seu favor, nos termos do art. 1.386, CC.

Nos termos do art. 1.388, II, CC, uma vez extinta a utilidade da servidão, extinta estará a servidão. Deve-se ainda mencionar duas outras hipóteses importantes em que a servidão restará extinta: (1) quando forem suprimidas as obras realizadas (ver art. 1.389, II, CC); e (2) se a servidão não for utilizada pelo prazo de 10 anos contínuos (ver art. 1.389, III, CC).

Contudo, em relação a esta última hipótese, o legislador não apontou o termo inicial do prazo. A doutrina aponta que, se a servidão for *positiva*, o prazo de 10 anos começará a ser computado a partir do momento em que for praticado o último ato da servidão. Se a servidão for *negativa*, o prazo de 10 anos fluirá a partir da prática do ato abstido, como ocorre, por exemplo, na servidão de vista, a partir do momento em que o proprietário do prédio serviente construir acima da altura determinada.

34.4. Quanto à classificação, as servidões se dividem em

1º) **Servidão convencional x servidão legal:** a *servidão convencional* decorre da manifestação de vontade das partes, conforme explicado acima. Já a *servidão legal* é aquela posta de forma abstrata pela lei, imperativa para todos aqueles que se encontrem na situação legal descrita. A *servidão legal* não é propriamente servidão, compreende na verdade os direitos de vizinhança (arts. 1.277 e s. do CC) impostos a todos aqueles que se encontram em uma relação de proximidade, que terão de suportar ônus para possibilitar a convivência harmônica em sociedade. Direito de vizinhança, portanto, não se confunde com direito real de servidão.

2º) **Servidão positiva x servidão negativa:** a *servidão positiva* é aquela que permite ao titular do prédio dominante praticar determinada conduta (p. ex.: servidão de passagem). Já a *servidão negativa* não exigirá do proprietário do prédio dominante a prática de qualquer conduta; competirá ao proprietário do prédio serviente apenas o dever de não praticar certa conduta (p. ex.: servidão de vista).

Aqui vale um registro: a conduta a ser realizada em sede de *servidão positiva* envolve, via de regra, a realização de obras no prédio serviente. Nesse sentido, cumpre destacar que tais obras serão custeadas pelo titular do prédio dominante (ver art. 1.380, CC), interessado direto. Nada impede, entretanto, que a obra seja custeada pelo proprietário do prédio serviente (ver art. 1.381, CC). Nessa hipótese, verificado pelo proprietário do prédio serviente que o custo da obra supera o valor do imóvel, poderá ele abandoná-lo em favor do proprietário do prédio dominante (ver art. 1.382, CC).

3º) **Servidão aparente x servidão não aparente:** aparente é aquela servidão que se exterioriza por meio de obras, não havendo dúvidas visuais de que existe ali uma servidão (p. ex.: servidão de escoamento de água). Será, por outro lado, não aparente aquela servidão que não se exterioriza por meio de obras, ou seja, sem quaisquer indícios claros acerca de sua existência (p. ex.: servidão de vista). Esta última depende ainda mais fortemente do registro imobiliário para produzir seus regulares efeitos.

Destaque-se que a defesa da posse da servidão somente será possível diante das chamadas servidões aparentes. As servidões não aparentes não comportam ações possessórias (ver art. 1.213, CC). Do mesmo modo, só poderá ser adquirida pela usucapião a servidão aparente (ver art. 1.379, CC – aqui se fala em aquisição por usucapião do direito real de servidão e não do prédio sobre o qual esta recai). Sem visibilidade não há como a posse produzir efeitos como proteção e usucapião.

34.5. Usufruto (ver arts. 1.390 e s., CC)

É o direito real temporário concedido a uma pessoa (usufrutuário) para que possa usar e gozar de bem alheio (móvel ou imóvel), retirando-lhe todas as utilidades, sendo vedada a alteração de sua substância. Logo, o usufrutuário terá consigo as faculdades de usar e gozar, enquanto o nu-proprietário manterá as faculdades de dispor e reivindicar.

Quanto às características, o usufruto será **temporário e intransmissível (ou personalíssimo)**.

Assim, o usufruto é instituído para vigorar por tempo determinado. Quando concedido por um prazo certo é denominado *usufruto temporário* (ver art. 1.410, II, CC); quando não for estabelecido um prazo determinado, sendo o usufrutuário uma pessoa natural, restará vigente pelo período de vida deste, sendo denominado *usufruto vitalício* (ver art. 1.410, I, CC). Já se o usufruto for instituído, sem prazo determinado, em favor de pessoa jurídica, poderá vigorar pelo prazo máximo de 30 anos (ver o inciso III do art. 1.410, CC).

Ser intransmissível significa dizer que o direito real de usufruto não se transmite por ato *inter vivos* ou *causa mortis*, uma vez que é instituído para beneficiar pessoas determinadas. Daí seu caráter personalíssimo (*intuitu personae*).

Em que pese ser intransmissível, os frutos e produtos extraídos do direito real de usufruto são plenamente alienáveis, até porque têm caráter econômico, enquanto acessórios do bem principal. Tanto é assim que se admite que a penhora recaia sobre os frutos e produtos extraídos do direito real de usufruto.

Justamente em razão da distinção entre o direito real de usufruto e o exercício do usufruto, fala-se que o exercício do usufruto pode ser transferido para terceiros (ver art. 1.393, c/c o art. 1.399, CC); o exercício do usufruto pode ser objeto de locação e de arrendamento. A transferência para terceiros é exatamente a forma pela qual o usufrutuário extrairá da coisa os chamados frutos civis.

Por conseguinte, é vedada a instituição de *usufruto sucessivo*, uma vez que a morte do usufrutuário gera a extinção do usufruto, não se transmitindo o usufruto para terceiros.

Não obstante, admite-se o *usufruto simultâneo* (ou usufruto conjuntivo), concedido a mais de um usufrutuário. O falecimento de um usufrutuário no *usufruto simultâneo* extinguirá a parcela que lhe competia, transferindo-a para o nu-proprietário (ver art. 1.411, CC). É, portanto, vedado o direito de acrescer; o Código Civil impede aos demais usufrutuários seja acrescida a parcela do usufruto extinto pela morte do usufrutuário no *usufruto simultâneo*, ressalvada a estipulação em contrário. Em resumo: é vedado o direito de acrescer; excepcionalmente, pode ser estabelecido no instrumento que institui o usufruto.

Quanto às espécies, o usufruto poderá ser **legal ou convencional**.

O usufruto convencional é instituído mediante a celebração de um negócio jurídico bilateral (contrato) ou por meio de um negócio jurídico unilateral (testamento). Dessa espécie de usufruto retiram-se duas subespécies: o *usufruto por alienação* e o *usufruto por retenção* (ou *deducto*).

Já no *usufruto por alienação*, o proprietário do bem permanece com a nua propriedade e transfere para terceiro o usufruto; o proprietário reserva para si as faculdades de dispor e reivindicar o bem de terceiro, e o usufrutuário terá as faculdades de usar e gozar.

No *usufruto por retenção*, o proprietário transfere a terceiros a nua propriedade, mas mantém para si o usufruto do bem, fato este muito comum entre pais que resolvem doar o bem para seus filhos e reservam o usufruto para si, pois, nos termos do art. 548, CC, é vedado ao proprietário doar a integralidade de seus bens sem reserva ou renda suficiente para sua subsistência ou sustento.

Por fim, o Código Civil prevê uma hipótese de usufruto legal, usufruto imposto independentemente de manifestação de vontade das partes: os pais têm o usufruto legal sobre os bens pertencentes a seus filhos menores de idade (ver art. 1.689, CC). Parcela da doutrina aponta que essa não é propriamente uma forma de usufruto; seria meramente uma forma de remunerar os pais que estão na administração dos bens de seus filhos menores.

34.6. Uso (ver arts. 1.412 e 1.413, CC)

O direito real de uso confere ao usuário apenas a faculdade de utilização do bem, permitindo-lhe servir-se da coisa e dela extrair apenas os frutos naturais, para o atendimento de suas necessidades e de sua família. No que for cabível, o regramento existente para o usufruto aplica-se ao direito real de uso.

34.7. Direito real de habitação (ver arts. 1.414 a 1.416, CC)

O direito real de habitação estabelece uma hipótese mais restrita de gozo e fruição do bem, quando comparado às demais espécies de direitos reais de gozo, pois o habitante somente terá direito de habitar o bem, sem qualquer direito à extração de frutos, sequer dos naturais. Não poderá, assim, o habitante transferir o direito de habitação a terceiros. O direito real de habitação é restrito ao habitante, permitindo-lhe constituir a residência de sua família.

Esse direito é também previsto ao cônjuge sobrevivente, nos termos do art. 1.831, CC, que traz hipótese de direito real de habitação legal, o qual recairá sobre o imóvel em que o cônjuge sobrevivente residia com o falecido, desde que não existam outros bens a inventariar. Esse direito, segundo a doutrina e jurisprudência, estende-se ao companheiro sobrevivente.

34.8. Direitos reais de garantia

Esses direitos existem como forma de amplificar a eficácia de um direito obrigacional, ou seja, o credor que tem como sua garantia geral o patrimônio do devedor, quando da instituição de uma garantia real, passa a contar preferencial com um bem integrante desse patrimônio, para ver seu direito de crédito assegurado mais fortemente.

Os bens dados em garantia real ficarão afetados ao cumprimento da obrigação principal. Caso ocorra o inadimplemento, o credor titular dessa garantia irá executar o bem, levando-o a hasta pública e obtendo-se, assim, seu crédito correspondente. Ou seja, **a garantia real é a melhor forma de proteção dos interesses de um credor**.

São garantias reais o penhor, a hipoteca e a anticrese.

- **Penhor:** nessa modalidade há a afetação de um **bem móvel** (em regra) que será colocado à disposição do credor com o escopo de lhe servir como garantia real. Pode, excepcionalmente, envolver um imóvel no caso de penhor rural. No penhor a coisa será entregue ao credor, que terá a posse para fins de futura obtenção do pagamento, ainda que o devedor não o faça voluntariamente, mediante a alienação do bem em hasta pública.
- **Hipoteca:** nesta, ocorrerá a afetação de um **bem imóvel** (em regra) que será colocado à disposição do credor com a intenção de lhe servir como garantia real. Exceção ocorre na hipoteca de navios e aeronaves, quando se possibilita o oferecimento de bens móveis em garantia hipotecária. Na hipoteca, o bem dado em garantia não será entregue ao credor, permanecendo na posse do devedor.
- **Anticrese:** nessa modalidade, pouco usada no Brasil, a coisa dada em garantia (sempre um imóvel) será efetivamente entregue ao credor, para que este possa perceber os frutos dela provenientes, para abatimento progressivo do valor que emprestou, caso o devedor não opte por pagar voluntariamente.

É possível delinear características comuns às três modalidades de garantias reais:

- **São acessórias:** como qualquer garantia, as reais só têm razão de ser em virtude da existência da obrigação principal, ou seja, de um vínculo obrigacional anterior. Assim, após a extinção da obrigação principal, quer pela forma normal (pagamento), quer pelas formas especiais (consignação em pagamento, dação em pagamento, sub-rogação), também serão extintas as garantias reais. Contudo, a recíproca não é verdadeira, uma vez que por vezes as garantias reais serão extintas e a obrigação principal subsistirá. Aplicação, uma vez mais, do princípio da gravitação jurídica.
- **Geram preferência ou retenção (ver arts. 1.422 e 1.423, CC):** o credor que for titular de uma garantia hipotecária ou pignoratícia terá a **preferência** na satisfação de seu crédito. Isso significa que, em caso de alienação em hasta pública do bem, o valor obtido será dirigido preferencialmente ao titular da garantia real. Todavia, em se tratando de credor anticrético, verifica-se que o imóvel afetado ao cumprimento de seu crédito não será levado a hasta pública; tal credor, portanto não terá **preferência** em face da alienação da coisa, mas sim um direito de retenção sobre o bem, para que possa dela extrair frutos e dar cumprimento à obrigação principal.
- **São indivisíveis (ver art. 1.421, CC):** enquanto o devedor não efetuar o pagamento integral da dívida ao credor, a coisa dada em garantia continuará à disposição deste, pois não se possibilita a exoneração parcial da garantia real concedida, mesmo que o objeto da garantia compreenda vários bens. Há uma indivisibilidade legal do bem dado em garantia, como forma de beneficiar o credor. Se um real ainda for devido, a garantia recairá sobre o bem como um todo.
- **Especialização:** para que a garantia real tenha eficácia perante terceiros, será necessária a sua especialização, consoante exigência feita pelo

art. 1.424, CC. A especialização é a descrição pormenorizada da obrigação principal e da coisa afetada, que assim será mantida até a satisfação integral do credor.

- **Publicidade:** assim como acontece com todo direito real, para a eficácia em relação a terceiros será necessário que se dê publicidade ao contrato celebrado entre credor e devedor, no qual fica estabelecida a garantia real. Isso ocorre por meio do registro junto ao registro de imóveis ou no Ofício de Títulos e Documentos, a depender da natureza do bem afetado, se bem imóvel ou móvel, respectivamente. Somente assim a garantia real será dotada dos efeitos da sequela e de eficácia *erga omnes*.

Quanto à capacidade para instituir as garantias reais, tal capacidade está intimamente ligada ao exercício da faculdade de dispor do bem (ver art. 1.420, CC). Assim, apenas titulares de direitos reais nos quais haja transferência do direito de dispor poderão dar bens em garantia.

Se a instituição de garantias reais for efetivada por mandatário, há que se recordar que somente poderá gravar ou hipotecar bens do mandante se tiver recebido poderes especiais para tanto, pois os poderes gerais concedidos no contrato de mandato somente lhe conferem poderes de disposição (ver art. 661, CC).

Pessoas casadas dependem de outorga uxória ou marital para alienar e gravar bens imóveis, nos termos do art. 1.647, CC, ressalvado o regime da separação absoluta de bens. De todo modo, sempre será possível que o cônjuge busque o suprimento judicial da autorização, conforme prevê o art. 1.648, CC.

Importante observar que, em relação aos bens móveis, a pessoa casada poderá livremente constituir garantias reais, uma vez que não há previsão legal acerca da necessidade de autorização do cônjuge nesse sentido.

Há que recordar ainda que a Lei veda o denominado **pacto comissório**, convenção por meio da qual credor e devedor deliberariam que, em caso de inadimplemento, o bem concedido em garantia passaria diretamente à propriedade do credor. Essa proibição encontra-se no art. 1.428, CC, sendo nula a cláusula que eventualmente o preveja.

Não há que se confundir, todavia, a possibilidade de, após o inadimplemento, o devedor ofertar voluntariamente o bem dado em garantia, como forma de quitação da dívida. Se o credor aceitar, estará configurada a dação em pagamento, plenamente possível nos termos dos arts. 356 e 1.428, parágrafo único, CC.

Por fim, ressaltem-se as hipóteses nas quais a lei civil admite o vencimento antecipado da dívida, nos termos do art. 1425, CC: I – se, deteriorando-se, ou depreciando-se o bem dado em segurança, desfalcar a garantia, e o devedor, intimado, não a reforçar ou substituir; II – se o devedor cair em insolvência ou falir; III – se as prestações não forem pontualmente pagas, toda vez que desse modo se achar estipulado o pagamento; IV – se perecer o bem dado em garantia, e não for substituído; V – se se desapropriar o bem dado em garantia, hipótese na qual se depositará a parte do preço que for necessária para o pagamento integral do credor.

34.9. Direito real de laje

O Direito Real de Laje surgiu no Brasil no final do ano de 2016, quando fora publicada a Medida Provisória n. 759. Posteriormente, após acolher algumas manifestações doutrinárias a respeito do tema, foi publicada a Lei n. 13.465/2017, que fez constar este Direito de Laje no rol dos direitos reais, ou seja, no art. 1.225, XIII, CC.

A laje era há muito uma realidade na arquitetura urbana brasileira, sendo que sua expressa normatização atende a uma necessidade social de regularização da ocupação do solo, permitindo assim que pessoas que investiram seus recursos na construção de pavimentos sobre ou sob a propriedade de outrem, possam ver sua situação abarcada pela legislação.

Antes de se tornar um direito real, a construção de lajes era, quando muito, regulamentada apenas pela vontade das partes, no exercício de sua autonomia privada. Ou seja, estava apenas no âmbito do Direito Obrigacional. Contratos eram celebrados, sem que fossem levados a registro imobiliário. Agora, estes contratos serão registráveis e, a partir daí, constituído o novo direito real.

Para muitos autores, no entanto, a laje poderia ser encarada como um Direito de Superfície, este sim regulamentado no Brasil desde a entrada em vigor do Estatuto da Cidade, em 2001, sendo repetido no Código Civil de 2002. A laje para esta parcela da doutrina seria reconhecida como uma Superfície em segundo grau ou Direito de Sobrelevação.

Desta maneira, a laje está hoje nos arts. 1.510-A a 1.510-E do Código Civil, num título próprio. Estes dispositivos vão incluir uma série de regras, essenciais para a compreensão do novel instituto.

Inicialmente, o art. 1.510-A, CC concede ao proprietário de uma construção-base o poder de ceder a terceiro a superfície superior ou inferior desta construção. Assim, este terceiro será titular da laje, mantendo unidade proprietária distinta da originalmente construída sobre o solo. Aqui avulta a ideia de duas ou mais propriedades superpostas: a propriedade originária do imóvel-base; a propriedade do próprio direito de laje. Vê-se então que este novo direito real pode contemplar o espaço aéreo ou o subsolo de terrenos, sejam estes públicos ou privados, analisados na projeção vertical.

Questão tormentosa seria a relativa ao cumprimento das obrigações *propter rem*, ou seja, as obrigações que derivam da titularidade de um direito real, tais como o pagamento de tributos e outros encargos relativos ao bem. O art. 1.510-A, § 2º, resolveu esta questão, impondo ao titular do direito de laje a responsabilidade pelo adimplemento destas obrigações.

Como qualquer direito real sobre imóveis, a constituição da laje como tal dependerá do registro junto ao cartório de registro imobiliário, possuindo inclusive matrícula própria (art. 1.227 c/c 1.510-A, § 3º, CC). Contudo, há que se destacar que a instituição do direito real de laje não atribui a este titular qualquer fração ideal do terreno, ou mesmo participação proporcional em áreas já edificadas (art. 1.510-A, § 4º, CC).

Indaga-se se seria possível a instituição de um direito de laje sucessivo, ou seja, o titular da laje ceder a superfície desta para a constituição de nova laje. O art. 1.510-A, § 6º, CC resolveu este ponto, ao permitir expressamente que tal situação ocorra, desde que autorizada expressamente pelos titulares da construção-base, das demais lajes e das normas de posturas edilícias e urbanísticas em vigor.

O Código Civil, em seu art. 1.510-B, estabeleceu que é expressamente vedado ao titular da laje prejudicar com obras novas, ou mesmo com falta de reparação, a segurança, a linha arquitetônica ou o arranjo estético do edifício. Tal norma busca à toda evidência evitar que a titularidade da laje conceda um direito de se fazer o que bem entender, desconfigurando-se a própria construção sobre a qual será feita. Isto inclusive atende às necessidades de segurança e estética que orientam toda e qualquer construção.

A instituição deste novo direito real, por vezes, fará com que o titular da construção-base e o titular da própria laje compartilhem despesas e serviços, ofertados por concessionárias de serviços públicos, por exemplo, como luz, água e esgoto. Logo, é justo que haja entre eles o rateio destas despesas, se não houver possibilidade de especificação do serviço de maneira individual. De igual maneira, os custos com manutenção, conservação ou mesmo fruição das partes que sirvam a todo o edifício deverão ser objeto de divisão, tal qual ocorre nos condomínios edilícios. Esta é a regra que se extrai do art. 1.510-C, CC. Havendo urgência nestas reparações, como por exemplo um reparo no telhado em época de chuvas, ou o conserto de um encanamento, uma das partes poderá fazê-la sem consentimento da outra, cobrando-se depois as respectivas cotas na dívida, conforme o §2º deste artigo citado.

Aos moldes do que ocorre no direito de superfície, no condomínio e mesmo quando estabelecida uma locação, se uma das partes se interessar em alienar seu direito, deverá primeiro ofertá-la à outra, naquilo que se denomina direito de preferência. Para tanto, deve-se cientificar por escrito a parte contrária, para que se manifeste em trinta dias. Logo, se frustrada a preferência, a parte prejudicada poderá, mediante depósito do respectivo preço pago por terceiro, haver para si a parte alienada, desde que o faça no prazo decadencial de 180 (cento e oitenta) dias, contados da alienação. Veja-se, a contagem é da alienação e não do conhecimento desta pela parte prejudicada. Esta preferência está prevista no art. 1.510-D, CC.

Diferentemente do que ocorreu no direito de superfície, no qual o art. 1.369, CC, exigiu prazo determinado, o direito de laje não sofreu esta restrição, razão pela qual é possível a instituição por prazo indeterminado. Porém, podem as partes estipular prazo, sendo a laje instituída extinta com o advento do termo final previsto no contrato.

A laje também será extinta se ocorrer a ruína da construção-base. Contudo, esta extinção não ocorrerá se a laje tiver sido instituída sobre o subsolo da construção, desde que a ruína desta não prejudique aquela. De igual modo, a laje não será extinta caso a construção-base venha a ser reconstruída num prazo de cinco anos a contar da ruína. Esta extinção, de qualquer modo, não afeta a eventual responsabilidade civil que possa haver contra o causador da ruína da construção-base. Estes são os termos do art. 1.510-E, CC.

DIREITO DE FAMÍLIA

35. DIREITO DE FAMÍLIA

A **família** é tradicionalmente definida como um grupo de pessoas unidas entre si por laços fundados sobre o casamento ou a filiação, com a formação de vínculos conjugal, de parentesco e de afinidade, compreendendo cônjuges, companheiros, filhos, parentes etc. Modernamente, assiste-se ao reconhecimento de outras formas de entidades familiares, abandonando-se o sistema da unicidade de modelo pelo casamento, para reconhecer a família como o *locus* do desenvolvimento da personalidade. Nas palavras de Frédérique Granet (2006):

> Hoje, coexistem diferentes modelos familiares, fortemente marcados pelas ideias de liberdade, igualdade e solidariedade. Não existe mais uma família, mas famílias fundadas no casamento ou fora do casamento, famílias monoparentais ou ainda as famílias re-

compostas (...). O estudo destes diferentes modelos familiares constitui o domínio do direito de família.

O direito de família tem, assim, por objeto o complexo de **normas de caráter pessoal e patrimonial** destinadas ao tratamento das relações estabelecidas nas **entidades familiares**. Constituem princípios básicos aplicáveis à matéria, segundo Carlos Roberto Gonçalves (2016, v. 3):

- princípio da **dignidade da pessoa humana**;
- princípio da **igualdade** jurídica dos **cônjuges e companheiros**;
- princípio da **igualdade** jurídica entre os **filhos**, independentemente de origem;
- princípio da **paternidade responsável** e do **planejamento familiar**;
- princípio da **comunhão plena de vida**, com base no **afeto**;
- princípio da **liberdade de constituir** uma união de vida familiar, a envolver a escolha do modelo de entidade familiar, bem como o momento de sua criação e extinção.

A família, tendo em vista especialmente o interesse de crianças e adolescentes, classifica-se em natural, extensa e substituta. A **família natural** é a formada por pelo menos um dos pais e seus descendentes, nos termos do art. 25, *caput,* ECA. **Extensa ou ampliada** é a família formada pela criança ou adolescente e parentes próximos com conviva, para além dos pais, estabelecendo vínculos de afinidade e afetividade (art. 25, parágrafo único, ECA). A **família substituta** é reconhecida de forma excepcional, nas situações em que se afigure inviável a manutenção do menor junto à família natural ou original, por meio dos institutos da guarda, tutela ou adoção (art. 28, ECA).

36. DIREITO PESSOAL NO DIREITO DE FAMÍLIA

36.1. Casamento

O **casamento** consiste em **negócio jurídico público e solene**, celebrado entre **duas pessoas** que estabelecem na forma da lei uma comunhão plena de vida, com base na igualdade de direitos e deveres, constituindo uma família (art. 1.511). Sua celebração é conduzida por um juiz, autoridade competente, no Cartório de Registro de Pessoas Naturais, devendo ser **gratuita** (art. 1.512). Admite-se a realização de casamento religioso com efeitos civis (arts. 1.515 e 1.516).

Legalmente, possuem **capacidade para o casamento** homens e mulheres em **idade núbil**, isto é, a partir dos **16 anos**. No caso dos jovens entre 16 e 18 anos, será necessária **autorização** dos responsáveis legais (art. 1.517). Tal autorização é revogável até a celebração do casamento (art. 1.518). Não há limite etário máximo para a capacidade núbil, mas apenas limitação ao regime de separação de bens a partir dos 70 anos (art. 1.641, II). Excepcionalmente, admite-se a **suplementação de idade**, com o casamento dos menores de 16 anos, mediante decisão judicial, em caso de **gravidez** de um dos nubentes (art. 1.520). Admite-se também o **suprimento do consentimento** de um ou ambos os representantes, em caso de recusa injustificada, igualmente por decisão judicial (arts. 1.517 e 1.519).

36.1.1. Causas suspensivas e impeditivas do casamento

A lei elenca causas **impeditivas** e **suspensivas** do casamento. Há **impedimento** da realização de casamentos nas hipóteses do art. 1.521, entre: I – ascendentes e descendentes, seja o parentesco natural ou civil; II – afins – parentes do cônjuge ou companheiro – em linha reta; III – adotante com quem foi cônjuge do adotado e o adotado com quem o foi do adotante; IV – irmãos, unilaterais ou bilaterais, e demais colaterais, até o terceiro grau inclusive – tios e sobrinhos[1]; V – adotado e filho do adotante (irmãos); VI – pessoas casadas – proteção da família monogâmica; VII – o cônjuge sobrevivente com o condenado por homicídio ou tentativa de homicídio contra o seu consorte, independentemente de conluio. O casamento nestas hipóteses será **nulo**, diante da verificação de **dirimentes absolutos**, que não se podem suprir.

Suspende-se a realização do casamento, nas hipóteses do art. 1.523, enquanto verificadas: I – o viúvo ou a viúva que tiver filho do cônjuge falecido, enquanto não fizer inventário dos bens do casal e der partilha aos herdeiros; II – a viúva, ou a mulher cujo casamento se desfez por ser nulo ou ter sido anulado, até 10 meses depois do começo da viuvez, ou da dissolução da sociedade conjugal; III – o divorciado, enquanto não houver sido homologada ou decidida a partilha dos bens do casal; IV – o tutor ou o curador e os seus descendentes, ascendentes, irmãos, cunhados ou sobrinhos, com a pessoa tutelada ou curatelada, enquanto não cessar a tutela ou curatela, e não estiverem saldadas as respectivas contas. As causas dos incisos I e III visam evitar **confusão patrimonial**, a do inciso II evita **confusão sanguínea** e a do inciso IV busca impe-

[1] No caso de casamento entre tios e sobrinhos, o Decreto-lei n. 3.200/41 prevê a admissibilidade após submissão de ambos os nubentes a perícia médica pré-nupcial que ateste sanidade mental e inexistência de inconvenientes para a saúde, do casal e da prole.

dir o casamento de **pessoas que se encontrem sob poder de outrem**. O casamento nestas hipóteses será **válido**, porém **irregular**, impondo-se o regime obrigatório da **separação de bens**. Permite-se, contudo, ao juiz, suprir as causas suspensivas, provada a inexistência de prejuízo para os nubentes e terceiros (art. 1.523, parágrafo único).

> O casamento nessas hipóteses torna-se **irregular, mas não nulo**, impondo-se o regime obrigatório da **separação de bens** (art. 1.641, I).

Os **impedimentos** podem ser opostos até o momento da celebração do casamento, por qualquer pessoa capaz, admitindo-se a declaração de ofício (art. 1.522), tendo por consequência a suspensão da habilitação ou celebração. Apenas os parentes em linha reta dos nubentes e seus colaterais em segundo grau podem arguir as **causas suspensivas**, referentes a interesse da família (art. 1.524). Ambos devem ser opostos em **declaração escrita e assinada**, instruída com as **provas** do fato alegado, ou com a indicação do lugar onde possam ser obtidas (art. 1.529).

Habilitação para o casamento → Publicação de editais (15 dias) → Certificado de habilitação (90 dias) → Celebração do casamento

36.1.2. Habilitação para o casamento

Os noivos devem requerer a **habilitação para o casamento** no Cartório de Registro Civil das Pessoas Naturais do seu domicílio, se comum, ou de qualquer deles, se diverso, instruindo o pedido com I – certidão de nascimento ou documento equivalente; II – autorização por escrito das pessoas sob cuja dependência legal estiverem, ou ato judicial que a supra; III – declaração de duas testemunhas maiores, parentes ou não, que atestem conhecê-los e afirmem não existir impedimento que os iniba de casar; IV – declaração do estado civil, do domicílio e da residência atual dos contraentes e de seus pais, se forem conhecidos; V – certidão de óbito do cônjuge falecido, de sentença declaratória de nulidade ou de anulação de casamento, transitada em julgado, ou do registro da sentença de divórcio (art. 1.525).

Após o recebimento da documentação e a audiência do Ministério Público (art. 1.526), serão extraídos e afixados os **editais de proclamas**, pelo prazo de **15 dias**, em local ostensivo do cartório e na imprensa local, do domicílio de cada um dos nubentes (art. 1.527). Apenas se submeterá o processo de habilitação ao juiz em caso de impugnação pelo oficial, Ministério Público ou terceiro (art. 1.526, parágrafo único). Nesse caso, os nubentes terão prazo para se opor à oposição (art. 1.530). Após o prazo do edital, sem oposição de impedimentos (art. 1.531) ou superado o embaraço, será expedido o **certificado de habilitação**, que tem eficácia por **90 dias** (art. 1.532). Dispensam-se as formalidades em caso de manifesto risco de vida para um dos contraentes (art. 1.540), com a realização posterior das formalidades do art. 1.541.

36.1.3. Celebração do casamento

A lei estabelece formalidades essenciais *(ad solemnitatem)* e probatórias *(ad probationem tantum)*. Constituem **formalidades essenciais** para a celebração do casamento, cuja ausência importa **nulidade**:

- Petição dos contraentes habilitados à autoridade competente para designação de dia, hora e local para celebração (art. 1.533).
- Publicidade da celebração, em local público ou particular, a portas abertas (art. 1.534).
- Presença dos contraentes, em pessoa ou por procurador especial, de duas testemunhas, do oficial do registro e do juiz do casamento (art. 1.535).
  - Em caso de casamento em edifício particular ou de nubente que não saiba ler ou escrever, o número de testemunhas será ampliado para quatro.
- Afirmação dos nubentes de que pretendem casar por livre e espontânea vontade (art. 1.535), suspendendo-se a celebração em caso de recusa ou hesitação (art. 1.538).
- Declaração de aperfeiçoamento do casamento pelo presidente do ato, conforme os termos estabelecidos no art. 1.535, momento em que se considera o casamento realizado (art. 1.514).

A lavratura do assento do casamento no livro de registro, assinado pelo presidente do ato, pelos cônjuges, as testemunhas, e o oficial do registro constitui formalidade **probatória** (art. 1.536), cuja falta não implica invalidade.

Admite-se a celebração de casamento por meio de **procuração por instrumento público**, com **poderes especiais** para o ato. Os mandatários devem ser diversos, valendo o instrumento pelo prazo de **90 dias**, ressalvada sua revogação por instrumento público (art. 1.542).

36.1.4. Provas do casamento

Prova-se o casamento celebrado **no Brasil** por meio da **certidão do registro** (art. 1.543). Caso celebrado **no exterior**, a prova far-se-á pelo documento emitido conforme a lei do local e autenticado pela autoridade consular brasileira, ou pela certidão de assento no registro do consulado, devendo tais documentos ser registrados no Brasil no prazo de **180 dias** do retorno de um ou ambos os cônjuges ao País (art. 1.544). De forma **supletória**, diante da justificada falta ou perda do registro civil, o casamento poderá ser provado por outros meios (art. 1.543, parágrafo único).

Considera-se provado também o casamento, na impossibilidade de apresentação do registro, em caso de **posse do estado de casados**, quando os sujeitos vivem publicamente e são reconhecidos socialmente como casados. Caracteriza-se pelos elementos *nomen*, usando a mulher o nome do marido; *tractatus*, ambos se tratam publicamente como casados; e *fama*, gozando de reputação de pessoas casadas perante a sociedade.

> A posse do estado de casados diferencia-se da união estável pelo fato de ter havido naquela efetiva celebração do matrimônio, servindo sua prova ao suprimento de falhas ou falta do assento respectivo.

Serve à prova do casamento de **pessoas falecidas ou que não possam manifestar vontade**, em benefício da prole, na impossibilidade de produção de prova direta (art. 1.545). Serve ainda para fundamentar o julgamento contrário à impugnação do casamento, havendo dúvida entre provas favoráveis e contrárias, caso em que o registro da sentença produzirá os efeitos civis desde a data do casamento (arts. 1.546 e 1.547).

36.1.5. Espécies de casamento válido

Além do casamento civil, com o cumprimento das formalidades acima, considera-se válido o casamento putativo, o casamento em caso de moléstia grave, o casamento nuncupativo, o casamento religioso com fins civis, o casamento consular e a conversão da união estável em casamento, respeitados os requisitos legais respectivos.

Casamento putativo	▪ contraído de boa-fé por um ou ambos os cônjuges, embora nulo ou anulável (art. 1.561) ▪ produz os efeitos de um casamento válido em relação ao **cônjuge** de boa-fé, inclusive no tocante a **alimentos**, até a data da sentença anulatória ▪ produz efeitos civis em relação aos **filhos**, independentemente de boa-fé
Casamento em caso de moléstia grave	▪ dispensa as formalidades para a validade do casamento quando, após a expedição de certificado de habilitação, um dos nubentes recai em grave estado de saúde, celebrando o juiz, acompanhado do oficial o casamento no local onde estiver, perante duas testemunhas (art. 1.539)
Casamento nuncupativo	▪ casamento em caso de iminente risco de vida, dispensando inclusive o processo de habilitação e a celebração por autoridade competente ▪ realizar-se-á de viva voz, na presença de seis testemunhas sem parentesco com os nubentes, requerendo posterior homologação judicial (arts. 1.540 e 1.541)
Casamento religioso com efeitos civis	▪ em caso de **prévia habilitação**, deve ser promovido o registro civil no prazo de 90 dias da celebração do casamento religioso (art. 1.516, § 1º) ▪ em caso de **habilitação posterior**, os nubentes poderão requerer o registro a qualquer tempo, com a apresentação da certidão do ato religioso e dos documentos previstos no art. 1.525. Após a homologação da habilitação, lavrar-se-á o assento civil, com efeitos a partir da celebração religiosa (art. 1.515)
Casamento consular	▪ celebrado por brasileiro no estrangeiro, perante a autoridade cosnsular ▪ deve ser registrado em cartório do domicílio dos cônjuges no Brasil, no prazo de 180 dias contados do retorno de um ou ambos ao país (art. 1.544)
Conversão da união estável em casamento	▪ opera-se mediante pedido dos companheiros ao juiz e assento no Registro Civil (art. 1.726)

36.1.6. Invalidade do casamento

A existência do casamento pressupõe **consentimento** e **celebração** na forma da lei, não se exigindo hodiernamente o requisito da **diversidade de sexo**. A ação para verificação de casamento inexistente é a de **cancelamento do registro**.

Uma vez existente, pode o casamento ser analisado do ponto de vista da sua **validade**, enumerando o legislador **defeitos** que a comprometem, tornando o casamento **nulo** ou **anulável**. A aplicação da teoria das nulidades em sede de casamento apresenta duas peculiaridades: I – resguardo dos efeitos civis produzidos pelo casamento putativo em relação ao cônjuge de boa-fé e aos filhos (art. 1.561); II – decretação mediante ação direta, em caráter ordinário (art. 1.549).

Constitui hipótese de **nulidade** do casamento a infringência dos impedimentos elencados no art. 1.521. Com a vigência do Estatuto da Pessoa com Deficiência (Lei n. 13.146/2015), a ausência de discernimento por enfermidade mental deixa de ser causa de nulidade do casamento. A nulidade será reconhecida por meio de **ação declaratória de nulidade**, com efeitos ***ex tunc***, podendo ser ajuizada por qualquer interessado ou pelo Ministério Público (art. 1.549).

Dá-se a **anulabilidade** do casamento pelas causas estabelecidas no art. 1.550: I – defeito de idade, em caso de menores de 16 anos; II – falta de autorização do representante legal, apresentando o jovem entre 16 e 18 anos; III – existência de vícios da vontade, nas hipóteses de erro essencial e coação, caso em que apenas o cônjuge enganado ou coagido terá legitimidade para requerer a anulação (arts. 1.556 a 1.559); IV – incapacidade de manifestar consentimento; V – realizado por mandatário após a revogação de seus poderes ou invalidação judicial do mandado; VI – celebração por autoridade incompetente. Ressalva-se que a deficiência mental ou intelectual, em idade núbil, não impede a celebração de matrimônio válido.

Constituem hipóteses de **erro essencial sobre a pessoa** do outro cônjuge (art. 1.557):

> **I** – o que diz respeito à sua identidade, sua honra e boa fama, tornando insuportável a vida em comum;
> **II** – a ignorância de crime, anterior ao casamento, que, por sua natureza, torne insuportável a vida conjugal;
> **III** – a ignorância, anterior ao casamento, de defeito físico irremediável que não caracterize deficiência ou de moléstia grave e transmissível, por contágio ou por herança, capaz de pôr em risco a saúde do outro cônjuge ou de sua descendência.

A redação do art. 1.557 foi alterada com a Lei n. 13.146/2015 (EPD) para que a verificação de deficiência, de ordem física e mental, deixasse de ser consideradas hipóteses de erro essencial sobre a pessoa.

A anulabilidade será decretada via **ação anulatória**, a partir de cuja procedência cessa a produção de efeitos do casamento. Prevê o legislador que não se anulará por motivo de idade o casamento de que resultou gravidez (art. 1.551), bem como que o menor de 16 anos poderá, ao completar a idade núbil, confirmar seu casamento, com autorização dos representantes ou suprimento judicial (art. 1.553). No caso de casamento de menor em idade núbil sem a autorização dos representantes, estabelece o legislador o prazo de **180 dias** para anulação, contados: da cessação da incapacidade, em caso de iniciativa do próprio jovem; da data do casamento, por iniciativa dos representantes; e da morte do incapaz, por iniciativa de seus herdeiros necessários (art. 1.555).

A **nulidade** é **insanável**, enquanto o casamento **anulável** pode ser **convalidado**. O **prazo decadencial** para requerer a anulação do casamento, contado da data da celebração, é de: I – 180 dias, no caso de incapazes de consentir; II – 2 anos, em caso de incompetência da autoridade celebrante; III – 3 anos, nos casos de erro essencial sobre a pessoa; IV – 4 anos, no caso de coação.

O casamento irregular não padece de nulidade, apenas se impondo o regime da separação obrigatória de bens (art. 1.641, I).

36.1.7. Eficácia do casamento

O casamento produz uma série de **efeitos** concretos, sendo os principais a **constituição de família** (art. 226, CF), alterando o **estado** civil dos membros do casal, que assumem mutuamente a condição de consortes, companheiros e responsáveis pelos encargos da família (art. 1.565). Tem por efeito ainda o estabelecimento do **regime de bens**, de caráter irrevogável, somente **podendo ser modificado mediante autorização judicial em pedido motivado de ambos os cônjuges, apurada a procedência das razões invocadas e ressalvados os direitos de terceiros** (art. 1.639, § 2º).

> Não há no Brasil atual imutabilidade do regime de bens, ainda que a alteração dependa de motivação e autorização judicial.

Faz surgir uma série de **deveres comuns** entre os cônjuges, estabelecendo-se expressamente o de fidelidade, vida comum, mútua assistência, sustento, guarda e educação dos filhos, respeito e consideração mútuos (art. 1.566). O dever de **coabitação não** é **absoluto**, admitindo limitações em razão de profissão, doenças, entre outras (art. 1.569), casos em que a ausência do cônjuge da residência comum não importará **abandono do lar**. Estabelece-se também o dever de **concorrer** para o sustento da família e educação dos filhos, na proporção do patrimônio e rendimentos de cada um (art. 1.568).

O casamento determina o surgimento de **direitos comuns** entre os cônjuges, permitindo-se aos cônjuges o acréscimo ao seu do patronímico do outro, bem como a livre **decisão sobre o planejamento familiar**, com amparo do Estado (art. 1.565, §§ 1º e 2º). É igualmente comum o direito à **direção da sociedade conjugal** (art. 1.567), não se admitindo mais a chefia exclusiva do varão – poder marital. Apenas será conferida a um só dos cônjuges a exclusividade da direção da família, em caso de desaparecimento, interdição, privação de consciência ou prisão por mais de 180 dias do outro (art. 1.570).

36.1.8. Dissolução da sociedade e do vínculo conjugal

O casamento estabelece a um só tempo a **sociedade conjugal** e o **vínculo conjugal**. Aquela, que cessa pelas causas previstas no art. 1.571, refere-se ao conjunto de direitos e deveres que formam a **vida comum do casal**. O **vínculo conjugal** se dissolve pelo divórcio ou pela morte de um dos cônjuges, momento em que os cônjuges tornam-se aptos a contrair novas núpcias (art. 1.571, § 1º).

Com o advento da EC n. 66/2010 – que suprimiu a necessidade de prévia separação judicial por mais de 1 ano ou prévia separação de fato por mais de 2 anos para a realização do divórcio –, a separação deixa de ser requisito *sine qua non* da realização do divórcio, de modo que, na prática, diante do seu desuso, as rupturas da sociedade e do vínculo conjugal operam simultaneamente.

A **separação e o divórcio judiciais** podem se dar de forma **consensual** ou por mútuo consentimento, e **litigiosa** ou a pedido de um dos cônjuges, independentemente do transcurso de prazos mínimos. O procedimento de separação ou divórcio consensual (art. 1.574) tem natureza de jurisdição voluntária, buscando a homologação judicial do acordo formulado, conforme as regras dos arts. 731 e s. do NCPC. Pode ser feito pela via administrativa, **extrajudicialmente**, mediante escritura pública lavrada em cartório de notas, com a assistência de advogado, desde que não haja filhos menores ou incapazes e haja consenso sobre todas as questões emergentes da separação ou do divórcio (art. 733 do CPC).

Na separação litigiosa, sob a forma de **separação-sanção**, um dos cônjuges imputa ao outro atos que importem **grave violação dos deveres conjugais**, tornando **insuportável a vida em comum** (art. 1.572). Constituem motivos que caracterizam a impossibilidade de comunhão de vida, sem prejuízo de outros reconhecidos pelo juiz: I – adultério; II – tentativa de morte; III – sevícia ou injúria grave; IV – abandono voluntário do lar conjugal, durante um ano contínuo; V – condenação por crime infamante; VI – conduta desonrosa (art. 1.573). Considera-se **separação-falência** aquela que se verifica diante da ruptura da vida conjugal há mais de 1 ano, ante a impossibilidade de reconstituição (art. 1.572, § 1º). Por fim, admite-se a **separação-remédio**, quando um dos cônjuges estiver acometido de doença mental grave, manifestada após o casamento, que torne impossível a continuação da vida em comum, desde que, após uma duração de 2 anos, a enfermidade tenha sido reconhecida de cura improvável (art. 1.572, § 2º). O rito a ser seguido encontra-se nos arts. 693 e s. do NCPC.

Com a separação judicial, extinguem-se os deveres de coabitação e fidelidade recíproca e o regime de bens (arts. 1.575 e 1.576), promovendo-se a partilha dos mesmos, sob a forma consensual ou judicial. Mantêm-se ainda os deveres de mútua assistência, sustento, guarda e educação dos filhos, respeito e consideração mútuos. O divórcio posterior não afeta os deveres dos pais em relação aos filhos (art. 1.579). Após a separação e antes do divórcio, podem os cônjuges **restabelecer a sociedade conjugal**, por ato regular em juízo (art. 1.577).

Pode-se requerer a **conversão da separação em divórcio** ou o **divórcio direto**, a qualquer tempo (EC n. 66/2010), de forma **consensual** ou **litigiosa**. Admite-se a concessão de divórcio sem prévia partilha de bens (art. 1.581), caso em que novo casamento apenas poderá ser realizado pelo regime da separação de bens. Tanto a ação de separação quanto a de divórcio têm caráter **personalíssimo**, devendo ser manejadas por um ou ambos os cônjuges, admitindo-se, todavia, no caso de incapacidade, a representação pelo curador, pelo ascendente ou pelo irmão (arts. 1.576 e 1.582).

Atualmente, não mais se discute a **culpa** dos cônjuges para a **término da relação conjugal**, ressalvadas as hipóteses previstas na lei de perda do direito a alimentos (art. 1.704), perda do direito de uso do sobrenome do outro (art. 1.578) e exclusão da sucessão em caso de separação de fato há mais de 2 anos (art. 1.830). A doutrina vem entendendo que nem nestas hipóteses a culpa produzirá tais efeitos (DIAS, 2017; GONÇALVES, 2017, v. 3).

Reconhece-se a possibilidade de **desconsideração inversa da personalidade jurídica** no divórcio, com aplicação do incidente de desconsideração da personalidade jurídica previsto nos arts. 133 a 137, NCPC, permitindo-se que a partilha dos bens do casal alcance o patrimônio societário, formado em virtude de confusão patrimonial e desvio de finalidade.

36.1.9. Proteção dos filhos

Em regra, podem os cônjuges regular por acordo a guarda dos filhos, nos procedimentos de separação e divórcio consensuais, devendo o juiz recusar a homologação caso não se atendam adequadamente os interesses dos filhos incapazes (arts. 1.574, parágrafo único e 1.590).

A guarda dos filhos poderá será **unilateral** ou **compartilhada**, devendo ser estipulada conforme o princípio do "melhor interesse da criança", ou seja, em favor daquele que apresente melhores condições para exercê-la. Poderá ser requerida por qualquer dos pais, por consenso ou decretada judicialmente, em ação de separação, de divórcio ou de dissolução de união estável ou por meio de ação autônoma (art. 1.584).

Filhos maiores de 12 anos devem ser ouvidos na tomada de decisão sobre a guarda, conforme interpretação do ECA.

A **guarda unilateral** é atribuída a **um só dos genitores** ou alguém que o substitua, ao passo que a **guarda compartilhada** implica **responsabilização conjunta** e o exercício de direitos e deveres do pai e da mãe que não vivam sob o mesmo teto, concernentes ao poder familiar dos filhos comuns (art. 1.583, § 1º). O pai que não detenha a guarda unilateral tem o dever de supervisionar os interesses dos filhos (art. 1.583, § 5º). O estabelecimento de novas núpcias por si só não afeta o direito de guarda do pai ou da mãe (art. 1.588). Excepcionalmente, a **guarda** pode ser deferida **a terceiro**, caso o juiz considere inadequado o deferimento ao pai ou à mãe, tendo em conta preferencialmente para a escolha o grau de parentesco e as relações de afinidade e afetividade (art. 1.584, § 5º).

Atualmente, a lei confere *primazia* à fixação de *guarda compartilhada*, quando ambos os pais estiverem aptos ao exercício do poder familiar, salvo quando um deles declara que não deseja a guarda do menor (art. 1.584, § 2º). Nela, o tempo de convívio com os filhos deve ser distribuído de forma equilibrada entre a mãe e o pai, estabelecendo-se as respectivas atribuições e períodos de convivência, podendo-se fazer recurso a orientação técnico-profissional para a fixação da adequada divisão (arts. 1.583, § 2º, e 1.584, § 3º). Em caso de pais habitando locais distintos, deve ser considerada como base de moradia dos filhos a cidade que melhor atender aos seus interesses.

Além da guarda, regula o legislador o **direito de visita** atribuído ao **pai** não detentor da guarda, que envolverá o direito a ter os filhos em companhia e fiscalizar sua manutenção e educação, conforme o que se fixar por **consenso ou judicialmente**. Também assiste direito de visita aos **avós**, a critério do juiz (art. 1.589).

Nos termos do art. 2º da Lei n. 12.318/2010, "considera-se ato de **alienação parental** a interferência na formação psicológica da criança ou do adolescente promovida ou induzida por um dos genitores, pelos avós ou pelos que tenham a criança ou adolescente sob a sua autoridade, guarda ou vigilância para que repudie genitor ou que cause prejuízo ao estabelecimento ou à manutenção de vínculos com este".

As sanções para a prática podem variar desde a advertência ao alienador até a suspensão da autoridade parental do mesmo, passando pela alteração da guarda e outras medidas, sem prejuízo da responsabilidade civil e criminal (art. 6º).

36.2. Relações de parentesco

Em sentido estrito, o parentesco denota as relações que se estabelecem entre sujeitos com laços consanguíneos. Em sentido amplo, contudo, entende-se por parentesco o conjunto de relações entre pessoas vinculadas entre si por **consanguinidade, afinidade, adoção** ou **outras origens**, com relevância para o Direito a partir da atribuição de direitos e deveres entre os parentes, de ordem pessoal e patrimonial.

O parentesco pode ser **natural** ou **civil**, conforme resulte da consanguinidade ou de outras origens, como a adoção e a reprodução humana assistida (art. 1.593). Pode ser biológico ou socioafetivo. A jurisprudência do STF consagrou a possibilidade de reconhecimento da dupla parentalidade ou multiparentalidade.

Há parentesco **por afinidade** nas relações originadas no casamento ou união estável. Entende-se por **afinidade** o vínculo de um dos cônjuges ou companheiros em relação aos parentes de seu consorte, limitado a seus ascendentes, descendentes e irmãos. O parentesco por afinidade em linha reta não se extingue pela dissolução do casamento ou união estável (art. 1.595).

Os vínculos de parentesco estabelecem-se nas **linhas reta** e **colateral**, contando-se em cada linha por **graus**. Constitui um grau a distância de uma geração entre um parente e outro.

São parentes em linha reta as pessoas que estabelecem entre si vínculos de ascendência e descendência, sem limitação de grau (art. 1.591). Na **linha reta ascendente**, buscam-se os antepassados de um sujeito (pais, avós etc.), ao passo que na **linha reta descendente** se buscam aqueles que procedem do sujeito, em geração futura (filhos, netos etc.). A linha reta ascendente divide-se em materna ou paterna, conforme se cogite das relações do sujeito com os ascendentes de seu pai ou mãe. Na linha colateral, transversal ou oblíqua, encontram-se os parentes que provêm de um **tronco comum, sem** relação de **descendência**, no limite do **quarto grau**, como irmãos, tios, sobrinhos, primos etc. (art. 1.592).

Na linha reta, assim como na colateral, os graus de parentesco contam-se pelo **número de gerações**. Na **linha colateral**, contudo, contam-se os graus **subindo** de um dos parentes até o ascendente ou **tronco comum** e **descendo** pela outra linha até encontrar o outro parente (art. 1.594).

Parentesco em linha reta

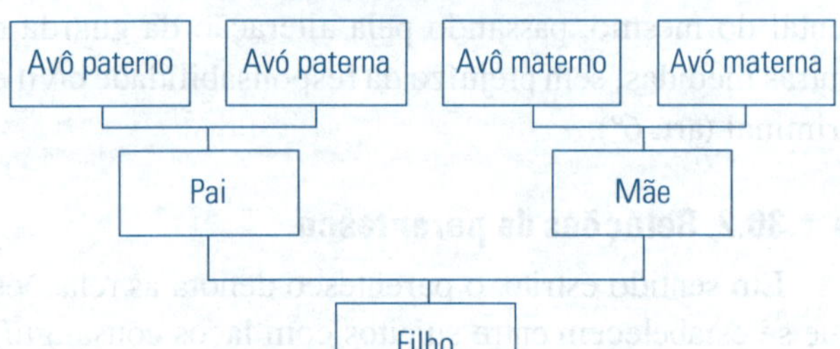

Parentesco em linha colateral

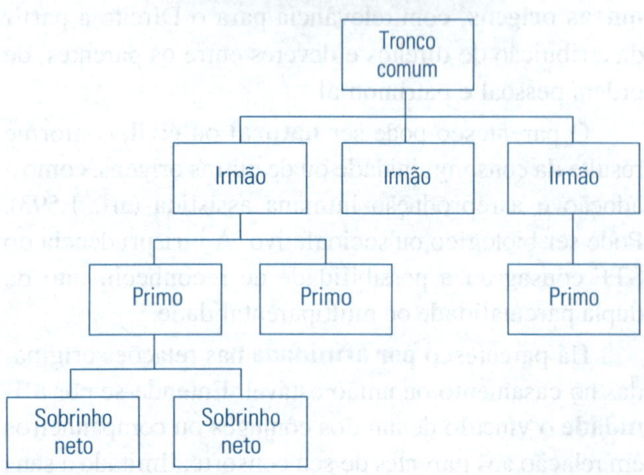

36.3. Filiação

Filiação é a relação que se estabelece, em linha reta, entre uma pessoa e seu ascendente em primeiro grau, que a gerou ou recebeu por filho. **Não se admite discriminação entre filhos de origens distintas** (arts. 1.596, CC, e 227, § 6º, CF).

Há presunção legal da paternidade nas hipóteses do art. 1.597, em relação à família constituída pelo casamento, dos:

- filhos nascidos 180 dias, pelo menos, depois de estabelecida a convivência conjugal;
- filhos nascidos nos 300 dias subsequentes à dissolução da sociedade conjugal, por morte, separação judicial, nulidade e anulação do casamento;
- filhos havidos por fecundação artificial homóloga, mesmo que falecido o marido;
- filhos havidos, a qualquer tempo, quando se tratar de embriões excedentários, decorrentes de concepção artificial homóloga;
- filhos havidos por inseminação artificial heteróloga, desde que tenha prévia autorização do marido.

A jurisprudência do STJ reconhece a existência de **presunção de paternidade** em relação aos filhos concebidos na constância de união estável, por analogia à previsão em relação ao casamento, em face da equiparação constitucional das entidades familiares.

Trata-se de **presunção relativa**, que admite prova em contrário, por meio de **ação negatória de paternidade**, em caráter imprescritível e de iniciativa privativa do marido (art. 1.601). São legitimados passivos o filho e a mãe. Ilide a presunção da paternidade a prova da impotência do cônjuge para gerar, à época da concepção (art. 1.599), mas não a mera prova de adultério da mulher, nem a mera confissão materna (arts. 1.600 e 1.602). Não será desconstituída a paternidade caso se demonstre que, apesar da inexistência de vínculo biológico entre os sujeitos, construiu-se **vínculo socioafetivo**. Reconhece-se ao filho a legitimidade para intentar **ação de impugnação da paternidade** a fim de demonstrar erro ou falsidade no registro. Atualmente, a jurisprudência do STF (RE 898.060, Luiz Fux) estabelece a possibilidade da chamada multiparentalidade, podendo-se reconhecer de forma concomitante vínculos de paternidade socioafetiva e paternidade biológica, com os efeitos jurídicos próprios.

A **prova da filiação** é feita pela **certidão de nascimento** expedida pelo Registro Civil (art. 1.603), presumindo-se sua veracidade, salvo prova de erro ou falsidade (art. 1.604). Em caso de falta ou defeito do registro, provar-se-á a filiação por qualquer meio de prova admissível em direito (art. 1.605), notadamente o documental, pericial e testemunhal.

36.4. Reconhecimento dos filhos

Reconhecimento de filho é o ato jurídico em sentido estrito, de caráter personalíssimo, pelo qual se declara a filiação, estabelecendo-se vínculo jurídico de parentesco entre o pai ou a mãe e seu filho. Comporta duas espécies: a perfilhação ou reconhecimento **voluntário**, e o reconhecimento **judicial**, coativo ou forçado.

Pode haver **reconhecimento voluntário**, nas **formas** previstas pelo art. 1.609: I – no registro do nascimento; II – por escritura pública ou escrito particular, a ser arquivado em cartório; III – por testamento, ainda que incidentalmente manifestado; IV – por manifestação direta e expressa perante o juiz, ainda que o reconhecimento não haja sido o objeto único e principal do ato que o contém. A declaração é irrevogável, mesmo quando manifestado em testamento (art. 1.610). **Judicialmente**, o reconhecimento de filho realiza-se via **ação de investigação de paternidade**.

Judicialmente, o reconhecimento de filho realiza-se via **ação de investigação de paternidade**.

O reconhecimento do filho, de natureza declaratória, produz efeitos retroativos à data do nascimento, não se admitindo a aposição de condição e termo (art. 1.613). Em sendo o filho maior, o reconhecimento depende do seu consentimento, podendo o filho menor impugnar o reconhecimento feito, no prazo de 4 anos, contados da aquisição de capacidade (art. 1.614). Desconstitui-se o reconhecimento feito mediante **ação anulatória de reconhecimento**, demonstrando a desconformidade com a verdadeira filiação. A **contestação da maternidade** constante do termo do nascimento do filho depende de prova da falsidade do termo ou das declarações nele contidas (art. 1.608).

A ação de investigação de paternidade tem **natureza declaratória** e é **imprescritível**, tratando-se de **direito personalíssimo** e **indisponível**. Possui **legitimidade ativa** o filho (art. 1.606), representado pela mãe ou tutor, se incapaz. A **legitimidade passiva** é do suposto pai, ou seus herdeiros, em caso de pai falecido. Qualquer interessado pode contestar a ação (art. 1.615). Pode haver **ação de investigação de maternidade**, nos mesmos termos.

36.5. Adoção

Entende-se por **adoção** o negócio jurídico **bilateral** e **solene**, por meio do qual alguém estabelece para com outrem, de maneira **irrevogável**, vínculo jurídico de filiação, independentemente de consanguinidade ou afinidade. É medida excepcional, apenas se admitindo quando esgotados os recursos de manutenção da criança ou adolescente na família natural ou extensa (art. 39, § 1º, ECA). Além do ato de vontade, exige-se **sentença judicial**, traduzindo um **ato complexo**, de caráter institucional (art. 227, § 5º, CF).

A adoção à brasileira, operada pelo registro de filho alheio recém-nascido, como se próprio fosse, não tem respaldo legal.

A adoção é disciplinada pelo Estatuto da Criança e do Adolescente (Lei n. 8.069/90), com redação modificada pela Lei n. 12.010/2009 (Lei Nacional de Adoção).

Independentemente da idade, a adoção depende de **procedimento judicial**, culminando em sentença de **natureza constitutiva** (arts. 47 do ECA e 1.619 do CC). Para a adoção de menores de 18 anos, tem competência o **Juiz da Infância e da Juventude**, e de maiores de 18 anos o **Juízo de Família e Sucessões**. Criou-se **Cadastro Nacional de Adoção**, limitando-se a **adoção por estrangeiros**, que apenas será deferida na falta de brasileiros habilitados interessados (art. 50, § 6º, do ECA), após prazo de convivência mínima de 30 dias (art. 46, § 3º, do ECA).

Constituem os **principais requisitos** para a adoção: I – adotante com no mínimo 18 anos de idade (art. 42 do ECA), vedada a adoção por procuração; II – diferença de 16 anos entre adotante e adotado (art. 42, § 3º, do ECA); III – consentimento dos pais ou representantes legais do adotando (art. 45 do ECA); IV – consentimento do adotando que contar mais de 12 anos de idade, colhido em audiência (art. 45, § 2º, do ECA); V – efetivo benefício para o adotando (art. 43 do ECA).

Não podem adotar os ascendentes e os irmãos do adotando. Em caso de **adoção conjunta**, exige-se a comprovação de estabilidade da família, formada pelo casamento civil ou união estável, *não importando se hétero ou homoafetiva*. Podem adotar conjuntamente, ainda, os divorciados, os judicialmente separados e os ex-companheiros (art. 42, §§ 1º, 2º e 4º, do ECA). Pode haver adoção pelos tutores e curadores em relação aos pupilos e curatelados, após prestação de contas (art. 44 do ECA). Em caso de grupos de irmãos, devem ser adotados preferencialmente pela mesma família substituta.

Não se admitem restrições à adoção por motivo de deficiência dos adotantes.

A adoção produz efeitos de ordem pessoal e patrimonial após o trânsito em julgado da sentença. Na **ordem pessoal**, a adoção constitui relação de parentesco, transferindo o poder familiar ao adotante. A alteração do sobrenome é obrigatória e do prenome facultativa, desde que não cause transtornos ao adotando, o qual será ouvido se maior de 12 anos (art. 47, §§ 5º e 6º, do ECA). Na **ordem patrimonial**, a adoção gera direito a alimentos entre adotante e adotado, em virtude do parentesco (art. 1.694), bem como direitos sucessórios em igualdade de condições com os demais filhos.

36.6. Poder familiar

O **poder familiar** é composto dos direitos e deveres atribuídos aos pais, em conjunto, ou a um só deles na falta ou impedimento do outro, em relação à pessoa e ao patrimônio dos filhos menores (arts. 1.630 e 1.631). Caracteriza-se por constituir um **múnus público**, de caráter **irrenunciável, indelegável** e **imprescritível**, implicando uma **relação de autoridade, incompatível com a tutela**.

O **conteúdo** do poder familiar comporta competências de ordem pessoal e patrimonial. Quanto à **pessoa dos filhos**, compete aos pais as prerrogativas estabelecidas no art. 1.634: I – dirigir-lhes a criação e a educação; II – exercer a guarda unilateral ou compartilhada nos termos do art. 1.584; III – conceder-lhes ou negar-lhes consentimento para casarem; IV – conceder-lhes ou negar-lhes consentimento para viajarem ao exterior; V – conceder-lhes ou negar-lhes consentimento para mudarem sua residência permanente para outro Município; VI – nomear-lhes tutor por testamento ou documento autêntico, se o outro dos pais não lhe sobreviver, ou o sobrevivo não puder exercer o poder familiar; VII – representá-los judicial e extrajudicialmente até os 16 anos, nos atos da vida civil, e assisti-los, após essa idade, nos atos em que forem partes, suprindo-lhes o consentimento; VIII – reclamá-los de quem ilegalmente os detenha; IX – exigir que lhes prestem obediência, respeito e os serviços próprios de sua idade e condição. Quanto aos **bens dos filhos**, incumbe aos pais, em igualdade de condições, a administração dos bens, apenas se admitindo atos de disposição mediante autorização judicial, e o usufruto legal dos bens dos filhos menores (art. 1.689).

Extingue-se o poder familiar: (art. 1.635) pela morte dos pais ou do filho, pela emancipação, pela maioridade, pela adoção e por decisão judicial que importe **perda do poder familiar**, pelas causas previstas art. 1.638, quais sejam: I – castigo imoderado do filho; II – abandono; III – prática de atos contrários à moral e aos bons costumes; IV – reiteração das causas de suspensão do poder familiar, do art. 1.637; V – entregar de forma irregular o filho a terceiros para fins de adoção. A perda é **permanente, imperativa**, abrangendo **toda a prole**, decorrendo de faltas graves apuradas em procedimento estabelecido no art. 155 do ECA.

Diante de infrações menos graves, **suspende-se** o poder familiar, a fim de proteger o menor. A suspensão é **temporária, facultativa**, podendo referir-se apenas a **determinado filho**, ocorrendo em caso de abuso de poder, falta aos deveres paternos, dilapidação do patrimônio do filho, condenação por sentença irrecorrível a mais de 2 anos de prisão, prática de maus exemplos e atos atentatórios à moral, segurança e saúde do filho (art. 1.637).

37. DIREITO PATRIMONIAL NO DIREITO DE FAMÍLIA

Os direitos patrimoniais nas relações familiares compreendem o regime de bens, a obrigação de alimentos e os direitos sucessórios.

37.1. Regime de bens entre os cônjuges

O **regime de bens** disciplina as relações patrimoniais estabelecidas entre os cônjuges ou entre estes e terceiros, durante o casamento. Constituem princípios básicos do regime de bens a **liberdade de estipulação**, a **variedade dos regimes** e a **irrevogabilidade** ou **imutabilidade**. Não há, contudo, uma imutabilidade absoluta do regime, admitindo-se a alteração motivada, mediante autorização judicial, com resguardo dos direitos de terceiros (art. 1.639, § 2º).

São quatro as espécies de regime de bens disciplinadas pelo Código Civil – comunhão parcial, comunhão universal, participação final nos aquestos, separação –, admitindo-se a criação de regime diverso pelos cônjuges (art. 1.639). A fixação de regime diverso do regime legal, da comunhão parcial, depende de convenção entre os cônjuges, sob a forma de **pacto antenupcial**, documento **solene**, realizado por escritura pública, cuja eficácia fica **condicionada** à realização do casamento (arts. 1.640 e 1.653). Exige-se ainda a inscrição do pacto no registro de imóveis do domicílio dos cônjuges para que tenha eficácia contra terceiros (art. 1.657).

Independentemente do regime de bens, qualquer dos cônjuges pode: I – praticar todos os atos de disposição e de administração necessários ao desempenho de sua profissão, com as limitações estabelecida no inciso I do art. 1.647; II – administrar os bens próprios; III – desobrigar ou reivindicar os imóveis que tenham sido gravados ou alienados sem o seu consentimento ou sem suprimento judicial; IV – demandar a rescisão dos contratos de fiança e doação, ou a invalidação do aval, realizados pelo outro cônjuge com infração do disposto nos incisos III e IV do art. 1.647; V – reivindicar os bens comuns transferidos pelo outro cônjuge ao concubino; VI – praticar todos os atos que não lhes forem vedados expressamente (art. 1.642). Podem, ainda, **mesmo sem autorização do outro**, comprar as coisas necessárias à economia doméstica e obter, por empréstimo, as quantias que a aquisição dessas coisas possa exigir (art. 1.643), caso em que as dívidas obrigam **solidariamente** os membros do casal (art. 1.644).

Dependem de autorização do outro cônjuge, porém, exceto no regime da separação absoluta, I – a alienação de bens imóveis; II – a o manejo de ações, que versem direitos reais imobiliários, bem como a defesa respectiva; III – a constituição de fiança ou aval; IV – a doação de bens comuns, salvo em caráter remuneratório, ou, ainda, em favor dos filhos por razão de casamento ou estabelecimento de economia separada (art. 1.647). A falta de outorga pode ser **suprida** pelo juiz quando injustificada ou na impossibilidade da sua concessão por um dos cônjuges (art. 1.648). Praticado o ato sem a autorização ou suprimento judicial, este será **anulável**, a pedido do cônjuge preterido ou seus herdeiros, no prazo de **2 anos** contados do término da sociedade conjugal (arts. 1.649 e 1.650).

37.1.1. Comunhão parcial de bens

Trata-se do **regime legal** ou **supletivo**, aplicando-se na ausência ou invalidade de pacto antenupcial (art. 1.640). Nesse regime, os bens que cada cônjuge possuía antes do casamento constituirão patrimônio particular de cada um, estabelecendo-se comunhão quanto aos bens adquiridos na constância do casamento (art. 1.658).

Constituem **patrimônio particular** ou pessoal de cada cônjuge, **incomunicável**, os bens listados nos arts. 1.659 e 1.661: I – os bens que cada cônjuge possuir ao casar, os recebidos a título de doação ou sucessão e os sub-rogados em seu lugar; II – os bens adquiridos com valores exclusivamente pertencentes a um dos cônjuges em sub-rogação dos bens particulares; III – as obrigações anteriores ao casamento; IV – as obrigações provenientes de atos ilícitos, que não reverteram em proveito do casal; V – os bens de uso pessoal, os livros e instrumentos de profissão; VI – os proventos do trabalho pessoal de cada cônjuge; VII – as pensões, meios-soldos, montepios e outras rendas semelhantes; VIII – os bens cuja aquisição tiver por título uma causa anterior ao casamento.

De forma contrária, são comunicáveis, integrando o patrimônio comum do casal, I – os bens onerosamente adquiridos na constância do casamento; II – os bens adquiridos por fato eventual, com ou sem o concurso de trabalho ou despesa anterior; III – os bens adquiridos por doação, herança ou legado, em favor de ambos os cônjuges; IV – as benfeitorias em bens particulares de cada cônjuge; V – os frutos dos bens comuns, ou dos particulares de cada cônjuge (art. 1.660). Presumem-se adquiridos na constância do casamento os bens móveis, salvo prova em contrário (art. 1.662).

Quanto às **dívidas**, os **bens comuns** respondem pelos débitos contraídos no exercício da administração do patrimônio comum (art. 1.663), pelas obrigações contraídas pelo marido ou pela mulher para atender aos encargos da família, às despesas de administração e às decorrentes de imposição legal (art. 1.664). No entendimento dos tribunais, as dívidas contraídas por um dos cônjuges beneficiam presumidamente à família, cabendo, no entanto, prova em contrário. Os **bens particulares** respondem pelos débitos contraídos por qualquer dos cônjuges na administração de seus bens particulares (art. 1.665). Os bens particulares do cônjuge administrador também respondem pelos débitos contraídos no exercício da administração do patrimônio comum, e os do outro na razão do proveito que houver auferido (art. 1.663).

37.1.2. Comunhão universal de bens

Sob o regime da **comunhão universal**, todos os bens e dívidas, presentes e futuros, dos cônjuges, se comunicam, integrando o **patrimônio comum** (art. 1.667). Apenas se **excluem da comunhão** os bens elencados no art. 1.668, quais sejam I – os bens doados ou herdados com a cláusula de incomunicabilidade e os sub-rogados em seu lugar; II – os bens gravados de fideicomisso e o direito do herdeiro fideicomissário, antes de realizada a condição suspensiva; III – as dívidas anteriores ao casamento, salvo as contraídas em seus preparativos ou revertidas em proveito comum; IV – as doações antenupciais feitas por um dos cônjuges ao outro com a cláusula de incomunicabilidade; V – os bens de uso pessoal, os livros e instrumentos de profissão; VI – os proventos do trabalho pessoal, pensões, meios-soldos, montepios e outras rendas semelhantes. **Os frutos dos bens incomunicáveis, percebidos na constância do casamento, integram o patrimônio comum** (art. 1.669).

37.1.3. Participação final nos aquestos

A **participação final nos aquestos** constitui **regime misto**, pelo qual durante o casamento se aplicam as regras da separação total, deferindo-se a cada cônjuge patrimônio próprio, aplicando-se as regras da comunhão parcial no momento da dissolução da sociedade conjugal, quando cada cônjuge fará jus à meação dos bens adquiridos onerosamente pelo casal, na constância do casamento (art. 1.672). Bens e direitos adquiridos pelo trabalho conjunto serão divididos em quotas iguais entre os cônjuges (art. 1.679). Durante o casamento, cada cônjuge tem **exclusiva administração** dos bens que compõem seu patrimônio pessoal (art. 1.673), assim como responde pelas **dívidas** respectivas, salvo prova de que reverteram em favor do outro (art. 1.677). As dívidas de um dos cônjuges, quando superiores à sua meação, não obrigam ao outro, ou a seus herdeiros (art. 1.686).

A **apuração** dos aquestos faz-se no momento da dissolução da sociedade conjugal, na data em que cessou a convivência (art. 1.683), quando se excluem da soma dos patrimônios pessoais I – os bens anteriores ao casamento e os que em seu lugar se sub-rogaram; II – os recebidos por sucessão ou liberalidade; III – as dívidas relativas a esses bens (art. 1.674). Somam-se ainda o valor dos bens alienados em detrimento da meação (art. 1.676). Em caso de indivisibilidade de bens, serão os respectivos valores repostos em dinheiro ao cônjuge não proprietário, à metade (art. 1.684).

37.1.4. Separação de bens

No regime da **separação de bens** não há comunicação entre os patrimônios dos cônjuges, conservando cada qual a plena propriedade, a administração exclusiva e a fruição dos bens, os quais podem ser livremente alienados ou gravados de ônus reais (art. 1.687). Pode ser **legal**, também chamado de **obrigatório**, ou **convencional**, conforme decorra de imposição da lei nas hipóteses do art. 1.641 ou de escolha dos cônjuges manifestada em pacto antenupcial, lavrado por escritura pública.

É **obrigatório** o regime da separação de bens no casamento I – das pessoas que o contraírem com inobservância das causas suspensivas da celebração do casamento; II – *em que um ou ambos os nubentes contem mais de 70 anos*; III – dos que dependerem de suprimento judicial para casar, seja de idade ou de consentimento. A separação **convencional** pode ser **absoluta** ou **relativa**, atingindo aquela todos os bens e frutos, anteriores e posteriores ao casamento, enquanto esta se limita à parte dos bens dos cônjuges, admitindo-se a comunicação de outros. O STF firmou jurisprudência, à luz do CC/1916, pela comunicabilidade dos bens adquiridos na constância do casamento, frutos de esforço comum do casal, em caso de separação obrigatória, sob pena de enriquecimento sem causa (Súmula 377). Em casos de regime de separação convencional, deveria haver prova do esforço comum para que se considerasse a existência de sociedade de fato. À luz do CC/2002 a questão permanece controversa, havendo jurisprudência do STJ pelo recepcionamento da súmula em relação aos casamentos sob o regime de separação obrigatória. A doutrina defende, contudo, a possibilidade de afastamento da Súmula 377 por pacto antenupcial, não se tratando de matéria de ordem pública.

As despesas do casal serão repartidas entre os cônjuges, na proporção dos rendimentos de seu trabalho e de seus bens, salvo estipulação em contrário no pacto antenupcial (art. 1.688).

37.2. Usufruto e administração dos bens de filhos menores

O tema se refere ao exercício do poder familiar quanto a aspectos patrimoniais.

> Atualmente, ambos os pais são, em igualdade de condições, coadministradores e cousufrutuários legais dos bens dos filhos menores, sob a sua autoridade (art. 1.689).

Na falta de um dos pais, o outro representará e assistirá o filho com exclusividade. Em caso de divergência, os pais poderão submeter a questão à **análise judicial** (art. 1.690), o que também deve ser feito para a realização de atos que ultrapassem a simples administração patrimonial, implicando disposição de bens imóveis ou assunção de dívidas. A falta de autorização judicial para os atos de disposição gera a sua nulidade, que pode ser arguida pelos filhos, seus herdeiros ou seu representante legal (art. 1.691).

Havendo conflitos de interesse entre pais e filho, o juiz nomeará **curador especial** para o ato, **a requerimento do próprio filho ou do Ministério Público** (art. 1.692). Por fim, **não** são submetidos ao **usufruto e administração** dos pais: I – os bens adquiridos pelo filho havido fora do casamento, antes do reconhecimento; II – os valores auferidos pelo filho maior de 16 anos, no exercício de atividade profissional e os bens com tais recursos adquiridos; III – os bens deixados ou doados ao filho, sob a condição de não serem usufruídos, ou administrados, pelos pais; IV – os bens que aos filhos couberem na herança, quando os pais forem excluídos da sucessão (art. 1.693).

37.3. Alimentos

Alimentos consistem em prestações devidas a fim de satisfazer as **necessidades de subsistência**, com a manutenção das condições sociais do cônjuge, parente ou companheiro que não consegue provê-las por si mesmo (art. 1.694). Tem, no direito de família, caráter **assistencial** e não indenizatório, marcando-se pela **reciprocidade**. São regulados por **normas de ordem pública**, inderrogáveis por convenção.

O **conteúdo** do direito a alimentos abrange tudo o que é indispensável ao **sustento**, além de vestuário, habitação, assistência médica e instrução, por analogia às disposições sobre legado de alimentos (art. 1.920).

A obrigação alimentar fundamenta-se no binômio **necessidade-possibilidade**, entre pessoas ligadas entre si por **relação de parentesco**, buscando-se uma fixação que guarde a **proporcionalidade** entre as necessidades do alimentado e possibilidade econômica do alimentante (arts. 1.694, § 1º, e 1.695). Trata-se de obrigação **transmissível** aos herdeiros do devedor (art. 1.700), **divisível** e **não solidária**, respondendo cada devedor apenas por sua quota-parte (art. 1.698).

O direito a alimentos tem caráter **personalíssimo, irrenunciável, incessível, impenhorável e incompensável** (art. 1.707). É **imprescritível**, não se operando a perda ou enfraquecimento do direito a alimentos quando o sujeito deixa de exercê-lo, o mesmo não se podendo dizer em relação às prestações já fixadas, cuja pretensão de cobrança prescreve no prazo de 2 anos contados do vencimento (art. 206, § 2º). É ainda **intransacionável**, por traduzir norma de ordem pública, **atual** e **irrepetível**. O Ministério Público tem legitimidade ativa para pleitear alimentos em favor de crianças e adolescentes (Súmula 594, STJ).

O **sujeito passivo** da obrigação de alimentos, em razão da união conjugal, é o **cônjuge ou herdeiro**, cessando o dever caso o alimentário se case, estabeleça união estável ou concubinato, ou se proceda com indignidade (art. 1.708). Na obrigação de alimentos em razão de parentesco, serão devedores, sucessivamente, o **pai e a mãe**; os demais **ascendentes**, na ordem de sua proximidade; os **descendentes**, na ordem da sucessão; os **irmãos** (arts. 1.696 e 1.697).

A lei estabelece **mecanismos especiais de cobrança** dos alimentos legais, dentre os quais se destacam a possibilidade de determinação de **desconto em folha** de pagamento do devedor em proporção de até 50% de seus ganhos líquidos, de **protesto do pronunciamento judicial** e da decretação de **prisão civil** deste, pelo prazo de 1 a 3 meses, a fim de compeli-lo ao pagamento (arts. 528 e 529, CPC).

De acordo com a Súmula 309 do STJ, "o débito alimentar que autoriza a prisão civil do alimentante é o que compreende as três prestações anteriores ao ajuizamento da execução e as que se vencerem no curso do processo". Súmula trazida à redação do novo CPC, no § 7º do art. 528.

Ação de alimentos é o procedimento manejado para ver reconhecido e fixado o direito a alimentos pelo sujeito que a eles faz jus, em razão de parentesco ou relação conjugal (Lei n. 5.478/68). Cabe a fixação liminar de alimentos, constituindo os **alimentos provisórios**. Utiliza-se da **ação revisional de alimentos** a parte que pretenda revisão em seu valor, em virtude de modificação da situação econômica, com majoração ou redução do *quantum*. A **ação de exoneração** serve para que o alimentante pleiteie a extinção da obrigação de alimentos, diante do desaparecimento de seus requisitos (art. 1.699).

37.3.1. Espécies de alimentos

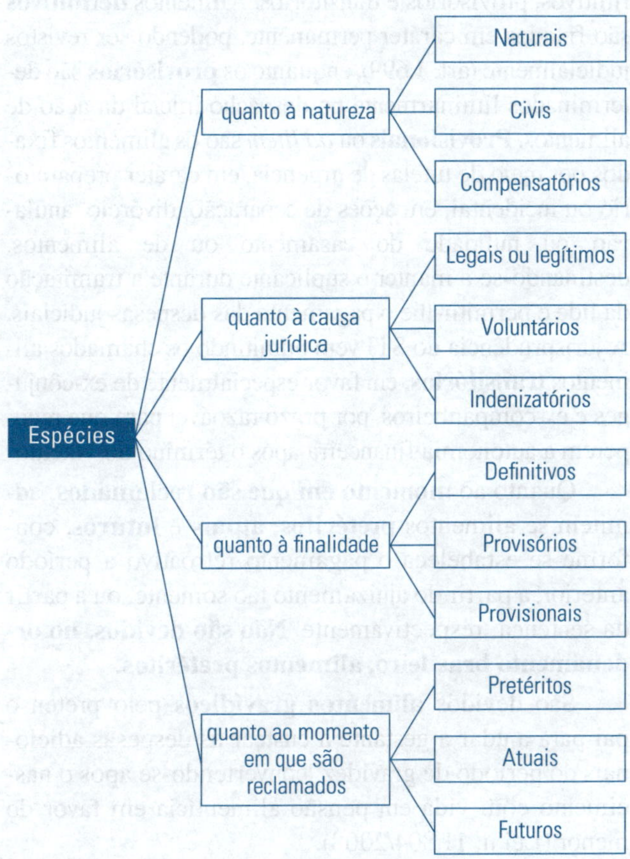

Quanto à **natureza**, os alimentos classificam-se em naturais, civis e compensatórios. São **naturais** ou necessários os alimentos destinados ao custeio do indispensável para a satisfação das necessidades primárias da vida. São **civis** ou **côngruos** os relativos às parcelas destinadas à manutenção da condição social. Alimentos **compensatórios** são aqueles fixados com o objetivo de evitar o brusco desequilíbrio econômico do consorte dependente, pela queda dos rendimentos operada a partir da ruptura da comunhão de bens. Estes últimos são em geral fixados de forma temporária.

Quanto à **causa jurídica**, os alimentos podem ser legítimos, voluntários e indenizatórios. Alimentos **legítimos** são devidos por determinação legal, em virtude de parentesco, casamento ou união estável (art. 1.694). **Voluntários** são aqueles assumidos por manifestação de vontade pelo sujeito, podendo ser **obrigacionais** ou *inter vivos* e **testamentários** ou *causa mortis*. Os alimentos voluntários podem tomar a forma jurídica de **renda vitalícia, usufruto** ou **capital vinculado**. Alimentos **indenizatórios** ou ressarcitórios consistem em parcelas devidas a título de indenização pela prática de ato ilícito. Apenas em relação aos alimentos legais tem cabimento a prisão civil do devedor inadimplente, como meio de coerção ao pagamento, sendo incabível a medida para assegurar o pagamento de alimentos voluntários e indenizatórios.

Quanto à **finalidade**, os alimentos dividem-se em definitivos, provisórios e transitórios. Alimentos **definitivos** são fixados em caráter permanente, podendo ser revistos judicialmente (art. 1.699), enquanto os **provisórios** são determinados liminarmente no despacho inicial da ação de alimentos. **Provisionais** ou *ad litem* são os alimentos fixados por meio de tutelas de urgência, em caráter preparatório ou incidental, em ações de separação, divórcio, anulação ou nulidade do casamento ou de alimentos, destinando-se a manter o suplicante durante a tramitação da lide e permitir-lhe o pagamento das despesas judiciais. A jurisprudência do STJ vem admitindo os chamados alimentos **transitórios**, em favor especialmente de ex-cônjuges e ex-companheiros, por prazo razoável para que recuperem a autonomia financeira após o término do vínculo.

Quanto ao **momento em que são reclamados**, admitem-se alimentos **pretéritos, atuais** e **futuros**, conforme se estabeleça o pagamento retroativo a período anterior, a partir do ajuizamento tão somente, ou a partir da sentença, respectivamente. **Não são devidos, no ordenamento brasileiro, alimentos pretéritos.**

São devidos **alimentos gravídicos** pelo pretenso pai para ajudar a gestante a custear as despesas adicionais do período de gravidez, convertendo-se após o nascimento com vida em pensão alimentícia em favor do menor (Lei n. 11.804/2008).

37.4. Bem de família

A proteção do **bem de família** destina-se à garantia do **direito de moradia** dos entes familiares, durante a vida dos cônjuges e menoridade dos filhos, por meio da afetação do bem residencial a tal destinação, com o estabelecimento de impenhorabilidade pelas dívidas contraídas após sua aquisição (arts. 1.715 e 1.716).

O bem de família pode ser **voluntário**, quando instituído voluntariamente mediante **escritura pública** ou **testamento**, em valor não superior à terça parte do patrimônio líquido do instituidor (art. 1.711). Sua instituição torna-se necessária quando o casal quer gravar um de seus diversos imóveis, utilizados como residência, sem ficar restrito ao de menor valor (art. 5º, parágrafo único, da Lei n. 8.009/90). O bem de família consistirá em **prédio residencial urbano ou rural**, com suas **pertenças e acessórios**, destinando-se em ambos os casos a domicílio familiar, e poderá abranger valores mobiliários, cuja renda será aplicada na conservação do imóvel e no sustento da família (art. 1.712). No caso das **vagas de garagem**, entende o STJ que a acessoriedade existe quando não forem registrados sob matrícula própria, caso em que serão impenhoráveis (Súmula 449 do STJ). Extingue-se o bem de família com a morte de ambos os cônjuges e a aquisição de capacidade pelos filhos (art. 1.722), podendo seus valores ser sub-rogados em outros bens diante da impossibilidade da manutenção do bem de família original (art. 1.719).

É **involuntário** ou legal, nos termos do art. 1º da Lei n. 8.009/90, o bem de família cuja proteção (impenhorabilidade) decorre diretamente da lei, de ordem pública, independentemente de manifestação de vontade e formalidades legais, ressalvadas as cobranças previstas nos arts. 2º e 3º.

38. UNIÃO ESTÁVEL

União estável é a entidade familiar que se constitui a partir da **convivência pública, contínua e duradoura** entre duas pessoas e estabelecida com o objetivo de constituição de família. Trata-se do conceito extraído dos arts. 1.723 do CC e 226, § 3º, da CF, com o entendimento estabelecido de forma vinculante pelo STF na ADIn 4.277 e ADPF 132, quando se julgou inconstitucional a exigência de diversidade de sexo dos membros da união estável, que também pode constituir-se em **relacionamentos homoafetivos**.

A Constituição equipara a união estável ao casamento, o que se reafirmou no julgamento dos REs 646.721 e 878.694, pelo STF. Defende-se o caráter monogâmico da relação, sendo em princípio vedada a constituição de uniões estáveis simultâneas. Haverá, no entanto, **união estável putativa**, quando um dos companheiros ignore que o outro é casado, estabelecendo-se os efeitos da união estável em relação ao companheiro de boa-fé e os filhos.

A existência de **causas impeditivas do casamento** (art. 1.521) afasta a possibilidade de constituição de união estável, salvo em relação à causa correspondente ao inciso VI, pois o legislador admite expressamente a união estável no caso de **pessoa casada que se encontre separada de fato**. Verificadas causas impeditivas, a relação não eventual entre sujeitos impedidos de casar configura **concubinato** (art. 1.727), o qual é tratado juridicamente como uma espécie de sociedade de fato, especialmente no que concerne aos efeitos patrimoniais. A constatação de causas suspensivas do casamento não impede o reconhecimento de união estável (art. 1.723, §§ 1º e 2º).

Segundo o art. 1.724, as relações pessoais entre os companheiros obedecerão aos **deveres de lealdade, respeito e assistência, e de guarda, sustento e educação dos filhos**, entendendo-se que o dever de lealdade e respeito implica dever de **fidelidade**. Conforme a doutrina majoritária, com destaque para Carlos Roberto Gonçalves (2016, v. 6) e Nelson Rosenvald (2016), não se exige **coabitação** entre os sujeitos para a configuração de união estável, o que se extrai da interpretação da Súmula 382 do STF. Não estabelece o legislador **presunção de paternidade** em relação aos filhos concebidos na constância de união estável, podendo-se extrair tal presunção a partir da equiparação constitucional entre união estável e casamento.

O regime de bens estabelecido entre os companheiros, ressalvada a existência de contrato escrito com disciplina diversa, corresponde ao da **comunhão parcial de bens** (art. 1.725), de modo que são comuns os bens adquiridos onerosamente na constância da união estável, bem como a respectiva administração. Com efeito, é possível que os companheiros estabeleçam, por meio de contrato escrito, independentemente de maiores formalidades, regulação especial dos reflexos patrimoniais da união estável.

Estabelece o legislador, em obediência ao disposto no § 3º do art. 226 da CF, a facilitação da **conversão da união estável em casamento**, por meio de pedido dos companheiros ao juiz, com a elaboração de assento no Registro Civil (art. 1.726). A norma estabelecida pelo CC/2002 vai na contramão do disposto na Lei n. 9.278/96, em que se exige somente o requerimento dos conviventes em cartório, de forma mais condizente com o ditame constitucional pela facilitação.

39. TUTELA E CURATELA

Segundo Nelson Rosenvald (2016), tutela e curatela são instituições protetivas da pessoa e dos bens dos que detém limitada capacidade de agir – seja pela idade ou pela submissão a prévio processo de incapacitação –, evitando os riscos que essa carência possa impor ao exercícios das situações jurídicas por parte de indivíduos juridicamente vulneráveis.

39.1. Tutela

A **tutela** consiste na representação do menor incapaz, em caso de ausência, falecimento ou perda do poder familiar pelos pais (art. 1.728). Trata-se de **múnus público**, de **caráter assistencial**, delegado pela lei a agente capaz, para a proteção do tutelado ou pupilo.

São estabelecidas formas ordinárias e extraordinárias de tutela. Na **forma ordinária**, as tutelas podem ser testamentária, legítima e dativa, conforme a fonte de origem. Constituem **formas especiais** de tutela, a tutela do menor abandonado, a tutela de fato ou irregular, a tutela *ad hoc*, provisória ou especial e a tutela dos índios.

A **tutela testamentária** decorre da nomeação de tutor **pelos pais**, em conjunto, ou por um só deles, na falta do outro, por meio de **testamento** ou outro **documento autêntico**, como escritura pública ou codicilo (art. 1.729). Apenas os pais detentores de poder familiar podem fazer a nomeação (art. 1.730). A **tutela legítima** é a determinada **pelo juiz**, conforme a **ordem legal** dos tutores estabelecida no art. 1.731, em caráter preferencial, sendo todos parentes consanguíneos do menor: I – ascendentes, preferindo o de grau mais próximo ao mais remoto; II – colaterais até o terceiro grau, preferindo os mais próximos aos mais remotos, e, no mesmo grau, os mais velhos aos mais moços. Em que pese ser preferencial, não se trata de ordem absoluta, devendo o juiz nomear o representante segundo o **melhor interesse do incapaz**. A **tutela dativa** é a que se constitui, em caráter subsidiário, na falta ou impedimento dos tutores testamentários ou legítimos, recaindo sobre pessoa estranha à família (art. 1.732).

Em caso de irmãos órfãos deve ser nomeado preferencialmente um só tutor, entendendo-se, em caso de nomeação de vários no testamento, que serão chamados sucessivamente. Quem institui herdeiro ou legatário menor, pode nomear curador especial para os bens deixados (art. 1.733).

A **tutela do menor abandonado** será exercida por pessoa nomeada pelo juiz, devendo o jovem ser incluído em programa de colocação familiar (art. 1.734). A **tutela de fato** ou **irregular** ocorre quando um sujeito, não tendo sido nomeado tutor, passa a cuidar do menor e de seus bens, não produzindo efeitos jurídicos. A **tutela *ad hoc*, provisória** ou **especial** consiste na nomeação de tutor para a prática de ato específico, em paralelo ao poder familiar dos pais. A **tutela do índio**, quando não plenamente integrado à comunhão nacional, é disciplinada na legislação especial (Lei n. 6.001/73), sendo exercida pela União, por meio do competente órgão federal de assistência aos silvícolas, qual seja a FUNAI.

Não podem exercer a tutela, por **incapacidade** ou **inaptidão** (art. 1.735): I – aqueles que não tiverem a livre administração de seus bens; II – aqueles que possuírem obrigação para com o menor, ou tiverem que fazer valer direitos contra este; III – aqueles cujos pais, filhos ou cônjuges tiverem demanda contra o menor; IV – os inimigos do menor, ou de seus pais, ou que tiverem sido por estes expressamente excluídos da tutela; V – os condenados por crime de furto, roubo, estelionato, falsidade, contra a família ou os costumes, tenham ou não cumprido pena; VI – as pessoas de mau procedimento, ou falhas em probidade, e as culpadas de abuso em tutorias anteriores; VII – aqueles que exercerem função pública incompatível com a boa administração da tutela.

Não cabe a recusa pelo tutor nomeado, salvo nas **hipóteses de escusa** previstas no art. 1.736: I – mulheres casadas; II – maiores de 60 anos; III – aqueles que tiverem sob sua autoridade mais de três filhos; IV – os impossibilitados por enfermidade; V – aqueles que habitarem longe do lugar onde se haja de exercer a tutela; VI – aqueles que já exercerem tutela ou curatela; VII – militares em serviço. A escusa, que consiste em faculdade conferida a certos sujeitos que ostentam capacidade para exercer a tutela, deve ser submetida à **apreciação judicial** (arts. 1.738 e 1.739).

O exercício da tutela aproxima-se de um poder familiar limitado e fiscalizado pelo juiz (art. 1.742). Constituem as principais **obrigações do tutor**: dirigir a educação, defender e prestar alimentos ao menor; reclamar ao juiz que aplique medidas corretivas ao menor; adimplir os demais deveres que normalmente cabem aos pais, ouvida a opinião do menor, se este já contar 12 anos de idade (art. 1.740). Deve, ainda, **administrar os bens** do tutelado, em proveito deste (art. 1.741). Eventual **alienação de bem imóvel** do menor sob tutela deve ser precedida de avaliação judicial e aprovação do juiz, quando se verificar manifesta vantagem (art. 1.750). Para a **garantia da tutela**, pode o juiz exigir do tutor a prestação de caução, real ou fidejussória (art. 1.745, parágrafo único). Estabelece também o legislador a **responsabilidade do juiz**, em caráter direto e pessoal, pela falta ou inoportunidade da nomeação do tutor, ou subsidiário, diante da dispensa de garantia legal ou não remoção de tutor suspeito (art. 1.744).

> Os tutores devem apresentar balanços anuais (art. 1.756) e prestar contas de sua administração em juízo, bianualmente, quando solicitados ou ao deixar o exercício do múnus (art. 1.757). É inválida qualquer dispensa manifestada pelos pais em relação aos deveres de prestar contas (art. 1.755).

A obrigação de prestar contas transmite-se aos herdeiros e representantes do tutor, em caso de morte, ausência ou interdição (art. 1.759). A responsabilidade do tutor, com o término da tutela, subsiste até que as contas sejam aprovadas pelo juiz (art. 1.758).

Cessa a tutela pela morte, maioridade, emancipação ou superveniência do poder familiar, em relação ao menor (art. 1.763). **Cessa a função do tutor** ao expirar o termo em que era obrigado a servir, sobrevir escusa legítima ou ser removido (art. 1.764). Será **destituído o tutor**, quando negligente, prevaricador ou incurso em incapacidade (art. 1.766).

39.2. Curatela

Entende-se por **curatela** o encargo conferido a sujeito capaz para a representação de maiores incapazes, na forma da lei. Eventualmente, a lei fixa curadoria em relação a menores, e mesmo o nascituro. Trata-se, assim como a tutela, **de múnus público**, de caráter **assistencial**, destinado à proteção de incapazes, razão pela qual se aplicam subsidiariamente à curatela as disposições concernentes à tutela (art. 1.774). Diferenciam-se, contudo, os institutos:

Tutela	Curatela
■ destina-se em regra à proteção de menores de 18 anos	■ destina-se em regra à proteção de maiores incapazes
■ pode haver nomeação de tutor pelos pais (testamento) ou pelo juiz (legítima e dativa)	■ depende sempre de nomeação pelo juiz
■ abrange necessariamente poderes em relação à pessoa e ao patrimônio do pupilo	■ pode dirigir-se apenas à administração do patrimônio
■ o tutor tem poderes amplos, que se aproximam do poder familiar, com limitações	■ os poderes do curador restringem-se àqueles definidos pelo juiz

A disciplina da curatela foi profundamente alterada pelo Estatuto da Pessoa com Deficiência (Lei n. 13.146/2015), com o objetivo de reconhecer a autonomia do deficiente, reforçando o caráter residual da incapacidade. O estabelecimento da curatela, em sua forma **ordinária**, deve ser feito por meio de **ação judicial** para a declaração da incapacidade e definição dos termos da curatela, diante da constatação de existência de hipótese de incapacidade relativa do **art. 4º**, com exceção da incapacidade por idade (art. 1.767). Observa-se que *a deficiência em si deixa de ser considerada causa ou razão de incapacidade*, transferindo-se o foco da análise para a verificação de limitações na **aptidão para exprimir vontade**. Ademais, no novo regime protetivo, *a incapacidade, salvo por idade, será sempre relativa*, criando-se para o juiz o encargo de detalhar para quais atos o incapaz precisa de representação, assistência ou pode atuar de maneira autônoma.

Prevê a lei a possibilidade de estabelecimento de **curatela do nascituro**, quando se nomeia um curador ao ventre para a defesa dos interesses daquele que já foi concebido mas ainda não nasceu, caso o pai tenha falecido e a mãe não tenha poder familiar (art. 1.779). A Lei n. 13.146/2015 revogou a segunda modalidade especial de curatela prevista: **curatela do enfermo ou portador de deficiência física**.

A **ação de curatela** ou **interdição** consiste em procedimento especial de jurisdição voluntária, regulado entre os arts. 747 a 758, CPC. São **legitimados ativos** para sua propositura I – o cônjuge ou companheiro; II – os parentes ou tutores; III – o representante da entidade em que se encontra abrigado o interditando; e IV – o Ministério Público (art. 747, CPC).

> Em regra, será nomeado curador o cônjuge ou companheiro, não separado judicialmente ou de fato. Na falta destes, a curatela incumbirá a qualquer dos pais. Não podendo os pais exercer o múnus, será nomeado o descendente que se mostrar mais apto, os mais próximos precedendo os mais remotos (art. 1.775).

Pode haver a constituição de **curatela dativa**, quando o juiz nomeia pessoa idônea, na falta dos indicados pela lei, podendo inclusive ser estranha à família (art. 1.775). Pode o juiz estabelecer, ainda, **curatela compartilhada** (art. 1.775-A).

Sobre o **exercício da curatela**, aplicam-se no que couber as normas da tutela, com as limitações dos arts. 1.782 e 1.783, que estabelecem que a interdição do pródigo só afetará o exercício dos atos de disposição patrimonial e que fica dispensado da prestação de contas o cônjuge casado com o curatelado pelo regime da comunhão universal.

Em caso de recuperação da capacidade, deverá ser ajuizada **ação para levantamento da interdição ou curatela**, podendo o pedido ser manejado pelo incapaz, seu curador ou o Ministério Público (art. 756, CPC).

39.3. Tomada de decisão apoiada

A **tomada de decisão apoiada** constitui nova modalidade de auxílio no exercício dos direitos por pessoas em situação de vulnerabilidade, somando-se aos tradicionais institutos da tutela e curatela, ressignificados com o advento do Estatuto da Pessoa com Deficiência. Destina-se a promover o auxílio ao adequado exercício dos direitos por pessoas com deficiência sem, no entanto, restringir-lhes a capacidade civil.

Constitui-se mediante **procedimento judicial** por meio do qual a **pessoa com deficiência** elege **pelo menos 2 pessoas idôneas**, com as quais mantenha vínculos e que gozem de sua confiança, para prestar-lhe **apoio** na tomada de decisão sobre atos da vida civil, fornecendo-lhes os elementos e informações necessários para que possa exercer sua capacidade (art. 1.783-A). Em caso de divergência entre apoiado e apoiadores, a questão será submetida a apreciação judicial, ouvido o Ministério Público (art. 1.783-A, § 6º).

DIREITO DAS SUCESSÕES

40. SUCESSÃO EM GERAL

De forma ampla, **sucessão** representa a continuação de uma relação jurídica em outro sujeito, implicando a ideia de transmissão de direitos e deveres. A sucessão pode dar-se ***inter vivos***, quando se opera durante a vida dos sujeitos envolvidos, ou ***causa mortis***, em razão da transmissão hereditária do patrimônio do *de cujus*.

O **direito das sucessões** é o ramo do direito civil que disciplina especificamente a sucessão decorrente do falecimento da pessoa.

Com a morte do sujeito, ocorre a imediata transferência de seu patrimônio aos herdeiros que, em conjunto, exercem a titularidade da herança até que se ultime a partilha. O **princípio da *saisine*** representa, no direito brasileiro, a ficção de transferência direta e imediata, independentemente de formalidades, da propriedade e da posse da herança aos herdeiros, com a abertura da sucessão (art. 1.784 do CC). A **legislação aplicável** à sucessão é a vigente ao tempo da respectiva abertura (art. 1.787). O testamento é regido pela lei vigente ao tempo de sua elaboração.

> Para estar apto a suceder, o sucessor deve sobreviver ao autor da herança. Dessa forma, em caso de **comoriência**, assunto detalhado no estudo da parte geral, não ocorre sucessão entre os comorientes, ante a presunção de morte simultânea.

Quanto às suas espécies, a sucessão divide-se em:

- Sucessão **legítima** (*ab intestato*): deferida em virtude da lei, na ausência de testamento válido ou em caso de bens não contemplados em testamento.
- Sucessão **testamentária**: por disposição de última vontade (testamento).
- Sucessão **a título universal**: o(s) herdeiro(s) sucede(m) na totalidade ou partes ideais da herança.
- Sucessão **a título singular**: o beneficiário recebe bem certo e determinado, o **legado**.

> A sucessão legítima sempre se dá a título universal. A sucessão testamentária pode se dar a título universal ou singular.

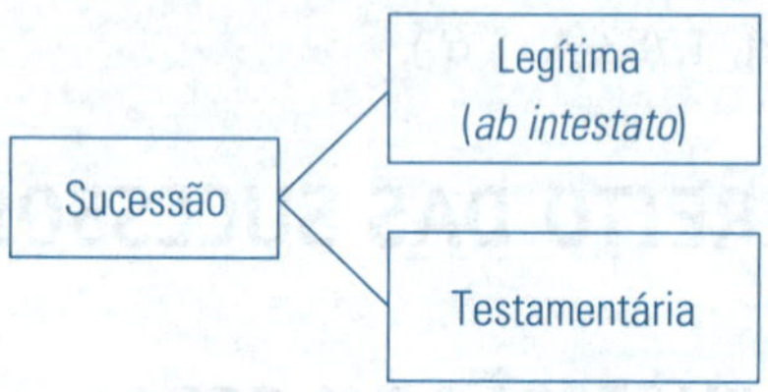

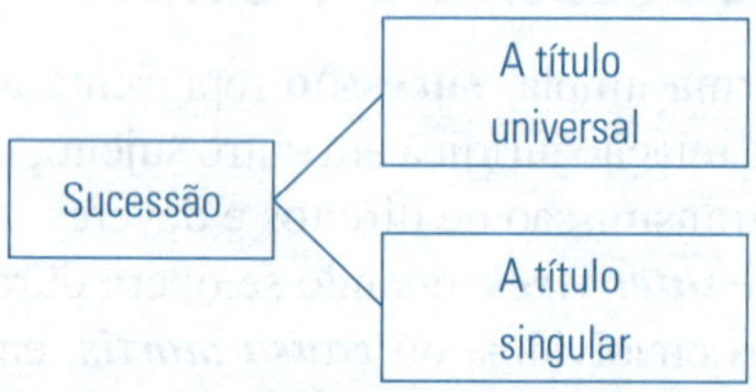

A **herança** é constituída pela universalidade ou totalidade do patrimônio do *de cujus*, ao passo que o **legado** refere-se a bens certos e determinados, integrantes da herança, deferidos a sucessor por pela via testamentária. Os **herdeiros** sucedem a título universal, podendo ser **legítimos** (indicados por lei) ou **testamentários** (contemplados em testamento, também conhecidos como instituídos). **Legatários** são sucessores a título singular, sendo contemplados com legados no testamento.

Herdeiro **único** ou **universal** é aquele que recebe a totalidade da herança, por ato de adjudicação.

Herdeiros **necessários**, legitimários ou reservatários são aqueles que, em virtude do vínculo familiar, recebem especial proteção pela lei, não podendo ser excluídos da sucessão pela vontade do *de cujus*. São, nos termos do art. 1.845, os **descendentes, os ascendentes e o cônjuge**. Ante a sua existência, o autor da herança **apenas poderá dispor pela via testamentária de metade da herança**, sendo a metade resguardada de pleno direito aos herdeiros necessários constitui a **legítima** (art. 1.789).

> Nem todo herdeiro legítimo é herdeiro necessário. Os colaterais são herdeiros legítimos mas não necessários.

> O **local de abertura da sucessão** é o último domicílio do autor da herança (art. 1.785), onde em regra deverá ser processado o inventário (art. 48, NCPC). O inventário deve ser instaurado no prazo de **2 meses** da abertura da sucessão, devendo ser ultimado em 12 meses (art. 610, NCPC). Até a nomeação e compromisso do inventariante, os bens permanecerão sob a posse administrador provisório, conforme a ordem do art. 1.797 (art. 613, NCPC). O juízo do inventário é **universal**.

40.1. Herança

A herança compõe-se de um todo **unitário** e **indivisível**, de titularidade dos herdeiros em condomínio, até o momento da partilha. É considerada **imóvel**, para efeitos legais (art. 80, III, CC). A transmissão patrimonial, que envolve ativo e passivo, opera-se nos limites das forças da herança (art. 1.792).

Qualquer disposição sobre direitos sucessórios, antes da abertura da sucessão, é eivada de nulidade. **Pendente a indivisibilidade, o herdeiro apenas pode ceder seu quinhão hereditário ou o direito à sucessão aberta**, em caráter aleatório, por meio de **escritura pública**, sendo ineficaz a alienação de bens singularmente considerados pertencentes ao acervo. Na cessão por um herdeiro, têm **preferência** na aquisição os demais coerdeiros. Em caso de preterimento, pode o herdeiro fazer valer seu direito por meio de ação de preempção, no prazo de 180 dias da transmissão, mediante depósito judicial do preço.

40.2. Vocação hereditária

A **vocação hereditária** denota a legitimação para invocar a titularidade da herança, indicando os sujeitos aptos a suceder. Como regra, abrange **pessoas naturais**, já **nascidas ou concebidas** ao tempo da abertura da sucessão, de onde se extrai a legitimidade sucessória do **nascituro**, consolidando-se a aquisição no momento do nascimento com vida.

As **pessoas jurídicas**, já constituídas ou por constituir, no caso de fundações com instituição *post mortem*, podem ser contempladas via sucessão testamentária. Pela mesma via, admite-se ainda seja contemplada a **prole ainda não concebida** de pessoas indicadas pelo testador, desde que vivas estas ao abrir-se a sucessão (art. 1.799). Neste último caso, estabelece o legislador o prazo de **2** anos, contados da abertura da sucessão, para que ocorra a concepção, sob pena de os bens reservados serem distribuídos entre os herdeiros legítimos. Os bens correspondentes à quota dos filhos eventuais serão reservados sob a guarda de curador nomeado pelo juiz, aplicando-se as disposições concernentes à curatela dos incapazes.

Há **falta de legitimação para suceder**, vedando-se a nomeação como herdeiros testamentários ou legatários, sob pena de **nulidade** (art. 1.801): I – da pessoa que escreveu o testamento a rogo do autor da herança, cônjuge, companheiro, ascendentes ou irmãos da mesma; II – das testemunhas do testamento; III – do concubino do testador casado, salvo se este, sem culpa sua, estiver separado de fato do cônjuge há mais de 5 anos; IV – do tabelião, civil ou militar, ou o comandante ou escrivão, perante quem se fizer, assim como o que fizer ou aprovar o testamento. A nulidade se estende às disposições simuladas sob a forma de contrato oneroso, bem como aquelas feitas mediante interposta pessoa, como se presume expressamente nos casos de ascendentes, descendentes, irmãos e cônjuge ou companheiro do não legitimado a suceder (art. 1.802). É permitida, contudo, deixa ao filho do concubino, quando descendente comum com o testador.

40.3. Aceitação e renúncia da herança

De acordo com o **princípio da *saisine*** a transferência da herança ocorre automaticamente com o falecimento do *de cujus*. Em momento posterior, contudo, dá-se ao herdeiro a possibilidade de aceitar ou recusar a herança, de maneira irrevogável (art. 1.812), confirmando ou repudiando a transferência anteriormente realizada.

Aceitação ou adição da herança é o ato de vontade pela qual o beneficiário manifesta anuência em receber a herança, tornando definitiva a transmissão (art. 1.804). A aceitação pode ser (arts. 1.805 e 1.807):

Expressa	▪ manifestada por escrito
Tácita	▪ diante de atos incompatíveis com a posição de renunciante
Presumida	▪ após a notificação do herdeiro silente para que ele declare em certo prazo sua vontade, sob pena de se presumir a aceitação

Não se admite **aceitação parcial, condicional ou a termo**, devendo a aceitação ser **pura e simples**. Excepcionalmente, quando o sujeito sucede a dois títulos diversos (p. ex., a título universal e a título singular; como herdeiro testamentário e herdeiro legítimo), pode ele aceitar ou renunciar à herança recebida a cada um título de forma independente. Em caso de falecimento do herdeiro antes da declaração do aceite, a faculdade passa aos seus herdeiros (art. 1.809), os quais poderão aceitar ou renunciar a primeira herança, separadamente, tendo concordado em receber a segunda.

A **renúncia** constitui ato **formal** ou **solene** (por instrumento público ou termo judicial) pelo qual o herdeiro declara não aceitar a herança para a qual fora chamado a suceder. Deve ser, tal como a aceitação, **pura** e **simples**, não se admitindo seja manifestada de forma parcial, condicional ou a termo. O Código Civil de 2002 não contempla a possibilidade de manifestação de **renúncia translativa** ou em favor de determinada pessoa. A renúncia só se admite na forma **abdicativa** ou em favor do monte mor (art. 1.805, § 2º). **Tendo o herdeiro renunciado, seus sucessores não receberão sua quota por representação** (arts. 1.810 e 1.811).

Por fim, quando a renúncia por um herdeiro importar prejuízo a seus credores, prevê o art. 1.813, a possibilidade de estes aceitarem em nome do renunciante, mediante autorização judicial nos próprios autos do inventário, desde que se habilitem no prazo de 30 dias do conhecimento do fato.

40.4. Excluídos da sucessão

A **exclusão da sucessão** ou exclusão por indignidade constitui penalidade aplicada a sucessores, legítimos ou testamentários, que tenham praticado **atos de ingratidão** contra o *de cujus*, previstos entre as hipóteses legais (art. 1.814). Constituem **hipóteses taxativas** de exclusão da sucessão: I – autoria ou participação em homicídio doloso, consumado ou tentado, contra o hereditando, seu cônjuge, companheiro, ascendente ou descendente; II – acusação caluniosa do *de cujus* em juízo (crime contra a administração da justiça) e crimes contra sua honra, de seu cônjuge ou companheiro; III – prática de atentado contra a liberdade de testar do hereditando.

A exclusão não opera de pleno direito, dependendo do trânsito em julgado de **sentença** proferida em ação declaratória intentada com a finalidade de se reconhecer a ocorrência de hipótese de indignidade (art. 1.815). A ação poderá ser proposta por qualquer interessado, isto é, favorecidos com a exclusão, salvo na hipótese do inciso I do art. 1.814, em que se prevê também a legitimidade do Ministério Público, conforme alteração pela Lei 13.532, de 7 de dezembro de 2017. O prazo para pleitear a exclusão é de **4 anos**, contados da abertura da sucessão, tendo natureza decadencial. Os efeitos da exclusão são **pessoais**, atingindo apenas o indigno, havendo direito de representação para seus sucessores, **como se morto fosse** aquele ao tempo da abertura da sucessão (art. 1.816). Veda-se o benefício indireto para o indigno, na forma de direito de usufruto ou à administração dos bens destinados a seus sucessores, bem como a partir da sucessão eventual nesses bens. Em respeito à boa-fé de possíveis adquirentes, reputam-se válidos os atos de administração e alienação onerosa praticados pelo indigno, como herdeiro aparente, antes da sentença de exclusão, caso em que os prejudicados poderão demandar do excluído indenização dos prejuízos sofridos. O excluído deve restituir os frutos e rendimentos produzidos pelos bens antes da exclusão, assistindo-lhe o direito a ser indenizado pelas despesas realizadas para a respectiva conservação (art. 1.817).

A vítima pode **perdoar** o autor do ato de ingratidão, reabilitando-o para a sucessão, desde que o faça **expressamente**, em **testamento ou outro ato autêntico**, consistente em declaração, por instrumento público ou particular, autenticada pelo escrivão. Admite-se a **reabilitação tácita** quando o testador, ciente da causa da indignidade, contempla o indigno em testamento, permitindo que este compareça à sucessão no limite da disposição testamentária (art. 1.818).

40.5. Herança jacente

Herança jacente é aquela de cujos herdeiros não se tem conhecimento ou, quando conhecidos, todos os herdeiros a houverem repudiado. Diante da aparente falta de titular, os bens da herança serão arrecadados e entregues para serem guardados por um **curador**, até que se dê a habilitação de sucessor ou, na sua falta, a declaração da vacância (art. 1.819).

À arrecadação seguir-se-á o inventário dos bens e a publicação de **editais** para a convocação de herdeiros à habilitação. Durante a jacência, podem os credores exigir o pagamento das dívidas, nos limites das forças da herança (art. 1.821). Passado **1** ano da primeira publicação sem que se verifique pedido de habilitação de herdeiro, será a herança declarada **vacante** (art. 1.820), sendo proclamada de ninguém. A declaração de vacância será, todavia, imediata caso todos os herdeiros, conhecidos, renunciem à herança (art. 1.823). Constitui efeito da declaração de vacância a exclusão dos colaterais, que não mais poderão se habilitar na sucessão.

Se nos **5 anos** após a abertura da sucessão não se habilitarem herdeiros, os bens arrecadados passarão ao domínio do poder público: do Município ou do Distrito Federal, se localizados nas respectivas circunscrições; da União, quando situados em território federal (art. 1.822).

> Na sistemática do CC/2002, o Estado arrecada os bens vacantes, não sendo herdeiro destes.

40.6. Petição de herança

A **ação de petição de herança**, do latim *petitio hereditatis*, é manejada pelo herdeiro preterido com a finalidade de ver reconhecido o seu título sucessório, assim como obter a restituição da herança pelos seus possuidores (art. 1.824). Trata-se de ação de natureza cognitiva, com pretensão declaratória e condenatória, constituindo **ação real imobiliária e universal**, por discutir direito à sucessão aberta, imóvel para efeitos legais. A procedência da ação produz o reconhecimento da **ineficácia de partilha** anteriormente realizada em relação ao autor da ação.

Tem **legitimidade ativa**, em regra, o herdeiro preterido, legítimo ou testamentário, podendo contemplar todo o acervo em seu pedido (art. 1.825). São **legitimados passivos** os possuidores da herança, sejam ou não herdeiros, de boa ou má-fé.

O **herdeiro aparente** exerce em princípio posse de boa-fé. Nessas condições, reconhece o legislador a **eficácia das alienações** de bens do monte por ele feitas, a título **oneroso**, a terceiros de boa-fé, cabendo àquele apenas a restituição do valor dos bens, esteja ou não de boa-fé (art. 1.827). Fica o herdeiro aparente também dispensado de responder por **legados** que de boa-fé pagou, em cumprimento do testamento, devendo o herdeiro verdadeiro agir diretamente contra o legatário (art. 1.828).

O legislador não estabelece regra específica sobre a **prescrição** da ação de petição de herança. Com base na Súmula 149 do STF, entende-se que a pretensão de reconhecimento de estado é imprescritível, ao passo que à pretensão relativa aos direitos patrimoniais decorrentes de tal reconhecimento aplica-se o prazo prescricional geral de **10** anos (art. 205).

41. SUCESSÃO LEGÍTIMA

A **sucessão legítima** opera por força de lei, em caso de falecimento sem que se tenha deixado testamento válido, ou quando o testamento não contempla a integralidade do patrimônio. Nesse caso, a herança será deferida conforme a **ordem de vocação hereditária** estabelecida no art. 1.829.

■ 41.1. Ordem de vocação hereditária

A ordem de vocação aplicável deve ser buscada na lei em vigor no momento da abertura da sucessão. O CC/2002 estabelece a seguinte ordem, que se entende representar a vontade presumida do sujeito:

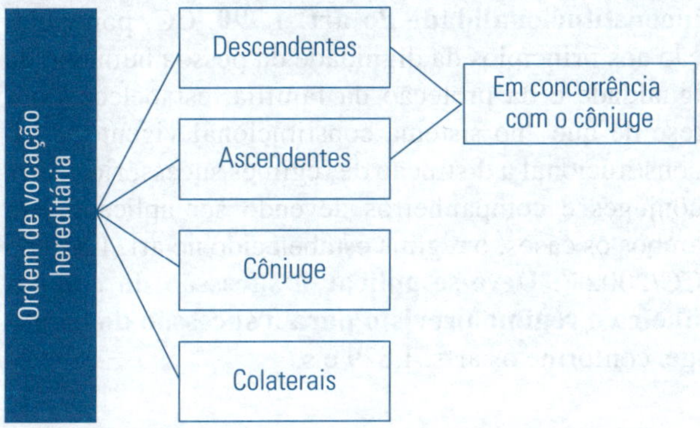

I. A **sucessão do descendente,** em concorrência com o **cônjuge**, varia conforme o regime matrimonial de bens (art. 1.829, I). **O cônjuge pode receber bens como meeiro e herdeiro.**

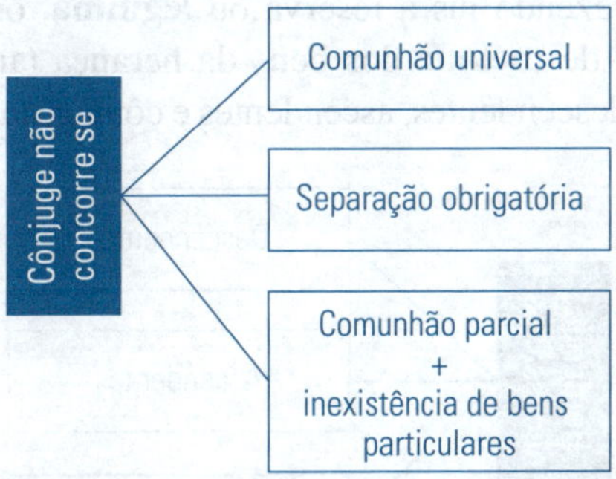

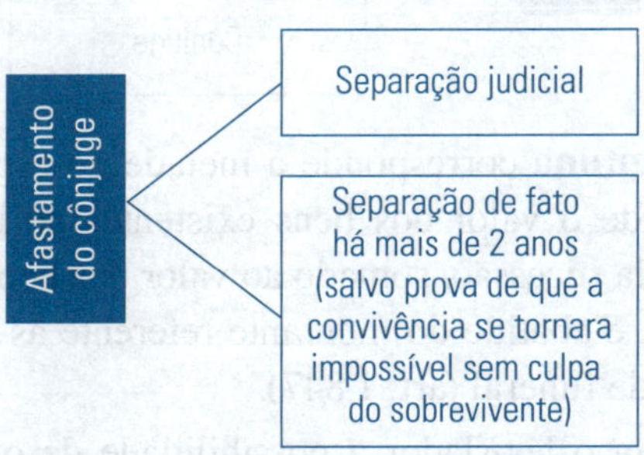

O legislador estabelece regras para a divisão das quotas hereditárias entre descendentes e cônjuge (art. 1.832):

- O **cônjuge** herdará **quinhão igual** aos que sucedem por cabeça;
- Resguarda-se ao cônjuge a **fração mínima de ¼ da herança** se for ascendente dos herdeiros com quem concorrer.

De acordo com o Enunciado n. 527 do CJF, não haverá o resguardo da quarta parte em caso de concorrência do cônjuge com filiação híbrida. Resguarda-se ao cônjuge supérstite, ainda, independentemente do regime de bens, direito real de habitação sobre o imóvel destinado à residência da família (art. 1.831).

Na sucessão dos descendentes:

- A existência de descendentes em grau mais próximo afasta a sucessão dos mais remotos, salvo direito de representação (art. 1.833);
- Sendo os **descendentes de mesmo grau**, herdando por direito próprio, sucedem **por cabeça**, dividindo-se a herança em partes iguais conforme o número de herdeiros (art. 1.834);
- Havendo descendentes em **graus diversos**, haverá herdeiros que herdam por direito próprio (por cabeça), e outros que herdam **por representação** de herdeiro pré-morto, sucedendo por estirpe. Nesse caso, cada estirpe fará o rateio por cabeça da quota que caberia ao representado, se vivo fosse (art. 1.835).

> À luz da Constituição de 1988, não se admite diferenciação entre os filhos, em virtude da origem ou natureza da filiação.

II. A **sucessão do ascendente** dá-se em concorrência com o **cônjuge**, independentemente do regime matrimonial de bens (art. 1.829, II). Ocorre na falta de descendentes na linha sucessória.

Na sucessão dos ascendentes (art. 1.836):

- Não há direito de representação (art. 1.852).
- Os ascendentes de grau mais próximo excluem os de grau mais remoto, sem distinção de linhas (paterna e materna).
- No cálculo das quotas, a herança divide-se primeiramente **por linha** – e não por cabeça – à fração de ½ para cada, dividindo-se o acervo de cada linha entre os componentes de mesmo grau.

> Assim, ascendentes de mesmo grau podem ser contemplados com quinhões diferentes, pertencendo a linhas diversas.

No que tange à concorrência do **cônjuge** (art. 1.837):

- Se concorrer com **ascendentes em 1º grau**, a herança será dividida em **partes iguais** conforme o número de pessoas – 1/2 para cônjuge e 1/2 para único ascendente; 1/3 para cada se houver dois ascendentes;

- Se concorrer com **ascendentes em 2º ou maior grau**, caberá ao cônjuge a **metade** da herança.

III. O **cônjuge** sobrevivente receberá a **totalidade da herança**, na falta de descendentes e ascendentes.

Para que faça jus à herança, exige-se:

- que não esteja separado nem divorciado, judicial ou administrativamente;
- que não esteja separado de fato há mais de 2 anos ou, em estando, que a convivência se tenha impossibilitado sem culpa sua.

IV. Os **colaterais** em **até o 4º grau**, sucederão o *de cujus*, na falta de herdeiros das classes superiores (art. 1.839).

Os colaterais são herdeiros legítimos, mas não necessários. Na sucessão colateral (art. 1.840):

- os mais próximos excluem os mais remotos, não havendo em regra direito de representação;
- **admite-se direito de representação excepcionalmente em favor dos filhos de irmãos, em concorrência com tios.**

Para o cálculo dos quinhões, estabelece o legislador diferenciação entre **irmãos bilaterais ou germanos**, isto é, filhos de mesmo pai e mesma mãe, e **irmãos unilaterais**, com apenas um ascendente comum. A herança do irmão unilateral corresponderá à **metade** da herança dos irmãos bilaterais (art. 1.841). Na falta dos irmãos, defere-se a herança na linha colateral na seguinte ordem, sucessiva: sobrinhos e tios (art. 1.843).

Em caso de **sucessão apenas por sobrinhos** (filhos de irmãos falecidos), estes herdarão por cabeça. Também releva observar tratar-se de **filhos de irmãos unilaterais** ou **filhos de irmãos bilaterais**, pois o quinhão deferido a cada um dos primeiros equivalerá à metade do quinhão entregue a cada um dos segundos.

41.2. Arrecadação pelo Poder Público

Na **falta de parentes sucessíveis**, ou tendo todos renunciado à herança, o acervo será deferido ao Estado: ao **Município** ou **Distrito Federal**, se a herança se localizar nas respectivas circunscrições; à **União**, se herança em território federal (art. 1.844).

41.3. Sucessão do companheiro

Muito se critica a forma como o legislador estabeleceu a sucessão do companheiro, por desrespeito à organização sistemática do Código, sendo inserida na parte destinada à **disposições gerais à sucessão** e não no capítulo que trata da vocação hereditária, e também pela violação da **equiparação constitucional entre casamento e união estável**, como formas de constituição de família.

> Na decisão do **RE 878.694/MG**, o STF entendeu pela **inconstitucionalidade do art. 1.790**, CC, por violação aos princípios da dignidade da pessoa humana, da igualdade e da proteção da família, estabelecendo a tese de que "no sistema constitucional vigente, é inconstitucional a distinção de regimes sucessórios entre cônjuges e companheiros devendo ser aplicado, em ambos os casos, o regime estabelecido no art. 1.829 do CC/2002"[2]. **Deve-se aplicar à sucessão do companheiro o regime previsto para a sucessão do cônjuge**, conforme os arts. 1.829 e s.

41.4. Herdeiros necessários

Herdeiros necessários, legitimários ou reservatários são aqueles que, em virtude de disposição legal, não podem ser afastados da sucessão por disposição de última vontade, fazendo jus à reserva ou **legítima**, ou seja, ao resguardo de **metade** dos bens da herança (art. 1.846). São eles: descendentes, ascendentes e cônjuge (art. 1.845).

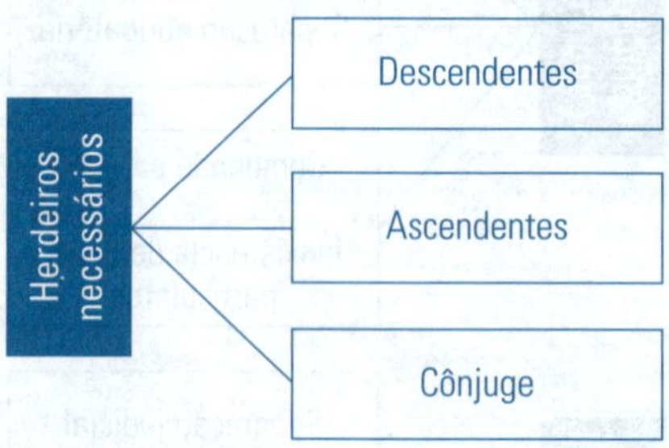

A **legítima** corresponde à metade do espólio, que compreende o valor dos bens existentes ao tempo da abertura da sucessão, somado ao valor dos bens sujeitos à colação, e abatido do montante referente às dívidas e despesas de funeral (art. 1.847).

Limita o legislador a possibilidade de o autor da herança estabelecer **cláusulas limitativas** aos direitos dos titulares dos bens da legítima, apenas admitindo a imposição de cláusulas de **inalienabilidade, impenhorabilidade** e **incomunicabilidade**, diante da existência de **justa causa** declarada em testamento (art. 1.848).

[2] Voto do Ministro Luís Roberto Barroso, relator no RE 878.694/MG, julgado em 31-8-2016.

Não há necessidade de justa causa para a clausulação da parte disponível da herança.

Incomunicabilidade	▪ estabelece que a legítima do herdeiro necessário não fará parte da comunhão de bens estabelecida em virtude do casamento
Impenhorabilidade	▪ impede que os bens da legítima sejam executados e penhorados para o pagamento de dívidas do herdeiro ▪ não atinge os frutos e rendimentos dos bens
Inalienabilidade	▪ determina que o bem transmitido não pode ser alienado ou transferido a outrem ▪ pode ser temporária ou vitalícia ▪ pode ser absoluta ou relativa ▪ não pode exceder a vida do herdeiro

Não se admite a imposição de cláusula de conversão dos bens da legítima em outros de espécie diversa (art. 1.848, § 1º). Permite-se excepcionalmente a alienação dos bens gravados, mediante autorização judicial e verificação de justa causa, mas os bens adquiridos com o produto da alienação ficarão sub-rogados nos ônus dos primeiros (art. 1.848, § 2º). Conforme entendimento do STJ, os efeitos da cláusula de incomunicabilidade somente se produzem enquanto viver o beneficiário, de modo que, após sua morte, o cônjuge sobrevivente poderá se habilitar como herdeiro do referido bem, observada a ordem de vocação hereditária.

41.5. Direito de representação

O herdeiro pode suceder **por direito próprio** ou **por direito de representação**. Na primeira situação o sujeito é chamado a suceder em virtude de sua relação direta de parentesco, casamento ou união estável com o *de cujus*. Na segunda, o representante comparece à sucessão em substituição de ascendente pré-morto, que sucederia por direito próprio caso fosse vivo (art. 1.851). O quinhão correspondente à estirpe do herdeiro representado será partilhado em partes iguais entre os diversos representantes (art. 1.855).

O direito de representação, presente apenas no âmbito da sucessão legítima, configura-se na linha descendente e, excepcionalmente, na linha colateral, em relação aos filhos de irmãos em concorrência com tios (art. 1.853). **O fato de ter o sujeito renunciado à herança de uma pessoa não a impede de representá-la na sucessão de outra** (art. 1.856).

42. SUCESSÃO TESTAMENTÁRIA

Sucessão testamentária é a que deriva da manifestação de última vontade do *de cujus*, expressa em **testamento** ou **codicilo**. Por meio dela, podem ser instituídos herdeiros e legatários.

42.1. Testamento em geral

O **testamento** constitui um **negócio jurídico unilateral**, de caráter **personalíssimo, solene, gratuito, *causa mortis*** e eminentemente **revogável**, pelo qual alguém pode dispor de **bens do seu patrimônio** – na totalidade ou parte – para depois de sua morte, admitindo-se também outras disposições de conteúdo **não patrimonial**, como o reconhecimento de filho, indicação de tutor aos filhos menores e perdão do indigno, entre outras. Pode ter por conteúdo a **parte disponível** da herança, sendo vedada a ofensa à legítima (arts. 1.857 e 1.858).

42.2. Capacidade de testar

Para estar apto a dispor de bens por testamento, deve o **agente** ser **capaz** (art. 1.857), ou **maior de 16 anos** (art. 1.860, parágrafo único). São **impedidos de testar** os juridicamente incapazes, bem como aqueles que não tiverem pleno discernimento no momento da elaboração do testamento (art. 1.860). A capacidade é aferida no **momento da elaboração** do testamento (art. 1.861). Eventual **impugnação do testamento** por invalidade deve ser manifestada no prazo decadencial de **5** anos do seu registro em juízo, após a abertura da sucessão (art. 1.859).

Tratando-se o testamento de negócio jurídico solene, não há liberdade de forma para a sua confecção, estabelecendo a lei três **formas ordinárias** (art. 1.862) e três **formas especiais** (art. 1.886).

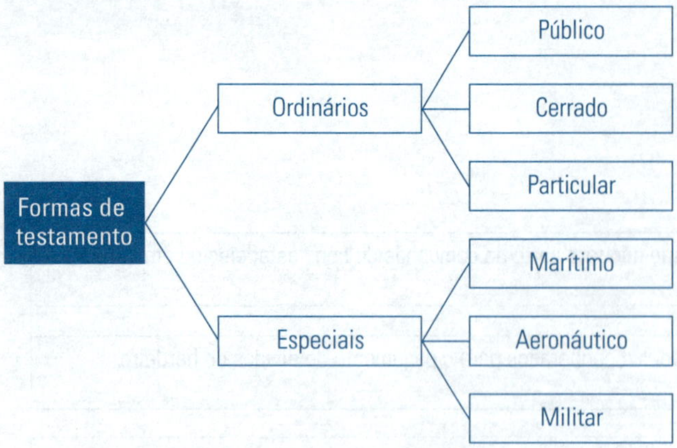

Proíbe-se a elaboração de **testamento conjuntivo** ou de mão comum, entendido como aquele cujo conteúdo envolve a vontade de dois ou mais testadores no mesmo instrumento, seja ele:

- **Simultâneo:** os testadores dispõem conjuntamente em favor de terceiro;
- **Recíproco:** os testadores instituem-se mutuamente herdeiros um do outro; ou
- **Correspectivo:** os testadores efetuam disposições em retribuição de outras correspondentes.

42.3. Formas ordinárias do testamento

Os testamentos ordinários podem ser **públicos**, **cerrados** ou **particulares**.

Público	▪ elaborado pelo tabelião a partir das declarações do testador, em ato acompanhado e assinado por duas testemunhas ▪ é a única forma de testamento admitida ao cego ▪ admite-se para surdos, analfabetos
Cerrado	▪ escrito pelo testador e entregue para registro e guarda perante o tabelião e duas testemunhas ▪ seu conteúdo fica resguardado até a abertura em juízo, após a morte
Particular	▪ feito por escrito particular assinado pelo testador e três testemunhas ▪ as testemunhas são chamadas após a morte para confirmar seu conteúdo ▪ **em circunstâncias especiais declaradas no testamento, este pode ser confirmado sem que tenha contado com testemunhas**

42.4. Formas especiais de testamento

Testamentos especiais constituem modalidades de testamento elaborados sob **circunstâncias extraordinárias**, que impedem a manifestação de vontade pelas formas ordinárias. Suas hipóteses são restritas às previstas no art. 1.886: **marítimo, aeronáutico** e **militar**. O testamento marítimo é feito a bordo de navio nacional perante o comandante e duas testemunhas. O aeronáutico é elaborado a bordo de aeronave perante pessoa designada pelo comandante, também diante de duas testemunhas. É militar o testamento elaborado por membro das Forças Armadas, em situação de campanha, estado de sítio e comunicações interrompidas. Em todas as hipóteses, superadas as circunstâncias extraordinárias, tem o sujeito prazo decadencial de 90 dias para elaboração de testamento ordinário.

42.5. Codicilos

Entende-se por **codicilo** a manifestação de última vontade, realizada por escrito pelo próprio autor da herança, datada e assinada, que estabelece disposições extrapatrimoniais e patrimoniais de **pequena monta** (art. 1.881). Pode dispor sobre a nomeação ou substituição de testamenteiros (art. 1.883).

O codicilo **revoga-se** pela apresentação de novo codicilo ou testamento, se este não confirmar ou modificar aquele (art. 1.885). Pode ser elaborado de forma **cerrada**, aplicando-se as normas da abertura do testamento cerrado (art. 1.885).

42.6. Disposições testamentárias

Quanto ao conteúdo, o testamento pode incluir disposições de caráter **patrimonial** e **não patrimonial**. Em relação à nomeação de herdeiros, as disposições podem ser **pura e simples, condicional, modal** e em **razão de certo motivo**. Não se admite, em regra, nomeação **a termo**, a qual será tida por **não escrita**, salvo nas disposições fideicomissárias ou em relação a legatários (art. 1.898).

Admite-se sejam feitas disposições em favor de **pessoa incerta**, mas determinável, ou de caráter **remuneratório** dos serviços prestados ao testador antes do falecimento (art. 1.901). Ainda, na metade **patrimonial disponível** por testamento, admite-se a aposição de cláusulas de **inalienabilidade, impenhorabilidade** e **incomunicabilidade**, em caráter temporário ou vitalício, total ou parcial, absoluto ou relativo. Eventual alienação dos bens implicará na sub-rogação dos bens adquiridos com o produto da venda nas limitações impostas (art. 1.911).

São **nulas** (art. 1.900) as disposições que I – importem instituição de herdeiro sob condição captatória, isto é, de que este disponha via testamento em favor do testador ou terceiro; II – se refiram a pessoa incerta, indeterminável; III – favoreçam pessoa incerta, a ser identificada por terceiro; IV – deleguem ao herdeiro ou terceiro a prerrogativa de fixar o valor do legado; V – favoreçam as pessoas referidas nos arts. 1.801 e 1.802, que estabelecem respectivamente pessoas que não podem ser nomeadas herdeiros nem legatários e a nulidade da disposição simulada de modo a favorecer os que não podem ser nomeados.

São **anuláveis** as disposições viciadas por erro, dolo e coação, contando-se da ciência do vício o prazo decadencial de **4** anos para que o interessado demande a anulação (art. 1.909).

No que tange à **interpretação** das disposições testamentárias, estabelece o legislador:

- A interpretação deve buscar o sentido que **melhor** assegure a **observância da vontade** do testador (art. 1.899).
- Em caso de disposições genéricas em favor dos pobres ou de estabelecimentos de caridade ou de assistência pública, considerar-se-ão os do lugar do domicílio do testador (art. 1.902).
- Em caso de indicação de pluralidade de herdeiros sem discriminação das quotas, a partilha será feita **por igual** (art. 1.904).
- Eventuais bens remanescentes da metade disponível serão distribuídos entre os herdeiros legítimos (art. 1.906).
- Se determinado bem for expressamente afastado de herdeiro instituído, será encaminhado aos herdeiros legítimos (art. 1.908).

42.7. Legados

O **legado** implica uma atribuição de certo ou certos bens ou direitos a outrem por meio de declaração de última vontade, a **título singular**.

> Diferencia-se da herança pois nesta não há referência a bens específicos, e sim à totalidade ou quota do patrimônio do falecido.

Legatário ou honrado é a denominação atribuída ao beneficiário de um legado, podendo ser contemplado como tal qualquer **pessoa**, sujeito de direitos. **Prelegatário** ou legatário precípuo é o sujeito que recebe simultaneamente bens a título universal, como herdeiro legítimo, e a título individual, na forma de legados. Nesse caso, o legado será chamado de **prelegado** ou legado precípuo. O herdeiro encarregado de cumprir o legado é o **onerado** ou gravado. **Colegatários** são os beneficiários conjuntos de um mesmo legado.

42.7.1. Modalidades de legado

O legado pode ser: I – **puro e simples**; II – **condicional**, quando a aquisição do direito fica subordinada a evento futuro e incerto; III – **a termo**, quando a eficácia fica subordinada a evento futuro e certo; IV – **modal** ou com encargo, quando se estabelece obrigação acessória para o legatário, caso em que a aceitação do legado importa assunção do ônus (arts. 1.924 e 1.938); V – ***sub causa*** ou por certa causa, quando o testador declara o motivo que o levou a instituir o legado.

Quanto ao objeto, o legado pode ser: a) de coisas; b) de crédito; c) de alimentos; d) de usufruto; e) de imóvel; f) de dinheiro; g) de renda ou pensão periódica; h) alternativo. Admite-se o estabelecimento de legado **determinado pelo gênero** ou de coisa incerta, caso em o cumprimento poderá envolver bens não pertencentes ao patrimônio do *de cujus* (art. 1.915).

Sendo a **coisa legada comum**, ou apenas **parcialmente** da titularidade do testador, apenas quanto a essa parte valerá o legado, sendo a disposição ineficaz quanto ao restante (art. 1.914).

42.7.2. Caducidade do legado

Opera-se a **caducidade do legado** pela superveniência das causas, elencadas no art. 1.939, não existentes à época da instituição da deixa, a qual se torna ineficaz. Constituem causas da caducidade: I – a modificação substancial do bem legado; II – a alienação da coisa legada; III – o perecimento ou evicção da coisa, sem culpa do onerado; IV – a declaração da exclusão do legatário por indignidade, nas hipóteses do art. 1.815; V – o falecimento do legatário antes da abertura da sucessão. Perecendo a coisa legada, em legado alternativo, ou parte da coisa legada, subsistirá a deixa quanto à coisa restante ou à parte remanescente, respectivamente (art. 1.940).

42.8. Direito de acrescer entre herdeiros e legatários

A questão do **direito de acrescer** surge quando, na falta de algum herdeiro ou legatário, por impedimento ou recusa em receber a deixa testamentária, sua porção tiver de ser dividida entre os demais sucessores testamentários, instituídos **conjuntamente** via **disposição idêntica** ou **distinta**. Ocorre direito de acrescer nas hipóteses em que parte da herança ou legado se torna vaga em virtude de: I – pré-morte do nomeado; II – sua exclusão por indignidade; III – falta de sua legitimação; IV – não implemento de condição suspensiva de sua instituição; V – sua renúncia (art. 1.943).

A **conjunção** ou disposição conjunta pode ser real, mista ou verbal, só ocorrendo direito de acrescer nas duas primeiras, isto é, quando o testador não tiver estabelecido a quota-parte de coerdeiro ou colegatário.

Real	■ por meio de **disposições** testamentárias **distintas**, instituem-se herdeiros e legatários para receber a mesma herança ou legado, **sem estabelecimento das frações de cada um**
Mista	■ por meio da **mesma disposição** testamentária, instituem-se herdeiros e legatários para receber a mesma herança ou legado, **sem estabelecimento das frações de cada um**
Verbal	■ por meio da **mesma disposição** testamentária, instituem-se herdeiros e legatários para receber a mesma herança ou legado, **estabelecendo-se as frações de cada um**

Não havendo direito de acrescer, o quinhão vago será distribuído entre os herdeiros legítimos. Em caso de colegatários sem direito de acrescer, a quota do que faltar será destinada ao herdeiro ou ao legatário incumbido de satisfazer o legado, ou a todos os herdeiros, na proporção dos seus quinhões, se o legado se deduziu da herança (art. 1.944).

Não é possível ao beneficiário **recusar ao acréscimo**, aceitando a parte original que lhe cabe no legado ou herança, exceto se o acréscimo comportar encargos especiais impostos pelo testador. Nesse caso o acréscimo será revertido ao beneficiário dos encargos (art. 1.945).

■ 42.9. Substituições testamentárias

O fenômeno da **substituição** refere-se à possibilidade de o testador indicar por declaração de última vontade, além de herdeiros e legatários para lhe suceder, substitutos para receber a herança na falta daqueles ou ao fim de certo termo. A substituição pode ser **vulgar** e **fideicomissária**.

A **substituição vulgar** ou ordinária ocorre quando o testador designa substitutos para receber caso o herdeiro ou o legatário recuse ou não possa aceitar (art. 1.947). Ela pode ser **simples** ou singular (designação de apenas um substituto), **coletiva** ou plural (nomeiam-se dois ou mais substitutos a serem chamados simultaneamente), e **recíproca** (nomeiam-se dois ou mais beneficiários para reciprocamente se substituírem).

Na **substituição fideicomissária** (art. 1.951), o *de cujus* (**fideicomitente**) realiza uma dupla vocação, nomeando herdeiro ou legatário (**fiduciário** ou gravado), e desde logo um substituto (**fideicomissário**) que receberá depois daquele. Apenas pode ser instituída sobre a metade disponível e limitada ao segundo grau (art. 1.959).

O fideicomisso pode ser **vitalício, a termo** e **condicional**.

Vitalício	■ substituição com a morte do fiduciário
A termo	■ substituição com o advento de acontecimento futuro e certo
Condicional	■ substituição com o implemento de condição resolutiva dos direitos do fiduciário

Atualmente, só se admite a substituição fideicomissária em favor de pessoas **não concebidas** ao tempo da morte do testador, ou seja, da **prole eventual**.

■ 42.10. Deserdação

A **deserdação** consiste na manifestação de vontade pelo testador, a partir do qual este exclui de sua sucessão herdeiros necessários, diante da verificação e expressa declaração de **causas legais** (arts. 1.961 e 1.964). Os efeitos da deserdação são **pessoais**, de modo que os herdeiros do deserdado comparecerão à sucessão por **direito de representação**. O direito de provar a causa da deserdação incumbe ao herdeiro instituído ou beneficiado com a deserdação, extinguindo-se no prazo de 4 anos, contados da abertura da sucessão (art. 1.965).

42.11. Redução das disposições testamentárias

A **redução das disposições testamentários** consiste em prerrogativa conferida aos herdeiros necessários, prejudicados na parte que lhes toca por lei (legítima), de requerer a diminuição das liberalidades do finado que excedam a quota disponível. Faz-se por meio de **ação de redução**, para a qual é legitimado o herdeiro necessário preterido ou seus sucessores.

42.12. Revogação do testamento

Constituindo o testamento negócio jurídico unilateral, pode o testador revogá-lo, independentemente de motivação, retirando sua eficácia, pelos mesmos modos e formas como pode ser elaborado (art. 1.969), exceto quanto à disposição que importa reconhecimento de filhos. Considera-se não escrita qualquer cláusula de irrevogabilidade.

A revogação pode ser **total** ou **parcial**, conforme se refira à integralidade do testamento ou cláusulas específicas (art. 1.970). Pode ainda ser **expressa**, por declaração em novo testamento, ou **tácita**, quando há incompatibilidade das disposições de um novo testamento com as do anterior, ou em caso de dilaceração ou abertura do testamento cerrado pelo testador ou pessoa por ele autorizada (art. 1.972). **Não** se reconhece **efeito repristinatório** sobre as disposições revogadas em caso de revogação do testamento posterior, salvo declaração expressa.

42.13. Rompimento do testamento

Dá-se o rompimento do testamento quando, após sua elaboração, o testador venha a ter conhecimento da existência de descendente sucessível, contanto que este sobreviva àquele (art. 1.973). Não haverá a ruptura caso o testamento posterior seja feito sabendo-se da existência dos herdeiros necessários, respeitada a legítima (art. 1.975).

42.14. Testamenteiro

Testamenteiro é a pessoa encarregada da execução do testamento, facultando-se ao autor da herança a sua nomeação, por meio de testamento ou codicilo. Pode houver a nomeação de um ou mais testamenteiros, para atuação conjunta ou separada (art. 1.976), solidária ou sucessiva. Na falta da nomeação, o múnus será conferido sucessivamente ao cônjuge sobrevivente ou outro herdeiro indicado pelo juiz (art. 1.984). A função, intransferível ou de cunho *intuitu personae*, pode ser exercida por qualquer pessoa capaz, não se admitindo a nomeação de pessoa jurídica.

O testamenteiro pode ser **instituído**, **dativo**, **universal** e **particular**.

Instituído	▪ nomeado pelo testador
Dativo	▪ nomeado pelo juiz, observando-se a preferência legal (art. 1.984)
Universal	▪ testamenteiro que recebe a posse e a administração da herança ou parte dela, na falta do cônjuge, descendentes e ascendentes (art. 1.977)
Particular	testamenteiro que não tem posse e administração da herança

Ao testamenteiro incumbe promover a **execução do testamento**, apresentando-o ou requerendo que se apresente em juízo, para registro (art. 1.979) e promoção do inventário. O cumprimento das disposições e prestação de contas deve dar-se no prazo máximo de 180 dias da aceitação do encargo, salvo disposição diversa do testador ou motivação relevante (art. 1.983). Cabe também ao testamenteiro a defesa da validade do testamento e da posse dos bens da herança, reconhecendo-se-lhe legitimidade ativa e passiva nas ações que tenham estes objetos (art. 1.981).

Será cabível **remuneração do testamenteiro** pelos serviços prestados, por meio da chamada **vintena**, fixada livremente pelo testador ou deixada ao arbitramento do juiz, em importe entre 1% e 5% do valor líquido da herança. A remuneração será deduzida da metade disponível da herança (art. 1.987).

43. INVENTÁRIO E PARTILHA

Inventário é a ação pela qual se alistam, descrevem, avaliam e liquidam os bens do patrimônio do *de cujus*, a fim de que sejam entregues a seus herdeiros. No procedimento, realiza-se o ativo e o passivo do *de cujus*, pagando-se também os legados e o imposto *causa mortis*.

> *Sua abertura deve ser requerida no prazo de* ***2 meses*** *contados da abertura da sucessão*, devendo ser encerrado nos **12** meses subsequentes, salvo extensão do prazo pelo juiz (art. 611, NCPC).

O inventário e partilha pode ser feito por meio de quatro procedimentos distintos, regulados pelo Código de Processo Civil: **inventário judicial, arrolamento sumário, arrolamento comum** e **inventário administrativo**.

Inventário judicial	▪ procedimento judicial e solene, de aplicação residual (art. 610 do NCPC)
Arrolamento sumário	▪ procedimento judicial destinado à realização de partilha amigável, sendo todos os interessados capazes (art. 659 do NCPC), com a posterior homologação judicial (art. 2.015 do CC)
Arrolamento comum	▪ procedimento destinado à realização de inventário e partilha de bens cujo valor não ultrapasse 1.000 salários mínimos (art. 664 do NCPC)
Inventário administrativo	▪ inventário realizado por escritura pública, com o auxílio de advogado, sendo todos os interessados capazes e concordes, na ausência de testamento (art. 610, §§ 1º e 2º, do NCPC)

43.1. Bens sonegados na herança

A **sonegação** consiste no ocultamento intencional, pelo inventariante, herdeiro ou testamenteiro, de bens que deveriam ser inventariados ou colacionados. A **pena** para a sonegação varia conforme o agente que a praticou:

- se **herdeiro**, este perderá o direito sobre o bem sonegado (art. 1.992) ou responderá pelo respectivo valor acrescido de perdas e danos, caso já o tenha alienado (art. 1.995);
- se **inventariante**, será removido da inventariança (art. 1.993), e perderá o direito sobre o bem sonegado, se for também herdeiro ou meeiro. Neste caso, apenas se configura a sonegação após a prestação das primeiras e últimas declarações, com omissão intencional de bens e a afirmação de não existirem outros a inventariar (art. 621, NCPC; art. 1.996, CC);
- se **testamenteiro**, perderá a inventariança e o direito à remuneração ou vintena (art. 625, VI, NCPC).

Para a imposição da pena, deve o herdeiro ou credor interessado propor **ação de sonegados** (art. 1.994), no foro do inventário, aplicando-se o prazo prescricional geral de 10 anos.

43.2. Pagamento das dívidas do falecido

As dívidas do falecido transmitem-se aos herdeiros, nos **limites das forças da herança**, isto é, até o limite do quinhão por cada um recebido (art. 1.997), presumindo-se a **aceitação em benefício do inventário**. Havendo impugnação dos débitos, o juiz determinará a reserva em poder do inventariante de bens suficientes para seu pagamento, desde que o credor inicie a cobrança no prazo de 30 dias (art. 1.997, §§ 1º e 2º).

43.3. Colação

A fim de que não se beneficie em vida um herdeiro em detrimento dos demais, fraudando-se a legítima dos herdeiros necessários, estatui o legislador que a doação importará adiantamento do que cabe ao beneficiário na herança (art. 544). Considera-se **inoficiosa** a doação que excede a parte disponível do patrimônio do sujeito (art. 549).

Colação é o ato pelo qual os descendentes e cônjuge do *de cujus* beneficiados em vida com liberalidades declaram no inventário as doações que receberam a fim de que se confiram e igualem as legítimas, sob pena de sonegação (arts. 2.002 e 2.003). A declaração deve ser feita no prazo conferido às partes, nos autos do inventário, para manifestar-se sobre as primeiras declarações (art. 639).

Dispensa-se da colação as doações realizadas pelo *de cujus* com indicação, via contrato ou testamento, de que devam ser deduzidas da parte disponível, desde que não ultrapassem os limites desta (arts. 2.005 a 2.007). Também não se colaciona o valor dos gastos ordinários do ascendente com o descendente, enquanto este for menor (art. 2.010), bem como as doações remuneratórias de serviços feitos ao ascendente (art. 2.011).

43.4. Partilha

A **partilha** consiste na divisão do espólio, apurado durante o inventário, entre os herdeiros e cessionários da herança, após a dedução de eventual meação do cônjuge. Em caso de herdeiro único, opera-se simples **adjudicação**. Pode ser feita de forma **judicial** ou **amigável**, **em vida** ou ***post mortem***.

A **partilha em vida** é feita de modo amigável pelo *de cujus* por ato entre vivos ou indicação no testamento, desde que respeite a legítima dos herdeiros necessários (arts. 2.015 e 2.018). Pode haver **partilha** amigável ***post mortem***, no curso do inventário ou arrolamento, por meio de acordo entre herdeiros capazes sob a forma de escritura pública, termo nos autos ou instrumento particular.

A **partilha judicial** é exigível sempre que entre os herdeiros conste menor ou incapaz, ou quando divergirem sobre as respectivas quotas-parte, caso em que as partes formularão seus pedidos de quinhão, o juiz deliberará sobre as pretensões e o partidor organizará a partilha a partir de tais deliberações (arts. 647 e 651, NCPC).

43.5. Garantia dos quinhões hereditários

Após o julgamento da partilha, em decisão de caráter declaratório, extingue-se o espólio, desfazendo-se a comunhão indivisível de bens, ficando o direito de cada herdeiro limitado aos bens do seu quinhão (art. 2.023). Os coerdeiros são reciprocamente obrigados a indenizar-se no caso de **evicção** dos bens aquinhoados, **cessando tal obrigação** caso se convencione distintamente, na hipótese de evicção por culpa do evicto ou por fato posterior à partilha (arts. 2.024 e 2.025).

43.6. Anulação da partilha

Dispõe o art. 657 do NCPC, que a partilha amigável, lavrada em instrumento público, reduzida a termo nos autos do inventário ou constante de escrito particular homologado pelo juiz, pode ser **anulada** por dolo, coação, erro essencial ou intervenção de incapaz. Por sua vez, a partilha judicial, julgada por sentença, é **rescindível** por dolo, coação, erro essencial ou intervenção de incapaz; se feita com preterição de formalidades legais; se preteriu herdeiro ou incluiu quem não o seja (art. 658, NCPC).

43.7. Sobrepartilha

Caso, após a realização da partilha, se descubra a existência de novos bens, seja por sonegação, seja por desconhecimento, será realizada sobrepartilha, nos termos do art. 2.022.

REFERÊNCIAS BIBLIOGRÁFICAS

CATEB, Salomão de Araújo. *Direito das sucessões*. São Paulo: Atlas, 2015.

DIAS, Maria Berenice. *Manual das sucessões*. São Paulo: Revista dos Tribunais, 2015.

______. *Manual de direito das famílias*. São Paulo: Revista dos Tribunais, 2016.

GONÇALVES, Carlos Roberto. *Direito civil brasileiro*. São Paulo: Saraiva, 2016. v. 6 e 7.

______. *Direito civil esquematizado*. Coord. Pedro Lenza. São Paulo: Saraiva, 2016. v. 3.

GRANET, Fréderique; HILT, Patrice. *Droit de la famille*. Paris: PUF, 2006.

HIRONAKA, Giselda Maria Fernandes Novaes; CAHALI, Francisco José. *Direito das sucessões*. São Paulo: Revista dos Tribunais, 2014.

MADALENO, Rolf. *Curso de direito de família*. Rio de Janeiro: Forense, 2015.

MORAIS, Valter. *Programa de direito das sucessões*. São Paulo: Revista dos Tribunais, 1980.

ROSENVALD, Nelson. A tomada de decisão apoiada: primeiras linhas sobre um novo modelo jurídico promocional da pessoa com deficiência. *Revista IBDFAM: família e sucessões*, n. 10, p. 11-20, jul./ago. 2015.

ROSENVALD, Nelson; FARIAS, Cristiano Chaves de. *Curso de direito civil*. Salvador: JusPodivm, 2016. v. 6.

QUESTÕES

(XIX Exame de Ordem Unificado / FGV) No dia 2 de agosto de 2014, Teresa celebrou contrato de compra e venda com Carla, com quem se obrigou a entregar 50 computadores ou 50 impressoras, no dia 20 de setembro de 2015. O contrato foi silente sobre quem deveria realizar a escolha do bem a ser entregue.

Sobre os fatos narrados, assinale a afirmativa correta.

A) Trata-se de obrigação facultativa, uma vez que Carla tem a faculdade de escolher qual das prestações entregará a Teresa.

B) Como se trata de obrigação alternativa, Teresa pode se liberar da obrigação entregando 50 computadores ou 50 impressoras, à sua escolha, uma vez que o contrato não atribuiu a escolha ao credor.

C) Se a escolha da prestação a ser entregue cabe a Teresa, ela poderá optar por entregar a Carla 25 computadores e 25 impressoras.

D) Se, por culpa de Teresa, não se puder cumprir nenhuma das prestações, não competindo a Carla a escolha, ficará aquela obrigada a pagar somente os lucros cessantes.

RESPOSTA

A) A obrigação facultativa é aquela em que há uma prestação principal e outra substitutiva, cabendo ao devedor o pagamento da principal, salvo se quiser adimplir a substitutiva. Há um verdadeiro direito potestativo do credor de escolher qualquer das duas. Entretanto, o credor não terá direito à prestação substitutiva se a principal vier a se perder.

✓ A questão se refere às obrigações alternativas, que são aquelas nas quais dois ou mais objetos são estipulados em caráter disjuntivo, estando liberado o devedor pelo pagamento de um "ou" outro. Nos moldes do art. 252, *caput*, CC, a escolha caberá ao devedor, se outra coisa não se estipulou. A regra geral determina que a escolha cabe ao devedor, portanto, até como forma de facilitar a busca do adimplemento obrigacional, fim desejado pelo legislador.

C) O devedor não pode obrigar o credor a receber parte em uma prestação e parte em outra, nos termos do art. 252, § 1º, CC.

D) Se, por culpa do devedor, não se puder cumprir nenhuma das prestações, não competindo ao credor a escolha, ficará aquele obrigado a pagar o valor da que por último se impossibilitou, mais as perdas e danos que o caso determinar, nos termos do art. 254, CC.

(XIX Exame de Ordem Unificado / FGV) Os pais de Raimundo já haviam falecido e, como ele não tinha filhos, seu sobrinho Otávio era seu único parente vivo. Seu melhor amigo era Alfredo. Em um determinado dia, Raimundo resolveu fazer sozinho uma trilha perigosa pela Floresta dos Urucuns e, ao se perder na mata, acidentou-se gravemente. Ao perceber que podia morrer, redigiu em um papel, datado e assinado por ele, declarando a circunstância excepcional em que se encontrava e que gostaria de deixar toda a sua fortuna para Alfredo. Em razão do acidente, Raimundo veio a falecer, sendo encontrado pelas equipes de resgate quatro dias depois do óbito. Ao seu lado, estava o papel com sua última declaração escrita em vida, que foi recolhido pela equipe de resgate e entregue à Polícia. Ao saber do ocorrido, Otávio consulta seu advogado para saber se a declaração escrita por Raimundo tinha validade.

Com base na hipótese narrada, assinale a afirmativa correta.

A) O testamento deixado por Raimundo não tem validade em virtude da ausência das formalidades legais para o ato de última vontade, em especial a presença de testemunhas.

B) O testamento deixado por Raimundo tem validade, mas suas disposições terão que ser reduzidas em 50%, pelo fato de Otávio ser herdeiro de Raimundo.

C) O testamento deixado por Raimundo poderá ser confirmado, a critério do juiz, uma vez que a lei admite o testamento particular sem a presença de testemunhas quando o testador estiver em circunstâncias excepcionais.

D) O testamento deixado por Raimundo não tem validade porque a lei só admite o testamento público, lavrado na presença de um tabelião.

RESPOSTA

A) A presença de três testemunhas, necessárias para a validade de testamento particular, pode ser dispensada em situações especiais.

B) Otávio é parente da linha colateral, não sendo herdeiro necessário. Raimundo pode, pois, excluí-lo da sucessão por meio de testamento.

✓ A elaboração de testamento particular exige, em regra, a presença de três testemunhas. É possível confirmá-lo independentemente de testemunhas, no entanto, diante de circunstâncias especiais declaradas no instrumento.

D) A lei estabelece três formas ordinárias de testamento: público, cerrado e particular.

(XIX Exame de Ordem Unificado / FGV) Júlio, casado com Isabela durante 23 anos, com quem teve 3 filhos, durante audiência realizada em ação de divórcio cumulada com partilha de bens proposta por Isabela, reconhece, perante o Juízo de Família, um filho havido de relacionamento extraconjugal. Posteriormente, arrependido, Júlio deseja revogar tal reconhecimento.

Sobre os fatos narrados, assinale a afirmativa correta.

A) O reconhecimento de filho só é válido se for realizado por escritura pública ou testamento.

B) O reconhecimento de filho realizado por Júlio perante o Juízo de Família é ato irrevogável.

C) O reconhecimento de filho em Juízo só tem validade em ação própria com essa finalidade.

D) Júlio só poderia revogar o ato se este tivesse sido realizado por testamento.

RESPOSTA

A) Pode-se reconhecer filho no registro do nascimento, por escritura pública ou escrito particular, por testamento ou por manifestação direta e expressa perante o juiz, ainda que o reconhecimento não haja sido o objeto único e principal do ato que o contém (art. 1.609).

✓ O reconhecimento de filho é sempre irrevogável (art. 1.610).

C) O reconhecimento de filho não depende de ação judicial.

D) Mesmo por testamento, o reconhecimento de filho é irrevogável (art. 1.610).

(XIX Exame de Ordem Unificado / FGV) Juliana foi avisada que seu filho Marcos sofreu um terrível acidente de carro em uma cidade com poucos recursos no interior do Ceará e que ele está correndo risco de morte devido a um grave traumatismo craniano. Diante dessa notícia, Juliana celebra um contrato de prestação de serviços médicos em valores exorbitantes, muito superiores aos praticados habitualmente, para que a única equipe de médicos especializados da cidade assuma o tratamento de seu filho.

Tendo em vista a hipótese apresentada, assinale a afirmativa correta.

A) O negócio jurídico pode ser anulado por vício de consentimento denominado estado de perigo, no prazo prescricional de quatro anos, a contar da data da celebração do contrato.

B) O negócio jurídico celebrado por Juliana é nulo, por vício resultante de dolo, tendo em vista o fato de que a equipe médica tinha ciência da situação de Marcos e se valeu de tal condição para fixar honorários em valores excessivos.

C) O contrato de prestação de serviços médicos é anulável por vício resultante de estado de perigo, no prazo decadencial de quatro anos, contados da data da celebração do contrato.

D) O contrato celebrado por Juliana é nulo, por vício resultante de lesão, e por tal razão não será suscetível de confirmação e nem convalescerá pelo decurso do tempo.

RESPOSTA

A) O prazo é decadencial, uma vez que se trata de exercício de direitos potestativos (art. 178, CC).

B) O vício do consentimento em questão é o estado de perigo e não o dolo (art. 156, CC).

✓ Trata-se de defeito do negócio jurídico, mais especificadamente do estado de perigo, disposto no art. 156, CC. Tal defeito configura-se quando alguém, premido da necessidade de salvar-se, ou a pessoa de sua família, de grave dano conhecido pela outra parte, assume obrigação excessivamente onerosa. Ademais, nos termos do art. 178, II, CC, é de quatro anos o prazo de decadência para pleitear-se a anulação do negócio jurídico em virtude da presença de vícios do consentimento, contado do dia em que se realizou o negócio, na hipótese de estado de perigo.

D) O vício do consentimento em questão é o estado de perigo e não a lesão (art. 156, CC).

(XIX Exame de Ordem Unificado / FGV) Joaquim celebrou, por instrumento particular, contrato de mútuo com Ronaldo, pelo qual lhe emprestou R$ 50.000,00 (cinquenta mil reais), a serem pagos 30 dias depois. No dia do vencimento do empréstimo, Ronaldo não adimpliu a prestação. O tempo passou, Joaquim se manteve inerte, e a dívida prescreveu. Inconformado, Joaquim pretende ajuizar ação de enriquecimento sem causa contra Ronaldo.

Sobre os fatos narrados, assinale a afirmativa correta.

A) A ação de enriquecimento sem causa é cabível, uma vez que Ronaldo se enriqueceu indevidamente à custa de Joaquim.

B) Como a ação de enriquecimento sem causa é subsidiária, é cabível seu ajuizamento por não haver, na hipótese, outro meio de recuperar o empréstimo concedido.

C) Não cabe o ajuizamento da ação de enriquecimento sem causa, pois há título jurídico a justificar o enriquecimento de Ronaldo.

D) A pretensão de ressarcimento do enriquecimento sem causa prescreve simultaneamente à pretensão relativa à cobrança do valor mutuado.

RESPOSTA

A) Não é cabível a ação de enriquecimento sem causa, por não estarem presentes seus requisitos autorizadores (arts. 884 e 886, CC).

B) Em que pese a ação de enriquecimento sem causa ser mesmo subsidiária, no caso retratado não há mais como recuperar o empréstimo, em face da extinção da pretensão (arts. 884, 886 e 189, CC).

✓ A pretensão de restituição de valores em virtude do enriquecimento sem causa tem caráter subsidiário. Entretanto, nos termos do art. 884, CC, só seria cabível quando houvesse desequilíbrio injustificado entre dois patrimônios distintos. No caso apresentado, o desequilíbrio patrimonial se justifica pela extinção da pretensão de cobrança, com o advento da prescrição. Logo, não há que se falar em enriquecimento sem causa. Se enriquecimento existe, está plenamente justificado pela inércia do credor em exercer sua pretensão.

D) A pretensão de cobrança do crédito derivado do mútuo tem prazo prescricional diverso da pretensão relativa ao enriquecimento sem causa, nos termos do art. 206, CC.

(XIX Exame de Ordem Unificado / FGV) A peça Liberdade, do famoso escultor Lúcio, foi vendida para a Galeria da Vinci pela importância de R$ 100.000,00 (cem mil reais). Ele se comprometeu a entregar a obra dez dias após o recebimento da quantia estabelecida, que foi paga à vista. A galeria organizou, então, uma grande exposição, na qual a principal atração seria a escultura Liberdade. No dia ajustado, quando dirigia seu carro para fazer a entrega, Lúcio avançou o sinal, colidiu com outro veículo, e a obra foi completamente destruída. O anúncio pela galeria de que a peça não seria mais exposta fez com que diversas pessoas exercessem o direito de restituição dos valores pagos a título de ingresso.

Sobre os fatos narrados, assinale a afirmativa correta.

A) Lúcio deverá entregar outra obra de seu acervo à escolha da Galeria da Vinci, em substituição à escultura Liberdade.

B) A Galeria da Vinci poderá cobrar de Lúcio o equivalente pecuniário da escultura Liberdade mais o prejuízo decorrente da devolução do valor dos ingressos relativos à exposição.

C) Por se tratar de obrigação de fazer infungível, a Galeria da Vinci não poderá mandar executar a prestação às expensas de Lúcio, restando-lhe pleitear perdas e danos.

D) Com o pagamento do preço, transferiu-se a propriedade da escultura para a Galeria da Vinci, razão pela qual ela deve suportar o prejuízo pela perda do bem.

RESPOSTA

A) Ao regular a perda dos bens na obrigação de dar coisa certa, não há a previsão de substituição da prestação devida, nos termos dos arts. 234 a 240, CC.

✓ Esta questão trata da obrigação de dar coisa certa. Com base no art. 234, CC, se a perda da coisa resultar de culpa do devedor, responderá este pelo equivalente, mais perdas e danos. Essa é uma forma de resolver o contrato ante a impossibilidade de entrega do bem, indenizando-se o credor prejudicado pelo perecimento do bem antes da sua tradição.

C) Não se trata de obrigação de fazer, mas sim de obrigação de dar coisa certa.

D) A transferência do bem móvel se dá com a tradição (entrega da coisa), e não com o mero pagamento do preço.

(XX Exame de Ordem Unificado / FGV) João e Maria são casados e ambos são deficientes visuais. Enquanto João possui visão subnormal (incapacidade de enxergar com clareza suficiente para contar os dedos da mão a uma distância de 3 metros), Maria possui cegueira total. O casal tentou se habilitar ao processo de adoção de uma criança, mas foi informado no Fórum local que não teriam o perfil de pais adotantes, em função da deficiência visual, uma vez que isso seria um obstáculo para a criação de um futuro filho.

Diante desse caso, assinale a opção que melhor define juridicamente a situação.

A) A informação obtida no Fórum local está errada e o casal, a despeito da deficiência visual, pode exercer o direito à adoção em igualdade de oportunidades com as demais pessoas, conforme previsão expressa na legislação pátria.

B) A informação prestada no Fórum está imprecisa. Embora não haja previsão legal expressa que assegure o direito à adoção em igualdade de oportunidades pela pessoa com deficiência, é possível defender e postular tal direito com base nos princípios constitucionais.

C) Conforme previsto no Art. 149 do Estatuto da Criança e do Adolescente, cabe ao juiz disciplinar, por meio de Portaria, os critérios de habilitação dos pretendentes à adoção. Assim, se no Fórum foi dito que o casal não pode se habilitar em função da deficiência é porque a Portaria do Juiz assim definiu, sendo esta válida nos termos do artigo citado do ECA.

D) Como não há nenhuma previsão expressa na legislação sobre adoção em igualdade de oportunidades por pessoas com deficiência e os princípios constitucionais não possuem densidade normativa para regulamentar tal caso, deve-se reconhecer a lacuna da lei e raciocinar com base em analogia, costumes e princípios gerais do direito, conforme determina o Art. 4º da Lei de Introdução às Normas do Direito Brasileiro.

RESPOSTA

✓ De acordo com o art. 6º da Lei n. 13.146/2015, a deficiência não afeta a plena capacidade civil da pessoa, inclusive para: VI – exercer o direito à guarda, à tutela, à curatela e à adoção, como adotante ou adotando, em igualdade de oportunidades com as demais pessoas.

B) Há previsão legal expressa do direito à adoção em igualdade de oportunidades por pessoa com deficiência.

C) A portaria judicial prevista no art. 149 do ECA não serve ao estabelecimento de critérios de habilitação para a adoção.

D) Há previsão legal expressa do direito à adoção em igualdade de oportunidades por pessoa com deficiência.

(XX Exame de Ordem Unificado / FGV) Antônio deseja lavrar um testamento e deixar toda a sua herança para uma instituição de caridade que cuida de animais abandonados. O único parente de Antônio e seu irmão João, com quem almoça todos os domingos. Antônio não possui outros parentes nem cônjuge ou companheiro. Antônio procura você na condição de advogado e indaga se a vontade dele é tutelada pela lei.

Diante da indagação de Antônio, assinale a afirmativa correta.

A) Antônio pode deixar toda a herança para a instituição de caridade, uma vez que seu irmão não é seu herdeiro necessário.

B) Antônio não pode testar em favor da instituição de caridade que cuida de animais, uma vez que a herança cabe inteiramente ao parente vivo mais próximo, no caso, seu irmão.

C) Antônio pode deixar por testamento apenas metade da herança para a instituição de caridade, uma vez que a outra metade pertence por lei a seu irmão, a quem deve alimentos.

D) Antônio pode deixar para a instituição de caridade 3/4 de seu patrimônio, uma vez que é preciso garantir no mínimo 1/4 da herança a seu irmão bilateral.

RESPOSTA

✓ Na sistemática do CC/2002, os colaterais não são herdeiros necessários, podendo o testador afastá-los da sucessão por meio de disposições testamentárias.

B) Em relação a herdeiros necessários, o resguardo seria de metade da herança, fração correspondente à legítima, e não da integralidade.

C) Não sendo o irmão herdeiro necessário, não faz jus à legítima.

D) Não há resguardo de legítima ou fração mínima da herança em relação a herdeiros que não figurem na lista dos necessários.

(XX Exame de Ordem Unificado / FGV) Paulo, João e Pedro, mutuários, contraíram empréstimo com Fernando, mutuante, tornando-se, assim, devedores solidários do valor total de R$ 6.000,00 (seis mil reais). Fernando, muito amigo de

Paulo, exonerou-o da solidariedade. João, por sua vez, tornou-se insolvente. No dia do vencimento da dívida, Pedro pagou integralmente o empréstimo.

Considerando a hipótese narrada, assinale a afirmativa correta.

A) Pedro não poderá regredir contra Paulo para que participe do rateio do quinhão de João, pois Fernando o exonerou da solidariedade.

B) Apesar da exoneração da solidariedade, Pedro pode cobrar de Paulo o valor de R$ 3.000,00 (três mil reais).

C) Ao pagar integralmente a dívida, Pedro se sub-roga nos direitos de Fernando, permitindo-se que cobre a integralidade da dívida dos demais devedores.

D) Pedro deveria ter pago a Fernando apenas R$ 2.000,00 (dois mil reais), pois a exoneração da solidariedade em relação a Paulo importa, necessariamente, a exoneração da solidariedade em relação a todos os codevedores.

RESPOSTA

A) O exonerado da solidariedade (Paulo) continua sendo devedor da sua cota-parte, e, nos termos do art. 284, CC, participará também do rateio da cota do insolvente João.

✓ Trata-se de solidariedade passiva, aplicando-se a regra do art. 282, parágrafo único, bem como a do art. 283, CC. Se o credor exonerar da solidariedade um ou mais devedores, os exonerados continuarão responsáveis como meros devedores fracionários (só devem a sua cota-parte na dívida). Há que se recordar que, se houver um insolvente, os demais devedores solidários ratearão a cota deste. Nesse caso, mesmo os exonerados da solidariedade deverão participar do rateio da cota do insolvente. Por essa razão, Pedro pode cobrar de Paulo o valor de R$ 3.000,00, nos termos do art. 284, CC.

C) Havendo o pagamento integral, realmente ocorre a sub-rogação nos direitos do credor, nos termos do art. 346, CC. Contudo, a sub-rogação será apenas parcial, podendo-se cobrar apenas as respectivas cotas.

D) A exoneração da solidariedade gera apenas efeitos pessoais, ou seja, efeitos em relação a quem a obteve, não sendo extensiva aos demais, nos termos do art. 282, CC.

(XX Exame de Ordem Unificado / FGV) Vítor, Paulo e Márcia são coproprietários, em regime de condomínio *pro indiviso*, de uma casa, sendo cada um deles titular de parte ideal representativa de um terço (1/3) da coisa comum. Todos usam esporadicamente a casa nos finais de semana. Certo dia, ao visitar a casa, Márcia descobre um vazamento no encanamento de água. Sem perder tempo, contrata, em nome próprio, uma sociedade empreiteira para a realização da substituição do cano danificado. Pelo serviço, ficou ajustado contratualmente o pagamento de R$ 900,00 (novecentos reais).

Tendo em vista os fatos expostos, assinale a afirmativa correta.

A) A empreiteira pode cobrar a remuneração ajustada contratualmente de qualquer um dos condôminos.

B) A empreiteira pode cobrar a remuneração ajustada contratualmente apenas de Márcia, que, por sua vez, tem direito de regresso contra os demais condôminos.

C) A empreiteira não pode cobrar a remuneração contratualmente ajustada de Márcia ou de qualquer outro condômino, uma vez que o serviço foi contratado sem a prévia aprovação da totalidade dos condôminos.

D) A empreiteira pode cobrar a remuneração ajustada contratualmente apenas de Márcia, que deverá suportar sozinha a despesa, sem direito de regresso contra os demais condôminos, uma vez que contratou a empreiteira sem o prévio consentimento dos demais condôminos.

RESPOSTA

A) Isso seria possível apenas se a lei ou o contrato viessem a estabelecer a solidariedade entre os condôminos de bens indivisíveis, o que não fora feito.

✓ Por se tratar de regras atinentes ao condomínio, incide o art. 1.318, CC, estabelecendo que as dívidas contraídas por um dos condôminos em proveito da comunhão, e durante ela, obrigam o contratante, no caso, Márcia. Contudo ela, ao pagar a dívida, terá ação regressiva contra os demais condôminos.

C) Não há qualquer exigência legal de prévia aprovação de todos os condôminos para a realização de uma benfeitoria necessária.

D) Se estivesse vetado o direito ao regresso, os demais condôminos aproveitariam um enriquecimento indevido, o que é proibido.

(XX Exame de Ordem Unificado / FGV) Em maio de 2005, Sérgio e Lúcia casaram-se pelo regime da comunhão parcial de bens. Antes de se casar, ele já era proprietário de dois imóveis. Em 2006, Sérgio alugou seus dois imóveis e os aluguéis auferidos, mês a mês, foram depositados em conta corrente aberta por ele, um mês depois da celebração dos contratos de locação. Em 2010, Sérgio recebeu o prêmio máximo da loteria, em dinheiro, que foi imediatamente aplicado em uma conta poupança aberta por ele naquele momento. Em 2013, Lúcia e Sérgio se separaram. Lúcia procurou um advogado para saber se tinha direito à partilha do prêmio que Sérgio recebeu na loteria, bem como aos valores oriundos dos aluguéis dos imóveis adquiridos por ele antes do casamento e, mensalmente, depositados na conta corrente de Sérgio.

Com base na hipótese narrada, assinale a afirmativa correta.

A) Ela não tem direito à partilha do prêmio e aos valores depositados na conta corrente de Sérgio, oriundos dos aluguéis de seus imóveis, uma vez que se constituem como bens particulares de Sérgio.

B) Ela tem direito à partilha dos valores depositados na conta corrente de Sérgio, oriundos dos aluguéis de seus imóveis, mas não tem direito à partilha do prêmio obtido na loteria.

C) Ela tem direito à partilha do prêmio, mas não poderá pleitear a partilha dos valores depositados na conta corrente de Sérgio, oriundos dos aluguéis de seus imóveis.

D) Ela tem direito à partilha do prêmio e dos valores depositados na conta corrente de Sérgio, oriundos dos aluguéis dos imóveis de Sérgio, uma vez que ambos constituem-se bens comuns do casal.

RESPOSTA

A) Os bens adquiridos por fato eventual e os frutos dos bens particulares de um dos cônjuges integram o patrimônio comum.

B) O prêmio da loteria constitui bem adquirido por fato eventual, integrando o patrimônio comum.

C) Os frutos dos bens particulares integram o patrimônio comum.

✓ Não integram o patrimônio comum os bens que cada cônjuge possuir ao casar (art. 1.659, I), no caso os dois imóveis; comunicam-se os bens adquiridos por fato eventual, com ou sem o concurso de trabalho ou despesa anterior (art. 1.660, II), a exemplo do prêmio da loteria, bem como os frutos dos bens particulares de cada cônjuge, percebidos na constância do casamento (art. 1.660, V), sendo o caso dos valores oriundos dos aluguéis dos imóveis pertencentes ao patrimônio pessoal.

(XX Exame de Ordem Unificado / FGV) Juliana é sócia de uma sociedade empresária que produz bens que exigem alto investimento, por meio de financiamento significativo. Casada com Mário pelo regime da comunhão universal de bens, desde 1998, e sem filhos, decide o casal alterar o regime de casamento para o de separação de bens, sem prejudicar direitos de terceiros, e com a intenção de evitar a colocação do patrimônio já adquirido em risco.

Sobre a situação narrada, assinale a afirmativa correta.

A) A alteração do regime de bens mediante escritura pública, realizada pelos cônjuges e averbada no Registro Civil, é possível.

B) A alteração do regime de bens, tendo em vista que o casamento foi realizado antes da vigência do Código Civil de 2002, não é possível.

C) A alteração do regime de bens mediante autorização judicial, com pedido motivado de ambos os cônjuges, apurada a procedência das razões invocadas e ressalvados os direitos de terceiros, é possível.

D) Não é possível a alteração para o regime da separação de bens, tão somente para o regime de bens legal, qual seja, o da comunhão parcial de bens.

RESPOSTA

A) A alteração depende de ação judicial.

B) A doutrina majoritária defende a possibilidade de alteração do regime de bens com relação a casamentos ocorridos antes do novo Estatuto Civil, desde que ressalvados os direitos de terceiros e apuradas as razões invocadas pelos cônjuges para tal pedido, com base na aplicação do art. 2.035.

✓ Atualmente, o regime da imutabilidade absoluta do regime de bens foi substituído pelo da imutabilidade mitigada, por decisão judicial que reconheça os justos motivos e ausência de prejuízo a terceiros (art. 1.639, § 2º).

D) A lei não limita os regimes de bens que permitem a alteração.

(XX Exame de Ordem Unificado / FGV) Maria, trabalhadora autônoma, foi atropelada por um ônibus da Viação XYZ S.A. quando atravessava movimentada rua da cidade, sofrendo traumatismo craniano. No caminho do hospital, Maria veio a falecer, deixando o marido, João, e o filho, Daniel, menor impúbere, que dela dependiam economicamente.

Sobre o caso, assinale a afirmativa correta.

A) João não poderá cobrar compensação por danos morais, em nome próprio, da Viação XYZ S.A., porque o dano direto e imediato foi causado exclusivamente a Maria.

B) Ainda que reste comprovado que Maria atravessou a rua fora da faixa e com o sinal de pedestres fechado, tal fato em nada influenciará a responsabilidade da Viação XYZ S.A.

C) João poderá cobrar pensão alimentícia apenas em nome de Daniel, por se tratar de pessoa incapaz.

D) Daniel poderá cobrar pensão alimentícia da Viação XYZ S.A., ainda que não reste comprovado que Maria exercia atividade laborativa, se preenchido o critério da necessidade.

RESPOSTA

A) João tem direito de cobrar indenização pelos danos morais decorrentes da morte de Maria, por direito próprio, uma vez que era marido da vítima. Nesses casos, inclusive, o STJ tem estabelecido que o dano não necessita ser provado, já que presumido (*in re ipsa*).

B) Se tal prova for feita, é possível que se configure o fato exclusivo da vítima, excluindo-se o nexo de causalidade e consequentemente o dever de indenizar ou, ao menos, a culpa concorrente, que irá atenuar o valor da indenização, nos termos do art. 945, CC.

C) Como João também era dependente econômico de Maria, é possível que também cobre alimentos do causador do dano. Entretanto, terá de provar a relação de dependência econômica, ao contrário de seu filho Daniel, cuja dependência se presume.

✓ A questão aborda o tema da responsabilidade civil. Nos moldes do art. 927, CC, aquele que, por ato ilícito, causar dano a outrem fica obrigado a repará-lo. Ressalta-se que, conforme dispõe o art. 948, II, CC, no caso de homicídio, a indenização consiste, sem excluir outras reparações, na prestação de alimentos às pessoas a quem o morto os devia, levando-se em conta a duração provável da vida da vítima. Logo, como a questão disse em seu enunciado que Daniel dependia economicamente de Maria, o causador do dano ficará obrigado a pagar pensão alimentícia ao menor, até que este alcance idade na qual não seja mais dependente de sua falecida genitora.

(XX Exame de Ordem Unificado / FGV) Cristiano, piloto comercial, está casado com Rebeca. Em um dia de forte neblina, ele não consegue controlar o avião que pilotava e a aeronave, com 200 pessoas a bordo, desaparece dos radares da torre de controle pouco antes do tempo previsto para a sua aterrissagem. Depois de vários dias de busca, apenas 10 passageiros foram resgatados, todos em estado crítico. Findas as buscas, como Cristiano não estava no rol de sobreviventes e seu corpo não fora encontrado, Rebeca decide procurar um advogado para saber como deverá proceder a partir de agora.

Com base no relato apresentado, assinale a afirmativa correta.

A) A esposa deverá ingressar com uma demanda judicial pedindo a decretação de ausência de Cristiano, a fim de que o juiz, em um momento posterior do processo, possa declarar a sua morte presumida.

B) A esposa não poderá requerer a declaração de morte presumida de Cristiano, uma vez que apenas o Ministério Público detém legitimidade para tal pedido.

C) A declaração da morte presumida de Cristiano poderá ser requerida independentemente de prévia decretação de ausência, uma vez que se esgotaram as buscas e averiguações por parte das autoridades competentes.

D) A sentença que declarar a morte presumida de Cristiano não deverá fixar a data provável de seu falecimento, contando-se, como data da morte, a data da publicação da sentença no meio oficial.

RESPOSTA

A) Não há que se falar em ausência, pois a morte presumida será declarada em razão de desaparecimento em situação que envolvia risco à vida, conforme o art. 7º, CC.

B) Os parentes têm legitimidade para requerer a declaração de morte presumida sem declaração de ausência (art. 7º, CC).

✅ Nos exatos termos do art. 7º, I, CC, poderá ser declarada a morte presumida sem decretação de ausência, se for extremamente provável a morte de quem estava em perigo de vida. É o típico caso daquele que desaparece em virtude de acidente aéreo. Ademais, a declaração de morte presumida só poderá ser efetivada se esgotadas as buscas e averiguações, nos termos do parágrafo único do art. 7º, CC.

D) A sentença deve ter seus efeitos retroativos à data do desaparecimento, razão pela qual o juiz fixará a data provável deste em sua sentença (art. 7º, parágrafo único, CC).

(XX Exame de Ordem Unificado / FGV) (Reaplicação Salvador-BA) Joana e Alcindo, casados sob o regime da comunhão universal de bens, estavam a caminho de uma festa no litoral da Bahia, quando tiveram o carro atingido por um caminhão em alta velocidade. Quando a equipe de socorro chegou ao local, ambos os cônjuges estavam sem vida. Conforme laudo pericial realizado, não foi possível determinar se Joana morreu antes de Alcindo. Joana, que tinha vinte e cinco anos, deixou apenas um parente vivo, seu irmão Alfredo, enquanto Alcindo, que já tinha cinquenta e nove anos, deixou três familiares vivos, seus primos Guilherme e Jorge, e seu sobrinho, Anderson.

Considerando que nenhum dos cônjuges elaborou testamento, assinale a afirmativa correta.

A) Tendo em vista a morte simultânea dos cônjuges, Alfredo receberá integralmente os bens de Joana, e a herança de Alcindo será dividida, em partes iguais, entre os seus herdeiros necessários, Guilherme, Jorge e Anderson.

B) Entre comorientes não há transmissão de patrimônio mas como Joana e Alcindo eram casados em regime de comunhão universal de bens o patrimônio total do casal será dividido em partes iguais e distribuído entre os herdeiros necessários de ambos, ou seja, Alfredo, Guilherme, Jorge e Anderson.

C) Entre comorientes não há transmissão de patrimônio e a herança de cada um dos falecidos será dividida entre os seus respectivos herdeiros, razão pela qual Alfredo herdará integralmente os bens de Joana, enquanto Anderson herdará os bens de Alcindo.

D) Diante da impossibilidade pericial de determinar qual dos cônjuges morreu primeiro, aplica-se o regime jurídico da comoriência, pelo que se presume, em razão da idade, que a morte de Alcindo tenha ocorrido primeiro.

RESPOSTA

A) A herança de Alcindo será destinada ao primo Anderson, pois filho de irmão tem preferência sobre primos na sucessão colateral.

B) A meação de cada cônjuge será destinada aos herdeiros respectivos, não se concebendo a sucessão conjunta no patrimônio total do casal. Guilherme e Jorge não receberão bens na sucessão de Alcindo.

✅ Não está presente entre sujeitos comorientes o requisito para que o sujeito se legitime a receber a herança, qual seja, o de sobreviver ao *de cujus*. Colaterais não são herdeiros necessários. Na sucessão dos colaterais, o grau mais próximo exclui o mais remoto. No caso, o patrimônio total não será dividido em quotas iguais pelos quatro, dividindo-se a meação de cada cônjuge, sendo a metade de Joana entregue a seu único herdeiro, Alfredo, e a metade de Alcindo entregue a Anderson, que, como filho de irmão, prefere aos primos.

D) Comorientes são pessoas que morreram simultaneamente, não sendo possível averiguar quem morreu primeiro. No direito brasileiro, presumem-se simultaneamente mortos.

(XX Exame de Ordem Unificado / FGV) (Reaplicação Salvador-BA) Roberto e Marcela, divorciados, são pais de João. Quando João completou dezoito anos, Roberto, que se encontrava desempregado, de imediato parou de pagar a pensão alimentícia, sem prévia autorização judicial.

Com base na situação descrita, assinale a afirmativa correta.

A) Por estar desempregado, Roberto não é mais obrigado a pagar a pensão alimentícia ao filho maior de idade; logo, o pagamento da pensão pode ser interrompido sem autorização judicial.

B) O implemento da maioridade de João, por si só, faz com que não seja mais necessário o pagamento da pensão alimentícia, independentemente da situação econômica do provedor.

C) O ordenamento jurídico tutela o alimentante de boa-fé; logo, a interrupção do pagamento se dará com o mero fato da maioridade.

D) O cancelamento de pensão alimentícia de filho que atingiu a maioridade está sujeito à decisão judicial, mediante contraditório.

RESPOSTA

A) O desemprego não é considerado pela jurisprudência motivação de impossibilidade do alimentante.

B) Os alimentos não cessam de pleno direito aos 18 anos do alimentando, sendo necessário o ajuizamento de ação de exoneração que prove a extinção da necessidade.

C) A maioridade em si não induz falta de necessidade.

☑ Deve-se intentar ação de exoneração de alimentos, provando-se o desaparecimento da necessidade do alimentando.

(XX Exame de Ordem Unificado / FGV) (Reaplicação Salvador-BA) Manoel, em processo judicial, conseguiu impedir que fosse penhorado seu único imóvel, sob a alegação de que este seria bem de família. O exequente, então, pugna pela penhora da vaga de garagem de Manoel.

A esse respeito, assinale a afirmativa correta.

A) A vaga de garagem não é considerada bem de família em nenhuma hipótese; portanto, sempre pode ser penhorada.

B) A vaga de garagem que possui matrícula própria no registro de imóveis não pode ser penhorada, por ser acessória ao bem principal impenhorável.

C) A vaga de garagem só poderá ser penhorada se existir matrícula própria no Registro de Imóveis.

D) A vaga de garagem que não possui matrícula própria no registro de imóveis não constitui bem de família para efeito de penhora.

RESPOSTA

A) A análise depende da verificação da existência ou não de matrícula própria para a vaga de garagem.

B) A existência de matrícula própria da vaga de garagem lhe confere autonomia em relação ao bem principal

☑ Súmula 449 do STJ: "A vaga de garagem que possui matrícula própria no registro de imóveis não constitui bem de família para efeito de penhora".

D) Se não tiver matrícula própria, a vaga de garagem será considerada acessória ao bem principal impenhorável, seguindo a sua sorte, ou seja, a impenhorabilidade.

(XXI Exame de Ordem Unificado / FGV) João e Maria casaram-se, no regime de comunhão parcial de bens, em 2004. Contudo, em 2008, João conheceu Vânia e eles passaram a ter um relacionamento amoroso. Separando-se de fato de Maria, João saiu da casa em que morava com Maria e foi viver com Vânia, apesar de continuar casado com Maria. Em 2016, João, muito feliz em seu novo relacionamento, resolve dar de presente um carro 0 km da marca X para Vânia.

Considerando a narrativa apresentada, sobre o contrato de doação celebrado entre João, doador, e Vânia, donatária, assinale a afirmativa correta.

A) É nulo, pois é hipótese de doação de cônjuge adúltero ao seu cúmplice.

B) Poderá ser anulado, desde que Maria pleiteie a anulação até dois anos depois da assinatura do contrato.

C) É plenamente válido, porém João deverá pagar perdas e danos à Maria.

D) É plenamente válido, pois João e Maria já estavam separados de fato no momento da doação.

RESPOSTA

A) Não se trata de hipótese de nulidade prevista no CC/2002.

B) O prazo decadencial de dois anos para a anulação começa a contar do momento da dissolução da sociedade conjugal.

C) A validade do contrato implica inexistência de responsabilidade civil do ex-cônjuge.

☑ Caso os cônjuges já estejam separados judicialmente ou de fato, poderá haver constituição de união estável, não se aplicando o impedimento do art. 1.521, VI, nos termos do art. 1.723, § 1º. Não há que se falar, pois, em adultério ou concubinato, como vícios do contrato de doação, diante da configuração de união estável.

(XXI Exame de Ordem Unificado / FGV) Augusto e Raquel casam-se bem jovens, ambos com 22 anos. Um ano depois, nascem os filhos do casal: dois meninos gêmeos. A despeito da ajuda dos avós das crianças, o casamento não resiste à dura rotina de criação dos dois recém-nascidos. Augusto e Raquel separam-se ainda com os filhos em tenra idade, indo as crianças residir com a mãe. Raquel, em pouco tempo, contrai novas núpcias. Augusto, em busca de um melhor emprego, muda-se para uma cidade próxima.

A respeito da guarda dos filhos, com base na hipótese apresentada, assinale a afirmativa correta.

A) A guarda dos filhos de tenra idade será atribuída preferencialmente, de forma unilateral, à mãe.

B) Na guarda compartilhada, o tempo de convívio com os filhos será dividido de forma matemática entre o pai e a mãe.

C) O pai ou a mãe que contrair novas núpcias perderá o direito de ter consigo os filhos.

D) Na guarda compartilhada, a cidade considerada base de moradia dos filhos será a que melhor atender aos interesses dos filhos.

RESPOSTA

A) De acordo com o art. 1.584, § 2º, não havendo acordo entre pai e mãe, e ambos estiverem aptos ao exercício do poder familiar, deve ser preferida a guarda compartilhada.

B) Na guarda compartilhada, o tempo de convívio com os filhos deve ser dividido de forma equilibrada com a mãe e com o pai, sempre tendo em vista as condições fáticas e os interesses dos filhos (art. 1.583, § 2º).

C) O pai ou a mãe que contrair novas núpcias não perderá o direito de ter consigo os filhos, salvo se, provado que estes não são tratados convenientemente, for tal direito afastado por mandado judicial (art. 1.588).

✓ O princípio do melhor interesse dos menores deve ser levado em conta para a fixação da cidade-base de moradia dos filhos em caso de guarda compartilhada (art. 1.583, § 3º).

(XXI Exame de Ordem Unificado / FGV) André possui um transtorno psiquiátrico grave, que demanda uso contínuo de medicamentos, graças aos quais ele leva vida normal. No entanto, em razão do consumo de remédios que se revelaram ineficazes, por causa de um defeito de fabricação naquele lote, André foi acometido de um surto que, ao privá-lo de discernimento, o levou a comprar diversos produtos caros de que não precisava.

Para desfazer os efeitos desses negócios, André deve pleitear:

A) a nulidade dos negócios, por incapacidade absoluta decorrente de enfermidade ou deficiência mental.

B) a nulidade dos negócios, por causa transitória impeditiva de expressão da vontade.

C) a anulação do negócio, por causa transitória impeditiva de expressão da vontade.

D) a anulação do negócio, por incapacidade relativa decorrente de enfermidade ou deficiência mental.

RESPOSTA

A) O caso acima narrado não apresenta hipótese de incapacidade absoluta, nos termos da redação do art. 3º do CC. Logo, não se trata de negócio jurídico nulo.

B) Causa transitória impeditiva de expressão da vontade é hipótese de incapacidade relativa (art. 4º, III, CC), gerando anulação do negócio jurídico, conforme art. 171, I, CC, se for o caso.

✓ A fundamentação legal está nos arts. 4º, III c/c 171, I, CC. O fato narrado demonstra hipótese de incapacidade relativa que pode levar à anulabilidade do negócio jurídico.

D) A incapacidade relativa no fato acima descrito não decorre de enfermidade ou deficiência mental. Lembrando que a deficiência mental não é mais causa de incapacidade, após o advento do Estatuto da Pessoa com Deficiência (Lei n. 13.146/2015).

(XXI Exame de Ordem Unificado / FGV) Durante uma viagem aérea, Eliseu foi acometido de um mal súbito, que demandava atendimento imediato. O piloto dirigiu o avião para o aeroporto mais próximo, mas a aterrissagem não ocorreria a tempo de salvar Eliseu. Um passageiro ofereceu seus conhecimentos médicos para atender Eliseu, mas demandou pagamento bastante superior ao valor de mercado, sob a alegação de que se encontrava de férias. Os termos do passageiro foram prontamente aceitos por Eliseu.

Recuperado do mal que o atingiu, para evitar a cobrança dos valores avençados, Eliseu pode pretender a anulação do acordo firmado com o outro passageiro, alegando

A) erro.

B) dolo.

C) coação.

D) estado de perigo.

RESPOSTA

A) O enunciado da questão não trabalha a ideia de erro, sendo este o equívoco espontâneo, quando o declarante, ao celebrar um negócio jurídico se engana a respeito de elementos essenciais, como a pessoa com quem negocia, o objeto do negócio ou a própria natureza deste. Nos termos do art. 138 do CC, são anuláveis os negócios jurídicos quando as declarações de vontade emanarem de erro substancial que poderia ser percebido por pessoa de diligência normal, em face das circunstâncias do negócio.

B) Esta alternativa ora apresentada também não retrata a ideia de dolo, que se perfaz pela vontade equivocada de um declarante, a partir do emprego de manobras maliciosas ou ardis. É o equívoco induzido. Dessa forma, não se trata do defeito previsto no art. 145 do CC.

C) No caso em tela não há a ocorrência da coação (art. 151 do CC). Esta se manifesta por meio de pressão física ou moral que acaba por fazer com que o coacto venha a celebrar o negócio jurídico.

✓ O enunciado da questão em comento demonstra, claramente, a ocorrência do estado de perigo, previsto no art. 156 do CC. Nos termos do referido dispositivo, configura-se estado de perigo quando alguém, premido da necessidade de salvar-se, ou a pessoa de sua família, de grave dano conhecido pela outra parte, assume obrigação excessivamente onerosa.

(XXI Exame de Ordem Unificado / FGV) Tiago celebrou contrato de empreitada com a sociedade Obras Já Ltda. para a construção de piscina e duas quadras de esporte em sua casa de campo, pelo preço total de R$ 50.000,00. No contrato ficou estabelecido que a empreiteira seria responsável pelo fornecimento dos materiais necessários à execução da obra. Durante a obra, ocorreu uma enchente que alagou a região e parte do material a ser usado na obra foi destruída.

A empreiteira, em razão disso, entrou em contato com Tiago cobrando um adicional de R$ 10.000,00 para adquirir os novos materiais necessários para terminar a obra.

Diante dos fatos narrados, assinale a afirmativa correta.

A) Tiago não terá que arcar com o adicional de R$ 10.000,00, ainda que a destruição do material não tenha ocorrido por culpa do devedor.

B) Tiago não terá que arcar com o adicional de R$ 10.000,00, porém a empreiteira não está mais obrigada a terminar a obra, tendo em vista a ocorrência de um fato fortuito ou de força maior.

C) Tiago terá que arcar com o adicional de R$ 10.000,00, tendo em vista que a destruição do material não foi causada por um fato fortuito ou de força maior.

D) Tiago terá que arcar com o adicional de R$ 10.000,00 e a empreiteira não está mais obrigada a terminar a obra, ante a ocorrência de um caso fortuito ou de força maior.

RESPOSTA

✓ Nos ditames do art. 611 do CC, quando o empreiteiro fornecer os materiais, correm por sua conta os riscos até o momento da entrega da obra. Estes riscos envolveriam, inclusive, o fortuito ou força maior.

B) O art. 611 do CC estabelece que a obra deverá ser entregue para cessar a responsabilidade do empreiteiro quanto aos riscos que podem vir a ocorrer com os materiais, mesmo diante do fortuito ou força maior.

C) Segundo o art. 611 do CC, o fortuito ou força maior não afastam a responsabilidade do empreiteiro.

D) Valem para esta alternativa os mesmos motivos expostos nos itens anteriores, baseados todos no art. 611, CC.

(XXI Exame de Ordem Unificado / FGV) Felipe e Ana, casal de namorados, celebraram contrato de compra e venda com Armando, vendedor, cujo objeto era um carro no valor de R$ 30.000,00, a ser pago em 10 parcelas de R$ 3.000,00, a partir de 1º de agosto de 2016. Em outubro de 2016, Felipe terminou o namoro com Ana. Em novembro, nem Felipe nem Ana realizaram o pagamento da parcela do carro adquirido de Armando. Felipe achava que a responsabilidade era de Ana, pois o carro tinha sido presente pelo seu aniversário. Ana, por sua vez, acreditava que, como Felipe ficou com o carro, não estava mais obrigada a pagar nada, já que ele terminara o relacionamento.

Armando procura seu(sua) advogado(a), que o orienta a cobrar

A) a totalidade da dívida de Ana.

B) a integralidade do débito de Felipe.

C) metade de cada comprador.

D) a dívida de Felipe ou de Ana, pois há solidariedade passiva.

RESPOSTA

A) A regra do art. 257 do CC estabelece que, havendo mais de um credor ou devedor em obrigação divisível, esta se presume dividida em tantas obrigações, iguais e distintas, quantos forem esses credores ou devedores.

B) Valem para esta alternativa os mesmos motivos da afirmação anterior.

✓ Aplica-se a este caso a regra do referido art. 257 do CC. Há que se recordar que em momento algum o enunciado trouxe a previsão de solidariedade entre os devedores neste contrato. Portanto, se não há previsão contratual, nem legal, a solidariedade não pode ser presumida, razão pela qual a obrigação é fracionária (ou divisível).

D) O art. 265 do CC prevê que a solidariedade não se presume, resultando da lei ou da vontade das partes. Se o enunciado nada disse sobre solidariedade, não há que se presumir que a dívida possa ser paga integralmente por qualquer das partes.

(XXI Exame de Ordem Unificado / FGV) Tomás e Vinícius trabalham em uma empresa de assistência técnica de informática. Após diversas reclamações de seu chefe, Adilson, os dois funcionários decidem se vingar dele, criando um perfil falso em seu nome, em uma rede social. Tomás cria o referido perfil, inserindo no sistema os dados pessoais, fotografias e informações diversas sobre Adilson. Vinícius, a seu turno, alimenta o perfil durante duas semanas com postagens ofensivas, até que os dois são descobertos por um terceiro colega, que os denuncia ao chefe. Ofendido, Adilson ajuíza ação indenizatória por danos morais em face de Tomás e Vinícius.

A respeito do caso narrado, assinale a afirmativa correta.

A) Tomás e Vinícius são corresponsáveis pelo dano moral sofrido por Adilson e devem responder solidariamente pelo dever de indenizar.

B) Tomás e Vinícius devem responder pelo dano moral sofrido por Adilson, sendo a obrigação de indenizar, nesse caso, fracionária, diante da pluralidade de causadores do dano.

C) Tomás e Vinícius apenas poderão responder, cada um, por metade do valor fixado a título de indenização, pois cada um poderá alegar a culpa concorrente do outro para limitar sua responsabilidade.

D) Adilson sofreu danos morais distintos: um causado por Tomás e outro por Vinícius, devendo, portanto, receber duas indenizações autônomas.

RESPOSTA

✓ A parte final do art. 942 do CC prevê que os bens do responsável pela ofensa ou violação do direito de outrem ficam sujeitos à reparação do dano causado e, se a ofensa tiver mais de um autor, todos responderão solidariamente pela reparação. A coautoria entre Vinícius e Tomás, quanto à violação de Direitos da Personalidade de Adilson, faz com que ambos possam ser responsáveis solidários na ação compensatória por danos morais.

B) No caso em tela, haverá solidariedade passiva decorrente da lei, conforme art. 942 do CC.

C) Vale para esta hipótese o disposto no art. 942 do CC.

D) Adilson sofreu apenas um dano, não sendo possível falar em fracionamento. O dano é único, em que pesem as condutas poderem ser repartidas. Mais uma vez, por força do art. 942 do CC, a reparação será arcada pelos dois ofensores, solidariamente.

(XXII Exame de Ordem Unificado / FGV) Ricardo realizou diversas obras no imóvel que Cláudia lhe emprestou: reparou um vazamento existente na cozinha; levantou uma divisória na área de serviço para formar um novo cômodo, destinado a servir de despensa; ampliou o número de tomadas disponíveis; e trocou o portão manual da garagem por um eletrônico. Quando Cláudia pediu o imóvel de volta, Ricardo exigiu o ressarcimento por todas as benfeitorias realizadas, embora sequer a tenha consultado previamente sobre as obras. Somente pode-se considerar benfeitoria necessária, a justificar o direito ao ressarcimento,

A) o reparo do vazamento na cozinha.
B) a formação de novo cômodo, destinado a servir de despensa, pelo levantamento de divisória na área de serviço.
C) a ampliação do número de tomadas.
D) a troca do portão manual da garagem por um eletrônico.

RESPOSTA

✓ Segundo o disposto no art. 1.219 do CC, o possuidor de boa-fé terá direito à indenização das benfeitorias necessárias. Em que pese a questão não ter se referido a tal ponto, vale lembrar que, em caso de negativa de pagamento por parte do proprietário, o possuidor teria, nessa situação, direito de retenção do bem.

B) O enunciado mencionou, expressamente, as benfeitorias necessárias. No caso da formação de novo cômodo na concretude do caso apresentado, trata-se de benfeitoria útil, conforme estabelece o art. 96, § 2º, do CC, pois aumenta ou facilita o uso do bem.

C) Da mesma forma que a afirmativa anterior, a ampliação do uso de tomadas configura, no problema apresentado, benfeitoria **útil**, conforme o art. 96, § 2º, do CC, mas o enunciado indaga, de forma expressa, quais seriam as benfeitorias **necessárias**.

D) Trata-se de benfeitoria voluptuária ou útil, a depender do caso concreto, conforme conceitua o art. 96, § 1º, do CC. Nos termos do art. 1.219 do CC, as benfeitorias voluptuárias serão pagas ao possuidor de boa-fé. Se não forem, poderá ele levantá-las, quando puder, sem detrimento da coisa.

(XXII Exame de Ordem Unificado / FGV) João e Maria, casados e donos de extenso patrimônio, celebraram contrato de fiança em favor de seu filho, Carlos, contrato este acessório a contrato de locação residencial urbana, com duração de 30 meses, celebrado entre Carlos, locatário, e Marcelo, proprietário do apartamento e locador, com vigência a partir de 1º de setembro de 2015. Contudo, em novembro de 2016, Carlos não pagou o aluguel. Considerando que não houve renúncia a nenhum benefício pelos fiadores, assinale a afirmativa correta.

A) Marcelo poderá cobrar diretamente de João e Maria, fiadores, tendo em vista que eles são devedores solidários do afiançado, Carlos.
B) Marcelo poderá cobrar somente de João, tendo em vista que Maria não é fiadora, mas somente deu a outorga uxória.
C) Marcelo poderá cobrar de Carlos, locatário, mas não dos fiadores, pois não respondem pela dívida do contrato de locação.
D) Marcelo poderá cobrar de João e Maria, fiadores, após tentar cobrar a dívida de Carlos, locatário, tendo em vista que os fiadores são devedores subsidiários.

RESPOSTA

A) Por força do art. 82 do CC, o fiador demandado pelo pagamento da dívida tem direito a exigir, até a contestação da lide, que sejam primeiro executados os bens do devedor. A tal prerrogativa do fiador dá-se o nome de benefício de ordem.

B) O próprio enunciado estabelece que Maria também é fiadora de Marcelo. Logo, a cobrança poderia ser intentada contra os dois fiadores, que inclusive são solidários entre si, nos termos do art. 829 do CC.

C) Nos moldes do art. 818 do CC, **pelo contrato de fiança, uma pessoa garante satisfazer ao credor uma obrigação assumida pelo devedor, caso este não a cumpra**. Logo, os fiadores respondem pela dívida do contrato de locação, se ocorrer inadimplemento por parte do devedor principal (afiançado).

✓ Nos termos do art. 827 do CC, que dispõe sobre o benefício de ordem, **o fiador demandado pelo pagamento da dívida tem direito a exigir, até a contestação da lide, que sejam primeiro executados os bens do devedor**. Logo, a regra geral quanto à responsabilidade do fiador é que esta será subsidiária. Excepcionalmente pode ser solidária, se houver renúncia ao benefício de ordem, ou a assunção expressa dessa condição no contrato.

(XXII Exame de Ordem Unificado / FGV) Antônio, vendedor, celebrou contrato de compra e venda com Joaquim, comprador, no dia 1º de setembro de 2016, cujo objeto era um carro da marca X no valor de R$ 20.000,00, sendo o pagamento efetuado à vista na data de assinatura do contrato. Ficou estabelecido ainda que a entrega do bem seria feita 30 dias depois, em 1º de outubro de 2016, na cidade do Rio de Janeiro, domicílio do vendedor. Contudo, no dia 25 de setembro, uma chuva torrencial inundou diversos bairros da cidade e o carro foi destruído pela enchente, com perda total. Considerando a descrição dos fatos, Joaquim

A) não faz jus à devolução do pagamento de R$ 20.000,00.
B) terá direito à devolução de 50% do valor, tendo em vista que Antônio, vendedor, não teve culpa.
C) terá direito à devolução de 50% do valor, tendo em vista que Antônio, vendedor, teve culpa.
D) terá direito à devolução de 100% do valor, pois ainda não havia ocorrido a tradição no momento do perecimento do bem.

RESPOSTA

A) Nos termos do art. 234 do CC, como a coisa se perdeu sem culpa do devedor, antes da tradição, resolve-se a obrigação, e Joaquim faz jus à devolução do valor pago, integralmente.

B) Pela aplicação do disposto no art. 234 do CC, em caso de perda total, antes da tradição, a obrigação ajustada se resolve.

C) Essa alternativa contraria o disposto no art. 234 do CC. Ademais, Antônio, vendedor, não teve culpa, pois o enunciado traz a disposição de que "uma chuva torrencial inundou diversos bairros da cidade e o carro foi destruído pela enchente". Esse fato da natureza retira por completo a imputação de responsabilidade à pessoa do devedor.

✓ Por força do art. 234 do CC, se a coisa se perder, sem culpa do devedor, antes da tradição, fica resolvida a obrigação para ambas as partes. Portanto, Joaquim terá direito à devolução integral do valor pago pelo bem. As partes retornarão ao *status quo* existente antes da celebração do contrato.

(XXII Exame de Ordem Unificado / FGV) Festas Ltda., compradora, celebrou, após negociações paritárias, contrato de compra e venda com Chocolates S/A, vendedora. O objeto do contrato eram 100 caixas de chocolate, pelo preço total de R$ 1.000,00, a serem entregues no dia 1º de novembro de 2016, data em que se comemorou o aniversário de 50 anos de existência da sociedade. No contrato, estava prevista uma multa de R$ 1.000,00 caso houvesse atraso na entrega. Chocolates S/A, devido ao excesso de encomendas, não conseguiu entregar as caixas na data combinada, mas somente dois dias depois. Festas Ltda., dizendo que a comemoração já havia acontecido, recusou-se a receber e ainda cobrou a multa. Por sua vez, Chocolates S/A não aceitou pagar a multa, afirmando que o atraso de dois dias não justificava sua cobrança e que o produto vendido era o melhor do mercado. Sobre os fatos narrados, assinale a afirmativa correta.

A) Festas Ltda. tem razão, pois houve o inadimplemento absoluto por perda da utilidade da prestação e a multa é uma cláusula penal compensatória.

B) Chocolates S/A não deve pagar a multa, pois a cláusula penal, quantificada em valor idêntico ao valor da prestação principal, é abusiva.

C) Chocolates S/A adimpliu sua prestação, ainda que dois dias depois, razão pela qual nada deve a título de multa.

D) Festas Ltda. só pode exigir 2% de multa (R$ 20,00), teto da cláusula penal, segundo o Código de Defesa do Consumidor.

RESPOSTA

✓ Quando ocorre a perda da utilidade da prestação para o credor, não há mais a figura da mora, mas sim inadimplemento absoluto. Nesse sentido, o art. 395, parágrafo único, do CC estabelece que, se a prestação, devido à mora, se tornar inútil ao credor, este poderá enjeitá-la e exigir a satisfação das perdas e danos. Logo, a cláusula penal nesse caso é compensatória (resguarda o credor em face de possível inadimplemento absoluto) e não mais moratória.

B) Não há qualquer abusividade na cláusula penal estipulada. Em que pese estar descrita como moratória no enunciado da questão, em verdade, quando o inadimplemento ocorre, passa a ter natureza compensatória. Nesse sentido, o teto seria o próprio valor da obrigação, no caso, R$ 1.000,00, nos termos do art. 412 do CC.

C) Chocolates S/A não adimpliu sua obrigação, estando em mora, conforme o art. 394 do CC, segundo o qual se considera em mora o devedor que não efetuar o pagamento no tempo, lugar e forma que a lei ou a convenção estabelecer. No caso, essa mora transformou-se em inadimplemento absoluto, pela perda da utilidade da prestação para o credor.

D) Não se trata de relação de consumo. A relação estabelecida é regida pelo Código Civil, uma vez que foi celebrada entre duas empresas, não sendo possível, pois, definir qual delas seria fornecedora e consumidora, nos termos dos arts. 2º e 3º do CDC.

(XXII Exame de Ordem Unificado / FGV) André é motorista da transportadora Via Rápida Ltda. Certo dia, enquanto dirigia um ônibus da empresa, se distraiu ao tentar se comunicar com um colega, que dirigia outro coletivo ao seu lado, e precisou fazer uma freada brusca para evitar um acidente. Durante a manobra, Olívia, uma passageira do ônibus, sofreu uma queda no interior do veículo, fraturando o fêmur direito. Além do abalo moral, a passageira teve despesas médicas e permaneceu por semanas sem trabalhar para se recuperar da fratura. Olívia decide, então, ajuizar ação indenizatória pelos danos morais e materiais sofridos. Em referência ao caso narrado, assinale a afirmativa correta.

A) Olívia deve, primeiramente, ajuizar a ação em face da transportadora, e apenas demandar André se não obtiver a reparação pretendida, pois a responsabilidade do motorista é subsidiária.

B) Olívia pode ajuizar ação em face da transportadora e de André, simultânea ou alternativamente, pois ambos são solidariamente responsáveis.

C) Olívia apenas pode demandar, nesse caso, a transportadora, mas esta terá direito de regresso em face de André, se for condenada ao dever de indenizar.

D) André e a transportadora são solidariamente responsáveis e podem ser demandados diretamente por Olívia, mas aquele que vier a pagar a indenização não terá regresso em face do outro.

RESPOSTA

A) Olívia poderá demandar a transportadora, bem como o motorista, por serem solidariamente responsáveis, conforme o art. 942, parágrafo único, do CC. Certo é que ela poderia escolher contra quem demandaria, mas a questão diz que ela deveria primeiramente ingressar contra a transportadora. Esse ponto da questão está errado, pois não há tal ordem de primazia.

✓ O art. 932, III, do CC dispõe que é também responsável pela reparação civil o empregador, por seus empregados, serviçais e prepostos, no exercício do trabalho que lhes competir, ou em razão dele. Ainda, o art. 942, parágrafo único, prevê que são solidariamente responsáveis com os autores os coautores e as pessoas designadas no art. 932. Portanto, perfeita a questão ao tratar da responsabilidade civil indireta ou por fato de terceiro.

C) A fundamentação legal está nos arts. 932, III, e 942, parágrafo único, do CC, nos moldes mencionados nas assertivas anteriores.

D) O direito de regresso só existirá entre a transportadora (responsável indireta) contra seu motorista empregado (responsável direto). O motorista não teria direito de regresso se viesse a ser condenado ao pagamento da indenização, por ser ele mesmo o causador do dano. O direito de regresso está previsto no art. 934 do CC.

(XXII Exame de Ordem Unificado / FGV) George vende para Marília um terreno não edificado de sua propriedade, enfatizando a existência de uma "vista eterna para a praia" que se encontra muito próxima do imóvel, mesmo sem qualquer documento comprovando o fato. Marília adquire o bem, mas, dez anos após a compra, é surpreendida com a construção de um edifício de vinte andares exatamente entre o seu terreno e o mar, impossibilitando totalmente a vista que George havia prometido ser eterna. Diante do exposto e considerando que a construção do edifício ocorreu em um terreno de terceiro, assinale a afirmativa correta.

A) Uma vez transcorrido o prazo de 10 anos, Marília pode pleitear o reconhecimento da usucapião da servidão de vista.

B) Mesmo sem registro, Marília pode ser considerada titular de uma servidão de vista por destinação de George, o antigo proprietário do terreno.

C) Mesmo sendo uma servidão aparente, as circunstâncias do caso não permitem a usucapião de vista.

D) Sem que tenha sido formalmente constituída, não é possível reconhecer servidão de vista em favor de Marília.

RESPOSTA

A) O parágrafo único do art. 1.379 do CC estabelece que, se o possuidor não tiver título, o prazo da usucapião será de 20 anos. A doutrina entende que esse prazo deveria ser de 15 anos, em simetria com o art. 1.238 do CC (usucapião extraordinária). No caso, há ainda outra polêmica: se há ou não possibilidade de usucapião de servidões não aparentes, como a de vista. Segundo o *caput* do art. 1.379 do CC, somente seria possível a usucapião de servidões aparentes (como a de aqueduto, a de passagem etc.).

B) O art. 1.378, c/c o art. 1.227 do CC, dispõe que a servidão, como direito real que é, será constituída, em regra, a partir de registro no Cartório de Registro de Imóveis. Se não há registro, a servidão poderia ser adquirida pela usucapião, o que não ocorreu em face dos requisitos estampados no problema.

C) Não se trata de servidão aparente, como mencionado na letra A.

✓ O art. 1.378 do CC dispõe que a servidão deve ser levada a registro no Cartório de Registro de Imóveis. Ainda, por força do art. 1.227 do CC, **os direitos reais sobre imóveis constituídos, ou transmitidos por ato entre vivos, só se adquirem com o registro no Cartório de Registro de Imóveis dos referidos títulos.**

(XXII Exame de Ordem Unificado / FGV) Clara e Sérgio são casados pelo regime da comunhão parcial de bens. Durante o casamento, o casal adquiriu onerosamente um apartamento e Sérgio herdou um sítio de seu pai. Sérgio morre deixando, além de Clara, Joaquim, filho do casal.

Sobre os direitos de Clara, segundo os fatos narrados, assinale a afirmativa correta.

A) Clara é herdeira do apartamento, em concorrência com Joaquim.

B) Clara é meeira no apartamento e herdeira do sítio, em concorrência com Joaquim.

C) Clara é herdeira do apartamento e do sítio, em concorrência com Joaquim.

D) Clara é meeira no sítio e herdeira do apartamento, em concorrência com Joaquim.

RESPOSTA

A) O apartamento, como bem adquirido onerosamente na constância do casamento, integra o patrimônio comum do casal, em relação ao qual cada cônjuge tem direito a sua meação. A concorrência do cônjuge com descendentes na herança de seu consorte apenas se refere a eventuais bens que integrem o patrimônio particular do *de cujus*. Em relação ao apartamento, pois, Clara recebe sua parte como meeira e não como herdeira.

✓ Clara é meeira no apartamento, por este constituir patrimônio comum do casal, visto que se trata de bem adquirido a título oneroso na constância do casamento. Em relação ao sítio recebido por herança, trata-se de bem excluído da comunhão, nos termos do art. 1.659, I. Por integrar o patrimônio particular do cônjuge falecido, será repartido a título de herança entre os descendentes e o cônjuge supérstite, conforme a ordem de vocação hereditária.

C) Clara não é herdeira do apartamento, por se tratar de bem que integra o patrimônio comum do casal, tendo o cônjuge supérstite direito à sua meação.

D) O sítio integrava o patrimônio particular de Sérgio, não sendo contabilizado para efeito de cálculo de meação. Em relação a esse bem, Clara comparece na sucessão como herdeira, em concorrência com o descendente, Joaquim. Quanto ao apartamento, bem do patrimônio comum do casal, Clara terá direito à sua meação, mas não participará da sucessão hereditária.

(XXIII Exame de Ordem Unificado / FGV) Cássio, mutuante, celebrou contrato de mútuo gratuito com Felipe, mutuário, cujo objeto era a quantia de R$ 5.000,00, em 1º de outubro de 2016, pelo prazo de seis meses. Foi combinado que a entrega do dinheiro seria feita no parque da cidade. No entanto, Felipe, após receber o dinheiro, foi furtado no caminho de casa. Em 1º de abril de 2017, Cássio telefonou para Felipe para combinar o pagamento da quantia emprestada, mas este respondeu que não seria possível, em razão da perda do bem por fato alheio à sua vontade.

Acerca dos fatos narrados, assinale a afirmativa correta.

A) Cássio tem direito à devolução do dinheiro, ainda que a perda da coisa não tenha sido por culpa do devedor, Felipe.

B) Cássio tem direito à devolução do dinheiro e ao pagamento de juros, ainda que a perda da coisa não tenha sido por culpa do devedor, Felipe.

C) Cássio tem direito somente à devolução de metade do dinheiro, pois a perda da coisa não foi por culpa do devedor, Felipe.

D) Cássio não tem direito à devolução do dinheiro, pois a perda da coisa não foi por culpa do devedor, Felipe.

RESPOSTA

✓ Trata-se da assertiva correta, com base no art. 587, CC, que dispõe que o empréstimo transfere o domínio da coisa emprestada ao mutuário, por cuja conta correm todos os riscos dela desde a tradição. No caso houve a tradição do dinheiro, razão pela qual os riscos eram do mutuário.

B) Assertiva incorreta por força do previsto no art. 591, CC, prevendo, que se o mútuo se destinar a fins econômicos, presumem-se devidos juros. No caso apresentado, o mútuo foi gratuito, não sendo presumido o pagamento de juros, portanto.

C) Afirmativa incorreta, pois, conforme o art. 587, por conta do mutuário correm todos os riscos da coisa emprestada desde a tradição, não havendo qualquer previsão de devolução pela metade.

D) Afirmativa incorreta, nos mesmos moldes da questão anterior, por força do art. 587, CC, acima explicado.

(XXIII Exame de Ordem Unificado / FGV) À vista de todos e sem o emprego de qualquer tipo de violência, o pequeno agricultor Joventino adentra terreno vazio, constrói ali sua moradia e uma pequena horta para seu sustento, mesmo sabendo que o terreno é de propriedade de terceiros. Sem ser incomodado, exerce posse mansa e pacífica por 2 (dois) anos, quando é expulso por um grupo armado comandado por Clodoaldo, proprietário do terreno, que só tomou conhecimento da presença de Joventino no imóvel no dia anterior à retomada.

Diante do exposto, assinale a afirmativa correta.

A) Como não houve emprego de violência, Joventino não pode ser considerado esbulhador.

B) Clodoaldo tem o direito de retomar a posse do bem mediante o uso da força com base no desforço imediato, eis que agiu imediatamente após a ciência do ocorrido.

C) Tendo em vista a ocorrência do esbulho, Joventino deve ajuizar uma ação possessória contra Clodoaldo, no intuito de recuperar a posse que exercia.

D) Na condição de possuidor de boa-fé, Joventino tem direito aos frutos e ao ressarcimento das benfeitorias realizadas durante o período de exercício da posse.

RESPOSTA

A) Trata-se de alternativa incorreta, tendo em vista que Joventino, mesmo não tendo empregado violência, praticou atos de esbulho, pois sabia que o terreno era de propriedade de terceiros e, mesmo assim, construiu ali sua morada. A posse não era violenta, porém era clandestina e portanto injusta nos termos do art. 1.200, CC.

B) Afirmativa incorreta, por força do art. 1.210, § 1º, CC. Conforme narrado no enunciado, Clodoaldo só tomou conhecimento da presença de Joventino no imóvel no dia anterior à retomada, quando já se haviam passado mais de dois anos da ocupação do bem. Ademais, por ter se utilizado de grupo armado, seus atos de desforço foram além do indispensável à restituição da posse.

✓ Afirmativa correta. Joventino era o possuidor do imóvel e, tendo sua posse perdida, tem direito de ser reintegrado, conforme o art. 1.210, *caput*, CC, mesmo contra o verdadeiro proprietário do bem. Em tempo, este não poderá alegar ser proprietário no âmbito da possessória (vedação à exceção de domínio – art. 1.210, § 2º, CC).

D) Assertiva incorreta, haja vista que a posse de Joventino não é de boa-fé, pois o que foi trazido no enunciado contradiz o preceituado no art. 1.201, *caput*, CC. Joventino sabia que ocupava terreno alheio.

(XXIII Exame de Ordem Unificado / FGV) Juliana, por meio de contrato de compra e venda, adquiriu de Ricardo, profissional liberal, um carro seminovo (30.000km) da marca Y pelo preço de R$ 24.000,00. Ficou acertado que Ricardo faria a revisão de 30.000km no veículo antes de entregá-lo para Juliana no dia 23 de janeiro de 2017. Ricardo, porém, não realizou a revisão e omitiu tal fato de Juliana, pois acreditava que não haveria qualquer problema, já que, aparentemente, o carro funcionava bem.

No dia 23 de fevereiro de 2017, Juliana sofreu acidente em razão de defeito no freio do carro, com a perda total do veículo. A perícia demonstrou que a causa do acidente foi falha na conservação do bem, tendo em vista que as pastilhas do freio não tinham sido trocadas na revisão de 30.000km, o que era essencial para a manutenção do carro.

Considerando os fatos, assinale a afirmativa correta.

A) Ricardo não tem nenhuma responsabilidade pelo dano sofrido por Juliana (perda total do carro), tendo em vista que o carro estava aparentemente funcionando bem no momento da tradição.

B) Ricardo deverá ressarcir o valor das pastilhas de freio, nada tendo a ver com o acidente sofrido por Juliana.

C) Ricardo é responsável por todo o dano sofrido por Juliana, com a perda total do carro, tendo em vista que o perecimento do bem foi devido a vício oculto já existente ao tempo da tradição.

D) Ricardo deverá ressarcir o valor da revisão de 30.000km do carro, tendo em vista que ela não foi realizada conforme previsto no contrato.

RESPOSTA

A) Essa afirmativa encontra-se incorreta, nos termos do regramento dos vícios redibitórios previstos nos arts. 441 a 447, CC. Se Ricardo se omitiu na realização da manutenção acordada, deve ser responsável direto e imediato pelo ressarcimento dos danos sofridos por Juliana.

B) Assertiva incorreta, pois o art. 443, primeira parte, CC, dispõe que, se o alienante conhecia o vício ou defeito da coisa, restituirá o que recebeu com perdas e danos.

☑ Afirmativa correta, por força do arts. 443 e 444, CC, que estabelecem a responsabilidade do alienante pelos vícios existentes no bem, ao tempo da tradição.

D) Afirmativa incorreta, uma vez que Ricardo contribuiu decisivamente para o dano ocorrido, ao não cumprir a disposição contratual que lhe obrigava a realizar a revisão no veículo.

(XXIII Exame de Ordem Unificado / FGV) Em ação judicial na qual Paulo é réu, levantou-se controvérsia acerca de seu domicílio, relevante para a determinação do juízo competente. Paulo alega que seu domicílio é a capital do Estado do Rio de Janeiro, mas o autor sustenta que não há provas de manifestação de vontade de Paulo no sentido de fixar seu domicílio naquela cidade. Sobre o papel da vontade nesse caso, assinale a afirmativa correta.

A) Por se tratar de um fato jurídico em sentido estrito, a vontade de Paulo na fixação de domicílio é irrelevante, uma vez que não é necessário levar em consideração a conduta humana para a determinação dos efeitos jurídicos desse fato.

B) Por se tratar de um ato-fato jurídico, a vontade de Paulo na fixação de domicílio é irrelevante, uma vez que, embora se leve em consideração a conduta humana para a determinação dos efeitos jurídicos, não é exigível manifestação de vontade.

C) Por se tratar de um ato jurídico em sentido estrito, embora os seus efeitos sejam predeterminados pela lei, a vontade de Paulo na fixação de domicílio é relevante, no sentido de verificar a existência de um ânimo de permanecer naquele local.

D) Por se tratar de um negócio jurídico, a vontade de Paulo na fixação de domicílio é relevante, já que é a manifestação de vontade que determina quais efeitos jurídicos o negócio irá produzir.

RESPOSTA

A) Afirmativa incorreta, pois constitui ato jurídico a questão narrada no enunciado, sendo a vontade da parte determinante para a fixação da residência e, consequentemente, do domicílio, nos termos do art. 70, CC.

B) Assertiva incorreta, pois, além de não configurar ato-fato jurídico, na fixação do domicílio, a vontade da pessoa natural é determinante, conforme o art. 70, CC.

☑ Assertiva correta, eis que no ato jurídico em sentido estrito se acolhe a manifestação de vontade, mas os efeitos já são predeterminados na lei, sendo determinante a vontade de fixação da residência, como demonstra o art. 70, CC.

D) Assertiva incorreta, pois a fixação de domicílio não constitui negócio jurídico, conforme comentado nos itens anteriores.

(XXIII Exame de Ordem Unificado / FGV) Em um bazar beneficente, promovido por Júlia, Marta adquiriu um antigo faqueiro, praticamente sem uso. Acreditando que o faqueiro era feito de prata, Marta ofereceu um preço elevado sem nada perguntar sobre o produto. Júlia, acreditando no espírito benevolente de sua vizinha, prontamente aceitou o preço oferecido. Após dois anos de uso constante, Marta percebeu que os talheres começaram a ficar manchados e a se dobrarem com facilidade. Consultando um especialista, ela descobre que o faqueiro era feito de uma liga metálica barata, de vida útil curta, e que, com o uso reiterado, ele se deterioraria.

De acordo com o caso narrado, assinale a afirmativa correta.

A) A compra e venda firmada entre Marta e Júlia é nula, por conter vício em seu objeto, um dos elementos essenciais do negócio jurídico.

B) O negócio foi plenamente válido, considerando ter restado comprovado que Júlia não tinha qualquer motivo para suspeitar do engano de Marta.

C) O prazo decadencial a ser observado para que Marta pretenda judicialmente o desfazimento do negócio deve ser contado da data de descoberta do vício.

D) De acordo com a disciplina do Código Civil, Júlia poderá evitar que o negócio seja desfeito se oferecer um abatimento no preço de venda proporcional à baixa qualidade do faqueiro.

RESPOSTAS

A) Alternativa incorreta, pois se fosse caso de erro como defeito do negócio jurídico, a compra e venda seria anulável, nos termos do art. 138, CC.

☑ Alternativa correta, pois não houve erro no negócio jurídico celebrado. Para que se configure o erro, seria necessário que a outra parte percebesse o engano do declarante, naquilo que a doutrina denomina cognoscibilidade do erro. Isto é o que se extrai da redação do art. 138, CC. No caso narrado, não houve qualquer elemento nesse sentido.

C) Afirmativa incorreta, pois, conforme estabelece o art. 178, II, CC, é de quatro anos o prazo de decadência para pleitear-se a anulação do negócio jurídico, contado do dia em que se realizou o negócio jurídico em caso de erro. Isso se o caso efetivamente narrasse uma situação de erro, o que não ocorreu.

D) Assertiva incorreta, haja vista que tal possibilidade de revisão se aplicaria ao defeito da lesão, se este tivesse ocorrido, conforme o art. 157, § 2º, CC.

(XXIII Exame de Ordem Unificado / FGV) Paulo, viúvo, tinha dois filhos: Mário e Roberta. Em 2016, Mário, que estava muito endividado, cedeu para seu amigo Francisco a quota-parte da herança a que fará jus quando seu pai falecer, pelo valor de R$ 1.000.000,00 (um milhão de reais), pago à vista. Paulo falece, sem testamento, em 2017, deixando herança líquida no valor de R$ 3.000.000,00 (três milhões de reais).

Sobre a partilha da herança de Paulo, assinale a afirmativa correta.

A) Francisco não será contemplado na partilha porque a cessão feita por Mário é nula, razão pela qual Mário e Roberta receberão, cada um, R$ 1.500.000,00 (um milhão e quinhentos mil reais).

B) Francisco receberá, por força da partilha, R$ 1.000.000,00 (um milhão de reais), Mário ficará com R$ 500.000,00 (quinhentos mil reais) e Roberta com R$ 1.500.000,00 (um milhão e quinhentos mil reais).

C) Francisco e Roberta receberão, cada um, por força da partilha, R$ 1.500.000,00 (um milhão e quinhentos mil reais) e Mário nada receberá.

D) Francisco receberá, por força da partilha, R$ 1.000.000,00 (um milhão de reais), Roberta ficará com R$ 2.000.000,00 (dois milhões de reais) e Mário nada receberá.

RESPOSTA

✓ No Direito são proibidos todos os negócios que tenham por objeto herança de pessoa viva. Sendo nulo o negócio, seus efeitos jurídicos serão recusados pelo Direito. Assim, a partilha dar-se-á normalmente entre os descendentes de Paulo: Mário e Roberta, como se a cessão não se tivesse realizado. A cada descendente caberá a metade da herança.

B) A cessão da quota-parte da herança de Mário a Francisco é nula e não produzirá efeitos, nem quanto ao valor de R$ 1.000.000,00 por ele pago.

C) Francisco não comparecerá à sucessão no lugar de Mário, pois o negócio de cessão da quota-parte é nulo.

D) Roberta receberá somente o quinhão a que fazia jus originalmente na sucessão do pai.

(XXIII Exame de Ordem Unificado / FGV) Arlindo e Berta firmam pacto antenupcial, preenchendo todos os requisitos legais, no qual estabelecem o regime de separação absoluta de bens. No entanto, por motivo de saúde de um dos nubentes, a celebração civil do casamento não ocorreu na data estabelecida.

Diante disso, Arlindo e Berta decidem não se casar e passam a conviver maritalmente. Após cinco anos de união estável, Arlindo pretende dissolver a relação familiar e aplicar o pacto antenupcial, com o objetivo de não dividir os bens adquiridos na constância dessa união.

Nessas circunstâncias, o pacto antenupcial é

A) válido e ineficaz.

B) válido e eficaz.

C) inválido e ineficaz.

D) inválido e eficaz.

RESPOSTA

✓ O pacto antenupcial constitui negócio jurídico e é válido, diante do cumprimento dos requisitos legais. Não tem eficácia, contudo, uma vez que não se lhe seguiu o casamento, nos termos do art. 1.653, CC/2002.

B) Quando a realização do casamento não ocorre após a realização do pacto, este será ineficaz.

C) A validade do pacto não é afetada pela falta de celebração posterior do casamento.

D) Por cumprir os requisitos legais o pacto é válido, mas não eficaz, já que não se lhe seguiu a celebração do casamento.

(XXIII Exame de Ordem Unificado / FGV) João sempre agiu de forma prestativa e solidária na comunidade, ajudando todas as pessoas conforme suas possibilidades. Agora, os conhecidos estão revoltados porque ele foi abandonado pelos filhos, quando eles se tornaram adultos. Enquanto os filhos estão empregados, João tem dificuldades financeiras até para comprar comida.

Você foi procurado(a) por um grupo de pessoas que buscam amparo para esse idoso. Tendo em vista a Constituição da República e o Estatuto do Idoso, assinale a afirmativa correta.

A) O dever de amparo, incluindo obrigação alimentar, dá-se apenas dos pais para os filhos; portanto, não se pode exigir juridicamente dos filhos a prestação alimentar para os pais que estejam em necessidade.

B) João pode exigir judicialmente dos filhos prestação alimentar que funcione como amparo, mas caso seus filhos se mantenham omissos, o Poder Judiciário ou o Ministério Público podem determinar medida de orientação e apoio temporários.

C) A pensão alimentícia por parte dos filhos é exigível judicialmente, mas se houver inadimplência, não há nenhuma medida de proteção que o Poder Judiciário possa determinar, pois se trata de questão privada.

D) Não há alternativa jurídica para o problema de João de acordo com a legislação brasileira, sendo a única solução possível a solidariedade de pessoas próximas e sensíveis.

RESPOSTA

A) O direito a alimentos caracteriza-se pela reciprocidade, podendo ser exigido tanto dos pais e ascendentes para subsistência dos descendentes, quanto dos descendentes para sustento dos pais, e até dos irmãos (arts. 1.696 e 1.697). Cabe ação para fixar e exigir os alimentos.

✓ O direito a alimentos caracteriza-se pela reciprocidade, podendo ser exigido tanto dos pais e ascendentes para subsistência dos descendentes quanto dos descendentes para sustento dos pais (arts. 1.696 e 1.697). Ante a omissão dos familiares, o Estatuto do Idoso prevê a possibilidade de fixação de medidas de orientação, apoio e proteção (arts. 44 e 45, Lei n. 10.741/2003).

C) O Estatuto do Idoso prevê a fixação de medidas de apoio, proteção e orientação, em face da omissão dos familiares.

D) A legislação brasileira confere amplo respaldo ao problema de João, que tem direito à prestação de alimentos por seus familiares.

(XXIV Exame de Ordem Unificado / FGV) Eduardo comprometeu-se a transferir para Daniela um imóvel que possui no litoral, mas uma cláusula especial no contrato previa que a transferência somente ocorreria caso a cidade em que o imóvel se localiza viesse a sediar, nos próximos dez anos, um campeonato mundial de surfe. Depois de realizado o negócio, todavia, o advento de nova legislação ambiental impôs regras impeditivas para a realização do campeonato naquele local.

Sobre a incidência de tais regras, assinale a afirmativa correta.

A) Daniela tem direito adquirido à aquisição do imóvel, pois a cláusula especial configura um termo.

B) Prevista uma condição na cláusula especial, Daniela tem direito adquirido à aquisição do imóvel.

C) Há mera expectativa de direito à aquisição do imóvel por parte de Daniela, pois a cláusula especial tem natureza jurídica de termo.

D) Daniela tem somente expectativa de direito à aquisição do imóvel, uma vez que há uma condição na cláusula especial.

RESPOSTA

A) Afirmativa incorreta, pois evento futuro e incerto configura condição, conforme art. 121, CC. O termo seria o evento futuro e certo, como uma data por exemplo.

B) Assertiva incorreta, pois contraria o disposto no art. 125, CC, o qual estabelece que quando a eficácia do negócio jurídico está subordinada a uma condição suspensiva, enquanto esta não se verificar, não se terá adquirido o direito a que ele visa.

C) Conforme explicação constante na letra A, um evento futuro e incerto configura condição e não termo.

✓ Assertiva correta, conforme o disposto nos arts. 121 e 125, CC. Se subordinado o negócio a uma condição suspensiva, não há aquisição do direito enquanto esta não se realizar.

(XXIV Exame de Ordem Unificado / FGV) Caio, locador, celebrou com Marcos, locatário, contrato de locação predial urbana pelo período de 30 meses, sendo o instrumento averbado junto à matrícula do imóvel no RGI. Contudo, após seis meses do início da vigência do contrato, Caio resolveu se mudar para Portugal e colocou o bem à venda, anunciando-o no jornal pelo valor de R$ 500.000,00. Marcos tomou conhecimento do fato pelo anúncio e entrou em contato por telefone com Caio, afirmando estar interessado na aquisição do bem e que estaria disposto a pagar o preço anunciado. Caio, porém, disse que a venda do bem imóvel já tinha sido realizada pelo mesmo preço a Alexandre. Além disso, o adquirente do bem, Alexandre, iria denunciar o contrato de locação e Marcos teria que desocupar o imóvel em 90 dias.

Acerca dos fatos narrados, assinale a afirmativa correta.

A) Marcos, tendo sido preterido na alienação do bem, poderá depositar o preço pago e as demais despesas do ato e haver para si a propriedade do imóvel.

B) Marcos não tem direito de preferência na aquisição do imóvel, pois a locação é por prazo determinado.

C) Marcos somente poderia exercer direito de preferência na aquisição do imóvel se fizesse oferta superior à de Alexandre.

D) Marcos, tendo sido preterido na alienação do bem, poderá reclamar de Alexandre, adquirente, perdas e danos, e poderá permanecer no imóvel durante toda a vigência do contrato, mesmo se Alexandre denunciar o contrato de locação.

RESPOSTA

✓ Assertiva correta, pois o enunciado narra exatamente o que está disposto no art. 33 da Lei 8.245/91, sendo certo que o locatário preterido no seu direito de preferência poderá reclamar do alienante as perdas e danos ou, depositando o preço e demais despesas do ato de transferência, haver para si o imóvel locado, se o requerer no prazo de seis meses, a contar do registro do ato no cartório de imóveis, desde que o contrato de locação esteja averbado pelo menos trinta dias antes da alienação junto à matrícula do imóvel. Ou seja, o enunciado da questão repete simplesmente a dicção legal.

B) Assertiva incorreta, por força do artigo supramencionado, qual seja, art. 33 da Lei 8.245/91, o qual concede sim o direito de preferência de aquisição do bem ao locatário.

C) Afirmativa incorreta, por força do mesmo art. 33 da Lei de Locações. Não há que se falar em oferta superior, bastando uma oferta que iguale a proposta que fora feita por terceiro.

D) Esta afirmativa está incorreta, uma vez que em não querendo exercer o direito de preferência, a permanência no imóvel durante todo o período da locação, em caso de alienação do bem, dependeria também de cláusula específica.

(XXIV Exame de Ordem Unificado / FGV) Laurentino constituiu servidão de vista no registro competente, em favor de Januário, assumindo o compromisso de não realizar qualquer ato ou construção que embarace a paisagem de que Januário desfruta em sua janela. Após o falecimento de Laurentino, seu filho Lucrécio decide construir mais dois pavimentos na casa para ali passar a habitar com sua esposa.

Diante do exposto, assinale a afirmativa correta.

A) Januário não pode ajuizar uma ação possessória, eis que a servidão é não aparente.

B) Diante do falecimento de Laurentino, a servidão que havia sido instituída automaticamente se extinguiu.

C) A servidão de vista pode ser considerada aparente quando houver algum tipo de aviso sobre sua existência.

D) Januário pode ajuizar uma ação possessória, provando a existência da servidão com base no título.

RESPOSTA

A) Assertiva incorreta, por força do que dispõe a segunda parte do art. 1.213, CC/2002. A proteção possessória se aplicará às servidões não aparentes (tais como a servidão de vista), quando o respectivo título provier do possuidor do prédio serviente (Laurentino). Ou seja, era possível sim a proteção possessória neste caso.

B) Afirmativa incorreta, tendo em vista que a servidão não se extingue pelo falecimento daquele que a instituiu, conforme arts. 1.387 a 1.389, CC/2002. Diferentemente do que se passa com o usufruto, a servidão não é um direito personalíssimo.

C) Dentre as classificações possíveis, a servidão pode ser aparente ou não aparente. A servidão de vista (de não construir acima de determinada altura) é classificada como não aparente. Na lei não há nenhuma exceção a isso, conforme o enunciado. É um indiferente haver ou não uma placa. Logo, a referida assertiva está errada.

✓ Nos termos do art. 1.213, CC/2002, a afirmativa está correta. Provada a existência da servidão não aparente através de um título, será possível sim a proteção possessória.

(XXIV Exame de Ordem Unificado / FGV) Quincas adentra terreno vazio e, de forma pública, passa a construir ali a sua moradia. Após o exercício ininterrupto da posse por 17 (dezessete) anos, pleiteia judicialmente o reconhecimento da propriedade do bem pela usucapião. Durante o processo, constatou-se que o imóvel estava hipotecado em favor de Jovelino, para o pagamento de numerários devidos por Adib, proprietário do imóvel.

Com base nos fatos apresentados, assinale a afirmativa correta.

A) A hipoteca existente em benefício de Jovelino prevalece sobre eventual direito de Quincas, tendo em vista o princípio da prioridade no registro.

B) A hipoteca é um impeditivo para o reconhecimento da usucapião, tendo em vista a função social do crédito garantido.

C) Como a usucapião é modo originário de aquisição da propriedade, a hipoteca não é capaz de impedir a sua consumação.

D) Quincas pode adquirir, pela usucapião, o imóvel em questão, porém ficará com o ônus de quitar o débito que a hipoteca garantia.

RESPOSTA

A) Nos termos da jurisprudência do STJ, a assertiva está incorreta, uma vez que a usucapião é para doutrina majoritaríssima uma forma originária de aquisição da propriedade, fazendo com que eventuais vícios e ônus existentes não sejam transmitidos ao novo proprietário (usucapiente). O AgRg no REsp 647.240/DF tem a seguinte ementa: AGRAVO REGIMENTAL EM RECURSO ESPECIAL. USUCAPIÃO. MODO ORIGINÁRIO DE AQUISIÇÃO DA PROPRIEDADE. HIPOTECA. NÃO SUBSISTÊNCIA. VIOLAÇÃO DO ART. 535 DO CPC. ALEGAÇÃO GENÉRICA. SÚMULA N. 284/STF. PREQUESTIONAMENTO. AUSÊNCIA. SÚMULAS N. 211/STJ E N. 282/STF. A usucapião é forma de aquisição originária da propriedade, de modo que não permanecem os ônus que gravavam o imóvel antes da sua declaração (AgRg no REsp 647.240/DF, Rel. Ministro Ricardo Villas Bôas Cueva, Terceira Turma, julgado em 7-2-2013, *DJe* 18-2-2013).

B) Afirmativa incorreta, pois estabelece uma relação direta entre a hipoteca e a usucapião, o que a lei não o fez. Ademais, contraria posição doutrinária e do Superior Tribunal de Justiça, conforme acórdão retromencionado.

✓ Afirmativa correta, em virtude da usucapião ser forma de aquisição originária da propriedade e de outros direitos reais.

D) Incorreta, uma vez que a usucapião rompe o vínculo existente. Além disso, não há transmissão da obrigação de quitar o débito garantido por hipoteca ao usucapiente.

(XXIV Exame de Ordem Unificado / FGV) André, Mariana e Renata pegaram um automóvel emprestado com Flávio, comprometendo-se solidariamente a devolvê-lo em quinze dias. Ocorre que Renata, dirigindo acima do limite de velocidade, causou um acidente que levou à destruição total do veículo.

Assinale a opção que apresenta os direitos que Flávio tem diante dos três.

A) Pode exigir, de qualquer dos três, o equivalente pecuniário do carro, mais perdas e danos.

B) Pode exigir, de qualquer dos três, o equivalente pecuniário do carro, mas só pode exigir perdas e danos de Renata.

C) Pode exigir, de cada um dos três, um terço do equivalente pecuniário do carro e das perdas e danos.

D) Pode exigir, de cada um dos três, um terço do equivalente pecuniário do carro, mas só pode exigir perdas e danos de Renata.

RESPOSTA

A) Afirmativa incorreta, pois contraria o disposto no art. 279, CC. Neste sentido, impossibilitando-se a prestação por culpa de um dos devedores solidários, subsiste para todos o encargo de pagar o equivalente de forma integral; mas pelas perdas e danos só responde o culpado.

✓ Questão correta, por estar de acordo com o disposto no art. 279, CC, retromencionado. Subsiste a solidariedade para todos os efeitos. Mas só o devedor culpado responderá pelo *plus* das perdas e danos.

C) Incorreta a referida afirmação, pois contraria o disposto no art. 279, CC. Assim, está equivocado o enunciado quando dispõe que cada um dos três responderá por um terço da dívida e também pelas perdas e danos.

D) Incorreta a referida afirmação, também com base no art. 279, CC. A obrigação continua sendo solidária passivamente, porém só o responsável pelo perecimento do bem pagará as perdas e danos.

(XXIV Exame de Ordem Unificado / FGV) Lúcia, sem ascendentes e sem descendentes, faleceu solteira e não deixou testamento. O pai de Lúcia tinha dois irmãos, que tiveram, cada qual, dois filhos, sendo, portanto, primos dela. Quando do falecimento de Lúcia, seus tios já haviam morrido. Ela deixou ainda um sobrinho, filho de seu único irmão, que também falecera antes dela.

Sobre a sucessão de Lúcia, de acordo com os fatos narrados, assinale a afirmativa correta.

A) O sobrinho concorre com o tio na sucessão de Lúcia, partilhando-se por cabeça.

B) O sobrinho representará seu pai, premorto, na sucessão de Lúcia.

C) O filho do tio premorto será chamado à sucessão por direito de representação.

D) O sobrinho é o único herdeiro chamado à sucessão e herda por direito próprio.

RESPOSTA

A) Na falta dos irmãos, defere-se a herança na linha colateral aos sobrinhos e tios, sucessivamente, e não de forma concorrente.

B) O sobrinho herda por direito próprio e não por representação, já que não concorre com outros irmãos do falecido.

C) Os primos, como colaterais de quarto grau, só herdariam na falta do sobrinho, colateral em grau mais próximo (terceiro grau).

✓ O sobrinho herda por direito próprio e não por representação, sendo o colateral em grau mais próximo.

(XXIV Exame de Ordem Unificado / FGV) João e Carla foram casados por cinco anos, mas, com o passar dos anos, o casamento se desgastou e eles se divorciaram. As três filhas do casal, menores impúberes, ficaram sob a guarda exclusiva da mãe, que trabalha em uma escola como professora, mas que está com os salários atrasados há quatro meses, sem previsão de recebimento.

João vinha contribuindo para o sustento das crianças, mas, estranhamente, deixou de fazê-lo no último mês. Carla, ao procurá-lo, foi informada pelos pais de João que ele sofreu um atropelamento e está em estado grave na UTI do Hospital Boa Sorte. Como João é autônomo, não pode contribuir, justificadamente, com o sustento das filhas.

Sobre a possibilidade de os avós participarem do sustento das crianças, assinale a afirmativa correta.

A) Em razão do divórcio, os sogros de Carla são ex-sogros, não são mais parentes, não podendo ser compelidos judicialmente a contribuir com o pagamento de alimentos para o sustento das netas.

B) As filhas podem requerer alimentos avoengos, se comprovada a impossibilidade de Carla e de João garantirem o sustento das filhas.

C) Os alimentos avoengos não podem ser requeridos, porque os avós só podem ser réus em ação de alimentos no caso de falecimento dos responsáveis pelo sustento das filhas.

D) Carla não pode representar as filhas em ação de alimentos avoengos, porque apenas os genitores são responsáveis pelo sustento dos filhos.

RESPOSTA

A) O parentesco entre sogros e ex-cônjuges, por afinidade em linha reta, não se extingue com o divórcio. Em relação às netas, trata-se de parentesco natural, em nada sendo afetado pelo divórcio dos pais.

✓ Os avós, ascendentes em segundo grau, têm dever de prestar alimentos em caráter subsidiário aos pais, podendo ser chamados a contribuir ante a impossibilidade destes, ascendentes em menor grau.

C) A lei determina que os parentes de grau imediato sejam chamados a custear alimentos quando o parente, que deve alimentos em primeiro lugar, não estiver em condições de suportar totalmente o encargo.

D) Ascendentes, descendentes e irmãos, nesta ordem, podem ser chamados a prestar alimentos.

(XXV Exame de Ordem Unificado / FGV) João, empresário individual, é titular de um estabelecimento comercial que funciona em loja alugada em um shopping center movimentado. No estabelecimento, trabalham o próprio João, como gerente, sua esposa, como caixa, e Márcia, uma funcionária contratada para atuar como vendedora. Certo dia, Miguel, um fornecedor de produtos da loja, quando da entrega de uma encomenda feita por João, foi recebido por Márcia e sentiu-se ofendido por comentários preconceituosos e discriminatórios realizados pela vendedora. Assim, Miguel ingressou com ação indenizatória por danos morais em face de João. A respeito do caso narrado, assinale a afirmativa correta.

A) João não deve responder pelo dano moral, uma vez que não foi causado direta e imediatamente por conduta sua.

B) João pode responder apenas pelo dano moral, caso reste comprovada sua culpa *in vigilando* em relação à conduta de Márcia.

C) João pode responder apenas por parte da compensação por danos morais diante da verificação de culpa concorrente de terceiro.

D) João deve responder pelos danos causados, não lhe assistindo alegar culpa exclusiva de terceiro.

RESPOSTA

A) Afirmativa incorreta, pois no caso apresentado configura-se a denominada responsabilidade civil por fato de terceiro, no qual uma pessoa pode vir a ser responsabilizada pela conduta alheia. No caso, João era empregador de Márcia, e esta agrediu a vítima no exercício de suas funções.

B) Assertiva incorreta, pois, conforme o art. 933, CC, a responsabilidade por fato de terceiro é de natureza objetiva. Assim não há que se verificar a presença de culpa *in vigilando* ou *in elegendo* por parte de João, sendo tais elementos subjetivos indiferentes na configuração de sua responsabilidade.

C) Conforme explicação constante na letra A, não há que se falar na hipótese de culpa concorrente. Esta, conforme o art. 945, CC, será apurada quando a conduta de ambas as partes, autor e vítima, forem decisivas na produção do evento danoso.

✓ Assertiva correta, conforme o disposto no art. 932, III, CC. João, empregador de Márcia, será responsabilizado pelos prejuízos que esta causar a uma vítima, no exercício de suas funções ou em razão destas. Evidentemente, este dispositivo legal foi construído como forma de tutelar o interesse da vítima, razão pela qual, após pagar a indenização a Miguel, João poderá regredir contra Márcia, cobrando desta o valor desembolsado (ver art. 934, CC).

(XXV Exame de Ordem Unificado / FGV) Em 05 de dezembro de 2016, Sérgio, mediante contrato de compra e venda, adquiriu de Fernando um computador seminovo (ano 2014) da marca Massa pelo valor de R$ 5.000,00. O pagamento foi integralizado à vista, no mesmo dia, e foi previsto no contrato que o bem seria entregue em até um mês, devendo Fernando contatar Sérgio, por telefone, para que este buscasse o computador em sua casa. No contrato, também foi prevista multa de R$ 500,00 caso o bem não fosse entregue no prazo combinado. Em 06 de janeiro de 2017, Sérgio, muito ansioso, ligou para Fernando perguntando pelo computador, mas teve como resposta que o atraso na entrega se deu porque a irmã de Fernando, Ana, que iria trazer um computador novo para ele do exterior, tinha perdido o voo e só chegaria após uma semana. Por tal razão, Fernando ainda dependia do computador antigo para trabalhar e não poderia entregá-lo de imediato a Sérgio. Acerca dos fatos narrados, assinale a afirmativa correta.

A) Sérgio poderá exigir de Fernando a execução específica da obrigação (entrega do bem) ou a cláusula penal de R$ 500,00, não podendo ser cumulada a multa com a obrigação principal.

B) Sérgio poderá exigir de Fernando a execução específica da obrigação (entrega do bem) simultaneamente à multa de R$ 500,00, tendo em vista ser cláusula penal moratória.

C) Sérgio somente poderá exigir de Fernando a execução específica da obrigação (entrega do bem), não a multa, pois o atraso foi por culpa de terceiro (Ana), e não de Fernando.

D) Sérgio somente poderá exigir de Fernando a cláusula penal de R$ 500,00, não a execução específica da obrigação (entrega do bem), que depende de terceiro (Ana).

RESPOSTA

A) Assertiva incorreta, pois Sérgio, credor, poderá exigir de Fernando, devedor, tanto a obrigação pactuada (obrigação de dar coisa certa – entrega do computador, objeto da compra e venda), quanto a cláusula penal moratória. O atraso, no caso concreto apresentado, não faz com que a prestação perca a utilidade para o credor, razão pela qual ainda é possível seu adimplemento fora do prazo. Em se tratando de multa moratória, esta pode sim ser cumulada com a prestação principal, ao contrário do que se sucede quando a hipótese é de cláusula penal compensatória.

✓ Assertiva correta, conforme explicado na letra A. A cláusula penal moratória não visa substituir a prestação; sua intenção é compensar o credor ante ao dissabor do atraso no cumprimento da prestação ajustada. Logo, é perfeitamente cumulável com a própria prestação.

C) Afirmativa incorreta, uma vez que esta imprevisibilidade na entrega não foi estipulada no contrato, tampouco pode ser erguida contra o credor, como argumento de defesa a justificar a mora do devedor.

D) Esta afirmativa está incorreta, já que o art. 475, CC, além das disposições do NCPC, permitem ao credor obter exatamente o bem objeto da contratação, naquilo que se denomina execução específica da obrigação de dar coisa certa. Além da tutela específica, o credor poderá solicitar cumulativamente a reparação dos prejuízos que veio a sofrer.

(XXV Exame de Ordem Unificado / FGV) Marcos caminhava na rua em frente ao Edifício Roma quando, da janela de um dos apartamentos da frente do edifício, caiu uma torradeira elétrica, que o atingiu quando passava. Marcos sofreu fratura do braço direito, que foi diretamente atingido pelo objeto, e permaneceu seis semanas com o membro imobilizado, impossibilitado de trabalhar, até se recuperar plenamente do acidente. À luz do caso narrado, assinale a afirmativa correta.

A) O condomínio do Edifício Roma poderá vir a ser responsabilizado pelos danos causados a Marcos, com base na teoria da causalidade alternativa.

B) Marcos apenas poderá cobrar indenização por danos materiais e morais do morador do apartamento do qual caiu o objeto, tendo que comprovar tal fato.

C) Marcos não poderá cobrar nenhuma indenização a título de danos materiais pelo acidente sofrido, pois não permaneceu com nenhuma incapacidade permanente.

D) Caso Marcos consiga identificar de qual janela caiu o objeto, o respectivo morador poderá alegar ausência de culpa ou dolo para se eximir de pagar qualquer indenização a ele.

RESPOSTA

✓ Assertiva correta. Uma questão puramente doutrinária e jurisprudencial, já que a teoria da causalidade alternativa não está prevista expressamente em nosso ordenamento jurídico. Também denominada de teoria dos danos anônimos, ou teoria da responsabilidade de grupos, esta teoria amplia os limites das tradicionais teorias da causalidade adequada e a do dano direto e imediato, aceitas no Brasil para justificar o nexo de causalidade e, consequentemente, a própria responsabilidade civil. Na incerteza sobre quem responsabilizar, opta-se por estabelecer o dever de indenizar para toda uma coletividade determinada, um grupo, como, no caso da questão, o condomínio edilício. A toda evidência, é uma teoria que privilegia os interesses da vítima e o princípio da reparação integral. O STJ já decidiu que, em casos assim, é legítimo o condomínio responder, tendo posteriormente direito de regresso contra o condômino responsável pela queda ou arremesso do objeto.

B) Afirmativa incorreta, ante a explicação feita na letra A.

C) Como Marcos ficou sem trabalhar e teve despesas com o tratamento da fratura em seu braço, poderá sim cobrar indenização de seus danos materiais, seja pelo dano emergente (valor que efetivamente gastou com o tratamento médico), seja pelo lucro cessante (quantia que razoavelmente deixou de perceber, ao ficar sem trabalhar). Logo, a referida assertiva está errada.

D) Nos termos do art. 938, CC/2002, a afirmativa está incorreta, uma vez que a responsabilidade civil por fato da coisa (arts. 936 a 938, CC/2002) é objetiva, não sendo portanto necessária prova e discussão acerca do elemento culpa.

(XXV Exame de Ordem Unificado / FGV) Jonas trabalha como caseiro da casa de praia da família Magalhães, exercendo ainda a função de cuidador da matriarca Lena, já com 95 anos. Dez dias após o falecimento de Lena, Jonas tem seu contrato de trabalho extinto pelos herdeiros. Contudo, ele permanece morando na casa, apesar de não manter qualquer outra relação jurídica com os herdeiros, que também já não frequentam mais o imóvel e permanecem incomunicáveis. Jonas decidiu, por sua própria conta, fazer diversas modificações na casa: alterou a pintura, cobriu a garagem (que passou a alugar para vizinhos) e ampliou a churrasqueira. Ele passou a dormir na suíte principal, assumiu as despesas de água, luz, gás e telefone, e apresentou-se, perante a comunidade, como "o novo proprietário do imóvel". Doze anos após o falecimento de Lena, seu filho Adauto decide retomar o imóvel, mas Jonas se recusa a devolvê-lo. A partir da hipótese narrada, assinale a afirmativa correta.

A) Jonas não pode usucapir o bem, eis que é possuidor de má-fé.

B) Adauto não tem direito à ação possessória, eis que o imóvel estava abandonado.

C) Jonas não pode ser considerado possuidor, eis que é o caseiro do imóvel.

D) Na hipótese indicada, a má-fé de Jonas não é um empecilho à usucapião.

RESPOSTA

A) No caso apresentado, Jonas é inicialmente caseiro da casa de praia, razão pela qual seria mero detentor do bem (fâmulo da posse: servidor da posse alheia), nos termos do art. 1.198, CC/2002. Vale lembrar que o detentor, apesar de ocupar o bem, não tem posse. E, sendo assim, não poderá fazer jus aos efeitos da posse, dentre os quais se encontra a possibilidade de usucapir o bem. Porém, no interessante caso narrado, ocorre a interversão do caráter desta detenção, e a ocupação se transforma em posse, ante o rompimento do vínculo de subordinação entre Jonas e os herdeiros de sua antiga patroa. Logo, Jonas passa a ser possuidor, nos termos do parágrafo único do artigo retrocitado, podendo então vir a usucapir o bem, independentemente de sua boa ou má-fé. Desta maneira, a alternativa está incorreta.

B) Afirmativa incorreta, pois a justificativa apresentada "imóvel abandonado" é falsa. O caso narrado diz claramente que Jonas está ocupando o bem e concedendo a este uma função social. Adauto não poderá se valer da possessória, isto é certo. Mas a justificativa está equivocada. Adauto não terá sucesso na possessória por claramente não ostentar mais a qualidade de possuidor não obstante ainda ser, em tese, o proprietário registral do bem (art. 1.224, CC/2002).

C) Afirmativa incorreta, em virtude da justificativa feita na letra A deste comentário.

✓ Afirmativa correta. Jonas é possuidor (ver comentário referente à letra A) e poderá sim usucapir o bem na modalidade extraordinária (art. 1.238, CC/2002). Nesta espécie de aquisição originária da propriedade, a boa ou má-fé não é colocada como requisito para a usucapião.

(XXV Exame de Ordem Unificado / FGV) Arlindo, proprietário da vaca Malhada, vendeu-a a seu vizinho, Lauro. Celebraram, em 10 de janeiro de 2018, um contrato de compra e venda, pelo qual Arlindo deveria receber do comprador a quantia de R$ 2.500,00, no momento da entrega do animal, agendada para um mês após a celebração do contrato. Nesse interregno, contudo, para surpresa de Arlindo, Malhada pariu dois bezerros. Sobre os fatos narrados, assinale a afirmativa correta.

A) Os bezerros pertencem a Arlindo.

B) Os bezerros pertencem a Lauro.

C) Um bezerro pertence a Arlindo e o outro, a Lauro.

D) Deverá ser feito um sorteio para definir a quem pertencem os bezerros.

RESPOSTA

✓ Afirmativa correta, pois os bens móveis se transferem, como regra, pela tradição. Antes desta, pertence ao devedor a coisa, com os seus melhoramentos e acrescidos, nos termos do art. 237, CC/2002. De igual forma, os eventuais riscos de perda da coisa também recairão sobre Arlindo (*res perit domino*).

B) Questão incorreta, conforme explicação da alternativa A.

C) Incorreta a referida afirmação, sem qualquer previsão em lei.

D) Incorreta a referida afirmação, também pela mesma razão: ausência de previsão em lei.

(XXV Exame de Ordem Unificado / FGV) Mário, cego, viúvo, faleceu em 1º de junho de 2017, deixando 2 filhos: Clara, casada com Paulo, e Júlio, solteiro. Em seu testamento público, feito de acordo com as formalidades legais, em 02 de janeiro de 2017, Mário gravou a legítima de Clara com cláusula de incomunicabilidade; além disso, deixou toda a sua parte disponível para Júlio.

Sobre a situação narrada, assinale a afirmativa correta.

A) O testamento é inválido, pois, como Mário é cego, deveria estar regularmente assistido para celebrar o testamento validamente.

B) A cláusula de incomunicabilidade é inválida, pois Mário não declarou a justa causa no testamento, como exigido pela legislação civil.

C) A cláusula que confere a Júlio toda a parte disponível é inválida, pois Mário não pode tratar seus filhos de forma diferente.

D) O testamento é inválido, pois, como Mário é cego, a legislação apenas lhe permite celebrar testamento cerrado.

RESPOSTA

A) O testamento de pessoa cega somente pode ser feito pela forma pública e, tendo Mário, plenamente capaz, respeitado as formalidades legais, conforme o enunciado explicita, é válido.

✓ A aposição de cláusula limitativa à legítima depende de apontamento no próprio instrumento de "justa causa", e a falta desta implica invalidade da disposição testamentária, sem prejuízo do restante do testamento.

C) Em relação à parte disponível vigora a liberdade de testar, não havendo qualquer vício na contemplação do filho Júlio com a integralidade da metade disponível.

D) O testamento de pessoa cega somente pode ser feito pela forma pública.

(XXV Exame de Ordem Unificado / FGV) Ana, sem filhos, solteira e cujos pais são pré-mortos, tinha os dois avós paternos e a avó materna vivos, bem como dois irmãos: Bernardo (germano) e Carmem (unilateral). Ana falece sem testamento, deixando herança líquida no valor de R$ 60.000,00 (sessenta mil reais).

De acordo com os fatos narrados, assinale a afirmativa correta.

A) Seus três avós receberão, cada um, R$ 20.000,00 (vinte mil reais), por direito de representação dos pais de Ana, pré-mortos.

B) Seus avós paternos receberão, cada um, R$ 15.000,00 (quinze mil reais) e sua avó materna receberá R$ 30.000,00 (trinta mil reais), por direito próprio.

C) Bernardo receberá R$ 40.000,00 (quarenta mil reais), por ser irmão germano, e Carmem receberá R$ 20.000,00 (vinte mil reais), por ser irmã unilateral.

D) Bernardo e Carmem receberão, cada um, R$ 30.000,00 (trinta mil reais), por direito próprio.

RESPOSTA

A) Os ascendentes apenas sucedem por direito próprio, não havendo entre eles direito de representação.

✓ Na sucessão dos ascendentes a herança se divide pelas linhas materna e paterna, sendo distribuída a cada linha metade do patrimônio do *de cujus*. Internamente, entre os membros da linha, será dividida por cabeça.

C) Os irmãos são colaterais e só receberiam caso não houvesse descendentes, ascendentes e cônjuge/companheiro. Se os ascendentes não estivessem vivos, o irmão bilateral receberia o dobro da irmã unilateral.

D) Os irmãos são colaterais e só receberiam caso não houvesse descendentes, ascendentes e cônjuge/companheiro, havendo diferenciação entre irmãos bilaterais e unilaterais.

Direito Processual Civil

Luiz Dellore

Doutor e Mestre em Direito Processual pela USP. Mestre em Direito Constitucional pela PUC-SP. *Visiting Scholar* na Syracuse University (EUA). Professor de Direito Processual Civil no Saraiva Aprova, na Universidade Presbiteriana Mackenzie (graduação), na Escola Paulista de Direito (especialização) e na Fadisp (mestrado e doutorado). Advogado concursado da Caixa Econômica Federal. Ex-assessor de Ministro do STJ. Membro do Instituto Brasileiro de Direito Processual (IBDP) e do Centro de Estudos Avançados de Processo (Ceapro).

Sumário

pela Fazenda Pública; 4.2.3.2. Do cumprimento de sentença para obrigação de pagar; 4.2.3.3. Da impugnação ao cumprimento de sentença; 4.2.3.4. Da execução e cumprimento de sentença de alimentos; 4.2.3.4.1. Cumprimento de sentença de alimentos; 4.2.3.4.2. Execução de alimentos – 5. Procedimentos especiais: 5.1. Jurisdição contenciosa e voluntária; 5.2. Procedimentos especiais; 5.2.1. Ações possessórias; 5.2.2. Ação monitória; 5.2.3. Ações de família; 5.2.4. Ação de alimentos (processo de conhecimento); 5.2.5. Ação de exigir contas; 5.2.6. Da ação de dissolução parcial de sociedade; 5.2.7. Da oposição; 5.2.8. Divórcio, separação e extinção de união estável consensuais (jurisdição voluntária); 5.2.9. Ação de usucapião; 5.2.10. Mandado de segurança individual; 5.2.11. Ação de despejo por falta de pagamento; 5.2.12. Juizados Especiais; 5.2.13. Processo coletivo; 5.2.13.1. Instrumentos para a tutela coletiva; 5.2.13.2. Coisa julgada no processo coletivo; 5.2.13.3. Cumprimento de sentença coletiva – 6. Processo de execução: 6.1. Dos requisitos necessários para qualquer execução; 6.1.1. Do título executivo extrajudicial; 6.1.2. Das diversas espécies de execução; 6.1.2.1. Da prescrição intercorrente; 6.1.3. Da execução para entrega de coisa; 6.1.4. Da execução de obrigação de fazer e de não fazer; 6.1.5. Da execução contra a Fazenda Pública; 6.1.6. Da execução de quantia certa; 6.1.6.1. Penhora; 6.1.6.2. Impenhorabilidades; 6.1.6.3. Procedimento da execução por quantia certa contra devedor solvente; 6.1.7. Da defesa do executado: embargos – 7. Recursos e processos nos tribunais: 7.1. Ordem dos processos nos tribunais; 7.2. Recursos; 7.2.1. Introdução; 7.2.2. Recursos e cabimento; 7.2.2.1. Cabimento de cada recurso; 7.2.3. Cabimento do recurso adesivo; 7.2.4. Juízo de admissibilidade e juízo de mérito; 7.2.4.1. Requisitos de admissibilidade recursal; 7.2.5. Sucumbência recursal; 7.2.6. Precedentes; 7.2.7. Recursos em espécie; 7.2.7.1. Apelação; 7.2.7.2. Agravo de instrumento; 7.2.7.3. Embargos de declaração; 7.2.7.4. Recurso ordinário (recurso ordinário constitucional); 7.2.7.5. Agravo interno; 7.2.7.6. Agravo em recurso especial e em recurso extraordinário; 7.2.7.7. Recurso especial (REsp); 7.2.7.8. Recurso extraordinário (RE); 7.2.7.9. REsp e RE repetitivos; 7.2.7.10. Embargos de divergência – Referências bibliográficas – Questões.

1. INTRODUÇÃO: NOVO CPC EM VIGOR EM 2016

Em março de 2016, após 1 ano de *vacatio legis*, entrou em vigor o Novo Código de Processo Civil (NCPC – Lei n. 13.105/2015). Entre a sua publicação e a vigência já houve uma alteração legislativa, em que diversos **artigos foram modificados (Lei n. 13.256/2016)**. Outras modificações já ocorreram posteriormente, com a edição da **Lei n. 13.363/2016 e da Lei n. 13.465/2017**. O candidato deve estar bastante atento a essas mudanças.

Trata-se, portanto, de um sistema ainda novo, em que há pouca jurisprudência firmada a respeito de uma série de questões polêmicas.

Assim, especificamente para a disciplina Processo Civil, vivemos um momento de transição, tanto na jurisprudência quanto na prova da OAB.

E nos primeiros Exames da OAB à luz do NCPC, houve **muitas perguntas a respeito de inovações** trazidas pela nova legislação. Vale destacar que, no XXV Exame, das 7 questões de processo civil, 6 se referiam a novidades decorrentes do novo sistema.

O Código é dividido em duas partes (parte geral e especial), ao passo que a parte especial é dividida em três livros (processo de conhecimento e cumprimento de sentença, execução e recursos). Para facilitar a compreensão do sistema trazido pelo Código, a exposição da disciplina seguirá exatamente a ordem da legislação.

2. PARTE GERAL

2.1. Princípios processuais

O NCPC, além de trazer novos princípios processuais, positivou na legislação infraconstitucional diversos princípios que antes eram somente constitucionais.

Os 12 artigos iniciais do Código trazem a **base principiológica** do NCPC.

2.1.1. Princípio do acesso à justiça

O acesso à justiça garante que o jurisdicionado, diante de uma lide, poderá buscar a solução via jurisdição, sendo **indevidas quaisquer limitações** à possibilidade de se acionar o Judiciário.

> É previsto na CF (art. 5º, XXXV: "a lei não excluirá da apreciação do Poder Judiciário lesão ou ameaça a direito") e no NCPC (art. 3º: "não se excluirá da apreciação jurisdicional ameaça ou lesão a direito").

Um exemplo de limitação do acesso à justiça seria a dificuldade de a parte pobre arcar com as custas do processo. Para tanto, de modo a garantir o acesso à justiça, há a **previsão da assistência jurídica**.

Houve discussão se a **arbitragem violaria o acesso à justiça**, já que veda a possibilidade de discussão da lide perante o Judiciário. Prevalece a posição de que, diante da opção das partes pela arbitragem, não há violação ao princípio (STF, SE 5.206 AgRg, Tribunal Pleno, j. 12-12-2001, *DJ* 30-4-2004).

2.1.2. Princípio do contraditório

O princípio do contraditório pode ser assim definido: quando uma parte se manifesta, a outra também deve ter a oportunidade de se manifestar no processo.

Trata-se de um binômio: **informação e possibilidade de manifestação**. O primeiro é indispensável; o segundo não necessariamente precisa ocorrer. Assim, não haverá violação ao princípio se a parte, ciente (informada), não se manifestar.

É positivado no art. 5º, LV, da CF, e também no NCPC.

O art. 9º traz a visão clássica de o juiz não decidir sem ouvir a parte contrária, salvo exceções, como no caso de tutela de urgência (art. 9º, parágrafo único).

Inova o NCPC ao trazer, no art. 10, a **vedação às decisões surpresa**. Trata-se do contraditório sob outro ângulo: a impossibilidade de o juiz decidir sem que tenha **dado às partes oportunidade de se manifestar**, mesmo que se trate de matéria que possa ser apreciada de ofício. Assim, o binômio passa a ser um trinômio: **informação, possibilidade de manifestação e resposta do Judiciário**. Trata-se do **contraditório efetivo** previsto no NCPC.

Como exemplo, se o juiz for reconhecer a prescrição, ainda que possa fazer isso de ofício, terá antes de ouvir a parte a respeito desse tema. Se assim não proceder, haverá uma decisão surpresa.

> **Contraditório** e **vedação de decisão surpresa** seriam sinônimos? Sem dúvidas há inter-relação entre ambos os princípios. Mas, como o legislador os tratou em artigos separados, é de se entender que há distinção. E a ideia central da vedação de prolação de decisão surpresa é permitir o contraditório *efetivo*: oportunidade de convencer o magistrado, antes da prolação da decisão.

2.1.3. Princípio da publicidade

O princípio da publicidade prevê que os **atos processuais e a tramitação do processo devem ser públicos**. Está no art. 93, IX, da CF ("todos os julgamentos dos órgãos do Poder Judiciário serão públicos (...)") e no NCPC, no art. 11 e no art. 8º.

Porém, **não se trata de um princípio absoluto**, já que há situações em que o processo pode ser sigiloso. E isso é previsto na própria CF, no art. 5º, LX: "a lei só poderá restringir a publicidade dos atos processuais quando a defesa da intimidade ou o interesse social o exigirem".

Assim, em certos casos – como nas discussões envolvendo direito de família –, tendo em vista a defesa da intimidade, o processo não será público para terceiros, em virtude do **segredo de justiça** (NCPC, arts. 11 e 189).

2.1.4. Princípio da motivação

Pelo princípio da motivação **toda decisão proferida pelo Poder Judiciário deverá ser fundamentada** pelo magistrado que a profere. É positivado na CF, art. 93, IX ("todos os julgamentos dos órgãos do Poder Judiciário serão públicos, e fundamentadas todas as decisões (...)") e repetido no art. 11 do NCPC.

A finalidade é que as partes saibam a razão pela qual seus argumentos foram aceitos ou, principalmente, negados. Inclusive de modo a se ter condições de impugnar a decisão, via recurso. Caso não haja motivação, a decisão será nula.

Merece destaque, no NCPC, a forma pela qual a motivação das decisões judiciais é tratada. O art. 489, § 1º, aponta quando não há uma adequada motivação – numa das mais relevantes inovações do Código.

2.1.5. Princípio da duração razoável do processo

O princípio da duração razoável do processo está na Constituição (art. 5º, LXXVIII: "a todos, no âmbito judicial e administrativo, são assegurados a **razoável duração do processo** e os meios que garantam a celeridade de sua tramitação") e no NCPC. O art. 4º faz também **menção específica à satisfação da parte**, o que demonstra que o princípio **não se restringe apenas à fase de conhecimento**, mas também ao cumprimento de sentença e execução.

2.1.6. Princípio da inércia

O princípio da inércia determina que, para a atuação do Judiciário, há necessidade de **provocação pela parte interessada**. O princípio está previsto no art. 2º do NCPC e tem por objetivo garantir a imparcialidade do juiz. Mas o mesmo artigo preceitua que, uma vez retirado o Judiciário da inércia, aí o processo tramita por **impulso oficial**.

Apesar de a regra ser o Judiciário inerte, existem algumas exceções no sistema, em que a própria legislação afirma que o **juiz poderá agir de ofício**. Por exemplo, ao apreciar matérias de ordem pública, como vícios processuais, pode o juiz agir de ofício (NCPC, art. 485, § 3º).

2.1.7. Princípio da cooperação

O art. 6º do NCPC inova ao prever o princípio da cooperação, destacando que **todos os sujeitos do processo devem cooperar entre si** "para que se obtenha, em tempo razoável, decisão de mérito justa e efetiva".

Como exemplos, do ponto de vista das **partes**, a possibilidade de perícia consensual. Do ponto de vista do **juiz**, o dever de o magistrado indicar qual ponto da inicial deve ser emendado (NCPC, art. 321). Do ponto de vista das **partes e do juiz**, de saneamento compartilhado, em que as partes apontam, em conjunto com o juiz, quais são os pontos controvertidos (NCPC, art. 357, § 3º).

> Há debate doutrinário a respeito do efetivo alcance do princípio da cooperação. É certo que cooperar não pode significar que um advogado tenha de abrir mão da estratégia de atuar em prol de seu cliente. Nem que o juiz tenha de ajudar uma das partes, ainda que seja hipossuficiente.

2.1.8. Princípio da proibição de provas ilícitas

O princípio da proibição da prova ilícita aponta que "são inadmissíveis, no processo, as provas obtidas por meios ilícitos" (CF, art. 5º, LVI). O que se busca **proteger é a intimidade das pessoas** (também protegida na CF, art. 5º, X).

Se uma prova ilícita for levada ao processo, esta não deverá ser considerada pelo magistrado no momento do julgamento.

2.1.9. Princípio do devido processo legal

Este é chamado um princípio-síntese, do qual outros decorrem. É previsto na CF, art. 5º, LIV: "ninguém será privado (...) de seus bens sem o devido processo legal".

O princípio se aplica a diversas situações e indica as condições mínimas para o trâmite do processo, ou seja, o **trâmite do processo deve seguir uma forma prevista em lei** (regras previamente estabelecidas).

2.1.10. Princípio da ampla defesa

O princípio da ampla defesa é a garantia de qualquer réu de ter **plenas condições de apresentar seus argumentos de defesa**. É positivado no art. 5º, LV, da CF: "aos litigantes (...) são assegurados o contraditório e ampla defesa, com os meios e recursos a ela inerentes".

Porém, a ampla defesa não significa que tudo aquilo que o réu pretende alegar ou provar deve ser levado em consideração. O juiz deve analisar a pertinência e a conveniência das provas e das alegações.

2.1.11. Princípio do juiz natural

O princípio do juiz natural preceitua que o **órgão julgador competente para determinada causa deve existir e ser conhecido antes de ocorrido o fato a ser julgado**.

É previsto no art. 5º da CF: "XXXVII – não haverá juízo ou tribunal de exceção" e "LIII – ninguém será processado nem sentenciado senão pela autoridade competente".

O juiz natural é o juiz competente previsto em lei (Constituição e Códigos) para julgar a lide em abstrato, antes mesmo de sua ocorrência.

O objetivo do princípio é **garantir a imparcialidade do julgador**, a qual é usualmente deixada de lado quando se cria um tribunal para determinado ato, após a sua ocorrência.

2.1.12. Julgamento em ordem cronológica

Finalizando a parte inicial do NCPC, há a previsão de **julgamento das demandas em ordem cronológica de conclusão** (art. 12). Este é um dos dispositivos alterados durante a *vacatio legis* (Lei n. 13.256/2016), sendo importante conhecer a modificação.

Na redação original, tinha-se o seguinte: "os juízes e os tribunais **deverão** obedecer à ordem cronológica de conclusão para proferir sentença ou acórdão". Contudo, com a alteração legislativa, a redação do artigo ficou a seguinte: "Art. 12. Os juízes e os tribunais atenderão, **preferencialmente**, à ordem cronológica de conclusão para proferir sentença ou acórdão".

Em outras palavras, de um comando para o julgador (deverão obedecer) passou-se para uma mera sugestão ao magistrado (atenderão, preferencialmente).

Pela redação mantida, em cada uma das varas de juízes ou gabinetes de desembargadores ou de ministros, deverá ser elaborada uma **lista com a ordem dos processos que estão conclusos** para decisão final (NCPC, art. 12, § 1º). Essa lista deverá estar disponível não só na vara ou gabinete, mas também na internet. Do ponto de vista prático, poucas são as varas e tribunais que adotam essa lista.

Além disso, vale destacar que o próprio NCPC traz diversas **exceções à ordem cronológica** (há 9 incisos no art. 12, § 2º, dentre os quais homologação de acordo e julgamento de causas massificadas). Contudo, como o julgamento em ordem cronológica é opcional, esses incisos acabam tendo pouca relevância prática.

2.2. Jurisdição e competência

2.2.1. Jurisdição

A jurisdição, de forma ampla, é o poder estatal de **decidir um caso concreto**.

Apesar de a jurisdição ser una e indivisível como função estatal, existem algumas classificações.

Por questões de conveniência e melhor divisão do trabalho, não é todo juiz do Brasil que julgará toda e qualquer causa.

Desta forma, há uma **especialização conforme a matéria debatida em juízo**. No atual sistema constitucional brasileiro, a divisão existente é a seguinte:

Justiça especializada	Eleitoral (CF, art. 118)
	Trabalhista (CF, art. 111)
	Penal Militar (CF, art. 122)
Justiça comum	Federal (CF, art. 109, I)
	Estadual (CF, art. 125)

Para compreender as regras de competência no sistema processual brasileiro, necessário conhecer como a Constituição regula o Poder Judiciário. Assim, nesse ponto, conferir a configuração do Judiciário em Direito Constitucional.

A partir da **natureza da lide debatida**, deve-se analisar se a questão é da competência de uma das três Justiças Especializadas (Eleitoral, Trabalhista ou Penal Militar). Se não for, conclui-se se tratar de causa de competência da Justiça Comum (Federal ou Estadual).

Na Justiça Comum, deve-se analisar se algum **ente federal é parte do processo** (CF, art. 109, I: União, autarquias ou empresas públicas federais): se for, a competência será da Justiça Federal; se não for, a competência será da Justiça Estadual.

2.2.2. Competência

Competência é a **medida ou parcela da jurisdição.** Assim, apesar de todo juiz ser investido na jurisdição, cada magistrado tem uma parcela da jurisdição, para julgar determinadas causas – que é, exatamente, a competência.

Assim, tem-se que a **jurisdição** é o poder de dizer (aplicar) o direito a uma lide, ao passo que a **competência** é a divisão desse poder, entre diversos juízos.

Existem diversos critérios para a classificação da competência.

Em relação ao **juiz brasileiro ou juiz estrangeiro**, há **competência concorrente** quando o juiz brasileiro e o juiz de outro país podem tratar da matéria (NCPC, arts. 21 e 22). Isso ocorre nas seguintes situações: (i) réu, qualquer que seja a sua nacionalidade, domiciliado no Brasil; (ii) obrigação tiver de ser cumprida no Brasil; (iii) o fundamento da demanda seja fato ocorrido ou de ato praticado no Brasil; (iv) ação de alimentos, se o autor for domiciliado ou residente no Brasil ou se o réu tiver algum vínculo no Brasil (bens, renda ou benefícios econômicos); (v) ação envolvendo relação de consumo, e o consumidor for domiciliado ou residente no Brasil; e (vi) ação em que as partes se submetem à jurisdição nacional (ou seja, quando há o processo no Brasil e não há impugnação pelo réu, ainda que não se esteja diante de uma das hipóteses anteriores).

Nestes casos, a decisão estrangeira, para ser executada no Brasil, deve inicialmente passar pelo procedimento de **homologação de decisão estrangeira** (NCPC, arts. 960 e s.), procedimento de competência exclusiva do STJ (NCPC, art. 960, § 2º, e CF, art. 105, I, *i*).

É certo que, ao se referir a uma decisão proferida por juiz estrangeiro, é possível que a pergunta envolva algum aspecto de direito internacional – como, aliás, já ocorreu em exame anterior. Assim, deve-se estar atento para a possibilidade de questões que tratem dos temas em conjunto.

Além disso, fala-se em **competência exclusiva** quando somente o juiz brasileiro pode tratar da matéria (NCPC, art. 23). Verifica-se nas seguintes hipóteses: (i) ações relativas a imóveis situados no Brasil; (ii) ações relativas à sucessão hereditária, para proceder à confirmação de testamento particular e ao inventário e à partilha de bens situados no Brasil, ainda que o autor da herança seja de nacionalidade estrangeira ou tenha domicílio fora do território nacional. Nesses casos, sempre terá de existir um processo perante um juiz brasileiro; e (iii) em divórcio, separação judicial ou dissolução de união estável, para proceder à partilha de bens situados no Brasil, ainda que o titular seja de nacionalidade estrangeira ou tenha domicílio fora do território nacional. Nesses casos, tal qual no anterior, sempre terá de existir um processo perante um juiz brasileiro.

2.2.2.1. Tipos e espécies de competência

Os dois tipos são a **competência absoluta**, fundada em interesse público, que não pode ser alterada por vontade das partes, e a **competência relativa**, fundada no interesse das partes, e que pode ser alterada se estas assim quiserem.

Como espécies da competência absoluta há:

(i) competência em **razão da matéria:** Justiça Federal, Estadual ou Trabalhista. Vara Cível, Criminal ou Família.

(ii) competência em **razão da pessoa:** o fato de ente federal participar do processo influencia na fixação da competência (União, empresa pública federal, autarquia federal, fundação federal e ainda conselhos de fiscalização profissional, como a OAB).

(iii) competência em **razão da função** ou **competência hierárquica:** competência originária em 1º grau (regra) ou em grau superior.

No caso das três espécies de competência absoluta, ainda que haja contrato entre as partes escolhendo que a lide seja solucionada por outro órgão judiciário, isso não será aceito pelo juiz (exatamente porque se trata da competência absoluta, em que não há liberdade das partes para alterá-la).

Como espécies da competência relativa há:

(i) competência **territorial:** São Paulo ou Rio de Janeiro.

(ii) competência **em razão do valor:** Juizado Especial ou Vara tradicional.

Nestes casos, diferentemente do que se expôs em relação à competência absoluta, é possível se falar em **foro de eleição:** podem as partes optar, em contrato, por um órgão judiciário situado em comarca distinta daquela prevista em lei como a territorialmente competente. Exatamente porque esta competência se funda no interesse das partes.

Das espécies acima indicadas, as mais debatidas em exames de ordem são a competência em razão da matéria (que antes do NCPC englobava, também, os debates quanto à competência em razão da pessoa) e a competência territorial.

Portanto, a **competência absoluta**, fundada em razões de ordem pública, é dividida em razão da matéria, pessoa e hierarquia ou função. Já a **competência relativa**, fundada no interesse das partes, é dividida em razão do território e do valor.

Conforme o tipo de competência (absoluta ou relativa), há distinções em relação às consequências para o processo. E isso é importante especialmente em relação às **situações de incompetência**.

No quadro a seguir, verificam-se as distinções entre os tipos de competência (absoluta e relativa) em relação a três situações: (i) se o juiz pode se reconhecer como incompetente de ofício, (ii) como a parte pode alegar a incompetência e (iii) caso a parte não alegue a incompetência no momento esperado, qual a consequência para o processo.

Tipo de competência/ Distinções	Conhecimento de ofício pelo juiz (ou a parte precisa provocar?)	Forma de arguição pelo réu	Consequências da não arguição
Absoluta	Sim, de ofício (NCPC, art. 64, § 1º)	Preliminar de contestação (NCPC, art. 64)	Pode ser alegada/conhecida a qualquer tempo e grau de jurisdição (NCPC, art. 64, § 1º) Após coisa julgada, cabe rescisória (NCPC, art. 966, II)
Relativa	Não, a parte precisa provocar* (NCPC, art. 65)	Preliminar de contestação (NCPC, art. 64) ■ novidade do NCPC	Prorrogação da competência (NCPC, art. 65)

Em relação ao **conhecimento de ofício da incompetência relativa** pelo juiz (assinalado com * no quadro acima), há uma **exceção** (NCPC, art. 63, § 3º). Tratando-se de situação em que há eleição de foro, com cláusula abusiva, poderá o juiz de ofício declarar que a cláusula é ineficaz, remetendo os autos ao juízo do foro do domicílio do réu. Como exemplo (mas não a única situação), em relação de consumo, cláusula de eleição de foro em prejuízo do consumidor.

Como pode se perceber do quadro acima, uma importante modificação em relação ao sistema anterior se refere à forma de impugnar a incompetência: seja qual for o tipo de incompetência, ela deve ser alegada via **preliminar de contestação**, não mais existindo a figura da exceção de incompetência relativa.

■ 2.2.2.2. Critérios para fixação da competência territorial

No tocante à competência territorial, existem **duas regras gerais:**

(i) na hipótese de **direito pessoal** ou **direito real sobre móveis**, a competência para o julgamento da causa será o foro do domicílio do réu (NCPC, art. 46).

(ii) tratando-se de **direito real sobre imóveis**, competente para julgar a lide será o foro do local da coisa (NCPC, art. 47).

Ademais, além destas duas regras gerais, existem diversas **exceções**.

No NCPC, o tema é tratado nos arts. 48 e 53:

- no **inventário, partilha, arrecadação, cumprimento de disposições de última vontade ou impugnação de partilha extrajudicial:** foro do último domicílio do falecido – mesmo foro competente para todas as ações em que o espólio for réu (NCPC, art. 48);
- quando o **réu for incapaz:** foro do domicílio de seu representante ou assistente (NCPC, art. 50);
- no **divórcio (e ações correlatas):** a) foro do domicílio do guardião do filho incapaz (ou seja, do domicílio de quem tiver a guarda do incapaz); b) se não houver filho incapaz, do último domicílio do casal; c) se nenhum dos cônjuges morar no antigo domicílio do casal, no domicílio do réu (NCPC, art. 53, I). Assim, **não** existe mais a previsão de que o divórcio será no domicílio da mulher;
- na **ação de alimentos:** foro do domicílio de quem pleiteia alimentos (NCPC, art. 53, II);
- na ação envolvendo **estatuto do idoso** (Lei n. 10.741/2003), na residência do idoso (NCPC, art. 53, III, *e*);
- nas ações de **reparação de danos**, no lugar do ato ou fato (NCPC, art. 53, IV, *a*);
- nas indenizações decorrentes de **acidente de veículo (inclusive aeronave) ou dano decorrente de delito:** foro do local do fato ou do domicílio do autor (NCPC, art. 53, V);
- nas lides envolvendo **relações de consumo:** foro do domicílio do consumidor (CDC, art. 101, I);
- nas **ações de despejo**, se não houver foro de eleição: foro do local do imóvel (Lei n. 8.245/91, art. 58, II).

2.2.2.3. Alterações da competência

Em regra, tem-se a ***perpetuatio jurisdictionis***, ou seja, a **competência é fixada no momento do registro ou distribuição da inicial**, sendo irrelevantes as posteriores alterações que porventura ocorram (NCPC, art. 43). Contudo, por questões de celeridade e conveniência, algumas vezes é possível que haja a modificação da competência.

> Porém, o próprio art. 43 do NCPC, que prevê a *perpetuatio*, traz exceções: haverá a redistribuição se (i) houver supressão do órgão judiciário perante o qual tramitava a causa ou (ii) houver alteração da competência absoluta (matéria, pessoa ou hierarquia/função).

Por sua vez, a competência pode ser alterada se houver **conexão** (duas ou mais demandas que têm a mesma causa de pedir ou o pedido – NCPC, art. 55) ou **continência** (duas ou mais demandas em que há identidade de partes e de causa de pedir, mas o pedido de uma é mais amplo que o das demais – NCPC, art. 56).

A consequência da conexão é a **reunião dos processos**, para que haja julgamento conjunto. Porém, **só haverá a reunião** de processos se ambos estiverem no mesmo grau de jurisdição (NCPC, art. 55, § 1º).

Inova o NCPC ao trazer situações concretas e afirmar que nelas há conexão (**conexão legal** – NCPC, art. 55, § 2º): (i) execução de título executivo extrajudicial e processo de conhecimento relativo à mesma dívida e (ii) execuções fundadas no mesmo título executivo.

Outra inovação do NCPC é a possibilidade de **reunião de processos semelhantes**, mesmo que não haja conexão (NCPC, art. 55, § 3º).

Como **consequência da continência** (NCPC, art. 57), pode haver (i) a reunião dos processos ou (ii) a extinção de um deles (inovação na legislação).

Se a situação de conexão ou continência determinar a reunião das demandas, a **prevenção** é que determinará qual o juízo responsável pelo julgamento de ambas as demandas, ou seja, o **juiz que primeiro tiver tido contato com a lide**, pela distribuição ou registro (NCPC, art. 59).

Utiliza-se o **conflito de competência** se um ou mais juízes entenderem que são competentes ou incompetentes para julgar a mesma causa (NCPC, art. 66). O conflito será usado se houver dúvida entre dois ou mais juízes a respeito de quem deverá julgar a causa (por força de conexão, continência, prevenção, acessoriedade).

O conflito pode ser suscitado pelo juiz, MP ou partes (NCPC, art. 951), e será **negativo** (os dois juízes entendem que são incompetentes para julgar a causa) ou **positivo** (os dois juízes entendem que são competentes para julgar a causa).

2.3. Dos sujeitos do processo

2.3.1. Partes e capacidades

Para que se saiba quem pode figurar como parte no âmbito do Poder Judiciário, é necessário que se conheça as diversas capacidades existentes:

a) **capacidade de ser parte:** pode ser parte em um processo judicial quem tem a possibilidade de ser titular de direitos – assim, trata-se de conceito ligado à personalidade jurídica (CC, art. 1º).

Apesar disso, para resolver questões de ordem prática, a legislação processual por vezes concede capacidade de ser parte a entes despersonalizados. É, por exemplo, o caso do espólio, que é representado pelo inventariante (cf. NCPC, art. 75, V, VI, VII e XI).

Como se percebe, ou há ou não há capacidade de ser parte, não sendo possível falar em correção dos polos da relação processual no caso de incapacidade de ser parte – o processo será extinto.

b) **capacidade processual (*legitimatio ad processum*):** é a capacidade de figurar no processo judicial por si mesmo, sem o auxílio de outrem.

A regra do NCPC (art. 71) é que os absolutamente incapazes (CC, art. 3º) devem ser representados, ao passo que os relativamente incapazes (CC, art. 4º) devem ser assistidos.

> Para que se saiba corretamente como funcionam as capacidades no âmbito processual, fundamental compreender as regras de (in)capacidade previstas na legislação civil, especialmente após as alterações decorrentes do Estatuto da Pessoa com Deficiência (Lei n. 13.146/2015), tema tratado em Direito Civil.

Por sua vez, há algumas pessoas que, apesar de não serem incapazes à luz da legislação civil, têm restrições em sua capacidade processual. É a hipótese dos **litigantes casados**. Em regra, não há qualquer distinção entre solteiros e casados. A exceção envolve as **ações reais imobiliárias**, salvo no caso do regime de separação total de bens (NCPC, art. 73). Neste caso, ou há litisconsórcio ou há autorização do cônjuge para se ingressar em juízo – via outorga uxória (prestada pela esposa ao marido) ou outorga marital (prestada pelo marido à esposa).

O legislador assim previu considerando que a discussão envolvendo direitos reais imobiliários em tese pode influenciar toda a família. É uma visão que dá maior valor ao bem imóvel que se justificava na década de 1970, mas não na segunda década do século XXI (mas não houve alteração no NCPC).

c) **capacidade postulatória:** é a capacidade plena de representar as partes em juízo; a capacidade de falar, de postular perante os órgãos do Poder Judiciário. Em regra, o advogado é o titular da capacidade postulatória (NCPC, art. 103).

É certo que, neste ponto, há grande contato entre o Direito Processual e a Ética Profissional, no tocante à atuação do advogado em juízo – e também em relação à outorga e revogação do mandato (tema tratado mais adiante). Historicamente o tema é perguntado tanto em Processo Civil quanto em Ética.

Porém, há casos em que a lei concede capacidade postulatória à própria parte – mas isso não impede a postulação por meio de um advogado. As situações são as seguintes:

- Juizados Especiais Cíveis, nas causas de até 20 salários mínimos (Lei n. 9.099/95, art. 9º) – e, também, Juizado Especial Federal e Juizado da Fazenda Pública Estadual;
- ação de alimentos (Lei n. 5.478/68, art. 2º);
- *habeas corpus*;
- reclamações trabalhistas (CLT, art. 791).

Existindo **vício de capacidade que possa ser sanado**, inicialmente o juiz deverá determinar a correção da falha (NCPC, art. 76, *caput*).

Assim, há três capacidades que não podem ser confundidas: (i) capacidade de ser parte, que é a capacidade de alguém ser parte em processo judicial; (ii) capacidade processual, que é a capacidade de alguém figurar, por si só, como autor ou réu em processo judicial; e (iii) capacidade postulatória, que é a capacidade de pleitear perante o Poder Judiciário.

2.3.2. Sucessão processual

Dá-se o nome sucessão processual à **alteração das partes em um processo judicial** (NCPC, art. 108).

Um exemplo de sucessão processual é a hipótese de falecimento de uma das partes (NCPC, art. 110) quando – após a suspensão do processo (NCPC, art. 313, I) – o sucessor ingressará nos autos para assumir a posição processual do falecido. Isso ocorrerá mediante um procedimento especialmente denominado habilitação (NCPC, art. 687).

Outro exemplo em que pode ocorrer a sucessão é a alienação de objeto litigioso. Neste caso, quem adquire o bem poderá ingressar no processo no lugar da parte que alienou o bem – desde que haja consentimento da parte contrária (NCPC, art. 109, § 1º). Se não houver o consentimento, o adquirente poderá intervir no processo como assistente litisconsorcial do alienante (NCPC, art. 109, § 2º).

A **sucessão processual**, que é a modificação das partes em um processo judicial (como no caso de óbito de uma das partes), não deve ser confundida com a **substituição processual**, que importa em pleitear direito alheio em nome próprio (NCPC, art. 18).

2.3.3. Procuração

O contrato que regula a relação entre cliente e advogado é o **mandato**. A **procuração** é o instrumento do mandato e prova que a parte é representada pelo advogado.

Em regra, ao apresentar qualquer manifestação, o advogado já junta ao processo a procuração. Contudo, em **situações de urgência**, é possível que o advogado pleiteie alguma providência jurisdicional sem a apresentação da procuração, requerendo prazo para tanto – de 15 dias, prorrogáveis por mais 15 dias (NCPC, art. 104).

Inova o NCPC ao determinar que da procuração conste o nome, número de inscrição e endereço da sociedade de advogados (NCPC, art. 105, § 3º). Além disso, a procuração, salvo previsão em sentido contrário constante do próprio instrumento, é eficaz por toda a tramitação do processo, inclusive o cumprimento de sentença (NCPC, art. 105, § 4º).

A legislação civil prevê o **término do mandato** nas seguintes hipóteses (CC, art. 682): **(i)** renúncia ou revogação; **(ii)** morte ou interdição das partes (seja cliente ou advogado); **(iii)** mudança de estado que inabilite o mandante a conferir poderes (como uma alteração societária que altere quem, na empresa, possa outorgar mandato) ou o mandatário para exercê-los (perda da capacidade postulatória pelo advogado, que pode ocorrer por força de uma suspensão perante a OAB, dentre outras razões); e **(iv)** pelo término do prazo ou pela conclusão do negócio.

A **renúncia** é o ato pelo qual o advogado deixa de representar o cliente. Pode o advogado "renunciar ao mandato a qualquer tempo, provando (...) que comunicou a renúncia ao mandante, a fim de que este nomeie substituto" (NCPC, art. 112), ou seja, se não houver a comprovação no processo de que houve a ciência ao cliente, a renúncia não será válida. Mas, mesmo que comprovada a ciência da renúncia, o advogado continuará a representar o mandante nos autos por 10 dias, de modo a não lhe causar prejuízo (NCPC, art. 112, § 1º). Porém, se houver mais de um advogado com poderes e só houver a renúncia de um dos advogados, não há necessidade processual de comunicar a renúncia.

Por outro lado, a **revogação** é o ato pelo qual o cliente desconstitui o advogado da sua função de mandatário. Pela lei processual, a parte que revoga o mandato deve, no mesmo ato, constituir novo advogado (NCPC, art. 111). Contudo, à luz da ética profissional, o novo mandatário deve dar ciência ao anterior de que está assumindo a causa.

Havendo **morte do advogado**, sua **interdição** ou a **perda de sua capacidade postulatória**, haverá um defeito de representação, já que o cliente não terá quem o represente dotado de capacidade postulatória. Nesse caso, o processo será suspenso (NCPC, art. 313, I) e o juiz concederá prazo de 15 dias para que seja nomeado novo advogado pelo cliente, sob pena de extinção (se a morte envolver o patrono do autor) ou revelia (se em relação ao advogado do réu). É o que prevê o NCPC, art. 313, § 3º.

2.3.4. Honorários sucumbenciais

Quando o advogado atua, em regra existem dois tipos de honorários que ele pode receber: (i) **honorários contratuais**, que são aqueles definidos entre cliente e advogado, com ampla liberdade de contratação (observados os limites mínimos da tabela de honorários da OAB) e (ii) **honorários sucumbenciais**, que decorrem da perda no processo judicial (sucumbência) e são pagos ao patrono da parte contrária. É destes últimos que trata o Código.

O **ônus da sucumbência** é a condenação ao pagamento das despesas (custas processuais, honorários periciais e outras). Os honorários são especificamente previstos no art. 85 e s.

O NCPC traz diversas inovações quanto aos honorários (o art. 85 é o que mais tem parágrafos no NCPC: são 19).

São devidos **honorários não só na ação principal**, mas também (NCPC, art. 85, § 1º):

- na reconvenção;
- no cumprimento de sentença, provisório ou definitivo;
- na execução, resistida ou não, e
- nos recursos, cumulativamente ao fixado em 1º grau.

Os honorários serão fixados, em 1º grau, entre 10 e 20%. A **base de cálculo** será (i) o valor da condenação ou – inovação – (ii) do proveito econômico ou (iii) do valor atualizado da causa (art. 85, § 2º). Esse critério se aplica mesmo ao caso de improcedência de pedido. Se o valor da causa for muito baixo ou o proveito econômico irrisório, o juiz fixará os honorários de forma equitativa (NCPC, art. 85, § 8º) – ou seja, fixará os honorários em quantia superior, considerando as especificidades do caso concreto.

Nas causas em que a **Fazenda Pública for parte**, a fixação dos honorários observará critérios legais e percentuais de modo escalonado, entre 10%/20% até 1%/3%. Quanto maior a base de cálculo, menor o percentual.

Importante novidade é a **fixação de honorários em grau recursal**. O tribunal, ao julgar o recurso, majorará os honorários fixados anteriormente, levando em conta o trabalho adicional realizado em grau recursal. Assim, se em primeiro grau foi fixado o montante de 10% da condenação a título de honorários, o tribunal poderá fixar mais 5% quando do julgamento do recurso. Contudo, será vedado, no cômputo geral da fixação de honorários devidos ao advogado do vencedor, ultrapassar os limites estabelecidos para a fase de conhecimento, ou seja, o teto de 20%, quando esse for o critério a ser aplicado (art. 85, § 11).

Os honorários fixados em grau recursal são **cumuláveis com multas e outras sanções processuais** (§ 12).

O NCPC reafirma que os honorários constituem **direito do advogado e têm natureza alimentar**, sendo titulares dos mesmos privilégios de créditos oriundos da legislação trabalhista (art. 85, § 14).

O § 14 do art. 85 do NCPC, inovando, **veda a compensação dos honorários** advocatícios em caso de sucumbência parcial, promovendo a *superação* da Súmula 306 do STJ:

> Os honorários advocatícios devem ser compensados quando houver sucumbência recíproca, assegurado o direito autônomo do advogado à execução do saldo sem excluir a legitimidade da própria parte.

Se a decisão transitada em julgado for omissa quanto ao direito aos honorários ou seu valor, será cabível

ação autônoma para sua definição e cobrança (art. 85, § 18); a previsão gera a *superação* da parte final da Súmula 453 do STJ:

> Os honorários sucumbenciais, quando omitidos em decisão transitada em julgado, não podem ser cobrados em execução ou em ação própria.

Advogados públicos perceberão honorários sucumbenciais nos termos da lei (art. 85, § 19).

No caso de **sucumbência mínima**, a responsabilidade pela sucumbência será na íntegra do outro litigante (art. 86, parágrafo único).

Se houver **litisconsórcio**, haverá o pagamento dos honorários pelos vencidos, devendo a sentença distribuir expressamente quanto cada parte arcará. Contudo, se a sentença for omissa – e não houver embargos de declaração quanto ao ponto – então haverá solidariedade entre todos os vencidos. Trata-se de interessante inovação prevista no § 2º do art. 87.

2.3.5. Justiça gratuita

O NCPC regula a **concessão e revogação da gratuidade de justiça**, que é a isenção de custas e despesas para os que têm insuficiência de recursos.

> Por **assistência judiciária** entende-se a prestação de serviços jurídicos ao hipossuficiente (o que, em regra, é realizado pela Defensoria Pública), ao passo que a **justiça gratuita** é o não pagamento dos custos do processo com despesas.

Nada impede que uma parte que contrata **advogado particular** pleiteie e receba a gratuidade de justiça (NCPC, art. 99, § 3º).

O NCPC afirma que a gratuidade de justiça engloba não só as taxas e custas, mas também (i) honorários do perito, (ii) exame de DNA e outros exames necessários no caso concreto, (iii) depósito para interposição de recurso ou propositura de ação rescisória e (iv) valores devidos a cartórios extrajudiciais em decorrência de registros ou averbações necessários à efetivação da decisão judicial (art. 98, § 1º).

Contudo, não estão incluídas na gratuidade eventuais multas processuais impostas ao beneficiário da justiça gratuita (art. 98, § 4º).

Se o beneficiário da justiça gratuita **não tiver êxito na causa** (seja figurando do lado ativo ou passivo da demanda), deverá ser condenado a arcar com os honorários advocatícios da parte contrária (art. 98, § 2º). Mas somente será possível executar os honorários se, no prazo de 5 anos, o credor demonstrar que o beneficiário está com condições financeiras aptas a responder pelo débito (art. 98, § 3º).

A gratuidade de justiça é **direito da parte**, seja pessoa física ou jurídica (art. 98). Porém, só a pessoa física tem presunção na afirmação da hipossuficiência econômica (art. 99, § 3º), devendo a pessoa jurídica provar sua situação econômica – exatamente como previsto na Súmula 481 do STJ, editada à luz do CPC/73:

> Faz jus ao benefício da justiça gratuita a pessoa jurídica com ou sem fins lucrativos que demonstrar sua impossibilidade de arcar com os encargos processuais.

A justiça gratuita pode ser **requerida a qualquer momento** (NCPC, art. 99): (i) na petição inicial; (ii) na contestação; (iii) na petição de ingresso de terceiro e (iv) no recurso. Quer dizer, cabe pleitear a gratuidade em qualquer momento do processo – mesmo durante a tramitação da causa em primeiro grau, após a inicial e antes do recurso.

Se o requerimento de gratuidade for formulado quando da interposição do recurso, o recorrente não terá de recolher o preparo – não sendo possível se falar em deserção até eventual decisão do relator que indeferir e determinar o recolhimento das custas (NCPC, art. 99, § 7º).

Quanto ao **critério para a concessão da gratuidade**, a lei não traz critérios objetivos, tratando-se de decisão que ficará a cargo do magistrado, conforme o caso concreto. O NCPC apenas traz o direito à gratuidade no caso de "insuficiência de recursos para pagar as custas, despesas processuais e honorários advocatícios" (NCPC, art. 98).

Não é possível ao juiz indeferir de plano a gratuidade (NCPC, art. 99, § 2º). Se o magistrado não estiver convencido da presença dos requisitos, deverá determinar que a **parte comprove** sua situação de hipossuficiência econômica.

Inova o NCPC ao prever a concessão de **justiça gratuita parcial**, que pode se configurar de duas formas distintas: (i) reconhecimento da gratuidade para alguns dos atos do processo ou apenas a redução de parte das despesas (NCPC, art. 98, § 5º) e (ii) parcelamento de despesas, "se for o caso" (NCPC, art. 98, § 6º).

Concedida a gratuidade, pode a parte contrária **impugnar a concessão da justiça gratuita**. Assim, deferido o pedido, a parte contrária poderá oferecer impugnação na contestação, na réplica, nas contrarrazões de recurso ou, nos casos de pedido superveniente ou formulado por terceiro, por meio de petição simples, a ser apresentada no prazo de 15 dias (NCPC, art. 100).

2.3.6. Juiz

O NCPC, em relação aos **poderes do juiz**, prevê que o juiz deve assegurar igualdade de tratamento às partes, velar pela duração razoável do processo, reprimir ato contrário à dignidade da justiça e tentar a autocomposição entre as partes).

Além disso, existem algumas novidades, com destaque para as seguintes (NCPC, art. 139):

(i) possibilidade de (a) dilação dos prazos processuais e (b) alteração da ordem de produção das provas, considerando o caso concreto (a dilação de prazos só pode ser determinada antes de encerrado o prazo regular);

(ii) possibilidade de determinar medidas coercitivas para assegurar o cumprimento de ordem judicial, inclusive nas ações que tenham por objeto prestação pecuniária (ou seja, é possível se cogitar de multa-diária para uma obrigação de pagar);

(iii) possibilidade de o juiz determinar o suprimento de pressupostos processuais e o saneamento de outros vícios processuais;

(iv) quando diante de diversas demandas individuais repetitivas, pode o juiz oficiar o MP, a Defensoria Pública e outros legitimados para que se promova a ação coletiva.

> O inciso IV do art. 139 traz a chamada *atipicidade das medidas executivas*. No Código anterior isso já existia para as obrigações de fazer, sendo que a principal medida coercitiva antes utilizada era a fixação de multa diária (ou *astreintes*).
> No NCPC, há uma potencialização das medidas coercitivas e mandamentais que buscam o cumprimento de ordem judicial, sendo cabíveis agora inclusive para as *obrigações de pagar*.
> Já há grande debate, doutrinário e jurisprudencial, a respeito de *até onde* o magistrado pode ir. Algumas decisões determinam (i) a suspensão do direito de dirigir e apreensão da carteira de motorista (CNH), (ii) apreensão de passaporte e (iii) determinação de cancelamento de cartões de crédito. E, igualmente, há decisões cassando tais determinações.

O magistrado deve ser imparcial – bem como seus auxiliares (NCPC, art. 148). Assim, há as figuras do impedimento e suspeição.

São hipóteses de **impedimento** do juiz (NCPC, art. 144):

I – atuar em processo que antes interveio como mandatário da parte, perito, MP ou prestou depoimento como testemunha;

II – atuar em processo em outro grau de jurisdição, se antes proferiu decisão;

III – atuar em processo no qual estiver postulando (como defensor, advogado ou MP) cônjuge, companheiro ou parente até o terceiro grau;

IV – atuar em processo quando ele próprio, cônjuge ou companheiro, ou parente (consanguíneo ou afim) até o terceiro grau for parte;

V – atuar em processo quando for sócio ou membro da direção de pessoa jurídica que for parte no processo;

VI – atuar em processo quando for herdeiro presuntivo, donatário ou empregador de qualquer das partes;

VII – atuar em processo que for parte instituição de ensino com a qual tenha relação de emprego ou decorrente de contrato de prestação de serviços;

VIII – quando for parte cliente do escritório de advocacia de seu cônjuge, companheiro ou parente, consanguíneo ou afim, em linha reta ou colateral, até o terceiro grau inclusive, mesmo que patrocinado por advogado de outro escritório;

IX – quando o magistrado for autor de demanda contra a parte ou seu advogado.

São hipóteses de **suspeição** do juiz (NCPC, art. 145):

I – o magistrado que for amigo íntimo ou inimigo das partes ou de seus advogados;

II – o magistrado que receber presentes de pessoas que tiverem interesse na causa, que aconselhar alguma das partes acerca do objeto da causa ou que subministrar meios para atender às despesas do litígio;

III – quando qualquer das partes for sua credora ou devedora, de seu cônjuge ou companheiro ou de parentes destes, em linha reta até o terceiro grau, inclusive;

IV – se for interessado no julgamento do processo em favor de qualquer das partes.

Cabe, ainda, a suspeição por **motivo de foro íntimo** (NCPC, art. 145, § 1º).

> A **suspeição** e o **impedimento** são hipóteses de parcialidade do juiz. Enquanto o impedimento tem por base situações objetivas, a suspeição decorre de questões mais subjetivas. No tocante às consequências, apenas o impedimento permite o uso da ação rescisória (NCPC, art. 966, II).

2.3.7. Conciliador e mediador

Nos últimos anos há um estímulo no Brasil aos métodos alternativos de solução da lide (**MASCs** – métodos alternativos de solução do conflito – ou, na sigla em inglês, **ADRs** – *alternative dispute resolution*), dentre os quais se destacam:

a) **conciliação:** o conciliador busca o consenso entre os litigantes e tem uma postura propositiva, sugerindo soluções para as partes. Tem previsão no NCPC.
b) **mediação:** o mediador busca o consenso entre os litigantes e tem uma postura de induzir que as próprias partes encontrem a solução. Após longo período sem regulamentação legal, passou a ser previsto no NCPC e, também, na Lei n. 13.140/2015 (diploma aprovado após o NCPC, mas com vigência anterior – e que tem alguns conflitos com o Código).
c) **arbitragem:** as partes estabelecem que a decisão da lide será proferida por um árbitro privado, que conheça a matéria em debate, e não por um juiz do Poder Judiciário. Uma vez que haja a opção pela arbitragem, não é possível a utilização da jurisdição. É prevista pela Lei n. 9.307/96, que sofreu importantes reformas com a Lei n. 13.129/2015.

Um ponto comum aos MASCs/ADRs é que não há decisão judicial. Uma forma de **distinguir as três figuras** é a seguinte:

- o mediador é terceiro que busca o acordo entre as partes, mas sem sugerir a solução (NCPC, art. 165, § 3º), sendo a mediação destinada a situações em que há prévio contato entre as partes (como questões de família ou vizinhança);
- o conciliador é terceiro que busca o acordo entre as partes, sugerindo a solução (NCPC, art. 165, § 2º), sendo a conciliação mais adequada para situações em que não havia prévio contato entre as partes (como nas indenizações, tal qual um acidente de veículo);
- o árbitro é terceiro que decidirá a lide, cuja decisão independerá da vontade das partes em acolhê-la (Lei n. 9.307/96, art. 31).

Os métodos alternativos de solução da lide têm sido muito estimulados. Nesse sentido, o CNJ editou a Resolução 125, cuja ementa é a seguinte "Dispõe sobre a Política Judiciária Nacional de tratamento adequado dos conflitos de interesses no âmbito do Poder Judiciário e dá outras providências". E, com o NCPC (que prevê uma audiência de conciliação e mediação praticamente obrigatória), a Lei n. 13.140/2015 (Lei da Mediação) e a Lei n. 13.129/2015 (que alterou a Lei de Arbitragem), o panorama é que haverá ainda mais estímulo a esses métodos de solução, inclusive para desafogar a jurisdição que está absolutamente abarrotada.

2.3.8. Ministério Público

O **Ministério Público**, **MP** ou ***Parquet*** é instituição permanente, essencial à função jurisdicional e destinada à preservação dos valores fundamentais do Estado (defesa da ordem jurídica, regime democrático e interesses sociais – CF, art. 127).

A Constituição Federal (art. 128) divide o MP em MPE (Ministério Público Estadual – atua perante a Justiça Estadual) e MPU (Ministério Público da União). O MPU compreende o MP Federal (atua perante o STF, o STJ e a Justiça Federal) e, também, MP do Trabalho (Justiça do Trabalho), MP Militar (Justiça Militar da União) e MPDFT (Distrito Federal e Territórios).

A atuação do MP em um processo judicial pode se dar de duas formas:

(i) **parte** em que o MP postula como qualquer autor, principalmente no âmbito coletivo, mediante a ação civil pública (defesa do consumidor, meio ambiente, educação, criança, idoso, patrimônio público etc.);
(ii) **fiscal da ordem jurídica** (*custos legis*), em que o MP se manifesta opinando e verificando se o interesse da coletividade em debate está sendo adequadamente analisado pelo Judiciário.

O MP atuará "na defesa da ordem jurídica, do regime democrático e dos interesses e direitos sociais e individuais indisponíveis" (NCPC, art. 176) e, especificamente como fiscal da ordem jurídica, manifestar-se-á nas seguintes hipóteses (NCPC, art. 178):

I – em demandas que envolvam interesse público ou social (ou seja, basicamente as que envolvam a participação de um ente estatal ou em que a lide interesse à coletividade);

II – em demandas que envolvam interesses de incapazes;

III – em litígios coletivos pela posse de terra rural ou urbana.

A não manifestação do MP quando ele deveria ter sido ouvido acarreta a nulidade do processo, salvo se o próprio MP aponta que não há prejuízo (NCPC, art. 279).

Em relação às **prerrogativas processuais** do MP, há o direito de ser intimado pessoalmente e a existência de prazos em dobro (NCPC, art. 180) – salvo se a legislação trouxer prazo específico para o MP (NCPC, art. 180, § 2º).

Apesar da existência de prazo diferenciado, se após o decurso do prazo fixado pelo juiz não houver a manifestação do MP quando estiver atuando como fiscal da ordem jurídica, o juiz **determinará o prosseguimento do processo** mesmo sem a manifestação ministerial (NCPC, art. 180, § 1º).

2.3.9. Defensoria Pública

A **Defensoria Pública** é instituição destinada para a "orientação jurídica, a promoção dos direitos humanos e a defesa dos direitos individuais e coletivos dos necessitados, em todos os graus, de forma integral e gratuita" (NCPC, art. 185 – *vide*, também, CF, art. 134).

Trata-se, assim, da instituição encarregada de prestar assistência jurídica integral e gratuita aos cidadãos financeiramente hipossuficientes.

A Defensoria, para realizar sua função institucional de maneira adequada, goza de vantagens (prerrogativas) processuais, as quais devem ser observadas em qualquer processo e grau de jurisdição.

Dentre as principais **prerrogativas processuais**, destacam-se as seguintes:

(i) intimação pessoal do defensor (NCPC, art. 186, § 1º). Pela lei específica da Defensoria, a **intimação pessoal** para o próprio defensor, por entrega dos autos com vista (LC n. 80/94, art. 44, I).

(ii) **prazo em dobro** para manifestação nos processos judiciais (NCPC, art. 186, e LC n. 80/94: art. 44, I). Essa regra diz respeito a todos os prazos processuais (cuja inobservância poderia ensejar na preclusão) – inclusive para escritórios de prática de faculdades ou outras entidades que prestem assistência jurídica mediante convênio com a Defensoria (NCPC, art. 186, § 2º).

Porém, não se aplica o prazo em dobro às situações de direito material (prescrição e decadência). Também não se aplica a hipóteses em que houver previsão legal expressa de prazo para a Defensoria (NCPC, art. 186, § 4º).

Além disso, **a Defensoria é responsável pelo** exercício da **curadoria especial** (NCPC, art. 72, parágrafo único, e LC n. 80/94, art. 4º, XVI).

No âmbito do processo civil, o juiz dará curador especial (i) ao incapaz, se não tiver representante legal, ou se os interesses deste colidirem com os daquele, enquanto durar a incapacidade; (ii) ao réu preso, bem como ao revel citado por edital ou com hora certa, enquanto não for constituído advogado (NCPC, art. 72). Ressalte-se que, nesses casos, não é necessária a comprovação da incapacidade econômica para que haja a atuação da Defensoria Pública.

2.4. Litisconsórcio e intervenção de terceiros

2.4.1. Litisconsórcio

Entende-se por litisconsórcio a situação em que há **pluralidade de partes** na relação jurídica processual, em qualquer dos polos.

Existem diversas classificações envolvendo o litisconsórcio, sendo que em Exame de Ordem usualmente indagam exatamente a respeito de tais divisões.

a) quanto ao **polo** da relação processual (NCPC, art. 113, *caput*):

(i) **litisconsórcio passivo:** aquele em que existem, no mesmo processo, dois ou mais réus;

(ii) **litisconsórcio ativo:** verifica-se quando há, no mesmo processo, dois ou mais autores;

(iii) **litisconsórcio misto** ou **recíproco:** situação na qual, ao mesmo tempo, há mais de um autor e mais de um réu.

b) quanto ao **momento** de formação do litisconsórcio:

(iv) **litisconsórcio originário** ou **inicial:** aquele formado desde o início da demanda, já indicado na petição inicial;

(v) **litisconsórcio superveniente, incidental** ou **ulterior:** o qual é formado em momento posterior ao início da demanda.

c) quanto à **necessidade de existência** do litisconsórcio:

(vi) **litisconsórcio facultativo:** situação na qual há pluralidade de litigantes por opção das partes (ou seja, apesar de existir, o litisconsórcio não é obrigatório para a validade do processo);

(vii) **litisconsórcio necessário:** situação na qual há pluralidade de litigantes porque a lei ou a relação jurídica objeto do litígio assim determinam (ou seja, o litisconsórcio é obrigatório sob pena de extinção do processo sem resolução do mérito);

(viii) **litisconsórcio multitudinário, plúrimo** ou **múltiplo:** situação na qual há grande número de litisconsortes ativos facultativos em um processo judicial. Neste caso, o Código permite que o juiz desmembre o processo, criando vários outros com um número menor de autores (NCPC, art. 113, § 1º).

d) quanto à **necessidade de mesma decisão** para os litisconsortes:

(ix) **litisconsórcio comum** ou **simples:** situação na qual a decisão de mérito não necessariamente será a mesma para os litisconsortes;

(x) **litisconsórcio unitário:** situação na qual a decisão de mérito deverá ser a mesma para os litisconsortes, invariavelmente (NCPC, art. 116).

> Usualmente, o **litisconsórcio necessário** é unitário e, da mesma forma, em regra o **litisconsórcio facultativo** é comum. Contudo, necessariedade e unitariedade não são sinônimos, e facultatividade e simplicidade também não, de modo que – ainda que não seja o mais usual – é possível um litisconsórcio facultativo e unitário ou necessário e comum.

Os litisconsortes serão considerados como **litigantes distintos**. Porém, inova o NCPC ao afirmar que isso não se aplica no litisconsórcio unitário, momento em que os "atos e as omissões de um não prejudicarão os outros, mas os poderão beneficiar" (NCPC, art. 117).

2.4.2. Intervenção de terceiros

A intervenção de terceiro permite que **terceiro (ou seja, alguém que não é o autor ou o réu) passe a participar da relação processual**.

Existem duas modalidades de intervenção no sistema processual:

- **intervenção espontânea:** aquela em que o terceiro, que está fora do processo, espontaneamente busca seu ingresso em uma determinada demanda;
- **intervenção provocada:** aquela na qual uma das partes litigantes (autor ou réu) busca trazer o terceiro para o processo.

> No NCPC:
> a) são intervenções espontâneas: (i) assistência; e (ii) *amicus curiae*.
> b) são intervenções provocadas: (i) denunciação; (ii) chamamento; (iii) incidente de desconsideração da personalidade jurídica e (iv) *amicus curiae*.

Além das cinco figuras de intervenção de terceiro previstas especificamente no Código no capítulo destinado a esse tema, existem também outras situações em que o terceiro pode participar, como no caso de embargos de terceiro (art. 674) e oposição (art. 682 – e, vale destacar, no CPC anterior a oposição estava inserida exatamente no capítulo das intervenções, estando agora no capítulo dos procedimentos especiais).

2.4.2.1. Assistência

Na **assistência**, terceiro busca seu ingresso no processo para auxiliar o assistido (seja o autor, seja o réu).

Contudo, para que a assistência seja possível, é necessário existir **interesse jurídico**, e não meramente interesse econômico ou moral (NCPC, art. 119).

Quanto ao **cabimento**, a assistência cabe em qualquer procedimento e em todos os graus de jurisdição, mas o assistente receberá o processo no estado em que ele se encontra, ou seja, não se voltará a uma fase anterior para que o assistente possa realizar algum ato (NCPC, art. 119, parágrafo único). Como a assistência está inserida na parte geral do Código, é de concluir que, a partir do NCPC, também será admitida no processo de execução.

Quanto ao **procedimento**, o terceiro atravessará uma petição pleiteando seu ingresso no feito. Se a parte contrária do assistido ou mesmo o assistido não concordarem com o pedido de ingresso do assistente, caberá impugnação, sem suspender o processo – a ser ofertada em 15 dias (prazo agora é maior – NCPC, art. 120). Além disso, pode o juiz, de plano, rejeitar o ingresso do assistente, especialmente se clara a ausência de interesse jurídico (NCPC, art. 120, parte final).

Da decisão quanto ao ingresso do assistente, é cabível o **recurso** de agravo de instrumento (NCPC, art. 1.015, IX).

Existem duas modalidades de assistência:

1) **assistência simples** ou **adesiva** (NCPC, arts. 121 a 123): o assistente não dispõe da lide, ou seja, o assistente não pode ir além do que fizer o assistido. Assim, se o assistido não recorrer, não pode o assistente fazê-lo; não pode o assistente se opor à desistência ou reconhecimento do pedido assistido.

A decisão a ser proferida influenciará a relação jurídica existente entre assistente e assistido. É o exemplo do sublocatário.

O assistente simples não é parte, por isso não é coberto pela coisa julgada, mas por uma estabilização distinta denominada justiça da decisão, que eventualmente poderá ser afastada (NCPC, art. 123).

2) **assistência litisconsorcial** (NCPC, art. 124): o assistente dispõe da lide, ou seja, o assistente pode ir além do que fizer o assistido. Logo, se não houver recurso do assistido, poderá o assistente recorrer; se o assistido desistir do processo, pode prosseguir o assistente.

A decisão a ser proferida influenciará a relação jurídica entre o assistente e a parte contrária do assistido. Como exemplo, uma ação possessória envolvendo um imóvel que é um condomínio; se houver o ajuizamento por parte de apenas um dos condôminos, o outro poderá ingressar no feito como assistente litisconsorcial.

O art. 124 afirma expressamente que o assistente litisconsorcial é "litisconsorte da parte principal". Assim, diferentemente do assistente simples, o assistente litisconsorcial é parte (litisconsórcio superveniente). Poderia ter sido desde o início, mas não o foi.

2.4.2.2. Denunciação da lide

A denunciação da lide tem por finalidade fazer com que terceiro venha a litigar em conjunto com o denunciante e, se houver a condenação deste, o denunciado ressarcirá o prejuízo do denunciante.

Ou seja, como se pode perceber é, na realidade, uma **ação de regresso** – a qual tramita em conjunto com a ação principal.

No NCPC, diferentemente do Código anterior, a denunciação **é admissível** (art. 125, *caput*). Assim, se a denunciação for indeferida, não for proposta ou não for permitida, não há qualquer problema: sempre será possível utilizar ação autônoma (NCPC, art. 125, § 1º).

Pela legislação (NCPC, art. 125), duas são as hipóteses em que é cabível a denunciação:

(i) o comprador pode denunciar o vendedor na hipótese de evicção (CC, art. 447 – ou seja, se "A" vende para "B" um imóvel e, posteriormente, "C" ingressa em juízo contra "B" afirmando que o imóvel é seu, "B" pode denunciar "A" – que terá de indenizar "B" se o pedido de "C" for procedente e a denunciação for acolhida).

(ii) o réu pode denunciar aquele que tem obrigação de indenizar, por força de lei ou contrato (o exemplo típico é o réu em uma ação indenizatória acionar sua seguradora).

Cabe a **denunciação pelo autor**, realizada na petição inicial, hipótese em que o denunciado pode passar a ser litisconsorte ativo do denunciante e aditar a inicial (NCPC, art. 127).

A **denunciação pelo réu** (a mais comum) é realizada na contestação. E o NCPC prevê três possibilidades (art. 128):

(i) denunciado contesta o pedido do autor (nesse caso, a demanda principal terá, de um lado, o autor e, do outro, em litisconsórcio, o denunciante [réu original] e o denunciado);

(ii) denunciado revel em relação à denunciação, ou seja, o denunciado se abstém de contestar a denunciação (nessa hipótese, para o denunciado, há revelia em relação à denunciação e o denunciante, réu na ação principal, poderá (a) prosseguir normalmente com a sua defesa apresentada na ação principal ou (b) abrir mão dessa defesa na ação principal e prosseguir apenas com a busca da procedência da denunciação, de modo a transferir para o denunciado a provável condenação da ação principal);

(iii) denunciado confessa o alegado na ação principal, ou seja, o denunciado admite como verdadeiros os fatos narrados pelo autor na petição inicial da ação principal (nesse caso, surge a possibilidade de o denunciante (a) prosseguir normalmente com a sua defesa apresentada na ação principal ou (b) abrir mão dessa defesa na ação principal, para prosseguir apenas com a busca da procedência na ação de regresso).

A **sentença**, ao final, julgará o pedido e a denunciação ao mesmo tempo. Se o denunciante for vencido na ação principal, passa o juiz à análise da denunciação (NCPC, art. 129). Se o denunciante for vencedor na ação principal, então a denunciação não será analisada, por falta de interesse de agir – mas haverá custas e honorários em favor do denunciado (NCPC, art. 129, parágrafo único – inovação do NCPC).

Assim, no caso de procedência da ação e denunciação do réu, tem-se que a sentença condena o réu a ressarcir o autor e também condena o denunciado a ressarcir o denunciante. Nessa situação, pode o autor requerer o **cumprimento da sentença contra o denunciado**, nos limites da condenação na ação de regresso. Trata-se de inovação do NCPC (art. 128, parágrafo único).

2.4.2.3. Chamamento ao processo

O chamamento ao processo tem por finalidade fazer com que **terceiros (outros devedores solidários) venham a litigar em conjunto com o chamante**. A principal distinção entre o chamamento e a denunciação é que neste não há a necessidade de se provar que o terceiro também é responsável pelo débito (diferentemente da denunciação, em que há uma verdadeira ação de regresso). Ou seja, aceito o chamamento, já é certo que haverá responsabilização do chamado.

As hipóteses de cabimento do chamamento são as seguintes (NCPC, art. 130):

(i) do devedor principal (afiançado), quando apenas o fiador tiver sido colocado no polo passivo (situação frequente, na qual o fiador chama o locatário que não pagou o aluguel);

(ii) dos demais fiadores, quando apenas um fiador tiver sido colocado no polo passivo (basta pensar, também, dois fiadores no contrato de locação, mas apenas um é acionado);

(iii) dos demais devedores solidários, quando apenas um tiver sido colocado no polo passivo.

Como se pode perceber das três hipóteses, o chamante é responsável pelo débito, mas também existem outros responsáveis (devedores **solidários**, fiadores, devedor principal).

Só cabe o **chamamento pelo réu**, e a intervenção deverá ser apresentada pelo réu na contestação (NCPC, art. 131).

A sentença que julgar procedente o pedido em face do réu-chamante também será **título executivo para que aquele que pagar o débito possa exigi-lo** do devedor principal ou dos demais codevedores, na proporção que couber a quem pagou (NCPC, art. 132).

2.4.2.4. Incidente de desconsideração da personalidade jurídica

Trata-se do procedimento necessário para que **permita a desconsideração da personalidade jurídica**. É cabível em todas as fases do processo de conhecimento, no cumprimento de sentença e na execução de título executivo extrajudicial (NCPC, art. 134). O incidente é usado tanto na desconsideração da personalidade da pessoa jurídica, para se chegar aos bens do sócio, como também na desconsideração da personalidade do sócio, para se chegar nos bens da pessoa jurídica (a chamada **desconsideração inversa** – NCPC, art. 133, § 2º).

O requerimento do incidente de desconsideração deverá demonstrar o preenchimento dos requisitos legais para a desconsideração (a saber: CDC, art. 28, ou CC, art. 50). Considerando que o NCPC se aplica subsidiariamente ao processo do trabalho, a rigor técnico o incidente deveria ser também aplicado na Justiça do Trabalho (resta saber como será a jurisprudência trabalhista, mas a tendência é que não se aplique).

A instauração do incidente suspenderá o processo (NCPC, art. 134, § 2º).

O NCPC prevê que, instaurado o incidente, o sócio ou a pessoa jurídica serão citados para se manifestar e requerer as provas cabíveis em até 15 dias (NCPC, art. 135).

Concluída a instrução, se necessária, o incidente de desconsideração da personalidade jurídica será resolvido por decisão interlocutória, de modo que cabível agravo de instrumento (NCPC, art. 1.015, IV); se a decisão for proferida pelo relator, caberá agravo interno (NCPC, art. 136).

É possível que, desde a petição inicial do processo de conhecimento já se pleiteie a desconsideração da personalidade jurídica. Nesse caso, não haverá necessidade de incidente, pois o tema será debatido no próprio processo principal. Assim, portanto, não será o caso de suspensão do processo (NCPC, art. 134, § 3º).

Acolhido o pedido de desconsideração, eventual alienação ou oneração de bens será considerada **fraude de execução**, será ineficaz em relação ao requerente (NCPC, art. 137).

2.4.2.5. *Amicus curiae*

O NCPC passa a regular a figura do *amicus curiae* ou **"amigo da Corte"**. A proposta é que este terceiro, **defendendo uma posição institucional**, intervenha para apresentar argumentos e informações proveitosas à apreciação da demanda.

O magistrado, considerando a relevância da matéria, a especificidade do tema objeto da demanda ou a repercussão social da controvérsia, poderá, por decisão irrecorrível, de ofício ou a requerimento das partes – ou de quem pretenda ser o *amicus curiae* – solicitar ou admitir a participação de pessoa natural ou jurídica, órgão ou entidade especializada, com representatividade adequada, no prazo de 15 dias de sua intimação (NCPC, art. 138).

Vale destacar que o **interesse do amigo da Corte não é jurídico**, mas institucional, moral, político, acadêmico, intelectual ou outro.

O grande objetivo do *amicus curiae* é **qualificar o contraditório**.

Admitido o amigo da Corte, o juiz definirá quais são seus **poderes** (NCPC, art. 138, § 2º). A lei apenas prevê que o *amicus curiae* não poderá recorrer, salvo para embargar de declaração e no caso de julgamento do incidente de resolução de demandas repetitivas, quando, portanto, admissíveis outros recursos (NCPC, art. 138, §§ 1º e 3º).

2.5. Ato processual

2.5.1. Da forma dos atos processuais

Forma é aquilo que dá eficácia e validade ao ato processual, o que se consegue com a observância do **tempo, lugar e modo** referente a tal ato (ou seja, onde, quando e como é realizado o ato processual). Não observada a forma prevista em lei, haverá a nulidade do ato processual.

Tal qual no Código anterior, o NCPC prevê o **princípio da liberdade das formas** (art. 188: os atos processuais independem de forma determinada, salvo quando a lei a exigir) e **instrumentalidade das formas** (art. 188, parte final: são válidos os atos que, realizados de outro modo, preencham a finalidade essencial; e, também, art. 276). Assim, só há nulidade se houver prejuízo, conforme brocardo *pas de nullitè sans grief* (não há nulidade sem prejuízo – art. 282, § 1º).

Em linha com a instrumentalidade, e inovando em relação ao previsto no sistema anterior, o NCPC prevê que, caso o MP não seja ouvido em processo que deveria intervir, **somente após** a manifestação do MP quanto à existência ou à inexistência de prejuízo é que decretara a nulidade.

Tem-se, portanto, no Código, a chamada **primazia do mérito:** a nulidade somente será reconhecida em último caso; sempre que possível, a causa será julgada no mérito (NCPC, art. 282, § 2º. Quando puder decidir o mérito a favor da parte a quem aproveite a decretação da nulidade, o juiz não a pronunciará nem mandará repetir o ato ou suprir-lhe a falta). Isso se verifica tanto em 1º grau quanto na parte recursal, como oportunamente se verá.

Reafirmando o princípio da publicidade (NCPC, art. 8º), o art. 189 destaca que os atos processuais são públicos, mas há processos que tramitam em **segredo de justiça:**

(i) quando o "interesse público ou social" assim exigirem;

(ii) nas causas de direito de família (casamento, separação de corpos, divórcio, separação, união estável, filiação, alimentos e guarda de crianças e adolescentes);

(iii) em processos nos quais constem dados protegidos pelo direito constitucional à intimidade;

(iv) relativos à arbitragem e cumprimento de carta arbitral – desde que haja confidencialidade comprovada em juízo.

Inova o Código ao prever que, mesmo nos processos que tramitam em segredo de justiça, o terceiro que demonstra interesse jurídico na causa pode requerer ao juiz "certidão do dispositivo da sentença", e da partilha de bens decorrentes de divórcio ou separação (art. 189, § 2º).

Os atos processuais devem ser realizados nos **dias úteis, das 6h às 20h** (NCPC, art. 212). São **feriados**, além dos declarados em lei, "os sábados, os domingos e os dias em que não haja expediente forense" (NCPC, art. 216).

Se o processo não for eletrônico, a petição deverá "ser protocolada no horário de funcionamento do fórum ou tribunal" (NCPC, art. 212, § 3º). Sendo processo eletrônico, o ato pode ser realizado a qualquer hora do dia (NCPC, art. 213).

2.5.2. Negócio Jurídico Processual (NJP)

Se o processo debater direitos que admitam autocomposição, é lícito às partes plenamente capazes **estipular mudanças no procedimento** para ajustá-lo às especificidades da causa e convencionar sobre seus ônus, poderes, faculdades e deveres processuais (NCPC, art. 190). Isso pode ser definido antes (em cláusula contratual que tratar da solução de eventuais conflitos) ou durante o processo (por contrato ou petição conjunta nos autos).

> Essa possibilidade de as partes, de comum acordo, alterarem o procedimento para a tramitação do processo (negócio jurídico processual) é uma das principais inovações do NCPC.
> No sistema do Código anterior, uma semente do atual NJP era a escolha do foro competente para julgamento da causa (foro de eleição), mas havia basicamente isso. Agora, no NCPC, há muito mais liberdade às partes.

O **juiz controlará a validade** das convenções sobre procedimento, de ofício ou a requerimento. E recusará a aplicação em casos de nulidade, inserção abusiva em contrato de adesão ou situações em que uma parte se encontre em manifesta situação de vulnerabilidade (NCPC, art. 190, parágrafo único).

Como **exemplos** de NJP: escolha de foro de eleição, definição do ônus da prova e não realização da audiência de conciliação ou mediação (art. 334).

2.5.3. Dos atos do juiz

A **sentença** é definida como o pronunciamento pelo qual o juiz, com ou sem resolução de mérito, finda a fase cognitiva do procedimento comum ou extingue a execução (NCPC, art. 203, § 1º).

A **decisão interlocutória** é considerada todo pronunciamento judicial de natureza decisória que não se enquadra na definição de sentença (NCPC, art. 203, § 2º), ou seja, um critério por exclusão, em relação à sentença.

Os **despachos** são os demais pronunciamentos do juiz praticados no processo, de ofício ou a requerimento (NCPC, art. 203, § 3º), ou seja, um critério por exclusão, em relação à sentença e interlocutória.

O **acórdão** é o julgamento colegiado proferido pelo tribunal (NCPC, art. 204).

O NCPC também prevê **a decisão monocrática do relator** (NCPC, art. 932, III, IV e V), que é a decisão proferida por desembargador ou ministro (membro de tribunal, portanto), mas de forma individual, apenas pelo relator.

2.5.4. Dos prazos

O NCPC prevê que o **ato praticado antes do início do prazo será tempestivo** (art. 218, § 4º).

A **contagem de prazos** teve mudanças significativas:

(i) na contagem de prazo em dias, estabelecido por lei ou pelo juiz, **apenas os dias úteis** serão computados (NCPC, art. 219) – sendo que essa previsão somente se aplica a **prazos processuais** e não prazos de direito material, como os prescricionais (NCPC, art. 219, parágrafo único).

(ii) haverá **suspensão de curso do prazo** entre 20 de dezembro e 20 de janeiro, período no qual não poderão ocorrer audiências – exatamente para que o advogado possa usufruir alguns dias de descanso e férias (NCPC, art. 220). Apesar de prazos suspensos nesse período, pela lei o Poder Judiciário deverá seguir em funcionamento (NCPC, art. 220, § 1º).

A **forma de contagem de prazo** é a seguinte: inicialmente disponibilização no diário oficial, depois publicação no próximo dia útil, com a exclusão do dia do início e inclusão do dia do término (art. 219).

Também há previsão de **prazos para magistrados e auxiliares**. O juiz proferirá: despachos em até 5 dias; decisões interlocutórias em 10 dias e sentenças em 30 dias (NCPC, art. 226). Em qualquer grau de jurisdição, havendo motivo justificado, o juiz pode exceder, por igual tempo, os prazos a que está submetido (NCPC, art. 227).

É mantida a previsão de **prazo em dobro para litisconsortes com advogados distintos** (art. 229). A novidade é a menção do NCPC quanto ao prazo em dobro para todas as manifestações e "em qualquer juízo ou tribunal, independentemente de requerimento". Contudo, não se aplica a regra do prazo em dobro nos processos eletrônicos (NCPC, art. 229, § 2º).

Porém, quando houver **lei expressa** apontando que os prazos são em dias corridos, não haverá a aplicação da contagem de prazos em dias úteis do NCPC. É o que acontece no processo penal e, também, nos procedimentos relativos ao ECA (Lei n. 8.036/90, art. 152, § 2º, com a redação dada pela Lei n. 13.509/2017).

> A contagem dos prazos processuais somente em dias úteis é das grandes inovações do NCPC, objeto de luta da OAB. Contudo, a regulamentação (apenas o parágrafo único no art. 219) foi falha: isso porque o legislador afirmou que apenas os prazos processuais seriam contados em dias úteis. Mas há divergências quanto ao que seja um prazo processual. Não há dúvidas de que os prazos para contestar e recorrer são em dias úteis. Porém, há divergência sobre se o prazo para pagar ou cumprir uma obrigação de fazer é processual ou material (pois não se verifica apenas dentro do processo).
>
> Também há divergência quanto à contagem de prazos em dias úteis nos Juizados, com variação entre os Estados. Mas vale destacar que o Conselho Federal da OAB manifestou-se pela contagem de prazos em dias úteis e não corridos.
>
> A respeito desses dois últimos temas, as Jornadas de Direito Processual do CJF (Conselho da Justiça Federal) aprovaram os seguintes enunciados, que tratam da contagem em dias úteis dos *prazos* nos Juizados e para pagamento no cumprimento de sentença:
>
> Enunciado 19 – O prazo em dias úteis previsto no art. 219 do CPC aplica-se também aos procedimentos regidos pelas Leis n. 9.099/1995, 10.259/2001 e 12.153/2009.
>
> Enunciado 89 – Conta-se em dias úteis o prazo do *caput* do art. 523 do CPC (um 1º julgado do STJ decidiu nessa linha, apontando que o prazo para pagar é em dias úteis: REsp 1.693.784).

2.5.5. Da comunicação dos atos processuais

O NCPC prevê a existência de quatro cartas (art. 237): **carta precatória** (realização de atos entre comarcas distintas), **carta rogatória** (realização de atos entre países distintos), **carta de ordem** (realização de atos entre graus de jurisdição distintos – do tribunal para o 1º grau, por exemplo), **carta arbitral** (realização de atos entre órgão do Poder Judiciário e juízo arbitral).

Caso exista sentença de mérito favorável ao réu que transitar em julgado antes da citação, deverá o escrivão comunicar o resultado do julgamento ao réu (NCPC, art. 241).

Citação é o ato pelo qual o réu, executado ou interessado é convocado para integrar a relação processual (NCPC, art. 238).

A citação poderá ser feita por **cinco formas:** correio, oficial de justiça, escrivão, edital ou meio eletrônico (NCPC, art. 246).

A citação por correio será a regra, salvo nas ações de estado, quando o citando for incapaz, pessoa de direito público ou residir em local não atingido pelo serviço postal (NCPC, art. 247, I, II, III e IV). Também não se realizará a citação por correio se o autor, desde a petição inicial, requerer, de forma justificada, que ela seja feita de outra forma (NCPC, art. 247, V).

A citação por escrivão ou chefe de secretaria ocorrerá se o citando comparecer em cartório (NCPC, art. 246, III).

Há inovação em relação à **forma de citação das empresas:** com exceção de microempresas e empresas de pequeno porte, as empresas públicas e privadas deverão manter cadastro nos sistemas de processo em autos eletrônicos, para efeito de recebimento de citações e intimações, que serão efetuadas preferencialmente por esse meio (NCPC, art. 246, § 1º).

Se a **citação for para pessoa jurídica**, e não for por meio eletrônico, será válido o ato se a carta for entregue (i) a pessoa com poderes de gerência ou (ii) a funcionário responsável pelo recebimento de correspondências. Ou seja, a entrega para o porteiro, aceita pela jurisprudência, passa a ser prevista também no NCPC (art. 248, § 2º).

Com regras distintas do decidido pela jurisprudência do STJ à luz do sistema anterior, o NCPC prevê especificamente a **citação de pessoas físicas em condomínios** edilícios ou loteamentos com controle de acesso. Nesses casos, será válida a citação entregue a funcionário da portaria responsável pelo recebimento de correspondência; porém, o porteiro poderá negar-se a recebê-la se declarar, por escrito e sob as penas da lei, que o destinatário da correspondência está ausente (NCPC, art. 248, § 4º).

> Assim, importante inovação e superação da jurisprudência anterior é a possibilidade de que a citação da pessoa física que resida em um condômino seja recebida pelo porteiro.
> Quando a carta de citação for entregue, o carteiro colherá a assinatura do porteiro no aviso de recebimento – e isso irá aos autos. Existindo a entrega e assinatura do porteiro, o ato citatório será válido.

A **citação por oficial de justiça** (ou mandado) será realizada quando não for possível a citação por correio ou quando esta for infrutífera (NCPC, art. 249).

Muda o número de diligências necessárias à **citação por hora certa:** quando, por duas vezes, o oficial de justiça tiver procurado o citando em seu domicílio ou residência sem o encontrar, deverá, havendo suspeita de ocultação, intimar qualquer pessoa da família ou, em sua falta, qualquer vizinho de que, no dia útil imediato, voltará a fim de efetuar a citação na hora que designar (NCPC, art. 252).

Por sua vez, na citação por hora certa referente a moradores de condomínios edilícios ou loteamentos com controle de acesso, será válida a intimação feita a funcionário da portaria responsável pelo recebimento de correspondência (NCPC, art. 252, parágrafo único).

A **citação por edital** será feita (NCPC, art. 256): (i) quando desconhecido ou incerto o citando; (ii) quando ignorado, incerto ou inacessível o lugar em que se encontrar o citando e (iii) nos demais casos expressos em lei (por exemplo, se o país recusar o cumprimento de carta rogatória – NCPC, art. 256, § 1º).

Para fins de citação por edital, o citando será considerado em local ignorado ou incerto quando infrutíferas as tentativas de localização do réu. E isso ocorre inclusive mediante requisição pelo juízo de informações sobre seu endereço nos cadastros de órgãos públicos ou de concessionárias de serviços públicos (NCPC, art. 256, § 3º).

Importante inovação é a **publicação do edital na internet e não mais em jornal**. Tanto na página do próprio tribunal, quanto na plataforma de editais do CNJ (NCPC, art. 257, II).

Apesar dessa previsão de publicação do edital na internet, poderá o juiz, conforme as peculiaridades da comarca, determinar a publicação do edital também em "jornal local de ampla circulação" ou "outros meios" (NCPC, art. 257, parágrafo único).

A parte que requerer citação por edital, alegando dolosamente a ocorrência das circunstâncias autorizadoras para sua realização, incorrerá em multa de 5 salários mínimos (NCPC, art. 258).

Afirma o Código ser necessária a publicação de editais em três hipóteses (art. 259): I – na ação de usucapião de imóvel; II – nas ações de recuperação ou substituição de título ao portador; III – em qualquer ação em que seja necessária, por determinação legal, a provocação, para participação no processo, de interessados incertos ou desconhecidos.

Intimação é o ato pelo qual se dá ciência a alguém dos atos do processo (NCPC, art. 269).

Pode o **próprio advogado promover a intimação do advogado da parte contrária**, por meio do correio, juntando aos autos cópia do ofício de intimação e do aviso de recebimento; o ofício de intimação deverá ser instruído com cópia do despacho, da decisão ou da sentença (NCPC, art. 269, §§ 1º e 2º). Cabe também a intimação da Fazenda Pública dessa forma – devendo a intimação ser enviada para o órgão de Advocacia Pública responsável pela representação judicial do respectivo ente (NCPC, art. 269, § 3º).

Sempre que possível (ou seja, se já houver tecnologia nesse sentido), as intimações serão realizadas por meio eletrônico (NCPC, art. 270).

Além de seguir existindo a intimação em nome do advogado, será possível requerer a **intimação em nome da sociedade de advogados** inscrita na OAB – seja em conjunto com o nome do advogado, seja apenas em nome da sociedade (NCPC, art. 272, §§ 1º e 2º).

Conforme jurisprudência sedimentada do STJ no sistema anterior, se houver **requerimento expresso para publicação em nome de determinado profissional**, as intimações deverão trazer o nome desse patrono, sob pena de nulidade (NCPC, art. 272, § 5º).

Assim, quanto à comunicação de atos processuais, no direito processual civil, tem-se o seguinte:
(i) **citação** é o ato pelo qual se dá ciência ao réu ou executado de que há processo judicial contra ele, sendo convocado a integrar a relação processual;
(ii) **intimação** é a ato pelo qual se dá ciência a alguém dos atos do processo, para fazer ou deixar de fazer algo;
(iii) **notificação** – que não é forma de comunicação de ato processual – é medida judicial (procedimento especial de jurisdição voluntária) pelo qual alguém pode expressar de modo formal sua vontade (NCPC, art. 726).

2.6. Valor da causa

Toda demanda cível, seja de jurisdição contenciosa ou voluntária, ação ou reconvenção, terá valor certo da causa (NCPC, art. 291).

A fixação do valor da causa é realizada por dois critérios:

- **fixação legal ou obrigatória:** a atribuição do valor já foi previamente definida pelo legislador.
- **fixação voluntária:** como não há previsão legal para fixar o valor da causa, este será livremente fixado a partir de uma estimativa do autor.

As hipóteses de fixação legal estão no NCPC, art. 292:

(i) na ação de cobrança de dívida, a soma monetariamente corrigida do principal, dos juros e de eventuais outras penalidades, até a propositura da ação;

(ii) na ação que tiver por objeto a existência, validade, cumprimento, modificação, resolução, resilição ou rescisão de ato jurídico, o valor do ato ou de sua parte controvertida (hipótese de discussão relativa a contrato);

(iii) na ação de alimentos, a soma de 12 prestações mensais pedidas pelo autor;

(iv) na ação de divisão, de demarcação e de reivindicação, o valor de avaliação da área ou do bem objeto do pedido;

(v) na ação indenizatória, inclusive a de **dano moral**, o valor pretendido (portanto, não mais cabe dano moral como pedido genérico, sem se especificar, na inicial, o valor que se quer receber);

(vi) havendo cumulação de pedidos, a quantia correspondente à soma dos valores de todos eles;

(vii) sendo alternativos os pedidos, o de maior valor;

(viii) se houver também pedido subsidiário, o valor do pedido principal.

Também há hipótese de fixação legal em legislação extravagante. O principal exemplo é a Lei do Inquilinato (Lei n. 8.245/91), que prevê, na ação de despejo, o valor da causa em 12 vezes o valor mensal do aluguel (art. 58, III).

Se o **valor da causa estiver errado**, o juiz poderá corrigi-lo de ofício (não mais determinando que o autor emende a inicial), inclusive intimando o autor para que recolha as custas faltantes (NCPC, art. 292, § 3º).

Para **impugnar o valor da causa**, há simplificação: deixa de existir a peça específica para isso e passa a ser cabível a discussão do tema em preliminar de contestação (NCPC, art. 293).

2.7. Tutela provisória

2.7.1. Visão geral

Como se sabe, a resposta do Poder Judiciário a um pedido formulado pelo autor não é imediata. Contudo, há situações nas quais não é necessário aguardar o término do processo para que o Judiciário conceda o pleiteado pela parte. É para isso que se pleiteia uma **"liminar"**, ou seja, uma decisão no início do processo.

No NCPC, o tema é tratado sob o título **tutela provisória**.

> **Tutela provisória** é gênero, dentro do qual existem duas espécies: **tutela de urgência** e **tutela da evidência**. De seu turno, a espécie tutela de urgência se divide em duas subespécies: tutela de urgência cautelar e tutela de urgência antecipada (art. 294, parágrafo único).

Há diversas inovações quanto a esse assunto no NCPC, com profundas mudanças em relação ao sistema anterior, sendo que há muitos pontos polêmicos ainda sem respostas por parte dos tribunais. Em síntese, tem-se um sistema complexo, ainda sem balizas jurisprudenciais. E com grande probabilidade de ser objeto de exames da OAB.

Para melhor compreender a inovação, vejamos no quadro:

Gênero	Espécies	Subespécies
Tutela provisória	Tutela de urgência	Tutela cautelar
		Tutela antecipada
	Tutela da evidência	–

A tutela provisória pode ser concedida com base na **urgência**: antecipação de tutela e cautelar. Do ponto de vista formal, ambas são pleiteadas da mesma forma: ou durante o processo de conhecimento que já tramita (**incidentalmente**) ou mesmo antes de se debater o pedido principal (tutela de urgência **antecedente**). É possível, também, pedi-las junto com o pedido principal, na mesma petição inicial. Não se pede em **processo apartado**. Se a tutela de urgência for pleiteada de forma antecedente, há necessidade de se **aditar a petição inicial**, para se formular o pedido principal, sob pena de extinção.

Mas qual a **distinção entre antecipação de tutela e cautelar**?

> A **finalidade da cautelar** é resguardar o pedido principal (caráter conservativo – visa evitar o perecimento do direito).
>
> A **finalidade da antecipação de tutela** é, desde logo, antecipar os efeitos de uma futura decisão de mérito (caráter satisfativo – já se quer a fruição do direito).

Apesar de na teoria ser simples diferenciar o cabimento de cada uma (distinção entre assegurar e satisfazer), na prática há dificuldades. Tanto porque cada juiz pode ter um entendimento como porque há situações que podem ser enquadradas nas duas hipóteses.

Diante disso, haveria **fungibilidade entre as tutelas de urgência**, ou seja, entre cautelar e antecipação de tutela? O NCPC apenas prevê que o pedido cautelar possa ser apreciado, pelo juiz, como de tutela antecipada (NCPC, art. 305, parágrafo único). Mas, diante de somente essa previsão, pode existir também o contrário, ou seja, o juiz receber um pedido cautelar como se fosse tutela antecipada? No CPC/73, a jurisprudência entendia que a fungibilidade era de mão dupla (ou seja, fungibilidade nos dois sentidos). No NCPC, o tema ainda está em aberto. De qualquer forma, é certo que **apenas a tutela antecipada pode ser estabilizada**, e não o pedido cautelar (art. 304). Por essa razão, se a parte pleitear uma tutela antecipada e o juiz a receber como tutela cautelar, não será possível sua estabilização. Mas, novamente, resta verificar como será a jurisprudência quanto ao tema.

Por fim, além da tutela provisória fundada na urgência, o NCPC inova ao trazer a tutela provisória (antes da sentença, em cognição sumária) fundada no direito evidente: **tutela da evidência**. Há 4 hipóteses em que isso é cabível, sendo que em duas delas é possível a concessão liminar. A **finalidade da tutela da evidência** é inverter o ônus do tempo do processo: se já existe direito razoavelmente plausível em favor do autor, por que haveria necessidade de se aguardar a sentença para sua fruição? Essa é a ideia da tutela da evidência.

2.7.2. Da tutela de urgência

São **requisitos da tutela de urgência:** a) elementos que evidenciem a probabilidade do direito; b) perigo de dano ou risco ao resultado útil do processo (NCPC, art. 300). Assim, tem-se uma coincidência de requisitos entre a cautelar e a antecipação de tutela (subespécies da espécie tutela de urgência, como já visto). Não há mais menção aos termos *fumus bonis iuris* (fumaça do bom direito) e *periculum in mora* (perigo da demora); de qualquer forma, pela tradição, é possível concluir que continuarão a ser utilizados no cotidiano forense.

Para deferir a tutela de urgência o juiz poderá, conforme o caso, exigir **caução** real ou fidejussória idônea para ressarcir danos que a outra parte possa vir a sofrer, podendo a caução ser dispensada se a parte economicamente hipossuficiente não puder oferecê-la (NCPC, art. 300, § 1º), ou seja, ficará a critério do juiz, caso a caso, determinar a prestação de caução ou não.

A **concessão** da tutela de urgência poderá se verificar liminarmente ou após audiência de justificação prévia, quando se poderá fazer prova dos requisitos para sua concessão (NCPC, art. 300, § 2º), ou seja, ficará a critério do juiz, caso a caso, designar essa audiência ou não.

Tal qual no sistema anterior, há dispositivo **vedando a concessão de tutela antecipada** ("tutela de urgência de natureza antecipada") se **houver perigo de irreversibilidade** (NCPC, art. 300, § 3º), isto é, não se concede a tutela de urgência antecipada se a situação não puder voltar ao que era antes (ao *status quo ante*).

A **tutela de urgência cautelar** pode ser efetivada mediante arresto, sequestro, arrolamento de bens, registro de protesto contra alienação de bem e qualquer outra medida idônea para asseguração do direito (NCPC, art. 301).

Temos, aqui, uma grande dificuldade: qual o **requisito e procedimento para essas medidas cautelares**? A lei é absolutamente omissa. Frise-se que essa é a **única menção** às antigas cautelares nominadas do CPC/73. Assim, há total ausência de regulamentação dessas medidas – que, mencionadas expressamente, poderão seguir sendo utilizadas (especialmente arresto e sequestro, as mais frequentes no cotidiano forense).

Diante da ausência de regulamentação legal, o procedimento será bem aberto, cabendo ao juiz decidir não só o mérito (requisitos para sua concessão), mas também a forma de tramitação (efetivamente, o procedimento).

Efetivada a tutela de urgência (cautelar ou antecipatória) e **posteriormente reformada**, deverá o autor reparar o dano processual causado ao réu (NCPC, art. 302), com a indenização fixada preferencialmente nos mesmos autos (NCPC, art. 302, parágrafo único).

2.7.2.1. Do procedimento da tutela antecipada antecedente

A **tutela antecipada antecedente** vem prevista para os casos em que a urgência for anterior ou contemporânea (conjunta) à propositura da ação. Nessas hipóteses, a petição inicial pode limitar-se ao requerimento da tutela antecipada e à indicação do pedido de tutela final com a exposição da lide, do direito que se busca realizar e do perigo de dano ou risco ao resultado útil do processo (NCPC, art. 303). Sendo essa a escolha do autor, haverá recolhimento de custas e o valor da causa deverá levar em consideração o pedido de tutela final, e não apenas o valor relativo à antecipação de tutela (NCPC, art. 303, § 4º).

Ou seja, **pode-se pedir somente a tutela antecipada,** indicando a petição qual será o pedido principal – que não mais será uma "ação principal", pois o pedido será elaborado posteriormente, nos mesmos autos. Haverá, posteriormente, um complemento da petição inicial.

Se concedida a tutela antecipada antecedente, o autor deverá **aditar a petição inicial** para complementar sua argumentação, juntar novos documentos e confirmar o pedido de tutela final, em 15 dias ou em outro prazo maior que o juiz fixar (NCPC, art. 303, § 1º, I). No aditamento não haverá a necessidade de recolhimento de novas custas (NCPC, art. 303, § 3º). Feito o aditamento, o réu será citado para comparecer à audiência de conciliação ou de mediação (NCPC, art. 303, § 1º, II); não havendo acordo, somente aí haverá o início do prazo para contestação (NCPC, art. 303, § 1º, III).

Se o autor não aditar a petição inicial para elaborar o pedido principal, haverá a extinção do processo sem resolução do mérito (NCPC, art. 303, § 2º).

Se a **tutela antecipada for indeferida**, o juiz determinará a emenda da inicial, em 5 dias, sob pena de extinção do processo sem resolução do mérito (art. 303, § 6º). Atenção para esse prazo de 5 dias, que é um dos poucos prazos do NCPC de poucos dias – e, inclusive, bem inferior ao prazo de aditamento no caso de concessão da liminar (15 dias ou mais, como exposto acima).

Importante – e polêmica – inovação do NCPC é a previsão de **estabilização da tutela antecipada:** a tutela antecipada concedida se tornará estável se da decisão que a conceder não for interposto recurso (NCPC, art. 304). Já debate a doutrina se a menção a "recurso" deve ser entendida como o uso do agravo ou se é possível se interpretar que seria qualquer impugnação à decisão judicial concessiva da antecipação de tutela – inclusive a própria contestação. Por cautela, até que haja a definição do tema pelo STJ, o mais seguro é interpretar "recursos" exatamente da forma técnica que consta no NCPC (ou seja, embargos de declaração e/ou agravo de instrumento).

Uma vez estabilizada a antecipação de tutela, o processo será extinto e qualquer das partes poderá **ingressar com novo processo judicial** para rever, reformar ou invalidar a tutela antecipada estabilizada em até 2 anos contados da ciência da decisão extintiva (NCPC, art. 304, §§ 1º, 2º e 5º). Assim, se não houver essa ação para afastar a estabilidade da tutela antecipada, estaríamos diante de **coisa julgada**? Pelo Código, não, pois se afirma que a decisão que concede a tutela não fará coisa julgada (NCPC, art. 304, § 6º), mas sim que há **estabilidade dos efeitos da tutela antecipada**, que só será afastada por decisão na demanda que buscar alterar a tutela estabilizada. Também já diverge a doutrina a respeito de a estabilização ser ou não coisa julgada.

Do cotejo dos arts. 303 e 304 percebe-se uma **incongruência quanto à estabilização da antecipação de tutela**. De um lado, o NCPC afirma que, não realizado o aditamento, o processo será extinto (art. 303, § 2º). Do outro, afirma o Código que só há estabilização se não houver recurso do réu e aditamento do autor (art. 304, § 1º). O tema já é polêmico.

Uma possível interpretação é entender que, **não havendo recurso do réu** contra a decisão que concede a tutela antecipada, há **duas opções ao autor**: (i) aditar a inicial – e, assim, não haverá a estabilização da tutela antecipada, mas o prosseguimento do processo – ou (ii) não aditar a inicial – hipótese em que não haverá a extinção, mas sim a estabilização da tutela antecipada (e, eventualmente, poderá o autor ingressar com nova medida judicial para pleitear o pedido principal).

Para melhor compreensão, vale exemplificar. Pensemos uma inscrição indevida em cadastro restritivo de crédito. Tutela provisória de urgência antecipada requerida de forma antecedente (apenas a exclusão de cadastro restritiva), apontando como futuro pedido principal indenização por danos morais. **Tutela antecipada deferida para excluir o nome do cadastro restritivo de crédito**. Possibilidades:

(i) réu agrava e autor não adita a inicial: não há estabilização da tutela antecipada e o processo será extinto sem resolução do mérito;

(ii) réu agrava e autor adita a inicial, pleiteando danos morais: não há estabilização da tutela antecipada e o processo prosseguirá;

(iii) réu não agrava e autor não adita a inicial: estabilização da tutela antecipada (no sentido de a inscrição ser indevida) e extinção do processo, com mérito (procedência do pedido de tutela antecipada). Se o autor quiser pleitear danos morais, poderá, mas por meio de nova demanda.

A tutela antecipada **conservará seus efeitos** enquanto não revista, reformada ou invalidada por decisão de mérito (art. 304, § 3º).

2.7.2.2. Do procedimento da tutela cautelar antecedente

No tópico anterior, houve a análise da tutela antecipada antecedente. Neste tópico, analisa-se a outra tutela de urgência que pode ser requerida de forma antecedente: a **tutela cautelar antecedente**.

Neste caso, a petição inicial da ação que buscar tal tutela indicará a lide e seu fundamento, a exposição sumária do direito que visa assegurar e o perigo de dano ou risco ao resultado útil do processo (NCPC, art. 305). São requisitos semelhantes ao do antigo processo cautelar, existente no CPC/73. Também deverá existir valor da causa e recolhimento de custas (interpretação que decorre do NCPC, art. 308, *caput*, parte final).

Se o autor assim quiser, o pedido principal pode ser formulado juntamente com o pedido de tutela cautelar (NCPC, art. 308, § 1º). Exatamente como previsto para a tutela antecipada antecedente.

Se o juiz entender que o **pedido tem natureza antecipada**, deverá observar o regramento relativo à tutela antecipada (NCPC, art. 305, parágrafo único), ou seja, é a **fungibilidade entre as tutelas de urgência**. Contudo, não há artigo específico no sentido inverso, quanto à antecipação de tutela. Assim, não há previsão legal de possibilidade de o juiz receber a antecipação de tutela como cautelar. Mas resta verificar como será a jurisprudência em relação ao tema (no sistema anterior, da mesma forma só existia previsão de fungibilidade da antecipada para a cautelar, mas a jurisprudência admitia a fungibilidade de mão dupla). De qualquer forma, é certo que **somente há estabilização da tutela antecipada** (que tem natureza satisfativa) e **não da tutela cautelar** (que busca apenas resguardar o direito debatido) – afinal, incongruência falar que algo acautelatório se estabilize.

No caso da tutela cautelar antecedente, o réu será **citado para contestar** em 5 dias (NCPC, art. 306). Trata-se de um prazo curto, que não é a regra no NCPC. Se não houver contestação, haverá **revelia**, com a presunção de veracidade dos fatos narrados, afirmando o Código que o juiz deverá decidir em 5 dias (NCPC, art. 307). Se houver contestação, o trâmite da demanda será pelo **procedimento comum** do processo de conhecimento (NCPC, art. 307, parágrafo único).

Efetivada a tutela cautelar, o pedido principal terá de ser formulado pelo autor no prazo de 30 dias, caso em que será apresentado nos mesmos autos em que já deduzido o pedido cautelar (NCPC, art. 308). O complemento da demanda, em relação ao pedido principal, não demandará novas custas processuais (NCPC, art. 308) e será possível aditar a causa de pedir (NCPC, art. 308, *caput* e § 2º).

Apresentado o pedido principal, as partes serão intimadas para comparecer à audiência de conciliação ou mediação; não havendo autocomposição, o prazo para contestação terá fluência a partir desse momento (NCPC, art. 308, §§ 3º e 4º).

Cessa a eficácia da tutela cautelar antecedente se (NCPC, art. 309):

I – não houver a apresentação do pedido principal em 30 dias;

II – a tutela cautelar não for efetivada em 30 dias;

III – o pedido principal for improcedente ou o processo for extinto sem mérito.

Se isso ocorrer, somente será possível formular novo pedido se houver novo fundamento (nova causa de pedir).

Em regra, o **indeferimento do pedido cautelar não obsta a formulação do pedido principal**. A exceção se refere à hipótese em que reconhecida a prescrição e decadência na análise do pedido cautelar (NCPC, art. 310), ou seja, nesse caso a coisa julgada do processo cautelar terá de ser observada no processo principal.

2.7.3. Da tutela da evidência

> A **tutela da evidência** busca resguardar um direito evidente; ou seja, é uma tutela provisória que não depende de urgência (exatamente por isso não é denominada de tutela de urgência, a outra espécie de tutela provisória).

A **tutela da evidência será concedida**, independentemente da demonstração de perigo de dano ou de risco ao resultado útil do processo. O Código a prevê em **quatro situações** (art. 311):

I – ficar caracterizado abuso do direito de defesa ou manifesto propósito protelatório da parte (tutela da evidência **penalizadora da má-fé**;

II – as alegações de fato puderem ser comprovadas apenas documentalmente e houver tese firmada em julgamento de casos repetitivos ou súmula vinculante (tutela da evidência fundada em **tese firmada em tribunal superior**);

III – se tratar de pedido reipersecutório fundado em prova documental adequada do contrato de depósito, caso em que será decretada a ordem de entrega do objeto custodiado sob cominação de multa (tutela da evidência em **contrato de depósito**);

IV – a petição inicial for instruída com prova documental suficiente dos fatos constitutivos do direito do autor, a que o réu não oponha prova capaz de gerar dúvida razoável (tutela da evidência **fundada em prova incontroversa**).

Afirma o Código que nos casos dos incisos II e III será possível a **concessão liminar** da tutela da evidência (art. 311, parágrafo único).

2.8. Suspensão do processo

Apesar de os princípios da celeridade e da duração razoável do processo permearem todo o sistema processual, por vezes se faz necessária a suspensão do processo, ou seja, a **paralisação do trâmite processual**.

Não obstante, qualquer que seja a hipótese de suspensão, atos urgentes podem ser praticados durante o período em que o processo está suspenso – salvo se houver alegação de impedimento ou suspeição do juiz (NCPC, art. 314).

É importante esclarecer que suspensão do processo é algo distinto da suspensão ou interrupção do prazo processual.

É necessária previsão legal para que haja a suspensão do processo, sendo que o Código prevê diversas situações para tanto.

O principal dispositivo que trata do tema é o art. 313 do NCPC, que traz as seguintes **hipóteses de suspensão**:

(i) Pela morte ou perda da capacidade processual de qualquer das partes, de seu representante legal ou de seu procurador.

O autor, quando falece, deixa de deter capacidade de ser parte. Um idoso que é interditado perde sua capacidade processual. Um advogado que é desligado dos quadros da OAB não é mais dotado de capacidade postulatória. Nestes três exemplos, o processo não pode prosseguir. Mas preferível à extinção de plano é a suspensão, até que a incapacidade seja solucionada.

Contudo, se a falha não for suprida, sendo em relação ao autor, o processo será extinto sem mérito; sendo em relação ao réu, será decretada a revelia (NCPC, art. 313, § 3º). Inova o NCPC ao apontar que, no caso de óbito da parte, se não houver habilitação, o juiz determinará a suspensão de ofício e buscará que haja o ingresso dos herdeiros (NCPC, art. 313, § 2º).

(ii) Por convenção das partes.

Se as partes estão em vias de celebrar um acordo para pôr fim ao processo, o prosseguimento do feito pode dificultar as negociações. Daí a conveniência de suspender o processo.

Contudo, o prazo máximo para que o processo fique suspenso é de seis meses (NCPC, art. 313, § 4º). Após tal período, o processo deverá retomar seu curso;

(iii) Quando houver arguição de impedimento ou suspeição.

Lembrando que não há mais a figura da exceção, se a parte impugnar a imparcialidade do juiz (ou de outro auxiliar do juízo), é conveniente que se aguarde a decisão dessa questão com a suspensão do processo.

(iv) Quando for admitido o incidente de resolução de demandas repetitivas.

O IRDR (art. 976) é uma das grandes novidades do NCPC. Quando ele for admitido, para que se decida a questão repetitiva, impõe-se a suspensão de todos os outros processos que discutam a mesma tese jurídica. A rigor, o prazo máximo de suspensão é de 1 ano, mas eventualmente poderá esse prazo ser majorado (NCPC, art. 980, parágrafo único).

(v) Quando a sentença de mérito depender do julgamento de outra causa ou de prova requisitada a outro juízo, ou seja, quando houver prejudicialidade externa.

Ao se falar em prejudicialidade, significa dizer que antes da solução da questão principal (o pedido, aquilo que deverá ser apreciado pelo juiz), deve ser solucionada a questão prejudicial em debate em outro processo. O objetivo da suspensão pela prejudicialidade externa é evitar que haja a prolação de decisões conflitantes.

No que diz respeito à suspensão decorrente de prova a ser produzida em outro juízo, o exemplo é a expedição de carta precatória para oitiva de testemunha, ou seja, o processo "principal" fica sobrestado até que a prova em questão seja produzida.

Considerando a morosidade que isso acarreta, houve alteração legislativa: apenas quando se tratar de prova "imprescindível" é que a carta terá o condão de suspender o processo (NCPC, art. 377).

Por fim, o processo só poderá ficar suspenso pelo inciso V pelo prazo máximo de 1 ano (NCPC, art. 313, § 4º).

(vi) Por motivo de força maior.

Para fins deste inciso, deve-se entender por força maior a situação imprevisível, alheia à vontade das partes e do juiz que torne impossível a realização de determinado ato processual. Se isso ocorrer, o processo estará suspenso e, consequentemente, prorrogados os prazos para realização daquele ato processual. Como exemplo, na segunda década do século XXI, as fortes chuvas que destruíram diversos fóruns em cidades do Sudeste do Brasil.

(vii) Quando se discutir em juízo questão decorrente de acidentes e fatos da navegação de competência do Tribunal Marítimo.

O Tribunal Marítimo é órgão administrativo que aprecia questões relativas ao Direito Marítimo (tema que ganha prestígio no NCPC). Assim, se houver o debate de acidente marítimo em apreciação perante o Tribunal Marítimo, eventual processo judicial sobre esse tema deverá ser suspenso. Trata-se, portanto, de mais uma situação de prejudicialidade externa (como no inciso V). Não há previsão legal de prazo máximo de suspensão, mas por uma interpretação teleológica, também deve ser aplicado o prazo máximo de 1 ano (NCPC, art. 313, § 4º).

(viii) Quando do nascimento ou adoção de filho, sendo a mãe ou o pai a única advogada ou advogado da causa. Trata-se de **inovação decorrente da Lei n. 13.363/2016**, que não constava nem do CPC/1973, nem da redação original do NCPC.

É o previsto nos incisos IX e X do art. 313 do NCPC, dispositivo que determina a suspensão do processo por ocasião do parto ou adoção. Para que haja a suspensão do processo, (i) deve ser apresentada nos autos a certidão de nascimento para comprovar o parto ou o termo judicial que tenha concedido a adoção e (ii) deve o patrono ter notificado o cliente a respeito do tema.

O prazo de suspensão é diferenciado entre pai e mãe: 30 dias para a mulher e 8 dias para o homem.

3. PROCESSO DE CONHECIMENTO

3.1. Procedimento comum

3.1.1. Visão geral

Procedimento é a **forma pela qual o processo se desenvolve**. Cada processo tem seus próprios procedimentos.

No NCPC, o panorama é o seguinte:

a) No processo de conhecimento, há os seguintes procedimentos:

(i) **comum**, que é o procedimento padrão, a ser utilizado na maior parte das causas (NCPC, art. 318);

(ii) **especial**, que apresenta distinções em relação ao procedimento comum, de modo a decidir a lide de forma mais adequada (NCPC, Título III do Livro I da Parte Especial, art. 539 e s., além de leis extravagantes);

O procedimento comum (que é o procedimento padrão, o mais amplo e usual), é aplicado de forma subsidiária aos procedimentos especiais e também ao processo de execução (art. 318, parágrafo único).

b) No processo de execução, não há um procedimento comum e outros especiais. O que existem são **diversos tipos de procedimentos**, cada um correspondente a cada uma das diversas espécies de execução (alimentos, entrega de coisa, contra a Fazenda etc.).

No tocante ao **procedimento comum do processo de conhecimento**, há importante mudança em relação ao que existia no CPC/73. No Código anterior, o procedimento comum se dividia no rito ordinário e sumário.

No NCPC, houve a **extinção do rito sumário**; sendo assim, **não mais se justifica a existência de um rito ordinário**. Logo, no NCPC somente existe, no processo de conhecimento, procedimento comum (art. 318 e s.) e especial (art. 539 e s.).

Diante do exposto, é possível apresentar o seguinte quadro-síntese em relação ao NCPC:

Processo	Procedimento
1) Conhecimento	1.1) Comum 1.2) Especial
2) Execução	2.1) pagar quantia 2.2) fazer ou não fazer 2.3) alimentos etc. (Diversos, conforme a espécie de obrigação)

Considerando o panorama geral exposto, é possível analisar os procedimentos no processo de conhecimento:

(i) **procedimento comum:** é a base, a norma que se aplica de forma subsidiária aos demais.

É o procedimento regulado com mais vagar pelo NCPC, é o mais completo, com maior número de atos (inicial, contestação, réplica etc.) e fases mais facilmente distinguíveis (postulatória, saneadora, instrutória, decisória e cumprimento de sentença).

(ii) **procedimentos especiais:** surgem diante da impossibilidade de solução a determinados problemas pelo procedimento comum. A finalidade é adequar o procedimento ao direito material debatido.

As diferenças, em relação ao procedimento paradigma (comum), são previstas em lei e podem estar nos prazos, na previsão de liminar, na modificação/concentração das fases processuais etc.

Será utilizado o procedimento comum por exclusão: se não for hipótese de algum procedimento especial (previsto no NCPC ou em lei extravagante), então este será o utilizado.

Trata-se, portanto, do procedimento residual – e é o mais utilizado e o mais pedido na prova da OAB.

3.1.2. Petição inicial e seus requisitos

Os **requisitos da petição inicial** estão previstos no NCPC, art. 319. Vale reproduzir o artigo:

> **Art. 319.** A petição inicial indicará:
> **I** – o juízo a que é dirigida (endereçamento);
> **II** – os nomes, os prenomes, o estado civil, a existência de união estável, a profissão, o número de inscrição no Cadastro de Pessoas Físicas ou no Cadastro Nacional da Pessoa Jurídica, o endereço eletrônico, o domicílio e a residência do autor e do réu (qualificação);
> **III** – o fato e os fundamentos jurídicos do pedido (causa de pedir);
> **IV** – o pedido com as suas especificações (pedido);
> **V** – o valor da causa;
> **VI** – as provas com que o autor pretende demonstrar a verdade dos fatos alegados (provas);
> **VII** – a opção do autor pela realização ou não de audiência de conciliação ou de mediação (interesse na audiência inaugural).

O Código originariamente aprovado pelo Congresso previa a possibilidade de **conversão de ação individual em coletiva**, quando se estivesse diante de uma demanda que pudesse ter um potencial de repetição. Porém, o dispositivo foi vetado (art. 333).

Ainda que vetado, pode ser objeto de alguma pergunta em provas de OAB, por isso vale a menção ao tema. Apesar do veto à conversão da ação individual em coletiva, permaneceu no sistema a previsão de o **juiz poder oficiar algum ente legitimado para ajuizar ação coletiva**, quando vislumbrar multiplicidade de causas. A previsão está no art. 139, X, destacando ser **poder do juiz**, quando se deparar com diversas demandas individuais repetitivas, oficiar o Ministério Público, a Defensoria Pública e outros legitimados para, se for o caso, promover a propositura da ação coletiva respectiva.

Os requisitos ora analisados são previstos para a inicial do procedimento comum. Mas, como já dito, também se aplicam aos demais processos e procedimentos, com algumas diferenças.

Se a **petição inicial não trouxer algum dos requisitos**, o juiz determinará a **emenda da inicial** (NCPC, arts. 317 e 321). Contudo, se o autor não proceder à emenda, haverá o indeferimento da inicial, com a extinção do processo sem resolução do mérito (NCPC, art. 485, I).

Por sua vez, **se o vício da inicial for grave** e sequer permitir a emenda, poderá o magistrado desde logo extinguir o processo (NCPC, art. 330). Nessas situações, fala-se em **indeferimento liminar da inicial**, hipóteses em que o processo é extinto sem resolução do mérito e sem haver a citação do réu.

Também é possível se falar em **improcedência liminar da inicial**, situação na qual o pedido é julgado improcedente (portanto, decisão de mérito), sem a citação do réu (acerca do assunto, *vide* item 3.2.1.2).

Descabe a procedência liminar do pedido, pois é necessário o contraditório e ampla defesa do réu (porém, o sistema prevê a figura da tutela da evidência, como já enfrentado).

Considerando os diversos **requisitos da petição inicial**, na sequência será feita a análise de alguns dos requisitos com mais vagar (daqueles que não foram analisados em outros momentos).

3.1.2.1. Causa de pedir

Causa de pedir: na terminologia do Código, são os fatos e fundamentos jurídicos do pedido (Por que o autor pede em juízo determinada providência?).

Observemos que não se deve confundir **fundamentos jurídicos** (consequência jurídica pretendida pelo autor, decorrente dos fatos narrados) com **fundamentos legais** (base legal, artigos de lei).

A causa de pedir é integrada apenas pelos fundamentos jurídicos. Assim, ainda que a parte mencione determinados artigos na inicial, poderá o juiz julgar com base em outros dispositivos – desde que não altere os fatos ou fundamentos jurídicos levados aos autos pelo autor.

Para que haja a **alteração da causa de pedir** após o ajuizamento da inicial, deve ser observado o seguinte (NCPC, art. 329):

(i) **até a citação:** permitido, sem qualquer restrição, bastando uma petição do autor;

(ii) **após a citação:** permitido, desde que o réu concorde (hipótese em que haverá possibilidade de manifestação do réu, no prazo mínimo de 15 dias, sendo possível requerimento de prova suplementar);

(iii) **após o saneamento** do processo: inadmissível.

Essa é exatamente a **mesma regra em relação à alteração do pedido** após o ajuizamento.

3.1.2.2. Pedido

Pedido é aquilo que o autor pede quando aciona o Judiciário.

O NCPC deixa claro que o **pedido deve ser certo** (art. 322) **e determinado** (art. 324).

Ainda que a parte não peça, compreendem-se no pedido (NCPC, art. 322, § 1º – o que por alguns é chamado de pedido implícito):

(i) juros legais;

(ii) correção monetária;

(iii) verbas de sucumbência, ou seja, custas e honorários;

(iv) prestações sucessivas que se vencerem durante o processo, enquanto durar a obrigação (NCPC, art. 323);

(v) multa diária (*astreintes*), na tutela específica das obrigações de fazer, não fazer ou entregar coisa (NCPC, art. 536, *caput* e § 1º).

Interpretação do pedido: inovando em relação ao Código anterior (que apontava que o pedido deveria ser interpretado de forma restritiva), o NCPC prevê que o pedido vai ser interpretado conforme "o conjunto da postulação e observará o princípio da boa-fé" (art. 322, § 2º), ou seja, o juiz terá mais margem para interpretar o pedido: não só com base naquilo que estiver ao final da petição inicial, no tópico "do pedido", mas também a peça como um todo.

A **determinação do pedido** diz respeito ao complemento, ao bem da vida. Ou seja, ao se pedir a condenação (certeza do pedido), indicar de quanto se quer a condenação.

Apesar de a regra ser a determinação do pedido, o NCPC admite a formulação de **pedido genérico**, em hipóteses específicas (art. 324, § 1º):

I – nas ações universais, se o autor não puder individuar os bens demandados (ações que envolvem um conjunto de bens, uma universalidade, tais como o espólio, uma biblioteca, a massa falida. Basta imaginar um filho buscando o patrimônio de um pai falecido. O autor ingressará com uma petição de herança [réus condenados a entregar ao autor seu quinhão – pedido certo], mas não conseguirá delimitar o valor exato dos bens correspondentes ao seu quinhão, pois não se sabe o *quantum debeatur*);

II – quando não for possível determinar, desde logo, as consequências do ato ou do fato (como exemplo, um acidente envolvendo a explosão de um botijão de gás em um restaurante. O cliente poderá ter de ficar meses em tratamento médico. Mesmo antes de ficar totalmente recuperado, o cliente já poderá ingressar em juízo contra o restaurante. E os danos, porém, ainda não podem ser determinados de modo definitivo);

III – quando a determinação do objeto ou do valor da condenação depender de ato que deva ser praticado pelo réu (O exemplo típico para esta situação é a prestação de contas: conforme as contas prestadas, será possível verificar se há e quanto é o valor a ser pago).

Tomando posição em relação a uma polêmica doutrinária, o NCPC deixa clara a **impossibilidade de indenização por dano moral como pedido genérico**, o que era admitido pela jurisprudência do STJ no Código anterior (considerando ser uma situação em que "não era possível determinar, desde logo, as consequências" do ato ou fato, inciso II). O NCPC aponta que, na demanda indenizatória, inclusive a fundada em dano moral, o valor da causa será a quantia pretendida (art. 292, V); com isso, não se mostra mais possível pleitear o dano moral sem indicar, na inicial, o valor pretendido.

O sistema admite a **cumulação de pedidos**, ou seja, a elaboração de mais de um pedido, mesmo que não conexos, em face do mesmo réu. Será possível a **cumulação** quando (NCPC, art. 327, § 1º):

1) os pedidos forem compatíveis;

2) competente o mesmo juízo;

3) adequado o mesmo procedimento (ou utilização do procedimento comum, sem prejuízo do uso de "técnicas processuais diferenciadas previstas nos procedimentos especiais" para um dos pedidos cumulados, desde que não haja incompatibilidade com o procedimento comum).

A legislação permite o **pedido alternativo**, que é aquele em que o autor formula dois pedidos para ver acolhido um, indistintamente. Pede-se a entrega do bem comprado ou o dinheiro de volta (NCPC, art. 325 – o devedor pode cumprir a prestação de mais de um modo), sem preferência por parte do autor. Se qualquer dos pedidos for acolhido, estará satisfeito o autor.

O **pedido subsidiário** se verifica quando o autor formula um pedido principal e, somente se este não puder ser acolhido, formula um pedido subsidiário/eventual. Pede-se o cumprimento do contrato como pedido principal e, somente se isso não for possível, pleiteia-se indenização por perdas e danos (NCPC, art. 326). Aqui há, portanto, preferência por parte do autor – que somente estará totalmente satisfeito se for acolhido o pedido principal.

A doutrina também fala em **pedido sucessivo** (não previsto na legislação), quando há cumulação de pedidos, mas o segundo pedido depende, do ponto de vista lógico, do acolhimento do primeiro. Assim, numa investigação de paternidade cumulada com alimentos, somente após o acolhimento do pedido de reconhecimento da paternidade é que se pode cogitar de concessão do pedido de alimentos.

Em relação à **modificação do pedido**, repete-se o acima exposto quanto à causa de pedir (NCPC, art. 329):

(i) **até a citação:** permitido, sem qualquer restrição, bastando uma petição do autor;

(ii) **após a citação:** permitido, desde que o réu concorde (hipótese em que haverá possibilidade de manifestação do réu, no prazo mínimo de 15 dias, sendo possível requerimento de prova suplementar);

(iii) **após o saneamento** do processo: inadmissível.

3.1.2.3. Provas

O objetivo da prova é **influir no convencimento do juiz** quanto aos fatos trazidos pelas partes (NCPC, art. 369).

Cabe relembrar que, pela Constituição, provas ilícitas são inadmissíveis (CF, art. 5º, LVI).

O **momento principal de produção de prova oral** é a audiência de instrução (NCPC, art. 361). Tratando-se de documentos, já na inicial e contestação devem ser juntados.

A regra é que somente os fatos devem ser provados, mas não o direito (há exceção prevista no NCPC, art. 376: o juiz poderá determinar que a parte prove "direito municipal, estadual, estrangeiro ou consuetudinário").

Fato incontroverso (aquele que não é objeto de impugnação pela parte contrária) e **fato notório** (aquele que é de conhecimento comum dos litigantes) independem de prova (NCPC, art. 374).

Da mesma forma, aquilo que ordinariamente ocorre – as chamadas **máximas de experiência** – também não precisa ser provado (NCPC, art. 375). Como exemplo, a culpa num acidente de veículo, com base no que ordinariamente ocorre, é do veículo que está atrás.

O **momento de requerer a produção das provas** é na inicial e na contestação. O **juiz decidirá a respeito de qual prova será produzida** no saneamento (NCPC, art. 357, II: fixação dos pontos controvertidos a respeito dos quais haverá prova). Além disso, cabe ao juiz deferir provas de ofício (NCPC, art. 370).

O NCPC contempla previsão sobre a **prova emprestada:** o juiz poderá admitir o uso de prova produzida em outro processo, atribuindo-lhe o valor que considerar adequado, observado o contraditório (art. 372).

No CPC/73, havia o princípio do livre convencimento motivado do juiz. No NCPC, há o **princípio do convencimento motivado**, pois fala-se em "razões da formação" do convencimento, mas sem a menção a "livre".

> **NCPC, art. 371**
> O juiz apreciará a prova constante dos autos, independentemente do sujeito que a tiver promovido, e indicará na decisão as razões da formação de seu convencimento.

Quanto ao **ônus da prova**, em regra, é de quem alega. Assim, compete:

- **ao autor**, provar o fato constitutivo do seu direito (NCPC, art. 373, I);
- **ao réu**, provar o fato impeditivo, modificativo ou extintivo do direito do autor (NCPC, art. 373, II).

Inovação do Código é a previsão da **distribuição dinâmica do ônus da prova** (ou carga dinâmica do ônus da prova), mecanismo que já vinha sendo aplicado pela jurisprudência e debatido pela doutrina mesmo antes do NCPC.

Em casos previstos em lei ou diante de peculiaridades da causa relacionadas: (i) à impossibilidade ou excessiva dificuldade de cumprir o encargo de provar ou (ii) à maior facilidade de obtenção da prova do fato contrário, poderá o juiz atribuir o ônus da prova de modo diverso por meio de decisão fundamentada, caso em que deverá dar à parte a oportunidade de se desincumbir do ônus que lhe foi atribuído (NCPC, art. 373, § 1º).

Em linha com a carga dinâmica, vale destacar, como exemplos, nas **relações de consumo**, em que é possível a inversão do ônus da prova, desde que presente a hipossuficiência do consumidor ou verossimilhança da alegação (CDC, art. 6º, VIII).

Se o autor não se desvencilhar de seu ônus: improcedência do pedido, sendo vedada a repropositura, diante da coisa julgada que se forma (NCPC, art. 487, I).

> Uma das principais inovações do NCPC é a carga dinâmica do ônus da prova ou ônus dinâmico da prova. No Código anterior, havia o ônus estático da prova (sempre o mesmo), sendo que havia algumas exceções em legislação extravagante, como a inversão do ônus da prova no Código do Consumidor.
> No NCPC, o *caput* do art. 373 ainda prevê a regra geral (ônus da prova é de quem alega). Contudo, agora o Código prevê que, caso a caso, poderá o juiz dizer de quem é o ônus da prova. Porém, isso deve ser informado à parte, antes da fase instrutória (inclusive por força do princípio da vedação de decisão surpresa).

3.1.2.3.1. Meios de provas

No tocante aos **meios de prova**, o Código traz os seguintes:

(i) ata notarial (NCPC, art. 384);
(ii) depoimento pessoal (NCPC, art. 385);
(iii) confissão (NCPC, art. 389);
(iv) exibição de documento ou coisa (NCPC, art. 396);
(v) documental (NCPC, art. 405);
(vi) testemunhal (NCPC, art. 442);
(vii) pericial (NCPC, art. 464); e
(viii) inspeção judicial (NCPC, art. 481).

A seguir, segue análise dos principais aspectos de cada um dos meios de prova.

(i) Ata notarial

Realizada em cartório extrajudicial (e, por isso, dotada de fé pública), a ata notarial serve para a produção de prova em uma situação em que a prova possa desaparecer (como para provar o conteúdo de páginas da internet, que podem ser alteradas ou excluídas posteriormente; a ata certifica o que foi visualizado naquele momento em que se acessou determinada página).

A ata notarial poderá atestar ou documentar a existência e o modo de existir de algum fato. É possível que imagem ou som gravados em arquivos eletrônicos conste da ata notarial (NCPC, art. 384, parágrafo único).

(ii) Depoimento pessoal

É o interrogatório das partes, seja o autor ou o réu (NCPC, art. 385).

Existem limitações ao dever de depor em juízo, como em situações de sigilo ou autoincriminação (NCPC, art. 388) – que **não se aplicam** em causas de estado e de direito de família (NCPC, art. 388, parágrafo único).

O depoimento pessoal é requerido pelo juiz ou pela parte contrária (NCPC, art. 385, *caput*). Assim, não é requerido pelo próprio depoente.

Pode ocorrer, no depoimento pessoal, a **pena de confesso:** se a parte não comparecer ou, comparecendo, recusar-se a responder o que lhe for perguntado, presumir-se-ão confessados os fatos contra ela alegados (NCPC, art. 385, § 1º).

No momento da colheita da prova, quem ainda não depôs não pode ficar na sala de audiência ouvindo o outro depoimento pessoal (NCPC, art. 385, § 2º).

A parte depoente não pode ler suas respostas, mas é permitido levar breves anotações (NCPC, art. 387). A parte não presta compromisso de dizer a verdade.

O depoimento pessoal da parte que residir em comarca, seção ou subseção judiciária diversa daquela onde tramita o processo poderá ser **colhido por meio de videoconferência** ou outro recurso tecnológico de transmissão de sons e imagens em tempo real, o que poderá ocorrer, inclusive, durante a realização da audiência de instrução e julgamento (NCPC, art. 385, § 3º).

Dúvida que surgirá é se o depoimento pessoal das partes será feito **mediante reperguntas** (como no Código anterior) **ou mediante perguntas dos próprios advogados** – como é a novidade em relação à prova testemunhal (NCPC, art. 459). Como não há previsão do tema na seção própria do depoimento pessoal, é de se concluir que a forma de inquirição será a mesma da prova testemunhal – ou seja, perguntas formuladas pelos advogados e não pelo juiz.

(iii) Confissão

Entende-se por **confissão** a situação na qual a parte admite a verdade de um fato contrário ao seu interesse (NCPC, art. 389).

A confissão pode ser judicial ou extrajudicial.

A **confissão judicial** pode ser:

- real, ou seja, efetivamente aconteceu; ou
- ficta, quando resulta de sanção por alguma recusa da parte.

A **confissão judicial real** pode ser:

- espontânea, quando realizada pelo próprio confitente, sem provocação; ou
- provocada, quando obtida mediante interrogatório.

Assim, percebe-se que a confissão pode ocorrer por meio documental ou no depoimento pessoal.

(iv) Exibição de documento ou coisa

Pode o juiz determinar que seja exibido determinado documento ou coisa (NCPC, arts. 396 e 401).

O destinatário da ordem pode ser:

- o réu (NCPC, art. 396). Se o réu estiver com o documento/coisa e não o exibir, admitem-se como verdadeiros os fatos que o requerente queria provar com o que seria exibido (NCPC, art. 400).
- terceiro (NCPC, art. 401). Se terceiro estiver com o documento/coisa e não o exibir, o juiz poderá determinar apreensão, inclusive com força policial, sendo que o terceiro incorrerá no crime de desobediência (NCPC, art. 403, parágrafo único).

Inova o Código ao permitir que o juiz adote medidas coercitivas (tais como multa diária) para que se obtenha o documento ou coisa (NCPC, art. 400, parágrafo único) – diferentemente da jurisprudência quanto ao tema à luz do CPC/73 (Súmula 372 do STJ).

(v) Prova documental

O **momento de produção** da prova documental é na inicial e na contestação (NCPC, art. 434).

Fora estes momentos, só podem ser juntados (NCPC, art. 435):

a) documentos novos (prova de fatos posteriores aos narrados à inicial);

b) documentos para rebater documentos produzidos pela parte contrária.

Toda vez que um documento for juntado, a parte contrária deverá ter a oportunidade de se manifestar, em 15 dias (NCPC, art. 437, § 1º).

Se uma das partes entender que o documento é falso, deverá **arguir a falsidade** – na contestação, réplica ou em petição simples, 15 dias após a juntada do documento (NCPC, art. 430).

Apresentado o documento por uma das partes, se a outra não o impugnar no momento seguinte (arguição de falsidade na contestação, réplica ou simples petição, como visto acima), há preclusão e considera-se autêntico o documento (NCPC, art. 411, III).

Em relação à reprodução realizada por **foto, vídeo ou áudio**, o NCPC afirma que isso é válido (art. 422). Mas trata-se de presunção relativa, pois é certo que a parte contrária pode impugnar esse documento.

Tratando-se de **foto digital ou obtida na internet**, deverá ser apresentada a "autenticação mecânica", que deve ser interpretada como (i) o arquivo digital que traz a foto ou (ii) o arquivo e as informações da página na internet de onde essa foto foi retirada. Tratando-se de foto obtida na internet, ainda é possível se realizar a ata notarial (art. 384).

Se a foto estiver em **jornal ou revista impressa**, deverá ser juntado aos autos o original onde apareceu essa foto. Contudo, muitas vezes isso pode ser insuficiente para eventual perícia – e talvez seja necessária a apresentação do próprio arquivo eletrônico (existente junto à imprensa), conforme o caso concreto. E o juiz, por certo, terá poderes para isso.

O § 3º do art. 422 destaca que o **e-mail**, para fins de prova, equipara-se à fotografia. Assim, deverá ser juntada a "autenticação eletrônica" (arquivo eletrônico, e não só a mensagem impressa, para fins de eventual perícia). Mas o dispositivo não trata da força probante do e-mail (como o NCPC fez com o telegrama), mas sim dos aspectos formais para aceitação da prova. E cabe sempre lembrar que o juiz tem o convencimento motivado (art. 371).

(vi) Prova testemunhal

É o interrogatório de terceiros, que não são parte no processo (NCPC, art. 442).

A parte deve apresentar rol de testemunhas no saneamento (NCPC, art. 357, §§ 4º e 5º).

Há a apresentação do rol de testemunhas para (i) permitir que haja a intimação das testemunhas se as partes assim requererem e (ii) para que a parte contrária saiba, antes da audiência, quem são as testemunhas.

Cada parte poderá apresentar até 10 testemunhas, mas o juiz pode dispensar mais do que 3 sobre o mesmo fato (NCPC, art. 357, § 6º), sendo possível, conforme a complexidade da causa, limitar o número de testemunhas (NCPC, art. 357, § 7º).

Após a apresentação do rol, só cabe a **substituição da testemunha** que (NCPC, art. 451):

- falecer;
- por enfermidade não tiver condições de depor; ou
- que mudou de endereço e não foi encontrada pelo oficial de justiça.

Em regra, a **testemunha será ouvida em juízo**, perante o juiz da causa, na audiência de instrução. Porém, pode haver (i) produção antecipada de prova (art. 381), (ii) oitiva por carta (precatória, rogatória ou de ordem – art. 453, II) ou, ainda, inovação do NCPC, (iii) oitiva por videoconferência – que pode até mesmo ocorrer durante a própria audiência de instrução (art. 453, § 1º).

Inovação do NCPC está no art. 455: compete ao **próprio advogado intimar a testemunha** para que compareça em juízo, e isso será feito via carta com aviso de recebimento, pelos correios. Se não houver o envio do AR pelo advogado e a testemunha não comparecer, presume-se sua desistência. Se o advogado preferir, pode apenas comunicar a testemunha por outros meios – mas, se a testemunha se ausentar, também se presume a desistência.

Contudo, ainda permanece a possibilidade de **intimação da testemunha pelo Judiciário** (NCPC, art. 455, § 4º): (i) se frustrada a intimação via AR (ou se, desde logo, o juiz assim determinar), (ii) quando a testemunha for servidor público, (iii) quando a testemunha for arrolada pelo MP ou pela Defensoria Pública ou (iv) quando a testemunha for autoridade.

A testemunha, no início do depoimento, presta o **compromisso de dizer a verdade** (NCPC, art. 458).

Quanto ao **procedimento da oitiva**, serão ouvidas primeiro as testemunhas que foram arroladas pelo autor, depois pelo réu. E uma testemunha não ouve o depoimento da outra. Porém, há inovação: é possível que o juiz, em comum acordo com as partes, altere a ordem de oitiva das testemunhas, qualquer que seja a ordem (NCPC, art. 456, parágrafo único).

Quanto à **indagação das testemunhas**, deixa de existir o modelo das reperguntas (em que o advogado pergunta ao juiz, que então formula a repergunta para a testemunha) e passa o advogado a formular as perguntas diretamente para o depoente (NCPC, art. 459). Isso já consta do art. 212 do CPP, por força de reforma de 2008.

As perguntas são inicialmente formuladas pelo advogado que arrolou a testemunha e, posteriormente, pelo outro advogado. Pode o juiz (i) formular perguntas, antes ou depois das partes e (ii) indeferir as perguntas que forem impertinentes, repetição de outra ou quiserem induzir a resposta.

Pode o juiz determinar a oitiva da **testemunha referida** (mencionada por uma das testemunhas ouvidas) ou realização de acareação entre testemunhas ou entre testemunha e parte. Inova o NCPC ao esclarecer que a acareação poderá ser feita por videoconferência e por regular como a acareação será realizada – por reperguntas do juiz e não por perguntas diretas dos advogados (art. 461).

Não podem ser testemunhas as pessoas (NCPC, art. 447):

a) **incapazes**, ou seja:
   - o interdito por enfermidade mental;
   - o que, acometido por retardamento mental, ao tempo em que ocorreram os fatos, não

podia discerni-los; ou não está habilitado a transmitir as percepções[1];

- o menor de 16 anos;
- o cego e o surdo, quando a ciência do fato depender dos sentidos que lhes faltam;

b) impedidas, a saber:

- o cônjuge, o companheiro, o ascendente e o descendente em qualquer grau, ou colateral, até o terceiro grau;
- o que é parte na causa;
- o que intervém em nome de uma parte (tutor, representante legal da pessoa jurídica ou o advogado que assista ou tenha assistido as partes);

c) suspeitas, que são:

- o inimigo da parte, ou o seu amigo íntimo;
- o que tiver interesse no litígio.

Se necessário, pode o juiz ouvir essas pessoas, mas não como testemunhas e sim como informantes, que não prestam compromisso (NCPC, art. 447, §§ 4º e 5º).

Se o juiz aceitar ouvir uma testemunha que não deveria ser ouvida, o advogado da parte contrária poderá apresentar a **contradita**, que é exatamente a alegação de que a testemunha é incapaz, suspeita ou impedida (NCPC, art. 457, § 1º).

(vii) Prova pericial

A **prova pericial** consiste em exame, vistoria ou avaliação (NCPC, art. 464) e é utilizada quando há a necessidade de conhecimentos técnicos a respeito de qualquer disciplina – salvo direito (NCPC, art. 464, § 1º, I).

> Sem paralelo no sistema anterior, já se esclareça que há três possibilidades de perícia no NCPC: (i) prova técnica simplificada (art. 464, § 2º), (ii) perícia comum (arts. 465 e s.) e (iii) perícia consensual (art. 471).

Como já visto, houve importante **alteração quanto à escolha do perito**. Deverá o juiz escolher os peritos a partir de um cadastro mantido pelo tribunal (NCPC, art. 156, § 1º). Somente se não houver profissional cadastrado para o local onde está a vara é que haverá livre escolha pelo juiz (§ 5º) – sempre devendo ser escolhido profissional que tenha conhecimento técnico para a perícia.

Permite o NCPC a possibilidade de substituição da perícia por **prova técnica simplificada**, quando o "ponto controvertido for de menor complexidade" (art. 464, § 2º). Contudo, o Código não especifica o que seja esse ponto de menor complexidade, de modo que isso terá de ser verificado no caso concreto. Como exemplo, podemos cogitar o de um *tablet* com um problema e a verificação do que causou esse problema (defeito ou mau uso); isso, em tese, seria algo mais simples que permitiria a substituição.

A prova técnica simplificada é uma perícia mais informal que conta apenas com o depoimento verbal do especialista (esse é o termo utilizado pelo NCPC, e não perito), sem a necessidade de formalizar quesitos, assistente técnico ou apresentação de laudo escrito (art. 464, § 3º). O especialista poderá realizar apresentação ao prestar os esclarecimentos ao juiz (art. 464, § 4º), sendo que sua oitiva ocorrerá na audiência de instrução ou em outra audiência designada pelo juiz especificamente para ouvi-lo.

Em situação complexa que demande conhecimentos técnicos de mais de uma área do conhecimento, pode o juiz nomear **mais de um perito** e podem as partes indicar mais de um assistente técnico (art. 475 do NCPC).

Existem inovações no **procedimento da perícia**.

De início, diante da necessidade de prova pericial, deverá o juiz nomear um perito especialista no objeto da perícia, fixando prazo para apresentação do laudo (NCPC, art. 465).

Após a **nomeação do perito**, as partes terão o prazo de 15 dias para se manifestarem, quanto (i) impedimento ou suspeição do perito, (ii) indicação de assistente técnico e (iii) apresentação de quesitos.

Após essa manifestação, será a vez do perito falar nos autos, em 5 dias, momento em que (i) formulará proposta de honorários, (ii) apresentará seu currículo, principalmente demonstrando sua especialização na área objeto da perícia e (iii) indicará seus contatos profissionais, inclusive correio eletrônico, para ser intimado.

A seguir, nova manifestação das partes, no prazo de 5 dias, para que digam a respeito dos honorários sugeridos pelo perito.

Com essas informações, o **juiz fixará os honorários periciais** e determinará o pagamento da quantia. A responsabilidade pelo pagamento é de quem requereu a perícia ou de ambas as partes (metade para cada), se (a) a prova for determinada de ofício ou (b) a perícia foi requerida pelo autor e pelo réu. Em regra, apenas após o pagamento integral dos honorários é que terá início a

---

[1] Em relação às duas situações inicialmente mencionadas, atentar para o fato de o Estatuto da Pessoa com Deficiência (Lei n. 13.146/2015) não tratar o portador de deficiência mental automaticamente como incapaz.

confecção do laudo. Inova o NCPC ao permitir o **pagamento de metade antes da perícia** e a outra metade somente após a apresentação do laudo e prestados os esclarecimentos (art. 465, § 4º). Isso será requerido pelas partes ***e*** decidido pelo juiz.

Inovação quanto aos honorários periciais é a previsão de sua redução, pelo juiz, caso a perícia seja inconclusiva ou deficiente (art. 465, § 5º).

Se a perícia for realizada por carta precatória, é possível que o perito e assistentes técnicos sejam definidos apenas no juízo de destino (art. 465, § 6º). Como exemplo, a situação em que será realizada a perícia para avaliar um imóvel em Comarca distante 500 km do juízo de origem. Muito melhor, por certo, a nomeação de perito no juízo deprecado.

O **perito deve ser imparcial**, mas não os assistentes técnicos, que são de confiança das partes (NCPC, art. 466). Assim, há impedimento e suspeição para o perito, mas não para os assistentes. Porém, isso não significa que os assistentes podem agir de má-fé, podendo ser penalizados se isso ocorrer.

Caso requerido pelas partes, admite-se que o perito ou assistente técnico preste esclarecimentos em audiência. Para isso, as perguntas a serem respondidas pelo perito devem ser formuladas na forma de quesitos (NCPC, art. 477, § 3º).

Considerando o princípio do convencimento motivado, o juiz não está vinculado ao laudo pericial (NCPC, art. 479) e pode, quando entender que a questão não está bem esclarecida, determinar a realização de nova perícia (NCPC, art. 480).

Fundada na maior liberdade que o Código dá às partes de definirem o procedimento, existe a **perícia consensual** (NCPC, art. 471).

Somente é possível o uso da perícia consensual se: (i) as partes forem capazes e (ii) o litígio puder ser resolvido por acordo entre as partes. Ao requererem essa modalidade de perícia, as partes já deverão indicar: (a) o perito (escolhido de comum acordo pelas partes, sem interferência do juiz), (b) os assistentes técnicos, (c) data e local da realização da perícia e (d) quesitos que deverão ser respondidos pelo perito. Uma vez apresentado o requerimento de perícia consensual, o juiz poderá deferir ou indeferir o pleito.

O Código é expresso ao destacar que a perícia consensual é efetiva prova pericial (art. 471, § 3º), não sendo caso de uma perícia consensual e perícia usual ao mesmo tempo.

Inova o NCPC ao prever os **requisitos do laudo pericial** (art. 473):

(i) relatório, que é a exposição do objeto da perícia;

(ii) fundamentação, que é composta da análise técnica do perito somada à indicação do método utilizado e justificativa de sua escolha (inclusive em relação a ser um método usualmente utilizado nessa área do conhecimento);

(iii) conclusão, com a resposta a todos os quesitos deferidos pelo juiz.

Concluído o laudo, o perito deverá protocolá-lo em juízo. A seguir, as partes e assistentes técnicos poderão se manifestar no prazo comum de 15 dias. Existindo alguma dúvida, terá o perito mais 15 dias para esclarecer os pontos levantados nas manifestações. Após os esclarecimentos periciais, se ainda existir alguma dúvida, as partes poderão requerer novos esclarecimentos (formulando novos quesitos), que serão prestados na audiência de instrução (art. 477).

(viii) Inspeção judicial

A **inspeção** é meio de prova no qual o juiz vai ao local dos fatos inspecionar pessoas ou coisas, a fim de se esclarecer sobre determinada questão que interesse à decisão da causa (NCPC, art. 481).

A lei parte da premissa que, em determinadas hipóteses, somente a observação pessoal é que poderá subsidiar a tomada de decisão (NCPC, art. 483). Assim, o juiz irá até onde se encontra a pessoa ou coisa.

É possível que o juiz seja acompanhado por peritos (NCPC, art. 482) e pelas partes (CPC, art. 483, parágrafo único).

3.1.3. Audiência de conciliação ou de mediação

Na mais relevante **alteração procedimental do procedimento comum**, o NCPC prevê a designação de uma **audiência inaugural de conciliação ou mediação**, a ser conduzida, onde houver, por conciliador ou mediador (NCPC, art. 334, § 1º). A respeito de quem é o conciliador ou mediador (e informações adicionais quanto à mediação e conciliação), *vide* item 2.3.7.

As previsões do NCPC quanto ao tema, **no tocante à mediação**, terão de ser compatibilizadas com a Lei da Mediação (Lei n. 13.140/2015, lei posterior ao NCPC, mas que entrou antes em vigor).

Estando em termos a petição inicial (observância dos requisitos acima expostos) e não sendo caso de improcedência liminar, o **juiz designará audiência de conciliação ou mediação** com antecedência mínima de 30 dias, devendo ser citado o réu pelo menos 20 dias antes (NCPC, art. 334), ou seja, pelo Código, é uma audiência que ocorrerá na maior parte das vezes.

É possível, se o caso concreto assim demandar, **mais de uma audiência consensual** que terá de ser realizada, no máximo, até 2 meses da data de realização da primeira (NCPC, art. 334, § 2º).

Pelo NCPC, **somente não haverá a audiência de conciliação ou mediação** nas seguintes hipóteses (art. 334, § 4º):

I – se ambas as partes manifestarem, expressamente, desinteresse na composição consensual;

O autor deixará clara essa vontade na petição inicial (NCPC, art. 319, VII), e o réu, em petição própria para isso, 10 dias antes da audiência (NCPC, art. 334, § 5º).

II – quando não se admitir a autocomposição – como, por exemplo, nos casos envolvendo a Fazenda Pública em que não for possível acordo, tratando-se de direito indisponível (como uma discussão tributária ainda não pacificada na jurisprudência).

A Lei de Mediação **não prevê** hipótese em que a audiência de mediação não ocorra. Porém, na Lei n. 13.140/2015, há previsão do princípio da autonomia (art. 2º, V) – de modo que, eventualmente, será possível sustentar a não realização da audiência com base nesse princípio.

Do ponto de vista prático, diversos juízes, no Brasil inteiro, não estão designando essa audiência, muitas vezes afirmando a falta de estrutura para sua realização. Mas, frise-se, não há base legal para isso.

Em polêmica previsão, o **não comparecimento injustificado da parte à audiência conciliatória** é considerado ato atentatório à dignidade da justiça e sancionado com multa de até 2% da vantagem econômica pretendida ou do valor da causa, revertida em favor da União ou do Estado (NCPC, art. 334, § 8º).

Vale destacar que essa previsão somente faz menção à conciliação. Além disso, na Lei de Mediação não há previsão de multa para a ausência. Resta verificar se a jurisprudência fará a distinção entre as duas figuras (audiência de conciliação e de mediação) e, especialmente, como será a interpretação relativa à multa.

As partes deverão comparecer à audiência de conciliação ou mediação **acompanhadas por advogado** (NCPC, art. 334, § 9º), sendo possível a **constituição de representante**, desde que com poderes para negociar (NCPC, art. 334, § 10).

Pelo Código, a **pauta das audiências de conciliação e mediação** será organizada de modo a respeitar o intervalo mínimo de 20 minutos entre o início de cada audiência (NCPC, art. 334, § 12).

Será possível a realização da **audiência de conciliação ou mediação por meio eletrônico** (NCPC, art. 334, § 7º).

Se houver acordo nessa audiência, será reduzido a termo e homologado por sentença (NCPC, art. 334, § 11). A Lei de Mediação prevê que, se o **conflito for solucionado pela mediação antes da citação do réu**, não serão devidas custas judiciais finais (art. 29).

Não realizado o acordo, terá início o prazo para contestação.

> Importante novidade do NCPC é a criação de uma audiência de "conciliação e mediação", a ser, em regra, realizada, e que deverá ocorrer no início do procedimento, antes mesmo da contestação. Apesar de, pelo Código, ser uma audiência quase obrigatória, na prática, no início de vigência do NCPC, a realidade mostra que muitos juízes, de diversos locais do Brasil, não a estão realizando. De qualquer forma, pensando em prova da OAB, a resposta a ser dada é com base na legislação, especialmente em prova teste.

3.1.4. Contestação

A **contestação** é a resistência do réu ao pedido do autor.

O réu poderá oferecer **contestação**, no **prazo de 15 dias**, contado a partir (NCPC, art. 335):

I – da audiência de conciliação/mediação, ou da última sessão de conciliação, quando qualquer parte não comparecer ou, comparecendo, não houver autocomposição;

II – do protocolo do pedido de cancelamento da audiência de conciliação/mediação apresentado pelo réu, quando ambas as partes tiverem manifestado desinteresse na via consensual;

III – da juntada aos autos do mandado ou carta de citação, nos demais casos.

Pelo **princípio da eventualidade**, toda matéria de defesa, ainda que contraditória, deve ser alegada na contestação, sob pena de preclusão (NCPC, art. 336).

Contudo, há exceções. Tratando-se de matéria de ordem pública (como condições da ação e pressupostos processuais), cabe a alegação em momento posterior (portanto, não há preclusão – NCPC, art. 485, § 3º).

Decorrente do princípio da eventualidade, há o **ônus da impugnação específica** (NCPC, art. 341), ou seja, se determinado fato não for especificamente impugnado, presume-se que seja verdadeiro.

Portanto, em regra, não cabe a **contestação por negativa geral** (situação em que o réu simplesmente afirma que "tudo que está na inicial não é verdadeiro", sem trazer sua versão aos fatos). A exceção é a contestação apresentada pelo defensor público, advogado dativo e curador especial (NCPC, art. 341, parágrafo único).

A **defesa do réu**, na contestação, pode ser de mérito ou processual.

A **defesa de mérito** (NCPC, arts. 336 e 341) impugna os fatos e é baseada na relação jurídica de direito material.

Pode tanto ser a resistência às alegações da inicial (negam-se os fatos) quanto a apresentação de fato impeditivo, modificativo ou extintivo do direito do autor (apresenta-se um fato que afasta a pretensão do autor – NCPC, art. 350).

Como exemplo de **fato impeditivo**, a incapacidade do contratante; como exemplo de **fato modificativo**, a compensação; e como exemplo de **fato extintivo**, o pagamento.

A apresentação de defesa de mérito busca a improcedência do pedido (prolação de sentença em que há resolução do mérito – NCPC, art. 487, I).

Já a **defesa processual** (NCPC, arts. 337, 485 e 330) impugna a relação de direito processual, ou seja, aspectos formais-burocráticos da causa (pressupostos processuais e condições de ação). Como é anterior ao mérito, costuma também ser denominada **preliminar**.

A alegação de uma defesa processual pode acarretar:

- a extinção do processo sem resolução de mérito, desde que haja a respectiva previsão no NCPC, art. 485 (litispendência: art. 337, V, c/c art. 485, V);
- a possibilidade de correção da falha (emenda) sob pena de extinção (ausência de recolhimento de custas: art. 337, XII, c/c art. 330, I);
- a alteração do juízo que julgará a causa (incompetência absoluta: art. 337, II).

Defesas processuais trazidas pelo Código, que o réu irá alegar antes de discutir o mérito (preliminarmente – NCPC, art. 337):

I – vício de citação;

II – incompetência absoluta e relativa (**novidade** no NCPC, quanto à relativa);

III – incorreção do valor da causa (**novidade** no NCPC);

IV – inépcia da inicial (NCPC, art. 330, § 1º);

V – perempção;

VI – litispendência;

VII – coisa julgada;

VIII – conexão (apesar da ausência de menção na lei, também a continência – curioso que o NCPC não corrigiu essa omissão);

IX – incapacidade de parte, defeito de representação, falta de autorização (incapacidade: criança sem representação; defeito de representação: falta de procuração do advogado nos autos; falta de autorização: há casos em que o cônjuge precisa de autorização para litigar – NCPC, art. 73);

X – convenção de arbitragem;

XI – ausência de legitimidade de parte ou interesse processual (no sistema anterior, falava-se em **carência de ação**, possivelmente o termo carência seguirá sendo utilizado e pedido em provas da OAB);

XII – falta de caução ou prestação prevista em lei (como principal exemplo de prestação prevista em lei, a ausência de recolhimento de custas);

XIII – indevida concessão de gratuidade de justiça (**novidade** no NCPC).

Como se percebe, diversos argumentos de defesa já foram analisados em momentos anteriores. Seja ao se discutir condições da ação e pressupostos processuais, seja ao se tratar das hipóteses de extinção do processo sem mérito. Isso demonstra que o processo civil é um sistema, em que inicial, contestação e decisão estão conectadas.

O NCPC inova ao apontar preliminares que antes existiam.

Mas o Código também muda o sistema anterior em relação à **reconvenção**. Antes, em peça apartada; agora, na própria contestação. A reconvenção é o pedido formulado pelo réu, contra o autor, nos próprios autos do processo.

Assim, no NCPC, o réu deverá formular, na própria contestação, pedido contra o autor (NCPC, art. 343) – bastando abrir um tópico específico para isso na peça de defesa (preliminar, mérito e reconvenção).

Oferecida a reconvenção pelo réu, o autor será intimado, na pessoa do seu advogado, para apresentar resposta (contestar) em 15 dias (NCPC, art. 343, § 1º).

Uma vez apresentada, a reconvenção passa a ser **autônoma** em relação à ação; assim, a desistência ou extinção da ação não obsta o prosseguimento da reconvenção (NCPC, art. 343, § 2º).

A reconvenção pode ser proposta com litisconsórcio passivo – contra o autor e terceiro; ou em litisconsórcio ativo – pelo réu e terceiro (NCPC, art. 343, §§ 3º e 4º).

Apresentada a reconvenção, haverá a **anotação no distribuidor**, de modo que se saiba que o autor é réu na reconvenção, para fins de expedição de certidão negativa de feitos judiciais (NCPC, art. 286, parágrafo único).

> Percebe-se que houve relevante modificação no tocante à contestação. No Código anterior, a defesa era realizada em várias peças; no NCPC, há basicamente a contestação (com diversas preliminares) e, se for o caso, uma petição específica para alegar impedimento ou suspeição.

3.1.5. Revelia

Como já visto, o princípio do contraditório pode ser traduzido em um binômio: informação e possibilidade de manifestação. Assim, é obrigatório que o réu seja citado para, querendo, contestar.

Mas, o que é obrigatório é a oportunidade de contestar. Portanto, para a validade do processo, não é obrigatória a existência de contestação.

Nesse contexto, há a **revelia**, que é a ausência de contestação (NCPC, art. 344).

As **consequências** ou **efeitos** da revelia são:

(i) a presunção de veracidade dos fatos alegados pelo autor (NCPC, art. 344); e

(ii) os prazos contra o revel sem advogado nos autos fluirão da data de publicação da decisão no diário oficial (NCPC, art. 346 – trata-se de **inovação** do NCPC o comando para se publicar).

Assim, numa investigação de paternidade, se o réu for revel, por se tratar de direito indisponível, ainda assim haverá necessidade de dilação probatória (DNA). E, diante de dois réus, se um contestar, em relação à matéria que for comum à defesa dos dois, o fato será controvertido e, portanto, haverá necessidade de prova.

Contudo, há exceções em relação aos dois efeitos da revelia:

Assim, **não haverá presunção de veracidade**, mesmo que haja ausência de contestação, se (NCPC, art. 345):

I – houver litisconsórcio passivo e algum dos réus contestar;

II – o litígio versar sobre direitos indisponíveis;

III – a petição inicial não trouxer instrumento que a lei considere indispensável à prova do ato;

IV – as alegações de fato do autor forem inverossímeis ou forem contraditórias com a prova dos autos (**novidade** do NCPC).

A partir do momento em que o revel constituir advogado, então seu patrono será normalmente **intimado das decisões pelo diário oficial**. Pode, a qualquer tempo, o revel nomear advogado – mas isso não importará em qualquer repetição de ato, pois o processo é recebido "no estado em que se encontrar" (NCPC, art. 346, parágrafo único).

Além disso, inova o Código ao apontar que será **lícita a produção de provas pelo revel**, desde que o réu nomeie advogado a tempo de praticar os "atos processuais indispensáveis" à produção da prova (NCPC, art. 349).

3.1.6. Providências preliminares

São duas as providências preliminares:

a) **especificação de provas** (NCPC, arts. 348 e 349). É cabível em duas hipóteses:

(i) o juiz deve determinar a produção de provas pelo autor quando, apenas da ausência de contestação, não houver a presunção de veracidade e o autor ainda não tiver requerido as provas;

(ii) o juiz aceitará a produção de provas pelo réu que, mesmo revel, ingresse nos autos com advogado a tempo de realizar os atos relativos à produção de provas (como, por exemplo, apresentar rol de testemunhas tempestivamente).

Como já visto, há casos em que a ausência de contestação não acarreta a presunção de veracidade – como nos casos de direito indisponível (NCPC, art. 345).

b) **réplica** (NCPC, arts. 350 e 351): de modo a garantir o contraditório, o autor apresentará sua manifestação em relação aos argumentos e documentos apresentados pelo réu na contestação.

O prazo para réplica foi ampliado. Se o réu alegar fato impeditivo, modificativo ou extintivo do direito do autor, este será ouvido no prazo de 15 dias, permitindo-lhe o juiz a produção de prova.

Do mesmo modo, caso o réu alegue qualquer das matérias preliminares (previstas no art. 337), o juiz determinará a oitiva do autor no prazo de 15 dias, permitindo-lhe a produção de prova.

Vale destacar que o termo "réplica" não consta nos artigos ora analisados, apesar de aparecer em 3 dispositivos do NCPC (arts. 100, 430 e 437).

Verificando a existência de **irregularidades ou de vícios sanáveis**, o juiz determinará sua correção em prazo não superior a 30 dias (NCPC, art. 352).

3.1.7. Julgamento conforme o estado do processo

Findas as providências preliminares, o juiz deverá apreciar se o processo tem condições de prosseguir ou se já é possível a prolação de sentença. É o julgamento de que ora se trata.

São **quatro:** (i) extinção do processo, (ii) julgamento antecipado do mérito, (iii) julgamento antecipado parcial do mérito **(novidade)** e (iv) saneamento e organização do processo.

a) extinção do processo (NCPC, art. 354)

Se presente uma das hipóteses do art. 485 do NCPC (ou seja, defesa processual), o magistrado proferirá sentença terminativa (extinção sem resolução do mérito).

Se não ocorrer nenhuma das hipóteses de sentença terminativa (NCPC, art. 485), deverá o juiz analisar se está presente alguma das hipóteses previstas no art. 487, II e III. Se isso ocorrer, também o feito já será sentenciado – mas sentença com resolução de mérito.

Relembrando, as hipóteses do art. 487 em questão são as seguintes:

- prescrição e decadência;
- transação;
- renúncia à pretensão formulada na ação;
- reconhecimento da procedência do pedido.

b) julgamento antecipado do mérito ou do pedido (NCPC, art. 355 – no CPC/73, julgamento antecipado da lide)

Se não for o caso de extinção (art. 354), passa o magistrado a analisar a possibilidade de **julgamento antecipado do mérito** (art. 355), que é a decisão de mérito em que o juiz acolhe ou rejeita o pedido (NCPC, art. 487, I), sem dilação probatória (daí o "antecipado" do julgamento).

O **julgamento antecipado é permitido** nas seguintes hipóteses (NCPC, art. 355):

(i) quando não houver a necessidade de produção de outras provas além das já constantes nos autos – ou seja, (a) a questão de mérito for unicamente de direito, ou, (b) sendo de direito e de fato, não houver necessidade de outra prova além da documental;

(ii) quando ocorrer à revelia e houver presunção de veracidade.

Assim, nessas hipóteses, sinaliza a lei que a causa já reúne elementos suficientes para o seu julgamento, sendo desnecessária a produção de provas.

c) julgamento antecipado parcial do mérito (NCPC, art. 356 – novidade do NCPC)

O NCPC contempla a possibilidade de serem proferidas decisões parciais quanto aos pedidos formulados pelo autor, ao prever o **julgamento antecipado parcial do mérito.**

O juiz decidirá parcialmente o mérito quando um ou mais dos pedidos formulados ou parcela deles (art. 355):

I – mostrar-se incontroverso;

II – estiver em condições de imediato julgamento (julgamento antecipado do mérito, como acima analisado).

Ou seja, se houver um pedido de dano moral cumulado com dano material, e o juiz entender que o dano moral já tem os seus requisitos previstos sem a necessidade de prova oral, mas que o dano material demanda perícia, o juiz deverá: (i) proferir **decisão parcial quanto ao dano moral**, já julgando procedente o pedido e (ii) determinar a **instrução quanto ao dano material**. Trata-se de inovadora previsão legislativa.

Para evitar dúvidas, afirma o NCPC que o **recurso** cabível da decisão que julga parcialmente o mérito é o agravo de instrumento (NCPC, art. 356, § 5º).

A parte poderá **liquidar ou executar**, desde logo, a obrigação reconhecida na decisão que julgar parcialmente o mérito, independentemente de caução, ainda que haja recurso interposto contra ela (art. 356, § 2º). Com o trânsito em julgado da decisão, a execução será definitiva (art. 356, § 3º).

d) saneamento e organização do processo (NCPC, art. 357)

O NCPC busca reforçar o **saneamento do processo**, ou seja, o momento em que o juiz "limpa" o processo das questões formais burocráticas, de modo a partir para a instrução do feito.

Assim, não sendo o caso de extinção do processo ou julgamento antecipado da lide (total ou parcial), o juiz proferirá decisão de saneamento e de organização do processo para (NCPC, art. 357):

I – resolver as questões processuais pendentes, se houver;
II – delimitar as questões de fato sobre as quais recairá a atividade probatória, especificando os meios de prova admitidos;
III – definir a distribuição do ônus da prova, observado o art. 373;
IV – delimitar as questões de direito relevantes para a decisão do mérito;
V – designar, se necessário, audiência de instrução e julgamento.

Realizado o saneamento do processo, as partes terão o direito de pedir **esclarecimentos** ou solicitar ajustes no prazo comum de 5 dias, findo o qual a decisão se torna estável (NCPC, art. 357, § 1º).

Inova o NCPC ao prever que as partes poderão apresentar ao juiz, para homologação, a **delimitação consensual** sobre as questões de fato sobre as quais recairá a prova e as questões de direito relevantes para a decisão de mérito. Esse acordo, uma vez homologado, vinculará as partes e o juiz (NCPC, art. 357, § 2º).

Outra novidade é o **saneamento compartilhado:** se a causa apresentar complexidade em matéria de fato ou de direito, o juiz deverá designar audiência para que o saneamento seja feito em cooperação com as partes. Nesse caso, o juiz convidará as partes a esclarecer suas alegações (NCPC, art. 357, § 3º). Se essa audiência for designada, esse será o momento para se apresentar o **rol de testemunhas** (NCPC, art. 357, § 5º).

Se não houver a audiência de saneamento compartilhado, mas tiver sido determinada a produção de **prova testemunhal**, o juiz fixará prazo comum não superior a 15 dias para que as partes apresentem **rol de testemunhas** (NCPC, art. 357, § 4º). O número máximo de testemunhas será 10, sendo 3, no máximo, para a prova de cada fato (NCPC, art. 357, § 6º). Apesar disso, será possível a **limitação do número de testemunhas pelo juiz** levando em conta a complexidade da causa e dos fatos individualmente considerados (NCPC, art. 357, § 7º).

Caso determine a produção de **prova pericial**, o juiz deverá nomear perito especializado no objeto da perícia, e, se possível, estabelecer, desde logo, calendário para sua realização (NCPC, art. 357, § 8º).

Pelo NCPC, as **pautas de audiência** deverão ser preparadas com intervalo mínimo de 1 hora entre as audiências (NCPC, art. 357, § 9º).

3.1.8. Audiência de instrução

Não sendo hipótese de julgamento antecipado do mérito e se houver prova a ser produzida em audiência, será designada **audiência de instrução e julgamento** (NCPC, art. 358 e s.).

No início da audiência (antes da instrução), o juiz tentará a conciliação, mesmo que antes tenha se utilizado algum método de solução consensual (NCPC, art. 359).

Quanto ao **poder de polícia** do juiz para organizar a audiência, cabe ao magistrado (NCPC, art. 360):

> **I** – manter a ordem e o decoro na audiência;
> **II** – ordenar que se retirem da sala de audiência os que se comportarem inconvenientemente;
> **III** – requisitar, quando necessário, força policial;
> **IV** – tratar com urbanidade as partes, os advogados, os membros do Ministério Público e da Defensoria Pública e qualquer pessoa que participe do processo;
> **V** – registrar em ata, com exatidão, todos os requerimentos apresentados em audiência.

A **ordem das provas**, na audiência de instrução, é, preferencialmente, a seguinte (NCPC, art. 361):

- **(i)** oitiva do perito e dos assistentes técnicos para esclarecimentos, a partir de quesitos antes formulados (destaque-se que o laudo já terá sido elaborado previamente);
- **(ii)** depoimento pessoal das partes; primeiro do autor, depois do réu (é proibido, a quem ainda não depôs, assistir ao interrogatório da outra parte – NCPC, art. 385, § 2º);
- **(iii)** oitiva de testemunhas; primeiro do autor, depois do réu.

Enquanto **estiver ocorrendo depoimentos** (do perito, assistentes técnicos, partes ou testemunhas), não poderão os advogados e o Ministério Público intervir ou apartear, sem licença do juiz (NCPC, art. 361, parágrafo único).

Pode ocorrer o **adiamento da audiência** nas seguintes situações (NCPC, art. 362):

- **(i)** convenção das partes;
- **(ii)** impossibilidade de comparecer, por motivo justificado, relativa a qualquer pessoa que dela deva necessariamente participar;
- **(iii)** atraso injustificado do início da audiência, em tempo superior a 30 minutos do horário marcado.

Havendo **antecipação ou adiamento da audiência**, o juiz, de ofício ou a requerimento da parte, determinará a intimação dos advogados ou da sociedade de advogados para ciência da nova designação (NCPC, art. 363).

Ao **final da audiência**, as partes apresentam alegações finais orais, ou por escrito (memoriais), em prazo sucessivo de 15 dias, sendo garantido o acesso aos autos (NCPC, art. 364, *caput* e § 2º).

O **prazo para a prolação de decisão** é ao final da audiência ou em 30 dias (NCPC, art. 366).

A **audiência poderá ser integralmente gravada** em imagem e em áudio, em meio digital ou analógico, desde que assegure o rápido acesso das partes e dos órgãos julgadores, observada a legislação específica. A gravação também poderá ser realizada diretamente por qualquer das partes, independentemente de autorização judicial (NCPC, art. 367, §§ 5º e 6º).

Por fim, prevê o Código que a **audiência será pública**, ressalvadas as exceções legais de segredo de justiça (NCPC, art. 368).

3.2. Sentença e coisa julgada

3.2.1. Sentença

Sentença pode ser entendida como o **ato em que juiz aprecia o pedido em 1º grau de jurisdição**. A sentença pode ser com ou sem resolução de mérito (NCPC, arts. 485 e 487).

Pela redação do Código (art. 203, § 1º), sentença é "o pronunciamento por meio do qual o juiz, com fundamento nos arts. 485 e 487, põe fim à fase cognitiva do procedimento comum, bem como extingue a execução".

Porém, nos arts. 485 e 487, o NCPC não faz menção à sentença, pois o novo sistema permite que uma decisão interlocutória também aprecie o mérito.

São **elementos para a sentença:** relatório, fundamentação e dispositivo (NCPC, art. 489).

Uma das grandes inovações – e polêmicas – do NCPC é a **exigência de melhor motivação das decisões**. Diverge a doutrina quanto à conveniência do dispositivo. E, de modo geral, a magistratura critica a inovação. Trata-se de tema ligado ao princípio da fundamentação das decisões (*vide* item 2.1.4, acima).

Não será considerada fundamentada a decisão (seja interlocutória, sentença ou acórdão – e, ainda que não haja menção expressa na lei, deve-se incluir nessa relação também a decisão monocrática) que (NCPC, art. 489, § 1º):

I – se limitar a indicar, reproduzir ou parafrasear ato normativo, sem explicar sua relação com a causa ou a questão decidida;

II – empregar conceitos jurídicos indeterminados sem explicar a causa concreta de sua incidência;

III – invocar motivos que se prestariam a justificar qualquer outra decisão;

IV – não enfrentar todos os argumentos deduzidos no processo capazes de, em tese, infirmar a conclusão adotada;

V – se limitar a invocar precedente ou enunciado de súmula, sem identificar seus fundamentos determinantes nem demonstrar que o caso se ajusta àqueles fundamentos;

VI – deixar de seguir enunciado de súmula, jurisprudência ou precedente invocado pela parte, sem demonstrar a existência de distinção no caso ou a superação do entendimento.

Além disso, no caso de **colisão entre normas**, "o juiz deve justificar o objeto e os critérios gerais da ponderação efetuada, enunciando as razões que autorizam a interferência na norma afastada e as premissas fáticas que fundamentam a conclusão" (NCPC, art. 489, § 2º).

> Em mudança festejada pela OAB, trouxe o NCPC novas obrigações quanto à *fundamentação da sentença*, impondo ao magistrado que aprecie todos os argumentos pertinentes levantados pelas partes, sob pena de nulidade da decisão.

Se essa nova fundamentação da decisão **não for observada**, cabíveis embargos de declaração (NCPC, art. 1.022, parágrafo único, II). Contudo, ainda que a sentença esteja com vício de fundamentação, se o processo estiver em **condições de imediato julgamento**, deverá o tribunal desde logo decidir o mérito – em vez de anular a decisão e determinar a prolação de nova por parte do juiz de origem (NCPC, art. 1.013, § 3º, IV).

A sentença deve refletir o pedido formulado pela parte na inicial sob pena de ser viciada (NCPC, arts. 141 e 492):

- se o juiz conceder além do que foi pedido (foi pleiteado R$ 10 mil de danos e o juiz concedeu R$ 15 mil), haverá julgamento *ultra petita*;
- se o juiz conceder algo diferente do que foi pedido (a parte pediu dano moral, o juiz concedeu dano material), haverá julgamento *extra petita*;
- se o juiz conceder aquém do que foi pedido (a parte formulou pedidos cumulados: danos materiais e danos morais, mas o juiz somente aprecia o dano material pleiteado), haverá julgamento *infra petita* (ou *citra petita*).

A decisão condenatória produz **hipoteca judiciária** (NCPC, art. 495, § 1º), ou seja, a possibilidade de averbar a sentença na matrícula do imóvel – para que terceiros tenham ciência dessa situação ao eventualmente cogitar de adquirir o bem. Porém, se houver reforma ou invalidação dessa decisão, o autor responderá, independentemente de culpa, pelos danos decorrentes da constituição da garantia (NCPC, art. 495, § 5º).

Em relação à **tutela específica**, o NCPC (art. 497 e s.) em grande parte repete o Código anterior (art. 461 e s.).

Assim, na ação que tenha por objeto a **prestação de fazer ou de não fazer**, o juiz concederá a tutela específica ou determinará providências que assegurem a obtenção de tutela pelo resultado prático equivalente (NCPC, art. 497).

Na concessão da tutela específica destinada a inibir a prática, a reiteração ou a continuação de um ilícito, ou a sua remoção, é irrelevante a demonstração da ocorrência de dano ou da existência de culpa ou dolo (NCPC, art. 497, parágrafo único), ou seja, o réu não pode apontar a inexistência de culpa para não ser compelido a cumprir uma determinada prática.

Somente haverá **conversão da obrigação em perdas e danos** (NCPC, art. 499) se:

(i) o autor assim requerer;

(ii) for impossível a tutela específica ou a obtenção de tutela pelo resultado prático equivalente.

Caberá **indenização por perdas e danos** independentemente da multa fixada para compelir o réu ao cumprimento específico da obrigação (NCPC, art. 500). Logo, não há *bis in idem* na *astreinte* e na indenização, pois as naturezas são distintas.

A multa periódica (***astreinte***) independe de requerimento da parte e poderá ser aplicada em qualquer momento (na tutela provisória ou na sentença no processo de conhecimento, ou na fase de execução). A multa deve ser suficiente e compatível com a obrigação e que se determine prazo razoável para cumprimento do preceito (NCPC, art. 537).

A multa poderá, de ofício ou a requerimento da parte, ser alterada pelo juiz, seja quanto ao valor ou periodicidade – e inclusive ser excluída (NCPC, art. 537, § 1º), ou seja, **não há preclusão quanto à multa**, conforme já definido pela jurisprudência do STJ.

E essa **modificação da multa** poderá ocorrer quando (NCPC, art. 537, § 1º):

> **I** – se tornou insuficiente ou excessiva;
> **II** – o obrigado demonstrou cumprimento parcial superveniente da obrigação ou justa causa para o descumprimento.

De modo a evitar debates jurisprudenciais, o NCPC expressamente define que o **beneficiário da multa** é o credor/exequente (NCPC, art. 537, § 2º), e não o Estado.

3.2.1.1. Decisão sem resolução do mérito

A decisão sem resolução do mérito (NCPC, art. 485) em regra, **extinguirá o processo**. Porém, se houver mais de um pedido ou litisconsorte, e houver decisão sem mérito em relação a tal pedido ou parte, então não haverá extinção do processo, pois prosseguirá a relação processual em relação ao outro pedido ou parte. Por isso é que o NCPC não se refere à extinção no *caput* do artigo que trata da hipótese em que o juiz não resolve o mérito.

São **hipóteses de decisão sem resolução do mérito:**

(i) indeferimento da inicial (NCPC, art. 330; o § 1º traz casos de inépcia da inicial).

Nas hipóteses em que o vício da petição inicial for sanável, deverá o juiz determinar sua emenda (NCPC, arts. 317 e 321). Contudo, (i) se, mesmo após a determinação, não houver a emenda ou (ii) se o vício for grave e não admitir correção, então haverá o indeferimento da inicial e o magistrado extinguirá o processo, sem resolução do mérito.

(ii) o processo ficar parado por mais de um ano por negligência das partes.

Este inciso retrata o abandono do processo por ambos os litigantes;

(iii) autor abandona a causa por mais de 30 dias.

Já este inciso retrata o abandono do autor.

Nos 2 casos de abandono (incisos II e III), as partes devem ser intimadas pessoalmente, antes da decisão sem mérito (NCPC, art. 485, § 1º). A providência se justifica por força de hipóteses como, por exemplo, a morte do advogado sem ciência do cliente. Se houver a decisão sem mérito por abandono de ambas as partes, as custas do processo serão pagas proporcionalmente pelas partes; se for abandono do autor, o autor arcará integralmente com custas e honorários (NCPC, art. 485, § 2º).

Se o réu já tiver apresentado a contestação, a extinção pelo abandono do autor depende de requerimento do réu (NCPC, art. 485, § 6º).

(iv) falta de requisitos de constituição ou validade do processo.

Haverá extinção do processo se não estiverem presentes os pressupostos processuais de existência e validade.

(v) perempção, litispendência e coisa julgada.

A litispendência e a coisa julgada (NCPC, art. 337, §§ 1º a 4º) se referem a situações de demandas idênticas. A perempção é a situação na qual, se o autor provocar a extinção do processo por 3 vezes por força do abandono, o juiz, no 4º ajuizamento, extinguirá o processo sem resolução do mérito – nesse caso, porém, será possível à parte alegar em defesa seu direito (NCPC, art. 486, § 3º).

(vi) falta de legitimidade ou interesse processual (carência de ação).

A falta de uma das condições da ação leva à extinção do processo. No CPC/73 havia também a possibilidade jurídica do pedido, excluída no NCPC;

(vii) convenção de arbitragem ou reconhecimento de competência pelo juízo arbitral.

Se as partes celebraram contrato no qual estipulam que, diante da lide, a solução será pela via da arbitragem, a causa não pode ser decidida pelo Poder Judiciário, mas sim por um árbitro (Lei n. 9.307/96). Daí a extinção sem resolução de mérito. Inova o NCPC ao mencionar reconhecimento da competência pelo juiz arbitral; ou seja, o árbitro, ao reconhecer sua competência para apreciar determinada lide, acaba por esvaziar a competência do Poder Judiciário.

(viii) autor desiste da ação.

A desistência é distinta da renúncia (NCPC, art. 487, III, *c*). A primeira, por ser sem mérito, admite repropositura da mesma ação. A segunda, por ser com mérito, forma coisa julgada e impede a repropositura. Assim, o autor desiste do processo, ao passo que renuncia ao direito.

A partir do momento em que é oferecida a contestação pelo réu, a desistência do autor depende da concordância do réu (NCPC, art. 485, § 4º). Além disso, define o NCPC que a desistência só é admitida até a sentença – afinal, com a sentença, ou a parte recorre ou se submete à decisão, não mais sendo possível a desistência do processo (NCPC, art. 485, § 5º).

(ix) ação for intransmissível.

Se o direito discutido em juízo for intransmissível (basicamente as hipóteses de direito personalíssimo), o falecimento da parte (o suposto titular do direito) não permite que haja a sucessão da posição jurídica processual. O grande exemplo é o divórcio; assim, com a morte de uma das partes, extingue-se o processo de divórcio e passa a parte sobrevivente a ser viúva.

Em todos os incisos do art. 485 do NCPC ora apresentados, a sentença é terminativa, ou seja, processual, não decide a lide. Assim, em regra, admite-se a repropositura da ação. Porém, se a extinção se deu por litispendência, indeferimento, falta de pressupostos ou condição da ação ou convenção de arbitragem, a propositura da nova ação depende da correção do vício que causou a extinção anteriormente (NCPC, art. 486, § 1º). Contudo, para a repropositura ou nova propositura, é necessário o recolhimento das custas e honorários do processo anterior (NCPC, art. 486, § 2º).

A relação do art. 486, § 1º, leva à confirmação de que não cabe a repropositura no caso de coisa julgada e perempção.

Se for possível ao juiz apreciar o mérito a favor do réu (item seguinte), mas também houver um argumento capaz de levar o processo à extinção sem mérito, deverá o juiz apreciar o mérito (NCPC, art. 488). Trata-se de uma opção do Código que prestigia a decisão do mérito – pois essa resolve a lide e é coberta pela coisa julgada.

3.2.1.2. Decisão com resolução do mérito

O art. 487 do NCPC contém 3 incisos e 5 situações de decisão de mérito. Apesar disso, apenas na hipótese prevista no **inciso I é que há efetivamente decisão do juiz**, aceitando ou não o pedido apresentado pelas partes. Nas demais hipóteses, o magistrado simplesmente se manifesta a respeito de uma situação que, pelo Código, também tem o condão de resolver o mérito.

Não se trata de extinção do processo, pois, a rigor, após a sentença haverá o prosseguimento do feito, com a fase de cumprimento de sentença. Além disso, na nova sistemática do Código, cabe também a decisão parcial de mérito (NCPC, art. 356).

São hipóteses em que há resolução do mérito (NCPC, art. 487):

(i) juiz julga procedente ou improcedente o pedido do autor na inicial ou pelo réu, na reconvenção.

É a conclusão esperada – e mais frequente – de um processo judicial.

Além disso, o sistema prevê a **improcedência liminar do pedido**, ou seja, a hipótese em que, sem a citação do réu, o pedido já é julgado improcedente. Isso já existia no Código anterior, mas passou por modificações no NCPC. Cabe a improcedência liminar nos seguintes casos (NCPC, art. 332):

a) quando o pedido contrariar súmula do STJ, STF – e também do Tribunal de Justiça, quanto a direito local;

b) decisão proferida em recurso repetitivo (STF ou STJ), incidente de resolução de demandas repetitivas ou incidente de assunção de competência;

c) quando o juiz verificar, desde logo, prescrição ou decadência (NCPC, art. 332, § 1º).

Apelando o autor contra a sentença de improcedência liminar, o juiz poderá se retratar em 5 dias; caso o faça, o processo seguirá; se não, determinará a citação do réu para apresentar contrarrazões em 15 dias (NCPC, art. 332, §§ 3º e 4º). Não interposta apelação contra a sentença de improcedência liminar, o réu será intimado do trânsito em julgado da sentença (NCPC, art. 332, § 2º).

(ii) juiz reconhece a decadência ou a prescrição.

Transcorrido determinado lapso temporal, não será mais lícito à parte buscar o Judiciário para satisfazer sua pretensão – com isso ocorre a consumação da prescrição e decadência. Vale destacar que o juiz pode conhecer de ofício da prescrição, antes mesmo da contestação do réu (como visto no item "c" logo acima); mas, fora esse caso, por força do princípio da vedação de decisões surpresa, deverá o juiz ouvir as partes antes de reconhecer a prescrição ou decadência (NCPC, art. 487, parágrafo único).

Este tema é usualmente objeto de questões de provas da OAB, com respostas erradas: prescrição e decadência importam em extinção com resolução do mérito. Foi uma opção legislativa para que a sentença fosse coberta pela coisa julgada;

(iii) réu reconhece a procedência do pedido (seja na ação ou reconvenção).

Reconhecimento do pedido é a concordância do réu com o pedido formulado pelo autor. É importante destacar que não se trata de revelia (ausência de contestação), mas sim de submissão à pretensão do autor;

(iv) as partes transigem.

É a hipótese de acordo entre as partes. Como se sabe, a transação envolve concessões recíprocas para encerrar o litígio, ou seja, cada parte cede um pouco de sua pretensão e resistência;

(v) autor renuncia ao direito sobre que se funda a ação.

Como já exposto em relação ao art. 485, é fundamental que se diferencie a desistência (NCPC, art. 485, VIII) da renúncia (NCPC, art. 487, III, *c*). A desistência atinge o direito processual, acarreta a extinção sem mérito e assim permite uma nova propositura da mesma ação. Já na renúncia o autor abre mão de sua pretensão, o ato atinge o direito material. E isso acarreta a extinção com mérito, a sentença é coberta pela coisa julgada e assim não cabe a repropositura.

As três últimas hipóteses estão inseridas no art. 487, III, dispositivo que se refere à homologação por parte do juiz. Assim, não há propriamente decisão (como no inciso I), mas sim homologação de uma solução decorrente da atuação das partes.

As hipóteses ora enfrentadas, em que há análise do mérito, importam em decisão definitiva (NCPC, art. 487). Com o trânsito em julgado de uma decisão definitiva, tem-se a coisa julgada material (NCPC, art. 502).

3.2.2. Coisa julgada

Coisa julgada é definida, no NCPC, como a **imutabilidade e indiscutibilidade da decisão de mérito não mais sujeita a recurso** (NCPC, art. 502).

Imutabilidade e indiscutibilidade não são sinônimos, tampouco são definidos pela lei, de modo que seus conceitos são objeto de divergência doutrinária.

Imutabilidade é a impossibilidade de nova análise de uma lide já antes julgada e com trânsito em julgado, o que se atinge com a extinção do segundo processo, sem mérito.

Já a **indiscutibilidade** é a impossibilidade de se rediscutir, em 2ª demanda semelhante à primeira (não idêntica, pois aí seria imutabilidade) aquilo que foi decidido com força de coisa julgada na 1ª demanda (algo que se verifica com mais frequência em relações jurídicas continuativas ou sucessivas).

Muda o NCPC os **limites objetivos da coisa julgada** (qual parte da decisão é coberta pela coisa julgada). Antes, apenas a questão principal. Agora, há coisa julgada também quanto à resolução de questão prejudicial, decidida expressa e incidentemente no processo, se:

I – dessa resolução depender o julgamento do mérito;

II – a seu respeito tiver havido contraditório prévio e efetivo, não se aplicando no caso de revelia;

III – o juízo tiver competência em razão da matéria e da pessoa para resolvê-la como questão principal (art. 503, § 1º).

Por isso, não há, no NCPC, a previsão da ação declaratória incidental, que existia no sistema anterior. Mas nada impede que se formule uma ação declaratória para pleitear que a questão prejudicial seja apreciada, de modo que não existirá dúvidas quanto à formação da coisa julgada. Nesse sentido, o Enunciado 35/CJF: *Considerando os princípios do acesso à justiça e da segurança jurídica, persiste o interesse de agir na propositura de ação declaratória a respeito da questão prejudicial incidental, a ser distribuída por dependência da ação preexistente, inexistindo litispendência entre ambas as demandas (arts. 329 e 503, § 1º, do CPC).*

Com isso, no Novo Código, a questão prejudicial será coberta pela coisa julgada independentemente de pedido das partes, desde que observados determinados requisitos.

Divide-se a coisa julgada em duas espécies:

- **coisa julgada formal:** é a imutabilidade da sentença, no próprio processo em que foi prolatada, não admitindo mais reforma (atinge qualquer sentença – inclusive as sentenças terminativas, processuais). Uma vez transitada em julgado a decisão, cabe a repropositura (NCPC, art. 486). Contudo, se a extinção for por litispendência, inépcia da inicial, arbitragem, falta de pressupostos processuais ou condições da ação, somente será admitida a repropositura se houver a correção do vício (NCPC, art. 486, § 1º);
- **coisa julgada material:** é a verdadeira coisa julgada, a imutabilidade e indiscutibilidade da sentença não só no processo em que foi proferida – mas também para qualquer outro processo (atinge somente as sentenças com julgamento de mérito).

Não haverá a extensão da coisa julgada se no processo houver restrições probatórias ou limitações à cognição que impeçam o aprofundamento da análise da questão prejudicial (art. 503, § 2º).

Essa inovação já traz polêmicas.

> Assim, o **trânsito em julgado** é a impossibilidade de interpor recursos, qualquer que seja a razão; a **coisa julgada formal** é a imutabilidade dentro do processo em que a decisão foi proferida (atinge decisões com ou sem mérito) e, por fim, a **coisa julgada material** é a imutabilidade e indiscutibilidade da decisão, não só no mesmo mas também em outros processos.

Muda o NCPC também os **limites subjetivos da coisa julgada** (quem é atingido pela coisa julgada). Quanto ao tema, o CPC/73 previa que a coisa julgada não beneficiaria nem prejudicaria terceiros. No NCPC, afirma o art. 506 que a sentença **não prejudica** terceiros. Contudo, a parte inicial deste dispositivo destaca que a sentença "faz coisa julgada às partes entre as quais é dada". Também já debate a doutrina o real alcance dessa modificação – mesmo se houve alguma modificação. Resta aguardar a jurisprudência. Acerca do tema, o Enunciado 36/CJF: *O disposto no art. 506 do CPC não permite que se incluam, dentre os beneficiados pela coisa julgada, litigantes de outras demandas em que se discuta a mesma tese jurídica.*

O art. 508 do NCPC traz a previsão da **eficácia preclusiva da coisa julgada** (princípio do deduzido e dedutível): com o trânsito em julgado "considerar-se-ão deduzidas e repelidas todas as alegações e as defesas que a parte poderia opor assim ao acolhimento como à rejeição do pedido".

Uma vez transitada em julgado a decisão e tendo esta sido coberta pela coisa julgada, há ainda possibilidade de impugnação. Trata-se da ação rescisória (NCPC, art. 966).

4. CUMPRIMENTO DE SENTENÇA

4.1. Liquidação de sentença

A liquidação se insere no processo de conhecimento e é a última atividade antes que tenha início a fase de cumprimento de sentença. É **principalmente utilizada para título executivo judicial**, mas também é possível sua utilização para o título executivo extrajudicial.

Pelo NCPC, somente há **2 modalidades de liquidação:** por **arbitramento** e pelo **procedimento comum** (denominada, no sistema anterior, de liquidação por artigos).

A liquidação por cálculo deixou de ser tratada como modalidade de liquidação no NCPC. Contudo, é necessária a indicação do valor exato a ser executado (apresentação da memória de cálculo atualizada) para o início do cumprimento de sentença (NCPC, art. 509, § 2º).

A **liquidação por arbitramento** será utilizada quando "determinado pela sentença, convencionado pelas partes ou exigido pela natureza do objeto da liquidação" (NCPC, art. 509, I). Será realizada por documentos juntados pelas partes (produzidos fora dos autos e submetidos posteriormente ao contraditório) ou, se o juiz entender insuficiente para chegar ao valor do dano, por perícia (NCPC, art. 510). No sistema anterior, somente era admitida a perícia.

A **liquidação pelo procedimento comum** ocorrerá quando "houver necessidade de alegar e provar fato novo" (NCPC, art. 509, II), ou seja, será possível ampla produção probatória (por documentos, testemunhas ou perícia). Nessa hipótese, discute-se um fato novo nunca debatido no processo.

Para diferenciar as duas liquidações: na liquidação pelo procedimento comum, como visto, o fato novo não foi debatido no processo, ao passo que na liquidação por arbitramento discute-se fato já antes debatido no processo de conhecimento – porém, à época, não houve necessidade ou conveniência de se apurar o prejuízo decorrente de tal fato.

No Código anterior, havia a liquidação por cálculo, liquidação por arbitramento e liquidação pelo procedimento comum. No NCPC, há a **liquidação por arbitramento** e a **liquidação pelo procedimento comum**.

4.2. Cumprimento de sentença

4.2.1. Dos requisitos necessários para o cumprimento de sentença

São requisitos necessários para o cumprimento de sentença:

(i) **inadimplemento/exigibilidade:** o não cumprimento espontâneo da obrigação fixada na sentença (NCPC, art. 786);

(ii) **título executivo judicial:** documento que traduz uma obrigação e permite o início da fase de cumprimento de sentença (NCPC, art. 515).

Somente cabe o cumprimento de sentença quando existirem ambos os requisitos.

4.2.2. Do título executivo judicial

Os **títulos executivos judiciais** estão previstos no NCPC, art. 515:

(i) as decisões proferidas no processo civil (obrigação de pagar quantia, obrigação de fazer, não fazer, entregar coisa – destaque para a menção à **decisão** e não mais sentença, considerando a nova sistemática do NCPC, com a possibilidade de diversas decisões de mérito ao longo do procedimento);

(ii) a decisão homologatória de autocomposição judicial;

(iii) a decisão homologatória de autocomposição extrajudicial de qualquer natureza;

Os incisos II e III são iguais? Não. No inciso II, há demanda na qual se formula pedido e, depois, há o acordo. No inciso III, não há demanda prévia, e as partes apenas celebram o acordo e o submetem à homologação do juiz (e o acordo pode, eventualmente, não passar pelo Judiciário e poderá ser título executivo extrajudicial).

(iv) o formal e a certidão de partilha, quanto aos participantes do processo de inventário (inventariante, herdeiros e sucessores);

(v) o crédito do auxiliar da justiça (custas, emolumentos ou honorários aprovados por decisão judicial – isso era, no CPC/73, título executivo extrajudicial);

(vi) a sentença penal condenatória transitada em julgado;

(vii) a sentença arbitral; é a decisão proferida por um árbitro no bojo da arbitragem, apesar de não ter a intervenção do Judiciário (se há arbitragem, não se manifesta o Judiciário) é considerada título judicial;

(viii) a sentença estrangeira homologada pelo STJ;

(ix) a decisão interlocutória estrangeira, após *exequatur* do STJ.

Apesar de não ser proferida por um magistrado togado, por opção legislativa **a sentença arbitral é um título executivo judicial** (isso tem consequências relevantes no tocante à defesa).

4.2.3. Das diversas espécies de cumprimento de sentença

Conforme o NCPC:

- tratando-se de obrigação de fazer, não fazer e entregar coisa, devem ser observados os arts. 536 e s. (análogo à execução de título extrajudicial;
- tratando-se de obrigação de pagar alimentos, devem ser observados os arts. 538 e s.;
- tratando-se de obrigação de pagar quantia pela Fazenda, devem ser observados os arts. 534 e s., que serão analisados abaixo;
- tratando-se de obrigação de pagar, devem ser observados os arts. 523 e s., que serão analisados abaixo.

4.2.3.1. Do cumprimento de sentença de obrigação de pagar quantia pela Fazenda Pública

Inova o NCPC ao prever e regular o procedimento do **cumprimento de sentença contra a Fazenda**. No sistema anterior, apenas havia a execução contra a Fazenda, mesmo em relação a título judicial.

Contudo, apesar de se aplicar o cumprimento de sentença, **não se aplica à Fazenda a multa** para o não pagamento em 15 dias (art. 534, § 2º).

O art. 534 do NCPC regula a petição que dá início ao cumprimento, que deverá trazer um **completo**

demonstrativo de débito, que conterá: (i) o nome completo e o número de inscrição no Cadastro de Pessoas Físicas ou no Cadastro Nacional da Pessoa Jurídica do exequente; (ii) o índice de correção monetária adotado; (iii) os juros aplicados e as respectivas taxas; (iv) o termo inicial e o termo final dos juros e da correção monetária utilizados; (v) a periodicidade da capitalização dos juros, se for o caso; (vi) a especificação dos eventuais descontos obrigatórios realizados. Trata-se de demonstrativo igual ao que deve ser apresentado na execução e no cumprimento de sentença.

Se houver mais de um exequente, cada um deverá apresentar seu próprio demonstrativo (art. 534, § 1º).

Em relação à defesa pela Fazenda, o ente estatal será intimado, na pessoa do seu representante judicial, por carga, remessa ou meio eletrônico, para, querendo, **impugnar o cumprimento de sentença**, no prazo de 30 dias (NCPC, art. 535).

Podem ser alegadas as seguintes matérias (NCPC, art. 535):

> **I** – falta ou nulidade da citação se, na fase de conhecimento, o processo correu à revelia;
> **II** – ilegitimidade de parte;
> **III** – inexequibilidade do título ou inexigibilidade da obrigação;
> **IV** – excesso de execução ou cumulação indevida de execuções;
> **V** – incompetência absoluta ou relativa do juízo da execução;
> **VI** – qualquer causa modificativa ou extintiva da obrigação, como pagamento, novação, compensação, transação ou prescrição, desde que supervenientes ao trânsito em julgado da sentença.

Existe **restrição para a matéria de defesa** a ser alegada considerando a coisa julgada que se formou no processo de conhecimento. Por isso, somente matéria posterior ao trânsito.

Se não houver impugnação ou for rejeitada a impugnação (NCPC, art. 535, § 3º):

> **I** – expedir-se-á, por intermédio do presidente do tribunal competente, precatório em favor do exequente, observando-se o disposto na Constituição Federal;
> **II** – por ordem do juiz, dirigida à autoridade na pessoa de quem o ente público foi citado para o processo, o pagamento de obrigação de pequeno valor será realizado no prazo de 2 (dois) meses contado da entrega da requisição, mediante depósito na agência de banco oficial mais próxima da residência do exequente.

Se houver impugnação parcial, caberá execução da parte não impugnada (NCPC, art. 535, § 4º).

4.2.3.2. Do cumprimento de sentença para obrigação de pagar

A **competência para a fase de cumprimento de sentença** é prevista no NCPC, art. 516:

(i) tribunais, nas causas de sua competência originária;

(ii) juízo que processou a causa no primeiro grau;

(iii) juízo cível competente, no caso de sentença penal condenatória, arbitral ou estrangeira (a rigor, o domicílio do executado).

Poderá o exequente, em II e III, optar pelo juízo do local onde se encontram bens sujeitos à expropriação OU pelo do atual domicílio do executado – casos em que o credor requererá a remessa dos autos ao novo juízo competente (NCPC, art. 516, parágrafo único).

Em relação à **natureza do cumprimento**, conforme a estabilidade do título executivo, é possível que o cumprimento de sentença seja provisório ou definitivo.

Utiliza-se o **cumprimento definitivo** quando se tratar de decisão transitada em julgado ou não mais passível de impugnação, como a sentença arbitral.

Já a **execução provisória** é utilizada quando (i) a decisão ainda não transitou em julgado, e o recurso interposto não foi recebido no efeito suspensivo, ou seja, somente é dotado de efeito devolutivo, e (ii) na tutela provisória.

Nesse sentido, o art. 520: O cumprimento provisório da sentença impugnada por recurso desprovido de efeito suspensivo será realizado da mesma forma que o cumprimento definitivo, sujeitando-se ao seguinte regime: (...)

E não se refere apenas à sentença, nos termos do art. 519: Aplicam-se as disposições relativas ao cumprimento da sentença, provisório ou definitivo, e à liquidação, no que couber, às decisões que concederem tutela provisória.

Como no cumprimento provisório há possibilidade de alteração da decisão exequenda, há regras especiais para seu prosseguimento (NCPC, art. 520):

(i) corre por iniciativa e responsabilidade do exequente, que se obriga, se a sentença for reformada, a reparar os danos que o executado haja sofrido;

(ii) exigência de caução para: a) levantamento de dinheiro e b) atos que importem transferência de posse ou alienação de propriedade.

É possível que a **caução seja dispensada** (NCPC, art. 521) desde que:

(i) o crédito for alimentar, qualquer que seja sua origem;

(ii) o exequente demonstrar estado de necessidade;

(iii) pender o agravo contra decisão de inadmissão do REsp ou RE (art. 1.042);

(iv) a decisão a ser provisoriamente cumprida estiver em consonância com firme decisão de tribunal (súmula ou repetitivo).

Como são situações distintas (não complementares), é de se concluir que os **requisitos não são cumulativos**.

Ainda que presente alguma das situações que dispensem a caução, ela poderá ser mantida, se sua dispensa puder resultar "manifesto risco de grave dano de difícil ou incerta reparação" (NCPC, art. 521, parágrafo único).

O **procedimento** do cumprimento de sentença para pagamento de quantia está previsto nos arts. 523 e s. do NCPC.

1) Proferida decisão condenatória e não havendo pagamento espontâneo pelo réu, o autor requererá o início do cumprimento de sentença (art. 523). 1.1) Esse requerimento deverá ser instruído com completa memória do débito, bem como já indicar bens (art. 524) – sendo possível requerer a penhora *online*.
2) Intimado o réu, se não houver pagamento no prazo de 15 dias, incidirá multa e honorários, no valor de 10% cada (art. 523, § 1º). 2.1) Na falta de pagamento, haverá penhora e avaliação de bens necessários à satisfação do débito (art. 523).
3) Poderá o executado apresentar impugnação (art. 525).
4) Se a impugnação não suspender o cumprimento de sentença ou, ao final, for rejeitada, ocorrerá a alienação do bem penhorado.
5) Expropriação de bens segue as regras da execução de título extrajudicial: ■ adjudicação pelo credor; ■ alienação por iniciativa particular; ■ leilão.
6) A seguir, a extinção da fase de cumprimento de sentença. Aplicação subsidiária: ■ destas regras para o cumprimento provisório (Art. 527. Aplicam-se as disposições deste Capítulo ao cumprimento provisório da sentença, no que couber); ■ das regras do processo de execução para o cumprimento de sentença (art. 513).

Uma questão que foi objeto de grande polêmica é **termo inicial do prazo de 15 dias para pagamento, sob pena de multa de 10%:** a partir da intimação do executado ou do trânsito em julgado da decisão? A lei anterior era omissa.

O *caput* do art. 523 do NCPC é claro: o início do prazo depende da intimação do executado. Porém, não especificou o legislador se esse prazo seria em dias úteis ou corridos, cuja solução passa por ser o prazo processual ou não (NCPC, art. 219, parágrafo único). A doutrina está dividida – e a questão foi assim definida no Enunciado 89 CJF: *Conta-se em dias úteis o prazo do* caput *do art. 523 do CPC*. Uma 1ª decisão foi proferida pelo STJ apontando que essa contagem de prazos é feita em *dias úteis* (REsp 1.693.784). Trata-se de um importante precedente, mas não se trata de uma decisão vinculante.

Outra questão polêmica: cabe a regra do parcelamento da dívida na execução (NCPC, art. 916 ao cumprimento de sentença? No sistema anterior, a jurisprudência do STJ admitia (REsp 1.264.272-RJ, *Informativo 497 do STJ*). Contudo, o art. 916, § 7º, foi expresso ao **vedar o parcelamento para o cumprimento de sentença**. Resta verificar se a legislação realmente será cumprida pelos tribunais.

Inova ainda o NCPC, em relação à possibilidade de protesto de decisão judicial.

Com o objetivo de tornar mais desconfortável a situação do executado e buscando maior efetividade às decisões judiciais, permite o NCPC a publicidade de débitos para incentivar sua satisfação: ou seja, prevê o Código o *protesto das decisões judiciais*.

> **Art. 517.** A decisão judicial transitada em julgado poderá ser levada a protesto, nos termos da lei, depois de transcorrido o prazo para pagamento voluntário previsto no art. 523.
> **§ 1º** Para efetivar o protesto, incumbe ao exequente apresentar certidão de teor da decisão.

Portanto, a decisão judicial transitada em julgado poderá ser levada a protesto, após transcorrido o prazo para pagamento voluntário. No caso de débito alimentar, sequer é necessário o trânsito em julgado para o protesto.

4.2.3.3. Da impugnação ao cumprimento de sentença

A **impugnação** é a defesa do executado prevista no NCPC para a fase de cumprimento de sentença.

O **prazo** para impugnar é de 15 dias, contados a partir do término do prazo de 15 dias para pagamento voluntário (item acima).

A regra está prevista no art. 525 do NCPC:

> Transcorrido o prazo previsto no art. 523 sem o pagamento voluntário, inicia-se o prazo de 15 (quinze) dias para que o executado (...) apresente, nos próprios autos, sua impugnação.

Há **prazo em dobro** no caso de litisconsortes com advogados distintos (NCPC, art. 525, § 3º).

Inova o NCPC em relação ao prazo e, também, em relação à peça ser sempre nos **mesmos autos**, bem como quanto à **desnecessidade de penhora para impugnar** (NCPC, art. 525, *caput*).

Considerando que o cumprimento de sentença tem por base um título executivo judicial e, assim, já houve prévia manifestação do Poder Judiciário, há **restrição quanto à matéria** a ser alegada na impugnação. Não se pode discutir novamente o mérito (se a quantia a ser paga é ou não devida), pois aí haveria violação à coisa julgada.

Assim, **somente as seguintes matérias podem ser alegadas na impugnação** (NCPC, art. 525, § 1º):

(i) falta ou nulidade da citação, se na fase de conhecimento o processo correu à revelia;

(ii) ilegitimidade **de parte**;

(iii) inexigibilidade do título ou inexigibilidade da obrigação;

(iv) penhora incorreta ou avaliação errônea;

(v) excesso de execução ou cumulação indevida de execuções (aqui se aplica tudo quanto foi antes exposto a respeito do tema nos embargos à execução; inclusive deverá o impugnante declarar de imediato o valor que entende correto, sob pena de rejeição liminar da impugnação – NCPC, art. 525, §§ 4º e 5º);

(vi) incompetência absoluta ou relativa do juízo da execução;

(vii) qualquer causa impeditiva, modificativa ou extintiva da obrigação (pagamento, compensação, transação etc.), desde que superveniente à sentença (porque se anterior à sentença, isso já está protegido pela coisa julgada).

Considera-se também **inexigível** o título judicial fundado em lei declarada inconstitucional pelo STF, seja em controle difuso ou concentrado (NCPC, art. 525, § 12), sendo que a decisão do STF deve ser anterior ao trânsito em julgado da decisão exequenda (§ 14) – se a decisão for posterior, deverá ser utilizada a rescisória, cujo prazo será contado a partir do trânsito em julgado da decisão do STF (§ 15).

O **procedimento** da impugnação é o seguinte:

1) Findo o prazo de 15 dias para pagar, o executado pode impugnar (NCPC, art. 525).
2) **Somente algumas matérias** podem ser alegadas na impugnação (NCPC, art. 525, § 1º). 2.1) Cabe rejeição liminar se impugnação (i) intempestiva ou (ii) se no excesso de execução não houver indicação do valor.
3) Em regra, a impugnação **não suspende** o cumprimento de sentença (NCPC, art. 525, § 6º). Contudo, poderá ser **concedido o efeito suspensivo**, desde que presentes, ao mesmo tempo: (i) fundamentos **da impugnação forem** relevantes; e (ii) prosseguimento do cumprimento possa causar ao executado grave dano de difícil ou incerta reparação.
4) **A impugnação será autuada nos mesmos autos (NCPC, art. 525, *caput*).**
5) Recebida a impugnação, deve ser aberta vista ao impugnado, para exercer o contraditório, no prazo de 15 dias (não há previsão legal nesse sentido).
6) Se necessário, **dilação probatória**.
7) Após instrução ou se esta for desnecessária: decisão do juiz, **que poderá colocar fim ao cumprimento (se acolher integralmente a impugnação que entender nada ser devido) ou não (se rejeitada, total ou parcialmente, ou se for impugnação parcial – pois aí prossegue a fase de cumprimento).** 7.1) Sendo assim, variável o recurso cabível, conforme a extinção do cumprimento ou não (apelação ou agravo de instrumento).

4.2.3.4. Da execução e cumprimento de sentença de alimentos

Existem diversos **pontos em comum quanto à execução e cumprimento de alimentos**. Por isso, o tema será tratado em conjunto, neste momento.

O **crédito alimentar** é diferenciado, pois dele decorre a sobrevivência do alimentando (dever de prover do alimentante).

Por isso, há a consequência de **prisão civil** do devedor de alimentos, no caso de "inadimplemento voluntário e inescusável de obrigação alimentar" (CF, art. 5º, LXVII).

A respeito da **prisão**, indaga-se:

1) Em qual **regime** ocorre a prisão?

> **Art. 528** (...) **§ 4º** A prisão será cumprida em regime fechado, devendo o preso ficar separado dos presos comuns.

2) A prisão **afasta o débito**?

> **Art. 528** (...) **§ 5º** O cumprimento da pena não exime o executado do pagamento das prestações vencidas e vincendas.

3) Qual **período de débito** permite a prisão?

Foi inserido no NCPC o que já constava da Súmula 309 do STJ (prisão civil somente em relação às últimas três parcelas).

> **Art. 528** (...) § 7º O débito alimentar que autoriza a prisão civil do alimentante é o que compreende até as 3 (três) prestações anteriores ao ajuizamento da execução e as que se vencerem no curso do processo.

Portanto, somente é possível executar os **alimentos sob pena de prisão** em relação às últimas três prestações mensais. Quanto às demais parcelas vencidas, executam-se os **alimentos sob pena de penhora.**

E vale lembrar que, apesar da previsão constitucional de prisão civil em duas hipóteses (dívida alimentar e depositário infiel – CF, art. 5º, LXVII), o STF pacificou que **não cabe a prisão do depositário infiel** (Súmula Vinculante 25: é ilícita a prisão civil de depositário infiel, qualquer que seja a modalidade do depósito).

Inova o NCPC ao prever o **protesto** da decisão que fixa os alimentos:

> **Art. 528,** § 1º Caso o executado, no prazo referido no *caput*, não efetue o pagamento, não prove que o efetuou ou não apresente justificativa da impossibilidade de efetuá-lo, o juiz mandará protestar o pronunciamento judicial, aplicando-se, no que couber, o disposto no art. 517.

Assim, antes mesmo da prisão civil, o juiz determinará o protesto da decisão que fixou os alimentos.

O NCPC já prevê o protesto de qualquer decisão (art. 517).

Porém, há distinções entre o protesto da decisão de alimentos e das demais:

(i) nas outras decisões condenatórias, há necessidade de trânsito em julgado;

(ii) nas demais decisões condenatórias, o protesto é feito a requerimento da parte; no caso dos alimentos, *é* determinado de ofício pelo juiz.

Outra novidade é a possibilidade de **desconto de até 50% dos vencimentos** do executado:

> **Art. 529, § 3º** Sem prejuízo do pagamento dos alimentos vincendos, o débito objeto de execução pode ser descontado dos rendimentos ou rendas do executado, de forma parcelada, nos termos do *caput* deste artigo, contanto que, somado à parcela devida, não ultrapasse cinquenta por cento de seus ganhos líquidos.

Assim, se um devedor de alimentos passa a receber salário, poderá haver, além do desconto em folha das parcelas mensais, um desconto adicional em relação às parcelas devidas.

Quanto ao **procedimento**, no NCPC há quatro possibilidades. A distinção se dá em relação ao **tipo de título** (judicial ou extrajudicial) e **tempo de débito** (pretérito ou recente):

4.2.3.4.1. Cumprimento de sentença de alimentos

Tratando-se de título executivo judicial (sentença de alimentos), é possível que existam dois procedimentos:

(i) **cumprimento de sentença, sob pena de prisão** (arts. 528 a 533): para débitos recentes, executado intimado pessoalmente para pagar, em 3 dias.

(ii) **cumprimento de sentença, sob pena de penhora** (art. 528, § 8º): para débitos pretéritos, executado intimado para pagar, em 15 dias, sob pena de multa de 10% (art. 523).

Em relação à **defesa no cumprimento de sentença:**

(i) sendo procedimento **sob pena de prisão**, o executado deverá pagar, provar que pagou ou apresentar justificativa de alimentos, apontando motivos que justifiquem o inadimplemento (NCPC, art. 528, § 1º). Porém, somente o fato "que gere a impossibilidade absoluta de pagar justificará o inadimplemento" (§ 2º).

(ii) sendo procedimento **sob pena de penhora**, cabível será a impugnação, sem qualquer especificidade.

4.2.3.4.2. Execução de alimentos

Tratando-se de **título executivo extrajudicial** (escritura pública ou outro título extrajudicial de alimentos), também é possível que existam dois procedimentos:

(i) **execução de alimentos**, fundada em título executivo extrajudicial, **sob pena de prisão**, para débitos recentes (arts. 911 e 912): executado será citado para pagar, em 3 dias (art. 528);

(ii) **execução de alimentos**, fundada em título executivo extrajudicial, **sob pena de penhora**, para débitos pretéritos (art. 913): executado será citado para pagar, em 3 dias (art. 829).

Em relação à **defesa na execução** de alimentos:

- quanto ao exposto em (i) acima (sendo o procedimento **sob pena de prisão**), cabível também a justificativa de alimentos, tal qual no cumprimento de sentença (art. 911, parágrafo único. Aplicam-se, no que couber, os §§ 2º a 7º do art. 528).

- quanto ao exposto em (ii) acima (sendo o procedimento **sob pena de penhora**): cabíveis os embargos, sem qualquer especificidade.

5. PROCEDIMENTOS ESPECIAIS

5.1. Jurisdição contenciosa e voluntária

Em regra, quando há algum debate perante o Judiciário, **existe um conflito** entre as partes litigantes. Isso é o que se denomina **jurisdição contenciosa**.

Contudo, há situações nas quais, **mesmo sem a lide**, há necessidade de se acionar o Judiciário. Nestes casos, fala-se em **jurisdição voluntária**.

> Assim:
> **Jurisdição contenciosa:** existe conflito entre as partes, o Judiciário atuará para compor a lide (refere-se a tudo o quanto já foi exposto ao longo dos capítulos);
> **Jurisdição voluntária** ou **graciosa:** não há lide, trata-se de verdadeira administração pública, via Judiciário, de interesses privados.

A respeito das distinções entre jurisdição voluntária e contenciosa, cabe apresentar o seguinte quadro:

Jurisdição contenciosa	Jurisdição voluntária (NCPC, art. 719)
Existe lide	Inexiste lide
Existem partes (NCPC, art. 77)	Existem interessados (NCPC, art. 720)
Juízo de legalidade estrita (NCPC, art. 140, parágrafo único)	Juízo de equidade (NCPC, art. 723, parágrafo único)

5.2. Procedimentos especiais

Há **novidades nos procedimentos especiais**, em relação ao sistema anterior.

De início, apresenta-se um panorama geral de como o tema é tratado no NCPC:

Título III – Dos Procedimentos Especiais

Capítulo I – Da Ação de Consignação em Pagamento

Capítulo II – Da Ação de Exigir Contas

Capítulo III – Das Ações Possessórias

Capítulo IV – Da Ação de Divisão e da Demarcação de Terras Particulares

Capítulo V – Da Ação de Dissolução Parcial de Sociedade

Capítulo VI – Do Inventário e da Partilha

Capítulo VII – Dos Embargos de Terceiro

Capítulo VIII – Da Oposição

Capítulo IX – Da Habilitação

Capítulo X – Das Ações de Família

Capítulo XI – Da Ação Monitória

Capítulo XII – Da Homologação do Penhor Legal

Capítulo XIII – Da Regulação de Avaria Grossa

Capítulo XIV – Da Restauração de Autos

Capítulo XV – Dos Procedimentos de Jurisdição Voluntária

Seção I – Disposições Gerais

Seção II – Da Notificação e da Interpelação

Seção III – Da Alienação Judicial

Seção IV – Do Divórcio e da Separação Consensuais, da Extinção Consensual de União Estável e da Alteração do Regime de Bens do Matrimônio

Seção V – Dos Testamentos e dos Codicilos

Seção VI – Da Herança Jacente

Seção VII – Dos Bens dos Ausentes

Seção VIII – Das Coisas Vagas

Seção IX – Da Interdição

Seção X – Disposições Comuns à Tutela e à Curatela

Seção XI – Da Organização e da Fiscalização das Fundações

Seção XII – Da Ratificação dos Protestos Marítimos e dos Processos Testemunháveis Formados a Bordo

No mais, além dos procedimentos especiais previstos no Código, há outros previstos em **legislação extravagante**, ou seja, diplomas legais que não o NCPC (como exemplo, o procedimento especial de alimentos, mandado de segurança ou ação civil pública).

> É certo que **inviável** a análise, nesta obra, considerando sua finalidade e por limitações de espaço, de **todos os procedimentos especiais** existentes no sistema processual brasileiro.
> Assim, opta-se por apresentar aqui os **procedimentos especiais mais utilizados** e aqueles que têm a **maior probabilidade de estarem na prova da OAB** – considerando as provas anteriores e o momento de transição entre Códigos que vivemos.
> Mas a **sugestão ao leitor** é que se faça a leitura do texto seco do NCPC, entre os arts. 539 a 770 (artigos que tratam dos procedimentos especiais no Código).

Assim, a seguir, passa-se à análise de **alguns** procedimentos especiais em espécie – levando-se em consideração aqueles que têm a maior probabilidade de serem pedidos nas provas da OAB.

5.2.1. Ações possessórias

Na legislação civil, o **possuidor** é definido como quem "tem de fato o exercício (...) de algum dos poderes inerentes à propriedade" (CC, art. 1.196).

Quando a causa de pedir de uma demanda **tiver por base a posse**, estaremos diante de uma ação possessória.

Quando a causa de pedir de uma demanda **tiver por base a propriedade**, estaremos diante de uma ação petitória. Dentre as petitórias, há a ação de imissão na posse e a reivindicatória (que buscam a obtenção da posse a partir de sua propriedade), que seguem o procedimento comum, pois não há previsão específica dessas demandas no NCPC.

Assim, somente as possessórias é que têm um procedimento especial. Vale destacar que, em grande parte, há repetição do Código anterior no NCPC, em relação às possessórias.

> O NCPC prevê **três ações possessórias:**
> (i) **reintegração** de posse, no caso de esbulho (perda da posse);
> (ii) **manutenção** de posse, no caso de turbação (perturbação da posse, sem perdê-la);
> (iii) **interdito proibitório** (ameaça de ser molestado na posse).

O **procedimento das possessórias é** distinto porque:

a) possibilidade de liminar:

Cabe liminar na possessória (NCPC, arts. 558 e 562) na hipótese de posse nova (ou seja, de menos de ano e um dia). Não se trata de uma tutela provisória (NCPC, art. 294), mas sim de uma liminar com requisitos distintos: prova da posse e tempo da moléstia.

b) fungibilidade das ações possessórias:

Em virtude do dinamismo dos fatos em relação à posse, mesmo se o autor ajuizar uma determinada ação e a situação for (ou se transformar) em outra, desde que provados os fatos, deverá o juiz conceder a proteção possessória (NCPC, art. 554).

c) audiência de justificação:

Se o juiz não se convencer, pelos documentos, a respeito da concessão ou não da liminar, deverá ser **designada audiência de justificação** para formar a convicção (NCPC, art. 562).

A **petição inicial** da possessória deve trazer a (i) posse do autor, (ii) moléstia ocorrida em relação à posse e (iii) data da turbação ou esbulho (NCPC, art. 561). A inicial pode **cumular pedidos**, além da proteção da posse, (i) condenação em perdas e danos, (ii) indenização dos frutos, (iii), imposição de medida de apoio (tal como multa) para (a) evitar nova violação à posse e (b) para que haja cumprimento da tutela provisória ou final (NCPC, art. 555).

Na **contestação**, pode o réu formular pedido em face do autor, em relação a: (i) perdas e danos; e (ii) própria proteção possessória (NCPC, art. 556 – o que será feito pela reconvenção, na própria contestação).

Traz o NCPC novidades quanto às possessórias envolvendo **litígio coletivo pela posse** ou propriedade de imóvel.

Na possessória em que figure no **polo passivo grande número de pessoas**, serão feitas a citação pessoal dos ocupantes encontrados no local e a citação por edital dos demais, determinando-se a intimação do MP e, se envolver pessoas em situação de hipossuficiência econômica, da Defensoria Pública. Para tal citação pessoal, o oficial de justiça procurará os ocupantes no local por uma vez, citando-se por edital os que não forem encontrados (NCPC, art. 554, § 2º). O juiz deverá determinar que se dê **ampla publicidade** da existência dessa ação e dos prazos processuais, podendo, para tanto, valer-se de anúncios em jornal ou rádio locais, da publicação de cartazes na região do conflito e de outros meios (NCPC, art. 554, § 3º).

Além disso, quando o esbulho ou a turbação afirmado tiver ocorrido há mais de ano e dia, o juiz, antes de apreciar o pedido de liminar, deverá designar audiência de mediação a realizar-se em até 30 dias (NCPC, art. 565).

Se **concedida mas não executada a liminar** possessória no prazo de 1 ano a contar da data de distribuição, caberá ao juiz designar audiência de mediação com a presença do Ministério Público (NCPC, art. 565, §§ 1º e 2º).

O juiz poderá comparecer à área objeto do litígio **(inspeção judicial)** quando sua presença se fizer necessária à efetivação da tutela jurisdicional (NCPC, art. 565, § 3º). Essa prova pode ser realizada de ofício, mas também, por certo, requerida pelas partes (NCPC, art. 481).

Os **órgãos responsáveis pela política agrária e pela política urbana** da União, Estado e Município onde se situe a área objeto do litígio, poderão ser intimados para a audiência, a fim de se manifestarem sobre seu interesse no processo e sobre a existência de possibilidade de solução para o conflito possessório (NCPC, art. 565, § 4º).

5.2.2. Ação monitória

A **ação monitória** é procedimento mais célere para os casos em que o autor dispõe de prova escrita sem eficácia de título executivo, que traduza obrigação de (i) pagar quantia, (ii) entregar coisa móvel ou imóvel ou (iii) adimplir obrigação de fazer ou não fazer (NCPC, art. 700).

Assim, no NCPC há ampliação do cabimento da monitória, para incluir a entrega de coisa imóvel e obrigação de fazer e não fazer.

Não é possível a utilização do processo de execução, por falta de título executivo, mas já há prova escrita de onde decorre o dever de pagar, de entregar coisa ou de obrigação de fazer.

Por **prova escrita sem eficácia de título** deve-se entender:

(i) aquele produzido pelo réu ou que tenha sua participação; mas "o que interessa, na monitória, é a possibilidade de formação da convicção do julgador a respeito de um crédito, e não a adequação formal da prova apresentada a um modelo predefinido" (STJ, REsp 925.584/SE, 4ª T., j. 9-10-2012, *DJe* 7-11-2002, **Informativo 506**);

(ii) também a prova oral documentada, produzida de forma antecipada (NCPC, art. 700, § 1º).

Havendo **dúvida quanto à idoneidade de prova** documental apresentada na inicial, o juiz intimará o autor para, querendo, emendar a petição inicial, adaptando-a ao procedimento comum (NCPC, art. 700, § 5º). A inovação do NCPC busca evitar que se discuta o cabimento da monitória, para se focar na análise do mérito.

Na **petição inicial** da monitória, incumbe ao autor indicar, conforme o caso (NCPC, art. 700, § 2º), sob pena de indeferimento (NCPC, art. 700, § 4º):

I – a importância devida (com memória de cálculo);

II – o valor atual da coisa reclamada;

III – o conteúdo patrimonial em discussão ou o proveito econômico perseguido.

Cabe **monitória contra a Fazenda Pública** (NCPC, art. 700, § 6º e Súmula 339 do STJ). Sendo ré a Fazenda Pública, não apresentada defesa, serão aplicadas as regras do reexame necessário, observando-se a seguir, no que couber, o cumprimento de sentença (NCPC, art. 701, § 4º).

Na monitória, admite-se a **citação por qualquer meio** permitido para o procedimento comum (NCPC, art. 700, § 7º, e Súmula 282 do STJ, especificamente quanto à permissão de citação por edital).

Na monitória **cabe a reconvenção**, mas é vedado o oferecimento de reconvenção à reconvenção (NCPC, art. 702, § 6º, e Súmula 292 do STJ).

Além disso, com base na jurisprudência do STJ (formada no sistema anterior), não é necessário, na **monitória fundada em cheque prescrito**, tratar do negócio que deu origem ao débito. Nesse sentido, a Súmula 531 do STJ:

> Em ação monitória fundada em cheque prescrito ajuizada contra o emitente, é dispensável a menção ao negócio jurídico subjacente à emissão da cártula.

Sendo evidente o direito do autor, o juiz deferirá a **expedição de mandado** de pagamento, de entrega de coisa ou para execução de obrigação de fazer ou de não fazer, concedendo ao réu prazo de 15 dias para o cumprimento e o pagamento de honorários advocatícios de 5% do valor atribuído à causa (NCPC, art. 701).

Haverá a **constituição do título executivo judicial**, independentemente de qualquer formalidade, se não realizado o pagamento e não apresentados embargos, observando-se, no que couber, o procedimento do cumprimento de sentença (NCPC, art. 701, § 2º); verificada tal hipótese, **cabe ação rescisória** da decisão de deferimento da expedição do mandado de pagamento (NCPC, art. 701, § 3º).

Admite-se, na ação monitória, o pedido de **parcelamento da dívida** previsto no art. 916 do NCPC (art. 701, § 5º).

Os **embargos à ação monitória** (contestação da monitória) podem se fundar em matéria passível de alegação como defesa no procedimento comum (NCPC, art. 702, § 1º).

Quando o réu alegar que o autor pleiteia quantia superior à devida, deverá declarar de imediato o valor que entende correto, apresentando demonstrativo discriminado e atualizado da dívida. Se não o fizer, os embargos serão liminarmente rejeitados, se esse for o seu único fundamento, e, se houver outro fundamento, os embargos serão processados, mas o juiz deixará de examinar a alegação de excesso (NCPC, art. 702, §§ 2º e 3º).

O autor será **intimado para responder aos embargos** no prazo de 15 dias (NCPC, art. 702, § 5º).

A critério do juiz, os **embargos serão autuados** em apartado, se parciais, constituindo-se de pleno direito o título executivo judicial em relação à parcela incontroversa (NCPC, art. 702, § 7º).

Cabe **apelação** contra a sentença que acolhe ou rejeita os embargos (NCPC, art. 702, § 9º).

Os embargos monitórios **somente suspendem a ação monitória até o julgamento de primeiro grau**. Daí por que se pode concluir que, de forma distinta da regra geral de duplo efeito no NCPC, o recurso de apelação da sentença da monitória será recebido sem efeito suspensivo (NCPC, art. 702, § 4º). Resta verificar se esse será mesmo o entendimento jurisprudencial.

O juiz condenará ao pagamento de **multa de até 10% sobre o valor da causa** nos seguintes casos (NCPC, art. 702, § 10):

a) se o autor propuser, indevidamente e de má-fé, a monitória; multa em favor do réu;

b) se o réu opuser embargos de má-fé; multa em favor do autor.

5.2.3. Ações de família

O NCPC cria um capítulo próprio para regular o procedimento das **ações do direito de família**, para as demandas contenciosas de divórcio, separação, reconhecimento e extinção de união estável, guarda, visitação e filiação.

Em linha com o novo sistema processual, o NCPC afirma que nessas ações "todos os esforços serão empregados para a solução consensual da controvérsia, devendo o juiz dispor do auxílio de profissionais de outras áreas de conhecimento para a mediação e a conciliação" (NCPC, art. 694).

Cabe a **suspensão do processo** enquanto os litigantes se submetem a mediação extrajudicial ou atendimento multidisciplinar (NCPC, art. 694, parágrafo único).

Mas a grande novidade procedimental quanto às ações de família é a previsão de que a **citação do réu**, para a audiência de conciliação ou mediação, será realizada **sem cópia da petição inicial** (contrafé). O mandado conterá apenas os dados necessários à audiência, sendo assegurado ao réu o direito de examinar o conteúdo da inicial a qualquer tempo, em cartório (NCPC, art. 695, § 1º). Há dúvidas quanto à constitucionalidade desse dispositivo. Resta verificar como será a jurisprudência.

A Lei de Mediação **não traz previsão nesse sentido**.

A **citação** para a ação familiar será feita na pessoa do réu e deve ocorrer com antecedência mínima de 15 dias da data da audiência de mediação ou conciliação (NCPC, art. 695, §§ 2º e 3º).

Na **audiência**, as partes devem estar acompanhadas de advogado (NCPC, art. 695, § 4º). Na **mediação extrajudicial**, não há essa obrigatoriedade, mas é mera opção (Lei n. 13.140/2015, art. 10).

O **MP** somente intervirá quando houver interesse de incapaz, e deverá ser ouvido previamente à homologação de eventual acordo (NCPC, art. 698).

Quando houver, no processo, discussão sobre fato relacionado a **abuso ou a alienação parental**, o juiz, ao tomar o depoimento do incapaz, deverá estar acompanhado por especialista (NCPC, art. 699).

> Em inovação polêmica, prevê o NCPC que, nas ações de família, a citação do réu será desacompanhada da contrafé. O objetivo do legislador foi evitar que o réu soubesse os detalhes da causa, para que, na data da audiência de conciliação ou mediação, estivesse mais propenso a realizar um acordo. Cabe aguardar e verificar se os Tribunais entenderão que o dispositivo é constitucional ou que viola os princípios do contraditório e ampla defesa por parte dessa novidade.

5.2.4. Ação de alimentos (processo de conhecimento)

Considerando a **urgência na prestação de alimentos**, para a sobrevivência de quem deles necessita, o procedimento comum não seria adequado para tutelar adequadamente o direito da parte.

> E essa distinção procedimental relativa aos alimentos não se verifica apenas para o processo de conhecimento. Por isso que, para fixar os alimentos (fase de conhecimento), existe o procedimento especial, previsto na Lei n. 5.478/68, e, no que se refere à fase executiva, há procedimento próprio para se executar os alimentos devidos – NCPC, art. 538, para o cumprimento de sentença, e art. 911, para o processo de execução (a respeito da execução de alimentos, *vide* item 4.2.3.4.2.).

Trata-se, portanto, de um procedimento mais concentrado e rápido que o comum, que tem a seguinte tramitação:

1) inicial;
2) alimentos provisórios (art. 4º);
3) audiência de conciliação, instrução e julgamento (art. 9º): ■ tentativa de conciliação; ■ apresentação de contestação; ■ produção de provas; ■ alegações finais.
4) sentença – que inclusive poderá ser proferida na própria audiência (art. 11, parágrafo único).

O art. 4º da Lei n. 5.478/68 prevê a figura dos alimentos provisórios, que serão concedidos pelo juiz até mesmo de ofício no momento em que determina a citação do réu.

Cabe esclarecer que a lei em questão somente pode ser utilizada quando se estiver diante de dever alimentar pré-constituído (ou seja, paternidade, cônjuge, companheiro). Se não se tratar dessa hipótese, não cabe o uso do procedimento especial previsto na Lei n. 5.478/68. Então terá de ser utilizado o procedimento comum. É, por exemplo, o que ocorre com a investigação de paternidade.

Portanto, não cabe, na investigação de paternidade, a figura dos alimentos provisórios. Mas, para resguardar a parte, cabe tutela de urgência para os alimentos, desde que presentes os requisitos (NCPC, art. 300 – elementos que evidenciem a probabilidade do direito e o perigo de dano ou ao resultado útil do processo).

É certo que é mais fácil obter os alimentos provisórios (pois decorrem de prova pré-constituída) do que alimentos via tutela de urgência (pois dependem de prova).

5.2.5. Ação de exigir contas

No Código anterior havia a "ação de prestação de contas", que poderia ser proposta tanto por quem poderia exigir como por quem deveria prestar as contas. No NCPC, **deixa de existir procedimento especial para quem pretende prestar as contas**. Por isso, a nova legislação altera o nome para "ação de exigir contas".

Portanto, o procedimento especial só se aplica para quem quiser que a parte contrária preste contas. Se alguém quiser prestar contas, o procedimento será o comum.

Quem afirmar ser titular do **direito de exigir contas** requererá a citação do réu para que as preste ou ofereça contestação no prazo de 15 dias (NCPC, art. 550).

Se as **contas forem prestadas**, o autor terá também 15 dias para se manifestar (NCPC, art. 550, § 2º).

Na petição inicial, o autor especificará as razões pelas quais exige as contas, instruindo a peça com documentos comprobatórios dessa necessidade, se existirem.

A **impugnação das contas** apresentadas pelo réu deverá ser fundamentada e especificar o lançamento questionado (NCPC, art. 550, *caput* e § 3º).

A decisão que julgar **procedente o pedido condenará o réu a prestar as contas** no prazo de 15 dias, sob pena de não lhe ser lícito impugnar as que o autor apresentar (art. 550, § 5º).

Apresentando o réu as contas, o feito terá prosseguimento. Se o réu não fizer isso, o autor as apresentará no prazo de 15 dias, podendo o juiz determinar a realização de exame pericial, se necessário (NCPC, art. 550, § 6º).

As contas do réu serão apresentadas na forma adequada, especificando-se as receitas, a aplicação das despesas e os investimentos, se houver (NCPC, art. 551).

Se o autor apresentar impugnação específica e fundamentada, o juiz estabelecerá prazo razoável para que o réu apresente os documentos justificativos dos lançamentos individualmente impugnados (art. 550, § 1º).

Assim, é uma ação que pode ter **duas fases:** a primeira, na qual se debate se há necessidade ou não de o réu prestar as contas; a segunda, se as contas prestadas são boas, ou se há necessidade de se realizar algum pagamento, pois as contas não foram consideradas boas.

5.2.6. Da ação de dissolução parcial de sociedade

Inova o NCPC ao regular procedimento para dissolução parcial de sociedade.

A ação de dissolução parcial de sociedade **pode ter por pedido** (NCPC, art. 599):

I – a resolução da sociedade empresária contratual ou simples em relação ao sócio falecido, excluído ou que exerceu direito de retirada ou recesso; e
II – a apuração de haveres do sócio falecido, excluído ou que exerceu direito de retirada ou recesso; ou
III – somente a resolução ou a apuração de haveres.

A ação pode ter por objeto também a sociedade anônima de capital fechado quando demonstrado, por acionista(s) que represente(m) 5% ou mais do capital social, que não pode preencher o seu fim (NCPC, art. 599, § 2º).

Em relação à **legitimidade**, a ação de dissolução parcial de sociedade pode ser proposta (CPC, art. 600):

> I – pelo espólio do sócio falecido, quando a totalidade dos sucessores não ingressar na sociedade;
> II – pelos sucessores, após concluída a partilha do sócio falecido;
> III – pela sociedade, se os sócios sobreviventes não admitirem o ingresso do espólio ou dos sucessores do falecido na sociedade, quando esse direito decorrer do contrato social;
> IV – pelo sócio que exerceu o direito de retirada ou recesso, se não tiver sido providenciada, pelos demais sócios, a alteração contratual consensual formalizando o desligamento, depois de transcorridos 10 dias do exercício do direito;
> V – pela sociedade, nos casos em que a lei não autoriza a exclusão extrajudicial;
> VI – pelo sócio excluído.

Também o cônjuge ou companheiro do sócio cujo casamento, união estável ou convivência terminou poderá requerer a apuração de seus haveres na sociedade, que serão pagos à conta da quota social titulada por este sócio (NCPC, art. 600, parágrafo único).

Quanto ao **procedimento**, os sócios e a sociedade serão citados para, no prazo de 15 dias, concordar com o pedido ou apresentar contestação (NCPC, art. 601).

> Inova o NCPC ao apontar que a sociedade não precisa ser citada se todos os seus sócios forem citados; mas, ainda assim, ficará sujeita aos efeitos da decisão e à coisa julgada (NCPC, art. 601, parágrafo único).

Em síntese, o pedido da ação poderá compreender (i) dissolução parcial da sociedade, (ii) apuração de haveres e (iii) pedido de indenização compensável com o valor dos haveres a apurar (NCPC, art. 602).

Se houver manifestação expressa e unânime pela concordância da dissolução, o juiz a decretará, passando-se imediatamente à fase de liquidação (NCPC, art. 603). Nesse caso, não haverá condenação em honorários advocatícios de nenhuma das partes, e as custas serão rateadas segundo a participação das partes no capital social (NCPC, art. 603, § 1º).

Se houver contestação, observar-se-á o procedimento comum, mas a liquidação da sentença seguirá o procedimento especial ora em análise (NCPC, art. 603, § 2º).

Em relação à **apuração dos haveres** (ou seja, o valor que terá de ser recebido pelo sócio que deixa a sociedade), o juiz (NCPC, art. 604):

> I – fixará a data da resolução da sociedade;
> II – definirá o critério de apuração dos haveres, a partir do disposto no contrato social;
> III – nomeará o perito.

O juiz determinará à sociedade ou aos sócios que nela permanecerem que deposite em juízo a parte incontroversa dos haveres devidos, sendo que o depósito poderá ser desde logo levantado pelo ex-sócio, espólio ou sucessores (NCPC, art. 604, §§ 1º e 2º).

Quanto à **data da resolução da sociedade**, esta será (NCPC, art. 605):

> I – no caso de falecimento do sócio, a do óbito;
> II – na retirada imotivada, o sexagésimo dia seguinte ao do recebimento, pela sociedade, da notificação do sócio retirante;
> III – no recesso, o dia do recebimento, pela sociedade, da notificação do sócio dissidente;
> IV – na retirada por justa causa de sociedade por prazo determinado e na exclusão judicial de sócio, a do trânsito em julgado da decisão que dissolver a sociedade; e
> V – na exclusão extrajudicial, a data da assembleia ou da reunião de sócios que a tiver deliberado.

Se o contrato social for omisso, o juiz definirá, como critério de apuração de haveres, o valor patrimonial apurado em balanço de determinação, tomando-se por referência a data da resolução e avaliando-se bens e direitos do ativo, tangíveis e intangíveis, a preço de saída, além do passivo também a ser apurado de igual forma (NCPC, art. 606). Em todos os casos em que seja necessária a realização de perícia, a nomeação do perito recairá preferencialmente sobre especialista em avaliação de sociedades (NCPC, art. 606, parágrafo único).

A data da resolução e o critério de apuração de haveres podem ser revistos pelo juiz, a pedido da parte, a qualquer tempo antes do início da perícia (NCPC, art. 607).

Até a data da resolução, integram o valor devido ao ex-sócio, ao espólio ou aos sucessores a participação nos lucros ou os juros sobre o capital próprio declarados pela sociedade e, se for o caso, a remuneração como administrador (NCPC, art. 608), porém, após a data da resolução, o ex-sócio, o espólio ou os sucessores terão direito apenas à correção monetária dos valores apurados e aos juros contratuais ou legais (NCPC, art. 608, parágrafo único).

Uma vez apurados, os haveres do sócio retirante serão pagos conforme disciplinar o contrato social e, no caso de omissão do contrato social, conforme § 2º do art. 1.031 do CC (NCPC, art. 609).

5.2.7. Da oposição

No CPC/1973 a oposição era intervenção de terceiro. Inova o NCPC ao retirar essa medida judicial do rol das intervenções, para classificá-la como **procedimento especial**. Contudo, é certo que a oposição **envolve a participação de terceiro**.

Apesar dessa modificação, seu cabimento segue o mesmo previsto no sistema anterior: quem pretender, no todo ou em parte, a coisa ou o direito sobre que controvertem autor e réu poderá, até ser proferida a sentença, oferecer oposição contra ambos (NCPC, art. 682).

Como **típico exemplo do uso da oposição**, uma situação em que A e B litigam afirmando que são titulares de determino bem imóvel; se C entende que ele é o efetivo titular, ingressa com a oposição contra A e B, em litisconsórcio passivo necessário. Assim, o opoente litiga contra todos.

O **procedimento** também não sofreu alterações em relação ao sistema anterior:

- a oposição deve seguir os requisitos de uma petição inicial – que é, pois se trata de ação (NCPC, art. 683);
- a oposição será distribuída por dependência;
- os opostos serão citados na pessoa de seus advogados, para contestar em 15 dias (NCPC, art. 683, parágrafo único);
- a oposição será apensada aos autos e tramitará simultaneamente à ação originária, sendo ambas julgadas pela mesma sentença (NCPC, art. 685);
- se a oposição for proposta após o início da audiência de instrução, o juiz suspenderá o curso do processo ao fim da produção das provas, salvo se concluir que a unidade da instrução atende melhor ao princípio da duração razoável do processo (NCPC, art. 685, parágrafo único).

O juiz, ao sentenciar, se for o caso de julgar ambas as ações ao mesmo tempo, apreciará inicialmente a oposição – que é prejudicial em relação ao pedido original, constante da ação (NCPC, art. 686). Afinal, retomando o exemplo anterior, se o juiz reconhecer que o opoente C é o titular do bem imóvel, por óbvio que prejudicado o pedido de A contra B quanto à titularidade do mesmo bem.

No âmbito do CPC/1973, a oposição era objeto de diversas questões da OAB, no contexto das intervenções de terceiros. A tendência é que isso se repita em relação ao NCPC. Importante entender que a oposição não deixou de existir, mas que não é mais uma intervenção de terceiros – mas sim um procedimento especial em que terceiro busca pleitear o bem objeto do litígio.

5.2.8. Divórcio, separação e extinção de união estável consensuais (jurisdição voluntária)

Como exemplo de jurisdição voluntária, há o **divórcio consensual**. De início, cabe recordar que, desde a EC 66/2010, a rigor, não haveria mais a necessidade de se falar em separação, visto que é possível desde logo partir-se para o divórcio. Contudo, o NCPC optou por seguir utilizando o termo **separação consensual**.

Assim, se marido e mulher não mais querem continuar casados, se estão de acordo a respeito de bens e alimentos, ou seja, se não há nenhuma pendência, inexiste lide. Contudo, ainda assim há necessidade de participação estatal no divórcio.

Se não houver filhos menores (ou nascituro), será inclusive possível que se vá a um cartório extrajudicial para se proceder ao divórcio via escritura pública, devendo os cônjuges estar assistidos por advogado (NCPC, art. 733). A escritura independe de homologação judicial e é título hábil para qualquer ato de registro, bem como para levantamento de importância depositada em instituições financeiras (NCPC, art. 733, § 1º).

Não obstante, se assim preferirem ou **se houver filhos menores**, será realizado um divórcio consensual perante o Judiciário (CPC, art. 731).

A legislação prevê requisitos mínimos para a petição do divórcio e separação consensuais, que será instruída com certidão de casamento e eventual pacto antenupcial, bem como assinada por ambos os cônjuges (NCPC, art. 731):

(i) a descrição e partilha dos bens comuns;
(ii) a pensão alimentícia entre os cônjuges;
(iii) o acordo relativo à guarda dos filhos incapazes e visita;
(iv) a contribuição para criar e educar os filhos (alimentos).

Diante da inexistência de lide, é possível que um único advogado postule em favor de ambos os cônjuges.

Assim, mediante a verificação dos requisitos previstos em lei, o juiz homologará o divórcio e a sentença será levada aos registros civis (NCPC, art. 733).

A lei processual **deixa de prever a audiência de ratificação** que constava no sistema anterior (CPC/73, art. 1.122).

O **mesmo procedimento** se aplica para a extinção de união estável consensual (NCPC, art. 732) e para mudança de regime de bens de casamento (NCPC, art. 734).

Quanto à **alteração do regime de bens do casamento**, o juiz, ao receber a petição inicial, determinará a intimação do Ministério Público e a publicação de edital que divulgue a pretendida alteração de bens, somente podendo decidir depois de 30 dias da publicação do edital (NCPC, art. 734, § 1º). Os cônjuges podem propor ao juiz meio alternativo de divulgação da alteração do regime de bens, a fim de resguardar direitos de terceiros (NCPC, art. 734, § 2º).

5.2.9. Ação de usucapião

A **usucapião** é uma das formas de aquisição originária da propriedade, quando há o exercício da posse por determinado tempo (CC, arts. 1.238 a 1.244).

Para que seja reconhecida a usucapião, é necessária a conjugação de quatro elementos:

(i) posse ininterrupta, isto é, a posse vem sendo exercida ao longo dos anos sem que tenha ocorrido sua perda em algum momento (admite-se a soma das posses dos antecessores com a finalidade de obter o tempo exigido pela lei);
(ii) posse incontestada, que implica o exercício pacífico da posse, sem oposição;
(iii) o possuidor esteja com ânimo de dono, exteriorizando atos condizentes à figura do proprietário;
(iv) o decurso do tempo exigido em lei.

Espécies de usucapião:

(i) **extraordinária** (CC, art. 1.238): independe de título ou de boa-fé, basta o exercício manso, pacífico e ininterrupto da posse por 15 (quinze) anos (CC, art. 1.238, parágrafo único. O prazo será de dez anos se o possuidor houver estabelecido no imóvel a sua moradia habitual, ou nele realizado obras ou serviços de caráter produtivo);
(ii) **ordinária** (CC, art. 1.242): depende de justo título e boa-fé, quando o possuidor estabeleceu sua moradia habitual ou realize serviços de caráter produtivo, pelo prazo de 10 (dez) anos (CC, art. 1.242, parágrafo único. O prazo para a aquisição será de cinco anos quando o imóvel for adquirido onerosamente, com base no registro em cartório, cancelado posteriormente, desde que o possuidor tenha estabelecido moradia);
(iii) **especial rural** (CC, art. 1.239): o prazo é de 5 (cinco) anos quando o possuidor morar no imóvel rural ou o utilizar para a produção de seu trabalho, não possuir outro imóvel em seu nome e a área não exceder a 50 hectares;
(iv) **especial urbana** (CC, art. 1.240): o prazo é de 5 (cinco) anos, para área de até 250 metros quadrados, desde que o possuidor não seja proprietário de outro imóvel e o utilize para moradia;
(v) **coletivo** (Lei n. 10.257/2001, art. 10 – Estatuto da Cidade): o prazo para aquisição da propriedade coletiva é de 5 (cinco) nos casos em que a área, com mais de 250 metros quadrados, esteja ocupada por população de baixa renda com destinação para moradia, não sendo possível identificar os terrenos ocupados por cada família e não havendo proprietários de outros imóveis;
(vi) **familiar** (CC, art. 1.240-A): o prazo para o ex-cônjuge ou companheiro adquirir a propriedade do imóvel urbano, de até 250 metros quadrados, que dividia com o parceiro até o abandono, é de 2 (dois) anos, desde que permaneça utilizando o imóvel para moradia, ininterruptamente e sem oposição.

> Havia previsão de procedimento especial no CPC/73 para a ação de usucapião. Porém, isso não foi repetido no NCPC. Logo, o procedimento passa a ser o comum.

Porém, ainda que o procedimento seja o comum, há algumas especificidades no procedimento da ação de usucapião, por exemplo, a publicação de edital, para que terceiros eventualmente tenham ciência da existência desse processo (art. 259, I) – exatamente como o procedimento especial antes existente previa.

Contudo, há importante inovação, não no âmbito judicial, mas no extrajudicial.

O art. 1.071 do NCPC **altera a Lei de Registros Públicos** (Lei n. 6.015/73), para inserir o art. 216-A, que trata da **usucapião extrajudicial** (a Lei n. 11.977/2009 já trazia a possibilidade de usucapião reconhecida em cartório, no caso do art. 183 da CF). Por sua vez, a Lei n. 13.465/2017 já procedeu a **nova modificação** no referido art. 216-A da Lei n. 6.015/73.

Assim, agora há **opção** entre o pedido extrajudicial de usucapião e via jurisdicional. Pode a parte optar por formular o pedido **diretamente no cartório do registro de imóveis da comarca em que se situa o imóvel** usucapiendo. Não há menção a tamanho ou utilização do imóvel.

O interessado deverá apresentar **requerimento** ao cartório competente, instruindo-o com diversos documentos: (i) ata notarial atestando o tempo de posse, (ii) planta e memorial descritivo assinado por profissional legalmente habilitado, (iii) certidões negativas dos distribuidores da comarca da situação do imóvel e do domicílio do requerente, (iv) justo título ou outros documentos que demonstrem origem da posse, continuidade, natureza e tempo, tais como o pagamento dos impostos e taxas incidentes sobre o imóvel.

Se a planta (item ii acima) não tiver a assinatura de qualquer um dos titulares de direitos registrados ou averbados na matrícula do imóvel usucapiendo ou na matrícula dos imóveis confinantes, o titular será notificado pelo registrador competente, pessoalmente ou pelo correio com aviso de recebimento. Feita a notificação, o titular terá o prazo de 15 dias para manifestar consentimento expresso, interpretado o **silêncio como concordância** (art. 216-A, § 2º – **novidade** inserida pela Lei n. 13.465/2017).

O oficial de registro de imóveis dará **ciência** à União, ao Estado e ao Município, para que se manifestem, em 15 dias, sobre o pedido; tal comunicação será feita pessoalmente, pelo oficial de registro de títulos e documentos, ou por correio, com aviso de recebimento (art. 216-A, § 3º).

Para que **terceiros interessados tenham ciência** e possam se manifestar em até 15 dias, o oficial de registro de imóveis promoverá a publicação de edital em jornal de grande circulação, onde houver (art. 216-A, § 4º).

Se não houver impugnações, estando a documentação em ordem, não havendo pendência de diligências e no **silêncio dos titulares** (*vide* § 2º acima), o oficial de registro de imóveis registrará a **aquisição do imóvel** com as descrições apresentadas, sendo permitida a abertura de matrícula, se for o caso (art. 216-A, § 6º).

Se o **pedido extrajudicial for rejeitado**, isso não impedirá o ajuizamento de ação de usucapião (art. 216-A, § 9º).

5.2.10. Mandado de segurança individual

O mandado de segurança é o instrumento adequado para **proteger direito líquido e certo** não amparado por *habeas corpus* ou *habeas data*, quando o responsável pela ilegalidade ou abuso de poder for **autoridade pública** ou agente de pessoa jurídica no exercício de atribuições do Poder Público (Lei n. 12.016/2009, art. 1º).

O **direito líquido e certo** é aquele que independe de outra prova que não a documental.

O **prazo** para impetração do mandado de segurança é decadencial de 120 (cento e vinte) dias contados da ciência do ato impugnado (Lei n. 12.016/2009, art. 23). A decadência se refere ao uso do instrumento, sendo possível o ajuizamento da demanda pelas vias ordinárias até a prescrição da pretensão.

Quanto ao **procedimento**, tem-se o seguinte:

1) **Petição inicial**: deverá demonstrar a ofensa ao direito líquido e certo, indicando a autoridade coatora do ato;
2) **Liminar**: é possível a concessão de liminar (Lei n. 12.016/2009, art. 7º, III) – sendo que existem restrições à concessão de liminares contra a Fazenda Pública (Lei n. 9.494/97);
3) Após prestadas as informações pela autoridade coatora, o MP será ouvido (Lei n. 12.016/2009, art. 12);
4) Se a sentença for **concessiva** da ordem, há reexame necessário (Lei n. 12.016/2009, art. 14, § 1º).

5.2.11. Ação de despejo por falta de pagamento

O inadimplemento do inquilino quanto à obrigação de pagar os aluguéis autoriza o ajuizamento da **ação de despejo**. Essa ação pode ainda ser cumulada com a cobrança dos aluguéis e acessórios da locação (Lei n. 8.245/91, art. 62, I).

Portanto, a **legitimidade ativa** é do locador, enquanto a **legitimidade passiva** recai sobre o inquilino e seus fiadores (quanto a esses, em relação à cobrança, não quanto ao despejo em si).

O foro competente para o ajuizamento da ação é da situação do imóvel, salvo se houver cláusula de foro de eleição no contrato (Lei n. 8.245/91, art. 58, II).

Procedimento:

1) Petição inicial: deverá fazer prova do contrato de locação e das parcelas vencidas e não pagas pelo locatário, através de demonstrativo de débito.
2) Citação do réu: o réu pode contestar (negando o direito constitutivo do autor) ou purgar a mora (com o objetivo de evitar a rescisão do contrato) no prazo de 15 dias contados da citação. 2.a) o depósito efetuado como purgação da mora admite complementação, em caso de insuficiência (Lei n. 8.245/91, art. 62, III).
3) Sentença: com o julgamento de procedência da ação será expedido mandado de despejo, que conterá o prazo de 30 (trinta) dias para a desocupação voluntária. Se após a notificação do decurso do prazo o inquilino permanecer no imóvel, na realização do despejo poderá ser utilizada a força (Lei n. 8.245/91, art. 65).

A dúvida é se, com o NCPC, haverá a audiência de conciliação e mediação (art. 334) na ação de despejo. A resposta tende a ser negativa, considerando o procedimento próprio da ação de despejo. Contudo, resta verificar como será a jurisprudência a respeito do tema.

5.2.12. Juizados Especiais

Atualmente existem três Juizados, que compõem um sistema.

> No âmbito da Justiça Estadual existe o **Juizado Especial Cível** (Lei n. 9.099/95), uma opção (em relação à Justiça Comum Estadual) para os litigantes com causas de até 40 salários mínimos.
> De seu turno, na área federal, há o **Juizado Especial Federal** (Lei n. 10.259/2001), que tem caráter obrigatório para o julgamento das demandas com valor até 60 salários mínimos, bem como a aplicação subsidiária da Lei n. 9.099/95.
> E, também na esfera estadual, há o **Juizado da Fazenda Pública Estadual** (Lei n. 12.153/2009), para o julgamento de causas com valor de até 60 salários mínimos – sendo que, onde estiver instalado, terá caráter obrigatório.

Mas, afinal, **o que são os Juizados?**

Trata-se tanto de (i) um procedimento distinto do comum previsto no NCPC, como também (ii) a criação de uma estrutura paralela em relação à usual formatação da Justiça (em 2º grau, Colégio Recursal e não Tribunal).

Assim, é certo que haverá distinção em relação ao procedimento de causas perante os Juizados e causas perante a Justiça tradicional. Tanto é assim que no capítulo de recursos foi aberto um tópico específico para recursos nos Juizados.

Analisando sob a perspectiva do JEC (Lei n. 9.099/95), tem-se que os Juizados buscam **a simplificação e a desburocratização do processo** (art. 2º).

Nesta linha, a inicial será mais simples que o NCPC, art. 319. São **requisitos da inicial** (art. 14, § 1º):

(i) qualificação das partes;
(ii) fatos e fundamentos de forma sucinta;
(iii) pedido e valor.

Podem ser **autores no JEC** (art. 8º, § 1º):

- pessoas físicas capazes;
- ME, EPP e microempreendedores individuais;
- Organização da Sociedade Civil de Interesse Público (OSCIP);
- sociedades de crédito ao microempreendedor.

No tocante à capacidade postulatória, a própria parte é dotada nas causas de até 20 salários mínimos, não havendo necessidade de advogado (art. 9º).

Não podem ser réus (art. 8º, *caput*):

- incapaz;
- preso;
- pessoas jurídicas de direito público;
- massa falida;
- insolvente civil.

Causas que **não são admitidas no JEC** (art. 3º, § 2º):

- família (alimentos e estado);
- fiscal;
- falência;
- interesse do Estado.

Visando à simplificação, há **institutos do CPC vedados no JEC:**

- intervenção de terceiros (art. 10);
- citação por edital (art. 18, § 2º);
- reconvenção (art. 31 – admite-se pedido contraposto);
- ação rescisória (art. 59).

O **procedimento do JEC** é:

1) inicial
2) audiência de conciliação
3) audiência de instrução (apresentação de contestação/oitiva de testemunhas e depoimento pessoal, se for o caso/alegações finais)
4) sentença (passível de recurso para o Colégio Recursal) que não poderá ser ilíquida (art. 38, parágrafo único)
5) após o trânsito em julgado: formação do título – cumprimento de sentença perante o próprio JEC (art. 52)

Como já exposto, há polêmica quanto à contagem do prazo nos Juizados, pois a legislação é omissa e muitos juízes não aplicam o previsto no NCPC, ao argumento de que no Juizado prevalece o "princípio da celeridade". Do ponto de vista prático, a maioria dos Juizados Especiais Cíveis aplica a contagem de prazo em **dias corridos**, ao passo que nos Juizados Especiais Federais a contagem é em dias úteis. A respeito do tema, o Enunciado 19 CJF: *O prazo em dias úteis previsto no art. 219 do CPC aplica-se também aos procedimentos regidos pelas Leis n. 9.099/1995, 10.259/2001 e 12.153/2009.* Esse enunciado, porém, ainda não foi capaz de pacificar a forma de contagem dos prazos no âmbito dos Juizados.

5.2.13. Processo coletivo

O processo coletivo **não é enfrentado no NCPC**, mas em legislação extravagante.

O CPC/1973 e o NCPC tratam a lide do ponto de vista do **indivíduo *versus* indivíduo** (ou, eventualmente, vários autores contra vários réus, em litisconsórcio). Na sociedade massificada atual, muitos conflitos passaram a ocorrer em grande quantidade, de forma análoga (consumidor, meio ambiente, idoso, criança etc.).

Assim, a solução clássica do CPC não mais se mostra a adequada: surge a necessidade de **solução desses litígios de uma única vez, em uma demanda coletiva** (tanto pela economia processual como de modo a evitar decisões contraditórias). Nesse contexto surge a tutela coletiva.

> A partir do CDC, é possível diferenciar as **três categorias de direitos coletivos** em sentido amplo:
> **(i)** os **direitos difusos** são dotados de natureza transindividual, em que há a **indivisibilidade** do bem jurídico em litígio (CDC, art. 81, parágrafo único, I). Os titulares são pessoas **indeterminadas e indetermináveis**, ligadas por circunstâncias de fato (não idênticas circunstâncias). Se houver solução para um, haverá solução para todos.
> Ex.: publicidade enganosa na internet e direito a beber água limpa.
> **(ii)** os **direitos coletivos** (*stricto sensu* – em sentido estrito) também têm natureza transindividual e também há a **indivisibilidade** do bem jurídico em litígio (CDC, art. 81, parágrafo único, II). Mas há um **número determinável** de titulares, ligados entre si ou com a parte contrária, por uma relação jurídica base (há um grupo, categoria ou classe de pessoas). Essa relação entre as pessoas não nasce com a lesão, mas é anterior. Ao se atender o interesse de um dos titulares, por ser indivisível, atenderá a todos.
> Ex.: membros de determinado sindicato em relação a um problema de segurança do trabalho; universitários de uma mesma faculdade em relação à carga horária do curso.
> **(iii)** os direitos **individuais homogêneos** têm natureza individual, há homogeneidade e o dano decorre de origem comum (CDC, art. 81, parágrafo único, III). O titular é perfeitamente **individualizado e determinado**, trata-se de um **direito divisível**. Assim, a defesa coletiva é por conveniência.
> Ex.: consumidores que adquiriram o mesmo carro com defeito; pessoas que sofreram danos com a queda de um avião.

5.2.13.1. Instrumentos para a tutela coletiva

1) Ação popular (Lei n. 4.717/65).

A **legitimidade ativa** é do cidadão (prova da cidadania é feita com título de eleitor).

Presta-se à **defesa do patrimônio público** (declaração de nulidade dos atos lesivos a qualquer ente ligado ao Estado).

É um **procedimento especial** por apresentar diversas distinções em relação ao procedimento comum ordinário:

- prazo para contestar de 20 dias, prorrogáveis por mais 20 (art. 7º, § 2º, IV);
- coisa julgada com características distintas (art. 18);
- duplo grau no caso de improcedência ou carência (art. 19).

A decisão que reconhecer a lesividade de um ato ao patrimônio público **beneficiará a toda a coletividade**.

2) Ação civil pública (Lei n. 7.347/85 – LACP).

Pode ser **utilizada para a defesa** do seguinte:

(i) meio ambiente;
(ii) consumidor;
(iii) bens e direitos de valor artístico, estético, histórico, turístico e paisagístico;
(iv) qualquer outro interesse difuso ou coletivo;
(v) infração da ordem econômica;
(vi) ordem urbanística;
(vii) honra e dignidade de grupos raciais, étnicos ou religiosos;
(viii) patrimônio público e social.

5.2.13.2. Coisa julgada no processo coletivo

A coisa julgada no processo coletivo é *secundum eventum litis*, ou seja, depende do resultado da demanda (CDC, art. 103).

(i) Tratando-se de **direitos difusos**, a coisa julgada será *erga omnes* no caso de procedência, ou seja, a coisa julgada só terá **eficácia em relação a todos** (entes coletivos e indivíduos) se o pedido for julgado **procedente**.

Se for **improcedente** por insuficiência de provas, qualquer legitimado poderá intentar outra ação, mediante nova prova.

Se for improcedente, mas não por falta de provas, outro legitimado não poderá ingressar em juízo, mas será possível o ajuizamento da ação individual (CDC, art. 103, § 1º).

(ii) Tratando-se de **direitos coletivos**, a situação é semelhante aos direitos difusos.

A coisa julgada será *ultra partes*, mas limitada ao grupo, categoria ou classe. Assim:

- se **procedente**, atinge os entes legitimados para a ação coletiva e os indivíduos pertencentes ao grupo;
- se **improcedente** por falta de provas, é possível a propositura de nova ação coletiva por qualquer legitimado;
- se **improcedente (desde que não por falta de provas)** atinge os legitimados coletivos, mas não impede a propositura de demandas individuais.

(iii) Tratando-se de **direitos individuais homogêneos**, haverá coisa julgada *erga omnes* na hipótese de **procedência**.

No caso de **improcedência** (qualquer que seja a causa), o indivíduo, salvo se não tiver se habilitado como litisconsorte, poderá propor ação individual.

Outro ponto de relevo é a **abrangência territorial** da decisão coletiva. Apesar de o art. 16 da LACP afirmar que o limite é a competência do órgão jurisdicional prolator da decisão, a jurisprudência do STJ, apesar de ainda não sedimentada, vem afastando essa regra, dizendo que a abrangência é conforme o dano (ou seja, pode ser nacional).

5.2.13.3. Cumprimento de sentença coletiva

Diante da condenação em processo coletivo, cada um dos indivíduos (vítima ou sucessores) pode, com base na sentença coletiva, **habilitar-se para buscar a execução da quantia que lhe beneficia** (CDC, art. 97).

Também cabe a **liquidação e a execução pelos legitimados coletivos**, mas a jurisprudência, em regra, restringe-a para uma atuação subsidiária, caso não haja efetiva execução dos legitimados (CDC, art. 98).

Caso não existam habilitados em número suficiente em comparação com o tamanho do dano, pode existir a **execução em favor de um fundo** (fundo federal de direitos difusos ou fundos em cada um dos Estados) cujos recursos serão aplicados em favor da coletividade. É a denominada *fluid recovery* (recuperação fluida), prevista no art. 100 do CDC.

6. PROCESSO DE EXECUÇÃO

6.1. Dos requisitos necessários para qualquer execução

São requisitos necessários para se realizar qualquer execução autônoma:

(i) **inadimplemento/exigibilidade:** devedor não satisfaz a obrigação certa, líquida e exigível prevista no título executivo (NCPC, art. 786);

(ii) **título executivo extrajudicial:** documento que traduz uma obrigação e permite a propositura do processo de execução (NCPC, art. 784).

Somente cabe o processo de execução autônomo quando existirem ambos os requisitos. Mas, vale destacar, inova o NCPC ao permitir que, mesmo diante da existência de título executivo extrajudicial, o **exequente opte pelo processo de conhecimento**, se assim entender mais conveniente (NCPC, art. 785).

Além disso, a execução deve estar fundada em **título de obrigação líquida, certa e exigível** (NCPC, art. 783).

O processo de execução busca a satisfação do crédito do exequente. Mas essa satisfação deve respeitar o executado. Daí a legislação prever expressamente o **princípio da menor onerosidade** (*vide* NCPC, art. 805).

6.1.1. Do título executivo extrajudicial

Os títulos executivos extrajudiciais estão previstos no NCPC, art. 784:

(i) títulos de crédito (letra de câmbio, nota promissória, duplicata, debênture e cheque);

> Para bem compreender o inciso I do art. 784, necessário conhecer as principais características a respeito dos títulos de crédito, tema tratado em Direito Empresarial.

(ii) escritura pública ou outro documento público assinado pelo devedor;

(iii) documento particular assinado pelo devedor e por 2 testemunhas (um dos mais usuais no cotidiano forense);

> Se o documento é assinado pelo devedor ou pelo devedor e apenas 1 testemunha, não se trata de título executivo, mas sim prova escrita sem força de título executivo (que deverá ser cobrada via processo de conhecimento; seja cobrança pelo procedimento comum ou pelo procedimento especial da monitória); apenas se devedor e 2 testemunhas assinarem é que haverá título e, portanto, possibilidade de uso do processo executivo.

(iv) instrumento de transação referendado pelo MP, Defensoria Pública, advocacia pública, advogado das partes ou conciliador/mediador credenciado por tribunal;

(v) os contratos com garantia real (hipoteca, penhor, anticrese) e contratos garantidos com caução;

(vi) contrato de seguro de vida em caso de morte;

(vii) o crédito decorrente da enfiteuse, ou seja, foro (pensão anual paga ao senhorio – CC/1916, art. 678) e laudêmio (compensação dada ao senhorio quando da alienação do domínio útil do imóvel – CC/1916, art. 683);

(viii) o crédito, documentalmente comprovado, decorrente de aluguel de imóvel, e acessórios (taxas e despesas de condomínio);

Este inciso (que não prevê a necessidade de duas testemunhas, como no inciso II) permite a execução de crédito de aluguel de imóvel não pago, bem como de encargos, tais como IPTU, luz, condomínio – desde que comprovados documentalmente e com os acessórios previstos em contrato;

(ix) a CDA (certidão de dívida ativa), ou seja, os créditos tributários devidos à União, aos Estados, ao Distrito Federal e Territórios e aos Municípios;

(x) o crédito referente ao condomínio (contribuições ordinárias ou extraordinárias de condomínio edilício), previsto na respectiva convenção ou aprovado em assembleia, desde que documentalmente comprovado;

> Cabe destacar que, em relação ao condomínio, trata-se de inovação como título executivo, pois no sistema anterior isso demandava processo de conhecimento do condomínio contra o condômino inadimplente (e era uma das hipóteses de utilização do sumário).

(xi) a certidão expedida por cartório extrajudicial (serventia notarial ou de registro), relativa a emolumentos e despesas devidas pelos atos cartoriais, conforme tabelas estabelecidas em lei.

São também executivos outros títulos mencionados em leis esparsas (NCPC, art. 784, XII). Como exemplos:

- TAC – termo de ajustamento de conduta (Lei n. 7.347/85, art. 5º, § 6º);
- decisão do TCU que determine pagamento de quantia (CF, art. 71, § 3º);
- cédula de crédito bancário (CCB – Lei n. 10.931/2004, art. 28: "seja pela soma nela indicada, seja pelo saldo devedor demonstrado em planilha de cálculo, ou nos extratos da conta-corrente").

Como se percebe da leitura do rol acima, os títulos executivos extrajudiciais são criados sem a participação do Poder Judiciário.

A origem é a vontade das partes, desde que observados os requisitos previstos na legislação. Assim, uma confissão de dívida assinada somente pelo devedor, apesar de ser prova documental, não é título executivo. Já uma confissão de dívida assinada pelo devedor e por duas testemunhas é título executivo (NCPC, art. 784, III).

A legislação admite a **cumulação de execuções**, ou seja, é lícito ao exequente, sendo o mesmo executado, cumular várias execuções, mesmo que em títulos diferentes, desde que o juiz seja competente e o procedimento seja o mesmo (NCPC, art. 780).

É conveniente destacar que a sentença arbitral não é título executivo extrajudicial, visto que não se encontra nos incisos do mencionado art. 784 (*vide* item 4.2.2).

6.1.2. Das diversas espécies de execução

Conforme o **tipo de obrigação inadimplida**, a execução terá um trâmite diferenciado. Assim, não há uma única, mas sim diversas espécies de execução, sendo que cada uma dessas espécies terá um procedimento próprio.

Abaixo, indicamos as **espécies de execução previstas no NCPC**, destacando como se dá seu início, visto que é exatamente neste momento da tramitação que se percebe a distinção entre elas. Além disso, há execuções previstas em leis extravagantes, como a execução fiscal (Lei n. 6.830/80).

É certo que a espécie mais relevante é a execução de quantia certa (obrigação de pagar), em que o executado é citado para pagar, sob pena de penhora; por isso, esta modalidade de execução será tratada com maior atenção.

Mas, antes de analisar as diversas execuções, vejamos os pontos comuns a todas as execuções.

Porém, o NCPC aponta alguns **requisitos que se referem a qualquer execução**.

A petição inicial deve ser **instruída** com (NCPC, art. 798, I):

(i) o título executivo extrajudicial;

(ii) o demonstrativo do débito atualizado até a data de propositura da ação (no caso de execução por quantia certa);

O **demonstrativo de débito** tem novos requisitos (NCPC, art. 798, parágrafo único): o índice de correção monetária adotado; a taxa de juros aplicada; os termos inicial e final de incidência do índice de correção monetária e da taxa de juros utilizados; a periodicidade da capitalização dos juros, se for o caso; a especificação de desconto obrigatório realizado.

(iii) a prova de que se verificou a condição ou ocorreu o termo, se for o caso;
(iv) a prova, se for o caso, de que adimpliu a contraprestação que lhe corresponde ou que lhe assegura o cumprimento.

No mais, a petição inicial deve **indicar** (NCPC, art. 798, II):

> ***a)*** a espécie de execução de sua preferência, quando por mais de um modo puder ser realizada;
> ***b)*** os nomes completos do exequente e do executado e seus números de inscrição no Cadastro de Pessoas Físicas ou no Cadastro Nacional da Pessoa Jurídica;
> ***c)*** os bens suscetíveis de penhora, sempre que possível.

Deve ainda o exequente requerer a **intimação de terceiros** que possam ter alguma relação com o bem penhorado (NCPC, art. 799, que menciona o credor hipotecário, titular do usufruto, promitente comprador ou vendedor, superficiário, sociedade em caso de penhora de quota etc.). Ainda, se o exequente assim requerer, deverá a petição inicial trazer o pedido de **tutela de urgência** (NCPC, art. 799, VIII).

Existindo **falha na inicial** (incompleta ou sem documentos indispensáveis, como o demonstrativo de débito), o juiz determinará a emenda, no prazo de 15 dias, sob pena de indeferimento (NCPC, art. 801).

Se a inicial estiver em termos, o juiz determinará a **citação** (NCPC, art. 802), o que interrompe a prescrição (que retroage à data da propositura da ação – NCPC, art. 802, parágrafo único). Vale relembrar que a citação na execução poderá ser realizada pelo correio.

6.1.2.1. Da prescrição intercorrente

Inova o NCPC ao expressamente prever a **prescrição intercorrente** (o que antes era admitido pela jurisprudência, mas sem previsão legal).

Prevê o NCPC que a execução será suspensa se o executivo não possuir bens penhoráveis (NCPC, art. 921, III). Nesse caso, o processo ficará suspenso pelo prazo de 1 ano, durante o qual se suspenderá a prescrição (art. 921, § 1º).

Após esse prazo, se ainda não existirem bens penhoráveis, o processo será arquivado (art. 921, § 2º). Se forem encontrados bens, haverá o desarquivamento (art. 921, § 3º). Passado o prazo de 1 ano sem manifestação do exequente, então **começa a correr o prazo da prescrição intercorrente** (art. 921, § 4º).

Ocorrido o prazo da prescrição, após oitiva das partes, o juiz poderá, mesmo de ofício, reconhecer a prescrição intercorrente e extinguir o processo (arts. 921, § 5º, e 924, V).

> Ou seja, caso o devedor não seja encontrado para citação ou não haja bens penhoráveis, após 1 ano de suspensão do processo, começará a fluir o prazo da prescrição intercorrente, findo o qual haverá a extinção da execução.

6.1.3. Da execução para entrega de coisa

Prevista no NCPC, arts. 806 e s., é utilizada diante do inadimplemento de uma obrigação de entregar, conforme previsto no título executivo extrajudicial. É também denominada de **tutela específica das obrigações**, exatamente porque se busca que o executado cumpra especificamente a obrigação de entregar a que se comprometeu.

O executado é citado para, dentro de 15 dias, entregar a coisa. Cabe a fixação de multa diária *(astreinte)* para o caso de não haver a entrega (NCPC, art. 806, § 1º), ou seja, a forma de se compelir o executado a entregar a coisa é a *astreinte*.

Se a coisa já tiver sido alienada, será expedido mandado contra o terceiro adquirente, que somente será ouvido após o depósito da coisa (NCPC, art. 808).

6.1.4. Da execução de obrigação de fazer e de não fazer

Prevista no NCPC, arts. 814 e s., é utilizada diante do inadimplemento de uma obrigação de fazer ou não fazer, prevista em título executivo extrajudicial. É também denominada de **tutela específica das obrigações**, exatamente porque se busca que o executado cumpra especificamente a obrigação de fazer a que se comprometeu.

O executado é citado para fazer ou não fazer algo, no prazo que o juiz fixar, se não houver previsão no título (NCPC, art. 815).

O juiz, ao despachar a inicial, fixará **multa** por período de atraso e data a partir do qual será devida (NCPC, art. 814), ou seja, a forma de se compelir o executado a fazer ou deixar de fazer algo é a *astreinte*. Se o título já tiver previsão do valor da multa, o juiz poderá reduzi-lo, se for excessivo (NCPC, art. 814, parágrafo único).

Se no prazo fixado o executado não satisfizer a obrigação, poderá o exequente requerer que (i) seja a obrigação realizada por terceiro à custa do executado ou (ii) converta a obrigação de fazer em indenização (NCPC, arts. 816 e 817). E isso nos próprios autos da execução, sem a necessidade de um novo processo.

Já ao executado cabe cumprir a obrigação ou apresentar embargos à execução, que não dependem de penhora (NCPC, art. 914).

6.1.5. Da execução contra a Fazenda Pública

Prevista no NCPC, art. 910, é utilizada diante do inadimplemento de uma obrigação de pagar, em que o devedor é a Fazenda Pública (União, Estados, Municípios e suas autarquias e fundações – ou seja, pessoas jurídicas de direito público).

Assim, entes estatais com personalidade jurídica de direito privado não se inserem no conceito. Portanto, empresas públicas e sociedades de economia mista são executadas pelo regime geral, possuindo patrimônio próprio e penhorável.

A execução poderá ser fundada em título executivo judicial ou extrajudicial. No sistema anterior, havia alguma dúvida quanto à possibilidade de execução de título extrajudicial contra a Fazenda, afastada pela Súmula 279 do STJ:

> É cabível execução por título extrajudicial contra a Fazenda Pública.

Quanto ao título extrajudicial, há apenas o art. 910, cujo § 3º remete aos arts. 534 e 535 do NCPC (*vide* item 4.2.3.1, acima). Além disso, aplica-se o art. 100 da CF.

O ente estatal é citado para apresentar embargos, no prazo de 30 dias (art. 910, *caput*). Nos embargos, poderá a Fazenda apresentar **qualquer matéria de defesa**, que poderia ser alegada no processo de conhecimento (art. 910, § 2º). Assim, os embargos da Fazenda não apresentam distinção procedimental quanto aos embargos em geral (NCPC, arts. 914 e s.).

Não há penhora, já que bens públicos são impenhoráveis (NCPC, art. 833, I, e CC, art. 100).

Não opostos embargos ou transitada em julgado a decisão que os rejeitar, o pagamento se dará mediante **precatório** (CF, art. 100), que é a requisição de pagamento de dívida judicial que o Tribunal encaminha ao órgão estatal devedor.

A depender da natureza do débito (se dívida alimentícia ou não – CF, art. 100, § 1º), este será ou não pago com preferência sobre os demais, destacando-se que as **obrigações ou requisições de pequeno valor** (OPV ou RPV) não se submetem ao regime dos precatórios.

Assim, os precatórios se classificam em:

1) **Comuns:** são expedidos por ordem própria e decorrem de verbas que não são diferenciadas.
2) **De natureza alimentícia** (CF, art. 100, § 1º)**:** compreendem aqueles decorrentes de salários, vencimentos, proventos, pensões e suas complementações, benefícios previdenciários e indenizações por morte ou por invalidez, fundadas em responsabilidade civil, em virtude de sentença judicial transitada em julgado.
3) **Alimentícios de pessoas idosas** (60 anos ou mais) **ou que possuem doença grave** (CF, art. 100, § 2º)**:** além de alimentícios tais quais os anteriores, há a característica específica do credor.
4) **RPV ou OPV:** nesse caso, o pagamento deve ser prontamente realizado pela Fazenda, sem necessidade de precatório.

6.1.6. Da execução de quantia certa

Suas regras aplicam-se **de forma subsidiária às demais espécies de execução** (especialmente no tocante à expropriação de bens) e, também, esta é a mais pedida em provas de OAB. Assim, será a execução analisada com mais vagar.

No CPC/73 havia a execução de quantia certa contra devedor solvente (a que agora é analisada) e a execução de quantia contra devedor insolvente (a "falência civil"), que **não é regulada pelo NCPC**. O art. 1.052 do NCPC destaca que, até edição de lei específica, as execuções contra devedor insolvente serão reguladas pelas regras do CPC/73 (ou seja, ainda estão em vigor alguns dispositivos do CPC/73).

Diante do inadimplemento e de um título executivo extrajudicial que traga obrigação de pagar, será utilizada a **execução por quantia certa** (NCPC, art. 829).

A petição inicial do processo de execução segue a lógica da inicial do processo de conhecimento, com os seguintes requisitos:

(i) endereçamento (NCPC, art. 319, I)

A **competência para ajuizar a execução** (NCPC, art. 781) é ampla, sendo possível a propositura no foro do domicílio do executado, foro de eleição constante do título ou foro da situação dos bens que serão penhorados.

(ii) qualificação das partes (NCPC, art. 319, II)

A **legitimidade para a execução** é apurada a partir da análise do título executivo extrajudicial;

(iii) demonstração do inadimplemento/exigibilidade da obrigação e da existência de título (NCPC, art. 319, III)

São **documentos essenciais** à propositura da execução o título executivo e o demonstrativo de débito;

(iv) valor da causa (NCPC, art. 319, V)

Nos termos do NCPC, art. 292, I, o valor da causa será a quantia pleiteada na execução.

Quando admitida a execução, é permitido ao credor **dar publicidade a respeito da existência da execução**. Para tanto, o exequente poderá obter certidão, com identificação das partes e valor da causa, "para fins de averbação no registro de imóveis, de veículos ou de outros bens sujeitos a penhora, arresto ou disponibilidade" (NCPC, art. 828). Essa averbação não impede a alienação do bem, mas dá ciência a terceiros, os quais não poderão alegar desconhecimento a respeito da execução.

Estando em termos a petição inicial, o juiz determinará a citação do executado, que poderá ser feita por correio.

Se o executado não for encontrado, será realizada nova diligência pelo oficial de justiça e, se o caso, haverá citação por hora certa ou por edital.

Há uma situação específica: se o oficial de justiça não encontrar o executado, mas encontrar bens passíveis de penhora, será possível a constrição de bens. Contudo, não se trata de penhora, que somente pode ser realizada após a citação (*vide* tópico abaixo).

Essa constrição é o **arresto executivo ou pré-penhora** (não confundir com a cautelar de arresto), previsto no art. 830 do NCPC: A jurisprudência admite que esse arresto seja feito por meio eletrônico (*online* – STJ, REsp 1.370.687-MG, *Informativo 519 do STJ*).

6.1.6.1. Penhora

No caso de execução de quantia, se não houver o pagamento do débito, haverá a **penhora**, que é a constrição judicial de bem do executado, capaz de garantir o pagamento do débito exequendo. Uma vez efetivada a penhora, a avaliação do bem será realizada pelo oficial de justiça (NCPC, art. 870).

O devedor responde pela execução com seus bens presentes e futuros (NCPC, art. 789), ou seja, se durante a tramitação do processo o devedor adquirir algum bem, será possível a penhora.

Pode o exequente, já na inicial do processo de execução, indicar os bens do executado que devem ser penhorados (NCPC, art. 829, § 1º), que serão penhorados – salvo se outros forem indicados pelo executado e aceitos pelo juiz, diante da demonstração de que a constrição será menos onerosa e não trará prejuízo ao exequente.

Poderá o juiz determinar que o executado indique quais são, onde estão e quanto valem os bens passíveis de penhora, sob pena de ato atentatório à dignidade da justiça, que acarreta a imposição de multa (NCPC, art. 774, V).

Efetivada a penhora, será nomeado um **depositário** (e, como já exposto, não há mais a prisão do depositário infiel). E o depositário só será o executado se o exequente concordar ou nos casos de difícil remoção do bem (NCPC, art. 840, § 2º).

Se o oficial, ao tentar citar o devedor, não o encontrar, mas encontrar bens penhoráveis, poderá **arrestar tais bens** (NCPC, art. 830). Não se trata de penhora, visto que esta somente pode ocorrer após a citação e se não houver o pagamento do débito. Uma vez efetivado o arresto e não encontrado o devedor, o credor deverá providenciar sua citação por edital. Após tal ato, o arresto será convertido em penhora (NCPC, art. 830, § 3º). Não se deve confundir esse arresto do processo executivo com o arresto cautelar, pois são figuras distintas.

Pode o exequente requerer a **penhora *online* de bens do executado** (NCPC, arts. 854 e s.). Porém, há inovações no procedimento.

Inicialmente, após requerimento do exequente, o juiz, sem dar ciência ao executado, determinará às instituições financeiras que tornem indisponíveis ativos financeiros do executado (NCPC, art. 854). O juiz deverá cancelar, em 24 horas, eventual indisponibilidade excessiva (NCPC, art. 854, § 1º).

Efetivada a indisponibilidade, o executado será intimado e terá prazo de 5 dias para comprovar que (§ 2º e 3º):

> **I** – as quantias tornadas indisponíveis são impenhoráveis;
> **II** – ainda remanesce indisponibilidade excessiva de ativos financeiros.

Somente após essa manifestação é que haverá **efetivamente a penhora**, e então a instituição financeira deverá transferir o montante penhorado para conta à disposição do juízo (§ 5º).

> Assim, a penhora *online* somente ocorrerá **após a citação**; já o arresto executivo do art. 830 (inclusive *online*), ocorrerá **antes da citação** (REsp 1.370.687-MG, *Informativo 519 do STJ*).

No mais, o NCPC ainda prevê expressamente a **penhora** de:

- créditos (art. 855);
- quotas ou ações de sociedades (art. 861 – inovação);
- empresa, outros estabelecimentos e semoventes (art. 862; inovação quanto aos semoventes);
- percentual de faturamento de empresa (art. 866);
- frutos e rendimentos de coisa móvel ou imóvel (art. 867 – o que era usufruto de bem móvel ou imóvel no sistema anterior).

6.1.6.2. Impenhorabilidades

O sistema brasileiro tem diversas **impenhorabilidades**, situações nas quais, por força de lei, a penhora não é permitida, com o fim de proteger o executado e a sociedade.

A Lei n. 8.009/90 trata da impenhorabilidade do bem de família, apontando ser impenhorável o imóvel destinado à residência, bem como os móveis que o guarnecem (art. 1º e parágrafo único).

Mas há exceções à impenhorabilidade, previstas na própria lei. Dentre outras, merecem destaque as seguintes situações nas quais se admite a penhora (Lei n. 8.009/90, art. 3º):

> **III** – pelo credor de pensão alimentícia, resguardados os direitos, sobre o bem, do coproprietário que, com o devedor, integre união estável ou conjugal (inclusão da ressalva quanto ao cônjuge pela Lei n. 13.144/2015);
> **IV** – para cobrança de impostos, predial ou territorial, taxas e contribuições devidas em função do imóvel familiar; (...)
> **VII** – por obrigação decorrente de fiança concedida em contrato de locação.

> Vale destacar que o inciso I do art. 3º da Lei n. 8.009/90, que previa a **possibilidade de penhora do bem de família em virtude de créditos de trabalhadores** da própria residência, foi revogado pela LC n. 150/2015 (Lei do Trabalho Doméstico).

De seu turno, o NCPC trata do tema no art. 833, trazendo **diversas impenhorabilidades:**

(i) os bens inalienáveis e os declarados, por ato voluntário, não sujeitos à execução (exemplo dos bens públicos);

(ii) os móveis, pertences e utilidades domésticas que guarnecem a residência do executado – salvo os de elevado valor e os supérfluos (os não utilizados para as necessidades de um médio padrão de vida);

(iii) os vestuários e os bens de uso pessoal do executado – salvo se de elevado valor;

(iv) os salários, remunerações, aposentadorias e pensões de uma forma geral – salvo para pagamento de pensão alimentícia e quando o valor mensal percebido for **superior a 50 salários mínimos** (NCPC, art. 883, § 2º – inovação relevante que afasta o paradigma da total impenhorabilidade do salário);

(v) os instrumentos necessários ao exercício da profissão (livros, ferramentas etc. – salvo se tais bens tenham sido objeto de financiamento e estejam vinculados em garantia a negócio jurídico ou quando respondam por dívida de natureza alimentar, trabalhista ou previdenciária – § 3º);

(vi) o seguro de vida;

(vii) os materiais necessários para obras em andamento, salvo se essas forem penhoradas;

(viii) a pequena propriedade rural, desde que trabalhada pela família;

(ix) os recursos públicos recebidos por instituições privadas para aplicação compulsória em educação, saúde ou assistência social;

(x) até o limite de 40 salários mínimos, a quantia depositada em caderneta de poupança (para o STJ, qualquer aplicação e não só a poupança – REsp 1.230.060-PR, informativo 547 do STJ; incidindo as mesmas acima mencionadas em relação ao salário, visto acima);

(xi) os recursos do fundo partidário, recebidos por partido político;

(xii) os créditos oriundos de alienação de unidades imobiliárias sob regime de incorporação, vinculados à execução da obra.

> A regra, no processo civil brasileiro, sempre foi a absoluta impenhorabilidade do salário, independentemente do valor recebido. O NCPC quebra esse paradigma, permitindo a penhora de salário, mas apenas para valores mensais acima de 50 salários mínimos (art. 833, § 2º).

6.1.6.3. Procedimento da execução por quantia certa contra devedor solvente

Na sequência, é apresentado o **procedimento** desta modalidade de execução:

1) Inicial é instruída com:
- título executivo extrajudicial (NCPC, art. 798, I, *a*); e
- demonstrativo do débito atualizado (NCPC, art. 798, I, *b*).

2) Estando em termos a inicial, o juiz:

- fixa, no despacho inicial, honorários de 10% sobre o valor da causa. Se houver o pagamento em 3 dias, os honorários serão reduzidos à metade (art. 827, § 1º). Se houver embargos protelatórios, honorários majorados para 20% (§ 2º);
- determina a citação do executado, para pagar o débito em 3 dias, contados da citação (NCPC, art. 829).
- A lei não prevê se são dias úteis ou corridos, e há divergência; mas há precedente do STJ pela contagem de prazos em dias úteis no cumprimento de sentença (*vide* item 4.2.3.2. acima);
- Se não houver pagamento, haverá a penhora e avaliação, por oficial de justiça (NCPC, art. 870), dos bens indicados pelo exequente, salvo se o executado indicar bens que configurem situação menos onerosa a ele e que não traga prejuízo ao exequente (NCPC, art. 829, §§ 1º e 2º).

2.1) Recebida a petição inicial executiva, poderá o exequente obter certidão da execução (identificadas as partes e valor da causa), para "averbação no registro de imóveis, de veículos ou de outros bens sujeitos a penhora, arresto ou indisponibilidade" (NCPC, art. 828).

Quando isso for efetivado, deverá ser comunicado ao juízo (§ 1º).

Se for realizada penhora no valor total da dívida, o exequente deverá providenciar, em 10 dias, o cancelamento das averbações dos bens não penhorados (§ 2º).

Se o exequente assim não fizer, o juiz fará de ofício (§ 3º).

No caso de averbação indevida ou não cancelada, caberá indenização por perdas e danos (§ 5º).

2.2) Além disso, cabe a inscrição do devedor em cadastro restritivo de crédito.

A previsão está no art. 782 do NCPC.

- § 3º A requerimento da parte, o juiz pode determinar a inclusão do nome do executado em cadastros de inadimplentes;
- § 4º A inscrição será cancelada imediatamente se for efetuado o pagamento, se for garantida a execução ou se a execução for extinta por qualquer outro motivo.

Além disso, prevê o NCPC que o mesmo se aplica ao cumprimento de sentença definitivo de título judicial (NCPC, art. 782, § 5º).

3) Se o oficial de justiça não encontrar o executado: arresto executivo dos bens (art. 830) que, segundo jurisprudência do STJ, poderá ser *online*.

A citação pode ser feita por correio (NCPC, art. 247 e Enunciado 85 CJF: *Na execução de título extrajudicial ou judicial (art. 515, § 1º, do CPC) é cabível a citação postal*). E há menção específica à citação por hora certa e edital (NCPC, art. 830, §§ 1º e 2º).

O executado, reconhecendo o crédito do exequente e comprovando o depósito de 30% do valor devido, pode requerer o parcelamento do restante em 6 vezes (com juros e correção). Com isso, renuncia ao direito de embargar (NCPC, art. 916).

4) Após a citação, cabem embargos.

5) Não suspensa a execução ou rejeitados os embargos: tentativa de alienação do bem penhorado (NCPC, art. 875).

6) **Prosseguindo a execução, haverá a tentativa de expropriação do bem penhorado**, que poderá ocorrer de três maneiras, na seguinte ordem:

(i) **adjudicação ao exequente**, em que o próprio exequente receberá o bem como forma de pagamento, pelo valor da avaliação (NCPC, art. 876);

(ii) **alienação por iniciativa particular**, em que o exequente tentará alienar o bem para quem não é parte no processo (NCPC, art. 880); ou

(iii) **leilão judicial eletrônico ou presencial**, alienação realizada no bojo do processo judicial (NCPC, art. 881).

7) A primeira opção é a adjudicação por parte do exequente, pelo preço da avaliação. Se não houver êxito nessa, passa-se às demais. Se, ao final, não houver êxito, há nova oportunidade para adjudicar, podendo ser requerida nova avaliação (NCPC, art. 878).

8) A segunda opção é a alienação por iniciativa particular, mediante requerimento do exequente, também pelo valor da avaliação, por conta própria ou corretor ou leiloeiro credenciados perante o Judiciário (NCPC, art.880).

9) **Se não houver êxito nas hipóteses anteriores, haverá leilão**, preferencialmente presencial (NCPC, art. 882).

A definição do preço mínimo do bem no leilão, condições de pagamento e garantia serão definidas pelo juiz (NCPC, 885).

Será **preço vil** (e, portanto, não poderá ser aceito) o preço inferior ao mínimo estipulado pelo juiz ou, não tendo sido fixado preço mínimo, o preço inferir a 50% do valor da avaliação (NCPC, art. 891, parágrafo único).

Será publicado edital com todas as informações do bem, inclusive data do 1º e 2º leilões – o 2º para o caso de não haver interessados no 1º (NCPC, art. 886, V).

Não podem oferecer lance algumas pessoas, dentre as quais o juiz e demais servidores na localidade onde servirem, leiloeiros e advogados (NCPC, art. 890). Portanto, o próprio exequente pode oferecer lance.

10) Expropriado o bem (seja pela adjudicação, alienação ou arrematação), é possível ao executado impugnar a expropriação, via ação autônoma (NCPC, art. 903, § 4º).

Portanto, **deixam de existir os embargos de 2ª fase (embargos à arrematação/adjudicação)** e passa a ser cabível uma ação autônoma par desconstituir a expropriação, em que o arrematante será litisconsorte necessário.

11) Ao final, **extinção** da execução.

NCPC, art. 924. Extingue-se a execução quando:

I – a petição inicial for indeferida;

II – a obrigação for satisfeita;

III – o executado obtiver, por qualquer outro meio, a extinção total da dívida;

IV – o exequente renunciar ao crédito;

V – ocorrer a prescrição intercorrente.

6.1.7. Da defesa do executado: embargos

A defesa do executado, na execução de título executivo extrajudicial, dá-se via **embargos do devedor** ou **embargos à execução**.

Os embargos correspondem a um processo de conhecimento, com trâmite por um procedimento especial (NCPC, arts. 914 e s.). Na execução, em regra, não se discute defesa. Assim, a defesa é por petição inicial, em processo autônomo – distribuído por dependência.

Não há necessidade de **garantir o juízo** para embargar (NCPC, art. 914).

Matérias que podem ser alegadas nos embargos (NCPC, art. 917):

(i) inexequibilidade do título ou inexigibilidade da obrigação;
(ii) penhora incorreta ou avaliação errônea;
(iii) excesso de execução ou cumulação indevida de execuções;
(iv) retenção por benfeitorias necessárias ou úteis, nos casos de entrega de coisa certa;
(v) incompetência absoluta ou relativa do juízo da execução;
(vi) qualquer matéria de defesa, visto que **ainda não houve prévia manifestação do Poder Judiciário**.

Há **excesso de execução** quando (NCPC, art. 917, § 2º):

(i) o exequente pleiteia quantia superior à do título;
(ii) recai sobre coisa diversa daquela declarada no título;
(iii) processa-se de modo diferente do que foi determinado na sentença;
(iv) o exequente, sem cumprir a prestação que lhe corresponde, exige o adimplemento da prestação do devedor;
(v) o exequente não prova que a condição se realizou.

Caso se alegue **excesso de execução com base em quantia superior à devida**, o embargante deverá indicar o valor que entende correto, com demonstrativo de cálculo, sob pena de rejeição liminar dos embargos ou não consideração desse argumento (NCPC, art. 917, § 4º).

O **prazo para embargar** é de 15 dias, contado da juntada aos autos do mandado de citação da execução ou da juntada do AR (NCPC, arts. 915 e 231, I e II).

Diferentemente do que ocorre no processo de conhecimento:

- se houver mais de um executado, o prazo será contado individualmente, salvo na hipótese de cônjuges ou companheiros, quando o prazo será contado a partir da juntada do comprovante de citação do último (NCPC, art. 915, § 1º);
- ainda que existam litisconsortes com advogados distintos, não haverá aplicação do prazo em dobro do art. 229 do NCPC (NCPC, art. 915, § 3º).

Como já mencionado, no prazo para embargar pode o executado reconhecer que deve depositar 30% do valor devido e requerer o parcelamento do restante em 6 parcelas mensais (NCPC, art. 916).

Em regra, **os embargos não terão efeito suspensivo**, ou seja, mesmo quando apresentados os embargos, prossegue normalmente a execução (NCPC, art. 919).

Contudo, poderá o juiz, a requerimento do embargante, conceder **efeito suspensivo aos embargos** quando (NCPC, art. 919, § 1º):

- presentes os requisitos para a tutela provisória;
- garantida a execução por penhora, depósito ou caução.

Ou seja, os embargos não dependem de penhora, mas o efeito suspensivo depende.

No mais, ainda que concedido o efeito suspensivo, isso não impedirá a penhora ou avaliação dos bens (NCPC, art. 919, § 5º).

Trata-se de processo de conhecimento que tramita por **procedimento especial** (NCPC, arts. 914 e s.):

1) Citado, o executado pode (a) parcelar a dívida, (b) permanecer silente ou (c) embargar, em 15 dias.
2) Inicial: ■ **é distribuída** por dependência à execução e será autuada em apartado (NCPC, art. 914, § 1º); ■ será instruída com cópias das peças relevantes presentes na execução (NCPC, art. 914, § 1º); ■ independe de penhora (NCPC, art. 914). 2.1) O juiz **rejeitará liminarmente** os embargos quando (NCPC, art. 918): ■ intempestivos; ■ no indeferimento ou improcedência liminar; ■ se protelatórios (ato atentatório à dignidade justiça).
3) Em regra, os embargos não são recebidos no efeito suspensivo (NCPC, art. 919). 3.1) Somente será atribuído efeito suspensivo (com a suspensão de quaisquer atos executivos) se estiverem presentes, ao mesmo tempo, os seguintes requisitos (NCPC, art. 919, § 1º): (i) garantia do juízo (penhora, depósito ou caução); (ii) requisitos da tutela de urgência (relevantes alegações e perigo de dano). A concessão do efeito suspensivo não impede a penhora nem avaliação dos bens (NCPC, art. 919, § 5º).
4) **Recebidos os embargos, réu nos embargos (embargado) poderá se** manifestar em 15 dias (CPC, art. 920).
5) Se necessário, haverá **dilação probatória**. Caso contrário, julgamento antecipado do mérito (NCPC, art. 920, II).
6) Decisão mediante **sentença** da qual caberá apelação. Embargos protelatórios são penalizados com multa por ato atentatório à dignidade da justiça (NCPC, art. 918, parágrafo único).

7. RECURSOS E PROCESSOS NOS TRIBUNAIS

7.1. Ordem dos processos nos tribunais

Perante os tribunais, há a previsão de trâmite de

alguns incidentes e ações, sem natureza recursal – que são ora analisados.

(i) incidente de **arguição de inconstitucionalidade** (NCPC, art. 948): considerando o sistema difuso-concreto brasileiro, qualquer juiz pode declarar a inconstitucionalidade de um diploma legal, incidentalmente no processo (como questão prejudicial).

Mas, quando isso ocorrer no âmbito dos tribunais, há necessidade de decisão da maioria dos membros do tribunal, em obediência à "cláusula de reserva de plenário" (CF, art. 97, e Súmula Vinculante 10).

(ii) **conflito de competência** (NCPC, art. 951): quando dois ou mais juízes se considerarem competentes ou incompetentes para julgar uma mesma causa, cabe o conflito de competência.

O conflito será suscitado no Tribunal, e o relator determinará a manifestação dos juízos envolvidos. Se um juiz for o suscitante, poderá somente ser ouvido o suscitado (art. 954).

Pode o relator designar um dos juízes para decidir, em caráter provisório, as questões urgentes.

Se já houver jurisprudência dominante, cabe o julgamento do conflito de forma monocrática (art. 955, parágrafo único).

(iii) **homologação de decisão estrangeira** (NCPC, art. 960): a decisão estrangeira, para ingressar no sistema processual brasileiro, depende de prévia homologação perante o STJ. Isso porque é necessário verificar se a decisão estrangeira pode ser aqui aplicada, considerando as regras de competência internacional concorrente e exclusiva, não se admitindo a homologação de decisão em caso de competência exclusiva do juiz brasileiro (NCPC, art. 964). Por isso, eventualmente cabe decisão homologatória parcial (NCPC, art. 961, § 2º).

Inova o NCPC ao prever que também a **decisão interlocutória estrangeira** pode ser homologada, via carta rogatória (NCPC, art. 960, § 1º) – inclusive a que concede medida de urgência (NCPC, art. 962). Também há previsão de homologação de **decisão arbitral estrangeira** (NCPC, art. 960, § 3º).

A decisão estrangeira de **divórcio consensual não precisa ser homologada no STJ**, cabendo a qualquer juiz apreciar a validade da decisão estrangeira, quando o tema por submetido ao Judiciário brasileiro (NCPC, art. 961, §§ 5º e 6º).

São **requisitos** para a homologação da decisão estrangeira (NCPC, art. 963):

> **I** – ser proferida por autoridade competente;
> **II** – ser precedida de citação regular, ainda que verificada a revelia;
> **III** – ser eficaz no país em que foi proferida;
> **IV** – não ofender a coisa julgada brasileira;
> **V** – estar acompanhada de tradução oficial, salvo disposição que a dispense prevista em tratado;
> **VI** – não conter manifesta ofensa à ordem pública.

(iv) **incidente de resolução de demandas repetitivas** (IRDR – NCPC, art. 976): trata-se de uma das principais inovações do NCPC; busca a racionalidade e igualdade na apreciação de processos de massa, em que se debata o mesmo tema repetitivo. Assim, busca maior agilidade e rapidez em causas repetitivas.

O **IRDR será instaurado** quando houver, simultaneamente (NCPC, art. 976): I – efetiva repetição de processos que contenham controvérsia sobre a mesma questão unicamente de direito; II – risco de ofensa à isonomia e à segurança jurídica.

Não será cabível o IRDR quando um dos tribunais superiores (STF ou STJ), no âmbito de sua respectiva competência, já tiver afetado recurso repetitivo para definição de tese sobre questão de direito material ou processual repetitiva (NCPC, art. 976, § 4º).

Admitido o incidente, o relator (NCPC, art. 982):

> **I** – suspenderá os processos pendentes, individuais ou coletivos, que tramitam no Estado ou na região, conforme o caso;
> **I** – poderá requisitar informações a órgãos em cujo juízo tramita processo no qual se discute o objeto do incidente, que as prestarão no prazo de 15 (quinze) dias; (...)
> **III** – intimará o Ministério Público para, querendo, manifestar-se no prazo de 15 (quinze) dias.

O relator ouvirá partes e interessados, que no prazo comum de 15 dias, poderão requerer juntada de documentos e diligências necessárias para a elucidação da questão de direito controvertida (NCPC, art. 983).

O julgamento, realizado perante o órgão previsto no regimento interno como responsável pela uniformização de jurisprudência do tribunal, deverá **ocorrer em** até 1 ano (NCPC, arts. 978 a 980). **Se não for julgado em até 1 ano**, cessa a suspensão dos demais processos – salvo se o relator decidir em sentido contrário (NCPC, art. 980, parágrafo único).

Julgado o incidente, a tese jurídica será aplicada (NCPC, art. 985):

I – a todos os processos individuais ou coletivos que versem sobre idêntica questão de direito e que tramitem na área de jurisdição do tribunal, inclusive àqueles que tramitem nos juizados especiais do respectivo Estado ou região;

II – aos casos futuros que versem idêntica questão de direito e que venham a tramitar no território de competência do tribunal, salvo hipótese de revisão.

Não observada a tese adotada no IRDR, além do recurso cabível, será possível o uso de reclamação (NCPC, art. 985, § 1º).

Do julgamento do mérito do incidente caberá recurso extraordinário ou especial (NCPC, art. 987), que será recebido no efeito suspensivo, sendo presumida a repercussão geral para o RE (NCPC, art. 987, § 1º). Da decisão do IRDR será admitido recurso do *amicus curiae* (NCPC, art. 138, § 3º).

Apreciado o **mérito do recurso por tribunal superior**, a tese jurídica adotada será aplicada em todo o território nacional a todos os processos individuais ou coletivos que versem sobre idêntica questão de direito (NCPC, art. 987, § 2º).

> Em linha com a valorização dos precedentes, o NCPC cria o incidente de resolução de demandas repetitivas (IRDR), para que causas massificadas sejam julgadas pelos tribunais e, a partir daí, sirvam como precedente para os demais casos.
> Há previsão de suspensão dos processos (individuais e coletivos) enquanto se discute o IRDR, de modo a evitar a prolação de decisões divergentes em relação a casos semelhantes.
> O IRDR é julgado pelos tribunais de 2º grau, de modo que em tese cada tribunal do país pode ter seu próprio IRDR.

(v) incidente de assunção de competência (IAC – NCPC, art. 947): novidade no sistema, este incidente é cabível quando o julgamento de recurso, de remessa necessária ou de processo de competência originária envolver relevante questão de direito, com grande repercussão social, sem repetição em múltiplos processos (art. 947).

Ou seja, o órgão para fixação de jurisprudência do tribunal avocará o julgamento de determinado recurso, tal qual ocorre com o IRDR, mas ***sem* se tratar de questão de massa**. Vale pensar em uma situação que cause grande repercussão e que seria originariamente julgada por uma câmara ou turma, mas que se entenda conveniente já ser julgada por um órgão do tribunal composto por mais magistrados. Como exemplo, a discussão relativa ao cabimento de agravo de instrumento em recuperação judicial é algo relevante e com repercussão, mas sem a quantidade necessária para que se tenha o uso do IRDR.

O relator proporá, de ofício ou a requerimento, que seja o recurso, a remessa necessária ou o processo de competência originária julgado pelo órgão colegiado que o regimento indicar. Reconhecido o interesse público, o órgão colegiado apreciará o incidente e o acórdão proferido vinculará todos os juízes e órgãos fracionários (§ 3º). Aplica-se o IAC quando ocorrer relevante questão de direito a respeito da qual seja conveniente a prevenção ou a composição de divergência entre câmaras ou turmas do tribunal (§ 4º).

(vi) reclamação (NCPC, art. 988): trata-se de ação, não de recurso, que ganha relevo no âmbito do NCPC. Já era prevista em outros diplomas (como na Constituição, art. 102, I, *l*), com a finalidade de preservar a autoridade de tribunal, mas não era prevista no Código anterior.

> A reclamação é inovação no NCPC (não era prevista no CPC anterior), mas não é inovação no sistema (pois, como dito, tem previsão constitucional). Portanto, o estudo a respeito da reclamação passa, também, por sua análise sob a perspectiva constitucional.

O NCPC, a reclamação é o meio cabível para (art. 988):

I – preservar a competência do tribunal;

II – garantir a autoridade das decisões do tribunal;

III – garantir a observância de decisão do STF em controle concentrado de constitucionalidade e súmula vinculante;

IV – garantir a observância de acórdão proferido em julgamento de IRDR ou em incidente de assunção de competência.

Ou seja, será **possível utilizar a reclamação**, para qualquer tribunal (intermediário ou superior):
a) se a competência ou decisão de tribunal não for observada;
b) se a decisão de ADIN, ADC, ADPF, súmula vinculante, IRDR e IAC não forem observadas;
c) se a decisão proferida em RE ou REsp repetitivo ou RE com repercussão geral, desde que esgotadas as instâncias ordinárias, não for observada (art. 988, § 5º, II) – sendo que já há precedente admitindo a reclamação no caso de não observância de precedente fixado em repercussão geral (STF, Rcl 26.300, *DJe* 2-3-2017).

Por sua vez, **não será admitida a reclamação** (NCPC, art. 988, § 5º):

a) proposta após o trânsito em julgado da decisão reclamada (de modo que, além da reclamação, deverá ser utilizado o recurso cabível);

b) proposta para garantir a observância de acórdão de recurso extraordinário com repercussão geral reconhecida ou de acórdão proferido em RE ou REsp repetitivos, quando **não esgotadas as instâncias ordinárias**; ou seja, somente quando já interposto o REsp ou RE e também o respectivo agravo de decisão de inadmissão é que será possível o uso da reclamação (STF, Rcl 24.686, *DJe*-199, 16-9-2016).

A restrição mencionada em b) foi **incluída pela Lei n. 13.256/2016**. Assim, na redação original do NCPC, se um juiz de 1º grau não observasse o precedente fixado em repetitivo, já caberia apelação (para o Tribunal intermediário) e reclamação (para o STJ). Com a redação final, **somente após a prolação do acórdão pelo tribunal** é que será possível o uso da reclamação – em conjunto, portanto, com o RE ou REsp.

Ao **despachar a reclamação**, o relator (NCPC, art. 989):

I – requisitará informações da autoridade a quem for imputada a prática do ato impugnado, que as prestará em 10 (dez) dias;
II – se necessário, ordenará a suspensão do processo ou do ato impugnado para evitar dano irreparável;
III – determinará a citação do beneficiário da decisão impugnada, que terá prazo de 15 (quinze) dias para apresentar sua contestação.

Ao final, julgando **procedente a reclamação**, o tribunal cassará a decisão exorbitante de seu julgado ou determinará medida adequada à solução da controvérsia (NCPC, art. 992).

(vii) ação rescisória (NCPC, art. 966): a finalidade da AR é **rescindir decisão de mérito transitada em julgado**. Assim, trata-se de uma revisão da coisa julgada em hipóteses expressamente previstas na legislação.

É possível, conforme o caso, não só a rescisão do julgado (**juízo rescindente**), mas também que seja proferida uma nova decisão (**juízo rescisório**).

O *caput* do art. 966 destaca que a **decisão de mérito**, transitada em julgado, pode ser rescindida (no sistema anterior, falava-se em sentença e acórdão).

Cabimento da AR. As decisões que admitem **o uso da rescisória** estão especificamente previstas em lei (NCPC, art. 966):

I – proferidas por juiz corrupto (prevaricação, concussão ou corrupção);

II – proferidas por juiz impedido ou juízo absolutamente incompetente;

III – resultarem de dolo ou coação da parte vencedora ou de colusão entre as partes;

IV – que ofenderem coisa julgada anteriormente formada;

V – que violem manifestação norma jurídica (literal disposição de lei, no CPC/73);

VI – fundadas em prova falsa – seja apurada em processo crime, seja demonstrada na própria rescisória;

VII – quando o autor, após o trânsito em julgado, obtiver prova nova;

VIII – fundadas em erro de fato verificável do exame dos autos.

Quanto às hipóteses de cabimento, merece destaque o seguinte:

(i) deixa de ser cabível AR fundada na invalidação de confissão, desistência ou transação (art. 485, VIII, do CPC/73). Para tentar diminuir os debates quanto ao cabimento da AR ou da ação anulatória, o NCPC estipula que os "atos de disposição de direitos, praticados pelas partes ou por outros participantes do processo e homologados pelo juízo, bem como os atos homologatórios praticados no curso da execução, estão sujeitos à anulação, nos termos da lei" (art. 966, § 4º), ou seja, utiliza-se, nesse caso, a anulatória (ajuizada em 1º grau) e não a rescisória.

(ii) admite-se **AR para impugnar decisão processual** (não de mérito) que impeça nova propositura da demanda ou a admissibilidade de recurso (NCPC, art. 966, § 2º);

(iii) é possível a **AR fundada em um capítulo da decisão** (NCPC, art. 966, § 3º).

Há **prazo decadencial** para o ajuizamento da AR: 2 anos, contados do trânsito em julgado da última decisão proferida no processo (NCPC, art. 975).

O **termo inicial de AR fundada em prova nova** (NCPC, art. 966, VII) não será o trânsito em julgado, mas sim a data de "descoberta da prova nova". Porém, nesse caso, será observado o prazo máximo de 5 anos, contado do trânsito em julgado da última decisão proferida no processo (NCPC, art. 975, § 2º). Portanto, o próprio Código traz uma situação de prova nova com prazo superior a 2 anos do trânsito.

Os defensores da tese da **relativização da coisa julgada** (ou coisa julgada inconstitucional) buscam desconstituir a coisa julgada mesmo após o prazo de 2 anos. Para esses, em casos graves, situações repugnantes, quando em jogo a dignidade da pessoa humana, deveria ser aceita a AR mesmo após o prazo previsto em lei.

Como exemplos:

(i) a situação em que se decidiu a investigação de paternidade quando ainda não existia o DNA. E, hoje, com esse exame, percebe-se que a decisão judicial não refletiu a realidade (a tese já foi acolhida pelo STJ e STF – neste último, com julgado com repercussão geral, RE 363.889);

(ii) os casos em que há decisão condenando a Fazenda Pública a indenizar alguém em valores elevados e, posteriormente, descobre-se que a condenação era indevida (como numa desapropriação milionária em que, depois do prazo da AR, descobre-se que a área já era do ente expropriante). Neste aspecto, segue a divergência jurisprudencial, mas há precedentes favoráveis à relativização.

Com a inovação do art. art. 975, § 2º, acima analisada, resta verificar se o prazo máximo da relativização passará a ser de 5 anos – o que será definido pela jurisprudência.

Trata-se de ação de **competência originária** dos Tribunais. Tratando-se de acórdão a ser rescindido, a competência é do último Tribunal que apreciou o mérito da causa.

Inova o NCPC ao prever que, se for **reconhecida a incompetência de determinado tribunal** para o julgamento da AR, o autor será intimado para emendar a inicial, adequando ao outro tribunal que se entender competente (art. 968, § 5º). A inovação é relevante para evitar que haja extinção e, assim, decadência na repropositura (o que muito ocorria no sistema anterior).

A AR tem **procedimento especial** (NCPC, arts. 966 e s.) e tem o seguinte trâmite:

Procedimento especial da AR (ressalvadas as distinções, o NCPC determina a observância do procedimento comum – art. 970, parte final)
1) inicial diretamente no Tribunal;
2) citação; ■ cabe tutela provisória para obstar o cumprimento de sentença (NCPC, art. 969).
3) contestação (prazo: 15 a 30 dias – NCPC, art. 970);
4) instrução (pode ser realizada por carta de ordem para o órgão que proferiu a decisão rescindenda– NCPC, art. 972);
5) após a instrução, memoriais no prazo de 10 dias, sucessivamente às partes (NCPC, art. 973);
6) decisão (acórdão); ■ cabe, conforme o resultado da ação, embargos de declaração, REsp e RE do acórdão que julga a AR.

■ 7.2. Recursos

■ 7.2.1. Introdução

Recurso é ato voluntário da parte, capaz de ensejar, dentro do mesmo processo, a reforma, a invalidação, o esclarecimento ou a integração da decisão judicial impugnada.

A existência dos recursos decorre dos princípios processuais da ampla defesa, do contraditório e do duplo grau de jurisdição.

Pelo **princípio da taxatividade**, somente a lei pode prever quais são os recursos – que são os previstos no NCPC, art. 994.

Da soma do conceito de recurso e do princípio da taxatividade, é possível concluir que:

a) a remessa necessária não é recurso.

A **remessa necessária (reexame necessário no CPC/73)** é a situação na qual a sentença é contrária à Fazenda Pública (União, Estados, Municípios e suas autarquias e fundações) e, mesmo sem recurso, a decisão de 1º grau tem de ser confirmada pelo Tribunal (NCPC, art. 496).

Só não haverá a remessa necessária se (NCPC, art. 496, §§ 3º e 4º):

(i) quando a condenação ou proveito econômico for de valor certo e líquido inferior a (a) 1.000 salários mínimos para a União, autarquias e fundações federais; (b) 500 salários mínimos para os Estados, o Distrito Federal, autarquias e fundações de direito público estaduais e os Municípios que forem capitais dos Estados; (c) 100 salários mínimos para todos os demais Municípios e autarquias e fundações de direito público municipais;

(ii) quando a sentença estiver fundada em (a) súmula de tribunal superior; (b) acórdão proferido pelo STF ou pelo STJ em julgamento de recursos repetitivos; (c) entendimento firmado em incidente de resolução de demandas repetitivas ou de assunção de competência; (d) entendimento coincidente com orientação vinculante firmada no âmbito administrativo do próprio ente público, consolidada em manifestação, parecer ou súmula administrativa.

b) ações de impugnação autônomas não são recursos.

As **ações de impugnação autônomas**, apesar de impugnarem decisões judiciais, assim o fazem mediante a instauração de uma nova relação processual, ou seja, não se trata da mesma relação processual na qual a decisão foi proferida.

Como exemplos, a ação rescisória (que busca desconstituir a coisa julgada – NCPC, art. 966), o mandado de segurança e o *habeas corpus* contra decisão judicial. Nessas três situações, há a instauração de uma nova relação processual;

c) pedido de reconsideração não é recurso.

O **pedido de reconsideração** é a petição na qual a parte, uma vez que um pleito seu não foi atendido, busca a reconsideração por parte do juiz. No cotidiano forense é utilizado com frequência pelos advogados, mas, como não está previsto no art. 994, não é recurso.

Assim, não modifica em nada o prazo para interposição do recurso cabível. Ou seja, se o juiz indeferir a tutela de urgência e a parte apresentar pedido de reconsideração, esta peça não alterará o prazo para interposição do agravo de instrumento.

7.2.2. Recursos e cabimento

São recursos no processo civil (NCPC, art. 994):

I – apelação (NCPC, art. 1.009);

II – agravo de instrumento (NCPC, art. 1.015);

III – agravo interno (NCPC, art. 1.021);

IV – embargos de declaração (NCPC, art. 1.022);

V – recurso ordinário constitucional (ROC – NCPC, art. 1.027, e CF, art. 102, II, e 105, II);

VI – recurso especial (REsp – NCPC, art. 1.029, e CF, art. 105, III);

VII – recurso extraordinário (RE – NCPC, art. 1.029, e CF, art. 102, III);

VIII – agravo em recurso especial ou extraordinário (NCPC, art. 1.042);

IX – embargos de divergência (NCPC, art. 1.043).

Além destes, há ainda a modalidade de **recurso adesivo** para alguns dos acima arrolados (NCPC, art. 997, § 1º):

- apelação adesiva;
- RE adesivo;
- REsp adesivo.

> Como já visto, (i) ações de impugnação autônoma não se configuram recursos (como ação rescisória, MS, HC e reclamação) e (ii) se não houver vontade, não se trata de recurso (remessa necessária e técnica de julgamento do art. 942).

Já em relação ao sistema anterior, houve a supressão de dois recursos: embargos infringentes e agravo retido.

> Quanto aos infringentes, agora existe a técnica de julgamento estendido previsto no art. 942, para a hipótese de voto vencido; em relação ao agravo retido, se a interlocutória não for agravável de instrumento (art. 1.015), deverá ser impugnada em preliminar de apelação (art. 1.009, § 1º).

7.2.2.1. Cabimento de cada recurso

Para cada espécie de decisão judicial a lei processual prevê um determinado recurso. E apenas um recurso. Este é **princípio da unirrecorribilidade, singularidade ou unicidade:** para cada decisão só cabe um tipo de recurso.

> Assim, pelo princípio da unirrecorribilidade não é possível, por exemplo, ao mesmo tempo, para uma mesma decisão, utilizar-se de apelação e agravo.

Para saber o cabimento de cada recurso, a regra mais fácil é analisar a natureza da decisão: conforme a natureza da decisão impugnada, determina-se o recurso cabível.

Para tanto, é necessário que se saiba quais são as possíveis decisões que o Poder Judiciário pode proferir. E isso é variável conforme o grau de jurisdição.

O sistema processual diferencia as decisões proferidas por um juiz de 1º grau das decisões proferidas no âmbito dos Tribunais intermediários – seja Tribunal de Justiça (TJ – Justiça Estadual), Tribunal Regional Federal (TRF – Justiça Federal) ou Tribunais Superiores (STJ e STF).

Em 1º grau de jurisdição, três são as possíveis decisões de um juiz (NCPC, art. 203):

a) **sentença** (§ 1º): decisão que põe fim à fase de conhecimento em 1º grau de jurisdição, resolvendo o mérito (NCPC, art. 487) ou não (NCPC, art. 485);

b) **decisão interlocutória** (§ 2º): decisão que soluciona questão incidente, mas não põe fim ao processo – ou seja, que não é sentença; e

c) **despacho** (§ 3º): decisão que simplesmente dá andamento ao processo, sem ser dotada de efetivo caráter decisório por não resolver qualquer ponto controvertido – ou seja, o que não é sentença nem interlocutória.

> A partir da identificação das decisões, fica mais simples compreender o cabimento dos recursos: Da sentença cabe apelação (NCPC, art. 1.009); Da decisão interlocutória, cabe agravo de instrumento (NCPC, art. 1.015 – agravo retido deixa de existir); Do despacho não cabe recurso, trata-se, portanto, de decisão irrecorrível (NCPC, art. 1.001).

Destaca-se que esta apresentação é apenas uma visão geral, já que o estudo de cada recurso, individualmente, será feito adiante.

No âmbito dos Tribunais, duas são as possíveis decisões de um desembargador (TJ ou TRF) ou Ministro (STJ ou STF):

d) **acórdão:** decisão colegiada, proferida por três ou mais julgadores (NCPC, art. 204);

e) **decisão monocrática:** decisão proferida por apenas um julgador (relator), possível em hipóteses específicas (NCPC, art. 932, III, IV e V).

É certo que o relator poderá proferir decisões monocráticas sem efetiva carga decisória ("despacho"). Porém, a lei não traz essa previsão legal em relação aos atos proferidos nos Tribunais. Assim, a rigor técnico, temos apenas decisão monocrática e acórdão no âmbito dos Tribunais.

Quando um recurso é distribuído ao Tribunal, é sorteado um **relator**, julgador que será o responsável pela elaboração do relatório e, na sessão de julgamento, lerá aos demais julgadores o seu relatório e voto. Assim, é a figura central no julgamento colegiado.

Deixa de existir o revisor, magistrado que, no sistema anterior, após o estudo do caso pelo relator, também analisava o processo. Assim, além do relator, em um tribunal intermediário, outros dois magistrados também votarão, mas sem acesso prévio aos autos (salvo pedido de vista): o **segundo** e o **terceiro** magistrados.

Na redação original do NCPC, seria possível o julgamento de recursos (e processos de competência originária) que não admitem sustentação oral por meio eletrônico, ou seja, de forma colegiada mas sem passar por sessão pública de julgamento. Porém, o dispositivo (art. 945) foi **revogado** pela Lei n. 13.256/2016.

Quando o recurso tiver clara falha processual ou quando a matéria já estiver pacificada, poderá o relator julgar sem a participação dos pares: esta é a **decisão monocrática**. Três são os possíveis resultados do julgamento monocrático:

- **não conhecer** do recurso inadmissível, prejudicado ou que não tenha impugnado os fundamentos da decisão recorrida (NCPC, art. 932, III);
- **conhecer e negar provimento** ao recurso que for contrário à jurisprudência dominante (NCPC, art. 932, IV);
- **conhecer e dar provimento** ao recurso, após a possibilidade de contrarrazões, se a decisão recorrida for contrária à jurisprudência dominante (NCPC, art. 932, V).

> Considerando a primazia do mérito no NCPC, há a possibilidade de emenda dos recursos antes de seu indeferimento. Assim, antes de não conhecer monocraticamente (art. 932, III), deverá o relator permitir a correção da falha (art. 932, parágrafo único). Mas isso somente pode ocorrer em relação a vícios *sanáveis* (como ausência de cópias, falta de assinatura, não juntada de procuração e não recolhimento de custas), de modo que não se aplica, por exemplo, à intempestividade.

Pela redação do art. 932, IV e V, somente será possível o julgamento monocrático de mérito se houver (i) súmula do STF, STF ou tribunal local (portanto, seja súmula vinculante do STF ou não), (ii) acórdão dos tribunais superiores em RE ou REsp repetitivos e (iii) decisão em incidente de resolução de demandas repetitivas ou incidente de assunção de competência (IRDR ou IAC). No sistema anterior, para o julgamento monocrático bastava jurisprudência dominante, a critério do relator. Assim, pelo texto legal, houve **diminuição da possibilidade de julgamento monocrático** – resta verificar como isso ocorrerá na prática (se será observada a redução ou se os tribunais alargarão a interpretação do dispositivo).

Diferenciado um acórdão de uma decisão monocrática, novamente fica mais simples a compreensão dos recursos cabíveis:

(i) de decisões monocráticas cabe:

Agravo interno – no sistema anterior também conhecido por "legal" ou "regimental" (NCPC, art. 1.021);

Agravo em recurso especial e em recurso extraordinário (NCPC, art. 1.042, com cabimento restrito).

Lembrando que, no caso de decisão monocrática sem carga decisória ("despacho"), não haverá interesse recursal para impugnar essa decisão;

(ii) de acórdãos cabem os demais recursos (ou seja, que não são cabíveis de decisão de 1º grau ou de monocrática):

Recurso ordinário (ROC – NCPC, art. 1.027);

Recurso especial (REsp – NCPC, art. 1.029);

Recurso extraordinário (RE – NCPC, art. 1.029); e

Embargos de divergência (NCPC, art. 1.043).

Reitera-se que aqui apenas se traz uma visão geral, já que o estudo de cada recurso, individualmente, será feito adiante.

Além disso, há recurso **cabível de qualquer ato judicial com carga decisória:** embargos de declaração (NCPC, art. 1.022 – obscuridade, omissão, contradição e erro material).

7.2.3. Cabimento do recurso adesivo

O recurso pode ser interposto na sua modalidade principal ou, quando cabível, na sua modalidade adesiva. Nos termos do art. 997, § 2º, II, do NCPC, cabe o recurso adesivo para a apelação, REsp e RE.

O recurso principal é aquele interposto pela parte no prazo previsto, sem se preocupar com a conduta da parte contrária. Não havendo o total acolhimento do que foi pleiteado (ou seja, sucumbência), cada parte pode interpor seu recurso de forma independente.

Já o recurso adesivo é aquele interposto fora do prazo originalmente previsto; se "A" recorreu de forma principal, mas "B" não, este terá uma segunda chance: no prazo das contrarrazões poderá interpor recurso adesivo. Só cabe em caso de sucumbência recíproca (ou seja, cada parte perdeu um pouco).

Para bem entender o recurso adesivo, é necessária a compreensão do princípio da vedação da *reformatio in pejus*, ou seja, vedação da reforma para pior em desfavor do recorrente, no âmbito de apenas um recurso por ele interposto. Assim, em regra, o Tribunal não pode, ao apreciar o recurso interposto por "A" (sendo que "B" não recorreu), piorar sua situação. Assim, se apenas uma das partes recorreu, sua situação ou é melhorada ou é mantida. A vedação da *reformatio in pejus* decorre do princípio da inércia. Contudo, a jurisprudência afirma que, caso se trate de matéria de ordem pública, será possível ao Tribunal analisar a questão, sem que isso importe em *reformatio in pejus* (STJ, EDcl nos EDcl no REsp 998.935/DF, 3ª T., *DJe* 4-3-2011).

Para ilustrar o exposto, vale um exemplo: "A" ingressa em juízo pleiteando indenização por danos materiais de R$ 10 mil. O juiz concede R$ 5 mil a título de danos. Podem autor e réu apelar de forma autônoma (porque ambos sucumbiram, ainda que parcialmente – NCPC, art. 997). Mas, se somente "A" apelar pleiteando a majoração da indenização, o Tribunal somente poderá manter em R$ 5 mil ou aumentar a condenação – nunca diminuir (*reformatio in pejus*). Contudo, se no prazo de resposta da apelação "B" apresentar apelação adesiva (em peça apartada à das contrarrazões – NCPC, art. 997, § 1º), poderá o Tribunal também diminuir a indenização.

É importante destacar que a admissibilidade do recurso adesivo vincula-se à do recurso principal, ou seja, se o principal não for conhecido por intempestividade ou houver a desistência do recurso, também não será conhecido o recurso adesivo (NCPC, art. 997, § 2º, III).

7.2.4. Juízo de admissibilidade e juízo de mérito

O recurso pode ser objeto de **duas análises:** inicialmente, uma análise da **admissibilidade recursal** e, se esta for positiva, passa-se à análise do **mérito recursal**.

No juízo de admissibilidade será verificado se estão presentes os requisitos formais para que o recurso seja analisado (requisitos de admissibilidade, semelhante à verificação das condições da ação e pressupostos processuais em 1º grau).

Se tais requisitos estiverem ausentes, o recurso não será conhecido ou não será admitido.

Por outro lado, uma vez presentes os requisitos, então o recurso será conhecido ou admitido.

Somente se conhecido o recurso passa-se à próxima fase, que é o juízo de mérito, ou seja, a efetiva análise da impugnação realizada pelo recorrente em seu recurso.

No mérito recursal é que haverá a análise dos erros da decisão impugnada, isto é, do *error in procedendo* (erro no processamento) e/ou do *error in judicando* (erro no julgamento).

O resultado do juízo de **mérito pode ser pelo provimento ou não provimento do recurso**.

Em síntese: inicialmente há o conhecimento (admissão) do recurso para que depois seja analisado o mérito (objeto) recursal, com o provimento ou não provimento. Assim, a ausência dos pressupostos ou requisitos de admissibilidade leva ao não conhecimento ou à não admissão do recurso – e, se isso ocorrer, não se fala em provimento ou desprovimento.

> Se houver vício formal (relativo aos requisitos de admissibilidade), o recurso não será conhecido. Somente se conhecido o recurso é que se passa à análise do mérito recursal, momento em que o recurso será provido ou não provido.

7.2.4.1. Requisitos de admissibilidade recursal

São **sete os requisitos de admissibilidade**. Na sequência, haverá a análise de cada um deles.

(i) **cabimento:** o recurso interposto deverá ser aquele previsto na lei para a impugnação do tipo de decisão atacada.

Se for interposto agravo de uma sentença, o recurso não será conhecido por não ser o cabível.

Traçando um paralelo com as condições da ação, este requisito pode ser entendido como a possibilidade jurídica de interposição do recurso conforme a decisão.

(ii) **legitimidade** para recorrer: o recurso somente poderá ser interposto por quem tem legitimidade recursal, ou seja, partes, MP e terceiro prejudicado (NCPC, art. 996).

O MP pode recorrer seja na condição de parte, seja como fiscal da lei. O terceiro prejudicado, quando afetado por uma decisão, pode recorrer: trata-se de intervenção de terceiros na fase recursal.

Se o filho do autor ingressar com recurso para impugnar uma decisão, o recurso não será conhecido por ausência de legitimidade para recorrer.

Traçando um paralelo com as condições da ação, este requisito pode ser entendido como a legitimidade de parte na esfera recursal.

(iii) **interesse** em recorrer: o recorrente só tem necessidade na interposição do recurso quando houver pedido (ou seja, quando houver sucumbência).

Há sucumbência ainda que a parte tenha decaído de mínima parte do pedido. Assim, se o autor pediu 100 e recebeu 99,99, há sucumbência e, portanto, interesse recursal.

Logo, se o pedido foi julgado totalmente improcedente e o réu recorrer, o recurso não será conhecido por falta de interesse recursal – já que não houve qualquer sucumbência de sua parte, salvo se não tiver ocorrido condenação dos honorários e custas em favor do réu (mas aí haverá sucumbência).

Traçando um paralelo com as condições da ação, este requisito pode ser entendido como o interesse de agir na esfera recursal.

(iv) **tempestividade:** interposição do recurso no prazo fixado em lei. Será considerado intempestivo o recurso interposto fora do prazo previsto na legislação processual.

Há situações em que o prazo recursal é em dobro:

- para o MP, Fazenda Pública e Defensoria Pública (NCPC, arts. 180, 183 e 186);
- para os litisconsortes com advogados distintos (NCPC, art. 229), o que não se verifica no caso de processos eletrônicos (NCPC, art. 229, § 2º), portanto só existe esse prazo diferenciado no caso de autos físicos.

Se houver interposição de agravo no prazo de 20 dias, o recurso não será conhecido pela intempestividade – salvo se estivermos diante de alguma das hipóteses acima indicadas.

Em regra, os recursos no NCPC terão prazo de 15 dias; como exceção, os embargos de declaração, cujo prazo é de 5 dias (NCPC, art. 1.003, § 5º).

Quanto ao recurso remetido pelo correio, será considerada como data de interposição a data da postagem (NCPC, art. 1.003, § 4º).

Compete ao recorrente demonstrar, no ato da interposição do recurso, a ocorrência de feriado local (NCPC, art. 1.003, § 6º – não sendo possível essa comprovação em momento posterior, como já decidiu a Corte Especial do STJ, no AREsp 957.821, em nov./2017).

É tempestivo o recurso interposto antes da publicação da decisão judicial impugnada (NCPC, art. 218, § 4º).

A síntese do que se expôs pode ser vista na seguinte tabela:

Recurso	Prazo
Embargos de declaração	5 dias
Outros recursos (apelação, agravo de instrumento, recurso ordinário, recurso especial, recurso extraordinário, agravo interno, agravo em recurso especial / agravo em recurso extraordinário, embargos de divergência)	15 dias
Contrarrazões recursais	Mesmo prazo que o recurso

Atenção: prazo em dobro para MP, Defensoria Pública, Fazenda Pública e litisconsortes com advogados distintos (só em autos físicos) – inclusive para responder ao recurso.

(v) **preparo:** a interposição de alguns recursos depende do pagamento de custas e porte de remessa e retorno (custo do correio), sob pena de deserção.

Em processo eletrônico, não há porte de remessa e retorno (NCPC, art. 1.007, § 3º).

Se houver recolhimento a menor, cabe a complementação do preparo, no prazo de 5 dias; se mesmo após a concessão de prazo não houver o complemento, então o recurso será deserto (NCPC, art. 1.007, § 2º).

Se não houver nenhum recolhimento, haverá a possibilidade de pagamento do preparo e porte, em dobro, sob pena de não ser conhecido pela deserção (inovação do NCPC, art. 1.007, § 4º). Contudo, nesse caso do pagamento em dobro, não será possível a complementação do preparo (NCPC, art. 1.007, § 5º).

Caso haja erro no preenchimento da guia de custas, não poderá se falar em deserção, devendo o relator intimar o recorrente para sanar o vício, em 5 dias (NCPC, art. 1.007, § 7º).

(vi) **inexistência de fato impeditivo ao direito de recorrer:** este requisito, diferentemente dos demais, é negativo – assim, se houver algum fato impeditivo, o recurso não será conhecido.

Existem três fatos impeditivos:

a) **desistência:** uma vez interposto, pode a parte, a qualquer momento e sem a concordância da parte contrária, desistir do recurso (NCPC, art. 998). Havendo a desistência, prevalecerá a decisão que foi impugnada pelo recurso que posteriormente foi objeto da desistência.

Contudo, a desistência não impede a análise da questão que já tenha sido reconhecida para julgamento via REsp ou RE repetitivos (NCPC, art. 998, parágrafo único).

b) **renúncia:** antes da interposição do recurso, podem as partes (ou uma das partes) renunciar ao direito de recorrer, também sem a necessidade de concordância da parte contrária (NCPC, art. 999).

A diferença entre a renúncia e a desistência é que, na primeira, ainda não houve a interposição do recurso; na segunda, isso já ocorreu.

c) **aquiescência** (concordância): a concordância decorre de um ato incompatível com a vontade de recorrer (NCPC, art. 1.000). Pode ser expressa ou tácita.

Se, ao ser prolatada uma sentença condenatória, o réu prontamente realizar o pagamento, isso significa concordância com a decisão. Assim, se posteriormente vier a ser interposto recurso, não será conhecido pela aquiescência.

Se, após a prolação de uma sentença, o autor apresentar petição afirmando que abre mão do direito de recorrer e, posteriormente, interpuser apelação, o recurso não será conhecido pela renúncia.

Se, após a prolação de uma sentença e interposição da apelação, a parte recorrente peticionar afirmando que não mais quer a análise do recurso, este não será conhecido pela desistência.

(vii) **regularidade formal:** este é um requisito de admissibilidade que não se insere em nenhum dos outros antes expostos e que se refere a aspectos formais envolvendo os recursos. Existem requisitos gerais, iguais para todos os recursos, bem como requisitos específicos, variando conforme os recursos.

Como exemplos de requisitos gerais, a apresentação do recurso em petição escrita, em português, assinada pelo advogado, além da existência de impugnação que tenha relação com a decisão recorrida. Como exemplo de requisitos específicos, a juntada das cópias necessárias para instruir o agravo de instrumento.

Assim, se um agravo de instrumento for interposto sem as peças necessárias, o recurso não será conhecido por falta de regularidade formal.

A regularidade formal diz respeito aos requisitos formais que não se inserem em nenhum dos outros requisitos de admissibilidade acima expostos.

Pelo art. 938, § 1º, do NCPC, constatada a **ocorrência de vício sanável**, inclusive que possa ser conhecido de ofício, o relator **determinará a correção da falha**, no próprio tribunal ou em 1º grau. O NCPC não explicita o que seria o vício sanável, mas uma interpretação sistemática e pautada no acesso à justiça leva à conclusão de que, considerando os sete requisitos de admissibilidade acima expostos, somente a intempestividade e existência de fato impeditivo ao direito de recorrer não poderiam ser sanados.

7.2.5. Sucumbência recursal

> Inova o NCPC ao prever a criação de honorários de sucumbência recursal, ou seja, se a parte perde o recurso, haverá a majoração dos honorários fixados em 1º grau.

Trata-se de um desestímulo aos recursos (pois ficará mais caro recorrer). Mas há de atentar que há o teto de 20% na fixação desses honorários.

Assim, por exemplo, se a sentença de procedência fixar os honorários em 10% e houver apelação, se esse recurso não for provido, com a sucumbência recursal haverá majoração para 15% e, em eventual recurso especial, haverá majoração para 20%.

A novidade vem assim regulamentada: Art. 85. A sentença condenará o vencido a pagar honorários ao advogado do vencedor. (...) § 11. O tribunal, ao julgar recurso, majorará os honorários fixados anteriormente levando em conta o trabalho adicional realizado em grau recursal, observando, conforme o caso, o disposto nos §§ 2º a 6º, sendo vedado ao tribunal, no cômputo geral da fixação de honorários devidos ao advogado do vencedor, ultrapassar os respectivos limites estabelecidos nos §§ 2º e 3º para a fase de conhecimento.

7.2.6. Precedentes

> Em uma das novidades mais relevantes do novo sistema, o NCPC busca a estabilização da jurisprudência, de modo que haja maior respeito aos precedentes, de modo a acabar com a variação de entendimentos a respeito da mesma tese jurídica, buscando um mínimo de segurança jurídica.

E caso o precedente vinculante não seja observado, o Código prevê o uso não só dos recursos, mas também da *reclamação*.

A previsão de maior respeito aos precedentes pode ser vista nos arts. 926 e 927 do NCPC.

> **Art. 926.** Os tribunais devem uniformizar sua jurisprudência e mantê-la estável, íntegra e coerente.
>
> **Art. 927.** Os juízes e os tribunais observarão:
>
> **I** – as decisões do Supremo Tribunal Federal em controle concentrado de constitucionalidade;
>
> **II** – os enunciados de súmula vinculante;
>
> **III** – os acórdãos em incidente de assunção de competência ou de resolução de demandas repetitivas e em julgamento de recursos extraordinário e especial repetitivos;
>
> **IV** – os enunciados das súmulas do Supremo Tribunal Federal em matéria constitucional e do Superior Tribunal de Justiça em matéria infraconstitucional;
>
> **V** – a orientação do plenário ou do órgão especial aos quais estiverem vinculados.

7.2.7. Recursos em espécie

7.2.7.1. Apelação

Cabe apelação de **sentença**, qualquer que seja o procedimento, seja sentença definitiva (mérito – NCPC, art. 487) ou sentença terminativa (sem resolução de mérito – NCPC, art. 485).

Portanto, só cabe de decisão proferida por juiz de 1º grau.

Da sentença proferida no JEC cabe **recurso inominado** (Lei n. 9.099/95, art. 41).

O **prazo para apelar é de 15 dias** (NCPC, art. 1.003, § 5º). Da mesma forma, é de 15 dias o prazo para responder ao recurso (contrarrazões de apelação – NCPC, art. 1.010, § 1º).

Há **custas**.

Há, como em todos os recursos, **efeito devolutivo**.

Em **regra, há o efeito suspensivo** (NCPC, art. 1.012).

As exceções, nas quais não há o efeito suspensivo, estão previstas em lei – tanto no NCPC (art. 1.012, § 1º, incisos) como em legislação extravagante:

(i) sentença que homologa divisão ou demarcação;
(ii) sentença que condena a pagar alimentos;
(iii) sentença que extingue sem resolução de mérito ou julga improcedente os embargos à execução;
(iv) sentença que julga procedente o pedido de instituição de arbitragem;
(v) sentença que confirma, concede ou revoga a tutela provisória;
(vi) sentença que decreta a interdição;
(vii) sentenças previstas na Lei de Locação, como a que decreta o despejo (Lei n. 8.245/91, art. 58, V).

Nesses casos, publicada a sentença, poderá a parte interessada pleitear o cumprimento provisório depois da publicação da sentença (NCPC, art. 1.012, § 2º), sendo que o apelante poderá formular eventual pedido de concessão de efeito suspensivo, diretamente no tribunal (§ 3º).

A seguir será apresentada a tramitação de uma apelação, desde sua interposição em 1º grau até a conclusão do julgamento, no Tribunal. Vale esclarecer que o processamento da apelação é a base do processamento dos demais recursos.

A apelação é **interposta em 1º grau** (juízo *a quo*), em petição que deverá trazer (NCPC, art. 1.010) o nome e a qualificação das partes, exposição do fato e do direito, razões do pedido de reforma ou de decretação de nulidade (*error in judicando* e *error in procedendo*) e pedido de nova decisão.

O juiz intimará o apelado para apresentar contrarrazões e, se houver apelação adesiva, também intimará o apelante para as contrarrazões (NCPC, art. 1.010, §§ 1º e 2º).

Não haverá juízo de admissibilidade e o juiz remeterá o processo ao tribunal. Portanto, não cabe o não conhecimento pelo juiz de origem nem a indicação de quais são os efeitos do recurso de apelação.

Em regra, ao receber a apelação, o juiz não pode reconsiderar a sentença. Contudo, há exceções:

(i) tratando-se de indeferimento da inicial (NCPC, art. 331), ou seja, quando houver grave vício processual na inicial, que sequer permita a emenda;

(ii) tratando-se de qualquer extinção sem resolução de mérito (NCPC, art. 485, § 7º), portanto, a hipótese mencionada no item anterior (art. 485, I), também está inserida nesta previsão; e

(iii) tratando-se de improcedência liminar (NCPC, art. 332, § 3º), ou seja, quando já houver jurisprudência pacífica contrária ao pedido do autor.

Somente nestes casos, poderá o juiz reconsiderar a sentença, determinando a citação do réu e o normal prosseguimento da causa. Caso não haja a reconsideração por parte do juiz, os autos serão encaminhados ao Tribunal. Se ainda não tiver havido a citação do réu (sempre nos casos i e iii e às vezes no caso ii), apenas após a citação do réu, para apresentar contrarrazões do recurso, é que os autos irão ao Tribunal (NCPC, arts. 331, § 1º, e 332, § 4º).

Uma vez remetida a apelação ao Tribunal, será **distribuída a um relator** (desembargador que ficará responsável pela principal análise do recurso). Essa distribuição será realizada imediatamente (NCPC, art. 1.011) – ou seja, ainda que não venha a ser julgada desde logo, já se saberá quem é o relator responsável pela causa (CF, art. 93, XV).

Como já exposto, sendo a hipótese de vício processual ou de jurisprudência dominante (NCPC, art. 932), **poderá o relator decidir a apelação monocraticamente**, seja para não conhecer, seja para conhecer e dar ou negar provimento. Não sendo a hipótese de julgamento monocrático, o relator elaborará relatório e voto, para julgamento pelo órgão colegiado (NCPC, art. 1.011). Reitere-se que não mais há a necessidade de envio prévio para outro desembargador (o revisor, no sistema anterior).

Quando o recurso estiver em condições de julgamento (afirma o NCPC que será em 30 dias – art. 931), o relator enviará os autos, já com relatório, para a secretaria do tribunal. O presidente do órgão julgador designará dia para julgamento, devendo ser a pauta publicada no diário oficial, para ciência das partes e interessados (NCPC, art. 934). Deve haver prazo mínimo de 5 dias entre a publicação da pauta e a sessão de julgamento (NCPC, art. 935).

No dia da sessão de julgamento, a ordem será a seguinte (NCPC, art. 937):

- leitura do relatório pelo relator;
- se assim quiserem, sustentação oral dos advogados das partes, cabível na apelação, ROC, REsp, RE, embargos de divergência, ação rescisória, MS, reclamação e agravo de instrumento interposto contra interlocutórias que versem sobre tutela provisória – sustentação essa que poderá ser feita via videoconferência (§ 4º); portanto, **não cabe sustentação oral** no agravo interno, embargos de declaração e parte dos agravos de instrumento (vale destacar que, na versão aprovada no congresso, era **admissível** a sustentação em agravo interno interposto de decisão monocrática que julgou apelação, recurso ordinário, REsp ou RE – porém, o dispositivo foi **vetado**);
- leitura do voto do relator;
- voto do segundo e terceiro magistrados.

Se algum dos magistrados não estiver em condições de proferir o voto (dúvida quanto ao julgamento), poderá **pedir vista** – ou seja, retirar de julgamento o recurso para estudo, retomando-o futuramente.

Pelo Código, o prazo de vista é de 10 dias, após o qual o recurso será reincluído em pauta na sessão seguinte à data da inclusão (NCPC, art. 940). Poderá o relator pedir prorrogação de prazo por mais 10 dias (§ 1º). Passado esse prazo, o presidente do órgão julgador requisitará o processo para julgamento na próxima sessão. Se o magistrado que pediu vista ainda não se sentir habilitado a votar, o presidente convocará substituto para proferir voto (§ 2º). Resta verificar se, na prática forense, esse procedimento será observado ou se será ignorado nos tribunais (como ocorreu com qualquer outra tentativa de limitar prazo de vista).

Se houver voto vencido, deverá necessariamente ser declarado e considerado parte do acórdão, inclusive para fins de prequestionamento (NCPC, art. 941, § 3º). E, nesse caso, ainda que não mais existam embargos infringentes, deverá haver o prosseguimento do julgamento, pelo chamado julgamento estendido (NCPC, art. 942).

Se o acórdão não for publicado no prazo de 30 dias contados da data da sessão do julgamento (e isso pode ocorrer com a demora na revisão e liberação do voto pelo relator), as notas taquigráficas do julgamento serão publicadas, independentemente de revisão, e substituirão o acórdão (NCPC, art. 944). Competirá ao presidente do órgão julgador (turma, câmara, seção ou pleno/órgão especial) lavrar as "conclusões e a ementa" e mandar publicar o acórdão (NCPC, art. 944, parágrafo único).

O tribunal apreciará a matéria impugnada pela parte, na apelação (efeito devolutivo – NCPC, art. 1.013). Porém, poderá o tribunal julgar todas as questões suscitadas e discutidas no processo, ainda que não tenham sido solucionadas, desde que relativas ao capítulo impugnado (NCPC, art. 1.013, § 1º).

A **teoria da causa madura** é ampliada no Código, ou seja, se o processo estiver em condições de imediato julgamento, o tribunal deve decidir desde logo o mérito quando (NCPC, art. 1.013, §§ 3º e 4º):

I – reformar sentença sem resolução de mérito;

II – decretar a nulidade da sentença por não ser ela congruente com os limites do pedido ou da causa de pedir (ou seja, decisão *extra* ou *ultra petita)*;

III – constatar a omissão no exame de um dos pedidos, hipótese em que poderá julgá-lo (ou seja, decisão *infra petita*);

IV – decretar a nulidade de sentença por falta de fundamentação (portanto, se a sentença não observar a exaustiva fundamentação, a rigor, não haverá a volta ao 1º grau para nova fundamentação, mas sim o julgamento de mérito perito pelo tribunal).

V – se reformada sentença que reconheça a decadência ou a prescrição, o tribunal, se possível, julgará desde logo o mérito, sem determinar o retorno do processo ao juízo de primeiro grau.

Em relação à teoria da causa madura, a dúvida que se coloca é se essa previsão viola o princípio do duplo grau. A jurisprudência responde de forma negativa, sempre lembrando que (i) cabe recurso dessa decisão e (ii) que o princípio do duplo grau, em algumas situações, pode ser afastado.

7.2.7.2. Agravo de instrumento

Cabe agravo de instrumento de **decisão interlocutória** (NCPC, art. 203, § 2º), proferida por magistrado de 1º grau.

> Contudo, inova o NCPC ao apresentar um rol taxativo de hipóteses de cabimento do agravo. Assim, somente caberá agravo de instrumento das decisões interlocutórias que estejam previstas no art. 1.015 do Código.

Portanto, pela letra da lei, cabível agravo de decisões que versem sobre (NCPC, art. 1.015):

> **I** – tutelas provisórias;
> **II** – mérito do processo;
> **III** – rejeição da alegação de convenção de arbitragem;
> **IV** – incidente de desconsideração da personalidade jurídica;
> **V** – rejeição do pedido de gratuidade da justiça ou acolhimento do pedido de sua revogação;
> **VI** – exibição ou posse de documento ou coisa;
> **VII** – exclusão de litisconsorte;
> **VIII** – rejeição do pedido de limitação do litisconsórcio;
> **IX** – admissão ou inadmissão de intervenção de terceiros;
> **X** – concessão, modificação ou revogação do efeito suspensivo aos embargos à execução;
> **XI** – redistribuição do ônus da prova nos termos do art. 373, § 1º;
> **XII** – inciso vetado;
> **XIII** – outros casos expressamente referidos em lei.

Como exemplos para os "outros casos", a decisão que extingue apenas parte do processo e a decisão de julgamento antecipado parcial do mérito – respectivamente, NCPC, arts. 354, parágrafo único, e 356, § 5º.

Também cabe AI contra decisões interlocutórias proferidas na liquidação de sentença, no cumprimento de sentença, na execução e no procedimento especial do inventário (NCPC, art. 1.015, **parágrafo único**).

Pelo NCPC, somente nessas hipóteses caberia o agravo de instrumento. Porém, existem **outras situações relevantes** (como a incompetência, especialmente a absoluta) que ficaram de fora do rol de cabimento do AI. Para esses casos, debate a doutrina se cabível agravo de instrumento de forma ampliativa (portanto, o rol não seria taxativo) ou se seria o uso de mandado de segurança. A jurisprudência definirá a questão (até o momento, há uma única decisão do STJ acerca do tema, publicada em fevereiro de 2018), permitindo o agravo também na hipótese de competência (REsp 1.679.909, 4ª Turma). Dada a polêmica, o STJ afetou um recurso especial para ser julgado como repetitivo, ainda pendente de julgamento.

O **prazo** para interposição do agravo de instrumento é de **15 dias** (NCPC, art. 1.003, § 5º). Da mesma forma, é de 15 dias o prazo para responder ao recurso (contraminuta ou contrarrazões de agravo de instrumento – NCPC, art. 1.019, II).

Há possibilidade de cobrança de **custas e porte de retorno** (NCPC, art. 1.017, § 1º), sendo que isso é regulamentado no âmbito de cada Tribunal (no âmbito da Justiça Federal, é cobrado em todas as regiões; na Justiça Estadual, a maioria dos Estados cobra). Para fins de Exame da OAB, a posição mais segura é entender pela existência de custas de preparo.

Há, como em todos os recursos, **efeito devolutivo**.

Em regra, não há o efeito suspensivo. Mas, poderá o relator, se presentes os requisitos, atribuir efeito suspensivo ou antecipação de tutela recursal. Apesar da omissão da lei (NCPC, art. 1.019, I) é de se entender que são os requisitos usuais da tutela provisória (boa fundamentação e perigo da demora).

Cabe o **efeito suspensivo** se a decisão de 1º grau for positiva, ou seja, se o juiz conceder a liminar pleiteada pelo autor, o réu agrava de instrumento pleiteando a suspensão dos efeitos daquela decisão.

Por sua vez, cabe a **antecipação de tutela recursal** se a decisão de 1º grau for negativa, ou seja, se o juiz negar a liminar pleiteada pelo autor, este agrava de instrumento pleiteando a concessão da antecipação de tutela recursal. Seria o denominado "efeito suspensivo ativo", terminologia não técnica, que por vezes é utilizada no cotidiano forense e em provas de concursos jurídicos e OAB.

O agravo de instrumento é **interposto diretamente no Tribunal**. Trata-se do único recurso interposto diretamente no juízo *ad quem* (NCPC, art. 1.016).

A petição do agravo deve trazer (NCPC, art. 1.016):

> **I** – os nomes das partes;
> **II** – a exposição do fato e do direito;
> **III** – as razões do pedido de reforma ou de invalidação da decisão e o próprio pedido;
> **IV** – o nome e o endereço completo dos advogados constantes do processo.

O agravante desde logo se dirige ao Tribunal. Assim, para que se saiba qual a discussão, o recurso deverá trazer cópias do processo. Exatamente essas cópias é que formam o instrumento, que dá nome ao recurso (ainda que os autos sejam eletrônicos).

Existem **cópias necessárias ou obrigatórias** e **cópias facultativas**. São as seguintes (CPC, art. 1.017):

I – obrigatoriamente, com cópias da petição inicial, da contestação, da petição que ensejou a decisão agravada, da própria decisão agravada (para que se saiba qual a decisão recorrida), da certidão da respectiva intimação ou outro documento oficial que comprove a tempestividade e das procurações outorgadas aos advogados do agravante e do agravado (para que se saiba se o advogado do agravante tem poderes e quem é o advogado do agravado que deverá ser intimado para responder ao agravo);

II – com declaração de inexistência de qualquer dos documentos referidos no inciso I, feita pelo advogado do agravante, sob pena de sua responsabilidade pessoal;

III – facultativamente, com outras peças que o agravante reputar úteis.

No sistema anterior, caso não fossem juntadas cópias necessárias, não era possível a correção do instrumento e o recurso não seria conhecido. No NCPC, **se faltar alguma cópia obrigatória** – ou existir outro vício sanável – o relator deverá intimar o agravante para que corrija o recurso (NCPC, arts. 932, parágrafo único, e 1.017, § 3º).

O agravo é interposto diretamente no Tribunal, de modo que o juiz de origem não tem ciência da interposição do recurso. Por isso, **poderá** o agravante requerer a **juntada, no juízo de origem**, da petição do agravo interposto e da relação de documentos que o instruíram (NCPC, art. 1.018). Quando o juiz de 1º grau receber essa petição, poderá reconsiderar a decisão agravada (juízo de retratação), caso em que o agravo de instrumento será considerado prejudicado (NCPC, art. 1.018, § 1º).

Frise-se que a juntada do agravo na origem é uma **opção** do agravante, tratando-se de processo eletrônico.

Se os autos forem físicos, a juntada do agravo na origem é um **dever**, cabendo ao agravante providenciar a juntada do recurso na origem, no prazo de 3 dias (NCPC, art. 1.018, § 2º). Caso o agravante não cumpra essa providência, desde que alegado e provado pelo agravado, o recurso não será conhecido (NCPC, art. 1.018, § 3º). Assim, não poderá o agravo não ser conhecido pela falta da observância pelo relator, de ofício – isso depende da provocação do agravado. A lógica dessa previsão é que o agravado tem de ter ciência do agravo de instrumento perante o juízo de origem, não sendo obrigado a se locomover ao tribunal para ter ciência de qual o teor do recurso (ou seja, se o processo for eletrônico, não há essa necessidade – daí a distinção proposta pelo legislador entre autos físicos e eletrônicos).

O agravo de instrumento será distribuído a um relator, que poderá proceder da seguinte forma (NCPC, art. 1.019):

- **julgar de forma monocrática**, não conhecendo ou conhecendo e negando provimento ao recurso (NCPC, art. 932, III e IV) – se houver grave vício processual ou jurisprudência pacífica contra o agravante;

- conceder, liminarmente, **efeito suspensivo ou antecipação de tutela recursal**;
- intimar o agravado para apresentar resposta, em 15 dias;
- determinar a intimação do MP, para se manifestar em 15 dias.

Não há mais a previsão de pedir informações ao juiz de origem ou conversão do agravo de instrumento em retido (exatamente porque não mais existe o agravo retido).

Após a manifestação do agravado, poderá o relator: (i) julgar monocraticamente, para dar provimento ao recurso (NCPC, art. 932, V) ou (ii) elaborar voto para julgamento colegiado, pautando o recurso. Pelo Código, o agravo deve ser julgado em até 1 mês contado da intimação do agravado (NCPC, art. 1.020).

7.2.7.3. Embargos de declaração

Cabem embargos de declaração (NCPC, art. 1.022) de qualquer pronunciamento judicial com caráter decisório (sentença, decisão interlocutória, decisão monocrática e acórdão).

O recurso se presta a **complementar uma decisão judicial** que contenha **obscuridade, omissão, contradição ou erro material**.

Decisão **obscura** é aquela que não é clara, que não permite a correta compreensão de seus termos.

Decisão **omissa** é aquela na qual o juiz não se manifesta a respeito de questão ou pedido que ele deveria se manifestar.

Decisão **contraditória** é aquela que apresenta em seu bojo duas afirmações inconciliáveis.

Erro material é a situação na qual haja alguma informação impertinente à lide em análise (como o nome errado na parte).

Nestes casos, há vício na decisão, a qual precisa ser aclarada, complementada e esclarecida. E isso deve ser realizado pelo próprio órgão que prolatou a decisão.

O NCPC traz algumas situações que, por força de lei, já são consideradas como de **omissão** (NCPC, art. 1.022, parágrafo único):

I – deixe de se manifestar sobre tese firmada em julgamento de casos repetitivos ou em incidente de assunção de competência aplicável ao caso sob julgamento;

II – incorra em qualquer das condutas descritas no art. 489, § 1º (fundamentação exaustiva da sentença).

Os embargos de declaração serão opostos em **5 dias** (NCPC, art. 1.023). Trata-se do único recurso cujo prazo não é de 15 dias. Caso existam litisconsortes com advogados distintos, há prazo em dobro (NCPC, arts. 229 e 1.023, § 1º).

Se houver necessidade de contraditório nos embargos, o prazo também será de 5 dias (NCPC, art. 1.023, § 2º).

Não há preparo (CPC, art. 1.023, parte final).

Há, como em todos os recursos, **efeito devolutivo**. E, neste caso, haverá a devolução não só ao Judiciário como ao próprio órgão prolator da decisão embargada.

Quanto ao efeito suspensivo, o NCPC afastou polêmica antes existente: **não há efeito suspensivo** (NCPC, art. 1.026).

Além disso, opostos os declaratórios, haverá a **interrupção do prazo para interposição do outro recurso** cabível para impugnar a decisão, para ambas as partes (NCPC, art. 1.026). A interrupção do prazo significa que há novo prazo para recorrer, na íntegra.

Os embargos de declaração são **opostos perante o órgão prolator da decisão embargada** (juiz ou relator no âmbito dos Tribunais). O recurso será julgado exatamente por tal órgão (NCPC, art. 1.024, *caput* e § 1º), ou seja, tratando-se de embargos de declaração, os juízos *a quo* e *ad quem* são o mesmo.

Pelo NCPC, os embargos devem ser julgados pelo juiz em 5 dias (art. 1.024) e devem ser apresentados em mesa pelo relator, na sessão subsequente (art. 1.024, § 1º).

Tratando-se de declaratórios opostos de decisão monocrática, os embargos deverão ser julgados apenas pelo relator, novamente de forma unipessoal. Contudo, caso se entenda que os embargos buscam reformar a decisão embargada, será possível ao relator converter os declaratórios em agravo interno, mas intimando previamente o recorrente para complementar as razões recursais (NCPC, art. 1.024, §§ 2º e 3º), para julgamento colegiado.

Não cabe a utilização, ao mesmo tempo, de embargos de declaração e de outro recurso. Portanto, diante de uma sentença, inicialmente a parte deve opor embargos declaratórios para, somente após a decisão dos embargos, interpor a apelação. Assim é, pois (i) não se sabe se haverá ou não a modificação da sentença (o que pode alterar o interesse recursal); e (ii) por força do princípio da unirrecorribilidade recursal.

7.2.7.4. Recurso ordinário (recurso ordinário constitucional)

O recurso ordinário tem um cabimento bem específico (NCPC, art. 1.027): é apenas cabível de **acórdão**

denegatório de ação constitucional (mandado de segurança, *habeas corpus*, *habeas data*, mandado de injunção) **originária de Tribunal**.

Cabe, portanto, de decisão não concessiva da ordem de ações propostas diretamente nos Tribunais, e será julgado pelo STJ ou STF. Como tem previsão constitucional (CF, art. 102, II, e 105, II), é também denominado recurso ordinário constitucional. Caso a decisão seja concessiva, não caberá ROC, mas sim outro recurso para Tribunal Superior (REsp ou RE).

A hipótese mais comum de cabimento de ROC para o STJ é a de decisão denegatória de HC ou MS de competência originária do TJ ou TRF (CF, art. 105, II, *a* e *b*). Já a hipótese mais frequente de ROC para o STF ocorre no momento em que é denegado HC ou MS de competência originária dos Tribunais Superiores (CF, art. 102, II, *a*).

Há, ainda, outra hipótese, pouco frequente, de cabimento de ROC (NCPC, art. 1.027, II, *b*): causas em que forem partes, de um lado, Estado estrangeiro ou organismo internacional e, do outro, Município ou pessoa residente ou domiciliada no País. Tais causas tramitam, em 1º grau, perante a Justiça Federal (CF, art. 109, II) e o ROC será julgado pelo STJ. Assim, da sentença proferida nesse processo, caberá ROC, a ser julgado pelo STJ. E da interlocutória, caberá agravo de instrumento, igualmente julgado pelo STJ (NCPC, art. 1.027, § 1º), ou seja, excepcionalmente, não haverá julgamento por Tribunal de 2º grau, mas somente pelo de 1º grau da Justiça Federal, e o recurso ordinário ou agravo, pelo STJ.

No âmbito cível, o prazo para interposição do recurso ordinário é de **15 dias** (NCPC, art. 1.003, § 5º). Da mesma forma, é de 15 dias o prazo para responder ao recurso (contrarrazões de recurso ordinário – NCPC, art. 1.028, § 2º).

Há necessidade de **custas** (STJ, RMS 29.228/SE, 2ª T., j. 26-5-2009, *DJe* 4-6-2009).

Tratando-se de recurso ordinário de decisão denegatória de HC (ainda que interposto de hipótese de prisão civil, como no caso de alimentos não pagos), o prazo de interposição é de 5 dias (Lei n. 8.038/90, art. 30), não havendo custas de preparo. Resta verificar, com a edição do NCPC, qual será o entendimento jurisprudencial – se 5 dias ou 15 dias (regra geral do NCPC).

Há, como em todos os recursos, efeito devolutivo.

Não há efeito suspensivo.

A tramitação do ROC **tem por modelo a tramitação da apelação**, inclusive em relação à teoria da causa madura (NCPC, art. 1.027, § 2º).

O recurso ordinário será **interposto na origem** (NCPC, art. 1.028, § 2º) e, após as contrarrazões, será remetido para o Tribunal de destino (juízo *ad quem* – STJ ou STF), independentemente de juízo de admissibilidade (NCPC, art. 1.028, § 3º).

> A **competência** para julgamento será:
> Do STJ, no caso de acórdão denegatório proferido nos TJs ou TRFs;
> Do STF, no caso de acórdão denegatório proferido por Tribunais Superiores.

O ROC garante o **duplo grau de jurisdição** de decisão denegatória de ações constitucionais.

7.2.7.5. Agravo interno

Cabe agravo interno para **impugnar decisão monocrática proferida por relator** (NCPC, art. 1.021). No sistema anterior, por ausência de nomenclatura específica, era também chamado de agravo regimental.

Já se apontou que é possível ao relator, diante de erro processual ou jurisprudência pacífica, decidir monocraticamente o recurso (NCPC, art. 932, III a V). Também é possível ao relator apreciar, de forma unipessoal, uma tutela de urgência. Contra essas decisões monocráticas é que cabe o agravo interno.

Com a interposição do agravo, provido ou não o recurso, a **decisão monocrática se transformará em decisão colegiada** (acórdão).

O prazo para interposição do agravo interno é de **15 dias** (NCPC, art. 1.003, § 5º). Há **contrarrazões** (inovação do NCPC), a ser apresentada também em 15 dias (NCPC, art. 1.021, § 2º).

Não há custas na maioria dos Estados e no âmbito da Justiça Federal (mas, em alguns tribunais estaduais, há previsão de custas).

Há, como em todos os recursos, efeito devolutivo.

Não há o efeito suspensivo.

A interposição do recurso é bem simples e segue o procedimento previsto no regimento interno dos Tribunais (NCPC, art. 1.021). Não há necessidade de cópias (instrumento) ou qualquer outra formalidade.

O recurso é **interposto nos próprios autos** (por isso agravo interno, pois dentro dos autos), dirigido ao relator que proferiu a decisão monocraticamente. Deverá o argumento impugnar especificadamente os fundamentos da decisão agravada, sob pena de não conhecimento do recurso (NCPC, art. 1.021, § 1º).

Deverá ser aberta **vista ao agravado**, para apresentar contrarrazões, no prazo de 15 dias (NCPC, art. 1.021,

§ 2º), sendo que no sistema anterior, não havia previsão (no Código ou nos regimentos internos dos tribunais) nesse sentido.

Se o relator reconsiderar (revogando a decisão monocrática), o recurso antes interposto volta a ter sua tramitação normal (NCPC, art. 1.021, § 2º). Assim, se uma apelação foi julgada monocraticamente e o relator reconsiderar, haverá o processamento normal da apelação para um julgamento colegiado.

Caso o relator não reconsidere, o recurso será pautado, para julgamento colegiado e prolação de acórdão.

Inova o NCPC, quanto ao agravo interno, para:

- **vedar que o relator**, ao julgar o agravo interno, **apenas se limite a reproduzir os fundamentos** da decisão agravada (NCPC, art. 1.021, § 3º);
- se o agravo interno for declarado inadmissível ou improcedente em votação unânime, **deverá** ser imposta multa, em decisão fundamentada, entre 1% e 5% do valor atualizado da causa; a interposição de qualquer outro recurso fica condicionado ao depósito prévio da multa – salvo para a Fazenda e beneficiário da justiça gratuita, que recolherão a multa ao final do processo (NCPC, art. 1.021, §§ 4º e 5º).

7.2.7.6. Agravo em recurso especial e em recurso extraordinário

Com a Lei n. 13.256/2016, confirmada a admissibilidade no Tribunal de origem para o REsp e RE. Caberá o agravo para **impugnar decisão do tribunal de origem que**, por seu presidente ou vice-presidente, **inadmitir recurso extraordinário ou recurso especial**, salvo quando fundada na aplicação de entendimento firmado em regime de repercussão geral ou em julgamento de recursos repetitivos (NCPC, art. 1.042).

Também é utilizado no âmbito processual penal e no processo do trabalho (em relação ao recurso de revista).

O prazo para interposição do agravo em REsp ou RE é de **15 dias** (NCPC, art. 1.003, § 5º). Da mesma forma, é de 15 dias o prazo para responder ao recurso (contraminuta ou contrarrazões de agravo – NCPC, art. 1.042, § 3º).

Não há custas (NCPC, art. 1.042, § 2º).

Há, como em todos os recursos, efeito devolutivo.

Não há o efeito suspensivo. Eventualmente, em casos de urgência, é possível a concessão de efeito suspensivo ao REsp e RE, mas não ao agravo.

O agravo será interposto no Tribunal de origem, endereçado ao órgão responsável pelo processamento do recurso especial e extraordinário (presidência ou vice-presidência, conforme o regimento interno de cada tribunal) e que prolatou a decisão agravada (NCPC, art. 1.042, § 2º).

Não há necessidade de qualquer documento, porque se está recorrendo nos próprios autos, que já traz todas as peças do processo.

O agravado será **intimado para apresentar resposta** e – **caso não haja retratação** (ou seja, a admissibilidade que antes foi negativa passe a ser positiva) – os **autos serão remetidos ao Tribunal Superior**, para apreciação do agravo (NCPC, art. 1.042, § 4º). Se houver retratação, os autos serão remetidos para o Tribunal Superior, para apreciação do REsp ou RE (e não do agravo).

Se forem dois recursos concomitantes (REsp e RE) e ambos não forem admitidos, deverá o recorrente interpor **dois agravos** (NCPC, art. 1.042, § 6º). Nesse caso, os autos primeiro irão para o STJ (§ 7º) e, depois, se ainda for o caso de julgamento do agravo em RE, para o STF (§ 8º).

No Tribunal Superior, será possível o julgamento do agravo em conjunto com o próprio REsp e RE – hipótese em que será possível sustentação oral (NCPC, art. 1.042, § 5º).

Quanto ao julgamento do agravo, será observado tanto o NCPC (que permite até mesmo o julgamento monocrático – art. 932, III, IV e V), bem como o regimento interno do STJ e do STF.

Há situação específica – e complexa – que pode trazer dúvida quanto ao cabimento do agravo em REsp/RE ou do agravo interno: se a decisão de não admissão se referir à **aplicação de recurso repetitivo ou repercussão geral**, será cabível o agravo interno e não o agravo em REsp/RE (NCPC, art. 1.030, § 2º).

De seu turno, se a decisão de admissão apreciar dois capítulos dos recursos e (i) não admitir um capítulo com base em requisitos de admissibilidades regulares e (ii) não admitir outro capítulo com base em repetitivo ou repercussão geral, então serão cabíveis, **ao mesmo tempo**, agravo em REsp/RE (do item i) e agravo interno (do item ii). Nesse sentido, o Enunciado 77/CJF: "Para impugnar decisão que obsta trânsito a recurso excepcional e que contenha simultaneamente fundamento relacionado à sistemática dos recursos repetitivos ou da repercussão geral (art. 1.030, I, do CPC) e fundamento relacionado à análise dos pressupostos de admissibilidade recursais (art. 1.030, V, do CPC), a parte sucumbente deve interpor, simultaneamente, agravo interno (art. 1.021 do CPC) caso queira impugnar a parte relativa aos recursos repetitivos ou repercussão geral e agravo em recurso especial/extraordinário (art. 1.042 do CPC) caso queira impugnar a parte relativa aos fundamentos de inadmissão por ausência dos pressupostos recursais".

7.2.7.7. Recurso especial (REsp)

Cabe recurso especial de acórdão que **violar legislação infraconstitucional** ou quando Tribunais diversos derem interpretação distinta a um mesmo dispositivo legal infraconstitucional (CF, art. 105, III e NCPC, art. 1.029).

Destaca-se que é cabível o REsp pela **divergência externa** e não pela divergência interna, ou seja, deve-se apontar o dissenso jurisprudencial em relação a outro Tribunal e não no próprio Tribunal. Nesse sentido, caso se ingresse com o REsp de um julgado do TJSP, não cabe apontar que o próprio TJSP tem posição divergente ao do acórdão recorrido (Súmula 13 do STJ: A divergência entre julgados do mesmo tribunal não enseja recurso especial) – mas sim que a decisão do TJSP diverge da de qualquer outro Tribunal do País, inclusive o próprio STJ ou mesmo o TRF da 3ª Região (Tribunal Regional Federal situado em São Paulo).

Para o cabimento do REsp, o acórdão não deve admitir outros recursos, ou seja, não cabe REsp de decisão monocrática (será cabível o REsp após o agravo regimental). Portanto, só cabe REsp quando **esgotados os demais recursos**.

Na hipótese de o acórdão violar, ao mesmo tempo, dispositivo do NCPC e da CF, serão **cabíveis, simultaneamente, recurso especial e recurso extraordinário**. Porém, cada recurso atacará matérias distintas: REsp, a violação à legislação infraconstitucional; RE, a violação à Constituição.

Nesse caso de interposição conjunta, os autos serão remetidos ao STJ; se o relator do recurso especial considerar prejudicial o recurso extraordinário, em decisão irrecorrível sobrestará o julgamento e remeterá os autos ao STF. Se o relator do recurso extraordinário, em decisão irrecorrível, rejeitar a prejudicialidade, devolverá os autos ao STJ para o julgamento do recurso especial (NCPC, art. 1.031, §§ 2º e 3º).

O prazo para interposição do REsp é de **15 dias** (NCPC, art. 1.003, § 5º). Da mesma forma, é de 15 dias o prazo para responder ao recurso (contrarrazões de REsp – NCPC, art. 1.030).

Há **custas** (Lei n. 11.636/2007).

Além dos requisitos de admissibilidade usualmente existentes, o REsp tem também outros requisitos. E isso se justifica porque se trata de um recurso cuja finalidade não é simplesmente rediscutir a causa (como ocorre na apelação), mas discutir a unidade da interpretação da legislação infraconstitucional.

Assim, com o REsp, o STJ busca evitar a regionalização do direito. Exatamente por isso **não se discute matéria fática** em tal recurso, mas apenas matéria de direito (Súmula 5 do STJ: A simples interpretação de cláusula contratual não enseja recurso especial; Súmula 7 do STJ: A pretensão de simples reexame de prova não enseja recurso especial).

Ou seja, não será conhecido REsp que discuta se determinado fato ocorreu ou não. Debate-se no REsp, à luz de determinados fatos já fixados no Tribunal de origem, qual o direito aplicável.

Apesar de não ser possível discutir fato, o REsp permite a **discussão de matéria de mérito ou processual**. Cabe, portanto, o recurso tanto por violação ao CC (ou CDC ou Lei de Locação etc.) como por violação ao NCPC.

Para que bem se delimite a discussão da matéria de direito, é também requisito do REsp o **prequestionamento**, que é a apreciação do artigo de lei pelo Tribunal *a quo* durante o julgamento do acórdão recorrido, ou seja, é o debate, pelos julgadores de origem, dos dispositivos apontados como violados no REsp.

> **Súmula 282 do STF**
> É inadmissível o recurso extraordinário, quando não ventilada, na decisão recorrida, a questão federal suscitada.

Assim, se o Tribunal de origem não tiver se manifestado sobre determinado dispositivo legal apontado como violado no REsp, não terá ocorrido o prequestionamento.

Em **importante inovação**, afirma o art. 1.029, § 3º, que o STJ poderá “desconsiderar vício formal de recurso tempestivo ou determinar sua correção, desde que não o repute grave”, ou seja, é uma oportunidade que se dá para que o mérito recursal seja apreciado – resta verificar qual a amplitude que a jurisprudência dará à expressão **vício formal grave**.

Há, como em todos os recursos, efeito devolutivo.

Não há, em regra, o efeito suspensivo.

Contudo, é possível que se **tente atribuir efeito suspensivo ao REsp**. A previsão está no NCPC, art. 1.029, § 5º – dispositivo cuja redação original foi alterada pela Lei n. 13.256/2016). A petição requerendo o efeito suspensivo será dirigida:

I – ao STJ, no período compreendido entre a publicação da decisão de admissão do recurso e sua distribuição, ficando o relator designado para seu exame prevento para julgá-lo;

II – ao relator no STJ, se já distribuído o recurso;

III – ao presidente ou ao vice-presidente do tribunal recorrido, no período compreendido entre a interposição do recurso e a publicação da decisão de admissão do recurso, assim como no caso de o recurso ter sido sobrestado, por força de recurso repetitivo.

O REsp é **interposto no Tribunal de origem**, endereçado à presidência ou vice-presidência, conforme o regimento interno próprio de cada tribunal (NCPC, art. 1.029). Deve a petição recursal indicar (i) exposição do fato e do direito, (ii) demonstração do cabimento e (iii) razões do pedido de reforma ou invalidação da decisão recorrida.

Tratando-se de REsp fundado em dissídio jurisprudencial (divergência em relação a julgado de outro Tribunal – CF, art. 105, III, *c*), obrigatoriamente terá de ser instruído com o acórdão paradigma (a decisão do outro Tribunal). A divergência é comprovada mediante certidão, cópia ou citação do repositório de jurisprudência oficial (inclusive em mídia eletrônica), ou ainda via reprodução do julgado disponível na internet, com indicação da fonte (art. 1.029, § 1º). Deverá o recorrente mencionar as circunstâncias que identifiquem ou assemelhem os casos confrontados (o chamado **"cotejo analítico"** entre o acórdão recorrido e paradigma).

Nesse REsp fundado em dissídio jurisprudencial, é muito comum o recurso não ser admitido ao argumento de "situações fáticas distintas" entre os acórdãos. Por causa disso, inicialmente foi incluído o § 2º ao art. 1.029 do NCPC ("Quando o recurso estiver fundado em dissídio jurisprudencial, é vedado ao tribunal inadmiti-lo com base em fundamento genérico de que as circunstâncias fáticas são diferentes, sem demonstrar a existência da distinção"). Contudo, com a Lei n. 13.256/2016, **esse parágrafo foi revogado**.

Interposto o REsp, a parte contrária é intimada para apresentar as contrarrazões, em 15 dias (NCPC, art. 1.030). Em tal peça é possível impugnar não só o mérito, mas também a admissibilidade do recurso. Com as razões e contrarrazões do REsp, o recurso estará pronto para sua admissibilidade.

Em relação à **admissibilidade do REsp**, há de se ter bastante atenção, pois a questão passou por diversas alterações:

(i) no âmbito do CPC/73, a admissibilidade do REsp e RE era feita na origem, ou seja, pela presidência do Tribunal intermediário;

(ii) na versão original do NCPC (Lei n. 13.105/2015), a admissibilidade não mais seria feita na origem, mas apenas e diretamente no STJ;

(iii) com a **Lei n. 13.256/2016**, a admissibilidade voltou para o Tribunal de origem, sendo que, no caso de inadmissão do REsp, **cabível o agravo em recurso especial** para tentar que o REsp seja admitido (como exposto no item 7.2.7.6).

Ao proceder à admissibilidade, existem **diversas possibilidades** ao desembargador que a realiza (inovações da Lei n. 13.256/2016), a saber (art. 1.030):

I – **negar seguimento** a recurso especial interposto contra acórdão que esteja em conformidade com entendimento do STJ, proferido com base em julgamento de recursos repetitivos;

II – **encaminhar o processo ao órgão julgador** (a turma ou câmara que proferiu o acórdão), para realização do juízo de retratação, se o acórdão recorrido divergir do entendimento do STJ proferido com base em julgamento de recursos repetitivos (ou seja, depois da prolação do acórdão, houve a decisão do repetitivo no STJ);

III – **sobrestar o recurso** que versar sobre controvérsia de caráter repetitivo ainda não decidida pelo STJ;

IV – **selecionar o recurso como representativo de controvérsia**, para que venha a ser julgado como repetitivo pelo STJ;

V – proceder à **admissibilidade do REsp**, e, no caso de **admissão,** remeter o recurso ao STJ, desde que: a) o recurso ainda não tenha sido submetido ao regime de julgamento de recursos repetitivos; b) o recurso tenha sido selecionado como representativo da controvérsia; ou c) o tribunal recorrido tenha refutado o juízo de retratação.

Dessas **decisões monocráticas** acima arroladas, é possível **recorrer** (art. 1.030, §§ 1º e 2º):

(i) tratando-se de **inadmissão** por ausência de requisito de admissibilidade (inciso V), cabe agravo em recurso especial (art. 1.042, já exposto no item 7.2.7.6);

(ii) tratando-se de decisão relativa a recurso repetitivo (**negar seguimento**, inciso I ou **sobrestar**, inciso III), cabe agravo interno (art. 1.021), a ser julgado perante o próprio tribunal de origem, sem que haja possibilidade – pela legislação – de se chegar ao tribunal superior.

Como se percebe, é um sistema complexo, com diversas possibilidades de julgamento e variação quanto aos recursos (e, pelo Código, somente recorríveis as decisões acima indicadas).

No mais, uma vez o REsp no STJ, se o ministro relator entender que o recurso especial versa sobre questão constitucional, concederá prazo de 15 dias para que o recorrente demonstre a repercussão geral e se manifeste sobre a questão constitucional; cumprida a diligência, o relator remeterá o recurso ao STF que, em juízo de admissibilidade, poderá devolvê-lo ao STJ (NCPC, art. 1.032), ou seja, tem-se uma situação de conversão do recurso especial em recurso extraordinário (e existe também a previsão no sentido inverso.

7.2.7.8. Recurso extraordinário (RE)

O RE apresenta uma série de similitudes em relação ao REsp.

Cabe **recurso extraordinário** de acórdão que violar a Constituição (CF, art. 102, III, e NCPC, art. 1.029).

Há uma situação posterior à EC 45/2004 à qual se deve atentar: nos termos do art. 102, III, *d*, da CF, cabe RE de acórdão que julgar válida **lei local contestada em face de lei federal**.

Para o cabimento do RE, o acórdão não deve admitir outros recursos, ou seja, não cabe RE de acórdão que admita infringentes ou de decisão monocrática. Portanto, tal qual ocorre quanto ao REsp, só cabe RE quando **esgotados os demais recursos**.

Na hipótese de o acórdão violar, ao mesmo tempo, dispositivo do NCPC e da CF, serão **cabíveis, simultaneamente, recurso especial e recurso extraordinário**. Porém, cada recurso atacará matérias distintas: REsp, a violação à legislação infraconstitucional; RE, a violação à Constituição.

Nesse caso de interposição conjunta, os autos serão remetidos ao STJ; se o relator do recurso especial considerar prejudicial o recurso extraordinário, em decisão irrecorrível sobrestará o julgamento e remeterá os autos ao STF. Se o relator do recurso extraordinário, em decisão irrecorrível, rejeitar a prejudicialidade, devolverá os autos ao STJ para o julgamento do recurso especial (NCPC, art. 1.031, §§ 2º e 3º).

O prazo para interposição do RE é de **15 dias** (NCPC, art. 1.003, § 5º). Da mesma forma, é de 15 dias o prazo para responder ao recurso (contrarrazões de RE – NCPC, art. 1.030).

Há custas (tabela divulgada pelo STF).

Tal qual o REsp, também o RE tem distinções quanto à admissibilidade. Assim, além dos requisitos de admissibilidade usualmente existentes, o RE tem também outros requisitos. E isso se justifica porque se trata de um recurso cuja finalidade não é simplesmente rediscutir a causa (como ocorre, por exemplo, na apelação), mas sim buscar o respeito e a unidade na interpretação da Constituição.

Ou seja, com o RE, busca o STF zelar pela supremacia da Constituição, por isso **não se discute matéria fática** em tal recurso, mas apenas matéria de direito. Mas o RE permite a **discussão de matéria de mérito ou processual**, isto é, cabe o recurso tanto por violação a norma processual ou norma material contida na Constituição.

Também há a necessidade de **prequestionamento**, nos moldes do já debatido quando se tratou do tema no REsp.

Igualmente ao já exposto para o REsp, o art. 1.029, § 3º, prevê que o STF poderá "desconsiderar vício formal de recurso tempestivo ou determinar sua correção, desde que não o repute grave", ou seja, é uma oportunidade que se dá para que o mérito recursal seja apreciado – resta verificar qual a amplitude que a jurisprudência dará à expressão **vício formal grave**.

Por fim, a partir da EC 45/2004 (CF, art. 102, § 3º), há um novo requisito de admissibilidade específico para o RE: a **repercussão geral da questão constitucional**. Por esse requisito, o STF somente conhecerá um RE que seja relevante não só para as partes, mas para a sociedade como um todo (ou seja, a existência de questões relevantes do ponto de vista econômico, político, social ou jurídico, que ultrapassem os interesses subjetivos da causa).

Isso significa que o STF não se manifestará a respeito de uma "briga de vizinhos". O tema está regulado, do ponto de vista infraconstitucional, no NCPC, pelo art. 1.035.

A **competência** para apreciar a existência da repercussão geral é exclusiva do STF. O recurso não será conhecido se 2/3 (dois terços) dos Ministros do STF (8 dos 11) entenderem pela ausência da repercussão geral. A decisão sobre a presença da repercussão geral é irrecorrível (NCPC, art. 1.035, *caput*).

O recorrente deverá demonstrar, em preliminar do RE, a existência da repercussão geral (NCPC, art. 1.035, § 2º).

A repercussão geral decorre de lei (ou seja, há repercussão geral presumida) se o acórdão recorrido (NCPC, art. 1.035, § 3º):

I – contrariar súmula ou jurisprudência dominante do STF;

II – tenha reconhecido a inconstitucionalidade de tratado ou de lei federal, nos termos do art. 97 da Constituição Federal.

Além dessas duas situações, na versão original do NCPC, havia ainda menção à repercussão geral presumida quando a decisão tivesse sido proferida "em julgamento de casos repetitivos" – mas esse inciso foi **revogado** por força da Lei n. 13.256/2016.

Reconhecida a repercussão geral, o relator determinará a suspensão de todos os processos, individuais ou coletivos, que tratem daquele tema, em todo o País (NCPC, art. 1.035, § 5º). Prevê o Código que o recurso que tiver a repercussão geral reconhecida deverá ser "julgado no **prazo de 1 ano**" (§ 9º). Contudo, se não ocorrer o julgamento do RE com repercussão geral em 1 ano, não há qualquer consequência prevista na lei (na versão original do NCPC, o § 10º previa que cessaria a suspensão dos processos passado esse prazo de 1 ano – porém, o dispositivo foi **revogado** pela Lei n. 13.256/2016).

Negada a repercussão geral, a presidência do tribunal intermediário negará seguimento aos recursos extraordinários sobrestados na origem que versem sobre matéria idêntica (art. 1.035, § 8º).

Há, como em todos os recursos, efeito devolutivo.

Não há, em regra, o efeito suspensivo.

Quanto à concessão de efeito suspensivo, a regra é a mesma do REsp: é possível que haja a atribuição de efeito suspensivo ao RE, sendo a competência variável (*vide* item acima).

O processamento do RE é igual ao do REsp.

Ao proceder à admissibilidade, existem **diversas possibilidades** ao desembargador que a realiza (inovações da Lei n. 13.256/2016), a saber (art. 1.030):

I – **negar seguimento** a RE que discuta questão à qual o STF não tenha reconhecido a existência de repercussão geral, ou a RE interposto contra acórdão que esteja em conformidade com entendimento do STF proferido no regime de repercussão geral, ou, ainda, a RE interposto contra acórdão que esteja em conformidade com entendimento do STF proferido no julgamento de recursos repetitivos;

II – **encaminhar o processo ao órgão julgador** (a turma ou câmara que proferiu o acórdão), para realização do juízo de retratação, se o acórdão recorrido divergir do entendimento do STF proferido nos regimes de repercussão geral ou de recursos repetitivos (ou seja, depois da prolação do acórdão, houve a decisão do repetitivo no STJ);

III – **sobrestar o recurso** que versar sobre controvérsia de caráter repetitivo ainda não decidida pelo STF;

IV – **selecionar o recurso como representativo de controvérsia** constitucional, para julgamento como repetitivo;

V – proceder à **admissibilidade do RE**, e, no caso de **admissão,** remeter o recurso ao STF, desde que: a) o recurso ainda não tenha sido submetido ao regime de repercussão geral ou de recursos repetitivos; b) o recurso tenha sido selecionado como representativo da controvérsia; ou c) o tribunal recorrido tenha refutado o juízo de retratação.

Dessas **decisões monocráticas** acima arroladas, é possível **recorrer** (art. 1.030, §§ 1º e 2º):

(i) tratando-se de **inadmissão** por ausência de requisito de admissibilidade (inciso V), cabe agravo em recurso especial (art. 1.042, já exposto no item 7.2.7.6);

(ii) tratando-se de decisão relativa a recurso repetitivo (**negar seguimento**, inciso I, ou **sobrestar**, inciso III), cabe agravo interno (art. 1.021), a ser julgado perante o próprio tribunal de origem, sem que haja possibilidade – pela legislação – de se chegar ao tribunal superior.

Como se percebe, é um sistema complexo, com diversas possibilidades de julgamento e variação quanto aos recursos (e, pelo Código, somente recorríveis as decisões acima indicadas).

No mais, uma vez o RE no STF, se o relator considerar como **reflexa a ofensa à Constituição** afirmada no recurso extraordinário, por pressupor a revisão da interpretação de lei federal ou de tratado, o tribunal remeterá o recurso ao STJ para julgamento como recurso especial (NCPC, art. 1.033). Trata-se da conversão do RE em REsp. Nesse caso, não há necessidade de se intimar o recorrente para emendar seu recurso (o que existe no caso de conversão do REsp para o RE).

Deixou de existir o RE retido.

7.2.7.9. REsp e RE repetitivos

Considerando a **massificação das causas** e a necessidade de **segurança jurídica** e isonomia, foram buscadas alternativas para a racionalidade do sistema processual. Assim, em reforma do CPC/73, surgiu o REsp repetitivo.

No NCPC, REsp e RE repetitivos são regulados da mesma forma.

Assim, **REsp repetitivo** e **RE repetitivo** (NCPC, arts. 1.036 a 1.041) se prestam a tutelar situações em que houver multiplicidade de recursos com fundamento em idêntica questão de direito. Sendo este o caso, os recursos mais representativos serão **afetados para julgamento como repetitivo**, ficando os demais suspensos. A decisão a ser proferida pelo tribunal superior nesse recurso repetitivo servirá como base para os demais recursos que estavam suspensos.

E, como já visto, essa decisão deverá ser **observada pelos demais magistrados** (NCPC, art. 927, III); caso não seja, será possível a utilização da reclamação (NCPC, art. 988, II, e § 5º, II).

De forma simplificada, a tramitação de um repetitivo observa a seguinte ordem:

(i) escolha dos recursos representativos (somente recursos com a presença de todos os requisitos de admissibilidade);

(ii) decisão de afetação, com suspensão de outros processos análogos (que discutam a mesma tese jurídica);
(iii) julgamento do repetitivo;
(iv) aplicação e observância do procedente em relação aos demais processos que envolvam a mesma tese jurídica.

Se, dentre os **recursos sobrestados**, houver algum que seja intempestivo, o interessado pode requerer que esse recurso seja inadmitido. Diante disso, o recorrente será ouvido, em 5 dias e, a seguir, haverá decisão do presidente. Se a decisão não afastar a afetação, cabe o agravo interno, para o próprio tribunal (NCPC, art. 1.036, § 3º, com a redação da Lei n. 13.256/2016).

Feita a escolha dos recursos, o relator, no tribunal superior, (i) identificará qual a questão a ser submetida, (ii) sobrestará todos os processos que versem sobre a questão, em todo o País (não só recursos, mas qualquer demanda, individual ou coletiva), (iii) poderá requisitar o envio, pelos tribunais, de um recurso representativo da controvérsia (ou, ele mesmo, escolher outros recursos, já existentes no Tribunal Superior, independentemente da escolha pelo tribunal de origem).

Prevê o Código que o recurso repetitivo deverá ser "julgado no **prazo de 1 ano**" (NCPC, art. 1.037, § 4º). Contudo, se não ocorrer o julgamento do repetitivo em 1 ano, não há qualquer consequência prevista na lei (na versão original do NCPC, o § 5º previa que cessaria a suspensão dos processos passado esse prazo de 1 ano – porém, o dispositivo foi **revogado** pela Lei n. 13.256/2016).

Após a **decisão de afetação**, o relator poderá (NCPC, art. 1.038):

I – solicitar ou admitir *amicus curiae*;

II – designar audiência pública;

III – requisitar informações aos tribunais.

Em relação aos **processos sobrestados** (NCPC, art. 1.037, §§ 8º a 13):

a) haverá a intimação das partes;

b) as partes podem pedir prosseguimento de seu recurso com fundamento em distinção;

c) se indeferido esse pedido de afastar o sobrestamento, caberá agravo de instrumento (se processo estiver em 1º grau) ou agravo interno (se o processo estiver no Tribunal).

Julgado o recurso repetitivo, ocorrerá o seguinte em relação aos recursos sobrestados (NCPC, arts. 1.039 a 1.041):

I – se o recurso sobrestado for REsp ou RE e estiver na origem: (a) inadmissão dos recursos (se a tese for contrária à fixada no repetitivo) ou reexame pela Câmara ou Turma (se a tese fixada for no sentido do pleiteado pelo recorrente);

II – se a causa for sobrestada antes desse momento processual, o juiz ou relator deverão aplicar a tese definida, sob pena de reclamação;

III – haverá, ainda, a comunicação a órgãos, entes ou agências com atribuição para fiscalizar o cumprimento da decisão proferida no repetitivo. Assim, por exemplo, se houver um repetitivo contra banco, o BACEN será oficiado para fiscalizar a obrigação imposta pela decisão judicial.

Por fim, o **julgamento do repetitivo ainda permite:**

(i) a desistência nos sobrestados em 1º grau, sem concordância do réu (só haverá isenção de custas e honorários se a desistência ocorrer antes da citação); e

(ii) autoriza julgamento liminar de improcedência, dispensa remessa necessária e permite o julgamento monocrático pelo relator.

7.2.7.10. Embargos de divergência

Os embargos de divergência são utilizados somente no âmbito do STJ e STF, após o julgamento do REsp ou do RE. Assim, são cabíveis quando o **acórdão proferido no julgamento do REsp/RE divergir do julgamento proferido por outro órgão colegiado do próprio Tribunal** (NCPC, art. 1.043).

Portanto, a finalidade é pacificar internamente as divergências de entendimento.

Assim, quando do julgamento de algum REsp, se o STJ já tiver julgado de alguma outra maneira a questão, por algum outro órgão interno do Tribunal, serão cabíveis os embargos de divergência. O mesmo se diga quando do julgamento de um RE pelo STF.

Na redação original do NCPC havia um aumento nas hipóteses de cabimento dos embargos de divergência, admitindo o recurso também no tocante à admissibilidade do recurso (e não só mérito) e também, nos processos de competência originária, de quaisquer julgados que divergissem do tribunal (ou seja, poderia haver divergência entre reclamação e REsp). Contudo, a **Lei n. 13.256/2016 revogou** essas duas inovações, que constavam dos incisos II e IV do art. 1.043.

Em síntese, o cabimento ficou da seguinte forma (NCPC, art. 1.043, I e III):

a) em recurso extraordinário ou em recurso especial, divergir do julgamento de qualquer outro órgão do mesmo tribunal, sendo os acórdãos, embargado e paradigma, de mérito;

b) em recurso extraordinário ou em recurso especial, divergir do julgamento de qualquer outro órgão do mesmo tribunal, sendo um acórdão de mérito e outro que não tenha conhecido do recurso, embora tenha apreciado a controvérsia.

Cabe o recurso para discutir teses firmadas entre dois recursos, de órgão internos distintos – seja de matéria processual ou material (NCPC, art. 1.043, § 2º). Cabe, ainda, o recurso de julgado da mesma turma, se tiver havido mudança na composição (NCPC, art. 1.043, § 3º).

O recurso é previsto em um único artigo no NCPC, comparado com os demais recursos, e não é muito frequente, seja no cotidiano forense ou em provas da OAB – na maior parte das vezes, a banca coloca este recurso como uma resposta errada, para confundir o candidato em relação a outros recursos.

O prazo para interposição dos embargos de divergência é de **15 dias** (NCPC, art. 1.003, § 5º). Da mesma forma, é de 15 dias o prazo para responder ao recurso (contrarrazões de embargos de divergência) – o NCPC não prevê tal prazo, mas essa é a praxe nos regimentos internos e, ainda, é o prazo por força do princípio da isonomia entre os litigantes.

Há necessidade de **custas** (STJ, Lei n. 11.636/2007 e STF, RISTF, art. 57 e Tabela B de custas).

Há, como em todos os recursos, efeito devolutivo.

Não há efeito suspensivo, tal qual ocorre com o REsp e o RE.

Além disso, a **interposição do recurso no STJ interrompe o prazo para interposição do RE**, por qualquer das partes (NCPC, art. 1.044, § 1º).

Os embargos de divergência são endereçados ao próprio relator do recurso. Após a vista à parte contrária para contrarrazões, haverá o julgamento.

O art. 1.044 do NCPC dispõe que o procedimento dos embargos de divergência seguirá o previsto nos regimentos internos dos Tribunais (RISTJ, arts. 266 e 267; RISTF, arts. 330 a 336).

REFERÊNCIAS BIBLIOGRÁFICAS

ASSIS, Araken et alii (org.). *Comentários ao Código de Processo Civil*. 2. ed. São Paulo: Saraiva, 2017.

GAJARDONI, Fernando; DELLORE, Luiz; ROQUE, Andre; DUARTE, Zulmar. *Teoria geral do processo*: comentários ao CPC 2015 – Parte Geral. 2. ed. São Paulo: Método, 2018.

______. *Processo de conhecimento e cumprimento de sentença*: comentários ao CPC 2015. São Paulo: Método, 2016.

______. *Execução e recursos*: comentários ao CPC 2015. São Paulo: Método, 2017.

QUESTÕES[2]

(XIX Exame de Ordem Unificado / FGV) Juliana ajuizou ação declaratória de inexistência de débito cumulada com indenização por danos morais, com pedido de antecipação dos efeitos da tutela para retirada de seu nome dos órgãos de proteção ao crédito, em face de BG Financeira S/A, com quem mantém contrato de empréstimo bancário. A autora instruiu a inicial com os comprovantes de pagamento das prestações que atestam a pontualidade no cumprimento das parcelas do empréstimo.

Considerando a hipótese narrada e as regras sobre a antecipação de tutela prevista no Código de Processo Civil, assinale a afirmativa correta.

A) O juiz somente poderá conceder a antecipação dos efeitos da tutela após a BG Financeira S/A apresentar sua contestação.

B) Tendo sido demonstrados o *fumus boni iuris* e o *periculum in mora*, deverá o juiz deferir a antecipação dos efeitos da tutela, *in limine*, para a retirada do nome de Juliana dos órgãos de restrição ao crédito.

C) A concessão dos efeitos da tutela antecipada, uma vez deferida, somente perderá sua eficácia com o trânsito em julgado da sentença.

D) O CPC veda expressamente a concessão dos efeitos da tutela antecipada no bojo da sentença que extingue o processo com resolução de mérito.

RESPOSTA

A) O sistema permite a concessão de liminar em tutela de urgência sem a oitiva da parte contrária (NCPC, art. 300, § 2º).

☑ No NCPC, a terminologia é "probabilidade do direito e o perigo de dano ou o risco ao resultado útil do processo" (NCPC, art. 300).

C) A tutela de urgência pode ser revogada pelo juiz a qualquer momento (NCPC, art. 296).

D) Não existe vedação nesse sentido – e trata-se de postura admitida pela jurisprudência.

(XIX Exame de Ordem Unificado / FGV) Brenda, atualmente com 20 anos de idade, estudante do 2º período de Direito, percebe mensalmente pensão decorrente da morte de seu pai. Sucede, contudo, que ela recebeu uma correspondência do fundo que lhe paga a pensão, notificando-a de que, no dia 20

2 Questões anteriores ao exame XX adaptadas para o NCPC.

do próximo mês, quando completará 21 anos, seu benefício será extinto. Inconformada, Brenda ajuizou ação judicial, requerendo em antecipação de tutela a continuidade dos pagamentos e, por sentença, a manutenção desse direito até, pelo menos, completar 24 anos de idade, quando deverá terminar a faculdade. Tal demanda, contudo, é rejeitada liminarmente pelo juiz da 3ª Vara, sob o argumento de que aquela matéria de direito já está pacificada de forma contrária aos interesses da autora na jurisprudência dos Tribunais Superiores e, ainda, por ele já ter proferido, em outros casos com a mesma questão de direito, diversas sentenças de improcedência.

Sobre os fatos descritos, assinale a afirmativa correta.

A) A decisão acima mencionada, se transitada em julgado, não faz coisa julgada material, na medida em que a ausência de citação do réu impede a formação regular do processo.

B) No caso de eventual recurso de Brenda, o juízo que proferiu a sentença poderá, se assim entender, retratar-se.

C) Se a matéria de mérito estivesse pacificada nos Tribunais Superiores em favor da autora, poderia o magistrado, ao receber a petição inicial, sentenciar o feito e julgar desde logo procedente o pedido.

D) Mesmo que a demanda envolvesse necessidade de produção de prova pericial, o magistrado poderia se valer da improcedência liminar, tendo em vista a força dos precedentes dos Tribunais Superiores.

RESPOSTA

A) Na improcedência liminar existe sentença de mérito, portanto capaz de ser coberta pela coisa julgada (NCPC, art. 332).

☑ A fundamentação legal está no NCPC, art. 332, § 3º.

C) O sistema somente permite a improcedência liminar, e não a procedência liminar – inclusive porque isso violaria os princípios do contraditório e ampla defesa.

D) Somente cabe a improcedência liminar se não for o caso de instrução (NCPC, art. 332). Atenção: no NCPC não é mais critério, para a improcedência liminar, a existência de anteriores sentenças de improcedência, mas sim firme jurisprudência (*vide* incisos do art. 332 do NCPC).

(XIX Exame de Ordem Unificado / FGV) João, maior e capaz, correntista do Banco Grana Alta S/A, ao verificar o extrato da sua conta-corrente, constata a realização de um saque indevido no valor de R$ 2.000,00 (dois mil reais), razão pela qual ingressa com ação de indenização por dano material em face da referida instituição financeira. Contudo, antes mesmo da citação da sociedade ré, João comunica ao juízo seu desinteresse no prosseguimento do feito.

A partir do caso apresentado, assinale a afirmativa correta.

A) A desistência da ação produz, como um dos seus efeitos, o fenômeno da coisa julgada material, obstando que o autor intente nova demanda com conteúdo idêntico perante o Poder Judiciário.

B) Tendo em vista que a causa versa sobre direito indisponível, poderá o juiz, de ofício, dar prosseguimento ao feito, determinando a citação da instituição financeira para que apresente, no prazo de 15 dias, sua resposta.

C) A desistência somente produzirá efeitos, extinguindo o processo, se houver o prévio consentimento do Banco Grana Alta S/A.

D) Diante da desistência unilateral do autor da ação, operar-se-á a extinção do processo sem resolução do mérito.

RESPOSTA

A) Só há coisa julgada em decisão de mérito, sendo que a desistência acarreta sentença sem mérito (NCPC, arts. 485, VIII e 502).

B) A causa envolve direito disponível (pedido de indenização). Além disso, mesmo se fosse direito indisponível, existe o princípio da inércia (NCPC, art. 2º).

C) A desistência depende de concordância do réu somente após a citação (NCPC, art. 485, § 4º).

☑ A fundação legal está no NCPC, art. 485, VIII.

(XIX Exame de Ordem Unificado / FGV) Renato, desejando ajuizar uma ação de obrigação de fazer em face de seu vizinho Túlio, procurou Roberto, advogado recém-formado, que usou um modelo de petição inicial encontrado na Internet. Protocolizada a petição, o juízo indeferiu a inicial e julgou extinto o processo, sem resolução de mérito, ao fundamento de que da narração dos fatos não decorria logicamente a conclusão.

Considerando que o autor interpôs o recurso cabível contra esse ato decisório, assinale a afirmativa correta.

A) O recurso interposto nesse caso permite ao magistrado exercer o juízo de retratação, podendo reformar a decisão que indeferiu a petição inicial em quarenta e oito horas.

B) O recurso interposto pelo autor foi o agravo de instrumento, uma vez que o ato do juízo não pôs fim ao processo, tratando-se de decisão interlocutória.

C) É indispensável a citação do réu para integrar a relação processual e oferecer contrarrazões, em homenagem aos princípios da ampla defesa e do contraditório.

D) Caso a sentença seja confirmada pelo Tribunal, Renato deverá ser condenado ao pagamento de honorários advocatícios sucumbenciais.

RESPOSTA

☑ A apelação no caso de indeferimento liminar da inicial é uma das hipóteses em que há possibilidade de retratação por parte do juiz (NCPC, art. 331).

B) O recurso cabível, nesse caso, é apelação, pois se trata de sentença (NCPC, art. 331).

C) O NCPC prevê contrarrazões caso o juiz não se retrate, de modo que o réu será citado (art. 331, § 1º). Essa alternativa era incorreta no CPC/73 (em vigor quando essa questão foi aplicada), mas é correta à luz do NCPC.

D) Incorreta no CPC/73 (quando o réu não era citado para contra-arrazoar), mas correta no NCPC, que prevê a sucumbência recursal (art. 85, § 11).

(XIX Exame de Ordem Unificado / FGV) Em determinada execução fundada em um cheque, o juiz, atendendo pedido do credor, defere a penhora de 50% do faturamento da sociedade empresária devedora. Inconformada, tendo em vista que tal decisão poderia gerar a interrupção de suas atividades, a executada interpõe agravo de instrumento, recurso esse que, apesar de regularmente admitido, é desprovido, à unanimidade, pelo competente Tribunal de Justiça. Ato contínuo, a executada interpõe recurso especial, o qual se encontra pendente de julgamento, sem previsão de análise.

Levando em conta a legislação processual e as orientações jurisprudenciais aplicáveis à espécie, assinale a opção que indica o procedimento que o advogado deve adotar para, ao menos, suspender os efeitos da referida decisão.

A) Deverá requerer o efeito suspensivo ao Desembargador Relator do Agravo de Instrumento, demonstrando, na oportunidade, a urgência e a gravidade da situação.

B) Deverá requerer o efeito suspensivo diretamente ao Superior Tribunal de Justiça, órgão competente para o julgamento do Recurso Especial.

C) Deverá, em razão da impossibilidade de concessão de efeito suspensivo em sede de recurso especial, impetrar Mandado de Segurança junto ao Superior Tribunal de Justiça, requerendo, na oportunidade, a concessão de medida liminar.

D) Deverá propor uma medida cautelar, dirigida ao Desembargador Presidente do Tribunal de Justiça de origem, tendo em vista não ter havido, ainda, juízo de admissibilidade a respeito do recurso especial.

RESPOSTA

A) O pleito não deve ser veiculado via agravo (art. 1.015 do NCPC).

B) O efeito suspensivo não será requerido no STJ, considerando a regra prevista no art. 1.029, § 5º.

C) O pleito não deve ser veiculado via MS.

☑ É possível requerer a concessão de efeito suspensivo ao recurso especial. Isso é pleiteado no Tribunal de origem enquanto não for admitido o REsp, e no STJ a partir do momento da admissão (Súmulas 634 e 635 do STJ). No sistema do CPC/73, isso era requerido por meio de cautelar, que deixou de existir no NCPC. A partir de agora, isso é pleiteado por simples petição, sendo que a competência foi prevista no Código (art. 1.029, § 5º).

(XX Exame de Ordem Unificado / FGV) Durante uma ação de guarda a tramitar em uma vara de família, a ré, mãe da criança, descobriu que o advogado do pai (autor) é filho adotivo do irmão do promotor de justiça que atua no caso. Extremamente preocupada, informou o fato ao seu advogado.

Com base no CPC/15, como advogado da mãe, assinale a afirmativa correta.

A) Por causa do impedimento para que o promotor de justiça exerça suas funções, o fato deverá ser informado ao juiz da causa em petição específica.

B) O advogado da mãe deverá arguir, por meio de exceção, o impedimento do promotor de justiça.

C) As causas de impedimento direcionadas ao magistrado, como é o caso, não se estendem aos membros do Ministério Público.

D) Não se trata de causa de impedimento porque o advogado do pai é parente colateral de terceiro grau do promotor de justiça.

RESPOSTA

☑ O enunciado trata de uma situação de impedimento (NCPC, art. 144, IV – parentesco até o terceiro grau). A respeito do tema, importante destacar que (i) as hipóteses de impedimento do juiz aplicam-se ao MP e outros servidores (NCPC, art. 148) e (ii) no NCPC, o impedimento não é mais alegado por exceção, mas sim no próprio processo, em "petição específica" (NCPC, art. 146).

B) No NCPC, a suspeição não é realizada por meio de exceção (NCPC, art. 146).

C) As hipóteses de impedimento do juiz aplicam-se ao MP e a outros servidores (NCPC, art. 148).

D) Aplica-se o art. 144, IV, do NCPC.

(XX Exame de Ordem Unificado / FGV) Rafael e Paulo, maiores e capazes, devidamente representados por seus advogados, celebraram um contrato, no qual, dentre outras obrigações, havia a previsão de que, em eventual ação judicial, os prazos processuais relativamente aos atos a serem praticados por ambos seriam, em todas as hipóteses, dobrados. Por conta de desavenças surgidas um ano após a celebração da avença, Rafael ajuizou uma demanda com o objetivo de rescindir o contrato e, ainda, receber indenização por dano material. Regularmente distribuída para o juízo da 10ª Vara Cível da comarca de Porto Alegre/RS, o magistrado houve por reconhecer, de ofício, a nulidade da cláusula que previa a dobra do prazo.

Sobre os fatos, assinale a afirmativa correta.

A) O magistrado agiu corretamente, uma vez que as regras processuais não podem ser alteradas pela vontade das partes.

B) Se o magistrado tivesse ouvido as partes antes de reconhecer a nulidade, sua decisão estaria correta, uma vez que, embora a cláusula fosse realmente nula, o princípio do contraditório deveria ter sido observado.

C) O magistrado agiu incorretamente, uma vez que, tratando-se de objeto disponível, realizado por partes capazes, eventual negócio processual, que ajuste o procedimento às especificidades da causa, deve ser respeitado.

D) O juiz não poderia ter reconhecido a nulidade do negócio processual, ainda que se tratasse de contrato de adesão realizado por partes em situações manifestamente desproporcionais, uma vez que deve ser respeitada a autonomia da vontade.

RESPOSTA

A) A fundamentação legal está no NCPC, art. 190.

B) O NJP é previsto no sistema, como já exposto em "A".

✓ O NCPC permite que as partes – sendo maiores e capazes e em temas que não envolvam direitos indisponíveis – celebrem acordo para modificar o procedimento. Trata-se do "negócio jurídico processual" (NJP), previsto no art. 190.

D) O juiz somente recusará a validade do NJP "nos casos de nulidade ou de inserção abusiva em contrato de adesão ou em que alguma parte se encontre em manifesta situação de vulnerabilidade" (NCPC, art. 190, parágrafo único).

(XX Exame de Ordem Unificado / FGV) A médica Carolina é devedora de R$ 100.000,00 (cem mil reais), débito esse originado de contrato particular de mútuo, vencido e não pago, no qual figura como credora a advogada Zélia. Diante do inadimplemento, Zélia ajuizou ação de cobrança que, após instrução probatória, culminou em sentença com resolução de mérito procedente. O juiz não se pronunciou quanto ao pagamento de honorários advocatícios de sucumbência à advogada porque esta atuou em causa própria. A omissa sentença proferida transitou em julgado recentemente.

Sobre o caso apresentado, segundo o CPC/15, assinale a afirmativa correta.

A) O juiz agiu com acerto ao deixar de condenar Carolina ao pagamento de honorários.

B) Os honorários advocatícios de sucumbência constituem direito do advogado sem natureza alimentar.

C) A advogada Zélia não poderá requerer que o pagamento dos honorários seja efetuado em favor da sociedade de advogados no qual figura como sócia.

D) O recente trânsito em julgado da omissa sentença não obsta o ajuizamento de ação autônoma para definição e cobrança dos honorários de sucumbência.

RESPOSTA

A) Os honorários são devidos mesmo quando o advogado atua em causa própria (NCPC, art. 85, § 17).

B) Os honorários são direito do advogado e têm natureza alimentar (NCPC, art. 85, § 14).

C) Expressa previsão legal em sentido inverso (NCPC, art. 85, § 15).

✓ O NCPC trouxe previsão legal nesse sentido (art. 85, § 18). Vale destacar que, antes do NCPC, havia firme entendimento do STJ em sentido inverso (Súmula 453/STJ, superada com a vigência do NCPC).

(XX Exame de Ordem Unificado / FGV) Em país estrangeiro em que possui domicílio e onde estão localizados seus bens imóveis, a sociedade empresária Alfa firmou contrato particular de fornecimento de minério com a também estrangeira sociedade empresária Beta, estipulando que a obrigação contratual deveria ser adimplida no Brasil. A sociedade empresária Alfa, diante do inadimplemento contratual da sociedade empresária Beta, ajuizou, perante a 1ª Vara Cível de Montes Claros/MG, ação com o propósito de ser indenizada pelos danos materiais sofridos, prestando como caução consistente dois veículos de sua propriedade. Após a citação e a realização de audiência de conciliação, a sociedade empresária Beta contestou, apresentando pedido de reconvenção, alegando possuir direito de ser indenizada materialmente, em razão da relação jurídica contratual regularmente constituída entre as litigantes, sob a luz das legislações estrangeira e nacional.

Com base no caso apresentado, segundo as regras do CPC/15, assinale a afirmativa correta.

A) A caução prestada pela sociedade empresária Alfa não poderá ser objeto de pedido de reforço durante o trâmite processual.

B) A sociedade empresária Alfa deverá prestar caução suficiente ao pagamento das custas e dos honorários de advogado da parte contrária.

C) A sociedade empresária Beta, para admissão de seu pedido reconvencional, deverá prestar caução suficiente ao pagamento das custas e dos honorários de advogado da sociedade empresária Alfa.

D) O contrato originado em país estrangeiro, antes do ajuizamento da ação indenizatória, deverá ser objeto de homologação perante o Superior Tribunal de Justiça.

RESPOSTA

A) A fundamentação legal está no art. 83 do NCPC.

✓ A hipótese é prevista no NCPC, art. 83. O autor, brasileiro ou estrangeiro, que residir fora do Brasil ou deixar de residir no País ao longo da tramitação de processo prestará caução suficiente ao pagamento das custas e dos honorários de advogado da parte contrária nas ações que propuser, se não tiver no Brasil bens imóveis que lhes assegurem o pagamento.

C) A fundamentação legal está no art. 83 do NCPC.

D) O que depende de homologação no STJ é a sentença estrangeira (NCPC, art. 960), não um documento para ajuizamento de demanda.

(XX Exame de Ordem Unificado / FGV) Distribuída a ação, Antônia (autora) é intimada para a audiência de conciliação na pessoa de seu advogado. Explicado o objetivo desse ato pelo advogado, Antônia informa que se recusa a participar da audiência porque não tem qualquer possibilidade de conciliação com Romero (réu).

Acerca da audiência de conciliação ou de mediação, com base no CPC/15, assinale a afirmativa correta.

A) Romero deverá ser citado para apresentar defesa com, pelo menos, 15 (quinze) dias de antecedência.

B) A audiência não será realizada, uma vez que Antônia manifestou expressamente seu desinteresse pela conciliação.

C) Ainda que ambas as partes manifestem desinteresse na conciliação, quando a matéria não admitir autocomposição, a audiência de conciliação ocorrerá normalmente.

D) Antônia deve ser informada que o seu não comparecimento é considerado ato atentatório à dignidade da justiça, sob pena de multa.

RESPOSTA

A) A regra é a realização da audiência (NCPC, art. 334), antes da abertura do prazo para contestação.

B) Pelo NCPC, somente se ambas as partes não quiserem é que não haverá a audiência (art. 334, § 4º).

C) Vale o exposto na letra B.

☑ A audiência de conciliação ou mediação (NCPC, art. 334) é uma das inovações do novo sistema. Pelo Código, tratando-se de direitos disponíveis, em regra, deve ocorrer; apenas se ambas as partes não quiserem é que a audiência não será realizada (NCPC, art. 334, § 4º), e o autor deverá informar seu interesse pela audiência na petição inicial (NCPC, art. 319, VII). Se alguma parte não comparecer à audiência de forma injustificada, isso será considerado ato atentatório à dignidade da justiça e haverá aplicação de multa (NCPC, art. 334, § 8º).

(XX Exame de Ordem Unificado / FGV) Davi ajuizou ação em face de Heitor, cumulando pedido de cobrança no valor de R$ 70.000,00 (setenta mil reais) e pedido indenizatório de dano material no valor de R$ 30.000,00 (trinta mil reais). Ultrapassada a fase inicial conciliatória, Heitor apresentou contestação contendo vários fundamentos – dentre eles, preliminar de impugnação ao valor da causa. O Juiz proferiu decisão saneadora, rejeitando a impugnação ao valor da causa e determinando o prosseguimento do processo.

Com base no caso apresentado, assinale a afirmativa correta.

A) Heitor deveria ter apresentado incidente processual autônomo de impugnação ao valor da causa.

B) Heitor poderá formular pedido recursal de modificação da decisão que rejeitou a impugnação ao valor da causa, em suas razões recursais de eventual apelação.

C) O valor da causa deverá ser de R$ 70.000,00 (setenta mil reais), pois existem pedidos cumulativos.

D) A impugnação ao valor da causa somente poderia ser decidida por ocasião da prolatação da sentença de mérito.

RESPOSTA

A) No NCPC, a discussão ao valor da causa passou a ser feita em preliminar de contestação (NCPC, art. 293).

☑ Tendo em vista que, no NCPC, não cabe agravo de instrumento de decisão envolvendo valor da causa (art. 1.015), essa interlocutória será impugnada em preliminar de apelação (NCPC, art. 1.009, § 1º).

C) O valor da causa, em pedidos cumulados, seria de R$ 70 mil (NCPC, art. 292, VI).

D) A decisão do juiz, se acolher a impugnação, determinará a complementação das custas – o que ocorrerá antes da sentença (NCPC, art. 293).

(XXI Exame de Ordem Unificado / FGV) Lucas foi citado para apresentar defesa em ação de indenização por danos materiais, em razão de acidente de veículo. Contudo, o proprietário e condutor do veículo que causou o acidente era Cláudio, seu primo, com quem Lucas havia pego uma carona.

Lucas, em contestação, deverá

A) requerer a alteração do sujeito passivo, indicando Cláudio como réu.

B) requerer que Cláudio seja admitido na condição de assistente litisconsorcial.

C) denunciar Cláudio à lide.

D) requerer o chamamento de Cláudio ao processo.

RESPOSTA

☑ No NCPC, a alegação de ilegitimidade passiva deve vir acompanhada da indicação de quem é o efetivo réu, caso se saiba quem deve figurar no polo passivo, como é o caso da questão (NCPC, arts. 338 e 339).

B) Se Lucas se entende parte ilegítima, ele não deve permanecer nos autos, mas ser excluído do processo por força de ilegitimidade, sendo que o assistido permanece nos autos.

C) Na denunciação, o réu denunciante permanece no processo e é parte legítima.

D) No chamamento, o réu denunciante permanece no processo e é parte legítima.

(XXI Exame de Ordem Unificado / FGV) Em execução por título extrajudicial, movida pela distribuidora de bebidas Geladão em face do Supermercado Preço Certo, o executado, citado, não realizou o pagamento da dívida. O exequente requereu, então, a indisponibilidade da quantia em dinheiro existente em aplicação financeira titularizada pelo executado, o que foi deferido pelo juízo sem a oitiva do réu. Bloqueado valor superior à dívida, o juiz deu vista do processo ao exequente, que requereu a conversão da indisponibilidade em penhora.

Sobre o procedimento adotado, assinale a afirmativa correta.

A) A conversão da indisponibilidade em penhora deve ser deferida independentemente de ciência prévia do ato executado, visto que não houve o pagamento espontâneo da dívida.

B) A indisponibilidade é nula, pois promovida sem a prévia oitiva do réu, o que viola o contraditório e a ampla defesa.

C) O juiz, considerando o excesso do bloqueio, não deveria ter dado vista do processo ao exequente, mas promovido o cancelamento da indisponibilidade excessiva no prazo máximo de vinte e quatro horas.

D) O juiz, independentemente do excesso da indisponibilidade, deveria ter dado vista do processo ao executado, a fim de que este comprovasse a impenhorabilidade da quantia bloqueada.

RESPOSTA

A) Somente haverá a conversão da indisponibilidade em penhora após manifestação ou silêncio do executado (NCPC, art. 854, § 5º).

B) A indisponibilidade é realizada sem manifestação do executado (NCPC, art. 85); a conversão da indisponibilidade em penhora é que depende de oitiva do executado (alternativa "A").

☑ É a previsão legal (NCPC, art. 854, § 1º).

D) Havendo excesso de penhora, o juiz deverá cancelar eventual excesso de ofício (NCPC, art. 854, § 1º).

(XXI Exame de Ordem Unificado / FGV) Cristina não foi autorizada por seu plano de saúde a realizar cirurgia de urgência indicada por seu médico. Tendo em vista a necessidade de pronta solução para seu caso, ela procura um(a) advogado(a), que afirma que a ação a ser ajuizada terá como pedido a realização da cirurgia, com pedido de tutela antecipada para sua efetivação imediata, sem a oitiva do Réu. O(a) advogado(a) ainda sustenta que não poderá propor a ação sem que Cristina apresente toda a documentação que possui para a instrução da inicial, sob pena de impossibilidade de juntada posterior.

A respeito do caso, assinale a afirmativa correta.

A) O advogado equivocou-se. Trata-se de tutela cautelar e não antecipada, de modo que o pedido principal terá de ser formulado pela autora no prazo de 30 (trinta) dias nos mesmos autos.

B) O advogado equivocou-se. A urgência é contemporânea à propositura da ação, pelo que a tutela antecipada pode ser requerida em caráter antecedente, com a possibilidade de posterior aditamento à petição inicial.

C) O advogado agiu corretamente. A petição inicial é o momento correto para a apresentação de documentos.

D) O advogado agiu corretamente. Somente a tutela cautelar e não a antecipada pode ser requerida em caráter antecedente.

RESPOSTA

A) Como o que se pleiteia é já a fruição da decisão final (a realização da cirurgia), a hipótese é de satisfação, de modo que a medida mais adequada seria a antecipação de tutela mesmo (NCPC, art. 294, parágrafo único). Porém, há previsão legal (NCPC, art. 305, parágrafo único) e debate doutrinário e jurisprudencial quanto à fungibilidade entre tutela cautelar e antecipada, de modo que esta resposta poderia trazer dúvida ao candidato.

✓ A hipótese é de "tutela antecipada antecedente", sendo que nesse caso será possível o aditamento da inicial para formular o pedido final, momento em que possível a juntada de documentos (NCPC, art. 303, *caput* e § 1º).

C) Apesar de em regra a inicial ser o momento para juntada de documentos, há exceções – como no caso de tutela antecipada antecedente (*vide* alternativa "B").

D) Qualquer das tutelas de urgência poderá ser concedida de forma antecedente ou incidental (NCPC, art. 294, parágrafo único).

(XXI Exame de Ordem Unificado / FGV) Mariana propôs ação com pedido condenatório contra Carla, julgado improcedente, o que a levou a interpor recurso de apelação ao Tribunal de Justiça, objetivando a reforma da decisão. Após a apresentação de contrarrazões por Carla, o juízo de primeira instância entendeu que o recurso não deveria ser conhecido, por ser intempestivo, tendo sido certificado o trânsito em julgado.

Intimada dessa decisão mediante Diário Oficial e tendo sido constatada a existência de um feriado no curso do prazo recursal, não levado em consideração pelo juízo de primeira instância, Mariana deverá

A) interpor Agravo de Instrumento ao Tribunal de Justiça, objetivando reverter o juízo de admissibilidade realizado em primeiro grau.

B) ajuizar Reclamação ao Tribunal de Justiça, sob o fundamento de usurpação de competência quanto ao juízo de admissibilidade realizado em primeiro grau.

C) interpor Agravo Interno para o Tribunal de Justiça, objetivando reverter o juízo de admissibilidade realizado em primeiro grau.

D) interpor nova Apelação ao Tribunal de Justiça reiterando as razões de mérito já apresentadas, postulando, em preliminar de apelação, a reforma da decisão interlocutória, que versou sobre o juízo de admissibilidade.

RESPOSTA

A) Por não estar no rol taxativo do art. 1.015 do NCPC, não seria cabível o agravo de instrumento (apesar de existir debate quanto ao rol ser taxativo – por isso a alternativa deveria também ser considerada correta).

✓ De fato a reclamação seria medida cabível para impugnar a decisão, pois o juiz de 1º grau usurpou a competência do Tribunal, já que ao 2º grau competiria a admissibilidade (NCPC, art. 988, I). Novidade do Código, não há mais a admissibilidade da apelação no juízo de origem (NCPC, art. 1.010, § 3º). Porém, a pergunta não trata exatamente disso, mas de qual medida cabível para o caso de não ser observada essa nova previsão legal – sendo que não há previsão expressa para isso no NCPC, de modo que, em tese, mais de uma solução seria possível – especialmente quando ainda não há jurisprudência firme acerca do tema. Por isso, a questão deveria ser anulada.

C) Somente cabe agravo interno de decisão monocrática de relator (NCPC, art. 1.021), sendo que a decisão em análise é de 1º grau.

D) Se já houve uma apelação, não é caso de se interpor nova apelação, especialmente considerando que a não admissão não se trata de sentença.

(XXI Exame de Ordem Unificado / FGV) A sociedade Palavras Cruzadas Ltda. ajuizou ação de responsabilidade civil em face de Helena e requereu o benefício da gratuidade de justiça, na petição inicial. O juiz deferiu o requerimento de gratuidade e ordenou a citação da ré. Como a autora não juntou qualquer documento comprobatório de sua hipossuficiência econômica, a ré pretende atacar o benefício deferido.

Com base na situação apresentada, assinale a afirmativa correta.

A) O instrumento processual adequado para atacar a decisão judicial é o incidente de impugnação ao benefício de gratuidade, que será processado em autos apartados.

B) A ré alegará na contestação que não estão presentes os requisitos para o deferimento do benefício de gratuidade.

C) A ré alegará na contestação que o benefício deve ser indeferido, mas terá que apresentar documentos comprobatórios, pois a lei presume verdadeira a alegação de insuficiência deduzida.

D) O instrumento processual previsto para atacar a decisão judicial de deferimento do benefício é o agravo de instrumento.

RESPOSTA

A) Novidade do Código, a impugnação à justiça gratuita não é mais elaborada em peça apartada, mas na própria contestação (NCPC, art. 100). Sendo assim, não há mais um incidente específico, como nesta alternativa.

✓ No caso, deve ser impugnada a gratuidade em contestação.

C) Esta alternativa poderia ser correta considerando o ônus da prova de quem impugna a gratuidade. Contudo, a banca entendeu, com base no art. 99, § 3º, do NCPC, que o ônus da prova seria da pessoa jurídica.

D) Antes de se recorrer da decisão que defere a gratuidade, é necessário discutir perante o próprio juízo que a concedeu (NCPC, art. 100).

(XXI Exame de Ordem Unificado / FGV) Pedro, munido de documento comprobatório de vínculo jurídico de prestação de serviço com Carlos e, esgotadas todas as possibilidades consensuais para tentar exigir o cumprimento da obrigação, promove ação observando o rito especial monitório. Citado, Carlos oferece embargos, apontando em preliminar que o rito da ação monitória não é adequado para pleitear cumprimento de obrigação de fazer e, no mérito, alega exceção de contrato não cumprido. Oferta, ainda, reconvenção, cobrando os valores supostamente devidos.

Diante da situação hipotética, sobre os posicionamentos adotados por Carlos, assinale a afirmativa correta.

A) A preliminar apontada por Carlos nos embargos deve ser acolhida, pois é vedado pleitear cumprimento de obrigação de fazer por intermédio de ação monitória.

B) A reconvenção deve ser rejeitada, em virtude do descabimento dessa forma de resposta em ação monitória.

C) A preliminar indicada por Carlos não deve prosperar, tendo em vista que é possível veicular em ação monitória cumprimento de obrigação de fazer.

D) A forma correta de oferecer defesa em ação monitória é via contestação, sendo assim, os embargos ofertados por Carlos devem ser rejeitados.

RESPOSTA

A) No CPC/1973 não cabia monitória para obrigação de fazer; no NCPC, isso é expressamente permitido (art. 700, III).

B) Admite-se a reconvenção na monitória (NCPC, art. 702, § 6º).

✓ O NCPC permite a monitória para obrigação (art. 700, III, e explicação constante da alternativa "A").

D) A contestação na ação monitória recebe o nome de embargos – que não dependem de penhora e serão processados nos próprios autos ou em apartado, a critério do juiz (NCPC, art. 702, *caput* e § 7º).

(XXII Exame de Ordem Unificado / FGV) Jorge ajuizou demanda contra Maria, requerendo sua condenação à realização de obrigação de fazer e ao pagamento de quantia certa. Fez requerimento de tutela provisória de urgência em relação à obrigação de fazer. Após o transcurso da fase postulatória e probatória sem a análise do mencionado requerimento, sobreveio sentença de procedência de ambos os pedidos autorais, em que o juízo determina o imediato cumprimento da obrigação de fazer. Diante de tal situação, Maria instruiu seu advogado a recorrer apenas da parte da sentença relativa à obrigação de fazer.

Nessa circunstância, o advogado de Maria deve

A) impetrar Mandado de Segurança contra a decisão que reputa ilegal, tendo como autoridade coatora o juízo sentenciante.

B) interpor Agravo de Instrumento, impugnando o deferimento da tutela provisória, pois ausentes seus requisitos.

C) interpor Apelação, impugnando o deferimento da tutela provisória e a condenação final à obrigação de fazer.

D) interpor Agravo de Instrumento, impugnando a tutela provisória e a condenação final à obrigação de fazer.

RESPOSTA

A) Mandado de Segurança de decisão judicial somente pode ser utilizado quando não há recurso cabível da decisão (Súmula 267/STF: Não cabe mandado de segurança contra ato judicial passível de recurso ou correição).

B) De acordo com o princípio da unirrecorribilidade, somente cabe um recurso para cada decisão.

✓ Considera-se nesse caso o princípio da unirrecorribilidade e o fato de a tutela de urgência ter sido somente um capítulo da decisão (NCPC, art. 1.009, § 3º). De antecipação de tutela concedida na sentença é cabível somente apelação.

D) Trata-se de sentença, de modo que o recurso cabível é a apelação (NCPC, art. 1.009).

(XXII Exame de Ordem Unificado / FGV) Antônia contratou os arquitetos Nivaldo e Amanda para realizar o projeto de reforma de seu apartamento. No contrato celebrado entre os três, foi fixado o prazo de trinta dias para a prestação do serviço de arquitetura, o que não foi cumprido, embora tenha sido feito o pagamento dos valores devidos pela contratante. Com o objetivo de rescindir o contrato celebrado e ser ressarcida do montante pago, Antônia procura um advogado, mas lhe informa que não gostaria de processar Amanda, por serem amigas de infância.

Sobre a hipótese apresentada, assinale a opção que indica o procedimento correto a ser adotado.

A) Será possível o ajuizamento da ação unicamente em face de Nivaldo, na medida em que a hipótese tratada é de litisconsórcio simples. A sentença proferida contra Nivaldo será ineficaz em relação a Amanda.

B) Não será possível o ajuizamento da ação unicamente em face de Nivaldo, uma vez que a hipótese tratada é de litisconsórcio necessário. Caso a ação não seja ajuizada em face de Amanda, o juiz deverá determinar que seja requerida sua citação, sob pena de extinção do processo.

C) Será possível o ajuizamento da ação unicamente em face de Nivaldo, na medida em que a hipótese tratada é de litisconsórcio facultativo. A sentença proferida contra Nivaldo será eficaz em relação a Amanda, pois entre eles há comunhão de direitos ou de obrigações.

D) Não será possível o ajuizamento da ação unicamente em face de Nivaldo, uma vez que a hipótese tratada é de litisconsórcio simples. A sentença proferida contra Nivaldo será ineficaz.

RESPOSTA

A) O litisconsórcio simples se refere à possibilidade de prolação de decisões distintas para os litisconsortes – e, no caso, nem sequer existiu o litisconsórcio.

✓ Considerando a obrigação e o pagamento celebrado com dois profissionais, não há como falar em rescisão somente em relação a um deles (NCPC, art. 114).

C) A hipótese não é de litisconsórcio facultativo, pois houve contratação e pagamento a dois profissionais.

D) Veja-se o exposto nas alternativas anteriores.

(XXII Exame de Ordem Unificado / FGV) João ajuizou ação indenizatória contra Maria, postulando a condenação ao pagamento de R$ 100.000,00 a título de reparação por danos materiais e R$ 50.000,00 por indenização de danos morais, em razão do descumprimento de um contrato firmado entre eles, referente à compra e venda de dois imóveis, cujos valores eram R$ 500.000,00 e R$ 200.000,00. Maria, citada, apresentou contestação e reconvenção, pedindo a declaração de invalidade parcial do contrato relativo ao imóvel de R$ 200.000,00, bem como a condenação de João ao pagamento de indenização por danos morais, no valor de R$ 20.000,00.

Diante de tal situação, assinale a opção que apresenta o valor da causa da reconvenção.

A) O valor deve ser o mesmo da ação principal, qual seja, R$ 150.000,00, por ser ação acessória.

B) Não é necessário dar valor à causa na reconvenção.

C) O valor deve ser de R$ 220.000,00, referente à soma do pedido de declaração de invalidade parcial do contrato e do pleito de indenização por danos morais.

D) O valor deve ser de R$ 200.000,00, referente ao pedido de declaração de invalidade parcial do contrato, sendo o pleito de indenização por danos morais meramente estimado, dispensando a indicação como valor da causa.

RESPOSTA

A) Os pedidos são distintos.

B) Há previsão expressa de valor da causa da reconvenção, ainda que seja feita na própria contestação (NCPC, art. 292).

✓ O valor da causa, quando há pedidos cumulados, deve ser a soma dos pedidos (NCPC, art. 292, *caput* e VI).

D) Deve-se considerar o exposto no item C.

(XXII Exame de Ordem Unificado / FGV) Carlos ajuizou, em 18/03/2016, ação contra o Banco Sucesso, pelo procedimento comum, pretendendo a revisão de determinadas cláusulas de um contrato de abertura de crédito. Após a apresentação de contestação e réplica, iniciou-se a fase de produção de provas, tendo o Banco Sucesso requerido a produção de prova pericial para demonstrar a ausência de abusividade dos juros remuneratórios. A prova foi indeferida e o pedido foi julgado procedente para revisar o contrato e limitar a cobrança de tais juros.

Sobre a posição do Banco Sucesso, assinale a afirmativa correta.

A) Ele deve interpor recurso de agravo de instrumento contra a decisão que indeferiu a produção de prova. Não o tendo feito, a questão está preclusa e não admite rediscussão.

B) Ele deve apresentar petição de protesto contra a decisão que indeferiu a produção de prova, evitando-se a preclusão, com o objetivo de rediscuti-la em apelação.

C) Ele deve permanecer inerte em relação à decisão de indeferimento de produção de prova, mas poderá rediscutir a questão em preliminar de apelação.

D) Ele deve interpor recurso de agravo retido contra a decisão que indeferiu a produção de prova, evitando-se a preclusão, com o objetivo de rediscuti-la em apelação.

RESPOSTA

A) Não há previsão de agravo de instrumento para essa decisão (NCPC, art. 1.015).

B) Não há previsão legal determinando a necessidade de protesto antipreclusivo.

✓ No NCPC, a interlocutória não agravável de instrumento deve ser impugnada via preliminar de apelação (art. 1.009, § 1º).

D) Não há mais agravo retido no NCPC.

(XXII Exame de Ordem Unificado / FGV) Gláucia ajuizou, em abril de 2016, ação de alimentos em face de Miguel com fundamento na paternidade. O réu, na contestação, alegou não ser pai de Gláucia. Após a produção de provas e o efetivo contraditório, o magistrado decidiu favoravelmente ao réu. Inconformada com a sentença de improcedência que teve por base o exame de DNA negativo, Gláucia resolve agora propor ação de investigação de paternidade em face de Miguel.

Sobre a hipótese apresentada, assinale a afirmativa correta.

A) O magistrado deve rejeitar a nova demanda com base na perempção.

B) A demanda de paternidade deve ser admitida, já que apenas a questão relativa aos alimentos é que transitou em julgado no processo anterior.

C) A questão prejudicial, relativa à paternidade, não é alcançada pela coisa julgada, pois a cognição judicial foi restrita a provas documentais e testemunhais.

D) A questão prejudicial, relativa à paternidade, é atingida pela coisa julgada, e o novo processo deve ser extinto sem resolução do mérito.

RESPOSTA

A) O fenômeno em análise não é a perempção (que é prevista no NCPC, art. 486, § 3º).

B) No NCPC esse não é mais o tratamento dos limites objetivos da coisa julgada.

C) O próprio enunciado aponta que houve produção de prova pericial.

☑ No NCPC, desde que tenha havido contraditório prévio e efetivo, a questão prejudicial (paternidade) é coberta pela coisa julgada (NCPC, art. 503, § 1º).

(XXII Exame de Ordem Unificado / FGV) Jair promove ação em face de Carlos para cobrar uma dívida proveniente de contrato (não escrito) de prestação de serviços celebrado pelas partes. Com o trânsito em julgado da sentença que condenou Carlos a pagar o valor devido, Jair requer o cumprimento de sentença. O executado foi intimado regularmente na pessoa do seu advogado. No prazo da impugnação, deposita o correspondente a 30% do valor devido e requer o parcelamento do remanescente em até 6 (seis) prestações. O juiz defere o pedido do executado, fundamentando sua decisão no princípio da menor onerosidade, mas o exequente se insurge por intermédio de agravo de instrumento, alegando que o parcelamento legal não se aplica ao cumprimento de sentença.

Diante da situação hipotética, a decisão do juiz está

A) correta, pois o parcelamento legal pode ser aplicado no caso de cumprimento de sentença.

B) equivocada, tendo em vista que só poderia deferir se fosse feito depósito de 50%.

C) equivocada, pois há vedação expressa para a concessão do parcelamento legal no caso de cumprimento de sentença.

D) correta, pois sempre se deve encontrar a forma mais efetiva para a execução.

RESPOSTA

A) Há expressa previsão legal em sentido inverso (NCPC, art. 916, § 7º).

B) O depósito é, de fato, de 30%, quando admitido (NCPC, art. 916).

☑ Há expressa previsão legal nesse sentido (NCPC, art. 916, § 7º).

D) Deve-se considerar a previsão legal em sentido inverso.

(XXIII Exame de Ordem Unificado / FGV) Roberta ingressou com ação de reparação de danos em face de Carlos Daniel, cirurgião plástico, devido à sua insatisfação com o resultado do procedimento estético por ele realizado. Antes da citação do réu, Roberta, já acostumada com sua nova feição e considerando a opinião dos seus amigos (de que estaria mais bonita), troca de ideia e desiste da demanda proposta. A desistência foi homologada em juízo por sentença. Após seis meses, quando da total recuperação da cirurgia, Roberta percebeu que o resultado ficara completamente diferente do prometido, razão pela qual resolve ingressar novamente com a demanda.

A demanda de Roberta deverá ser:

A) extinta sem resolução do mérito, por ferir a coisa julgada.

B) extinta sem resolução do mérito, em razão da litispendência.

C) distribuída por dependência.

D) submetida à livre distribuição, pois se trata de nova demanda.

RESPOSTA

A) A decisão sem resolução mérito não é coberta pela coisa julgada, razão pela qual não impede a repropositura da demanda (NCPC, art. 486).

B) Tal qual exposto no item anterior, a decisão sem mérito não impede a repropositura.

☑ Tal qual exposto em "A", a decisão terminativa admite a repropositura da demanda. Ademais, quando da repropositura, existe a prevenção por parte do juiz, motivo que leva à distribuição por dependência (NCPC, art. 286, II).

D) Apesar de se tratar de nova demanda, na hipótese deve haver a distribuição por dependência, considerando o exposto na alternativa "C".

(XXIII Exame de Ordem Unificado / FGV) Pedro promove ação de cobrança em face de José, pelo descumprimento de contrato de prestação de serviços celebrado entre as partes.

O processo instaurado teve seu curso normal, e o pedido foi julgado procedente, com a condenação do réu a pagar o valor pleiteado. Não houve recurso e, na fase de cumprimento de sentença, o executado é intimado a efetuar o pagamento e pretende ofertar resistência.

Sobre a postura adequada para o executado tutelar seus interesses, assinale a afirmativa correta.

A) Deve oferecer embargos à execução e, para tanto, deverá garantir o juízo com penhora, depósito ou caução.

B) Deve oferecer impugnação à execução, devendo garantir o juízo com penhora, depósito ou caução.

C) Deve oferecer embargos à execução, sem a necessidade de prévia garantia do juízo para ser admitido.

D) Deve oferecer impugnação à execução, sem a necessidade de prévia garantia do juízo com penhora.

RESPOSTA

A) Os embargos são utilizados quando se está diante de processo de execução que independem de penhora.

B) A impugnação ao cumprimento de sentença, no NCPC, independe de penhora (art. 525, *caput*).

C) Os embargos são utilizados quando se está diante de processo de execução.

☑ O problema traz um cumprimento de sentença, cuja defesa se dá pela impugnação ao cumprimento de sentença (o nome utilizado pelo examinador não foi o mais adequado). Por sua vez, a impugnação, no NCPC, independe de penhora para ser oferecida (art. 525, *caput*).

(XXIII Exame de Ordem Unificado / FGV) Carolina, vítima de doença associada ao tabagismo, requereu, em processo de indenização por danos materiais e morais contra a indústria do tabaco, a inversão do ônus da prova, por considerar que a parte ré possuía melhores condições de produzir a prova.

O magistrado, por meio de decisão interlocutória, indeferiu o requerimento por considerar que a inversão poderia gerar situação em que a desincumbência do encargo seria excessivamente difícil.

Sobre a hipótese apresentada, assinale a afirmativa correta.

A) A decisão é impugnável por agravo interno.
B) A decisão é irrecorrível.
C) A decisão é impugnável por agravo de instrumento.
D) A parte autora deverá aguardar a sentença para suscitar a questão como preliminar de apelação ou nas contrarrazões do recurso de apelação.

RESPOSTA

A) Cabe agravo interno de decisão monocrática (NCPC, art. 932), e a decisão mencionada no enunciado é interlocutória.
B) A decisão é recorrível, tratando-se de uma interlocutória que, portanto, admite recurso.
✓ No NCPC, há uma relação com as decisões interlocutórias que são agraváveis de instrumento – e a decisão relativa ao ônus da prova é exatamente uma dessas (art. 1.015, XI).
D) A hipótese de aguardar a apelação para impugnar a decisão interlocutória (prevista no art. 1.009, § 1º) só é cabível nas situações em que não se admite o agravo de instrumento – e, como visto na alternativa anterior, a decisão indicada no enunciado é agravável de instrumento.

(XXIII Exame de Ordem Unificado / FGV) Nos Juízos de Direito da capital do Estado X tramitavam centenas de demandas semelhantes, ajuizadas por servidores públicos vinculados ao Município Y discutindo a constitucionalidade de lei ordinária municipal que tratava do plano de cargos e salários da categoria.

Antevendo risco de ofensa à isonomia, com a possibilidade de decisões contraditórias, o advogado de uma das partes resolve adotar medida judicial para uniformizar o entendimento da questão jurídica.

Nessa hipótese, o advogado deve peticionar:

A) ao Juízo de Direito no qual tramita a demanda por ele ajuizada, requerendo a instauração de incidente de assunção de competência.
B) ao Presidente do Tribunal ao qual está vinculado o Juízo de Direito, requerendo a instauração de incidente de resolução de demandas repetitivas.
C) ao Presidente do Tribunal ao qual está vinculado o Juízo de Direito, requerendo a instauração de incidente de arguição de inconstitucionalidade.
D) ao Juízo de Direito no qual tramita a demanda por ele ajuizada, requerendo a intimação do Ministério Público para conversão da demanda individual em coletiva.

RESPOSTA

A) Se existem centenas de demandas, a hipótese é de IRDR (incidente de resolução de demandas repetitivas – NCPC, art. 976) e não do IAC – o incidente de assunção de competência é utilizado para situações em que não haja repetição em múltiplos processos (NCPC, art. 947).
✓ Como exposto na alternativa anterior, a questão trata do IRDR. Quanto à competência, o IRDR é dirigido ao presidente do tribunal (NCPC, art. 977).
C) A hipótese não é de verificação de inconstitucionalidade no âmbito do tribunal, mas sim de fixação da tese em causas repetitivas (NCPC, art. 948).
D) incorreta, pois, como já dito, a hipótese é de demandas repetitivas. Além disso, a conversão de ação individual em coletiva foi vetada no NCPC (art. 333).

(XXIII Exame de Ordem Unificado / FGV) Jorge administra cinco apartamentos de Marina. Ele recebe os valores relativos à locação dos referidos bens, realiza os pagamentos inerentes aos imóveis (condomínio, IPTU), abate o valor pela prestação de serviços e repassa o saldo residual a Marina, mediante depósito em conta corrente, titularizada pela contratante.

Contudo, nos últimos dez meses, Jorge tem deixado de fornecer os relatórios mensais acerca da despesa e receita. Incomodada, Marina o questiona acerca da omissão, que nada faz.

Diante desse cenário, Marina procura um advogado, que, com o objetivo de obter os relatórios, deve ajuizar:

A) Ação de Execução, fundada em título extrajudicial consubstanciado no acerto verbal havido entre as partes.
B) Ação de Reintegração de Posse dos imóveis administrados por Jorge.
C) Ação de Exigir Contas, para que Jorge forneça os relatórios.
D) Ação de Consignação de Pagamento, objetivando que Jorge consigne os relatórios em Juízo.

RESPOSTA

A) O título executivo não pode ser verbal, mas sim um documento escrito, conforme os diversos títulos previstos em lei (NCPC, art. 784).
B) Conforme o enunciado, o objetivo de Marina é obter os relatórios, não a posse dos apartamentos – e essa seria a finalidade de uma ação possessória.
✓ A obtenção dos relatórios é a prestação de contas que se espera, sendo que no NCPC o procedimento especial é para quem exige contas (art. 550), que é o buscado por Marina.
D) A obtenção de relatórios nada tem que ver com o pagamento de valores e alguém que não quer receber – e é isso que se faz na consignação em pagamento (NCPC, art. 539).

(XXIII Exame de Ordem Unificado / FGV) A multinacional estrangeira Computer Inc., com sede nos Estados Unidos, celebra contrato de prestação de serviços de informática com a sociedade empresarial Telecomunicações

S/A, constituída de acordo com as leis brasileiras e com sede no Estado de Goiás.

Os serviços a serem prestados envolvem a instalação e a manutenção dos servidores localizados na sede da sociedade empresarial Telecomunicações S/A. Ainda consta, no contrato celebrado entre as referidas pessoas jurídicas, que eventuais litígios serão dirimidos, com exclusividade, perante a Corte Arbitral Alfa, situada no Brasil.

Após discordâncias sobre o cumprimento de uma das cláusulas referentes à realização dos serviços, a multinacional Computer Inc. ingressa com demanda no foro arbitral contratualmente avençado.

Com base no caso concreto, assinale a afirmativa correta.

A) A cláusula compromissória prevista no contrato é nula de pleno direito, uma vez que o princípio da inafastabilidade da jurisdição, previsto constitucionalmente, impede que ações que envolvam obrigações a serem cumpridas no Brasil sejam dirimidas por órgão que não integre o Poder Judiciário nacional.

B) Caso a empresa Telecomunicações S/A ingresse com demanda perante a Vara Cível situada no Estado de Goiás, o juiz deverá resolver o mérito, ainda que a sociedade Computer Inc. alegue, em contestação, a existência de convenção de arbitragem prevista no instrumento contratual.

C) Visando efetivar tutela provisória deferida em favor da multinacional Computer Inc., poderá ser expedida carta arbitral pela Corte Arbitral Alfa para que órgão do Poder Judiciário, com competência perante o Estado de Goiás, pratique atos de cooperação que importem na constrição provisória de bens na sede da sociedade empresarial Telecomunicações S/A, a fim de garantir a efetividade do provimento final.

D) A sentença arbitral proferida pela Corte Arbitral Alfa configura título executivo extrajudicial, cuja execução poderá ser proposta no foro do lugar onde deva ser cumprida a obrigação.

RESPOSTA

A) A arbitragem (uma das modalidades de ADRs ou MASCs) é aceita no Brasil, de modo que não afasta o princípio do acesso à justiça (ou inafastabilidade da jurisdição). Tanto é assim que a arbitragem é mencionada no NCPC, exatamente no artigo que trata do acesso à justiça (art. 3º, § 1º).

B) A previsão, em contrato, de cláusula arbitral acarreta a extinção do processo sem resolução de mérito (NCPC, art. 485, VII).

☑ O NCPC prevê a carta arbitral como forma de cooperação entre judiciário e árbitro (art. 260, § 3º).

D) A sentença arbitral, por expressa previsão legal, é título executivo judicial (NCPC, art. 515, VII).

(XXIII Exame de Ordem Unificado / FGV) Luana, em litígio instaurado em face de Luciano, viu seu pedido ser julgado improcedente, o que veio a ser confirmado pelo tribunal local, transitando em julgado.

O advogado da autora a alerta no sentido de que, apesar de a decisão do tribunal local basear-se em acórdão proferido pelo Superior Tribunal de Justiça em regime repetitivo, o precedente não seria aplicável ao seu caso, pois se trata de hipótese fática distinta. Afirmou, assim, ser possível reverter a situação por meio do ajuizamento de ação rescisória.

Diante do exposto, assinale a afirmativa correta.

A) Não cabe a ação rescisória, pois a previsão de cabimento de rescisão do julgado se destina às hipóteses de violação à lei e não de precedente.

B) Cabe a ação rescisória, com base na aplicação equivocada do precedente mencionado.

C) Cabe a ação rescisória, porque o erro sobre o precedente se equipara à situação da prova falsa.

D) Não cabe ação rescisória com base em tal fundamento, eis que a hipótese é de ofensa à coisa julgada.

RESPOSTA

A) O NCPC prevê ação rescisória contra precedente (art. 966, § 5º).

☑ O NCPC equipara a violação a precedente à violação à lei, permitindo a AR com base no inciso V (art. 966, § 5º).

C) A hipótese narrada no problema não se refere a prova.

D) A coisa julgada atinge as partes, sendo que a situação narrada no problema envolve precedente e não coisa julgada.

(XXIV Exame de Ordem Unificado / FGV) Leilane, autora da ação de indenização por danos morais, proposta em face de Carlindo na 5ª Vara Cível da comarca da capital, informou, em sua petição inicial, que não possuía interesse na audiência de conciliação prevista no art. 334 do CPC/15. Mesmo assim, o magistrado marcou a audiência de conciliação e ordenou a citação do réu. O réu, regularmente citado, manifestou interesse na realização da referida audiência, na qual apenas o réu compareceu. O juiz, então, aplicou à autora a multa de 2% sobre o valor da causa. Sobre o procedimento do magistrado, a partir do caso apresentado, assinale a afirmativa correta.

A) O magistrado não deveria ter marcado a audiência de conciliação, já que a autora informou, em sua petição inicial, que não possuía interesse.

B) O magistrado agiu corretamente, tendo em vista que a conduta da autora se caracteriza como um ato atentatório à dignidade da justiça.

C) O magistrado deveria ter declarado o processo extinto sem resolução do mérito, e a multa não possui fundamento legal.

D) A manifestação de interesse do réu na realização da referida audiência pode ser feita em até 72 horas antes da sua realização.

RESPOSTA

A) Somente se ambas as partes afirmarem não ter interesse é que a audiência não será realizada (NCPC, art. 334, § 4º, I).

☑ Essa é a previsão legal – multa para o caso de não comparecimento injustificado (NCPC, art. 334, § 8º).

C) Não há previsão de extinção no caso de ausência a essa audiência (isso se verifica no JEC). E, como exposto na alternativa "B", a multa é devida.

D) O réu tem o prazo de 10 dias para informar que não tem interesse na audiência de conciliação (NCPC, art. 334, § 5º)

(XXIV Exame de Ordem Unificado / FGV) O advogado Jonas interpôs Recurso Especial contra acórdão do Tribunal de Justiça do Estado X. Ocorre que, no corrente ano, a Vice-Presidência/Presidência do referido Tribunal negou seguimento ao recurso interposto, afirmando que o acórdão recorrido se encontra no mesmo sentido de precedente do STJ, julgado sob o rito dos recursos repetitivos. Nessa hipótese, caso deseje impugnar a referida decisão, o advogado deverá interpor

A) Agravo de Instrumento, direcionado ao Ministro Presidente do STJ.

B) Agravo em Recurso Especial, direcionado ao Ministro Presidente do STJ.

C) Agravo em Recurso Especial, direcionado ao Vice-Presidente do Tribunal de Justiça do Estado X.

D) Agravo Interno, direcionado ao órgão colegiado competente para revisar as decisões do Presidente/Vice-Presidente do Tribunal de Justiça.

RESPOSTA

A) No NCPC, somente cabe agravo de instrumento de decisão de 1º grau (art. 1.015), sendo que a hipótese é de decisão monocrática de relator.

B) O AREsp (agravo em recurso especial) é interposto perante o órgão prolator da decisão de inadmissão – ou seja, perante o juízo *a quo* (NCPC, art. 1.042, § 2º).

C) O AREsp tem esse endereçamento, como exposto na alternativa "B". E, da decisão de não admissão do REsp, em regra o recurso cabível é o AREsp (art. 1.042) – porém, estamos diante da exceção.

✓ Apesar de, em regra, ser cabível AREsp da decisão de não admissão do REsp, há exceção (prevista no próprio art. 1.042 do NCPC, parte final). Assim, se a decisão de não admissão for proferida com base em tese firmada em repetitivo (art. 1.030, I, *b*), será cabível o agravo interno (art. 1.030, § 2º).

(XXIV Exame de Ordem Unificado / FGV) O Sr. João, pessoa idosa e beneficiária de plano de saúde individual da sociedade "ABC Saúde Ltda.", começa a sentir fortes dores no peito durante a madrugada e, socorrido por seus familiares, é encaminhado para a unidade hospitalar mais próxima. O médico responsável pelo atendimento inicial constata um quadro clínico grave, com risco de morte, sendo necessário o imediato encaminhamento do Sr. João para a Unidade de Terapia Intensiva (UTI) do hospital. Ao ser contatado, o plano de saúde informa que não autoriza a internação, uma vez que o Sr. João ainda não havia cumprido o período de carência exigido em contrato. Imediatamente, um dos filhos do Sr. João, advogado, elabora a ação cabível e recorre ao plantão judicial do Tribunal de Justiça do estado em que reside.

A partir do caso narrado, assinale a alternativa correta.

A) A tutela de urgência a ser requerida deve ser deferida, tendo em vista os princípios da cooperação e da não surpresa que regem a codificação processual vigente, após a prévia oitiva do representante legal do plano de saúde "ABC Saúde Ltda.", no prazo de 5 (cinco) dias úteis.

B) Uma vez demonstrado o perigo de dano ou de risco ao resultado útil do processo, o magistrado poderá conceder tutela de evidência em favor do Sr. João, autorizando sua internação provisória na Unidade de Terapia Intensiva do hospital.

C) Diante da urgência do caso, contemporânea à propositura da ação, a petição inicial redigida poderia limitar-se ao requerimento da tutela antecipada e à indicação do pedido final. Concedida a tutela antecipada, o autor deverá aditar a petição inicial em 15 (quinze) dias ou em outro prazo maior que o juiz fixar.

D) Concedida a tutela provisória requerida em favor do Sr. João, ela conserva sua eficácia na pendência do processo, apenas podendo vir a ser revogada ou modificada com a prolação da sentença definitiva de mérito.

RESPOSTA

A) É possível a concessão de tutela de urgência sem oitiva do réu, considerando o princípio do acesso à justiça e expressa previsão legal nesse sentido (NCPC, art. 9º, parágrafo único, I).

B) O perigo de dano ou de risco ao resultado útil é requisito para a concessão de tutela de urgência, não de evidência (NCPC, art. 300).

✓ Se há urgência desde o momento do ajuizamento, o NCPC permite que se formule apenas o pedido de urgência, sem o pedido principal (mas já trata de petição, inicial, que posteriormente será aditada) – trata-se da tutela antecipada antecedente (art. 303).

D) A tutela provisória pode ser revogada ou modificada a qualquer momento, não apenas na sentença (NCPC, art. 296).

(XXIV Exame de Ordem Unificado / FGV) Maria dirigia seu carro em direção ao trabalho, quando se envolveu em acidente com um veículo do Município de São Paulo, afetado à Secretaria de Saúde. Em razão da gravidade do acidente, Maria permaneceu 06 (seis) meses internada, sendo necessária a realização de 03 (três) cirurgias. Quinze dias após a alta médica, a vítima ingressou com ação de reparação por danos morais e materiais em face do ente público. Na sentença, os pedidos foram julgados procedentes, com condenação do ente público ao pagamento de 200 (duzentos) salários mínimos, não tendo a ré interposto recurso. Diante de tais considerações, assinale a afirmativa correta.

A) Ainda que o Município de São Paulo não interponha qualquer recurso, a sentença está sujeita à remessa necessária, pois a condenação é superior a 100 (cem) salários mínimos, limite aplicável ao caso, o que impede o cumprimento de sentença pelo advogado da autora.

B) A sentença está sujeita à remessa necessária em qualquer condenação que envolva a Fazenda Pública.

C) A sentença não está sujeita à remessa necessária, porquanto a sentença condenatória é ilíquida. Maria poderá, assim, propor a execução contra a Fazenda Pública tão logo a sentença transite em julgado.

D) A sentença não está sujeita à remessa necessária, pois a condenação é inferior a 500 (quinhentos) salários mínimos, limite aplicável ao caso. Após o trânsito em julgado, Maria poderá promover o cumprimento de sentença em face do Município de São Paulo.

RESPOSTA

A) Em regra as decisões contra a Fazenda são objeto de remessa necessária (antes chamada de reexame necessário); porém, com base no valor, é dispensado que isso ocorra – tratando-se de município capital de Estado, o valor para isso é de 500 salários (NCPC, art. 496, § 3º, II), sendo que a condenação foi de 200 salários, de modo que não há remessa necessária. No caso de município que não é capital de Estado, não há remessa necessária para as condenações inferiores a 100 salários (NCPC, art. 496, § 3º, III).

B) Existem critérios de valor (NCPC, art. 496, § 3º) e de matéria que afastam a remessa necessária (NCPC, art. 496, § 4º), de modo que não é sempre que a sentença está sujeita à remessa.

C) A sentença não é ilíquida; além disso no caso de sentença ilíquida existe remessa necessária (NCPC, art. 496, § 3º, *caput*).

☑ Como exposto em "A", em regra as decisões contra a Fazenda são objeto de remessa necessária. Mas, com base no valor da condenação (200 salários), é dispensado que isso ocorra, pois se trata de município capital de Estado, em que apenas condenações acima de 500 salários admitem a remessa necessária (art. 496, § 3º, II).

(XXIV Exame de Ordem Unificado / FGV) Arthur ajuizou ação perante o Juizado Especial Cível da Comarca do Rio de Janeiro, com o objetivo de obter reparação por danos materiais, em razão de falha na prestação de serviços pela sociedade empresária Consultex. A sentença de improcedência dos pedidos iniciais foi publicada, mas não apreciou juridicamente um argumento relevante suscitado na inicial, desconsiderando, em sua fundamentação, importante prova do nexo de causalidade. Arthur pretende opor embargos de declaração para ver sanada tal omissão.

Diante de tal cenário, assinale a afirmativa correta.

A) Arthur poderá opor embargos de declaração, suspendendo o prazo para interposição de recurso para a Turma Recursal.

B) Os embargos não interrompem ou suspendem o prazo para interposição de recurso para a Turma Recursal, de modo que Arthur deverá optar entre os embargos ou o recurso, sob pena de preclusão.

C) Eventuais embargos de declaração interpostos por Arthur interromperão o prazo para interposição de recurso para a Turma Recursal.

D) Arthur não deverá interpor embargos de declaração pois estes não são cabíveis no âmbito de Juizados Especiais.

RESPOSTA

A) Até o NCPC os embargos de declaração no JEC suspendiam o prazo para a interposição do outro recurso, mas isso foi alterado.

B) Os embargos de declaração interrompem o prazo para embargos (*vide* alternativa "C").

☑ Após alteração realizada pelo NCPC, os embargos de declaração interrompem o prazo recursal (L. 9.099/95, art. 50, com a redação dada pelo NCPC, art. 1.065). Antes do NCPC, havia a suspensão.

D) Cabem embargos de declaração no JEC (L. 9.099/95, art. 48).

(XXIV Exame de Ordem Unificado / FGV) Marcos se envolveu em um acidente, abalroando a motocicleta de Bruno, em razão de não ter visto que a pista estava interditada. Bruno ajuizou, em face de Marcos, ação de indenização por danos materiais, visando receber os valores necessários ao conserto de sua motocicleta. Marcos, ao receber a citação da ação, entendeu que a responsabilidade de pagamento era da Seguradora Confiança, em virtude de contrato de seguro que havia pactuado para seu veículo, antes do acidente.

Diante de tal situação, assinale a afirmativa correta.

A) Marcos pode promover oposição em face de Bruno e da seguradora.

B) Marcos pode promover denunciação da lide à seguradora.

C) Marcos pode pedir a instauração de incidente de desconsideração da personalidade jurídica em face da seguradora.

D) Marcos pode promover o chamamento ao processo da seguradora.

RESPOSTA

A) A oposição segue existindo no NCPC (não como intervenção de terceiro, mas sim procedimento especial – art. 682), mas para a situação em que terceiro se afirma titular do direito debatido por autor e réu, o que não é a hipótese.

☑ Tratando-se de contrato de seguro, a intervenção de terceiros utilizada para acionar a seguradora é a denunciação da lide (NCPC, art. 125, II – ação de regresso).

C) IDPJ é forma de intervenção de terceiro (NCPC, art. 133), mas não se está a debater, no caso, a desconsideração da personalidade, mas sim o acionamento de garantidor.

D) Cabe chamamento na hipótese de solidariedade, sendo que no caso do problema, não é o caso (NCPC, art. 130), mas sim de subsidiariedade.

(XXIV Exame de Ordem Unificado / FGV) O Supermercado "X" firmou contrato com a pessoa jurídica "Excelência" – sociedade empresária de renome – para que esta lhe prestasse assessoria estratégica e planejamento empresarial no processo de expansão de suas unidades por todo o país. Diante da discussão quanto ao cumprimento da prestação acordada, uma vez que o supermercado entendeu que o serviço fora prestado de forma deficiente, as partes se socorreram da arbitragem, em razão de expressa previsão do meio de solução de conflitos trazida no contrato. Na arbitragem, restou decidido que assistia razão ao supermercado, sendo a sociedade empresária "Excelência" condenada ao pagamento de indenização, além de multa de 30%. Considerando o exposto, assinale a afirmativa correta.

A) Por se tratar de um título executivo extrajudicial, deve ser instaurado um processo de execução.
B) Por se tratar de um título executivo judicial, será promovido segundo as regras do cumprimento de sentença.
C) A sentença arbitral só poderá ser executada junto ao Poder Judiciário após ser confirmada em processo de conhecimento, quando adquire força de título executivo judicial.
D) A sentença arbitral será executada segundo as regras do cumprimento de sentença, tendo em vista seu caráter de título executivo extrajudicial.

RESPOSTA

A) Erro comum é pensar que a sentença arbitral é título executivo extrajudicial, mas essa não é a opção do Código (*vide* alternativa "B").
✓ A sentença arbitral, ainda que proferida por árbitro, é título executivo judicial, por opção legislativa (NCPC, art. 515, VII). Assim, se não houver pagamento espontâneo, haverá cumprimento de sentença.
C) Não existe previsão legal de necessidade de confirmação, pelo Judiciário, da sentença arbitral.
D) Além da sentença arbitral ser título executivo judicial (vide alternativa "B"), os títulos executivos extrajudiciais seguem o procedimento do processo de execução (NCPC, arts. 783 e 784), e não do cumprimento de sentença.

(XXV Exame de Ordem Unificado / FGV) Alice, em razão de descumprimento contratual por parte de Lucas, constituiu Osvaldo como seu advogado para ajuizar uma ação de cobrança com pedido de condenação em R$ 300.000,00 (trezentos mil reais), valor atribuído à causa. A ação foi julgada procedente, mas não houve a condenação em honorários sucumbenciais. Interposta apelação por Lucas, veio a ser desprovida, sendo certificado o trânsito em julgado. Considerando o exposto, assinale a afirmativa correta.

A) Em razão do trânsito em julgado e da preclusão, não há mais possibilidade de fixação dos honorários sucumbenciais.
B) Como não houve condenação, presume-se que há fixação implícita de honorários sucumbenciais na média entre o mínimo e o máximo, ou seja, 15% do valor da condenação.
C) O trânsito em julgado não impede a discussão no mesmo processo, podendo ser requerida a fixação dos honorários sucumbenciais por meio de simples petição.
D) Deve ser proposta ação autônoma para definição dos honorários sucumbenciais e de sua cobrança.

RESPOSTA

A) Essa era a resposta correta à luz do sistema processual anterior, havendo inclusive súmula nesse sentido (Súmula 453/STJ, ainda não formalmente revogada).
B) Não existe presunção de fixação de honorários, nem de qualquer acessório à sentença.
C) O trânsito em julgado impede que haja, no mesmo processo, qualquer outra discussão quanto à condenação, seja em relação ao principal ou aos acessórios.
✓ Inova o NCPC ao prever que, caso não haja a fixação de honorários na sentença transitada em julgado, cabe ação autônoma nesse sentido (art. 85, § 18).

(XXV Exame de Ordem Unificado / FGV) Almir ingressa com ação pelo procedimento comum em face de José, pleiteando obrigação de fazer consistente na restauração do sinteco aplicado no piso de seu apartamento, uma vez que, dias após a realização do serviço ter sido concluída, o verniz começou a apresentar diversas manchas irregulares. Em sua inicial, afirma ter interesse na autocomposição. O juiz da causa, verificando que a petição inicial preenche os requisitos essenciais, não sendo caso de improcedência liminar do pedido, designa audiência de conciliação a ser realizada dentro de 60 (sessenta) dias, promovendo, ainda, a citação do réu com 30 (trinta) dias de antecedência. Com base na legislação processual aplicável ao caso apresentado, assinale a afirmativa correta.

A) Caso Almir e José cheguem a um acordo durante a audiência de conciliação, a autocomposição obtida será reduzida a termo pelo conciliador e, independentemente da sua homologação pelo magistrado, já constitui título executivo judicial, bastando que o instrumento seja referendado pelos advogados dos transatores ou por conciliador credenciado junto ao tribunal.
B) Agiu equivocadamente o magistrado, uma vez que o CPC/15 prevê a imprescindibilidade do prévio oferecimento de contestação por José, no prazo de 15 (quinze) dias úteis a serem contados de sua citação e antes da designação da audiência conciliatória, sob pena de vulnerar o princípio constitucional da ampla defesa e do contraditório, também reproduzido na legislação adjetiva.
C) Caso Almir, autor da ação, deixe de comparecer injustificadamente à audiência de conciliação, tal ausência é considerada pelo CPC/15 como ato atentatório à dignidade da justiça, sendo sancionado com multa de até dois por cento da vantagem econômica pretendida ou do valor da causa, revertida em favor do Estado.
D) Almir e José não precisam comparecer à audiência de conciliação acompanhados por seus advogados, uma vez que, nessa fase processual, a relação processual ainda não foi integralmente formada e não há propriamente uma lide, a qual apenas surgirá quando do oferecimento da contestação pelo réu.

RESPOSTA

A) Havendo acordo, deverá haver a homologação por sentença, portanto pelo juiz (NCPC, art. 334, § 11).

B) No NCPC, a audiência de conciliação ocorre antes da apresentação de audiência (art. 334).

☑ Novidade no NCPC, a audiência de conciliação ou mediação deve ter a presença das partes. Quem se ausentar de forma injustificada será penalizado com multa por ato atentatório à dignidade da justiça (art. 334, § 8º).

D) As partes devem comparecer acompanhadas de advogado à audiência de conciliação ou mediação (NCPC, art. 334, § 9º).

(XXV Exame de Ordem Unificado / FGV) Tancredo ajuizou equivocadamente, em abril de 2017, demanda reivindicatória em face de Gilberto, caseiro do sítio Campos Verdes, porque Gilberto parecia ostentar a condição de proprietário. Diante do narrado, assinale a afirmativa correta.

A) Gilberto deverá realizar a nomeação à autoria no prazo de contestação.

B) Gilberto poderá alegar ilegitimidade *ad causam* na contestação, indicando aquele que considera proprietário.

C) Trata-se de vício sanável, podendo o magistrado corrigir o polo passivo de ofício, substituindo Gilberto da relação processual, ainda que este não tenha indicado alguém.

D) Gilberto poderá promover o chamamento ao processo de seu patrão, a quem está subordinado.

RESPOSTA

A) Essa seria a resposta correta no Código anterior, quando existia a nomeação à autoria. Porém, essa forma de intervenção de terceiro deixou de existir no NCPC.

☑ No lugar da antiga nomeação, o que se tem hoje no NCPC é a indicação, na própria contestação, de quem deveria ser o réu, no caso de ilegitimidade, com a possibilidade de o autor pedir a substituição do polo passivo (arts. 338 e 339).

C) Descabe ao juiz corrigir o polo passivo de ofício, pois isso depende de manifestação do autor. Isso porque não há previsão legal de substituição pelo juiz, mas somente de extinção sem mérito quanto à parte ilegítima (NCPC, art. 485, VI).

D) A hipótese não é de chamamento, pois não há solidariedade entre Tancredo e Gilberto (NCPC, art. 130).

(XXV Exame de Ordem Unificado / FGV) Lucas, em litígio instaurado contra Alberto, viu seus pedidos serem julgados procedentes em primeira instância, o que veio a ser confirmado pelo tribunal local em sede de apelação. Com a publicação do acórdão proferido em sede de apelação na imprensa oficial, Alberto interpôs recurso especial, alegando que o julgado teria negado vigência a dispositivo de lei federal. Simultaneamente, Lucas opôs embargos de declaração contra o mesmo acórdão, suscitando a existência de omissão. Nessa situação hipotética,

A) o recurso especial de Alberto deverá ser considerado extemporâneo, visto que interposto antes do julgamento dos embargos de declaração de Lucas.

B) Alberto, após o julgamento dos embargos de declaração de Lucas, terá o direito de complementar ou alterar as razões de seu recurso especial, independentemente do resultado do julgamento dos embargos de declaração.

C) Alberto não precisará ratificar as razões de seu recurso especial para que o recurso seja processado e julgado se os embargos de declaração de Lucas forem rejeitados, não alterando a decisão recorrida.

D) Alberto deverá interpor novo recurso especial após o julgamento dos embargos de declaração.

RESPOSTA

A) Cada parte pode interpor o seu recurso de forma independente da outra (NCPC, art. 997).

B) Será possível complementar o especial somente se acolhidos os embargos de Lucas (NCPC, art. 1.024, § 4º).

☑ Se os embargos de uma parte não forem acolhidos, não haverá necessidade de ratificar ou fazer quaquer outra coisa quanto ao recurso antes interposto (NCPC, art. 1.024, § 5º). No Código anterior havia súmula em sentido inverso (Súmula 418/STJ), que já foi cancelada, editada e substituída por outra, refletindo a nova legislação (Súmula 579/STJ).

D) Nos termos da legislação que trata do tema, descabe novo especial, mas sim (i) complemento, se houver modificação parcial, ou (ii) nada, se não houver alteração (NCPC, art. 1.024, §§ 4º e 5º).

(XXV Exame de Ordem Unificado / FGV) Alcebíades ajuizou demanda de obrigação de fazer pelo procedimento comum, com base em cláusula contratual, no foro da comarca de Petrópolis. Citada para integrar a relação processual, a ré Benedita lembrou-se de ter ajustado contratualmente que o foro para tratar judicialmente de qualquer desavença seria o da comarca de Niterói, e comunicou o fato ao seu advogado. Sobre o procedimento a ser adotado pela defesa, segundo o caso narrado, assinale a afirmativa correta.

A) A defesa poderá alegar a incompetência de foro antes da audiência de conciliação ou de mediação.

B) A defesa poderá alegar a incompetência a qualquer tempo.

C) A defesa só poderá alegar a incompetência de foro como preliminar da contestação, considerando tratar-se de regra de competência absoluta, sob pena de preclusão.

D) A defesa tem o ônus de apresentar exceção de incompetência, em petição separada, no prazo de resposta.

RESPOSTA

☑ Por exclusão, esta é a melhor resposta. Porém, não reflete exatamente a previsão legal, que é no sentido de ser possível alegar incompetência relativa somente em preliminar de contestação (NCPC, art. 64), que só é apresentada após a audiência de conciliação.

B) Tratando-se de competência relativa (territorial), se não houver a alegação em preliminar de contestação, haverá preclusão dessa matéria – que recebe o nome de prorrogação, na lei (NCPC, art. 65).

C) A primeira parte está correta (como exposto em A); porém, a hipótese é de competência relativa, não absoluta – por ser competência territorial (NCPC, art. 63).

D) Não existe mais exceção de incompetência no NCPC (existia no Código anterior), mas somente se alega a incompetência na própria contestação, em preliminar (art. 64).

(XXV Exame de Ordem Unificado / FGV) Aline e Alfredo, casados há 20 anos pelo regime da comunhão parcial de bens, possuem um filho maior de idade e plenamente capaz. Não obstante, Aline encontra-se grávida do segundo filho do casal, estando no sexto mês de gestação. Ocorre que, por divergências pessoais, o casal decide se divorciar e se dirige a um escritório de advocacia, onde demonstram consenso quanto à partilha de bens comuns e ao pagamento de pensão alimentícia, inexistindo quaisquer outras questões de cunho pessoal ou patrimonial. Assinale a opção que apresenta a orientação jurídica correta a ser prestada ao casal.

A) Inexistindo conflito de interesses quanto à partilha de bens comuns, Aline e Alfredo poderão ingressar com o pedido de divórcio pela via extrajudicial, desde que estejam devidamente assistidos por advogado ou defensor público.

B) Aline e Alfredo deverão ingressar com ação judicial de divórcio, uma vez que a existência de nascituro impede a realização de divórcio consensual pela via extrajudicial, ou seja, por escritura pública.

C) O divórcio consensual de Aline e Alfredo somente poderá ser homologado após a partilha de bens do casal.

D) A partilha deverá ser feita mediante ação judicial, embora o divórcio possa ser realizado extrajudicialmente.

RESPOSTA

A) De fato, a inexistência de conflito e assistência de advogado são requisitos. Mas, no caso, há nascituro, o que impede o uso do divórcio extrajudicial (NCPC, art. 733).

✓ Como visto em "A", a presença de nascituro impede o uso do divórcio extrajudicial, sendo necessário o divórcio judicial – que será consensual, se não houver conflito (NCPC, art. 733).

C) O divórcio consensual deve envolver tudo – partilha, alimentos (para cônjuge e filhos) e guarda dos filhos (NCPC, art. 731).

D) Não há previsão legal de divisão entre divórcio judicial e extrajudicial, devendo ser utilizado somente um desses mecanismos (art. 733).

(XXV Exame de Ordem Unificado / FGV) A sociedade empresária Sucesso veiculou propaganda enganosa acerca de um determinado produto, com especificações distintas daquelas indicadas no material publicitário. Aproximadamente 500.000 consumidores, dentre os quais alguns hipossuficientes, compraram o produto. Diante disso, a Associação de Defesa do Consumidor, constituída há 10 anos, cogitou a possibilidade de ajuizar ação civil pública, com base na Lei n. 7.347/85, para obter indenização para tais consumidores. Diante dessas informações, assinale a afirmativa correta.

A) O Ministério Público é parte ilegítima para a propositura da ação civil pública.

B) A Associação de Defesa do Consumidor pode propor a ação civil pública.

C) Qualquer consumidor lesado pode propor a ação civil pública.

D) A propositura da ação civil pública pela Defensoria dispensa a participação do Ministério Público no processo.

RESPOSTA

A) O MP tem legitimidade para ajuizar ACP, e do ponto de vista prático, é quem mais ajuíza (Lei n. 7.347/85, art. 5º, I).

✓ Associações, desde que preencham alguns requisitos, como constituição há mais de 1 ano, e tenham dentre suas finalidades, no caso, a defesa de consumidores, são legitimadas ativas para a ACP (Lei n. 7.347/85, art. 5º, V).

C) A pessoa física não é legitimada para ingressar com ACP, mas somente os legitimados adequados (Lei n. 7.347/85, art. 5º).

D) De início, destaque-se que a Defensoria tem legitimidade para a ACP (Lei n. 7.347/85, art. 5º, II). No mais, se a ACP não for ajuizada pelo MP, este sempre será ouvido, como fiscal da lei ou da ordem jurídica (Lei n. 7.347/85, art. 5º, § 1º).

Direito Penal

Alexandre Salim

Promotor de Justiça no Rio Grande do Sul. Doutor em Direito pela Universidade de Roma Tre. Mestre em Direito pela Universidade do Oeste de Santa Catarina. Especialista em Teoria Geral do Processo pela Universidade de Caxias do Sul. Professor de Direito Penal na Universidade Brasil, na FESMPMG (Escola Superior do Ministério Público de Minas Gerais), na FEMPERJ (Escola Superior do Ministério Público do Rio de Janeiro), na ESMAFE (Escola da Magistratura Federal do Rio Grande do Sul), na FEMARGS (Escola da Magistratura do Trabalho do Rio Grande do Sul) e na EBRADI (Escola Brasileira de Direito), bem como nos cursos Saraiva Aprova, Verbo Jurídico, Supremo, Alcance e IOB.

Sumário

a liberdade de contrato de trabalho e boicotagem violenta (art. 198, CP); 2.3. Atentado contra a liberdade de associação (art. 199, CP); 2.4. Paralisação de trabalho, seguida de violência ou perturbação da ordem (art. 200, CP); 2.5. Paralisação de trabalho de interesse coletivo (art. 201, CP); 2.6. Invasão de estabelecimento industrial, comercial ou agrícola. Sabotagem (art. 202, CP); 2.7. Frustração de direito assegurado por lei trabalhista (art. 203, CP); 2.8. Frustração de lei sobre a nacionalização do trabalho (art. 204, CP); 2.9. Exercício de atividade com infração de decisão administrativa (art. 205, CP); 2.10. Aliciamento para o fim de emigração (art. 206, CP); 2.11. Aliciamento de trabalhadores de um local para outro do território nacional (art. 207, CP) – Capítulo V – Crimes contra o sentimento religioso e contra o respeito aos mortos – 1. Crimes contra o sentimento religioso: 1.1. Ultraje a culto e impedimento ou perturbação de ato a ele relativo (art. 208, CP) – 2. Crimes contra o respeito aos mortos: 2.1. Impedimento ou perturbação de cerimônia funerária (art. 209, CP); 2.2. Violação de sepultura (art. 210, CP); 2.3. Destruição, subtração ou ocultação de cadáver (art. 211, CP); 2.4. Vilipêndio a cadáver (art. 212, CP) – Capítulo VI – Crimes contra a dignidade sexual – 1. Crimes contra a liberdade sexual: 1.1. Estupro (art. 213, CP); 1.2. Violação sexual mediante fraude (art. 215, CP); 1.3. Assédio sexual (art. 216-A, CP) – 2. Crimes sexuais contra vulnerável: 2.1. Estupro de vulnerável (art. 217-A, CP); 2.2. Corrupção de menores (art. 218, CP); 2.3. Satisfação de lascívia mediante presença de criança ou adolescente (art. 218-A, CP); 2.4. Favorecimento da prostituição ou outra forma de exploração sexual de criança ou adolescente ou de vulnerável (art. 218-B) – 3. Lenocínio e tráfico de pessoa para fim de prostituição ou outra forma de exploração sexual: 3.1. Mediação para servir a lascívia de outrem (art. 227, CP); 3.2. Favorecimento da prostituição ou outra forma de exploração sexual (art. 228, CP); 3.3. Casa de prostituição (art. 229, CP); 3.4. Rufianismo (art. 230, CP); 3.5. Promoção de migração ilegal (art. 232-A, CP) – 4. Ultraje público ao pudor: 4.1. Ato obsceno (art. 233, CP); 4.2. Escrito ou objeto obsceno (art. 234, CP) – Capítulo VII – Crimes contra a família – 1. Crimes contra o casamento: 1.1. Bigamia (art. 235, CP); 1.2. Induzimento a erro essencial e ocultação de impedimento (art. 236, CP); 1.3. Conhecimento prévio de impedimento (art. 237, CP); 1.4. Simulação de autoridade para celebração de casamento (art. 238, CP); 1.5. Simulação de casamento (art. 239, CP) – 2. Crimes contra o estado de filiação: 2.1. Registro de nascimento inexistente (art. 241, CP); 2.2. Parto suposto. Supressão ou alteração de direito inerente ao estado civil de recém-nascido (art. 242, CP); 2.3. Sonegação de estado de filiação (art. 243, CP) – 3. Crimes contra a assistência familiar: 3.1. Abandono material (art. 244, CP); 3.2. Entrega de filho menor a pessoa inidônea (art. 245, CP); 3.3. Abandono intelectual (art. 246, CP); 3.4. Abandono moral (art. 247, CP) – 4. Crimes contra o pátrio poder, tutela ou curatela: 4.1. Induzimento a fuga, entrega arbitrária ou sonegação de incapazes (art. 248, CP); 4.2. Subtração de incapazes (art. 249, CP) – Capítulo VIII – Crimes contra a incolumidade pública – 1. Crimes de perigo comum: 1.1. Incêndio (art. 250, CP); 1.2. Explosão (art. 251, CP); 1.3. Uso de gás tóxico ou asfixiante (art. 252, CP); 1.4. Fabrico, fornecimento, aquisição, posse ou transporte de explosivos ou gás tóxico, ou asfixiante (art. 253, CP); 1.5. Inundação (art. 254, CP); 1.6. Perigo de inundação (art. 255, CP); 1.7. Desabamento ou desmoronamento (art. 256, CP); 1.8. Subtração, ocultação ou inutilização de material de salvamento (art. 257, CP); 1.9. Difusão de doença ou praga (art. 259, CP) – 2. Crimes contra a segurança dos meios de comunicação e transporte e outros serviços públicos: 2.1. Perigo de desastre ferroviário (art. 260, CP); 2.2. Atentado contra a segurança de transporte marítimo, fluvial ou aéreo (art. 261, CP); 2.3. Atentado contra a segurança de outro meio de transporte (art. 262, CP); 2.4. Arremesso de projétil (art. 264, CP); 2.5. Atentado contra a segurança de serviço de utilidade pública (art. 265, CP); 2.6. Interrupção ou perturbação de serviço telegráfico, telefônico, informático, telemático ou de informação de utilidade pública (art. 266, CP) – 3. Crimes contra a saúde pública: 3.1. Epidemia (art. 267, CP); 3.2. Infração de medida sanitária preventiva (art. 268, CP); 3.3. Omissão de notificação de doença (art. 269, CP); 3.4. Envenenamento de água potável ou de substância alimentícia ou medicinal (art. 270, CP); 3.5. Corrupção ou poluição de água potável (art. 271, CP); 3.6. Falsificação, corrupção, adulteração ou alteração de substância ou produtos alimentícios (art. 272, CP); 3.7. Falsificação, corrupção, adulteração ou alteração de produto destinado a fins terapêuticos ou medicinais (art. 273, CP); 3.8. Emprego de processo proibido ou de substância não permitida (art. 274, CP); 3.9. Invólucro ou recipiente com falsa indicação (art. 275, CP); 3.10. Produto ou substância nas condições dos dois artigos anteriores (art. 276, CP); 3.11. Substância destinada à falsificação (art. 277, CP); 3.12. Outras substâncias nocivas à saúde pública (art. 278, CP); 3.13. Medicamento em desacordo com receita médica (art. 280, CP); 3.14. Exercício ilegal da medicina, arte dentária ou farmacêutica (art. 282, CP); 3.15. Charlatanismo (art. 283, CP); 3.16. Curandeirismo (art. 284, CP) – Capítulo IX – Crimes contra a paz pública – 1. Incitação ao crime (art. 286, CP) – 2. Apologia de crime ou criminoso (art. 287, CP) – 3. Associação criminosa (art. 288, CP) – 4. Constituição de milícia privada (art. 288-A, CP) – Capítulo X – Crimes contra fé pública – 1. Moeda falsa: 1.1. Moeda falsa (art. 289, CP); 1.2. Crimes assimilados ao de moeda falsa (art. 290, CP); 1.3. Petrechos para falsificação de moeda (art. 291, CP); 1.4. Emissão de título ao portador sem permissão legal (art. 292, CP) – 2. Falsidade de títulos e outros papéis públicos: 2.1. Falsificação de papéis públicos (art. 293, CP); 2.2. Petrechos de falsificação (art. 294, CP) – 3. Falsidade documental: 3.1. Falsificação do selo ou sinal público (art. 296, CP); 3.2. Falsificação de documento público (art. 297, CP); 3.3. Falsificação de documento particular (art. 298, CP); 3.4. Falsidade ideológica ou intelectual (art. 299, CP); 3.5. Falso reconhecimento de firma ou letra (art. 300, CP); 3.6. Certidão ou atestado ideologicamente falso (art. 301, CP); 3.7. Falsidade de atestado médico (art. 302, CP); 3.8. Reprodução ou adulteração de selo ou peça filatélica (art. 303, CP); 3.9. Uso de documento falso (art. 304, CP); 3.10. Supressão de documento (art. 305, CP) – 4. Outras falsidades: 4.1. Falsificação do sinal empregado no contraste de metal precioso ou na fiscalização alfandegária, ou para outros fins (art. 306, CP); 4.2. Falsa identidade (art. 307, CP); 4.3. Uso de documento de identidade (art. 308, CP); 4.4. Fraude de lei sobre estrangeiro (art. 309, CP); 4.5. Falsidade em prejuízo da nacionalização de sociedade (art. 310, CP); 4.6. Adulteração de sinal identificador de veículo automotor (art. 311, CP) – 5. Fraudes em certames de interesse público: 5.1. Fraudes em certames de interesse público (art. 311-A, CP) – Capítulo XI – Crimes contra a administração pública – 1. Crimes praticados por funcionário público contra a administração em geral: 1.1. Introdução; 1.2. Peculato (art. 312, CP); 1.3. Peculato mediante erro de outrem (art. 313, CP); 1.4. Inserção de dados falsos em sistema de informações (art. 313-A, CP); 1.5. Modificação ou alteração não autorizada de sistema de informações (art. 313-B); 1.6. Extravio, sonegação ou inutilização de livro ou documento (art. 314, CP); 1.7. Emprego irregular de verbas ou rendas públicas (art. 315, CP); 1.8. Concussão (art. 316, CP); 1.9. Corrupção passiva (art. 317, CP); 1.10. Facilitação de contrabando ou descaminho (art. 318, CP); 1.11. Prevaricação (art. 319, CP); 1.12. Prevaricação imprópria (art. 319-A, CP); 1.13. Condescendência criminosa (art. 320, CP); 1.14. Advocacia administrativa (art. 321, CP); 1.15. Violência arbitrária (art. 322, CP); 1.16. Abandono de função (art. 323, CP); 1.17. Exercício funcional ilegalmente antecipado ou prolongado (art. 324, CP); 1.18. Violação de sigilo funcional (art. 325, CP); 1.19. Violação do sigilo de proposta de concorrência (art. 326, CP) – 2. Crimes praticados por particular contra a administração em geral: 2.1. Usurpação de função pública (art. 328, CP); 2.2. Resistência (art. 329, CP); 2.3. Desobediência (art. 330, CP); 2.4. Desacato (art. 331, CP); 2.5. Tráfico de influência (art. 332, CP); 2.6. Corrupção ativa (art. 333, CP); 2.7. Descaminho (art. 334, CP); 2.8. Contrabando (art. 334-A, CP); 2.9. Impedimento, perturbação ou fraude de concorrência (art. 335, CP); 2.10. Inutilização de edital ou de sinal (art. 336, CP); 2.11. Subtração ou inutilização de livro ou documento (art. 337, CP); 2.12. Sonegação de contribuição previdenciária (art. 337-A, CP) – 3. Crimes contra a administração da justiça: 3.1. Reingresso de estrangeiro expulso (art. 338, CP); 3.2. Denunciação caluniosa (art. 339, CP); 3.3. Comunicação falsa de crime ou de contravenção (art. 340, CP); 3.4. Autoacusação falsa (art. 341, CP); 3.5. Falso testemunho ou falsa perícia (art. 342, CP); 3.6. Corrupção ativa de testemunha, perito, contador, tradutor ou intérprete (art. 343, CP); 3.7. Coação no curso do processo (art. 344, CP); 3.8. Exercício arbitrário das próprias razões (art. 345, CP); 3.9. Subtração ou dano de coisa própria em poder de terceiro (art. 346, CP); 3.10. Fraude processual (art. 347, CP); 3.11. Favorecimento pessoal (art. 348, CP); 3.12. Favorecimento real (art. 349, CP); 3.13. Favorecimento real impróprio (art. 349-A, CP); 3.14. Exercício arbitrário ou abuso de poder (art. 350, CP); 3.15. Fuga de pessoa presa ou submetida a medida de segurança (art. 351, CP); 3.16. Evasão mediante violência contra a pessoa (art. 352, CP); 3.17. Arrebatamento de preso (art. 353, CP); 3.18. Motim de presos (art. 354, CP); 3.19. Patrocínio infiel (art. 355, *caput*, CP); 3.20. Patrocínio simultâneo ou tergiversação (art. 355, parágrafo único, CP); 3.21. Sonegação de papel ou objeto de valor probatório (art. 356, CP); 3.22. Exploração de prestígio (art. 357, CP); 3.23. Violência ou fraude em arrematação judicial (art. 358, CP); 3.24. Desobediência a decisão judicial sobre perda ou suspensão de direito (art. 359, CP) – Referências bibliográficas – Questões.

PARTE GERAL

1. PRINCÍPIOS PENAIS FUNDAMENTAIS

1.1. Princípio da legalidade ou da reserva legal

Uma das garantias decorrentes do princípio da legalidade é dar segurança jurídica aos cidadãos, a fim de que estes saibam antecipadamente quais são as condutas que configuram crimes e, portanto, possam evitá-las. Em face disso, é proibida a criminalização de condutas por meio de outras espécies normativas que não a lei em sentido estrito, bem como é excluída a punição de fatos que não estão previstos em lei.

Tanto o Código Penal (art. 1º) quanto a Constituição Federal (art. 5º, XXXIX) prescrevem que não há crime sem lei anterior que o defina, nem pena sem prévia cominação legal.

O princípio da legalidade manifesta-se a partir de quatro postulados:

a) *Lex Praevia (princípio da anterioridade penal):* necessidade de lei anterior ao fato que se quer punir. Com isso, resta proibida a retroatividade da lei penal para criminalizar ou agravar a pena de fato anterior.

Importante:

- Em se tratando de norma penal em branco, somente serão consideradas criminosas as condutas praticadas depois da entrada em vigor da norma complementar (STF, Inq. 1.915, j. 5-8-2004).
- A irretroatividade é igualmente aplicada às normas de execução penal (STF, HC 68.416, j. 8-9-1992). Por exemplo, se o fato foi praticado antes da lei nova mais gravosa, não se pode negar indulto ao delito incluído no rol dos crimes hediondos pela Lei n. 8.930/94, ainda que o respectivo Decreto exclua os crimes hediondos (STF, HC 101.238, j. 2-2-2010).

b) *Lex Scripta:* proibição do costume incriminador. Tanto o costume quanto atos normativos distintos da lei estrita não podem ser utilizados para criminalizar ou agravar penas.

Importante:

- Tratados e convenções internacionais podem conter mandados de criminalização, entretanto a concreta existência do crime no âmbito interno depende sempre da criação da tipificação da conduta por meio de lei formal.

c) *Lex Stricta:* proibição da analogia *in malam partem*. A analogia não pode ser utilizada para tornar puníveis condutas que não estão criminalizadas por leis ou agravar as penas de crimes.

Importante:

- A analogia *in bonam partem* é permitida no Direito Penal.

d) *Lex Certa:* proibição de penas ou tipos penais indeterminados. O tipo penal deve ser claro e preciso, possibilitando a compreensão de todas as pessoas.

Importante:

- O **terrorismo** estava previsto no art. 20 da Lei n. 7.170/83 como a conduta consistente em devastar, saquear, extorquir, roubar, sequestrar, manter em cárcere privado, incendiar, depredar, provocar explosão, praticar atentado pessoal ou **atos de terrorismo**, por inconformismo político ou para obtenção de fundos destinados à manutenção de organizações políticas clandestinas ou subversivas. Como a Lei n. 7.170/83 não define o que são "atos de terrorismo", parte da doutrina considerava o dispositivo inconstitucional, por ofensa ao postulado *lex certa*.
- Com o advento da Lei n. 13.260/2016, a discussão perdeu sentido, já que se trouxe expressa definição de "terrorismo" no art. 2º: consiste na prática por um ou mais indivíduos dos atos previstos no art. 2º, por razões de xenofobia, discriminação ou preconceito de raça, cor, etnia e religião, quando cometidos com a finalidade de provocar terror social ou generalizado, expondo a perigo pessoa, patrimônio, a paz pública ou a incolumidade pública.

1.2. Princípio da exclusiva proteção de bens jurídicos

A principal função do Direito Penal é a tutela de bens jurídicos, ou seja, de interesses ou valores jurídicos dignos de proteção penal. Com o princípio, resta proibida a criminalização de meras imoralidades, ideologias, crenças pessoais ou religiosas, pois a norma penal somente pode ser criada para proteger valores que interessam ao Direito Penal.

O princípio da exclusiva proteção de bens jurídicos também tem a tarefa de limitar a atividade legislativa, de forma a evitar a criminalização de comportamentos que não causam lesão ou perigo de lesão a qualquer valor ou interesse jurídico socialmente relevante.

1.3. Princípio da intervenção mínima

Nenhuma forma de intervenção do Estado na vida das pessoas é tão drástica quanto a penal, já que somente esta pode culminar com o cerceamento da liberdade. Assim, o Direito Penal deve ser guardado para situações de extrema gravidade, quando estejam em jogo bens jurídicos fundamentais para a comunidade e que não possam ser protegidos por meio de outros ramos do Direito.

A intervenção mínima dá ensejo aos princípios da fragmentariedade e da subsidiariedade.

1.3.1. O caráter fragmentário do Direito Penal ou princípio da fragmentariedade

Fragmento é parte de um todo. Assim, pelo princípio da fragmentariedade, o Direito Penal somente deve intervir quando houver ataques intoleráveis a bens jurídicos relevantes.

1.3.2. O caráter subsidiário do Direito Penal ou princípio da subsidiariedade

O Direito Penal é a *ultima ratio*. Assim, pelo princípio da subsidiariedade, o Direito Penal somente deve intervir quando outros ramos do Direito – notadamente o Civil e o Administrativo – não conseguirem resolver de forma satisfatória o conflito social.

STJ – HC 352.328, j. 10-5-2016

A jurisprudência do STJ entende que o ressarcimento do preço devido em razão da subtração de energia elétrica, antes do recebimento da denúncia, acarreta a extinção da punibilidade, em respeito aos princípios da isonomia e da subsidiariedade do Direito Penal.

1.4. Princípio da ofensividade ou lesividade

Não há crime sem ofensa ou exposição a perigo de um bem jurídico. De acordo com Nilo Batista (2001, p. 92-95), o princípio da ofensividade possui quatro **funções**:

a) *Proibir a incriminação de uma atitude interna, como ideias, convicções, aspirações e desejos dos homens.* Por esse fundamento não se punem a cogitação e os atos preparatórios do crime.

b) *Proibir a incriminação de uma conduta que não exceda o âmbito do próprio autor.* Por esse fundamento não se punem a autolesão e a tentativa de suicídio. Trata-se do princípio da alteridade.

c) *Proibir a incriminação de simples estados ou condições existenciais.* A pessoa deve ser punida pela prática de uma conduta ofensiva a bem jurídico de terceiro. Com isso, afasta-se o Direito Penal do autor, em que o agente é punido pelo que é, e não pelo que fez.

d) *Proibir a incriminação de condutas desviadas que não causem dano ou perigo de dano a qualquer bem jurídico.* O Direito Penal não deve tutelar a moral, mas sim os bens jurídicos mais relevantes para a sociedade. Trata-se do princípio da exclusiva proteção dos bens jurídicos.

1.5. Princípio da alteridade ou transcendência

É consequência do princípio da ofensividade. A lesão ou exposição a perigo deve ser dirigida a bem jurídico de terceiro, e não a bem jurídico do próprio agente. Por isso a autolesão e a tentativa de suicídio são impuníveis no Brasil.

Se a autolesão for cometida para fraudar seguro, estará caracterizado o delito de estelionato (art. 171, § 2º, V, CP).

1.6. Princípio da culpabilidade

De acordo com o princípio da culpabilidade, a responsabilização criminal somente ocorrerá quando a conduta do agente for reprovável, ou seja, subjetivamente desvalorosa. Decorrem três **consequências**:

a) *Não se admite a responsabilidade penal objetiva*, ou seja, somente poderá ser punido o agente que tenha atuado com dolo ou culpa.

b) *O comportamento do agente deve ser reprovável nas circunstâncias em que ocorreu*, o que é verificado pela (i) imputabilidade, pela (ii) potencial consciência da ilicitude e pela (iii) exigibilidade de conduta diversa.

c) *A culpabilidade do agente serve como limite material para a imposição da pena.* É por isso que a culpabilidade aparece como uma das circunstâncias judiciais do art. 59, CP.

O fundamento constitucional para o princípio da culpabilidade está no art. 5º, LVII, CF: "ninguém será considerado culpado até o trânsito em julgado da sentença penal condenatória".

A execução provisória de acórdão penal condenatório proferido em grau de apelação, ainda que sujeito a recurso especial ou extraordinário, não compromete o princípio constitucional da presunção de inocência afirmado pelo art. 5º, LVII, da Constituição Federal (STF, Pleno: HC 126.292, j. 17-2-2016; ADCs 43 e 44, j. 5-10-2016; e ARE 964246 RG, j. 10-11-2016).

1.7. Princípio da responsabilidade subjetiva

Decorre do princípio da culpabilidade. Para que o agente seja punido penalmente, não basta a mera prática material do fato, já que se exige, também, a presença de dolo ou culpa. Afasta-se, com isso, a odiosa responsabilidade penal objetiva.

1.8. Princípio da responsabilidade pessoal ou individual

Não pode haver responsabilização criminal por fato alheio. Com isso se veda, em Direito Penal, a responsabilidade coletiva, familiar ou societária.

De acordo com a **teoria da dupla imputação**, a pessoa jurídica somente poderá ser responsabilizada por crimes ambientais se houver a simultânea persecução penal da pessoa física em tese responsável no âmbito da empresa. No entanto, **o STF afastou a necessidade de dupla imputação** (RE 548.181, j. 6-8-2013). No mesmo sentido: STJ, 5ª T., AgRg no RMS 48085, j. 5-11-2015.

1.9. Princípio da materialização ou exteriorização do fato

Decorre do princípio da ofensividade, determinando que não podem ser punidas penalmente condutas internas do agente, ou seja, meros pensamentos que não chegam a sair do âmbito da consciência. Para que se possa falar em crime, é necessária uma exteriorização na forma de condutas concretas que ofendam ou exponham a perigo bens jurídicos tutelados pela norma penal. O princípio da materialização do fato relaciona-se com o Direito Penal do fato (pune-se o agente pelo que fez), e se opõe ao Direito Penal do autor (pune-se o agente pelo que é).

1.10. Princípio da adequação social

Um fato que é aceito como normal pela generalidade da sociedade não pode ser crime. Assim, apesar de se adequar à descrição legal (tipicidade formal), uma conduta não pode ser considerada materialmente típica quando estiver de acordo com as práticas comuns da sociedade. Por exemplo, colocação de brincos em menina recém-nascida.

De acordo com os Tribunais Superiores, o **princípio da adequação social não incide** nos crimes de casa de prostituição (art. 229 do CP) e de exposição à venda de DVDs piratas (art. 184, § 2º, do CP). A propósito:

STJ – Súmula 502
Presentes a materialidade e a autoria, afigura-se típica, em relação ao crime previsto no art. 184, § 2º, do CP, a conduta de expor à venda CDs e DVDs piratas.

1.11. Princípio da proporcionalidade

O objetivo do princípio da proporcionalidade é regular a relação entre meios e fins, especialmente no que se refere a conflitos entre direitos fundamentais. Surgem três ***subprincípios*** (CANOTILHO, 1993, p. 268-269):

a) *Adequação ou idoneidade:* a medida adotada para a realização do interesse público deve ser apropriada para alcançar o fim pretendido. Trata-se de controlar a relação de adequação meio-fim.

b) *Necessidade ou exigibilidade:* a medida somente pode ser admitida quando necessária. Trata-se do direito à menor desvantagem possível.

c) *Proporcionalidade em sentido estrito:* o resultado obtido é proporcional à carga coativa, ou seja, os meios utilizados para a realização dos fins não devem ultrapassar os limites do tolerável.

Consequências do princípio da proporcionalidade:

1) Proibição do abuso ou excesso do Estado (garantismo negativo): a proporcionalidade é utilizada como proteção contra os excessos ou abusos do poder estatal de punir (proibição da pena de morte, por exemplo).

2) Proibição da proteção deficiente (garantismo positivo): a proporcionalidade é utilizada como proteção contra a omissão estatal diante dos direitos fundamentais. Se o homicídio fosse punido com prestação de serviços à comunidade, estaria sendo violada a tutela do bem **vida**.

Foi com fundamento na desproporcionalidade que o STJ decretou a inconstitucionalidade da pena prevista para o crime do art. 273 do Código Penal.

STJ – AgRg no REsp 1.710.632, *DJe* 27-3-2018
No âmbito do HC n. 239.363/PR, a Corte Especial do Superior Tribunal de Justiça julgou inconstitucional o preceito secundário do art. 273, § 1º-B, do Código Penal, determinando a aplicação da pena prevista no art. 33 da Lei n. 11.343/2006, com a possibilidade de se aplicar a minorante do § 4º do referido dispositivo, de modo que o acórdão recorrido destoa da jurisprudência desta Corte, conforme operado na presente hipótese.

3) Deve-se analisar a necessidade concreta da pena. Por exemplo, perdão judicial. Por vezes, mesmo diante da culpabilidade do réu, o juiz pode deixar de aplicar a pena no caso concreto (art. 121, § 5º, CP).

4) Deve-se analisar a suficiência da pena alternativa. Por exemplo, substituição da pena privativa de liberdade por restritiva de direitos (art. 44, CP).

1.12. Princípio da insignificância ou bagatela

a) **Compreensão.** Determinados fatos que causam ofensas irrelevantes ao bem jurídico tutelado pela norma penal não devem ser considerados crimes. Isso significa que, não obstante a conduta do agente se amolde à descrição legal (tipicidade formal), ela não será considerada materialmente típica nos casos em que a lesão ou a exposição a perigo do bem jurídico for irrelevante a ponto de não justificar a intervenção do Direito Penal.

b) **Natureza jurídica.** O princípio da insignificância é uma causa de exclusão da tipicidade material.

c) **Requisitos objetivos.** O STF, desde o HC 84.412 (j. 19-10-2004), passou a exigir **quatro condições objetivas** para a incidência do princípio: (1) a mínima ofensividade da conduta do agente; (2) nenhuma periculosidade social da ação; (3) o reduzidíssimo grau de reprovabilidade do comportamento; e (4) a inexpressividade da lesão jurídica provocada.

d) **Requisito subjetivo.** Discute-se se, além das condições objetivas acima citadas, é também necessário um aspecto subjetivo, ligado ao mérito do autor. Embora existam duas posições, prevalece nos Tribunais Superiores que o princípio da insignificância não poderá ser aplicado se o agente for reincidente ou portador de maus antecedentes.

e) **Bagatela própria *versus* bagatela imprópria.** Na **bagatela própria**, o fato já nasce irrelevante para o Direito Penal, incidindo o princípio da insignificância (causa de exclusão da tipicidade material). Na **bagatela imprópria**, o fato não nasce irrelevante para o Direito Penal, mas posteriormente se verifica que não é necessária a aplicação concreta da pena. Incidirá o princípio da desnecessidade de aplicação da pena ou da irrelevância penal do fato (causa de dispensa de pena). Por exemplo, perdão judicial. Imaginemos que, em um acidente de trânsito, o pai dê causa à morte do próprio filho. O fato é relevante, mas, diante das circunstâncias concretas do ocorrido, o agente poderá ser beneficiado com o perdão judicial (art. 121, § 5º, CP).

f) **Princípio da insignificância na jurisprudência dos Tribunais Superiores:**

- *Crimes praticados com violência ou grave ameaça à pessoa* (ex.: roubo): não incide (STJ, HC 395.469, j. 20-6-2017).
- *Crimes ou contravenções praticados contra mulher no âmbito das relações domésticas:* não incide, conforme jurisprudência pacificada do STJ (Súmula 589).

STJ – Súmula 589
"É **inaplicável** o princípio da insignificância nos crimes ou contravenções penais praticados contra a mulher no âmbito das relações domésticas".

- *Moeda falsa* (art. 289 do CP): não incide (STF, HC 108.193, j. 19-8-2014; STJ, AgRg no REsp 1.395.016, j. 16-5-2017).
- *Tráfico de drogas* (art. 33 da Lei n. 11.343/2006): não incide (STJ, AgRg no REsp 1.650.876, j. 22-8-2017).
- *Posse de drogas para consumo* (art. 28 da Lei n. 11.343/2006): prevalece que não incide (STJ, AgInt no HC 372.555, j. 15-8-2017). No entanto, o STF já reconheceu (HC 110.475, j. 14-2-2012).
- *Furto com arrombamento* (art. 155, § 4º, I, do CP): prevalece que não incide (STJ, RHC HC 414.199, j. 21-9-2017).
- *Contrabando* (art. 334-A do CP): não incide (STJ, RHC 89.755, j. 5-10-2017).
- *Descaminho* (art. 334 do CP) e *crimes tributários federais*: incide, desde que o valor sonegado não ultrapasse **R$ 20.000,00**. A propósito:

REsp 1.709.029, *DJe* 4-4-2018
1. Considerando os princípios da segurança jurídica, da proteção da confiança e da isonomia, deve ser revisto o entendimento firmado, pelo julgamento, sob o rito dos repetitivos, do REsp n. 1.112.748/TO – Tema 157, de forma a adequá-lo ao entendimento externado pela Suprema Corte, o qual tem considerado o parâmetro fixado nas Portarias n. 75 e 130/MF – R$ 20.000,00 (vinte mil reais) para aplicação do princípio da insignificância aos **crimes tributários federais e de descaminho.**
2. Assim, a tese fixada passa a ser a seguinte: incide o princípio da insignificância aos crimes tributários federais e de descaminho quando o débito tributário verificado não ultrapassar o limite de R$ 20.000,00 (vinte mil reais), a teor do disposto no art. 20 da Lei n. 10.522/2002, com as atualizações efetivadas pelas Portarias n. 75 e 130, ambas do Ministério da Fazenda.

- *Crimes funcionais contra a Administração Pública* (ex.: peculato): conforme a Súmula 599 do STJ, não incide. No entanto, o STF já reconheceu (HC 112.388, j. 21-8-2012).

STJ – Súmula 599
O princípio da insignificância é **inaplicável** aos crimes contra a Administração Pública.

- *Transmissão clandestina de sinal de internet via radiofrequência*: não incide, conforme a Súmula 606 do STJ.

STJ – Súmula 606
Não se aplica o princípio da insignificância a casos de transmissão clandestina de sinal de internet via radiofrequência, que caracteriza o fato típico previsto no art. 183 da Lei n. 9.472/1997.

2. TEORIA DA NORMA PENAL

2.1. Normas penais em branco

Normas penais em branco são leis que necessitam de complementação por meio de outras normas. Dividem-se em:

a) *Homogêneas, impróprias ou em sentido amplo:* o complemento advém de lei. Podem ser: (a) *Homovitelíneas, homovitelinas ou homólogas:* a lei penal é complementada por outra lei penal. Por exemplo, art. 304, CP; e (b) *Heterovitelíneas, heterovitelinas ou heterólogas:* a lei penal é complementada por lei extrapenal. Por exemplo, o art. 237, CP é complementado pelo Código Civil.

b) *Heterogêneas, próprias ou em sentido estrito:* o complemento advém de ato administrativo. Por exemplo, art. 33 da Lei n. 11.343/2006 (tráfico de drogas), que é complementado pela Portaria SVS-MS n. 344/98.

De acordo com o art. 66 da Lei de Drogas:

Lei n. 11.343/2006
Art. 66. Para fins do disposto no parágrafo único do art. 1º desta Lei, até que seja atualizada a terminologia da lista mencionada no preceito, denominam-se **drogas** substâncias entorpecentes, psicotrópicas, precursoras e outras sob controle especial, da Portaria SVS/MS n. 344, de 12 de maio de 1998.

c) *Invertidas, ao avesso ou ao revés:* a incompletude está no preceito secundário (pena). Por exemplo, Lei n. 2.889/56 (genocídio). O complemento requerido relaciona-se com a pena (GOMES; MOLINA; BIANCHINI, 2007, p. 626).

2.2. Analogia

A analogia é modo de integração (e não de interpretação), ou seja, na ausência de lei específica, busca-se outra lei, que regulamenta caso semelhante.

Espécies: a) analogia *in bonam partem*: aplica-se ao caso omisso lei benéfica ao réu. É permitida no Direito Penal; e b) analogia *in malam partem*: aplica-se ao caso omisso lei prejudicial ao réu. É vedada no Direito Penal.

STJ – Súmula 174
No crime de roubo, a intimidação feita com arma de brinquedo autoriza o aumento da pena.

A **Súmula 174 do STJ foi cancelada**, já que representava a aplicação de analogia *in malam partem*.

2.3. Lei penal no tempo

a) **Conflitos de leis penais no tempo.** Aplica-se, regra geral, a lei penal que está vigendo ao tempo do fato (*tempus regit actum*). A exceção está na lei penal posterior mais benéfica, conforme dispõe o art. 5º, XL, CF: a lei penal não retroagirá, salvo para beneficiar o réu. Aplica-se à lei mais benéfica ao réu a regra da **extra-atividade**, que se constitui dos princípios: (i) *retroatividade:* aplicação da lei a fatos ocorridos antes da sua vigência; e (ii) *ultra-atividade:* extensão dos efeitos da lei penal para além da sua revogação.

b) ***Abolitio criminis.*** A lei nova descriminaliza fatos até então considerados criminosos. De acordo com o art. 2º, CP, ninguém pode ser punido por fato que lei posterior deixe de considerar crime, cessando em virtude dessa lei a execução e os efeitos penais da sentença condenatória.

Cessam apenas os **efeitos penais**, de forma que o réu continua obrigado a reparar o dano.

Além disso, a lei posterior que de qualquer modo favorecer o agente aplica-se aos fatos anteriores, ainda que decididos por sentença condenatória transitada em julgado (art. 2º, parágrafo único, CP). Se a sentença condenatória transitou em julgado, compete ao juízo das execuções a aplicação de lei mais benigna (STF, Súmula 611).

STJ – Súmula 513
A ***abolitio criminis* temporária** prevista na Lei n. 10.826/2003 aplica-se ao crime de posse de arma de fogo de uso permitido com numeração, marca ou qualquer outro sinal de identificação raspado, suprimido ou adulterado, praticado somente até 23-10-2005.

c) **Princípio da continuidade normativo-típica.** A mera revogação formal da lei não dá ensejo à *abolitio criminis*. Foi o que ocorreu com o art. 214 do CP (antigo crime de atentado violento ao pudor), revogado pela Lei n. 12.015/2009. Veja-se que a mesma Lei n. 12.015/2009 deu nova redação ao art. 213, CP (estupro), que passou a abranger aquilo que antes estava no art. 214 do CP. Como não houve uma descontinuidade normativo-típica, ou seja, o fato não deixou de ser considerado crime, não se fala em *abolitio criminis*.

d) **Combinação de leis (*lex tertia*).** O juiz toma pontos favoráveis de duas ou mais leis, combinando-os no caso concreto. Há duas posições: (i) é possível a combinação de leis penais. O fundamento está em um princípio de hermenêutica penal: se o juiz pode o mais (aplicar toda a lei mais benéfica), poderia também o menos (aplicar apenas um artigo da lei mais benéfica); (ii) não é possível a combinação de leis penais. O fundamento é que o juiz, se assim fizesse, estaria legislando. A segunda posição, contrária à *lex tertia*, é majoritária na doutrina e na jurisprudência.

No caso específico do **tráfico de drogas**, STF (RE 600.817, j. 7-11-2013) e STJ (Súmula 501) decidiram que não é possível a combinação das leis.

STJ – Súmula 501
É cabível a aplicação retroativa da Lei n. 11.343/2006, desde que o resultado da incidência das suas disposições, na íntegra, seja mais favorável ao réu do que o advindo da aplicação da Lei n. 6.368/76, sendo **vedada a combinação de leis**.

e) **Leis penais temporárias e excepcionais.** *Leis temporárias* são aquelas que possuem prazo de vigência previamente determinado. *Leis excepcionais* são aquelas que vigem durante uma situação emergencial, como a guerra ou a calamidade pública.

Ambas possuem duas características: (i) *autorrevogação:* não há necessidade de lei posterior para revogar lei anterior; e (ii) *ultra-atividade gravosa:* a lei excepcional ou temporária, ainda que decorrido o período de sua duração ou cessadas as circunstâncias que a determinaram, aplica-se ao fato praticado durante sua vigência (art. 3º, CP).

f) **Tempo do crime.** Considera-se praticado o crime no momento da ação ou omissão, ainda que outro seja o momento do resultado. ***O art. 4º do CP adota a teoria da atividade***.

g) **STF, Súmula 711.** A lei penal mais grave aplica-se ao crime continuado ou ao permanente, se a sua vigência é anterior à cessação da continuidade ou da permanência.

Observações:

- Crimes continuados são delitos da mesma espécie, praticados em condições de tempo, lugar, maneira de execução e outras semelhantes, de tal forma que os subsequentes são tomados como continuação do primeiro (art. 71, CP).
- Crimes permanentes são aqueles cuja consumação se prolonga no tempo (ex.: sequestro).

Adolescente com 17 anos dispara (atividade) contra a vítima, que é levada ao hospital. Dias depois, no momento da morte (resultado), o autor do disparo já completou 18 anos. Aplica-se o ECA, com fundamento na teoria da atividade (art. 4º, CP).

Adolescente com 17 anos coloca a vítima no cativeiro (atividade). Dias depois, quando a vítima é finalmente localizada e resgatada pela polícia, o autor do sequestro já completou 18 anos. Aplica-se o CP, com fundamento na Súmula 711, STF.

2.4. Lei penal no espaço

a) **Territorialidade temperada.** É o princípio adotado no art. 5º, *caput*, CP: aplica-se a lei brasileira, sem prejuízo de convenções, tratados e regras de direito internacional, ao delito cometido no território nacional. Por permitir a incidência de regras do direito internacional, o Código Penal brasileiro adotou o princípio da territorialidade mitigada ou temperada.

b) **Conceitos de território nacional.** (i) *conceito jurídico:* espaço sujeito à soberania do Estado; (ii) *conceito real ou material:* o território abrange a superfície terrestre (solo e subsolo), as águas territoriais (marítimas, lacustres e fluviais) e o espaço aéreo correspondente; (iii) *conceito flutuante ou por extensão:* para efeitos penais, consideram-se extensão do território nacional as embarcações e aeronaves brasileiras, de natureza pública ou a serviço do governo brasileiro onde quer que se encontrem, bem como as aeronaves e as embarcações brasileiras, mercantes ou de propriedade privada, que se achem, respectivamente, no espaço aéreo correspondente ou em alto-mar (art. 5º, § 1º, CP).

c) **Lugar do crime (*locus commissi delicti*).** Considera-se praticado o crime no lugar em que ocorreu a ação ou omissão, no todo ou em parte, bem como onde se produziu ou deveria produzir-se o resultado. ***O art. 6º do CP adota a teoria da ubiquidade.***

Tempo do crime (art. 4º, CP): teoria da atividade.
Lugar do crime (art. 6º, CP): teoria da ubiquidade.

O art. 6º do Código Penal é aplicável aos chamados **crimes à distância ou de espaço máximo**, que são aqueles em que a conduta é praticada em um país e o resultado se produz em outro país.

d) **Extraterritorialidade.** É a aplicação da lei penal brasileira a crimes praticados fora do Brasil.

A extraterritorialidade não se estende às contravenções penais (art. 2º, LCP).

Extraterritorialidade incondicionada (art. 7º, I, CP). Independentemente de qualquer condição, aplica-se a lei brasileira aos seguintes crimes cometidos no estrangeiro: (1) contra a vida ou a liberdade do Presidente da República; (2) contra o patrimônio ou a fé pública da União, do Distrito Federal, de Estado, de Território, de Município, de empresa pública, sociedade de economia mista, autarquia ou fundação estatuída pelo Poder Público; (3) contra a administração pública, por quem está a seu serviço; e (4) de genocídio, quando o agente for brasileiro ou domiciliado no Brasil.

Extraterritorialidade condicionada (art. 7º, II, CP). Aplica-se a lei nacional a determinados crimes cometidos fora do território, desde que haja o concurso de algumas condições. São os crimes: (1) que, por tratado ou convenção, o Brasil se obrigou a reprimir; (2) praticados por brasileiros; e (3) praticados em aeronaves ou embarcações brasileiras, mercantes ou de propriedade privada, quando em território estrangeiro e aí não sejam julgados. Nestes casos, a aplicação da lei brasileira depende do concurso das seguintes **condições** (art. 7º, § 2º, CP): (a) entrar o agente no território nacional; (b) ser o fato punível também no país em que foi praticado; (c) estar o crime incluído entre aqueles pelos quais a lei brasileira autoriza a extradição; (d) não ter sido o agente absolvido no estrangeiro ou não ter aí cumprido a pena; e (e) não ter sido o agente perdoado no estrangeiro ou, por outro motivo, não estar extinta a punibilidade, segundo a lei mais favorável.

Extraterritorialidade hipercondicionada (art. 7º, § 3º, CP). Hipótese de crime cometido por estrangeiro contra brasileiro fora do Brasil. Nesta situação, além das condições previstas no § 2º, deve-se ainda observar: (1) se não foi pedida ou foi negada a extradição; (2) se houve requisição do Ministro da Justiça.

Lei de Tortura: o disposto na Lei n. 9.455/97 aplica-se ainda quando o crime não tenha sido cometido em território nacional, sendo a vítima brasileira ou encontrando-se o agente em local sob jurisdição brasileira (art. 2º).

e) **Princípios relativos à extraterritorialidade:** (1) *Nacionalidade ou personalidade:* aplica-se a lei da nacionalidade do agente; (2) *Defesa, real ou de proteção:* aplica-se a lei do bem jurídico ofendido; (3) *Justiça penal universal ou universalidade:* aplica-se a lei do local em que se encontrar o agente e (4) *Representação, bandeira ou pavilhão:* aplica-se a lei do meio de transporte privado em que for praticado o crime.

f) **Pena cumprida no estrangeiro.** Na hipótese de o agente ter sido condenado pelo mesmo crime no Brasil e no estrangeiro, deve-se evitar o *bis in idem* (dupla punição). Para tanto, estabelece o art. 8º, CP: que a pena cumprida no estrangeiro atenua a imposta no Brasil pelo mesmo crime, quando diversas, ou nela é computada, quando idênticas.

2.5. Conflito aparente de normas penais

Ocorre quando duas ou mais leis colidem entre si em relação a determinado fato. A solução é conferida pelos seguintes princípios: especialidade, subsidiariedade, consunção e alternatividade.

2.5.1. Princípio da especialidade

Aplica-se quando uma norma é considerada especial em relação a outra. Lei especial é a que contém todos os elementos da lei geral e ainda acrescenta outros, chamados de elementos especializantes. Assim, havendo lei especial regulando o fato, fica excluída a aplicação da norma geral.

Exemplos dessa especialidade são as relações existentes entre delitos simples, qualificados e privilegiados: o tipo fundamental (ex.: art. 155, *caput*, CP) será excluído pelo qualificado (ex.: art. 155, § 4º, CP) ou privilegiado (ex.: art. 155, § 2º, CP), que deriva do primeiro. Da mesma forma, o infanticídio (crime específico) exclui a aplicação do homicídio (crime genérico).

Prevalece sempre o critério da lei especial, ainda que a lei geral seja mais grave. Essa comparação é feita em abstrato.

2.5.2. Princípio da subsidiariedade

Incide quando a norma que prevê uma ofensa maior a determinado bem jurídico exclui a aplicação de outra norma que prevê uma ofensa menor ao mesmo bem jurídico. O delito descrito pela lei subsidiária, por ser de menor gravidade que o da lei primária, é absorvido por esta.

A subsidiariedade pode ser:

a) *Expressa ou explícita:* a própria lei declara formalmente que somente será aplicada se o fato não constituir crime mais grave. Por exemplo, art. 132, CP (expor a vida ou a saúde de outrem a perigo direto e iminente: "*Pena* – detenção, de três meses a um ano, ***se o fato não constitui crime mais grave***").

b) *Tácita ou implícita:* a norma subsidiária é elementar ou circunstância da norma mais grave. Por exemplo, a ameaça (art. 147, CP) funciona como "soldado de reserva" (HUNGRIA, 1958, p. 139) do crime de constrangimento ilegal (art. 146, CP).

2.5.3. Princípio da consunção ou absorção

Incide quando o fato definido por uma norma incriminadora, sendo mais amplo e mais grave, absorve outros fatos, menos amplos e menos graves, que funcionam como fase normal de preparação ou de execução ou como mero exaurimento.

> No conflito, o crime consuntivo é o que absorve o de menor gravidade; o crime consunto é o absorvido.

O princípio da consunção apresenta-se nas seguintes hipóteses:

a) *Crime complexo puro ou em sentido estrito:* existe quando a lei considera como elemento ou circunstâncias do tipo legal fatos que, por si mesmos, constituem crimes (art. 101, CP). Por exemplo, o latrocínio, que resulta da soma entre roubo e homicídio.

> Parte da doutrina refere-se a outra espécie de crime complexo, chamado de *crime complexo impuro ou em sentido amplo*, que é o que resulta da soma entre fato típico e fato atípico. Por exemplo, o estupro, que advém da fusão entre constrangimento ilegal + relação sexual.

b) *Crime progressivo:* ocorre quando o agente, para atingir determinado resultado, necessariamente passa por uma conduta inicial que produz um evento menos grave que o primeiro. Por exemplo, para atingir-se o homicídio (art. 121, CP), passa-se antes pela lesão corporal (art. 129, CP).

c) *Progressão criminosa:* ocorre quando o dolo do agente, no mesmo contexto fático, sofre mutação. O agente que, após envolver-se em discussão de bar, começa a injuriar a vítima, resolvendo depois agredi-la e terminando por matá-la, deve responder apenas pelo homicídio.

> **Crime progressivo:** pressupõe **um único** ato, e o dolo inicial do agente está voltado ao crime **mais** grave.
> **Progressão criminosa:** pressupõe **uma pluralidade** de atos cometidos em continuidade, e o dolo inicial do agente está voltado ao crime **menos** grave.

d) *Fato anterior não punível:* ocorre o *antefactum* impunível quando um fato anterior menos grave precede outro mais grave, funcionando como meio necessário ou normal de realização. Por exemplo, o porte ilegal de arma de fogo ficará absorvido pelo homicídio, a menos que a arma não seja utilizada pelo agente ou não se trate do mesmo contexto fático.

> **STJ – Súmula 17**
> Quando o falso se exaure no estelionato, sem mais potencialidade lesiva, é por este absorvido.

Obs.: "Quando o falso se exaure no descaminho, sem mais potencialidade lesiva, é por este absorvido, como crime-fim, condição que não se altera por ser menor a pena a este cominada" (tese jurídica fixada pelo STJ no julgamento do REsp 1.378.053, *DJe* 15-8-2016).

e) *Fato posterior não punível:* ocorre o *postfactum* impunível quando o agente, depois de realizar a conduta, torna a atacar o mesmo bem jurídico, desta vez visando a obter vantagem em relação à prática anterior. Por exemplo, após o furto, o agente destrói a *res furtiva*. O fato posterior deverá ser considerado mero exaurimento.

2.5.4. Princípio da alternatividade

Resolve conflitos entre verbos nucleares dos chamados tipos mistos alternativos, que descrevem crimes de ação múltipla ou de conteúdo variado. Quando a norma penal prevê várias formas de realização da figura típica, todas modalidades de um mesmo delito, a realização de um ou de vários verbos nucleares configura infração penal única. Por exemplo, se o agente, no mesmo contexto fático, transporta, prepara, guarda e depois vende a droga, responderá por um só crime de tráfico (art. 33, Lei n. 11.343/2006).

3. TEORIA GERAL DO CRIME

3.1. Conceitos de crime

a) *Legal:* é a infração penal punida com reclusão ou detenção.

> **Lei de Introdução do Código Penal**
> **Art. 1º** Considera-se **crime** a infração penal que a lei comina pena de reclusão ou de detenção, quer isoladamente, quer alternativa ou cumulativamente com a pena de multa; **contravenção**, a infração penal a que a lei comina, isoladamente, pena de prisão simples ou de multa, ou ambas, alternativa ou cumulativamente.

b) *Formal:* é a mera violação da norma penal.

c) *Material:* é o comportamento humano que ofende ou expõe a perigo bens jurídicos tutelados pela lei penal.

d) *Analítico:* depende da teoria adotada.

> **Teoria causalista ou naturalística:** crime é fato típico, ilícito e culpável.
> **Teoria finalista tripartida:** crime é fato típico, ilícito e culpável.
> **Teoria finalista bipartida:** crime é somente fato típico e ilícito, sendo a culpabilidade um mero pressuposto para a aplicação da pena.

3.2. Crime, delito e contravenção penal

No Brasil foi adotada a ***teoria dicotômica***, para a qual o gênero é a infração penal, tendo como espécies o crime e a contravenção penal.

Crime e delito são sinônimos no Brasil.

Entre crime e contravenção penal não há qualquer diferença ontológica, tanto que uma contravenção pode se tornar crime (como ocorreu com o porte ilegal de arma de fogo).

No entanto, no que se refere às consequências penais (pena), bem como a determinados institutos jurídicos (tentativa, extraterritorialidade, ação penal), existem algumas diferenças.

> **Crime ou delito:** (1) punido com **reclusão** ou **detenção**; (2) cumprimento **máximo de 30 anos** (art. 75, CP); (3) a tentativa é punível como regra; (4) **aplica-se** a extraterritorialidade e (5) ação penal **pública ou privada**.
> **Contravenção penal:** (1) punida com **prisão simples**; (2) cumprimento **máximo de 5 anos** (art. 10, LCP); (3) a tentativa é impunível (art. 4º, LCP); (4) **não se aplica** a extraterritorialidade (art. 2º, LCP) e (5) ação penal **pública incondicionada** (art. 17, LCP).

3.3. Classificação doutrinária dos crimes

a) **Crimes materiais, formais e de mera conduta**

- *Materiais:* o tipo descreve a conduta e o resultado naturalístico, sendo este necessário para a consumação (ex.: homicídio, roubo, furto).

> **STF – Súmula Vinculante 24**
> Não se tipifica ***crime material*** contra a ordem tributária, previsto no art. 1º, I a IV, da Lei n. 8.137/90, antes do lançamento definitivo do tributo.

- *Formais:* o tipo descreve uma conduta que possibilita a produção de um resultado naturalístico, mas não exige a realização deste para a consumação (ex.: extorsão).

> **STJ – Súmula 96**
> O crime de extorsão consuma-se ***independentemente da obtenção da vantagem indevida***.
> **STJ – Súmula 500**
> A configuração do crime do art. 244-B do ECA independe da prova da efetiva corrupção do menor, por se tratar de ***delito formal***.

- *Mera conduta:* o tipo descreve apenas a conduta, da qual não decorre nenhum resultado naturalístico externo a ela (ex.: porte ilegal de arma de fogo).

b) Crimes comuns, próprios e de mão própria

- *Comuns:* podem ser praticados por qualquer pessoa (ex.: furto).
- *Próprios:* somente podem ser praticados pelo sujeito ativo descrito no tipo (ex.: peculato, que exige a qualidade de funcionário público do autor).
- *De mão própria:* além de exigir determinada condição especial do sujeito ativo, requer que este pessoalmente pratique a conduta (ex.: falso testemunho).

c) Crimes instantâneos, permanentes e de efeitos permanentes

- *Instantâneos:* a consumação ocorre em momento determinado, não se prolongando no tempo (ex.: homicídio).
- *Permanentes:* a consumação se protrai no tempo (ex.: cárcere privado).
- *Instantâneos de efeitos permanentes:* são crimes instantâneos que se caracterizam pela índole duradoura de suas consequências (ex.: confecção de certidão falsa, fazendo uso dela por período prolongado no tempo).

d) Crimes habituais

Consumam-se com a reiteração de atos que denotam um estilo ou modo de vida do agente (ex.: curandeirismo).

e) Crimes unissubsistentes e plurissubsistentes

- *Unissubsistentes:* consumam-se com a prática de um só ato (ex.: injúria verbal).
- *Plurissubsistentes:* consumam-se com a prática de um ou vários atos (ex.: injúria por escrito).

f) Crimes monossubjetivos e plurissubjetivos

- *Monossubjetivos ou de concurso eventual:* o crime pode ser praticado por uma ou várias pessoas em concurso (ex.: homicídio).
- *Plurissubjetivos ou de concurso necessário:* o crime somente pode ser praticado por uma pluralidade de agentes em concurso (ex.: associação criminosa).

g) Crimes comissivos e omissivos

- *Comissivos:* são aqueles praticados por ação.
- *Omissivos:* são aqueles praticados por omissão. Dividem-se em: (1) *Omissivos puros ou próprios:* o tipo penal descreve uma conduta omissiva, ou seja, um não fazer proibido (ex.: omissão de socorro); e (2) *Omissivos impuros, impróprios ou comissivos por omissão:* o tipo penal descreve uma conduta positiva, mas sua execução se dá por omissão nas hipóteses em que o agente podia e devia agir para evitar o resultado (ex.: art. 121, c/c art. 13, § 2º, do CP).

h) Crimes de dano e de perigo

- *De dano:* consumam-se com a efetiva lesão ao bem jurídico (ex.: roubo).
- *De perigo:* consumam-se com a possibilidade de lesão ao bem jurídico (ex.: perigo para a vida ou saúde de outrem). Dividem-se em: (1) *de perigo concreto:* são os que exigem a comprovação do perigo para a consumação (ex.: art. 309, CTB); e (2) *de perigo abstrato ou presumido:* são os que dispensam a comprovação do perigo para a consumação (ex.: art. 310, CTB).

STJ – Súmula 575

Constitui crime a conduta de permitir, confiar ou entregar a direção de veículo automotor a pessoa que não seja habilitada, ou que se encontre em qualquer das situações previstas no art. 310 do CTB, independentemente da ocorrência de lesão ou de perigo de dano concreto na condução do veículo.

i) Crimes simples, privilegiados e qualificados

- *Simples:* é o tipo penal em sua forma básica (ex.: art. 121, *caput*, CP).
- *Qualificados:* há circunstâncias previstas na sequência do tipo penal (normalmente parágrafos) que aumentam as penas mínima e máxima previstas (ex.: art. 121, § 2º, CP).
- *Privilegiados:* há circunstâncias previstas na sequência do tipo penal (normalmente parágrafos) que diminuem as penas mínima e máxima previstas (ex.: art. 121, § 1º, CP).

j) Crimes qualificados pelo resultado

Aqueles em que vem prevista pena mais grave para a hipótese de produção de determinado resultado (ex.: lesão corporal seguida de morte).

k) Crimes preterdolosos ou preterintencionais

Aqueles tipos em que há dolo na conduta antecedente e culpa no resultado consequente.

l) Crimes de ação única e de ação múltipla

- *De ação única:* o tipo penal possui apenas um verbo nuclear (ex.: homicídio).

- *De ação múltipla:* o tipo penal possui mais de um verbo nuclear, de forma que a realização de qualquer deles configura o crime (ex.: receptação simples).

m) Crimes cumulativos ou de acumulação

Há casos em que uma única conduta do agente não ofende o bem jurídico tutelado. Isso ocorre sobretudo nos crimes em que o bem protegido é supraindividual, como o meio ambiente. Assim, em vez de um comportamento isolado, leva-se em conta o acúmulo dos resultados advindos das condutas para a configuração da infração penal.

n) Crimes a distância e plurilocais

- *Crimes a distância ou de intervalo máximo:* a conduta é praticada em um país e o resultado se produz em outro país.
- *Crimes plurilocais:* a conduta é praticada em uma comarca e o resultado se produz em outra comarca, ambas no mesmo país.

o) Crime de alucinação

Trata-se da hipótese de erro de proibição invertido, ou delito putativo por erro de proibição. O agente acredita estar praticando um crime, mas na verdade o fato é atípico. Por exemplo, o autor comete adultério supondo que ainda seja crime (na verdade o art. 240, CP está revogado desde 2005).

p) Crime putativo por obra do agente provocador, crime de ensaio, delito de laboratório, flagrante preparado ou flagrante provocado

Ocorre quando alguém, de forma insidiosa, provoca o agente à prática de um crime, ao mesmo tempo que toma providências para que ele não se consume (JESUS, 2009, p. 196). Trata-se, portanto, de hipótese em que o agente é induzido a delinquir.

> **STF – Súmula 145**
> Não há crime, quando a preparação do flagrante pela polícia torna impossível a sua consumação.

3.4. Sujeitos do crime

a) Sujeito ativo: pode ser tanto quem realiza o verbo nuclear do tipo (autor executor) ou possui o domínio finalista do fato (autor funcional) como quem, de qualquer outra forma, concorre para o crime (partícipe).

> **Teoria da Dupla Imputação**. De acordo com a Constituição Federal (art. 225, § 3º), a pessoa jurídica pode ser responsabilizada criminalmente por delitos ambientais. No entanto, até pouco tempo, a jurisprudência do STJ exigia uma dupla imputação na hipótese, ou seja, a pessoa jurídica somente poderia ser processada se houvesse, também, uma imputação dirigida contra a pessoa física responsável pelo comportamento previsto como crime ambiental. A orientação mudou com o julgamento do RE 548.181 (j. 6-8-2013), caso em que o STF decidiu: "O art. 225, § 3º, da Constituição Federal não condiciona a responsabilização penal da pessoa jurídica por crimes ambientais à simultânea persecução penal da pessoa física em tese responsável no âmbito da empresa. ***A norma constitucional não impõe a necessária dupla imputação***".

b) Sujeito passivo: a vítima pode ser: (1) material ou eventual: titular do bem jurídico violado ou ameaçado; (2) formal ou constante: titular do mandamento proibitivo, ou seja, o Estado.

Importante:

- *Morto:* não pode ser sujeito passivo, pois não é titular de direitos. Poderá figurar como vítima a família do morto.
- *Maus-tratos a animais:* a vítima é a coletividade.
- *Pessoa jurídica e crimes contra a honra:* a pessoa jurídica pode ser vítima de difamação e de calúnia (neste último caso somente quando a ofensa versar sobre crime ambiental). No entanto, como não possui honra subjetiva, a PJ não pode ser vítima de injúria.
- *Autolesão:* em regra é impunível no Brasil. Exceção: fraude para recebimento de seguro (art. 171, § 2º, V, CP).
- *Crimes vagos:* são aqueles em que o sujeito passivo é indeterminado. Por exemplo, porte ilegal de arma de fogo.

3.5. Fato típico

Fato típico é o comportamento humano previsto em lei como crime ou contravenção penal.

Nos crimes materiais, o fato típico é formado por: (1) conduta; (2) resultado; (3) nexo causal; e (4) tipicidade.

Já nos crimes formais e de mera conduta, o fato típico é formado por: (1) conduta e (2) tipicidade.

3.5.1. Conduta

Conduta é o gênero, para as espécies **ação** e **omissão**.

a) **Teorias da ação**

1) *Teoria causalista ou naturalística (Von Liszt):* conduta é um comportamento voluntário que produz uma modificação do mundo exterior.

2) *Teoria finalista (Welzel):* conduta é um comportamento humano voluntário e consciente, dirigido a determinada finalidade. ***É a teoria mais aceita no Brasil.***

Teoria causalista: dolo e culpa estão na culpabilidade.
Teoria finalista: dolo e culpa estão no tipo.

3) *Teoria social (Jescheck e Wessels):* a conduta é considerada a partir da sua relevância social, ou seja, o que importa é a ação com relevância para a sociedade.

4) *Teorias funcionalistas:* ao contrário das demais teorias, que enfatizam a ação, o funcionalismo prioriza o próprio tipo. Destacam-se duas vertentes funcionalistas: (a) a de *Roxin*, para quem ação é a exteriorização da personalidade (teoria personalista da ação); (b) a de *Jakobs*, para quem a ação é vista numa perspectiva negativa, como a não evitação de um resultado evitável pelo sujeito (teoria da evitabilidade individual).

Para o **finalismo tripartite**, o crime é formado por três elementos (fato típico, ilicitude e culpabilidade).
Para o **finalismo bipartite**, o crime é formado por dois elementos (fato típico e ilicitude). A culpabilidade é mero pressuposto para a aplicação da pena.

b) **Teorias da omissão**

1) *Teoria naturalística da omissão:* a omissão é considerada análoga ao fazer, ou seja, é perceptível no mundo natural como algo que muda o estado das coisas. Assim, quem se omite dá causa ao resultado.

2) *Teoria normativa da omissão:* quem se omite não faz nada e o nada não causa coisa alguma, ou seja, não há relevância causal em sentido físico. No entanto, a lei impõe um dever jurídico de agir em determinadas circunstâncias. ***É a teoria adotada pelo art. 13, § 2º, CP.***

■ **Omissão própria e omissão imprópria:**

a) *Crime omissivo próprio ou puro:* a omissão vem descrita no tipo penal. Nesse caso, o omitente responderá pela simples conduta, e não pelo resultado naturalístico (ex.: omissão de socorro – art. 135, CP).

b) *Crime omissivo impróprio, impuro, espúrio ou comissivo por omissão:* é a ampliação mediata de um tipo penal que descreve conduta positiva (ex.: homicídio), com a imposição de um dever jurídico de agir para evitar o resultado. Está previsto no art. 13, § 2º, CP.

De acordo com o Código Penal (art. 13, § 2º), a omissão é penalmente relevante quando o omitente devia e podia agir para evitar o resultado. O dever de agir pode se dar de três formas: (a) *dever legal:* o agente, por lei, tem obrigação de cuidado, proteção ou vigilância. O policial que, vendo o estupro, nada faz para evitar o resultado, responde por estupro; (b) *dever contratual*: o agente, de outra forma, assumiu a responsabilidade de impedir o resultado. Se a criança de tenra idade cair do berço, a babá contratada para cuidá-la responderá pelas lesões; e (c) *ingerência:* o agente, com seu comportamento anterior, criou o risco da ocorrência do resultado. O autor que convida pessoa que não sabe nadar para fazer a travessia do rio responderá pelo resultado se esta vier a se afogar.

Crimes omissivos próprios: (1) são **unissubsistentes**; (2) **não admitem** tentativa e (3) são sempre **dolosos**.
Crimes omissivos impróprios: (1) são **plurissubsistentes**; (2) **admitem** tentativa e (3) podem ser **dolosos** ou **culposos**.

c) **Ausência de conduta**

Conforme a teoria finalista, a conduta pressupõe um comportamento humano voluntário e consciente. Assim, ausente a vontade ou a consciência, não se pode falar em conduta (o fato será atípico).

Hipóteses: (1) *coação física irresistível:* o coator vale-se do coagido como se este fosse um instrumento. Por exemplo, o coagido é amarrado e jogado sobre a vítima, matando-a. Só responderá o coator, pois o coagido pratica fato atípico; e (2) *estados de inconsciência:* trata-se da falta de capacidade psíquica de vontade, que faz desaparecer a conduta (ex.: comportamentos praticados durante estados de sonambulismo ou hipnose).

Coação física irresistível: exclui a **conduta** do coagido.
Coação moral irresistível: exclui a **culpabilidade** do coagido.

3.5.2. Resultado

O resultado é explicado por duas teorias: (1) *teoria normativa ou jurídica:* resultado é a ofensa ou a exposição a risco de bens ou interesses tutelados pela norma penal. Para a teoria normativa ou jurídica, todos os crimes possuem resultado; e (2) *teoria naturalística:* resultado é a efetiva modificação do mundo exterior. Para a teoria naturalística, há crimes sem resultado.

Crimes quanto ao resultado naturalístico: (1) *materiais:* somente se consumam com a produção do resultado naturalístico (ex.: homicídio); (2) *formais ou de consumação antecipada:* a ocorrência do resultado naturalístico, apesar de admitida, não é relevante, já que a consumação ocorre antes e independentemente da sua produção (ex.: extorsão); (3) *de mera conduta:* o tipo não prevê a ocorrência de resultado naturalístico (ex.: violação de domicílio).

3.5.3. Nexo causal ou relação de causalidade

a) **Compreensão.** Relação de causalidade é o vínculo entre conduta e resultado naturalístico. O nexo causal é necessário apenas nos **crimes materiais**, pois estes exigem, para a sua consumação, a produção do resultado naturalístico (modificação do mundo exterior).

b) **Teoria adotada.** O Código Penal adota a **teoria da equivalência dos antecedentes causais ou da conditio *sine qua non*.** De acordo com o art. 13, *caput*, CP considera-se *causa* a ação ou omissão sem a qual o resultado não teria ocorrido.

c) **Crítica à teoria da equivalência dos antecedentes causais.** Regresso ao infinito. Por exemplo, o agente mata a vítima com emprego de arma de fogo. Pela teoria da conditio *sine qua non*, estaria autorizada a punição do fabricante do armamento, já que sem a arma de fogo o crime não teria ocorrido como ocorreu.

d) **Limites ao regresso ao infinito.** Diante do rigor da teoria da equivalência dos antecedentes causais, são estabelecidos alguns limites à sua atuação:

I) *Art. 13, § 1º, CP.* A superveniência de causa relativamente independente exclui a imputação quando, por si só, produziu o resultado; entretanto, os fatos anteriores, imputam-se a quem os praticou. Por exemplo, a vítima é alvejada com um tiro de raspão no ombro, dirigindo-se ao hospital para fazer um simples curativo, local em que morre em virtude de um incêndio (causa superveniente que, por si só, produziu o resultado). Em face do disposto no art. 13, § 1º, CP o atirador responderá por tentativa de homicídio, e não por homicídio consumado.

II) *Critérios de imputação objetiva.* A teoria da imputação objetiva procura estabelecer critérios objetivos para a imputação de um resultado a alguém (ROXIN, 1997, p. 362): (a) *criação ou incremento de um risco não permitido para o objeto da ação:* para que haja imputação do resultado à conduta, ela deve criar um risco não permitido ao bem jurídico; (b) *realização do risco no resultado concreto:* ainda que criado um risco não permitido, caso ele não se realize no resultado concreto, este não pode ser imputado objetivamente ao agente. Por exemplo, motorista imprudente atropela o ciclista, causando-lhe lesões. No hospital, a vítima acaba morrendo porque o teto desaba sobre sua cabeça. O motorista não responderá pela morte; (c) *resultado dentro do alcance do tipo*: caso seja criado um risco não permitido, que venha a se realizar no resultado concreto, ainda assim será possível excluir a imputação objetiva da conduta ao agente no caso de o resultado não estar abarcado pelo tipo penal. Por exemplo, motorista imprudente trafega em velocidade incompatível, parando a centímetros de pedestre que atravessava a via na faixa de segurança. Em face do susto sofrido, o pedestre tem um ataque fulminante do coração e morre. O homicídio não poderá ser imputado ao motorista, já que a lei regulatória do limite de velocidade pune a morte em face de atropelamento, e não em face de susto.

III) *Análise de dolo e culpa (imputação subjetiva).* Os institutos serão vistos a seguir, logo após a "tipicidade".

3.5.4. Tipicidade

a) **Compreensão.** O tipo penal descreve uma conduta (ação ou omissão) proibida. No entanto, quando o agente pratica um comportamento real que realiza o tipo penal (conduta descrita em lei), ocorre a tipicidade, também chamada de adequação típica.

b) **Tipicidade objetiva e tipicidade subjetiva.** A tipicidade penal é formada pela tipicidade objetiva e pela tipicidade subjetiva.

Na *tipicidade objetiva* estão abrangidas a tipicidade formal e a tipicidade material: (1) *tipicidade formal ou legal:* mero juízo de adequação (subsunção do fato à norma penal); (2) *tipicidade material:* desvalor da conduta e do resultado. Verifica-se se o comportamento do autor ofendeu o bem jurídico tutelado de forma grave, de modo a justificar a intervenção do Direito Penal.

O princípio da insignificância é causa de exclusão da tipicidade material.

Na *tipicidade subjetiva* estão abrangidos o dolo e, quando exigido, o elemento subjetivo especial (também chamado de dolo específico).

Tipicidade objetiva: tipicidade formal + tipicidade material.
Tipicidade subjetiva: dolo + elemento subjetivo especial.

c) **Adequação típica.** Pode ser: (1) *Adequação típica direta ou imediata:* o fato se ajusta perfeitamente à lei penal, sem que se exija o concurso de qualquer outra norma; (2) *Adequação típica indireta ou mediata:* o fato não se ajusta perfeitamente à lei penal, sendo necessário o concurso de outra norma, chamada de **norma de extensão ou ampliação da figura típica**. É o que ocorre na omissão imprópria (art. 13, § 2º, CP), na tentativa (art. 14, II, CP) e na participação (art. 29, CP).

3.6. Crime doloso

a) **Teorias sobre o dolo**

- *Teoria da representação ou previsão do resultado:* para a configuração do dolo basta o sujeito agir após ter previsto o resultado, ainda que não o aceite. Não foi adotada no Brasil, pois confunde dolo com culpa consciente.
- *Teoria da vontade:* para a configuração do dolo basta a vontade livre e consciente de querer o resultado. Foi adotada no Brasil em relação ao **dolo direto** (art. 18, I, 1ª parte, CP).
- *Teoria do consentimento ou assentimento:* atua com dolo quem, mesmo prevendo o resultado lesivo e não o querendo de forma direta, assume o risco de produzi-lo. Foi adotada no Brasil em relação ao **dolo eventual** (art. 18, I, 2ª parte, CP).

Dolo direto: teoria da vontade (art. 18, I, 1ª parte, CP).
Dolo eventual: teoria do consentimento (art. 18, I, 2ª parte, CP).

b) **Espécies de dolo**

- *Dolo direto:* é aquele em que o agente quer praticar a conduta descrita no tipo penal, dirigindo-se finalisticamente para o resultado. Divide-se em: (1) *Dolo direto de primeiro grau:* o fim é diretamente desejado pelo agente; (2) *Dolo direto de segundo grau:* o resultado é obtido como consequência necessária à produção do fim. É conhecido como ***dolo de consequências necessárias*** (BUSATO, 2015, p. 419).
- *Dolo indireto:* ocorre quando o agente não quer produzir resultado certo e determinado. Divide-se em: (1) *Dolo eventual:* o agente não quer produzir o resultado, mas o prevê e o aceita como possível, assumindo o risco que ele ocorra. Recorde-se da célebre fórmula de Frank: "Seja como for, dê no que der, em qualquer caso não deixo de agir". (2) *Dolo alternativo:* o agente, com igual intensidade, deseja produzir um ou outro resultado. Por exemplo, o autor dispara para matar ou ferir.
- *Dolo de dano:* é a vontade de produzir uma efetiva lesão ao bem jurídico. Por exemplo, art. 121, CP.
- *Dolo de perigo:* é a vontade de expor o bem jurídico a uma situação de perigo de dano. Por exemplo, art. 132, CP.
- *"Dolus generalis" ou erro sucessivo:* supondo ter produzido o resultado desejado, o autor pratica uma nova conduta, com nova finalidade, sendo que é esta a causadora do resultado pretendido na origem. Por exemplo, querendo matar "B", "A" o agride na cabeça com um instrumento contundente. Na sequência, imaginando ter matado a vítima, "A" joga o corpo desta no mar. Quando o corpo é encontrado e periciado, constata-se

que a morte se deu, na verdade, por afogamento. De acordo com os postulados do *dolus generalis*, o agente responderá por homicídio doloso consumado, já que o erro do curso causal é irrelevante.

3.7. Crime culposo

a) **Culpa no Código Penal.** De acordo com o art. 18, II, CP, diz-se o crime culposo quando o agente dá causa ao resultado por imprudência, negligência ou imperícia.

Imprudência é o agir culposo.
Negligência é a omissão culposa.
Imperícia é a culpa profissional.

b) **Princípio da excepcionalidade.** O art. 18, parágrafo único, CP, prevê o princípio da excepcionalidade do crime culposo. Em regra os tipos penais são dolosos. Portanto, os tipos culposos, que são exceção, devem ser previstos expressamente.

c) **Elementos do crime culposo**

- *Conduta voluntária:* nos crimes culposos a finalidade da conduta é normalmente lícita.
- *Violação do dever objetivo de cuidado:* trata-se da não observância de deveres impostos a todos, com consequente provocação de danos a bens jurídicos de terceiros. Tal inobservância do dever objetivo de cuidado é provocada por imprudência, negligência ou imperícia.
- *Resultado naturalístico involuntário:* se o resultado fosse desejado, haveria dolo.
- *Nexo causal:* os crimes culposos são materiais.
- *Previsibilidade objetiva do resultado:* deve ser possível ao *homo medius* (representante hipotético do homem comum) prever o resultado nas circunstâncias em que ocorreu.
- *Ausência de previsão:* no caso concreto, o agente não prevê o resultado. Há uma exceção: culpa consciente, que é uma espécie de culpa com previsão.
- *Tipicidade:* os crimes culposos, regra geral, são tipos penais abertos, ou seja, incompletos, devendo ser complementados pelo juiz.

d) **Espécies de culpa**

- *Culpa inconsciente:* o agente não prevê o resultado previsível.
- *Culpa consciente:* o agente representa a possibilidade de ocorrer o resultado, mas não assume o risco de produzi-lo, pois confia sinceramente que não ocorrerá.
- *Culpa própria:* o agente não quer o resultado e nem assume o risco de produzi-lo.
- *Culpa imprópria:* é a que decorre do erro inescusável (art. 20, § 1º, CP).

e) **Compensação e concorrência de culpas**

Diversamente do campo civil, na esfera penal não é cabível a compensação de culpas. No entanto, é possível a concorrência de crimes culposos, como ocorre na hipótese de acidente automobilístico decorrente da culpa de dois motoristas que não observaram os sinais de trânsito, acarretando lesão corporal em cada condutor.

f) **Culpa consciente *versus* dolo eventual.** Os dois institutos possuem o traço comum da previsão do resultado proibido. Mas, enquanto no *dolo eventual* o agente anui ao advento desse resultado, assumindo o risco de produzi-lo, em vez de renunciar à ação, na *culpa consciente*, ao contrário, repele a hipótese de superveniência do resultado, e, na esperança convicta de que este não ocorrerá, avalia mal e age (BITENCOURT, 2012, p. 377).

Culpa consciente: (1) **há previsão** do resultado; (2) **o agente confia nas suas habilidades pessoais**, acreditando que poderá evitar o resultado.
Dolo eventual: (1) **há previsão** do resultado; (2) **o agente atua com descaso** em relação ao bem jurídico tutelado, assumindo o risco de produzir o resultado.

3.8. Crime preterdoloso ou preterintencional

É aquele em que há **dolo** na conduta antecedente e **culpa** no resultado consequente. Por exemplo, lesão corporal seguida de morte (art. 129, § 3º, CP).

Não cabe tentativa de crime preterdoloso, pois parcela do delito (resultado consequente) foi causada por culpa. Não se pode tentar praticar algo que não se quer.

3.9. Erro de tipo

Erro é a falsa percepção da realidade. No Direito Penal há duas espécies de erro: o *erro de tipo* (será analisado neste tópico) e o *erro de proibição* (será analisado dentro da culpabilidade).

Por sua vez, o erro de tipo pode ser **essencial**, quando incide sobre dado elementar do crime (ex.: "droga" no tráfico de entorpecentes), ou **acidental**, quando incide sobre dado acessório do crime (ex.: objeto material do crime no *error in objecto*).

O erro de tipo essencial, conforme veremos abaixo, produz efeitos sobre o dolo e a culpa.

3.9.1. Erro de tipo essencial

a) **Previsão legal:** de acordo com o art. 20, *caput*, CP o erro sobre elemento constitutivo do tipo legal de crime exclui o dolo, mas permite a punição por crime culposo, se previsto em lei. Exemplos:

- Vendo a moita se mexer, o caçador dispara, supondo ser o animal que procura. Ao aproximar-se, nota que matou um ser humano que estava atrás das folhagens, e não um animal. O erro incide sobre a elementar "alguém" (art. 121, CP).
- Supondo estar trazendo consigo farinha para fazer bolo, o agente é flagrado com cocaína. O erro incide sobre a elementar "droga" (art. 33, Lei n. 11.343/2006).
- Achando que está levando para casa o próprio casaco, o agente pega casaco de terceiro, parecido com o seu. O erro incide sobre a elementar "alheia" (art. 155, CP).

b) **Espécies e efeitos:** (i) *Erro de tipo escusável ou inevitável:* não podia ter sido evitado, ainda que o agente utilizasse o grau de atenção do homem médio. A consequência será a exclusão do dolo e da culpa; (ii) *Erro de tipo inescusável ou evitável:* podia ter sido evitado, desde que o agente fosse mais cauteloso. A consequência será apenas a exclusão do dolo, permitindo-se a punição do autor a título de culpa, desde que exista forma culposa prevista em lei.

3.9.2. Erro de tipo acidental

Como referido, o erro de tipo acidental é aquele que incide sobre dados acessórios ou secundários do crime. ***Esta espécie de erro de tipo não exclui dolo e culpa nem isenta o agente de pena.***

Hipóteses:

- *Erro sobre a pessoa ("error in persona"):* o agente confunde a sua vítima com outra. De acordo com o art. 20, § 3º, CP o erro quanto à pessoa contra a qual o crime é praticado não isenta de pena. Não se consideram, neste caso, as condições ou qualidades da vítima, senão as da pessoa contra quem o agente queria praticar o crime. Por exemplo, desejando matar o próprio pai, o agente dispara contra a vítima, supondo ser o seu ascendente, mas mata uma pessoa que era muito parecida com o seu pai. Responderá pelo homicídio, inclusive com a agravante de crime contra ascendente (art. 61, II, *e*, CP).
- *Erro sobre o objeto ("error in objecto"):* o agente supõe que sua conduta recai sobre uma coisa, quando na verdade recai sobre outra. Por exemplo, supondo ser um relógio Rolex, o agente pratica a subtração, posteriormente descobrindo se tratar de imitação barata.

> Conforme dito, o erro de tipo acidental não isenta de pena. No entanto, se estiverem presentes os requisitos, poderá ser aplicado o princípio da insignificância (causa de exclusão da tipicidade material).

- *Erro sobre o nexo causal ("aberratio causae"):* o resultado pretendido pelo agente se produz, porém de outro modo. Por exemplo, o agente dispara contra a vítima para matá-la. Na fuga, o ofendido escorrega e cai da ponte, morrendo em virtude da queda. O autor responderá pelo homicídio.
- *Erro na execução ("aberratio ictus"):* conforme o art. 73, CP, quando, por acidente ou erro no uso dos meios de execução, o agente, ao invés de atingir a pessoa que pretendia ofender, atinge pessoa diversa, responde como se tivesse praticado o crime contra aquela, atendendo ao disposto no § 3º do art. 20, CP. Sendo também atingida a pessoa que o agente pretendia ofender, aplica-se a regra do art. 70. Por exemplo, o agente dispara para matar o próprio irmão, mas erra a pontaria e atinge terceira pessoa. Responderá pelo homicídio, inclusive com a agravante de crime contra irmão (art. 61, II, *e*, CP).

> ***Error in persona* (art. 20, § 3º, CP): não há erro** de pontaria e o **agente confunde** a sua vítima com outra.
> ***Aberratio ictus* (art. 73, CP): há erro** de pontaria e o **agente não confunde** a sua vítima com outra.

- *Resultado diverso do pretendido ("aberratio criminis" ou "delicti"):* de acordo com o art. 74, CP, fora dos casos do art. 73, quando, por acidente ou erro na execução do crime, sobrevém resultado diverso do pretendido, o agente responde por culpa, se o fato é previsto como crime culposo; se ocorre também o resultado pretendido, aplica-se a regra do art. 70. Por exemplo, o agente atira a pedra para quebrar a vidraça, mas erra a pontaria e acerta a cabeça da vítima. Responderá por lesão culposa ou homicídio culposo, conforme o caso.

***Aberratio ictus* (art. 73, CP):** o erro ocorre **de pessoa para pessoa**.
***Aberratio criminis* ou *delicti* (art. 74, CP):** o erro ocorre **de pessoa para coisa** ou **de coisa para pessoa**.

3.10. *Iter criminis*

a) **Fases do crime**

1ª) *Cogitação:* intenção de praticar o delito (fase interna ou subjetiva).

2ª) *Preparação:* atos necessários para o agente iniciar a execução do delito. Os atos preparatórios são em regra impuníveis, salvo quando caracterizarem crime autônomo (ex.: porte de arma) ou houver expressa previsão legal (ex.: art. 5º, Lei de Terrorismo).

Lei n. 13.260/2016
Art. 5º Realizar **atos preparatórios de terrorismo** com o propósito inequívoco de consumar tal delito: *Pena* – a correspondente ao delito consumado, diminuída de um quarto até a metade.

3ª) *Execução:* somente com os atos executórios o agente pode ser punido.

4ª) *Consumação:* diz-se o crime consumado quando nele se reúnem todos os elementos de sua definição legal (art. 14, I, CP).

b) **Passagem dos atos preparatórios para os atos executórios.** Destacam-se duas teorias: (i) *Teoria objetivo-formal:* há início de ato executório quando o agente praticar o verbo nuclear do tipo; (ii) *Teoria objetivo-individual:* há início da execução quando é colocado em prática o plano delitivo do agente, ainda que imediatamente anterior à prática do verbo nuclear do tipo.

3.11. Consumação

De acordo com o **art. 14, I, CP**, diz-se o crime consumado quando nele se reúnem todos os elementos de sua definição legal.

Vejamos o momento da consumação nos seguintes crimes: (1) *materiais:* com a produção do resultado naturalístico; (2) *formais:* com a prática da conduta; (3) *de mera conduta:* com a prática da conduta; (4) *permanentes:* a consumação se prolonga no tempo; (5) *de perigo:* com a exposição do bem jurídico a perigo; (6) *habituais:* com a reiteração de atos que revelam um estilo ou modo de vida do agente; (7) *omissivos próprios ou puros:* com a abstenção do comportamento devido; (8) *omissivos impróprio, impuros ou comissivos por omissão:* com a produção do resultado naturalístico; (9) *culposos:* com a produção do resultado naturalístico; (10) *qualificados pelo resultado:* com a produção do resultado agravador.

3.12. Tentativa ou *conatus*

a) **Conceito:** de acordo com o **art. 14, II, CP**, diz-se o crime tentado quando, iniciada a execução, não se consuma por circunstâncias alheias à vontade do agente.

b) **Elementos da tentativa:** (1) início da execução de um crime; (2) a sua não consumação; (3) interferência de circunstâncias alheias à vontade do agente; (4) dolo.

c) **Punição da tentativa:** conforme o **art. 14, parágrafo único, CP,** salvo disposição em contrário, pune-se a tentativa com a pena correspondente ao crime consumado, diminuída de um a dois terços. Como regra, o Código Penal adotou uma **teoria objetiva**, ou seja, a punição do crime tentado justifica-se pela maior ou menor exposição a perigo do bem jurídico ofendido.

d) **Espécies de tentativa:** (1) *Tentativa imperfeita ou inacabada:* sem esgotar o processo executório, o agente não consegue consumar o crime por circunstâncias alheias à sua vontade (ex.: antes de disparar todos os projéteis na vítima, o autor é desarmado); (2) *Tentativa perfeita, acabada ou crime falho:* depois de esgotar o processo executório, o agente não consegue consumar o crime por circunstâncias alheias à sua vontade. Por exemplo, o autor descarrega a arma na vítima, mas esta é salva pelo pronto e eficaz atendimento médico; (3) *Tentativa branca ou incruenta:* o objeto material não é atingido. Por exemplo, erro de pontaria; (4) *Tentativa vermelha ou cruenta:* o objeto material é atingido (ex.: a vítima sofre disparos de arma de fogo).

e) **Infrações que não admitem a tentativa:** (1) *Contravenção penais:* não se pune a tentativa por expressa disposição legal (art. 4º, LCP); (2) *Crimes culposos:* não se pode tentar produzir um resultado que não é desejado; (3) *Crimes preterdolosos:* não cabe a tentativa, já que o resultado agravador é culposo; (4) *Crimes unissubsistentes:* não admitem o fracionamento dos atos executórios (ex.: ameaça verbal); (5) *Crimes omissivos próprios:* não aceitam a tentativa por serem unissubsistentes; (6) *Crimes habituais:* é necessária a reiteração de atos descritos no tipo para que ocorra a consumação. Assim, um único ato é atípico; quando há a reiteração, o crime resta consumado; (7) *Crimes de atentado ou empreendimento:* são aqueles que punem as formas consumada e tentada com a mesma pena em abstrato (ex.: art. 352, CP – não se pode imaginar tentativa de tentativa).

3.13. Desistência voluntária e arrependimento eficaz

a) **Tentativa abandonada:** é o gênero para as espécies "desistência voluntária" e "arrependimento eficaz". Conforme o **art. 15, CP**, o agente que, voluntariamente, desiste de prosseguir na execução ou impede que o resultado se produza só responde pelos atos já praticados.

b) **Natureza jurídica:** não há unanimidade na doutrina. Orientações: 1ª) são causas de extinção da punibilidade ou de isenção de pena (Hungria, Noronha, Zaffaroni); 2ª) são causas de exclusão da tipicidade (Damásio, Mirabete, Rogério Greco).

c) **Hipóteses:** (1) *Desistência voluntária:* pressupõe uma conduta negativa (um não fazer), já que o agente desiste voluntariamente de prosseguir nos atos executórios. Por exemplo, "A" ingressa na residência de "B" para a prática de um furto. Verificando a situação de miserabilidade da vítima, "A" desiste de seu intento criminoso (observação: a desistência voluntária se satisfaz com a voluntariedade, não havendo necessidade da espontaneidade); (2) *Arrependimento eficaz:* pressupõe uma conduta positiva (um fazer), já que o agente, depois de realizar os atos executórios, toma uma providência para impedir a produção do resultado (ex.: depois de disparar contra "B", "A" é tocado pelas súplicas da vítima e resolve levá-la ao hospital, conseguindo salvar sua vida).

> **Ato voluntário:** é ato livre (sem coação).
> **Ato espontâneo:** além de livre, é ato que surgiu da **ideia do próprio agente**.

> Se o arrependimento for "ineficaz", ou seja, se o agente não conseguir evitar a produção do resultado, responderá pelo crime praticado.

d) **Tentativa qualificada:** nas duas hipóteses o autor responde pelos atos já praticados, conforme disposição final do art. 15, CP. No primeiro exemplo acima (desistência voluntária), o agente responderia por violação de domicílio; no segundo (arrependimento eficaz), por lesão corporal (leve, grave ou gravíssima, conforme o resultado).

3.14. Arrependimento posterior

a) **Natureza jurídica:** causa obrigatória de redução de pena.

b) **Previsão legal:** de acordo com o **art. 16, CP**, nos crimes cometidos sem violência ou grave ameaça à pessoa, se reparado o dano ou restituída a coisa, até o recebimento da denúncia ou da queixa, por ato voluntário do agente, a pena será reduzida de um a dois terços.

c) **Requisitos:** (1) *Crime cometido sem violência ou grave ameaça à pessoa:* aplica-se aos crimes dolosos, tentados e consumados, simples, privilegiados e qualificados. A violência **culposa** não impede o reconhecimento do benefício (ex.: homicídio culposo na direção de veículo automotor); (2) *Reparação do dano ou restituição do objeto material:* deve, como regra, ser total, salvo se houver concordância da vítima; (3) *Reparação até o* ***recebimento*** *da denúncia ou da queixa:* caso seja posterior, será considerada circunstância atenuante genérica (art. 65, III, *b*, CP); e (4) *Ato voluntário do agente:* a reparação ou restituição não precisa ser espontânea (ato que tenha surgido da ideia do próprio agente), bastando que seja **voluntária** (ato livre, ainda que sugerido por terceiros). Isso significa que o autor pode ter reparado o dano por orientação do seu advogado.

> **Arrependimento eficaz (art. 15, CP):** causa de extinção da punibilidade ou de exclusão da tipicidade. **Ocorre antes** da consumação.
> **Arrependimento posterior (art. 16, CP):** causa obrigatória de redução da pena. **Ocorre depois** da consumação.

O STJ possui entendimento de que, para que seja possível aplicar o arrependimento posterior (art. 16, CP), faz-se **necessário que o crime praticado seja patrimonial** ou possua efeitos patrimoniais. Assim, segundo esta posição, o benefício não incide no delito de homicídio culposo (STJ, REsp 1.561.276, *DJe* 15-9-2016).

Se o policial, com o objetivo de prender o traficante, se fizer passar por comprador de droga, não haverá flagrante preparado, já que o crime do art. 33, Lei de Drogas (Lei n. 11.343/2006) é um tipo misto alternativo, ou seja, antes da "venda", o agente já estava praticando o crime, pois **tinha em depósito e guardava** o entorpecente para futura mercancia.

3.15. Crime impossível

a) **Várias denominações do instituto:** crime impossível, tentativa impossível, tentativa inidônea, tentativa inadequada, quase crime, crime oco.

b) **Natureza jurídica:** causa de exclusão da tipicidade.

c) **Teorias do crime impossível:** (1) *Teoria subjetiva:* o agente deve ser punido porque demonstrou intenção de praticar o crime; (2) *Teoria sintomática:* o agente deve ser punido porque demonstrou periculosidade; (3) *Teoria objetiva pura:* o agente não deve ser punido, seja absoluta ou relativa a inidoneidade do meio ou do objeto; e (4) *Teoria objetiva temperada:* o agente só não será punido se a inidoneidade do meio ou do objeto for absoluta; caso seja relativa, haverá crime tentado ou consumado. ***O CP adota a teoria objetiva temperada (art. 17).***

d) **Hipóteses:** (1) *Ineficácia absoluta do meio (art. 17, 1ª parte, CP):* o meio de execução escolhido pelo agente não é idôneo para produzir qualquer resultado lesivo (ex.: arma defeituosa, falsificação grosseira). **STJ, Súmula 73:** "A utilização de papel-moeda grosseiramente falsificado configura, em tese, o crime de estelionato, da competência da Justiça Estadual."; (2) *Impropriedade absoluta do objeto (art. 17, 2ª parte, CP):* inexiste o objeto material do crime. Por exemplo, "matar o morto" (não se pode matar quem já está morto); manobra abortiva realizada por mulher que não está grávida; (3) *Flagrante preparado, flagrante provocado, crime putativo por obra do agente provocador, crime de ensaio ou delito de laboratório:* caso em que o agente é induzido, pela polícia ou por um terceiro, a praticar o crime. Trata-se de crime impossível segundo o STF.

STF – Súmula 145
Não há crime, quando a preparação do flagrante pela polícia torna impossível a sua consumação.

e) **Monitoramento eletrônico:** no caso de furtos em estabelecimentos comerciais que possuem vigias e câmeras de segurança, a jurisprudência dos Tribunais Superiores pacificou-se no sentido de que ***não há crime impossível***. O monitoramento eletrônico dificulta o furto, mas não o impossibilita.

STJ – Súmula 567
Sistema de vigilância realizado por monitoramento eletrônico ou por existência de segurança no interior de estabelecimento comercial, por si só, não torna impossível a configuração do crime de furto.

3.16. Ilicitude ou antijuridicidade

a) **Conceito:** é a contrariedade do fato ao ordenamento jurídico.

b) **Consentimento do ofendido:** *requisitos:* (1) Bem jurídico disponível; (2) Momento do consentimento: até a consumação do crime; e (3) Capacidade para consentir: em regra aos 18 anos. *Consequências:* (i) se o dissenso da vítima for elemento do tipo (ex.: art. 150, CP), haverá a exclusão da tipicidade; (ii) se o dissenso da vítima não for elemento do tipo (ex.: art. 163, CP), haverá a exclusão da ilicitude.

c) **Causas de exclusão da ilicitude:** (1) *Previstas na Parte Geral do CP:* não há crime quando o agente pratica o fato: em estado de necessidade; em legítima defesa; em estrito cumprimento de dever legal ou no exercício regular de direito (art. 23, CP); (2) *Exemplo previsto na Parte Especial do CP:* não constituem injúria ou difamação punível: a ofensa irrogada em juízo, na discussão da causa, pela parte ou por seu procurador; a opinião desfavorável da crítica literária, artística ou científica, salvo quando inequívoca a intenção de injuriar ou difamar; o conceito desfavorável emitido por funcionário público, em apreciação ou informação que preste no cumprimento de dever do ofício (art. 142, CP); (3) *Exemplo previsto na Legislação Especial:* não é crime o abate de animal, quando realizado: em estado de necessidade, para saciar a fome do agente ou de sua família; para proteger lavouras, pomares e rebanhos da ação predatória ou destruidora de animais, desde que legal e expressamente autorizado pela autoridade competente; por ser nocivo o animal, desde que assim caracterizado pelo órgão competente (art. 37, Lei dos Crimes Ambientais – Lei n. 9.605/98).

3.16.1. Estado de necessidade (art. 24, CP)

a) **Requisitos:** (1) *Situação de perigo:* (a) Perigo atual: é o perigo presente, que está ocorrendo. O perigo pode ser oriundo de ato humano, força da natureza ou ataque de animais; (b) Ameaça a direito próprio ou alheio: todos os bens jurídicos podem ser defendidos pelo estado de necessidade; (c) Situação não causada voluntariamente pelo sujeito: se o agente provocar dolosamente o perigo, não poderá se valer do estado de necessidade; e (d) Inexistência de dever legal de enfrentar o perigo: quem tem o dever legal de enfrentar o perigo, como os bombeiros e os policiais, não pode invocar o estado de necessidade. (2) *Fato lesivo:* (a) Inevitabilidade da prática do fato lesivo: deve-se verificar se o agente tinha a possibilidade de salvaguardar o direito sem praticar a conduta lesiva; e (b) Proporcionalidade: bem de maior valor prefere a bem de menor valor.

b) **Espécies:** (1) *Estado de necessidade próprio e de terceiro.* EN próprio: proteção de direito do próprio agente. EN de terceiro: proteção de direito de terceiro. (2) *Estado de necessidade real e putativo.* EN real: existe uma real situação de perigo. EN putativo: o agente, por erro, supõe a situação de perigo. (3) *Estado de necessidade agressivo e defensivo.* EN agressivo: a conduta lesiva recai sobre bem jurídico de terceiro inocente. EN defensivo: a conduta lesiva recai sobre bem jurídico do próprio causador do perigo.

c) **Teorias:** (1) *Unitária (adotada pelo CP):* o estado de necessidade sempre será causa de exclusão da ilicitude (EN justificante). (2) *Diferenciadora (adotada pelo CPM):* o estado de necessidade poderá ser causa de exclusão da ilicitude (EN justificante) ou de exclusão da culpabilidade (EN exculpante).

d) **Redução da pena:** de acordo com o art. 24, § 2º, CP, embora seja razoável exigir o sacrifício do direito ameaçado, a pena poderá ser reduzida de um a dois terços.

3.16.2. Legítima defesa (art. 25, CP)

a) **Requisitos**

1) *Agressão injusta, atual ou iminente:* trata-se de conduta humana que ofende ou expõe a perigo direitos, podendo ser dolosa ou culposa, ativa ou omissiva. **Atual** é a agressão que já começou a ofender o bem jurídico mas ainda não cessou. **Iminente** é a agressão que está prestes a se tornar atual.

> Matar animais para se proteger não configura legítima defesa, mas pode caracterizar estado de necessidade. Entretanto, se o animal for atiçado por alguém, pode configurar legítima defesa, pois nesse caso existe uma agressão humana.

2) *Defesa de direito próprio ou alheio:* a expressão "direito" abrange qualquer bem tutelado pelo ordenamento jurídico.

3) *Reação com os meios necessários:* meio necessário é aquele que estava à disposição do agredido e que menor dano causará.

4) *Uso moderado dos meios necessários:* uma vez escolhido o meio necessário, seu uso deve ser moderado, ou seja, suficiente para repelir a agressão. Moderação significa proporção entre agressão e reação.

b) **Espécies**

- *Legítima defesa sucessiva:* é a reação do agressor contra a repulsa excessiva da vítima.
- *Legítima defesa real e putativa.* LD real: realmente existe a agressão injusta. LD putativa ou imaginária: o agente, por erro, supõe a existência da agressão injusta.
- *Legítima defesa subjetiva:* é o excesso na repulsa de uma agressão decorrente de erro de apreciação da situação fática.

> **Legítima defesa (art. 25, CP):** (1) repulsa contra uma agressão injusta; (2) o bem jurídico sofre uma agressão; (3) a agressão deve ser humana; e (4) o comportamento deve ser dirigido contra o agressor.
> **Estado de necessidade (art. 24, CP):** (1) conflito entre bens jurídicos; (2) o bem jurídico é exposto a perigo; (3) o perigo pode decorrer de ato humano, força da natureza ou ataque de animais; e (4) o comportamento pode ser dirigido contra terceiro inocente.

c) **Legítima defesa e erro na execução (*aberratio ictus*)**

De acordo com o art. 73, CP, quando, por acidente ou erro no uso dos meios de execução, o agente, ao invés de atingir a pessoa que pretendia ofender, atinge pessoa diversa, responde como se tivesse praticado o crime contra aquela, atendendo-se ao disposto no § 3º do art. 20, Código Penal.

Imaginemos que "A" está disparando contra "B". Para se defender, "B" reage mas erra a pontaria, atingindo "C". "B" terá agido em legítima defesa real, já que, de acordo com o instituto da *aberratio ictus*, responderá como se tivesse atingido "A".

3.16.3. Estrito cumprimento de dever legal (art. 23, III, CP)

a) **Compreensão:** muitas vezes os agentes do Estado, no cumprimento de suas funções públicas, interferem na vida privada das pessoas. Ainda que exista ofensa ou exposição a risco de determinados bens jurídicos (vida, integridade corporal, liberdade), essa interferência, se visar ao cumprimento da lei e não se pautar pelo excesso, estará justificada pelo estrito cumprimento do dever legal.

b) **Dever legal:** é o emanado de normas jurídicas (leis, decretos, regulamentos etc.). Assim, a excludente não se aplica às obrigações sociais, morais ou religiosas.

c) **Agentes públicos ou particulares:** a justificativa pode ser aplicada a servidores do Estado (ex.: policiais efetuando prisões) ou a particulares que exercerem funções públicas (ex.: jurados).

3.16.4. Exercício regular de direito (art. 23, III, CP)

a) **Compreensão.** Conforme o art. 5º, II, CF ninguém será obrigado a fazer ou deixar de fazer alguma coisa senão em virtude de lei. Isso significa que, se determinado comportamento é legitimado por norma extrapenal (é lícito para o Direito Civil, por exemplo), o Direito Penal não poderá considerá-lo criminoso.

b) **Exercício regular.** É o que obedece a condições objetivas estabelecidas, não podendo ser abusivo, sob pena de excesso.

c) **Hipóteses.** Intervenções médicas, ofendículos (ex.: cerca elétrica), violência esportiva (ex.: boxe).

3.16.5. Excesso

a) **Compreensão.** Excesso significa uma intensificação desnecessária a uma conduta inicialmente justificada.

b) **Excesso punível.** De acordo com o art. 23, parágrafo único, CP, o agente responderá por excesso doloso ou culposo em todas as hipóteses daquele dispositivo (estado de necessidade, legítima defesa, estrito cumprimento de dever legal e exercício regular de direito). Ocorre *excesso doloso* quando o agente se excede voluntariamente no meio utilizado ou no uso desse meio. Ocorre *excesso culposo* quando o agente se excede por imprudência, negligência ou imperícia.

c) **Excesso impunível.** Pode ser acidental ou exculpante. Ocorre *excesso acidental* quando a intensificação desnecessária se dá em virtude de caso fortuito ou força maior. Ocorre *excesso exculpante* quando a intensificação desnecessária se dá em virtude de perturbação de ânimo, medo ou susto. Nos dois casos o agente não responde pelo excesso por ausência de culpabilidade (inexigibilidade de conduta diversa).

3.17. Culpabilidade

a) **Compreensão.** Culpabilidade é o juízo de reprovação que incide sobre o agente que pratica um fato típico e ilícito.

b) **Coculpabilidade.** Os indivíduos praticam condutas diante de determinada circunstância e de acordo com sua capacidade de autodeterminação, a qual é moldada durante a vida e sofre interferências sociais. Como a sociedade organizada não consegue garantir a todos os homens as mesmas oportunidades, acaba por gerar aos menos favorecidos um menor âmbito de autodeterminação, condicionado por causas sociais. Assim, contribuindo para o delito, a sociedade deverá arcar com parcela da culpa do agente (ZAFFARONI; PIERANGELI, 1999, p. 611).

Atenção:

Os Tribunais Superiores **não têm reconhecido** a tese da coculpabilidade para atenuar a pena do agente (art. 66, CP).

c) **Teorias.** (1) *Teoria psicológica.* Culpabilidade é o nexo psicológico entre o sujeito e o fato. O seu pressuposto é a imputabilidade, e dolo e culpa são as suas espécies. (2) *Teoria psicológico-normativa.* A culpabilidade passa a ser estruturada da seguinte forma: (a) imputabilidade, (b) dolo e culpa e (c) exigibilidade de conduta diversa. (3) *Teoria normativa pura.* A culpabilidade passa a ser estruturada da seguinte forma: (a) imputabilidade, (b) potencial consciência da ilicitude e (c) exigibilidade de conduta diversa. ***A***

teoria normativa pura é aquela atualmente adotada no Brasil.

- **Teorias extremada e limitada.** Da teoria normativa pura decorrem as teorias extremada e limitada da culpabilidade. O **ponto em comum** é que ambas possuem os mesmos três elementos estruturantes da culpabilidade: (1) imputabilidade; (2) potencial consciência da ilicitude; e (3) exigibilidade de conduta diversa.

  Já a **diferença** entre as teorias extremada e limitada está no tratamento dispensado às descriminantes putativas: *teoria extremada da culpabilidade:* o art. 20, § 1º, CP traz hipótese de erro de proibição. *Teoria limitada da culpabilidade:* o art. 20, § 1º, CP traz hipótese de erro de tipo permissivo.

> De acordo com a exposição de motivos da nova parte geral do CP (itens 17 e 19), o Código Penal brasileiro adota a teoria limitada da culpabilidade.

Passemos à análise de cada um dos três elementos da culpabilidade.

3.17.1. Imputabilidade

a) **Conceito:** é a capacidade de entender o caráter ilícito do fato e de se autodeterminar conforme esse entendimento.

b) **Causas de exclusão:** (1) Doença mental: art. 26, *caput*, CP; (2) Desenvolvimento mental incompleto: art. 26, *caput*, CP; (3) Desenvolvimento mental retardado: art. 26, *caput*, CP; (4) Menores de 18 anos: art. 27, CP; e (5) Embriaguez completa acidental (oriunda de caso fortuito ou força maior): art. 28, § 1º, CP.

c) **Sistemas de aferição da inimputabilidade:** (1) *Sistema biológico:* preocupa-se apenas com a causa, ou seja, basta que o agente seja portador de alguma causa de inimputabilidade. ***É adotado, por exceção, para os menores de 18 anos (art. 27, CP).*** (2) *Sistema psicológico:* preocupa-se apenas com a consequência, ou seja, basta que o agente, no momento do crime, esteja afetado com alguma causa de inimputabilidade. Não é adotado no Brasil. (3) *Sistema biopsicológico:* agrega os dois sistemas anteriores, exigindo a presença de três requisitos: (a) **Causal:** a causa de inimputabilidade deve estar prevista em lei; (b) **Cronológico:** a causa de inimputabilidade deve influenciar o agente no momento do crime; e (c) **Consequencial:** a causa de inimputabilidade deve retirar totalmente a capacidade do agente. ***É adotado, como regra, no art. 26, caput, CP.***

d) **Semi-imputabilidade:** caso a perícia constate a semi-imputabilidade do réu, o juiz possui duas opções: (i) Reduzir a pena (art. 26, parágrafo único, CP): a pena pode ser reduzida de um a dois terços, se o agente, em virtude de perturbação de saúde mental ou por desenvolvimento mental incompleto ou retardado, não era inteiramente capaz de entender o caráter ilícito do fato ou de determinar-se de acordo com esse entendimento. (ii) Substituir a pena por medida de segurança (art. 98, CP): na hipótese do parágrafo único do art. 26, CP e necessitando o condenado de especial tratamento curativo, a pena privativa de liberdade pode ser substituída pela internação, ou tratamento ambulatorial, pelo prazo mínimo de 1 a 3 anos, nos termos do art. 97 e respectivos §§ 1º a 4º.

> Com a reforma penal de 1984, o CP passou a adotar o **sistema vicariante ou unitário**, pelo qual o réu semi-imputável receberá pena diminuída **ou** medida de segurança substitutiva. Atualmente não é mais possível cumular as duas espécies de sanção penal para o semi-imputável.

e) **Emoção e paixão.** *Emoção* é o transtorno psíquico provisório. *Paixão* é o transtorno psíquico duradouro. Conforme o art. 28, I, CP a emoção e a paixão ***não excluem*** a imputabilidade penal.

f) **Embriaguez não acidental.** A embriaguez não acidental pode ser *voluntária* (o agente consome a substância com a intenção de ficar embriagado) ou *culposa* (o agente quer consumir a substância, mas não quer ficar embriagado, o que acaba ocorrendo por imprudência). De acordo com o art. 28, II, CP ***não haverá a exclusão*** da imputabilidade do agente.

   A **embriaguez preordenada**, que ocorre quando o agente se embriaga para praticar crimes, é prevista como agravante genérica no art. 61, II, *l*, CP.

3.17.2. Potencial consciência da ilicitude

a) **Compreensão.** Para que haja o juízo de reprovação é necessário que o agente possua a consciência da ilicitude do fato, ou que, nas circunstâncias, tenha ao menos a possibilidade de conhecê-la.

b) **Valoração paralela na esfera do profano.** Deve ser avaliado se o agente possuía o conhecimento do profano, ou seja, do homem leigo na sociedade. A expressão "valoração paralela na esfera do profano" se deve a Mezger (1957, p. 148). Welzel, por sua vez, refere-se ao instituto como "juízo paralelo na consciência do autor" (WELZEL, 1956, p. 82).

c) **Causa de exclusão da potencial consciência da ilicitude:** erro de proibição inevitável ou escusável.

De acordo com o art. 21, *caput*, CP o desconhecimento da lei é inescusável.

d) **Conceito de erro de proibição:** é o erro que incide sobre o caráter proibitivo da norma, ou seja, o agente supõe que seu comportamento é permitido. Por exemplo, imaginemos o turista holandês que, durante a Copa do Mundo de 2014 no Brasil, é flagrado fumando maconha em Copacabana. Levado à autoridade policial, o cidadão holandês afirma, com convicção, que acreditava estar praticando uma conduta lícita, já que o uso de maconha é permitido em determinados lugares do seu país.

Atenção:

- O agente **supõe estar transportando chá** e é flagrado com maconha: trata-se de **erro de tipo** (art. 20, *caput*, CP).
- O agente **sabe que está transportando maconha**, mas supõe que, no caso de uso pessoal, não há crime: trata-se de **erro de proibição** (art. 21 CP).

e) **Espécies de erro de proibição:** (1) *Erro de proibição direto:* o agente desconhece o caráter ilícito do fato, ou o interpreta mal. (2) *Erro de proibição indireto ou erro de permissão:* o agente conhece o caráter ilícito do fato, mas supõe estar ao abrigo de causa excludente da ilicitude, ou se equivoca em relação aos limites de causa excludente da ilicitude.

f) **Consequências do erro de proibição.** Deve-se verificar se o erro de proibição é inevitável ou evitável. Conforme o art. 21, parágrafo único, CP considera-se ***evitável*** o erro se o agente atua ou se omite sem a consciência da ilicitude do fato, quando lhe era possível, nas circunstâncias, ter ou atingir essa consciência. Hipóteses (art. 21, *caput*, CP): (1) *Erro de proibição inevitável ou escusável:* haverá a exclusão da culpabilidade, e o agente restará isento de pena. (2) *Erro de proibição evitável ou inescusável:* o fato é típico, ilícito e culpável, mas haverá a diminuição da pena de 1/6 a 1/3.

> **Erro de tipo (art. 20, *caput*, CP):** (1) o agente **não possui** a consciência do fato praticado; (2) se for escusável ou inevitável, **exclui dolo e culpa**; (3) se for inescusável ou evitável, **exclui apenas o dolo**, permitindo a punição do agente por crime culposo, se previsto em lei.
>
> **Erro de proibição (art. 21, CP):** (1) o agente **possui** a consciência do fato praticado, mas não da ilicitude desse fato; (2) se for escusável ou inevitável, **exclui a culpabilidade** (isenta de pena); (3) se for inescusável ou evitável, **somente diminui a pena.**

3.17.3. Exigibilidade de conduta diversa

a) **Compreensão**

Para que o comportamento seja reprovável, além dos elementos acima, deve-se verificar se o agente poderia ter praticado a conduta, em situação de normalidade, conforme o ordenamento jurídico.

b) **Causas legais de exclusão da exigibilidade de conduta diversa**

1) *Coação moral irresistível:* conforme o art. 22, 1ª parte, CP se o fato for praticado sob coação irresistível, só é punível o autor da coação. A coação é **moral** quando há emprego de grave ameaça contra o coagido, a fim de que ele faça ou deixe de fazer alguma coisa. Consequência: somente é punido o coator, já que o coagido age sem culpabilidade (inexigibilidade de conduta diversa).

> A coação **moral** irresistível exclui a culpabilidade do coagido. Já a coação **física** irresistível exclui a conduta do coagido.

2) *Obediência hierárquica a ordem não manifestamente ilegal:* conforme o art. 22, 2ª parte, CP só é punível o autor da ordem. A tese somente é possível em relações de direito público, ou seja, há dois funcionários públicos envolvidos, sendo um superior hierárquico e outro subordinado. Consequência: somente é punido o autor da ordem (superior hierárquico), já que o subordinado age sem culpabilidade (inexigibilidade de conduta diversa).

c) **Causas supralegais de exclusão da exigibilidade de conduta diversa**
Hipóteses: (1) *Cláusula de consciência:* trata-se da liberdade de consciência e de crença prevista no art. 5º, VI, CF. Por exemplo, testemunhas de Jeová que se recusam a fazer transfusão de sangue. (2) *Desobediência civil:* trata-se de forma particular de rebeldia, na medida em que é praticada com o fim imediato de mostrar publicamente a injustiça da lei e com o fim mediato de induzir o legislador a modificá-la (DOTTI, 2012, p. 524-525). Ocorre, por exemplo, com a ocupação de prédios púbicos e o bloqueio de estradas. (3) *Conflito de deveres:* trata-se da escolha pelo mal menor. Por exemplo, trem desgovernado, no qual se encontram centenas de pessoas, está prestes a colidir. O operador de trilhos tem uma chance de desviar o trem para uma estrada secundária, na qual ele poderá ser freado, e deve decidir em segundos. No entanto, na estrada secundária trabalham cinco operários. O operador decide sacrificar os cinco operários e salvar as centenas de passageiros. (4) *Inexigibilidade de conduta diversa em sentido estrito.* Por exemplo, empresário que se encontra em situação financeira grave decide deixar de recolher os impostos para conseguir pagar os empregados.

4. CONCURSO DE PESSOAS

4.1. Requisitos

a) **Pluralidade de condutas e agentes.** São necessárias duas ou mais pessoas realizando a conduta típica ou concorrendo de algum modo para que outro a realize.

b) **Relevância causal das condutas.** Trata-se da relação de causa e efeito entre cada conduta com o resultado (teoria da equivalência dos antecedentes causais).

c) **Liame subjetivo entre os agentes.** Vontade de colaborar para o mesmo crime (princípio da convergência). Exige-se homogeneidade de elemento subjetivo (participação dolosa em crime doloso ou concorrência culposa em crime culposo).

> Não é necessário o acordo prévio entre os agentes (*pactum sceleris*), bastando que um venha a aderir à vontade do outro.

d) **Identidade de fato.** Todos os concorrentes devem responder pelo mesmo crime (teoria monista).

4.2. Teorias

a) **Teoria monista, monística, unitária ou igualitária:** todos – autores, coautores e partícipes – respondem pelo mesmo crime.

b) **Teoria dualista ou dualística:** há um crime para autores e coautores e outro crime para partícipes.

c) **Teoria pluralista ou pluralística:** para uma pluralidade de agentes haverá uma pluralidade de crimes.

4.2.1. Exceções à teoria monista

O Código Penal adota, como regra, a teoria monista. No entanto, há exceções dualistas e pluralistas à teoria monista. Exemplos: (1) Cooperação dolosamente distinta ou desvio subjetivo de conduta (art. 29, § 2º, CP): se algum dos concorrentes quis participar de crime menos grave, a ele será aplicada a pena deste; essa pena será aumentada até metade, na hipótese de ter sido previsível o resultado mais grave. (2) Aborto praticado com o consentimento da gestante (art. 126, CP). Ao invés de a gestante também responder pelo crime do art. 126 (como partícipe), será autora do delito previsto no art. 124, 2ª figura, CP.

4.3. Autoria

a) **Conceitos de autor:** (1) *conceito unitário:* não faz diferença entre autor e partícipe, de modo que todos são autores ou coautores; (2) *conceito restritivo:* faz diferença entre autor e partícipe. No conceito restritivo destacam-se três teorias: (1) *teoria objetivo-formal:* autor é quem pratica o verbo nuclear do tipo. Por sua vez, partícipe é quem concorre para o crime sem praticar o núcleo do tipo; (2) *teoria objetivo-material:* autor é quem dá a contribuição objetiva mais importante. Por sua vez, partícipe é quem contribui de forma menos importante para o resultado; (3) *teoria objetivo-subjetiva ou teoria do domínio do fato:* autor é quem possui o domínio do fato. O partícipe, por sua vez, concorre para o crime sem possuir o domínio finalístico do fato (ROXIN, 2000, p. 151 e s.).

A ***teoria do domínio do fato*** foi desenvolvida por Roxin a partir de três possibilidades: domínio da ação, domínio da vontade e domínio funcional do fato.

Vejamos:

- *Domínio da ação:* é autor quem possui domínio sobre a sua própria ação, realizando pessoalmente os elementos do tipo. Explica o **autor imediato**.
- *Domínio da vontade:* é autor quem domina a vontade de um terceiro, que é utilizado como instrumento. Ocorre nas hipóteses de erro, coação ou por aparatos organizados de poder. Explica o **autor mediato**.
- *Domínio funcional do fato:* em uma atuação conjunta, é autor quem pratica um ato relevante durante a execução do plano delitivo global. Explica o **autor funcional**.

b) **Autoria colateral ou paralela:** ocorre quando duas ou mais pessoas, uma ignorando a intenção da outra, realizam condutas convergentes à execução de um crime. Por exemplo, "A" e "B" querem matar a mesma vítima, mas um não sabe da intenção homicida do outro. Disparam ao mesmo tempo. A vítima recebe dois disparos, um na cabeça e outro no ombro, e acaba morrendo. "A" e "B" são presos e suas armas apreendidas, conseguindo-se saber que o disparo letal (na cabeça) partiu da arma de "A".

> Na autoria colateral não há concurso de pessoas pela ausência de liame subjetivo entre os agentes. Assim, cada um responderá por aquilo que praticou. No exemplo acima, "A" responderá por homicídio consumado, e "B" por homicídio tentado.

c) **Autoria colateral incerta:** ocorre quando, na autoria colateral, não se consegue identificar a conduta de cada agente. Imaginemos que, no exemplo acima, a polícia não consiga identificar o autor do tiro na cabeça da vítima (disparo fatal), nem quem atirou contra o ombro dela. Consequência: aplica-se o princípio da dúvida (*in dubio pro reo*). Ainda no exemplo acima, "A" e "B" deveriam responder por tentativa de homicídio.

4.4. Participação

O partícipe não realiza diretamente a conduta típica, mas concorre induzindo, instigando ou auxiliando o autor.

a) **Formas de participação:** (1) *moral:* induzimento e instigação. **Induzir** é fazer nascer a ideia na cabeça de alguém. **Instigar** é reforçar uma ideia que já existe; (2) *material:* auxílio. **Auxiliar** é, em regra, fornecer meios materiais para a prática do crime.

b) **Natureza jurídica:** a participação é uma conduta **acessória** à conduta principal (do autor), operando-se uma regra de adequação típica indireta ou mediata. Como a conduta do partícipe não está descrita expressamente na lei (no homicídio o crime é "matar alguém", e não "ajudar a matar alguém"), busca-se uma **norma de extensão ou ampliação da figura típica**, que é o art. 29, CP.

> **Art. 29, CP**
> Quem, de qualquer modo, concorre para o crime incide nas penas a este cominadas, na medida de sua culpabilidade.

c) **Espécies de acessoriedade:** (1) *Mínima*: o partícipe pode ser punido desde que o autor pratique um fato típico; (2) *Limitada:* o partícipe pode ser punido desde que o autor pratique um fato típico e ilícito. ***A acessoriedade média ou limitada é majoritária na doutrina***; (3) *Extremada:* o partícipe pode ser punido desde que o autor pratique um fato típico, ilícito e culpável e (4) *Hiperacessoriedade:* o partícipe pode ser punido desde que o autor pratique um fato típico, ilícito, culpável e punível.

d) **Participação de menor importância:** conforme dispõe o art. 29, § 1º, CP, se a participação for de menor importância a pena pode ser diminuída de um sexto a um terço.

4.5. Crimes culposos

Prevalece que os crimes culposos admitem coautoria, mas não participação. Nesse sentido: GRECO, 2009, p. 480-484.

- Exemplo 1: duas pessoas apanham uma cadeira e a jogam para um terceiro. Como não imprimem força suficiente, a cadeira cai no meio do caminho, machucando uma pessoa. Os agentes responderão, como coautores, por lesão culposa.
- Exemplo 2: alegando estar atrasado, o passageiro pede para o taxista imprimir alta velocidade no veículo. Durante o trajeto há um atropelamento com morte. Como não se admite participação em crimes culposos, cada um dos agentes deverá responder pelo seu delito de homicídio culposo.

4.6. Comunicabilidade de elementares e circunstâncias

a) **Elementares:** são dados essenciais do crime, sem os quais ele desaparece ou se transforma.

Por exemplo, "funcionário público" no delito de peculato (art. 312, CP).

b) **Circunstâncias:** são dados acessórios que se agregam à figura típica, possuindo a função de aumentar ou diminuir a pena. Dividem-se em: (1) *Circunstâncias objetivas ou reais:* dizem respeito ao aspecto externo do crime, como os meios de execução e as qualidades da vítima. Por exemplo, fogo, emboscada, criança; e (2) *Circunstâncias subjetivas ou pessoais:* dizem respeito ao aspecto interno do crime, como os motivos e as relações pessoais entre autor e vítima. Por exemplo, motivo torpe, reincidência, cônjuge.

c) **Regras do art. 30, Código Penal:** de acordo com o art. 30, CP não se comunicam as circunstâncias e as condições de caráter pessoal, salvo quando elementares do crime. Depreendem-se **três regras** do dispositivo: (1) As circunstâncias subjetivas ou pessoais nunca se comunicam no concurso de pessoas. (2) As circunstâncias objetivas comunicam-se, desde que conhecidas por todos os agentes. (3) As elementares comunicam-se, desde que conhecidas por todos os agentes.

> Como as elementares se comunicam, desde que conhecidas, um particular pode concorrer com um funcionário público, praticando, igualmente, crime funcional.

4.7. Casos de impunibilidade

De acordo com o art. 31, CP o ajuste, a determinação ou instigação e o auxílio, salvo disposição expressa em contrário, não são puníveis, se o crime não chega, pelo menos, a ser tentado.

5. TEORIA DA SANÇÃO PENAL

5.1. Sanção penal

Sanção penal é o gênero para as espécies (a) *medidas de segurança* e (b) *penas.* As medidas de segurança têm como pressuposto a **periculosidade** do agente. As penas têm como pressuposto a **culpabilidade** do agente.

5.2. Medidas de segurança

a) **Espécies (art. 96, CP):** as medidas de segurança são: (i) internação em hospital de custódia e tratamento psiquiátrico ou, à falta, em outro estabelecimento adequado; (ii) sujeição a tratamento ambulatorial.

> Regra geral, se o crime é punido com reclusão, o juiz determinará a internação do agente; se é punido com detenção, o juiz poderá submeter o agente a tratamento ambulatorial (art. 97, CP).

b) **Prazos:** de acordo com o art. 97, § 1º, CP a medida de segurança será por tempo indeterminado, perdurando enquanto não for averiguada, mediante perícia médica, a cessação da periculosidade. O **prazo mínimo** deverá ser de 1 a 3 anos. No que se refere ao **prazo máximo**, a matéria foi sumulada pelo STJ: o tempo de duração da medida de segurança não deve ultrapassar o limite máximo da pena abstratamente cominada ao crime praticado (**STJ, Súmula 527**).

c) **Desinternação condicional (art. 97, § 3º, CP):** a desinternação será sempre condicional, devendo ser restabelecida a situação anterior se o agente, antes do decurso de um ano, pratica fato indicativo de persistência de sua periculosidade. *Atenção:* Em qualquer fase do tratamento ambulatorial poderá o juiz determinar a internação do agente, se essa providência for necessária para fins curativos (art. 97, § 4º, CP).

d) **Superveniência de doença mental (art. 183, LEP):** pode ocorrer que, durante a execução da pena, o condenado passe a sofrer de doença mental. Nesse caso, o juiz poderá substituir a pena por medida de segurança. Havendo recuperação de sua saúde mental, deverá voltar a cumprir a pena.

e) **Natureza da sentença:** a sentença relativa ao inimputável é absolutória imprópria.

5.3. Penas

As penas podem ser privativas de liberdade, restritivas de direitos e de multa.

> **Art. 32, CP**
> I – privativas de liberdade;
> II – restritivas de direitos;
> III – de multa.

5.3.1. Penas privativas de liberdade

a) **Espécies.** São três as espécies de penas privativas de liberdade: (1) reclusão, (2) detenção e (3) prisão simples. As duas primeiras são aplicáveis aos crimes. A última é aplicável às contravenções penais.

b) **Regimes.** O art. 33, § 1º, CP prevê três espécies de regimes: (1) *Fechado:* a pena é cumprida em estabelecimento de segurança máxima ou média. (2) *Semiaberto:* a pena é cumprida em colônia agrícola, industrial ou estabelecimento similar. (3) *Aberto:* a pena é cumprida em casa de albergado ou estabelecimento adequado.

c) **Fixação do regime inicial.** A determinação do regime inicial de cumprimento da pena far-se-á com observância dos critérios previstos no art. 59, CP (art. 33, § 3º, CP). De acordo com o art. 33, § 2º, CP o regime será: (1) **Fechado** quando a pena for superior a 8 anos. (2) **Semiaberto** quando o condenado não for reincidente e a pena for superior a 4 e não ultrapassar 8 anos. (3) **Aberto** quando o condenado não for reincidente e a pena não ultrapassar 4 anos.

STJ – Súmula 269
É admissível a adoção do regime prisional semiaberto aos reincidentes condenados a pena igual ou inferior a quatro anos se favoráveis as circunstâncias judiciais.

A Lei dos Crimes Hediondos (Lei n. 8.072/90, art. 2º, § 1º) estabelece que a pena por crime previsto neste artigo será cumprida inicialmente em regime fechado. No entanto, o STF decidiu que o dispositivo é **inconstitucional** (Pleno, HC 111.840, j. 27-6-2012).

d) **Progressão de regime.** Em regra são dois os requisitos para a progressão de regime (art. 112, LEP): (1) *Objetivo:* cumprimento de ao menos 1/6 da pena no regime anterior. (2) *Subjetivo:* bom comportamento carcerário.

STJ – Súmula 439
Admite-se o exame criminológico pelas peculiaridades do caso, desde que em decisão motivada.

STJ – Súmula 471
Os condenados por crimes hediondos ou assemelhados cometidos antes da vigência da Lei n. 11.464/07 sujeitam-se ao disposto no art. 112 da Lei n. 7.210/84 (Lei de Execução Penal) para a progressão de regime prisional.

STJ – Súmula 491
É inadmissível a chamada progressão *per saltum* de regime prisional.

STF – Súmula Vinculante 26
Para efeito de progressão de regime no cumprimento de pena por crime hediondo, ou equiparado, o juízo da execução observará a inconstitucionalidade do art. 2º da Lei n. 8.072, de 25 de julho de 1990, sem prejuízo de avaliar se o condenado preenche, ou não, os requisitos objetivos e subjetivos do benefício, podendo determinar, para tal fim, de modo fundamentado, a realização de exame criminológico.

e) **Progressão de regime para o preso provisório.** É admitida para o STF.

STF – Súmula 716
Admite-se a progressão de regime de cumprimento da pena ou a aplicação imediata de regime menos severo nela determinada, antes do trânsito em julgado da sentença condenatória.

STF – Súmula 717
Não impede a progressão de regime de execução da pena, fixada em sentença não transitada em julgado, o fato de o réu se encontrar em prisão especial.

O Pleno do STF, no julgamento do HC 126.292, em 17-2-2016, decidiu que a execução provisória de acórdão penal condenatório proferido em grau de apelação, ainda que sujeito a recurso especial ou extraordinário, não compromete o princípio constitucional da presunção de inocência afirmado pelo art. 5º, LVII, CF. No mesmo sentido: STF, Pleno, ADCs 43 e 44 (j. 5-10-2016) e ARE 964.246 RG (j. 10-11-2016).

f) **Progressão de regime nos crimes hediondos e equiparados.** Os crimes hediondos são aqueles elencados no art. 1º, Lei n. 8.072/90. Já os equiparados são a tortura, o tráfico de drogas e o terrorismo. A Lei n. 11.464/2007 deu nova redação ao art. 2º, § 2º, da Lei dos Crimes Hediondos, possibilitando a progressão de regime após o cumprimento de 2/5 da pena, se o apenado for primário, e de 3/5 se reincidente.

STJ – Súmula 471
Os condenados por crimes hediondos ou assemelhados cometidos antes da vigência da Lei 11.464/07 sujeitam-se ao disposto no art. 112 da Lei 7.210/84 (Lei de Execução Penal) para a progressão de regime prisional.

Assim, se o crime hediondo ou equiparado for praticado a partir de 29-3-2007 (data em que entrou em vigor a Lei n. 11.464/2007), o requisito objetivo da progressão de regime é o cumprimento de 2/5 (primário) ou 3/5 (reincidente) da pena; se cometido antes dessa data, o requisito objetivo passa a ser o cumprimento de 1/6 da pena (art. 112, LEP).

g) **Remição.** A Lei n. 12.433/2011 alterou de forma significativa o instituto da remição, dando nova redação ao art. 126, LEP. Atualmente, o condenado que cumpre a pena em regime fechado ou semiaberto poderá remir, pelo trabalho ou por estudo, parte do tempo de execução da pena. Observe-se a regra: 1 dia de pena a cada 12 horas de **frequência escolar** (atividade de ensino fundamental, médio, inclusive profissionalizante, ou superior, ou ainda de requalificação profissional), divididas, no mínimo, em 3 dias; 1 dia de pena a cada 3 dias de **trabalho**.

Trabalho fora do estabelecimento penitenciário: "É possível a remição de parte do tempo de execução da pena quando o condenado, em regime fechado ou semiaberto, desempenha atividade laborativa, ainda que extramuros" (**Súmula 562, STJ**).

h) **Detração.** Nos termos do art. 42, CP deve ser abatido na pena privativa de liberdade e na medida de segurança o tempo de prisão provisória, no Brasil ou no estrangeiro, e o de internação em hospital de custódia e tratamento psiquiátrico ou, à falta, a outro estabelecimento adequado.

i) **Falta de vagas.** "A falta de estabelecimento penal adequado não autoriza a manutenção do condenado em regime prisional mais gravoso, devendo-se observar, nessa hipótese, os parâmetros fixados no RE 641.320/RS" (**Súmula Vinculante 56, STF**).

5.3.1.1. Aplicação das penas privativas de liberdade

O Código Penal adotou o **modelo trifásico** (de Nélson Hungria) na aplicação da pena privativa de liberdade. A pena-base será fixada atendendo-se ao critério do art. 59, CP; em seguida serão consideradas as circunstâncias atenuantes e agravantes; por último, as causas de diminuição e de aumento (art. 68, CP).

a) **Primeira fase:** é fixada a *pena-base*, considerando as oito circunstâncias judiciais do art. 59, CP: o juiz, atendendo à culpabilidade, aos antecedentes, à conduta social, à personalidade do agente, aos motivos, às circunstâncias e consequências do crime, bem como ao comportamento da vítima, estabelecerá, conforme seja necessário e suficiente para reprovação e prevenção do crime: as penas aplicáveis dentre as cominadas; a quantidade de pena aplicável, dentro dos limites previstos. Na primeira fase o juiz não pode reduzir a pena aquém do mínimo ou aumentá-la além do máximo. **Antecedentes** são condenações definitivas que não geram reincidência. Nesse sentido: é vedada a utilização de inquéritos policiais e ações penais em curso para agravar a pena-base (**STJ, Súmula 444**).

b) **Segunda fase:** é fixada a *pena-provisória*, considerando as agravantes (arts. 61 e 62, CP) e as atenuantes (arts. 65 e 66, CP). De acordo com a **Súmula 231, STJ**, a incidência da circunstância atenuante não pode conduzir à redução da pena abaixo do mínimo legal.

Importante:

- A pena poderá ser atenuada em razão de circunstância relevante, anterior ou posterior ao crime, embora não prevista expressamente em lei (art. 66, CP).
- Quando a confissão for utilizada para a formação do convencimento do julgador, o réu fará jus à atenuante prevista no art. 65, III, *d*, CP (**STJ, Súmula 545**).
- De acordo com o art. 67, CP, são circunstâncias preponderantes: (1) motivos determinantes do crime (ex.: relevante valor moral ou social), (2) personalidade do agente (ex.: menor de 21 anos na data do fato) e (3) reincidência.
- A agravante da **reincidência** (art. 61, I, CP) ocorre quando o agente comete novo crime, depois de transitar em julgado a sentença que, no País ou no estrangeiro, o tenha condenado por crime anterior (art. 63, CP). No entanto, para efeito de reincidência, não prevalece a condenação anterior se entre a data do cumprimento ou extinção da pena e a infração posterior tiver decorrido período de tempo superior a 5 anos, computado o período de prova da suspensão ou do livramento condicional, se não ocorrer revogação (art. 64, I, CP).

c) **Terceira fase:** é fixada a *pena definitiva*, considerando as majorantes (ou causas de aumento) e as minorantes (ou causas de diminuição). Atenção: as majorantes não se confundem com as qualificadoras, já que naquelas o aumento é fracionário (ex.: um terço, metade, dobro), e nestas há um novo mínimo e um novo máximo (ex.: furto qualificado – art. 155, § 4º, CP).

Importante:

No concurso de causas de aumento ou de diminuição previstas na *parte especial*, pode o juiz limitar-se a um só aumento ou a uma só diminuição, prevalecendo, todavia, a causa que mais aumente ou diminua (art. 68, parágrafo único, CP).

STJ – Súmula 443
O aumento na terceira fase de aplicação da pena no crime de roubo circunstanciado exige fundamentação concreta, não sendo suficiente para a sua exasperação a mera indicação do número de majorantes.

5.3.2. Penas restritivas de direitos

a) **Espécies.** As penas restritivas de direitos são: prestação pecuniária; perda de bens e valores; prestação de serviço à comunidade ou a entidades públicas; interdição temporária de direitos; limitação de fim de semana (art. 43, CP).

b) **Prazo.** As penas restritivas de direitos (PSC, ITD e LFS) terão a mesma duração das penas privativas de liberdade, segundo o art. 55, CP, ressalvado o disposto no § 4º do art. 46.

c) **Requisitos para a substituição** (art. 44, CP). As penas restritivas de direitos são autônomas e substituem as privativas de liberdade, quando: (i) aplicada pena privativa de liberdade não superior a quatro anos e o crime não for cometido com violência ou grave ameaça à pessoa ou, qualquer que seja a pena aplicada, se o crime for culposo; (ii) o réu não for reincidente em crime doloso; (iii) a culpabilidade, os antecedentes, a conduta social e a personalidade do condenado, bem como os motivos e as circunstâncias indicarem que essa substituição seja suficiente.

Art. 44, CP
§ 3º Se o condenado for reincidente, o juiz poderá aplicar a substituição, desde que, em face de condenação anterior, a medida seja socialmente recomendável e a reincidência não se tenha operado em virtude da prática do mesmo crime.

d) **Regras para a substituição** (art. 44, § 2º, CP). Na condenação igual ou inferior a um ano, a substituição pode ser feita por multa ou por uma pena restritiva de direitos; se superior a um ano, a pena privativa de liberdade pode ser substituída por uma pena restritiva de direitos e multa ou por duas restritivas de direitos.

e) **Conversão obrigatória** (art. 44, § 4º, CP). A pena restritiva de direitos converte-se em privativa de liberdade quando ocorrer o descumprimento injustificado da restrição imposta. No cálculo da pena privativa de liberdade a executar será deduzido o tempo cumprido da pena restritiva de direitos, respeitado o saldo mínimo de trinta dias de detenção ou reclusão.

f) **Conversão facultativa** (art. 44, § 5º, CP). Sobrevindo condenação a pena privativa de liberdade, por outro crime, o juiz da execução penal decidirá sobre a conversão, podendo deixar de aplicá-la se for possível ao condenado cumprir a pena substitutiva anterior.

STJ – Súmula 588
A prática de **crime ou contravenção penal contra a mulher** com violência ou grave ameaça no ambiente doméstico impossibilita a substituição da pena privativa de liberdade por restritiva de direitos.

5.3.2.1. Penas restritivas de direitos em espécie

- **Prestação pecuniária (art. 45, § 1º, CP).** Consiste no pagamento em dinheiro à vítima, a seus dependentes ou a entidade pública ou privada com destinação social, de importância fixada pelo juiz, não inferior a 1 salário mínimo nem superior a 360 salários mínimos. O valor pago será deduzido do montante de eventual condenação em ação de reparação civil, se coincidentes os beneficiários.
- **Perda de bens e valores (art. 45, § 3º, CP).** A perda de bens e valores pertencentes aos condenados dar-se-á, ressalvada a legislação especial, em favor do Fundo Penitenciário Nacional, e seu valor terá como teto – o que for maior – o montante do prejuízo causado ou do provento obtido pelo agente ou por terceiro, em consequência da prática do crime.
- **Prestação de serviços à comunidade ou a entidades públicas (art. 46, CP).** Consiste na atribuição de tarefas gratuitas ao condenado, sendo aplicável às condenações **superiores a seis meses** de privação da liberdade. As tarefas devem ser cumpridas à razão de uma hora de tarefa por dia de condenação, fixadas de modo a não prejudicar a jornada normal de trabalho.
- **Interdição temporária de direitos (art. 47, CP).** As penas de interdição temporária de direitos são: proibição do exercício de cargo, função ou atividade pública, bem como de mandato eletivo; proibição do exercício de profissão, atividade ou ofício que dependam de habilitação especial, de licença ou autorização do poder público; suspensão de autorização ou de habilitação para dirigir veículo; proibição de frequentar determinados lugares; proibição de inscrever-se em concurso, avaliação ou exame públicos.

- **Limitação de fim de semana (art. 48, CP).** Consiste na obrigação de permanecer, aos sábados e domingos, por 5 horas diárias, em casa de albergado ou outro estabelecimento adequado. Durante a permanência poderão ser ministrados ao condenado cursos e palestras ou atribuídas atividades educativas.

5.3.2.2. Legislação especial

- *Maria da Penha*. Nos termos do art. 17 da Lei n. 11.340/2006, é vedada a aplicação, nos casos de violência doméstica e familiar contra a mulher, de penas de cesta básica ou outras de prestação pecuniária, bem como a substituição de pena que implique o pagamento isolado de multa.
- *Tráfico de drogas*. O art. 33, § 4º, da Lei de Drogas (Lei n. 11.343/2006), que trata do tráfico privilegiado, na sua redação original vedava a conversão da pena privativa de liberdade em penas restritivas de direitos. Ocorre que, conforme a **Resolução n. 5/2012 do Senado Federal**, "É suspensa a execução da expressão 'vedada a conversão em penas restritivas de direitos' do § 4º do art. 33, Lei n. 11.343/2006, declarada inconstitucional por decisão definitiva do Supremo Tribunal Federal nos autos do *Habeas-corpus* 97.256/RS". Assim, atualmente um condenado por tráfico de drogas poderá ser beneficiado com penas alternativas, desde que cumpridos os requisitos legais e haja fundamentação judicial nesse sentido.

5.3.3. Pena de multa

a) **Conceito.** Consiste no pagamento ao Fundo Penitenciário de certa quantia em dinheiro. A quantia é fixada na sentença e calculada em dias-multas. Será no mínimo de 10, e no máximo de 360 dias-multa.

b) **Aplicação.** Segue um critério bifásico. Na primeira fase, o juiz fixa a quantidade de dias-multa. Na segunda fase, o magistrado estabelece o valor de cada dia-multa.

c) **Legitimidade para execução da multa não paga.** A legitimidade para a execução fiscal de multa pendente de pagamento imposta em sentença condenatória é exclusiva da Procuradoria da Fazenda Pública (**STJ, Súmula 521**).

d) **Súmula 171, STJ.** Cominadas cumulativamente, em lei especial, penas privativa de liberdade e pecuniária, é defeso a substituição da prisão por multa.

6. CONCURSO DE CRIMES

6.1. Concurso material ou real (art. 69, CP)

a) **Conceito.** Caracteriza-se o concurso material quando o agente, mediante mais de uma ação ou omissão, pratica dois ou mais crimes, idênticos ou não. Por exemplo, durante o assalto, o agente estupra a vítima. São duas condutas distintas, que geram dois resultados.

b) **Espécies.** Concurso material homogêneo: os crimes são idênticos. Concurso material heterogêneo: os crimes são distintos.

c) **Sistema de aplicação das penas.** Adota-se o sistema do **cúmulo material**, ou seja, as penas devem ser somadas.

6.2. Concurso formal ou ideal (art. 70, CP)

a) **Conceito.** Caracteriza-se o concurso formal quando o agente, mediante uma só ação ou omissão, pratica dois ou mais crimes, idênticos ou não.

b) **Espécies.** Concurso formal homogêneo: os crimes são idênticos. Concurso formal heterogêneo: os crimes são distintos. Há, ainda, outra classificação: concurso formal perfeito *versus* concurso formal imperfeito.

c) **Concurso formal perfeito ou próprio** (art. 70, *caput*, 1ª parte, CP). O agente não atua com desígnios autônomos. Por exemplo, em um acidente de trânsito, um motorista causa, culposamente, a morte de três pessoas. Adota-se o sistema da **exasperação**, aplicando-se a mais grave das penas cabíveis ou, se iguais, somente uma delas, mas aumentada, em qualquer caso, de um sexto até metade.

Atenção:

No concurso formal perfeito, o critério de aumento varia de acordo com a quantidade de crimes, sendo utilizada a seguinte técnica: 2 crimes: aumento de 1/6; 3 crimes: aumento de 1/5; 4 crimes: aumento de 1/4; 5 crimes: aumento de 1/3; 6 ou mais crimes: aumento de 1/2.

d) **Concurso formal imperfeito ou impróprio** (art. 70, *caput*, 2ª parte, CP). O agente atua com desígnios autônomos. Por exemplo, o agente explode uma granada com a intenção de matar cinco pessoas, o que acaba ocorrendo. Adota-se o sistema do **cúmulo material**, ou seja, as penas são somadas.

Concurso material benéfico ou favorável: conforme o art. 70, parágrafo único, CP não poderá a pena exceder a que seria cabível pela regra do art. 69 do Código Penal.

6.3. Crime continuado (art. 71, CP)

a) **Conceito.** Caracteriza-se o crime continuado quando o agente, mediante mais de uma ação ou omissão, pratica dois ou mais crimes da mesma espécie e, pelas condições de tempo, lugar, maneira de execução e outras semelhantes, devem os subsequentes ser havidos como continuação do primeiro.

b) **Requisitos.** (1) *Pluralidade de crimes da mesma espécie:* conforme a jurisprudência dos Tribunais Superiores, todos os delitos devem estar previstos no mesmo tipo penal. (2) *Condições objetivas semelhantes de tempo, lugar e maneira de execução.* De acordo com a jurisprudência: a) *conexão temporal*: até 30 dias entre um crime e outro; b) *conexão local:* mesma cidade ou cidades vizinhas na mesma região metropolitana; c) *conexão modal*: mesmo *modus operandi*. (3) *Unidade de desígnio:* conforme o STF e o STJ, há necessidade de liame subjetivo entre os eventos.

STJ – AgRg no AREsp 1.247.561, *DJe* 18-4-2018
A jurisprudência desta Corte adota a **teoria mista** para o reconhecimento do crime continuado, previsto no art. 71 do Código Penal, de modo que sua configuração demanda o preenchimento dos requisitos objetivos contidos no dispositivo (mesmas condições de tempo, lugar e modo de execução) bem como do subjetivo, qual seja, a existência da unidade de desígnios entre os delitos praticados.

c) **Natureza jurídica.** Segundo a **teoria da ficção jurídica** (adotada pelo CP), há na verdade vários crimes, mas a lei, por ficção legal, os reúne em um só para o fim de aplicação da pena.

d) **Espécies.** (1) *Crime continuado comum* (*caput*): delitos cometidos sem violência ou grave ameaça contra a pessoa, ou com violência ou grave ameaça contra a mesma vítima. (2) *Crime continuado específico* (parágrafo único): delitos dolosos cometidos com violência ou grave ameaça contra vítimas diferentes.

Em face da redação dada ao art. 71, parágrafo único, do CP, **é possível a continuidade delitiva em crimes de homicídio,** razão pela qual existe entendimento no sentido de que a Súmula 605 do STF estaria superada.

e) **Sistema de aplicação das penas.** Adota-se o sistema da **exasperação**, aplicando-se a pena de um só dos crimes, se idênticas, ou a mais grave, se diversas, aumentada, em qualquer caso, de um sexto a dois terços. *Atenção*: no crime continuado, o critério de aumento varia de acordo com a quantidade de crimes, sendo utilizada a seguinte técnica: 2 crimes: aumento de 1/6; 3 crimes: aumento de 1/5; 4 crimes: aumento de 1/4; 5 crimes: aumento de 1/3; 6 crimes: aumento de 1/2; 7 ou mais crimes: aumento de 2/3.

6.4. Erro na execução – *aberratio ictus* (art. 73, CP)

a) **Conceito.** Ocorre a *aberratio ictus* quando, por acidente ou erro no uso dos meios de execução, o agente, ao invés de atingir a pessoa que pretendia ofender, atinge pessoa diversa (por culpa). Exemplo: "A", pretendendo matar "B", por erro de pontaria vem a atingir e matar "C" (culposamente), que estava nas proximidades.

b) **Consequência.** Conforme o art. 73, CP, "A" responde como se tivesse praticado o crime contra "B", sendo consideradas as condições ou qualidades pessoais da vítima pretendida. Assim, "A" responderá apenas por homicídio doloso consumado, apesar de ter praticado dois delitos: tentativa de homicídio e homicídio culposo.

c) **Resultado único ou resultado duplo.** Pode ocorrer *aberratio ictus* com resultado único (art. 73, 1ª parte) ou duplo (art. 73, 2ª parte). Assim, além da vítima efetiva, caso seja atingida também a pessoa que o agente pretendia ofender, será aplicada a mais grave das penas cabíveis ou, se idênticas, somente uma delas, mas com o aumento, em qualquer caso, de um sexto até metade (concurso formal, primeira parte). Por exemplo, "A", com intenção de matar "B", efetua um disparo de arma de fogo. Além de atingir e matar "B", atinge culposamente o motorista de um carro, provocando acidente em que morrem 5 pessoas. "A" responde pelo crime de homicídio doloso consumado, aplicando-se o aumento de 1/6 a 1/2 em relação aos demais delitos.

6.5. Resultado diverso do pretendido – *aberratio criminis* ou *delicti* (art. 74, CP)

a) **Conceito.** Ocorre a *aberratio criminis* ou *delicti* quando, por acidente ou erro na execução do crime, sobrevém resultado diverso do pretendido.

b) **Consequência.** O agente responde por culpa, se o fato é previsto como crime culposo. Por exemplo, se "A", desejando quebrar uma janela, por erro de pontaria, acaba provocando lesões corporais em "B", responderá pelo delito de lesão corporal culposa, ficando excluída a tentativa de dano. Caso ocorra também o resultado pretendido, aplica-se a regra do art. 70, Código Penal (no exemplo anterior, se "A" quebrasse a janela e lesionasse "B", responderia pelos dois crimes em concurso formal).

> ***Aberratio ictus* (art. 73, CP):** o erro ocorre de **pessoa para pessoa**.
> ***Aberratio criminis* ou *delicti* (art. 74, CP):** o erro ocorre de **pessoa para coisa** ou de **coisa para pessoa**.

7. LIMITE DAS PENAS

7.1. Previsão constitucional

Conforme o art. 5º, XLVII, da CF não haverá pena de caráter perpétuo. Por outro lado, se um dos fins da pena é a ressocialização, tal finalidade seria inócua se não houvesse um limite para o cumprimento da pena privativa de liberdade.

7.2. Limite previsto no Código Penal

O art. 75 do CP estabelece que o tempo de cumprimento das penas privativas de liberdade não pode ser superior a 30 anos. Quando o agente for condenado a penas que superem tal limite, elas devem ser unificadas para atender ao disposto no citado artigo.

7.3. Condenação por fato posterior

Sobrevindo condenação por fato posterior ao início do cumprimento da pena, far-se-á nova unificação, desprezando-se, para esse fim, o período de pena já cumprido (art. 75, § 2º, CP).

7.4. Concessão de benefícios

Conforme o STF, os benefícios são calculados com base na pena total aplicada, e não com base na pena unificada. Nesse sentido: a pena unificada para atender ao limite de trinta anos de cumprimento, determinado pelo art. 75, CP, não é considerada para a concessão de outros benefícios, como o livramento condicional ou regime mais favorável de execução (**STF, Súmula 715**).

8. SUSPENSÃO CONDICIONAL DA PENA (*SURSIS*)

8.1. Compreensão

A suspensão condicional da pena, ou *sursis*, diz respeito à possibilidade de o juiz liberar o condenado do cumprimento da pena privativa de liberdade, desde que preenchidos certos requisitos.

> ***Sursis* da pena (art. 77, CP): suspende-se a pena** mediante condições.
> ***Sursis* do processo (art. 89, Lei n. 9.099/95): suspende-se o processo** mediante condições.

8.2. Requisitos

1) Pena privativa de liberdade aplicada não superior a 2 anos (art. 77, *caput*, CP). **Há exceções:** 1ª) art. 77, § 2º, CP: pena não superior a 4 anos, no caso de ser o condenado maior de setenta anos de idade (*sursis* etário), ou por razões de saúde que justifiquem a suspensão (*sursis* humanitário); 2ª) art. 16 da Lei n. 9.605/98 (Lei dos Crimes Ambientais): a pena aplicada não pode ser superior a 3 anos.

2) Não ser o réu reincidente em crime doloso, salvo se na condenação anterior foi aplicada somente a pena de multa (art. 77, I e § 1º, CP). Assim, a reincidência em crime culposo não impede a aplicação da suspensão da pena, desde que presentes os demais requisitos legais.

3) A culpabilidade, os antecedentes, a conduta social e a personalidade do agente, bem como os motivos e as circunstâncias, autorizem a concessão do benefício (art. 77, II, CP).

4) Não ser indicada ou cabível a substituição da pena privativa de liberdade por restritiva de direitos (art. 77, III, CP).

5) Reparação do dano no *sursis* especial, salvo impossibilidade de fazê-lo.

8.3. Condições

As condições são legais e judiciais e devem ser observadas durante o período de prova, sob pena de revogação do *sursis*.

8.3.1. Condições legais (art. 78, CP)

1) No primeiro ano do prazo, deverá o condenado prestar serviços à comunidade ou submeter-se à limitação de fim de semana (art. 78, § 1º, CP). **Trata-se do *sursis* simples.**

2) Se o condenado houver reparado o dano, salvo impossibilidade de fazê-lo, e se as circunstâncias do art. 59 do CP lhe forem inteiramente favoráveis, o juiz poderá substituir a exigência do parágrafo anterior pelas seguintes condições, aplicadas cumulativamente: (a) proibição de frequentar determinados lugares; (b) proibição de ausentar-se da comarca onde reside sem autorização do juiz; (c) comparecimento pessoal e obrigatório ao juízo, mensalmente, para informar e justificar suas atividades (art. 78, § 2º, CP). **Trata-se do *sursis* especial.**

8.3.2. Condições judiciais (art. 79, CP)

A sentença poderá especificar outras condições a que fica subordinada a suspensão, desde que adequadas ao fato e à situação pessoal do condenado.

8.4. Período de prova

É o tempo em que o condenado deverá observar as condições estabelecidas. Inicia-se com a audiência admonitória ou de advertência, realizada após o trânsito em julgado. No caso de crime, o período de prova é de 2 a 4 anos (salvo no *sursis* etário e humanitário, em que o período de prova será de 4 a 6 anos, conforme o art. 77, § 2º, CP). Se a condenação for pela prática de contravenção, o período será de 1 a 3 anos (art. 11, LCP).

8.5. Revogação

A revogação poderá ser obrigatória ou facultativa.

8.5.1. Revogação obrigatória (art. 81, I a III, CP)

A suspensão será revogada se, no curso do prazo, o beneficiário: I – é condenado, em sentença irrecorrível, por crime doloso; II – frustra, embora solvente, a execução de pena de multa ou não efetua, sem motivo justificado, a reparação do dano; III – descumpre a condição do § 1º do art. 78 do Código (na hipótese de *sursis* especial, deve o condenado prestar serviços à comunidade ou sujeitar-se à limitação de fim de semana).

8.5.2. Revogação facultativa (art. 81, § 1º, CP)

A suspensão poderá ser revogada se o condenado descumpre qualquer outra condição imposta ou é irrecorrivelmente condenado, por crime culposo ou por contravenção, a pena privativa de liberdade ou restritiva de direitos.

8.6. Prorrogação do período de prova (art. 81, § 2º, CP)

Se o beneficiário está sendo processado por outro crime ou contravenção, considera-se prorrogado o prazo da suspensão até o julgamento definitivo.

8.7. Extinção da pena (art. 82, CP)

Expirado o prazo sem que tenha havido revogação, considera-se extinta a pena privativa de liberdade.

9. LIVRAMENTO CONDICIONAL

9.1. Compreensão

O livramento condicional é uma forma de antecipação da liberdade do condenado antes do término do cumprimento da pena.

9.2. Requisitos (art. 83, CP)

a) A pena privativa de liberdade fixada na sentença deve ser igual ou superior a 2 anos. As penas que correspondem a infrações diversas devem somar-se para efeito do livramento (art. 84, CP).

b) Cumprimento de mais de um terço da pena se o condenado não for reincidente em crime doloso e tiver bons antecedentes.

c) Cumprimento de mais da metade se o condenado for reincidente em crime doloso.

d) Cumprimento de mais de dois terços da pena, nos casos de condenação por crime hediondo, prática de tortura, tráfico ilícito de entorpecentes e drogas afins, tráfico de pessoas e terrorismo, se o apenado não for reincidente específico em crimes dessa natureza. Obs.: o crime de "tráfico de pessoas" foi incluído pela Lei n. 13.344/2016.

e) Reparação do dano causado pela infração, salvo efetiva impossibilidade de fazê-lo.

f) Ostentar bom comportamento carcerário (art. 112, LEP), ou, segundo art. 83, III, CP, comportamento satisfatório durante a execução da pena, bom desempenho no trabalho que lhe foi atribuído e aptidão para prover à própria subsistência mediante trabalho honesto.

g) Para o condenado por crime doloso, cometido com violência ou grave ameaça à pessoa, a concessão do livramento ficará também subordinada à constatação de condições pessoais que façam presumir que o liberado não voltará a delinquir (art. 83, parágrafo único, CP).

9.3. Falta grave

Não interrompe o prazo para obtenção de livramento condicional (**Súmula 441, STJ**).

9.4. Condições

Podem ser obrigatórias ou facultativas:

9.4.1. Condições obrigatórias (art. 132, § 1º, LEP)

Obter ocupação lícita, dentro de prazo razoável se for apto para o trabalho; comunicar periodicamente ao juiz sua ocupação; não mudar do território da comarca do Juízo da Execução sem prévia autorização deste.

9.4.2. Condições facultativas (art. 132, § 2º, LEP)

Não mudar de residência sem comunicação ao juiz e à autoridade incumbida da observação cautelar e de proteção; recolher-se à habitação em hora fixada; não frequentar determinados lugares.

9.5. Revogação

Pode ser obrigatória ou facultativa.

9.5.1. Revogação obrigatória (art. 86, CP)

Revoga-se o livramento se o liberado vem a ser condenado a pena privativa de liberdade, em sentença irrecorrível: I – por crime cometido durante a vigência do benefício; II – por crime anterior, observado o disposto no art. 84 do Código.

9.5.2. Revogação facultativa (art. 87, CP)

O juiz poderá, também, revogar o livramento, se o liberado deixar de cumprir qualquer das obrigações constantes da sentença, ou for irrecorrivelmente condenado, por crime ou contravenção, a pena que não seja privativa de liberdade.

9.6. Efeitos da revogação (art. 88, CP)

Revogado o livramento, não poderá ser novamente concedido, e, salvo quando a revogação resulta de condenação por outro crime anterior àquele benefício, não se desconta na pena o tempo em que esteve solto o condenado.

9.7. Extinção da pena (art. 89, CP)

O juiz não poderá declarar extinta a pena enquanto não passar em julgado a sentença em processo a que responde o liberado, por crime cometido na vigência do livramento. Se até o seu término o livramento não é revogado, considera-se extinta a pena privativa de liberdade (art. 90, CP).

10. EFEITOS DA CONDENAÇÃO

10.1. Efeito principal da condenação

Imposição da sanção penal (pena ou medida de segurança).

10.2. Efeitos secundários

- **Efeitos secundários de natureza penal:** (1) enseja reincidência; (2) revogação do *sursis*; (3) revogação do livramento condicional; (4) inclusão do nome do réu no rol dos culpado etc.
- **Efeitos secundários de natureza extrapenal.** Podem ser genéricos e específicos:
  - *Genéricos* (art. 91, CP): I – tornar certa a obrigação de indenizar o dano causado pelo crime; II – a perda em favor da União, ressalvado o direito do lesado ou de terceiro de boa-fé: a) dos instrumentos do crime, desde que consistam em coisas cujo fabrico, alienação, uso, porte ou detenção constitua fato ilícito; b) do produto do crime ou de qualquer bem ou valor que constitua proveito auferido pelo agente com a prática do fato criminoso.
  - *Específicos* (art. 92, CP): I – a perda de cargo, função pública ou mandato eletivo: (a) quando aplicada pena privativa de liberdade por tempo igual ou superior a um ano, nos crimes praticados com abuso de poder ou violação de dever para com a Administração Pública; (b) quando for aplicada pena privativa de liberdade por tempo superior a 4 anos nos demais casos; II – a incapacidade para o exercício do pátrio poder, tutela ou curatela, nos crimes dolosos, sujeitos à pena de reclusão, cometidos contra filho, tutelado ou curatelado; III – a inabilitação para dirigir veículo, quando utilizado como meio para a prática de crime doloso.

> Os efeitos do art. 92, CP **não são automáticos**, devendo ser motivadamente declarados na sentença.

11. REABILITAÇÃO

11.1. Compreensão

Trata-se de medida político-criminal cujo escopo primordial reside na reinserção social do condenado, garantindo o sigilo de seus antecedentes e suspendendo condicionalmente certos efeitos específicos da condenação (PRADO, 2006, p. 679).

11.2. Finalidade

São finalidades da reabilitação: (a) assegurar ao condenado o sigilo dos registros sobre seu processo e condenação (art. 93, CP); (b) extinguir os efeitos secundários extrapenais específicos da sentença penal condenatória, vedada reintegração na situação anterior, nos casos dos incisos I e II do mesmo artigo (art. 93, parágrafo único, CP).

11.3. Requisitos (art. 94, CP)

São requisitos para a reabilitação: (a) decurso de 2 anos do dia em que for extinta, de qualquer modo, a pena ou terminar sua execução, computando-se o período de prova da suspensão e o do livramento condicional, se não sobrevier revogação; (b) tenha tido o condenado domicílio no País no prazo acima referido; (c) tenha dado o condenado, durante esse tempo, demonstração efetiva e constante de bom comportamento público e privado; (d) tenha ressarcido o dano causado pelo crime ou demonstrado a absoluta impossibilidade de fazê-lo, até o dia do pedido, ou exiba documento que comprove a renúncia da vítima ou novação da dívida.

12. EXTINÇÃO DA PUNIBILIDADE

12.1. Art. 107, CP

O art. 107 do CP traz as seguintes causas de extinção da punibilidade: I – morte do agente; II – anistia, graça ou indulto; III – retroatividade de lei que não mais considera o fato como criminoso; IV – prescrição, decadência ou perempção; V – renúncia do direito de queixa ou pelo perdão aceito, nos crimes de ação privada; VI – retratação do agente, nos casos em que a lei a admite; (...) IX – perdão judicial, nos casos previstos em lei.

O rol do art. 107, CP **não é taxativo**, existindo outras causas extintivas da punibilidade dentro e fora do Código Penal. Exemplos: reparação do dano no peculato culposo antes da sentença irrecorrível (art. 312, § 3º, CP); término do período de suspensão condicional do processo **(Lei n. 9.099/95, art. 89, § 5º)**.

12.2. Morte do agente

Deve ser comprovada pela certidão de óbito, conforme determinação do art. 62, CPP.

12.3. Anistia, graça e indulto

a) *Anistia:* diz respeito a fatos e não a pessoas, consistindo no esquecimento jurídico da infração. É de competência do Congresso Nacional (arts. 48, VIII, e 21, XVII, CF).

b) *Indulto:* diz respeito a pessoas, e não a fatos, consistindo em uma forma de clemência. É de competência do Presidente da República, embora admita a delegação (art. 84, XII, e parágrafo único, CF). Pode ser: (1) coletivo: **indulto propriamente dito**; (2) individual: **graça**.

c) *Inaplicabilidade:* crimes hediondos, tortura, tráfico ilícito de entorpecentes e drogas afins e terrorismo (art. 5º, XLIII, CF e art. 2º, I, Lei n. 8.072/90).

12.4. *Abolitio criminis*

Extingue-se a punibilidade pela retroatividade de lei que não mais considera o fato como criminoso (art. 107, III, CP). Nos termos do art. 2º, *caput*, CP, ninguém pode ser punido por fato que lei posterior deixa de considerar crime, cessando em virtude dela a execução e os efeitos penais da sentença condenatória. ***Os efeitos civis não cessam, razão pela qual o réu continua obrigado a reparar o dano.***

12.5. Decadência

Consiste na perda do direito de queixa (ação penal privada) ou de representação (ação penal pública condicionada). Em regra, o prazo será de 6 meses, contado do dia em que o ofendido veio a saber quem é o autor do crime (art. 103, CP).

12.6. Perempção

Trata-se de sanção processual imposta ao querelante omisso na ação penal exclusivamente privada. Conforme o art. 60, CPP, a perempção ocorre nas seguintes hipóteses: I – quando, iniciada a ação penal, o querelante deixar de promover o andamento do processo durante 30 dias seguidos; II – quando, falecendo o querelante, ou sobrevindo sua incapacidade, não comparecer em juízo, para prosseguir no processo, dentro do prazo de 60 dias, qualquer das pessoas a quem couber fazê-lo, ressalvado o disposto no art. 36; III – quando o querelante deixar de comparecer, sem motivo justificado, a qualquer ato do processo a que deva estar presente, ou deixar de formular o pedido de condenação nas alegações finais; IV – quando, sendo o querelante pessoa jurídica, esta se extinguir sem deixar sucessor.

12.7. Renúncia

É ato voluntário do ofendido desistindo do direito de propor ação penal privada (art. 104, CP). Pode ser expressa ou tácita. Havendo concurso de pessoas, a renúncia em relação a um dos autores do crime a todos se estenderá (art. 49, CPP).

Juizado Especial Criminal. Antes da Lei n. 9.099/95, a renúncia era aplicada apenas à ação penal privada. Porém, nos Juizados Especiais Criminais, tratando-se de ação penal de iniciativa privada ou de ação penal pública condicionada à representação, o acordo homologado acarreta a renúncia ao direito de queixa ou de representação (art. 74, parágrafo único, Lei n. 9.099/95).

12.8. Perdão aceito

É ato voluntário do ofendido que visa a obstar o prosseguimento da ação penal privada (art. 105, CP). Pode ser expresso ou tácito, e concedido dentro ou fora do processo. Perdão tácito é o que resulta da prática de ato incompatível com a vontade de prosseguir na ação (art. 106, § 1º, CP). Pode haver recusa do querelado, tratando-se, portanto, de **ato bilateral**. O perdão deve ser exercido após a propositura da ação penal privada, mas antes do trânsito em julgado da sentença condenatória (art. 106, § 2º, CP).

Importante:

- No caso de concurso de pessoas, se o ofendido concedê-lo a qualquer um dos autores (querelados), a todos os outros se estenderá (art. 106, I, CP).
- No caso de haver ofensa a mais de uma pessoa, se um dos ofendidos concedê-lo, não prejudica o direito dos outros (art. 106, II, CP).

12.9. Retratação

Retratar-se significa desdizer-se, ou seja, retirar o que foi dito. O Código Penal prevê a retratação nos crimes de calúnia e difamação (art. 143) e no crime de falso testemunho ou falsa perícia (art. 342, § 2º).

12.10. Perdão judicial

Ocorre quando o juiz deixa de aplicar a pena ao autor do crime em face de certas circunstâncias. Exemplos: homicídio culposo, quando as consequências da infração atingirem o próprio agente de forma tão grave que a sanção penal se torne desnecessária (art. 121, § 5º, CP); injúria, quando o ofendido, de forma reprovável, provocou diretamente a injúria (art. 140, § 1º, I, CP).

STJ – Súmula 18
A sentença concessiva do perdão judicial é declaratória da extinção da punibilidade, não subsistindo qualquer efeito condenatório.

13. PRESCRIÇÃO

13.1. Crimes imprescritíveis

A Constituição Federal traz dois crimes imprescritíveis: (1) a prática do racismo constitui crime inafiançável e imprescritível, sujeito à pena de reclusão, nos termos da lei (art. 5º, XLII, CF); (2) constitui crime inafiançável e imprescritível a ação de grupos armados, civis ou militares, contra a ordem constitucional e o Estado Democrático (art. 5º, XLIV, CF).

13.2. Prescrição do crime pressuposto

Nos termos do art. 108, CP, a extinção da punibilidade de crime que é pressuposto, elemento constitutivo ou circunstância agravante de outro crime não se estende a ele. Nesse sentido o art. 2º, § 1º, da Lei de Lavagem de Dinheiro (Lei n. 9.613/98): "A denúncia será instruída com indícios suficientes da existência da infração penal antecedente, sendo puníveis os fatos previstos nesta Lei, ainda que desconhecido ou isento de pena o autor, ou extinta a punibilidade da infração penal antecedente". Digamos, por exemplo, que seja lavado dinheiro oriundo do tráfico de drogas. O fato de o tráfico já estar prescrito não irá prejudicar a apuração autônoma do delito de lavagem.

13.3. Espécies de prescrição e seus efeitos

- **PPP** – *prescrição da pretensão punitiva (ocorre antes do trânsito em julgado)*. Pode ser: 1) propriamente dita; 2) retroativa; 3) superveniente ou intercorrente ou subsequente. **Efeitos:** (1) obsta ao início da ação penal; (2) apaga todos os efeitos de eventual sentença condenatória proferida; (3) eventual condenação proferida não serve como pressuposto da reincidência.
- **PPE** – *prescrição da pretensão executória (ocorre depois do trânsito em julgado)*. **Efeitos:** (1) apaga apenas o principal efeito da condena-

ção, que é imposição da pena; (2) todos os demais efeitos da condenação permanecem intactos; (3) a condenação proferida serve como pressuposto da reincidência.

13.4. PPP propriamente dita

a) **Trânsito em julgado.** Na PPP propriamente dita **não há** trânsito em julgado para nenhuma das partes.

b) **Prazo prescricional.** Regula-se pela *pena máxima* cominada ao delito, nos termos do art. 109, CP:

Prazo prescricional	Pena
20 anos	+ 12 anos
16 anos	+ 8 anos até 12 anos
12 anos	+ 4 anos até 8 anos
8 anos	+ 2 anos até 4 anos
4 anos	= 1 ano até 2 anos
3 anos	– 1 ano

O inciso VI do art. 109 do CP teve nova redação pela Lei n. 12.234/2010. Antes da alteração, a prescrição ocorria em 2 anos se o máximo da pena fosse inferior a 1 ano. Agora, a prescrição ocorre em 3 anos. Por se tratar de lei penal mais severa, não se aplica aos fatos praticados antes da sua vigência.

c) **Regras para o cálculo do prazo prescricional:** (1) *Qualificadoras:* incidem na contagem do prazo. (2) *Majorantes e minorantes:* incidem na contagem do prazo. (3) *Tentativa:* incide na contagem do prazo (incide o percentual de menor redução). (4) *Agravantes e atenuantes:* não incidem na contagem do prazo. (5) *Concurso de crimes:* a extinção da punibilidade incidirá sobre a pena de cada um, isoladamente (art. 119, CP). (6) *Menoridade relativa e senilidade:* são reduzidos de metade os prazos de prescrição quando o criminoso era, ao tempo do crime, menor de 21 anos, ou, na data da sentença, maior de 70 anos (art. 115, CP). (7) *Reincidência:* não influi no prazo da PPP (STJ, Súmula 220). **Atenção**: a reincidência influencia o prazo da PPE, aumentando-o de um terço (art. 110, *caput*, CP). (8) *Penas restritivas de direitos:* aplicam-se os mesmos prazos previstos para as penas privativas de liberdade (art. 109, parágrafo único, CP). (9) *Pena de multa:* prescreve em 2 anos quando a multa for a única pena cominada ou aplicada, ou no mesmo prazo estabelecido para prescrição da pena privativa de liberdade, quando a multa for alternativa ou cumulativamente cominada ou cumulativamente aplicada (arts. 114 e 118, CP).

d) **Termo inicial (art. 111, CP).** A prescrição, antes de transitar em julgado a sentença final, começa a correr: I – do dia em que o crime se consumou; II – no caso de tentativa, do dia em que cessou a atividade criminosa; III – nos crimes permanentes, do dia em que cessou a permanência; IV – nos de bigamia e nos de falsificação ou alteração de assentamento do registro civil, da data em que o fato se tornou conhecido; V – nos crimes contra a dignidade sexual de crianças e adolescentes, previstos neste Código ou em legislação especial, da data em que a vítima completar 18 anos, salvo se a esse tempo já houver sido proposta a ação penal.

Obs.: conforme a Súmula Vinculante 24 do STF, "Não se tipifica crime material contra a ordem tributária, previsto no art. 1º, incisos I a IV, da Lei n. 8.137/90, antes do lançamento definitivo do tributo". Assim, neste caso, a contagem do prazo prescricional começa após o encerramento do processo administrativo de lançamento previsto no art. 142 do CTN. Nesse sentido: STJ, AgRg no REsp 1.699.768, *DJe* 20-4-2018.

e) **Causas suspensivas ou impeditivas:** suspendem o curso do lapso prescricional. Cessado o motivo da suspensão, o prazo retoma o seu curso, computando-se o período anterior. Conforme o art. 116, CP, a prescrição não corre: I – enquanto não resolvida, em outro processo, questão de que dependa o reconhecimento da existência do crime; II – enquanto o agente cumpre pena no estrangeiro. Existem outras causas suspensivas da prescrição, como, por exemplo: quando for suspenso o processo contra senador ou deputado federal, enquanto durar o mandato (art. 53, § 5º, CF); réu citado por edital que não comparece nem constitui advogado (art. 366, CPP).

STJ – Súmula 415
O período de suspensão do prazo prescricional é regulado pelo máximo da pena cominada.

f) **Causas interruptivas da PPP:** incidindo uma causa de interrupção da prescrição, o lapso prescricional recomeça a correr integralmente, desde a data da interrupção. Conforme o art. 117, CP, o curso da prescrição interrompe-se: I

– pelo recebimento da denúncia ou da queixa; II – pela pronúncia; III – pela decisão confirmatória da pronúncia; IV – pela publicação da sentença ou acórdão condenatórios recorríveis.

STJ – Súmula 191
A pronúncia é causa interruptiva da prescrição, ainda que o Tribunal do Júri venha a desclassificar o crime.

13.5. PPP superveniente, subsequente ou intercorrente

a) **Trânsito em julgado.** Há trânsito em julgado para a acusação, mas não para a defesa.

b) **Prazo prescricional.** Regula-se pela *pena aplicada* na sentença.

c) **Termo inicial.** Publicação da sentença condenatória recorrível.

d) **Termo final.** Trânsito em julgado definitivo para as partes.

13.6. PPP retroativa

a) **Trânsito em julgado.** Há trânsito em julgado para a acusação, mas não para a defesa.

b) **Prazo prescricional.** Regula-se pela *pena aplicada* na sentença.

c) **Termo inicial.** Publicação da sentença condenatória recorrível.

d) **Termo final.** Recebimento da denúncia ou queixa.

A Lei n. 12.234/2010 alterou a redação do art. 110, § 1º, CP, excluindo a possibilidade da prescrição retroativa em período anterior ao recebimento da denúncia ou da queixa. Como se trata de lei penal mais severa, não retroage para alcançar fatos anteriores.

Importante: para o STF (Pleno, HC 122.694, j. 10-12-2014), é **constitucional** o art. 110, § 1º, CP, com a redação dada pela Lei n. 12.234/2010.

13.7. Prescrição da pretensão executória (PPE)

a) **Trânsito em julgado.** Pressupõe o trânsito em julgado da sentença condenatória para as duas partes.

b) **Prazo prescricional.** Regula-se pela *pena aplicada*.

c) **Reincidência.** O prazo prescricional é aumentado de um terço se o condenado é reincidente.

d) **Termo inicial (art. 112, CP).** A prescrição começa a correr: I – do dia em que transita em julgado a sentença condenatória, para a acusação, ou a que revoga a suspensão condicional da pena ou o livramento condicional; II – do dia em que se interrompe a execução, salvo quando o tempo da interrupção deva computar-se na pena.

No julgamento do HC 126292 (17-2-2016), o Plenário do STF decidiu que o início da execução da pena condenatória após a confirmação da sentença em segundo grau não ofende o princípio constitucional da presunção de inocência. Desse modo, a referida decisão refletirá no início do prazo da prescrição da pretensão executória, que começará a ser contado na data da confirmação da sentença em segundo grau.

e) **Causas interruptivas (art. 117, V e VI).** O curso da prescrição interrompe-se: (...) V – pelo início ou continuação do cumprimento da pena; VI – pela reincidência.

13.8. Situações especiais

a) **Prescrição pela pena hipotética ou projetada.** Trata-se de uma prescrição antecipada, fazendo-se uma análise para o futuro. Verifica-se qual seria a possível pena concreta a ser aplicada no caso de condenação, de acordo com as circunstâncias apresentadas. A jurisprudência dos Tribunais Superiores manifesta-se **contrariamente** à prescrição pela pena projetada, conforme a **Súmula 438, STJ**: é inadmissível a extinção da punibilidade pela prescrição da pretensão punitiva com fundamento em pena hipotética, independentemente da existência ou sorte do processo penal.

b) **Medida de segurança.** De acordo com o STF, as medidas de segurança se submetem ao regime ordinariamente normado da prescrição penal. Prescrição a ser calculada com base na pena máxima cominada ao tipo penal debitado ao agente (no caso da **prescrição da pretensão punitiva**) ou com base na duração máxima da medida de segurança, trinta anos (no caso da **prescrição da pretensão executória**). Prazos prescricionais, esses, aos quais se aplicam, por lógico, os termos iniciais e marcos interruptivos e suspensivos dispostos no Código Penal (STF, HC 107.777, j. 7-2-2012).

c) **Medida socioeducativa.** As medidas socioeducativas aplicadas aos adolescentes infratores prescrevem, conforme a **Súmula 338, STJ**: a prescrição penal é aplicável nas medidas socioeducativas. Incide, inclusive, a norma do art. 115, CP, que dispõe sobre a redução de metade do prazo prescricional (STF, HC 107.200 MC, j. 28-6-2011).

Obs.: tratando-se de medida socioeducativa aplicada sem termo, o prazo prescricional deve ter como parâmetro a duração máxima da internação (três anos). Após, deve-se considerar o lapso prescricional de 8 anos previsto no art. 109, IV, do CP, posteriormente reduzido pela metade em razão do disposto no art. 115 do mesmo diploma legal. A prescrição, portanto, é fixada em 4 anos. Nesse sentido: STJ, AgRg no HC 386.708, *DJe* 21-11-2017.

PARTE ESPECIAL

CAPÍTULO I
CRIMES CONTRA A PESSOA

1. CRIMES CONTRA A VIDA

1.1. Homicídio (art. 121, CP)

1) **Bem jurídico tutelado:** vida humana extrauterina.

2) **Sujeitos:** (a) ativo: qualquer pessoa (crime comum); (b) passivo: qualquer pessoa.

3) **Descrição típica:** matar alguém: *Pena* – reclusão, de seis a vinte anos.

4) **Consumação e tentativa:** o crime se consuma com a morte da vítima. De acordo com o art. 3º, Lei n. 9.434/97, considera-se o momento da *morte encefálica*. A tentativa é possível, já que o crime é plurissubsistente.

5) **Forma privilegiada (§ 1º):** haverá diminuição da pena de 1/6 a 1/3 nas seguintes situações:

I) *Motivo de relevante valor social:* o interesse é da coletividade;

II) *Motivo de relevante valor moral:* o interesse é particular do agente;

III) *Homicídio emocional:* domínio de violenta emoção, logo em seguida a injusta provocação da vítima.

> **Domínio** de violenta emoção: é privilegiadora (art. 121, § 1º, CP).
> **Influência** de violenta emoção: é atenuante (art. 65, III, *c*, CP).

6) **Forma qualificada (§ 2º):** se o homicídio é cometido:

I) *Mediante paga ou promessa de recompensa, ou por outro motivo torpe.* Motivo torpe é o que causa repulsa à sociedade. Por exemplo, matar por racismo.

II) *Por motivo fútil.* Motivo fútil é o desproporcional, insignificante. Por exemplo, matar o cobrador porque este deu o troco errado.

III) *Com emprego de veneno, fogo, explosivo, asfixia, tortura ou outro meio insidioso ou cruel, ou de que possa resultar perigo comum.* Meio insidioso é aquele falso, desleal, como o emprego de veneno. Meio cruel é o doloroso, como o emprego de tortura. Meio de que possa resultar perigo comum é o que expõe a perigo um número indeterminado de pessoas, como a utilização de explosivo.

> No homicídio qualificado pela tortura (art. 121, § 2º, III, CP), a morte da vítima é provocada a título de **dolo**. Já na tortura qualificada pela morte (art. 1º, § 3º, Lei 9.455/97), a morte da vítima é provocada a título de **culpa**.

IV) *À traição, de emboscada, ou mediante dissimulação ou outro recurso que dificulte ou torne impossível a defesa do ofendido.* Traição é a agressão súbita da vítima, que é atingida quando está desprevenida. Emboscada é a tocaia. Dissimulação é a ocultação da intenção hostil, como o uso de disfarce.

> **Traição:** há agressão súbita e inesperada e **existe** relação de confiança e lealdade entre o autor e a vítima.
> **Surpresa:** há agressão súbita e inesperada e **não existe** relação de confiança e lealdade entre o autor e a vítima.

V) *Para assegurar a execução, a ocultação, a impunidade ou vantagem de outro crime.* Trata-se da conexão teleológica (execução) ou consequencial (ocultação, impunidade, vantagem). Por exemplo, o agente mata o segurança para sequestrar a criança, de cujos pais irá exigir dinheiro.

VI) *Contra a mulher por razões da condição de sexo feminino*. Trata-se da ***qualificadora do feminicídio***, incluída ao Código Penal pela Lei n. 13.104/2015. De acordo com o art. 121, § 2º-A, considera-se que há **razões de condição de sexo feminino** quando o crime envolve: I – violência doméstica e familiar; II – menosprezo ou discriminação à condição de mulher.

> A Lei n. 13.104/2015 incluiu no art. 121 do CP o § 7º, aduzindo que a pena do feminicídio será aumentada de um terço até a metade se o crime for praticado: I – durante a gestação ou nos três meses posteriores ao parto; II – contra pessoa menor de 14 anos, maior de 60 anos ou com deficiência; III – na presença de descendente ou de ascendente da vítima.

VII) *Contra autoridade ou agente descrito nos arts. 142 e 144 da Constituição Federal, integrantes do sistema prisional e da Força Nacional de Segurança Pública, no exercício da função ou em decorrência dela, ou contra seu cônjuge, companheiro ou parente consanguíneo até o terceiro grau, em razão dessa condição*. Trata-se da ***qualificadora do homicídio funcional***, incluída pela Lei n. 13.142/2015. A função pública desempenhada pelos servidores públicos referidos envolve riscos, a justificar uma pena mais elevada, principalmente por razões de prevenção geral.

7) Hediondez: nos termos do art. 1º, I, Lei n. 8.072/90, são hediondos (a) o homicídio (art. 121), quando praticado em atividade típica de grupo de extermínio, ainda que cometido por um só agente, e (b) o homicídio qualificado (art. 121, § 2º, I, II, III, IV, V, VI e VII), consumados ou tentados.

> A figura do homicídio qualificado-privilegiado somente é possível quando a qualificadora for **objetiva**. Nesse caso **não haverá hediondez**.

Obs.: o STJ (HC 430.222, *DJe* 22-3-2018) decidiu que **a qualificadora do feminicídio, no caso do inciso I, "violência doméstica e familiar", possui natureza objetiva**.

8) Forma culposa (§ 3º): ocorre quando o agente dá causa à morte da vítima por imprudência, negligência ou imperícia. Se o crime for praticado na direção de veículo automotor, incidirá o art. 302 do CTB (Lei n. 9.503/97). É possível a incidência do ***perdão judicial*** (art. 121, § 5º, CP) se as consequências da infração atingirem o próprio agente de forma tão grave que a sanção penal se torne desnecessária.

1.2. Induzimento, instigação ou auxílio ao suicídio (art. 122, CP)

1) Bem jurídico tutelado: vida humana extrauterina.

2) Sujeitos: (a) ativo: qualquer pessoa (crime comum); (b) passivo: qualquer pessoa. A vítima deve possuir um mínimo de capacidade de discernimento e resistência, pois caso contrário haverá homicídio.

3) Descrição típica: induzir ou instigar alguém a suicidar-se ou prestar-lhe auxílio para que o faça: *Pena* – reclusão, de dois a seis anos, se o suicídio se consuma; ou reclusão, de um a três anos, se da tentativa de suicídio resulta lesão corporal de natureza grave.

4) Consumação e tentativa: o crime se consuma com a morte ou a lesão grave da vítima. Prevalece que não cabe tentativa.

5) Forma majorada (parágrafo único): a pena é duplicada se o crime é praticado por motivo egoístico, bem como se a vítima é menor ou tem diminuída, por qualquer causa, a capacidade de resistência.

6) Auxílio por omissão: trata-se de questão controvertida na doutrina e na jurisprudência, havendo duas posições: a) *não se admite*, pois a expressão contida no tipo penal menciona "prestar auxílio", implicando ação; b) *admite-se*, desde que o agente tenha o dever jurídico de impedir o resultado (NUCCI, 2013, p. 662).

1.3. Infanticídio (art. 123, CP)

1) Bem jurídico tutelado: vida humana.

2) Sujeitos: (a) ativo: mãe (crime próprio); (b) passivo: é o filho que está nascendo ou acabou de nascer. Pode haver concurso de pessoas, na forma do art. 30 do CP.

3) Descrição típica: matar, sob a influência do estado puerperal, o próprio filho, durante o parto ou logo após: *Pena* – detenção, de dois a seis anos.

4) **Erro sobre a pessoa (art. 20, § 3º, CP):** se a mãe mata outra criança imaginando que é o próprio filho, responde também por infanticídio, uma vez que não se consideram, neste caso, as condições ou qualidades da vítima ofendida, senão as da pessoa contra quem o agente queria praticar o crime (vítima visada).

1.4. Aborto (arts. 124 a 128, CP)

1) **Bem jurídico tutelado:** vida humana intrauterina.
2) **Sujeitos:** (a) ativo: no art. 124 é a própria gestante (crime próprio); nos demais, é qualquer pessoa (crime comum); (b) passivo: é o produto da concepção (ovo, embrião ou feto).
3) **Descrição típica:**

(i) *Aborto provocado pela gestante ou com seu consentimento.*

> **Art. 124.** Provocar aborto em si mesma ou consentir que outrem lho provoque: *Pena* – detenção, de um a três anos.

(ii) *Aborto provocado por terceiro:*

> **Art. 125.** Provocar aborto, **sem** o consentimento da gestante: *Pena* – reclusão, de três a dez anos.
> **Art. 126.** Provocar aborto **com** o consentimento da gestante: *Pena* – reclusão, de um a quatro anos. **Parágrafo único.** Aplica-se a pena do artigo anterior, se a gestante não é maior de quatorze anos, ou é alienada ou débil mental, ou se o consentimento é obtido mediante fraude, grave ameaça ou violência.

4) **Crime doloso:** o delito de aborto somente pode ser praticado a título de dolo, direto ou eventual, não havendo previsão de forma culposa.
5) **Forma majorada (art. 127, CP):** as penas cominadas nos arts. 125 e 126 são aumentadas de um terço se, em consequência do aborto ou dos meios empregados para provocá-lo, a gestante sofre lesão corporal de natureza grave e são duplicadas se, por qualquer dessas causas, lhe sobrevém a morte.
6) **Aborto legal ou permissivo:** de acordo com o art. 128, CP, não se pune o aborto praticado por médico:

I) se não há outro meio de salvar a vida da gestante (aborto necessário ou terapêutico);

II) se a gravidez resulta de estupro e o aborto é precedido de consentimento da gestante ou, quando incapaz, de seu representante legal (aborto sentimental, humanitário, ético ou piedoso).

Além das duas hipóteses legais de aborto permissivo, uma terceira foi assentada pelo Pleno do STF quando do julgamento da ADPF n. 54/2012: a antecipação terapêutica de parto nos casos de ***feto anencéfalo*** não caracteriza o crime de aborto. A Resolução CFM n. 1.989/2012 dispõe sobre o diagnóstico de anencefalia para a antecipação terapêutica do parto e dá outras providências.

Atenção:

- **Zica vírus.** Em parecer proferido nos autos da ADIn 5.581/DF, datado do dia 6-9-2016, o Procurador-Geral da República considerou "constitucional interrupção de gravidez quando houver diagnóstico de infecção pelo vírus zica, para proteção da saúde, inclusive no plano mental, da mulher e de sua autonomia reprodutiva. Configura-se causa de justificação genérica de estado de necessidade, cabendo às redes pública e privada realizar o procedimento apropriado, nessas situações". A ação aguarda julgamento pelo STF.
- **Aborto no 1º trimestre de gestação.** No HC n. 124.306, julgado em 29-11-2016, a 1ª Turma do STF conferiu "interpretação conforme a Constituição aos arts. 124 e 126 do Código Penal, para excluir do seu âmbito de incidência a interrupção voluntária da gestação efetivada no primeiro trimestre". Isso porque "a criminalização, nessa hipótese, viola diversos direitos fundamentais da mulher, bem como o princípio da proporcionalidade".

2. LESÕES CORPORAIS

2.1. Lesão corporal (art. 129, CP)

1) **Bem jurídico tutelado:** integridade corporal e saúde da vítima.
2) **Sujeitos:** (a) ativo: qualquer pessoa (crime comum); (b) passivo: qualquer pessoa. No caso das qualificadoras *aceleração de parto* (§ 1º) e *aborto* (§ 2º), a vítima é somente mulher grávida.
3) **Descrição típica:** ofender a integridade corporal ou a saúde de outrem: *Pena* – detenção, de três meses a um ano. No caso da **lesão leve** há necessidade de **representação** da vítima (art. 88, Lei n. 9.099/95).
4) **Forma qualificada:**

Lesão grave (§ 1º): ***Pena*** **– reclusão, de um a cinco anos.**

I) *Incapacidade para as ocupações habituais, por mais de 30 dias*. Não há necessidade que seja trabalho. De acordo com o art. 168, § 2º, CPP: se o exame tiver por fim precisar a classificação do delito no art. 129, § 1º, I, CP, deverá ser feito logo que decorra o prazo de 30 dias, contado da data do crime.

II) *Perigo de vida*. Prevalece que só pode ser causado a título de culpa. Havendo dolo, teríamos homicídio tentado.

III) *Debilidade permanente de membro, sentido ou função*. Trata-se da redução ou do enfraquecimento da capacidade funcional de forma duradoura. De acordo com o STJ, a **perda de dois dentes**, muito embora possa reduzir a capacidade funcional da mastigação, não enseja a deformidade permanente prevista no art. 129, § 2º, IV, CP, mas, sim, a debilidade permanente de membro, sentido ou função, prevista no art. 129, § 1º, III, CP (STJ, 6ª T., REsp 1.620.158, j. 13-9-2016).

IV) *Aceleração de parto*. A gravidez deve ser conhecida pelo agente.

Lesão gravíssima (§ 2º): ***Pena*** **– reclusão, de dois a oito anos.**

I) *Incapacidade permanente para o trabalho*. Prevalece que se trata da hipótese de ser impossível a fixação do retorno a qualquer tipo de atividade lucrativa.

II) *Enfermidade incurável*. De acordo com o STJ, a **transmissão dolosa do vírus HIV** é enquadrada neste dispositivo (STJ, HC 160.982, j. 17-5-2012).

III) *Perda ou inutilização de membro, sentido ou função*. O resultado agravador pode ser causado a título de dolo ou culpa.

IV) *Deformidade permanente*. Deve haver um dano estético irreparável na vítima, não necessariamente na região do rosto. **Cirurgia estética**: a vítima não está obrigada a se submeter à cirurgia plástica, mas se a fizer e reparar o dano não haverá a qualificadora (posição majoritária na doutrina). Em sentido contrário: "A realização de cirurgia estética posteriormente à prática do delito não afeta a caracterização, no momento do crime constatada, de lesão geradora de deformidade permanente, seja porque providência não usual (tratamento cirúrgico custoso e de risco), seja porque ao critério exclusivo da vítima" (STJ, 6ª T., HC 306.677, j. 19-5-2015).

V) *Aborto*. A gravidez deve ser conhecida do agente. Trata-se de crime preterdoloso (dolo na conduta + culpa no resultado).

5) **Lesão corporal seguida de morte (§ 3º).** Quando resulta morte e as circunstâncias evidenciam que o agente não quis o resultado, nem assumiu o risco de produzi-lo: *Pena* – reclusão, de quatro a doze anos. Trata-se de **crime preterdoloso:** há dolo na conduta antecedente e culpa no resultado consequente.

6) **Forma culposa (§ 6º):** ocorre quando a lesão corporal é causada por imprudência, negligência ou imperícia. No caso dos crimes de trânsito, aplica-se o art. 303, CTB (Lei n. 9.503/97). A ação penal é pública condicionada à **representação** da vítima (art. 88, Lei n. 9.099/95). É possível o **perdão judicial** (art. 129, § 8º, CP).

7) **Violência doméstica e familiar (§ 9º):** trata-se de qualificadora em relação às lesões corporais leves. A vítima não é necessariamente mulher, ou seja, o sujeito passivo pode ser homem ou mulher. Sendo mulher, também incidirão as regras específicas da Lei Maria da Penha (Lei n. 11.340/2006).

STJ – Súmula 542
A ação penal relativa ao crime de lesão corporal resultante de violência doméstica contra a mulher é pública incondicionada.

8) **Lesão corporal em face da função desempenhada pela vítima ou contra familiar desta (§ 12):** a Lei n. 13.142/2015 incluiu o § 12 no art. 129, CP quando a lesão é praticada contra autoridade ou agente descrito nos arts. 142 e 144, Constituição Federal, integrantes do sistema prisional e da Força Nacional de Segurança Pública, no exercício da função ou em decorrência dela, ou contra seu cônjuge, companheiro ou parente consanguíneo até o terceiro grau, em razão dessa condição. A pena é aumentada de um a dois terços (forma majorada).

9) **Hediondez:** de acordo com o art. 1º, I-A, Lei n. 8.072/90, haverá crime hediondo nas hipóteses de lesão corporal dolosa de natureza gravíssima (art. 129, § 2º) e lesão corporal seguida de morte (art. 129, § 3º), quando praticadas contra autoridade ou agente descrito nos arts. 142 e 144, Constituição Federal, integrantes do sistema prisional e da Força Nacional de Segurança Pública, no exercício da função ou em decorrência dela, ou contra seu cônjuge, companheiro ou

parente consanguíneo até o terceiro grau, em razão dessa condição.

3. PERICLITAÇÃO DA VIDA E DA SAÚDE

3.1. Perigo de contágio venéreo (art. 130, CP)

1) **Descrição típica:** expor alguém, por meio de relações sexuais ou qualquer ato libidinoso, a contágio de moléstia venérea, de que sabe ou deve saber que está contaminado: *Pena* – detenção, de três meses a um ano, ou multa.
2) **Forma qualificada (§ 1º):** se é intenção do agente transmitir a moléstia: *Pena* – reclusão, de um a quatro anos, e multa.
3) **Ação penal (§ 2º):** somente se procede mediante representação.

3.2. Perigo de contágio de moléstia grave (art. 131, CP)

1) **Descrição típica:** praticar, com o fim de transmitir a outrem moléstia grave de que está contaminado, ato capaz de produzir o contágio: *Pena* – reclusão, de um a quatro anos, e multa.
2) **Consumação:** o crime do art. 131 é formal, consumando-se independentemente do contágio da vítima.
3) **Ação penal:** é pública incondicionada.

3.3. Perigo para a vida ou saúde de outrem (art. 132, CP)

1) **Descrição típica:** expor a vida ou a saúde de outrem a perigo direto e iminente: *Pena* – detenção, de três meses a um ano, se o fato não constitui crime mais grave.
2) **Subsidiariedade expressa:** somente haverá a caracterização do crime previsto no art. 132 "se o fato não constitui crime mais grave".
3) **Forma majorada (parágrafo único):** a pena é aumentada de um sexto a um terço se a exposição da vida ou da saúde de outrem a perigo decorre do transporte de pessoas para a prestação de serviços em estabelecimentos de qualquer natureza, em desacordo com as normas legais.

3.4. Abandono de incapaz (art. 133, CP)

1) **Descrição típica:** abandonar pessoa que está sob seu cuidado, guarda, vigilância ou autoridade, e, por qualquer motivo, incapaz de defender-se dos riscos resultantes do abandono: *Pena* – detenção, de seis meses a três anos.
2) **Forma qualificada (§§ 1º e 2º):** se do abandono resulta lesão corporal de natureza grave: *Pena* – reclusão, de um a cinco anos (§ 1º); se resulta a morte: *Pena* – reclusão, de quatro a doze anos (§ 2º).
3) **Forma majorada (§ 3º):** as penas aumentam-se de um terço: I – se o abandono ocorre em lugar ermo; II – se o agente é ascendente ou descendente, cônjuge, irmão, tutor ou curador da vítima; III – se a vítima é maior de 60 anos.

3.5. Exposição ou abandono de recém-nascido (art. 134, CP)

1) **Descrição típica:** expor ou abandonar recém-nascido, para ocultar desonra própria: *Pena* – detenção, de seis meses a dois anos.
2) **Forma qualificada (§§ 1º e 2º):** se do fato resulta lesão corporal de natureza grave: *Pena* – detenção, de um a três anos (§ 1º); se resulta a morte: *Pena* – detenção, de dois a seis anos (§ 2º).
3) **Consumação:** o crime se consuma no momento em que a exposição ou o abandono resultar em perigo concreto para a vida ou saúde do neonato.

3.6. Omissão de socorro (art. 135, CP)

1) **Descrição típica:** deixar de prestar assistência, quando possível fazê-lo sem risco pessoal, à criança abandonada ou extraviada, ou à pessoa inválida ou ferida, ao desamparo ou em grave e iminente perigo; ou não pedir, nesses casos, o socorro da autoridade pública: *Pena* – detenção, de um a seis meses, ou multa.
2) **Forma majorada (parágrafo único):** a pena é aumentada de metade, se da omissão resulta lesão corporal de natureza grave, e triplicada, se resulta a morte.
3) **Consumação e tentativa:** o crime se consuma no momento em que o sujeito ativo omite a prestação de socorro. Não cabe tentativa, já que o delito é omissivo puro (unissubsistente).

3.7. Condicionamento de atendimento médico-hospitalar emergencial (art. 135-A, CP)

1) **Descrição típica:** exigir cheque-caução, nota promissória ou qualquer garantia, bem como o preenchimento prévio de formulários administrativos, como condição para o atendimento médico-hospitalar emergencial: *Pena* – detenção, de 3 meses a 1 ano, e multa.

2) **Forma majorada (parágrafo único):** a pena é aumentada até o dobro se da negativa de atendimento resulta lesão corporal de natureza grave, e até o triplo se resulta a morte.
3) **Consumação:** ocorre com a mera exigência da garantia ou do preenchimento dos formulários. Não há necessidade de que a vítima deixe de ser atendida ou que sua situação se agrave.

3.8. Maus-tratos (art. 136)

1) **Descrição típica:** expor a perigo a vida ou a saúde de pessoa sob sua autoridade, guarda ou vigilância, para fim de educação, ensino, tratamento ou custódia, quer privando-a de alimentação ou cuidados indispensáveis, quer sujeitando-a a trabalho excessivo ou inadequado, quer abusando de meios de correção ou disciplina: *Pena* – detenção, de dois meses a um ano, ou multa.
2) **Forma qualificada (§§ 1º e 2º):** se do fato resulta lesão corporal de natureza grave: *Pena* – reclusão, de um a quatro anos (§ 1º); se resulta a morte: *Pena* – reclusão, de quatro a doze anos (§ 2º).
3) **Forma majorada (§ 3º):** aumenta-se a pena de um terço, se o crime é praticado contra pessoa menor de 14 anos.

> **Maus-tratos (art. 136, CP):** ânimo de correção ou disciplina; **não exige** intenso sofrimento físico ou mental da vítima.
> **Tortura (Lei n. 9.455/97):** ânimo de torturar; **exige intenso** sofrimento físico ou mental da vítima.

4. RIXA

4.1. Rixa (art. 137, CP)

1) **Bens jurídicos protegidos:** vida e saúde.
2) **Sujeitos:** trata-se de crime plurissubjetivo, em que os participantes da rixa são, ao mesmo tempo, sujeitos ativos e passivos uns dos outros.

> Há necessidade de pelo menos **três pessoas** para a caracterização do crime de rixa.

3) **Descrição típica:** participar de rixa, salvo para separar os contendores: *Pena* – detenção, de quinze dias a dois meses, ou multa.
4) **Forma qualificada (parágrafo único):** se ocorre morte ou lesão corporal de natureza grave, aplica-se, pelo fato da participação na rixa, a pena de detenção, de seis meses a dois anos.

5. CRIMES CONTRA A HONRA

5.1. Calúnia (art. 138, CP)

1) **Bem jurídico protegido:** honra objetiva ou externa (conceito que o indivíduo possui na sociedade).
2) **Sujeitos:** (a) ativo: qualquer pessoa (crime comum); (b) passivo: qualquer pessoa. A vítima deve ser determinada.
3) **Descrição típica:** caluniar alguém, imputando-lhe falsamente fato definido como crime: *Pena* – detenção, de seis meses a dois anos, e multa.
4) **Forma equiparada (§ 1º):** na mesma pena incorre quem, sabendo falsa a imputação, a propala ou divulga. Exige-se o dolo direto.
5) **Mortos (§ 2º):** é punível a calúnia contra os mortos.

> A analogia *in malam partem* é proibida em Direito Penal, razão pela qual não são puníveis a difamação e a injúria contra os mortos.

6) **Exceção da verdade (§ 3º):** admite-se a prova da verdade, salvo: I – se, constituindo o fato imputado crime de ação privada, o ofendido não foi condenado por sentença irrecorrível; II – se o fato é imputado a qualquer das pessoas indicadas no n. I do art. 141; III – se do crime imputado, embora de ação pública, o ofendido foi absolvido por sentença irrecorrível.
7) **Consumação e tentativa:** o crime se consuma no momento em que a ofensa chega ao conhecimento de um terceiro, independentemente de qualquer outro resultado (crime formal). A tentativa é possível na forma plurissubsistente (ex.: calúnia por escrito).
8) **Ofensas publicadas em *site* na internet:** de acordo com o STJ, é competente para julgamento de crimes cometidos pela internet o juízo do local onde as informações são alimentadas, sendo irrelevante o local do provedor. Nesse sentido: STJ, 3ª Seção, CC 145.424, *DJe* 26-4-2016.

5.2. Difamação (art. 139, CP)

1) **Bem jurídico protegido:** honra objetiva ou externa (conceito que o indivíduo possui na sociedade).

2) **Sujeitos:** (a) ativo: qualquer pessoa (crime comum); (b) passivo: qualquer pessoa. A vítima deve ser determinada.

3) **Descrição típica:** difamar alguém, imputando-lhe fato ofensivo à sua reputação: *Pena* – detenção, de três meses a um ano, e multa.

4) **Exceção da verdade:** a exceção da verdade somente se admite se o ofendido é funcionário público e a ofensa é relativa ao exercício de suas funções (art. 139, parágrafo único, CP).

5) **Consumação e tentativa:** o crime se consuma no momento em que a ofensa chega ao conhecimento de um terceiro, independentemente de qualquer outro resultado (crime formal). A tentativa é possível na forma plurissubsistente (ex.: difamação por escrito).

5.3. Injúria (art. 140, CP)

1) **Bem jurídico protegido:** honra subjetiva ou interna (conceito que o indivíduo possui de si mesmo).

2) **Sujeitos:** (a) ativo: qualquer pessoa (crime comum); (b) passivo: qualquer pessoa. A vítima deve ser determinada.

3) **Descrição típica:** injuriar alguém, ofendendo-lhe a dignidade ou o decoro: *Pena* – detenção, de um a seis meses, ou multa.

4) **Exceção da verdade:** não cabe no crime de injúria.

5) **Consumação e tentativa:** o crime se consuma no momento em que a ofensa chega ao conhecimento da vítima, independentemente de qualquer outro resultado (crime formal). A tentativa é possível na forma plurissubsistente (ex.: injúria por escrito).

6) **Perdão judicial (§ 1º):** o juiz pode deixar de aplicar a pena: I – quando o ofendido, de forma reprovável, provocou diretamente a injúria; II – no caso de retorsão imediata, que consista em outra injúria.

7) **Injúria real (§ 2º):** se a injúria consiste em violência ou vias de fato, que, por sua natureza ou pelo meio empregado, se considerem aviltantes: *Pena* – detenção, de três meses a um ano, e multa, além da pena correspondente à violência.

8) **Injúria preconceituosa (§ 3º):** se a injúria consiste na utilização de elementos referentes a raça, cor, etnia, religião, origem ou a condição de pessoa idosa ou portadora de deficiência: *Pena* – reclusão de um a três anos e multa.

> **Injúria preconceituosa (art. 140, § 3º, CP):** ação penal pública **condicionada** à representação, e o crime é prescritível e afiançável.
> **Racismo (Lei n. 7.716/89):** ação penal pública **incondicionada**, e o crime é imprescritível e inafiançável.

Observação: há decisões da 6ª Turma do STJ afirmando que a injúria racial é delito inserido no "cenário do racismo" e, por isso, imprescritível e inafiançável. Nesse sentido: STJ, AgRg no AREsp 734.236, *DJe* 8-3-2018.

5.4. Retratação (art. 143, CP)

O querelado que, antes da sentença, se retrata cabalmente da calúnia ou da difamação fica isento de pena.

A Lei n. 13.188, de 11-11-2015, acrescentou um parágrafo único ao art. 143, com a seguinte redação: nos casos em que o querelado tenha praticado a calúnia ou a difamação utilizando-se de meios de comunicação, a retratação dar-se-á, se assim desejar o ofendido, pelos mesmos meios em que se praticou a ofensa.

5.5. Ação penal (art. 145, CP)

Regra geral, os crimes contra a honra são processados por ação penal privada (queixa). Exceções: (a) ação penal pública incondicionada: quando, no caso da injúria real, da violência resulta lesão corporal; (b) ação penal pública condicionada à requisição do Ministro da Justiça: se qualquer dos crimes é cometido contra o Presidente da República, ou contra chefe de governo estrangeiro; (c) ação penal pública condicionada à representação do ofendido: no caso de crime de injúria preconceituosa; (d) ação penal pública condicionada à representação do ofendido: no caso de crime cometido contra funcionário público, em razão de suas funções.

> **STF – Súmula 714**
> É concorrente a legitimidade do ofendido, mediante queixa, e do Ministério Público, condicionada à representação do ofendido, para a ação penal por crime contra a honra de servidor público em razão do exercício de suas funções.

6. CRIMES CONTRA A LIBERDADE INDIVIDUAL

6.1. Crimes contra a liberdade pessoal

6.1.1. Constrangimento ilegal (art. 146, CP)

1) **Bem jurídico protegido:** liberdade pessoal.

2) **Sujeitos:** (a) ativo: qualquer pessoa (crime comum); (b) passivo: qualquer pessoa.

3) **Descrição típica:** constranger alguém, mediante violência ou grave ameaça, ou depois de lhe haver reduzido, por qualquer outro meio, a capacidade de resistência, a não fazer o que a lei permite, ou a fazer o que ela não manda: *Pena* – detenção, de três meses a um ano, ou multa.

4) **Forma majorada (§ 1º):** as penas aplicam-se cumulativamente e em dobro quando, para a execução do crime, se reúnem mais de três pessoas, ou há emprego de armas.

5) **Exclusão do crime (§ 3º):** não se compreendem na disposição deste artigo: I – a intervenção médica ou cirúrgica, sem o consentimento do paciente ou de seu representante legal, se justificada por iminente perigo de vida; II – a coação exercida para impedir suicídio.

6.1.2. Ameaça (art. 147, CP)

1) **Bem jurídico protegido:** liberdade pessoal.

2) **Sujeitos:** (a) ativo: qualquer pessoa (crime comum); (b) passivo: qualquer pessoa.

3) **Descrição típica:** ameaçar alguém, por palavra, escrito ou gesto, ou qualquer outro meio simbólico, de causar-lhe mal injusto e grave: *Pena* – detenção, de um a seis meses, ou multa.

4) **Consumação e tentativa:** o delito se consuma no momento da conduta do autor, independentemente de qualquer outro resultado (crime formal). A tentativa é possível na modalidade plurissubsistente (ex.: ameaça por escrito).

5) **Ação penal:** de acordo com o parágrafo único, somente se procede mediante representação.

6.1.3. Sequestro e cárcere privado (art. 148, CP)

1) **Bem jurídico protegido:** liberdade pessoal.

2) **Sujeitos:** (a) ativo: qualquer pessoa (crime comum); (b) passivo: qualquer pessoa.

3) **Descrição típica:** privar alguém de sua liberdade, mediante sequestro ou cárcere privado: *Pena* – reclusão, de um a três anos.

> **Sequestro** é gênero (a vítima não é confinada), ao passo que **cárcere privado** é espécie (a vítima é confinada).

4) **Forma qualificada (§§ 1º e 2º):**

§ 1º A pena é de reclusão, de dois a cinco anos: I – se a vítima é ascendente, descendente, cônjuge ou companheiro do agente ou maior de 60 anos; II – se o crime é praticado mediante internação da vítima em casa de saúde ou hospital; III – se a privação da liberdade dura mais de quinze dias; IV – se o crime é praticado contra menor de 18 anos; V – se o crime é praticado com fins libidinosos.

§ 2º Se resulta à vítima, em razão de maus-tratos ou da natureza da detenção, grave sofrimento físico ou moral: *Pena* – reclusão, de dois a oito anos.

5) **Consumação e tentativa:** como o crime é permanente, a consumação se prolonga no tempo. A tentativa é possível, pois o delito é plurissubsistente.

6.1.4. Redução a condição análoga à de escravo (art. 149, CP)

1) **Bens jurídicos protegidos:** liberdade pessoal, organização do trabalho e dignidade da pessoa humana.

2) **Sujeitos:** (a) ativo: qualquer pessoa (crime comum); (b) passivo: qualquer pessoa.

3) **Descrição típica:** reduzir alguém a condição análoga à de escravo, quer submetendo-o a trabalhos forçados ou a jornada exaustiva, quer sujeitando-o a condições degradantes de trabalho, quer restringindo, por qualquer meio, sua locomoção em razão de dívida contraída com o empregador ou preposto: Pena – reclusão, de dois a oito anos, e multa, além da pena correspondente à violência.

4) **Formas equiparadas (§ 1º):** nas mesmas penas incorre quem: I – cerceia o uso de qualquer meio de transporte por parte do trabalhador, com o fim de retê-lo no local de trabalho; II – mantém vigilância ostensiva no local de trabalho ou se apodera de documentos ou objetos pessoais do trabalhador, com o fim de retê-lo no local de trabalho.

5) **Forma majorada (§ 2º):** a pena é aumentada de metade, se o crime é cometido: I – contra criança ou adolescente; II – por motivo de preconceito de raça, cor, etnia, religião ou origem.

6) **Competência:** de acordo com o Pleno do STF (RE 459.510, j. 26-11-2015), a competência para processar e julgar o crime do art. 149, CP é da **Justiça Federal**.

6.1.5. Tráfico de pessoas (art. 149-A, CP)

1) **Alteração:** a Lei n. 13.344/2016, cuja vigência iniciou em 21-11-2016, revogou os crimes de tráfico internacional de pessoa para fim de exploração sexual (art. 231, CP) e tráfico interno de pessoa para fim de exploração sexual (art. 231-A, CP) e criou o delito de tráfico de pessoas (art. 149-A, CP). Além disso, o novo crime foi acrescentado ao inciso V do art. 83 do Código Penal ("cumpridos mais de dois terços da pena, nos casos de condenação por crime hediondo, prática de tortura, tráfico ilícito de entorpecentes e drogas afins, tráfico de pessoas e terrorismo, se o apenado não for reincidente específico em crimes dessa natureza").
2) **Descrição típica:** agenciar, aliciar, recrutar, transportar, transferir, comprar, alojar ou acolher pessoa, mediante grave ameaça, violência, coação, fraude ou abuso, com a finalidade de: I – remover-lhe órgãos, tecidos ou partes do corpo; II – submetê-la a trabalho em condições análogas à de escravo; III – submetê-la a qualquer tipo de servidão; IV – adoção ilegal; ou V – exploração sexual. *Pena* – reclusão, de quatro a oito anos, e multa.
3) **Elemento subjetivo do tipo (dolo específico):** o tráfico de pessoas pode ter a finalidade de: a) remoção de órgãos, tecidos ou partes do corpo; b) submissão a trabalho em condições análogas à de escravo; c) submissão a qualquer tipo de servidão; d) adoção ilegal; e) exploração sexual.
4) **Consumação:** trata-se de crime formal, razão pela qual a consumação ocorre no momento em que o agente, mediante um dos meios de execução (grave ameaça, violência, coação, fraude ou abuso), praticar qualquer das condutas típicas (agenciar, aliciar, recrutar, transportar, transferir, comprar, alojar ou acolher), ainda que não atinja a finalidade pretendida (dolo específico).
5) **Forma majorada (§ 1º):** a pena é aumentada de um terço até a metade se: I – o crime for cometido por funcionário público no exercício de suas funções ou a pretexto de exercê-las; II – o crime for cometido contra criança, adolescente ou pessoa idosa ou com deficiência; III – o agente se prevalecer de relações de parentesco, domésticas, de coabitação, de hospitalidade, de dependência econômica, de autoridade ou de superioridade hierárquica inerente ao exercício de emprego, cargo ou função; ou IV – a vítima do tráfico de pessoas for retirada do território nacional.
6) **Forma minorada (§ 2º):** a pena é reduzida de um a dois terços se o agente for primário e não integrar organização criminosa.

6.2. Crimes contra a inviolabilidade do domicílio

6.2.1. Violação de domicílio (art. 150, CP)

1) **Bem jurídico protegido:** inviolabilidade domiciliar.

Entrar em casa desabitada não configura o delito.

2) **Sujeitos:** (a) ativo: qualquer pessoa (crime comum); (b) passivo: qualquer pessoa.
3) **Descrição típica:** entrar ou permanecer, clandestina ou astuciosamente, ou contra a vontade expressa ou tácita de quem de direito, em casa alheia ou em suas dependências: *Pena* – detenção, de um a três meses, ou multa.
4) **Forma qualificada (§ 1º):** se o crime é cometido durante a noite, ou em lugar ermo, ou com o emprego de violência ou de arma, ou por duas ou mais pessoas: *Pena* – detenção, de seis meses a dois anos, além da pena correspondente à violência.
5) **Forma majorada (§ 2º):** aumenta-se a pena de um terço, se o fato é cometido por funcionário público, fora dos casos legais, ou com inobservância das formalidades estabelecidas em lei, ou com abuso do poder.
6) **Exclusão do crime (§ 3º):** não constitui crime a entrada ou permanência em casa alheia ou em suas dependências: I – durante o dia, com observância das formalidades legais, para efetuar prisão ou outra diligência; II – a qualquer hora do dia ou da noite, quando algum crime está sendo ali praticado ou na iminência de o ser.
7) **Casa (§§ 4º e 5º).** (1) A expressão "casa" compreende: I – qualquer compartimento habitado; II – aposento ocupado de habitação coletiva; III – compartimento não aberto ao público, onde alguém exerce profissão ou atividade. (2) Não se compreendem na expressão "casa": I – hospedaria, estalagem ou qualquer outra habitação coletiva, enquanto aberta, salvo a restrição do n. II do parágrafo anterior; II – taverna, casa de jogo e outras do mesmo gênero.
8) **Limites para entrada da polícia em domicílio sem autorização judicial:** o Plenário do STF,

no julgamento do RE 603.616, com repercussão geral reconhecida, firmou a tese de que "a entrada forçada em domicílio sem mandado judicial só é lícita, mesmo em período noturno, quando amparada em fundadas razões, devidamente justificadas *a posteriori*, que indiquem que dentro da casa ocorre situação de flagrante delito, sob pena de responsabilidade disciplinar, civil e penal do agente ou da autoridade e de nulidade dos atos praticados".

6.3. Crimes contra a inviolabilidade de correspondência

6.3.1. Violação de correspondência (art. 151, CP)

1) **Descrição típica:** devassar indevidamente o conteúdo de correspondência fechada, dirigida a outrem: *Pena* – detenção, de um a seis meses, ou multa.
2) **Sonegação ou destruição de correspondência (§ 1º, I):** na mesma pena incorre: I – quem se apossa indevidamente de correspondência alheia, embora não fechada e, no todo ou em parte, a sonega ou destrói.
3) **Violação de comunicação telegráfica, radioelétrica ou telefônica (§ 1º, II a IV):** na mesma pena incorre: (...) II – quem indevidamente divulga, transmite a outrem ou utiliza abusivamente comunicação telegráfica ou radioelétrica dirigida a terceiro, ou conversação telefônica entre outras pessoas; III – quem impede a comunicação ou a conversação referidas no número anterior; IV – quem instala ou utiliza estação ou aparelho radioelétrico, sem observância de disposição legal.
4) **Forma majorada (§ 2º):** as penas aumentam-se de metade, se há dano para outrem.
5) **Abuso de função (§ 3º):** se o agente comete o crime, com abuso de função em serviço postal, telegráfico, radioelétrico ou telefônico: *Pena* – detenção, de um a três anos.
6) **Ação penal (§ 4º):** somente se procede mediante representação, salvo nos casos do § 1º, IV, e do § 3º.

6.3.2. Correspondência comercial (art. 152, CP)

1) **Descrição típica:** abusar da condição de sócio ou empregado de estabelecimento comercial ou industrial para, no todo ou em parte, desviar, sonegar, subtrair ou suprimir correspondência, ou revelar a estranho seu conteúdo: *Pena* – detenção, de três meses a dois anos.
2) **Sujeito ativo:** crime próprio (somente pode ser praticado por sócio ou empregado do estabelecimento comercial ou industrial).
3) **Ação penal (parágrafo único):** somente se procede mediante representação.

6.4. Crimes contra a inviolabilidade dos segredos

6.4.1. Divulgação de segredo (art. 153, CP)

1) **Descrição típica:** divulgar alguém, sem justa causa, conteúdo de documento particular ou de correspondência confidencial, de que é destinatário ou detentor, e cuja divulgação possa produzir dano a outrem: *Pena* – detenção, de um a seis meses, ou multa.
2) **Forma qualificada (§ 1º-A):** divulgar, sem justa causa, informações sigilosas ou reservadas, assim definidas em lei, contidas ou não nos sistemas de informações ou bancos de dados da Administração Pública: *Pena* – detenção, de 1 a 4 anos, e multa.
3) **Ação penal (§§ 1º e 2º):** somente se procede mediante representação (§ 1º). Quando resultar prejuízo para a Administração Pública, a ação penal será incondicionada (§ 2º).

6.4.2. Violação do segredo profissional (art. 154, CP)

1) **Descrição típica:** revelar alguém, sem justa causa, segredo, de que tem ciência em razão de função, ministério, ofício ou profissão, e cuja revelação possa produzir dano a outrem: *Pena* – detenção, de três meses a um ano, ou multa.
2) **Consumação:** o delito se consuma com a simples revelação do segredo a alguém, independentemente de qualquer outro resultado (crime formal).
3) **Ação penal (parágrafo único):** somente se procede mediante representação.

6.4.3. Invasão de dispositivo informático (art. 154-A, CP)

1) **Bem jurídico protegido:** inviolabilidade dos segredos. Protege-se a intimidade, a vida privada, a honra e a imagem da vítima. O crime foi incluído ao Código Penal pela Lei n. 12.737/2012, conhecida como "Lei Carolina Dieckmann".

2) **Sujeitos:** (a) ativo: qualquer pessoa (crime comum); (b) passivo: proprietário ou possuidor do dispositivo informático.

3) **Descrição típica:** invadir dispositivo informático alheio, conectado ou não à rede de computadores, mediante violação indevida de mecanismo de segurança e com o fim de obter, adulterar ou destruir dados ou informações sem autorização expressa ou tácita do titular do dispositivo ou instalar vulnerabilidades para obter vantagem ilícita: *Pena* – detenção, de 3 meses a 1 ano, e multa.

4) **Formas equiparadas (§ 1º):** na mesma pena incorre quem produz, oferece, distribui, vende ou difunde dispositivo ou programa de computador com o intuito de permitir a prática da conduta definida no *caput*.

5) **Formas majoradas (§§ 2º, 4º e 5º):** aumenta-se a pena de um sexto a um terço se da invasão resulta prejuízo econômico (§ 2º). Na hipótese do § 3º, aumenta-se a pena de um a dois terços se houver divulgação, comercialização ou transmissão a terceiro, a qualquer título, dos dados ou informações obtidos (§ 4º). Aumenta-se a pena de um terço à metade se o crime for praticado contra: I – Presidente da República, governadores e prefeitos; II – Presidente do Supremo Tribunal Federal; III – Presidente da Câmara dos Deputados, do Senado Federal, de Assembleia Legislativa de Estado, da Câmara Legislativa do Distrito Federal ou de Câmara Municipal; ou IV – dirigente máximo da administração direta e indireta federal, estadual, municipal ou do Distrito Federal (§ 5º).

6) **Forma qualificada (§ 3º):** se da invasão resultar a obtenção de conteúdo de comunicações eletrônicas privadas, segredos comerciais ou industriais, informações sigilosas, assim definidas em lei, ou o controle remoto não autorizado do dispositivo invadido: *Pena* – reclusão, de 6 meses a 2 anos, e multa, se a conduta não constitui crime mais grave.

7) **Ação penal (art. 154-B, CP):** somente se procede mediante representação, salvo se o crime é cometido contra a administração pública direta ou indireta de qualquer dos Poderes da União, Estados, Distrito Federal ou Municípios ou contra empresas concessionárias de serviços públicos.

CAPÍTULO II

CRIMES CONTRA O PATRIMÔNIO

1. FURTO

1.1. Furto (art. 155, CP)

1) **Bem jurídico protegido:** propriedade e posse legítima.

2) **Sujeitos:** (a) ativo: qualquer pessoa (crime comum); (b) passivo: proprietário ou possuidor legítimo da coisa.

3) **Descrição típica:** subtrair, para si ou para outrem, coisa alheia móvel: *Pena* – reclusão, de um a quatro anos, e multa.

4) **Elementares do crime:** (a) *Subtrair:* significa retirar a coisa da posse da vítima, passando-a para a posse do agente; (b) *Para si ou para outrem:* é o elemento subjetivo especial (dolo específico) do crime. (c) *Coisa:* é o que possui existência de natureza corpórea; (d) *Alheia:* é a coisa que pertence a outrem. A coisa sem dono (*res nullius*) e a coisa abandonada (*res derelicta*) não podem ser furtadas, pois não integram o patrimônio de ninguém; (e) *Móvel:* é a coisa que pode ser removida ou deslocada. De acordo com o § 3º, equipara-se à coisa móvel a energia elétrica ou qualquer outra que tenha valor econômico.

No **furto de uso** – quando o agente não possui a intenção de ter a coisa para si de forma definitiva –, o fato será atípico.

5) **Forma majorada (§ 1º):** a pena aumenta-se de um terço, se o crime é praticado durante o repouso noturno.

STJ – AgRg no REsp 1.546.118, j. 2-2-2016

Para o STJ, a majorante incide mesmo quando o crime é cometido em estabelecimento comercial ou residência desabitada, sendo indiferente o fato de a vítima estar, ou não, efetivamente repousando.

6) **Forma privilegiada (§ 2º):** se o criminoso é primário, e é de pequeno valor a coisa furtada, o juiz pode substituir a pena de reclusão pela de detenção, diminuí-la de um a dois terços, ou aplicar somente a pena de multa.

STJ – Súmula 511
É possível o reconhecimento do privilégio previsto no § 2º do art. 155 do CP nos casos de crime de furto qualificado, se estiverem presentes a primariedade do agente, o pequeno valor da coisa e a qualificadora for de ordem **objetiva**.

7) Forma qualificada (§§ 4º a 7º):

§ 4º A pena é de reclusão, de dois a oito anos, e multa, se o crime é cometido:

a) *Com destruição ou rompimento de obstáculo à subtração da coisa.* A violência deve ser empregada antes da consumação do furto. Se depois, pode configurar crime autônomo de dano (art. 163, CP).

b) *Com abuso de confiança, ou mediante fraude, escalada ou destreza.* **Abuso de confiança** é a única qualificadora do furto de natureza subjetiva. A **fraude** pressupõe o emprego de artifício ou ardil. **Escalada** significa adentrar o local do furto por meio anormal (telhado ou túnel, por exemplo). **Destreza** é a especial capacidade do agente de subtrair a coisa sem ser notado.

Furto qualificado pela fraude (art. 155, § 4º, II, CP): a fraude é utilizada para distrair a vítima, a fim de que ela não perceba a subtração.
Estelionato (art. 171, CP): a fraude é utilizada para iludir a vítima, a fim de que ela, espontaneamente, entregue o bem ao agente.

c) *Com emprego de chave falsa.* Chave falsa é qualquer instrumento que tenha, ou não, forma de chave, e seja utilizado para abrir fechaduras.

d) *Mediante concurso de duas ou mais pessoas.* Predomina que os inimputáveis são computados para o reconhecimento da qualificadora.

STJ – Súmula 442
É inadmissível aplicar, no furto qualificado, pelo concurso de agentes, a majorante do roubo.

Atenção: explosão de caixas eletrônicos para subtração de valores.

Discutia-se se havia dois crimes em concurso material (furto + explosão) ou crime único em face do princípio da consunção (furto). Com o advento da Lei n. 13.654/2018 (vigência a partir de 24-4-2018), o fato caracteriza somente o delito de furto qualificado.

Descreve **o art. 155, § 4º-A, do CP:** "A pena é de reclusão de 4 a 10 anos e multa, se houver emprego de explosivo ou de artefato análogo que cause perigo comum".

§ 5º A pena é de reclusão de três a oito anos, se a subtração for de veículo automotor que venha a ser transportado para outro Estado ou para o exterior.
§ 6º A pena é de reclusão de 2 a 5 anos se a subtração for de ***semovente domesticável de produção***, ainda que abatido ou dividido em partes no local da subtração (incluído pela Lei n. 13.330/2016).

A Lei n. 13.654/2018 também incluiu um **§ 7º** ao art. 155 do CP, nos seguintes termos: "A pena é de reclusão de 4 (quatro) a 10 (dez) anos e multa, se a subtração for de substâncias explosivas ou de acessórios que, conjunta ou isoladamente, possibilitem sua fabricação, montagem ou emprego".

8) Consumação: "Consuma-se o crime de furto com a posse de fato da *res furtiva*, ainda que por breve espaço de tempo e seguida de perseguição ao agente, sendo prescindível a posse mansa e pacífica ou desvigiada" (tese em Recurso Repetitivo, STJ, 3ª Seção, REsp 1.524.450, j. 14-10-2015). **Foi adotada a teoria da *apprehensio* ou *amotio*.**

9) Monitoramento eletrônico: não há crime impossível. Nesse sentido: "Sistema de vigilância realizado por monitoramento eletrônico ou por existência de segurança no interior de estabelecimento comercial, por si só, não torna impossível a configuração do crime de furto" (**Súmula 567, STJ**).

1.2. Furto de coisa comum (art. 156, CP)

1) Descrição típica: subtrair o condômino, coerdeiro ou sócio, para si ou para outrem, a quem legitimamente a detém, a coisa comum: *Pena* – detenção, de seis meses a dois anos, ou multa.

2) Ação penal (§ 1º): somente se procede mediante representação.

3) Exclusão da punibilidade (§ 2º): não é punível a subtração de coisa comum fungível, cujo valor não excede a quota a que tem direito o agente.

2. ROUBO E EXTORSÃO

2.1. Roubo (art. 157, CP)

1) Bens jurídicos protegidos: propriedade, posse e integridade física e psíquica da vítima.

2) **Princípio da insignificância:** não incide, pois o crime de roubo é praticado mediante violência ou grave ameaça à pessoa.

3) **Consumação:** tal qual ocorre com o crime de furto, o fundamento teórico da consumação do roubo está na teoria da *apprehensio* ou *amotio* (basta a inversão da posse do bem mediante emprego de violência ou grave ameaça contra a vítima).

STJ – Súmula 582
Consuma-se o crime de roubo com a inversão da posse do bem mediante emprego de violência ou grave ameaça, ainda que por breve tempo e em seguida à perseguição imediata ao agente e recuperação da coisa roubada, sendo prescindível a posse mansa e pacífica ou desvigiada.

4) **Roubo próprio (*caput*):** subtrair coisa móvel alheia, para si ou para outrem, mediante grave ameaça ou violência a pessoa, ou depois de havê-la, por qualquer meio, reduzido à impossibilidade de resistência: *Pena* – reclusão, de quatro a dez anos, e multa.

5) **Roubo impróprio ou por aproximação (§ 1º):** na mesma pena incorre quem, logo depois de subtraída a coisa, emprega violência contra pessoa ou grave ameaça, a fim de assegurar a impunidade do crime ou a detenção da coisa para si ou para terceiro.

Roubo próprio (art. 157, *caput*, CP): praticado mediante violência, grave ameaça ou após redução, por qualquer meio, da capacidade de resistência da vítima. A violência é empregada **antes ou durante** a subtração.
Roubo impróprio (art. 157, § 1º, CP): praticado mediante violência ou grave ameaça. A violência é empregada **após** a subtração.

6) **Roubo majorado ou circunstanciado (§ 2º):** a pena será aumentada de um terço até metade: I – (revogado pela Lei n. 13.654/2018); II – se há o concurso de duas ou mais pessoas; III – se a vítima está em serviço de transporte de valores e o agente conhece tal circunstância; IV – se a subtração for de veículo automotor que venha a ser transportado para outro Estado ou para o exterior; V – se o agente mantém a vítima em seu poder, restringindo sua liberdade.

A Lei n. 13.654/2018 incluiu o inciso VI ao rol de majorantes do art. 157, § 2º, CP: "VI – se a subtração for de substâncias explosivas ou de acessórios que, conjunta ou isoladamente, possibilitem sua fabricação, montagem ou emprego".

STJ – Súmula 443
O aumento na terceira fase de aplicação da pena no crime de roubo circunstanciado exige fundamentação concreta, não sendo suficiente para a sua exasperação a mera indicação do número de majorantes.

Observações:

a) Antes da alteração promovida pela Lei n. 13.654/2018 (vigência a partir de 24-4-2018), o roubo tinha a pena aumentada de 1/3 a 1/2 quando a violência ou ameaça fosse exercida com emprego de arma. Como a lei não fazia referência expressa a "arma de fogo", o aumento incidia quando da ocorrência de assaltos com uso de armas brancas (ex.: faca).

b) Com a revogação do inciso I do § 2º do art. 157 do CP, promovida pela Lei n. 13.654/2018, um assalto hoje praticado com arma que não seja de fogo (faca, pedra, pedaço de pau, caco de vidro) configura roubo simples (art. 157, *caput*, CP), devendo a arma imprópria ser considerada pelo juiz como circunstância negativa quando da fixação da pena-base (art. 59 do CP).

c) A alteração reforça o entendimento do Superior Tribunal de Justiça no sentido de que **a intimidação feita com arma de brinquedo não autoriza o aumento da pena** (revogação da Súmula 174 do STJ).

d) A Lei n. 13.654/2018 criou duas novas causas de aumento de pena. De acordo com o novo **§ 2º-A**, a pena aumenta de 2/3 se: I) a violência ou ameaça é exercida com emprego de **arma de fogo**; e II) há destruição ou rompimento de obstáculo mediante o emprego de **explosivo** ou de artefato que cause perigo comum.

e) Apreensão e perícia na arma de fogo: desde 2010, o STJ vinha decidindo que é prescindível a apreensão e a perícia da arma de fogo para a aplicação da causa de aumento de pena, desde que a sua utilização pudesse ser comprovada por outros meios de prova. No entanto, houve afetação da matéria no âmbito do Superior Tribunal de Justiça, com suspensão das ações, para rediscussão do tema (Proposta de Afetação no REsp 1.711.986, 3ª Seção, j. 20-3-2018).

7) **Roubo qualificado (§ 3º):** há duas qualificadoras: *a)* se da violência resulta lesão corporal grave (§ 3º, 1ª parte); *b)* se resulta morte (§ 3º, 2ª parte). A Lei n. 13.654/2018 (vigência a partir de 24-4-2018) aumentou a pena do roubo qualificado quando há como resultado lesão grave: antes era de 7 a 15 anos de reclusão, e atualmente é de 7 a 18 anos de reclusão.

O roubo com morte é chamado de ***latrocínio***.

Observações:

- A morte da vítima pode ser causada por dolo ou culpa.
- **Competência:** a competência para o processo e julgamento de latrocínio é do juiz singular e não do Tribunal do Júri (**Súmula 603, STF**).
- **Consumação:** com a morte da vítima. Nesse sentido: há crime de latrocínio, quando o homicídio se consuma, ainda que não realize o agente a subtração de bens da vítima (**Súmula 610, STF**).
- **Hediondez:** o latrocínio é crime hediondo (art. 1º, II, Lei n. 8.072/90).

2.2. Extorsão (art. 158, CP)

1) **Descrição típica:** constranger alguém, mediante violência ou grave ameaça, e com o intuito de obter para si ou para outrem indevida vantagem econômica, a fazer, tolerar que se faça ou deixar de fazer alguma coisa: *Pena* – reclusão, de quatro a dez anos, e multa.

Roubo (art. 157, CP): o comportamento da vítima é **prescindível** e o agente **conseguirá** subtrair a coisa ainda que o ofendido não realize qualquer conduta.

Extorsão (art. 158, CP): o comportamento da vítima é **imprescindível** e o agente **não conseguirá** a indevida vantagem econômica se o ofendido não realizar a conduta.

2) **Elemento subjetivo especial:** além do dolo (dolo genérico), o crime de extorsão também exige o elemento subjetivo especial (dolo específico), consistente na finalidade de obtenção de indevida vantagem econômica.

3) **Crime formal:** o delito de extorsão se consuma ainda que o agente não obtenha o resultado naturalístico (obtenção da indevida vantagem patrimonial).

STJ – Súmula 96
O crime de extorsão consuma-se independentemente da obtenção da vantagem indevida.

4) **Forma majorada (§ 1º):** se o crime é cometido por duas ou mais pessoas, ou com emprego de arma, aumenta-se a pena de um terço até metade.

5) **Forma qualificada (§ 2º):** aplica-se à extorsão praticada mediante violência o disposto no § 3º do art. 157.

6) **Hediondez:** a extorsão qualificada pela morte é crime hediondo (art. 1º, III, Lei 8.072/90).

7) **"Sequestro relâmpago" (§ 3º):** se o crime é cometido mediante a restrição da liberdade da vítima, e essa condição é necessária para a obtenção da vantagem econômica, a pena é de reclusão, de 6 a 12 anos, além da multa; se resulta lesão corporal grave ou morte, aplicam-se as penas previstas no art. 159, §§ 2º e 3º, respectivamente.

2.3. Extorsão mediante sequestro (art. 159, CP)

1) **Descrição típica:** sequestrar pessoa com o fim de obter, para si ou para outrem, qualquer vantagem, como condição ou preço do resgate: *Pena* – reclusão, de oito a quinze anos.

2) **Elemento subjetivo especial:** além do dolo (dolo genérico), o crime do art. 159, CP também exige o elemento subjetivo especial (dolo específico), consistente no "fim de obter, para si ou para outrem, qualquer vantagem, como condição ou preço do resgate".

3) **Forma qualificada (§§ 1º a 3º):** se o sequestro dura mais de 24 horas, se o sequestrado é menor de 18 ou maior de 60 anos, ou se o crime é cometido por bando ou quadrilha (§ 1º); se do fato resulta lesão corporal de natureza grave (§ 2º); se resulta a morte (§ 3º).

4) **Hediondez:** de acordo com o art. 1º, IV, Lei n. 8.072/90, a extorsão mediante sequestro é sempre crime hediondo, nas formas simples e qualificada, ainda que não haja a morte da vítima.

5) **Delação premiada (§ 4º):** se o crime é cometido em concurso, o concorrente que o denunciar à autoridade, facilitando a libertação do sequestrado, terá sua pena reduzida de um a dois terços.

2.4. Extorsão indireta (art. 160, CP)

1) **Descrição típica:** exigir ou receber, como garantia de dívida, abusando da situação de alguém, documento que pode dar causa a procedimento criminal contra a vítima ou contra terceiro: *Pena* – reclusão, de um a três anos, e multa.

Verbo "exigir": trata-se de **crime formal**, que se consuma com a **mera exigência**.
Verbo "receber": trata-se de **crime material**, que se consuma com a **efetiva entrega do documento**.

3. USURPAÇÃO

3.1. Alteração de limites (art. 161, CP)

1) **Descrição típica:** suprimir ou deslocar tapume, marco, ou qualquer outro sinal indicativo de linha divisória, para apropriar-se, no todo ou em parte, de coisa imóvel alheia: *Pena* – detenção, de um a seis meses, e multa.
2) **Usurpação de águas (§ 1º, I):** na mesma pena incorre quem: I – desvia ou represa, em proveito próprio ou de outrem, águas alheias.
3) **Esbulho possessório (§ 1º, II):** na mesma pena incorre quem: (...) II – invade, com violência a pessoa ou grave ameaça, ou mediante concurso de mais de duas pessoas, terreno ou edifício alheio, para o fim de esbulho possessório.
4) **Ação penal (§ 3º):** se a propriedade é particular, e não há emprego de violência, somente se procede mediante queixa.

3.2. Supressão ou alteração de marca em animais (art. 162, CP)

1) **Descrição típica:** suprimir ou alterar, indevidamente, em gado ou rebanho alheio, marca ou sinal indicativo de propriedade: *Pena* – detenção, de seis meses a três anos, e multa.
2) **Sujeitos:** (a) ativo: qualquer pessoa (crime comum); (b) passivo: é o dono do gado ou rebanho que teve suprimido ou alterado sua marca ou sinal indicativo de propriedade.

4. DANO

4.1. Dano (art. 163, CP)

1) **Descrição típica:** destruir, inutilizar ou deteriorar coisa alheia: *Pena* – detenção, de um a seis meses, ou multa.

O Código Penal somente pune o dano praticado dolosamente. Assim, **regra geral, o dano culposo é fato atípico no Brasil**, com exceção de dois casos: (a) crime militar (art. 266, CPM); (b) crime ambiental (art. 62, parágrafo único, Lei n. 9.605/98).

2) **Forma qualificada (parágrafo único):** a pena será de detenção de 6 meses a 3 anos, e multa, além da pena correspondente à violência, se o crime é cometido: I – com violência à pessoa ou grave ameaça; II – com emprego de substância inflamável ou explosiva, se o fato não constitui crime mais grave; III – contra o patrimônio da União, de Estado, do Distrito Federal, de Município ou de autarquia, fundação pública, empresa pública, sociedade de economia mista ou empresa concessionária de serviços públicos; IV – por motivo egoístico ou com prejuízo considerável para a vítima. A redação do inciso III foi dada pela Lei n. 13.531, de 7 de dezembro de 2017.
3) **Ação penal (art. 167, CP):** nos casos do art. 163, do inciso IV do seu parágrafo e do art. 164, somente se procede mediante queixa.

4.2. Introdução ou abandono de animais em propriedade alheia (art. 164, CP)

1) **Descrição típica:** introduzir ou deixar animais em propriedade alheia, sem consentimento de quem de direito, desde que o fato resulte prejuízo: *Pena* – detenção, de quinze dias a seis meses, ou multa.
2) **Consumação:** o crime se consuma com o prejuízo ao patrimônio da vítima, isto é, quando há o dano total ou parcial da propriedade alheia.

4.3. Dano em coisa de valor artístico, arqueológico ou histórico (art. 165, CP)

1) **Descrição típica:** destruir, inutilizar ou deteriorar coisa tombada pela autoridade competente em virtude de valor artístico, arqueológico ou histórico: *Pena* – detenção, de seis meses a dois anos, e multa.
2) **Revogação:** o crime do art. 165, CP foi revogado tacitamente pela Lei dos Crimes Ambientais (art. 62, Lei n. 9.605/98).

Lei n. 9.605/98
Art. 62. Destruir, inutilizar ou deteriorar:
I – bem especialmente protegido por lei, ato administrativo ou decisão judicial;
II – arquivo, registro, museu, biblioteca, pinacoteca, instalação científica ou similar protegido por lei, ato administrativo ou decisão judicial: *Pena* – reclusão, de um a três anos, e multa.

4.4. Alteração de local especialmente protegido (art. 166, CP)

1) **Descrição típica:** alterar, sem licença da autoridade competente, o aspecto de local especialmente protegido por lei: *Pena* – detenção, de um mês a um ano, ou multa.
2) **Revogação:** o crime do art. 166, CP foi revogado tacitamente pela Lei dos Crimes Ambientais (art. 63, Lei n. 9.605/98).

> **Lei n. 9.605/98**
> **Art. 63.** Alterar o aspecto ou estrutura de edificação ou local especialmente protegido por lei, ato administrativo ou decisão judicial, em razão de seu valor paisagístico, ecológico, turístico, artístico, histórico, cultural, religioso, arqueológico, etnográfico ou monumental, sem autorização da autoridade competente ou em desacordo com a concedida: *Pena* – reclusão, de um a três anos, e multa.

4.5. Ação penal (art. 167, CP)

Nos casos do art. 163, do inciso IV do seu parágrafo e do art. 164, somente se procede mediante **queixa**.

5. APROPRIAÇÃO INDÉBITA

5.1. Apropriação indébita (art. 168, CP)

1) **Descrição típica:** apropriar-se de coisa alheia móvel, de que tem a posse ou a detenção: *Pena* – reclusão, de um a quatro anos, e multa.
2) **Elemento subjetivo especial:** além do dolo (dolo genérico), o crime do art. 168, CP também exige o elemento subjetivo especial (dolo específico), consistente na intenção de ter a coisa para si de forma definitiva (*animus rem sibi habendi*).

> Este fim especial deve surgir depois de o agente ter a posse ou a detenção do bem, pois caso contrário poderá configurar estelionato.

3) **Forma majorada (§ 1º):** a pena é aumentada de um terço, quando o agente recebeu a coisa: I – em depósito necessário; II – na qualidade de tutor, curador, síndico, liquidatário, inventariante, testamenteiro ou depositário judicial; III – em razão de ofício, emprego ou profissão.
4) **Consumação:** o crime do art. 168, CP se consuma no momento em que o autor passa a se comportar como se dono fosse, ou seja, quando inverte seu ânimo em relação à coisa alheia móvel.

A consumação pode se dar por *ação*, na hipótese de o autor dispor do bem, ou por *omissão*, quando o autor se nega a restituí-lo.

5) **Forma privilegiada:** de acordo com o art. 170, CP, aplica-se o disposto no art. 155, § 2º, CP (furto privilegiado) ao crime de apropriação indébita.

5.2. Apropriação indébita previdenciária (art. 168-A, CP)

> 1) **Descrição típica:** deixar de repassar à previdência social as contribuições recolhidas dos contribuintes, no prazo e forma legal ou convencional: *Pena* – reclusão, de 2 a 5 anos, e multa.
> 2) **Dolo genérico:** ao contrário do crime anterior (art. 168, CP), o delito de apropriação indébita previdenciária (art. 168-A, CP) somente exige a presença do dolo genérico, consistente na omissão voluntária do recolhimento, no prazo legal, dos valores devidos.
> 3) **Extinção da punibilidade (§ 2º):** é extinta a punibilidade se o agente, espontaneamente, declara, confessa e efetua o pagamento das contribuições, importâncias ou valores e presta as informações devidas à previdência social, na forma definida em lei ou regulamento, antes do início da ação fiscal.
> 4) **Perdão judicial ou aplicação da pena de multa (§ 3º):** é facultado ao juiz deixar de aplicar a pena ou aplicar somente a de multa se o agente for primário e de bons antecedentes, desde que: I – tenha promovido, após o início da ação fiscal e antes de oferecida a denúncia, o pagamento da contribuição social previdenciária, inclusive acessórios; ou II – o valor das contribuições devidas, inclusive acessórios, seja igual ou inferior àquele estabelecido pela previdência social, administrativamente, como sendo o mínimo para o ajuizamento de suas execuções fiscais.

Obs.: a faculdade prevista no § 3º deste artigo não se aplica aos casos de parcelamento de contribuições cujo valor, inclusive dos acessórios, seja superior àquele estabelecido, administrativamente, como sendo o mínimo para o ajuizamento de suas execuções fiscais (**§ 4º do art. 168-A do CP**, incluído pela Lei n. 13.606/2018).

5.3. Apropriação de coisa havida por erro, caso fortuito ou força da natureza (art. 169, CP)

1) **Descrição típica:** apropriar-se alguém de coisa alheia vinda ao seu poder por erro, caso fortuito ou força da natureza: *Pena* – detenção, de um mês a um ano, ou multa.

2) **Apropriação de tesouro (art. 169, parágrafo único, I, CP):** na mesma pena incorre: I – quem acha tesouro em prédio alheio e se apropria, no todo ou em parte, da quota a que tem direito o proprietário do prédio.

3) **Apropriação de coisa achada (art. 169, parágrafo único, II, CP):** na mesma pena incorre: (...) II – quem acha coisa alheia perdida e dela se apropria, total ou parcialmente, deixando de restituí-la ao dono ou legítimo possuidor ou de entregá-la à autoridade competente, dentro no prazo de quinze dias.

6. ESTELIONATO E OUTRAS FRAUDES

6.1. Estelionato (art. 171, CP)

1) **Descrição típica:** obter, para si ou para outrem, vantagem ilícita, em prejuízo alheio, induzindo ou mantendo alguém em erro, mediante artifício, ardil, ou qualquer outro meio fraudulento: *Pena* – reclusão, de um a cinco anos, e multa, de quinhentos mil réis a dez contos de réis.

2) **Crime de duplo resultado:** no estelionato, exige-se um duplo resultado: além da obtenção da vantagem ilícita, deve ocorrer o prejuízo alheio.

3) **Consumação:** o crime se consuma no momento em que o sujeito ativo obtém a vantagem ilícita em prejuízo alheio.

4) **Fraude:** o emprego da fraude deve ocorrer antes ou durante a obtenção da vantagem ilícita.

> **Estelionato (art. 171, CP):** a fraude é utilizada para **iludir a vítima**, a fim de que ela, **espontaneamente**, entregue o bem ao agente.
> **Furto qualificado pela fraude (art. 155, § 4º, II, CP):** a fraude é utilizada para **distrair a vítima**, a fim de que ela **não perceba a subtração.**

5) **Forma privilegiada (§ 1º):** se o criminoso é primário, e é de pequeno valor o prejuízo, o juiz pode aplicar a pena conforme o disposto no art. 155, § 2º, CP (furto privilegiado).

6) **Figuras equiparadas (§ 2º):** nas mesmas penas incorre quem: I – vende, permuta, dá em pagamento, em locação ou em garantia coisa alheia como própria; II – vende, permuta, dá em pagamento ou em garantia coisa própria inalienável, gravada de ônus ou litigiosa, ou imóvel que prometeu vender a terceiro, mediante pagamento em prestações, silenciando sobre qualquer dessas circunstâncias; III – defrauda, mediante alienação não consentida pelo credor ou por outro modo, a garantia pignoratícia, quando tem a posse do objeto empenhado; IV – defrauda substância, qualidade ou quantidade de coisa que deve entregar a alguém; V – destrói, total ou parcialmente, ou oculta coisa própria, ou lesa o próprio corpo ou a saúde, ou agrava as consequências da lesão ou doença, com o intuito de haver indenização ou valor de seguro; VI – emite cheque, sem suficiente provisão de fundos em poder do sacado, ou lhe frustra o pagamento.

7) **Fraude no pagamento por meio de cheque (§ 2º, VI)**

Observações:

- *Emissão de cheque "pós-datado" ou "pré-datado" sem fundos:* prevalece que não configura o crime, uma vez que o cheque deixa de ser uma ordem de pagamento à vista.

> *Competência:* local onde se deu a recusa do pagamento pelo sacado. Nesse sentido a **Súmula 521, STF** ("O foro competente para o processo e julgamento dos crimes de estelionato, sob a modalidade da emissão dolosa de cheque sem provisão de fundos, é o do local onde se deu a recusa do pagamento pelo sacado") e a **Súmula 244, STJ** ("Compete ao foro do local da recusa processar e julgar o crime de estelionato mediante cheque sem provisão de fundos").
> *Reparação do dano **antes** do recebimento da denúncia:* falta justa causa para a ação penal. Nesse sentido a **Súmula 554, STF:** "O pagamento de cheque emitido sem provisão de fundos, após o recebimento da denúncia, não obsta ao prosseguimento da ação penal".

8) **Forma majorada (§§ 3º e 4º):** a pena aumenta-se de um terço, se o crime é cometido em detrimento de entidade de direito público ou de instituto de economia popular, assistência social ou beneficência (§ 3º); aplica-se a pena em dobro se o ***crime for cometido contra idoso*** (§ 4º, incluído pela Lei n. 13.228/2015).

6.2. Duplicata simulada (art. 172, CP)

1) **Descrição típica:** emitir fatura, duplicata ou nota de venda que não corresponda à mercadoria vendida, em quantidade ou qualidade, ou ao serviço prestado: *Pena* – detenção, de 2 a 4 anos, e multa.
2) **Forma equiparada (parágrafo único):** nas mesmas penas incorrerá aquele que falsificar ou adulterar a escrituração do Livro de Registro de Duplicatas.

6.3. Abuso de incapazes (art. 173, CP)

1) **Descrição típica:** abusar, em proveito próprio ou alheio, de necessidade, paixão ou inexperiência de menor, ou da alienação ou debilidade mental de outrem, induzindo qualquer deles à prática de ato suscetível de produzir efeito jurídico, em prejuízo próprio ou de terceiro: *Pena* – reclusão, de dois a seis anos, e multa.
2) **Sujeito passivo:** são vítimas do delito de abuso de incapazes o menor de idade, o alienado e o débil mental.

   O menor emancipado não poderá ser sujeito passivo do crime do art. 173, CP.

6.4. Induzimento à especulação (art. 174, CP)

1) **Descrição típica:** abusar, em proveito próprio ou alheio, da inexperiência ou da simplicidade ou inferioridade mental de outrem, induzindo-o à prática de jogo ou aposta, ou à especulação com títulos ou mercadorias, sabendo ou devendo saber que a operação é ruinosa: *Pena* – reclusão, de um a três anos, e multa.
2) **Sujeito passivo:** somente poderá ser vítima do crime do art. 174, CP a pessoa inexperiente (principiante), simples (ingênua) ou com inferioridade mental.

6.5. Fraude no comércio (art. 175, CP)

1) **Descrição típica:** enganar, no exercício de atividade comercial, o adquirente ou consumidor: I – vendendo, como verdadeira ou perfeita, mercadoria falsificada ou deteriorada; II – entregando uma mercadoria por outra: *Pena* – detenção, de seis meses a dois anos, ou multa.
2) **Forma qualificada (§ 1º):** alterar em obra que lhe é encomendada a qualidade ou o peso de metal ou substituir, no mesmo caso, pedra verdadeira por falsa ou por outra de menor valor; vender pedra falsa por verdadeira; vender, como precioso, metal de ou outra qualidade: *Pena* – reclusão, de um a cinco anos, e multa.
3) **Forma privilegiada (§ 2º):** é aplicável o disposto no art. 155, § 2º, CP (furto privilegiado).

6.6. Outras fraudes (art. 176, CP)

1) **Descrição típica:** tomar refeição em restaurante, alojar-se em hotel ou utilizar-se de meio de transporte sem dispor de recursos para efetuar o pagamento: *Pena* – detenção, de quinze dias a dois meses, ou multa.
2) **Ação penal (parágrafo único):** somente se procede mediante representação, e o juiz pode, conforme as circunstâncias, deixar de aplicar a pena.

6.7. Fraudes e abusos na fundação ou administração de sociedade por ações (art. 177, CP)

1) **Descrição típica:** promover a fundação de sociedade por ações, fazendo, em prospecto ou em comunicação ao público ou à assembleia, afirmação falsa sobre a constituição da sociedade, ou ocultando fraudulentamente fato a ela relativo: *Pena* – reclusão, de um a quatro anos, e multa, se o fato não constitui crime contra a economia popular.
2) **Forma privilegiada (§ 2º):** incorre na pena de detenção, de seis meses a dois anos, e multa, o acionista que, a fim de obter vantagem para si ou para outrem, negocia o voto nas deliberações de assembleia geral.

6.8. Emissão irregular de conhecimento de depósito ou *warrant* (art. 178, CP)

1) **Descrição típica:** emitir conhecimento de depósito ou warrant, em desacordo com disposição legal: *Pena* – reclusão, de um a quatro anos, e multa.
2) **Objeto material do crime:** o conhecimento de depósito e o *warrant*, títulos de crédito disciplinados pelo Decreto n. 1.102, de 21-11-1903, em parte modificado pela Lei Delegada n. 3, de 26-9-1962, que regulam os armazéns gerais e os títulos de sua emissão relacionados às mercadorias neles depositadas. Esses armazéns gerais têm por fim a guarda e conservação das mercadorias que podem ser negociadas por meio dos títulos. O conhecimento de depósito incorpora o direito de propriedade sobre mercadoria que representa; o *warrant* refere-se à posse, a título de penhor, sobre a mesma mercadoria. A posse de ambos garante ao possuidor a propriedade da mercadoria (MIRABETE; FABBRINI, p. 1388).

6.9. Fraude à execução (art. 179, CP)

1) **Descrição típica:** fraudar execução, alienando, desviando, destruindo ou danificando bens, ou simulando dívidas: *Pena* – detenção, de seis meses a dois anos, ou multa.
2) **Ação penal (parágrafo único):** somente se procede mediante *queixa*.

7. RECEPTAÇÃO

7.1. Receptação (art. 180, CP)

1) **Descrição típica:** adquirir, receber, transportar, conduzir ou ocultar, em proveito próprio ou alheio, coisa que sabe ser produto de crime, ou influir para que terceiro, de boa-fé, a adquira, receba ou oculte: *Pena* – reclusão, de um a quatro anos, e multa.
2) **Receptação própria (*caput*, 1ª parte):** adquirir, receber, transportar, conduzir ou ocultar, em proveito próprio ou alheio, coisa que sabe ser produto de crime. É delito material e admite a tentativa.
3) **Receptação imprópria (*caput*, 2ª parte):** influir para que terceiro de boa-fé a adquira, receba ou oculte. É delito formal e, em tese, não admite a tentativa.
4) **Crime parasitário:** a receptação é um crime parasitário ou acessório, também conhecido como delito de fusão, pois depende de um crime anterior. Obs.: se a infração anterior for contravenção, não haverá receptação.
5) **Forma qualificada (§ 1º):** adquirir, receber, transportar, conduzir, ocultar, ter em depósito, desmontar, montar, remontar, vender, expor à venda, ou de qualquer forma utilizar, em proveito próprio ou alheio, no exercício de atividade comercial ou industrial, coisa que deve saber ser produto de crime: *Pena* – reclusão, de três a oito anos, e multa.

   Conforme o § 2º, **equipara-se à atividade comercial**, para efeito do parágrafo anterior, qualquer forma de comércio irregular ou clandestino, inclusive o exercido em residência.

> **Receptação simples (art. 180, *caput*, CP):** só pode ser praticada com **dolo direto** ("coisa que sabe ser produto de crime").
> **Receptação qualificada (art. 180, § 1º, CP):** pode ser praticada com **dolo direto ou dolo eventual** ("coisa que deve saber ser produto de crime").

6) **Receptação culposa (§ 3º):** adquirir ou receber coisa que, por sua natureza ou pela desproporção entre o valor e o preço, ou pela condição de quem a oferece, deve presumir-se obtida por meio criminoso: *Pena* – detenção, de um mês a um ano, ou multa, ou ambas as penas.
7) **Autonomia da receptação (§ 4º):** a receptação é punível, ainda que desconhecido ou isento de pena o autor do crime de que proveio a coisa. Dispensa instauração de inquérito policial, ação penal ou sentença condenatória em relação ao crime anterior.
8) **Perdão judicial e privilégio (§ 5º):** na receptação **culposa**, se o criminoso é primário, pode o juiz, tendo em consideração as circunstâncias, deixar de aplicar a pena; na receptação **dolosa** aplica-se o disposto no § 2º do art. 155 (furto privilegiado).
9) **Forma majorada (§ 6º):** tratando-se de bens do patrimônio da União, de Estado, do Distrito Federal, de Município ou de autarquia, fundação pública, empresa pública, sociedade de economia mista ou empresa concessionária de serviços públicos, aplica-se em dobro a pena prevista no *caput* deste artigo. A redação do § 6º do art. 180 do CP foi dada pela Lei n. 13.531, de 7 de dezembro de 2017.

7.2. Receptação de animal (art. 180-A, CP)

Descrição típica: adquirir, receber, transportar, conduzir, ocultar, ter em depósito ou vender, com a finalidade de produção ou de comercialização, semovente domesticável de produção, ainda que abatido ou dividido em partes, que deve saber ser produto de crime: *Pena* – reclusão, de dois a cinco anos, e multa. O crime do art. 180-A foi incluído pela Lei n. 13.330/2016.

8. IMUNIDADE PENAL

8.1. Imunidade absoluta ou escusa absolutória (art. 181, CP)

É isento de pena quem comete qualquer dos crimes patrimoniais em prejuízo: I – do cônjuge, na constância da sociedade conjugal; II – de ascendente ou descendente, seja o parentesco legítimo ou ilegítimo, seja civil ou natural.

8.2. Imunidade relativa (art. 182, CP)

Somente se procede mediante representação, se o crime previsto neste título é cometido em prejuízo: I – do cônjuge desquitado ou judicialmente separado; II – de irmão, legítimo ou ilegítimo; III – de tio ou sobrinho, com quem o agente coabita.

8.3. Exclusão das imunidades (art. 183, CP)

Não se aplica o disposto nos dois artigos anteriores: I – se o crime é de roubo ou de extorsão, ou, em geral, quando haja emprego de grave ameaça ou violência à pessoa; II – ao estranho que participa do crime; III – se o crime é praticado contra pessoa com idade igual ou superior a 60 anos.

CAPÍTULO III
CRIMES CONTRA A PROPRIEDADE IMATERIAL

1. CRIMES CONTRA A PROPRIEDADE INTELECTUAL

1.1. Violação de direito autoral (art. 184, CP)

1) **Descrição típica:** violar direitos de autor e os que lhe são conexos: *Pena* – detenção, de 3 meses a 1 ano, ou multa.
2) **Formas qualificadas (§§ 1º, 2º e 3º):** se a violação consistir em reprodução total ou parcial, com intuito de lucro direto ou indireto, por qualquer meio ou processo, de obra intelectual, interpretação, execução ou fonograma, sem autorização expressa do autor, do artista intérprete ou executante, do produtor, conforme o caso, ou de quem os represente: *Pena* – reclusão, de 2 a 4 anos, e multa (§ 1º); na mesma pena do § 1º incorre quem, com o intuito de lucro direto ou indireto, distribui, vende, expõe à venda, aluga, introduz no País, adquire, oculta, tem em depósito, original ou cópia de obra intelectual ou fonograma reproduzido com violação do direito de autor, do direito de artista intérprete ou executante ou do direito do produtor de fonograma, ou, ainda, aluga original ou cópia de obra intelectual ou fonograma, sem a expressa autorização dos titulares dos direitos ou de quem os represente (§ 2º); se a violação consistir no oferecimento ao público, mediante cabo, fibra ótica, satélite, ondas ou qualquer outro sistema que permita ao usuário realizar a seleção da obra ou produção para recebê-la em um tempo e lugar previamente determinados por quem formula a demanda, com intuito de lucro, direto ou indireto, sem autorização expressa, conforme o caso, do autor, do artista intérprete ou executante, do produtor de fonograma, ou de quem os represente: *Pena* – reclusão, de 2 a 4 anos, e multa (§ 3º).
3) **Princípios da insignificância e adequação social:** a 3ª Seção do STJ, no julgamento do REsp 1.193.196, firmou posição no sentido da ***inaplicabilidade*** dos princípios da adequação social e da insignificância ao delito previsto no art. 184, § 2º, CP.

STJ – Súmula 502
Presentes a materialidade e a autoria, afigura-se típica, em relação ao crime previsto no art. 184, § 2º, do CP, a conduta de expor à venda CDs e DVDs piratas.

4) **Perícia por amostragem:** "Para a configuração do delito de violação de direito autoral e a comprovação de sua materialidade, é suficiente a perícia realizada por amostragem do produto apreendido, nos aspectos externos do material, e é desnecessária a identificação dos titulares dos direitos autorais violados ou daqueles que os representem" (**Súmula 574, STJ**).
5) **Ação penal (art. 186, CP):** procede-se mediante: I – queixa, nos crimes previstos no *caput* do art. 184; II – ação penal pública incondicionada, nos crimes previstos nos §§ 1º e 2º do art. 184; III – ação penal pública incondicionada, nos crimes cometidos em desfavor de entidades de direito público, autarquia, empresa pública, sociedade de economia mista ou fundação instituída pelo Poder Público; IV – ação penal pública condicionada à representação, nos crimes previstos no § 3º do art. 184.

CAPÍTULO IV
CRIMES CONTRA A ORGANIZAÇÃO DO TRABALHO

1. COMPETÊNCIA

De acordo com o art. 109, VI, CF compete aos **juízes federais** processar e julgar os crimes contra a organização do trabalho. No mesmo sentido decidiu o STF em relação ao crime de redução a condição análoga à de escravo, previsto no art. 149, CP (STF, Pleno, RE 459.510, j. 26-11-2015).

No entanto, as Cortes Superiores vêm entendendo que, não havendo lesão ao direito dos trabalhadores de forma coletiva ou ofensa aos órgãos e institutos que os preservam, apurando-se somente a frustração de direitos trabalhistas de trabalhadores específicos, e, portanto, em âmbito individual, não há falar em competência da Justiça Federal. Nesse sentido: STF, 2ª Turma, ARE 706.368 AgR/SP, j. 30-10-2012; STJ, 3ª Seção, CC 137.045, j. 24-2-2016.

2. CRIMES EM ESPÉCIE

2.1. Atentado contra a liberdade de trabalho (art. 197, CP)

1) **Descrição típica:** constranger alguém, mediante violência ou grave ameaça: I – a exercer ou não exercer arte, ofício, profissão ou indústria, ou a trabalhar ou não trabalhar durante certo período ou em determinados dias: *Pena* – detenção, de um mês a um ano, e multa, além da pena correspondente à violência; II – a abrir ou fechar o seu estabelecimento de trabalho, ou a participar de parede ou paralisação de atividade econômica: *Pena* – detenção, de três meses a um ano, e multa, além da pena correspondente à violência.

2) **Consumação:** na hipótese do inciso I, o crime se consuma no momento em que alguém exerce ou deixa de exercer arte, ofício, profissão ou indústria, ou quando trabalha ou deixa de trabalhar em certo período ou em determinados dias. Na hipótese do inciso II, a consumação ocorre com a abertura ou o fechamento do estabelecimento de trabalho, ou com a participação de parede (greve) ou paralisação de atividade econômica.

3) **Violência ou grave ameaça:** são elementares do crime. O grevista, por exemplo, deve induzir o seu colega a participar da greve de modo pacífico e não mediante constrangimento.

2.2. Atentado contra a liberdade de contrato de trabalho e boicotagem violenta (art. 198, CP)

1) **Descrição típica:** constranger alguém, mediante violência ou grave ameaça, a celebrar contrato de trabalho, ou a não fornecer a outrem ou não adquirir de outrem matéria-prima ou produto industrial ou agrícola: *Pena* – detenção, de um mês a um ano, e multa, além da pena correspondente à violência.

2) **Atentado contra a liberdade de contrato de trabalho (art. 198, 1ª parte):** constranger alguém, mediante violência ou grave ameaça, a celebrar contrato de trabalho.

- **Consumação:** o crime se consuma com a celebração do contrato, ou seja, com a assinatura (contrato escrito), ou com a aquiescência (contrato verbal).
- **Constrangimento para *que não se celebre* o contrato de trabalho:** não haverá o crime do art. 198, CP, podendo, no entanto, caracterizar constrangimento ilegal (art. 146, CP).

3) **Boicotagem violenta (art. 198, 2ª parte):** constranger alguém, mediante violência ou grave ameaça, a não fornecer a outrem ou não adquirir de outrem matéria-prima ou produto industrial ou agrícola.

- **Consumação:** o crime se consuma no momento em que a pessoa constrangida não fornece a outrem ou não adquire de outrem matéria-prima ou produto industrial ou agrícola.

2.3. Atentado contra a liberdade de associação (art. 199, CP)

1) **Descrição típica:** constranger alguém, mediante violência ou grave ameaça, a participar ou deixar de participar de determinado sindicato ou associação profissional: *Pena* – detenção, de um mês a um ano, e multa, além da pena correspondente à violência.

2) **Bem jurídico tutelado:** liberdade de associação.

3) **Violência ou grave ameaça:** para a caracterização do crime deve haver o emprego de violência ou grave ameaça, a fim de que a vítima participe de sindicado ou associação sindical determinada.

4) **Sindicato ou associação profissional específico:** não haverá o crime do art. 199, CP se o constrangimento visar a que a vítima participe ou não de sindicato ou associação profissional **indeterminado**, podendo configurar, no entanto, constrangimento ilegal (art. 146, CP).

2.4. Paralisação de trabalho, seguida de violência ou perturbação da ordem (art. 200, CP)

1) **Descrição típica:** participar de suspensão ou abandono coletivo de trabalho, praticando violência contra pessoa ou contra coisa: *Pena* – detenção, de um mês a um ano, e multa, além da pena correspondente à violência.

2) **Suspensão coletiva de trabalho:** é a greve dos empregadores (*lock-out*).

3) **Abandono coletivo de trabalho:** é a greve dos empregados.

4) **Consumação:** o crime se consuma com a prática da violência durante o *lock-out* ou a greve.

5) **Concurso de pessoas:** no abandono coletivo do trabalho exige-se o concurso de, no mínimo, três empregados (parágrafo único). Já na suspensão coletiva de trabalho causada pelos empregadores, exige-se o concurso de mais de uma pessoa, mesmo se componentes de uma mesma pessoa jurídica empregadora.

2.5. Paralisação de trabalho de interesse coletivo (art. 201, CP)

1) **Descrição típica:** participar de suspensão ou abandono coletivo de trabalho, provocando a interrupção de obra pública ou serviço de interesse coletivo: *Pena* – detenção, de seis meses a dois anos, e multa.
2) **Serviço de interesse coletivo:** há posição no sentido de ser aquele considerado **essencial**, conforme o art. 10, Lei da Greve (Lei n. 7.783/89): I – tratamento e abastecimento de água; produção e distribuição de energia elétrica, gás e combustíveis; II – assistência médica e hospitalar; III – distribuição e comercialização de medicamentos e alimentos; IV – funerários; V – transporte coletivo; VI – captação e tratamento de esgoto e lixo; VII – telecomunicações; VIII – guarda, uso e controle de substâncias radioativas, equipamentos e materiais nucleares; IX – processamento de dados ligados a serviços essenciais; X – controle de tráfego aéreo; XI – compensação bancária.

2.6. Invasão de estabelecimento industrial, comercial ou agrícola. Sabotagem (art. 202, CP)

1) **Descrição típica:** invadir ou ocupar estabelecimento industrial, comercial ou agrícola, com o intuito de impedir ou embaraçar o curso normal do trabalho, ou com o mesmo fim danificar o estabelecimento ou as coisas nele existentes ou delas dispor: *Pena* – reclusão, de um a três anos, e multa.
2) **Invasão de estabelecimento industrial, comercial ou agrícola:** invadir ou ocupar estabelecimento industrial, comercial ou agrícola, com o intuito de impedir ou embaraçar o curso normal do trabalho.
   - **Consumação:** o delito de invasão de estabelecimento industrial, comercial ou agrícola consuma-se com a invasão ou ocupação, independentemente de o agente obter o fim especial desejado (crime formal).
3) **Sabotagem:** danificar o estabelecimento ou as coisas nele existentes ou delas dispor com o intuito de impedir ou embaraçar o curso normal do trabalho.
   - **Consumação:** o crime de sabotagem consuma-se com a danificação, independentemente de o agente obter o fim especial desejado (crime formal).
4) **Elemento subjetivo especial:** nos dois crimes do art. 202, CP, além do dolo (dolo genérico), exige-se também o elemento subjetivo especial (dolo específico), ou seja, o fim especial de impedir ou embaraçar o curso normal do trabalho.

2.7. Frustração de direito assegurado por lei trabalhista (art. 203, CP)

O Código Penal prevê como crime "Frustrar, mediante fraude ou violência, direito assegurado pela legislação do trabalho" (art. 203). Trata-se de evidente norma penal em branco, já que o conteúdo da proibição deverá ser complementado pela CF e pela CLT. Vamos imaginar que o empregador, mediante fraude ou violência, frustra o pagamento das férias a que tinha direito o empregado. Enquanto a Constituição Federal assegura aos trabalhadores urbanos, rurais e domésticos "gozo de férias anuais remuneradas com, pelo menos, um terço a mais do que o salário normal" (art. 7º, XVII), a CLT (arts. 129 e s.) e o Decreto n. 3.197/99 (que promulgou a Convenção 132 da OIT sobre férias) disciplinam o assunto. Como se vê, a interdisciplinaridade com o **Direito Constitucional** e com o **Direito do Trabalho**, aqui, é total.

1) **Descrição típica:** frustrar, mediante fraude ou violência, direito assegurado pela legislação do trabalho: *Pena* – detenção de um ano a dois anos, e multa, além da pena correspondente à violência.
2) **Formas equiparadas (§ 1º):** na mesma pena incorre quem: I – obriga ou coage alguém a usar mercadorias de determinado estabelecimento, para impossibilitar o desligamento do serviço em virtude de dívida. Para a consumação, basta a prática da conduta, independentemente de o empregador conseguir o fim visado (crime formal); II – impede alguém de se desligar de serviços de qualquer natureza, mediante coação ou por meio da retenção de seus documentos pessoais ou contratuais. O delito se consuma no

momento em que o trabalhador é impedido de se desligar do serviço.

3) **Conflito aparente de normas penais:** em algumas situações – como no caso da dívida contraída com o empregador ou preposto, ou da apreensão de documentos ou objetos pessoais do trabalhador – surge o conflito entre os crimes dos arts. 149, CP (redução a condição análoga à de escravo) e 203, CP (frustração de direito assegurado por lei trabalhista).

> **Art. 149, CP: há** restrição da liberdade pessoal da vítima.
> **Art. 203, CP: não há** restrição da liberdade pessoal da vítima.

2.8. Frustração de lei sobre a nacionalização do trabalho (art. 204, CP)

1) **Descrição típica:** frustrar, mediante fraude ou violência, obrigação legal relativa à nacionalização do trabalho: *Pena* – detenção, de um mês a um ano, e multa, além da pena correspondente à violência.

2) **Norma penal em branco:** o tipo deve ser complementado por normas trabalhistas para especificar as obrigações relativas à nacionalização do trabalho (proteção da mão de obra nacional).

3) **Consumação:** o crime se consuma com a frustração da obrigação legal (crime material).

4) **Não recepção constitucional:** há posição no sentido de que o crime do art. 204, CP não foi recepcionado pela Constituição Federal, a qual garante de forma expressa a igualdade de direitos entre brasileiros e estrangeiros residentes no País (art. 5º, *caput*, CF).

2.9. Exercício de atividade com infração de decisão administrativa (art. 205, CP)

1) **Descrição típica:** exercer atividade, de que está impedido por decisão administrativa: *Pena* – detenção, de três meses a dois anos, ou multa.

2) **Sujeito ativo:** é quem está impedido, por decisão administrativa, de exercer atividade. Por exemplo, o autor é impedido de advogar por decisão da OAB.

3) **Decisão judicial:** se a decisão for judicial, poderá configurar o delito do art. 359, CP (desobediência a decisão judicial sobre perda ou suspensão de direito).

2.10. Aliciamento para o fim de emigração (art. 206, CP)

1) **Descrição típica:** recrutar trabalhadores, mediante fraude, com o fim de levá-los para território estrangeiro: *Pena* – detenção, de 1 a 3 anos, e multa.

2) **Bem jurídico tutelado:** é a permanência de trabalhadores no País.

3) **Consumação:** trata-se de crime formal, que se consuma com o aliciamento, independentemente da obtenção do resultado (emigração).

2.11. Aliciamento de trabalhadores de um local para outro do território nacional (art. 207, CP)

1) **Descrição típica:** aliciar trabalhadores, com o fim de levá-los de uma para outra localidade do território nacional: *Pena* – detenção de um a três anos, e multa.

2) **Bem jurídico tutelado:** protege-se o interesse de evitar a migração dos trabalhadores, já que o êxodo provoca prejuízo na região onde o aliciamento ocorre.

3) **Consumação:** o crime se consuma no momento em que o agente pratica o aliciamento, independentemente de conseguir levar os trabalhadores para outra localidade (crime formal).

4) **Forma equiparada (§ 1º):** incorre na mesma pena quem recrutar trabalhadores fora da localidade de execução do trabalho, dentro do território nacional, mediante fraude ou cobrança de qualquer quantia do trabalhador, ou, ainda, não assegurar condições do seu retorno ao local de origem.

5) **Forma majorada (§ 2º):** a pena é aumentada de um sexto a um terço se a vítima é menor de dezoito anos, idosa, gestante, indígena ou portadora de deficiência física ou mental.

CAPÍTULO V
CRIMES CONTRA O SENTIMENTO RELIGIOSO E CONTRA O RESPEITO AOS MORTOS

1. CRIMES CONTRA O SENTIMENTO RELIGIOSO

1.1. Ultraje a culto e impedimento ou perturbação de ato a ele relativo (art. 208, CP)

1) **Descrição típica:** escarnecer de alguém publicamente, por motivo de crença ou função religiosa; impedir ou perturbar cerimônia ou prática de culto religioso; vilipendiar publicamente

ato ou objeto de culto religioso: *Pena* – detenção, de um mês a um ano, ou multa. **Escarnecer** significa zombar, humilhar.

2) **Consumação:** o crime do art. 208, CP se consuma com o escárnio.

3) **Emprego de violência (parágrafo único):** se há emprego de violência, a pena é aumentada de um terço, sem prejuízo da correspondente à violência.

2. CRIMES CONTRA O RESPEITO AOS MORTOS

2.1. Impedimento ou perturbação de cerimônia funerária (art. 209, CP)

1) **Descrição típica:** impedir ou perturbar enterro ou cerimônia funerária: *Pena* – detenção, de um mês a um ano, ou multa.

2) **Consumação:** o crime do art. 209, CP se consuma com o efetivo impedimento ou perturbação.

3) **Emprego de violência (parágrafo único):** se há emprego de violência, a pena é aumentada de um terço, sem prejuízo da correspondente à violência.

2.2. Violação de sepultura (art. 210, CP)

1) **Descrição típica:** violar ou profanar sepultura ou urna funerária: *Pena* – reclusão, de um a três anos, e multa.

2) **Sujeito passivo:** trata-se de crime vago, razão pela qual o sujeito passivo é a coletividade. De forma mediata, também a família do morto pode ser vitimada pela conduta do autor.

2.3. Destruição, subtração ou ocultação de cadáver (art. 211, CP)

1) **Descrição típica:** destruir, subtrair ou ocultar cadáver ou parte dele: *Pena* – reclusão, de um a três anos, e multa.

2) **Distinção com o crime de furto (art. 155, CP):** se o cadáver for disponibilizado e passar a integrar o patrimônio de um museu ou de uma faculdade de Medicina, a sua subtração poderá caracterizar o delito de furto.

2.4. Vilipêndio a cadáver (art. 212, CP)

1) **Descrição típica:** vilipendiar cadáver ou suas cinzas: *Pena* – detenção, de um a três anos, e multa.

2) **Parte do cadáver:** embora não esteja expresso no tipo, o art. 212, CP também tutela *partes do cadáver*, já que protege as "cinzas".

CAPÍTULO VI
CRIMES CONTRA A DIGNIDADE SEXUAL

1. CRIMES CONTRA A LIBERDADE SEXUAL

1.1. Estupro (art. 213, CP)

1) **Descrição típica:** constranger alguém, mediante violência ou grave ameaça, a ter conjunção carnal ou a praticar ou permitir que com ele se pratique outro ato libidinoso: *Pena* – reclusão, de 6 a 10 anos.

2) **Princípio da continuidade normativo-típica:** apesar da revogação formal do art. 214, CP, **não houve *abolitio criminis* do delito de atentado violento ao pudor**, uma vez que inexistiu descontinuidade normativo-típica, ou seja, a conduta descrita como proibida no revogado art. 214 permanece proibida no ordenamento jurídico, mas agora no art. 213, CP, com nova denominação.

3) **Conjunção carnal *versus* ato libidinoso:** *conjunção carnal* é o coito vagínico, ou seja, a introdução do pênis na vagina, ainda que incompleta; *ato libidinoso*, por sua vez, é o que visa à satisfação da lascívia (critério subjetivo) e atenta contra o sentimento médio de moralidade sexual (critério objetivo), como o coito anal.

4) **Desnecessidade de contato físico com a vítima:** o STJ decidiu que a **contemplação lasciva** configura o ato libidinoso constitutivo dos tipos dos arts. 213 e 217-A do Código Penal, sendo irrelevante, para a consumação dos delitos, que haja contato físico entre ofensor e ofendido. Nesse sentido: STJ, REsp 1.640.087, *DJe* 1-2-2017.

5) **Conjunção carnal + outro ato libidinoso contra a mesma vítima e no mesmo contexto fático:** *há crime único*, sendo que as diversas formas de violência deverão ser levadas em conta pelo juiz na fixação da pena-base (art. 59, CP).

6) **Forma qualificada (§§ 1º e 2º):** se da conduta resulta lesão corporal de natureza grave ou se a vítima é menor de 18 ou maior de 14 anos:

Pena – reclusão, de 8 a 12 anos (§ 1º). Se da conduta resulta morte: *Pena* – reclusão, de 12 a 30 anos (§ 2º).

7) **Hediondez:** conforme o art. 1º, V, Lei 8.072/90, o estupro é crime hediondo.

8) **Ação penal (art. 225, CP):** procede-se, em regra, mediante ação penal pública condicionada à representação. No entanto, se a vítima é menor de 18 anos ou pessoa vulnerável, a ação será pública incondicionada.

> **STF – Súmula 608**
> No crime de estupro, praticado mediante violência real, a ação penal é pública incondicionada.

1.2. Violação sexual mediante fraude (art. 215, CP)

1) **Descrição típica:** ter conjunção carnal ou praticar outro ato libidinoso com alguém, mediante fraude ou outro meio que impeça ou dificulte a livre manifestação de vontade da vítima: *Pena* – reclusão, de 2 a 6 anos.

2) **Estelionato sexual:** o crime do art. 215, CP é conhecido como "estelionato sexual", já que praticado mediante fraude ou outro meio que impeça ou dificulte a livre manifestação de vontade da vítima. Por exemplo, o autor simula casamento apenas para ter conjunção carnal com a vítima.

3) **Fim de lucro (parágrafo único):** se o crime é cometido com o fim de obter vantagem econômica, aplica-se também multa.

1.3. Assédio sexual (art. 216-A, CP)

1) **Descrição típica:** constranger alguém com o intuito de obter vantagem ou favorecimento sexual, prevalecendo-se o agente da sua condição de superior hierárquico ou ascendência inerentes ao exercício de emprego, cargo ou função: *Pena* – detenção, de 1 a 2 anos.

2) **Relação acadêmica ou liderança espiritual:** embora exista relação de superioridade entre professor e aluno ou entre líder espiritual (padre, pastor etc.) e fiel, não haverá o crime do art. 216-A, CP por ausência de vínculo de emprego, cargo ou função entre as partes.

3) **Crime formal:** o delito de assédio sexual se consuma com o constrangimento da vítima, ainda que o autor não consiga a vantagem ou o favorecimento sexual.

4) **Forma majorada (§ 2º):** a pena é aumentada em até um terço se a vítima é menor de 18 anos.

2. CRIMES SEXUAIS CONTRA VULNERÁVEL

2.1. Estupro de vulnerável (art. 217-A, CP)

1) **Descrição típica:** ter conjunção carnal ou praticar outro ato libidinoso com menor de 14 anos: *Pena* – reclusão, de 8 a 15 anos.

2) **Vulnerável:** (a) menor de 14 anos; (b) quem, por enfermidade ou deficiência mental, não tem o necessário discernimento para a prática do ato; (c) quem, por qualquer outra causa, não pode oferecer resistência.

3) **Vulnerabilidade absoluta do menor de 14 anos:** acordo com a **Súmula 593 do STJ**, "O crime de estupro de vulnerável se configura com a conjunção carnal ou prática de ato libidinoso com menor de 14 anos, sendo irrelevante eventual consentimento da vítima para a prática do ato, sua experiência sexual anterior ou existência de relacionamento amoroso com o agente".

4) **Desnecessidade de contato físico com a vítima:** o STJ decidiu que a **contemplação lasciva** configura o ato libidinoso constitutivo dos tipos dos arts. 213 e 217-A do Código Penal, sendo irrelevante, para a consumação dos delitos, que haja contato físico entre ofensor e ofendido. Nesse sentido: STJ, REsp 1.640.087, *DJe* 1-2-2017.

5) **Forma qualificada (§§ 3º e 4º):** se da conduta resulta lesão corporal de natureza grave: *Pena* – reclusão, de 10 a 20 anos (§ 3º); se da conduta resulta morte: *Pena* – reclusão, de 12 a 30 anos (§ 4º).

6) **Hediondez:** conforme o art. 1º, VI, Lei n. 8.072/90, o estupro de vulnerável é crime hediondo.

7) **Ação penal (art. 225, CP):** se a vítima é vulnerável, a ação é pública incondicionada.

Vítima vulnerável apenas por ocasião do fato (ex.: mulher maior e capaz que se embriaga em uma festa). Há duas posições:

- A ação permanece condicionada à representação da ofendida, da qual não pode ser retirada a escolha de evitar o *strepitus judicii* (STJ, 6ª T., HC 276.510, j. 11-11-2014).
- A ação é pública incondicionada, já que o art. 225, parágrafo único, do CP não faz qualquer

distinção entre a vulnerabilidade temporária ou permanente, haja vista que a condição de vulnerável é aferível no momento do cometimento do crime, ocasião em que há a prática dos atos executórios com vistas à consumação do delito (STJ, 5ª T., HC 389.610, j. 8-8-2017).

2.2. Corrupção de menores (art. 218, CP)

1) **Descrição típica:** induzir alguém menor de 14 anos a satisfazer a lascívia de outrem: *Pena* – reclusão, de 2 a 5 anos.

2) **Induzir maior de 14 anos a satisfazer a lascívia de outrem:** caracteriza o crime de lenocínio (art. 227, CP).

> 3) **Crime do ECA:** há outro crime de "corrupção de menores", previsto no Estatuto da Criança e do Adolescente (art. 244-B) nos seguintes termos: corromper ou facilitar a corrupção de menor de 18 anos, com ele praticando infração penal ou induzindo-o a praticá-la: *Pena* – reclusão, de 1 a 4 anos.

2.3. Satisfação de lascívia mediante presença de criança ou adolescente (art. 218-A, CP)

1) **Descrição típica:** praticar, na presença de alguém menor de 14 anos, ou induzi-lo a presenciar, conjunção carnal ou outro ato libidinoso, a fim de satisfazer lascívia própria ou de outrem: *Pena* – reclusão, de 2 a 4 anos.

2) **Elemento subjetivo especial:** além do dolo (dolo genérico), o crime do art. 218-A, CP também exige o elemento subjetivo especial (dolo específico), consistente na finalidade "de satisfazer lascívia própria ou de outrem".

3) **Obrigar criança (menor de 12 anos) a assistir a filme pornográfico:** pode configurar o crime do art. 241-D, parágrafo único, I, ECA: nas mesmas penas incorre quem: I – facilita ou induz o acesso à criança de material contendo cena de sexo explícito ou pornográfica com o fim de com ela praticar ato libidinoso.

2.4. Favorecimento da prostituição ou outra forma de exploração sexual de criança ou adolescente ou de vulnerável (art. 218-B)

1) **Descrição típica:** submeter, induzir ou atrair à prostituição ou outra forma de exploração sexual alguém menor de 18 anos ou que, por enfermidade ou deficiência mental, não tem o necessário discernimento para a prática do ato, facilitá-la, impedir ou dificultar que a abandone: *Pena* – reclusão, de 4 a 10 anos.

2) **Formas equiparadas (§ 2º):** incorre nas mesmas penas: I – quem pratica conjunção carnal ou outro ato libidinoso com alguém menor de 18 e maior de 14 anos na situação descrita no *caput* deste artigo; II – o proprietário, o gerente ou o responsável pelo local em que se verifiquem as práticas referidas no *caput* deste artigo.

3) **Efeito da condenação (§ 3º):** na hipótese do inciso II do § 2º, constitui efeito obrigatório da condenação a cassação da licença de localização e de funcionamento do estabelecimento.

4) **Hediondez:** conforme o art. 1º, VIII, da Lei n. 8.072/90, o art. 218-B do CP é crime hediondo.

3. LENOCÍNIO E TRÁFICO DE PESSOA PARA FIM DE PROSTITUIÇÃO OU OUTRA FORMA DE EXPLORAÇÃO SEXUAL

3.1. Mediação para servir a lascívia de outrem (art. 227, CP)

1) **Descrição típica:** induzir alguém a satisfazer a lascívia de outrem: *Pena* – reclusão, de um a três anos.

2) **Forma qualificada (§§ 1º e 2º):** se a vítima é maior de 14 e menor de 18 anos, ou se o agente é seu ascendente, descendente, cônjuge ou companheiro, irmão, tutor ou curador ou pessoa a quem esteja confiada para fins de educação, de tratamento ou de guarda: *Pena* – reclusão, de dois a cinco anos (§ 1º); se o crime é cometido com emprego de violência, grave ameaça ou fraude: *Pena* – reclusão, de dois a oito anos, além da pena correspondente à violência (§ 2º).

3) **Fim de lucro (§ 3º):** se o crime é cometido com o fim de lucro, aplica-se também multa. Trata-se do lenocínio mercenário ou questuário.

3.2. Favorecimento da prostituição ou outra forma de exploração sexual (art. 228, CP)

1) **Descrição típica:** induzir ou atrair alguém à prostituição ou outra forma de exploração sexual, facilitá-la, impedir ou dificultar que alguém a abandone: *Pena* – reclusão, de 2 a 5 anos, e multa.

2) **Forma qualificada (§§ 1º e 2º):** se o agente é ascendente, padrasto, madrasta, irmão, enteado,

cônjuge, companheiro, tutor ou curador, preceptor ou empregador da vítima, ou se assumiu, por lei ou outra forma, obrigação de cuidado, proteção ou vigilância: *Pena* – reclusão, de 3 a 8 anos (§ 1º); se o crime, é cometido com emprego de violência, grave ameaça ou fraude: *Pena* – reclusão, de quatro a dez anos, além da pena correspondente à violência (§ 2º).

3) **Fim de lucro (§ 3º):** se o crime é cometido com o fim de lucro, aplica-se também multa.

3.3. Casa de prostituição (art. 229, CP)

1) **Descrição típica:** manter, por conta própria ou de terceiro, estabelecimento em que ocorra exploração sexual, haja, ou não, intuito de lucro ou mediação direta do proprietário ou gerente: *Pena* – reclusão, de dois a cinco anos, e multa.

2) **Sujeito passivo:** é a coletividade. A pessoa prostituída, homem ou mulher, será vítima indireta ou mediata.

3) **Princípio da adequação social (não aplicação):** de acordo com os Tribunais Superiores, eventual tolerância de parte da sociedade e de algumas autoridades públicas não implica atipicidade material do crime de casa de prostituição. Nesse sentido: STJ, AgRg no REsp 1.508.423, j. 1º-9-2015.

3.4. Rufianismo (art. 230, CP)

1) **Descrição típica:** tirar proveito da prostituição alheia, participando diretamente de seus lucros ou se fazendo sustentar, no todo ou em parte, por quem a exerça: *Pena* – reclusão, de um a quatro anos, e multa.

2) **Forma qualificada (§§ 1º e 2º):** se a vítima é menor de 18 e maior de 14 anos ou se o crime é cometido por ascendente, padrasto, madrasta, irmão, enteado, cônjuge, companheiro, tutor ou curador, preceptor ou empregador da vítima, ou por quem assumiu, por lei ou outra forma, obrigação de cuidado, proteção ou vigilância: *Pena* – reclusão, de 3 a 6 anos, e multa (§ 1º); se o crime é cometido mediante violência, grave ameaça, fraude ou outro meio que impeça ou dificulte a livre manifestação da vontade da vítima: *Pena* – reclusão, de 2 a 8 anos, sem prejuízo da pena correspondente à violência (§ 2º).

Atenção:

Os crimes de tráfico internacional de pessoa para fim de exploração sexual (art. 231, CP) e tráfico interno de pessoa para fim de exploração sexual (art. 231-A, CP) foram revogados pela Lei n. 13.344/2016, que criou o delito de tráfico de pessoas (art. 149-A, CP).

3.5. Promoção de migração ilegal (art. 232-A, CP)

1) **Descrição típica:** promover, por qualquer meio, com o fim de obter vantagem econômica, a entrada ilegal de estrangeiro em território nacional ou de brasileiro em país estrangeiro: *Pena* – reclusão, de 2 a 5 anos, e multa.

2) **Forma equiparada (§ 1º):** na mesma pena incorre quem promover, por qualquer meio, com o fim de obter vantagem econômica, a saída de estrangeiro do território nacional para ingressar ilegalmente em país estrangeiro (art. 232-A, § 1º, CP).

3) **Forma majorada (§ 2º):** a pena é aumentada de 1/6 a 1/3 se: I – o crime é cometido com violência; ou II – a vítima é submetida a condição desumana ou degradante.

4) **Concurso de crimes (§ 3º):** a pena prevista para o crime será aplicada sem prejuízo das correspondentes às infrações conexas.

5) **Vigência:** o crime do art. 232-A foi introduzido ao Código Penal pela Lei n. 13.445, de 24 de maio de 2017, a qual instituiu a Lei de Migração e revogou o Estatuto do Estrangeiro (Lei n. 6.815/80). Houve *vacatio legis* de 180 dias.

4. ULTRAJE PÚBLICO AO PUDOR

4.1. Ato obsceno (art. 233, CP)

1) **Descrição típica:** praticar ato obsceno em lugar público, ou aberto ou exposto ao público: *Pena* – detenção, de três meses a um ano, ou multa.

2) **Ato obsceno:** é aquele que, possuindo um mínimo de conotação sexual, atenta contra o sentimento médio de pudor da sociedade. Por exemplo, masturbação em via pública.

3) **Consumação:** o crime do art. 233, CP se consuma no momento da prática do ato obsceno. Não é necessário que o ato seja presenciado por outras pessoas, bastando a possibilidade de que isso ocorra.

4.2. Escrito ou objeto obsceno (art. 234, CP)

1) **Descrição típica:** fazer, importar, exportar, adquirir ou ter sob sua guarda, para fim de comércio, de distribuição ou de exposição pública, escrito, desenho, pintura, estampa ou qualquer objeto obsceno: *Pena* – detenção, de seis meses a dois anos, ou multa.

2) **Forma equiparada (parágrafo único):** incorre na mesma pena quem: I – vende, distribui ou expõe à venda ou ao público qualquer dos objetos referidos neste artigo; II – realiza, em lugar público ou acessível ao público, representação teatral, ou exibição cinematográfica de caráter obsceno, ou qualquer outro espetáculo, que tenha o mesmo caráter; III – realiza, em lugar público ou acessível ao público, ou pelo rádio, audição ou recitação de caráter obsceno.

3) **Elemento subjetivo especial:** além do dolo (dolo geral), o crime do art. 234, CP também exige o elemento subjetivo especial (dolo específico), consistente no "fim de comércio, de distribuição ou de exposição pública".

CAPÍTULO VII
CRIMES CONTRA A FAMÍLIA

1. CRIMES CONTRA O CASAMENTO

1.1. Bigamia (art. 235, CP)

1) **Descrição típica:** contrair alguém, sendo casado, novo casamento: *Pena* – reclusão, de dois a seis anos.

2) **Exceção à teoria monista do concurso de pessoas (§ 1º):** aquele que, não sendo casado, contrai casamento com pessoa casada, conhecendo essa circunstância, é punido com reclusão ou detenção, de um a três anos. Trata-se da **única hipótese de ação privada personalíssima** do ordenamento jurídico brasileiro.

3) **Exclusão da tipicidade (§ 2º):** anulado por qualquer motivo o primeiro casamento, ou o outro por motivo que não a bigamia, considera-se inexistente o crime.

1.2. Induzimento a erro essencial e ocultação de impedimento (art. 236, CP)

1) **Descrição típica:** contrair casamento, induzindo em erro essencial o outro contraente, ou ocultando-lhe impedimento que não seja casamento anterior: *Pena* – detenção, de seis meses a dois anos.

2) **Ação penal (parágrafo único):** a ação penal depende de queixa do contraente enganado e não pode ser intentada senão depois de transitar em julgado a sentença que, por motivo de erro ou impedimento, anule o casamento. Trata-se da **única hipótese de ação privada personalíssima** do ordenamento jurídico brasileiro.

1.3. Conhecimento prévio de impedimento (art. 237, CP)

Descrição típica: contrair casamento, conhecendo a existência de impedimento que lhe cause a nulidade absoluta: *Pena* – detenção, de três meses a um ano.

De acordo com o art. 237 do Código Penal, é crime "Contrair casamento, conhecendo a existência de impedimento que lhe cause a nulidade absoluta". O Direito Penal, neste ponto, deve dialogar com o **Direito Civil**, já que os impedimentos mencionados no referido tipo penal estão arrolados no art. 1.521 do Código Civil: "Não podem casar: I – os ascendentes com os descendentes, seja o parentesco natural ou civil; II – os afins em linha reta; III – o adotante com quem foi cônjuge do adotado e o adotado com quem o foi do adotante; IV – os irmãos, unilaterais ou bilaterais, e demais colaterais, até o terceiro grau inclusive; V – o adotado com o filho do adotante; VI – as pessoas casadas; VII – o cônjuge sobrevivente com o condenado por homicídio ou tentativa de homicídio contra o seu consorte".

1.4. Simulação de autoridade para celebração de casamento (art. 238, CP)

Descrição típica: atribuir-se falsamente autoridade para celebração de casamento: *Pena* – detenção, de um a três anos, se o fato não constitui crime mais grave.

1.5. Simulação de casamento (art. 239, CP)

Descrição típica: simular casamento mediante engano de outra pessoa: *Pena* – detenção, de um a três anos, se o fato não constitui elemento de crime mais grave.

2. CRIMES CONTRA O ESTADO DE FILIAÇÃO

2.1. Registro de nascimento inexistente (art. 241, CP)

Descrição típica: promover no registro civil a inscrição de nascimento inexistente: *Pena* – reclusão, de dois a seis anos.

2.2. Parto suposto. Supressão ou alteração de direito inerente ao estado civil de recém-nascido (art. 242, CP)

1) **Descrição típica:** dar parto alheio como próprio; registrar como seu o filho de outrem; ocultar recém-nascido ou substituí-lo, suprimindo ou alterando direito inerente ao estado civil: *Pena* – reclusão, de dois a seis anos.

2) **Forma privilegiada e perdão judicial (parágrafo único):** se o crime é praticado por motivo de reconhecida nobreza: *Pena* – detenção, de um a dois anos, podendo o juiz deixar de aplicar a pena.

2.3. Sonegação de estado de filiação (art. 243, CP)

Descrição típica: deixar em asilo de expostos ou outra instituição de assistência filho próprio ou alheio, ocultando-lhe a filiação ou atribuindo-lhe outra, com o fim de prejudicar direito inerente ao estado civil: *Pena* – reclusão, de um a cinco anos, e multa.

3. CRIMES CONTRA A ASSISTÊNCIA FAMILIAR

3.1. Abandono material (art. 244, CP)

1) **Descrição típica:** deixar, sem justa causa, de prover a subsistência do cônjuge, ou de filho menor de 18 anos ou inapto para o trabalho, ou de ascendente inválido ou maior de 60 anos, não lhes proporcionando os recursos necessários ou faltando ao pagamento de pensão alimentícia judicialmente acordada, fixada ou majorada; deixar, sem justa causa, de socorrer descendente ou ascendente, gravemente enfermo: *Pena* – detenção, de 1 a 4 anos e multa, de uma a dez vezes o maior salário mínimo vigente no País.

2) **Forma equiparada (parágrafo único):** nas mesmas penas incide quem, sendo solvente, frustra ou ilide, de qualquer modo, inclusive por abandono injustificado de emprego ou função, o pagamento de pensão alimentícia judicialmente acordada, fixada ou majorada.

3.2. Entrega de filho menor a pessoa inidônea (art. 245, CP)

1) **Descrição típica:** entregar filho menor de 18 anos a pessoa em cuja companhia saiba ou deva saber que o menor fica moral ou materialmente em perigo: *Pena* – detenção, de 1 a 2 anos.

2) **Forma qualificada (§§ 1º e 2º):** a pena é de 1 a 4 anos de reclusão, se o agente pratica delito para obter lucro, ou se o menor é enviado para o exterior (§ 1º); incorre, também, na pena do parágrafo anterior quem, embora excluído o perigo moral ou material, auxilia a efetivação de ato destinado ao envio de menor para o exterior, com o fito de obter lucro (§ 2º).

3.3. Abandono intelectual (art. 246, CP)

Descrição típica: deixar, sem justa causa, de prover à instrução primária de filho em idade escolar: *Pena* – detenção, de quinze dias a um mês, ou multa.

3.4. Abandono moral (art. 247, CP)

Descrição típica: permitir alguém que menor de dezoito anos, sujeito a seu poder ou confiado à sua guarda ou vigilância: I – frequente casa de jogo ou mal-afamada, ou conviva com pessoa viciosa ou de má vida; II – frequente espetáculo capaz de pervertê-lo ou de ofender-lhe o pudor, ou participe de representação de igual natureza; III – resida ou trabalhe em casa de prostituição; IV – mendigue ou sirva a mendigo para excitar a comiseração pública: *Pena* – detenção, de um a três meses, ou multa.

4. CRIMES CONTRA O PÁTRIO PODER, TUTELA OU CURATELA

Obs.: atualmente o Código Civil (art. 1.630) utiliza a expressão "poder familiar", e não "pátrio poder".

4.1. Induzimento a fuga, entrega arbitrária ou sonegação de incapazes (art. 248, CP)

Descrição típica: induzir menor de dezoito anos, ou interdito, a fugir do lugar em que se acha por determinação de quem sobre ele exerce autoridade, em virtude de lei ou de ordem judicial; confiar a outrem sem ordem do pai, do tutor ou do curador algum menor de dezoito anos ou interdito, ou deixar, sem justa causa, de entregá-lo a quem legitimamente o reclame: *Pena* – detenção, de um mês a um ano, ou multa.

4.2. Subtração de incapazes (art. 249, CP)

1) **Descrição típica:** subtrair menor de dezoito anos ou interdito ao poder de quem o tem sob sua guarda em virtude de lei ou de ordem judicial: *Pena* – detenção, de dois meses a dois anos, se o fato não constitui elemento de outro crime.

2) **Perdão judicial (§ 2º):** no caso de restituição do menor ou do interdito, se este não sofreu

maus-tratos ou privações, o juiz pode deixar de aplicar pena.

CAPÍTULO VIII
CRIMES CONTRA A INCOLUMIDADE PÚBLICA

1. CRIMES DE PERIGO COMUM

1.1. Incêndio (art. 250, CP)

1) **Descrição típica:** causar incêndio, expondo a perigo a vida, a integridade física ou o patrimônio de outrem: *Pena* – reclusão, de três a seis anos, e multa.
2) **Crime de perigo comum ou coletivo:** expõe a perigo um número indeterminado de pessoas.
3) **Crime de perigo concreto:** a situação de perigo deve ser concretamente demonstrada nos autos.
4) **Forma culposa (§ 2º):** se culposo o incêndio, é pena de detenção, de seis meses a dois anos.
5) **Crime ambiental (art. 41, Lei n. 9.605/98):** provocar incêndio em mata ou floresta: *Pena* – reclusão, de dois a quatro anos, e multa. Nesse caso não se exige que o incêndio cause perigo à vida, integridade física ou patrimônio de outrem.

1.2. Explosão (art. 251, CP)

1) **Descrição típica:** expor a perigo a vida, a integridade física ou o patrimônio de outrem, mediante explosão, arremesso ou simples colocação de engenho de dinamite ou de substância de efeitos análogos: *Pena* – reclusão, de três a seis anos, e multa.
2) **Forma culposa (§ 3º):** no caso de culpa, se a explosão é de dinamite ou substância de efeitos análogos, a pena é de detenção, de seis meses a dois anos; nos demais casos, é de detenção, de três meses a um ano.

Atenção: explosão de caixas eletrônicos para subtração de valores.
Discutia-se se havia dois crimes em concurso material (furto + explosão) ou crime único em face do princípio da consunção (furto). Com o advento da Lei n. 13.654/2018 (vigência a partir de 24-4-2018), o fato caracteriza somente o delito de furto qualificado.
Descreve o art. 155, § 4º-A, do CP: "A pena é de reclusão de 4 a 10 anos e multa, se houver emprego de explosivo ou de artefato análogo que cause perigo comum".

1.3. Uso de gás tóxico ou asfixiante (art. 252, CP)

1) **Descrição típica:** expor a perigo a vida, a integridade física ou o patrimônio de outrem, usando de gás tóxico ou asfixiante: *Pena* – reclusão, de um a quatro anos, e multa.
2) **Forma culposa (parágrafo único):** se o crime é culposo: *Pena* – detenção, de três meses a um ano.

1.4. Fabrico, fornecimento, aquisição, posse ou transporte de explosivos ou gás tóxico, ou asfixiante (art. 253, CP)

Descrição típica: fabricar, fornecer, adquirir, possuir ou transportar, sem licença da autoridade, substância ou engenho explosivo, gás tóxico ou asfixiante, ou material destinado à sua fabricação: *Pena* – detenção, de seis meses a dois anos, e multa.

1.5. Inundação (art. 254, CP)

Descrição típica: causar inundação, expondo a perigo a vida, a integridade física ou o patrimônio de outrem: *Pena* – reclusão, de três a seis anos, e multa, no caso de **dolo**, ou detenção, de seis meses a dois anos, no caso de **culpa**.

1.6. Perigo de inundação (art. 255, CP)

Descrição típica: remover, destruir ou inutilizar, em prédio próprio ou alheio, expondo a perigo a vida, a integridade física ou o patrimônio de outrem, obstáculo natural ou obra destinada a impedir inundação: *Pena* – reclusão, de um a três anos, e multa.

1.7. Desabamento ou desmoronamento (art. 256, CP)

1) **Descrição típica:** causar desabamento ou desmoronamento, expondo a perigo a vida, a integridade física ou o patrimônio de outrem: *Pena* – reclusão, de um a quatro anos, e multa.
2) **Forma culposa (parágrafo único):** se o crime é culposo: *Pena* – detenção, de seis meses a um ano.

1.8. Subtração, ocultação ou inutilização de material de salvamento (art. 257, CP)

Descrição típica: subtrair, ocultar ou inutilizar, por ocasião de incêndio, inundação, naufrágio, ou outro desastre ou calamidade, aparelho, material ou qualquer meio destinado a serviço de combate ao perigo, de socorro ou salvamento; ou impedir ou dificultar serviço de tal natureza: *Pena* – reclusão, de dois a cinco anos, e multa.

1.9. Difusão de doença ou praga (art. 259, CP)

1) **Descrição típica:** difundir doença ou praga que possa causar dano a floresta, plantação ou animais de utilidade econômica: *Pena* – reclusão, de dois a cinco anos, e multa.
2) **Forma culposa (parágrafo único):** no caso de culpa, a pena é de detenção, de um a seis meses, ou multa.
3) **Revogação tácita:** há posicionamento no sentido de que o art. 259, CP foi revogado tacitamente pelo art. 61 da Lei dos Crimes Ambientais (Lei n. 9.605/98): disseminar doença ou praga ou espécies que possam causar dano à agricultura, à pecuária, à fauna, à flora ou aos ecossistemas: *Pena* – reclusão, de um a quatro anos, e multa.

2. CRIMES CONTRA A SEGURANÇA DOS MEIOS DE COMUNICAÇÃO E TRANSPORTE E OUTROS SERVIÇOS PÚBLICOS

2.1. Perigo de desastre ferroviário (art. 260, CP)

1) **Descrição típica:** impedir ou perturbar serviço de estrada de ferro: I – destruindo, danificando ou desarranjando, total ou parcialmente, linha férrea, material rodante ou de tração, obra-de-arte ou instalação; II – colocando obstáculo na linha; III – transmitindo falso aviso acerca do movimento dos veículos ou interrompendo ou embaraçando o funcionamento de telégrafo, telefone ou radiotelegrafia; IV – praticando outro ato de que possa resultar desastre: *Pena* – reclusão, de dois a cinco anos, e multa.
2) **Desastre ferroviário (§ 1º):** se do fato resulta desastre: *Pena* – reclusão, de quatro a doze anos, e multa.
3) **Forma culposa (§ 2º):** no caso de culpa, ocorrendo desastre: *Pena* – detenção, de seis meses a dois anos.
4) **Norma explicativa (§ 3º):** para os efeitos deste artigo, entende-se por ***estrada de ferro*** qualquer via de comunicação em que circulem veículos de tração mecânica, em trilhos ou por meio de cabo aéreo.

2.2. Atentado contra a segurança de transporte marítimo, fluvial ou aéreo (art. 261, CP)

1) **Descrição típica:** expor a perigo embarcação ou aeronave, própria ou alheia, ou praticar qualquer ato tendente a impedir ou dificultar navegação marítima, fluvial ou aérea: *Pena* – reclusão, de dois a cinco anos.
2) **Sinistro em transporte marítimo, fluvial ou aéreo (§ 1º):** se do fato resulta naufrágio, submersão ou encalhe de embarcação ou a queda ou destruição de aeronave: *Pena* – reclusão, de quatro a doze anos.
3) **Fim de lucro (§ 2º):** aplica-se, também, a pena de multa, se o agente pratica o crime com intuito de obter vantagem econômica, para si ou para outrem.
4) **Forma culposa (§ 3º):** no caso de culpa, se ocorre o sinistro: *Pena* – detenção, de seis meses a dois anos.

2.3. Atentado contra a segurança de outro meio de transporte (art. 262, CP)

1) **Descrição típica:** expor a perigo outro meio de transporte público, impedir-lhe ou dificultar-lhe o funcionamento: *Pena* – detenção, de um a dois anos.
2) **Desastre (§ 1º):** se do fato resulta desastre, a pena é de reclusão, de dois a cinco anos.
3) **Forma culposa (§ 2º):** no caso de culpa, se ocorre desastre: *Pena* – detenção, de três meses a um ano.

2.4. Arremesso de projétil (art. 264, CP)

1) **Descrição típica:** arremessar projétil contra veículo, em movimento, destinado ao transporte público por terra, por água ou pelo ar: *Pena* – detenção, de um a seis meses.
2) **Forma qualificada (parágrafo único):** se do fato resulta lesão corporal, a pena é de detenção, de seis meses a dois anos; se resulta morte, a pena é a do art. 121, § 3º, aumentada de um terço.

2.5. Atentado contra a segurança de serviço de utilidade pública (art. 265, CP)

1) **Descrição típica:** atentar contra a segurança ou o funcionamento de serviço de água, luz, força ou calor, ou qualquer outro de utilidade pública: *Pena* – reclusão, de um a cinco anos, e multa.
2) **Forma majorada (parágrafo único):** a pena é aumentada de um terço até a metade se o dano ocorrer em virtude de subtração de material essencial ao funcionamento dos serviços.

2.6. Interrupção ou perturbação de serviço telegráfico, telefônico, informático, telemático ou de informação de utilidade pública (art. 266, CP)

1) **Descrição típica:** interromper ou perturbar serviço telegráfico, radiotelegráfico ou telefônico, impedir ou dificultar-lhe o restabelecimento: *Pena* – detenção, de um a três anos, e multa.
2) **Forma equiparada (§ 1º):** incorre na mesma pena quem interrompe serviço telemático ou de informação de utilidade pública, ou impede ou dificulta-lhe o restabelecimento.
3) **Forma majorada (§ 2º):** aplicam-se as penas em dobro se o crime é cometido por ocasião de calamidade pública.

3. CRIMES CONTRA A SAÚDE PÚBLICA

3.1. Epidemia (art. 267, CP)

1) **Descrição típica:** causar epidemia, mediante a propagação de germes patogênicos: *Pena* – reclusão, de dez a quinze anos.
2) **Resultado morte (§ 1º):** se do fato resulta morte, a pena é aplicada em dobro.

O crime de epidemia com resultado morte é **hediondo** (art. 1º, VII, Lei n. 8.072/90).

3) **Forma culposa (§ 2º):** no caso de culpa, a pena é de detenção, de um a dois anos, ou, se resulta morte, de dois a quatro anos.

3.2. Infração de medida sanitária preventiva (art. 268, CP)

1) **Descrição típica:** infringir determinação do poder público, destinada a impedir a introdução ou propagação de doença contagiosa: *Pena* – detenção, de um mês a um ano, e multa.
2) **Forma majorada (parágrafo único):** a pena é aumentada de um terço, se o agente é funcionário da saúde pública ou exerce a profissão de médico, farmacêutico, dentista ou enfermeiro.

3.3. Omissão de notificação de doença (art. 269, CP)

1) **Descrição típica:** deixar o médico de denunciar à autoridade pública doença cuja notificação é compulsória: *Pena* – detenção, de seis meses a dois anos, e multa.
2) **Crime próprio:** somente pode ser praticado por médico.
3) **Norma penal em branco:** o conteúdo do crime necessita ser complementado. O SINAN (Sistema de Informação de Agravos de Notificação) recebe as informações de casos de doenças e agravos que constam da lista nacional de doenças de notificação compulsória.

3.4. Envenenamento de água potável ou de substância alimentícia ou medicinal (art. 270, CP)

1) **Descrição típica:** envenenar água potável, de uso comum ou particular, ou substância alimentícia ou medicinal destinada a consumo: *Pena* – reclusão, de dez a quinze anos.

Mesmo que haja resultado morte, o crime do art. 270 do CP *não é hediondo*.

2) **Forma culposa (§ 2º):** se o crime é culposo: *Pena* – detenção, de seis meses a dois anos.

3.5. Corrupção ou poluição de água potável (art. 271, CP)

1) **Descrição típica:** corromper ou poluir água potável, de uso comum ou particular, tornando-a imprópria para consumo ou nociva à saúde: *Pena* – reclusão, de dois a cinco anos.
2) **Forma culposa (parágrafo único):** se o crime é culposo: *Pena* – detenção, de dois meses a um ano.

3.6. Falsificação, corrupção, adulteração ou alteração de substância ou produtos alimentícios (art. 272, CP)

1) **Descrição típica:** corromper, adulterar, falsificar ou alterar substância ou produto alimentício destinado a consumo, tornando-o nociva à saúde ou reduzindo-lhe o valor nutritivo: *Pena* – reclusão, de 4 a 8 anos, e multa.
2) **Forma equiparada (§§ 1º-A e 1º):** incorre nas penas deste artigo quem fabrica, vende, expõe à venda, importa, tem em depósito para vender ou, de qualquer forma, distribui ou entrega a consumo a substância alimentícia ou o produto falsificado, corrompido ou adulterado (§ 1º-A). Está sujeito às mesmas penas quem pratica as ações previstas neste artigo em relação a bebidas, com ou sem teor alcoólico (§ 1º).
3) **Forma culposa (§ 2º):** se o crime é culposo: *Pena* – detenção, de 1 a 2 anos, e multa.

3.7. Falsificação, corrupção, adulteração ou alteração de produto destinado a fins terapêuticos ou medicinais (art. 273, CP)

1) **Descrição típica:** falsificar, corromper, adulterar ou alterar produto destinado a fins terapêuticos ou medicinais: *Pena* – reclusão, de 10 a 15 anos, e multa.
2) **Forma equiparada (§ 1º-B):** está sujeito às penas deste artigo quem pratica as ações previstas no § 1º em relação a produtos em qualquer das seguintes condições: I – sem registro, quando exigível, no órgão de vigilância sanitária competente; II – em desacordo com a fórmula constante do registro previsto no inciso anterior; III – sem as características de identidade e qualidade admitidas para a sua comercialização; IV – com redução de seu valor terapêutico ou de sua atividade; V – de procedência ignorada; VI – adquiridos de estabelecimento sem licença da autoridade sanitária competente.
3) **Hediondez:** conforme o art. 1º, VII-B, Lei n. 8.072/90, o crime do art. 273, *caput* e § 1º, § 1º-A e § 1º-B do CP é hediondo.
4) **Inconstitucionalidade do preceito secundário (pena):** a Corte Especial do STJ, no julgamento da AI no HC 239.363, reconheceu a *desproporcionalidade* do preceito secundário do art. 273 do Código Penal, declarando sua *inconstitucionalidade*, passando a aplicar a pena do crime de tráfico de drogas (art. 33 da Lei n. 11.343/2006).

> **STJ – AgRg no REsp 1.710.632, *DJe* 27-3-2018**
> No âmbito do HC n. 239.363/PR, a Corte Especial do Superior Tribunal de Justiça **julgou inconstitucional o preceito secundário do art. 273, § 1º-B, do Código Penal**, determinando a aplicação da pena prevista no art. 33 da Lei 11.343/2006, com a **possibilidade de se aplicar a minorante do § 4º do referido dispositivo,** de modo que o acórdão recorrido destoa da jurisprudência desta Corte, conforme operado na presente hipótese.

5) **Forma culposa (§ 2º):** se o crime é culposo: *Pena* – detenção, de 1 a 3 anos, e multa.

3.8. Emprego de processo proibido ou de substância não permitida (art. 274, CP)

Descrição típica: empregar, no fabrico de produto destinado a consumo, revestimento, gaseificação artificial, matéria corante, substância aromática, antisséptica, conservadora ou qualquer outra não expressamente permitida pela legislação sanitária: *Pena* – reclusão, de 1 (um) a 5 (cinco) anos, e multa.

3.9. Invólucro ou recipiente com falsa indicação (art. 275, CP)

Descrição típica: inculcar, em invólucro ou recipiente de produtos alimentícios, terapêuticos ou medicinais, a existência de substância que não se encontra em seu conteúdo ou que nele existe em quantidade menor que a mencionada: *Pena* – reclusão, de 1 a 5 anos, e multa.

3.10. Produto ou substância nas condições dos dois artigos anteriores (art. 276, CP)

Descrição típica: vender, expor à venda, ter em depósito para vender ou, de qualquer forma, entregar a consumo produto nas condições dos arts. 274 e 275: *Pena* – reclusão, de 1 a 5 anos, e multa.

3.11. Substância destinada à falsificação (art. 277, CP)

Descrição típica: vender, expor à venda, ter em depósito ou ceder substância destinada à falsificação de produtos alimentícios, terapêuticos ou medicinais: *Pena* – reclusão, de 1 a 5 anos, e multa.

3.12. Outras substâncias nocivas à saúde pública (art. 278, CP)

1) **Descrição típica:** fabricar, vender, expor à venda, ter em depósito para vender ou, de qualquer forma, entregar a consumo coisa ou substância nociva à saúde, ainda que não destinada à alimentação ou a fim medicinal: *Pena* – detenção, de um a três anos, e multa.
2) **Forma culposa (parágrafo único):** se o crime é culposo: *Pena* – detenção, de dois meses a um ano.

3.13. Medicamento em desacordo com receita médica (art. 280, CP)

1) **Descrição típica:** fornecer substância medicinal em desacordo com receita médica: *Pena* – detenção, de um a três anos, ou multa.
2) **Forma culposa (parágrafo único):** se o crime é culposo: *Pena* – detenção, de dois meses a um ano.

3.14. Exercício ilegal da medicina, arte dentária ou farmacêutica (art. 282, CP)

1) **Descrição típica:** exercer, ainda que a título gratuito, a profissão de médico, dentista ou farmacêutico, sem autorização legal ou excedendo-lhe os limites: *Pena* – detenção, de seis meses a dois anos.

2) **Fim de lucro (parágrafo único):** se o crime é praticado com o fim de lucro, aplica-se também multa.

3.15. Charlatanismo (art. 283, CP)

1) **Descrição típica:** inculcar ou anunciar cura por meio secreto ou infalível: *Pena* – detenção, de três meses a um ano, e multa.
2) **Crime de perigo comum ou coletivo:** coloca em risco um número indeterminado de pessoas.
3) **Crime de perigo abstrato:** não há necessidade de que o perigo seja demonstrado no caso concreto, pois vem presumido pelo legislador.

3.16. Curandeirismo (art. 284, CP)

1) **Descrição típica:** exercer o curandeirismo: I – prescrevendo, ministrando ou aplicando, habitualmente, qualquer substância; II – usando gestos, palavras ou qualquer outro meio; III – fazendo diagnósticos: *Pena* – detenção, de seis meses a dois anos.

   Como o charlatanismo, também o curandeirismo é um delito de perigo comum e de perigo abstrato.
2) **Crime habitual:** o delito de curandeirismo se consuma com o exercício habitual e reiterado dos atos citados no art. 284, CP.

CAPÍTULO IX
CRIMES CONTRA A PAZ PÚBLICA

1. INCITAÇÃO AO CRIME (ART. 286, CP)

1) **Descrição típica:** incitar, publicamente, a prática de crime: *Pena* – detenção, de três a seis meses, ou multa.
2) **Crime de forma livre:** a incitação pode ser praticada por meio de palavra, escrito ou gesto.
3) **Contravenção penal:** não configura o delito do art. 286 se a incitação for de contravenção penal.

2. APOLOGIA DE CRIME OU CRIMINOSO (ART. 287, CP)

1) **Descrição típica:** fazer, publicamente, apologia de fato criminoso ou de autor de crime: *Pena* – detenção, de três a seis meses, ou multa.
2) **Contravenção penal:** se o fato é previsto como contravenção não configura o delito.
3) **Defesa da legalização das drogas:** "Por entender que o exercício dos direitos fundamentais de reunião e de livre manifestação do pensamento devem ser garantidos a todas as pessoas, o Plenário julgou procedente pedido formulado em ADPF para dar, ao art. 287 do CP, com efeito vinculante, interpretação conforme a CF, de forma a ***excluir qualquer exegese que possa ensejar a criminalização da defesa da legalização das drogas***, ou de qualquer substância entorpecente específica, inclusive através de manifestações e eventos públicos" (STF, Pleno, ADPF 187, j. 15-6-2011). *Informativo* n. 631, STF.

3. ASSOCIAÇÃO CRIMINOSA (ART. 288, CP)

1) **Descrição típica:** associarem-se **3 ou mais pessoas**, para o fim específico de cometer crimes: *Pena* – reclusão, de 1 (um) a 3 (três) anos.

   Antes da redação atual, conferida pela Lei n. 12.850/2013, o crime do art. 288, CP era denominado de "quadrilha ou bando".
2) **Elementos do crime:** (a) concurso necessário de três ou mais pessoas; (b) finalidade específica voltada ao cometimento de crimes; e (c) estabilidade e permanência da associação. Obs.: se a associação for para a prática de *contravenções penais*, não incide o art. 288, CP.
3) **Crime formal:** a consumação ocorrerá independentemente da realização do fim buscado (prática ulterior de qualquer crime). Se ocorrer a prática de um dos delitos visados, haverá concurso de crimes.
4) **Forma majorada (parágrafo único):** a pena aumenta-se até a metade se a associação é armada ou se houver a participação de criança ou adolescente.
5) **Associação para o tráfico (art. 35, Lei n. 11.343/2006):** associarem-se **2 ou mais pessoas** para o fim de praticar, reiteradamente ou não, qualquer dos crimes previstos nos arts. 33, *caput* e § 1º, e 34, Lei n. 11.343/2006.
6) **Organização criminosa:** de acordo com o art. 1º, § 1º, Lei n. 12.850/2013, considera-se organização criminosa a associação de **4 ou mais pessoas** estruturalmente ordenada e caracterizada pela divisão de tarefas, ainda que informalmente, com objetivo de obter, direta ou indiretamen-

te, vantagem de qualquer natureza, mediante a prática de infrações penais cujas penas máximas sejam superiores a 4 anos, ou que sejam de caráter transnacional.

4. CONSTITUIÇÃO DE MILÍCIA PRIVADA (ART. 288-A, CP)

1) **Descrição típica:** constituir, organizar, integrar, manter ou custear organização paramilitar, milícia particular, grupo ou esquadrão com a finalidade de praticar qualquer dos crimes previstos no Código Penal: *Pena* – reclusão, de 4 a 8 anos.
2) **Tipo penal aberto:** o art. 288 não definiu o que é "organização paramilitar", "milícia particular", "grupo" e "esquadrão", deixando tal tarefa para o intérprete.
3) **Elemento subjetivo especial:** "com a finalidade de praticar qualquer dos crimes previstos no Código Penal".

CAPÍTULO X
CRIMES CONTRA FÉ PÚBLICA

1. MOEDA FALSA

1.1. Moeda falsa (art. 289, CP)

1) **Descrição típica:** falsificar, fabricando-a ou alterando-a, moeda metálica ou papel-moeda de curso legal no País ou no estrangeiro: *Pena* – reclusão, de três a doze anos, e multa.
2) **Forma equiparada (§ 1º):** nas mesmas penas incorre quem, por conta própria ou alheia, importa ou exporta, adquire, vende, troca, cede, empresta, guarda ou introduz na circulação moeda falsa.
3) **Forma privilegiada (§ 2º):** quem, tendo recebido de boa-fé, como verdadeira, moeda falsa ou alterada, a restitui à circulação, depois de conhecer a falsidade, é punido com detenção, de seis meses a dois anos, e multa.
4) **Forma qualificada (§ 3º):** é punido com reclusão, de três a quinze anos, e multa, o funcionário público ou diretor, gerente, ou fiscal de banco de emissão que fabrica, emite ou autoriza a fabricação ou emissão: I – de moeda com título ou peso inferior ao determinado em lei; II – de papel-moeda em quantidade superior à autorizada.
5) **Falsificação de várias moedas no mesmo contexto fático:** haverá *crime único*, devendo a quantidade de moedas falsificadas ser valorada como circunstância negativa quando da fixação da pena-base (art. 59, CP).
6) **Falsificação grosseira:** haverá crime impossível (art. 17, CP).
7) **Princípio da insignificância:** *não incide* no crime de moeda falsa, pois o bem tutelado é a fé pública, e não o patrimônio.
8) **Competência:** Justiça Federal.

1.2. Crimes assimilados ao de moeda falsa (art. 290, CP)

Descrição típica: formar cédula, nota ou bilhete representativo de moeda com fragmentos de cédulas, notas ou bilhetes verdadeiros; suprimir, em nota, cédula ou bilhete recolhidos, para o fim de restituí-los à circulação, sinal indicativo de sua inutilização; restituir à circulação cédula, nota ou bilhete em tais condições, ou já recolhidos para o fim de inutilização: *Pena* – reclusão, de dois a oito anos, e multa.

1.3. Petrechos para falsificação de moeda (art. 291, CP)

Descrição típica: fabricar, adquirir, fornecer, a título oneroso ou gratuito, possuir ou guardar maquinismo, aparelho, instrumento ou qualquer objeto especialmente destinado à falsificação de moeda: *Pena* – reclusão, de dois a seis anos, e multa.

1.4. Emissão de título ao portador sem permissão legal (art. 292, CP)

Descrição típica: emitir, sem permissão legal, nota, bilhete, ficha, vale ou título que contenha promessa de pagamento em dinheiro ao portador ou a que falte indicação do nome da pessoa a quem deva ser pago: *Pena* – detenção, de um a seis meses, ou multa.

2. FALSIDADE DE TÍTULOS E OUTROS PAPÉIS PÚBLICOS

2.1. Falsificação de papéis públicos (art. 293, CP)

Descrição típica: falsificar, fabricando-os ou alterando-os: I – selo destinado a controle tributário, papel selado ou qualquer papel de emissão legal destinado à arrecadação de tributo; II – papel de crédito público que não seja moeda de curso legal; III – vale postal; IV – cautela de penhor, caderneta de depósito de caixa econômica ou de outro estabelecimento mantido por entidade de direito público; V – talão, recibo, guia, alvará ou qualquer outro documento relativo a arrecadação de rendas públicas ou a depósito ou caução por que o poder público seja responsável; VI – bilhete, passe ou conhecimento de empresa de transporte administrada pela União, por Estado ou por Município: *Pena* – reclusão, de dois a oito anos, e multa.

2.2. Petrechos de falsificação (art. 294, CP)

Descrição típica: fabricar, adquirir, fornecer, possuir ou guardar objeto especialmente destinado à falsificação de qualquer dos papéis referidos no artigo anterior: *Pena* – reclusão, de um a três anos, e multa.

3. FALSIDADE DOCUMENTAL

3.1. Falsificação do selo ou sinal público (art. 296, CP)

Descrição típica: falsificar, fabricando-os ou alterando-os: I – selo público destinado a autenticar atos oficiais da União, de Estado ou de Município; II – selo ou sinal atribuído por lei a entidade de direito público, ou a autoridade, ou sinal público de tabelião: *Pena* – reclusão, de dois a seis anos, e multa.

3.2. Falsificação de documento público (art. 297, CP)

1) **Descrição típica:** falsificar, no todo ou em parte, documento público, ou alterar documento público verdadeiro: *Pena* – reclusão, de dois a seis anos, e multa.
2) **Forma majorada (§ 1º):** se o agente é *funcionário público*, e comete o crime prevalecendo-se do cargo, aumenta-se a pena de sexta parte.
3) **Documento público:** é o elaborado por funcionário público competente, no exercício de suas atribuições, com a observância das formalidades legais.
4) **Documento público por equiparação (§ 2º):** para os efeitos penais, equiparam-se a documento público o emanado de entidade paraestatal, o título ao portador ou transmissível por endosso, as ações de sociedade comercial, os livros mercantis e o testamento particular.
5) **Princípio da consunção ou absorção:** de acordo com a **Súmula 17 do STJ**, quando o falso se exaure no estelionato, sem mais potencialidade lesiva, é por este absorvido. Ademais, conforme a **tese jurídica** fixada pelo STJ no julgamento do REsp 1.378.053 (*DJe* 15-8-2016): "Quando o falso se exaure no descaminho, sem mais potencialidade lesiva, é por este absorvido, como crime-fim, condição que não se altera por ser menor a pena a este cominada".

3.3. Falsificação de documento particular (art. 298, CP)

1) **Descrição típica:** falsificar, no todo ou em parte, documento particular ou alterar documento particular verdadeiro: *Pena* – reclusão, de um a cinco anos, e multa.
2) **Documento particular:** como a lei não o define, o seu conceito é obtido por exclusão. Documento particular é todo aquele que não é público.

Conforme o art. 298, parágrafo único, CP equipara-se a documento particular o **cartão de crédito ou débito.**

3.4. Falsidade ideológica ou intelectual (art. 299, CP)

1) **Descrição típica:** omitir, em documento público ou particular, declaração que dele devia constar, ou nele inserir ou fazer inserir declaração falsa ou diversa da que devia ser escrita, com o fim de prejudicar direito, criar obrigação ou alterar a verdade sobre fato juridicamente relevante: *Pena* – reclusão, de um a cinco anos, e multa, se o documento é público, e reclusão de um a três anos, e multa, se o documento é particular.
2) **Elemento subjetivo especial:** além do dolo (dolo genérico), o crime do art. 299, CP também exige o elemento subjetivo especial (dolo específico), consistente no "fim de prejudicar direito, criar obrigação ou alterar a verdade sobre fato juridicamente relevante".
3) **Forma majorada (parágrafo único):** se o agente é funcionário público, e comete o crime prevalecendo-se do cargo, ou se a falsificação ou alteração é de assentamento de registro civil, aumenta-se a pena de sexta parte.

Falsidade material (arts. 297 e 298, CP): o vício se refere **à forma** do documento e a **perícia é imprescindível**.
Falsidade ideológica (art. 299, CP): o vício se refere **ao conteúdo** do documento e a **perícia, em regra, é desnecessária**.

3.5. Falso reconhecimento de firma ou letra (art. 300, CP)

Descrição típica: reconhecer, como verdadeira, no exercício de função pública, firma ou letra que o não seja: *Pena* – reclusão, de um a cinco anos, e multa, se o documento é público, e de um a três anos, e multa, se o documento é particular.

3.6. Certidão ou atestado ideologicamente falso (art. 301, CP)

1) **Descrição típica:** atestar ou certificar falsamente, em razão de função pública, fato ou circunstância que habilite alguém a obter cargo público, isenção de ônus ou de serviço de caráter público, ou qualquer outra vantagem: *Pena* – detenção, de dois meses a um ano.
2) **Falsidade material de atestado ou certidão (§ 1º):** falsificar, no todo ou em parte, atestado ou certidão, ou alterar o teor de certidão ou de atestado verdadeiro, para prova de fato ou circunstância que habilite alguém a obter cargo público, isenção de ônus ou de serviço de caráter público, ou qualquer outra vantagem: *Pena* – detenção, de três meses a dois anos.
3) **Fim de lucro (§ 2º):** se o crime é praticado com o fim de lucro, aplica-se, além da pena privativa de liberdade, a de multa.

3.7. Falsidade de atestado médico (art. 302, CP)

1) **Descrição típica:** dar o médico, no exercício da sua profissão, atestado falso: *Pena* – detenção, de um mês a um ano.
2) **Crime próprio:** o delito do art. 301, CP somente pode ser praticado por médico.
3) **Fim de lucro (parágrafo único):** se o crime é cometido com o fim de lucro, aplica-se também multa.

3.8. Reprodução ou adulteração de selo ou peça filatélica (art. 303, CP)

Descrição típica: reproduzir ou alterar selo ou peça filatélica que tenha valor para coleção, salvo quando a reprodução ou a alteração está visivelmente anotada na face ou no verso do selo ou peça: *Pena* – detenção, de um a três anos, e multa.

3.9. Uso de documento falso (art. 304, CP)

Descrição típica: fazer uso de qualquer dos papéis falsificados ou alterados, a que se referem os arts. 297 a 302: *Pena* – a cominada à falsificação ou à alteração.

STJ – Súmula 104
Compete à Justiça Estadual o processo e julgamento dos crimes de falsificação e uso de documento falso relativo a estabelecimento particular de ensino.

STJ – Súmula 200
O Juízo Federal competente para processar e julgar acusado de crime de uso de passaporte falso é o do lugar onde o delito se consumou.

STJ – Súmula 546
A ***competência*** para processar e julgar o crime de uso de documento falso é firmada em razão da entidade ou órgão ao qual foi apresentado o documento público, não importando a qualificação do órgão expedidor.

3.10. Supressão de documento (art. 305, CP)

Descrição típica: destruir, suprimir ou ocultar, em benefício próprio ou de outrem, ou em prejuízo alheio, documento público ou particular verdadeiro, de que não podia dispor: *Pena* – reclusão, de dois a seis anos, e multa, se o documento é público, e reclusão, de um a cinco anos, e multa, se o documento é particular.

4. OUTRAS FALSIDADES

4.1. Falsificação do sinal empregado no contraste de metal precioso ou na fiscalização alfandegária, ou para outros fins (art. 306, CP)

Descrição típica: falsificar, fabricando-o ou alterando-o, marca ou sinal empregado pelo poder público no contraste de metal precioso ou na fiscalização alfandegária, ou usar marca ou sinal dessa natureza, falsificado por outrem: *Pena* – reclusão, de dois a seis anos, e multa.

4.2. Falsa identidade (art. 307, CP)

1) **Descrição típica:** atribuir-se ou atribuir a terceiro falsa identidade para obter vantagem, em proveito próprio ou alheio, ou para causar dano a outrem: *Pena* – detenção, de três meses a um ano, ou multa, se o fato não constitui elemento de crime mais grave.
2) **Identificação falsa perante a autoridade policial:** o Pleno do STF (RE 640.139) decidiu que o princípio constitucional da autodefesa **não alcança** aquele que se atribui falsa identidade perante autoridade policial com o intento de ocultar maus antecedentes, sendo, portanto, típica a conduta praticada pelo agente. No mesmo sentido a Súmula 522 do STJ.

STJ – Súmula 522
A conduta de atribuir-se falsa identidade perante autoridade policial é típica, ainda que em situação de alegada autodefesa.

4.3. Uso de documento de identidade (art. 308, CP)

Descrição típica: usar, como próprio, passaporte, título de eleitor, caderneta de reservista ou qualquer documento de identidade alheia ou ceder a outrem, para que dele se utilize, documento dessa natureza, próprio ou de terceiro: *Pena* – detenção, de quatro meses a dois anos, e multa, se o fato não constitui elemento de crime mais grave.

4.4. Fraude de lei sobre estrangeiro (art. 309, CP)

Descrição típica: usar o estrangeiro, para entrar ou permanecer no território nacional, nome que não é o seu: *Pena* – detenção, de um a três anos, e multa.

4.5. Falsidade em prejuízo da nacionalização de sociedade (art. 310, CP)

Descrição típica: prestar-se a figurar como proprietário ou possuidor de ação, título ou valor pertencente a estrangeiro, nos casos em que a este é vedada por lei a propriedade ou a posse de tais bens: *Pena* – detenção, de seis meses a três anos, e multa.

4.6. Adulteração de sinal identificador de veículo automotor (art. 311, CP)

1) **Descrição típica:** adulterar ou remarcar número de chassi ou qualquer sinal identificador de veículo automotor, de seu componente ou equipamento: *Pena* – reclusão, de três a seis anos, e multa.
2) **Forma majorada (§ 1º):** se o agente comete o crime no exercício da *função pública* ou em razão dela, a pena é aumentada de um terço.

5. FRAUDES EM CERTAMES DE INTERESSE PÚBLICO

5.1. Fraudes em certames de interesse público (art. 311-A, CP)

1) **Descrição típica:** utilizar ou divulgar, indevidamente, com o fim de beneficiar a si ou a outrem, ou de comprometer a credibilidade do certame, conteúdo sigiloso de: I – concurso público; II – avaliação ou exame públicos; III – processo seletivo para ingresso no ensino superior; ou IV – exame ou processo seletivo previstos em lei: *Pena* – reclusão, de 1 a 4 anos, e multa.
2) **Forma qualificada (§ 2º):** se da ação ou omissão resulta dano à administração pública: *Pena* – reclusão, de 2 a 6 anos, e multa.
3) **Forma majorada (§ 3º):** aumenta-se a pena de 1/3 se o fato é cometido por funcionário público.
4) **"Cola eletrônica":** o art. 311-A foi acrescentado ao Código Penal pela Lei n. 12.550/2011. Antes disso, a chamada "cola eletrônica" era conduta *atípica* para STF e STJ. Nesse sentido: STJ, HC 208.969, j. 5-11-2013.

STJ – AgRg no AREsp 702.915, *DJe* 23-10-2017
Nos termos do *Informativo* n. 506, período de 4 a 17 de outubro de 2012, a "cola eletrônica", antes do advento da Lei n. 12.550/2011, era uma conduta atípica, não configurando o crime de estelionato.

CAPÍTULO XI
CRIMES CONTRA A ADMINISTRAÇÃO PÚBLICA

1. CRIMES PRATICADOS POR FUNCIONÁRIO PÚBLICO CONTRA A ADMINISTRAÇÃO EM GERAL

1.1. Introdução

1) **Crimes funcionais:** (a) *próprios:* a condição de funcionário público é essencial para configuração do crime, de forma que, sem ela, o fato será atípico (ex.: prevaricação); (b) *impróprios:* a ausência da condição de funcionário público desclassifica a infração para outro tipo (ex.: peculato-apropriação).
2) **Conceito de funcionário público (art. 327, CP):** considera-se funcionário público, para os efeitos penais, quem, embora transitoriamente ou sem remuneração, exerce cargo, emprego ou função pública. Equipara-se a funcionário público quem exerce cargo, emprego ou função em entidade paraestatal, e quem trabalha para empresa prestadora de serviço contratada ou conveniada para a execução de atividade típica da Administração Pública (art. 327, § 1º, CP).

Não se pode confundir o conceito de servidor público do **Direito Administrativo** (quem exerce cargo, emprego ou função pública nas administrações direta e indireta, com vínculo e remuneração paga pelo erário público) com o conceito de *funcionário público* do Direito Penal (quem exerce cargo, emprego ou função pública, mesmo que de forma transitória ou sem remuneração, como os mesários nas eleições e os jurados). Ainda que o termo *funcionário público* esteja desatualizado, já que a própria Constituição Federal utiliza a expressão *servidor público*, o Código Penal o mantém, inclusive para dar uma amplitude maior do que aquela conferida pelo **Direito Administrativo**. O objetivo, aqui, é aumentar a proteção dos interesses da Administração Pública.

3) **Concurso de pessoas:** o particular pode concorrer para o crime funcional, desde que conheça a condição de funcionário público do autor. O fundamento está no art. 30, CP (a elementar "funcionário público" se comunica, desde que conhecida).
4) **Progressão de regime (art. 33, § 4º, CP):** o condenado por crime contra a Administração Pública terá a progressão de regime do cumprimento da pena condicionada à reparação do dano que causou, ou à devolução do produto do ilícito praticado, com os acréscimos legais.
5) **Princípio da insignificância nos crimes contra a Administração Pública:** embora o STF já o tenha reconhecido (HC 112.388, j. 21-8-2012), prevalece ser incabível. Um dos argumentos é que a moral administrativa não pode ser valorada economicamente. Merece destaque a Súmula 599 do STJ.

STJ – Súmula 599

O princípio da insignificância é **inaplicável** aos crimes contra a Administração Pública.

1.2. Peculato (art. 312, CP)

1) **Peculato próprio (*caput*):** apropriar-se o funcionário público de dinheiro, valor ou qualquer outro bem móvel, público ou particular, de que tem a posse em razão do cargo, ou desviá-lo, em proveito próprio ou alheio: *Pena* – reclusão, de dois a doze anos, e multa. ***No "caput" estão o peculato-apropriação e o peculato-desvio.***
2) **Peculato impróprio (§ 1º):** aplica-se a mesma pena se o funcionário público, embora não tendo a posse do dinheiro, valor ou bem, o subtrai, ou concorre para que seja subtraído, em proveito próprio ou alheio, valendo-se de facilidade que lhe proporciona a qualidade de funcionário. ***No § 1º está o peculato-furto.***
3) **Peculato de uso:** não é crime, com exceção de fatos envolvendo Prefeitos (art. 1º, II, DL n. 201/67).
4) **Peculato culposo (§ 2º):** ocorre quando o funcionário concorre culposamente para o crime de outrem.
5) **Reparação do dano no peculato culposo (§ 3º):** se precede sentença irrecorrível, extingue a punibilidade; se lhe é posterior, reduz de metade a pena imposta.

1.3. Peculato mediante erro de outrem (art. 313, CP)

Descrição típica: apropriar-se de dinheiro ou qualquer utilidade que, no exercício do cargo, recebeu por erro de outrem: *Pena* – reclusão, de um a quatro anos, e multa. ***Trata-se do peculato-estelionato.***

1.4. Inserção de dados falsos em sistema de informações (art. 313-A, CP)

Descrição típica: inserir ou facilitar, o funcionário autorizado, a inserção de dados falsos, alterar ou excluir indevidamente dados corretos nos sistemas informatizados ou bancos de dados da Administração Pública com o fim de obter vantagem indevida para si ou para outrem ou para causar dano: *Pena* – reclusão, de 2 a 12 anos, e multa. ***Trata-se do peculato-eletrônico.***

1.5. Modificação ou alteração não autorizada de sistema de informações (art. 313-B)

Descrição típica: modificar ou alterar, o funcionário, sistema de informações ou programa de informática sem autorização ou solicitação de autoridade competente: *Pena* – detenção, de 3 meses a 2 anos, e multa.

1.6. Extravio, sonegação ou inutilização de livro ou documento (art. 314, CP)

Descrição típica: extraviar livro oficial ou qualquer documento, de que tem a guarda em razão do cargo; sonegá-lo ou inutilizá-lo, total ou parcialmente: *Pena* – reclusão, de um a quatro anos, se o fato não constitui crime mais grave.

1.7. Emprego irregular de verbas ou rendas públicas (art. 315, CP)

Descrição típica: dar às verbas ou rendas públicas aplicação diversa da estabelecida em lei: *Pena* – detenção, de um a três meses, ou multa.

1.8. Concussão (art. 316, CP)

1) **Descrição típica:** *exigir*, para si ou para outrem, direta ou indiretamente, ainda que fora da função ou antes de assumi-la, mas em razão dela, vantagem indevida: *Pena* – reclusão, de dois a oito anos, e multa.
2) **Mera solicitação:** não há concussão, mas pode caracterizar corrupção passiva (art. 317, CP).
3) **Crime formal:** o crime se consuma no momento em que a exigência chega ao conhecimento da vítima, não havendo necessidade que o autor receba a vantagem indevida.
4) **Excesso de exação (§ 1º):** se o funcionário exige tributo ou contribuição social que sabe ou deveria saber indevido, ou, quando devido, emprega na cobrança meio vexatório ou gravoso, que a lei não autoriza: *Pena* – reclusão, de 3 a 8 anos, e multa.

1.9. Corrupção passiva (art. 317, CP)

1) **Descrição típica:** *solicitar* ou *receber*, para si ou para outrem, direta ou indiretamente, ainda que fora da função ou antes de assumi-la, mas em razão dela, vantagem indevida, ou *aceitar* promessa de tal vantagem: *Pena* – reclusão, de 2 a 12 anos, e multa.
2) **Crime formal:** o crime se consuma no momento da prática do núcleo do tipo, ou seja, quando o agente solicita, recebe ou aceita promessa da vantagem indevida. Como o crime é formal, não há necessidade de efetivo prejuízo para a Administração Pública.
3) **Forma majorada (§ 1º):** a pena é aumentada de um terço se, em consequência da vantagem ou promessa, o funcionário retarda ou deixa de praticar qualquer ato de ofício ou o pratica infringindo dever funcional.

1.10. Facilitação de contrabando ou descaminho (art. 318, CP)

Descrição típica: facilitar, com infração de dever funcional, a prática de contrabando ou descaminho (art. 334): *Pena* – reclusão, de 3 a 8 anos, e multa.

1.11. Prevaricação (art. 319, CP)

1) **Descrição típica:** retardar ou deixar de praticar, indevidamente, ato de ofício, ou praticá-lo contra disposição expressa de lei, para satisfazer interesse ou sentimento pessoal: *Pena* – detenção, de três meses a um ano, e multa.
2) **Elemento subjetivo especial:** além do dolo (dolo genérico), o crime do art. 319, CP também exige o elemento subjetivo especial (dolo específico): "para satisfazer interesse ou sentimento pessoal".

1.12. Prevaricação imprópria (art. 319-A, CP)

Descrição típica: deixar o Diretor de Penitenciária e/ou agente público de cumprir seu dever de vedar ao preso o acesso a aparelho telefônico, de rádio ou similar, que permita a comunicação com outros presos ou com o ambiente externo: *Pena* – detenção, de 3 meses a 1 ano.

1.13. Condescendência criminosa (art. 320, CP)

Descrição típica: deixar o funcionário, por indulgência, de responsabilizar subordinado que cometeu infração no exercício do cargo ou, quando lhe falte competência, não levar o fato ao conhecimento da autoridade competente: *Pena* – detenção, de quinze dias a um mês, ou multa.

1.14. Advocacia administrativa (art. 321, CP)

1) **Descrição típica:** patrocinar, direta ou indiretamente, interesse privado perante a administração pública, valendo-se da qualidade de funcionário: *Pena* – detenção, de um a três meses, ou multa.
2) **Forma qualificada (parágrafo único):** se o interesse é ilegítimo: *Pena* – detenção, de três meses a um ano, além da multa.
3) **Interesse legítimo *versus* interesse ilegítimo:** se o interesse é *legítimo*, o sujeito ativo é punido com a pena do *caput*; se o interesse é *ilegítimo*, incide a qualificadora do parágrafo único.

1.15. Violência arbitrária (art. 322, CP)

Descrição típica: praticar violência, no exercício de função ou a pretexto de exercê-la: *Pena* – detenção, de seis meses a três anos, além da pena correspondente à violência.

1.16. Abandono de função (art. 323, CP)

1) **Descrição típica:** abandonar cargo público, fora dos casos permitidos em lei: *Pena* – detenção, de quinze dias a um mês, ou multa.
2) **Forma qualificada (§§ 1º e 2º):** se do fato resulta prejuízo público: *Pena* – detenção, de três meses a um ano, e multa (§ 1º); se o fato ocorre em lugar compreendido na faixa de fronteira: *Pena* – detenção, de um a três anos, e multa (§ 2º).

1.17. Exercício funcional ilegalmente antecipado ou prolongado (art. 324, CP)

Descrição típica: entrar no exercício de função pública antes de satisfeitas as exigências legais, ou continuar a exercê-la, sem autorização, depois de saber oficialmente que foi exonerado, removido, substituído ou suspenso: *Pena* – detenção, de quinze dias a um mês, ou multa.

1.18. Violação de sigilo funcional (art. 325, CP)

Descrição típica: revelar fato de que tem ciência em razão do cargo e que deva permanecer em segredo, ou facilitar-lhe a revelação: *Pena* – detenção, de seis meses a dois anos, ou multa, se o fato não constitui crime mais grave.

1.19. Violação do sigilo de proposta de concorrência (art. 326, CP)

1) **Descrição típica:** devassar o sigilo de proposta de concorrência pública, ou proporcionar a terceiro o ensejo de devassá-lo: *Pena* – detenção, de três meses a um ano, e multa.
2) **Revogação:** o art. 326 do CP foi tacitamente revogado pelo art. 94 da Lei de Licitações (Lei n. 8.666/93).

2. CRIMES PRATICADOS POR PARTICULAR CONTRA A ADMINISTRAÇÃO EM GERAL

2.1. Usurpação de função pública (art. 328, CP)

1) **Descrição típica:** usurpar o exercício de função pública: *Pena* – detenção, de três meses a dois anos, e multa.
2) **Forma qualificada (parágrafo único):** se do fato o agente aufere vantagem: *Pena* – reclusão, de dois a cinco anos, e multa.

2.2. Resistência (art. 329, CP)

1) **Descrição típica:** opor-se à execução de ato legal, mediante violência ou ameaça a funcionário competente para executá-lo ou a quem lhe esteja prestando auxílio: *Pena* – detenção, de dois meses a dois anos.
2) **Oposição ativa:** o autor deve ameaçar ou investir de forma violenta contra o funcionário público. A resistência meramente passiva, isto é, sem violência ou ameaça, não é crime. Por exemplo, o sujeito agarra-se a um poste e fica gritando para não ser preso, ou foge para evitar a prisão.
3) **Forma qualificada (§ 1º):** se o ato, em razão da resistência, não se executa: *Pena* – reclusão, de um a três anos.

2.3. Desobediência (art. 330, CP)

1) **Descrição típica:** desobedecer a ordem legal de funcionário público: *Pena* – detenção, de quinze dias a seis meses, e multa.
2) **Ação ou omissão:** a desobediência pode ser crime omissivo ou comissivo, dependendo da ordem. Se a ordem era o cumprimento de um fazer, o crime será *omissivo* (o agente deixa de fazer o que devia); se a ordem era de não fazer, a desobediência será crime *comissivo* (o agente faz o que deveria deixar de fazer).
3) **Lei Maria da Penha:** para o STJ, o descumprimento de medida protetiva prevista na Lei Maria da Penha não caracterizava o crime de desobediência, considerando-se a existência de medidas próprias da Lei n. 11.340/2006, além da previsão de prisão preventiva no art. 313, III, do CPP. Nesse sentido: STJ, AgRg no AREsp 539.828, *DJe* 6-11-2017.

Atenção: a Lei n. 13.641/2018 (vigência a partir de 4-4-2018) incluiu na Lei Maria da Penha o crime de descumprimento de medidas protetivas de urgência.

Art. 24-A, Lei n. 11.340/2006. Descumprir decisão judicial que defere medidas protetivas de urgência previstas nesta Lei: *Pena* – detenção, de 3 meses a 2 anos.

§ 1º. A configuração do crime independe da competência civil ou criminal do juiz que deferiu as medidas.

§ 2º. Na hipótese de prisão em flagrante, apenas a autoridade judicial poderá conceder fiança.

§ 3º. O disposto neste artigo não exclui a aplicação de outras sanções cabíveis.

2.4. Desacato (art. 331, CP)

1) **Descrição típica:** desacatar funcionário público no exercício da função ou em razão dela: *Pena* – detenção, de seis meses a dois anos, ou multa.
2) **Presença do funcionário público vítima:** é necessária a presença física do funcionário no momento da prática do crime, já que ele deve tomar conhecimento direto da ofensa.

Se a vítima não está presente no momento do delito, não haverá desacato, mas injúria majorada (CP, art. 140, c/c art. 141, II).

3) **Advogado:** o STF, no julgamento da ADI 1.127/DF, declarou a **inconstitucionalidade** da expressão "e desacato" contida no art. 7º, § 2º, Lei n. 8.906/94 (Estatuto da OAB).

4) **Controle de convencionalidade:** a Quinta Turma do STJ, no julgamento do REsp 1.640.084/SP, havia afastado a tipicidade do crime de desacato, ante sua possível incompatibilidade com a Convenção Americana de Direitos Humanos (Pacto de São José da Costa Rica). No entanto, a matéria foi examinada pela Terceira Seção do mesmo STJ, no HC 379.269, sendo entendido que o delito de desacato continua a ser conduta típica no ordenamento jurídico pátrio. Nesse sentido: STJ, AgRg no HC 395.364, 15-8-2017.

2.5. Tráfico de influência (art. 332, CP)

1) **Descrição típica:** solicitar, exigir, cobrar ou obter, para si ou para outrem, vantagem ou promessa de vantagem, a pretexto de influir em ato praticado por funcionário público no exercício da função: *Pena* – reclusão, de 2 a 5 anos, e multa.

2) **Forma majorada (parágrafo único):** a pena é aumentada da metade, se o agente alega ou insinua que a vantagem é também destinada ao funcionário.

2.6. Corrupção ativa (art. 333, CP)

1) **Descrição típica:** oferecer ou prometer vantagem indevida a funcionário público, para determiná-lo a praticar, omitir ou retardar ato de ofício: *Pena* – reclusão, de 2 a 12 anos, e multa.

2) **Corrupção ativa subsequente:** se a oferta ou a promessa for posterior à prática, omissão ou retardamento do ato, não configura o crime para o particular, uma vez que a vantagem é dada para que se faça ou deixe de fazer alguma coisa, e não para o que já foi realizado ou omitido.

3) **Crime formal:** o delito se consuma com a simples oferta ou promessa de vantagem, independentemente de o funcionário aceitar a oferta ou promessa, ou, ainda, retardar ou omitir ato de ofício, ou praticá-lo infringindo dever funcional.

2.7. Descaminho (art. 334, CP)

1) **Descrição típica:** iludir, no todo ou em parte, o pagamento de direito ou imposto devido pela entrada, pela saída ou pelo consumo de mercadoria: *Pena* – reclusão, de 1 a 4 anos.

2) **Consumação:** o crime restará consumado no momento da liberação das mercadorias, sem o recolhimento dos impostos devidos. De acordo com a atual jurisprudência dos Tribunais Superiores, não há necessidade de constituição definitiva do crédito tributário (exigida pela Súmula Vinculante 24, STF).

3) **Princípio da insignificância:** incide no crime de descaminho, desde que o valor sonegado não ultrapasse **R$ 20.000,00**. A propósito:

> **STJ – 3ª Seção, REsp 1.709.029, *DJe* 4-4-2018**
>
> 1. Considerando os princípios da segurança jurídica, da proteção da confiança e da isonomia, deve ser revisto o entendimento firmado, pelo julgamento, sob o rito dos repetitivos, do REsp n. 1.112.748/TO – Tema 157, de forma a adequá-lo ao entendimento externado pela Suprema Corte, o qual tem considerado o parâmetro fixado nas Portarias n. 75 e 130/MF – R$ 20.000,00 (vinte mil reais) para aplicação do princípio da insignificância aos **crimes tributários federais e de descaminho**.
>
> 2. Assim, a tese fixada passa a ser a seguinte: incide o princípio da insignificância aos crimes tributários federais e de descaminho quando o débito tributário verificado não ultrapassar o limite de R$ 20.000,00 (vinte mil reais), a teor do disposto no art. 20 da Lei n. 10.522/2002, com as atualizações efetivadas pelas Portarias n. 75 e 130, ambas do Ministério da Fazenda.

4) **Competência:** a competência para o processo e julgamento por crime de contrabando ou descaminho define-se pela prevenção do Juízo Federal do lugar da apreensão dos bens (**Súmula 151, STJ**).

5) **Princípio da consunção ou absorção:** "Quando o falso se exaure no descaminho, sem mais potencialidade lesiva, é por este absorvido, como crime-fim, condição que não se altera por ser menor a pena a este cominada" (tese jurídica fixada pelo STJ no julgamento do REsp 1.378.053, *DJe* 15-8-2016).

2.8. Contrabando (art. 334-A, CP)

1) **Descrição típica:** importar ou exportar mercadoria proibida: *Pena* – reclusão, de 2 a 5 anos.

2) **Consumação:** deve-se analisar o local da entrada ou saída da mercadoria: a) se ocorreu via alfândega, a consumação ocorrerá no momento da liberação da mercadoria; b) se ocorreu em local diverso da alfândega, a consumação ocorrerá no momento em que a mercadoria ultrapassa as fronteiras nacionais (entra ou sai do País).

3) **Princípio da insignificância:** não incide no crime de contrabando.

4) **Competência:** a competência para o processo e julgamento por crime de contrabando ou descaminho define-se pela prevenção do Juízo Federal do lugar da apreensão dos bens (**Súmula 151, STJ**).

2.9. Impedimento, perturbação ou fraude de concorrência (art. 335, CP)

1) **Descrição típica:** impedir, perturbar ou fraudar concorrência pública ou venda em hasta pública, promovida pela administração federal, estadual ou municipal, ou por entidade paraestatal; afastar ou procurar afastar concorrente ou licitante, por meio de violência, grave ameaça, fraude ou oferecimento de vantagem: *Pena* – detenção, de seis meses a dois anos, ou multa, além da pena correspondente à violência.

2) **Revogação:** o art. 335 do CP foi tacitamente revogado pelos arts. 93 e 95 da Lei de Licitações (Lei n. 8.666/93).

2.10. Inutilização de edital ou de sinal (art. 336, CP)

Descrição típica: rasgar ou, de qualquer forma, inutilizar ou conspurcar edital afixado por ordem de funcionário público; violar ou inutilizar selo ou sinal empregado, por determinação legal ou por ordem de funcionário público, para identificar ou cerrar qualquer objeto: *Pena* – detenção, de um mês a um ano, ou multa.

2.11. Subtração ou inutilização de livro ou documento (art. 337, CP)

Descrição típica: subtrair, ou inutilizar, total ou parcialmente, livro oficial, processo ou documento confiado à custódia de funcionário, em razão de ofício, ou de particular em serviço público: *Pena* – reclusão, de dois a cinco anos, se o fato não constitui crime mais grave.

2.12. Sonegação de contribuição previdenciária (art. 337-A, CP)

1) **Descrição típica:** suprimir ou reduzir contribuição social previdenciária e qualquer acessório, mediante as seguintes condutas: I – omitir de folha de pagamento da empresa ou de documento de informações previsto pela legislação previdenciária segurados empregado, empresário, trabalhador avulso ou trabalhador autônomo ou a este equiparado que lhe prestem serviços; II – deixar de lançar mensalmente nos títulos próprios da contabilidade da empresa as quantias descontadas dos segurados ou as devidas pelo empregador ou pelo tomador de serviços; III – omitir, total ou parcialmente, receitas ou lucros auferidos, remunerações pagas ou creditadas e demais fatos geradores de contribuições sociais previdenciárias: *Pena* – reclusão, de 2 a 5 anos, e multa.

2) **Extinção da punibilidade (§ 1º):** é extinta a punibilidade se o agente, espontaneamente, declara e confessa as contribuições, importâncias ou valores e presta as informações devidas à previdência social, na forma definida em lei ou regulamento, antes do início da ação fiscal.

3) **Perdão judicial ou aplicação de pena de multa (§ 2º):** é facultado ao juiz deixar de aplicar a pena ou aplicar somente a de multa se o agente for primário e de bons antecedentes, desde que o valor das contribuições devidas, inclusive acessórios, seja igual ou inferior àquele estabelecido pela previdência social, administrativamente, como sendo o mínimo para o ajuizamento de suas execuções fiscais.

3. CRIMES CONTRA A ADMINISTRAÇÃO DA JUSTIÇA

3.1. Reingresso de estrangeiro expulso (art. 338, CP)

Descrição típica: reingressar no território nacional o estrangeiro que dele foi expulso: *Pena* – reclusão, de um a quatro anos, sem prejuízo de nova expulsão após o cumprimento da pena.

3.2. Denunciação caluniosa (art. 339, CP)

1) **Descrição típica:** dar causa à instauração de investigação policial, de processo judicial, instauração de investigação administrativa, inquérito civil ou ação de improbidade administrativa contra alguém, imputando-lhe crime de que o sabe inocente: *Pena* – reclusão, de dois a oito anos, e multa.

2) **Diferenças em relação à calúnia:**

Calúnia (art. 138, CP): (1) imputação falsa de crime; (2) bem jurídico tutelado: honra objetiva; (3) ação penal privada (regra geral); (4) admite retratação (art. 143, CP).

Denunciação caluniosa (art. 339, CP): (1) imputação falsa de crime (*caput*) ou contravenção (§ 2º); (2) bem jurídico tutelado: Administração da Justiça; (3) ação penal pública incondicionada; (4) não admite retratação.

3) **Dolo direto:** o delito de denunciação caluniosa somente pode ser praticado a título de dolo direto, já que pressupõe certeza ("de que o sabe inocente").

3.3. Comunicação falsa de crime ou de contravenção (art. 340, CP)

Descrição típica: provocar a ação de autoridade, comunicando-lhe a ocorrência de crime ou de contravenção que sabe não se ter verificado: *Pena* – detenção, de um a seis meses, ou multa.

3.4. Autoacusação falsa (art. 341, CP)

Descrição típica: acusar-se, perante autoridade, de crime inexistente ou praticado por outrem: *Pena* – detenção, de três meses a dois anos, ou multa.

3.5. Falso testemunho ou falsa perícia (art. 342, CP)

1) **Descrição típica:** fazer afirmação falsa, ou negar ou calar a verdade como testemunha, perito, contador, tradutor ou intérprete em processo judicial, ou administrativo, inquérito policial, ou em juízo arbitral: *Pena* – reclusão, de 2 a 4 anos, e multa.
2) **Crime próprio:** o sujeito ativo somente pode ser testemunha, perito, contador, tradutor ou intérprete.
3) **Crime de mão própria:** exige a atuação pessoal do sujeito ativo. Por exemplo, somente a testemunha que foi notificada para comparecer em Juízo em determinado horário e data poderá fazer afirmação falsa perante o Magistrado.
4) **Desnecessidade de compromisso da testemunha:** de acordo com o entendimento firmado pelo STJ, mostra-se prescindível o compromisso da testemunha (art. 203, CPP) para a configuração do delito previsto no art. 342, CP. Nesse sentido: STJ, AgRg no HC 190.766, j. 25-6-2013.
5) **Forma majorada (§ 1º):** as penas aumentam-se de um sexto a um terço se o crime é praticado mediante suborno ou cometido com o fim de obter prova destinada a produzir efeito em processo penal, ou em processo civil em que for parte entidade da administração pública direta ou indireta.
6) **Retratação (§ 2º):** o fato deixa de ser punível se, antes da sentença no processo em que ocorreu o ilícito, o agente se retrata ou declara a verdade.
7) **Justiça do Trabalho:** compete à *Justiça Federal* processar e julgar crime de falso testemunho cometido no processo trabalhista (**Súmula 165, STJ**).

3.6. Corrupção ativa de testemunha, perito, contador, tradutor ou intérprete (art. 343, CP)

1) **Descrição típica:** dar, oferecer ou prometer dinheiro ou qualquer outra vantagem a testemunha, perito, contador, tradutor ou intérprete, para fazer afirmação falsa, negar ou calar a verdade em depoimento, perícia, cálculos, tradução ou interpretação: *Pena* – reclusão, de três a quatro anos, e multa.
2) **Forma majorada (parágrafo único):** as penas aumentam-se de um sexto a um terço se o crime é cometido com o fim de obter prova destinada a produzir efeito em processo penal ou em processo civil em que for parte entidade da administração pública direta ou indireta.

3.7. Coação no curso do processo (art. 344, CP)

1) **Descrição típica:** usar de violência ou grave ameaça, com o fim de favorecer interesse próprio ou alheio, contra autoridade, parte, ou qualquer outra pessoa que funciona ou é chamada a intervir em processo judicial, policial ou administrativo, ou em juízo arbitral: *Pena* – reclusão, de um a quatro anos, e multa, além da pena correspondente à violência.
2) **Crime formal:** o crime se consuma no momento em que o agente emprega violência ou grave ameaça, não sendo necessário que alcance o fim buscado.
3) **Concurso de crimes:** de acordo com o preceito secundário do art. 344, CP, haverá concurso material (art. 69, CP) entre a coação no curso do processo e a violência empregada (homicídio ou lesão corporal, conforme o caso).

3.8. Exercício arbitrário das próprias razões (art. 345, CP)

1) **Descrição típica:** fazer justiça pelas próprias mãos, para satisfazer pretensão, embora legítima, salvo quando a lei o permite: *Pena* – detenção, de quinze dias a um mês, ou multa, além da pena correspondente à violência.
2) **Pretensão legítima:** a pretensão do agente deve ter a possibilidade de ser apreciada pelo Poder Judiciário (ex.: cobrar o aluguel do inquilino inadimplente). Se a pretensão for **ilegítima** (ex.: cobrança de dívida oriunda da venda de drogas), não haverá o crime do art. 345, CP, podendo configurar constrangimento ilegal (art. 146, CP).
3) **Ação penal (art. 345, parágrafo único, CP):** será pública incondicionada se o agente empre-

gar violência física contra a vítima. Nos demais casos a ação será privada.

3.9. Subtração ou dano de coisa própria em poder de terceiro (art. 346, CP)

Descrição típica: tirar, suprimir, destruir ou danificar coisa própria, que se acha em poder de terceiro por determinação judicial ou convenção: *Pena* – detenção, de seis meses a dois anos, e multa.

3.10. Fraude processual (art. 347, CP)

1) **Descrição típica:** inovar artificiosamente, na pendência de processo civil ou administrativo, o estado de lugar, de coisa ou de pessoa, com o fim de induzir a erro o juiz ou o perito: *Pena* – detenção, de três meses a dois anos, e multa.
2) **Forma majorada (parágrafo único):** se a inovação se destina a produzir efeito em processo penal, ainda que não iniciado, as penas aplicam-se em dobro.

3.11. Favorecimento pessoal (art. 348, CP)

1) **Descrição típica:** auxiliar a subtrair-se à ação de autoridade pública autor de crime a que é cominada pena de reclusão: *Pena* – detenção, de um a seis meses, e multa.
2) **Crime punido com detenção (§ 1º):** se ao crime não é cominada pena de reclusão: *Pena* – detenção, de quinze dias a três meses, e multa.
3) **Contravenção penal:** não configura o delito o auxílio de autor de contravenção penal.
4) **Isenção de pena (§ 2º):** se quem presta o auxílio é ascendente, descendente, cônjuge ou irmão do criminoso, fica isento de pena.

3.12. Favorecimento real (art. 349, CP)

1) **Descrição típica:** prestar a criminoso, fora dos casos de coautoria ou de receptação, auxílio destinado a tornar seguro o proveito do crime: *Pena* – detenção, de um a seis meses, e multa.
2) **Diferença em relação ao crime de receptação:**

> **Receptação (art. 180, CP):** é **crime patrimonial**; o agente busca proveito próprio ou de terceiro (terceiro que não seja autor do crime anterior), ou seja, objetiva uma vantagem econômica para si ou para outrem.
> **Favorecimento real (art. 349, CP):** é **crime contra a Administração da Justiça**; o agente busca somente beneficiar o autor do delito anterior, tornando seguro o proveito do crime.

3) **Auxílio posterior:** o auxílio deve ocorrer após a consumação do delito anterior, de modo que o agente não pode ter sido coautor ou partícipe do crime antecedente.
4) **Crime formal:** consuma-se com o auxílio, independentemente de qualquer outro resultado.

3.13. Favorecimento real impróprio (art. 349-A, CP)

Descrição típica: ingressar, promover, intermediar, auxiliar ou facilitar a entrada de aparelho telefônico de comunicação móvel, de rádio ou similar, sem autorização legal, em estabelecimento prisional: *Pena* – detenção, de 3 meses a 1 ano.

3.14. Exercício arbitrário ou abuso de poder (art. 350, CP)

1) **Descrição típica:** ordenar ou executar medida privativa de liberdade individual, sem as formalidades legais ou com abuso de poder: *Pena* – detenção, de um mês a um ano.
2) **Forma equiparada (parágrafo único):** na mesma pena incorre o funcionário que: I – ilegalmente recebe e recolhe alguém à prisão, ou a estabelecimento destinado à execução de pena privativa de liberdade ou de medida de segurança; II – prolonga a execução de pena ou de medida de segurança, deixando de expedir em tempo oportuno ou de executar imediatamente a ordem de liberdade; III – submete pessoa que está sob sua guarda ou custódia a vexame ou a constrangimento não autorizado em lei; IV – efetua, com abuso de poder, qualquer diligência.

3.15. Fuga de pessoa presa ou submetida a medida de segurança (art. 351, CP)

1) **Descrição típica:** promover ou facilitar a fuga de pessoa legalmente presa ou submetida a medida de segurança detentiva: *Pena* – detenção, de seis meses a dois anos.
2) **Forma qualificada (§ 1º):** se o crime é praticado a mão armada, ou por mais de uma pessoa, ou mediante arrombamento, a pena é de reclusão, de dois a seis anos.

3.16. Evasão mediante violência contra a pessoa (art. 352, CP)

Descrição típica: evadir-se ou tentar evadir-se o preso ou o indivíduo submetido a medida de segurança detentiva, usando de violência contra a pessoa: *Pena* – detenção, de três meses a um ano, além da pena correspondente à violência.

3.17. Arrebatamento de preso (art. 353, CP)

Descrição típica: arrebatar preso, a fim de maltratá-lo, do poder de quem o tenha sob custódia ou guarda: *Pena* – reclusão, de um a quatro anos, além da pena correspondente à violência.

3.18. Motim de presos (art. 354, CP)

Descrição típica: amotinarem-se presos, perturbando a ordem ou disciplina da prisão: *Pena* – detenção, de seis meses a dois anos, além da pena correspondente à violência.

3.19. Patrocínio infiel (art. 355, *caput*, CP)

1) **Descrição típica:** trair, na qualidade de advogado ou procurador, o dever profissional, prejudicando interesse cujo patrocínio, em juízo, lhe é confiado: *Pena* – detenção, de seis meses a três anos, e multa.
2) **Crime próprio:** o sujeito ativo somente pode ser advogado regularmente inscrito na OAB. De acordo com o art. 3º, § 1º, do Estatuto da OAB, também podem ser sujeitos ativos deste crime os integrantes da Advocacia-Geral da União, da Procuradoria da Fazenda Nacional, da Defensoria Pública e das Procuradorias e Consultorias Jurídicas dos Estados, do Distrito Federal, dos Municípios e das respectivas entidades de administração indireta e fundacional.
3) **Crime material:** para a configuração do delito é necessário o dano efetivo à vítima.

3.20. Patrocínio simultâneo ou tergiversação (art. 355, parágrafo único, CP)

1) **Descrição típica:** incorre na pena deste artigo o advogado ou procurador judicial que defende na mesma causa, simultânea ou sucessivamente, partes contrárias. *Patrocínio simultâneo*: defesa simultânea de partes contrárias. *Tergiversação*: defesa sucessiva de partes contrárias.
2) **Crime formal:** ao contrário do delito de patrocínio infiel (art. 355, *caput*, CP), não há necessidade de que ocorra dano concreto à parte.

3.21. Sonegação de papel ou objeto de valor probatório (art. 356, CP)

Descrição típica: inutilizar, total ou parcialmente, ou deixar de restituir autos, documento ou objeto de valor probatório que recebeu na qualidade de advogado ou procurador: *Pena* – detenção, de seis meses a três anos, e multa.

3.22. Exploração de prestígio (art. 357, CP)

Descrição típica: solicitar ou receber dinheiro ou qualquer outra utilidade a pretexto de influir em juiz, jurado, órgão do Ministério Público, funcionário de justiça, perito, tradutor, intérprete ou testemunha: *Pena* – reclusão, de um a cinco anos, e multa.

3.23. Violência ou fraude em arrematação judicial (art. 358, CP)

Descrição típica: impedir, perturbar ou fraudar arrematação judicial; afastar ou procurar afastar concorrente ou licitante, por meio de violência, grave ameaça, fraude ou oferecimento de vantagem: *Pena* – detenção, de dois meses a um ano, ou multa, além da pena correspondente à violência.

3.24. Desobediência a decisão judicial sobre perda ou suspensão de direito (art. 359, CP)

Descrição típica: exercer função, atividade, direito, autoridade ou múnus de que foi suspenso ou privado por decisão judicial: *Pena* – detenção, de três meses a dois anos, ou multa.

REFERÊNCIAS BIBLIOGRÁFICAS

BATISTA, Nilo. *Introdução crítica ao direito penal brasileiro.* 4. ed. Rio de Janeiro: Revan, 2001.

BITENCOURT, Cezar Roberto. *Tratado de direito penal; Parte Geral.* 17. ed. São Paulo: Saraiva, 2012.

BUSATO, Paulo César. *Direito penal; Parte Geral.* 2. ed. São Paulo: Atlas, 2015.

CANOTILHO, J. J. Gomes. *Direito constitucional e teoria da Constituição.* 4. ed. Coimbra: Almedina, 1993.

DOTTI, René Ariel. *Curso de direito penal; Parte Geral.* 4. ed. São Paulo: RT, 2012.

GOMES, Luiz Flávio; MOLINA, Antonio García-Pablos de; BIANCHINI, Alice. *Direito Penal.* São Paulo: RT, 2007. v. 1.

GRECO, Rogério. *Curso de direito penal; Parte Geral.* 11. ed. Niterói: Impetus, 2009.

HUNGRIA, Nélson. *Comentários ao Código Penal.* 4. ed. Rio de Janeiro: Forense, 1958. v. I, t. I.

JESUS, Damásio de. *Direito penal; Parte Geral.* 30. ed. São Paulo: Saraiva, 2009.

MEZGER, Edmund. *Tratado de derecho penal.* Tradução de José Arturo Muñoz. Completada e atualizada por Antonio Quintano Ripollés. 3. ed. Madri: Editorial Revista de Derecho Privado, 1957. t. II.

MIRABETE, Julio Fabbrini; FABBRINI, Renato N. *Código Penal interpretado*. 8. ed. São Paulo: Atlas, 2013.

NORONHA, Edgar Magalhães. *Direito penal; Parte Geral*. 27. ed. São Paulo: Saraiva, 1990.

NUCCI, Guilherme de Souza. *Código Penal comentado*. 13. ed. São Paulo: RT, 2013.

PRADO, Luiz Regis. *Curso de direito penal brasileiro; Parte Geral*. 6. ed. São Paulo: RT, 2006.

ROXIN, Claus. *Autoria y dominío del hecho en derecho penal*. 7. ed. Madrid: Marcial Pons, 2000.

______. *Derecho penal; Parte General*. Madrid: Civitas, 1997. t. I.

SALIM, Alexandre; AZEVEDO, Marcelo André. *Direito penal*. Salvador: Jus Podivm, 2016 (Coleção Sinopses, v. 1, 2 e 3).

WELZEL, Hans. *Derecho penal; Parte General*. Buenos Aires: Depalma, 1956.

ZAFFARONI, Eugenio Raúl; PIERANGELI, José Henrique. *Manual de direito penal brasileiro; Parte geral*. 2. ed. São Paulo: RT, 1999.

■ QUESTÕES

(XIX Exame de Ordem Unificado / FGV) Durante uma discussão, Theodoro, inimigo declarado de Valentim, seu cunhado, golpeou a barriga de seu rival com uma faca, com intenção de matá-lo. Ocorre que, após o primeiro golpe, pensando em seus sobrinhos, Theodoro percebeu a incorreção de seus atos e optou por não mais continuar golpeando Valentim, apesar de saber que aquela única facada não seria suficiente para matá-lo.

Neste caso, Theodoro:

A) não responderá por crime algum, diante de seu arrependimento.

B) responderá pelo crime de lesão corporal, em virtude de sua desistência voluntária.

C) responderá pelo crime de lesão corporal, em virtude de seu arrependimento eficaz.

D) responderá por tentativa de homicídio.

RESPOSTA

A) O arrependimento de Theodoro não é causa de exclusão do crime.

☑ Como Theodoro, após o primeiro golpe, "optou por não mais continuar golpeando Valentim", houve desistência voluntária (art. 15, CP, 1ª parte), devendo o agente responder por lesão corporal.

C) Não se trata de arrependimento eficaz (o qual pressupõe esgotamento dos meios executórios), mas sim de desistência voluntária (a qual não pressupõe esgotamento dos meios executórios).

D) De acordo com a parte final do art. 15, CP, o agente somente responde pelos atos já praticados (no caso, lesão corporal).

(XIX Exame de Ordem Unificado / FGV) Pedro e Paulo bebiam em um bar da cidade quando teve início uma discussão sobre futebol. Pedro, objetivando atingir Paulo, desfere contra ele um disparo que atingiu o alvo desejado e também terceira pessoa que se encontrava no local, certo que ambas as vítimas faleceram, inclusive aquela cuja morte não era querida pelo agente.

Para resolver a questão no campo jurídico, deve ser aplicada a seguinte modalidade de erro:

A) erro sobre a pessoa.

B) *aberratio ictus*.

C) *aberratio criminis*

D) erro determinado por terceiro.

RESPOSTA

A) Não há erro sobre a pessoa (art. 20, § 3º, CP), pois este pressupõe que o agente confunda a sua vítima com outra, o que não ocorreu.

☑ Houve erro na execução (erro de pontaria), conforme disposto no art. 73, CP: "Quando, por acidente ou erro no uso dos meios de execução, o agente, ao invés de atingir a pessoa que pretendia ofender, atinge pessoa diversa, responde como se tivesse praticado o crime contra aquela, atendendo-se ao disposto no § 3º do art. 20 deste Código".

C) Não há *aberratio criminis* ou *delicti* (art. 74, CP), uma vez que tal instituto incide quando há erro de pessoa para coisa ou de coisa para pessoa, o que não ocorreu.

D) Não há erro determinado por terceiro (art. 20, § 2º, CP), pois a questão não refere que o agir de Pedro foi determinado por uma terceira pessoa.

(XIX Exame de Ordem Unificado / FGV) Após realizarem o roubo de um caminhão de carga, os roubadores não sabem como guardar as coisas subtraídas até o transporte para outro Estado no dia seguinte. Diante dessa situação, procuram Paulo, amigo dos criminosos, e pedem para que ele guarde a carga subtraída no seu galpão por 24 horas, admitindo a origem ilícita do material. Paulo, para ajudá-los, permite que a carga fique no seu galpão, que é utilizado como uma oficina mecânica, até o dia seguinte. A polícia encontra na mesma madrugada todo o material no galpão de Paulo, que é preso em flagrante.

Diante desse quadro fático, Paulo deverá responder pelo crime de:

A) receptação.

B) receptação qualificada.

C) roubo majorado.

D) favorecimento real.

RESPOSTA

A) Não há receptação (art. 180, CP), pois Paulo, com sua conduta, não visou a alcançar vantagem econômica para si ou para terceiro. Ademais, Paulo não pretendia ter as coisas subtraídas para si de forma definitiva.

B) Não há receptação qualificada (art. 180, § 1º, CP), pois Paulo, como dito, não buscou vantagem econômica para si ou para terceiro. Por ser amigo dos criminosos, Paulo decidiu ajudá-los, o que ocorreria por apenas 24 horas.

C) Não há roubo majorado (art. 157, § 2º, CP), já que inexiste concurso de pessoas entre Paulo e os demais agentes. Não há liame subjetivo (requisito do concurso de pessoas) entre Paulo e os demais autores para a prática de roubo.

☑ Paulo responderá por favorecimento real (art. 349, CP), pois prestou aos criminosos, fora dos casos de coautoria ou receptação, auxílio destinado a tornar seguro o proveito do crime.

(XIX Exame de Ordem Unificado / FGV) Em razão do aumento do número de crimes de dano qualificado contra o patrimônio da União (pena: detenção de 6 meses a 3 anos e multa), foi editada uma lei que passou a prever que, entre 20 de agosto de 2015 e 31 de dezembro de 2015, tal delito (Art. 163, parágrafo único, inciso III, do Código Penal) passaria a ter pena de 2 a 5 anos de detenção. João, em 20 de dezembro de 2015, destrói dolosamente um bem de propriedade da União, razão pela qual foi denunciado, em 8 de janeiro de 2016, como incurso nas sanções do Art. 163, parágrafo único, inciso III, do Código Penal.

Considerando a hipótese narrada, no momento do julgamento, em março de 2016, deverá ser considerada, em caso de condenação, a pena de:

A) 6 meses a 3 anos de detenção, pois a Constituição prevê o princípio da retroatividade da lei penal mais benéfica ao réu.

B) 2 a 5 anos de detenção, pois a lei temporária tem ultratividade gravosa.

C) 6 meses a 3 anos de detenção, pois aplica-se o princípio do *tempus regit actum* (tempo rege o ato).

D) 2 a 5 anos de detenção, pois a lei excepcional tem ultratividade gravosa.

RESPOSTA

A) Não foi editada lei penal mais benéfica que pudesse ser aplicada de forma retroativa. Ademais, deve ser aplicada a ultra-atividade gravosa da lei temporária.

☑ A questão traz exemplo de lei penal temporária, já que possui prazo de vigência previamente fixado (de 20-8-2015 a 31-12-2015). Ainda que a denúncia tenha sido oferecida em janeiro de 2016, incidirá a pena mais grave em face da ultra-atividade gravosa, expressamente prevista no art. 3º, CP.

C) Pelo princípio *tempus regit actum*, deveria ser aplicada a pena mais gravosa (2 a 5 anos de detenção).

D) Lei excepcional é aquela que vige durante uma situação de anormalidade. Já a lei temporária é que vige durante um prazo prefixado. Como se vê, a questão traz exemplo de lei temporária, e não de lei excepcional.

(XIX Exame de Ordem Unificado / FGV) Durante uma operação em favela do Rio de Janeiro, policiais militares conseguem deter um jovem da comunidade portando um rádio transmissor. Acreditando ser o mesmo integrante do tráfico da comunidade, mediante violência física, os policiais exigem que ele indique o local onde as drogas e as armas estavam guardadas. Em razão das lesões sofridas, o jovem vem a falecer. O fato foi descoberto e os policiais disseram que ocorreu um acidente, porquanto não queriam a morte do rapaz por eles detido, apesar de confirmarem que davam choques elétricos em seu corpo molhado com o fim de descobrir o esconderijo das drogas.

Diante desse quadro, que restou integralmente provado, os policiais deverão responder pelo crime de:

A) lesão corporal seguida de morte.

B) tortura qualificada pela morte com causa de aumento.

C) homicídio qualificado pela tortura.

D) abuso de autoridade.

RESPOSTA

A) O dolo dos policiais não era de lesionar a vítima, mas sim de torturá-la.

☑ Os policiais praticaram tortura qualificada pela morte da vítima, devendo responder pelo crime previsto no art. 1º, § 3º, Lei n. 9.455/97. Trata-se de crime preterdoloso: há dolo na conduta antecedente (tortura) e culpa no resultado consequente (morte).

C) O dolo dos policiais não era de matar a vítima, mas sim de torturá-la.

D) A vítima foi constrangida com emprego de violência, o que lhe causou intenso sofrimento físico e mental. Tais elementares não estão na Lei de Abuso de Autoridade (Lei n. 4.898/65), mas sim na Lei de Tortura (Lei n. 9.455/97).

(XIX Exame de Ordem Unificado / FGV) Patrício, ao chegar em sua residência, constatou o desaparecimento de um relógio que havia herdado de seu falecido pai. Suspeitando de um empregado que acabara de contratar para trabalhar em sua casa e que ficara sozinho por todo o dia no local, Patrício registrou o fato na Delegacia própria, apontando, de maneira precipitada, o empregado como autor da subtração, sendo instaurado o respectivo inquérito em desfavor daquele "suspeito". Ao final da investigação, o inquérito foi arquivado a requerimento do Ministério Público, ficando demonstrado que o indiciado não fora o autor da infração.

Considerando que Patrício deu causa à instauração de inquérito policial em desfavor de empregado cuja inocência restou demonstrada, é correto afirmar que o seu comportamento configura:

A) fato atípico.

B) crime de denunciação caluniosa dolosa.

D) crime de denunciação caluniosa culposa.

C) calúnia.

RESPOSTA

☑ Patrício praticou fato atípico, pois não há calúnia (o agente não buscou ofender a honra objetiva da vítima) e nem denunciação caluniosa (o agente não buscou desencadear investigação policial contra pessoa inocente).

B) O crime de denunciação caluniosa (art. 339, CP) pressupõe o dolo direto, ou seja, a consciência e a vontade de registrar a ocorrência policial imputando ao ofendido crime de que o sabe inocente.

C) O crime de denunciação caluniosa (art. 339, CP) não admite a forma culposa.

D) Não há calúnia (art. 138, CP), pois Patrício não registrou o fato na Delegacia de Polícia com o fim de ofender a honra objetiva do empregado, mas sim porque suspeitava dele.

(XX Exame de Ordem Unificado / FGV) Guilherme, funcionário público de determinada repartição pública do Estado do Paraná, enquanto organizava os arquivos de sua repartição, acabou, por desatenção, jogando ao lixo, juntamente com materiais inúteis, um importante livro oficial, que veio a se perder.

Considerando apenas as informações narradas, é correto afirmar que a conduta de Guilherme:

A) configura crime de prevaricação.
B) configura situação atípica.
C) configura crime de condescendência criminosa.
D) configura crime de extravio, sonegação ou inutilização de livro ou documento.

RESPOSTA

A) Não há prevaricação, pois o crime do art. 319, CP é doloso, e o autor agiu com culpa ("desatenção").

✓ Guilherme praticou fato atípico. Não há *prevaricação*, pois este crime não admite a forma culposa. Também não há *condescendência criminosa*, pois Guilherme não deixou de responsabilizar subordinado que cometeu infração no exercício do cargo. Por fim, inexiste *extravio, sonegação ou inutilização de livro ou documento*, já que Guilherme não extraviou, sonegou ou inutilizou o livro oficial, e sim, por culpa, jogou-o no lixo.

C) Guilherme não praticou o crime do art. 314, CP, que prevê: "Extraviar livro oficial ou qualquer documento, de que tem a guarda em razão do cargo; sonegá-lo ou inutilizá-lo, total ou parcialmente".

D) Guilherme não praticou o crime do art. 320, CP, que prevê: "Deixar o funcionário, por indulgência, de responsabilizar subordinado que cometeu infração no exercício do cargo ou, quando lhe falte competência, não levar o fato ao conhecimento da autoridade competente".

(XX Exame de Ordem Unificado / FGV) Wellington pretendia matar Ronaldo, camisa 10 e melhor jogador de futebol do time Bola Cheia, seu adversário no campeonato do bairro. No dia de um jogo do Bola Cheia, Wellington vê, de costas, um jogador com a camisa 10 do time rival. Acreditando ser Ronaldo, efetua diversos disparos de arma de fogo, mas, na verdade, aquele que vestia a camisa 10 era Rodrigo, adolescente que substituiria Ronaldo naquele jogo. Em virtude dos disparos, Rodrigo faleceu.

Considerando a situação narrada, assinale a opção que indica o crime cometido por Wellington.

A) Homicídio consumado, considerando-se as características de Ronaldo, pois houve erro na execução.
B) Homicídio consumado, considerando-se as características de Rodrigo.
C) Homicídio consumado, considerando-se as características de Ronaldo, pois houve erro sobre a pessoa.
D) Tentativa de homicídio contra Ronaldo e homicídio culposo contra Rodrigo.

RESPOSTA

A) Não houve erro na execução (*aberratio ictus* – art. 73, CP), já que o autor confundiu a sua vítima com outra.

B) São levadas em conta as características de Ronaldo, e não as de Rodrigo, conforme o disposto no art. 20, § 3º, CP.

✓ De acordo com o art. 20, § 3º, CP, "O erro quanto à pessoa contra a qual o crime é praticado não isenta de pena. Não se consideram, neste caso, as condições ou qualidades da vítima, senão as da pessoa contra quem o agente queria praticar o crime". Assim, consideram-se as características de Ronaldo (vítima visada), e não as de Rodrigo (vítima atingida).

D) Wellington responderá por um só crime: homicídio consumado, considerando-se as características da vítima visada (Ronaldo).

(XX Exame de Ordem Unificado / FGV) Rafael foi condenado pela prática de crime a pena privativa de liberdade de 04 anos e 06 meses, tendo a sentença transitado em julgado em 10-2-2008. Após cumprir 02 anos e 06 meses de pena, obteve livramento condicional em 10-8-2010, sendo o mesmo cumprido com correção e a pena extinta em 10-8-2012. Em 15-9-2015, Rafael pratica novo crime, dessa vez de roubo, tendo como vítima senhora de 60 anos de idade, circunstância que era do seu conhecimento. Dois dias depois, arrependido, antes da denúncia, reparou integralmente o dano causado. Na sentença, o magistrado condenou o acusado, reconhecendo a existência de duas agravantes pela reincidência e idade da vítima, além de não reconhecer o arrependimento posterior.

O advogado de Rafael deve pleitear:

A) reconhecimento do arrependimento posterior.
B) reconhecimento da tentativa.
C) afastamento da agravante pela idade da vítima.
D) afastamento da agravante da reincidência.

RESPOSTA

A) O instituto do arrependimento posterior (art. 16, CP) somente é aplicável nos crimes cometidos sem violência ou grave ameaça à pessoa, o que não é o caso (a questão fala em roubo).

B) O delito de roubo consumou-se no momento em que, mediante violência ou grave ameaça à vítima, Rafael tomou posse da coisa roubada (teoria da *apprehensio* ou *amotio* + Súmula 582, STJ).

C) Se a vítima era idosa (60 anos), e tal circunstância era do conhecimento do agente, a incidência da agravante (art. 61, II, *h*, CP) é obrigatória.

✓ O advogado de Rafael deve pleitear o afastamento da agravante da reincidência (art. 61, I, CP), uma vez que o art. 64, I, CP refere: "Para efeito de reincidência: I – não prevalece a condenação anterior, se entre a data do cumprimento ou extinção da pena e a infração posterior tiver decorrido período de tempo superior a 5 (cinco) anos, computado o período de prova da suspensão ou do livramento condicional, se não ocorrer revogação". Se Rafael obteve livramento condicional em 10-8-2010, e este prazo é computado para fins de depuração da reincidência, tem-se que os 5 anos referidos no art. 64, I, CP são contados desde aquela data (10-8-2010). Assim, quando Rafael praticou o roubo (15-9-2015), já havia transcorrido período superior a cinco anos, sendo, portanto, tecnicamente primário.

(XX Exame de Ordem Unificado / FGV) Aproveitando-se da ausência do morador, Francisco subtraiu de um sítio diversas ferramentas de valor considerável, conduta não assistida por quem quer que seja. No dia seguinte, o proprietário Antônio verifica a falta das coisas subtraídas, resolvendo se dirigir à delegacia da cidade. Após efetuar o devido registro, quando retornava para o sítio, Antônio avistou Francisco caminhando com diversas ferramentas em um carrinho, constatando que se tratavam dos bens dele subtraídos no dia anterior. Resolve fazer a abordagem, logo dizendo ser o proprietário dos objetos, vindo Francisco, para garantir a impunidade do crime anterior, a desferir um golpe de pá na cabeça de Antônio, causando-lhe as lesões que foram a causa de sua morte. Apesar de tentar fugir em seguida, Francisco foi preso por policiais que passavam pelo local, sendo as coisas recuperadas, ficando constatado o falecimento do lesado. Revoltada, a família de Antônio o procura, demonstrando interesse em sua atuação como assistente de acusação e afirmando a existência de dúvidas sobre a capitulação da conduta do agente.

Considerando o caso narrado, o advogado esclarece que a conduta de Francisco configura o(s) crime(s) de:

A) latrocínio consumado.
B) latrocínio tentado.
C) furto tentado e homicídio qualificado.
D) furto consumado e homicídio qualificado.

RESPOSTA

A) Não há latrocínio, pois, no momento em que Francisco matou a vítima, o crime de furto já estava consumado (teoria da *apprehensio* ou *amotio*).

B) Como dito acima, não se fala em latrocínio (art. 157, § 3º, última parte, CP), já que, no momento da morte da vítima, o delito de furto já estava consumado.

C) O crime de furto se consumou (teoria da *apprehensio* ou *amotio*). De acordo com *tese jurídica* firmada no STJ, "Consuma-se o crime de furto com a posse de fato da *res furtiva*, ainda que por breve espaço de tempo e seguida de perseguição ao agente, sendo prescindível a posse mansa e pacífica ou desvigiada" (STJ, 3ª Seção, REsp 1524450, j. 14-10-2015).

✓ Como Francisco agiu "para garantir a impunidade do crime anterior", incidirá, além do furto consumado, o delito de homicídio qualificado (art. 121, § 2º, V, CP).

(XX Exame de Ordem Unificado / FGV) Durante dois meses, Mário, 45 anos, e Joana, 14 anos, mantiveram relações sexuais em razão de relacionamento amoroso. Apesar do consentimento de ambas as partes, ao tomar conhecimento da situação, o pai de Joana, revoltado, comparece à Delegacia e narra o ocorrido para a autoridade policial, esclarecendo que o casal se conhecera no dia do aniversário de 14 anos de sua filha.

Considerando apenas as informações narradas, é correto afirmar que a conduta de Mário:

A) é atípica, em razão do consentimento da ofendida.
B) configura crime de estupro de vulnerável.
C) é típica, mas não é antijurídica, funcionando o consentimento da ofendida como causa supralegal de exclusão da ilicitude.
D) configura crime de corrupção de menores.

RESPOSTA

✓ O fato é atípico, pois o crime de estupro de vulnerável (art. 217-A, CP) pressupõe que a vítima seja menor de 14 anos, o que não era o caso de Joana.

B) Como dito, não há estupro de vulnerável, pois Joana, quando se relacionou sexualmente com Mário, não era menor de 14 anos.

C) Não se fala em exclusão da ilicitude, mas da própria tipicidade, uma vez que ausente elementar típica dos crimes de estupro de vulnerável ("menor de 14 anos" – art. 217-A, CP) e estupro ("mediante violência ou grave ameaça" – art. 213, CP).

D) Mário não induziu pessoa menor de 14 anos a satisfazer a lascívia de outrem (art. 218, CP).

(XXI Exame de Ordem Unificado / FGV) Revoltado com a conduta de um Ministro de Estado, Mário se esconde no interior de uma aeronave pública brasileira, que estava a serviço do governo, e, no meio da viagem, já no espaço aéreo equivalente ao Uruguai, desfere 5 facadas no Ministro com o qual estava insatisfeito, vindo a causar-lhe lesão corporal gravíssima.

Diante da hipótese narrada, com base na lei brasileira, assinale a afirmativa correta.

A) Mário poderá ser responsabilizado, segundo a lei brasileira, com base no critério da territorialidade.
B) Mário poderá ser responsabilizado, segundo a lei brasileira, com base no critério da extraterritorialidade e princípio da justiça universal.
C) Mário poderá ser responsabilizado, segundo a lei brasileira, com base no critério da extraterritorialidade, desde que ingresse em território brasileiro e não venha a ser julgado no estrangeiro.
D) Mário não poderá ser responsabilizado pela lei brasileira, pois o crime foi cometido no exterior e nenhuma das causas de extraterritorialidade se aplica ao caso.

RESPOSTA

✓ A aeronave pública brasileira é considerada extensão do território nacional, a teor do art. 5º, § 1º, CP, aplicando-se, dessa forma, o princípio da territorialidade.

B) Como dito, a aeronave pública brasileira é considerada extensão do território nacional. Assim, o critério é o da territorialidade, e não o da extraterritorialidade.

C) Conforme referido acima, a aeronave pública brasileira é considerada extensão do território nacional, devendo ser aplicado o princípio da territorialidade, e não o da extraterritorialidade.

D) Mário poderá ser responsabilizado pela lei brasileira, de acordo com o disposto no art. 5º, *caput* e § 1º, do Código Penal.

(XXI Exame de Ordem Unificado / FGV) Carlos, 21 anos, foi condenado a cumprir pena de prestação de serviços à comunidade pela prática de um crime de lesão corporal culposa no trânsito. Em 1º-1-2014, seis meses após cumprir a pena restritiva de direitos aplicada, praticou novo crime de natureza culposa, vindo a ser denunciado. Carlos, após não aceitar qualquer benefício previsto na Lei n. 9.099/95 e ser realizada audiência de instrução e julgamento, é novamente condenado em 17-2-2016. O juiz aplica pena de 11 meses de detenção, não admitindo a substituição por restritiva de direitos em razão da reincidência.

Considerando que os fatos são verdadeiros e que o Ministério Público não apelou, o(a) advogado(a) de Carlos, sob o ponto de vista técnico, deverá requerer, em recurso,

A) a substituição da pena privativa de liberdade por restritiva de direitos.

B) a suspensão condicional da pena.

C) o afastamento do reconhecimento da reincidência.

D) a prescrição da pretensão punitiva.

RESPOSTA

✓ Deve ser requerida a substituição da pena privativa de liberdade por restritiva de direitos, já que a vedação legal se dá em relação à reincidência em crime doloso (art. 44, II, CP), e não em crime culposo.

B) De acordo com o art. 77, III, CP, somente será aplicada a suspensão condicional da pena quando não for indicada ou cabível a substituição prevista no art. 44 do Código Penal. Portanto, como é possível a substituição da pena privativa de liberdade por restritiva de direitos, resta prejudicada a concessão do *sursis*.

C) Carlos é reincidente, pois cometeu novo crime depois de transitar em julgado a sentença que, no País, o condenou por crime anterior (art. 63, CP).

D) Não há prescrição a ser arguida, pois a pena aplicada de 11 meses prescreve em três anos (art. 109, VI, CP), prazo não verificado na questão.

(XXI Exame de Ordem Unificado / FGV) Carlos presta serviço informal como salva-vidas de um clube, não sendo regularmente contratado, apesar de receber uma gorjeta para observar os sócios do clube na piscina, durante toda a semana. Em seu horário de "serviço", com várias crianças brincando na piscina, fica observando a beleza física da mãe de uma das crianças e, ao mesmo tempo, falando no celular com um amigo, acabando por ficar de costas para a piscina. Nesse momento, uma criança vem a falecer por afogamento, fato que não foi notado por Carlos.

Sobre a conduta de Carlos, diante da situação narrada, assinale a afirmativa correta.

A) Não praticou crime, tendo em vista que, apesar de garantidor, não podia agir, já que concretamente não viu a criança se afogando.

B) Deve responder pelo crime de homicídio culposo, diante de sua omissão culposa, violando o dever de garantidor.

C) Deve responder pelo crime de homicídio doloso, em razão de sua omissão dolosa, violando o dever de garantidor.

D) Responde apenas pela omissão de socorro, mas não pelo resultado morte, já que não havia contrato regular que o obrigasse a agir como garantidor.

RESPOSTA

A) Carlos, ao prestar serviço como salva-vidas, ainda que informalmente, assumiu a posição de garante, a teor do art. 13, § 2º, CP. Assim, Carlos praticou crime omissivo impróprio de homicídio culposo (art. 121, § 3º, CP).

✓ Como dito, Carlos cometeu o delito de homicídio culposo, pois, embora tenha agido sem intenção de produzir o resultado, tinha o dever jurídico de evitá-lo.

C) Não há homicídio doloso, pois a questão não traz qualquer elemento indicativo de que Carlos quis o resultado ou assumiu o risco de produzi-lo.

D) O garante não responde pela simples omissão (crime omissivo próprio ou puro), mas sim pelo resultado naturalístico que deveria ter evitado e não evitou (crime omissivo impróprio, impuro ou comissivo por omissão).

(XXI Exame de Ordem Unificado / FGV) Felipe sempre sonhou em ser proprietário de um veículo de renomada marca mundial. Quando soube que uma moradora de sua rua tinha um dos veículos de seu sonho em sua garagem, Felipe combinou com Caio e Bruno de os dois subtraírem o veículo, garantindo que ficaria com o produto do crime e que Caio e Bruno iriam receber determinado valor, o que efetivamente vem a ocorrer. Após receber o carro, Felipe o leva para sua casa de praia, localizada em outra cidade do mesmo Estado em que reside. Os fatos são descobertos e o veículo é apreendido na casa de veraneio de Felipe.

Considerando as informações narradas, é correto afirmar que Felipe deverá ser responsabilizado pela prática do crime de

A) furto simples.

B) favorecimento real.

C) furto qualificado pelo concurso de agentes.

D) receptação.

RESPOSTA

A) Como o furto foi praticado mediante concurso de pessoas, o crime restou qualificado (art. 155, § 4º, IV, CP).

B) Felipe contribuiu para o resultado (subtração do automóvel) antes da consumação do crime, de forma que há crime de furto (art. 155, CP), e não de favorecimento real (art. 349, CP).

☑ Como todos os agentes estavam conluiados para a prática da subtração do veículo da vítima, Felipe deverá responder por furto, o qual restou qualificado pelo concurso de pessoas (art. 155, § 4º, IV, CP).

D) Felipe contribuiu para o resultado (subtração do automóvel) antes da consumação do crime, de forma que há crime de furto (art. 155, CP), e não de receptação (art. 180, CP).

(XXI Exame de Ordem Unificado / FGV) No curso de uma assembleia de condomínio de prédio residencial foram discutidos e tratados vários pontos. O morador Rodrigo foi o designado para redigir a ata respectiva, descrevendo tudo que foi discutido na reunião. Por esquecimento, deixou de fazer constar ponto relevante debatido, o que deixou Lúcio, um dos moradores, revoltado ao receber cópia da ata. Indignado, Lúcio promove o devido registro na delegacia própria, comprovando que Rodrigo, com aquela conduta, havia lhe causado grave prejuízo financeiro. Após oitiva dos moradores do prédio, em que todos confirmaram que o tema mencionado por Lúcio, de fato, fora discutido e não constava da ata, o Ministério Público ofereceu denúncia em face de Rodrigo, imputando-lhe a prática do crime de falsidade ideológica de documento público.

Considerando que todos os fatos acima destacados foram integralmente comprovados no curso da ação, o(a) advogado(a) de Rodrigo deverá alegar que

A) ele deve ser absolvido por respeito ao princípio da correlação, já que a conduta por ele praticada melhor se ajusta ao crime de falsidade material, que não foi descrito na denúncia.

B) sua conduta deve ser desclassificada para crime de falsidade ideológica culposa.

C) a pena a ser aplicada, apesar da prática do crime de falsidade ideológica, é de um a três anos de reclusão, já que a ata de assembleia de condomínio é documento particular, e não público.

D) ele deve ser absolvido por atipicidade da conduta.

RESPOSTA

A) Rodrigo deve ser absolvido por atipicidade da conduta. Não há falsidade material (art. 297, CP), pois o vício constatado na ata dizia respeito ao conteúdo do documento, e não à sua forma.

B) O Código Penal não prevê o crime de falsidade ideológica (art. 299) culposa.

C) Como dito acima, Rodrigo deve ser absolvido por atipicidade da conduta, pois não agiu com dolo, e sim com culpa (esquecimento).

☑ O comportamento de Rodrigo não configura crime, razão pela qual ele deverá ser absolvido por atipicidade da conduta.

(XXI Exame de Ordem Unificado / FGV) Alberto, policial civil, passando por dificuldades financeiras, resolve se valer de sua função para ampliar seus vencimentos. Para tanto, durante o registro de uma ocorrência na Delegacia onde está lotado, solicita à noticiante R$ 2.000,00 para realizar as investigações necessárias à elucidação do fato. Indignada com a proposta, a noticiante resolve gravar a conversa. Dizendo que iria pensar se aceitaria pagar o valor solicitado, a noticiante deixa o local e procura a Corregedoria de Polícia Civil, narrando a conduta do policial e apresentando a gravação para comprovação.

Acerca da conduta de Alberto, é correto afirmar que configura crime de

A) corrupção ativa, em sua modalidade tentada.

B) corrupção passiva, em sua modalidade tentada.

C) corrupção ativa consumada.

D) corrupção passiva consumada.

RESPOSTA

A) Não há corrupção ativa (art. 333, CP), que é crime praticado por particular contra a Administração em geral, pois Alberto é funcionário público e, como tal, cometeu o delito.

B) Alberto praticou o crime de corrupção passiva (art. 317, CP), que é formal e se consumou no momento em que o agente solicitou a vantagem indevida. Não há, portanto, que se falar em tentativa.

C) Como referido acima, Alberto praticou o delito de corrupção passiva (art. 317, CP), e não de corrupção ativa (art. 333, CP).

☑ Alberto cometeu o crime de corrupção passiva (art. 317, CP), que é delito funcional, uma vez que, na condição de funcionário público, solicitou vantagem indevida. A consumação ocorreu no exato momento em que a solicitação chegou ao conhecimento da vítima.

(XXII Exame de Ordem Unificado / FGV) A Delegacia Especializada de Crimes Tributários recebeu informações de órgãos competentes de que o sócio Mário, da sociedade empresária "Vamos que vamos", possivelmente sonegou imposto estadual, gerando um prejuízo aos cofres do Estado avaliado em R$ 60.000,00. Foi instaurado, então, inquérito policial para apurar os fatos. Ao mesmo tempo, foi iniciado procedimento administrativo, não havendo, até o momento, lançamento definitivo do crédito tributário. O inquérito policial foi encaminhado ao Ministério Público, que ofereceu denúncia em face de Mário, imputando-lhe a prática do crime previsto no art. 1º, inciso I, da Lei n. 8.137/90.

Diante da situação narrada, assinale a afirmativa correta.

A) Não se tipifica o crime imputado ao acusado antes do lançamento definitivo.

B) Em razão da independência de instância, o lançamento definitivo é irrelevante para configuração da infração penal.

C) O crime imputado a Mário é de natureza formal, consumando-se no momento da omissão de informação com o objetivo de reduzir tributo, ainda que a redução efetivamente não ocorra.

D) O crime imputado a Mário é classificado como próprio, de modo que é necessária a presença de ao menos um funcionário público como autor ou partícipe do delito.

RESPOSTA

☑ O fundamento está na Súmula Vinculante 24 do STF: "Não se tipifica crime material contra a ordem tributária, previsto no art. 1º, incisos I a IV, da Lei n. 8.137/90, antes do lançamento definitivo do tributo".

B) Não há, neste caso, independência entre as instâncias penal e administrativa.

C) O crime é material, conforme a Súmula Vinculante 24 do STF.

D) O crime referido na questão – art. 1º, I, da Lei n. 8.137/90 – não é próprio (funcional), mas comum, ou seja, praticado por particulares.

(XXII Exame de Ordem Unificado / FGV) Acreditando estar grávida, Pâmela, 18 anos, desesperada porque ainda morava com os pais e eles sequer a deixavam namorar, utilizando um instrumento próprio, procura eliminar o feto sozinha no banheiro de sua casa, vindo a sofrer, em razão de tal comportamento, lesão corporal de natureza grave. Encaminhada ao hospital para atendimento médico, fica constatado que, na verdade, ela não se achava e nunca esteve grávida. O Hospital, todavia, é obrigado a noticiar o fato à autoridade policial, tendo em vista que a jovem de 18 anos chegou ao local em situação suspeita, lesionada. Diante disso, foi instaurado procedimento administrativo investigatório próprio e, com o recebimento dos autos, o Ministério Público ofereceu denúncia em face de Pâmela pela prática do crime de "aborto provocado pela gestante", qualificado pelo resultado de lesão corporal grave, nos termos dos art. 124 c/c o art. 127, ambos do Código Penal.

Diante da situação narrada, assinale a opção que apresenta a alegação do advogado de Pâmela.

A) A atipicidade de sua conduta.

B) O afastamento da qualificadora, tendo em vista que esta somente pode ser aplicada aos crimes de aborto provocado por terceiro, com ou sem consentimento da gestante, mas não para o delito de autoaborto de Pâmela.

C) A desclassificação para o crime de lesão corporal grave, afastando a condenação pelo aborto.

D) O reconhecimento da tentativa do crime de aborto qualificado pelo resultado.

RESPOSTA

☑ Como Pâmela "não se achava e nunca esteve grávida", trata-se de crime impossível (art. 17, CP), em face da absoluta impropriedade do objeto (não há feto a ser abortado).

B) Não há o delito de autoaborto (art. 124, 1ª parte, CP) em virtude do crime impossível (art. 17, CP).

C) Salvo em casos excepcionais, não se pune a autolesão no Brasil.

D) Não há o delito de aborto qualificado pelo resultado (art. 127, CP) em virtude do crime impossível (art. 17, CP).

(XXII Exame de Ordem Unificado / FGV) Mariano, 59 anos de idade, possuía em sua residência 302 vídeos e fotografias com cenas de sexo explícito envolvendo adolescentes. Descobertos os fatos, foi denunciado pela prática de 302 crimes do art. 241-B da Lei n. 8.069/90 ("Adquirir, possuir ou armazenar, por qualquer meio, fotografia, vídeo ou outra forma de registro que contenha cena de sexo explícito ou pornográfica envolvendo criança ou adolescente"), em concurso material, sendo descrito que possuía o material proibido. Os adolescentes das imagens não foram localizados. Encerrada a instrução e confirmados os fatos, o Ministério Público pugnou pela condenação nos termos da denúncia.

Em sede de alegações finais, diante da confissão do acusado e sendo a prova inquestionável, sob o ponto de vista técnico, o advogado de Mariano deverá pleitear

A) a absolvição de Mariano, tendo em vista que ele não participava de nenhuma das cenas de sexo explícito envolvendo adolescente.

B) o reconhecimento de crime único do art. 241-B da Lei n. 8.069/90.

C) o reconhecimento do concurso formal de crimes entre os 302 delitos praticados.

D) a extinção da punibilidade do acusado, em razão do desinteresse dos adolescentes em ver Mariano processado.

RESPOSTA

A) Mariano não poderá ser absolvido, pois a caracterização do crime pressupõe que o agente "possua" o material proibido, e não que participe efetivamente das cenas de sexo explícito envolvendo adolescentes. Ademais, conforme o art. 241-E do Estatuto da Criança e do Adolescente (Lei n. 8.069/90), a expressão "cena de sexo explícito ou pornográfica" compreende qualquer situação que envolva criança ou adolescente em atividades sexuais explícitas, reais ou simuladas, ou exibição dos órgãos genitais de uma criança ou adolescente para fins primordialmente sexuais.

☑ Há um só crime do art. 241-B do ECA. A quantidade de vídeos e fotografias poderá servir para exasperar a pena-base (art. 59, CP), mas não para caracterizar mais de um delito. Reforça o argumento o disposto no art. 241-B, § 1º, do ECA: "A pena é diminuída de 1 (um) a 2/3 (dois terços) se de pequena quantidade o material a que se refere o *caput* deste artigo". Ou seja, havendo pequena quantidade, existirá um só crime, com a pena diminuída de um a dois terços.

C) Cada um dos 302 itens apreendidos (vídeos e fotografias) não caracteriza 302 delitos autônomos, razão pela qual não há que se falar em concurso formal de crimes (art. 70, CP), mas sim em delito único.

D) A lei não prevê causa extintiva da punibilidade em razão de eventual desinteresse dos adolescentes em ver o autor do crime processado.

(XXII Exame de Ordem Unificado / FGV) No dia 15 de abril de 2011, João, nascido em 18 de maio de 1991, foi preso em flagrante pela prática do crime de furto simples, sendo, em seguida, concedida liberdade provisória. A denúncia somente foi oferecida e recebida em 18 de abril de 2014, ocasião em que o juiz designou o dia 18 de junho de 2014 para a realização da audiência especial de suspensão condicional do processo oferecida pelo Ministério Público. A proposta foi aceita pelo acusado e pela defesa técnica, iniciando-se o período de prova naquele mesmo dia. Três meses depois, não tendo o acusado cumprido as condições estabelecidas, a suspensão foi revogada, o que ocorreu em decisão datada de 03 de outubro de 2014. Ao final da fase instrutória, a pretensão punitiva foi acolhida, sendo aplicada ao acusado a pena de 01 ano de reclusão em regime aberto, substituída por restritiva de direitos. A sentença condenatória foi publicada em 19 de maio de 2016, tendo transitado em julgado para a acusação. Intimado da decisão respectiva, João procura você, na condição de advogado(a), para saber sobre eventual prescrição, pois tomou conhecimento de que a pena de 01 ano, em tese, prescreve em 04 anos, mas que, no caso concreto, por força da menoridade relativa, deve o prazo ser reduzido de metade.

Diante desse quadro, você, como advogado(a), deverá esclarecer que

A) ocorreu a prescrição da pretensão punitiva entre a data do fato e a do recebimento da denúncia.

B) ocorreu a prescrição da pretensão punitiva entre a data do recebimento da denúncia e a da publicação da sentença condenatória.

C) ocorreu a prescrição da pretensão executória entre a data do recebimento da denúncia e a da publicação da sentença condenatória.

D) não há que se falar em prescrição, no caso apresentado.

RESPOSTA

A) Desde a vigência da Lei n. 12.234/2010, que deu nova redação ao § 1º do art. 110 do Código Penal, a prescrição, em nenhuma hipótese, pode ter por termo inicial data anterior à da denúncia ou queixa.

B) Foi aplicada ao réu pena de um ano, atingindo-se o prazo prescricional de quatro anos (art. 109, V, CP). Como o acusado é menor de 21 anos ao tempo do crime, o prazo é reduzido de metade (art. 115, CP), sendo fixado em dois anos. Entre a data do recebimento da denúncia (18-4-2014) e a data da publicação da sentença condenatória (19-5-2016) passaram-se dois anos e um mês. No entanto, deve ser levada em conta a causa suspensiva da prescrição disposta no art. 89, § 6º, da Lei n. 9.099/95 ("Não correrá a prescrição durante o prazo de suspensão do processo"). Como o processo esteve suspenso durante pouco mais de três meses (entre 18-6-2014 e 3-10-2014), a prescrição não correu durante esse lapso temporal. Isso significa que não se alcançou o prazo de dois anos para que a prescrição da pretensão punitiva pudesse ser declarada.

C) Não há que se falar em PPE (prescrição da pretensão executória), já que não ocorreu o trânsito em julgado para as duas partes, mas apenas para a acusação.

☑ Não há que se falar em prescrição no caso apresentado.

(XXII Exame de Ordem Unificado / FGV) Tony, a pedido de um colega, está transportando uma caixa com cápsulas que acredita ser de remédios, sem ter conhecimento que estas, na verdade, continham Cloridrato de Cocaína em seu interior. Por outro lado, José transporta em seu veículo 50g de *Cannabis Sativa L.* (maconha), pois acreditava que poderia ter pequena quantidade do material em sua posse para fins medicinais. Ambos foram abordados por policiais e, diante da apreensão das drogas, denunciados pela prática do crime de tráfico de entorpecentes.

Considerando apenas as informações narradas, o advogado de Tony e José deverá alegar em favor dos clientes, respectivamente, a ocorrência de

A) erro de tipo, nos dois casos.

B) erro de proibição, nos dois casos.

C) erro de tipo e erro de proibição.

D) erro de proibição e erro de tipo.

RESPOSTA

A) Somente há erro de tipo no primeiro caso.

B) Somente há erro de proibição no segundo caso.

☑ Como Tony não sabia que estava transportando droga, incorrerá em erro de tipo, o qual incide sobre elemento constitutivo do tipo ("droga", no caso) e tem fundamento no art. 20, *caput*, do CP. No que se refere a José, o erro é de proibição, o qual incide sobre o caráter proibitivo do fato (art. 21, CP). José sabia que transportava droga, mas, naquela situação, achava que não praticava crime.

D) Há erro de tipo no primeiro caso e erro de proibição no segundo caso.

(XXII Exame de Ordem Unificado / FGV) Gilson, 35 anos, juntamente com seu filho Rafael, de 15 anos, em dificuldades financeiras, iniciaram atos para a subtração de um veículo automotor. Gilson portava arma de fogo e, quando a vítima tentou empreender fuga, ele efetua disparos contra ela, a fim de conseguir subtrair o carro. O episódio levou o proprietário do automóvel a falecer. Apesar disso, os agentes não levaram o veículo, já que outras pessoas que estavam no local chamaram a Polícia. Descobertos os fatos, Gilson é denunciado pelo crime de latrocínio consumado e corrupção de menores em concurso formal, sendo ao final da instrução, após confessar os fatos, condenado à pena mínima de 20 anos pelo crime do art. 157, § 3º, do Código Penal, e à pena mínima de 01 ano pelo delito de corrupção de menores, não havendo reconhecimento de quaisquer agravantes ou atenuantes. Reconhecido, porém, o concurso formal de crimes, ao invés de as penas serem somadas, a pena mais grave foi aumentada de 1/6, resultando em um total de 23 anos e 04 meses de reclusão.

Considerando a situação narrada, o advogado de Gilson poderia pleitear, observando a jurisprudência dos Tribunais Superiores, em sede de recurso de apelação,

A) a aplicação da regra do cúmulo material em detrimento da exasperação, pelo concurso formal de crimes.

B) a aplicação da pena intermediária abaixo do mínimo legal, em razão do reconhecimento da atenuante da confissão espontânea.

C) o reconhecimento da modalidade tentada do latrocínio, já que o veículo automotor não foi subtraído.

D) o afastamento da condenação por corrupção de menor, pela natureza material do delito.

RESPOSTA

☑ Conforme o disposto no art. 70, parágrafo único, do Código Penal, "Não poderá a pena exceder a que seria cabível pela regra do art. 69 deste Código". Isso significa que, embora em regra seja melhor para o réu a exasperação da pena (toma-se a pena mais grave, que é aumentada de um certo percentual) do que o cúmulo material (somam-se todas as penas), quando a soma for mais benéfica ela deverá prevalecer. No caso concreto apresentado, se as penas fossem somadas (20 anos + 1 ano) chegaríamos a um total de 21 anos, o que é mais benéfico ao réu do que os 23 anos e 4 meses fixados na sentença.

B) De acordo com a Súmula 231 do STJ, "A incidência da circunstância atenuante não pode conduzir à redução da pena abaixo do mínimo legal".

C) Como a vítima foi morta pelo agente, o latrocínio está consumado. O fundamento está na Súmula 610 do STF: "Há crime de latrocínio, quando o homicídio se consuma, ainda que não realize o agente a subtração de bens da vítima".

D) O crime de corrupção de menor (art. 244-B, ECA) é de natureza formal, e não material. Nesse sentido a Súmula 500 do STJ: "A configuração do crime do art. 244-B do ECA independe da prova da efetiva corrupção do menor, por se tratar de delito formal".

(XXIII Exame de Ordem Unificado / FGV) Pedro, jovem rebelde, sai à procura de Henrique, 24 anos, seu inimigo, com a intenção de matá-lo, vindo a encontrá-lo conversando com uma senhora de 68 anos de idade. Pedro saca sua arma, regularizada e cujo porte era autorizado, e dispara em direção ao rival. Ao mesmo tempo, a senhora dava um abraço de despedida em Henrique e acaba sendo atingida pelo disparo. Henrique, que não sofreu qualquer lesão, tenta salvar a senhora, mas ela falece. Diante da situação narrada, em consulta técnica solicitada pela família, deverá ser esclarecido pelo advogado que a conduta de Pedro, de acordo com o Código Penal, configura:

A) crime de homicídio doloso consumado, apenas, com causa de aumento em razão da idade da vítima.

B) crime de homicídio doloso consumado, apenas, sem causa de aumento em razão da idade da vítima.

C) crimes de homicídio culposo consumado e de tentativa de homicídio doloso em relação a Henrique.

D) crime de homicídio culposo consumado, sem causa de aumento pela idade da vítima.

RESPOSTA

A) A resposta à questão passa pela compreensão do instituto da *aberratio ictus*. Conforme o art. 73 do Código Penal, "Quando, por acidente ou erro no uso dos meios de execução, o agente, ao invés de atingir a pessoa que pretendia ofender, atinge pessoa diversa, responde como se tivesse praticado o crime contra aquela, atendendo-se ao disposto no § 3º do art. 20 deste Código (...)". Assim, não incide a causa de aumento de pena em razão da idade da ofendida (senhora com 68 anos), já que devem ser levadas em conta as condições da vítima visada, e não as da vítima efetivamente atingida.

☑ Existe crime de homicídio doloso consumado, já que houve a morte da idosa. No entanto, com fundamento no art. 73 do Código Penal, devem ser consideradas as condições ou qualidades pessoais de Henrique, que possui 24 anos idade, razão pela qual não incide a agravante prevista no art. 61, II, *h*, do Código Penal ("contra maior de 60 anos").

C) Não há homicídio culposo, já que Pedro agiu com *animus necandi* (dolo de matar).

D) Como dito, não há homicídio culposo, já que Pedro atirou com dolo e não com culpa.

(XXIII Exame de Ordem Unificado / FGV) Roberta, enquanto conversava com Robson, afirmou categoricamente que presenciou quando Caio explorava jogo do bicho, no dia 3-3-2017. No dia seguinte, Roberta contou para João que Caio era um "furtador". Caio toma conhecimento dos fatos, procura você na condição de advogado(a) e nega tudo o que foi dito por Roberta, ressaltando que ela só queria atingir sua honra. Nesse caso, deverá ser proposta queixa-crime, imputando a Roberta a prática de:

A) 1 crime de difamação e 1 crime de calúnia.

B) 1 crime de difamação e 1 crime de injúria.

C) 2 crimes de calúnia.

D) 1 crime de calúnia e 1 crime de injúria.

RESPOSTA

A) Na conversa que travava com Robson, Roberta efetivamente praticou difamação (art. 139 do Código Penal). No entanto, no dia seguinte, ao falar com João, Roberta praticou injúria (art. 140 do Código Penal) e não calúnia (art. 138 do Código Penal). Isso porque o delito de calúnia pressupõe a imputação de fato determinado, o que não existiu com a referência a "furtador".

☑ Há crime de difamação na primeira conversa, pois Roberta imputou fato ofensivo à reputação de Caio (honra objetiva), afirmando que ele explorava jogo do bicho. Na segunda conversa, Roberta ofendeu a dignidade ou decoro de Caio (honra subjetiva), ao chamá-lo de "furtador".

C) Não há calúnia nas imputações de Roberta. Na primeira, porque o jogo do bicho é *contravenção penal*, enquanto que o delito de calúnia (art. 138 do Código Penal) pressupõe a imputação falsa de *crime*. Na segunda, porque a calúnia exige a imputação de fato (falso e criminoso) determinado, o que inexistiu com a menção a "furtador".

D) Não há, como dito, crime de calúnia, já que o jogo do bicho é contravenção penal, e não crime, conforme exigido pelo art. 138 do Código Penal.

(XXIII Exame de Ordem Unificado / FGV) Rafael e Francisca combinam praticar um crime de furto em uma residência onde ela exercia a função de passadeira. Decidem, então, subtrair bens do imóvel em data sobre a qual Francisca tinha conhecimento de que os proprietários estariam viajando, pois assim ela tinha certeza de que os patrões, de quem gostava, não sofreriam qualquer ameaça ou violência. No dia do crime, enquanto Francisca aguarda do lado de fora, Rafael entra no imóvel para subtrair bens. Ela, porém, percebe que o carro dos patrões está na garagem e tenta avisar o fato ao comparsa para que este saísse rápido da casa. Todavia, Rafael, ao perceber que a casa estava ocupada, decide empregar violência contra os proprietários para continuar subtraindo mais bens. Descobertos os fatos, Francisca e Rafael são denunciados pela prática do crime de roubo majorado. Considerando as informações narradas, o(a) advogado(a) de Francisca deverá buscar:

A) sua absolvição, tendo em vista que não desejava participar do crime efetivamente praticado.

B) o reconhecimento da participação de menor importância, com aplicação de causa de redução de pena.

C) o reconhecimento de que o agente quis participar de crime menos grave, aplicando-se a pena do furto qualificado.

D) o reconhecimento de que o agente quis participar de crime menos grave, aplicando-se causa de diminuição de pena sobre a pena do crime de roubo majorado.

RESPOSTA

A) Francisca não pode ser absolvida. Isso porque, de acordo com o art. 29, § 2º, do Código Penal, "Se algum dos concorrentes quis participar de crime menos grave, ser-lhe-á aplicada a pena deste; essa pena será aumentada até metade, na hipótese de ter sido previsível o resultado mais grave".

B) Francisca não responderá por roubo com pena diminuída (participação de menor importância – art. 29, § 1º, do CP), mas sim por furto qualificado (crime que desejava praticar – art. 29, § 2º, do CP).

✓ Francisca responderá por aquilo que quis cometer (furto qualificado), aplicando-se a pena do delito menos grave, na forma do art. 29, § 2º, do Código Penal.

D) De acordo com o art. 29, § 2º, do Código Penal (cooperação dolosamente distinta), será aplicada a Francisca a pena do crime menos grave (furto), e não do mais grave (roubo).

(XXIII Exame de Ordem Unificado / FGV) Caio, Mário e João são denunciados pela prática de um mesmo crime de estupro (art. 213 do CP). Caio possuía uma condenação anterior definitiva pela prática de crime de deserção, delito militar próprio, ao cumprimento de pena privativa de liberdade. Já Mário possuía uma condenação anterior, com trânsito em julgado, pela prática de crime comum, com aplicação exclusiva de pena de multa. Por fim, João possuía condenação definitiva pela prática de contravenção penal à pena privativa de liberdade. No momento da sentença, o juiz reconhece agravante da reincidência em relação aos três denunciados. Considerando apenas as informações narradas, de acordo com o Código Penal, o advogado dos réus:

A) não poderá buscar o afastamento da agravante, já que todos são reincidentes.

B) poderá buscar o afastamento da agravante em relação a Mário, já que somente Caio e João são reincidentes.

C) poderá buscar o afastamento da agravante em relação a João, já que somente Caio e Mário são reincidentes.

D) poderá buscar o afastamento da agravante em relação a Caio e João, já que somente Mário é reincidente.

RESPOSTA

A) Alternativa errada, pois somente Mário é reincidente.

B) Caio e João não são reincidentes. Caio possui condenação anterior definitiva pela prática de crime de deserção, que é delito militar próprio. De acordo com o art. 64, II, do Código Penal, "Para efeito de reincidência: (...) II – não se consideram os crimes militares próprios (...)". No que se refere a João, verifica-se que possui condenação definitiva pela prática de contravenção penal. Conforme o art. 7º da LCP – Lei das Contravenções Penais, "Verifica-se a reincidência quando o agente pratica uma contravenção depois de passar em julgado a sentença que o tenha condenado, no Brasil ou no estrangeiro, por qualquer crime, ou, no Brasil, por motivo de contravenção". Ou seja, se o agente foi condenado definitivamente por *contravenção* e depois vem a praticar *crime*, não há reincidência.

C) Caio, como dito acima, não é reincidente.

✓ Mário é reincidente, pois possui condenação anterior, com trânsito em julgado, pela prática de crime comum. O fundamento está no art. 63 do Código Penal: "Verifica-se a reincidência quando o agente comete novo crime, depois de transitar em julgado a sentença que, no País ou no estrangeiro, o tenha condenado por crime anterior".

(XXIII Exame de Ordem Unificado / FGV) Catarina leva seu veículo para uma determinada entidade autárquica com o objetivo de realizar a fiscalização anual. Carlos, funcionário público que exerce suas funções no local, apesar de não encontrar irregularidades no veículo, verificando a inexperiência de Catarina, que tem apenas 19 anos de idade, exige R$ 5.000,00 para "liberar" o automóvel sem pendências. Catarina, de imediato, recusa-se a entregar o valor devido e informa o ocorrido ao superior hierárquico de Carlos, que aciona a polícia. Realizada a prisão em flagrante de Carlos, a família é comunicada sobre o fato e procura um advogado para que ele preste esclarecimentos sobre a responsabilidade penal de Carlos. Diante da situação narrada, o advogado da família de Carlos deverá esclarecer que a conduta praticada por Carlos configura, em tese, crime de:

A) corrupção passiva consumada.
B) concussão consumada.
C) corrupção passiva tentada.
D) concussão tentada.

RESPOSTA

A) Não há corrupção passiva (art. 317 do Código Penal), pois Carlos exigiu a vantagem indevida. O verbo "exigir" está no art. 316 do Código Penal (concussão), e não no art. 317 do Código Penal, que fala em "solicitar", "receber" ou "aceitar promessa".

✓ Carlos praticou o crime de concussão ("Exigir, para si ou para outrem, direta ou indiretamente, ainda que fora da função ou antes de assumi-la, mas em razão dela, vantagem indevida"). O delito restou consumado, pois é formal, ou seja, não há necessidade de o funcionário público receber a vantagem indevida para a consumação.

C) Como dito acima, não houve corrupção passiva, mas concussão.

D) O delito restou consumado, pois, conforme referido, trata-se de crime formal. A consumação ocorreu no instante em que a exigência chegou ao conhecimento da vítima.

(XXIII Exame de Ordem Unificado / FGV) Pedro, quando limpava sua arma de fogo, devidamente registrada em seu nome, que mantinha no interior da residência sem adotar os cuidados necessários, inclusive o de desmuniciá-la, acaba, acidentalmente, por dispará-la, vindo a atingir seu vizinho Júlio e a esposa deste, Maria. Júlio faleceu em razão da lesão causada pelo projétil e Maria sofreu lesão corporal e debilidade permanente de membro. Preocupado com sua situação jurídica, Pedro o procura para, na condição de advogado, orientá-lo acerca das consequências do seu comportamento. Na oportunidade, considerando a situação narrada, você deverá esclarecer, sob o ponto de vista técnico, que ele poderá vir a ser responsabilizado pelos crimes de:

A) homicídio culposo, lesão corporal culposa e disparo de arma de fogo, em concurso formal.
B) homicídio culposo e lesão corporal grave, em concurso formal.
C) homicídio culposo e lesão corporal culposa, em concurso material.
D) homicídio culposo e lesão corporal culposa, em concurso formal.

RESPOSTA

A) A alternativa está errada, pois não restou caracterizado o crime de disparo de arma de fogo (art. 15 da Lei n. 10.826-3), que só existe na forma dolosa. Pedro disparou "acidentalmente" e "sem adotar os cuidados necessários", ou seja, a título de culpa.

B) A alternativa está errada, pois a lesão praticada é culposa, e não "grave". A lesão corporal de natureza grave (art. 129, § 1º, do Código Penal) só pode ser perpetrada na forma dolosa, o que não foi o caso de Pedro.

C) A alternativa está errada, pois não houve concurso material de crimes (art. 69 do Código Penal), o qual pressupõe (i) pluralidade de condutas e (ii) pluralidade de resultados. No caso de Pedro houve uma só conduta.

✓ Pedro praticou homicídio culposo e lesão corporal culposa em concurso formal de crimes (art. 70 do Código Penal), o qual pressupõe (i) unidade de conduta e (ii) pluralidade de resultados.

(XXIV Exame de Ordem Unificado / FGV) Cássio foi denunciado pela prática de um crime de dano qualificado, por ter atingido bem municipal (art. 163, parágrafo único, inciso III, do CP – pena: detenção de 6 meses a 3 anos e multa), merecendo destaque que, em sua Folha de Antecedentes Criminais, consta uma única condenação anterior, definitiva, oriunda de sentença publicada 4 anos antes, pela prática do crime de lesão corporal culposa praticada na direção de veículo automotor.

Ao final da instrução, Cássio confessa integralmente os fatos, dizendo estar arrependido e esclarecendo que "perdeu a cabeça" no momento do crime, sendo certo que está trabalhando e tem 03 filhos com menos de 10 anos de idade que são por ele sustentados.

Apenas com base nas informações constantes, o(a) advogado(a) de Cássio poderá pleitear, de acordo com as previsões do Código Penal, em sede de alegações finais:

A) o reconhecimento do perdão judicial.
B) o reconhecimento da atenuante da confissão, mas nunca sua compensação com a reincidência.
C) a substituição da pena privativa de liberdade por restritiva de direitos, apesar de o agente ser reincidente.
D) o afastamento da agravante da reincidência, já que o crime pretérito foi praticado em sua modalidade culposa, e não dolosa.

RESPOSTA

A) De acordo com o art. 107 do Código Penal, "Extingue-se a punibilidade: (...) IX – pelo perdão judicial, nos casos previstos em lei". A lei, no entanto, não prevê o instituto do perdão judicial para o crime de dano qualificado.

B) O advogado de Cássio deve pleitear a atenuante da confissão (art. 65, III, *d*, do Código Penal). O equívoco, no entanto, está na segunda parte da alternativa: de acordo com o STJ, é possível a compensação da atenuante da confissão com a agravante da reincidência.

✓ Como eventual condenação não poderá ser superior a 4 anos, já que o crime em exame tem pena máxima de 3 anos, e não foi praticado com violência ou grave ameaça a pessoa, é possível a substituição da pena privativa de liberdade por pena restritiva de direito (art. 44, I, do CP). Ademais, o réu não é reincidente em crime doloso (art. 44, II, do CP), não havendo impedimento para a concessão do benefício.

D) De acordo com o art. 63 do Código Penal, "Verifica-se a reincidência quando o agente comete novo crime, depois de transitar em julgado a sentença que, no País ou no estrangeiro, o tenha condenado por crime anterior". Portanto, não importa se o delito é doloso ou culposo, mas sim que tenha transitado em julgado e ainda não tenha transcorrido o período depurador da reincidência (art. 64, I, do CP).

(XXIV Exame de Ordem Unificado / FGV) Bárbara, nascida em 23 de janeiro de 1999, no dia 15 de janeiro de 2017, decide sequestrar Felipe, por dez dias, para puni-lo pelo fim do relacionamento amoroso. No dia 16 de janeiro de 2017, efetivamente restringe a liberdade do ex-namorado, trancando-o em uma casa e mantendo consigo a única chave do imóvel. Nove dias após a restrição da liberdade, a polícia toma conhecimento dos fatos e consegue libertar Felipe, não tendo, assim, se realizado, em razão de circunstâncias alheias, a restrição da liberdade por dez dias pretendida por Bárbara. Considerando que, no dia 23 de janeiro de 2017, entrou em vigor nova lei, mais gravosa, alterando a sanção penal prevista para o delito de sequestro simples, passando a pena a ser de 01 a 05 anos de reclusão e não mais de 01 a 03 anos, o

Ministério Público ofereceu denúncia em face de Bárbara, imputando-lhe a prática do crime do art. 148 do Código Penal (Sequestro e Cárcere Privado), na forma da legislação mais recente, ou seja, aplicando-se, em caso de condenação, pena de 01 a 05 anos de reclusão. Diante da situação hipotética narrada, é correto afirmar que o advogado de Bárbara, de acordo com a jurisprudência do Supremo Tribunal Federal, deverá pleitear:

A) a aplicação do instituto da suspensão condicional do processo.

B) a aplicação da lei anterior mais benéfica, ou seja, a aplicação da pena entre o patamar de 01 a 03 anos de reclusão.

C) o reconhecimento da inimputabilidade da acusada, em razão da idade.

D) o reconhecimento do crime em sua modalidade tentada.

RESPOSTA

☑ O crime previsto no art. 148 do Código Penal (Sequestro e Cárcere Privado) é permanente, razão pela qual sua consumação se prolonga no tempo. Será aplicada a lei mais grave, por força da Súmula 711 do STF. Como a pena mínima não passa de 1 ano, é cabível o benefício da suspensão condicional do processo (*sursis* processual), previsto no art. 89 da Lei n. 9.099/95.

B) Como o crime é permanente, e a lei mais grave passou a incidir antes de cessar a permanência (libertação de Felipe), incide a Súmula 711 do STF: "A lei penal mais grave aplica-se ao crime continuado ou ao crime permanente, se a sua vigência é anterior à cessação da continuidade ou da permanência". Assim, Bárbara responderá pelo crime com a pena mais grave.

C) O crime, como dito, é permanente. Assim, a consumação se prolongou no tempo, alcançando Bárbara já na sua maioridade. No dia em que Felipe foi resgatado, Bárbara já tinha 18 anos.

D) O delito de sequestro ou cárcere privado consuma-se quando a vítima é privada de sua liberdade, o que ocorreu no caso. Assim, não há que se falar em tentativa.

(XXIV Exame de Ordem Unificado / FGV) Decidido a praticar crime de furto na residência de um vizinho, João procura o chaveiro Pablo e informa do seu desejo, pedindo que fizesse uma chave que possibilitasse o ingresso na residência, no que foi atendido. No dia do fato, considerando que a porta já estava aberta, João ingressa na residência sem utilizar a chave que lhe fora entregue por Pablo, e subtrai uma TV. Chegando em casa, narra o fato para sua esposa, que o convence a devolver o aparelho subtraído. No dia seguinte, João atende à sugestão da esposa e devolve o bem para a vítima, narrando todo o ocorrido ao lesado, que, por sua vez, comparece à delegacia e promove o registro próprio. Considerando o fato narrado, na condição de advogado(a), sob o ponto de vista técnico, deverá ser esclarecido aos familiares de Pablo e João que:

A) nenhum deles responderá pelo crime, tendo em vista que houve arrependimento eficaz por parte de João e, como causa de excludente da tipicidade, estende-se a Pablo.

B) ambos deverão responder pelo crime de furto qualificado, aplicando-se a redução de pena apenas a João, em razão do arrependimento posterior.

C) ambos deverão responder pelo crime de furto qualificado, aplicando-se a redução de pena para os dois, em razão do arrependimento posterior, tendo em vista que se trata de circunstância objetiva.

D) João deverá responder pelo crime de furto simples, com causa de diminuição do arrependimento posterior, enquanto Pablo não responderá pelo crime contra o patrimônio.

RESPOSTA

A) João deverá responder pelo crime patrimonial, já que não houve arrependimento eficaz (art. 15 do CP), mas arrependimento posterior (art. 16 do CP). O arrependimento eficaz somente incide quando o agente impede que o resultado se produza, o que não ocorreu na situação narrada.

B) A uma, porque somente João responderá pelo crime. A duas, porque não se trata de furto qualificado, e sim de furto simples, já que João não utilizou a chave falsa. O que qualifica o delito é o "emprego" de chave falsa, de acordo com o art. 155, § 4º, III, do Código Penal.

C) Como dito, somente João responderá pelo crime de furto simples.

☑ João responderá por furto simples, devendo incidir o arrependimento posterior previsto no art. 16 do Código Penal ("Nos crimes cometidos sem violência ou grave ameaça à pessoa, reparado o dano ou restituída a coisa, até o recebimento da denúncia ou da queixa, por ato voluntário do agente, a pena será reduzida de um a dois terços"). Pablo não responderá pelo crime patrimonial, já que não praticou atos executórios do delito de furto.

(XXIV Exame de Ordem Unificado / FGV) No dia 28 de agosto de 2011, após uma discussão no trabalho quando todos comemoravam os 20 anos de João, este desfere uma facada no braço de Paulo, que fica revoltado e liga para a Polícia, sendo João preso em flagrante pela prática do injusto de homicídio tentado, obtendo liberdade provisória logo em seguida. O laudo de exame de delito constatou a existência de lesão leve. A denúncia foi oferecida em 23 de agosto de 2013 e recebida pelo juiz em 28 de agosto de 2013. Finda a primeira fase do procedimento do Tribunal do Júri, ocasião em que a vítima compareceu, confirmou os fatos, inclusive dizendo acreditar que a intenção do agente era efetivamente matá-la, e demonstrou todo seu inconformismo com a conduta do réu, João foi pronunciado, sendo a decisão publicada em 23 de agosto de 2015, não havendo impugnação pelas partes. Submetido a julgamento em sessão plenária em 18 de julho de 2017, os jurados afastaram a intenção de matar, ocorrendo em sentença, então, a desclassificação para o crime de lesão corporal simples, que tem a pena máxima prevista de 01 ano, sendo certo que o Código Penal prevê que a pena de 01 a 02 anos prescreve em 04 anos. Na ocasião, você, como advogado(a) de João, considerando apenas as informações narradas, deverá requerer que seja declarada a extinção da punibilidade pela:

A) decadência, por ausência de representação da vítima.

B) prescrição da pretensão punitiva, porque já foi ultrapassado o prazo prescricional entre a data do fato e a do recebimento da denúncia.

C) prescrição da pretensão punitiva, porque já foi ultrapassado o prazo prescricional entre a data do oferecimento da denúncia e a da publicação da decisão de pronúncia.

D) prescrição da pretensão punitiva, porque entre a data do recebimento da denúncia e a do julgamento pelo júri decorreu o prazo prescricional.

RESPOSTA

A) Não há decadência no fato narrado, pois o crime originalmente denunciado era de homicídio tentado, que é processado por ação penal pública incondicionada. Por outro lado, quando ouvida, a vítima "demonstrou todo seu inconformismo com a conduta do réu", o que pode ser tomado como representação.

☑ O fato ocorreu em 28-8-2011 e a denúncia foi recebida em 28-8-2013. O prazo prescricional de 4 anos deve ser reduzido de metade, pois João tinha 20 anos ao tempo do crime (art. 115 do CP). Contando-se 2 anos a partir da data do crime, a denúncia tinha que ter sido recebida até o dia 27-8-2013, às 24 horas, o que não ocorreu. Assim, deve ser declarada extinta a punibilidade do fato imputado a João, com fundamento no art. 107, IV, do Código Penal.

C) O que interrompe a prescrição não é a data do oferecimento da denúncia, mas sim de seu recebimento (art. 117, I, do CP).

D) Deveria ter sido considerada a data da publicação da sentença de pronúncia, mesmo que tenha ocorrido desclassificação no Júri. O fundamento está na Súmula 191 do STJ: "A pronúncia é causa interruptiva da prescrição, ainda que o Tribunal do Júri venha a desclassificar o crime".

(XXV Exame de Ordem Unificado / FGV) Márcia e Plínio se encontraram em um quarto de hotel e, após discutirem o relacionamento por várias horas, acabaram por se ofender reciprocamente. Márcia, então, querendo dar fim à vida de ambos, ingressa no banheiro do quarto e liga o gás, aproveitando-se do fato de que Plínio estava dormindo. Em razão do forte cheiro exalado, quando ambos já estavam desmaiados, os seguranças do hotel invadem o quarto e resgatam o casal, que foi levado para o hospital. Tanto Plínio quanto Márcia acabaram sofrendo lesões corporais graves. Registrado o fato na delegacia, Plínio, revoltado com o comportamento de Márcia, procura seu advogado e pergunta se a conduta dela configuraria crime. Considerando as informações narradas, o advogado de Plínio deverá esclarecer que a conduta de Márcia configura crime de:

A) lesão corporal grave, apenas.

B) tentativa de homicídio qualificado e tentativa de suicídio.

C) tentativa de homicídio qualificado, apenas.

D) tentativa de suicídio, por duas vezes.

RESPOSTA

A) A intenção de Márcia era matar ("dar fim à vida de ambos"), e não lesionar.

B) Não se pune a tentativa de suicídio no Brasil, mas sim a conduta de induzir, instigar ou auxiliar outrem a suicidar-se (art. 122 do Código Penal).

☑ Márcia praticou o crime de homicídio tentado, já que intencionava a morte de ambos, inclusive de Plínio. O delito está qualificado em face do recurso que impossibilitou a defesa do ofendido, uma vez que Plínio estava dormindo.

D) Como dito, a tentativa de suicídio não é punida no Brasil, e sim o comportamento de convencer alguém a se matar.

(XXV Exame de Ordem Unificado / FGV) Francisco, brasileiro, é funcionário do Banco do Brasil, sociedade de economia mista, e trabalha na agência de Lisboa, em Portugal. Passando por dificuldades financeiras, acaba desviando dinheiro do banco para uma conta particular, sendo o fato descoberto e julgado em Portugal. Francisco é condenado pela infração praticada. Extinta a pena, ele retorna ao seu país de origem e é surpreendido ao ser citado, em processo no Brasil, para responder pelo mesmo fato, razão pela qual procura seu advogado. Considerando as informações narradas, o advogado de Francisco deverá informar que, de acordo com o previsto no Código Penal,

A) ele não poderá responder no Brasil pelo mesmo fato, por já ter sido julgado e condenado em Portugal.
B) ele somente poderia ser julgado no Brasil por aquele mesmo fato, caso tivesse sido absolvido em Portugal.
C) ele pode ser julgado também no Brasil por aquele fato, sendo totalmente indiferente a condenação sofrida em Portugal.
D) ele poderá ser julgado também no Brasil por aquele fato, mas a pena cumprida em Portugal atenua ou será computada naquela imposta no Brasil, em caso de nova condenação.

RESPOSTA

A) Conforme o art. 7º, I, *b*, do Código Penal, "Ficam sujeitos à lei brasileira, embora cometidos no estrangeiro: I – os crimes: (...) *b*) contra o patrimônio ou a fé pública da União, do Distrito Federal, de Estado, de Território, de Município, de empresa pública, sociedade de economia mista, autarquia ou fundação instituída pelo Poder Público". Trata-se de extraterritorialidade incondicionada, razão pela qual poderá ser aplicada a lei brasileira ainda que o fato tenha sido praticado no estrangeiro. Nesta hipótese, "o agente é punido segundo a lei brasileira, ainda que absolvido ou condenado no estrangeiro" (art. 7º, § 1º, do Código Penal).
B) Conforme o § 1º do art. 7º do Código Penal, "Nos casos do inciso I, o agente é punido segundo a lei brasileira, ainda que absolvido ou condenado no estrangeiro".
C) A pena cumprida em Portugal pode atenuar a pena imposta no Brasil, ou nela ser computada, na forma do art. 8º do Código Penal.
☑ De acordo com o art. 7º, I e § 1º, do Código Penal, o agente poderá ser julgado também no Brasil pelo mesmo fato. Ademais, "A pena cumprida no estrangeiro atenua a pena imposta no Brasil pelo mesmo crime, quando diversas, ou nela é computada, quando idênticas" (art. 8º do Código Penal).

(XXV Exame de Ordem Unificado / FGV) Em 2014, Túlio foi condenado definitivamente pela prática de um crime de estupro ao cumprimento de pena de 6 anos. Após preencher todos os requisitos legais, foi a ele deferido livramento condicional. No curso do livramento, Túlio vem novamente a ser condenado definitivamente por outro crime de estupro praticado durante o período de prova. Preocupada com as consequências dessa nova condenação, a família de Túlio procura o advogado para esclarecimentos. Considerando as informações narradas, o advogado de Túlio deverá esclarecer à família que a nova condenação funciona, na revogação do livramento, como causa:

A) obrigatória, não sendo possível a obtenção de livramento condicional em relação ao novo delito.
B) obrigatória, sendo possível a obtenção de livramento condicional após cumprimento de mais de 2/3 das penas somadas.
C) facultativa, não sendo possível a obtenção de livramento condicional em relação ao novo delito.
D) facultativa, sendo possível a obtenção de livramento condicional após cumprimento de mais de 2/3 das penas somadas.

RESPOSTA

☑ Conforme o art. 86, I, do Código Penal, "Revoga-se o livramento, se o liberado vem a ser condenado a pena privativa de liberdade, em sentença irrecorrível: I – por crime cometido durante a vigência do benefício". Trata-se de hipótese obrigatória. Ademais, "Revogado o livramento, não poderá ser novamente concedido, e, salvo quando a revogação resulta de condenação por outro crime anterior àquele benefício, não se desconta na pena o tempo em que esteve solto o condenado" (art. 88 do CP).
B) Não é possível a obtenção de novo livramento condicional, conforme o disposto no art. 88 do Código Penal.
C) Não se trata de hipótese facultativa de revogação do benefício, mas sim de hipótese obrigatória.
D) A hipótese de revogação, como dito, é obrigatória (art. 86, I, do CP).

(XXV Exame de Ordem Unificado / FGV) Laura, nascida em 21 de fevereiro de 2000, é inimiga declarada de Lívia, nascida em 14 de dezembro de 1999, sendo que o principal motivo da rivalidade está no fato de que Lívia tem interesse no namorado de Laura. Durante uma festa, em 19 de fevereiro de 2018, Laura vem a saber que Lívia anunciou para todos que tentaria manter relações sexuais com o referido namorado. Soube, ainda, que Lívia disse que, na semana seguinte, iria desferir um tapa no rosto de Laura, na frente de seus colegas, como forma de humilhá-la. Diante disso, para evitar que as ameaças de Lívia se concretizassem, Laura, durante a festa, desfere facadas no peito de Lívia, mas terceiros intervêm e encaminham Lívia diretamente para o hospital. Dois dias depois, Lívia vem a falecer em virtude dos golpes sofridos. Descobertos os fatos, o Ministério Público ofereceu denúncia em face de Laura pela prática do crime de homicídio qualificado. Confirmados integralmente os fatos, a defesa técnica de Laura deverá pleitear o reconhecimento da:

A) inimputabilidade da agente.
B) legítima defesa.
C) inexigibilidade de conduta diversa.
D) atenuante da menoridade relativa.

RESPOSTA

☑ Laura nasceu no dia 21-2-2000, portanto era menor de 18 anos ao tempo do fato (19-2-2018). Conforme o art. 27 do Código Penal, "Os menores de 18 (dezoito) anos são penalmente inimputáveis, ficando sujeitos às normas estabelecidas na legislação especial". É também o disposto no art. 228 da Constituição Federal.
B) Não há legítima defesa, pois inexistiu agressão atual ou iminente contra Laura (art. 25 do Código Penal).
C) Era exigível de Laura outra conduta, ou seja, ela poderia ter praticado outro comportamento, em situação de normalidade, conforme o ordenamento jurídico.

D) A atenuante da menoridade relativa (art. 65, I, do CP) é aplicada quando o agente é menor de 21 anos ao tempo do fato, isto é, quando possui 18, 19 ou 20 anos de idade no momento do crime. Laura, como dito, tinha menos de 18 anos por ocasião do ocorrido.

(XXV Exame de Ordem Unificado / FGV) Juarez, com a intenção de causar a morte de um casal de vizinhos, aproveita a situação em que o marido e a esposa estão juntos, conversando na rua, e joga um artefato explosivo nas vítimas, sendo a explosão deste material bélico a causa eficiente da morte do casal. Apesar de todos os fatos e a autoria restarem provados em inquérito encaminhado ao Ministério Público com relatório final de indiciamento de Juarez, o Promotor de Justiça se mantém inerte em razão de excesso de serviço, não apresentando denúncia no prazo legal. Depois de vários meses com omissão do Promotor de Justiça, o filho do casal falecido procura o advogado da família para adoção das medidas cabíveis. No momento da apresentação de queixa em ação penal privada subsidiária da pública, o advogado do filho do casal, sob o ponto de vista técnico, de acordo com o Código Penal, deverá imputar a Juarez a prática de dois crimes de homicídio em:

A) concurso material, requerendo a soma das penas impostas para cada um dos delitos.
B) concurso formal, requerendo a exasperação da pena mais grave em razão do concurso de crimes.
C) continuidade delitiva, requerendo a exasperação da pena mais grave em razão do concurso de crimes.
D) concurso formal, requerendo a soma das penas impostas para cada um dos delitos.

RESPOSTA

A) Não há concurso material, pois o agente não praticou duas condutas (art. 69 do Código Penal), e sim uma só.
B) Há concurso formal, pois o agente, mediante uma só conduta, produziu dois resultados (art. 70 do Código Penal). No entanto, não se trata de concurso formal próprio ou perfeito, para o qual se aplica a regra da exasperação (art. 70, *caput*, 1ª parte, do CP), e sim de concurso formal impróprio ou imperfeito, para o qual se aplica a regra do cúmulo material (art. 70, *caput*, 2ª parte, do CP), já que o agente atuou com desígnios autônomos (tinha intenção de causar a morte do casal).
C) Não há continuidade delitiva (art. 71 do Código Penal), pois Juarez não praticou uma pluralidade de crimes da mesma espécie.
✓ Há concurso formal impróprio ou imperfeito, pois Juarez, mediante uma única conduta (jogar a bomba nas vítimas), causou dois resultados (morte de duas pessoas), os quais foram desejados pelo agente (desígnios autônomos).

(XXV Exame de Ordem Unificado / FGV) Flávia conheceu Paulo durante uma festa de aniversário. Após a festa, ambos foram para a casa de Paulo, juntamente com Luiza, amiga de Flávia, sob o alegado desejo de se conhecerem melhor. Em determinado momento, Paulo, sem qualquer violência real ou grave ameaça, ingressa no banheiro para urinar, ocasião em que Flávia e Luiza colocam um pedaço de madeira na fechadura, deixando Paulo preso dentro do local. Aproveitando-se dessa situação, subtraem diversos bens da residência de Paulo e deixam o imóvel, enquanto a vítima, apesar de perceber a subtração, não tinha condição de reagir. Horas depois, vizinhos escutam os gritos de Paulo e chamam a Polícia. De imediato, Paulo procura seu advogado para esclarecimentos sobre a responsabilidade penal de Luiza e Flávia. Considerando as informações narradas, o advogado de Paulo deverá esclarecer que as condutas de Luiza e Flávia configuram crime de:

A) roubo majorado.
B) furto qualificado, apenas.
C) cárcere privado, apenas.
D) furto qualificado e cárcere privado.

RESPOSTA

✓ Conforme o art. 157 do Código Penal, o crime de roubo é descrito da seguinte forma: "Subtrair coisa móvel alheia, para si ou para outrem, mediante grave ameaça ou violência a pessoa, ou depois de havê-la, por qualquer meio, reduzido à impossibilidade de resistência". No caso proposto houve roubo mediante a chamada violência imprópria, já que a questão deixa claro que a vítima "não tinha condição de reagir". O crime está majorado em face do concurso de pessoas (art. 157, § 2º, II, do CP).
B) Não há apenas furto qualificado, pois a circunstância de o ofendido estar trancado no banheiro e não poder reagir configura violência imprópria, caracterizando, dessa forma, roubo.
C) Não há cárcere privado, já que a intenção das autoras não é somente privar a vítima da sua liberdade, mas sim subtrair-lhe o patrimônio.
D) Não há furto e cárcere privado, mas roubo praticado mediante violência imprópria, já que a vítima, por estar trancada no banheiro, não tinha condições de reagir.

Legislação Penal Especial

Alexandre Salim

Promotor de Justiça no Rio Grande do Sul. Doutor em Direito pela Universidade de Roma Tre. Mestre em Direito pela Universidade do Oeste de Santa Catarina. Especialista em Teoria Geral do Processo pela Universidade de Caxias do Sul. Professor de Direito Penal na Universidade Brasil, na FESMPMG (Escola Superior do Ministério Público de Minas Gerais), na FEMPERJ (Escola Superior do Ministério Público do Rio de Janeiro), na ESMAFE (Escola da Magistratura Federal do Rio Grande do Sul), na FEMARGS (Escola da Magistratura do Trabalho do Rio Grande do Sul) e na EBRADI (Escola Brasileira de Direito), bem como nos cursos Saraiva Aprova, Verbo Jurídico, Supremo, Alcance e IOB.

Sumário

1. LEI DOS CRIMES HEDIONDOS (LEI N. 8.072/90)

1.1. Fundamento constitucional (art. 5º, XLIII)

Para a regulação do dispositivo foi editada a Lei n. 8.072/90.

> XLIII – a lei considerará crimes inafiançáveis e insuscetíveis de graça ou anistia a prática da tortura, o tráfico ilícito de entorpecentes e drogas afins, o terrorismo e os definidos como **crimes hediondos**, por eles respondendo os mandantes, os executores e os que, podendo evitá-los, se omitirem.

1.2. Critério legal

O legislador brasileiro optou pelo critério legislativo, ou seja, é a lei que diz quais crimes são hediondos, e não o juiz.

1.3. Previsão no Código Penal

De acordo com o art. 1º da Lei n. 8.072/90, todos os crimes hediondos estão previstos no Código Penal. As únicas exceções são os delitos de genocídio (Lei n. 2.889/56) e posse ou porte ilegal de arma de fogo de uso restrito (art. 16 da Lei n. 10.826/2003), que também são hediondos e estão dispostos em leis especiais.

> **Art. 1º** São considerados hediondos os seguintes crimes, **todos tipificados no Decreto-Lei n. 2.848, de 7 de dezembro de 1940 – Código Penal**, consumados ou tentados.
> (...)
> Parágrafo único. Consideram-se também hediondos o crime de **genocídio** previsto nos arts. 1º, 2º e 3º da Lei n. 2.889, de 1º de outubro de 1956, e o de **posse ou porte ilegal de arma de fogo de uso restrito**, previsto no art. 16 da Lei n. 10.826, de 22 de dezembro de 2003, todos tentados ou consumados. *(Redação dada pela Lei n. 13.497, de 2017)*

Ex.: o crime de estupro está arrolado como hediondo (art. 1º, V, da Lei n. 8.072/90). No entanto, o estupro disposto no CPM – Código Penal Militar (art. 232) não será considerado hediondo, já que não está previsto no Código Penal.

1.4. Rol dos crimes hediondos

Há crimes hediondos contra a pessoa, contra o patrimônio, contra a dignidade sexual e contra a saúde pública:

a) *Crimes hediondos contra a pessoa:* (i) homicídio simples (art. 121, *caput*, do CP) somente quando praticado em atividade típica de grupo de extermínio, ainda que cometido por um só agente; (ii) homicídio qualificado (art. 121, § 2º, do CP); (iii) lesão corporal dolosa de natureza gravíssima (art. 129, § 2º, do CP) e lesão corporal seguida de morte (art. 129, § 3º, do CP), quando praticadas contra autoridade ou agente descrito nos arts. 142 e 144 da Constituição Federal, integrantes do sistema prisional e da Força Nacional de Segurança Pública, no exercício da função ou em decorrência dela, ou contra seu cônjuge, companheiro ou parente consanguíneo até terceiro grau, em razão dessa condição; e (iv) genocídio (arts. 1º, 2º e 3º da Lei n. 2.889/56).

b) *Crimes hediondos contra o patrimônio:* (i) latrocínio (art. 157, § 3º, *in fine*, do CP); (ii) extorsão qualificada pela morte (art. 158, § 2º, do CP); e (iii) extorsão mediante sequestro e na forma qualificada (art. 159, *caput*, e §§ 1º, 2º e 3º, do CP).

c) *Crimes hediondos contra a dignidade sexual:* (i) estupro (art. 213, *caput* e §§ 1º e 2º, do CP); (ii) estupro de vulnerável (art. 217-A, *caput* e §§ 1º, 2º, 3º e 4º, do CP); e (iii) favorecimento da prostituição ou de outra forma de exploração sexual de criança ou adolescente ou de vulnerável (art. 218-B, *caput* e §§ 1º e 2º, do CP).

d) *Crimes hediondos contra a saúde pública:* (i) epidemia com resultado morte (art. 267, § 1º, do CP); e (ii) falsificação, corrupção, adulteração ou alteração de produto destinado a fins terapêuticos ou medicinais (art. 273, *caput* e §§ 1º, 1º-A e 1º-B, do CP).

e) *Crime hediondo contra a incolumidade pública:* a Lei n. 13.497, de 26-10-2017, transformou em hediondo o crime de posse ou porte ilegal de arma de fogo de uso restrito, previsto no art. 16 do Estatuto do Desarmamento (Lei n. 10.826/2003).

1.5. Crimes equiparados a hediondos

São equipados (assemelhados, afinados, afins) aos hediondos os delitos de tortura (Lei n. 9.455/97), tráfico de drogas (Lei n. 11.343/2006) e terrorismo (Lei n. 13.260/2016).

1.6. Vedação de benefícios e tratamento mais rigoroso

O art. 2º da Lei n. 8.072/90 estabelece a vedação de certos benefícios legais, bem como um tratamento penal mais rigoroso aos crimes hediondos e equiparados:

a) *Anistia, graça e indulto:* os benefícios são vedados pelo art. 2º, I, da Lei n. 8.072/90.

b) *Fiança:* o benefício é vedado pelo art. 2º, II, da Lei n. 8.072/90.

c) *Liberdade provisória:* com o advento da Lei n. 11.464/2007, que alterou a redação do art. 2º, II, da Lei 8.072/90, tornou-se possível a concessão de liberdade provisória aos crimes hediondos ou equiparados, nas hipóteses em que ausentes os fundamentos previstos no art. 312 do CPP (prisão preventiva). Nesse sentido: Informativo 493 do STF.

d) *Regime inicial:* pode ser fechado, semiaberto ou aberto, conforme o caso. O Plenário do STF, no julgamento do HC 111.840, em 27-6-2012, declarou a **inconstitucionalidade do art. 2º, § 1º, da Lei n. 8.072/90**, que impõe o regime inicial fechado.

e) *Progressão de regime:* de acordo com o art. 2º, § 2º, da Lei n. 8.072/90 (redação dada pela Lei n. 11.464/2007), a progressão de regime, no caso dos condenados aos crimes previstos neste artigo, dar-se-á após o cumprimento de 2/5 da pena, se o apenado for primário, e de 3/5 se reincidente. Deve-se atentar, no entanto, para a Súmula 471 do STJ.

STJ – Súmula 471
Os condenados por crimes hediondos ou assemelhados cometidos **antes da vigência da Lei n. 11.464/2007** sujeitam-se ao disposto no art. 112 da Lei n. 7.210/1984 (Lei de Execução Penal) para a progressão de regime prisional.

Assim, se o crime hediondo ou equiparado for praticado antes da vigência da Lei n. 11.464/2007 (antes de 29-3-2007), a progressão de regime exigirá o requisito *subjetivo* de praxe (bom comportamento carcerário) e o requisito *objetivo* de cumprimento de 1/6 (um sexto) da pena, conforme disposto no art. 112 da LEP – Lei de Execução Penal.

f) *Prisão temporária:* a prisão temporária, sobre a qual dispõe a Lei n. 7.960/89, no caso dos crimes hediondos e equiparados, terá o prazo de 30 dias, prorrogável por igual período em caso de extrema e comprovada necessidade (art. 2º, § 4º, da Lei n. 8.072/90).

g) *Livramento condicional:* o juiz poderá conceder livramento condicional ao condenado a pena privativa de liberdade igual ou superior a 2 anos, desde que cumpridos mais de dois terços da pena, nos casos de condenação por crime hediondo, prática de tortura, tráfico ilícito de entorpecentes e drogas afins, tráfico de pessoas e terrorismo, se o apenado não for reincidente específico em crimes dessa natureza (art. 83, V, do CP).

O crime de tráfico de pessoas (art. 149-A do CP) **não é hediondo** ou equiparado.

2. LEI DE TORTURA (LEI N. 9.455/97)

2.1. Dispositivos constitucionais correlatos

a) dignidade da pessoa humana (art. 1º, III);

b) prevalência dos direitos humanos (art. 4º, II);

c) proibição da tortura e tratamento desumano ou degradante (art. 5º, III);

d) crime equiparado a hediondo (art. 5º, XLIII).

2.2. Tortura-constrangimento (art. 1º, I)

Art. 1º Constitui crime de tortura:
I – **constranger** alguém com emprego de violência ou grave ameaça, causando-lhe sofrimento físico ou mental:
a) com o fim de obter informação, declaração ou confissão da vítima ou de terceira pessoa;
b) para provocar ação ou omissão de natureza criminosa;
c) em razão de discriminação racial ou religiosa.

Observações: i) é crime comum (pode ser praticado por qualquer pessoa); ii) é crime formal (consuma-se independentemente da produção do resultado naturalístico); iii) pressupõe um especial fim de agir (dolo específico).

2.3. Tortura-castigo (art. 1º, II)

Art. 1º Constitui crime de tortura:
(...)
II – submeter alguém, sob sua guarda, poder ou autoridade, com emprego de violência ou grave ameaça, a intenso sofrimento físico ou mental, como forma de aplicar **castigo pessoal** ou medida de caráter preventivo.

Observações: i) é crime próprio (só pode ser cometido por aquele que tem a vítima sob sua guarda, poder ou autoridade); ii) se a intenção do agente for educar, poderá caracterizar maus-tratos (art. 136 do CP).

2.4. Tortura imprópria (art. 1º, § 2º)

Aquele que se *omite* em face dessas condutas, quando tinha o dever de evitá-las ou apurá-las, incorre na pena de detenção de 1 a 4 anos. Conforme Greco (*Leis penais especiais comentadas*, Niterói: Impetus, 2016, v. 1, p. 207), o dispositivo cuida da posição de garantidor, que foi tratada de forma mais branda pela Lei de Tortura, ao contrário do raciocínio que se leva a efeito através da redação constante do § 2º do art. 13 do Código Penal.

2.5. Forma qualificada (art. 1º, § 3º)

Se resulta lesão corporal de natureza grave ou gravíssima, a pena é de reclusão de 4 a 10 anos; se resulta morte, a reclusão é de 8 a 16 anos. Prevalece que se trata de figura preterdolosa (dolo na conduta antecedente + culpa no resultado consequente).

2.6. Forma majorada (art. 1º, § 4º)

Aumenta-se a pena de um sexto até um terço se o crime for cometido (i) por agente público, (ii) contra criança, gestante, portador de deficiência, adolescente ou maior de 60 anos ou (iii) mediante sequestro.

2.7. Efeitos da sentença condenatória (art. 1º, § 5º)

A condenação acarretará a perda do cargo, função ou emprego público e a interdição para seu exercício pelo dobro do prazo da pena aplicada. Trata-se de efeito automático da condenação.

> **STJ – AgRg no HC 298.751, *DJe* 1º-8-2017**
> "Consoante a sedimentada jurisprudência do STJ, a **perda do cargo**, função ou emprego público é **efeito automático da condenação** pela prática do crime de tortura, não sendo necessária fundamentação concreta para a sua aplicação".

2.8. Vedação de benefícios (art. 1º, § 6º)

O crime de tortura é inafiançável e insuscetível de graça ou anistia.

2.9. Regime inicial

Embora o § 7º do art. 1º da Lei n. 9.455/97 faça referência a regime inicial fechado, o STJ, em analogia ao entendimento do STF que considerou inconstitucional dispositivo semelhante na Lei dos Crimes Hediondos (art. 2º, § 1º, da Lei n. 8.072/90), afirma que a fixação do regime inicial do crime de tortura deve seguir a regra geral do Código Penal (art. 33, §§ 2º e 3º). Nesse sentido: STJ, HC 378.456, *DJe* 11-10-2017.

2.10. Extraterritorialidade (art. 2º)

O disposto na Lei de Tortura aplica-se ainda quando o crime não tenha sido cometido em território nacional, sendo a vítima brasileira ou encontrando-se o agente em local sob jurisdição brasileira.

3. LEI DE TERRORISMO (LEI N. 13.260/2016)

3.1. Conceito de terrorismo (art. 2º, *caput*)

O terrorismo consiste na prática por um ou mais indivíduos dos atos previstos neste artigo, por razões de xenofobia, discriminação ou preconceito de raça, cor, etnia e religião, quando cometidos com a finalidade de provocar terror social ou generalizado, expondo a perigo pessoa, patrimônio, paz pública ou incolumidade pública.

3.2. Atos de terrorismo (art. 2º, § 1º)

São atos de terrorismo: I – usar ou ameaçar usar, transportar, guardar, portar ou trazer consigo explosivos, gases tóxicos, venenos, conteúdos biológicos, químicos, nucleares ou outros meios capazes de causar danos ou promover destruição em massa; II – (vetado); III – (vetado); IV – sabotar o funcionamento ou apoderar-se, com violência, grave ameaça a pessoa ou servindo-se de mecanismos cibernéticos, do controle total ou parcial, ainda que de modo temporário, de meio de comunicação ou de transporte, de portos, aeroportos, estações ferroviárias ou rodoviárias, hospitais, casas de saúde, escolas, estádios esportivos, instalações públicas ou locais onde funcionem serviços públicos essenciais, instalações de geração ou transmissão de energia, instalações militares, instalações de exploração, refino e processamento de petróleo e gás e instituições bancárias e sua rede de atendimento; V – atentar contra a vida ou a integridade física de pessoa: Pena – reclusão, de doze a trinta anos, além das sanções correspondentes à ameaça ou à violência.

3.3. Punição de atos preparatórios (art. 5º)

É crime realizar atos preparatórios de terrorismo com o propósito inequívoco de consumar tal delito, com pena correspondente ao crime consumado, diminuída de um quarto até a metade.

3.4. Desistência voluntária e arrependimento eficaz (art. 10)

Mesmo antes de iniciada a execução do crime de terrorismo, na hipótese do art. 5º da Lei n. 13.260/2016, aplicam-se as disposições do art. 15 do Código Penal (desistência voluntária e arrependimento eficaz).

3.5. Forma majorada (art. 7º)

Salvo quando for elementar da prática de qualquer crime previsto na Lei n. 13.260/2016, se de algum deles resultar lesão corporal grave, aumenta-se a pena de um terço; se resultar morte, aumenta-se a pena da metade.

3.6. Competência (art. 11)

Para todos os efeitos legais, considera-se que os crimes previstos na Lei de Terrorismo são praticados contra o interesse da União, cabendo à Polícia Federal a investigação criminal, em sede de inquérito policial, e à Justiça Federal o seu processamento e julgamento, nos termos do inciso IV do art. 109 da Constituição Federal.

3.7. Crime equiparado a hediondo (art. 17)

O delito de terrorismo é equiparado aos crimes hediondos, sendo a ele aplicadas as disposições da Lei n. 8.072/90.

4. LEI DE DROGAS (LEI N. 11.343/2006)

4.1. Cultivo de plantas psicotrópicas (art. 243 da CF)

As propriedades rurais e urbanas de qualquer região do País onde forem localizadas culturas ilegais de plantas psicotrópicas ou a exploração de trabalho escravo na forma da lei serão expropriadas e destinadas à reforma agrária e a programas de habitação popular, sem qualquer indenização ao proprietário e sem prejuízo de outras sanções previstas em lei, observado, no que couber, o disposto no art. 5º.

4.2. Norma penal em branco heterogênea

Para fins da Lei n. 11.343/2006, consideram-se como drogas as substâncias ou os produtos capazes de causar dependência, assim especificados em lei ou relacionados em listas atualizadas periodicamente pelo Poder Executivo da União (art. 1º, parágrafo único, da Lei n. 11.343/2006). Até que seja atualizada a terminologia das referidas listas, denominam-se drogas as substâncias entorpecentes, psicotrópicas, precursoras e outras sob controle especial, da Portaria SVS/MS n. 344/98 (art. 66 da Lei n. 11.343/2006). Assim, **os crimes previstos na Lei de Drogas são complementados pela Portaria n. 344/98 da Anvisa.**

> • Norma penal em branco homogênea: o complemento advém de outra lei.
>
> • Norma penal em branco heterogênea: o complemento advém de ato administrativo.

4.3. Droga para consumo pessoal (art. 28)

> **Art. 28.** Quem adquirir, guardar, tiver em depósito, transportar ou trouxer consigo, para consumo pessoal, drogas sem autorização ou em desacordo com determinação legal ou regulamentar será submetido às seguintes penas: I – advertência sobre os efeitos das drogas; II – prestação de serviços à comunidade; III – medida educativa de comparecimento a programa ou curso educativo.

Observações: a) trata-se de tipo congruente assimétrico ou incongruente (além do dolo, exige uma intenção especial do agente – "para consumo pessoal"); b) a prescrição ocorre em 2 anos (art. 30); c) não se imporá prisão em flagrante (art. 48, § 2º); d) a competência é do Juizado Especial Criminal (art. 48, § 1º); e) prevalece que não incide o princípio da insignificância, embora existam decisões em sentido contrário.

> **STJ – AgInt no HC 372.555, *DJe* 22-8-2017**
>
> "Conforme jurisprudência pacífica desta Corte Superior de Justiça, **não se aplica o princípio da insignificância** ao delito contido no art. 28 da Lei n. 11.343/2006. Isso porque, trata-se de crime de perigo abstrato, contra a saúde pública, sendo, pois, irrelevante, para esse fim, a pequena quantidade de substância apreendida".

4.4. Tráfico ilícito de drogas (art. 33, *caput* e § 1º)

> **Art. 33, *caput*.** Importar, exportar, remeter, preparar, produzir, fabricar, adquirir, vender, expor à venda, oferecer, ter em depósito, transportar, trazer consigo, guardar, prescrever, ministrar, entregar a consumo ou fornecer drogas, ainda que gratuitamente, sem autorização ou em desacordo com determinação legal ou regulamentar: Pena – reclusão de 5 a 15 anos e pagamento de 500 a 1.500 dias-multa.

Observações: a) trata-se de tipo misto alternativo (a prática de dois ou mais verbos, no mesmo contexto fático, caracteriza um só delito); b) a conduta "remeter" consuma-se com o envio, sendo desnecessário que a droga chegue ao destinatário; c) a conduta "adquirir" consuma-se com a avença, sendo desnecessária a entrega (para o STJ, HC 170.950, não é necessário nem mesmo o pagamento do preço ajustado); d) o art. 33, § 1º, trata de formas equiparadas à do *caput*, em que o objeto material do crime não é a droga, mas a matéria-prima, insumo ou produto químico (inciso I) ou mesmo plantas que se constituam em matéria-prima para a preparação de drogas (inciso II).

4.5. Cessão gratuita para consumo (art. 33, § 3º)

Art. 33, § 3º Oferecer droga, eventualmente e sem objetivo de lucro, a pessoa de seu relacionamento, para juntos a consumirem:
Pena – detenção, de 6 meses a 1 ano, e pagamento de 700 a 1.500 dias-multa, sem prejuízo das penas previstas no art. 28.

Observações: a) trata-se de infração de menor potencial ofensivo; b) a consumação ocorre com o oferecimento, independentemente do uso (crime formal).

Haverá tráfico (art. 33, *caput*) se (i) a droga for oferecida a desconhecido, (ii) o oferecimento for habitual ou (iii) o oferecimento visar a enriquecimento.

4.6. Tráfico privilegiado (art. 33, § 4º)

Art. 33, § 4º Nos delitos definidos no *caput* e no § 1º deste artigo, as penas poderão ser reduzidas de um sexto a dois terços, ~~vedada a conversão em penas restritivas de direitos~~, desde que o agente seja primário, de bons antecedentes, não se dedique às atividades criminosas nem integre organização criminosa.

Observações: a) os 4 requisitos são cumulativos; b) **não é crime equiparado a hediondo** (STF, Pleno, HC 118.533, j. 23-6-2016 + cancelamento da Súmula 512 do STJ); c) não pode ser aplicado a condenações com fundamento na Lei n. 6.368/76 (antiga Lei de Drogas), já que os Tribunais Superiores vedam, neste caso, a combinação de leis penais.

STJ – Súmula 501
É cabível a aplicação retroativa da Lei n. 11.343/2006, desde que o resultado da incidência das suas disposições, na íntegra, seja mais favorável ao réu do que o advindo da aplicação da Lei n. 6.368/1976, **sendo vedada a combinação de leis**.

4.7. Associação para o tráfico (art. 35)

Art. 35. Associarem-se duas ou mais pessoas para o fim de praticar, reiteradamente ou não, qualquer dos crimes previstos nos arts. 33, *caput* e § 1º, e 34 desta Lei:
Pena – reclusão, de 3 a 10 anos, e pagamento de 700 a 1.200 dias-multa.

Observações: a) pressupõe estabilidade e permanência da associação; b) mera reunião ocasional não caracteriza o crime, mas um concurso eventual de pessoas em tráfico de drogas; c) afasta o § 4º (tráfico privilegiado), pois evidencia a dedicação do agente à atividade criminosa.

4.8. Majorante do tráfico transnacional (art. 40, I) e interestadual (art. 40, V)

STJ – Súmula 607
A majorante do tráfico transnacional de drogas (art. 40, I, da Lei n. 11.343/2006) configura-se com a prova da destinação internacional das drogas, **ainda que não consumada a transposição de fronteiras**.

STJ – Súmula 587
Para a incidência da majorante prevista no art. 40, V, da Lei n. 11.343/2006, **é desnecessária a efetiva transposição de fronteiras entre estados da Federação**, sendo suficiente a demonstração inequívoca da intenção de realizar o tráfico interestadual.

4.9. Prazo para conclusão do inquérito policial (art. 51)

O inquérito policial será concluído no prazo de 30 dias, se o indiciado estiver preso, e de 90 dias, quando solto. Esses prazos podem ser duplicados pelo juiz, ouvido o Ministério Público, mediante pedido justificado da autoridade de polícia judiciária.

4.10. Denúncia e número de testemunhas (art. 54, III)

O Ministério Público tem o prazo de 10 dias para oferecer denúncia, independentemente de o denunciado estar preso ou solto. Neste caso, poderá arrolar até 5 testemunhas.

4.11. Defesa prévia ou resposta preliminar e número de testemunhas (art. 55)

Oferecida a denúncia, o juiz ordenará a notificação do acusado para oferecer defesa prévia, por escrito, no prazo de 10 dias. Na resposta, consistente em defesa preliminar e exceções, o acusado poderá arguir preliminares e invocar todas as razões de defesa, oferecer documentos e justificações, especificar as provas que pretende produzir e, até o número de 5, arrolar testemunhas.

4.12. Audiência de instrução e julgamento (art. 57)

Na audiência de instrução e julgamento, após o interrogatório do acusado e a inquirição das testemunhas, será dada a palavra, sucessivamente, ao representante do Ministério Público e ao defensor do acusado, para sustentação oral, pelo prazo de 20 minutos para cada um, prorrogável por mais 10, a critério do juiz. Veja-se que o interrogatório do réu, conforme o procedimento especial disposto na Lei n. 11.343/2006, está previsto como **primeiro ato** da audiência. No entanto, fazendo preponderar o princípio da ampla defesa sobre o princípio interpretativo da especialidade, algumas decisões vêm entendendo que o interrogatório deve ser o **último ato** daquela audiência.

STJ – HC 401.443, *DJe* 2-10-2017
"É certo que este Tribunal Superior vinha proferindo entendimento no sentido de que o procedimento previsto no artigo 57 e parágrafos da Lei n. 11.343/2006 prevalecia sobre a regra insculpida no artigo 400 do Código de Processo Penal, em observância ao princípio da especialidade. Contudo, o Supremo Tribunal Federal, por seu Plenário, no julgamento do HC n. 127.900/AM, (...) publicado no Diário da Justiça Eletrônico em 3-8-2016, ressaltou que a realização do interrogatório ao final da instrução criminal, conforme o artigo 400 do CPP, é aplicável no âmbito dos procedimentos especiais, preponderando o princípio da ampla defesa sobre o princípio interpretativo da especialidade. **Assim, em procedimentos ligados à Lei Antitóxicos, o interrogatório, igualmente, deve ser o último ato da instrução**, observando-se que referido entendimento será aplicável a partir da publicação da ata de julgamento às instruções não encerradas".

5. CRIME ORGANIZADO (LEI N. 12.850/2013)

5.1. Conceito de organização criminosa (art. 1º, § 1º)

Considera-se organização criminosa a associação de 4 (quatro) ou mais pessoas estruturalmente ordenada e caracterizada pela divisão de tarefas, ainda que informalmente, com objetivo de obter, direta ou indiretamente, vantagem de qualquer natureza, mediante a prática de infrações penais cujas penas máximas sejam superiores a 4 (quatro) anos, ou que sejam de caráter transnacional.

5.2. Aplicação da lei (art. 1º, § 2º)

A Lei n. 12.850/2013 também é aplicada (i) às infrações penais previstas em tratado ou convenção internacional quando, iniciada a execução no País, o resultado tenha ou devesse ter ocorrido no estrangeiro, ou reciprocamente (ex.: tráfico de pessoas); e (ii) às organizações terroristas, entendidas como aquelas voltadas para a prática dos atos de terrorismo legalmente definidos (*vide* Lei n. 13.260/2016).

5.3. Crime de integrar organização criminosa (art. 2º)

Pune-se a conduta de promover, constituir, financiar ou integrar, pessoalmente ou por interposta pessoa, organização criminosa.

A condenação com trânsito em julgado acarretará ao funcionário público a perda do cargo, função, emprego ou mandato eletivo e a interdição para o exercício de função ou cargo público pelo prazo de 8 anos subsequentes ao cumprimento da pena (art. 2º, § 6º). Prevalece que se trata de **efeito automático da condenação**.

5.4. Meios de obtenção da prova (art. 3º)

Em qualquer fase da persecução penal, serão permitidos, sem prejuízo de outros já previstos em lei, os seguintes meios de obtenção da prova: I – colaboração premiada; II – captação ambiental de sinais eletromagnéticos, ópticos ou acústicos; III – ação controlada; IV – acesso a registros de ligações telefônicas e telemáticas, a dados cadastrais constantes de bancos de dados públicos ou privados e a informações eleitorais ou comerciais; V – interceptação de comunicações telefônicas e telemáticas, nos termos da legislação específica; VI – afastamento dos sigilos financeiro, bancário e fiscal, nos termos da legislação específica; VII – infiltração, por policiais, em atividade de investigação, na forma do art. 11; VIII – cooperação entre instituições e órgãos federais, distritais, estaduais e municipais na busca de provas e informações de interesse da investigação ou da instrução criminal.

5.5. Requisitos da colaboração premiada (art. 4º, *caput*)

O juiz poderá, a requerimento das partes, conceder o perdão judicial, reduzir em até 2/3 (dois terços) a pena privativa de liberdade ou substituí-la por restritiva de direitos daquele que tenha colaborado efetiva e voluntariamente com a investigação e com o processo criminal, desde que dessa colaboração advenha um ou mais dos seguintes resultados: I – a identificação dos demais coautores e partícipes da organização criminosa e das infrações penais por eles praticadas; II – a revelação da estrutura hierárquica e da divisão de tarefas da organização criminosa; III – a prevenção de infrações penais decorrentes das atividades da organização criminosa; IV – a recuperação total ou parcial do produto ou do proveito das infrações penais praticadas pela organização criminosa; V – a localização de eventual vítima com a sua integridade física preservada.

A concessão do benefício levará em conta a personalidade do colaborador, a natureza, as circunstâncias, a gravidade e a repercussão social do fato criminoso e a eficácia da colaboração. Ademais, **o colaborador não pode ser o líder** da organização criminosa.

5.6. Suspensão do processo e da prescrição na colaboração premiada (art. 4º, § 3º)

O prazo para oferecimento de denúncia ou o processo, relativos ao colaborador, poderá ser suspenso por até 6 meses, prorrogáveis por igual período, até que sejam cumpridas as medidas de colaboração, suspendendo-se o respectivo prazo prescricional.

5.7. Partes na colaboração premiada (art. 4º, § 6º)

O juiz não participará das negociações realizadas entre as partes para a formalização do acordo de colaboração, que ocorrerá entre o delegado de polícia, o investigado e o defensor, com a manifestação do Ministério Público, ou, conforme o caso, entre o Ministério Público e o investigado ou acusado e seu defensor.

5.8. Retratação da colaboração premiada (art. 4º, § 10)

As partes podem retratar-se da proposta, caso em que as provas autoincriminatórias produzidas pelo colaborador não poderão ser utilizadas exclusivamente em seu desfavor.

5.9. Inadmissibilidade de sentença condenatória somente com base na delação (art. 4º, § 16)

Nenhuma sentença condenatória será proferida com fundamento apenas nas declarações de agente colaborador.

5.10. Direitos do colaborador (art. 5º)

São os seguintes: I – usufruir das medidas de proteção previstas na legislação específica; II – ter nome, qualificação, imagem e demais informações pessoais preservados; III – ser conduzido, em juízo, separadamente dos demais coautores e partícipes; IV – participar das audiências sem contato visual com os outros acusados; V – não ter sua identidade revelada pelos meios de comunicação nem ser fotografado ou filmado, sem sua prévia autorização por escrito; VI – cumprir pena em estabelecimento penal diverso dos demais corréus ou condenados.

5.11. Crimes ocorridos na investigação e na obtenção da prova

São eles: revelar a identidade, fotografar ou filmar o colaborador, sem sua prévia autorização por escrito (art. 18); imputar falsamente, sob pretexto de colaboração com a Justiça, a prática de infração penal a pessoa que sabe ser inocente, ou revelar informações sobre a estrutura de organização criminosa que sabe inverídicas (art. 19); descumprir determinação de sigilo das investigações que envolvam a ação controlada e a infiltração de agentes (art. 20); recusar ou omitir dados cadastrais, registros, documentos e informações requisitadas pelo juiz, Ministério Público ou delegado de polícia, no curso de investigação ou do processo (art. 21).

6. ESTATUTO DO DESARMAMENTO (LEI N. 10.826/2003)

6.1. Questões comuns a todos os crimes

a) natureza jurídica: são delitos de perigo abstrato (presumido) e coletivo (expõem a risco um número indeterminado de pessoas);

b) bem jurídico tutelado: incolumidade pública;

c) sujeito passivo: coletividade.

6.2. Arma de fogo desmuniciada ou desmontada

Não descaracteriza o crime.

STJ – HC 396.863, *DJe* 22-6-2017

"A conclusão do Colegiado *a quo* se coaduna com a jurisprudência deste Superior Tribunal de Justiça, pacificada nos autos do AgRg nos EAREsp n. 260.556/SC, no sentido de que o crime previsto no art. 14 da Lei n. 10.826/2003 é de perigo abstrato, sendo **irrelevante o fato de a arma estar desmuniciada ou, até mesmo, desmontada**, porquanto o objeto jurídico tutelado não é a incolumidade física, e sim a segurança pública e a paz social, colocados em risco com o porte de arma de fogo sem autorização ou em desacordo com determinação legal, revelando-se **despicienda a comprovação do potencial ofensivo do artefato através de laudo pericial**".

6.3. Posse irregular de arma de fogo de uso permitido

Art. 12. Possuir ou manter sob sua guarda arma de fogo, acessório ou munição, de uso permitido, em desacordo com determinação legal ou regulamentar, no interior de sua residência ou dependência desta, ou, ainda no seu local de trabalho, desde que seja o titular ou o responsável legal do estabelecimento ou empresa:
Pena – detenção, de 1 (um) a 3 (três) anos, e multa.

Observações: a) a *posse* ocorre intramuros, ou seja, dentro da própria casa, dependências desta (ex.: garagem) ou no local de trabalho quando o agente for o titular ou responsável legal do estabelecimento ou empresa; b) trata-se de crime permanente (a sua consumação se prolonga no tempo); c) aceita a suspensão condicional do processo (art. 89 da Lei n. 9.099/95); d) as armas de uso permitido estão no art. 17 do Decreto n. 3.665/2000; e) há decisões do STJ afirmando que o **registro vencido** não caracteriza crime, e sim mera infração administrativa (ex.: STJ, 6ª T., RHC 73.548, *DJe* 18-11-2016).

> *Abolitio criminis* temporária
>
> **STJ – Súmula 513**
>
> A *abolitio criminis* temporária prevista na Lei n. 10.826/2003 aplica-se ao crime de posse de arma de fogo de uso permitido com numeração, marca ou qualquer outro sinal de identificação raspado, suprimido ou adulterado, praticado somente até 23-10-2005.

6.4. Porte ilegal de arma de fogo de uso permitido

> **Art. 14.** Portar, deter, adquirir, fornecer, receber, ter em depósito, transportar, ceder, ainda que gratuitamente, emprestar, remeter, empregar, manter sob guarda ou ocultar arma de fogo, acessório ou munição, de uso permitido, sem autorização e em desacordo com determinação legal ou regulamentar:
> Pena – reclusão, de 2 (dois) a 4 (quatro) anos, e multa.

Observações: a) o *porte* ocorre extramuros, ou seja, na via pública ou dentro de uma casa de terceira pessoa; b) trata-se de tipo misto alternativo (a prática de dois ou mais verbos, no mesmo contexto fático, caracteriza um só delito); c) as armas de uso permitido estão no art. 17 do Decreto n. 3.665/2000; d) apreensão de duas ou mais armas na mesma ocasião: haverá um só crime (isso será levado em conta pelo juiz na fixação da pena); e) o parágrafo único, que proíbe a fiança, foi considerado inconstitucional pelo STF.

6.5. Disparo de arma de fogo

> **Art. 15.** Disparar arma de fogo ou acionar munição em lugar habitado ou em suas adjacências, em via pública ou em direção a ela, desde que essa conduta não tenha como finalidade a prática de outro crime:
> Pena – reclusão, de 2 (dois) a 4 (quatro) anos, e multa.

Observações: a) lugar habitado: é o que possui moradores, ainda que eventuais; b) vários disparos na mesma ocasião: haverá um só crime (isso será levado em conta pelo juiz na fixação da pena); c) concurso com o porte: prevalece que, dentro do mesmo contexto fático, o porte (crime-meio) será absorvido pelo disparo (crime-fim); em caso de contextos fáticos distintos, haverá concurso material de crimes (art. 69 do CP); d) o parágrafo único, que proíbe a fiança, foi considerado inconstitucional pelo STF.

6.6. Posse ou porte ilegal de arma de fogo de uso restrito:

> **Art. 16.** Possuir, deter, portar, adquirir, fornecer, receber, ter em depósito, transportar, ceder, ainda que gratuitamente, emprestar, remeter, empregar, manter sob sua guarda ou ocultar arma de fogo, acessório ou munição de uso proibido ou restrito, sem autorização e em desacordo com determinação legal ou regulamentar:
> Pena – reclusão, de 3 (três) a 6 (seis) anos, e multa.

Observações: a) abrange tanto a *posse* (intramuros) quanto o *porte* (extramuros); b) trata-se de tipo misto alternativo (a prática de dois ou mais verbos, no mesmo contexto fático, caracteriza um só delito); c) as armas de uso restrito estão no art. 16 do Decreto n. 3.665/2000; d) posse ou porte de arma de fogo com numeração, marca ou qualquer outro sinal de identificação raspado, suprimido ou adulterado: caracteriza o crime do art. 16, parágrafo único, IV, da Lei n. 10.826/2003.

> **Crime hediondo**
>
> A Lei n. 13.497, de 26 de outubro de 2017, transformou em hediondo o crime de posse ou porte ilegal de arma de fogo de uso restrito (art. 16 do Estatuto do Desarmamento), de acordo com o parágrafo único do art. 1º da Lei n. 8.072/90.

6.7. Tráfico internacional de arma de fogo

> **Art. 18.** Importar, exportar, favorecer a entrada ou saída do território nacional, a qualquer título, de arma de fogo, acessório ou munição, sem autorização da autoridade competente:
> Pena – reclusão de 4 (quatro) a 8 (oito) anos, e multa.

Observações: a) conflito aparente de normas: trata-se de lei especial em relação ao contrabando (art. 334-A do CP); b) competência da Justiça Federal.

7. CRIMES DE TRÂNSITO (LEI N. 9.503/97 – CTB)

7.1. Suspensão ou proibição de se obter a permissão ou a habilitação para dirigir veículo automotor

a) pode ser imposta isolada ou cumulativamente com outras penalidades (art. 292);

b) a decretação é feita pelo juiz (art. 294);

c) da decisão cabe recurso em sentido estrito (art. 294, parágrafo único);

d) duração de dois meses a cinco anos (art. 293).

7.2. Agravantes (art. 298)

a) aplicáveis aos crimes dolosos ou culposos de trânsito;

b) não incidem quando constituírem elementar, qualificadora ou majorante do crime em espécie. Ex.: a agravante do inciso III (não possuir carteira de habilitação) não se aplica ao delito de direção sem habilitação (art. 309 do CTB).

7.3. Prisão em flagrante e fiança (art. 301)

Ao condutor de veículo, nos casos de acidentes de trânsito de que resulte vítima, não se imporá a prisão em flagrante, nem se exigirá fiança, se prestar pronto e integral socorro àquela.

7.4. Homicídio culposo na direção de veículo automotor (art. 302)

> **Art. 302.** Praticar homicídio culposo na direção de veículo automotor:
> Penas – detenção, de dois a quatro anos, e suspensão ou proibição de se obter a permissão ou a habilitação para dirigir veículo automotor.

Observações: a) é um tipo especial em relação àquele do Código Penal (art. 121, § 3º); b) caso o agente, de forma culposa, mate alguém na direção de veículo que não seja automotor (ex.: bicicleta ou carroça), incidirá o Código Penal (art. 121, § 3º); c) como o crime é culposo, não cabe tentativa; d) há decisões do STJ afirmando que não cabe o arrependimento posterior (art. 16 do CP).

> **STJ – REsp 1.561.276, *DJe* 15-9-2016**
> "O Superior Tribunal de Justiça possui entendimento de que, para que seja possível aplicar a causa de diminuição de pena prevista no art. 16 do Código Penal, faz-se **necessário que o crime praticado seja patrimonial ou possua efeitos patrimoniais**".

A Lei n. 13.546, de 19-12-2017, **incluiu uma qualificadora** ao art. 302 do CTB: "§ 3º Se o agente conduz veículo automotor sob a influência de álcool ou de qualquer outra substância psicoativa que determine dependência: Penas – reclusão, de cinco a oito anos, e suspensão ou proibição do direito de se obter a permissão ou a habilitação para dirigir veículo automotor". A publicação ocorreu no dia 20-12-2017, com *vacatio legis* de 120 dias.

7.5. Lesão culposa na direção de veículo automotor (art. 303)

> **Art. 303.** Praticar lesão corporal culposa na direção de veículo automotor:
> Penas – detenção, de seis meses a dois anos, e suspensão ou proibição de se obter a permissão ou a habilitação para dirigir veículo automotor.

Observações: a) é um tipo especial em relação àquele do Código Penal (art. 129, § 6º); b) caso o agente, de forma culposa, lesione alguém na direção de veículo que não seja automotor (ex.: bicicleta ou carroça), incidirá o Código Penal (art. 129, § 6º); c) como o crime é culposo, não cabe tentativa; d) há, em regra, necessidade de representação da vítima (art. 88 da Lei n. 9.099/95); e) nas hipóteses excepcionais do art. 291, § 1º (embriaguez, "pega" e velocidade de 50km/h acima da máxima), não haverá composição dos danos civis, transação penal ou representação (arts. 74, 76 e 88 da Lei n. 9.099/95).

A Lei n. 13.546, de 19-12-2017, **incluiu uma qualificadora** ao art. 303 do CTB: "§ 2º A pena privativa de liberdade é de reclusão de dois a cinco anos, sem prejuízo das outras penas previstas neste artigo, se o agente conduz o veículo com capacidade psicomotora alterada em razão da influência de álcool ou de outra substância psicoativa que determine dependência, e se do crime resultar lesão corporal de natureza grave ou gravíssima". A publicação ocorreu no dia 20-12-2017, com *vacatio legis* de 120 dias.

7.6. Embriaguez ao volante (art. 306)

> **Art. 306.** Conduzir veículo automotor com capacidade psicomotora alterada em razão da influência de álcool ou de outra substância psicoativa que determine dependência:
> Penas – detenção, de seis meses a três anos, multa e suspensão ou proibição de se obter a permissão ou a habilitação para dirigir veículo automotor.

Observações: a) é um crime de perigo abstrato (presumido); b) a embriaguez será constatada por: (i) concentração igual ou superior a 6 decigramas de álcool por litro de sangue ou igual ou superior a 0,3 miligrama de álcool por litro de ar alveolar, ou (ii) sinais que indiquem, na forma disciplinada pelo Contran, alteração da capacidade psicomotora (ex.: teste de alcoolemia ou toxicológico, exame clínico, perícia, vídeo, prova testemunhal ou outros meios de prova em direito admitidos).

7.7. Participação em competição não autorizada (art. 308)

> **Art. 308.** Participar, na direção de veículo automotor, em via pública, de corrida, disputa ou competição automobilística ou ainda de exibição ou demonstração de perícia em manobra de veículo automotor, não autorizada pela autoridade competente, gerando situação de risco à incolumidade pública ou privada:
> Penas – detenção, de 6 (seis) meses a 3 (três) anos, multa e suspensão ou proibição de se obter a permissão ou a habilitação para dirigir veículo automotor.

Observações: a) trata-se do crime de "racha" ou "pega"; b) é de perigo concreto (deve gerar situação de risco à incolumidade pública ou privada); c) se resultar lesão corporal de natureza grave, e as circunstâncias demonstrarem que o agente não quis o resultado nem assumiu o risco de produzi-lo, a pena privativa de liberdade é de reclusão, de 3 a 6 anos, sem prejuízo das outras penas previstas no artigo; d) se resultar morte, e as circunstâncias demonstrarem que o agente não quis o resultado nem assumiu o risco de produzi-lo, a pena privativa de liberdade é de reclusão de 5 a 10 anos, sem prejuízo das outras penas previstas no artigo.

A Lei n. 13.546, de 19-12-2017, alterou a descrição típica do art. 308 do CTB, **incluindo a expressão** "exibição ou demonstração de perícia em manobra de veículo automotor". A publicação ocorreu no dia 20-12-2017, com prazo de *vacatio legis* de 120 dias.

7.8. Direção de veículo sem permissão ou habilitação (art. 309)

> **Art. 309.** Dirigir veículo automotor, em via pública, sem a devida Permissão para Dirigir ou Habilitação ou, ainda, se cassado o direito de dirigir, **gerando perigo de dano**:
> Penas – detenção, de seis meses a um ano, ou multa.

Observações: a) é crime de perigo concreto (deve gerar perigo de dano); b) se o agente não gerar perigo de dano (ex.: o condutor está dirigindo de forma normal e é parado na barreira de fiscalização, sendo constatado que não é habilitado) não haverá crime, mas apenas infração administrativa; c) derrogou (revogou parcialmente) o art. 32 da LCP.

> **STF – Súmula 720**
> O art. 309 do Código de Trânsito Brasileiro, que reclama decorra do fato perigo de dano, **derrogou o art. 32 da Lei das Contravenções Penais** no tocante à direção sem habilitação em vias terrestres.

7.9. Entrega de veículo a pessoa não habilitada (art. 310)

> **Art. 310.** Permitir, confiar ou entregar a direção de veículo automotor a pessoa não habilitada, com habilitação cassada ou com o direito de dirigir suspenso, ou, ainda, a quem, por seu estado de saúde, física ou mental, ou por embriaguez, não esteja em condições de conduzi-lo com segurança:
> Penas – detenção, de seis meses a um ano, ou multa.

Observações: a) é um tipo misto alternativo (a prática de dois ou mais verbos, no mesmo contexto fático, caracteriza um só delito); b) é crime de perigo abstrato (Súmula 575 do STJ).

> **STJ – Súmula 575**
> Constitui crime a conduta de permitir, confiar ou entregar a direção de veículo automotor a pessoa que não seja habilitada, ou que se encontre em qualquer das situações previstas no art. 310 do CTB, **independentemente da ocorrência de lesão ou de perigo de dano concreto** na condução do veículo.

7.10. Penas alternativas em caso de condenação (art. 312-A)

Para os crimes previstos no CTB, nas situações em que o juiz aplicar a substituição da pena privativa de liberdade por pena restritiva de direitos, esta deverá ser de prestação de serviço à comunidade ou a entidades públicas, em uma das seguintes atividades: I – trabalho, aos fins de semana, em equipes de resgate dos corpos de bombeiros e em outras unidades móveis especializadas no atendimento a vítimas de trânsito; II – trabalho em unidades de pronto-socorro de hospitais da rede pública que recebem vítimas de acidente de trânsito e politraumatizados; III – trabalho em clínicas ou instituições especializadas na recuperação de acidentados de trânsito; IV – outras atividades relacionadas ao resgate, atendimento e recuperação de vítimas de acidentes de trânsito.

8. ABUSO DE AUTORIDADE (LEI N. 4.898/65)

8.1. Representação

Embora a Lei n. 4.898/65, em vários dos seus dispositivos, faça referência ao instituto da "representação", deve-se entendê-lo como direito constitucional de petição (art. 5º, XXXIV, *a*, da CF). Portanto, os crimes de abuso de autoridade são de ação penal pública incondicionada.

> **Art. 1º** da Lei n. 5.249/67
> A falta de representação do ofendido, nos casos de abusos previstos na Lei n. 4.898, de 9 de dezembro de 1965, **não obsta** a iniciativa ou o curso de ação pública.

8.2. Crimes do art. 3º

a) os bens jurídicos tutelados coincidem com os direitos e garantias fundamentais elencados no art. 5º da Constituição Federal (ex.: liberdade de locomoção – art. 5º, XV, da CF);

b) não aceitam a tentativa, pois são crimes de atentado ou empreendimento.

8.3. Crimes do art. 4º

a) são praticados por ação (ex.: ordenar medida privativa de liberdade individual sem as formalidade legais) ou omissão (ex.: deixar de comunicar, imediatamente, ao juiz competente a prisão de qualquer pessoa);

b) a tentativa somente será possível na forma comissiva (ação).

8.4. Sanções penais (art. 6º, § 3º)

As penas previstas em lei são (i) multa, (ii) detenção por 10 dias a 6 meses e (iii) perda do cargo e a inabilitação para o exercício de qualquer outra função pública por prazo até três anos.

8.5. Procedimento (arts. 13 e s.)

A Lei n. 4.898/65 prevê procedimento especial, como, por exemplo, prazo para denúncia em 48 horas. No entanto, como a pena máxima não ultrapassa dois anos, se está diante de infração penal de menor potencial ofensivo, razão pela qual deve ser adotado o procedimento sumaríssimo da Lei n. 9.099/95. Somente na hipótese de os autos serem encaminhados ao juízo comum é que será adotado o rito especial previsto na Lei n. 4.898/65.

9. CRIMES AMBIENTAIS (LEI N. 9.605/98)

9.1. Punição da pessoa jurídica

De acordo com o art. 225, § 3º, da Constituição Federal, as condutas e atividades consideradas lesivas ao meio ambiente sujeitarão os infratores, **pessoas físicas ou jurídicas**, a sanções penais e administrativas, independentemente da obrigação de reparar os danos causados. Assim, de acordo com o art. 3º da Lei n. 9.605/98, as **pessoas jurídicas** serão responsabilizadas administrativa, civil e penalmente conforme o disposto na referida lei, nos casos em que a infração seja cometida por decisão de seu representante legal ou contratual, ou de seu órgão colegiado, no interesse ou benefício da sua entidade.

9.2. Teoria da dupla imputação

Ocorre quando, para a punição da pessoa jurídica por um crime ambiental, se condiciona também a punição da pessoa física responsável pela conduta delituosa. O STF afastou a necessidade de dupla imputação.

> **STF – RE 548.181, j. 6-8-2013**
> O art. 225, § 3º, da Constituição Federal **não condiciona** a responsabilização penal da pessoa jurídica por crimes ambientais à simultânea persecução penal da pessoa física em tese responsável no âmbito da empresa. A norma constitucional **não impõe a necessária dupla imputação**.

9.3. Penas restritivas de direitos (art. 8º)

São as seguintes: I – prestação de serviços à comunidade; II – interdição temporária de direitos; III – suspensão parcial ou total de atividades; IV – prestação pecuniária; V – recolhimento domiciliar.

9.4. Atenuantes (art. 14)

As atenuantes são: I – baixo grau de instrução ou escolaridade do agente; II – arrependimento do infrator, manifestado pela espontânea reparação do dano, ou limitação significativa da degradação ambiental causada; III – comunicação prévia pelo agente do perigo iminente de degradação ambiental; IV – colaboração com os agentes encarregados da vigilância e do controle ambiental.

9.5. Penas aplicáveis às pessoas jurídicas (art. 21)

São as seguintes: I – multa; II – restritivas de direitos; III – prestação de serviços à comunidade.

9.6. Ação penal (art. 26)

Nas infrações penais previstas na Lei n. 9.605/98, a ação penal é pública incondicionada.

9.7. Transação penal (art. 27)

Nos crimes ambientais de menor potencial ofensivo (pena máxima não superior a 2 anos), a transação penal (art. 76 da Lei n. 9.099/95) somente poderá ser formulada desde que tenha havido a **prévia composição do dano ambiental**, de que trata o art. 74 da mesma lei, salvo em caso de comprovada impossibilidade.

9.8. Suspensão condicional do processo (art. 28)

As disposições do art. 89 da Lei n. 9.099/95 aplicam-se aos crimes ambientais com algumas modificações, ficando a declaração de extinção da punibilidade condicionada a um **laudo de constatação de reparação do dano ambiental**.

9.9. Princípio da insignificância

Predomina nas Cortes Superiores ser possível a aplicação do princípio da insignificância aos crimes ambientais.

STJ – AgRg no AREsp 1.051.541, *DJe* 4-12-2017
Esta Corte tem entendimento pacificado no sentido de que é possível a aplicação do denominado princípio da insignificância aos delitos ambientais, quando demonstrada a ínfima ofensividade ao bem ambiental tutelado.

9.10. Crimes contra a fauna (arts. 29 a 37)

a) a Súmula 91 do STJ ("Compete à Justiça Federal processar e julgar os crimes praticados contra a fauna") foi cancelada;

b) o delito de caça proibida está no art. 29;

c) o delito de pesca proibida está no art. 34;

d) o art. 36 define "pesca";

e) o art. 37 traz causas especiais de exclusão da ilicitude, afirmando, por exemplo, não ser crime o abate de animal quando realizado em estado de necessidade, para saciar a fome do agente ou de sua família (inciso I).

9.11. Crimes contra a flora (arts. 38 a 53)

a) pune-se a conduta de destruir ou danificar floresta considerada de preservação permanente (art. 38), inclusive na forma culposa;

b) é crime causar dano direto ou indireto às Unidades de Conservação (art. 40), que são as Estações Ecológicas, as Reservas Biológicas, os Parques Nacionais, os Monumentos Naturais e os Refúgios de Vida Silvestre;

c) pune-se a conduta de soltar balões que possam provocar incêndios nas florestas e demais formas de vegetação, em áreas urbanas ou qualquer tipo de assentamento humano (art. 42).

9.12. Crimes de poluição (arts. 54 a 61)

a) pune-se a conduta de causar poluição de qualquer natureza em níveis tais que resultem ou possam resultar em danos à saúde humana, ou que provoquem a mortandade de animais ou a destruição significativa da flora (art. 54), inclusive na forma culposa;

b) quando o delito é doloso, as penas são aumentadas: I – de um sexto a um terço, se resulta dano irreversível à flora ou ao meio ambiente em geral; II – de um terço até a metade, se resulta lesão corporal de natureza grave em outrem; III – até o dobro, se resultar a morte de outrem (art. 58);

c) as majorantes previstas no item anterior somente serão aplicadas se do fato não resultar crime mais grave.

9.13. Crimes contra o ordenamento urbano e o patrimônio cultural (arts. 62 a 65)

a) pune-se a conduta de pichar ou por outro meio conspurcar edificação ou monumento urbano (art. 65);

b) não constitui crime a prática de grafite realizada com o objetivo de valorizar o patrimônio público ou privado mediante manifestação artística, desde que consentida pelo proprietário e, quando couber, pelo locatário ou arrendatário do bem privado e, no caso de bem público, com a autorização do órgão competente e a observância das posturas municipais e das normas editadas pelos órgãos governamentais responsáveis pela preservação e conservação do patrimônio histórico e artístico nacional (art. 65, § 2º).

9.14. Crimes contra a Administração Ambiental (arts. 66 a 69-A)

a) fazer o funcionário público afirmação falsa ou enganosa, omitir a verdade, sonegar informações ou dados técnico-científicos em procedimentos de autorização ou de licenciamento ambiental constitui crime com pena reclusiva de 1 a 3 anos e multa;

b) pune-se a conduta de obstar ou dificultar a ação fiscalizadora do Poder Público no trato de questões ambientais (art. 69);

c) é crime elaborar ou apresentar, no licenciamento, concessão florestal ou qualquer outro procedimento administrativo, estudo, laudo ou relatório ambiental total ou parcialmente falso ou enganoso, inclusive por omissão (art. 69-A).

10. LAVAGEM DE DINHEIRO (LEI N. 9.613/98)

10.1. Conceito

A lavagem de dinheiro é a atividade de desvincular o dinheiro da sua origem ilícita. O agente busca dar uma aparência de licitude ao proveito do crime.

10.2. Crime de lavagem (art. 1º, *caput*)

Ocultar ou dissimular a natureza, origem, localização, disposição, movimentação ou propriedade de bens, direitos ou valores provenientes, direta ou indiretamente, de infração penal.0

A Lei n. 9.613/98 trazia uma lista de crimes antecedentes (tráfico de drogas, terrorismo, contrabando de armas etc.). Com a alteração sofrida pela Lei n. 12.683/12, **não há mais rol taxativo de crimes antecedentes**, podendo haver a "lavagem" de bens, direitos e valores de qualquer infração penal (crime ou contravenção). Ex.: atualmente pode ser "lavado" dinheiro oriundo do jogo do bicho, que é contravenção penal.

10.3. Crimes equiparados aos de lavagem (art. 1º, §§ 1º e 2º)

Incorre na mesma pena quem, para ocultar ou dissimular a utilização de bens, direitos ou valores provenientes de infração penal (§ 1º) quem: I – os converte em ativos lícitos; II – os adquire, recebe, troca, negocia, dá ou recebe em garantia, guarda, tem em depósito, movimenta ou transfere; III – importa ou exporta bens com valores não correspondentes aos verdadeiros. Também responde por lavagem quem (§ 2º): I – utiliza, na atividade econômica ou financeira, bens, direitos ou valores provenientes de infração penal; II – participa de grupo, associação ou escritório tendo conhecimento de que sua atividade principal ou secundária é dirigida à prática de crimes previstos nesta Lei.

10.4. Colaboração premiada (art. 1º, § 5º)

A pena poderá ser reduzida de um a dois terços e ser cumprida em regime aberto ou semiaberto, facultando-se ao juiz deixar de aplicá-la ou substituí-la, a qualquer tempo, por pena restritiva de direitos, se o autor, coautor ou partícipe colaborar espontaneamente com as autoridades, prestando esclarecimentos que conduzam à apuração das infrações penais, à identificação dos autores, coautores e partícipes, ou à localização dos bens, direitos ou valores objeto do crime.

10.5. Independência do crime de lavagem (art. 2º, II)

O processo e o julgamento dos delitos de lavagem de dinheiro independem do processo e julgamento das infrações penais antecedentes, ainda que praticados em outro país, cabendo ao juiz competente para os crimes previstos nesta Lei a decisão sobre a unidade de processo e julgamento.

10.6. Competência

Em regra, a competência para processar e julgar os crimes de lavagem é da Justiça Estadual. A competência somente será da Justiça Federal em dois casos (art. 2º, III): a) quando os delitos de lavagem forem praticados contra o sistema financeiro e a ordem econômico-financeira, ou em detrimento de bens, serviços ou interesses da União, ou de suas entidades autárquicas ou empresas públicas; b) quando a infração penal antecedente for de competência da Justiça Federal.

10.7. Instrução da denúncia e autonomia da lavagem (art. 2º, § 1º)

A denúncia será instruída com indícios suficientes da existência da infração penal antecedente, sendo puníveis os fatos previstos na Lei n. 9.613/98, ainda que desconhecido ou isento de pena o autor, ou extinta a punibilidade da infração penal antecedente.

Dessa forma, ainda que o crime antecedente (ex.: tráfico de drogas) esteja prescrito, o delito de lavagem poderá ser punido.

11. CRIMES CONTRA A ORDEM TRIBUTÁRIA (LEI N. 8.137/90)

11.1. Crimes do art. 1º

Art. 1º Constitui crime contra a ordem tributária suprimir ou reduzir tributo, ou contribuição social e qualquer acessório, mediante as seguintes condutas: I – omitir informação, ou prestar declaração falsa às autoridades fazendárias; II – fraudar a fiscalização tributária, inserindo elementos inexatos, ou omitindo operação de qualquer natureza, em documento ou livro exigido pela lei fiscal; III – falsificar ou alterar nota fiscal, fatura, duplicata, nota de venda, ou qualquer outro documento relativo à operação tributável; IV – elaborar, distribuir, fornecer, emitir ou utilizar documento que saiba ou deva saber falso ou inexato; V – negar ou deixar de fornecer, quando obrigatório, nota fiscal ou documento equivalente, relativa a venda de mercadoria ou prestação de serviço, efetivamente realizada, ou fornecê-la em desacordo com a legislação:
Pena – reclusão de 2 a 5 anos, e multa.

Observações: a) trata-se de delito praticado por particular contra a ordem tributária; b) o art. 1º, incisos I a IV, prevê crimes materiais; c) é aplicada a **Súmula Vinculante 24 do STF**: "Não se tipifica crime material contra a ordem tributária, previsto no art. 1º, incisos I a IV, da Lei n. 8.137/90, antes do lançamento definitivo do tributo"; d) **a contagem do prazo prescricional** tem início com a constituição definitiva do crédito, após o encerramento do processo administrativo de lançamento previsto no art. 142 do CTN (STJ, AgRg no REsp 1.699.768, *DJe* 20-4-2018); e) **o princípio da insignificância** incide quando a sonegação não ultrapassa vinte mil reais.

STJ – REsp 1.709.029, 3ª Seção, *DJe* 4-4-2018

1. Considerando os princípios da segurança jurídica, da proteção da confiança e da isonomia, deve ser revisto o entendimento firmado, pelo julgamento, sob o rito dos repetitivos, do REsp n. 1.112.748/TO – Tema 157, de forma a adequá-lo ao entendimento externado pela Suprema Corte, o qual tem considerado o parâmetro fixado nas Portarias n. 75 e 130/MF – R$ 20.000,00 (vinte mil reais) para aplicação do princípio da insignificância aos crimes tributários federais e de descaminho.

2. Assim, a tese fixada passa a ser a seguinte: **incide o princípio da insignificância aos crimes tributários federais e de descaminho quando o débito tributário verificado não ultrapassar o limite de R$ 20.000,00 (vinte mil reais)**, a teor do disposto no art. 20 da Lei n. 10.522/2002, com as atualizações efetivadas pelas Portarias n. 75 e 130, ambas do Ministério da Fazenda.

11.2. Crimes do art. 2º

Art. 2º Constitui crime da mesma natureza: I – fazer declaração falsa ou omitir declaração sobre rendas, bens ou fatos, ou empregar outra fraude, para eximir-se, total ou parcialmente, de pagamento de tributo; II – deixar de recolher, no prazo legal, valor de tributo ou de contribuição social, descontado ou cobrado, na qualidade de sujeito passivo de obrigação e que deveria recolher aos cofres públicos; III – exigir, pagar ou receber, para si ou para o contribuinte beneficiário, qualquer percentagem sobre a parcela dedutível ou deduzida de imposto ou de contribuição como incentivo fiscal; IV – deixar de aplicar, ou aplicar em desacordo com o estatuído, incentivo fiscal ou parcelas de imposto liberadas por órgão ou entidade de desenvolvimento; V – utilizar ou divulgar programa de processamento de dados que permita ao sujeito passivo da obrigação tributária possuir informação contábil diversa daquela que é, por lei, fornecida à Fazenda Pública:
Pena – detenção, de 6 meses a 2 anos, e multa.

Observações: a) trata-se de delito praticado por particular contra a ordem tributária; b) o art. 2º prevê crimes formais; c) não é aplicada a Súmula Vinculante 24 do STF; d) a forma tentada dos crimes do art. 1º constitui tipo autônomo do art. 2º.

11.3. Crimes do art. 3º

Art. 3º Constitui crime funcional contra a ordem tributária, além dos previstos no Decreto-Lei n. 2.848, de 7 de dezembro de 1940 – Código Penal (Título XI, Capítulo I): I – extraviar livro oficial, processo fiscal ou qualquer documento, de que tenha a guarda em razão da função; sonegá-lo, ou inutilizá-lo, total ou parcialmente, acarretando pagamento indevido ou inexato de tributo ou contribuição social; II – exigir, solicitar ou receber, para si ou para outrem, direta ou indiretamente, ainda que fora da função ou antes de iniciar seu exercício, mas em razão dela, vantagem indevida; ou aceitar promessa de tal vantagem, para deixar de lançar ou cobrar tributo ou contribuição social, ou cobrá-los parcialmente. Pena – reclusão, de 3 (três) a 8 (oito) anos, e multa; III – patrocinar, direta ou indiretamente, interesse privado perante a administração fazendária, valendo-se da qualidade de funcionário público. Pena – reclusão, de 1 (um) a 4 (quatro) anos, e multa.

Observações: a) trata-se de delito praticado por funcionário público contra a ordem tributária (crime próprio); b) o inciso II traz tipos especiais de corrupção passiva e concussão; c) o inciso III traz tipo especial de advocacia administrativa.

12. CRIMES CONTRA O SISTEMA FINANCEIRO NACIONAL (LEI N. 7.492/86)

12.1. Fundamento constitucional (art. 192 da CF)

O Sistema Financeiro Nacional, estruturado de forma a promover o desenvolvimento equilibrado do País e a servir aos interesses da coletividade, em todas as partes que o compõem, abrangendo as cooperativas de crédito, será regulado por leis complementares que disporão, inclusive, sobre a participação do capital estrangeiro nas instituições que o integram.

12.2. Conceito de instituição financeira (art. 1º, *caput*)

Considera-se instituição financeira, para efeito dessa lei, a pessoa jurídica de direito público ou privado, que tenha como atividade principal ou acessória, cumulativamente ou não, a captação, intermediação ou aplicação de recursos financeiros de terceiros, em moeda nacional ou estrangeira, ou a custódia, emissão, distribuição, negociação, intermediação ou administração de valores mobiliários.

12.3. Conceito de Sistema Financeiro Nacional

Significa, conforme o magistério de Nucci (NUCCI, Guilherme de Souza. *Leis penais e processuais penais comentadas*, 9. ed., São Paulo: Gen, 2016, v. 2), o conjunto de operações, medidas e transações, inclusive atividades fiscalizatórias de agentes específicos, que diz respeito ao emprego dos recursos econômicos disponíveis pelo Estado para sua atuação eficiente na busca de seus objetivos constitucionais, voltados, em suma, ao bem-estar da comunidade em geral.

12.4. Instituição financeira por equiparação (art. 1º, parágrafo único)

Equipara-se a instituição financeira: I – pessoa jurídica que capte ou administre seguros, câmbio, consórcio, capitalização ou qualquer tipo de poupança, ou recursos de terceiros; II – pessoa natural que exerça quaisquer das atividades referidas neste artigo, ainda que de forma eventual.

12.5. Crime de divulgação de informação falsa (art. 3º)

Pune-se a conduta de divulgar informação falsa ou prejudicialmente incompleta sobre instituição financeira. O crime é comum, podendo ser praticado por qualquer pessoa. O sujeito passivo é o Estado.

12.6. Crimes de gestão fraudulenta e temerária (art. 4º)

A Lei n. 7.492/86 pune a conduta de gerir fraudulentamente instituição financeira com pena de reclusão de 3 a 12 anos e multa (art. 4º, *caput*). Se a gestão é temerária, a pena é de reclusão de 2 a 8 anos e multa (art. 4º, parágrafo único).

- Gestão fraudulenta: o agente atua com fraude (ex.: presta informação falsa, produz documento falso etc.).
- Gestão temerária: o agente descumpre uma norma de cautela (ex.: empresta mais dinheiro do que deveria a um cliente que já é inadimplente).

12.7. Crime de indução em erro de sócio, investidor ou repartição pública competente (art. 6º)

Pune-se a conduta de induzir ou manter em erro, sócio, investidor ou repartição pública competente, relativamente a operação ou situação financeira, sonegando-lhe informação ou prestando-a falsamente.

12.8. Crime de operação de instituição financeira sem autorização (art. 16)

Pune-se a conduta de fazer operar, sem a devida autorização, ou com autorização obtida mediante declaração falsa, instituição financeira, inclusive de distribuição de valores mobiliários ou de câmbio.

12.9. Crime de obtenção de financiamento mediante fraude (art. 19)

Pune-se a conduta de obter, mediante fraude, financiamento em instituição financeira. O objeto material do delito é o financiamento. Objetos jurídicos são a credibilidade do mercado financeiro e a proteção ao investidor.

12.10. Crime de evasão de divisas (art. 22)

Pune-se a conduta de efetuar operação de câmbio não autorizada, com o fim de promover evasão de divisas do País. A tipicidade subjetiva é formada por dolo e pelo elemento subjetivo especial (fim específico de promover a evasão de divisas do País).

12.11. Competência (art. 26)

A ação penal é promovida pelo Ministério Público Federal, perante a Justiça Federal.

13. CRIME DE RACISMO (LEI N. 7.716/89)

13.1. Dispositivos constitucionais

Promover o bem de todos, sem preconceitos de origem, raça, sexo, cor, idade e quaisquer outras formas de discriminação (art. 3º, IV); repúdio ao terrorismo e ao racismo (art. 4º, VIII); todos são iguais perante a lei, sem distinção de qualquer natureza (art. 5º, *caput*); a lei punirá qualquer discriminação atentatória dos direitos e liberdades fundamentais (art. 5º, XLI); a prática do racismo constitui crime inafiançável e imprescritível, sujeito à pena de reclusão, nos termos da lei (art. 5º, XLII).

13.2. Lei n. 7.716/89 (art. 1º)

Pune crimes resultantes de discriminação ou preconceito de raça, cor, etnia, religião ou procedência nacional.

- Discriminação contra pessoas com deficiência: os crimes estão previstos nas Leis n. 7.853/89 e 13.146/2015.
- Discriminação contra portador de Aids ou de vírus HIV: os crimes estão previstos na Lei n. 12.984/2014.
- Discriminação em face da orientação sexual da vítima: configura crime contra a honra (arts. 138, 139 e 140 do CP).

13.3. Crime de impedir ou obstar acesso a cargo da Administração Pública (art. 3º)

Pune-se a conduta de impedir ou obstar o acesso de alguém, devidamente habilitado, a qualquer cargo da Administração Direta ou Indireta, bem como das concessionárias de serviços públicos. O sujeito ativo é a pessoa que detém poder para praticar uma das condutas descritas no tipo. O sujeito passivo é a pessoa discriminada.

13.4. Crime de negar ou obstar emprego em empresa privada (art. 4º)

Pune-se a conduta de negar ou obstar emprego em empresa privada. Incorre na mesma pena quem, por motivo de discriminação de raça ou de cor ou práticas resultantes do preconceito de descendência ou origem nacional ou étnica: I – deixar de conceder os equipamentos necessários ao empregado em igualdade de condições com os demais trabalhadores; II – impedir a ascensão funcional do empregado ou obstar outra forma de benefício profissional; III – proporcionar ao empregado tratamento diferenciado no ambiente de trabalho, especialmente quanto ao salário.

13.5. Crime de recusar ou impedir acesso a estabelecimento comercial (art. 5º)

Pune-se a conduta de recusar ou impedir acesso a estabelecimento comercial, negando-se a servir, atender ou receber cliente ou comprador. O sujeito passivo é o cliente ou comprador discriminado.

13.6. Crime de impedir o acesso ou recusar hospedagem em hotel (art. 7º)

Pune-se a conduta de impedir o acesso ou recusar hospedagem em hotel, pensão, estalagem ou qualquer estabelecimento similar. O crime é próprio, pois o sujeito ativo será o proprietário ou responsável pelo hotel, pensão, estalagem ou estabelecimento similar.

13.7. Crime de impedir o acesso ou recusar atendimento em restaurante (art. 8º)

Pune-se a conduta de impedir o acesso ou recusar atendimento em restaurantes, bares, confeitarias ou locais semelhantes abertos ao público. O tipo fala em "locais semelhantes", razão pela qual o crime poderá ocorrer em cafeterias ou padarias, por exemplo.

13.8. Crime de impedir o acesso ou recusar atendimento em salão de cabeleireiro (art. 10)

Pune-se a conduta de impedir o acesso ou recusar atendimento em salões de cabeleireiros, barbearias, termas ou casas de massagem ou estabelecimento com as mesmas finalidades. O crime é próprio, pois somente pode ser praticado pelo proprietário ou responsável pelo atendimento nos locais referidos no tipo.

13.9. Crime de impedir o acesso às entradas sociais de edifícios (art. 11)

Pune-se a conduta de impedir o acesso às entradas sociais em edifícios públicos ou residenciais e elevadores ou escada de acesso aos mesmos. A vítima é a pessoa que sofre o ato discriminatório.

13.10. Crime de praticar racismo (art. 20)

A Lei n. 7.716/89 prevê como delito praticar, induzir ou incitar a discriminação ou preconceito de raça, cor, etnia, religião ou procedência nacional. O crime do art. 20 dirige-se a toda uma categoria de pessoas, ou seja, a vítima é a coletividade.

Art. 20 da Lei n. 7.716/89	Art. 140, § 3º, do CP
A vítima é indeterminada	A vítima é determinada
É imprescritível e inafiançável	É prescritível e afiançável
A ação é pública incondicionada	A ação é pública condicionada à representação do ofendido

Observação: há decisões da 6ª Turma do STJ afirmando que a injúria racial é delito inserido no "cenário do racismo" e, por isso, imprescritível e inafiançável. Nesse sentido: STJ, AgRg no AREsp 734.236, *DJe* 8-3-2018.

13.11. Crime de divulgação do nazismo (art. 20, § 1º)

Pune-se a conduta de fabricar, comercializar, distribuir ou veicular símbolos, emblemas, ornamentos, distintivos ou propaganda que utilizem a cruz suástica ou gamada, para fins de divulgação do nazismo. Além do dolo genérico, também há necessidade do especial fim de agir do sujeito ativo (dolo específico de querer divulgar o nazismo).

13.12. Efeitos da condenação (arts. 16 e 18)

Constitui efeito da condenação a perda do cargo ou função pública, para o servidor público, e a suspensão do funcionamento do estabelecimento particular por prazo não superior a três meses. Os efeitos **não são automáticos**, devendo ser motivadamente declarados na sentença.

REFERÊNCIAS BIBLIOGRÁFICAS

GONÇALVES, Victor Eduardo Rios; JUNIOR, José Paulo Baltazar. *Legislação penal especial esquematizado*. 2. ed. São Paulo: Saraiva, 2016.

GRECO, Rogério. *Leis penais especiais comentadas*. Niterói: Impetus, 2016. v. 1.

LIMA, Renato Brasileiro de. *Legislação criminal especial comentada*. 5. ed. Salvador: Jus Podivm, 2016.

NUCCI, Guilherme de Souza. *Leis penais e processuais penais comentadas*. 10. ed. São Paulo: Gen, 2017. v. 1.

______. *Leis penais e processuais penais comentadas*. 9. ed. São Paulo: Gen, 2016. v. 2.

QUESTÕES

(II Exame de Ordem Unificado / FGV) João da Silva, José da Silva e Maria da Silva são os acionistas controladores do Banco Silva's e Família, cada um com 30% das ações com direito a voto e exercendo respectivamente os cargos de Diretor-Presidente, Diretor Comercial e Diretora de Contabilidade. Em razão das dificuldades financeiras que afetaram o Banco Silva's e Família, os diretores decidem pôr em curso as seguintes práticas: (1) adquirir no mercado títulos do tesouro nacional já caducos (portanto sem valor algum) e, utilizando-os como simulacro de lastro, emitir títulos do banco para captar recursos financeiros junto aos investidores; (2) forjar negócios com pessoas jurídicas inexistentes a fim de simular ganhos; e, por fim, (3) fraudar o balanço da instituição simulando lucros no exercício ao invés dos prejuízos efetivamente sofridos. Os primeiros doze meses demonstraram resultados excelentes, com grande aumento do capital, mas os vinte e quatro meses seguintes são marcados por uma perda avassaladora de recursos, levando o banco à beira da insolvência, com um passivo cerca de 50 vezes maior que o ativo. Nesse momento, o Banco Silva's e Família sofre uma intervenção do Banco Central e todos os fatos narrados acima vêm à tona. Assinale a alternativa que indique o(s) crime(s) praticado(s) pelos acionistas controladores:

A) Crimes de falsidade ideológica, falsidade documental e estelionato qualificado.
B) Crime de gestão temerária de instituição financeira.
C) Crime de gestão fraudulenta de instituição financeira.
D) Crime de gestão temerária em concurso com crime de gestão fraudulenta de instituição financeira.

RESPOSTA

A) De acordo com o princípio da especialidade, lei especial afasta a aplicação de lei geral. Assim, não irá incidir o Código Penal (crimes de falsidade ideológica, falsidade documental e estelionato), mas a Lei dos Crimes contra o Sistema Financeiro Nacional (Lei n. 7.492/86).
B) Os acionistas controladores não praticaram gestão temerária de instituição financeira (art. 4º, parágrafo único, da Lei n. 7.492/86), mas gestão fraudulenta de instituição financeira (art. 4º, *caput*, da Lei n. 7.492/86).
✓ De acordo com o art. 4º, *caput*, da Lei n. 7.492/86, é crime gerir fraudulentamente instituição financeira, punível com pena de reclusão de 3 a 12 anos, e multa. Este foi o delito praticado pelos acionistas controladores.
D) Não há concurso de crimes. Os acionistas controladores agiram de forma fraudulenta (ação de má-fé com o fim de l65udibriar) e não de forma temerária (ação arriscada, perigosa, imprudente).

(II Exame de Ordem Unificado / FGV) Relativamente à legislação sobre lavagem de capitais (Lei n. 9.613/98), assinale a alternativa correta:

A) O crime de lavagem só ocorre quando os bens, direitos ou valores provenientes, direta ou indiretamente, de um dos crimes antecedentes completam todo o processo de lavagem (ocultação, dissimulação e integração).
B) Não constitui lavagem de dinheiro, mas crime de descaminho, a importação ou exportação de bens com valores não correspondentes aos verdadeiros, feita com o propósito de ocultar ou dissimular a utilização de bens, direitos ou valores provenientes de qualquer dos crimes antecedentes referidos na Lei n. 9.613/98.
C) O processo e julgamento dos crimes previstos na Lei n. 9.613/98 dependem do processo e julgamento dos crimes antecedentes.
D) Pratica crime de lavagem de dinheiro quem utiliza, na atividade econômica ou financeira, bens, direitos ou valores que sabe serem provenientes de qualquer dos crimes antecedentes previstos na Lei n. 9.613/98.

RESPOSTA

A) Registre-se, em primeiro lugar, que se trata de questão desatualizada. Após a incidência da Lei n. 12.683/2012, que alterou a Lei de Lavagem (Lei n. 9.613/98), não se fala mais em "crime antecedente", mas em "infração penal antecedente". Em segundo lugar, a assertiva está errada porque não há necessidade de completar todo o processo de lavagem para a consumação dos crimes previstos na Lei n. 9.613/98.

B) De acordo com o art. 1º, § 1º, III, da Lei n. 9.613/98, também haverá crime de lavagem de dinheiro quando o agente, para ocultar ou dissimular a utilização de bens, direitos ou valores provenientes de infração penal, importa ou exporta bens com valores não correspondentes aos verdadeiros.

C) O processo e julgamento dos crimes de lavagem de dinheiro independem do processo e julgamento das infrações penais antecedentes, ainda que praticados em outro país. O fundamento está no art. 2º, II, da Lei n. 9.613/98.

☑ De acordo com o art. 1º, § 2º, I, da Lei n. 9.613/98, há crime de lavagem quando o agente utiliza, na atividade econômica ou financeira, bens, direitos ou valores provenientes de infração penal.

(III Exame de Ordem Unificado / FGV) A tortura, conduta expressamente proibida pela Constituição Federal e lei específica:

A) se reconhecida, não implicará aumento de pena, caso seja cometida por agente público.

B) pode ser praticada por meio de uma conduta comissiva (positiva, por via de uma ação) ou omissiva (negativa, por via de uma abstenção).

C) exige, na sua configuração, que o autor provoque lesões corporais na vítima ao lhe proporcionar sofrimento físico com o emprego de violência.

D) é crime inafiançável, imprescritível e insuscetível de graça ou anistia.

RESPOSTA

A) De acordo com o art. 1º, § 4º, I, da Lei de Tortura (Lei n. 9.455/97), aumenta-se a pena de um sexto até um terço se o crime for cometido por agente público.

☑ O crime de tortura pode ser praticado por ação (como no caso do art. 1º, I e II, da Lei n. 9.455/97) ou por omissão (como no caso do art. 1º, § 2º, da Lei n. 9.455/97).

C) O crime de tortura é de natureza formal, consumando-se independentemente da produção de qualquer resultado naturalístico. No entanto, caso resulte na vítima lesão corporal de natureza grave ou gravíssima, o delito estará qualificado, na forma do art. 1º, § 3º, 1ª parte, da Lei n. 9.455/97.

D) De acordo com o art. 1º, § 6º, da Lei n. 9.455/97, o crime de tortura é inafiançável e insuscetível de graça ou anistia. Não havendo qualquer disposição especial a respeito da prescrição, segue a regra geral: a tortura é um delito prescritível. Aliás, somente dois crimes são imprescritíveis no Brasil: o racismo (art. 5º, XLII, da CF) e a ação de grupos armados, civis ou militares, contra a ordem constitucional e o Estado Democrático (art. 5º, XLIV, da CF).

(III Exame de Ordem Unificado / FGV) Guiando o seu automóvel na contramão de direção, em outubro de 2010, Tício é perseguido por uma viatura da polícia militar. Após ser parado pelos agentes da lei, Tício realiza, espontaneamente, o exame do etilômetro e fornece aos militares sua habilitação e o documento do automóvel. No exame do etilômetro, fica constatado que Tício apresentava concentração de álcool muito superior ao patamar previsto na legislação de trânsito. Além disso, os policiais constatam que o motorista estava com a habilitação vencida desde maio de 2009. Com relação ao relatado acima, é correto afirmar que o promotor de justiça deverá denunciar Tício:

A) apenas pelo crime de embriaguez ao volante, uma vez que o fato de a habilitação estar vencida constitui mera infração administrativa.

B) apenas pelo crime de direção sem habilitação, pois o delito de embriaguez ao volante só se configura quando ocorre acidente de trânsito com vítima.

C) apenas pelo crime de direção sem habilitação, uma vez que o perigo gerado por tal conduta faz com que o delito de embriaguez ao volante seja absorvido, em razão da aplicação do Princípio da Consunção.

D) pela prática dos crimes de embriaguez ao volante e direção sem habilitação.

RESPOSTA

☑ Diante da constatação de que Tício apresentava concentração de álcool muito superior ao patamar previsto na legislação de trânsito, ele deverá responder por embriaguez ao volante (art. 306 do CTB), que é um crime de perigo abstrato. O fato de o condutor possuir uma habilitação vencida há mais de trinta dias configura mera infração administrativa (art. 162, V, do CTB). Reitere-se: Tício possui CNH, mas ela está vencida. Isto, por si só, não configura o crime do art. 309 do CTB, que é de perigo concreto.

B) Tício não irá responder pelo crime de direção sem habilitação (art. 309 do CTB). Primeiro, porque possui CNH, embora esta esteja vencida. Em segundo lugar, porque o crime somente estará configurado se o agente "gerar perigo de dano".

C) Como referido acima, Tício não irá responder pelo crime de direção sem habilitação, previsto no art. 309 da Lei n. 9.503/97.

D) Tício somente irá responder pelo crime de embriaguez ao volante (art. 306 do CTB).

(V Exame de Ordem Unificado / FGV) Joaquim, conduzindo seu veículo automotor (que se encontrava sem as placas de identificação) em velocidade superior à máxima permitida para a via – 50km/h –, pratica o crime de lesões corporais culposas em virtude da sua não observância ao dever objetivo de cuidado no trânsito. Com base na situação acima e à luz do Código de Trânsito Brasileiro, assinale a alternativa correta:

A) Por se tratar a lesão corporal culposa praticada na direção de veículo automotor de uma infração de menor potencial ofensivo, Joaquim responderá pelo seu crime no Juizado Especial Criminal.

B) Sem prejuízo da pena de detenção correspondente, Joaquim estará sujeito à suspensão ou proibição de se obter a permissão ou a habilitação para dirigir veículo automotor.

C) Pelo fato de Joaquim praticar o fato na condução de veículo automotor sem placas de identificação, o Juiz poderá, caso entenda necessário, agravar a penalidade do crime.

D) A pena a que Joaquim estará sujeito não se alterará se a lesão corporal culposa for praticada em faixa de pedestres ou mesmo na calçada.

RESPOSTA

A) Alternativa considerada incorreta pela banca. De acordo com o art. 291, § 1º, III, do CTB, aplica-se aos crimes de trânsito de lesão corporal culposa o disposto nos arts. 74, 76 e 88 da Lei n. 9.099/95, exceto se o agente estiver transitando em velocidade superior à máxima permitida para a via em 50km/h. A questão proposta afirma que Joaquim transitou acima do limite de velocidade, mas nada disse a respeito de o condutor estar 50km/h acima do limite permitido para a via (que era de 50km/h). Assim, para a incidência do art. 291, § 1º, III, da Lei n. 9.503/97, Joaquim deveria estar a pelo menos 100km/h, o que não é referido no enunciado. A banca, portanto, formulou questão confusa e que induz o candidato a erro.

✓ A pena prevista para o crime do art. 303 do CTB é de detenção, de 6 meses a 2 anos, e "suspensão ou proibição de se obter a permissão ou a habilitação para dirigir veículo automotor".

C) Não há discricionariedade do juiz ("poderá, caso entenda necessário"), pois o CTB refere que as circunstâncias do art. 298 "sempre agravam as penalidades".

D) Caso Joaquim pratique o fato em faixa de pedestres ou na calçada, irá incidir a majorante prevista no art. 302, § 1º, II, do CTB ("praticá-lo em faixa de pedestres ou na calçada"), aplicável ao crime de lesão culposa na direção de veículo automotor por força do parágrafo único do art. 303 da Lei n. 9.503/97.

(VI Exame de Ordem Unificado / FGV / Reaplicação) O policial Fernando recebe determinação para investigar a venda de drogas em uma determinada localidade, próximo a uma reconhecida Faculdade de Direito. A autoridade judiciária autoriza que o policial, nesse primeiro momento, não atue sobre os portadores e vendedores de entorpecentes, com a finalidade de identificar e responsabilizar um maior número de integrantes na operacionalização do tráfico e de sua distribuição. A figura do flagrante diferido é prevista em quais legislações brasileiras?

A) Na Lei de Drogas (11.343/06) e na Lei do Crime Organizado (9.034/95).

B) Somente na Lei de Drogas (11.343/06).

C) Na Lei de Drogas (11.343/06) e na Lei de Crimes Hediondos (8.072/90).

D) Na Lei do Crime Organizado (9.034/95) e na Lei de Crimes Hediondos (8.072/90).

RESPOSTA

✓ O flagrante diferido, também chamado por alguns doutrinadores de ação controlada, está previsto no art. 53, II, da Lei de Drogas (Lei n. 11.343/2006). A questão, no entanto, está desatualizada, já que a Lei n. 9.034/95 (antiga Lei do Crime Organizado) foi revogada pela Lei 12.850/2013 (atual Lei do Crime Organizado). O flagrante diferido, prorrogado ou postergado também está disciplinado no art. 8º da Lei n. 12.850/2013.

B) O instituto do flagrante diferido não está previsto apenas na Lei de Drogas (Lei n. 11.343/2006), mas também na atual Lei do Crime Organizado (Lei n. 12.850/2013).

C) Alternativa incorreta. O instituto do flagrante diferido não está previsto na Lei dos Crimes Hediondos.

D) Alternativa incorreta. A Lei n. 9.034/95 foi revogada pela Lei n. 12.850/2013. E a Lei dos Crimes Hediondos, como dito, não prevê a figura do flagrante diferido.

(VII Exame de Ordem Unificado / FGV) Huguinho está sendo acusado pela prática do delito de tráfico de entorpecentes. O Ministério Público narra na inicial acusatória que o acusado foi preso em flagrante com 120 papelotes de cocaína, na subida do morro "X", em conhecido ponto de venda de entorpecentes. O Magistrado competente notifica o denunciado Huguinho para apresentar a defesa preliminar. Após a resposta prévia, a denúncia é recebida, oportunidade em que o Juiz designará dia e hora para a audiência de instrução e julgamento, ordenará a citação pessoal do acusado e a intimação do Ministério Público. De acordo com a Lei n. 11.343/06, na Audiência de Instrução e Julgamento:

A) o juiz interrogará o acusado, promoverá a inquirição das testemunhas (acusação e defesa), dando a palavra, sucessivamente, para a acusação e para a defesa, para sustentação oral, proferindo, posteriormente, sentença.

B) o juiz procederá a inquirição das testemunhas (acusação e defesa), interrogando-se em seguida o acusado e, após, proferirá sentença.

C) o juiz ouvirá a vítima e as testemunhas de acusação e defesa, interrogando-se a seguir o acusado, se presente, passando-se imediatamente aos debates orais e à prolação da sentença.

D) o juiz providenciará o interrogatório do acusado, a oitiva da vítima e das testemunhas de defesa, nessa ordem, passando aos debates orais e à prolação da sentença.

RESPOSTA

✓ De acordo com o art. 57 da Lei de Drogas (Lei n. 11.343/2006), "Na audiência de instrução e julgamento, após o interrogatório do acusado e a inquirição das testemunhas, será dada a palavra, sucessivamente, ao representante do Ministério Público e ao defensor do acusado, para sustentação oral, pelo prazo de 20 (vinte) minutos para cada um, prorrogável por mais 10 (dez), a critério do juiz".

B) Conforme o procedimento especial previsto na Lei de Drogas (art. 57), o interrogatório é o primeiro ato, e não o último. *Obs.:* como referido ao longo do texto, há decisões recentes que fazem preponderar o princípio da ampla defesa sobre o princípio interpretativo da especialidade, determinando que o interrogatório seja o último ato da audiência (ex.: STJ, HC 401.443, *DJe* 2-10-2017).

C) De acordo com o art. 57 da Lei n. 11.343/2006, não há inquirição da vítima antes da oitiva das testemunhas de acusação e defesa. Da mesma forma, como já referido, o procedimento especial prevê que o interrogatório é o primeiro ato, e não o último.

D) O art. 57 da Lei de Drogas não prevê oitiva da vítima (que, aliás, no caso do tráfico de drogas, é a coletividade). A assertiva também não faz menção às testemunhas de acusação.

(X Exame de Ordem Unificado / FGV) Filipe foi condenado em janeiro de 2011 à pena de cinco anos de reclusão pela prática do crime de tráfico de drogas, ocorrido em 2006. Considerando-se que a Lei n. 11.464, que modificou o período para a progressão de regime nos crimes hediondos para 2/5 (dois quintos) em caso de réu primário, foi publicada em março de 2007, é correto afirmar que:

A) se reputará cumprido o requisito objetivo para a progressão de regime quando Felipe completar 1/6 (um sexto) do cumprimento da pena, uma vez que o crime foi praticado antes da Lei n. 11.464.

B) se reputará cumprido o requisito objetivo para a progressão de regime quando Felipe completar 2/5 (dois quintos) do cumprimento da pena, uma vez que a Lei n. 11.464 tem caráter processual e, portanto, deve ser aplicada de imediato.

C) se reputará cumprido o requisito subjetivo para a progressão de regime quando Felipe completar 1/6 (um sexto) do cumprimento da pena, uma vez que o crime foi praticado antes da Lei n. 11.464.

D) se reputará cumprido o requisito subjetivo para a progressão de regime quando Felipe completar 2/5 (dois quintos) do cumprimento da pena, uma vez que a Lei n. 11.464 tem caráter processual e, portanto, deve ser aplicada de imediato.

RESPOSTA

✔ O fundamento está na Súmula 471 do STJ: "Os condenados por crimes hediondos ou assemelhados cometidos antes da vigência da Lei n. 11.464/2007 sujeitam-se ao disposto no art. 112 da Lei n. 7.210/1984 (Lei de Execução Penal) para a progressão de regime prisional".

B) O requisito para a progressão de regime de Felipe é de 1/6 (um sexto), e não 2/5 (dois quintos), conforme a Súmula 471 do STJ.

C) O prazo legal de 1/6 (um sexto) diz respeito ao requisito objetivo. O requisito subjetivo diz respeito ao bom comportamento carcerário (art. 112 da LEP).

D) Primeiro, porque o requisito é objetivo, e não subjetivo. Em segundo lugar, porque o prazo é de 1/6 (um sexto), e não 2/5 (dois quintos).

(XI Exame de Ordem Unificado / FGV) O art. 33 da Lei n. 11.343/06 (Lei Antidrogas) diz: "Importar, exportar, remeter, preparar, produzir, fabricar, adquirir, vender, expor à venda, oferecer, ter em depósito, transportar, trazer consigo, guardar, prescrever, ministrar, entregar a consumo ou fornecer drogas, ainda que gratuitamente, sem autorização ou em desacordo com determinação legal ou regulamentar. Pena – reclusão de 5 (cinco) a 15 (quinze) anos e pagamento de 500 (quinhentos) a 1.500 (mil e quinhentos) dias-multa". Analisando o dispositivo acima, pode-se perceber que nele não estão inseridas as espécies de drogas não autorizadas ou que se encontram em desacordo com determinação legal ou regulamentar. Dessa forma, é correto afirmar que se trata de uma norma penal:

A) em branco homogênea.

B) em branco heterogênea.

C) incompleta (ou secundariamente remetida).

D) em branco inversa (ou ao avesso).

RESPOSTA

A) Fala-se em norma penal em branco homogênea (ou imprópria ou em sentido amplo) quando o complemento advém de outra lei. No art. 33 da Lei de Drogas, o complemento advém de um ato administrativo.

✔ Na hipótese do tráfico de drogas, o complemento (verificação de quais drogas são proibidas no Brasil) advém de um ato administrativo, qual seja, a Portaria n. 344/98 da Anvisa. Trata-se, portanto, de norma penal em branco heterogênea (ou própria ou em sentido estrito).

C) A norma penal em branco secundariamente remetida é aquela em que o preceito secundário (pena) está incompleto. Não é o caso do art. 33 da Lei n. 11.343/2006.

D) Norma penal em branco inversa ou ao avesso é sinônimo de norma penal em branco secundariamente remetida. Como dito, o que está incompleto é o preceito secundário (pena), e não o preceito primário (descrição da conduta). No caso do tráfico de drogas, não há nenhuma incompletude no preceito secundário.

(XIX Exame de Ordem Unificado / FGV) Durante uma operação em favela do Rio de Janeiro, policiais militares conseguem deter um jovem da comunidade portando um rádio transmissor. Acreditando ser o mesmo integrante do tráfico da comunidade, mediante violência física, os policiais exigem que ele indique o local onde as drogas e as armas estavam guardadas. Em razão das lesões sofridas, o jovem vem a falecer. O fato foi descoberto e os policiais disseram que ocorreu um acidente, porquanto não queriam a morte do rapaz por eles detido, apesar de confirmarem que davam choques elétricos em seu corpo molhado com o fim de descobrir o esconderijo das drogas. Diante desse quadro, que restou integralmente provado, os policiais deverão responder pelo crime de:

A) lesão corporal seguida de morte.

B) tortura qualificada pela morte com causa de aumento.

C) homicídio qualificado pela tortura.

D) abuso de autoridade.

RESPOSTA

A) O dolo dos policiais não era de lesionar a vítima, mas sim de torturá-la.

✔ Os policiais praticaram tortura qualificada pela morte da vítima, devendo responder pelo delito previsto no art. 1º, §

3º, Lei n. 9.455/97. Trata-se de crime preterdoloso: há dolo na conduta antecedente (tortura) e culpa no resultado consequente (morte).

C) O dolo dos policiais não era de matar a vítima, mas sim de torturá-la.

D) A vítima foi constrangida com emprego de violência, o que lhe causou intenso sofrimento físico e mental. Tais elementares não estão na Lei de Abuso de Autoridade (Lei n. 4.898/65), mas sim na Lei de Tortura (Lei n. 9.455/97).

(XXII Exame de Ordem Unificado / FGV) A Delegacia Especializada de Crimes Tributários recebeu informações de órgãos competentes de que o sócio Mário, da sociedade empresária "Vamos que vamos", possivelmente sonegou imposto estadual, gerando um prejuízo aos cofres do Estado avaliado em R$ 60.000,00. Foi instaurado, então, inquérito policial para apurar os fatos. Ao mesmo tempo, foi iniciado procedimento administrativo, não havendo, até o momento, lançamento definitivo do crédito tributário. O inquérito policial foi encaminhado ao Ministério Público, que ofereceu denúncia em face de Mário, imputando-lhe a prática do crime previsto no art. 1º, inciso I, da Lei n. 8.137/90. Diante da situação narrada, assinale a afirmativa correta:

A) Não se tipifica o crime imputado ao acusado antes do lançamento definitivo.

B) Em razão da independência de instância, o lançamento definitivo é irrelevante para configuração da infração penal.

C) O crime imputado a Mário é de natureza formal, consumando-se no momento da omissão de informação com o objetivo de reduzir tributo, ainda que a redução efetivamente não ocorra.

D) O crime imputado a Mário é classificado como próprio, de modo que é necessária a presença de ao menos um funcionário público como autor ou partícipe do delito.

RESPOSTA

☑ O fundamento está na Súmula Vinculante 24 do STF: "Não se tipifica crime material contra a ordem tributária, previsto no art. 1º, incisos I a IV, da Lei n. 8.137/90, antes do lançamento definitivo do tributo".

B) Não há, neste caso, independência entre as instâncias penal e administrativa.

C) O crime é material, conforme Súmula Vinculante 24 do STF.

D) O crime referido na questão – art. 1º, I, da Lei n. 8.137/90 – não é próprio (funcional), mas comum, ou seja, praticado por particulares.

(XXIV Exame de Ordem Unificado / FGV) Cláudio, na cidade de Campinas, transportava e portava, em um automóvel, três armas de fogo, sendo que duas estavam embaixo do banco do carona e uma, em sua cintura. Abordado por policiais, foram localizadas todas as armas. Diante disso, o Ministério Público ofereceu denúncia em face de Cláudio pela prática de três crimes de porte de arma de fogo de uso permitido, em concurso material (art. 14 da Lei n. 10.826/2003, por três vezes, na forma do art. 69 do Código Penal). Foi acostado nos autos laudo pericial confirmando o potencial lesivo do material, bem como que as armas eram de calibre .38, ou seja, de uso permitido, com numeração de série aparente. Considerando que todos os fatos narrados foram confirmados em juízo, é correto afirmar que o(a) advogado(a) de Cláudio deverá defender o reconhecimento:

A) de crime único de porte de arma de fogo.

B) da continuidade delitiva entre os três delitos imputados.

C) do concurso formal entre dois delitos, em continuidade delitiva com o terceiro.

D) do concurso formal de crimes entre os três delitos imputados.

RESPOSTA

☑ De acordo com a jurisprudência dos Tribunais Superiores, a apreensão de mais de uma arma, munição ou acessório com o mesmo agente e no mesmo contexto fático não caracteriza concurso de crimes, mas delito único, pois há apenas uma lesão ao bem jurídico tutelado. Nesse sentido: STJ, AgRg no AgRg no REsp 1.547.489, j. 28-6-2016.

B) Não há crime continuado (art. 71 do CP), pois o agente não praticou uma pluralidade de crimes da mesma espécie em condições semelhantes de tempo, lugar e maneira de execução.

C) Não há concurso formal (art. 70 do CP), já que este pressupõe que o agente, mediante uma só conduta (ação ou omissão), produza dois ou mais resultados. Tampouco há crime continuado, como respondido acima.

D) Houve crime único, e não concurso formal de delitos.

(XXIV Exame de Ordem Unificado / FGV) Com dificuldades financeiras para comprar o novo celular pretendido, Vanessa, sem qualquer envolvimento pretérito com aparato policial ou judicial, aceita, a pedido de namorado de sua prima, que havia conhecido dois dias antes, transportar 500 g de cocaína de Alagoas para Sergipe. Apesar de aceitar a tarefa, Vanessa solicitou como recompensa R$ 5.000,00, já que estava muito nervosa por nunca ter adotado qualquer comportamento parecido. Após a transferência do valor acordado, Vanessa esconde o material entorpecente na mala de seu carro e inicia o transporte da substância. Ainda no estado de Alagoas, 30 minutos depois, Vanessa é abordada por policiais e presa em flagrante. Após denúncia pela prática do crime de tráfico de drogas com causa de aumento do Art. 40, inciso V, da Lei n. 11.343/2006 ("caracterizado tráfico entre Estados da Federação ou entre estes e o Distrito Federal"), durante a instrução, todos os fatos são confirmados: Folha de Antecedentes Criminais sem outras anotações, primeira vez no transporte de drogas, transferência de valores, que o bem transportado era droga e que a pretensão era entregar o material em Sergipe. Intimado da sentença condenatória nos termos da denúncia, o advogado de Vanessa, de acordo com as previsões da Lei n. 11.343/2006 e a jurisprudência do Superior Tribunal de Justiça, deverá pleitear:

A) o reconhecimento da causa de diminuição de pena do tráfico privilegiado e reconhecimento da tentativa.

B) o afastamento da causa de aumento e o reconhecimento da causa de diminuição de pena do tráfico privilegiado.

C) o afastamento da causa de aumento, apenas.

D) o reconhecimento da causa de diminuição de pena do tráfico privilegiado, apenas.

RESPOSTA

A) O advogado de Vanessa deve, sim, pleitear o reconhecimento do tráfico privilegiado (art. 33, § 4º, da Lei n. 11.343/2006). No entanto, não há que se falar em tentativa, pois o crime se consumou com o início do transporte da droga.

B) De acordo com a jurisprudência do STJ, não se pode pleitear o afastamento da causa de aumento prevista no art. 40, V, da Lei de Drogas. Conforme a Súmula 587 do STJ, "Para a incidência da majorante prevista no art. 40, V, da Lei n. 11.343/2006, é desnecessária a efetiva transposição de fronteiras entre estados da Federação, sendo suficiente a demonstração inequívoca da intenção de realizar o tráfico interestadual".

C) Como dito, não pode ser pleiteado o afastamento da causa de aumento, de acordo com a Súmula 587 do STJ.

✓ O advogado de Vanessa deve pleitear o reconhecimento da causa especial de diminuição de pena prevista no art. 33, § 4º, da Lei n. 11.343/2006 (tráfico privilegiado), já que estão presentes os quatro requisitos legais: Vanessa é (i) primária, (ii) portadora de bons antecedentes, (iii) não se dedica a atividades criminosas e (iv) nem integra organização criminosa.

Direito Processual Penal

Christiano Gonzaga

Mestre em Direito. Professor de Direito Penal, Direito Processual Penal e Criminologia em diversos cursos jurídicos. Professor no Saraiva Aprova. Professor da Fundação Escola Superior do Ministério Público de Minas Gerais. Ex-Defensor Público do Estado de Minas Gerais. Promotor de Justiça do Estado de Minas Gerais.
Redes sociais: 1) Instagram: @chrisgonzaga; 2) Facebook (página): @professorgonzagagomes; 3) Twitter e Periscope: @ChristianoProf; 4) YouTube (canal): Christiano Gonzaga.

Sumário

acusado – 9. Teoria da prova: 9.1. Inadmissibilidade das provas obtidas por meios ilícitos; 9.2. Provas em espécie no processo penal; 9.2.1. Exame de corpo de delito e perícia; 9.2.2. Interrogatório do acusado; 9.2.3. Confissão do acusado; 9.2.4. Prova testemunhal; 9.2.5. Busca e apreensão – 10. Sujeitos do processo penal: 10.1. Acusado e seu defensor – 11. Prisões: 11.1. Prisão em flagrante; 11.2. Prisão temporária; 11.2.1. Prazo de duração da prisão temporária; 11.2.2. Cabimento da prisão temporária; 11.3. Prisão preventiva; 11.3.1. Pressupostos e requisitos da prisão preventiva; 11.3.2. Cabimento da prisão preventiva; 11.3.3. Prisão preventiva domiciliar; 11.4. Relaxamento de prisão; 11.5. Liberdade provisória com ou sem fiança – 12. Atos de comunicação no processo penal: 12.1. Citação e intimação no processo penal – 13. Atos judiciais no processo penal: 13.1. Espécies de atos judiciais no processo penal; 13.1.1. Decisões interlocutórias no processo penal; 13.1.2. Sentença penal – 14. Procedimentos penais: 14.1. Procedimento comum ordinário no Código de Processo Penal; 14.1.1. Resposta à acusação no procedimento comum ordinário no CPP; 14.1.2. Absolvição sumária no procedimento comum ordinário do CPP; 14.1.3. Instrução criminal no procedimento comum ordinário do CPP; 14.1.4. Procedimento comum sumário no CPP; 14.2. Tribunal do Júri; 14.2.1. Desaforamento no Tribunal do Júri; 14.2.2. Reunião e sessões do Tribunal do Júri; 14.2.3. Debates orais em plenário no Tribunal do Júri; 14.3. Procedimento comum sumaríssimo (Juizados Especiais Criminais); 14.3.1. Competência e atos processuais no Juizado Especial Criminal; 14.3.2. Institutos despenalizadores; 14.4. Procedimentos processuais penais na legislação extravagante; 14.4.1. Procedimento especial da Lei de Drogas – 15. Recursos no processo penal: 15.1. Princípios recursais penais; 15.1.1. Princípio da fungibilidade recursal; 15.1.2. Princípio da vedação da *reformatio in pejus* no processo penal; 15.2. Efeitos dos recursos no processo penal; 15.2.1. Efeito extensivo (expansivo) dos recursos no processo penal; 15.2.2. Efeito devolutivo dos recursos no processo penal; 15.2.3. Efeito suspensivo dos recursos no processo penal; 15.3. Recurso em sentido estrito; 15.3.1. Hipóteses de cabimento do recurso em sentido estrito; 15.3.2. Prazo e interposição do recurso em sentido estrito no processo penal; 15.4. Apelação; 15.4.1. Hipóteses de cabimento da apelação; 15.4.2. Prazo e interposição da apelação; 15.5. Embargos infringentes e de nulidade; 15.6. Embargos de declaração; 15.7. Agravo em execução; 15.8. Carta testemunhável; 15.9. Recurso especial no processo penal; 15.10. Recurso extraordinário no processo penal – 16. Ações autônomas de impugnação: 16.1. *Habeas corpus;* 16.1.1. Hipóteses de cabimento; 16.1.2. Recursos em *habeas corpus;* 16.2. Revisão criminal – 17. Nulidades no processo penal: 17.1. Princípios informativos das nulidades no processo penal; 17.1.1. Princípio do prejuízo ou *pas de nullité sans grief;* 17.1.2. Princípio da permanência da eficácia dos atos processuais penais; 17.1.3. Princípio da causalidade no processo penal; 17.1.4. Princípio da convalidação dos atos processuais penais; 17.1.5. Princípio da tipicidade das formas no processo penal; 17.1.6. Princípio da instrumentalidade das formas no processo penal; 17.1.7. Princípio do interesse no processo penal; 17.2. Nulidades absolutas no processo penal; 17.3. Nulidades relativas no processo penal; 17.4. Hipóteses de nulidades no processo penal – Referências bibliográficas – Questões.

1. PRINCÍPIOS PROCESSUAIS PENAIS

Este é o tema inaugural de todas as áreas do Direito, devendo o candidato ao exame da Ordem dos Advogados do Brasil (OAB) deter uma atenção especial nele, uma vez que o bom entendimento dos princípios facilita a compreensão geral de qualquer matéria.

O conceito de princípio deve ser buscado no entendimento de que ele constitui a base ou fundamento do ordenamento jurídico como um todo, isto é, ele orienta a aplicação de todas as normas previstas nos mais variados diplomas legais, sendo um farol para o entendimento daquilo que existe no arcabouço jurídico.

1.1. Princípios constitucionais no âmbito do processo penal

> Como tema à parte do Direito Processual Penal, os princípios constitucionais são aqueles previstos na Constituição Federal, especificamente no art. 5º, cujo teor será analisado pormenorizadamente nos itens a seguir.

1.1.1. Princípio do juiz natural no processo penal

Princípio com forte incidência na prova da Ordem, ele encontra fundamentação no art. 5º, LIII, Constituição Federal, a seguir transcrito em virtude da sua importância e para efeito de memorização por parte do candidato, *verbis*:

> **LIII** – ninguém será processado nem sentenciado senão pela autoridade competente.

Tal assertiva demonstra que somente o **Juiz Natural** poderá julgar alguém pelo cometimento de infração penal, sendo a competência importante instituto para fixar a jurisdição. Em outras palavras, quis a Constituição da República que a competência seja sempre observada para que ocorra o correto julgamento de uma pessoa. Para melhor elucidação do tema, exemplificando-se a questão, um Juiz Federal não poderá julgar um crime que seja de competência do Juiz Estadual, como um crime de estelionato praticado contra uma pessoa comum, pois violaria o princípio em apreço. Assim, deve ser observada sempre a competência fixada em lei (competência relativa) ou na Constituição Federal (competência absoluta) para fins de satisfazer o mandamento constitucional, sendo que a sua infringência ocasiona a grave pecha da **nulidade absoluta**, que será vista no item 17.2.

Assim, Juiz naturalmente competente é aquele escolhido com base nas **normas previstas no ordenamento jurídico**, não sendo possível escolher, discricionariamente, um Magistrado com base em interesses privados ou de forma excepcional, uma vez que é a própria Constituição Federal, no art. 5º, XXXVII, que veda o chamado "tribunal de exceção".

1.1.2. Princípio do devido processo legal

No Direito Processual Penal, para que alguém seja criminalmente processado, **todas as formalidades legais** devem ser satisfeitas. Caso exista qualquer violação a um procedimento, como por exemplo a inexistência de citação pessoal a réu que esteja preso (art. 360, CPP), o processo estará fulminado de nulidade absoluta. O embasamento do aludido princípio encontra-se na Constituição Federal no art. 5º, LIV.

Logo, para cada tipo de procedimento (comum ordinário, comum sumário ou comum sumaríssimo e os especiais) existe uma forma legal de se praticar os atos processuais. Caso haja **inversão de rito** ou sua supressão, violado está o devido processo legal, ensejando a **nulidade processual**.

1.1.3. Princípio do contraditório

Um dos princípios mais atinentes ao **direito de defesa**, a sua aplicação permite que o advogado refute as acusações feitas pelo Ministério Público. A cada ação corresponde uma reação. O advogado deve ter a oportunidade de poder contrapor ao que a acusação alega, sendo tal ocorrência o que a doutrina chama de **paridade de armas**. Para ilustrar a questão, caso o Promotor de Justiça junte algum documento aos autos, é imprescindível que a Defesa tenha a oportunidade de poder conhecê-lo e, ainda, tecer considerações a respeito dele, sob pena de se violar o aludido princípio. Por ser princípio constitucional, a sua previsão não poderia estar em outro local que não na Constituição Federal, art. 5º, LV.

Com base no princípio em epígrafe que resta impossível um processo penal sem a **defesa técnica**, por meio de advogado devidamente inscrito nos quadros da OAB.

1.1.4. Princípio da ampla defesa

Por estar sendo acusado de um crime e poder ter a sua liberdade cerceada, o acusado deve ter ao seu dispor todos os mecanismos defensivos existentes no ordenamento jurídico. Por sua aplicação que o réu sempre deverá **manifestar** ao **final do processo**, haja vista o seu interrogatório no procedimento comum ser realizado como ato último. Caso exista a inversão dessa ordem, trata-se de uma questão prejudicial à defesa, violando-se o princípio em testilha. Da mesma forma que as testemunhas de defesa devem ser ouvidas após as testemunhas de acusação, pois assim a defesa terá chances maiores de encontrar questões probatórias que possam absolver o acusado. Qualquer violação dessa encontrará a pecha de nulidade. Tal princípio repousa o seu fundamento no art. 5º, XXXVIII, *a*, LV e LXXIV, Constituição Federal.

> Muito comum nas provas da OAB ocorrer alguma questão envolvendo o aludido princípio, notadamente quando ocorre a inversão da oitiva das testemunhas em audiência de instrução e julgamento, em que se ouvem primeiro as testemunhas de defesa e depois as da acusação. Isso gera a violação ao princípio em comento.

1.1.5. Princípio da presunção de inocência ou da não culpabilidade

Todo acusado deve ser tido como inocente até que ocorra o **trânsito em julgado da sentença condenatória**, ou seja, para que alguém seja declarado culpado, todas as instâncias recursais devem ter sido percorridas. Isso é o que está escrito no art. 5º, LVII, Constituição Federal.

Trata-se de princípio que merece uma atenção especial por parte dos candidatos a partir de agora, tendo em vista que o Supremo Tribunal Federal, em decisão inédita, no HC 126.292/SP, passou a admitir a possibilidade de execução provisória de sentença de primeiro grau confirmada por Tribunal de Justiça ou Tribunal Regional Federal. Em outras palavras, se o réu for condenado pelo Conselho de Sentença por um crime de homicídio qualificado a uma pena de 12 (doze) anos de reclusão, sendo tal sentença confirmada pelo Tribunal de Justiça, não se necessita esperar a condenação definitiva em última instância (Supremo Tribunal Federal), já podendo ele ser recolhido ao cárcere provisoriamente.

Essa decisão do STF entendeu que não há violação ao princípio da presunção de inocência a possibilidade de execução provisória em segunda instância. Questão um tanto curiosa, tendo em vista que não foram exauridas todas as instâncias recursais e o acusado já pode ser recolhido ao cárcere de forma definitiva. Apenas para chamar a atenção do candidato para essa nova forma de pensar do Pretório Excelso, caso seja questionada a visão deste Tribunal Superior em questão de primeira fase.

1.1.6. Princípio da duração razoável do processo penal

Os processos não podem durar uma eternidade para o seu julgamento, uma vez que a vida de uma pessoa está em perigo ou até mesmo presa. Em razão disso, a Constituição Federal exige que haja uma **duração razoável de seu tempo**, conforme nova disposição prevista no art. 5º, LXXVIII, a seguir transcrito, tendo em vista tratar-se de novidade:

> A todos, no âmbito judicial e administrativo, são assegurados a razoável duração do processo e os meios que garantam a celeridade de sua tramitação.

Em eventual questão de prova da OAB, tal princípio poderá ser utilizado quando ocorrer **excesso de prazo** em prisão provisória. Estando alguém preso por tempo bem superior à soma de todos os prazos processuais necessários para a prolação da sentença, patente está o chamado excesso de prazo, devendo o acusado ser posto em liberdade, caso esteja preso. Eis uma aplicação prática do aludido princípio.

1.1.7. Princípio do *in dubio pro reo* (*favor rei*)

Esse é um princípio considerado **recorrente nas provas da OAB**, já tendo sido cobrado em mais de uma ocasião. Com fundamento na própria Constituição Federal, tendo em vista tratar-se de princípio implícito e decorrente da presunção de inocência, sempre que forem possíveis duas interpretações antagônicas, uma favorável ao réu e outra contra, deve pender-se para aquela, sacramentando-se a máxima de que na dúvida deve o réu ser absolvido ou beneficiado. Algumas normas processuais penais definem bem o princípio em análise, como se depreende do art. 386, VI, CPP, nestes termos:

> O juiz absolverá o réu, mencionando a causa na parte dispositiva, desde que reconheça: (...)
> **VII – não existir prova suficiente para a condenação.**

Trata-se da aplicação explícita do princípio *in dubio pro reo* (na dúvida, favorável ao réu).

> Na prova da OAB, já se cobrou questão atinente ao princípio em epígrafe que merece destaque, quando se trata da famosa Revisão Criminal, prevista no art. 621, CPP, em que não se pode, em hipótese alguma, haver a possibilidade de o membro do Ministério Público requerer a Revisão Criminal *Pro Societate*, ou seja, buscando a condenação de alguém que fora injustamente absolvido por sentença criminal transitada em julgado.

Na mesma linha, não cabe a chamada *reformatio in pejus*, em que somente a defesa recorre e o Tribunal de Justiça reforma a decisão de primeiro grau de forma a piorar a situação do acusado, o que também é vedado na forma do art. 617, CPP, a ser visto oportunamente.

1.2. Princípio da verdade real no processo penal

Diferentemente dos demais ramos do Direito, em que o Estado-Juiz se satisfaz com a verdade trazida pelas partes no processo, isto é, com a instrução probatória realizada por requerente e requerido, ao contrário, no Processo Penal, como está em jogo a liberdade, a verdade deve ser a mais próxima da realidade fática, **não** sendo **possível provas frágeis** para a condenação.

Tal princípio obriga o Ministério Público a trazer um arsenal de **provas robustas** para a condenação do réu, não sendo suficientes meros indícios. Em tempos de delação premiada, deve ser lembrada a redação da *novel Lei n. 12.850/2013, no seu art. 4º, § 16, que prevê o seguinte:*

> Nenhuma sentença condenatória será proferida com fundamento apenas nas declarações de agente colaborador.

Esta disposição nova da Lei n. 12.850/2013, muito utilizada para combater as acusações na famosa **Operação Lava-Jato**, é a preferida dos advogados de defesa, uma vez que a delação premiada por si só, sem outros elementos probatórios, não serve para a condenação do delatado. Eis uma ótima questão para ser motivo de cobrança em Exames da OAB, na forma do art. 4º, § 16, acima transcrito.

Na mesma linha do exposto, o princípio da verdade real tem espeque no art. 155, *caput*, CPP, em que se afirma que a **prova produzida exclusivamente** em **inquérito policial não** poderá ser utilizada para fins de **condenação criminal**, uma vez que ela é frágil, tendo em vista a ausência de contraditório e produção de outras provas sob o pálio da Autoridade Judicial.

1.3. Princípio da identidade física do juiz no processo penal

O princípio é tido como novo no Código de Processo Penal, uma vez que fora inserido em 2008 no art. 399, § 2º, com a seguinte redação:

> O juiz que presidiu a instrução deverá proferir a sentença.

Em sendo assim, o Juiz que **coletou as provas** em audiência de instrução e julgamento é o mais adequado para prolatar a **sentença criminal**, pois teve contato direto com todo o material probatório. Somente deve tomar cuidado o candidato para não aplicar o princípio de forma absoluta, pois há casos em que a sua aplicação não se tornará possível, como ocorre em situações de férias e promoção do Magistrado. Nessas hipóteses, a inobservância do princípio não gerará qualquer nulidade.

1.4. Princípio do duplo grau de jurisdição no processo penal

Por tal princípio, toda questão criminal merece ser **reexaminada** pela segunda instância de jurisdição, com o fim de impedir-se julgamento feito por um único Juiz, que, em não raras vezes, pode estar equivocado.

Como é cediço, o citado princípio encontra-se fundamentado no art. 5º, LV, Constituição Federal, ao dispor que aos litigantes são assegurados os "recursos" inerentes ao contraditório e à ampla defesa. A palavra "recursos" aponta a existência do ventilado princípio.

2. DIREITO PROCESSUAL PENAL

2.1. Autonomia do direito processual penal

O Direito Processual Penal é um ramo autônomo do Direito, uma vez que tem objeto próprio de estudo, consubstanciado no Código de Processo Penal, princípios próprios, como foi visto no item anterior, métodos de interpretação específicos, como se verá a seguir e, por fim, não é submisso ao Direito Penal, pois possui regras próprias.

3. APLICAÇÃO DA LEI PROCESSUAL PENAL

3.1. Lei processual penal no tempo

O Código de Processo Penal deve ser aplicado de forma imediata, assim como todas as disposições atinentes a questões processuais. Isso é o que prescreve o art. 2º, CPP, na forma a seguir transcrita:

> A lei processual penal aplicar-se-á desde logo, sem prejuízo da validade dos atos realizados sob a vigência da lei anterior.

Em outras palavras, aplica-se o brocardo latino *tempus regit actum* (o tempo rege o ato).

> Já foi motivo de cobrança em prova da OAB questão relativa ao artigo em epígrafe, em que se perguntou se alteração processual feita no Código de Processo Penal, mas que era prejudicial ao réu, deveria ou não ser aplicada de forma imediata, sendo a resposta positiva a correta, uma vez que **o princípio da irretroatividade da lei maléfica é específico do Direito Penal**, não tendo aplicabilidade ao Processo Penal.

Por fim, deve ser lembrado que existem **leis de natureza mista** (penal e processual penal); em sendo assim, deverá preponderar o pensamento da **lei mais benéfica do Direito Penal**, ainda que a regra do Direito Processual Penal seja pior. Esse pensamento é assim pelo simples fato de que no Direito Penal são tratadas questões relativas aos crimes e seus institutos correlatos, enquanto que no Processo Penal estudam-se os procedimentos para o julgamento dos delitos. Logo, se uma norma de conteúdo misto prevê uma causa de extinção da punibilidade, mas, no seu próprio corpo, prevê a supressão de algum tipo de recurso, em que pese esse último fato seja pior, a extinção da punibilidade, de longe, é questão favorável ao acusado, devendo a lei de conteúdo misto ser aplicada ao caso de forma imediata, ainda que em parte prejudicial ao réu (supressão de alguma via recursal).

3.2. Lei processual no espaço

3.2.1. Princípio da territorialidade da lei processual penal

Diferentemente do Código Penal, em que se permite a chamada Extraterritorialidade, prevista no art. 7º, CP, onde a Lei Penal pode ser aplicada para fatos ocorridos fora do território brasileiro, no Código de Processo Penal vigora o **Princípio da Territorialidade**, devendo as suas normas ser aplicadas aos fatos ocorridos apenas no **território brasileiro**. Para uma fácil percepção desse Princípio, basta uma leitura do art. 1º, CPP, a seguir transcrito:

> O processo penal reger-se-á, em todo o território brasileiro, por este Código, ressalvados:
> **I** – os tratados, as convenções e regras de direito internacional;
> **II** – as prerrogativas constitucionais do Presidente da República, dos ministros de Estado, nos crimes conexos com os do Presidente da República, e dos ministros do Supremo Tribunal Federal, nos crimes de responsabilidade (Constituição, arts. 86, 89, § 2º, e 100);
> **III** – os processos da competência da Justiça Militar;
> **IV** – os processos da competência do tribunal especial (Constituição, art. 122, n. 17);
> **V** – os processos por crimes de imprensa.

As demais questões tratadas como excepcionais no art. 1º, CPP devem ser analisadas de forma cuidadosa. Os tratados e demais instrumentos de Direito Internacional possuem regramento próprio, não se aplicando o Código de Processo Penal. As prerrogativas por função, previstas no inciso II, são também tratadas de forma específica na Constituição Federal ou em Lei Própria, também não se aplicando o Código de Processo Penal. Aos processos de competência da Justiça Militar, por existir Código de Processo Penal Militar, regência própria, não se aplica o Código de Processo Penal.

Por fim, quanto aos chamados "crimes de imprensa", cumpre ressaltar que o Supremo Tribunal Federal julgou inconstitucional a Lei n. 5.250/67, que tratava o procedimento atinente aos delitos em apreço, restando sem aplicação o referido inciso V (ADPF 130/DF), pois os aludidos **crimes não existem** mais no ordenamento jurídico brasileiro.

4. INVESTIGAÇÃO CRIMINAL

4.1. Inquérito policial

Um dos tópicos mais cobrados na prova da OAB, o inquérito policial deve ser estudado com suas principais nuances. Ele é o mecanismo utilizado pela autoridade policial para elucidar a prática de infrações penais e sua autoria, na forma disposta no art. 4º, CPP.

> Lembrar que a expressão "infrações penais" engloba tanto os crimes como as contravenções penais, tendo em vista a ideia bipartida de "infrações penais". Não confundir a visão tripartida de crime ou delito com o que fora dito anteriormente (visão bipartida). A visão tripartida de crime, também chamada de analítica, pressupõe a existência de um fato típico, antijurídico e culpável, não sendo esta a análise feita por ocasião do estudo do art. 4º, CPP.

4.1.1. Características do inquérito policial

O inquérito policial deve ser analisado tendo em vista as suas caraterísticas, de forma a entender o conjunto de procedimentos que rege a matéria. Vamos analisar cada uma das principais características voltadas para a prova da OAB.

a) **Procedimento escrito:** na forma do art. 9º, CPP, todas as suas peças devem estar escritas.

b) **Procedimento sigiloso:** na forma do art. 20, CPP, é natural que qualquer investigação seja feita de forma sigilosa para o sucesso da elucidação dos crimes. Todavia, um ponto importante para a prova da OAB é a **súmula vinculante de número 14 do Supremo Tribunal Federal**, que já foi bem cobrada e tem a seguinte redação:

É direito do defensor, no interesse do representado, ter acesso amplo aos elementos de prova que, já documentados em procedimento investigatório realizado por órgão com competência de polícia judiciária, digam respeito ao exercício do direito de defesa.

Pela súmula em questão, **não** se pode **opor o sigilo do inquérito policial aos advogados**, uma vez que eles devem conhecer o que pesa contra o seu cliente numa investigação criminal. Não obstante, só poderão os advogados acessar aquilo que já estiver documentado no inquérito policial, sendo que medidas de busca e apreensão ou mandado de prisão ainda não cumprido, e por isso não juntado, não podem ser acessados, sob pena de ruir a eficácia das investigações.

c) **Oficialidade:** o inquérito policial é conduzido pelo Estado, na pessoa do Delegado de Polícia, não podendo pessoa comum proceder a investigações.

d) **Oficiosidade:** o Delegado de Polícia atua de ofício diante da ocorrência de uma infração penal, na forma do art. 5º, I, CPP. As exceções ocorrem nos casos de ação penal privada, que é conduzida por meio da queixa-crime (advogado) e ação penal pública condicionada, em que a Autoridade Policial deverá aguardar a representação para iniciar as investigações.

e) **Autoritariedade:** cabe ao Delegado de Polícia conduzir as investigações, sendo assim chamado de Autoridade Policial, na forma do art. 4º, *caput*, CPP.

f) **Indisponibilidade:** importante característica do inquérito policial, pois a Autoridade Policial não poderá arquivar os autos investigativos, somente podendo pedir o seu arquivamento para a Autoridade Judicial, na forma do art. 17, CPP.

g) **Inquisitivo:** o inquérito policial é feito pela Autoridade Policial de forma discricionária, cabendo a ela determinar as diligências que reputar necessárias. Conforme prescrito no art. 14, CPP, compete ao Delegado de Polícia deferir ou não as diligências requeridas pelas partes.

h) **Dispensável:** não é indispensável que a investigação criminal seja feita por meio de inquérito policial, podendo as provas do crime ser encontradas por outras peças informativas. Nessa linha, é o que dispõe o art. 39, § 5º, CPP, em que se afirma o seguinte:

O órgão do Ministério Público **dispensará o inquérito**, se com a representação forem oferecidos elementos que o habilitem a promover a ação penal, e, neste caso, oferecerá a denúncia no prazo de quinze dias.

4.1.2. Instauração do inquérito policial

O início dessa importante etapa investigativa somente deve ser feito quando ocorrer a chamada *notitia criminis* (notícia do crime).

Cuidado para não confundir a ***notitia criminis*** com a **queixa-crime**, pois muitas pessoas afirmam que irão dar "queixa" na Delegacia de Polícia sobre algum fato criminoso, estando isso equivocado, uma vez que o certo é fazer a *notitia criminis*.

A notícia do crime, e consequente inauguração do inquérito policial, pode ser feita de algumas formas, a saber:

a) **Na ação penal pública incondicionada:** de ofício; mediante requisição da autoridade judiciária ou do Ministério Público; ou a requerimento do ofendido ou de quem tenha a qualidade de representá-lo (art. 5º, I e II, CPP).

b) **Na ação penal pública condicionada:** por meio da representação do ofendido ou seu representante legal; por meio da requisição do Ministro da Justiça.

c) **Na ação penal privada:** somente pode ser feita a requerimento de quem tenha a qualidade de intentá-la, na forma prescrita no art. 5º, § 5º, CPP.

Quanto à chamada notícia do crime, não há legitimidade específica para a sua deflagração, podendo qualquer pessoa do povo que tiver conhecimento de alguma infração penal levar o fato para a Autoridade Policial, na forma do art. 5º, § 3º, CPP.

Questão recorrente em provas da OAB cinge-se ao indeferimento de instauração de inquérito policial pela Autoridade de Polícia. Em tal caso, a parte insatisfeita deve recorrer, administrativamente, para o Chefe de Polícia, na forma do art. 5º, § 2º, CPP. Lembrar que tal recurso não é direcionado para o Poder Judiciário.

4.1.3. Diligências no inquérito policial

As diligências que deverão ser feitas pela Autoridade Policial estão todas no art. 6º, CPP, constituindo uma espécie de roteiro investigativo a ser seguido. Em razão da importância de cada uma das diligências, bem como pela larga incidência em provas da OAB, a seguir transcrevemos o artigo em comento, apontando para o **inciso X, em especial**, que foi acrescentado **recentemente em 2016** e possivelmente poderá ser objeto de cobrança:

> **Art. 6º** Logo que tiver conhecimento da prática da infração penal, a autoridade policial deverá:
>
> **I** – dirigir-se ao local, providenciando para que não se alterem o estado e conservação das coisas, até a chegada dos peritos criminais; (Redação dada pela Lei n. 8.862, de 28-3-1994.) (*Vide* Lei n. 5.970, de 1973.)
>
> **II** – apreender os objetos que tiverem relação com o fato, após liberados pelos peritos criminais; (Redação dada pela Lei n. 8.862, de 28-3-1994.)
>
> **III** – colher todas as provas que servirem para o esclarecimento do fato e suas circunstâncias;
>
> **IV** – ouvir o ofendido;
>
> **V** – ouvir o indiciado, com observância, no que for aplicável, do disposto no Capítulo III do Título Vll, deste Livro, devendo o respectivo termo ser assinado por duas testemunhas que lhe tenham ouvido a leitura;
>
> **VI** – proceder a reconhecimento de pessoas e coisas e a acareações;
>
> **VII** – determinar, se for caso, que se proceda a exame de corpo de delito e a quaisquer outras perícias;
>
> **VIII** – ordenar a identificação do indiciado pelo processo datiloscópico, se possível, e fazer juntar aos autos sua folha de antecedentes;
>
> **IX** – averiguar a vida pregressa do indiciado, sob o ponto de vista individual, familiar e social, sua condição econômica, sua atitude e estado de ânimo antes e depois do crime e durante ele, e quaisquer outros elementos que contribuírem para a apreciação do seu temperamento e caráter.
>
> **X – colher informações sobre a existência de filhos, respectivas idades e se possuem alguma deficiência e o nome e o contato de eventual responsável pelos cuidados dos filhos, indicado pela pessoa presa.** (Incluído pela Lei n. 13.257, de 2016.)

Além disso, também constitui providência a ser tomada pela Autoridade Policial a feitura de reprodução simulada dos fatos, caso isso não contrarie a moralidade ou a ordem pública, na forma do art. 7º, CPP.

Tema que deve ser cobrado nos próximos certames da OAB é a alteração feita pela Lei n. 13.344/2016, ao acrescentar os arts. 13-A e 13-B ao Código de Processo Penal. Para facilitar o seu entendimento, tais artigos serão transcritos a seguir, nestes termos:

> **Art. 13-A.** Nos crimes previstos nos arts. 148, 149 e 149-A, no § 3º do art. 158 e no art. 159 do Decreto-Lei n. 2.848, de 7 de dezembro de 1940 (Código Penal), e no art. 239 da Lei n. 8.069, de 13 de julho de 1990 (Estatuto da Criança e do Adolescente), o membro do Ministério Público ou o delegado de polícia poderá requisitar, de quaisquer órgãos do poder público ou de empresas da iniciativa privada, dados e informações cadastrais da vítima ou de suspeitos. *(Incluído pela Lei n. 13.344, de 2016) (Vigência)*
>
> **Parágrafo único.** A requisição, que será atendida no prazo de 24 (vinte e quatro) horas, conterá: *(Incluído pela Lei n. 13.344, de 2016) (Vigência)*
>
> **I** – o nome da autoridade requisitante; *(Incluído pela Lei n. 13.344, de 2016) (Vigência)*
>
> **II** – o número do inquérito policial; e *(Incluído pela Lei n. 13.344, de 2016) (Vigência)*
>
> **III** – a identificação da unidade de polícia judiciária responsável pela investigação. *(Incluído pela Lei n. 13.344, de 2016) (Vigência)*
>
> **Art. 13-B.** Se necessário à prevenção e à repressão dos crimes relacionados ao tráfico de pessoas, o membro do Ministério Público ou o delegado de polícia poderão requisitar, mediante autorização judicial, às empresas prestadoras de serviço de telecomunicações e/ou telemática que disponibilizem imediatamente os meios técnicos adequados – como sinais, informações e outros – que permitam a localização da vítima ou dos suspeitos do delito em curso. *(Incluído pela Lei n. 13.344, de 2016) (Vigência)*
>
> **§ 1º** Para os efeitos deste artigo, sinal significa posicionamento da estação de cobertura, setorização e intensidade de radiofrequência. *(Incluído pela Lei n. 13.344, de 2016) (Vigência)*
>
> **§ 2º** Na hipótese de que trata o *caput*, o sinal: *(Incluído pela Lei n. 13.344, de 2016) (Vigência)*
>
> **I** – não permitirá acesso ao conteúdo da comunicação de qualquer natureza, que dependerá de autorização judicial, conforme disposto em lei; *(Incluído pela Lei n. 13.344, de 2016) (Vigência)*
>
> **II** – deverá ser fornecido pela prestadora de telefonia móvel celular por período não superior a 30 (trinta) dias, renovável por uma única vez, por igual período; *(Incluído pela Lei n. 13.344, de 2016) (Vigência)*
>
> **III** – para períodos superiores àquele de que trata o inciso II, será necessária a apresentação de ordem judicial. *(Incluído pela Lei n. 13.344, de 2016) (Vigência)*
>
> **§ 3º** Na hipótese prevista neste artigo, o inquérito policial deverá ser instaurado no prazo máximo de 72 (setenta e duas) horas, contado do registro da respectiva ocorrência policial. *(Incluído pela Lei n. 13.344, de 2016) (Vigência)*
>
> **§ 4º** Não havendo manifestação judicial no prazo de 12 (doze) horas, a autoridade competente requisitará às empresas prestadoras de serviço de telecomunicações e/ou telemática que disponibilizem imediatamente os meios técnicos adequados – como sinais, informações e outros – que permitam a localização da vítima ou dos suspeitos do delito em curso, com imediata comunicação ao juiz. *(Incluído pela Lei n. 13.344, de 2016) (Vigência)*

Para que fique clara a alteração, é bom que se destaque que o legislador criou **duas hipóteses de diligências** cabíveis pela Autoridade Policial, bem como pelo membro do Ministério Público. A primeira, prevista no art. 13-A, Código de Processo Penal, é a requisição direta, **sem autorização judicial,** dirigida a quaisquer órgãos do poder público ou de empresas de iniciativa privada, **de dados e informações cadastrais de vítima de suspeitos** dos crimes previstos nos arts. 148, 149, 149-A, no art. 158, § 3º, e art. 159, todos do Código Penal, além do crime previsto no art. 239 do Estatuto da Criança e do Adolescente (Lei n. 8.069/90). Importante ressaltar que os crimes em que se permite tal diligência envolvem a restrição da liberdade da vítima, uma vez que a Lei n. 13.344/2016, que alterou o Código de Processo Penal, trata dos crimes de tráfico de pessoas, em que tal restrição de liberdade é o meio para alcançar êxito em referidos crimes. A requisição de dados cadastrais sem autorização judicial se fundamenta pelo fato de que não estão as autoridades citadas (Delegado de Polícia e membro do Ministério Público) acessando informações protegidas pela cláusula de reserva de jurisdição, em que somente se permite o acesso por meio de autorização judicial. O acesso é de apenas dados cadastrais, tais como entrada e saída de hotéis, passagens aéreas compradas e seu destino, endereços cadastrados em empresas de telefonia etc. Isso tudo visando descobrir o paradeiro da vítima ou do suspeito dos crimes assinalados acima.

A segunda hipótese possível, prevista no art. 13-B, Código de Processo Penal, já necessita de **autorização judicial**, uma vez que se trata de diligência tendente a localizar a vítima de um dos crimes citados em que há a restrição da sua liberdade. Por meio dessa diligência, a autoridade requisitante (membro do Ministério Público ou Delegado de Polícia) terá a localização precisa da vítima ou do suspeito de estar com ela por meio dos aparelhos telefônicos ou similares que elas possuam. Nos dias de hoje, todos os aparelhos eletrônicos utilizados para comunicação possuem o sistema de *Global Positioning System*, que em português significa **Sistema de Posicionamento Global**, e consiste numa tecnologia de localização por satélite. Ora, por meio da aludida tecnologia a autoridade requisitante consegue uma localização precisa, com latitude e longitude, de onde se encontra o aparelho eletrônico, que não raras vezes está no bolso do sequestrador ou da vítima. Muitos casos de sequestro de pessoas são resolvidos com base na localização dos aparelhos eletrônicos utilizados pelos acusados, uma vez que eles se comunicam entre si e com os pais da vítima, almejando o resgate. Nesses simples contatos é possível localizar onde foi feita a última conversa e, consequentemente, encontrar a vítima junto com o sequestrador. Tal tecnologia é disponibilizada pelas empresas de telefonia celular, mediante autorização judicial. Após o registro policial de que houve um dos crimes citados no *caput*, o inquérito policial deve ser instaurado em até **72 (setenta e duas) horas**, isso com o fim de dar celeridade às investigações, **não se submetendo** aos prazos tradicionais previstos no **art. 10, Código de Processo Penal.**

Uma observação importante atinente ao art. 13-B, Código de Processo Penal é que a autorização judicial feita com o intuito de localizar a vítima, por meio da localização do aparelho eletrônico, não se estende para as comunicações telefônicas feitas pelos acusados. Isso deve ficar bem claro, pois o próprio **art. 13-B, § 2º, CPP** ressalta que o acesso à localização **não compreenderá as conversas telefônicas feitas entre os acusados.** As conversas telefônicas somente podem ser acessadas por meio de autorização judicial específica para esse fim, nos moldes da Lei n. 9.296/96, uma vez que estão protegidas pela cláusula de reserva de jurisdição. Assim, caso o Delegado de Polícia ou membro do Ministério Público queira saber a localização exata da vítima, bem como acessar as conversas telefônicas, **serão necessárias duas autorizações judiciais**, sendo uma para a localização e outra para a interceptação telefônica.

A **última disposição** da referida alteração, qual seja, a de permitir a **localização da vítima sem autorização judicial**, prevista no § 4º, art. 13-B, CPP, é facilmente entendida pelo simples fato de o Juiz ter sido omisso quanto ao pedido no prazo de 12 (doze) horas e isso pode trazer prejuízos irreversíveis para a investigação, como o desaparecimento da vítima ou até mesmo a sua morte. Uma vez requerida a medida de localização da vítima por meio de indícios de que os acusados estão na posse de telefones celulares, a autorização judicial deve ser a mais rápida possível, sob pena de num momento posterior os acusados já terem transferido a vítima do cativeiro ou do local onde a esconderam. Daí a disposição legal permitir o acesso direto sem autorização judicial quando esta última for morosa.

4.1.4. Incomunicabilidade do indiciado no processo penal

Essa medida prevista no **art. 21 do Código de Processo Penal** está totalmente **revogada** pela nova sistemática constitucional, uma vez que o art. 136, § 3º, IV, não aceita nem mesmo em Estado de Defesa a incomunicabilidade do preso, o que dizer, então, em situações de normalidade. Nessa linha de pensamento, estão os ensinamentos de Eugênio Pacelli e Douglas Fischer no sentido de tal norma violar frontalmente a Constituição Federal, devendo, então, ser considerada não recepcionada (PACELLI, FISCHER, 2014, p. 55).

Assim, a norma em epígrafe deve ser desconsiderada pelo candidato, **não tendo mais aplicação prática**.

4.1.5. Prazo para encerramento do inquérito policial

Importante ressaltar que existem prazos variados para a conclusão do inquérito policial, a depender do procedimento adotado. Em razão disso, será feita abaixo uma tabela com os possíveis prazos cobrados em provas da OAB:

Procedimento	Prazos
Justiça Estadual	10 dias (indiciado preso) 30 dias (indiciado solto)
Justiça Federal	15 dias (indiciado preso) 30 dias (indiciado solto)
Lei n. 11.343/2006 (Drogas)	30 dias (indiciado preso) 90 dias (indiciado solto)

Atenção para os prazos acima, pois são comumente cobrados em provas da OAB.

4.1.6. Arquivamento do inquérito policial

O art. 17, CPP inaugura a sistemática do arquivamento, asseverando que a Autoridade Policial não poderá arquivar os autos de inquérito policial, o que satisfaz a característica da obrigatoriedade acima citada. Em relação a esse artigo, importante anotar a existência da Súmula 524 do Supremo Tribunal Federal, nesses termos:

> Arquivado o inquérito policial, por despacho do juiz, a requerimento do promotor de justiça, não pode a ação penal ser iniciada, sem novas provas.

Na mesma linha da súmula acima transcrita tem-se a redação do art. 18, CPP.

Cumpre salientar que os **casos mais comuns de arquivamento** de inquérito policial são os de **ausência de tipicidade penal e extinção da punibilidade**. Esta última situação está prevista no art. 107, CP, tendo como as mais tradicionais a morte do agente, prescrição e decadência.

Uma derradeira observação deve ser feita no sentido de que **não** existe **arquivamento implícito** no ordenamento jurídico brasileiro quando se trata de ação penal pública incondicionada. O arquivamento implícito ocorre, nos países que o adotam, quando o Ministério Público deixa de denunciar algum dos autores do crime em concurso de pessoas. No Brasil, caso não seja feita a denúncia em relação a algum dos autores, não enseja o arquivamento implícito, podendo posteriormente a denúncia ser proposta, caso não tenha ocorrido a prescrição.

4.1.7. Desarquivamento do inquérito policial

O desarquivamento de inquérito policial somente pode ser feito se surgirem **novas provas** acerca da infração penal, lembrando que isso é possível porque o despacho judicial que procede ao arquivamento não faz coisa julgada material. Essa é a previsão do art. 18, CPP, já mencionado acima. Em outras palavras, surgindo provas novas, o Delegado de Polícia poderá reabrir as investigações arquivadas anteriormente.

5. AÇÃO PENAL

Trata-se de meio de deflagrar o processo penal quando existem indícios de autoria e de materialidade.

No Processo Penal, a ação penal pode ser **pública ou privada**. Sendo pública, a propositura deverá ser feita pelo Ministério Público, por meio da denúncia. A ação penal pública pode ser incondicionada, quando o Ministério Público não tiver que se submeter a qualquer condição para o seu oferecimento; condicionada, quando houver necessidade de existir a representação do ofendido ou de seu representante legal, ou quando for necessária a requisição do Ministro da Justiça. Por outro lado, a ação penal privada será intentada pelo ofendido ou pelo seu representante legal, sendo ela feita por meio da queixa-crime. São essas as situações descritas nos arts. 24 e 30, Código de Processo Penal, a seguir transcritas para facilitação do estudo:

> **Art. 24.** Nos crimes de ação pública, esta será promovida por denúncia do Ministério Público, mas dependerá, quando a lei o exigir, de requisição do Ministro da Justiça, ou de representação do ofendido ou de quem tiver qualidade para representá-lo.
> **Art. 30.** Ao ofendido ou a quem tenha qualidade para representá-lo caberá intentar a ação privada.

5.1. Condições da ação no processo penal

Para melhor compreensão deste importante capítulo do Direito Processual Penal, deve ser transcrito o art. 395, II, CPP, que traz expressamente a necessidade de serem cumpridas as condições da ação para que a denúncia ou queixa seja recebida pelo Poder Judiciário, nestes termos:

> **Art. 395.** A denúncia ou queixa será rejeitada quando: (...)
> **II** – faltar pressuposto processual ou **condição** para o exercício da **ação penal**;

Por condições da ação, pode-se entender a necessidade de ter a conjugação dos seguintes elementos:

a) **Legitimidade de parte:** se a ação for pública a propositura deve ser feita pelo membro do Ministério Público, ou seja, Promotor de Justiça (competência estadual) ou Procurador da República (competência federal). Caso se trate de ação penal privada, a sua legitimidade é do ofendido ou de seu representante legal, por meio da queixa-crime, a ser manejada por advogado devidamente inscrito nos quadros da OAB.

b) **Interesse de agir:** o interesse de agir ocorre quando não houver extinção da punibilidade e estiverem presentes os indícios de autoria e materialidade da infração penal.

c) **Possibilidade jurídica do pedido:** para que alguém seja processado por uma infração penal, o fato descrito na ação penal deve ser típico, isto é, existir previsão legal. No Processo Penal, a ação penal deve ser motivada para a aplicação de uma pena ou medida de segurança, pois são únicas possibilidades de execução penal.

5.2. Ação penal pública

A ação penal será pública quando proposta pelo Ministério Público, podendo ser incondicionada ou condicionada, tendo o seu fundamento na Constituição Federal, art. 129, I, a seguir transcrito:

> **Art. 129.** São funções institucionais do Ministério Público:
> I – promover, privativamente, a ação penal pública, na forma da lei.

Por fim, lembrar a existência da regra prevista no art. 24, § 2º, CPP, que torna de ação penal pública todo o crime praticado em detrimento de patrimônio ou interesse de União, Estado ou Município.

5.2.1. Princípios da ação penal pública

A ação penal pública possui princípios próprios, os quais serão estudados de per si.

a) **Obrigatoriedade:** o Ministério Público, diante do cometimento de uma infração penal, **não poderá transigir** acerca da propositura ou não de uma ação penal. Trata-se de dever imposto ao titular exclusivo da ação penal. Lembrar que o Ministério Público poderá deixar de intentar a ação penal quando o crime tiver pena máxima abstrata não superior a dois anos, pois aqui caberá a aplicação do instituto da transação penal, previsto na Lei n. 9.099/95, art. 76, dessa forma transcrito:

> **Art. 76.** Havendo representação ou tratando-se de crime de ação penal pública incondicionada, não sendo caso de arquivamento, o Ministério Público poderá propor a aplicação imediata de pena restritiva de direitos ou multas, a ser especificada na proposta.

Tal instituto é permitido pelo ordenamento jurídico, constituindo apenas uma exceção à obrigatoriedade.

b) **Indisponibilidade:** tendo sido proposta a ação penal pública, **impossível que se desista dela**, pois o membro do Ministério Público não possui mais a discricionariedade de propor ou não a denúncia. Agora, a ação penal deverá ser analisada pelo Juiz, podendo este condenar ou absolver. Fazendo jus ao princípio em epígrafe, a letra da lei prevista no art. 42, CPP:

> O Ministério Público não poderá desistir da ação penal.

Uma exceção ao referido requisito da indisponibilidade pode ser encontrada na já citada Lei n. 9.099/95, art. 89, em que se permite a suspensão condicional do processo (ação) quando o acusado estiver respondendo por crime cuja pena mínima abstratamente cominada for igual ou inferior a um ano. Nesse diapasão, caso o acusado aceite as condições ofertadas pelo Ministério Público, o processo ficará suspenso por um prazo determinado, sendo que, se forem cumpridas todas as condições impostas, ao final será extinta a sua punibilidade.

c) **Oficialidade:** assim como existe no inquérito policial tal princípio, a sua aplicação exige que o titular da ação penal pública seja um **integrante dos quadros estatais**. Destarte, somente o membro do Ministério Público poderá intentar a ação penal.

5.2.2. Prazo para oferecimento da denúncia

Nos crimes de ação penal pública, o Código de Processo Penal tratou a matéria de forma específica, havendo diferença de prazo apenas se o réu estiver preso ou não. Esta é a redação da lei:

> **Art. 46.** O prazo para oferecimento da denúncia, estando o réu preso, será de 5 dias, contado da data em que o órgão do Ministério Público receber os autos do inquérito policial, e de 15 dias, se o réu estiver solto ou afiançado. No último caso, se houver devolução do inquérito à autoridade policial (art. 16), contar-se-á o prazo da data em que o órgão do Ministério Público receber novamente os autos.

Importante ressaltar que existe outro prazo específico para os crimes previstos na Lei n. 11.343/2006 (Lei de Drogas), sendo que aqui não existe diferença para o caso de o réu estar preso ou não, sendo ele comum de dez dias. Eis a redação do dispositivo:

Art. 54. Recebidos em juízo os autos do inquérito policial, de Comissão Parlamentar de Inquérito ou peças de informação, dar-se-á vista ao Ministério Público para, **no prazo de 10 (dez) dias**, adotar uma das seguintes providências:
I – requerer o arquivamento;
II – requisitar as diligências que entender necessárias;
III – oferecer denúncia, arrolar até 5 (cinco) testemunhas e requerer as demais provas que entender pertinentes.

Desta forma, podemos fazer a seguinte tabela de prazos processuais a que o Ministério Público deve obediência, sendo eles os **mais comuns de cobrança em provas da OAB**.

Código de Processo Penal	Lei n. 11.343/2006 (Lei de Drogas)
5 dias (réu preso) 15 dias (réu solto)	10 dias (réu preso ou solto)

5.2.3. Titularidade da ação penal pública

Conforme já visto acima, o Ministério Público é o titular exclusivo da ação penal pública, tanto na forma incondicionada quanto na condicionada, na esteira do art. 129, I, Constituição Federal.

Lembrar apenas de uma questão recorrente em provas da OAB quando o Ministério Público for inerte na propositura da ação penal, ou seja, não cumprir os prazos assinalados no item anterior. Nesse caso, caberá a chamada ação penal privada subsidiária da pública, em que o ofendido, por meio de advogado, irá intentar a ação penal privada, por meio da queixa-crime, diante da inércia ministerial. Esta é a disposição que rege a matéria:

Art. 29. Será admitida ação privada nos crimes de ação pública, se esta não for intentada no prazo legal, cabendo ao Ministério Público aditar a queixa, repudiá-la e oferecer denúncia substitutiva, intervir em todos os termos do processo, fornecer elementos de prova, interpor recurso e, a todo tempo, no caso de negligência do querelante, retomar a ação como parte principal.

Seria o único caso em que o Ministério Público perde a titularidade exclusiva de propor a ação penal pública, em virtude de sua inércia.

5.2.4. Ação penal pública condicionada à representação

Essa é uma das espécies de ação penal pública, sendo que a representação é condição de procedibilidade para a sua deflagração por parte do Ministério Público. Ela está prevista no Código de Processo Penal, em seu art. 24, *caput*. A representação deve ser feita pelo ofendido ou por seu representante legal. Todavia, caso o ofendido tenha falecido, a representação passará para seus familiares, ou seja, cônjuge, ascendente, descendente ou irmão, na forma do art. 24, § 1º, CPP.

Uma vez ofertada a representação para o Ministério Público, o ofendido não mais poderá voltar atrás, pois sai da sua alçada o controle da ação penal, aplicando-se, a partir de então, o princípio da indisponibilidade. O Código de Processo Penal previu expressamente essa questão:

Art. 25. A representação será irretratável, depois de oferecida a denúncia.

A representação possui uma importante consideração a ser feita, muito em razão de ser questão recorrente em provas da OAB, que é atinente ao seu prazo. Pela redação do art. 38, CPP, o prazo para o seu oferecimento é de seis meses, conforme se vê abaixo:

Art. 38. Salvo disposição em contrário, o ofendido, ou seu representante legal, decairá no direito de queixa ou de representação, se não o exercer **dentro do prazo de seis meses, contado do dia em que vier a saber quem é o autor do crime, ou, no caso do art. 29, do dia em que se esgotar o prazo para o oferecimento da denúncia**.

Lembrar que o Código Penal possui redação com o mesmo teor no art. 103, também alertando para o prazo de seis meses para o oferecimento da representação.

Se houver o descumprimento do aludido prazo de seis meses, opera-se a decadência, o que traz para o caso a extinção da punibilidade, na forma do art. 107, IV, Código Penal, não podendo mais nada ser feito contra o acusado, ainda que se trate de réu confesso.

A forma de ofertar a representação pode ser oral ou escrita, sendo que ela deverá ser apresentada para o Ministério Público, Autoridade Policial ou Juiz, sempre pessoalmente ou por procurador com poderes especiais, tudo isso na forma do art. 39, *caput*, CPP.

O conteúdo da representação refere-se a informações que possam servir à apuração do fato e da autoria, na forma do art. 39, § 2º, CPP. Caso a representação contenha elementos suficientes para a propositura da ação penal, importante anotar que o Ministério Público dispensará o inquérito policial e irá impetrar a denúncia no prazo de quinze dias, na forma do art. 39, § 5º, CPP.

5.2.5. Ação penal pública incondicionada

A ação penal pública incondicionada é a regra, ou seja, quando o crime nada dispuser acerca de como se deve processá-lo, a forma é a incondicionada. Essa é a orientação do art. 100, *caput*, Código Penal, que merece ser transcrita dada a sua importância:

> A ação penal é pública, salvo quando a lei expressamente a declara privativa do ofendido.

Dessa forma, quando a ação for pública condicionada ou movida mediante queixa-crime, a lei expressamente demonstrará qual será a forma utilizada. Por exemplo, tem-se o crime de ameaça, previsto no art. 147, CP, com a seguinte redação:

> **Art. 147.** Ameaçar alguém, por palavra, escrito ou gesto, ou qualquer outro meio simbólico, de causar-lhe mal injusto e grave:
> **Pena –** detenção, de um a seis meses, ou multa.
> **Parágrafo único. Somente se procede mediante representação.**

Nessa mesma toada, os **crimes contra a dignidade sexual**, que sofreram importante alteração legislativa recentemente e que merecem a atenção dos candidatos da prova da OAB, uma vez que passou a ser a regra a **necessidade de representação** para tais crimes, conforme se depreende do art. 225, CP:

> **Art. 225.** Nos crimes definidos nos Capítulos I e II deste Título, procede-se mediante ação penal pública condicionada à representação.

Por fim, demonstrando-se que a regra é a ação penal pública incondicionada, quando for o caso de ação penal privada, o Código Penal expressamente o diz também, conforme se destaca da redação do artigo a seguir transcrito:

> **Art. 145.** Nos crimes previstos neste Capítulo somente se procede mediante queixa, salvo quando, no caso do art. 140, § 2º, da violência resulta lesão corporal.

Assim, todos os crimes contra a honra são processados por meio da ação penal privada, quais sejam, calúnia (art. 138), difamação (art. 139) e injúria (art. 140), todos do Código Penal.

5.3. Ação de iniciativa privada

Essa forma de provocar a jurisdição penal é própria do ofendido ou de seu representante legal, sendo o Código de Processo Penal claro nesse sentido:

> **Art. 30.** Ao ofendido ou a quem tenha qualidade para representá-lo caberá intentar a ação privada.

Importante assinalar que se o ofendido falecer ou for declarado ausente, isso por si só não impedirá a propositura da ação penal privada, pois tal direito passará para os seus sucessores, na forma do art. 31, CPP:

> No caso de morte do ofendido ou quando declarado ausente por decisão judicial, o direito de oferecer queixa ou prosseguir na ação passará ao cônjuge, ascendente, descendente ou irmão.

Cumpre ressaltar que a forma de propositura dessa ação penal privada é a **queixa-crime**, instrumento processual que é **assinado por advogado ou defensor público**, neste último caso se o ofendido for pobre no sentido legal e não tiver condições de contratar advogado particular.

Outra questão relevante é quando o ofendido for pessoa menor de 18 (dezoito) anos ou doente mental e não tiver representante legal ou, de outra feita, quando os interesses daquele (ofendido) colidirem com os do último (representante legal). Neste caso, surge a figura do **curador especial**, que zelará pelo direito do ofendido para a propositura da ação penal privada. Veja-se o que contém o art. 33, CPP:

> Se o ofendido for menor de 18 (dezoito) anos, ou mentalmente enfermo, ou retardado mental, e não tiver representante legal, ou colidirem os interesses deste com os daquele, o direito de queixa poderá ser exercido por curador especial, nomeado, de ofício ou a requerimento do Ministério Público, pelo juiz competente para o processo penal.

O candidato deve tomar cuidado com a **regra do art. 34, CPP, que perdeu eficácia diante da nova sistemática processual**, pois o maior de 18 (dezoito) anos não necessita mais de curador para reger os seus direitos, posto que com a capacidade plena ele exercerá de forma autônoma o direito de propor queixa-crime, por meio de advogado constituído.

5.3.1. Princípios da ação penal privada

Assim como na ação penal pública, a ação penal privada tem princípios próprios de regência, como se verá a seguir.

a) **Oportunidade:** o ofendido terá o direito de escolher entre processar ou não o autor de uma infração penal, ainda que existam provas suficientes para a condenação. Também é conhecido como **princípio da conveniência**.

b) **Disponibilidade:** uma vez intentada a queixa-crime, o ofendido **poderá desistir** de prosseguir no processo, notadamente por meio dos institutos do perdão e da renúncia. Os dois institutos citados encontram-se nos arts. 49 e 51, a seguir transcritos:

> **Art. 49.** A renúncia ao exercício do direito de queixa, em relação a um dos autores do crime, a todos se estenderá.
> **Art. 51.** O perdão concedido a um dos querelados aproveitará a todos, sem que produza, todavia, efeito em relação ao que o recusar.

Por fim, deve ser lembrado que ambos os institutos constituem causas de extinção da punibilidade, na forma do art. 107, V, Código Penal.

c) **Indivisibilidade:** este é o princípio mais comum de ser visto na prova da OAB, quanto ao tema da ação penal privada, uma vez que impede a chamada vingança privada por parte do ofendido. Caso o autor da queixa-crime esteja diante de uma situação que envolva mais de um réu, ele deverá propor a **ação penal contra todos**, não podendo escolher contra quem impetrará a ação. Esta é a redação do art. 48, CPP, *in verbis*:

> A queixa contra qualquer dos autores do crime obrigará ao processo de todos, e o Ministério Público velará pela sua indivisibilidade.

Dessa forma, caso o ofendido entre com a queixa-crime apenas contra um dos réus, o Ministério Público deverá oficiar no processo penal para zelar pela ação contra todos ou contra nenhum, **operando-se a renúncia** como causa extintiva da punibilidade se o **autor insistir** em acionar **apenas alguns dos réus**.

5.3.2. Prazo para oferecimento da queixa-crime

Da mesma forma que a representação, existe prazo para o ofendido impetrar a ação penal privada, sob pena de, uma vez desrespeitado, ocorrer a **decadência**. Isso consta do art. 38, CPP, já citado, mas tamanha a sua importância vem novamente transcrito:

> **Art. 38.** Salvo disposição em contrário, o ofendido, ou seu representante legal, **decairá no direito de queixa** ou de representação, **se não o exercer dentro do prazo de seis meses**, contado do dia em que vier a saber quem é o autor do crime, ou, no caso do art. 29, do dia em que se esgotar o prazo para o oferecimento da denúncia.

Sendo assim, caso violado o **prazo de seis meses**, ocorrerá o fenômeno da **decadência**, sob a qual incidirá a **extinção da punibilidade** prevista no art. 107, IV, Código Penal.

5.3.3. Titularidade da ação penal de iniciativa privada

Conforme já visto acima, cabe ao ofendido ou quem tiver a sua representação legal a propositura de tal ação penal, por meio da queixa-crime.

Para fins técnicos, o autor da queixa-crime é chamado de querelante, enquanto o réu é chamado de querelado.

Tema importante é conhecer a exata letra do art. 44, CPP, que é motivo de muitos indeferimentos de queixa-crime que não atende o seu conteúdo:

> **Art. 44.** A queixa poderá ser dada por procurador com poderes especiais, devendo constar do instrumento do mandato o nome do querelante e a menção do fato criminoso, salvo quando tais esclarecimentos dependerem de diligências que devem ser previamente requeridas no juízo criminal.

Assim, a **queixa-crime** deve ser precedida de uma **procuração** com **poderes especiais**, devendo conter nesta última o nome do querelante e querelado, **bem como a menção ao fato criminoso. Sem esse último requisito, o Juiz não conhecerá da queixa-crime.**

Não se deve confundir a aludida **procuração com poderes especiais** com a **procuração normalmente outorgada ao advogado** para fazer a sua defesa no processo penal. Esta última não menciona o fato penal em relação ao qual será feita a defesa, mas apenas concede os poderes para o foro em comum (*ad judicia*) para o seu defensor.

5.3.4. Aditamento da queixa-crime

Como o advogado é quem irá propor a queixa-crime, sem que o **Ministério Público** interfira em seu conteúdo, a lei obriga que ao menos este último atue como fiscal da lei, podendo aditá-la caso exista alguma falha processual. Na forma ensinada, o CPP:

> **Art. 45.** A queixa, ainda quando a ação penal for privativa do ofendido, poderá ser aditada pelo Ministério Público, a quem caberá intervir em todos os termos subsequentes do processo.

Assim, o Promotor de Justiça ou Procurador da República irá atuar como *custos legis*, devendo ao final posicionar-se pela condenação ou absolvição do querelado.

5.3.5. Extinção da punibilidade na ação penal de iniciativa privada

O querelante deve ficar atento para os casos que extinguem a ação penal privada, pois estão todos previstos na lei e geram consequente extinção da punibilidade.

Os casos legais são a decadência, renúncia, perdão do ofendido e perempção.

A **decadência** já foi estudada anteriormente e fulmina fatalmente o direito de ação quando o autor não observa o **prazo de 6 (seis) meses** para ofertar a queixa-crime. Tal prazo está previsto no art. 38, *caput*, CPP, contado do dia em que veio a saber quem é o autor do crime. Uma vez transcorrido o prazo, ocorre a **extinção da punibilidade**, na forma do já citado art. 107, IV, Código Penal.

A **renúncia** ocorre quando o querelante de forma expressa ou tácita desiste de processar o autor do fato. Como se pode observar dos artigos a seguir mencionados, ela pode ser expressa ou tácita, nesses termos:

> **Art. 50.** A **renúncia expressa** constará de declaração assinada pelo ofendido, por seu representante legal ou procurador com poderes especiais.
> **Art. 57.** A **renúncia tácita** e o perdão tácito admitirão todos os meios de prova.

Também é forma de extinção da punibilidade, na forma do art. 107, V, CP.

O **perdão do ofendido** é ato do querelante, mas que depende da aceitação expressa do querelado, sem o qual não será válido. Esta é a disposição legal:

> **Art. 51.** O perdão concedido a um dos querelados aproveitará a todos, sem que produza, todavia, efeito em relação ao que o recusar.

Caso não seja aceito diretamente pelo querelante, será válido se for feito por **procurador** deste com **poderes especiais** para tanto, na forma do art. 55, CPP.

A forma de aceitar o perdão judicial segue a linha da renúncia, devendo ser aceito de forma expressa nos autos pelo querelado, dentro do prazo de três dias. Caso tal prazo escoe sem que haja qualquer manifestação do querelado, entende-se que houve a sua aceitação tácita.

Se o perdão foi dado fora do processo, o querelado deverá dizer expressamente se o aceita, podendo tal manifestação ser dada por procurador com poderes especiais ou por seu representante legal, na forma do art. 59, CPP.

Por fim, o **perdão** aceito também é **causa de extinção da punibilidade**, na forma do art. 107, V, CP, bem como pelo art. 58, parágrafo único, CPP.

A derradeira forma de extinguir a ação penal é a **perempção**, conforme disposto no art. 60, CPP, a seguir transcrito:

> **Art. 60.** Nos casos em que somente se procede mediante queixa, considerar-se-á perempta a ação penal:
> **I –** quando, iniciada esta, o querelante deixar de promover o andamento do processo durante 30 dias seguidos;
> **II –** quando, falecendo o querelante, ou sobrevindo sua incapacidade, não comparecer em juízo, para prosseguir no processo, dentro do prazo de 60 (sessenta) dias, qualquer das pessoas a quem couber fazê-lo, ressalvado o disposto no art. 36;
> **III –** quando o querelante deixar de comparecer, sem motivo justificado, a qualquer ato do processo a que deva estar presente, ou deixar de formular o pedido de condenação nas alegações finais;
> **IV –** quando, sendo o querelante pessoa jurídica, esta se extinguir sem deixar sucessor.

Essa forma extintiva da punibilidade somente pode ser aplicada para as **ações penais privadas**, conforme *caput* do art. 60, CPP. Todavia, é muito comum ser questionado se o referido instituto aplica-se aos casos de ação penal privada subsidiária da pública, sendo a resposta **não** a correta. Isso porque se houver a desídia do querelante, nas formas dos incisos I a IV, o Ministério Público retomará a ação penal, não havendo a sua extinção. Logo, muito cuidado com essa observação.

Dentre as causas de perempção, deve ser lembrada a constante do inciso III, parte final, em que o querelante deve expressamente fazer o pedido de condenação por ocasião das alegações finais, que via de regra são feitas na forma oral, salvo quando o Juiz concede prazo para a forma escrita. O pedido de condenação deve ser expresso e claro.

Todas as causas extintivas da punibilidade trabalhadas acima podem ser reconhecidas pelo **Juiz de ofício**, a qualquer tempo, pois são tidas como **matéria de ordem pública**, na forma do art. 61, *caput*, CPP.

Por fim, uma última causa extintiva da punibilidade, mas que é aplicada para qualquer tipo de ação penal, pública ou privada, é a **morte**, podendo ela ser reconhecida pelo Juiz após a juntada de **certidão de óbito** e manifestação do Ministério Público, conforme art. 62, CPP.

5.4. Ação penal privada subsidiária da pública

Cumpre ressaltar que tal espécie de ação penal já fora trabalhada acima no item 5.2.3, todavia deve ser feita a observação de que ela somente pode ser proposta em casos de **inércia do Ministério Público**, não sendo possível a sua propositura quando o membro do Ministério Público requerer o arquivamento do feito, pois nesse caso ele está sendo ativo, mas pedindo o encerramento do inquérito policial.

Ela possui natureza jurídica de ação penal privada, devendo ser proposta pelo querelante, mas, a qualquer tempo, o Ministério Público poderá retomar a ação penal em caso de desídia do querelante, não se aplicando, como já foi dito acima, os casos de perempção do art. 60, CPP.

Uma última observação é que o legislador constitucional previu expressamente esta possibilidade, conforme o art. 5º:

> **LIX** – será admitida ação privada nos crimes de ação pública, se esta não for intentada no prazo legal.

Assim, de suma importância a ação penal privada subsidiária da pública, uma vez que possui previsão legal (CPP) e constitucional.

6. AÇÃO CIVIL *EX DELICTO*

Esse tipo de ação é proposta no **Juízo Cível** para que o ofendido possa ser **ressarcido do prejuízo** auferido com a prática criminosa. Tal ação pode ser movida pelo ofendido, seu representante legal ou, no caso de morte, pelos herdeiros.

São duas as possibilidades de ingressar pedindo a reparação do dano causado pela infração penal. A primeira, quando ainda pendente de decisão na ação penal, caso em que o Juízo Cível irá suspender a ação civil até o julgamento definitivo daquela. A segunda hipótese ocorrerá na forma da nova disposição prevista no art. 387, IV, CPP, a seguir transcrita:

> **Art. 387.** O juiz, ao proferir sentença condenatória: (...)
> **IV** – fixará valor mínimo para reparação dos danos causados pela infração, considerando os prejuízos sofridos pelo ofendido.

Nesse caso, caberá ao ofendido apenas requerer a execução da sentença criminal no Juízo Cível, pelo valor fixado pelo Juízo Criminal.

O réu nesse tipo de ação civil será o autor do crime ou o seu responsável civil, na forma do art. 64, CPP.

Fato importante a ser lembrado é quando a sentença criminal **fará coisa julgada no cível**, não podendo ela ser questionada novamente. Abaixo as hipóteses que fazem coisa julgada no cível:

a) **Sentença condenatória** (art. 63, *caput*, CPP).
b) **Sentença absolutória que reconhece a inexistência do fato** (art. 66, CPP).
c) **Sentença absolutória que reconhece estar provado que o réu não concorreu para a infração penal** (art. 386, IV, CPP).
d) **Sentença absolutória que reconhece a existência de causa excludente de ilicitude** (art. 65, CPP).

Por outro lado, **não farão coisa julgada no cível** as hipóteses dos arts. 66 e 67, CPP, a seguir transcritas para facilitar a visualização:

> **Art. 66.** Não obstante a sentença absolutória no juízo criminal, a ação civil poderá ser proposta quando não tiver sido, categoricamente, reconhecida a inexistência material do fato.
> **Art. 67.** Não impedirão igualmente a propositura da ação civil:
> **I** – o despacho de arquivamento do inquérito ou das peças de informação;
> **II** – a decisão que julgar extinta a punibilidade;
> **III** – a sentença absolutória que decidir que o fato imputado não constitui crime.

7. JURISDIÇÃO E COMPETÊNCIA NO PROCESSO PENAL

Um dos temas mais cobrados na prova da OAB, por tal motivo merece atenção especial por parte dos candidatos. A jurisdição é a competência que o Juiz tem de dizer o Direito, ou seja, aplicar a lei ao caso concreto. A competência é essa característica conferida ao Juiz pela lei ou pela Constituição Federal para tomar conhecimento de alguma questão criminal.

Para fins de prova da OAB, tudo que se refere à competência, para tranquilidade dos candidatos, encontra-se na lei, fato este que será explorado e detalhado na sequência.

Antes de passar propriamente para a fixação da competência, importante diferenciar algo que é comum de o candidato confundir: **competência absoluta** e **competência relativa**. A chamada competência absoluta é aquela imutável, sendo que, se o Juiz absolutamente incompetente proferir alguma decisão, ela estará eivada de nulidade absoluta. Como exemplo, podem ser citadas as competências em razão da matéria (Justiça Federal e Justiça Estadual) e por prerrogativa de função (Juiz e Promotor devem ser julgados pelo Tribunal de Justiça). Lembrar que, excepcionalmente, por não caber Revisão Criminal contrária ao réu, caso um Juiz incompetente absolva alguém, tal decisão não poderá ser revista. Trata-se de questão excepcionalíssima.

Por outro lado, a **competência relativa** pode ser **flexibilizada**, sendo os casos mais comuns de tal competência a territorial, por **distribuição e prevenção**, todas elas previstas no art. 69, Código de Processo Penal. Caso uma delas seja violada, isso não gerará automaticamente a nulidade do processo, devendo o seu prejuízo ser comprovado para ela ser declarada. Ademais, há súmula do Supremo Tribunal Federal nesse sentido, conforme se vê a seguir:

STF – Súmula 706
É relativa a nulidade decorrente da inobservância da competência penal por prevenção.

7.1. Competência em razão da matéria no processo penal

O artigo que é considerado um norte pela doutrina para fixar a atuação do Juiz competente, em razão da matéria, é o disposto na Constituição Federal, a seguir transcrito, tamanha a sua importância e incidência nas provas da OAB:

Art. 109. Aos juízes federais compete processar e julgar:
I – as causas em que a União, entidade autárquica ou empresa pública federal forem interessadas na condição de autoras, rés, assistentes ou oponentes, exceto as de falência, as de acidentes de trabalho e as sujeitas à Justiça Eleitoral e à Justiça do Trabalho;
II – as causas entre Estado estrangeiro ou organismo internacional e Município ou pessoa domiciliada ou residente no País;
III – as causas fundadas em tratado ou contrato da União com Estado estrangeiro ou organismo internacional;
IV – os crimes políticos e as infrações penais praticadas em detrimento de bens, serviços ou interesse da União ou de suas entidades autárquicas ou empresas públicas, excluídas as contravenções e ressalvada a competência da Justiça Militar e da Justiça Eleitoral;
V – os crimes previstos em tratado ou convenção internacional, quando, iniciada a execução no País, o resultado tenha ou devesse ter ocorrido no estrangeiro, ou reciprocamente;
V-A – as causas relativas a direitos humanos a que se refere o § 5º deste artigo;
VI – os crimes contra a organização do trabalho e, nos casos determinados por lei, contra o sistema financeiro e a ordem econômico-financeira;
VII – os *habeas corpus*, em matéria criminal de sua competência ou quando o constrangimento provier de autoridade cujos atos não estejam diretamente sujeitos a outra jurisdição;
VIII – os mandados de segurança e os *habeas data* contra ato de autoridade federal, excetuados os casos de competência dos tribunais federais;
IX – os crimes cometidos a bordo de navios ou aeronaves, ressalvada a competência da Justiça Militar;
X – os crimes de ingresso ou permanência irregular de estrangeiro, a execução de carta rogatória, após o *exequatur*, e de sentença estrangeira, após a homologação, as causas referentes à nacionalidade, inclusive a respectiva opção, e à naturalização;
XI – a disputa sobre direitos indígenas.

Dentre as situações acima descritas, aquelas que possuem interesse para o Processo Penal são as dos incisos IV, V, V-A, VI, VII, IX, X e XI, acima negritados. Algumas observações acerca dessas competências serão feitas a seguir.

Em relação aos **crimes políticos**, de difícil ocorrência, tem que haver violação ao art. 1º da Lei de Segurança Nacional (Lei n. 7.170/83), a seguir transcrito:

Art. 1º Esta Lei prevê os crimes que lesam ou expõem a perigo de lesão:
I – a integridade territorial e a soberania nacional;
II – o regime representativo e democrático, a Federação e o Estado de Direito;
III – a pessoa dos chefes dos Poderes da União.

Atualmente, em tempos de intolerância política muito grande, poderia pensar-se em algum tipo de ataque ao Presidente da República, chefe de Poder Executivo Federal, o que atrairia a competência da Justiça Federal.

A **segunda parte do inciso IV**, em que se prevê a violação criminal a **bens, serviços ou interesse da União ou de suas entidades autárquicas ou empresas públicas,** cumpre ressaltar que é o ponto mais comum de cobrança em provas da OAB. Caso haja a violação a uma dessas situações, a competência será de algum Juiz Federal, dependendo apenas de aferir, posteriormente, o local da infração penal. Assim, caso ocorra a sonegação fiscal de um tributo federal, caberá ao Juiz Federal analisar a questão. Da mesma forma, numa situação em que algum funcionário público federal praticar um crime de peculato, por exemplo, apropriando-se algum bem que tem em razão da função. O Juiz Federal será o competente para julgá-lo pelo crime do art. 312, *caput,* CP.

Uma observação importante feita em tal artigo é a de que todas as **contravenções penais** são julgadas na **Justiça Estadual**, sem exceção, conforme se vê da segunda parte do inciso, ainda que haja lesão a bens, serviços ou interesse da União.

Continuando o inciso IV, há importante súmula que gera dúvida para o candidato, a seguir transcrita e explicada:

STJ – Súmula 107
Compete à **Justiça Comum Estadual** processar e julgar crime de estelionato praticado mediante falsificação das guias de recolhimento das contribuições previdenciárias, **quando não ocorrente lesão à autarquia federal**.

Veja-se que o simples fato de ser a guia emitida por órgão federal (INSS) não atrai a competência para a Justiça Federal, se não houve lesão a autarquia federal. Seria exemplo de aplicação de tal súmula quando o agente falsifica uma guia do INSS para usar perante uma empresa privada qualquer. Ora, nesse caso a competência será da Justiça Estadual, pois inexistiu lesão à autarquia federal.

Além dessas questões acima destacadas, por ser de incidência corriqueira na prova da OAB, será feita a transcrição de outras súmulas dominantes dos Tribunais Superiores, nesses termos:

STJ – Súmula 62
Compete à **Justiça Estadual** processar e julgar o crime de falsa anotação na Carteira de Trabalho e Previdência Social, **atribuído à empresa privada**.

STJ – Súmula 104
Compete à **Justiça Estadual** o processo e julgamento dos crimes de **falsificação e uso de documento falso relativo a estabelecimento particular de ensino.**

STJ – Súmula 165
Compete à **Justiça Federal** processar e julgar crime de **falso testemunho cometido no processo trabalhista.**

STJ – Súmula 208
Compete à **Justiça Federal** processar e julgar Prefeito Municipal por desvio de verba **sujeita a prestação de contas perante órgão federal.**

STJ – Súmula 209
Compete à **Justiça Estadual** processar e julgar Prefeito por desvio de verba transferida e **incorporada ao patrimônio municipal.**

O **inciso V** é bem fácil de entender, uma vez que elenca crimes previstos em **tratado ou convenção internacional**, o que torna fácil o entendimento de que o julgamento deve ser mesmo da **Justiça Federal.**

Na sequência, o **inciso V-A** é novidade constitucional, devendo o fato ensejar **grave violação aos direitos humanos**, não bastando uma simples violação, tendo em vista a exigência constitucional da expressão "grave".

O **inciso VI, 1ª parte**, elenca a necessidade de o crime ser contra a organização do trabalho, devendo entender-se tal ideia como sendo uma **violação genérica a vários trabalhadores**, não sendo de competência federal quando a violação for de apenas um único trabalhador.

Dentro do **inciso VI, 1ª parte**, deve ser citada a polêmica questão envolvendo o crime do **art. 149, CP (Redução a condição análoga à de escravo)**, em que o Supremo Tribunal Federal finalmente colocou uma pá de cal na questão e frisou ser tal delito de **competência federal**, conforme se vê do julgado no RE 459.510/MT, Relator Dias Toffoli, na forma do inciso em comento.

Ainda dentro do **inciso VI, mas na 2ª parte**, há importante anotação de competência federal para os crimes envolvendo o **sistema financeiro e a ordem econômica**. Para facilitar tal aferição de competência, a própria Lei n. 7.492/86, em seu art. 26, *caput*, dispõe claramente que:

> A ação penal, nos crimes previstos nesta lei, será promovida pelo Ministério Público Federal, perante a Justiça Federal.

Assim, não resta dúvida de que tais crimes da **Lei n. 7.492/86 (Crimes Contra o Sistema Financeiro Nacional)** serão todos de **competência federal.**

Em relação aos crimes contra a **ordem econômica**, a **maioria dos crimes será de competência federal**, mas isso não é uma constante. Por exemplo, os crimes de sonegação fiscal, previstos na Lei n. 8.137/90, quando o tributo sonegado for estadual ou municipal, a competência será, naturalmente, da Justiça Estadual. Já se for algum tributo federal (imposto de renda), a competência será federal.

A leitura do **inciso VII** não oferece maiores problemas, eis que a competência também será federal se o remédio heroico (*habeas corpus*) for proposto em virtude de **ato** de **constrangimento** cometido por **agente da área federal**.

Na sequência, os crimes cometidos a **bordo de navio ou aeronave, com espeque no inciso IX**, sem qualquer exceção, será de **competência federal**. Trata-se de uma escolha constitucional, não havendo maiores digressões dentro desse tema.

De forma lógica, os crimes de **ingresso ou permanência de estrangeiro irregular, previstos no inciso X**. Por uma questão que envolve a Polícia Federal que faz a aludida fiscalização e **a imanente lesão à União**, tais crimes também serão de competência federal.

Por derradeiro, estão os crimes envolvendo **direitos indígenas**, na forma do **inciso XI**. Cumpre ressaltar que o crime será de **competência federal** quando envolver a condição de índio da vítima, ou seja, matar um indígena numa questão envolvendo conflito de áreas de reservas indígenas, sendo esta a visão dos Professores Eugênio Pacelli e Douglas Fischer (2014, p. 151). Assim, a morte de apenas um indígena já seria competência federal. Caso ocorra a morte de mais de um indígena, a situação fica mais clara ainda, pois ínsita a ideia envolvendo direitos indígenas.

Pelo que se pode observar da exposição acima, envolvendo a art. 109, Constituição Federal, orientador da competência federal, todos os demais casos que não estejam ali previstos, de forma taxativa, serão de **competência estadual**, o que torna esta última de **natureza residual**.

7.1.1. Competência do Tribunal do Júri

Dada a sua importância por ter a Constituição Federal previsto tal competência em razão da matéria (crimes dolosos contra a vida), segue transcrição do art. 5º:

> **XXXVIII** – é reconhecida a instituição do júri, com a organização que lhe der a lei, assegurados:
> ***a)*** a plenitude de defesa;
> ***b)*** o sigilo das votações;
> ***c)*** a soberania dos veredictos;
> ***d)*** **a competência para o julgamento dos crimes dolosos contra a vida;**

Questão das mais relevantes é saber quais seriam esses "crimes dolosos contra a vida". Para facilitar a compreensão, basta lembrar que o Código Penal previu um capítulo para tais crimes, com o título "Crimes contra a Vida", devendo acrescentar que **apenas a forma dolosa** é que torna o Tribunal do Júri competente para tais delitos. **Assim, são os crimes previstos nos arts. 121, 122, 123, 124, 125 e 126, CP, todos na forma dolosa**, lembrando que o crime contra a vida culposo não é julgado no Tribunal do Júri.

Por ter previsão constitucional, a competência em razão da **matéria** afetada ao **Tribunal do Júri** terá **preponderância** em relação às demais formas de competência previstas no Código de Processo Penal, ou seja, trata-se de competência absoluta. Havendo algum tipo de conflito, o Tribunal do Júri será o foro competente para julgar a questão. Por exemplo, as hipóteses de conexão e continência previstas nos arts. 76 a 82, CPP, caso conflitem com a competência do Tribunal do Júri, o fato será julgado neste último. Ademais, se for praticado mais de um crime (estupro e homicídio doloso), **todos** eles serão **julgados no Tribunal do Júri**, por ter preponderância e atrair os demais crimes para julgamento conjunto com o crime doloso contra a vida. Tal incidência preferencial do Tribunal do Júri é tão forte que o próprio Código de Processo Penal previu essa ressalva no art. 74, *caput*, parte final.

7.2. Competência pelo lugar da infração no processo penal

Após ser trabalhada a competência em razão da matéria, que se trata de competência absoluta, pois prevista na Constituição Federal, a próxima competência é chamada de territorial, prevista no Código de Processo Penal, sendo espécie de competência relativa.

A primeira a ser estudada é a competência em razão do lugar, prevista no art. 70, CPP. Neste artigo está escrito o seguinte no seu *caput*:

> **Art. 70.** A competência será, de regra, determinada pelo lugar em que se consumar a infração, ou, no caso de tentativa, pelo lugar em que for praticado o último ato de execução.

Pela leitura do artigo acima, percebe-se, claramente, conforme também ensina Denilson Feitoza (2010, p. 353), que foi **adotada a teoria do resultado** para aferir a competência em razão do lugar, devendo ser conhecido pelo operador do direito o que vem a ser a consumação do delito. Cuidado para não confundir a fixação de competência territorial interna, a qual está sendo abordada no presente momento, com a competência internacional quando o crime é cometido entre dois países. Neste último caso, tem-se a aplicação do Código Penal em seu art. 6º, sendo transcrito para facilitar o estudo:

> **Art. 6º** Considera-se praticado o crime no lugar em que ocorreu a ação ou omissão, no todo ou em parte, bem como onde se produziu ou deveria produzir-se o resultado.

Perceba-se, de forma notória, que o Código Penal tratou da competência internacional no artigo acima, uma vez que a competência territorial interna já fora contemplada no art. 70, *caput*, CPP. Ademais, não confundir a **teoria** adotada no art. 6º, CP, que é a **mista ou da ubiquidade**, com aquela vista no parágrafo anterior, que é a **teoria do resultado**. Para aquela o Brasil será competente para julgar os crimes que tiveram a conduta praticada em seu território, bem como o resultado, daí o nome mista. Já para o Código de Processo Penal, a competência territorial interna leva em consideração apenas o local do resultado.

Outra importante anotação acerca do art. 70, CPP está em seu **§ 3º**, em que se prevê a competência pela **prevenção**, quando existir **dúvida** entre os **limites territoriais** de duas ou mais jurisdições ou quando incerta a jurisdição. Nesse caso, o primeiro Juiz competente que tomar conhecimento da causa torna-se prevento para o julgamento. Por primeiro a tomar conhecimento da causa entenda-se aquele Juiz que precedeu a outro na análise de um processo, tendo proferido algum tipo de decisão.

Ainda na linha da competência firmada pela **prevenção**, quando se tratar de **crime continuado ou permanente**, a mesma regra também será aplicada. Muito comum a hipótese de crimes continuados terem sido praticados em diversos locais, sob a jurisdição de diferentes Juízes, mas que, em razão do art. 71, Código Penal, considera-se praticado apenas um delito, incidindo o critério da exasperação (aumento de pena). Nesse caso, o primeiro dos Juízes igualmente competente que tomar conhecimento da causa será tido como prevento. Da mesma forma quando se tratar de **crime permanente**, em que a consumação perdura no tempo. Exemplo desse último é o **tráfico de drogas** (art. 33, *caput*, Lei n. 11.343/2006), por ser crime permanente, enquanto o traficante estiver trazendo consigo aquela droga, ainda que por diversos locais, quaisquer dos Juízes que primeiro se manifestar acerca desse fato tornar-se-á prevento, pois a consumação perpassou por todos aqueles Magistrados.

7.3. Competência pelo domicílio ou residência do réu no processo penal

Competência meramente residual, caso não seja conhecido o lugar da infração penal, ela será regulada pelo domicílio ou residência do réu. Veja-se um aspecto interessante que é a previsão pelo legislador de novamente a competência ser fixada pela **prevenção** se o réu tiver mais de uma residência. **Assim, pode ser concluído que sempre que houver dúvida em relação ao Juízo competente, o legislador elegeu o critério da prevenção para solução da questão.**

Observação importante para a prova da OAB, visto tratar-se de ação penal privada, é a disposição prevista no art. 73, CPP, a seguir transcrito:

> Nos casos de exclusiva ação privada, o querelante poderá preferir o foro de domicílio ou da residência do réu, ainda quando conhecido o lugar da infração.

Pelo que se percebe, trata-se de uma **opção possível** apenas nos crimes de **ação penal privada**, em que o querelante pode escolher o Juízo para o julgamento da queixa-crime proposta, se o **domicílio** ou **residência do réu** ou o **lugar da infração**.

7.4. Competência por conexão ou continência no processo penal

Esses dois critérios previstos no Código de Processo Penal são para facilitar a produção probatória (**conexão**) ou para evitar decisões contraditórias (**continência**).

Para facilitar o estudo, serão divididas as duas hipóteses de competência, abordando-se, primeiramente, a conexão e suas espécies.

a) **Conexão intersubjetiva:** ocorre entre sujeitos, exigindo-se a pluralidade de agentes (duas ou mais pessoas), mas que **não** estão em **concurso de pessoas** na forma do art. 29, *caput*, CP. Está prevista no art. 76, I, CPP.

b) **Conexão teleológica:** ocorre entre condutas criminosas praticadas pela **mesma pessoa** para uma finalidade comum. Exemplo clássico é o art. 121, § 2º, V, Código Penal. Está prevista no art. 76, II, CPP.

c) **Conexão instrumental ou probatória:** essa é a mais fácil das três, pois tem como norte exclusivo a **produção probatória** entre os crimes. Está prevista no art. 76, III, CPP.

Em relação à continência, da mesma forma que a conexão, também existem espécies a seguir citadas.

a) **Continência por cumulação subjetiva:** ocorre quando duas ou mais pessoas forem acusadas da mesma infração, estando elas em **concurso de pessoas** (art. 29, *caput*, CP), diferentemente da conexão intersubjetiva.

b) **Continência por cumulação objetiva:** ocorre nos casos de concurso formal (art. 70, CP), erro na execução (art. 73, CP) e resultado diverso do pretendido (art. 74, CP), em situações que exigem o **duplo resultado**. Está prevista no art. 77, CPP.

7.4.1. Concurso de jurisdições no processo penal

Dentro dos casos de conexão e continência, o tema concurso de jurisdições, previsto no art. 78, CPP, é de incidência corriqueira nas provas da OAB, devendo ser dada uma atenção especial a ele. Para facilitar o estudo e a visualização, será explicado cada inciso de per si, a saber:

I – no concurso entre a competência do júri e a de outro órgão da jurisdição comum, prevalecerá a competência do júri. Conforme já visto acima, a competência para os crimes dolosos contra a vida foi fixada pela própria Constituição Federal, em seu art. 5º, XXXVIII, *d*, o que torna até dispensável o aludido inciso, uma vez que se trata de competência em razão da matéria e de ordem absoluta;

II – no concurso de jurisdições da mesma categoria: nesse ponto, todas as jurisdições são iguais, devendo ser seguida a ordem a seguir disposta para analisar qual será o foro prevalente.

***a)* preponderará a do lugar da infração, à qual for cominada a pena mais grave:** trata-se do tipo penal que possui a pena abstratamente prevista no tipo como a mais grave.

***b)* prevalecerá a do lugar em que houver ocorrido o maior número de infrações, se as respectivas penas forem de igual gravidade:** segundo critério na ordem traçada, trata-se de analisar onde foi praticado o maior número de infrações penais, tendo em vista que as penas são idênticas e tal critério não servirá para a análise.

***c)* firmar-se-á a competência pela prevenção, nos outros casos:** como é de costume, nos casos em que nenhum tipo de critério ajuda para a fixação da competência, havendo a famosa dúvida, o legislador se socorre da **prevenção**, que é o primeiro Juiz que decidiu alguma questão em relação à infração penal.

III – no concurso de jurisdições de diversas categorias, predominará a de maior graduação: está totalmente superada tal disposição, pois se houver concurso entre Juiz de 1ª instância e Tribunal de Justiça (2ª instância), por previsão constitucional, a competência será da 2ª instância.

IV – no concurso entre a jurisdição comum e a especial, prevalecerá esta: essa regra deve ser aplicada para os casos envolvendo **crimes eleitorais**, que deverão ser julgados na Justiça Eleitoral, pois a única jurisdição especial que prepondera sobre as demais, por previsão constitucional, é a da Justiça Eleitoral. Entre as jurisdições federal e estadual não existe a divisão de comum e especial, uma vez que ambas são comuns. O que atrai a competência para a Justiça Federal é a fixação prevista no rol taxativo do art. 109, Constituição Federal, que torna a Justiça Estadual meramente residual. Para essa última hipótese, importante destacar que existe a **Súmula 122 do Superior Tribunal de Justiça** tratando da questão (Compete à Justiça Federal o processo e julgamento unificado dos crimes conexos de competência federal e estadual, não se aplicando a regra do art. 78, II, *a*, CPP). Por fim, apesar de ser jurisdição especial, a militar não prevalecerá em relação à comum, uma vez que existe a regra do art. 79, I, CPP, que manda separar os processos.

Como espécie de exceção à não aplicação da conexão e continência, tem-se o art. 79, CPP, o qual não carece de maiores digressões, uma vez que, se houver concurso entre jurisdição comum e a militar, prevalece esta, tendo em vista que a **Justiça Militar não julga civis**. O outro caso seria entre o concurso de jurisdição comum e o **Juízo de Menores** (Lei n. 8.069/90), uma vez que este último é exclusivamente competente para julgar atos infracionais, enquanto aquele outro para julgar infrações penais, havendo a natural **separação de processos**.

Outra disposição que merece análise é a constante do art. 81, CPP, visto que trata da conexão e continência. A regra é simples de entender, devendo ser analisada por partes (*caput* e parágrafo único).

O *caput* do artigo afirma que:

> **Art. 81.** Verificada a reunião dos processos por conexão ou continência, ainda que no processo da sua competência própria venha o juiz ou tribunal a proferir sentença absolutória ou que desclassifique a infração para outra que não se inclua na sua competência, continuará competente em relação aos demais processos.

Essa disposição tem um cunho lógico, ao dispor que o Juiz ou Tribunal, que decidir pela absolvição ou desclassificação de um dos crimes conexos ou em virtude da continência, deva continuar competente para as demais infrações. Ora, tais decisões de absolvição e desclassificação são feitas após larga instrução probatória presidida por uma autoridade judiciária, não sendo crível que outro Juiz ou Tribunal torne-se competente para o julgamento, uma vez que seria ferir de morte o **princípio da identidade física do Juiz** (art. 399, § 2º, CPP), sendo que se este presidiu toda a instrução probatória, com certeza estará em condições melhores de julgar o feito, tendo em vista o seu contato direto com as provas produzidas.

Noutro giro, a previsão do parágrafo único, nesses termos:

> **Parágrafo único.** Reconhecida inicialmente ao júri a competência por conexão ou continência, o juiz, se vier a desclassificar a infração ou impronunciar ou absolver o acusado, de maneira que exclua a competência do júri, remeterá o processo ao juízo competente.

Nesses três casos (**desclassificação, impronúncia ou absolvição**), entendendo o Juiz Sumariante que a competência não é do Tribunal do Júri, a questão também é de fácil resolução, uma vez que o parágrafo único em comento ordena que o processo seja **remetido ao Juízo competente**. Seria o exemplo em que o Juiz Sumariante entenda que o crime é o de latrocínio (crime contra o patrimônio), não sendo o Tribunal do Júri o competente para o seu julgamento. Nesse caso, deverá ser remetido o feito para o Juiz Singular. Essa também é a disposição do art. 419, CPP.

Nas mesmas situações de impronúncia e absolvição em relação a uma das infrações reunidas por conexão ou continência, o Juiz Sumariante remeterá o feito para o Juízo Competente, para que este julgue a **infração remanescente**.

Já quanto às infrações penais julgadas pelo **próprio Tribunal do Júri (Jurados)**, em que houver a desclassificação do suposto crime contra a vida, as demais infrações penais passarão para a competência do **Juiz-Presidente**, na forma do art. 492, § 2º, CPP. De outra feita, se o Tribunal do Júri absolveu o acusado por uma das infrações penais, ele permanece com a competência para o julgamento pelo crime conexo, uma vez que, se os Jurados entenderam que eram competentes para o crime doloso contra a vida e proferiram a absolvição, deverão continuar competentes para a outra infração. Por fim, se o Tribunal do Júri desclassificou o crime tido como doloso contra a vida, o julgamento será feito pelo Juiz-Presidente, conforme art. 492, § 1º, CPP. Todas essas situações satisfazem o **princípio da identidade física do Juiz** já citado acima, devendo o **candidato memorizar bem esse princípio** que é um farol para a resolução de várias questões.

Para facilitar o entendimento, abaixo o quadro envolvendo **todas as possibilidades de desclassificação** que podem ocorrer nos dois tipos de ritos e que geram dúvidas. Importante ressaltar que o quadro abaixo é a conjugação das interpretações feitas entre os arts. 81 e 492, ambos do Código de Processo Penal, sendo tais ideias sintetizadas pelos autores Victor Gonçalves e Alexandre Reis na forma do quadro abaixo (2016, p. 235).

	Rito comum	Juiz sumariante	Jurados
Crime único	Autos remetidos ao Juízo competente	Autos remetidos ao Juízo competente	Autos remetidos ao Juiz-Presidente
Crimes conexos	Juiz continua competente	Autos remetidos ao Juízo competente	Crime conexo é julgado pelo Juiz-Presidente

7.5. Competência por prevenção no processo penal

A prevenção, que já foi anteriormente estudada em mais de uma oportunidade acima, é aquela em que um Juiz **emite ato decisório anteriormente a outro igualmente competente**. Para facilitar o entendimento, o exemplo do Juiz que decide alguma questão anterior à denúncia ou queixa, como nos casos de liberdade provisória. Ora, se o Magistrado decidiu pela concessão ou não da liberdade provisória, ele tornou-se conhecedor daquela situação primeiramente, devendo **continuar competente** para todos os **demais atos processuais**. Isso tudo é feito sob o pálio da **otimização da atividade jurisdicional**, evitando-se que outro Juiz tenha que conhecer todo o processo novamente, sendo mais eficiente e célere que o Juiz que decidiu na referida **liberdade provisória** continue analisando as fases ulteriores do processo, ocorrendo, assim, o fenômeno da prevenção, insculpido no art. 83, CPP.

7.6. Competência por prerrogativa de função no processo penal

> Tema dos mais atuais, tendo em vista as notícias diárias acerca de políticos presos e/ou processados por crimes contra a Administração Pública, a competência por **prerrogativa de função** foi tratada na **Constituição Federal**, sendo totalmente dispensável a disposição prevista no art. 84, CPP.

Com o fim de facilitar o estudo e a compreensão acerca dos crimes e dos detentores de foro por prerrogativa de função, veja-se o quadro a seguir para análise da questão constitucional.

Jurisdição competente	Executivo	Judiciário	Legislativo	Outros
STF	Presidente, Vice-Presidente, Ministros e Advogado-Geral da União	Ministros do STJ e STF	Deputados Federais e Senadores	Procurador-Geral da República, Comandantes das Forças Armadas, membros do Tribunal de Contas da União e Chefes de Missão Diplomática
STJ	Governadores	Desembargadores dos TRF, TJ, TRE e TRT	–	Membros dos Tribunais de Contas dos Estados, DF e Municípios e membros do MP que atuam perante Tribunais
TRF, TJ E TRE (APENAS CRIMES ELEITORAIS)	Prefeitos	Juízes de Direito, Juízes Federais, Juízes do Trabalho e Juízes Militares da União	Deputados Estaduais e Vereadores (se houver previsão na Constituição Estadual)	Membros do MP da União (MPF, MPT, MPM, MP/DF) e do MP Estadual

Observação importante que deve ser feita acerca do quadro acima é no que tange à competência por prerrogativa de função de **Prefeito** que venha a cometer crimes. Se o crime praticado for comum, o julgamento deve ser feito pelo **Tribunal de Justiça**. Todavia, se o crime praticado pelo Prefeito for federal, por exemplo a apropriação de verbas públicas pertencentes à União, o Tribunal de Justiça não terá competência, visto que ele apenas julga crimes estaduais. Nesse caso, o julgamento será feito pelo **Tribunal Regional Federal** da região pertencente àquele Estado onde o Prefeito exerce suas funções. Isso é o que prescreve a orientação jurisprudencial do Pretório Excelso, nesse sentido:

STF – Súmula 702
A competência do **Tribunal de Justiça** para julgar **Prefeitos** restringe-se aos crimes de competência da **Justiça comum estadual**; nos **demais casos**, a **competência originária** caberá ao **respectivo tribunal de segundo grau.**

Uma questão jurisprudencial, inclusive sumulada, que chama a atenção, é quando a competência por prerrogativa de função é determinada por meio de Constituição Estadual, mas o crime praticado foi o doloso contra a vida. Como o Tribunal do Júri tem competência fixada na própria Constituição Federal, resta a dúvida de onde seria o agente julgado se ele tivesse algum cargo público com foro privativo no Tribunal de Justiça. Como exemplo, seria o caso de um **Vereador** que teria praticado **homicídio** contra uma pessoa qualquer, tendo a Constituição de seu Estado previsto o seu julgamento no Tribunal de Justiça pertinente. O seu julgamento ocorreria, por causa da redação da súmula abaixo transcrita, perante o **Tribunal do Júri**, pois este prepondera em relação a foros privativos fixados por Constituições Estaduais, nesses termos:

STF – Súmula 721
A **competência constitucional do Tribunal do Júri prevalece** sobre o foro por prerrogativa de função estabelecido exclusivamente pela Constituição estadual.

Outra questão pertinente ao tema da prerrogativa de função está presente quando há concurso de agentes, sendo que um deles tem foro privativo fixado pela Constituição Federal, enquanto o outro é cidadão comum. Para ilustrar, seria a situação de um **Deputado Federal** que praticara crime de peculato (art. 312, CP) em comunhão de vontades com sua **esposa**, esta sem qualquer foro por prerrogativa de função. Nessa hipótese, a jurisdição competente seria a do **Supremo Tribunal Federal** para julgar ambos os coautores, **sem que haja separação de processos**. Essa é a linha da súmula abaixo transcrita e de incidência recorrente nas provas da OAB:

STF – Súmula 704
Não viola as garantias do juiz natural, da ampla defesa e do devido processo legal **a atração por continência ou conexão do processo do corréu ao foro por prerrogativa de função de um dos denunciados.**

8. QUESTÕES E PROCESSOS INCIDENTES

8.1. Questões prejudiciais no processo penal

Acerca do tema, a teoria geral do processo elenca que todo ato processual que depende de um esclarecimento de outra questão antecedente, trata-se de uma **questão prejudicial**. Assim, caso seja necessário conhecer o parentesco ou não entre autor e vítima, para fins de incidir alguma agravante (exemplo da ascendência, art. 61, II, *e*, CP), o processo criminal terá uma questão prejudicial que deverá ser resolvida na seara cível. Veja-se o caso em que há celeuma sobre a paternidade do autor em relação à vítima. Assim, deverá ser decidida essa questão prejudicial na área cível para depois o Juízo criminal prolatar eventual sentença condenatória com incidência da agravante em epígrafe. Essa é a letra da lei prevista no art. 92, *caput*, CPP.

Lembrar que a **suspensão do processo penal** ocorrerá, **sem prejuízo da produção de provas consideradas de caráter urgente**, como é o caso de testemunha ocular de um homicídio que está em estado terminal e não pode esperar muito tempo para a realização de seu depoimento.

Diferentemente da questão acima tratada, haverá uma **facultatividade** conferida ao Juiz criminal para suspender ou não o processo quando a **questão prejudicial for outra** que não a atinente ao estado civil das pessoas. Essa é a disposição do art. 93, CPP, que permite ao Juiz escolher se irá ou não suspender o processo penal quando o reconhecimento da existência da infração penal depender de alguma questão no Juízo cível, questão essa já proposta, mas ainda pendente de julgamento. Nesse caso, será feita, obrigatoriamente, a antecipação de provas urgentes no Juízo criminal, aguardando-se a solução no Juízo cível. Um exemplo ilustrativo seria quando houvesse uma discussão no Juízo cível acerca da coisa ser pertencente a A ou B. Tal discussão, no âmbito do processo penal, será relevante e o Juiz criminal poderá determinar a **suspensão do processo** para que se resolva acerca da posse, com o fim de entender se houve ou não subtração de coisa "alheia" móvel. Assim, se a coisa subtraída fosse daquele que a subtraiu, inexistiria, assim, a ideia de furto, pois inexiste crime de furto em relação à coisa própria.

8.2. Exceções no processo penal

O tema exceção no Processo Penal é um meio de defesa de que a parte pode valer-se para recusar a jurisdição de algum Juiz.

Conforme o art. 95, CPP, as **exceções** podem ser relacionadas à **suspeição, incompetência do juízo, litispendência, ilegitimidade de parte** e **coisa julgada**.

Importante destacar, tendo em vista que o objeto do presente livro é a prova da OAB, qual é o **momento processual adequado** de alegar alguma exceção. Tal solução é encontrada no art. **396-A, CPP**, nesses termos:

> **Art. 396-A.** Na resposta, o acusado poderá arguir preliminares e alegar tudo o que interesse à sua defesa, oferecer documentos e justificações, especificar as provas pretendidas e arrolar testemunhas, qualificando-as e requerendo sua intimação, quando necessário.
> **§ 1º** A exceção será processada em apartado, nos termos dos arts. 95 a 112 deste Código.

Pelo que se vê do artigo acima, as **exceções** do art. 95, CPP devem ser oferecidas **junto com a resposta à acusação,** mas em **autos apartados**.

A **exceção de suspeição** está embasada no art. 254, CPP, sendo uma questão de cunho pessoal que impossibilita ao Magistrado proferir uma sentença baseada no **princípio da imparcialidade**. Em virtude da necessidade de observância absoluta do princípio da imparcialidade, tal exceção deve ser analisada antes de qualquer outra, na forma do art. 96, CPP. Por fim, tal exceção não é possível em relação aos Delegados de Polícia, na forma do art. 107, CPP, dado que eles atuam com parcialidade natural do cargo para investigar provas contra determinada pessoa.

A **exceção de incompetência** pode ocorrer em virtude de ser **relativa ou absoluta**. Tal tema foi visto no tópico anterior, lembrando que a incompetência absoluta ocorre quando há a inobservância de algum preceito constitucional, enquanto que a incompetência relativa se dará quando o descumprimento for de algum dispositivo da lei processual penal.

A **exceção de litispendência** ocorrerá quando a imputação penal acerca de um determinado fato tiver sido repetida em mais de um processo, ou seja, há **idêntico objeto** já proposto **em outra ação penal**, devendo um dos processos ser extinto.

A **exceção por ilegitimidade de parte** refere-se ao **autor da ação penal**, como é o caso de um Promotor de Justiça entrar com uma denúncia em crimes que são manejados por meio de queixa-crime.

A **exceção de coisa julgada**, na mesma linha da litispendência, ocorre quando já existir idêntica imputação penal ao acusado em outro processo, mas com **decisão já transitada em julgado** acerca da questão. Assim, deverá ser extinto o processo, uma vez que tal matéria já fora decidida anteriormente.

8.3. Processos incidentes

Este tópico destina-se aos casos em que ocorrem alguns incidentes processuais durante o exercício da jurisdição, merecendo uma decisão judicial acerca deles para o correto pronunciamento final via sentença judicial.

8.3.1. Restituição de coisas apreendidas

As coisas podem ser apreendidas por ocasião da prisão em flagrante de alguém, quando o agente estiver na posse de objetos criminosos, como drogas, armas etc. Também podem ser apreendidas em virtude do cumprimento de mandado de busca e apreensão, situação esta que depende de ordem judicial para sua validade.

A restituição a ser analisada ocorrerá, por motivos óbvios, apenas quando a coisa apreendida for lícita, não constituindo a sua posse algo criminoso. Todavia, somente poderá a **coisa lícita** ser devolvida se não mais interessar ao processo, conforme se vê da redação do art. 118, CPP.

Em relação a **coisas ilícitas**, cumpre observar que elas poderão ser devolvidas tão somente se forem pertencentes a **terceiros de boa-fé**, nos casos do art. 91, II, Código Penal, que prevê o perdimento de instrumentos e produtos do crime. Nesse caso, como o terceiro de boa-fé comprovou que, por exemplo, o carro roubado pertence a ele, apesar de ser produto do crime, será devolvido a ele, não se aplicando a regra do art. 91, II, *a*, CP. Cuidado que no Código de Processo Penal, em seu art. 119, que trata da questão em tela, estão citados artigos já revogados (arts. 74 e 100), devendo-se levar em consideração o art. 91, II, *a*, CP.

Importante observar o **art. 120, CPP**, que foi **cobrado recentemente na prova da OAB** e merece por isso destaque, a seguir citado:

> **Art. 120. A restituição, quando cabível, poderá ser ordenada pela autoridade policial ou juiz, mediante termo nos autos, desde que não exista dúvida quanto ao direito do reclamante.**
> **§ 1º** Se duvidoso esse direito, o pedido de restituição autuar-se-á em apartado, assinando-se ao requerente o prazo de 5 (cinco) dias para a prova. Em tal caso, só o juiz criminal poderá decidir o incidente.
> **§ 2º** O incidente autuar-se-á também em apartado e só a autoridade judicial o resolverá, se as coisas forem apreendidas em poder de terceiro de boa-fé, que será intimado para alegar e provar o seu direito, em prazo igual e sucessivo ao do reclamante, tendo um e outro dois dias para arrazoar.
> **§ 3º** Sobre o pedido de restituição será sempre ouvido o Ministério Público.
> **§ 4º** Em caso de dúvida sobre quem seja o verdadeiro dono, o juiz remeterá as partes para o juízo cível, ordenando o depósito das coisas em mãos de depositário ou do próprio terceiro que as detinha, se for pessoa idônea.
> **§ 5º** Tratando-se de coisas facilmente deterioráveis, serão avaliadas e levadas a leilão público, depositando-se o dinheiro apurado, ou entregues ao terceiro que as detinha, se este for pessoa idônea e assinar termo de responsabilidade.

Algumas considerações merecem relevância, como exemplo o fato de que tanto o **Delegado de Polícia quanto o Juiz de Direito** poderão **ordenar a restituição** de coisa apreendida, caso o direito do reclamante seja cristalino e sem qualquer aspecto duvidoso. Tal assertiva somente não ocorrerá quando houver **dúvida** quanto ao direito do reclamante. Nesse caso, **somente o Juiz criminal** poderá decidir sobre a questão, devendo abrir prazo de 5 (cinco) dias para o requerente provar o seu direito. Igual procedimento deverá ser observado se houver dúvida se a coisa apreendida pertence ao reclamante ou a terceiro de boa-fé, sendo que nesse caso o prazo será de 2 (dois) dias para ambos arrazoarem os pedidos. Ainda persistindo a dúvida, o Juiz criminal remeterá a questão ao Juiz cível para que este resolva a pendenga.

Em última análise, o membro do Ministério Público sempre deverá ser ouvido acerca do pedido de restituição.

Caso as coisas apreendidas não sejam reclamadas, a sua destinação será em favor da União.

8.3.2. Medidas assecuratórias

Tais medidas serão feitas pelo Juiz criminal para assegurar o direito de eventual vítima da infração, de modo a buscar-se a recomposição patrimonial do dano causado pelo crime, bem como dar efetividade ao processo penal, impedindo que o agente continue usufruindo do bem obtido ilicitamente.

A medida assecuratória mais comum de cobrança em **provas da OAB** é o **sequestro de bem imóvel**. Tal medida se faz quando o bem imóvel foi adquirido com proventos da infração penal, cumprindo ressaltar que ela pode ser oposta ainda que o bem tenha sido transferido a terceiros. Isso porque o que se persegue é o bem adquirido ilicitamente, não importando com quem quer que ele esteja. Persegue-se a coisa, e não a pessoa. Essa é a exata redação do art. 125, CPP.

O **sequestro** poderá ser decretado pelo Juiz desde que existam indícios veementes da **proveniência ilícita** do delito. Importante ressaltar que não são meros indícios que autorizam tal medida assecuratória, sendo indispensável que os indícios sejam fortes de que a coisa foi obtida de forma criminosa.

Quanto à decisão que julga o incidente do sequestro, pondo fim a ele, caberá a apelação, uma vez que se trata de questão não prevista no rol taxativo do recurso em sentido estrito (art. 581, CPP), aplicando-se a regra do art. 593, II, CPP. Não confundir a decisão que coloca fim no incidente, passível de **apelação**, com aquela outra que decreta o sequestro, sendo que esta última poderá ser questionada por meio dos **embargos de terceiro**, na forma do art. 129, CPP.

Conforme se disse acima, o **sequestro é medida assecuratória** que deve ser **determinada por Juiz**. O requerimento pode ser feito pelo Ministério Público, pelo ofendido ou pela autoridade policial, sendo que até mesmo o Juiz pode decretar a medida de ofício, cabendo a sua incidência em **qualquer fase do processo ou até mesmo antes de oferecida a denúncia ou queixa**. Tudo isso na forma do art. 127, CPP.

O procedimento do sequestro deverá ser feito em autos apartados, de forma a não tumultuar o processo principal, podendo ser questionado, caso tenha sido deferido, por meio dos embargos de terceiro. A forma de assegurar a efetividade do sequestro é fazendo a sua inscrição no Registro de Imóveis, uma vez que se trata de bem imóvel.

Por fim, o sequestro de bem imóvel será levantado nas situações do art. 131, CPP, que, por sua clareza, merece transcrição:

> **Art. 131.** O sequestro será levantado:
> **I –** se a ação penal não for intentada no prazo de sessenta dias, contado da data em que ficar concluída a diligência;
> **II –** se o terceiro, a quem tiverem sido transferidos os bens, prestar caução que assegure a aplicação do disposto no art. 74, II, *b*, segunda parte, do Código Penal;
> **III –** se for julgada extinta a punibilidade ou absolvido o réu, por sentença transitada em julgado.

Para fechar a questão do sequestro, importante anotação deve ser feita em relação à **possibilidade** de ser também **sequestrado bem móvel**, desde que este tenha sido obtido por meio ilícito, na forma do art. 132, CPP. Todavia, por se tratar de bem móvel, após a sentença condenatória transitada em julgado, o Juiz determinará a sua venda por meio de leilão público.

> Questão bastante confundida pelos candidatos da prova da OAB é aquela em que se diferencia o **sequestro** e o **arresto**. O sequestro é feito em relação a bens imóveis ou móveis obtidos com os proventos da infração penal. Já o arresto é uma medida que incide sobre bens imóveis ou móveis para poder assegurar ao ofendido/vítima a reparação dos danos causados pela infração penal.

8.3.3. Incidente de insanidade mental do acusado

Tal incidente ocorre quando existe questionamento acerca da **sanidade mental** do acusado. Como se sabe, o acusado somente pode responder por crime e, por consequência, ser submetido a pena, quando tiver os três requisitos: fato típico, antijurídico e **culpável**. A culpabilidade é elemento que permite a aplicação de pena, sendo que sua ausência permitirá a aplicação de **medida de segurança**.

O importante nesse ponto é analisar se existe a culpabilidade por meio da imputabilidade. Caso o agente seja **inimputável**, ocorrerá a aplicação da medida de segurança, servindo o incidente de insanidade para analisar sua integridade mental.

O pedido de tal incidente pode ser feito pelo Ministério Público, defensor, curador, ascendente, descendente, irmão ou cônjuge do acusado. Ademais, o próprio Juiz poderá determinar de ofício o incidente. Não se deve esquecer, por fim, que a Autoridade Policial poderá requerer o incidente ao Juiz se o feito estiver ainda na fase de inquérito policial.

> Algumas questões processuais merecem destaque, uma vez que foram **objeto de cobrança em exame da OAB**, em relação ao tempo em que o acusado tornou-se inimputável. Caso já fosse **inimputável ao tempo do crime**, na forma do art. 26, *caput*, Código Penal, o processo criminal prosseguirá, com a presença do curador, aplicando-se, ao final, a **medida de segurança**. Todavia, se a **doença mental sobreveio à infração**, o processo deverá ser **suspenso** até que o acusado se restabeleça. Isso tudo tem uma razão simples de ser, pois, se ao tempo do crime ele era inimputável, não se pode, em hipótese alguma, aplicar pena, devendo ser submetido à medida de segurança. Agora, se ele ficou inimputável depois do crime, ele era responsável quando da prática criminosa, podendo ser perfeitamente responsabilizado e aplicada pena para ele, mas isso apenas quando houver o seu pronto restabelecimento. Essa é conclusão que se chega ao analisar os **arts. 151 e 152, CPP, que foram recentemente cobrados na OAB**.

Por fim, o incidente de insanidade mental deverá ser processado em **autos apartados**, na forma do art. 153, CPP.

9. TEORIA DA PROVA

Tendo em vista que o acusado está respondendo por uma infração penal, podendo ao final ser restringida a sua liberdade, necessário que existam **provas suficientes** para que ocorra a sua condenação, não servindo meras ilações de ter sido ele o autor dos fatos. Caso exista pouca prova sobre o fato, bem como dúvida acerca da participação do acusado, a regra é a absolvição. O que se busca, portanto, com a produção da prova, é o convencimento do Juiz acerca da existência ou não de um fato criminoso.

Como ponto inicial de análise, importante a disposição que inaugura o título "Da Prova", qual seja, aquela presente no art. 155, CPP, nesses termos:

> **Art. 155.** O juiz formará sua convicção pela livre apreciação da prova produzida em contraditório judicial, não podendo fundamentar sua decisão exclusivamente nos elementos informativos colhidos na investigação, ressalvadas as provas cautelares, não repetíveis e antecipadas.

Pelo artigo, o Juiz poderá apenas condenar o réu se as provas forem produzidas em **contraditório**, ou seja, com a necessária refutação delas por parte da defesa. Caso o Juiz fundamente a condenação **apenas** com base naquilo que foi produzido em **inquérito policial**, ocorrerá a **absolvição** do acusado em grau de recurso (Tribunal de Justiça), visto que ausente o contraditório na fase administrativa (inquérito policial). A única possibilidade de inexistir o contraditório em cima das provas ocorre quando for feita alguma **medida cautelar** em sede de inquérito policial que **não puder ser repetida**, como é o caso de alguma interceptação telefônica feita pelos policiais na fase administrativa ou até mesmo a oitiva de alguma testemunha que esteja em estado terminal. Ora, nesses casos, impossível repetir a aludida prova, uma vez que o acusado já vai saber que está sendo investigado e a medida não teria eficácia nenhuma ou, na hipótese da testemunha terminal falecer, impossível colher o seu tardio depoimento.

Por esse artigo tem-se o famoso **sistema do livre convencimento motivado** no processo penal, também chamado de **persuasão racional**, em que o Magistrado somente poderá formar o seu convencimento **apontando de forma fundamentada** os **elementos probatórios** de convicção. Não pode o Juiz prolatar uma sentença apenas com base na sua íntima convicção, sem qualquer fundamentação nas provas produzidas no processo. Tal prática violaria de morte o princípio de que todas as decisões judiciais devem ser motivadas, na forma do **art. 93, IX, CF**.

9.1. Inadmissibilidade das provas obtidas por meios ilícitos

De suma importância o efeito de inadmissibilidade das provas tidas como ilícitas, inclusive existe mandamento constitucional nesse sentido, na forma do art. 5º, LVI, CF. Por provas ilícitas entendem-se aquelas que violaram a Constituição Federal ou alguma Lei, consoante dispõe o art. 157, *caput*, CPP.

Toda prova obtida dessa forma deve ser excluída (desentranhada) do processo, aplicando-se o chamado **princípio da exclusão**, proveniente do Direito Norte-Americano, como bem ensina Denilson Feitoza na sua obra (2010, p. 723), em que provas ilícitas não podem ser valoradas para a condenação do acusado, ainda que se obtenha algum tipo de elemento probatório para tanto.

Assim, se um policial adentrar no domicílio alheio sem o correspondente mandado de busca e apreensão ou sem que esteja ali acontecendo um crime, mas ali dentro descobrir algum tipo de prova que incrimine o acusado, tal prova não poderá ser utilizada, pois feita com clara violação à Constituição Federal. Trata-se de prova ilícita.

Ainda dentro do tema da produção de provas, cumpre ressaltar algumas questões corriqueiras no dia a dia e que podem ser desafiadas em provas da OAB.

A primeira delas envolve a **gravação telefônica ou ambiental** feita por **um dos interlocutores da conversa**, sem que o outro tome conhecimento de tal fato. Trata-se de **prova lícita**, uma vez que a necessidade de **autorização judicial** somente é necessária em casos de **interceptação telefônica**, consubstanciada no fato de que neste último caso **ambos os interlocutores não sabem** que estão sendo interceptados. A Constituição Federal claramente distinguiu a gravação da interceptação, exigindo apenas neste último a citada autorização judicial (art. 5º, XII, CF).

A segunda envolve a possibilidade de **filmagens feitas em locais públicos** que flagram alguma infração penal. Ora, em se tratando de local público ou acessível ao público, não havendo direito à intimidade a ser resguardado, a **prova** obtida dessa forma é tida como **lícita**. Como exemplo, tem-se a situação de uma câmera de segurança da Polícia Militar que capta algum crime de homicídio praticado no meio da rua. Nesse caso, não haveria possibilidade de o acusado alegar o seu direito à intimidade, uma vez que ele está em local público.

No tema em análise é importante estudar a chamada **teoria dos frutos da árvore envenenada, consubstanciada no art. 157, § 1º, CPP**, nesses termos:

> **§ 1º** São também inadmissíveis as provas derivadas das ilícitas, salvo quando não evidenciado o nexo de causalidade entre umas e outras, ou quando as derivadas puderem ser obtidas por uma fonte independente das primeiras.

Tal teoria também imputa como **ilícita** a prova obtida por **derivação de outra ilícita**, ou seja, se uma interceptação telefônica foi feita de forma ilícita, todas as provas obtidas por meio dela serão tidas também como ilícitas. Da mesma forma, se uma busca domiciliar foi obtida de forma ilegal, todas as provas legalmente encontradas dentro desse domicílio serão tidas como ilícitas, uma vez que foram **contaminadas** em virtude da busca domiciliar inicial ser ilícita.

Como limitação dessa teoria dos frutos da árvore envenenada, tem-se a disposição final do art. 157, § 1º, CPP, em que se afirma a licitude das provas derivadas quando forem obtidas por uma fonte independente. Em outras palavras, aqui se está aplicando a teoria também norte-americana da chamada **fonte independente**. Por fonte independente deve-se entender aquilo que consta do art. 157, § 2º, CPP, a seguir transcrito, tendo em vista a sua clareza conceitual:

> Considera-se fonte independente aquela que, **por si só**, seguindo os trâmites típicos e de praxe, próprios da investigação ou instrução criminal, seria capaz de conduzir ao fato objeto da prova.

Assim, ainda que exista alguma prova inicial ilícita, a prova posteriormente obtida **sem** que haja qualquer **relação de causalidade** com a primeira será tida como lícita. Seria o caso em que o acusado confessa, mediante tortura, onde escondeu o corpo da vítima, sendo o local de fácil acesso, como uma movimentada rodoviária no centro de uma cidade, dentro de uma lixeira. Como é cediço, mais cedo ou mais tarde alguma pessoa encontraria o aludido corpo, o que retira a ilicitude da prova obtida por derivação da confissão sob tortura. Essa é a aplicação do § 2º acima transcrito. A fonte independente foi conceituada no Direito brasileiro como se fosse a chamada descoberta inevitável do Direito norte-americano, mas isso não oferece maiores problemas, pois ela é aceita em ambos os ordenamentos jurídicos.

Por fim, tida a prova como **ilícita**, será feito o seu **desentranhamento e a sua destruição**, tudo isso por meio de ordem judicial, na forma do art. 157, § 3º, CPP.

9.2. Provas em espécie no processo penal

9.2.1. Exame de corpo de delito e perícia

A primeira espécie de prova que o Código de Processo Penal trabalha é a pericial, mais conhecida como exame de corpo de delito. Não é porque a perícia inaugura o capítulo das provas que ela pode ser considerada como a mais importante delas. **Inexiste** a chamada **hierarquia das provas ou prova tarifada**. Todas devem ser analisadas de acordo com o já citado livre convencimento motivado do Juiz. Sob esse aspecto que serão estudas as provas existentes no Código de Processo Penal.

O **exame de corpo de delito será indispensável** nos crimes que deixam **vestígios** (art. 158, CPP), podendo tal exame ser feito de forma direta ou indireta. Para esclarecer, os crimes que deixam vestígios, como o homicídio, devem ser submetidos ao exame pericial para constatar, por exemplo, a causa da morte. Os peritos devem examinar o corpo de delito (cadáver) para saber se a causa da morte foi envenenamento, por exemplo. Aferindo-se o corpo de delito, encontra-se a materialidade do crime. Caso não seja feito o exame de corpo de delito, apesar de possível, tem-se espécie de nulidade prevista no art. 564, III, *b*, CPP, o que torna tal exame imprescindível. Essa **análise direta** feita pelos peritos é o que se chama de **exame de corpo de delito direto**.

Noutro giro, o **exame de corpo de delito indireto** ocorre quando o perito examina **elementos paralelos** do crime para aferir qual foi a causa da morte. Por exemplo, no homicídio, seria a situação em que o perito analisa fichas de internação hospitalar, medicação prescrita e demais dados médicos para saber qual foi a causa da morte.

Assim, nos crimes chamados de **não transeuntes** (que deixam vestígios) é imprescindível um dos dois **exames de corpo de delito** (direto ou indireto), sob pena da já constatada nulidade.

Não confundir o exame de corpo de delito indireto acima explicado com a disposição do art. 167, CPP, que tem a seguinte redação:

> Não sendo possível o exame de corpo de delito, por haverem desaparecido os vestígios, a prova testemunhal poderá suprir-lhe a falta.

Esse artigo trata de **espécie de prova testemunhal** que irá suprir a falta do exame de corpo de delito, em virtude de os vestígios terem desaparecido. O assassinato de Eliza Samudio, ex-namorada do jogador de futebol Bruno, seria um exemplo clássico ocorrido recentemente no Brasil.

Nesse caso, houve a sua condenação, em que pese não tenha sido descoberto o corpo de delito (cadáver), mas existiu prova testemunhal que asseverou que presenciou pedaços do corpo serem dados para alimentar alguns cachorros. Sem querer entrar no mérito da questão, tal prova utilizada foi a testemunhal prevista no art. 167, CPP, embasando a condenação dos jurados.

> Para que não reste qualquer dúvida, não confundir o **exame de corpo de delito indireto**, em que os peritos analisam a causa da morte com base em elementos periféricos do crime (fichas hospitalares e etc.), **com o art. 167, CPP**, em que a prova do corpo de delito é feita com base em **depoimentos testemunhais, mas sem a participação de peritos**.

Importante analisar que, seja na forma do art. 167, CPP, seja na redação do art. 158, CPP, a **confissão** em **nenhuma** situação poderá ser utilizada de **forma isolada** para a **condenação**. Além disso, a utilização do art. 167, CPP é excepcionalíssima, pois, se o exame de corpo de delito (direto ou indireto) puder ser feito, tal prova testemunhal não poderá suprir-lhe a falta. Seria o exemplo de um cadáver que existe, mas que fora já enterrado sem fazer o exame de corpo de delito direto. Nesse caso, deve ser feita a sua exumação e consequente perícia, ainda que isso cause bastante transtorno para os familiares da vítima, pois a regra do art. 158, CPP é clara no sentido de que crimes não transeuntes são comprovados por meio de perícia. A exumação citada está prevista no art. 163, CPP.

Acerca da legitimidade para fazer a perícia, tem-se o art. 159, CPP, que se satisfaz com a realização do **laudo pericial** por apenas um **perito**, desde que **oficial**. Caso não exista perito oficial, o laudo pode ser feito por **dois peritos** que possuam diploma de curso superior. Ademais, não existe horário para ser feita a perícia, podendo ela ser realizada a qualquer hora do dia e da noite (art. 161, CPP), sendo razoável tal disposição, pois, em caso de homicídio, os vestígios do crime podem desaparecer com o passar das horas, devendo o exame cadavérico ser feito o quanto antes, ainda que seja de madrugada.

9.2.2. Interrogatório do acusado

Trata-se de **meio de prova**, em virtude de estar dentro do Título "Das Provas", não havendo mais discussão se ele pode ou não ser utilizado para o livre convencimento motivado do Juiz. Todavia, trata-se, também, de **meio de defesa**, uma vez que o acusado irá apresentar a sua versão dos fatos ou até mesmo que não estava presente no dia do crime no local assinalado, bem como podendo ficar em silêncio, sem que isso seja interpretado desfavoravelmente a ele. Para ficar claro que tal ato é meio de defesa, o art. 187, § 2º, VIII, contém a expressão "se tem algo mais a alegar em sua defesa", o que torna vazio de dúvidas a natureza defensiva do interrogatório.

Como **regra**, o interrogatório deve ser feito na **presença do Juiz**, na forma do art. 185, *caput*, CPP. Todavia, **excepcionalmente**, pode ser feito sem que o Juiz esteja presente, conforme recente questão da **prova da OAB**, em que se questionou o interrogatório feito por meio de **videoconferência.** Para a realização excepcional do interrogatório por esse meio tecnológico, há necessidade de **decisão fundamentada do Juiz** para tanto, sendo que a fundamentação deve ser feita em uma das hipóteses abaixo transcritas:

> I – prevenir risco à segurança pública, quando exista fundada suspeita de que o preso integre organização criminosa ou de que, por outra razão, possa fugir durante o deslocamento;
> II – viabilizar a participação do réu no referido ato processual, quando haja relevante dificuldade para seu comparecimento em juízo, por enfermidade ou outra circunstância pessoal;
> III – impedir a influência do réu no ânimo de testemunha ou da vítima, desde que não seja possível colher o depoimento destas por videoconferência, nos termos do art. 217 deste Código;
> IV – responder à gravíssima questão de ordem pública.

Lembrar que as hipóteses acima transcritas **não são cumulativas**, ou seja, dispensa a concorrência de todas elas para a realização do ato por videoconferência. Caso um inciso esteja presente, justifica-se a realização excepcional. Ademais, ainda que feito por esse sistema eletrônico, o acusado deve ter todos os direitos imanentes ao seu interrogatório, por exemplo a **entrevista prévia com seu advogado**, que será garantida por meio telefônico reservado para combinação entre os dois da melhor forma de responder ou não às perguntas a serem feitas pelo Juiz e pelas partes, bem como da comunicação de eventual advogado que também esteja com ele no presídio e aquele que está na sala de audiência. Além disso, o acusado terá o direito de presenciar, apesar de **virtualmente**, todos os atos realizados na audiência de instrução e julgamento, como oitivas de testemunhas e depoimento da vítima.

Não sendo o caso de realização do ato por **videoconferência**, a **presença** do **acusado preso** perante a **Autoridade Judicial é imprescindível**, devendo ele ser requisitado e devidamente escoltado para tanto, sob pena de nulidade do ato por violação aos princípios do contraditório e ampla defesa. Tal exigência de requisição da presença do acusado está no art. 185, § 7º, CPP. Cumpre ressaltar que, se o acusado e o seu defensor dispensaram a presença daquele em audiência de instrução e julgamento, bem como da realização de seu interrogatório, não ocorrerá qualquer nulidade, pois, como se trata de meio de defesa e há o correlato direito ao silêncio, o seu não comparecimento não poderá ser interpretado em seu prejuízo. Em outras palavras, se ele pode até mesmo comparecer ao ato e ficar em silêncio e isso não lhe será prejudicial, inexiste razão para obrigar o acusado a comparecer ao devido ato processual.

Por fim, caso seja possível e inexistindo ameaça à segurança do Juiz, membro do Ministério Público e auxiliares da justiça, estando presente o defensor do acusado, o interrogatório poderá ser realizado no presídio onde o acusado esteja recolhido, na forma do art. 185, § 1º, CPP. Trata-se de norma pouco utilizada na prática, dada a pouca estrutura existente no sistema penal para o transporte e a garantia da segurança dos Magistrados e membros do Ministério Público. **Lembrar que se tal ato for feito em presídio, a presença do advogado é indispensável.**

Ao iniciar o interrogatório, o Juiz deverá garantir ao acusado o constitucional **direito ao silêncio**, sem que essa opção possa gerar-lhe qualquer prejuízo. Essa é a máxima prevista no art. 186, CPP. O direito ao silêncio é uma das manifestações do conhecido brocardo latino *nemo tenetur se detegere*, mais conhecido como **ninguém é obrigado a se descobrir**, ou seja, não é dado a ninguém produzir provas contra si mesmo.

Assim, caso o acusado compareça perante a Autoridade Judicial e fique em silêncio acerca dos fatos, isso não poderá, em hipótese alguma, ser valorado de forma negativamente, usando-se aquele velho ditado superado de que "quem cala consente". Como exemplo da aplicação do brocardo *nemo tenetur se detegere,* citam-se os casos de embriaguez ao volante (art. 306, Lei n. 9.503/97) em que não foi feita a prova pericial pelo bafômetro ou exame de sangue por recusa do acusado. Tal recusa, que impossibilitou o exame pericial, não pode ser interpretada desfavoravelmente ao acusado.

O ato do interrogatório em si está regulamentado no art. 187, CPP e pode ser dividido em duas fases: acerca da sua pessoa e sobre os fatos. Importante anotar que na **primeira fase** o acusado **não poderá mentir** sobre a sua **qualificação pessoal**, por exemplo, dando nome de outra pessoa para si, com o fim de evitar a acusação criminal ou até mesmo de ser preso em situações em que existe mandado de prisão em aberto contra ele. Essa é a orientação jurisprudencial pátria, como se vê da recente **Súmula 522, Superior Tribunal de Justiça:**

> A conduta de atribuir-se falsa identidade perante autoridade policial é típica, ainda que em situação de alegada autodefesa.

Tendo em vista o pensamento pretoriano acima, caso o acusado atribua a si falsa identidade ele será responsabilizado pelo **art. 307, Código Penal.**

Já na **segunda fase** de seu interrogatório, **quanto aos fatos**, ele **não será obrigado a produzir provas contra si mesmo**, tendo que dizer, por exemplo, onde estava no dia dos fatos ou se é verdadeira a imputação que lhe é feita. Aqui se insere o famoso "direito a mentir" que vasta parcela da doutrina entende possível. Todavia, tal "direito" deve ser visto com ressalvas, pois ele poderá mentir sobre se estava ou não presente no dia dos fatos; se é verdadeira ou não a imputação que lhe é feita, mas **não poderá imputar** o crime a **terceiros** como forma de defender-se, visto que isso constitui o **crime de denunciação caluniosa** previsto no Código Penal, em seu art. 339.

Num último ponto, deve ser destacado que o interrogatório é **ato processual imprescindível**, somente sendo dispensado se o acusado foi citado para tal ato e, voluntariamente, não quiser comparecer. Do contrário, não tendo sido oportunizado o seu direito de defesa consubstanciado no interrogatório, trata-se de **nulidade** prevista no **art. 564, III, *e*, CPP**.

9.2.3. Confissão do acusado

Como meio de prova que é deve ser valorada pelo Juiz com base nas demais provas produzidas no processo, não podendo ser utilizada de forma isolada, conforme prescreve o art. 197, CPP.

Outro ponto necessário de conhecimento acerca da **confissão** é a possibilidade de ela ser **divisível e retratável**, ou seja, o Juiz pode considerar apenas parte dela e reputar inverídica a outra parte. Exemplo disso é quando o acusado alega que de fato matou, mas o fez em legítima defesa, sendo que o Juiz considerará que ele é o autor do crime, mas não há elementos para aferir a sua pretensa legítima defesa. A retratação é a possibilidade de voltar atrás naquilo que foi dito anteriormente, sendo perfeitamente possível para o acusado essa possibilidade antes da sentença condenatória.

> Tema de suma importância e que não pode ser confundido com a **confissão** é a **delação premiada.** Esta última ocorre quando o acusado aponta outro comparsa como sendo participante do crime que fez junto com o confesso, dando elementos probatórios de sua participação e, como prêmio, recebe diminuição de pena, substituição de pena ou, até mesmo, a extinção da punibilidade, como é o caso da Lei n. 12.850/2013, art. 4º, que previu o perdão judicial.

9.2.4. Prova testemunhal

Diferentemente do processo civil, em que há certa limitação para quem pode funcionar como testemunha, o Código de Processo Penal não faz restrição para tal meio de prova, asseverando que **toda pessoa pode ser testemunha** (art. 202, CPP).

Questão recorrente nas **provas da OAB** é aquela em que se analisa a inexistência do dever de depor por parte das pessoas enumeradas no art. 206, CPP, a saber:

A testemunha não poderá eximir-se da obrigação de depor. Poderão, entretanto, recusar-se a fazê-lo o ascendente ou descendente, o afim em linha reta, o cônjuge, ainda que desquitado, o irmão e o pai, a mãe, ou o filho adotivo do acusado, salvo quando não for possível, por outro modo, obter-se ou integrar-se a prova do fato e de suas circunstâncias.

Via de regra, toda testemunha deverá depor sobre infração penal que ela tenha presenciado, tendo em vista que no processo penal a busca é pela verdade real, conforme já se viu no item dos princípios (item 1.2).

Tais pessoas não serão obrigadas a depor porque possuem laços íntimos com o acusado, o que torna o seu depoimento passível de suspeição. Todavia, caso não seja possível obter a prova por outro meio, elas deverão depor, mas, nesse caso, não será tomado o compromisso legal de dizer a verdade, na forma do art. 208, CPP, ou seja, serão ouvidas na condição de meros informantes.

Outra importante anotação é a disposição prevista no art. 207, CPP, em que se proíbe o depoimento de certas pessoas por **motivo profissional ou função**. Trata-se de vedação fundamentada no sigilo legal de tais atividades, como é o caso de padres, médicos e demais profissionais que devem ter assegurado o sigilo das informações recebidas de terceiros em razão desse exercício. Cumpre ressaltar que somente estão desobrigados de dizer a verdade em função dos fatos que tiverem conhecimento exclusivamente por causa da sua profissão ou função, **não estando desobrigados** quando ficaram sabendo de algum fato criminoso como **pessoa comum**. Ademais, caso a parte interessada no processo (acusado) desobrigue essas pessoas de guardarem o sigilo, o depoimento também poderá ser dado.

Por ter uma incidência grande nas provas da OAB, abaixo segue quadro da conclusão conjunta dos **arts. 206 e 207, CPP**.

Isentos de testemunhar	Proibidos de testemunhar
Ascendente ou descendente, o afim em linha reta, o cônjuge, ainda que desquitado, o irmão e o pai, a mãe, ou o filho adotivo do acusado.	Pessoas que, em razão de função, ministério, ofício ou profissão, devam guardar segredo.

Novidade interessante prevista no art. 212, CPP é a forma de inquirir as testemunhas, pois foi adotado agora o chamado **sistema de inquirição direta** (*cross-examination*), como prescrevem Eugênio Pacelli e Douglas Fischer (2014, p. 441). Assim, as partes poderão **perguntar diretamente** para as testemunhas **sem a intervenção do Juiz**. O Magistrado somente irá intervir nos depoimentos das testemunhas quando houver algum ponto que não restou esclarecido, na redação do art. 212, parágrafo único, CPP.

Caso uma das partes não queira o depoimento de alguma testemunha por motivo de parcialidade (arts. 207 e 208, CPP), o mecanismo correto para tanto é a contradita. Todavia, o prazo para exercer tal instituto é preclusivo e somente pode ser feito antes de iniciado o depoimento, precluindo se feito posteriormente. Foi questão recente de prova da OAB quanto ao prazo de exercício de tal mecanismo.

Importante ressaltar que o instituto da **acareação** não deve ser confundido com a **contradita**, uma vez que o art. 229, *caput*, CPP é claro ao afirmar que a acareação deverá ser utilizada quando houver contradição de ponto relevante entre testemunhas, bem como nas demais hipóteses narradas no citado artigo. Todavia, o mais importante e que já foi objeto de cobrança em prova da OAB cinge-se ao fato de entre testemunhas poder ter a contradita, nos casos de parcialidade, e acareação, nos casos de contradição de ponto relevante.

Quanto ao **momento** de arrolar as testemunhas, deve ser observado que isso é feito por ocasião da **peça de ingresso**, que é a ação penal (denúncia ou queixa). Em relação ao número de testemunhas que podem ser ouvidas, a resposta depende de qual procedimento está sendo tratado. Para facilitar, segue quadro acerca do número de testemunhas por procedimento e sua respectiva fundamentação, sendo questão recorrente em provas da OAB.

Procedimento	Número
Procedimento Comum Ordinário (art. 401, *caput*, CPP)	8 testemunhas
Procedimento Comum Sumário (art. 532, CPP)	5 testemunhas
Procedimento Sumaríssimo (art. 34, Lei n. 9.099/95)	3 testemunhas
Procedimento do Júri em Plenário (art. 422, CPP)	5 testemunhas

Em relação a testemunhas que residam fora do local em que o Juiz exerce a sua jurisdição, proceder-se-á por meio de carta precatória ou rogatória. A **carta precatória** é para quando a testemunha mora no Brasil, mas em comarca diversa daquela onde tramita o processo. Já a **carta rogatória** é para ouvir testemunha que reside fora do país. Atenção para não confundir!

No que tange às cartas precatórias, algumas questões devem ser dirimidas. Primeiramente, a expedição de carta precatória **não suspende a instrução criminal**, devendo o feito continuar normalmente (art. 222, § 1º, CPP). Outra questão relevante é sobre a necessidade apenas de o Juiz deprecante (o que expede a precatória) intimar as partes de que ela fora expedida, **não tendo a obrigação de informar a data da audiência no Juízo deprecado** (onde a testemunha será ouvida).

Esse, inclusive, é o teor da **Súmula 273, Superior Tribunal de Justiça**, cobrada recentemente em prova da OAB, nesses termos:

> Intimada a defesa da expedição da carta precatória, torna-se desnecessária intimação da data da audiência no juízo deprecado.

Para fechar o assunto acerca das testemunhas, cumpre observar que a **carta rogatória** somente será expedida se for demonstrada a sua **imprescindibilidade,** na forma do art. 222-A, CPP, devendo a parte interessada arcar com as despesas de envio.

9.2.5. Busca e apreensão

Tema de suma importância prática, a busca e apreensão deve ser analisada sob dois aspectos: **busca domiciliar e busca pessoal**. Na forma preconizada no art. 240, CPP.

Quanto à **busca domiciliar**, importante trabalhar-se a ideia da necessidade de **mandado judicial** para tanto, uma vez que se trata de uma **cláusula de reserva de jurisdição** prevista na Constituição Federal, ou seja, somente poderá ser autorizada por **ordem fundamentada** de **autoridade judiciária**. O tema envolvendo a cláusula de reserva de jurisdição é tão recorrente nas provas da OAB, que se fará uma análise abaixo de todos os **três casos possíveis** em que tal cláusula faz-se presente, apenas com o intuito de relembrar o candidato dessas hipóteses.

Todavia, antes de prosseguir, tendo em vista a pertinência temática com as provas da OAB, cumpre analisar importante dispositivo legal previsto na Lei n. 8.906/94, art. 7º, II, sobre **buscas** feitas em **escritórios de advocacia**, a seguir transcrito em virtude de sua importância:

> **II – a inviolabilidade de seu escritório ou local de trabalho, bem como de seus instrumentos de trabalho, de sua correspondência escrita, eletrônica, telefônica e telemática, desde que relativas ao exercício da advocacia.**

Pelo que se percebe acima, a busca feita em **escritório de advocacia** tem que se fundamentar em **fundada suspeita** de encontrar o advogado na posse de elemento de corpo de delito ou quando for ele próprio o investigado, como suposto autor de delitos, conforme os requisitos do art. 240, § 1º, CPP. Assim, o escritório de advocacia também é protegido pela cláusula de reserva de jurisdição, por analogia à expressão domicílio, devendo ser utilizada a mesma cautela para a sua realização.

As outras duas cláusulas de reserva de jurisdição estão previstas na **interceptação telefônica e telemática e nas prisões provisórias.** Quanto às interceptações telefônica/telemática, somente o Juiz poderá autorizá-las, pois se trata de direito à intimidade tutelado na própria Constituição Federal, não sendo possível à Autoridade Policial ou Ministério Público quebrar o sigilo telefônico de alguém sem a intervenção do Magistrado.

Em relação às **prisões provisórias**, duas são as hipóteses legais: prisão preventiva e prisão temporária. Em ambos os casos, também por expressa previsão constitucional, não será possível a nenhuma outra autoridade, senão a judicial, decretar a prisão de alguém. Somente o Juiz pode mandar recolher algum acusado ao cárcere, em se tratando de prisão provisória. Quanto à **prisão em flagrante**, cabe lembrar que ela não se confunde com a prisão provisória, podendo **qualquer do povo prender alguém** que esteja praticando algum crime, na forma do **art. 301, CPP**. Isso apenas para a prisão em flagrante, pois para as prisões provisórias vale a disposição constitucional de reserva de jurisdição.

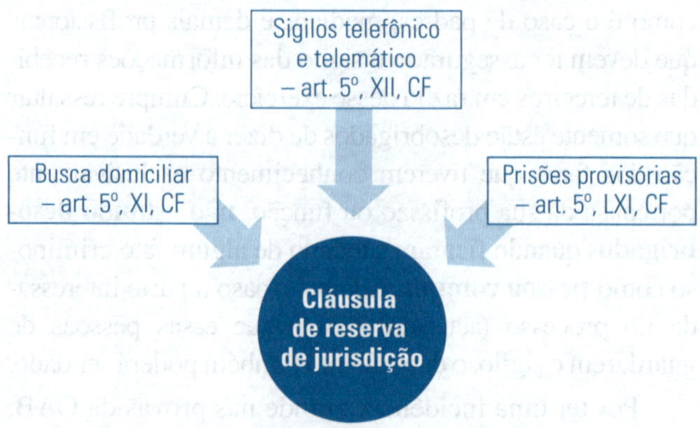

Acerca da **busca pessoal**, a natureza jurídica é a mesma, pois se busca colher **elementos probatórios** que possam incriminar alguém. Todavia, quanto à necessidade ou não de mandado judicial para a sua realização, cumpre destacar que, atualmente, os agentes de segurança pública têm se valido do **art. 244, CPP**, para a sua realização, situação esta que **dispensa** a **ordem judicial** para a sua efetivação. São os casos de blitz policial, revista em presídios e em locais de grande aglomeração de pessoas (estádios de futebol). Assim, em que pese a busca pessoal também depender de mandado judicial, na forma do art. 243, I, 2ª parte, CPP, o mais comum é a sua realização feita **sem a ordem judicial**, com base na assertiva de ser caso de prisão ou quando houver

fundada suspeita de que a pessoa esteja na **posse de arma proibida ou de objetos ou papéis que constituam corpo de delito**, ou quando a medida for determinada no **curso de busca domiciliar.**

Quanto ao **momento** em que a **busca domiciliar** pode ser feita, tem-se a disposição do art. 245, CPP, que autoriza as buscas no **período de dia**, sem descrever o que se entende por "dia". Não obstante, é de praxe que o dia começa às **6h** (seis horas) e vai até as **18h** (dezoito horas), sendo esse o período considerado para o cumprimento dos mandados de busca e apreensão, sendo também esse o pensamento de Pacelli e Fischer na já citada obra (2014, p. 495). Essa, inclusive, é a redação do citado art. 5º, XI, CF, em que somente permite a entrada em domicílio alheio se lá dentro estiver ocorrendo um crime, não havendo nesse caso limite de horário, ou, durante o dia, para o cumprimento de mandado judicial (prisão ou busca e apreensão).

10. SUJEITOS DO PROCESSO PENAL

Dentro do tema em epígrafe, deve ser destacado que para a prova da OAB os mais cobrados dos sujeitos processuais são, como não podia deixar de ser diferente, o **acusado e seu defensor**. Tendo em vista essa importância, serão analisados os artigos pertinentes a eles.

10.1. Acusado e seu defensor

A primeira análise a ser feita é a de que o acusado pode ser processado ainda que não se conheça a sua identidade pessoal (carteira de identidade, CPF etc.), mas é certa a sua identidade física. A descoberta superveniente de sua verdadeira qualificação pessoal autorizará a retificação, mesmo que o processo esteja em fase de execução penal. Em outras palavras, a **retificação** pode ser feita a **qualquer tempo**. Isso é o que consta do art. 259, CPP.

Dispositivo que está muito na moda, nos dias atuais de "**Operação Lava-Jato**", é o que consta do **art. 260, CPP**, em que se autoriza a chamada **condução coercitiva** do **acusado** para seu interrogatório, reconhecimento ou qualquer outro ato que sem ele não possa ser autorizado. Como se tornou público, ex-Presidente da República foi submetido à condução coercitiva, o que gerou polêmica da sua validade ou não, apesar de expedida por meio de ordem judicial. Pela análise do art. 260, CPP, **não há nenhum óbice para a sua realização, desde que conste no mandado judicial os motivos de sua realização**, que deverão ser um daqueles elencados acima (**interrogatório, reconhecimento de pessoa ou outro ato imprescindível**). Assim, no caso narrado na **Operação Lava-Jato**, o ato de condução coercitiva foi feito para a realização do interrogatório do ex-Presidente da República, uma vez que este já havia sido intimado inúmeras vezes para tal ato, mas não comparecera, não restando alternativa senão a utilização do instituto em destaque.

Cumpre ressaltar, apenas para que não haja qualquer celeuma, que a condução coercitiva pode ser determinada para a realização do interrogatório de alguém, mas, chegando perante a Autoridade Judiciária, deve ser concedido ao acusado o seu **direito ao silêncio**, caso ele não manifeste vontade de falar acerca dos fatos de que está sendo acusado. Fazendo dessa forma, não haverá nenhum óbice legal para a feitura da famigerada condução coercitiva.

Outro artigo de relevância para o tema em estudo é o descrito abaixo:

> **Art. 261.** Nenhum acusado, ainda que ausente ou foragido, será processado ou julgado sem defensor.

A necessidade da **presença de defensor** é de suma importância, inexistindo qualquer possibilidade de alguém responder a processo criminal sem a presença de advogado ou defensor público. A ideia de defesa indispensável para o acusado consubstancia-se na aplicação dos princípios da ampla defesa e do contraditório.

Tamanha é a importância da presença do advogado que o **Supremo Tribunal Federal** elaborou, recentemente, **Súmula Vinculante n. 14** acerca do tema e com grande incidência nas provas da OAB:

> É direito do defensor, no interesse do representado, ter acesso amplo aos elementos de prova que, já documentados em procedimento investigatório realizado por órgão com competência de polícia judiciária, digam respeito ao exercício do direito de defesa.

Ainda no tema da presença do advogado como sendo algo imprescindível, outro pensamento pretoriano importante do mesmo Supremo Tribunal Federal, na redação da **Súmula 523**, nesses termos:

> No processo penal, a **falta de defesa** constitui **nulidade absoluta**, mas a sua deficiência só o anulará se houver prova do prejuízo para o réu.

Importante consideração acerca da **ampla defesa** (direito de defesa) é a sua subdivisão entre **autodefesa e defesa técnica**, sendo que aquela é exercida pelo próprio acusado, por meio do interrogatório e da sua presença nos atos processuais. Já a última (**defesa técnica**) é exercida por meio de **advogado devidamente inscrito nos quadros da Ordem dos Advogados do Brasil**

(OAB), bem como por meio de Defensor Público, sendo que este é o funcionário público que fora aprovado em provas de concurso público para exercer a aludida função, sendo remunerado pelos cofres públicos, atuando na defesa de pessoas que não possuem condições financeiras de contratar advogado particular, encaixando-se no conceito de pobre no sentido legal (hipossuficiente). Em relação ao chamado defensor dativo, não há considerações mais relevantes, pois ele será o advogado nomeado pelo Juiz para aquele que também não possui condições econômicas de contratar advogado, mas que pertence aos quadros da OAB, em casos que inexista na comarca daquele Juiz a instituição Defensoria Pública devidamente instalada e em funcionamento. Além disso, o defensor dativo também pode ser nomeado apenas para algum ato processual (oitiva de testemunhas, quando o advogado constituído não tiver comparecido sem motivo justificado.

Para a correta visualização do que foi dito acima, pode ser feita a seguinte correlação:

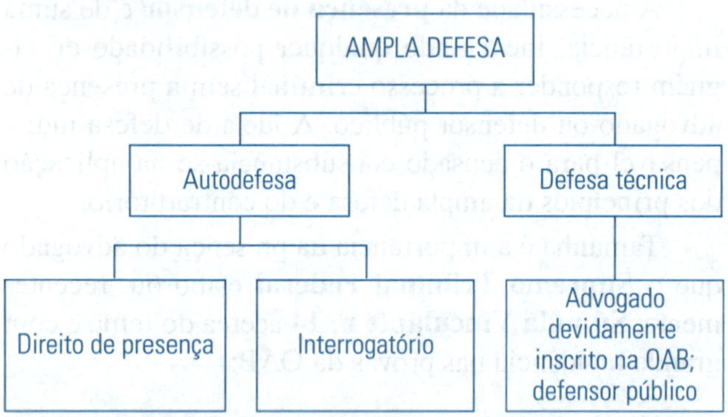

Em se tratando do exercício efetivo da defesa técnica, caso o defensor não possa comparecer à audiência, havendo motivo justificado, ela poderá ser adiada. Todavia, o adiamento somente será feito se o advogado provar o impedimento até a abertura da audiência, sendo que, se não fizer tal prova até esse momento, inexistirá o adiamento e outro advogado será nomeado para o ato (advogado dativo), ainda que de forma provisória. Assim, o adiamento é possível, desde que exista fundamentação para o seu não comparecimento (doença ou outro motivo que impeça ele de estar naquele momento processual).

O **meio** de **constituir-se a defesa técnica**, quando feita por advogado, é o **instrumento de mandato (procuração)**. Importante considerar a regra do art. 266, CPP, em que o aludido instrumento de mandato não será previamente apresentado, por questões naturais, haja vista que o advogado foi constituído por ocasião do interrogatório do acusado, não tendo tido a oportunidade prévia de entabular um contrato de honorários e consequente procuração. Assim, o advogado será nomeado pelo Juiz para acompanhar o interrogatório e isso constará da ata de audiência, justificando a ausência de procuração.

11. PRISÕES

Trata-se de capítulo importantíssimo e de recorrência constante nas provas da OAB, o que demanda uma incursão mais pormenorizada. No que se refere ao tema prisões, cumpre destacar que existem duas espécies no processo penal: **prisão em flagrante** e **prisão provisória**. A prisão em flagrante ocorre quando o acusado está praticando o crime ou acabou de praticá-lo, podendo ser efetuada por qualquer pessoa, enquanto a **prisão provisória** pode ser feita por ordem escrita e fundamentada de autoridade judiciária, sendo subdividida em **prisão preventiva** e **prisão temporária.** Essa é a letra da lei processual penal prevista no art. 283, CPP, sendo que as duas espécies de prisões previstas no Código de Processo Penal serão analisadas em tópicos diversos a seguir.

Quanto ao **preso**, a **prisão** pode ser **definitiva** quando ele já fora condenado por sentença criminal transitada em julgado. Será **provisória** quando o preso ainda responde ao processo criminal **sem** que tenha tido o seu **trânsito em julgado**. Para o preso provisório é assegurada sua permanência em **cela especial**, caso ele tenha curso superior, por exemplo, ou se encaixe no rol do art. 295, CPP (Magistrados, Deputados, Senadores etc.). Ademais, as pessoas presas provisoriamente deverão ficar separadas daquelas que já foram condenadas definitivamente.

NOVIDADE LEGAL: Questão bem relevante e que pode vir a ser cobrada em possíveis provas da OAB é a alteração legal prevista no art. 292, parágrafo único, CPP, a seguir transcrito, quanto ao **uso de algemas em mulheres grávidas**, *in verbis*:

Art. 292. Se houver, ainda que por parte de terceiros, resistência à prisão em flagrante ou à determinada por autoridade competente, o executor e as pessoas que o auxiliarem poderão usar dos meios necessários para defender-se ou para vencer a resistência, do que tudo se lavrará auto subscrito também por duas testemunhas.

Parágrafo único. É vedado o uso de algemas em mulheres grávidas durante os atos médico-hospitalares preparatórios para a realização do parto e durante o trabalho de parto, bem como em mulheres durante o período de puerpério imediato. (Redação dada pela Lei nº 13.434, de 2017).

Nessa toada, a prisão de **mulheres grávidas** não poderá ser efetuada por meio de **uso de algemas**, estendendo-se tal proibição para o período posterior ao nascimento do bebê, chamado de puerpério imediato.

Por fim, tema relevante para ser cobrado em prova da OAB é sobre o **uso de algemas** e as prisões, uma vez que, em muitos casos, será necessário o seu uso para evitar fugas e outras situações desagradáveis. Para isso, o Supremo Tribunal Federal elaborou a **Súmula Vinculante** de número 11, a seguir transcrita e de incidência comum nas provas da OAB:

> Só é lícito o uso de algemas em casos de resistência e de fundado receio de fuga ou de perigo à integridade física própria ou alheia, por parte do preso ou de terceiros, justificada a excepcionalidade por escrito, sob pena de responsabilidade disciplinar, civil e penal do agente ou da autoridade e de nulidade da prisão ou do ato processual a que se refere, sem prejuízo da responsabilidade civil do Estado.

11.1. Prisão em flagrante

A chamada prisão em flagrante acontece quando o agente está praticando a infração penal ou acabou de praticá-la. Ela pode ser efetuada por **qualquer pessoa do povo**, sendo que as autoridades policiais e seus agentes deverão, por obrigação legal, efetuar a prisão em flagrante (art. 301, CPP).

Quanto às hipóteses de prisão em flagrante, devem ser classificados os incisos do art. 302, CPP, para o melhor entendimento da matéria, o que será feito a seguir:

a) **Flagrante próprio ou real:** art. 302, I e II, CPP. Ocorre quando a pessoa está **praticando a infração penal**, como, por exemplo, aquele que está efetuando os disparos na vítima; ou quando o agente acaba de praticar a infração penal, sendo encontrado ainda no local dos fatos, por exemplo, o agente que é encontrado no local dos fatos com a arma do crime nas mãos.

b) **Flagrante impróprio ou quase flagrante:** art. 302, III, CPP. Ocorre quando o agente é perseguido, logo após a prática da infração penal, em situação que se faça presumir ser ele o autor dos fatos. São os casos comuns de **perseguição policial** contra alguém que acabara de cometer a infração penal, sendo a Polícia acionada em seguida e iniciada a caça ao autor dos fatos.

c) **Flagrante presumido ou ficto:** art. 302, IV, CPP. Dá-se quando o agente é encontrado, logo depois, com instrumentos, armas, objetos ou papéis que façam presumir ser ele o autor dos fatos. Nesse caso, o agente não é perseguido, mas **localizado com os objetos mencionados no referido inciso**. Exemplo disso é quando o agente subtrai um carro, mas é parado numa barreira policial, momentos depois de ter efetuado o roubo. A descoberta pelos policiais de que se trata de carro roubado, momentos antes, torna possível a sua prisão em flagrante na modalidade presumida ou ficta.

Essas são as três **modalidades legais** decorrentes da prisão em flagrante. Não obstante, **outras denominações** existem acerca do flagrante, devendo ser feito o estudo e a legalidade de cada uma delas, em que pese não estarem previstas no art. 302, CPP.

A primeira delas é chamada de **flagrante provocado ou preparado**. Nessa espécie flagrancial, o autor é induzido a praticar uma infração penal, ao mesmo tempo que aquele que o induziu toma todas as precauções para que o crime não se consume e ocorra a sua prisão. Trata-se de **flagrante inválido**, conforme já decidido na **Súmula 145**, Supremo Tribunal Federal, nestes termos: **não há crime** quando a preparação do flagrante pela polícia torna impossível a sua consumação.

A segunda situação é chamada de **flagrante esperado**, recorrente em operações policiais que já estavam investigando o acusado e ficam à espreita aguardando ele consumar a infração penal para fazer a sua prisão. Trata-se de **flagrante válido**, pois os policiais não o provocaram para a prática do crime, mas apenas esperaram a sua atuação para efetuar a prisão concomitantemente com a execução do fato.

A terceira hipótese de **flagrante** é chamada de **forjado**, como o próprio nome supõe, é algo **ilícito** e até mesmo **criminoso**. Por esse flagrante denominado forjado o agente é vítima de um abuso de autoridade, visto que os funcionários da lei criam uma situação probatória totalmente em descompasso com a legalidade, uma vez que estão praticando um crime. Seria o exemplo de policiais que "plantam" droga na casa de conhecido traficante para ensejar a sua prisão em flagrante por esse motivo.

A quarta e última hipótese de **flagrante** é chamada de **retardado**. Nessa situação, o agente quer efetuar a prisão no **momento mais adequado** para a produção probatória, como são os casos envolvendo organizações criminosas e tráfico de drogas. Nesse tipo de empreitada criminosa, o intuito é identificar o maior número de criminosos, protelando-se um pouco o flagrante para o momento tido como ideal. Como exemplo, tem-se a não atuação de agentes policiais em relação a pequenos traficantes que estão vendendo algumas porções de drogas, aguardando-se o momento em que eles irão encontrar-se com os chefões do tráfico para passar o dinheiro amealhado com a mercancia ilícita, efetuando-se, nesse momento, a prisão de todos os envolvidos e a apreensão das drogas. Tal tipo de flagrante está previsto no art. 53, II, Lei n. 11.343/2006, bem como no art. 8º, Lei n. 12.850/2013, sendo perfeitamente possível e **válido**.

Em relação ao procedimento e formalidade do auto de prisão em flagrante, deve ser destacada a **novidade legal (2016)** prevista no art. 304, § 4º, CPP, que afirma o seguinte:

> Da lavratura do auto de prisão em flagrante deverá constar a informação sobre a existência de filhos, respectivas idades e se possuem alguma deficiência e o nome e o contato de eventual responsável pelos cuidados dos filhos, indicado pela pessoa presa.

De suma importância tal alteração, pois em muitos casos aquele que foi preso em flagrante possui filhos que estão sob sua guarda, sendo que com a prisão não terá como continuar cuidando deles. Assim, deve ser indicado eventual responsável para cuidar dos mesmos enquanto o agente estiver preso.

Outra consideração quando ocorrer a prisão em flagrante de alguém é a sua **comunicação imediata** para as pessoas apontadas no art. 306, CPP, bem como o local onde ele se encontra. Atentar para o **prazo de 24h** (vinte e quatro horas) que é o entendimento da expressão "**imediatamente**" prevista no artigo em tela para comunicar a prisão ao Juiz. Tal prazo leva em consideração o art. 306, § 1º, CPP, que afirma ser também de **24h (vinte e quatro horas)** o tempo em que o Delegado de Polícia deverá encaminhar o auto de prisão em flagrante, sendo essa a visão de Pacelli e Fischer (2014, p. 628) aqui nesta obra também defendida.

> Não confundir a **comunicação da prisão em flagrante** com o **auto de prisão em flagrante**. Este é o procedimento completo contendo desde as oitivas das testemunhas, condutor, interrogatório e até a nota de culpa. A comunicação é um ato simples por ofício.

Após recebido o auto de prisão em flagrante, o Juiz poderá tomar uma das três medidas citadas no art. 310, CPP, fundamentando a decisão escolhida. As **três possíveis decisões** depois que recebe o **auto de prisão em flagrante** são: (1) **relaxar a prisão ilegal**; (2) **converter** a prisão em flagrante **em prisão preventiva**; 3) **conceder a liberdade provisória**, com ou sem fiança.

11.2. Prisão temporária

Trata-se de **espécie de prisão provisória** destinada a acautelar as **investigações policiais**, tendo prazo estabelecido em lei, com o escopo de obter informações sobre a autoria e materialidade das infrações penais previstas no art. 1º, III, Lei n. 7.960/89, bem como em relação aos crimes hediondos e equiparados (art. 2º, § 4º, Lei n. 8.072/90).

Importante anotar que tal modalidade de prisão provisória somente é cabível durante a **fase de investigação policial** (inquérito policial), na forma do que consta do art. 1º, I, Lei n. 7.960/89.

11.2.1. Prazo de duração da prisão temporária

Conforme prescrito no art. 2º, *caput*, Lei n. 7.960/89, o **prazo** é de **5 (cinco) dias**, podendo haver a prorrogação por igual prazo, em caso de extrema e comprovada necessidade. Cuidado para quando a questão da OAB mencionar que o **crime** é **hediondo** ou equiparado, pois neste caso o **prazo** será de **30** (trinta) dias, podendo haver prorrogação por igual prazo, na forma da Lei n. 8.072/90, art. 2º, § 4º.

> Acerca do prazo deve ser lembrado que se trata de contagem penal, ou seja, na forma do **Código Penal, art. 10**, pois se trata de liberdade de alguém. Assim, se alguém foi preso às 23h (vinte e três horas) do dia 1º-1-2016, sua liberdade deve ocorrer no dia 6-1-2016, às 00h, pois se **conta o dia do início da prisão**, apesar de ele ter ficado apenas 1h (uma hora) preso no primeiro dia. Além disso, **não** é necessária a **expedição de alvará** de soltura após o término do prazo legal, por uma razão simples, já há prazo preestabelecido pelo Juiz para o preso ser colocado em liberdade, liberando-se ele imediatamente.

11.2.2. Cabimento da prisão temporária

Na forma do art. 2º, *caput*, Lei n. 7.960/89, a prisão temporária somente pode ser requerida pela **Autoridade Policial ou pelo Ministério Público**, não sendo possível ao Juiz fazer de ofício.

Sendo ela requerida pelo Ministério Público ou pela Autoridade Policial, devem ser analisados os seus requisitos, de acordo com o art. 1º Lei n. 7.960/89. Para a doutrina majoritária, citando-se, por todos, o mestre Denilson Feitoza (2010, p. 919), o art. 1º deve ser analisado da seguinte forma para que seja decretada essa medida cautelar extrema:

I – quando imprescindível para as investigações do inquérito policial; <u>OU</u>
II – quando o indicado não tiver residência fixa ou não fornecer elementos necessários ao esclarecimento de sua identidade;
<u>E</u>
III – quando houver fundadas razões, de acordo com qualquer prova admitida na legislação penal, de autoria ou participação do indiciado nos seguintes crimes:
a) homicídio doloso (art. 121, *caput* e seu § 2º);
b) sequestro ou cárcere privado (art. 148, *caput* e seus §§ 1º e 2º);
c) roubo (art. 157, *caput* e seus §§ 1º, 2º e 3º);
d) extorsão (art. 158, *caput* e seus §§ 1º e 2º);
e) extorsão mediante sequestro (art. 159, *caput* e seus §§ 1º, 2º e 3º);
f) estupro (art. 213, *caput* e sua combinação com o art. 223, *caput* e parágrafo único);
g) atentado violento ao pudor (art. 214, *caput* e sua combinação com o art. 223, *caput* e parágrafo único);
h) rapto violento (art. 219, e sua combinação com o art. 223 *caput* e parágrafo único);
i) epidemia com resultado de morte (art. 267, § 1º);
j) envenenamento de água potável ou substância alimentícia ou medicinal qualificado pela morte (art. 270, *caput*, combinado com art. 285);
l) quadrilha ou bando (art. 288), todos do Código Penal;
m) genocídio (arts. 1º, 2º e 3º da Lei n. 2.889, de 1º-10-1956), em qualquer de sua formas típicas;
n) tráfico de drogas (art. 12 da Lei n. 6.368, de 21-10-1976);
o) crimes contra o sistema financeiro (Lei n. 7.492, de 16-6-1986).
p) crimes previstos na Lei de Terrorismo.

Assim, para o referido autor, os incisos não são todos cumulativos, ou seja, dispensa-se que ocorra a conjugação simultânea dos incisos I, II e III.

Pelo que se percebe da análise feita no próprio dispositivo legal acima, o Juiz poderá decretar a prisão temporária se ocorrer o inciso I <u>OU</u> (alternativo) o inciso II <u>E</u> (cumulativo) um dos crimes elencados no inciso III. Para exemplificar, o Delegado de Polícia pode requerer a prisão temporária porque ela é imprescindível para as investigações do inquérito policial (inciso I) e desde que tenha sido praticado um dos crimes previstos no inciso III (rol taxativo). Também poderá requerer a prisão temporária quando o indiciado não tiver residência fixa e tiver praticado um dos crimes do inciso III.

Importante anotação que deve ser feita quanto ao **rol taxativo** dos crimes previstos no inciso III descrito acima é que não se pode estender tal modalidade de prisão para outros que não estejam ali elencados, sob pena de ocorrer uma prisão ilegal que deverá ser imediatamente relaxada. Por exemplo, não se pode decretar a prisão temporária para os crimes de estelionato, furto, homicídio culposo e etc. Além disso, os crimes podem ser praticados na forma consumada ou tentada, uma vez que o artigo em tela não fez restrição apenas aos crimes consumados.

11.3. Prisão preventiva

Trata-se de prisão provisória decretada pela Autoridade Judiciária, mediante requerimento do Delegado de Polícia ou do Ministério Público, em qualquer fase da persecução criminal (inquérito policial e ação penal), desde que não sejam cabíveis as medidas cautelares previstas no art. 319, CPP. Em outras palavras, a **prisão preventiva**, atualmente, é **subsidiária**, uma vez que somente será decretada em **última hipótese**, na forma preconizada no art. 282, § 6º, CPP.

Quanto à legitimidade para o seu requerimento, importante destacar que o **Juiz** poderá decretá-la de **ofício**, diferentemente da já analisada prisão temporária, na forma do art. 311, CPP.

Quanto ao prazo, cumpre ressaltar que não há nada disposto na lei processual penal acerca dele, diferentemente da prisão temporária, mas, de qualquer forma, o Juiz deverá utilizar-se da **razoabilidade** para que ninguém fique preso indefinidamente.

11.3.1. Pressupostos e requisitos da prisão preventiva

Tal capítulo está claramente delineado no art. 312, CPP. Como **pressupostos** da prisão preventiva tem-se o que se convencionou chamar de ***fumus commissi delicti* e *periculum libertatis***. O primeiro é a possibilidade de o agente ter cometido a infração penal, consubstanciado na **prova da existência do crime (PEC) e nos indícios suficientes de autoria** (**ISA**). Assim, devem concorrer os pressupostos do art. 312, parte final, CPP, que são memorizados como PEC + ISA.

Além dos pressupostos acima descritos, faz-se necessária também a conjugação do ***periculum libertatis***, devendo ele ser definido como um dos **requisitos** previstos no já citado art. 312, CPP, a saber: a) **garantia da ordem pública;** b) **garantia da ordem econômica;** c) **garantia de aplicação da lei penal;** d) **conveniência da instrução criminal.** Tendo em vista a nova redação do art. 312, parágrafo único, CPP, também poderá ser decretada a prisão preventiva em virtude do descumprimento de qualquer medida cautelar anteriormente imposta.

Cabe fazer uma análise do requisito *periculum libertatis*, pois muito candidato equivoca-se ao supor que todas as quatro hipóteses descritas acima devem ocorrer de forma conjugada. Caso tenha **PEC + ISA**, basta a concorrência, por exemplo, da **garantia da ordem pública** para serem satisfeitos os pressupostos do art. 312, CPP.

Apenas para ilustrar os casos citados nas letras "a" a "d" acima, faz-se abaixo uma rápida exemplificação dos casos mais comuns.

a) **Garantia da ordem pública:** quando o acusado é **reincidente** ou pessoa propensa à prática de crimes, sendo a prisão meio de impedir que ele volte a delinquir.

b) **Garantia da ordem econômica:** requer a já citada reiteração criminosa destacada no item anterior, mas pressupõe a prática de crimes que ensejam a **violação de bens jurídicos difusos**, como aqueles previstos na Lei n. 7.492/86 (Crimes contra o Sistema Financeiro Nacional).

c) **Garantia da aplicação da lei penal:** ocorre quando o agente demonstra que pretende **fugir**, inviabilizando a futura execução da pena.

d) **Conveniência da instrução criminal:** tem por fim impedir que o agente perturbe ou **impeça a produção de provas**, como por exemplo quando ele está ameaçando testemunhas.

11.3.2. Cabimento da prisão preventiva

Satisfeitos os pressupostos e requisitos acima delineados, deve ser analisado o art. 313, CPP, onde estão as **hipóteses de admissibilidade ou cabimento** da prisão preventiva, podendo ocorrer um dos incisos apenas, sem necessidade de conjugação, para que ela seja decretada. Como o artigo é claro e dispensa qualquer digressão maior, segue ele na íntegra para conhecimento:

> **Art. 313.** Nos termos do art. 312 deste Código, será admitida a decretação da prisão preventiva:
> **I** – nos **crimes dolosos** punidos com pena privativa de liberdade máxima **superior a 4 (quatro) anos**;
> **II** – se tiver sido **condenado** por outro **crime doloso**, em **sentença transitada em julgado**, ressalvado o disposto no inciso I do *caput* do art. 64 do Decreto-Lei n. 2.848, de 7 de dezembro de 1940 – Código Penal;
> **III** – se o **crime** envolver **violência doméstica e familiar** contra a mulher, criança, adolescente, idoso, enfermo ou pessoa com deficiência, para garantir a execução das medidas protetivas de urgência.
> **Parágrafo único.** Também será admitida a prisão preventiva quando houver **dúvida** sobre a **identidade civil** da pessoa ou quando esta não fornecer elementos suficientes para esclarecê-la, devendo o preso ser colocado imediatamente em liberdade após a identificação, salvo se outra hipótese recomendar a manutenção da medida.

Pelo que se percebe do artigo transcrito, somente caberá a prisão preventiva para **crimes**, **não** sendo possível para a **contravenção penal**, uma vez que esta não foi mencionada. Ademais, lembrar que infração penal é gênero, do qual são espécies o crime/delito e a contravenção penal. Lembrar que os incisos não devem ocorrer de forma cumulativa, bastando um deles para que a prisão preventiva seja decretada.

Importante consideração final acerca do cabimento da **prisão preventiva** é a sua **vedação** quando o agente cometer o crime numa das situações do art. 314, CPP. Tais situações são as **excludentes de ilicitude** previstas no art. 23, CP, como legítima defesa, estado de necessidade, exercício regular do direito e estrito cumprimento do dever legal. Nesses casos, não será possível decretar a prisão preventiva, por uma razão simples, não há que se falar em crime, uma vez que estará excluído o segundo elemento do mesmo (ilicitude), dentro da conceituação analítica ou tripartida do delito, onde se exige a conjugação do fato típico, antijurídico e culpável.

Quanto à **revogação da prisão preventiva**, pode-se dizer que ela ocorrerá quando **não** mais **subsistirem** os **pressupostos e requisitos** anteriormente existentes para a sua decretação, devendo o Juiz expedir o alvará de soltura, na forma do art. 316, CPP.

11.3.3. Prisão preventiva domiciliar

O tema em epígrafe é importante porque estão muito em voga as chamadas "prisões domiciliares" conferidas no âmbito da **Operação Lava-Jato**. Muito se tem visto na mídia a situação de pessoas que foram presas preventivamente pelo Juiz de 1º grau, mas, em 2º grau, foi determinado o seu recolhimento domiciliar. Essa possibilidade está prevista de forma nova no art. 317, CPP, merecendo destaque porque recebeu **recente alteração** agora no ano de **2016**.

Antes de serem estudados os casos autorizativos da prisão domiciliar, deve ser destacado que ela constitui uma espécie de prisão provisória encartada dentro da prisão preventiva, o que permite, sem maiores ressalvas, a possibilidade de **detração penal** pelo tempo que o acusado ficar preso nessa modalidade, na forma do **art. 42, Código Penal**, transcrito pela sua importância:

> Computam-se, na pena privativa de liberdade e na medida de segurança, o tempo de prisão provisória, no Brasil ou no estrangeiro, o de prisão administrativa e o de internação em qualquer dos estabelecimentos referidos no artigo anterior.

Assim, caso o acusado tenha ficado recolhido em sua residência, apesar de que dela não poderá ausentar-se sem autorização judicial, **trata-se de efetivo cumprimento de pena provisória**, a qual será abatida ao final de eventual condenação definitiva.

São os casos seguintes que autorizam a referida modalidade de prisão preventiva, chamando atenção especial para os incisos **IV, V e VI** que foram **acrescidos posteriormente (2016)**, constituindo importante novidade que pode ser objeto de cobrança na **prova da OAB**:

> **Art. 318.** Poderá o juiz substituir a prisão preventiva pela domiciliar quando o agente for:
> I – maior de 80 (oitenta) anos;
> II – extremamente debilitado por motivo de doença grave;
> III – imprescindível aos cuidados especiais de pessoa menor de 6 (seis) anos de idade ou com deficiência;
> **IV – gestante;**
> **V – mulher com filho de até 12 (doze) anos de idade incompletos;**
> **VI – homem, caso seja o único responsável pelos cuidados do filho de até 12 (doze) anos de idade incompletos.**

Logo, o candidato deve lembrar-se dessa nova alteração que tem muita chance de ser cobrada em novas provas da OAB.

11.4. Relaxamento de prisão

Trata-se de medida liberatória, ocorrendo quando a **prisão** for **ilegal**, tendo o seu fundamento na própria Constituição Federal, art. 5º, LXV. Ademais, o Código de Processo Penal também endossou a possibilidade de relaxamento de prisão ilegal, na forma do art. 310, I.

A chamada prisão ilegal pode acontecer em inúmeros casos, sendo o mais comum quando a pessoa for presa numa das situações (arts. 3º e 4º) da **Lei n. 4.898/65 (Lei de Abuso de Autoridade)**, por exemplo, quando o Delegado de Polícia deixa de comunicar imediatamente (24h) a prisão de alguém à Autoridade Judiciária, na forma do art. 4º, *c*, Lei n. 4.898/65. Outro caso comum seria quando a prisão de alguém é feita com invasão de domicílio sem mandado judicial ou sem que ali esteja acontecendo um crime, também na forma preconizada no art. 3º, *b*, Lei n. 4.898/65.

Em tais situações, a **liberdade será integralmente restituída**, sem qualquer condicionante, por meio da peça processual chamada de **relaxamento de prisão**.

11.5. Liberdade provisória com ou sem fiança

Outra forma de medida liberatória, a liberdade provisória está prevista também na Constituição Federal, art. 5º, LXVI, bem como no art. 310, III, CPP. Para a sua concessão, o Juiz deve analisar o **auto de prisão em flagrante** e constatar que inexistem os pressupostos para a prisão preventiva, bem como a ausência dos requisitos já estudados acima. Em outras palavras, a liberdade provisória será concedida quando **inexistir a PEC (Prova da Existência do Crime) + ISA (Indícios Suficientes de Autoria)** ou **requisitos** de admissibilidade (ambos no art. 312, CPP) ou não se encaixar nos casos do **art. 313, CPP**. Essa é a disposição legal do art. 321, CPP.

Não se pode esquecer, ainda, que a **liberdade provisória** pode ser concedida quando o Juiz perceber, pelo auto de prisão em flagrante, que o acusado cometeu a conduta nas situações do **art. 23, CP**, ou seja, hipóteses de **excludentes de ilicitude** (legítima defesa, estado de necessidade, exercício regular do direito e estrito cumprimento do dever legal).

A liberdade provisória pode ser concedida **sem fiança**, mas com **certas limitações**, daí o nome ser provisória, a depender do cumprimento de certas condições, como a de comparecer a todos os atos processuais a que for intimado o acusado.

Ela também poderá ser concedida **com fiança**, caso em que o acusado recolherá uma quantia para não ser preso preventivamente. No que tange à fiança, ela poderá ser autorizada pelo **Delegado de Polícia** ou pelo **Juiz de Direito**. Será autorizada pelo **Delegado de Polícia** nos crimes em que a pena máxima privativa de liberdade **não ultrapasse a 4 (quatro) anos**. Nos **demais casos** (penas privativas de liberdade superiores a 4 anos), caberá à **Autoridade Judiciária** concedê-la.

Importante observação acerca da liberdade provisória é que ela pode ser concedida junto com as chamadas **medidas cautelares** previstas no art. 319, CPP. Mais uma vez, trazendo à baila a **Operação Lava-Jato**, o Poder Judiciário tem concedido como alternativa à prisão preventiva dos acusados a liberdade provisória com as medidas cautelares citadas no art. 319, CPP, sendo a mais comum de se ver a **monitoração eletrônica**, que é feita por meio da **tornozeleira eletrônica**. Veja-se que o acusado ficará em liberdade condicionada ao cumprimento das medidas cautelares fixadas pelo Juiz, sendo que se houver o seu descumprimento ele poderá voltar para a prisão de forma preventiva.

Tamanha a importância das chamadas medidas cautelares para uma prova de múltipla escolha da OAB, que se torna de bom tom o candidato conhecer quais são as hipóteses legais previstas no art. 319, CPP, nesses termos:

São **medidas cautelares** diversas da prisão:
I – comparecimento periódico em juízo, no prazo e nas condições fixadas pelo juiz, para informar e justificar atividades;
II – proibição de acesso ou frequência a determinados lugares quando, por circunstâncias relacionadas ao fato, deva o indiciado ou acusado permanecer distante desses locais para evitar o risco de novas infrações;
III – proibição de manter contato com pessoa determinada quando, por circunstâncias relacionadas ao fato, deva o indiciado ou acusado dela permanecer distante;
IV – proibição de ausentar-se da Comarca quando a permanência seja conveniente ou necessária para a investigação ou instrução;
V – **recolhimento domiciliar** no período noturno e nos dias de folga quando o investigado ou acusado tenha residência e trabalho fixos;
VI – suspensão do exercício de função pública ou de atividade de natureza econômica ou financeira quando houver justo receio de sua utilização para a prática de infrações penais;
VII – internação provisória do acusado nas hipóteses de crimes praticados com violência ou grave ameaça, quando os peritos concluírem ser inimputável ou semi-imputável (art. 26 do Código Penal) e houver risco de reiteração;
VIII – fiança, nas infrações que a admitem, para assegurar o comparecimento a atos do processo, evitar a obstrução do seu andamento ou em caso de resistência injustificada à ordem judicial;
IX – **monitoração eletrônica.**

Assim, em vez de decretar-se a prisão preventiva, alternativamente, o Juiz poderá fixar as medidas cautelares acima delineadas.

12. ATOS DE COMUNICAÇÃO NO PROCESSO PENAL

12.1. Citação e intimação no processo penal

Os dois atos processuais aqui mencionados são facilmente confundíveis na prática, sendo que é importante para o candidato da OAB saber diferenciá-los para a prova, tendo em vista que as questões definem um pelo outro para gerar dúvidas.

Assim, a **citação** é o ato processual pelo qual o Juiz chama o acusado ao processo para defender-se (apresentar resposta à acusação), tendo em vista o recebimento de uma denúncia ou queixa. Já a **intimação** ocorre quando se comunica a alguém de ato processual já realizado ou a ser realizado.

As considerações mais relevantes devem ser feitas em razão da **citação**. A primeira delas é a de que tal ato é imprescindível no processo criminal, sendo que a sua **ausência** gera uma hipótese de **nulidade absoluta**, na forma do art. 564, III, *e*, CPP. Por tratar-se de nulidade absoluta, a sua ausência pode ser questionada a qualquer tempo (até mesmo na fase da execução penal), devendo o processo ser anulado a partir do momento em que deveria ter sido feita e não foi.

Outra importante consideração é acerca da **citação de réu preso**, uma vez que antes da alteração legislativa bastava o preso ser requisitado pela Autoridade Judiciária para comparecer perante ela que se considerava que houve a sua citação válida. Atualmente, essa requisição não é mais válida, devendo o preso ser **pessoalmente citado**, na forma da novidade prescrita no art. 360, CPP. Em outras palavras, a citação pessoal é algo indispensável, ainda que o acusado encontre-se recolhido em presídio.

No que tange à contagem do prazo de 10 dias para apresentação de resposta à acusação (Código de Processo Penal) ou defesa preliminar (Lei de Drogas), cumpre ressaltar que se trata de prazo processual, devendo ser excluído o dia do início e incluído o dia do final, na forma do art. 798, § 1º, CPP. Em relação ao que se entende por dia do início, para efeito de contagem de prazo processual qualquer, deve ser observada a redação da **Súmula 710 do Supremo Tribunal Federal** cuja ideia é bem diferente da prevista no Código de Processo Civil, nesses termos:

> No processo penal, **contam-se** os prazos da **data da intimação**, e não da juntada aos autos do mandado ou da carta precatória ou de ordem.

Deve ser insistido que no Processo Penal a regra é a citação pessoal feita via mandado judicial, na forma do art. 351, CPP. Caso o acusado não se encontre na comarca onde o Juiz possui jurisdição, a citação será feita por meio de carta precatória, na forma do art. 353, CPP. A **citação por hora certa é novidade no Código de Processo Penal**, podendo ser utilizada também na seara criminal, antes afeta apenas ao Processo Civil, tendo previsão no art. 362, CPP, em casos que **o réu se oculta para não ser citado**. Por fim, a citação poderá ser feita também por edital, caso tenham sido esgotadas todas as tentativas de citação anteriormente explicadas, encontrando-se o réu em local incerto e não sabido, na forma do art. 363, § 1º, CPP. O prazo da citação por edital será de 15 (quinze) dias, ou seja, o tempo em que o edital ficará afixado na porta de entrada do Fórum ou prédio onde funciona o Poder Judiciário local.

Uma consideração final deve ser feita em relação à citação editalícia, consistente na regra do art. 366, CPP, a seguir transcrito dada a sua riqueza de detalhes:

Art. 366. Se o acusado, citado por edital, não comparecer, nem constituir advogado, ficarão suspensos o processo e o curso do prazo prescricional, podendo o juiz determinar a produção antecipada das provas consideradas urgentes e, se for o caso, decretar prisão preventiva, nos termos do disposto no art. 312.

Por essa redação, constata-se que o acusado que não tiver defesa constituída não poderá ser, por óbvio, processado, uma vez que inexiste no Brasil processo criminal sem o contraditório e a ampla defesa. Todavia, todos os prazos, por consequência, ficarão suspensos, notadamente o prazo prescricional, não havendo perigo de ocorrer a extinção da punibilidade pela prescrição. Além disso, caso exista alguma **prova urgente** a ser produzida, como testemunha que está prestes a morrer e não tem como ser ouvida posteriormente, permite-se a **produção antecipada de provas**. A derradeira análise é a possibilidade de o Juiz decretar a prisão preventiva, na forma dos pressupostos e requisitos do art. 312, CPP, quando se perceber que o réu, por exemplo, está fugindo da aplicação da lei penal e ocultando-se para não ser encontrado.

Como ressalva da não aplicação do art. 366, CPP, importante o candidato da OAB anotar que o procedimento nele previsto não será aplicado aos crimes de Lavagem de Dinheiro, conforme redação explícita do art. 2º, § 2º, Lei n. 9.613/98, devendo, então ser-lhe nomeado defensor dativo que irá prosseguir em sua defesa.

Em relação à **intimação**, como já foi mencionado acima, ela é feita para que se informe a qualquer pessoa de algum ato processual já realizado, como, por exemplo, a juntada de laudo pericial, ou ato que irá ser realizado, por exemplo, a realização de uma audiência. Diferentemente da citação, que somente é destinada ao acusado para defender-se, a intimação pode ser direcionada a qualquer pessoa, na forma do art. 370, CPP, sendo a contagem do prazo processual para eventual manifestação feita na forma do já citado art. 798, § 1º, CPP.

13. ATOS JUDICIAIS NO PROCESSO PENAL

13.1. Espécies de atos judiciais no processo penal

São os atos praticados pelo Juiz no Processo Penal, dividindo-se em **despachos de mero expediente, decisões interlocutórias e sentença.**

Antes de passar para as espécies mais importantes para a OAB, devem ser conceituados os **despachos de mero expediente**. Eles são destinados apenas ao impulso do processo, desprovidos de qualquer carga decisória, devendo apenas **impulsionar** o curso do **procedimento** em direção ao ato final (sentença). Como exemplo, tem-se a designação de audiências, determinação de intimação de testemunhas etc.

13.1.1. Decisões interlocutórias no processo penal

Chama-se de **decisão interlocutória** aquele ato judicial dotado de carga decisória, mas **sem a análise do mérito**, podendo acarretar a extinção ou não do processo penal.

Esse tipo de decisão pode ser dividido em interlocutória simples e interlocutória mista, a seguir conceituada:

a) **Decisão interlocutória simples:** soluciona questões atinentes à regularidade formal do processo ou certos incidentes, **sem extinguir o processo**. Como exemplo, tem-se aquela que converte a prisão em flagrante em prisão preventiva; concede liberdade provisória; recebimento da denúncia etc.

b) **Decisão interlocutória mista:** é aquela que **extingue o processo, sem julgamento do mérito**, que **encerra uma etapa do procedimento** ou **resolve procedimentos incidentais** de maneira definitiva. Como exemplo, tem-se a decisão de pronúncia que manda o acusado para o julgamento perante o Conselho de Sentença, extinguindo-se a fase do sumário e inaugurando a fase do mérito a ser julgado pelos Jurados. Por sua vez, essa decisão interlocutória mista pode ser subdividida em:

b.1) **Interlocutória mista terminativa**: é a chamada decisão com força de definitiva, em que se **extingue o processo**, sem julgamento do mérito, bem como aquela que **resolve** um **procedimento incidental** de maneira definitiva, não havendo possibilidade de reexame no mesmo grau. Como exemplos, a rejeição da denúncia e a impronúncia.

b.2) **Interlocutória mista não terminativa**: é aquela que coloca fim a uma etapa do procedimento, aproximando-se da questão de mérito, mas sem adentrar propriamente nele, mas **sem** causar a **extinção do processo**. Exemplo clássico é a pronúncia, em que se encerra a primeira etapa do procedimento escalonado do Júri (sumário de culpa) e inaugura a segunda etapa constituída pelo julgamento no Plenário do Tribunal do Júri.

13.1.2. Sentença penal

Trata-se da decisão mais clássica do Código de Processo Penal, em que se **julga o mérito**, **condenando** (art. 387, CPP) ou **absolvendo** (art. 386, CPP) o acusado.

O conteúdo da sentença, seja de absolvição, seja de condenação, é aquele previsto no art. 381, CPP, devendo constar todos aqueles elementos ali elencados, lembrando que o principal deles é a motivação pela qual o Magistrado escolheu aquela decisão. Isso se faz porque todas as decisões do Poder Judiciário devem ser fundamentadas, na forma do art. 93, IX, CF.

Em relação às sentenças, há um fato curioso previsto no art. 382, CPP, que é a possibilidade de **embargos de declaração** oponíveis no prazo de **2 (dois) dias** quando a decisão for **obscura, ambígua, contraditória ou omissa**. Veja-se que esse tipo recursal somente cabe para as sentenças, não sendo utilizada esta sistemática (prazo de 2 dias e requisitos) para decisões proferidas em 2º grau, o qual terá rito procedimental próprio.

Quanto às espécies de sentença, a primeira delas a ser estudada é a absolutória. Por sua vez, a **sentença absolutória** pode ser **própria** quando julga improcedente o pedido feito pela acusação. Será ela **absolutória imprópria** quando reconhece a prática da infração penal, mas o agente é inimputável, na forma do art. 26, *caput*, Código Penal, determinando a imposição de **medida de segurança**, conforme art. 386, parágrafo único, III, CPP. Por fim, a última espécie de sentença absolutória é a chamada de **sumária**, ou de **absolvição sumária**, em que o Juiz absolve o acusado no procedimento comum (art. 397, CPP) ou na primeira fase do procedimento do Júri (art. 415, CPP).

As formas tradicionais de absolvição do acusado estão bem delineadas no art. 386, CPP, que merecem a transcrição em virtude da incidência de suas formas na prova da OAB, nesses termos:

> **Art. 386.** O juiz absolverá o réu, mencionando a causa na parte dispositiva, desde que reconheça:
> **I** – estar provada a inexistência do fato;
> **II** – não haver prova da existência do fato;
> **III** – não constituir o fato infração penal;
> **IV** – estar provado que o réu não concorreu para a infração penal;
> **V** – não existir prova de ter o réu concorrido para a infração penal;
> **VI** – existirem circunstâncias que excluam o crime ou isentem o réu de pena (arts. 20, 21, 22, 23, 26 e § 1º do art. 28, todos do Código Penal), ou mesmo se houver fundada dúvida sobre sua existência;
> **VII** – não existir prova suficiente para a condenação.

Em relação à **sentença condenatória**, o dispositivo de regência é o art. 387, CPP. Para que alguém seja condenado pela infração penal devem concorrer os três elementos comumente estudados no Direito Penal, quais sejam: **fato típico, antijurídico** e **culpável**. Dentro do art. 387, CPP, o que deve ser lembrado de novidade é que o referido dispositivo possui o inciso IV, em que o Juiz deverá fixar o **valor mínimo para fins de reparação do dano** causado pela infração penal.

Quanto à **intimação da sentença**, o art. 392, CPP, determina que a regra é a intimação do réu e do seu advogado pessoalmente. Todavia, caso o réu esteja solto, a intimação pode ser feita pessoalmente a ele ou ao seu advogado, de forma alternativa. Assim, a conclusão a que se pode chegar é que sempre que o **réu** estiver **preso** ele deverá ser intimado **pessoalmente**.

Ponto corriqueiro em provas da OAB, sendo por isso deixado para ser comentado ao final deste tópico, é aquele que trata da ***emendatio libelli*** e ***mutatio libelli***.

Inicialmente, para que não restem dúvidas, a ***emendatio libelli*** ocorre no **art. 383, CPP**, quando o Juiz atribui **nova definição jurídica**, **sem modificar a descrição do fato narrado** na ação penal. Isso é possível porque o acusado defende-se dos fatos, não da capitulação jurídica feita pelo Ministério Público ou advogado (queixa-crime). Assim, pode ser que o Juiz entenda que o crime é o de roubo (ainda que mais grave), não sendo correta a capitulação que foi feita quando se descreveu na denúncia uma subtração feita com violência como sendo de furto. Basta que o Juiz altere a capitulação penal, sem maiores consequências. Lembrar que na *emendatio libelli* prevista no art. 383, CPP não existe o contraditório com produção de prova testemunhal, como ocorre com a *mutatio libelli* do art. 384, CPP, uma vez que, insista-se, o Juiz não está acrescentando elementos diversos daqueles constantes na ação penal, mas apenas dando nova capitulação aos fatos narrados.

Já a ***mutatio libelli*** prevista no **art. 384, CPP** ocorre quando houver mudança no libelo, ou seja, na acusação feita inicialmente. Ela é possível quando, após a instrução probatória, com as provas produzidas posteriormente à ação penal, **novos fatos e circunstâncias alteram a imputação típica feita no início.** Veja-se que não se podem alterar sobremaneira os fatos narrados inicialmente, devendo manter o tipo básico com seus elementos como o bem jurídico tutelado e verbo-núcleo do tipo. O que se acrescentam são fatos e circunstâncias descobertos na instrução probatória e que irão modificar a capitulação penal, podendo o novo crime ser mais grave ou não. Nesse tipo de alteração, as partes deverão ter o direito de produzir novas provas, pois novos fatos e circunstâncias surgiram e o contraditório exige isso.

Sendo assim, o Ministério Público irá aditar a denúncia ou queixa, no prazo de 5 (cinco) dias, também sendo ouvido o defensor do acusado no mesmo prazo de 5 (cinco) dias, procedendo-se à nova audiência de instrução e julgamento (art. 384, § 2º, CPP).

Como exemplo de *mutatio libelli,* pode ser citado o caso em que o agente está respondendo pelo crime de furto, mas durante a instrução probatória percebe-se que o agente usou de violência contra a pessoa para efetuar a subtração. Nesse caso, permitindo-se o contraditório acima citado, o Juiz poderá dar nova definição jurídica para o fato, sendo tratado como crime de roubo. Acerca da possibilidade de se fazer o referido instituto em grau de recurso, a resposta negativa se impõe, tendo em vista a redação da Súmula 453, Supremo Tribunal Federal:

> Não se aplicam à segunda instância o art. 384 e parágrafo único do CPP, que possibilitam dar nova definição jurídica ao fato delituoso, em virtude de circunstância elementar não contida, explícita ou implicitamente, na denúncia ou queixa.

> Em suma, a ***emendatio libelli*** ocorre quando o Juiz der nova capitulação jurídica aos fatos narrados, mas sem que haja qualquer fato ou circunstância nova; enquanto que na ***mutatio libelli*** novos fatos ou circunstâncias surgem e o Juiz, mediante contraditório, dará nova capitulação jurídica.

Por fim, tendo em vista a **independência do Juiz** para julgar, em crimes de ação penal pública (incondicionada ou condicionada), **não se aplicando para a queixa-crime** (ação penal privada), poderá o **Magistrado condenar ou reconhecer agravantes**, ainda que o Ministério Público tenha pedido a absolvição ou não tenha mencionado qualquer agravante. Essa é regra do art. 385, CPP.

14. PROCEDIMENTOS PENAIS

> Antes de adentrar os procedimentos, deve ser diferenciado o que vem a ser **processo** e **procedimento**. O processo é o caminho percorrido por vários atos processuais até culminar com a sentença. Já o procedimento é o modo pelo qual esses vários atos processuais devem ser praticados até chegar à finalidade conclusiva.

O que se estudará a seguir é o **procedimento** previsto no Código de Processo Penal, que pode ser dividido em espécies, como comum ordinário, comum sumário, comum sumaríssimo ou especial, conforme art. 394, *caput*, CPP. Os três primeiros são regulados pelo Código de Processo Penal, na forma do art. 394, § 1º, a seguir transcrito para melhor visualização:

> O procedimento **comum** será **ordinário, sumário ou sumaríssimo**:
> **I – ordinário**, quando tiver por objeto crime cuja sanção máxima cominada for igual ou superior a 4 (quatro) anos de pena privativa de liberdade;
> **II – sumário**, quando tiver por objeto crime cuja sanção máxima cominada seja inferior a 4 (quatro) anos de pena privativa de liberdade;
> **III – sumaríssimo**, para as infrações penais de menor potencial ofensivo, na forma da lei.

Por sua vez, o **procedimento especial** é regulado de forma específica, como o próprio nome diz, tendo previsão de seu **rito especial** em Leis Extravagantes ou disposições especiais, como, por exemplo, Lei n. 11.343/2006 (Lei de Drogas); Lei n. 8.038/90 (Procedimento Originário dos Tribunais); arts. 513 a 518, CPP (Crimes de Responsabilidade dos Funcionários Públicos); arts. 406 a 497, CPP (Procedimento dos Crimes Dolosos Contra a Vida).

Importante destacar que alguns crimes que possuem pena inferior a 4 (quatro) anos não se submeterão ao que consta do art. 394, § 1º, CPP, acima citado, em virtude de disposição legal específica excluindo a sua aplicação. Dessa forma, a pena abstrata cominada à infração penal não será considerada para fins de determinação do procedimento. Citam-se como exemplos de crimes que **não se submetem à regra**, apesar de a pena máxima abstrata ser menor que 4 (quatro) anos:

a) **Infrações penais com violência doméstica e familiar contra a mulher:** art. 41, **Lei n. 11.340/2006**, determinando a lei que **não se aplique**, qualquer que seja a pena, o **procedimento comum sumaríssimo** previsto na Lei n. 9.099/95.
b) **Crimes tipificados na Lei n. 10.741/2003 (Estatuto do Idoso):** art. 94, Lei n. 10.741/2003, determina que se **aplique** o **procedimento comum sumaríssimo** (Lei n. 9.099/95) aos crimes praticados contra idoso, ainda que a pena máxima abstrata seja superior a 2 (dois) anos, desde que **não ultrapasse 4 (quatro) anos**.

c) **Crimes Falimentares:** art. 185, **Lei n. 11.101/2005**, determina que se aplique o **procedimento comum sumário**, ainda que a pena do crime seja igual, inferior ou superior a 4 (quatro) anos.
d) **Crimes previstos na Lei n. 12.850/2013 (Lei de Organização Criminosa):** art. 22, *caput*, Lei n. 12.850/2013, dispõe que os crimes previstos nesta lei e as infrações penais conexas serão apurados mediante **procedimento comum ordinário**, independentemente da pena máxima abstrata cominada ao delito.

Assim, importante guardar essas exceções legais que, independentemente da pena cominada, não se submeterão à regra geral.

Uma última observação inicial deve ser feita, tendo em vista tratar-se de **alteração legislativa recente** e com grande chance de ser cobrada em provas da OAB, é trazido à baila o disposto no artigo seguinte:

> **Art. 394-A.** Os processos que apurem a prática de crime hediondo terão prioridade de tramitação em todas as instâncias.

Assim, os processos dos crimes previstos na Lei n. 8.072/90 terão prioridade em relação aos chamados crimes comuns, o que é louvável, de acordo com a gravidade maior que esses delitos possuem.

14.1. Procedimento comum ordinário no Código de Processo Penal

Trata-se do procedimento mais utilizado hoje na prática, sendo também o mais cobrado nas provas da OAB. Para que se aplique a sua sistemática, a sanção máxima do crime deve ser **igual** ou **superior a 4** (quatro) anos de **pena privativa de liberdade**.

A peça inaugural no Processo Penal é a ação penal, podendo ser feita a **denúncia ou queixa**. Ambas devem atender o já citado art. 41, CPP, com clara identificação do autor ou autores, fato criminoso, local, dia e hora do crime. Para aferir o preenchimento dos requisitos legais e consequente recebimento da ação penal, passa-se à análise do Juiz acerca de sua admissibilidade ou não, na forma do art. 395, CPP, a seguir analisado:

> **Art. 395.** A denúncia ou queixa será rejeitada quando:
> I – for manifestamente inepta;
> II – faltar pressuposto processual ou condição para o exercício da ação penal; ou
> III – faltar justa causa para o exercício da ação penal.

A **primeira situação** de rejeição da denúncia ou queixa é quando houver **inépcia**, sendo essa conceituada como a falta de atendimento ao disposto no **art. 41, CPP**. Faltando, por exemplo, a menção de local, dia e hora do crime, não há como o acusado defender-se, devendo a ação penal ser rejeitada.

A **segunda situação** já foi trabalhada alhures (item 5.2), quando se debruçou sobre a ação penal pública.

A terceira situação é importantíssima, devendo entender-se por **justa causa** um **lastro probatório mínimo** para que alguém possa ser acusado de alguma infração penal.

14.1.1. Resposta à acusação no procedimento comum ordinário no CPP

Depois de preenchidos os requisitos do art. 395, CPP, o Juiz **receberá a denúncia ou queixa** e citará o acusado para fazer a peça chamada de **resposta à acusação**. Essa peça deve ser feita por **escrito** e o **prazo** é de **10 (dez) dias**. Cuidado que no procedimento comum ordinário **não** se usa mais o nome **defesa prévia** nem **defesa preliminar**, mas sim resposta à acusação. Em outros procedimentos ainda se usa a expressão defesa preliminar, bem como os prazos podem ser diferentes. Para facilitar a compreensão, segue quadro abaixo com os tratamentos diversos.

Lei n. 11.343/2006 (Lei de Drogas), art. 55, *caput*	Defesa preliminar Prazo: 10 dias
Lei n. 8.038/90 (Procedimento Originário dos Tribunais), art. 4º	Defesa preliminar Prazo: 15 dias
Lei n. 9.099/95 (Juizados Especiais), art. 81	Defesa preliminar Feita oralmente em audiência
Código de Processo Penal (Crimes funcionais), art. 514	Defesa preliminar Prazo: 15 dias

Nesse ponto, excluindo-se as peças defensivas demonstradas no quadro acima, a resposta à acusação será feita depois que o Juiz receber a denúncia ou queixa, podendo o acusado alegar tudo que interessa à sua defesa, como preliminares, provas, exceções e apresentar o rol de testemunhas, sendo que o número de testemunhas vai depender do procedimento a ser utilizado.

14.1.2. Absolvição sumária no procedimento comum ordinário do CPP

Após a realização da resposta à acusação, com todas as teses defensivas em seu bojo, o Juiz passa a analisar se irá acatar ou não algo que esteja dentro dela. Caso entenda que a tese defensiva deva ser aceita, poderá aplicar o instituto da **absolvição sumária**, na forma do art. 397, CPP, *in verbis*:

> **Art. 397.** Após o cumprimento do disposto no art. 396-A, e parágrafos, deste Código, o juiz deverá absolver sumariamente o acusado quando verificar:
>
> **I** – a existência manifesta de causa excludente da ilicitude do fato;
>
> **II** – a existência manifesta de causa excludente da culpabilidade do agente, salvo inimputabilidade;
>
> **III** – que o fato narrado evidentemente não constitui crime; ou
>
> **IV** – extinta a punibilidade do agente.

As causas de absolvição previstas no art. 397, CPP são bem fáceis de entendimento, podendo ser exemplificada cada uma delas no quadro abaixo, tendo em vista que as provas da OAB, notadamente em Direito Processual Penal, abordam muito casos concretos.

Causa excludente de **ilicitude do fato**	Legítima defesa, estado de necessidade, estrito cumprimento do dever legal e exercício regular do direito (art. 23, CP)
Causa excludente de **culpabilidade**	Erro de proibição (art. 21, CP); coação moral irresistível e obediência hierárquica (art. 22, CP)
Causa excludente de **tipicidade**	Princípio da insignificância; falta de previsão legal do crime (p. ex., o adultério foi revogado)
Causa extintiva da **punibilidade**	Morte do agente, prescrição, decadência, e demais hipóteses do art. 107, CP

Conforme expressa disposição legal, não se inclui como causa excludente de culpabilidade, e consequente absolvição sumária, a **excludente de inimputabilidade**. Por uma razão simples e já vista quando do estudo da **Sentença Penal** (item 13.1.2), trata-se de aplicação da chamada **sentença absolutória imprópria** (art. 386, parágrafo único, III, CPP), em que se determinará imposição de **medida de segurança**. Todavia, para que se aplique a aludida sentença absolutória imprópria deve ser dada à defesa do inimputável a possibilidade de defender-se no processo penal, com audiência de instrução e julgamento, sendo que ele poderá alegar alguma causa de sua inocência e conseguir eventual absolvição por uma das formas do art. 386, CPP. Apenas quando não comprovar a sua inocência é que se aplica a regra do art. 386, parágrafo único, III, CPP, determinando a imposição de medida de segurança.

14.1.3. Instrução criminal no procedimento comum ordinário do CPP

Não sendo o caso de absolvição sumária, o Juiz designará audiência de instrução e julgamento para a produção de provas, intimando-se o acusado para comparecimento e sua oitiva em interrogatório.

Importante assinalar que a **ordem da produção de provas** prevista no art. 400, CPP, deverá ser estritamente **obedecida**, sendo comum cobrar-se em provas da OAB essa forma, sendo que qualquer inversão poderá ensejar nulidade.

Antes de passar para a audiência em si, devem ser lembrados os §§ 1º e 2º, art. 399, CPP, já estudados, mas, dada a importância, serão abaixo elencados:

a) **Acusado preso será requisitado:** réu que se encontra preso deve ser requisitado (ao Diretor do presídio onde se encontra) pelo Juiz para a oitiva e realização de seu interrogatório.

b) **Juiz que presidiu a instrução deve proferir a sentença: princípio da identidade física do Magistrado**, sendo que aquele que presidiu a audiência de instrução deverá prolatar a sentença penal, salvo casos de férias, promoção e licenças.

A **audiência de instrução e julgamento**, que deve ser realizada no prazo de 60 (sessenta dias) contado de quando o Juiz recebe a denúncia ou queixa e faz a sua designação, tem uma ordem rígida de ritual. Assim, seguem suas etapas:

1ª) O Juiz ouvirá o ofendido acerca dos fatos.

2ª) Será feita a inquirição de testemunhas, primeiro as da acusação e depois as de defesa, em atendimento ao princípio da ampla defesa.

3ª) Esclarecimentos dos peritos, se houver.

4ª) Acareações e reconhecimento de pessoas e coisas.

5ª) **Interrogatório do acusado**, devendo ser esse o **último ato de produção probatória**, em prol do princípio da ampla defesa.

6ª) Requerimento de diligências, se houver.

7ª) Não havendo diligências, elaboração de **alegações finais**, primeiro pela acusação (Ministério Público ou Advogado, se for queixa-crime), depois pela Defesa, de forma oral e no **prazo de 20 (vinte) minutos, prorrogável por mais 10 (dez) minutos**.

8ª) Sentença oral.

Percebe-se que o legislador primou pela realização dos **atos orais** em audiência de instrução e julgamento, apenas reservando a **forma escrita para casos excepcionais**, como se verá a seguir:

1) Caso existam **diligências**, as alegações finais serão feitas por meio de **memoriais** escritos, no prazo de 5 **(cinco) dias**, primeiro a acusação e depois a defesa.

2) Caso o feito seja **complexo**, também serão feitas alegações finais por **memoriais** escritos, no prazo **de 5 (cinco) dias**, primeiro a acusação e depois a defesa.

3) Em ambos os casos (diligências e complexidade), o Juiz proferirá a **sentença** em 10 **(dez) dias**.

Algumas **observações finais** acerca da audiência de instrução e julgamento são de que o número de testemunhas está previsto no art. 401, CPP, para o procedimento comum ordinário, podendo as partes arrolar **até 8 (oito) testemunhas**, não se compreendendo aqui a vítima e os informantes. Por derradeiro, havendo mais de um acusado, o tempo previsto para alegações finais será individualizado por defesa, na forma do art. 403, § 1º, CPP.

14.1.4. Procedimento comum sumário no CPP

Na forma do art. 394, § 1º, II, CPP, aplica-se quando a sanção máxima cominada seja inferior a 4 (quatro) anos de pena privativa de liberdade, desde que não seja inferior ou igual a 2 (dois) anos, pois a esta última aplica-se o procedimento comum sumaríssimo da Lei n. 9.099/95.

Deve ser ressaltado que, mesmo com pena inferior ou igual a 2 (dois) anos, pode ser, **excepcionalmente**, aplicado o **procedimento comum sumário**, na forma do art. 538, CPP, nos seguintes casos: 1) quando o acusado **não** for **encontrado** para **citação**, já que no Juizado Especial Criminal não se admite a citação por edital (Lei n. 9.099/95, art. 66, parágrafo único); 2) quando o fato narrado for **complexo**, necessitando-se de **perícia**. (Lei n. 9.099/95, art. 77, § 2º).

O procedimento comum sumário segue as principais regras do procedimento comum ordinário, com as **seguintes diferenças**:

1) O prazo para a realização da audiência de instrução e julgamento é de **30 (trinta) dias** após o recebimento da denúncia ou queixa.

2) As partes podem arrolar até 5 **(cinco) testemunhas**.

3) **Não** há previsão de **diligências**.

4) Alegações finais **orais**.

5) Sentença **oral**.

14.2. Tribunal do Júri

Trata-se de **procedimento especial** previsto no próprio Código de Processo Penal, nos arts. 406 a 497. Para compreender tal procedimento, importante destacar que existem duas fases bem delineadas, a saber: **sumário da culpa** e **julgamento em Plenário**.

A primeira fase (sumário da culpa) é bem parecida com o procedimento comum ordinário, todavia existem algumas diferenças que serão destacadas.

1º) Recebimento da denúncia ou queixa e citação do acusado para resposta à acusação no prazo de 10 (dez) dias.

2º) Resposta à acusação, podendo alegar toda matéria de defesa e arrolar até 8 (oito) testemunhas.

3º) Ministério Público ou querelante **manifesta-se**, em 5 (cinco) dias, **sobre a resposta à acusação** (art. 409, CPP).

4º) Na audiência de instrução e julgamento, será ouvido o ofendido, inquirição das testemunhas da acusação e depois da defesa, esclarecimento de peritos, reconhecimento de pessoas e coisas, terminando com o interrogatório do acusado.

5º) **Alegações finais orais** pelo prazo de 20 (vinte) minutos, prorrogáveis por mais 10 (dez), primeiro a acusação e depois a defesa.

6º) Sentença **oral**, podendo ser feita em 10 (dez) dias por **escrito**, caso o Juiz assim entenda melhor.

Pelo que se pode perceber acima, na primeira fase do Júri existe uma previsão de ser ouvida a parte acusadora acerca da resposta à acusação, o que não existe no procedimento comum ordinário. Além disso, não há previsão de memoriais escritos, devendo as alegações finais ser orais. Também deve ser destacado que o **número de testemunhas** que podem ser ouvidas na **primeira fase é de 8 (oito)**, na forma do art. 406, § 2º, CPP, diferentemente da **segunda fase** (sessão de julgamento pelo plenário), em que se podem arrolar até **5 (cinco)** testemunhas, conforme art. 422, CPP. Por fim, a sentença pode ser tanto oral quanto escrita.

O prazo para a conclusão de toda a fase do sumário de culpa é de 90 (noventa) dias, conforme determinação legal do art. 412, CPP.

Vencida essa fase, passa-se para as **possíveis decisões** que podem ser tomadas após a instrução probatória, que são:

a) **Impronúncia:** art. 414, CPP. Quando o Juiz **não** se convence da **materialidade** do fato ou da existência de **indícios suficientes de autoria** ou de **participação**. De tal decisão cabe o recurso de **apelação**, na forma do art. 416, CPP.

b) **Pronúncia:** art. 413, CPP. Quando o Juiz **está** convencido da **materialidade do fato** e dos **indícios suficientes de autoria ou de participação**, determinando que o acusado seja julgado pelo Plenário do Tribunal do Júri, ou seja, pelos 7 (jurados). Lembrar que tal decisão deve ser a mais sucinta possível, para não haver manifestação sobre o mérito e influenciar os jurados, sendo suficiente que o Juiz declare o dispositivo legal que julgar incurso o acusado e especificar as circunstâncias qualificadoras e as causas de aumento de pena. De tal decisão cabe o **recurso em sentido estrito**, na forma do art. 581, IV, CPP.

c) **Desclassificação:** art. 419, CPP. Ocorre quando o **Juiz Sumariante** entender que o fato **não é** de **competência do Tribunal do Júri**, devendo remeter os autos para o Juiz competente. Seria o caso de o Juiz analisar que se trata de crime contra o patrimônio, mas não crime doloso contra a vida. Exemplo: desclassifica a imputação de um homicídio simples para o crime de latrocínio, previsto no art. 157, § 3º, CP, devendo o fato ser julgado na forma do procedimento comum ordinário. Não confundir a desclassificação acima citada com a desqualificação, em que o Juiz Sumariante pronuncia o acusado, mas retira alguma qualificadora, a exemplo do motivo torpe previsto no homicídio qualificado (art. 121, § 2º, I, CP). Contra tal decisão caberá **recurso em sentido estrito**, na forma do art. 581, II, CPP.

d) **Absolvição sumária:** art. 415, CPP. Na forma legal, o Juiz Sumariante poderá absolver o acusado quando estiver provada a **inexistência do fato**; o fato **não constituir infração penal**; demonstrada causa de **isenção de pena ou de exclusão do crime**. Importante observar que não se previu aqui, como no art. 397, IV, CPP, a presença de causa extintiva da punibilidade (aquelas delineadas no art. 107, CP). Todavia, o Juiz Sumariante não estará impedido de reconhecer tal causa, em razão da disposição legal contida no art. 61, CPP, que afirma que em qualquer fase do processo, o juiz, se reconhecer extinta a punibilidade, deverá declará-lo de ofício. Contra a decisão de absolvição sumária, na forma do art. 416, CPP, caberá **apelação**.

14.2.1. Desaforamento no Tribunal do Júri

Trata-se de deslocamento de competência territorial de uma comarca para outra relativa à sessão de julgamento pelo Plenário do Tribunal do Júri, não ocorrendo em relação à fase do sumário de culpa (primeira fase do Tribunal do Júri).

O art. 427, CPP elenca as possíveis hipóteses de desaforamento que são:

a) **interesse da ordem pública**;
b) **dúvida sobre a imparcialidade do júri**;
c) **segurança pessoal do acusado**.

A legitimidade para requerer o desaforamento é do Ministério Público, do assistente, do querelante, do acusado e do Juiz, devendo o feito ser julgado pelo Tribunal.

14.2.2. Reunião e sessões do Tribunal do Júri

Deve ser destacado que o **Tribunal do Júri** é composto por um **Juiz-Presidente**, que é o juiz togado, e por **25 (vinte e cinco) jurados** que serão sorteados dentre os alistados, sendo que 7 **(sete)** irão compor o **Conselho de Sentença**. Importante destacar que no dia do julgamento, para que se considerem instalados os trabalhos, deverão comparecer 15 (quinze) jurados para o efetivo sorteio dos 7 (sete) jurados que irão servir no julgamento.

Assim, quando se diz Tribunal do Júri, deve ser lembrado que este é composto pelo Juiz-Presidente e por mais 25 (vinte e cinco) jurados, enquanto que o Conselho de Sentença são os 7 (sete) jurados.

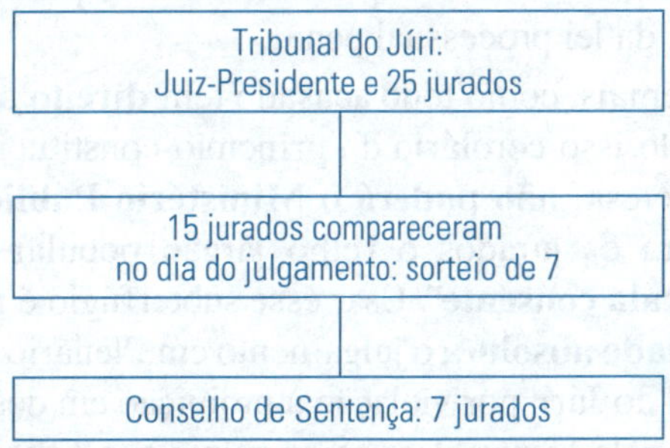

14.2.3. Debates orais em plenário no Tribunal do Júri

Constitui o momento mais marcante do Tribunal do Júri, em que as partes debaterão seus argumentos de forma oral e onde os ânimos costumam estar exaltados. Lembrar que nesse momento **não poderá estar o acusado algemado**, salvo em caso de absoluta necessidade (ordem dos trabalhos, segurança das testemunhas ou garantia da integridade física dos presentes), na forma disposta no art. 474, § 3º, CPP.

Nesse momento processual, o Ministério Público iniciará a fala, tendo uma hora e meia para expor suas teses, falando a defesa na sequência pelo mesmo tempo. Havendo necessidade, o Ministério Público usará a réplica para rebater eventuais teses defensivas no período de uma hora, tendo a defesa, na tréplica, mais uma hora para o fechamento. Caso exista mais de um acusado, as falas iniciais serão acrescidas de uma hora, o mesmo ocorrendo para réplica e tréplica. Tudo isso está disposto nos arts. 476 e 477, CPP.

Considerações especiais e sempre recorrentes nas provas da OAB estão no art. 478, CPP, acerca de **matéria proibida** de ser levantada durante os debates, a saber referências:

a) À decisão de pronúncia, às decisões posteriores que julgaram admissível a acusação ou à determinação do uso de algemas como argumento de autoridade que beneficiem ou prejudiquem o acusado.

b) Ao silêncio do acusado ou à ausência de interrogatório por falta de requerimento, em seu prejuízo.

Assim, o Promotor de Justiça não poderá **exibir a sentença de pronúncia** para os jurados com a intenção de convencê-los de que o correto é a condenação, alegando, pois, que nenhum Juiz pronunciaria pessoa inocente para ser julgada pelo Conselho de Sentença. O art. 478, CPP foi uma das alterações mais comemoradas pela defesa, pois antes os membros do Ministério Público faziam a acusação em plenário com a sentença de pronúncia nas mãos, mostrando-a, sistematicamente, para os jurados. Hoje isso não é mais possível, sendo até mesmo **nulo** o Júri em que isso ocorrer, por violação expressa da lei processual penal.

Ademais, como todo acusado tem **direito ao silêncio**, sendo isso corolário do princípio constitucional da ampla defesa, **não poderá o Ministério Público afirmar** para os jurados o velho jargão popular de que "**quem cala consente**". Usar esse subterfúgio é macular de **nulidade absoluta** o julgamento em Plenário feito no Tribunal do Júri, por violação à proibição em destaque e também pela ofensa clara ao princípio constitucional da ampla defesa.

Por fim, **qualquer documento** que for ser **mostrado em plenário** deverá ter sido juntado com antecedência mínima de **3 (três) dias úteis antes da sessão de julgamento**, na forma do art. 479, CPP.

Após os debates, o Juiz-Presidente proferirá a sentença de acordo com o que foi decidido pelos Jurados, cabendo a ele fixar a pena, em caso de condenação, ou absolver, em caso de os jurados não terem condenado o acusado.

14.3. Procedimento comum sumaríssimo (Juizados Especiais Criminais)

Esse é o procedimento regulado pela **Lei n. 9.099/95**, conhecida como a Lei dos **Juizados Especiais**. No caso do Direito Processual Penal, será estudado o Juizado Especial **Criminal**.

14.3.1. Competência e atos processuais no Juizado Especial Criminal

A competência para o julgamento perante o Juizado Especial Criminal é fixada tendo em vista o conceito de **infração penal de menor potencial ofensivo**, ou seja, aquela que a **pena máxima abstrata não ultrapassar a 2 (dois) anos**, na forma do art. 61, Lei n. 9.099/95. Ademais, será **competente** para aplicar tal procedimento tanto o **Juiz** onde foi praticada a conduta (**ação ou omissão**) quanto o Juiz do local da consumação (**resultado**), tendo em vista que o art. 63, Lei n. 9.099/95, usa a expressão "lugar em que foi praticada a infração penal", **aplicando-se a teoria mista ou da ubiquidade, uma vez que o legislador não foi claro na escolha de qual teoria exata seria aplicada (atividade ou do resultado)**.

Uma consideração interessante é a de que os atos processuais poderão ser feitos no período noturno e em finais de semana, na forma do art. 64, tendo em vista a necessidade de celeridade ínsita ao seu procedimento.

Outra **questão específica** é a diferença acerca da **prisão em flagrante**, uma vez que o autor do fato que, após a lavratura do termo circunstanciado de ocorrência, **comparecer imediatamente ao juizado não** lhe será imposta tal **prisão** e nem se exigirá **fiança**, na forma do art. 69, parágrafo único, Lei n. 9.099/95.

No que tange à **citação**, tem-se a regra específica do art. 66, que determina que ela seja feita de forma **pessoal**, no próprio Juizado ou por mandado. Além disso, o acusado deverá **comparecer** aos atos processuais **acompanhado de advogado** ou, em sua ausência, será nomeado a ele defensor público (se for pobre no sentido legal) ou dativo.

No dia designado para a audiência de instrução e julgamento, não sendo o caso de aplicação de algum instituto despenalizador, importante lembrar que todos os atos serão concentrados num único dia e feitos de forma oral, na forma do art. 81, citada Lei, sendo que na sentença até mesmo se dispensa o relatório, devendo constar apenas fundamentação e conclusão (parte dispositiva).

Caso alguém queira recorrer da sentença prolatada, o prazo é de 10 (dez) dias, na forma do art. 82, mesma Lei.

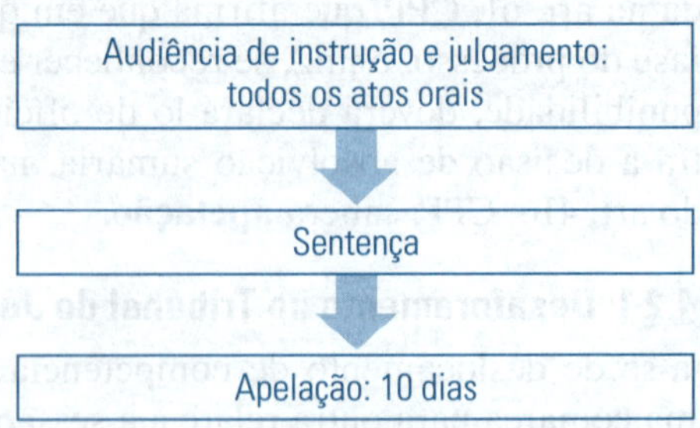

Ressaltar, por fim, que são cabíveis embargos de declaração, por escrito ou oral, no prazo de 5 (cinco) dias, quando houver contradição, obscuridade ou omissão na sentença.

14.3.2. Institutos despenalizadores

Três são os institutos despenalizadores previstos na Lei n. 9.099/95, quais sejam: composição civil dos danos, transação penal e suspensão condicional do processo.

A **composição civil** dos danos é a **reparação dos danos sofridos pela vítima**, podendo ocorrer na forma do art. 74, lembrando que, se a vítima aceitar, o processo será extinto se for feita em ação penal privada e ação penal pública condicionada à representação. No caso de ação penal pública incondicionada, o processo continuará, servindo a composição civil apenas para antecipar a certeza acerca do valor da indenização.

A **transação penal** está prevista na forma do art. 76, ficando ao cargo do Ministério Público oferecê-la e ao acusado aceitá-la. Ela impede a propositura da ação penal condicionada ou incondicionada pelo membro do Ministério Público, podendo ser aplicada sempre que a **pena máxima da infração penal não for superior a 2 (dois) anos**. Tal instituto tem algumas peculiaridades, a saber:

a) Uma vez aceito, não importa reincidência nem fixa maus antecedentes.
b) Pode ser concedido um a cada 5 (cinco) anos.
c) Não é permitido se o autor da infração tiver sido condenado definitivamente a crime anterior por pena privativa de liberdade.
d) Não indicarem os antecedentes a conduta social e a personalidade do agente, bem como os motivos e as circunstâncias, ser necessária e suficiente a adoção da medida.

Já a **suspensão condicional do processo**, prevista no art. 89, é de legitimidade do Ministério Público, em casos que a **pena mínima** cominada ao **crime for igual ou inferior a 1 (um) ano**, devendo o processo ser suspenso para que o acusado cumpra certas condições. Ela depende de aceitação do acusado ao qual se imporá um período para ele cumprir as aludidas condições, sendo que, ao final, cumpridas todas, estará extinta a punibilidade. Ele não poderá ser beneficiado pelo aludido instituto se estiver sendo processado por crime ou já tiver sido condenado definitivamente por crime anterior.

Em suma, para que não haja confusão na prova da OAB, a **transação penal** é feita antes do processo ter sido iniciado por denúncia ou queixa-crime, isto é, ainda não existe processo criminal; já a **suspensão condicional do processo** é depois que o processo já se iniciou, ficando suspenso por certo período de prova.

Uma última questão jurisprudencial importante é a impossibilidade de aplicar-se o rito do Juizado Especial criminal para a Lei Maria da Penha (Lei n. 11.340/2006 – Violência Doméstica e Familiar contra a Mulher), bem como de seus institutos despenalizadores vistos acima, conforme **Súmulas 536 e 542, Superior Tribunal de Justiça, recentemente editadas, respectivamente**:

A suspensão condicional do processo e a transação penal não se aplicam na hipótese de delitos sujeitos ao rito da Lei Maria da Penha.

A ação penal relativa ao crime de lesão corporal resultante de violência doméstica contra a mulher é pública incondicionada.

Sobre a última Súmula 542/STJ, todos os crimes de lesão corporal envolvendo mulher como vítima de violência doméstica ou familiar serão processados mediante ação penal pública incondicionada (denúncia), ainda que se trate de lesão leve ou culposa, ***não se aplicando*** **a redação do art. 88, Lei n. 9.099/95, que exige a necessidade de representação (ação penal pública condicionada) para tais tipos de lesões corporais.**

14.4. Procedimentos processuais penais na legislação extravagante

14.4.1. Procedimento especial da Lei de Drogas

A Lei n. 11.343/2006 tratou de forma específica o procedimento envolvendo o **tráfico de drogas e crimes correlatos**. Em relação ao procedimento comum ordinário do Código de Processo Penal, algumas alterações foram feitas e devem ser aplicadas de forma específica, não se aplicando aquele outro tipo de procedimento (art. 58, Lei n. 11.343/2006).

Quanto ao crime de **consumo pessoal de drogas** (art. 28, Lei n. 11.343/2006), há disposição importante no que tange à **impossibilidade de prisão em flagrante**, quando o agente **comparecer imediatamente após os fatos no Juizado Especial Criminal**, na forma do art. 48, § 2º. Ademais, o crime do art. 28, uma vez que não possui pena privativa de liberdade, mas medidas alternativas, como advertência, prestação de serviços à comunidade e frequência a cursos, será julgado e processado na forma da Lei n. 9.099/95, podendo ser aplicados os institutos despenalizadores, como transação penal e suspensão condicional do processo.

Algumas alterações legais importantes foram feitas quanto ao procedimento de apreensão das drogas, no que tange aos laudos de constatação e definitivo. Importante ressaltar que, para a lavratura do **auto de prisão em flagrante**, o **laudo de constatação** é suficiente. Todavia, para a prolação de **sentença definitiva**, faz-se necessário o **laudo definitivo**, deixando claro que se

necessita de dois laudos no procedimento da Lei n. 11.343/2006.

A necessidade do **laudo preliminar** ou de constatação para a realização do **auto de prisão em flagrante** está prevista no art. 50, § 1º, Lei n. 11.343/2006. Já o **laudo definitivo** está delineado no art. 50, § 3º, Lei citada, devendo ele ser analisado para fins de eventual **condenação**. A ausência de qualquer um dos dois laudos ensejará a nulidade do feito, uma vez que se trata de exame de corpo de delito indispensável, na forma do art. 158, CPP.

Quanto às fases procedimentais, começando no inquérito policial e culminando com a sentença, há importantes diferenças no que se refere a prazos e momento dos atos processuais, a seguir relacionados:

a) **Inquérito Policial:** a Autoridade Policial terá o prazo de **30 (trinta) dias** para a conclusão, se o réu estiver **preso**; caso esteja **solto**, o prazo é de **90 (noventa) dias**. Ambos poderão ser duplicados (art. 51, Lei n. 11.343/2006).

b) **Denúncia:** o Ministério Público terá o **prazo único de 10 (dez) dias** para ofertar a ação penal, esteja o acusado preso ou não, podendo arrolar até 5 (cinco) testemunhas (art. 54, Lei n. 11.343/2006).

c) **Defesa Prévia:** a defesa terá o **prazo de 10 dias** para apresentar sua matéria de defesa, alegar eventuais exceções e arrolar 5 (cinco) testemunhas (art. 55, § 1º, Lei n. 11.343/2006).

d) **Recebimento da denúncia e designação de audiência de instrução e julgamento:** após a manifestação da defesa, o Juiz decidirá em **5 (cinco) dias** se recebe ou não a denúncia. Quanto à audiência de instrução e julgamento, o Juiz terá o prazo de 30 (trinta) dias para marcar a data de seu início; caso tenha que designar perícia para atestar a dependência de drogas, a audiência será realizada no prazo de 90 (noventa) dias (art. 55, § 4º, Lei n. 11.343/2006).

e) **Audiência de instrução e julgamento:** o **primeiro ato processual** é o **interrogatório** do acusado, sendo essa a principal diferença com o procedimento comum ordinário, em que tal ato é feito ao final. Após, serão ouvidas as testemunhas de acusação, depois de defesa e, ao final, alegações finais orais pela acusação e pela defesa pelo prazo de 20 (vinte) minutos, prorrogáveis por mais 10 (dez) minutos. Por fim, a sentença oral, podendo ser feita na forma escrita, no prazo de 10 (dez) dias (art. 57, Lei n. 11.343/2006).

Inquérito policial	30 dias, réu preso 90 dias, réu solto
Denúncia	10 dias, réu preso ou solto
Defesa prévia	10 dias
Recebimento da denúncia	5 dias
Audiência de instrução e julgamento	30 dias, se não houver perícia 90 dias, se houver perícia

O ponto principal a ser lembrado nas provas da OAB é de que o procedimento da Lei n. 11.343/2006 é especial e prepondera a sua forma em relação ao Código de Processo Penal, sendo que se houver qualquer disposição diferente em relação ao CPP, aplica-se a disposição específica, apesar de diferente. O exemplo mais comum de cobrar em provas é o **interrogatório feito ao início da audiência de instrução e julgamento**, sendo que esse fato por si só não viola a ampla defesa e o contraditório, uma vez que a Lei n. 11.343/2006 tem previsão expressa nesse sentido. Claro que o melhor para o acusado é ser ouvido ao final, depois de todas as testemunhas de acusação e de defesa, de forma a preparar melhor a sua fala em interrogatório, podendo até mesmo explorar mais as eventuais contradições entre as testemunhas, como se faz no procedimento comum ordinário. Todavia, insista-se, no procedimento especial da Lei n. 11.343/2006, o interrogatório será feito ao início da audiência de instrução e julgamento. A seguir, para memorizar, a forma prescrita no procedimento especial previsto para a audiência de instrução e julgamento.

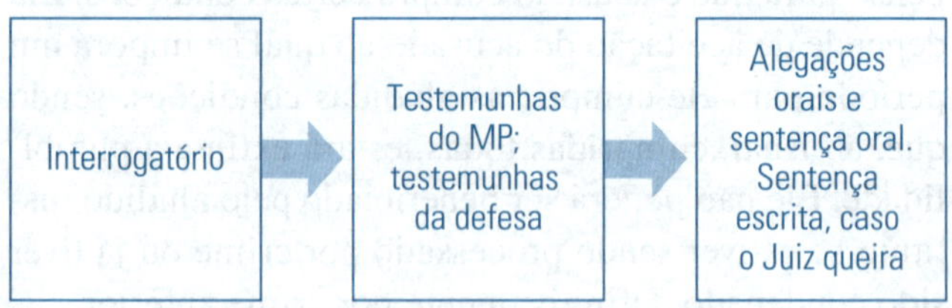

15. RECURSOS NO PROCESSO PENAL

Os recursos são instrumentos destinados à impugnação das decisões judiciais, quando a parte não concordar com aquilo que fora decidido. Para que os recursos sejam conhecidos, curial lembrar que devem ter **previsão legal**, ser **voluntários** e terem sido propostos dentro do **prazo legal**.

Acerca da voluntariedade dos recursos, o art. 574, CPP, que inaugura a sistemática recursal, atesta que todo recurso é voluntário, havendo apenas exceção quando o recurso deve ser proposto de ofício pelo Juiz. Em relação à exceção, cumpre ressaltar que apenas prevalece a do inciso I, nas decisões que o Juiz concede o *habeas corpus,* uma vez que das decisões de absolvição sumária não há previsão mais de tal recurso de ofício no atual art. 415, CPP, estando o inciso II tacitamente revogado.

Quanto ao Ministério Público, lembrar que ele não poderá desistir de recurso já interposto, em face do **princípio da obrigatoriedade** previsto no art. 576, CPP.

Em relação ao modo de recorrer, lembrar que no Código de Processo Penal existe previsão expressa de que tanto o **acusado** quanto o seu **advogado** podem **interpor a petição de interposição, não sendo tal ato privativo de advogado**, na forma do art. 578, CPP.

Cumpre ressaltar que, desde 2008, **não existe mais** o recurso chamado "**protesto por novo júri**", tendo os artigos que se referiam a ele sido revogados, conforme se vê do Código de Processo Penal, arts. 607 e 608.

Assim como todos os instrumentos processuais importantes, os recursos submetem-se a princípios que devem ser estudados para melhor compreensão do tema.

15.1. Princípios recursais penais

15.1.1. Princípio da fungibilidade recursal

Há expressa previsão legal de tal princípio no Código de Processo Penal, art. 579, *caput*. Por tal artigo, a parte que interpuser um recurso pelo outro não ficará prejudicada, ou seja, caso impetre uma apelação, mas era o caso de recurso em sentido estrito, tal fato não lhe prejudicará, devendo o Juiz receber a apelação como se fosse o recurso em sentido estrito.

Para que se entenda o art. 579, *caput*, CPP, deve ser analisada a expressão "**má-fé**", que é o ponto para aceitar a **fungibilidade recursal**. A **questão do prazo adequado** é que denota a boa ou má-fé do recorrente. Se o recorrente interpôs a apelação no seu prazo legal de 5 (cinco) dias, na forma do art. 593, *caput*, CPP, mas se tratava de hipótese de recurso em sentido estrito, não haverá má-fé e o recurso será recebido como recurso em sentido estrito, pois este tem o mesmo prazo legal de 5 (cinco) dias da apelação, na forma do art. 586, *caput*, CPP.

Quanto ao parágrafo único do art. 579, CPP, o legislador orienta que se siga o rito procedimental do recurso que deveria ter sido interposto, isto é, caso o recorrente tenha impetrado apelação, mas o correto seria recurso em sentido estrito, deve o Tribunal receber a apelação como recurso em sentido estrito, devendo baixar os autos antes do julgamento definitivo para que o Juiz exercite o juízo de retratação (reconsideração da decisão) previsto para o aludido recurso, conforme dispõe o art. 589, CPP.

Assim, no Código de Processo Penal existe a possibilidade de a parte entrar com o recurso equivocado sem que isso lhe traga prejuízo ou preclusão do seu direito de recorrer, desde que inexista má-fé do recorrente.

15.1.2. Princípio da vedação da *reformatio in pejus* no processo penal

Trata-se do princípio de maior incidência nas provas da OAB. Por ele, quando a defesa recorre da decisão, **não há possibilidade de piorar a situação do acusado**. Em caso de recurso exclusivo da defesa, inexiste possibilidade de o Tribunal reformar a decisão para piorar a situação do réu, não podendo a reforma trazer prejuízos, mas apenas melhoras.

Como se vê do art. 617, CPP, a sua aplicação é expressa, nesses termos:

> O tribunal, câmara ou turma atenderá nas suas decisões ao disposto nos arts. 383, 386 e 387, no que for aplicável, **não podendo, porém, ser agravada a pena, quando somente o réu houver apelado da sentença.**

Em que pese o artigo em testilha seja atinente à apelação, a sua sistemática deve ser aplicada para qualquer recurso, vedando-se a reforma para pior em qualquer situação. Para que não haja dúvidas da aplicação do aludido princípio para todos os recursos, veja-se que outro dispositivo também previu essa questão, como é o caso da revisão criminal, na forma do art. 626, parágrafo único, CPP, nestes termos:

> Julgando procedente a revisão, o tribunal poderá alterar a classificação da infração, absolver o réu, modificar a pena ou anular o processo.
> **Parágrafo único. De qualquer maneira, não poderá ser agravada a pena imposta pela decisão revista.**

Em suma, não caberá, para qualquer recurso, a reforma para pior quando apenas o acusado recorrer da decisão.

Como exemplo da impossibilidade de alterar aquilo que foi decidido anteriormente, tem-se a sentença que fixou a pena de 1 (um) ano para um caso de roubo, sendo que o art. 157, CP prevê reprimenda mínima de 4 (quatro) anos para o referido crime. Caso apenas a defesa tenha recorrido, não pode o Tribunal alterar a pena para maior (4 anos), ainda que se trate de erro grosseiro do Magistrado, pois o princípio em testilha veda tal possibilidade.

Outro caso clássico de aplicação do princípio da vedação de *reformatio in pejus* é aquele consubstanciado na Súmula 160, Supremo Tribunal Federal, a seguir transcrita para conhecimento:

> É nula a decisão do tribunal que acolhe, contra o réu, nulidade não arguida no recurso da acusação, ressalvados os casos de recurso de ofício.

Perceba-se que a acusação recorreu, mas não alegou a nulidade em tela, podendo até mesmo tratar-se de nulidade absoluta que prejudique o acusado, mas mesmo assim não poderá o Tribunal reconhecê-la quando isso deixou de ser pugnado pela acusação.

Outra situação importante de aplicação do princípio ocorre nos casos de vedação de ***reformatio in pejus* indireta.** Acontece a referida hipótese quando, em **recurso exclusivo da defesa**, o Tribunal anule alguma decisão do Juiz de 1º grau, que teria fixado, por exemplo, uma pena mínima de 4 (quatro) anos para um crime de roubo, mas com violação ao princípio do contraditório (ex.: inversão da ordem de oitiva das testemunhas, tendo sido ouvidas primeiro as da defesa). Nesse caso, o Tribunal irá anular o processo e remeter ao Juiz de 1º grau para que realize nova audiência de instrução e julgamento e profira nova decisão. A nova sentença não poderá fixar a pena do crime de roubo em patamar superior aos 4 (quatro) anos já fixados anteriormente, estando limitada a esse montante. Qualquer pena acima desse limite ensejará o que se chama de *reformatio in pejus* indireta, a qual é da mesma forma vedada.

15.2. Efeitos dos recursos no processo penal

15.2.1. Efeito extensivo (expansivo) dos recursos no processo penal

Trata-se do efeito mais comum de cobrar-se em **provas da OAB**, uma vez que a parte que não houver interposto um recurso em situação de concurso de pessoas, mas tendo o outro corréu interposto e se beneficiado de alguma forma do mesmo, tal benefício deve ser estendido aos demais que não recorreram. Por tratar-se de questão benéfica aos acusados, a OAB tem mencionado tal situação em suas provas.

Para conhecimento e memorização dos candidatos, tendo em vista a sua importância, cita-se a disposição em epígrafe:

> **Art. 580.** No caso de concurso de agentes (Código Penal, art. 25), a decisão do recurso interposto por um dos réus, se fundado em motivos que não sejam de caráter exclusivamente pessoal, aproveitará aos outros.

> Apenas deve ser lembrado que a menção ao art. 25, Código Penal está ultrapassada, pois quando da Reforma de 84 da Parte Geral do Código Penal, o art. 29 foi que passou a tratar do concurso de pessoas. Como exemplo de sua aplicação, se houve recurso de um coautor, tendo o Tribunal manifestado pela atipicidade da conduta dele, tal recurso irá beneficiar os demais coautores e partícipes, ainda que eles não tenham interposto o recurso.

15.2.2. Efeito devolutivo dos recursos no processo penal

A parte insatisfeita com a decisão do órgão jurisdicional inferior deve recorrer para o órgão jurisdicional superior para que a matéria questionada seja **novamente analisada**. Essa transferência para o órgão superior da análise da matéria chama-se **efeito devolutivo**. Importante ressaltar que o **recurso deve delimitar a matéria** a ser objeto de reapreciação e de nova decisão, não bastando apenas recorrer sem apontar a matéria a ser reavaliada.

Em razão disso, fica claro que o recorrente pode recorrer de todos os fundamentos de uma sentença condenatória ou apenas de parte dela. Se recorrer apenas de parte dela, não caberá ao Tribunal analisar a parte que não foi suscitada, sob pena de ocorrer um julgamento *ultra petita* (além do pedido). Por exemplo, se a sentença condenou o acusado a um crime de roubo majorado com emprego de arma (art. 157, § 2º, I, CP), tendo a defesa recorrido apenas quanto à aplicação da referida causa de aumento do emprego de arma, não cabe ao Tribunal analisar a dosimetria da pena-base aplicada.

O efeito devolutivo é inclusive jurisprudência sumulada pelo Supremo Tribunal Federal, como se vê da Súmula 713:

> O efeito devolutivo da apelação contra decisões do Júri é adstrito aos fundamentos da sua interposição.

Assim, em eventual recurso de alguma decisão contra o decidido pelo Conselho de Sentença, a parte deverá demonstrar quais fundamentos o Tribunal deverá analisar, não podendo haver análise além do que foi questionado pelo recorrente.

15.2.3. Efeito suspensivo dos recursos no processo penal

Consubstancia-se na suspensão dos **efeitos regulares da decisão impugnada**, enquanto o órgão jurisdicional superior não analisar a questão. Assim, a decisão que pode ser questionada pela via recursal somente produzirá os seus efeitos normais depois de decorrido o prazo recursal sem que haja recurso ou depois que o recurso interposto for julgado. Antes disso, a decisão proferida em instância inferior não terá validade alguma.

Como exemplo de recurso dotado de **efeito suspensivo**, tem-se a **apelação de sentença condenatória** (art. 597, CPP), não podendo eventual pena privativa de liberdade ser executada na pendência de recurso, ou seja, impossibilita-se o recolhimento de alguém ao cárcere enquanto a sentença não transitar em julgado.

Ao contrário, o recurso de apelação contra sentença absolutória não possui efeito suspensivo (art. 596, CPP), devendo o réu ser colocado em liberdade imediatamente, mesmo que haja recurso da acusação contra a referida decisão.

Os Recursos Especial e Extraordinário, por não analisarem matéria fática, mas **apenas questão de direito (lei federal ou Constituição Federal), não** possuem **efeito suspensivo**, podendo a decisão impugnada ser executada. Uma **ressalva** apenas deve ser feita em relação à **impossibilidade de prisão**, uma vez que a **presunção de inocência impossibilita que alguém seja recolhido à prisão antes do trânsito em julgado da sentença condenatória**, na forma do art. 5º, LVII, CF.

Em suma, alguns recursos possuem o chamado efeito suspensivo e outros não, sendo previsto expressamente em dispositivo legal o aludido efeito.

15.3. Recurso em sentido estrito

Trata-se do primeiro recurso previsto no Código de Processo Penal, na forma do art. 581. Importante ressaltar que o seu cabimento é restrito aos casos previstos nos incisos do art. 581, CPP, constituindo-se tal rol como taxativo. Ademais, é **recurso interposto** de **decisão de Juiz singular**, não sendo cabível contra decisões de Tribunais.

Lembrar que da sentença condenatória ou absolutória o recurso cabível é a apelação, apesar de estar escrita, na parte final do *caput* do art. 581, CPP, a palavra "sentença", isso não tem mais aplicabilidade, pois o art. 593, § 4º, CPP previu expressamente que, quando cabível a apelação, não poderá ser usado o recurso em sentido estrito, mesmo que se recorra somente de parte da decisão. Logo, resta para ser impugnada via recurso em sentido estrito a chamada decisão interlocutória, já vista acima no tópico dos atos judiciais (item 13.1.1).

Outra consideração importante é a de que alguns incisos do art. 581, CPP não são mais passíveis de recurso em sentido estrito, pois são decisões que devem ser desafiadas via agravo em execução (art. 197, Lei n. 7.210/84), uma vez que se trata de questionamento feito durante a execução penal. Assim, toda **decisão proveniente do Juiz da Execução Penal** deverá ser combatida mediante **agravo em execução**, e não por meio do recurso em sentido estrito.

15.3.1. Hipóteses de cabimento do recurso em sentido estrito

Conforme dito acima, as hipóteses de cabimento do recurso em sentido estrito estão previstas no art. 581, CPP, sendo que algumas possuem maior relevância para a prova da OAB e serão estudadas.

a) **Não recebimento da peça acusatória:** a primeira hipótese ocorre quando o Juiz não recebe a denúncia ou queixa, podendo o Ministério Público ou o advogado interpor o recurso em epígrafe. Deve o candidato na **prova da OAB** tomar cuidado com a **Súmula 707, Supremo Tribunal Federal**, destinada especificamente para esse caso, nesses termos:

> Constitui nulidade a falta de intimação do denunciado para oferecer contrarrazões ao recurso interposto da rejeição da denúncia, não a suprindo a nomeação de defensor dativo.

Pelo pensamento sumulado, quando, por exemplo, o Ministério Público recorre da rejeição da denúncia, o denunciado deve ser intimado para oferecer as contrarrazões do recurso em sentido estrito interposto, não podendo isso ser suprido com uma mera nomeação de defensor dativo. Trata-se da aplicação do princípio do contraditório. De outra feita, da decisão que recebe a denúncia, o acusado poderá interpor *habeas corpus* para almejar o trancamento da ação penal.

b) **Incompetência do Juízo:** no Direito Processual Penal o Juiz poderá reconhecer a sua própria incompetência (absoluta ou relativa), na forma do art. 109, CPP, sendo cabível o recurso em sentido estrito de tal decisão.

c) **Pronúncia do acusado:** contra a decisão que determina que o acusado seja julgado pelo Plenário do Tribunal do Júri cabe recurso em sentido estrito. Cuidado que da impronúncia e da absolvição sumária caberá apelação, na forma do art. 416, CPP.

d) **Decisão que decretar ou não a extinção da punibilidade:** os incisos VIII e IX permitem o recurso em sentido estrito para esse caso. Todavia, deve ser lembrado que somente **caberá recurso em sentido estrito** se a decisão em tela for dada **fora de sentença absolutória ou condenatória**, porque neste caso (**de sentença**) o recurso cabível é a **apelação** (art. 593, § 4º, CPP). Em outras palavras, será cabível o recurso em sentido estrito se o Juiz reconhecer durante a instrução processual a existência de alguma causa extintiva da punibilidade, sendo correto manejá-lo nessa ocasião. Agora, se o reconhecimento for feito por ocasião de sentença, caberá apelação. O **mesmo raciocínio** deve ser feito se o **Juiz da Execução Penal** reconhecer ou não alguma causa extintiva da punibilidade. Dessa forma, por tratar de decisão feita em execução penal, caberá o já citado acima **agravo em execução**. Os casos de extinção da punibilidade estão previstos no art. 107, Código Penal.

e) **Decisão que conceder, negar ou revogar a suspensão condicional da pena:** o inciso em tela está revogado. A uma, pois quando o Juiz sentenciante condena o acusado e concede o *sursis* (suspensão condicional da pena), caberá a apelação, na forma do já citado art. 593, § 4º, CPP. A duas, pois se o *sursis* foi decidido em execução penal, a impugnação deve ser feita por meio do **agravo em execução** (art. 197, Lei n. 7.210/84).

f) **Decisão que conceder, negar ou revogar o livramento condicional:** da mesma forma tratada acima, houve revogação tácita do citado inciso, pois nesse caso caberá o **agravo em execução**, tendo em vista que o livramento condicional sempre será concedido durante a execução penal.

g) **Decisão que decidir sobre a unificação de penas e incidentes da execução da pena:** as hipóteses elencadas estão previstas nos incisos XVII, XIX, XX, XXI, XXII, XXIII. Todas essas situações tratam de incidentes que ocorrem na execução penal, sendo assim o meio adequado de fazer a sua insurgência o **agravo em execução**.

15.3.2. Prazo e interposição do recurso em sentido estrito no processo penal

Em relação ao **prazo recursal**, a regra geral para ele ser interposto está no art. 586, *caput*, CPP, devendo ser feito em **5 (cinco) dias.** O recurso poderá ser interposto por meio de petição ou por termo nos autos, na forma do art. 587, *caput,* CPP. Após a interposição do recurso, o recorrente terá o prazo de 2 (dois) dias para apresentar as suas razões recursais, sendo que o recorrido também possuirá o mesmo prazo para contrarrazoar, na forma do art. 588, *caput*, CPP.

Importante consideração acerca do recurso em sentido estrito é que ele possui um **efeito** específico, qual seja, o **regressivo (iterativo ou diferido)**, em que se permite ao **Juiz retratar-se da decisão impugnada**. Em suma, poderá o Magistrado exercer o Juízo de retratação antes de remeter o recurso para a instância superior, isto é, voltar atrás na decisão anteriormente proferida.

15.4. Apelação

A apelação é o recurso mais comum no âmbito do processo penal, uma vez que consiste na insatisfação da parte contra a sentença do Juiz singular. Deve ser destacado que a apelação sempre prefere a outro recurso, como no caso do recurso em sentido estrito, ou seja, caso seja possível interpor tanto o recurso em sentido estrito quanto a **apelação**, esta última será **preferível**, na forma do art. 593, § 4º, CPP. Caso contrário, se for prevista, num dos incisos do art. 581, CPP, a interposição do recurso em sentido estrito, nesse caso não caberá a apelação.

Essa via recursal permite que o recorrente apele de **toda a decisão ou de parte dela**, devolvendo-se (efeito devolutivo) ao Tribunal apenas a matéria impugnada, na forma do art. 599, CPP.

Em relação ao **efeito suspensivo**, a regra é que a interposição da **apelação suspende** a execução do julgado quando esse for **condenatório**, não podendo ser executada a pena privativa de liberdade imposta, na forma do art. 597, CPP. Essa linha está de acordo com o art. 5º, LVII, CF, pois ninguém será considerado culpado até o trânsito em julgado da sentença penal condenatória. Esse efeito da apelação é bem comum de ser cobrado em provas da OAB, sendo transcrita a sua redação em virtude de sua importância:

> **Art. 597.** A apelação de sentença condenatória terá efeito suspensivo (...).

Esse artigo permite o raciocínio constitucional de que todos serão considerados inocentes até que se prove em contrário por meio de sentença transitada em julgado.

Além da hipótese legal acima destacada, deve ser lembrado que o **Supremo Tribunal Federal** também entende que a **sentença condenatória** não impede a **progressão de regime ou a aplicação de regime de cumprimento de pena menos rigoroso**, de forma imediata. Em suma, apesar de a sentença ser condenatória e dotada de efeito suspensivo, a aplicação de algo mais benéfico ao réu, imediatamente, como a progressão de um regime, deve ser permitida, por uma razão simples, tudo que for favorável ao acusado (*favor rei*) deve ser buscado. Essa é a redação da Súmula em análise:

> **STF – Súmula 716**
> Admite-se a progressão de regime de cumprimento da pena ou a aplicação imediata de regime menos severo nela determinada, antes do trânsito em julgado da sentença condenatória.

De outro lado, quando a **sentença** for **absolutória não** haverá o **efeito suspensivo** da apelação interposta, devendo o réu ser imediatamente colocado em liberdade, na forma do art. 596, CPP. Ora, se a presunção de inocência existe até o trânsito em julgado de sentença condenatória, podendo esse exaurimento recursal acabar até mesmo no Supremo Tribunal Federal, quando já há decisão do Juiz singular pela absolvição, então que se deverá mesmo primar pela sua inocência e colocá-lo em liberdade desde logo.

15.4.1. Hipóteses de cabimento da apelação

Os casos de cabimento da apelação estão previstos no art. 593, I a III, CPP, a seguir analisados de per si.

a) Das **sentenças definitivas de condenação ou absolvição proferidas** por juiz singular: todas as sentenças **condenatórias** e **absolutórias** são apeláveis. Além delas, as sentenças de **absolvição sumária**.

b) Das **decisões definitivas**, ou com força de definitivas, proferidas por juiz singular nos casos não previstos no tópico anterior: são os **casos residuais** não previstos para o recurso em sentido estrito (art. 581, CPP). Exemplo comum é a decisão de impronúncia, na forma do art. 416, CPP.

c) Das **decisões do Tribunal do Júri**: casos de nulidade posterior à pronúncia; for a sentença do Juiz-Presidente contrária à lei expressa ou à decisão dos jurados; houver erro ou injustiça no tocante à aplicação da pena ou da medida de segurança; for a decisão dos jurados manifestamente contrária à prova dos autos. Em relação à última hipótese (decisão manifestamente contrária à prova dos autos), cumpre ressaltar que somente cabe uma única apelação por esse motivo, na forma do art. 593, § 3º, parte final, CPP. Assim, caso a defesa tenha recorrido por esse motivo e o Tribunal tenha acatado o seu recurso, determinando-se novo júri, não caberá, por esse mesmo motivo, nova apelação, ainda que quem recorra da segunda vez seja o Ministério Público.

15.4.2. Prazo e interposição da apelação

Na forma do art. 593, CPP, o prazo para a interposição do recurso é de **5 (cinco) dias**, lembrando que toda contagem de prazo processual exclui o dia do início e inclui o dia final, iniciando-se a contagem quando a parte é intimada da sentença que deseja apelar, na forma da Súmula 710/STF. Lembrar que após a interposição do recurso no prazo de 5 (cinco) dias, o recorrente terá o prazo de 8 (oito) dias para apresentar as razões recursais, na forma do art. 600, *caput*, CP. Em razão da paridade de armas, o recorrido também terá o prazo de 8 (oito) dias para apresentar as contrarrazões recursais.

15.5. Embargos infringentes e de nulidade

Trata-se de modalidade recursal prevista no art. 609, parágrafo único, CPP, oponível contra **decisão não unânime** de órgão de segunda instância, **desde que desfavorável ao réu**. Na forma disposta no Código de Processo Penal, o ataque à decisão não unânime do Tribunal pode ser feito em relação à **matéria de mérito**, daí serem chamados de **embargos infringentes**, ou em relação à **matéria processual**, como exemplo de alguma nulidade, daí serem chamados de **embargos de nulidade**.

Um caso recente de aplicação dos chamados embargos infringentes se deu quando do julgamento do "Mensalão" (Ação Penal 470/STF), em que o Supremo Tribunal Federal, por maioria ou decisão não unânime, condenou vários réus por crimes contra a Administração Pública. Todavia, foram oponíveis os embargos infringentes e algumas condenações não subsistiram, isto é, ocorreu a absolvição por alguns crimes.

Na forma legal (art. 609, parágrafo único, CPP), o prazo para sua interposição e juntada de razões recursais é de **10 (dez) dias.**

15.6. Embargos de declaração

Trata-se de modalidade recursal contra **decisão de primeiro grau**, conforme já visto no art. 382, CPP, ou de **acórdão prolatado por Tribunal**, na forma do agora estudado art. 619, CPP.

Em ambos os casos, o recurso será cabível quando houver alguma **questão ambígua, obscura, contraditória ou omissa.** Muito comum de ocorrer quando o Magistrado deixa de manifestar sobre o regime inicial de cumprimento de pena, tendo apenas fixado qual seria a reprimenda total. Nesse caso, devem ser interpostos os embargos de declaração para que o Juiz se manifeste sobre esse ponto omisso.

O **prazo** para sua interposição e apresentação de razões recursais é de **2 (dois) dias** nos procedimentos em geral, sendo que no **procedimento comum sumaríssimo** há previsão expressa de seu cabimento, mas no **prazo de 5 (cinco) dias**, na forma do art. 83, § 1º, Lei n. 9.099/95.

15.7. Agravo em execução

Recurso com previsão específica na Lei n. 7.210/84 (Lei de Execução Penal), **art. 197**, o **agravo em execução** é manejado contra as decisões proferidas pelo **Juiz da Execução Penal**. Como exemplo, tem-se a decisão que indefere a progressão de regime de cumprimento de pena ou que indefere o livramento condicional. Nesses casos, a defesa deverá interpor o agravo em execução. Lembrar que muitos incisos do art. 581, CPP, conforme já estudados acima (item 15.3.1), estão revogados e o recurso correto é o presente agravo em execução.

Em relação ao seu prazo e procedimento a ser adotado, cumpre ressaltar que a Lei n. 7.210/84 é omissa nesse sentido, devendo, então, ser conhecida a redação da **Súmula 700 do Supremo Tribunal Federal** que tem a seguinte redação:

> É de **cinco dias** o **prazo** para interposição de agravo contra decisão do juiz da execução penal.

Quanto ao **procedimento** a ser utilizado, tendo em vista a sua similitude com o **recurso em sentido estrito**, utiliza-se este procedimento recursal para a sua interposição, podendo ser, assim, interposto por petição ou por termo nos autos. Em razão de seguir por analogia o procedimento do recurso em sentido estrito, também será aplicável o **efeito regressivo** (diferido ou iterativo), permitindo-se ao Juiz da Execução retratar-se da decisão tomada.

Por fim, na forma do art. 197, Lei n. 7.210/84, este recurso **não** possui o **efeito suspensivo**. Assim, caso o Juiz da Execução tenha proferido decisão concedendo o livramento condicional, a interposição do agravo em execução pelo Ministério Público não impedirá que o recorrido já possa usufruir do benefício concedido.

15.8. Carta testemunhável

Trata-se de recurso voltado para garantir que o Tribunal conheça e examine recurso cujo processamento o Juiz impediu que subisse para a instância superior. Na forma do art. 639, CPP, a carta testemunhável caberá quando o Juiz **denegar o recurso** ou quando, admitindo o recurso, **obstar sua expedição** e processamento para o Tribunal.

Lembrar que tal recurso tem **natureza subsidiária**, somente sendo possível quando não couber outro recurso, a exemplo do recurso em sentido estrito que será cabível quando o Juiz tiver negado o seguimento da apelação (art. 581, XV, CPP) ou nos Recursos Especial e Extraordinário que forem denegados o seguimento, cabendo aqui o agravo de instrumento. Assim, não sendo negada a apelação, nem negados os Recursos Especial e Extraordinário, caberá a carta testemunhável, quando for negado qualquer outro tipo de recurso.

O seu prazo de interposição é de **48 horas** e deve ser **dirigido ao escrivão**, na forma do art. 640, CPP, sendo que tal recurso **não possui efeito suspensivo** (art. 646, CPP). Ademais, como ele é apenas um meio de se fazer subir o recurso pretendido para que o órgão superior faça a devida análise, ele terá o mesmo procedimento do recurso que fora negado pelo órgão inferior.

15.9. Recurso especial no processo penal

Trata-se o Recurso Especial (REsp) de instrumento destinado a questionar matéria de **ordem federal** que tenha sido desobedecida por Tribunal inferior (Tribunais de Justiça, do Distrito Federal, Territórios e Tribunais Regionais Federais).

A sua previsão é de ordem constitucional, conforme se vê do art. 105, III, CF, devendo ser julgado pelo **Superior Tribunal de Justiça**. Em provas da OAB, na disciplina Direito Processual Penal, o natural é que se cobre **violação de leis federais** como Código Penal, Código de Processo Penal, Lei de Execução Penal, Lei de Drogas etc. Assim, caso o Tribunal de Justiça, ao julgar, tenha violado alguma disposição do Código de Processo Penal, como as formas procedimentais, caberá o Recurso Especial. Outro exemplo é quando se viola alguma disposição do Código Penal como o não reconhecimento de alguma causa extintiva de punibilidade (art. 107, CP), desafiando-se, então, o presente recurso.

Da mesma forma que se verá a seguir, no Recurso Extraordinário, faz-se necessário o **prequestionamento** da matéria no Tribunal de origem para que o Superior Tribunal de Justiça conheça do recurso. Caso não tenha o Tribunal de origem analisado a matéria de ordem federal, deverá a parte interpor embargos de declaração para que seja feito o devido prequestionamento.

Uma importante anotação quanto ao Recurso Especial é a nova **Súmula 518, Superior Tribunal de Justiça**, assim transcrita:

> Para fins do art. 105, III, *a*, da Constituição Federal, não é cabível recurso especial fundado em alegada violação de enunciado de súmula.

Por esse novo pensamento sumulado, o recorrente não pode valer-se do Recurso Especial com base na suposta violação à lei federal quando questiona a contrariedade a alguma súmula do Superior Tribunal de Justiça. Em outras palavras, o art. 105, III, *a*, CF, apenas admite a impetração do recurso quando a violação é à lei federal, não sendo possível em caso de violação à súmula, visto que a natureza jurídica é diversa.

Quanto ao seu processamento e prazo, o **Novo Código de Processo Civil** regulamentou a matéria, nos **arts. 1.029 a 1.044**. A sua interposição deve ser feita perante o Presidente ou Vice-Presidente do Tribunal de origem, com as razões inclusas, na forma do art. 1.029, NCPC. O **prazo** para a sua interposição e juntada de razões é de **15 (quinze) dias**, na forma do art. 1.030, *caput*, NCPC. Lembrar que a contagem dos prazos processuais está prevista no art. 798, § 1º, CPP, excluindo-se o dia do início e incluindo-se o dia final. Caso o último dia do prazo termine em feriado ou em dia não útil, considera-se prorrogado para o próximo dia útil, também na forma do art. 798, § 3º, CPP.

15.10. Recurso extraordinário no processo penal

O Recurso Extraordinário (RE) é manejado contra decisões proferidas em **única ou última instância**, quando a **matéria** combatida for de **ordem constitucional**, ou seja, violar a Constituição Federal, na forma de seu art. 102, III, sendo ele julgado pelo **Supremo Tribunal Federal**.

No caso do Direito Processual Penal, como é natural, a matéria tem que ser de ordem penal ou processual penal, sendo muito comum a sua utilização para questões que violam o art. 5º, Carta Maior, notadamente nos princípios ali previstos.

Deve ser lembrado que o Recurso Extraordinário somente tem previsão quando não for cabível nenhum outro recurso, conforme a redação da Súmula 281/STF:

É inadmissível o recurso extraordinário, quando couber, na justiça de origem, recurso ordinário da decisão impugnada.

Em virtude desse pensamento sumulado que se diz que a parte deve esgotar todas as instâncias recursais para, apenas depois, manejar o recurso em estudo.

Quanto aos requisitos para a sua impetração, importante apontar que ele somente será conhecido pelo Supremo Tribunal Federal se houver o **prequestionamento** da matéria e se for demonstrada a sua **repercussão geral.**

Por prequestionamento se entende a necessidade de análise prévia da matéria constitucional pelo acórdão recorrido (Tribunal de Justiça, por exemplo). Caso o acórdão recorrido não tenha apreciado a matéria constitucional, cabe à parte prequestionar a matéria com os embargos de declaração, obrigando o Tribunal a manifestar-se sobre a questão de ordem constitucional, sob pena de não ser possível depois ingressar com o Recurso Extraordinário. Essa necessidade de opor embargos de declaração é tão importante que foi objeto de súmula, a seguir transcrita:

STF – Súmula 356

O ponto omisso da decisão, sobre o qual não foram opostos embargos declaratórios, não pode ser objeto de recurso extraordinário, por faltar o requisito do prequestionamento.

Em relação ao outro requisito, consubstanciado na **repercussão geral**, o recorrente deve demonstrar qual a extensão da importância do julgamento daquela matéria constitucional pelo Supremo Tribunal Federal. Em outras palavras, se aquele julgamento terá relevância para outros casos similares em nível nacional. Caso contrário, o Supremo Tribunal Federal não irá julgar o recurso. Para facilitar o **significado** da chamada **repercussão geral**, foi inserido no **Novo Código de Processo Civil o art. 1.035, § 1º**, nestes termos:

Para efeito de repercussão geral, será considerada a existência ou não de questões relevantes do ponto de vista econômico, político, social ou jurídico que ultrapassem os interesses subjetivos do processo.

Logo, tendo sido a matéria prequestionada e havendo a demonstração da repercussão geral, o Recurso Extraordinário poderá ser conhecido e examinado pelo Supremo Tribunal Federal.

Em relação ao seu processamento, bem como o prazo legal, anotar que o **Novo Código de Processo Civil regulamentou a matéria** e deve ser conhecido pelo candidato da OAB, na redação dos **arts. 1.029 a 1.044**. Da disposição legal prevista no art. 1.029, NCPC, a petição de interposição é feita perante o Tribunal recorrido (endereçada ao Presidente ou Vice-Presidente do Tribunal). Em relação ao **prazo**, que deve ser lembrado pelo candidato, o art. 1.030, *caput*, NCPC, aponta ser de **15 (quinze) dias**, lembrando que se trata de prazo processual, em que se exclui o dia do início e inclui o dia final (art. 798, § 1º, CPP).

Por fim, o referido recurso **não** possui **efeito suspensivo** (art. 1.029, § 5º, NCPC), devendo o acórdão recorrido produzir todos os seus efeitos, sendo que se o condenado estiver recorrendo em liberdade, assim permanecerá até o julgamento final.

Prazos recursais no processo penal	
Recurso em sentido estrito	5 dias para interpor 2 dias para razões recursais
Apelação	5 dias para interpor 8 dias para razões recursais
Embargos infringentes e de nulidade	10 dias para interpor e razões recursais
Embargos de declaração	2 dias para interpor e razões recursais 5 dias para interpor e razões recursais (JEC)
Agravo em execução	5 dias para interpor e razões recursais

Prazos dos recursos constitucionais	
Recurso Extraordinário (STF)	15 dias para interpor e razões recursais
Recurso Especial (STJ)	15 dias para interpor e razões recursais

16. AÇÕES AUTÔNOMAS DE IMPUGNAÇÃO

As duas ações autônomas mais cobradas nas **provas da OAB** são o ***habeas corpus*** e a **revisão criminal**, que serão a seguir estudadas.

16.1. *Habeas corpus*

Chamado de remédio heroico, o *habeas corpus* tem previsão constitucional (art. 5º, LXVIII, CF) e destina-se a impedir que alguém sofra ou seja ameaçado de sofrer violência ou coação em sua **liberdade de locomoção**, por ilegalidade ou abuso de poder.

Não se trata de modalidade recursal, uma vez que não tem prazo definido em lei, não tem legitimados específicos (qualquer pessoa pode interpor – art. 654, *caput*, CPP) para a sua impetração e não pressupõe a existência de um processo para ser manejado. Logo, é considerada ação autônoma de impugnação, como nos ensina Renato Brasileiro, afirmando ser essa a posição dominante hoje no Brasil (LIMA, 2016, p. 2459).

A ilegalidade ou abuso de poder deve estar relacionada à liberdade de locomoção. Quanto à **ilegalidade**, pode-se afirmar que existirá quando alguém estiver preso em flagrante por tempo indeterminado sem que o Juiz tenha se manifestado quanto à conversão ou não da prisão em flagrante para a prisão preventiva, na forma determinada pelo art. 310, CPP. Em relação ao **abuso de poder**, ocorrerá quando a situação em tela estiver caracterizada por algum ato de exercício ilegal de poder que esteja impedindo a soltura de alguém. Como exemplo, em casos de prisão temporária, que o prazo fatal é de 5 (cinco) dias, após o qual o preso deve ser colocado imediatamente em liberdade, mas o agente responsável não libera a pessoa ao cabo de tal prazo. Trata-se de abuso de poder com restrição à liberdade de locomoção.

Lembrar que o *habeas corpus*, em **hipótese alguma**, poderá ser manejado para garantir a **posse de bens móveis ou imóveis**, somente sendo previsto para **liberdade de locomoção** de **pessoas**. Ademais, tendo em vista os últimos acontecimentos no cenário nacional em relação à Política, o *impeachment* **não pode ser questionado na via do *habeas corpus***, uma vez que a sanção proveniente de tal instituto é de origem político-administrativa, não havendo risco para a liberdade de ir e vir do Presidente da República.

Quanto às suas espécies, ele pode ser **liberatório** quando a ordem ilegal ou abuso de poder já tiver sido perpetrado, devendo o paciente ser colocado em liberdade (art. 660, § 1º, CPP). Ele será **preventivo** quando houver ameaça de constrangimento ilegal à liberdade de locomoção, em que se requer a expedição de **salvo-conduto** para que seja impedido qualquer ataque ao seu direito, conforme art. 660, § 4º, CPP.

16.1.1. Hipóteses de cabimento

O art. 648, CPP elenca algumas hipóteses cabíveis de impetração do citado remédio heroico, uma vez que tal rol é meramente exemplificativo, podendo ser aplicado para outros casos não previstos em lei, mas que coloca em risco a liberdade de locomoção. Dessa forma, a coação será considerada ilegal:

a) Quando não houver **justa causa:** trata-se da necessidade de um **lastro probatório mínimo** para a deflagração da persecução penal contra alguém ou sua própria prisão. Caso a ação penal seja iniciada sem a devida justa causa, o *habeas corpus* será o instrumento adequado para trancar a ação penal. Outro caso comum exemplificativo da ausência de justa causa se dá quando alguém é preso porque tem alguma dívida civil, na situação de depositário infiel. Esse caso foi inclusive sumulado pelo Supremo Tribunal Federal como impeditivo de prisão, na forma da **Súmula Vinculante 25**:

> É ilícita a prisão civil de depositário infiel, qualquer que seja a modalidade de depósito.

b) **Quando alguém estiver preso por mais tempo do que determina a lei:** são comuns os casos em que a pessoa já cumpriu a pena privativa de liberdade imposta, mas ainda permanece recolhida no presídio, em virtude de o Estado-Juiz não ser capaz de analisar todos os casos ao mesmo tempo, tendo em vista o elevado número de presos. Dessa forma, caberá *habeas corpus*.

Além desse caso, quando a prisão temporária já tiver com seu prazo vencido e o acusado ainda permanecer preso, trata-se de situação em que o remédio heroico será cabível.

c) **Quando quem ordenar a coação não tiver competência para fazê-lo:** é o caso de um Juiz Federal decretar a prisão preventiva de alguém que cometeu crime que deve ser julgado pelo Juiz de Direito, uma vez que a competência para tanto é estadual. Outro exemplo seria quando o Juiz de Direito decreta a prisão preventiva de um Deputado Estadual, sendo que apenas o Tribunal de Justiça poderia fazê-lo, tendo em vista a sua prerrogativa de função para ser julgado perante o referido Tribunal.

d) **Quando houver cessado o motivo que autorizou a coação:** inicialmente, a coação era legal e fundamentada, todavia houve alteração do seu substrato fático e jurídico, mas a pessoa ainda continua sendo restringida no seu direito de locomoção. Seria o exemplo de uma prisão preventiva anteriormente decretada, mas que durante o desenrolar do processo criminal o Juiz perceba que o suposto autor dos fatos não participou do crime, caindo por terra os indícios suficientes de autoria. Lembrar que nesse caso será cabível também a revogação da prisão preventiva (art. 316, CPP), sendo que tanto o *habeas corpus* quanto a revogação serão cabíveis para questionar tal prisão.

e) **Quando não for alguém admitido a prestar fiança, nos casos em que a lei a autoriza:** atualmente, a liberdade provisória pode ser concedida com ou sem fiança. No caso em tela, caso alguém seja impedido de prestar fiança, mesmo que a lei admita tal hipótese, o *habeas corpus* será a medida pertinente. Lembrar que tanto o Delegado de Polícia quanto o Juiz podem conceder fiança, na forma dos arts. 321 e 322, CPP.

f) **Quando o processo for manifestamente nulo:** quando alguma regra processual ou disposição constitucional for violada, o processo estará eivado de nulidade, não podendo ter seu curso seguido sem antes sanar tal situação. Caso prossiga, apesar da nulidade, caberá *habeas corpus*. A nulidade pode ser relativa ou absoluta, lembrando que a nulidade relativa deve ser alegada a tempo e modo para não haver preclusão, na forma do art. 571, CPP, que será estudado em capítulo próprio. Como exemplo, tem-se a condenação por crime eleitoral determinada por Juiz Estadual, em frontal disposição à regra de competência constitucional para o julgamento dos crimes eleitorais por Juiz Eleitoral. Nesse caso, o processo está manifestamente nulo e deve ser impetrado o instrumento de impugnação em epígrafe, ainda que haja sentença transitada em julgado, uma vez que o *habeas corpus* não possui prazo processual para ser manejado, podendo ser feito a qualquer tempo, desde que haja alguma situação de ilegalidade ou abuso de poder atual.

g) **Quando extinta a punibilidade:** são os casos previstos no art. 107, CP. Caso o Juiz constate alguma causa extintiva da punibilidade, deve declarar de ofício a sua ocorrência e encerrar o processo, na forma prescrita no art. 61, CPP. Se não fizer tal manifestação, o Juiz será tido como autoridade coatora e poderá a parte prejudicada impetrar o *habeas corpus* perante o Tribunal. Seria o caso de o processo estar prescrito, sendo a prescrição uma das causas extintivas da punibilidade prevista no art. 107, IV, CP, mas o Juiz continuar o processo e designar audiência de instrução e julgamento, o que acarretará a interposição do *habeas corpus*.

16.1.2. Recursos em *habeas corpus*

Os recursos cabíveis das decisões (concessivas ou denegatórias) em *habeas corpus* estão previstos no Código de Processo Penal e também na Constituição Federal.

No Código de Processo Penal, há previsão de recurso em sentido estrito para a decisão que conceder ou negar *habeas corpus* (art. 581, X, CPP), devendo ser lembrado que tal decisão deve ser de Juiz singular, pois em casos de decisões de órgão colegiado a questão é analisada no âmbito da Constituição Federal. A outra previsão está no art. 574, I, CPP, em que se prevê o chamado reexame necessário das decisões também de Juiz singular que tiver concedido a ordem de *habeas corpus*, devendo ser encaminhada a decisão concessiva para o Tribunal analisar a questão.

Já na seara constitucional, o **recurso é o ordinário**, na forma dos arts. 102, II, *a*, e 105, II, *a*, CF. Para facilitar o entendimento e a visualização das duas hipóteses, a seguir a transcrição legal:

Art. 102, II – julgar, em **recurso ordinário**:
a) o ***habeas corpus***, o mandado de segurança, o *habeas data* e o mandado de injunção decididos em única instância pelos Tribunais Superiores, **se denegatória a decisão.**
Art. 105, II – julgar, em **recurso ordinário**:
a) os ***habeas corpus*** decididos em única ou última instância pelos Tribunais Regionais Federais ou pelos tribunais dos Estados, do Distrito Federal e Territórios, **quando a decisão for denegatória.**

Pelo que se depreende dos artigos constitucionais destacados, o **recurso ordinário** é o meio adequado de insurgir-se contra decisão denegatória em *habeas corpus* proferida por **Tribunal**, uma vez que das decisões de Juiz singular caberá o recurso em sentido estrito. A decisão deve ter sido denegatória, sob pena de não ser conhecido o recurso ordinário.

O **prazo** para a imposição do recurso ordinário é de **5 (cinco) dias**, na forma do art. 30, *caput*, Lei n. 8.038/90, e art. 310, Regimento Interno do STF.

16.2. Revisão criminal

Conceitua-se como **ação autônoma de impugnação, também na linha de pensamento de Renato Brasileiro** (LIMA, 2016, p. 2525), para desconstituir-se a coisa julgada, em situações em que a sentença condenatória esteja eivada de **grave erro judiciário**. Pela conceituação, percebe-se que somente caberá a impugnação por parte do condenado, não sendo possível quando houver absolvição baseada em grave erro judiciário. Daí a assertiva de que **somente caberá revisão criminal *pro reo***, não sendo possível em favor da sociedade, por meio do Ministério Público.

Pelo que se demonstrou acima, estará sendo desconstituída de forma excepcional a coisa julgada, mas em prol de impedir-se uma injustiça contra o condenado injustamente.

A revisão criminal **não possui prazo legal** para a sua interposição, podendo ser proposta a **qualquer tempo**, mesmo que já exista decisão transitada em julgado ou pena extinta, na forma do art. 622, CPP.

Quanto à legitimidade para a propositura, deve ser destacado que o art. 623, CPP permite que o acusado, seu defensor ou, no caso de **morte do réu**, pelo seu cônjuge, ascendente, descendente ou irmão, deixando claro que ela pode ser proposta ainda que a pena já tenha sido extinta pela morte do agente, na forma do art. 107, CP. Deve ser destacado que o réu pode propor a revisão criminal **mesmo sem advogado**, ou seja, não depende de representação por profissional da advocacia.

Como se trata de **erro judiciário**, na forma prevista na Constituição Federal (art. 5º, LXXV) e também no Código de Processo Penal (art. 630, *caput*), o acusado fará jus a uma **indenização** pela injustiça cometida pelo Poder Judiciário.

Fator importante para que se aceite o pedido de revisão criminal é ter **ocorrido** o **trânsito em julgado** da **sentença condenatória**, uma vez que se o processo ainda estiver em curso outras formas de impugnação (recursos) poderão ser opostas. Essa é a letra da lei no art. 625, § 1º, CPP. Além da sentença condenatória, também caberá a revisão criminal das **sentenças absolutórias impróprias** (art. 386, parágrafo único, III, CPP), em que se aplicou **medida de segurança**. Isso porque, apesar de não ser pena propriamente dita, a medida de segurança importa numa restrição da liberdade do agente, uma vez que ele estará sujeito a tratamento em hospital de custódia ou em tratamento ambulatorial, sendo totalmente injusto que tal situação persista se houver um dos casos do art. 621, CPP.

Os casos legais de revisão criminal estão previstos no art. 621, CPP, a seguir transcritos:

> A revisão dos processos findos será admitida:
> I – quando a **sentença condenatória** for contrária ao texto expresso da lei penal ou à evidência dos autos;
> II – quando a **sentença condenatória** se fundar em depoimentos, exames ou documentos comprovadamente falsos;
> III – quando, após a **sentença,** se descobrirem novas provas de inocência do **condenado** ou de circunstância que determine ou autorize diminuição especial da pena.

A **primeira hipótese** ocorre quando a sentença condenatória for **contrária à lei ou à Constituição da República**, sendo o caso comum quando houver sido baseada em **prova ilícita**, a exemplo de uma interceptação telefônica sem autorização judicial.

A **segunda hipótese** estabelece que a revisão criminal será possível quando a sentença condenatória estiver **frontalmente** contrária à **prova dos autos**. Cumpre ressaltar que não é cabível a revisão criminal quando o Magistrado condenou com base em arcabouço probatório frágil. Deve ser demonstrado que não havia prova alguma para a condenação e o Juiz condenou assim mesmo, sob pena de a revisão criminal constituir-se em uma via substitutiva do recurso de apelação.

A **terceira hipótese** é uma das mais graves, pois o réu foi condenado com base em **provas falsas**, como depoimento do ofendido, prova testemunhal ou documental. Seria o exemplo de uma vítima comprar as testemunhas do processo para que minta a seu favor. Descoberta tal fraude, o remédio é a revisão criminal.

A **quarta hipótese** refere-se a **novos elementos de prova** que não foram objeto de apreciação pelo julgador e que poderiam ter inocentado o acusado, caso tivessem sido conhecidos à época pelo Magistrado. Como exemplo, tem-se no caso de o verdadeiro autor do crime resolver confessá-lo após a sentença já ter condenado o inocente. Trata-se de prova que surgiu após o fim do processo penal, ensejando a desconstituição da sentença condenatória.

A **competência** para o julgamento da revisão criminal é sempre de **Tribunal**, nunca de Juiz singular, na forma do art. 624, CPP. Assim, se o erro judiciário foi cometido por um Juiz, a revisão criminal deve ser julgada pelo Tribunal que possuir jurisdição sobre ele, por exemplo, se o Juiz é federal, caberá ao Tribunal Regional Federal analisar a questão. Se o Juiz é estadual, caberá ao Tribunal de Justiça. Todavia, se a decisão acometida de erro judiciário foi prolatada por Tribunal, caberá a ele mesmo desconstituir tal decisão. Como exemplo, se o acórdão de três Desembargadores do Tribunal de Justiça foi objeto de revisão criminal, o próprio Tribunal de Justiça julgará a impugnação, lembrando que somente poderá funcionar como relator Desembargador que não tenha participado do acórdão impugnado.

Assim como nos recursos, em que se **veda a reforma para pior ou *reformatio in pejus***, a revisão criminal também deve ser orientada nesse sentido, nunca podendo a nova decisão prolatada em sede dessa ação autônoma de impugnação ser pior do que a que foi revista. Essa é a regra imposta no art. 626, parágrafo único, CPP, que tem a seguinte redação:

> De qualquer maneira, não poderá ser agravada a pena imposta pela decisão revista.

O que se quer demonstrar é a impossibilidade de a revisão criminal ser feita para piorar a situação do condenado. Assim, caso o réu tenha sido condenado com base em provas ilícitas, a revisão criminal será o remédio processual cabível. Todavia se o Tribunal quiser manter a condenação, por entender que as provas novas foram feitas de forma lícita e isso lhe autoriza manter a condenação, terá que respeitar o **limite máximo** de **pena aplicado na sentença originária**, não podendo, em hipótese alguma, agravar a decisão.

17. NULIDADES NO PROCESSO PENAL

Todo ato processual deve ser praticado tendo em vista uma **forma prescrita no Código de Processo Penal ou na Constituição Federal**. Quando essa forma é inobservada, surgem as chamadas nulidades. As nulidades, por sua vez, podem ser absolutas ou relativas. Serão absolutas quando o prejuízo causado por inobservar a forma prescrita é presumido, não havendo possibilidade de convalidação. Já as relativas demandam que se prove o prejuízo causado pela inobservância do dispositivo legal. Outra diferença básica entre as nulidades absolutas e relativas é que aquelas podem ser decretadas de ofício pelo Juiz, independentemente de manifestação das partes, enquanto que as nulidades relativas devem ser pugnadas pelas partes, não cabendo ao Juiz, de regra, decretá-las de ofício.

> Assim, para não gerar confusão na prova, **nulidades relativas** dependem de alegação da parte prejudicada, devendo ser comprovado o prejuízo, enquanto que as **nulidades absolutas** podem ser alegadas de ofício e o prejuízo causado é presumido.

Importante destacar que as **nulidades** são ocorrências do **processo penal**, não havendo que se falar em nulidade no **inquérito policial**, uma vez que ainda inexiste ação penal. Caso algum ato descumpra a forma prescrita em lei durante o inquérito policial, estar-se-á diante de um vício que não macula o posterior processo penal, devendo ser declarada apenas a sua **irregularidade**, mantendo-se intacto o processo penal deflagrado.

17.1. Princípios informativos das nulidades no processo penal

Como todo instituto relevante de Direito Processual Penal, as nulidades também possuem princípios orientadores que facilitam a compreensão do tema, de forma a interpretar de que modo o operador do Direito deverá portar-se diante de cada espécie de nulidade.

17.1.1. Princípio do prejuízo ou *pas de nullité sans grief*

Nenhum ato processual será declarado nulo se não houver **prejuízo** para as partes. Essa é disposição legal que inaugura o título das nulidades, na forma prescrita no art. 563, CPP. No que se refere às **nulidades absolutas**, o **prejuízo é presumido**, enquanto que nas **nulidades relativas** ele deverá ser **demonstrado** pela parte que alegar a ausência de atendimento a certa forma prescrita em lei. O Supremo Tribunal Federal também corrobora a tese de que as nulidades absolutas possuem prejuízo presumido, enquanto que as relativas dependem de comprovação do prejuízo causado a quem alega, na forma da **Súmula 523/STF**:

> No processo penal, a falta da defesa constitui nulidade absoluta, mas a sua deficiência só o anulará se houver prova de prejuízo para o réu.

A falta de defesa viola os princípios constitucionais da ampla defesa e do contraditório, presumindo-se o prejuízo, além de ser norma prevista na Constituição da República. Já a deficiência de defesa é nulidade que necessita da prova do prejuízo, sendo da espécie relativa.

Dessa forma, a **declaração** de alguma nulidade **demandará** a existência de **prejuízo** para uma das partes (acusação ou defesa). Por exemplo, a mera inversão da ordem de oitiva das testemunhas, tendo sido ouvidas primeiro as da defesa, por si só não gerará presunção de prejuízo para a parte. Deve a parte que a alegar demonstrar em que consistiu o prejuízo, uma vez que, no exemplo citado, as testemunhas de defesa ouvidas primeiramente podem ter sido apenas de beatificação (atestar boa conduta social do réu), em nada aproveitando de relevante para a causa, não havendo a ocorrência de prejuízo. Assim, tal inversão da oitiva de testemunhas trata-se de nulidade relativa em que se deve demonstrar o prejuízo causado.

17.1.2. Princípio da permanência da eficácia dos atos processuais penais

No Direito Processual Penal, os atos devem ser declarados nulos pelo Juiz, permanecendo válidos até esse momento. Tal princípio se aplica tanto para as nulidades relativas quanto para as absolutas, sendo diferente do Direito Civil, em que os atos nulos não produzem efeitos de pleno direito. Na sistemática processual penal, a **declaração de nulidade** é que **fulmina** os **efeitos jurídicos** até então produzidos pelo ato nulo. Assim, ainda que se trate de nulidade absoluta, o ato processual eivado de tal característica continuará produzindo os seus efeitos, daí ser dito que haverá a permanência da eficácia dos atos processuais penais. Por exemplo, se alguém for defendido por um **estagiário sem o acompanhamento de advogado devidamente inscrito nos quadros da OAB**, ainda que tenha sido condenado e recolhido à prisão, como bem alerta Renato Brasileiro (LIMA, 2016, p. 2217), o processo penal somente será declarado nulo quando o Juiz assim se manifestar, de ofício (caso descubra tal nulidade) ou mediante provocação de uma das partes, ficando o condenado preso até esse momento.

17.1.3. Princípio da causalidade no processo penal

Tal princípio orienta a **extensão** dos **efeitos** da **decretação** da **nulidade**, ou seja, a invalidação de um ato processual gerará a contaminação dos demais que lhe forem consequência ou decorrência. Assim como o princípio do prejuízo, ele também possui regência legal, estando previsto no art. 573, § 1º, CPP, *in verbis:*

> A nulidade de um ato, uma vez declarada, causará a dos atos que dele diretamente dependam ou sejam consequência.

Para que os atos subsequentes também sejam declarados nulos, exige-se que haja uma **relação de causalidade** entre eles, ou seja, entre o ato anulado e os demais atos processuais. Por exemplo, se não houve citação do acusado para defender-se, os demais atos posteriores, como oitiva de testemunhas e perícias, serão declarados nulos, uma vez que a ausência de citação inviabiliza a defesa do acusado, sendo todas as provas produzidas também nulas.

Nesse ponto, deve o órgão jurisdicional que declarar a nulidade de um ato (**nulidade originária**) verificar até que ponto tal vício terá contaminado os demais atos processuais (**nulidade derivada**). Foi nesse sentido que o Código de Processo Penal dispôs que o Juiz que declarar a nulidade de um ato deverá taxar quais os atos subsequentes que também estarão maculados, nestes termos:

> **Art. 573, § 2º** O juiz que pronunciar a nulidade declarará os atos a que ela se estende.

Tendo em vista tal disposição, percebe-se que **não serão automaticamente nulos** todos os atos processuais, devendo o Juiz ou Tribunal (se a nulidade for reconhecida em 2ª instância) declarar a extensão da nulidade.

17.1.4. Princípio da convalidação dos atos processuais penais

Trata-se de princípio que visa **sanar o defeito** de algum ato nulo, ocorrendo a sua convalidação. Por essa orientação, o ato que era inicialmente imperfeito passa a ser considerado válido e sem qualquer mácula, não podendo mais ser suscitada a sua invalidade.

Como se trata de **convalidação de atos processuais**, o princípio em tela **não** se **aplica** às **nulidades absolutas**, uma vez que elas são insanáveis e violadoras de normas de interesse público, o que impede o saneamento de seu defeito. Já com relação às **nulidades relativas**, haverá a sua convalidação se elas não forem alegadas a tempo e modo, ocorrendo a **preclusão**.

Quanto à **preclusão**, ela pode ocorrer de duas formas, gerando a perda de uma faculdade ou direito processual. A primeira forma de preclusão é chamada de **temporal**, em que a perda de uma faculdade decorre da **ausência de alegação no prazo determinado pela lei**. Como se vê do art. 572, CPP, os momentos oportunos para alegar-se a nulidade relativa devem ser observados, sob pena de preclusão temporal e consequente convalidação do ato processual:

> As nulidades previstas no art. 564, III, *d* e *e*, segunda parte, *g* e *h*, e IV, considerar-se-ão sanadas:
> **I** – se não forem arguidas, em tempo oportuno, de acordo com o disposto no artigo anterior;

A expressão legal "em tempo oportuno" deve ser analisada na forma do art. 571, CPP, que previu todos os momentos processuais para alegar-se eventual nulidade relativa, na forma citada abaixo.

Momento de ocorrência da nulidade	Momento em que deve ser alegada
Instrução criminal no Sumário da Culpa (1ª fase Júri)	Alegações orais em audiência
Instrução criminal no Juiz Singular	Alegações orais ou escritas, se for o caso
Processo Sumário	Alegações orais
Posterior à pronúncia	Logo depois de anunciado o julgamento e apregoadas das partes
Posterior à sentença	Razões recursais ou logo depois de anunciado o julgamento e apregoadas as partes
Julgamento em plenário do Júri, audiência ou sessão do Tribunal	Logo depois de ocorrerem

Por sua vez, a **preclusão lógica** ocorre quando há uma incompatibilidade na prática de um ato processual com relação a outro já praticado, ou seja, a parte não demonstra que almeja a nulidade do ato, **aceitando tacitamente os seus efeitos**. A conduta da parte que opera a preclusão lógica é incompatível com quem deseja a anulação de certo ato processual. Tal preclusão também foi prevista expressamente no Código de Processo Penal, em seu art. 572, III, nestes termos:

> Se a parte, ainda que tacitamente, tiver aceito os seus efeitos.

Como exemplo dessa última preclusão, pode ser citada a utilização do sistema presidencialista de oitiva das testemunhas (perguntas feitas por meio do Juiz), já revogado pelo Código de Processo Penal, uma vez que hoje o sistema é do **exame direto e cruzado** (*cross-examination*), em que as partes perguntam diretamente. Não havendo questionamento algum, trata-se de convalidação da nulidade relativa em tela.

Outra modalidade de convalidação e aproveitamento dos atos processuais ocorre na chamada **ratificação**. Por meio dela, os atos processuais já praticados serão aproveitados e não haverá a declaração de nulidade. Em duas situações legais o Código de Processo Penal previu essa modalidade de aproveitamento dos atos processuais, sendo a primeira delas no **art. 568, CPP**:

> A nulidade por ilegitimidade do representante da parte poderá ser a todo tempo sanada, mediante ratificação dos atos processuais.

Como exemplo da aplicação do art. 568, CPP, tem-se nos casos de procuração de advogado que não foi assinada, podendo esta ser feita posteriormente com ratificação dos atos já praticados.

A outra hipótese de **ratificação** encontra-se no **art. 567, CPP**, nestes termos:

> A incompetência do juízo anula **somente os atos decisórios**, devendo o processo, quando for declarada a nulidade, ser remetido ao juiz competente.

Assim, recebido o processo em que funcionou Juiz incompetente, o Juiz competente poderá ratificar os atos instrutórios produzidos (oitivas de testemunhas, interrogatório etc.), declarando-se nulos apenas os atos decisórios (sentença, por exemplo).

Por fim, a última forma de convalidação dos atos processuais está prevista no instituto do **suprimento**, pelo qual **eventuais omissões** poderão ser supridas, a qualquer tempo, antes da sentença. Essa é a redação do art. 569, CPP. Como exemplo, tem-se a correção do endereço do réu na denúncia criminal, que poderá ser feito posteriormente ao recebimento da denúncia, para que ele seja citado no local correto.

17.1.5. Princípio da tipicidade das formas no processo penal

Diante desse princípio, todo ato processual possui a sua **forma prescrita em lei** ou na **Constituição Federal**. Caso ocorra a **inobservância de uma dessas formas**, ensejará a nulidade, que, por sua vez, poderá ser absoluta ou relativa, sendo que, quando a violação da tipicidade da forma estiver prevista na Constituição Federal, trata-se de nulidade absoluta, uma vez que a norma constitucional sempre será de interesse público. Se a inobservância for da lei processual penal, deve ser analisado o caso concreto, sendo que na maioria das vezes a nulidade será relativa.

17.1.6. Princípio da instrumentalidade das formas no processo penal

Considera-se o princípio que embasa todo o sistema das nulidades, uma vez que as formas prescritas em lei existem para servir ao bom funcionamento do processo e gerar a sentença final, **não podendo as formas serem um fim em si mesmo**. Em outras palavras, caso uma forma prescrita não tenha sido seguida exatamente como deveria, se o ato processual cumpriu a sua finalidade e não houve prejuízo para as partes, a declaração de nulidade não deverá ocorrer.

O postulado previsto no art. 566, CPP é nesse sentido de preservar o ato processual praticado, caso tenha ocorrido a inobservância de uma forma prescrita em lei, mas isso não tiver influenciado na decisão final do Juiz. Para ficar claro, segue transcrição do artigo, que é **corriqueiro nas provas da OAB**:

> Não será declarada a nulidade de ato processual que não houver influído na apuração da verdade substancial ou na decisão da causa.

Como exemplo de aplicação desse dispositivo legal, pode ser citada a produção de prova ilícita, como quebra de sigilo telefônico sem autorização judicial, mas o Magistrado não usou tal prova para fundamentar a sua sentença, tendo esta se baseado em outras **provas independentes e lícitas**.

Outra disposição legal que possui o referido princípio é aquela encartada no art. 572, II, CPP, nestes termos:

> Se, praticado por outra forma, o ato tiver atingido o seu fim.

A exemplo da inobservância de forma prescrita em lei, mas que o ato almejado atingiu o seu fim, tem-se a **citação** feita de forma **defeituosa**, desatendendo-se o prescrito em lei (art. 351, CPP), sendo feita a citação por edital, em vez de mandado. Não obstante, foi feita a resposta à acusação, o **réu compareceu ao interrogatório** e o **processo fluiu normalmente**. Assim, em que pese tenha sido a citação defeituosa, o ato de chamar o réu ao processo e possibilitar a sua defesa atingiu o seu objetivo, não devendo gerar a sua nulidade, em razão da **instrumentalidade das formas**. Ademais, essa situação está prevista no art. 570, CPP, quando o comparecimento espontâneo do réu ao processo irá sanar a citação defeituosa feita anteriormente.

17.1.7. Princípio do interesse no processo penal

Encartado no art. 565, parte final, CPP, a defesa **somente** poderá **alegar nulidade** que **lhe interesse**, sendo defeso pugnar por alguma nulidade que possa beneficiar a parte contrária. Por tal princípio, caso o Ministério Público não tenha comparecido ao interrogatório judicial do acusado, não caberá ao advogado de defesa alegar a nulidade do ato por ausência de comparecimento do Promotor de Justiça, uma vez que isso interessaria apenas à parte contrária, nada aproveitando ao acusado tal ausência. Pelo contrário, o fato de o membro do Ministério Público não ter comparecido e deixado de fazer perguntas será até benéfico para a defesa.

Deve ser ressaltado que o princípio do interesse não se aplica às nulidades absolutas, uma vez que estas podem ser, inclusive, declaradas de ofício pelo Juiz, tendo em vista a existência de interesse público, ocorrendo presunção do prejuízo causado à parte.

Ademais, pelo art. 565, parte inicial, CPP, a parte também **não poderá alegar nulidade a que ela mesma tenha dado causa**, uma vez que isso seria **premiar a própria torpeza**. Dessa forma, a lei não tolera qualquer tipo de comportamento malicioso ou de má-fé da parte, com o intuito claro de alegar-se a nulidade em momento posterior. Seria o exemplo de o advogado ter dispensado expressamente e constado em ata a presença do acusado na audiência de instrução e julgamento quando se estivesse fazendo a oitiva das testemunhas, mas, posteriormente, em alegações finais, afirmar que houve violação aos princípios do contraditório e da ampla defesa o fato de ele não se fazer presente na arguição das testemunhas. Permitir a decretação de tal nulidade seria no mínimo um contrassenso e uma violação à chamada **boa-fé objetiva** que deve permear as relações processuais.

17.2. Nulidades absolutas no processo penal

As nulidades absolutas atentam contra preceitos de **ordem pública**, como os dispositivos constitucionais que regulamentam o Direito Processual Penal, tais como aqueles que garantem a **ampla defesa, o contraditório e o devido processo legal**. A violação a princípios dessa magnitude enseja duas características próprias das nulidades absolutas, a saber:

a) **Prejuízo presumido:** em virtude do princípio do prejuízo ou *pas des nullité sans grief*, o ato processual somente será anulado se houver prejuízo para a acusação ou para a defesa. Todavia, em se tratando de nulidade absoluta, haja vista a gravidade que macula o ato processual, o prejuízo será presumido. Violações ao contraditório e à ampla defesa são inadmissíveis na atual sistemática processual, uma vez que a liberdade de uma pessoa é que está em jogo, não podendo ela ser retirada de qualquer jeito e sem observância das formas prescritas em lei que protegem o cidadão. Em outras palavras, as regras fundamentais do jogo devem ser seguidas, sob pena de ocorrer uma nulidade absoluta.

b) **Arguição a qualquer momento:** de forma contrária ao que ocorre com as nulidades relativas, as nulidades absolutas podem ser arguidas a qualquer tempo, uma vez que **não** estão submetidas à **preclusão** (temporal ou lógica) e, consequentemente, à possibilidade de convalidação dos atos maculados. O **único limite** a essa característica da nulidade absoluta é a **sentença absolutória transitada em julgado**, por uma razão simples, não cabe a revisão criminal *pro societate,* sendo que a sentença absolutória eivada de uma nulidade absoluta não poderá ser revista pelo Poder Judiciário. Do contrário, se a **sentença for condenatória** e já tiver ocorrido o trânsito em julgado, a nulidade absoluta poderá ser alegada a **qualquer tempo**, ainda que por meio da revisão criminal ou pelo *habeas corpus*, pois a *reformatio pro reo* sempre será possível, tendo em vista a proteção das liberdades individuais. No mais, qualquer nulidade absoluta ocorrida durante a instrução processual criminal poderá ser arguida a qualquer tempo e pelo próprio Juiz, **de ofício,** poderá ser declarada.

Para localizar as **nulidades absolutas** no **Direito Processual Penal**, deve-se analisar o disposto no art. 572, CPP, que afirma poderem ser convalidadas as nulidades do art. 564, III, *d* e *e*, segunda parte, *g* e *h*, e IV. Ora, de forma contrária, as nulidades que não se encontrarem nesse rol citado, por não serem passíveis de convalidação, serão tidas como absolutas.

Na **dimensão constitucional** também existem **nulidades absolutas**, ainda mais pelo motivo que disposições constitucionais encerram normas principiológicas de todo o ordenamento jurídico. Violar os princípios constitucionais da **ampla defesa, do contraditório, do devido processo legal** e do **Juiz natural** constitui nulidade absoluta. A exemplo disso, tem-se o julgamento de um militar feito pela Justiça Comum Estadual, o que acarretará a sua pecha de nulidade absoluta, pois desrespeitado o princípio do Juiz natural, uma vez que apenas a Justiça Especial Militar é que pode julgá-lo. Outro exemplo seria quando o Juiz deixar de citar pessoalmente o acusado que está preso, mandando simplesmente requisitá-lo. A violação ao art. 360, CPP fere de morte os princípios do contraditório e da ampla defesa.

17.3. Nulidades relativas no processo penal

As nulidades relativas constituem ataque a normas infraconstitucionais e que violam interesse de uma das partes no processo. Assim como as nulidades absolutas, possuem algumas características marcantes. São elas:

a) **Comprovação do prejuízo:** diferentemente da presunção de prejuízo imanente às nulidades absolutas, **deve** ser **comprovado** qual foi o **prejuízo** causado à parte que a alega. A mera inobservância da forma prescrita em lei não irá ocasionar a nulidade do ato processual, devendo ser lembrado o princípio do prejuízo e também a instrumentalidade das formas.

b) **Arguição oportuna:** as nulidades relativas estão sob o pálio da preclusão (temporal ou lógica), podendo ser convalidadas caso **não tenham** sido **alegadas a tempo e modo**. Dessa forma, a lei processual estipula os **momentos oportunos** para que elas sejam alegadas, na forma do já citado art. 571, CPP. Como exemplo, caso exista no processo criminal uma situação de incompetência relativa (territorial), mas a parte interessada na nulidade não a alegue em tempo oportuno (por ocasião da resposta à acusação, na forma do art. 396-A, CPP), considera-se prorrogada a competência e sanado o vício, ficando o Juiz anteriormente incompetente, agora, competente para julgar o processo.

Da mesma forma que as nulidades absolutas, as **nulidades relativas** também se encontram no **Código de Processo Penal**, devendo ser analisado o art. 572, I, CPP, que preleciona a convalidação das nulidades do **art. 564, III, *d* e *e*, segunda parte, *g* e *h*, e IV, CPP**, caso não tenham sido alegadas no tempo oportuno. Em outras palavras, por serem passíveis de convalidação, tais nulidades são tidas como relativas.

Além dessas expressamente previstas no art. 564, CPP, existem as chamadas nulidades relativas não previstas no citado artigo, mas que poderão ser arguidas, desde que haja violação à forma prescrita em lei e seja de interesse preponderante de uma das partes. Tem-se como exemplo a ausência de intimação da parte acerca da expedição de carta precatória. Sabe-se que o Juiz deprecante deve intimar as partes da emissão de carta precatória, conforme previsto no art. 222, CPP. Havendo tal omissão procedimental, a parte prejudicada deverá arguir essa nulidade relativa, demonstrando em que extensão isso lhe prejudicou. Apesar de não prevista expressamente no art. 564, CPP, trata-se de nulidade relativa, conforme jurisprudência dominante do Supremo Tribunal Federal, na forma da Súmula 155:

> É **relativa a nulidade** do processo criminal por **falta de intimação** da **expedição** de **precatória** para inquirição de testemunha.

Somente deve o candidato à **prova da OAB tomar cuidado** com outro pensamento sumulado que trata questão diferente, consubstanciado na ausência de intimação da parte quanto ao dia da audiência no Juízo deprecado, sendo que a intimação da expedição da carta precatória foi feita corretamente. Para deixar clara a questão, tendo em vista ser recorrente em provas da OAB, segue o pensamento previsto na **Súmula 273, Superior Tribunal de Justiça:**

> Intimada a defesa da expedição da carta precatória, torna-se desnecessária intimação da data da audiência no juízo deprecado.

Assim, não se trata de qualquer nulidade quando inexiste a intimação do dia da audiência no Juízo onde será feita a oitiva da testemunha arrolada, devendo apenas ser cumprida a sistemática do art. 222, CPP, que é intimar as partes de que foi enviada a carta precatória para seu devido cumprimento. Essa última omissão é que poderá gerar nulidade relativa.

17.4. Hipóteses de nulidades no processo penal

O art. 564, CPP possui um rol exemplificativo das principais nulidades existentes no Código de Processo Penal, lembrando que outras existem espalhadas em outros artigos e também na própria Constituição Federal. Algumas serão estudadas por ter pertinência com eventual cobrança em provas da OAB.

a) **Incompetência:** trata-se de nulidade que apenas fulmina os atos decisórios, na redação do já citado art. 567, CPP. Sendo a **incompetência relativa**, sujeita-se à regra da preclusão e deve ser alegada oportunamente. De outra feita, sendo **absoluta a incompetência**, pode ser alegada a qualquer tempo e não tem o condão de ser convalidada.

b) **Suspeição:** por violar a necessária imparcialidade do Magistrado, a suspeição é **nulidade de natureza absoluta**, pois não é crível que a causa seja julgada por alguém que tenha interesse nela. Além dessa fundamentação, o art. 572, CPP não faz menção a essa nulidade como passível de convalidação, daí o argumento de ser ela realmente absoluta. São hipóteses de **suspeição** aquelas previstas no **art. 254, CPP**. Não confundir com os **impedimentos** previstos no art. 252, CPP, sendo que em tais hipóteses o **ato será inexistente**, gravidade muito maior que uma nulidade absoluta, uma vez que Juiz impedido não possui jurisdição alguma.

c) **Suborno do Juiz:** tendo em vista a violação frontal ao devido processo legal e à imparcialidade do Juiz, trata-se de **nulidade absoluta**. Como exemplos, podem ser citados os crimes de concussão (art. 316, CP) e corrupção passiva (art. 317, CP).

d) **Ilegitimidade de parte:** deve ser ressaltado que a ilegitimidade pode ser **ativa ou passiva**. Será ativa quando o advogado entra com queixa-crime em casos de ação penal pública, em que a peça correta seria a denúncia, por meio do Ministério Público. Será passiva a ilegitimidade quando o Ministério Público ingressa com denúncia criminal contra menor de 18 (dezoito) anos, em vez da correspondente representação prevista no Estatuto da Criança e do Adolescente (Lei n. 8.069/90). Em ambos os casos, haverá **nulidade absoluta**, por violação clara ao devido processo legal. Não confundir com a já estudada acima legitimidade de representação (art. 568, CPP), em que se poderá sanar a todo tempo, mediante a ratificação dos atos processuais.

e) **Ausência do exame de corpo de delito:** trata-se de mandamento importante o previsto no art. 158, CPP, em que deve ser feito o exame de corpo de delito nos crimes que deixam vestígios. Assim, caso tenha ocorrido um homicídio, é indispensável que seja aferida a causa da morte, fazendo-se o correspondente exame do cadáver por meio de perícia técnica. Sem esse exame, ocorrerá a **nulidade absoluta**, salvo se for possível fazer a prova da morte de acordo com o previsto no art. 167, CPP, suprindo-se o exame de corpo de delito por prova testemunhal, em virtude de terem desaparecido os vestígios. Por não estar prevista tal nulidade no art. 572, CPP, sendo impossível a sua convalidação, trata-se de nulidade absoluta. **Para melhor compreensão do tema, remete-se o candidato para o disposto no item 9.2.1.**

f) **Falta de nomeação de defensor:** por ferir de morte os princípios constitucionais da ampla defesa e do contraditório, a falta de defesa técnica constitui **nulidade absoluta**, sendo essa a letra da lei insculpida no art. 261, CPP (nenhum acusado, mesmo ausente ou foragido, será processado ou julgado sem defensor). Além da previsão legal trazida a lume, o Supremo Tribunal Federal já entendeu que o Juiz não pode deixar, em momento processual algum, a parte ré sem defesa técnica, sendo essa omissão motivo de nulidade, na forma da Súmula 708/STF, muito comum de questionar-se nas provas da OAB:

> É nulo o julgamento da apelação se, após a manifestação nos autos da renúncia do único defensor, o réu não foi previamente intimado para constituir outro.

g) **Falta de citação:** o ato processual de citar alguém é dos mais importantes em todo o processo penal, pois dá ciência ao acusado de que está sendo processado por uma infração penal e permite o direito à defesa. Ato dessa magnitude, amparado pela ampla defesa e pelo contraditório, a sua ausência gerará uma **nulidade absoluta**.

h) **Falta de interrogatório do acusado:** o princípio da **ampla defesa** possui imanente a ele o direito de **autodefesa**, devendo o Juiz assegurar ao réu o direito de audiência e de dar a sua versão dos fatos. A ausência desse direito, como viola a Constituição Federal, no já citado por diversas vezes art. 5º, LV, ocasiona a **nulidade absoluta**. De outra feita, caso o acusado tenha sido devidamente citado para comparecer ao interrogatório, mas por opção técnica prefere não ir ao ato, manifestando-se assim o direito ao silêncio, isso não constituirá nulidade absoluta.

i) **Não concessão de prazos à acusação e à defesa:** abrange tal hipótese tanto a não concessão de prazo como a redução dele. Caso o Juiz tenha se confundido, por exemplo, na determinação do prazo de 5 (cinco) dias para a resposta à acusação, que deveria ter seguido a regra de 10 (dez) dias, mas a parte não questiona e usa apenas os 5 (cinco) dias conferidos, houve a convalidação do ato, uma vez que o art. 572, CPP menciona expressamente a situação em epígrafe, tratando-se, assim, de **nulidade relativa**.

j) **Falta de intimação do acusado para a sessão do julgamento pelo Tribunal do Júri:** da mesma forma que o acusado tem direito a comparecer a todos os atos processuais, como audiência de instrução e julgamento, ele tem o direito de estar presente no dia do julgamento feito pelo Conselho de Sentença. Trata-se de aplicação do princípio constitucional da ampla defesa, manifestada no direito de presença aos atos processuais, sendo que a falta de intimação gerará causa de **nulidade absoluta**.

k) **Falta de presença de pelo menos 15 (quinze) jurados para a constituição do júri:** para que o Juiz-Presidente possa declarar aberta a sessão de julgamento e iniciar os trabalhos no Tribunal do Júri, necessita-se da presença de pelo menos 15 (quinze) jurados dos 25 (vinte e cinco) que compõem o Tribunal do Júri. Caso o Juiz-Presidente inicie a sessão de julgamento sem a presença do número legal (quinze jurados), trata-se de **nulidade absoluta**, pois não ressalva de convalidação de tal hipótese no art. 572, CPP.

l) **Inobservância da incomunicabilidade dos jurados:** por tratar-se de princípio constitucional previsto no art. 5º, XXXVIII, *b*, CF, na forma "**sigilo das votações**", caso os jurados comuniquem entre si acerca da causa a ser julgada, emitindo opiniões ou manifestando para terceiros como que irá votar, trata-se de **nulidade absoluta**, por violação à Constituição Federal.

m) **Nulidade na formulação dos quesitos:** os jurados condenam ou absolvem o acusado com base nas respostas que irão dar aos quesitos formulados, como materialidade, autoria e absolvição ou não. Caso falte um desses três quesitos, considerados obrigatórios pelo Código de Processo Penal, na forma do art. 483, ocorrerá situação de **nulidade absoluta**, na forma da **Súmula 156, Supremo Tribunal Federal**, nestes termos:

> É absoluta a nulidade do julgamento, pelo Júri, por falta de quesito obrigatório.

n) **Falta da acusação e da defesa na sessão de julgamento:** por uma questão de lógica, nenhum processo penal pode ser feito sem a presença das partes (defesa e acusação). A violação a essa hipótese constitui agressão à **relação triangular do processo**, em que se faz necessária sempre a presença da acusação, defensor e do Juiz. Sem uma das partes, nem se pode chamar a relação de processual, ocorrendo **nulidade absoluta**. Deve ser lembrado que não é apenas a presença física das partes que deve ser exigida, mas a sua **presença efetiva**, pois constitui também ausência de defesa ou de acusação quando o advogado ou o Promotor de Justiça está presente na sessão de julgamento do júri, porém não faz nenhuma exposição oral acerca dos fatos. Trata-se da mesma forma de **nulidade absoluta**.

o) **Falta de sentença:** da mesma forma que a falta de acusação e de defesa, a falta de sentença constitui **nulidade absoluta**, pois o que as partes esperam ao final de uma longa instrução é que o Juiz julgue o feito, absolvendo ou condenando. Sem a sentença, inexiste provimento jurisdicional, o que acarreta a nulidade absoluta.

p) **Falta de intimação, nas condições estabelecidas pela lei, para ciência das sentenças e despachos de que caiba recurso:** tal ausência de intimação constitui mácula indelével ao **direito de recorrer**, privando as partes de contestarem na instância superior os motivos de sua irresignação com a sentença prolatada. Ora, essa hipótese viola os princípios do **contraditório e da ampla defesa**, tratando-se de **nulidade absoluta**, devendo o Juiz declarar nulos os atos subsequentes à sentença, até que a intimação seja corretamente feita e o prazo recursal devolvido às partes.

Para fechar o capítulo das nulidades, seguem importantes **pensamentos sumulados** acerca da matéria em epígrafe:

Supremo Tribunal Federal

Súmula 155

É relativa a nulidade do processo criminal por falta de intimação da expedição de precatória para inquirição de testemunha.

Súmula 156

É absoluta a nulidade do julgamento, pelo júri, por falta de quesito obrigatório.

Súmula 160

É nula a decisão do Tribunal que acolhe, contra o réu, nulidade não arguida no recurso da acusação, ressalvados os casos de recurso de ofício.

Súmula 162

É absoluta a nulidade do julgamento pelo júri, quando os quesitos da defesa não precedem aos das circunstâncias agravantes.

Súmula 206

É nulo o julgamento ulterior pelo Júri com a participação de jurado que funcionou em julgamento anterior do mesmo processo.

Súmula 351

É nula a citação por edital de réu preso na mesma unidade da federação em que o juiz exerce a sua jurisdição.

Súmula 366

Não é nula a citação por edital que indica o dispositivo da lei penal, embora não transcreva a denúncia ou queixa, ou não resuma os fatos em que se baseia.

Súmula 431

É nulo o julgamento de recurso criminal, na segunda instância, sem prévia intimação, ou publicação da pauta, salvo em *habeas corpus*.

Súmula 523

No processo penal, a falta da defesa constitui nulidade absoluta, mas a sua deficiência só o anulará se houver prova de prejuízo para o réu.

Súmula 564

A ausência de fundamentação do despacho de recebimento de denúncia por crime falimentar enseja nulidade processual, salvo se já houver sentença condenatória.

Súmula 706

É relativa a nulidade decorrente da inobservância da competência penal por prevenção.

Súmula 707

Constitui nulidade a falta de intimação do denunciado para oferecer contrarrazões ao recurso interposto da rejeição da denúncia, não a suprindo a nomeação de defensor dativo.

Súmula 708

É nulo o julgamento da apelação se, após a manifestação nos autos da renúncia do único defensor, o réu não foi previamente intimado para constituir outro.

Súmula 712

É nula a decisão que determina o desaforamento de processo da competência do Júri sem audiência da defesa.

Súmula Vinculante 11

Só é lícito o uso de algemas em casos de resistência e de fundado receio de fuga ou de perigo à integridade física própria ou alheia, por parte do preso ou de terceiros, justificada a excepcionalidade por escrito, sob pena de responsabilidade disciplinar, civil e penal do agente ou da autoridade e de nulidade da prisão ou do ato processual a que se refere, sem prejuízo da responsabilidade civil do Estado.

REFERÊNCIAS BIBLIOGRÁFICAS

FEITOZA, Denilson. *Direito processual penal*: teoria, crítica e práxis. 7. ed. Niterói: Impetus, 2010.

LIMA, Renato Brasileiro de. *Manual de processo penal*: volume único. 4. ed. Salvador: JusPodivm, 2016.

NUCCI, Guilherme de Souza. *Código de Processo Penal comentado*. 15. ed. Rio de Janeiro: Forense, 2016.

PACELLI, Eugenio; FISCHER, Douglas. *Comentários ao Código de Processo Penal e sua jurisprudência*. 6. ed. São Paulo: Atlas, 2014.

RANGEL, Paulo. *Direito processual penal*. 15. ed. Rio de Janeiro: Lumen Juris, 2008.

REIS, Alexandre Cebrian Araujo; GONÇALVES, Victor Eduardo Rios. Pedro Lenza (Coord.). *Direito processual penal esquematizado*. 5. ed. São Paulo: Saraiva, 2016.

QUESTÕES

(XIX Exame de Ordem Unificado / FGV) Antônio foi denunciado e condenado pela prática de um crime de roubo simples à pena privativa de liberdade de 4 anos de reclusão, a ser cumprido em regime fechado, e 10 dias-multa.

Publicada a sentença no Diário Oficial, o advogado do réu se manteve inerte. Antônio, que estava preso, foi intimado pessoalmente, em momento posterior, manifestando interesse em recorrer do regime de pena aplicado. Diante disso, 2 dias após a intimação pessoal de Antônio, mas apenas 10 dias após a publicação no Diário Oficial, sua defesa técnica interpôs recurso de apelação. O juiz de primeira instância denegou a apelação, afirmando a intempestividade.

Contra essa decisão, o advogado de Antônio deverá apresentar

A) Recurso de Agravo.
B) Carta Testemunhável.
C) Recurso Ordinário Constitucional.
D) Recurso em Sentido Estrito.

RESPOSTA

A) O Recurso de Agravo no Processo Penal é cabível na fase da execução penal, notadamente em questões envolvendo incidentes da Lei de Execução Penal (Lei n. 7.210/84).

B) Na forma do art. 639, CPP, a Carta Testemunhável é cabível da decisão que denegar o prosseguimento do recurso ou que obstar o seu processamento.

C) O Recurso Ordinário Constitucional é cabível nas hipóteses do art. 102, II, CF, e art. 105, II, CF, ambas as situações para o Supremo Tribunal Federal e Superior Tribunal de Justiça, não sendo o caso da questão em tela.

☑ Esta assertiva encaixa-se perfeitamente no rol taxativo do art. 581, XV, CPP, tendo em vista que o recurso fora tempestivo, tomando por base a manifestação da vontade de recorrer por parte do réu feita dentro do prazo legal de 5 (cinco) dias, ou seja, em 2 (dois) dias. Dessa forma, como o Juiz julgou a apelação deserta (intempestiva), sem que tenha isso ocorrido, trata-se da correta impetração de Recurso em Sentido Estrito.

(XIX Exame de Ordem Unificado / FGV) João, no dia 2 de janeiro de 2015, praticou um crime de apropriação indébita majorada. Foi, então, denunciado como incurso nas sanções penais do art. 168, §1º, inciso III, do Código Penal. No curso do processo, mas antes de ser proferida sentença condenatória, dispositivos do Código de Processo Penal de natureza exclusivamente processual sofrem uma reforma legislativa, de modo que o rito a ser seguido no recurso de apelação é modificado. O advogado de João entende que a mudança foi prejudicial, pois é possível que haja uma demora no julgamento dos recursos.

Nesse caso, após a sentença condenatória, é correto afirmar que o advogado de João

A) deverá respeitar o novo rito do recurso de apelação, pois se aplica ao caso o princípio da imediata aplicação da nova lei.

B) não deverá respeitar o novo rito do recurso de apelação, em razão do princípio da irretroatividade da lei prejudicial e de o fato ter sido praticado antes da inovação.

C) não deverá respeitar o novo rito do recurso de apelação, em razão do princípio da ultratividade da lei.

D) deverá respeitar o novo rito do recurso de apelação, pois se aplica ao caso o princípio da extratividade.

RESPOSTA

☑ No Direito Processual Penal a lei deve ser aplicada imediatamente, na forma do seu art. 2º, não devendo ser confundida com o Direito Penal, em que se aplica a irretroatividade da lei mais grave, bem como a retroatividade da lei mais benéfica.

B) No Direito Processual Penal não vigora tal princípio da irretroatividade, sendo ele de aplicação do Direito Penal.

C) Da mesma forma explicada acima, o princípio da ultratividade da lei penal mais benéfica somente deve ser aplicado ao Direito Penal.

D) Pelos motivos já explicados: que o aludido princípio da extratividade da lei mais benéfica é atinente ao Direito Penal.

(XIX Exame de Ordem Unificado / FGV) No dia 18 de março de 2015, Bruce foi indiciado pela prática de um crime de roubo majorado que teve como vítima Lourdes, famosa atriz com patrimônio avaliado em R$3.000.000,00 (três milhões de reais). Antes de oferecer denúncia, entendendo que haveria indícios veementes da autoria e de que a casa de Bruce havia sido adquirida com os proventos da infração, o Ministério Público requereu, em 14 de abril de 2015, o sequestro desse bem imóvel, sendo a medida deferida e concluída a diligência do sequestro no dia seguinte.

Em 26 de agosto de 2015, Bruce o procura para, na condição de advogado, confirmar que a casa foi adquirida com proventos do crime, mas diz que, até aquela data, não foi denunciado.

Considerando a situação narrada, em relação à medida assecuratória decretada, o advogado de Bruce deverá requerer o levantamento do sequestro, pois

A) a medida assecuratória decretada pelo magistrado foi inadequada, tendo em vista que caberia o arresto.

B) a ação penal não foi intentada nos 60 dias posteriores à conclusão da diligência.

C) a medida assecuratória não poderia ter sido decretada antes do oferecimento da denúncia.

D) o Ministério Público não tinha legitimidade para requerer a medida, pois não havia interesse da Fazenda Pública e o ofendido não era pobre.

RESPOSTA

A) A medida cabível era, de fato, o sequestro, na forma do que dispõe o art. 125, CPP.

☑ O Código de Processo Penal, em seu art. 131, I, determina que o sequestro será levantado se a ação penal não tiver sido intentada no prazo de 60 (sessenta) dias, como ocorrera na presente questão, ou seja, entre 15 de abril de 2015 (dia efetivo da diligência) e 26 de agosto de 2015.

C) A medida pode ser intentada sim antes da denúncia, na forma do art. 127, CPP.

D) A legitimidade do Ministério Público para tal medida está prevista no art. 127, CPP.

(XIX Exame de Ordem Unificado / FGV) Thales foi denunciado pela prática de um crime de apropriação indébita. Para oitiva da vítima Marcos, residente em cidade diversa do juízo competente, foi expedida carta precatória, sendo todas as partes intimadas dessa expedição. Antes do retorno, foi realizada audiência de instrução e julgamento, mas apenas foram ouvidas as testemunhas de acusação João e José, que apresentaram versões absolutamente discrepantes sobre circunstâncias relevantes, sendo que ambas afirmaram que estavam no local dos fatos. Hélio, padre que escutou a confissão de Thales e tinha conhecimento sobre a dinâmica delitiva, em razão de seu dever de guardar segredo, não foi intimado. Com a concordância das partes, a audiência de continuação para oitiva das testemunhas de defesa e interrogatório foi remarcada.

Considerando apenas as informações narradas, assinale a afirmativa correta.

A) O depoimento de João foi inválido, já que a oitiva do ofendido deve ser realizada antes das demais testemunhas e a expedição de carta precatória suspende a instrução criminal.

B) O juiz poderá fazer a contradita, diante das contradições sobre circunstâncias relevantes nos depoimentos das testemunhas.

C) Hélio está proibido de depor sem autorização da parte interessada, salvo quando não for possível, por outro modo, obter a prova do fato.

D) O advogado do acusado não precisa ser intimado pessoalmente da data designada para audiência a ser realizada no juízo deprecado.

RESPOSTA

A) No caso de carta precatória para oitiva de testemunhas, a ordem do art. 400, CPP, em que se inquire primeiro o ofendido e depois as testemunhas, não precisa ser obedecida. Ademais, a expedição de carta precatória não suspende a instrução criminal, na forma do art. 222, § 1º, CPP.

B) A contradita entre testemunhas deve ser feita na forma do art. 214, CPP, quando existir circunstância que a torne parcial ou indigna de fé, o que não é o caso em epígrafe.

C) A liberação para depor de quem tenha o dever de sigilo somente pode ser feita quando a parte interessada a liberar para tanto, na forma do art. 207, CPP, não sendo possível o seu depoimento de outra forma.

✓ O advogado deve ser intimado tão somente da expedição da carta precatória feita pelo Juízo Deprecante, conforme art. 222, *caput*, CPP. Ademais, a Súmula 273, Superior Tribunal de Justiça coloca uma pá de cal na questão, determinando que a Defesa deva ser intimada apenas da expedição da carta precatória, não sendo necessária a intimação da data da audiência no Juízo Deprecado.

(XIX Exame de Ordem Unificado / FGV) Em 16/02/2016, Gisele praticou um crime de lesão corporal culposa simples no trânsito, vitimando Maria Clara. Gisele, então, procura seu advogado para saber se faz jus à transação penal, esclarecendo que já foi condenada definitivamente por uma vez a pena restritiva de direitos pela prática de furto e que já se beneficiou do instituto da transação há 7 anos.

Deverá o advogado esclarecer sobre o benefício que

A) não cabe oferecimento de proposta de transação penal porque Gisele já possui condenação anterior com trânsito em julgado.

B) não cabe oferecimento de proposta de transação penal porque Gisele já foi beneficiada pela transação em momento anterior.

C) poderá ser oferecida proposta de transação penal porque só quem já se beneficiou da transação penal nos 3 anos anteriores não poderá receber novamente o benefício.

D) a condenação pela prática de furto e a transação penal obtida há 7 anos não impedem o oferecimento de proposta de transação penal.

RESPOSTA

A) O impedimento para o oferecimento de transação penal, na forma do art. 76, § 2º, I, Lei n. 9.099/95, é apenas para condenação definitiva à pena privativa de liberdade, não sendo impedimento a pena restritiva de direitos.

B) A transação penal anterior que veda o benefício é aquela concedida no período de 5 (cinco) anos, conforme art. 76, § 2º, II, Lei n. 9.099/95.

C) O prazo para a vedação do benefício não é de 3 (três) anos, conforme visto na assertiva anterior.

✓ O art. 76, Lei n. 9.099/95, já explicitado, permite a concessão do benefício para o caso em tela.

(XX Exame de Ordem Unificado / FGV) José Augusto foi preso em flagrante delito pela suposta prática do crime de receptação (Art. 180 do Código Penal – pena: 1 a 4 anos de reclusão e multa). Em que pese seja tecnicamente primário e de bons antecedentes e seja civilmente identificado, possui, em sua Folha de Antecedentes Criminais, duas anotações pela prática de crimes patrimoniais, sem que essas ações tenham resultados definitivos.

Neste caso, de acordo com as previsões expressas do Código de Processo Penal, assinale a afirmativa correta.

A) Estão preenchidos os requisitos para decretação da prisão preventiva, pois as ações penais em curso demonstram a existência de risco para a ordem pública.

B) A autoridade policial não poderá arbitrar fiança neste caso, ficando tal medida de responsabilidade do magistrado.

C) Antes de decidir pela liberdade provisória ou conversão em preventiva, poderá a prisão em flagrante do acusado perdurar pelo prazo de 10 dias úteis, ou seja, até o oferecimento da denúncia.

D) O juiz não poderá converter a prisão em flagrante em preventiva, mas poderá aplicar as demais medidas cautelares.

RESPOSTA

A) Ações penais em curso, por si sós, não colocam em risco a ordem pública, sendo necessária a prova de reiteração criminosa, consubstanciada em condenações e maus antecedentes.

B) O art. 322, CPP autoriza a autoridade policial a conceder fiança em crimes que a pena máxima não ultrapasse 4 anos, como é o caso da receptação.

C) O Juiz deverá analisar o auto de prisão em flagrante no prazo de 24h, na forma do art. 306, § 1º, CPP.

✓ Nesse caso, em razão de já possuir duas ações em andamento, o Juiz poderá aplicar medidas cautelares do art. 282, CPP, como forma de evitar a prática de novas infrações penais.

(XX Exame de Ordem Unificado / FGV) Clodoaldo figura como indiciado em inquérito policial que investiga a prática de um crime de estupro de vulnerável. Já no curso das investigações, Clodoaldo apresenta sinais de que poderia ser portador de doença mental. Concluídas as investigações, é oferecida denúncia contra o indiciado. Durante a audiência, o advogado de Clodoaldo requer a instauração de incidente de insanidade mental, sendo o pleito indeferido pelo magistrado, que considerou o ato protelatório.

Sobre o tema incidente de insanidade mental, é correto afirmar que

A) se o perito concluir que o acusado era inimputável ao tempo da infração, o processo prosseguirá, mas se a insanidade surgiu após o ato criminoso imputado, o processo ficará suspenso.

B) da decisão do magistrado que indeferiu a instauração do incidente caberá recurso em sentido estrito.

C) diante da suspeita da autoridade policial, poderia ela mesmo ter instaurado incidente de insanidade mental.

D) o incidente de insanidade mental é processado em autos em apartado e não gera, de imediato, qualquer suspensão do processo.

RESPOSTA

✓ Foi reproduzida integralmente a letra da lei prevista nos arts. 151 e 152, CPP.

B) Não existe, no rol taxativo do art. 581, CPP, tal previsão, logo, aplica-se o art. 593, II, CPP, cabendo apelação.

C) O art. 149, § 1º, CPP afirma que a autoridade policial deve representar ao Juiz tal pedido.

D) Está errada quando afirma que não gera suspensão imediata do processo, pois o art. 149, § 2º, CPP dispõe de forma diferente. Está correto apenas quanto ao processamento em autos apartados.

(XX Exame de Ordem Unificado / FGV) Lúcio Flávio, advogado, ofereceu queixa-crime em face de Rosa, imputando-lhe a prática dos delitos de injúria simples e difamação. As partes não celebraram qualquer acordo e a querelada negava os fatos, não aceitando qualquer benefício. Após o regular processamento e a instrução probatória, em alegações finais, Lúcio Flávio requer a condenação de Rosa pela prática do crime de difamação, nada falando em sua manifestação derradeira sobre o crime de injúria.

Diante da situação narrada, é correto afirmar que

A) deverá ser extinta a punibilidade de Rosa em relação ao crime de injúria, em razão da perempção.

B) deverá ser extinta a punibilidade de Rosa em relação ao crime de injúria, em razão do perdão do ofendido.

C) deverá ser extinta a punibilidade de Rosa em relação ao crime de injúria, em razão da renúncia ao direito de queixa.

D) poderá Rosa ser condenada pela prática de ambos os delitos, já que houve apresentação de alegações finais pela defesa técnica do querelante.

RESPOSTA

✓ Trata-se de uma das hipóteses de perempção previstas no art. 60, III, parte final, CPP.

B) Não houve aceitação por parte da querelada de qualquer benefício, conforme está no enunciado.

C) Mesma fundamentação da assertiva anterior.

D) Ocorreu a perempção, na forma já explicitada na letra A.

(XX Exame de Ordem Unificado / FGV) Guilherme foi denunciado pela prática de um crime de lesão corporal seguida de morte. Após o recebimento da denúncia, Guilherme é devidamente citado. Em conversa com sua defesa técnica, Guilherme apresenta prova inequívoca de que agiu em estado de necessidade.

Diante da situação narrada, o advogado de Guilherme, em resposta à acusação, deverá requerer a

A) rejeição de denúncia, que fará coisa julgada material.

B) absolvição sumária do réu, que fará coisa julgada material.

C) absolvição imprópria do réu, que fará coisa julgada material.

D) impronúncia do acusado, que não faz coisa julgada material.

RESPOSTA

A) A excludente de ilicitude em apreço não tem previsão no art. 395, CPP, que trata das hipóteses de rejeição da denúncia.

✓ O art. 397, I, CPP trata especificamente dessa hipótese, quando prevê casos de excludente de ilicitude, como é o exemplo do estado de necessidade.

C) A absolvição imprópria ocorre em casos de aplicação de medida de segurança.

D) O crime de lesão corporal seguida de morte não é julgado no Tribunal do Júri, o que afasta a ocorrência da sentença de impronúncia ou pronúncia.

(XX Exame de Ordem Unificado / FGV) José foi absolvido em 1ª instância após ser denunciado pela prática de um crime de extorsão em face de Marina. O Ministério Público interpôs recurso de apelação, sendo a sentença de primeiro grau reformada pelo Tribunal de Justiça de Santa Catarina para condenar o réu à pena de 5 anos, sendo certo que o acórdão transitou em julgado. Sete anos depois da condenação, já tendo cumprido integralmente a pena, José vem a falecer. Posteriormente, Caio, filho de José, encontrou um vídeo no qual foi gravada uma conversa de José e Marina, onde esta admite que mentiu ao dizer que foi vítima do crime pelo qual José foi condenado, mas que a atitude foi tomada por ciúmes. Caio, então, procura o advogado da família.

Diante da situação narrada, é correto afirmar que Caio, através de seu advogado,

A) não poderá apresentar revisão criminal, pois a pena de José já havia sido extinta pelo cumprimento.

B) não poderá apresentar revisão criminal, pois o acusado, que é quem teria legitimidade, já é falecido.

C) poderá apresentar revisão criminal, sendo competente para julgamento o Superior Tribunal de Justiça.

D) poderá apresentar revisão criminal, sendo competente para julgamento o Tribunal de Justiça de Santa Catarina.

RESPOSTA

A) Há previsão de tal instituto no art. 622, CPP.

B) O art. 623, CPP admite hipótese de outras pessoas requererem em caso de morte do condenado.

C) O Tribunal de Justiça de Santa Catarina é o competente para rever as suas próprias decisões, na forma do art. 624, II, CPP.

✓ Vale a mesma justificativa da assertiva anterior.

(XXI Exame de Ordem Unificado / FGV) Em uma mesma rua da cidade de Palmas, em dois imóveis diversos, moram Roberto e Mário. Roberto foi indiciado pela prática do crime de estelionato, razão pela qual o magistrado deferiu requerimento do Ministério Público de busca e apreensão de documentos em sua residência, sem estabelecer o horário em que deveria ser realizada. Diante da ordem judicial, a Polícia Civil compareceu à sua residência, às 4h da madrugada para cumprimento do mandado e ingressou no imóvel, sem autorização do indiciado, para cumprir a busca e apreensão. Após a diligência, quando deixavam o imóvel, policiais receberam informações concretas de popular, devidamente identificado, de que Mário guardava drogas para facção criminosa em seu imóvel e, para comprovar o alegado, o popular ainda apresentou fotografias. Diante disso, os policiais ingressaram na residência de Mário, sem autorização deste, onde, de fato, apreenderam 1 kg de droga.

Sobre as diligências realizadas, com base na situação narrada, assinale a afirmativa correta.

A) Nas residências de Roberto e Mário foram inválidas.

B) Na residência de Roberto foi inválida, enquanto que, na residência de Mário, foi válida.

C) Nas residências de Roberto e Mário foram válidas.

D) Na residência de Roberto foi válida, enquanto que, na residência de Mário, foi inválida.

RESPOSTA

A) O cumprimento do mandado de busca e apreensão feito na residência de Roberto não foi válido, pois fora feito de noite, sendo que toda diligência deve ser feita durante o dia, na forma do art. 5º, XI, CF. Já na casa de Mário o flagrante no crime do art. 33, *caput*, Lei 11.343/2006 foi válido, pois o crime em tela é classificado como permanente, podendo o flagrante ser dado a qualquer tempo, pois a consumação perdura no tempo.

✓ O cumprimento do mandado de busca e apreensão feito à noite na casa de Roberto é inválido. Por outro lado, a ordem cumprida na casa de Mário foi válida, pois se trata de crime permanente (tráfico de drogas). Nesse caso, o flagrante pode ser dado a qualquer tempo, não havendo restrição.

C) Somente foi válido na residência de Mário, pois foi feito em situação de flagrante permanente, enquanto na residência de Roberto deveria a Autoridade Policial ater-se ao horário correto, ou seja, entre as 6 e as 18 horas.

D) Esta assertiva inverte a ordem daquilo que seria correto, uma vez que o flagrante na casa de Roberto foi inválido e na casa de Mário é que foi válido.

(XXI Exame de Ordem Unificado / FGV) Marlon, Wellington e Vitor foram denunciados pela prática de um crime de lesão corporal dolosa gravíssima em concurso de agentes. Após o recebimento da denúncia, o oficial de justiça compareceu ao endereço indicado no processo como sendo de residência de Marlon, mas não o encontrou, tendo em vista que estava preso, naquela mesma unidade da Federação, por decisão oriunda de outro processo. Marlon, então, foi citado por edital. Wellington, por sua vez, estava em local incerto e não sabido, sendo também citado por edital. Em relação a Vitor, o oficial de justiça foi à sua residência em quatro oportunidades, constatando que ele, de fato, residia no local, mas que estava se ocultando para não ser citado. Após certificar-se de tal fato, foi realizada a citação de Vitor com hora certa.

Considerando a hipótese narrada, o(a) advogado(a) dos acusados deverá alegar ter sido inválida a citação de

A) Marlon, apenas.

B) Marlon e Vitor, apenas.

C) Vitor, apenas.

D) Marlon, Wellington e Vitor.

RESPOSTA

✓ A citação de réu preso deve ser sempre feita pessoalmente, na forma do art. 360, CPP, sendo que não se pode mais citar réu preso por edital.

B) A citação de Vitor foi válida, pois quando o acusado está se ocultando para não ser encontrado, tem-se a disposição do art. 362, CPP, que autoriza a novidade legal da citação com hora certa.

C) A citação de Vitor foi válida, na forma explicitada acima.

D) A citação por edital de Wellington foi válida, pois como ele estava em local incerto e não sabido, a disposição do art. 361, CPP, tem essa previsão.

(XXI Exame de Ordem Unificado / FGV) Luciana e Carla, duas amigas de faculdade, estavam voltando de uma festa de madrugada, quando foi solicitada a parada do veículo em que estavam por policiais militares em blitz. Os policiais, devidamente fardados e no exercício da função pública, solicitaram que as jovens os acompanhassem até o quartel e, em seu interior, pediram que elas os auxiliassem com a entrega de R$ 50,00 cada, para que pudessem almoçar de maneira confortável no dia seguinte e que, com isso, as deixariam ir embora sem maiores problemas. Além disso, deixaram Luciana e Carla por mais de duas horas dentro do veículo, na madrugada, sem adotar qualquer conduta como pedido de documentos ou revista no veículo.

Sobre a hipótese apresentada, considerando a prática dos crimes de abuso de autoridade e corrupção, em conexão, assinale a afirmativa correta.

A) Ambos os delitos deverão ser julgados perante a Justiça Militar.

B) O crime de abuso de autoridade deverá ser julgado perante a Justiça Comum Estadual, enquanto que o de corrupção deverá ser julgado pela Justiça Militar.

C) Ambos os delitos deverão ser julgados perante a Justiça Comum Estadual.

D) O crime de corrupção deverá ser julgado perante a Justiça Comum Estadual, enquanto que o de abuso de autoridade, perante a Justiça Militar.

RESPOSTA (QUESTÃO ANULADA)

A) Ambos os crimes são de competência da Justiça Comum Estadual, caso tivessem sido praticados fora da repartição militar. Todavia, como o crime de corrupção passiva foi feito dentro do quartel, ocorrera o aludido crime militar previsto no art. 308, Código Penal Militar, sendo que não haverá unidade de julgamento, devendo cada crime ser julgado pela jurisdição respectiva, quais sejam, comum e militar, na forma do art. 79, I, CPP. Lembrar que o crime de abuso de autoridade está previsto na Lei n. 4.898/65 sendo julgado pela Justiça Comum Estadual, ainda que praticado por policial militar, na forma da Súmula 172/STJ. Assim, o correto seria a separação dos processos no aludido caso em tela.

✓ Conforme explicitado no item anterior, esta seria a assertiva correta, ocorrendo a separação dos processos. A questão foi anulada porque no edital não estava prevista a cobrança do Código Penal Militar.

C) Como os crimes ocorreram dentro de jurisdição submetida ao Código Penal Militar, a competência comum da Justiça Estadual é afastada, na forma preconizada no art. 79, I, CPP.

D) Esta assertiva inverte a ordem correta, uma vez que o crime de corrupção é que deverá ser julgado perante a Justiça Militar, enquanto o crime de abuso de autoridade, em qualquer situação, é sempre de competência da Justiça Comum Estadual, na forma da Súmula 172/STJ.

(XXI Exame de Ordem Unificado / FGV) Carlota foi denunciada pela prática de um crime contra a ordem tributária. Após ser citada, sua advogada foi intimada para apresentar resposta à acusação. Analisando os autos, o(a) advogado(a) de Carlota entendeu que deveria apresentar certas exceções.

Considerando a situação narrada, assinale a afirmativa correta.

A) A arguição de suspeição precederá a de litispendência, salvo quando aquela for fundada em motivo superveniente.

B) As exceções serão processadas nos autos principais, em regra.

C) As exceções serão processadas em autos em apartado e suspenderão, em regra, o andamento da ação penal.

D) Se Carlota pretende recusar o juiz, deverá fazer em petição assinada por ela própria ou por procurador com poderes gerais.

RESPOSTA

✓ Na forma do disposto no art. 96, CPP, a arguição de suspeição precede todas as demais, salvo se for fundamentada em motivo superveniente.

B) Na forma do prescrito no art. 396-A, § 1º, CPP, as exceções são processadas em autos apartados.

C) Conforme art. 111, CPP, as exceções são processadas em autos apartados e não suspendem o andamento da ação penal.

D) Conforme art. 98, CPP, a recusa deve ser feita por procurador com poderes especiais, e não gerais.

(XXI Exame de Ordem Unificado / FGV) Victória e Bernadete entram em luta corporal em razão da disputa por um namorado, vindo Victória a desferir uma facada no pé da rival, que sofreu lesões graves. Bernadete compareceu em sede policial, narrou o ocorrido e disse ter intenção de ver a agente responsabilizada criminalmente. Em razão dos fatos, Victória é denunciada e pronunciada pela prática do crime de tentativa de homicídio. Em sessão plenária do Tribunal do Júri, os jurados entendem, no momento de responder aos quesitos, que Victória foi autora da facada, mas que não houve dolo de matar.

Diante da desclassificação, será competente para julgamento do crime residual, bem como da avaliação do cabimento dos institutos despenalizadores,

A) o Juiz Presidente do Tribunal do Júri.

B) o corpo de jurados, que decidiu pela desclassificação.

C) o Juiz Criminal da Comarca, a partir de livre distribuição.

D) o Juiz em atuação perante o Juizado Especial Criminal da Comarca em que ocorreram os fatos.

RESPOSTA

✓ O art. 492, § 2º, CPP preleciona que, quando a desclassificação é feita pelos próprios jurados do Tribunal do Júri, a competência para o julgamento passa para o Juiz Presidente.

B) Em virtude da disposição citada acima (art. 492, § 2º, CPP), a competência passa para o Juiz Presidente do Tribunal do Júri.

C) Quando se trata de crime de competência do Tribunal do Júri, cabe ao Juiz Presidente decidir todas as questões, na forma do já citado art. 492, § 2º, CPP.

D) O Juiz do Juizado Especial Criminal – JEC – somente teria competência para julgar os fatos se estes fossem de menor potencial ofensivo e tivessem o seu procedimento iniciado no JEC. Como o procedimento iniciou-se no Tribunal do Júri, a competência para todas as questões passa para o Juiz Presidente, na forma do art. 492, § 2º, CPP.

(XXII Exame de Ordem Unificado / FGV) Daniel foi autor de um crime de homicídio doloso consumado em desfavor de William. Após a denúncia e ao fim da primeira fase do procedimento bifásico dos crimes dolosos contra a vida, Daniel foi pronunciado. Inconformado, o advogado do acusado interpôs o recurso cabível, mas o juiz de primeira instância, ao realizar o primeiro juízo de admissibilidade, negou seguimento ao recurso. Novamente inconformado com a decisão, o defensor de Daniel impetrou nova medida.

Considerando a situação narrada, assinale a opção que indica o recurso interposto da decisão de pronúncia e a medida para combater a decisão que denegou o recurso anterior, respetivamente.

A) Apelação e Recurso em Sentido Estrito.

B) Recurso em Sentido Estrito e novo Recurso em Sentido Estrito.

C) Recurso em Sentido Estrito e Carta Testemunhável.

D) Apelação e Carta Testemunhável.

RESPOSTA

A) A questão aborda o tema dos recursos. A apelação não seria cabível porque não houve sentença que encerrou o processo, mas apenas uma decisão de pronúncia, que finalizou a primeira fase do procedimento do Júri. Para sentenças de absolvição e condenação, caberia a apelação. O recurso em sentido estrito seria hipótese cabível para a decisão de pronúncia, mas não para aquela que denegou o prosseguimento do recurso, devendo ser desafiada mediante carta testemunhável, na forma do art. 639, I, CPP.

B) Conforme explicitado acima, não é possível o recurso em sentido estrito em caso de decisão que denega o seguimento do recurso, por ausência de previsão legal no rol do art. 581, CPP.

☑ Nos termos do art. 581, IV, CPP, da decisão de pronúncia caberá recurso em sentido estrito, e da decisão que denegar o prosseguimento do recurso caberá carta testemunhável, nos termos do art. 639, I, CPP.

D) A apelação não é cabível de decisão de pronúncia, mas sim o recurso em sentido estrito, na forma do art. 581, IV, CPP.

(XXII Exame de Ordem Unificado / FGV) Fagner, irmão de Vitor, compareceu à Delegacia e narrou que foi vítima de agressões que lhe causaram lesão corporal de natureza leve. Afirmou Fagner, em sede policial, que Vitor desferiu um soco em seu rosto, deixando a agressão vestígios, mas esclareceu que não necessitou de atendimento médico. Apesar de demonstrar interesse inequívoco em ver seu irmão responsabilizado criminalmente pelo ato praticado, não assinou termo de representação formal, além de não realizar exame de corpo de delito. Vitor foi denunciado pela prática do crime do art. 129, § 9º, do Código Penal. Durante a instrução, Fagner não foi localizado para ser ouvido, não havendo outras testemunhas presenciais. Vitor, em seu interrogatório, contudo, confirmou que desferiu um soco no rosto de seu irmão. Em relação aos documentos do processo, consta apenas a Folha de Antecedentes Criminais do acusado.

Considerando apenas as informações narradas na hipótese, assinale a afirmativa correta.

A) O processo deve ser extinto sem julgamento do mérito, pois a representação do ofendido necessariamente deve ser expressa e formal.

B) Não existe prova da materialidade, pois, quando a infração penal deixa vestígios, o exame de corpo de delito é indispensável, não podendo supri-lo a confissão do acusado.

C) Não existe prova da materialidade, pois o Código de Processo Penal apenas admite o exame de corpo de delito direto.

D) Existe prova da materialidade, pois o Código de Processo Penal admite a figura do exame de corpo de delito indireto e este ocorreu no caso concreto.

RESPOSTA

A) A representação não precisa ser expressa e formal, aceitando-se que a vítima tenha vontade inequívoca de dar prosseguimento ao feito, o que ocorre na questão, uma vez que Fagner demonstrou interesse inequívoco em ver o irmão processado. Ademais, na forma do art. 39, *caput*, CPP, a representação pode ser feita oralmente perante a autoridade policial.

☑ O crime de lesão corporal é classificado como não transeunte e deixa vestígios. É imprescindível nesse caso o exame de corpo de delito, na forma do art. 158, CPP, não podendo a confissão do acusado suprir-lhe a falta.

C) O CPP admite o exame de corpo de delito direto e indireto, sendo admissível este último quando não for possível o exame direto, em que os vestígios tiverem desaparecido. Ademais, pode ser utilizado o art. 167, CPP, que autoriza a realização de prova testemunhal para suprir a falta do exame de corpo de delito direto.

D) No caso, era imprescindível o exame de corpo de delito direto, uma vez que os vestígios existiam e era possível o aludido exame. Ele não foi feito porque a vítima não quis.

(XXII Exame de Ordem Unificado / FGV) Em 23 de novembro de 2015 (segunda-feira), sendo o dia seguinte dia útil em todo o país, Técio, advogado de defesa de réu em ação penal de natureza condenatória, é intimado da sentença condenatória de seu cliente. No curso do prazo recursal, porém, entrou em vigor nova lei de natureza puramente processual, que alterava o Código de Processo Penal e passava a prever que o prazo para apresentação de recurso de apelação seria de 03 dias e não mais de 05 dias. No dia 30 de novembro de 2015, dia útil, Técio apresenta recurso de apelação acompanhado das respectivas razões.

Considerando a hipótese narrada, o recurso do advogado é

A) intempestivo, aplicando-se o princípio do *tempus regit actum* (o tempo rege o ato), e o novo prazo recursal deve ser observado.

B) tempestivo, aplicando-se o princípio do *tempus regit actum* (o tempo rege o ato), e o antigo prazo recursal deve ser observado.

C) intempestivo, aplicando-se o princípio do *tempus regit actum* (o tempo rege o ato), e o antigo prazo recursal deve ser observado.

D) tempestivo, aplicando-se o princípio constitucional da irretroatividade da lei mais gravosa, e o antigo prazo recursal deve ser observado.

RESPOSTA

A) O recurso fora tempestivo, devendo ser utilizada a regra do tempo rege o ato. O início do prazo recursal começou a contar sob a égide da lei anterior, que previa o prazo de cinco dias. Logo, deveria ser observado o prazo recursal antigo.

☑ O prazo recursal a ser utilizado era o da lei antiga, na forma do art. 2º, CPP, em que se prescreve que o tempo rege o ato, devendo-se levar em consideração o prazo de cinco dias. Como o prazo processual se conta excluindo o dia do início e incluindo o dia final, tendo em vista que começou a contar na terça-feira e terminou no dia 28 de novembro (sábado), deve ser prorrogado para o próximo dia útil, que na questão seria a segunda-feira, 30 de novembro.

C) O recurso foi tempestivo, na forma do art. 2º, CPP.

D) Aplicou-se a regra do Código Penal, em que a lei penal não retroage exceto para beneficiar o réu. Todavia, o art. 2º, CP não se aplica ao processo penal, que possui artigo específico, qual seja, o art. 2º, CPP.

(XXII Exame de Ordem Unificado / FGV) Durante audiência de instrução e julgamento em processo em que é imputada a José a prática de um crime de roubo majorado pelo concurso de agentes, Laís e Lívia, testemunhas de acusação, divergem em suas declarações. Laís garante que presenciou o crime e que dois eram os autores do delito; já Lívia também diz que estava presente, mas afirma que José estava sozinho quando o crime foi cometido. A vítima não foi localizada para prestar depoimento.

Diante dessa situação, poderá o advogado de José requerer

A) a realização de contradita das testemunhas.

B) a realização de acareação das testemunhas.

C) a instauração de incidente de falsidade.

D) a suspensão do processo até a localização da vítima, para superar divergência.

RESPOSTA

A) A contradita é utilizada para testemunhas que sejam parciais, na forma do art. 214, CPP, quando há suspeita de elas terem interesse na causa.

☑ A hipótese está de acordo com o disposto no art. 229, *caput*, CPP, pois as testemunhas divergiram sobre ponto relevante das provas, desafiando o instrumento da acareação.

C) O instrumento de incidente de falsidade não se destina a testemunhas, mas a questões de falsidade documental.

D) Não há previsão de suspensão do processo por ausência de testemunha ou contradição entre seus depoimentos.

(XXII Exame de Ordem Unificado / FGV) Ricardo foi denunciado, perante a 1ª Vara Criminal de determinada cidade, pela prática de crime de associação para o tráfico com mais 04 outros indivíduos, destacando a denúncia o local, o período e a existência de outros indivíduos não identificados, integrantes da mesma associação. Foi condenado em primeira instância e foi mantida a prisão preventiva, apresentando a defesa recurso de apelação. No dia seguinte da condenação, na cadeia, Ricardo vem a ser notificado em razão de denúncia diversa oferecida pelo Ministério Público, agora perante a 2ª Vara Criminal da mesma cidade, pela prática do mesmo crime de associação para o tráfico, em iguais período e local da primeira denúncia, mas, dessa vez, foram denunciados também os indivíduos não identificados mencionados no primeiro processo. Ricardo, então, entra em contato com seu advogado, informando da nova notificação.

Considerando a situação narrada, caberá ao advogado de Ricardo apresentar exceção de

A) litispendência.

B) coisa julgada.

C) incompetência.

D) ilegitimidade.

RESPOSTA

☑ Existiam dois processos idênticos em relação aos mesmos fatos e envolvendo o mesmo acusado, mas o primeiro deles não havia transitado em julgado. Nesse caso, a exceção cabível é a litispendência, na forma do art. 95, III, CPP, existindo duas lides em andamento acerca dos mesmos fatos.

B) A coisa julgada somente seria possível se o primeiro processo estivesse extinto e sem possibilidade de recurso, o que não aconteceu no caso em tela, pois a defesa apresentou recurso de apelação em relação a ele. Logo, haveria coisa julgada somente se o primeiro processo tivesse transitado em julgado.

C) A incompetência é para impugnar o juiz da causa em razão de ele não poder julgar o fato, como na hipótese de um juiz estadual julgar uma questão de competência federal.

D) A ilegitimidade ocorre em relação à parte autora quando, por exemplo, o Ministério Público entra com denúncia em casos nos quais se deve proceder por meio de queixa-crime (advogado).

(XXIII Exame de Ordem Unificado / FGV) Silva foi vítima de um crime de ameaça por meio de uma ligação telefônica realizada em 02 de janeiro de 2016. Buscando identificar o autor, já que nenhum membro de sua família tinha tal informação, requereu, de imediato, junto à companhia telefônica, o número de origem da ligação, vindo a descobrir, no dia 03 de julho de 2016, que a linha utilizada era de propriedade do ex-namorado de sua filha, Carlos, razão pela qual foi até a residência deste, onde houve a confissão da prática do crime. Quando ia ao Ministério Público, na companhia de Marta, sua esposa, para oferecer representação, Silva sofreu um infarto e veio a falecer. Marta, no dia seguinte, afirmou oralmente, perante o Promotor de Justiça, que tinha interesse em representar em face do autor do fato, assim como seu falecido marido. Diante do apelo de sua filha, Marta retorna ao Ministério Público no dia 06 de julho de 2016 e diz que não mais tem interesse na representação. Ainda assim, considerando que a ação penal é pública condicionada, o Promotor de Justiça ofereceu denúncia, no dia 07 de julho de 2016, em face de Carlos, pela prática do crime de ameaça.

Considerando a situação narrada, o(a) advogado(a) de Carlos, em resposta à acusação, deverá alegar que

A) ocorreu decadência, pois se passaram mais de 6 meses desde a data dos fatos.

B) a representação não foi válida, pois não foi realizada pelo ofendido.

C) ocorreu retratação válida do direito de representação.

D) a representação não foi válida, pois foi realizada oralmente.

RESPOSTA

A) Não houve decadência, uma vez que a representação foi feita dentro do prazo de seis meses do dia em que se descobriu quem fora o autor do crime de ameaça, na forma do art. 38, *caput*, CPP.

B) A representação de fato foi válida, pois fora feita pelo cônjuge do falecido, estando em consonância com o disposto no art. 31, CPP.

☑ Esta é a resposta correta, uma vez que a retratação pode ser feita até o oferecimento da denúncia, conforme dispõe o art. 25, CPP, o que ocorrera no caso em testilha.

D) A representação pode ser feita de forma oral ou escrita, na forma do art. 39, CPP.

(XXIII Exame de Ordem Unificado / FGV) Mateus foi denunciado pela prática de um crime de homicídio qualificado, sendo narrado na denúncia que a motivação do crime seria guerra entre facções do tráfico. Cinco dias antes do julgamento em plenário, o Ministério Público junta ao processo a Folha de Antecedentes Criminais (FAC) do acusado, conforme requerido quando da manifestação em diligências, em que, de fato, constavam anotações referentes a processos pela prática do crime da Lei de Drogas. Apenas três dias úteis antes do julgamento, a defesa de Mateus vem a tomar conhecimento da juntada da FAC. No dia do julgamento, após a manifestação oral da defesa em plenário, indagado pelo juiz presidente sobre o interesse em se manifestar em réplica, o promotor de justiça afirma negativamente, reiterando aos jurados que as provas estão muito claras e que o réu deve ser condenado, não havendo necessidade de maiores explanações. Posteriormente, o juiz presidente nega à defesa o direito de tréplica. Mateus é condenado.

Diante da situação narrada, o(a) advogado(a) de Mateus, em sede de apelação, deverá buscar

A) a nulidade do julgamento, pois foi juntada documentação sem a antecedência necessária exigida pela lei.

B) o afastamento da qualificadora pelo Tribunal, pois foi juntada documentação que influenciou seu reconhecimento sem a antecedência necessária exigida pela lei.

C) a nulidade do julgamento, pois o direito de tréplica da defesa independe da réplica do Ministério Público.

D) a nulidade do julgamento, pois houve réplica por parte do Ministério Público, de modo que deveria ser deferido à defesa o direito de tréplica.

RESPOSTA

A) A juntada de documentação ocorreu no tempo legal, na forma do art. 479, *caput*, CPP, dentro do prazo de três dias úteis.

B) Na mesma forma fundamentada na assertiva anterior, o documento foi juntado em tempo hábil.

C) A tréplica somente ocorre se houve a réplica, ocorrendo dependência entre ambas, na forma do art. 476, CPP.

☑ Esta é a resposta correta, pois o membro do Ministério Público deveria apenas responder sim ou não em relação ao direito de réplica, sendo qualquer outra manifestação entendida como réplica, ensejando o direito à tréplica.

(XXIII Exame de Ordem Unificado / FGV) Vitor, corretor de imóveis, está sendo investigado em inquérito policial. Considerando que o delegado vem atuando com abuso e colocando em risco a liberdade de Vitor, o advogado do investigado apresenta *habeas corpus* perante o órgão competente. Quando da análise do *habeas corpus*, a autoridade competente entende por denegar a ordem.

Considerando as informações narradas, o advogado de Vitor poderá recorrer da decisão que denegou a ordem por meio de

A) recurso em sentido estrito, tendo em vista que o Tribunal de Justiça foi o órgão competente para análise do *habeas corpus* apresentado em razão da conduta do delegado.

B) recurso em sentido estrito, tendo em vista que o juiz de primeiro grau era competente para a análise do *habeas corpus* apresentado em razão da conduta do delegado.

C) recurso ordinário constitucional, tendo em vista que o Tribunal de Justiça foi o órgão competente para análise do *habeas corpus* apresentado em razão da conduta do delegado.

D) recurso ordinário constitucional, tendo em vista que o juiz de primeiro grau era competente para a análise do *habeas corpus* apresentado em razão da conduta do delegado.

RESPOSTA

A) O Juiz de 1º grau é o competente para julgar o *habeas corpus* quando a autoridade coatora é o delegado de polícia.

☑ Esta é a resposta correta, uma vez que da decisão do Juiz de 1º grau que denega a ordem caberá o recurso em sentido estrito, na forma do art. 581, X, CPP.

C) O recurso ordinário constitucional é cabível na forma do art. 102, II, *a*, CF, de decisões denegatórias dos Tribunais Superiores, sendo que no caso em tela a decisão foi proveniente de Juiz de 1º grau.

D) Da mesma forma fundamentada na assertiva anterior, o recurso ordinário constitucional não é cabível de decisão de Juiz de 1º grau.

(XXIII Exame de Ordem Unificado / FGV) No dia 31 de dezembro de 2015, Leandro encontra, em uma boate, Luciana, com quem mantivera uma relação íntima de afeto, na companhia de duas amigas, Carla e Regina. Já alterado em razão da ingestão de bebida alcoólica, Leandro, com ciúmes de Luciana, inicia com esta uma discussão e desfere socos em sua face. Carla e Regina vêm em defesa da amiga, mas, descontrolado, Leandro também agride as amigas, causando lesões corporais leves nas três. Diante da confusão, Leandro e Luciana são encaminhados a uma delegacia, enquanto as demais vítimas decidem ir para suas casas. Após exame de corpo de delito confirmando as lesões leves, Luciana é ouvida e afirma expressamente que não tem interesse em ver Leandro responsabilizado criminalmente. Em relação às demais lesadas, não tiveram interesse em ser ouvidas em momento algum das investigações, mas as testemunhas confirmaram as agressões. Diante disso, o Ministério Público, em 05 de julho de 2016, oferece denúncia em face de Leandro, imputando-lhe a prática de três crimes de lesão corporal leve.

Considerando apenas as informações narradas, o(a) advogado(a) de Leandro

A) não poderá buscar a rejeição da denúncia em relação a nenhum dos três crimes.

B) poderá buscar a rejeição da denúncia em relação ao crime praticado contra Luciana, mas não quanto aos delitos praticados contra Carla e Regina.

C) poderá buscar a rejeição da denúncia em relação aos três crimes.

D) não poderá buscar a rejeição da denúncia em relação ao crime praticado contra Luciana, mas poderá pleitear a imediata rejeição quanto aos delitos praticados contra Carla e Regina.

RESPOSTA

A) Os três crimes em tela são de lesões corporais leves, sendo que quanto à Luciana, em razão da anterior relação de afeto, aplica-se o art. 129, § 9º, CP, bem como a ação penal é pública incondicionada, na forma da súmula 542 do Superior Tribunal de Justiça. Quanto às outras duas, por não ter relação de violência doméstica ou familiar, o crime é de lesão corporal leve do art. 129, *caput*, CP, devendo ser proposta a ação de forma condicionada à representação, na forma do art. 88, Lei n. 9.099/95.

B) Em relação à Luciana, em razão da súmula 542 do Superior Tribunal de Justiça, a ação é pública incondicionada, não sendo possível a retratação.

C) Somente poderá buscar a rejeição em relação às outras duas amigas de Luciana.

☑ Esta é a questão correta, uma vez que a ação é pública incondicionada em relação a Luciana, mas condicionada à representação no que se refere às amigas Carla e Regina.

(XXIII Exame de Ordem Unificado / FGV) Douglas responde a ação penal, na condição de preso cautelar, pela prática do crime de furto qualificado, sendo ele triplamente reincidente específico. No curso do processo, foi constatado por peritos que Douglas seria semi-imputável e que haveria risco de reiteração. O magistrado em atuação, de ofício, revoga a prisão preventiva de Douglas, entendendo que não persistem os motivos que justificaram essa medida mais grave, aplicando, porém, a medida cautelar de internação provisória, com base no art. 319 do Código de Processo Penal.

Diante da situação narrada, o advogado de Douglas poderá requerer o afastamento da cautelar aplicada, em razão

A) da não previsão legal da cautelar de internação provisória, sendo certo que tais medidas estão sujeitas ao princípio da taxatividade.

B) de somente ser cabível a cautelar quando os peritos concluírem pela inimputabilidade, mas não pela semi-imputabilidade.

C) de o crime imputado não ter sido praticado com violência ou grave ameaça à pessoa.

D) de não ser cabível, na hipótese, a aplicação de medida cautelar de ofício, sem requerimento pretérito do Ministério Público.

RESPOSTA

A) A cautelar em epígrafe tem previsão no art. 319, VII, CPP, estando satisfeito o princípio da taxatividade.

B) Na forma do art. 319, VII, CPP, a cautelar é possível nos dois casos elencados na assertiva.

☑ Esta é a questão correta, uma vez que o a internação provisória somente é possível se o crime tiver sido cometido com violência ou grave ameaça à pessoa, não sendo o caso do crime de furto.

D) As cautelares podem ser aplicadas de ofício, na forma preconizada pelo art. 282, § 2º, CPP.

(XXIII Exame de Ordem Unificado / FGV) Paulo foi preso em flagrante pela prática do crime de corrupção, sendo encaminhado para a Delegacia. Ao tomar conhecimento dos fatos, a mãe de Paulo entra, de imediato, em contato com o advogado, solicitando esclarecimentos e pedindo auxílio para seu filho.

De acordo com a situação apresentada, com base na jurisprudência dos Tribunais Superiores, deverá o advogado esclarecer que

A) diante do caráter inquisitivo do inquérito policial, Paulo não poderá ser assistido pelo advogado na delegacia.

B) a presença da defesa técnica, quando da lavratura do auto de prisão em flagrante, é sempre imprescindível, de modo que, caso não esteja presente, todo o procedimento será considerado nulo.

C) decretado o sigilo do procedimento, o advogado não poderá ter acesso aos elementos informativos nele constantes, ainda que já documentados no procedimento.

D) a Paulo deve ser garantida, na delegacia, a possibilidade de assistência de advogado, de modo que existe uma faculdade na contratação de seus serviços para acompanhamento do procedimento em sede policial.

RESPOSTA

A) Tendo em vista o princípio da ampla defesa, art. 5º, LV, CF, que pode ser exercido também na fase administrativa, tal qual o inquérito policial, o advogado poderá estar presente na delegacia.

B) Para a lavratura do auto de prisão em flagrante não há como requisito imprescindível a presença de advogado.

C) Na forma da súmula vinculante de número 14 do Supremo Tribunal Federal, o advogado pode ter acesso a todo material investigatório que já esteja documentado no inquérito policial.

✓ Esta é a alternativa correta, pois o princípio constitucional da ampla defesa já assinalado acima permite que seja contratado advogado para acompanhar o procedimento em sede policial.

(XXIV Exame de Ordem Unificado/FGV) Lívia, insatisfeita com o fim do relacionamento amoroso com Pedro, vai até a casa deste na companhia da amiga Carla e ambas começam a quebrar todos os porta-retratos da residência nos quais estavam expostas fotos da nova namorada de Pedro. Quando descobre os fatos, Pedro procura um advogado, que esclarece a natureza privada da ação criminal pela prática do crime de dano. Diante disso, Pedro opta por propor queixa-crime em face de Carla pela prática do crime de dano (art. 163, *caput*, do Código Penal), já que nunca mantiveram boa relação e ele tinha conhecimento de que ela era reincidente, mas, quanto a Lívia, liga para ela e diz que nada fará, pedindo, apenas, que o fato não se repita. Apesar da decisão de Pedro, Lívia fica preocupada quanto à possibilidade de ele mudar de opinião, razão pela qual contrata um advogado junto com Carla para consultoria jurídica.

Considerando apenas as informações narradas, o advogado deverá esclarecer que ocorreu

A) renúncia em relação a Lívia, de modo que a queixa-crime não deve ser recebida em relação a Carla.

B) renúncia em relação a Lívia, de modo que a queixa-crime deve ser recebida apenas em relação a Carla.

C) perempção em relação a Lívia, de modo que a queixa- crime deve ser recebida apenas em relação a Carla.

D) perdão do ofendido em relação a Lívia, de modo que a queixa-crime deve ser recebida apenas em relação a Carla.

RESPOSTA

✓ Esta é a alternativa correta, uma vez que, nos crimes de ação penal privada, o ofendido deve entrar com a ação em relação a todos os autores, sob pena de ocorrer a renúncia quanto a todos os autores, na forma do art. 49, CPP.

B) Como houve a renúncia em relação a Lívia, a queixa-crime não pode ser recebida em relação a Carla.

C) O instituto da perempção ocorre quando ocorre inércia da parte autora que move a queixa-crime, na forma do art. 60, CPP, o que não ocorrera no presente caso.

D) O perdão do ofendido é instituto diverso da renúncia, uma vez que ele ocorre depois que a queixa-crime já fora iniciada, na forma do art. 51, CPP.

(XXIV Exame de Ordem Unificado/FGV) João foi denunciado pela prática do crime de furto qualificado previsto no art. 155, § 4º, inciso I, do Código Penal. Em primeira instância, João foi absolvido. Em sede de recurso de apelação apresentado pelo Ministério Público, houve provimento parcial do recurso, sendo o agente condenado de maneira unânime. Apesar da unanimidade na condenação, o reconhecimento da qualificadora restou afastado por maioria de votos. Ademais, um dos desembargadores ainda votou pelo reconhecimento do privilégio do art. 155, § 2º, do CP, mas restou isolado e vencido. Insatisfeito com a condenação pelo furto simples, o Ministério Público apresenta embargos infringentes em busca do reconhecimento da qualificadora.

Considerando apenas as informações narradas, é correto afirmar que o advogado de João, sob o ponto de vista técnico, deverá defender

A) o não conhecimento dos embargos infringentes apresentados pelo Ministério Público e apresentar recurso de embargos infringentes em busca da absolvição de João.

B) o conhecimento e não provimento dos embargos infringentes apresentados pelo Ministério Público e apresentar embargos infringentes em busca do reconhecimento do privilégio.

C) o não conhecimento dos embargos infringentes apresentados pelo Ministério Público e apresentar embargos infringentes em busca do reconhecimento do privilégio.

D) o conhecimento e não provimento dos embargos do Ministério Público e não poderá apresentar recurso de embargos infringentes.

RESPOSTA

A) De fato, não se deve conhecer do recurso de embargos infringentes, uma vez que estes somente são manejáveis pela Defesa, na forma do art. 609, parágrafo único, CPP, sendo que no caso em tela eles são possíveis para pedir o reconhecimento do privilégio, pois houve um voto reconhecendo tal causa de diminuição de pena.

B) Na forma do art. 609, parágrafo único, CPP, o recurso de embargos infringentes somente é possível por parte da Defesa, não podendo ser conhecido, por impedimento legal, quando for manejado pelo Ministério Público.

✓ Esta é a alternativa correta, posto que o recurso somente pode ser manejado pela Defesa, na forma do já citado art. 609, parágrafo único, CPP.

D) A Defesa poderá valer-se do recurso de embargos infringentes, quando a decisão não for unânime, como é o caso em testilha.

(XXIV Exame de Ordem Unificado/FGV) Na cidade de Angra dos Reis, Sérgio encontra um documento adulterado (logo, falso), que, originariamente, fora expedido por órgão estadual. Valendo-se de tal documento, comparece a uma agência da Caixa Econômica Federal localizada na cidade do Rio de Janeiro e apresenta o documento falso ao gerente do estabelecimento. Desconfiando da veracidade da documentação, o gerente do estabelecimento bancário chama a Polícia, e Sérgio é preso em flagrante, sendo denunciado pela prática do crime de uso de documento falso (art. 304 do Código Penal) perante uma das Varas Criminais da Justiça Estadual da cidade do Rio de Janeiro.

Considerando as informações narradas, de acordo com a jurisprudência do Superior Tribunal de Justiça, o advogado de Sérgio deverá

A) alegar a incompetência, pois a Justiça Federal será competente, devendo ser considerada a cidade de Angra dos Reis para definir o critério territorial.

B) alegar a incompetência, pois a Justiça Federal será competente, devendo ser considerada a cidade do Rio de Janeiro para definir o critério territorial.

C) alegar a incompetência, pois, apesar de a Justiça Estadual ser competente, deverá ser considerada a cidade de Angra dos Reis para definir o critério territorial.

D) reconhecer a competência do juízo perante o qual foi apresentada a denúncia.

RESPOSTA

A) Como o documento foi utilizado perante a Caixa Econômica Federal, na cidade do Rio de Janeiro, compete à Justiça Federal desta seção judiciária julgar o feito, sendo que na cidade de Angra dos Reis não fora cometido nenhum crime.

✓ Esta é a assertiva correta, pois o documento foi utilizado perante órgão público federal que se encontra na cidade do Rio de Janeiro, devendo neste último ser julgado, na forma da súmula 546/STJ, que tem o seguinte teor: "A competência para processar e julgar o crime de uso de documento falso é firmada em razão da entidade ou órgão ao qual foi apresentado o documento público, não importando a qualificação do órgão expedidor".

C) Na forma da já citada Súmula 546/STJ, a competência será da Justiça Federal.

D) A fixação da competência se dá no local da consumação do crime, na forma do art. 70, *caput*, CPP, pouco importando onde foi oferecida a denúncia.

(XXIV Exame de Ordem Unificado/FGV) Tiago, funcionário público, foi vítima de crime de difamação em razão de suas funções. Após Tiago narrar os fatos em sede policial e demonstrar interesse em ver o autor do fato responsabilizado, é instaurado inquérito policial para investigar a notícia de crime. Quando da elaboração do relatório conclusivo, a autoridade policial conclui pela prática delitiva da difamação, majorada por ser contra funcionário público em razão de suas funções, bem como identifica João como autor do delito. Tiago, então, procura seu advogado e informa a este as conclusões 1 (um) mês após os fatos.

Considerando apenas as informações narradas, o advogado de Tiago, de acordo com a jurisprudência do Supremo Tribunal Federal, deverá esclarecer que

A) caberá ao Ministério Público oferecer denúncia em face de João após representação do ofendido, mas Tiago não poderá optar por oferecer queixa-crime.

B) caberá a Tiago, assistido por seu advogado, oferecer queixa-crime, não podendo o ofendido optar por oferecer representação para o Ministério Público apresentar denúncia.

C) Tiago poderá optar por oferecer queixa-crime, assistido por advogado, ou oferecer representação ao Ministério Público, para que seja analisada a possibilidade de oferecimento de denúncia.

D) caberá ao Ministério Público oferecer denúncia, independentemente de representação do ofendido.

RESPOSTA

A) No teor da Súmula 714/STF, em que se prescreve que "É concorrente a legitimidade do ofendido, mediante queixa, e do Ministério Público, condicionada à representação do ofendido, para a ação penal por crime contra a honra de servidor público em razão do exercício de suas funções", poderá o ofendido optar em entrar com a queixa-crime ou representar para que o membro do Ministério Público ingresse com a denúncia.

B) Tanto o ofendido por meio de advogado quanto o Ministério Público poderão acionar a Justiça Criminal no caso em tela.

✓ Esta é a alternativa correta, uma vez que a Súmula 714/STF demonstra ser a legitimidade concorrente entre ofendido e Ministério Público.

D) O ofendido deverá representar no prazo legal de 06 (seis) meses para que o Ministério Público ingresse com a denúncia.

(XXIV Exame de Ordem Unificado/FGV) Durante instrução probatória em que se imputava a João a prática de um crime de peculato, foram intimados para depor, em audiência de instrução e julgamento, os policiais civis que participaram das investigações, a ex-esposa de João, que tinha conhecimento dos fatos, e o padre para o qual João contava o que considerava seus pecados, inclusive sobre os desvios de dinheiro público. Preocupados, todos os intimados para depoimento foram à audiência, acompanhados de seus advogados, demonstrando interesse em não prestar declarações.

Considerando apenas as informações narradas, assinale a afirmativa correta.

A) Apenas o advogado da ex-esposa de João poderá requerer que sua cliente seja eximida do dever de depor, devendo os demais prestar declarações.

B) Todos os advogados poderão requerer que seus clientes sejam eximidos do dever de depor.

C) Apenas o advogado do padre poderá buscar que ele não preste declarações, já que proibido, por ofício, de depor, devendo os demais prestar declarações.

D) Apenas os advogados da ex-esposa de João e do padre poderão requerer que seus clientes não sejam ouvidos na condição de testemunhas.

RESPOSTA

A) Além da ex-esposa de João, na forma do art. 206, CPP, o padre fica proibido de depor, na forma do art. 207, CPP, por conhecer dos fatos por meio do seu ministério.

B) Os policiais civis que participaram das investigações poderão ser ouvidos acerca dos fatos, pois eles não se encaixam nos impedimentos dos arts. 206 e 207, CPP.

C) Além do padre, que está proibido de depor, na forma do art. 207, CPP, a ex-esposa poderá eximir-se de tal incumbência, na forma do art. 206, CPP.

✓ Esta é a alternativa correta, com espeque nos fundamentos dos arts. 206 e 207, CPP.

(XXIV Exame de Ordem Unificado/FGV) Vinícius, sócio de um grande escritório de advocacia, especializado na área criminal, recebeu, no dia 02 de outubro de 2017, duas intimações de decisões referentes a dois clientes diferentes. A primeira intimação tratava de decisão proferida pela 1a Câmara Criminal de determinado Tribunal de Justiça denegando a ordem de *habeas corpus* que havia sido apresentada perante o órgão em favor de Gilmar (após negativa em primeira instância), que responde preso a ação pela suposta prática de crime de roubo. A segunda intimação foi de decisão proferida pelo Juiz de Direito da 1a Vara Criminal de Fortaleza, também denegando ordem de *habeas corpus*, mas, dessa vez, a medida havia sido apresentada em favor de Rubens, que figura como indiciado em inquérito que investiga a suposta prática do crime de tráfico de drogas.

Diante das intimações realizadas, insatisfeito com as decisões proferidas, Vinícius, para combater as decisões prejudiciais a Gilmar e Rubens, deverá apresentar

A) Recurso Ordinário Constitucional e Recurso em Sentido Estrito, respectivamente.

B) Recurso em Sentido Estrito, nos dois casos.

C) Recurso Ordinário Constitucional, nos dois casos.

D) Recurso Especial e Recurso Ordinário Constitucional, respectivamente.

RESPOSTA

✓ Esta é a alternativa correta, uma vez que, das decisões denegatórias proferidas por Tribunais de Justiça, cabe Recurso Ordinário Constitucional, na forma do art. 105, II, *a*, CF, bem como Recurso em Sentido Estrito, quando a decisão denegatória em *Habeas Corpus* for proferida por Juiz de Direito, na forma do art. 581, X, CPP.

B) Pelas razões já esposadas acima, o Recurso em Sentido Estrito somente será cabível para a decisão do Juiz de Direito que denega o *Habeas Corpus*.

C) O Recurso Ordinário Constitucional somente é cabível de decisões proferidas por Tribunais de Justiça ou Tribunais Regionais Federais, que denegam a ordem de *Habeas Corpus*.

D) Recurso Especial somente seria cabível nos casos previstos no art. 105, III, CF, que não se encaixam no caso em tela.

(XXV Exame de Ordem Unificado/FGV) No dia 15 de maio de 2017, Caio, pai de um adolescente de 14 anos, conduzia um veículo automotor, em via pública, às 14h, quando foi solicitada sua parada em uma blitz. Após consultar a placa do automóvel, os policiais constataram que o veículo era produto de crime de roubo ocorrido no dia 13 de maio de 2017, às 09h. Diante da suposta prática do crime de receptação, realizaram a prisão e encaminharam Caio para a Delegacia.

Em sede policial, a vítima do crime de roubo foi convidada a comparecer e, em observância a todas as formalidades legais, reconheceu Caio como o autor do crime que sofrera. A autoridade policial lavrou auto de prisão em flagrante pelo crime de roubo em detrimento de receptação. O Ministério Público, em audiência de custódia, manifesta-se pela conversão da prisão em flagrante em preventiva, valorizando o fato de Caio ser reincidente, conforme confirmação constante de sua Folha de Antecedentes Criminais.

Quando de sua manifestação, o advogado de Caio, sob o ponto de vista técnico, deverá requerer

A) liberdade provisória, pois, apesar da prisão em flagrante ser legal, não estão presentes os pressupostos para prisão preventiva.

B) relaxamento da prisão, em razão da ausência de situação de flagrante.

C) revogação da prisão preventiva, pois a prisão em flagrante pelo crime de roubo foi ilegal.

D) substituição da prisão preventiva por prisão domiciliar, pois Caio é responsável pelos cuidados de adolescente de 14 anos.

RESPOSTA

A) A resposta está errada, uma vez que a liberdade provisória somente é cabível para situações em que a prisão é legal e não estão previstos os requisitos da prisão preventiva, o que não é o caso, por tratar-se de prisão ilegal.

✓ Esta é a alternativa correta, pois, de fato, houve uma prisão ilegal pelo crime de roubo, uma vez que a situação flagrancial já havia passado. O crime se deu em 13-5-2017, enquanto a prisão em flagrante ocorreu em 15-5-2017. Assim, correta a resposta que fala em relaxamento de prisão em flagrante por ser esta ilegal.

C) A resposta está errada. A revogação de prisão preventiva somente ocorre depois que houve a conversão da prisão em flagrante em preventiva, durante o curso do processo. Quando se trata de momento imediatamente posterior à prisão em flagrante, como é o caso da questão, o correto é a análise de eventual liberdade provisória ou relaxamento de prisão.

D) A resposta está errada. Pela questão, o filho do autor tinha 14 anos, e, para fins de prisão preventiva domiciliar, na forma do art. 318, VI, CPP, a idade é de até 12 anos. Ademais, não se sabe se ele era o único responsável pelos cuidados do filho.

(XXV Exame de Ordem Unificado/FGV) Luiz foi condenado, em primeira instância, pela prática de crime de homicídio qualificado em razão de recurso que dificultou a defesa da vítima. Durante seu interrogatório em Plenário, Luiz confessou a prática delitiva, mas disse que não houve recurso que dificultou a defesa da vítima, tendo em vista que ele estava discutindo com ela quando da ação delitiva. Insatisfeito com o reconhecimento da qualificadora pelos jurados, já que, diferentemente do que ocorreu em relação à autoria, não haveria qualquer prova em relação àquela, o advogado apresentou, de imediato, recurso de apelação.

Considerando apenas as informações narradas, o advogado de Luiz deverá buscar, em sede de recurso,

A) o reconhecimento de nulidade, com consequente realização de nova sessão de julgamento.

B) o reconhecimento de que a decisão dos jurados foi manifestamente contrária à prova dos autos em relação à qualificadora, com consequente realização de nova sessão de julgamento.

C) o afastamento da qualificadora pelo Tribunal de 2ª instância, com imediata readequação, pelo órgão, da pena aplicada pelo juízo do Tribunal do Júri.

D) o afastamento da qualificadora pelo Tribunal de 2ª instância, com baixa dos autos, para que o juízo do Tribunal do Júri aplique nova pena.

RESPOSTA

A) A resposta está errada. Não há que se falar em nulidade, uma vez que o meio correto é a realização de novo júri por ser a prova manifestamente contrária ao que consta dos autos.

☑ Esta é a alternativa correta. Com base no art. 593, III, d, CPP, a decisão foi manifestamente contrária à prova dos autos, devendo ser realizado novo julgamento pelo júri, não podendo haver o decote de qualificadora por parte do Tribunal de Justiça, uma vez que tal conduta violaria a soberania dos veredictos dos jurados.

C) Esta alternativa está errada. Conforme explicado na resposta anterior, o Tribunal de Justiça não pode dar nova decisão e substituir aquela que seria proferida pelo júri, pois isso violaria a soberania dos veredictos.

D) Esta alternativa está errada. Pela mesma razão já explicada acima, tal decisão por parte do Tribunal de Justiça violaria a soberania dos veredictos.

(XXV Exame de Ordem Unificado/FGV) Maria, 15 anos de idade, comparece à Delegacia em janeiro de 2017, acompanhada de seu pai, e narra que João, 18 anos, mediante grave ameaça, teria constrangido-a a manter com ele conjunção carnal, demonstrando interesse, juntamente com seu representante, na responsabilização criminal do autor do fato. Instaurado inquérito policial para apurar o crime de estupro, todas as testemunhas e João afirmaram que a relação foi consentida por Maria, razão pela qual, após promoção do Ministério Público pelo arquivamento por falta de justa causa, o juiz homologou o arquivamento com base no fundamento apresentado. Dois meses após o arquivamento, uma colega de classe de Maria a procura e diz que teve medo de contar antes a qualquer pessoa, mas em seu celular havia filmagem do ato sexual entre Maria e João, sendo que no vídeo ficava demonstrado o emprego de grave ameaça por parte deste. Maria, então, entrega o vídeo ao advogado da família.

Considerando a situação narrada, o advogado de Maria

A) nada poderá fazer sob o ponto de vista criminal, tendo em vista que a decisão de arquivamento fez coisa julgada material.

B) poderá apresentar o vídeo ao Ministério Público, sendo possível o desarquivamento do inquérito ou oferecimento de denúncia por parte do Promotor de Justiça, em razão da existência de prova nova.

C) nada poderá fazer sob o ponto de vista criminal, tendo em vista que, apesar de a decisão de arquivamento não ter feito coisa julgada material, o vídeo não poderá ser considerado prova nova, já que existia antes do arquivamento do inquérito.

D) poderá iniciar, de imediato, ação penal privada subsidiária da pública em razão da omissão do Ministério Público no oferecimento de denúncia em momento anterior.

RESPOSTA:

A) A resposta está errada. Não há impedimento para que se reabram as investigações quando se tem notícia de nova prova que surgiu após o arquivamento do inquérito policial, na forma do art. 18, CPP, inexistindo o fenômeno da coisa julgada material.

☑ Esta é a alternativa correta. Na forma do art. 18, CPP, aparecendo nova prova de que não se tinha conhecimento anterior, é possível a reabertura do inquérito policial.

C) A resposta está errada. Em que pese o vídeo existir antes do encerramento do inquérito policial, ele não era de conhecimento das autoridades, sendo isso importante para a análise do desarquivamento.

D) A resposta está errada. A ação penal privada subsidiária da pública somente ocorre quando o Ministério Público deixa de tomar qualquer atitude no prazo legal, não sendo isso que ocorreu, pois o pedido de arquivamento foi feito.

(XXV Exame de Ordem Unificado/FGV) Bruna compareceu à Delegacia e narrou que foi vítima de um crime de ameaça, delito este de ação penal pública condicionada à representação, que teria sido praticado por seu marido Rui, em situação de violência doméstica e familiar contra a mulher. Disse, ainda, ter interesse que seu marido fosse responsabilizado criminalmente por seu comportamento.

O procedimento foi encaminhado ao Ministério Público, que ofereceu denúncia em face de Rui pela prática do crime de ameaça (Art. 147 do Código Penal, nos termos da Lei n. 11.340/06). Bruna, porém, comparece à Delegacia, antes do recebimento da denúncia, e afirma não mais ter interesse na responsabilização penal de seu marido, com quem continua convivendo. Posteriormente, Bruna e Rui procuram o advogado da família e informam sobre o novo comparecimento de Bruna à Delegacia.

Considerando as informações narradas, o advogado deverá esclarecer que

A) a retratação de Bruna, perante a autoridade policial, até o momento, é irrelevante e não poderá ser buscada proposta de suspensão condicional do processo.

B) a retratação de Bruna, perante a autoridade policial, até o momento, é válida e suficiente para impedir o recebimento da denúncia.

C) não cabe retratação do direito de representação após o oferecimento da denúncia; logo, a retratação foi inválida.

D) não cabe retratação do direito de representação nos crimes praticados no âmbito de violência doméstica e familiar contra a mulher, e nem poderá ser buscada proposta de transação penal.

RESPOSTA

✓ Esta é a alternativa correta. A Lei n. 11.340/2006, art. 16, somente permite a retratação em casos que envolvam violência doméstica e familiar perante o Juiz em audiência especialmente designada para esse fim. Ademais, por causa do art. 41 da citada lei, não são cabíveis os benefícios da Lei n. 9.099/95, como é o caso da suspensão condicional do processo.

B) A resposta está errada. Tendo em vista o que foi acima explicado, a retratação deve ser feita perante o Juiz, não sendo possível que se faça na presença da autoridade policial.

C) A resposta está errada. Trata-se de uma possibilidade a retratação do direito de representação, mas isso deve ser feito corretamente na presença do juiz.

D) A resposta está errada. É possível a retratação, conforme se fundamentou no art. 16, Lei n. 11.340/2006, mas na forma aqui delineada. Demais benefícios penais, como transação penal, são expressamente vedados.

(XXV Exame de Ordem Unificado/FGV) Zeca e Juca foram denunciados pela prática de crime de sequestro, figurando como vítima Vanda. Por ocasião do interrogatório, Zeca nega a autoria delitiva e diz que nem conhece Juca; já Juca alega que conhece Zeca e que somente este seria o autor do fato, declarando-se inocente.

Após a instrução, o juiz profere sentença absolvendo os denunciados. No dia da publicação da sentença, Vanda e Juca procuram seus respectivos advogados e reiteram a certeza quanto à autoria delitiva de Zeca e ao interesse em intervir no processo como assistentes de acusação.

Considerando apenas as informações narradas, assinale a afirmativa correta.

A) O advogado de Juca poderá requerer a intervenção de seu cliente como assistente de acusação, devendo, porém, o Ministério Público ser ouvido previamente sobre a admissão do assistente.

B) Os advogados de Juca e Vanda não poderão requerer a intervenção de seus clientes como assistentes de acusação, tendo em vista que já foi proferida sentença.

C) O advogado de Vanda poderá requerer a intervenção de sua cliente como assistente de acusação, mas não poderá solicitar a realização de nova audiência para elaborar as perguntas que entender pertinentes.

D) O advogado de Vanda poderá requerer a intervenção de sua cliente como assistente de acusação, e do despacho que admitir ou não o assistente caberá recurso em sentido estrito.

RESPOSTA

A) A resposta está errada. A intervenção como assistente de acusação somente é permitida para o ofendido, não sendo permitida para a figura do corréu, na forma do art. 268, CPP.

B) A resposta está errada. O advogado de Vanda poderá requerer a intervenção como assistente de acusação, mas irá assumir o processo no estado em que se encontra, na forma do art. 269, CPP.

✓ Esta é a alternativa correta. Isso porque que apenas o ofendido pode ser aceito como assistente no presente feito, na forma do art. 268, CPP, não sendo possível isso para o corréu. Além disso, como ainda não havia transitado em julgado o processo, caberia a admissão do assistente, na forma do art. 269, CPP. Por este artigo também o assistente assume a causa no estado em que estiver, não podendo ser repetida a audiência de instrução e julgamento.

D) A resposta está errada. Na forma do art. 273, CPP, não cabe recurso da decisão que admitir ou não o assistente de acusação, apenas constando dos autos o pedido e a decisão.

(XXV Exame de Ordem Unificado/FGV) O Ministério Público ofereceu denúncia em face de Matheus, imputando-lhe a prática de um crime de estelionato. Na cota da denúncia, o Promotor de Justiça solicitou a realização de exame grafotécnico para comparar as assinaturas constantes da documentação falsa, utilizada como instrumento da prática do estelionato, com as de Matheus. Após ser citado, Matheus procura seu advogado e esclarece, em sigilo, que realmente foi autor do crime de estelionato.

Considerando as informações narradas, sob o ponto de vista técnico, o advogado deverá esclarecer que Matheus

A) deverá realizar o exame grafotécnico, segundo as determinações que lhe forem realizadas, já que prevalece no Processo Penal o Princípio da Verdade Real.

B) poderá se recusar a realizar o exame grafotécnico até o momento de seu interrogatório, ocasião em que deverá fornecer padrão para o exame grafotécnico, ainda que com assinaturas diferentes daquelas tradicionalmente utilizadas por ele.

C) deverá realizar o exame grafotécnico, tendo em vista que, no recebimento da denúncia, prevalece o princípio do *in dubio pro societatis*.

D) poderá se recusar a realizar o exame grafotécnico durante todo o processo, e essa omissão não pode ser interpretada como confissão dos fatos narrados na denúncia.

RESPOSTA

A) A resposta está errada. Na sistemática constitucional, ninguém é obrigado a produzir prova contra si mesmo, valendo-se do princípio constitucional do direito ao silêncio, na forma do art. 5º, LXIII, CF.

B) A resposta está errada. Pelo motivo acima explicitado, o direito ao silêncio é sagrado e impede que qualquer acusado tenha a obrigação de produzir prova contra si mesmo.

C) A resposta está errada. O princípio do *in dubio pro societatis* é para o Ministério Público ofertar a denúncia, não sendo direcionado para o acusado no que tange à produção de provas.

✓ A resposta está correta. Com base no princípio constitucional citado, no art. 5º, LXIII, CF, o acusado pode recusar-se a produzir provas contra si mesmo. Na mesma esteira, está a fundamentação legal no art. 186 do Código de Processo Penal.

Roberto Caparroz

Doutor em Direito Tributário pela PUC-SP. Mestre em Filosofia do Direito. Pós-Graduado em Marketing pela ESPM. Bacharel em Computação e Direito pela Universidade Presbiteriana Mackenzie. Auditor Fiscal da Receita Federal do Brasil desde 1997. Conselheiro Titular do CARF (2013-2017). Palestrante internacional em eventos patrocinados pela OCDE e CIAT. Vencedor do 2° Prêmio Microsoft de Direito (categoria Mestrado e Doutorado), promovido pela Faculdade de Direito da USP. Autor de diversos livros e publicações nas áreas de Direito Tributário, Direito Internacional e Comércio Internacional. Autor das obras *Direito tributário esquematizado®*, *Comércio internacional esquematizado®*, e Cocoordenador para a área fiscal da Coleção Esquematizado®. Coordenador do Curso de Pós-Graduação em Direito Tributário da LFG/Uniderp.

Professor das disciplinas Direito Tributário, Comércio Internacional, Legislação Tributária e Direito Internacional em diversos cursos preparatórios. Professor no Saraiva Aprova.

Sumário

pensão da exigibilidade do crédito tributário; 13.3. Extinção do crédito tributário; 13.4. Prescrição e decadência; 13.5. Pagamento indevido; 13.6. Exclusão do crédito tributário; 13.7. Garantias e privilégios do crédito tributário – 14. Administração tributária: 14.1. Dívida ativa – 15. Execução fiscal: 15.1. Exceção de pré-executividade; 15.2. Embargos à execução fiscal – 16. Tributos em espécie: 16.1. Imposto de Importação; 16.2. Imposto de Exportação; 16.3. Imposto de Renda; 16.4. Imposto sobre Produtos Industrializados; 16.5. Imposto sobre Operações Financeiras; 16.6. Imposto sobre a Propriedade Territorial Rural; 16.7. Imposto sobre a Transmissão *Causa Mortis* e Doação; 16.8. Imposto sobre a Circulação de Mercadorias e sobre Prestação de Serviços de Transporte Interestadual e Intermunicipal e de Comunicação; 16.9. Imposto sobre a Propriedade de Veículos Automotores; 16.10. Imposto sobre a Propriedade Predial e Territorial Urbana; 16.11. Imposto sobre a Transmissão *Inter Vivos*; 16.12. Imposto sobre a Prestação de Serviços de Qualquer Natureza – Referências bibliográficas – Questões.

1. INTRODUÇÃO

Cada país precisa definir um sistema **tributário** capaz de angariar recursos para os cofres públicos, atender aos preceitos constitucionais e, ao mesmo tempo, respeitar os direitos dos contribuintes.

No caso brasileiro, durante muito tempo as regras tributárias foram esparsas, sem qualquer sistematização, o que ensejava a utilização de institutos jurídicos variados para a solução de eventuais conflitos.

Somente com o advento da **Emenda Constitucional n. 18/65** o Estado Brasileiro procurou dar consistência ao sistema tributário, o que ensejou, quase um ano depois, a promulgação do **Código Tributário Nacional**, veiculado pela Lei n. 5.172, de 25 de outubro de 1966.

Nas últimas cinco décadas o CTN, como é conhecido, sofreu alterações, teve diversos artigos revogados, mas continua a ser o principal instrumento jurídico do direito tributário em nosso país.

Um bom estudo sobre a matéria exige, portanto, conhecer as regras previstas no CTN e cotejá-las com os **princípios constitucionais tributários**, veiculados pela Carta de 1988 a partir do art. 145.

Além disso, o Exame de Ordem também demanda dos candidatos informações sobre os principais tributos federais, estaduais e municipais, bem assim o entendimento atualizado das **posições jurisprudenciais** do STJ e do STF.

E foi a partir dessas premissas que elaboramos o conteúdo desta obra, com a expectativa de oferecer, de forma pontual, completa e agradável, elementos para o sucesso dos futuros advogados.

2. CONCEITO DE TRIBUTO

Qualquer estudo sobre o conteúdo, o alcance e a pertinência do Direito Tributário deve partir da análise de seu principal elemento, representado pelo conceito de **tributo**.

Sempre que houver tributo haverá direito tributário, e essa ideia, aparentemente óbvia, nos permitirá afastar regras e institutos que não se confundem com a nossa matéria.

Embora existam diversas definições doutrinárias de tributo, a mais interessante e completa é justamente aquela formulada pelo art. 3º do Código Tributário Nacional:

> **Art. 3º** Tributo é toda prestação pecuniária compulsória, em moeda ou cujo valor nela se possa exprimir, que não constitua sanção de ato ilícito, instituída em lei e cobrada mediante atividade administrativa plenamente vinculada.

A leitura do dispositivo nos permite concluir que a relação tributária entre os particulares e o Estado é de cunho obrigacional e somente pode decorrer de **lei** (obrigação *ex lege*). E aqui se cuida de lei em **sentido estrito**, sendo vedada qualquer tentativa de criar obrigações por meio de atos administrativos ou normas infralegais.

Como o tributo tem por finalidade arrecadar verbas para os cofres públicos, a obrigação deve ser resolvida em moeda **ou** outro valor que nela se possa exprimir, expressão que exige dois comentários.

Primeiro, o conceito de moeda diz respeito à **moeda nacional**, atualmente o real (R$). O sistema tributário não aceita, por enquanto, o pagamento em moeda estrangeira, de sorte que, se o valor em questão (conhecido como base de cálculo) estiver em moeda estrangeira, deverá ser feita a conversão em reais, no momento do fato gerador, como ocorre, por exemplo, no caso do imposto de importação.

Essa é a regra geral do Código Tributário Nacional, que estabelece:

> **Art. 143.** Salvo disposição de lei em contrário, quando o valor tributário esteja expresso em moeda estrangeira, no lançamento far-se-á sua conversão em moeda nacional ao câmbio do dia da ocorrência do fato gerador da obrigação.

A imensa maioria das discussões tributárias diz respeito à **base de cálculo**, que, de forma simples, pode ser definida como a expressão econômica de um fato jurídico, ou seja, algo que representa o *quantum* que servirá de referência para o pagamento do tributo.

Ocorre que ao tempo do CTN não existia um sistema bancário presente em todo o país, tampouco boletos ou sistemas eletrônicos de pagamento, como nos dias de hoje. Por conta disso, muitas vezes o contribuinte precisava se dirigir à própria Fazenda Pública para quitar seus tributos.

Em razão dessa circunstância histórica e de certas necessidades de controle, alguns tributos podiam ser "quitados" mediante **estampilhas**, que serviam de comprovante de pagamento, como no caso do antigo imposto de consumo.

A possibilidade de pagamento por outros meios que não a moeda nacional ainda consta, embora um tanto esquecida, do Código Tributário Nacional, que no art. 162 dispõe:

> **Art. 162.** O pagamento é efetuado:
> **I** – em moeda corrente, cheque ou vale postal;
> **II** – nos casos previstos em lei, em estampilha, em papel selado, ou por processo mecânico.

A estampilha e os processos mecânicos previstos no CTN não se confundem com os atuais **selos de controle**, que são utilizados para auxiliar as autoridades públicas no exercício do poder de polícia, especialmente em relação a produtos com alta carga tributária.

Em razão disso encontramos, no caso do imposto sobre produtos industrializados (IPI), selos de controle afixados em embalagens de cigarros, bebidas alcoólicas e também em relógios de pulso, entre outros produtos. A selagem funciona como elemento de controle quantitativo dos produtos, mas **não representa**, como ocorria no passado com as estampilhas, a comprovação do recolhimento do imposto.

STF – Súmula 547
Não é lícito à autoridade proibir que o contribuinte em débito adquira estampilhas, despache mercadorias nas alfândegas e exerça suas atividades profissionais.

Percebe-se que o Código Tributário Nacional sempre aceitou outras formas de pagamento, desde que conversíveis em moeda.

Um pouco diferente foi a previsão, inaugurada em 2001, de que o valor dos tributos devidos poderia ser quitado mediante **dação em pagamento**, ou seja, pela entrega de bens imóveis ao poder público, como autoriza o art. 156, XI:

Art. 156. Extinguem o crédito tributário:
(...)
XI – a dação em pagamento em bens imóveis, na forma e condições estabelecidas em lei.

Trata-se de um caso excepcional, ainda pouco utilizado, pelo qual a União, os Estados, os Municípios ou o Distrito Federal podem, desde que autorizados pelos respectivos poderes legislativos, aceitar imóveis como forma de extinção de suas dívidas tributárias.

A matéria é controvertida e já havia sido discutida pelo STF, que no julgamento da ADI 191-DF, anterior à alteração do CTN, entendeu pela inconstitucionalidade de lei do Distrito Federal que havia instituído a dação em pagamento, mediante entrega de bens móveis, como forma de extinção do crédito tributário.

A Suprema Corte considerou, à época, que a entrega de bens móveis ao Estado sem o devido procedimento licitatório contrariava regras de direito público. Além disso, posicionou-se no sentido de que as formas de extinção do crédito tributário eram **taxativas**, conforme veiculadas pelo CTN, e que lei estadual não poderia ampliar o rol, por violação à reserva de lei complementar.

Posteriormente, já na vigência da nova redação do art. 156, a questão voltou a ser apreciada pelo STF quando do julgamento de medida cautelar na ADI 2.405-1 MC/RS, na qual restou decidido que, a despeito da restrição contida na redação do CTN, os entes federativos poderiam legislar no sentido de receber bens como forma de extinção da dívida tributária, inclusive **bens móveis**, nos termos do que dispuser cada legislação específica.

Com efeito, o STF passou a entender que os entes federativos podem estabelecer, mediante lei própria, outros meios de extinção do crédito tributário, sem que isso implique ofensa à exigência de lei complementar prevista na Constituição.

A tese encontra como suporte o disposto no art. 24 da Lei n. 6.830/80 (Execuções Fiscais), que prevê a hipótese de **adjudicação** de bens pela Fazenda Pública, sem qualquer restrição quanto ao fato de serem móveis ou imóveis.

Nesse cenário, foi publicada, em março de 2016, a Lei n. 13.259, que passou a dispor sobre a **dação em pagamento** na esfera da **União**. Logo depois de sua publicação, o dispositivo que cuidava do assunto foi alterado por Medida Provisória, e finalmente, em 14 de julho de 2016, com a edição da Lei n. 13.313, a matéria passou a ser tratada da seguinte forma:

Lei n. 13.259/2016, art. 4º, com a redação dada pela Lei n. 13.313/2016
Art. 4º O crédito tributário inscrito em dívida ativa da União poderá ser extinto, nos termos do inciso XI do *caput* do art. 156 da Lei n. 5.172, de 25 de outubro de 1966 – Código Tributário Nacional, mediante dação em pagamento de bens imóveis, a critério do credor, na forma desta Lei, desde que atendidas as seguintes condições:
I – a dação seja precedida de avaliação do bem ou dos bens ofertados, que devem estar livres e desembaraçados de quaisquer ônus, nos termos de ato do Ministério da Fazenda; e
II – a dação abranja a totalidade do crédito ou créditos que se pretende liquidar com atualização, juros, multa e encargos legais, sem desconto de qualquer natureza, assegurando-se ao devedor a possibilidade de complementação em dinheiro de eventual diferença entre os valores da totalidade da dívida e o valor do bem ou dos bens ofertados em dação.
§ 1º O disposto no *caput* não se aplica aos créditos tributários referentes ao Regime Especial Unificado de Arrecadação de Tributos e Contribuições devidos pelas Microempresas e Empresas de Pequeno Porte – Simples Nacional.
§ 2º Caso o crédito que se pretenda extinguir seja objeto de discussão judicial, a dação em pagamento somente produzirá efeitos após a desistência da referida ação pelo devedor ou corresponsável e a renúncia do direito sobre o qual se funda a ação, devendo o devedor ou o corresponsável arcar com o pagamento das custas judiciais e honorários advocatícios.
§ 3º A União observará a destinação específica dos créditos extintos por dação em pagamento, nos termos de ato do Ministério da Fazenda.

Podemos perceber que na esfera federal o legislador preferiu ser conservador e aceitar a possibilidade de dação em pagamento **somente para bens imóveis**, que serão entregues sem qualquer ônus para a União, depois de passarem pela devida avaliação.

O valor a ser quitado mediante dação pode ser igual ou inferior à dívida inscrita, e a eventual diferença poderá ser paga em dinheiro. Para optar pela dação em pagamento o devedor deverá desistir de qualquer ação judicial em andamento, relativa ao crédito que pretende extinguir, e, ainda, pagar as custas judiciais e honorários advocatícios relativos ao processo.

Na sequência, o conceito veiculado pelo art. 3º do CTN também faz a **distinção** entre tributo e figuras destinadas a penalizar o infrator (notadamente as multas).

Diz o Código que tributo não constitui sanção de ato ilícito, ou seja, **tributo não se confunde com multa**, embora, mais adiante, o legislador inclua as duas figuras no conceito de crédito tributário.

Aqui temos um ponto importante.

Como multas e tributos são diferentes, em tese os princípios constitucionais tributários não seriam aplicáveis às multas, que teriam natureza jurídica própria e seguiriam regras relacionadas ao direito sancionatório.

Isso porque aqueles que cumprem a lei sujeitam-se, apenas, ao pagamento de tributos, mas os que **transgredirem** a norma tributária deverão arcar com o tributo (de acordo com o princípio da igualdade, pelo qual todos devem pagar) e também com as possíveis multas, que representam o grau de coerção e desestímulo à conduta previsto pela legislação.

Entretanto, o Supremo Tribunal Federal já decidiu que certos limites constitucionais aplicáveis ao tributos também **são extensíveis** às multas, como no caso do princípio que veda o efeito confiscatório em matéria tributária.

Assim, já foram consideradas inconstitucionais multas previstas em patamares absurdos, de 200%, 300% ou até 500%. Voltaremos a esse assunto no capítulo sobre os princípios constitucionais tributários.

Por ora, convém destacar que tributos e multas **são coisas distintas** e com objetivos totalmente diferentes: pagamos tributos porque cumprimos as regras tributárias e estaremos sujeitos às multas sempre que ficar provada qualquer ofensa à legislação, como atrasos, recolhimentos a menor e até mesmo situações mais graves, decorrentes de dolo, fraude ou simulação.

2.1. Princípio *pecunia non olet*

Vimos que o tributo não serve para sancionar atos ilícitos, mas essa afirmação nos leva a uma dúvida: os **atos ilícitos** podem ser tributados?

A resposta é **afirmativa**, pois o direito tributário possui evidente objetivo econômico, e, nesse sentido, se os atos legítimos sofrem tributação, com mais razão as vantagens auferidas de forma ilícita também deverão ser gravadas.

Exemplo: se alguém obtém receita oriunda de atividades ilícitas, como o tráfico de entorpecentes, é óbvio que isso será objeto de tributação, sem prejuízo das sanções penais previstas em lei.

Não se tributa a **conduta** (que é assunto de ordem criminal), mas o **resultado econômico** obtido ilegalmente.

Isso decorre do clássico princípio *pecunia non olet*, que equivale a dizer que o "dinheiro não tem cheiro". A origem histórica da expressão é bastante conhecida e remonta ao tempo dos romanos, quando o Imperador Vespasiano instituiu a cobrança de uma **taxa** pela utilização de banheiros públicos, medida que se revelou deveras impopular, como se pode imaginar.

O filho de Vespasiano, Tito, confrontou o pai, reclamando que a taxa era absurda e faria com que a cidade ficasse mais suja e malcheirosa. Sem se abalar, Vespasiano pegou algumas moedas de ouro e respondeu, cinicamente: *pecunia non olet*.

A consequência do famoso episódio resta consagrada no art. 118 do CTN:

> **Art. 118.** A definição legal do fato gerador é interpretada abstraindo-se:
> **I** – da **validade jurídica** dos atos efetivamente praticados pelos contribuintes, responsáveis, ou terceiros, bem como da natureza do seu objeto ou dos seus efeitos;
> **II** – dos efeitos dos fatos efetivamente ocorridos.

Da redação do dispositivo podemos concluir que, para fins de tributação, pouco importa se o ato praticado pelo sujeito passivo é legal ou ilegal, pois o que interessa, em termos de incidência, é o resultado econômico obtido.

Assim, tanto faz se a pessoa trabalha honestamente e recebe salário mensal ou, de forma ilícita, obtém riqueza mediante a prática de crimes: nas duas situações **haverá tributação**, embora o segundo caso deva, ainda, ser objeto de repressão pelas autoridades públicas.

O Código Tributário Nacional preceitua a chamada **interpretação objetiva** do fato gerador, que deve desconsiderar qualquer circunstância exógena ou subjetiva para fins de tributação, vale dizer, atividades e fatos econômicos devem ser alcançados pelos respectivos tributos, independentemente da sua validade ou licitude.

Portanto, rendas e bens irregularmente obtidos em razão de condutas criminosas e que não foram detectadas quando praticadas devem ser normalmente tributados.

Situação distinta ocorre quando a fiscalização tributária, na sua contínua missão de controle e exercício do **poder de polícia**, consegue interceptar atos ilícitos **no momento** em que são praticados (durante o chamado *iter criminis*). Nesses casos não haverá tributação, mas intervenção dos agentes públicos.

Exemplo 1: quando uma empresa importa do exterior produtos proibidos, objeto de **contrabando** (art. 334-A do Código Penal), e é flagrada durante a tentativa de introduzi-los no País, não haverá tributação, mas a aplicação da pena de perdimento, sem prejuízo da ação penal cabível.

Exemplo 2: numa operação de combate à chamada "pirataria", as autoridades fiscais constatam a existência de milhares de produtos falsificados em determinado armazém. Nessa hipótese também não haverá tributação, mas a aplicação da pena de perdimento, com posterior **destruição** dos produtos, por infração às normas de propriedade intelectual.

Qual seria, então, o critério distintivo entre a aplicação do princípio *pecunia non olet* (que determina a tributação) e a utilização de outras medidas, de caráter sancionatório?

A diferença está no momento da **percepção** da conduta pelo Estado. Sempre que as autoridades públicas flagrarem o ato ilícito, deverão agir para interrompê-lo e evitar os efeitos econômicos dele decorrentes.

Por outro lado, quando não foi possível interceptar a conduta, mas apenas o resultado econômico oriundo da ilicitude, deve ser aplicado o princípio *pecunia non olet*.

A jurisprudência tem evoluído para reconhecer, nas hipóteses em que for provada a **direta correlação** entre o patrimônio de alguém e a prática de atos ilícitos, a possibilidade de aplicação da pena de perdimento (expropriação) sobre tudo o que foi obtido de modo irregular.

O ônus da prova cabe, evidentemente, ao Fisco, o que nem sempre é fácil, porque os contribuintes mal-intencionados buscam "apagar a trilha" dos recursos, o que popularmente se conhece como **lavagem de dinheiro**.

Existem projetos de lei que têm por objetivo regulamentar a perda de bens de origem ilícita, nos moldes do que já ocorre com os agentes públicos condenados em ações de improbidade por enriquecimento ilícito, conforme previsto na Lei n. 8.249/92.

2.2. Outras sanções

Embora a **multa** seja a forma mais comum de sanção tributária (até em razão de sua natureza financeira), existe a possibilidade, como vimos, de adotar outras medidas punitivas, tais como:

a) **Apreensões**, que são sanções de natureza administrativa, com objetivos acautelatórios. A apreensão permite ao poder público reter os bens e mercadorias para que o interessado comprove a licitude da origem. Em caso positivo, os bens serão devolvidos, ou, na hipótese contrária, serão objeto da pena de perdimento.

b) **Pena de perdimento**, que significa privar alguém do seu patrimônio, o que ocorre, por exemplo, quando comprovada a prática dos crimes de contrabando e descaminho, previstos nos arts. 334 e 334-A do Código Penal.

c) **Interdição de estabelecimento** ou **impedimento ao exercício de atividade**, medidas extremas, que devem ser aplicadas com cuidado, pois impossibilitam que a pessoa exerça atividade econômica. Seria o caso, por exemplo, de um estabelecimento irregular que vendesse sistematicamente produtos sem nota fiscal.

Ressalte-se que as apreensões e a interdição de estabelecimentos são sanções decorrentes da prática de atos ilícitos, mas não podem ser utilizadas como forma coercitiva para o pagamento de tributos, conforme entendimento já sumulado pelo Supremo Tribunal Federal.

STF – Súmula 70

É inadmissível a interdição de estabelecimento como meio coercitivo para cobrança de tributo.

STF – Súmula 323

É inadmissível a apreensão de mercadorias como meio coercitivo para pagamento de tributos.

Em regra, aplica-se somente uma das medidas acima descritas, porque prevalece o entendimento de que ninguém pode sofrer **mais de uma sanção** pelo mesmo fato, ou seja, sobre o mesmo fato ilícito não incide mais de uma sanção (em decorrência do famoso princípio constitucional norte-americano que impede a *double jeopardy*).

Isso não impede que na hipótese de fatos diferentes ou relacionados possam ser aplicadas duas ou mais sanções, como no caso do estabelecimento que venda produtos falsificados e sem a emissão de nota fiscal.

2.3. Exigência de lei

A definição do art. 3º do Código Tributário Nacional ainda determina que o tributo seja **instituído em lei**, vale dizer, a lei é o único instrumento hábil para a criação de tributos.

Neste passo, caberia perguntar o óbvio: *O que significa lei?*

Embora a resposta possa ser adequadamente oferecida de várias formas, uma que não deixa margem para dúvidas e nos ajuda bastante na prova implica que lei é tudo o que está presente nos arts. 59 e s. da Constituição, que tratam do **processo legislativo** (das regras para a criação de leis no Brasil):

> **Art. 59.** O processo legislativo compreende a elaboração de:
> **I** – emendas à Constituição;
> **II** – leis complementares;
> **III** – leis ordinárias;
> **IV** – leis delegadas;
> **V** – medidas provisórias;
> **VI** – decretos legislativos;
> **VII** – resoluções.
> **Parágrafo único.** Lei complementar disporá sobre a elaboração, redação, alteração e consolidação das leis.

Portanto, os instrumentos jurídicos que preenchem o requisito de lei, em termos formais e materiais, são aqueles expressamente indicados pela Constituição. Trata-se de rol **taxativo**, que não pode ser ampliado.

Podemos notar, por exemplo, que os **tratados internacionais** não constam da dicção constitucional, porque não se sujeitam ao processo legislativo brasileiro, pois são celebrados a partir de princípios específicos e de acordo com a vontade soberana dos Estados que compõem a sociedade internacional.

Apesar disso, os tratados internacionais, as normas infralegais e uma infinidade de outros instrumentos jurídicos podem gerar repercussões na esfera tributária.

O Código Tributário Nacional, ciente dessa realidade, congregou todas essas figuras sob a rubrica **legislação tributária:**

> **Art. 96.** A expressão "legislação tributária" compreende as leis, os tratados e as convenções internacionais, os decretos e as normas complementares que versem, no todo ou em parte, sobre tributos e relações jurídicas a eles pertinentes.

Coerente com a premissa adotada, o CTN, embora tenha reconhecido a abrangência das normas tributárias, restringiu a matéria que seria competência exclusiva do vetor lei:

> **Art. 97.** Somente a lei pode estabelecer:
> **I** – a instituição de tributos, ou a sua extinção;
> **II** – a majoração de tributos, ou sua redução, ressalvado o disposto nos arts. 21, 26, 39, 57 e 65;
> **III** – a definição do fato gerador da obrigação tributária principal, ressalvado o disposto no inciso I do § 3º do art. 52, e do seu sujeito passivo;
> **IV** – a fixação de alíquota do tributo e da sua base de cálculo, ressalvado o disposto nos arts. 21, 26, 39, 57 e 65;
> **V** – a cominação de penalidades para as ações ou omissões contrárias a seus dispositivos, ou para outras infrações nela definidas;
> **VI** – as hipóteses de exclusão, suspensão e extinção de créditos tributários, ou de dispensa ou redução de penalidades.
> **§ 1º** Equipara-se à majoração do tributo a modificação da sua base de cálculo, que importe em torná-lo mais oneroso.
> **§ 2º** Não constitui majoração de tributo, para os fins do disposto no inciso II deste artigo, a atualização do valor monetário da respectiva base de cálculo.

Podemos constatar que todas as atividades relativas à **obrigação tributária** demandam a existência de lei.

Isso decorre do princípio da **autoimposição tributária**, que tem relação direta com a própria estrutura do nosso país.

Quando a Constituição declara, no art. 1º, que a República Federativa do Brasil constitui-se em **Estado Democrático de Direito**, isso significa, acima de tudo, que as relações entre Estado e particulares devem ser pautadas em lei.

Como sabemos, se ninguém pode ser obrigado a fazer algo sem a presença da lei, resta evidente que as exigências de natureza tributária também se submetem a este fundamental postulado.

E mais: como as relações jurídicas ocorrem no seio do Estado Democrático de Direito, isso significa que somente **leis válidas** podem estabelecer obrigações para as pessoas, que deverão, ainda, ter participação na produção de tais normas.

Como a nossa democracia é representativa e exige **previsão legal**, todos os cidadãos têm condições de participar da atividade normativa do Estado, ainda que de modo indireto, por meio da eleição de seus representantes.

E o princípio da autoimposição pressupõe a participação democrática das pessoas na produção das regras jurídicas, com a automática aceitação dos comandos por elas veiculados, de forma que o cidadão não pode fugir à tributação, sob pena de ruptura do tecido democrático.

Isso revela, a um só tempo, o caráter legítimo e obrigatório do sistema tributário, pois fundado na premissa de **participação da sociedade**, ou, como diria Pontes de Miranda, "a legalidade da tributação significa o povo tributando a si mesmo".

Esquematicamente:

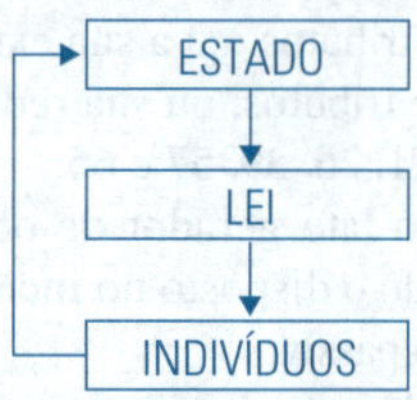

No esquema temos o ESTADO, como criação da sociedade, que veicula regras por meio do instrumento jurídico LEI, para obrigar e condicionar a atuação dos INDIVÍDUOS, que, por seu turno, participam, ainda que indiretamente, da produção normativa, criando um **ciclo de autoimposição**, que se renova constantemente.

Igual raciocínio se aplica ao Estado, que, ao criar as leis, deve também a elas se submeter.

O princípio da autoimposição se apresenta como **garantia fundamental** do contribuinte, pois exige que qualquer inovação destinada a aumentar a carga tributária passe pelo crivo do Poder Legislativo.

Destacamos, ainda, que o CTN considera **majoração** qualquer alteração na base de cálculo do tributo, com o objetivo de torná-lo mais oneroso. O comando é bastante salutar e visa a impedir que os entes públicos, por via indireta, aumentem os tributos sem obediência ao princípio da legalidade.

Entretanto, em razão do ambiente inflacionário do País, os tribunais têm reconhecido a possibilidade legítima de **atualização monetária** dos tributos, mediante decreto, desde que respeitados os índices oficiais de correção.

Qualquer atualização **superior** aos índices oficiais exige lei em sentido formal, pois representaria verdadeiro aumento de carga tributária.

Vejamos, a propósito, a **Súmula 160 do STJ:**

> É defeso, ao município, atualizar o IPTU, mediante decreto, em percentual superior ao índice oficial de correção monetária.

O entendimento é corroborado em decisões do STF, inclusive com **repercussão geral** reconhecida, como no caso do RE 648.245, julgado em agosto de 2013:

> Recurso extraordinário. 2. Tributário. 3. Legalidade. 4. IPTU. Majoração da base de cálculo. Necessidade de lei em sentido formal. 5. Atualização monetária. Possibilidade. 6. É inconstitucional a majoração do IPTU sem edição de lei em sentido formal, vedada a atualização, por ato do Executivo, em percentual superior aos índices oficiais. 7. Recurso extraordinário não provido.

> **STF – Súmula 725**
> É constitucional o § 2º do art. 6º da Lei n. 8.024/90, resultante da conversão da Medida Provisória n. 168/90, que fixou o BTN fiscal como índice de correção monetária aplicável aos depósitos bloqueados pelo Plano Collor I.

O tema encontra respaldo, ainda, nas próprias limitações estabelecidas pelo Código Tributário Nacional em relação ao papel regulamentar dos decretos, que **não podem extrapolar** os preceitos veiculados pelas leis que os ensejaram, como se observa do disposto no art. 99:

> **Art. 99.** O conteúdo e o alcance dos decretos restringem-se aos das leis em função das quais sejam expedidos, determinados com observância das regras de interpretação estabelecidas nesta Lei.

> É possível, mediante decreto, a atualização monetária da base de cálculo de tributos, como no caso do IPTU, desde que respeitados os índices oficiais. Qualquer alteração superior aos índices oficiais só pode ser promovida por lei em sentido formal.

Em relação aos tratados e convenções internacionais, o Código Tributário Nacional estabelece sua **prevalência** em razão das normas internas, posição importante e que vai ao encontro da melhor doutrina.

> Sobre os tratados, podemos dizer que são acordos internacionais **concluídos e escritos**, celebrados entre Estados ou entre Estados e Organizações, regidos pelo direito internacional, quer constem de instrumento único, dois ou mais instrumentos conexos, **independentemente** de sua denominação específica.

Note-se que o nome do instrumento é **irrelevante** para a sua configuração jurídica, de sorte que pouco importa se o texto utiliza expressões como *tratado*, *convenção*, *protocolo*, *pacto* ou *acordo*. O que interessa é a **vontade soberana** dos signatários (ou destes mediante representação de organizações internacionais).

Parece-nos evidente que os tratados celebrados pelo Brasil devem prevalecer sobre a lei interna, mas a discussão acerca dessa interconexão de normas é bastante grande e nem sempre as conclusões majoritárias da doutrina encontram suporte na jurisprudência do Supremo Tribunal Federal.

Felizmente, na seara tributária, o STF reconheceu a **prevalência dos tratados**, nos termos do que sempre dispôs o art. 98 do Código Tributário Nacional:

> **Art. 98.** Os tratados e as convenções internacionais revogam ou modificam a legislação tributária interna, e serão observados pela que lhes sobrevenha.

Portanto, devemos reconhecer que os tratados, em matéria tributária, devem prevalecer sobre posições porventura contrárias da legislação interna. Não se trata aqui de **revogação** da norma interna pelo tratado, mas da **impossibilidade** de sua aplicação sempre que houver conflito.

Além disso, o legislador nacional deve atentar para os compromissos celebrados pelo Brasil, pois o CTN adverte que as normas internas devem observar o que foi decidido no âmbito dos acordos internacionais.

A medida, de claro efeito prático, tem por objetivo evitar a criação de leis natimortas, que ao entrarem em vigor já se encontrariam prejudicadas pela **incompatibilidade** com os acordos firmados pelo País.

> **STJ – Súmula 71**
> O bacalhau importado de país signatário do GATT é isento do ICM.
> **STF – Súmula 575**
> À mercadoria importada de país signatário do (GATT), ou membro da (ALALC), estende-se a isenção do Imposto de Circulação de Mercadorias concedida a similar nacional.

O Código Tributário Nacional reconhece, ainda, a existência e a eficácia, dentro de certos parâmetros, das **normas complementares:**

> **Art. 100.** São normas complementares das leis, dos tratados e das convenções internacionais e dos decretos:
> **I** – os atos normativos expedidos pelas autoridades administrativas;
> **II** – as decisões dos órgãos singulares ou coletivos de jurisdição administrativa, a que a lei atribua eficácia normativa;
> **III** – as práticas reiteradamente observadas pelas autoridades administrativas;
> **IV** – os convênios que entre si celebrem a União, os Estados, o Distrito Federal e os Municípios.
> **Parágrafo único.** A observância das normas referidas neste artigo exclui a imposição de penalidades, a cobrança de juros de mora e a atualização do valor monetário da base de cálculo do tributo.

Convém ressaltar que as normas complementares se revestem das mais variadas denominações. Por óbvio que nenhum desses veículos tem força de lei, mas cada qual se presta a expressar o entendimento das diversas instâncias administrativas.

Exemplo: dentro do conceito de atos normativos do art. 100, I, encontramos uma enorme gama de instrumentos jurídicos, como as Portarias, as Instruções Normativas, as Resoluções e tantas outras.

2.4. Atividade vinculada

Por fim, o conceito de tributo previsto no art. 3º determina que a atividade fiscal de **cobrança** é **vinculada**, de tal sorte que a administração tributária e seus funcionários não poderão realizar juízos de valor ou de mérito quando do desempenho de suas funções, mas apenas **aplicar a lei** em sentido estrito, com base na interpretação literal de seus dispositivos, sempre que o assunto se relacionar com tributos, que são, por definição, **bens públicos indisponíveis**.

A administração tributária não pode aumentar, reduzir ou alterar a definição e o alcance das regras tributárias, pois o seu dever precípuo é o de **arrecadar** recursos para a satisfação das necessidades públicas.

3. CLASSIFICAÇÃO DOS TRIBUTOS

Embora existam inúmeras classificações tributárias, que sempre partem de critérios pessoais e um tanto arbitrários, de acordo com as premissas adotadas pelo autor, as distinções mais comuns são:

a) Pessoais ou **reais** – os tributos **pessoais** têm como base de cálculo uma conduta ou um *status* jurídico individual, enquanto os tributos **reais** (de *res*, coisa) tomam um objeto como referência. Não nos parece correto dizer que os tributos reais incidem "sobre" as coisas, como querem alguns autores, até porque o direito, como objeto cultural, é feito por pessoas e para pessoas.

Exemplos: o imposto sobre a renda é tributo pessoal por excelência (a incidência ocorre, como regra, sobre o fato de alguém obter renda), enquanto o IPTU e o IPVA seriam hipóteses de tributos reais, que gravariam o valor de determinado bem.

b) Diretos ou **indiretos** – os tributos **diretos** possuem incidência única, imediata, que esgota a carga tributária. A maioria dos tributos atua dessa forma, como o imposto sobre a renda, o IPTU e o IPVA. Já os tributos **indiretos** pressupõem múltiplas incidências, com o fracionamento e a distribuição da carga tributária ao longo de uma cadeia de circulação econômica.

Exemplos: ICMS, IPI, PIS e COFINS.

O grande problema dos tributos indiretos é que neles não se sabe quem é o **destinatário final** (também chamado de **contribuinte de fato**), o que impede a aplicação dos preceitos de retributividade e distributividade da tributação.

Em outras palavras, um sistema com muitos tributos indiretos tende a ser **mais injusto**, pois não consegue identificar a capacidade contributiva das pessoas e, com isso graduar a carga tributária de acordo com a real situação econômica de cada um.

c) **Vinculados** ou **não vinculados** (quanto à hipótese de incidência) – trata-se de classificação antiga e bastante problemática em razão da atual dinâmica do direito tributário. Normalmente se considera que os tributos **vinculados** decorrem de uma conduta do Estado, ou seja, uma atividade específica que justifique a exigência, como no caso das taxas e das contribuições de melhoria. Por outro lado, os tributos **não vinculados** dependeriam de condutas do contribuinte, relacionadas à obtenção de renda, patrimônio ou atividades de consumo, como ocorre com os impostos.

d) De **arrecadação vinculada** e de **arrecadação não vinculada:** aqui devemos ter o cuidado de não confundir o critério com o da classificação anterior, em que a distinção se dava por força da **conduta do agente**. Neste tópico, devemos entender como tributos de **arrecadação vinculada** aqueles cujos valores são carreados para os fins que justificaram a exigência, como no caso das contribuições para financiamento da seguridade social, cujos recursos devem ser empregados na atividade social do Estado. O mesmo ocorre com os empréstimos compulsórios, criados a partir de situações específicas, que exigem a aplicação dos valores arrecadados. Por outro lado, nos tributos de **arrecadação não vinculada** o poder público tem certa liberdade na escolha da destinação, desde que a aplicação seja feita em rubricas previstas no orçamento. É o caso, por exemplo, dos impostos, cujo produto da arrecadação pode ser utilizado para fazer frente às despesas gerais do ente público tributante, exceto nas hipóteses previstas no art. 167, IV, da Constituição[1].

4. FUNÇÃO DOS TRIBUTOS

Quanto à **finalidade,** podemos identificar três classificações básicas para os tributos:

a) **Fiscal** – trata-se da função precípua de todos os tributos, ou seja, **arrecadar** valores para os cofres públicos. Os exemplos são muitos e incluem o imposto de renda, o IPTU e o IPVA, entre tantos outros.

b) **Extrafiscal** – alguns tributos, além da função arrecadatória, podem ser utilizados com **objetivos adicionais**, que podem ser de três ordens:

i) **corrigir distorções** de natureza econômico-financeira. *Exemplo*: a alíquota do imposto de importação pode, em tese, ser aumentada pelo Poder Executivo para desestimular a aquisição de produtos do exterior e, como consequência, proteger o mercado interno;

ii) **incentivar** ou **desestimular** certas condutas, em favor do atendimento de interesses sociais, como no caso do IPTU e do ITR, cujas alíquotas podem ser utilizadas como fator para o cumprimento da *função social da propriedade*;

iii) aferir **índices econômicos** de riqueza, para conhecer o perfil do contribuinte, nos termos da faculdade conferida pela parte final do art. 145, § 1º, da Constituição:

> **Art. 145.** A União, os Estados, o Distrito Federal e os Municípios poderão instituir os seguintes tributos:
> **(...)**
> **§ 1º** Sempre que possível, os impostos terão caráter pessoal e serão graduados segundo a capacidade econômica do contribuinte, **facultado à administração tributária, especialmente para conferir efetividade a esses objetivos, identificar, respeitados os direitos individuais e nos termos da lei, o patrimônio, os rendimentos e as atividades econômicas do contribuinte.**

Nos tributos extrafiscais o objetivo arrecadatório **pode não ser** o mais relevante, pois algumas figuras se

[1] Constituição, art. 167: "São vedados: (...) IV – a vinculação de receita de impostos a órgão, fundo ou despesa, ressalvadas a repartição do produto da arrecadação dos impostos a que se referem os arts. 158 e 159, a destinação de recursos para as ações e serviços públicos de saúde, para manutenção e desenvolvimento do ensino e para realização de atividades da administração tributária, como determinado, respectivamente, pelos arts. 198, § 2º, 212 e 37, XXII, e a prestação de garantias às operações de crédito por antecipação de receita, previstas no art. 165, § 8º, bem como o disposto no § 4º deste artigo; (...) § 4º É permitida a vinculação de receitas próprias geradas pelos impostos a que se referem os arts. 155 e 156, e dos recursos de que tratam os arts. 157, 158 e 159, I, *a* e *b*, e II, para a prestação de garantia ou contragarantia à União e para pagamento de débitos para com esta".

destacam pela chamada **função regulatória**, como nos casos do imposto de importação, imposto de exportação, IOF e IPI.

Em relação à **propriedade**, a Constituição prevê o atendimento à função social, que se caracteriza pela utilização racional, produtiva e não abusiva dos imóveis.

Para os imóveis **urbanos** existe a possibilidade de utilização do chamado **IPTU progressivo no tempo**, previsto no art. 182, § 4º, II, da CF/88, que se manifesta como uma limitação administrativa ao direito de propriedade.

Art. 182. A política de desenvolvimento urbano, executada pelo Poder Público municipal, conforme diretrizes gerais fixadas em lei, tem por objetivo ordenar o pleno desenvolvimento das funções sociais da cidade e garantir o bem-estar de seus habitantes.
§ 1º O plano diretor, aprovado pela Câmara Municipal, obrigatório para cidades com mais de vinte mil habitantes, é o instrumento básico da política de desenvolvimento e de expansão urbana.
§ 2º A propriedade urbana cumpre sua função social quando atende às exigências fundamentais de ordenação da cidade expressas no plano diretor.
§ 3º As desapropriações de imóveis urbanos serão feitas com prévia e justa indenização em dinheiro.
§ 4º É facultado ao Poder Público municipal, mediante lei específica para área incluída no plano diretor, exigir, nos termos da lei federal, do proprietário do solo urbano não edificado, subutilizado ou não utilizado, que promova seu adequado aproveitamento, sob pena, sucessivamente, de:
I – parcelamento ou edificação compulsórios;
II – imposto sobre a propriedade predial e territorial urbana progressivo no tempo;
III – desapropriação com pagamento mediante títulos da dívida pública de emissão previamente aprovada pelo Senado Federal, com prazo de resgate de até dez anos, em parcelas anuais, iguais e sucessivas, assegurados o valor real da indenização e os juros legais.

Assim, quando o terreno é **subutilizado** ou **não cumpre** a função social da propriedade, as alíquotas do IPTU podem aumentar significativamente, por meio de uma progressividade extrafiscal com nítido caráter sancionatório, na medida em que o tempo passa e o contribuinte, devidamente intimado, não atende às determinações do Plano Diretor.

STF – Súmula 589
É inconstitucional a fixação de adicional progressivo do imposto predial e territorial urbano em função do número de imóveis do contribuinte.

No caso do Imposto Territorial Rural (ITR), o raciocínio é semelhante, pois a Lei n. 9.393/96 estabelece **alíquotas progressivas** em razão da área total do imóvel e do respectivo grau de utilização (art. 11), com o intuito de desestimular a manutenção de **terras improdutivas**, conforme autorizado pelo art. 153, § 4º, I, da Constituição:

§ 4º O imposto previsto no inciso VI do *caput*:
I – será progressivo e terá suas alíquotas fixadas de forma a desestimular a manutenção de propriedades improdutivas;

Ressalte-se que, em sentido oposto, a própria Constituição prevê **a não incidência** do ITR no caso de **pequenas glebas rurais**, definidas em lei, quando o proprietário que as explorar não possuir outro imóvel (art. 153, § 4º, II), em outra clara manifestação tributária de natureza extrafiscal.

Interessante destacar que, na esteira do comando previsto na Constituição, o Supremo Tribunal Federal editou súmula que reconhece a constitucionalidade de lei municipal que concede benefícios de IPTU para o proprietário de imóvel único.

STF – Súmula 539
É constitucional a lei do município que reduz o imposto predial urbano sobre imóvel ocupado pela residência do proprietário, que não possua outro.

c) **Parafiscal** – refere-se aos tributos cobrados em **paralelo à atividade estatal**, quando o poder público reconhece em terceiros (inclusive entidades privadas) uma função social que ele mesmo deveria prestar.

As chamadas **entidades parafiscais** recebem, por meio de lei, **capacidade tributária ativa**, que é a permissão para fiscalizar e arrecadar tributos, além da possibilidade de figurar como efetivas destinatárias do montante apurado.

Trata-se de transferência, mediante **delegação**, da capacidade tributária ativa, do ente público que a detém de forma originária para um terceiro reconhecido como útil e relevante, por força do processo de descentralização da atividade administrativa no Brasil.

5. ESPÉCIES TRIBUTÁRIAS

5.1. Classificação

Existe certa discussão doutrinária sobre quais e quantas seriam as **espécies tributárias** no Brasil. A questão ultrapassa a seara acadêmica, pois cada tipo de tributo possui características específicas, de forma que sua correta identificação é essencial para o sucesso na prova.

Quanto ao número de espécies tributárias, duas teorias são dominantes: a **teoria tricotômica** e a **teoria quíntupla** (também chamada de pentapartida ou quintipartida).

A primeira corrente surgiu a partir da escola tributária da PUC/SP e conta com nomes de escol, como Geraldo Ataliba, Roque Carrazza e Paulo de Barros Carvalho. Já a teoria quíntupla tem como defensores Ives Gandra e Hugo de Brito Machado, entre outros.

- Impostos
- Taxas
- Contribuições de melhoria
- Empréstimos compulsórios
- Contribuições

Impostos, Taxas, Contribuições de melhoria → Teoria tricotômica

Todas as cinco → Teoria quíntupla (posição do STF)

A teoria tricotômica, como o próprio nome indica, parte da premissa de que todas as espécies tributárias podem ser enquadradas como impostos, taxas ou contribuições, e que a diferença entre elas dependeria da vinculação ou não a uma atividade estatal. E mais: a análise do **binômio** hipótese de incidência / base de cálculo nos permitiria identificar a espécie tributária correspondente.

A teoria tricotômica teria, ainda respaldo do Código Tributário Nacional, que em seu art. 5º estabelece:

> **Art. 5º** Os tributos são impostos, taxas e contribuições de melhoria.

Por outro lado, a teoria quíntupla parece guardar **melhor sintonia** com o atual modelo constitucional, pois defende que, além de impostos, taxas e contribuições de melhoria, haveria, ainda, duas espécies adicionais: os empréstimos compulsórios e as contribuições (que ainda se subdividiriam em outras classes).

Com efeito, o art. 5º do CTN parece-nos anacrônico, pois uma classificação a partir do texto constitucional realmente nos leva a concluir pela **prevalência da teoria quíntupla**, no sentido de reconhecer os empréstimos compulsórios e as diversas contribuições hoje existentes no sistema tributário nacional como **espécies independentes**, com características peculiares, o que impossibilitaria a sua absorção pelas três espécies tradicionais.

Essa é a posição, inclusive, do Supremo Tribunal Federal, conforme anotado em clássico julgado:

> De efeito, a par das três modalidades de tributos (os impostos, as taxas e as contribuições de melhoria) a que se refere o artigo 145 para declarar que são competentes para instituí-los a União, os Estados, o Distrito Federal e os Municípios, os artigos 148 e 149 aludem a duas outras modalidades tributárias, para cuja instituição só a União é competente: o empréstimo compulsório e as contribuições sociais, inclusive as de intervenção no domínio econômico e de interesse das categorias profissionais e econômicas (cf. RE 146.133/SP, reiterado quando do julgamento da ADC 1-1/DF, ambos os feitos de relatoria do Min. Moreira Alves).

Portanto, para a prova, a posição mais adequada é **acompanhar** o entendimento do STF, até em homenagem aos dispositivos da Constituição de 1988, que claramente identificam cinco espécies tributárias:

Espécies tributárias	Previsão constitucional
Impostos	Art. 145, I
Taxas	Art. 145, II
Contribuições de melhoria	Art. 145, III
Empréstimos compulsórios	Art. 148, I e II
Contribuições sociais Contribuições de intervenção no domínio econômico Contribuições no interesse de categorias profissionais ou econômicas	Art. 149
Contribuição para o custeio de iluminação pública	Art. 149-A

Observação: no quadro acima devemos considerar como pertencentes ao gênero "contribuições" as três figuras do art. 149 e também a COSIP, do art. 149-A, introduzida em 2002 pela Emenda Constitucional n. 39.

Ainda em relação às espécies tributárias e ao grande número de figuras e variantes existentes no modelo brasileiro, não podemos esquecer a sempre importante advertência contida no art. 4º do Código Tributário Nacional:

> **Art. 4º** A natureza jurídica específica do tributo é determinada pelo fato gerador da respectiva obrigação, sendo irrelevantes para qualificá-la:
> **I** – a denominação e demais características formais adotadas pela lei;
> **II** – a destinação legal do produto da sua arrecadação.

O art. 4º do CTN esclarece que a natureza jurídica do tributo é determinada pelo seu **fato gerador**, de modo que não importa a denominação (o nome formal dado pela lei) ou outras características secundárias, da mesma forma que a destinação (para onde serão carreados os recursos arrecadados).

Exemplo bastante conhecido de incorreta denominação legal ocorria com a CPMF (Contribuição Provisória sobre Movimentações Financeiras), cuja análise das características do fato gerador indicava tratar-se de **verdadeiro imposto**, embora a figura tivesse, formalmente, o nome de "contribuição".

5.2. Impostos

Como vimos, a previsão normativa para os **impostos** pode ser encontrada no art. 145, I, da Constituição:

> **Art. 145.** A União, os Estados, o Distrito Federal e os Municípios poderão instituir os seguintes tributos:
> I – impostos;

Como a Constituição **não conceituou** os impostos, entendemos que foi recepcionado o art. 16 do CTN, que os define nos seguintes termos:

> **Art. 16.** Imposto é o tributo cuja obrigação tem por fato gerador uma situação independente de qualquer atividade estatal específica, relativa ao contribuinte.

Os impostos são, portanto, tributos **não vinculados**, tanto em razão da atividade estatal quanto no que se refere à destinação dos recursos arrecadados.

Isso implica que os valores relativos a impostos, em regra, ingressam no caixa da Fazenda Pública e serão gastos de acordo com o previsto nas respectivas leis orçamentárias.

Cai por terra, dessa forma, a famosa crença popular de que "pagamos muitos impostos e o governo nada oferece em troca", visto que essa é a característica básica desse tipo de tributo, que não possui caráter **contraprestacional**, vale dizer, a exigência de um imposto não está relacionada a qualquer atividade específica do Estado.

Embora seja comum ouvir das pessoas, a título de exemplo, que o IPVA deveria ser utilizado para tapar buracos nas ruas e conservar o asfalto das estradas, essa vinculação não existe, salvo se houver alguma regra orçamentária específica.

E é importante que seja assim, pois o Estado tem vários compromissos financeiros que são **desvinculados** de um serviço ou atividade diretamente relacionado com o cidadão, como o pagamento dos servidores públicos, as despesas com juros, os investimentos em infraestrutura e tantos outros.

Os impostos, em praticamente todos os países, são as figuras tributárias **mais importantes** (embora no Brasil as contribuições tenham ganhado muita força, inclusive em termos de arrecadação, nas últimas décadas).

A partir dessa premissa, a Constituição veicula informações detalhadas sobre os impostos, nos arts. 153 a 156, que estabelecem as competências de cada ente federativo (União, Estados, Distrito Federal e Municípios).

Nesse sentido, os impostos podem ser:

a) **Ordinários**, com esferas de competência predeterminadas:

- Federal (art. 153 da CF) – II, IE, IR, IPI, IOF, ITR e IGF.
- Estadual (art. 155 da CF) – ICMS, IPVA e ITCMD.
- Municipal (art. 156 da CF) – ISS, IPTU e ITBI.

Observações:

i) Se forem criados Territórios, que hoje não existem, a competência para a cobrança dos impostos será da União.

ii) O Distrito Federal possui a chamada **dupla competência**, de sorte que pode criar impostos municipais e estaduais, como autoriza o art. 147 da Constituição:

> **Art. 147.** Competem à União, em Território Federal, os impostos estaduais e, se o Território não for dividido em Municípios, cumulativamente, os impostos municipais; ao Distrito Federal cabem os impostos municipais.

b) **Residuais:** de competência exclusiva da União e instituídos apenas mediante lei complementar, nos termos do art. 154, I, da CF:

> **Art. 154.** A União poderá instituir:
> I – mediante lei complementar, impostos não previstos no artigo anterior, desde que sejam não cumulativos e não tenham fato gerador ou base de cálculo próprios dos discriminados nesta Constituição;

c) **Extraordinários:** em razão de conflitos externos, conforme disposto no art. 154, II, da CF:

> **Art. 154.** A União poderá instituir:
> (...)
> II – na iminência ou no caso de guerra externa, impostos extraordinários, compreendidos ou não em sua competência tributária, os quais serão suprimidos, gradativamente, cessadas as causas de sua criação.

Por se relacionarem com circunstâncias excepcionais, os chamados impostos extraordinários terão **caráter temporário** e deverão ser paulatinamente retirados do sistema na medida em que se encerrar o conflito, de acordo com o art. 76 do CTN:

> **Art. 76.** Na iminência ou no caso de guerra externa, a União pode instituir, temporariamente, impostos extraordinários compreendidos ou não entre os referidos nesta Lei, suprimidos, gradativamente, no prazo máximo de cinco anos, contados da celebração da paz.

No caso dos impostos, a Constituição exige que **lei complementar nacional** defina os respectivos fatos geradores, bases de cálculo e contribuintes, providência essencial em favor de uma uniformidade de incidência e aplicação em todo o território brasileiro, conforme determina o art. 146, III, *a*:

> **Art. 146.** Cabe à lei complementar:
> (...)
> **III** – estabelecer normas gerais em matéria de legislação tributária, especialmente sobre:
> ***a)*** definição de tributos e de suas espécies, bem como, em relação aos impostos discriminados nesta Constituição, a dos respectivos fatos geradores, bases de cálculo e contribuintes;

O comando atende ao princípio da **igualdade** e tem por objetivo evitar qualquer tipo de preferência ou prejuízo em função da localização do sujeito passivo ou da operação que ensejar a tributação.

A Constituição, como vimos, também **vedou a vinculação** da receita dos impostos, conforme determinação do art. 167:

> **Art. 167.** São vedados: (...)
> **IV** – a vinculação de receita de impostos a órgão, fundo ou despesa, ressalvadas a repartição do produto da arrecadação dos impostos a que se referem os arts. 158 e 159, a destinação de recursos para as ações e serviços públicos de saúde, para manutenção e desenvolvimento do ensino e para realização de atividades da administração tributária, como determinado, respectivamente, pelos arts. 198, § 2º, 212 e 37, XXII, e a prestação de garantias às operações de crédito por antecipação de receita, previstas no art. 165, § 8º, bem como o disposto no § 4º deste artigo;

5.3. Taxas

As taxas são figuras **muito amplas** em termos de positivação (possibilidade de ocorrência no mundo real, ou seja, existem muitas taxas e várias outras poderão ser criadas), desde que presente uma das duas situações previstas pelo art. 145, II, da Constituição:

> **Art. 145.** A União, os Estados, o Distrito Federal e os Municípios poderão instituir os seguintes tributos:
> (...)
> **II** – taxas, em razão do exercício do poder de polícia ou pela utilização, efetiva ou potencial, de serviços públicos específicos e divisíveis, prestados ao contribuinte ou postos a sua disposição;

As taxas podem ser criadas pela União, pelos Estados, pelo Distrito Federal e pelos Municípios, nas seguintes situações:

– Exercício do poder de polícia
– Serviço público → Específico e divisível; Efetivo ou potencial

Analisemos cada uma dessas situações e requisitos.

a) Criação de taxa em razão do exercício do poder de polícia: como se sabe, poder de polícia é a manifestação geral da força do Estado, com o objetivo de delimitar, controlar e conformar condutas ou direitos individuais. O exercício do poder de polícia precisa ser efetivo, mediante atividades de controle e fiscalização pública.

O Código Tributário Nacional disciplina a matéria no art. 78:

> **Art. 78.** Considera-se poder de polícia a atividade da administração pública que, limitando ou disciplinando direito, interesse ou liberdade, regula a prática de ato ou abstenção de fato, em razão de interesse público concernente à segurança, à higiene, à ordem, aos costumes, à disciplina da produção e do mercado, ao exercício de atividades econômicas dependentes de concessão ou autorização do Poder Público, à tranquilidade pública ou ao respeito à propriedade e aos direitos individuais ou coletivos.
> **Parágrafo único.** Considera-se regular o exercício do poder de polícia quando desempenhado pelo órgão competente nos limites da lei aplicável, com observância do processo legal e, tratando-se de atividade que a lei tenha como discricionária, sem abuso ou desvio de poder.

O Supremo Tribunal Federal já decidiu que é necessário que o Poder Público mantenha órgão de controle e fiscalização **em funcionamento**, a fim de que possa exigir taxas em razão do poder de polícia (RE 116.518):

> TAXA DE LICENÇA DE LOCALIZAÇÃO, FUNCIONAMENTO E INSTALAÇÃO. COBRANÇA PELA MUNICIPALIDADE DE SÃO PAULO. LEGALIDADE: ART. 18, I, DA CF/69. O Supremo Tribunal Federal já se pronunciou pelo reconhecimento da legalidade da taxa cobrada pelo Município de São Paulo, pois funda-se no poder de polícia efetivamente exercitado através de seus órgãos fiscalizadores. Hipótese em que não ocorreu ofensa ao art. 18, I, da Carta precedente. Recurso extraordinário conhecido e provido.

STF – Súmula 665
É constitucional a Taxa de Fiscalização dos Mercados de Títulos e Valores Mobiliários instituída pela Lei 7.940/89.

b) Criação de taxa em razão de **serviços públicos**, específicos e divisíveis, de utilização efetiva ou potencial.

Importante notar que, dos quatro requisitos previstos, basta a ocorrência simultânea de **apenas três deles** para a legalidade da taxa, uma vez que os conceitos de utilização *efetiva ou potencial* podem ser considerados como excludentes, sendo necessário que apenas um se manifeste.

Para entendermos melhor a questão, vejamos as características de cada requisito:

b.1) **serviços específicos** – o art. 79, II, do CTN prevê o que é serviço específico:

> **Art. 79.** Os serviços públicos a que se refere o art. 77 consideram-se:
> **(...)**
> **II** – específicos, quando possam ser destacados em unidades autônomas de intervenção, de unidade, ou de necessidades públicas;

Serviço específico é aquele bem discriminado, ou seja, em que todos os mecanismos da prestação são conhecidos pelo usuário; assim, a lei deve veicular todas as características **intrínsecas** do serviço, até para que o contribuinte possa aferir a sua prestação pelo poder público.

b.2) **serviços divisíveis** – o conceito pode ser encontrado no art. 79, III, do CTN:

> **Art. 79.** Os serviços públicos a que se refere o art. 77 consideram-se:
> **(...)**
> **III** – divisíveis, quando suscetíveis de utilização, separadamente, por parte de cada um dos seus usuários.

A ideia de **divisibilidade**, portanto, está relacionada à identificação dos usuários de cada serviço.

Neste passo, surgem algumas questões:

É possível um serviço ter usuários indeterminados? E indetermináveis?

A priori (antes da prestação), é possível que o usuário de um serviço seja **indeterminado** e que isso não afronte o preceito legal, desde que no momento da prestação do serviço se consiga identificar o usuário.

Exemplo: os emolumentos cobrados pelos cartórios são considerados taxas pela prestação de serviços públicos, conforme entendimento pacífico dos tribunais superiores. Assim, quando o titular do cartório abre as portas do estabelecimento pela manhã, ele não sabe quantas pessoas utilizarão o serviço (neste momento o número de usuários é indeterminado). Durante o dia, na medida em que os usuários utilizam os serviços oferecidos, conseguimos identificar individualmente cada pessoa que lá esteve para reconhecer firma ou obter uma cópia autêntica, entre outras possibilidades. O número de usuários, que era indeterminado no início do dia, tornou-se certo no fim do expediente, sem qualquer prejuízo ao requisito da divisibilidade das taxas.

A possibilidade de identificação dos usuários levou o Supremo Tribunal Federal a pacificar o entendimento acerca da **constitucionalidade** da taxa de **coleta individual de lixo**, por meio da **Súmula Vinculante 19:**

> A taxa cobrada exclusivamente em razão dos serviços públicos de coleta, remoção e tratamento ou destinação de lixo ou resíduos provenientes de imóveis, não viola o art. 145, II, da Constituição Federal.

Destaque-se que a coleta individual de lixo, na qual se identifica claramente o proprietário do imóvel beneficiado pelo serviço, é constitucional, mas, por outro lado, não seria possível a criação de uma taxa para limpeza de logradouros públicos, porque nessa hipótese não seria possível identificar as pessoas beneficiadas pela atividade.

Assim, respondendo à nossa segunda pergunta, **não é possível** a exigência de taxas quando os usuários forem **indetermináveis**, o que significa que os serviços públicos de caráter geral, como segurança ou limpeza de monumentos, não podem ser remunerados mediante taxa.

Essa constatação decorre da clássica divisão dos serviços em:

i. ***Uti universi*** – são os serviços prestados indistintamente, para toda a comunidade, com benefícios que alcançam um número indeterminável de pessoas. Serviços dessa natureza devem ser custeados pela receita dos impostos ou contribuições.

Observação: é o que aconteceu com a taxa de iluminação pública, antigamente cobrada em alguns municípios. O STF entendeu não ser possível identificar os usuários desse tipo de serviço, o que ensejou a elaboração da Súmula 670, que declarou sua inconstitucionalidade.

STF – Súmula 670
O serviço de iluminação pública não pode ser remunerado mediante taxa.
STF – Súmula Vinculante 41
O serviço de iluminação pública não pode ser remunerado mediante taxa.

Com o reconhecimento da inconstitucionalidade da taxa de iluminação pública, o constituinte derivado tratou de inserir na Carta Magna o art. 149-A, que previu a possibilidade de criação de uma contribuição para o custeio da iluminação pública.

ii. ***Uti singuli*** – são os serviços destinados a uma pessoa ou a um número determinável de pessoas, que podem ser custeados mediante taxas.

b.3) Serviços de utilização **efetiva** ou **potencial** – como vimos, para a legalidade de uma taxa basta atender apenas a um desses requisitos, como se pode depreender do disjuntor "ou". Assim, desde que o Estado preste o serviço, pouco importa se o usuário efetivamente o utilizou, como esclarece o art. 79 do Código Tributário Nacional:

> **Art. 79.** Os serviços públicos a que se refere o art. 77 consideram-se:
> I – utilizados pelo contribuinte:
> *a)* efetivamente, quando por ele usufruídos a qualquer título;
> *b)* potencialmente, quando, sendo de utilização compulsória, sejam postos à sua disposição mediante atividade administrativa em efetivo funcionamento;

É importante perceber que os requisitos de efetividade ou potencialidade dizem respeito à **utilização** pelo contribuinte, de sorte que a validade jurídica das taxas, nesses casos, está condicionada à prestação do serviço pelo poder público (ou por particulares em nome deste, mediante concessão).

O entendimento é no sentido de que alguns serviços devem ser considerados como de **utilização compulsória**, pois o Estado incorre em gastos independentemente de as pessoas os utilizarem ou não.

Exemplo: se alguém é proprietário de imóvel atendido pelo serviço de coleta individual de lixo, deverá pagar a taxa independentemente de produzir lixo, ou seja, mesmo que esteja viajando ou temporariamente fora de casa. Isso porque, para o município, os gastos com a prestação do serviço não se alteram em razão da utilização, mas sim da disponibilização para o usuário.

Contudo, ao analisar a constitucionalidade da **Taxa de Controle e Fiscalização Ambiental** (TCFA), cobrada pelo IBAMA em razão do exercício do poder de polícia, cuja base legal foi a nova redação conferida ao tributo pela Lei n. 10.165/2000[2], o Supremo Tribunal Federal (RE 416.601/DF) entendeu que **não seria necessária** a efetiva visita dos agentes do IBAMA em todos os estabelecimentos sujeitos a tributação.

Embora o fundamento para a criação da taxa seja a fiscalização de atividades poluidoras e utilizadoras de recursos ambientais, o STF concluiu pela incidência do tributo em relação a **todos os sujeitos passivos**, independentemente de terem sido objeto de visita ou fiscalização individual.

5.3.1. Base de cálculo distinta de impostos

A Constituição adverte no art. 145, § 2º, que a base de cálculo das taxas **não pode** ser a mesma de impostos.

O Código Tributário Nacional já apresentava uma restrição semelhante ao estatuir, no parágrafo único do art. 77, que a taxa não pode ter base de cálculo ou fato gerador idênticos aos que correspondam a imposto, tampouco ser calculada em função do capital das empresas.

A intenção do legislador foi no sentido de afastar a hipótese de incidência das taxas das condutas praticadas pelo sujeito passivo (que são fundamentos para a criação de impostos), separando a atividade estatal daquela típica do particular.

A impossibilidade de identidade entre as bases de cálculo previstas para impostos, que são definidas por força de **lei complementar**, como dispõe o art. 146, III, *a*, da Constituição, foi confirmada pelo Supremo Tribunal Federal, com a edição da Súmula 595.

STF – Súmula 595
É inconstitucional a taxa municipal de conservação de estradas de rodagem cuja base de cálculo seja idêntica à do imposto territorial rural.

Entende o STF que deve haver uma adequação lógica entre a hipótese de incidência delineada pela norma e a base de cálculo eleita para as taxas, de forma a suprir os custos estatais, com o alcance de todos os sujeitos passivos objeto do poder de polícia, mas sem deixar de considerar o princípio da **capacidade contributiva** (que na literalidade do art. 145, § 1º atingiria apenas os impostos), ou seja, deve ser definido um cri-

[2] Alteração da Lei n. 6.938/81, que dispõe sobre a Política Nacional do Meio Ambiente.

tério de proporcionalidade conforme a capacidade de pagamento individual.

Isso porque nem sempre é possível aferir, com precisão matemática, o **real custo** dos serviços prestados, sendo razoável variar o *quantum* da taxa em função do tamanho do estabelecimento, do nível de atividade exigido do poder público (maior ou menor grau de controle e fiscalização) ou outro critério apto para a definição do montante cobrado de cada pessoa, em homenagem ao princípio da praticabilidade.

Os critérios de razoabilidade e proporcionalidade também produzem efeitos em sentido diverso, pois o STF já decidiu pela possibilidade de **limitação** dos valores cobrados a título de taxa sempre que estes forem abusivos ou incompatíveis com o custo da atividade pública:

> A taxa, enquanto contraprestação a uma atividade do Poder Público, não pode superar a relação de razoável equivalência que deve existir entre o custo real da atuação estatal referida ao contribuinte e o valor que o Estado pode exigir de cada contribuinte, considerados, para esse efeito, os elementos pertinentes às alíquotas e à base de cálculo fixadas em lei. Se o valor da taxa, (...), ultrapassar o custo do serviço prestado ou posto à disposição do contribuinte, dando causa, assim, a uma situação de onerosidade excessiva, (...) configurar-se-á, então, quanto a essa modalidade de tributo, hipótese de ofensa à cláusula vedatória inscrita no art. 150, IV, da CF. Jurisprudência. Doutrina (ADI 2.551-MC-QO, Rel. Min. Celso de Mello).

Ainda em relação à confusão entre as bases de cálculo das taxas e dos impostos, foi aprovada pelo STF, em 2009, a **Súmula Vinculante 29:**

> **STF – Súmula Vinculante 29**
> É constitucional a adoção, no cálculo do valor de taxa, de um ou mais elementos da base de cálculo própria de determinado imposto, desde que não haja integral identidade entre uma base e outra.

O fundamento para a elaboração da Súmula analisa quais seriam os critérios válidos e pertinentes para a definição da base de cálculo das taxas e em que medida eles poderiam **guardar identidade** com critérios já considerados para a apuração de impostos.

O caso concreto cuidava da possibilidade de fixação do valor da taxa de coleta de lixo em razão do **tamanho do imóvel**, ou seja, a sua área construída, sob o argumento de que imóveis maiores produzem mais lixo do que imóveis com metragem inferior. Ocorre que a metragem dos imóveis já serve de critério para a definição da base de cálculo do IPTU, inclusive para fins de progressividade das alíquotas.

Surgiu, então, o debate sobre a constitucionalidade de utilizar **alguns elementos** da base de cálculo de um imposto (no caso a metragem para apuração do IPTU) como critério para a determinação do valor de taxas, como a de coleta individual de lixo.

A despeito de vários argumentos relevantes, como a impossibilidade de se afirmar que imóveis maiores produzem mais lixo (pense numa senhora que mora sozinha num casarão em comparação com uma família de seis pessoas que habita um pequeno apartamento), entendeu o STF que o critério da metragem **seria razoável**, até porque talvez não houvesse outro que pudesse, de modo mais adequado, substituí-lo.

Assim, decidiu-se pela elaboração da Súmula, com efeitos vinculantes, para admitir que **alguns critérios** (não todos, obviamente, por expressa vedação constitucional) pudessem ser compartilhados na apuração das bases de cálculo de um imposto e de uma taxa.

Veja-se, a título de exemplo, a posição jurisprudencial construída, ao longo dos anos, sobre a matéria (RE 232.393/SP):

> CONSTITUCIONAL. TRIBUTÁRIO. TAXA DE COLETA DE LIXO: BASE DE CÁLCULO. IPTU. MUNICÍPIO DE SÃO CARLOS, S.P.I. – O fato de um dos elementos utilizados na fixação da base de cálculo do IPTU – a metragem da área construída do imóvel – que é o valor do imóvel (CTN, art. 33), ser tomado em linha de conta na determinação da alíquota da taxa de coleta de lixo, não quer dizer que teria essa taxa base de cálculo igual à do IPTU: o custo do serviço constitui a base imponível da taxa. Todavia, para o fim de aferir, em cada caso concreto, a alíquota, utiliza-se a metragem da área construída do imóvel, certo que a alíquota não se confunde com a base imponível do tributo. Tem-se, com isto, também, forma de realização da isonomia tributária e do princípio da capacidade contributiva: C.F., artigos 150, II, 145, 1º.

5.3.2. Distinção entre taxas e tarifas

Muito se discute acerca da distinção conceitual entre taxas e tarifas. Vejamos as principais características das duas figuras:

a) **Taxas:** são receitas derivadas, obtidas em razão do poder de tributar do Estado, cobradas quando do exercício do poder de polícia ou da prestação de serviços públicos, utilizados ou colocados à disposição do contribuinte, em regime de direito público, com pagamento compulsório por força de matriz legal. *Exemplo:* taxa de coleta de lixo, taxa de fiscalização de estabelecimentos etc.

b) **Tarifa** (também tratada, em provas, como sinônimo de preço público): são receitas originárias, provenientes da atuação do Estado ou de terceiros (concessionárias de serviços públicos, por exemplo) quando da exploração de atividade econômica em regime de direito privado. São de pagamento facultativo, pois a relação entre as partes instaura-se mediante manifestação de vontade, por contrato. *Exemplos:* tarifa pelo consumo de água, energia elétrica etc.

	Taxa	Tarifa
Matriz jurídica	Art. 145, II, da CF	Art. 175, parágrafo único, III
Natureza	Tributo	Preço público
Fundamentos	– exercício do poder de polícia – prestação de serviços públicos específicos e divisíveis, oferecidos ao usuários	Exploração de serviços públicos por concessionárias
Obrigatoriedade	O pagamento decorre de lei e independe da vontade do sujeito passivo	O pagamento decorre de contrato, conforme manifestação de vontade do interessado
Remuneração	Para suprir o gasto estatal com as atividades de fiscalização ou prestação de serviços	Com o objetivo de lucro, sob regime de direito privado (em relação ao usuário) e possibilidade de concorrência

No intuito de resolver a controvérsia entre os conceitos de preços públicos e taxas, o Supremo Tribunal Federal elaborou a **Súmula 545:**

> **STF – Súmula 545**
> Preços de serviços públicos e taxas não se confundem, porque estas, diferentemente daqueles, são compulsórias e ***têm sua cobrança condicionada a prévia autorização orçamentária, em relação à lei que as instituiu.***

Observação: convém destacar que a parte final da Súmula (destacada) não tem aplicabilidade atualmente, em decorrência da obsolescência do princípio da anualidade.

5.4. Contribuição de melhoria

As **contribuições de melhoria** são tributos destinados a ressarcir gastos públicos na realização de obras e aprimoramento de infraestrutura. Embora previstas há bastante tempo no ordenamento, são figuras pouco utilizadas no mundo real.

A matriz constitucional está prevista no art. 145, III, da CF/88:

> **Art. 145.** A União, os Estados, o Distrito Federal e os Municípios poderão instituir os seguintes tributos:
> (...)
> III – contribuição de melhoria, decorrente de obras públicas.

Como a Constituição não trouxe muitos detalhes sobre a natureza das contribuições de melhoria, mas apenas a exigência de que sejam instituídas em **decorrência de obras públicas**, cabe ao Código Tributário Nacional veicular o conceito e fixar os requisitos para a instituição dessas figuras:

> **Art. 81.** A contribuição de melhoria cobrada pela União, pelos Estados, pelo Distrito Federal ou pelos Municípios, no âmbito de suas respectivas atribuições, é instituída para fazer face ao custo de obras públicas de que decorra valorização imobiliária, tendo como limite total a despesa realizada e como limite individual o acréscimo de valor que da obra resultar para cada imóvel beneficiado.

Percebe-se que a contribuição de melhoria decorre da **valorização de imóvel** eventualmente beneficiado por obra pública. Como no caso dos demais tributos, a instituição só pode ser feita mediante lei, e esta deverá atender aos requisitos mínimos previstos no art. 82 do CTN:

> **Art. 82.** A lei relativa à contribuição de melhoria observará os seguintes requisitos mínimos:
> I – publicação prévia dos seguintes elementos:
> *a)* memorial descritivo do projeto;
> *b)* orçamento do custo da obra;
> *c)* determinação da parcela do custo da obra a ser financiada pela contribuição;
> *d)* delimitação da zona beneficiada;
> *e)* determinação do fator de absorção do benefício da valorização para toda a zona ou para cada uma das áreas diferenciadas, nela contidas.
> II – fixação de prazo não inferior a trinta dias, para impugnação pelos interessados, de qualquer dos elementos referidos no inciso anterior;
> III – regulamentação do processo administrativo de instrução e julgamento da impugnação a que se refere o inciso anterior, sem prejuízo da sua apreciação judicial.
> § 1º A contribuição relativa a cada imóvel será determinada pelo rateio da parcela do custo da obra a que se refere a alínea *c*, do inciso I, pelos imóveis situados na zona bene-

ficiada em função dos respectivos fatores individuais de valorização.
§ 2º Por ocasião do respectivo lançamento, cada contribuinte deverá ser notificado do montante da contribuição, da forma e dos prazos de seu pagamento e dos elementos que integram o respectivo cálculo.

É fundamental, portanto, que a lei instituidora da contribuição de melhoria defina, **previamente** a qualquer cobrança, todos os detalhes relativos à obra que será realizada, bem assim o montante que será financiado por meio do tributo, além do mais importante, que é a **delimitação** da área beneficiada, pois somente os proprietários de imóveis localizados na região de influência poderão ser colocados no polo passivo da obrigação tributária.

Nos termos do Código Tributário Nacional, o limite de cobrança seria a **própria valorização** do imóvel, e o valor máximo que o Estado poderia arrecadar, de todos os imóveis beneficiados, seria o **custo total** da obra. Isso poderia levar a situações absurdas, em que o montante a ser pago pelos proprietários fosse grande parte (ou talvez toda) da valorização imobiliária.

No intuito de regulamentar esse dispositivo, o Decreto-Lei n. 195/67, em seu art. 12, *caput*, limita a cobrança da contribuição de melhoria em até **3% ao ano:**

Art. 12. A contribuição de melhoria será paga pelo contribuinte da forma que a sua parcela anual não exceda a 3% (três por cento) do maior valor fiscal do seu imóvel, atualizado à época da cobrança.

A validade do Decreto-Lei n. 195/67 (publicado em 24 de fevereiro de 1967) foi reconhecida pelo Supremo Tribunal Federal:

São válidos, porque salvaguardados pelas Disposições Constitucionais Transitórias da Constituição Federal de 1967, os decretos-leis expedidos entre 24 de janeiro e 15 de março de 1967.

Decreto-Lei n. 195/67, art. 12:
A Contribuição de Melhoria será paga pelo contribuinte da forma que a sua parcela anual não exceda a 3% (três por cento) do maior valor fiscal do seu imóvel, atualizado à época da cobrança.

Para a prova, também é pacífico o entendimento do STF no sentido de que somente a **valorização** (diferença entre o *antes* e o *depois* da obra) pode servir de base de cálculo para as contribuições de melhoria, conforme se depreende da seguinte decisão:

Esta Corte consolidou o entendimento no sentido de que a contribuição de melhoria incide sobre o *quantum* da valorização imobiliária (AI 694.836-AgR, Rel. Min. Ellen Gracie, julgamento em 24-11-2009, Segunda Turma, *DJe* de 18-12-2009).

Parece-nos imprescindível, portanto, que a lei estabeleça uma **avaliação** dos imóveis da área de incidência antes de iniciada a obra e outra, nos mesmos moldes e com iguais critérios, depois dé concluída a obra, para que se possa aferir qual foi efetivamente a valorização percebida em cada propriedade.

Como o tributo tem por fato gerador a valorização decorrente da obra e não a sua realização, é evidente que a cobrança só poderia ser iniciada com a conclusão dos trabalhos. Entretanto, há julgados que aceitam o início da cobrança antes do encerramento da obra, desde que a parte já realizada **seja suficiente** para a apuração do grau de valorização observado em cada imóvel.

A competência para a instituição das contribuições de melhoria pertence ao ente público que **realizar a obra**, admitindo-se eventual rateio na arrecadação na exata medida em que mais de uma pessoa (dois municípios ou um estado e um município, por exemplo) participar diretamente da obra, carreando-lhe recursos públicos.

Ressalte-se, mais uma vez, que a contribuição de melhoria tem natureza de ressarcimento aos cofres públicos e não de financiamento da obra a ser realizada.

Contribuições de melhoria:

- Possuem como justificativa a valorização imobiliária decorrente de obra pública
- Limite total arrecadado = despesa realizada (custo da obra)
- Limite individual = percentual sobre a valorização do imóvel
- Pode ser cumulativa: União; Estados; Distrito Federal; Municípios

5.5. Empréstimos compulsórios

Os empréstimos compulsórios são tributos de competência **exclusiva da União**, e somente podem ser criados mediante lei complementar. Além disso, a instituição de um empréstimo compulsório deve ter como fundamento uma das situações descritas no art. 148 da Constituição:

Art. 148. A União, mediante lei complementar, poderá instituir empréstimos compulsórios:

> I – para atender a despesas extraordinárias, decorrentes de calamidade pública, de guerra externa ou sua iminência;
> II – no caso de investimento público de caráter urgente e de relevante interesse nacional, observado o disposto no art. 150, III, *b*.
> **Parágrafo único.** A aplicação dos recursos provenientes de empréstimo compulsório será vinculada à despesa que fundamentou sua instituição.

Embora seja possível a criação de diversos empréstimos compulsórios, a lei complementar que os instituir deverá declarar qual a situação que serviu de base para a exação, até porque os dois incisos do art. 148 trazem consequências jurídicas distintas.

Como regra geral, os empréstimos compulsórios são **tributos restituíveis** em dinheiro (acrescidos, em tese, de juros e correção monetária), e podem ter base de cálculo cumulada com impostos, ou seja, é possível exigi-los a partir de situações idênticas àquelas que ensejam a cobrança de impostos, o que, por si só, já revela a natureza **transitória** da figura.

Com efeito, a lógica que preside a instituição de empréstimos compulsórios baseia-se na necessidade de a União fazer frente a **despesas excepcionais**, que não estavam previstas no orçamento.

A primeira hipótese em que isso pode acontecer seria nos casos de calamidade pública, guerra externa ou sua iminência (art. 148, I). Ressalte-se que não é qualquer emergência ou calamidade que enseja a instituição do tributos, mas apenas aquelas situações em que a gravidade e a magnitude da tragédia exijam do poder público grande **esforço financeiro**, praticamente imediato, para minimizar os efeitos danosos do fato e atender às pessoas atingidas.

Para a hipótese de guerra devemos considerar que o tributo só se justifica no caso de **guerra externa**, decorrente de declaração formal ou grave ameaça oriunda de outro país.

Por seu turno, as hipóteses descritas no art. 148, II, cuidam da possibilidade de instituição de empréstimos compulsórios para suprir a necessidade de investimento público **urgente** e de **relevante** interesse nacional. Aqui o constituinte incorreu em grave incongruência, pois determinou que, na hipótese, fosse observado o **princípio da anterioridade**, ou seja, a necessidade de aguardar, após a publicação da lei complementar, o início do exercício seguinte como marco inicial para a cobrança do tributo.

Isso não faz o menor sentido, pois a própria Constituição estabelece como premissa o caráter **urgente** do investimento, para, na sequência, fulminar tal pretensão, ao submeter o início da cobrança ao princípio da anterioridade, previsto no art. 150, III, *b*.

A aplicação dos recursos obtidos mediante empréstimos compulsórios é **vinculada** às finalidades que ensejaram a instituição, e cabe à lei complementar fixar obrigatoriamente o prazo de vigência do tributo e as condições de seu resgate (parágrafo único do art. 15 do CTN).

> **Art. 15.** Somente a União, nos seguintes casos excepcionais, pode instituir empréstimos compulsórios:
> I – guerra externa, ou sua iminência;
> II – calamidade pública que exija auxílio federal impossível de atender com os recursos orçamentários disponíveis;
> III – conjuntura que exija a absorção temporária de poder aquisitivo.
> **Parágrafo único.** A lei fixará obrigatoriamente o prazo do empréstimo e as condições de seu resgate, observando, no que for aplicável, o disposto nesta Lei.

Essas exigências revelam a natureza provisória dos empréstimos compulsórios, de forma que, na medida em que cessarem os motivos que deram causa à sua instituição, o tributo também deverá **deixar de existir**, com a restituição dos valores pagos pelos contribuintes.

Depois de muita discussão nos tribunais, o Supremo Tribunal Federal pacificou o entendimento de que a restituição dos valores arrecadados deve ser feita em **dinheiro** ("da mesma forma como foi recolhido"), como se pode observar da ementa proferida no RE 175.385/CE:

> EMPRÉSTIMO COMPULSÓRIO – AQUISIÇÃO DE COMBUSTÍVEIS. O empréstimo compulsório alusivo à aquisição de combustíveis – Decreto-Lei n. 2.288/86 mostra-se inconstitucional tendo em conta a forma de devolução – quotas do Fundo Nacional de Desenvolvimento – ao invés de operar-se na mesma espécie em que recolhido.

5.6. Contribuições

Existem diversas figuras jurídicas que se enquadram no conceito de **contribuições**, movimento que ganhou força com o advento da Constituição de 1988.

A competência para instituir contribuições é **exclusiva da União**, como estabelece o art. 149 da Carta Magna:

> **Art. 149.** Compete exclusivamente à União instituir contribuições sociais, de intervenção no domínio econômico e de interesse das categorias profissionais ou econômicas, como instrumento de sua atuação nas respectivas áreas, observado o disposto nos arts. 146, III, e 150, I e III, e sem

prejuízo do previsto no art. 195, § 6º, relativamente às contribuições a que alude o dispositivo.

§ 1º Os Estados, o Distrito Federal e os Municípios instituirão contribuição, cobrada de seus servidores, para o custeio, em benefício destes, do regime previdenciário de que trata o art. 40, cuja alíquota não será inferior à da contribuição dos servidores titulares de cargos efetivos da União.

O quadro a seguir apresenta as contribuições mais importantes para a prova:

Tributo	Matriz jurídica
Contribuições sociais	Art. 149 da CF
Contribuições de intervenção no domínio econômico (CIDE)	Art. 149 da CF
Contribuições de interesse de categorias profissionais ou econômicas	Art. 149 da CF
Contribuição para o Custeio de Iluminação Pública	Art. 149-A da CF

Interessante notar que o Supremo Tribunal Federal entendeu que as **contribuições sociais**, previstas no *caput* do art. 149, podem ser objeto de subdivisão:

a) Contribuições da **seguridade social** – são aquelas disciplinadas no art. 195, I, II e III, da Constituição[3], como as contribuições previdenciárias, o PIS/PASEP (art. 239 da CF) e a COFINS (que substituiu a antiga contribuição para o FINSOCIAL).

b) **Outras contribuições** de seguridade social – conforme previsão do art. 195, § 4º, da Constituição, ao dizer que a lei poderá instituir outras fontes destinadas a garantir a manutenção ou expansão da seguridade social, no exercício da **competência residual** da União. Nessa hipótese é necessária a edição de lei complementar, que estabeleça uma contribuição não cumulativa e com fato gerador e base de cálculo distintos dos impostos previstos na Constituição.

c) Contribuições **sociais gerais** – relacionadas à atividade da área social, como o salário-educação (previsto no art. 212, § 5º, da Constituição[4]) e as contribuições para os chamados serviços sociais autônomos (art. 240 da CF[5]).

Os tribunais superiores editaram diversas súmulas para consolidar o entendimento acerca de matérias polêmicas envolvendo contribuições.

Para a prova, é importante conhecer essas manifestações do STF e do STJ, que reproduzimos a seguir.

STJ – Súmula 423
A Contribuição para Financiamento da Seguridade Social – Cofins incide sobre as receitas provenientes das operações de locação de bens móveis.

STJ – Súmula 425
A retenção da contribuição para a seguridade social pelo tomador do serviço não se aplica às empresas optantes pelo Simples.

STJ – Súmula 458
A contribuição previdenciária incide sobre a comissão paga ao corretor de seguros.

STF – Súmula 658
São constitucionais os arts. 7º da Lei 7.787/89 e 1º da Lei 7.894/89 e da Lei 8.147/90, que majoraram a alíquota do Finsocial, quando devida a contribuição por empresas dedicadas exclusivamente à prestação de serviços.

STF – Súmula 659
É legítima a cobrança da COFINS, do PIS e do FINSOCIAL sobre as operações relativas a energia elétrica, serviços de telecomunicações, derivados de petróleo, combustíveis e minerais do País.

STF – Súmula 688
É legítima a incidência da contribuição previdenciária sobre o 13º salário.

STF – Súmula 732
É constitucional a cobrança da contribuição do salário-educação, seja sob a Carta de 1969, seja sob a Constituição Federal de 1988, e no regime da Lei 9.424/96.

[3] "Art. 195. A seguridade social será financiada por toda a sociedade, de forma direta e indireta, nos termos da lei, mediante recursos provenientes dos orçamentos da União, dos Estados, do Distrito Federal e dos Municípios, e das seguintes contribuições sociais: I – do empregador, da empresa e da entidade a ela equiparada na forma da lei, incidentes sobre: a) a folha de salários e demais rendimentos do trabalho pagos ou creditados, a qualquer título, à pessoa física que lhe preste serviço, mesmo sem vínculo empregatício; b) a receita ou o faturamento; c) o lucro; II – do trabalhador e dos demais segurados da previdência social, não incidindo contribuição sobre aposentadoria e pensão concedidas pelo regime geral de previdência social de que trata o art. 201; III – sobre a receita de concursos de prognósticos."

[4] Constituição, art. 212, § 5º: "A educação básica pública terá como fonte adicional de financiamento a contribuição social do salário-educação, recolhida pelas empresas na forma da lei".

[5] "Art. 240. Ficam ressalvadas do disposto no art. 195 as atuais contribuições compulsórias dos empregadores sobre a folha de salários, destinadas às entidades privadas de serviço social e de formação profissional vinculadas ao sistema sindical."

5.6.1. Contribuição para o custeio da iluminação pública

A instituição de uma contribuição para o custeio da iluminação pública (conhecida como COSIP) passou a ser possível no Brasil com a introdução do art. 149-A no texto constitucional e surgiu como resposta à declaração, pelo Supremo Tribunal Federal, da inconstitucionalidade da antiga cobrança de taxa pela prestação de serviços de iluminação pública.

> **Art. 149-A.** Os Municípios e o Distrito Federal poderão instituir contribuição, na forma das respectivas leis, para o custeio do serviço de iluminação pública, observado o disposto no art. 150, I e III.
> **Parágrafo único.** É facultada a cobrança da contribuição a que se refere o *caput*, na fatura de consumo de energia elétrica.

A competência para a criação da COSIP pertence aos **Municípios** e ao **Distrito Federal**, que deverão exercê-la por meio de lei específica. Conquanto esses entes públicos tenham certa liberdade no exercício da competência que lhes foi conferida pela Constituição, é certo que o produto da arrecadação **deve ser aplicado** no custeio do serviço de iluminação pública, vedada qualquer destinação para fins distintos.

O Supremo Tribunal Federal, ao analisar a constitucionalidade da lei que instituiu a COSIP no município de São José (SC), chegou à curiosa conclusão de que se trata de tributo *sui generis*, que pode alcançar **todos os consumidores** de energia elétrica e possuir **alíquotas progressivas**, em razão da utilização de energia pelas pessoas, conforme se depreende da decisão exarada no RE, reconhecida como de repercussão geral:

> CONSTITUCIONAL. TRIBUTÁRIO. RE INTERPOSTO CONTRA DECISÃO PROFERIDA EM AÇÃO DIRETA DE INCONSTITUCIONALIDADE ESTADUAL. CONTRIBUIÇÃO PARA O CUSTEIO DO SERVIÇO DE ILUMINAÇÃO PÚBLICA – COSIP. ART. 149-A DA CONSTITUIÇÃO FEDERAL. LEI COMPLEMENTAR 7/2002, DO MUNICÍPIO DE SÃO JOSÉ, SANTA CATARINA. COBRANÇA REALIZADA NA FATURA DE ENERGIA ELÉTRICA. UNIVERSO DE CONTRIBUINTES QUE NÃO COINCIDE COM O DE BENEFICIÁRIOS DO SERVIÇO. BASE DE CÁLCULO QUE LEVA EM CONSIDERAÇÃO O CUSTO DA ILUMINAÇÃO PÚBLICA E O CONSUMO DE ENERGIA. PROGRESSIVIDADE DA ALÍQUOTA QUE EXPRESSA O RATEIO DAS DESPESAS INCORRIDAS PELO MUNICÍPIO. OFENSA AOS PRINCÍPIOS DA ISONOMIA E DA CAPACIDADE CONTRIBUTIVA. INOCORRÊNCIA. EXAÇÃO QUE RESPEITA OS PRINCÍPIOS DA RAZOABILIDADE E PROPORCIONALIDADE. RECURSO EXTRAORDINÁRIO IMPROVIDO. I – Lei que restringe os contribuintes da COSIP aos consumidores de energia elétrica do município não ofende o princípio da isonomia, ante a impossibilidade de se identificar e tributar todos os beneficiários do serviço de iluminação pública. II – A progressividade da alíquota, que resulta do rateio do custo da iluminação pública entre os consumidores de energia elétrica, não afronta o princípio da capacidade contributiva. III – Tributo de caráter *sui generis*, que não se confunde com um imposto, porque sua receita se destina a finalidade específica, nem com uma taxa, por não exigir a contraprestação individualizada de um serviço ao contribuinte. IV – Exação que, ademais, se amolda aos princípios da razoabilidade e da proporcionalidade. V – Recurso extraordinário conhecido e improvido.

6. DAS LIMITAÇÕES CONSTITUCIONAIS AO PODER DE TRIBUTAR

A Seção das Limitações Constitucionais ao Poder de Tributar encerra uma série de princípios **dirigidos ao legislador** tributário da União, dos Estados, do Distrito Federal e dos Municípios, para assegurar direitos e conquistas históricas dos cidadãos, notadamente em função da natural tensão existente entre o poder público e as pessoas quando o assunto versa sobre tributação, que nada mais é do que extrair recursos do patrimônio privado e transferi-los para os cofres do Estado.

Os princípios veiculados pelo art. 150 da Constituição **coexistem** com as demais garantias constitucionais e devem ser considerados e apreciados de forma sistemática, com o objetivo maior de conferir ao sistema tributário nacional um mínimo de justiça e igualdade.

6.1. Princípio da legalidade

O princípio da legalidade está previsto no art. 150, I, da Constituição:

> **Art. 150.** Sem prejuízo de outras garantias asseguradas ao contribuinte, é vedado à União, aos Estados, ao Distrito Federal e aos Municípios:
> I – exigir ou aumentar tributo sem lei que o estabeleça;

Quando o constituinte afirma que **não é admissível** a criação ou aumento de tributo sem lei, nada mais faz do que confirmar preceitos fundamentais do Estado Democrático de Direito, que podem ser encontrado em outros pontos da Carta Magna.

Basta lembrarmos que a **legalidade** manifesta-se como garantia basilar de todo o sistema constitucional, como se depreende do famoso comando trazido pelo art. 5º, II, da Constituição:

> **Art. 5º, II** – ninguém será obrigado a fazer ou deixar de fazer alguma coisa senão em virtude de lei.

Assim, se **todas as relações** entre Estado e particular demandam a existência de lei, nada mais óbvio do que o fato de as obrigações tributárias seguirem igual raciocínio. Isso também decorre de outro preceito constitucional, limitador de toda a **atividade pública**, que necessariamente deve ser pautada pela legalidade, como se extrai do *caput* do art. 37 da Constituição[6].

Em verdade, todos os princípios constitucionais **convergem** para a noção de legalidade, por ser esta a verdadeira razão de ser do Estado Democrático de Direito.

Ainda assim, parte da doutrina entende que o dispositivo específico do art. 150, I, cuidaria da chamada *estrita legalidade*, ao estabelecer que somente a lei pode delinear a estrutura do tributo, daí a necessidade de expressa previsão constitucional. Os autores filiados a essa corrente costumam relacionar o princípio com a ideia de **reserva legal**, ou seja, um conjunto de temas que só pode ser tratado por meio do vetor jurídico lei.

Por outro lado, há autores que entendem que o princípio insculpido no art. 150, I seria apenas a **reafirmação** do primado da legalidade, de tal sorte que a sua hipotética exclusão em nada afetaria a exigência de lei, que existe por força da **interpretação sistemática** de todos os preceitos constitucionais.

> Embora a Constituição exija a presença de lei apenas para a instituição ou majoração de tributos, é forçoso concluir que nos casos de redução ou extinção de tributos o requisito permanece inalterado, em face do princípio que estabelece o paralelismo das formas, vale dizer, somente uma lei pode revogar ou alterar outra.

A legalidade é um **princípio absoluto** nas relações tributárias entre Estado e particulares e não sofre qualquer limitação, mesmo quando o constituinte autoriza o Poder Executivo a **alterar as alíquotas** de certos impostos, como definido no art. 153, § 1º:

> **Art. 153.** Compete à União instituir impostos sobre:
> (...)
> § 1º É facultado ao Poder Executivo, atendidas as condições e os limites estabelecidos em lei, alterar as alíquotas dos impostos enumerados nos incisos I, II, IV e V.

Embora alguns autores enxerguem no dispositivo uma *exceção* ao princípio da legalidade, a análise acurada do texto nos revela **exatamente o contrário.**

O Poder Executivo Federal poderá alterar as alíquotas do imposto de importação, do imposto de exportação, do imposto sobre operações financeiras e do imposto sobre produtos industrializados dentro dos parâmetros definidos em lei.

Isso porque a norma reconheceu o caráter **extrafiscal** dos quatro impostos e autorizou o Poder Executivo a manejar as alíquotas, no intuito de corrigir mais rapidamente distorções econômico-financeiras do mercado, para incentivar ou desestimular condutas dos particulares.

Assim, cabe à lei fixar os limites **mínimos** e **máximos** de cada imposto (alíquotas entre zero e x%), e, dentro desse intervalo, o Poder Executivo Federal poderá definir qual o índice de tributação desejado, justamente para atender a natureza extrafiscal das imposições.

É importante ressaltar que as alíquotas do IOF e do IPI são alteradas mediante **decreto** do Presidente da República, enquanto as alíquotas do II e do IE são alteradas, desde 2001, por **resolução** da CAMEX.

> A CAMEX (Câmara de Comércio Exterior) foi criada em 2001 e tem competência para definir a política de comércio exterior brasileira, o que inclui a alteração das alíquotas do imposto de importação e do imposto de exportação, mediante resolução.

6.2. Princípio da igualdade

O princípio da **igualdade** é um dos preceitos basilares do sistema tributário e está previsto no art. 150, II, da Constituição:

> **Art. 150.** Sem prejuízo de outras garantias asseguradas ao contribuinte, é vedado à União, aos Estados, ao Distrito Federal e aos Municípios:
> (...)
> **II** – instituir tratamento desigual entre contribuintes que se encontrem em situação equivalente, proibida qualquer distinção em razão de ocupação profissional ou função por eles exercida, independentemente da denominação jurídica dos rendimentos, títulos ou direitos;

6 "Art. 37. A administração pública direta e indireta de qualquer dos Poderes da União, dos Estados, do Distrito Federal e dos Municípios obedecerá aos princípios de legalidade, impessoalidade, moralidade, publicidade e eficiência e, também, ao seguinte: (...)."

O princípio da igualdade é um ideal que deve ser incessantemente perseguido pela legislação tributária, respeitando-se as **diferenças** entre os contribuintes.

Note-se que o preceito não determina que todos sejam tratados da mesma forma, pois a igualdade só promove justiça quando aplicada a **situações equivalentes**. Isso revela a importância na definição dos critérios de discriminação eleitos pelo legislador, que deverá reconhecer as diferenças entre as pessoas e agrupá-las de acordo com características individuais e econômicas.

O sucesso do princípio da igualdade depende, no mais das vezes, da utilização de outros **princípios instrumentais** (intermediários), capazes de promover os valores almejados pela Constituição.

É que ocorre com o imposto de renda, nos termos do art. 153, III, § 2º:

> **Art. 153.** Compete à União instituir impostos sobre:
> (...)
> **III** – renda e proventos de qualquer natureza;
> (...)
> § 2º O imposto previsto no inciso III:
> **I** – será informado pelos critérios da generalidade, da universalidade e da progressividade, na forma da lei;

A generalidade, a universalidade e a progressividade são princípios instrumentais para a consecução da igualdade.

Generalidade, para o imposto de renda, significa que todas as pessoas podem ser tributadas, sem qualquer distinção em razão de cargo, função ou ocupação profissional. Na medida em que trabalham e auferem renda, devem contribuir com o imposto, sem qualquer tipo de favorecimento.

Da mesma forma, não importa qual a **natureza jurídica** ou **denominação** da renda auferida (salário, aluguel ou pensão, por exemplo). Independentemente do motivo ou da origem da renda, o princípio da **universalidade** determina que todos os ingressos patrimoniais deverão ser tributados.

Exemplo: três pessoas, "Antônio", "Bruna" e "Carlos", recebem R$ 10.000,00 mensais. Antônio como salário na empresa em que trabalha, Bruna em decorrência de sua atividade como como profissional liberal e Carlos por conta do aluguel de imóveis. O princípio da igualdade, parametrizado pelo conceito de universalidade, exige que todos os valores sejam tributados.

A universalidade também permite que o Brasil alcance rendas **oriundas do exterior** (princípio da renda mundial) sempre que um residente no País obtenha rendimentos em outros locais, mesmo que o dinheiro não seja trazido para o nosso território.

Como o critério de tributação é a **residência** no Brasil, os rendimentos auferidos em outros países deverão aqui ser oferecidos à tributação, para fins de imposto de renda.

Exemplo: João é residente no Brasil e possui um apartamento alugado em Paris. Mensalmente, o locatário deposita o valor do aluguel numa conta bancária na capital francesa. Ainda que esses valores jamais ingressem no Brasil, o princípio da universalidade exige que João declare os aluguéis à Receita Federal e pague o imposto de renda deles decorrente.

Generalidade	Todas as pessoas são tributáveis, independentemente do cargo, função ou atividade que exerçam
Universalidade	Todos os rendimentos são tributáveis, independentemente da denominação, natureza jurídica ou origem
	Rendimentos auferidos no exterior são tributáveis quando a pessoa for residente no Brasil
	Se houver tratado internacional para evitar a bitributação (aqui e no exterior), o valor pago em outro país poderá ser compensado com o valor do imposto a pagar no Brasil

Já a **progressividade**, como instrumento da igualdade, tem por objetivo reconhecer as diferenças econômicas entre os contribuintes e tributar de forma mais intensa as pessoas que recebem mais. O princípio pode ser resumido, de forma simples, na frase "quem ganha mais deve pagar mais, quem ganha menos deve pagar menos e quem ganha pouco não deve pagar".

O melhor modo de visualizar o princípio em termos práticos pode ser encontrado na tabela mensal de incidência do imposto de renda das pessoas físicas:

Alíquotas a partir do mês de abril do ano-calendário de 2015

Base de cálculo (R$)	Alíquota (%)	Parcela a deduzir do IRPF (R$)
Até 1.903,98	–	–
De 1.903,99 até 2.826,65	7,5	142,80
De 2.826,66 até 3.751,05	15	354,80
De 3.751,06 até 4.664,68	22,5	636,13
Acima de 4.664,68	27,5	869,36

Percebe-se que as pessoas com renda mensal mais alta, acima de R$ 4.664,68, devem contribuir com o imposto de renda à alíquota de 27,5%, que é a mais elevada do modelo. Por outro lado, quem ganha entre R$ 1.903,99 e R$ 2.826,65 sujeita-se à menor alíquota, de 7,5%. E as pessoas que ganham pouco, assim entendidos os recebimentos mensais inferiores a R$ 1.903,98, são isentas do imposto de renda e não deverão recolher valor algum aos cofres públicos.

O princípio da progressividade funciona, portanto, como **instrumento balizador** da carga tributária e tem por objetivo graduar as alíquotas de acordo com as rendas obtidas pelas pessoas. A progressividade pode ser utilizada, ainda, para fins **extrafiscais**, como observamos nos casos do IPTU e do ITR, em que a manutenção de imóveis sem atendimento à função social da propriedade enseja a aplicação de alíquotas maiores, como forma de onerar os contribuintes e incentivá-los a adotar medidas de adequação.

Ainda em relação ao IPTU, a Emenda Constitucional n. 29 permitiu a utilização da progressividade em função do valor do imóvel – imóveis mais caros terão alíquotas maiores – (art. 156, § 1º, I), além de um critério de seletividade na definição das alíquotas, de acordo com a localização e o uso do imóvel (art. 156, § 1º, II).

STF – Súmula 668
É inconstitucional a lei municipal que tenha estabelecido, antes da Emenda Constitucional n. 29/2000, alíquotas progressivas para o IPTU, salvo se destinada a assegurar o cumprimento da função social da propriedade urbana.

No caso do **Simples Nacional**, que é um mecanismo de tributação para as micro e pequenas empresas também encontramos o critério da **progressividade**, para todos os tributos nele enquadrados, pois quanto maior a renda da empresa progressivamente maior será a alíquota do Simples (a tributação é única, a partir do resultado da empresa, e a divisão do valor arrecadado entre a União, Estados e Municípios é feita sem a participação do contribuinte, que recolhe o montante devido num único documento, chamado DAS – Documento de Arrecadação Simplificada).

O princípio da progressividade é essencial para um sistema tributário justo, mas quando aplicado de forma isolada pode causar distorções.

Isso ocorre porque nem sempre a fixação de alíquotas apenas em função das rendas (entradas) reflete a **real situação** das pessoas, pois é possível que alguém receba um ótimo salário e ainda assim tenha dificuldades financeiras, por conta de outros fatores.

Ao reconhecer essa possibilidade, o constituinte estabeleceu outro princípio, que estudaremos a seguir.

6.3. Princípio da capacidade contributiva

O princípio da **capacidade contributiva** é tão importante que consta do artigo inaugural do Sistema Tributário Nacional na Constituição:

> **Art. 145.** A União, os Estados, o Distrito Federal e os Municípios poderão instituir os seguintes tributos:
> (...)
> **§ 1º** ***Sempre que possível, os impostos terão caráter pessoal e serão graduados segundo a capacidade econômica do contribuinte***, facultado à administração tributária, especialmente para conferir efetividade a esses objetivos, identificar, respeitados os direitos individuais e nos termos da lei, o patrimônio, os rendimentos e as atividades econômicas do contribuinte.

A redação é singela e começa mal, mas não deixa margem para dúvidas: os impostos devem ter caráter **pessoal** e ser graduados de acordo com a **capacidade econômica** do contribuinte. Infelizmente, ao usar a expressão inicial "sempre que possível", o constituinte abriu um enorme flanco, que enfraqueceu sobremaneira a vitalidade do princípio no ordenamento brasileiro.

É importante destacar que, realmente, em alguns impostos o princípio é de difícil aplicação, simplesmente porque não sabemos quem será o **efetivo contribuinte**, que alguns autores chamam de *contribuinte de fato*.

Exemplo: ICMS, ISS e IPI. No caso desses impostos, não sabemos, *a priori*, quem irá consumir o produto ou utilizar o serviço tributado, de forma que a carga tributária será igual para todos, independentemente de serem milionários ou simples assalariados. Quando alguém compra uma camisa de R$ 100,00, está pagando, por hipótese, R$ 18,00 de ICMS, pois o valor do imposto vem embutido no preço do bem. Assim, a mesma camisa será tributada de forma idêntica, sem qualquer possibilidade de distinção em razão do adquirente.

Essa realidade limita sobremaneira a **eficácia** do princípio, que ficará restrita aos chamados tributos pessoais, cujo melhor exemplo é o imposto de renda.

No imposto de renda verifica-se a capacidade contributiva **não pelo valor recebido** pelo contribuinte, cuja alíquota é graduada de acordo com a progressividade, mas sim pelo que "sobra" pra ele ao final do período.

De nada adianta ganhar muito se no fim do mês continuamos endividados.

Exemplo: imagine a situação hipotética de alguém que recebe R$ 10.000,00 por mês. À primeira vista nos parece que a pessoa tem grande capacidade contributiva (porque ganha bem) e deve, portanto, ser tributada pela alíquota de 27,5%, a maior do sistema. Ocorre que esse indivíduo, infelizmente, tem um filho diagnosticado com uma doença rara e gasta quase todo o seu salário no tratamento, que o poder público não subsidia. A partir dessa informação não podemos mais admitir a tributação apenas em **função da renda**, mas devemos reconhecer que as despesas médicas devem ser excluídas da base de cálculo do tributo. E é justamente por conta de situações como essa que a legislação prevê a possibilidade de **deduções**, para que as pessoas sejam tributadas de acordo com a sua **real capacidade contributiva** e não apenas tomando-se como referência o valor do que recebem. Assim, são dedutíveis as despesas médicas e educacionais, entre outras, ante o reconhecimento de sua absoluta necessidade para as pessoas e também em homenagem a diversos princípios constitucionais, garantidores da saúde, da educação e de tantos outros direitos que o Estado não fornece de modo adequado aos cidadãos.

A capacidade contributiva exige o reconhecimento de despesas necessárias, que devem ser deduzidas da base de cálculo do tributo. Nesse contexto, se fosse editada uma lei que acabasse com todas as deduções ela seria inconstitucional, porque impediria a aplicação do princípio.

6.4. Princípio da irretroatividade

O princípio da **irretroatividade** estabelece uma importante garantia para o contribuinte, pois impede exigir tributos antes da entrada em vigor (e correspondente eficácia) da lei que os criar ou aumentar, conforme previsto no art. 150, III, *a*, da Constituição:

> **Art. 150.** Sem prejuízo de outras garantias asseguradas ao contribuinte, é vedado à União, aos Estados, ao Distrito Federal e aos Municípios:
> (...)
> **III** – cobrar tributos:
> ***a)*** em relação a fatos geradores ocorridos antes do início da vigência da lei que os houver instituído ou aumentado;

A expressão "cobrar", presente no dispositivo, deve ser entendida no sentido de "fazer incidir". A irretroatividade significa que uma norma somente pode alcançar pessoas e fatos a **partir da sua vigência**, vale dizer, quando se tornar apta a regular relações tributárias.

O princípio afasta a esdrúxula possibilidade de alguém ser tributado pela prática de um ato quando ainda não existia lei. Nessa linha de raciocínio, a irretroatividade é corolário do princípio da legalidade, pois se não há lei não se pode falar em tributo, como vimos.

Aqui surgem **duas questões** interessantes: o que ocorre quando a lei reduzir ou extinguir tributos, situações opostas ao preceito constitucional? Seria possível a retroatividade?

No caso de **redução**, deve ser observado o princípio do **paralelismo das formas**. Se a alíquota de um tributo é de 20% e o legislador, tempos depois, a reduz para 10%, a inovação só alcançará os fatos praticados depois da entrada em vigor da lei posterior. Assim, todos os que praticaram fatos durante a vigência da lei que previa a alíquota de 20% deverão recolher o imposto normalmente, em homenagem ao princípio da **igualdade**.

Já na hipótese de **extinção** de um tributo, podem ser observados efeitos retroativos, mas apenas para situações que não estiverem definitivamente constituídas.

Exemplo: digamos que um tributo, como a CPMF, foi extinto. A partir da vigência da lei que o fulminou, ninguém mais será obrigado a recolhê-lo. Contudo, pessoas que estiverem devendo CPMF, relativa ao período em que o tributo existia, devem ser cobradas, por absoluto respeito e equivalência com quem pagou no prazo correto. Só que, como o tributo não existe mais, a lei que promoveu sua extinção pode trazer regras de cobrança (prazos, condições, benefícios) para aqueles que ainda não quitaram a sua obrigação.

6.4.1. Retroatividade benéfica

Na esteira do que acontece na área penal, o Código Tributário Nacional prevê hipóteses de aplicação da lei **mais benéfica**, inclusive com efeitos retroativos. Embora isso possa, num primeiro momento, parecer incompatível com o princípio da irretroatividade veiculado pela Constituição, o dois temas **não se confundem**, pois as hipóteses do Código tratam apenas de **infrações**, enquanto o preceito constitucional se refere ao conceito de **tributos**.

O Código Tributário Nacional, ao cuidar do assunto no art. 106, esclarece que:

> **Art. 106.** A lei aplica-se a ato ou fato pretérito:
> **I** – em qualquer caso, quando seja expressamente interpretativa, excluída a aplicação de penalidade à infração dos dispositivos interpretados;
> **II** – tratando-se de ato não definitivamente julgado:
> ***a)*** quando deixe de defini-lo como infração;
> ***b)*** quando deixe de tratá-lo como contrário a qualquer exigência de ação ou omissão, desde que não tenha sido fraudulento e não tenha implicado em falta de pagamento de tributo;
> ***c)*** quando lhe comine penalidade menos severa que a prevista na lei vigente ao tempo da sua prática.

A questão deve ser entendida em função do **intervalo temporal** entre dois ou mais comandos normativos. Como regra, deve ser aplicada ao caso concreto a lei vigente à época do fato gerador (conduta), mas o CTN permite a utilização de lei posterior em benefício do sujeito passivo, apenas no que tange às **infrações** (multas, por exemplo).

Para o lançamento de um tributo deve ser utilizada a lei em vigor na data da ocorrência do fato gerador. No caso de infrações, a lei pode ter efeitos retroativos para beneficiar o sujeito passivo, quando for expressamente interpretativa ou quando, antes do julgamento definitivo, deixar de considerar o fato como infração ou lhe cominar penalidade menos severa (normalmente com a redução da multa).

No caso do inciso I, temos uma lei "A" em vigor que, depois de algum tempo, passa a ter dispositivos interpretados em razão da lei posterior "B" (o que se costuma chamar de **interpretação autêntica**). Diz o CTN que essa interpretação promovida pela lei "B" é válida, mas dela não pode decorrer a imposição de penalidades.

Exemplo: digamos que a lei "A" estabeleça que veículos automotores estão sujeitos ao pagamento do IPVA. Posteriormente, a lei "B", ao definir o rol do que seriam "veículos automotores", inclui no campo de incidência um bem que, pelo senso comum, não deveria ser tributado (um reboque, daqueles que são presos na traseira dos veículos e que não possuem motor). Pois bem, a lei "B" trouxe o reboque para o campo de incidência, por força do comando interpretativo, mas não poderá exigir multa pelo não pagamento do tributo para os proprietários de reboques – que não imaginavam estar sujeitos ao imposto – no intervalo temporal entre as leis "A" e "B", conforme esquema a seguir.

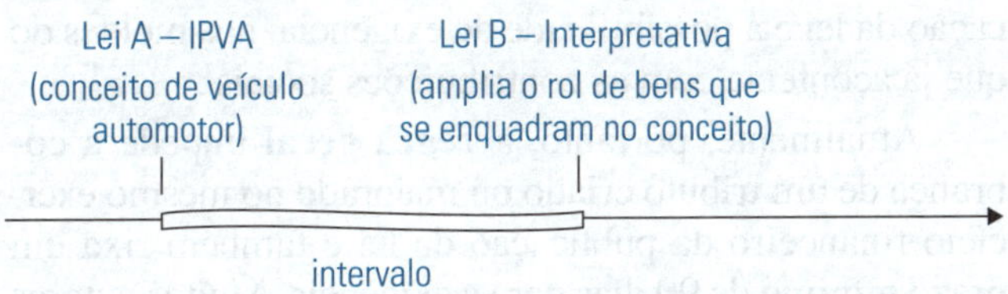

No esquema podemos perceber que a lei "B" retroage para interpretar a lei "A" e ampliar o rol de bens que devem ser considerados como veículos automotores, para nele incluir os reboques.

Quem era proprietário de um reboque antes da lei "B" certamente **não recolheu IPVA** e, de acordo com o CTN, **não poderá ser penalizado** por força dessa nova interpretação, embora esteja sujeito ao recolhimento do imposto, em homenagem ao princípio da **igualdade** (que considerou, no nosso exemplo, veículos automotores e reboques como equivalentes, portanto, sujeitos ao IPVA).

E por que a lei "B" foi editada? Provavelmente porque havia confusão ou dúvida quanto ao conceito de veículo automotor, de forma que o legislador achou pertinente explicitar o alcance da norma por meio da interpretação.

Já no inciso II do art. 106, o CTN parte da premissa de que o ato ainda não foi **definitivamente julgado**, ou seja, que ainda não existe decisão final na esfera processual.

Aqui, a retroatividade benéfica comporta três situações:

a) O ato *sub judice* **não é mais considerado** infração pelo ordenamento, ou seja, depois da autuação surgiu uma nova lei que deixou de tipificá-lo.

Exemplo 1:

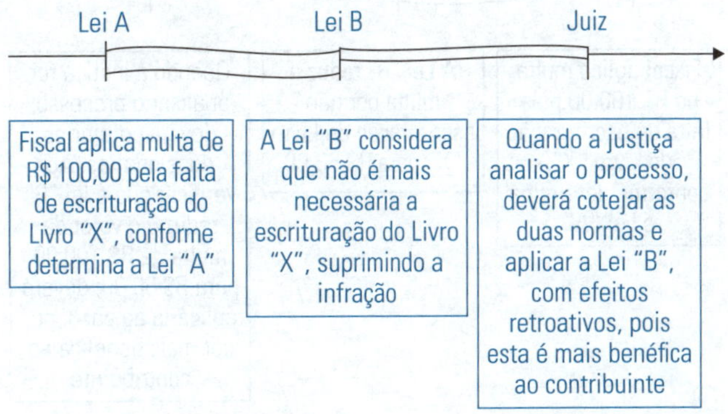

b) O ato em discussão **não é mais considerado** contrário a qualquer exigência de ação ou omissão, não foi **fraudulento** e não implicou **falta de pagamento** de tributo (esta hipótese é muito semelhante à anterior, pois apenas acresce requisitos: pagamento do tributo e ausência de fraude).

Exemplo 2: exatamente o mesmo caso acima, só que agora

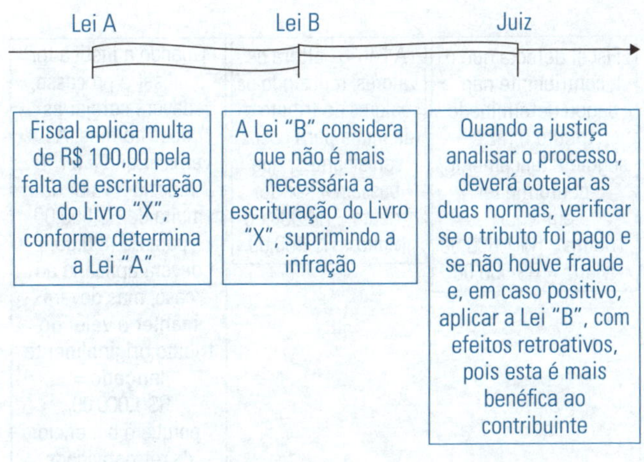

Note-se que nos dois casos anteriores o fiscal agiu de **forma correta**, pois aplicou a lei **em vigor** ao tempo da apuração da conduta. Posteriormente, uma nova lei decidiu afastar a penalidade e o juiz, ao apreciar a questão – e tendo à sua disposição duas leis teoricamente aplicáveis ao fato –, decidiu pela **mais favorável** ao contribuinte, como preceitua o Código Tributário Nacional. Ao utilizar a lei "B", posterior, em detrimento da lei "A" (original), surgiu a chamada retroatividade benéfica.

Existe, ainda uma terceira hipótese:

c) A penalidade prevista na legislação posterior é **menos severa** do que a prevista na lei vigente ao tempo da prática do ato.

Exemplo:

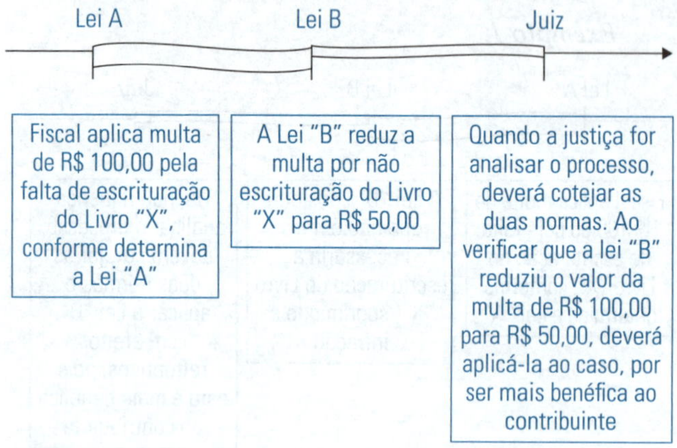

Não se esqueça que a retroatividade só alcança as infrações, não sendo possível utilizá-la no caso de tributos, que seguem o preceito constitucional da irretroatividade.

Vejamos o seguinte exemplo:

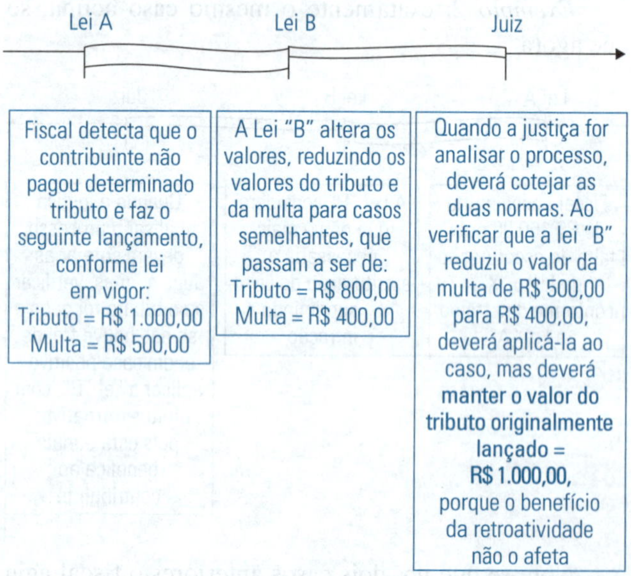

Em conclusão, podemos afirmar que o valor do tributo não se altera em função de sua posterior redução (princípios da igualdade e irretroatividade), enquanto as multas, objeto de redução, devem ser consideradas pelo juiz, por força da retroatividade benéfica.

6.5. Princípio da anterioridade

O princípio da **anterioridade** estabelece um intervalo de tempo (*vacatio*) entre a publicação da lei que aumentar ou instituir tributos e a sua efetiva exigência, conforme estabelecido no art. 150, III, *b* e *c*, da Constituição:

> **Art. 150.** Sem prejuízo de outras garantias asseguradas ao contribuinte, é vedado à União, aos Estados, ao Distrito Federal e aos Municípios:
> (...)
> III – cobrar tributos:
> (...)
> *b)* no mesmo exercício financeiro em que haja sido publicada a lei que os instituiu ou aumentou;
> *c)* antes de decorridos noventa dias da data em que haja sido publicada a lei que os instituiu ou aumentou, observado o disposto na alínea *b*;

Este princípio é também chamado de **princípio da não surpresa**, pois tem como objetivo conceder ao sujeito passivo um tempo para se preparar economicamente para a nova carga tributária, instituída ou majorada.

Originalmente, o art. 150 fixava o intervalo apenas entre a publicação da lei e o primeiro dia do exercício financeiro seguinte. Posteriormente, ao perceber que o preceito era sistematicamente **burlado**, com a publicação de leis nos últimos dias do ano-calendário (o que permitia uma exigência quase imediata), o constituinte derivado resolveu, por meio da Emenda n. 42/2003, estabelecer, em paralelo, um prazo mínimo de **90 dias** entre a publicação da lei e a possibilidade de exigência, nos moldes do que já acontecia com as contribuições sociais[7].

Atualmente, portanto, a **regra geral** impede a cobrança de um tributo criado ou majorado no mesmo exercício financeiro da publicação da lei e também fixa um prazo mínimo de 90 dias para a exigência. Muitos autores denominam esse segundo intervalo como *anterioridade nonagesimal*, embora o correto seja **noventena**, pois não se trata de uma data ou ponto específico, mas do **transcurso** de um prazo mínimo em favor do contribuinte.

Entretanto, como o Brasil é o país das exceções e das regras complexas, na prática a combinação dos dois princípios enseja a ocorrência de 4 possibilidades diferentes:

a) Tributos que aguardam o **exercício seguinte** e a **noventena** – é a regra geral, decorrente da apli-

[7] Constituição, art. 195, § 6º: "A seguridade social será financiada por toda a sociedade, de forma direta e indireta, nos termos da lei, mediante recursos provenientes dos orçamentos da União, dos Estados, do Distrito Federal e dos Municípios, e das seguintes contribuições sociais: (...) § 6º As contribuições sociais de que trata este artigo só poderão ser exigidas após decorridos noventa dias da data da publicação da lei que as houver instituído ou modificado, não se lhes aplicando o disposto no art. 150, III, *b*".

cação simultânea dos dois intervalos (exemplo: aumento de alíquota do IPVA).

b) Tributos que têm **eficácia imediata** (II, IE, IOF, empréstimo compulsório em caso de guerra externa, imposto extraordinário de guerra).

c) Tributos que aguardam **apenas o exercício seguinte** (imposto de renda e a fixação das bases de cálculo do IPTU e do IPVA).

d) Tributos que aguardam apenas a **noventena** (contribuições sociais, IPI, restabelecimento de alíquotas de CIDE combustíveis e ICMS combustíveis[8]).

Exemplos:

1. Lei aumenta a alíquota do IPVA no Estado de São Paulo de 4% para 5% e é publicada no dia 10 de abril de 2016: a inovação só poderá alcançar os proprietários de veículos a partir de 1º de janeiro de 2017, ante a necessidade de aguardar os dois intervalos, primeiro dia do exercício seguinte e transcurso de 90 dias.
2. Lei que aumenta a alíquota máxima do imposto de renda das pessoas físicas, de 27,5% para 35%, publicada em 30 de dezembro de 2016: a inovação poderá alcançar os contribuintes a partir de 1º de janeiro de 2017, pois, neste caso, só é necessário aguardar o exercício seguinte (ainda que isso ocorra dois dias depois da publicação da lei).

STF – Súmula 669
Norma legal que altera o prazo de recolhimento da obrigação tributária não se sujeita ao princípio da anterioridade.

STF – Súmula Vinculante 50
Norma legal que altera o prazo de recolhimento de obrigação tributária não se sujeita ao princípio da anterioridade.

6.6. Princípio da vedação de utilização de tributo com efeito confiscatório

Parece natural que os tributos, apesar de terem como função precípua transferir parcelas de riqueza do patrimônio privado para o Estado, não podem ser instituídos de forma **tão gravosa** que possibilite a efetiva perda desse patrimônio.

Isso significa que deve existir um **limite** para o *quantum* que o poder público pretende subtrair das pessoas, pois, do contrário, os tributos teriam o efeito de confiscar (expropriar) a riqueza e os bens dos particulares.

A Constituição cuidou do tema no art. 150, IV, mas, infelizmente, não definiu qualquer critério ou limite a ser observado pelo legislador, como se pode perceber da singeleza do dispositivo:

> **Art. 150.** Sem prejuízo de outras garantias asseguradas ao contribuinte, é vedado à União, aos Estados, ao Distrito Federal e aos Municípios:
> (...)
> IV – utilizar tributo com efeito de confisco;

O princípio é basicamente aplicado para os tributos que oneram o **patrimônio** e a **renda**. Não há, no Brasil, critério matemático que defina o ponto a partir do qual se configuraria o confisco, diferentemente do que ocorre em outros países.

Como decorrência dessa peculiaridade, cabe ao Supremo Tribunal Federal, no papel de intérprete derradeiro da Constituição, analisar os **casos concretos** e verificar em que situações a carga tributária torna-se tão excessiva ou desarrazoada a ponto de configurar confisco do patrimônio individual.

De plano, convém destacar que o STF **não tem reconhecido** efeito confiscatório nos tributos que oneram a circulação econômica de bens e serviços, como ICMS, IPI, II, PIS e COFINS. Essa interpretação restritiva do comando constitucional obviamente implica prejuízo aos contribuintes.

Contudo, o Supremo Tribunal Federal entende que o efeito confiscatório pode advir **da soma** de diversos tributos, incidentes sobre determinado fato, ainda que individualmente as alíquotas possam ser consideradas razoáveis. Isso significa que a análise deve considerar o **total da carga tributária** que onera a situação, pois, do contrário, o legislador poderia lançar mão de vários tributos em paralelo, com valores em tese baixos, mas cuja soma configurasse verdadeiro confisco.

Convém destacar que em casos raros, como o do IPTU progressivo no tempo (art. 182 da CF), restou **afastada** a noção de confisco, ainda que as alíquotas pudessem atingir níveis altíssimos[9] (até 15%, algo que

---

[8] A incidência do ICMS combustíveis e da CIDE combustíveis ocorre apenas uma vez, no início das respectivas cadeias produtivas (são os chamados tributos monofásicos). Restabelecimento, na dicção constitucional, é retornar as alíquotas para o estado anterior. Quando isso ocorrer, a produção de efeitos deverá respeitar apenas a noventena, mas no caso de aumento de alíquotas desses dois tributos aplica-se a regra geral, ou seja, o transcurso da noventena e o exercício seguinte.

[9] Conforme o art. 7º da Lei n. 10.257/2000 (Estatuto da Cidade), que regulamentou o art. 182 da Constituição: "Art. 7º Em caso de descumprimento das condições e dos prazos previstos na forma do *caput* do art. 5º desta Lei, ou não sendo cumpridas as etapas previstas no § 5º do art. 5º desta Lei, o Município procederá à aplicação do imposto sobre a propriedade predial e territorial urbana (IPTU) progressivo no tempo, mediante a majoração da alíquota pelo prazo de cinco anos consecutivos. § 1º O valor da alíquota a ser aplicado a cada ano será fixado

sobre um imóvel é extremamente gravoso), dada a natureza **sancionatória** da exação.

6.7. Princípio da proibição de limitação ao tráfego de pessoas ou bens

A Constituição defende, em homenagem à ideia de que somos uma República Federativa, que não podem existir **limitações ao tráfego** de pessoas ou bens, especialmente de natureza tributária, como dispõe o art. 150, V:

> **Art. 150.** Sem prejuízo de outras garantias asseguradas ao contribuinte, é vedado à União, aos Estados, ao Distrito Federal e aos Municípios:
>
> (...)
>
> **V** – estabelecer limitações ao tráfego de pessoas ou bens, por meio de tributos interestaduais ou intermunicipais, ressalvada a cobrança de pedágio pela utilização de vias conservadas pelo Poder Público;

O dispositivo é claro ao impedir que o legislador crie tributos **interestaduais** ou **intermunicipais** que impeçam, por exemplo, o deslocamento de uma pessoa do Rio de Janeiro para Manaus, mas faz ressalva em relação à cobrança de pedágios.

Neste passo, seria o caso de perguntar se **pedágio** é tributo. Ao tempo da Constituição de 1988 havia o consenso de que sim, especialmente pelo fato de que as estradas eram conservadas pelo Poder Público e a cobrança de pedágio servia para custear eventuais despesas com a manutenção e aprimoramento dessas vias.

Nesse cenário, o STF proferiu decisões que ratificaram o entendimento de que o pedágio teria natureza tributária.

Ocorre que, com o advento da globalização e da abertura dos mercados, praticamente todas as estradas no Brasil foram **privatizadas**, de sorte que hoje são administradas por **concessionárias**. Isso implica que o valor pago outrora ao Estado até poderia revelar uma obrigação tributária, mas, à luz da atual realidade fática e jurídica, o pedágio tem natureza de **tarifa**, pois a relação entre a empresa e o usuário da estrada é privada e regida por normas de direito civil.

6.8. Outros princípios

Em respeito ao chamado **pacto federativo**, que estabelece a coerência entre as pessoas de direito público interno, o sistema tributário possui regras para manter a paridade entre os atores e permitir a uniformidade da tributação.

Nesse sentido, o art. 151 da Constituição impõe limites à **atividade normativa** da União, a saber:

> **Art. 151.** É vedado à União:
>
> **I** – instituir tributo que não seja uniforme em todo o território nacional ou que implique distinção ou preferência em relação a Estado, ao Distrito Federal ou a Município, em detrimento de outro, admitida a concessão de incentivos fiscais destinados a promover o equilíbrio do desenvolvimento socioeconômico entre as diferentes regiões do País;
>
> **II** – tributar a renda das obrigações da dívida pública dos Estados, do Distrito Federal e dos Municípios, bem como a remuneração e os proventos dos respectivos agentes públicos, em níveis superiores aos que fixar para suas obrigações e para seus agentes;
>
> **III** – instituir isenções de tributos da competência dos Estados, do Distrito Federal ou dos Municípios.

O inciso I do art. 151 determina que as normas tributárias emanadas da União devem respeitar a **uniformidade geográfica** do País, sem qualquer discriminação em relação aos demais entes políticos. Assim, os tributos federais deverão ter aplicação idêntica em todo o território nacional, no que concerne ao fato gerador, à base de cálculo ou à definição dos contribuintes.

Apesar disso, é possível a concessão de **incentivos fiscais** para atender a peculiaridades das diversas regiões do País, ou seja, a Constituição autoriza, sob certas circunstâncias, a existência de regimes tributários **diferenciados**, de acordo com as necessidades socioeconômicas das regiões brasileiras.

Exemplo importante desse tratamento excepcional são os benefícios outorgados à **Zona Franca de Manaus**, que têm por objetivo fixar e desenvolver um polo industrial e de exportação no coração da Amazônia[10].

O art. 151, II, da Constituição diz respeito à legislação do imposto sobre a renda e tem por objetivo afastar a possibilidade de a União tributar os rendimentos gerados pelos **títulos** estaduais e municipais (que compõem a dívida pública desses entes) de forma mais gravosa do que o faz para os títulos de sua própria emissão. O preceito é claramente derivado do princípio da igualdade e tem por objetivo impedir distorções de ordem

na lei específica a que se refere o *caput* do art. 5º desta Lei e não excederá a duas vezes o valor referente ao ano anterior, respeitada a alíquota máxima de quinze por cento. § 2º Caso a obrigação de parcelar, edificar ou utilizar não esteja atendida em cinco anos, o Município manterá a cobrança pela alíquota máxima, até que se cumpra a referida obrigação, garantida a prerrogativa prevista no art. 8º".

[10] ADCT, art. 40: "É mantida a Zona Franca de Manaus, com suas características de área livre de comércio, de exportação e importação, e de incentivos fiscais, pelo prazo de vinte e cinco anos, a partir da promulgação da Constituição. Parágrafo único. Somente por lei federal podem ser modificados os critérios que disciplinaram ou venham a disciplinar a aprovação dos projetos na Zona Franca de Manaus".

financeira no mercado de títulos. Na esteira desse raciocínio, também é vedado tributar de modo mais gravoso **rendimentos dos servidores** públicos estaduais e municipais, o que poderia ensejar um deslocamento de candidatos a concursos para a esfera federal, em razão de uma hipotética carga tributária reduzida. Esses comandos, embora interessantes, são absorvidos pelo princípio da igualdade, que proíbe qualquer distinção entre pessoas em situação equivalente.

Por fim, o art. 151, III, trata das chamadas **isenções heterônomas**, que seriam dispensas de pagamento promovidas pela União em relação a tributos de competência dos outros entes federativos.

O tema, nos limites aqui propostos, pode ser resolvido de forma simples: como regra, só tem o poder de isentar quem possui o poder de tributar (princípio da competência e da autonomia dos entes públicos). Conquanto possam existir situações atípicas, previstas pelo próprio texto constitucional e que merecem maiores reflexões, o ordenamento, como preceito geral, veda a possibilidade de a União isentar tributos **fora da sua esfera** de competência.

Já o artigo seguinte da Carta Magna, em consonância com as ideias aqui expostas, também estabelece uma importante limitação ao poder de tributar dos Estados, do Distrito Federal e dos Municípios, impedindo-os de **discriminar** a tributação de bens e serviços (a título de ICMS ou ISS, por exemplo), em virtude da **procedência** ou **destino** das operações:

> **Art. 152.** É vedado aos Estados, ao Distrito Federal e aos Municípios estabelecer diferença tributária entre bens e serviços, de qualquer natureza, em razão de sua procedência ou destino.

Trata-se de mais uma tentativa de conferir homogeneidade ao tecido normativo tributário e, principalmente, evitar mecanismos capazes de acirrar, ainda mais, a chamada **guerra fiscal**, patologia que assola a federação, pois cada ente busca, por meio de incentivos e isenções, trazer atividade econômica para o seu território, muitas vezes de forma abusiva e prejudicial aos interesses do País como um todo.

6.9. Imunidades

As **imunidades** são normalmente descritas como uma limitação constitucional ao fenômeno da incidência, ou seja, um **recorte de competência** em relação às matérias e fatos que podem ser objeto de tributação pelos entes federados.

A Constituição, neste cenário, traz uma imensa lista de imunidades, que tem várias hipóteses previstas no art. 150, VI, mas também se espalha por diversos outros artigos.

Convém ressaltar que as imunidades do art. 150, VI, referem-se a **impostos**, embora outros dispositivos constitucionais veiculem imunidades relativas a espécies tributárias distintas.

É muito comum encontrar, inclusive na doutrina, enorme confusão entre os conceitos de imunidade, incidência, não incidência e isenção.

Há anos trabalhamos com um esquema bem simples, que parece resolver a questão e afastar qualquer dificuldade, até porque baseado num sistema binário, que não comporta digressões ou desvios de raciocínio.

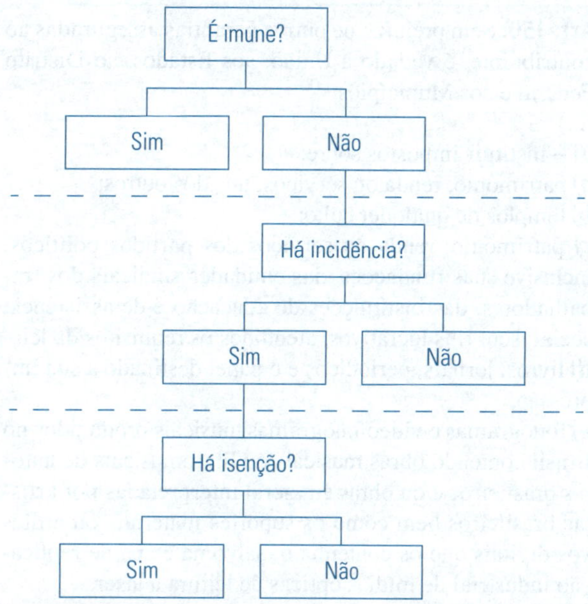

Do gráfico podemos concluir que a primeira pergunta relevante para a análise do fenômeno tributário diz respeito à **existência ou não** de imunidade.

Se houver imunidade, a análise acaba, pois não há espaço para a criação de tributos.

Por outro lado, se não houver imunidade, os tributos **podem surgir** (incidir) e a decisão cabe ao ente público correspondente, titular da competência para instituí-los.

Exemplo: não é vedada a criação do Imposto sobre Grandes Fortunas (IGF), pois não há norma de imunidade nesse sentido. Assim, cabe à União, no exercício da sua competência, decidir pela criação do tributo.

Sempre que o ente público opta por **não criar o tributo**, ainda que isso seja possível, nos deparamos com um caso de **não incidência** (o tributo poderia existir, mas não houve o exercício da competência, como no caso do IGF).

Na sequência do gráfico, quando **há incidência** isso implica que o tributo **existe**, ou seja, foi criado de acordo com as regras constitucionais e mediante instrumento jurídico adequado. Cabe agora indagar, nesse terceiro nível de análise, se existe **isenção**, assim entendida uma norma que dispense o pagamento do gravame.

Se houver isenção, o tributo **não será pago**, apesar de existir. Se, por outro lado, não houver isenção, o sujeito passivo deverá recolher o valor correspondente.

Portanto, a imunidade é sempre a **primeira norma** do sistema, representada por um único vetor de ordem constitucional. Já a isenção, por óbvio, só pode ocorrer quando não há imunidade, pois só faz sentido dispensar o pagamento de um tributo se ele efetivamente existe.

Com esses breves comentários sobre a diferença entre os conceitos, vejamos as **hipóteses de imunidade** previstas no art. 150, VI, da Constituição:

> **Art. 150.** Sem prejuízo de outras garantias asseguradas ao contribuinte, é vedado à União, aos Estados, ao Distrito Federal e aos Municípios:
> (...)
> **VI** – instituir impostos sobre:
> ***a)*** patrimônio, renda ou serviços, uns dos outros;
> ***b)*** templos de qualquer culto;
> ***c)*** patrimônio, renda ou serviços dos partidos políticos, inclusive suas fundações, das entidades sindicais dos trabalhadores, das instituições de educação e de assistência social, sem fins lucrativos, atendidos os requisitos da lei;
> ***d)*** livros, jornais, periódicos e o papel destinado a sua impressão;
> ***e)*** fonogramas e videofonogramas musicais produzidos no Brasil contendo obras musicais ou literomusicais de autores brasileiros e/ou obras em geral interpretadas por artistas brasileiros bem como os suportes materiais ou arquivos digitais que os contenham, salvo na etapa de replicação industrial de mídias ópticas de leitura a laser.

6.9.1. Imunidade recíproca

A imunidade prevista na alínea *a* é chamada de **imunidade recíproca**, pois a União, os Estados, o Distrito Federal e os Municípios não podem cobrar impostos sobre o patrimônio, renda ou serviços, uns dos outros.

Esse preceito decorre do princípio do **pacto federativo**, que pressupõe a autonomia dos entes públicos, conforme dicção do art. 18 da Constituição:

> **Art. 18.** A organização político-administrativa da República Federativa do Brasil compreende a União, os Estados, o Distrito Federal e os Municípios, todos autônomos, nos termos desta Constituição.

As **autarquias** e as **fundações públicas** também são imunes, desde que pratiquem atividade vinculada às suas finalidades essenciais, nos termos do § 2º do art. 150, *verbis*:

> **§ 2º** A vedação do inciso VI, *a*, é extensiva às autarquias e às fundações instituídas e mantidas pelo Poder Público, no que se refere ao patrimônio, à renda e aos serviços, vinculados a suas finalidades essenciais ou às delas decorrentes.

Ademais, como prevê o § 3º do mesmo art. 150[11], se as autarquias e fundações explorarem **atividade econômica** não há de se falar em imunidade, em razão do princípio da **livre concorrência**, pois o Estado não pode se valer de vantagens não extensíveis ao particular, notadamente quando em situação de concorrência.

A **Casa da Moeda** também goza de imunidade tributária, pois atua em regime constitucional de monopólio, como delegatária de serviços públicos, destinados à emissão de papel-moeda, cunhagem de moeda metálica, fabricação de fichas telefônicas e impressão de selos postais[12].

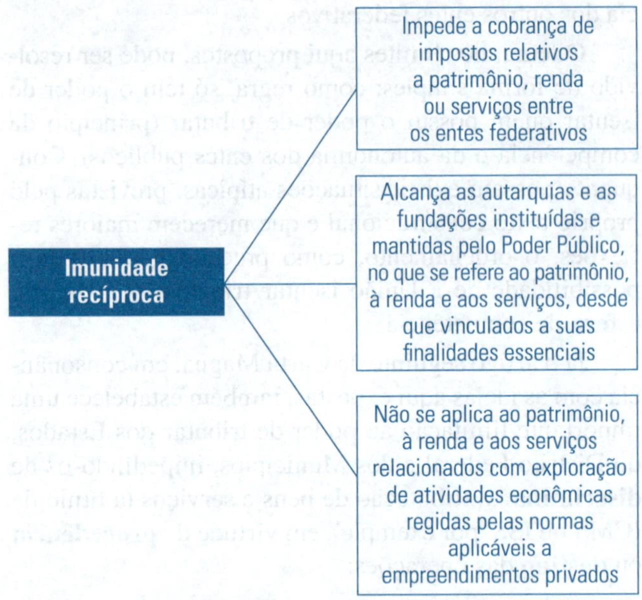

6.9.1.1. A questão da ECT

Quando o Estado de São Paulo tentou exigir IPVA dos veículos da **ECT – Empresa de Correios e Telégrafos** (que é uma empresa pública, cuja imunidade **não está prevista** na Constituição), o Supremo Tribunal Federal decidiu, depois de vários debates, que qualquer empresa pública que preste um serviço essencial, em caráter de **exclusividade** (sem concorrência) e **irrenunciável** (destinado a atender direitos e garantias fundamentais que o Estado não pode transferir a terceiros), é merecedora da imunidade.

---

[11] "Art. 150. Sem prejuízo de outras garantias asseguradas ao contribuinte, é vedado à União, aos Estados, ao Distrito Federal e aos Municípios: (...)
§ 3º As vedações do inciso VI, *a*, e do parágrafo anterior não se aplicam ao patrimônio, à renda e aos serviços, relacionados com exploração de atividades econômicas regidas pelas normas aplicáveis a empreendimentos privados, ou em que haja contraprestação ou pagamento de preços ou tarifas pelo usuário, nem exonera o promitente comprador da obrigação de pagar imposto relativamente ao bem imóvel."

[12] Constituição, art. 21, VII.

Portanto, atualmente as empresas públicas que prestam serviço exclusivo e irrenunciável **gozam de imunidade tributária** de impostos sobre a renda, patrimônio e serviços.

Há, ainda, decisões do STF que estenderam a imunidade até para **sociedades de economia mista**, como no caso da CAERD, empresa prestadora de serviço público de água e esgoto, de Rondônia (RE 631.309), que comprovou prestar serviço exclusivo e irrenunciável. Igual raciocínio foi estendido às sociedades de economia mista prestadoras de ações e **serviços de saúde** cujo capital social seja majoritariamente estatal (RE 580.264).

No caso dos Correios, o STF entendeu que mesmo o exercício simultâneo de atividades em regime de exclusividade e em concorrência com a iniciativa privada (venda de produtos ou atividade bancária, por exemplo) não desvirtua a imunidade, dadas as peculiaridades do serviço postal (RE 601.392).

Ressaltamos, contudo, que empresas **tipicamente destinadas** ao regime concorrencial e à obtenção de lucro, ainda que com capital social majoritário do Estado, não são abrangidas pela imunidade, sendo irrelevante a existência de monopólio estatal, como já decidiu o Supremo Tribunal Federal (RE 285.716-AgR).

A **Ordem dos Advogados do Brasil** também é merecedora de imunidade tributária, relacionada às suas finalidades essenciais, com base no art. 150, VI, *a*, da Constituição, ante o reconhecimento de que desempenha atividade própria de Estado (defesa da Constituição, da ordem jurídica do Estado Democrático de Direito, dos direitos humanos, da justiça social, bem como a seleção e o controle disciplinar dos advogados). Já a Caixa de Assistência dos Advogados **não está protegida** pela imunidade tributária (RE 662.816).

A **Casa da Moeda** também goza de imunidade tributária, pois atua em regime constitucional de monopólio, como delegatária de serviços públicos destinados à emissão de papel moeda, cunhagem de moeda metálica, fabricação de fichas telefônicas e impressão de selos postais (art. 21, VII, Constituição).

> Os entes públicos não são imunes quando considerados como tomadores do serviço. É o caso do ICMS embutido na conta de energia elétrica. Embora diversas procuradorias municipais tenham ingressado na justiça pleiteando a imunidade, os tribunais decidiram que contribuinte do ICMS são as empresas concessionárias de energia, e, por conta disso, a imunidade não se aplica ao usuário do serviço, ainda que público (*vide* RE 671.412).

6.10. Templos de qualquer culto

Em homenagem à **liberdade religiosa** existente no País, o constituinte decidiu conferir imunidade tributária aos templos de qualquer culto. Como a expressão é bastante vaga, cabe ao Supremo Tribunal Federal definir o alcance do benefício.

O STF entende que o conceito de templo não abrange somente o prédio ou a estrutura física em que se professa a religião, mas a própria atividade religiosa, que deve ser considerada como o conjunto de bens, rendas e serviços destinados à sua manutenção.

Uma igreja que produza velas, por exemplo, será imune de todos os impostos relacionados a esta atividade (IR, IPI, ICMS), e o mesmo raciocínio se aplica a outros objetos de **natureza religiosa**, como santinhos, imagens, medalhas, livretos etc., desde que não fabricados em larga escala industrial. Em relação a essa imunidade a interpretação do STF é a mais **ampliativa** possível.

Também serão imunes as rendas obtidas por meio de **aluguéis**, inclusive de imóveis utilizados por terceiros e sem finalidade religiosa (um prédio de escritórios, por exemplo), pois o objetivo da imunidade, segundo o STF, é que o dinheiro arrecadado seja **revertido** para a atividade religiosa.

Conquanto as entidades religiosas precisem cumprir as chamadas **obrigações acessórias**, que implicam manter escrituração contábil, o Supremo Tribunal Federal entendeu que cabe à administração tributária demonstrar eventual **tredestinação** do bem protegido pela imunidade.

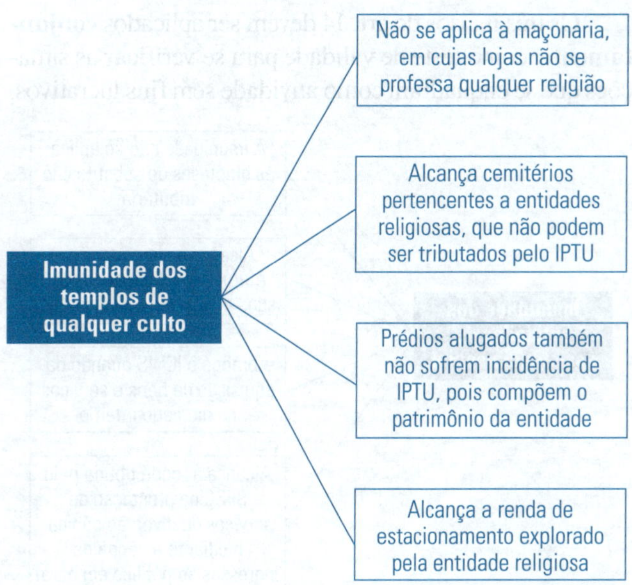

6.11. Imunidade dos partidos políticos e fundações, das entidades sindicais dos trabalhadores, das instituições de educação e assistência social

O art. 150, VI, *c*, da Constituição prevê a imunidade de impostos sobre o patrimônio, a renda ou os serviços dos partidos políticos, inclusive suas fundações, das entidades sindicais dos trabalhadores, das instituições de educação e assistência social, sem fins lucrativos. Cumpre salientar que as entidades sindicais **dos empregadores não têm imunidade**.

STF – Súmula Vinculante 52
Ainda quando alugado a terceiros, permanece imune ao IPTU o imóvel pertencente a qualquer das entidades referidas pelo art. 150, VI, *c*, da CF, desde que o valor dos aluguéis seja aplicado nas atividades para as quais tais entidades foram constituídas.

Em relação às entidades de educação e assistência social, a Constituição exige a **ausência de fins lucrativos**, sem, no entanto, apresentar o significado de tal expressão.

Nesse sentido, foi recepcionado o art. 14 do Código Tributário Nacional, que estabelece requisitos **cumulativos** para que as entidades sem fins lucrativos possam fazer jus à imunidade:

> **Art. 14.** O disposto na alínea *c* do inciso IV do art. 9º é subordinado à observância dos seguintes requisitos pelas entidades nele referidas:
> **I** – não distribuírem qualquer parcela de seu patrimônio ou de suas rendas, a qualquer título;
> **II** – aplicarem integralmente, no País, os seus recursos na manutenção dos seus objetivos institucionais;
> **III** – manterem escrituração de suas receitas e despesas em livros revestidos de formalidades capazes de assegurar sua exatidão.

Os três incisos do art. 14 devem ser aplicados **conjuntamente**, como teste de validade para se verificar as situações que se enquadram como atividade sem fins lucrativos.

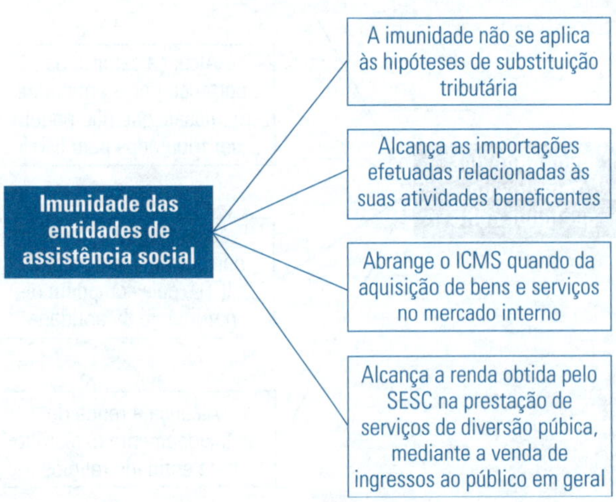

Portanto, sempre que a entidade sem fins lucrativos cumprir os requisitos de a) não distribuir parcelas de sua renda, a qualquer título, a terceiros (salvo o pagamento de salários para empregados), b) aplicar integralmente os recursos no Brasil e c) manter escrituração contábil, para que se comprove a destinação do dinheiro, terá direito à imunidade tributária.

Eventual desvio de recursos deverá ser **apurado e demonstrado** pela fiscalização, a quem compete o ônus da prova para infirmar a imunidade.

Importante: Não descaracteriza a imunidade o fato de a entidade auferir resultado positivo no exercício (denominado superávit), desde que este seja integralmente revertido para as suas finalidades essenciais, conforme previsto no objeto social.

STJ – Súmula 352
A obtenção ou a renovação do Certificado de Entidade Beneficente de Assistência Social (Cebas) não exime a entidade do cumprimento dos requisitos legais supervenientes.

STF – Súmula 724
Ainda quando alugado a terceiros, permanece imune ao IPTU o imóvel pertencente a qualquer das entidades referidas pelo art. 150, VI, *c*, da Constituição, desde que o valor dos aluguéis seja aplicado nas atividades essenciais de tais entidades.

STF – Súmula 730
A imunidade tributária conferida a instituições de assistência social sem fins lucrativos pelo art. 150, VI, *c*, da Constituição somente alcança as entidades fechadas de previdência social privada se não houver contribuição dos beneficiários.

6.12. Imunidade dos livros, jornais e periódicos

Livros são **objetos culturais** publicados para a divulgação das mais variadas formas de conhecimento, razão pela qual entendeu o constituinte, em atendimento à necessidade de desenvolvimento educacional da população, considerá-los **imunes** aos impostos.

O conceito de **periódicos** é bastante abrangente e inclui revistas, jornais, *newsletters* e outras formas de divulgação continuada de informações. A principal diferença entre os livros e os periódicos é que os primeiros dependem de **edições**, enquanto os periódicos são disponibilizados com regularidade.

A chamada **imunidade cultural** alcança o ICMS, o IPI, o II e o IE. Isso não significa que a receita auferida com a venda de livros e periódicos seja imune, pois, neste caso, **haverá incidência** do imposto de renda sobre o valor das vendas dos livros e periódicos, bem como sobre o resultado obtido a partir da **venda de espaços publicitários** nas respectivas obras.

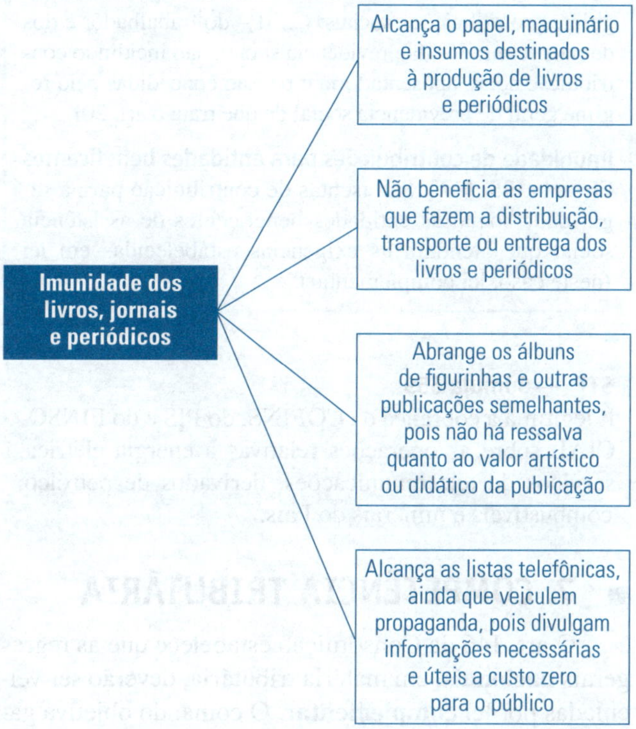

Conquanto exista grande debate doutrinário em defesa da imunidade dos livros e periódicos digitais (os chamados *e-books*), o STF defendia a necessidade do suporte físico papel, típico dos livros tradicionais, para justificar a imunidade.

Todavia, finalmente, no julgamento do RE 330.817, **com repercussão geral**, o tribunal decidiu reconhecer não apenas o alcance teleológico da imunidade, mas, sobretudo, a realidade atual, pois os *e-books* fazem parte do cotidiano das pessoas e simplesmente não podem ser ignorados, pois o conteúdo por eles veiculado é idêntico ao de seus similares em papel.

Assim, os *e-books* passaram a ser considerados **imunes**, da mesma forma que os aparelhos exclusivamente destinados à sua leitura.

O papel destinado à impressão de livros e periódicos já sai da fábrica com **destinação específica**, que condiciona a imunidade, ou seja, só pode ser utilizado para essa finalidade. Se a empresa gráfica utilizar esse papel para outros fins, como a impressão de calendários ou folhetos, deverá recolher todos os tributos incidentes, sem prejuízo de eventual penalidade pelo descumprimento dos requisitos para a imunidade.

STF
A imunidade tributária constante do art. 150, VI, *d*, da Constituição Federal, aplica-se ao livro eletrônico (e-book), inclusive aos suportes exclusivamente utilizados para fixá-lo. Na mesma perspectiva, o STF entendeu, no julgamento do RE 595.676, que a imunidade tributária da alínea *d* do inciso VI do art. 150 da Constituição Federal alcança componentes eletrônicos destinados exclusivamente a integrar unidades didáticas com fascículos.

STF – Súmula 657
A imunidade prevista no art. 150, VI, *d*, da CF abrange os filmes e papéis fotográficos necessários à publicação de jornais e periódicos.

6.13. Imunidade dos fonogramas e videofonogramas musicais produzidos no Brasil

A Emenda Constitucional n. 75/2013 trouxe para o rol de imunidades do art. 150, VI, imunidade para fonogramas e videofonogramas musicais **produzidos no Brasil** contendo obras musicais ou literomusicais de autores brasileiros e/ou obras em geral interpretadas por artistas brasileiros, bem como os suportes materiais ou arquivos digitais que os contenham, salvo na etapa de replicação industrial de mídias ópticas de leitura a *laser*.

Entendo que o constituinte **perdeu a oportunidade** de resolver questões mais relevantes, como a imunidade dos livros digitais, mas se limitou a criar uma "reserva de mercado" para os fonogramas e videofonogramas **nacionais**, como se estes fossem as únicas fontes culturais merecedoras de incentivo pela imunidade.

Para a prova, o leitor deve se manter adstrito ao texto constitucional, que só estabelece imunidade para obras musicais produzidas no Brasil ou interpretadas por artistas brasileiros. Assim, uma música composta pelo "Sr. João" terá tratamento imune, diferente de uma peça de Bach interpretada pela Orquestra Filarmônica de Viena...

6.14. Outras imunidades previstas na Constituição

Sem prejuízo das imunidades relativas a impostos previstas no art. 150, VI, podemos encontrar diversas hipóteses, inclusive de espécies tributárias diferentes, ao longo do texto constitucional.

Imunidade de taxas relativas a certidões para defesa de direitos
CF, art. 5º, XXXIV: São a todos assegurados, independentemente do pagamento de taxas:
a) o direito de petição aos Poderes Públicos em defesa de direitos ou contra ilegalidade ou abuso de poder;

b) a obtenção de certidões em repartições públicas, para defesa de direitos e esclarecimento de situações de interesse pessoal.

Imunidade nas exportações

a) de contribuições sociais e CIDE: art. 149, § 2º, I: As contribuições sociais e de intervenção no domínio econômico de que trata o *caput* deste artigo:

I – não incidirão sobre as receitas decorrentes de exportação; (...)

b) do IPI – art. 153, § 3º, III: O imposto previsto no inciso IV: (...) III – não incidirá sobre produtos industrializados destinados ao exterior.

Imunidade do ITR

CF, art. 153, § 4º, II: O imposto previsto no inciso VI do *caput*: II – não incidirá sobre pequenas glebas rurais, definidas em lei, quando as explore o proprietário que não possua outro imóvel.

Imunidade de impostos, exceto IOF, sobre o ouro ativo financeiro

CF, art. 153, § 5º: O ouro, quando definido em lei como ativo financeiro ou instrumento cambial, sujeita-se exclusivamente à incidência do imposto de que trata o inciso V do *caput* deste artigo, devido na operação de origem.

Imunidades de ICMS: art. 155, § 2º, X

a) sobre operações que destinem mercadorias para o exterior, nem sobre serviços prestados a destinatários no exterior, assegurada a manutenção e o aproveitamento do montante do imposto cobrado nas operações e prestações anteriores;

b) sobre operações que destinem a outros Estados petróleo, inclusive lubrificantes, combustíveis líquidos e gasosos dele derivados, e energia elétrica;

c) sobre o ouro, nas hipóteses definidas no art. 153, § 5º;

d) nas prestações de serviço de comunicação nas modalidades de radiodifusão sonora e de sons e imagens de recepção livre e gratuita.

Energia, combustíveis, minerais e telecomunicações

CF, art. 155, § 3º: À exceção dos impostos de que tratam o inciso II do *caput* deste artigo e o art. 153, I e II, nenhum outro imposto poderá incidir sobre operações relativas a energia elétrica, serviços de telecomunicações, derivados de petróleo, combustíveis e minerais do País. (Nessas situações só poderão incidir o ICMS, o IE e o II, além de contribuições, pois o comando diz "nenhum outro imposto".)

Imunidade de ITBI

CF, art. 156, § 2º, I: O imposto previsto no inciso II: I – não incide sobre a transmissão de bens ou direitos incorporados ao patrimônio de pessoa jurídica em realização de capital, nem sobre a transmissão de bens ou direitos decorrente de fusão, incorporação, cisão ou extinção de pessoa jurídica, salvo se, nesses casos, a atividade preponderante do adquirente for a compra e venda desses bens ou direitos, locação de bens imóveis ou arrendamento mercantil;

Imunidade de imóveis desapropriados para fins de reforma agrária

CF, art. 184, § 5º: São isentas de impostos federais, estaduais e municipais as operações de transferência de imóveis desapropriados para fins de reforma agrária.

Imunidade de contribuições para aposentadoria e pensão

CF, art. 195, II: A seguridade social será financiada por toda a sociedade, de forma direta e indireta, nos termos da lei, mediante recursos provenientes dos orçamentos da União, dos Estados, do Distrito Federal e dos Municípios, e das seguintes contribuições sociais: (...) II – do trabalhador e dos demais segurados da previdência social, não incidindo contribuição sobre aposentadoria e pensão concedidas pelo regime geral de previdência social de que trata o art. 201.

Imunidade de contribuições para entidades beneficentes

CF, art. 195, § 7º: São isentas de contribuição para a seguridade social as entidades beneficentes de assistência social que atendam às exigências estabelecidas em lei (neste caso, lei complementar).

STF — Súmula 659

É legítima a cobrança da COFINS, do PIS e do FINSOCIAL sobre as operações relativas a energia elétrica, serviços de telecomunicações, derivados de petróleo, combustíveis e minerais do País.

7. COMPETÊNCIA TRIBUTÁRIA

O art. 146 da Constituição estabelece que as regras gerais **nacionais**, em matéria tributária, deverão ser veiculadas por **lei complementar**. O comando objetiva garantir a aplicação homogênea e uniforme dos principais conceitos tributários em todo o território brasileiro, evitando-se qualquer forma de discriminação não autorizada pelo próprio texto constitucional.

Art. 146. Cabe à lei complementar:

I – dispor sobre conflitos de competência, em matéria tributária, entre a União, os Estados, o Distrito Federal e os Municípios;

II – regular as limitações constitucionais ao poder de tributar;

III – estabelecer normas gerais em matéria de legislação tributária, especialmente sobre:

a) definição de tributos e de suas espécies, bem como, em relação aos impostos discriminados nesta Constituição, a dos respectivos fatos geradores, bases de cálculo e contribuintes;

b) obrigação, lançamento, crédito, prescrição e decadência tributários;

c) adequado tratamento tributário ao ato cooperativo praticado pelas sociedades cooperativas;

d) definição de tratamento diferenciado e favorecido para as microempresas e para as empresas de pequeno porte, inclusive regimes especiais ou simplificados no caso do imposto previsto no art. 155, II, das contribuições previstas no art. 195, I e §§ 12 e 13, e da contribuição a que se refere o art. 239.

Parágrafo único. A lei complementar de que trata o inciso III, *d*, também poderá instituir um regime único de arrecadação dos impostos e contribuições da União, dos Estados, do Distrito Federal e dos Municípios, observado que:

> I – será opcional para o contribuinte;
> II – poderão ser estabelecidas condições de enquadramento diferenciadas por Estado;
> III – o recolhimento será unificado e centralizado e a distribuição da parcela de recursos pertencentes aos respectivos entes federados será imediata, vedada qualquer retenção ou condicionamento;
> IV – a arrecadação, a fiscalização e a cobrança poderão ser compartilhadas pelos entes federados, adotado cadastro nacional único de contribuintes.

O inciso I do art. 146 prevê que lei complementar deve resolver eventuais **conflitos de competência**, em matéria tributária, entre a União, os Estados, o Distrito Federal e os Municípios.

Neste passo, é importante ressaltar que a República Federativa do Brasil **não se confunde** com a União, que é uma de suas divisões políticas internas. Portanto, a lei complementar reclamada pela Constituição é de **ordem nacional** (superior), pois destinada a dirimir conflitos de competência entre os entes federados.

A principal manifestação de conflitos decorre da chamada **guerra fiscal**, historicamente travada entre Estados (em razão do ICMS) e entre Municípios (a partir da tributação do ISS), com o Distrito Federal interessado nas duas frentes de batalha.

Na esteira do preceito constitucional, foram elaboradas a **Lei Complementar n. 87/96** (conhecida como Lei Kandir, que dispõe sobre o ICMS) e a **Lei Complementar n. 116/2004**, que cuida do ISS.

> A Lei Complementar de que trata o art. 146, I, da Constituição deve ser nacional, pois compete à República Federativa do Brasil resolver conflitos de competência entre seus entes internos, como a União, os Estados, o Distrito Federal e os Municípios.

Parte da doutrina defende que os conflitos são apenas aparentes, pois não devem existir conflitos reais, uma vez que o sistema jurídico sempre disporia de mecanismos para resolvê-los. Contudo, em matéria tributária, os conflitos de competência podem efetivamente existir, e foi justamente em razão disso que o constituinte tratou de fixar um critério para a sua solução.

O inciso II do art. 146 da Constituição exige lei complementar para regular as **limitações constitucionais** ao poder de tributar, que são as matérias relacionadas aos princípios.

Exemplo: o art. 14 do Código Tributário Nacional é utilizado, como vimos, para definir o conceito de entidade **sem fins lucrativos** exigido pela imunidade tributária.

Já o inciso III do art. 146 exige Lei Complementar para estabelecer normas gerais em matéria de **legislação tributária**, circunstância que alcança todas as espécies tributárias e subordina a atividade normativa de todos os entes federados. O CTN **foi recepcionado** para cumprir esse papel e o faz, por exemplo, ao estabelecer critérios de responsabilidade solidária ou de retroatividade benéfica para as infrações.

Segundo a **teoria da recepção**, as normas jurídicas que forem incompatíveis com a Constituição deverão ser excluídas do ordenamento.

O Código Tributário Nacional surgiu em 1966 como **lei ordinária** (n. 5.172), mas a partir da Carta de 1988 foi recepcionado com força de **lei complementar**, ou seja, apto a dispor sobre matérias que exijam esse tipo de veículo normativo.

> Assim, deve ser hoje entendido como lei formalmente ordinária, mas **materialmente** complementar, de forma que só normas dessa natureza poderão promover alterações no CTN.

Também se exige lei complementar para a **definição de tributos** e suas espécies, bem como, no caso do impostos, para a descrição dos respectivos **fatos geradores, bases de cálculo** e **contribuintes**.

Igual exigência se faz presente para a definição de conceitos tributários essenciais, como obrigação, lançamento, crédito tributário, prescrição e decadência, que não podem ser alterados por lei ordinária nem por vontade de qualquer ente público, como já vaticinou a Súmula Vinculante 8, ao apreciar normas ordinárias que dispunham sobre temas estranhos à sua competência.

> **STF – Súmula Vinculante 8**
> São inconstitucionais o parágrafo único do art. 5º do DL 1.569/1977 e os arts. 45 e 46 da Lei 8.212/1991, que tratam de prescrição e decadência de crédito tributário.

Importa salientar que, para o STF, as contribuições do art. 149 da Constituição[13] podem ser criadas por **lei**

[13] Constituição, art. 149: "Compete exclusivamente à União instituir contribuições sociais, de intervenção no domínio econômico e de interesse das categorias profissionais ou econômicas, como instrumento de sua atuação nas respectivas áreas, observado o disposto nos arts. 146, III, e 150, I e III, e sem prejuízo do previsto no art. 195, § 6º, relativamente às contribuições a que alude o dispositivo. § 1º Os Estados, o Distrito Federal e os Municípios instituirão contribuição, cobrada de seus servidores, para o custeio, em benefício destes, do regime previdenciário de que trata o art. 40, cuja alíquota não será inferior à da contribuição dos servidores titulares de cargos efetivos da União. § 2º As contribuições sociais e de inter-

ordinária, a exemplo do que ocorreu com a Lei Ordinária n. 8.212/91, que estabeleceu contribuições sociais no âmbito da União.

O entendimento foi reiterado nas hipóteses de criação das contribuições de intervenção no domínio econômico e de interesse das categorias profissionais, que também podem ser objeto de **lei ordinária**, conforme decidido no AI 739.715. Igual raciocínio também foi aplicado em relação à Lei n. 8.029/90, que instituiu contribuição em favor do Sebrae (RE 396.266).

Todavia, o Supremo Tribunal Federal considera obrigatória a existência de lei complementar para as contribuições relativas a **novas fontes de custeio** para a seguridade social, previstas no § 4º do art. 195 da Constituição:

> **§ 4º** A lei poderá instituir outras fontes destinadas a garantir a manutenção ou expansão da seguridade social, obedecido o disposto no art. 154, I.

A posição do Supremo tem como fundamento a expressa remissão feita pelo dispositivo, o que nos leva a concluir que a instituição de contribuições oriundas de outras fontes de custeio submete-se à **competência residual** da União, prevista no art. 154, I, e, portanto, exige lei complementar, como se extrai da seguinte decisão:

> O § 4º do art. 195 da Constituição prevê que a lei complementar pode instituir outras fontes de receita para a seguridade social; desta forma, quando a Lei 8.870/1994 serve-se de outras fontes, criando contribuição nova, além das expressamente previstas, é ela inconstitucional, porque é lei ordinária, insuscetível de veicular tal matéria (ADI 1.103, julgada em 1996).

Em relação às **cooperativas**, a Constituição não fixa imunidade, mas determina que o chamado ato cooperativo deverá ter adequado tratamento tributário, como se observa da redação do art. 146, III, *c*.

A definição de **ato cooperativo** pode ser encontrada no art. 79 da Lei n. 5.764/71:

> **Art. 79.** Denominam-se atos cooperativos os praticados entre as cooperativas e seus associados, entre estes e aquelas e pelas cooperativas entre si quando associados, para a consecução dos objetivos sociais.
> **Parágrafo único.** O ato cooperativo não implica operação de mercado, nem contrato de compra e venda de produto ou mercadoria.

Em termos tributários, as sociedades cooperativas que atenderem aos requisitos da legislação não recolherão imposto de renda sobre suas atividades econômicas, desde que não objetivem lucro. Em sentido oposto, serão tributados os resultados positivos oriundos de atividades estranhas à sua finalidade, como o fornecimento de bens e serviços a não associados ou a participação econômica em outras empresas.

> **STJ – Súmula 262**
> Incide o imposto de renda sobre o resultado das aplicações financeiras realizadas pelas cooperativas.

8. DO SIMPLES NACIONAL

O art. 146, III, *d*, da Constituição introduziu a possibilidade de criação de um **sistema de tributação** voltado para as micro e pequenas empresas, nos seguintes termos:

> **Art. 146.** Cabe à lei complementar:
> **(...)**
> **III** – estabelecer normas gerais em matéria de legislação tributária, especialmente sobre:
> **(...)**
> ***d)*** definição de tratamento diferenciado e favorecido para as microempresas e para as empresas de pequeno porte, inclusive regimes especiais ou simplificados no caso do imposto previsto no art. 155, II, das contribuições previstas no art. 195, I e §§ 12 e 13, e da contribuição a que se refere o art. 239.
> **Parágrafo único.** A lei complementar de que trata o inciso III, *d*, também poderá instituir um regime único de arrecadação dos impostos e contribuições da União, dos Estados, do Distrito Federal e dos Municípios, observado que:
> **I** – será opcional para o contribuinte;
> **II** – poderão ser estabelecidas condições de enquadramento diferenciadas por Estado;
> **III** – o recolhimento será unificado e centralizado e a distribuição da parcela de recursos pertencentes aos respectivos entes federados será imediata, vedada qualquer retenção ou condicionamento;
> **IV** – a arrecadação, a fiscalização e a cobrança poderão ser compartilhadas pelos entes federados, adotado cadastro nacional único de contribuintes.

venção no domínio econômico de que trata o *caput* deste artigo: I – não incidirão sobre as receitas decorrentes de exportação; II – incidirão também sobre a importação de produtos estrangeiros ou serviços; III – poderão ter alíquotas: a) *ad valorem*, tendo por base o faturamento, a receita bruta ou o valor da operação e, no caso de importação, o valor aduaneiro; b) específica, tendo por base a unidade de medida adotada. § 3º A pessoa natural destinatária das operações de importação poderá ser equiparada a pessoa jurídica, na forma da lei. § 4º A lei definirá as hipóteses em que as contribuições incidirão uma única vez".

Com a alteração no texto constitucional, promovida pela EC n. 42/2003, o **Simples Nacional** foi instituído com a publicação da Lei Complementar n. 123, de dezembro de 2006, que definiu o "Estatuto Nacional da Microempresa e da Empresa de Pequeno Porte (MP e EPP)", com os seguintes efeitos:

a) regime de tributação favorecida;

b) sistema de arrecadação unificado;

c) vigência a partir de 1º de julho de 2007.

O novo modelo, de âmbito nacional, surgiu em substituição à iniciativa da União de simplificar o recolhimento de tributos, previsto na Lei n. 9.317/96 (Simples Federal). Como o modelo anterior, fixado por lei ordinária federal, não poderia exigir a participação dos **Estados** e **Municípios** (com a inclusão de tributos de sua competência), a alteração constitucional permitiu a criação de um Sistema mais abrangente, que redundou na LC n. 123/2006, posteriormente alterada por outras Leis Complementares.

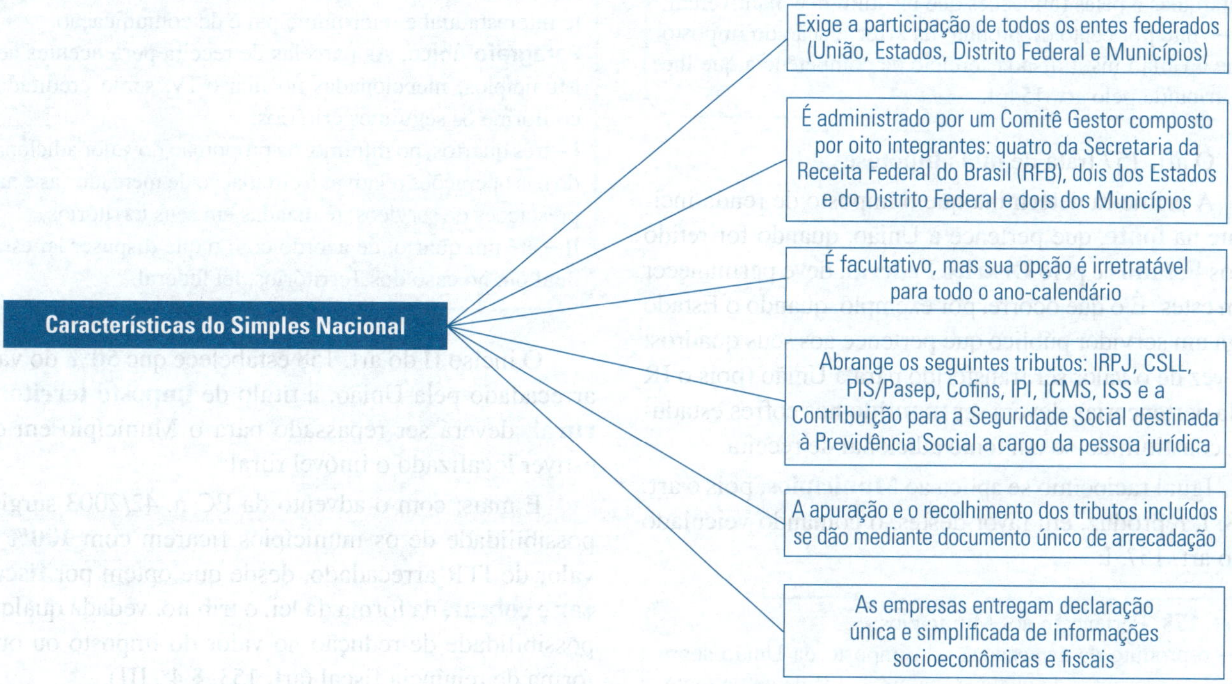

No Simples Nacional todos os tributos serão cobrados **conjuntamente** e a alíquota será **progressiva** conforme a receita bruta da empresa.

Importa destacar que poderão ser estabelecidas condições de enquadramento **diferenciadas** por Estado, de acordo com as peculiaridades regionais de cada um.

O recolhimento do Simples Nacional será **unificado** e **centralizado**, sob o ponto de vista do contribuinte, e o repasse da União aos Estados e Municípios será imediato, vedado à União reter ou condicionar qualquer transferência financeira.

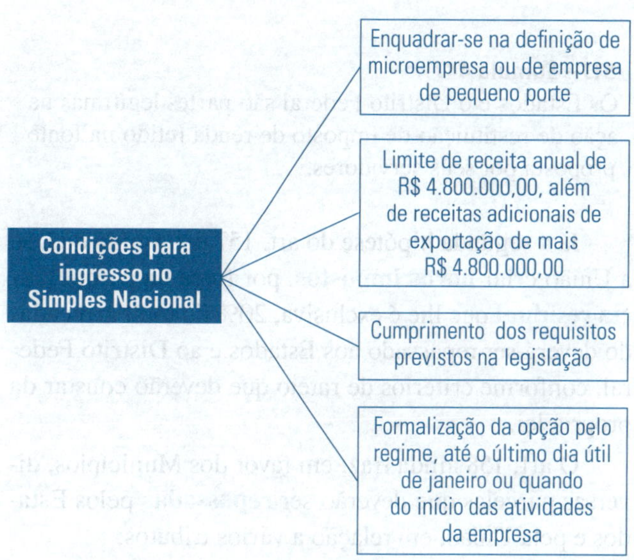

9. REPARTIÇÃO DAS RECEITAS TRIBUTÁRIAS

O sistema tributário nacional proposto pela Constituição é tão **complexo** que o próprio legislador estabeleceu diversas regras de **distribuição** dos valores arrecadados entre os vários entes federativos.

O assunto está previsto nos arts. 157 a 162 da Carta Magna, que examinaremos a seguir.

> **Art. 157.** Pertencem aos Estados e ao Distrito Federal:
> **I** – o produto da arrecadação do imposto da União sobre renda e proventos de qualquer natureza, incidente na fonte, sobre rendimentos pagos, a qualquer título, por eles, suas autarquias e pelas fundações que instituírem e mantiverem;
> **II** – vinte por cento do produto da arrecadação do imposto que a União instituir no exercício da competência que lhe é atribuída pelo art. 154, I.

O art. 157 trata de **duas hipóteses**.

A primeira determina que o imposto de renda incidente na **fonte**, que pertence à União, quando for retido pelos **Estados** e pelo **Distrito Federal**, deve permanecer com estes. É o que ocorre, por exemplo, quando o Estado paga um servidor público que pertence aos seus quadros: em vez de o valor ser transferido para a União (pois o IR a ela pertenceria), deverá ser **mantido** nos cofres estaduais, constituindo-se em fonte adicional de receita.

Igual raciocínio se aplica ao **Municípios**, pois o art. 158, I, reproduz, em favor destes, o comando veiculado pelo art. 157, I:

> **Art. 158.** Pertencem aos Municípios:
> **I** – o produto da arrecadação do imposto da União sobre renda e proventos de qualquer natureza, incidente na fonte, sobre rendimentos pagos, a qualquer título, por eles, suas autarquias e pelas fundações que instituírem e mantiverem;

> **STJ – Súmula 447**
> Os Estados e o Distrito Federal são partes legítimas na ação de restituição de imposto de renda retido na fonte proposta por seus servidores.

Já a segunda hipótese do art. 157 determina que, se a União criar **novos impostos**, por força da **competência residual** que lhe é exclusiva, 20% do total arrecadado deverá ser repassado aos Estados e ao Distrito Federal, conforme critérios de rateio que deverão constar da própria lei.

O art. 158 ainda traz, em favor dos Municípios, diversas parcelas que deverão ser **repassadas** pelos Estados e pela União, em relação a vários tributos:

> **Art. 158.** Pertencem aos Municípios:
> **I** – o produto da arrecadação do imposto da União sobre renda e proventos de qualquer natureza, incidente na fonte, sobre rendimentos pagos, a qualquer título, por eles, suas autarquias e pelas fundações que instituírem e mantiverem;
> **II** – cinquenta por cento do produto da arrecadação do imposto da União sobre a propriedade territorial rural, relativamente aos imóveis neles situados, cabendo a totalidade na hipótese da opção a que se refere o art. 153, § 4º, III;
> **III** – cinquenta por cento do produto da arrecadação do imposto do Estado sobre a propriedade de veículos automotores licenciados em seus territórios;
> **IV** – vinte e cinco por cento do produto da arrecadação do imposto do Estado sobre operações relativas à circulação de mercadorias e sobre prestações de serviços de transporte interestadual e intermunicipal e de comunicação.
> **Parágrafo único.** As parcelas de receita pertencentes aos Municípios, mencionadas no inciso IV, serão creditadas conforme os seguintes critérios:
> **I** – três quartos, no mínimo, na proporção do valor adicionado nas operações relativas à circulação de mercadorias e nas prestações de serviços, realizadas em seus territórios;
> **II** – até um quarto, de acordo com o que dispuser lei estadual ou, no caso dos Territórios, lei federal.

O inciso II do art. 158 estabelece que **50%** do valor arrecadado pela União, a título de **imposto territorial rural**, deverá ser repassado para o Município em que estiver localizado o imóvel rural.

E mais: com o advento da EC n. 42/2003 surgiu a possibilidade de os municípios ficarem com **100%** do valor do ITR arrecadado, desde que optem por **fiscalizar** e **cobrar**, na forma da lei, o tributo, vedada qualquer possibilidade de redução no valor do imposto ou outra forma de renúncia fiscal (art. 153, § 4º, III).

Cabe também aos municípios **50%** do valor arrecadado pelo **IPVA**, de competência dos Estados, em relação aos carros emplacados no seu território.

Por fim, os municípios ainda fazem jus a **25%** do valor arrecadado pelos Estados com o **ICMS**, e o rateio será feito com base no parágrafo único do art. 158, anteriormente reproduzido[14].

Além dessas situações de repartição das receitas tributárias, o constituinte entendeu que cabe à **União** efetuar o repasse de diversas parcelas arrecadadas, cujas regras, bastante detalhadas, constam do art. 159 da Constituição:

---

[14] Os Estados repassam 25% para um fundo destinado aos municípios, sendo que ¾ vão para os Municípios que geraram mais arrecadação e o restante ¼ será rateado conforme dispuser lei estadual.

Art. 159. A União entregará:
I – do produto da arrecadação dos impostos sobre renda e proventos de qualquer natureza e sobre produtos industrializados, quarenta e nove por cento, na seguinte forma:
a) vinte e um inteiros e cinco décimos por cento ao Fundo de Participação dos Estados e do Distrito Federal;
b) vinte e dois inteiros e cinco décimos por cento ao Fundo de Participação dos Municípios;
c) três por cento, para aplicação em programas de financiamento ao setor produtivo das Regiões Norte, Nordeste e Centro-Oeste, através de suas instituições financeiras de caráter regional, de acordo com os planos regionais de desenvolvimento, ficando assegurada ao semiárido do Nordeste a metade dos recursos destinados à Região, na forma que a lei estabelecer;
d) um por cento ao Fundo de Participação dos Municípios, que será entregue no primeiro decêndio do mês de dezembro de cada ano;
e) 1% (um por cento) ao Fundo de Participação dos Municípios, que será entregue no primeiro decêndio do mês de julho de cada ano;
II – do produto da arrecadação do imposto sobre produtos industrializados, dez por cento aos Estados e ao Distrito Federal, proporcionalmente ao valor das respectivas exportações de produtos industrializados.
III – do produto da arrecadação da contribuição de intervenção no domínio econômico prevista no art. 177, § 4º, vinte e nove por cento para os Estados e o Distrito Federal, distribuídos na forma da lei, observada a destinação a que se refere o inciso II, *c*, do referido parágrafo.
§ 1º Para efeito de cálculo da entrega a ser efetuada de acordo com o previsto no inciso I, excluir-se-á a parcela da arrecadação do imposto de renda e proventos de qualquer natureza pertencente aos Estados, ao Distrito Federal e aos Municípios, nos termos do disposto nos arts. 157, I, e 158, I.
§ 2º A nenhuma unidade federada poderá ser destinada parcela superior a vinte por cento do montante a que se refere o inciso II, devendo o eventual excedente ser distribuído entre os demais participantes, mantido, em relação a esses, o critério de partilha nele estabelecido.
§ 3º Os Estados entregarão aos respectivos Municípios vinte e cinco por cento dos recursos que receberem nos termos do inciso II, observados os critérios estabelecidos no art. 158, parágrafo único, I e II.
§ 4º Do montante de recursos de que trata o inciso III que cabe a cada Estado, vinte e cinco por cento serão destinados aos seus Municípios, na forma da lei a que se refere o mencionado inciso.

De notar que no inciso I do art. 159 a Constituição prevê que a União deverá **distribuir 49%** do total arrecadado a título de **imposto de renda** e de **IPI**, em cinco partes, a saber:

Repartição do IR e do IPI – Total 49%

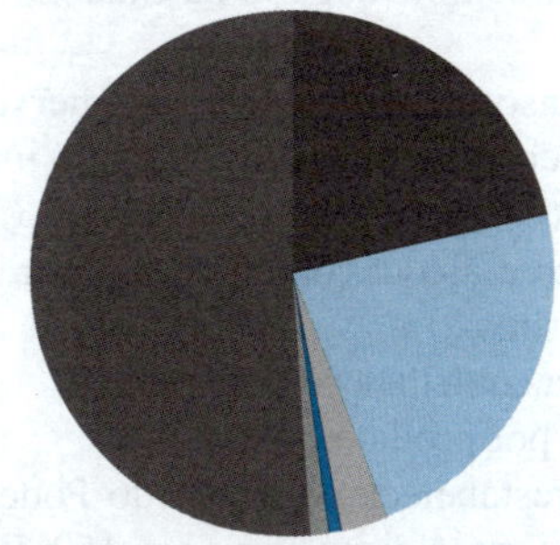

- Fundo de Participação dos Estados e do Distrito Federal
- Fundo de Participação dos Municípios
- Programas de Financiamento Regiões NO, NE, CO
- Fundo de Participação dos Municípios – entrega até 10/12
- Fundo de Participação dos Municípios – entrega até 10/07
- União

Em relação ao inciso II do art. 159, deve ser calculado o valor total de arrecadação do IPI, pela União, e distribuído 10% aos Estados e ao Distrito Federal, **proporcionalmente** ao valor das respectivas exportações de produtos industrializados. E os Estados deverão repassar, do montantes recebido, 25% para os Municípios que promoveram a exportação.

Assim, os entes federativos com **maior vocação** para as exportações receberão uma parte maior desse rateio[15].

No caso da **CIDE combustíveis**, a distribuição prevista pelo inciso III do art. 159 estabelece que 29% do valor arrecadado pela União será transferido para os Estados, que ficam com 21,75%, pois repassam 7,25% (1/4) para os Municípios. Esta distribuição é balizada de acordo com os **fatos geradores** ocorridos em cada território.

Os fatos geradores da CIDE são a produção, importação ou formulação de combustíveis.

Convém lembrar que a CIDE é um gênero que pode ter várias espécies, cujas figuras mais importantes são **CIDE combustíveis** e a **CIDE remessas para o exterior**.

O resultado arrecadado pela CIDE deve ser destinado a um fundo específico, como ocorre no caso da CIDE combustíveis, prevista no art. 177, § 4º, da Constituição:

15 Destaque-se que a nenhuma unidade federada poderá ser destinada parcela superior a 20% do montante do IPI rateado, devendo o eventual excedente ser distribuído entre os demais participantes, mantido, em relação a esses, o critério de partilha nele estabelecido, conforme limitação contida no art. 159, § 2º.

> **Art. 177.** Constituem monopólio da União:
>
> (...)
>
> **§ 4º** A lei que instituir contribuição de intervenção no domínio econômico relativa às atividades de importação ou comercialização de petróleo e seus derivados, gás natural e seus derivados e álcool combustível deverá atender aos seguintes requisitos:
>
> **I** – a alíquota da contribuição poderá ser:
>
> ***a)*** diferenciada por produto ou uso;
>
> ***b)*** reduzida e restabelecida por ato do Poder Executivo, não se lhe aplicando o disposto no art. 150, III, *b*;
>
> **II** – os recursos arrecadados serão destinados:
>
> ***a)*** ao pagamento de subsídios a preços ou transporte de álcool combustível, gás natural e seus derivados e derivados de petróleo;
>
> ***b)*** ao financiamento de projetos ambientais relacionados com a indústria do petróleo e do gás;
>
> ***c)*** ao financiamento de programas de infraestrutura de transportes.

Por fim, convém lembrar que também será distribuído o valor arrecadado pela União, a título de **IOF**, em relação ao **ouro** definido como **ativo financeiro** ou **instrumento cambial**, que é o ouro negociado em bolsas de mercadorias, com pureza de 999 partículas por mil, como estabelece o art. 153, § 5º, I e II, da Constituição:

> **§ 5º** O ouro, quando definido em lei como ativo financeiro ou instrumento cambial, sujeita-se exclusivamente à incidência do imposto de que trata o inciso V do *caput* deste artigo, devido na operação de origem; a alíquota mínima será de um por cento, assegurada a transferência do montante da arrecadação nos seguintes termos:
>
> **I** – trinta por cento para o Estado, o Distrito Federal ou o Território, conforme a origem;
>
> **II** – setenta por cento para o Município de origem.

Todas essas complexas e detalhadas formas de repartição de receitas tributárias podem ser sintetizadas no quadro a seguir, que facilita a visualização e o estudo de cada hipótese.

União	Estados / DF	Municípios
IRRF (arts. 157, I e 158, I)	100%	100%
IOF OURO (art. 153, § 5º, I e II)	30%	70%
Competência residual (art. 157, II)	20%	
CIDE combustíveis (art. 159, III e § 4º, com base no art. 177, § 4º)	29%	25% (do montante recebido pelos Estados)
ITR (art. 158, II)		50% (União e Município – art. 158, II) ou 100% p/ Município (art. 153, § 4º, III)
IPI proporcional às exportações de produtos industrializados (art. 159, II)	10%	25% (do recebido pelos Estados)
	IPVA	50% (art. 158, III)
	ICMS	25% (art. 158, IV), sendo 3/4 em função do valor e 1/4 conforme dispuser lei estadual (art. 158, parágrafo único, I e II)
IR + IPI (art. 159, I)	21,5% ao FPE	22,5% ao FPM + 1% ao FPM (pago no primeiro decêndio de dezembro) + 3% para as Regiões NO, NE (metade para o semiárido) e Centro-Oeste + 1% ao FPM (pago no primeiro decêndio de julho)

10. CÓDIGO TRIBUTÁRIO NACIONAL

A partir do art. 101, o Código Tributário Nacional trata da **vigência**, **eficácia** e **aplicação** (no tempo e no espaço) das normas tributárias.

A expressão "legislação tributária", utilizada pelo CTN, deve ser entendida como qualquer norma jurídica, **legal** (em sentido estrito, formal e material) ou **infralegal** (decretos, portarias, instruções normativas e tantas outras espécies).

Em relação à **vigência**, as normas tributárias seguem, em regra, as disposições aplicáveis às leis em geral, conforme estabelecido na Lei de Introdução às Normas do Direito Brasileiro.

Entretanto, alguns instrumentos especificamente tributários possuem prazos próprios, descritos no art. 103:

a) os **atos administrativos**, como as portarias e instruções normativas, entram em vigor na data da sua publicação;

b) as **decisões** de órgãos singulares ou colegiados produzem efeitos normativos 30 dias após a data da sua publicação;

c) os **convênios** celebrados entre a União, os Estados, o Distrito Federal e os Municípios entram em vigor na data neles prevista.

Existe, ainda, uma regra especial para os dispositivos de lei relativos a impostos sobre **patrimônio** ou **renda**, que entrarão em vigor no 1º dia do exercício seguinte à publicação nos casos em que[16]:

[16] Art. 104 do CTN.

a) instituam ou majorem tais impostos;

b) definam novas hipóteses de incidência;

c) extingam ou reduzam isenções, salvo se a lei dispuser de maneira mais favorável ao contribuinte.

Quando o assunto relaciona-se ao critério **espacial** dos tributos (jurisdição, campo de incidência etc.), a regra geral é a da **territorialidade**, ou seja, a União, os Estados, o Distrito Federal e os Municípios produzirão leis que alcançarão fatos ocorridos dentro dos respectivos territórios.

Com a sofisticação e consequente multiplicação das relações jurídicas e econômicas, o direito tributário passou a reconhecer a possibilidade de existência de **normas extraterritoriais**, em duas situações:

a) na ordem **interna**, quando houver a celebração de **convênio** entre os entes federativos, como ocorre, por exemplo, no âmbito do CONFAZ, em relação ao ICMS;

b) na ordem **internacional**, sempre que o Brasil celebrar **tratados** com outros países sobre matéria tributária.

10.1. Aplicação da legislação tributária no tempo

A questão da aplicação das normas tributárias no **tempo** foi abordada de forma um tanto confusa pelo Código Tributário Nacional. O ponto de partida é a previsão contida no art. 105:

> **Art. 105.** A legislação tributária aplica-se imediatamente aos fatos geradores futuros e aos pendentes, assim entendidos aqueles cuja ocorrência tenha tido início mas não esteja completa nos termos do art. 116.

Parece óbvio que a legislação tributária seja aplicável aos fatos **posteriores** à sua entrada em vigor, principalmente em razão do princípio da irretroatividade, que rege o direito tributário.

Exemplo: se uma lei "X" for publicada em 20 de março, os efeitos dela decorrentes só poderão alcançar fatos posteriores à sua entrada em vigor, sem prejuízo da obediência aos princípios da anterioridade e da noventena na hipótese de instituição ou majoração de tributos.

> O que causa enorme estranheza é o conceito de "fato pendente", que seria aquele que, embora iniciado, ainda não se aperfeiçoou. Isso não faz o menor sentido, pois a palavra **fato** (derivada de *feito*, particípio passado do verbo "fazer") só pode ser expressa no pretérito.

Sempre que nos reportamos a um fato é porque ele **já ocorreu**, como "ontem fui à escola", "a menina conheceu o pai", e assim sucessivamente.

Um fato sempre revela **certeza**, e a partir dessa premissa fica difícil aceitar a expressão "fato pendente", formulada pelo Código.

Apesar disso, o art. 105 do CTN, como vimos, reporta-se ao art. 116, que traria os supostos critérios para a identificação dos "fatos pendentes", nos seguintes termos:

> **Art. 116.** Salvo disposição de lei em contrário, considera-se **ocorrido** o fato gerador e existentes os seus efeitos:
> **I** – tratando-se de situação de fato, desde o momento em que se verifiquem as circunstâncias materiais necessárias a que produza os efeitos que normalmente lhe são próprios;
> **II** – tratando-se de situação jurídica, desde o momento em que esteja definitivamente constituída, nos termos de direito aplicável[17].

Veja que o Código não consegue sair da armadilha por ele próprio criada, pois o art. 116 descreve situações em que **se considera ocorrido** (finalizado, pronto, perfeito) o fato gerador e em nada contribui para o esclarecimento do que seria o tal "fato pendente".

Para a prova devemos considerar que, sempre que estiverem presentes os elementos necessários para a **caracterização** do fato gerador (uma operação de compra e venda, a obtenção de renda, a propriedade de veículo automotor e assim por diante), a lei poderá ser aplicada e dela serão extraídos os efeitos econômicos e tributários pertinentes.

Descabem, para os limites a que nos propomos, maiores elucubrações acerca dessa incoerência do legislador, que mais atrapalha do que esclarece os fenômenos tributários, quando analisados em função do tempo.

Com efeito, os conceitos e o raciocínio que o leitor conhece e aplica para as outras matérias podem também ser estendidos, sem problemas, ao assunto que estamos analisando.

O parágrafo único do art. 116 do CTN, introduzido em 2001, trouxe a possibilidade de a autoridade fiscal

[17] O art. 117 do CTN busca explicar as condições necessárias para que os atos jurídicos sejam considerados como perfeitos e acabados: "Art. 117. Para os efeitos do inciso II do artigo anterior e salvo disposição de lei em contrário, os atos ou negócios jurídicos condicionais reputam-se perfeitos e acabados: I – sendo suspensiva a condição, desde o momento de seu implemento; II – sendo resolutória a condição, desde o momento da prática do ato ou da celebração do negócio". Condição suspensiva significa que os efeitos do contrato somente ocorrerão numa data futura, a partir da qual o negócio será reputado como perfeito e acabado. Já na hipótese de condição resolutória, os efeitos do contrato são implementados desde a data de sua prática ou celebração.

desconsiderar atos ou negócios jurídicos **simulados**, ou seja, aqueles praticados pelo contribuinte com vistas a reduzir, de forma ilícita, o valor dos tributos devidos.

> **Art. 116, parágrafo único.** A autoridade administrativa poderá desconsiderar atos ou negócios jurídicos praticados com a finalidade de dissimular a ocorrência do fato gerador do tributo ou a natureza dos elementos constitutivos da obrigação tributária, observados os procedimentos a serem estabelecidos em lei ordinária.

A eficácia do comando é bastante discutida na doutrina e jurisprudência, até porque a lei ordinária que regularia os procedimentos **jamais foi editada**. O assunto é polêmico e se insere no conceito do chamado **planejamento tributário**, que pode ser lícito ou abusivo, de acordo com as condutas e caminhos escolhidos pelo interessado, o que sempre enseja verdadeiro embate entre as empresas e as autoridades fiscais.

De qualquer forma, o ônus da prova é, e sempre será, da fiscalização, que deverá comprovar que o contrato dissimulou a ocorrência do fato gerador ou que este foi celebrado apenas com o objetivo de obter vantagens tributárias indevidas.

11. INTEGRAÇÃO E INTERPRETAÇÃO DAS NORMAS TRIBUTÁRIAS

O Código Tributário Nacional admite expressamente a possibilidade de **lacunas** ou **omissões** legais, pois estabeleceu, no art. 108, critérios para a chamada integração das normas:

> **Art. 108.** Na ausência de disposição expressa, a autoridade competente para aplicar a legislação tributária utilizará sucessivamente, na ordem indicada:
>
> **I** – a analogia;
>
> **II** – os princípios gerais de direito tributário;
>
> **III** – os princípios gerais de direito público;
>
> **IV** – a equidade.
>
> **§ 1º** O emprego da analogia não poderá resultar na exigência de tributo não previsto em lei.
>
> **§ 2º** O emprego da equidade não poderá resultar na dispensa do pagamento de tributo devido.

Assim, quando a autoridade fiscal se depara com uma situação em que **não existe** regra específica para o caso concreto, deve buscar uma solução jurídica baseada no modelo do art. 108, aplicando, na sequência fixada, os **critérios de integração**.

Como a lei é obrigatória para a definição das relações tributárias, o CTN adverte que não é possível exigir tributo com base na **analogia** (situações equivalentes), da mesma forma que a **equidade** (aplicação do comando menos rigoroso) não pode resultar em dispensa do pagamento.

Os critérios de integração normalmente são aplicados em questões secundárias, que não envolvam a obrigação tributária principal.

No que tange à **interpretação**, o Código tem por objetivo preservar a vontade expressa do legislador, sempre que houver qualquer dúvida acerca da obrigação tributária, afastando a possibilidade de o intérprete utilizar critérios **ampliativos** ou **restritivos** não previstos em lei.

Esse comando é naturalmente dirigido à **administração tributária**, que não deverá fazer juízo de valor ou ponderar questões extrajurídicas quando da aplicação das normas relativas ao crédito tributário ou às obrigações acessórias.

A intenção do Código é impedir o **subjetivismo** na aplicação da legislação tributária, deixando que temas polêmicos sejam apreciados e decididos no âmbito do Poder Judiciário.

> **Art. 111.** Interpreta-se literalmente a legislação tributária que disponha sobre:
>
> **I** – suspensão ou exclusão do crédito tributário;
>
> **II** – outorga de isenção;
>
> **III** – dispensa do cumprimento de obrigações tributárias acessórias.

Já a interpretação relativa a **infrações** e **penalidades** deve seguir o famoso preceito do direito penal (*in dubio pro reo*, manifestação do princípio da presunção de inocência), que em caso de dúvida determina a interpretação **mais favorável** ao acusado:

> **Art. 112.** A lei tributária que define infrações, ou lhe comina penalidades, interpreta-se da maneira mais favorável ao acusado, em caso de dúvida quanto:
>
> **I** – à capitulação legal do fato;
>
> **II** – à natureza ou às circunstâncias materiais do fato, ou à natureza ou extensão dos seus efeitos;
>
> **III** – à autoria, imputabilidade, ou punibilidade;
>
> **IV** – à natureza da penalidade aplicável, ou à sua graduação.

12. OBRIGAÇÃO TRIBUTÁRIA

Obrigação tributária é a **relação jurídica** instaurada a partir da prática de atos previstos em lei como suficientes para exigir de alguém o pagamento de tributos.

Como sabemos, a obrigação tributária só pode decorrer de lei (obrigação *ex lege*), e a análise dos seus elementos é um dos temas mais importantes do direito tributário.

Elementos da obrigação tributária:

- Lei (principal) e legislação (acessória)

- Fato jurídico
- Sujeito ativo
- Sujeito passivo
- Objeto = Base de cálculo x Alíquota

12.1. Lei (obrigação principal) e legislação (obrigação acessória)

O Código Tributário Nacional divide a obrigação tributária em **principal** e **acessória**, como se pode depreender do art. 113:

> **Art. 113.** A obrigação tributária é principal ou acessória.
> **§ 1º** A obrigação principal surge com a ocorrência do fato gerador, tem por objeto o pagamento de tributo ou penalidade pecuniária e extingue-se juntamente com o crédito dela decorrente.
> **§ 2º** A obrigação acessória decorre da legislação tributária e tem por objeto as prestações, positivas ou negativas, nela previstas no interesse da arrecadação ou da fiscalização dos tributos.
> **§ 3º** A obrigação acessória, pelo simples fato da sua inobservância, converte-se em obrigação principal relativamente à penalidade pecuniária.

A obrigação tributária **principal** exige lei em sentido estrito, que deverá impor à pessoa o dever de pagar o tributo correspondente ao fato que praticou. Todos os temas que envolvam **dinheiro** (tributo, multas, juros) são objeto da obrigação tributária principal.

Já a obrigação tributária **acessória** cuida de tudo aquilo que não se relacione com dinheiro.

São os chamados **deveres instrumentais**, que normalmente correspondem a obrigações de fazer, como emitir notas fiscais, escriturar livros e registros contábeis e prestar declarações ao Fisco, entre outras.

12.2. Fato jurídico / fato gerador

Embora exista um grande debate no direito tributário acerca de qual seria a melhor expressão para definir o fenômeno da incidência, é certo que tanto a Constituição como o Código Tributário Nacional consagram a expressão **fato gerador**, que é usada no Brasil pelo legislador desde a década de 1960.

> Por outro lado, a maior parte da doutrina prefere destacar o traço distintivo entre a **previsão normativa** de um fato e a sua **ocorrência** no mundo real. Com efeito, a previsão normativa de um fato costuma ser chamada de **hipótese de incidência**, ou seja, a descrição teórica (no plano ideal) de condutas definidas em lei como aptas ao nascimento da obrigação tributária.

Nesse contexto, o legislador descreve possíveis situações, que entende pertinentes para a criação de tributos, fixando-lhes critérios analíticos.

Esses critérios serão utilizados pelo intérprete para verificar se, no mundo real, alguém **praticou a conduta** prevista em lei. A este fato, que se amolda perfeitamente à hipótese legal, chamamos **fato jurídico**.

É por isso que em direito tributário se utiliza o conceito de incidência, vale dizer, a possibilidade de a norma jurídica **incidir** (sair do plano ideal para alcançar o plano real) sobre fatos praticados no dia a dia pelas pessoas.

Assim, na exata medida em que alguém pratica uma conduta prevista em lei como **necessária** e **suficiente** para o nascimento da obrigação tributária (auferir renda, por exemplo), surgirá para o Estado o direito de exigir o tributo correspondente, e, de forma reflexa, terá o indivíduo o dever de recolher o montante aos cofres públicos, tudo de acordo com os critérios, prazos e condições estabelecidos pelo ordenamento.

Para que se possa aferir, com precisão, o perfeito encaixe entre a previsão legal e a conduta das pessoas (tecnicamente conhecido como **subsunção**), a hipótese de incidência estabelece três critérios analíticos: material, temporal e espacial.

a) **Critério material:** normalmente tem como núcleo um verbo que expressa a conduta ou o *status* jurídico de uma pessoa, como "auferir renda", "ser proprietário", "vender mercadoria" etc.
b) **Critério espacial:** indica a dimensão territorial em que ocorre a conduta (local), circunstância essencial para a definição da competência tributária e da jurisdição.
c) **Critério temporal:** determina o momento de ocorrência ou aperfeiçoamento da conduta.

Os três critérios compõem o **antecedente** da hipótese de incidência, e o seu preenchimento terá como consequência o nascimento da relação jurídica entre o Estado e o sujeito passivo. Essa relação de causa e efeito da obrigação tributária é demonstrada pela chamada **regra matriz de incidência**.

Para os autores que seguem a dicção legal e optam por utilizar a expressão **fato gerador**, convém ressaltar que esta englobaria os dois momentos: a previsão legal e a materialização da conduta. Assim, o fato gerador representaria o **somatório** dos conceitos de hipótese de incidência e de fato jurídico.

Contudo, em homenagem ao princípio *pecunia non olet*, o Código Tributário Nacional, no art. 118, considera irrelevante a validade jurídica dos atos para fins de incidência:

Art. 118. A definição legal do fato gerador é interpretada abstraindo-se:

I – da validade jurídica dos atos efetivamente praticados pelos contribuintes, responsáveis, ou terceiros, bem como da natureza do seu objeto ou dos seus efeitos;

II – dos efeitos dos fatos efetivamente ocorridos.

12.3. Sujeito ativo

Sujeito ativo é o **titular da competência**, ou seja, a pessoa que recebeu poderes da Constituição para legislar e dispor sobre tributos.

A competência tributária é **indelegável** e, portanto, não pode ser transferida a outro ente da Federação.

Não podemos confundir competência tributária com **capacidade tributária ativa**, pois esta é **delegável**, por meio de lei, e corresponde à possibilidade de fiscalizar, arrecadar e ser destinatário do resultado econômico dos valores arrecadados.

12.4. Sujeito passivo

O sujeito passivo é a pessoa que deverá **assumir o ônus** da obrigação tributária e pode ser tanto o **contribuinte** como o **responsável**.

Contribuinte é aquele que tem relação **direta** e **pessoal** com o fato, ou seja, a pessoa que praticou a conduta prevista em lei. Podemos dizer que o contribuinte sofre a incidência direta da norma jurídica, pois materializa, em termos reais, exatamente o que fora previsto pela hipótese legal.

Contudo, é possível que uma segunda norma atribua **responsabilidade a terceiro**, que não praticou o fato, mas é chamado a assumir o ônus da obrigação. Aqui teríamos um fenômeno de **refração**, pois a *Norma 1* incidiria sobre quem praticou a conduta e a *Norma 2* atribuiria responsabilidade a um terceiro, como no esquema a seguir:

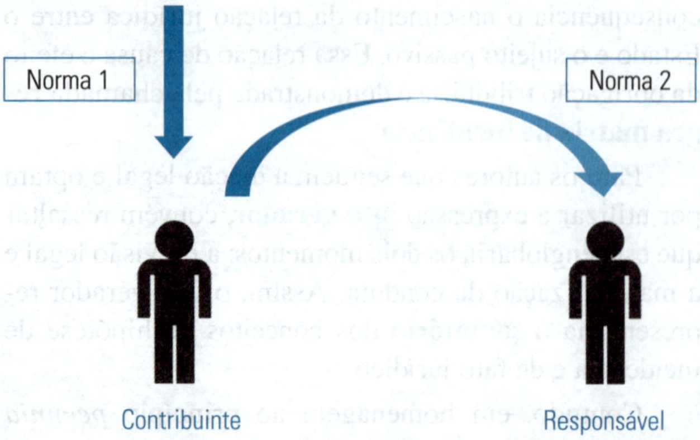

Exemplo: no caso do imposto de renda, **contribuinte** é o funcionário da empresa que recebe o salário, mas a lei determina que o empregador, como **responsável**, faça a retenção do tributo devido e o repasse aos cofres públicos.

Com o objetivo de evitar que os particulares manipulem a **eleição** do responsável pelo ônus da obrigação, deslocando-a de uma pessoa para outra por meio de contratos ou qualquer outro tipo de acordo, o art. 123 do Código Tributário Nacional adverte que:

Art. 123. Salvo disposições de lei em contrário, as convenções particulares, relativas à responsabilidade pelo pagamento de tributos, não podem ser opostas à Fazenda Pública, para modificar a definição legal do sujeito passivo das obrigações tributárias correspondentes.

12.5. Base de cálculo e alíquota

Os dois elementos, base de cálculo e alíquota, representam o aspecto **quantitativo** da obrigação tributária.

A base de cálculo pode ser definida como a **expressão econômica** de um fato jurídico, vale dizer, como o valor que servirá de referência para a apuração do tributo (pode ser o valor da venda, do salário, do rendimento ou de qualquer outra grandeza econômica prevista em lei).

Já a **alíquota** representa a parcela da base de cálculo que deverá ser transferida para o Estado.

As alíquotas podem ser de dois tipos:

a) ***Ad valorem:*** é a modalidade mais conhecida, na qual a alíquota é um **percentual** em relação à base de cálculo, como no caso do ICMS, que em São Paulo representa 18% do valor da venda.

b) **Específica:** neste caso a alíquota é expressa por um valor **em reais** (R$), de acordo com a **quantidade** do produto ou mercadoria. *Exemplo*: na CIDE combustíveis a alíquota específica da gasolina é de R$ 860,00 por metro cúbico, o que representa R$ 0,86 por litro[18].

Sobre a obrigação tributária devemos atentar, ainda, para duas observações importantes.

Em primeiro lugar, **não se aplica** em tributário a máxima de que "o acessório segue o principal", porque é possível a existência de obrigações acessórias mesmo quando não haja obrigação principal, como no caso das isenções e imunidades.

[18] Cada metro cúbico (m^3) é composto de 1.000 litros.

Exemplo: uma pessoa **isenta** do pagamento de determinado tributo (obrigação principal) ainda assim deverá cumprir todas as **obrigações acessórias**, como emitir notas fiscais, escriturar livros e apresentar declarações.

Precisamos também destacar que o **descumprimento** de uma obrigação acessória tem o condão de **convertê-la** em obrigação principal, relativamente à imposição da multa.

Explicamos: quando alguém deixa de cumprir uma obrigação acessória, como prestar uma declaração ao fisco, sujeita-se à respectiva **multa**, prevista em lei. Como a multa tem natureza pecuniária (dinheiro), surge a obrigação principal, como decorrência da inobservância de uma obrigação de fazer.

12.6. Capacidade tributária

A possibilidade de alguém ser alcançado pela norma tributária **não comporta** exceções ou restrições. Em respeito ao princípio da isonomia, o CTN entende que **todas as pessoas** se submetem à incidência tributária, independentemente de limitações ou qualquer tipo de incapacidade porventura reconhecidas em outras áreas do direito.

A chamada **capacidade tributária passiva**, assim entendida como a possibilidade de alguém ser destinatário da norma tributária, é **plena**, como estabelece o art. 126 do Código:

> **Art. 126.** A capacidade tributária passiva independe:
> **I –** da capacidade civil das pessoas naturais;
> **II –** de achar-se a pessoa natural sujeita a medidas que importem privação ou limitação do exercício de atividades civis, comerciais ou profissionais, ou da administração direta de seus bens ou negócios;
> **III –** de estar a pessoa jurídica regularmente constituída, bastando que configure uma unidade econômica ou profissional.

Assim, mesmo uma pessoa com limitações na esfera civil deverá responder pelos tributos a que der causa, ainda que o efetivo pagamento ocorra por meio de responsáveis. Isso inclui os menores de idade, os interditos e até mesmo as pessoas incapacitadas por doença, que são consideradas **sujeitos passivos** da obrigação tributária, ainda que não possam, juridicamente, atuar de forma direta para a satisfação dos seus deveres.

Nesses casos a legislação transferirá o ônus pelo cumprimento das respectivas obrigações a terceiros, que na qualidade de responsáveis deverão recolher os tributos devidos.

12.7. Domicílio

A definição do **domicílio** tributário tem por objetivo fixar a competência do ente tributante e também servir de ponto de contato entre o Estado e o particular, pois o contribuinte deverá ser intimado no local do seu domicílio.

Como regra geral, os contribuintes podem **eleger** seus respectivos domicílios, e o Código Tributário Nacional, no art. 127, estabelece critérios para a **identificação** do local quando em situações especiais:

> **Art. 127.** Na falta de eleição, pelo contribuinte ou responsável, de domicílio tributário, na forma da legislação aplicável, considera-se como tal:
> **I –** quanto às pessoas naturais, a sua residência habitual, ou, sendo esta incerta ou desconhecida, o centro habitual de sua atividade;
> **II –** quanto às pessoas jurídicas de direito privado ou às firmas individuais, o lugar da sua sede, ou, em relação aos atos ou fatos que derem origem à obrigação, o de cada estabelecimento;
> **III –** quanto às pessoas jurídicas de direito público, qualquer de suas repartições no território da entidade tributante.
> **§ 1º** Quando não couber a aplicação das regras fixadas em qualquer dos incisos deste artigo, considerar-se-á como domicílio tributário do contribuinte ou responsável o lugar da situação dos bens ou da ocorrência dos atos ou fatos que deram origem à obrigação.
> **§ 2º** A autoridade administrativa pode recusar o domicílio eleito, quando impossibilite ou dificulte a arrecadação ou a fiscalização do tributo, aplicando-se então a regra do parágrafo anterior.

De notar que, se as pessoas naturais não elegerem o seu domicílio, este será considerado como o local de **residência** ou **ocupação profissional habitual**. Normalmente a eleição do domicílio se dá por meio de sistemas informatizados, quando o contribuinte ou o responsável presta informações ao poder público, como no caso da declaração anual do imposto de renda das pessoas físicas, que é enviada todos os anos pela internet. Ao entregar a declaração, o interessado informa o endereço em que deseja ser encontrado, inclusive para fins de notificação das autoridades fiscais.

Para as **pessoas jurídicas** o domicílio pode ser o local da sede ou de qualquer estabelecimento em que ocorram fatos jurídicos tributários. Isso é especialmente importante em relação aos tributos **estaduais** e **municipais**, pois a competência do ente tributante se dá em função do local em que foi praticada a operação.

Exemplo: para fins de ICMS, o Estado competente para exigir o tributo é aquele em que se localiza o **estabelecimento** que promoveu a operação de venda da mercadoria. Assim, uma grande rede de supermercados, com lojas em vários locais do País, deverá recolher o ICMS em favor do ente federado em cujo território ocorreu a operação, independentemente do lugar de sua sede.

Para as pessoas jurídicas de **direito público** o domicílio será o local da repartição no território do ente tributante.

O CTN traz **duas exceções** em relação às regras de fixação do domicílio:

a) Quando não for possível identificar o domicílio em razão da pessoa que praticou a conduta, será considerado o local da **situação dos bens** ou da **ocorrência dos fatos geradores**. Exemplo disso seria o comércio de ambulantes, que por definição não possuem endereço fixo, mas respondem pelos atos praticados no local em que exercerem sua atividade.

b) **Recusa motivada** do domicílio pela autoridade fiscal, sempre que o domicílio eleito pelo interessado for de difícil acesso ou considerado como de risco para o desempenho das atividades de fiscalização.

12.8. Responsabilidade

Como vimos, o ônus de uma obrigação tributária pode recair tanto sobre quem praticou a conduta (contribuinte) como sobre um terceiro, que é chamado de responsável.

A responsabilidade implica a chamada **sujeição passiva indireta** e normalmente decorre de um fenômeno de **transferência**, pelo qual o dever de cumprir a obrigação se desloca do contribuinte para o responsável. A responsabilidade só pode ser atribuída por força de lei, jamais por qualquer forma de analogia, aproximação ou outro critério subjetivo.

Além das hipóteses de responsabilidade expressa previstas no art. 134 da Constituição, que veremos mais adiante, a sujeição passiva indireta ainda se relaciona a dois fenômenos bastante importantes e frequentes nas provas: a solidariedade e a sucessão.

A **solidariedade** está prevista nos arts. 124 e 125 do Código Tributário Nacional:

> **Art. 124.** São solidariamente obrigadas:
> **I** – as pessoas que tenham interesse comum na situação que constitua o fato gerador da obrigação principal;
> **II** – as pessoas expressamente designadas por lei.
> **Parágrafo único.** A solidariedade referida neste artigo não comporta benefício de ordem.

O CTN entende que todas as pessoas que tenham **interesse comum** no fato gerador da obrigação devem ser tratadas como solidárias, o que implica que qualquer uma delas pode ser chamada a responder pela **integralidade** do crédito tributário, independentemente de qualquer benefício de ordem (que seria a imputação sequencial da responsabilidade).

Exemplo: imaginemos que 4 pessoas são proprietárias de um imóvel urbano, cada qual com 25% de participação. Nesse caso a prefeitura poderá exigir o valor integral do IPTU de qualquer uma delas, sem considerar a participação individual no imóvel. Se o valor do imóvel for de R$ 1.000.000,00 e o IPTU total a pagar for de R$ 10.000,00, embora cada condômino tenha apenas ¼ do bem, poderá ser chamado a responder pelo valor integral do imposto.

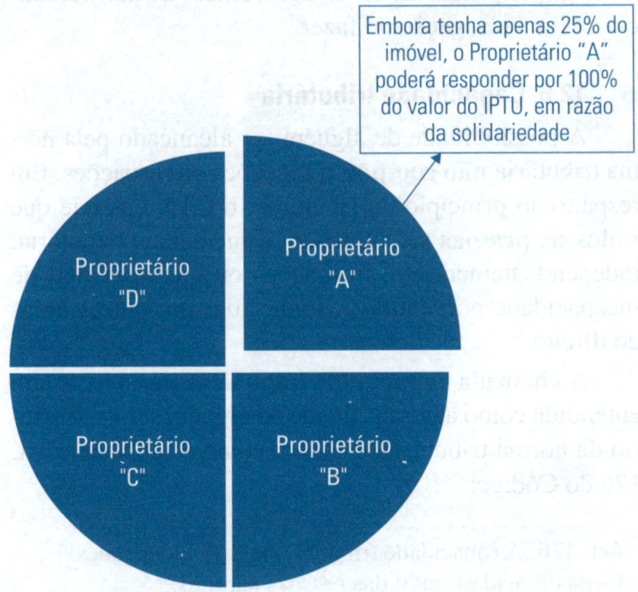

No exemplo anterior, é óbvio que, se o Proprietário "A" pagar o valor total do IPTU, terá o **direito de cobrar** (mediante ação de regresso) dos demais proprietários o valor correspondente às respectivas participações, mas isso apenas na **esfera cível**, pois em termos tributários não é possível "fracionar" o montante ou utilizar o benefício de ordem. Esses argumentos não são oponíveis ao poder público.

A solidariedade, portanto, produz **efeitos recíprocos**, que alcançam todos os coobrigados, conforme previsto no art. 125 do CTN:

> **Art. 125.** Salvo disposição de lei em contrário, são os seguintes os efeitos da solidariedade:
> **I** – o pagamento efetuado por um dos obrigados aproveita aos demais;
> **II** – a isenção ou remissão de crédito exonera todos os obrigados, salvo se outorgada pessoalmente a um deles, subsistindo, nesse caso, a solidariedade quanto aos demais pelo saldo;
> **III** – a interrupção da prescrição, em favor ou contra um dos obrigados, favorece ou prejudica aos demais.

Percebe-se que, como regra, a solidariedade coloca todos os coobrigados em **situação de equivalência**, de sorte que os benefícios, assim como as obrigações, poderão ser tratados como comuns, **salvo se concedidos** em razão de característica pessoal e incomunicável com os demais.

Seria a hipótese, por exemplo, de um dos responsáveis fazer jus a **isenção**, em razão de uma doença reconhecida por lei como merecedora do benefício. Nesse caso, o pagamento relativo à sua parcela seria excluído e o saldo remanescente permaneceria exigível de qualquer dos demais solidários.

12.8.1. Responsabilidade por sucessão

Nos casos de **sucessão**, o direito tributário normalmente atribui ao sucessor a responsabilidade pelos tributos devidos pelo sucedido. Em tese não se cuida de solidariedade, pois o sucedido desaparece e a obrigação tributária remanescente é transferida para o sucessor, que assume o bem, negócio ou atividade que ensejou a tributação.

O Código Tributário Nacional dispõe sobre a responsabilidade por sucessão nos arts. 129 a 133, que examinaremos a seguir.

> **Art. 129.** O disposto nesta Seção aplica-se por igual aos créditos tributários definitivamente constituídos ou em curso de constituição à data dos atos nela referidos, e aos constituídos posteriormente aos mesmos atos, desde que relativos a obrigações tributárias surgidas até a referida data.

a) Responsabilidade dos **adquirentes de imóveis:** quando alguém adquire a propriedade ou direitos relativos a imóveis de terceiros passa a responder pelos créditos tributários porventura existentes, conforme determina o art. 130 do CTN:

> **Art. 130.** Os créditos tributários relativos a impostos cujo fato gerador seja a propriedade, o domínio útil ou a posse de bens imóveis, e bem assim os relativos a taxas pela prestação de serviços referentes a tais bens, ou a contribuições de melhoria, sub-rogam-se na pessoa dos respectivos adquirentes, salvo quando conste do título a prova de sua quitação.
> **Parágrafo único.** No caso de arrematação em hasta pública, a sub-rogação ocorre sobre o respectivo preço.

b) Responsabilidade na **aquisição de bens:** quando alguém adquire um bem ou se qualifica como **remitente** (pessoa que resgata bens de terceiros penhorados ou comprometidos), passa a responder pessoalmente pelos tributos relativos ao bem. Igual raciocínio se aplica às pessoas que figuraram como sucessoras do **evento morte** (herdeiros, legatários e o próprio espólio). No caso do **cônjuge meeiro**, a responsabilidade fica limitada ao montante do quinhão recebido, porque sobre a sua própria metade ele figura, obviamente, como contribuinte. Em relação ao **espólio**, que sucede o *de cujus*, a responsabilidade alcança os tributos devidos até a data da abertura da sucessão.

> **Art. 131.** São pessoalmente responsáveis:
> I – o adquirente ou remitente, pelos tributos relativos aos bens adquiridos ou remidos;
> II – o sucessor a qualquer título e o cônjuge meeiro, pelos tributos devidos pelo *de cujus* até a data da partilha ou adjudicação, limitada esta responsabilidade ao montante do quinhão do legado ou da meação;
> III – o espólio, pelos tributos devidos pelo *de cujus* até a data da abertura da sucessão.

c) Responsabilidade decorrente de **reorganizações societárias:** a reorganização empresarial é fenômeno bastante comum nos dias atuais, mas ao tempo do CTN não havia a dinâmica econômica que presenciamos hoje. Por conta disso, o Código só previu **três formas** de reorganização societária, e em todas o resultado aponta para uma única entidade, que será a responsável pelos tributos porventura devidos. A **fusão**, como se sabe, decorre da reunião de duas ou mais empresas, que formam uma terceira, que as sucederá para todos os fins. A **transformação**, por seu turno, advém da troca de "roupagem jurídica" da empresa, que passa a ser constituída sob novo regramento, como do caso da abertura de capital, em que empresas limitadas passam a oferecer ações em bolsa de valores (S/A). Por fim, na **incorporação** uma empresa é adquirida por outra e desaparece, pois todo o seu patrimônio passa a integrar a incorporadora, que responderá pelos **tributos, juros e eventuais multas punitivas** devidas pela incorporada até a data da operação.

> O Código Tributário Nacional não cuidou da cisão, que ocorre quando uma empresa maior se divide em duas ou mais empresas menores, figura que só foi regulada pela Lei da S/A, dez anos depois. A cisão realmente pode gerar problemas em termos de responsabilidade, pois deve haver equilíbrio entre o patrimônio cindido e os correspondentes débitos tributários, para que não ocorram fraudes, como no caso em que uma das empresas cindidas absorve todo o patrimônio e outra assume a porção dos débitos, sem qualquer possibilidade de gerar receitas.

Art. 132. A pessoa jurídica de direito privado que resultar de fusão, transformação ou incorporação de outra ou em outra é responsável pelos tributos devidos até à data do ato pelas pessoas jurídicas de direito privado fusionadas, transformadas ou incorporadas.

Parágrafo único. O disposto neste artigo aplica-se aos casos de extinção de pessoas jurídicas de direito privado, quando a exploração da respectiva atividade seja continuada por qualquer sócio remanescente, ou seu espólio, sob a mesma ou outra razão social, ou sob firma individual.

d) Responsabilidade pela **aquisição** de fundo de comércio: o CTN estabelece, como regra geral, que o sucessor responde pelos débitos do sucedido. Todavia, o art. 133 condiciona a responsabilidade **integral** ao fato de o vendedor **cessar completamente** a exploração do negócio ou atividade. Caso o vendedor prossiga na atividade ou inicie outro negócio nos seis meses posteriores à alienação, o sucessor (adquirente) responderá **subsidiariamente** com o alienante. Com o advento da Lei Complementar n. 118/2005, o artigo sofreu o acréscimo de três parágrafos, todos relacionados aos procedimentos de **falência** e de **recuperação judicial**, no sentido de que o adquirente de fundo de comércio ou estabelecimento comercial não responde pelos débitos da empresa adquirida, salvo se for sócio, parente (até o 4º grau) ou agente do falido ou devedor.

Art. 133. A pessoa natural ou jurídica de direito privado que adquirir de outra, por qualquer título, fundo de comércio ou estabelecimento comercial, industrial ou profissional, e continuar a respectiva exploração, sob a mesma ou outra razão social ou sob firma ou nome individual, responde pelos tributos, relativos ao fundo ou estabelecimento adquirido, devidos até à data do ato:

I – integralmente, se o alienante cessar a exploração do comércio, indústria ou atividade;

II – subsidiariamente com o alienante, se este prosseguir na exploração ou iniciar dentro de seis meses a contar da data da alienação, nova atividade no mesmo ou em outro ramo de comércio, indústria ou profissão.

§ 1º O disposto no *caput* deste artigo não se aplica na hipótese de alienação judicial:

I – em processo de falência;

II – de filial ou unidade produtiva isolada, em processo de recuperação judicial.

§ 2º Não se aplica o disposto no § 1º deste artigo quando o adquirente for:

I – sócio da sociedade falida ou em recuperação judicial, ou sociedade controlada pelo devedor falido ou em recuperação judicial;

II – parente, em linha reta ou colateral até o 4º (quarto) grau, consanguíneo ou afim, do devedor falido ou em recuperação judicial ou de qualquer de seus sócios; ou

III – identificado como agente do falido ou do devedor em recuperação judicial com o objetivo de fraudar a sucessão tributária.

§ 3º Em processo da falência, o produto da alienação judicial de empresa, filial ou unidade produtiva isolada permanecerá em conta de depósito à disposição do juízo de falência pelo prazo de 1 (um) ano, contado da data de alienação, somente podendo ser utilizado para o pagamento de créditos extraconcursais ou de créditos que preferem ao tributário.

As hipóteses de sucessão previstas no Código Tributário Nacional, somadas à figura da cisão de empresas, que só surgiu no ordenamento dez anos depois, com o advento da Lei das S/A (Lei n. 6.404/76), podem ser resumidas no quadro a seguir:

Responsabilidade por sucessão:

- propriedade, domínio útil ou posse de imóveis (art. 130)
- adquirente ou remitente (art. 131, I)
- *causa mortis* (art. 131, II e III)
- fusão, transformação e incorporação (art. 132)
- cisão (Lei das S/A – n. 6.404/76 e alterações posteriores)
- extinção de pessoa jurídica (art. 132, parágrafo único)
- aquisição de fundo de comércio (art. 133)

STJ – Súmula 554

Na hipótese de sucessão empresarial, a responsabilidade da sucessora abrange não apenas os tributos devidos pela sucedida, mas também as multas moratórias ou punitivas referentes a fatos geradores ocorridos até a data da sucessão.

Na sucessão de empresas, a **responsabilidade do sucessor** pelas infrações alcança, além dos tributos, as **multas moratórias** e as **punitivas**. A matéria já havia sido apreciada pelo STJ, em sede de recurso repetitivo, quando do julgamento do REsp 923.012/MG:

TRIBUTÁRIO. RECURSO ESPECIAL. RECURSO ESPECIAL REPRESENTATIVO DE CONTROVÉRSIA. ART. 543-C, DO CPC. RESPONSABILIDADE POR INFRAÇÃO. SUCESSÃO DE EMPRESAS. ICMS. BASE DE CÁLCULO. VALOR DA OPERAÇÃO MERCANTIL. INCLUSÃO DE MERCADORIAS DADAS EM BONIFICAÇÃO. DESCONTOS INCONDICIONAIS. IMPOSSIBILIDADE. LC N. 87/96. MATÉRIA DECIDIDA PELA 1ª SEÇÃO, NO RESP 1.111.156/SP, SOB O REGIME DO ART. 543-C DO CPC. 1. A responsabilidade tributária do sucessor abrange, além dos tributos devidos pelo sucedido, as multas moratórias ou punitivas, que, por representarem dívida de valor, acompanham o passivo do patrimônio adquirido pelo sucessor, desde que seu fato gerador tenha ocorrido até a data da sucessão. 2. (...) A hipótese de sucessão empresarial (fusão, cisão, incorporação), assim como nos casos de aquisição de fundo de comércio ou estabelecimento comercial e, principalmente, nas configurações de sucessão por transformação do tipo societário (sociedade anônima transformando-se em sociedade por cotas de responsabilidade limitada, *v.g.*), em verdade, não encarta sucessão real, mas apenas legal. O sujeito passivo é a pessoa jurídica que continua total ou parcialmente a existir juridicamente sob outra "roupagem institucional". Portanto, a multa fiscal não se transfere, simplesmente continua a integrar o passivo da empresa que é: a) fusionada; b) incorporada; c) dividida pela cisão; d) adquirida; e) transformada (Sacha Calmon Navarro Coêlho, in *Curso de direito tributário brasileiro*, Ed. Forense, 9. ed., p. 701).

12.8.2. Responsabilidade expressa

O art. 134 do CTN é um dos mais solicitados na prova e estabelece a **responsabilidade expressa** e **solidária** de terceiros em relação a fatos praticados por pessoas que tenham algum tipo de vínculo entre si.

Existem diversas situações no mundo real em que o contribuinte de determinado tributo não pode ser alcançado, naquele momento, pela legislação tributária.

Entretanto, como a capacidade tributária passiva é **plena**, como vimos, o próprio Código Tributário Nacional determina que, diante da **impossibilidade** de exigir o cumprimento da obrigação pelo contribuinte, surgirá a responsabilidade automática de algumas pessoas que intervieram na conduta ou dela se omitiram:

Art. 134. Nos casos de impossibilidade de exigência do cumprimento da obrigação principal pelo contribuinte, respondem solidariamente com este nos atos em que intervierem ou pelas omissões de que forem responsáveis:

I – os pais, pelos tributos devidos por seus filhos menores;

II – os tutores e curadores, pelos tributos devidos por seus tutelados ou curatelados;

III – os administradores de bens de terceiros, pelos tributos devidos por estes;

IV – o inventariante, pelos tributos devidos pelo espólio;

V – o síndico e o comissário, pelos tributos devidos pela massa falida ou pelo concordatário;

VI – os tabeliães, escrivães e demais serventuários de ofício, pelos tributos devidos sobre os atos praticados por eles, ou perante eles, em razão do seu ofício;

VII – os sócios, no caso de liquidação de sociedade de pessoas.

Parágrafo único. O disposto neste artigo só se aplica, em matéria de penalidades, às de caráter moratório.

Um exemplo da responsabilidade atribuída pelo CTN, no inciso I, decorre de eventual renda obtida pelo filho **menor de idade**, que não pode ser compelido a pagar os tributos devidos. Imaginemos uma criança que participa de uma campanha publicitária e recebe um cachê de R$ 50.000,00. Digamos que o contrato foi negociado pelos pais, que levaram a criança a uma agência de talentos, que por sua vez concretizou o negócio. O **contribuinte** do imposto de renda é o menor, mas o CTN determina que os pais deverão ser **responsáveis** pelas declarações necessárias ao fisco e pelo recolhimento do tributo.

Igual raciocínio pode ser aplicado aos demais incisos, que fixam a responsabilidade dos **tutores** e **curadores** em relação aos tributos devidos por seus tutelados ou curatelados, dos **administradores** de bens de terceiros pelos tributos devidos por estes e assim sucessivamente.

Convém ressaltar que para fins de **penalidade** a responsabilidade do art. 134 só se aplica em relação às **multas moratórias** (decorrentes de atraso no pagamento), mas não alcançam as chamadas multas de ofício, por descumprimento de obrigação tributária.

Também são pessoalmente responsáveis pelos créditos tributários as pessoas que atuarem com excesso de poderes ou infração à lei, contrato social ou estatutos, como os mandatários, prepostos, diretores, gerentes ou representantes das empresas. Isso permite que uma eventual autuação contra a pessoa jurídica possa também trazer para o polo passivo da obrigação os seus **dirigentes**, desde que comprovada a conduta dolosa das pessoas envolvidas.

A responsabilização, nessa hipótese, não decorre apenas da falta de pagamento do tributo, mas da comprovação, pelas autoridades competentes, da deliberada intenção de prejudicar os interesses da Fazenda Pública.

STJ – Súmula 430

O inadimplemento da obrigação tributária pela sociedade não gera, por si só, a responsabilidade solidária do sócio-gerente.

12.8.3. Responsabilidade por infrações

O Código Tributário Nacional adotou a teoria da **responsabilidade objetiva** no caso de infrações, de sorte que para a aplicação de penalidades pouco importa a **intenção** do agente (culpa ou dolo), a **efetividade** (não existe a figura da simples tentativa), **natureza** e **extensão** dos efeitos do ato.

Para o direito tributário basta o descumprimento da norma para a imposição das penalidades. Não faz diferença, num primeiro momento, se o indivíduo quis ou não pagar o tributo, tampouco se tinha condições econômicas de fazer frente à exigência do montante.

A responsabilidade objetiva equaliza o entendimento acerca das penalidades e transfere discussões mais profundas ou detalhadas para o Poder Judiciário, que terá condições de cotejar os dispositivos do CTN com os preceitos constitucionais e as garantias individuais.

A existência de dolo ou culpa é **irrelevante** para o nascimento das penalidades, mas é óbvio que estas serão mais gravosas sempre que restar comprovada a ocorrência de **fraudes** ou **simulação**.

A vontade do agente não serve como argumento contra a responsabilização, embora nos casos concretos a comprovação da intenção seja importante para a **dosimetria** das sanções aplicáveis, conforme dispuserem as normas específicas de cada tributo.

O Código Tributário Nacional estabelece, ainda, situações em que a responsabilidade será **pessoal** do agente:

> **Art. 137.** A responsabilidade é pessoal ao agente:
> **I** – quanto às infrações conceituadas por lei como crimes ou contravenções, salvo quando praticadas no exercício regular de administração, mandato, função, cargo ou emprego, ou no cumprimento de ordem expressa emitida por quem de direito;
> **II** – quanto às infrações em cuja definição o dolo específico do agente seja elementar;
> **III** – quanto às infrações que decorram direta e exclusivamente de dolo específico:
> ***a)*** das pessoas referidas no art. 134, contra aquelas por quem respondem;
> ***b)*** dos mandatários, prepostos ou empregados, contra seus mandantes, preponentes ou empregadores;
> ***c)*** dos diretores, gerentes ou representantes de pessoas jurídicas de direito privado, contra estas.

12.8.4. Denúncia espontânea

O instituto da **denúncia espontânea** tem por objetivo excluir a responsabilidade – e consequentemente as multas – nos casos em que o contribuinte ou responsável reconhece a existência do crédito tributário e efetua o recolhimento do montante devido acrescido de juros, antes de qualquer providência das autoridades fiscais.

> **Art. 138.** A responsabilidade é excluída pela denúncia espontânea da infração, acompanhada, se for o caso, do pagamento do tributo devido e dos juros de mora, ou do depósito da importância arbitrada pela autoridade administrativa, quando o montante do tributo dependa de apuração.
>
> **Parágrafo único.** Não se considera espontânea a denúncia apresentada após o início de qualquer procedimento administrativo ou medida de fiscalização, relacionados com a infração.

A denúncia espontânea caracteriza-se pelo **arrependimento** do sujeito passivo, que reconhece a existência do débito e promove a sua reparação de forma **voluntária**, sem qualquer coerção estatal.

Trata-se de norma **indutora de conduta**, que busca incentivar o contribuinte a adimplir as obrigações tributárias sem a necessidade de acionar o aparato estatal, com evidente economia e benefício para as duas partes.

> **STJ – Súmula 360**
> O benefício da denúncia espontânea não se aplica aos tributos sujeitos a lançamento por homologação regularmente declarados, mas pagos a destempo.

13. CRÉDITO TRIBUTÁRIO

Os temas relativos ao crédito tributário englobam boa parte dos artigos do CTN e se constituem no conjunto de tópicos mais importante para a prova.

De forma simples, podemos dizer que o **crédito tributário** é o produto da obrigação tributária principal, representado pelo valor que o sujeito passivo deverá recolher aos cofres públicos.

A obrigação tributária, como relação jurídica, **não sofre variações** após o seu surgimento, mas o crédito (o valor a pagar) pode ser objeto de diversas alterações, tanto em relação ao montante como quanto às circunstancias que ensejam a sua exigibilidade pelas autoridades fiscais.

13.1. Lançamento

O Código Tributário Nacional define o **lançamento** como o procedimento administrativo tendente a: verificar a ocorrência do fato gerador da obrigação correspondente; determinar a matéria tributável; calcular o montante do tributo devido; identificar o sujeito passivo e, sendo caso, propor a aplicação da penalidade cabível[19].

O lançamento corresponde a um **ato administrativo vinculado** e obrigatório para a autoridade fiscal, que deverá praticá-lo sempre que encontrar matéria tributável ainda não constituída para fins de exigência. Essa determinação decorre do princípio da **indisponibilidade** dos bens públicos, pois o crédito tributário representa valores que deverão ingressar nos cofres públicos e a sua

[19] CTN, art. 142.

cobrança é **irrenunciável**, sob pena de responsabilização do agente infrator.

Existe certa polêmica, há bastante tempo, acerca da natureza do lançamento.

Divergem os autores sobre o caráter **declaratório** ou **constitutivo** do ato de lançar, vale dizer, teria o lançamento o condão de constituir (criar) o crédito tributário ou apenas de declará-lo (torná-lo exigível)?

Lançar significa reconhecer a **existência** de um fato e trazê-lo para o mundo jurídico, a fim de atribuir-lhe os efeitos pretendidos pela legislação. Como se dá em outros atos administrativos, a autoridade competente verifica a ocorrência de um fato com repercussão jurídica e o **positiva**, conferindo-lhe certos atributos e dele extraindo determinadas consequências.

> Dentro dos limites desta obra, cumpre ressaltar que a maior parte da doutrina atribui ao lançamento **efeitos declaratórios**, embora modernamente seja forte uma tentativa de conciliação entre as duas correntes, baseada na ideia de que o lançamento **declara** a existência do fato e da obrigação tributária e **constitui** (no sentido de positivação) o crédito tributário correspondente.

Parece-nos que o principal objetivo do lançamento é o de conferir ao crédito tributário liquidez e certeza, requisitos essenciais para a sua exigibilidade.

A **liquidez** diz respeito à possibilidade de cobrança do próprio crédito.

Exemplo: se no dia 2 de janeiro de qualquer ano alguém se dirigir ao banco para recolher o valor do IPTU, provavelmente o caixa não terá condições de aceitar o pagamento, pois ainda não houve o lançamento, embora seja certo que o contribuinte já deve o imposto, cujo fato gerador ocorreu em 1º de janeiro. Ou seja, o tributo existe, mas ainda não pode ser cobrado, por ausência de liquidez.

> **STJ – Súmula 397**
> O contribuinte do IPTU é notificado do lançamento pelo envio do carnê ao seu endereço.

Ademais, o lançamento confere ao crédito **certeza** em relação ao montante exigido.

Com o lançamento o sujeito passivo passa a saber exatamente qual o valor da exigência estatal, o que lhe permite, inclusive, contestá-lo. Antes do lançamento, tanto o Estado como o sujeito passivo possuem **expectativas jurídicas**, mas a positivação dos efeitos da obrigação tributária somente se aperfeiçoa com o ato administrativo do lançamento, que inaugura a possibilidade de pagamento e consequente extinção do crédito tributário, assim como permite a discussão jurídica dos seus termos, tanto na esfera administrativa como na judicial.

Isso porque o lançamento regularmente notificado ao sujeito passivo pode ser objeto de **impugnação, recurso de ofício** ou **revisão** pela autoridade competente, nos termos do art. 149 do Código Tributário Nacional:

> **Art. 149.** O lançamento é efetuado e revisto de ofício pela autoridade administrativa nos seguintes casos:
> **I** – quando a lei assim o determine;
> **II** – quando a declaração não seja prestada, por quem de direito, no prazo e na forma da legislação tributária;
> **III** – quando a pessoa legalmente obrigada, embora tenha prestado declaração nos termos do inciso anterior, deixe de atender, no prazo e na forma da legislação tributária, a pedido de esclarecimento formulado pela autoridade administrativa, recuse-se a prestá-lo ou não o preste satisfatoriamente, a juízo daquela autoridade;
> **IV** – quando se comprove falsidade, erro ou omissão quanto a qualquer elemento definido na legislação tributária como sendo de declaração obrigatória;
> **V** – quando se comprove omissão ou inexatidão, por parte da pessoa legalmente obrigada, no exercício da atividade a que se refere o artigo seguinte;
> **VI** – quando se comprove ação ou omissão do sujeito passivo, ou de terceiro legalmente obrigado, que dê lugar à aplicação de penalidade pecuniária;
> **VII** – quando se comprove que o sujeito passivo, ou terceiro em benefício daquele, agiu com dolo, fraude ou simulação;
> **VIII** – quando deva ser apreciado fato não conhecido ou não provado por ocasião do lançamento anterior;
> **IX** – quando se comprove que, no lançamento anterior, ocorreu fraude ou falta funcional da autoridade que o efetuou, ou omissão, pela mesma autoridade, de ato ou formalidade especial.
> **Parágrafo único.** A revisão do lançamento só pode ser iniciada enquanto não extinto o direito da Fazenda Pública.

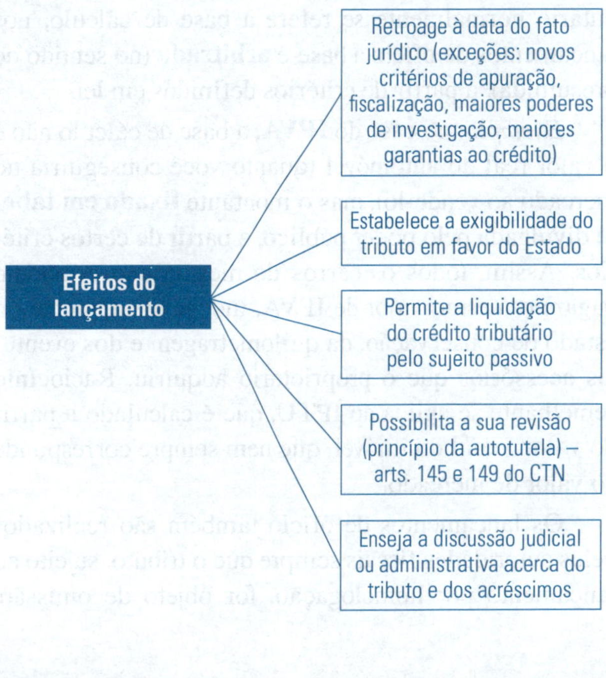

> Princípio da ultratividade: o lançamento reporta-se à data do fato gerador e deve ser regido pela legislação então vigente, mesmo que revogada ou modificada posteriormente, salvo se a lei nova trouxer novos critérios de fiscalização, ampliar os poderes de investigação das autoridades administrativas ou conferir maiores garantias ao crédito tributário.

STF – Súmula Vinculante 24
Não se tipifica crime material contra a ordem tributária, previsto no art. 1º, incisos I a IV, da Lei n. 8.137/90, antes do lançamento definitivo do tributo.

STJ – Súmula 436
A entrega de declaração pelo contribuinte reconhecendo débito fiscal constitui o crédito tributário, dispensada qualquer outra providência por parte do Fisco.

STJ – Súmula 446
Declarado e não pago o débito tributário pelo contribuinte, é legítima a recusa de expedição de certidão negativa ou positiva com efeito de negativa.

13.1.1. Modalidades de lançamento

A doutrina clássica costuma dividir o lançamento em **três modalidades:** de ofício, por declaração ou por homologação.

O chamado **lançamento de ofício** ocorre quando o Estado conhece todos os elementos da obrigação tributária, tornando desnecessária qualquer intervenção do sujeito passivo.

Como a grande discussão em torno do crédito tributário normalmente se refere à base de cálculo, nos lançamentos de ofício a base é **arbitrada** (no sentido de presumida), a partir de critérios definidos em lei.

Exemplo: no caso do **IPVA**, a base de cálculo não é o valor real do automóvel (quanto você conseguiria no mercado ao vendê-lo), mas o montante **fixado em tabela** divulgada pelo poder público, a partir de certos critérios. Assim, todos os carros do mesmo ano e modelo pagam o mesmo valor de IPVA, independentemente do estado de conservação, da quilometragem e dos eventuais acessórios que o proprietário adquiriu. Raciocínio semelhante se aplica ao IPTU, que é calculado a partir do **valor venal** do imóvel, que nem sempre corresponde ao valor de mercado.

Os lançamentos de ofício também são realizados pelas autoridades fiscais sempre que o tributo, sujeito ao lançamento por homologação, for objeto de omissão, inexatidão, falsidade, erro, dolo, fraude ou simulação por parte do sujeito passivo. Nesses casos, o lançamento do fisco é **complementar**, e além do crédito serão exigidos os juros e multas previstos pela legislação.

A grande maioria dos tributos no Brasil sujeita-se, atualmente, ao chamado **lançamento por homologação**, no qual o sujeito passivo declara sua atividade econômica ao Estado, apura o montante do tributo devido e faz o pagamento no prazo previsto em lei.

O lançamento por homologação e seus efeitos estão previstos no art. 150 do CTN:

> **Art. 150.** O lançamento por homologação, que ocorre quanto aos tributos cuja legislação atribua ao sujeito passivo o dever de antecipar o pagamento sem prévio exame da autoridade administrativa, opera-se pelo ato em que a referida autoridade, tomando conhecimento da atividade assim exercida pelo obrigado, expressamente a homologa.
> **§ 1º** O pagamento antecipado pelo obrigado nos termos deste artigo extingue o crédito, sob condição resolutória da ulterior homologação ao lançamento.
> **§ 2º** Não influem sobre a obrigação tributária quaisquer atos anteriores à homologação, praticados pelo sujeito passivo ou por terceiro, visando à extinção total ou parcial do crédito.
> **§ 3º** Os atos a que se refere o parágrafo anterior serão, porém, considerados na apuração do saldo porventura devido e, sendo o caso, na imposição de penalidade, ou sua graduação.
> **§ 4º** Se a lei não fixar prazo a homologação, será ele de cinco anos, a contar da ocorrência do fato gerador; expirado esse prazo sem que a Fazenda Pública se tenha pronunciado, considera-se homologado o lançamento e definitivamente extinto o crédito, salvo se comprovada a ocorrência de dolo, fraude ou simulação.

No lançamento por homologação, a Fazenda Pública possui prazo de **5 anos** para verificar as declarações do sujeito passivo e homologar o pagamento efetuado.

Trata-se de prazo **decadencial**, dentro do qual é possível lançar de ofício, se for o caso, valores que não foram declarados pelo sujeito passivo. Parte da doutrina entende que o transcurso de 5 anos, sem qualquer atividade da administração, enseja a chamada **homologação tácita**.

Já a **homologação expressa** ocorreria com a efetiva verificação dos fatos geradores e respectivos pagamentos, normalmente realizada em procedimento de fiscalização. Mesmo depois de encerrada uma fiscalização, remanesce o direito de a Fazenda Pública promover novas fiscalizações, desde que dentro do prazo decadencial.

Em relação ao chamado **lançamento por declaração**, devemos observar que, nos dias atuais, a modalidade encontra-se em desuso e apenas em casos raros pode ser encontrada.

O fundamento para o lançamento por declaração seria o art. 147 do CTN, que dispõe:

Art. 147. O lançamento é efetuado com base na declaração do sujeito passivo ou de terceiro, quando um ou outro, na forma da legislação tributária, presta à autoridade administrativa informações sobre matéria de fato, indispensáveis à sua efetivação.
§ 1º A retificação da declaração por iniciativa do próprio declarante, quando vise a reduzir ou a excluir tributo, só é admissível mediante comprovação do erro em que se funde, e antes de notificado o lançamento.
§ 2º Os erros contidos na declaração e apuráveis pelo seu exame serão retificados de ofício pela autoridade administrativa a que competir a revisão daquela.

Não devemos confundir o lançamento por declaração com o lançamento por homologação, em que são apresentadas ao Fisco declarações para subsidiar o pagamento antecipado previsto no art. 150. O lançamento por homologação é a modalidade mais utilizada no sistema tributário brasileiro e corresponde à maioria dos tributos questionados na prova.

Por fim, o Código Tributário Nacional prevê a possibilidade de a autoridade fiscal, ao realizar o lançamento, **arbitrar** a base de cálculo, quando as informações ou registros contábeis do contribuinte possuírem vícios ou não merecerem credibilidade.

Não se trata de nova modalidade de lançamento, mas apenas de forma de **determinação** da **base de cálculo**, como adverte o art. 148 do CTN:

Art. 148. Quando o cálculo do tributo tenha por base, ou tome em consideração, o valor ou o preço de bens, direitos, serviços ou atos jurídicos, a autoridade lançadora, mediante processo regular, arbitrará aquele valor ou preço, sempre que sejam omissos ou não mereçam fé as declarações ou os esclarecimentos prestados, ou os documentos expedidos pelo sujeito passivo ou pelo terceiro legalmente obrigado, ressalvada, em caso de contestação, avaliação contraditória, administrativa ou judicial.

13.2. Suspensão da exigibilidade do crédito tributário

Vimos que o crédito tributário, como objeto da obrigação que se instaura entre o Estado e o sujeito passivo, pode sofrer alterações ao longo do tempo, inclusive por força de **questionamentos** acerca da sua validade.

Em razão disso, o art. 151 do Código Tributário Nacional prevê hipóteses de **suspensão da exigibilidade** do crédito tributário, ou seja, circunstâncias em que o poder público fica impedido, temporariamente, de cobrar os tributos do sujeito passivo.

Art. 151. Suspendem a exigibilidade do crédito tributário:
I – moratória;
II – o depósito do seu montante integral;
III – as reclamações e os recursos, nos termos das leis reguladoras do processo tributário administrativo;
IV – a concessão de medida liminar em mandado de segurança;
V – a concessão de medida liminar ou de tutela antecipada, em outras espécies de ação judicial;
VI – o parcelamento.
Parágrafo único. O disposto neste artigo não dispensa o cumprimento das obrigações assessórios dependentes da obrigação principal cujo crédito seja suspenso, ou dela consequentes.

A análise do dispositivo nos leva a concluir que estamos diante de **dois grupos** de situações: aquelas em que o sujeito passivo está atrasado em relação ao pagamento e outra, em que se discute a própria exigibilidade do crédito.

O primeiro grupo é formado pela **moratória** (inciso I) e o **parcelamento** (inciso VI). Nesses casos o sujeito passivo **já deve o tributo**, e o que se discute é a possibilidade de postergação do pagamento dos montantes em atraso.

Como todos os lançamentos estabelecem uma **data de vencimento** (normalmente 30 dias, contados da ciência), após esse prazo o devedor encontra-se em **mora**, sujeito, portanto, ao pagamento de juros e multas.

Para essas situações, pode o Estado, por meio de lei, conceder ao devedor em atraso **prazo adicional** para o pagamento, o que se configura como verdadeiro benefício, com o objetivo de incentivar o recolhimento, ainda que de forma parcelada, aos cofres públicos, sem a necessidade de adoção de medidas de força ou coerção do patrimônio.

A partir de 2001, com o advento da Lei Complementar n. 104, o art. 151 do Código Tributário Nacional passou a dispor sobre a figura do parcelamento, sem, no entanto, definir de modo preciso as suas principais características.

Qual seria, então, a **diferença** entre a moratória e o parcelamento?

Do ponto de vista teórico, não há grandes diferenças entre os institutos, pois ambos decorrem de lei e permitem o alargamento da dívida tributária, inclusive com o pagamento em várias parcelas.

Na prática, os regimes de parcelamento (como o REFIS) têm se tornado **bastante frequentes** e costumam incluir, além da dilação do prazo para pagamento, **benefícios adicionais**, como a redução nas taxas de juros e no valor das multas. Isso normalmente traz, em contrapartida, a exigência de que o sujeito passivo confesse a dívida e desista de qualquer ação porventura em curso para a discussão do crédito.

Atualmente, trata-se de um dos mecanismos mais recorrentes do governo para "fazer caixa", pois, ao menos num primeiro momento, a adesão ao parcelamento incrementa a arrecadação, por conta das vantagens normalmente oferecidas pela lei. A prática é altamente questionável e fere, sobretudo, o princípio da igualdade, pois confere benefícios aos inadimplentes e devedores, enquanto o sistema tributário, como um todo, raramente oferece ajuda ao que cumprem rigorosamente suas obrigações.

STJ – Súmula 355
É válida a notificação do ato de exclusão do programa de recuperação fiscal do Refis pelo Diário Oficial ou pela Internet.

STJ – Súmula 437
A suspensão da exigibilidade do crédito tributário superior a quinhentos mil reais para opção pelo Refis pressupõe a homologação expressa do comitê gestor e a constituição de garantia por meio do arrolamento de bens.

STF – Súmula Vinculante 21
É inconstitucional a exigência de depósito ou arrolamento prévios de dinheiro ou bens para admissibilidade de recurso administrativo.

STF – Súmula Vinculante 28
É inconstitucional a exigência de depósito prévio como requisito de admissibilidade de ação judicial na qual se pretenda discutir a exigibilidade de crédito tributário.

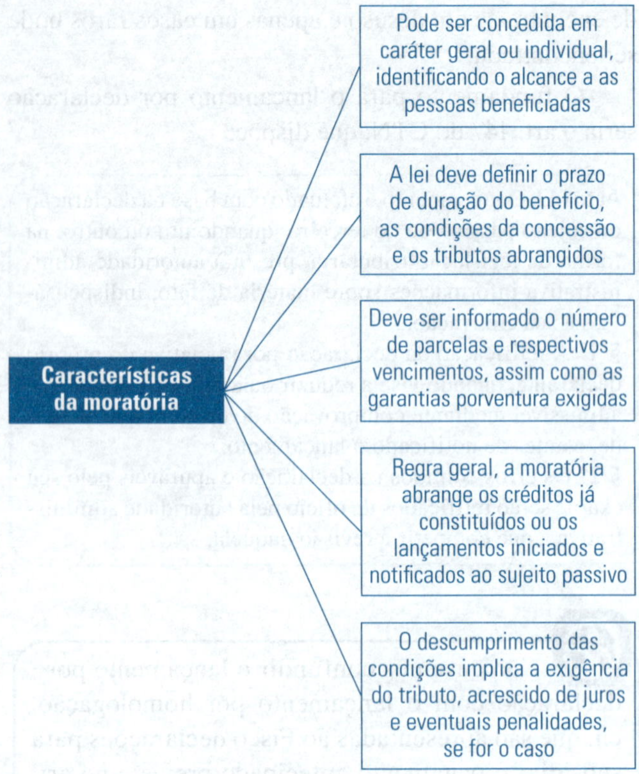

O Código Tributário Nacional **aproxima** os conceitos de moratória e parcelamento ao reconhecer, no art. 155-A (introduzido em 2001), que são aplicáveis ao **parcelamento**, em regra, as disposições relativas à moratória:

> **Art. 155-A.** O parcelamento será concedido na forma e condição estabelecidas em lei específica.
> **§ 1º** Salvo disposição de lei em contrário, o parcelamento do crédito tributário não exclui a incidência de juros e multas.
> **§ 2º** Aplicam-se, subsidiariamente, ao parcelamento as disposições desta Lei, relativas à moratória.
> **§ 3º** Lei específica disporá sobre as condições de parcelamento dos créditos tributários do devedor em recuperação judicial.
> **§ 4º** A inexistência da lei específica a que se refere o § 3º deste artigo importa na aplicação das leis gerais de parcelamento do ente da Federação ao devedor em recuperação judicial, não podendo, neste caso, ser o prazo de parcelamento inferior ao concedido pela lei federal específica.

Em relação às **demais formas** de suspensão da exigibilidade do crédito (segundo grupo, de acordo com a divisão proposta), podemos perceber que todas revelam medidas destinadas à **discussão do próprio lançamento**, e o efeito suspensivo concedido pelo CTN tem por objetivo permitir que o sujeito passivo não seja cobrado ou sofra qualquer ameaça ao seu patrimônio enquanto não houver decisão nas esferas administrativa ou judicial.

a) **Depósito do montante integral:** o sujeito passivo, ao receber a notificação de lançamento, pode efetuar o depósito do montante integral, antes do vencimento, a fim de evitar a fluência de juros e a imposição de multas moratórias. O depósito do montante integral normalmente é efetuado na **esfera judicial**, junto com a propositura da ação que contesta o lançamento, e deve ser realizado em **dinheiro**, conforme matéria sumulada no STJ. Ao término da ação, se o sujeito passivo sair vencedor, o montante depositado será restituído, acrescido de juros. Se a Fazenda Pública for vencedora, o montante do depósito será convertido em renda.

> **STJ – Súmula 112**
> O depósito somente suspende a exigibilidade do crédito tributário se for integral e em dinheiro.

b) **Reclamações** e **recursos** na esfera administrativa: o sujeito passivo poderá apresentar impugnação ou recurso, **tempestivamente** (antes do vencimento), contra lançamento efetuado pela autoridade fiscal. Enquanto a questão não for definitivamente resolvida na instância administrativa, o crédito tributário em discussão não poderá ser exigido do interessado. Se ao final do processo administrativo o sujeito passivo for vencedor, o crédito será **extinto**. Se a tese da Fazenda Pública for vencedora, o crédito que estava com a exigibilidade suspensa retomará o curso normal de cobrança.

c) Concessão de **liminar em mandado de segurança:** o pedido liminar pode ser efetuado para combater lançamento já notificado ao sujeito passivo ou, ainda, em caráter preventivo, no intuito de evitar a adoção de determinada medida pela fiscalização ou de esta exigir posicionamento acerca de pedido formulado e ainda não apreciado.

d) Concessão de **liminar** ou **tutela antecipada**, em outras espécies de ação: esta previsão também foi acrescentada em 2001 e tem como objetivo reconhecer e privilegiar a força das decisões proferidas na esfera judicial. Assim, sempre que a justiça entender pela suspensão da exigibilidade do crédito tributário, independentemente do tipo de ação, as autoridades fiscais deverão se abster de qualquer ato de cobrança enquanto perdurarem os efeitos da liminar ou tutela concedidas.

13.3. Extinção do crédito tributário

O Código Tributário Nacional prevê diversas hipóteses de **extinção** do crédito tributário:

> **Art. 156.** Extinguem o crédito tributário:
> **I** – o pagamento;
> **II** – a compensação;
> **III** – a transação;
> **IV** – remissão;
> **V** – a prescrição e a decadência;
> **VI** – a conversão de depósito em renda;
> **VII** – o pagamento antecipado e a homologação do lançamento nos termos do disposto no art. 150 e seus §§ 1º e 4º;
> **VIII** – a consignação em pagamento, nos termos do disposto no § 2º do art. 164;
> **IX** – a decisão administrativa irreformável, assim entendida a definitiva na órbita administrativa, que não mais possa ser objeto de ação anulatória;
> **X** – a decisão judicial passada em julgado;
> **XI** – a dação em pagamento em bens imóveis, na forma e condições estabelecidas em lei.
> **Parágrafo único.** A lei disporá quanto aos efeitos da extinção total ou parcial do crédito sobre a ulterior verificação da irregularidade da sua constituição, observado o disposto nos arts. 144 e 149.

O Código Tributário Nacional não criou todas as formas de extinção do crédito tributário previstas no art. 156, pois algumas hipóteses precisam de **lei específica**, a cargo da União, dos Estados, do Distrito Federal e dos Municípios, na exata medida em que desejem dispor sobre critérios e condições no âmbito das respectivas competências.

Vejamos cada uma das formas de extinção do crédito tributário, com destaque para as mais relevantes em termos de prova.

a) **Pagamento:** o pagamento é a forma natural e desejada de extinção, sem litígio ou contestação. Representa, ainda, a função precípua do direito tributário, pois possibilita a entrada de recursos nos cofres públicos. O CTN dedicou vários artigos ao pagamento, no intuito de diferenciá-lo do pagamento na esfera civil.

Características do pagamento

- A imposição de penalidade não afeta o pagamento, que deve ser integral
- O pagamento de uma prestação não pressupõe o das demais, inclusive anteriores
- Regra geral, o pagamento é efetuado na repartição do domicílio do contribuinte (em desuso, pois atualmente pode ser feito pela internet)
- Se não houver prazo específico, o vencimento do crédito ocorre 30 dias após a ciência do lançamento
- A lei pode conceder desconto pela antecipação do pagamento
- O pagamento é em moeda, cheque (após compensação), vale postal, estampilha, papel selado ou processo mecânico
- O crédito não pago no vencimento deve ser acrescido de juros e penalidades

Na esfera federal, o pagamento após o vencimento do tributo deve ser **acrescido de juros** (taxa SELIC para os meses anteriores ao do pagamento + juros de 1% relativos ao mês de pagamento) + **penalidades** (exceto no caso de consulta tempestiva, que afasta a imposição de penalidades).

b) Compensação: quando a lei autorizar, a compensação é realizada mediante um encontro de contas (débitos e créditos existentes entre sujeito ativo e passivo). A lei deve estabelecer os critérios e procedimentos para a compensação, bem como as figuras tributárias alcançadas. Poderão ser objeto de compensação créditos líquidos e certos, vencidos ou vincendos. É vedada a compensação mediante o aproveitamento de tributo, objeto de contestação judicial pelo sujeito passivo, antes do trânsito em julgado da respectiva decisão judicial. A modalidade prevista no CTN **não se confunde** com a compensação do próprio tributo, como no caso do ICMS e do IPI, cujos créditos são compensáveis por força do princípio da não cumulatividade.

c) Transação: decorre de concessões mútuas entre o poder público e o sujeito passivo, nos limites autorizados por lei. Ainda não foi aprovada, no Brasil, a Lei Geral de Transações, que deverá fixar os parâmetros para a aplicação deste dispositivo no âmbito federal.

d) Remissão: é o perdão de todo o crédito tributário, concedido por lei. Difere da anistia, em que só há o perdão das infrações. A remissão deve respeitar o princípio da igualdade e somente pode atingir créditos anteriores à entrada em vigor da lei que a instituiu, pois não existe remissão para créditos futuros.

> **CTN, art. 172.** A lei pode autorizar a autoridade administrativa a conceder, por despacho fundamentado, remissão total ou parcial do crédito tributário, atendendo:
> **I** – à situação econômica do sujeito passivo;
> **II** – ao erro ou ignorância excusáveis do sujeito passivo, quanto a matéria de fato;
> **III** – à diminuta importância do crédito tributário;
> **IV** – a considerações de equidade, em relação com as características pessoais ou materiais do caso;
> **V** – a condições peculiares a determinada região do território da entidade tributante.
> **Parágrafo único.** O despacho referido neste artigo não gera direito adquirido, aplicando-se, quando cabível, o disposto no art. 155.

e) Conversão do depósito em renda: essa hipótese ocorre quando o sujeito passivo que efetuou o depósito do montante para discutir o crédito tributário acaba vencido na esfera judicial, de forma que o juiz autoriza o poder público a converter o depósito em renda e levantar os valores que estavam depositados.

f) **Pagamento antecipado e homologado:** vimos que, nos casos de lançamento por homologação, compete ao próprio sujeito passivo apurar o tributo devido e promover o recolhimento, que é chamado pelo CTN de "pagamento antecipado". A expressão "antecipado" não significa que o valor foi pago antes do vencimento, mas apenas que o pagamento foi efetuado antes de qualquer análise ou verificação pela fiscalização. Ao realizar o pagamento, o contribuinte permite que o fisco possa verificá-lo e homologá-lo, dentro do prazo de 5 anos, contados da data do fato gerador. Se os pagamentos não forem homologados até o limite do prazo de 5 anos, o Estado não mais poderá proceder a lançamentos complementares, devendo aceitar como legítimo o montante recolhido pelo sujeito passivo, salvo nos casos de dolo, fraude ou simulação.

g) **Consignação em pagamento:** ocorre quando o sujeito passivo quer efetuar o pagamento, mas encontra **resistência** da administração pública, que provavelmente deseja condicioná-lo a outros requisitos. Os casos em que o interessado pode propor a ação de consignação em pagamento estão previstos no art. 164 do CTN.

Art. 164. A importância de crédito tributário pode ser consignada judicialmente pelo sujeito passivo, nos casos:

I – de recusa de recebimento, ou subordinação deste ao pagamento de outro tributo ou de penalidade, ou ao cumprimento de obrigação acessória;

II – de subordinação do recebimento ao cumprimento de exigências administrativas sem fundamento legal;

III – de exigência, por mais de uma pessoa jurídica de direito público, de tributo idêntico sobre um mesmo fato gerador.

§ 1º A consignação só pode versar sobre o crédito que o consignante se propõe pagar.

§ 2º Julgada procedente a consignação, o pagamento se reputa efetuado e a importância consignada é convertida em renda; julgada improcedente a consignação no todo ou em parte, cobra-se o crédito acrescido de juros de mora, sem prejuízo das penalidades cabíveis.

O Código Tributário Nacional elabora uma **regra de imputação** para a extinção dos créditos tributários, destinada à administração pública, sempre que o sujeito passivo possuir mais de uma dívida e não tiver recursos para quitar a totalidade do valor.

Nessa hipótese, a autoridade deverá receber o pagamento e alocar os recursos conforme a seguinte ordem:

i) em primeiro lugar, aos débitos por obrigação própria, e em segundo lugar aos decorrentes de responsabilidade tributária;

ii) primeiramente, às contribuições de melhoria, depois às taxas e por fim aos impostos;

iii) na ordem crescente dos prazos de prescrição;

iv) na ordem decrescente dos montantes.

h) **Decisão administrativa irreformável:** a decisão, no âmbito do processo administrativo, capaz de extinguir o crédito tributário deve ser definitiva e **favorável** ao sujeito passivo e não poderá mais ser objeto de ação anulatória. Esse entendimento decorre do princípio que veda à administração pública recorrer ao Poder Judiciário nos casos em que ela mesma reconheceu o direito do interessado. Por óbvio, a decisão administrativa **contrária** ao sujeito passivo não extingue o crédito e possibilita, inclusive, a execução fiscal do valor devido sempre que a parte vencida, devidamente intimada, não promove o pagamento.

i) **Decisão judicial passada em julgado:** o trânsito em julgado de decisão favorável ao sujeito passivo extingue o crédito tributário, pois esgota as possibilidades de recurso por parte da Fazenda Pública.

j) **Dação em pagamento:** como vimos, o CTN foi alterado em 2001 e passou a incluir no rol de circunstâncias que extinguem o crédito tributário a dação em pagamento de bens imóveis, desde que devidamente autorizada por lei.

STF – Súmula 70

É inadmissível a interdição de estabelecimento como meio coercitivo para cobrança de tributo.

STF – Súmula 323

É inadmissível a apreensão de mercadorias como meio coercitivo para pagamento de tributos.

STF – Súmula 547

Não é lícito à autoridade proibir que o contribuinte em débito adquira estampilhas, despache mercadorias nas alfândegas e exerça suas atividades profissionais.

13.4. Prescrição e decadência

Pela relevância dos temas e frequência com que são objeto de questionamento nas provas, resolvemos tratar separadamente as duas formas mais complexas de extinção do crédito tributário, a prescrição e a decadência.

Em termos de prazo, tanto a **prescrição** como a **decadência** seguem a lógica atual do direito público, ao estabelecerem o prazo de **5 anos** para a produção dos respectivos efeitos.

De acordo com o art. 146 da Constituição, os dois temas só podem ser tratados por **lei complementar**, o que ensejou a declaração de inconstitucionalidade dos arts. 45 e 46 da Lei n. 8.212/90, que previa prazo de 10 anos para os dois institutos.

O assunto foi decidido pela **Súmula Vinculante 8** do Supremo Tribunal Federal, e, posteriormente, os citados artigos foram revogados pela Lei Complementar n. 128/2008.

> **STF – Súmula Vinculante 8**
> São inconstitucionais o parágrafo único do artigo 5º do Decreto-Lei n. 1569/1977 e os artigos 45 e 46 da Lei n. 8.212/91, que tratam de prescrição e decadência de crédito tributário.

A partir de uma análise cronológica, podemos concluir que o primeiro prazo que deve ser observado é o da **decadência**, pois o seu transcurso fulmina a pretensão de o Estado lançar qualquer crédito contra o sujeito passivo.

A **regra geral** de decadência encontra-se no art. 173 do Código Tributário Nacional, que também veicula uma **regra especial** de contagem do prazo, nos casos de tributos sujeitos a lançamento por homologação, no art. 150, § 4º.

> **Regra geral**
> **Art. 173.** O direito de a Fazenda Pública constituir o crédito tributário extingue-se após cinco anos, contados:
> **I –** do primeiro dia do exercício seguinte àquele em que o lançamento poderia ter sido efetuado;
> **II –** da data em que se tornar definitiva a decisão que houver anulado, por vício formal, o lançamento anteriormente efetuado.
> **Parágrafo único.** O direito a que se refere este artigo extingue-se definitivamente com o decurso do prazo nele previsto, contado da data em que tenha sido iniciada a constituição do crédito tributário pela notificação, ao sujeito passivo, de qualquer medida preparatória indispensável ao lançamento.
> **Regra especial, para os lançamentos por homologação**
> **§ 4º** Se a lei não fixar prazo a homologação, será ele de cinco anos, a contar da ocorrência do fato gerador; expirado esse prazo sem que a Fazenda Pública se tenha pronunciado, considera-se homologado o lançamento e definitivamente extinto o crédito, salvo se comprovada a ocorrência de dolo, fraude ou simulação.

De notar que a principal **diferença** entre os dois dispositivos diz respeito ao *dies a quo*, ou seja, o **prazo inicial** para a contagem dos 5 anos.

Enquanto a regra insculpida no art. 173, I, determina que a contagem só terá início em **1º de janeiro** do exercício seguinte àquele em que o lançamento poderia ser efetuado, no caso de lançamento por homologação o prazo tem início com a **ocorrência** do fato gerador, salvo nos casos de dolo, fraude ou simulação.

Nessas hipóteses, quando a autoridade fiscal comprovar a intenção deliberada e ilícita do sujeito passivo, o início da contagem será deslocado para a regra geral do art. 173, I, o que concede ao poder público maior tempo e condições de promover o lançamento.

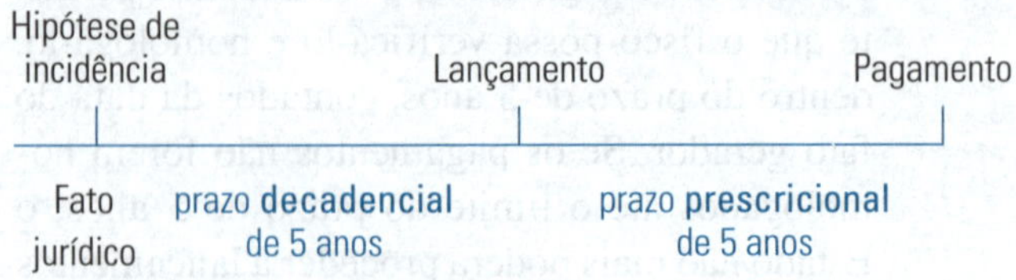

Convém ressaltar que o lançamento efetuado dentro do prazo de cinco anos **afasta a decadência** e possibilita, depois da constituição definitiva do crédito tributário, o início da contagem do prazo prescricional.

Portanto, devemos analisar primeiro a decadência e depois, se for o caso, a prescrição.

> Na esteira desse argumento, podemos afirmar que os dois institutos são **mutuamente excludentes**, pois não podem coexistir em relação ao mesmo fato gerador e crédito tributário.

Para a prova, podemos usar como premissa, para fins de raciocínio, que o lançamento atua como um divisor de águas entre os fenômenos da decadência e da prescrição.

Qualquer prazo **anterior ao lançamento** diz respeito à decadência, enquanto os **prazos posteriores** ao lançamento válido só podem tratar de prescrição. O prazo decadencial homenageia a estabilidade das relações e o princípio da segurança jurídica, enquanto o prazo prescricional tem por objetivo combater eventual inércia ou falta de eficiência da administração tributária.

Ainda em relação à decadência, convém reproduzir, pela importância, a ementa do acórdão do STJ que pacificou, em sede de **recurso repetitivo**, o entendimento sobre o início da contagem do prazo decadencial nas hipóteses em que o sujeito passivo **não efetuou** qualquer pagamento:

> PROCESSUAL CIVIL. RECURSO ESPECIAL REPRESENTATIVO DE CONTROVÉRSIA. ARTIGO 543-C, DO CPC. TRIBUTÁRIO. TRIBUTO SUJEITO A LANÇAMENTO POR HOMOLOGAÇÃO. CONTRIBUIÇÃO PREVIDENCIÁRIA. INEXISTÊNCIA

DE PAGAMENTO ATECIPADO. DECADÊNCIA DO DIREITO DE O FISCO CONSTITUIR O CRÉDITO TRIBUTÁRIO. TERMO INICIAL. ARTIGO 173, I, DO CTN. APLICAÇÃO CUMULATIVA DOS PRAZOS PREVISTOS NOS ARTIGOS 150, § 4º, e 173, do CTN. IMPOSSIBILIDADE.

1. O prazo decadencial quinquenal para o Fisco constituir o crédito tributário (lançamento de ofício) conta-se do primeiro dia do exercício seguinte àquele em que o lançamento poderia ter sido efetuado, nos casos em que a lei não prevê o pagamento antecipado da exação ou quando, a despeito da previsão legal, o mesmo inocorre, sem a constatação de dolo, fraude ou simulação do contribuinte, inexistindo declaração prévia do débito (...)

2. É que a decadência ou caducidade, no âmbito do Direito Tributário, importa no perecimento do direito potestativo de o Fisco constituir o crédito tributário pelo lançamento, e, consoante doutrina abalizada, encontra-se regulada por cinco regras jurídicas gerais e abstratas, entre as quais figura a regra da decadência do direito de lançar nos casos de tributos sujeitos ao lançamento de ofício, ou nos casos dos tributos sujeitos ao lançamento por homologação em que o contribuinte não efetua o pagamento antecipado (...)

3. O *dies a quo* do prazo quinquenal da aludida regra decadencial rege-se pelo disposto no artigo 173, I, do CTN, sendo certo que o "primeiro dia do exercício seguinte àquele em que o lançamento poderia ter sido efetuado" corresponde, iniludivelmente, ao primeiro dia do exercício seguinte à ocorrência do fato imponível, ainda que se trate de tributos sujeitos a lançamento por homologação, revelando-se inadmissível a aplicação cumulativa/concorrente dos prazos previstos nos artigos 150, § 4º, e 173, do *Codex* Tributário, ante a configuração de desarrazoado prazo decadencial decenal (...).

5. *In casu*, consoante assente na origem: (i) cuida-se de tributo sujeito a lançamento por homologação; (ii) a obrigação *ex lege* de pagamento antecipado das contribuições previdenciárias não restou adimplida pelo contribuinte, no que concerne aos fatos imponíveis ocorridos no período de janeiro de 1991 a dezembro de 1994; e (iii) a constituição dos créditos tributários respectivos deu-se em 26.03.2001.

6. Destarte, revelam-se caducos os créditos tributários executados, tendo em vista o decurso do prazo decadencial quinquenal para que o Fisco efetuasse o lançamento de ofício substitutivo.

7. Recurso especial desprovido. Acórdão submetido ao regime do artigo 543-C, do CPC, e da Resolução STJ 08/2008.

O CTN veicula, ainda, um caso bastante controverso de **interrupção** da decadência, conforme previsto no art. 173, II, decorrente da anulação de lançamento por vício formal. Como o dispositivo está em vigor, deve ser admitido, hipoteticamente, para a prova.

A **prescrição**, que diz respeito à possibilidade de cobrança do crédito tributário, está prevista no art. 174 do CTN:

> **Art. 174.** A ação para a cobrança do crédito tributário prescreve em cinco anos, contados da data da sua constituição definitiva.
> **Parágrafo único.** A prescrição se interrompe:
> **I** – pelo despacho do juiz que ordenar a citação em execução fiscal;
> **II** – pelo protesto judicial;
> **III** – por qualquer ato judicial que constitua em mora o devedor;
> **IV** – por qualquer ato inequívoco ainda que extrajudicial, que importe em reconhecimento do débito pelo devedor.

Uma discussão importante, travada durante bastante tempo no Superior Tribunal de Justiça, cuidava da interpretação do que seria a *constituição definitiva do crédito*.

Em termos lógicos, um prazo só pode correr contra alguém na medida em que a pessoa possa **exercer** determinada atividade. O prazo prescricional, portanto, só pode ter início quando não houver **qualquer impedimento** à atuação estatal, o que enseja diversas situações, que explicaremos a seguir.

Quando se trata de **lançamento de ofício**, por meio de auto de infração, a constituição definitiva do crédito ocorre quando do **encerramento** do processo administrativo em que o sujeito passivo impugnou a exigência. Se não houver impugnação, o prazo prescricional iniciará no **primeiro dia seguinte** ao do vencimento para pagamento do tributo, ou seja, na data-limite para a apresentação da defesa.

No caso de tributos sujeitos a **lançamento por homologação**, o prazo prescricional tem início na data da entrega da declaração, se coincidente com o início da exigibilidade do crédito. A apresentação, pelo contribuinte, de Declaração de Débitos e Créditos Tributários Federais – DCTF ou de Guia de Informação e Apuração do ICMS – GIA, ou de outra declaração dessa natureza, prevista em lei, é modo de **constituição** do crédito tributário, dispensada, para esse efeito, qualquer outra providência por parte do Fisco.

Esse entendimento, que era forte no STJ, foi pacificado com a edição da Súmula 436 daquele Tribunal.

STJ – Súmula 436
A entrega de declaração pelo contribuinte reconhecendo débito fiscal constitui o crédito tributário, dispensada qualquer outra providência por parte do fisco.

O Código Tributário Nacional veicula, como vimos no art. 174, hipóteses de **interrupção** do prazo prescricional: i) despacho do juiz que ordenar a citação em execução fiscal; ii) protesto judicial; iii) qualquer ato judicial que constitua em mora o devedor; iv) por qualquer ato inequívoco, ainda que extrajudicial, que importe em reconhecimento do débito pelo devedor.

A ocorrência de qualquer uma dessas situações interrompe a contagem do prazo, que será **reiniciada**, a partir do zero.

É importante destacar, ainda, a figura da **prescrição intercorrente**, que atingiria o crédito tributário nos casos em que o credor, mesmo depois do início da ação executiva de cobrança, permanecesse inerte por tempo superior ao previsto em lei.

Há previsão específica sobre a matéria no art. 40 da Lei de Execuções Fiscais:

Art. 40. O Juiz suspenderá o curso da execução, enquanto não for localizado o devedor ou encontrados bens sobre os quais possa recair a penhora, e, nesses casos, não correrá o prazo de prescrição.
§ 1º Suspenso o curso da execução, será aberta vista dos autos ao representante judicial da Fazenda Pública.
§ 2º Decorrido o prazo máximo de 1 (um) ano, sem que seja localizado o devedor ou encontrados bens penhoráveis, o Juiz ordenará o arquivamento dos autos.
§ 3º Encontrados que sejam, a qualquer tempo, o devedor ou os bens, serão desarquivados os autos para prosseguimento da execução.
§ 4º Se da decisão que ordenar o arquivamento tiver decorrido o prazo prescricional, o juiz, depois de ouvida a Fazenda Pública, poderá, de ofício, reconhecer a prescrição intercorrente e decretá-la de imediato.
§ 5º A manifestação prévia da Fazenda Pública prevista no § 4º deste artigo será dispensada no caso de cobranças judiciais cujo valor seja inferior ao mínimo fixado por ato do Ministro de Estado da Fazenda.

A jurisprudência do STJ já reconhecia a possibilidade de prescrição intercorrente e cristalizou esse entendimento na Súmula 314, pois o art. 40 da Lei de Execuções Fiscais **não pode colidir** com o disposto no CTN, que é o instrumento hábil para tratar de prescrição.

STJ – Súmula 314
Em execução fiscal, não localizados bens penhoráveis, suspende-se o processo por um ano, findo o qual se inicia o prazo da prescrição quinquenal intercorrente.

Pela relevância, convém reproduzir julgado do STJ que serviu de **paradigma** para a elaboração da Súmula 314:

Pacificou-se no STJ o entendimento de que o artigo 40 da Lei de Execução Fiscal deve ser interpretado harmonicamente com o disposto no artigo 174 do CTN, que deve prevalecer em caso de colidência entre as referidas leis. Isto porque é princípio de Direito Público que a prescrição e a decadência tributárias são matérias reservadas à lei complementar, segundo prescreve o artigo 146, III, "b" da CF. 2. Em consequência, o artigo 40 da Lei n. 6.830/80 por não prevalecer sobre o CTN sofre os limites impostos pelo artigo 174 do referido Ordenamento Tributário. (...) a suspensão decretada com suporte no art. 40 da Lei de Execuções Fiscais não pode perdurar por mais de 05 (cinco) anos porque a ação para cobrança do crédito tributário prescreve em cinco anos, contados da data da sua constituição definitiva (art. 174, *caput*, do CTN) (...). Assim, após o transcurso de um quinquênio, marcado pela contumácia fazendária, impõe-se a decretação da prescrição intercorrente, consoante entendimento sumulado (AgRg no REsp 418162 RO, Rel. Ministro Luiz Fux, Primeira Turma, julgado em 17-10-2002, *DJ* 11-11-2002, p. 156).

Ressalte-se que, atualmente, a prescrição pode ser **reconhecida de ofício**, a exemplo do que já ocorria com a decadência.

As formas de extinção do crédito podem ser financeiras (pagamento, valores expressos em moeda, dação em pagamento) ou jurídicas (prescrição, decadência, decisões finais nas esferas administrativas ou judiciais).

STJ – Súmula 106
Proposta a ação no prazo fixado para o seu exercício, a demora na citação, por motivos inerentes ao mecanismo da justiça, não justifica o acolhimento da arguição de prescrição ou decadência.

13.5. Pagamento indevido

Quando o sujeito passivo efetua pagamento de tributo em montante **superior** ao efetivamente devido, surge o direito à **restituição** total ou parcial, pois não se admite o enriquecimento sem causa do poder público.

As hipóteses que possibilitam a restituição, de acordo com o CTN, incluem:

a) cobrança ou pagamento espontâneo de tributo **indevido** ou **maior** que o devido em face da legislação tributária aplicável, ou da natureza ou circunstâncias materiais do fato gerador efetivamente ocorrido;

b) **erro** na edificação do **sujeito passivo**, na determinação da **alíquota** aplicável, no **cálculo** do montante do débito ou na elaboração ou conferência de qualquer documento relativo ao pagamento;

c) reforma, anulação, revogação ou rescisão de decisão condenatória.

Em relação aos casos a) e b) acima, o direito de pleitear a restituição decai em **5 anos**, contados da data da extinção do crédito tributário, ou seja, do efetivo pagamento realizado.

Já no caso da letra c), o prazo de 5 anos será contado **da data** em que se tornar definitiva a decisão administrativa ou passar em julgado a decisão judicial que tenha reformado, anulado, revogado ou rescindido a decisão condenatória.

Sobre a sistemática de **restituição**, o Código Tributário Nacional dispõe, no art. 167, que:

> **Art. 167.** A restituição total ou parcial do tributo dá lugar à restituição, na mesma proporção, dos juros de mora e das penalidades pecuniárias, salvo as referentes a infrações de caráter formal não prejudicadas pela causa da restituição.
> **Parágrafo único.** A restituição vence juros não capitalizáveis, a partir do trânsito em julgado da decisão definitiva que a determinar.

A partir de janeiro de 1996, a **taxa SELIC** passou a ser o índice de correção para os tributos federais, **vedada a cumulação** com qualquer outro índice de juros ou correção monetária. Para os tributos estaduais e municipais, a taxa de juros na repetição do indébito deve ser **igual** à incidente para os pagamentos em atraso, lembrando que o § 1º do art. 161 do CTN determina que "se a lei não dispuser de modo diverso, os juros de mora são calculados à taxa de **um por cento** ao mês".

O Superior Tribunal de Justiça possui duas Súmulas sobre a matéria:

> **STJ – Súmula 162**
> Na repetição de indébito tributário, a correção monetária incide a partir do pagamento indevido.
> **STJ – Súmula 188**
> Os juros moratórios, na repetição do indébito tributário, são devidos a partir do trânsito em julgado da sentença.

Ressalte-se que **prescreve em 2 anos** a ação anulatória da decisão administrativa que denegar a restituição.

> A restituição do tributo indevido compete a quem efetivamente suportou o encargo, pois alguns tributos, como o ICMS e o IPI, transferem o ônus do pagamento para o chamado contribuinte de fato.

> **STJ – Súmula 461**
> O contribuinte pode optar por receber, por meio de precatório ou por compensação, o indébito tributário certificado por sentença declaratória transitada em julgado.
> **STF – Súmula 546**
> Cabe a restituição do tributo pago indevidamente, quando reconhecido por decisão, que o contribuinte *de jure* não recuperou do contribuinte *de facto* o *quantum* respectivo.

13.6. Exclusão do crédito tributário

A **exclusão** do crédito tributário está prevista no art. 175 do CTN e comporta duas figuras, a isenção e a anistia:

> **Art. 175.** Excluem o crédito tributário:
> **I** – a isenção;
> **II** – a anistia.
> **Parágrafo único.** A exclusão do crédito tributário não dispensa o cumprimento das obrigações acessórias dependentes da obrigação principal cujo crédito seja excluído, ou dela consequente.

Na **isenção**, como vimos, o tributo incide normalmente, mas uma regra específica **exclui o pagamento**; já a **anistia** implica o **perdão das infrações**, de forma que o devedor deverá recolher apenas o tributo, acrescido de juros.

Os dois benefícios só podem ser criados por lei e **não dispensam** o cumprimento das obrigações acessórias.

O Código Tributário Nacional dispõe sobre a **isenção** nos arts. 176 a 179 e trata da **anistia** nos arts. 180 a 182.

As principais características dos dois institutos constam dos gráficos a seguir.

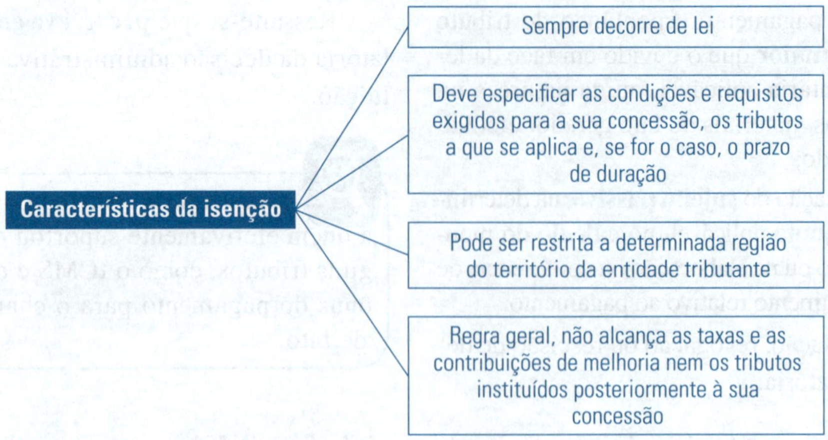

As isenções não podem ser concedidas mediante atos administrativos, pois exigem a produção de lei específica, que pode ser municipal, estadual, federal ou do Distrito Federal, de acordo com a competência do respectivo ente tributante. Quando concedida por prazo certo e em função de determinadas condições, a isenção não pode ser revogada ou modificada a qualquer tempo, devendo respeitar o prazo originalmente previsto.

STF – Súmula 544
Isenções tributárias concedidas, sob condição onerosa, não podem ser livremente suprimidas.

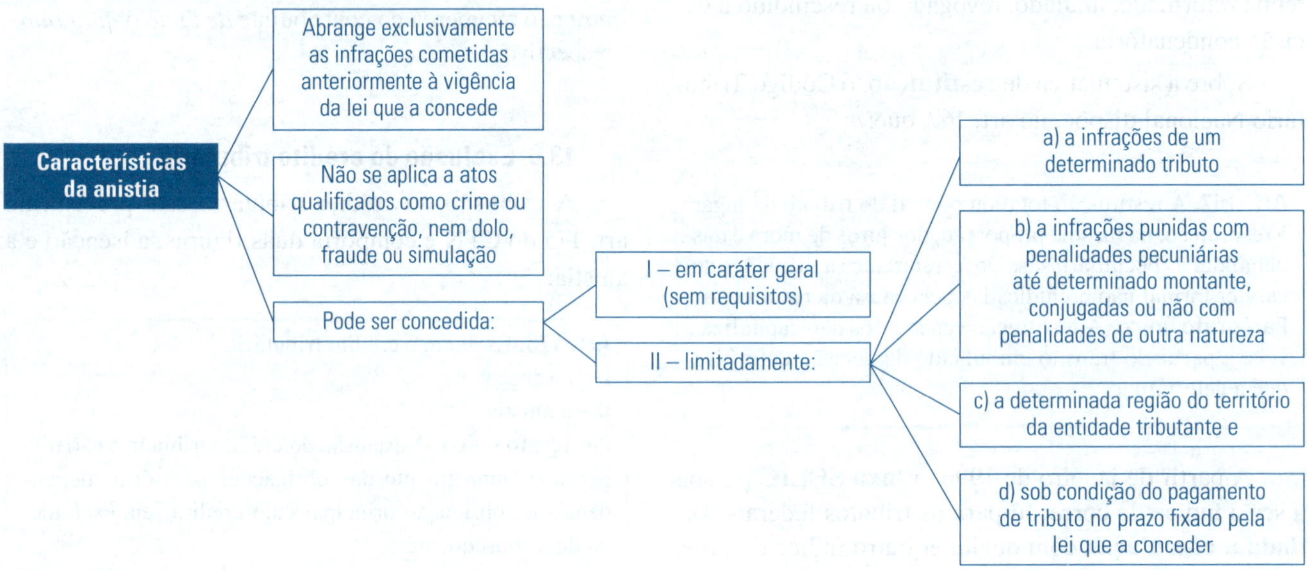

Atenção! O ato de reconhecimento da anistia não gera direito adquirido e pode ser revogado de ofício quando constatado que o interessado não cumpria as condições e requisitos para sua **concessão**.

13.7. Garantias e privilégios do crédito tributário

As **garantias** e os **privilégios** previstos no Código Tributário Nacional têm por objetivo estabelecer instrumentos jurídicos capazes de **assegurar o recebimento** do crédito tributário pelo Estado e partem de duas premissas:

a) A natureza das garantias atribuídas ao crédito tributário **não altera** a natureza deste nem a da obrigação tributária a que corresponda.

b) Regra geral, responde pelo pagamento do crédito tributário a **totalidade dos bens** e das rendas do sujeito passivo, seu **espólio** ou sua **massa falida**, inclusive os gravados por ônus real ou cláusula de inalienabilidade ou impenhorabilidade, **seja qual for** a data da constituição do ônus ou da cláusula, **excetuados** unicamente os bens e rendas que a lei declare **absolutamente impenhoráveis**.

No intuito de alcançar seus objetivos arrecadatórios e evitar condutas evasivas do sujeito passivo, o CTN **presume fraudulenta** a alienação ou oneração de bens ou rendas por sujeito passivo em débito para com a Fazenda por crédito tributário regularmente inscrito como **dívida ativa**.

Excepciona-se a presunção de fraude quando o interessado promove a **reserva de bens** ou **rendas** suficientes ao total pagamento da dívida inscrita.

No mesmo sentido, pode atuar como medida assecuratória a **indisponibilidade** de bens e direitos, que será determinada pelo juiz quando o devedor citado não pagar nem apresentar bens à penhora no prazo legal, comunicando a decisão aos órgãos e entidades que promovem registros de transferência de bens, especialmente ao registro público de imóveis e às autoridades supervisoras do mercado bancário e do mercado de capitais.

O **limite** do patrimônio declarado indisponível será o **valor total** exigível do crédito, e os órgãos e entidades notificados pelo juízo deverão encaminhar a relação discriminada dos bens e direitos cuja disponibilidade tiverem promovido, no âmbito das respectivas competências.

Em relação às **preferências** do crédito tributário, o CTN fixa, como regra geral, que este prefere a qualquer outro, **ressalvados** os créditos decorrentes da legislação do trabalho ou do acidente de trabalho.

Nos casos de **falência** a preferência do crédito tributário foi **mitigada** com o advento da Lei Complementar n. 118, que introduziu as seguintes exceções:

a) o crédito tributário **não prefere** aos créditos **extraconcursais** (que são os relativos a fatos geradores ocorridos no curso do processo de falência) ou às importâncias passíveis de **restituição**, nos termos da lei falimentar, nem aos créditos com **garantia real**, no limite do valor do bem gravado;

b) a lei poderá estabelecer **limites** e condições para a preferência dos créditos decorrentes da **legislação do trabalho**;

c) a **multa tributária** prefere apenas aos créditos subordinados.

Para compreensão do alcance desses créditos devemos observar o que dispõem os arts. 83 e 84 da Lei n. 11.101/2005 (Lei de Falências):

Art. 83. A classificação dos créditos na falência obedece à seguinte ordem:
I – os créditos derivados da legislação do trabalho, limitados a 150 (cento e cinquenta) salários mínimos por credor, e os decorrentes de acidentes de trabalho;
II – créditos com garantia real até o limite do valor do bem gravado;
III – créditos tributários, independentemente da sua natureza e tempo de constituição, excetuadas as multas tributárias;
IV – créditos com privilégio especial, a saber:
a) os previstos no art. 964 da Lei n. 10.406, de 10 de janeiro de 2002;
b) os assim definidos em outras leis civis e comerciais, salvo disposição contrária desta Lei;
c) aqueles a cujos titulares a lei confira o direito de retenção sobre a coisa dada em garantia;
d) aqueles em favor dos microempreendedores individuais e das microempresas e empresas de pequeno porte de que trata a Lei Complementar n. 123, de 14 de dezembro de 2006
V – créditos com privilégio geral, a saber:
a) os previstos no art. 965 da Lei n. 10.406, de 10 de janeiro de 2002;
b) os previstos no parágrafo único do art. 67 desta Lei;
c) os assim definidos em outras leis civis e comerciais, salvo disposição contrária desta Lei;
VI – créditos quirografários, a saber:
a) aqueles não previstos nos demais incisos deste artigo;
b) os saldos dos créditos não cobertos pelo produto da alienação dos bens vinculados ao seu pagamento;
c) os saldos dos créditos derivados da legislação do trabalho que excederem o limite estabelecido no inciso I do *caput* deste artigo;
VII – as multas contratuais e as penas pecuniárias por infração das leis penais ou administrativas, inclusive as multas tributárias;
VIII – créditos subordinados, a saber:
a) os assim previstos em lei ou em contrato;
b) os créditos dos sócios e dos administradores sem vínculo empregatício.
§ 1º Para os fins do inciso II do *caput* deste artigo, será considerado como valor do bem objeto de garantia real a importância efetivamente arrecadada com sua venda, ou, no caso de alienação em bloco, o valor de avaliação do bem individualmente considerado.
§ 2º Não são oponíveis à massa os valores decorrentes de direito de sócio ao recebimento de sua parcela do capital social na liquidação da sociedade.
§ 3º As cláusulas penais dos contratos unilaterais não serão atendidas se as obrigações neles estipuladas se vencerem em virtude da falência.
§ 4º Os créditos trabalhistas cedidos a terceiros serão considerados quirografários.
Art. 84. Serão considerados créditos extraconcursais e serão pagos com precedência sobre os mencionados no art. 83 desta Lei, na ordem a seguir, os relativos a:
I – remunerações devidas ao administrador judicial e seus auxiliares, e créditos derivados da legislação do trabalho ou decorrentes de acidentes de trabalho relativos a serviços prestados após a decretação da falência;
II – quantias fornecidas à massa pelos credores;
III – despesas com arrecadação, administração, realização do ativo e distribuição do seu produto, bem como custas do processo de falência;
IV – custas judiciais relativas às ações e execuções em que a massa falida tenha sido vencida;
V – obrigações resultantes de atos jurídicos válidos praticados durante a recuperação judicial, nos termos do art. 67 desta Lei, ou após a decretação da falência, e tributos relativos a fatos geradores ocorridos após a decretação da falência, respeitada a ordem estabelecida no art. 83 desta Lei.

A cobrança judicial do crédito tributário não está sujeita a **concurso de credores** ou **habilitação** em falência, recuperação judicial, concordata, inventário ou arrolamento.

O concurso de preferência somente se verifica entre pessoas jurídicas de **direito público**, na seguinte ordem:

a) União;

b) Estados, Distrito Federal e Territórios, conjuntamente e *pro rata*;

c) Municípios, conjuntamente e *pro rata*.

Se houver **contestação** em relação aos créditos tributários extraconcursais, o juiz remeterá as partes ao processo competente, mandará **reservar** bens suficientes à extinção total do crédito e seus acrescidos, se a massa não puder efetuar a garantia, e **ouvirá a Fazenda Pública** interessada.

O Código Tributário Nacional prevê, ainda, duas outras regras de preferência do crédito tributário:

a) No caso de **inventário** ou **arrolamento:** são pagos preferencialmente a quaisquer créditos habilitados os créditos tributários vencidos ou vincendos, a cargo do *de cujus* ou de seu espólio, exigíveis no decurso do processo.

b) Nas hipóteses de **liquidação judicial** ou **voluntária:** são pagos preferencialmente a quaisquer outros os créditos tributários vencidos ou vincendos exigíveis no decurso da liquidação.

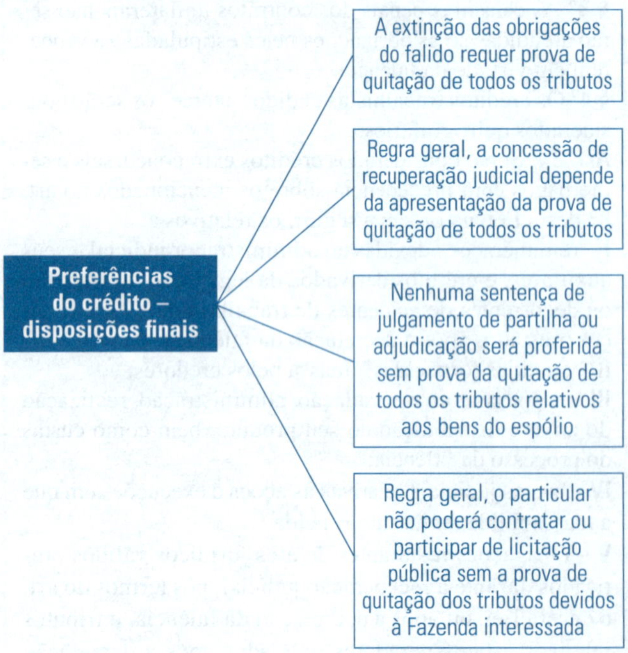

A regra geral de preferência garante que os créditos tributários preferem a qualquer outro, seja qual for sua natureza ou o tempo de sua constituição, ressalvados os créditos decorrentes da legislação do trabalho ou do acidente do trabalho. Entretanto, nos casos de falência, o crédito tributário não prefere aos créditos extraconcursais ou às importâncias passíveis de restituição, nem aos créditos com garantia real, nos termos do art. 186, parágrafo único, I, do CTN, de sorte que poder público deve respeitar a preferência, por exemplo, dos credores hipotecários, até o limite do valor dos imóveis gravados.

> **STJ – Súmula 497**
> Os créditos das autarquias federais preferem aos créditos da Fazenda estadual desde que coexistam penhoras sobre o mesmo bem.
>
> **STJ – Súmula 560**
> A decretação da indisponibilidade de bens e direitos, na forma do art. 185-A do CTN, pressupõe o exaurimento das diligências na busca por bens penhoráveis, o qual fica caracterizado quando infrutíferos o pedido de constrição sobre ativos financeiros e a expedição de ofícios aos registros públicos do domicílio do executado, ao Denatran ou Detran.

14. ADMINISTRAÇÃO TRIBUTÁRIA

O Código Tributário Nacional, a partir do art. 194, confere às **autoridades tributárias** competências e poderes para o exercício das atividades de fiscalização.

As principais características dessas **prerrogativas** do fisco são:

a) A fiscalização tributária alcança **todas as pessoas**, inclusive as que gozem de imunidade tributária ou de isenção de caráter pessoal.

b) Não podem ser opostas **restrições** ou **limitações** ao exame de mercadorias, livros, arquivos, documentos e papéis.

c) Os livros e comprovantes devem ser conservados até que ocorra a **prescrição** dos respectivos créditos tributários.

d) Os procedimentos de fiscalização deverão ser lavrados em **termos específicos**, com previsão de prazo para conclusão.

e) Pessoas ou entidades estão **obrigadas**, mediante intimação escrita, a prestar informações acerca de bens, negócios ou atividades de terceiros, salvo quando **legalmente impedidas**, em função do cargo, ofício, profissão etc.

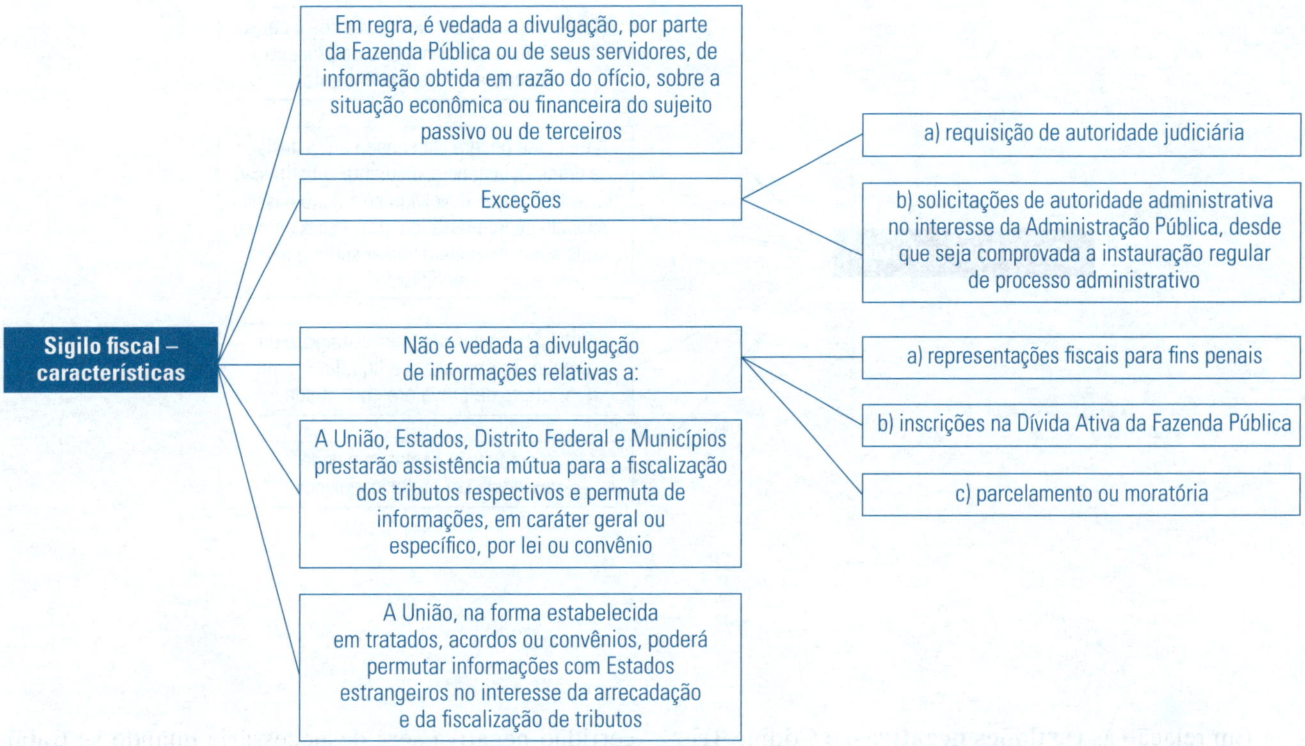

Um tema de grande importância diz respeito ao **sigilo fiscal**, pois as autoridades públicas não podem divulgar informações obtidas durante os trabalhos de fiscalização, sob pena de responsabilidade funcional.

As autoridades administrativas federais poderão requisitar o **auxílio da força** pública federal, estadual ou municipal, e, reciprocamente, quando vítimas de **embaraço** ou **desacato** no exercício de suas funções, ou quando necessário à efetivação de medida prevista na legislação tributária, ainda que não se configure fato definido em lei como crime ou contravenção.

14.1. Dívida ativa

A parte final do Código Tributário Nacional, a partir do art. 201, dispõe sobre a dívida ativa e a obtenção de certidões negativas.

Dívida ativa tributária é a regularmente inscrita na repartição administrativa competente, depois de esgotado o prazo fixado, para pagamento, pela lei ou por decisão final proferida em processo regular. Por óbvio que mesmo com o ato de inscrição na dívida ativa o pagamento não será imediato, de sorte que o CTN esclarece que a fluência de juros de mora **não exclui** a liquidez do crédito.

O **termo de inscrição** da dívida ativa indicará:

a) o nome do devedor e o dos corresponsáveis, bem como seus domicílios;

b) a quantia devida e a maneira de calcular os juros de mora acrescidos;

c) a origem e natureza do crédito, bem assim sua base legal;

d) a data em que foi inscrita;

e) o número do processo administrativo de que se originar o crédito.

Dívida ativa – efeitos

- A ausência de quaisquer requisitos é causa de nulidade da inscrição e do processo de cobrança dela decorrente
- A nulidade poderá ser sanada até a decisão de primeira instância, mediante substituição da certidão nula, devolvido ao sujeito passivo, acusado ou interessado o prazo para defesa, que somente poderá versar sobre a parte modificada
- A dívida regularmente inscrita goza da presunção de certeza e liquidez e tem o efeito de prova pré-constituída
- A presunção é relativa e pode ser ilidida por prova inequívoca

Em relação às **certidões negativas**, o Código Tributário Nacional dispõe que cabe à lei estabelecer a exigência, como **prova de quitação** de determinado tributo, sempre que o sujeito passivo pretenda exercer algum direito vinculado à comprovação de regularidade fiscal.

A certidão deve ser expedida **conforme requerimento** do interessado, que contenha todas as informações necessárias à identificação de sua pessoa, domicílio fiscal e ramo de negócio ou atividade, bem como deve indicar o período a que se refere o pedido.

As autoridades competentes deverão emitir a certidão nos termos em que for requerida, dentro do prazo de **10 dias** da data de formalização do pedido. Atualmente, grande parte das certidões pode ser obtida de forma digital, por meio da internet, o que facilita em muito a vida do contribuinte.

É importante destacar que tem os mesmos efeitos que a certidão negativa aquela de que conste a existência de créditos **não vencidos**, em curso de **cobrança executiva** em que tenha sido efetivada a **penhora**, ou cuja exigibilidade esteja **suspensa**. Temos aqui as hipóteses de certidões positivas com efeito de negativas.

STJ – Súmula 446
Declarado e não pago o débito tributário pelo contribuinte, é legítima a recusa de expedição de certidão negativa ou positiva com efeito de negativa.

Em homenagem ao princípio da transparência e para não causar qualquer prejuízo ao interessado, a certidão negativa será desnecessária quando se tratar da prática de ato indispensável para evitar a **caducidade** de direito. Isso não implica dispensa do pagamento nem afasta a **responsabilidade** do interessado, que poderá ser chamado, posteriormente, a comprovar a quitação do tributo ou recolhê-lo com os juros e penalidades cabíveis.

A certidão negativa expedida com dolo ou fraude, que contenha erro **contra a Fazenda Pública**, responsabiliza pessoalmente o funcionário que a expedir pelo crédito tributário e juros de mora acrescidos, sem prejuízo da responsabilidade criminal ou funcional aplicável à conduta.

15. EXECUÇÃO FISCAL

A execução judicial para cobrança da dívida ativa da União, dos Estados, do Distrito Federal e dos Municípios está regulada pela **Lei n. 6.830/80** e, subsidiariamente, pelas regras do novo Código de Processo Civil.

A dívida ativa da Fazenda Pública compreende os créditos de natureza **tributária** e **não tributária**, e a ação de cobrança deve ser proposta perante o Poder Judiciário, a partir da inscrição do crédito tributário definitivamente lançado e não pago, materializado na **Certidão de Dívida Ativa** (CDA), que aparelhará a execução fiscal.

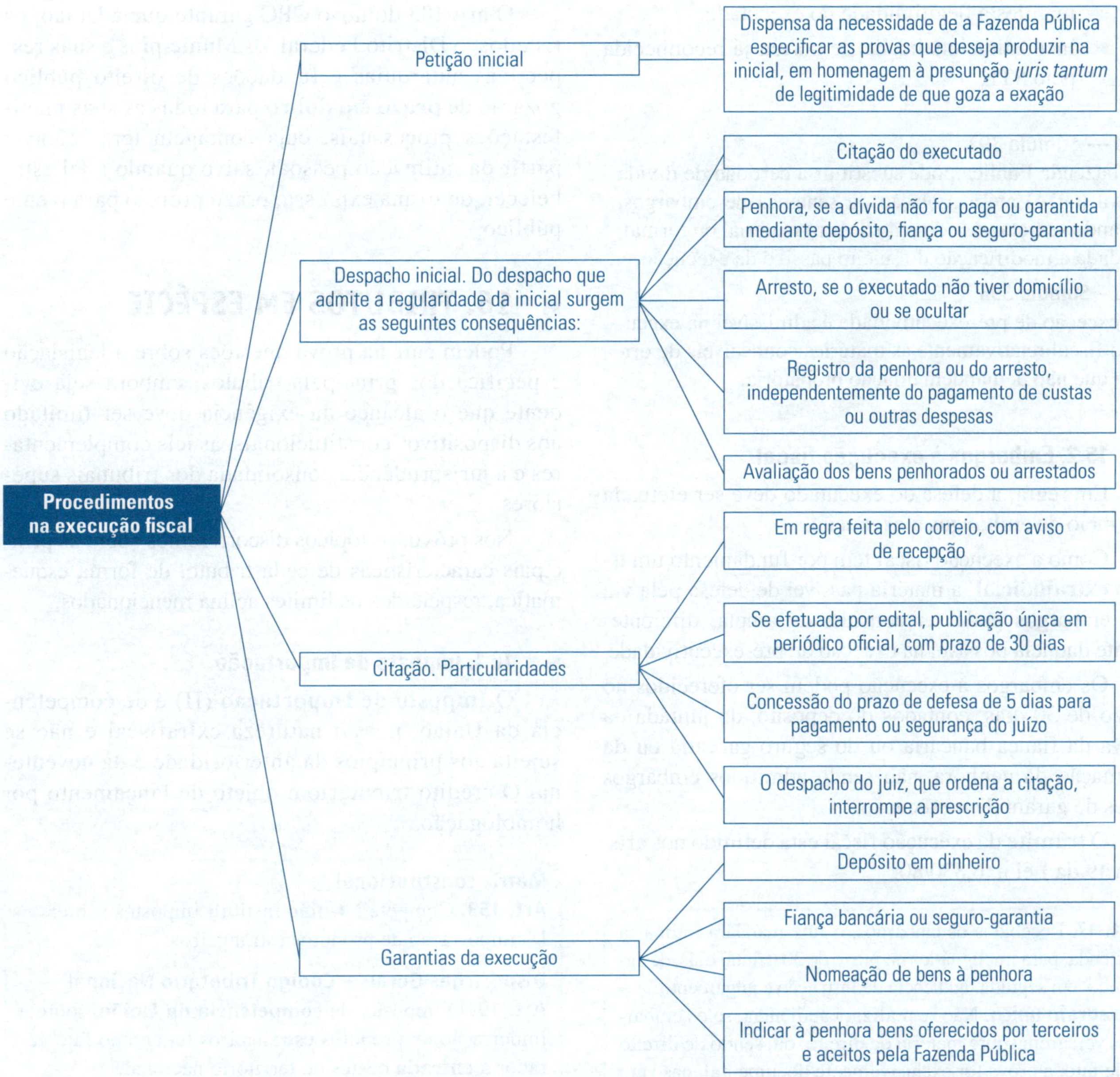

A **penhora** ou o **arresto** efetuados obedecerão à seguinte ordem:

a) dinheiro;
b) título da dívida pública, bem como título de crédito, que tenham cotação em bolsa;
c) pedras e metais preciosos;
d) imóveis;
e) navios e aeronaves;
f) veículos;
g) móveis ou semoventes; e
h) direitos e ações.

15.1. Exceção de pré-executividade

Trata-se de meio de **defesa prévia** do executado, admitido por construção doutrinária e jurisprudencial.

Admite-se defesa via exceção de pré-executividade nas execuções em que o devedor se insurja contra a legitimidade do título executivo ou dos requisitos à execução antes de garantido o juízo.

As hipóteses de **admissibilidade** para a exceção de pré-executividade são as seguintes:

- matéria de ordem pública em geral;
- condições da ação;
- ausência de pressupostos de desenvolvimento válido do processo;
- nulidade formal e material da certidão de dívida ativa;
- falta de liquidez do título;
- prescrição ou decadência
- quitação do título;

- manifesta ilegitimidade do executado;
- inconstitucionalidade de norma já reconhecida pelo STF.

STJ — Súmula 392
A Fazenda Pública pode substituir a certidão de dívida ativa (CDA) até a prolação da sentença de embargos, quando se tratar de correção de erro material ou formal, vedada a modificação do sujeito passivo da execução.

STJ – Súmula 393
A exceção de pré-executividade é admissível na execução fiscal relativamente às matérias conhecíveis de ofício que não demandem dilação probatória.

15.2. Embargos à execução fiscal

Em regra, a defesa do executado deve ser efetuada por meio de **embargos à execução**.

Como a execução fiscal tem por fundamento um **título extrajudicial**, a matéria passível de defesa pela via dos embargos pode ser considerada ampla, diferentemente daquela possível na exceção de pré-executividade.

Os embargos à execução podem ser oferecidos no prazo de 30 dias, contados do depósito, da juntada da prova da fiança bancária ou do seguro-garantia ou da intimação da penhora, não sendo admitidos embargos antes de garantida a execução.

O **trâmite** da execução fiscal está definido nos arts. 17 a 19 da Lei n. 6.830/80:

Art. 17. Recebidos os embargos, o Juiz mandará intimar a Fazenda, para impugná-los no prazo de 30 (trinta) dias, designando, em seguida, audiência de instrução e julgamento.
Parágrafo único. Não se realizará audiência, se os embargos versarem sobre matéria de direito, ou, sendo de direito e de fato, a prova for exclusivamente documental, caso em que o Juiz proferirá a sentença no prazo de 30 (trinta) dias.
Art. 18. Caso não sejam oferecidos os embargos, a Fazenda Pública manifestar-se-á sobre a garantia da execução.
Art. 19. Não sendo embargada a execução ou sendo rejeitados os embargos, no caso de garantia prestada por terceiro, será este intimado, sob pena de contra ele prosseguir a execução nos próprios autos, para, no prazo de 15 (quinze) dias:
I – remir o bem, se a garantia for real; ou
II – pagar o valor da dívida, juros e multa de mora e demais encargos, indicados na Certidão de Dívida Ativa pelos quais se obrigou se a garantia for fidejussória.

STJ – Súmula 394
É admissível, em embargos à execução, compensar os valores de imposto de renda retidos indevidamente na fonte com os valores restituídos apurados na declaração anual.

O art. 183 do novo CPC garante que a União, os Estados, o Distrito Federal, os Municípios e suas respectivas autarquias e fundações de direito público gozarão de **prazo em dobro** para todas as suas manifestações processuais, cuja contagem terá início a partir da intimação pessoal, salvo quando a lei estabelecer, de forma expressa, prazo próprio para o ente público.

16. TRIBUTOS EM ESPÉCIE

Podem cair na prova questões sobre a legislação específica dos principais tributos, embora seja evidente que o alcance da exigência deve ser limitado aos dispositivos constitucionais, às leis complementares e à jurisprudência consolidada dos tribunais superiores.

Nos próximos tópicos discorreremos sobre as principais características de cada tributo, de forma esquemática, respeitados os limites acima mencionados.

16.1. Imposto de Importação

O **Imposto de Importação** (II) é de competência da União, possui natureza extrafiscal e não se sujeita aos princípios da anterioridade e da noventena. O crédito tributário é objeto de lançamento por homologação.

Matriz constitucional
Art. 153. Compete à **União** instituir impostos sobre:
I – importação de produtos estrangeiros;

Disposições Gerais – Código Tributário Nacional
Art. 19. O imposto, de **competência da União**, sobre a importação de produtos estrangeiros tem como fato gerador **a entrada** destes no território nacional.
Art. 20. A **base de cálculo** do imposto é:
I – quando a alíquota seja **específica**, a **unidade de medida** adotada pela lei tributária;
II – quando a alíquota seja ***ad valorem***, o **preço normal** que o produto, ou seu similar, alcançaria, ao tempo da importação, em uma venda em condições de livre concorrência, para entrega no porto ou lugar de entrada do produto no País;
III – quando se trate de produto apreendido ou abandonado, levado a leilão, o preço da arrematação.
Art. 21. O **Poder Executivo** pode, nas condições e nos limites estabelecidos em lei, alterar as **alíquotas** ou as ~~bases de cálculo~~ do imposto, a fim de ajustá-lo aos objetivos da política cambial e do comércio exterior.
Art. 22. Contribuinte do imposto é:
I – o **importador** ou quem a lei a ele equiparar;
II – o **arrematante** de produtos apreendidos ou abandonados.

STJ – Súmula 50
O adicional de tarifa portuária incide apenas nas operações realizadas com mercadorias importadas ou exportadas, objeto do comércio de navegação de longo curso.

STJ – Súmula 100
É devido o adicional ao frete para renovação da marinha mercante na importação sob o regime de benefícios fiscais a exportação (BEFIEX).

STJ – Súmula 569
Na importação, é indevida a exigência de nova certidão negativa de débito no desembaraço aduaneiro, se já apresentada a comprovação da quitação de tributos federais quando da concessão do benefício relativo ao regime de *drawback*.

16.2. Imposto de Exportação[20]

O **Imposto de Exportação** (IE) é de competência da União, possui natureza extrafiscal e não se sujeita aos princípios da anterioridade e da noventena. O crédito tributário é objeto de lançamento por homologação.

Matriz constitucional
Art. 153. Compete à **União** instituir impostos sobre:
(...)
II – exportação, para o exterior, de produtos nacionais ou nacionalizados;

Disposições Gerais – Código Tributário Nacional
Art. 23. O imposto, de **competência da União**, sobre a exportação, para o estrangeiro, de produtos nacionais ou nacionalizados tem como fato gerador a saída destes do território nacional.
Art. 24. A **base de cálculo** do imposto é:
I – quando a alíquota seja **específica**, a **unidade de medida** adotada pela lei tributária;
II – quando a alíquota seja *ad valorem*, o **preço normal** que o produto, ou seu similar, alcançaria, ao tempo da exportação, em uma venda em condições de livre concorrência.
Parágrafo único. Para os efeitos do inciso II, considera-se a entrega como efetuada no porto ou lugar da saída do produto, deduzidos os tributos diretamente incidentes sobre a operação de exportação e, nas vendas efetuadas a prazo superior aos correntes no mercado internacional o custo do financiamento.
Art. 25. A lei pode adotar como base de cálculo a parcela do valor ou do preço, referidos no artigo anterior, excedente de valor básico, fixado de acordo com os critérios e dentro dos limites por ela estabelecidos.
Art. 26. O **Poder Executivo** pode, nas condições e nos limites estabelecidos em lei, alterar as **alíquotas** ou as ~~bases de cálculo~~ do imposto, a fim de ajustá-los aos objetivos da política cambial e do comércio exterior[21].
Art. 27. Contribuinte do imposto é o exportador ou quem a lei a ele equiparar.
Art. 28. A **receita líquida** do imposto destina-se à formação de reservas monetárias, na forma da lei.

16.3. Imposto de Renda

O **Imposto de Renda** (IR) é de competência da União, sujeita-se ao princípio da anterioridade, mas não à noventena. É o imposto federal mais importante e se divide em Imposto de Renda das Pessoas Físicas (IRPF), Imposto de Renda das Pessoas Jurídicas (IRPJ) e Imposto de Renda Retido na Fonte (IRRF). O crédito tributário é objeto de lançamento por homologação.

Matriz constitucional
Art. 153. Compete à **União** instituir impostos sobre:
(...)
III – renda e proventos de qualquer natureza;
(...)
§ 2º O imposto previsto no inciso III:
I – será informado pelos critérios da **generalidade**, da **universalidade** e da **progressividade**, na forma da lei;

Disposições Gerais – Código Tributário Nacional
Art. 43. O imposto, de competência da União, sobre a renda e proventos de qualquer natureza tem como fato gerador a aquisição da **disponibilidade econômica** ou **jurídica**:
I – de **renda**, assim entendido o produto do **capital**, do **trabalho** ou da combinação de ambos;
II – de **proventos de qualquer natureza**, assim entendidos os acréscimos patrimoniais não compreendidos no inciso anterior.
§ 1º A incidência do imposto **independe** da denominação da receita ou do rendimento, da localização, condição jurídica ou nacionalidade da fonte, da origem e da forma de percepção.
§ 2º Na hipótese de receita ou de rendimento oriundos do exterior, a lei estabelecerá as condições e o momento em que se dará sua disponibilidade, para fins de incidência do imposto referido neste artigo.
Art. 44. A **base de cálculo** do imposto é o montante, **real**, **arbitrado** ou **presumido**, da renda ou dos proventos tributáveis.
Art. 45. Contribuinte do imposto é o **titular da disponibilidade** a que se refere o art. 43, sem prejuízo de atribuir a lei essa condição ao possuidor, a qualquer título, dos bens produtores de renda ou dos proventos tributáveis.
Parágrafo único. A lei pode atribuir à **fonte pagadora** da renda ou dos proventos tributáveis a condição de responsável pelo imposto cuja **retenção** e recolhimento lhe caibam.

[20] A Constituição restringiu a atuação do Poder Executivo apenas para a alteração de alíquotas, nos limites fixados em lei.

[21] A Constituição restringiu a atuação do Poder Executivo apenas para a alteração de alíquotas, nos limites fixados em lei.

STJ – Súmula 386
São isentas de imposto de renda as indenizações de férias proporcionais e o respectivo adicional.

STJ – Súmula 463
Incide imposto de renda sobre os valores percebidos a título de indenização por horas extraordinárias trabalhadas, ainda que decorrentes de acordo coletivo.

STF – Súmula 586
Incide imposto de renda sobre os juros remetidos para o exterior, com base em contrato de mútuo.

STF – Súmula 587
Incide imposto de renda sobre o pagamento de serviços técnicos contratados no exterior e prestados no Brasil.

16.4. Imposto sobre Produtos Industrializados

O **Imposto sobre Produtos Industrializados** (IPI) é de competência da União e não se sujeita ao princípio da anterioridade, mas apenas ao da noventena.

O tributo submete-se, ainda, aos princípios da **seletividade** (com a dosagem das alíquotas em função da essencialidade dos produtos) e da **não cumulatividade** (os valores pagos em etapas anteriores da cadeia produtiva deverão ser deduzidos dos valores a pagar nas etapas posteriores).

As **alíquotas** do IPI podem ser alteradas por decreto do Presidente da República, e o crédito tributário é objeto de lançamento por **homologação**.

Imunidades:

a) **livros**, **jornais**, **periódicos** e o papel destinado à sua impressão (CF, art. 150, VI, *d*);

b) os produtos industrializados **destinados ao exterior** (CF, art. 153, § 3º, III);

c) o **ouro**, quando definido em lei como ativo financeiro ou instrumento cambial (CF, art. 153, § 5º);

d) a **energia elétrica**, derivados de **petróleo**, **combustíveis** e **minerais** do País (CF, art. 155, § 3º).

Matriz constitucional
Art. 153. Compete à **União** instituir impostos sobre:
(...)
IV – **produtos industrializados**;
(...)
§ 3º O imposto previsto no inciso IV:
I – será **seletivo**, em função da **essencialidade** do produto;
II – será **não cumulativo**, compensando-se o que for devido em cada operação com o montante cobrado nas anteriores;
III – **não incidirá** sobre produtos industrializados destinados ao **exterior**;
IV – terá reduzido seu impacto sobre a aquisição de **bens de capital** pelo contribuinte do imposto, na forma da lei.

Disposições Gerais – Código Tributário Nacional
Art. 46. O imposto, de competência da **União**, sobre produtos industrializados tem como **fato gerador**:
I – o seu **desembaraço aduaneiro**, quando de procedência estrangeira;
II – a sua **saída dos estabelecimentos** a que se refere o parágrafo único do art. 51;
III – a sua arrematação, quando apreendido ou abandonado e levado a leilão.
Parágrafo único. Para os efeitos deste imposto, considera-se industrializado o produto que tenha sido submetido a qualquer operação que lhe **modifique** a **natureza** ou a **finalidade**, ou o aperfeiçoe para o consumo.
Art. 47. A **base de cálculo** do imposto é:
I – no caso do inciso I do artigo anterior, o **preço normal**, como definido no inciso II do art. 20, **acrescido do montante**:
a) do imposto sobre a importação;
b) das taxas exigidas para entrada do produto no País;
c) dos encargos cambiais efetivamente pagos pelo importador ou dele exigíveis;
II – no caso do inciso II do artigo anterior:
a) o **valor da operação** de que decorrer a saída da mercadoria;
b) na falta do valor a que se refere a alínea anterior, o **preço corrente da mercadoria**, ou sua similar, no mercado atacadista da praça do remetente;
III – no caso do inciso III do artigo anterior, o preço da arrematação.
Art. 48. O imposto é **seletivo** em função da essencialidade dos produtos.
Art. 49. O imposto é **não cumulativo**, dispondo a lei de forma que o montante devido resulte da diferença a maior, em determinado período, entre o imposto referente aos produtos saídos do estabelecimento e o pago relativamente aos produtos nele entrados.
Parágrafo único. O saldo verificado, em determinado período, em favor do contribuinte transfere-se para o período ou períodos seguintes.
Art. 50. Os produtos sujeitos ao imposto, quando remetidos de um para outro Estado, ou do ou para o Distrito Federal, serão acompanhados de nota fiscal de modelo especial, emitida em séries próprias e contendo, além dos elementos necessários ao controle fiscal, os dados indispensáveis à elaboração da estatística do comércio por cabotagem e demais vias internas.
Art. 51. Contribuinte do imposto é:
I – o importador ou quem a lei a ele equiparar;
II – o industrial ou quem a lei a ele equiparar;
III – o comerciante de produtos sujeitos ao imposto, que os forneça aos contribuintes definidos no inciso anterior;
IV – o arrematante de produtos apreendidos ou abandonados, levados a leilão.
Parágrafo único. Para os efeitos deste imposto, considera-se contribuinte autônomo qualquer estabelecimento de importador, industrial, comerciante ou arrematante.

> **STJ – Súmula 411**
> É devida a correção monetária ao creditamento do IPI quando há oposição ao seu aproveitamento decorrente de resistência ilegítima do Fisco.

O princípio da seletividade determina que no caso do IPI as alíquotas sejam definidas, pelo Poder Executivo, em razão da **essencialidade dos produtos**, o que autoriza a fixação de alíquotas mais elevadas para itens supérfluos ou prejudiciais à saúde, assim como exige que produtos mais básicos tenham alíquotas reduzidas ou iguais a zero.

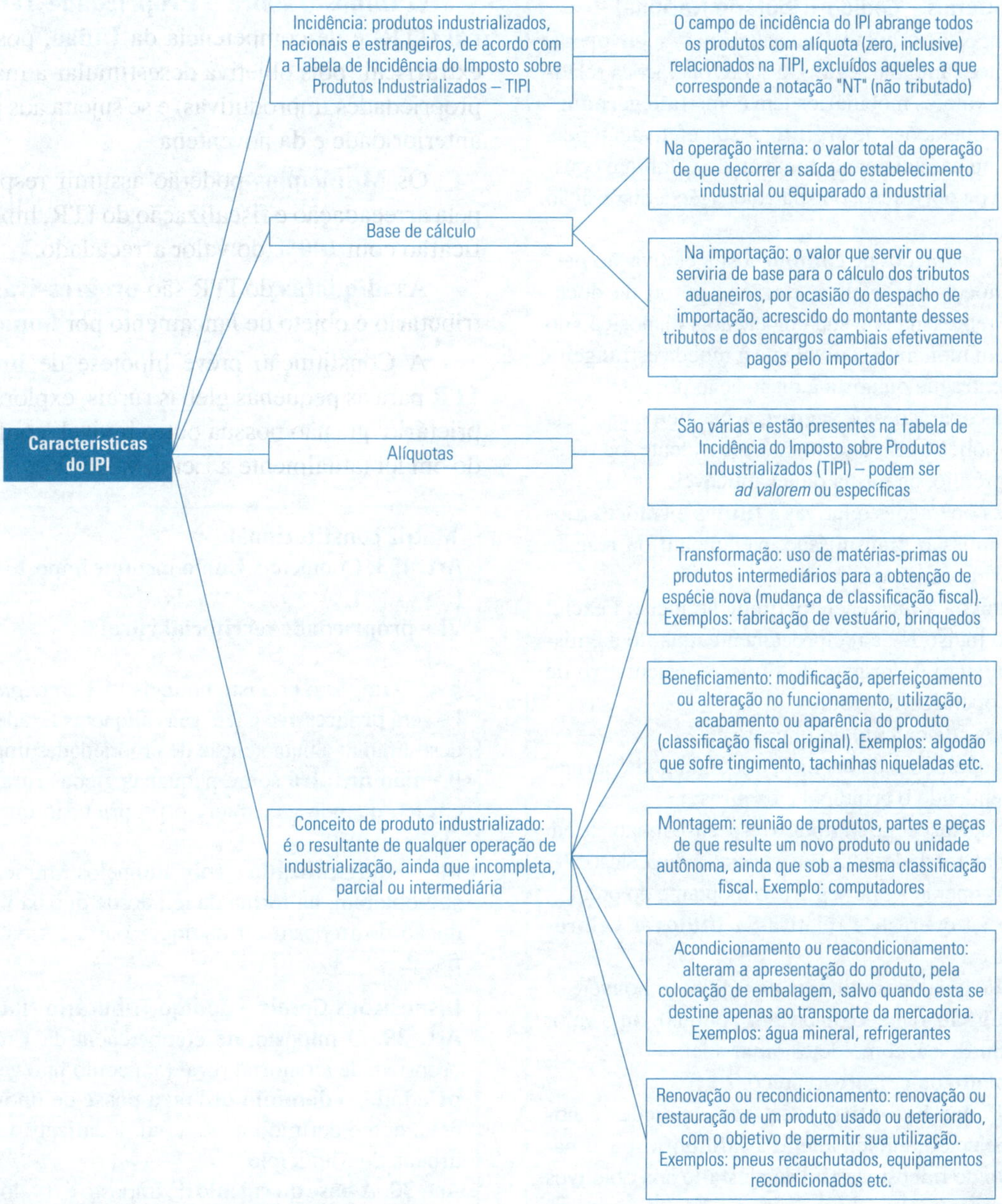

16.5. Imposto sobre Operações Financeiras

O **Imposto sobre Operações Financeiras** (IOF) é de competência da União, possui natureza extrafiscal e não se sujeita aos princípios da anterioridade e da noventena.

As **alíquotas** do IPI podem ser alteradas por decreto do Presidente da República, e o crédito tributário é objeto de lançamento por **homologação**.

> **Matriz constitucional**
> **Art. 153.** Compete à **União** instituir impostos sobre:
> **(...)**
> **V** – operações de **crédito, câmbio** e **seguro**, ou relativas a títulos ou valores mobiliários;
> **(...)**
> **§ 5º** O **ouro**, quando definido em lei como **ativo financeiro** ou **instrumento cambial**, sujeita-se exclusivamente à

incidência do imposto de que trata o inciso V do *caput* deste artigo, devido na operação de origem; a alíquota mínima será de um por cento, assegurada a transferência do montante da arrecadação nos seguintes termos:

I – **trinta por cento** para o Estado, o Distrito Federal ou o Território, conforme a origem;

II – **setenta por cento** para o Município de origem.

Disposições Gerais – Código Tributário Nacional

Art. 63. O imposto, de competência da União, sobre operações de crédito, câmbio e seguro, e sobre operações relativas a títulos e valores mobiliários tem como **fato gerador**:

I – quanto às operações de **crédito**, a sua efetivação pela entrega total ou parcial do montante ou do valor que constitua o objeto da obrigação, ou sua colocação à disposição do interessado;

II – quanto às operações de **câmbio**, a sua efetivação pela entrega de moeda nacional ou estrangeira, ou de documento que a represente, ou sua colocação à disposição do interessado em montante equivalente à moeda estrangeira ou nacional entregue ou posta à disposição por este;

III – quanto às operações de **seguro**, a sua efetivação pela emissão da apólice ou do documento equivalente, ou recebimento do prêmio, na forma da lei aplicável;

IV – quanto às operações relativas a **títulos e valores mobiliários**, a emissão, transmissão, pagamento ou resgate destes, na forma da lei aplicável.

Parágrafo único. A incidência definida no inciso I exclui a definida no inciso IV, e reciprocamente, quanto à emissão, ao pagamento ou resgate do título representativo de uma mesma operação de crédito.

Art. 64. A **base de cálculo** do imposto é:

I – quanto às operações de **crédito**, o montante da obrigação, compreendendo o principal e os juros;

II – quanto às operações de **câmbio**, o respectivo montante em moeda nacional, recebido, entregue ou posto à disposição;

III – quanto às operações de **seguro**, o montante do prêmio;

IV – quanto às operações relativas a **títulos e valores mobiliários**:

a) na **emissão**, o valor nominal mais o ágio, se houver;

b) na **transmissão**, o preço ou o valor nominal, ou o valor da cotação em Bolsa, como determinar a lei;

c) no **pagamento** ou **resgate**, o preço.

Art. 65. O **Poder Executivo** pode, nas condições e nos limites estabelecidos em lei, alterar as **alíquotas** ou as ~~bases de cálculo~~ do imposto, a fim de ajustá-lo aos objetivos da política monetária[22].

Art. 66. Contribuinte do imposto é qualquer das partes na operação tributada, como dispuser a lei.

Art. 67. A receita líquida do imposto destina-se a formação de **reservas monetárias**, na forma da lei.

[22] A Constituição restringiu a atuação do Poder Executivo apenas para a alteração de alíquotas, nos limites fixados em lei.

STJ – Súmula 185

Nos depósitos judiciais, não incide o Imposto sobre Operações Financeiras.

16.6. Imposto sobre a Propriedade Territorial Rural

O **Imposto sobre a Propriedade Territorial Rural** (ITR) é de competência da **União**, possui natureza extrafiscal (pois objetiva desestimular a manutenção de propriedades improdutivas) e se sujeita aos princípios da anterioridade e da noventena.

Os **Municípios** poderão assumir responsabilidade pela arrecadação e fiscalização do ITR, hipótese em que ficarão com **100%** do valor arrecadado.

As **alíquotas** do ITR são **progressivas**, e o crédito tributário é objeto de lançamento por **homologação**.

A Constituição prevê hipótese de **imunidade do ITR** para as pequenas glebas rurais, exploradas por proprietário que não possua outro imóvel, conforme definido em lei (atualmente a Lei n. 9.393/96).

Matriz constitucional

Art. 153. Compete à **União** instituir impostos sobre:

(...)

VI – **propriedade territorial rural**;

(...)

§ 4º O imposto previsto no inciso VI do *caput*:

I – será **progressivo** e terá suas alíquotas fixadas de forma a desestimular a manutenção de propriedades improdutivas;

II – **não incidirá** sobre pequenas glebas rurais, definidas em lei, quando as explore o proprietário que não possua outro imóvel;

III – será **fiscalizado** e **cobrado** pelos Municípios que assim optarem, na forma da lei, desde que não implique redução do imposto ou qualquer outra forma de renúncia fiscal.

Disposições Gerais – Código Tributário Nacional

Art. 29. O imposto, de competência da **União**, sobre a propriedade territorial rural tem como fato gerador a **propriedade**, o **domínio útil** ou a **posse** de imóvel por natureza, como definido na lei civil, localização fora da zona urbana do Município.

Art. 30. A **base do cálculo** do imposto é o valor fundiário[23].

Art. 31. Contribuinte do imposto é o proprietário do imóvel, o titular de seu domínio útil, ou o seu possuidor a qualquer título.

[23] O art. 10, § 1º, da Lei n. 9.393/96 considera que para fins de apuração do ITR o valor fundiário é o valor da **terra nua**, excluídos os montantes relativos a: a) construções, instalações e benfeitorias; b) culturas permanentes e temporárias; c) pastagens cultivadas e melhoradas e d) florestas plantadas.

16.7. Imposto sobre a Transmissão *Causa Mortis* e Doação

O Imposto sobre a **Transmissão *Causa Mortis* e Doação** (ITCMD) é de competência dos Estados e do Distrito Federal e se sujeita aos princípios da anterioridade e da noventena.

A base de cálculo do tributo é o valor venal dos bens ou direitos transmitidos, e a doutrina majoritária entende que o lançamento se dá por declaração.

Importante: o Código Tributário Nacional não fazia distinção entre a tributação das transmissões de imóveis a título gratuito ou oneroso, mas, de acordo com a Constituição de 1988, esta última hipótese é de competência dos Municípios, por meio do Imposto sobre a Transmissão de Bens *Inter Vivos* (ITBI), de sorte que a leitura dos dispositivos do CTN merece atenção.

Matriz constitucional

Art. 155. Compete aos **Estados** e ao **Distrito Federal** instituir impostos sobre:

I – transmissão ***causa mortis*** e **doação**, de quaisquer bens ou direitos.

(...)

§ 1º O imposto previsto no inciso I:

I – relativamente a bens imóveis e respectivos direitos, compete ao Estado da **situação do bem**, ou ao Distrito Federal;

II – relativamente a bens móveis, títulos e créditos, compete ao Estado onde se processar o **inventário** ou **arrolamento**, ou tiver **domicílio o doador**, ou ao Distrito Federal;

III – terá competência para sua instituição regulada por **lei complementar**:

a) se o doador tiver domicilio ou residência no exterior;

b) se o *de cujus* possuía bens, era residente ou domiciliado ou teve o seu inventário processado no exterior;

IV – terá suas **alíquotas máximas** fixadas pelo **Senado Federal**.

Disposições Gerais – Código Tributário Nacional[24]

Art. 35. O imposto, de competência dos Estados, sobre a transmissão de **bens imóveis e de direitos** a eles relativos tem como fato gerador:

I – a transmissão, a qualquer título, da propriedade ou do domínio útil de bens imóveis por natureza ou por acessão física, como definidos na lei civil;

II – a transmissão, a qualquer título, de direitos reais sobre imóveis, exceto os direitos reais de garantia;

III – a cessão de direitos relativos às transmissões referidas nos incisos I e II.

Parágrafo único. Nas transmissões ***causa mortis***, ocorrem tantos fatos geradores distintos quantos sejam os herdeiros ou legatários.

Art. 36. Ressalvado o disposto no artigo seguinte, o imposto **não incide** sobre a transmissão dos bens ou direitos referidos no artigo anterior:

I – quando efetuada para sua incorporação ao patrimônio de **pessoa jurídica** em pagamento de **capital nela subscrito**;

II – quando decorrente da **incorporação** ou da **fusão** de uma pessoa jurídica por outra ou com outra.

Parágrafo único. O imposto não incide sobre a transmissão aos mesmos alienantes, dos bens e direitos adquiridos na forma do inciso I deste artigo, em decorrência da sua desincorporação do patrimônio da pessoa jurídica a que foram conferidos.

Art. 37. O disposto no artigo anterior não se aplica quando a pessoa jurídica adquirente tenha como **atividade preponderante** a **venda ou locação** de propriedade imobiliária ou a cessão de direitos relativos à sua aquisição.

§ 1º Considera-se caracterizada a atividade preponderante referida neste artigo quando **mais de 50%** (cinquenta por cento) da receita operacional da pessoa jurídica adquirente, nos 2 (dois) anos anteriores e nos 2 (dois) anos subsequentes à aquisição, decorrer de transações mencionadas neste artigo.

§ 2º Se a pessoa jurídica adquirente iniciar suas atividades após a aquisição, ou menos de 2 (dois) anos antes dela, apurar-se-á a preponderância referida no parágrafo anterior levando em conta os 3 (três) primeiros anos seguintes à data da aquisição.

§ 3º Verificada a preponderância referida neste artigo, tornar-se-á devido o imposto, nos termos da lei vigente à data da aquisição, sobre o valor do bem ou direito nessa data.

§ 4º O disposto neste artigo não se aplica à transmissão de bens ou direitos, quando realizada em conjunto com a da totalidade do patrimônio da pessoa jurídica alienante.

Art. 38. A base de cálculo do imposto é o **valor venal** dos bens ou direitos transmitidos.

Art. 39. A alíquota do imposto **não excederá** os limites fixados em resolução do Senado Federal, que distinguirá, para efeito de aplicação de alíquota mais baixa, as transmissões que atendam à política nacional de habitação.

Art. 40. O montante do imposto é dedutível do devido à União, a título do imposto de que trata o art. 43, sobre o provento decorrente da mesma transmissão.

Art. 41. O imposto compete ao **Estado da situação** do imóvel transmitido, ou sobre que versarem os direitos cedidos, mesmo que a mutação patrimonial decorra de sucessão aberta no estrangeiro.

Art. 42. Contribuinte do imposto é qualquer das partes na operação tributada, como dispuser a lei.

---

[24] A leitura dos dispositivos do CTN deve ser feita à luz da Constituição de 1988. Fizemos a reprodução integral dos artigos em vigor do Código para fins de prova, mas o leitor deverá atentar para a jurisprudência dos tribunais superiores.

STJ – Súmula 112
O imposto de transmissão *causa mortis* é devido pela alíquota vigente ao tempo da abertura da sucessão.

STJ – Súmula 114
O imposto de transmissão *causa mortis* não é exigível antes da homologação do cálculo.

STJ – Súmula 115
Sobre os honorários do advogado contratado pelo inventariante, com a homologação do juiz, não incide o imposto de transmissão *causa mortis*.

STJ – Súmula 331
É legítima a incidência do imposto de transmissão *causa mortis* no inventário por morte presumida.

STJ – Súmula 590
Calcula-se o imposto de transmissão *causa mortis* sobre o saldo credor da promessa de compra e venda de imóvel, no momento da abertura da sucessão do promitente vendedor.

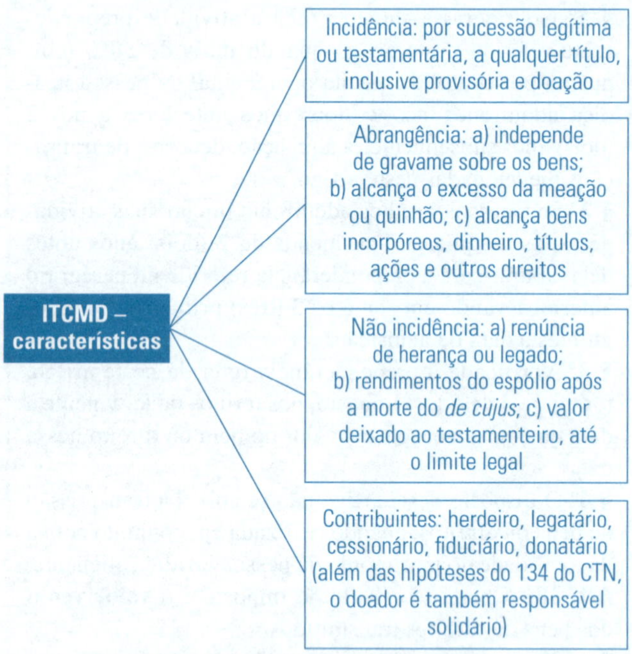

16.8. Imposto sobre a Circulação de Mercadorias e sobre Prestação de Serviços de Transporte Interestadual e Intermunicipal e de Comunicação

O Imposto sobre a **Circulação de Mercadorias** e sobre **Prestação de Serviços de Transporte** Interestadual e Intermunicipal e de Comunicação (ICMS) é de competência dos Estados e do Distrito Federal.

Previsto no art. 155, II, da Constituição, o ICMS está regulamentado pela **Lei Complementar n. 87/96** (conhecida como "Lei Kandir") e alterações posteriores.

Trata-se de tributo bastante **complexo** e que possui diversos dispositivos normativos, de forma que, para os objetivos da prova, faremos a análise de suas principais características, dividindo por tópicos os principais artigos de referência.

Matriz legal
Art. 155. Compete aos **Estados** e ao Distrito Federal instituir impostos sobre:
(...)
II – operações relativas à **circulação de mercadorias** e sobre **prestações de serviços de transporte** interestadual e intermunicipal e de **comunicação**, ainda que as operações e as prestações se iniciem no exterior.
(...)
§ 2º O imposto previsto no inciso II atenderá ao seguinte:
I – será **não cumulativo**, compensando-se o que for devido em cada operação relativa à circulação de mercadorias ou prestação de serviços com o montante cobrado nas anteriores pelo mesmo ou outro Estado ou pelo Distrito Federal;
II – a **isenção** ou **não incidência**, salvo determinação em contrário da legislação:
a) **não implicará crédito** para compensação com o montante devido nas operações ou prestações seguintes;
b) acarretará a **anulação** do crédito relativo às operações anteriores;
III – poderá ser **seletivo**, em função da essencialidade das mercadorias e dos serviços;

Em relação aos princípios constitucionais **específicos** do ICMS, podemos destacar três situações:

- **Não cumulatividade obrigatória:** compensa-se o que for devido em cada operação relativa à circulação de mercadorias ou prestação de serviços com o montante cobrado nas anteriores pelo mesmo ou outro Estado ou pelo Distrito Federal.
- **Seletividade facultativa:** o constituinte infelizmente não exigiu obediência ao princípio da seletividade em função da essencialidade das mercadorias, como fez com o IPI.
- Regra geral, os casos de **isenção** ou **não incidência** não dão direito a crédito nas operações posteriores e anulam o crédito acumulado nas anteriores.

IV – resolução do **Senado Federal**, de iniciativa do Presidente da República ou de um terço dos Senadores, aprovada pela **maioria absoluta** de seus membros, estabelecerá as alíquotas aplicáveis às operações e prestações, **interestaduais** e de **exportação**;
V – é facultado ao Senado Federal:
a) estabelecer **alíquotas mínimas** nas operações internas, mediante resolução de iniciativa de um terço e aprovada pela maioria absoluta de seus membros;

b) fixar **alíquotas máximas** nas mesmas operações para resolver conflito específico que envolva interesse de Estados, mediante resolução de iniciativa da maioria absoluta e aprovada por dois terços de seus membros;
VI – salvo deliberação em contrário dos Estados e do Distrito Federal, nos termos do disposto no inciso XII, *g*, as **alíquotas internas**, nas operações relativas à circulação de mercadorias e nas prestações de serviços, **não poderão ser inferiores** às previstas para as operações interestaduais;

Em suma, o Senado Federal tem **duas atribuições** relativas ao ICMS, que deverão ser adotadas mediante Resolução, obedecidos os índices mínimos para propositura e aprovação das medidas:

- fixação **obrigatória** de alíquotas para operações interestaduais e de exportação;
- fixação **facultativa** de alíquotas mínimas e máximas para fins de solução de conflitos entre os Estados.

VII – nas operações e prestações que destinem bens e serviços a **consumidor final**, contribuinte ou não do imposto, localizado **em outro Estado**, adotar-se-á a alíquota **interestadual** e caberá ao Estado de localização do destinatário o imposto correspondente à **diferença** entre a alíquota interna do Estado destinatário e a alíquota interestadual;
VIII – a responsabilidade pelo recolhimento do imposto correspondente à diferença entre a alíquota interna e a interestadual de que trata o inciso VII será atribuída:
a) ao **destinatário**, quando este for contribuinte do imposto;
b) ao **remetente**, quando o destinatário não for contribuinte do imposto;

Importante: os incisos VII e VIII do art. 155, § 2º, da Constituição foram alterados pela Emenda Constitucional n. 87/2015, modificando as regras de tributação e recolhimento nas operações interestaduais.

Incidência:

Nos termos do art. 1º da Lei Complementar n. 87/96, o ICMS incide sobre:

- operações relativas à circulação de mercadorias, inclusive o fornecimento de alimentação e bebidas em bares, restaurantes e estabelecimentos similares;
- prestações de serviços de transporte interestadual e intermunicipal, por qualquer via, de pessoas, bens, mercadorias ou valores;
- prestações onerosas de serviços de comunicação, por qualquer meio, inclusive a geração, a emissão, a recepção, a transmissão, a retransmissão, a repetição e a ampliação de comunicação de qualquer natureza;
- fornecimento de mercadorias com prestação de serviços não compreendidos na competência tributária dos Municípios;
- fornecimento de mercadorias com prestação de serviços sujeitos ao imposto sobre serviços, de competência dos Municípios, quando a lei complementar aplicável expressamente o sujeitar à incidência do imposto estadual;
- a entrada de mercadoria ou bem importados do exterior, por pessoa física ou jurídica, ainda que não seja contribuinte habitual do imposto, qualquer que seja a sua finalidade;
- o serviço prestado no exterior ou cuja prestação se tenha iniciado no exterior;
- sobre a entrada, no território do Estado destinatário, de petróleo, inclusive lubrificantes e combustíveis líquidos e gasosos dele derivados, e de energia elétrica, quando não destinados à comercialização ou à industrialização, decorrentes de operações interestaduais, cabendo o imposto ao Estado onde estiver localizado o adquirente.

As previsões acima alargaram as duas situações de **incidência** do ICMS previstas no art. 155, § 2º, IX:

a) sobre a entrada de bem ou mercadoria importados do exterior por **pessoa física ou jurídica**, ainda que **não seja contribuinte habitual** do imposto, qualquer que seja a sua finalidade, assim como sobre o serviço prestado no exterior, cabendo o imposto ao Estado onde estiver situado o domicílio ou o estabelecimento do destinatário da mercadoria, bem ou serviço;
b) sobre o valor total da operação, quando mercadorias forem fornecidas com serviços **não compreendidos** na competência tributária dos Municípios.

Não incidência:

A Constituição fixou hipóteses de **imunidade** para o ICMS, previstas no 155, § 2º, X:

a) sobre operações que destinem **mercadorias para o exterior**, nem sobre serviços prestados a destinatários no exterior, assegurada a **manutenção** e o **aproveitamento** do montante do imposto cobrado nas operações e prestações anteriores;
b) sobre operações que destinem a outros Estados **petróleo**, inclusive lubrificantes, **combustíveis** líquidos e gasosos dele derivados, e **energia elétrica**;
c) sobre o **ouro**, nas hipóteses definidas no art. 153, § 5º;
d) nas prestações de serviço de **comunicação** nas modalidades de radiodifusão sonora e de sons e imagens de recepção **livre e gratuita**.

A Lei Complementar n. 87/96, em seu art. 3º, também dispôs sobre hipóteses de **não incidência** do ICMS, reproduzindo preceitos constitucionais e ampliando algumas situações.

Como a lei **não pode** veicular imunidades, os casos específicos previstos na *Lei Kandir*, diferentes daqueles mencionados pela Constituição, devem ser entendidos como verdadeiras hipóteses de não incidência.

> **Art. 3º** O imposto **não incide** sobre:
> **I** – operações com livros, jornais, periódicos e o papel destinado a sua impressão;
> **II** – operações e prestações que destinem ao exterior mercadorias, inclusive produtos primários e produtos industrializados semielaborados, ou serviços;
> **III** – operações interestaduais relativas a energia elétrica e petróleo, inclusive lubrificantes e combustíveis líquidos e gasosos dele derivados, quando destinados à industrialização ou à comercialização;
> **IV** – operações com ouro, quando definido em lei como ativo financeiro ou instrumento cambial;
> **V** – operações relativas a mercadorias que tenham sido ou que se destinem a ser utilizadas na prestação, pelo **próprio autor da saída**, de serviço de qualquer natureza definido em lei complementar como sujeito ao imposto sobre serviços, de competência dos Municípios, ressalvadas as hipóteses previstas na mesma lei complementar;
> **VI** – operações de qualquer natureza de que decorra a **transferência de propriedade** de estabelecimento industrial, comercial ou de outra espécie;
> **VII** – operações decorrentes de **alienação fiduciária** em garantia, inclusive a operação efetuada pelo credor em decorrência do inadimplemento do devedor;
> **VIII** – operações de **arrendamento mercantil**, não compreendida a venda do bem arrendado ao arrendatário;
> **IX** – operações de qualquer natureza de que decorra a transferência de bens móveis **salvados de sinistro** para companhias seguradoras.
> **Parágrafo único.** Equipara-se às operações de que trata o inciso II a saída de mercadoria realizada com o fim **específico de exportação** para o exterior, destinada a:
> **I** – **empresa comercial exportadora**, inclusive *tradings* ou outro estabelecimento da mesma empresa;
> **II** – **armazém alfandegado** ou **entreposto aduaneiro**.

Contribuinte:

Contribuinte é qualquer pessoa, **física ou jurídica**, que realize, com habitualidade ou em volume que caracterize intuito comercial, operações de circulação de mercadoria ou prestações de serviços de transporte interestadual e intermunicipal e de comunicação, ainda que as operações e as prestações se iniciem no exterior.

É também contribuinte a pessoa física ou jurídica que, **mesmo sem habitualidade** ou **intuito comercial:**

- importe mercadorias ou bens do exterior, **qualquer que seja** a sua finalidade;
- seja **destinatária** de serviço prestado no exterior ou cuja prestação se tenha iniciado no exterior;
- adquira em **licitação** mercadorias ou bens apreendidos ou abandonados;
- adquira lubrificantes e combustíveis líquidos e gasosos derivados de petróleo e energia elétrica oriundos de outro Estado, quando **não destinados** à comercialização ou à industrialização.

Substituição tributária:

A **lei estadual** poderá atribuir a contribuinte do imposto ou a depositário a qualquer título a responsabilidade pelo seu pagamento, hipótese em que assumirá a condição de **substituto tributário**.

A responsabilidade poderá ser atribuída em relação ao imposto incidente sobre uma ou mais operações ou prestações, sejam **antecedentes**, **concomitantes** ou **subsequentes**, inclusive ao valor decorrente da diferença entre alíquotas interna e interestadual nas operações e prestações que destinem bens e serviços a consumidor final localizado em outro Estado que seja contribuinte do imposto.

A atribuição de responsabilidade dar-se-á em relação a **mercadorias**, **bens** ou **serviços** previstos em lei de cada Estado.

É assegurado ao contribuinte substituído o direito à **restituição** do valor do imposto pago por força da substituição tributária, correspondente ao fato gerador presumido, que não se realizar.

Fato gerador:

Conforme disposto no art. 12 da Lei Complementar n. 87/96, considera-se ocorrido o **fato gerador** do ICMS no momento:

> **I** – da **saída de mercadoria** de estabelecimento de contribuinte, ainda que para outro estabelecimento do mesmo titular;
> **II** – do **fornecimento** de alimentação, bebidas e outras mercadorias por qualquer estabelecimento;
> **III** – da **transmissão** a terceiro de mercadoria depositada em armazém geral ou em depósito fechado, no Estado do transmitente;
> **IV** – da transmissão de **propriedade** de mercadoria, ou de título que a represente, quando a mercadoria não tiver transitado pelo estabelecimento transmitente;
> **V** – do **início da prestação** de serviços de transporte interestadual e intermunicipal, de qualquer natureza;
> **VI** – do ato final do **transporte** iniciado no exterior;

VII – das **prestações onerosas** de serviços de **comunicação**, feita por qualquer meio, inclusive a geração, a emissão, a recepção, a transmissão, a retransmissão, a repetição e a ampliação de comunicação de qualquer natureza;
VIII – do fornecimento de **mercadoria com prestação de serviços**:
a) não compreendidos na competência tributária dos Municípios;
b) compreendidos na competência tributária dos Municípios e com indicação expressa de incidência do imposto de competência estadual, como definido na lei complementar aplicável;
IX – do **desembaraço aduaneiro** de mercadorias ou bens importados do exterior;
X – do **recebimento**, pelo destinatário, de serviço prestado no exterior;
XI – da aquisição em **licitação pública** de mercadorias ou bens importados do exterior e apreendidos ou abandonados;
XII – da **entrada** no território do Estado de lubrificantes e combustíveis líquidos e gasosos derivados de petróleo e energia elétrica oriundos de outro Estado, **quando não destinados** à comercialização ou à industrialização;
XIII – da **utilização**, por contribuinte, de serviço cuja prestação se tenha iniciado em outro Estado e não esteja vinculada a operação ou prestação subsequente.
§ 1º Na hipótese do **inciso VII**, quando o serviço for prestado mediante pagamento em ficha, cartão ou assemelhados, considera-se ocorrido o fato gerador do imposto quando do fornecimento desses instrumentos ao usuário.
§ 2º Na hipótese do **inciso IX**, após o desembaraço aduaneiro, a entrega, pelo depositário, de mercadoria ou bem importados do exterior deverá ser autorizada pelo órgão responsável pelo seu desembaraço, que somente se fará mediante a exibição do comprovante de pagamento do imposto incidente no ato do despacho aduaneiro, salvo disposição em contrário.
§ 3º Na hipótese de entrega de mercadoria ou bem importados do exterior **antes do desembaraço aduaneiro**, considera-se ocorrido o fato gerador neste momento, devendo a autoridade responsável, salvo disposição em contrário, exigir a comprovação do pagamento do imposto.

Por fim, os **demais incisos** do art. 155, § 2º, da Constituição veiculam outras regras e preceitos relativos ao ICMS, nos seguintes termos:

XII – cabe à **lei complementar**:
a) definir seus **contribuintes**;
b) dispor sobre **substituição tributária**;
c) disciplinar o regime de **compensação** do imposto;
d) fixar, para efeito de sua cobrança e definição do estabelecimento responsável, o **local das operações** relativas à circulação de mercadorias e das prestações de serviços;
e) **excluir da incidência** do imposto, nas exportações para o exterior, serviços e outros produtos além dos mencionados no inciso X, *a*;
f) prever casos de **manutenção** de crédito, relativamente à remessa para outro Estado e exportação para o exterior, de serviços e de mercadorias;
g) regular a forma como, mediante deliberação dos Estados e do Distrito Federal, isenções, **incentivos** e **benefícios fiscais** serão concedidos e revogados;
h) definir os combustíveis e lubrificantes sobre os quais o imposto incidirá uma **única vez**, qualquer que seja a sua finalidade, hipótese em que não se aplicará o disposto no inciso X, *b*;
i) fixar a **base de cálculo**, de modo que o montante do imposto a integre, também na importação do exterior de bem, mercadoria ou serviço.
§ 3º À exceção dos impostos de que tratam o inciso II do *caput* deste artigo e o art. 153, I e II, **nenhum outro imposto** poderá incidir sobre operações relativas a energia elétrica, serviços de telecomunicações, derivados de petróleo, combustíveis e minerais do País.
§ 4º Na hipótese do inciso XII, *h*, observar-se-á o seguinte:
I – nas operações com os lubrificantes e combustíveis derivados de petróleo, o imposto caberá ao Estado **onde ocorrer** o consumo;
II – nas operações interestaduais, entre contribuintes, com gás natural e seus derivados, e lubrificantes e combustíveis não incluídos no inciso I deste parágrafo, o imposto **será repartido** entre os Estados de origem e de destino, mantendo-se a mesma proporcionalidade que ocorre nas operações com as demais mercadorias;
III – nas operações interestaduais com gás natural e seus derivados, e lubrificantes e combustíveis não incluídos no inciso I deste parágrafo, destinadas a não contribuinte, o imposto caberá ao **Estado de origem**;
IV – as alíquotas do imposto serão definidas mediante deliberação dos Estados e Distrito Federal, nos termos do § 2º, XII, *g*, observando-se o seguinte:
a) serão **uniformes** em todo o território nacional, podendo ser diferenciadas por produto;
b) poderão ser **específicas**, por unidade de medida adotada, ou *ad valorem*, incidindo sobre o valor da operação ou sobre o preço que o produto ou seu similar alcançaria em uma venda em condições de livre concorrência;
c) poderão ser **reduzidas** e **restabelecidas**, não se lhes aplicando o disposto no art. 150, III, *b*.
§ 5º As regras necessárias à aplicação do disposto no § 4º, inclusive as relativas à **apuração** e à **destinação** do imposto, serão estabelecidas mediante deliberação dos Estados e do Distrito Federal, nos termos do § 2º, XII, *g*.

STJ – Súmula 334
O ICMS não incide no serviço dos provedores de acesso à Internet.

STJ – Súmula 350
O ICMS não incide sobre o serviço de habilitação de telefone celular.

STJ – Súmula 391
O ICMS incide sobre o valor da tarifa de energia elétrica correspondente à demanda de potência efetivamente utilizada.

STJ – Súmula 395
O ICMS incide sobre o valor da venda a prazo constante da nota fiscal.

STJ – Súmula 431
É ilegal a cobrança de ICMS com base no valor da mercadoria submetido ao regime de pauta fiscal.

STJ – Súmula 432
As empresas de construção civil não estão obrigadas a pagar ICMS sobre mercadorias adquiridas como insumos em operações interestaduais.

STJ – Súmula 433
O produto semielaborado, para fins de incidência de ICMS, é aquele que preenche cumulativamente os três requisitos do art. 1º da Lei Complementar n. 65/1991.

STJ – Súmula 457
Os descontos incondicionais nas operações mercantis não se incluem na base de cálculo do ICMS.

STF – Súmula Vinculante 32
O ICMS não incide sobre alienação de salvados de sinistro pelas seguradoras.

STF – Súmula Vinculante 48
Na entrada de mercadoria importada do exterior, é legítima a cobrança do ICMS por ocasião do desembaraço aduaneiro.

STF – Súmula 573
Não constitui fato gerador do Imposto de Circulação de Mercadorias a saída física de máquinas, utensílios e implementos a título de comodato.

STF – Súmula 575
À mercadoria importada de país signatário do (GATT), ou membro da (ALALC), estende-se a isenção do Imposto de Circulação de Mercadorias concedida a similar nacional.

STF – Súmula 662
É legítima a incidência do ICMS na comercialização de exemplares de obras cinematográficas, gravados em fitas de videocassete.

16.9. Imposto sobre a Propriedade de Veículos Automotores

O Imposto sobre a **Propriedade de Veículos Automotores** (IPVA) é de competência dos Estados e do Distrito Federal.

O IPVA está sujeito aos princípios da anterioridade e da noventena e tem como **fato gerador** a propriedade de veículo automotor em 1º de janeiro de cada ano ou a aquisição, a qualquer tempo, de veículo zero quilômetro.

O campo de incidência do IPVA **não inclui** aeronaves e embarcações.

O lançamento do crédito tributário é feito de **ofício** e a base de cálculo será o valor do veículo, conforme tabela elaborada pelo Poder Público.

Matriz constitucional
Art. 155. Compete aos **Estados** e ao **Distrito Federal** instituir impostos sobre:
(...)
III – **propriedade de veículos automotores**.
(...)
§ 6º O imposto previsto no inciso III:
I – terá **alíquotas mínimas** fixadas pelo **Senado Federal**;
II – poderá ter **alíquotas diferenciadas** em função do tipo e utilização.

16.10. Imposto sobre a Propriedade Predial e Territorial Urbana

O Imposto sobre a **Propriedade Predial e Territorial Urbana** (IPTU) é de competência dos Municípios e do Distrito Federal.

O IPTU está sujeito aos princípios da anterioridade e da noventena e tem como **fato gerador** a propriedade, o domínio útil ou a posse de bem imóvel por natureza ou por acessão física, localizado na zona urbana do município.

O lançamento do crédito tributário é feito de **ofício** e a base de cálculo será o valor do imóvel.

Matriz constitucional
Art. 156. Compete aos **Municípios** instituir impostos sobre:
I – **propriedade predial e territorial urbana**;
(...)
§ 1º Sem prejuízo da **progressividade no tempo** a que se refere o art. 182, § 4º, inciso II, o imposto previsto no inciso I poderá:
I – ser **progressivo** em razão do **valor do imóvel**; e
II – ter alíquotas **diferentes** de acordo com a **localização** e o **uso** do imóvel.
(...)
Art. 182. A política de **desenvolvimento urbano**, executada pelo Poder Público municipal, conforme diretrizes gerais fixadas em lei, tem por objetivo ordenar o pleno desenvolvimento das funções sociais da cidade e garantir o bem-estar de seus habitantes.
§ 1º O **plano diretor**, aprovado pela Câmara Municipal, obrigatório para cidades com mais de vinte mil habitantes, é o instrumento básico da política de desenvolvimento e de expansão urbana.

§ 2º A propriedade urbana cumpre sua **função social** quando atende às exigências fundamentais de ordenação da cidade expressas no plano diretor.

§ 3º As desapropriações de imóveis urbanos serão feitas com prévia e justa indenização em dinheiro.

§ 4º É facultado ao Poder Público municipal, mediante lei específica para área incluída no plano diretor, exigir, nos termos da lei federal, do proprietário do solo urbano **não edificado**, **subutilizado** ou **não utilizado**, que promova seu adequado aproveitamento, sob pena, sucessivamente, de:

I – parcelamento ou edificação compulsórios;

II – imposto sobre a propriedade predial e territorial urbana **progressivo no tempo**;

III – desapropriação com pagamento mediante títulos da dívida pública de emissão previamente aprovada pelo Senado Federal, com prazo de resgate de até dez anos, em parcelas anuais, iguais e sucessivas, assegurados o valor real da indenização e os juros legais.

Disposições Gerais – Código Tributário Nacional

Art. 32. O imposto, de competência dos **Municípios**, sobre a propriedade predial e territorial urbana tem como fato gerador a **propriedade**, o **domínio útil** ou a **posse** de bem imóvel por **natureza** ou por **acessão física**, como definido na lei civil, localizado na zona urbana do Município.

§ 1º Para os efeitos deste imposto, entende-se como **zona urbana** a definida em lei municipal; observado o requisito mínimo da existência de melhoramentos indicados em **pelo menos** 2 (dois) dos incisos seguintes, construídos ou mantidos pelo Poder Público:

I – meio-fio ou calçamento, com canalização de águas pluviais;

II – abastecimento de água;

III – sistema de esgotos sanitários;

IV – rede de iluminação pública, com ou sem posteamento para distribuição domiciliar;

V – escola primária ou posto de saúde a uma distância máxima de 3 (três) quilômetros do imóvel considerado.

§ 2º A lei municipal pode considerar urbanas as áreas urbanizáveis, ou de **expansão urbana**, constantes de **loteamentos** aprovados pelos órgãos competentes, destinados à habitação, à indústria ou ao comércio, mesmo que localizados **fora das zonas** definidas nos termos do parágrafo anterior.

Art. 33. A **base do cálculo** do imposto é o **valor venal** do imóvel.

Parágrafo único. Na determinação da base de cálculo, não se considera o valor dos bens móveis mantidos, em caráter permanente ou temporário, no imóvel, para efeito de sua utilização, exploração, aformoseamento ou comodidade.

Art. 34. Contribuinte do imposto é o proprietário do imóvel, o titular do seu domínio útil, ou o seu possuidor a qualquer título.

STJ – Súmula 399

Cabe à legislação municipal estabelecer o sujeito passivo do IPTU.

STF – Súmula 583

Promitente-comprador de imóvel residencial transcrito em nome de autarquia é contribuinte do imposto predial territorial urbano.

16.11. Imposto sobre a Transmissão *Inter Vivos*

O Imposto sobre a **Transmissão de Bens *Inter Vivos*** (ITBI) é de competência dos Municípios e do Distrito Federal.

O ITBI está sujeito aos princípios da anterioridade e da noventena.

O lançamento do crédito tributário é feito por **declaração**, e a base de cálculo será o **valor venal** dos bens ou direitos transmitidos.

Imunidades:

Atendidos os requisitos constitucionais, são **imunes** ao ITBI:

a) As transmissões de bens e direitos efetuadas pela União, Estados, Distrito Federal, autarquias e fundações instituídas e mantidas pelo Poder Público (CF, art. 150, VI, *a* e § 2º).

b) As transmissões de bens e direitos efetuadas por partidos políticos, inclusive suas fundações, entidades sindicais de trabalhadores, instituições de educação e assistência social, sem fins lucrativos (CF, art. 150, VI, *c*).

c) As operações de transferência de imóveis desapropriados para fins de reforma agrária (CF, art. 184, § 5º).

Matriz constitucional

Art. 156. Compete aos **Municípios** instituir impostos sobre:

(...)

II – **transmissão *inter vivos***, a qualquer título, por **ato oneroso**, de bens **imóveis**, por natureza ou acessão física, e de **direitos reais** sobre imóveis, exceto os de garantia, bem como cessão de direitos a sua aquisição;

(...)

§ 2º O imposto previsto no inciso II:

I – **não incide** sobre a transmissão de bens ou direitos incorporados ao patrimônio de pessoa jurídica em **realização de capital**, nem sobre a transmissão de bens ou direitos decorrente de **fusão**, **incorporação**, **cisão** ou **extinção** de pessoa jurídica, salvo se, nesses casos, a atividade **preponderante** do adquirente for a compra e venda desses bens ou direitos, locação de bens imóveis ou arrendamento mercantil;

II – compete ao Município da **situação do bem**.

STF – Súmula 656
É inconstitucional a lei que estabelece alíquotas progressivas para o imposto de transmissão *inter vivos* de bens imóveis – ITBI – com base no valor venal do imóvel.

16.12. Imposto sobre a Prestação de Serviços de Qualquer Natureza

O Imposto sobre a **Prestação de Serviços de Qualquer Natureza** (ISS) é de competência dos Municípios e do Distrito Federal.

O ISS está sujeito aos princípios da anterioridade e da noventena.

O crédito tributário é objeto de lançamento por **homologação**, e a base de cálculo será o **preço do serviço** prestado.

A base legal para o ISS é a **Lei Complementar n. 116/2004**, que tem, entre outros objetivos, o de diferenciar as hipóteses de incidência do ISS daquelas previstas para o ICMS.

O serviço de transporte municipal sofre a incidência do ISS, enquanto os serviços de transporte interestadual ou intermunicipal, de pessoas ou cargas, deve ser tributado pelo ICMS.

Matriz constitucional
Art. 156. Compete aos **Municípios** instituir impostos sobre:
(...)
III – serviços de qualquer natureza, não compreendidos no art. 155, II, definidos em lei complementar.
(...)
§ 3º Em relação ao imposto previsto no inciso III do *caput* deste artigo, cabe à lei complementar:
I – fixar as suas **alíquotas máximas** e **mínimas**;
II – **excluir** da sua incidência **exportações** de serviços para o exterior;
III – regular a forma e as condições como isenções, incentivos e benefícios fiscais serão concedidos e revogados.

Disposições Gerais – Lei Complementar n. 116/2004
Art. 1º O Imposto Sobre Serviços de Qualquer Natureza, de competência dos **Municípios e do Distrito Federal**, tem como **fato gerador** a **prestação de serviços** constantes da lista anexa, ainda que esses não se constituam como atividade preponderante do prestador.
§ 1º O imposto incide também sobre o serviço **proveniente do exterior** do País ou cuja prestação se **tenha iniciado** no exterior do País.
§ 2º Ressalvadas as exceções expressas na lista anexa, os serviços nela mencionados **não ficam sujeitos** ao Imposto Sobre Operações Relativas à Circulação de Mercadorias e Prestações de Serviços de Transporte Interestadual e Intermunicipal e de Comunicação – ICMS, ainda que sua prestação envolva fornecimento de mercadorias.
§ 3º O imposto de que trata esta Lei Complementar incide ainda sobre os serviços prestados mediante a utilização de **bens e serviços públicos** explorados economicamente mediante **autorização**, **permissão** ou **concessão**, com o pagamento de tarifa, preço ou pedágio pelo usuário final do serviço.
§ 4º A incidência do imposto **não depende** da denominação dada ao serviço prestado.
Art. 2º O imposto **não incide** sobre:
I – as **exportações de serviços** para o exterior do País;
II – a prestação de serviços em relação de **emprego**, dos trabalhadores avulsos, dos diretores e membros de conselho consultivo ou de conselho fiscal de sociedades e fundações, bem como dos sócios-gerentes e dos gerentes-delegados;
III – o valor **intermediado** no mercado de títulos e valores mobiliários, o valor dos depósitos bancários, o principal, juros e acréscimos moratórios relativos a operações de crédito realizadas por instituições financeiras.
Parágrafo único. Não se enquadram no disposto no inciso I os serviços desenvolvidos no Brasil, cujo resultado aqui se verifique, ainda que o pagamento seja feito por residente no exterior.
(...)
Art. 4º Considera-se **estabelecimento prestador** o local onde o contribuinte desenvolva a atividade de prestar serviços, de modo permanente ou temporário, e que configure unidade econômica ou profissional, sendo irrelevantes para caracterizá-lo as denominações de sede, filial, agência, posto de atendimento, sucursal, escritório de representação ou contato ou quaisquer outras que venham a ser utilizadas.
Art. 5º Contribuinte é o prestador do serviço.

STJ – Súmula 274
O ISS incide sobre o valor dos serviços de assistência médica, incluindo-se neles as refeições, os medicamentos e as diárias hospitalares.

STF – Súmula Vinculante 31
É inconstitucional a incidência do Imposto sobre Serviços de Qualquer Natureza – ISS sobre operações de locação de bens móveis.

STF – Súmula 588
O imposto sobre serviços não incide sobre os depósitos, as comissões e taxas de desconto, cobrados pelos estabelecimentos bancários.

REFERÊNCIAS BIBLIOGRÁFICAS

AMARO, Luciano. *Direito tributário brasileiro.* 21. ed. São Paulo: Saraiva, 2016.

CAPARROZ, Roberto. *Direito tributário esquematizado.* 2. ed. São Paulo: Saraiva, 2018.

______. *Comércio internacional e legislação aduaneira esquematizado*. 5. ed. São Paulo: Saraiva, 2018.

CARRAZZA, Roque Antonio. *Curso de direito constitucional tributário*. 30. ed. São Paulo: Malheiros, 2015.

CARVALHO, Paulo de Barros. *Curso de direito tributário*. 27. ed. São Paulo: Saraiva, 2016.

PAULSEN, Leandro. *Impostos federais, estaduais e municipais*. 10. ed. Porto Alegre: Livraria do Advogado Ed., 2016.

QUESTÕES

(XIX Exame de Ordem Unificado / FGV) O Estado X, visando aumentar a sua arrecadação, instituiu novo imposto, não previsto na Constituição Federal.

Sobre a hipótese, assinale a afirmativa correta.

A) O Estado X pode instituir imposto, mediante lei complementar, desde que previsto na Constituição Estadual.
B) Para exercer a competência residual do Estado X, é necessária lei de iniciativa do Governador do Estado.
C) O Estado X não pode instituir o imposto novo, tendo em vista que a competência residual para a instituição de novos impostos é somente da União.
D) É vedada à União, aos Estados, ao Distrito Federal e aos Municípios, a instituição de impostos não previstos na Constituição Federal.

RESPOSTA

A) A competência para instituir novos impostos, conhecida como residual, é exclusiva da União, conforme previsto no art. 154, I, da Constituição.
B) O Estado não tem competência para instituir novos impostos.
✔ A competência residual é exclusiva da União, que poderá exercê-la mediante lei complementar, desde que a nova figura seja não cumulativa e não tenha fato gerador ou base de cálculo de outros impostos.
D) A restrição não se aplica à União, que pode instituir novos impostos nos termos do art. 154, I, da Constituição.

(XIX Exame de Ordem Unificado / FGV) João foi citado, em execução fiscal, para pagamento do Imposto sobre a Propriedade Predial e Territorial Urbana ("IPTU") relativo ao imóvel em que reside e do qual é proprietário. Ocorre que o contribuinte pretende impugnar tal cobrança por meio de embargos à execução.

Tendo em vista a disciplina da Lei n. 6.830/80, tais embargos poderão ser apresentados no prazo de 30 dias, contados a partir

A) da juntada aos autos do mandado de penhora devidamente cumprido.
B) da sua citação.
C) da data da intimação da penhora.
D) da propositura da execução fiscal.

RESPOSTA

A) O prazo não é contado da juntada do mandado de penhora cumprido.
B) Também não se conta o prazo da citação.
✔ O art. 16, III, da Lei n. 6.830/80 permite a contagem de 30 dias para apresentação de embargos a partir da data da intimação da penhora.
D) O prazo não é contado a partir da propositura da execução fiscal.

(XIX Exame de Ordem Unificado / FGV) A pessoa jurídica Verdes Campos Ltda. realiza transporte de cargas entre os estados "X" e "Y" por meio de sua frota de 30 caminhões. Sobre a referida prestação de serviço de transporte, assinale a opção correta.

A) Incide o ISS, de competência dos Municípios.
B) Não incide qualquer imposto.
C) Incide o ICMS, de competência dos Estados.
D) Incide o IPVA, de competência dos Estados.

RESPOSTA

A) O ISS não incide sobre o transporte interestadual de pessoas ou cargas, mas apenas sobre os serviços de transporte municipal.
B) Na hipótese deve incidir o ICMS.
✔ Nos termos do art. 155, II, da Constituição, o ICMS incide sobre operações relativas à circulação de mercadorias e sobre prestações de serviços de transporte interestadual e intermunicipal e de comunicação, como indicado pela questão, ao mencionar que o transporte de cargas realiza-se entre os estados "X" e "Y".
D) Embora o IPVA incida sobre veículos automotores, ou seja, os caminhões que fazem o transporte, não é este o fato gerador questionado, mas sim o serviço de transporte interestadual.

(XIX Exame de Ordem Unificado / FGV) A falência da sociedade XYZ Ltda. foi decretada em 5/6/2014. Nessa data, a pessoa jurídica já possuía dois imóveis hipotecados para garantia de dívidas diversas. A União tem créditos tributários a receber da sociedade, inscritos em dívida ativa em abril de 2013.

Baseado nos fatos narrados, assinale a afirmativa correta.

A) A União tem direito de preferência sobre todo e qualquer credor, porque o crédito tributário foi inscrito em dívida ativa antes da decretação da falência.
B) A União tem direito de preferência sobre os credores com garantia real, pois o crédito tributário prefere a qualquer outro, seja qual for sua natureza ou o tempo de sua constituição.
C) A União tem de respeitar a preferência dos credores hipotecários, no limite do valor dos bens gravados.
D) A União tem de respeitar a preferência dos credores hipotecários, no limite do valor das dívidas garantidas pelas hipotecas.

RESPOSTA

A) Nos casos de falência o crédito tributário não prefere aos créditos extraconcursais ou às importâncias passíveis de restituição, nem aos créditos com garantia real (como a hipoteca), nos termos do art. 186, parágrafo único, I, do CTN, de sorte que a União deve respeitar a preferência dos credores hipotecários, até o limite dos dois imóveis gravados.

B) A União não tem preferência, nos casos de falência, sobre os créditos com garantia real.

✓ No caso em comento a União deve respeitar a preferência dos credores hipotecários, até o limite dos bens gravados, pois se trata de falência.

D) O limite a ser respeitado é o valor dos bens gravados e não o da dívida garantida pela hipoteca, que pode, inclusive, ser superior.

(XX Exame de Ordem Unificado / FGV) Determinado ente da Federação instituiu um tributo incidente sobre a folha de salários e demais rendimentos do trabalho pagos ou creditados, a qualquer título, à pessoa física que preste serviço a empregador privado, ainda que sem vínculo empregatício, com o objetivo de financiar a seguridade social.

Em sintonia com a CRFB/88, assinale a opção que indica o ente da federação competente para a instituição do tributo descrito e o nome do tributo em questão.

A) Estados-membros e o Distrito Federal. Contribuição previdenciária.

B) União. Contribuição social.

C) União. Imposto sobre a renda.

D) Todos os entes da Federação. Contribuições sociais.

RESPOSTA

A) A competência é da União.

✓ O tributo mencionado tem previsão constitucional específica no capítulo da Seguridade Social, art. 195, I, *a*, que autoriza a União a criar contribuição social do empregador, da empresa e da entidade a ela equiparada na forma da lei, incidente sobre a folha de salários e demais rendimentos do trabalho pagos ou creditados, a qualquer título, à pessoa física que lhe preste serviço, mesmo sem vínculo empregatício.

C) Não se trata de imposto de renda.

D) A competência para a criação de contribuições sociais é exclusiva da União.

(XX Exame de Ordem Unificado / FGV) Fulano de Tal prometeu adquirir de uma autarquia federal um imóvel residencial urbano. O sinal e parte substancial do preço são pagos no momento da lavratura da escritura pública de promessa de compra e venda, que é prontamente registrada no Registro Geral de Imóveis (RGI) competente. O saldo do preço será pago em várias parcelas.

Após o registro da promessa de compra e venda

A) passa a incidir o IPTU, a ser pago pela autarquia.

B) continua a não incidir o IPTU, por força da imunidade da autarquia (cujo nome continua vinculado ao imóvel no RGI, ainda que agora a autarquia figure como promitente vendedora).

C) passa a incidir o IPTU, a ser pago solidariamente pela autarquia e por Fulano de Tal.

D) passa a incidir o IPTU, a ser pago por Fulano de Tal, uma vez que registrada no RGI a promessa de compra e venda do imóvel.

RESPOSTA

A) Primeiro, as autarquias são imunes de impostos sobre o patrimônio; além disso, o art. 150, § 3º, da Constituição declara que a referida imunidade não exonera o promitente comprador da obrigação de pagar imposto relativamente ao bem imóvel.

B) O art. 150, § 3º, da Constituição não exonera a obrigação do promitente comprador.

C) Na hipótese não existe solidariedade entre a autarquia e Fulano de Tal.

✓ Passa a incidir o IPTU, desde o momento do registro, cabendo a Fulano de Tal o pagamento, conforme entendimento jurisprudencial fixado pelo STF na Súmula 583: Promitente-comprador de imóvel residencial transcrito em nome de autarquia é contribuinte do Imposto Predial Territorial Urbano.

(XX Exame de Ordem Unificado / FGV) O Estado Alfa institui, por meio de lei complementar, uma taxa pela prestação de serviço público específico e divisível. Posteriormente a alíquota e a base de cálculo da taxa vêm a ser modificadas por meio de lei ordinária, que as mantém em patamares compatíveis com a natureza do tributo e do serviço público prestado.

A lei ordinária em questão é

A) integralmente inválida, pois lei ordinária não pode alterar lei complementar.

B) parcialmente válida – apenas no que concerne à alteração da base de cálculo, pois a modificação da alíquota só seria possível por meio de lei complementar.

C) parcialmente válida – apenas no que concerne à alteração da alíquota, pois a modificação da base de cálculo só seria possível por meio de lei complementar.

D) integralmente válida, pois a matéria por ela disciplinada não é constitucionalmente reservada à lei complementar.

RESPOSTA

A) Não há exigência de lei complementar para a instituição de taxas, de sorte que a lei complementar original pode ser alterada por lei ordinária posterior.

B) A alteração pode ser tanto em relação à alíquota como à base de cálculo.

C) A alteração pode ser tanto em relação à alíquota como à base de cálculo.

✓ O STF já decidiu que matérias não reservadas à lei complementar, quando por esta reguladas, a tornam apenas formalmente complementar, o que autoriza sua alteração por lei ordinária posterior, que será integralmente válida.

(XX Exame de Ordem Unificado / FGV) Após verificar que realizou o pagamento indevido de Imposto sobre Circulação de Mercadorias e Serviços – ICMS, determinado contribuinte requer administrativamente a restituição do valor recolhido. O órgão administrativo competente denega o pedido de restituição.

Qual o prazo, bem como o marco inicial, para o contribuinte ajuizar ação anulatória da decisão administrativa que denega a restituição?

A) 2 (dois) anos contados da notificação do contribuinte da decisão administrativa.
B) 5 (cinco) anos contados da notificação do contribuinte da decisão administrativa.
C) 5 (cinco) anos contados do primeiro dia do exercício seguinte ao fato gerador.
D) 1 (um) ano contado da data do julgamento.

RESPOSTA

☑ O prazo é de 2 anos, contados da notificação da decisão administrativa, conforme previsto no art. 169 do CTN.
B) O prazo é de 2 anos, e não de 5 anos.
C) O prazo é de 2 anos, contados da notificação da decisão administrativa.
D) O prazo é de 2 anos e não é contado da data do julgamento.

(XXI Exame de Ordem Unificado / FGV) João deixou de pagar o Imposto de Importação sobre mercadoria trazida do exterior, sendo notificado pelo Fisco federal. Ao receber a notificação, logo impugnou administrativamente a cobrança.

Percebendo que seu recurso administrativo demoraria longo tempo para ser apreciado e querendo resolver a questão o mais rápido possível, propõe ação anulatória para discutir matéria idêntica àquela demandada administrativamente.

Com base nesse relato, assinale a afirmativa correta.

A) Haverá o sobrestamento da ação anulatória até que seja efetivamente apreciada a impugnação administrativa.
B) A medida judicial será indeferida devido à utilização de recurso na esfera administrativa.
C) A propositura de ação judicial sobre matéria idêntica àquela demandada na esfera administrativa não constitui em desistência de tal esfera.
D) A concomitância de defesa administrativa com medida judicial versando sobre matérias idênticas implica desistência do recurso administrativo interposto.

RESPOSTA

A) A ação judicial prevalece sobre a administrativa e não será sobrestada.
B) A medida judicial pode ser deferida independentemente do recurso na esfera administrativa.
C) A propositura de ação judicial sobre matéria idêntica implica desistência do recurso na esfera administrativa.
☑ Sempre que ocorre a concomitância entre as esferas judicial e administrativa, versando sobre matérias idênticas, o recurso administrativo interposto deixa de ser apreciado, por desistência do interessado.

(XXI Exame de Ordem Unificado / FGV) Determinado Estado da Federação publicou, em julho de 2015, a Lei n. 123/2015, que majorou o valor das multas e das alíquotas de ICMS. Em fevereiro de 2016, em procedimento de fiscalização, aquele Estado constatou que determinado contribuinte, em operações realizadas em outubro de 2014, não recolheu o ICMS devido. Por conta disso, foi efetuado o lançamento tributário contra o contribuinte, exigindo-lhe o ICMS não pago e a multa decorrente do inadimplemento.

O lançamento em questão só estará correto se

A) as multas e alíquotas forem as previstas na Lei n. 123/2015.
B) as alíquotas forem as previstas na Lei n. 123/2015 e as multas forem aquelas previstas na lei vigente ao tempo do fato gerador.
C) as multas e as alíquotas forem as previstas na lei vigente ao tempo do fato gerador.
D) as multas forem as previstas na Lei n. 123/2015 e as alíquotas forem aquelas previstas na lei vigente ao tempo do fato gerador.

RESPOSTA

A) As multas e alíquotas devem ser as previstas na lei vigente ao tempo do fato gerador.
B) As alíquotas devem ser as previstas na lei vigente ao tempo do fato gerador.
☑ Tanto as multas como as alíquotas no lançamento serão as previstas na lei vigente ao tempo do fato gerador.
D) As multas devem ser as previstas na lei vigente ao tempo do fato gerador.

(XXI Exame de Ordem Unificado / FGV) João, advogado tributarista, é procurado para orientar a empresa L a respeito do comportamento da jurisprudência do Supremo Tribunal Federal sobre matéria tributária.

Como assistente de João, assinale a opção que veicula enunciado com efeito vinculante em relação aos órgãos do Poder Judiciário e à Administração Pública direta e indireta, nas esferas federal, estadual e municipal.

A) Na entrada de mercadoria importada do exterior é legítima a cobrança do ICMS por ocasião do desembaraço aduaneiro.
B) Ainda quando alugado a terceiros, o imóvel pertencente a qualquer das entidades referidas pelo art. 150, inciso VI, alínea *c*, da CRFB/88, permanece imune ao IPTU, não importando a finalidade a que os aluguéis se destinem.
C) A norma legal que altera o prazo de recolhimento de obrigação tributária está sujeita ao princípio da anterioridade.
D) A exigência de depósito prévio, como requisito de admissibilidade de ação judicial na qual se pretenda discutir a exigibilidade de crédito tributário, é constitucional.

RESPOSTA

☑ Nos termos da Súmula Vinculante 48 do STF, na entrada de mercadoria importada do exterior, é legítima a cobrança do ICMS por ocasião do desembaraço aduaneiro.

B) Conforme determina a Súmula Vinculante 52 do STF, ainda quando alugado a terceiros, permanece imune ao IPTU o imóvel pertencente a qualquer das entidades referidas pelo art. 150, VI, *c*, da Constituição Federal, desde que o valor dos aluguéis seja aplicado nas atividades para as quais tais entidades foram constituídas.
C) A Súmula Vinculante 50 do STF estabelece que a norma legal que altera o prazo de recolhimento de obrigação tributária não se sujeita ao princípio da anterioridade.
D) De acordo com a Súmula Vinculante 28 do STF é inconstitucional a exigência de depósito prévio como requisito de admissibilidade de ação judicial na qual se pretenda discutir a exigibilidade de crédito tributário.

(XXI Exame de Ordem Unificado / FGV) A Pessoa Jurídica ABC verificou que possuía débitos de Imposto sobre a Renda ("IRPJ") e decidiu aderir ao parcelamento por necessitar de certidão de regularidade fiscal para participar de licitação. Após regular adesão ao parcelamento e diante da inexistência de quaisquer outros débitos, a contribuinte apresentou requerimento para emissão da certidão.

Com base nessas informações, o Fisco deverá

A) deferir o pedido, já que o parcelamento é causa de extinção do crédito tributário.
B) indeferir o pedido, pois a certidão somente poderá ser emitida após o pagamento integral do tributo em atraso.
C) deferir o pedido, já que o parcelamento é causa de suspensão da exigibilidade do crédito tributário.
D) deferir o pedido, já que o parcelamento é causa de exclusão do crédito tributário.

RESPOSTA

A) O parcelamento é causa de suspensão da exigibilidade do crédito tributário.
B) O pedido deve ser deferido, pois a certidão independe do pagamento integral do tributo em atraso nos casos de adesão ao parcelamento.
✓ O pedido dever ser deferido, pois o parcelamento é causa de suspensão da exigibilidade do crédito tributário.
D) O parcelamento é causa de suspensão da exigibilidade do crédito tributário.

(XXII Exame de Ordem Unificado / FGV) João e Pedro são, por lei, contribuintes obrigados solidariamente a pagar determinado tributo. Foi publicada lei que isenta os ex-combatentes do pagamento de tal tributo, sendo este o caso pessoal somente de João.

Tendo em vista essa situação, assinale a afirmativa correta.

A) Sendo um caso de isenção pessoal, a lei não exonera Pedro, que permanece obrigado a pagar o saldo remanescente, descontada a parcela isenta em favor de João.
B) Pedro ficará totalmente exonerado do pagamento, aproveitando-se da isenção em favor de João.
C) O imposto poderá ser cobrado de Pedro ou de João, pois a solidariedade afasta a isenção em favor deste.
D) Pedro permanece obrigado a pagar integralmente o imposto, nada obstante a isenção em favor de João.

RESPOSTA

✓ Nas hipóteses de isenção pessoal, o solidário continua responsável pelo saldo, nos termos do art. 125 do CTN.
B) Pedro não pode aproveitar a isenção em favor de João.
C) A isenção em favor de João impede que lhe seja cobrado o tributo.
D) A dívida não é integral, mas apenas do saldo remanescente.

(XXII Exame de Ordem Unificado / FGV) O Município X instituiu taxa a ser cobrada, exclusivamente, sobre o serviço público de coleta, remoção e tratamento de lixo e resíduos provenientes de imóveis. A igreja ABC, com sede no Município X, foi notificada da cobrança da referida taxa.

Sobre a hipótese apresentada, assinale a afirmativa correta.

A) As Igrejas são imunes; portanto, não devem pagar a taxa instituída pelo Município X.
B) A taxa é inconstitucional, pois não é específica e divisível.
C) A taxa é inconstitucional, uma vez que os Municípios não são competentes para a instituição de taxas de serviço público.
D) A taxa é constitucional e as Igrejas não são imunes.

RESPOSTA

A) A imunidade não alcança as taxas.
B) A taxa de coleta de lixo é específica e divisível, sendo constitucional, conforme entendimento pacífico do STF.
C) Os Municípios têm competência para a instituição de taxas de serviço público.
✓ As igrejas não são imunes em relação a taxas, mas somente quanto a impostos, nos termos do art. 150, VI, da Constituição.

(XXII Exame de Ordem Unificado / FGV) O Município Alfa realizou obras nas praças públicas de determinado bairro, incluindo iluminação e arborização. Tais obras acarretaram a valorização imobiliária de dezenas de residências daquela região. Em decorrência disso, o município instituiu contribuição de melhoria.

Sobre a contribuição em questão, segundo o CTN, assinale a afirmativa correta.

A) É inválida, pois deveria ter sido instituída pelo Estado Beta, onde está localizado o Município Alfa.
B) É válida, porque foi instituída para fazer face ao custo de obra pública da qual decorre a valorização imobiliária.
C) É válida, mas poderia ter sido instituída independentemente da valorização dos imóveis dos contribuintes.
D) É inválida, porque deveria ter, como limite individual, o valor global da despesa realizada pelo Poder Público na obra e não a valorização de cada imóvel.

RESPOSTA

A) A competência para a instituição do tributo é do Município que realizou a obra.

☑ A contribuição de melhoria pode ser instituída em razão de valorização imobiliária decorrente de obras públicas, conforme o art. 81 do CTN.

C) A contribuição de melhoria tem como pressuposto a valorização dos imóveis.

D) O limite individual é a valorização do imóvel.

(XXII Exame de Ordem Unificado / FGV) Por meio da Lei Ordinária n. 123, a União instituiu contribuição não cumulativa destinada a garantir a expansão da seguridade social, utilizando, para tanto, fato gerador e base de cálculo distintos dos discriminados na Constituição da República. A referida lei foi publicada em 1º de setembro de 2015, com entrada em vigor em 2 de janeiro de 2016, determinando o dia 1º de fevereiro do mesmo ano como data de pagamento. Por considerar indevida a contribuição criada pela União, a pessoa jurídica A, atuante no ramo de supermercados, não realizou o seu pagamento, razão pela qual, em 5 de julho de 2016, foi lavrado auto de infração para a sua cobrança.

Considerando a situação em comento, assinale a opção que indica o argumento que poderá ser alegado pela contribuinte para impugnar a referida cobrança.

A) A nova contribuição viola o princípio da anterioridade nonagesimal.

B) A nova contribuição viola o princípio da anterioridade anual.

C) A nova contribuição somente poderia ser instituída por meio de lei complementar.

D) A Constituição da República veda a instituição de contribuições não cumulativas.

RESPOSTA

A) Não haveria, na hipótese, ofensa ao período de 90 dias.

B) As contribuições sociais não se submetem ao princípio da anterioridade anual.

☑ A nova contribuição só pode ser instituída por meio de lei complementar, conforme entendimento pacífico do STF ao analisar a conjugação dos arts. 154 e 195 da Constituição.

D) Inexiste vedação constitucional para a criação de novas contribuições, nas condições da questão.

(XXIII Exame de Ordem Unificado / FGV) A pessoa jurídica XYZ, prestadora de serviços contábeis, é devedora de Imposto sobre a Renda Pessoa Jurídica (IRPJ), além de multa moratória e punitiva, dos anos-calendário de 2014 e 2015.

No ano de 2016, a pessoa jurídica XYZ foi incorporada pela pessoa jurídica ABC, também prestadora de serviços contábeis. Sobre a responsabilidade tributária da pessoa jurídica ABC, assinale a afirmativa correta.

A) Ela é responsável apenas pelo IRPJ devido, não sendo responsável pelo pagamento das multas moratória e punitiva.

B) Ela é responsável integral, tanto pelo pagamento do IRPJ devido quanto pelas multas moratória e punitiva.

C) Ela não é responsável pelo pagamento do IRPJ e das multas moratória e punitiva, uma vez que não praticou o fato gerador do tributo.

D) Ela é responsável apenas pelo IRPJ e pela multa moratória, não sendo responsável pelo pagamento da multa punitiva.

RESPOSTA

A) A reponsabilidade tributária por incorporação engloba o tributo, as multas e o juros devidos pela empresa incorporada.

☑ Correto, pois a responsabilidade da incorporadora é integral e abrange o tributo e as multas.

C) Na incorporação a incorporadora nunca pratica o fato gerador da incorporada, mas responde integralmente pelos débitos desta.

D) A incorporadora responde integralmente pelo crédito tributário, inclusive juros e multas punitivas.

(XXIII Exame de Ordem Unificado / FGV) O Estado E publicou a Lei n. 123, instituindo anistia relativa às infrações cometidas em determinada região de seu território, em função de condições a ela peculiares. Diante desse fato, o contribuinte C apresentou requerimento para a concessão da anistia, comprovando o preenchimento das condições e o cumprimento dos requisitos previstos em lei. Efetivada a anistia por despacho da autoridade administrativa, verificou-se o descumprimento, por parte do contribuinte, das condições estabelecidas em lei, gerando a revogação da anistia de ofício. Diante da situação apresentada, assinale a afirmativa correta.

A) A anistia instituída pela Lei n. 123 é inviável, pois a anistia deve abranger todo o território da entidade tributante.

B) Não é possível a revogação da anistia, pois o preenchimento das condições e o cumprimento dos requisitos previstos em lei, por parte do contribuinte, geram direito adquirido.

C) A anistia instituída pela Lei n. 123 é inviável, pois a anistia somente pode ser concedida em caráter geral.

D) É possível a revogação da anistia, pois o despacho da autoridade administrativa efetivando a anistia não gera direito adquirido.

RESPOSTA

A) A anistia pode ser concedida limitadamente a determinada região do território da entidade tributante.

B) A anistia pode ser revogada quando comprovado que o interessado não cumpria as condições e requisitos para sua concessão.

C) A anistia pode ser concedida em caráter geral ou limitadamente.

☑ O ato de reconhecimento da anistia não gera direito adquirido e pode ser revogado de ofício quando constatado que o interessado não cumpria as condições e requisitos para sua concessão.

(XXIII Exame de Ordem Unificado / FGV) A massa falida X possui (i) débitos tributários vencidos de Imposto sobre

Circulação de Mercadorias e Serviços – ICMS; (ii) débitos decorrentes da legislação do trabalho, no valor de 30 salários mínimos; (iii) débitos com os sócios da massa falida X; e (iv) remuneração devida ao administrador da massa. Em tal quadro, assinale a afirmativa correta.

A) O débito de natureza tributária será pago em primeiro lugar.
B) O débito de natureza tributária será pago em segundo lugar.
C) O débito de natureza tributária será pago em terceiro lugar.
D) O débito de natureza tributária será pago em quarto lugar.

RESPOSTA

✓ Na hipótese, o débito de natureza tributária será pago em terceiro lugar, de acordo com a ordem de imputação prevista nos arts. 186, parágrafo único, e 188, do CTN e 83 e 84 da Lei de Falências (Lei n. 11.101/2005). Assim, os débitos tributários serão pagos depois dos extraconcursais (remuneração do administrador da massa) e dos decorrentes da legislação do trabalho, limitados, individualmente, a 150 salários mínimos. Portanto, a alternativa "C" é a correta.

(XXIII Exame de Ordem Unificado / FGV) O reitor de uma faculdade privada sem fins lucrativos (cujas receitas, inclusive seus eventuais superávits, são integralmente reinvestidas no estabelecimento de ensino) deseja saber se está correta a cobrança de impostos efetuada pelo fisco, que negou a pretendida imunidade tributária, sob o argumento de que a instituição de ensino privada auferia lucros. Na hipótese, sobre a atuação do fisco, assinale a afirmativa correta.

A) O fisco agiu corretamente, pois a imunidade tributária apenas alcança instituições de ensino que não sejam superavitárias.
B) O fisco agiu corretamente, pois a imunidade tributária apenas alcança instituições públicas de ensino.
C) O fisco não agiu corretamente, pois não há impedimento à distribuição de lucro pelo estabelecimento de ensino imune.
D) O fisco não agiu corretamente, pois, para que seja concedida tal imunidade, a instituição não precisa ser deficitária, desde que o superávit seja revertido para suas finalidades.

RESPOSTA

A) A imunidade não é afastada pela existência de resultado positivo, desde que este seja integralmente revertido para o objeto social.
B) A imunidade pode alcançar entidades privadas que preencham os requisitos legais.
C) Os estabelecimentos imunes não podem distribuir lucros.
✓ Descabe a cobrança de impostos pelo simples fato de a instituição auferir resultado positivo, desde que este seja integralmente revertido para o objeto social vinculado às suas finalidades essenciais.

(XXIII Exame de Ordem Unificado / FGV) O laboratório de análises clínicas X realizou a importação de equipamento eletrônico necessário para a realização de alguns exames. Por ocasião do desembaraço aduaneiro, foi-lhe exigido o pagamento de Imposto sobre Produtos Industrializados (IPI), cuja base de cálculo correspondia a 150% do preço corrente do equipamento no mercado atacadista da praça do remetente, acrescido do Imposto de Importação (II), das taxas exigidas para a entrada do produto no país e dos encargos cambiais efetivamente pagos pelo laboratório. Sobre a exigência feita, assinale a afirmativa correta.

A) É ilegal, pois, além dos acréscimos, a base de cálculo está sendo de 150% do preço corrente do equipamento no mercado atacadista da praça do remetente.
B) É ilegal, pois a base de cálculo está incluindo o montante correspondente ao imposto de importação.
C) É ilegal, pois a base de cálculo está incluindo o montante correspondente às taxas exigidas para a entrada do produto no país.
D) É ilegal, pois a base de cálculo está incluindo o montante correspondente aos encargos cambiais efetivamente pagos pelo laboratório.

RESPOSTA

✓ A base de cálculo do IPI nas importações é o valor aduaneiro, acrescido do imposto de importação e dos encargos cambiais.
B) A inclusão do imposto de importação na base de cálculo do IPI nas importações é prevista em lei.
C) A base de cálculo do IPI na importação é o valor que servir ou que serviria de base para o cálculo dos tributos aduaneiros, por ocasião do despacho de importação, acrescido do montante desses tributos e dos encargos cambiais efetivamente pagos pelo importador ou deste exigíveis.
D) A inclusão dos encargos cambiais na base de cálculo do IPI é autorizada por lei.

(XXIV Exame de Ordem Unificado / FGV) Considere que Luís é um andarilho civilmente capaz que não elegeu nenhum lugar como seu domicílio tributário, não tem domicílio civil, nem residência fixa, e não desempenha habitualmente atividades em endereço certo. A partir da hipótese apresentada, de acordo com o Código Tributário Nacional e no silêncio de legislação específica, assinale a afirmativa correta.

A) Luís nunca terá domicílio tributário.
B) O domicílio tributário de Luís será o lugar da situação de seus bens ou da ocorrência do fato gerador.
C) O domicílio tributário de Luís será, necessariamente, a sede da entidade tributante.
D) O domicílio tributário de Luís será a residência de seus parentes mais próximos ou o lugar da situação dos bens de Luís.

RESPOSTA

A) Luís terá domicílio tributário, conforme as regras do art. 127 do CTN.
✓ Alternativa correta, pois o CTN estabelece que quando a pessoa natural não possui domicílio tributário ou civil,

não desempenha atividades habituais em endereço certo nem tampouco elegeu seu domicílio tributário, será considerado como domicílio o lugar da situação dos bens ou da ocorrência dos atos ou fatos que deram origem à obrigação (art. 127, § 1º).

C) O domicílio de Luís será o local dos bens e não a sede da entidade tributante, pois esta regra só se aplica a pessoas jurídicas de direito público.

D) O domicílio de Luís será ou o local da situação dos seus bens ou aquele em que ocorrer o fato gerador.

(XXIV Exame de Ordem Unificado / FGV) João e Maria celebraram entre si contrato de locação, sendo João o locador e proprietário do imóvel. No contrato, eles estipularam que a responsabilidade pelo pagamento do Imposto sobre a Propriedade Predial e Territorial Urbana (IPTU) do imóvel será de Maria, locatária. Com base nessas informações, assinale a afirmativa correta.

A) O contrato será ineficaz entre as partes, pois transferiu a obrigação de pagar o imposto para pessoa não prevista em lei.

B) O contrato firmado entre particulares não poderá se opor ao fisco municipal, no que tange à alteração do sujeito passivo do tributo.

C) O contrato é válido e eficaz, e, por consequência dele, a responsabilidade pelo pagamento do tributo se tornará solidária, podendo o fisco municipal cobrá-lo de João e/ou de Maria.

D) No caso de o fisco municipal cobrar o tributo de João, ele não poderá ajuizar ação regressiva em face de Maria.

RESPOSTA

A) O contrato não pode transferir a obrigação de pagar imposto a terceiros nem pode ser oponível ao fisco municipal.

✓ Alternativa correta, pois os contratos firmados entre particulares não podem, em regra, ser opostos aos interesses da Fazenda Pública, para modificar a definição legal do sujeito passivo das obrigações tributárias correspondentes, conforme estabelece o art. 123 do CTN.

C) O contrato não é válido ou eficaz contra os interesses do fisco municipal.

D) A possibilidade de ação de regresso depende do que dispuserem as partes, mas não se confunde com a inoponibilidade ao fisco.

(XXIV Exame de Ordem Unificado / FGV) O Município X, graças a uma lei municipal publicada no ano de 2014, concedeu isenção de IPTU aos proprietários de imóveis cujas áreas não ultrapassassem 70m². João possui um imóvel nessa condição e procura seus serviços, como advogado(a), para saber se deve pagar a taxa de coleta de resíduos sólidos urbanos, instituída pelo município por meio de lei publicada em junho de 2017, a ser exigida a partir do exercício financeiro seguinte. Diante desse quadro fático, assinale a afirmativa correta.

A) João não deve pagar a taxa de coleta, uma vez que a isenção do IPTU se aplica a qualquer outro tributo.

B) João não deve pagar a taxa de coleta, porque, sendo a lei instituidora da taxa posterior à lei que concedeu a isenção, por esta é abrangida, ficando João desobrigado do IPTU e da taxa.

C) João deve pagar a taxa de coleta, porque a isenção só é extensiva às contribuições de melhoria instituídas pelo município.

D) João deve pagar a taxa de coleta, porque, salvo disposição de lei em contrário, a isenção não é extensiva às taxas.

RESPOSTA

A) João deve pagar a taxa, posto que a isenção relativa ao IPTU não se aplica a outros tributos.

B) João deve pagar a taxa porque a isenção não se aplica a tributos instituídos posteriormente à lei que a concedeu.

C) João deve pagar a taxa, mas o fundamento está incorreto, pois a isenção não é extensiva às taxas ou contribuições de melhoria instituídas pelo município.

✓ Alternativa correta, pois de acordo com o art. 177 do CTN a isenção concedida não é extensiva às taxas, como na hipótese formulada pela questão.

(XXIV Exame de Ordem Unificado / FGV) A pessoa jurídica A declarou débitos de Imposto sobre a Renda (IRPJ) que, no entanto, deixaram de ser quitados. Diante do inadimplemento da contribuinte, a União promoveu o protesto da Certidão de Dívida Ativa (CDA) decorrente da regular constituição definitiva do crédito tributário inadimplido. Com base em tais informações, no que tange à possibilidade de questionamento por parte da contribuinte em relação ao protesto realizado pela União, assinale a afirmativa correta.

A) O protesto da CDA é indevido, uma vez que o crédito tributário somente pode ser cobrado por meio da execução fiscal.

B) O protesto da CDA é regular, por se tratar de instrumento extrajudicial de cobrança com expressa previsão legal.

C) O protesto da CDA é regular, por se tratar de instrumento judicial de cobrança com expressa previsão legal.

D) O protesto da CDA é indevido, por se tratar de sanção política sem previsão em lei.

RESPOSTA

A) O protesto da CDA é regular, pois o crédito tributário pode ser objeto de protesto.

✓ Alternativa correta, posto que a CDA é um instrumento extrajudicial de cobrança que pode ser protestado, conforme autoriza o parágrafo único da Lei n. 9.492/97, com a redação dada pela Lei n. 12.767/2012.

C) O protesto é regular, mas a CDA é um instrumento extrajudicial de cobrança e não judicial, como afirma a alternativa.

D) O protesto da CDA é devido e o título não se caracteriza como sanção política.

(XXIV Exame de Ordem Unificado / FGV) O Estado A ajuizou execução fiscal em face da pessoa jurídica B, com o objetivo de cobrar crédito referente ao Imposto sobre a Circulação de Mercadorias e Prestação de Serviços (ICMS). Nesse sentido, requereu, em sua petição inicial, que, após a citação, fosse determinada a imediata indisponibilidade de bens e direitos da contribuinte. Nesse caso, o juiz deve indeferir o pedido, porque a decretação da indisponibilidade de bens e direitos

A) ocorre somente após o insucesso do pedido de constrição sobre ativos financeiros, embora desnecessária qualquer outra providência.

B) ocorre somente após a expedição de ofícios aos registros públicos do domicílio do executado, embora desnecessária qualquer outra providência.

C) ocorre somente após o exaurimento das diligências na busca por bens penhoráveis.

D) é impossível durante a execução fiscal.

RESPOSTA

A) A indisponibilidade de bens e direitos só pode ser decretada quando infrutíferos o pedido de constrição sobre ativos financeiros e a expedição de ofícios aos registros públicos do domicílio do executado, ao Denatran ou Detran.

B) Idem ao item anterior, devem ser infrutíferos tanto o pedido de constrição sobre ativos financeiros como a expedição de ofícios aos registros públicos do domicílio do executado, ao Denatran ou Detran.

✓ Alternativa correta, de acordo com a Súmula 560 do STJ: A decretação da indisponibilidade de bens e direitos, na forma do art. 185-A do CTN, pressupõe o exaurimento das diligências na busca por bens penhoráveis, o qual fica caracterizado quando infrutíferos o pedido de constrição sobre ativos financeiros e a expedição de ofícios aos registros públicos do domicílio do executado, ao Denatran ou Detran.

D) A decretação da indisponibilidade de bens e direitos é possível durante a execução fiscal.

(XXV Exame de Ordem Unificado / FGV) João, no final de janeiro de 2016, foi citado em execução fiscal, proposta no início do mesmo mês, para pagamento de valores do Imposto sobre a Propriedade Predial e Territorial Urbana (IPTU) referente aos anos de 2009 e 2010. Sabe-se que o IPTU em referência aos dois exercícios foi lançado e notificado ao sujeito passivo, respectivamente, em janeiro de 2009 e em janeiro de 2010. Após a ciência dos lançamentos, João não tomou qualquer providência em relação aos débitos. O município não adotou qualquer medida judicial entre a notificação dos lançamentos ao sujeito passivo e o ajuizamento da execução fiscal. Com base na hipótese apresentada, assinale a opção que indica o argumento apto a afastar a exigência fiscal.

A) O crédito tributário está extinto em virtude de decadência.

B) O crédito tributário está extinto em virtude de parcelamento.

C) A exigibilidade do crédito tributário está suspensa em virtude de compensação.

D) O crédito tributário está extinto em virtude de prescrição.

RESPOSTA

A) Na hipótese não se trata de decadência, pois houve lançamento e notificação ao sujeito passivo.

B) O parcelamento não se relaciona com o caso, pois tem por objetivo facilitar o pagamento do crédito tributário.

C) Não se cuida de compensação, pois não há qualquer crédito em favor de João e passível de utilização.

✓ Alternativa correta, pois o transcurso de 5 anos sem qualquer providência do município fulmina, por prescrição, a possibilidade de cobrança do tributo.

(XXV Exame de Ordem Unificado / FGV) Devido à crise que vem atingindo o Estado Y, seu governador, após examinar as principais reclamações dos contribuintes, decidiu estabelecer medidas que facilitassem o pagamento do Imposto sobre a Propriedade de Veículos Automotores (IPVA). Por meio de despacho administrativo, autorizado por lei, perdoou débitos de IPVA iguais ou inferiores a R$ 300,00 (trezentos reais) na época da publicação. Além disso, sancionou lei prorrogando o prazo para pagamento dos débitos de IPVA já vencidos. Com base no caso apresentado, assinale a opção que indica os institutos tributários utilizados pelo governo, respectivamente.

A) Remissão e isenção.

B) Moratória e anistia.

C) Remissão e moratória.

D) Isenção e moratória.

RESPOSTA

A) A afirmativa está incorreta porque a prorrogação do prazo de pagamento não configura isenção.

B) Os dois conceitos estão incorretos e não se relacionam com a hipótese do enunciado.

✓ Alternativa correta, pois a remissão, que é o perdão do crédito tributário, se deu em relação aos valores inferiores a R$ 300,00, enquanto que a moratória, instituída por lei, permitiu a prorrogação dos prazos para pagamento.

D) A alternativa está incorreta porque o perdão do valor de R$ 300,00 não se relaciona com o conceito de isenção.

(XXV Exame de Ordem Unificado / FGV) Em 2015, o Município X estabeleceu, por meio da Lei n. 123, alíquotas progressivas do Imposto sobre propriedade Predial e Territorial Urbana (IPTU), tendo em conta o valor do imóvel. Sobre a hipótese, assinale a afirmativa correta.

A) A lei é inconstitucional, pois a Constituição da República admite alíquotas progressivas do IPTU apenas se destinadas a assegurar o cumprimento da função social da propriedade urbana, o que não é a hipótese.

B) A lei é inconstitucional, pois viola o Princípio da Isonomia.

C) A lei está de acordo com a Constituição da República, e a fixação de alíquotas progressivas poderia até mesmo ser estabelecida por Decreto.

D) A lei está de acordo com a Constituição da República, que estabelece a possibilidade de o IPTU ser progressivo em razão do valor do imóvel.

RESPOSTA

A) Alternativa incorreta, pois a Constituição permite alíquotas progressivas de IPTU em função do valor do imóvel.

B) Alternativa também incorreta, posto que a progressividade, dentro dos parâmetros constitucionais, não viola o princípio da igualdade.

C) Não é possível fixar alíquotas progressivas mediante decreto, em função do princípio da legalidade.

✓ Alternativa correta, pois a progressividade do IPTU em razão do valor do imóvel está prevista na Constituição (art. 156, § 1º, I).

(XXV Exame de Ordem Unificado / FGV) O Município M, ao realizar a opção constitucionalmente prevista, fiscalizou e cobrou Imposto sobre Propriedade Territorial Rural (ITR), incidente sobre as propriedades rurais localizadas fora da sua área urbana. Em função desse fato, o Município M recebeu 50% (cinquenta por cento) do produto do imposto da União sobre a propriedade rural, relativo aos imóveis nele situados. Diante dessa situação, sobre a fiscalização e a cobrança do ITR pelo Município M, assinale a afirmativa correta.

A) Não são possíveis, por se tratar de imposto de competência da União.

B) São possíveis, sendo igualmente correta a atribuição de 50% (cinquenta por cento) do produto da arrecadação do imposto a ele.

C) São possíveis, porém, nesse caso, a totalidade do produto da arrecadação do imposto pertence ao Município.

D) São possíveis, porém, nesse caso, 25% (vinte e cinco por cento) do produto da arrecadação do imposto pertence ao Município.

RESPOSTA

A) Alternativa incorreta, pois o ITR, apesar de ser da competência da União, pode ser fiscalizado e ter seu montante integralmente destinado aos municípios, nos termos da Constituição.

B) Na hipótese, como a fiscalização foi realizada pelo município, todo o produto arrecadado deve a ele ser destinado.

C) Alternativa correta, dado que o município exerceu a possibilidade constitucional de assumir a fiscalização do ITR e receber, em contrapartida, todo o valor arrecadado.

✓ Alternativa incorreta, pois não há previsão de distribuição de 25% para os municípios no caso do ITR.

(XXV Exame de Ordem Unificado / FGV) A pessoa jurídica XXX é devedora de Contribuição Social sobre o Lucro Líquido (CSLL), além de multa de ofício e de juros moratórios (taxa Selic), relativamente ao exercício de 2014. O referido crédito tributário foi devidamente constituído por meio de lançamento de ofício, e sua exigibilidade se encontra suspensa por força de recurso administrativo. No ano de 2015, a pessoa jurídica XXX foi incorporada pela pessoa jurídica ZZZ. Sobre a responsabilidade tributária da pessoa jurídica ZZZ, no tocante ao crédito tributário constituído contra XXX, assinale a afirmativa correta.

A) A incorporadora ZZZ é responsável apenas pelo pagamento da CSLL e dos juros moratórios (taxa Selic).

B) A incorporadora ZZZ é integralmente responsável tanto pelo pagamento da CSLL quanto pelo pagamento da multa e dos juros moratórios.

C) A incorporadora ZZZ é responsável apenas pelo tributo, uma vez que, em razão da suspensão da exigibilidade, não é responsável pelo pagamento das multas e dos demais acréscimos legais.

D) A incorporadora ZZZ é responsável apenas pela CSLL e pela multa, não sendo responsável pelo pagamento dos juros moratórios.

RESPOSTA

A) Alternativa incorreta, porque a responsabilidade da pessoa jurídica é integral.

✓ Alternativa correta, pois a incorporadora é integralmente responsável pelos débitos tributários, inclusive juros e multas, conforme o art. 132 do CTN, Súmula 554 do STJ, e também nos termos de Recurso Repetitivo (STJ 923.012/MG).

C) Alternativa incorreta, dado que a responsabilidade alcança as multas e demais acréscimos legais.

D) Alternativa incorreta, pois a responsabilidade também atinge os juros moratórios.

Ética

André Barbieri

Mestre em Direito. Professor de Direito Público. Professor no Saraiva Aprova. Advogado. *Site*: www.professorbarbieri.com.br.

Sumário

1. DA ORDEM DOS ADVOGADOS DO BRASIL (OAB)

A Ordem dos Advogados do Brasil (OAB) é uma entidade com personalidade jurídica própria e forma federativa, presta um serviço público e tem como finalidades (art. 44 do Estatuto):

a) Defender a Constituição Federal, a ordem jurídica do Estado Democrático de Direito, os direitos humanos, a justiça social, sempre lutando pela boa aplicação das leis, pela rápida administração da justiça e pelo aperfeiçoamento das instituições jurídicas como um todo.
b) Promover, com exclusividade, a representação, a defesa, a seleção e a disciplina dos advogados em todo o Brasil.

Sendo assim, muito importante lembrar que a OAB não tem qualquer subordinação para com o Estado, nem possui qualquer tipo de vínculo funcional ou hierárquico para com a Administração Pública. Lembre-se que a OAB não compõe os quadros do Estado, ou seja, não faz parte da Administração Pública direta nem da indireta.

Diante disso, a **OAB é uma instituição *sui generis***, ou seja, não é uma autarquia, também não se confunde com os conselhos de fiscalização profissional, não precisa realizar concursos públicos para contratar pessoal, não tem o dever de licitar para comprar e não presta contas ao Tribunal de Contas. Entenda que a OAB é um serviço público independente de categoria ímpar no rol das personalidades jurídicas existentes no direito brasileiro (ver ADIn 3.026/2006, rel. Min. Eros Grau). Vale lembrar que a OAB, por ser um serviço público, goza de imunidade tributária total em relação aos seus bens, rendas e serviços (art. 45, § 5º, do Estatuto).

Em recente decisão, o STF consolidou o entendimento de que **compete à Justiça Federal processar e julgar ações em que a Ordem dos Advogados do Brasil**, quer mediante o Conselho Federal, quer por intermédio da Seccional, figure na relação processual (RE 595.322/PR).

> Ainda, aos servidores da OAB, aplica-se o regime trabalhista, logo, por não manter vínculo hierárquico ou ter subordinação com o Estado, sendo uma entidade *sui generis*, não é compatível o regime estatutário dos servidores públicos, conforme ADIn 3.026.

1.1. Estrutura da OAB

A Ordem dos Advogados do Brasil possui uma estrutura própria em que cada um dos seus órgãos é dotado de competências e atribuições especiais para a efetiva realização de seus objetivos. Compreender esta estrutura é de grande importância para a nossa prova. Diante disso, são **órgãos que compõem a OAB:** o Conselho Federal, os Conselhos Seccionais, as Subseções e as Caixas de Assistência dos Advogados (art. 45 do Estatuto).

Vejamos:

> **Art. 45.** São órgãos da OAB:
> **I** – o Conselho Federal;
> **II** – os Conselhos Seccionais;
> **III** – as Subseções;
> **IV** – as Caixas de Assistência dos Advogados.
> **§ 1º** O Conselho Federal, dotado de personalidade jurídica própria, com sede na capital da República, é o órgão supremo da OAB.
> **§ 2º** Os Conselhos Seccionais, dotados de personalidade jurídica própria, têm jurisdição sobre os respectivos territórios dos Estados-membros, do Distrito Federal e dos Territórios.
> **§ 3º** As Subseções são partes autônomas do Conselho Seccional, na forma desta lei e de seu ato constitutivo.
> **§ 4º** As Caixas de Assistência dos Advogados, dotadas de personalidade jurídica própria, são criadas pelos Conselhos Seccionais, quando estes contarem com mais de mil e quinhentos inscritos.
> **§ 5º** A OAB, por constituir serviço público, goza de imunidade tributária total em relação a seus bens, rendas e serviços.
> **§ 6º** Os atos conclusivos dos órgãos da OAB, salvo quando reservados ou de administração interna, devem ser publicados na imprensa oficial ou afixados no fórum, na íntegra ou em resumo.

Muito cuidado que o Tribunal de Ética e Disciplina não é um órgão autônomo na estrutura da OAB.

Agora, vamos entender cada um destes órgãos:

a) **Conselho Federal (arts. 51 ao 55 do Estatuto):** é dotado de personalidade jurídica própria, tem sede na capital da República, ou seja, Brasília, sendo o órgão supremo da OAB. O Conselho Federal é formado pelos conselheiros federais, integrantes das delegações de cada unidade federativa, e dos seus ex-presidentes, na qualidade de membros honorários vitalícios. Vale lembrar que cada delegação é formada por três conselheiros federais.

> Lembre-se que **os ex-presidentes não possuem o direito a voto**, têm somente o direito a voz nas sessões.

Nas deliberações do Conselho, vale ressaltar que o Presidente tem apenas o voto de qualidade, ou seja, se necessário votará para desempatar.

Dentre as competências do Conselho Federal, podemos destacar: dar cumprimento efetivo às finalidades da OAB; representar, em juízo ou fora dele, os interesses coletivos ou individuais dos advogados; velar pela dignidade, independência, prerrogativas e valorização da advocacia; representar, com exclusividade, os advogados brasileiros nos órgãos e eventos internacionais da advocacia; editar e alterar o Regulamento Geral, o Código de Ética e Disciplina e os Provimentos que julgar necessários; intervir nos Conselhos Seccionais, onde e quando constatar grave violação desta lei ou do regulamento geral (desde que tenha a prévia aprovação por dois terços das delegações, garantido o amplo direito de defesa do Conselho Seccional objeto da intervenção, além de, uma vez aprovada a intervenção, nomear diretoria provisória por prazo determinado); julgar, em grau de recurso, as questões decididas pelos Conselhos Seccionais, nos casos previstos neste estatuto e no regulamento geral; elaborar as listas constitucionalmente previstas, para o preenchimento dos cargos nos tribunais judiciários de âmbito nacional ou interestadual, com advogados que estejam em pleno exercício da profissão, vedada a inclusão de nome de membro do próprio Conselho ou de outro órgão da OAB; ajuizar ação direta de inconstitucionalidade de normas legais e atos normativos, ação civil pública, mandado de segurança coletivo, mandado de injunção e demais ações cuja legitimação lhe seja outorgada por lei.

Muito cuidado que o Conselho Federal pode editar atos administrativos da OAB, mas não pode alterar o Estatuto da Advocacia, pois esta é uma lei federal e depende da atuação do Congresso Nacional.

O Conselho Federal possui uma diretoria, sendo esta composta de um Presidente, de um Vice-Presidente, de um Secretário-Geral, de um Secretário-Geral Adjunto e de um Tesoureiro. O Presidente exercerá a representação nacional e internacional da OAB, cabendo a ele convocar o Conselho Federal, presidi-lo, representá-lo, ativa e passivamente, seja em juízo ou fora dele. Ainda, nas deliberações do Conselho Federal, os membros da diretoria votam como membros de suas delegações, cabendo ao Presidente, apenas, o voto de qualidade e o direito de embargar a decisão, se esta não for unânime.

Nos termos do art. 152 do Regulamento Geral a **"Medalha Rui Barbosa"** é a comenda máxima conferida pelo Conselho Federal às grandes personalidades da advocacia brasileira. Lembre-se que a Medalha só pode ser concedida uma vez, no prazo do mandato do Conselho, e será entregue ao homenageado em sessão solene.

Por fim, vale lembrar que a **Conferência Nacional dos Advogados** é órgão consultivo máximo do Conselho Federal, reunindo-se trienalmente, no segundo ano do mandato, tendo por objetivo o estudo e o debate das questões e problemas que digam respeito às finalidades da OAB e ao congraçamento dos advogados. Sendo assim, são membros das Conferências: os efetivos, sendo os Conselheiros e Presidentes dos órgãos da OAB presentes, os advogados e estagiários inscritos na Conferência, todos com direito a voto, e os convidados, ou seja, as pessoas a quem a Comissão Organizadora conceder tal qualidade, sem direito a voto, salvo se for advogado (arts. 145 e 146, ambos do Regulamento Geral).

b) Conselho Seccional (arts. 56 ao 59 do Estatuto): são dotados de personalidade jurídica própria e possuem jurisdição sobre a área territorial dos Estados-membros ou do Distrito Federal correspondente. **O número de Conselheiros de cada Seção será proporcional** ao número de inscritos: mínimo de 30 e máximo de 80, sendo que cada Conselheiro terá o direito à voz e a votar nas deliberações. Serão membros honorários vitalícios os ex-presidentes, uma vez que estes somente terão direito à voz, nas sessões. O mesmo sendo válido para o Presidente do Instituto dos Advogados local.

Dentre as competências do Conselho Seccional, podemos destacar: criar as Subseções e a Caixa de Assistência dos Advogados; julgar, em grau de recurso, as questões decididas por seu Presidente, por sua diretoria, pelo Tribunal de Ética e Disciplina, pelas diretorias das Subseções e da Caixa de Assistência dos Advogados (o Conselho Seccional é o primeiro grau recursal na estrutura processual da OAB); fixar a tabela de honorários, válida para todo o território estadual; realizar o Exame de Ordem; decidir os pedidos de inscrição nos quadros de advogados e estagiários; determinar, com exclusividade, critérios para o traje dos advogados, no exercício profissional; definir a composição e o funcionamento do Tribunal de Ética e Disciplina e escolher seus membros.

Muito cuidado que o Exame de Ordem é unificado em todo o território nacional, cabendo regulamentação pelo Conselho Federal da OAB. Dessa maneira, os Conselhos Seccionais possuem atribuição de realização, nunca de regulamentação.

c) **Subseção (arts. 60 e 61, ambos do Estatuto):** pode ser criada pelo Conselho Seccional, sendo parte autônoma deste. Cada subseção pode abranger uma área equivalente ao Município, mais de um Município, parte de um Município e, também, da capital do Estado. Vale lembrar que a **criação da subseção depende da existência de, no mínimo, 15 advogados lá estabelecidos profissionalmente**. Caso exista mais de cem advogados, a Subseção pode ser integrada, também, por um conselho em número de membros fixado pelo Conselho Seccional.

Dentre as competências da Subseção, podemos destacar: dar cumprimento efetivo às finalidades da OAB; representar a OAB perante os poderes constituídos; instaurar e instruir processos disciplinares, para julgamento pelo Tribunal de Ética e Disciplina; receber pedido de inscrição nos quadros de advogado e estagiário, instruindo e emitindo parecer prévio, para decisão do Conselho Seccional.

Tenha atenção na leitura do art. 50 do Estatuto, pois foi objeto de interpretação conforme a Constituição Federal. Assim, a interpretação dada pelo Supremo Tribunal Federal foi no sentido de que os Presidentes das Seccionais ou Subseções, para exercer o direito previsto no art. 50 do Estatuto, deverão motivar o pedido e demonstrar a vinculação com as finalidades do Estatuto e da própria OAB.

> **Art. 50.** Para os fins desta lei, os Presidentes dos Conselhos da OAB e das Subseções podem requisitar cópias de peças de autos e documentos a qualquer tribunal, magistrado, cartório e órgão da Administração Pública direta, indireta e fundacional. (Ver ADIn 1.127-8)

d) **Caixa de Assistência dos Advogados (art. 62 do Estatuto):** conta com personalidade jurídica própria, podendo ser criada pelo Conselho Seccional que possua **mais de mil e quinhentos escritos**. A grande finalidade da Caixa é de prestar assistência aos inscritos no Conselho Seccional a que estão vinculados, quer seja através de benefícios, convênio etc. Sua diretoria é formada por cinco membros.

2. DA INSCRIÇÃO

O advogado inscrito na OAB terá sua inscrição principal no Conselho Seccional em cujo território pretenda estabelecer o seu domicílio profissional. Para se inscrever como advogado será necessário ter: capacidade civil; diploma ou certidão de graduação em Direito, obtido em instituição de ensino oficialmente autorizada e credenciada; título de eleitor e quitação do serviço militar, se brasileiro; aprovação no Exame de Ordem; ausência de exercício de atividade incompatível com a advocacia; idoneidade moral; prestado compromisso perante o conselho.

Caso seja estrangeiro ou brasileiro (não graduado em Direito, no Brasil) deverá fazer prova do título de graduação, obtido em instituição estrangeira, já devidamente revalidado, bem como precisará atender aos outros requisitos mencionados acima.

Muito cuidado que não atenderá ao requisito de idoneidade moral aquele que tiver sido condenado por crime infamante, salvo reabilitação judicial.

Por **crime infamante** podemos considerar aquele que denigre toda a classe dos advogados, determina desprestígio ao exercício da advocacia a partir da grande repercussão do ato.

Vale a pena a memorização do art. 8º do Estatuto:

> **Art. 8º** Para inscrição como advogado é necessário:
> **I** – capacidade civil;
> **II** – diploma ou certidão de graduação em direito, obtido em instituição de ensino oficialmente autorizada e credenciada;
> **III** – título de eleitor e quitação do serviço militar, se brasileiro;
> **IV** – aprovação em Exame de Ordem;
> **V** – não exercer atividade incompatível com a advocacia;
> **VI** – idoneidade moral;
> **VII** – prestar compromisso perante o conselho.
> **§ 1º** O Exame da Ordem é regulamentado em provimento do Conselho Federal da OAB.
> **§ 2º** O estrangeiro ou brasileiro, quando não graduado em direito no Brasil, deve fazer prova do título de graduação, obtido em instituição estrangeira, devidamente revalidado, além de atender aos demais requisitos previstos neste artigo.
> **§ 3º** A inidoneidade moral, suscitada por qualquer pessoa, deve ser declarada mediante decisão que obtenha no mínimo dois terços dos votos de todos os membros do conselho competente, em procedimento que observe os termos do processo disciplinar.
> **§ 4º** Não atende ao requisito de idoneidade moral aquele que tiver sido condenado por crime infamante, salvo reabilitação judicial.

Para realizar a inscrição como estagiário será essencial ter: capacidade civil; título de eleitor e quitação do serviço militar, se brasileiro; não exercer atividade incompatível com a advocacia; idoneidade moral; prestar compromisso perante o Conselho e ser admitido em estágio profissional de advocacia. O estágio profissional de advocacia terá duração de dois anos e será realizado nos últimos anos do curso, sendo obrigatório o estudo deste Estatuto e do Código de Ética e Disciplina.

Lembre-se do art. 9º, § 3º, do Estatuto, pois o aluno de curso jurídico que exerça atividade incompatível com a advocacia pode frequentar o estágio ministrado pela respectiva instituição de ensino superior, para fins de aprendizagem, sendo proibida sua inscrição na OAB.

A inscrição do estagiário é feita no Conselho Seccional em cujo território se localize seu curso jurídico. Assim, imagine que o estagiário resida em Santa Catarina, mas seu curso jurídico seja no Estado do Paraná. Sua inscrição deverá ocorrer na OAB/PR.

Outro ponto muito importante é não confundir as inscrições: a principal, a suplementar e a por transferência:

a) **Inscrição principal:** também é chamada de inscrição definitiva e será aquela que o advogado utiliza em seu domicílio profissional, ou seja, no local em que exerce sua profissão de forma habitual. Esta inscrição deve ser feita no Conselho Seccional em cujo território pretende estabelecer o seu domicílio profissional, na forma do regulamento geral. Considera-se domicílio profissional a sede principal da atividade de advocacia, mas se surgir dúvida, valerá o domicílio da pessoa física do advogado.

b) **Inscrição suplementar:** deverá ser realizada pelo advogado que exerça a profissão em mais de cinco causas por ano, em qualquer Conselho Seccional diverso daquele em que tenha sua inscrição principal. A grande questão é o elemento "habitualidade". Explicamos: o advogado é livre para exercer a advocacia no território do Conselho Seccional em que tiver seu domicílio profissional. Porém, quando ele tiver mais de cinco causas em outro Estado, imprescindível será a inscrição suplementar (configuração da habitualidade). Outra hipótese acontecerá quando o advogado abrir filial da sociedade de advogados. Nesse caso, pouco importa o critério da habitualidade, nos termos do art. 15, § 5º, do Estatuto. Vale lembrar que não se inclui como intervenção judicial o exercício da advocacia preventiva, tal qual assessoria e consultoria jurídica.

c) **Inscrição por transferência:** caso o advogado altere o seu domicílio profissional (mude de Estado), deverá solicitar a transferência de sua inscrição principal para o Conselho Seccional respectivo. Vale lembrar que o advogado continuará com uma inscrição principal, porém em outro Conselho Seccional.

Veja o nosso quadro-resumo:

Inscrição principal	Será obtida no Conselho Seccional em que o advogado tenha seu domicílio profissional, e, na dúvida, aplicar-se-á o domicílio da pessoa física
Inscrição suplementar	Será imprescindível quando o advogado atuar em mais de cinco causas por ano

Muito cuidado que será causa de cancelamento da inscrição do advogado que: assim o requerer; sofrer penalidade de exclusão; falecer; passar a exercer, em caráter definitivo, atividade incompatível com a advocacia; perder qualquer um dos requisitos necessários para a inscrição.

Caso o advogado passe a exercer, temporariamente, atividade incompatível com o exercício da advocacia, deverá solicitar seu licenciamento (ver art. 12 do Estatuto). Vamos comparar os dois institutos:

Cancelamento	Licenciamento
Requerimento (sem necessidade de motivar) Pena de exclusão Falecimento Exercício de atividade incompatível (definitivamente) Ausência de qualquer dos requisitos para a inscrição	Requerimento (precisa motivar) Exercício de atividade incompatível (temporariamente) Doença mental curável

Uma vez que ocorra o cancelamento, teremos: desligamento do advogado da OAB, ausência do pagamento da anuidade e, caso retorne à OAB, deverá realizar novo pedido de inscrição. Contudo, uma vez que ocorra o licenciamento, teremos: afastamento temporário da OAB, manutenção do número de inscrição, e o pagamento da anuidade não é obrigatório.

Será causa de cancelamento da inscrição do advogado que: assim o requerer; sofrer penalidade de exclusão; falecer; passar a exercer, em caráter definitivo, atividade incompatível com a advocacia; perder qualquer um dos requisitos necessários para inscrição.

Caso o advogado passe a exercer, temporariamente, atividade incompatível com o exercício da advocacia, deverá solicitar seu licenciamento (ver art. 12 do Estatuto).

3. DO EXERCÍCIO DA ADVOCACIA

Tanto a Constituição Federal (art. 133) quanto o Estatuto da Advocacia (art. 2º) elevam o advogado como indispensável à administração da justiça, sendo inviolável por seus atos e manifestações no exercício profissional, sempre respeitados os limites da lei. No seu ministério privado, o advogado presta um serviço público, bem como exerce função social. Em outras palavras, o exercício da advocacia não deve ser compreendido como apenas uma profissão, mas, carrega em si o conceito de *múnus público*, ou seja, uma função social.

Assim como o advogado é indispensável à **administração da justiça**, o exercício da advocacia é indispensável à sociedade e ao exercício da plena cidadania. Tanto que é obrigação do advogado proceder de forma que o torne merecedor de respeito e que contribua para o prestígio da classe, sempre mantendo, no exercício da profissão, independência em qualquer circunstância.

Cabe ao advogado atuar sempre com independência, sem qualquer receio de desagradar qualquer autoridade, nem de incorrer em impopularidade, no exercício da profissão.

No que couber, estas disposições também são aplicáveis aos advogados públicos, incluindo aqueles que ocupem posição de chefia e direção jurídica. Até porque, o advogado público observará nas relações com os colegas, autoridades, servidores e o público em geral, o dever de urbanidade, sendo sua obrigação tratar a todos com respeito e consideração (ver art. 8º do Código de Ética e Disciplina).

Garante o Estatuto que são **atividades privativas** da advocacia a postulação (ato de pedir) aos órgãos do Poder Judiciário e aos juizados especiais e o exercício de atividades de consultoria, assessoria e direção jurídica (art. 1º do Estatuto). Sobre o aspecto da assessoria/consultoria e nas direções e gerências jurídicas, vale lembrar que todas estas atividades são privativas do advogado, sequer sendo possível a realização por bacharéis em Direito ou por estagiários.

Muito cuidado que a ADI 1.127-8 suprimiu a palavra "qualquer" do inciso I, art. 1º, do Estatuto.

Todavia, caso um ato privativo de advogado seja praticado por outra pessoa não inscrita nos quadros da OAB, este ato será nulo, sem prejuízo das sanções civis, penais e administrativas. Serão também nulos os atos praticados por advogado impedido – no âmbito do impedimento – suspenso, licenciado ou que passar a exercer atividade incompatível com a advocacia.

Precisamos lembrar que o visto em ato constitutivo de sociedade, por exigência da lei, deverá conter assinatura do advogado. A exceção está na Lei Complementar n. 123/2006, que retirou tal exigência para as microempresas e empresas de pequeno porte.

Outro ponto importante é a existência de atos extrajudiciais que também determinam a presença do advogado, tais como: inventários, separações extrajudiciais...

Não se esqueça do estagiário de advocacia, devidamente inscrito na OAB, pois também poderá praticar atos privativos, desde que em conjunto com o advogado e sob sua responsabilidade. Todavia, pode o **estagiário, de forma isolada**, atuar:

a) para retirar ou devolver autos em cartório;

b) obter certidões de peças ou autos de processos em curso ou findos; e

c) assinar petição de juntada de documentos a processos judiciais ou administrativos.

Como vimos, a regra é a postulação em juízo pelo advogado, porém, não se trata de regra absoluta, uma vez que o advogado será dispensável nos seguintes casos:

a) ***Habeas corpus*:** a impetração do *habeas corpus* poderá ser feita por qualquer pessoa, sendo dispensável a figura do advogado. Vale lembrar que para impetrar o *habeas corpus* a intervenção do advogado é facultativa em qualquer instância ou tribunal. Porém, no que diz respeito ao mandado de segurança, ao mandado de injunção, ao *habeas data* e à ação popular teremos sempre a necessidade do advogado.

b) Processo Administrativo Disciplinar: A Súmula Vinculante n. 5, STF, determinou que a falta de defesa técnica, no processo administrativo disciplinar, não ofende o texto constitucional.

c) Justiça de Paz: a celebração de casamentos, verificação de processo de habilitação e o exercício de funções conciliatórias, sem caráter jurisdicional, não exigem o advogado.

d) Ação Revisional Penal: determina o art. 623 do Código de Processo Penal que a revisão poderá ser pedida pelo próprio réu e, em caso de falecimento deste, pelo cônjuge, ascendentes, descendentes ou pelo irmão, no que diz respeito às Varas do Trabalho e aos Tribunais Regionais do Trabalho (2ª instância). Sendo assim, o advogado é obrigatório nas instâncias extraordinárias (TST), bem como nas ações de mandado de segurança, ação rescisória e ação cautelar.

e) Justiça do Trabalho: o art. 791 da CLT permite que as partes reclamem pessoalmente na Justiça do Trabalho, no que diz respeito às Varas do

Trabalho e aos Tribunais Regionais do Trabalho (2ª instância). Sendo assim, o advogado é obrigatório nas instâncias extraordinárias (TST), bem como nas ações de mandado de segurança, ação rescisória e ação cautelar;

f) **Juizado especial:** tanto no juizado especial estadual (Lei n. 9.099/95) quanto no juizado especial federal (Lei n. 10.259/2001) é possível postular sem a necessidade do advogado. Nos Juizados Especiais Cíveis Estaduais a regra será a facultatividade do advogado nas ações até 20 salários mínimos (em 1º grau de jurisdição, pois em grau recursal, seja qual for o valor, a participação do advogado é obrigatória), nos termos do art. 9º da Lei n. 9.099/95. Já nos Juizados Especiais Cíveis Federais o advogado é facultativo, em 1º grau de jurisdição, nas causas até sessenta salários mínimos, mas será obrigatória a presença do advogado em grau recursal, nos termos do art. 10 da Lei n. 10.259/2001.

3.1. A divulgação da advocacia e a publicidade profissional

É terminantemente proibido divulgar o exercício da advocacia com outra atividade. Assim, o **princípio da exclusividade** determina que não se pode divulgar com a advocacia nenhuma outra profissão, seja de natureza civil, comercial, pública, privada e até mesmo uma atividade não lucrativa (art. 1º, § 3º, do Estatuto).

A proibição mencionada é estendida para o espaço físico. Assim, não poderá exercer, no mesmo espaço profissional, outra atividade conjunta com a advocacia. Ainda, o art. 39 do Código de Ética e Disciplina determina que a publicidade profissional deve primar pela discrição, não podendo configurar captação de clientela ou mercantilização da profissão.

Pode o advogado ser também corretor de imóveis, dentista, médico, dentre outras profissões. Mas, para exercer a advocacia deverá individualizar seu escritório, não podendo dividir este espaço profissional com nenhuma outra atividade.

Quanto à publicidade profissional, deverá o advogado se pautar pelo caráter meramente informativo, primando pela discrição e sobriedade, jamais realizando divulgações que exteriorizem captação de clientela ou mercantilização da profissão (ver arts. 39 ao 47 do Código de Ética e Disciplina). Diante disso, é terminantemente proibido utilizar destas iniciativas, dentre outras: veicular publicidade por meio de rádio, cinema e televisão; uso de outdoors ou painéis luminosos com nítido caráter mercantil; realizar inscrições em muros, paredes, veículos, elevadores ou em qualquer espaço público; utilização de mala direta, distribuição de panfletos ou outras formas de publicidade, com o objetivo de captação de clientela; divulgar ou deixar que seja divulgada listagem de clientes do escritório (...).

Exclusivamente para fins de identificação dos escritórios de advocacia, é permitida a utilização de placas, painéis luminosos e inscrições em suas fachadas.

3.2. Da postulação

O advogado postula em juízo (ou fora dele) sempre fazendo prova do mandato (art. 5º do Estatuto). Assim, na defesa dos interesses do cliente, o advogado atuará sempre com o instrumento de mandato, possuindo todos os poderes outorgados pelo seu cliente, seja mediante um instrumento particular ou público.

Poderá o advogado postular, sem apresentar o mandato, sempre que estiver numa situação de urgência, devendo apresentá-lo no prazo de 15 dias, prorrogáveis por mais 15 dias.

Uma vez outorgado os poderes, o instrumento de mandato será válido desde o primeiro ato praticado e, como regra, durará até o arquivamento do processo, estando o advogado obrigado e responsável pelo acompanhamento.

Quando o advogado **renunciar ao mandato**, continuará, como regra, durante os dez dias seguintes à notificação da renúncia, representando o mandante, salvo se ocorrer substituição antes do término do prazo.

Cuidado:

Renúncia	Revogação
▪ ato unilateral do advogado (pouco importa se o cliente concorda ou não) ▪ após a notificação do cliente o advogado terá o dever de prosseguir com a representação do "antigo" cliente por mais dez dias, salvo se este constituir novo advogado	▪ ato unilateral do cliente (pouco importa se o advogado concorda ou não) ▪ o advogado continua com o direito de receber os honorários (contratados e sucumbenciais), na proporção dos serviços prestados

3.3. Do sigilo

O Código de Ética e Disciplina regulamenta o sigilo no exercício da advocacia sendo, inclusive, um dever do advogado de guardar sigilo dos fatos de que tome conhecimento no exercício da profissão. Dessa forma, o sigilo profissional abrange os fatos de que o advogado tenha tido conhecimento em virtude de funções desempenhadas na Ordem dos Advogados do Brasil (art. 35 do CED).

Importante destacar que o sigilo profissional é de ordem pública, independendo de solicitação de reserva que lhe seja feita pelo cliente. Por reflexo, há uma presunção de confidencialidade de todas as comunicações entre o advogado com o seu cliente.

Da mesma forma se submete às regras do sigilo o advogado que venha a atuar no exercício das funções de mediador, conciliador e árbitro.

Contudo, o sigilo não é absoluto e poderá ser flexibilizado quando: estivermos diante de situações excepcionais que configurem justa causa, como nos casos de grave ameaça ao direito à vida e à honra, além dos casos que importam em defesa própria.

Além disso, o advogado não é obrigado a depor, em processo ou procedimento judicial, administrativo ou arbitral, sobre fatos a cujo respeito deva guardar sigilo profissional.

3.4. Do advogado empregado

É perfeitamente cabível a configuração da relação de emprego para com o advogado, até pelo fato de que esta situação não retira a isenção técnica nem reduz a independência profissional, inerentes à advocacia. Diante disso, vale ressaltar que o advogado empregado não está obrigado à prestação de serviços profissionais de interesse pessoal dos empregadores, fora da relação de emprego. Na prática, quer seja o advogado empregado no escritório, em empresas privadas, quer exerça cargo de direção jurídica, dentre outros, mantém suas prerrogativas e independências inerentes à profissão de advogado.

Quanto ao salário mínimo do advogado empregado, esta verba será fixada em sentença normativa, salvo se ajustado em acordo ou convenção coletiva de trabalho.

A jornada de trabalho do advogado empregado, no exercício da profissão, não poderá exceder a duração diária de quatro horas contínuas e a de vinte horas semanais, via de regra, salvo acordo ou convenção coletiva ou em caso de dedicação exclusiva. Na prática, é praticamente impossível encontrar um advogado empregado que tenha uma jornada diária de trabalho de apenas quatro horas contínuas. De toda forma, considera-se como período de trabalho todo o período em que o advogado estiver à disposição do empregador, aguardando ou executando ordens, seja no seu escritório ou em atividades externas, devendo receber o reembolso das despesas feitas com transporte, hospedagem e alimentação.

Por evidente, **as horas trabalhadas que excederem a jornada normal, serão remuneradas por um adicional não inferior a cem por cento sobre o valor da hora normal, mesmo havendo contrato escrito. Já as horas trabalhadas no período das vinte horas de um dia até as cinco horas do dia seguinte serão remuneradas como noturnas, acrescidas do adicional de vinte e cinco por cento.**

Nas causas em que for parte o empregador, ou pessoa por este representada, vale lembrar que os honorários de sucumbência são devidos aos advogados empregados.

Nesse mesmo contexto, os honorários de sucumbência, percebidos por advogado empregado de sociedade de advogados são partilhados entre ele e a empregadora, na forma estabelecida em acordo.

De grande importância é a memorização dos arts. 18 e 20, ambos do Estatuto:

> **Art. 18.** A relação de emprego, na qualidade de advogado, não retira a isenção técnica nem reduz a independência profissional inerentes à advocacia.
>
> **Parágrafo único.** O advogado empregado não está obrigado à prestação de serviços profissionais de interesse pessoal dos empregadores, fora da relação de emprego.
>
> **Art. 20.** A jornada de trabalho do advogado empregado, no exercício da profissão, não poderá exceder a duração diária de quatro horas contínuas e a de vinte horas semanais, salvo acordo ou convenção coletiva ou em caso de dedicação exclusiva.
>
> **§ 1º** Para efeitos deste artigo, considera-se como período de trabalho o tempo em que o advogado estiver à disposição do empregador, aguardando ou executando ordens, no seu escritório ou em atividades externas, sendo-lhe reembolsadas as despesas feitas com transporte, hospedagem e alimentação.
>
> **§ 2º** As horas trabalhadas que excederem a jornada normal são remuneradas por um adicional não inferior a cem por cento sobre o valor da hora normal, mesmo havendo contrato escrito.
>
> **§ 3º** As horas trabalhadas no período das vinte horas de um dia até as cinco horas do dia seguinte são remuneradas como noturnas, acrescidas do adicional de vinte e cinco por cento.

4. DOS HONORÁRIOS ADVOCATÍCIOS

Ao advogado que prestou seus serviços profissionais é assegurado o direito ao recebimento dos honorários, que sejam aos honorários convencionados, aos fixados por arbitramento judicial e aos de sucumbência.

a) **Honorário pactuado:** denomina-se pactuado, pois foram estipulados entre o advogado e seu cliente, em que a regra é o recebimento de 1/3 na assinatura do contrato ou da procuração, mais 1/3 na sentença de primeiro grau e o restante com o trânsito em julgado.

b) **Honorário de sucumbência:** será pago por aquele que sucumbiu ao vitorioso, ou seja, é o honorário pago pela parte derrotada no processo ao advogado vencedor. Cuidado que o honorário de sucumbência não é pago para a parte que venceu a demanda, mas ao advogado vencedor. A regra é que será fixado na sentença entre 10 a 20%.

c) **Honorário judicialmente arbitrado:** quando ocorrer desentendimento entre as partes sobre o valor dos honorários, por exemplo, este deverá ser arbitrado, sempre levando em conta a tabela de honorários do Conselho Seccional da OAB, juntamente com o zelo e o trabalho apresentados no caso concreto.

Tenha muita atenção com o art. 23 do Estatuto, porque os honorários incluídos na condenação, por arbitramento ou sucumbência, pertencem ao advogado, sendo um direito autônomo.

Outro tema muito interessante é quanto à decisão judicial que fixar ou arbitrar honorários e o contrato escrito que os estipular; são títulos executivos e constituem crédito privilegiado na falência.

Agora, imagine que foi pactuada uma cláusula que retirou do advogado o recebimento dos honorários de sucumbência. Tal cláusula será absolutamente nula.

Para a cobrança dos honorários, o advogado deverá ater-se ao prazo prescricional de cinco anos da pretensão.

Caso o advogado prefira celebrar um contrato com a **cláusula *quota litis***, ou seja, o contrato *ad exitum*, poderá cobrar honorários um pouco acima da regra, até porque deverá o advogado arcar com todos os custos do processo, vez que passa a assumir todos os riscos da demanda. O Código de Ética e Disciplina traz requisitos para contrato, quais sejam: os honorários devem ser necessariamente representados por pecúnia e, quando acrescidos dos honorários da sucumbência, não podem ser superiores às vantagens advindas a favor do cliente; a cláusula deve ser expressa no contrato e todo o custo da demanda ficará por conta do advogado (ver art. 50 do CED).

Lembre-se que os honorários possuem natureza alimentar.

Para evitar, ao máximo, qualquer relação mercantil na prestação dos serviços da advocacia, o crédito por honorários advocatícios, seja do advogado autônomo, seja de sociedade de advogados, não autoriza o saque de duplicatas ou qualquer outro título de crédito de natureza mercantil. Assim, busca-se, conforme afirmado, separar atividades empresárias e mercantis da advocacia. Todavia, é perfeitamente possível e permitida a emissão de fatura, quando o cliente assim pretender, com fundamento no contrato de prestação de serviços, a qual, porém, não poderá ser levada a protesto.

Se a fatura não pode ser levada a protesto, o mesmo não vale para o cheque ou a nota promissória emitida pelo cliente em favor do advogado, desde que depois de frustrada a tentativa de recebimento amigável.

Por fim, também é lícito ao advogado ou à sociedade de advogados empregar, para o recebimento de honorários, sistema de cartão de crédito, mediante credenciamento junto a empresa operadora do ramo.

4.1. Advocacia *pro bono*

O Código de Ética expressamente autorizou o exercício da advocacia ***pro bono***, desde que observados os seus requisitos e limites (ver art. 30, CED). Por advocacia *pro bono* pode-se compreender aquela em que os serviços são prestados gratuitamente, de forma eventual e voluntária, sempre que o beneficiário não tiver recursos para contratar o advogado. Este serviço pode ser prestado em favor de instituições sociais sem fins econômicos e aos seus assistidos, bem como em benefício de pessoas naturais, que, igualmente, não tenham condições para, sem prejuízo do próprio sustento, contratar um advogado.

Não se admite advocacia *pro bono* para fins político-partidários ou eleitorais, nem mesmo para beneficiar instituições que visem a tais objetivos, ou como instrumento de publicidade para captação de clientela.

Ao exercer a advocacia *pro bono*, seja como defensor nomeado, conveniado ou dativo, o advogado deverá atuar com todo o zelo e dedicação, inclusive para que a parte se sinta amparada e realmente representada.

Por fim, vale lembrar que no exercício da advocacia *pro bono*, mesmo nada cobrando, o advogado continua responsável por eventuais danos que causar ao seu cliente, bem como jamais poderá se utilizar desta assistência jurídica aos carentes como uma forma de captação de clientela e/ou publicidade imoderada para alcançar os mais diversos benefícios ilegítimos e antiéticos.

Sendo assim, podemos resumir a advocacia *pro bono* nos termos abaixo:

Beneficiários	Pessoas naturais ou pessoas jurídicas
Requisitos	Prestação gratuita, eventual e voluntária
Proibições	Utilização para fins político-partidários ou eleitorais, bem como para captação de clientela

5. DOS DIREITOS DO ADVOGADO

O rol dos direitos do advogado é um tema certeiro nas provas do Exame de Ordem e, desta forma, cumpre analisá-los de forma pontual.

a) **Não há hierarquia nem subordinação entre advogados, magistrados e membros do Ministério Público, devendo todos tratar-se com consideração e respeito recíprocos:** precisamos lembrar que a relação entre o advogado e demais autoridades é feita no mesmo plano, ou seja, não há hierarquia entre o advogado, o juiz e o promotor de justiça, uma vez que todos devem tratar-se com consideração e respeito mútuos (art. 6º do Estatuto). Ainda, as autoridades, os servidores públicos e os serventuários da justiça devem dispensar ao advogado, no exercício da profissão, tratamento compatível com a dignidade da advocacia e condições adequadas a seu desempenho. Por evidente, o advogado também deverá dispensar o mesmo tratamento a todos os agentes públicos.

b) **A *inviolabilidade de seu escritório* ou local de trabalho, bem como de seus instrumentos de trabalho, de sua correspondência escrita, eletrônica, telefônica e telemática, desde que relativas ao exercício da advocacia:** o advogado tem o direito à inviolabilidade do seu escritório ou local de trabalho, incluindo seus instrumentos de trabalho, sua correspondência escrita, eletrônica, telefônica e telemática, desde que relativas ao exercício da advocacia. Importante lembrar que esta proteção não é nem poderia ser absoluta, sob pena de se construir uma ressalva para a prática de eventuais crimes. Sendo assim, presentes indícios de autoria e materialidade da prática de crime por parte de advogado, a autoridade judiciária competente poderá decretar a quebra desta inviolabilidade, sempre em decisão motivada, expedindo mandado de busca e apreensão, específico e pormenorizado, a ser cumprido na presença de representante da OAB. Ressalta-se que é terminantemente proibido a expedição de busca e apreensões genéricas.

c) Comunicar-se com seus clientes, pessoal e reservadamente, mesmo sem procuração, quando estes se acharem presos, detidos ou recolhidos em estabelecimentos civis ou militares, ainda que considerados incomunicáveis: o advogado tem o direito de se comunicar com seu cliente, de forma pessoal e reservadamente, mesmo que não tenha procuração, ainda que seu cliente esteja preso e considerado incomunicável. Ora, não por menos o advogado é peça fundamental na concretização da justiça e essencial à sua administração.

d) Ter a presença de representante da OAB, quando preso em flagrante, por motivo ligado ao exercício da advocacia, para lavratura do auto respectivo, sob pena de nulidade e, nos demais casos, a comunicação expressa à seccional da OAB: caso seja preso em flagrante, por motivo ligado ao exercício da advocacia, terá o advogado preso o direito de um representante da OAB, sob pena de nulidade, bem como, nos demais casos, a comunicação expressa à seccional da OAB. O advogado somente poderá ser preso em flagrante, por motivo de exercício da profissão, em caso de crime inafiançável, além disso, uma vez preso o advogado, deverá ser recolhido em sala de Estado-Maior, com instalações e comodidades dignas e, não as tendo, em prisão domiciliar.
Muito cuidado que não há a necessidade de esta sala ser reconhecida pela OAB (ver ADIn 1.127-8).

e) Ingressar livremente: e.1) nas salas de sessões dos tribunais, mesmo além dos cancelos que separam a parte reservada aos magistrados; e.2) nas salas e dependências de audiências, secretarias, cartórios, ofícios de justiça, serviços notariais e de registro, e, no caso de delegacias e prisões, mesmo fora da hora de expediente e independentemente da presença de seus titulares; e.3) em qualquer edifício ou recinto em que funcione repartição judicial ou outro serviço público onde o advogado deva praticar ato ou colher prova ou informação útil ao exercício da atividade profissional, dentro do expediente ou fora dele, e ser atendido, desde que se ache presente qualquer servidor ou empregado; e.4) em qualquer assembleia ou reunião de que participe ou possa participar o seu cliente, ou perante a qual este deva comparecer, desde que munido de poderes especiais: é direito do advogado ingressar livremente nas salas de sessões dos tribunais, mesmo além dos cancelos que separam a área reservada aos magistrados. Ainda, tem o direito de ingressar nas salas e dependências de audiências, secretarias, cartórios, ofícios de justiça, serviços notariais e de registro, e, no caso de delegacias e prisões, mesmo fora da hora de expediente e independentemente da presença de seus titulares. Além disso, poderá adentrar em qualquer edifício ou recinto em que funcione repartição judicial ou outro serviço público onde deva praticar ato ou colher prova ou informação útil ao exercício da atividade profissional, dentro do expediente ou fora dele, e ser atendido, desde que se ache presente qualquer servidor ou empregado. Todavia, no que diz respeito às assembleias ou reuniões de que participe ou que possa participar, sendo o mesmo válido ao seu cliente, deverá possuir mandato com poderes especiais.

f) Permanecer sentado ou em pé e retirar-se de quaisquer locais indicados na alínea acima, independentemente de licença. O advogado também tem o direito de falar, sentado ou em pé, em juízo, tribunal ou órgão de deliberação coletiva da Administração Pública ou do Poder Legislativo.

g) Dirigir-se diretamente aos magistrados nas salas e gabinetes de trabalho, independentemente de horário previamente marcado ou outra condição, observando-se a ordem de chegada: o advogado não precisa marcar horário para falar com o juiz, pois tem o direito de se dirigir diretamente a ele, nas salas e gabinete de trabalho, desde que observe a ordem de chegada.

> É terminantemente proibido ao magistrado atender ao advogado somente com horário previamente agendado ou em dia previamente estipulado.

h) O advogado tem o direito de se utilizar da **palavra "pela ordem"**, em qualquer juízo ou tribunal, mediante intervenção imediata, para esclarecer equívoco ou dúvida surgida em relação a fatos, documentos ou afirmações que possam influenciar no julgamento, bem como para replicar acusação ou censura que lhe forem impostas. Vale lembrar que a intervenção "pela ordem" não serve para qualquer expediente, mas somente conforme mencionamos acima.

i) É direito do advogado examinar, em qualquer órgão dos Poderes Judiciário e Legislativo, ou da Administração Pública em geral, autos findos ou processos quem estejam em andamento, mesmo sem procuração, quando não sejam processos sigilosos, assegurada a obtenção de cópias e a tomada de apontamentos.

j) **É direito do advogado examinar, em qualquer instituição responsável por conduzir investigação, mesmo sem procuração, autos de flagrante e de investigações de qualquer natureza, findos ou em andamento, mesmo que conclusos à autoridade, podendo copiar peças e tomar apontamentos, seja em meio físico ou digital** (sobre este tema vale a leitura da Súmula Vinculante n. 14 do STF).

> **Vale ressalvar que a autoridade competente poderá delimitar o acesso do advogado aos elementos de prova relacionados a diligências em andamento e ainda não documentados nos autos, quando houver risco de comprometimento da eficiência, da eficácia ou da finalidade das diligências.**

k) O advogado tem o direito de ter vista dos processos judiciais ou administrativos de qualquer natureza, em cartório ou na repartição competente, ou retirá-los pelos prazos estipulados pela lei. Caso sejam autos findos, é direito do advogado retirá-los, mesmo sem procuração, pelo prazo de dez dias.

l) Se o advogado for injustamente ofendido, no exercício da profissão ou em razão dela, terá direito ao desagravo. O desagravo tem a função de reestabelecer, publicamente, a honra e a dignidade da advocacia. O desagravo ocorrerá de forma pública, em sessão solene, independentemente da vontade do advogado ofendido.

O **desagravo** também é tratado pelo Regulamento Geral da OAB, inclusive, o art. 18 foi recentemente alterado pelo Conselho Federal (Resolução n. 01/2018). Dentre as novidades temos que: diante da urgência e da notoriedade poderá ser o desagravo concedido imediatamente pela Diretoria do Conselho (*ad referendum*), o desagravo deverá ser decidido no prazo máximo de 60 dias e, uma vez designada a sessão de desagravo, esta deverá ocorrer no prazo máximo de 30 dias, preferencialmente, no local onde a ofensa foi sofrida ou onde se encontre a autoridade ofensora. Assim, quando ofendido comprovadamente em razão do exercício profissional ou do cargo ou função da OAB, tem direito ao desagravo público promovido pelo Conselho competente, de ofício, a seu pedido ou de qualquer pessoa. Nota-se que o Regulamento Geral reforçou a compreensão do desagravo como um instrumento de reestabelecimento da dignidade e honra do advogado ofendido, bem como da própria advocacia.

Uma vez designada a sessão de desagravo, esta será amplamente divulgada, o Presidente lerá a nota a ser publicada na imprensa, encaminhada ao ofensor e às demais autoridades, além de ser registrada nos assentamentos.

m) Recusar-se a depor como testemunha em processo no qual funcionou ou deva funcionar, ou sobre fato relacionado com pessoa de quem seja ou foi advogado, mesmo quando autorizado ou solicitado pelo constituinte, bem como sobre fato que constitua sigilo profissional: pode o advogado se recusar a depor como testemunha em processo no qual funcionou ou deva funcionar; aqui temos a preponderância do sigilo profissional.

n) O advogado tem o direito de retirar-se do recinto onde se encontre aguardando pregão para ato judicial, após trinta minutos do horário designado e ao qual ainda não tenha comparecido a autoridade que deva presidir a ele, mediante comunicação protocolizada em juízo. Vale lembrar que, além do critério temporal (atraso por 30 minutos ou mais), tem-se que observar a ausência da autoridade, pois, se o juiz estiver com a pauta atrasada das audiências, mas, presente e presidindo todas elas, não mais terá o advogado o direito de se retirar.

o) O advogado tem imunidade profissional, não constituindo injúria ou difamação puníveis qualquer manifestação de sua parte, no exercício de sua atividade, em juízo ou fora dele, sem prejuízo das sanções disciplinares perante a OAB, pelos excessos que cometer.

Muito cuidado que a palavra "desacato" foi suprimida, com base na ADIn 1.127-8.

p) Tanto o Poder Judiciário quanto o Poder Executivo devem instalar, em todos os juizados, fóruns, tribunais, delegacias de polícia e presídios, salas especiais permanentes para os advogados, com uso assegurado à OAB. São as salas destinadas para os advogados trabalharem.

Muito cuidado que a palavra "controle" foi suprimida, com base na ADIn 1.127-8.

5.1. Dos direitos da advogada gestante, lactante ou adotante

Novidade no rol dos direitos é o art. 7º-A do Estatuto – incluído pela Lei n. 13.363/2016 –, que tutela os direitos da advogada gestante, lactante ou adotante. Tenha certeza de que este será um tema certo na cobrança pelos próximos Exames da OAB. Vamos lá!

Atenção para os novos direitos positivados:

É direito da **advogada gestante** entrar em tribunais sem ser submetida a detectores de metais e aparelhos de raios X, bem como ter reserva de vaga nas garagens dos fóruns dos tribunais.

Caso seja uma **advogada lactante, adotante ou que tenha dado à luz**, terá direito a acesso a creche, onde houver, ou a local adequado para o atendimento das necessidades do bebê.

Sendo uma **advogada gestante, lactante, adotante ou que tenha dado à luz**, terá preferência na ordem das sustentações orais e das audiências a serem realizadas a cada dia, mediante comprovação de sua condição.

Ainda, caso seja uma **advogada adotante ou que tenha dado à luz**, terá direito à suspensão dos prazos processuais pelo período de 30 dias, contados a partir da data do parto ou da concessão da adoção, quando for a única patrona da causa, desde que haja notificação por escrito ao cliente.

6. DA RELAÇÃO ENTRE O ADVOGADO E O CLIENTE

A relação entre o advogado e o seu cliente é tema tratado com inúmeros detalhes pelo Código de Ética e Disciplina. Assim, vale a leitura dos arts. 9º ao 26 do CED e também uma explicação detalhada. Vamos lá!

O advogado tem o dever de informar seu cliente, sempre de modo claro, quanto a eventuais riscos da sua pretensão, bem como das consequências que poderão advir da demanda. Até porque à advocacia é clássica a atividade-meio, em que o profissional deve empregar todos os esforços para o benefício legítimo do seu cliente, jamais garantindo resultados.

As relações entre advogado e cliente baseiam-se na **confiança recíproca**, ou seja, o advogado deve receber todas as informações e documentos do seu cliente, bem como este deve ter a tranquilidade de que o profissional exercerá da plena advocacia para o sucesso da demanda. Todavia, caso o advogado acredite ou perceba que essa confiança não mais existe, recomenda-se que externe ao cliente sua impressão e, não se dissipando as dúvidas existentes, deverá substabelecer o mandato ou, até mesmo, renunciar.

A conclusão ou desistência da causa, tenha havido ou não extinção do mandato, obriga o advogado a devolver ao cliente bens, valores e documentos que lhe hajam sido confiados, além de realizar uma prestação de contas detalhada e pormenorizada. Ainda, concluída a causa ou arquivado o processo, presume-se cumprido e extinto o mandato.

A partir do momento em que o cliente já tenha contratado um advogado, a regra é que outro advogado não deve aceitar procuração, salvo se o primeiro patrono tiver conhecimento ou, também, exista um motivo plenamente justificável ou para que sejam adotadas medidas judiciais urgentes e impossíveis de adiamento.

Caso o advogado perceba que o cliente não mais coopera com o bom caminhar processual ou que a relação de confiança não mais exista, a renúncia ao patrocínio deve ser feita sem menção do motivo que a determinou, fazendo cessar a responsabilidade profissional pelo acompanhamento da causa, uma vez decorrido o prazo de dez dias.

Cuidado que a renúncia ao mandato não exclui a responsabilidade por danos eventualmente causados ao cliente ou a terceiros.

Por outro lado, caso o cliente não mais tenha interesse em manter seu advogado, cabível será a revogação do mandato judicial, mas é importante ressaltar que isto não o desobriga do pagamento das verbas honorárias contratadas, assim como não retira o direito do advogado de receber o quanto lhe seja devido em eventual verba honorária de sucumbência, sempre calculada proporcionalmente em face do serviço efetivamente prestado.

O mandato judicial ou extrajudicial não se extingue pelo decurso de tempo, salvo se o contrário for consignado no respectivo instrumento.

Um tema interessante e até mesmo comum na seara criminal está na defesa de crimes (e criminosos) de grande repercussão social. Assevera o art. 23 do Código de Ética e Disciplina que o advogado tem o direito e o dever de assumir a defesa criminal, sem considerar sua própria opinião sobre a culpa do acusado. Isto quer dizer que não há causa criminal indigna de defesa, cumprindo ao advogado agir, como defensor, no sentido de que a todos seja concedido tratamento condizente com a dignidade da pessoa humana, sob a égide das garantias estabelecidas na Constituição Federal.

O advogado deve exercer a advocacia sempre com autonomia e independência, tanto que não se sujeita à imposição do cliente que pretenda ver com ele atuando outros advogados. Também não fica na contingência de aceitar a indicação de outro profissional para com ele trabalhar no processo.

Por fim, na relação estabelecida com o cliente, o advogado deve se atentar para o substabelecimento do mandato: com ou sem reserva de poderes. Caso faça um substabelecimento, com reserva de poderes, será ato pessoal do advogado da demanda. Mas, se desejar realizar um substabelecimento sem reserva de poderes, necessário será o prévio e inequívoco conhecimento do cliente.

No substabelecimento com reservas, o advogado transfere uma parte dos poderes para outro advogado, uma vez que ambos atuarão no processo. Mas, **no substabelecimento sem reservas de poderes**, o advogado transfere ao outro profissional todos os poderes, ou seja, é causa de extinção do mandato por renúncia.

7. DA SOCIEDADE DE ADVOGADOS

Pode o advogado exercer sua profissão de forma individual ou com outros colegas. Caso seja de interesse, os advogados poderão se reunir em sociedade simples de prestação de serviços de advocacia, bem como constituir uma sociedade unipessoal de advocacia (ver arts. 15 ao 17 do Estatuto).

Para que seja uma sociedade de advogados o primeiro detalhe é que tal sociedade somente poderá ser formada por advogados, ou seja, no contrato social não poderá existir qualquer pessoa que seja estranha aos quadros da OAB. Outro aspecto interessante é que a sociedade de advogados será registrada no Conselho Seccional da OAB, fato este totalmente diverso das sociedades empresárias que, por sua vez, realizam o registro na Junta Comercial.

Importante lembrar a proibição do § 4º, art. 15, pois nenhum advogado poderá integrar mais de uma sociedade de advogados ou constituir mais de uma sociedade unipessoal de advocacia, nem mesmo integrar, simultaneamente, uma sociedade de advogados e uma sociedade unipessoal de advocacia, com sede ou filial na mesma área territorial do respectivo Conselho Seccional. Porém, caso as sociedades estejam constituídas em outros Estados, tal proibição não será aplicada.

Muito cuidado que os advogados sócios de uma mesma sociedade profissional não podem representar em juízo clientes de interesses opostos, sob pena, inclusive, de falta prevista no Código de Ética.

Uma interessante novidade é a sociedade unipessoal que, por sua vez, não requer uma pluralidade de sócios, ou seja, a sociedade unipessoal de advocacia pode resultar da concentração por um advogado das quotas de uma sociedade de advogados. A denominação da sociedade unipessoal de advocacia deve ser obrigatoriamente formada pelo nome do seu titular, completo ou parcial, com a expressão "Sociedade Individual de Advocacia".

Vale lembrar que o fato de se constituir uma sociedade de advogados (unipessoal ou não) não é sinônimo de mercantilização. Ao contrário, não serão admitidas a registro nem mesmo poderão funcionar sociedades de advogados que tenham forma ou características de sociedade empresária, por exemplo: que adotem denominação de fantasia. Assim determina o Estatuto:

> **Art. 16.** Não são admitidas a registro nem podem funcionar todas as espécies de sociedades de advogados que apresentem forma ou características de sociedade empresária, que adotem denominação de fantasia, que realizem atividades estranhas à advocacia, que incluam como sócio ou titular de sociedade unipessoal de advocacia pessoa não inscrita como advogado ou totalmente proibida de advogar.

Não se pode esquecer que a razão social deve ter, obrigatoriamente, o nome de, pelo menos, um advogado responsável pela sociedade, podendo permanecer o de sócio falecido, desde que prevista tal possibilidade no ato constitutivo. Por outro lado, o licenciamento do sócio para exercer atividade incompatível com a advocacia, desde que em caráter temporário, deve ser averbado no registro da sociedade, não alterando sua constituição.

> Muito cuidado com as responsabilidades! Além da sociedade, o sócio e o titular da sociedade individual de advocacia respondem subsidiária e ilimitadamente pelos danos causados aos clientes por ação ou omissão no exercício da advocacia, sem prejuízo da responsabilidade disciplinar em que possam incorrer.

8. DAS INCOMPATIBILIDADES E DOS IMPEDIMENTOS

> As **incompatibilidades** e os **impedimentos** são restrições impostas ao exercício da advocacia (art. 27 do Estatuto). As incompatibilidades são proibições totais para o exercício da advocacia, ainda que em causa própria, são uma restrição absoluta e não admite exceção (art. 28 do Estatuto). Já, quando falamos do impedimento, estamos diante de uma proibição parcial do exercício da advocacia.

8.1. Incompatibilidades

Quando falamos das incompatibilidades estamos nos referindo à restrição diretamente ligada ao cargo exercido, não tendo relação com a pessoa propriamente. Assim, **a advocacia é incompatível**, mesmo em causa própria, nos seguintes casos:

a) **Chefe do Poder Executivo e membros da mesa do Poder Legislativo e seus substitutos legais:** o exercício da advocacia é proibido aos chefes do Executivo e seus vices. Assim, o Presidente da República, Governadores e Prefeitos são incompatíveis com o exercício da advocacia, por exemplo. Quanto à Mesa Diretora, fazemos menção a um órgão colegiado das casas legislativas e, diante disso, seus membros também estão incompatíveis com a advocacia. Vale destacar que tal atividade é transitória, pois é caso de exercício de mandato eletivo. Dessa maneira, aplica-se a licença profissional, não o cancelamento.

   Os outros parlamentares, que não fazem parte da Mesa Diretora, podem exercer a advocacia com alguns impedimentos.

b) **Membros do Poder Judiciário, do Ministério Público, dos Tribunais e conselhos de contas, dos juizados especiais, da justiça de paz, juízes classistas, bem como de todos os que exerçam função de julgamento em órgãos de deliberação coletiva da Administração Pública direta e indireta:** a proibição é plena para os juízes, promotores, bem como para os outros membros dos outros cargos. Mais do que razoável esta proibição, pois teríamos uma nítida confusão entre as figuras do julgador, do acusador, do advogado etc.

   Cuidado com o art. 95, parágrafo único, V, da Constituição Federal, pois os magistrados aposentados ou exonerados, durante o prazo da quarentena, 3 anos, estarão em situação de impedimento, pois não poderão exercer a advocacia no Tribunal ou juízo do qual se afastaram. Evidentemente, trata-se de uma novidade da Emenda Constitucional n. 45/2004, razão pela qual é uma hipótese sem previsão no Estatuto, mas que, por se tratar de limitação parcial, é caso de impedimento, enquanto durar a mencionada quarentena.

c) **Ocupantes de cargos ou funções de direção em órgãos da Administração Pública direta ou indireta, em suas fundações e em suas empresas controladas ou concessionárias de ser-**

viços públicos: a incompatibilidade abrange aqueles que detêm o poder de decisão que recaia sobre terceiros interessados. Perceba que a redação se refere aos que ocupam cargos ou funções de direção, não sendo extensiva a todos os agentes. Em outras palavras, aqueles que tiverem poder de decisão estarão dentro das incompatibilidades; já os servidores que não tiverem tal poder, por exemplo, estarão impedidos.

d) **Ocupantes de cargos ou funções vinculados direta ou indiretamente a qualquer órgão do Poder Judiciário e os que exercem serviços notariais e de registro:** são incompatíveis aqueles que ocupam cargos ou funções direta ou indiretamente vinculados ao Judiciário. Perceba que as incompatibilidades atingem os membros do Poder Judiciário e, também, os cargos e funções que estejam direta ou indiretamente vinculados. Um exemplo clássico é o assessor do magistrado. Também serão incompatíveis aqueles que trabalham com serviços notariais e de registro, tanto os titulares quanto os empregados, nos termos do art. 25 da Lei n. 8.935/94.

e) **Ocupantes de cargos ou funções vinculados direta ou indiretamente à atividade policial de qualquer natureza:** serão incompatíveis todos aqueles que prestarem serviços aos órgãos policiais, tais como policial rodoviário federal, policial militar, bombeiro, guarda municipal etc. O mesmo vale para quem ocupar cargo/função vinculado indiretamente, ou seja, peritos criminais também estão incompatíveis.

f) **Militares na ativa:** aqueles que fazem parte das Forças Armadas – Marinha, Exército e Aeronáutica – estão incompatíveis com o exercício da advocacia, enquanto estiverem na ativa. Essa proibição não será válida para o militar reformado ("ex-militar").

g) **Ocupantes de cargos ou funções que tenham competência para o lançamento, arrecadação ou fiscalização de tributos e contribuições parafiscais, como, por exemplo, os Auditores da Receita Federal do Brasil, Fiscais de Rendas (estaduais e municipais), dentre outros:** em outras palavras, a proibição não alcança servidores com funções assemelhadas, porém não voltadas para o lançamento de tributos e/ou contribuições parafiscais, ainda que acarretem a geração de créditos passíveis de inscrição em dívida ativa. Exemplo: fiscais de obras, fiscais do Procon etc.

h) **Ocupantes de funções de direção e gerência em instituições financeiras, inclusive privadas:** apenas os ocupantes dos cargos decisórios (direção e gerência) é que sofrem tal incompatibilidade. Isso ocorre por uma razão lógica, vez que são cargos com um relevante aspecto financeiro para a vida em coletividade.

8.2. Impedimentos

Quando falamos dos impedimentos estamos nos referindo às limitações variáveis ao exercício da advocacia para algumas situações definidas em lei, ou seja, o impedimento é uma proibição parcial ao exercício da atividade advocatícia.

a) **Servidores da Administração direta, indireta e fundacional, contra a Fazenda que os remunere ou à qual seja vinculada a entidade empregadora:** poderá o servidor advogar, desde que a parte contrária não seja a Fazenda Pública. Cuidado que os docentes jurídicos não estão aqui abrangidos. Assim, o docente de uma Universidade (autarquia) poderá advogar contra o Estado.

b) **Membros do Poder Legislativo, em seus diferentes níveis, contra ou a favor das pessoas jurídicas de Direito Público, empresas públicas, sociedades de economia mista, fundações públicas, entidades paraestatais ou empresas concessionárias ou permissionárias de serviço público:** os membros do Legislativo não advogam nem contra nem a favor do Estado, em qualquer situação, incluindo as concessionárias e permissionárias. Verifica-se um impedimento muito mais amplo aos membros do Poder Legislativo.

Os **membros da Mesa Diretora** são incompatíveis com a advocacia; já os **parlamentares em geral** sofrem impedimento.

O art. 29 do Estatuto menciona que os Procuradores Gerais, os Advogados Gerais, Defensores Gerais e os dirigentes de órgãos jurídicos da Administração Pública direta, indireta e fundacional são exclusivamente legitimados para o exercício da advocacia vinculada à função que exerçam, durante o período da investidura. Diante disso, são os advogados que ocupam cargos de direção ou chefia que não são equiparados às incompatibilidades do art. 28, III, do Estatuto, até pelo fato de que o exercício da advocacia é obrigatório, mas não podem realizar fora das atribuições de suas funções enquanto ocuparem a direção ou chefia.

Dominar os conceitos de incompatibilidade e impedimento, bem como visualizar as hipóteses são de grande importância para o Exame de Ordem. Ao lado dos Direitos do Advogado, o tema das Incompatibilidades e Impedimentos é sempre cobrado e, não raras vezes, resume-se no texto do Estatuto aplicado a um determinado caso concreto. Por esta razão, pedimos a licença para reproduzir a literalidade dos artigos abrangidos pelo Estatuto:

> **Art. 27.** A incompatibilidade determina a proibição total, e o impedimento, a proibição parcial do exercício da advocacia.
> **Art. 28.** A advocacia é incompatível, mesmo em causa própria, com as seguintes atividades:
> **I** – chefe do Poder Executivo e membros da Mesa do Poder Legislativo e seus substitutos legais;
> **II** – membros de órgãos do Poder Judiciário, do Ministério Público, dos tribunais e conselhos de contas, dos juizados especiais, da justiça de paz, juízes classistas, bem como de todos os que exerçam função de julgamento em órgãos de deliberação coletiva da administração pública direta e indireta; (*Vide* ADIn 1.127-8)
> **III** – ocupantes de cargos ou funções de direção em Órgãos da Administração Pública direta ou indireta, em suas fundações e em suas empresas controladas ou concessionárias de serviço público;
> **IV** – ocupantes de cargos ou funções vinculados direta ou indiretamente a qualquer órgão do Poder Judiciário e os que exercem serviços notariais e de registro;
> **V** – ocupantes de cargos ou funções vinculados direta ou indiretamente a atividade policial de qualquer natureza;
> **VI** – militares de qualquer natureza, na ativa;
> **VII** – ocupantes de cargos ou funções que tenham competência de lançamento, arrecadação ou fiscalização de tributos e contribuições parafiscais;
> **VIII** – ocupantes de funções de direção e gerência em instituições financeiras, inclusive privadas.
> **§ 1º** A incompatibilidade permanece mesmo que o ocupante do cargo ou função deixe de exercê-lo temporariamente.
> **§ 2º** Não se incluem nas hipóteses do inciso III os que não detenham poder de decisão relevante sobre interesses de terceiro, a juízo do conselho competente da OAB, bem como a administração acadêmica diretamente relacionada ao magistério jurídico.
> **Art. 29.** Os Procuradores Gerais, Advogados Gerais, Defensores Gerais e dirigentes de órgãos jurídicos da Administração Pública direta, indireta e fundacional são exclusivamente legitimados para o exercício da advocacia vinculada à função que exerçam, durante o período da investidura.
> **Art. 30.** São impedidos de exercer a advocacia:
> **I** – os servidores da administração direta, indireta e fundacional, contra a Fazenda Pública que os remunere ou à qual seja vinculada a entidade empregadora;
> **II** – os membros do Poder Legislativo, em seus diferentes níveis, contra ou a favor das pessoas jurídicas de direito público, empresas públicas, sociedades de economia mista, fundações públicas, entidades paraestatais ou empresas concessionárias ou permissionárias de serviço público.
> **Parágrafo único.** Não se incluem nas hipóteses do inciso I os docentes dos cursos jurídicos.

9. DAS ELEIÇÕES

As eleições dos membros de todos os órgãos da Ordem dos Advogados do Brasil serão realizadas na segunda quinzena do mês de novembro, sempre no último ano do mandato, utilizando-se de cédula única e votação direta dos advogados regularmente inscritos (art. 63 do Estatuto). A eleição é de comparecimento obrigatório para todos os advogados inscritos na OAB.

Consideram-se eleitos os candidatos integrantes da chapa que obtiver a maioria dos votos válidos. Dessa forma, a chapa para o Conselho Seccional deve ser composta dos candidatos ao conselho e à sua diretoria e, ainda, à delegação ao Conselho Federal e à Diretoria da Caixa de Assistência dos Advogados para eleição conjunta. Já a chapa para a Subseção deve ser composta com os candidatos à diretoria, e de seu conselho quando houver (ver art. 64 do Estatuto).

Vale lembrar que os mandatos na OAB possuem a duração de três anos, sendo que a regra é o início sempre em 1º de janeiro do ano subsequente ao da eleição, salvo no Conselho Federal, onde os mandatos se iniciam em 1º de fevereiro do ano subsequente ao do pleito.

São requisitos essenciais para a regular elegibilidade para qualquer cargo:

a) situação regular perante a Ordem dos Advogados do Brasil;

b) não ocupar cargo exonerável *ad nutum*;

c) não ter sido condenado por infração disciplinar, salvo se reabilitado;

d) exercer de forma efetiva a advocacia há, no mínimo, 5 anos.

Cuidado que a eleição da Diretoria do Conselho Federal possui regra própria (art. 67 do Estatuto). A Diretoria do Conselho Federal é formada por um Presidente, um Vice-Presidente, um Secretário-Geral, um Secretário-Geral Adjunto e um Tesoureiro. O registro da chapa deverá ser acompanhado do apoio de seis Conselhos Seccionais, no mínimo. Ainda, todos os integrantes da chapa para a Diretoria do Conselho Federal devem ser Conselheiros Federais, salvo o Presidente.

Pode o mandato ser extinto antes do término? Sim (art. 66 do Estatuto), nos seguintes casos:

a) ocorrer o cancelamento da inscrição ou do licenciamento profissional;

b) o titular sofrer condenação disciplinar;

c) o titular faltar, injustificadamente, a três reuniões ordinárias consecutivas, não podendo ser reconduzido no mesmo período do mandato.

> Vale lembrar que o voto é obrigatório para todos os advogados inscritos na OAB e o não comparecimento injustificado acarretará a multa de 20% do valor da anuidade.

Valem a pena a leitura atenta e a memorização do art. 67 do Estatuto, o qual reproduzimos:

> **Art. 67.** A eleição da Diretoria do Conselho Federal, que tomará posse no dia 1º de fevereiro, obedecerá às seguintes regras:
>
> **I** – será admitido registro, junto ao Conselho Federal, de candidatura à presidência, desde seis meses até um mês antes da eleição;
>
> **II** – o requerimento de registro deverá vir acompanhado do apoiamento de, no mínimo, seis Conselhos Seccionais;
>
> **III** – até um mês antes das eleições, deverá ser requerido o registro da chapa completa, sob pena de cancelamento da candidatura respectiva;
>
> **IV** – no dia 31 de janeiro do ano seguinte ao da eleição, o Conselho Federal elegerá, em reunião presidida pelo conselheiro mais antigo, por voto secreto e para mandato de 3 (três) anos, sua diretoria, que tomará posse no dia seguinte;
>
> **V** – será considerada eleita a chapa que obtiver maioria simples dos votos dos Conselheiros Federais, presente a metade mais 1 (um) de seus membros.
>
> **Parágrafo único.** Com exceção do candidato a Presidente, os demais integrantes da chapa deverão ser conselheiros federais eleitos.

10. DAS INFRAÇÕES E SANÇÕES DISCIPLINARES

O advogado que atuar de forma antiética, indesejada, prejudicando o seu cliente e, assim, comprometendo a imagem da advocacia, será processado e, se condenado, punido nos termos do Estatuto e do Código de Ética e Disciplina.

Diante da importância deste tema, analisaremos item por item as **infrações disciplinares** contidas no art. 34 do Estatuto, bem como a respectiva sanção cabível.

a) **Exercer a profissão, quando impedido de fazê-lo, ou facilitar, por qualquer meio, o seu exercício aos não inscritos, proibidos ou impedidos:** é o exercício ilegal da profissão e ocorre quando o advogado está impedido de exercê-la ou, ainda, facilita que outra pessoa estranha aos quadros da OAB, proibida ou impedida, seja lá qual for o motivo, exerça a advocacia. Vale lembrar que o exercício da advocacia é privativo tanto na esfera judicial quanto na esfera extrajudicial, nas consultorias, assessorias, somente podendo ser exercida a advocacia por pessoa regularmente inscrita nos quadros da OAB. A sanção cabível é a censura.

b) **Manter sociedade profissional fora das normas e preceitos estabelecidos nesta lei:** possui abrangência ampla, pois a existência de sociedade profissional fora das normas pode ser desde uma sociedade não inscrita na OAB, sociedade que tenha nos seus quadros um sócio que não seja advogado, uma sociedade com nome fantasia, dentre outras hipóteses. A sanção cabível é a censura.

c) **Valer-se de agenciador de causas, mediante participação nos honorários a receber:** é terminantemente proibido a existência de pessoa que atue para adquirir novos clientes, novas demandas, atuação com viés nitidamente empresarial, tendo a contraprestação na participação dos honorários. Os escritórios e sociedades advocatícias não podem conter departamento comercial para angariar novas ações. Vale lembrar que a relação entre o advogado e o cliente deve ser constituída de forma natural, em que a confiança seja recíproca. A sanção cabível é a censura.

d) **Angariar ou captar causas, com ou sem a intervenção de terceiros:** também há uma nítida proibição em angariar causas de forma antiética. Vale ressaltar que na alínea anterior existe a figura de um terceiro que capta a clientela e, como contraprestação, tem a participação nos honorários. Neste caso, já não existe a figura do agenciador de clientes, pois é o próprio advogado que faz uma captação indevida de clientes. Como exemplo temos a utilização de "mala direta". A sanção cabível é a censura.

e) **Assinar qualquer escrito destinado a processo judicial ou para fim extrajudicial que não tenha feito, ou em que não tenha colaborado:** é o clássico ato de assinar o documento (petição, recurso, manifestação...) que não tenha feito ou colaborado. Também pratica esta infração os advogados que "auxiliam" colegas impedidos que não possam assinar o documento. A sanção cabível é a censura.

f) **Advogar contra literal disposição de lei, presumindo-se a boa-fé quando fundamentado na inconstitucionalidade, na injustiça da lei ou em pronunciamento judicial anterior:** o advogado que advoga contra a literalidade da lei, praticando conduta que mais se aproxima de uma aventura jurídica, pratica falta ética. O ato de advogar contra a determinação legal não será, de forma absoluta, uma falta ética, porque poderá o advogado assim proceder se se fundamentar na inconstitucionalidade do disposto legal, na sua injustiça ou num pronunciamento judicial anterior. A sanção cabível é a censura.

g) **Violar, sem justa causa, sigilo profissional:** o sigilo profissional é uma garantia inerente à relação entre o advogado e seu cliente. Tanto que sua simples violação tipifica falta ética, salvo se assim o fez com um motivo justo, ou seja, com a existência de uma justa causa, como, por exemplo, a quebra de sigilo para a própria defesa do advogado. A sanção cabível é a censura.

h) **Estabelecer entendimento com a parte adversa sem autorização do cliente ou ciência do advogado contrário:** não pode o advogado procurar a parte contrária sem o consentimento do seu cliente, bem como também está proibido de contatar a parte contrária sem o conhecimento do advogado da parte. Quando a parte contrária tiver advogado constituído deverá, o outro advogado, sempre falar com o seu colega de profissão, jamais mantendo relação direta com a parte adversa. A sanção cabível é a censura.

i) **Prejudicar, por culpa grave, interesse confiado ao seu patrocínio:** estará configurada tal falta ética nos casos em que o advogado abandona o processo, ou quando deveria adotar uma medida processual para defender os interesses do cliente e, inadvertidamente, não a realiza, não comparece ao ato judicial, sem qualquer justificativa plausível, dentre outras. Por mais que o advogado não tenha responsabilidade-fim, ele está obrigado a utilizar de todos os meios legítimos para defender os interesses do seu cliente. Assim, a culpa grave estará configurada sempre que existir uma negligência, imprudência ou imperícia do profissional. A sanção cabível é a censura.

j) **Acarretar, conscientemente, por ato próprio, a anulação ou a nulidade do processo em que funcione:** basta que o advogado, de forma consciente, seja mediante uma ação ou omissão, dê causa a uma anulação ou nulidade processual. Esta infração estará configurada quando o advogado, querendo, cause atrasos ao processo, incluindo sua nulidade, prejudicando a parte contrária, a prestação da justiça e, também, a coletividade. A sanção cabível é a censura.

k) **Abandonar a causa sem justo motivo ou antes de decorridos dez dias da comunicação da renúncia:** ainda que o advogado tenha renunciado ao mandato, seja lá qual for o motivo, deverá atuar no feito nos dez dias seguintes ao comunicado da renúncia, salvo se a parte constituir novo advogado, sob de pena de tipificar a infração de abandono da causa. Mesmo que o ato de renúncia não exija a concordância do cliente, estará o advogado obrigado a representar seu cliente nos próximos dez dias de tal comunicação. A sanção cabível é a censura.

l) **Recusar-se a prestar, sem justo motivo, assistência jurídica, quando nomeado em virtude de impossibilidade da Defensoria Pública:** quando o Estado não puder assistir juridicamente aquele que não o pode fazer pelas próprias custas, caso em que a Defensoria Pública não atue naquela localidade, e, por qualquer motivo diverso, o advogado se negar, sem qualquer justificativa, a realizar tal assistência, praticará falta ética. Essa infração é muito comum quando há um convênio entre a OAB e o Estado para prestação de assistência jurídica aos necessitados e, mesmo após concordar com esta atuação e lá deixar o seu nome, o advogado, sem justo motivo, recusa-se a prestar o respectivo auxílio. A sanção cabível é a censura.

m) **Fazer publicar na imprensa, desnecessária e habitualmente, alegações forenses ou relativas a causas pendentes:** o advogado não deve fazer a divulgação na imprensa sobre alegações forenses relativas ao processo, a uma causa que ainda esteja pendente, ou algo parecido. Lembre-se que o advogado, tal qual o magistrado e o promotor de justiça, devem atuar dentro do processo, lá se manifestando, requerendo, decidindo (...) A divulgação habitual e desnecessária pode, no mínimo, impor um constrangimento ao cliente, bem como suscitar debates sociais que, não raras as vezes, tomam a proporção muito maior do que eventual condenação jurídica. A sanção cabível é a censura.

n) **Deturpar o teor de dispositivo de lei, de citação doutrinária ou de julgado, bem como de depoimentos, documentos e alegações da parte contrária, para confundir o adversário ou iludir o juiz da causa:** ocorre quando o advogado adultera, falseia, desconstitui o real sentido do dispositivo de lei, da citação do doutrinador ou do julgado, vicia depoimentos, documentos e manifestações da parte contrária, sempre tendo em vista a tentativa de incidir em erro o magistrado ou a parte contrária. Ora, se o advogado é essencial à administração da justiça, não se podem permitir tais comportamentos, ainda que não consiga iludir a parte contrária ou o juiz da causa. A sanção cabível é a censura.

o) **Fazer, em nome do constituinte, sem autorização escrita deste, imputação a terceiro de fato definido como crime:** o advogado que, sem autorização escrita do seu cliente, imputa a outra pessoa a prática de um fato definido como crime. Perceba que a lei nada diz sobre ter sido o crime praticado (conduta real) ou não. Outra peculiaridade é a necessidade de uma autorização por escrito, junto ao cliente. A sanção cabível é a censura.

p) **Deixar de cumprir, no prazo estabelecido, determinação emanada do órgão ou de autoridade da Ordem, em matéria da competência desta, depois de regularmente notificado:** ocorrerá sempre que o advogado, regularmente cientificado, não realiza ato determinado pela OAB ou por sua autoridade, dentro do prazo cabível. Exemplo clássico ocorrerá quando o advogado for notificado a devolver a carteira da Ordem e, dentro do prazo, não o faz. A sanção cabível é a censura.

q) **Prestar concurso a clientes ou a terceiros para realização de ato contrário à lei ou destinado a fraudá-la:** a defesa do cliente deve sempre ser realizada dentro dos padrões éticos e legais, jamais sendo cabível uma defesa fraudulenta a qualquer custo. Vários são os exemplos cabíveis, podemos destacar a propositura de ações judiciais em que já existe um prévio ajuste com a parte contrária, apresentação de documentos falsos, dentre outros. A sanção cabível é a suspensão.

r) **Solicitar ou receber de constituinte qualquer importância para aplicação ilícita ou desonesta:** imagine o absurdo quando o advogado solicita ao cliente uma certa quantia em dinheiro para subornar o servidor público. Perceba que a configuração da falta ética existirá, mesmo que o advogado não receba efetivamente os valores, pois basta "solicitar". Por aplicação ilícita tem-se toda e qualquer conduta contrária as determinações legais, tais como: suborno que se reveste de uma "gratificação", tentativa de corrupção de agentes públicos (...) A sanção cabível é a suspensão.

s) **Receber valores, da parte contrária ou de terceiro, relacionados com o objeto do mandato, sem expressa autorização do constituinte:** o advogado deverá receber do seu cliente os valores dos honorários e, para além destes, somente as importâncias em que o constituinte expressamente autorizou. O ato de receber valores, vantagens ou benefícios sem expressa autorização do cliente fará com que, no mínimo, a relação de confiança mútua seja rompida. A sanção cabível é a suspensão.

t) **Locupletar-se, por qualquer forma, à custa do cliente ou da parte adversa, por si ou interposta pessoa:** assemelha-se ao enriquecer de forma ilícita, uma vez que o advogado, seja à custa do cliente ou da parte contrária, consegue um aumento de patrimônio de forma totalmente ilícita. Podemos citar vários exemplos para a configuração desta falta ética: recebimento de valores sem o repasse para o cliente, recebimento de honorários sem a propositura da ação ou a realização do ato, dentre outros. Ainda, o advogado que tem o locupletamento responderá, além da infração ética, por um possível crime de apropriação indébita, sem prejuízo de uma eventual ação indenizatória. A sanção cabível é a suspensão.

u) **Recusar-se, injustificadamente, a prestar contas ao cliente de quantias recebidas dele ou de terceiros por conta dele:** ocorrerá sempre que o advogado se recusar a prestar contas ao cliente, de forma totalmente injustificada. Ou seja, não há justo motivo, não existe razão plausível para a negativa do advogado em, simplesmente, apresentar ao cliente uma prestação de contas de todas as quantias recebidas. Ao configurar uma demora excessiva na prestação das contas, terá o advogado tipificado a infração ética de recusa e, caso venha a prestar todas as contas, após a instauração do procedimento disciplinar, não impedirá a conduta antiética. A sanção cabível é a suspensão.

> Muito cuidado que a suspensão do advogado que se negar a prestar as contas será de 30 dias, no mínimo, até o máximo de 12 meses. Porém, tal sanção poderá ser prorrogada indeterminadamente, até que as contas sejam prestadas.

v) **Reter, abusivamente, ou extraviar autos recebidos com vista ou em confiança:** o advogado tem o direito de realizar carga dos autos, inclusive como um reflexo do direito de defesa do seu cliente. Todavia, isto não o autoriza a reter abusivamente os autos ou, ainda pior, fazer carga com nítido interesse de extraviá-los. Caso o advogado não devolva os autos será necessário que se expeça um mandado de busca e apreensão e, por evidente, neste momento estará configurada a abusividade na conduta do citado advogado. A sanção cabível é a suspensão.

w) **Deixar de pagar as contribuições, multas e preços de serviços devidos à OAB, depois de regularmente notificado a fazê-lo:** o advogado que mesmo após notificado não paga suas dívidas com a OAB (pagamento da anuidade, por exemplo), tipifica a mencionada infração ética. A sanção cabível é a suspensão. Vale lembrar que a suspensão poderá ser prorrogada até que a dívida seja integralmente quitada.

x) **Incidir em erros reiterados que evidenciem inépcia profissional:** é a clássica inépcia da atividade profissional, ou seja, são os erros repetidos no exercício da advocacia. Veja que não se trata de um erro simples, até porque o ser humano é falho, mas de erros graves com nítida habitualidade. Podemos exemplificar com os seguintes erros: perda do prazo para recorrer, utilização de recurso inadequado, realização de pedidos contraditórios (...) sempre com a necessidade da habitualidade. A sanção cabível é a suspensão. **Muito cuidado que a suspensão perdurará até que preste novo Exame de Ordem.**

y) **Manter conduta incompatível com a advocacia:** de grande dificuldade é a configuração do que venha a ser conduta incompatível com o exercício da advocacia. Todavia, diante desta amplitude, é de grande importância analisar o caso concreto. Podemos, exemplificativamente, mencionar: prática de jogos de azar, incontinência pública, embriaguez habitual etc. A partir do momento em que o advogado é essencial à administração da justiça, o mínimo que se espera é um profissional civilizado e digno de tal *status* constitucional. A sanção cabível é a suspensão.

z) **Fazer falsa prova de qualquer dos requisitos para inscrição na OAB:** ocorrerá quando o advogado fizer prova falsa de qualquer dos requisitos do art. 8º do Estatuto, uma vez que os requisitos são cumulativos. Caso a falsidade seja alegada durante o processo de inscrição, este será suspenso até que exista uma decisão. Contudo, se já consumada a inscrição, o advogado responderá disciplinarmente. A sanção cabível é a exclusão.

Nesta hipótese o efeito de um eventual recurso será meramente devolutivo, pois a própria lei proíbe o efeito suspensivo do recurso contra a decisão de exclusão por fazer prova falsa de qualquer dos requisitos para inscrição na OAB.

a.1) **Tornar-se moralmente inidôneo para o exercício da advocacia:** o advogado tem o dever de se pautar na construção de uma vida honesta, digna, tanto na vida pública quanto na vida privada. Caso assim não o seja, quando deixar de seguir os padrões de uma vida de boa índole, quando não mais for merecedor da confiança da coletividade, ou seja, ao tornar-se inidôneo, estará configurada tal infração ética. Tamanha é a gravidade deste fato que o advogado inidôneo desmoraliza seus pares e, por óbvio, ofende a dignidade da advocacia. A sanção cabível é a exclusão.

b.1.) **Praticar crime infamante:** por crime infamante podemos compreender aquele que gera uma repulsa social maior do que os crimes comuns. A existência de um crime infamante extingue a idoneidade moral, fato este que impedirá o advogado de exercer a advocacia, salvo se reabilitado judicialmente. Ainda que não exista um rol taxativo de crimes infamantes, podemos encaixar neste conceito: prática de abusos sexuais, pedofilia, dentre outros que venham a gerar uma relevante repulsa da coletividade. A sanção cabível é a exclusão.

b.2) **Praticar, o estagiário, ato excedente de sua habilitação:** poderá o estagiário regularmente inscrito na OAB praticar os atos da advocacia desde que em conjunto (e sob a responsabilidade) do advogado. Mas, se o estagiário extrapolar os limites da sua habilitação, restará configurada esta falta ética. A sanção cabível é a censura.

Lembre-se de que o estagiário poderá, isoladamente, ainda que sob responsabilidade do advogado: retirar e devolver os autos no cartório, obter certidões de processos em curso ou findos e assinar petições de juntada de documentos a processos judiciais ou administrativos.

A prática de qualquer das infrações éticas acima estudadas importará o recebimento de uma sanção disciplinar, nos termos do art. 35 do Estatuto. Assim, o rol das penalidades contém as penas de censura, suspensão, exclusão e multa. Ao impor uma sanção, tal penalidade deverá constar dos assentamentos do inscrito, após o trânsito em julgado da decisão, não podendo ser objeto de publicidade a pena de censura.

Vamos, agora, estudar cada uma das espécies sancionatórias.

A pena de censura será aplicada nas condutas acima estudadas, bem como na violação a preceito do Código de Ética e Disciplina. Ainda sobre a censura, ela poderá ser convertida em advertência, em ofício reservado, sem registro nos assentamentos do inscrito, quando presente circunstância atenuante.

A suspensão já é uma sanção muito mais grave que a censura. Caso o advogado seja suspenso, esta sanção impõe ao profissional a interdição do exercício dos atos da advocacia, em todo o território nacional, pelo prazo de trinta dias a doze meses. Também poderá ser suspenso com a reincidência em infração disciplinar.

> Muito cuidado que, se o advogado praticar a infração de recusa, injustificada, da prestação de contas ao cliente ou deixar de pagar as contribuições, multas e preços devidos à OAB, a suspensão perdurará até que satisfaça integralmente a dívida, inclusive com correção monetária. Agora, caso seja hipótese de condenação por erros reiterados que exteriorizem inépcia profissional, a suspensão perdura até que preste novas provas de habilitação.

A sanção de exclusão é aplicável nos casos mais graves, incluindo a aplicação, por três vezes, da pena de suspensão. Para a aplicação da sanção disciplinar de exclusão, é necessária a manifestação favorável de dois terços dos membros do Conselho Seccional competente. Assim, o Tribunal de Ética decide pela exclusão, mas esta somente se confirmará com a manifestação do Conselho Seccional.

> Ficará impedido de exercer o mandato o profissional a quem forem aplicadas as sanções disciplinares de suspensão ou exclusão.

A multa, sanção pecuniária, é variável entre o mínimo correspondente ao valor de uma anuidade e o máximo de seu décuplo, sendo aplicável cumulativamente com a censura ou suspensão, em havendo circunstâncias agravantes.

Vale lembrar as circunstâncias atenuantes! Assim determina o art. 40 do Estatuto:

> **Art. 40.** Na aplicação das sanções disciplinares, são consideradas, para fins de atenuação, as seguintes circunstâncias, entre outras:
>
> **I** – falta cometida na defesa de prerrogativa profissional;
>
> **II** – ausência de punição disciplinar anterior;
>
> **III** – exercício assíduo e proficiente de mandato ou cargo em qualquer órgão da OAB;
>
> **IV** – prestação de relevantes serviços à advocacia ou à causa pública.
>
> **Parágrafo único.** Os antecedentes profissionais do inscrito, as atenuantes, o grau de culpa por ele revelada, as circunstâncias e as consequências da infração são considerados para o fim de decidir:
>
> ***a)*** sobre a conveniência da aplicação cumulativa da multa e de outra sanção disciplinar;
>
> ***b)*** sobre o tempo de suspensão e o valor da multa aplicáveis.

Independentemente da sanção disciplinar recebida, é permitido ao que tenha sido sancionado requerer, um ano após seu cumprimento, a reabilitação, em face de provas efetivas de bom comportamento (art. 41 do Estatuto). Mas, se a sanção disciplinar resultar da prática de crime, o pedido de reabilitação depende também da correspondente reabilitação criminal.

Destaca-se que o art. 69 do Código de Ética e Disciplina prevê que o advogado que tenha sofrido sanção disciplinar poderá requerer reabilitação, no prazo e nas condições previstos no Estatuto da Advocacia e da Ordem dos Advogados do Brasil (art. 41). Assim, a competência para processar e julgar o pedido de reabilitação é do Conselho Seccional em que tenha sido aplicada a sanção disciplinar, com a exceção nos casos de competência originária do Conselho Federal, pois perante este tramitará o pedido de reabilitação. Para que tenha a reabilitação, o pedido deverá ser instruído com provas de bom comportamento, no exercício da advocacia e na vida social, cumprindo à Secretaria do Conselho competente certificar, nos autos, o efetivo cumprimento da sanção disciplinar pelo requerente.

> A pretensão à punibilidade das infrações disciplinares prescreve em cinco anos, contados da data da constatação oficial do fato.

Vale lembrar que a prescrição será interrompida pela instauração de processo disciplinar ou pela notificação válida feita diretamente ao representado, bem como pela decisão condenatória recorrível de qualquer órgão julgador da OAB. Uma vez **interrompido o prazo prescricional**, ele recomeçará a ser contado por inteiro. Veja o que determina o art. 43 do Estatuto:

Art. 43. A pretensão à punibilidade das infrações disciplinares prescreve em cinco anos, contados da data da constatação oficial do fato.
§ 1º Aplica-se a prescrição a todo processo disciplinar paralisado por mais de três anos, pendente de despacho ou julgamento, devendo ser arquivado de ofício, ou a requerimento da parte interessada, sem prejuízo de serem apuradas as responsabilidades pela paralisação.
§ 2º A prescrição interrompe-se:
I – pela instauração de processo disciplinar ou pela notificação válida feita diretamente ao representado;
II – pela decisão condenatória recorrível de qualquer órgão julgador da OAB.

11. DO PROCESSO E DOS RECURSOS NA OAB

As regras que norteiam todo o processo disciplinar contra os advogados e os estagiários possuem previsão no Estatuto, no Código de Ética e Disciplina, no Regulamento Geral e em diversos Provimentos. Porém, por razões pedagógicas, faremos um estudo conjunto de todos os dispositivos pertinentes, sempre tendo em vista o Exame de Ordem.

Em que pese a incidência dos dispositivos acima mencionados, o art. 68 do Estatuto faz previsão da aplicação subsidiária da legislação processual penal ao processo disciplinar e, aos demais processos, das regras gerais do procedimento administrativo comum e da legislação processual civil, nessa ordem. Diante disso, quando o processo disciplinar for omisso sobre um determinado tema, deverá ser aplicada a legislação processual penal para tampar a lacuna. Agora, não sendo processo disciplinar, ou seja, aos outros procedimentos da OAB, primeiro serão aplicadas as regras gerais do procedimento administrativo comum e, não existindo, aplicar-se-ão as regras do processo civil.

Outro ponto importante diz respeito aos prazos, pois todos os prazos necessários à manifestação de advogados, estagiários e terceiros, nos processos em geral da OAB, serão de quinze dias, inclusive para interposição de recursos. Diante disso, seja para recorrer, para apresentar defesa prévia, para se manifestar nos autos etc. todos os prazos serão de 15 dias.

Muito cuidado que nos casos de comunicação por **ofício** reservado, ou de **notificação pessoal**, o prazo se conta a partir do dia útil imediato ao da notificação do recebimento. Porém, sendo caso de **publicação** na imprensa oficial do ato ou da decisão, o prazo inicia-se no primeiro dia útil seguinte.

No que diz respeito ao **poder de punir**, ou seja, ao ato de sancionar os inscritos na OAB, a competência será exclusivamente ao Conselho Seccional em cuja base territorial tenha ocorrido a infração, salvo se a falta for cometida perante o Conselho Federal. Diante disso, a competência territorial será o local onde ocorreu a infração, pouco importando o local em que o advogado tem sua inscrição, salvo se o ato praticado for de competência do Conselho Federal.

Será de competência do Tribunal de Ética e Disciplina, do Conselho Seccional competente, julgar os processos disciplinares, instruídos pelas Subseções ou por relatores do próprio conselho. Vale lembrar que, com o Novo Código de Ética e Disciplina, temos o rol das competências dos Tribunais de Ética:

Art. 70. O Tribunal de Ética e Disciplina poderá funcionar dividido em órgãos fracionários, de acordo com seu regimento interno.
Art. 71. Compete aos Tribunais de Ética e Disciplina:
I – julgar, em primeiro grau, os processos ético-disciplinares;
II – responder a consultas formuladas, em tese, sobre matéria ético-disciplinar;
III – exercer as competências que lhe sejam conferidas pelo Regimento Interno da Seccional ou por este Código para a instauração, instrução e julgamento de processos ético-disciplinares;
IV – suspender, preventivamente, o acusado, em caso de conduta suscetível de acarretar repercussão prejudicial à advocacia, nos termos do Estatuto da Advocacia e da Ordem dos Advogados do Brasil;
V – organizar, promover e ministrar cursos, palestras, seminários e outros eventos da mesma natureza acerca da ética profissional do advogado ou estabelecer parcerias com as Escolas de Advocacia, com o mesmo objetivo;
VI – atuar como órgão mediador ou conciliador nas questões que envolvam:
a) dúvidas e pendências entre advogados;
b) partilha de honorários contratados em conjunto ou decorrentes de substabelecimento, bem como os que resultem de sucumbência, nas mesmas hipóteses;
c) controvérsias surgidas quando da dissolução de sociedade de advogados.

Ao ocorrer uma decisão condenatória irrecorrível, esta deve ser imediatamente comunicada ao Conselho Seccional onde o advogado tenha inscrição principal, para constar dos respectivos assentamentos. Desta forma, há o controle mais eficiente para, por exemplo, o processo de exclusão advindo de três suspensões transitadas em julgado.

A suspensão preventiva do advogado ocorrerá quando este tenha praticado ato que gerou repercussão prejudicial à dignidade da advocacia. Assim, a suspensão preventiva deverá ocorrer em sessão especial designada pelo Presidente do Tribunal (art. 63 do CED).

Muito cuidado que a competência geral para o processamento das representações envolvendo **questões disciplinares** será do local da infração. Porém, nos casos de **suspensão preventiva**, independentemente de onde tenha sido praticado o ato, será competente o local onde o acusado tenha sua inscrição principal.

Outro tema importante para a prova é que o recurso interposto contra a suspensão preventiva não possui efeito suspensivo.

Ainda, nos termos do art. 71 do Estatuto, vale lembrar que o mesmo fato praticado pelo advogado poderá ser apreciado pelo Tribunal de Ética e, também, pela justiça comum. Um exemplo clássico ocorre quando o advogado solicita uma importância, ao seu cliente, para subornar o Oficial de Justiça. Logo, ao mesmo tempo que praticou uma falta ética também será processado por crime.

Muito cuidado que pode ocorrer absolvição na esfera criminal, pois o fato não se verificou criminoso, mas, ainda assim, condenação disciplinar na OAB. Isto é possível pela existência de falta ética que não é tipificada como crime ou contravenção.

O **processo disciplinar** instaura-se de ofício ou mediante representação de qualquer autoridade ou pessoa interessada. Assim, a OAB pode, por si só, instaurar o processo disciplinar, basta que tenha tomado conhecimento da prática de uma conduta antiética. Instaurado o processo disciplinar, este tramitará em sigilo, até o seu término, só tendo acesso às suas informações as partes, seus defensores e a autoridade judiciária competente.

Não se considera fonte idônea para instaurar o processo disciplinar a partir de uma denúncia anônima.

Caso tenhamos a instauração do processo por representação, esta será formulada ao Presidente do Conselho Seccional ou ao Presidente da Subseção, por escrito ou verbalmente, devendo, neste último caso, ser reduzida a termo.

São requisitos da representação (art. 57 do CED):

a) a identificação do representante, com a sua qualificação civil e endereço;

b) a narração dos fatos que a motivam, de forma que permita verificar a existência, em tese, de infração disciplinar;

c) os documentos que eventualmente a instruam e a indicação de outras provas a ser produzidas, bem como, se for o caso, o rol de testemunhas, até o máximo de cinco;

d) a assinatura do representante ou a certificação de quem a tomou por termo, na impossibilidade de obtê-la.

Agora, instaurado o processo disciplinar, passamos a estudar os desdobramentos procedimentais.

Recebida a representação, o Presidente deve designar o relator, ou seja, aquele que será responsável pela instrução do processo e a elaboração de um parecer preliminar a ser submetido ao Tribunal de Ética e Disciplina. Ao representado deve ser assegurado amplo direito de defesa, lembrando que ninguém poderá receber qualquer tipo de punição sem o respeito ao devido processo legal. Sendo assim, é direito do representado acompanhar o processo em todos os termos, pessoalmente ou por intermédio de outro advogado/procurador, oferecendo defesa prévia após ser notificado, razões finais após a instrução e defesa oral perante o Tribunal de Ética e Disciplina, por ocasião do julgamento.

Muito cuidado com estas peculiaridades!
A representação contra membros do Conselho Federal e Presidentes de Conselhos Seccionais é processada e julgada pelo Conselho Federal, sendo competente a Segunda Câmara reunida em sessão plenária.
A representação contra membros da diretoria do Conselho Federal, Membros Honorários Vitalícios e detentores da Medalha Rui Barbosa será processada e julgada pelo Conselho Federal, sendo competente o Conselho Pleno.
A representação contra dirigente de Subseção é processada e julgada pelo Conselho Seccional.

No parecer preliminar o relator analisa os critérios de admissibilidade da representação (não se admite representação anônima, por exemplo). Uma vez que todos os requisitos estejam presentes, o relator optará pela instauração e, caso não seja viável, será caso de arquivamento liminar do processo disciplinar.

Quando o relator se manifestar pelo indeferimento liminar da representação, este deve ser decidido pelo Presidente do Conselho Seccional, para determinar seu arquivamento. Determina o art. 59 do Código de Ética e Disciplina que, recebido o processo com a inicial, inclusive com os antecedentes, o relator notificará o interessado para que se manifeste no prazo de 15 dias. Oferecida a defesa prévia (já com os documentos e o rol de testemunhas) será feito o despacho saneador e, consequentemente, caso não exista plausibilidade, o relator se manifestará pelo indeferimento liminar da representação, decisão esta que caberá ao Presidente do Conselho Seccional para, só então, determinar o arquivamento.

Muito cuidado que, se o representado não for encontrado, ou for revel, o Presidente do Conselho ou da Subseção deve designar-lhe defensor dativo.

É também permitida a **revisão do processo disciplinar**, por erro de julgamento ou por condenação baseada em falsa prova. Assim, uma vez condenado, poderá o advogado requerer a revisão do processo disciplinar somente nestes dois casos, pois alegações de injustiça ou mera contrariedade não são aptas a promover a revisão.

Uma vez que tenhamos a decisão do Tribunal de Ética, seja quanto ao arquivamento prévio da representação, seja em relação ao acórdão proferido pela Turma Disciplinar, será cabível recurso ao Conselho Seccional. Assim, caberá recurso ao Conselho Seccional de todas as decisões proferidas por seu Presidente, pelo Tribunal de Ética e Disciplina ou pela diretoria da Subseção ou da Caixa de Assistência dos Advogados.

Por outro lado, também será cabível recurso ao Conselho Federal. Agora, tal recurso será viável nas decisões definitivas proferidas pelo Conselho Seccional, quando não tenham sido unânimes ou, sendo unânimes, contrariem o Estatuto, a decisão do Conselho Federal ou de outro Conselho Seccional e, ainda, o regulamento geral, o Código de Ética e Disciplina e os Provimentos. Perceba que o recurso ao Conselho Federal acaba tendo hipóteses mais restritas.

> Muito cuidado com os efeitos dos recursos. Como regra os recursos terão efeito suspensivo, exceto quando tratarem de eleições, de suspensão preventiva decidida pelo Tribunal de Ética e Disciplina, e de cancelamento da inscrição obtida com falsa prova.

12. DOS DEVERES DO ADVOGADO

O Estatuto traz o rol dos Direitos do Advogado (art. 7º), enquanto o Código de Ética e Disciplina traz um rol com os Deveres do Advogado. É preciso lembrar que o advogado, ao indispensável à administração da Justiça, passa a ser um defensor do Estado Democrático de Direito, das garantias fundamentais, da cidadania, da moralidade, da Justiça e da paz social, sendo seu dever exercer a advocacia em sintonia com a sua elevada função pública e com todos os valores que lhe são inerentes. Assim, são deveres do advogado:

a) **Preservar, em sua conduta, a honra, a nobreza e a dignidade da profissão, zelando pelo caráter de essencialidade e indispensabilidade da advocacia:** lembramos que o advogado, em sua atuação, presta um serviço público e exerce função social. Logo, está a advocacia revestida da essencialidade e da indispensabilidade, inclusive não tendo distinção de tratamento entre juízes e promotores. Diante disso, no exercício da profissão, tem o advogado sua imunidade profissional e sua inviolabilidade garantidas, nos termos do Estatuto.

b) **Atuar com destemor, independência, honestidade, decoro, veracidade, lealdade, dignidade e boa-fé:** o advogado deve sempre se pautar pela probidade, ou seja, pela honestidade quer seja com o seu cliente, quer seja com a parte contrária. Vale destacar, também, a independência do advogado, seja ele atuando na esfera judicial ou extrajudicial. Nesse contexto, uma vez que o advogado é independente, logo a OAB, nos termos do art. 44 do Estatuto, não guarda qualquer relação de subordinação para com a Administração Pública.

c) **Velar por sua reputação pessoal e profissional:** o advogado deve zelar por sua reputação enquanto profissional, mas, também, no campo da vida privada. Devemos ressaltar que os atos praticados pelo advogado dizem respeito a ele e a toda uma classe. Assim, um ato negativo de um profissional pode recair sobre toda a classe dos advogados.

d) **Empenhar-se, permanentemente, no aperfeiçoamento pessoal e profissional:** ao prestar um serviço público e exercer função social, inevitavelmente, deve o advogado primar pelo seu contínuo aperfeiçoamento, afastando atuações que possam refletir eventual inépcia.

e) **Contribuir para o aprimoramento das instituições, do Direito e das leis:** o advogado tem o dever de contribuir para que as instituições funcionem, cada vez mais, de forma melhor e mais eficiente. Logo, contribuir para que as instituições, o Direito e as leis sejam melhores é, automaticamente, contribuir para a Justiça.

f) **Estimular, a qualquer tempo, a conciliação e a mediação entre os litigantes, prevenindo, sempre que possível, a instauração de litígios:** a conciliação entre as partes deve sempre ser estimulada pelo advogado. Vale lembrar que a judicialização das relações sociais deve ser evitada, sempre que possível. Mas, caso já exista uma ação tramitando não há óbice para que, mesmo assim, seja promovida a conciliação entre as partes.

g) **Desaconselhar lides temerárias, a partir de um juízo preliminar de viabilidade jurídica:** o advogado deve sempre orientar seu cliente a não ingressar em aventuras jurídicas. Assim, por lide temerária podemos compreender aquela que não possui fundamentação jurídica, muitas vezes buscando prejudicar a parte contrária.

h) **Abster-se de:**

h.1) Utilizar de influência indevida, em seu benefício ou do cliente: o advogado não pode valer-se de sua influência de forma indevida, ilegítima, prejudicando a parte contrária, por exemplo.

h.2) Vincular seu nome a empreendimentos sabidamente escusos: o advogado não pode ligar seu nome a empreendimento ilícitos ou com nítido caráter antiético. Pela redação podemos concluir que o advogado conhecia da existência do empreendimento escuso. Imagine o exemplo do advogado que possua uma banca de jogo do bicho.

h.3) Emprestar concurso aos que atentem contra a ética, a moral, a honestidade e a dignidade da pessoa humana: além de atuar com probidade e ética o advogado não pode permitir, nem muito menos colaborar, para que outros atuem de forma antiética.

h.4) Entender-se diretamente com a parte adversa que tenha patrono constituído, sem o assentimento deste: caso o advogado não respeite este dever poderá tipificar infração ética, nos termos do art. 34, VIII, do Estatuto. Diante disso, sempre que a parte contrária tiver advogado constituído será com este que o outro advogado deverá tratar.

h.5) Ingressar ou atuar em pleitos administrativos ou judiciais perante autoridades com as quais tenha vínculos negociais ou familiares: trata-se de uma relação mais específica quanto à proibição de se utilizar da influência de forma indevida. Diante disso, o advogado não pode se utilizar de vínculos negociais/familiares que possua com autoridades, sejam administrativas ou judiciais. Até pelo fato da incidência dos institutos da suspeição e do impedimento.

h.6) Contratar honorários advocatícios em valores aviltantes: os honorários pactuados devem observar os valores mínimos estabelecidos na Tabela de Honorários da OAB. Assim, pactuar valores abaixo desta referência é sabidamente negociar de forma aviltante. Ainda, tem-se que destacar que pactuar honorários irrisórios acaba por ofender toda a classe dos advogados, principalmente a dignidade da advocacia.

i) **Pugnar pela solução dos problemas da cidadania e pela efetivação dos direitos individuais, coletivos e difusos:** a função social da advocacia é evidente, razão pela qual deve o advogado ser mais um instrumento na promoção da pacificação social.

j) **Adotar conduta consentânea com o papel de elemento indispensável à administração da Justiça:** a realização eficiente da Justiça passa pela figura do advogado e, tão logo, este deve ter um papel transformador no aprimoramento das instituições e na busca pela Justiça material.

k) **Cumprir os encargos assumidos no âmbito da Ordem dos Advogados do Brasil ou na representação da classe:** uma vez ocupante de algum cargo dentro da OAB, deverá o advogado cumprir com todas suas responsabilidades e encargos.

l) **Zelar pelos valores institucionais da OAB e da advocacia:** deve o advogado zelar pela defesa da Constituição Federal, dos direitos humanos, do Estado Democrático de Direito, dentre outros.

m) **Ater-se, quando no exercício da função de defensor público, à defesa dos necessitados:** nos casos em que não for possível que a Defensoria Pública atue, deverá o advogado realizar seu mister com o mesmo zelo e dedicação empregados nas outras causas.

Por fim, nos termos do art. 3º do CED, o advogado deve ter consciência de que o Direito é um meio de mitigar as desigualdades para o encontro de soluções justas e que a lei é um instrumento para garantir a igualdade de todos, sempre buscando a pacificação social e a promoção da Justiça.

REFERÊNCIAS BIBLIOGRÁFICAS

GONZAGA, Alvaro de Azevedo; NEVES, Karina Penna; BEIJATO JUNIOR, Roberto. *Estatuto da Advocacia e novo Código de Ética e Disciplina da OAB*: comentados. Rio de Janeiro-São Paulo: Forense/Método, 2016.

LÔBO, Paulo Luiz Netto. *Comentários ao Estatuto da Advocacia e da OAB*. São Paulo: Saraiva, 2010.

MACEDO JUNIOR, Marco Antonio Silva de. *Ética profissional e Estatuto da Advocacia*. 6. ed. São Paulo: Saraiva, 2014 (Col. OAB Nacional, 1ª Fase, v. 10).

VIEIRA, Hélio; CERNOV, Zênia. *Estatuto, Regulamento Geral e Código de Ética da OAB*: interpretados artigo por artigo. São Paulo: LTr, 2016.

QUESTÕES

(XIX Exame de Ordem Unificado / FGV) Alexandre, advogado que exerce a profissão há muitos anos, é conhecido por suas atitudes corajosas, sendo respeitado pelos seus clientes e pelas autoridades com quem se relaciona por questões profissionais. Comentando sua atuação profissional, ele foi inquirido, por um dos seus filhos, se não deveria recusar a defesa de um indivíduo considerado impopular, bem como se não deveria ser mais obediente às autoridades, diante da possibilidade de retaliação.

Sobre o caso apresentado, observadas as regras do Estatuto da OAB, assinale a opção correta indicada ao filho do advogado citado.

A) O advogado Alexandre deve recusar a defesa de cliente cuja atividade seja impopular.

B) O temor à autoridade pode levar à negativa de prestação do serviço advocatício por Alexandre.

C) As causas impopulares aceitas por Alexandre devem vir sempre acompanhadas de apoio da Seccional da OAB.

D) Nenhum receio de desagradar uma autoridade deterá o advogado Alexandre.

RESPOSTA

A) Ofensa direta ao § 2º do art. 31 do Estatuto, porque nenhum receio de desagradar a magistrado ou a qualquer autoridade, nem de incorrer em impopularidade, deve deter o advogado no exercício da advocacia.

B) Ofensa direta ao § 2º, primeira parte, do art. 31 do Estatuto.

C) Não há menção à necessidade de apoio da Seccional.

✓ A fundamentação legal está no § 2º do art. 31 do Estatuto.

(XIX Exame de Ordem Unificado / FGV) O advogado Carlos dirigiu-se a uma Delegacia de Polícia para tentar obter cópia de autos de inquérito no âmbito do qual seu cliente havia sido intimado para prestar esclarecimentos. No entanto, a vista dos autos foi negada pela autoridade policial, ao fundamento de que os autos estavam sob segredo de Justiça. Mesmo após Carlos ter apresentado procuração de seu cliente, afirmou o Delegado que, uma vez que o juiz havia decretado sigilo nos autos, a vista somente seria permitida com autorização judicial.

Nos termos do Estatuto da Advocacia, é correto afirmar que

A) Carlos pode ter acesso aos autos de qualquer inquérito, mesmo sem procuração.

B) Carlos pode ter acesso aos autos de inquéritos sob segredo de Justiça, desde que esteja munido de procuração do investigado.

C) em caso de inquérito sob segredo de Justiça, apenas o magistrado que decretou o sigilo poderá afastar parcialmente o sigilo, autorizando o acesso aos autos pelo advogado Carlos.

D) o segredo de Justiça de inquéritos em andamento é oponível ao advogado Carlos, mesmo munido de procuração.

RESPOSTA

A) A procuração é necessária, uma vez que se trata de segredo de justiça.

✓ Nos termos do art. 7º, § 10, do Estatuto, Carlos pode ter acesso aos autos de inquéritos sob segredo de Justiça, desde que esteja munido de procuração do investigado.

C) Não há determinação nesse sentido pelo Estatuto.

D) Ofensa ao art. 7º, § 10, do Estatuto. Quando se tratar de autos sujeitos a sigilo, deve o advogado apresentar procuração para o exercício dos seus direitos.

(XIX Exame de Ordem Unificado / FGV) Tício, presidente de determinada Subseção da OAB, valendo-se da disciplina do art. 50 da Lei Federal n. 8.906/94 (Estatuto da OAB), pretende requisitar, ao cartório de certa Vara de Fazenda Pública, cópias de peças dos autos de um processo judicial que não estão cobertas pelo sigilo. Assim, analisou o entendimento jurisprudencial consolidado no Supremo Tribunal Federal sobre o tema, a fim de apurar a possibilidade da requisição, bem como, caso positivo, a necessidade de motivação e pagamento dos custos respectivos.

Diante da situação narrada, Tício estará correto ao concluir que

A) não dispõe de tal prerrogativa, pois o citado dispositivo legal foi declarado inconstitucional pelo Supremo Tribunal Federal, uma vez que compete privativamente aos tribunais organizar as secretarias e cartórios judiciais, não se sujeitando a requisições da OAB, por expressa disciplina constitucional.

B) pode realizar tal requisição, pois o citado dispositivo legal foi declarado constitucional pelo Supremo Tribunal Federal, independentemente de motivação e pagamento dos respectivos custos.

C) pode realizar tal requisição, pois o Supremo Tribunal Federal, em sede de controle de constitucionalidade, assegurou-a, desde que acompanhada de motivação compatível com as finalidades da Lei n. 8.906/94 e o pagamento dos respectivos custos.

D) não dispõe de tal prerrogativa, pois ao citado dispositivo legal foi conferida, pelo Supremo Tribunal Federal, interpretação conforme a Constituição Federal para excluir os presidentes de Subseções, garantindo a requisição apenas aos Presidentes do Conselho Federal da OAB e dos Conselhos Seccionais, desde que motivada.

RESPOSTA

A) Nos termos do art. 50 do Estatuto, os Presidentes dos Conselhos da OAB e das Subseções podem requisitar cópias de peças de autos e documentos a qualquer tribunal, magistrado, cartório e órgão da Administração Pública direta, indireta e fundacional.

B) O STF deu interpretação conforme a Constituição e determinou que o pedido deve ser motivado (ver ADIn 1.127-8).

✓ Alternativa correta.

D) Não foi essa a decisão na ADIn 1.127-8.

(XIX Exame de Ordem Unificado / FGV) Formaram-se em uma Faculdade de Direito, na mesma turma, Luana, Leonardo e Bruno. Luana, 35 anos, já exercia função de gerência em um banco quando se graduou. Leonardo, 30 anos, é prefeito do município de Pontal. Bruno, 28 anos, é policial militar no mesmo município. Os três pretendem praticar atividades privativas de advocacia.

Considerando as incompatibilidades e impedimentos ao exercício da advocacia, assinale a opção correta.

A) Luana não está proibida de exercer a advocacia, pois é empregada de instituição privada, inexistindo impedimentos ou incompatibilidades.

B) Bruno, como os servidores públicos, apenas é impedido de exercer a advocacia contra a Fazenda Pública que o remunera.

C) Os três graduados, Luana, Leonardo e Bruno, exercem funções incompatíveis com a advocacia, sendo determinada a proibição total de exercício das atividades privativas de advogado.

D) Leonardo é impedido de exercer a advocacia apenas contra ou em favor de pessoas jurídicas de direito público, empresas públicas, sociedades de economia mista, fundações públicas, entidades paraestatais ou empresas concessionárias ou permissionárias de serviço público.

RESPOSTA

A) No caso de Luana, existe incompatibilidade.

B) Bruno é militar na ativa.

✓ Alternativa correta, pois todos exercem funções incompatíveis com a advocacia, sendo determinada a proibição total de exercício das atividades privativas de advogado.

D) Leonardo tem incompatibilidade.

(XIX Exame de Ordem Unificado / FGV) Daniel contratou a advogada Beatriz para ajuizar ação em face de seu vizinho Théo, buscando o ressarcimento de danos causados em razão de uma obra indevida no condomínio. No curso do processo, Beatriz substabeleceu o mandato a Ana, com reserva de poderes. Sentenciado o feito e julgado procedente o pedido de Daniel, o juiz condenou Théo ao pagamento de honorários sucumbenciais.

Com base na hipótese apresentada, assinale a afirmativa correta.

A) Ana poderá promover a execução dos honorários sucumbenciais nos mesmos autos judiciais, se assim lhe convier, independentemente da intervenção de Beatriz.

B) Ana e Beatriz poderão promover a execução dos honorários sucumbenciais, isoladamente ou em conjunto, mas devem fazê-lo em processo autônomo.

C) Ana poderá promover a execução dos honorários sucumbenciais nos mesmos autos, se assim lhe convier, mas dependerá da intervenção de Beatriz.

D) Ana não terá direito ao recebimento de honorários sucumbenciais, cabendo-lhe executar Beatriz pelos valores que lhe sejam devidos, caso não haja o adimplemento voluntário.

RESPOSTA

A) Nítida ofensa ao art. 26 do Estatuto, uma vez que o advogado substabelecido, com reserva de poderes, não pode cobrar honorários sem a intervenção daquele que lhe conferiu o substabelecimento.

B) O advogado substabelecido, com reserva de poderes, não pode cobrar honorários de forma isolada.

✓ Desde que ocorra a intervenção de Beatriz, a alternativa está correta.

D) Ofensa aos arts. 24 e 26, ambos do Estatuto.

(XIX Exame de Ordem Unificado / FGV) Victor nasceu no Estado do Rio de Janeiro e formou-se em Direito no Estado de São Paulo. Posteriormente, passou a residir, e pretende atuar profissionalmente como advogado, em Fortaleza, Ceará. Porém, em razão de seus contatos no Rio de Janeiro, foi convidado a intervir também em feitos judiciais em favor de clientes nesse Estado, cabendo-lhe patrocinar seis causas no ano de 2015.

Diante do exposto, assinale a opção correta.

A) A inscrição principal de Victor deve ser realizada no Conselho Seccional de São Paulo, já que a inscrição principal do advogado é feita no Conselho Seccional em cujo território se localize seu curso jurídico. Além da principal, Victor terá a faculdade de promover sua inscrição suplementar nos Conselhos Seccionais do Ceará e do Rio de Janeiro, onde pretende exercer a profissão.

B) A inscrição principal de Victor deve ser realizada no Conselho Seccional do Rio de Janeiro, pois o Estatuto da OAB determina que esta seja promovida no Conselho Seccional em cujo território o advogado exercer intervenção judicial que exceda três causas por ano. Além da principal, Victor poderá promover sua inscrição suplementar nos Conselhos Seccionais do Ceará e de São Paulo.

C) A inscrição principal de Victor deve ser realizada no Conselho Seccional do Ceará. Isso porque a inscrição principal do advogado deve ser feita no Conselho Seccional em cujo território pretende estabelecer o seu domicílio profissional. A promoção de inscrição suplementar no Conselho Seccional do Rio de Janeiro será facultativa, pois as intervenções judiciais pontuais, como as causas em que Victor atuará, não configuram habitualidade no exercício da profissão.

D) A inscrição principal de Victor deve ser realizada no Conselho Seccional do Ceará. Afinal, a inscrição principal do advogado deve ser feita no Conselho Seccional em cujo território ele pretende estabelecer o seu domicílio profissional. Além da principal, Victor deverá promover a inscrição suplementar no Conselho Seccional do Rio de Janeiro, já que esta é exigida diante de intervenção judicial que exceda cinco causas por ano.

RESPOSTA

A) A inscrição principal do advogado deverá ser feita no Conselho Seccional em cujo território pretende estabelecer o seu domicílio profissional.

B) Ofensa ao art. 10, *caput*, do Estatuto.

C) Ofensa ao art. 10, § 2º, do Estatuto.

✔ De fato, a inscrição principal de Victor deve ser realizada no Conselho Seccional do Ceará, inclusive pela situação demonstrada, em que a inscrição principal do advogado deve ser feita no Conselho Seccional em cujo território ele pretende estabelecer o seu domicílio profissional. Além da inscrição principal, Victor deverá promover a inscrição suplementar no Conselho Seccional do Rio de Janeiro, já que esta é exigida diante de intervenção judicial que exceda cinco causas por ano.

(XIX Exame de Ordem Unificado / FGV) Os jovens Rodrigo, 30 anos, e Bibiana, 35 anos, devidamente inscritos em certa seccional da OAB, desejam candidatar-se, pela primeira vez, a cargos de diretoria do Conselho Seccional respectivo. Rodrigo está regularmente inscrito na referida seccional da OAB há seis anos, sendo dois anos como estagiário. Bibiana, por sua vez, exerceu regularmente a profissão por três anos, após a conclusão do curso de Direito. Contudo, afastou-se por dois anos e retornou à advocacia há um ano. Ambos não exercem funções incompatíveis com a advocacia, ou cargos exoneráveis *ad nutum*. Tampouco integram listas para provimento de cargos em tribunais ou ostentam condenação por infração disciplinar. Bibiana e Rodrigo estão em dia com suas anuidades.

Considerando a situação narrada, assinale a afirmativa correta.

A) Apenas Bibiana preenche as condições de elegibilidade para os cargos.

B) Apenas Rodrigo preenche as condições de elegibilidade para os cargos.

C) Bibiana e Rodrigo preenchem as condições de elegibilidade para os cargos.

D) Nenhum dos dois advogados preenche as condições de elegibilidade para os cargos.

RESPOSTA

A) Bibiana não possui tais condições.

B) Rodrigo não possui tais condições.

C) Nenhum deles possui tais condições.

✔ O art. 131-A do Regulamento Geral determina que são condições de elegibilidade: ser o candidato advogado inscrito na Seccional, com inscrição principal ou suplementar, em efetivo exercício há mais de 5 anos, e estar em dia com as anuidades na data de protocolo do pedido de registro de candidatura, considerando-se regulares aqueles que parcelaram seus débitos e estão adimplentes com a quitação das parcelas.

(XIX Exame de Ordem Unificado / FGV) As Subseções X e Y da OAB, ambas criadas pelo Conselho Seccional Z, reivindicam a competência para desempenhar certa atribuição. Não obstante, o Conselho Seccional Z defende que tal atribuição é de sua competência.

Caso instaurado um conflito de competência envolvendo as Subseções X e Y e outro envolvendo a Subseção X e o Conselho Seccional Z, assinale a opção que relaciona, respectivamente, os órgãos competentes para decidir os conflitos.

A) O conflito de competência entre as subseções deve ser decidido pelo Conselho Seccional Z, cabendo recurso ao Conselho Federal da OAB. Do mesmo modo, o conflito entre a Subseção X e o Conselho Seccional Z será decidido pelo Conselho Seccional Z, cabendo recurso ao Conselho Federal da OAB.

B) O conflito de competência entre as subseções deve ser decidido pelo Conselho Seccional Z, cabendo recurso ao Conselho Federal da OAB. Já o conflito entre a Subseção X e o Conselho Seccional Z será decidido, em única instância, pelo Conselho Federal da OAB.

C) Ambos os conflitos de competência serão decididos, em única instância, pelo Conselho Federal da OAB.

D) O conflito de competência entre as subseções deve ser decidido, em única instância, pelo Conselho Seccional Z. O conflito entre a Subseção X e o Conselho Seccional Z será decidido, em única instância, pelo Conselho Federal da OAB.

RESPOSTA

✔ Os conflitos de competência entre subseções e entre estas e o Conselho Seccional são por este decididos, com recurso voluntário ao Conselho Federal.

B) Ofensa ao art. 119 do Regulamento Geral da OAB, uma vez que não cabe resolução do conflito entre a Subseção X e o Conselho Seccional Z ser decidida, em única instância, pelo Conselho Federal da OAB.

C) Ofensa ao art. 119 do Regulamento Geral da OAB, uma vez que não cabe resolução de ambos os conflitos pelo Conselho Federal da OAB.

D) Completa ofensa ao art. 119 do Regulamento Geral da OAB.

(XIX Exame de Ordem Unificado / FGV) Carlos integrou a chapa de candidatos ao Conselho Seccional que obteve a maioria dos votos válidos e tomou posse em 1º de janeiro do ano seguinte ao de sua eleição. Um ano após o início do mandato, Carlos passou a ocupar um cargo de direção no Conselho de Administração de uma empresa, controlada pela Administração Pública, sediada em outro estado da Federação.

Nesse caso, de acordo com o Estatuto da OAB, assinale a afirmativa correta.

A) Não se extingue o mandato de Carlos, pois a ocupação de cargo de direção em empresa controlada pela Administração Pública, em estado da Federação distinto do abrangido pelo Conselho Seccional, não configura incompatibilidade a ensejar o cancelamento de sua inscrição.

B) Extingue-se automaticamente o mandato de Carlos, pois a ocupação de cargo de direção em empresa controlada pela Administração Pública, em qualquer circunstância, configura incompatibilidade a ensejar o cancelamento de sua inscrição.

C) Extingue-se o mandato de Carlos mediante deliberação de dois terços dos membros do Conselho Seccional, pois a ocupação de cargo de direção em empresa controlada pela Administração Pública pode configurar incompatibilidade a ensejar o cancelamento de sua inscrição.

D) Não se extingue o mandato de Carlos, pois a ocupação de cargo de direção em empresa controlada pela Administração Pública, em qualquer circunstância, não configura incompatibilidade a ensejar o cancelamento de sua inscrição.

RESPOSTA

A) Configura incompatibilidade.

✓ Extingue-se automaticamente o mandato de Carlos, pois a ocupação de cargo de direção em empresa controlada pela Administração Pública, em qualquer circunstância, configura incompatibilidade a ensejar o cancelamento de sua inscrição, nos termos do art. 28 do Estatuto.

C) Não há menção ao procedimento no Estatuto.

D) Configura incompatibilidade.

(XX Exame de Ordem Unificado / FGV) A advogada Laila representou judicialmente Rita, em processo no qual esta postulava a condenação do Município de Manaus ao cumprimento de obrigação de pagar quantia certa. Fora acordado entre Laila e Rita o pagamento de valor determinado à advogada, a título de honorários, por meio de negócio jurídico escrito e válido. Após o transcurso do processo, a Fazenda Pública foi condenada, nos termos do pedido autoral. Antes da expedição do precatório, Laila juntou aos autos o contrato de honorários, no intuito de obter os valores pactuados.

Considerando a situação narrada, é correto afirmar que

A) Laila deverá executar os honorários em face de Rita em processo autônomo, sendo vedado o pagamento nos mesmos autos, por se tratar de honorários contratuais e não sucumbenciais.

B) o juiz deverá determinar que os valores acordados a título de honorários sejam pagos diretamente a Laila, por dedução da quantia a ser recebida por Rita, independentemente de concordância desta nos autos, salvo se Rita provar que já os pagou.

C) Laila deverá executar os honorários em face do município de Manaus, em processo autônomo de execução, sendo vedado o pagamento nos mesmos autos, por se tratar de honorários contratuais e não sucumbenciais.

D) o juiz poderá determinar que os valores acordados a título de honorários sejam pagos diretamente a Laila, por dedução da quantia a ser recebida por Rita, caso Rita apresente sua concordância nos autos.

RESPOSTA

A) Ofensa à disposição do art. 24 do Estatuto.

✓ Alternativa de acordo com o que determina o art. 24, § 4º, do Estatuto: "Se o advogado fizer juntar aos autos o seu contrato de honorários antes de expedir-se o mandado de levantamento ou precatório, o juiz deve determinar que lhe sejam pagos diretamente, por dedução da quantia a ser recebida pelo constituinte, salvo se este provar que já os pagou".

C) Mesma fundamentação da letra A, tendo em vista a disposição no art. 24 do Estatuto.

D) Não requer concordância.

(XX Exame de Ordem Unificado / FGV) Michael foi réu em um processo criminal, denunciado pela prática do delito de corrupção passiva. Sua defesa técnica no feito foi realizada pela advogada Maria, que, para tanto, teve acesso a comprovantes de rendimentos e extratos da conta bancária de Michael. Tempos após o término do processo penal, a ex-mulher de Michael ajuizou demanda, postulando, em face dele, a prestação de alimentos. Ciente de que Maria conhecia os rendimentos de Michael, a autora arrolou a advogada como testemunha.

Considerando o caso narrado e o disposto no Código de Ética e Disciplina da OAB, assinale a afirmativa correta.

A) Maria deverá depor como testemunha, prestando compromisso de dizer a verdade, e revelar tudo o que souber, mesmo que isto prejudique Michael, uma vez que não é advogada dele no processo de natureza cível.

B) Maria deverá depor como testemunha, mesmo que isto prejudique Michael, uma vez que não é advogada dele no processo de natureza cível, mas terá o direito e o dever de se calar apenas quanto às informações acobertadas pelo sigilo bancário de Michael.

C) Maria deverá recusar-se a depor como testemunha, exceto se Michael expressamente autorizá-la, caso em que deverá informar o que souber, mesmo que isto prejudique Michael.

D) Maria deverá recusar-se a depor como testemunha, ainda que Michael expressamente lhe autorize ou solicite que revele o que sabe.

RESPOSTA

A) Prepondera o dever de sigilo.

B) Prepondera o dever de sigilo de forma ampla.

C) Prepondera o dever de sigilo, ainda que Michel tivesse autorizado o depoimento.

✓ Alternativa de acordo com o Estatuto (art. 7º, XIX) e o Código de Ética e Disciplina (arts. 35 e 38).

(XX Exame de Ordem Unificado / FGV) A advogada Taís foi contratada por Lia para atuar em certo processo ajuizado perante o Juizado Especial Cível. Foi acordado o pagamento de honorários advocatícios no valor de R$ 5.000,00 (cinco mil reais). O feito seguiu regularmente o rito previsto na Lei nº 9.099/95, tendo o magistrado, antes da instrução e julgamento, esclarecido as partes sobre as vantagens da conciliação, obtendo a concordância dos litigantes pela solução consensual do conflito.

Considerando o caso relatado, assinale a afirmativa correta.

A) Diante da conciliação entre as partes, ocorrida antes da instrução e julgamento do feito, Taís fará jus à metade do valor acordado a título de honorários advocatícios.

B) A conciliação entre as partes, ocorrida antes da instrução e julgamento do feito, não prejudica os honorários convencionados, salvo aquiescência de Taís.

C) Diante da conciliação entre as partes, ocorrida antes da instrução e julgamento do feito, deverá o magistrado, ao homologar o acordo, fixar o valor que competirá a Taís, a título de honorários advocatícios, não prevalecendo a pactuação anterior entre cliente e advogada.

D) Em razão da conciliação entre as partes, ocorrida antes da instrução e julgamento do feito, deverá ser pactuado, por Taís e Lia, novo valor a título de honorários advocatícios, não prevalecendo a obrigação anteriormente fixada.

RESPOSTA

O acordo feito pelo cliente do advogado e a parte adversa, salvo aquiescência do profissional, não lhe prejudica os honorários, sejam os convencionados, sejam os concedidos por sentença, nos termos do art. 24, § 4º, do Estatuto.

A) Ofensa ao art. 24 do Estatuto.

✓ Nos termos do art. 24, § 4º, do Estatuto, o acordo feito pelo cliente do advogado e a parte adversa, salvo aquiescência do profissional, não lhe prejudica os honorários, sejam os convencionados, sejam os concedidos por sentença.

C) Ofensa ao art. 24 do Estatuto.

D) Nem sequer há tal previsão no Estatuto.

(XX Exame de Ordem Unificado / FGV) João outorgou procuração ao advogado Antônio, para sua defesa em certo processo. Todavia, decorridos alguns dias, João concluiu que a atuação de apenas um profissional não seria suficiente à sua satisfatória representação e buscou Antônio, a fim de informá-lo de que pretendia também contratar o advogado Luiz, para atuar juntamente com ele no feito. Ocorre que Antônio negou-se a aceitar a indicação, por duvidar das qualidades profissionais do colega. Meses depois, convencido de que realmente precisa de auxílio, resolveu substabelecer o mandato, com reserva de poderes, ao advogado Lucas, que goza de sua absoluta confiança.

Diante da situação narrada, assinale a afirmativa correta.

A) A recusa de Antônio à indicação de outro profissional pelo cliente não constitui infração ética, pois o advogado não é obrigado a aceitar a indicação de outro profissional para com ele trabalhar no processo. Por sua vez, o substabelecimento do mandato a Lucas depende de prévia comunicação a João.

B) A recusa de Antônio à indicação de outro profissional pelo cliente constitui infração ética, uma vez que ele comportou-se com deslealdade em face do colega advogado, pronunciando-se contra sua contratação. Por sua vez, o substabelecimento do mandato a Lucas depende de prévia comunicação a João.

C) A recusa de Antônio à indicação de outro profissional pelo cliente constitui infração ética, uma vez que ele comportou-se com deslealdade em face do colega advogado, pronunciando-se contra sua contratação. Por sua vez, o substabelecimento do mandato a Lucas independe de prévia comunicação a João, pois constitui ato pessoal do advogado da causa.

D) A recusa de Antônio à indicação de outro profissional pelo cliente não constitui infração ética, pois o advogado não é obrigado a aceitar a indicação de outro profissional para com ele trabalhar no processo. Por sua vez, o substabelecimento do mandato a Lucas independe de comunicação a João, já que constitui ato pessoal do advogado da causa.

RESPOSTA

A) O substabelecimento com reservas de poderes não requer a prévia comunicação (art. 26 do Código de Ética e Disciplina).

B) Não se há que falar em falta ética e o substabelecimento com reservas de poderes não requer a prévia comunicação (arts. 24 e 26, ambos do Código de Ética e Disciplina).

C) Conforme dito acima, não constitui falta ética.

✓ Conforme os arts. 24 e 26 do Código de Ética e Disciplina, o advogado não é obrigado a aceitar a indicação de outro profissional para com ele trabalhar no processo. Por sua vez, o substabelecimento do mandato a Lucas independe de comunicação a João, pois constitui ato pessoal do advogado da causa.

(XX Exame de Ordem Unificado / FGV) Fabiano é conselheiro eleito de certo Conselho Seccional da OAB. No curso do mandato, Fabiano pratica infração disciplinar e sofre condenação, em definitivo, à pena de censura.

Considerando a situação descrita e o disposto no Estatuto da OAB, o mandato de Fabiano no Conselho Seccional

A) será extinto, apenas se a sanção disciplinar aplicada for de exclusão.

B) será extinto, apenas se a sanção por infração disciplinar aplicada for de exclusão ou de suspensão.

C) será extinto, independentemente da natureza da sanção disciplinar aplicada.
D) será extinto, apenas se a sanção aplicada for de suspensão ou se for reincidente em infração disciplinar.

RESPOSTA

A) O Estatuto fala em condenação disciplinar, não mencionando a espécie sancionatória.
B) Vale a mesma fundamentação da alternativa A.
✓ Será extinto, independentemente da natureza da sanção disciplinar aplicada, nos termos do art. 66 do Estatuto.
D) O Estatuto fala em condenação disciplinar, não mencionando a espécie sancionatória nem a reincidência.

(XX Exame de Ordem Unificado / FGV) Charles é presidente de certo Conselho Seccional da OAB. Não obstante, no curso do mandato, Charles vê-se envolvido em dificuldades no seu casamento com Emma, e decide renunciar ao mandato, para dedicar-se às suas questões pessoais.

Sobre o caso, assinale a afirmativa correta.

A) O sucessor de Charles deverá ser eleito pelo Conselho Federal da OAB, dentre os membros do Conselho Seccional respectivo.
B) O sucessor de Charles deverá ser eleito pelo Conselho Seccional respectivo, dentre seus membros.
C) O sucessor de Charles deverá ser eleito pela Subseção respectiva, dentre seus membros.
D) O sucessor de Charles deverá ser eleito por votação direta dos advogados regularmente inscritos perante o Conselho Seccional respectivo.

RESPOSTA

A) A eleição não é feita pelo Conselho Federal.
✓ Nos termos do art. 50 do Regulamento Geral, "ocorrendo vaga de cargo de diretoria do Conselho Federal ou do Conselho Seccional, inclusive do Presidente, em virtude de perda do mandato (art. 66 do Estatuto), morte ou renúncia, o substituto é eleito pelo Conselho a que se vincule, dentre os seus membros".
C) A eleição não é realizada pela Subseção.
D) Essa não é a redação do art. 50 do Regulamento Geral.

(XX Exame de Ordem Unificado / FGV) As advogadas Tereza, Gabriela e Esmeralda desejam integrar a lista a ser encaminhada ao Tribunal de Justiça de determinado estado da federação, para preenchimento de vaga constitucionalmente destinada aos advogados na composição do Tribunal. Tereza exerce regular e efetivamente a atividade de advocacia há 15 anos. Possui reputação ilibada e saber jurídico tão notório que a permitiu ser eleita conselheira suplente, para a atual gestão, de determinada subseção da OAB. Gabriela, embora nunca tenha integrado órgão da OAB, exerce, regular e efetivamente, a advocacia há 06 anos e é conhecida por sua conduta ética e seu profundo conhecimento do Direito. Por sua vez, Esmeralda pratica regularmente a advocacia há 10 anos. Também é inconteste seu extenso conhecimento jurídico. A reputação ilibada de Esmeralda é comprovada diariamente no corretíssimo exercício de sua função de tesoureira da Caixa de Assistência de Advogados da Seccional da OAB na qual inscrita.

Sobre o caso narrado, assinale a afirmativa correta.

A) Nenhuma das advogadas deverá compor a lista a ser encaminhada ao Tribunal de Justiça.
B) Apenas Tereza e Esmeralda deverão compor a lista a ser encaminhada ao Tribunal de Justiça.
C) Apenas Gabriela deverá compor a lista a ser encaminhada ao Tribunal de Justiça.
D) Apenas Tereza deverá compor a lista a ser encaminhada ao Tribunal de Justiça.

RESPOSTA

✓ Nos termos do art. 58 do Estatuto e do Provimento n. 102/2004, "Art. 5º Como condição para a inscrição no processo seletivo, com o pedido de inscrição o candidato deverá comprovar o efetivo exercício profissional da advocacia nos 10 (dez) anos anteriores à data do seu requerimento e, tratando-se de Tribunal de Justiça Estadual ou de Tribunal Federal, concomitantemente, deverá comprovar a existência de sua inscrição, há mais de 5 (cinco) anos, no Conselho Seccional abrangido pela competência do Tribunal Judiciário. Parágrafo único. Não será admitida inscrição de advogado que possua mais de 65 (sessenta e cinco) anos de idade na data da formalização do pedido".
B) Tereza e Esmeralda não suprem os requisitos necessários.
C) Gabriela não supre os requisitos necessários.
D) Tereza não supre os requisitos necessários.

(XX Exame de Ordem Unificado / FGV) A advogada Dolores cometeu infração disciplinar sujeita à sanção de suspensão em 12/07/2004. Em 13/07/2008 o fato foi oficialmente constatado, tendo sido encaminhada notícia a certo Conselho Seccional da OAB. Em 14/07/2010 foi instaurado processo disciplinar. Em 15/07/2012 foi aplicada definitivamente a sanção disciplinar de suspensão.

Sobre o tema, assinale a afirmativa correta.

A) A pretensão à punibilidade das infrações disciplinares prescreve em oito anos. No caso narrado, não se operou o fenômeno prescritivo.
B) A pretensão à punibilidade das infrações disciplinares prescreve em cinco anos. No caso narrado, operou-se o fenômeno prescritivo, pois decorridos mais de cinco anos entre a data do fato e a instauração do processo disciplinar.
C) A pretensão à punibilidade das infrações disciplinares prescreve em oito anos. No caso narrado, operou-se o fenômeno prescritivo, pois decorridos mais de oito anos entre a data do fato e a aplicação definitiva da sanção disciplinar.
D) A pretensão à punibilidade das infrações disciplinares prescreve em cinco anos. No caso narrado, não se operou o fenômeno prescritivo.

RESPOSTA

A) A prescrição ocorre em 5 anos.

B) A prescrição ocorre em 5 anos contados da data da constatação oficial do fato.

C) A prescrição ocorre em 5 anos.

✓ Nos termos do art. 43 do Estatuto: "A pretensão à punibilidade das infrações disciplinares prescreve em cinco anos. No caso narrado, não se operou o fenômeno prescritivo".

(XX Exame de Ordem Unificado / FGV) Guilherme é advogado de José em ação promovida por este em face de Bruno, cujo advogado é Gabriel. Na audiência de conciliação, ao deparar-se com Bruno, Guilherme o reconhece como antigo amigo da época de colégio, com o qual havia perdido contato. Dias após a realização da audiência, na qual foi frustrada a tentativa de conciliação, Guilherme se reaproxima de Bruno, e com vistas a solucionar o litígio, estabelece entendimento sobre a causa diretamente com ele, sem autorização de José e sem ciência de Gabriel.

Na situação narrada,

A) Guilherme cometeu infração disciplinar ao estabelecer entendimento com Bruno, tanto pelo fato de não haver ciência de Gabriel, como por não haver autorização de José.

B) Guilherme cometeu infração disciplinar ao estabelecer entendimento com Bruno, pelo fato de não haver ciência de Gabriel, mas não por não haver autorização de José.

C) Guilherme cometeu infração disciplinar ao estabelecer entendimento com Bruno, pelo fato de não haver autorização de José, mas não por não haver ciência de Gabriel.

D) Guilherme não cometeu infração disciplinar ao estabelecer entendimento com Bruno, sem ciência de Gabriel ou autorização de José.

RESPOSTA

✓ Nos termos do art. 43, VIII, do Estatuto, constitui infração disciplinar estabelecer entendimento com a parte adversa sem autorização do cliente ou ciência do advogado contrário.

B) A falta ética também foi cometida em relação a José.

C) A falta ética também foi cometida em relação a Gabriel.

D) A falta ética é evidente.

(XX Exame de Ordem Unificado / FGV) Júlia é advogada de Fernando, réu em processo criminal de grande repercussão social. Em um programa vespertino da rádio local, o apresentador, ao comentar o caso, afirmou que Júlia era "advogada de porta de cadeia" e "ajudante de bandido". Ouvinte do programa, Rafaela procurou o Conselho Seccional da OAB e pediu que fosse promovido o desagravo público. Júlia, ao tomar conhecimento do pedido de Rafaela, informou ao Conselho Seccional da OAB que o desagravo não era necessário, pois já ajuizara ação para apurar a responsabilidade civil do apresentador.

No caso narrado,

A) o pedido de desagravo público só pode ser formulado por Júlia, que é a pessoa ofendida em razão do exercício profissional.

B) o pedido de desagravo pode ser formulado por Rafaela, mas depende da concordância de Júlia, que é a pessoa ofendida em razão do exercício profissional.

C) o pedido de desagravo pode ser formulado por Rafaela, e não depende da concordância de Júlia, apesar de esta ser a pessoa ofendida em razão do exercício profissional.

D) o pedido de desagravo público só pode ser formulado por Júlia, que é a pessoa ofendida em razão do exercício profissional, mas o ajuizamento de ação para apurar a responsabilidade civil implica a perda de objeto do desagravo.

RESPOSTA

A) Não se trata de ato personalíssimo.

B) Não depende de concordância.

✓ Nos termos do art. 18, § 7º, do Regulamento Geral: "O inscrito na OAB, quando ofendido comprovadamente em razão do exercício profissional ou de cargo ou função da OAB, tem direito ao desagravo público promovido pelo Conselho competente, de ofício, a seu pedido ou de qualquer pessoa. (...) § 7º O desagravo público, como instrumento de defesa dos direitos e prerrogativas da advocacia, não depende de concordância do ofendido, que não pode dispensá-lo, devendo ser promovido a critério do Conselho".

D) Não se trata de ato personalíssimo e não há perda de objeto.

(XXI Exame de Ordem Unificado / FGV) Janaína é procuradora do município de Oceanópolis e atua, fora da carga horária demandada pela função, como advogada na sociedade de advogados Alfa, especializada em Direito Tributário. A profissional já foi professora na universidade estadual Beta, situada na localidade, tendo deixado o magistério há um ano, quando tomou posse como procuradora municipal. Atualmente, Janaína deseja imprimir cartões de visitas para divulgação profissional de seu endereço e telefones. Assim, dirigiu-se a uma gráfica e elaborou o seguinte modelo: no centro do cartão, consta o nome e o número de inscrição de Janaína na OAB. Logo abaixo, o endereço e os telefones do escritório. No canto superior direito, há uma pequena fotografia da advogada, com vestimenta adequada. Na parte inferior do cartão, estão as seguintes inscrições "procuradora do município de Oceanópolis", "advogada – Sociedade de Advogados Alfa" e "ex-professora da Universidade Beta".

A impressão será feita em papel branco com proporções usuais e grafia discreta na cor preta. Considerando a situação descrita, assinale a afirmativa correta.

A) Os cartões de visitas pretendidos por Janaína não são adequados às regras referentes à publicidade profissional. São vedados: o emprego de fotografia pessoal e a referência ao cargo de procurador municipal. Os demais elementos poderão ser mantidos.

B) Os cartões de visitas pretendidos por Janaína, pautados pela discrição e sobriedade, são adequados às regras referentes à publicidade profissional.

C) Os cartões de visitas pretendidos por Janaína não são adequados às regras referentes à publicidade profissional. São vedados: o emprego de fotografia e a referência ao cargo de magistério que Janaína não mais exerce. Os demais elementos poderão ser mantidos.

D) Os cartões de visitas pretendidos por Janaína não são adequados às regras referentes à publicidade profissional. São vedados: a referência ao cargo de magistério que Janaína não mais exerce e a referência ao cargo de procurador municipal. Os demais elementos poderão ser mantidos.

RESPOSTA

✓ De acordo com o art. 44 do Código de Ética: "Na publicidade profissional que promover ou nos cartões e material de escritório de que se utilizar, o advogado fará constar seu nome ou o da sociedade de advogados, o número ou os números de inscrição na OAB. § 1º Poderão ser referidos apenas os títulos acadêmicos do advogado e as distinções honoríficas relacionadas à vida profissional, bem como as instituições jurídicas de que faça parte, e as especialidades a que se dedicar, o endereço, e-mail, site, página eletrônica, (...) § 2º É vedada a inclusão de fotografias pessoais ou de terceiros nos cartões de visitas do advogado, bem como menção a qualquer emprego, cargo ou função ocupado, atual ou pretérito, em qualquer órgão ou instituição, salvo o de professor universitário.

B) Janaína não pode utilizar fotografia pessoal e a referência ao cargo de procuradora.

C) Janaína pode mencionar o cargo de magistério.

D) Janaína pode mencionar o cargo de magistério, não sendo possível mencionar o cargo de procuradora municipal.

(XXI Exame de Ordem Unificado / FGV) O advogado Roni foi presidente do Conselho Federal da OAB em mandato exercido por certo triênio, na década entre 2000 e 2010.

Sobre a participação de Roni, na condição de ex-presidente do Conselho Federal, nas sessões do referido Conselho, assinale a afirmativa correta.

A) Não integra a atual composição do Conselho Federal da OAB. Logo, apenas pode participar das sessões na condição de ouvinte, não lhe sendo facultado direito a voto ou direito a voz.

B) Integra a atual composição do Conselho Federal da OAB, na qualidade de membro honorário vitalício, sendo-lhe conferido direito a voto e direito a voz nas sessões.

C) Não integra a atual composição do Conselho Federal da OAB. Logo, apenas pode participar das sessões na condição de convidado honorário, não lhe sendo facultado direito a voto, mas, sim, direito a voz.

D) Integra a atual composição do Conselho Federal da OAB, na qualidade de membro honorário vitalício, sendo-lhe conferido apenas direito a voz nas sessões e não direito a voto.

RESPOSTA

A) O advogado Roni, na condição de ex-presidente do Conselho Federal, integra a atual composição do Conselho Federal da OAB na qualidade de membro honorário vitalício, mas tão somente com o direito de voz nas sessões.

B) O advogado Roni não terá direito a voto.

C) O advogado Roni integra a atual composição do Conselho Federal da OAB e terá direito a voz nas sessões.

✓ O advogado Roni integra a atual composição do Conselho Federal da OAB, sendo membro honorário vitalício, além de ter o direito a voz nas sessões, não o direito a voto (art. 51, II e § 2º, do Estatuto da OAB).

(XXI Exame de Ordem Unificado / FGV) Lúcia, advogada, foi processada disciplinarmente e, após a interposição de recurso, o Conselho Seccional do Estado de Pernambuco confirmou, por unanimidade, a sanção de suspensão pelo prazo de trinta dias, nos termos do art. 37, § 1º, do Estatuto da OAB. Lúcia verificou, contudo, existir decisão em sentido contrário, em caso idêntico ao seu, no Conselho Seccional do Estado de Minas Gerais.

De acordo com o Estatuto da OAB, contra a decisão definitiva unânime proferida pelo Conselho Seccional do Estado de Pernambuco,

A) não cabe recurso ao Conselho Federal, em qualquer hipótese.

B) cabe recurso ao Conselho Federal, por contrariar decisão do Conselho Seccional de Minas Gerais.

C) cabe recurso ao Conselho Federal, se a decisão contrariar também decisão do Conselho Federal, e não apenas decisão do Conselho Seccional de Minas Gerais.

D) cabe recurso ao Conselho Federal, em qualquer hipótese, ainda que não existisse decisão em sentido contrário do Conselho Seccional de Minas Gerais.

RESPOSTA

A) Cabe recurso quando a decisão contrariar decisão de outro Conselho Seccional.

✓ O Estatuto da OAB prevê a possibilidade de recurso ao Conselho Federal de todas as decisões definitivas proferidas pelo Conselho Seccional, quando não tenham sido unânimes ou, ainda que unânimes, venham a contrariar esta lei, decisão do Conselho Federal ou de outro Conselho Seccional (art. 75 do Estatuto da OAB).

C) Cabe recurso se a decisão contrariar decisão do Conselho Federal ou de outro Conselho Seccional.

D) O Estatuto traz hipóteses taxativas em que seria possível o recurso, e não "em qualquer hipótese".

(XXI Exame de Ordem Unificado / FGV) Adolfo, policial militar, consta como envolvido em fato supostamente violador da integridade física de terceiros, apurado em investigação preliminar perante a Polícia Militar. No curso desta investigação, Adolfo foi notificado a prestar declarações e, desde logo, contratou a advogada Simone para sua defesa.

Ciente do ato, Simone dirige-se à unidade respectiva, pretendendo solicitar vista quanto aos atos já concluídos da investigação e buscando tirar cópias com seu aparelho celular. Além disso, Simone intenta acompanhar Adolfo durante o seu depoimento designado.

Considerando o caso narrado, assinale a afirmativa correta.

A) É direito de Simone, e de seu cliente Adolfo, que a advogada examine os autos da investigação, no que se refere aos atos já concluídos e documentados, porém, a possibilidade de emprego do telefone celular para tomada de cópias fica a critério da autoridade responsável pela investigação. Também é direito de ambos que Simone esteja presente no depoimento de Adolfo, sob pena de nulidade absoluta do ato e de todos os elementos investigatórios dele decorrentes.

B) É direito de Simone, e de seu cliente Adolfo, que a advogada examine os autos, no que se refere aos atos já concluídos e documentados, bem como empregue o telefone celular para tomada de cópias digitais, o que não pode ser obstado pela autoridade responsável pela investigação. Também é direito de ambos que Simone esteja presente no depoimento de Adolfo, sob pena de nulidade absoluta do ato e de todos os elementos investigatórios dele decorrentes.

C) É direito de Simone, e de seu cliente Adolfo, que a advogada examine os autos, no que se refere aos atos já concluídos e documentados, bem como empregue o telefone celular para tomada de cópias digitais, o que não pode ser obstado pela autoridade responsável pela investigação. Também é direito de ambos que Simone esteja presente no depoimento de Adolfo, sob pena de nulidade relativa apenas do ato em que embaraçava a sua presença.

D) Considerando cuidar-se de mera investigação preliminar, Simone não possui o direito de examinar os atos já concluídos e documentados ou tomar cópias. Do mesmo modo, por não se tratar de interrogatório formal, mas mera investigação preliminar, sujeita à disciplina da legislação castrense, não configura nulidade se obstada a presença de Simone no depoimento de Adolfo.

RESPOSTA

A) Cabe o uso do telefone celular para tomada de cópias (art. 7º, XIV, do Estatuto)

✓ A fundamentação legal é o art. 7º, XIV e XXI, do Estatuto.

C) Trata-se de caso de nulidade absoluta.

D) Nítida afronta ao art. 7º, XIV e XXI, do Estatuto.

(XXI Exame de Ordem Unificado / FGV) Florentino, advogado regularmente inscrito na OAB, além da advocacia, passou a exercer também a profissão de corretor de imóveis, obtendo sua inscrição no conselho pertinente. Em seguida, Florentino passou a divulgar suas atividades, por meio de uma placa na porta de um de seus escritórios, com os dizeres: Florentino, advogado e corretor de imóveis.

Sobre o tema, assinale a afirmativa correta.

A) É vedado a Florentino exercer paralelamente a advocacia e a corretagem de imóveis.

B) É permitido a Florentino exercer paralelamente a advocacia e a corretagem de imóveis, desde que não sejam prestados os serviços de advocacia aos mesmos clientes da outra atividade. Além disso, é permitida a utilização da placa empregada, desde que seja discreta, sóbria e meramente informativa.

C) É permitido a Florentino exercer paralelamente a advocacia e a corretagem de imóveis. Todavia, é vedado o emprego da aludida placa, ainda que discreta, sóbria e meramente informativa.

D) É permitido a Florentino exercer paralelamente a advocacia e a corretagem de imóveis, inclusive em favor dos mesmos clientes. Também é permitido empregar a aludida placa, desde que seja discreta, sóbria e meramente informativa.

RESPOSTA

A) Não há vedação para que exerça paralelamente com a advocacia a atividade de corretor de imóveis.

B) É vedada a divulgação da advocacia com outra atividade (art. 1º, § 3º, do Estatuto).

✓ A fundamentação legal é o art. 1º, § 3º, do Estatuto. Sendo assim, mesmo que discreta e sóbria não seria possível divulgar os serviços de advocacia com outra atividade, ainda que possa exercer tais atividades em paralelo/conjunto.

D) Não pode ocorrer divulgação da advocacia com outra atividade.

(XXI Exame de Ordem Unificado / FGV) José, bacharel em Direito, constitui Cesar, advogado, como seu procurador para atuar em demanda a ser proposta em face de Natália. Ajuizada a demanda, após o pedido de tutela provisória ter sido indeferido, José orienta César a opor Embargos de Declaração, embora não vislumbre omissão, contradição ou obscuridade na decisão, tampouco erro material a corrigir. César, porém, acredita que a medida mais adequada é a interposição de Agravo de Instrumento, pois entende que a decisão poderá ser revista pelo tribunal, facultando-se, ainda, ao juízo de primeira instância reformar sua decisão.

Diante da divergência, assinale a opção que indica o posicionamento correto.

A) César deverá, em qualquer hipótese, seguir a orientação de José, que é parte na demanda e possui formação jurídica.

B) César deverá esclarecer José quanto à sua estratégia, mas subordinar-se, ao final, à orientação deste, pois no exercício do mandato atua como patrono da parte.

C) César deverá imprimir a orientação que lhe pareça mais adequada à causa, sem se subordinar à orientação de José, mas procurando esclarecê-lo quanto à sua estratégia.

D) César deverá imprimir a orientação que lhe pareça mais adequada à causa, sem se subordinar à orientação de José, e sem procurar esclarecê-lo quanto à sua estratégia, pois, no seu ministério privado, presta serviço público.

RESPOSTA

A) O advogado é independente no exercício da sua função.

B) O advogado não está subordinado ao seu cliente.

✓ Nos termos do art. 11 do Código de Ética, o advogado, no exercício do mandato, atua como patrono da parte, cumprindo-lhe, por isso, imprimir à causa orientação que lhe pareça mais adequada, mas não está subordinado a intenções contrárias do cliente, mas, antes, deve esclarecê-lo quanto à estratégia traçada.

D) O advogado deve procurar esclarecer o cliente quanto à sua estratégia.

(XXI Exame de Ordem Unificado / FGV) Marcela, Natália e Paula integram a sociedade de advogados MNP e foram procuradas por Rafael para ajuizar ação cível em face de Silvio. A procuração outorgada por Rafael indica apenas o nome da sociedade de advogados MNP, e na inicial elaborada por Marcela foi requerido que as futuras intimações fossem feitas apenas em nome da sociedade.

Sobre o caso em exame, segundo o Estatuto da OAB, assinale a afirmativa correta.

A) A procuração pode ser outorgada por Rafael apenas em nome da sociedade e faculta a qualquer de suas integrantes a elaboração da inicial, que poderá requerer que as futuras intimações sejam feitas em seu nome, em nome da sociedade ou em nome das demais integrantes.

B) A procuração pode ser outorgada por Rafael apenas em nome da sociedade e faculta a qualquer de suas integrantes a elaboração da inicial, que poderá requerer que as futuras intimações sejam feitas apenas em seu nome ou em nome da sociedade, mas não em nome das demais integrantes.

C) A procuração deve ser outorgada por Rafael individualmente às advogadas e indicar a sociedade de MNP, podendo Marcela requerer que as futuras intimações sejam feitas em seu nome, em nome da sociedade ou em nome das demais outorgadas.

D) A procuração deve ser outorgada por Rafael individualmente às advogadas e indicar a sociedade de MNP, podendo Marcela requerer que as futuras intimações sejam feitas em seu nome ou em nome das demais outorgadas, mas não em nome da sociedade.

RESPOSTA

A) As procurações devem ser outorgadas individualmente aos advogados e indicar a sociedade de que façam parte, nos termos do art. 15, § 3º, do Estatuto.

B) As procurações devem ser outorgadas individualmente aos advogados e indicar a sociedade de que façam parte.

✓ As procurações devem ser outorgadas individualmente aos advogados e, ainda, indicar a sociedade de que façam parte, em respeito ao art. 15, § 3º, do Estatuto.

D) Cabe intimação em nome de Marcela, em nome da sociedade ou em nome das demais outorgadas.

(XXI Exame de Ordem Unificado / FGV) Luciana e Antônio são advogados que, embora não tenham constituído sociedade, atuam em conjunto em algumas causas, por meio de substabelecimentos conferidos reciprocamente. Em regra, acordam informalmente a divisão do trabalho e dos honorários. Todavia, após obterem sucesso em caso de valor vultoso, não chegaram a um consenso acerca da partilha dos honorários, pois cada um entendeu que sua participação foi preponderante. Assim, decidiram submeter a questão à Ordem dos Advogados.

Nesse caso,

A) havendo divergência, a partilha dos honorários entre Luciana e Antônio deve ser feita atribuindo-se metade a cada um, pois quando não há prévio acordo é irrelevante a participação de cada um no processo.

B) compete ao Tribunal de Ética e Disciplina atuar como mediador na partilha de honorários, podendo indicar mediador que contribua no sentido de que a distribuição se faça proporcionalmente à atuação de cada um no processo.

C) compete ao juiz da causa em que houve a condenação em honorários especificar o percentual ou o quanto é devido a cada um dos patronos, de modo que a distribuição se faça proporcionalmente à atuação de cada um no processo.

D) compete à Caixa de Assistência aos Advogados atuar como mediadora na partilha de honorários, podendo indicar mediador que contribua no sentido de que a distribuição se faça proporcionalmente à atuação de cada um no processo.

RESPOSTA

A) Caberá ao Tribunal de Ética decidir analisando, também, a participação de cada um no processo.

✓ Compete aos Tribunais de Ética e Disciplina, dentre outras atividades, atuar como órgão mediador ou conciliador nas questões que envolvam a partilha de honorários contratados em conjunto ou decorrentes de substabelecimento, bem como os que resultem de sucumbência, nas mesmas hipóteses (art. 71 do Código de Ética).

C) A competência será do Tribunal de Ética.

D) A competência é do Tribunal de Ética, nos termos do art. 71, já mencionado acima.

(XXI Exame de Ordem Unificado / FGV) Pedro é advogado empregado da sociedade empresária FJ. Em reclamação trabalhista proposta por Tiago em face da FJ, é designada audiência para data na qual os demais empregados da empresa estarão em outro Estado, participando de um congresso. Assim, no dia da audiência designada, Pedro se apresenta como preposto da reclamada, na condição de empregado da empresa, e advogado com procuração para patrocinar a causa.

Nesse contexto,

A) Pedro pode funcionar no mesmo processo, simultaneamente, como patrono e preposto do empregador, em qualquer hipótese.

B) Pedro pode funcionar no mesmo processo, simultaneamente, como patrono e preposto do empregador, pois não há outro empregado disponível na data da audiência.

C) Pedro pode funcionar no mesmo processo, simultaneamente, como patrono e preposto do empregador, em qualquer hipótese, desde que essa circunstância seja previamente comunicada ao juízo e ao reclamante.

D) Pedro não pode funcionar no mesmo processo, simultaneamente, como patrono e preposto do empregador ou cliente.

RESPOSTA

A) É defeso ao advogado funcionar no mesmo processo, simultaneamente, como patrono e preposto do empregador ou cliente (art. 25 do Código de Ética).

B) Pedro não pode funcionar no mesmo processo, simultaneamente, como patrono e preposto do empregador ou cliente.

C) Pedro não pode funcionar no mesmo processo de forma simultânea, ainda que comunique ao juízo previamente.

✓ Segundo o art. 25 do Código de Ética, Pedro não pode funcionar no mesmo processo, simultaneamente, como patrono e preposto do empregador ou cliente.

(XXI Exame de Ordem Unificado / FGV) A advogada Kátia exerce, de forma eventual e voluntária, a advocacia *pro bono* em favor de certa instituição social, a qual possui personalidade jurídica como associação, bem como de pessoas físicas economicamente hipossuficientes. Em razão dessa prática, sempre que pode, Kátia faz menção pública à sua atuação *pro bono*, por entender que isto revela correição de caráter e gera boa publicidade de seus serviços como advogada, para obtenção de clientes em sua atuação remunerada.

Considerando as informações acima, assinale a afirmativa correta.

A) Kátia comete infração ética porque a advocacia *pro bono* não pode ser destinada a pessoas jurídicas, sob pena de caracterização de aviltamento de honorários. Kátia também comete infração ética ao divulgar sua atuação *pro bono* como instrumento de publicidade para obtenção de clientela.

B) Kátia comete infração ética, ao divulgar sua atuação *pro bono* como instrumento de publicidade para obtenção de clientela. Quanto à atuação *pro bono* em favor de pessoas jurídicas, inexiste vedação.

C) Kátia comete infração ética porque a advocacia *pro bono* não pode ser destinada a pessoas jurídicas, sob pena de caracterização de aviltamento de honorários. Quanto à divulgação de seus serviços *pro bono* para obtenção de clientela, inexiste vedação.

D) A situação narrada não revela infração ética. Inexistem óbices à divulgação por Kátia de seus serviços *pro bono* para obtenção de clientela, bem como à atuação *pro bono* em favor de pessoas jurídicas.

RESPOSTA

A) A advocacia *pro bono* pode ser feita para pessoa jurídica sem características econômicas, mas sem utilização com finalidade publicitária, nos termos do art. 30 do Código de Ética.

✓ A falta ética está em utilizar da advocacia *pro bono* como instrumento de publicidade. Ainda, não há vedação desta advocacia para pessoas jurídicas.

C) A advocacia *pro bono* pode ser destinada para uma pessoa jurídica, mas não pode ser utilizada como instrumento de publicidade para atrair nova clientela.

D) Ocorreu nítida infração ética, nos termos do art. 30 do Código de Ética.

(XXII Exame de Ordem Unificado / FGV) Marcelo, renomado advogado, foi convidado para participar de matéria veiculada pela Internet, por meio de portal de notícias, com a finalidade de informar os leitores sobre direitos do consumidor. Ao final da matéria, mediante sua autorização, foi divulgado o *e-mail* de Marcelo, bem como o número de telefone do seu escritório.

Sobre essa situação, de acordo com o Código de Ética e Disciplina da OAB, assinale a afirmativa correta.

A) Marcelo não pode participar de matéria veiculada pela Internet, pois esse fato, por si só, configura captação de clientela.

B) Marcelo pode participar de matéria veiculada pela Internet, mas são vedadas a referência ao *e-mail* e ao número de telefone do seu escritório ao final da matéria.

C) Marcelo pode participar de matéria veiculada pela Internet e são permitidas a referência ao *e-mail* e ao número de telefone do seu escritório ao final da matéria.

D) Marcelo pode participar de matéria veiculada pela Internet, mas é vedada a referência ao número de telefone do seu escritório ao final da matéria, sendo permitida a referência ao seu *e-mail*.

RESPOSTA

A) O art. 40 do Código de Ética permite que Marcelo participe de matéria veiculada pela internet.

B) É permitida a divulgação do *e-mail*.

C) É permitida somente a divulgação do *e-mail*.

✓ Conforme o art. 40, V, do Código de Ética, temos que: "Os meios utilizados para a publicidade profissional hão de ser compatíveis com a diretriz estabelecida no artigo anterior, sendo vedados: (...) V – o fornecimento de dados de contato, como endereço e telefone, em colunas ou artigos literários, culturais, acadêmicos ou jurídicos, publicados na imprensa, bem assim quando de eventual participação em programas de rádio ou televisão, ou em veiculação de matérias pela internet, sendo permitida a referência a *e-mail*".

(XXII Exame de Ordem Unificado / FGV) Cláudio, advogado inscrito na Seccional da OAB do Estado do Rio de Janeiro, praticou infração disciplinar em território abrangido pela Seccional da OAB do Estado de São Paulo. Após representação do interessado, o Conselho de Ética e Disciplina da Seccional da OAB do Estado do Rio de Janeiro instaurou processo disciplinar para apuração da infração.

Sobre o caso, de acordo com o Estatuto da OAB, o Conselho de Ética e Disciplina da Seccional da OAB do Estado do Rio de Janeiro

A) não tem competência para punir disciplinarmente Cláudio, pois a competência é exclusivamente do Conselho Seccional em cuja base territorial tenha ocorrido a infração, salvo se a falta for cometida perante o Conselho Federal.

B) tem competência para punir disciplinarmente Cláudio, pois a competência é exclusivamente do Conselho Seccional em que o advogado se encontra inscrito, salvo se a falta for cometida perante o Conselho Federal.

C) tem competência para punir disciplinarmente Cláudio, pois a competência é concorrente entre o Conselho Seccional em que o advogado se encontra inscrito e o Conselho Seccional em cuja base territorial tenha ocorrido a infração, salvo se a falta for cometida perante o Conselho Federal.

D) não tem competência para punir disciplinarmente Cláudio, pois a competência é exclusivamente do Conselho Federal, ainda que a falta não tenha sido cometida perante este, quando o advogado for inscrito em uma Seccional e a infração tiver ocorrido na base territorial de outra.

RESPOSTA

✓ Nos termos do art. 70 do Estatuto, temos que: "O poder de punir disciplinarmente os inscritos na OAB compete exclusivamente ao Conselho Seccional em cuja base territorial tenha ocorrido a infração, salvo se a falta for cometida perante o Conselho Federal".

B) É competência do Conselho Seccional em cujo território tenha sido praticada a infração.

C) Não é competência concorrente.

D) A infração não foi cometida perante o Conselho Federal.

(XXII Exame de Ordem Unificado / FGV) Juliana, advogada, foi empregada da sociedade empresária OPQ Cosméticos e, em razão da sua atuação na área tributária, tomou conhecimento de informações estratégicas da empresa. Muitos anos depois de ter deixado de trabalhar na empresa, foi procurada por Cristina, consumidora que pretendia ajuizar ação cível em face da OPQ Cosméticos por danos causados pelo uso de um de seus produtos. Juliana, aceitando a causa, utiliza-se das informações estratégicas que adquirira como argumento de reforço, com a finalidade de aumentar a probabilidade de êxito da demanda.

Considerando essa situação, segundo o Estatuto da OAB e o Código de Ética e Disciplina da OAB, assinale a afirmativa correta.

A) Juliana não pode advogar contra a sociedade empresária OPQ Cosméticos, tampouco se utilizar das informações estratégicas a que teve acesso quando foi empregada da empresa.

B) Juliana pode advogar contra a sociedade empresária OPQ Cosméticos, mas não pode se utilizar das informações estratégicas a que teve acesso quando foi empregada da empresa.

C) Juliana pode advogar contra a sociedade empresária OPQ Cosméticos e pode se utilizar das informações estratégicas a que teve acesso quando foi empregada da empresa.

D) Juliana não pode advogar contra a sociedade empresária OPQ Cosméticos, mas pode repassar as informações estratégicas a que teve acesso quando foi empregada da empresa, a fim de que sejam utilizadas por terceiro que patrocine a causa de Cristina.

RESPOSTA

A) Juliana pode advogar, sim, mas mantendo os limites éticos.

✓ Juliana pode advogar, desde que respeite o art. 21 do Código de Ética: "O advogado, ao postular em nome de terceiros, contra ex-cliente ou ex-empregador, judicial e extrajudicialmente, deve resguardar o sigilo profissional".

C) Não pode se utilizar das informações estratégicas.

D) Poderá, sim, Juliana advogar, nos termos do art. 21 do Código de Ética.

(XXII Exame de Ordem Unificado / FGV) Em determinada subseção da OAB, constatou-se grave violação à disciplina prevista na Lei n. 8.906/94, no que diz respeito ao exercício de suas atribuições de representar a OAB perante os poderes constituídos e de fazer valer as prerrogativas do advogado.

Considerando a situação hipotética narrada, assinale a afirmativa correta.

A) Compete ao Conselho Federal da OAB intervir na aludida subseção mediante voto de dois terços de seus membros.

B) Compete ao Conselho Federal da OAB intervir na aludida subseção mediante decisão por maioria do Órgão Especial do Conselho Pleno.

C) Compete ao Conselho Seccional respectivo da OAB intervir na aludida subseção mediante decisão unânime de sua diretoria.

D) Compete ao Conselho Seccional respectivo da OAB intervir na aludida subseção mediante voto de dois terços de seus membros.

RESPOSTA

A) A competência é do Conselho Seccional.

B) A competência é do Conselho Seccional.

C) Não se exige decisão unânime, mas de dois terços.

✓ Assim determina o art. 60, § 6º, do Estatuto: "O Conselho Seccional, mediante o voto de dois terços de seus membros, pode intervir nas Subseções, onde constatar grave violação desta lei ou do regimento interno daquele".

(XXII Exame de Ordem Unificado / FGV) Os advogados Raimundo da Silva, Severino da Silva e Juscelino da Silva constituíram sociedade simples de prestação de serviços de advocacia, denominada Silva Advogados, com o registro aprovado dos seus atos constitutivos no Conselho Seccional da OAB pertinente ao local da sede. Severino figura como sócio-gerente. Além dos três advogados, não há outros sócios ou associados.

Considerando a situação narrada e a disciplina do Regulamento Geral do Estatuto da Advocacia e da OAB, assinale a afirmativa correta.

A) Os atos indispensáveis à satisfação das finalidades da pessoa jurídica apenas podem ser praticados por Raimundo, Severino ou Juscelino, sendo vedada a prática de atos por Silva Advogados, uma vez que as atividades necessárias ao desempenho da advocacia devem ser exercidas individualmente, ainda que revertam à sociedade os proveitos.

B) Os atos indispensáveis à satisfação das finalidades da pessoa jurídica podem ser praticados por Silva Advogados; porém, os atos privativos de advogado devem ser praticados por Raimundo, Severino ou Juscelino.

C) Os atos indispensáveis à satisfação das finalidades da pessoa jurídica e os atos privativos de advogado podem ser praticados por Silva Advogados.

D) Os atos destinados à satisfação das finalidades da pessoa jurídica apenas devem ser praticados por Severino, sendo vedada a prática de atos por Silva Advogados, uma vez que as atividades necessárias ao desempenho da advocacia devem ser exercidas individualmente, ainda que revertam à sociedade os proveitos. Os atos também não podem ser praticados pelos demais sócios, já que Severino figura como sócio-gerente.

RESPOSTA

A) Os atos indispensáveis à satisfação das finalidades da pessoa jurídica podem ser praticados por Silva Advogados.

✓ Temos a conjugação de dois artigos. Primeiro, o art. 42 do Regulamento da OAB dispõe que podem ser praticados pela sociedade de advogados, com uso da razão social, os atos indispensáveis às suas finalidades, que não sejam privativos de advogado. Por outro lado, os atos privativos de advocacia (postulação e consultoria) são praticados pelo advogado inscrito e não pela sociedade. Assim determina o Estatuto da OAB (arts. 3º e 15): "Art. 3º: O exercício da atividade de advocacia no território brasileiro e a denominação de advogado são privativos dos inscritos na Ordem dos Advogados do Brasil (OAB) (...)". "Art. 15, § 3º: As procurações devem ser outorgadas individualmente aos advogados e indicar a sociedade de que façam parte".

C) Os atos privativos de advogado devem ser praticados por Raimundo, Severino ou Juscelino.

D) Os atos indispensáveis à satisfação das finalidades da pessoa jurídica podem ser praticados por Silva Advogados. Contudo, os atos privativos de advogado devem ser praticados por Raimundo, Severino ou Juscelino.

(XXII Exame de Ordem Unificado / FGV) Carolina, Júlia, Bianca e Maria são advogadas. Carolina é servidora estadual não enquadrada em hipótese de incompatibilidade; Júlia está cumprindo suspensão por infração disciplinar; Bianca está licenciada por requerimento próprio justificado; e Maria é servidora federal não enquadrada em hipótese de incompatibilidade. As quatro peticionam, como advogadas, isoladamente e em atos distintos, em ação judicial proposta em face da União.

Diante da situação narrada, de acordo com o Estatuto da OAB, são válidos os atos praticados

A) por Carolina, apenas.

B) por Carolina e Bianca, apenas.

C) por Carolina, Bianca e Maria, apenas.

D) por Carolina, Julia, Bianca e Maria.

RESPOSTA

✓ Serão válidos apenas os atos praticados por Carolina. Assim determina o Estatuto da OAB: "Art. 30. São impedidos de exercer a advocacia: I – os servidores da administração direta, indireta e fundacional, contra a Fazenda Pública que os remunere ou à qual seja vinculada a entidade empregadora; (...) Art. 4º São nulos os atos privativos de advogado praticados por pessoa não inscrita na OAB, sem prejuízo das sanções civis, penais e administrativas. Parágrafo único. São também nulos os atos praticados por advogado impedido – no âmbito do impedimento –, suspenso, licenciado ou que passar a exercer atividade incompatível com a advocacia".

B) Bianca está licenciada.

C) Bianca está licenciada e Maria é servidora pública federal.

D) Bianca está licenciada, Maria é servidora pública federal e Julia cumpre sanção disciplinar.

(XXII Exame de Ordem Unificado / FGV) O Conselho Seccional X da OAB criou dez subseções e uma Caixa de Assistência dos Advogados. Dentre as subseções, inclui-se a Subseção Y, cuja área territorial abrange um município.

Considerando a hipótese narrada, analise as afirmativas a seguir e assinale a única correta.

A) O Conselho Seccional X é dotado de personalidade jurídica própria; já a Caixa de Assistência dos Advogados e a Subseção Y não possuem personalidade jurídica própria, caracterizando-se como partes autônomas do Conselho Seccional X.

B) O Conselho Seccional X e a Caixa de Assistência dos Advogados são dotados de personalidade jurídica própria; já a Subseção Y não possui personalidade jurídica própria, caracterizando-se como parte autônoma do Conselho Seccional X.

C) O Conselho Seccional X, a Caixa de Assistência dos Advogados e a Subseção Y não possuem personalidade jurídica própria. Trata-se de órgãos da Ordem dos Advogados do Brasil (OAB), a qual é dotada de personalidade jurídica.

D) O Conselho Seccional X, a Caixa de Assistência dos Advogados e a Subseção Y possuem, cada qual, personalidade jurídica própria.

RESPOSTA

A) A Caixa de Assistência dos Advogados possui personalidade jurídica própria.

✓ É a literalidade do art. 45 do Estatuto da OAB: "I – o Conselho Federal; II – os Conselhos Seccionais; III – as Subseções; IV – as Caixas de Assistência dos Advogados. § 1º O Conselho Federal, dotado de personalidade jurídica própria, com sede na capital da República, é o órgão supremo da OAB. § 2º Os Conselhos Seccionais, dotados de personalidade jurídica própria, têm jurisdição sobre os respectivos territórios dos Estados-membros, do Distrito Federal e dos Territórios. § 3º As Subseções são partes autônomas do Conselho Seccional, na forma desta lei e de seu ato constitutivo. § 4º As Caixas de Assistência dos Advogados, dotadas de personalidade jurídica própria, são criadas pelos Conselhos Seccionais, quando estes contarem com mais de mil e quinhentos inscritos". Assim, somente a Subseção Y não possui personalidade jurídica própria, caracterizando-se como parte autônoma do Conselho Seccional X.

C) Somente a Subseção Y não possui personalidade jurídica.

D) A Subseção Y não possui personalidade jurídica, sendo parte autônoma do Conselho Seccional X.

(XXII Exame de Ordem Unificado / FGV) Viviane, Paula e Milena são advogadas. Viviane acaba de dar à luz, Paula adotou uma criança e Milena está em período de amamentação.

Diante da situação narrada, de acordo com o Estatuto da OAB, assinale a afirmativa correta.

A) Viviane e Milena têm direito a reserva de vaga nas garagens dos fóruns dos tribunais.

B) Viviane e Paula têm direito à suspensão de prazos processuais, em qualquer hipótese, desde que haja notificação por escrito ao cliente.

C) Viviane, Paula e Milena têm direito de preferência na ordem das audiências a serem realizadas a cada dia, mediante comprovação de sua condição.

D) Paula e Milena têm direito a entrar nos tribunais sem serem submetidas a detectores de metais e aparelhos de raio-X.

RESPOSTA

A) O direito compete às três advogadas.

B) Somente a adotante (ou a que der à luz) terá a suspensão de prazos processuais quando for a única patrona da causa, desde que haja notificação por escrito ao cliente.

✓ Assim determina o art. 7º-A do Estatuto: "São direitos da advogada: (...) III – gestante, lactante, adotante ou que der à luz, **preferência na ordem** das sustentações orais e **das audiências a serem realizadas a cada dia, mediante comprovação de sua condição**";

D) Somente a gestante tem esse direito.

(XXII Exame de Ordem Unificado / FGV) A advogada Maria foi procurada por certo cliente para o patrocínio de uma demanda judicial. Ela, então, apresentou ao cliente contrato de prestação de seus serviços profissionais. A cláusula dez do documento estabelecia que Maria obrigava-se apenas a atuar na causa no primeiro grau de jurisdição. Além disso, a cláusula treze dispunha sobre a obrigatoriedade de pagamento de honorários, em caso de ser obtido acordo antes do oferecimento da petição inicial. Irresignado, o cliente encaminhou cópia do contrato à OAB, solicitando providências disciplinares.

Sobre os termos do contrato, assinale a afirmativa correta.

A) A cláusula dez do contrato viola o disposto no Código de Ética e Disciplina da OAB, uma vez que é vedada a limitação do patrocínio a apenas um grau de jurisdição. Quanto à cláusula treze, não se vislumbram irregularidades.

B) Não se vislumbram irregularidades quanto às cláusulas dez e treze do contrato, ambas consonantes com o disposto no Estatuto da OAB e no Código de Ética e Disciplina da OAB.

C) A cláusula treze do contrato viola o disposto no Código de Ética e Disciplina da OAB, uma vez que o advogado não faz jus ao recebimento de honorários contratuais em caso de acordo feito entre o cliente e a parte contrária, anteriormente ao oferecimento da demanda. Quanto à cláusula dez, não se vislumbram irregularidades.

D) A cláusula dez do contrato viola o disposto no Código de Ética e Disciplina da OAB, uma vez que é vedada a limitação do patrocínio a apenas um grau de jurisdição. A cláusula treze do contrato também viola o disposto no Código de Ética e Disciplina da OAB, uma vez que o advogado não faz jus ao recebimento de honorários contratuais em caso de acordo feito entre o cliente e a parte contrária, anteriormente ao oferecimento da demanda.

RESPOSTA

A) Ambas as cláusulas estão corretas e nos termos do Estatuto e do Código de Ética.

✓ Assim dispõem o Estatuto e o Código de Ética. Vamos lá! O art. 24 do Estatuto determina: "A decisão judicial que fixar ou arbitrar honorários e o contrato escrito que os estipular são títulos executivos e constituem crédito privilegiado na falência, concordata, concurso de credores, insolvência civil e liquidação extrajudicial. (...) § 4º O acordo feito pelo cliente do advogado e a parte contrária, salvo aquiescência do profissional, não lhe prejudica os honorários, quer os convencionados, quer os concedidos por sentença". Além disso, o art. 48, §§ 1º e 5º, do Código de Ética regulamentam: "§ 1º O contrato de prestação de serviços de advocacia não exige forma especial, devendo estabelecer, porém, com clareza e precisão, o seu objeto, os honorários ajustados, a forma de pagamento, a extensão do patrocínio, esclarecendo se este abrangerá todos os atos do processo ou limitar-se-á a determinado grau de jurisdição, além de dispor sobre a hipótese de a causa encerrar-se mediante transação ou acordo. (...) § 5º É vedada, em qualquer hipótese, a diminuição dos honorários contratados em decorrência da solução do litígio por qualquer mecanismo adequado de solução extrajudicial".

C) O advogado faz jus ao recebimento de honorários contratuais em caso de acordo feito entre o cliente e a parte contrária.

D) Não é vedada a limitação do patrocínio a apenas um grau de jurisdição, bem como o advogado faz jus ao recebimento de honorários contratuais em caso de acordo feito entre o cliente e a parte contrária.

(XXII Exame de Ordem Unificado / FGV) No ano de 2017, deverá se realizar a Conferência Nacional da Advocacia Brasileira, órgão consultivo máximo do Conselho Federal, que se reúne trienalmente. Cientes do evento, Raul, Francisco e Caetano decidem participar como membros efetivos da Conferência. Raul, advogado, é conselheiro de certo Conselho Seccional da OAB. Francisco é advogado, regularmente inscrito na OAB, e não exerce previamente função junto a qualquer órgão da instituição. Caetano é estagiário, regularmente inscrito como tal junto à OAB, e também não exerce previamente função em nenhum de seus órgãos.

Considerando o disposto no Regulamento Geral do Estatuto da Advocacia e da OAB, assinale a afirmativa correta.

A) Raul participará como membro efetivo da Conferência Nacional da Advocacia Brasileira, caso em que terá direito a voto. Os demais, mesmo inscritos na Conferência, poderão participar apenas como convidados ou ouvintes, sem direito a voto.

B) Francisco, se inscrito, e Raul participarão como membros efetivos da Conferência Nacional da Advocacia Brasileira. Porém, o direito a voto é conferido apenas a Raul. Caetano, ainda que inscrito na conferência, somente poderá participar como ouvinte.

C) Francisco e Caetano, se inscritos na Conferência Nacional da Advocacia Brasileira, dela participarão como membros efetivos, mas o direito a voto é conferido apenas a Francisco. Raul fica impedido de participar como membro efetivo da conferência, tendo em vista que já exerce função em órgão da OAB.

D) Raul participará como membro efetivo da Conferência Nacional da Advocacia Brasileira. Do mesmo modo, Francisco e Caetano, se inscritos na conferência, poderão participar como membros efetivos, permitindo-se, aos três, o direito a voto.

RESPOSTA

A) Os três poderão ser membros efetivos e com direito a voto.

B) Os três terão direito a voto.

C) Os três participarão como membros efetivos e com direito a voto.

✓ Assim determina o art. 146 do Regulamento Geral da OAB: "São membros das Conferências: I – efetivos: os Conselheiros e Presidentes dos órgãos da OAB presentes, os advogados e estagiários inscritos na Conferência, todos com direito a voto; II – convidados: as pessoas a quem a Comissão Organizadora conceder tal qualidade, sem direito a voto, salvo se for advogado. § 1º Os convidados, expositores e membros dos órgãos da OAB têm identificação especial durante a Conferência. § 2º Os estudantes de direito, mesmo inscritos como estagiários na OAB, são membros ouvintes, escolhendo um porta-voz entre os presentes em cada sessão da Conferência".

(XXIII Exame de Ordem Unificado / FGV) O advogado Diogo foi procurado, em seu escritório profissional, por Paulo, que desejava contratá-lo para atuar nos autos de processo judicial já em trâmite, patrocinado pelo advogado Jorge, mediante procuração, em face de um plano de saúde, pelo seguinte motivo: subitamente, Paulo descobriu que precisa realizar uma cirurgia imediatamente, sob risco de morte. Como não estava satisfeito com a atuação do advogado Jorge, decide, diante da necessidade de realizar a cirurgia, procurar Diogo, para requerer a tutela de urgência nos referidos autos, em plantão judicial. Considerando a situação narrada e o disposto no Código de Ética e Disciplina da OAB, assinale a afirmativa correta.

A) Diogo apenas deverá atuar na causa, aceitando procuração, se houver concordância do advogado Jorge, uma vez que, de acordo com o Código de Ética e Disciplina da OAB, o advogado não deve aceitar procuração de quem já tenha patrono constituído, salvo com a concordância deste.

B) Diogo apenas deverá atuar na causa, aceitando procuração, após ser dado prévio conhecimento ao advogado Jorge, uma vez que, de acordo com o Código de Ética e Disciplina da OAB, o advogado não deve aceitar procuração de quem já tenha patrono constituído anteriormente à comunicação a este.

C) Diogo poderá aceitar procuração e requerer nos autos judiciais, em favor de Paulo, a tutela de urgência necessária apenas se apresentar nos autos justificativa idônea a cessar a responsabilidade profissional de Jorge pelo acompanhamento da causa.

D) Diogo poderá aceitar procuração e requerer nos autos judiciais, em favor de Paulo, a tutela de urgência necessária, independentemente de prévia comunicação a Jorge ou de apresentação ao juízo de justificativa idônea para a cessação da responsabilidade profissional de Jorge.

RESPOSTA

A) Alternativa equivocada, pois Diogo poderá atuar e requerer a tutela de urgência.

B) Alternativa equivocada, pois a situação de emergência/urgência permite que Diogo atue na causa.

C) Alternativa equivocada, pois o art. 14 do CED, não faz tal exigência.

✓ Alternativa correta, pois assim determina o art. 14 do CED: "O advogado não deve aceitar procuração de quem já tenha patrono constituído, sem prévio conhecimento deste, salvo por motivo plenamente justificável ou para adoção de medidas judiciais urgentes e inadiáveis".

(XXIII Exame de Ordem Unificado / FGV) O advogado Ramiro foi procurado por Hugo, inventariante, para atuar no processo de inventário do genitor deste. Em momento posterior, os irmãos de Hugo, José e Luiz, outros herdeiros do de cujus, conferiram procuração a Ramiro, a fim de ele também representá-los na demanda. Todavia, no curso do feito, os irmãos, até então concordantes, passam a divergir sobre os termos da partilha. Ramiro, então, marca reuniões, em busca de harmonização dos interesses dos três, porém não obtém sucesso. Diante do caso narrado, por determinação do Código de Ética e Disciplina da OAB, Ramiro deverá:

A) renunciar aos três mandatos, afastando-se do feito.

B) manter-se no patrocínio dos três irmãos, desde que informe o conflito nos autos e atue de forma imparcial, observando-se a disciplina legal.

C) escolher, de acordo com seus critérios de prudência, apenas um dos mandatos, renunciando aos demais.

D) manter-se no patrocínio daquele que primeiro lhe conferiu o mandato, isto é, o inventariante, renunciando aos demais.

RESPOSTA

A) Alternativa equivocada, pois poderá escolher um dos mandatos.

B) Alternativa equivocada, pois deverá renunciar aos demais e escolher apenas um.

✓ Alternativa correta, pois o art. 20, do CED, assim determina: "Sobrevindo conflitos de interesse entre seus constituintes e não conseguindo o advogado harmonizá-los, caber-lhe-á optar, com prudência e discrição, por um dos mandatos, renunciando aos demais, resguardado sempre o sigilo profissional".

D) Alternativa equivocada, pois caberá ao advogado escolher por um dos mandatos, sempre de forma prudente e com descrição.

(XXIII Exame de Ordem Unificado / FGV) Nilza, advogada, responde a processo disciplinar perante certo Conselho Seccional da OAB, em razão da suposta prática de infração disciplinar que, se comprovada, poderá sujeitá-la à sanção de exclusão. Sobre o tema, assinale a afirmativa correta.

A) O processo disciplinar instaurado em face de Nilza tramita em sigilo, até o seu término, só tendo acesso às suas informações as partes, seus defensores e a autoridade competente.

B) O processo disciplinar instaurado em face de Nilza é público, sendo facultado o acesso aos autos a qualquer advogado regularmente inscrito, para exercício do controle externo.

C) O processo disciplinar instaurado em face de Nilza é, em regra, público, sendo facultado o acesso aos autos a qualquer cidadão. Porém, excepcionalmente, pode ser decretado o sigilo, a critério da autoridade processante, quando justificada a necessidade de preservação do direito à intimidade.

D) O processo disciplinar instaurado em face de Nilza tramita, em regra, em sigilo, só tendo acesso às suas informações as partes, seus defensores e a autoridade competente. Torna-se, porém, público se o Tribunal de Ética e Disciplina do Conselho decidir suspender Nilza preventivamente.

RESPOSTA

✓ Alternativa correta, pois é a determinação do art. 72, § 2º, do Estatuto: "O processo disciplinar instaura-se de ofício ou mediante representação de qualquer autoridade ou pessoa interessada. (...) § 2º O processo disciplinar tramita em sigilo, até o seu término, só tendo acesso às suas informações as partes, seus defensores e a autoridade judiciária competente".

B) Alternativa equivocada, pois o processo disciplinar tramita em sigilo.

C) Alternativa equivocada, pois o trâmite é em sigilo.

D) Alternativa equivocada, pois o processo é sigiloso e não se torna público.

(XXIII Exame de Ordem Unificado / FGV) Juliana é integrante da equipe de recursos humanos de certa sociedade anônima, de grande porte, cujo objeto social é o comércio de produtos eletrônicos. Encontrando-se vago um cargo de gerência jurídica, Juliana organizou processo seletivo, tendo recebido os currículos de três candidatas. A primeira delas, Mariana, é advogada regularmente inscrita na OAB, tendo se especializado em Direito Penal. A segunda, Patrícia, não é graduada em Direito, porém é economista e concluiu o doutorado em direito societário e mercado de capitais. A terceira, Luana, graduada em Direito, foi aprovada no exame da OAB e concluiu mestrado e doutorado. É conselheira de certo tribunal de contas estadual, mas encontra-se afastada, a pedido, sem vencimentos. Considerando a situação narrada, assinale a afirmativa correta.

A) Qualquer das candidatas poderá exercer a função de gerência jurídica, mas apenas Mariana poderá subscrever os atos privativos da advocacia.

B) Qualquer das candidatas poderá exercer a função de gerência jurídica, mas apenas Mariana e Luana poderão subscrever os atos privativos da advocacia.

C) Apenas Mariana poderá exercer a função de gerência jurídica.

D) Apenas Mariana e Luana poderão exercer a função de gerência jurídica.

RESPOSTA

A) Alternativa equivocada, pois somente Mariana é advogada e, como tal, poderá exercer a função de gerência jurídica.

B) Alternativa equivocada, pois somente quem é advogado regularmente inscrito nos quadros da OAB é que poderá atuar como gerente jurídico.

✓ Alternativa correta, pois é a determinação do art. 1º, inciso II, do Estatuto: "São atividades privativas de advocacia (...) II – as atividades de consultoria, assessoria e direção jurídicas".

D) Alternativa equivocada, pois Luana tão somente foi aprovada no Exame da Ordem, mas não prestou o juramento e, como tal, não é advogada.

(XXIII Exame de Ordem Unificado / FGV) Miguel, advogado, sempre exerceu a atividade sozinho. Não obstante, passou a pesquisar sobre a possibilidade de constituir, individualmente, pessoa jurídica para a prestação de seus serviços de advocacia. Sobre o tema, assinale a afirmativa correta.

A) Miguel poderá constituir a pessoa jurídica pretendida, mediante registro dos seus atos constitutivos no Conselho Seccional da OAB em cuja base territorial tiver sede, com denominação formada pelo nome do titular, seguida da expressão "Sociedade Individual de Advocacia".

B) Miguel não poderá constituir a pessoa jurídica pretendida, uma vez que o ordenamento jurídico brasileiro não admite a figura da sociedade unipessoal, ressalvados apenas os casos de unipessoalidade temporária e da chamada subsidiária integral.

C) Miguel poderá constituir a pessoa jurídica pretendida mediante registro dos seus atos constitutivos no Conselho Seccional da OAB, com denominação formada pelo nome do titular, seguida da expressão "EIRELI".

D) Miguel poderá constituir a pessoa jurídica pretendida mediante registro dos seus atos constitutivos no Registro Civil de Pessoas Jurídicas, com denominação formada pelo nome do titular, seguida da expressão "EIRELI".

RESPOSTA

☑ Alternativa correta, pois é assim que dispõe o art. 16, § 4º, do Estatuto: "Art. 16. Não são admitidas a registro nem podem funcionar todas as espécies de sociedades de advogados que apresentem forma ou características de sociedade empresária, que adotem denominação de fantasia, que realizem atividades estranhas à advocacia, que incluam como sócio ou titular de sociedade unipessoal de advocacia pessoa não inscrita como advogado ou totalmente proibida de advogar. (...) § 4º A denominação da sociedade unipessoal de advocacia deve ser obrigatoriamente formada pelo nome do seu titular, completo ou parcial, com a expressão "Sociedade Individual de Advocacia".

B) Alternativa equivocada, pois o Estatuto permite a constituição da sociedade individual.

C) Alternativa equivocada, pois deverá ser seguida da expressão "Sociedade Individual de Advocacia".

D) Alternativa equivocada, pois o registo é na OAB e com a expressão "Sociedade Individual de Advocacia".

(XXIII Exame de Ordem Unificado / FGV) O Dr. Silvestre, advogado, é procurado por um cliente para patrociná-lo em duas demandas em curso, nas quais o aludido cliente figura como autor. Ao verificar o andamento processual dos feitos, Silvestre observa que o primeiro processo tramita perante a juíza Dra. Isabel, sua tia. Já o segundo processo tramita perante o juiz Dr. Zacarias, que, coincidentemente, é o locador do imóvel onde o Dr. Silvestre reside. Considerando o disposto no Código de Ética e Disciplina da OAB, assinale a afirmativa correta.

A) O Dr. Silvestre cometerá infração ética se atuar em qualquer dos processos, tendo em vista o grau de parentesco com a primeira magistrada e a existência de relação negocial com o segundo juiz.

B) O Dr. Silvestre cometerá infração ética apenas se atuar no processo que tramita perante a juíza Dra. Isabel, tendo em vista o grau de parentesco com a magistrada. Quanto ao segundo processo, não há vedação ética ao patrocínio na demanda.

C) O Dr. Silvestre cometerá infração ética apenas se atuar no processo que tramita perante o juiz Dr. Zacarias, tendo em vista a existência de relação negocial com o magistrado. Quanto ao primeiro processo, não há vedação ética ao patrocínio na demanda.

D) O Dr. Zacarias não cometerá infração ética se atuar em ambos os feitos, pois as hipóteses de suspeição e impedimento dos juízes versam sobre seu relacionamento com as partes, e não com os advogados.

RESPOSTA

☑ Alternativa correta, pois é assim que dispõe o art. 2º, VIII, alínea *e*, do CED: "O advogado, indispensável à administração da Justiça, é defensor do Estado Democrático de Direito, dos direitos humanos e garantias fundamentais, da cidadania, da moralidade, da Justiça e da paz social, cumprindo-lhe exercer o seu ministério em consonância com a sua elevada função pública e com os valores que lhe são inerentes. Parágrafo único. São deveres do advogado: (...) VIII – abster-se de: (...) e) ingressar ou atuar em pleitos administrativos ou judiciais perante autoridades com as quais tenha vínculos negociais ou familiares".

B) Alternativa equivocada, pois o CED também veda quanto aos aspectos negociais.

C) Alternativa equivocada, pois a proibição do CED também alcança os laços de parentesco.

D) Alternativa equivocada, conforme já verificamos no art. 2.º do CED.

(XXIII Exame de Ordem Unificado / FGV) Diogo é estudante de Direito com elevado desempenho acadêmico. Ao ingressar nos últimos anos do curso, ele é convidado por um ex-professor para estagiar em seu escritório. Inscrito nos quadros de estagiários da OAB e demonstrando alta capacidade, Diogo ganha a confiança dos sócios do escritório e passa a, isoladamente e sob a responsabilidade do advogado, retirar e devolver autos em cartório, assinando a respectiva carga; visar atos constitutivos de sociedades para que sejam admitidos a registro; obter junto a escrivães e chefes de secretaria certidões de peças ou autos de processos em curso ou findos; assinar petições de juntada de documentos a processos judiciais ou administrativos; e subscrever embargos de declaração opostos em face de decisões judiciais. Considerando as diversas atividades desempenhadas por Diogo, isoladamente e sob a responsabilidade do advogado, de acordo com o Estatuto e Regulamento da OAB, ele pode

A) retirar e devolver autos em cartório, assinando a respectiva carga, bem como visar atos constitutivos de sociedades, para que sejam admitidos a registro.

B) obter, junto a escrivães e chefes de secretaria, certidões de peças ou autos de processos em curso ou findos, bem como assinar petições de juntada de documentos a processos judiciais ou administrativos.

C) obter, junto a escrivães e chefes de secretaria, certidões de peças ou autos de processos findos, mas não de processos em curso, bem como subscrever embargos de declaração opostos em face de decisões judiciais.

D) assinar petições de juntada de documentos a processos judiciais, mas não a processos administrativos, nem subscrever embargos de declaração opostos em face de decisões judiciais.

RESPOSTA

A) Alternativa equivocada, pois não pode praticar o ato de visto em ato constitutivo de sociedade.

✓ Alternativa correta, pois é o que determina o art. 29 do Regulamento Geral: "Os atos de advocacia, previstos no art. 1º do Estatuto, podem ser subscritos por estagiário inscrito na OAB, em conjunto com o advogado ou o defensor público. § 1º O estagiário inscrito na OAB pode praticar isoladamente os seguintes atos, sob a responsabilidade do advogado: I – retirar e devolver autos em cartório, assinando a respectiva carga; II – obter junto aos escrivães e chefes de secretarias certidões de peças ou autos de processos em curso ou findos; III – assinar petições de juntada de documentos a processos judiciais ou administrativos. § 2º Para o exercício de atos extrajudiciais, o estagiário pode comparecer isoladamente, quando receber autorização ou substabelecimento do advogado.

C) Alternativa equivocada, pois viola o art. 29 do Regulamento Geral.

D) Alternativa equivocada, pela mesma razão comentada acima.

(XXIII Exame de Ordem Unificado / FGV) O advogado Stéfano, buscando facilitar a satisfação de honorários advocatícios contratuais a que fará jus, estuda tomar duas providências: de um lado, tenciona incluir expressamente no contrato de prestação de seus serviços, com concordância do cliente, autorização para que se dê compensação de créditos pelo advogado, de importâncias devidas ao cliente; de outro, pretende passar a empregar, para o recebimento de honorários, sistema de cartão de crédito, mediante credenciamento junto a uma operadora. Tendo em vista as medidas pretendidas pelo advogado e as disposições do Código de Ética e Disciplina da OAB, assinale a afirmativa correta.

A) Não é permitida a compensação de créditos, pelo advogado, de importâncias devidas ao cliente, sendo vedada a inclusão de cláusula nesse sentido no contrato de prestação de serviços. De igual maneira, não é admitido o emprego de sistema de cartões de crédito para recebimento de honorários, mediante credenciamento junto a operadoras de tal ramo.

B) Não é permitida a compensação de créditos, pelo advogado, de importâncias devidas ao cliente, sendo vedada a inclusão de cláusula nesse sentido no contrato de prestação de serviços. Porém, é admitido o emprego de sistema de cartões de crédito para recebimento de honorários, mediante credenciamento junto a operadoras de tal ramo.

C) É admitida a compensação de créditos, pelo advogado, de importâncias devidas ao cliente, se houver autorização para tanto no contrato de prestação de serviços. Também é permitido o emprego de sistema de cartões de crédito para recebimento de honorários, mediante credenciamento junto a operadoras de tal ramo.

D) É admitida a compensação de créditos, pelo advogado, de importâncias devidas ao cliente, se houver autorização para tanto no contrato de prestação de serviços. Porém, não é permitido o emprego de sistema de cartões de crédito para recebimento de honorários, mediante credenciamento junto a operadoras de tal ramo.

RESPOSTA

A) Alternativa equivocada, pois é permitida a compensação de créditos, bem como o uso do cartão de crédito.

B) Alternativa equivocada, pois é permitida a compensação de créditos.

✓ Alternativa correta, pois assim determina o art. 48, do CED: "A prestação de serviços profissionais por advogado, individualmente ou integrado em sociedades, será contratada, preferentemente, por escrito. (...) § 2º A compensação de créditos, pelo advogado, de importâncias devidas ao cliente, somente será admissível quando o contrato de prestação de serviços a autorizar ou quando houver autorização especial do cliente para esse fim, por este firmada". Além disso, a cobrança por cartão de crédito também é lícita, conforme art. 53, do CED: "É lícito ao advogado ou à sociedade de advogados empregar, para o recebimento de honorários, sistema de cartão de crédito, mediante credenciamento junto a empresa operadora do ramo".

D) Alternativa equivocada, pois o uso do sistema de cartão de crédito é licito, conforme vimos acima.

(XXIV Exame de Ordem Unificado / FGV) Severino, advogado, é notório conhecedor das normas procedimentais e disciplinares do Estatuto da Advocacia e da OAB, bem como de seu regulamento, atuando na defesa de colegas advogados em processos disciplinares. Recentemente, Severino foi eleito conselheiro, passando a exercer essa função em certo Conselho Seccional da OAB. Considerando o caso descrito, assinale a afirmativa correta.

A) Severino não poderá, enquanto exercer a função de conselheiro, atuar em processos disciplinares que tramitem perante qualquer órgão da OAB, sequer em causa própria.

B) Severino não poderá, enquanto for conselheiro, atuar em processos disciplinares que tramitem perante o Conselho Seccional onde exerce sua função. Porém, perante os demais conselhos, não há vedação à sua atuação, em causa própria ou alheia.

C) Severino não poderá, enquanto for conselheiro, atuar em processos disciplinares que tramitem perante o Conselho Seccional onde exerce sua função e o Conselho Federal da

OAB. Porém, perante os demais conselhos, não há vedação à sua atuação, em causa própria ou alheia.

D) Severino não poderá, enquanto exercer a função, atuar em processos disciplinares que tramitem perante qualquer órgão da OAB, salvo em causa própria.

RESPOSTA

A) Alternativa equivocada, pois poderá atuar em causa própria.

B) Alternativa equivocada, pois não poderá atuar em qualquer órgão.

C) Alternativa equivocada, pois a vedação é para atuação perante qualquer órgão.

✓ Alternativa correta, pois assim determina o art. 33 do CED: "Art. 33. Salvo em causa própria, não poderá o advogado, enquanto exercer cargos ou funções em órgãos da OAB ou tiver assento, em qualquer condição, nos seus Conselhos, atuar em processos que tramitem perante a entidade nem oferecer pareceres destinados a instruí-los".

(XXIV Exame de Ordem Unificado / FGV) O advogado Inácio foi indicado para defender em juízo pessoa economicamente hipossuficiente, pois no local onde atua não houve disponibilidade de defensor público para tal patrocínio. Sobre o direito de Inácio à percepção de honorários, assinale a afirmativa correta.

A) Os honorários serão fixados pelo juiz, apenas em caso de êxito, de natureza sucumbencial, a serem executados em face da parte adversa.

B) Os honorários serão fixados pelo juiz, independentemente de êxito, segundo tabela organizada pelo Conselho Seccional da OAB e pagos pelo Estado.

C) Os honorários serão fixados pelo juiz, apenas em caso de êxito, independentemente de observância aos patamares previstos na tabela organizada pelo Conselho Seccional da OAB, a serem pagos pelo Estado.

D) Os honorários serão fixados pelo juiz, independentemente de êxito, segundo tabela organizada pelo Conselho Seccional da OAB, e pagos pelo patrocinado caso possua patrimônio, a ser executado no prazo de cinco anos, a contar da data da nomeação.

RESPOSTA

A) Alternativa equivocada, pois independe do êxito na causa.

✓ Alternativa correta, pois assim determina o art. 22, § 1º, do Estatuto: "A prestação de serviço profissional assegura aos inscritos na OAB o direito aos honorários convencionados, aos fixados por arbitramento judicial e aos de sucumbência. § 1º O advogado, quando indicado para patrocinar causa de juridicamente necessitado, no caso de impossibilidade da Defensoria Pública no local da prestação de serviço, tem direito aos honorários fixados pelo juiz, segundo tabela organizada pelo Conselho Seccional da OAB, e pagos pelo Estado".

C) Alternativa equivocada, pois a vedação é para atuação perante qualquer órgão.

D) Alternativa equivocada, pois os honorários serão pagos pelo Estado.

(XXIV Exame de Ordem Unificado / FGV) A advogada Ana encontra-se no quinto mês de gestação. Em razão de exercer a profissão como única patrona nas causas em que atua, ela receia encontrar algumas dificuldades durante a gravidez e após o parto. Considerando o caso narrado, assinale a afirmativa correta.

A) O Estatuto da OAB confere a Ana o direito de entrar nos tribunais sem submissão aos detectores de metais, vagas reservadas nas garagens dos fóruns onde atuar, preferência na ordem das audiências a serem realizadas a cada dia e suspensão dos prazos processuais quando der à luz.

B) O Estatuto da OAB não dispõe sobre direitos especialmente conferidos às advogadas grávidas, mas aplicam-se a Ana as disposições da CLT relativas à proteção à maternidade e à trabalhadora gestante.

C) O Estatuto da OAB confere a Ana o direito de entrar nos tribunais sem submissão aos detectores de metais e preferência na ordem das audiências a serem realizadas a cada dia, mas não dispõe sobre vagas reservadas nas garagens dos fóruns e suspensão dos prazos processuais quando der à luz.

D) O Estatuto da OAB confere a Ana o direito de entrar nos tribunais sem submissão aos detectores de metais, preferência na ordem das audiências a serem realizadas a cada dia e vagas reservadas nas garagens dos fóruns, mas não dispõe sobre suspensão dos prazos processuais quando der à luz.

RESPOSTA

✓ Alternativa correta, pois são direitos garantidos pelo Estatuto, conforme art. 7º-A.

B) Alternativa equivocada, pois os direitos da advogada gestante estão elencados no art. 7º-A do Estatuto.

C) Alternativa equivocada, pois a reserva de vagas e a suspensão dos prazos estão garantidos no Estatuto, art. 7º-A, incisos I e IV.

D) Alternativa equivocada, pois a suspensão do prazo processual ocorrerá quando for a única patrona da causa e que notifique o cliente por escrito.

(XXIV Exame de Ordem Unificado / FGV) Tânia, advogada, dirigiu-se à sala de audiências de determinada Vara Criminal, a fim de acompanhar a realização das audiências designadas para aquele dia em feitos nos quais não oficia. Tânia verificou que os processos não envolviam segredo de justiça e buscou ingressar na sala de audiências no horário designado. Não obstante, certo funcionário deu-lhe duas orientações. A primeira orientação foi de que ela não poderia permanecer no local se todas as cadeiras estivessem ocupadas, pois não seria autorizada a permanência de advogados de pé, a fim de evitar tumulto na sala. A segunda orientação foi no sentido de que, caso ingressassem na sala, Tânia e os demais presentes não poderiam sair até o fim de cada ato, salvo se houvesse licença do juiz, para evitar que a entrada e saída de pessoas atrapalhasse o regular andamento das audiências. Considerando o caso narrado, assinale a afirmativa correta.

A) A primeira orientação dada pelo funcionário viola os direitos assegurados ao advogado, pois Tânia possui o direito de permanecer, mesmo que de pé, na sala de audiências. Todavia, a segunda orientação coaduna-se com o poder-dever do magistrado de presidir e evitar tumulto no ato judicial, não violando, por si, direitos normatizados no Estatuto da OAB.

B) A segunda orientação dada pelo funcionário viola os direitos assegurados ao advogado, pois Tânia possui o direito de retirar-se a qualquer momento, independentemente de licença do juiz, da sala de audiências. Todavia, a primeira orientação coaduna-se com o poder-dever do magistrado de presidir e evitar tumulto no ato judicial, não violando, por si, direitos normatizados no Estatuto da OAB.

C) Ambas as orientações violam os direitos assegurados, pelo Estatuto da OAB, ao advogado, pois Tânia possui o direito de permanecer, mesmo que de pé, na sala de audiências, bem como de se retirar a qualquer momento, independentemente de licença do juiz.

D) Nenhuma das orientações viola os direitos assegurados ao advogado, pois se coadunam com o poder-dever do magistrado de presidir e evitar tumulto no ato judicial, não contrariando, por si sós, direitos normatizados no Estatuto da OAB.

RESPOSTA

A) Alternativa equivocada, pois é direito do advogado retirar-se da audiência independentemente da licença do juiz, conforme art. 7º, inciso VII, do Estatuto.

B) Alternativa equivocada, pois Tânia tem o direito de permanecer sentada ou em pé (art. 7º, inciso VII, do Estatuto).

✓ Alternativa correta, pois são direitos assegurados pelo Estatuto: "Art. 7º São direitos do advogado: (...) VI – ingressar livremente: a) nas salas de sessões dos tribunais, mesmo além dos cancelos que separam a parte reservada aos magistrados; b) nas salas e dependências de audiências, secretarias, cartórios, ofícios de justiça, serviços notariais e de registro, e, no caso de delegacias e prisões, mesmo fora da hora de expediente e independentemente da presença de seus titulares; c) em qualquer edifício ou recinto em que funcione repartição judicial ou outro serviço público onde o advogado deva praticar ato ou colher prova ou informação útil ao exercício da atividade profissional, dentro do expediente ou fora dele, e ser atendido, desde que se ache presente qualquer servidor ou empregado; d) em qualquer assembleia ou reunião de que participe ou possa participar o seu cliente, ou perante a qual este deva comparecer, desde que munido de poderes especiais; VII – permanecer sentado ou em pé e retirar-se de quaisquer locais indicados no inciso anterior, independentemente de licença".

D) Alternativa equivocada, pois as violações são evidentes, conforme já comentado acima.

(XXIV Exame de Ordem Unificado / FGV) O Conselho Seccional Y da OAB, entendendo pela inconstitucionalidade de certa norma em face da Constituição da República, subscreve indicação de ajuizamento de ação direta de inconstitucionalidade, endereçando-a ao Conselho Federal da OAB. Considerando o caso apresentado, de acordo com o Regulamento Geral do Estatuto da Advocacia e da OAB, assinale a afirmativa correta.

A) A mencionada indicação de ajuizamento de ação direta de inconstitucionalidade submete-se a obrigatório juízo prévio de admissibilidade realizado pela Diretoria do Conselho Federal para aferição da relevância da defesa dos princípios e das normas constitucionais. Caso seja admitida, o relator, designado pelo Presidente, independentemente da decisão da Diretoria, pode levantar preliminar de inadmissibilidade perante o Conselho Pleno, quando não encontrar norma ou princípio constitucional violados pelo ato normativo. Após, se aprovado o ajuizamento da ação, esta será proposta pelo Presidente do Conselho Federal.

B) A mencionada indicação de ajuizamento de ação direta de inconstitucionalidade submete-se a obrigatório juízo prévio de admissibilidade realizado pela Segunda Câmara do Conselho Federal para aferição da relevância da defesa dos princípios e das normas constitucionais. Caso seja admitida, o relator designado pelo Presidente, independentemente da decisão da Segunda Câmara, pode levantar preliminar de inadmissibilidade perante o Conselho Pleno, quando não encontrar norma ou princípio constitucional violados pelo ato normativo. Após, se aprovado o ajuizamento da ação, esta será proposta pelo Presidente do Conselho Federal.

C) A mencionada indicação de ajuizamento de ação direta de inconstitucionalidade não se sujeita a juízo prévio obrigatório de admissibilidade, seja pela Diretoria ou qualquer Câmara do Conselho Federal. Porém, o relator, designado pelo Presidente, pode levantar preliminar de inadmissibilidade perante o Conselho Pleno, quando não encontrar norma ou princípio constitucional violados pelo ato normativo. Após, se aprovado o ajuizamento da ação, esta será proposta pelo Presidente do Conselho Federal.

D) A mencionada indicação de ajuizamento de ação direta de inconstitucionalidade não se sujeita a juízo prévio obrigatório de admissibilidade seja pela Diretoria ou qualquer Câmara do Conselho Federal. Porém, o relator designado pelo Presidente pode levantar preliminar de inadmissibilidade perante o Conselho Pleno, quando não encontrar norma ou princípio constitucional violados pelo ato normativo. Após, se aprovado o ajuizamento da ação, esta será proposta pelo relator designado.

RESPOSTA

A) Alternativa equivocada, pois não ocorre o juízo prévio obrigatório de admissibilidade, seja pela Diretoria ou qualquer Câmara do Conselho Federal (art. 82 do Regulamento Geral).

B) Alternativa equivocada, pois, conforme dito acima, não ocorre juízo prévio de admissibilidade pela Diretoria ou qualquer Câmara do Conselho Federal.

☑ Alternativa correta, pois assim determina o art. 82 do Regulamento Geral: "Art. 82. As indicações de ajuizamento de ação direta de inconstitucionalidade submetem-se ao juízo prévio de admissibilidade da Diretoria para aferição da relevância da defesa dos princípios e normas constitucionais e, sendo admitidas, observam o seguinte procedimento: I – o relator, designado pelo Presidente, independentemente da decisão da Diretoria, pode levantar preliminar de inadmissibilidade perante o Conselho Pleno, quando não encontrar norma ou princípio constitucional violados pelo ato normativo; II – aprovado o ajuizamento da ação, esta será proposta pelo Presidente do Conselho Federal; III – cabe à assessoria do Conselho acompanhar o andamento da ação. § 1º Em caso de urgência que não possa aguardar a sessão ordinária do Conselho Pleno, ou durante o recesso do Conselho Federal, a Diretoria decide quanto ao mérito, *ad referendum* daquele. § 2º Quando a indicação for subscrita por Conselho Seccional da OAB, por entidade de caráter nacional ou por delegação do Conselho Federal, a matéria não se sujeita ao juízo de admissibilidade da Diretoria".

D) Alternativa equivocada, pois o relator, designado pelo Presidente, pode levantar preliminar de inadmissibilidade perante o Conselho Pleno, quando não encontrar norma ou princípio constitucional violados pelo ato normativo. Depois, se aprovado o ajuizamento da ação, esta será proposta pelo Presidente do Conselho Federal, conforme o art. 82, do Regulamento Geral.

(XXIV Exame de Ordem Unificado / FGV) Certa sociedade de advogados, de acordo com a vontade do cliente, emitiu fatura, com fundamento no contrato de prestação de serviços advocatícios. Em seguida, promoveu o saque de duplicatas quanto ao crédito pelos honorários advocatícios. Considerando o caso narrado, assinale a afirmativa correta.

A) É vedada a emissão da fatura, com fundamento no contrato de prestação de serviços, bem como não é autorizado o saque de duplicatas quanto ao crédito pelos honorários advocatícios.

B) É autorizada a emissão de fatura, com fundamento no contrato de prestação de serviços, se assim pretender o cliente, sendo também permitido que posteriormente seja levada a protesto. Todavia, é vedado o saque de duplicatas quanto ao crédito pelos honorários advocatícios.

C) É autorizada a emissão de fatura, com fundamento no contrato de prestação de serviços, se assim pretender o cliente, sendo vedado que seja levada a protesto. Ademais, não é permitido o saque de duplicatas quanto ao crédito pelos honorários advocatícios.

D) É vedada a emissão de fatura, com fundamento no contrato de prestação de serviços, mas é permitido que, posteriormente, seja levada a protesto. Ademais, é permitido o saque de duplicatas quanto ao crédito pelos honorários advocatícios.

RESPOSTA

A) Alternativa equivocada, pois é autorizada a emissão de fatura, com base no contrato de prestação de serviços, assim desejando o cliente.

B) Alternativa equivocada, pois não se admite que seja levada ao protesto.

☑ Alternativa correta, pois assim determina o art. 52, do CED: "O crédito por honorários advocatícios, seja do advogado autônomo, seja de sociedade de advogados, não autoriza o saque de duplicatas ou qualquer outro título de crédito de natureza mercantil, podendo, apenas, ser emitida fatura, quando o cliente assim pretender, com fundamento no contrato de prestação de serviços, a qual, porém, não poderá ser levada a protesto. Parágrafo único. Pode, todavia, ser levado a protesto o cheque ou a nota promissória emitido pelo cliente em favor do advogado, depois de frustrada a tentativa de recebimento amigável".

D) Alternativa equivocada, pois é permitida a emissão de fatura, não sendo possível que seja levada a protesto, bem como é vedado o saque de duplicatas.

(XXIV Exame de Ordem Unificado / FGV) Em determinada edição de um jornal de grande circulação, foram publicadas duas matérias subscritas, cada qual, pelos advogados Lúcio e Frederico. Lúcio assina, com habitualidade, uma coluna no referido jornal, em que responde, semanalmente, a consultas sobre matéria jurídica. Frederico apenas subscreveu matéria jornalística naquela edição, debatendo certa causa, de natureza criminal, bastante repercutida na mídia, tendo analisado a estratégia empregada pela defesa do réu no processo. Considerando o caso narrado e o disposto no Código de Ética e Disciplina da OAB, assinale a afirmativa correta.

A) Lúcio e Frederico cometeram infração ética.

B) Apenas Lúcio cometeu infração ética.

C) Apenas Frederico cometeu infração ética.

D) Nenhum dos advogados cometeu infração ética.

RESPOSTA

☑ Alternativa correta, pois não é permitido responder com habitualidade a consulta sobre matéria jurídica, nos meios de comunicação social, bem como o debate de causa, em qualquer meio de comunicação, que esteja sob o patrocínio de outro advogado (art. 42, incisos I e II, do CED).

B) Alternativa equivocada, pois ambos cometeram infração ética.

C) Alternativa equivocada, pela mesma razão comentada acima.

D) Alternativa equivocada, pois ocorreu a violação do Código de Ética pelos dois advogados.

(XXIV Exame de Ordem Unificado / FGV) O advogado Gennaro exerce suas atividades em sociedade de prestação de serviços de advocacia, sediada na capital paulista. Todas as demandas patrocinadas por Gennaro tramitam perante juízos com competência em São Paulo. Todavia, recentemente, a esposa de Gennaro obteve trabalho no Rio de Janeiro. Após buscarem a melhor solução, o casal resolveu que fixaria sua residência, com ânimo definitivo, na capital fluminense, cabendo a Gennaro continuar exercendo as mesmas funções no escritório de São Paulo. Nos dias em que não tem atividades profissionais, o advogado, valendo-se da ponte área, retorna ao domicílio do casal no Rio de Janeiro. Considerando o caso narrado, assinale a afirmativa correta.

A) O Estatuto da Advocacia e da OAB impõe que Gennaro requeira a transferência de sua inscrição principal como advogado para o Conselho Seccional do Rio de Janeiro.

B) O Estatuto da Advocacia e da OAB impõe que Gennaro requeira a inscrição suplementar como advogado junto ao Conselho Seccional do Rio de Janeiro.

C) O Estatuto da Advocacia e da OAB impõe que Gennaro requeira a inscrição suplementar como advogado junto ao Conselho Federal da OAB.

D) O Estatuto da Advocacia e da OAB não impõe que Gennaro requeira a transferência de sua inscrição principal ou requeira inscrição suplementar.

RESPOSTA

A) Alternativa equivocada, pois o Estatuto da OAB não impõe qualquer transferência da inscrição principal.

B) Alternativa equivocada, pois não ocorre tal imposição.

C) Alternativa equivocada, pois tal alternativa não possui respaldo no Estatuto.

✓ Alternativa correta, pois assim determina o art. 10 do Estatuto: "Art. 10. A inscrição principal do advogado deve ser feita no Conselho Seccional em cujo território pretende estabelecer o seu domicílio profissional, na forma do regulamento geral. § 1º Considera-se domicílio profissional a sede principal da atividade de advocacia, prevalecendo, na dúvida, o domicílio da pessoa física do advogado".

(XXV Exame de Ordem Unificado / FGV) Lina, cidadã que não exerce a advocacia, deseja endereçar à presidência de certa Subseção da OAB representação pela instauração de processo disciplinar em face de determinado advogado, pelo cometimento de infrações éticas. Assim, ela busca se informar sobre como pode oferecer tal representação e qual a forma adequada para tanto.

De acordo com o disposto no Código de Ética e Disciplina da OAB, Lina poderá oferecer representação pela instauração de processo disciplinar em face do advogado, mas

A) Deve endereçá-la ao presidente do respectivo Conselho Seccional, uma vez que receber e processar representações com tal conteúdo não se inclui entre as atribuições das Subseções. A representação poderá ser realizada por escrito ou verbalmente, com ou sem identificação do representante.

B) Deve formulá-la ao presidente do Conselho Seccional ou ao presidente da Subseção. A representação poderá ser realizada por escrito ou verbalmente, mas é necessária a identificação do representante, sob pena de não ser considerada fonte idônea.

C) Deve endereçá-la ao presidente do respectivo Conselho Seccional, uma vez que não se inclui entre as atribuições das Subseções receber e processar representações com tal conteúdo. A representação deverá ser realizada por escrito, não sendo consideradas fontes idôneas as representações verbais ou sem identificação do representante.

D) Deve formulá-la ao presidente do Conselho Seccional ou ao presidente da Subseção. A representação poderá ser realizada por escrito ou verbalmente, com ou sem identificação do representante. Será considerada fonte idônea ainda que oferecida sem a identificação do representante.

RESPOSTA

A) Alternativa equivocada, pois os arts. 56 e 57, do Código de Ética e Disciplina, determinam exatamente o contrário.

✓ Alternativa correta, pois está nos exatos termos do art. 56, do Código de Ética e Disciplina: "A representação será formulada ao Presidente do Conselho Seccional ou ao Presidente da Subseção, por escrito ou verbalmente, devendo, neste último caso, ser reduzida a termo. Parágrafo único. Nas Seccionais cujos Regimentos Internos atribuírem competência ao Tribunal de Ética e Disciplina para instaurar o processo ético disciplinar, a representação poderá ser dirigida ao seu Presidente ou será a este encaminhada por qualquer dos dirigentes referidos no *caput* deste artigo que a houver recebido". Ainda, o art. 57, do mesmo Código, assim determina: "A representação deverá conter: I – a identificação do representante, com a sua qualificação civil e endereço; II – a narração dos fatos que a motivam, de forma que permita verificar a existência, em tese, de infração disciplinar; III – os documentos que eventualmente a instruam e a indicação de outras provas a ser produzidas, bem como, se for o caso, o rol de testemunhas, até o máximo de cinco; IV – a assinatura do representante ou a certificação de quem a tomou por termo, na impossibilidade de obtê-la".

C) Alternativa equivocada, pois tem sim competência a Subseção.

D) Alternativa equivocada, pois será considerada fonte inidônea, caso não tenha identificação do representante, conforme o art. 55, § 2º, do CED.

(XXV Exame de Ordem Unificado / FGV) Em determinada sessão do Conselho Seccional da OAB do Estado da Bahia, compareceram Arthur, Presidente do Conselho Federal da OAB; Daniel, Conselheiro Federal da OAB, integrante da delegação da Bahia, e Carlos, ex-Presidente do Conselho Seccional da OAB do Estado da Bahia. De acordo com o Estatuto da OAB, para as deliberações nessa sessão,

A) Arthur tem direito a voz e voto. Daniel e Carlos têm direito somente a voz.

B) Daniel tem direito a voz e voto. Arthur e Carlos têm direito somente a voz.

C) Daniel e Carlos têm direito a voz e voto. Arthur tem direito somente a voz.

D) Arthur, Daniel e Carlos têm direito somente a voz.

RESPOSTA

A) Alternativa equivocada, pois todos terão somente direito a voz.

B) Alternativa equivocada, pois Daniel não direito a voto.

C) Alternativa equivocada, pois nenhum deles terá direito a voto.

✓ Alternativa correta, pois, conforme o art. 56, do Estatuto, Arthur, Daniel e Carlos terão direito somente a voz: "Art. 56. O Conselho Seccional compõe-se de conselheiros em número proporcional ao de seus inscritos, segundo critérios estabelecidos no regulamento geral. § 1º São membros honorários vitalícios os seus ex-presidentes, somente com direito a voz em suas sessões. § 2º O Presidente do Instituto dos Advogados local é membro honorário, somente com direito a voz nas sessões do Conselho. § 3º Quando presentes às sessões do Conselho Seccional, o Presidente do Conselho Federal, os Conselheiros Federais integrantes da respectiva delegação, o Presidente da Caixa de Assistência dos Advogados e os Presidentes das Subseções, têm direito a voz".

(XXV Exame de Ordem Unificado / FGV) O Tribunal de Ética e Disciplina de certo Conselho Seccional da OAB decidiu pela suspensão preventiva do advogado Hélio, acusado em processo disciplinar. Hélio, todavia, interpôs o recurso cabível contra tal decisão. Considerando as regras sobre os recursos em processos que tramitam perante a OAB, bem como a situação descrita, assinale a afirmativa correta.

A) Em regra, os recursos em processos que tramitam perante a OAB têm efeito suspensivo. Assim, no caso narrado, o recurso interposto por Hélio será dotado do aludido efeito.

B) Em regra, os recursos em processos que tramitam perante a OAB não têm efeito suspensivo. Todavia, nesse caso, excepcionalmente, pode ser atribuído o efeito, se demonstrada a probabilidade de provimento ou se, sendo relevante a fundamentação, o recorrente indicar risco de dano grave ou de difícil reparação.

C) Em regra, os recursos em processos que tramitam perante a OAB têm efeito suspensivo. Todavia, o recurso manejado por Hélio se inclui em hipótese excepcional, na qual é vedado o efeito suspensivo.

D) Em regra, os recursos em processos que tramitam perante a OAB não têm efeito suspensivo, não sendo permitida a concessão de tal efeito por decisão da autoridade julgadora. Assim, no caso narrado, o recurso interposto por Hélio não será dotado de efeito suspensivo.

RESPOSTA

A) Alternativa equivocada, pois não terá o efeito suspensivo.

B) Alternativa equivocada, pois a regra é a existência do efeito suspensivo.

✓ Alternativa correta, pois é determinação literal do art. 77, do Estatuto da OAB: "Todos os recursos têm efeito suspensivo, exceto quando tratarem de eleições (arts. 63 e s.), de suspensão preventiva decidida pelo Tribunal de Ética e Disciplina, e de cancelamento da inscrição obtida com falsa prova".

D) Alternativa equivocada, pois a regra é pela existência do efeito suspensivo.

(XXV Exame de Ordem Unificado / FGV) O advogado Valter instalou, na fachada do seu escritório, um discreto painel luminoso com os dizeres "Advocacia Trabalhista". A sociedade de advogados X contratou a instalação de um sóbrio painel luminoso em um dos pontos de ônibus da cidade, onde constava apenas o nome da sociedade, dos advogados associados e o endereço da sua sede. Já a advogada Helena fixou, em todos os elevadores do prédio comercial onde se situa seu escritório, cartazes pequenos contendo inscrições sobre seu nome, o ramo do Direito em que atua e o andar no qual funciona o escritório. Considerando as situações descritas e o disposto no Código de Ética e Disciplina da OAB, assinale a afirmativa correta.

A) Apenas Valter e a sociedade de advogados X violaram a disciplina quanto à ética na publicidade profissional.

B) Apenas Helena violou a disciplina quanto à ética na publicidade profissional.

C) Valter, Helena e a sociedade de advogados X violaram a disciplina quanto à ética na publicidade profissional.

D) Apenas a sociedade de advogados X e Helena violaram a disciplina quanto à ética na publicidade profissional.

RESPOSTA

A) Alternativa equivocada, pois Helena também violou o Código de Ética e Disciplina da OAB.

B) Alternativa equivocada, pois não foi somente Helena que violou a determinação do CED.

C) Alternativa equivocada, pois Valter não violou o CED.

✓ Alternativa correta, pois está em conformidade com os arts. 40 e s. do CED.

(XXV Exame de Ordem Unificado / FGV) Enzo, regularmente inscrito junto à OAB, foi contratado como empregado de determinada sociedade limitada, a fim de exercer atividades privativas de advogado. Foi celebrado, por escrito, contrato individual de trabalho, o qual estabelece que Enzo se sujeitará a regime de dedicação exclusiva. A jornada de trabalho acordada de Enzo é de oito horas diárias. Frequentemente, porém, é combinado que Enzo não compareça à sede da empresa pela manhã, durante a qual deve ficar, por três horas, "de plantão", ou seja, à disposição do empregador, aguardando ordens. Nesses dias, posteriormente, no período da tarde, dirige-se à sede, a fim de exercer atividades no local, pelo período contínuo de seis horas. Considerando o caso narrado e a disciplina do Estatuto da Advocacia e da OAB, bem como do seu Regulamento Geral, assinale a afirmativa correta.

A) É vedada a pactuação de dedicação exclusiva. Deverão ser remuneradas como extraordinárias as horas diárias excedentes a quatro horas contínuas, incluindo-se as horas cumpridas por Enzo na sede da empresa, bem como as horas que ele permanece em sede externa, executando tarefas ou meramente aguardando ordens do empregador.

B) É autorizada a pactuação do regime de dedicação exclusiva. Deverão ser remuneradas como extraordinárias as horas que excederem a jornada de oito horas diárias, o que inclui as horas cumpridas por Enzo na sede da empresa ou efetivamente executando atividades externas ordenadas pelo empregador. As horas em que Enzo apenas aguarda as ordens fora da sede são consideradas somente para efeito de compensação de horas.

C) É autorizada a pactuação do regime de dedicação exclusiva. Deverão ser remuneradas como extraordinárias as horas que excederem a jornada de oito horas diárias, o que inclui tanto as horas cumpridas por Enzo na sede da empresa como as horas em que ele permanece em sede externa, executando tarefas ou meramente aguardando ordens do empregador.

D) É autorizada a pactuação do regime de dedicação exclusiva. Deverão ser remuneradas como extraordinárias as horas que excederem a jornada de nove horas diárias, o que inclui as horas cumpridas por Enzo na sede da empresa ou efetivamente executando atividades externas ordenadas pelo empregador. As horas em que Enzo apenas aguarda as ordens fora da sede são consideradas somente para efeito de compensação de horas.

RESPOSTA

A) Alternativa equivocada, pois é sim permitida a pactuação de dedicação exclusiva.

B) Alternativa equivocada, pois as horas que Enzo aguarda ordens, fora da sede, também serão incluídas.

☑ Alternativa correta, pois assim determinam os arts. 18 e s. do Estatuto da OAB.

D) Alternativa equivocada, pois deverão ser remuneradas como extraordinárias as horas que excederem a jornada de oito horas diárias.

(XXV Exame de Ordem Unificado / FGV) O advogado Ícaro dos Santos, regularmente constituído para a defesa judicial de certo cliente, necessitou, para o correto exercício do mandato, que o cliente lhe apresentasse alguns documentos. Após Ícaro solicitar-lhe os documentos diversas vezes, realizando inúmeras tentativas de contato, o cliente manteve-se inerte por prazo superior a três meses. Considerando o caso narrado, assinale a afirmativa correta.

A) Diante da inércia do cliente, o Código de Ética e Disciplina da OAB dispõe que se presume extinto automaticamente o mandato.

B) Diante da inércia do cliente, o Código de Ética e Disciplina da OAB dispõe que é recomendada a renúncia ao mandato. Ainda de acordo com o diploma, a renúncia ao patrocínio deve ser feita com menção do motivo que a determinou.

C) Diante da inércia do cliente, o Código de Ética e Disciplina da OAB dispõe que é recomendado ao advogado peticionar nos autos, solicitando a intimação pessoal do cliente para apresentação dos documentos. Apenas após o ato, se mantida a inércia, presume-se extinto o mandato.

D) Diante da inércia do cliente, o Código de Ética e Disciplina da OAB dispõe que é recomendada a renúncia ao mandato. Ainda de acordo com o diploma, a renúncia ao patrocínio deve ser feita sem menção do motivo que a determinou.

RESPOSTA

A) Alternativa equivocada, pois a recomendação é pela renúncia ao mandato.

B) Alternativa equivocada, pois não deve ocorrer a menção do motivo que determinou a renúncia.

C) Alternativa equivocada, pois não existe tal previsão no CED.

☑ Alternativa correta, pois está em conformidade com os arts. 15 e 16, do CED, nos seguintes termos: "Art. 15. O advogado não deve deixar ao abandono ou ao desamparo as causas sob seu patrocínio, sendo recomendável que, em face de dificuldades insuperáveis ou inércia do cliente quanto a providências que lhe tenham sido solicitadas, renuncie ao mandato. Art. 16. A renúncia ao patrocínio deve ser feita sem menção do motivo que a determinou, fazendo cessar a responsabilidade profissional pelo acompanhamento da causa, uma vez decorrido o prazo previsto em lei (EAOAB, art. 5º, § 3º). § 1º A renúncia ao mandato não exclui responsabilidade por danos eventualmente causados ao cliente ou a terceiros. § 2º O advogado não será responsabilizado por omissão do cliente quanto a documento ou informação que lhe devesse fornecer para a prática oportuna de ato processual do seu interesse".

(XXV Exame de Ordem Unificado / FGV) José Carlos Santos, advogado, dirigiu-se ao Ministério Público a fim de tomar apontamentos sobre investigação criminal em andamento, conduzida pelo Parquet, em face de seu cliente, em que foi decretado sigilo. Dias depois, José Carlos foi à delegacia de polícia no intuito de examinar e retirar cópias de autos de certo inquérito policial, em curso, no qual também foi decretado sigilo, instaurado contra outro cliente seu. Consoante o disposto no Estatuto da Advocacia e da OAB, assinale a afirmativa correta.

A) Em ambos os casos, José Carlos deverá apresentar procuração tanto para tomar apontamentos sobre a investigação em trâmite perante o Ministério Público quanto para examinar e retirar cópias do inquérito policial.

B) Apenas é necessário que José Carlos apresente procuração para tomar apontamentos sobre a investigação em trâmite perante o Ministério Público, não sendo exigível a apresentação de procuração para examinar e retirar cópias do inquérito policial.

C) Apenas é necessário que José Carlos apresente procuração para examinar e retirar cópias do inquérito policial, não sendo exigível a apresentação de procuração para tomar apontamentos sobre a investigação em trâmite perante o Ministério Público.

D) Não é exigível a apresentação de procuração para examinar e retirar cópias do inquérito policial, nem para tomar apontamentos sobre a investigação em trâmite perante o Ministério Público.

RESPOSTA

☑ Alternativa correta, pois está em conformidade com o art. 7º, § 10, do Estatuto da OAB.

B) Alternativa equivocada, pois também é necessária para o inquérito policial.

C) Alternativa equivocada, pois também é necessária para a investigação em trâmite perante o Ministério Público.

D) Alternativa equivocada, pois é necessária para ambos.

(XXV Exame de Ordem Unificado / FGV) Carlos praticou infração disciplinar, oficialmente constatada em 09 de fevereiro de 2010. Em 11 de abril de 2013, foi instaurado processo disciplinar para apuração da infração, e Carlos foi notificado em 15 de novembro do mesmo ano. Em 20 de fevereiro de 2015, o processo ficou pendente de julgamento, que só veio a ocorrer em 1º de março de 2018. De acordo com o Estatuto da OAB, a pretensão à punibilidade da infração disciplinar praticada por Carlos

A) Está prescrita, tendo em vista o decurso de mais de três anos entre a constatação oficial da falta e a instauração do processo disciplinar.

B) Está prescrita, tendo em vista o decurso de mais de seis meses entre a instauração do processo disciplinar e a notificação de Carlos.

C) Está prescrita, tendo em vista o decurso de mais de três anos de paralisação para aguardar julgamento.

D) Não está prescrita, tendo em vista que não decorreram cinco anos entre cada uma das etapas de constatação, instauração, notificação e julgamento.

RESPOSTA

A) Alternativa equivocada, pois os mais de três anos estão no contexto da paralisação para aguardar o julgamento.

B) Alternativa equivocada, pois teríamos a necessidade de mais de 3 anos de paralisação aguardando o simples julgamento.

☑ Alternativa correta, pois respeita a prescrição intercorrente do art. 43, § 1º, do Estatuto da OAB.

D) Alternativa equivocada, pois já ocorreu a prescrição.

Direito do Trabalho

Carla Romar

Doutora e Mestre pela PUC-SP. Bacharel em Direito pela USP. Perita em relações trabalhistas – Organização Internacional do Trabalho (OIT). Professora Doutora dos Cursos de Pós-Graduação *stricto sensu* e de Graduação da Faculdade de Direito da PUC-SP. Vice-Coordenadora do Programa de Pós-Graduação em Direito da PUC-SP. Professora convidada do Curso de Pós-Graduação *lato sensu* em Direito do Trabalho da Toledo Prudente. Professora convidada dos Cursos de Extensão da Università degli Studi di Roma Tor Vergata. Professora no Saraiva Aprova. Advogada trabalhista.

Sumário

13.4.5. Impenhorabilidade; 13.4.6. Intangibilidade; 13.4.7. Pagamento em moeda corrente; 13.5. Salário mínimo, salário normativo, salário profissional, piso salarial; 13.6. Salário complessivo; 13.7. Equiparação salarial; 13.8. Décimo terceiro salário (ou gratificação de Natal); 13.9. Adicionais de remuneração – 14. Alteração do contrato de trabalho – 15. Suspensão e interrupção do contrato de trabalho – 16. Extinção do contrato de trabalho: 16.1. Extinção do contrato de trabalho por prazo determinado; 16.2. Extinção do contrato por prazo indeterminado – 17. Aviso-prévio – 18. Estabilidade no emprego: 18.1. Gestante; 18.2. Dirigente sindical; 18.3. Membro da CIPA (cipeiro); 18.4. Empregado acidentado no trabalho; 18.5. Diretores de sociedades cooperativas; 18.6. Membro da comissão de representantes dos empregados; 18.7. Estabilidade provisória – disposições gerais – 19. FGTS – 20. Rescisão do contrato de trabalho – formalidades – 21. Prescrição e decadência: 21.1. Prescrição; 21.2. Decadência – 22. Flexibilização do Direito do Trabalho – 23. Proteção ao trabalho do menor: 23.1. Aprendizagem – 24. Proteção ao trabalho da mulher – DIREITO COLETIVO DO TRABALHO – 1. Conceito de Direito Coletivo do Trabalho – 2. Conteúdo do Direito Coletivo do Trabalho – 3. Funções do Direito Coletivo do Trabalho – 4. Princípios do Direito Coletivo do Trabalho – 5. Liberdade sindical – 6. Relações coletivas e relações individuais de trabalho – 7. Autonomia privada coletiva – 8. Organização sindical brasileira – 9. Categorias profissionais e econômica – 10. Base territorial – 11. Unicidade sindical – 12. Fontes de receita das entidades sindicais – 13. Formas de solução dos conflitos coletivos de trabalho: 13.1. Negociação coletiva; 13.2. Convenção e acordo coletivo de trabalho – 14. Greve – Referências bibliográficas – Questões.

DIREITO INDIVIDUAL DO TRABALHO

1. CONCEITO DE DIREITO DO TRABALHO

Direito do Trabalho é o ramo da ciência do Direito composto pelo conjunto de normas que regulam, no âmbito individual e coletivo, a **relação de trabalho subordinado**, que determinam seus sujeitos **(empregado e empregador)** e que estruturam as organizações destinadas à **proteção do trabalhador**.

1.1. Evolução histórica do Direito do Trabalho

A origem do Direito do Trabalho está vinculada à **Revolução Industrial**, nome pelo qual é conhecida a longa série de mudanças tecnológicas, econômicas, sociais e políticas ocorridas no século XIX. O **Direito do Trabalho** nasce, assim, com a **sociedade industrial** e o **trabalho assalariado**, por razões de ordem econômica, política e jurídica.

A principal ***causa econômica*** foi a própria **Revolução Industrial** (fins do século XVIII, início do século XIX), que trouxe mudanças tecnológicas que incluíram o uso de novos materiais básicos, tais como o ferro e o aço, a descoberta de novas fontes de energia, tais como o carvão, a máquina a vapor, a eletricidade, os motores de combustão, a máquina de fiar, o tear mecânico. Também o desenvolvimento dos transportes, como a locomotiva a vapor e o navio, e das comunicações, como o telégrafo e o rádio.

Essas modificações tecnológicas levaram às modificações econômicas, que ocorreram em virtude da **transformação da produção artesanal em uma produção em larga escala**, o que levou ao **desenvolvimento do comércio** e à definição dos conceitos de **lucro** e **acumulação de riquezas**.

Com a expansão da indústria e do comércio, houve a substituição do trabalho escravo, servil e corporativo pelo **trabalho assalariado em larga escala**, do mesmo modo que a manufatura cedeu lugar à fábrica e, mais tarde, à linha de produção.

A principal ***causa política*** foi a **transformação do Estado Liberal** (da plena liberdade contratual) **em Estado Neoliberal** (o Estado intervém na ordem econômica e social, limitando a liberdade plena das partes).

As formas extremadas de intervenção do Estado foram o corporativismo e o socialismo, com características fortemente autoritárias, transferindo a ordem trabalhista para o âmbito das relações de natureza pública.

A principal ***causa jurídica*** foi a justa reivindicação dos trabalhadores, de um sistema de direito destinado à sua proteção, passando alguns direitos básicos a ser reconhecidos, com o reconhecimento da **necessidade de se assegurar uma igualdade jurídica** a uma relação (entre empregado e empregador) na qual **não há uma igualdade natural**. Uma consequência importantíssima dessa causa jurídica foi o surgimento do sindicalismo, como forma de união dos trabalhadores para conseguirem melhores condições de trabalho.

Começa a surgir uma legislação em condições de coibir os abusos do empregador e preservar a dignidade do homem no trabalho, ao contrário do que ocorria com o proletariado exposto a jornadas diárias excessivas, salários extremamente baixos, exploração de menores e mulheres e desproteção total diante de acidentes no trabalho e riscos sociais como a doença, o desemprego etc.

Essas modificações contribuíram decisivamente, como uma reação contra a **QUESTÃO SOCIAL**, pois traziam a ideia de **justiça social**.

1.1.1. Constitucionalismo social

Constitucionalismo social é o movimento que se caracteriza pela **inserção de direitos trabalhistas e sociais fundamentais nos textos das Constituições** dos países.

A **Constituição mexicana** de **1917** foi a primeira a construir uma estrutura significativa de direitos sociais dos trabalhadores, seguida pela **Constituição alemã** (Constituição de Weimar) de **1919**.

Aos poucos, as Constituições modernas dos **Estados democráticos** foram reproduzindo os princípios das Constituições do México e da Alemanha.

1.2. Direito do Trabalho no Brasil

Pode-se afirmar que o Direito do Trabalho no Brasil inicia-se a partir da **Revolução de 1930**, quando o Governo Provisório chefiado por **Getúlio Vargas** criou o Ministério do Trabalho, Indústria e Comércio e deu início à elaboração de uma legislação trabalhista ampla e geral.

Em **1943** é aprovada a **Consolidação das Leis do Trabalho (CLT)**, estruturando a legislação trabalhista e assegurando direitos muito importantes aos trabalhadores.

Com a **Constituição Federal de 1988**, os direitos dos trabalhadores são elevados a categoria de **direitos fundamentais**.

2. PRINCÍPIOS DO DIREITO DO TRABALHO

Os **princípios do Direito do Trabalho** se constituem nas linhas diretrizes ou postulados que inspiram o sentido das normas trabalhistas e configuram a regulamentação das relações de trabalho.

A doutrina identifica as seguintes funções dos princípios:

Função informadora – servem de fonte de inspiração ao legislador e de fundamento para as normas jurídicas.

Função normativa – servem como fonte supletiva, nas lacunas ou nas omissões da lei.

Função interpretativa – servem como critério orientador para os intérpretes e aplicadores da lei.

De acordo com o **art. 4º da LINDB**, quando a lei for omissa, o juiz decidirá o caso de acordo com a analogia, os costumes e os princípios gerais de direito. O **art. 8º da CLT** disciplina claramente que, na falta de disposições legais ou contratuais, o intérprete pode socorrer-se dos princípios do Direito do Trabalho.

Evidencia-se, pois, o caráter informador dos princípios de orientar o legislador na fundamentação das normas jurídicas, assim como o de fonte normativa, para suprir lacunas ou omissões da lei.

A **Constituição Federal de 1988** não enumerou expressamente os princípios do Direito do Trabalho. No entanto, é inquestionável a existência no texto constitucional de **princípios que são aplicáveis no âmbito do Direito do Trabalho** (art. 1º, III e IV; art. 193; art. 170, *caput*, III e VIII; art. 5º, *caput*, I, X, XIII, XVII a XX, XLI e XLII).

2.1. Princípios específicos do Direito do Trabalho

2.1.1. Princípio protetor

Refere-se a um critério fundamental orientador do Direito do Trabalho: em vez de inspirar-se num propósito de igualdade, baseia-se em um **amparo preferencial *a uma das partes da relação de emprego: o trabalhador***. O fundamento deste princípio está ligado à própria razão de ser do Direito do Trabalho: **nivelar desigualdades**.

No entanto, com a ***Reforma Trabalhista*** trazida pela **Lei n. 13.467/2017**, a sistemática do Direito do Trabalho brasileiro, fundada na proteção do trabalhador enquanto parte hipossuficiente na relação laboral, restou modificada, o que alterou significativamente o princípio em estudo. Embora não tenha sido extinto, o princípio protetor foi afetado pela *Reforma Trabalhista*.

Aspectos da Lei n. 13.467/2017 que mitigaram a amplitude e a força do princípio protetor:

- **ampliação da autonomia individual do trabalhador**, permitindo e considerando válida a negociação direta entre o mesmo e o empregador sobre diversos aspectos como, por exemplo, para pactuação de compensação de jornada através de banco de horas (**§ 5º, art. 59, CLT**), das regras do teletrabalho (**art. 75-C, CLT**), rescisão do contrato de trabalho sem necessidade de homologação (**art. 477, CLT**) e extinção do contrato de trabalho por comum acordo entre as partes (**art. 484-A, CLT**).
- previsão de que existem trabalhadores que não podem ser considerados economicamente mais fracos e sobre os quais não se pode pressupor desigualdade em relação ao empregador – os chamados ***hipersuficientes*** (**art. 444, parágrafo único, CLT**), **assim considerados** os trabalhadores portadores de **diploma de nível superior** e que percebam **salário mensal igual ou superior a duas vezes o limite máximo dos benefícios do Regime Geral de Previdência Social**, autorizando a **livre estipulação** pelos mesmos sobre os direitos em relação aos quais a negociação coletiva foi ampliada (**art. 611-A, CLT**).
- prevalência do negociado sobre o legislado – o legislador valorizou a negociação coletiva, considerando-a válida mesmo que esta contrarie certos preceitos legais e fixou como princípio a intervenção mínima na autonomia da vontade coletiva (**§ 3º, do art. 8º, art. 611-A, *caput* e parágrafos, parágrafo único do art. 611-B e art. 620**, todos da **CLT**).

Apesar das modificações acima indicadas, o princípio protetor ainda deve ser analisado a partir das seguintes regras:

a) ***Regra da norma mais favorável*** – é regra de **aplicação de norma jurídica**: sempre que existirem várias normas aplicáveis a uma mesma situação jurídica, **deve-se aplicar a norma mais favorável ao trabalhador**.

No Direito do Trabalho não se considera uma ordem hierárquica de normas, mas, no caso concreto, deverá ser aplicada a norma mais favorável ao trabalhador.

Assim, por exemplo, admite-se a prevalência de cláusula mais favorável de uma convenção coletiva de trabalho sobre uma lei trabalhista que regule a mesma matéria. Admite-se a prevalência de cláusula mais favorável de um acordo coletivo de trabalho sobre o quanto previsto na Constituição Federal[1].

[1] Importante ressaltar que não se trata de autorização para desrespeitar as normas legais ou a Constituição Federal. O texto

Mas como comparar as normas para saber qual delas é a mais favorável?

Adotando-se a chamada **teoria do conglobamento**, as normas devem ser comparadas em conjunto, ou seja, na sua integralidade, não sendo possível fazer a comparação extraindo-se de cada uma das normas apenas as disposições mais favoráveis[2].

Destaque-se, porém, que a nova redação do **art. 620 da CLT**, dada pela **Lei n. 13.467/2017**, fragiliza a regra da norma mais favorável, à medida que dispõe que as condições fixadas em acordo coletivo de trabalho **sempre prevalecerão** sobre as estipuladas em convenção coletiva de trabalho.

b) ***Regra do "in dubio pro operario"*** – é regra de **interpretação de norma jurídica**: entre duas ou mais interpretações viáveis de uma norma jurídica, o intérprete **deve optar pela mais favorável ao trabalhador.**

Este é o critério que o intérprete deve levar em conta todas as vezes que uma norma possuir vários sentidos diferentes e uma escolha tiver de ser feita: deve prevalecer aquele sentido que for o mais favorável ao trabalhador.

No entanto, tal regra foi mitigada pela ***Reforma Trabalhista*** introduzida pela **Lei n. 13.467/2017**, em especial em relação à restrição de interpretação imposta à Justiça do Trabalho sobre o conteúdo das convenções coletivas e dos acordos coletivos de trabalho (**art. 8º, § 3º e art. 611-A, § 1º, CLT**).

c) ***Regra da condição mais benéfica*** – pressupõe a existência de **uma situação concreta, anteriormente reconhecida**, e determina que ela **deve ser respeitada**, na medida em que for mais favorável ao trabalhador do que a nova norma aplicável.

A nova regulamentação deverá respeitar, com situações concretas reconhecidas em favor do trabalhador, as condições que lhe resultem mais benéficas do que as estabelecidas para a matéria tratada pela nova regulamentação.

Neste sentido, em relação ao regulamento de empresa, a **Súmula 51 do TST** estabelece:

> I – As cláusulas regulamentares, que revoguem ou alterem vantagens deferidas anteriormente, só atingirão os trabalhadores admitidos após a revogação ou alteração do regulamento;
>
> II – Havendo a coexistência de dois regulamentos da empresa, a opção do empregado por um deles tem efeito jurídico de renúncia às regras do sistema do outro.

Essa regra também foi impactada pela ***Reforma Trabalhista*** introduzida pela **Lei n. 13.467/2017**, em razão da ampliação da autonomia individual e da validação das pactuações decorrentes de acordo direto entre empregado e empregador, especialmente em relação aos empregados considerados pelo parágrafo único do **art. 444 da CLT** como ***hipersuficientes***, sendo consideradas válidas as estipulações pelos mesmos negociadas diretamente com o empregador em relação aos direitos indicados no art. 611-A da CLT.

2.1.2. Princípio da irrenunciabilidade

Refere-se à **impossibilidade** de o empregado **abrir mão voluntariamente dos direitos** que lhe são concedidos pela legislação trabalhista.

Quais são os efeitos da violação do princípio da irrenunciabilidade?

Tendo em vista que as normas trabalhistas são, em sua maioria, de ordem pública e, portanto, inderrogáveis, as **renúncias que ocorrerem** carecem de qualquer efeito no mundo do direito: são absolutamente ineficazes, ou seja, **nulas de pleno direito**[3].

No entanto, a irrenunciabilidade de direitos trabalhistas foi mitigada pela ***Reforma Trabalhista*** (**Lei n. 13.467/2017**), com a previsão da figura do trabalhador ***hipersuficiente*** (**art. 444, parágrafo único, CLT**), que podem negociar condições de trabalho menos benéficas, em comparação com os direitos trabalhistas previstos na legislação, salvo aqueles garantidos pela Constituição Federal, ainda que isso signifique renúncia a tais direitos.

Importante é a diferença no Direito do Trabalho entre renúncia e transação.

constitucional absorve a regra da norma mais favorável, estabelecendo patamares mínimos e patamares máximos de direitos, entre os quais as demais normas podem estipular outros direitos ou garantias, que prevalecerão sempre as mais favoráveis ao trabalhador. Por exemplo: o art. 7º, XVI, da Constituição Federal prevê que a remuneração do trabalho extraordinário será superior, **no mínimo**, em 50% ao do normal. Assim, nenhuma outra norma pode estipular adicional de horas extras inferior a 50% da hora normal, mas pode estabelecer adicionais maiores e, neste caso, prevalecerá sobre o texto constitucional, pois é mais favorável ao trabalhador.

[2] A teoria que admite a comparação entre partes isoladas das normas trabalhistas é chamada de **teoria da acumulação** e não é aceita pela maior parte da doutrina e da jurisprudência.

[3] Neste sentido o **art. 9º da CLT**: "Serão nulos de pleno direito os atos praticados com o objetivo de desvirtuar, impedir ou fraudar a aplicação dos preceitos contidos na presente Consolidação".

Renúncia é ato unilateral e voluntário através dos qual o titular de um direito certo desiste do referido direito, ou seja, abre mão do mesmo. A **renúncia pelo empregado** de direitos que lhe são assegurados pelas normas de ordem pública **não é permitida**.

Transação é ato bilateral através do qual as partes de uma relação jurídica, fazendo concessões recíprocas, extinguem obrigações litigiosas ou duvidosas. **A transação no Direito do Trabalho** é **permitida**, mas apenas **de forma restrita**, tendo em vista que sua validade depende da inexistência de qualquer prejuízo ao empregado.

Neste sentido dispõe o **art. 468 da CLT**:

> Nos contratos individuais de trabalho só é lícita a alteração das respectivas condições por mútuo consentimento, e ainda assim desde que não resultem, direta ou indiretamente, prejuízos ao empregado, sob pena de nulidade da cláusula infringente desta garantia.

2.1.3. Princípio da continuidade da relação de emprego

Expressa a tendência atual do Direito do Trabalho de atribuir à **relação de emprego** a **mais ampla duração**, sob todos os aspectos. Através deste princípio presume-se que o contrato de trabalho terá validade por prazo indeterminado.

Tudo o que vise à **conservação da fonte de trabalho** e a dar segurança ao trabalhador gera um benefício não só a ele, mas também para a empresa e para a sociedade, na medida em que contribui para aumentar o lucro e a melhorar o clima social das relações entre as partes.

O ônus de provar o término do contrato por iniciativa do obreiro é de iniciativa do empregador, pois o princípio da continuidade da relação de emprego constitui presunção favorável ao empregado (**Súmula 212, TST**).

Também esse princípio foi relativizado pela ***Reforma Trabalhista*** (**Lei n. 13.467/2017**), por exemplo, nos seguintes aspectos:

- previsão da possibilidade de rescisão do contrato de trabalho por comum acordo entre as partes (**art. 484-A, CLT**);
- previsão de possibilidade mais facilitada de o empregador proceder a dispensas coletivas ou plúrimas, à medida que o prevê que nesses casos não há necessidade de autorização prévia de entidade sindical ou de celebração de convenção coletiva ou acordo coletivo de trabalho para sua efetivação (**art. 477-A da CLT**).

2.1.4. Princípio da primazia da realidade

Significa que, em caso de discordância entre o que ocorre na prática e o que emerge de documentos ou acordos, deve-se dar preferência aos fatos **(contrato-realidade)**.

O significado que deve se atribuir a este princípio é o da **prevalência dos fatos sobre as formas, formalidades ou as aparências**. Isto significa que, em matéria de trabalho, o que vai importar é o que ocorre na prática, muito mais do que aquilo que conste em documentos, formulários e instrumentos de controle.

É claro que não se pode concluir absolutamente que esta primazia dos fatos sobre os documentos pactuados significa que as estipulações contratuais carecem de qualquer valor. O que não se pode fazer é invocar um texto escrito para pretender que ele prime sobre os fatos.

Como exemplos de prevalência dos fatos sobre a formalidade de documentos, podemos citar: a) contrato expresso escrito: autônomo / contrato-realidade: empregado; b) vínculo de emprego – Carteira Profissional – data de ingresso: 15-9-2000 / data real de ingresso: 15-9-1999; c) Aviso e recibo de férias: assinado pelo empregado / realidade: não recebeu, nem gozou de férias; d) horas extras: cartões de ponto: não registram horas extras / depoimentos de testemunhas: comprovam horas extras.

Assim, com fundamento no **art. 9º da CLT**, verifica-se que, se o documento foi formalmente elaborado com o intuito de, encobrindo a realidade dos fatos, fraudar as normas trabalhistas, será nulo de pleno direito.

2.1.5. Princípio da razoabilidade

Consiste na afirmação de que o ser humano, em suas relações trabalhistas, **procede e deve proceder conforme a razão**.

Trata-se de um limite ou um freio formal a ser aplicado naquelas áreas do comportamento onde a norma não pode prescrever limites muito rígidos e onde a norma não pode prever a infinidade de circunstâncias possíveis.

No Direito do Trabalho, este princípio tem **duas grandes formas de aplicação**:

a) em alguns casos serve para medir a verossimilhança de determinada aplicação ou solução;

b) em outros casos atua como obstáculo, como limite de certas faculdades cuja amplitude pode prestar-se à arbitrariedade.

2.1.6. Princípio da boa-fé

O trabalhador deve cumprir o contrato de boa-fé, enquanto o empregador deve cumprir lealmente suas obrigações. Trata-se de **princípio que abrange ambas as partes do contrato**, e não apenas uma delas.

Este princípio é visto como um **princípio geral** que deve ser levado em conta para a aplicação de todos os direitos e obrigações que as partes adquirem como consequência do contrato de trabalho e que informa a totalidade de regulamentação, com características de postulado moral e jurídico.

A boa-fé se refere à conduta da pessoa que deve cumprir realmente com seu dever, pressupondo uma posição de **honestidade e honradez** na relação jurídica, porque contém implícita a consciência de não enganar, não prejudicar, nem causar danos.

3. FONTES DO DIREITO DO TRABALHO

O ordenamento jurídico trabalhista é composto de disposições que provêm de diversas fontes. A expressão **"fontes do Direito"** é utilizada em sentido metafórico[4] e significa origem, manancial de onde surge o Direito do Trabalho; são os **modos de formação ou de revelação das normas jurídicas**.

As fontes do Direito do Trabalho classificam-se em ***fontes materiais*** (todos os elementos que inspiram a formação das normas jurídicas trabalhistas; os fatos verificados em uma sociedade em determinado momento histórico e que contribuirão para a formação e a substância das normas jurídicas trabalhistas) e ***fontes formais*** (os diferentes meios pelos quais se estabelecem as normas jurídicas trabalhistas; são as próprias normas jurídicas trabalhistas).

As ***fontes formais*** podem ser divididas em ***heterônomas*** (são as elaboradas por terceiros, alheios às partes da relação jurídica que regulam; o comando normativo vem de fora) e ***autônomas*** (aquelas elaboradas pelos próprios destinatários da norma, ou seja, as partes da relação jurídica; são também chamadas de normas contratuais).

3.1. Fontes formais heterônomas

Como **normas jurídicas elaboradas por terceiros**, alheios à relação jurídica regulada, são: **a)** as normas jurídicas de origem estatal, entre as quais se destacam a Constituição Federal, as leis, os atos administrativos; **b)** as sentenças normativas da Justiça do Trabalho, que constituem uma peculiaridade deste ramo do Direito; e **c)** a sentença arbitral, como norma jurídica decorrente da solução de conflitos coletivos de trabalho.

[4] Do mesmo modo que a água pode vir de diferentes fontes, o Direto também tem diversas origens possíveis.

3.1.1. Constituição Federal

É a principal fonte do Direito e, consequentemente, do Direito do Trabalho. Dela emanam todas as normas, independentemente de sua origem e formação, sendo certo que todas as demais normas devem estar em estrita consonância com suas regras e princípios. Em relação aos direitos trabalhistas estabelece os limites mínimos e máximos, entre os quais as demais normas podem estipular direitos e garantias.

3.1.2. Lei

É o preceito comum e obrigatório, emanado dos poderes competentes e provido de sanção (MAGANO, 1993, p. 97). No sentido material, é toda regra de direito geral, abstrata e permanente, tornada obrigatória pela vontade da autoridade competente para produzir direito e expressa numa fórmula escrita, enquanto, no sentido estrito, é a norma jurídica emanada do Poder Legislativo, sancionada e promulgada pelo Presidente da República (SÜSSEKIND, 2003, p. 154).

Especificamente em relação ao Direito do Trabalho, a *CLT* elenca o maior contingente de normas imperativas, mas existem diversas leis esparsas que tratam de matéria trabalhista (por exemplo, Lei n. 8.036/90 – FGTS; Lei n. 605/49 – DSR; Lei n. 4.090/62 – 13º salário).

3.1.3. Ato administrativo

O **art. 84, IV, da Constituição Federal** prevê que compete privativamente ao Presidente da República expedir decretos e regulamentos que permitam a fiel execução das leis. Trata-se de poder regulamentar, no exercício do qual a Administração Pública estabelece normas jurídicas que, em sentido material, revestem-se de características de lei.

3.1.4. Sentença normativa

Constitui a exteriorização do **poder normativo da Justiça do Trabalho**, previsto no **§ 2º do art. 114 da Constituição Federal**. Decorre do julgamento pela Justiça do Trabalho de conflito coletivo, estabelecendo regra geral e abstrata aplicável a todos os trabalhadores e empregadores integrantes das categorias envolvidas no litígio.

3.1.5. Jurisprudência

Formada pelas interpretações dos tribunais acerca da ordem jurídica, exerce inegável papel de criação do Direito. O **art. 8º da CLT** reconhece a jurisprudência como fonte normativa do Direito do Trabalho.

3.1.6. Sentença arbitral

É a decisão de caráter normativo tomada por um árbitro escolhido por sindicatos e por empresas para a solução de um conflito coletivo de trabalho, na forma indicada pelo **§ 1º do art. 114 da Constituição Federal**.

3.2. Fontes formais autônomas

Originam-se da **atuação dos sindicatos representantes de trabalhadores e empregadores** na busca de soluções para os conflitos coletivos de trabalho, ou seja, decorrem da atuação direta dos próprios destinatários da norma, através da **negociação coletiva de trabalho**.

Através dos instrumentos de negociação coletiva (convenção coletiva de trabalho e acordo coletivo de trabalho), os próprios interessados estabelecem a disciplina das suas condições de vida e de trabalho de forma democrática e dinâmica.

A ***Reforma Trabalhista*** **(Lei n. 13.467/2017)** acrescentou o **art. 611-A à CLT**, prevendo a prevalência da convenção coletiva e do acordo coletivo de trabalho sobre a lei, indicando um rol exemplificativo de temas e questões a respeito dos quais referidas normas autônomas podem dispor com esse efeito de prevalência à lei.

3.2.1. Convenção coletiva de trabalho

É o acordo de caráter normativo, pelo qual dois ou mais sindicatos representativos de categorias econômicas e profissionais estipulam condições de trabalho aplicáveis no âmbito das respectivas representações, às relações individuais de trabalho (**CLT, art. 611**). **Aplica-se a todos** os trabalhadores e empregadores **integrantes das respectivas categorias profissional e econômica** no âmbito da base territorial de representação dos sindicatos.

3.2.2. Acordo coletivo de trabalho

Pactuado entre uma ou mais empresas e o sindicato representativo dos trabalhadores na base territorial respectiva. Aplica-se apenas às empresas signatárias e aos seus respectivos empregados (**CLT, art. 611, § 1º**).

As condições estabelecidas em acordo coletivo de trabalho sempre prevalecerão sobre as estipuladas em convenção coletiva de trabalho (**CLT, art. 620**).

3.2.3. Costume

Prática reiterada e espontânea de certo modo de agir de conteúdo jurídico por determinado grupo social. Os costumes constituem fonte do Direito do Trabalho à medida que, enquanto não se promulga uma lei relativamente a uma determinada prática, são utilizados como fonte informativa das relações entre empregados e empregadores.

3.2.4. Regulamento de empresa

É um ato jurídico que, no âmbito interno da empresa, cria regras a serem adotadas nas relações jurídicas mantidas entre o empregador e seus empregados.

3.3. Hierarquia das fontes no Direito do Trabalho

No Direito do Trabalho, tal como ocorre em relação às fontes do Direito em geral, as diversas fontes compõem uma unidade coerente, havendo uma hierarquia entre elas.

Como é óbvio, a **Constituição Federal é a norma fundamental** e, nesta condição, coloca-se no topo da ordem hierárquica das fontes formais do Direito do Trabalho.

Abaixo da Constituição, alinham-se, em ordem hierárquica decrescente, as leis, os atos do Poder Executivo, as sentenças normativas, as convenções e acordos coletivos de trabalho, os costumes.

No entanto, **apesar da existência de uma ordem entre as fontes do Direito do Trabalho**, sempre se entendeu que no Direito do Trabalho a **hierarquia existente entre elas é** bastante peculiar, podendo ser chamada de ***flexível***, e difere da regra de hierarquia rígida e inflexível aplicável no Direito Comum.

Ocorre que, com a ***Reforma Trabalhista*** **(Lei n. 13.467/2017)**, foram alteradas as premissas acima indicadas, com:

- a previsão pelo legislador de hipótese de hierarquia rígida de normas, na qual não é possível se falar em norma mais benéfica (prevê o **art. 620 da CLT** que ***as condições estabelecidas em acordo coletivo de trabalho sempre prevalecerão sobre as estipuladas em convenção coletiva de trabalho***);
- a possibilidade de que a convenção coletiva e o acordo coletivo de trabalho tenham prevalência sobre a lei, não sendo feita qualquer exigência no sentido de que isso somente ocorra quando contenham previsão mais benéfica para o trabalhador, até porque o legislador impede que a Justiça do Trabalho faça qualquer valoração nesse sentido, à medida que limita sua atuação à análise apenas da conformidade dos elementos essenciais do negócio jurídico, respeitando o princípio da intervenção mínima na autonomia da vontade coletiva (**art. 611-A e § 3º, art. 8º, CLT**).

4. RELAÇÃO DE EMPREGO

A relação de emprego é a **relação jurídica** que tem como fato social original o **trabalho humano não eventual e subordinado, prestado com pessoalidade, mediante remuneração** e que tem como disciplina jurídica o conjunto de normas que compõem o Direito do Trabalho. Na relação de emprego, o vínculo jurídico é estabelecido entre empregado e empregador e é regulado pelas normas jurídicas trabalhistas.

Assim, como objeto do Direito do Trabalho, a relação de emprego deve ser analisada a partir do estudo das suas características, de seus sujeitos e de sua natureza jurídica.

4.1. Características

Ao contrário da relação de trabalho, que é genérica e que se refere a todas as relações jurídicas fundadas em uma obrigação de fazer consubstanciada no trabalho humano, a **relação de emprego**, embora também tenha por fundamento o trabalho humano, **é específica**, possuindo **características próprias** que a distinguem das demais formas de prestação de serviço. A **relação de trabalho é**, deste modo, **gênero**, que tem, entre **uma de suas espécies, a relação de emprego**.

Os **elementos característicos da relação de emprego** decorrem do disposto nos **arts. 2º e 3º da CLT** e são:

a) **pessoalidade –** na relação de emprego o **trabalho prestado tem caráter infungível**, pois quem o executa deve realizá-lo pessoalmente, não podendo fazer-se substituir por outra pessoa. A relação de emprego é, pois, uma **relação *intuitu personae***, sendo tal característica derivada do fato de que neste tipo de relação jurídica o que se contrata não é o serviço como resultado final, mas sim o serviço prestado pessoalmente por alguém.

> O empregado obriga-se a prestar pessoalmente os serviços contratados, não podendo, por sua iniciativa, fazer-se substituir por terceiros.

b) **não eventualidade –** na relação de emprego a **prestação de serviço é habitual**, repetitiva, rotineira. As **obrigações das partes se prolongam no tempo**, com efeitos contínuos. O trabalho deve, portanto, ser não eventual, o que significa dizer que o empregado se obriga a prestar serviços com continuidade, da mesma forma que as obrigações do empregador em relação aos benefícios trabalhistas assegurados ao empregado permanecem enquanto durar a relação de emprego.

Importante ressaltar, porém, que não é necessário que os serviços sejam prestados diariamente. O importante é que haja a expectativa de retorno do empregado ao serviço, isto é, já se sabe que os serviços serão desenvolvidos em determinado dia, por determinada pessoa, e sua ausência acarretará prejuízos.

> O que caracteriza a habitualidade não é a prestação diária de trabalho, mas sim o sentido de permanência e de prolongamento no tempo que a prestação dos serviços tem.

c) **subordinação –** a subordinação deriva da própria estrutura da relação jurídica de emprego, que se baseia na **transferência pelo empregado ao empregador do poder de direção sobre o seu trabalho**.

> É a sujeição do empregado às ordens do empregador, é o estado de dependência do trabalhador em relação ao seu empregador.

Com a transferência do poder de direção, o empregador assume os riscos da atividade econômica e passa a estabelecer os contornos da organização do trabalho do empregado (*poder de organização*), a fiscalizar o cumprimento pelo empregado das ordens dadas no exercício do poder de organização (*poder de controle*), podendo, em caso de descumprimento pelo empregado das determinações, impor-lhe as sanções previstas no ordenamento jurídico (*poder disciplinar*).

d) **remuneração –** a relação de emprego não é gratuita ou voluntária, ao contrário, **haverá sempre uma prestação (serviços) e uma contraprestação (remuneração)**.

A onerosidade caracteriza-se pelo ajuste da troca de trabalho por salário.

O que importa não é o *quantum* a ser pago, mas sim o pacto, a promessa de prestação de serviço de um lado e a promessa de pagamento do salário de outro lado. Ressalte-se que o fato do empregador deixar de pagar o salário não afasta a existência de onerosidade e, portanto, não descaracteriza o contrato de trabalho, pois a obrigação de pagar o salário existe, apenas não está sendo cumprida.

> A existência de relação de emprego somente se verifica quando todas estas características estiverem presentes ao mesmo tempo. A ausência de um ou de alguns destes elementos caracterizadores pode implicar a existência de uma relação de trabalho, mas jamais de uma relação de emprego.

Observação: Além das quatro características acima apontadas, alguns autores ressaltam ser a ***alteridade*** um outro traço distintivo que pode ser atribuído à relação de emprego. A alteridade decorre do fato de que na relação de emprego *os serviços são prestados por conta alheia*, ou seja, **o empregador é quem *assume os riscos da atividade econômica***.

4.2. Sujeitos

Os sujeitos da relação de emprego são **empregado** e **empregador**.

O conceito legal de ***empregado*** está expresso no **art. 3º da CLT**: toda pessoa física que prestar serviços de natureza não eventual a empregador, sob a dependência deste e mediante salário. A definição de empregado deve ser completada por mais um requisito expresso no **art. 2º da CLT**, qual seja, a prestação pessoal de serviços.

O conceito legal de ***empregador*** está expresso no **art. 2º da CLT**:

> Considera-se empregador a empresa, individual ou coletiva, que, assumindo os riscos da atividade econômica, assalaria e dirige a prestação pessoal de serviços.

4.3. Natureza jurídica

A natureza jurídica da relação de emprego é discutida a partir de duas teorias:

a) **teoria contratualista** – afirma a natureza contratual da relação de emprego, ou seja, a relação entre empregado e empregador decorre de acordo de vontades e, portanto, é fundada em um contrato. A relação de emprego é um negócio jurídico que se insere no âmbito da autonomia privada.

Tendo origem na autonomia da vontade das partes, a relação de emprego tem inegável natureza contratual. Por esta razão, o **art. 442 da CLT** estabelece que contrato individual de trabalho é o acordo tácito ou expresso correspondente à relação de emprego.

b) **teoria anticontratualista** – nega a natureza contratual da relação de emprego. Para os anticontratualistas a autonomia da vontade não tem qualquer influência ou relevância na formação e no desenvolvimento deste tipo específico de relação jurídica denominada de relação de emprego.

5. RELAÇÃO DE TRABALHO

Podem ser consideradas como relação de trabalho todas as relações jurídicas fundadas em uma obrigação de fazer consubstanciada no trabalho humano, enquanto somente existirá relação de emprego quando o trabalho humano se desenvolver de forma não eventual e subordinada, sendo prestado com pessoalidade e mediante remuneração.

A relação de trabalho é gênero, sendo a relação de emprego uma de suas espécies.

Entre as diversas espécies de relação de trabalho, analisaremos as seguintes, buscando identificar suas características específicas que as diferenciam da relação de emprego:

5.1. Trabalho autônomo

É aquele que se desenvolve por conta própria, **sem subordinação**, ou seja, o trabalhador autônomo exerce suas atividades com independência, não se subordinando às ordens e ao controle do tomador dos serviços. Considera-se autônomo o prestador de serviços que desenvolve sua atividade sem estar subordinado a horário, livre de fiscalização do destinatário dos serviços e, eventualmente, com auxílio de terceiros.

> O autônomo tem ampla liberdade quanto à forma e ao modo de execução dos serviços, estabelece o preço dos serviços e assume os riscos do empreendimento.

O trabalho autônomo insere-se no âmbito do Direito Civil, sendo o trabalhador contratado mediante contrato de prestação de serviços regido basicamente pelos **arts. 593 a 609 do Código Civil**.

A contratação do autônomo, cumpridas por este todas as formalidades legais, com ou sem exclusividade, de forma contínua ou não, **afasta a qualidade de empregado** (**art. 442-B, CLT**).

5.2. Trabalho eventual

É aquele exercido de forma esporádica, descontínua, fortuita.

> O trabalhador eventual presta serviços de curta duração para vários tomadores de serviço, sem habitualidade ou continuidade, não se fixando a uma fonte de trabalho.

5.3. Trabalho temporário

É disciplinado pela **Lei n. 6.019, de 3-1-1974**[5], e corresponde a uma relação composta por três pessoas

[5] Com as alterações inseridas pela Lei n. 13.429, de 31-3-2017. Regulamentada pelo Decreto n. 73.841, de 13-3-1974.

(**relação triangular**), que gera, entre elas, vínculos jurídicos distintos e independentes, inconfundíveis entre si.

A relação de trabalho temporário é desenvolvida entre uma empresa tomadora de serviços (ou empresa cliente), uma empresa de trabalho temporário e o trabalhador temporário.

Há, portanto, uma ***intermediação de mão de obra***, que rompe com a tradicional simetria da relação mantida entre empregado e empregador.

O trabalho temporário pode versar sobre o desenvolvimento de **atividades-meio e atividades-fim** a serem executadas na empresa tomadora de serviços **(art. 9º, § 3º)**.

A relação jurídica entre a empresa de trabalho temporário e a tomadora de serviços (ou cliente) é de natureza civil (prestação de serviços de fornecimento de mão de obra).

No que tange à relação entre o trabalhador temporário e a empresa de trabalho temporário, embora haja certa divergência na doutrina, é majoritariamente considerada relação de emprego, sob o argumento de que há previsão expressa na lei de que existe contrato de trabalho entre as partes.

O trabalho temporário **somente é admitido para atender (art. 2º)**:

a) **à necessidade de substituição transitória de pessoal permanente** do tomador de serviços (ex.: empregado está em licença médica por dois meses; nesse período é contratado um trabalhador temporário para o exercício da função); ***ou***
b) **à demanda complementar de serviços** (ex.: empresa recebe, excepcionalmente, encomenda muito grande e para atendê-la contrata trabalhador temporário).

Considera-se complementar a demanda de serviços que seja oriunda de fatores imprevisíveis ou, quando decorrente de fatores previsíveis, tenha natureza intermitente, periódica e sazonal **(§ 2º, art. 2º)**.

É proibida a contratação de trabalho temporário para substituição de trabalhadores em greve, salvo nos casos previstos em lei **(§ 1º, art. 2º)**.

Assim, a **empresa de trabalho temporário**, que a Lei exige seja **registrada** como tal **no Ministério do Trabalho (art. 4º)**, é contratada pela tomadora de serviços para colocar à disposição desta trabalhadores sempre que houver *demanda complementar de serviço* ou quando seja necessária a *substituição transitória de pessoal permanente*.

A contratação do trabalhador temporário deve ser feita **necessariamente** através da celebração de **contrato escrito firmado entre a empresa de trabalho temporário e a tomadora dos serviços**, que ficará à disposição da autoridade fiscalizadora no estabelecimento da tomadora de serviços. Do contrato deve constar expressamente a qualificação das partes, o motivo justificador da contratação, o prazo da prestação de serviços, o valor da prestação de serviços e disposições sobre a segurança e a saúde do trabalhador, independentemente do local da realização do trabalho **(art. 9º)**.

É responsabilidade da empresa contratante garantir as condições de **segurança, higiene e salubridade** dos trabalhadores, quando o trabalho for realizado em suas dependências ou em local por ela designado **(§ 1º, art. 9º)**, devendo, ainda, estender ao trabalhador da empresa de trabalho temporário o mesmo **atendimento médico, ambulatorial e de refeição** destinado aos seus empregados, existente nas suas dependências, ou em local por ela designado **(§ 2º, art. 9º)**.

Qualquer que seja o ramo da empresa tomadora de serviços, não existe vínculo de emprego entre ela e os trabalhadores contratados pelas empresas de trabalho temporário **(art. 10)**.

A **duração do** referido **contrato** não poderá, em relação a um mesmo empregador, exceder o prazo de cento e oitenta dias, consecutivos ou não, podendo ser prorrogado por até noventa dias, consecutivos ou não, quando comprovada a manutenção das condições que o ensejaram **(§§ 1º e 2º, art. 10)**.

Após o término do período de contratação, o trabalhador temporário somente poderá ser colocado à disposição da mesma tomadora de serviços em **novo contrato temporário, após noventa dias** do término do contrato anterior, sendo que a nova contratação em período inferior caracteriza vínculo de emprego com a tomadora **(§§ 5º e 6º, art. 10)**.

Não se aplica ao trabalhador temporário o contrato de experiência previsto na CLT **(§ 4º, art. 10)**.

O contrato de trabalho celebrado entre o trabalhador temporário e a empresa de trabalho temporário também deverá ser **necessariamente escrito**, com indicação expressa dos direitos assegurados ao trabalhador pela Lei **(art. 11)**.

O **art. 12** da Lei n. 6.019/74 **assegura ao trabalhador temporário os seguintes direitos:**

- anotação do contrato temporário na CTPS (na parte "anotações gerais");
- remuneração equivalente à do empregado substituído ou o mesmo salário do grupo no qual

trabalhou em caso de acréscimo extraordinário de serviços;

- indenização ao final do contrato (hoje equivalente a 40% dos depósitos do FGTS – CF, art. 7º, I);
- férias proporcionais (hoje acrescidas de um terço – CF, art. 7º, XVII);
- jornada de 8 horas diárias e 44 horas semanais (CF, art. 7º, XIII);
- horas extras, com adicional de 50% sobre a hora normal (CF, art. 7º, XVI);
- adicional noturno;
- seguro contra acidente do trabalho;
- proteção previdenciária.

Além desses direitos, **também são assegurados ao trabalhador temporário**:

- FGTS (art. 15, § 2º, Lei n. 8.036/90);
- vale-transporte (art. 1º, Decreto n. 95.247/87);
- seguro-desemprego (art. 3º, Lei n. 7.998/90).

O trabalhador temporário é **remunerado pela empresa de trabalho temporário**, a quem também cabe a responsabilidade pelos direitos assegurados ao trabalhador **(art. 4º)**. No entanto, caso não sejam observados os requisitos exigidos pela Lei n. 6.019/74, **o vínculo de emprego se formará com o tomador dos serviços**, que passará, neste caso, a ser o responsável pelos salários e direitos do trabalhador.

A contratante é **subsidiariamente responsável** pelas obrigações trabalhistas referentes ao período em que ocorrer o trabalho temporário **(art. 10, § 7º)**.

5.4. Trabalho avulso

É o trabalho **prestado de forma esporádica, de curta duração e a diversos tomadores,** sem se fixar a qualquer um deles. No entanto, o trabalho avulso é **realizado necessariamente através da intermediação feita por entidade específica**, o que faz com que a **relação** também seja **necessariamente triangular**, envolvendo o fornecedor de mão de obra (entidade intermediária), o trabalhador avulso e o tomador do serviço.

Nesta modalidade de trabalho é vedada a contratação direta do trabalhador pelo tomador dos serviços.

Por muito tempo, embora fosse possível o exercício de trabalho avulso em diversas atividades específicas, o ordenamento jurídico brasileiro regulava apenas a **modalidade de trabalho executada tipicamente nos portos**.

No entanto, a partir da promulgação da **Lei n. 12.023/2009**, passou a haver regulamentação também para a ***atividade urbana ou rural de movimentação de carga***, exercida por trabalhador avulso.

> Nessa modalidade, a **contratação** de movimentador de carga avulso é feita **mediante *intermediação obrigatória do sindicato da categoria***, por meio de acordo ou convenção coletiva de trabalho, não havendo vínculo de emprego entre o tomador de serviços e os trabalhadores, nem entre estes e o sindicato (**art. 1º**).

Na modalidade de ***trabalho avulso portuário***, que é regulado pela **Lei n. 12.815/2013**, os tomadores de serviço são basicamente os navios, armazéns, as empresas importadoras e exportadoras e os operadores portuários em geral. Os trabalhadores avulsos portuários são, como regra, trabalhadores de capatazia, estiva, conferência de carga, conserto de carga, bloco e vigilância de embarcações (**art. 40**).

> A ***intermediação do trabalho portuário avulso é exercida por um órgão gestor de mão de obra (OGMO)***, cujas funções são definidas pela **Lei n. 12.815/2013 (art. 32)**.

O órgão gestor de mão de obra é reputado pelo legislador como de ***utilidade pública***, **não podendo ter fins lucrativos** e sendo-lhe **vedada a prestação de serviços a terceiros** ou o **exercício de qualquer atividade não vinculada à gestão da mão de obra** (**art. 39**).

A **Constituição Federal de 1988** confirmou de maneira inequívoca a proteção dos trabalhadores avulsos antes assegurada por diversas leis esparsas, **garantindo-lhes os mesmos direitos previstos para os empregados urbanos e rurais (art. 7º, XXXIV)**.

5.5. Trabalho voluntário

É a **atividade não remunerada** prestada por pessoa física a entidade pública de qualquer natureza, ou instituição privada sem fins lucrativos, que tenha objetivos cívicos, culturais, educacionais, científicos, recreativos, ou de assistência social, inclusive mutualidade (**art. 1º, Lei n. 9.608/98**).

O trabalhador voluntário presta serviços com intenção ou ânimo de caridade, de benemerência e não espera uma retribuição pecuniária pelo trabalho.

Ao contrário, o trabalhador tem intenção, ânimo de trabalhar de forma graciosa, fundado em motivos de convicção pessoal, inexistindo qualquer expectativa por parte dele em receber um salário pelo trabalho executado.

O serviço voluntário **não gera vínculo empregatício ou previdenciário**. A formalização do trabalho voluntário se dá através da assinatura pelas partes de "Termo de Adesão" (**art. 2º**).

A contratante do trabalhador voluntário pode **ressarcir as despesas devidamente comprovadas** que o mesmo tenha realizado na prestação do serviço, sem que isto caracterize remuneração (**art. 3º**).

5.6. Estagiário

Estágio é **ato educativo escolar** supervisionado, desenvolvido no ambiente de trabalho, visando à preparação para o trabalho produtivo de alunos que estejam frequentando o ensino regular em instituições de ensino superior, de educação profissional, de ensino médio, da educação especial e dos anos finais do ensino fundamental, na modalidade profissional da educação de jovens e adultos (**art. 1º, Lei n. 11.788/2008**).

O objetivo do estágio é, essencialmente, a complementação do ensino teórico recebido nas escolas, com a experiência prática obtida junto à pessoa jurídica de direito privado ou ao órgão público concedente do estágio.

O **estágio não cria vínculo empregatício**, ***desde que*** preenchidos os seguintes ***requisitos***:

a) matrícula e frequência regular do estudante na escola;
b) celebração de um termo de compromisso;
c) interveniência da instituição de ensino;
d) compatibilidade entre as atividades desenvolvidas no estágio e aquelas previstas nos termos de compromisso.

O **descumprimento de qualquer obrigação** contida no termo de compromisso também **caracteriza o vínculo de emprego entre o estudante e o concedente** do estágio (**art. 3º, *caput* e § 2º**), **exceto quando** se tratar a parte concedente de ente da **Administração Pública direta ou indireta (OJ SDI-1 366, TST)**.

Parte concedente – podem oferecer estágio (**art. 9º**):

- pessoas jurídicas de direito privado;
- órgãos da Administração Pública direta, autárquica e fundacional de qualquer dos Poderes da União, dos Estados, do Distrito Federal e dos Municípios;
- profissionais liberais de nível superior devidamente registrados em seus respectivos conselhos de fiscalização profissional.

A ***jornada de trabalho*** do estagiário será, no máximo (**art. 10**):

- **4 horas diárias e 20 horas semanais** no caso de estudantes de **educação especial e dos anos finais do ensino fundamental**, na modalidade profissional de educação de jovens e adultos;
- **6 horas diárias e 30 horas semanais** no caso de estudantes do **ensino superior**, da **educação profissional de nível médio** e do **ensino médio regular**;
- **40 horas semanais** no caso de estudantes de **cursos que alternem teoria e prática, nos períodos em que não estão programadas aulas presenciais**, desde que haja previsão neste sentido no projeto pedagógico do curso e da instituição de ensino.

No período em que ocorrerem verificações de aprendizagem periódicas ou finais, a carga horária do estágio será reduzida pelo menos à metade, a fim de assegurar o bom desempenho do estudante nas provas.

A ***duração do estágio*** na mesma entidade concedente não poderá ser superior a dois anos, exceto quanto se tratar de estagiário portador de deficiência (**art. 11**).

Remuneração: o recebimento de bolsa ou outra forma de contraprestação é:

- facultativa, nos casos de estágio obrigatório;
- compulsória, nos casos de estágio não obrigatório.

Observação: A eventual concessão de benefícios relacionados a transporte, alimentação e saúde, entre outros, não caracteriza vínculo empregatício.

Recesso: sempre que o estágio tenha duração igual ou superior a 1 ano, ao estagiário é assegurado um **período de recesso de 30 dias**, a ser gozado preferencialmente durante suas férias escolares (**art. 13**). Os dias de recesso serão concedidos de forma proporcional quando o estágio tiver duração inferior a 1 ano.

Quando o estagiário receber bolsa ou outra forma de contraprestação, o recesso deverá ser remunerado.

Limite do número de estagiários: o **art. 17** estabelece uma proporção que deve ser seguida quanto ao número máximo de estagiários em relação ao quadro de pessoal das entidades concedentes.

5.7. Cooperativa de trabalho

Celebram contrato de sociedade cooperativa as pessoas que reciprocamente se obrigam a contribuir com bens ou serviços para o exercício de uma atividade econômica, de proveito comum, sem objetivo de lucro (**art. 3º, Lei n. 5.764/71**).

A Constituição Federal de 1988, no Título que trata da ordem econômica e financeira, fixa como comando ao legislador infraconstitucional o apoio e o estímulo ao cooperativismo. Neste sentido, a **Lei n. 5.764, de 16-12-1971**, estabelece a **política nacional de cooperativismo** e institui o **regime jurídico das cooperativas**. Por fim, também o **Código Civil de 2002** também contém disposições sobre as sociedades cooperativas (**arts. 1.093 a 1.096**).

Nos termos do **parágrafo único, do art. 442 da CLT**, independentemente do ramo de atividade da sociedade cooperativa, não existe vínculo de emprego entre ela e seus associados, nem entre estes e os tomadores de serviços daquela. Assim, desde que a prestação de serviços ocorra efetivamente por cooperativa, constituída nos termos e para os fins previstos na Lei n. 5.764/71, não haverá relação de emprego. Todavia, ainda que sob a forma de trabalho cooperado, se constadas na prática as características da relação de emprego, esta será reconhecida, sendo a contratação por meio da cooperativa considerada nula nos termos do **art. 9º da CLT**.

5.8. Terceirização de serviços

É a **contratação de trabalhadores por interposta pessoa**, ou seja, o serviço é prestado através de uma **relação triangular** da qual fazem parte o trabalhador, a empresa terceirizante e a tomadora dos serviços.

O trabalhador presta serviços para a tomadora, mas sempre por intermédio da empresa terceirizante, não havendo contratação direta neste caso. Trata-se, portanto, de uma subcontratação de mão de obra.

Considera-se prestação de serviços a terceiros a transferência feita pela contratante da execução de quaisquer de suas atividades, inclusive sua atividade principal, à pessoa jurídica de direito privado prestadora de serviços que possua capacidade econômica compatível com a sua execução (**art. 4º-A, Lei n. 6.019/74**[6]). A distinção entre terceirização em atividade-fim e atividade-meio feita pela **Súmula 331 do TST** não foi prevista pela nem pela Lei n. 13.429, de 31 de março de 2017 e nem pela Lei n. 13.467, de 13 de julho de 2017.

A **empresa prestadora de serviços a terceiros** contrata, remunera e dirige o trabalho prestado por seus trabalhadores, ou subcontrata outras empresas para a realização desses serviços (**§ 1º, art. 4º-A**). Não se configura vínculo empregatício entre os trabalhadores, ou sócios das empresas prestadoras de serviços, qualquer que seja o seu ramo, e a empresa contratante (**§ 2º, art. 4º-A**).

Não pode figurar como contratada a pessoa jurídica cujos titulares ou sócios tenham, nos últimos 18 meses, prestado serviços à contratante na qualidade de empregado ou trabalhador sem vínculo empregatício, exceto se os referidos titulares ou sócios forem aposentados (**art. 5º-C**).

O empregado que for demitido não poderá prestar serviços para esta mesma empresa na qualidade de empregado de empresa prestadora de serviços antes do decurso de 18 meses, contados a partir da demissão do empregado (**art. 5º-D**).

São **requisitos para o funcionamento da empresa de prestação de serviços a terceiros**: prova de inscrição no CNPJ; registro na Junta Comercial; capital social compatível com o número de empregados, de acordo com os parâmetros estabelecidos pela Lei (**art. 4º-B**).

Contratante é a pessoa física ou jurídica que celebra contrato com empresa de prestação de serviços relacionados a quaisquer de suas atividades, inclusive sua atividade principal (**art. 5º-A**), a ela sendo **vedada a utilização dos trabalhadores em atividades distintas** daquelas que foram objeto do contrato com a empresa prestadora de serviços (**§ 1º, art. 5º-A**).

Os **serviços contratados** poderão ser executados nas instalações físicas da empresa contratante ou em outro local, de comum acordo entre as partes (**§ 2º, art. 5º-A**).

É responsabilidade da empresa contratante garantir as condições de **segurança, higiene e salubridade** dos trabalhado-res quando o trabalho for realizado em suas dependências ou em local previamente convencionado em contrato (**§ 3º, art. 5º-A**), podendo, ainda, estender ao trabalhador da empresa de trabalho temporário o mesmo **atendimento médico, ambulatorial e de refeição** destinado aos seus empregados, existente nas suas dependências, ou em local por ela designado (**§ 4º, art. 5º-A**).

[6] Com as alterações da Lei n. 13.429, de 31 de março de 2017, e da Lei n. 13.467, de 13 de julho de 2017.

São **assegurados aos empregados** da empresa prestadora de serviços, **quando e enquanto os serviços**, que podem ser de qualquer uma das atividades da contratante, **forem executados nas dependências da tomadora**, as mesmas condições:

- relativas a: a) alimentação garantida aos empregados da contratante, quando oferecida em refeitórios; b) direito de utilizar os serviços de transporte; c) atendimento médico ou ambulatorial existente nas dependências da contratante ou local por ela designado; d) treinamento adequado, fornecido pela contratada, quando a atividade o exigir.
- sanitárias, de medidas de proteção à saúde e de segurança no trabalho e de instalações adequadas à prestação do serviço.

Nos contratos que impliquem **mobilização de empregados da contratada em número igual ou superior a 20%** (vinte por cento) dos empregados da contratante, esta poderá disponibilizar aos empregados da contratada os **serviços de alimentação e atendimento ambulatorial em outros locais** (não sendo necessário que seja nas suas próprias dependências), desde que tais locais sejam **apropriados e com igual padrão de atendimento**, com vistas a manter o pleno funcionamento dos serviços existentes (**art. 4º-C, § 2º**).

O contrato de prestação de serviços conterá a qualificação das partes, a especificação do serviço a ser prestado, o prazo para realização do serviço, quando for o caso, e o valor (**art. 5º-B**).

As novas disposições sobre contratação de serviços terceirizados **não se aplicam** às empresas de vigilância e transporte de valores, permanecendo as respectivas relações de trabalho reguladas por legislação especial, e subsidiariamente pela CLT (**art. 19-B**).

A empresa contratante é **subsidiariamente responsável** pelas obrigações trabalhistas referentes ao período em que ocorrer a prestação de serviços (**art. 5º-A, § 5º**).

6. EMPREGADO

Empregado é a **pessoa física** que pessoalmente presta serviços não eventuais, sob a dependência de empregador e mediante remuneração (**arts. 2º e 3º da CLT**).

Assim:

a) o empregado é ***sempre pessoa física***. Isto decorre da natureza do contrato de trabalho, pelo qual se contrata a ***prestação pessoal de serviços*** (*intuitu personae*), o que afasta, logicamente, a possibilidade de ser o empregado pessoa jurídica. A pessoa jurídica jamais poderá executar o próprio trabalho, fazendo-o por meio de pessoas físicas.

b) os serviços contratados são ***prestados de modo não eventual***, isto é, a utilização da força de trabalho, como fator de produção, corresponde às necessidades normais da atividade econômica em que é utilizada e se prolongam no tempo. A duração da prestação não importa; pela própria natureza da atividade do empregador, o serviço pode ser prestado apenas durante poucas horas diariamente, bastando que não seja excepcional ou transitório em relação à atividade do estabelecimento.

c) a prestação do serviço é realizada ***de forma subordinada às ordens do empregador*** e não se dá sob forma autônoma, isto é, o trabalhador não exerce, ele próprio, uma atividade econômica. É preciso, portanto, para ser empregado, que o trabalhador se limite a permitir que sua força de trabalho seja utilizada na atividade econômica e produtiva exercida por outrem, a quem fica, por isso, juridicamente subordinado.

d) o trabalho prestado é ***remunerado***, ou seja, não se dá a título gratuito, porque o contrato de trabalho é oneroso. Não é a falta de estipulação do *quantum* do salário ou o seu pagamento sob forma indireta que desfiguram a condição de empregado, e sim a intenção de prestar o serviço desinteressadamente, por mera benevolência.

Não há distinção entre o **trabalho intelectual, técnico e manual** (**art. 3º, parágrafo único, CLT**), sendo **proibida a distinção** entre essas formas de trabalho e os profissionais respectivos (**art. 7º, XXXII, CF**).

7. EMPREGADOR

O legislador define empregador como "a empresa, individual ou coletiva, que, assumindo os riscos da atividade econômica, admite, assalaria e dirige a prestação pessoal de serviços" (**art. 2º, *caput*, CLT**). Também podem ser empregadores os **entes não dotados de personalidade jurídica** (condomínio, massa falida, espólio), desde que admitam trabalhadores como empregados.

A lei **equiparou ao empregador**, "para os efeitos exclusivos da relação de emprego" (**art. 2º, § 1º, CLT**), desde que admitam empregados:

- os profissionais liberais;
- as instituições de beneficência;

- as associações recreativas;
- outras instituições sem fins lucrativos, que admitirem trabalhadores como empregados.

Assim, **empregador é o tomador dos serviços**; aquele que contrata o trabalho prestado de forma pessoal, subordinada, contínua e mediante remuneração pelo empregado. A noção de empregador está essencialmente relacionada ao conceito de empregado, ou seja, se de um dos polos da relação jurídica existir trabalho prestado por alguém com pessoalidade, não eventualidade, subordinação e remuneração, do outro lado haverá um empregador.

Portanto, **o empregador**:

a) pode ser pessoa física ou jurídica, e, ainda, ente despersonalizado;

b) pode ter ou não finalidade lucrativa;

c) assume os riscos da atividade econômica (alteridade);

d) exerce o poder de direção, subordinando o empregado às suas ordens;

e) é responsável pelo pagamento dos salários e pelo cumprimento de todos os direitos do empregado estabelecidos pelas normas trabalhistas.

7.1. Poder de direção do empregador

Ao ser contratado, o empregado **transfere para o empregador o poder de direção** sobre seu trabalho, **passando a ser subordinado ao mesmo**. Assim estrutura-se a relação jurídica objeto do Direito do Trabalho: **de um lado, o poder de direção**, reconhecido pela ordem jurídica ao empregador e exercido como contrapartida aos riscos da atividade econômica inerentes à própria atividade empresarial; **de outro lado, o estado de subordinação do empregado**, que se submete às regras de caráter hierárquico e técnico impostas pelo empregador.

O poder de direção se divide em poder de organização (ou de comando), em poder de controle (ou de fiscalização) e poder disciplinar.

O ***poder de organização*** consiste na faculdade que tem o empregador de determinar as atividades que serão exercidas pelo empregado e de definir as condições concretas e as regras gerais de trabalho a serem obedecidas pelo empregado, tais como jornada e horário de trabalho, processos de trabalho adotados no estabelecimento e na empresa etc. O poder de organização permite que o **empregador utilize a força de trabalho do empregado da forma que melhor atenda aos interesses da empresa.**

Formas de exteriorização do poder de organização são o ***regulamento de empresa***, que contém regras gerais, abstratas, impessoais e de cumprimento obrigatório no âmbito da empresa, e o ***quadro de carreira*** (ou plano de cargos e salários), prevendo promoções alternadas segundo critérios de antiguidade e de merecimento (**art. 461, §§ 2º e 3º, CLT**).

O ***regulamento de empresa*** tem **natureza contratual** e, como consequência, adere ao contrato de trabalho, aplicando-se a ele, portanto, a regra da ***inalterabilidade* das cláusulas contratuais** insculpida no **art. 468 da CLT**.

Súmula 51, TST

I – As cláusulas regulamentares, que revoguem ou alterem vantagens deferidas anteriormente, só atingirão os trabalhadores admitidos após a revogação ou alteração do regulamento. II – Havendo a coexistência de dois regulamentos de empresa, a opção do empregado por um deles tem efeito jurídico de renúncia às regras do sistema do outro.

Súmula 288, TST

I – A complementação dos proventos de aposentadoria, instituída, regulamentada e paga diretamente pelo empregador, sem vínculo com as entidades de previdência privada fechada, é regida pelas normas em vigor na data de admissão do empregado, ressalvadas as alterações que forem mais benéficas (art. 468 da CLT).

Quanto ao **quadro de carreira ou ao plano de cargos e salários**, a existência do mesmo impede o reconhecimento do direito a equiparação salarial (**art. 461, § 2º, CLT**), mas não obsta a reclamação fundada em preterição, enquadramento ou reclassificação (**Súmula 127, TST**). O quadro de carreira e o plano de cargos e salários não precisam ter qualquer forma de homologação ou registro em órgão público.

O ***poder de controle*** é aquele através do qual o empregador verifica o exato cumprimento pelo empregado das determinações relativas à prestação do trabalho, ou seja, **fiscaliza a atuação do empregado em relação ao cumprimento das obrigações decorrentes do contrato de trabalho**. A atividade do empregado, sendo subordinada ao poder de direção do empregador, não é exercida da forma ou do modo pretendido pelo empregado, mas sim da maneira como foi determinada pelo empregador.

O ***poder disciplinar*** é o direito do empregador de impor **sanções disciplinares** aos seus empregados, em caso de **descumprimento das obrigações contratuais**.

No direito brasileiro, as sanções disciplinares que podem ser aplicadas aos empregados em geral são ***a advertência, a suspensão e a dispensa por justa causa***.

7.2. Grupo econômico

Existe ***grupo econômico***, para fins trabalhistas, sempre que duas ou mais empresas, embora cada uma delas com personalidade jurídica própria, estiverem sob a **direção, controle ou administração de outra**, ou ainda quando, mesmo guardando cada uma sua autonomia, integrem grupo econômico.

Caracterizado o grupo econômico, serão, para os efeitos da relação de emprego, ***solidariamente responsáveis*** a empresa principal e cada uma das subordinadas, pelos direitos trabalhistas dos empregados de todas elas (art. 2º, § 2º, da CLT).

Assim, são **elementos componentes da estrutura do grupo econômico**:

a) existência de duas ou mais empresas;

b) autonomia das empresas (personalidade jurídica própria);

c) relação de dominação entre as empresas, através da direção, controle ou administração da empresa principal sobre as filiadas;

d) atividade industrial, comercial, ou qualquer outra de caráter econômico;

e) vínculo de solidariedade entre as empresas para o fim de garantir os direitos trabalhistas dos empregados;

f) efeito incidente apenas na relação de emprego.

Assim, como **efeito jurídico do grupo econômico** está a caracterização de um **vínculo de *solidariedade passiva* entre as empresas componentes do grupo**, ou seja, todas as empresas são responsáveis em igualdade de condições pelos créditos trabalhistas derivados dos contratos de trabalho de todos os empregados. Trata-se de hipótese de solidariedade decorrente de lei, nos exatos termos do **art. 265 do Código Civil**, e que tem como consequência o fato de o credor ter o direito de exigir e de receber qualquer um dos devedores, parcial ou totalmente, a dívida comum (**art. 275 do Código Civil**).

Súmula 129, TST
A prestação de serviços a mais de uma empresa integrante do mesmo grupo econômico, durante a mesma jornada de trabalho, não caracteriza a coexistência de mais de um contrato de trabalho, salvo ajuste em contrário.

Súmula 239, TST
É bancário o empregado de empresa de processamento de dados que presta serviço a banco integrante do mesmo grupo econômico, exceto quando a empresa de processamento de dados presta serviços a banco e a empresas não bancárias do mesmo grupo econômico ou a terceiros.

Não caracteriza grupo econômico a mera identidade de sócios, sendo necessárias, para a configuração do grupo, a demonstração do interesse integrado, a efetiva comunhão de interesses e a atuação conjunta das empresas dele integrantes (art. 2º, § 3º, da CLT).

7.3. Sucessão de empregadores

Decorre da alteração subjetiva do contrato de trabalho, havendo a **modificação do sujeito empregador**, mantendo-se intacta a relação de emprego.

A sucessão de empregadores é prevista pelos **arts. 10 e 448 da CLT**, que preveem que:

Qualquer alteração na estrutura jurídica da empresa ou na sua propriedade não afeta os contratos de trabalho dos respectivos empregados nem os direitos adquiridos pelos mesmos.

A sucessão decorrente de alteração na estrutura jurídica da empresa abrange hipóteses como mudança de sociedade para firma individual ou vice-versa, alteração do tipo societário, fusão, incorporação, cisão etc. Essas modificações formais são irrelevantes para os contratos de trabalho que seguem normalmente seu curso.

A sucessão decorrente da alteração na propriedade do empreendimento é representada pela alienação total ou parcial do empreendimento, com a continuação da prestação de serviços, pelos empregados, para o novo titular.

Para que exista a sucessão de empregadores, dois são os **requisitos indispensáveis**:

a) que um estabelecimento, como unidade econômico-jurídica, passe de um para outro titular (sucedido e sucessor);

b) que a prestação de serviço pelos empregadores não sofra solução de continuidade.

Fundamento – funda-se essa proteção no **princípio da continuidade do contrato de trabalho** e no **princípio da despersonalização do empregador**.

Os contratos de trabalho são mantidos com a organização de trabalho e não com as pessoas que estejam eventualmente à frente dessa mesma organização → a intangibilidade dos contratos é preservada pelo Direito do Trabalho.

Caracterizada a sucessão, as obrigações trabalhistas, inclusive as contraídas à época em que os empregados trabalhavam para a empresa sucedida, serão de responsabilidade do sucessor (**art. 448-A, CLT**).

Efeitos da sucessão de empregadores:

a) sub-roga-se o novo proprietário em todas as obrigações do primeiro, desenvolvendo-se normalmente o contrato de trabalho, sem qualquer prejuízo para o trabalhador;

b) a contagem de tempo de serviço não é interrompida;

c) as obrigações trabalhistas vencidas à época do sucedido, mas ainda não cumpridas, são exigíveis do sucessor, porque a responsabilidade trabalhista existe em função da empresa;

d) as sentenças judiciais podem ser executadas (embora não tenham sido na época do sucedido), desde que não prescritas, respondendo o sucessor, diretamente, por seus efeitos, inclusive reintegração de estáveis;

e) os empregados cujos contratos de trabalho por ocasião da sucessão estiverem suspensos ou interrompidos têm o direito de reassumir os cargos → a sucessão não extingue as relações de emprego transitoriamente paralisadas por causas legais ou convencionais;

f) os contratos a prazo devem ser respeitados pelo sucessor, persistindo o direito do empregado de cumpri-los até o fim;

g) contagem dos períodos aquisitivos de férias dos empregados prossegue normalmente;

h) débitos previdenciários assumidos pelo sucedido passam para o sucessor;

i) o sucedido responderá solidariamente com a sucessora quando ficar comprovada fraude na transferência.

Observações: A sucessão **não é justa causa para que o empregado dê por rescindido o contrato de trabalho**, nem para que pleiteie indenizações. Podem sucedido e sucessor, no contrato de transpasse, prever ação regressiva do segundo contra o primeiro, o que será decidido na Justiça Comum, mas em **nada afetará os empregados**, ou seja, essa pactuação de natureza civil entre as partes **não gera efeitos para afastar a responsabilidade trabalhista do sucessor**.

8. EMPREGADO DOMÉSTICO

Empregado doméstico é "aquele que presta serviços de forma contínua, subordinada, onerosa e pessoal e de finalidade não lucrativa à pessoa ou à família, no âmbito residencial destas, por mais de 2 (dois) dias por semana" (**art. 1º, Lei Complementar n. 150/2015**).

Assim, são fatores que diferenciam o doméstico dos demais empregados:

- trabalho para pessoa ou família;
- trabalho no âmbito residencial;
- inexistência de fins lucrativos no trabalho que exerce.

Finalidade não lucrativa – o trabalho doméstico não visa lucro para o empregador. Não pode ser prestado na exploração de atividade comercial ou industrial, devendo ser realizado tão somente para o desenvolvimento da vida do lar, da vida familiar.

Âmbito residencial da família – relaciona-se com o âmbito da prestação do trabalho, que abrange todo o local onde há o desenvolvimento da vida do lar, incluindo não só a moradia permanente (motorista, jardineiro, mordomo, babá etc.), como também suas extensões, como a chácara recreativa, o sítio de lazer, casa de praia (caseiro).

O trabalho doméstico, como ocorre em qualquer tipo de relação de emprego, é prestado com **pessoalidade, de forma contínua, subordinada** e **com onerosidade**, ou seja, o empregado doméstico presta serviços pessoais, não eventuais e remunerados, sob as ordens do empregador.

É **vedada** a contratação de **menor de 18** anos para desempenho de trabalho doméstico (**art. 1º, parágrafo único, Lei Complementar n. 150/2015**).

A **Constituição Federal de 1988** foi um marco na proteção trabalhista dos domésticos, à medida que assegurou aos mesmos um leque de direitos muito mais extenso dos que lhe eram conferidos pela legislação existente até então. No entanto, muito embora fosse inegável a melhoria das condições de proteção trabalhista do doméstico a partir da Constituição de 1988, é inescusável a constatação de que o constituinte adotou um critério desigual entre os trabalhadores domésticos e os trabalhadores urbanos e rurais, à medida que o art. 7º previa uma proteção ampla e integral a estes últimos em detrimento da proteção assegurada aos primeiros, que se restringia apenas aos direitos previstos em alguns dos incisos do referido dispositivo.

Em resposta às discussões sobre a desigualdade de tratamento constitucional entre os trabalhadores urbanos e rurais e os trabalhadores domésticos, e atendendo aos anseios dessa última categoria, a **Emenda Constitucional n. 72/2013** estabeleceu uma nova **ampliação aos direitos do empregado doméstico**.

Assim, **mantendo os direitos já originalmente previstos pela Constituição Federal de 1988** (salário mínimo, irredutibilidade de salário, décimo terceiro salário, repouso semanal remunerado preferencialmente aos domingos, férias anuais remuneradas com pelo menos um terço a mais do que o salário normal, licença-gestante de 120 dias sem prejuízo do emprego e do salário, licença-paternidade, aviso-prévio proporcional ao tempo de serviço, sendo no mínimo de 30 dias, aposentadoria e integração à Previdência Social), **o parágrafo único do art. 7º da Constituição Federal passou**, com a redação dada pela Emenda Constitucional n. 72/2013, **a garantir à categoria dos trabalhadores domésticos os seguintes direitos**:

- garantia de salário, nunca inferior ao mínimo, para os que percebem remuneração variável;
- proteção do salário na forma da lei, constituindo crime sua retenção dolosa;
- duração do trabalho normal não superior a oito horas diárias e quarenta e quatro semanais, facultada a compensação de horários e a redução da jornada, mediante acordo ou convenção coletiva de trabalho;
- remuneração do serviço extraordinário superior, no mínimo, em cinquenta por cento à do normal;
- redução dos riscos inerentes ao trabalho, por meio de normas de saúde, higiene e segurança;
- reconhecimento das convenções e acordos coletivos de trabalho;
- proibição de diferença de salários, de exercício de funções e de critério de admissão por motivo de sexo, idade, cor ou estado civil;
- proibição de qualquer discriminação no tocante a salário e critérios de admissão do trabalhador portador de deficiência;
- proibição de trabalho noturno, perigoso ou insalubre a menores de dezoito e de qualquer trabalho a menores de dezesseis anos, salvo na condição de aprendiz, a partir de quatorze anos.

Além disso, atendidas as condições estabelecidas em lei e observada a simplificação do cumprimento das obrigações tributárias, principais e acessórias, decorrentes da relação de trabalho e suas peculiaridades, **também se assegurou aos trabalhadores domésticos**:

- relação de emprego protegida contra despedida arbitrária ou sem justa causa, nos termos de lei complementar, que preverá indenização compensatória, entre outros direitos;
- seguro-desemprego, em caso de desemprego involuntário;
- fundo de garantia do tempo de serviço;
- remuneração do trabalho noturno superior à do diurno;
- salário-família pago em razão do dependente do trabalhador de baixa renda nos termos da lei;
- assistência gratuita aos filhos e dependentes desde o nascimento até 5 (cinco) anos de idade em creches e pré-escolas;
- seguro contra acidentes de trabalho, a cargo do empregador, sem excluir a indenização a que este está obrigado, quando incorrer em dolo ou culpa.

Os **direitos** assegurados constitucionalmente aos domésticos foram **regulamentados pela Lei Complementar n. 150/2015**.

9. EMPREGADO RURAL

Empregado rural é o trabalhador que presta serviços subordinados, em propriedade rural ou prédio rústico, continuamente, mediante remuneração.

O que **caracteriza o empregado rural** é, basicamente:

a) o **local da prestação de serviço** – propriedade rural ou prédio rústico; e

b) o **exercício de atividade agroeconômica pelo empregador** – atividade agrícola ou pecuária, com finalidade lucrativa.

A lei pressupõe, como **sujeitos do contrato de trabalho rural**, de um lado, o **empregador**, assim entendida toda pessoa que ***exerce atividade agroeconômica***, inclusive a exploração industrial em estabelecimento agrário, e, de outro lado, o **empregado rural (art. 2º, § 4º, Decreto n. 73.626/74)**.

Portanto, empregador rural é **aquele que explora atividade agrícola ou pecuária com fins lucrativos**.

Destinando-se a atividade econômica à transformação da matéria-prima em industrializada, com vistas à comercialização (por exemplo: laranja – suco concentrado; cana de açúcar – álcool/açúcar), a relação de emprego não será rural (**art. 2º, § 4º, Decreto n. 73.626/74**).

Equipara-se a empregador rural "a pessoa física ou jurídica que, habitualmente, em caráter profissional, e por conta de terceiros, execute serviços de natureza agrária, mediante utilização do trabalho de outrem" (**art. 4º, Lei n. 5.889/73**).

A **Lei n. 8.212/91, art. 25-A**, equipara ao empregador rural pessoa física o **consórcio simplificado de produtores rurais**, formado pela união de produtores rurais pessoas físicas, que outorgam a um deles poderes para contratar, gerir e demitir trabalhadores para a prestação de serviços exclusivamente aos seus integrantes, mediante documento registrado em cartório de títulos e documentos. Os produtores rurais **integrantes do consórcio** serão ***responsáveis solidários*** em relação às obrigações previdenciárias (**§ 3º**) e também em relação às obrigações trabalhistas.

A **Constituição Federal, em seu art. 7º, *caput*, equipara o trabalhador urbano e o rural**, estando este favorecido por todas as normas genéricas das relações de trabalho subordinado, **igualando os direitos trabalhistas**.

Assim, a **Constituição Federal** estabelece os direitos do empregado rural, que são regulamentados pela **Lei n. 5.889/73**, como norma especial, e pela **CLT** e outras leis esparsas, que, de forma supletiva, são aplicáveis aos trabalhadores rurais.

> Os produtores rurais integrantes do consórcio serão responsáveis solidários em relação às obrigações previdenciárias (§ 3º) e também em relação às obrigações trabalhistas.

10. CONTRATO DE TRABALHO

Nos termos do **art. 442 da CLT**, contrato individual de trabalho é o **acordo tácito ou expresso, correspondente à relação de emprego**.

O **art. 443 da CLT** prevê que o contrato de trabalho pode ser acordado tácita ou expressamente, verbalmente ou por escrito.

Portanto, **a lei não estabelece forma especial para a celebração** pelas partes do pacto que vai reger a relação de emprego: o mesmo pode ser fruto de uma manifestação expressa de vontade, assumindo a forma escrita ou verbal, mas pode, ainda, decorrer de uma manifestação tácita de vontade. Neste último caso, estando presentes as características da relação de emprego haverá contrato de trabalho (contrato-realidade).

10.1. Características do contrato de trabalho

O contrato de trabalho é um contrato:

- **de direito privado** (celebrado entre particulares, envolvendo, portanto, interesses privados);
- ***intuitu personae*** (desenvolve-se de forma pessoal em relação a um dos sujeitos, o empregado);
- **consensual** (nasce da manifestação da vontade livre das partes e não depende de forma prevista em lei);
- **sinalagmático** (trata-se de pacto de natureza bilateral que gera obrigações recíprocas às partes contratantes, resultando um equilíbrio formal entre as prestações ajustadas);
- **sucessivo ou continuado** (as obrigações dele decorrentes se prolongam no tempo; o contrato é de *débito permanente*, à medida que as obrigações renascem após cada cumprimento);
- **oneroso** (previsão de perdas e vantagens econômicas para ambas as partes no âmbito do contrato);
- **principal** (admite a existência de contratos acessórios a ele – ex.: contrato depósito = mostruário para vendedores).

10.2. Elementos do contrato de trabalho

Como negócio jurídico que é, o **contrato de trabalho** tem os seguintes **elementos (ou requisitos) – (art. 104, Código Civil)**:

a) capacidade das partes – as partes do contrato de trabalho devem ser capazes.

Capacidade do empregador: regida pelo Direito Civil, ou seja, é capaz para celebrar contrato de trabalho como empregador quem é capaz na forma da lei civil.

Qualquer pessoa natural, jurídica ou ente despersonalizado a quem a ordem jurídica reconheça aptidão para adquirir direitos e contrair obrigações na vida civil, tem capacidade para assumir direitos e obrigações trabalhistas na condição de empregador.

Capacidade do empregado: as regras sobre capacidade do empregado decorrem do **art. 7º, XXXIII, da Constituição Federal**.

A **capacidade plena** para celebrar contrato de trabalho na condição de empregado é alcançada aos **18 anos**.

Entre 16 e 18 anos situa-se a **incapacidade relativa**, sendo necessária a assistência dos pais ou responsáveis na celebração do contrato de trabalho (embora o menor entre 16 e 18 anos tenha capacidade para praticar por si mesmo alguns atos decorrentes do contrato de trabalho, como, por exemplo, assinar recibo de salário (**art. 439, CLT**).

O **menor de 16 anos** é **incapaz** para celebrar contrato de trabalho.

Tratando-se de *aprendiz*, a capacidade também é atingida **aos 18 anos**, sendo possível celebrar contrato de aprendizagem até os 24 anos (**art. 428, CLT**). **Entre 14 e 18 anos** é verificada a **capacidade relativa** para celebrar contrato de aprendizagem (necessidade de assistência dos pais ou responsáveis). Por fim, é **incapaz** para celebrar este tipo de contrato o **menor de 14 anos**.

Tratando-se de ***trabalho insalubre, perigoso ou noturno*** o contrato de trabalho **só pode ser celebrado por maior de 18 anos**. O **menor de 18** anos é **incapaz** para celebrar contrato que tenha por objeto trabalho nestas condições.

A contratação de empregados sem a observância de tais regras relativas à capacidade caracteriza irregularidade que torna o **trabalho proibido**.

b) **objeto lícito** – o trabalho executado por força do contrato de trabalho **não pode ser caracterizado como atividade criminosa ou como contravenção legal**, ou seja, não pode ser enquadrado em um tipo penal.

O trabalho que seja enquadrado como crime ou contravenção penal leva à caracterização da **ilicitude do objeto**.

c) **forma** – não é rígida. O contrato de trabalho não é formal (não é solene), podendo ser verbal e até tácito (**arts. 442 e 443, CLT**). O contrato de trabalho corresponde à relação de emprego. Portanto, **estando presentes as características da relação de emprego** (pessoalidade, não eventualidade, subordinação e remuneração), **existe contrato de trabalho (contrato-realidade)**.

Observação: O registro do contrato de trabalho na CTPS (Carteira de Trabalho e Previdência Social) do empregado não é requisito para a validade do contrato. A CTPS é documento de identificação do trabalhador e dela devem constar todos os dados relativos ao contrato de trabalho, tais como indicação do empregador, da data de contratação, da função e da remuneração (**art. 29, CLT**). É vedado ao empregador efetuar anotações desabonadoras à conduta do empregado em sua CTPS (**§ 4º**).

10.3. Nulidade do contrato de trabalho

Tratando-se de **trabalho proibido** (como é o caso de contratação irregular de menores) o **contrato de trabalho será nulo**. Tal **nulidade tem efeito *ex nunc***, ou seja, não retroage. Apenas a partir da decretação da nulidade é que o contrato vai ser suprimido do mundo jurídico; os efeitos trabalhistas decorrentes do contrato são verificados e assegurados até a decretação da nulidade.

Também será **nulo o contrato de trabalho** quando seu **objeto for ilícito**. Neste caso, a **nulidade tem efeito *ex tunc***, atingindo o contrato desde sua origem, razão pela qual os direitos trabalhistas não são assegurados até a data da decretação da nulidade. O efeito retroativo da nulidade fundamenta-se na proteção do interesse público (não permitir a prática de crimes ou de contravenções penais).

OJ SDI-1 199, TST

Jogo do bicho. Contrato de trabalho. Nulidade. Arts. 82 e 145 do Código Civil.

Situação especial de nulidade do contrato de trabalho diz respeito à **contratação pela Administração Pública direta ou indireta de empregados sem prévia aprovação em concurso público**, conforme exigido pelo **art. 37, II, da Constituição Federal**. A contratação de empregados públicos sem prévia aprovação em concurso público **encontra óbice no art. 37, II e § 2º, da CF** e gera a **nulidade do contrato de trabalho**, apenas conferindo ao trabalhador direito ao pagamento da contraprestação pactuada, em relação ao número de horas trabalhadas, respeitado o valor da hora do salário mínimo e dos valores referentes aos depósitos do FGTS (**Súmula 363, TST**).

Súmula 386, TST

Preenchidos os requisitos do art. 3º da CLT, é legítimo o reconhecimento de relação de emprego entre policial militar e empresa privada, independentemente de eventual penalidade disciplinar prevista no Estatuto do Policial Militar.

Neste caso existe o vínculo estatutário militar entre o policial e a corporação e um vínculo trabalhista entre o policial, que trabalha em atividade outra que não a policial em seus horários de folga, e a empresa privada que contrata tais serviços.

10.4. Prova do contrato de trabalho

A **prova do contrato de trabalho** será feita pelas **anotações** constantes da Carteira de Trabalho e Previdência Social (CTPS) do empregado ou por **instrumento escrito** e suprida por **todos os meios permitidos em direito (art. 456, CLT)**.

As anotações feitas pelo empregador na CTPS do empregado geram presunção apenas relativa de veracidade (**Súmula 12, TST**), podendo ser elididas por prova em sentido contrário.

10.5. Efeitos do contrato de trabalho

Do caráter sinalagmático do contrato de trabalho originam-se **duas obrigações essenciais atribuídas aos seus sujeitos:**

a) a **obrigação do empregado** de prestar serviços; e

b) a **obrigação do empregador** de pagar remuneração como contraprestação pelos serviços prestados.

A **obrigação do empregado** de prestar serviços deve ser cumprida pessoalmente (*pessoalidade*). A prestação de serviços deve ser condizente com a função para a qual o empregado foi contratado, ou seja, ele tem de exercer todas as atividades decorrentes da função prevista no contrato e, ainda, exercê-las de forma diligente e com a fidelidade e boa-fé que decorrem necessariamente do cumprimento de qualquer contrato, inclusive do contrato de trabalho.

Ao lado da principal **obrigação do empregador**, que é o pagamento da remuneração como contraprestação pelos serviços, existem obrigações complementares, como, por exemplo, a obrigação de proporcionar trabalho e fornecer ao empregado os meios que permitam a execução do mesmo. Além disso, o empregador deve exercer o poder de organização, o poder de fiscalização e o poder disciplinar dentro dos limites estabelecidos pelo ordenamento jurídico, principalmente no que tange ao respeito à dignidade humana do trabalho (abrangendo, entre outros aspectos, a honra, a imagem, a intimidade e a privacidade – ***dano extrapatrimonial***). O desrespeito a essas obrigações complementares por parte do empregador pode gerar o direito do empregado ao recebimento de indenização por danos morais (um dos **efeitos conexos do contrato de trabalho**).

A **Lei n. 13.467/2017** (***Reforma Trabalhista***) instituiu regramento próprio para a **reparação de danos de natureza extrapatrimonial decorrentes da relação de trabalho** (**arts. 223-A a 223-G, CLT**), sendo certo que apenas esses dispositivos são aplicáveis a situações decorrentes de ação ou omissão das quais decorram ofensa à esfera moral ou existencial da pessoa física ou jurídica, as quais são **titulares exclusivas do direito à reparação (art. 223-A e art. 223-B, CLT)**[7].

São **responsáveis pelo dano extrapatrimonial** todos os que tenham colaborado para a ofensa ao bem jurídico tutelado, na proporção da ação ou da omissão (**art. 223-E, CLT**).

São **bens juridicamente tutelados** (**art. 223-C e art. 223-D, CLT**):

- **da pessoa física** – a honra, a imagem, a intimidade, a liberdade de ação, a autoestima, a sexualidade, a saúde, o lazer e a integridade física;
- **da pessoa jurídica** – a imagem, a marca, o nome, o segredo empresarial e o sigilo da correspondência.

A **indenização a ser paga** a cada um dos ofendidos será fixada **de acordo com os limites estabelecidos em lei**, sendo **vedada a acumulação** em qualquer caso (**art. 223-G, § 1º, CLT**):

- **ofensa de natureza leve** – até três vezes o último salário contratual do ofendido;
- **ofensa de natureza média** – até cinco vezes o último salário contratual do ofendido;
- **ofensa de natureza grave** – até vinte vezes o último salário contratual do ofendido;
- **ofensa de natureza gravíssima** – até cinquenta vezes o último salário contratual do ofendido.

Se o **ofendido for pessoa jurídica** – utilizam-se os parâmetros, mas tendo como base de cálculo da indenização o **valor do salário contratual do ofensor** (**art. 223-G, § 2º, CLT**).

Na **reincidência entre partes idênticas**, o juiz poderá elevar ao dobro o valor da indenização (**art. 223-G, § 3º, CLT**).

7 Referido dispositivo legal, ao prever que pessoas física ou jurídica ofendidas são as titulares exclusivas do direito à reparação, afasta o chamado "dano em ricochete", ou seja, afasta a possibilidade de reconhecimento da legitimidade ativa de herdeiros (ascendentes ou descendentes) do trabalhador para pleitear indenização por dano extrapatrimonial causado a este último, o que vinha sendo plenamente aceito e aplicado pelo TST. Nesse sentido, *vide*: AIRR – 1281-91.2012.5.15.0045; AIRR – 2379-54.2011.5.03.0054; AIRR - 487-52.2012.5.20.0006.

Também são considerados **efeitos conexos do contrato de trabalho** os chamados **direitos intelectuais**, que são vantagens jurídicas que decorrem da criação intelectual, seja por meio de produção científica, literária ou artística, seja por meio de inventos.

O interesse relativo aos direitos intelectuais como efeitos conexos ao contrato de trabalho diz respeito aos:

- **Direitos do autor**, regulados pelo **art. 5º, incisos XXVI e XXVIII, CF**, e pela Lei de Direitos Autorais (**Lei n. 9.610/98**);
- **Direitos da propriedade industrial**, regulados pelo **art. 5º, inciso XXIX, CF**, pela Lei de Patentes (**Lei n. 9.279/96**) e pelo **Decreto n. 2.553/98**, bem como pela Lei de Cultivares (**Lei n. 9.456/97**);
- **Direitos intelectuais relativos à criação e utilização de *software***, regulados pela **Lei n. 9.609/98**.

Nesse contexto, em relação aos direitos intelectuais, resultam as seguintes situações:

- Empregado inventa utilizando meios e equipamentos do empregador e há previsão contratual – invento é de propriedade do empregador.
- Empregado inventa sem qualquer auxílio do empregador – invento é de propriedade do empregado.
- Empregado inventa utilizando meios e equipamentos do empregador e não há previsão contratual – invento é de propriedade comum.

10.6. Duração do contrato de trabalho

Os contratos de trabalho podem ser por prazo indeterminado ou determinado, ou para a prestação de trabalho intermitente (**art. 443, CLT**).

Contrato de trabalho por prazo indeterminado é aquele que não contém determinação quanto à sua vigência; terá validade até que ocorra uma causa extintiva, indeterminada quanto à espécie e quanto ao momento da sua ocorrência. O **legislador privilegia** o contrato por prazo indeterminado, sendo esta espécie de contrato a **regra geral**.

Contrato por prazo determinado é aquele cuja vigência depende de termo prefixado ou da execução de serviços especificados ou ainda da realização de certo acontecimento suscetível de previsão aproximada (**§ 1º, art. 443, CLT**).

O contrato por prazo determinado **somente pode ser celebrado excepcionalmente**, sendo **válido apenas** quando se tratar de:

a) serviços cuja natureza ou transitoriedade justifiquem a predeterminação de prazo, ou seja, as atividades a serem desenvolvidas pelo empregado devem ser transitórias em relação à atividade preponderante do empregador;

b) atividades empresariais transitórias, ou seja, a própria atividade do empregador não é perene, não se prolonga no tempo, como, por exemplo, no caso de grupos teatrais, de feiras e eventos;

c) contrato de experiência, que é aquele destinado a permitir que o empregador, durante certo tempo, verifique as aptidões do empregado para o exercício da função, visando à futura contratação por prazo indeterminado. O contrato de experiência é, portanto, um contrato por prazo determinado que tem vocação para se transformar em contrato por prazo indeterminado (§ 2º, art. 443, CLT).

Como regra, o **prazo do contrato** por prazo determinado **não poderá exceder de 2 anos, salvo** no caso de **contrato de experiência, que tem prazo máximo de 90 dias** (a duração deste contrato ***não é*** de 3 meses).

O contrato por prazo determinado que tenha duração inferior ao prazo máximo previsto em lei poderá ser **prorrogado uma única vez** (**art. 451, CLT**), **respeitado o limite máximo de duração** (2 anos/90 dias). Ocorrendo mais de uma prorrogação ou sendo extrapolado o máximo de duração prevista por lei, o contrato será considerado como por prazo indeterminado.

Súmula 188, TST
O contrato de experiência pode ser prorrogado, respeitado o limite máximo de 90 dias.

O legislador veda a celebração sucessiva de contrato a prazo, ainda que com pequeno interregno entre eles. Assim, considera-se por prazo indeterminado todo **contrato que suceder, dentro de seis meses, a outro contrato por prazo determinado**, **salvo** se a expiração deste dependeu da execução de serviços especializados ou da realização de certos acontecimentos (**art. 452, CLT**).

A **rescisão antecipada do contrato por prazo determinado** gera para a parte que teve a iniciativa da rescisão o **dever de indenizar a outra parte**, nos termos previstos pelos **arts. 479** (iniciativa do empregador) e **480** (iniciativa do empregado) **da CLT**. A indenização no caso de:

- **rescisão antecipada por parte do empregador** – corresponde à remuneração a que o empregado teria direito até o término do contrato, pela metade;

- **rescisão antecipada de iniciativa do empregado** – corresponde ao valor dos prejuízos que deste fato resultarem ao empregador, não podendo tal indenização exceder àquela que seria devida no caso de rescisão antecipada por iniciativa do empregador.

A **indenização** por rescisão antecipada do contrato por prazo determinado de iniciativa de qualquer uma das partes, **não será devida** na hipótese de o contrato conter ***cláusula assecuratória do direito recíproco de rescisão antecipada***, hipótese em que serão aplicáveis as regras que regem a rescisão dos contratos por prazo indeterminado (**art. 481, CLT**).

Súmula 163, TST
Cabe aviso prévio nas rescisões antecipadas dos contratos de experiência, na forma do art. 481 da CLT.

Contrato de trabalho intermitente é aquele no qual a prestação de serviços, com subordinação, não é contínua, ocorrendo com alternância de períodos de prestação de serviços e de inatividade, determinados em horas, dias ou meses, independentemente do tipo de atividade do empregado e do empregador (**art. 443, § 3º, CLT**). Não se aplicam as regras do contrato de trabalho intermitente aos aeronautas, regidos por legislação própria.

Referido contrato deve (**art. 452-A, CLT**):

- ser celebrado por escrito;
- conter especificamente o **valor da hora ou do dia de trabalho**, que não pode ser inferior ao valor horário do salário mínimo ou àquele devido aos demais empregados do estabelecimento que exerçam a mesma função em contrato intermitente ou não.

Os **períodos de inatividade** não são considerados tempo à disposição do empregador, podendo o trabalhador prestar serviços a outros contratantes (**art. 452-A, § 5º, CLT**).

Havendo serviço a ser prestado, **com pelo menos três dias corridos de antecedência** o empregador, por qualquer meio de comunicação eficaz, **convocará o empregado para essa prestação**, informando qual será a jornada a ser cumprida (**art. 452-A, § 1º, CLT**). Recebida a convocação, o empregado terá o **prazo de um dia útil para responder** ao chamado (**§ 2º**), presumindo-se, no silêncio, a recusa. Assim, pode o empregado:

- **não responder à convocação**, permanecendo em silêncio, o que faz com que se presuma a recusa (**§ 2º**);
- **recusar a oferta**, o que não descaracteriza a subordinação para fins do contrato de trabalho intermitente (**§ 3º**);
- **aceitar a oferta**, executando os serviços determinados pelo empregador para o período.

Aceita a oferta para o comparecimento ao trabalho, a parte que descumprir, sem justo motivo, pagará à outra parte, no prazo de 30 dias, multa de 50% da remuneração que seria devida, permitida a compensação em igual prazo (**§ 4º**).

Na data acordada para o pagamento, o empregado receberá, **de imediato**, as seguintes parcelas (**§ 6º**):

- remuneração;
- férias proporcionais com acréscimo de um terço;
- décimo terceiro proporcional;
- repouso semanal remunerado;
- adicionais legais.

Referidas verbas e seus respectivos valores devem ser **discriminados no recibo** de pagamento (**§ 7º**).

A cada doze meses de vigência do contrato de trabalho o empregado adquire o direito a usufruir, nos doze meses subsequentes, **um mês de férias**. Durante esse período não poderá ser convocado pelo empregador para prestar serviços (**§ 9º**).

No contrato de trabalho intermitente o empregador efetuará o recolhimento da contribuição previdenciária e o depósito do FGTS, na forma da lei, com base nos valores pagos no período mensal, e fornecerá ao empregado o comprovante do cumprimento dessas obrigações (**art. 452-A, § 8º, CLT**).

11. DURAÇÃO DO TRABALHO

As **normas sobre duração do trabalho** têm por **finalidade** estabelecer limite temporal ao trabalho executado pelo empregado em favor do empregador, visando à **proteção da saúde** e da **integridade física** do trabalhador.

A obrigação do empregado de prestar serviços como decorrência do contrato de trabalho não pode ser indefinida no tempo, sob pena de serem causados prejuízos inegáveis tanto à sua saúde física como à sua saúde mental e, ainda, de ser exposto a um considerável risco à sua integridade física decorrente de acidentes do trabalho.

As **normas sobre duração do trabalho** podem ser **divididas em dois grupos**: **a)** normas sobre jornada de trabalho; e **b)** normas sobre períodos de repouso.

11.1. Jornada de trabalho

Jornada de trabalho é o período de um dia no qual o **empregado permanece à disposição do empregador, trabalhando ou aguardando ordens** (**art. 4º, CLT**). Assim, desde o momento que o empregado chega à empresa até o momento em que vai embora está à disposição do empregador e, portanto, está cumprindo jornada de trabalho (**teoria do tempo à disposição do empregador**).

Não se consideram como tempo à disposição do empregador os períodos em que o empregado, por escolha própria, buscar proteção pessoal, em caso de insegurança nas vias públicas ou más condições climáticas, bem como adentrar ou permanecer nas dependências da empresa para exercer atividades particulares como, entre outras: práticas religiosas, descanso, lazer, estudo, alimentação, atividades de relacionamento social, higiene pessoal e troca de roupa ou uniforme, quando não houver obrigatoriedade de realizar a troca na empresa (**art. 4º, § 2º, CLT**).

Não é incluído na duração da jornada de trabalho o tempo despendido pelo empregado até o local de trabalho e para o seu retorno, caminhando ou por qualquer meio de transporte, inclusive o fornecido pelo empregador, por não ser tempo à disposição do empregador (**art. 58, § 2º, da CLT**).

11.1.1. Jornada normal

É o lapso de tempo durante o qual o empregado deve **prestar serviço ou permanecer à disposição do empregador**.

A duração da jornada normal é **limitada a 8 horas diárias e 44 horas semanais** (**art. 7º, XIII, CF**) – **jornada normal máxima**.

11.1.2. Jornadas especiais

É a jornada fixada por lei, por acordo coletivo de trabalho, por convenção coletiva de trabalho ou por contrato de trabalho, com **duração inferior à jornada normal máxima**.

São **exemplos de jornadas especiais**:

a) turnos ininterruptos de revezamento – o trabalho em turnos de revezamento é o que é **prestado com alternância de horário de trabalho**, estabelecida a partir de uma escala de revezamento determinada pelo empregador. A jornada de trabalho neste caso é de **6 horas diárias, salvo negociação coletiva** (**art. 7º, XIV, CF**).

Observação: O trabalho em turnos fixos (sem alternância do horário de trabalho) não gera direito a esta jornada especial; neste caso, a jornada aplicável é a máxima (8 horas diárias e 44 horas semanais).

Súmula 423, TST
Estabelecida jornada superior a seis horas e limitada a oito horas por meio de regular negociação coletiva, os empregados submetidos a turnos ininterruptos de revezamento não têm direito ao pagamento da 7ª e 8ª horas como extras.

Súmula 360, TST
A interrupção do trabalho destinada a repouso e alimentação, dentro de cada turno, ou o intervalo para repouso semanal, não descaracteriza o turno de revezamento com jornada de 6 (seis) horas previsto no art. 7º, XIV, da CF/88.

Súmula 675, STF
Os intervalos fixados para descanso e alimentação durante a jornada de seis horas não descaracterizam o sistema de turnos ininterruptos de revezamento para o efeito do art. 7º, XIV, da Constituição.

b) trabalho em regime de tempo parcial – é aquele cuja duração não exceda a (**art. 58-A, CLT**):

- **trinta horas semanais, sem** a possibilidade de **horas suplementares** semanais;

OU

- **vinte e seis horas semanais, com** a possibilidade de acréscimo de **até seis horas suplementares** semanais.

Em contrato de trabalho em regime de tempo parcial que estabeleça **jornada semanal inferior a vinte e seis horas**, as horas suplementares a este quantitativo serão consideradas horas extras, estando também limitadas a **seis horas suplementares** semanais (**art. 58-A, § 4º, CLT**).

As **horas suplementares** à duração do trabalho semanal normal:

- serão pagas com o acréscimo de **50%** sobre o salário hora normal (**art. 58-A, § 3º, CLT**).
- **poderão ser compensadas** diretamente **até a semana imediatamente posterior à da sua execução**. Caso não sejam compensadas, a quitação das mesmas deverá ser feita na folha de pagamento do mês subsequente (**art. 58-A, § 5º, CLT**).

O **salário** a ser pago aos empregados sob o regime de tempo parcial será **proporcional à sua jornada**, em relação aos empregados que cumprem, nas mesmas funções, tempo integral (**§ 1º**).

OJ SDI-1 358, TST
I – Havendo contratação para cumprimento de jornada reduzida, inferior à previsão constitucional de oito horas diárias ou quarenta e quatro semanais, é lícito o pagamento do piso salarial ou do salário mínimo proporcional ao tempo trabalhado. II – Na Administração Pública direta, autárquica e fundacional não é válida remuneração de empregado público inferior ao salário mínimo, ainda que cumpra jornada de trabalho reduzida. Precedentes do Supremo Tribunal Federal.

Para aqueles que já sejam empregados da empresa, o regime de tempo parcial somente pode ser adotado após opção expressamente manifestada pelo empregado perante a empresa, na forma prevista em instrumento decorrente de negociação coletiva (**§ 2º, art. 58-A, CLT**).

As **férias anuais** dos empregados contratados a tempo parcial têm duração **normal de 30 dias corridos, podendo excepcionalmente a duração ser reduzida dependendo do número de faltas injustificadas que o empregado tiver durante o período aquisitivo**, nos exatos termos do art. 130 da CLT (**art. 58-A, § 7º, CLT**).

Sobreaviso:

Empregado em ***sobreaviso*** é aquele que permanece fora de sua jornada de trabalho em local previamente ajustado com o empregador, aguardando eventual convocação para execução de serviços.

Tal conceito decorre do **art. 244, § 2º, da CLT**, que estabelece o regime de sobreaviso para os ferroviários. Admite-se, porém, por analogia, a aplicação desta regra a qualquer tipo de empregado, desde que verificada em concreto a situação que caracteriza o sobreaviso.

Súmula 428, TST
I – O uso de instrumentos telemáticos ou informatizados fornecidos pela empresa ao empregado, por si só, não caracteriza o regime de sobreaviso.

II – Considera-se em sobreaviso o empregado que, à distância e submetido a controle patronal por instrumentos telemáticos ou informatizados, permanecer em regime de plantão ou equivalente, aguardando a qualquer momento o chamado para o serviço durante o período de descanso.

A **remuneração do período de sobreaviso** é de 1/3 do salário normal (**§ 2º, art. 244, CLT**), mas se o empregado for chamado ao serviço, deverá ser remunerado de acordo com a remuneração normal, com a incidência dos adicionais cabíveis (de hora extra e/ou noturno).

Cada escala de sobreaviso será, no máximo, de 24 horas.

Súmula 229, TST
Por aplicação analógica do art. 244, § 2º, da Consolidação das Leis do Trabalho, as horas de sobreaviso dos eletricitários serão remuneradas à razão de 1/3 sobre a totalidade das parcelas de natureza salarial.

Prontidão:

Considera-se como tempo de ***prontidão*** aquele em que o empregado fica nas dependências da empresa, aguardando ordens (**§ 3º, art. 244, CLT**).

Previstas originalmente para os ferroviários, as regras sobre prontidão aplicam-se analogicamente a todos os demais tipos de empregados que tenham tal condição.

A **remuneração do período de prontidão** é de 2/3 do salário-hora normal e a escala de prontidão será de, no máximo, 12 horas (**§ 3º, art. 244, CLT**).

11.2. Jornada e horário de trabalho

Jornada de trabalho é o tempo que o empregado fica à disposição do empregador, aguardando ou executando ordens, em dado período (dia ou semana), como decorrência do contrato de trabalho.

Horário de trabalho é a identificação de início e de término do período no qual se desenvolve a jornada de trabalho, considerando-se o intervalo intrajornada para repouso e alimentação.

Assim, por exemplo, um determinado empregado tem uma jornada de trabalho de 8 horas diárias e 44 horas semanais, cumprindo-a de 2ª a 6ª feira, das 9 às 18 horas, com uma 1 hora de intervalo para repouso e alimentação, e aos sábados das 9 às 13 horas.

11.3. Controle de horário

Os **estabelecimentos com mais de 10 empregados** são obrigados a efetuar o **controle de horário** de entrada e saída dos trabalhadores (**§ 2º, art. 74, CLT**). O controle de horário pode ser feito de forma manual (livro de ponto), mecânica (relógio de ponto) ou, ainda, eletrônica (cartões magnéticos). A convenção coletiva e o acordo coletivo de trabalho podem dispor sobre modalidade de registro de jornada (**art. 611-A, X, da CLT**).

Na hipótese de reclamação trabalhista através da qual o trabalhador alega trabalho em horas extras e pleiteia o respectivo pagamento, a **não apresentação injustificada pelo empregador que conta com mais de 10 empregados dos registros da jornada de trabalho** geram **presunção relativa de veracidade da jornada**

alegada pelo trabalhador, a qual poderá ser elidida por prova em contrário (**Súmula 338, I, TST**).

Não serão descontadas nem computadas como jornada extraordinária as **variações de horário no registro de ponto não excedentes de cinco minutos**, observado o **limite máximo de dez minutos** diários (**§ 1º, art. 58, CLT**).

No entanto, os cartões de ponto que demonstram **horários de entrada e saída uniformes** são **inválidos como meio de prova**, invertendo-se o ônus da prova relativo às horas extras, que passa a ser do empregador, prevalecendo a jornada da inicial se dele não se desincumbir (**Súmula 338, III, TST**).

11.4. Jornada extraordinária

É aquela **prestada além da jornada normal de cada empregado**, máxima ou especial.

A jornada extraordinária **deve ser prestada apenas excepcionalmente** e sua regularidade depende do cumprimento dos **requisitos previstos em lei** (**art. 59, CLT e art. 7º, XVI, CF**):

a) **existência de acordo de prorrogação de jornada** – deve ser necessariamente escrito e pode ser celebrado individualmente (entre empregado e empregador) ou coletivamente (mediante negociação coletiva de trabalho);

b) **cumprimento de no máximo 2 horas extras** – nos dias em que houver trabalho em horas extras, este não poderá ultrapassar de 2 horas;

c) **pagamento das horas extras** – as horas extras deverão ser remuneradas com, **no mínimo, 50% a mais do que a hora normal (adicional de horas extras)**. Assim, o valor de cada hora extra corresponde ao valor da hora normal acrescida do adicional.

Súmula 376, I, TST

I – A limitação legal da jornada suplementar a duas horas diárias não exime o empregador de pagar todas as horas trabalhadas.

Súmula 340, TST

O empregado, sujeito a controle de horário, remunerado à base de comissões, tem direito ao adicional de, no mínimo, 50% (cinquenta por cento) pelo trabalho em horas extras, calculado sobre o valor-hora das comissões recebidas no mês, considerando-se como divisor o número de horas efetivamente trabalhadas.

Com a **revogação do art. 384 da CLT pela Lei n. 13.467/2017** (*Reforma Trabalhista*) não há mais que se falar em concessão obrigatória de descanso de 15 minutos antes da prorrogação do horário normal de trabalho da mulher e do menor de 18 anos.

11.4.1. Compensação da jornada de trabalho

Ocorre ***compensação de jornada*** sempre que o acréscimo de horas em um dia for compensado pela correspondente diminuição em outro dia, **desde que não seja ultrapassada a jornada semanal**. Havendo compensação não será devido o adicional de horas extras (**§ 2º, art. 59, CLT**).

O **§ 2º do art. 59 da CLT** instituiu o chamado ***"banco de horas"***, prevendo que a compensação de jornada pode ser feita no **período máximo de um ano**, não podendo neste período ser ultrapassada a **soma das jornadas semanais de trabalho previstas**, nem ser ultrapassado o limite máximo de dez horas diárias.

Período de compensação	Forma do acordo de compensação
Anual	Convenção coletiva (CCT) ou acordo coletivo de trabalho (ACT) – art. 611-A, II, CLT
Semestral	CCT, ACT ou acordo individual escrito – art. 59, § 5º, CLT
Mensal	CCT, ACT ou acordo individual, tácito ou escrito – art. 59, § 6º, CLT

O **não atendimento das exigências legais** para a compensação de jornada, inclusive quando estabelecida mediante acordo tácito, **não implica a repetição do pagamento das horas** excedentes à jornada normal diária, se não ultrapassada a duração máxima semanal, **sendo devido apenas o adicional**. Paga se apenas o adicional para cada hora, e não o valor da hora normal mais o adicional (**art. 59-B, CLT**).

A prestação de **horas extras habituais** não descaracteriza o acordo de compensação de jornada e o banco de horas (**art. 59-B, parágrafo único, CLT**).

Na hipótese de rescisão do contrato de trabalho sem que tenha havido a compensação integral da jornada extraordinária, o empregado fará jus ao pagamento das horas não compensadas, calculadas sobre o valor da remuneração na data da rescisão (**§ 3º, art. 59, CLT**).

É facultado às partes, mediante acordo individual escrito, convenção coletiva ou acordo coletivo de trabalho, estabelecer horário de trabalho de 12 horas seguidas por 36 horas ininterruptas de descanso (jornada 12x36), observados ou indenizados os intervalos para repouso e alimentação (**art. 59-A, CLT**). Nesse caso, a remuneração mensal pactuada abrange os pagamentos devidos pelo descanso semanal remunerado e pelo descanso em feriados e serão compensados os feriados e as prorrogações de trabalho noturno, quando houver (**parágrafo único**).

11.4.2. Horas extras decorrentes de força maior ou de serviços inadiáveis

Considera-se como ***força maior*** todo acontecimento inevitável em relação à vontade do empregador, e para a realização do qual este concorreu, direta ou indiretamente. A imprevidência do empregador exclui a razão de força maior (**art. 501, CLT**).

Serviços inadiáveis são aqueles que devem ser terminados no mesmo dia, sob pena de se causar um prejuízo manifesto ao empregador (**art. 61, CLT**).

As **horas extras decorrentes de força maior ou de serviços inadiáveis** podem ser prestadas independentemente da existência de acordo de prorrogação de horas, podendo ser exigidas independentemente de convenção coletiva ou acordo coletivo de trabalho (**§ 1º, art. 61, CLT**).

Por força do disposto no **art. 7º, XVI, da Constituição Federal,** as horas extras prestadas em decorrência de força maior ou de serviços inadiáveis serão **remuneradas com adicional de, no mínimo, 50% da hora normal**.

Nestas hipóteses de força maior ou de serviços inadiáveis **não poderá ser ultrapassada duração de 12 horas de trabalho** (duração esta que abrange a jornada normal máxima mais as horas extras = 8 + 4).

Recuperação de horas: eventualmente em razão de força maior ou de causas acidentais pode ocorrer a ***paralisação temporária* das atividades da empresa.** Nestes casos poderá a jornada normal de trabalho ser posteriormente prorrogada pelo número de dias indispensáveis à ***recuperação* do tempo perdido com a interrupção**, até o máximo de 45 dias por ano. Esta compensação não poderá exceder de 2 horas por dia e depende de autorização do Ministério do Trabalho (**§ 3º, art. 61, CLT**).

11.4.3. Integração das horas extras

As **horas extras habituais** devem ser **integradas à remuneração do empregado** para o fim de cálculo de FGTS, férias, 13º salário, repouso semanal, aviso-prévio e indenização de 40% dos depósitos do FGTS.

> **Súmula 347, TST**
> O cálculo do valor das horas extras habituais, para efeito de reflexos em verbas trabalhistas, observará o número de horas efetivamente prestadas e a ela aplica-se o valor do salário-hora da época do pagamento daquelas verbas.

> **Súmula 376, II, TST**
> O valor das horas extras habitualmente prestadas integra o cálculo dos haveres trabalhistas, independentemente da limitação prevista no *caput* do art. 59 da CLT.

11.4.4. Supressão das horas extras

A **prestação de serviços em horas extras pode ser suprimida** pelo empregador, caso em que o empregado deixará de receber o pagamento pelo trabalho extraordinário.

No entanto, na hipótese de **supressão total ou parcial, pelo empregador, do serviço suplementar prestado com habitualidade durante pelo menos um ano,** o empregado terá direito a uma indenização correspondente ao valor de 1 mês das horas suprimidas, total ou parcialmente, para cada ano ou fração igual ou superior a seis meses de prestação de serviço acima da jornada normal. O cálculo deverá observar a média das horas suplementares nos últimos 12 meses anteriores à mudança, multiplicada pelo valor da hora extra do dia da supressão (**Súmula 291, TST**).

11.4.5. Empregados excluídos das regras de limitação de jornada

Por força do disposto no **art. 62 da CLT**, não fazem jus à percepção de horas extras:

a) **empregado que exerce atividades externas** incompatíveis com a fixação de horário de trabalho, devendo tal condição ser anotada na sua CTPS. Havendo controle de horário de qualquer tipo a exclusão não será aplicável, tendo o empregado direito às horas extras eventualmente prestadas.

b) os gerentes, assim considerados os exercentes de cargos de gestão, aos quais se equiparam os diretores e chefes de departamento ou filial (**cargos de confiança**). A exclusão do direito a horas extras neste caso somente ocorrerá quando o salário do cargo de confiança, compreendendo a gratificação de função, se houver, não for inferior ao valor do respectivo salário efetivo acrescido de 40% (**parágrafo único, art. 62, CLT**).

c) **os empregados em regime de teletrabalho** – assim considerada a prestação de serviços preponderantemente fora das dependências do empregador, com a utilização de tecnologias de informação e de comunicação que, por sua natureza, não se constituam como trabalho externo (**art. 75-B, *caput*, CLT**). O comparecimento às dependências do empregador para a realização de atividades específicas que exijam a presença do empregado no estabelecimento não descaracteriza o regime de teletrabalho (**art. 75-B, parágrafo único, CLT**).

A prestação de serviços na modalidade de teletrabalho **deverá constar expressamente do contrato individual de trabalho**, que especificará as atividades que serão realizadas pelo empregado, **podendo ser realizada a alteração entre regime presencial e de teletrabalho** desde que haja mútuo acordo entre as partes, registrado em aditivo contratual (**art. 75-C, *caput* e § 1º, CLT**).

11.5. Jornada noturna

Jornada noturna é aquela prestada em ***horário noturno***.

O horário noturno é definido por lei, sendo diferenciado para os empregados urbanos e para os empregados rurais.

- **empregados urbanos e empregados domésticos** – considera-se trabalho noturno aquele realizado entre as **22 horas de um dia até as 5 horas do dia seguinte** (**§ 2º, art. 73, CLT + art. 14, LC n. 150/2015**);
- **empregados rurais** – o horário noturno para os **empregados que trabalham na agricultura** é definido entre as **21 horas de um dia até as 5 horas do dia seguinte**. O trabalho noturno dos **empregados que trabalham na pecuária** é aquele realizado entre as **20 horas de um dia até as 4 horas do dia seguinte (art. 7º, Lei n. 5.889/73)**.

Nos termos do **art. 7º, IX, da Constituição Federal**, a remuneração do trabalho noturno será superior à do diurno. Assim, o trabalho noturno é remunerado com o **adicional noturno** (hora diurna + adicional noturno).

O valor do adicional noturno é:

- para os **empregados urbanos e empregados domésticos** – pelo menos **20% sobre a hora diurna (art. 73, CLT + art. 14, LC 150/2015)**;
- para os **empregados rurais** (tanto da agricultura como da pecuária) – **25% sobre a remuneração normal (parágrafo único, art. 7º, Lei n. 5.889/73)**.

> O empregado que **deixa de trabalhar no horário noturno**, sendo transferido para o horário diurno, **perde o direito ao adicional**. Não há que se falar em direito adquirido (**Súmula 265, TST**).

O **adicional noturno pago com habitualidade** integra a remuneração do empregado para todos os efeitos: férias, 13º salário, aviso-prévio, FGTS, descanso semanal remunerado (**Súmula 60, I, TST**).

Hora noturna reduzida – para os **empregados urbanos** e para os **empregados domésticos** a lei instituiu uma ficção jurídica no sentido de que a **hora noturna é considerada reduzida**, ou seja, **a hora noturna equivale a 52 minutos e 30 segundos (§ 1º, art. 73, CLT)**. Assim, cada hora noturna trabalhada corresponde a 52 min e 30 s e não como uma hora de 60 min, constituindo uma vantagem ao empregado.

> **Aos empregados rurais não se aplica a redução da hora noturna.**

O trabalho em **horas extras noturnas** gera direito ao empregado de recebimento dos **dois adicionais**, considerando-se, ainda, para o trabalhador urbano e para o doméstico, a hora extra reduzida. O adicional noturno integra a base de cálculo das horas extras prestadas no período noturno (**OJ SDI-1 n. 97, TST**).

As horas extras prestadas após o integral cumprimento da jornada normal no período noturno serão remuneradas como horas extras noturnas (**Súmula 60, II, TST**).

11.6. Períodos de repouso

A concessão pelo empregador de períodos de repouso tem por objetivo a preservação da saúde e da integridade física do trabalhador. Os períodos de repouso, também chamados de ***intervalos***, são previstos por **normas de ordem pública** e devem **obrigatoriamente ser concedidos** pelo empregador ao empregado.

11.6.1. Intervalos intrajornada

Períodos de descanso que **ocorrem durante a jornada de trabalho**. Podem ser não remunerados ou remunerados, conforme não sejam ou sejam computados na jornada de trabalho.

- **Intervalo intrajornada não remunerado** – previsto no **art. 71 da CLT**, é o intervalo **para repouso e alimentação**.

O cumprimento pelo empregado de **jornada de trabalho de duração de 4 a 6 horas** de trabalho dá direito a um intervalo obrigatório de **15 minutos** (**§ 1º, art. 71, CLT**). Jornada **superior a 6 horas, até o limite de 8 horas**, dá direito a um intervalo de, **no mínimo, 1 hora e, no máximo, 2 horas** (**art. 71, *caput*, CLT**).

Ultrapassada habitualmente a jornada de seis horas de trabalho, é devido o gozo do intervalo intrajornada mínimo de uma hora, obrigando o empregador a remunerar o período para descanso e alimentação não usufruído como extra, acrescido do respectivo adicional, na forma prevista no art. 71, *caput* e § 4º da CLT (**Súmula 437, IV, TST**).

Referidos intervalos **não são computados na duração da jornada de trabalho**, ou seja, são deduzidos da jornada normal de trabalho, não sendo considerados como tempo à disposição do empregador (**§ 2º, art. 71, CLT**).

O **intervalo mínimo** de 1 hora para quem trabalha mais de 6 horas pode ser **reduzido** por ato do **Ministério do Trabalho**, ouvida Secretaria de Segurança e Medicina do Trabalho, **desde que** a empresa possua refeitório próprio de acordo com os padrões exigidos e que os empregados não estejam sob regime de horas extras (**§ 3º, art. 71, CLT**).

Convenção coletiva ou acordo coletivo de trabalho podem dispor sobre intervalo intrajornada, reduzindo-o, desde que respeitado o limite mínimo de 30 minutos para jornadas superiores a 6 horas (**art. 611-A, III, CLT**).

Duração do intervalo **superior ao máximo de 2 horas somente** poderá ocorrer em decorrência de previsão em convenção ou acordo coletivo de trabalho (**art. 71, *caput*, CLT**).

A **não concessão** ou a **concessão parcial** de referidos períodos de descanso a empregados urbanos e rurais sujeita o empregador a **pagamento de natureza indenizatória, apenas do período suprimido, com acréscimo de no mínimo 50% sobre o valor da remuneração da hora normal de trabalho** (**§ 4º, art. 71, CLT**).

- **Intervalos intrajornada remunerados** – a lei trabalhista estabelece algumas hipóteses nas quais o intervalo concedido durante a jornada de trabalho **é computado na duração da jornada de trabalho**, contando como tempo à disposição do empregador, **sendo, portanto, remunerados**. São exemplos de tais intervalos:

  a) **serviços de mecanografia (art. 72, CLT)**: nos serviços permanentes de mecanografia (datilografia, digitação) – a cada **90 minutos de trabalho** consecutivo haverá um **intervalo de 10 minutos**, que não será deduzido da duração normal de trabalho.

Súmula 346, TST
Os **digitadores**, por aplicação analógica do art. 72 da CLT, **equiparam-se aos trabalhadores nos serviços de mecanografia**, razão pela qual **têm direito** a intervalos de descanso de 10 minutos a cada 90 minutos de trabalho consecutivo.

  b) **serviços frigoríficos (art. 253, TST)**: nos serviços no interior de câmaras frias, ou com movimentação de mercadorias do ambiente quente ou normal para o frio e vice-versa, **após 1 hora e 40 minutos de trabalho** consecutivos, haverá um **intervalo de 20 minutos**, que não será deduzido da duração normal de trabalho.

  c) **trabalho em minas de subsolo (art. 298 CLT)**: nos serviços no interior de minas, **após 3 horas de trabalho** consecutivo, haverá um **intervalo de 15 minutos**, que não será deduzido da duração normal de trabalho.

Súmula 118, TST
Os intervalos concedidos pelo empregador, na jornada de trabalho, não previstos em lei, representam tempo à disposição da empresa, remunerados como serviço extraordinário, se acrescido ao final da jornada.

11.6.2. Intervalos interjornadas

Períodos de descanso que ocorrem **entre o término de uma jornada de trabalho e o início de outra**. Podem ser não remunerados ou remunerados, conforme não sejam ou sejam computados na jornada de trabalho.

- **Intervalo interjornadas não remunerado** – o **art. 66 da CLT** estabelece que entre duas jornadas de trabalho deve haver **um intervalo mínimo de 11 horas consecutivas**, que não podem ser interrompidas.

Súmula 110, TST
No regime de revezamento, as horas trabalhadas em seguida ao repouso semanal de 24 horas, com prejuízo do intervalo mínimo de 11 horas consecutivas para descanso entre jornadas, devem ser remuneradas como extraordinárias, inclusive com o respectivo adicional.

OJ SDI-1 355, TST
O desrespeito ao intervalo mínimo interjornadas previsto no art. 66 da CLT acarreta, por analogia, os mesmos efeitos previstos no § 4º do art. 71 da CLT e na Súmula n. 110 do TST, devendo-se pagar a integralidade das horas que foram subtraídas do intervalo, acrescidas do respectivo adicional.

- **Intervalo interjornadas remunerado** – trata-se do **descanso semanal remunerado (DSR)**, que vem a ser o período de **24 horas consecutivas** em que o empregado deixa de prestar serviços ao empregador, **uma vez por semana, preferencialmente aos domingos**, mas continua recebendo a remuneração.

O direito ao repouso semanal remunerado é garantido pelo **art. 7º, XV, da Constituição Federal** e regulamentado pelo **art. 67 da CLT** e pela **Lei n. 605/49**, e é **assegurado aos empregados urbanos, rurais e domésticos**.

Algumas empresas, em razão do interesse público (transporte, saúde, energia elétrica etc.) ou de atividades peculiares (hotel, hospital, comunicação, fundição, usinas etc.) funcionam ininterruptamente, ou seja, suas atividades não são paralisadas aos domingos, razão pela qual o descanso semanal deve ser concedido aos empregados em outros dias da semana, através de escala de folgas. No entanto, o **trabalho aos domingos**, seja total ou parcial, depende de prévia autorização do Ministério do Trabalho, que poderá ser concedida em caráter temporário ou permanente (**art. 68, CLT**).

O direito ao descanso semanal remunerado **depende do cumprimento integral da jornada de trabalho durante a semana**, ou seja, as faltas injustificadas do empregado ao serviço durante a semana implicam a **perda da remuneração do descanso semanal**, além do desconto da remuneração do dia da falta (**art. 6º, Lei n. 605/49**).

São consideradas **faltas justificadas** ao serviço, e que, portanto, não implicam a perda da remuneração do descanso semanal, aquelas previstas no **art. 473 da CLT** e no **§ 1º do art. 6º da Lei n. 605/49**. No caso de **doença do empregado**, a justificativa da falta depende de apresentação de atestado médico, na ordem prevista no **§ 2º do art. 6º da Lei n. 605/49**.

Súmula 15, TST
A justificação da ausência do empregado motivada por doença, para a percepção do salário-enfermidade e da remuneração do repouso semanal, deve observar a ordem preferencial dos atestados médicos estabelecida em lei.

Súmula 155, TST
As horas em que o empregado falta ao serviço para comparecimento necessário, como parte, à Justiça do Trabalho, não serão descontadas de seus salários.

A **remuneração do DSR** é, para quem trabalha:

- **por dia, semana, quinzena ou mês**: **igual a um dia de trabalho**, computadas as horas extraordinariamente prestadas (**art. 7º, *a*, da Lei n. 605/49**);
- **por hora**: equivale à sua **jornada normal de trabalho**, computadas as horas extras habitualmente prestadas (**art. 7º, *b***);
- **por tarefa ou peça**: equivale ao **salário correspondente às tarefas ou peças feitas durante a semana, no horário normal de trabalho**, dividido pelos dias de serviço efetivamente prestados (**art. 7º, *c***).

Súmula 27, TST
É devida a remuneração do repouso semanal e dos dias feriados ao empregado comissionista, ainda que pracista.

Os **feriados não se confundem com o descanso semanal**. São dias sem trabalho em razão de comemorações cívicas ou religiosas previstas em lei. Os feriados **são remunerados** da mesma forma que se remunera o descanso semanal. Nos termos da **Lei n. 9093/95**, são feriados civis os declarados em lei federal e a data magna do Estado fixada em lei estadual. São feriados religiosos os dias de guarda, declarados em lei municipal, de acordo com a tradição local e em número não superior a quatro, neste incluída a Sexta-Feira da Paixão.

O **trabalho realizado no repouso semanal ou em dia feriado civil ou religioso**, desde que não compensado em outro dia, mediante a concessão de descanso, deverá ser remunerado em dobro (**art. 9º, Lei n. 605/49**).

Súmula 146, TST
O trabalho prestado em domingos e feriados, não compensado, deve ser pago em dobro, sem prejuízo da remuneração relativa ao repouso semanal.

12. FÉRIAS

A **Constituição Federal**, em seu art. 7º, XVII, assegura aos trabalhadores urbanos, rurais e domésticos "gozo de férias anuais remuneradas com, pelo menos, um terço a mais do que o salário normal". A **CLT**, em seus **arts. 129 e s.**, e o **Decreto n. 3.197/99** (que promulgou a Convenção n. 132 da OIT sobre férias) disciplinam a questão das férias.

Sendo **remuneradas e computadas, para todos os efeitos, como tempo de serviço** (**art. 130, § 2º, CLT**), as férias caracterizam-se como período de **interrupção do contrato de trabalho**.

O **direito a férias** depende da implementação de um **período aquisitivo**, que corresponde a **12 meses de vigência do contrato de trabalho**, ou seja, a cada 12 meses de vigência do contrato o empregado adquire o direito a férias, enquanto durar o referido contrato (**art. 130, CLT**).

A **duração das férias**, inclusive para os empregados que trabalham a tempo parcial, vai **depender do número de faltas injustificadas ao trabalho que o empregado tiver durante o período aquisitivo**, na proporção prevista no **art. 130 da CLT**, sendo de, **no máximo, 30 dias**.

- até 5 faltas – 30 dias de férias
- de 6 a 14 faltas – 24 dias de férias
- de 15 a 23 faltas – 18 dias de férias
- de 24 a 32 faltas – 12 dias de férias

É **vedado** descontar da remuneração do período de férias as faltas do empregado ao serviço (**§ 1º**). As **faltas justificadas** são as previstas no **art. 131 da CLT**.

As férias deverão, como regra, **ser concedidas em um só período**. No entanto, havendo **concordância do empregado**, poderão ser **usufruídas em até três períodos**, sendo que um deles não poderá ser inferior a **14 dias corridos** e os demais não poderão ser inferiores a **5 dias corridos** cada um (art. 134, *caput* e § 1º, CLT).

Com a **revogação do § 2º do art. 134 da CLT** pela Lei n. 13.467/2017 (***Reforma Trabalhista***), **não há mais vedação para o fracionamento das férias** dos empregados **maiores de 50 anos** e **menores de 18 anos**.

As férias serão **concedidas por ato** do **empregador no período concessivo**, que corresponde aos **12 meses subsequentes ao período aquisitivo** (**art. 134, CLT**). A **época da concessão das férias** será a que **melhor consulte os interesses do empregador**. No entanto, as férias dos empregados **menores de 18 anos estudantes** serão **coincidentes com as férias escolares**, e as férias de **membros de uma mesma família que trabalhem para o mesmo empregador** serão concedidas **em conjunto**, salvo se disto resultar prejuízo para o serviço (**art. 136, CLT**). A **concessão das férias** será **comunicada por escrito** ao empregado, com **antecedência de, no mínimo, 30 dias** (**art. 135, CLT**). É **vedado o início das férias** no período de dois dias que antecede feriado ou dia de repouso semanal remunerado (**art. 134, § 3º, CLT**).

A **remuneração das férias** equivale à **remuneração normal do empregado, acrescida de 1/3** (**art. 142, CLT, e art. 7º, XVII, CF**). A forma de cálculo da remuneração normal deve seguir as regras do art. 142 da CLT. O **pagamento da remuneração das férias** deve ser feito **até 2 dias antes do empregado iniciar o período respectivo**, mediante recibo, do qual deve constar indicação do início e do término das férias (**art. 145, CLT**).

Súmula 145, TST
É devido o pagamento em dobro da remuneração de férias, incluído o terço constitucional, com base no art. 137 da CLT, quando, ainda que gozadas na época própria, o empregador tenha descumprido o prazo previsto no art. 145 do mesmo diploma legal.

A **concessão das férias após o período concessivo** implica a obrigação do empregador **pagar em dobro a respectiva remuneração** (remuneração normal + 1/3 x 2). Vencido o período concessivo sem que o empregador tenha concedido as férias, o empregado pode ajuizar reclamação trabalhista pedindo a fixação por sentença da época de gozo das férias (**art. 137, CLT**).

A indenização pelo não deferimento das férias no tempo oportuno será calculada com base na remuneração devida ao empregado na época da reclamação ou, se for o caso, na da extinção do contrato de trabalho (**Súmula 7, TST**).

O **direito a férias é irrenunciável**. Assim, o descanso deve obrigatoriamente ser observado pelo empregado, que não poderá, durante o seu período, prestar serviços a outro empregador, salvo se estiver obrigado a fazê-lo em virtude de contrato de trabalho regularmente mantido com aquele (**art. 138, CLT**).

É facultado ao empregado, inclusive o contrato a tempo parcial, **converter 1/3 do período de férias a que tiver direito em trabalho, recebendo**, como consequência, **abono pecuniário** (**abono de férias**), no valor da remuneração correspondente aos dias trabalhados. O abono de férias deverá ser **requerido pelo empregado até 15 dias antes do término do período aquisitivo** (**art. 143, CLT**). O pagamento do abono será feito no mesmo prazo e da mesma forma que o pagamento da remuneração das férias (**art. 145, CLT**).

Férias coletivas – o **art. 139 da CLT** faculta ao empregador conceder férias coletivas a **todos os empregados da empresa, ou de determinados estabelecimentos ou setores da mesma**, autorizando o **fracionamento das férias em até dois períodos anuais**, desde que **nenhum deles** seja **inferior a 10 dias**. A concessão das férias coletivas deve ser **comunicada pelo empregador**, com **antecedência mínima de 15 dias**: a) à DRT; b) ao sindicato dos trabalhadores; e c) aos próprios trabalhadores.

Férias e cessação do contrato de trabalho – na cessação do contrato de trabalho, qualquer que seja sua causa, será devida ao empregado a remuneração simples ou em dobro, conforme o caso, correspondente ao período de férias cujo direito tenha adquirido (**férias indenizadas**). Na cessação do contrato de trabalho também são devidas as **férias proporcionais** em relação ao período aquisitivo incompleto, na proporção de **1/12 (um doze avos) por mês completo de serviço ou fração superior a 14 dias** (**arts. 146 e 147, CLT**).

Súmula 171, TST
Salvo na hipótese de dispensa do empregado por justa causa, a extinção do contrato de trabalho sujeita o empregador ao pagamento da remuneração das férias proporcionais, ainda que incompleto o período aquisitivo de 12 meses.

Súmula 262, TST
O empregado que se demite antes de completar 12 meses de serviço tem direito a férias proporcionais.

Não tem direito a férias proporcionais o empregado que é **dispensado por justa causa**. Em caso de **culpa recíproca**, o empregado tem direito a **50%** das férias proporcionais (**Súmula 14, TST**).

A **prescrição do direito de reclamar a concessão das férias** e o respectivo pagamento é contada do término do período concessivo ou, se for o caso, da cessação do contrato de trabalho (**art. 149, CLT**).

13. SALÁRIO E REMUNERAÇÃO

Salário e remuneração correspondem à **contraprestação pecuniária** paga ao empregado **em decorrência da sua prestação de serviços**.

***Remuneração* é gênero**, do qual ***salário* é espécie**.

Remuneração é o **conjunto de todas as verbas recebidas pelo empregado** como contraprestação pelos serviços prestados, abrangendo tanto aquela que é **paga pelo próprio empregador (salário)** como aquelas **pagas por terceiros (gorjetas)**. **Salário** é **uma das parcelas da remuneração** equivalendo ao valor **pago diretamente pelo empregador** ao empregado como contraprestação pelos serviços (**art. 457, CLT**).

Considera-se **gorjeta** não só a **importância espontaneamente dada pelo cliente** ao empregado, mas também o valor **cobrado pela empresa,** como serviço ou adicional, a qualquer título, e destinado à distribuição aos empregados (**§ 3º, art. 457, CLT**).

As empresas que cobrarem gorjeta deverão anotar na CTPS e no contracheque de seus empregados o salário contratual fixo e o percentual percebido a título de gorjeta (**§ 6º, III, art. 457, CLT**), devendo anotar também nas respectivas CTPS o salário fixo e a média dos valores das gorjetas referentes aos últimos doze meses (**§ 8º, art. 457, CLT**).

A gorjeta não constitui renda própria dos empregadores, destinando-se aos trabalhadores, e será distribuída segundo critérios de custeio e rateio definidos em convenção ou acordo coletivo de trabalho (**§ 4º, art. 457, CLT**). Inexistindo previsão em convenção ou em acordo coletivo de trabalho, os critérios de rateio e distribuição serão definidos em assembleia geral dos trabalhadores (**§ 5º, art. 457, CLT**). A gorjeta, quando entregue pelo consumidor diretamente ao empregado, terá seus critérios definidos em convenção coletiva ou acordo coletivo de trabalho (**§ 15, art. 457, CLT**).

Súmula 354, TST
As gorjetas **integram a remuneração** para todos os efeitos legais (**art. 457, *caput*, CLT**), não servindo, porém, de base de cálculo para as parcelas de aviso prévio, adicional noturno, horas extras e repouso semanal.

13.1. Natureza das verbas pagas pelo empregador ao empregado

Verbas que integram o salário (§ 1º, art. 457):

1. **comissões**: forma de salário condicionada ao resultado do trabalho realizado pelo empregado (pode constituir única forma de salário, ou não).
2. **gratificações legais**: por exemplo, a **gratificação por exercício de função paga**, nos termos do art. 62, parágrafo único, CLT, em decorrência do cargo de confiança. Não se tratando de gratificação legal, a **gratificação paga pelo empregador** ao empregado, **ainda que de forma habitual, não integra** o salário do mesmo.

Verbas que não integram o salário, ainda que habituais (§ 2º, art. 457):

1. **ajuda de custo**: é indenização paga por liberalidade do empregador com a finalidade de cobrir as despesas que o empregado tenha para a prestação de serviços ou com sua transferência para outra localidade.
2. **auxílio-alimentação**, vedado seu pagamento em dinheiro.
3. **prêmios ou bônus** – modalidade de salário vinculada a fatores de ordem pessoal do trabalhador ou de ordem coletiva dos trabalhadores da empresa, tal como produtividade e eficiência, sendo seu **pagamento**, portanto, **condicional**. Consideram-se prêmios as liberalidades conce-

didas pelo empregador em forma de bens, serviços ou valor em dinheiro, a empregado ou a grupo de empregados em razão de desempenho superior ao ordinariamente esperado no exercício de suas atividades (**§ 4º, art. 457, CLT**).

4. **abonos**: adiantamentos salariais.
5. **diárias para viagem**: quantias pagas pelo empregador para fazer frente às despesas de viagem e manutenção do empregado, ocasionadas em razão de seu contrato de trabalho.

Participação nos lucros ou resultados (PLR) – o **art. 7º, XI, da Constituição Federal** prevê como direito dos trabalhadores urbanos e rurais a ***participação nos lucros ou resultados*, desvinculada da remuneração**, conforme definido em lei.

A matéria é objeto de regulamentação pela **Lei n. 10.101/2000**. Referida Lei prevê que a PLR deve ser objeto de negociação coletiva entre a empresa e seus empregados, mediante **um dos seguintes procedimentos**, escolhidos pelas partes de comum acordo (art. 2º):

a) comissão escolhida pelas partes, integrada, também, por um representante do sindicato dos trabalhadores; ou
b) convenção ou acordo coletivo.

É **vedado o pagamento** de PLR em periodicidade inferior a um semestre civil, ou **mais de duas vezes no mesmo ano civil** (**§ 2º, art. 3º**).

Não estão obrigados a pagar PLR (**§ 3º, art. 2º**):

a) empregador pessoa física; e
b) entidade sem fins lucrativos que respeitem os requisitos previstos em lei.

A PLR dos empregados em empresas estatais observará as diretrizes fixadas pelo Poder Executivo (**art. 5º**).

13.2. Formas de pagamento do salário

1. **salário por tempo**: é uma importância fixa que é paga em razão do tempo que o empregado permanece à disposição do empregador, independentemente dos serviços executados. Sendo em função do tempo gasto na prestação, não sofre influência direta do rendimento do empregado, nem do resultado obtido pelo empregador.
2. **salário por produção**: o tempo trabalhado não é importante, mas sim a quantidade de resultado do trabalho. O salário é calculado de acordo com o produto da atividade do empregado, não se levando em conta o tempo que o trabalhador permaneceu à disposição do empregador. Calcula-se somando-se os bens produzidos pelo empregado, o que pressupõe a atribuição de um preço ou tarifa para cada unidade produzida (ex.: valor por peça produzida; percentual sobre cada venda realizada).
3. **salário por tarefa (ou salário misto)**: resulta da combinação entre o salário por unidade de tempo e o salário por produção. É o salário pago levando em consideração o tempo, mas com a obrigação de produzir, dentro dele, um resultado mínimo. Pela economia de tempo há uma vantagem atribuída ao trabalhador: produzindo mais no tempo determinado, recebe um sobressalário; ou, cumprindo sua tarefa antes do tempo, pode ser dispensado do restante da jornada. Este tipo de salário pressupõe também a fixação de um preço ou tarifa para cada unidade produzida.

13.3. Meios de pagamento do salário

1. **Pagamento em moeda corrente**: o pagamento em dinheiro é a forma normal de pagamento do salário. É aquele pagamento feito em moeda de curso forçado, em moeda corrente do país. Na legislação brasileira, a obrigatoriedade do pagamento em dinheiro é imposta pelo **art. 463 da CLT**. A exigência do pagamento em moeda corrente tem em vista não apenas evitar o uso de vales, cupons, títulos de crédito etc., como meios liberatórios, mas também tolher o pagamento em moeda estrangeira.
2. **Pagamento em cheque ou em depósito bancário**: o pagamento em cheque ou em depósito bancário em conta aberta em nome do empregado é permitido, mas deve obedecer aos requisitos previstos na **Portaria n. 3.281/84 do Ministério do Trabalho**.
3. **Pagamento em utilidades**: é a prestação *in natura* que o empregador, por força do contrato de trabalho ou do costume, atribui ao empregado, em retribuição dos serviços prestados. Constitui modalidade de remuneração paralela ao salário pago em dinheiro.

Art. 458 da CLT: salário pode ser pago parte em dinheiro e parte em bens ou utilidades.

Para ser considerado salário, as utilidades devem ser concedidas: habitualmente, graciosamente e pelo trabalho.

Não serão salários as concedidas:

- esporadicamente;
- com ônus para o empregado;
- para o trabalho.

Assim, ***são salariais*** as utilidades fornecidas:

- como contraprestação pelos serviços prestados (pelo trabalho);
- de forma habitual;
- gratuitamente.

Os **bens *in natura*** que o empregador fornece ao empregado, para **possibilitar ou facilitar a execução do trabalho**, ***não são salário***, não integram a remuneração.

O **§ 2º do art. 458 da CLT** afirma que **não são consideradas salário** as seguintes utilidades: **a)** vestuários, equipamentos e outros acessórios fornecidos aos empregados e utilizados no local de trabalho, para a prestação do serviço; **b)** educação, em estabelecimento de ensino próprio ou de terceiros, compreendendo os valores relativos a matrícula, mensalidade, anuidade, livros e material didático; **c)** transporte destinado ao deslocamento para o trabalho e retorno, em percurso servido ou não por transporte público; **d)** assistência médica, hospitalar e odontológica, prestada diretamente ou mediante seguro-saúde; **e)** seguros de vida e de acidentes pessoais; **f)** previdência privada. Também não são consideradas como salário: o valor relativo à assistência prestada por serviço médico ou odontológico, próprio ou não, inclusive o reembolso de despesas com medicamentos, óculos, aparelhos ortopédicos, próteses, órteses, despesas médico-hospitalares e outras similares, mesmo quando concedido em diferentes modalidades de planos e coberturas (**art. 458, § 5º, da CLT**).

Súmula 241, TST

O vale para refeição, fornecido por força do contrato de trabalho, tem caráter salarial, integrando a remuneração do empregado para todos os efeitos legais.

Súmula 258, TST

Os percentuais fixados em lei relativos ao salário *in natura* apenas se referem às hipóteses em que o emprega do percebe salário mínimo, apurando-se, nas demais, o real valor da utilidade.

Súmula 367, TST

I – A habitação, a energia elétrica e veículo fornecidos pelo empregador ao empregado, quando indispensáveis para a realização do trabalho, não têm natureza salarial, ainda que, no caso de veículo, seja ele utilizado pelo empregado também em atividades particulares. II – O cigarro não se considera salário-utilidade em face de sua nocividade à saúde.

O salário **não pode ser pago integralmente em utilidades**. Deve ser pago, no mínimo, 30% em dinheiro (**art. 82, parágrafo único, CLT**).

13.4. Regras de proteção ao salário

O salário tem **natureza alimentar** e, justamente por isso, é amplamente protegido em relação ao empregador, aos credores do empregado e aos credores do empregador.

São **regras de proteção ao salário**:

13.4.1. Periodicidade do pagamento

O salário deve ser pago em **períodos *máximos* de um mês**. Deve, ainda, ser pago **até o 5º dia útil do mês subsequente** ao vencido (**art. 459, CLT**).

Súmula 381, TST

O pagamento do salário até o 5º dia útil do mês subsequente ao vencido não está sujeito à correção monetária. Se esta data for ultrapassada, incidirá o índice de correção monetária do mês subsequente ao da prestação dos serviços, a partir do dia 1º.

13.4.2. Prova do pagamento

O pagamento do salário deverá ser efetuado **contra *recibo***, assinado pelo empregado; em se tratando de analfabeto, mediante sua impressão digital, ou, não sendo esta possível, a seu rogo. No caso de pagamento em depósito bancário, o respectivo comprovante terá força de recibo (**art. 464, CLT**).

13.4.3. Inalterabilidade

Tendo em vista que a regra é a inalterabilidade das condições de trabalho (**art. 468, CLT**), o salário não pode ser alterado em relação a forma e aos meios de pagamento nem em relação à sua forma de cálculo, quando se tratar de salário por produção ou por tarefa. Tal regra não se aplica ao empregado “hipersuficiente”, previsto no parágrafo único do art. 444 da CLT.

13.4.4. Irredutibilidade

Os salários não podem ter seu valor reduzido. Isto vale tanto para o salário fixo pago por tempo, como para os salários variáveis pagos por produção ou por tarefa. Nestes dois últimos casos, o empregado ganha valores diferentes a cada mês, tendo em vista que o salário é calculado sobre a quantidade de trabalho produzida (o que não é redução salarial); o salário somente será reduzido se houver redução da tarifa usada como base do seu cálculo.

Por força do disposto no **art. 7º, VI, da Constituição Federal**, esta **regra não é absoluta**, podendo-se **reduzir os salários mediante acordo ou convenção coletiva de trabalho** (**flexibilização**).

Se for pactuada cláusula que reduza o salário ou a jornada, a convenção coletiva ou o acordo coletivo de trabalho deverão prever a proteção dos empregados contra dispensa imotivada durante o prazo de vigência do instrumento coletivo (**art. 611-A, § 3º, CLT**).

13.4.5. Impenhorabilidade

O salário é impenhorável (**art. 833, IV, CPC**), **salvo** para pagamento de prestação alimentícia, independentemente de sua origem (**§ 2º**).

13.4.6. Intangibilidade

Diz respeito ao controle dos descontos que o empregador pode fazer nos salários do empregado. Nos termos do **art. 462 da CLT**, podem ser descontados do salário do empregado: **a)** adiantamentos, valores previstos em lei ou em normas coletivas de trabalho; **b)** valor dos danos culposamente causados pelo empregado ao empregador, desde que tal possibilidade tenha sido acordada; **c)** valor dos danos dolosamente causados pelo empregado ao empregador, independentemente de acordo.

> **Súmula 342, TST**
> Descontos salariais efetuados pelo empregador, com a autorização prévia e por escrito do empregado, para ser integrado em planos de assistência odontológica, médico-hospitalar, de seguro, de previdência privada, ou de entidade cooperativa, cultural ou recreativo-associativa de seus trabalhadores, em seu benefício e de seus dependentes, não afrontam o disposto no art. 462 da CLT, salvo se ficar demonstrada a existência de coação ou de outro defeito que vicie o ato jurídico.

13.4.7. Pagamento em moeda corrente

A prestação em espécie do salário será paga em moeda corrente do país (**art. 463, CLT**), considerando-se como não feito o pagamento do salário realizado com inobservância dessa regra (**parágrafo único**).

Nos termos do **art. 460 da CLT**, quando **não houver prova da estipulação do salário ou não havendo prova sobre a importância ajustada**, o juiz fixará o valor do salário, tendo o empregado direito a perceber salário igual ao daquele que, na mesma empresa, fizer serviço equivalente ou do que for habitualmente pago para serviço semelhante.

13.5. Salário mínimo, salário normativo, salário profissional, piso salarial

O **salário mínimo** é **direito de todo trabalhador**, em valor **fixado por lei**. **Unificado nacionalmente**, o salário mínimo será **reajustado periodicamente** e deve **atender às necessidades vitais básicas do trabalhador e de sua família** com moradia, alimentação, educação, saúde, lazer, vestuário, higiene, transporte e previdência social (**art. 7º, IV, CF, e art. 76, CLT**).

É **vedada a vinculação** do salário mínimo para qualquer fim. Neste sentido, a **Súmula vinculante 4, STF:** salvo nos casos previstos na Constituição, o salário mínimo não pode ser usado como indexador de base de cálculo de vantagem de servidor público ou de empregado, nem ser substituído por decisão judicial.

Salário profissional é aquele devido a **determinada profissão** e **fixado por lei**; é o valor mínimo de salário que pode ser pago a trabalhador integrante de determinada profissão regulamentada.

Salário normativo, ou **piso da categoria**, é fixado em **norma coletiva** (sentença normativa ou convenção coletiva de trabalho), sendo o valor mínimo de salário que pode ser pago a trabalhador integrante de **determinada categoria profissional**.

O **art. 7º, V, da Constituição Federal** prevê como direito dos trabalhadores o **piso salarial**, proporcional à extensão e à complexidade do trabalho.

A **Lei Complementar n. 103/2000** autoriza, com fundamento no **art. 22, parágrafo único, da Constituição Federal**, os **Estados e o Distrito Federal** a instituir, mediante proposta de iniciativa do Poder Executivo respectivo, piso salarial para empregados que não o tenham fixado por lei federal ou norma coletiva.

13.6. Salário complessivo

Consiste em pagamento ao empregado de **valor único** com a pretensão de quitar não só o salário, mas também diversos títulos decorrentes do contrato de trabalho. O pagamento de **salário complessivo** é **vedado** por nosso ordenamento jurídico.

> **Súmula 91, TST**
> Nula é a cláusula contratual que fixa determinada importância ou percentagem para atender englobadamente vários direitos legais ou contratuais do trabalhador.

13.7. Equiparação salarial

O **art. 7º, XXX e XXXI, da Constituição Federal** consagra o ***princípio da não discriminação salarial***, proibindo diferença de salário por motivo de sexo, idade, cor ou estado civil, ou por ser o trabalhador portador de deficiência.

A ***igualdade salarial* (*ou isonomia salarial*)** é disciplinada pelo **art. 461 da CLT**, que estabelece os requisitos para o direito à ***equiparação salarial*** e determina que ***a todo trabalho de igual valor deve corresponder salário igual***.

Sempre que estejam presentes os requisitos previstos em tal dispositivo legal, o empregado que ganhar menos do que outro (*paradigma*) tem direito a pleitear equiparação salarial.

Requisitos da equiparação salarial:

a) trabalho para o **mesmo empregador** – é impossível reconhecer-se a equiparação salarial entre empregados que trabalhem para empregadores distintos;

b) trabalho **no mesmo estabelecimento** – considerando que a igualdade de salários depende de condições idênticas de trabalho, o legislador limita o direito à equiparação salarial entre empregados que trabalham no **mesmo estabelecimento empresarial**. Assim, ainda que se trate do mesmo empregador, não há que se falar em direito de receber salário igual entre empregados que executam suas funções em estabelecimentos distintos;

c) trabalho em **idêntica função** – empregado e paradigma devem exercer a mesma função, desempenhando as mesmas tarefas, não importando se os cargos têm, ou não, a mesma denominação (**Súmula 6, III, TST**);

d) **diferença de tempo de serviço para o empregador não superior a quatro anos e diferença de tempo na função não superior a dois anos** – em relação a essas duas condições relativas ao tempo de serviço (para o mesmo empregador e na função), o legislador reconhece que, não obstante o fato de o trabalho ser desenvolvido com a mesma produtividade e a mesma perfeição técnica, **pode o empregado mais antigo receber salário maior do que o mais novo**;

e) trabalho com a **mesma produtividade** e a **mesma perfeição técnica** – a análise de tais requisitos exige que empregado e paradigma tenham as mesmas condições de trabalho. Para o reconhecimento da equiparação salarial, exige-se que o trabalho prestado tenha igual valor, assim entendido aquele desenvolvido com igual produtividade (critério quantitativo) e com igual perfeição técnica (critério qualitativo).

A equiparação salarial só será possível entre empregados contemporâneos no cargo ou na função (**contemporaneidade do trabalho**), ficando vedada a indicação de paradigmas remotos, ainda que o paradigma contemporâneo tenha obtido a vantagem em ação judicial própria (**art. 461, § 5º, CLT**). Para que haja a possibilidade de confrontação ou comparação entre os dois empregados, necessária a **simultaneidade na prestação de serviços**.

No entanto, é **desnecessário** que, ao tempo da **reclamação sobre equiparação salarial, reclamante e paradigma ainda estejam a serviço do estabelecimento**. O que importa é que o pedido se relacione com situação pretérita (**Súmula 6, IV, TST**).

Nas empresas com **quadro organizado de carreira** ou com **plano de cargos e salários** não cabe pedido de equiparação salarial, dispensada qualquer forma de homologação (**§ 2º, art. 461, TST**).

É **do empregador o ônus da prova** do fato impeditivo, modificativo ou extintivo do direito à equiparação salarial (**Súmula 6, VIII, TST**). Assim:

a) **quanto à identidade de função** – o ônus da prova é do empregado, pois é fato constitutivo do seu direito;

b) **quanto aos demais requisitos** – o ônus da prova é do empregador, pois são fatos impeditivos, modificativos ou extintivos do direito do autor.

Observações:

1. Desde que preenchidos os requisitos do art. 461 da CLT, é possível a equiparação salarial de **trabalho intelectual**, que pode ser avaliado por sua perfeição técnica, cuja aferição terá critérios objetivos (**Súmula 6, VII, TST**).
2. A cessão de empregados não exclui a equiparação salarial, embora exercida a função em órgão governamental estranho à cedente, se esta responde pelos salários do paradigma e do reclamante (**Súmula 6, V, TST**).
3. Na ação em que se pleiteia equiparação salarial, a **prescrição** só alcança as diferenças salariais no período de 5 anos que precedeu o ajuizamento (**Súmula 6, IX, TST**).

13.8. Décimo terceiro salário (ou gratificação de Natal)

O **13º salário** corresponde a uma gratificação salarial que é paga pelo empregador ao empregado no mês de dezembro de cada ano.

Trata-se de direito garantido pelo **art. 7º, VIII da Constituição Federal** a todos os empregados urbanos, rurais e domésticos, sendo regulamentado pelas **Leis n. 4.090/62** e **4.749/65** e pelo **Decreto n. 57.155/65**.

O valor do 13º salário equivale ao **valor da remuneração normal** que o empregado receber **em dezembro**, desde que o empregado **tenha trabalhado o ano todo**, ou ao valor **proporcional da remuneração** (1/12 por mês ou fração superior a 15 dias), caso o empregado **não tenha trabalhado o ano todo (13º salário proporcional)**.

O 13º salário deve ser pago em **duas parcelas** – a primeira entre fevereiro e novembro e a segunda até 20 de dezembro.

Observação: A primeira parcela do 13º salário pode ser paga junto com as férias, se requerido o adiantamento pelo empregado em janeiro do correspondente ano.

O **13º salário proporcional** será devido nas seguintes hipóteses de rescisão do contrato de trabalho:

- dispensa sem justa causa;
- pedido de demissão;
- término do contrato por prazo determinado;
- aposentadoria do empregado;
- morte do empregado (pagamento aos dependentes ou herdeiros).

Não tem direito ao 13º salário proporcional o empregado que é dispensado por **justa causa**. Se a dispensa ocorreu por justa causa e a 1ª parcela do 13º salário já foi paga, o valor correspondente pode ser descontado das verbas rescisórias.

Em caso de **culpa recíproca**, o empregado receberá **50%** do 13º salário proporcional (**Súmula 14, TST**).

13.9. Adicionais de remuneração

Adicionais de remuneração são os acréscimos salariais decorrentes de situações específicas de trabalho mais gravosas do que as normais. Podem ser previstos em lei ou em normas coletivas de trabalho (convenções e acordos coletivos).

Adicionais legais:

a) adicional de hora extra: é devido ao empregado que prestar serviços extraordinariamente, ou seja, cuja duração do trabalho ultrapassar a duração normal, prevista em lei, em norma coletiva ou no contrato de trabalho.

- **valor do adicional**: no mínimo 50% sobre o salário normal (**art. 7º, XVI, CF**).
- sendo **pago habitualmente**, integra a remuneração do empregado para todos os efeitos legais.
- horas extras **prestadas habitualmente por mais de um ano**: se suprimidas pelo empregador → será devida ao empregado uma indenização pela supressão, calculada da forma prevista na **Súmula 291, TST**.

b) adicional noturno: é devido ao empregado que trabalhar no período noturno.

> **Horário noturno – empregados urbanos e domésticos:** das 22h às 5h; **empregados rurais:** das 21h às 5h para os que trabalham na agricultura, e das 20h às 4h para os que trabalham na pecuária.

- **valor do adicional**: 20% sobre a hora diurna (empregados urbanos e domésticos – **art. 73, CLT + LC 150/2015**); 25% sobre a hora diurna (empregados rurais – **Lei n. 5.889/73**).
- **duração da hora noturna**: para os empregados urbanos e domésticos, a hora noturna é de 52m30s (hora noturna reduzida). Para os empregados rurais, não há redução da hora noturna.
- sendo **pago habitualmente**, integra a remuneração do empregado para todos os efeitos legais (**Súmula 60, I, TST**).
- a **transferência para o período diurno** implica a **perda do direito** ao adicional noturno (**Súmula 265, TST**).

c) adicional de insalubridade: é devido ao empregado que trabalhar em condições ou locais que ofereçam **riscos à sua saúde**, acima dos **limites de tolerância** fixados pelo Ministério do Trabalho (**art. 189, CLT, e art. 7º, XXIII, CF**).

- **requisitos para a caracterização da insalubridade**: **a)** intensidade do agente; **b)** método de utilização do agente; **c)** tempo de exposição do trabalhador aos efeitos do agente; **d)** limite de tolerância do trabalhador ao agente; **e)** utilização de equipamento de proteção individual ou coletiva, eliminando ou diminuindo a intensidade do agente nocivo.
- a insalubridade deve necessariamente ser apurada mediante **perícia**, que deve ser realizada por médico ou engenheiro do trabalho (**art. 195, CLT, e OJ SDI-1 165, TST**).

- **valor do adicional**: 10%, 20% e 40% sobre o **salário mínimo**, dependendo do grau de exposição ao agente insalubre, ***mínimo, médio* ou *máximo***, respectivamente (**art. 192, CLT**).
- **integra a remuneração** do empregado para todos os efeitos legais.
- a convenção coletiva e o acordo coletivo de trabalho podem dispor sobre enquadramento do grau de insalubridade e prorrogação de jornada em locais insalubres, sem licença prévia das autoridades competentes do Ministério do Trabalho (**art. 611-A, XII e XIII**).
- o direito ao adicional de insalubridade **cessará com a eliminação do risco à saúde**, sendo lícita a supressão do seu pagamento (**art. 194, CLT, e Súmula 80, TST**).

d) adicional de periculosidade: é devido ao empregado que trabalhar em condições que ofereçam **riscos à vida** (**art. 7º, XXIII, CF**), em razão de (art. 193, CLT):

- contato com explosivos, inflamáveis ou energia elétrica;
- exposição do empregado e roubos ou outras espécies de violência física nas atividades profissionais de segurança pessoal ou patrimonial;
- trabalho com motocicletas.

A exposição do empregado à **radiação ionizante** ou à **substância radioativa** enseja a percepção do adicional de periculosidade (**OJ SDI-1 345, TST**).

Os **tripulantes e demais empregados em serviços auxiliares de transporte aéreo** que, no momento do abastecimento da aeronave, permanecem a bordo não têm direito ao adicional de periculosidade (**Súmula 447, TST**).

O trabalho deve ser realizado em **"área de risco"**, que será definida por perícia, que deve ser realizada por médico ou engenheiro do trabalho (art. 195, CLT, e OJ SDI-1 165, TST).

É devido em caso de **exposição permanente ou intermitente** à condição de risco. **Não é devido** em caso de **exposição fortuita ou habitual, mas por tempo extremamente reduzido** (Súmulas 361 e 364, I TST).

Não é válida a cláusula de acordo ou convenção coletiva de trabalho fixando o **adicional de periculosidade em percentual inferior** ao estabelecido em lei e proporcional ao tempo de exposição ao risco, pois tal parcela constitui medida de higiene, saúde e segurança do trabalho, garantida por norma de ordem pública (**Súmula 364, II, TST**).

- **valor do adicional**: 30% sobre o salário contratual do empregado, excluídas as gratificações, prêmios e participação nos lucros da empresa. Incide apenas sobre o salário-base do empregado (**Súmula 191, TST**).
- integra a remuneração do empregado para todos os efeitos legais.
- o **direito** ao adicional de periculosidade **cessará com a eliminação do risco**, sendo lícita a supressão do seu pagamento (**art. 194 CLT**).

O empregado que trabalhar em condições insalubres e perigosas ao mesmo tempo deverá **optar por um dos adicionais**, não podendo receber os dois (**§ 2º, art. 193, CLT**).

e) adicional de transferência: é devido na hipótese de transferência do empregado, de mudança de local de trabalho que implique **necessariamente** em mudança de domicílio do mesmo.

Somente é devido no caso de ***transferência provisória***, enquanto perdurar esta situação. Não é devido nas transferências definitivas (**art. 469, § 3º, CLT**).

- **valor do adicional**: 25% sobre o salário contratual do empregado.
- **integra a remuneração** do empregado para todos os efeitos legais.
- **cessando a transferência** e retornando o empregado para a localidade original de trabalho, **cessa o pagamento** do adicional (**art. 469, § 3º, CLT**).

OJ SDI-1 113, TST
O fato de o empregado exercer cargo de confiança ou a existência de previsão de transferência no contrato de trabalho não exclui o direito ao adicional. O pressuposto legal apto a legitimar a percepção do mencionado adicional é a transferência provisória.

Observação: As **despesas com a transferência** são sempre por conta do empregador, seja ela definitiva ou provisória. Não se confunde com o pagamento do adicional de transferência, que é devido na transferência provisória e que tem outra finalidade.

f) adicional de penosidade: previsto no **art. 7º, XXII, CF**, ainda não foi regulamentado por lei, razão pela qual não há previsão das hipóteses nas quais é devido nem do respectivo valor.

14. ALTERAÇÃO DO CONTRATO DE TRABALHO

O **art. 468 da CLT** estabelece que no contrato individual de trabalho só é lícita a alteração das respectivas condições por mútuo consentimento, e ainda assim desde que não resultem, direta ou indiretamente, prejuízos ao empregado, sob pena de nulidade da cláusula infringente desta garantia".

Requisitos para validade da alteração do contrato de trabalho:

a) mútuo consentimento (concordância do empregado);
b) inexistência de qualquer tipo de prejuízo para o empregado (esse requisito não se aplica aos empregados "*hipersuficientes*" previstos no parágrafo único do art. 444 da CLT).

Portanto, **nenhuma condição de trabalho pode ser modificada unilateralmente** pelo empregador e, até mesmo a **alteração bilateral é vedada se dela resultarem prejuízos** para o trabalhador.

Alteração unilateral ou alteração que gere prejuízo para o empregado → **nulidade**

Consequências da nulidade:

a) devem ser restabelecidas as condições anteriores, com o retorno das partes ao *status quo ante*;
b) devem ser pagos ao empregado os prejuízos havidos com a alteração prejudicial;
c) é possível também que o contrato de trabalho seja rescindido por culpa grave do empregador, com pagamento das verbas daí decorrentes.

As alterações do contrato de trabalho podem ser de diversas ordens. No entanto, merecem destaque a alteração de função, a alteração salarial, a alteração de jornada e a alteração de localidade da prestação dos serviços (transferência).

Alteração de função: pode ocorrer no ***plano horizontal*** (mudança dentro do mesmo nível hierárquico) ou no ***plano vertical*** (ocorre entre níveis hierárquicos diferentes e pode ser ***ascendente*** – promoção, ou ***descendente*** – rebaixamento, reversão ou retorno).

a) **Promoção**: só será direito do empregado quando contratualmente prevista ou quando o regulamento de empresa contenha disposição sobre as condições para sua ocorrência e o empregado preencha tais condições. Caso contrário, a promoção insere-se no poder discricionário do empregador.

Como regra, a promoção é mais benéfica para o empregado, sendo, portanto, uma alteração contratual lícita. Havendo comprovação de eventual prejuízo para o empregado, a mesma não será válida.

b) **Rebaixamento**: implica modificação do nível hierárquico que o empregado ocupa na empresa, sendo prejudicial ao mesmo. Não é permitido, mesmo que dele não resulte diminuição do salário.

Permissões legais de alteração vertical descendente de função:

1. reversão ao cargo efetivo, anteriormente ocupado, deixando o exercício de função de confiança (**art. 468, parágrafo único, e art. 499, CLT**). A reversão, com ou sem justo motivo, não assegura ao empregado o direito à manutenção do pagamento da gratificação correspondente, que não será incorporada, independentemente do tempo de exercício da respectiva função (**art. 468, § 2º, CLT**).
2. reversão ao cargo anterior, deixando cargo em comissão, ocupado interinamente (**art. 450, CLT**).
3. retorno do substituto ao seu cargo original, após o período de substituição que não tenha caráter meramente eventual (**art. 450, CLT e Súmula 159, TST**).
4. empregado readaptado de função em razão de deficiência física ou mental atestada pelo INSS (**art. 461, § 4º, CLT**).

c) **Alteração horizontal**: é permitida, desde que justificada e desde que não implique prejuízo de qualquer ordem para o empregado.

Alteração de salário: a alteração quanto ao valor do salário é regulada pelo **art. 7º, VI, da Constituição Federal**, que consagra o princípio da irredutibilidade salarial, permitindo a redução, porém, quando decorrente de previsão em convenção ou acordo coletivo de trabalho.

A **alteração das formas e meios de pagamento** do salário (ex.: salário era fixo e foi alterado para salário variável) somente será válida se o empregado concordar com ela e, ainda assim, desde que dela não decorram prejuízos a ele.

Alteração de jornada: a jornada de trabalho também é inalterável, mas de forma menos rígida. Dentro do mesmo turno será possível a modificação, salvo prejuízo comprovado.

Além disso, a **modificação do horário** noturno para o horário diurno e a supressão do trabalho em jornada extraordinária são válidas, tendo em vista que gera uma condição mais benéfica para o empregado, no sentido de preservação de sua saúde e de sua integridade física. Sua alteração é de interesse social (**Súmula 265 e 291, TST**).

Alteração de lugar (transferência): a transferência é a modificação da localidade da prestação de serviços. Ao empregador é vedado transferir o empregado, sem sua anuência, para localidade diversa da que resultar do contrato (**art. 469, CLT**).

A localidade resultante do contrato é a que foi pactuada expressamente no início ou a fixada durante o decorrer de sua vigência.

A transferência somente é caracterizada quando a alteração da localidade da prestação dos serviços implicar **necessariamente** mudança de domicílio. A imposição de trabalho em localidade mais distante, porém, obriga o empregador a pagar suplemento salarial correspondente ao acréscimo de despesa de transporte (**Súmula 29, TST**).

O **§ 1º, art. 469, CLT,** estabelece que não estão compreendidos na proibição de transferência sem anuência os empregados que exerçam cargo de confiança e aqueles cujos contratos contenham condição implícita ou explícita de transferência. Mas, em qualquer um destes casos, a transferência somente será válida se decorrer de ***real necessidade de serviço*** (necessidade de serviço devidamente comprovada). A não comprovação da necessidade de serviço permite que o empregado pleiteie judicialmente liminar para evitar a transferência (**art. 659, IX, CLT**).

É **lícita a transferência** do empregado quando ocorrer a **extinção do estabelecimento** em que o mesmo trabalhar (**§ 3º, art. 469, CLT**).

Somente nos casos de **transferência provisória** será devido ao empregado **adicional de transferência** de 25% sobre o salário contratual, que deverá ser pago enquanto durar a transferência (**§ 3º, art. 469, CLT**).

Observação: ***Alteração de regulamento interno da empresa*** – As cláusulas de regulamento interno da empresa que revoguem ou alterem vantagens deferidas anteriormente, só atingirão os trabalhadores admitidos após a revogação ou alteração do regulamento (**Súmula 51, I, TST**).

Havendo a coexistência de dois regulamentos da empresa, a opção do empregado por um deles tem efeito jurídico de renúncia às regras do sistema do outro (**Súmula 51, II, TST**).

15. SUSPENSÃO E INTERRUPÇÃO DO CONTRATO DE TRABALHO

Em ambas as hipóteses o **contrato de trabalho continua vigente**, mas as **principais obrigações** dele decorrentes **não são temporariamente exigíveis** de forma total (**suspensão**) ou de forma parcial (**interrupção**).

Suspensão	Interrupção
■ não há trabalho	■ não há trabalho
■ não há salário	■ há salário
■ não conta tempo de serviço	■ conta tempo de serviço

Hipóteses de interrupção do contrato de trabalho:

- descanso semanal e feriados;
- férias;
- faltas justificadas;
- licença-paternidade;
- licença-maternidade;
- afastamento por doença ou acidente (15 primeiros dias);
- período de greve, quando esta não for considerada abusiva pelo Tribunal.

Hipóteses de suspensão do contrato de trabalho:

- licença não remunerada;
- afastamento por doença ou acidente (por mais de 15 dias);
- suspensão disciplinar;
- faltas injustificadas;
- período de participação do empregado em curso ou programa de qualificação profissional oferecido pelo empregador (**art. 476-A, CLT**);
- período de greve, quando esta for considerada abusiva pelo Tribunal;
- aposentadoria por invalidez (**art. 475, CLT**).

Serão **computados na contagem de tempo de serviço**, para efeito de indenização e estabilidade, os períodos em que o empregado estiver afastado do trabalho por motivo de acidente do trabalho (**art. 4º, § 1º, CLT**).

Observações: O empregado **eleito para ocupar cargo de diretor** tem o respectivo **contrato de trabalho suspenso**, não se computando o tempo de serviço deste período, salvo se permanecer a subordinação jurídica inerente à relação de emprego (**Súmula 269, TST**). No caso de suspensão do contrato de trabalho em decorrência de **acidente do trabalho**, o empregador permanece com a obrigação de depositar FGTS (**art. 15, § 5º, Lei n. 8.036/90**).

■ 16. EXTINÇÃO DO CONTRATO DE TRABALHO

■ 16.1. Extinção do contrato de trabalho por prazo determinado

A extinção se dá em decorrência do cumprimento integral, quer pelo término do prazo, quer pelo advento da condição resolutiva (**art. 443, § 1º, CLT**).

Verbas rescisórias devidas: saldo de salário, 13º salário proporcional, férias proporcionais + 1/3, levantamento do FGTS.

Rescisão antecipada: não havendo cumprimento integral do contrato porque houve decisão de uma das partes em rescindi-lo antecipadamente, o legislador impõe punição à parte que assim agir:

a) **por iniciativa do empregador:** este será obrigado a pagar ao empregado, a título de indenização, a metade do valor da remuneração a que o mesmo teria direito até o término do contrato (**art. 479, CLT**). Trata-se de indenização por perdas e danos decorrentes da violação do pactuado.

b) **por iniciativa do empregado:** este deverá indenizar o empregador dos prejuízos que desse fato lhe resultarem, em valor que não poderá ser superior ao que o empregador lhe pagaria se tivesse sido daquele a iniciativa da rescisão antecipada (**art. 480, CLT**).

Observação: A **indenização** prevista nos arts. 479 e 480 da CLT **não será devida** quando o contrato por prazo determinado contiver ***cláusula assecuratória do direito recíproco de rescisão antecipada***. Neste caso, se exercida a faculdade prevista na cláusula por qualquer uma das partes, a rescisão será regida pelas mesmas regras de extinção previstas para os contratos por prazo indeterminado (**art. 481, CLT**).

■ 16.2. Extinção do contrato por prazo indeterminado

A extinção pode ocorrer por iniciativa do empregado, por iniciativa do empregador, ou por fatos alheios à vontade das partes.

Por iniciativa do empregado:

a) **pedido de demissão:** é a comunicação do empregado ao empregador de que não pretende dar mais continuidade ao contrato de trabalho.

Não tem forma prevista em lei, mas como o pedido de demissão **precisa ser provado pelo empregador** (presume-se que a rescisão do contrato de trabalho se deu por iniciativa do empregador, salvo se houver prova em sentido contrário – **Súmula 212, TST**), costuma-se exigir que seja feito por escrito.

Verbas rescisórias: saldo de salário, 13º salário proporcional, férias proporcionais + 1/3 (mesmo que o empregado tenha menos de 12 meses de serviço – **Súmula 261, TST**). O empregado não pode levantar o FGTS. O aviso-prévio somente será pago se for cumprido pelo empregado. Recusando-se o empregado a cumpri-lo, o empregador pode descontar o salário correspondente ao período respectivo.

b) **dispensa indireta:** é a rescisão contratual pelo empregado, tendo em vista **justa causa praticada pelo empregador**.

As faltas graves do empregador são previstas no **art. 483, CLT:**

1. exigência de serviços superiores às forças do empregado, defesos por lei, contrários aos bons costumes, ou alheios ao contrato;
2. rigor excessivo contra o empregado;
3. exposição do empregado a perigo manifesto de mal considerável;
4. descumprimento de obrigações contratuais;
5. prática pelo empregador ou por seus prepostos de atos lesivos à honra e à boa fama do empregado ou de seus familiares;
6. prática pelo empregador ou por seus prepostos de ofensas físicas ao empregado, salvo legítima defesa;
7. redução injustificada do trabalho do empregado, quando este for realizado por produção ou por tarefa, de modo a diminuir sensivelmente sua remuneração.

Verbas rescisórias: o empregado receberá todas as verbas rescisórias que receberia caso tivesse sido dispensado sem justa causa.

Por iniciativa do empregador:

a) **dispensa sem justa causa:** é a ruptura do contrato de trabalho por ato unilateral e imediato do empregador, independentemente da vontade do empregado.

A dispensa sem justa causa não é vedada por lei. No entanto, a **relação de emprego é protegida**

contra dispensa arbitrária ou sem justa causa, sendo devida indenização compensatória em favor do empregado (**art. 7º, I, CF**). A indenização corresponde a 40% dos depósitos do FGTS efetuados durante a vigência do contrato de trabalho (**art. 18, § 1º, Lei n. 8.036/90**).

Verbas rescisórias: saldo de salário, aviso-prévio, 13º salário proporcional, férias proporcionais + 1/3, 40% do FGTS. O empregado pode levantar o valor do FGTS depositado em sua conta vinculada.

b) **dispensa por justa causa:** é a rescisão do contrato de trabalho em decorrência da **prática de falta grave pelo empregado**. A prática da justa causa torna **insustentável a manutenção do vínculo de emprego**, levando à imediata rescisão do contrato e desonerando o empregador de algumas reparações econômicas que seriam devidas caso o contrato tivesse sido rescindido sem justa causa.

Caracterização e limitações da justa causa:

- **legalidade** – somente podem ser consideradas justa causa hipóteses expressamente previstas em lei (o **art. 482 da CLT** prevê as hipóteses gerais de justa causa; outros dispositivos legais podem prever hipóteses específicas de justa causa);
- **taxatividade** – as hipóteses de justa causa são taxativamente previstas em lei; a enumeração não é meramente exemplificativa;
- **imediatidade** – a reação do empregador, dando por rescindido o contrato, deve ser imediata, o que não afasta o decurso de tempo razoável para apuração dos fatos, variando tal prazo de acordo com a complexidade organizacional da empresa. A falta da imediatidade faz **presumir** perdão tácito;
- **perdão** – inexistência de perdão tácito ou expresso;
- **causalidade** – que o fato seja efetivamente determinante da rescisão (**nexo causal**);
- ***non bis in idem*** – não se admite que um mesmo fato possa ser punido mais de uma vez. Se o fato já foi punido com advertência ou com suspensão, não pode ser aplicada justa causa. Caso o empregado pratique novamente um fato idêntico ao primeiro, para este segundo fato, se não foi aplicada nenhuma outra punição, pode o contrato ser rescindido por justa causa.

Observações: A punição não pode ser excessiva; deve haver **proporcionalidade** entre a gravidade da falta e a gravidade da punição aplicada. Caso a falta tenha sido praticada por diversos empregados ao mesmo tempo, o empregado tem de ser punido da mesma forma que os outros envolvidos na prática da falta. A ausência de isonomia descaracteriza a punição.

Hipóteses de justa causa (art. 482, CLT):

1. **ato de improbidade** – atentado contra o patrimônio do empregador ou de terceiros ligados ao trabalho (ex.: colegas de trabalho, clientes, fornecedores). É o ato desonesto, malicioso, que foi praticado intencionalmente pelo empregado (dolo).
2. **incontinência de conduta ou mau procedimento** – a incontinência de conduta caracteriza-se pela conduta irregular do empregado, incompatível com a moral sexual; o mau procedimento é o comportamento irregular do empregado, incompatível com as normas exigidas pelo senso comum do homem médio.
3. **negociação habitual** – é o ato de concorrência desleal para com o empregador ou o exercício do comércio em paralelo com o exercício da função decorrente do contrato de trabalho, ou quando for prejudicial ao serviço. A autorização tácita ou expressa do empregador descaracteriza a justa causa.
4. **condenação criminal sem direito a suspensão da execução da pena** – o fato do empregado estar respondendo processo criminal não permite a caracterização de justa causa. É necessário que tenha havido condenação criminal, já transitada em julgado, e, ainda, que não caiba suspensão da execução da pena.
5. **desídia** – é o desempenho das funções com negligência, desleixo, descaso. É a baixa produtividade e perfeição técnica do trabalho decorrente da falta de interesse do empregado. Requer habitualidade e, ainda, punições para as práticas anteriores (o empregado já praticou este tipo de falta anteriormente e foi punido com advertência ou com suspensão, ou seja, o empregado já tem histórico faltoso).
6. **embriaguez habitual ou em serviço** – haverá embriaguez sempre que o empregado, sob o efeito de álcool ou de outra substância entorpecente, perde o governo de suas faculdades a ponto de tornar-se incapaz de executar as tarefas a que está obrigado. **Embriaguez habitual** = é a embriaguez constante, fora do serviço,

mas que reflete diretamente no comportamento do empregado no ambiente de trabalho.

Embriaguez em serviço = é a que ocorre durante a jornada de trabalho e que impede que o empregado cumpra suas tarefas de forma adequada e, ainda, coloca em risco a integridade dele ou de terceiros.

7. **violação de segredo –** divulgação não autorizada de informação, fato ou dado de uso e conhecimento exclusivo do empregador. Para que possa ser caracterizada a justa causa, é necessário que a informação seja realmente sigilosa e que o empregado tenha tomado conhecimento da mesma em decorrência de sua função, tendo o dever de sigilo em relação à mesma.
8. **indisciplina –** descumprimento de ordens gerais de serviço, dirigidas impessoalmente a todos os empregados.
9. **insubordinação –** descumprimento de ordens pessoais de serviço, que foram dadas diretamente ao empregado.
10. **abandono de emprego –** é caracterizado por dois requisitos: a) o decurso de um período determinado de ausência injustificada ao serviço, fixado pela jurisprudência em 30 dias (as faltas injustificadas por mais de 30 dias presumem abandono de emprego); b) intenção manifesta do empregado em romper o contrato. O empregador precisa diligenciar no sentido de comprovadamente convocar o empregado para retornar ao trabalho (por carta, telegrama, notificação por cartório etc.).

    Presume-se o abandono de emprego se o trabalhador não retornar ao serviço no prazo de 30 dias após a cessação do benefício previdenciário nem justificar o motivo de não o fazer (**Súmula 32, TST**).
11. **ato lesivo à honra e à boa fama –** é a ofensa à honra, do empregador ou de terceiro ligado ao serviço (colegas de trabalho, clientes, fornecedores), caracterizando injúria, difamação ou calúnia, salvo hipótese de legítima defesa, própria ou de outrem.
12. **ofensas físicas –** prática de agressão, tentada ou consumada, contra o empregador, superior hierárquico, colegas ou terceiros, no local de trabalho ou situação de estreita relação com o serviço (não ocorreu nas dependências da empresa, mas teve relação com o serviço em si), salvo hipótese de legítima defesa, própria ou de outrem.
13. **prática constante de jogos de azar –** jogos de azar são os jogos de aposta, que não dependem de habilidade do jogador, mas de sua sorte. Refere-se a aposta em dinheiro. Para caracterização da justa causa é necessário que a prática ocorra no ambiente de trabalho.
14. **perda da habilitação ou dos requisitos estabelecidos em lei para o exercício da profissão, em decorrência de conduta dolosa do empregado –** trata-se de hipótese de empregado que precisa de habilitação ou precisa preencher um requisito específico para poder exercer sua atividade profissional. Somente restará caracterizada a justa causa se a perda decorrer de conduta dolosa do empregado. Negligência, imprudência ou imperícia (culpa) não caracterizam justa causa.

Outras hipóteses de justa causa:

1. empregado que se recusa a atender normas de segurança no trabalho e a usar equipamentos de proteção individual (EPI) – (**art. 158, CLT**).
2. ferroviário que recusa prorrogação de horário em certos casos (**art. 240, CLT**).
3. falta disciplinar grave do aprendiz (**art. 433, CLT**).
4. grevista que praticar excessos e não respeitar os limites previstos em lei para o exercício do direito de greve (**Lei n. 7.783/89**).

Verbas rescisórias: o empregado dispensado por justa causa não tem direito a 13º salário proporcional, a férias proporcionais, a aviso-prévio, a 40% do FGTS. Não pode levantar o FGTS.

Culpa recíproca: decorre da prática simultânea, pelo empregado e pelo empregador, de falta grave.

No caso de culpa recíproca, o empregado tem direito de receber metade da indenização a que teria direito (20% do FGTS), metade do aviso-prévio, das férias proporcionais e do 13º salário proporcional (**art. 484, CLT, e Súmula 14, TST**).

Por acordo entre empregado e empregador:

Não havendo mais interesse recíproco na manutenção da relação de emprego, empregado e empregador podem, por **comum acordo**, extinguir o contrato de trabalho, na forma prevista **no art. 484-A, CLT**.

Verbas rescisórias: saldo de salário; 50% do valor do aviso-prévio; 13º salário proporcional; férias vencidas, acrescidas de 1/3, se houver; férias proporcionais acrescidas de 1/3; indenização de 20% dos depósitos do FGTS.

Essa modalidade de extinção do contrato de trabalho permite a movimentação da conta vinculada do trabalhador no FGTS, ficando **limitada a 80% do valor dos depósitos** efetuados ao longo da vigência do contrato de trabalho (**art. 484-A, § 1º, CLT**), mas **não autoriza** o ingresso no Programa de **Seguro-Desemprego** (**art. 484-A, § 2º, CLT**).

Por fatos alheios à vontade das partes:

a) **morte do empregado:** tendo em vista que o contrato de trabalho é pessoal em relação ao sujeito empregado, o desaparecimento deste implica necessariamente a rescisão do liame contratual.

Pagamento das verbas rescisórias: será efetuado aos **dependentes** do empregado falecido, indicados perante a Previdência Social. **Na falta** de dependentes, o pagamento será feito aos **herdeiros, na forma da lei civil**.

Verbas rescisórias: saldo de salário, 13º salário proporcional, férias proporcionais + 1/3. Autorizado o levantamento do FGTS. Indevidos aviso-prévio e 40% do FGTS.

b) ***factum principis*:** a rescisão do contrato de trabalho decorre de ato de autoridade municipal, estadual ou federal, ou, ainda, de promulgação de lei ou de resolução que impossibilite a continuidade da atividade.

Verbas rescisórias: saldo de salário, 13º salário proporcional, férias proporcionais + 1/3, aviso-prévio. Autorizado o levantamento do FGTS. A indenização de 40% do FGTS ficará a cargo do Governo responsável pela determinação que levou à rescisão do contrato de trabalho (**art. 486, CLT**).

Observação: ***Aposentadoria do empregado*** – A aposentadoria **só** é considerada **causa de extinção** do contrato de trabalho **se o empregado deixar de trabalhar para o empregador**.

A aposentadoria espontânea não é causa de extinção do contrato de trabalho se o empregado permanece prestando serviços ao empregador após a jubilação. Assim, por ocasião da sua dispensa imotivada, o empregado tem direito à multa de 40% do FGTS sobre a totalidade dos depósitos efetuados no curso do pacto laboral (**OJ SDI-1 361, TST**).

17. AVISO-PRÉVIO

Aviso-prévio é a notificação dada por uma das partes do contrato de trabalho à outra parte, **comunicando** sua **intenção de rescindir o contrato de trabalho sem justa causa**, de acordo com o prazo previsto em lei, sob pena de pagar indenização substitutiva. É direito do empregado, previsto no **art. 7º, XXI, da Constituição Federal**.

É **figura típica dos contratos por prazo indeterminado** e tem por finalidade evitar a surpresa da ruptura abrupta do contrato de trabalho.

Deve ser dado **pelo empregador** quando este rescinde o contrato sem justa causa, e **pelo empregado** quando este pede demissão (reciprocidade – **art. 487, CLT**). É **devido** no caso de **dispensa indireta** (**art. 487, § 4º, CLT**) e de rescisão do contrato por ***factum principis***. Devido também no caso de **cessação das atividades da empresa** (**Súmula 44, TST**).

Duração do aviso-prévio: proporcional ao tempo de serviço, sendo, no **mínimo, de 30 dias** (**art. 7º, XXI, CF**).

A **proporcionalidade** da duração do aviso prévio foi regulamentada pela **Lei n. 12.506/2011**, que prevê:

a) o aviso prévio será concedido na proporção de **30 dias** aos empregados que tenham **até um ano de serviço** na empresa;

b) ao aviso prévio de 30 dias serão acrescidos **3 dias por ano de serviço** prestado à empresa, até o máximo de mais 60 dias, perfazendo uma **duração total de até 90 dias**.

Aplica-se a regra prevista no *caput* do art. 132 do Código Civil à contagem do prazo do aviso-prévio, excluindo-se o dia do começo e incluindo-se o dia do vencimento (**Súmula 380, TST**).

Forma: não há formalidade prevista em lei, mas como é necessário que seja provada sua concessão, é conveniente que seja dado por escrito.

Efeitos:

a) a rescisão do contrato de trabalho torna-se efetiva depois de expirado o prazo do aviso-prévio (**art. 489, CLT**). Em decorrência disto:

- **integra o tempo de serviço** para todos os efeitos legais, ainda que indenizado;
- a **data de saída a ser anotada na CTPS** do empregado deve corresponder à data do término do aviso-prévio, ainda que indenizado (**OJ SDI-1 82, TST**);
- a **prescrição** começa a fluir no final da data do término do aviso-prévio, ainda que indenizado (**OJ SDI-1 83, TST**).

b) se no curso do aviso-prévio houver **reajuste salarial coletivo**, o empregado deve receber tal reajuste (**§ 6º, art. 487, CLT**).

c) **redução do horário de trabalho** quando o aviso-prévio for **concedido pelo empregador**: **duas horas por dia ou sete dias corridos (art. 488, CLT)**. **Não se aplica à hipótese de aviso-prévio dado pelo empregado.**

É ilegal substituir o período que se reduz da jornada de trabalho, no aviso-prévio, pelo pagamento das horas correspondentes (**Súmula 230, TST**).

Falta do aviso-prévio:

a) a falta do aviso-prévio **pelo empregador** dá ao empregado o direito aos salários correspondentes ao prazo do aviso (aviso-prévio indenizado), garantida sempre a integração deste período ao seu tempo de serviço (**art. 487, § 1º, CLT**).

b) a falta de aviso-prévio **pelo empregado** dá ao empregador o direito de descontar os salários correspondentes ao prazo respectivo (**art. 487, § 2º, CLT**).

Reconsideração:

A parte que deu o aviso-prévio à outra pode **reconsiderar o ato antes do seu término**, mas tal reconsideração somente vai gerar efeito se a **outra parte aceitar**. É faculdade da outra parte aceitar ou não a reconsideração: se aceitar, o contrato volta ao seu curso normal e não será extinto; se não aceitar, o aviso-prévio chegará ao seu termo e o contrato de trabalho será rescindido (**art. 489, CLT**).

Valor do aviso-prévio:

A remuneração do aviso-prévio equivale à **remuneração normal do empregado no respectivo período.**

Em se tratando de **salário pago por produção ou por tarefa**, o cálculo do aviso-prévio será feito de acordo com a média dos últimos 12 meses (**art. 487, § 3º, CLT**).

O valor das **horas extras habituais** integra o aviso-prévio indenizado (**art. 487, § 5º, CLT**).

Reajustamentos salariais coletivos no curso do aviso-prévio beneficiam o empregado, ainda que o aviso seja indenizado (**§ 6º, art. 487, CLT**).

Sobre a remuneração do aviso-prévio, ainda que indenizado, **incide FGTS** (**Súmula 305, TST**).

Justa causa no curso do aviso-prévio:

a) **praticada pelo empregado** – implica a **perda do direito ao restante do aviso-prévio** (**art. 491, CLT**) e de qualquer direito às verbas rescisórias de natureza indenizatória (**Súmula 73, TST**).

b) **praticada pelo empregador** – implica o **pagamento ao empregado da remuneração correspondente ao período do aviso-prévio**, sem prejuízo da indenização que for devida (**art. 490, CLT**).

Aviso-prévio e estabilidade no emprego:

- É inválida a concessão de aviso-prévio na fluência de garantia de emprego, ante a incompatibilidade dos dois institutos (**Súmula 348, TST**).
- O registro da candidatura do empregado a cargo de dirigente sindical durante o período de aviso-prévio, ainda que indenizado, não lhe assegura a estabilidade (**Súmula 369, V, TST**).
- A confirmação da gravidez durante o aviso-prévio trabalhado ou indenizado, garante à empregada a estabilidade (**art. 391-A, CLT**).

Aviso-prévio e doença ou acidente do trabalho:

- A projeção para o futuro do contrato de trabalho, pela concessão do aviso-prévio indenizado, tem efeitos limitados às vantagens econômicas obtidas no período do pré-aviso, ou seja, salário, reflexos e verbas rescisórias. No caso de concessão de auxílio-doença no curso do aviso-prévio, todavia, só se concretizam os efeitos da dispensa depois de expirado o benefício previdenciário (**Súmula 371, TST**).

Caso o empregador não queira que o empregado trabalhe no período do aviso-prévio, deverá **indenizar o mesmo**.

18. ESTABILIDADE NO EMPREGO

Estabilidade no emprego é o direito do empregado de permanecer no emprego mesmo contra a vontade do empregador. É entendida como uma **limitação à liberdade patronal de rescindir o contrato de trabalho** pela simples manifestação de sua vontade.

Pode ser ***definitiva*** (produzindo efeitos para toda a relação de emprego) ou ***provisória*** (enquanto persistir uma causa especial que a motiva).

A estabilidade definitiva era prevista por nosso ordenamento jurídico no art. 492 da CLT, e era assegurada aos empregados que atingissem mais de dez anos de serviço na empresa. Em 1966 foi criado o sistema do Fundo de Garantia por Tempo de Serviço (FGTS), como alternativa ao sistema da estabilidade decenal. Assim, a partir de então o empregado deveria, ao ser contratado, optar pelo sistema que lhe fosse mais conveniente: o da estabilidade definitiva ou o do FGTS. A Constituição

Federal de 1988, prevendo o regime do FGTS como direito de todos os empregados, revogou a estabilidade definitiva adquirida após dez anos de serviço.

Assim, **a partir da Constituição Federal de 1988**, nosso ordenamento jurídico passou a prever **apenas hipóteses de estabilidade provisória no emprego**, não tendo mais os empregados direito à estabilidade definitiva.

Estabilidade provisória é aquela que protege o empregado contra dispensa arbitrária ou sem justa causa, **enquanto persistir uma situação em que se encontra** e veda a rescisão do contrato de trabalho por ato do empregador. A **dispensa** do empregado detentor de estabilidade provisória **somente pode ocorrer se este praticar uma justa causa**.

Terminada a situação que dava causa à estabilidade provisória, cessa a garantia de emprego, e o empregado pode ser dispensado sem justa causa.

As hipóteses de estabilidade provisória podem decorrer de previsão legal, de previsão em normas coletivas (convenções ou acordos coletivos de trabalho) ou de previsão no contrato de trabalho.

Exemplos de hipóteses de estabilidades provisórias legais:

18.1. Gestante

Fica vedada a dispensa arbitrária ou sem justa causa da empregada gestante, **desde a confirmação da gravidez até cinco meses após o parto (art. 10, II, *b*, ADCT)**.

- **conhecimento da gravidez:**

  O desconhecimento da gravidez pelo empregador não afasta o direito à estabilidade e ao consequente pagamento da indenização correspondente ao período (**Súmula 244, I, TST**).

- **reintegração:**

  A reintegração da empregada gestante dispensada sem justa causa só é autorizada durante o período da estabilidade. Do contrário, a garantia de emprego restringe-se aos salários e demais direitos correspondentes ao período estabilitário (**Súmula 244, II, TST**).

- **contrato de experiência:**

  A empregado gestante tem direito à estabilidade provisória mesmo na hipótese de admissão mediante contrato por tempo determinado (**Súmula 244, III, TST**).

  A confirmação do estado de gravidez advindo no curso do contrato de trabalho, ainda que durante o aviso-prévio trabalhado ou indenizado, garante à empregada gestante a estabilidade provisória no emprego (**art. 391-A, CLT**).

- **licença-maternidade:**

  O direito à estabilidade no emprego da gestante **não se confunde com o direito à licença-gestante**. Esta última caracteriza-se como direito de **afastamento do trabalho durante 120 dias**, sem prejuízo do emprego e do salário (hipótese de interrupção do contrato de trabalho), por ocasião do parto (**art. 7º, XVIII, CF**). A **Lei n. 11.770/2008** instituiu o Programa Empresa Cidadã, prorrogando, **a critério do empregador**, por 60 dias a duração da licença-maternidade, mediante concessão de incentivo fiscal. A referida lei foi regulamentada pelo **Decreto n. 7.052/2009**.

  O período de licença-gestante insere-se no período em que é assegurada a estabilidade no emprego à empregada.

18.2. Dirigente sindical

É vedada a dispensa do empregado sindicalizado **a partir do registro da candidatura** a cargo de direção ou representação sindical e, se eleito, ainda que suplente, **até um ano após o final do mandato**, salvo se cometer falta grave nos termos da lei (**art. 8º, VIII, CF**).

A estabilidade **abrange os diretores titulares e também os suplentes**.

- ***não têm direito à estabilidade provisória:***

  a) membro de conselho fiscal de sindicato (**OJ SDI-1 365, TST**)

  b) delegado sindical (**OJ SDI-1 369, TST**)

- **dispensa por justa causa:**

  O dirigente sindical somente poderá ser dispensado por justa causa se esta for apurada em **inquérito judicial para apuração de falta grave** (**Súmula 379, TST**).

  O dirigente sindical dispensado sem justa causa tem direito à reintegração imediata ao emprego, que será determinada por liminar judicial requerida nos termos do **art. 659, X, CLT**.

- **número de dirigentes sindicais detentores de estabilidade:**

  No máximo sete titulares, com sete suplentes (o art. 522, CLT foi recepcionado pela CF/88 – **Súmula 369, II, TST**).

- **comunicação:**

É assegurada a estabilidade provisória ao empregado dirigente sindical, ainda que a comunicação do registro da candidatura ou da eleição e da posse seja realizada fora do prazo previsto no art. 543, § 5º, da CLT, desde que a ciência ao empregador, por qualquer meio, ocorra na vigência do contrato de trabalho (**Súmula 369, I, TST**).

- **registro da candidatura no curso do aviso-prévio:**

O registro da candidatura a cargo de direção sindical no curso do aviso-prévio, ainda que indenizado, **não assegura** ao empregado o direito à estabilidade (**Súmula 369, V, TST**).

- **extinção da atividade empresarial:**

A extinção da atividade da empresa no âmbito da base territorial do sindicato implica o **fim da estabilidade**, tendo em vista que não há mais razão para sua subsistência (**Súmula 369, IV, TST**).

- **categoria diferenciada:**

O empregado de categoria diferenciada eleito dirigente sindical **só goza de estabilidade** se exercer na empresa atividade pertinente à categoria profissional do sindicato para o qual foi eleito (**Súmula 369, III, TST**).

18.3. Membro da CIPA (cipeiro)

Será obrigatória a constituição de CIPA (Comissão Interna de Prevenção de Acidentes), de conformidade com as instruções expedidas pelo Ministério do Trabalho na Portaria n. 3.214/78, NR 5 (**art. 163, CLT**).

- **composição (art. 164, *caput*, CLT):** cada CIPA será composta de representantes da empresa e dos empregados, de acordo com os critérios adotados na NR 5 da Portaria n. 3.214/78.
- **mandato (art. 164, § 3º, CLT):** o mandato dos membros eleitos da CIPA terá a duração de 1 ano, permitida uma reeleição.

> É vedada a dispensa arbitrária ou sem justa causa do empregado eleito para cargo de direção de comissões internas de prevenção de acidentes, **desde o registro de sua candidatura até um ano após o final de seu mandato (art. 10, II, *a*, ADCT)**.

- a estabilidade é assegurada somente aos representantes dos empregados na CIPA, pois somente estes são eleitos. Os **representantes do empregador** são pelo mesmo indicados, razão pela qual **não têm direito à estabilidade**.
- a estabilidade também é **garantida ao empregado eleito como suplente** da CIPA (**Súmula 339, I, TST**).
- a estabilidade do membro da CIPA somente tem razão de ser quando em atividade a empresa. **Extinto o estabelecimento**, não se verifica dispensa arbitrária, sendo impossível a reintegração e indevida a indenização do período estabilitário (**Súmula 339, II, TST**).

18.4. Empregado acidentado no trabalho

> O segurado que sofreu acidente do trabalho tem garantida, **pelo prazo máximo de doze meses**, a manutenção do seu contrato de trabalho na empresa, **após a cessação do auxílio-doença acidentário (art. 118, Lei n. 8.213/91)**.

São **pressupostos para o reconhecimento do direito à estabilidade** (**Súmula 378, II, TST**):

- o afastamento superior a 15 dias;
- percepção do auxílio-doença acidentário.

Exceção: os pressupostos acima não são exigidos para o reconhecimento do direito à estabilidade no caso de ser constatada, após a dispensa do empregado, doença profissional que guarde relação de causalidade com a execução do contrato de trabalho.

18.5. Diretores de sociedades cooperativas

A **Lei n. 5.764, de 1971**, que instituiu o **regime jurídico das sociedades cooperativas** no Brasil, confere **estabilidade no emprego** aos empregados de empresas que sejam eleitos como **diretores de sociedades cooperativas**.

Nesse sentido, o **art. 55** da referida Lei dispõe:

> Os empregados de empresas que sejam eleitos diretores de sociedades cooperativas pelos mesmos criadas, gozarão das garantias asseguradas aos dirigentes sindicais pelo art. 543 da Consolidação das Leis do Trabalho (Decreto-lei n. 5.452, de 1º-5-1943).

> Assim, a estabilidade dos diretores de sociedades cooperativas inicia-se com o ***registro da candidatura***, estendendo-se até ***um ano após o término do mandato***.

A referida estabilidade abrange apenas os diretores eleitos como titulares, não sendo garantida aos eleitos como suplentes, sendo este o entendimento adotado pelo TST.

OJ SDI-1 253, TST
O art. 55 da Lei n. 5.764/71 assegura a garantia de emprego apenas aos empregados eleitos diretores de Cooperativas, não abrangendo os membros suplentes.

18.6. Membro da comissão de representantes dos empregados

Nas **empresas com mais de duzentos empregados**, é assegurada a eleição de uma comissão para representá-los, com a finalidade de promover o entendimento direto deles com os empregadores (**art. 510-A, *caput*, CLT**).

A referida comissão será assim composta (**art. 510-A, § 1º, CLT**):

- nas empresas com mais de duzentos e até três mil empregados – **três membros**;
- nas empresas com mais de três mil e até cinco mil empregados – **cinco membros**;
- nas empresas com mais de cinco mil empregados – **sete membros**.

Caso a empresa possua empregados em vários Estados da Federação e no Distrito Federal, será assegurada a eleição de uma comissão de representantes dos empregados **por Estado ou no Distrito Federal**, sendo composta do número de membros de acordo com a previsão do § 1º (**art. 510-A, § 2º, CLT**).

Nos termos do **art. 510-D, § 3º, CLT**, desde o registro da candidatura até um ano após o fim do mandato, o membro da comissão de representantes dos empregados **não poderá sofrer despedida arbitrária**, entendendo-se como tal a que não se fundar em motivo disciplinar, técnico, econômico ou financeiro.

O **mandato** dos membros da comissão de representantes dos empregados será de **um ano**, sendo que o membro que houver exercido a função de representante dos empregados na comissão **não poderá ser candidato** nos dois períodos subsequentes (**art. 510-D, *caput* e § 1º, CLT**).

18.7. Estabilidade provisória – disposições gerais

A jurisprudência fixa algumas **regras gerais aplicáveis a todas as hipóteses de estabilidade provisória**:

- a estabilidade contratual ou a derivada de regulamento de empresa são compatíveis com o regime do FGTS, diferentemente da estabilidade decenal, que é renunciada com a opção pelo FGTS (**Súmula 98, II, TST**).
- exaurido o período de estabilidade, são devidos ao empregado apenas os salários do período compreendido entre a data da dispensa e o final do período de estabilidade, não lhe sendo assegurada a reintegração no emprego (**Súmula 396, I, TST**).
- não *há nulidade por julgamento extra petita* da decisão que deferir salário quando o pedido for de reintegração no emprego de empregado detentor de estabilidade (**Súmula 396, II, TST**).

19. FGTS

O **art. 7º, III, da Constituição Federal** indica o Fundo de Garantia do Tempo de Serviço – FGTS como um dos direitos dos trabalhadores.

Com a CF/88, o FGTS deixou de ser o regime jurídico do trabalhador que por ele optasse para transformar-se no regime genérico de garantia do tempo de serviço para todos os **trabalhadores urbanos e rurais**. Ao assim prever, a Constituição extinguiu definitivamente o regime de estabilidade definitiva no emprego, que era alcançada aos dez anos de serviço (estabilidade decenal).

A partir da **Emenda Constitucional n. 72/2013** o FGTS passou a ser previsto como direito dos **trabalhadores domésticos**, tendo sido regulamentada sua concessão pela **Lei Complementar n. 150/2015**.

O FGTS é regulamentado pela **Lei n. 8.036/90**, que prevê as seguintes regras:

Valor do FGTS: 8% da remuneração mensal do empregado, incluídas todas as parcelas que têm natureza salarial. O FGTS incide também sobre a gratificação de Natal (13º salário) – (**art. 15**).

Forma de pagamento: depósito pelo empregador em conta vinculada do empregado junto à Caixa Econômica Federal, até o dia 7 de cada mês, considerando-se a remuneração do mês anterior (**art. 15**). O pagamento que não for efetuado pelo empregador no prazo sofrerá incidência de juros, correção monetária e de multa (**art. 22**).

Observação: No caso de suspensão do contrato de trabalho em decorrência de **prestação de serviço militar** e de **acidente do trabalho**, o empregador permanece com a obrigação de depositar FGTS (**art. 15, § 5º, Lei n. 8.036/90**).

O FGTS incide sobre todas as parcelas de natureza salarial pagas ao empregado em virtude de **prestação de serviços no exterior** (**OJ SDI-1 232, TST**).

O trabalhador, seus dependentes e sucessores ou, ainda, o Sindicato a que estiver vinculado o trabalhador, poderão ajuizar ação perante a Justiça do Trabalho para o fim de compelir o empregador a efetuar os depósitos do FGTS. A Caixa Econômica Federal e o Ministério do Trabalho deverão ser notificados da propositura da reclamação, para que tomem as medidas administrativas cabíveis contra o empregador (**art. 25**).

Comunicação sobre o depósito: os empregadores se obrigam a comunicar mensalmente aos trabalhadores os valores recolhidos ao FGTS e a repassar-lhes todas as informações sobre suas contas vinculadas (**art. 17**).

A **conta vinculada do FGTS** poderá ser **movimentada pelo trabalhador** somente nas hipóteses expressamente previstas em lei (**art. 20**):

- dispensa sem justa causa;
- extinção do contrato de trabalho por acordo entre empregado e empregador (***limitada a até 80%*** do valor dos depósitos – ***art. 484-A, § 1º, CLT***);
- dispensa indireta;
- rescisão do contrato por culpa recíproca ou por força maior;
- extinção total da empresa, fechamento de quaisquer de seus estabelecimentos, filiais ou agências ou supressão de parte de suas atividades, sempre que destas situações decorra a extinção do contrato de trabalho;
- morte do empregador individual, se dela decorrer a extinção do contrato de trabalho do empregado;
- declaração de nulidade do contrato de trabalho de empregado contratado pela Administração Pública sem prévia aprovação em concurso público (**art. 37, § 2º, CF, e Súmula 363, TST**);
- aposentadoria;
- falecimento do empregado (pagamento será feito aos dependentes indicados perante a Previdência Social ou, na falta destes, aos herdeiros na forma da lei civil);
- para pagamento de parte das prestações decorrentes de financiamento habitacional concedido no âmbito do Sistema Financeiro da Habitação – SFH, de acordo com os limites previstos na Lei n. 8.036/90;
- para liquidação ou amortização extraordinária do saldo devedor de financiamento imobiliário, na forma prevista na Lei n. 8.036/90;
- para pagamento total ou parcial do preço da aquisição de moradia própria, observadas as condições previstas na Lei n. 8.036/90;
- quando o trabalhador permanecer 3 anos ininterruptos fora do regime do FGTS;
- extinção normal do contrato por prazo determinado;
- supressão total do trabalho avulso por período superior a 90 dias;
- quando o trabalhador ou qualquer de seus dependentes for acometido de neoplasia maligna (câncer);
- quando o trabalhador ou qualquer de seus dependentes for portador do vírus HIV;
- quando o trabalhador ou qualquer dos seus dependentes estiver em estágio terminal, em razão de doença grave;
- quando o trabalhador tiver idade igual ou superior a 70 anos;
- necessidade pessoal, cuja urgência decorra de desastre natural, de acordo com as condições estabelecidas pela Lei n. 8.036/90;
- para aplicação em quotas de Fundos Mútuos de Privatização ou para integralização de cotas do FI-FGTS (hipóteses de aplicação financeira do valor FGTS);
- quando o trabalhador com deficiência, por prescrição, necessite adquirir órtese ou prótese para promoção de acessibilidade e de inclusão social.

O empregado que **pede demissão ou que é dispensado por justa** causa **não pode levantar o FGTS** por ocasião da rescisão do contrato de trabalho. Nestas hipóteses a **conta do FGTS** do empregado **se torna *inativa*** e o valor nela existente passa a ser corrigido monetariamente, até que possa ser levantado pelo trabalhador (p. ex. quando este ficar por mais de 3 anos fora do sistema do FGTS, quando se aposentar, quando completar 70 anos etc.).

Nas hipóteses de **dispensa sem justa causa e de dispensa indireta**, o empregador depositará na conta vinculada do trabalhador no FGTS **importância igual a 40% do montante de todos os depósitos feitos na conta vinculada durante a vigência do contrato de trabalho**, devidamente atualizados (indenização decorrente do **art. 7º, I, CF**). No caso de **culpa recíproca** ou de força maior, o percentual será de

20% (**art. 18, §§ 1º e 2º, Lei n. 8.036/90**). Tratando-se de **extinção do contrato** de trabalho **por acordo** entre empregado e empregador, a **indenização será de 20% dos depósitos atualizados do FGTS** (**art. 484-A, I, *b*, CLT**).

20. RESCISÃO DO CONTRATO DE TRABALHO – FORMALIDADES

1) Recibo de quitação / termo de rescisão do contrato de trabalho (TRCT) – a extinção do contrato de trabalho, qualquer que seja sua causa, gera para o empregado o direito de **recebimento das verbas rescisórias**.

As verbas rescisórias devidas serão diferentes conforme o tipo de rescisão da qual se trate. Os valores das referidas verbas deverão ser apurados considerando-se a remuneração do empregado à data da rescisão do contrato.

Assim, quando da rescisão do contrato de trabalho é necessário que seja feita a **especificação de cada parcela rescisória paga ao empregado**, com a **discriminação de seus respectivos valores**, em instrumento de rescisão ou recibo de quitação.

Qualquer compensação de valores a ser feita em relação às verbas rescisórias não poderá exceder do valor correspondente a um mês de remuneração do empregado (**art. 477, § 5º, CLT**).

2) Formalidades a serem cumpridas pelo empregador – o empregador deverá proceder à anotação na CTPS, comunicar a dispensa e aos órgãos competentes e realizar o pagamento das verbas rescisórias no prazo e na forma previstos em lei (**art. 477, *caput*, da CLT**) e entregar ao empregado os documentos respectivos no prazo de até dez dias contados a partir do término do contrato (**art. 477, § 6º, da CLT**).

O **pedido de demissão de empregado estável** só será válido quanto feito com assistência do respectivo sindicato ou, se não houver, perante o órgão do Ministério do Trabalho (**art. 500, CLT**).

3) Pagamento das verbas rescisórias – deve ser realizado no prazo de até dez dias contados a partir do término do contrato (**art. 477, § 6º, CLT**).

O pagamento deve ser feito (**art. 477, § 4º, da CLT**):

- em dinheiro, depósito bancário ou cheque visado, conforme acordarem as partes;
- em dinheiro ou depósito bancário quando o empregado for analfabeto.

A contagem do prazo de dez dias para quitação das verbas rescisórias exclui necessariamente o dia da notificação da dispensa e inclui o dia do vencimento, conforme o disposto no art. 132 do Código Civil (**OJ SDI-1 162, TST**).

4) Multa pelo atraso no pagamento das verbas rescisórias – não sendo respeitado pelo empregador **o prazo para pagamento das verbas rescisórias** previsto no **§ 6º, art. 477, da CLT**, este deverá pagar ao empregado **multa no valor equivalente ao seu salário**, devidamente corrigido, salvo quando comprovadamente o trabalhador der causa à mora (**art. 477, § 8º, CLT**).

O empregador deverá pagar, ainda, multa administrativa imposta pelo Ministério do Trabalho, que não reverte ao empregado.

Havendo decretação da **falência do empregador**, não será devida a multa do § 8º, art. 477, da CLT (**Súmula 388, TST**).

A multa do § 8º, art. 477, da CLT aplica-se à pessoa jurídica de direito público que não observa o prazo para pagamento das verbas rescisórias, pois nivela-se a qualquer particular, em direitos e obrigações, despojando-se do *jus imperii* ao celebrar um contrato de emprego (**OJ SDI-1 238, TST**).

5) Pagamento das verbas rescisórias em juízo – em caso de rescisão do contrato de trabalho, havendo controvérsia sobre o montante das verbas rescisórias, o empregador é obrigado a pagar ao trabalhador, à data do comparecimento à Justiça do Trabalho, a parte incontroversa dessas verbas, sob pena de pagá-las acrescidas de 50% (**art. 467, CLT**).

21. PRESCRIÇÃO E DECADÊNCIA

21.1. Prescrição

Prescrição extintiva ou liberatória (que é a que interessa ao Direito do Trabalho): significa a perda, pelo decurso de certo tempo, da faculdade de pleitear um direito, através da ação judicial competente.

A prescrição **ocorre em função do tempo**: ela é um efeito do tempo nas relações jurídicas. Ela conduz à **extinção da relação jurídica**, que não se exercita por certo período, em razão da **inércia do titular**. O direito em si não é atingido pela prescrição, mas **o que desaparece é a sua exigibilidade** através do Poder Judiciário.

Quando falamos em prescrição no Direito do Trabalho estamos nos referindo ao **prazo que o empregado tem para pleitear perante a Justiça do Trabalho direitos** que tenha deixado de receber do seu empregador.

Prazo prescricional trabalhista: a prescrição trabalhista é de **cinco anos** para os trabalhadores urbanos, domésticos e rurais, **até o limite de dois anos** após a extinção do contrato de trabalho (**art. 7º, XXIX, CF**).

A prescrição trabalhista é, então, ***quinquenal*** e ***bienal***.

A ***prescrição quinquenal*** é uma **prescrição parcial**, pois refere-se a uma violação continuada do direito. Como no contrato de trabalho os atos se sucedem encadeadamente, a prescrição corre a contar do último deles, mas se cada ato dá direito a uma ação independente, a prescrição alcança cada um destacadamente.

A ***prescrição bienal*** é **total**, pois quando a ação judicial pleiteando direitos trabalhistas for ajuizada em prazo superior a dois anos após a rescisão contratual, todos os direitos do empregado estarão prescritos e não lhe poderão ser assegurados.

É quinquenal a prescrição do direito de reclamar contra o **não recolhimento de contribuição para o FGTS**, observado o prazo de dois anos após o término do contrato (**Súmula 362, I, TST**). Tal entendimento foi confirmado pelo STF, em julgamento com repercussão geral (Tema n. 608).

- Não se conhece da prescrição não arguida na instância ordinária (**Súmula 153, TST**). Portanto, a prescrição pode ser arguida em sede de contestação e também no recurso ordinário.
- A prescrição não corre contra os absolutamente incapazes (**art. 198, I, Código Civil**), nem contra os menores de dezoito anos (**art. 440, CLT**).
- O ajuizamento de ação trabalhista, ainda que esta tenha sido arquivada, interrompe a prescrição somente em relação aos pedidos idênticos (**Súmula 268, TST**).
- Ocorre a prescrição intercorrente no processo do trabalho **no prazo de dois anos**, sendo que a **fluência do prazo inicia-se** quando o exequente deixa de cumprir determinação judicial no curso da execução (**art. 11-A, *caput* e § 1º, CLT**).

21.2. Decadência

Decadência é o **perecimento do direito** em razão do seu **não exercício em um prazo predeterminado**. A decadência opera de maneira fatal, atingindo irremediavelmente o direito se não for oportunamente exercido.

No Direito do Trabalho, o exemplo mais claro de decadência é o do **inquérito para apuração de falta grave** que se segue à suspensão de empregado dirigente sindical, detentor de estabilidade no emprego.

Neste caso, o legislador estipulou um prazo de 30 dias para decadência do direito. Suspenso o empregado, em 30 dias decai o empregador do seu direito de ingressar em juízo com o referido inquérito.

Trata-se de **prazo para o exercício de um direito** (o do empregador de ajuizar inquérito para poder dispensar empregado estável faltoso); isto difere da prescrição, que é o prazo que impedirá de se ajuizar a ação daquele que tardou em buscar a reparação de um direito violado.

22. FLEXIBILIZAÇÃO DO DIREITO DO TRABALHO

O Direito do Trabalho é o ramo da Ciência do Direito mais sensível aos fatos que ocorrem na sociedade e, principalmente, aos fatos econômicos, sentindo constantemente a necessidade de adaptar e de alterar os seus conceitos e regras de acordo com as necessidades da sociedade.

As intensas e rápidas ***modificações tecnológicas*** e os reflexos da ***globalização econômica*** levam a uma grande **discussão** sobre a necessidade de **adaptação do Direito do Trabalho a essa nova situação através de uma revisão de conceitos e antigos dogmas da legislação laboral**. Fala-se em uma necessária reforma da legislação trabalhista, permitindo que a mesma seja capaz de continuar a proteger o trabalhador, mas sem impedir o desenvolvimento econômico.

Diversos juristas trabalhistas têm afirmado que o caminho a ser adotado para a transformação do Direito do Trabalho não é a desregulamentação das regras de proteção ao trabalhador, mas sim o da ***flexibilização*** destas normas, de maneira a torná-las menos rígidas e impositivas e mais maleáveis e adaptáveis às condições concretas das relações entre empregados e empregadores.

A **Constituição Federal de 1988** deu início a esta flexibilização do Direito do Trabalho, permitindo:

- redução de salário mediante previsão em convenção ou acordo coletivo de trabalho (**art. 7º, VI**);
- redução de horário e compensação de jornada de trabalho mediante acordo ou convenção coletiva de trabalho (**art. 7º, XIII**);
- ampliação da jornada de trabalho dos turnos ininterruptos de revezamento de 6 horas para até 8 horas diárias (**art. 7º, XIV, e Súmula 423, TST**).

A *Reforma Trabalhista* introduzida pela **Lei n. 13.467/2017** ampliou a flexibilização no Brasil, afirmando a autonomia da vontade coletiva e restringindo a intervenção da Justiça do Trabalho na negociação coletiva (**art. 8º, § 3º, e art. 611-A, § 1º, CLT**), prevendo expressamente a prevalência do negociado sobre a lei em relação às matérias que enumera (**art. 611-A, CLT**) e reconhecendo que as condições estabelecidas em acordo coletivo de trabalho sempre prevalecerão sobre as estipuladas em convenção coletiva de trabalho (**art. 620, CLT**).

23. PROTEÇÃO AO TRABALHO DO MENOR

A **fundamentação legal** do trabalho do menor é encontrada nos seguintes dispositivos:

- art. 7º, XXXIII, CF;
- arts. 402 a 441, CLT;
- arts. 60 a 69, Lei n. 8.069/90 (Estatuto da Criança e do Adolescente).

Considera-se **menor** para os efeitos da lei **o trabalhador de quatorze até dezoito anos.**

É proibido o trabalho do menor de dezesseis anos, salvo na condição de aprendiz, a partir dos quatorze anos. É proibido o trabalho noturno, perigoso ou insalubre dos menores de dezoito anos (**art. 7º, XXXIII, CF**).

O trabalho do menor não poderá ser realizado em locais prejudiciais à sua formação, ao seu desenvolvimento físico, psíquico, moral e social e em horários e locais que não permitam a frequência à escola (**art. 403, parágrafo único, CLT**).

Ao responsável legal do menor é facultado pleitear a extinção do contrato de trabalho, desde que o serviço possa acarretar para ele prejuízos de ordem física ou moral (**art. 408, CLT**).

23.1. Aprendizagem

A **aprendizagem** é o sistema em virtude do qual o empregador se obriga, por contrato, a empregar um jovem trabalhador e a lhe ensinar ou a fazer que se lhe ensine metodicamente um ofício, durante período previamente fixado, no transcurso do qual o aprendiz se obriga a trabalhar a serviço do dito empregador.

O trabalho do aprendiz está regulado pelos **arts. 424 a 433 da CLT**, com a redação dada pela Lei n. 13.420/2017.

Contrato de aprendizagem é o contrato de trabalho **especial**, ajustado **por escrito** e **por prazo determinado**, em que **o empregador se compromete** a assegurar ao maior de 14 (quatorze) e menor de 24 (vinte e quatro) anos inscrito em programa de aprendizagem, formação técnico-profissional metódica, compatível com o seu desenvolvimento físico, moral e psicológico, e **o aprendiz se compromete** a executar com zelo e diligência as tarefas necessárias a essa formação.

Os **requisitos essenciais para a realização do contrato de aprendizagem** são:

- contrato de aprendizagem ajustado por escrito e por prazo determinado;
- menor ser inscrito no programa de aprendizagem de formação técnico-profissional metódica, compatível com o seu desenvolvimento físico, moral e psicológico;
- anotação na Carteira de Trabalho e Previdência Social;
- matrícula e frequência do aprendiz à escola, caso não haja concluído o ensino fundamental;
- inscrição em programa de aprendizagem desenvolvido sob a orientação de entidade qualificada em formação técnico-profissional metódica.

Prazo do contrato: o contrato de aprendizagem **não poderá ser estipulado por mais de dois anos.**

Jornada de trabalho: a duração do trabalho do aprendiz não excederá de **seis horas diárias**, sendo **vedadas a prorrogação e a compensação de jornada**. Esse limite **poderá aumentar** para **até oito horas diárias** para os **aprendizes que já tiverem completado o ensino fundamental**, se nelas forem computadas as horas destinadas à aprendizagem teórica.

Remuneração: o Estatuto da Criança e do Adolescente prevê que ao adolescente até quatorze anos de idade é assegurada bolsa de aprendizagem (**art. 64**) e ao adolescente aprendiz, maior de quatorze anos, são assegurados os direitos trabalhistas e previdenciários (**art. 65**). A remuneração do aprendiz será o salário mínimo-hora, salvo condição mais favorável (**art. 428, § 2º, CLT**).

24. PROTEÇÃO AO TRABALHO DA MULHER

A questão da igualdade entre homens e mulheres no trabalho deve ser tratada como uma **questão de direitos humanos** e como um **requisito indispensável ao regime democrático.**

Neste sentido, a **Constituição Federal de 1988** estabelece que "todos são iguais perante a lei", sendo que "homens e mulheres são iguais em direitos e obrigações" (**art. 5º, *caput* e I**).

A previsão constitucional da igualdade entre homens e mulheres se aplica a diversos aspectos da relação de emprego, como, por exemplo, em relação à capacidade para trabalhar e celebrar contrato de trabalho, ao cumprimento de jornada de trabalho igual e ao recebimento do mesmo salário para trabalho de igual valor.

A mulher, como qualquer outro trabalhador, adquire **capacidade para trabalhar e para celebrar contrato de trabalho aos 18 anos**. A esse respeito, portanto, não mais vigora o **art. 446 da CLT**, que tratava da autorização do marido para a mulher casada poder trabalhar.

Com o advento da **Constituição Federal de 1988**, a **duração normal do trabalho**, para qualquer trabalhador, é de **8 horas diárias e 44 horas semanais**, facultada a compensação de redução mediante acordo ou convenção coletiva de trabalho (**art. 7º, XIII**).

Também em relação ao **salário pago para a mulher**, não pode haver qualquer discriminação. Diante do disposto no **art. 7º, XXX, da Constituição Federal**, não se justifica diferença de salário entre o homem e a mulher.

Com o advento da **Lei n. 7.855/89**, que revogou os arts. 379 e 380 da CLT, não há mais qualquer restrição para o **trabalho noturno da mulher**.

Em relação à obrigatoriedade de concessão de intervalo de 15 minutos à empregada mulher, antes de a mesma iniciar trabalho em horas extras, a **Lei n. 13.467/2017** (*Reforma Trabalhista*) revogou o **art. 384 da CLT, não sendo, portanto, mais obrigatória a concessão desse intervalo**.

O **trabalho em condições insalubres e perigosas** também passou a ser permitido às mulheres a partir da revogação do art. 387 da CLT, pela **Lei n. 7.855/89**.

Sem prejuízo de sua remuneração, nesta incluído do valor do adicional de insalubridade, a **empregada gestante** deverá ser afastada: a) enquanto durar a gestação, de atividades consideradas insalubres em grau máximo; b) de atividades consideradas insalubres em grau médio ou mínimo, quando apresentar atestado de saúde, emitido por médico de confiança da mulher, que recomende o afastamento durante a gestação; c) de atividades consideradas insalubres em qualquer grau, quando apresentar atestado de saúde, emitido por médico de confiança da mulher, que recomende o afastamento durante a lactação (**art. 394-A, CLT**).

Cabe à empresa pagar o adicional de insalubridade à gestante ou à lactante, efetivando-se a compensação por ocasião do recolhimento das contribuições incidentes sobre a folha de salários e demais rendimentos pagos ou creditados, a qualquer título, à pessoa física que lhe preste serviço (**art. 394-A, § 2º, CLT**).

Quando não for possível que a gestante ou a lactante afastada exerça suas atividades em local salubre na empresa, a hipótese será considerada como gravidez de risco e ensejará a percepção de salário-maternidade, a cargo da Previdência Social, durante todo o período de afastamento (**art. 394-A, § 3º, CLT**).

São estabelecidas algumas outras proteções específicas em relação ao trabalho da mulher, considerando as peculiaridades e as diferenças físicas e de condição de maternidade da mulher em relação ao homem.

Regras de proteção em relação aos métodos de trabalho:

Toda empresa é obrigada a (**art. 389, CLT**):

- prover os estabelecimentos de medidas concernentes à higienização dos métodos e locais de trabalho, tais como ventilação e iluminação e outros que se fizerem necessários à segurança e ao conforto das mulheres, a critério da autoridade competente;
- instalar bebedouros, lavatórios, aparelhos sanitários; dispor de cadeiras ou bancos, em número suficiente, que permitam às mulheres trabalhar sem grande esgotamento físico;
- instalar vestiários com armários individuais privativos das mulheres, exceto os estabelecimentos comerciais, escritórios, bancos e atividades afins, em que não seja exigida a troca de roupa, e outros, a critério da autoridade competente em matéria de segurança e higiene do trabalho, admitindo-se como suficientes as gavetas ou escaninhos, onde possam as empregadas guardar seus pertences;
- fornecer, gratuitamente, a juízo da autoridade competente, os recursos de proteção individual, tais como óculos, máscaras, luvas e roupas especiais, para a defesa dos olhos, do aparelho respiratório e da pele, de acordo com a natureza do trabalho.

Os estabelecimentos em que trabalharem pelo menos 30 (trinta) mulheres com mais de 16 (dezesseis) anos de idade terão **local apropriado** onde seja permitido às empregadas **guardar sob vigilância e assistência os seus filhos no período da amamentação (§ 1º, art. 389, CLT).** Essa **exigência poderá ser suprida** por meio de creches distritais mantidas, diretamente ou mediante convênios, com outras entidades públicas ou privadas, pelas próprias empresas, em regime comunitário, ou a cargo do SESI, do SESC, da LBA ou de entidades **sindicais (§ 2º, art. 389, CLT).**

Regras de proteção em relação ao emprego de força muscular:

Ao empregador é vedado empregar a mulher em serviço que demande o emprego de **força muscular** superior a 20 (vinte) quilos para o trabalho contínuo, ou 25 (vinte e cinco) quilos para o trabalho ocasional. **Não está compreendida nesta proibição** a remoção de material feita por impulsão ou tração de vagonetes sobre trilhos, de carros de mão ou quaisquer aparelhos mecânicos **(art. 390, CLT)**.

Regras de proteção em relação à gravidez e à maternidade:

A Constituição Federal **(art. 7º, XVIII)** confere à mulher gestante o direito a **licença-maternidade** de 120 dias, sem prejuízo do emprego e do salário, podendo ser prorrogada, **a critério do empregador**, por mais 60 dias, nos termos definidos pela **Lei n. 11.770/2008**.

O **art. 10, II, *b*, do Ato das Disposições Constitucionais Transitórias** garante à gestante **estabilidade no emprego** desde a confirmação da gravidez até cinco meses após o parto.

Neste período, a empregada **não pode ser dispensada**, exceto se cometer falta grave caracterizada de justa causa.

A confirmação do estado de gravidez advindo no curso do contrato de trabalho, ainda que durante o prazo do aviso-prévio trabalhado ou indenizado, garante à empregada gestante a estabilidade provisória (**art. 391-A, CLT**).

A licença-maternidade de 120 dias é garantida mesmo em caso de **parto antecipado** (**art. 392, § 3º, CLT**).

A empregada que **adotar ou obtiver a guarda judicial** para fins de adoção de criança tem direito à licença maternidade de 120 dias (**art. 392-A, CLT**), sendo tal benefício **aplicável também ao empregado** que adotar ou obtiver guarda para fins de adoção (**art. 392-C, CLT**). A adoção ou guarda judicial conjunta ensejará a concessão de licença-maternidade a apenas um dos adotantes ou guardiães empregado ou empregada (**§ 5º, art. 382-A, CLT**). À empregada adotante não é assegurado o direito à estabilidade no emprego.

Os prazos da licença-adotante não podem ser inferiores aos prazos da licença-gestante, o mesmo valendo para as respectivas prorrogações. Em relação à licença-adotante, não é possível fixar prazos diversos em função da idade da criança adotada (**Tema n. 782 – Repercussão Geral – STF**).

Não discriminação:

Com intenção de coibir práticas discriminatórias contra a mulher, **o art. 373-A da CLT** estabelece ser **vedado ao empregador:**

- publicar ou fazer publicar anúncio de emprego no qual haja referência ao sexo, à idade, à cor ou situação familiar, salvo quando a natureza da atividade a ser exercida, pública e notoriamente, assim o exigir;
- recusar emprego, promoção ou motivar a dispensa do trabalho em razão de sexo, idade, cor, situação familiar ou estado de gravidez, salvo quando a natureza da atividade seja notória e publicamente incompatível;
- considerar o sexo, a idade, a cor ou situação familiar como variável determinante para fins de remuneração, formação profissional e oportunidades de ascensão profissional;
- exigir atestado ou exame, de qualquer natureza, para comprovação de esterilidade ou gravidez, na admissão ou permanência no emprego;
- impedir o acesso ou adotar critérios subjetivos para deferimento de inscrição ou aprovação em concursos, em empresas privadas, em razão de sexo, idade, cor, situação familiar ou estado de gravidez;
- proceder o empregador ou preposto a revistas íntimas nas empregadas ou funcionárias.

DIREITO COLETIVO DO TRABALHO

1. CONCEITO DE DIREITO COLETIVO DO TRABALHO

O **Direito Coletivo do Trabalho** regula as relações inerentes à chamada ***autonomia privada coletiva***, isto é, relações entre organizações coletivas de empregados e empregadores e/ou entre as organizações obreiras e empregadores diretamente.

É o complexo de institutos, princípios e regras jurídicas que regulam as relações laborais de empregados e empregadores e outros grupos jurídicos normativamente especificados, considerada sua atuação coletiva, realizada autonomamente ou através das respectivas entidades sindicais.

2. CONTEÚDO DO DIREITO COLETIVO DO TRABALHO

O estudo do **Direito Coletivo** do Trabalho **abrange a análise dos seguintes temas**:

1) organização sindical

2) ação e funções dos entes sindicais, em especial a negociação coletiva e os contratos coletivos de trabalho

3) os conflitos coletivos de trabalho e suas formas de solução

4) a representação não sindical ou mista dos trabalhadores na empresa

3. FUNÇÕES DO DIREITO COLETIVO DO TRABALHO

O **Direito Coletivo do Trabalho visa**:

1) à geração de normas jurídicas

2) à pacificação dos conflitos coletivos de natureza sociocoletiva

4. PRINCÍPIOS DO DIREITO COLETIVO DO TRABALHO

Entre os diversos **princípios do Direito Coletivo do Trabalho** indicados pela doutrina, destacam-se:

- **princípio da liberdade associativa e sindical (art. 5º, XVI, XVII e XX, e art. 8º, V, CF)** – veda as cláusulas de sindicalização forçada (ex.: favorecer contratação de filiados; empregado que se desfiliar perde o emprego etc.) e, ainda, veda práticas antissindicais (ex.: empregado firma compromisso com o empregador de não se filiar, sob pena de perder o emprego; empregadores "controlam" o sindicato; empregados sindicalizados fazem parte de "lista negra" etc.).
- **princípio da autonomia sindical (art. 8º, I, III e VI e 7º, XXVI, CF)** – estabelece garantia de autogestão, de estruturação interna e de negociação dos sindicatos.
- **princípio da interveniência sindical na normatização coletiva (art. 8º, III e VI, CF)**.
- **princípio da criatividade jurídica na negociação coletiva (art. 7º, VI, XIII e XIV, CF)**.
- **princípio da adequação setorial negociada** – que estabelece as possibilidades e limites jurídicos da negociação coletiva.
- **princípio da intervenção mínima na autonomia da vontade coletiva** – no exame da convenção coletiva ou do acordo coletivo de trabalho, a Justiça do Trabalho analisará exclusivamente a conformidade dos elementos essenciais do negócio jurídico e balizará sua atuação por uma intervenção mínima na autonomia da vontade coletiva (**art. 8º, § 3º, e art. 611-A, § 1º, CLT**).

5. LIBERDADE SINDICAL

Liberdade sindical é "o direito dos trabalhadores e empregadores de não sofrerem interferências nem dos poderes públicos nem uns dos outros, no processo de se organizarem, bem como de promoverem interesses próprios ou dos grupos a que pertençam" (MAGANO, 1993, p. 27), abrange os seguintes aspectos:

- **liberdade de organização** – liberdade de organizar sindicatos para a defesa dos interesses coletivos, segundo um princípio de autonomia coletiva que deve presidir os sistemas jurídicos pluralistas;
- **liberdade de sindicalização** – liberdade conferida a cada pessoa de ingressar num sindicato ou dele sair, sem discriminações injustificáveis, o que deve ser garantido pela ordem jurídica;
- **liberdade de administração** – posição do Estado perante o sindicalismo, respeitando-o como uma manifestação dos grupos sociais, sem interferência na sua atividade enquanto em conformidade com o interesse comum (livre exercício dos direitos sindicais).

A liberdade sindical é um dos **direitos fundamentais dos trabalhadores,** reconhecido como tal pela **Organização Internacional do Trabalho (OIT)** e é previsto pela **Convenção n. 87** (não ratificada pelo Brasil), que proíbe interferências governamentais, e pela **Convenção n. 98** (ratificada pelo Brasil), que veda intromissões recíprocas entre trabalhadores e empregadores.

O **Estado Democrático de Direito** não se consolida sem a consagração da liberdade sindical, com todos os seus atributos e nuances.

No Brasil, porém, a **liberdade sindical não é plena.**

A **CF/88**, depois de enunciar que: **"É livre a associação profissional ou sindical"**, acrescentou **"observado o seguinte"**.

Com isso, verifica-se que a CF/88, **pelo art. 8º, I, afastou a intervenção e interferência administrativas do Estado** na vida sindical, eliminando o corporativismo sindical estatal. No entanto, as disposições dos **incisos II e IV representam uma afronta ao princípio universalizado de liberdade sindical**, visto que impõem a **unicidade sindical compulsória** por **categoria** e autorizam a **cobrança de contribuições compulsórias** em favor das associações que formam o **sistema confederativo de representação sindical**.

6. RELAÇÕES COLETIVAS E RELAÇÕES INDIVIDUAIS DE TRABALHO

O Direito Coletivo do Trabalho regula as ***relações coletivas de trabalho***.

A diferenciação entre as relações coletivas e as relações individuais do trabalho pode ser feita a partir da análise dos ***sujeitos*** envolvidos e dos ***interesses*** que por meio delas se visa defender.

No que tange aos **sujeitos:**

- **Relações coletivas:** grupos de trabalhadores e de empregadores representados, em regra, pelos sindicatos → **SUJEITOS COLETIVOS**
- **Relações individuais:** trabalhador e empregador → **SUJEITOS INDIVIDUAIS**

Em relação aos **interesses**:

- **Relações coletivas:** interesses de grupos de trabalhadores e de grupos de empregadores → **INTERESSE COLETIVO.** É indivisível. Vincula as pessoas, que se integram como um todo, relacionadas por uma reivindicação que a todas se comunica e que é igual para cada uma delas.
- **Relações individuais:** interesses de empregador e de trabalhador → **INTERESSE INDIVIDUAL**. São interesses individualizados.

7. AUTONOMIA PRIVADA COLETIVA

Autonomia coletiva é o direito dos grupos de **regular os próprios interesses**. Situa-se entre a autonomia individual e a autonomia pública.

A autonomia coletiva, embora reconhecida como **direito dos grupos**, tem limites, que vão variar em cada sistema jurídico, dependendo da política sindical seguida.

Compreende:

1. autonomia organizativa
2. autonomia negocial
3. autonomia administrativa
4. possibilidade de exercício da autotutela (greve)

8. ORGANIZAÇÃO SINDICAL BRASILEIRA

A Constituição da República do Brasil de 1988 (art. 8º, I) vedou a intervenção e a interferência do Estado na organização sindical, mas manteve (art. 8º, II) a unicidade sindical, a categorização, a contribuição sindical compulsória e o sistema confederativo, mantendo, com isso, um real afastamento da liberdade sindical plena derivada da Convenção n. 87 da OIT.

Portanto, a organização sindical brasileira é, segundo os princípios constitucionais de 1988, um ***sistema confederativo*** caracterizado pela **autonomia relativa perante o Estado**, a **representação por categoria e por profissão**, a **unicidade e a bilateralidade do agrupamento**.

Assim, a análise do modelo da organização sindical brasileira derivado da Constituição Federal de 1988 revela:

Características:

1. Sistema confederativo
2. Autonomia relativa perante o Estado
3. Representação por categoria e por profissão
4. Bilateralidade do agrupamento
5. Unicidade sindical

Estrutura:

1. **Sindicatos** – órgãos de representação de base (art. 533, CLT).
2. **Federações** – formadas por pelo menos 5 sindicatos, são associações sindicais de 2º grau (art. 534, CLT).
3. **Confederações** – formadas por pelo menos 3 federações, são associações sindicais de 2º grau, com sede na capital federal (art. 535, CLT).
4. **Centrais Sindicais** – entidades de cúpula, pois se situam no topo da estrutura sindical, acima dos sindicatos, das federações e confederações de trabalhadores, sendo entidades intercategoriais, pois abraçam categoriais profissionais distintas (Lei n. 11.648/2008).

9. CATEGORIAS PROFISSIONAIS E ECONÔMICA

O **enquadramento sindical** no Brasil decorre de uma **imposição legal derivada do sistema de unicidade sindical**, isto é, do sindicato único por categoria. Dependerá da atividade econômica preponderante do empregador.

Nesse sentido, o **enquadramento sindical** se faz pela organização de trabalhadores e de empregadores nas denominadas ***categorias***, assim diferenciadas pelo legislador:

a) **Categoria econômica:** é o grupo de empregadores que em determinada base territorial exerce atividades idênticas, similares ou conexas e está unido por um vínculo de solidariedade de interesses econômicos (**art. 511, § 1º, CLT**).

b) **Categoria profissional:** é o grupo de trabalhadores que em determinada base territorial tem similitude de condições de vida oriunda da profissão ou trabalho em comum, em razão de encontrar-se em situação de emprego na mesma atividade econômica ou em atividades econômicas similares ou conexas (**art. 511, § 2º, CLT**).

c) **Categoria profissional diferenciada:** é a que se forma dos empregados que exerçam profissões ou funções diferenciadas por força de estatuto profissional especial ou em consequência de condições de vida singulares (**art. 511, § 3º, CLT**).

Inúmeras profissões, no Brasil, organizaram-se em sindicatos de **categorias diferenciadas**, dentre as quais, cita-se, **exemplificativamente**: aeronautas, aeroviários, agenciadores de publicidade, artistas e técnicos em espetáculos de diversões (cenógrafos e cenotécnicos), atores teatrais, atores cinematográficos, cabineiros de elevadores, carpinteiros navais, condutores de veículos rodoviários (motoristas) etc.

10. BASE TERRITORIAL

É a área geográfica de **atuação do sindicato**. Será definida pelos trabalhadores ou empregadores interessados, **não podendo ser inferior à área de um Município** (**art. 8º, II, CF**).

As **federações** têm **atuação, pelo menos, em um Estado**.

As **confederações** e as **centrais sindicais** têm **atuação nacional**.

11. UNICIDADE SINDICAL

É a **proibição de existência de mais de uma organização sindical**, de qualquer grau, em uma **mesma base territorial** (**art. 8º, II, CF**).

Difere da **pluralidade sindical**, que é o princípio segundo o qual, na mesma base territorial, pode haver mais de um sindicato representando pessoas ou atividades que tenham um interesse coletivo comum. A **pluralidade sindical não é adotada em nosso País**.

12. FONTES DE RECEITA DAS ENTIDADES SINDICAIS

O ordenamento jurídico brasileiro prevê as ***contribuições*** como **fonte básicas de receita das entidades sindicais**. As contribuições são as seguintes:

a) **contribuição sindical (art. 580, CLT):**
- devida por todos os integrantes da categoria, sindicalizados ou não;
- somente pode ser paga, recolhida e aplicada se for prévia e expressamente autorizada (**art. 578, da CLT**).

b) **contribuição confederativa (art. 8º, IV, CF):**
- fixada pela assembleia do sindicato;
- tem por finalidade custear o sistema confederativo;
- independe da contribuição sindical prevista em lei;
- somente é devida por quem é filiado ao sindicato (**Súmula 666, STF**).

c) **contribuição assistencial (art. 513, *e*, CLT):**
- fixada em convenções ou acordos coletivos de trabalho;
- tem por finalidade custear a negociação coletiva;
- somente é devida por quem é filiada ao sindicato (**PN 119, TST**).

d) **mensalidade dos sócios (art. 548, *b*, CLT):**
- fixada nos estatutos do sindicato;
- tem por finalidade custear os serviços assistenciais prestados pelo sindicato;
- somente é devida por quem é filiado ao sindicato.

13. FORMAS DE SOLUÇÃO DOS CONFLITOS COLETIVOS DE TRABALHO

As **formas de solução dos conflitos coletivos de trabalho** são indicadas no **art. 114, §§ 1º, 2º e 3º da Constituição Federal** e são:

- negociação coletiva (autocomposição);
- arbitragem (Lei n. 9.307/96);
- solução jurisdicional (dissídio coletivo);
- autotutela (greve – art. 9º, CF, e Lei n. 7.783/89).

A Constituição Federal de 1988 **privilegiou a negociação coletiva** como forma de solução dos conflitos coletivos de trabalho, reconhecendo como direito dos trabalhadores as estipulações dela derivadas constantes das convenções e dos acordos coletivos de trabalho (**art. 7º, XXVI**).

13.1. Negociação coletiva

> A Constituição Federal privilegiou a **negociação coletiva** como forma de solução dos conflitos coletivos de trabalho.

A negociação coletiva é **forma autocompositiva de solução dos conflitos coletivos de trabalho.**

É um processo democrático de **autocomposição de interesses**, que objetiva a fixação de **condições de trabalho aplicáveis a uma coletividade de empregados de uma determinada empresa ou de toda uma categoria econômica e a regulação entre as entidades estipulantes.**

Exerce **papel** fundamental na **"modelagem"** do conteúdo do Direito do Trabalho, pois através dela são criadas as chamadas normas coletivas de trabalho **(acordos coletivos de trabalho e convenções coletivas de trabalho)**, cujo reconhecimento é garantido como direito dos trabalhadores **(art. 7º, XXVI, CF)**.

Atualmente, diante da **flexibilização do Direito do Trabalho**, a **negociação coletiva tem o papel** fundamental na **"remodelagem"** do Direito do Trabalho, fixando novos contornos às normas trabalhistas.

Nesse sentido, o **art. 611-A da CLT**, incluído pela **Lei n. 13.467/2017** (***Reforma Trabalhista***), prevê expressamente que a convenção coletiva e o acordo coletivo de trabalho têm prevalência sobre a lei quando, **entre outros** (indicação meramente exemplificativa), dispuserem sobre as matérias neles indicadas.

Em relação ao que **não pode ser modificado ou suprimido pela convenção coletiva ou pelo acordo coletivo de trabalho**, constituindo objeto ilícito, o legislador (**art. 611-B, CLT**) apresenta um rol taxativo de direitos (utiliza a expressão "exclusivamente").

13.2. Convenção e acordo coletivo de trabalho

Convenção coletiva de trabalho é o acordo de caráter normativo pelo qual dois ou mais sindicatos representativos de categorias econômicas e profissionais estabelecem condições de trabalho aplicáveis, no âmbito das respectivas representações, às relações individuais de trabalho (**art. 611, *caput*, CLT**).

Acordo coletivo de trabalho é o acordo de caráter normativo celebrado por sindicatos representativos de categorias profissionais com uma ou mais empresas da correspondente categoria econômica, estipulando condições de trabalho aplicáveis no âmbito da empresa ou das empresas acordantes às respectivas relações de trabalho (**art. 611, § 1º, CLT**).

Assim, em relação à convenção e ao acordo coletivo de trabalho, tem-se:

a) conceito:

Ajuste normativo de condições gerais de trabalho entre:

- sindicato da categoria profissional e sindicato da categoria econômica – ***convenção coletiva de trabalho*** (art. 611, *caput,* CLT)
- sindicato da categoria profissional e empresa(s) – acordo coletivo de trabalho (art. 611, § 1º, CLT)

b) forma:

Necessariamente escrita.

c) natureza jurídica:

- teorias privatistas (gestão de negócios, mandato, estipulação em favor de terceiro)
- teorias publicistas (ato-regra, ato-união, ato-condição)
- teorias transacionais (personalidade moral, solidariedade necessária)
- natureza complexa (elementos de contrato e de norma)

d) pressupostos:

- existência de interesses coletivos em conflito
- existência de uma proposta e discussão
- intenção de negociar a proposta

e) conteúdo:

- preambular – identificação dos sujeitos e determinação do objeto
- substancial:
  - cláusulas normativas
  - cláusulas obrigacionais
  - cláusulas de garantia de eficácia

f) vigência:

A partir da data base: no máximo por 2 anos (art. 614, § 3º, CLT).

g) eficácia:

- entre as partes: a partir da assinatura

- *erga omnes*: 3 dias após o depósito em órgão próprio do Ministério do Trabalho (**art. 614, § 1º, CLT**)

A nova redação do **art. 620 da CLT** prevê que as condições estabelecidas em acordo coletivo de trabalho **sempre prevalecerão** sobre as estipuladas em convenção coletiva de trabalho.

A legislação trabalhista fixa um prazo de duração de, no **máximo, dois anos, proibindo estipulação de duração superior e vedando a ultratividade de suas cláusulas** (**art. 614, § 3º, CLT**).

14. GREVE

A greve é um **direito assegurado constitucionalmente** (**art. 9º, CF**), com regulamentação pela **Lei n. 7.783/89**.

> Greve é a suspensão **coletiva, temporária e pacífica, total ou parcial**, de prestação pessoal de serviços a empregador. Como **meio de autotutela**, é instrumento direto de **pressão coletiva**, aproximando-se do exercício direto das próprias razões por um determinado grupo social.

De acordo com a previsão constitucional, **compete aos trabalhadores** decidir sobre a oportunidade de exercer o direito de greve e sobre os interesses que devam por meio dele defender.

No entanto, **não se trata de um direito irrestrito, ilimitado**. Ao contrário, o próprio constituinte estabelece:

- a restrição da greve nos serviços ou atividades essenciais, hipótese em que o exercício do direito deve observar os estritos limites fixados em lei (Lei n. 7.783/89);
- a necessidade de atendimento das necessidades inadiáveis da comunidade, nos termos definidos em lei (Lei n. 7.783/89);
- responsabilidade, na forma da lei (Lei n. 7.783/89), pelos abusos cometidos durante sua realização.

> **Serviços ou atividade essenciais** são aqueles indispensáveis ao atendimento das **necessidades inadiáveis da comunidade** que, por sua vez, são aquelas que, **se não atendidas, colocam em perigo iminente a sobrevivência, a saúde ou a segurança da população**.

O **art. 10 da Lei n. 7.783/89** indicou os **serviços ou atividades considerados essenciais**:

- tratamento e abastecimento de água; produção e distribuição de energia elétrica, gás e combustíveis;
- assistência médica e hospitalar;
- distribuição e comercialização de medicamentos e alimentos;
- funerários;
- transporte coletivo;
- captação e tratamento de esgoto e lixo;
- telecomunicações;
- guarda, uso e controle de substâncias radioativas, equipamentos e materiais nucleares;
- processamento de dados ligados a serviços essenciais;
- controle de tráfego aéreo;
- compensação bancária.

Nos serviços ou atividades essenciais, os **sindicatos, os empregadores e os trabalhadores ficam obrigados**, de comum acordo, a **garantir**, durante a greve, a **prestação dos serviços indispensáveis ao atendimento das necessidades inadiáveis da comunidade**. No caso de inobservância, o Poder Público assegurará a prestação dos serviços indispensáveis (**arts. 11 e 12, Lei n. 7.783/89**).

Também caracteriza-se como limitação ao exercício da greve a previsão de que **durante a greve**, o sindicato ou a comissão de negociação, mediante acordo com a entidade patronal ou diretamente com o empregador, **manterá em atividade equipes de empregados com o propósito de assegurar os serviços cuja paralisação resultem em prejuízo irreparável**, pela deterioração irreversível de bens, máquinas e equipamentos, bem como a manutenção daqueles essenciais à retomada das atividades da empresa quando da cessação do movimento. Não havendo acordo, é assegurado ao empregador, enquanto perdurar a greve, o direito de contratar diretamente os serviços necessários a que se refere este artigo (**art. 9º, Lei n. 7.783/89**).

Procedimento a ser seguido na greve:

Na greve há uma fase preparatória e uma fase de desenvolvimento.

- **Fase preparatória da greve:**

Assim considerada a fase prévia à deflagração, tem diversos atos:

1º) tentativa de conciliação – é obrigatória a tentativa de negociação, uma vez que a lei não autoriza o início da paralisação a não ser depois de frustrada a negociação. A CF e a Lei n. 7.783/89 estabelecem a participação dos sindicatos na negociação coletiva.

2º) assembleia sindical – a greve é deliberada em assembleia geral convocada pela entidade sindical (**art. 4º**) e de acordo com as formalidades previstas no seu estatuto. A greve é um ato sindical. Na falta de entidade sindical, a assembleia será entre os trabalhadores interessados (**art. 4º, § 2º**), que constituirão uma comissão para representá-los, inclusive, se for o caso, perante a Justiça do Trabalho.

3º) aviso-prévio – não é lícita a *greve-surpresa*. O empregador tem o direito de saber antecipadamente sobre a futura paralisação da empresa. Providências são necessárias, antes da cessação do trabalho, diante dos compromissos da empresa em face das suas naturais condições de atividade e de produção. Daí a comunicação. É o aviso-prévio de greve.

O aviso ao empregador deve ser feito **com antecedência mínima de 48 horas (art. 3º, parágrafo único)**.

No caso de **serviços ou atividades essenciais**, o prazo do aviso é ampliado para **72 horas de antecedência (art. 13)**. Nestas, além do empregador, é obrigatório o anúncio da greve também para conhecimento dos usuários.

- **Fase do desenvolvimento da greve:**

Garantias dos grevistas – Durante a greve, são assegurados aos grevistas (**art. 6º**):

- o emprego de meios pacíficos tendentes a persuadir ou aliciar os trabalhadores a aderirem à greve, de modo que o piquete é permitido quando não violento;
- a arrecadação de fundos e a livre divulgação do movimento;
- em nenhuma hipótese poderão ser violadas ou constrangidas garantias constitucionais (**art. 6º, § 1º**).

É vedado à empresa adotar meios para forçar o empregado ao comparecimento ao trabalho, bem como capazes de frustrar a divulgação do movimento (**art. 6º, § 2º**).

Os grevistas não podem proibir o acesso ao trabalho daqueles que quiserem fazê-lo (**art. 6º, § 3º**).

É vedada a rescisão do contrato de trabalho durante a greve não abusiva, bem como a contratação de trabalhadores substitutos (**art. 7º, parágrafo único**).

Os salários e demais obrigações trabalhistas referentes ao período da greve serão regulados por acordo com o empregador (**art. 7º**).

Considerando todos os aspectos previstos na Constituição Federal e na Lei n. 7.783/89, a **greve será abusiva** em caso de (**art. 14**):

- inobservância das regras previstas na Lei n. 7.783/89;
- manutenção da paralisação após a celebração de acordo, convenção ou decisão da Justiça do Trabalho.

Situação também de exercício da autotutela nos conflitos coletivos de trabalho, o ***lockout***, considerado como **paralisação das atividades, por iniciativa do empregador**, com o objetivo de frustrar negociação ou dificultar o atendimento de reivindicações dos respectivos empregados, é **vedado** pela Lei n. 7.783/89 (**art. 17**).

Conforme previsão do **art. 37, VI e VII, da Constituição Federal**, em relação ao **servidor público civil são garantidos** o livre direito à associação sindical e o direito de greve, que será exercido nos termos e nos limites definidos em lei específica. Ao militar das Forças Armadas são proibidas a sindicalização e a greve (**art. 142, IV, CF**).

REFERÊNCIAS BIBLIOGRÁFICAS

DELGADO, Maurício Godinho. *Direito coletivo do trabalho*. 6. ed. São Paulo: LTr, 2015.

MAGANO, Octavio Bueno. *Direito coletivo do trabalho*. 3. ed. rev. e atual. São Paulo: LTr, 1993.

______. *Manual de direito do trabalho. Parte geral*. 4. ed. rev. e atual. 2. tir. São Paulo: LTr, 1993.

ROMAR, Carla Teresa Martins. *Direito do trabalho esquematizado*. 3. ed. São Paulo: Saraiva, 2015.

SÜSSEKIND, Arnaldo et al. *Instituições de direito do trabalho*. 21. ed. atual. São Paulo: LTr, 2003. v. 1.

QUESTÕES

(XIX Exame de Ordem Unificado / FGV) Jonilson trabalhava na sociedade empresária XYZ Ltda. e atuava como analista financeiro. Mostrando bom desempenho, o empregador o promoveu ao cargo de confiança de gerente financeiro e, dali em diante, passou a lhe pagar, além do salário, uma gratificação de função de 50% do salário. Oito anos após, a empresa resolveu retornar Jonilson ao cargo de origem e suprimiu a gratificação de função.

Diante da situação apresentada, nos termos da CLT, assinale a afirmativa correta.

A) Uma alteração desse vulto necessitaria de ordem judicial, a ser declarada em ação revisional.

B) A reversão é válida, pois não há estabilidade em cargos de gerência.

C) Pode haver a reversão, mas a gratificação de função não pode ser suprimida.

D) A alteração contratual é nula, tratando-se na verdade de rebaixamento.

RESPOSTA

A) A possibilidade de retorno no empregado que ocupa cargo de confiança ao cargo anteriormente ocupado decorre de expressa previsão da lei (art. 468, parágrafo único, da CLT), não sendo necessária ordem judicial para tanto. O fundamento da previsão legal reside no fato de que cargo em confiança sempre é ocupado interinamente, dependendo do elemento subjetivo da confiança.

✓ Empregado pode, por determinação do empregador, deixar cargo de confiança, retornando ao cargo anteriormente ocupado (**art. 468, parágrafo único, CLT**) e deixará de receber a gratificação de função, pois tem menos de dez anos de exercício do cargo de confiança (**Súmula 372, I, TST**).

C) Como o cargo é ocupado interinamente, embora a gratificação de função tenha natureza salarial, a mesma não se incorpora ao salário do empregado, não significando redução salarial a sua supressão quando o empregado deixar o cargo de confiança. No entanto, considerando a estabilidade financeira do empregado, o TST considera que o recebimento da gratificação por um longo período – 10 anos ou mais – impede a supressão, havendo, aí sim, incorporação do valor respectivo ao salário do empregado (Súmula 372, TST).

D) Trata-se de alteração de função vertical descendente expressamente autorizada por lei e, portanto, válida (art. 468, parágrafo único, CLT).

(XIX Exame de Ordem Unificado / FGV) Maria trabalha para a sociedade empresária Beta e recentemente foi aposentada por invalidez. Diante desse fato, a empresa cancelou o plano de saúde de Maria.

Em relação à hipótese retratada e de acordo com a lei e o entendimento sumulado do TST, assinale a afirmativa correta.

A) A sociedade empresária agiu corretamente, pois a aposentadoria por invalidez rompeu o contrato de trabalho.

B) A sociedade empresária poderia, diante da situação retratada e a seu exclusivo critério, manter ou não o plano de saúde.

C) A sociedade empresária terá obrigação de manter o plano por 12 meses, quando terminaria a estabilidade da obreira.

D) A sociedade empresária se equivocou, porque o contrato está suspenso, devendo ser mantido o plano de saúde.

RESPOSTA

A) A aposentadoria por invalidez não extingue o contrato de trabalho, ficando o mesmo suspenso (art. 475, CLT).

B) É assegurado o direito à manutenção do plano de saúde ou de assistência médica oferecido pela empresa ao empregado, não obstante suspenso o contrato de trabalho (Súmula 440, TST).

C) A manutenção do plano de saúde é obrigatória por todo o período da suspensão do contrato de trabalho, não se limitando a 12 meses (Súmula 440, TST).

✓ A aposentadoria por invalidez não extingue o contrato de trabalho, ficando o mesmo suspenso (**art. 475, CLT**), sendo assegurado o direito à manutenção do plano de saúde ou de assistência médica oferecido pela empresa ao empregado, não obstante suspenso o contrato de trabalho (**Súmula 440, TST**).

(XIX Exame de Ordem Unificado / FGV) Pedro é empregado rural na Fazenda Granja Nova. Sua jornada é de segunda a sexta-feira, das 21 às 5h, com intervalo de uma hora para refeição.

Considerando o caso retratado, assinale a afirmativa correta.

A) A hora noturna de Pedro será computada como tendo 60 minutos.

B) A hora noturna rural é reduzida, sendo de 52 minutos e 30 segundos.

C) A hora noturna de Pedro será acrescida de 20%.

D) Não há previsão de redução de hora noturna nem de adicional noturno para o rural.

RESPOSTA

✓ Trabalho rural na agricultura: horário noturno das 21h às 5h; adicional noturno de 25% sobre a hora diurna; hora noturna de 60 minutos, sem redução (art. 7º, Lei n. 5.889/73).

B) A hora noturna do trabalhador rural não é reduzida (art. 7º, Lei n. 5.889/73).

C) O adicional noturno para os trabalhadores rurais é de 20% (art. 7º, Lei n. 5.889/73).

D) A hora noturna do rural realmente não é reduzida, mas o adicional noturno é assegurado aos trabalhadores rurais por força do disposto no art. 7º, IX, CF, sendo de 25% sobre o valor da hora diurna (art. 7º, Lei n. 5.889/73).

(XIX Exame de Ordem Unificado / FGV) Maria trabalha como soldadora em uma empresa há 7 anos. Sua jornada contratual deveria ser de segunda a sexta-feira, das 9 às 18h, com intervalo de uma hora para refeição e, aos sábados, das 8 às 12h. Nos últimos 3 anos, no entanto, o empregador vem exigindo de Maria a realização de uma hora extra diária, pois realizou um grande negócio de exportação e precisa cumprir rigorosamente os prazos fixados. Findo o contrato de exportação, o empregador determinou que Maria retornasse à sua jornada contratual original.

Nesse caso, considerando o entendimento consolidado do TST, assinale a afirmativa correta.

A) As horas extras se incorporaram ao salário de Maria e dela não podem ser retiradas, sendo vedada a alteração maléfica.

B) O empregador deverá pagar a Maria uma indenização de 1 mês de horas extras por cada ano de horas extras trabalhadas e, assim, suprimir o pagamento da sobrejornada.

C) O empregador deverá conceder uma indenização à empregada pelo prejuízo financeiro, que deverá ser arbitrada de comum acordo entre as partes e homologada no sindicato.

D) Maria terá de continuar a trabalhar em regime de horas extras, pois não se admite a novação objetiva na relação de emprego.

RESPOSTA

A) O adicional de horas extras é devido enquanto existir o trabalho em jornada extraordinária, deixando de ser pago quando cessa essa condição. Não há incorporação do adicional de horas extras ao salário. Não se trata de alteração prejudicial, pois o trabalho em horas extras é mais desgastante e prejudicial ao trabalhador, devendo ser prestado excepcionalmente.

☑ A supressão das horas extras habitualmente prestadas há mais de um ano gera direito da empregada ao recebimento de indenização, nos termos da **Súmula 291, TST**.

C) A indenização a ser paga quando da supressão das horas extras prestadas habitualmente por mais de um ano está fixada pela Súmula 291, TST, não estando sua fixação no âmbito da autonomia das partes e não sendo necessária a homologação da mesma pelo sindicato.

D) O adicional de horas extras é devido enquanto existir o trabalho em jornada extraordinária, deixando de ser pago quando cessa essa condição. Não há que se falar em novação do contrato de trabalho, pois o trabalho em horas extras é excepcional, mais desgastante e prejudicial ao trabalhador, e, portanto, sua supressão é o ideal.

(XIX Exame de Ordem Unificado / FGV) Os empregados da sociedade empresária ABC Ltda. criaram uma sociedade cooperativa de crédito que busca dar acesso a empréstimos com juros bastante reduzidos para os próprios empregados da empresa ABC. Renata, que trabalha na empresa em questão, foi eleita diretora suplente dessa sociedade cooperativa de crédito e, dois meses depois, foi dispensada sem justa causa.

Com base na hipótese apresentada, de acordo com o entendimento consolidado do TST, assinale a afirmativa correta.

A) Renata é estável por ter sido eleita, razão pela qual deverá ser reintegrada.

B) Não se cogitará de reintegração, seja do titular ou do suplente, porque esse caso não é previsto na lei como gerador de estabilidade.

C) A condição legal para que Renata seja estável é que contraia ao menos um empréstimo junto à cooperativa.

D) Renata não terá garantia no emprego por ser suplente, e a estabilidade alcança apenas o titular.

RESPOSTA

A) Somente os eleitos como diretores titulares de sociedade cooperativa têm a estabilidade prevista no art. 55, Lei n. 5.764/71, conforme previsão da OJ SDI-1 253, TST.

B) A estabilidade dos diretores titulares de sociedades cooperativas é sim prevista em lei – art. 55, Lei n. 5.764/71.

C) Contrair ou não empréstimo na cooperativa não altera a situação: eleita como diretora suplente da cooperativa.

☑ A estabilidade dos diretores de sociedades cooperativas é assegurada somente aos titulares, não abrangendo os suplentes (**OJ SDI-1 253, TST**).

(XIX Exame de Ordem Unificado / FGV) Jorge é um teletrabalhador e cumpre jornada preestabelecida pelo empregador, que o monitora por meio de meios telemáticos. A empresa montou um *home office* na residência do empregado, fornecendo móveis (mesa e cadeira ergonômica), computador e impressora. Em determinado dia de trabalho, quando conferia relatórios, a cadeira em que Jorge estava sentado quebrou e ele, devido à queda violenta, machucou-se.

Na hipótese, de acordo com a Lei,

A) ocorreu acidente do trabalho, sendo irrelevante se o trabalho é prestado na residência do empregado.

B) não se pode cogitar de acidente do trabalho no teletrabalho, pois o empregado está em seu domicílio e não sob as vistas do empregador.

C) o evento jamais poderá ser considerado acidente do trabalho, uma vez que a situação não foi testemunhada por ninguém.

D) todo acidente domiciliar é acidente do trabalho, segundo a legislação previdenciária.

RESPOSTA

☑ O art. 19 da Lei n. 8.213/91 considera que o acidente de trabalho é aquele que ocorre pelo exercício do trabalho, independentemente onde ele é executado.

B) O que importa para a caracterização de acidente como sendo do trabalho é que o mesmo seja sofrido durante a execução de tarefas e atividades decorrentes do trabalho, não importando o local, que pode ser na casa do trabalhador, se lá são executadas, por determinação do empregador, atividades de trabalho (*home office*).

C) A lei não exige que o acidente tenha sido testemunhado para ser caracterizado como acidente do trabalho, bastando que o mesmo seja sofrido durante a execução de tarefas e atividades decorrentes do trabalho, não importando o local.

D) O acidente sofrido em casa somente pode ser considerado como acidente do trabalho quando o trabalhador está, por determinação expressa do empregador, executando tarefas, atividades laborais em sua própria casa, situação que costuma ser chamada de *home office*.

(XX Exame de Ordem Unificado / FGV) Joana é empregada da sociedade empresária XYZ Ltda., que possui diversas filiais em sua cidade. Como trabalha na filial a 100 m de sua residência, não optou pelo vale-transporte. Dois anos depois, por ato unilateral do empregador, foi transferida para uma filial localizada a 30 km de sua residência. Para chegar ao local de trabalho necessita utilizar duas linhas de ônibus que têm custos distintos.

Com base no caso apresentado, assinale a afirmativa correta.

A) Como Joana não optou por receber o vale-transporte, deverá custear suas despesas de transporte ou utilizar meio alternativo.

B) A empresa deverá custear apenas uma tarifa modal de transporte, de acordo com a lei do vale-transporte.

C) Como o local de residência de Joana é o problema, porque não é servido por transporte público regular, a empresa está obrigada a pagar apenas a tarifa modal.

D) Se Joana é transferida por determinação do empregador para local mais distante, tem direito de receber o acréscimo que terá na despesa com transporte.

RESPOSTA

A) O fato de a empregada não ter optado pelo vale-transporte não afasta a obrigação do empregador de pagar o vale-transporte em caso de transferência do local da prestação de serviços, o que altera a condição originalmente contratada e que justificava, à época da contratação, a não opção pelo vale-transporte. O empregado não pode arcar com o custo do transporte decorrente da alteração do local da prestação dos serviços, sob pena de caracterização de redução salarial.

B) A Lei n. 7.418/85 prevê expressamente que o empregador deve conceder vale-transporte ao empregador em relação ao deslocamento residência-trabalho e vice-versa, através do sistema de transporte coletivo público, urbano ou intermunicipal e/ou interestadual.

C) Como visto no item anterior, o custeio do vale-transporte pelo empregador, nos termos da Lei n. 7.418/85, abrange todo o transporte utilizado no deslocamento residência-trabalho e vice-versa.

☑ Empregado transferido, por ato unilateral do empregador, para local mais distante de sua residência, tem direito a suplemento salarial correspondente ao acréscimo da despesa de transporte (**Súmula 29, TST**).

(XX Exame de Ordem Unificado / FGV) Após ter sofrido um acidente do trabalho reconhecido pela empresa, que emitiu a competente CAT, um empregado afastou-se do serviço e passou a receber auxílio-doença acidentário.

Sobre a situação descrita, em relação ao período no qual o empregado recebeu benefício previdenciário, assinale a afirmativa correta.

A) A situação retrata caso de suspensão contratual e a empresa ficará desobrigada de depositar o FGTS na conta vinculada do trabalhador.

B) Ocorrerá interrupção contratual e a empresa continua com a obrigação de depositar o FGTS para o empregado junto à CEF.

C) Ter-se-á suspensão contratual e a empresa continuará obrigada a depositar o FGTS na conta vinculada do trabalhador.

D) Haverá interrupção contratual e a empresa estará dispensada de depositar o FGTS na conta vinculada do trabalhador.

RESPOSTA

A) O art. 15 da Lei n. 8.036/90 contém previsão expressa da continuidade da obrigação de depósito do FGTS durante o afastamento do trabalho em caso de acidente do trabalho.

B) Afastamento do trabalho por acidente do trabalho caracteriza interrupção do contrato apenas durante os 15 primeiros dias; após o 16º dia, trata-se de suspensão do contrato de trabalho, pois somente a partir desse momento o empregado passa a receber o benefício previdenciário – auxílio-doença acidentário (art. 59, Lei n. 8.213/91).

☑ No caso de suspensão do contrato de trabalho em decorrência de **acidente do trabalho**, o empregador permanece com a obrigação de depositar FGTS (**art. 15, § 5º, Lei n. 8.036/90**).

D) Não se trata de hipótese de interrupção do contrato de trabalho, mas sim de suspensão e, decorrendo a suspensão de afastamento do trabalho por motivo de acidente do trabalho, o empregador continua obrigado, por força de lei, a depositar mensalmente o FGTS do empregado (art. 59, Lei n. 8.213/91 + art. 15, Lei n. 8.036/90).

(XX Exame de Ordem Unificado / FGV) Lúcia trabalha na sede de uma estatal brasileira que fica em Brasília. Seu contrato vigora há 12 anos e, em razão de sua capacidade e experiência, Lúcia foi designada para trabalhar na nova filial do empregador que está sendo instalada na cidade do México, o que foi imediatamente aceito.

Em relação à situação retratada e ao FGTS, à luz do entendimento consolidado do TST, assinale a afirmativa correta.

A) Lúcia terá direito ao depósito do FGTS enquanto estiver trabalhando no México, que deverá continuar sendo depositado na sua conta vinculada no Brasil.

B) Usando-se a teoria atomista, chega-se à conclusão que Lúcia terá direito à metade do FGTS, que será depositado na sua conta vinculada.

C) Uma vez que na legislação do México não há previsão de FGTS, Lúcia não terá esse direito assegurado.

D) Para que Lúcia tenha direito ao FGTS, deverá assinar documento próprio para tal fim, devidamente traduzido.

RESPOSTA

☑ O FGTS incide sobre todas as parcelas de natureza salarial pagas ao empregado em virtude de prestação de serviços no exterior (**OJ SDI-1 232, TST**).

B) Segundo a jurisprudência do TST, é devido o depósito integral do FGTS durante o período em que o empregado estiver prestando serviços no exterior.

C) Quando se trata de empregado brasileiro transferido pelo exterior, aplica-se a lei trabalhista brasileira, quando mais favorável ao empregado (art. 3º, Lei n. 7.064/82).

D) Não há necessidade de qualquer formalidade para que o direito aos depósitos do FGTS seja reconhecido ao empregado transferido para o exterior.

(XX Exame de Ordem Unificado / FGV) João pretende se aposentar e, para tal fim, dirigiu-se ao órgão previdenciário. Lá ficou sabendo que o seu tempo de contribuição ainda não era suficiente para a aposentadoria, necessitando computar, ainda, 18 meses de contribuição. Ocorre que João, 25 anos antes, trabalhou por dois anos como empregado para uma empresa, mas não teve a CTPS assinada.

De acordo com a CLT, sobre uma eventual reclamação trabalhista, na qual João viesse a postular a declaração de vínculo empregatício para conquistar a aposentadoria, assinale a afirmativa correta.

A) Se a empresa arguir a prescrição a seu favor, ela será conhecida pelo juiz, já que ultrapassado o prazo de 2 anos para ajuizamento da ação.

B) Não há o instituto da prescrição na seara trabalhista porque prevalece o princípio da proteção ao empregado.

C) O prazo, na hipótese, seria de 5 anos e já foi ultrapassado, de modo que a pretensão estaria fulminada pela prescrição total.

D) Não haverá prescrição, pois a demanda tem por objeto anotações para fins de prova junto à Previdência Social.

RESPOSTA

A) Somente o pedido condenatório está sujeito aos prazos prescricionais previstos no art. 7º, XXIX, CF; não incide a prescrição nos pedidos de natureza declaratória.

B) A prescrição dos direitos trabalhistas está prevista expressamente no art. 7º, XXIX, CF.

C) Não incide prescrição, nem bienal, nem quinquenal, nos pedidos de natureza declaratória.

✓ Pretensões declaratórias não estão sujeitas a prescrição.

(XX Exame de Ordem Unificado / FGV) Flávio trabalhou na sociedade empresária Sul Minas Ltda., e recebia R$ 1.500,00 mensais. Além disso, desfrutava de plano de saúde custeado integralmente pela empregadora, no valor de R$ 500,00. Em sede de ação trabalhista, Flávio pede a integração do valor à sua remuneração.

Com base na hipótese apresentada, na qualidade de advogado da sociedade empresária, assinale a afirmativa correta.

A) A contestação deverá aduzir apenas que o plano de saúde não tem caráter de contraprestação, sendo concedido como ferramenta de trabalho, por isso não integra a remuneração.

B) A contestação deverá sustentar a inexistência de caráter remuneratório do benefício, o que está expressamente previsto em lei.

C) A contestação deverá alegar que as verbas rescisórias foram pagas observando o reflexo do valor do plano de saúde.

D) A contestação deverá alegar apenas que a possibilidade de o empregado continuar com o plano de saúde após a ruptura do contrato retira do mesmo o caráter remuneratório.

RESPOSTA

A) O convênio médico é um benefício fornecido pelo empregador, não podendo ser considerado ferramenta de trabalho. Logo, não é por esse motivo que o convênio médico não tem natureza salarial, mas sim por expressa previsão em lei (art. 458, § 2º, IV, CLT).

✓ Convênio médico fornecido pelo empregador não tem natureza salarial (**art. 458, § 2º, IV, CLT**).

C) O convênio médico não tem natureza salarial. Logo, não há que se falar em reflexo do valor do plano de saúde nas verbas rescisórias.

D) O plano de saúde não tem natureza salarial por expressa disposição de lei, nada tendo a ver o fato de haver possibilidade de o mesmo continuar mesmo após a rescisão do contrato de trabalho.

(XX Exame de Ordem Unificado / FGV) Ramiro e João trabalharam para a sociedade empresária Braço Forte Ltda. Ramiro foi dispensado e cumpriu o aviso-prévio trabalhando. João pediu demissão e a sociedade empresária o dispensou do cumprimento do aviso-prévio.

Sobre o prazo de pagamento das verbas rescisórias, a partir do caso descrito, assinale a afirmativa correta.

A) No caso de Ramiro, as verbas deverão ser pagas no primeiro dia útil seguinte ao término do contrato; e, no caso de João, até dez dias após a dispensa do cumprimento do aviso-prévio.

B) No caso de Ramiro, as verbas deverão ser pagas até dez dias após o término do contrato; e, no caso de João, até dez dias após a projeção do aviso-prévio.

C) No caso de Ramiro, as verbas deverão ser pagas no primeiro dia útil seguinte ao término do contrato; e, no caso de João, até dez dias após a projeção do aviso-prévio, mesmo dispensado de seu cumprimento.

D) Em ambos os casos, as verbas rescisórias deverão ser pagas no primeiro dia útil seguinte ao término dos respectivos contratos.

RESPOSTA

✓ Prazos para pagamento das verbas rescisórias conforme previsão do **art. 477, § 6º, CLT**. Ramiro cumpriu aviso-prévio, logo o prazo para recebimento das verbas rescisórias é no primeiro dia útil após o término do aviso. João foi dispensado do cumprimento do aviso-prévio, logo o prazo para recebimento das verbas rescisórias é até dez dias após o pedido de demissão, com a dispensa do cumprimento do aviso.

B) Ambos os prazos em desacordo com o art. 477, § 6º, CLT.

C) Prazo de Ramiro correto; prazo de João em desacordo com o art. 477, § 6º, CLT.

D) Somente no caso de Ramiro esse prazo se aplica.

(XX Exame de Ordem Unificado / FGV) Um determinado empregado é vigilante e, por meio do seu empregador, sempre prestou serviços terceirizados a uma instituição bancária privada. Após ser dispensado, o ex-empregado ajuizou ação contra o seu antigo empregador e a instituição bancária, reclamando horas extras, diferença por acúmulo de funções e indenização por dano moral.

Sobre a situação apresentada, assinale a afirmativa correta.

A) Caso haja sucesso na demanda, a instituição bancária não poderá ser condenada em qualquer nível porque não foi o empregador.

B) A instituição bancária poderá ser condenada de forma solidária pelos créditos porventura deferidos porque terceirizou atividade-fim.

C) O banco poderia ser condenado de forma mista, ou seja, pagaria todos os direitos devidos exceto dano moral.

D) A instituição bancária será condenada de forma subsidiária por todos os créditos porventura deferidos.

RESPOSTA

A) Como tomadora dos serviços, a instituição bancária responde subsidiariamente pelos direitos trabalhistas do vigilante empregado da empresa terceirizada (Súm. 331, IV, TST).

B) Vigilância não é atividade-fim de banco. Caso fosse, a consequência não seria a responsabilidade solidária, mas sim a formação do vínculo de emprego diretamente com o tomador do serviço (Súm. 331, I, TST).

C) A responsabilidade subsidiária do tomador dos serviços abrange todas as verbas referentes ao período da prestação laboral (Súmula 331, VI, TST).

✓ O inadimplemento das obrigações trabalhistas, por parte do empregador, implica a responsabilidade subsidiária do tomador dos serviços quanto àquelas obrigações (**Súmula 331, IV, TST**).

(XXI Exame de Ordem Unificado / FGV) As irmãs Rita e Tereza trabalham para o mesmo empregador. Quando Rita engravida, Tereza, que não pode ter filhos naturais, resolve adotar uma criança. Assim, logo após o nascimento da filha de Rita, Tereza adota uma criança de 6 meses de idade. Considerando a situação posta e de acordo com as leis vigentes, assinale a afirmativa correta.

A) Rita terá garantia no emprego até 5 meses após o parto, enquanto Tereza não.

B) Ambas sairão em licença-maternidade, mas Tereza, por ser mãe adotiva, terá período um pouco menor, de 60 dias.

C) Ambas terão estabilidade de até 5 meses, sendo que, para Rita, o período será contado do parto e para Tereza, do momento da adoção.

D) Ambas terão o salário pago diretamente pelo empregador, enquanto durar a licença-maternidade.

RESPOSTA

✓ A garantia de emprego (estabilidade) somente é assegurada à gestante, não sendo assegurada à adotante.

B) Ambas têm direito à licença-maternidade, sendo que a duração da licença é igual para as duas. Não é permitido fixar prazo diverso para a adotante (esse entendimento inclusive foi adotado pelo STF em Repercussão Geral).

C) A garantia de emprego (estabilidade) somente é assegurada à gestante, não sendo assegurada à adotante.

D) O salário-maternidade é pago pela Previdência Social.

(XXI Exame de Ordem Unificado / FGV) Plínio é empregado da empresa Vigilância e Segurança Ltda., a qual não lhe paga salário há dois meses e não lhe fornece vale-transporte há cinco meses. Plínio não tem mais condições de ir ao trabalho e não consegue prover seu sustento e de sua família. Na qualidade de advogado(a) de Plínio, de acordo com a CLT, assinale a opção que melhor atende aos interesses do seu cliente.

A) Propor uma ação trabalhista pedindo a rescisão indireta em razão do descumprimento do contrato por não concessão do vale-transporte, podendo permanecer, ou não, no serviço até decisão do processo.

B) Propor uma ação trabalhista pedindo a rescisão indireta em razão do descumprimento do contrato por mora salarial.

C) Propor uma ação trabalhista pedindo a rescisão indireta em razão do descumprimento do contrato por não concessão do vale-transporte, mas deverá continuar trabalhando até a data da sentença.

D) Propor uma ação trabalhista pedindo as parcelas decorrentes da ruptura contratual por pedido de demissão, além do vale-transporte e salários atrasados e indenização por dano moral, mas seu cliente deve pedir demissão.

RESPOSTA

✓ O não fornecimento do vale-transporte caracteriza descumprimento de obrigação decorrente do contrato de trabalho, passível de caracterizar falta grave do empregador e, portanto, a rescisão indireta do contrato de trabalho. No caso de não cumprimento pelo empregador das obrigações decorrentes do contrato de trabalho, o empregado pode pleitear a rescisão do contrato e o pagamento das respectivas indenizações, permanecendo ou não no serviço até final decisão do processo (art. 483, § 3º, CLT).

B) O entendimento sobre o período necessário para caracterização da mora salarial não é pacífico na doutrina e na jurisprudência. No entanto, há forte posicionamento no sentido de que somente é caracterizada a partir de três meses de não pagamento dos salários, o que parece foi adotado pelo examinador nessa prova.

C) No caso de não cumprimento pelo empregador das obrigações decorrentes do contrato de trabalho, o empregado pode pleitear a rescisão do contrato e o pagamento das respectivas indenizações, permanecendo ou não no serviço até final decisão do processo (art. 483, § 3º, CLT).

D) No caso de não cumprimento pelo empregador das obrigações decorrentes do contrato de trabalho, o empregado pode pleitear a rescisão do contrato e o pagamento das respectivas indenizações, permanecendo ou não no serviço até final decisão do processo (art. 483, § 3º, CLT). As verbas devidas não são as de um pedido de demissão.

(XXI Exame de Ordem Unificado / FGV) O órgão do Ministério Público do Trabalho foi procurado por um grupo de trabalhadores da construção civil. Eles denunciam que o sindicato de classe obreiro está sendo omisso na busca de direitos e vantagens para a categoria, tanto assim que há cinco anos eles não têm reajuste salarial nem é elaborada uma convenção coletiva. Na hipótese narrada, sobre a situação do MPT, de acordo com o entendimento do TST e do STF, assinale a afirmativa correta.

A) O *parquet* poderá ajuizar dissídio coletivo de natureza econômica na Justiça do Trabalho, em substituição ao sindicato de classe omisso, evitando maiores prejuízos para os trabalhadores.

B) O órgão do Ministério Público não poderá ajuizar dissídio coletivo, pois sua atribuição fica limitada ao caso de greve em serviço essencial, o que não é o caso.

C) O MPT poderá entabular negociação diretamente com o sindicato dos empregadores e, elaborada a convenção coletiva, levar à homologação do Poder Judiciário.

D) O Ministério Público poderá instaurar inquérito civil e, apurando a irregularidade, ajuizar ação na Justiça do Trabalho, requerendo a condenação criminal dos dirigentes do sindicato por ato de improbidade.

RESPOSTA

A) O MPT não tem legitimidade para ajuizar dissídio coletivo, sendo sua atribuição limitada ao caso de greve em serviço essencial.

☑ O MPT não tem legitimidade para ajuizar dissídio coletivo, sendo sua atribuição limitada ao caso de greve em serviço essencial.

C) A negociação coletiva é prerrogativa dos sindicatos, não se inserindo nas atribuições do MPT. Além disso, a convenção coletiva não se sujeita à homologação do Poder Judiciário.

D) A questão não se insere nas atribuições do MPT.

(XXI Exame de Ordem Unificado / FGV) Paula e Joyce são empregadas de uma mesma sociedade empresária. O irmão de Paula faleceu e o empregador não autorizou sua ausência ao trabalho. Vinte dias depois, Joyce se casou e o empregador também não autorizou sua ausência ao trabalho em nenhum dia. Como advogado(a) das empregadas, você deverá requerer

A) em ambos os casos, a ausência ao trabalho por três dias consecutivos.

B) um dia de ausência ao trabalho para Paula e de três dias para Joyce.

C) a ausência ao trabalho por dois dias consecutivos, no caso de Paula e, de até três dias, para Joyce.

D) a ausência ao trabalho por dois úteis dias no caso de Paula e, de até três dias úteis, para Joyce.

RESPOSTA

A) O empregado pode faltar ao serviço justificadamente até dois dias consecutivos em caso de falecimento do cônjuge, ascendente, descendente, irmão ou dependente e pode faltar justificadamente até três dias consecutivos em caso de casamento (art. 473, CLT).

B) O empregado pode faltar ao serviço justificadamente até dois dias consecutivos em caso de falecimento do cônjuge, ascendente, descendente, irmão ou dependente e pode faltar justificadamente até três dias consecutivos em caso de casamento (art. 473, CLT).

☑ O empregado pode faltar ao serviço justificadamente até dois dias consecutivos em caso de falecimento do cônjuge, ascendente, descendente, irmão ou dependente e pode faltar justificadamente até três dias consecutivos em caso de casamento (art. 473, CLT).

D) O empregado pode faltar ao serviço justificadamente até dois dias consecutivos em caso de falecimento do cônjuge, ascendente, descendente, irmão ou dependente e pode faltar justificadamente até três dias consecutivos em caso de casamento (art. 473, CLT).

(XXI Exame de Ordem Unificado / FGV) O empregado Júlio foi vítima de um assalto, fora do local de trabalho, sem qualquer relação com a prestação das suas atividades, sendo baleado e vindo a falecer logo após. O empregado deixou viúva e quatro filhos, sendo dois menores impúberes e dois maiores e capazes. Dos direitos abaixo listados, indique aquele que não é devido pela empresa e, de acordo com a lei de regência, a quem a empresa deve pagar os valores devidos ao falecido.

A) A indenização de 40% sobre o FGTS não é devida e os valores devidos ao falecido serão pagos aos dependentes habilitados perante a Previdência Social.

B) As férias proporcionais não são devidas e os valores devidos ao falecido serão pagos aos herdeiros.

C) O aviso-prévio não é devido e os valores devidos ao falecido serão pagos aos herdeiros.

D) O 13º salário proporcional não é devido e os valores devidos ao falecido serão pagos aos dependentes habilitados perante a Previdência Social.

RESPOSTA

☑ A indenização de 40% sobre o FGTS somente é devida em caso de extinção do contrato de trabalho por ato do empregador (art. 7º, III, CF e art. 18, Lei n. 8.036/90) e será paga aos dependentes do falecido habilitados perante a Previdência Social. Essa é a regra (Lei n. 6.858/80).

B) As férias proporcionais são devidas e serão pagas aos dependentes do falecido habilitados perante a Previdência Social. Essa é a regra (Lei n. 6.858/80).

C) O aviso-prévio não é devido, tendo em vista que a rescisão do contrato de trabalho decorreu de fatos alheios à vontade das partes.

D) O 13º salário proporcional é devido e será pago aos dependentes do falecido habilitados perante a Previdência Social. Essa é a regra (Lei n. 6.858/80).

(XXI Exame de Ordem Unificado / FGV) O restaurante Prato Cheio Ltda. resolveu contratar Gustavo para atuar como garçom. Gustavo receberá, como contraprestação, o valor de dois salários mínimos e as gorjetas cobradas na nota dos clientes que atender. Em relação à carteira profissional de Gustavo, de acordo com a CLT, assinale a afirmativa correta.

A) O empregador deverá anotar a CTPS em 24 horas, não havendo necessidade de anotar as gorjetas, mesmo porque elas variam a cada mês.

B) A CTPS do empregado deverá ser anotada em 48 horas e nela deverá ser anotado o salário e a estimativa das gorjetas.

C) O empregador tem 30 dias para anotar a carteira profissional e, na hipótese, deve anotar apenas a parte fixa da remuneração.

D) A CTPS, na ausência de prazo legal, deve ser anotada em 5 dias com o valor da média das gorjetas.

RESPOSTA

A) O prazo para anotação da CTPS é de 48 horas (art. 29, CLT). O salário fixo e as gorjetas devem ser anotadas na CTPS (art. 457, § 6º, CLT).

✓ O prazo para anotação da CTPS é de 48 horas (art. 29, CLT). O salário fixo e as gorjetas devem ser anotadas na CTPS (art. 457, § 6º, CLT).

C) O prazo para anotação da CTPS é de 48 horas (art. 29, CLT). O salário fixo e as gorjetas devem ser anotadas na CTPS (art. 457, § 6º, CLT).

D) O prazo para anotação da CTPS é de 48 horas (art. 29, CLT). O salário fixo e as gorjetas devem ser anotadas na CTPS (art. 457, § 6º, CLT).

(XXII Exame de Ordem Unificado / FGV) Lino trabalha como diagramador na sociedade empresária XYZ Ltda., localizada em um grande centro urbano, e recebe do empregador, além do salário, moradia e plano de assistência odontológica, graciosamente.

Sobre o caso narrado, de acordo com a CLT, assinale a afirmativa correta.

A) Ambos os benefícios serão incorporados ao salário de Lino.

B) Somente o benefício da habitação será integrado ao salário de Lino.

C) Nenhum dos benefícios será incorporado ao salário de Lino.

D) Somente o benefício do plano de assistência odontológica será integrado ao salário de Lino.

RESPOSTA

A) O § 2º, IV, do art. 458 prevê expressamente que a assistência odontológica não é utilidade e, portanto, não se incorpora ao salário do empregado.

✓ O *caput* do art. 458 prevê expressamente que a habitação é considerada como salário-utilidade e, portanto, incorpora-se ao salário do empregado. Ao contrário, a assistência odontológica não é salário-utilidade.

C) A habitação incorpora-se ao salário, por disposição expressa de lei (art. 458, *caput*, CLT).

D) A assistência odontológica não se incorpora ao salário, por disposição expressa de lei (art. 458, § 2º, IV, CLT).

(XXII Exame de Ordem Unificado / FGV) Célio e Paulo eram funcionários da sociedade empresária Minério Ltda. e trabalhavam no município do Rio de Janeiro. Por necessidade de serviço, eles foram deslocados para trabalhar em outros municípios. Célio continuou morando no mesmo lugar, porque o município em que passou a laborar era contíguo ao Rio de Janeiro. Paulo, no entanto, mudou-se definitivamente, com toda a família, para o município em que passou a trabalhar, distante 350 km do Rio de Janeiro. Dois anos depois, ambos foram dispensados. A sociedade empresária nada pagou aos funcionários quando das transferências de locais de trabalho, salvo a despesa com a mudança de Paulo. Ambos ajuizaram ações trabalhistas.

A partir da hipótese sugerida, assinale a afirmativa correta.

A) Célio e Paulo não têm direito ao adicional de transferência.

B) Apenas Paulo tem direito ao adicional de transferência.

C) Apenas Célio tem direito ao adicional de transferência.

D) Ambos têm direito ao adicional de transferência.

RESPOSTA

✓ O adicional de transferência é previsto no § 3º do art. 469, e é devido apenas nas transferências provisórias ("enquanto durar a transferência"). A questão fala expressamente que Paulo mudou-se definitivamente. Logo, não há que se falar em pagamento de adicional de transferência para Paulo. O *caput* do art. 469 fala expressamente que não se considera transferência a que não implicar mudança de domicílio do empregado. Célio, embora tenha sido deslocado para trabalhar em outro município, este era contíguo e ele continuou a morar no mesmo lugar. Logo, não há que se falar em transferência propriamente dita nem em qualquer pagamento para Célio.

B) Por ter sido transferido definitivamente, Paulo não tem direito ao adicional de transferência, que é devido apenas nas transferências provisórias.

C) Tendo em vista que Célio continuou a morar no mesmo lugar, já que passou a trabalhar em município contíguo, não há sequer que se falar em transferência. Logo, não há que se falar em adicional de transferência.

D) Nenhum dos dois tem direito ao adicional de transferência, ou porque a transferência não foi provisória, ou porque sequer pode ser caracterizado como transferência o deslocamento para município contíguo sem necessidade de mudança.

(XXII Exame de Ordem Unificado / FGV) Pedro é empregado da sociedade empresária X e, em determinado mês, recebeu diárias na ordem de 70% do seu salário, sem ter prestado qualquer conta ao empregador.

De acordo com a CLT e o entendimento consolidado do TST, assinale a afirmativa correta.

A) A diária, na hipótese retratada, terá natureza salarial na totalidade.

B) A diária terá natureza indenizatória porque visa ressarcir gastos realizados pelo empregado.

C) Somente o que ultrapassar 50% do salário terá natureza salarial, logo, 20%, na hipótese.

D) A lei determina que metade da diária paga tenha natureza salarial e metade, indenizatória.

RESPOSTA

✓ As diárias para viagem estão previstas no art. 457, §§ 1º e 2º, CLT, que preveem que aquelas terão natureza salarial quando excedam de 50% do salário do empregado. Como a questão fala em 70%, a diária tem natureza salarial.

B) Somente a diária para viagem que tenha valor até 50% do salário do empregado é considerada como verba de natureza indenizatória (art. 457, § 1º, CLT), o que não é o caso da questão.

C) A Súmula 101 do TST fala que integram o salário, pelo seu valor total, as diárias de viagem que excedam 50% do salário do empregado e não apenas o que ultrapassar 50%.

D) Não existe essa previsão na lei. Ou é indenizatória, porque seu valor não ultrapassa 50% do valor do salário do empregado, ou é salarial, porque ultrapassa 50% do valor do salário do empregado.

(XXII Exame de Ordem Unificado / FGV) Na convenção coletiva de determinada categoria, ficou estipulado que o adicional de periculosidade seria pago na razão de 15% sobre o salário-base, pois, comprovadamente, os trabalhadores permaneciam em situação de risco durante metade da jornada cumprida.

Sobre a cláusula em questão, assinale a afirmativa correta.

A) A cláusula não é válida, pois se trata de norma de ordem pública.

B) A validade da cláusula depende de homologação judicial.

C) A cláusula é válida, porque a Constituição da República garante eficácia aos acordos e às convenções coletivas.

D) A legalidade da cláusula será avaliada pelo juiz, porque a Lei e o TST são silentes a respeito.

RESPOSTA

✓ A negociação coletiva não pode diminuir os direitos dos trabalhadores previstos em lei, exceto nas hipóteses expressamente autorizadas pela Constituição Federal, tendo em vista a natureza de ordem pública das normas de proteção ao trabalhador. No caso do adicional de periculosidade não há autorização para negociação que reduza o valor do adicional, que é de 30%, sendo inválida a cláusula de norma coletiva que contenha tal previsão.

B) A negociação coletiva é prerrogativa dos sindicatos, conforme o art. 8º, III, CF, e o reconhecimento dos acordos e das convenções coletivas de trabalho constitui garantia dos trabalhadores, não havendo qualquer necessidade de homologação judicial para validade do que dispõem referidos instrumentos coletivos.

C) A negociação coletiva realizada ultrapassa os limites da flexibilização impostos pela Constituição Federal, não sendo válida, portanto.

D) Não há que se falar em validação judicial, pois os limites impostos pela Constituição Federal não foram respeitados.

(XXII Exame de Ordem Unificado / FGV) Um aprendiz de marcenaria procura um advogado para se inteirar sobre o FGTS que vem sendo depositado mensalmente pelo empregador na sua conta vinculada junto à CEF, na razão de 2% do salário, e cujo valor é descontado juntamente com o INSS.

Com relação ao desconto do FGTS, assinale a afirmativa correta.

A) O FGTS deveria ser depositado na ordem de 8% e não poderia ser descontado.

B) A empresa, por se tratar de aprendiz, somente poderia descontar metade do FGTS depositado.

C) A empresa está equivocada em relação ao desconto, pois o FGTS é obrigação do empregador.

D) A conduta da empresa é regular, tanto em relação ao percentual quanto ao desconto.

RESPOSTA

A) O FGTS realmente não pode ser descontado do salário do empregado, mas o percentual de 2% do FGTS está correto, pois se trata de aprendiz (§ 7º, art. 15, Lei n. 8.036/90).

B) Em hipótese alguma o empregador pode descontar do empregado o valor do FGTS depositado na conta vinculada. O FGTS é direito do trabalhador (art. 7º, III, CF) e uma obrigação do empregador prevista expressamente no art. 15 da Lei n. 8.036/90.

✓ A empresa está equivocada, pois o FGTS é obrigação do empregador e não pode ser descontado do salário do empregado.

D) O percentual que vem sendo depositado a título de FGTS está correto, por tratar-se de aprendiz. Mas a empresa não pode descontar o valor do salário do empregado, pois o depósito do FGTS na conta vinculada do empregado é obrigação do empregador.

(XXII Exame de Ordem Unificado / FGV) Suely trabalha na casa de Rogério como cuidadora de seu pai, pessoa de idade avançada e enferma, comparecendo de segunda a sexta-feira, das 8:00 às 17:00 h, com intervalo de uma hora para refeição.

De acordo com o caso narrado e a legislação de regência, assinale a afirmativa correta.

A) O controle escrito não é necessário, porque menos de 10 empregados trabalham na residência de Rogério.

B) A lei de regência prevê que as partes podem acertar, por escrito, a isenção de marcação da jornada normal, assinalando apenas a eventual hora extra.

C) A Lei é omissa a respeito, daí por que a existência de controle deve ser acertado entre as partes envolvidas no momento da contratação.

D) Rogério deve, por força de Lei, manter controle escrito dos horários de entrada e saída da empregada doméstica.

RESPOSTA

A) A Lei Complementar n. 150/2015 prevê expressamente a necessidade de controle escrito de jornada (art. 12).

B) A marcação da jornada de trabalho é obrigação prevista em lei, independentemente de tratar-se da jornada normal ou de jornada extraordinária.

C) Há previsão expressa na lei sobre a obrigação de marcação da jornada de trabalho do empregado doméstico (art. 12, LC n. 150/2015).

✓ Trata-se efetivamente de obrigação legal, devendo haver o controle escrito de jornada (art. 12, LC n. 150/2015).

(XXIII Exame de Ordem Unificado / FGV) Um empregado recebeu o contracheque de determinado mês com descontos, a título de contribuição confederativa e de contribuição sindical . Por não ser sindicalizado, reclama junto ao empregador contra ambas as subtrações e este encaminha o caso ao setor jurídico para análise. Diante da situação retratada, de acordo com a CLT e o entendimento consolidado do TST e do STF, assinale a afirmativa correta.

A) O desconto de contribuição sindical não é válido, mas o da contribuição confederativa está correto, posto que obrigatório.

B) Os descontos são inválidos, porque o empregado não é sindicalizado e, portanto, não pode ser obrigado a contribuir.

C) O desconto de contribuição sindical é válido, mas o da contribuição confederativa, não, porque o empregado não é sindicalizado.

D) As subtrações são válidas, porque o empregado, mesmo não sendo sindicalizado, beneficia-se da convenção coletiva.

RESPOSTA

Questão anterior à Lei n. 13.467/2017 – Reforma Trabalhista. Após a Reforma, a contribuição sindical não é mais compulsória, mas sim voluntária.

A) O desconto da contribuição confederativa somente pode ser feito de quem é sindicalizado. De acordo com o informado na questão, o empregado não é sindicalizado. Logo, não pode ser feito o desconto.

B) O desconto da contribuição sindical independe de o trabalhador ser ou não sindicalizado, Tal contribuição é devida por todos os integrantes da categoria, sindicalizados ou não.

✓ Nos termos do art. 578, CLT, a contribuição sindical é obrigatória, devendo ser paga por todos os integrantes da categoria, independentemente de ser sindicalizado. A contribuição confederativa, porém, embora prevista no art. 8º, IV, CF, só é exigida dos filiados a sindicato respectivo (Súmula n. 666, STF e Precedente Normativo n. 119, TST).

D) O desconto da contribuição sindical é válido, na forma da lei, pelo fato de o empregado ser integrante da categoria e não porque se beneficia da convenção coletiva. O desconto da contribuição confederativa não é válido porque o empregado não é sindicalizado.

(XXIII Exame de Ordem Unificado / FGV) A sociedade empresária Gardênia Azul Ltda. aprovou acordo coletivo junto ao sindicato de classe dos seus empregados prevendo um plano de cargos e salários. Nele, as promoções seriam feitas no máximo a cada dois anos, exclusivamente pelo critério de antiguidade. No período de vigência dessa norma, Walter ajuizou uma ação requerendo equiparação salarial a Fernando, referente ao período do acordo coletivo. Diante da situação concreta e da jurisprudência consolidada do TST, assinale a afirmativa correta.

A) O pedido de equiparação salarial não é possível juridicamente porque a sociedade empresária possui plano de cargos e salários.

B) A equiparação salarial é possível se atendidos os demais requisitos legais, porque o plano de cargos e salários em questão não tem validade.

C) A observância ou não ao acordo ficará a cargo de cada juiz, porque inexiste previsão legal ou jurisprudencial a respeito.

D) O plano de cargos e salários, por ser fruto de negociação coletiva e atender aos requisitos legais, precisa ser observado pelo magistrado.

RESPOSTA

A) Somente o quadro de carreira homologado pelo Ministério do Trabalho impede a equiparação salarial. Não sendo homologado, pode haver o reconhecimento da equiparação, se preenchidos os demais requisitos.

✓ Nos termos da Súmula 6, I, TST, somente o quadro de carreira homologado pelo Ministério do Trabalho exclui o direito à equiparação salarial, se preenchidos os demais requisitos previstos no art. 461 da CLT.

C) Existe previsão jurisprudencial sumulada a respeito: Súmula 6, I, TST.

D) Somente o quadro de carreira homologado pelo Ministério do Trabalho impede a equiparação salarial. O fato de o mesmo decorrer de negociação coletiva não tem esse efeito.

(XXIII Exame de Ordem Unificado / FGV) Um representante comercial ajuíza ação na Justiça do Trabalho pedindo a devolução de descontos. Ele explica que sua comissão sobre as vendas é de 5%, mas que pode optar pelo percentual de 10%, desde que se comprometa a pagar o valor da venda, caso o comprador fique inadimplente. Alega que sempre fez a opção pelos 10%, e que, nos casos de inadimplência, teve de pagar o valor do negócio para depois tentar reaver a quantia do comprador, o que caracterizaria transferência do risco da atividade econômica. Diante do caso apresentado e da lei de regência, assinale a afirmativa correta.

A) A prática é válida porque o representante não é empregado nos moldes da CLT, além de ter sido uma opção por ele tomada.

B) O caso traduz um *truck system*, sendo que a lei limita o prejuízo do representante comercial a 50% da venda não paga.

C) A norma de regência é omissa a respeito desta situação, razão pela qual é válida, na medida em que se trata de relação de direito privado.

D) A situação caracteriza a cláusula *del credere*, vedada pela Lei de Representação Comercial.

RESPOSTA

A) Mesmo ele não sendo empregado, não é válida essa previsão no contrato, porque trata-se de prática proibida expressamente pela Lei de Representação Comercial.

B) *Truck system* refere-se a pagamento de salário integralmente em bens in natura, em utilidades, não tendo nada a ver com o caso indicado na questão.

C) A Lei de Representação Comercial tem previsão expressa proibindo a cláusula *del credere*.

✓ A cláusula *del credere* corresponde ao instituto ou previsão da parte contratante ou representada descontar os valores de comissões ou vendas do representante comercial na hipótese da venda ou da transação ser cancelada ou desfeita. O art. 43 da Lei n. 4.886/65 (Lei de Representação Comercial) prevê textualmente que: "É vedada no contrato de representação comercial a inclusão de cláusulas del credere".

(XXIII Exame de Ordem Unificado / FGV) Um grupo econômico é formado pelas sociedades empresárias X, Y e Z. Com a crise econômica que assolou o país, todas as empresas do grupo procuraram formas de reduzir o custo de mão de obra. Para evitar dispensas, a sociedade empresária X acertou a redução de 10% dos salários dos seus empregados por convenção coletiva; Y acertou a mesma redução em acordo coletivo; e Z fez a mesma redução, por acordo individual escrito com os empregados. Diante da situação retratada e da norma de regência, assinale a afirmativa correta.

A) As empresas estão erradas, porque o salário é irredutível, conforme previsto na Constituição da República.

B) Não se pode acertar redução de salário por acordo coletivo nem por acordo individual, razão pela qual as empresas Y e Z estão erradas.

C) A empresa Z não acertou a redução salarial na forma da lei, tornando-a inválida.

D) As reduções salariais em todas as empresas do grupo foram negociadas e, em razão disso, são válidas.

RESPOSTA

A) Pode ser reduzido por convenção ou por acordo coletivo de trabalho.

B) A redução de salário por acordo coletivo de trabalho é válida.

✓ Nos termos do art. 7º, VI, CF, o salário é irredutível, salvo o disposto em convenção ou acordo coletivo de trabalho. Assim, somente a redução mediante negociação coletiva tem validade, sendo inválida a redução por acordo individual.

D) A redução de salário não pode ser feita por meio de acordo individual, sendo inválida nesse caso.

(XXIII Exame de Ordem Unificado / FGV) Os irmãos Pedro e Júlio Cesar foram contratados como empregados pela sociedade empresária Arco Doce S/A e lá permaneceram por dois anos. Como foram aprovados em diferentes concursos públicos da administração direta, eles pediram demissão e, agora, com a possibilidade concedida pelo Governo, dirigiram-se à Caixa Econômica Federal (CEF) para sacar o FGTS. Na agência da CEF foram informados que só havia o depósito de FGTS de 1 ano, motivo por que procuraram o contador da Arco Doce para uma explicação. O contador informou que não havia o depósito porque, no último ano, Pedro afastara-se para prestar serviço militar obrigatório e Júlio Cesar afastara-se pelo INSS, recebendo auxílio-doença comum (código B-31). Diante desses fatos, confirmados pelos ex-empregados, o contador ponderou que não havia obrigação de a empresa depositar o FGTS durante 1 ano para ambos. Sobre a questão retratada e de acordo com a legislação em vigor, assinale a afirmativa correta.

A) A sociedade empresária tem razão na justificativa de Júlio Cesar, mas está errada em relação a Pedro.

B) A sociedade empresária está errada em relação a ambos os empregados.

C) No que tange a Pedro, a sociedade empresária está certa, mas, no tocante a Julio Cesar, não tem razão.

D) A pessoa jurídica está correta em relação a Pedro e a Júlio Cesar.

RESPOSTA

✓ Nos termos do § 5º do art. 15 da Lei n. 8.036/90 é obrigatório o recolhimento do FGTS durante o período de afastamento do empregado para prestação de serviço militar.
No que tange a afastamento pelo INSS, o recolhimento somente é obrigatório quando se trate de acidente do trabalho (auxílio-doença acidentário). Como o afastamento de Júlio César se deu em razão de doença comum (auxílio-doença comum), os recolhimentos não eram devidos.

B) Está errada somente em relação a Pedro, que se afastou para prestação de serviço militar.

C) A situação é ao contrário: está certa em relação a Pedro e errada e relação a Júlio César.

D) Está certa em relação a Pedro e errada em relação a Júlio César.

(XXIII Exame de Ordem Unificado / FGV) João era proprietário de uma padaria em uma rua movimentada do centro da cidade. Em razão de obras municipais, a referida rua foi interditada para veículos e pedestres. Por conta disso, dada a ausência de movimento, João foi obrigado a extinguir seu estabelecimento comercial, implicando a paralisação definitiva do trabalho. Acerca da indenização dos empregados pela extinção da empresa, à luz da CLT, assinale a afirmativa correta.

A) Caberá indenização ao empregado, a ser paga pelo Município.

B) Caberá indenização ao empregado, a ser paga pela União.

C) Caberá indenização ao empregado, a ser paga pelo empregador, sem possibilidade de ressarcimento.

D) Tratando-se de motivo de força maior, não há pagamento de indenização.

RESPOSTA

✓ Trata-se de hipótese de rescisão do contrato de trabalho em decorrência de *factum principis* (ato de autoridade). Nesse caso, de acordo com previsão do art. 486, CLT, a indenização devida pela dispensa deve ser paga pelo governo responsável pela circunstância que levou à rescisão do contrato.

B) A interdição decorreu de ato do Município e não da União.

C) O governo responsável é quem deverá pagar a indenização devida, conforme previsão legal.

D) Trata-se de hipótese de *factum principis*, e não de força maior.

(XXIV Exame de Ordem Unificado / FGV) Solange é comissária de bordo em uma grande empresa de transporte aéreo e ajuizou reclamação trabalhista postulando adicional de periculosidade, alegando que permanecia em área de risco durante o abastecimento das aeronaves porque ele era feito com a tripulação a bordo. Iracema, vizinha de Solange, trabalha em uma unidade fabril recebendo adicional de insalubridade, mas, após cinco anos, sua atividade foi retirada da lista de atividades insalubres, por ato da autoridade competente. Sobre as duas situações, segundo a norma de regência e o entendimento consolidado do TST, assinale a afirmativa correta.

A) Solange não tem direito ao adicional de periculosidade e Iracema perderá o direito ao adicional de insalubridade.

B) Solange tem direito ao adicional de periculosidade e Iracema manterá o adicional de insalubridade por ter direito adquirido.

C) Solange não tem direito ao adicional de periculosidade e Iracema manterá o direito ao adicional de insalubridade.

D) Solange tem direito ao adicional de periculosidade e Iracema perderá o direito ao adicional de insalubridade.

RESPOSTA

✓ Em relação à situação de Solange, aplica-se a previsão da Súmula n. 447, TST: "Os tripulantes e demais empregados em serviços auxiliares de transporte aéreo que, no momento do abastecimento da aeronave, permanecem a bordo não têm direito ao adicional de periculosidade". Em relação à situação de Iracema, aplica-se a previsão da Súmula n. 248, TST: "A reclassificação ou a descaracterização da insalubridade, por ato da autoridade competente, repercute na satisfação do respectivo adicional, sem ofensa a direito adquirido ou ao princípio da irredutibilidade salarial".

B) Solange não tem direito e no caso de Iracema não há que se falar em direito adquirido.

C) Solange realmente não tem direito, mas Iracema também não tem mais direito, tendo em vista que a atividade não mais é considerada insalubre.

D) Solange não tem direito ao adicional de periculosidade. Iracema realmente perderá o adicional de insalubridade.

(XXIV Exame de Ordem Unificado / FGV) Carlos, professor de educação física e fisioterapeuta, trabalhou para a Academia Boa Forma S/A, que assinou sua CTPS. Cumpria jornada de segunda a sexta-feira, das 7h às 16h, com uma hora de intervalo para almoço. Ao longo da jornada de trabalho, ele ministrava quatro aulas de ginástica com 50 minutos de duração cada, e, também, fazia atendimentos fisioterápicos previamente marcados pelos alunos da Academia, na sociedade empresária Siga em Boa Forma Ltda., do mesmo grupo econômico da Academia, sem ter sua CTPS anotada. Dispensado, Carlos pretende ajuizar ação trabalhista. Diante disso, em relação ao vínculo de emprego de Carlos assinale a afirmativa correta.

A) O caso gera a duplicidade de contratos de emprego, sendo as empresas responsáveis solidárias dos débitos trabalhistas.

B) O caso gera a duplicidade de contratos de emprego, sendo as empresas responsáveis subsidiárias dos débitos trabalhistas.

C) O caso gera duplicidade de contratos de emprego, cada empresa com sua responsabilidade.

D) O caso não gera coexistência de mais de um contrato de trabalho.

RESPOSTA

A) Não são dois contratos, pois as atividades para ambas as empresas integrantes do grupo são prestadas durante a mesma jornada de trabalho.

B) Não há duplicidade de contratos.

C) Não há duplicidade de contratos.

✓ Trata-se de hipótese de prestação de serviços a mais de uma empresa integrante do grupo econômico, durante a mesma jornada de trabalho. Nos termos da Súmula n. 129 do TST, tal hipótese não caracteriza a coexistência de mais de um contrato de trabalho, salvo ajuste em contrário.

(XXIV Exame de Ordem Unificado / FGV) Um empresário explora o ramo de farmácias e drogarias, possuindo 18 filiais divididas por dois estados da Federação. Cada filial tem 5 empregados, todos com CTPS assinada. O empresário, desejando saber se precisa manter controle escrito dos horários de entrada e saída dos empregados, procura você para, como advogado, orientá-lo. Diante da situação retratada e com base na CLT, assinale a afirmativa correta.

A) O controle de ponto deverá ser mantido, porque a empresa possui mais de 10 empregados.

B) A análise deverá ser feita por cada estado da Federação, sendo obrigatório o ponto se houver mais de 10 empregados no espaço geográfico do estado.

C) O empresário não precisará manter controle escrito, porque tem menos de 10 empregados por estabelecimento.

D) A Lei é omissa a respeito, daí porque, a título de cautela, é recomendável que seja marcado o controle, podendo haver a pré-assinalação da pausa alimentar.

RESPOSTA

A) A obrigação de controle de jornada leva em conta o número de empregados do estabelecimento e não da empresa.

B) A análise é feita por estabelecimento e não por Estado da Federação.

☑ Nos termos do § 2º, do art. 74, CLT, a obrigatoriedade de controle de jornada de trabalho é obrigatória para os estabelecimentos com mais de 10 empregados.

D) Não há omissão da lei. Ao contrário, há previsão expressa no art. 74, § 2º, CLT.

(XXIV Exame de Ordem Unificado / FGV) Sílvio é empregado da sociedade empresária Onda Azul Ltda. e, em determinado dia, no horário de almoço, ao se dirigir a um restaurante para fazer sua refeição, foi atropelado por um veículo, sofrendo lesões que o afastaram do serviço por 30 dias, inclusive com recebimento de benefício previdenciário. Diante da situação apresentada, assinale a afirmativa correta.

A) O fato não caracteriza acidente do trabalho, porque não aconteceu na empresa nem em deslocamento a serviço.

B) O fato caracteriza acidente do trabalho, e, ao retornar, Sílvio tem garantia no emprego de 12 meses.

C) A Lei é omissa a respeito, daí porque caberá ao juiz, no caso concreto, dizer se o evento foi acidente de trabalho.

D) A empresa será obrigada a ressarcir o empregado, porque tem o dever de fornecer alimentação.

RESPOSTA

A) Caracteriza acidente de trabalho por expressa previsão legal.

☑ Embora, para fins trabalhistas, o horário de almoço não seja considerado como tempo à disposição do empregador, nos termos do art. 21, § 1º, da Lei n. 8.213/91, é considerado acidente do trabalho aquele que ocorre nos períodos destinados a refeição ou descanso. Caracterizado o acidente do trabalho, o empregado tem garantia de emprego por 12 meses a contar da cessação do benefício previdenciário (art. 118, Lei n. 8.213/91). Nos termos da Súmula n. 378, I, TST, são pressupostos para a concessão da estabilidade o afastamento superior a 15 dias e a consequente percepção do auxílio-doença acidentário, o que ocorreu no caso indicado na questão.

C) Não há omissão da lei. Ao contrário, há previsão expressa no art. 21, § 1º da Lei n. 8.213/91.

D) A empresa não tem o dever de fornecer alimentação. A responsabilidade decorre do fato de ser considerado o acidente como acidente do trabalho, por expressa disposição de lei.

(XXIV Exame de Ordem Unificado / FGV) Uma instituição bancária construiu uma escola para que os filhos dos seus empregados pudessem estudar. A escola tem a infraestrutura necessária, e o banco contratou as professoras que irão dar as aulas nos primeiros anos do Ensino Fundamental. Não existe controvérsia entre empregador e empregadas acerca do enquadramento sindical. Diante dessa situação, assinale a afirmativa correta.

A) Sendo o empregador das professoras um banco, elas são bancárias e estão vinculadas à convenção coletiva dessa categoria profissional.

B) O professor integra categoria conexa, cabendo às professoras definir a que sindicatos pretendem se filiar.

C) Uma vez que a atividade desenvolvida pelas professoras não é bancária, caberá à Justiça do Trabalho definir as regras que deverão permear os seus contratos.

D) As professoras não são bancárias, porque integram categoria diferenciada.

RESPOSTA

A) Trata-se de hipótese de categoria diferenciada, que não adere à categoria preponderante da empresa.

B) O professor integra categoria diferenciada. Não existe categoria conexa. Há equívoco de terminologia e de conceito na alternativa.

C) Os professores integram categoria diferenciada e seus direitos, além dos previstos em lei, decorrem da negociação feita pelo sindicato que representa sua categoria.

☑ Nos termos do art. 511, § 3º, CLT, "categoria profissional diferenciada é a que se forma dos empregados que exerçam profissões ou funções diferenciadas por força de estatuto profissional especial ou em consequência de condições de vida singulares". É o caso dos professores. Portanto, ainda que trabalhando para uma instituição bancária, as professoras são representadas por sindicato próprio, e não pelo sindicato dos bancários.

(XXV Exame de Ordem Unificado / FGV) Em março de 2015, Lívia foi contratada por um estabelecimento comercial para exercer a função de caixa, cumprindo jornada de segunda-feira a sábado das 8h às 18h, com intervalo de 30 minutos para refeição. Em 10 de março de 2017, Lívia foi dispensada sem justa causa, com aviso prévio indenizado, afastando-se de imediato. Em 30 de março de 2017, Lívia registrou sua candidatura a dirigente sindical e, em 8 de abril de 2017, foi eleita vice-presidente do sindicato dos comerciários da sua região. Diante desse fato, Lívia ponderou com a direção da empresa que não seria possível a sua dispensa, mas o empregador insistiu na manutenção da dispensa afirmando que o aviso prévio não poderia ser considerado para fins de garantia no emprego. Sobre a hipótese narrada, de acordo com a CLT e com o entendimento consolidado do TST, assinale a afirmativa correta.

A) O período do aviso prévio é integrado ao contrato para todos os fins, daí porque Lívia, que foi eleita enquanto o pacto laboral estava em vigor, não poderá ser dispensada sem justa causa.

B) Não se computa o aviso prévio para fins de tempo de serviço nem anotação na CTPS do empregado e, em razão disso, Lívia não terá direito à estabilidade oriunda da eleição para dirigente sindical.

C) O aviso prévio é computado para todos os fins, mas, como a candidatura da empregada ocorreu no decorrer do aviso prévio, Lívia não terá garantia no emprego.

D) A Lei e a jurisprudência não tratam dessa situação especial, razão pela qual caberá ao magistrado, no caso concreto, decidir se o aviso prévio será computado ao contrato.

RESPOSTA

A) De acordo com a Súmula 369, V, TST, o registro da candidatura do empregado a cargo de dirigente sindical durante o período de aviso prévio, ainda que indenizado, não lhe assegura a estabilidade.

B) O aviso prévio, ainda que indenizado, integra o tempo de serviço, conforme previsto no art. 487, § 1º, CLT.

✓ Primeira parte da assertiva de acordo com a previsão do art. 487, § 1º, CLT, e segunda parte de acordo com a Súmula 369, V, TST.

D) Há previsão legal (art. 487, § 1º, CLT) e previsão de jurisprudência pacificada (Súmula 369, V, TST) sobre o tema.

(XXV Exame de Ordem Unificado / FGV) Ferdinando trabalha na sociedade empresária Alfa S.A. há 4 anos, mas anda desestimulado com o emprego e deseja dar um novo rumo à sua vida, retornando, em tempo integral, aos estudos para tentar uma outra carreira profissional. Imbuído desta intenção, Ferdinando procurou seu chefe, em 08/03/2018, e apresentou uma proposta para, de comum acordo, ser dispensado da empresa, com formulação de um distrato. Diante do caso apresentado e dos termos da CLT, assinale a afirmativa correta.

A) A realização da extinção contratual por vontade mútua é viável, mas a indenização será reduzida pela metade e o empregado não receberá seguro desemprego.

B) A ruptura contratual por consenso pode ser feita, mas depende de homologação judicial ou do sindicato de classe do empregado.

C) O contrato não pode ser extinto por acordo entre as partes, já que falta previsão legal para tanto, cabendo ao empregado pedir demissão ou o empregador o dispensar sem justa causa.

D) O caso pode ser considerado desídia por parte do empregado, gerando então a dispensa por justa causa, sem direito a qualquer indenização.

RESPOSTA

✓ A extinção contratual por vontade mútua decorre de previsão legal (art. 484-A, CLT), havendo, nesse caso, pagamento pela metade da indenização do FGTS e não sendo autorizado ao empregado o ingresso no Programa de Seguro-Desemprego.

B) Essa modalidade de extinção do contrato de trabalho não depende de qualquer homologação, não havendo qualquer previsão nesse sentido no art. 484-A, que regula a matéria.

C) Há previsão legal específica dessa forma de extinção do contrato de trabalho (art. 484-A, CLT, incluído pela Lei n. 13.467/2017).

D) Não há que se falar em desídia, já que a rescisão contratual por mútuo acordo é válida, já que prevista em lei.

(XXV Exame de Ordem Unificado / FGV) Efigênia foi empregada da sociedade empresária Luz Eterna S.A., exercendo, por último, o cargo de chefe do setor de Recursos Humanos. Após décadas de dedicação à empresa, Efigênia se aposentou por tempo de contribuição e saiu do emprego por vontade própria, recebendo a indenização legal. Ocorre que, após seis meses da jubilação, Efigênia passou a sentir falta da rotina que o seu trabalho gerava e também do convívio com os colegas de trabalho, daí porque manifestou desejo de retornar ao mercado de trabalho. Ciente disso, a ex-empregadora ofereceu novamente o emprego a Efigênia, nas mesmas condições vigentes antes da aposentadoria, já que ela era excelente empregada e tinha profundo conhecimento das rotinas do setor de RH. Com base na situação retratada e na Lei, assinale a afirmativa correta.

A) Uma vez que Efigênia se aposentou, ela não pode assumir emprego na mesma sociedade empresária na qual se jubilou, por vedação legal expressa, sob pena de nulidade do segundo contrato.

B) Se Efigênia voltar a trabalhar na sociedade empresária, o seu contracheque terá o desconto do INSS mensal, sendo irrelevante que ela seja aposentada.

C) A ex-empregada pode voltar a trabalhar porque sua liberdade é garantida pela Constituição da República, mas deverá optar entre receber o salário do empregador ou a aposentadoria pelo INSS, já que não é possível o acúmulo.

D) O tempo trabalhado antes da aposentadoria, caso seja quitado pela sociedade empresária, será considerado para fins de pagamento de adicional por tempo de serviço no segundo contrato.

RESPOSTA

A) A pessoa aposentada por tempo de contribuição pode trabalhar normalmente, mesmo que seja na mesma empresa em que trabalhava antes da aposentadoria. Não há qualquer vedação legal para essa continuidade do trabalho.

✓ A pessoa aposentada por tempo de contribuição pode trabalhar normalmente e, por consequência, ter o contrato registrado em CTPS, fazendo jus aos mesmos pagamentos que qualquer outro empregado. Esse empregado também será segurado obrigatório, ficando sujeito às contribuições previdenciárias (art. 12, § 4º, Lei n. 8.212/91).

C) O trabalho gera como consequência legal a contraprestação pecuniária, que é o pagamento do salário. O fato de o trabalhador ser aposentado e receber benefício previdenciário não afasta o seu direito a receber o salário pelo serviço prestado.

D) A aposentadoria extingue o contrato de trabalho. Assim, havendo continuidade do trabalho, trata-se de um novo contrato de trabalho, não havendo que se falar em soma dos períodos para fins de recebimento de adicional de tempo de serviço.

(XXV Exame de Ordem Unificado / FGV) Jerônimo Fernandes Silva foi admitido pela sociedade empresária Usina Açúcar Feliz S.A. em 12 de fevereiro de 2018 para exercer a função de gerente regional, recebendo salário de R$ 22.000,00 mensais. Jerônimo cuida de toda a Usina, analisando os contratos de venda dos produtos fabricados, comprando insumos e materiais, além de gerenciar os 80 empregados que a sociedade empresária possui. A sociedade empresária pretende inserir cláusula compromissória de arbitragem no contrato de trabalho. Diante da situação retratada e dos preceitos da CLT, assinale a afirmativa correta.

A) A cláusula compromissória de arbitragem pode ser estipulada no momento da contratação, desde que o empregado manifeste concordância expressa.

B) A cláusula compromissória de arbitragem é viável, se o empregado for portador de diploma de nível superior.

C) Não cabe arbitragem nas lides trabalhistas individuais, pelo que nula eventual estipulação nesse sentido.

D) É possível a estipulação de cláusula compromissória de arbitragem, desde que isso seja homologado pelo sindicato de classe.

RESPOSTA

✓ O trabalhador hipersuficiente, assim considerado aquele que é portador de diploma de nível superior e que percebe salário mensal igual ou superior a duas vezes o limite máximo dos benefícios da Previdência Social (art. 444, parágrafo único, CLT), pode, de acordo com previsão do art. 507-A, CLT, validamente firmar contrato com previsão de cláusula de arbitragem. Depende, pois, da concordância do empregado (correta segundo indicação do gabarito).

B) A questão indica que o trabalhador recebe R$ 22.000,00 de valor mensal de salário, mas não diz ser o mesmo portador de diploma de nível superior, o que acaba gerando dúvida sobre a resposta certa. Portanto, se o empregado for portador de diploma de nível superior, pode concordar com a cláusula de arbitragem no contrato (o gabarito indica como incorreta, mas poderia ser considerada correta).

C) Cabe a arbitragem, nos termos do art. 507-A, CLT, nos contratos de trabalho dos empregados hipersuficientes.

D) A inclusão da cláusula de arbitragem depende apenas da concordância do empregado, não havendo que se falar em homologação.

(XXV Exame de Ordem Unificado / FGV) Lúcio foi dispensado do emprego, no qual trabalhou de 17/11/2017 a 20/03/2018, por seu empregador. Na sociedade empresária em que trabalhou, Lúcio batia o cartão de ponto apenas no início e no fim da jornada efetiva de trabalho, sem considerar o tempo de café da manhã, de troca de uniforme (que consistia em vestir um jaleco branco e tênis comum, que ficavam na posse do empregado) e o tempo em que jogava pingue-pongue após almoçar, já que o fazia em 15 minutos, e poderia ficar jogando até o término do intervalo integral. Você foi procurado por Lúcio para, como advogado, ingressar com ação pleiteando horas extras pelo tempo indicado no enunciado não constante dos controles de horário. Sobre o caso, à luz da CLT, assinale a afirmativa correta.

A) Lúcio não faz jus às horas extras pelas atividades indicadas, pois as mesmas não constituem tempo à disposição do empregador.

B) Lúcio faz jus às horas extras pelas atividades indicadas, pois as mesmas constituem tempo à disposição do empregador, já que Lúcio estava nas dependências da empresa.

C) Apenas o tempo de alimentação e café da manhã devem ser considerados como tempo à disposição, já que o outro representa lazer do empregado.

D) Apenas o tempo em que ficava jogando poderá ser pretendido como hora extra, pois Lúcio não desfrutava integralmente da pausa alimentar.

RESPOSTA

Questão baseada na Reforma Trabalhista, mais especificamente no que se considera ou não como tempo à disposição do empregador e, portanto, inclui-se ou não na jornada de trabalho. No caso, a questão indica atividades realizadas pelo empregado que, de acordo com o § 2º, do art. 4º, da CLT, não se incluem na jornada: lazer (inciso III), alimentação (inciso V) e troca de uniforme, quando não houver necessidade de realizar a troca na empresa (inciso VIII). Logo, essas atividades não geram direito a horas extras.

✓ A questão indica atividades realizadas pelo empregado que, de acordo com o § 2º, do art. 4º, da CLT, não se incluem na jornada: lazer (inciso III), alimentação (inciso V) e troca de uniforme, quando não houver necessidade de realizar a troca na empresa (inciso VIII). Logo, essas atividades não geram direito a horas extras.

B) Todas as situações indicadas não são tempo à disposição do empregador, por força de lei, não havendo que se falar em horas extras.

C) Todas as situações indicadas não são tempo à disposição do empregador, por força de lei.

D) Todas as situações indicadas não são tempo à disposição do empregador, por força de lei.

(XXV Exame de Ordem Unificado / FGV) Jorge trabalhou para a Sapataria Bico Fino Ltda., de 16/11/2017 a 20/03/2018. Na ocasião realizava jornada das 9h às 18h, com 15 minutos de intervalo. Ao ser dispensado ajuizou ação trabalhista, reclamando o pagamento de uma hora integral pela ausência do intervalo, além dos reflexos disso nas demais parcelas intercorrentes do contrato de trabalho. Diante disso, e considerando o texto da CLT, assinale a afirmativa correta.

A) Jorge faz jus a 45 minutos acrescidos de 50%, porém sem os reflexos, dada a natureza jurídica indenizatória da parcela.

B) Jorge faz jus a 45 minutos acrescidos de 50%, além dos reflexos, dada a natureza jurídica salarial da parcela.

C) Jorge faz jus a uma hora integral acrescida de 50%, porém sem os reflexos, dada a natureza jurídica indenizatória da parcela.

D) Jorge faz jus a uma hora integral acrescida de 50%, porém sem os reflexos, dada a natureza jurídica salarial da parcela.

RESPOSTA

Questão baseada na Reforma Trabalhista, mais especificamente na supressão parcial do intervalo intrajornada. Nos termos do art. 71, § 4º, CLT, que prevê que a supressão parcial do intervalo intrajornada implica o pagamento, de natureza indenizatória, apenas do período suprimido, com acréscimo de 50% sobre o valor da remuneração da hora normal de trabalho.

✓ O art. 71, § 4º, CLT, que prevê que a supressão parcial do intervalo intrajornada implica o pagamento, de natureza indenizatória, apenas do período suprimido, com acréscimo de 50% sobre o valor da remuneração da hora normal de trabalho.

B) Contraria o disposto no art. 71, § 4º, CLT, com a redação dada pela Lei n. 13.467/2017.

C) Contraria o disposto no art. 71, § 4º, CLT, com a redação dada pela Lei n. 13.467/2017.

D) Contraria o disposto no art. 71, § 4º, CLT, com a redação dada pela Lei n. 13.467/2017.

Direito Processual do Trabalho

Bruno Klippel

Doutor em Direito pela PUC-SP. Mestre em Direito pela Faculdade de Direito de Vitória (FDV/ES). Professor de Direito do Trabalho e Processo do Trabalho da Universidade de Vila Velha (UVV/ES), Estratégia Concursos/DF, Aprova Concursos/PR e IOB Concursos/SP. Professor no Saraiva Aprova. Advogado e autor de livros e artigos jurídicos.

Sumário

entrega de coisa; 17.8. Execução contra a massa falida; 17.9. Execução contra a Fazenda Pública; 17.10. Certidão negativa de débitos trabalhistas; 17.11. Desconsideração da personalidade jurídica – 18. Dissídio coletivo e ação de cumprimento: 18.1. Conceito e classificação; 18.2. Pressupostos processuais específicos; 18.3. Procedimento; 18.4. Sentença normativa; 18.5. Recursos no dissídio coletivo; 18.6. Coisa julgada; 18.7. Ação de cumprimento – 19. Procedimentos especiais trabalhistas: 19.1. Inquérito para apuração de falta grave; 19.2. Mandado de segurança; 19.3. Ação rescisória – 20. Ações civis admissíveis no processo do trabalho: 20.1. Ação de consignação em pagamento; 20.2. Ação de prestação de contas (ação de exigir contas); 20.3. Ação monitória; 20.4. Ação de anulação de cláusula de negociação coletiva; 20.5. Ação civil pública – Referências bibliográficas – Questões.

1. PRINCÍPIOS DO PROCESSO DO TRABALHO

1.1. Dispositivo e inquisitivo

Os princípios dispositivo e inquisitivo mostram-se como contrários, ou seja, antagônicos. Enquanto o princípio dispositivo está atrelado à necessidade de pedido da parte para que o Poder Judiciário atue, sendo inclusive chamado de princípio da inércia, com previsão no **art. 2º do CPC/2015**, o princípio inquisitivo está relacionado à **atuação de ofício do Juiz**, ou seja, atuação sem necessidade de pedido, como ocorre na hipótese do art. 878 da CLT, que prevê o início da execução definitiva de ofício, isto é, por iniciativa do Magistrado Trabalhista, que, ao verificar ter ocorrido o trânsito em julgado, determina a realização dos atos executivos. Nas provas é bem comum encontrarmos a informação de que o **princípio dispositivo é a regra e o inquisitivo a sua exceção**. Ocorre que o princípio inquisitivo foi restringido pela reforma trabalhista – Lei n. 13.467/2017 – que incluiu o **parágrafo** único no art. 878 da CLT afirmando que a execução somente será iniciada de ofício se a parte estiver exercendo o *jus postulandi*, ou seja, se não estiver representada por advogado.

Caso o exequente possua advogado constituído nos autos, caberá ao profissional requerer o início da execução, sob pena até mesmo de decretação da prescrição intercorrente, que agora passa a ser reconhecida no processo do trabalho, conforme art. 11-A da CLT, também incluído pela reforma trabalhista.

1.2. Proteção

No direito do trabalho reconhece-se a hipossuficiência do empregado, importante na aplicação do princípio da proteção. Por meio deste princípio, tratam-se desigualmente os desiguais (empregado e empregador), por aplicação do *in dubio pro operario*, condição mais benéfica e norma mais favorável (LEITE, 2015). No processo do trabalho também há a formulação e aplicação de regras que beneficiam aquele que é sempre considerado como parte mais fraca. Diversas são as formas de aplicação do princípio em estudo. Vejamos:

- Pagamento de custas ao final: prevê o art. 789, § 1º da CLT que as **custas são pagas ao final**, o que possibilita o ajuizamento de ação por qualquer um, pobre ou rico.
- Pagamento de honorários periciais ao final da perícia: entende o TST, por meio da OJ n. 98 da SDI-2, que o pagamento prévio de honorários periciais é ilegal, pois impediria a realização da perícia por aquele que não tem condição financeira. O entendimento do TST, de tão importante, foi incluído na CLT pela reforma trabalhista, que adicionou o art. 790-B, § 3º, também proibindo os honorários periciais prévios.
- Ausência das partes à audiência: o art. 844 da CLT traz clara distinção entre as consequências da ausência do reclamante (geralmente o empregado) e do reclamado (a empresa, em geral). Se ausente o reclamante, o processo é arquivado (extinto sem resolução do mérito). Caso ausente o reclamado, será aplicada a revelia. Se ausentes ambos, o processo também será arquivado.

Verifica-se facilmente o tratamento diferenciado entre o empregado e o empregador, de forma a proteger e facilitar a prática dos atos processuais pelo primeiro, dispensando-o do pagamento de custas processuais no início do processo.

1.3. Conciliação

A conciliação é extremamente importante para o processo do trabalho, pois por meio dela são extintos milhares de processos por ano na Justiça do Trabalho. Podemos dizer que a conciliação foi incentivada pelo legislador, ao prever dois momentos obrigatórios de tentativa de acordo, um no início da audiência e outro ao seu final. O art. 846 da CLT prevê a primeira tentativa logo no início do ato, após o pregão das partes. Já o art. 850 da CLT diz que após as razões finais o Juiz tentará novamente a conciliação entre as partes. Em qualquer das hipóteses, ao ser homologado o acordo, o Juiz sentenciará extinguindo o feito com resolução do mérito.

Ocorre que o Magistrado não está obrigado a homologar (aceitar) o acordo que foi proposto pelas partes, já que a **Súmula 418 do TST** afirma que o ato é faculdade do Juiz (SCHIAVI, 2015). Agora, sendo homologado, da sentença que o fizer não caberá recurso das partes, por ausência de interesse recursal, já que o ato não as prejudica. A única forma de se desfazer o acordo é por meio do ajuizamento de **ação rescisória**, nos termos da Súmula 259 do TST.

> A sentença que homologa acordo é do tipo definitiva, pois extingue o processo com resolução do mérito, cabendo recurso apenas pela União, nos termos do art. 831 da CLT. As partes não possuem interesse recursal na hipótese, pois não são consideradas sucumbentes.

Por fim, a reforma trabalhista inseriu o procedimento de homologação de acordo extrajudicial, previsto no art. 855-B da CLT, demonstrando mais uma vez que o princípio da conciliação é importante para a Justiça do Trabalho, que, além de poder homologar acordos judiciais, no curso do processo, portanto, pode homologar acordos que venham a ser firmados antes do ajuizamento das demandas trabalhistas.

1.4. Irrecorribilidade imediata das interlocutórias

Um dos princípios mais importantes do processo do trabalho e que está totalmente atrelado à celeridade que encontramos na Justiça do Trabalho, a irrecorribilidade imediata das decisões interlocutórias, previsto no art. 893, § 1º, da CLT, afirma serem incabíveis recursos de decisões proferidas no curso do processo, devendo a parte prejudicada aguardar ser proferida decisão final para dela recorrer. Se, exemplificativamente, for requerida liminarmente a reintegração de um empregado e a decisão for denegatória, deverá a parte aguardar ser proferida a sentença para, se for o caso, ser interposto recurso ordinário. Algumas exceções ao princípio devem ser destacadas:

- Art. 799, § 2º, da CLT: quando é proferida uma decisão interlocutória reconhecendo a incompetência absoluta da Justiça do Trabalho, permite-se a interposição de recurso imediato, o recurso ordinário.
- Súmula 214 do TST: três são as situações excepcionais previstas na súmula, a saber: a. decisão interlocutória proferida pelo TRT em desacordo com entendimento do TST; b. decisão de tribunal do qual cabe recurso interno; c. decisão que decide a alegação de incompetência territorial e determina a remessa dos autos para a Vara do Trabalho vinculada a outro TRT (VT de Vitória/TRT-ES para VT de Salvador/TRT-BA).
- Art. 855-A, § 1º, da CLT: da decisão que acolher ou rejeitar o incidente de desconsideração da personalidade jurídica, quando proferida no processo de conhecimento, não caberá qualquer recurso, por se tratar de decisão interlocutória.

> A Instrução Normativa n. 39/2016 do TST, editada para explicar a aplicação do Código de Processo Civil de 2015 ao processo do trabalho, deixa claro que o princípio da irrecorribilidade imediata das decisões interlocutórias se mantém, mesmo com todos os novos institutos criados pelo Código.

1.5. *Jus postulandi*

O princípio do *jus postulandi* encontra-se previsto no art. 791 da CLT, que prevê a possibilidade de as partes ajuizarem e acompanharem as suas ações sem necessidade de advogado. Ocorre que a Súmula 425 do TST prevê algumas situações excepcionais, em que o advogado é indispensável, a saber: **mandado de segurança, ação rescisória, ação cautelar e recursos dirigidos ao TST** (GARCIA, 2012).

Os tribunais entendem que o art. 791 da CLT foi recepcionado pela CF/88, não havendo conflito com o art. 133 da Carta Magna.

Com base na súmula acima referida, afirma-se que o *jus postulandi* aplica-se às Varas do Trabalho e aos Tribunais Regionais do Trabalho.

> Eventual questão tratando do tema no Exame da OAB pode afirmar que o *jus postulandi* somente se aplica às Varas do Trabalho e aos Tribunais Regionais do Trabalho, o que está correto, já que para recorrer ao TST é necessário contratar advogado.

A reforma trabalhista, ao instituir o procedimento de homologação de acordo extrajudicial, criou mais uma restrição ao *jus postulandi* no art. 855-B da CLT, ao afirmar que o acordo apresentado pelas partes deve estar assinado por advogado, não podendo ser comum. Isto significa que cada parte deve estar representada por um advogado.

1.6. Oralidade

Muitos dos atos processuais podem ser realizados oralmente na Justiça do Trabalho, uma forma encontrada de realizá-los mais fácil e rapidamente, aumentando a possibilidade de que as próprias partes, valendo-se do *jus postulandi*, atuem sozinhas na Justiça do Trabalho.

Podemos destacar diversos atos processuais orais:

- Petição inicial: prevista no art. 840 da CLT, pode ser escrita ou oral, por opção do autor.
- Defesa: prevê o art. 847 da CLT que a defesa será oral, em até 20 minutos, na audiência.
- Razões finais: descritas no art. 850 da CLT, são apresentadas oralmente, em até 10 minutos para cada parte.
- Protesto em audiência: sendo proferida decisão interlocutória em audiência, deve a parte apresentar no mesmo ato o seu "protesto", de forma oral, para evitar a preclusão em relação à matéria. O "protesto" é a demonstração do inconformismo com a decisão proferida, não sendo um

recurso, mas a inclusão da informação na ata de audiência.

2. ORGANIZAÇÃO DA JUSTIÇA DO TRABALHO

Os órgãos da Justiça do Trabalho constam no art. 111 da CF/88, sendo a justiça especializada formada por três graus de jurisdição, a saber: Tribunal Superior do Trabalho, Tribunal Regional do Trabalho e Juízes do Trabalho.

2.1. Tribunal Superior do Trabalho

O Tribunal Superior do Trabalho, órgão de cúpula da Justiça do Trabalho, está previsto no art. 111-A da CF/88, possuindo as seguintes características em relação à sua formação:

- são **27** ministros;
- os Ministros, para serem nomeados, devem possuir mais de **35 anos e menos de 65 anos**;
- a nomeação é feita pelo **Presidente da República**;
- há necessidade de aprovação pela **maioria absoluta do Senado Federal**.

Percebam que não são no mínimo 27 ministros, mas o **número exato de 27** membros. A aprovação a que se submete aquele que for nomeado Ministro do TST, que é denominada sabatina, é realizada pelo **Senado Federal** e não pelo Congresso Nacional. Cabe exclusivamente ao Senado Federal realizar a sabatina, que será positiva se a aprovação se der por **maioria absoluta.**

Dentre os 27 Ministros, prevê o inciso I do mesmo artigo que **um quinto** das vagas será reservado aos membros da Advocacia e do Ministério Público, o que é conhecido na prática como **"quinto constitucional"**, que busca permitir a formação do Tribunal de cúpula com as várias visões dos Juízes, Advogados e Procuradores do Trabalho.

A EC n. 45/2004 introduziu o § 2º no art. 111-A da CF/88, afirmando que funcionarão junto ao TST os seguintes órgãos:

- Escola Nacional de Formação e Aperfeiçoamento de Magistrados do Trabalho: cabe ao órgão regulamentar os cursos oficiais para o ingresso e promoção na carreira.
- Conselho Superior da Justiça do Trabalho: cabe ao órgão a supervisão administrativa, orçamentária, financeira e patrimonial da Justiça do Trabalho, e suas **decisões possuem efeito vinculante.**

2.2. Tribunais Regionais do Trabalho

Previstos no art. 115 da CF/88, os Tribunais Regionais do Trabalho (TRTs) são formados conforme regras abaixo simplificadas:

- mínimo de 7 juízes;
- os Juízes, para serem nomeados, devem possuir mais de **30 anos e menos de 65 anos**;
- a nomeação é feita pelo **Presidente da República;**
- **não há** necessidade de **sabatina** para a aprovação, diferentemente dos Ministros do TST.

Percebam que os TRTs não possuem número fixo de Juízes (Desembargadores), mas **o mínimo de 7 (sete).** Não há necessidade de sabatina pelo Senado Federal. Por fim, a idade mínima é diferente do TST, pois a idade mínima é de 30 anos, enquanto no TST é de 35 anos.

A formação dos TRTs também respeita o quinto constitucional, conforme art. 115, I, da CF/88, na qual os juízes do trabalho são nomeados seguindo-se, de forma alternativa, os critérios de antiguidade e merecimento.

Não há TRT em todos os Estados brasileiros. São Paulo é o único Estado a possuir dois tribunais, 2ª Região (São Paulo) e 15ª Região (Campinas), não havendo TRT nos Estados de Tocantins, Amapá, Acre e Roraima.

Por fim, duas alterações promovidas pela EC n. 45/2004:

- Justiça itinerante: a "justiça do trabalho móvel" consiste na realização de audiências e outras atividades em locais distantes dos centros urbanos, favorecendo o acesso à justiça.
- Câmaras regionais: os TRTs podem atuar de forma descentralizada, especialmente nos Estados que não possuem tribunal – TO, AP, AC e RR – atendendo os jurisdicionados em todas as fases do processo.

2.3. Juízes do trabalho

Até a EC n. 24/99, o primeiro grau de jurisdição trabalhista era exercido por uma Junta de Conciliação e Julgamento, formada pelo Juiz do Trabalho e por dois Juízes Classistas, que representavam os empregados e empregadores. A referida Emenda Constitucional extinguiu a representação classista, levando as JCJ a serem designadas de Varas do Trabalho, cujos atos passaram a ser exercidos pelo Juiz singular, o Juiz do Trabalho.

Ocorre que não há Vara do Trabalho em todos os municípios, o que levou a Constituinte a redigir o art. 112 da Carta Magna afirmando que poderia a lei atribuir a jurisdição trabalhista aos juízes de direito, com recurso para o Tribunal Regional do Trabalho competente.

Assim, pode ser que uma ação trabalhista seja processada e julgada por um Juiz Estadual, vinculado ao Tribunal de Justiça (TJ), por não haver Vara do Trabalho na localidade nem em município próximo, com competência naquela localidade.

Contudo, a informação mais importante do art. 112 da CF/88 é o final, relacionado à competência para julgar eventual recurso de sentença proferida pelo Juiz Estadual. Diz a CF/88 que o recurso será dirigido ao **"respectivo Tribunal Regional do Trabalho"**. Cuidado, pois no Exame de Ordem pode aparecer que o recurso será dirigido ao Tribunal de Justiça, o que está errado!

Complementando a informação, pergunto: o que fazer com uma ação que está tramitando perante o Juiz Estadual, na hipótese do art. 112 da CF/88, caso seja criada a Vara do Trabalho? A **Súmula 10 do STJ** diz que a ação será remetida para a Vara do Trabalho, de imediato, já que a competência da Justiça do Trabalho é absoluta, passando a Vara do Trabalho a ser competente assim que constituída. A súmula diz que o processo será remetido à Vara do Trabalho mesmo que esteja no processo de execução.

3. COMPETÊNCIA DA JUSTIÇA DO TRABALHO

3.1. Competência material

Analisar a competência material da Justiça do Trabalho significa verificar que ações podem ser ajuizadas perante a referida justiça, ou, em outras palavras, que conflitos podem ser julgados pela justiça trabalhista. O dispositivo que trata do tema é, especialmente, o **art. 114 da CF/88**, amplamente modificado pela EC n. 45/2004, bem como os arts. 652 e 653 da CLT. Nas provas da OAB é mais comum a cobrança do dispositivo da CF/88, bem como das súmulas que decorreram das interpretações dos tribunais (STF, TST e STJ) a respeito do tema. Analisaremos de forma sintética os incisos do art. 114 da CF:

- Inciso I – Relação de trabalho: a EC n. 45/2004 alterou o texto constitucional que mencionava "relação de emprego" para "relação de trabalho" que é mais ampla. Contudo, o inciso I menciona as pessoas jurídicas de direito público que gerou dúvidas na doutrina e jurisprudência, culminando com decisão do STF na ADI 3.345-6, que excluiu da competência da Justiça do Trabalho as ações ajuizadas por **servidores estatutários**, que devem ajuizar as ações perante a Justiça comum. A partir de então, apenas as ações propostas por celetistas da administração pública é que são da competência da justiça do trabalho. Também há destaque para a **Súmula 363 do STJ**, que excluiu da competência trabalhista as ações de cobrança de honorários de profissionais liberais. Portanto, tais ações são da competência da justiça comum.
- Inciso II – Exercício do direito de greve: todas as ações que decorrem do exercício do direito de greve, sejam individuais ou coletivas, de indenização, dissídios coletivos ou possessórias, a competência será da Justiça do Trabalho quando estiverem relacionadas ao exercício do direito de greve. Inclusive o STF editou a **Súmula Vinculante 23** para dizer que as ações possessórias são da competência trabalhista quando ajuizadas em decorrência do exercício do direito de greve.
- Inciso III – Representação sindical: o inciso diz que as ações sobre representação sindical são da competência trabalhista, sejam entre sindicatos, sindicatos e empregadores e sindicatos e empregados.
- Inciso IV – Mandados de segurança, *habeas corpus* e *habeas data*: quando relacionados às relações de trabalho, são da competência trabalhista, como ocorre quando um mandado de segurança é impetrado contra decisão judicial.
- Inciso V – Conflitos de competência: sobre o tema é indispensável lembrar a **Súmula 420 do TST**, que diz não haver conflito de competência entre Vara e Tribunal a que está vinculado, que pode ser utilizado como uma grande pegadinha. Vejam que não há conflito entre a 20ª Vara do Trabalho de São Paulo e o TRT da 2ª Região, bem como entre a 10ª Vara do Trabalho de Vitória e o TRT da 17ª Região, pois há vinculação entre eles (KLIPPEL, 2016).
- Inciso VI – Indenização por dano moral e material: dois posicionamentos jurisprudenciais têm que ser aqui destacados:
  - Súmula Vinculante 22 do STF: trata das ações sobre acidentes de trabalho, ajuizadas pelo

empregado em face do empregador, que são da competência da Justiça do Trabalho.

- Súmula 392 do TST: as ações sobre indenização por danos morais e materiais, quando decorrentes do vínculo de emprego, são da competência da Justiça do Trabalho, mesmo que ajuizadas por sucessores e dependentes, conforme alteração realizada na Súmula em 2016.

- Inciso VII – Penalidades administrativas impostas pelos órgãos de fiscalização: uma das informações mais comuns em provas sobre competência material trata das ações sobre penalidades administrativas impostas pelos órgãos de fiscalização das relações de trabalho, como o Ministério do Trabalho. Caso o órgão fiscalize e autue determinada empresa, esta poderá mover ação perante a Justiça do Trabalho para impugnar e tentar anular a autuação.
- Inciso VIII – execução das contribuições sociais: a Justiça do Trabalho possui competência para executar, de ofício, as contribuições decorrentes de sentenças condenatórias que proferir, nos termos da **Súmula 368 do TST e Súmula Vinculante 53 do STF**. Não possui a Justiça do Trabalho a competência para executar contribuições decorrentes de período de trabalho reconhecida por sentença. Somente as sentenças condenatórias em pecúnia (dinheiro) é que geram contribuições de competência trabalhista. Aquelas que decorrem de períodos de trabalho reconhecidos devem ser cobradas na Justiça Comum.

Não tão importantes, mas de estudo necessário, temos os arts. 652 e 653 da CLT, que afirmam ser competência trabalhista as seguintes ações:

- dissídios resultantes do contrato de empreitada;
- inquérito para apuração de falta grave;
- entre trabalhadores portuários e os operadores portuários ou o Órgão Gestor de Mão de Obra – OGMO decorrentes da relação de trabalho;
- homologação de acordo extrajudicial, incluído pela Lei n. 13.467/2017, possibilitando ao Juiz do Trabalho o proferimento de sentença de homologação de acordo firmado pelas partes. Na hipótese, conforme normas inseridas no art. 855-B da CLT, a petição será apresentada ao Juiz do Trabalho do local da prestação dos serviços, que terá 15 dias para analisá-la, podendo designar audiência, caso queira, e homologar ou não o ajuste das partes. A homologação do acordo continua a ser facultativa para o Juiz, conforme Súmula 418 do TST. Na hipótese de o Magistrado indeferir a homologação, poderá a parte ajuizar ação trabalhista, não sendo prejudicado em relação ao prazo de prescrição, já que este permanece suspenso enquanto se aguarda a definição do Magistrado quanto à homologação.

3.2. Competência territorial

Após conhecermos os conflitos (ações) que podem ser ajuizados perante a Justiça do Trabalho, devemos conhecer as regras sobre competência territorial, isto é, as regras sobre o local de ajuizamento das ações trabalhistas. Imagine que João, que possui domicílio em Vitória/ES, seja contratado por uma empresa que possui sede no Rio de Janeiro/RJ, para trabalhar em Salvador/BA. Se João, dispensado sem receber as verbas trabalhistas, quiser ajuizar uma reclamação trabalhista, em que local deverá ajuizá-la?

A resposta é facilmente encontrada no **art. 651 da CLT**, que trata do tema e que é bastante cobrada nas provas do Exame de Ordem. Podemos resumir as regras da seguinte forma:

- Regra geral: a ação trabalhista será ajuizada no local da prestação dos serviços. No nosso exemplo, em Salvador.
  - Caso o empregado seja transferido (Salvador para Recife, depois para Fortaleza, onde terminou o vínculo de emprego), a ação será ajuizada no **último local** da prestação dos serviços.
- Exceções:
  - Agente ou viajante comercial: § 1º – na hipótese, que já foi cobrada em prova da OAB, devemos verificar se o empregado está subordinado à sede ou à filial da empresa. Em caso positivo, a ação será ajuizada neste local. Em caso negativo, será a ação ajuizada no domicílio do empregado ou na localidade mais próxima.
  - Empregado que trabalha para empresa que promove a realização de atividades fora do lugar do contrato de trabalho (circo, por exemplo): § 3º – a ação será ajuizada no local da contratação ou no local em que foram prestados os serviços.
  - Empregado brasileiro que trabalhou no exterior: § 2º – o referido obreiro poderá ajuizar ação no Brasil, desde que não haja convenção internacional em sentido contrário.

Por fim, vale a pena lembrar que o critério de competência territorial é relativo, ou seja, a sua aplicação interessa apenas às partes, o que significa dizer que o Juiz não pode reconhecer de ofício eventual erro em sua aplicação, nos termos da **Súmula 33 do STJ**. Caso a ação trabalhista seja ajuizada em local errado, somente o réu pode alegar a incompetência em sua defesa, não podendo o Juiz de ofício remeter os autos para o juízo que entende competente (MOURA, 2015).

> Em processo civil estudamos que a competência territorial é relativa, ou seja, as suas normas interessam apenas às partes, não podendo eventual equívoco ser reconhecido de ofício pelo Magistrado. Assim, deve a parte ré demonstrar o vício por meio de sua defesa. Ocorre que no processo civil a incompetência relativa é alegada em preliminar de contestação, conforme art. 337 do CPC, enquanto que no processo do trabalho o vício é alegado por exceção de incompetência, nos moldes do art. 800 da CLT.

> A IN n. 39/2016 do TST afirma não caber a aplicação do art. 63 do CPC/2015 ao processo do trabalho, que trata do foro de eleição. Assim, não cabe em um contrato de trabalho a inclusão de cláusula prevendo o local do ajuizamento da ação. Tal cláusula, caso inserida, será considerada nula de pleno direito, não produzindo qualquer efeito.

4. PARTES E PROCURADORES

4.1. Capacidade de ser parte, processual e postulatória

Diferenciar as capacidades de ser parte, processual e postulatória, é de grande valia para o Exame da OAB. Vejamos:

- Capacidade de ser parte: está relacionada à personalidade jurídica, prevista no Código Civil, que é a aptidão para aquisição de direitos e obrigações. Adquire a personalidade a pessoa física que nasce com vida e a pessoa jurídica com a inscrição dos seus atos constitutivos, conforme arts. 2º e 45 do CC, respectivamente. Um menor de 14 anos, apesar de não ser capaz de praticar os atos na órbita civil, por ser absolutamente incapaz, pode ser parte em uma ação trabalhista, já que possui capacidade de ser parte e por buscar o adimplemento das obrigações diante de seu empregador. O referido menor será o autor da ação trabalhista em relação a um contrato de aprendizagem, por exemplo.
- Capacidade processual: está relacionada à capacidade civil, instituto previsto nos arts. 3º e 4º do CC. Aquele que possui capacidade civil plena, que no direito do trabalho é adquirida **aos 18 anos** (art. 402 da CLT), possui capacidade processual, isto é, a capacidade para a prática dos atos processuais. Aquele menor de 14 anos, apesar de possuir a capacidade de ser parte, não possui capacidade processual, pois absolutamente incapaz, devendo ser representado ou assistido por seus pais, tutores ou curadores, nos termos dos **arts. 70 e 71 do CPC/2015.**
- Capacidade postulatória: relacionada à capacidade de postular em juízo, isto é, formular pretensões, apresentar defesa e acompanhar o processo judicial, é intimamente relacionada ao advogado, principalmente no Direito Processual Civil, em que aquele profissional é indispensável para a representação das partes (art. 133 da CF). Nos domínios do Direito Processual do Trabalho, veremos mais a fundo em tópico próprio que o advogado é dispensável na maioria das ações, por aplicação do instituto denominado ***jus postulandi***, que atribui às partes a possibilidade de postular em juízo pessoalmente.

4.2. Representação por advogado

Como visto no tópico anterior, no processo do trabalho a representação por advogado não é obrigatória em todas as situações, sendo realmente facultativa na imensa maioria das situações. O art. 791 da CLT prevê que as partes poderão postular em juízo sem advogado, acompanhando as suas reclamações até o final, o que representa a presença do instituto denominado *jus postulandi*. Ocorre que o instituto foi restringido em 2011 pelo TST com a edição da Súmula 425, que deve ser memorizada para o Exame da OAB. A referida súmula traz as situações em que não se aplica mais o *jus postulandi*, ou seja, as hipóteses em que o Advogado **passa a ser obrigatório**, que são: mandado de segurança, ação rescisória, ação cautelar e recursos para o TST (LEITE, 2015). Nas demais hipóteses, que contemplam inclusive o dissídio coletivo, a contratação do profissional continua sendo uma opção das partes.

Para o Exame de Ordem, pode-se dizer que o *jus postulandi* está restrito às Varas do Trabalho e aos Tribunais Regionais do Trabalho, já que a chegada ao TST, geralmente por Recurso de Revista (art. 896 da CLT), depende deste ter sido firmado por advogado regularmente inscrito na OAB.

Os processos em que as partes estão representadas por Advogado geralmente apresentam um documento denominado "procuração", por meio do qual se conferem poderes ao Advogado para atuar em nome das partes. Se o documento é apresentado em papel, o mesmo é denominado expresso. Contudo, também pode ser verificado o "mandato tácito", previsto na Súmula 383 do TST, hipótese em que os poderes de representação surgem com a inclusão do nome do Advogado na ata de audiência, podendo o profissional atuar em nome da parte representada.

4.3. Honorários advocatícios de sucumbência

A condenação ao pagamento de honorários de sucumbência no processo do trabalho sofreu profunda alteração com a reforma trabalhista – Lei n. 13.467/2017 – que abandonou o sistema de *assistência judiciária gratuita*, passando a adotar o *sistema da mera sucumbência*, igualando-se ao direito processual civil.

A nova lei incluiu o art. 791-A na Consolidação das Leis Trabalhistas, afirmando que os honorários serão devidos ao advogado, ainda que atue em causa própria, por ter representado o processo a parte vencedora. O sistema da *mera sucumbência* também pode ser chamado de "*perdeu-pagou*", já que a parte perdedora paga a quantia referida no art. 791-A da CLT ao advogado da parte vencedora.

Ocorre que a quantia prevista para o processo do trabalho é diversa daquela constante no CPC, já que o dispositivo celetista afirma que a condenação será de 5% a 15% do valor que resultar da liquidação, do proveito econômico obtido ou do valor atualizado da causa.

Mas quais critérios utilizará o Magistrado para fixar os honorários de sucumbência, já que há grande margem entre 5% e 15%? A análise que será realizada pelo Magistrado, levando em consideração os critérios do § 2º do mesmo dispositivo legal, é: grau de zelo do profissional, lugar da prestação dos serviços, natureza e importância da causa, trabalho realizado e o tempo para este exigido.

A quantia também será devida nas ações contra a Fazenda Pública e quando a parte estiver assistida ou substituída pelo Sindicato (§ 1º), bem como na reconvenção (§ 5º), por possuir natureza jurídica de ação.

Por fim, o beneficiário da justiça gratuita será condenado ao pagamento dos honorários de sucumbência, mas a obrigação ficará suspensa, podendo o exequente cobrar a quantia caso demonstre que, nos dois anos seguintes ao trânsito em julgado, não há mais a situação que ensejou o deferimento da justiça gratuita, ou seja, desde que demonstre que o executado passou a ter condição financeira que permita o pagamento. Após o prazo de dois anos, a obrigação é extinta, conforme § 4º do art. 791-A da CLT.

Com a reforma trabalhista, os honorários de sucumbência não são mais devidos apenas ao Sindicato, mas também aos Advogados particulares, já que passou a ser adotado o sistema de mera sucumbência, fixando-se a parcela entre 5% e 15%.

4.4. Assistência judiciária gratuita

Como já dito, o instituto da *assistência judiciária gratuita* está previsto no art. 14 da Lei n. 5.584/70, e prevê que o sindicato atuará na representação da categoria em juízo, ajuizando as ações competentes (MIESSA, 2016).

Como consequências de tal assistência, temos a isenção das custas processuais e a condenação ao pagamento de honorários de sucumbência quando o empregado, além de estar assistido pelo sindicato, receber até dois salários mínimos. Caso receba quantia superior, mas não tenha condições de arcar com os custos do processo, deverá firmar declaração neste sentido.

Independentemente de o trabalhador ser ou não filiado ao sindicato, o ente deve prestar a assistência judiciária gratuita, já que o art. 14 da Lei n. 5.584/70 prevê que o benefício será prestado "a todo aquele que perceber salário igual ou inferior ao dobro do mínimo legal", não havendo qualquer necessidade de filiação do trabalhador ao sindicato.

Não podemos confundir a assistência judiciária gratuita e o benefício da justiça gratuita, pois, apesar de possuírem nomes parecidos, apresentam requisitos diferentes.

4.5. Benefício da justiça gratuita

Diferentemente da assistência judiciária gratuita, prestada exclusivamente pelo Sindicato, o benefício da justiça gratuita é prestado para aqueles que, mesmo representados por advogado particular ou que estejam se valendo do *jus postulandi*, não tenham condições financeiras de arcar com os custos do processo sem prejuízo de sua subsistência. Vejam que, no instituto em estudo, o único requisito é a **fragilidade econômica**, presumida para aqueles que recebem até 40% do limite dos benefícios pagos pelo Regime Geral de Previdência Social (RGPS) ou comprovada por declaração de pobreza para os que recebem quantia superior, conforme §§ 3º e 4º do art. 790 da CLT.

A concessão do benefício pode se dar de ofício ou a requerimento das partes, a qualquer tempo ou grau de jurisdição, isto é, pode ser pedido pela parte interessada ou concedido pelo Magistrado trabalhista que perceba a impossibilidade financeira da parte, concedendo no início ou no curso do processo, até mesmo em grau recursal, no TRT ou no TST (SCHIAVI, 2015).

5. ATOS E PRAZOS PROCESSUAIS

5.1. Forma/realização dos atos processuais

Os atos processuais são realizados das 6h às 20h dos dias úteis, conforme art. 770 da CLT, podendo a penhora ser realizada fora dos parâmetros acima descritos, quando houver autorização expressa do Juiz, sob pena de nulidade do ato. Assim, o Oficial de Justiça poderá penhorar um veículo às 5h ou às 22h, desde que o Juiz expressamente o permita, pois se trata de um ato de difícil realização em regra, sendo fundamental para a execução trabalhista. A audiência, apesar de ser um ato processual (dos mais importantes, destaca-se), segue regra diferenciada de horários para a sua realização, devendo o art. 813 da CLT ser lembrado para os Exames da OAB. Dispõe o artigo que o ato será realizado das 8h às 18h, nos dias úteis, não podendo ultrapassar as 5 horas seguidas, salvo se for matéria urgente.

Os atos processuais são classificados em: atos das partes, atos do Juiz (pronunciamentos judiciais) e atos do escrivão ou chefe de secretaria. Vejamos:

- Atos das partes: como exemplos, temos a petição inicial, defesa, interposição de recursos, apresentação de razões finais, dentre outros.
- Atos do Juiz (pronunciamentos judiciais): são os mais importantes para o Exame da OAB. Temos nos **arts. 203 e 204 do CPC/2015**:
  - *Despachos:* os despachos são atos de movimentação do processo, que não possuem forma nem trazem prejuízo às partes, não podendo ser impugnados por recurso, nos termos do **art. 1.001 do CPC/2015**.
  - *Decisões interlocutórias:* são as decisões proferidas no curso do processo, que não analisam o pedido principal, mas que decidem questões incidentes, não havendo possibilidade de interposição de recurso imediato no processo do trabalho.
  - *Sentenças:* a sentença é a principal decisão do processo, que extingue o processo em primeiro grau de jurisdição, decidindo ou não o mérito do processo. A sentença definitiva é aquela proferida nas hipóteses do **art. 487 do CPC/2015**, em que há decisão sobre o mérito. Já a sentença terminativa é proferida nas hipóteses do **art. 485 do CPC/2015**, não havendo o julgamento do mérito, por ter sido reconhecido algum vício no processo (SARAIVA, MANFREDINI, 2016).
  - *Acórdãos:* previstos no **art. 204 do CPC/2015**, são as decisões colegiadas dos tribunais.
- Atos do escrivão ou chefe de secretaria: **o art. 206 do CPC/2015** diz caber ao escrivão ou chefe de secretaria autuar a petição inicial, sendo exemplo de ato processual em análise. O art. 841 da CLT também prevê que aqueles serventuários remeterão a notificação ao reclamado em 48 horas após o recebimento da petição inicial.

Por fim, a IN n. 39/2016 do TST afirma que, em relação aos atos processuais, não se aplica o **art. 190 do CPC/2015**, que trata da negociação processual. Não é possível, na seara trabalhista, a negociação das partes para modificar o procedimento e a forma de prática dos atos processuais.

Muito cuidado com a penhora, pois, quando realizada aos domingos e feriados, depende para a sua validade de autorização expressa do Juiz, não havendo possibilidade de autorização implícita.

5.2. Comunicação dos atos processuais

No processo civil há a diferenciação entre citação e intimação, mas no processo do trabalho as duas formas de comunicação dos atos processuais recebem a denominação única de *notificação*. A parte é notificada para comparecer à audiência, ante o ajuizamento de uma ação (citação) e também é notificada do proferimento da sentença (intimação).

Sobre a comunicação dos atos, destaque inicial para a notificação prevista no **art. 841 da CLT**, que dispõe acerca da comunicação feita ao reclamado para comparecimento à audiência, na qual serão realizados diversos atos processuais, como tentativas de acordo, apresentação de defesa, produção de provas, proferimento de sentença etc. O art. 841 da CLT prevê prazos importantes, que precisam ser entendidos e memorizados para o Exame da OAB, que são:

- 48 horas para expedição da notificação: o serventuário da Justiça do Trabalho, após receber a petição inicial, deverá expedir a notificação postal em até 48 horas, mediante remessa aos Correios, que realizarão sua entrega.
- 48 horas para recebimento da notificação (Súmula 16 do TST): a mencionada Súmula do TST presume o recebimento da notificação em 48 horas, sendo uma presunção relativa que pode ser desconstruída pelo destinatário, conforme dispõe o próprio entendimento sumulado. Caso a notificação não seja recebida ou seja recebida fora do prazo, deverá o destinatário alegar e comprovar o fato (KLIPPEL, 2016).
- 5 dias de antecedência para a audiência, contados do recebimento: o art. 841 da CLT ainda prevê que a notificação deve ser recebida com pelo menos 5 dias de antecedência para a audiência, já que aquele será o período mínimo que terá o reclamado para preparar a defesa que será apresentada naquele ato. O recebimento de véspera ou faltando 2 ou 3 dias para a audiência certamente dificultaria ou impediria a apresentação da defesa, violando o contraditório e a ampla defesa. Caso o reclamado tenha natureza jurídica de direito público, o prazo será contado em quádruplo, sendo de 20 dias de antecedência, por aplicação do **art. 1º do DL n. 779/69**, que por ser específico impede a aplicação do **art. 183 do CPC/2015**, que diz ser em dobro os prazos daqueles entes (MIESSA, 2016).

> Apesar de o art. 183 do CPC afirmar que a Fazenda Pública possui prazos em dobro, no processo do trabalho continuamos a aplicar o prazo em quádruplo para defesa, já que possuímos uma norma específica sobre o tema, o que afasta a aplicação subsidiária do CPC.

> **Art. 1º** Nos processos perante a Justiça do Trabalho, constituem privilégio da União, dos Estados, do Distrito Federal, dos Municípios e das autarquias ou fundações de direito público federais, estaduais ou municipais que não explorem atividade econômica:
> **I** – a presunção relativa de validade dos recibos de quitação ou pedidos de demissão de seus empregados ainda que não homologados nem submetidos à assistência mencionada nos §§ 1º, 2º e 3º do art. 477 da Consolidação das Leis do Trabalho;
> **II** – o quádruplo do prazo fixado no art. 841, *in fine*, da Consolidação das Leis do Trabalho;
> **III** – o prazo em dobro para recurso;
> **IV** – a dispensa de depósito para interposição de recurso;
> **V** – o recurso ordinário *ex officio* das decisões que lhe sejam total ou parcialmente contrárias;
> **VI** – o pagamento de custas a final salva quanto à União Federal, que não as pagará.

Viu-se que a regra é a notificação postal, por ser mais rápida e econômica, mas também está prevista no § 1º do art. 841 da CLT a realização da comunicação por **edital**, quando não for possível que o ato se realize por aquela primeira via ou o destinatário crie dificuldades ao seu recebimento. Contudo, uma norma que precisa ser lembrada para os Exames da OAB é que a notificação por edital não pode ser realizada em todos os procedimentos trabalhistas, já que há restrição em relação ao procedimento sumaríssimo, e que, por determinação do **art. 852-B, II, da CLT**, tal modalidade está vedada naquele rito que se espera seja célere.

Ainda sobre a comunicação dos atos, destaca-se que a notificação por Oficial de Justiça, pelo menos na teoria, está restrita ao processo de execução, não atuando aquele serventuário nos processos de conhecimento. O Oficial atua nos termos do art. 880 da CLT, realizando o ato pessoalmente.

Em relação aos advogados, há um ponto importante descrito na **Súmula 427 do TST**, que, diante de pluralidade de advogados, permite-se o pedido de intimação exclusiva de um deles, sob pena de nulidade caso seja intimado outro advogado. Assim, se há pedido de intimação exclusiva do advogado Dr. João, OAB n. xxx, deve ser atendido tal pedido, intimando-se apenas aquele profissional. Se intimado outro advogado, poderá o ato ser considerado nulo na hipótese de prejuízo (GARCIA, 2012).

> Para que exista nulidade do ato de intimação, conforme demonstrado na Súmula 427 do TST, há que ficar claro o prejuízo sofrido pela parte, como, por exemplo, um recurso que deixou de ser interposto por não ter sido recebida a intimação.

Por fim, destaque para o art. 825 da CLT que prevê a ausência de intimação prévia das testemunhas para comparecimento à audiência. No processo do trabalho não há rol e intimação prévios, devendo as testemunhas comparecer à audiência para serem ouvidas. Na hipótese de não compareceram mediante convite (pedido) da parte, poderão ser intimadas para comparecimento a uma próxima audiência.

5.3. Prazos processuais

O primeiro ponto de destaque em relação aos prazos processuais é a diferenciação entre **início do prazo e início da contagem do prazo**, diferença sensível que pode ser utilizada nas provas da OAB. O início do prazo é do dia da ciência do ato processual, que é excluído por determinação do art. 775 da CLT (exclusão do primeiro dia e inclusão do último), enquanto o início da contagem do prazo é o dia útil seguinte, dia em que efetivamente começa a ser contado o prazo. Assim, se recebo a intimação na quinta-feira, este dia será o início do prazo, enquanto a sexta-feira será o início da contagem do prazo.

A grande alteração empreendida em relação à contagem dos prazos ocorreu no art. 775 da CLT, que passa a prever a contagem apenas dos dias úteis, mantendo-se a exclusão do primeiro dia e inclusão do último.

> Assim, o início do prazo é o dia da ciência enquanto o início da contagem do prazo é o dia subsequente à ciência.

> A reforma trabalhista alterou o art. 775 da CLT, determinando a contagem dos dias apenas úteis, igualando o sistema do processo do trabalho ao processo civil. Assim, sábados, domingos e feriados não são mais contados, mesmo no curso do prazo.

Uma regra diferente, que já foi objeto de questionamento no Exame da OAB e que pode voltar a ser, consta na **Súmula 262 do TST** que trata da intimação recebida no sábado. Caso tal situação ocorra, vamos presumir que a notificação foi recebida no primeiro dia útil seguinte (segunda-feira, por exemplo), e a contagem terá início no subsequente (terça-feira, no nosso exemplo). Cuidado apenas para não ser a segunda-feira dia útil, pois, nessa hipótese, teríamos que excluir a terça-feira e iniciar a contagem na quarta-feira.

Talvez um dos pontos mais discutidos em relação ao Novo CPC seja a regra que prevê naquele Código o prazo em dobro para a Fazenda Pública, em comparação com o prazo em quádruplo do antigo CPC. A nova regra, que reduziu os prazos da Fazenda Pública, não se aplica ao processo do trabalho, que continua a tratar como quádruplo os prazos daqueles entes, já que há uma regra específica no direito processual do trabalho, que emana do Decreto-Lei n. 779/69, que por ser norma especial impede a aplicação da norma geral prevista no CPC/2015. Assim, continuamos a falar sobre **prazo em quádruplo** para a defesa dos entes de direito público, o que faz com que o prazo de 5 dias previsto no art. 841 da CLT seja considerado como 20 na hipótese do ente público ser reclamado na justiça laboral (MOURA, 2015).

Outra regra sobre prazos que já foi objeto de questionamento em Exame da OAB anterior encontra-se prevista na **OJ n. 310 da SDI-1 do TST**, alterada em 2016 para adequar-se ao CPC/2015. Trata da não aplicação do art. 229 do Código/2015, que impõe os prazos em dobro quando os litisconsortes tiverem diferentes procuradores. Tal regra de elevação dos prazos não é compatível com a celeridade buscada no processo do trabalho. Assim, mesmo que haja litisconsórcio e que cada litisconsorte tenha um advogado diferente, os prazos serão simples, sem qualquer alteração.

Por fim, a Lei n. 13.545/2017, publicada em 19 de dezembro, incluiu o art. 775-A da CLT prevendo a suspensão dos prazos processuais no período compreendido entre 20 de dezembro e 20 de janeiro, não se realizando audiências e sessões de julgamento no período.

5.4. Custas processuais

A primeira informação relevante para o Exame da OAB sobre custas processuais é a **ausência de custas prévias** na Justiça do Trabalho, ou seja, a parte não precisa adiantar custas para ver a sua pretensão analisada pelo Poder Judiciário, já que o art. 789, § 1º, da CLT dispõe que o vencido, ao final, arcará com o pagamento daquela parcela. Qualquer valor, portanto, somente será devido após o trânsito em julgado ou, excepcionalmente, deverá ser depositado pelo recorrente no prazo recursal, como pressuposto de admissibilidade do apelo (preparo). A inexistência de custas prévias levou o TST a editar importante **OJ de n. 98 da SDI-2**, considerando ilegal a cobrança de honorários periciais prévios, já que aqueles honorários são devidos ao final, sendo pagos nos termos do art. 790-B da CLT por quem teve o pedido relacionado à perícia julgado improcedente, ou nos termos legais, pelo *sucumbente na pretensão objeto da perícia*.

De tão importante o entendimento do TST, foi inserido pelo legislador reformista na CLT, no art. 790-B, § 3º, afirmando a impossibilidade daquela cobrança prévia.

Mas se o sucumbente, a quem caberia o pagamento, tiver o benefício da justiça gratuita deferido, que lhe retira o dever de pagar as custas processuais, quem arcará com o pagamento? Diante da ideia lógica de que o perito não trabalhará de forma gratuita, alguém deve ser responsabilizado pelo pagamento.

A Lei n. 13.467/2017 incluiu a informação de que a quantia pode ser parcelada, conforme o § 2º do art. 790-B da CLT, facilitando-se o pagamento. Mas, se mesmo assim o beneficiário da justiça gratuita não tiver condições financeiras por não ter conseguido créditos no processo ou em qualquer outro, a responsabilidade será da União, o que já era reconhecido pela **Súmula 457 do TST**.

Já os honorários do assistente técnico são devidos pela parte que o contratou, independentemente do resultado da perícia, já que tal contratação é facultativa, conforme Súmula 341 do TST.

> A justificativa do TST para afirmar que os honorários do assistente técnico são pagos por quem o contratou, é que a contratação é facultativa. A parte escolhe contratar ou não o profissional, que não é indispensável, na medida em que o exame será realizado pelo Perito nomeado pelo Juiz, cabendo ao assistente técnico acompanhar a perícia e apresentar um laudo paralelo sobre a situação em disputa.

O mesmo art. 789 da CLT dispõe que a condenação ao pagamento de custas processuais obedecerá à regra de **2%** do valor da condenação, valor da causa, valor do acordo ou valor que o Juiz fixar, a depender da situação. As custas serão calculadas sobre o valor da causa nas hipóteses de extinção sem resolução do mérito ou de improcedência de todos os pedidos, cabendo ao autor o seu pagamento. Já na hipótese de acordo, o valor das custas incidirá sobre o valor do acordo homologado, cabendo em partes iguais aos litigantes, ou seja, metade para cada um, desde que não exista qualquer outro acerto sobre o pagamento. Se houver no próprio acordo regra sobre o pagamento, esta deverá ser seguida, como geralmente ocorre no dia a dia do empregador efetuar o pagamento integral das custas processuais.

> Na hora de homologar o acordo e extinguir o processo com resolução do mérito, deve o Juiz perceber se há alguma cláusula prevendo o pagamento das custas processuais ali incidentes. Caso exista, deve ser seguida, mesmo que imponha o pagamento total das custas ao empregado (reclamante).

O valor das custas processuais observará um mínimo e um máximo, sendo: a) valor mínimo: R$ 10,64; b) valor máximo: 4 vezes o limite dos benefícios do Regime Geral de Previdência Social (RGPS). Esta última informação acerca do valor máximo foi inserida pela reforma trabalhista.

Por fim, uma regra que pode ser explorada nos Exames da OAB: o art. 790-A da CLT traz as **isenções legais** em relação ao pagamento das custas, afirmando que os beneficiários da justiça gratuita, os entes com natureza jurídica de direito público (União, Estados, Municípios, DF, autarquias etc.), Ministério Público do Trabalho, Correios e entes estrangeiros estão dispensados do pagamento dos valores em estudo, sem isentar, contudo, as entidades fiscalizadoras das profissões, como os conselhos regionais (CREA, OAB, CRA etc.), bem como, por entendimento da doutrina, não estão isentos os entes públicos de direito privado, como as sociedades de economia mista e as empresas públicas (LEITE, 2015).

6. NULIDADES PROCESSUAIS

Sabemos que o procedimento é composto por diversos atos processuais que devem ser realizados conforme requisitos e parâmetros criados pelo legislador. A notificação do reclamado deve respeitar forma e prazos, assim como o direito ao contraditório deve ser exercido em diversas ocasiões, dentre outras tantas situações em que a forma do ato processual é fundamental para a sua validade (SCHIAVI, 2015).

Caso a forma seja desrespeitada e alguém – partes ou Estado-Juiz – seja prejudicado, surgirá a nulidade processual, que pode ser conceituada, de forma bem simples, como **erro de forma + prejuízo.** Por vezes o prejuízo é presumido, como nas hipóteses em que a forma do ato processual é pensada em nome do interesse do Estado-Juiz, ou realmente provado, como ocorre na hipótese de interesse das partes.

Veremos que a diferença é importante na classificação dos vícios processuais, mas queremos deixar bem claro que você deve levar para o Exame de Ordem que a nulidade não é apenas um vício de forma, mas um vício de forma que acarreta prejuízo.

6.1. Classificação dos vícios processuais

Os vícios ou nulidades processuais podem ser divididos, como o faz a doutrina majoritária, em:

- Inexistência: considerado o vício de maior gravidade no sistema processual, consiste na ausência de requisitos mínimos para a viabilidade do ato processual, como ocorre com a sentença que, por não ter sido assinada por quem é Juiz, sequer pode ser considerada uma sentença. Um dos requisitos mínimos para que um "papel possa ser considerado uma sentença" é ter sido proferida por alguém investido na função jurisdicional.

- Nulidade absoluta: vício menos grave que a inexistência, mas igualmente grave por decorrer do descumprimento de norma de ordem pública, ou seja, norma criada no interesse do Estado-Juiz. A diferença em relação à inexistência é que o ato nulo pode produzir efeitos, como a decisão proferida por juízo absolutamente incompetente, nos termos do **art. 64 do CPC/2015**. Uma característica da nulidade absoluta é a possibilidade de ser reconhecida de ofício, ou seja, pelo próprio Estado-Juiz, sem necessidade de pedido. O melhor exemplo é a incompetência absoluta, que, nos termos do artigo mencionado do CPC/2015, pode ser reconhecida de ofício, não havendo preclusão em relação à matéria, o que permite o seu reconhecimento enquanto o processo estiver em tramitação.
- Nulidade relativa: já a nulidade relativa se apresenta como um vício mais fraco, que depende de requerimento da parte para ser reconhecido, na medida em que a violação da norma prejudica apenas aquela. O melhor exemplo é a incompetência territorial, que é um critério consagrado como relativo. Eventual equívoco em relação ao local de ajuizamento da ação pode ser corrigido pelo Juiz após a alegação de incompetência pelo reclamado, em sua defesa, não cabendo o seu reconhecimento de ofício, conforme Súmula 33 do STJ.
- Irregularidade: por fim, as irregularidades que são vícios processuais que não geram consequências processuais, ou seja, não prejudicam as partes ou o Estado-Juiz apesar do descumprimento da forma. É o que ocorre quando as páginas do processo são numeradas de maneira errada (nos processos ainda físicos) ou a utilização de documentos em língua estrangeira sem a devida tradução, mas que não impedem sua compreensão, bem como a juntada de despacho escrito a lápis.

6.2. Princípios relacionados às nulidades processuais

O ponto mais importante para o Exame da OAB, quando se pensa em nulidades processuais, é o estudo sobre os princípios que estão a ela relacionados, previstos sobretudo na CLT, mas com reflexos também de normas do CPC/2015. Os princípios mais importantes sobre o tema são:

- Transcendência ou prejuízo: previsto no art. 794 da CLT, afirma que somente haverá nulidade quando se verificar o prejuízo. Está relacionado propriamente ao conceito de nulidade, que é o erro de forma que acarreta prejuízo. Caso não haja prejuízo, não teremos nulidade, mas mera irregularidade. O princípio somente se aplica às nulidades relativas, pois nas absolutas o prejuízo é presumido diante do descumprimento de norma criada no interesse no Estado (MOURA, 2015).
- Convalidação ou preclusão: previsto no art. 795 da CLT, dispõe que a nulidade deverá ser alegada na primeira oportunidade, sob pena de preclusão, isto é, sob pena de não poder ser alegada posteriormente. Aplica-se apenas às nulidades relativas, já que não há preclusão para as nulidades absolutas, que podem ser reconhecidas a qualquer momento do processo.
- Economia processual: previsto no art. 796, *a*, da CLT, traz a regra de que a nulidade não será reconhecida caso seja possível suprir a falta ou repetir o ato, pois a ideia é manter a higidez do ato processual e produção dos seus efeitos, sem necessidade de declaração de nulidade.
- Interesse: previsto no art. 796, *b*, da CLT, segundo o qual não poderá alegar a nulidade aquele que lhe deu causa. O exemplo mais simples é a impossibilidade de o autor alegar a incompetência territorial de ação que foi por ele proposta em local errado, ferindo o art. 651 da CLT. Se o erro foi causado por ele, não pode ser por ele alegado.
- Utilidade ou aproveitamento: o art. 797 da CLT afirma que os atos processuais anteriores ao vício são mantidos, enquanto os posteriores devem ser analisados para fins de aproveitamento. Caso algum ato processual posterior à nulidade não tenha sido atingido por ele, será mantido íntegro, por ainda se mostrar útil.
- Instrumentalidade das formas: previsto no **art. 277 do CPC/2015**, prevê que não haverá nulidade se o ato processual, apesar do vício de forma, preencher a sua finalidade essencial. Caso a notificação seja endereçada para local errado, mas tenha chegado ao conhecimento do reclamado, não haverá nulidade, pois apesar do erro de endereço, a finalidade do ato foi preenchida, na

medida em que o reclamado tomou ciência da ação que foi contra ele proposta (LEITE, 2015).

7. COMISSÃO DE CONCILIAÇÃO PRÉVIA

Previsto nos arts. 625-A a H da CLT, as Comissões de Conciliação Prévia foram criadas no ano de 2000 para estimular a conciliação antes do ajuizamento das ações trabalhistas, numa tentativa de evitar o ajuizamento de ações que facilmente poderiam ser finalizadas por acordo entre as partes.

A ideia do legislador foi prever a passagem obrigatória pela comissão antes do ajuizamento da ação trabalhista, criando assim mais uma condição para a reclamação trabalhista. Contudo, tal norma, que foi inserida no art. 625-D da CLT, foi entendida pelo STF nas ADI 2.139 e 2.160 como inconstitucional, por violar o art. 5º, XXXV, da CF/88, que prevê o princípio da inafastabilidade do controle jurisdicional.

O art. 5º, XXXV, da CF/88, prevê que "a lei não excluirá da apreciação judicial lesão ou ameaça a direito", sendo que a passagem obrigatória pela CCP apareceria como um entrave para acessar o Poder Judiciário, ou seja, como uma barreira para o jurisdicionado exercer o direito de ação.

Sobre a formação e funcionamento da comissão, é sempre importante lembrar os arts. 625-B e C, que tratam respectivamente da comissão na empresa e nos sindicatos. Vejamos:

- Art. 625-B da CLT: as comissões criadas no âmbito das empresas devem seguir algumas regras, tais como: número mínimo de 2 e máximo de 10 membros, sendo a representação paritária, ou seja, o mesmo número de representantes eleitos pelos empregados e indicados pelos empregadores, sendo que os primeiros, por representarem os empregados, possuem estabilidade provisória até 1 ano após o término do mandato.
- Art. 625-C da CLT: já as comissões criadas no âmbito dos sindicatos devem ser as regras previstas na convenção ou acordo coletivo de trabalho que a prever.

Sobre o procedimento, temos que, uma vez provocada a comissão, deverá a sessão de conciliação ser realizada dentro do prazo de 10 dias, e nesse período a prescrição estará suspensa. Sendo realizada a sessão e chegando as partes ao acordo, este será homologado, assinado pelas partes e seus representantes, gerando um título executivo extrajudicial. Não havendo acordo ou não sendo a sessão realizada no prazo de 10 dias, estará o empregado liberado desde já para o ajuizamento de ação judicial perante a Justiça do Trabalho.

O termo de acordo firmado pela Comissão de Conciliação Prévia, por ser um título executivo extrajudicial, leva o credor a ajuizar ação de execução e não ação de conhecimento, pois já possui o crédito reconhecido em um documento, não precisando comprovar ter direito ao recebimento da quantia. Contudo, o CPC/2015 afirma que pode a parte, mesmo diante de um título executivo extrajudicial, ajuizar ação de conhecimento para conseguir o título executivo judicial.

8. PETIÇÃO INICIAL

Já vimos que no processo do trabalho vige o **princípio dispositivo**, previsto no **art. 2º do CPC/2015** e que traduz a necessidade de provocação do Poder Judiciário para resolução dos conflitos, que se dará por meio da apresentação da petição inicial, que no processo do trabalho mostra-se essencialmente simples, seja oral ou escrita, conforme art. 840 da CLT.

Vamos lembrar que o princípio dispositivo é a regra geral, sendo o princípio inquisitivo a exceção. Enquanto a regra é a inércia do Poder Judiciário, a exceção é a prática de atos processuais de ofício.

Não poderíamos esperar nada diferente na Justiça do Trabalho, que trabalha ao mesmo tempo para tender aos princípios da simplicidade, celeridade e *jus postulandi*. Assim, a complexidade do ato processual seria um entrave ao acesso ao Poder Judiciário, violando todos os princípios mencionados e que são fundamentais para o processo do trabalho.

8.1. Formas de reclamação

O acesso facilitado à justiça é uma marca do processo do trabalho, na medida em que o art. 840 da CLT prevê que a petição inicial poderá ser **oral ou escrita**, podendo o autor optar por uma forma ou outra, salvo poucas exceções como o inquérito para apuração de falta grave e o dissídio coletivo, que devem ser ajuizados por petição escrita.

Procedimento que deve ser destacado quando o autor opta pela reclamação trabalhista verbal, consta no **art. 786 da CLT**, que prevê que o pedido de reclamação será distribuído a uma das Varas do Trabalho com competência para a demanda, devendo a parte comparecer ao órgão judiciário para o qual foi distribuído o pedido no prazo de 5 dias, sob pena de perempção (art. 731 da CLT). Assim, se o meu pedido for distribuído para a 3ª Vara do Trabalho de Vitória/ES, deverei comparecer àquela em até **5 dias** para a redução a termo dos fatos que serão relatados. Caso não compareça e não apresente justificativa, incidirá a pena de perempção, que está prevista no art. 731 da CLT e impede o autor de ajuizar novamente a ação trabalhista pelo período de 6 meses (GARCIA, 2012).

Optando o autor pela petição inicial escrita, deverão ser preenchidos os requisitos do § 1º do mesmo artigo, que serão analisados a seguir.

> Duas são as hipóteses de perempção no processo do trabalho, que é provisória, pelo período de 6 meses. Os arts. 731 e 732 da CLT trazem as hipóteses: faltar à redução a termo da reclamação verbal e faltar à audiência e gerar o arquivamento do processo por duas vezes seguidas.

8.2. Requisitos da petição inicial

Em comparação com o **art. 319 do CPC/2015**, o art. 840, § 1º, da CLT é bem simplório, trazendo apenas requisitos mínimos para a viabilidade da petição inicial, sem mencionar diversos requisitos que no processo civil são obrigatórios, como o pedido de citação e a menção às provas (SARAIVA, MANFREDINI, 2016).

Dispõe o § 1º que o autor deverá afirmar:

- O juízo competente, nos termos do art. 651 da CLT, que é o juízo do local da prestação dos serviços.
- Qualificação das partes.
- Breve exposição dos fatos de que resulte o dissídio, que no processo civil recebe o nome de causa de pedir, que contempla os fatos e fundamentos jurídicos do pedido.
- Pedido, que vincula o julgamento que será realizado posteriormente, nos termos do princípio da congruência a ser posteriormente estudado, que deve ser certo, determinado e com a indicação do seu valor.
- Data e assinatura do reclamante ou de seu representante.

Não há no processo do trabalho a obrigação de incluir o pedido de citação e as provas que pretende produzir, que constam como requisitos obrigatórios no processo civil, conforme **art. 319 do CPC/2015**. Tais requisitos não são necessários no processo do trabalho pelos seguintes motivos:

- Citação (notificação do reclamado): não depende de pedido da parte, sendo realizada de forma automática pelo serventuário da Justiça do Trabalho, conforme art. 841 da CLT que será estudado em breve.
- Provas: não há necessidade de indicação dos meios de prova que o autor pretende produzir pois é o Magistrado, na audiência, que definirá as provas que se mostram necessárias, conforme prescreve o princípio dos poderes instrutórios do Juiz, previsto no **art. 370 do CPC/2015**.
- Valor da causa: passou a ser um requisito da petição inicial a partir da Lei n. 13.467/2017 – reforma trabalhista – que inseriu no § 1º do art. 840 da CLT a informação acerca do *pedido certo, determinado e com indicação do seu valor*. Assim, exige-se o requisito como no procedimento sumaríssimo, conforme art. 852-B da CLT. Nos dois procedimentos, a ausência do valor da causa gera a extinção do processo sem resolução do mérito, nos termos do § 3º do art. 840, assim redigido: "Os pedidos que não atendam ao disposto no § 1º deste artigo serão julgados extintos sem resolução do mérito".

> Como a previsão contida no art. 852-B da CLT é no sentido do processo ser arquivado – extinto sem resolução do mérito – quando faltar o valor da causa, não há que se falar em possibilitar ao autor a emenda da petição inicial ou a conversão para o rito ordinário. Somente o arquivamento está previsto e pode ser considerado correto para o Exame da OAB.

8.3. Emenda da petição inicial

O tema emenda da petição inicial passou a ser ainda mais importante para as questões de direito processual do trabalho do Exame da OAB, após a entrada em vigor do CPC/2015, que gerou a modificação em 2016 da **Súmula 263 do TST**, uma vez que o novo CPC modificou o prazo que o Magistrado concede ao autor, bem como criou uma nova exigência para o Juiz, que deve indicar o ponto a ser corrigido. Por ser um tema importante, transcreve-se a súmula referida:

Salvo nas hipóteses do art. 330 do CPC de 2015 (art. 295 do CPC de 1973), o indeferimento da petição inicial, por encontrar-se desacompanhada de documento indispensável à propositura da ação ou não preencher outro requisito legal, somente é cabível se, após intimada para suprir a irregularidade em 15 (quinze) dias, mediante indicação precisa do que deve ser corrigido ou completado, a parte não o fizer (art. 321 do CPC de 2015).

Percebendo o Magistrado que a petição inicial possui falhas que podem ser supridas, ou seja, que faltam requisitos que podem ser complementados, como a qualificação das partes, deverá intimar o autor para corrigir/complementar a petição inicial no prazo de 15 dias, informando o que o autor deve emendar, ou seja, o vício que entende nela existir. As informações constam na nova Súmula 263 do TST, que foi revisitada em 2016 para se adequar ao CPC/2015, que modificou o prazo e criou nova obrigação para o Juiz. Muito cuidado com as informações, já que podem ser cobradas no Exame da OAB (MIESSA, 2016).

Por fim, destaque para a **Súmula 415 do TST** que diz não caber a emenda da petição inicial no mandado de segurança para juntada de documentos, devendo a ação ser extinta sem resolução do mérito, caso o documento seja indispensável para a demonstração do direito líquido e certo.

A impossibilidade de emenda para juntada de documentos no mandado de segurança leva em consideração o conceito de direito líquido e certo e a impossibilidade de produção de provas no curso do processo. Se os fatos narrados na petição inicial devem estar todos comprovados por documentos quando da impetração do MS, não faria sentido permitir a juntada posterior, pois resta claro na hipótese que não estava demonstrado o requisito fundamental do mandado de segurança.

8.4. Indeferimento da petição inicial

As hipóteses de indeferimento da petição inicial são diversas daquelas que levam à emenda, pois são vícios que não podem ser corrigidos, que geram a extinção do processo sem resolução do mérito, nos termos do **art. 330 do CPC/2015**. São hipóteses como a ausência de condições da ação, não realização da emenda no prazo legal, ausência de pedido ou causa de pedir, o pedido formulado for indeterminado, dentre outros.

Ao indeferir a petição inicial, o Juiz proferirá uma sentença de extinção do processo, da qual o autor poderá recorrer – no processo do trabalho interporá o recurso ordinário (art. 895 da CLT) no prazo de 8 dias – cabendo o juízo de retratação no prazo de 5 dias, isto é, poderá o Juiz voltar atrás no seu entendimento, tornando sem efeito a sua sentença, conforme **art. 331 do CPC/2015** (MIESSA, 2016).

8.5. Aditamento da petição inicial

As regras sobre o aditamento da petição inicial constam no **art. 329 do CPC/2015**, devendo ser adaptadas ao processo do trabalho, já que o procedimento difere muito daquele previsto para o direito processual civil.

Aditar a petição inicial significa modificá-la, não em virtude de erro/vício, mas pelo desejo do autor de incluir ou retirar algum fundamento ou pedido que foi formulado. A situação básica para entender o tema é a seguinte: João ajuizou ação trabalhista pedindo dano material em virtude de acidente de trabalho em que perdeu a perna. Após o ajuizamento da ação, percebe que poderia ter também pedido dano moral. Como incluir tal pedido na ação já em curso? O autor poderá, a depender do estágio do processo, incluir o novo pedido e fundamentos através do aditamento. Os estágios que devem ser analisados, bem como os requisitos são os seguintes:

- Até a apresentação da defesa do reclamado: antes do reclamado apresentar a defesa, portanto, até a apresentação da mesma, pode o autor requerer o aditamento, que será realizado sem necessidade de consentimento do reclamado, que não será prejudicado já que novo prazo de defesa será concedido a ele, pois precisará complementar a defesa que havia preparado.
- Após a apresentação da defesa: apresentada a defesa, poderá o autor aditar a sua petição inicial, mas dependerá do consentimento do reclamado, uma vez que a defesa foi apresentada com base nos pedidos iniciais e uma complementação seria necessária, podendo o reclamado negar o consentimento, hipótese em que o aditamento não será possível.
- Iniciada a fase de instrução (produção de provas): passada a fase de apresentação da defesa e iniciada a fase de instrução, destinada à produção de provas, não poderá ser aditada a petição inicial, mesmo com o consentimento do reclamado e autorização do Juiz, pois na hipótese o legislador negou peremptoriamente a possibilidade.

9. NOTIFICAÇÃO DO RECLAMADO

A notificação do reclamado faz com que o procedimento continue em direção à audiência, dia em que serão realizados praticamente todos os atos processuais – pregão, tentativa de acordo, defesa, instrução, razões finais, nova tentativa de acordo e sentença – sendo indispensável para a concretização do princípio do contraditório (SCHIAVI, 2015).

9.1. Forma e prazos

O **art. 841 da CLT** prevê que a notificação será postal, ou seja, pelos correios com aviso de recebimento (AR), não sendo necessária a entrega pessoal da notificação, já que a doutrina e a jurisprudência aceitam que a notificação seja simplesmente entregue no endereço correto do reclamado, independentemente de quem venha a recebê-la. Três são os prazos que devem ser entendidos e lembrados para o Exame da OAB que estão relacionados à notificação. Vejamos:

- 48 horas para expedição da notificação: previsto no art. 841 da CLT, é o prazo que o serventuário da Justiça do Trabalho possui para expedir a notificação após o recebimento da petição inicial.
- 48 horas para recebimento da notificação: previsto na Súmula 16 do TST, é uma presunção criada pelo tribunal para o recebimento da notificação pelo destinatário, sendo uma presunção relativa. Assim, caso a notificação não seja recebida ou ocorra o recebimento após o prazo, caberá ao destinatário provar o atraso.

> Caso a notificação não seja recebida pelo destinatário ou seja recebida muito tempo depois do prazo constante na Súmula 16 do TST, de forma a que seja prejudicado o exercício do direito de defesa, caberá ao próprio destinatário alegar e provar o fato, sendo seu o ônus da prova.

- 5 dias no mínimo entre o recebimento da notificação e a realização da audiência: no processo do trabalho o reclamado é notificado para comparecer à audiência, oportunidade em que poderá apresentar a sua defesa. Assim, entre o recebimento daquela e a realização da audiência deve ser respeitado um prazo mínimo, de 5 dias, tempo que o reclamado terá para preparar a defesa, buscar testemunhas, procurar documentos etc.

Diante da importância do dispositivo, transcreve-se para conhecimento:

> **Art. 841.** Recebida e protocolada a reclamação, o escrivão ou secretário, dentro de 48 (quarenta e oito) horas, remeterá a segunda via da petição, ou do termo, ao reclamado, notificando-o, ao mesmo tempo, para comparecer à audiência do julgamento, que será a primeira desimpedida, depois de 5 (cinco) dias.

Salienta-se que o último prazo é aplicável ao reclamado pessoa física ou pessoa jurídica de direito privado, não se aplicando aos entes públicos, que seguem a regra abaixo estudada.

9.2. Notificação da Fazenda Pública

A notificação dos entes públicos segue regras especiais, que fazem parte das prerrogativas da Fazenda Pública, ou seja, regras especiais para as pessoas jurídicas de direito público – União, Estados, Municípios, DF, Autarquias e fundações de direito público – que reconhecem a diferenciação em virtude do interesse e patrimônio que representam.

O prazo diferenciado que aqui se aplica é o **prazo em quádruplo para a defesa daqueles entes**, previsto no Decreto-Lei n. 779/69, que é específico do processo do trabalho e afasta a aplicação subsidiária do CPC/2015 (que traz o prazo em dobro no seu **art. 183**). Assim, enquanto um ente privado deve receber a notificação com pelo menos 5 dias de antecedência para a audiência, o **ente público deve receber com pelo menos 20 dias de antecedência**, de forma a se quadruplicar o prazo em estudo (MIESSA, 2016).

10. AUDIÊNCIAS

A dia da audiência é certamente o mais importante do processo trabalhista, pois nele serão realizados diversos atos processuais, que já foram estudados no *princípio da concentração dos atos processuais*.

10.1. Normas sobre realização da audiência

Apesar da prática dos atos processuais ser realizada em dias uteis, das 6h às 20h, conforme prevê o art. 770 da CLT, a audiência possui regra específica para a sua realização, conforme pode ser lido no **art. 813 da CLT**, que afirma que o ato será realizado em dia úteis, das 8h às 18h, não podendo ultrapassar as 5 horas seguidas, salvo se for matéria urgente.

10.2. Comparecimento das partes

O tema está tratado principalmente nos arts. 843 e **844 da CLT**, que afirma a necessidade de as partes estarem presentes ao ato, independentemente de seus representantes, ou seja, o comparecimento deve ser pessoal. A presença apenas do advogado acarretará as consequências pela ausência da parte, pois em relação ao advogado a regra é a sua facultatividade (*jus postulandi*), o que não ocorre, regra geral, com as partes.

Algumas situações excepcionais constam no próprio art. 843 da CLT, como nas ações plúrimas, em que há litisconsórcio, e nas ações de cumprimento, em que as partes podem ser representadas pelo sindicato, dispensando a presença de todos os autores.

Também o § 1º permite ao empregador ser representado por um **preposto**, que não mais precisa ser empregado, conforme o § 3º do mesmo dispositivo. Contudo, deve ter conhecimento dos fatos, e as suas declarações obrigam o proponente. Não há, no entanto, necessidade de que o preposto tenha presenciado os fatos ou que seja contemporâneo ao reclamante.

A partir da reforma trabalhista não há mais necessidade de que o preposto seja empregado, podendo ser qualquer pessoa com conhecimento dos fatos.

Norma excepcional que já foi cobrada em Exame de OAB consta no § 2º, que permite que o reclamante seja representado por outro empregado da mesma profissão ou pelo sindicato, caso não possa comparecer ao ato por doença ou alguma outra justificativa séria. Na hipótese, o representante tão somente justificará a ausência do reclamante, evitando o arquivamento do processo, não cabendo a ele a prática de qualquer ato processual em audiência.

Mas quais são as consequências da ausência das partes em audiência? O questionamento também já foi formulado em questão inserida no Exame da OAB, sendo facilmente respondida com base no art. 844 da CLT. Vejamos:

- Ausência do reclamante: o processo será arquivado na hipótese, ou seja, será extinto sem resolução do mérito, sendo aquele condenado ao pagamento de custas processuais, ainda que beneficiário da justiça gratuita, conforme o § 2º do dispositivo em análise. Contudo, poderá o reclamante, no prazo de 15 dias, demonstrar que a ausência decorreu de motivo justificável, isentando-se daquele pagamento. Caso mantida a condenação ao pagamento das custas, dispõe o § 3º que o pagamento da quantia é indispensável ao ajuizamento de nova demanda.
- Ausência do reclamado: será o reclamado considerado revel, e o principal efeito é a presunção de veracidade dos fatos afirmados na petição inicial.
- Ausência de ambos: o processo será arquivado também, já que o primeiro a ser chamado no pregão é o reclamante e se este não se encontra no local, o processo já é arquivado de imediato.

Por ser um dos artigos mais cobrados em provas, transcreve-se o art. 844 da CLT:

Art. 844. O não comparecimento do reclamante à audiência importa o arquivamento da reclamação, e o não comparecimento do reclamado importa revelia, além de confissão quanto à matéria de fato.

Há uma situação excepcional que deve ser analisada e que está descrita na Súmula 9 do TST, que é a ausência do reclamante em audiência em prosseguimento, ou seja, quando é adiada a primeira audiência por qualquer motivo. A redação da súmula é a seguinte:

A ausência do reclamante, quando adiada a instrução após contestada a ação em audiência, não importa arquivamento do processo.

Haverá ou não o arquivamento a depender da apresentação ou não da defesa pelo reclamado. Imaginemos as seguintes situações:

- A audiência estava marcada para o dia de hoje, mas não ocorreu porque o reclamante faltou mas teve tal ausência justificada por motivo de doença. Não houve apresentação de defesa e nova data foi marcada. Caso o reclamante falte na data da segunda audiência, o processo será arquivado porque não houve a apresentação da defesa na primeira.
- A audiência estava marcada para o dia de hoje, teve seu início, com a primeira tentativa de acordo, que não logrou êxito e culminou com a apresentação da defesa pelo reclamado. Após este ato, o Juiz adiou a audiência porque as testemunhas não comparecerem, designando nova data. Caso o reclamante falte na data da segunda audiência, o processo não será arquivado, pois já houve a apresentação da defesa na primeira audiência. O reclamante tão somente perderá a chance de participar da produção das provas naquela audiência (KLIPPEL, 2016).

10.3. Atraso das partes e do juiz

Tema fácil de ser compreendido, e extremamente importante para as provas da OAB, o atraso das partes e do Juiz é tratado de forma absolutamente diferente pelo legislador e jurisprudência do TST. Vamos às normas aplicáveis:

- Art. 815 da CLT – atraso do Juiz: o Magistrado poderá se atrasar em até **15 minutos**, devendo as partes aguardá-lo dentro desse período, podendo se retirar após ultrapassado o limite. Contudo, se o atraso decorrer da prática de algum outro ato processual, ou seja, se o Juiz estiver atrasado para uma audiência por estar realizando outra, não se aplicará o dispositivo legal, devendo a parte esperar o tempo que for necessário.
- OJ n. 245 da SDI-1 do TST – atraso das partes: diferentemente do Juiz, que possui previsão de atraso, as partes não podem se atrasar um minuto sequer, pois o legislador não previu qualquer tolerância para elas, o que é confirmado pelo entendimento externado na OJ n. 245 da SDI-1 do TST, que diz não haver previsão legal de atraso para as mesmas.

> A IN n. 39/16 do TST deixa claro que não se aplica o art. 342 do CPC/2015, que trata do adiamento da audiência por atraso, devendo as partes aguardarem a realização de outras audiências e atos processuais.

11. DEFESA DO RECLAMADO

No processo do trabalho, a defesa é apresentada em audiência, tendo em vista ser um dos atos processuais realizados naquela oportunidade, conforme estudado no princípio da concentração dos atos processuais.

11.1. Forma de apresentação da defesa

Prevista no **art. 847 da CLT**, a defesa do reclamado é para ser apresentada oralmente, por um período de **até 20 minutos**. A informação consta no *caput* do dispositivo. Esta era a única forma de defesa prevista em lei, mas a reforma trabalhista inseriu o **parágrafo único** no dispositivo mencionado, afirmando que: "A parte poderá apresentar defesa escrita pelo sistema de processo judicial eletrônico até a audiência".

Um detalhe deve ser lembrado, pois pode ser inserido na prova da OAB: a defesa oral é apresentada na **audiência**, enquanto que a defesa escrita deve ser apresentada *antes da audiência*, pelo sistema informatizado (PJE). O que fez o legislador foi simplesmente inserir no texto legal aquilo que sempre ocorreu no dia a dia, já que em 99,9% dos processos a defesa é escrita.

Vamos analisar no próximo tópico as peças de defesa que podem ser apresentadas, a depender da alegação que o reclamado quer levar ao conhecimento do Poder Judiciário, podendo ser apresentada a contestação, principal peça de defesa, bem como as exceções de suspeição e impedimento e, por fim, a reconvenção (LEITE, 2015).

11.2. Contestação

A principal peça de defesa recebe o nome de contestação, estando prevista no **art. 335 do CPC/2015**, sendo aplicável ao processo do trabalho, que não trata da matéria. Sobre a peça de defesa, ela pode ser dividida em duas partes, a saber: preliminares de mérito e defesa de mérito.

Na primeira parte, o reclamado alegará – se houver – as preliminares de mérito que estão previstas no **art. 337 do CPC/2015**, que são vícios processuais que impedem a análise do mérito ou que dilatam (aumentam) o procedimento. A diferença entre as consequências acima narradas está relacionada à classificação das preliminares em **peremptórias** e **dilatórias**. Enquanto as primeiras, ao serem reconhecidas, impedem a análise do mérito, determinando a extinção do processo, as segundas, ao serem reconhecidas, dilatam o procedimento, fazendo com que outra consequência seja percebida, como a concessão de prazo para a parte ou a remessa dos autos para outro juízo.

Apesar de o art. 337 do CPC/2015 tratar da incompetência relativa como uma das preliminares de mérito, não deve a matéria ser tratada da mesma forma no processo do trabalho, na medida em que a reforma trabalhista alterou o art. 800 da CLT, criando um novo procedimento para a apresentação da exceção de incompetência, conforme será visto a seguir, em tópico específico.

> As preliminares de mérito previstas no art. 337 do CPC podem, como regra geral, ser reconhecidas de ofício pelo Magistrado, mas cabe à parte alegá-las na contestação, sob pena de arcar com os custos do processo. A arbitragem passa a ser possível a partir da reforma trabalhista, nos termos do art. 507-A da CLT.

> Cada peça de defesa possui uma finalidade específica, devendo ser utilizada pelo reclamado em conjunto, ou seja, no mesmo momento, com exceção da incompetência, que, segundo o art. 800 da CLT, deve ser alegada antes da audiência, no prazo de 5 dias a contar do recebimento da notificação.

Após as preliminares de mérito ou caso não existam para serem alegadas, passará o reclamado para a defesa de mérito, por meio da qual demonstrará que os fatos narrados na petição inicial não são verdadeiros e que as pretensões expostas pelo autor devem ser negadas, rechaçadas. Em relação à defesa de mérito, o reclamado deverá atentar para dois princípios, fundamentais para que a defesa seja completa:

- Princípio da eventualidade: previsto no **art. 336 do CPC/2015**, dispõe que o reclamado deverá alegar todos os fundamentos de defesa naquela oportunidade, pois a contestação é a única oportunidade de defesa, havendo preclusão em relação aos fundamentos não alegados.
- Princípio da impugnação especificada dos fatos: constante no **art. 341 do CPC/2015**, dispõe que a defesa não pode ser genérica, devendo o reclamado impugnar fato a fato, isto é, todos os fatos, fundamentos e pedidos do autor, sob pena de ser considerado verdadeiro o fato não impugnado.

11.3. Exceções

A reforma trabalhista alterou o art. 800 da CLT, em relação ao procedimento da exceção de incompetência. A partir da entrada em vigor da Lei n. 13.467/2017, a incompetência territorial será alegada por meio de exceção, seguindo-se o procedimento previsto do dispositivo em estudo. No que consiste o procedimento? O reclamado, ao receber a notificação, poderá apresentar a peça no prazo de 5 dias, antes da audiência, sendo que o processo será suspenso e a audiência não se realizará.

Uma alteração também importante consta no § 2º acerca da manifestação do exceto, no prazo de 5 dias, diferentemente da norma anterior, que trazia um prazo de 24 horas improrrogáveis.

Caso o Magistrado entenda pela necessidade de produção de prova oral, designará audiência para a produção daquelas, garantindo-se ao excipiente a sua oitiva e de suas testemunhas por carta precatória, no juízo considerado por ele como competente.

Após a decisão e definição do juízo competente, será designada e realizada a audiência antes desmarcada, perante o juízo correto.

Temos ainda as exceções de suspeição e impedimento, que estão reguladas pelo **art. 146 do CPC/2015**, em que o procedimento das duas é idêntico, na medida em que a finalidade é a mesma: demonstrar que o Magistrado (também o Ministério Público, serventuários, perito etc.) não possui a isenção necessária para julgar o conflito, por ser parente de uma das partes, por já ter atuado no processo de outra forma (como Advogado, Ministério Público, testemunha etc.) ou por ser amigo íntimo ou inimigo de uma das partes. Essas são apenas algumas situações que caracterizam a suspeição e o impedimento, institutos previstos nos **arts. 144 e 145 do CPC/2015**.

Como dito, o **art. 146 do CPC/2015** regulamenta o procedimento das exceções, que pode ser assim resumido:

- Deve o Juiz, ao perceber que se encontra em uma das hipóteses dos **arts. 144 e 145 do CPC/2015**, reconhecer tal situação **de ofício**, remetendo os autos ao substituto legal.
- Caso não o faça, poderá a parte provocar o Magistrado através da apresentação das exceções.
- Recebendo a exceção, terá o Magistrado nova oportunidade para reconhecer-se suspeito ou impedido, remetendo os autos para o **substituto legal**.
- Não reconhecendo a suspeição ou o impedimento que lhe são imputados, poderá o Juiz apresentar **defesa em 15 dias**, juntando as provas das suas alegações, sendo o procedimento remetido para o Tribunal, onde será julgado conforme as normas internas.
- Sendo reconhecida pelo Tribunal a suspeição ou o impedimento, o Tribunal condenará o Juiz ao pagamento das custas processuais, remetendo os autos ao substituto legal. Não reconhecendo o vício, o Tribunal arquivará a exceção.

11.4. Reconvenção

A reconvenção é sempre conceituada como um **"contra-ataque"** do réu ao autor, uma vez que o réu apresenta um pedido de condenação do autor, em vez de simplesmente se defender. O que se percebe na reconvenção é que o réu passa a atacar o autor, saindo de defensiva e partindo para a ofensiva, por isso a ideia de um "contra-ataque" (SCHIAVI, 2015).

A modificação implementada pelo CPC/2015 é em relação à forma de apresentação da reconvenção, que deixou de ser uma peça autônoma para ser **apresentada na própria contestação**, nos moldes do "pedido contraposto" dos juizados especiais (Lei n. 9.099/95). Assim, em vez de uma petição inicial da reconvenção, apresentada no prazo de defesa, o réu apresentará o pedido com menos formalidades, valendo-se da própria contestação para contra-atacar o autor. Atualmente a reconvenção está prevista no **art. 343 do CPC/2015**, aplicável ao processo do trabalho.

Apesar de a reconvenção ser apresentada no prazo de defesa, na própria contestação, não há obrigatoriedade de que o réu apresente defesa para poder reconvir, podendo tão somente contra-atacar, na medida em que o § 6º afirma ser possível apresentar a reconvenção sem oferecer contestação (defesa).

A relação que existe entre ação (ajuizado pelo autor) e reconvenção (apresentada pelo réu) é de autonomia, pois o pedido de desistência de um não importa em desistência do outro. A extinção da ação não gera a extinção da reconvenção. A inadmissão de uma não importa em inadmissão da outra.

Por fim, em relação ao procedimento, temos que adaptar a regra constante no **§ 1º do art. 343 do CPC/2015** ao processo do trabalho, pois existem diferenças cruciais entre os dois sistemas. Na Justiça do Trabalho, se apresentada a reconvenção em audiência, será designada nova data, para que nessa segunda audiência o autor possa apresentar defesa à reconvenção, produzindo-se as provas para ação e reconvenção, que serão julgadas prioritariamente na mesma sentença (SARAIVA, MANFREDINI, 2016).

> A reconvenção teve a sua forma alterada pelo novo Código de Processo Civil, sendo seguida pelo processo do trabalho, por não possuir regra específica acerca da matéria. Assim, de acordo com o CPC, não há mais necessidade de apresentar uma petição inicial da reconvenção, mas tão somente um tópico dentro da contestação para formular a pretensão em face do autor do ação.

11.5. Revelia

A ausência do réu em audiência importa em revelia, conforme prescrito no **art. 844 da CLT**, na medida em que ele não apresentará a sua defesa, passando a ser incontroversos os fatos narrados pelo autor em sua peça de ingresso.

A revelia também pode ocorrer se o reclamado, presente à audiência, não apresentar qualquer defesa de mérito ou apresentá-la de forma genérica, o que é proibido pelo princípio da impugnação especificada dos fatos.

Quando se pensa em revelia, naturalmente nos vem à mente a **presunção de veracidade dos fatos afirmados na petição inicial,** mas essa é apenas um dos efeitos da revelia, o seu efeito material previsto no **art. 344 do CPC/2015**, sendo que também temos efeitos processuais da revelia, como o julgamento antecipado (**art. 355 do CPC/2015**) e a ausência de intimação do réu revel que não possui procurador nos autos (**art. 346 do CPC/2015**) (LEITE, 2015).

Por fim, vale a pena lembrar que o **art. 844, § 4º, da CLT,** incluído pela reforma trabalhista, prevê hipóteses em que a revelia não produz os seus efeitos, ou seja, o réu é revel, mas não são sentidos os efeitos da revelia, a saber: quando a defesa é apresentada por algum litisconsorte do réu revel; quando a hipótese for de direitos indisponíveis; ausência de documentos indispensáveis e quando as alegações forem inverossímeis ou em contradição com as provas do processo. Há mais uma hipótese, específica do processo do trabalho, prevista no art. 195, § 2º, da CLT, que prevê a obrigatoriedade de prova pericial para os pedidos de insalubridade ou periculosidade, não cabendo a presunção de veracidade na medida em que a prova é obrigatória.

12. PROVAS

As provas são produzidas para demonstrar a veracidade dos **fatos controvertidos**, ou seja, dos fatos duvidosos, já que os fatos incontroversos são considerados verdadeiros. Assim, se afirmo na petição inicial que laborei 2 horas extras por dia em determinado período, provavelmente o reclamado irá controverter tal fato, afirmando que não houve trabalho extraordinário. Na hipótese, buscarei produzir provas para demonstrar o labor extraordinário e a empresa para desqualificá-lo. Se o reclamado não tivesse apresentado defesa sobre o fato ou o tivesse confessado, não haveria necessidade de produção de provas, já que o fato seria incontroverso. É o que ocorre com a **Súmula 453 do TST**, que diz ser dispensável a prova pericial para a periculosidade quando houver prova de que a empresa pagava algum percentual daquele adicional, já que o pagamento torna incontroverso o trabalho sob aquelas condições (KLIPPEL, 2016).

Outro ponto importante a ser lembrado é que as provas incidem sobre fatos e não sobre o direito, como uma regra geral. Não é preciso demonstrar que determinada norma jurídica é verdadeira ou está em vigor, pois o "juiz conhece o direito", que em latim é conhecido como ***iura novit curia***. Contudo, tal regra somente se aplica às normas federais, não sendo aplicada às normas estaduais, municipais, estrangeiras e consuetudinárias, conforme **art. 376 do CPC/2015**, podendo o Juiz requerer a prova de que tais normas estão em vigor e que existem realmente.

12.1. Poderes instrutórios do juiz

Um dos princípios mais importantes da fase instrutória do processo recebe o nome de "poderes instrutórios do Juiz", constante do **art. 370 do CPC/2015**, prevendo que o Juiz comanda a produção das provas, determinando os meios de prova que serão produzidos e aqueles que se mostram desnecessários. Assim, na qualidade de destinatário da prova, defere ou determina de ofício a produção de provas ou indefere a produção de outras que não se mostram necessárias na hipótese. Digamos que em determinado processo o reclamado requeira a produção de prova pericial, que geralmente é a mais cara e demorada dentre todas as previstas em lei. Analisando o pedido, o Magistrado verifica que o fato que o reclamado quer provar por meio daquela perícia pode ser facilmente demonstrado por documentos ou prova testemunhal, mais fáceis de serem produzidas. Na hipótese, com base no **art. 370 do CPC/2015**, o Juiz indeferirá a prova, produzindo aquelas que são mais adequadas.

12.2. Ônus da prova

Sobre a distribuição do ônus da prova, destaque para o art. 818 da CLT e o **art. 373 do CPC/2015**, que tratam do tema. O dispositivo da CLT diz que o ônus da prova do fato é da parte que o alega, ou seja, a parte que alegar determinado fato deve provar a sua veracidade. Se alego ter trabalhado em jornada extraordinária, o ônus de demonstrar tal labor extra é meu, sendo julgado procedente o pedido na hipótese de o fato ser provado ou improcedente na hipótese contrária. Se no mesmo processo surge a alegação do reclamado de que houve o pagamento de todas as horas extras, caberá à empresa provar o fato, sob pena de ser condenada ao pagamento das referidas horas extras (MIESSA, 2016).

Com a reforma trabalhista, o art. 818 da CLT foi equiparado ao art. 373 do CPC/2015, tratando de duas teorias, abaixo estudadas:

- Teoria estática de distribuição do ônus da prova: prevista no *caput* do art. 818 da CLT, que afirma ser do autor o ônus de provar os fatos constitutivos, e do réu os fatos extintivos, modificativos e impeditivos.
- Teoria dinâmica de distribuição do ônus da prova: os **§§ 1º a 3º do art. 818 da CLT**, afirmam que as normas previstas no *caput* podem ser modificadas pelo Juiz no caso concreto, de forma a facilitar a produção da prova, incumbindo à parte que possui melhores condições de produzir a prova o ônus de produzi-la. Contudo, a decisão de modificação do ônus da prova deve ser fundamentada e proferida antes do início da instrução, de forma que não surpreenda a parte a quem foi atribuído o ônus, podendo ser requerido o adiamento da audiência, nos moldes do § 2º do art. 818 da CLT.

A modificação das regras sobre distribuição do ônus da prova somente pode ocorrer por determinação do Juiz, não cabendo tal modificação por vontade/acordo das partes.

12.3. Meios de prova

Várias são as formas de se provar a veracidade de um fato: prova testemunhal, documental, pericial, depoimento pessoal, inspeção judicial, bem como qualquer outro meio lícito, conforme autorizado pelo **art. 369 do CPC/2015**. Sobre tais meios de prova, são destacadas as seguintes informações:

- Prova testemunhal: a produção da prova testemunhal no processo do trabalho, se comparada ao processo civil, é menos burocrática, já que o art. 825 da CLT prevê a ausência de intimação prévia das testemunhas, isto é, não há apresentação de rol prévio ou intimação prévia de testemunhas, afirmando o dispositivo legal que aquelas comparecerão à audiência por convite das partes ou voluntariamente. Na prática, a parte conversa com a testemunha e pede que ela compareça à audiência no dia e hora especificados. Caso não compareça, poderá a parte requerer ao Juiz a intimação. Além disso, uma informação sempre relevante para o Exame da OAB é em relação à quantidade de testemunhas para os vários ritos previstos para o processo do trabalho. Cada parte poderá se valer de até: 3 testemunhas para o rito ordinário (art. 821 da CLT), 2 testemunhas para o rito sumaríssimo (art. 852-H, § 2º, da CLT) e 6 testemunhas para o inquérito para apuração de falta grave (art. 853 da CLT). Por fim, vale a pena sempre destacar a Súmula 357 do TST, que diz não haver suspeição em relação à testemunha que ajuizou ação contra a mesma empresa, uma informação simples mas que já foi cobrada no Exame da OAB.

Sempre temos que lembrar que no processo do trabalho não há a intimação prévia das testemunhas, e sim o pedido para que elas compareçam à audiência. Na hipótese de falta daquelas, poderá ser requerida a intimação judicial, hipótese em que, faltando novamente a testemunha, será determinada a sua condução coercitiva.

- Prova documental: os documentos podem ser juntados aos autos em seu original ou cópia autenticada, podendo ainda ser a cópia simples autenticada pelo Advogado, conforme prevê o art. 830 da CLT. Dentre os momentos em que devem os documentos ser juntados, temos a petição inicial para o autor (**art. 320 do CPC/2015**), defesa para o réu (**art. 336 do CPC/2015**), podendo ainda os mesmos ser juntados no curso do processo, em situações excepcionais, nas hipóteses do **art. 435 do CPC/2015**, devendo a parte contrária ser intimada para manifestação em 15 dias, consoante o disposto no **art. 437, § 1º, do CPC/2015**. Em grau recursal é admitida, também excepcionalmente, a juntada dos documentos, conforme autorização constante na **Súmula 8 do TST**, que já foi objeto de cobrança nos Exames da OAB e que, por isso, é transcrita a seguir:

Súmula 8 do TST

A juntada de documentos na fase recursal só se justifica quando provado o justo impedimento para sua oportuna apresentação ou se referir a fato posterior à sentença.

A juntada de documentos no curso do processo é permitida excepcionalmente, mas deve ser sempre resguardado o contraditório, com a intimação da parte contrária para manifestação. No CPC/2015 o prazo é de 15 dias, diferentemente do código antigo, que trazia o prazo de 5 dias.

- Prova pericial: a prova pericial é realizada quando a análise da situação depende de conhecimento técnico de que não dispõe o julgador, podendo consistir em exame, vistoria ou avaliação (**art. 464 do CPC/2015**). Dispõe o Novo CPC que o Juiz pode substituir a perícia pela prova técnica simplificada nas hipóteses de menor complexidade, hipótese em que será ouvido um especialista sobre o objeto do processo. No processo do trabalho diversas são as situações em que a prova em estudo é realizada, como em ações que buscam a equiparação salarial, diferenças salariais etc., mas em duas hipóteses especiais a perícia surge como uma prova obrigatória, pelo menos como regra geral constante no art. 195, § 2º, da CLT, que são as ações que pedem a condenação ao pagamento de adicional de insalubridade e periculosidade. Ocorre que a regra sobre a obrigatoriedade da perícia possui duas importantes exceções, prescritas na **OJ n. 278 da SDI-1 do TST e na Súmula 453 do TST**, que tratam respectivamente da dispensa em relação à insalubridade e periculosidade. Não sendo possível a realização da perícia (OJ 278 SDI-1) ou havendo o pagamento de algum percentual a título de periculosidade (Súmula 453), não será realizada a prova técnica, julgando o Juiz com base nos outros meios de prova constantes nos autos. Por fim, o Magistrado possui liberdade para a análise do laudo pericial, podendo concordar ou discordar do perito, conforme **art. 479 do CPC/2015**, devendo obviamente fundamentar a sentença (LEITE, 2015).

Em relação à Súmula 453 do TST, sobre a desnecessidade de perícia técnica na hipótese de pagamento espontâneo do adicional de periculosidade, temos que lembrar que a Súmula 364 do TST continua a proibir a concessão do adicional de forma fracionada, ou seja, em percentuais inferiores ao legal, que é de 30%.

- Depoimento pessoal: o depoimento pessoal é a oitiva da parte sobre os fatos descritos no processo, mediante requerimento da parte contrária. O depoimento visa a confissão da parte, sendo tomado na audiência. Difere do interrogatório, que apesar de também se dar com a oitiva da parte, é determinado de ofício pelo Juiz, que através dele busca esclarecimento sobre fatos, podendo ser realizado a qualquer momento do processo e por diversas vezes, se necessário.
- Inspeção judicial: prevista no **art. 481 do CPC/2015**, a inspeção é realizada pelo Juiz sobre pessoas e coisas, visando esclarecer dúvidas sobre fatos constantes dos autos. Na hipótese, o Juiz atua ativamente na produção da prova, podendo ser realizada de ofício ou a requerimento das partes.

12.4. Encerramento da instrução

Após a produção das provas, verificando o Juiz que não há necessidade de produzir outras, aplicará o art. 850 da CLT, abrindo prazo de 10 minutos para cada parte apresentar as alegações finais, último momento para as partes tentarem convencer o Juiz da veracidade de suas informações. Após as alegações finais, o Juiz proporá novamente o acordo, chegando ao **segundo momento obrigatório de conciliação**. Não havendo acordo para ser homologado, o Magistrado proferirá a sentença oralmente, valendo-se do art. 832 da CLT e **art. 489 do CPC/2015** para proferi-la com os requisitos essenciais, que são: relatório, fundamentação e dispositivo.

> A fase final da audiência traz a necessidade de ser tentado o acordo pela segunda vez, sob pena de nulidade do processo. Havendo a homologação do mesmo, será proferida uma sentença de extinção do processo com resolução do mérito, da qual não poderão as partes recorrer, por ausência de interesse recursal, sendo a ação rescisória a única forma de impugnação da sentença, caso haja algum vício descrito no art. 966 do CPC/2015, como coação, simulação e outros.

13. SENTENÇA E COISA JULGADA

13.1. Conceitos

Iniciando o estudo da sentença, temos que relembrar os conceitos de sentença definitiva e terminativa, que estão atrelados ao tema coisa julgada, como veremos a seguir.

As sentenças definitivas constam no **art. 487 do CPC/2015**, que traz as hipóteses de extinção do processo com resolução do mérito. Já as terminativas são aqueles em que não há análise do mérito, já que o **art. 485 do CPC/2015** trata das situações de extinção sem resolução do mérito.

A relação com o instituto da coisa julgada pode ser assim resumida:

- Extinção com resolução do mérito: haverá a forma da coisa julgada material, relacionada à análise do mérito, já que a decisão se tornará definitiva e imutável com o trânsito em julgado.
- Extinção sem resolução do mérito: na hipótese haverá a formação de coisa julgada formal, que impedirá a prática de atos no próprio processo, mas sem qualquer análise dos pedidos que foram formulados.

13.2. Princípio da congruência

O princípio da congruência também pode ser encontrado nas provas como "**princípio da correlação**" ou "**princípio da adstrição**", estando previsto no **art. 141 do CPC/2015** como um limitador da atuação do Juiz, que não pode julgar fora dos pedidos que foram formulados pelas partes. Caso o Juiz profira decisão fora do que foi pedido, além do que foi pedido ou deixar de julgar algo que foi pedido, estará proferindo sentenças ***extra, ultra*** e ***infra (citra) petita***, respectivamente. Assim, se o autor requer a condenação do réu ao pagamento de danos materiais apenas, não pode o Juiz conceder dano moral, mesmo que evidente na hipótese. Se requerida a condenação em R$ 10.000,00 de danos materiais, não poderá o Juiz condenar ao pagamento de R$ 20.000,00, pois não estaria respeitado o princípio em estudo (GARCIA, 2012).

Contudo, existem exceções à regra, na medida em que alguns pedidos não precisam ser formulados, já que considerados implícitos, como ocorre com os juros e correção monetária, que a teor da **Súmula 211 do TST** podem ser incluídos na sentença mesmo que ausentes tais parcelas na petição inicial. Também a **Súmula 396 do TST** afirma que, na hipótese de ser requerida a reintegração do empregado, pode o Juiz conceder indenização em substituição àquele pedido, já que a substituição estaria implícita, não sendo a decisão considerada *extra petita*.

> Mesmo que não haja pedido de condenação ao pagamento de juros e correção monetária, pode o Juiz condenar ao pagamento das parcelas, uma vez que são considerados pedidos implícitos, que não precisam ser explicitamente formulados. Mesmo que o Juiz não condene, na liquidação de sentença poderá a quantia ser incluída, tudo em conformidade com a Súmula 211 do TST.

13.3. Requisitos e fundamentação

Dispõem os arts. 832 da CLT e **489 do CPC/2015** que as sentenças devem possuir os seguintes requisitos ou partes essenciais: relatório, fundamentação e dispositivo. O primeiro – relatório – é um resumo dos principais acontecimentos do processo, enquanto que o segundo é a análise que o Magistrado faz dos fatos e fundamentos levados ao processo pelas partes. Por fim, o dispositivo é a conclusão a que chegou o Juiz, extinguindo com ou sem resolução do mérito, julgando procedente ou improcedente os pedidos formulados etc.

Já foi dito que no rito sumaríssimo o relatório está dispensado pelo art. 852-H da CLT, para facilitar o proferimento da sentença oral, em audiência.

Um dos pontos mais importantes sobre sentença, inserido pelo CPC/2015, é a necessidade de seguir os ditames do **§ 1º do art. 489**, que deixa claro que a fundamentação deve ser completa, minuciosa, sem frases feitas e genéricas, sem mera indicação de dispositivos de lei, súmulas ou OJs do TST. Para o Juiz aplicar a Súmula 6 do TST, ao julgar um pedido de equiparação salarial, deverá ele demonstrar de que forma aquela súmula se relaciona ao caso concreto, porque é hipótese de aplicação daquele entendimento, não podendo apenas indicá-lo. Frases do tipo "violou o princípio da boa-fé" não são mais admitidas sem a precisa indicação do ato que teria violado o referido princípio (SCHIAVI, 2015).

Além dos requisitos essenciais, já estudados, podemos falar em requisitos complementares, constantes no art. 832 da CLT e que são a indicação do valor das custas e responsável pelo seu pagamento, bem como a natureza jurídica das parcelas. O Magistrado, ao final de sentença, mencionará o valor das custas em reais, levando-se em consideração os critérios do art. 789 da CLT, indicando ainda as parcelas que constam da condenação, já que a análise acerca da natureza jurídica – salarial ou indenizatória – é fundamental para a verificação da incidência de contribuição previdenciária devida à União.

> Talvez um dos pontos mais importantes do CPC/2015, de aplicação subsidiária no processo do trabalho por determinação da IN n. 39/16 do TST, esteja no § 1º do art. 489, que impede o proferimento de sentenças genéricas, sem análise específica dos fundamentos das partes. Não pode mais o juiz decidir apenas mencionando dispositivos de lei, súmulas e OJs do TST, devendo demonstrar a relação entre aqueles e a situação julgada.

13.4. Juízo de retratação

Uma vez proferida a sentença, o Juiz pode "voltar atrás" e decidir novamente? Poderá reconhecer um equívoco na sentença e alterá-la? A regra geral do **art. 494 do CPC/2015** é no sentido de que o Juiz, ao proferir a sentença e publicá-la, não poderá alterá-la, a não ser que seja para reconhecer erros materiais (erro de cálculo, erro de digitação) ou através do julgamento do recurso de embargos de declaração (MIESSA, 2016). Ocorre que, excepcionalmente, cabe o juízo de retratação da sentença, hipóteses em que o Juiz pode reconsiderar a decisão e proferir outra ou tomar outro rumo no processo. As hipóteses são:

- Indeferimento da petição inicial – **art. 331 do CPC/2015**: se o Juiz proferir sentença de indeferimento da petição inicial e o autor interpuser recurso, poderá o Magistrado retratar-se em 5 dias.
- Improcedência liminar – **art. 332, § 3º, do CPC/2015**: se o mérito for julgado improcedente, na hipótese do art. 332, e o autor interpuser recurso, poderá o Magistrado retratar-se em 5 dias.
- Sentença de extinção sem resolução do mérito – **art. 485, § 7º, do CPC/2015**: sempre que o Juiz extinguir o processo sem resolução do mérito, por qualquer motivo, caberá a retratação em 5 dias se a parte interpuser recurso.

13.5. Julgamento antecipado parcial

Um novo instituto, inserido no **art. 356 do CPC/2015** e aplicável ao processo do trabalho por determinação da IN n. 39/2016 do TST, o julgamento antecipado parcial permite que sejam proferidas duas ou mais sentenças em um único processo, em momentos distintos, já que o mérito pode ser julgado progressivamente, de maneira parcial. As hipóteses muito bem definidas pelo legislador ocorrem quando um ou mais pedidos foram incontroversos ou estiverem em condições de imediato julgamento, por não haver necessidade de produção de qualquer outro meio de prova ou por ter sido o réu considerado revel, com a consequente presunção de veracidade dos fatos afirmados na petição inicial.

Assim, se ajuizada ação requerendo a condenação do reclamado ao pagamento de danos materiais e morais, poderá o Juiz, estando presente alguma hipótese do **art. 356 do CPC/2015**, julgar de imediato o dano material por sentença e prosseguir o processo em relação ao dano moral, que será julgado em nova sentença.

13.6. Coisa julgada

Ao proferir uma sentença – terminativa ou extintiva – poderá a parte sucumbente (prejudicada) recorrer daquela, impugnando os fundamentos do Juiz e requerendo a sua modificação.

Alguns são os recursos que podem ser interpostos em sequência, fazendo com que uma ação que tramita na Vara do Trabalho chegue ao Supremo Tribunal Federal, órgão de cúpula do Poder Judiciário, passando pelo Tribunal Regional do Trabalho (TRT) e Tribunal Superior do Trabalho (TST). Imaginemos que a parte prejudicada se valha de absolutamente todos os recursos previstos em lei. Chegará um determinado momento em que não caberá mais nenhum recurso, por total ausência de mecanismo para impugnação. Nesse momento, teremos o trânsito em julgado que é a passagem da decisão de um estado de mutabilidade para imutabilidade, ou seja, com o trânsito em julgado a decisão que poderia ser modificada passa a ser imutável, formando-se a coisa julgada, que pode ser formal ou material, dependendo se o mérito foi analisado ou não.

Imaginemos que João tenha ajuizado uma ação em face da empresa Alfa, requerendo a condenação ao pagamento de danos morais por suposta perseguição que ele estava sofrendo, o que teria caracterizado o assédio moral. Se a sentença foi de improcedência e não for modificada em grau de recurso, transitará em julgado em determinado momento e aquela decisão se tornará imutável e indiscutível, já que será formada a coisa julgada material, que nos termos do **art. 502 do CPC/2015** é "a autoridade que torna imutável e indiscutível a decisão de mérito não mais sujeita a recurso". Significa dizer que o dano moral não foi reconhecido naquele processo e nunca mais poderá ser discutido em qualquer outro processo. A coisa julgada material, que produz os seus efeitos para fora do processo, é por isso denominada extraprocessual.

Agora, o que ocorreria se o processo tivesse sido extinto sem resolução do mérito? Da mesma forma caberia recurso da sentença e em determinado momento, quando não coubesse mais recurso, haveria o trânsito em julgado. Contudo, por não ter sido analisado o mérito, a parte poderia discutir a questão em outro processo, isto é, poderia ajuizar novamente aquela ação, pois na hipótese houve a formação apenas de coisa julgada formal, que impede a prática de atos no processo em que foi formada, não impedindo a rediscussão em outra relação processual.

Por fim, a coisa julgada material, que torna imutável e indiscutível a decisão de mérito proferida, pode ser excepcionalmente desconstituída, rescindida, caso proferida em processo que contenha vício grave descrito em lei e analisado através de uma ação especial de nome *ação rescisória*, prevista nos **arts. 966 e s. do CPC/2015** e que será objeto de estudo em item específico, por ser um dos "procedimentos especiais trabalhistas" que podem ser objeto de cobrança no Exame da OAB.

14. PROCEDIMENTO SUMÁRIO E SUMARÍSSIMO

14.1. Sumário

Não muito comum no dia a dia, mas passível de ser cobrado no Exame da OAB, o rito sumário encontra-se previsto na Lei n. 5.584/70, em seu art. 2º, para os dissídios de **até 2 salários mínimos** na data de ajuizamento. Para essas ações, algumas restrições serão sentidas, principalmente no âmbito recursal, pois não caberá recurso das sentenças, a não ser que haja violação de norma da Constituição Federal, hipótese em que caberá o recurso extraordinário para o STF, conforme **Súmula 640 do STF**, a seguir transcrita:

> **Súmula 640 do STF**
> É cabível recurso extraordinário contra decisão proferida por juiz de primeiro grau nas causas de alçada, ou por turma recursal de juizado especial cível e criminal.

Tal rito não se aplica ao procedimento do mandado de segurança e ação rescisória, conforme **Súmula 365 do TST**, na medida em que são ações especiais, seguindo procedimento a ser estudado e que é regulado por normas do Código de Processo Civil e leis especiais (KLIPPEL, 2016).

14.2. Sumaríssimo

Um dos pontos mais cobrados nos Exames de Ordem, o rito sumaríssimo é visualizado no cotidiano da Justiça do Trabalho, sendo bastante explorado nas provas em virtude de sua utilidade prática. Os pontos que devem ser lembrados sobre o procedimento sumaríssimo são:

- Competência: as ações de até 40 salários mínimos seguirão o rito sumaríssimo, conforme previsto no art. 852-A da CLT, salvo os entes de direito público, como União, Estados, Municípios, Autarquias e fundações de direito público, que estão excluídos do procedimento.
- Petição inicial: a petição inicial deverá trazer o valor da causa e o endereço completo e correto do reclamado, exigências inseridas no art. 852-B da CLT, sob pena de arquivamento do processo, ou seja, a sua extinção sem resolução do mérito.
- Produção de provas: o art. 852-D da CLT prevê que o Juiz determinará a prova necessária ao julgamento do litígio.
- Conciliação: o Juiz buscará a conciliação entre as partes em todas as fases da audiência, homologando-a e extinguindo o feito com resolução do mérito, conforme art. 852-E da CLT.
- Audiência: o art. 852-B, III da CLT prevê que a audiência será realizada no prazo máximo de 15 dias, em sessão única, devendo nela ser produzidas todas as provas. Sobre os documentos apresentados por uma parte deverá a outra manifestar-se de imediato, sob pena de preclusão, sendo possível ainda a produção da prova pericial quando necessário, de acordo com o art. 852-H, § 4º, da CLT.

- Prova testemunhal: dois pontos são fundamentais para o Exame da OAB quando o assunto é produção de prova testemunhal. Vejamos: 1. Número máximo de testemunhas: cada parte possui até 2 testemunhas; 2. Intimação das testemunhas: o Juiz somente intimará a testemunha faltante à audiência se a parte provar que a convidou, conforme art. 852-H, §§ 2º e 3º, da CLT.
- Sentença: a sentença proferida no rito sumaríssimo tende a ser mais simples sob o aspecto formal, pois o art. 852-I da CLT dispensa o relatório, podendo conter apenas fundamentação e dispositivo.
- Recursos: algumas restrições estão previstas em lei, em relação aos recursos ordinário e revista. O art. 895, § 1º, da CLT afirma que o recurso ordinário não terá revisor e o MPT proferirá parecer oral. Já no tocante ao recurso de revista, o art. 896, § 9º, da CLT prevê a possibilidade de alegação apenas de violação de norma da Constituição Federal, Súmula do TST e Súmula Vinculante do STF. Por fim, a Súmula 442 do TST afirma não caber a alegação de violação de Orientação Jurisprudencial do TST, na medida em que o legislador mencionar tão somente "súmula do TST" (KLIPPEL, 2016).

> Nos últimos Exames da OAB a FGV vem cobrando questões sobre o procedimento sumaríssimo, em especial em relação ao procedimento. Assim, não podemos esquecer das limitações relacionadas à prova testemunhal (art. 852-H, §§ 2º e 3º, da CLT), bem como das restrições recursais em relação ao recurso ordinário (art. 895, § 1º, da CLT) e recurso de revista (art. 896, § 9º, da CLT).

15. RECURSOS TRABALHISTAS

Estamos iniciando o estudo do tópico mais cobrado até hoje nos Exames da OAB, sendo o estudo dividido em ***teoria geral*** e ***recursos em espécie***, devendo o examinando conhecer os pressupostos de admissibilidade e efeitos, em especial, bem como os recursos em espécie.

15.1. Peculiaridades dos recursos trabalhistas

Se compararmos os recursos trabalhistas e os recursos cíveis, vamos perceber algumas diferenças entre os dois sistemas, que aqui chamamos de peculiaridades dos recursos trabalhistas.

Dentre as diferenças existentes e que são bastante destacadas na doutrina, podendo ser objeto de questionamento, temos:

- Irrecorribilidade imediata das decisões interlocutórias: a regra está prevista no art. 893, § 1º, da CLT, restringindo a utilização de recursos quando a decisão objeto de questionamento é interlocutória, ou seja, proferida no curso do processo. Na hipótese, prevê o dispositivo celetista que a parte prejudicada com a decisão interlocutória deverá aguardar ser proferida a decisão final, para dela recorrer. A reforma trabalhista inseriu mais uma hipótese de decisão interlocutória irrecorrível, nos termos do art. 855-A da CLT, que trata do procedimento para desconsideração da personalidade jurídica, quando proferida no curso do processo de conhecimento. Contudo, existem algumas importantes exceções, previstas no art. 799, § 2º, da CLT e na Súmula 214 do TST, a saber:
  - Decisão interlocutória que reconhece a incompetência absoluta da Justiça do Trabalho: a hipótese está prevista no **art. 799, § 2º, da CLT**, e prevê o cabimento do Recurso Ordinário em face de tal decisão, já que a mesma é terminativa em relação à Justiça do Trabalho, e determina a remessa do processo para outra justiça.
  - Decisão do TRT contrária à súmula ou orientação jurisprudencial do TST: na hipótese, prevista na alínea "a" da **Súmula 214 do TST**, caberá o recurso de revista para o TST para que o mesmo modifique a decisão na medida em que se mostra presumidamente errada, pois contrária aos entendimentos do tribunal superior.
  - Decisão passível de recursos para o próprio tribunal: a hipótese prevista na alínea "b" da Súmula 214 do TST afirma a possibilidade de interposição de recurso interno, ou seja, para o próprio tribunal, já que o princípio visa evitar que sejam interpostos recursos para órgãos de hierarquia superior, o que não ocorre no caso em análise.
  - Decisão que reconhece a incompetência e determina a remessa dos autos para Vara do Trabalho vinculada a outro TRT: a situação, prevista na alínea "c" da Súmula 214 do TST, é a mais comum no dia a dia e nas provas, cabendo recurso quando o réu alega a incompetência territorial e tem a sua alegação reconhecida, com determinação de remessa dos autos para Vara do Trabalho vinculada a outro TRT. O recurso cabível é o ordinário, previsto no art. 895 da CLT.
- Inexigibilidade de fundamentação: a segunda particularidade dos recursos trabalhistas está prevista no art. 899 da CLT e na Súmula 422 do

TST. A CLT prevê que os recursos trabalhistas serão interpostos por **simples petição**, sendo que a expressão sempre foi entendida como sinônimo de **ausência de fundamentação.** Não se exige, portanto, à luz da CLT, respeito à dialeticidade. Contudo, o princípio foi relativizado pela Súmula 422 do TST, que passou a exigir a fundamentação nos recursos interpostos perante o TST, não havendo necessidade de fundamentação para o recurso ordinário de competência do TRT. Contudo, não se confunde recursos sem fundamentação com recurso com "qualquer fundamentação". A própria súmula deixa claro que eventual motivação externada pela parte não pode ser dissociada dos fundamentos da sentença.

> **Art. 899.** Os recursos serão interpostos por simples petição e terão efeito meramente devolutivo, salvo as exceções previstas neste Título, permitida a execução provisória até a penhora.

- Efeito meramente devolutivo: também prevista no art. 899 da CLT, a regra prevê que os recursos trabalhistas possuem apenas efeito devolutivo, o que significa dizer que não possuem efeito suspensivo, como geralmente ocorre no processo civil. A interposição do recurso não suspende os efeitos da sentença. Assim, se uma empresa é condenada ao pagamento de R$ 100.000,00 e interpõe o recurso ordinário (art. 895 da CLT), a sentença já poderá ser executada provisoriamente, pois, apesar de ter sido interposto recurso, ele não suspendeu os efeitos da decisão. A execução que pode ser iniciada é a provisória, que depende de requerimento do credor, não sendo automática. Afirmou-se que o recurso não possui efeito suspensivo automático, mas o mesmo pode ser concedido caso haja pedido do recorrente, que pode ser realizado no próprio recurso, ao tribunal, conforme nova redação da Súmula 414, I, do TST.

15.2. Juízo de admissibilidade e pressupostos recursais

Quando a parte sucumbente interpõe um recurso, duas análises são feitas pela Poder Judiciário, a saber: 1. São analisados os pressupostos (requisitos) para a utilização do recurso, no denominado ***juízo de admissibilidade recursal;*** 2. caso presente todos os pressupostos, passará o Poder Judiciário a analisar se o pedido de modificação da decisão deve ser aceito ou não, no denominado *juízo de mérito,* que será estudado posteriormente.

Mas quem realiza o juízo de admissibilidade? A análise acerca dos pressupostos recursais é realizada pelos **juízos *a quo* e *ad quem***, que respectivamente são o juízo que profere a decisão e recebe o recurso, e o juízo hierarquicamente superior, que julgará o mérito do recurso. Assim, para exemplificar, digamos que a 3ª Vara do Trabalho de Vitória/ES tenha proferida sentença, devidamente impugnada por recurso ordinário. O referido recurso será interposto perante a 3ª Vara do Trabalho, que fará o primeiro juízo de admissibilidade na qualidade de juízo *a quo*. Se presentes todos os pressupostos, ou seja, sendo positivo o primeiro juízo, os autos serão remetidos para o juízo *ad quem*, que realizará novamente a análise dos pressupostos recursais. Continuando a entender pela presença de todos os pressupostos, julgará o juízo *ad quem* o mérito do recurso, decidindo pela manutenção ou modificação da sentença. Importante destacar a Súmula 435 do TST que dispõe acerca da possibilidade de o Relator proferir decisão monocrática nos tribunais, inclusive no juízo de admissibilidade.

Mas quais são os pressupostos recursais? Vejamos:

- Cabimento: consiste na análise sobre a recorribilidade do ato e adequação do recurso interposto, ou seja, se a decisão objeto do recurso é recorrível e se a parte interpôs o recurso adequado. Acaso proferida uma sentença, deverá a parte interpor o recurso ordinário (art. 895 da CLT), pois a sentença é um ato recorrível e o recurso ordinário está previsto para a hipótese.
- Legitimidade: dispõe o **art. 996 do CPC/2015** que o recurso pode ser interposto pela parte vencida, pelo terceiro prejudicado e pelo Ministério Público, tendo atuado como parte ou fiscal da lei.
- Interesse recursal: está atrelado à sucumbência, ou seja, a uma situação desfavorável criada pela decisão a determinada parte. Se sou condenado ao pagamento de R$ 100.000,00, afirmo ter sido sucumbente, com interesse em recorrer. Se busco a condenação da empresa ao pagamento de R$ 100.000,00, mas a sentença condena ao pagamento de R$ 90.000,00, também sou sucumbente, pois a decisão foi desfavorável aos meus interesses por não ter reconhecido na integralidade o meu pedido.
- Tempestividade: no processo do trabalho o prazo recursal é marcado pela regra da uniformidade, prevista na Lei n. 5.584/70, sendo de 8 dias o prazo para interpor e contrarrazoar, salvo nos embargos de declaração, que são opostos em 5 dias, conforme art. 897-A da CLT. Situações excepcionais podem ocorrer em relação à contagem do prazo recursal, que pode sofrer suspensão ou interrupção. Na primeira hipótese o

prazo recursal volta a ser contado do ponto em que parou, enquanto que na segunda o prazo recomeça a ser contado do início (é zerado).

- Regularidade formal: está atrelada ao preenchimento dos requisitos de forma do recursal, sendo destacada a **OJ n. 120 da SDI-1 do TST**, que trata da falta de assinatura como impeditivo para a admissibilidade do apelo. Caso as duas petições do recurso (interposição e razões) não estejam assinadas, o recurso será inadmitido. Caso uma delas apenas esteja assinada, não haverá qualquer vício. Conforme alteração realizada em setembro de 2016 na mencionada Orientação Jurisprudencial, deve o magistrado conceder prazo de 5 dias para a regulação do vício, antes de inadmitir o recurso.
- Preparo: para os Exames da OAB é o pressuposto de admissibilidade mais importante, com o maior número de súmulas do TST que devem ser conhecidas. Quando se fala em preparo, nos vem à mente a necessidade de pagamento de quantia, que pode consistir no pagamento de custas processuais e depósito recursal, a depender do recorrente. Caso o empregado esteja recorrente, realizará apenas o pagamento das custas processuais que foram fixadas na sentença. Sendo o empregador o recorrente, realizará o pagamento das custas e do depósito recursal, cujo valor é fixado pelo TST, havendo um limite por recurso que é fixado por aquele tribunal. A depender do recurso, o depósito pode ser de quase R$ 9.000,00 (recurso ordinário) ou R$ 18.000,00 (recurso de revista). A ausência de preparo gera a inadmissão por deserção, que é o nome técnico que certamente aparecerá no Exame da OAB. A reforma trabalhista trouxe importantes alterações no art. 899 da CLT, que trata do depósito recursal, reduzindo-o para a metade em algumas situações e isentando em outras, conforme será verificado a seguir:
  - Depósito recursal pela metade: § 9º – entidades sem fins lucrativos, empregadores domésticos, microempreendedores individuais, microempresas e empresas de pequeno porte.
  - Isenção do depósito recursal: § 10 – beneficiários da justiça gratuita, as entidades filantrópicas e as empresas em recuperação judicial.

  Além disso, o depósito recursal não mais será realizado na conta vinculada ao FGTS, devendo ser realizado em conta vinculada ao juízo, com a correção pelos índices da poupança, conforme § 4º do art. 899 da CLT, podendo ainda ser substituído por fiança bancária ou seguro garantia judicial, conforme § 11 do mesmo dispositivo legal.

  Sobre o depósito recursal, algumas súmulas e OJs devem ser destacadas:

> **Súmula 161 do TST**
> Prevê que o depósito recursal somente será necessário quando o recurso tiver por objeto decisão que tenha condenado ao pagamento de quantia, ou seja, de condenação pecuniária.
>
> **Súmula 128 do TST**
> Trata dos limites do depósito recursal, que são dois: o valor da condenação e o valor máximo fixado pelo TST para o recurso. Não haverá necessidade da parte depositar quantia superior ao valor da condenação, assim como ninguém será levado a depositar quantia superior ao teto fixado pelo TST.
>
> **Súmula 245 do TST**
> Geralmente os recursos são interpostos no último dia, oportunidade em que também é comprovada a realização do depósito recursal. Mas, se houver a interposição antecipada do recurso, também deverá ser antecipada a comprovação do depósito? Não. A súmula afirma que a parte continua tendo até o último dia para comprovar a realização do preparo, não havendo necessidade de antecipação do mesmo.
>
> **Súmula 426 do TST**
> O depósito recursal deve ser realizado por meio da Guia GFIP, que é a guia de FGTS e informações à previdência. Somente não será utilizada a referida guia se a relação jurídica em discussão não for submetida ao regime do FGTS, hipótese em que o depósito será feito por guia bancária comum.
>
> **OJ n. 140 da SDI-1 do TST**
> A nova redação da OJ, de abril de 2017, prevê a necessidade de intimação do recorrente para complementação das custas processuais e depósito recursal, caso tenha realizado o pagamento a menor. Assim, deverá o recorrente ser intimado para complementar aqueles no prazo de cinco dias, sob pena de deserção. Cuidado apenas com um detalhe: se não houver preparo, o recurso será imediatamente considerado deserto, já que a concessão de prazo é apenas para complementação, ou seja, quando é feito a menor.

- **Regularidade de representação:** prevista na Súmula 383 do TST, alterada em 2016, diz que o recurso deve ser interposto por Advogado com procuração nos autos, caso a parte não se tenha valido do *jus postulandi*. Assim, se a parte optou por contratar Advogado, a procuração deverá estar nos autos, salvo na hipótese de mandato tácito, hipótese em que o Advogado não terá uma procuração "formal", mas terá a sua representação comprovada pela ata de audiência, na qual constará o nome e número da OAB do Advogado. Excepcionalmente admite-se a interposição de recurso sem procuração, para evitar prescrição, decadência ou preclusão (**art. 104 do CPC/2015**), devendo o instrumento ser juntado em 5 dias, prorrogável por mais 5 dias. Não sendo cumprida a norma, o recurso será inadmitido ou as contrarrazões serão desentranhadas (retiradas) do processo. Por ser considerada uma alteração importante, transcreve-se a súmula em estudo:

> I – É inadmissível recurso firmado por advogado sem procuração juntada aos autos até o momento da sua interposição, salvo mandato tácito. Em caráter excepcional (art. 104 do CPC de 2015), admite-se que o advogado, independentemente de intimação, exiba a procuração no prazo de 5 (cinco) dias após a interposição do recurso, prorrogável por igual período mediante despacho do juiz. Caso não a exiba, considera-se ineficaz o ato praticado e não se conhece do recurso.
>
> II – Verificada a irregularidade de representação da parte em fase recursal, em procuração ou substabelecimento já constante dos autos, o relator ou o órgão competente para julgamento do recurso designará prazo de 5 (cinco) dias para que seja sanado o vício. Descumprida a determinação, o relator não conhecerá do recurso, se a providência couber ao recorrente, ou determinará o desentranhamento das contrarrazões, se a providência couber ao recorrido (art. 76, § 2º, do CPC de 2015).

> Em relação à regularidade de representação, o mandato tácito continua sendo aplicado ao processo do trabalho, tratado atualmente na Súmula 383 do TST. O Advogado portador daquela espécie de mandato pode atuar regularmente, não havendo necessidade de juntada de procuração "em papel".

15.3. Juízo de mérito

Como já dito anteriormente, o juízo de mérito será alcançado após o juízo positivo de admissibilidade, em que é constatada a presença de todos os pressupostos de admissibilidade pelos juízos *a quo* e *ad quem* (GARCIA, 2012).

No juízo de mérito o órgão *ad quem* irá analisar um dos pedidos que podem ser formulados pelo recorrente, a saber: reforma e anulação. O primeiro está relacionado ao ***error in judicando***, que é o mais comum no dia a dia, que consiste no erro de julgamento, hipótese em que o Magistrado se equivoca ao julgar, ao analisar as provas etc. No segundo pedido – *anulação* – o Tribunal analisará se houve ou não o ***error in procedendo***, que é o erro de procedimento, a violação a normas que tratam da realização dos atos processuais.

Reconhecendo o erro de julgamento, o Tribunal dará provimento ao recurso e proferirá uma nova decisão de mérito, que substituirá a anterior, nos termos do **art. 1.008 do CPC/2015**. Caso reconheça o erro de procedimento, o Tribunal dará provimento para anular a decisão, determinando a remessa dos autos ao juízo *a quo* para que os atos processuais sejam novamente realizados.

15.4. Efeitos

Os denominados "efeitos" dos recursos são as consequências de sua utilização. O que ocorre com o processo ao ser interposto um recurso? Produzirá a decisão os seus efeitos normalmente? Poderá o Magistrado retratar-se da decisão? O julgamento do recurso substituirá a decisão recorrida? Todas as perguntas são respondidas quando analisados os efeitos ou consequências da interposição dos recursos. Passamos à análise dos principais efeitos para o Exame da OAB:

- Devolutivo: o recurso devolve a apreciação da matéria ao Poder Judiciário, na medida em que o recorrente entende que a decisão não está correta e deve ser modificada. A devolução pode ser parcial ou total, a depender da vontade da parte, pois o efeito devolutivo pode incidir sobre um ou mais capítulos da decisão.
- Suspensivo: a interposição de um recurso trabalhista não suspende os efeitos da decisão, que já pode ser objeto de execução mesmo antes do trânsito em julgado, tratando-se da execução provisória. A regra a ser lembrada é: os recursos trabalhistas não possuem efeito suspensivo, já que o art. 899 da CLT prevê o efeito "apenas devolutivo". Excepcionalmente pode-se conseguir o efeito suspensivo através de pedido formulado pelo recorrente. Assim, a parte interpõe o recurso e requer a atribuição do efeito suspensivo àquele.
- Translativo: o efeito está atrelado à possibilidade de reconhecimento, pelo Tribunal, das normas de ordem pública, sem necessidade de alegação ou requerimento das partes. Assim, ao ser interposto um recurso, abre-se ao Tribunal a possibilidade de ser reconhecida uma norma de ordem pública, como a existência de litispendência, coisa julgada, perempção, ausência de condições da ação, dentre outros vícios que podem ser reconhecidos de ofício, em qualquer momento e grau de jurisdição.

- Regressivo: o efeito regressivo está relacionado à possibilidade do Magistrado prolator da decisão impugnada de retratar-se, de exercer o denominado juízo de retratação ao receber o recurso. O efeito é típico dos recursos de agravo (instrumento, petição, interno), também sendo vislumbrado em algumas situações no recurso ordinário, como nas sentenças que extinguem o processo sem resolução do mérito, sentença de indeferimento da petição inicial e sentença de improcedência liminar.
- Substitutivo: previsto no **art. 1.008 do CPC/2015**, decorre do julgamento de mérito do recurso, que gera a substituição da decisão recorrida pela decisão proferida no recurso. Assim, o acórdão que julga o recurso ordinário substituiu a sentença, o acórdão proferido no recurso de revista substituiu o acórdão do TRT etc. Atenção apenas para a necessidade de que o mérito do recurso tenha sido julgado para que haja a substituição estudada (SCHIAVI, 2015).

15.5. Recursos em espécie

15.5.1. Embargos de declaração

O recurso de embargos de declaração está expressamente previsto no art. 897-A da CLT, sendo utilizado quando a decisão possui algum dos vícios a seguir destacados: omissão, obscuridade, contradição e manifesto equívoco na análise dos pressupostos extrínsecos de admissibilidade. Se o Juiz foi omisso na análise de algum pedido ou fundamento formulado pela parte, deverá a parte opor o recurso de embargos de declaração para que a omissão seja suprida (MOURA, 2015).

O recurso foge à regra geral sobre a tempestividade dos recursos trabalhistas, pois não é interposto em 8 dias, **mas em 5 dias, conforme previsão expressa do art. 897-A da CLT**.

> **Art. 897-A.** Caberão embargos de declaração da sentença ou acórdão, no prazo de cinco dias, devendo seu julgamento ocorrer na primeira audiência ou sessão subsequente a sua apresentação, registrado na certidão, admitido efeito modificativo da decisão nos casos de omissão e contradição no julgado e manifesto equívoco no exame dos pressupostos extrínsecos do recurso.

Como regra geral, o procedimento dos ED é bem simples: oposição em 5 dias e julgamento na primeira sessão ou audiência. Não há, regra geral, intimação para apresentação de contrarrazões. Contudo, o § 2º do mesmo artigo traz a hipótese em que a intimação para contrarrazões é obrigatória: quando houver **efeito modificativo, também chamado de infringente.** O efeito modificativo é uma situação excepcional porque no julgamento dos embargos de declaração temos, em regra, apenas a complementação ou esclarecimento da decisão e não a sua modificação, mas pode ser que a correção de uma omissão acarrete a modificação total da situação até então existente no processo, saindo-se de uma procedência para uma improcedência, situação que até pode ocorrer desde que a parte contrária (recorrido) seja intimada para apresentar as suas contrarrazões em 5 dias. Após a efetivação do contraditório, o recurso é julgado, podendo-se operar a modificação mencionada (LEITE, 2015).

Outro ponto fundamental para o Exame da OAB é a consequência da oposição dos ED para os prazos recursais. Sabe-se que o fato de a parte ter oposto o recurso faz com que o prazo do próximo recurso seja interrompido, ou seja, seja contado integralmente após o julgamento dos ED. Ocorre que existem três situações, previstas no § 3º do art. 897-A da CLT, em que não há tal interrupção, que estão atreladas à inadmissibilidade do apelo por intempestividade, ausência de representação e falta de assinatura. Se os embargos forem inadmitidos por um dos motivos acima referidos, o prazo não será interrompido.

Por fim, é importante lembrar que o CPC/2015 continuou a prever a aplicação de multa pela utilização protelatória do recurso, já que a interrupção dos prazos é utilizada como uma forma de protelar o andamento do processo, sendo coibido pela aplicação do art. 1.026 daquele Código, que em seus §§ 1º e 3º afirma ser a multa de até 2% do valor da causa na hipótese do uso protelatório, sendo elevada a até 10% do valor da causa na reiteração da sua utilização, devendo o valor ser depositado para a interposição de qualquer recurso, não sendo possível opor os ED pela terceira vez, já que nas duas primeiras oportunidades o recurso foi utilizado incorretamente, caracterizando inclusive a litigância de má-fé.

15.5.2. Recurso ordinário

O recurso ordinário, previsto no art. 895 da CLT, apesar de ser o recurso mais utilizado no dia a dia da Justiça do Trabalho, não é o mais importante para os Exames da OAB, sendo dificilmente cobrado nas provas. Talvez o ponto mais importante e que deve ser lembrado pelos examinandos, seja o cabimento, já que há uma tendência de se lembrar apenas da principal hipótese de cabimento, esquecendo-se das demais. Vejamos em que situações o RO pode ser utilizado:

- Sentença – art. 895, I, da CLT: trata-se da hipótese mais comum de cabimento do recurso ordinário e por muitos o único lembrado, aqui residindo o risco. Não se pode dizer que o RO só cabe de sentença, assim como está errado afirmar que o RO é sempre julgado pelo TRT, já que existem outras hipóteses de cabimento que fogem às situações geralmente utilizadas no dia a dia. A sentença é uma das decisões passíveis de impugnação por recurso ordinário, independentemente de seu conteúdo, ou seja, se é uma sentença definitiva (que extinguiu o processo com resolução do mérito) ou terminativa (que extinguiu o processo sem resolução do mérito).

- Acórdão – art. 895, II, da CLT: a hipótese é bem específica, pois o RO cabe de acórdãos proferidos em ações de competência originária dos TRTs, ou seja, processos que têm o início já naquele tribunal, como, por exemplo, os mandados de segurança, dissídios coletivos, ações rescisórias e ação cautelares, que já são ajuizadas perante o TRT por conterem regras específicas de competência. Assim, as ações referidas serão decididas por acórdão, cabendo o RO que será dirigido e julgado pelo TST.
- Decisões interlocutórias – art. 799, § 2º, da CLT e Súmula 214, *c*, do TST: as situações são aquelas excepcionais em que cabe recurso de imediato contra decisões interlocutórias, sendo o recurso cabível o ordinário. Assim, se o Juiz do Trabalho reconhecer a incompetência absoluta da Justiça do Trabalho e determinar a remessa dos autos para outra justiça, caberá RO da decisão interlocutória, visando a que o processo permaneça na Justiça do trabalho. Caso o Juiz do Trabalho, após provocado pela parte, reconheça a incompetência territorial e determine a remessa dos autos para outra Vara do Trabalho vinculada a outro TRT, caberá o RO em face da decisão para que o processo permaneça na mesma Vara do Trabalho.

O recurso será interposto no prazo de 8 dias, seguindo-se a regra da uniformidade dos prazos recursais, sendo interposto perante o juízo *a quo*, ou seja, aquele que proferiu a decisão e que, ao receber o recurso, realizará o primeiro juízo de admissibilidade, analisando a presença ou ausência dos pressupostos recursais (tempestividade, legitimidade, preparo etc.). Presentes os referidos pressupostos, isto é, sendo positivo o juízo, o Magistrado intima a parte contrária para apresentação de contrarrazões no prazo de 8 dias, que não são obrigatórias, mas surgem como uma ótima oportunidade para demonstrar que a decisão impugnada está correta e deve ser mantida. Após o prazo das contrarrazões, com ou sem a sua apresentação, os autos serão remetidos para o juízo *ad quem*, que realizará o segundo juízo de admissibilidade e, se também positivo, julgará o recurso pelo colegiado ou monocraticamente (SARAIVA, MANFREDINI, 2016). Qual é a diferença entre os julgamentos?

- Decisão colegiada: é a regra geral dos julgamentos dos tribunais, havendo a reunião de Magistrados para, em conjunto, analisarem a situação, proferindo um acórdão, que nos termos do **art. 204 do CPC/2015** é o pronunciamento colegiado dos Tribunais.
- Decisão monocrática: excepcionalmente admite-se que o julgamento seja feito por um único Magistrado nos tribunais, que é denominado Relator, que assume a função de decidir o mérito, além da tradicional função de realizar o juízo de admissibilidade. O **art. 932 do CPC/2015** atribuiu ao Relator tal função, sendo admitida tal espécie de julgamento na **Súmula 435 do TST**.

15.5.3. Recurso de revista

O recurso de revista é o mais complexo do processo do trabalho, seja em relação aos requisitos de admissibilidade, seja no tocante ao procedimento. Por isso devemos ter atenção especial ao mesmo.

Previsto no art. 896 da CLT, possui o seu cabimento contra **acórdãos do TRT que julgam recursos ordinários interpostos em dissídios individuais**, ou, em outras palavras, o recurso surge como a forma de se chegar ao TST em uma ação trabalhista ajuizada perante a Vara do Trabalho. Digamos que João tenha ajuizado uma reclamação trabalhista perante uma das Varas do Trabalho de São Paulo, tendo o juízo proferido sentença de improcedência. Desta decisão João poderá interpor recurso ordinário (art. 895 da CLT), que será julgado pelo TRT/SP. Caso o recurso seja julgado pelo colegiado (turma do TRT), será proferido um acórdão que poderá ser objeto de recurso de revista, desde que o fundamento do recurso seja um dos previstos nas alíneas do próprio art. 896 da CLT, a saber:

a) divergência jurisprudencial entre TRTs em relação à lei federal, violação de súmula ou jurisprudência uniforme do TST, violação de súmula vinculante do STF;

b) divergência jurisprudencial entre TRTs em relação à lei estadual, convenção ou acordo coletivo, sentença normativa ou regulamento empresarial de observância obrigatória em área de mais de um tribunal;

c) violação de lei federal e afronta direta e literal da Constituição Federal.

Em relação à divergência apontada, cabe menção ao § 7º do art. 896 da CLT, que diz que a divergência entre tribunais que enseja a admissibilidade do recurso tem que ser atual, não se podendo falar mais em divergência quando a matéria já tiver sido objeto de súmula do TST ou STF ou jurisprudência dominante, na medida em que aquela já se mostraria pacificada (MOURA, 2015).

Duas situações excepcionais devem ser anotadas, pois são as mais cobradas nas provas, já tendo sido objeto de questionamento em Exames da OAB:

- § 2º: processo de execução: o recurso de revista interposto no processo de execução somente pode versar sobre **afronta direta e literal da Constituição Federal**. Este é o único fundamento que pode ser objeto de questionamento na hipótese. A Súmula 266 do TST também deixa clara a necessidade de adequação ao que foi dito.

> § 2º Das decisões proferidas pelos Tribunais Regionais do Trabalho ou por suas Turmas, em execução de sentença, inclusive em processo incidente de embargos de terceiro, não caberá Recurso de Revista, salvo na hipótese de ofensa direta e literal de norma da Constituição Federal.

- § 9º: procedimento sumaríssimo: se a ação for de rito sumaríssimo (art. 852-A da CLT – ações de até 40 salários mínimos), os únicos fundamentos que poderão ser objeto do recurso de revista são: violação de lei federal, afronta à súmula do TST e súmula vinculante do STF. O TST possui entendimento no sentido de que não cabe violação à OJ do TST, mas tão somente às suas súmulas, conforme entendimento expresso na Súmula 442 daquele tribunal.

> § 9º Nas causas sujeitas ao procedimento sumaríssimo, somente será admitido recurso de revista por contrariedade a súmula de jurisprudência uniforme do Tribunal Superior do Trabalho ou a súmula vinculante do Supremo Tribunal Federal e por violação direta da Constituição Federal.

Sobre o procedimento, dispõe o § 1º do art. 896 da CLT que o recurso terá efeito tão somente devolutivo, sendo interposto perante o Presidente do TRT, a quem cabe realizar o primeiro juízo de admissibilidade, podendo admitir ou inadmitir por decisão fundamentada.

Sobre o juízo de admissibilidade, prevê o § 1º-A que é ônus da parte, sob pena de inadmissão do recurso, demonstrar que a matéria está prequestionada, ou seja, decidida efetivamente na decisão recorrida, além de indicar de maneira explícita e fundamentada qual é a violação à lei, súmula ou orientação jurisprudencial do TST. Por fim, deve o recorrente impugnar todos os fundamentos que foram utilizados pelo prolator da decisão, demonstrando sob todas as óticas que a decisão está equivocada e deve ser modificada pelo TST (MIESSA, 2016).

A reforma trabalhista – Lei n. 13.467/2017 – inseriu o § 14 no art. 896 da CLT, afirmando a possibilidade de o recurso de revista ser inadmitido pelo relator, por decisão monocrática, quando o apelo for intempestivo, deserto, carecer de regularidade de representação ou pela ausência de qualquer outro pressuposto recursal.

Importante norma que trata do procedimento do recurso de revista consta no § 11 do art. 896 da CLT, relacionada à desconsideração de vícios formais, quando o recurso seja tempestivo, pois o mais importante é proceder ao julgamento do mérito recursal.

Por fim, também a reforma trabalhista incluiu no art. 896-A, § 1º, da CLT, os indicadores da presença da transcendência, pressuposto específico do recurso em estudo, que demonstra ser o recurso importante para a coletividade, não apenas para o recorrente. Vejamos:

- I – econômica, o elevado valor da causa;
- II – política, o desrespeito da instância recorrida à jurisprudência sumulada do Tribunal Superior do Trabalho ou do Supremo Tribunal Federal;
- III – social, a postulação, por reclamante-recorrente, de direito social constitucionalmente assegurado;
- IV – jurídica, a existência de questão nova em torno da interpretação da legislação trabalhista.

> O recurso de revista, por ser considerado *extraordinário*, depende para o seu conhecimento da demonstração do prequestionamento, que é a demonstração de que a matéria objeto do recurso foi efetivamente decidida pelo órgão prolator da decisão, conforme Súmula 297 do TST.

15.5.4. Agravo de petição

O recurso de agravo de petição está previsto no art. 897, *a*, da CLT, sendo importante para os Exames da OAB, mas de fácil compreensão, não trazendo dificuldades nas questões que cobram tal conteúdo. A primeira informação sobre a espécie recursal está relacionada ao seu cabimento, que é único: o recurso é utilizado quando a parte quer impugnar uma decisão proferida no processo de execução. O recurso, sendo mais claro ainda, somente cabe de decisões proferidas no processo de execução, como a decisão que julga os embargos à execução, previstos no art. 884 da CLT como a forma típica de defesa do executado.

O recurso em estudo será interposto no prazo de 8 dias, sendo o recorrido intimado para apresentar contrarrazões no mesmo prazo.

A informação mais importante para os Exames da OAB consta no § 1º do art. 897 da CLT, sendo um verdadeiro pressuposto de admissibilidade, mas exclusivo da espécie recursal em estudo, que é a **necessidade de delimitação, justificada, da matéria e valores objeto de discordância,** ou seja, a informação clara dos capítulos da decisão e dos valores que estão sendo questionados por meio do recurso, cabendo a execução da parte que não é objeto do recurso, isto é, da parte considerada incontroversa, conforme Súmula 416 do TST (KLIPPEL, 2016).

Súmula 416 do TST
Devendo o agravo de petição delimitar justificadamente a matéria e os valores objeto de discordância, não fere direito líquido e certo o prosseguimento da execução quanto aos tópicos e valores não especificados no agravo.

A utilização do agravo de petição é bem restrita e, por isso, mais fácil de identificar nos Exames da OAB, uma vez que somente caberá o recurso em face de decisões proferidas no processo de execução. A principal hipótese é a decisão que julga os embargos à execução, apresentados conforme art. 884 da CLT.

15.5.5. Agravo de instrumento

Diferentemente do sistema criado pelo CPC, o agravo de instrumento não se presta à impugnação de decisões interlocutórias, sendo utilizado em uma situação extremamente particular, que nos termos do art. 897, *b*, da CLT, é a decisão de inadmissão de outro recurso. Assim, a única hipótese em que a parte poderá interpor o agravo de instrumento é para impugnar a decisão que negou a admissibilidade de outro recurso, ou seja, nos termos muito utilizados no cotidiano trabalhista, o agravo de instrumento é utilizado para destrancar outro recurso, podendo-se falar ainda que, se for negado seguimento a um recurso, caberá o agravo de instrumento!

Se houver a inadmissão do recurso por equivoco manifesto do Juiz, caberá a oposição de embargos de declaração. Não sendo um equívoco manifesto, caberá o agravo de instrumento.

O recurso será interposto perante o juízo *a quo*, diferentemente do que ocorre com o processo civil, sendo que o instrumento será formado pelos documentos elencados no § 5º do art. 897 da CLT, havendo documentos obrigatórios, tais como cópias da decisão agravada, certidão de intimação, dentre outras, e os documentos facultativos, que são todas as demais consideradas pelo agravante como úteis ao julgamento do recurso (LEITE, 2015).

Mas para que tantos documentos constantes no inciso I do § 5º do art. 897 da CLT, obrigatórios para a formação do agravo de instrumento? A resposta é simples: o ideal é que o tribunal passe a julgar o agravo e o recurso que teve o seu seguimento denegado juntos, na mesma sessão, com base nos documentos juntados, ou seja, um julgamento "2 em 1", como demonstrado no próprio § 5º. Não sendo possível julgar o recurso inadmitido de imediato, será aplicado o § 7º, que diz que o tribunal deliberará sobre o julgamento do mesmo, observando-se as normas internas dos tribunais.

O recurso, como ocorre com a maioria das espécies recursais trabalhistas, é interposto em 8 dias, cabendo a apresentação de contrarrazões também em 8 dias, havendo uma peculiaridade sobre a peça de defesa do recorrido: o § 6º diz que serão oferecidas no aludido prazo duas contrarrazões, ao agravo de instrumento e ao recurso inadmitido. São duas contrarrazões para recursos distintos em um único prazo, que é de 8 dias como já dito.

Por fim, também um dos pontos mais importantes para os Exames da OAB, a realização do depósito recursal passou por diversas modificações nos últimos anos, conforme demonstrado de forma sintética abaixo:

- Até a Lei n. 12.275/2010: não havia depósito recursal.
- Após a Lei n. 12.275/2010: é instituído o depósito recursal para o agravo de instrumento, com a inclusão do § 7º do art. 899 da CLT, que é de 50% do valor que foi depositado no recurso inadmitido.
- Após a Lei n. 13.015/2014: com a inclusão do § 8º do art. 899 da CLT, retirou-se a obrigatoriedade do depósito recursal em uma hipótese, que é o agravo de instrumento da inadmissão do recurso de revista contra decisão que viola súmula ou OJ do TST.

§ 8º Quando o agravo de instrumento tem a finalidade de destrancar recurso de revista que se insurge contra decisão que contraria a jurisprudência uniforme do Tribunal Superior do Trabalho, consubstanciada nas suas súmulas ou em orientação jurisprudencial, não haverá obrigatoriedade de se efetuar o depósito referido no § 7º deste artigo.

15.5.6. Agravo interno

Previsto no **art. 1.021 do CPC/2015**, o agravo interno é interposto em face de decisão monocrática do relator, proferida nos termos do art. 932 do mesmo código. Sendo proferida uma decisão monocrática, poderá a parte prejudicada interpor no prazo de 8 dias o referido recurso. Muito cuidado com o prazo, pois este foi estabelecido pela IN n. 39/16 do TST, que aplica o art. 6º da Lei n. 5.584/70, que trata da uniformidade dos prazos recursais trabalhistas. Assim, serão 8 dias para interposição e mesmo prazo para contrarrazões (MIESSA, 2016).

O recurso será dirigido ao próprio relator, que intimará o recorrido para apresentação de contrarrazões, podendo reconsiderar a sua decisão, ou seja, exercer o juízo de retratação, hipótese em que remeterá aos autos do recurso originalmente julgado por ele de forma monocrática, para ser julgado pelo colegiado.

Não havendo retratação, o agravo interno será remetido para julgamento pelo colegiado, sendo vedado ao relator, pelo § 3º do art. 1.021, simplesmente repetir os fundamentos da decisão monocrática para negar provimento ao recurso, devendo demonstrar, se for o caso, que o agravo interno é inadmissível ou improcedente com fundamentação específica, inédita.

Caso o colegiado entenda que o agravo interno é **manifestamente inadmissível ou improcedente**, condenará o recorrente ao pagamento de multa, que será revertida à outra parte, no valor que variará entre 1% e 5% do valor da causa, devendo a quantia ser depositada como pressuposto de admissibilidade de qualquer outro recurso. Somente a Fazenda Pública e o beneficiário da justiça gratuita depositarão a quantia ao final, conforme **§ 5º do art. 1.021 do CPC/2015** (SARAIVA, MANFREDINI, 2016).

15.5.7. Embargos no TST

Duas são as espécies de Embargos que são julgados pelo TST, previstos no art. 894 da CLT, a saber:

- Recursos de Embargos Infringentes: são julgados pela Seção de Dissídios Coletivos, sendo interpostos de decisões não unânimes em julgamento de dissídios coletivos de competência originária do TST. Assim, se for instaurado um dissídio coletivo de competência do TST, julgado por decisão não unânime pela SDC, poderá ser interposto o recurso de embargos infringentes para a própria SDC, em oito dias, visando reverter a decisão de forma a que o voto minoritário passe a vencedor.
- Recursos de Embargos de Divergência: o recurso é julgado pela SDI – Seção de Dissídios Individuais, quando a decisão de Turma do TST contrariar *acórdão de outra turma do TST, acórdão da SDI, súmula do TST, orientação jurisprudencial do TST ou súmula vinculante do STF*.

15.5.8. Recurso adesivo

Previsto no **art. 997 do CPC/2015** e na **Súmula 283 do TST**, o recurso adesivo é uma forma especial de interposição de alguns recursos e não uma espécie recursal diferente.

Os **recursos ordinário, revista, agravo de petição e embargos no TST** podem ser interpostos de duas formas: no prazo legal contado da intimação da decisão, que poderíamos chamar de "forma normal", além de uma forma diferenciada, no prazo de que a parte recorrida possui para apresentar as contrarrazões, hipótese em que o apelo é interposto de "forma adesiva". Assim, o recurso adesivo é apresentado no prazo de contrarrazões, pela parte que não quis recorrer na "forma normal", por não possuir tanto interesse na reforma da decisão ou por estar interessada no trânsito em julgado da decisão, que surgiria caso nenhuma das partes recorresse (KLIPPEL, 2016).

Um exemplo pode ajudar no entendimento da matéria: João ajuizou ação de indenização em face da empresa Alfa, requerendo a condenação ao pagamento de R$ 100.000,00 de danos morais. A sentença condenou ao pagamento de R$ 90.000,00. Intimadas as partes, João optou por não recorrer, esperando que a empresa também não recorresse até que a decisão transitasse em julgado, o que não ocorreu, já que a empresa interpôs o recurso ordinário. Pois bem. Sendo João intimado para apresentar as contrarrazões, resolveu tentar a modificação da sentença, para majorar a condenação da empresa de R$ 90.000,00 para R$ 100.000,00, como requerido na petição inicial. A forma prevista no CPC e na Súmula 283 do TST para a hipótese é a interposição de recurso ordinário, no prazo de 8 dias, que é o prazo das contrarrazões. Não há necessidade de apresentação das contrarrazões, podendo a parte interpor apenas o adesivo.

O recurso é chamado adesivo ou "subordinado" pois a sua admissibilidade fica subordinada à admissibilidade do recurso principal, somente sendo admitido se aquele também for.

Em síntese, o que geralmente é perguntando sobre o apelo adesivo consta abaixo:

- É compatível com o processo do trabalho.
- É interposto no prazo das contrarrazões.
- Somente pode ser utilizado nos recursos ordinário, recurso de revista, recurso de agravo de petição e recurso de embargos no TST.

- Não é necessário apresentar contrarrazões para recorrer adesivamente.
- O fundamento do recurso adesivo não precisa estar vinculado ao fundamento do recurso principal.

O recurso adesivo é compatível com o processo do trabalho e cabe, no prazo de 8 (oito) dias, nas hipóteses de interposição de recurso ordinário, de agravo de petição, de revista e de embargos, sendo desnecessário que a matéria nele veiculada esteja relacionada com a do recurso interposto pela parte contrária.

O recurso adesivo, previsto unicamente no CPC e aplicado subsidiariamente ao processo do trabalho, não pode ser interposto pela parte que originariamente queria recorrer e interpôs o recurso fora do prazo. Vejam que a inadmissão do recurso por intempestividade ou pela ausência de qualquer outro requisito de admissibilidade impede a interposição do recurso adesivo sobre a mesma matéria, já que a parte deve demonstrar em um primeiro momento o seu desejo de recorrer de imediato, através do recurso principal.

15.6. Assunção de competência

O novel instituto denominado **"assunção de competência"**, previsto em um único artigo do Novo CPC e que será aplicado ao processo do trabalho por determinação da IN n. 39/16 do TST, pode ser resumido da seguinte forma: em vez do recurso, remessa necessária ou outro processo de competência originária do Tribunal ser julgado por uma turma, que é um órgão fracionário, menor, com número reduzido de membros, quem assumirá o julgamento será um órgão colegiado, com número superior de julgadores, diante da importância da questão (SARAIVA, MANFREDINI, 2016).

Imagine que você tenha interposto um recurso ordinário perante o TRT/BA. Ordinariamente, ou seja, seguindo-se as regras normais sobre competência dos órgãos daquele TRT, o seu recurso seria julgado por uma das turmas. Mas o assunto é "anotações de atestados médicos na CTPS do empregado: possibilidade ou anotação desabonadora", que é importante do ponto social e jurídico. O seu recurso poderá ser "levado" ao Tribunal Pleno do TRT/BA (por exemplo, mas pode ser outros órgãos que o regimento determinar) para ser julgado, verificando-se logo o entendimento de todos os membros daquele Tribunal Regional. Melhor do que sabermos (e termos) o entendimento apenas dos membros daquela turma, já colheremos o entendimento de todos os Desembargadores do Tribunal, decidindo-se a importante questão. Em resumo, assim pode ser entendido o instituto da assunção de competência.

Um ponto importante a ser destacado no *caput* do **art. 947 da CLT** é a desnecessidade de que a matéria a ser objeto de assunção de competência seja também objeto de múltiplos processos. No final do texto legal o legislador deixou claro que é "sem repetição em múltiplos processos". Em suma: não há necessidade de que haja divergência ou possibilidade de divergência jurisprudencial nos múltiplos processos que tratam da matéria. A ideia é que a discussão já seja travada e decidida antes mesmo do surgimento dos múltiplos processos, pois atua-se no ideal de prevenção de divergência. Se a situação é importante sob o ponto de vista social ou jurídico, obviamente surgirão inúmeras demandas relacionadas ao assunto, que já terão destino certo na medida em que a matéria já foi objeto de conhecimento e decisão pelo Poder Judiciário.

O legislador previu o início do procedimento de assunção por diversas formas: de ofício pelo relator, a pedido das partes, do Ministério Público ou da Defensoria Pública (que não existe no âmbito trabalhista, já que a assistência judiciária gratuita é prestada pelos sindicatos), podendo ser objeto de assunção os recursos, a remessa necessária e os processos de competência originária dos tribunais, como o mandando de segurança, ação cautelar, ação rescisória etc.

Mas quem julgará o incidente de assunção de competência? O órgão que for determinado pelo Regimento Interno do mesmo tribunal, conforme § 1º. Poderá ser o Tribunal Pleno, nos tribunais menores ou qualquer outro órgão.

O **§ 3º do art. 947 do CPC/2015** complementa o art. 927, III, do mesmo Código, pois diz que a decisão proferida na assunção de competência vinculará todos os juízes e órgãos fracionários, na medida em que o art. 927 diz que aqueles órgãos seguirão/observarão "os acórdãos em incidente de assunção de competência ou de resolução de demandas repetitivas e em julgamento de recursos extraordinário e especial repetitivos". Nos termos do inciso III.

Se o instituto em estudo visa evitar a existência de futuras divergências jurisprudenciais, não faria sentido permitir que os órgãos do Poder Judiciário decidissem de maneira contrária. Daí as regras que tratam da vinculação aos acórdãos aqui proferidos.

15.7. Incidente de resolução de demandas repetitivas

Dos problemas encontrados pelo Poder Judiciário, talvez o mais difícil de resolver seja o grande volume de ações que são ajuizadas anualmente. Milhares (senão milhões) de ações trabalhistas são ajuizadas a cada ano, sendo que o volume de ações julgadas em definitivo não é da mesma monta, principalmente em virtude do processo de execução que por vezes fica parado à espera de um bem que possa ser penhorado (SARAIVA, MANFREDINI, 2016).

Pensando em tentar agilizar o julgamento dos processos, o Legislador criou o incidente de resolução de demandas repetitivas, também conhecido como **IRDR**, visando analisar e decidir uma questão jurídica, aplicando aquele mesmo pensamento para as demais ações idênticas, evitando um outro problema grave que é o **proferimento de decisões diferentes para casos semelhantes**, que pode surgir pelo simples fato de haver entendimentos diversos sobre a mesma situação entre os Juízes do Trabalho.

Ocorre que as decisões contraditórias ou diferentes para a mesma hipótese geram desconforto, quebra de isonomia e ainda mais recursos interpostos, na tentativa de reverter a decisão de forma que fique com o mesmo teor e conclusão de outra proferida por juízo diverso.

Assim, você pensará no IRDR como uma técnica criada para decidir uma matéria que vem sendo discutida em vários processos e em que há possibilidade de serem proferidas decisões diferentes, no intuito de julgá-las de uma vez só, sem risco de contradições, após o julgamento do IRDR, ou seja, aplicando aquela decisão aos processos, tratando os iguais de maneira igual.

Em primeiro lugar, pergunta-se qual é a vantagem do IRDR em relação ao rito de julgamento dos recursos repetitivos? O procedimento criado pelo art. 896-C da CLT, que trata do julgamento dos recursos repetitivos, aplica-se tão somente ao TST, sendo que o IRDR pode ser aplicado em qualquer tribunal, o que tende a reduzir o número de recursos dirigidos ao TST, deixando-o mais livre para julgar as questões mais importantes, para decidir as teses jurídicas mais relevantes.

Assim, o IRDR **pode ser aplicado a qualquer tribunal,** desde que presentes os requisitos previstos no **art. 976 do CPC/2015**.

Sobre os requisitos para o cabimento do incidente, é importante frisar que o Tribunal antes de julgar a matéria constante no IRDR, analisará o seu cabimento, ou seja, se estão presentes os requisitos para a sua utilização.

Conforme vem sendo demonstrado pela doutrina, dois são os requisitos para o cabimento do incidente, a saber:

- Repetição de processos com controvérsia sobre a mesma questão de direito.
- Risco de ofensa à isonomia e à segurança jurídica.

Duas regras que ainda merecem destaque constam nos §§ 1º e 2º do mesmo artigo, que tratam da desistência ou do abandono do processo a que está relacionado o IRDR bem como a participação do Ministério Público no incidente. Uma vez instaurado o procedimento, a desistência ou o abandono do processo não impedirão a análise do mérito do incidente, pois o julgamento deste é mais importante do que o julgamento do processo em que se baseou, na medida em que no incidente há o interesse pela unificação da tese, que pode vir a ser aplicada em um "sem número" de ações, ao passo que na ação individual temos apenas os interesses dos litigantes, que não podem ser considerados mais importantes do que os interesses da coletividade.

A atuação do Ministério Público poderá ocorrer de várias formas:

- Autor do incidente de resolução de demandas repetitivas.
- Fiscal da lei no incidente.
- Órgão que assume o incidente caso haja a sua desistência ou abandono pelo autor.

Uma norma extremamente importante está relacionada à possibilidade de ser iniciado novo incidente caso o primeiro não seja admitido. Imagine que o Tribunal não tenha vislumbrado a multiplicidade de processos sobre aquele determinado tema, sendo inadmitido o incidente.

Daqui a alguns meses, diante do aumento do número de ações questionando o mesmo assunto, já com decisões antagônicas em diversos juízos trabalhistas, pode-se requerer seja iniciado novamente o incidente, na medida em que o requisito, antes ausente, encontra-se presente agora.

Antes da criação do IRDR, já existiam na CLT e no CPC/73 regras sobre o julgamento de recursos repetitivos. O incidente em estudo passou a ser mais uma possibilidade de discussão e julgamento de situações que envolvem uma multiplicidade de processos. Mas vejam que o **§ 4º do art. 976 do CPC/2015** acaba dando prioridade para o julgamento proferido pelos Tribunais Superiores quando do julgamento de recursos repetitivos, afirmando que o incidente em estudo não será admitido caso os tribunais superiores já tenham afetado recursos para definição de teses. A justificativa é muito plausível: se o TST já vai analisar a questão, não há necessidade de que o mesmo tema seja analisado pelo TRT, já que a decisão proferida pelo primeiro será aplicada em todo território nacional.

Sobre a legitimidade, dispõe o **art. 977 do CPC/2015** que o incidente poderá ser iniciado pelo **Juiz ou Relator, de ofício; pelas partes, por petição**, pelo

Ministério Público e Defensoria Pública, também por petição. Vejam que a legitimidade é de todos aqueles que lidam diretamente com o processo, seja de maneira parcial ou imparcial, pois o maior objetivo e a ser alcançado é pôr fim à multiplicação de decisões contraditórias sobre o mesmo assunto, que gera insegurança jurídica e sentimento de injustiça.

A respeito do procedimento, destaque-se o que segue:

- O julgamento caberá ao órgão definido pelos Regimentos Internos, que terão que ser adaptados ao novo instituto. Esse mesmo órgão ficará prevento para o julgamento de recurso, remessa necessária ou outras ações relacionadas ao processo do que se originou o incidente de resolução de demandas repetitivas – **art. 978 do CPC/2015.**
- Haverá a mais ampla divulgação sobre a instauração do incidente, afirmando o CPC/2015 que constará em registro eletrônico do CNJ para que todos possam saber quais as teses jurídicas que estão sendo discutidas pelos tribunais – **art. 979 do CPC/2015.**
- O IRDR deverá ser julgado no prazo máximo de 1 ano, tendo preferência sobre outros feitos, ressalvados os que envolvem réu preso e pedidos de *habeas corpus*, que sempre possuem prioridade de tramitação – **art. 980 do CPC/2015.**
- A admissão do incidente determina a suspensão dos processos que tramitam no estado ou região, por ordem do Relator, de forma a que aquela situação não seja decidida antes do julgamento do mérito do incidente. Após o decurso do prazo de 1 ano a que nos referimos, os processos sairão da suspensão e retornarão ao seu trâmite normal.
- O relator também poderá realizar outros procedimentos relacionados à instrução do incidente, a saber: requisitar informações aos órgãos em que tramita o processo, intimará o Ministério Público para apresentar manifestação na qualidade de *custos legis* (fiscal da lei) e poderá admitir a intervenção do *amicus curiae*, conforme **art. 983 do CPC/2015.**
- No julgamento do mérito do IRDR, haverá a possibilidade de sustentação oral do autor e réu do processo originário e do Ministério Público, pelo prazo máximo de 30 minutos cada – **art. 984 do CPC/2015.**
- Criada a tese jurídica, nos termos do **art. 985 do CPC/2015,** será a mesma aplicada a todos os processos, individuais ou coletivos, que tratem da mesma questão de direito e que tramitem na área de jurisdição do tribunal julgador do IRDR.
- A tese também será aplicada aos casos futuros que tratem da mesma questão, nos termos também do **art. 985 do CPC/2015.**

15.8. Reclamação correicional

Mais um meio de reclamar a não aplicação dos precedentes judiciais, dos entendimentos sumulados dos tribunais, bem como demonstrar que foi proferida uma decisão em confronto com decisões proferidas pelos tribunais, foi inserido no Novo CPC, recebendo o nome de "reclamação", que já deixamos claro não se tratar de um recurso. Trata-se de um procedimento que não possui natureza recursal (LEITE, 2015).

Vejam que a reclamação, direcionada e julgada pelo tribunal que pretende garantir a competência ou a aplicação da decisão, poderá ser proposta em várias hipóteses elencadas no **art. 988 do CPC/2015**, a saber:

- Preservar a competência do tribunal.
- Garantir a autoridade das decisões do tribunal.
- Garantir a observância de súmula vinculante de decisão do STF em controle concentrado.
- Garantir a observância de acórdão proferido em incidente de resolução de demandas repetitivas ou assunção de competência.

Provavelmente a hipótese de utilização da reclamação que se tornará mais comum será aquela em que se afirma não ter sido utilizada a tese firmada pelo Tribunal em sua jurisprudência sumulada ou de entendimento constante em acórdão de julgamento de recursos repetitivos ou assunção de competência. A afirmação é previsível na medida em que temos muitas Súmulas e OJs do TST e que haverá uma tendência a edição de novas para uniformizar ainda mais as decisões dos juízos trabalhistas. Além do número substancial de súmulas e OJs, sabemos que os Magistrados trabalhistas julgam muito com base nestes entendimentos, seja para concordar ou discordar do entendimento do Tribunal Superior do Trabalho.

A afirmação que se fez acima fica ainda mais clara quando se lê o § 4º do mesmo dispositivo, que afirma ser cabível a reclamação quando houver a aplicação indevida de tese jurídica que já foi firmada pelo tribunal ou não for aplicada a tese referida, o entendimento existente. Se julgar diferente do entendimento do tribunal ou aplicar o entendimento quando não era hipótese, caberá a reclamação prevista no **art. 988 do CPC/2015.**

Como se disse acima, quando do início do estudo sobre o tema, a reclamação não é um recurso, razão pela qual não pode ser utilizada após o trânsito em julgado da decisão, já que o recurso seria o instrumento processual hábil a demonstrar a irregularidade. Se a parte podia recorrer e não o fez, não pode valer-se da reclamação posteriormente. Na mesma linha, o inciso II do § 5º do mesmo artigo deixa claro não caber a reclamação quando não esgotadas as instâncias ordinárias, pois, cabendo ainda algum recurso, deve a parte manejá-lo antes da reclamação (SCHIAVI, 2015).

Como se trata de instrumentos processuais distintos – recurso e reclamação – eventual inadmissão do recurso ou o seu julgamento não prejudicará o julgamento da reclamação. Vejam que o que não pode ocorrer é propor a reclamação após o trânsito em julgado da decisão, mas pode-se mover os dois procedimentos ao mesmo tempo, sem que haja qualquer prejuízo à reclamação em decorrência de julgamentos proferidos no recurso.

Em relação ao procedimento, dois pontos são bem importantes:

- A possibilidade de suspensão do processo ou da decisão objeto da reclamação para se evitar dano irreparável, na hipótese em que o relator verificar uma forte probabilidade de a decisão estar realmente contrariando os entendimentos do tribunal e a possibilidade de lesão grave à parte prejudicada com a decisão "em tese equivocada".
- A necessidade do beneficiário da decisão ser ouvido em 15 dias e poder apresentar contestação naquele mesmo prazo. Trata-se de norma extremamente importante, pois fundamentada no princípio do contraditório, ampla defesa e segurança jurídica, na medida em que a parte possui a seu favor uma decisão, que se presume correta, somente podendo ter a mesma cassada após haver possibilidade de manifestação. Imagine que uma determinada decisão se mostra favorável a João, que está todo feliz e contente. José, visando desconstituir aquela, propõe uma reclamação e a decisão é desconstituída sem a oitiva de João. O primeiro questionamento de João seria: "como mudam uma decisão que me favorecia sem que eu pudesse me manifestar?". "Onde está o meu direito ao contraditório?".

A parte interessada e o Ministério Público podem propor a reclamação, mas vejam que qualquer interessado, que pode ser um terceiro ao processo, poderá impugnar o pedido do reclamante para desconstituir as afirmações feitas.

Não tendo o Ministério Público formulado o pedido, atuará como fiscal da lei e da ordem jurídica, funcionando no procedimento como *custos legis*, devendo ser intimado para ter vista dos autos por 5 dias e apresentação de parecer pelo procedimento ou arquivamento do pedido. A vista dos autos ocorrerá após as informações da autoridade que realizou o ato e da contestação apresentada pelo beneficiário da decisão/ato, que poderá ser apresentada em 15 dias, como já visto. Vejam que o Ministério Público, por atuar como fiscal da lei, receberá o processo após a manifestação de todos os participantes para dizer, após a análise completa da situação, se a parte que formulou o pedido está ou não com a razão.

16. LIQUIDAÇÃO DE SENTENÇA

O procedimento de liquidação de sentença, previsto no art. 879 da CLT, mostra-se indispensável para se proceder ao início do processo de execução, uma vez que o título executivo deve ser certo, líquido e exigível, devendo a decisão já afirmar **o que é devido e a quantidade devida.** Por vezes a decisão é proferida afirmando apenas o que é devido (3 horas extras por dia), sem trazer desde logo o valor devido. Na hipótese a sentença é ilíquida, devendo ser objeto de liquidação, para, na hipótese, através de cálculos aritméticos, apurar-se o *quantum debeatur* (MOURA, 2015).

Ocorre que a liquidação não será realizada em todos os procedimentos, pois no rito sumaríssimo a sentença tem que ser obrigatoriamente líquida, uma vez que o autor da ação tem que formular pedido certo, determinado e líquido. Não faria sentido impor ao autor da ação tal obrigação e permitir ao Juiz o proferimento de sentença ilíquida.

Como pode ser percebido, a liquidação é um procedimento preparatório à execução, realizado após o processo de conhecimento. Assim sendo, não possui por finalidade rediscutir matérias que foram objeto de questionamento e provas no processo de conhecimento, sendo vedada pelo **§ 1º do art. 879 da CLT** tal rediscussão. Se a sentença proferida condenou a empresa ao pagamento de 3 horas extras diárias, na liquidação não poderá ser discutido se foram 3 ou 2 horas, pois tal matéria já foi objeto de análise pelo Poder Judiciário, estando decidida, não cabendo rediscussão, a não ser pela via recursal.

Dependendo da situação encontrada nos autos, a liquidação seguirá um procedimento diverso, já que várias são as modalidades previstas para a liquidação, a saber:

- Cálculos: é a modalidade mais simples de liquidação, sendo realizada na grande maioria das vezes na Justiça do Trabalho, pois a fixação do valor final da condenação depende apenas de cálculos aritméticos, apresentados pelas partes ou feitos por serventuário da própria Justiça do Trabalho.

- Arbitramento: na hipótese, há a necessidade de realização de perícia para se apurar o valor da condenação, sendo uma situação mais complexa, prevista no **art. 509 do CPC/2015**. O dispositivo afirma que será realizada a liquidação desta forma quando determinado por sentença, convencionado entre as partes e quando a natureza do objeto exigir, ou seja, quando somente por perícia for possível encontrar o valor devido.
- Artigos: por fim, a liquidação mais complexa e menos usual do processo do trabalho será realizada quando houver a necessidade de se provar fatos novos (os denominados "artigos de liquidação"), que serão objeto de conhecimento e prova perante o Poder Judiciário, em verdadeira "segunda ação dentro da primeira", já que a liquidação seguirá o procedimento ordinário, com contraditório, instrução e decisão sobre os fatos novos. Prevista no **art. 509, II, do CPC/2015**, é a única forma de liquidação que não pode ser iniciada de ofício, dependendo sempre de requerimento do credor.

Antes de adentrarmos no procedimento da liquidação por cálculos, mais importantes para o Exame da OAB, vamos lembrar dois pontos fundamentais. Em primeiro lugar, há o entendimento da **Súmula 344 do STJ** no sentido de que não fere a coisa julgada a alteração de forma de liquidação que foi estabelecida em sentença. Assim, mesmo que a sentença fixe que a futura liquidação será realizada por arbitramento, não obsta que o Magistrado, ao liquidar, o faço por cálculos. O trânsito em julgado da decisão não incide sobre a forma de liquidação, que pode ser modificada. Além disso, mesmo que a sentença não tenha condenado o réu explicitamente ao pagamento de juros e correção monetária, os valores podem ser incluídos na liquidação, por serem considerados pedido e condenação implícitos (MIESSA, 2016). Vamos aos exemplos:

- Pedido implícito: João ajuizou reclamação trabalhista em face da empresa Alfa, pedindo a condenação tão somente ao pagamento das horas extraordinárias trabalhadas. O Juiz, ao reconhecer o direito ao recebimento daquela parcela, condenará ao seguinte: horas extras + juros + correção monetária, pois as duas últimas parcelas são pedidos implícitos.
- Condenação implícita: se o Juiz condenar apenas ao pagamento das horas extraordinárias, poderia incluir na liquidação os valores relacionados a: horas extras + juros + correção monetária, pois também são considerados como parcelas implícitas da condenação, nos termos da **Súmula 211 do TST.** Vejamos a transcrição da súmula:

> **Súmula 211 do TST**
> Os juros de mora e a correção monetária incluem-se na liquidação, ainda que omisso o pedido inicial ou a condenação.

A respeito do procedimento da liquidação por cálculos, temos que analisar alguns aspectos do art. 879 da CLT, especialmente os §§ 2º e 3º, principalmente em relação ao § 2º, alterado substancialmente pela reforma trabalhista – Lei n. 13.467/2017. Vejamos:

- Em relação às partes – § 2º: no tocante às partes, a reforma trabalhista retirou a possibilidade de homologação dos cálculos sem oitiva prévia das partes, como ocorria anteriormente. O atual texto legal afirma que o Juiz deverá intimar as partes para manifestação acerca dos cálculos apresentados, não mais havendo a possibilidade de intimar ou não. A **intimação é obrigatória**. Esta é a primeira alteração, mas não a única. O prazo para manifestação das partes também foi alterado, cabendo a impugnação no **prazo de 8 dias**. Caso não seja apresentada a manifestação no prazo legal, haverá **preclusão**, tornando impossível qualquer discussão posterior sobre o assunto.
- Em relação à União – § 3º: em relação à União, o legislador agiu de maneira diversa, determinando a intimação obrigatória do ente para manifestação, no mesmo prazo de 10 dias, sob pena de preclusão. Não há, portanto, a faculdade de o Juiz intimar ou não a União, sendo obrigatória a comunicação ao ente público, que possui interesse na análise dos cálculos de liquidação, uma vez que neles constam os valores de contribuições previdenciárias decorrentes da condenação imposta (LEITE, 2015).

Por fim, cabe a análise sobre a recorribilidade da decisão de liquidação. Por tratar-se de decisão interlocutória, não cabe impugnação imediata por recurso, podendo aquela ser discutida posteriormente, em momento oportuno previsto no art. 884 da CLT. O executado poderá discutir o conteúdo da decisão de liquidação nos embargos à execução, alegando equívocos na realização do cálculo, excesso de execução e outras matérias. Já o exequente poderá manifestar-se nos termos do § 3º do mesmo artigo, que permite àquele, no prazo dos embargos, impugnar a decisão de liquidação. Mas há um detalhe: as partes somente poderão impugnar a decisão posteriormente se o Juiz as tiver intimado nos termos do § 2º do art. 879 da CLT, tendo sido apresentada manifestação naquele momento adequado.

17. PROCESSO DE EXECUÇÃO

O processo de execução ou fase satisfativa pode ser entendido como a fase do processo em que se busca a efetivação da decisão, tornando real aquilo que foi reconhecido pelo Poder Judiciário.

O ideal é que a fase executiva não precise ser realizada, pois espera-se que o devedor cumpra a obrigação de forma voluntária, mas havendo o inadimplemento, os atos executórios serão realizados de acordo com a espécie de obrigação que foi criada: pecuniária (obrigação de pagar quantia), de fazer, não fazer ou entrega de coisa. Para cada espécie de obrigação é adotada uma técnica específica, como retirada de bens do patrimônio do devedor, busca e apreensão de bens, aplicação de multa para forçar o cumprimento da obrigação de fazer, dentre outras (SARAIVA, MANFREDINI, 2016).

Antes de entrarmos na análise das técnicas e formas de execução, devemos tratar das normas que são aplicáveis ao processo de execução subsidiariamente. A CLT possui poucas normas que tratam da execução, cerca de 20 artigos, sendo que há uma real necessidade de complementação por outras normas. A dúvida que reside é a seguinte: havendo lacuna na CLT, que norma aplicar? A resposta **não é o CPC**, mas a Lei de Execução Fiscal (Lei n. 6.830/80). Somente na lacuna da LEF é que será utilizado o CPC.

17.1. Títulos executivos

A execução deve ser embasada em algum documento que reconheça a existência da obrigação. A esse documento dá-se o nome de **título executivo**, que pode ser judicial ou extrajudicial, ou seja, pode ser oriundo do Poder Judiciário, como uma sentença, ou criado fora daquele Poder, como um TAC – termo de ajustamento de conduta, firmado pelo Ministério Público do Trabalho e uma empresa, por exemplo.

As obrigações criadas nas duas situações – sentença e TAC – serão executadas na Justiça do Trabalho, mas por procedimentos distintos. Antes de estudarmos os procedimentos, vamos analisar os títulos executivos previstos no art. 876 da CLT:

- Títulos executivos judiciais:
  - Decisão com trânsito em julgado: diante da definitividade da decisão, possibilitam o início da **execução definitiva.**
  - Decisão objeto de recurso sem efeito suspensivo: a regra geral no processo do trabalho é a utilização de recursos sem efeito suspensivo, ou seja, apenas com efeito devolutivo. A situação possibilita a **execução provisória**, na medida em que a decisão ainda é passível de modificação.
  - Acordo não cumprido: enseja o início da **execução definitiva**, na medida em que não cabe recurso e o trânsito em julgado é imediato ao proferimento da decisão que homologa o acordo.
- Títulos executivos extrajudiciais:
  - Termos de Ajustamento de Conduta – TAC – firmado com o MPT: o TAC geralmente impõe multas pelo descumprimento de suas cláusulas, além de criar obrigações de fazer e não fazer, que podem ser executadas perante a Justiça do Trabalho.
  - Termos de conciliação da Comissão de Conciliação Prévia: prevista no art. 625-E da CLT, o termo de conciliação da CCP enseja o início da execução daquele, caso não seja voluntariamente cumprida nos prazos e modos nele previstos.
  - Cheque e nota promissória emitidos em reconhecimento de dívida trabalhista – art. 13 da IN n. 39/16 do TST: o TST entendeu por meio da instrução normativa que o **cheque e a nota promissória**, que não eram títulos executivos trabalhistas, passam a ser se houver prova de que eles foram emitidos para pagamento de dívida trabalhista.

> O cheque e a nota promissória passaram a ser considerados títulos executivos extrajudiciais a partir da IN n. 39/16 do TST, quando demonstrado que há relação entre o crédito trabalhista e os títulos referidos.

17.2. Execução provisória

Como já foi visto na parte sobre *recursos trabalhistas,* estes não possuem efeito suspensivo imediato, ou seja, são recebidos apenas no efeito devolutivo, nos termos do art. 899 da CLT, o que permite o início da execução provisória da sentença, que pode ser considerada como o procedimento em que serão realizados atos de constrição patrimonial do devedor, apesar de ainda não haver trânsito em julgado. Na execução provisória não são realizados atos de expropriação, isto é, de retirada de bens do patrimônio do devedor, mas apenas de constrição patrimonial, como a penhora (SCHIAVI, 2015).

A disciplina da execução provisória encontra-se no Código de Processo Civil, em seus arts. 520 e s., que afirma que tal espécie de execução será realizada nos mesmos moldes que a definitiva, mas com algumas peculiaridades, a saber:

- Não há execução provisória de ofício, não se aplicando o art. 878 da CLT na hipótese. Portanto, a execução provisória sempre depende de requerimento do exequente.
- Se a execução provisória gerar prejuízos ao executado, caberá ao exequente indenizar aquele pelos prejuízos causados.

Como já dito, não há expropriação de bens, mas apenas de constrição, de imobilização do patrimônio. A razão é muito simples: há possibilidade de a decisão ser modificada em grau recursal, sendo muito arriscado transferir patrimônio do executado para o exequente na hipótese. Assim, o inciso II do **art. 520 do CPC/2015** afirma que ficará sem efeito a execução provisória quando a decisão que a embasa for reformada ou anulada.

A execução em estudo será realizada através da juntada de documentos que constam no **art. 522 do CPC/2015**, já que os autos originais seguem para o Tribunal para julgamento do recurso. Assim, autos criados para a hipótese seguirão no juízo de origem, onde tramitou o processo em primeiro grau de jurisdição para a realização dos atos processuais.

Em relação à prática de atos processuais, é importante destacar que o art. 899 da CLT afirma que a execução provisória seguirá até a penhora, parando após tal ato para aguardar que a decisão transite em julgado. Contudo, doutrina e jurisprudência majoritárias afirmam que ainda cabe a apresentação de embargos à execução (art. 884 da CLT), com a garantia do juízo, bem como o cabimento de recurso de agravo de petição (art. 897, *a*, CLT) da decisão que julgar os embargos do executado (MOURA, 2015).

Por fim, o TST alterou em 2016 a Súmula 417 e cancelou o seu item III, que tratava da possibilidade/impossibilidade de penhora de dinheiro em execução provisória. Com o cancelamento desse item, o entendimento é o de que a penhora em dinheiro pode ser realizada mesmo na execução provisória, pois é a forma prioritária de satisfação do crédito.

Súmula 417 do TST

I – Não fere direito líquido e certo do impetrante o ato judicial que determina penhora em dinheiro do executado para garantir crédito exequendo, pois é prioritária e obedece à gradação prevista no art. 835 do CPC de 2015 (art. 655 do CPC de 1973).

II – Havendo discordância do credor, em execução definitiva, não tem o executado direito líquido e certo a que os valores penhorados em dinheiro fiquem depositados no próprio banco, ainda que atenda aos requisitos do art. 840, I, do CPC de 2015 (art. 666, I, do CPC de 1973) (ex-OJ n. 61 da SBDI-2 – inserida em 20-9-2000).

17.3. Execução por quantia certa contra devedor solvente

A execução mais normal na Justiça do Trabalho, que até poderíamos dizer que se trata da execução "por excelência" diante de sua importância, tem início com o art. 880 da CLT, que prevê a citação do executado para pagamento da quantia devida. Se houver condenação ao pagamento de quantia, será seguido o procedimento aqui analisado.

Em primeiro lugar, o art. 880 da CLT, ao prever como se dá o início do processo executivo, excluiu a aplicação do **art. 523, § 1º, do CPC/2015**, que prevê a multa de 10% sobre o montante devido, previsto no Código de Processo Civil no procedimento do cumprimento de sentença. Apesar de diversos juízes aplicarem o dispositivo desde a vigência do CPC/73, em 2005, quando o instituto foi inserido, o TST vem entendendo por não aplicá-lo, já que a aplicação subsidiária do processo civil depende da existência de lacuna e compatibilidade e não há lacuna normativa na hipótese, pois o art. 880 da CLT, apesar de antigo e defasado, na visão de diversos doutrinadores, está em vigor e regula o início do processo satisfativo, como também é conhecida a execução.

Segundo dispõe o dispositivo celetista, o executado será citado pelo Oficial de Justiça, em citação pessoal, para que em 48 horas realize alguma das seguintes condutas, que estão atreladas à garantia do juízo e apresentação de embargos à execução, como será visto agora:

- Pagamento da quantia devida: gerando a extinção do processo diante da satisfação da obrigação.
- Depósito da quantia devida: acarretando a garantia do juízo e a possibilidade de prosseguimento do processo, com a apresentação dos embargos à execução (art. 884 da CLT).

- Nomeação de bens à penhora: se em valor igual ou superior ao débito, haverá a garantia do juízo e a possibilidade de apresentação dos embargos à execução (art. 884 da CLT).

Na hipótese de inércia, ou seja, não realização de qualquer das condutas previstas anteriormente, caberá ao Oficial de Justiça **realizar a penhora de bens do executado,** com as restrições impostas pelo **art. 833 do CPC/2015**, que trata dos bens **absolutamente impenhoráveis.** Se penhorados os bens em valor igual ou superior ao devido, também poderão ser apresentados os embargos, pois garantido o juízo, um dos requisitos do art. 884 da CLT para a apresentação da referida defesa (SARAIVA, MANFREDINI, 2016).

17.4. Defesa na execução

Quando se fala em "defesa na execução", pode-se fazer a seguinte classificação:

- Defesa típica – embargos à execução, previstos no art. 884 da CLT: Os embargos à execução são a forma de defesa típica do executado, previstos no art. 884 da CLT como a forma adequada para o executado demonstrar que existem vícios processuais que devem ser corrigidos. Contudo, para que seja utilizado como defesa, devem ser preenchidos dois requisitos, em especial:
  - Garantia do juízo: conforme art. 884 da CLT, ocorre através do depósito da quantia devida, pela nomeação de bens à penhora ou pela penhora de bens pelo Oficial de Justiça.
  - Prazo: os embargos devem ser apresentados no prazo de 5 dias a contar da garantia do juízo, cabendo o mesmo prazo para o embargado impugnar os fundamentos do embargante.

Ponto importante sobre os embargos à execução consta no § 1º do art. 884 da CLT, complementado pelo **art. 525 do CPC/2015**, que trata das matérias (vícios) que podem ser alegadas pelo embargante. O § 1º do artigo celetista não é exaustivo ao dizer que podem ser alegados o cumprimento da decisão ou de acordo, quitação ou prescrição da dívida, uma vez que o **art. 525 do CPC/2015** trata de outras matérias de ordem pública, como a **penhora incorreta ou a avaliação errônea**, muito utilizado no cotidiano trabalhista, para demonstrar que um bem absolutamente impenhorável foi penhorado ou que o bem não foi corretamente avaliado, trazendo prejuízo ao executado.

Os embargos são processados nos autos da ação trabalhista, sendo recebidos sempre com efeito suspensivo, paralisando o processo até que o incidente seja julgado. A IN n. 39/16 do TST diz ser aplicável o **art. 918 do CPC/2015** que trata das hipóteses de indeferimento liminar dos embargos, a saber:

- Intempestividade.
- Indeferimento da petição inicial e improcedência liminar do pedido.
- Manifestamente protelatórios.

Caso necessário, podem ser produzidas provas no procedimento dos embargos à execução, pois prevista no art. 884, § 2º, da CLT a possibilidade de ser designada audiência para produção daquela. Após a instrução, ou caso não haja prova a ser produzida, o Juiz julgará os embargos, cabendo o recurso de agravo de petição da decisão, conforme art. 897, *a*, da CLT, por se tratar de decisão na execução. Trata-se da decisão típica para o cabimento do recurso de agravo de petição. A Lei n. 13.467/2017 – reforma trabalhista – incluiu o § 6º do art. 884 da CLT, retirando a necessidade de garantia do juízo para a apresentação dos embargos pelas entidades filantrópicas e os membros de sua diretoria.

- Defesa atípica – exceção de pré-executividade, também denominada objeção de não executividade, que apesar de não estar prevista em lei, é considerada pela doutrina e jurisprudência, por sua formação histórica no direito processual.

A exceção de pré-executividade não se encontra prevista em lei, sendo uma construção doutrinária e jurisprudencial que passou a ser admitida no processo do trabalho como uma forma alternativa de defesa, que **dispensa a garantia do juízo,** sendo tal dispensa considerada a grande vantagem do instrumento. Contudo, grande desvantagem também pode ser encontrada, que é a **impossibilidade de produção de provas,** ou seja, a ausência de dilação probatória, sendo toda a prova pré-constituída (documental).

Mas o que pode ser alegado em sede de exceção de pré-executividade? A doutrina e a jurisprudência pátrias destacam que **as matérias de ordem pública,** como a nulidade do título, incompetência absoluta, ausência de citação no processo de conhecimento, dentre outras, podem ser objeto de questionamento.

Não há prazo para a apresentação da exceção, não se exigindo também a **garantia do juízo,** razão pela qual não se admite que a Fazenda Pública apresente a defesa, na medida em que possui a prorrogativa de apresentar embargos sem a referida garantia.

Ponto importante em relação à exceção é a possibilidade de ser interposto recurso da decisão que julga a exceção. Vejamos:

- Improcedência: não cabe recurso, na medida em que o processo continua e a decisão é considerada, por isso, como interlocutória.
- Procedência: com a procedência da exceção e a anulação do processo, tem-se uma decisão "final" do processo, cabendo recurso de agravo de petição na hipótese, já que se trata de decisão na execução.

17.5. Expropriação de bens

A expropriação de bens no processo de execução contempla a penhora, a avaliação, arrematação, adjudicação, remição e alienação por iniciativa particular, que serão analisados a partir de agora.

- **Penhora:**

Como já visto, se não efetuado o pagamento, depósito ou nomeação de bens no prazo de 48 horas (art. 880 da CLT), serão os bens do devedor penhorados pelo Oficial de Justiça, com as restrições do **art. 833 do CPC/2015**, que trata dos bens que não podem ser objeto de penhora. Como exemplos de bens impenhoráveis, temos:

- *Móveis, pertences e utilidades domésticas que guarnecem a residência do executado, salvo os de elevado valor.*
- *Vestuários e pertences de uso pessoal, salvo os de elevado valor.*
- *Salários, desde que não sejam superiores a 50 salários mínimos e a dívida não seja de alimentos, hipóteses em que a penhora é válida.*
- *Seguro de vida.*
- *Materiais necessários para obras em andamento* etc.

Importante frisar três aspectos relacionados à penhora:

- Carta de fiança bancária: A OJ n. 59 da SDI-2 do TST, alterada em 2016 para adequar-se ao Novo CPC, dispõe que a carta de fiança bancários equivale a dinheiro quando apresentada no valor de débito acrescido de 30%. Assim, se o débito é de R$ 100.000,00, a carta deve ser apresentada com valor de R$ 130.000,00. Assim, no valor correto, será equivalente a dinheiro (LEITE, 2015).

> A carta de fiança bancária e o seguro garantia judicial, desde que em valor não inferior ao do débito em execução, acrescido de trinta por cento, equivalem a dinheiro para efeito da gradação dos bens penhoráveis, estabelecida no art. 835 do CPC de 2015 (art. 655 do CPC de 1973).

- Penhora de salário: com o Novo CPC, deve ser permitida a penhora de salário quando o valor do mesmo for superior a 50 salários mínimos, já que o **art. 833, § 2º do CPC/2015** diz não ser impenhorável o excedente da quantia acima referida.
- Penhora de renda/faturamento da empresa: a OJ n. 93 da SDI-2 do TST permite a penhora sobre a renda/faturamento da empresa, desde que seja um percentual razoável e que não existam outros bens passíveis de penhora, sejam insuficientes ou de difícil alienação.

- **Avaliação:**

No processo do trabalho a avaliação é realizada pelo Oficial de Justiça, cujo cargo é denominado "Oficial de Justiça Avaliador". Assim, penhorado um *"veículo Volkswagen Gol, 1.0, ano 2015"*, no auto de penhora constará o valor do mesmo, sendo possível a sua contestação posterior por meio dos embargos à execução, por aplicação do **art. 525 do CPC/2015**, que traz a **avaliação errônea** como uma das matérias que podem ser arguidas na oportunidade.

Se pensarmos no procedimento normal, teremos a possibilidade de apresentação de embargos à execução, julgamento da defesa, preparação do bem para arrematação (venda em leilão). Contudo, pode acontecer que grande lapso de tempo se passe entre a avaliação realizada e o leilão, colocando a primeira avaliação realizada em desconformidade com o valor do bem no momento atual, que pode ter sofrido valorização ou desvalorização, como é comum nos veículos. Assim, caberia uma reavaliação do bem, determinada pelo Magistrado com base no **art. 873 do CPC/2015**.

- **Arrematação:**

A arrematação dos bens será realizada em leilão, ao qual se dará publicidade nos termos do art. 888 da CLT, que dispõe sobre a necessidade de publicação de edital com **antecedência mínima de 20 dias**, de forma a que o maior número de pessoas possa vir ao ato, elevando a possibilidade de arrematação por um bom preço. A regra prevista no mesmo artigo acerca da arrematação é no sentido de que o arrematante deve garantir o lance com entrada equivalente a 20% do valor da compra, pagando o restante em 24 horas, sob pena de perda da entrada e retorno do bem para novo leilão (LEITE, 2015).

O CPC/2015 traz nova possibilidade de aquisição do bem, de forma parcelada, sendo que o art. 895 do novo Código, aplicável ao processo do trabalho por determinação da IN n. 39/16 do TST, dispõe que o interessado apresentará a sua proposta, contendo entrada de pelo menos 30% e o restante em até 30 parcelas, garantido o pagamento por caução (garantia) idônea, no caso de bens móveis e hipoteca na hipótese de imóveis.

Num primeiro momento, o bem será alienado pelo valor da avaliação, que é considerado o valor justo, que realmente vale o bem. Ocorre que pode o bem ser vendido por valor inferior àquele, desde que não seja considerado um preço vil, muito inferior ao que realmente vale, situação prevista no **art. 891 do CPC/2015**, que foi definido pelo legislador como o valor inferior ao mínimo estipulado pelo Juiz, ou, na falta de tal estipulação, inferior a 50% da avaliação. Assim, um bem avaliado em R$ 100.000,00, não pode ser vendido por valor inferior a R$ 50.000,00, pois traria grande prejuízo para o executado e poderia não ser tão útil ao processo de execução. Deve-se lembrar sempre que o processo de execução não serve para sacrificar o devedor, mas para que seja legitimamente paga a quantia devida ao exequente.

- **Adjudicação:**

Escolhida pelo legislador processual civil como a **forma prioritária** de execução, a adjudicação pode ser entendida como o "recebimento da coisa penhorada como forma de pagamento da execução", isto é, em vez do bem ser vendido em leilão e transformado em dinheiro para pagamento do credor, entrega-se o próprio bem objeto da penhora.

Prevista no **art. 876 do CPC/2015**, a adjudicação será feita pelo valor da avaliação, sendo o exequente notificado após a garantia do juízo e decisão sobre os embargos, para manifestar o seu interesse em adjudicar, evitando-se que o bem seja levado a leilão, situação custosa e demorada. A adjudicação, portanto, é uma forma rápida de satisfação da obrigação. Duas situações podem ocorrer. Vejamos:

- Valor do bem penhorado: R$ 50.000,00
  - Valor do crédito: R$ 70.000,00 – o credor receberá o bem em pagamento, adjudicando-o e a execução prosseguirá para cobrança dos R$ 20.000,00 restantes.
  - Valor do crédito: R$ 30.000,00 – o credor receberá o bem em pagamento, adjudicando-o, depositando de imediato a diferença de R$ 20.000,00, que ficará à disposição do Juiz da execução, que posteriormente entregará a quantia ao devedor.

- **Remição:**

A remição encontra-se prevista no art. 13 da Lei n. 5.584/70, consistindo no pagamento do valor total da condenação para extinguir a execução e livrar os bens constritos, ou seja, objeto de penhora. A remição, portanto, deve ser total, não podendo remir um ou alguns bens, depositando o seu valor. O devedor deve depositar a quantia integral, extinguindo-se a execução, como dito (SCHIAVI, 2015).

17.6. Prescrição intercorrente

O tema prescrição intercorrente sofreu grande alteração por meio da Lei n. 13.467/2017 – reforma trabalhista – com a inclusão do art. 11-A da CLT, que afirma ser **cabível** a prescrição intercorrente no processo do trabalho, sendo reconhecida de ofício ou a requerimento da parte, quando o processo permanecer parado, por inércia do exequente, por mais de 2 anos, que deixa de cumprir determinação judicial que lhe cabia.

Assim, não mais se aplica a Súmula 114 do TST, que afirma o contrário.

17.7. Execução de obrigação de fazer, não fazer e entrega de coisa

A execução das obrigações de fazer, não fazer e entrega de coisa segue as normas constantes nos **arts. 497 e 501 do CPC/2015**, que tratam da concessão da tutela específica para determinar que o devedor cumpra a obrigação do modo como foi formalizada, sem conversão em perdas e danos em um primeiro momento. Salienta-se que os dispositivos do CPC/2015 se aplicam ao processo do trabalho por determinação do art. 3º, XII, da IN n. 39/16 do TST.

A ideia do legislador, ao afirmar que será concedida a tutela específica, é entregar ao credor da obrigação, exatamente o que ele teria caso a obrigação tivesse sido cumprida de forma voluntária. Assim, se a obrigação de entrega tivesse sido cumprida, o devedor teria entregue ao credor um veículo Gol. Se descumprida a obrigação e acionado o Poder Judiciário para a execução daquela, deve o credor "sair do processo" de posse do veículo Gol, ou seja, no processo será concedida a tutela específica para entregar ao credor o bem da vida que está sendo discutido no processo.

Assim, a conversão em perdas e danos aparece como situação excepcional, prevista no **art. 499 do CPC/2015**, ao dispor que "a obrigação somente será convertida em perdas e danos se o autor o requerer ou se impossível a tutela específica ou a obtenção do resultado prático equivalente".

Em relação às obrigações de fazer, mais comuns no processo do trabalho, determina o Poder Judiciário a reintegração do empregado, a anotação da CTPS, reenquadramento funcional, entrega de guias de seguro-desemprego, dentre outras.

Em relação às "providências que assegurem o resultado prático equivalente", temos a multa diária como a mais comum e conhecida. Determina o Juiz do Trabalho a reintegração do obreiro sob pena de multa diária de R$ 1.000,00, que pode levar o empregador a realizar a conduta para não ser obrigado a pagar uma multa de valor alto. A referida multa está regulamentada pelo **art.**

536 do CPC/2015, que deixa clara a possibilidade de o Juiz alterar o valor e a periodicidade, de forma a adequá-la à realidade.

Detalhe importante é que o Juiz poderá valer-se de diversas técnicas para impor o cumprimento da obrigação, como consta no **§ 1º do art. 536 do CPC/2015**, como a *busca e apreensão, remoção de pessoas e coisas, o desfazimento de obras, impedimento de atividade nociva,* podendo utilizar de força policial, caso necessária.

17.8. Execução contra a massa falida

Em relação à execução contra a massa falida, que já foi objeto de cobrança em Exame da OAB, o único ponto que temos que lembrar é relacionado à competência da Justiça do Trabalho para a prática de atos processuais quando é decretada a falência de empresa executada. Dependendo do momento em que se encontra o processo de execução, a Justiça do Trabalho continuará competente para a prática de atos de expropriação e pagamento ou deverá remeter a quantia objeto de alienação para a Vara da Falência. Vejamos:

- Falência decretada antes da prática de atos de constrição patrimonial: será entregue ao credor uma certidão de crédito trabalhista para a realização de habilitação perante o Juízo Falimentar.
- Falência decretada após a penhora dos bens, mas antes da alienação: os bens serão alienados em leilão da Justiça do Trabalho, que não efetuará o pagamento ao credor, pois o valor será remetido para o Juízo da Falência, devendo o credor habilitar o seu crédito naquele juízo, que pagará a todos de acordo com as normas da falência e concordata.
- Falência decretada após a alienação dos bens pela Justiça do Trabalho: será efetuado o pagamento do crédito pela Justiça do Trabalho, sendo remetido ao Juízo da falência apenas o eventual resíduo após a efetivação do pagamento. Assim, se foi apurado o valor de R$ 100.000,00 e o débito trabalhista era de R$ 75.000,00, os R$ 25.000,00 que sobraram serão remetidos à Justiça Comum (Vara da Falência) (MIESSA, 2016).
- Por fim, vale a pena destacar o disposto no art. 6º da Lei n. 11.101/2005, que trata da falência e recuperação judicial e prevê a suspensão do processo de execução trabalhista. Percebam que o § 2º do mesmo dispositivo deixa claro que o processo de conhecimento continuará normalmente mesmo após a decretação da falência, até a apuração do crédito devido, suspendendo-se tão somente o processo de execução.

17.9. Execução contra a Fazenda Pública

Ao se falar em "execução contra a Fazenda Pública", lembra-se imediatamente de precatório e RPV (requisição de pequeno valor), que são meios alternativos de pagamento de dívidas reconhecidas pelo Poder Judiciário. Não se pensa em penhora de bens para pagamento de dívidas da Fazenda Pública, como se faz com as pessoas físicas e jurídicas de direito privado, uma vez que a execução dos entes públicos segue um procedimento diferenciado em virtude da **impenhorabilidade dos seus bens** (LEITE, 2015).

Mas quais são os entes públicos que se submetem ao regime do precatório e RPV, constante no art. 100 da CF/88? Apenas os entes com natureza jurídica de direito público, ou seja, União, Estados, Municípios, DF, autarquias e Fundações de Direito Público, o que significa dizer que as sociedades de economia mista e as empresas públicas não se submetem ao regime diferenciado, mas às regras normais previstas no art. 880 da CLT, que determina o pagamento ou outras ações, sob pena de penhora de bens.

Seguindo-se o procedimento, tem-se que o ente público, uma vez citado, poderá oferecer **embargos no prazo de 30 dias**, conforme prevê o **art. 910 do CPC/2015**, bem como a Lei n. 9.494/97, art. 1º-B. Além de diferente em relação ao prazo, já que o art. 884 da CLT prevê o prazo de 5 dias, **não há necessidade de garantia do juízo,** o que difere dos embargos apresentados pelos entes privados, que tem no art. 884 da CLT a previsão da garantia integral por penhora ou depósito.

Após o julgamento dos embargos, o Juiz da execução determinará a formação de um "pequeno processo" chamado de precatório, formado com as principais peças do processo, para que o Presidente do Tribunal competente remeta os autos ao Poder Executivo, determinando que seja incluso o valor no orçamento para pagamento, conforme a ordem cronológica de apresentação, seguindo-se as seguintes regras:

- Se o precatório for apresentado **até o dia 1º de julho**, o pagamento deverá ocorrer até o final do próximo ano (**exercício financeiro subsequente**). Exemplos:
  - Apresentação até 1º de julho de 2016: pagamento até o final de 2017.
  - Apresentação após 1º de julho de 2016, pagamento até o final de 2018.

A depender do valor do débito do ente público, dois procedimentos podem ser seguidos, a saber: **precatório e RPV – requisição de pequeno valor.** Dispõe o art. 100, §§ 3º e 4º, da CF/88 que as obrigações de pequeno valor seguem procedimento simplificado, sem a necessidade de expedição de ordem de pagamento por intermédio do TRT, aplicando-se a Lei n. 10.259/2001 em relação à União Federal. Mas qual é o valor considerado para fins de distinção entre precatório e RPV? Os arts. 86 e 87 da ADCT – Atos das Disposições Constitucionais Transitórias – afirmam que, enquanto não forem criadas leis específicas para Estados e Municípios, serão levados em consideração os seguintes valores:

Ente público	Valor-limite para RPV
União	Até 60 salários mínimos
Estados	Até 40 salários mínimos
Municípios	Até 30 salários mínimos

Caso reconhecida a obrigação como Requisição de Pequeno Valor – RPV, será aplicado o art. 17 da Lei n. 10.259/2001, que em síntese afirma que o Juiz da Execução (Juiz do Trabalho) **intimará o ente público para pagar em 60 dias,** depositando a quantia em conta bancária do Banco do Brasil ou Caixa Econômica Federal. Após o decurso do prazo sem pagamento, poderá ser determinado o sequestro de numerário para pagamento da obrigação (GARCIA, 2012).

17.10. Certidão negativa de débitos trabalhistas

O tema está regulamentado no art. 642-A da CLT, que trata da "prova de inexistência de débitos trabalhistas" e tem por finalidade, como o próprio nome esclarece, provar que inexistem débitos da empresa perante a Justiça do Trabalho, ou seja, que a empresa não foi condenada e possui débitos em aberto perante a Justiça do Trabalho, o que presume ser uma empresa cumpridora de suas obrigações (MOURA, 2015).

A importância da CNDT é vista em diversas situações, como nas contratações com empresa terceirizada, em que a tomadora dos serviços exige a apresentação da certidão ou para participação em licitações. Pode ser importante também para a concessão de empréstimos e financiamentos.

Além da certidão negativa, temos também a previsão, no § 2º do mesmo artigo, da **certidão positiva com efeito de negativa,** que é a certidão que afirma a existência de débitos trabalhistas, mas que estão garantidos por penhora suficiente ou com a exigibilidade suspensa.

Por fim, a CNDT possui prazo de validade de 180 dias, devendo ser extraída nova certidão após tal prazo, já que naquele período pode a empresa ter sofrido alguma condenação trabalhista e não mais possuir direito à CNDT.

17.11. Desconsideração da personalidade jurídica

O CPC/2015 trouxe uma importante modificação em relação ao tema **"desconsideração da personalidade jurídica"** ao criar um procedimento para aplicação da teoria e realização da penhora dos bens dos sócios, o que não havia até o advento do novo Código. Sob a égide do CPC/73, os Juízes do Trabalho desconsideravam a personalidade jurídica e penhoravam os bens dos sócios sem qualquer procedimento, sem oitiva prévia dos sócios, sem qualquer respeito ao contraditório, o que não poderá mais ocorrer sob pena de ilegalidade, já que a **IN n. 39/16 do TST** diz serem aplicáveis os **arts. 133 a 137 do CPC/2015**, que tratam do necessário procedimento (SARAIVA, MANFREDINI, 2016). Mas o que fez a Lei n. 13.467/2017 – reforma trabalhista – em relação ao tema? O art. 855-A da CLT afirma serem cabíveis os dispositivos do CPC ao processo do trabalho, reafirmando o que já havia sido dito pela IN n. 39/16 do TST.

Antes de tratamos do procedimento em si, temos que explicitar que no processo do trabalho sempre foi aplicada a **teoria menor da desconsideração,** prevista no art. 28 do Código de Defesa do Consumidor, que não prevê a necessidade de demonstração de desvio de finalidade ou confusão patrimonial, requisitos necessários à luz do art. 50 do Código Civil (teoria maior). No processo do trabalho o **único requisito para a desconsideração é a ausência de patrimônio** da pessoa jurídica. Tal situação já autoriza a desconsideração e constrição/expropriação de bens dos sócios como forma de efetivação da obrigação (MIESSA, 2016).

Em relação ao procedimento em contraditório previsto nos **arts. 133 a 137 do CPC/2015**, podemos destacar que:

- O seu **início pode se dar de ofício** pelo Magistrado, conforme dispõe a IN n. 39/16 do TST.
- O procedimento, apesar de mais comum no processo de execução, também pode ocorrer no processo de conhecimento, principalmente quando houver risco de esvaziamento do patrimônio da empresa e sócios.
- A instauração do incidente (procedimento) **suspende o processo.**
- O sócio será notificado para apresentar **defesa e provas em 15 dias**.

Sobre a recorribilidade da decisão que acolhe ou rejeita o incidente, diz o § 1º do art. 855-A da CLT que:

- O incidente será decidido por **decisão interlocutória**, não cabendo recurso no processo do trabalho, conforme IN n. 39/16 do TST e inciso I do § 1º do artigo em destaque, se no curso do processo de conhecimento.
- Se realizado no **processo de execução**, da decisão caberá **agravo de petição**, conforme o art.

897, *a*, da CLT, sem necessidade de garantia do juízo, conforme o inciso II do § 1º do art. 855-A da CLT.

- Por fim, se realizado no Tribunal, pelo Relator, caberá da decisão o **recurso de agravo interno**, nos termos do **art. 932, VI, do CPC/2015**, por se tratar de **decisão monocrática**, conforme inciso III do § 1º do art. 855-A da CLT.

O art. 855-A da CLT reafirmou o entendimento exposto pela IN n. 39/16 do TST, aplicando os arts. 133 a 137 do CPC ao processo do trabalho. Assim, a desconsideração da personalidade jurídica passa a ser um procedimento em contraditório, que suspende o processo principal e que pode ser impugnada por recurso, salvo se proferida no processo de conhecimento.

18. DISSÍDIO COLETIVO E AÇÃO DE CUMPRIMENTO

18.1. Conceito e classificação

O dissídio coletivo é uma ação coletiva, geralmente ajuizada pelos sindicatos, para a defesa dos interesses da categoria, ajuizada quando não há consenso na negociação coletiva, conforme prescreve o art. 114, § 2º, da CF/88. Dispõe a Carta Magna que se as partes não chegarem a um consenso e não elegerem árbitros, poderá a questão ser levada ao Poder Judiciário para definição de **novas condições de trabalho** ou para **interpretar dispositivos já existentes,** sobre os quais há divergência entre os representantes dos trabalhadores e empregadores. Uma situação bem comum no cotidiano dos TRTs é o julgamento de dissídio coletivo em que são analisadas **cláusulas normativas,** dentre elas a que prevê o reajuste salarial da categoria, devendo os Magistrados daquele Tribunal decidir o que não foi decidido pelas categorias, isto é, definir o percentual do reajuste a ser aplicado aos trabalhadores (SCHIAVI, 2015).

Nos dissídios individuais, a sentença proferida cria uma norma individual e concreta, que produz efeitos apenas para aqueles que foram partes no processo. Já o dissídio individual cria normas gerais e abstratas, que se aplicam a todos os membros das categorias partes, ou seja, para todos os empregados de todas as empresas representadas pelos sindicatos suscitante e suscitado.

O mesmo art. 114, § 2º, da CF/88 prevê o **poder normativo da Justiça do Trabalho,** que é essa possibilidade de os tribunais trabalhistas criarem normas gerais e abstratas, que serão aplicadas durante o período de vigência da decisão ali proferida, que recebe o nome de **sentença normativa.**

É importante ressaltar que o poder normativo da Justiça do Trabalho, para ser exercido, depende do **comum acordo** previsto no art. 114, § 2º, da CF/88, inserido pela EC n. 45/2004, que é encarado como um requisito indispensável ao ajuizamento da ação.

A depender do pedido a ser formulado no dissídio coletivo, o mesmo será classificado conforme o regimento interno do TST em:

- Natureza econômica: busca a instituição de novas condições de trabalho, como o reajuste salarial e outros benefícios para a categoria.
- Natureza jurídica: tem por finalidade interpretar normas já existentes, em que há dúvida acerca de determinado dispositivo de uma convenção coletiva de trabalho, por exemplo. Não há, na hipótese, a criação de direito novo, mas a interpretação sobre algo que já existe. Segundo a OJ n. 7 da SDC/TST, não cabe a interpretação de normas genéricas, como aquelas que constam na CF, CLT etc.
- De greve: busca a declaração sobre a abusividade ou não do movimento grevista e a instituição de novos direitos, caso a greve seja considerada legal. A OJ n. 10 da SDC/TST diz que a greve é o instrumento de pressão máximo à disposição do empregado e é utilizado para buscar a criação de melhores condições de trabalho, pressionando o empregador a negociar ou buscando a instituição daquelas condições por intermédio dos tribunais trabalhistas.
- Originário: é o dissídio coletivo ajuizado quando não há qualquer norma coletiva (CCT, ACT) ou sentença normativa em vigor.
- De revisão: utilizada para pedir a revisão de normas coletivas em vigor, quando as condições ali estabelecidas se mostrarem injustas ou ineficazes.

18.2. Pressupostos processuais específicos

Por tratar-se de ação especial, diferentes são os pressupostos processuais, conforme será apresentado a seguir:

- Competência: o dissídio coletivo é uma ação de competência dos Tribunais Trabalhistas, ou seja, julgada pelos TRTs ou TST. **Trata-se de ação de competência originária daqueles**

tribunais. A depender da extensão territorial do conflito levado ao Poder Judiciário, caberá ao TRT ou TST o julgamento. Vejamos: o conflito está estabelecido entre categorias do Estado do Espírito Santo, logo a competência será do TRT/ES. Caso o conflito se estenda por território superior à área de um TRT, caberá ao TST o julgamento, como geralmente ocorre com os dissídios coletivos dos empregados dos Correios e Banco do Brasil. Há apenas uma exceção, que envolve os TRTs do Estado de São Paulo – 2ª e 15ª Regiões – respectivamente na capital do Estado e em Campinas. Na hipótese de greve em área relativa aos dois TRTs ao mesmo tempo, como uma situação que envolva todo o Estado de São Paulo, o dissídio coletivo será julgado pelo TST.

- Negociação prévia: da leitura do art. 114, § 2º, da CF/88, extrai-se que a negociação coletiva é um requisito para o ajuizamento do dissídio coletivo, devendo o Poder Judiciário extinguir a ação sem resolução do mérito caso não haja prova do exaurimento da negociação coletiva.
- Autorização em assembleia: o **art. 859 da CLT** prescreve que a autorização para o ajuizamento do dissídio (instauração de instância, na terminologia da CLT) será realizada em assembleia por 2/3 dos participantes em primeira convocação e 1/3 deles em segunda convocação.
- Convocação para assembleia: a OJ n. 8 da SDC/TST dispõe que o autor deverá juntar à petição inicial do dissídio **o edital de convocação para a assembleia, bem como a ata da mesma,** como forma de demonstrar que a categoria foi convocada para discutir sobre o assunto e que a deliberação daquela foi no sentido de ser ajuizada a ação de dissídio coletivo.
- Comum acordo: dispõe o art. 114, § 2º, da CF/88, alterado pela EC n. 45/2004, que o dissídio coletivo somente pode ser ajuizado por comum acordo entre as partes. O comum acordo pode ser expresso ou tácito, sendo o último aceito pela jurisprudência dos tribunais, como a demonstração de que o sindicato suscitado não quer negociar ou "travou" a negociação.
- Época própria para o ajuizamento: dispõe o art. 616, § 3º, da CLT que a época própria para o ajuizamento da ação é nos 60 dias anteriores ao término da vigência da norma coletiva atual, que pode ser uma convenção coletiva, um acordo coletivo ou uma sentença normativa. A importância de se ajuizar a ação no referido prazo é que a sentença normativa proferida no dissídio coletivo passa a produzir efeitos no dia imediato ao término do prazo (LEITE, 2015).

18.3. Procedimento

Apesar de não ser um ponto fundamental para os Exames da OAB, alguns pontos do procedimento do dissídio coletivo podem ser destacados e estudados.

- Petição inicial: deve ser escrita, tendo em vista a necessária fundamentação das cláusulas nela previstas, conforme Precedente Normativo n. 37 do TST.
- Audiência de conciliação: o Presidente do Tribunal designará audiência de conciliação, que por ele será realizada, no prazo de 10 dias, buscando a composição entre as partes.
- Homologação do acordo: havendo acordo na audiência, o mesmo será levado à homologação na próxima sessão do Tribunal, conforme art. 863 da CLT.
- Propostas do Presidente do Tribunal: dispõe o art. 862 da CLT que o Presidente não fica adstrito às propostas apresentadas pelas partes, podendo externar o seu entendimento, aquilo que entende melhor para as partes, sem que se mostre parcial na hipótese.
- Defesa: no procedimento não há contestação, reconvenção, revelia ou confissão, pois as cláusulas em discussão tratam de direitos abstratos, das categorias partes no dissídio. Assim, não havendo conciliação, passará o Tribunal ao julgamento. No cotidiano, o Presidente do Tribunal, caso não haja acordo, defere prazo para que o suscitado se manifeste sobre as cláusulas inseridas na petição inicial (SCHIAVI, 2015).
- Parecer do Ministério Público: quando o MPT não for parte, já que pode ajuizar o dissídio coletivo de greve (art. 114, § 3º, da CF/88), atuará como fiscal da lei, apresentando parecer escrito ou oral, na sessão de julgamento.
- Julgamento: após o parecer do MPT, será o dissídio distribuído para o relator, que analisará o processo e redigirá o relatório, sendo o feito remetido ao revisor na sequência, submetendo-o a julgamento.

18.4. Sentença normativa

A sentença normativa, decisão proferida no dissídio coletivo, que cria melhores condições de trabalho ou que interpreta normas já existentes, é na verdade um acórdão, pois proferido por colegiado de um tribunal (TRT ou TST), nos termos do **art. 204 do CPC/2015**.

Importante destacar que a decisão referida não possui natureza condenatória, mas **constitutiva** ou **declaratória,** o que retira a possibilidade de execução da mesma, que, uma vez descumprida, será objeto de **ação de cumprimento,** a ser estudada posteriormente.

A sentença será constitutiva quando criar melhores condições de trabalho, como no dissídio coletivo de natureza econômica, sendo declaratória quando interpretar normas já existentes, como se dá no dissídio coletivo de natureza jurídica.

Sobre a vigência da decisão, dispõe o art. 868 da CLT que o seu prazo máximo será de 4 anos, sendo que os tribunais geralmente fixam prazos menores, de 1 a 2 anos, fazendo com que as categorias retornem à negociação em tempo breve.

Contudo, pode ser que a sentença normativa produza efeitos por prazo superior ao que foi fixado pelo tribunal trabalhista, conforme reconhecido no **Precedente Normativa n. 120 do TST,** que afirma, em síntese, que, apesar de ter sido a vigência fixada em prazo inferior, poderá produzir efeitos em até 4 anos, quando não houver negociação coletiva ou nova sentença normativa para produzir a revogação da sentença originária. Assim, digamos que o TRT/ES tenha proferido sentença normativa com prazo de 1 ano. Após tal prazo, nenhuma norma coletiva foi criada, continuando a decisão a produzir efeitos, chegando a 2, 3 e 4 anos. Alcançando o prazo máximo, deixa de produzir efeitos de imediato (MIESSA, 2016).

A sentença normativa vigora, desde seu termo inicial até que sentença normativa, convenção coletiva de trabalho ou acordo coletivo de trabalho superveniente produza sua revogação, expressa ou tácita, respeitado, porém, o prazo máximo legal de 4 anos de vigência.

Por fim, sobre as cláusulas que podem constar na sentença normativa, estas são classificadas em: **econômicas** (reajustes salariais, p. ex.), **sociais** (abono de faltas, p. ex.), **sindicais** (autoriza desconto assistencial, p. ex.) e **obrigacionais** (instituem multas pelo descumprimento das normas ali constantes, p. ex.).

18.5. Recursos no dissídio coletivo

Os recursos cabíveis dependem da competência para o julgamento do dissídio coletivo, que, como já estudamos, pode ser do TRT ou TST. Vejamos:

- Dissídio coletivo de competência originária do TRT: da sentença normativa pode ser interposto o recurso ordinário, conforme art. 895, II, da CLT, pois já se sabe que o recurso não cabe apenas de sentença, mas também de acórdão proferido pelos TRTs em ações de sua competência originária. Assim, da sentença normativa do TRT, que é um acórdão daquele tribunal, poderá ser interposto o RO em 8 dias, que será julgado pelo TST. Excepcionalmente poderá ser atribuído **efeito suspensivo ao recurso ordinário,** através de pedido formulado ao Presidente do TST, conforme previsto na Lei n. 10.192/2001, art. 14.
- Dissídio coletivo de competência originária do TST: na hipótese, caberá à Seção de Dissídios Coletivos – SDC – órgão do TST especializado no julgamento da referida ação, proferir a sentença normativa, que poderá ser impugnada pelos seguintes recursos:
  - Embargos infringentes: caso a sentença normativa seja não unânime, conforme art. 894, I, *a*, da CLT, no prazo de 8 dias, julgados pela própria SDC.
  - Embargos de declaração: na hipótese de haver qualquer um dos vícios constantes no art. 897-A da CLT, a saber: omissão, obscuridade e contradição, no prazo de 5 dias.
  - Recurso extraordinário: havendo ofensa à Constituição Federal, nos termos do seu art. 102, III, por ser uma decisão de última instância, por não caber qualquer outro recurso dirigido ao próprio TST.

18.6. Coisa julgada

Para os Exames da OAB, deve-se aplicar o entendimento constante na Súmula 397 do TST, que afirma ser apenas **formal a coisa julgada** no dissídio coletivo. A doutrina critica o entendimento, afirmando também ser material tal coisa julgada, mas o entendimento sumulado é o mais seguro para as provas objetivas, que não podem trazer pontos controvertidos (KLIPPEL, 2016).

> Doutrina majoritária afirma que a sentença normativa produz coisa julgada material, pois pode ser rescindida, conforme consta no regimento interno do TST. Se é passível da ação rescisória, é porque produz coisa julgada material.

18.7. Ação de cumprimento

Prevista no art. 872 da CLT, a ação de cumprimento é conceituada como uma demanda de **conhecimento,**

de caráter condenatório, que tem por finalidade demonstrar que uma norma coletiva – acordo coletivo, convenção coletiva ou sentença normativa – não está sendo cumprida e condenar o empregador a adimplir a obrigação. A ação de cumprimento é indispensável para efetivar os direitos reconhecidos pelas referidas normas coletivas, diante da impossibilidade de proceder à execução daquelas, por não serem títulos executivos. Em relação à sentença normativa, apesar de ser uma decisão judicial, não pode ser objeto de execução por não possuir natureza condenatória, mas constitutiva e declaratória, como já estudado (LEITE, 2015).

> Muito cuidado com a informação de que a "sentença normativa será executada por não estar sendo cumprida", pois, como já dito, o correto é o ajuizamento de ação de cumprimento, na qual será proferida uma sentença condenatória que será objeto de futura execução.

Um exemplo pode auxiliar o entendimento: imagine que a convenção coletiva da sua categoria tenha previsto um reajuste salarial de 10% com vigência já para o próximo mês. Você que recebe R$ 2.000,00 passaria a receber R$ 2.200,00. Para sua surpresa, ao receber o salário, constata que o reajuste não foi concedido pelo empregador. Diante do descumprimento da norma, o que fazer? Que medida processual adotar?

Como a **Súmula 286 do TST** diz que as negociações coletivas (acordo coletivo e convenção coletiva) também podem ser objeto da ação de cumprimento, você ajuizará a ação em estudo perante a Vara do Trabalho do local da prestação dos serviços (art. 651 da CLT), requerendo que o Poder Judiciário reconheça o seu direito ao reajuste e condene o empregador ao pagamento das diferenças salariais (KLIPPEL, 2016).

> **Súmula 286 do TST**
> A legitimidade do sindicato para propor ação de cumprimento estende-se também à observância de acordo ou de convenção coletivos.

A ação pode ser ajuizada por você ou pelo sindicato da categoria, pois foi o ente coletivo que firmou as negociações coletivas e provavelmente o autor do dissídio coletivo que culminou com o proferimento da sentença normativa. A **legitimidade ativa é concorrente** entre o empregado e o sindicato. Já a **legitimidade passiva é apenas do empregador**, ou seja, apenas ele pode ser réu na ação de cumprimento, pois é ele o devedor da obrigação, quem está descumprimento a norma coletiva.

Ao ajuizar a ação, que é de conhecimento, como já dito, teremos a adoção de um dos três procedimentos existentes no direito processual do trabalho, que diferem um do outro pelo valor da causa, a saber:

- Rito sumário (dissídio de alçada): **até 2 salários mínimos**, conforme Lei n. 5.584/70.
- Rito sumaríssimo: **até 40 salários mínimos**, nos termos do art. 852-A da CLT.
- Rito ordinário: **mais de 40 salários mínimos**, considerado o procedimento padrão do processo do trabalho.

19. PROCEDIMENTOS ESPECIAIS TRABALHISTAS

19.1. Inquérito para apuração de falta grave

O inquérito para apuração de falta grave, procedimento especial previsto no **art. 853 da CLT**, possui uma série de peculiaridades em relação a uma ação trabalhista "comum", conforme será analisado ao longo do presente tópico.

Em primeiro lugar, afirma-se que o inquérito possui por finalidade a desconstituição do vínculo de emprego por justa causa, mas não em todas as situações, já que se estuda em direito do trabalho que não há um procedimento para a demissão por justa causa. A ação é utilizada para aplicar a justa causa em alguns empregados, que possuem estabilidade provisória e que a lei ou a jurisprudência reconheceram a necessidade de um procedimento judicial de verificação da conduta que geraria a justa causa, ou seja, uma verificação realizada em contraditório, perante o Juiz do Trabalho, para convencê-lo de que o obreiro, apesar da sua estabilidade provisória, deu causa à rescisão do contrato, o que não se presume, muito pelo contrário, tem que estar devidamente provado nos autos.

Pela doutrina e jurisprudência majoritárias, utilizadas nos Exames da OAB, os empregados que são destinatários da ação de inquérito para apuração de falta grave são:

- Estável decenal – previsto no art. 492 da CLT, como o empregado que adquiriu a estabilidade após 10 anos na empresa. O instituto não foi recepcionado pela CF/88, que o substituiu pelo FGTS, mas o empregado que adquiriu a referida estabilidade antes da CF/88 teve os seus direitos preservados, somente podendo ser demitido por meio do inquérito.
- Dirigente sindical – conforme entendimento do TST externado na Súmula 379, é a situação mais importante para os Exames da OAB (KLIPPEL, 2016).

O dirigente sindical somente poderá ser dispensado por falta grave mediante a apuração em inquérito judicial, inteligência dos arts. 494 e 543, § 3º, da CLT. (ex-OJ n. 114 da SBDI-1 – inserida em 20-11-1997)

Apesar de ser uma “ação de procedimento especial”, segue o **rito ordinário**, mas com uma série de particularidades, a saber:

- Petição inicial: obrigatoriamente escrita, conforme art. 853 da CLT, sendo exceção a regra prevista no art. 840 da CLT, que permite a petição inicial verbal.
- Prazo para ajuizamento: deve ser ajuizada no prazo **decadencial (Súmula 403 do STF) de 30 dias a contar da suspenção** do empregado.
- Número de testemunhas: é o procedimento trabalhista com o maior número de testemunhas do processo do trabalho, chegando a 6 por parte, conforme art. 821 da CLT.

Art. 821. Cada uma das partes não poderá indicar mais de 3 (três) testemunhas, salvo quando se tratar de inquérito, caso em que esse número poderá ser elevado a 6 (seis).

A ação será ajuizada nos termos do art. 651 da CLT, sendo da competência da Vara do Trabalho do local da prestação dos serviços (LEITE, 2015).

Por fim, a sentença proferida na ação possui **natureza dúplice**, podendo reconhecer a hipótese de justa causa e desconstituir o vínculo ou negar a hipótese e determinar a reintegração do empregado nas funções, caso esteja suspenso. Vejamos um exemplo: o empregador entendeu que o dirigente sindical apresentou um atestado médico falso, que caracteriza a rescisão por justa causa na hipótese de ato de improbidade, previsto no art. 482, *a*, da CLT. Diante da situação por ele entendida como grave, determinou a suspensão do obreiro e ajuizou o inquérito no prazo de 30 dias. Na fase instrutória, foi realizada perícia no documento que não constatou qualquer rasura, modificação ou outro vício, entendendo o Juiz do Trabalho que o atestado era legítimo. Assim, julgou improcedentes os pedidos formulados na petição inicial, determinou a **reintegração do obreiro** na função que ocupava antes da suspensão, bem como a **condenação ao pagamento dos salários e demais verbas** do período de suspensão (SCHIAVI, 2015).

Assim, se a sentença for de:

- Procedência: desconstituirá o vínculo de emprego por reconhecer a justa causa, aplicando todas as consequências daquela forma de rescisão, como a perda de diversas verbas (13º proporcional, férias proporcionais, aviso prévio etc.) e benefícios (seguro-desemprego e saque do FGTS).
- Improcedência: condenará à reintegração e ao pagamento de verbas do período de suspensão.

Apesar de dotados de estabilidade provisória, a gestante, o acidentado do trabalho e o membro da CIPA podem ser dispensados por justa causa sem o ajuizamento do inquérito, pois não há previsão de procedimento especial para a demissão dos mesmos.

19.2. Mandado de segurança

Previsto no art. 5º, LXIX, da CF/88 e regulamentado pela Lei n. 12.016/2009, o mandado de segurança é utilizado para a **defesa de direito líquido e certo** “quando o responsável pela ilegalidade ou abuso de poder for autoridade pública ou agente de pessoa jurídica no exercício de atribuições do Poder Público”. Na maioria das vezes, o Mandado de Segurança é utilizado no processo do trabalho para atacar decisões judiciais que se mostrem ilegais e que não podem ser objeto de questionamento por recurso, **como as decisões interlocutórias**, nos termos da importantíssima **Súmula 414 do TST**, que trata da matéria. Imagine o seguinte: uma empregada grávida foi demitida sem justa causa e ajuizou uma reclamação trabalhista, requerendo liminarmente a sua reintegração. O pedido liminar é indeferido, sob o argumento de que ela engravidou no aviso prévio. A decisão **é ilegal, teratológica, absurda**, mas não pode ser objeto de recurso imediato, por tratar-se de decisão interlocutória e não estar enquadrada nas hipóteses excepcionais da Súmula 214 do TST. O que fazer na hipótese? Aguardar ser proferida sentença (decisão final) para ver o entendimento do Juiz quando do julgamento do mérito? Claro que não! Por se tratar de decisão judicial absurda, a parte pode impetrar de imediato o mandado de segurança, perante o TRT competente, buscando a modificação da decisão e, por consequência, a reintegração da obreira. Essa é a situação mais usual de mandado de segurança. Há também um outro ótimo exemplo, que é a decisão que **penhora salário do executado** e que é questionada no TRT por meio da ação em estudo, visando à liberação do percentual penhorado do salário, por ser um bem absolutamente impenhorável, nos moldes do **art. 833 do CPC/2015**, não se enquadrando a hipótese nas exceções do § 2º do dispositivo legal (SARAIVA, MANFREDINI, 2016).

Falamos que, nas hipóteses, a competência para o MS seria do TRT. Mas quais são as regras sobre competência para a referida ação? O MS pode ser impetrado perante as Varas do Trabalho, TRTs e TST, a depender do ato ilegal que se está impugnando. Vejamos:

- Varas do Trabalho: será da competência das Varas do Trabalho quando o ato ilegal tiver sido realizado por **autoridade externa à Justiça do Trabalho**, como o Fiscal do Trabalho ou membro do Ministério Público do Trabalho.
- TRTs: será da competência do TRT quando o ato ilegal for realizado por **Juiz do Trabalho ou membro do próprio TRT.**
- TST: será da competência do TST quando o ato ilegal for realizado por **membro do próprio TST.**

No cotidiano trabalhista, a maior parte dos mandados de segurança é julgada pelos TRTs, pois as partes se valem da ação para impugnar decisões interlocutórias dos Juízes do Trabalho, como nos exemplos acima.

Pela leitura do art. 5º, LXIX da CF/88, verifica-se que um dos requisitos para a utilização da ação é a **demonstração do direito líquido e certo,** que é entendido como a demonstração dos fundamentos por **prova pré-constituída,** que é a prova documental. Todos os argumentos devem estar provados por documentos juntados **na petição inicial,** sem possibilidade de emenda daquela para juntada de documento eventualmente faltante. Essa ideia consta na **Súmula 415 do TST**, que diz não caber emenda da petição inicial do mandado de segurança para juntada de documentos (KLIPPEL, 2016).

Súmula 415 do TST
Exigindo o mandado de segurança prova documental pré-constituída, inaplicável o art. 321 do CPC de 2015 (art. 284 do CPC de 1973) quando verificada, na petição inicial do *mandamus*, a ausência de documento indispensável ou de sua autenticação.

Outro requisito fundamental para a ação em estudo é a sua impetração no prazo decadencial de 120 dias a contar da ciência do ato coator. Se impetrada a medida no prazo, será considerada a ação adequada à defesa do direito. Se impetrada posteriormente ao prazo, será indeferida a petição inicial por ausência da condição da ação de interesse processual. Sobre o prazo, é importante destacar ainda a existência ou não de influência na sua contagem pela apresentação de **pedido de reconsideração.** Imaginemos que a decisão "a" tenha sido proferida de forma contrária aos interesses do autor, tendo sido o mesmo intimado daquela. Poderia a parte impetrar desde logo o mandado de segurança, iniciando-se a contagem do prazo de 120 dias da intimação daquela decisão "a". Contudo, em vez de se valer da mencionada ação, preferiu a parte apresentar pedido de reconsideração, que posteriormente foi indeferido por **meio da decisão "b".** A pergunta que fica é a seguinte: querendo a parte impetrar mandado de segurança, deverá contar os 120 dias da decisão "a" ou "b"? Nos termos da **OJ n. 127 da SDI-2 do TST,** será a decisão "a" o marco para a contagem do prazo, pois o *efetivo ato coator é o primeiro em que se firmou a tese e não aquele que a ratificou.*

OJ 127 da SBDI-2
Na contagem do prazo decadencial para ajuizamento de mandado de segurança, o efetivo ato coator é o primeiro em que se firmou a tese hostilizada e não aquele que a ratificou.

Ainda em relação ao prazo, um ponto importante, que está descrito no art. 23 da Lei n. 12.016/2009: há possibilidade de renovação do mandado de segurança dentro do prazo decadencial de 120 dias? Caso o MS impetrado seja extinto sem resolução do mérito e ainda esteja dentro do prazo de 120 dias, contado do ato original, poderá ser impetrado novamente, por dois motivos:

- O primeiro MS foi extinto sem resolução do mérito, o que não impede o reajuizamento da ação.
- Ainda está dentro do prazo de 120 dias, mostrando-se a ação mandamental ainda como a forma correta de impugnação do ato ilegal.

Muito cuidado com a natureza do prazo para a impetração do mandado de segurança, pois a banca pode dizer que o mesmo é "prescricional, de 120 dias", quando na verdade se trata de "prazo decadencial de 120 dias", sendo extinta a ação se impetrada após o referido prazo.

Agora, a questão mais recorrente em provas objetivas, que pode ser cobrada no seu Exame da OAB: a **Súmula 414 do TST**, que trata da utilização do mandado de segurança como **sucedâneo recursal**, ou seja, como se fosse um recurso, para impugnar decisões interlocutórias. Três são as hipóteses analisadas na súmula referida, a saber:

- **Impugnação de pedido liminar proferido no curso do processo:** na hipótese, estamos diante da típica situação de utilização da ação mandamental, que foi aquela mencionada nos exemplos já narrados, em que a liminar é proferida no curso do processo e impugnada de imediato por **mandado de segurança perante o TRT**.

- **Impugnação de pedido liminar proferida apenas na sentença:** situação excepcional em que o pedido liminar é analisado tão somente na sentença, hipótese em que a impugnação será realizada **por recurso ordinário (art. 895 da CLT)**, uma vez ter sido proferida uma sentença, que é uma decisão judicial com recurso imediato previsto no sistema processual.
- **MS impetrado contra decisão interlocutória e proferimento de sentença nos autos antes do julgamento daquela ação no TRT:** na hipótese, caso impetrado mandado de segurança contra decisão interlocutória e a sentença seja proferida antes do julgamento do MS pelo TRT, não haverá mais interesse no julgamento do MS, devendo o mesmo ser extinto por **perda do objeto**, já que a decisão interlocutória que ele impugnava foi substituída pela sentença ora proferida (KLIPPEL, 2016).

Por ser a situação mais importante de utilização da ação mandamental, transcreve-se a Súmula 414 do TST:

> MANDADO DE SEGURANÇA. TUTELA PROVISÓRIA CONCEDIDA ANTES OU NA SENTENÇA (nova redação em decorrência do CPC de 2015).
>
> I – A tutela provisória concedida na sentença não comporta impugnação pela via do mandado de segurança, por ser impugnável mediante recurso ordinário. É admissível a obtenção de efeito suspensivo ao recurso ordinário mediante requerimento dirigido ao tribunal, ao relator ou ao presidente ou ao vice-presidente do tribunal recorrido, por aplicação subsidiária ao processo do trabalho do artigo 1.029, § 5º, do CPC de 2015.
>
> II – No caso de a tutela provisória haver sido concedida ou indeferida antes da sentença, cabe mandado de segurança, em face da inexistência de recurso próprio.
>
> III – A superveniência da sentença, nos autos originários, faz perder o objeto do mandado de segurança que impugnava a concessão ou o indeferimento da tutela provisória.

Por fim, em relação ao procedimento do mandado de segurança, alguns pontos devem ser lembrados, destacando-se a aplicação da Lei n. 12.016/2009 em relação a eles:

- Notificação da autoridade coatora: será notificada para apresentar as suas informações (espécie de defesa) no prazo de **10 dias**.
- Ausência de revelia: a ausência de informações não importa em revelia, na medida em que, sendo o ato realizado por autoridade pública, goza de presunção de legalidade, devendo a sua ilegalidade ser comprovada por prova robusta.
- Parecer do Ministério Público: o Ministério Público apresentará parecer no prazo de 10 dias, na medida em que funciona na qualidade de **fiscal da lei**.
- Sentença: dispõe o art. 12 da Lei n. 12.016/2009 que a sentença deve ser proferida em 30 dias.
- Honorários de sucumbência: o art. 25 da Lei n. 12.016/2009 prevê que **não haverá a condenação** ao pagamento de honorários de sucumbência.
- Recursos: caberá recurso ordinário **(art. 895, I, da CLT)** da sentença proferida pela Vara do Trabalho nos mandados de segurança de sua competência, bem como recurso ordinário **(art. 895, II, da CLT)** do acórdão proferido pelo TRT no julgamento da ação de sua competência, conforme **Súmula 201 do TST**.

19.3. Ação rescisória

A ação rescisória, prevista nos **arts. 966 e s. do CPC/2015**, é utilizada para **desconstituir a coisa julgada material** que foi formada com algum vício grave que foi reconhecido pelo legislador e inserido no **art. 966 do CPC/2015**, tal como a utilização de **prova falsa**, julgamento proferido por **Juiz impedido**, decisão de mérito proferida por **juízo absolutamente incompetente**, dentre outras (SCHIAVI, 2015).

Uma novidade do Código de Processo Civil de 2015 é a possibilidade de ser rescindida decisão **que não seja de mérito**, conforme o § 2º do artigo referido, pois a decisão que não é de mérito, mas impede a propositura de nova ação e a admissibilidade de recurso, prejudica a parte tanto quanto uma decisão de mérito, podendo ser desconstituída se viciada (SARAIVA, MANFREDINI, 2016). Para tanto, a parte prejudicada deverá ajuizar a ação rescisória no **prazo decadencial de 2 anos** a contar do trânsito em julgado **da última decisão do processo**, que pode ser de mérito ou não, entendimento que já se encontrava exposto na Súmula 100 do TST e passou a constar expressamente no **art. 975 do CPC/2015**.

Apesar de a ação rescisória estar praticamente disciplinada apenas pelo CPC, encontra-se prevista também na CLT, pois seu art. 836 assinala a possibilidade de desconstituição da coisa julgada trabalhista, desde que realizado um **depósito prévio de 20% do valor da causa**, como condição de admissibilidade daquela.

O depósito prévio referido pode ser perdido para a outra parte como **multa pelo ajuizamento da ação,** caso seja inadmitida ou julgada improcedente **por unanimidade**, ou pode retornar para o autor, na hipótese de qualquer outro resultado, mesmo que desfavorável, desde que por maioria de votos (MIESSA, 2016). Assim, temos que lembrar as duas hipóteses de **perda do depósito prévio,** a saber:

- Inadmissão da ação rescisória por unanimidade.
- Improcedência da ação rescisória por unanimidade.

> **Art. 836.** É vedado aos órgãos da Justiça do Trabalho conhecer de questões já decididas, excetuados os casos expressamente previstos neste Título e a ação rescisória, que será admitida na forma do disposto no Capítulo IV do Título IX da Lei n. 5.869, de 11 de janeiro de 1973 – Código de Processo Civil, sujeita ao depósito prévio de 20% (vinte por cento) do valor da causa, salvo prova de miserabilidade jurídica do autor. (*Redação dada pela Lei n. 11.495, de 2007*)
>
> **Parágrafo único.** A execução da decisão proferida em ação rescisória far-se-á nos próprios autos da ação que lhe deu origem, e será instruída com o acórdão da rescisória e a respectiva certidão de trânsito em julgado.

Em relação à competência para o julgamento da ação em estudo, temos que tomar cuidado com alguns pontos, que podem nos levar a erro. A ação rescisória é uma **ação processada e julgada pelos tribunais,** ou seja, no processo do trabalho sempre pelos TRTs e TST. As regras sobre competência são as seguintes:

- TRT: será da competência dos TRTs o processamento e julgamento das ações rescisórias nas seguintes hipóteses:
  - Decisão objeto da ação rescisória: sentença com trânsito em julgado, ou seja, decisão de primeiro grau de jurisdição.
  - Decisão objeto da ação rescisória: decisão com trânsito em julgado emanada do próprio TRT, na medida em que *todo tribunal possui competência para processar e julgar a ação rescisória de seus próprios julgados.*
- TST: caberá ao Tribunal Superior do Trabalho processar e julgar a ação rescisória na seguinte hipótese:
  - Decisão objeto da ação rescisória: decisão com trânsito em julgado do próprio TST.

Apenas uma situação sobre competência tem que ser analisada com muito cuidado, pois consta na Súmula 192, I, do TST e pode ser utilizada como "pegadinha". Vejamos a situação por meio de um exemplo: diante de um acórdão do TRT contrário aos seus interesses, você interpôs um recurso de revista, requerendo ao TST a reforma daquela decisão. O recurso de revista foi admitido pela Presidência do TRT, seguindo para o TST. Lá chegando, foi inadmitido, transitando em julgado tal decisão. Agora você quer ajuizar uma ação rescisória e está na dúvida sobre a competência, já que a última decisão do processo foi proferida pelo TST. Na hipótese, apesar de a última decisão ter sido proferida pelo TST, a competência para processar o julgar a rescisória é do TRT, na medida em que a última decisão de mérito foi proferida pelo TRT, sendo essa decisão objeto da ação rescisória. A decisão que se seguiu, do TST, não foi uma decisão de mérito, mas de inadmissibilidade (LEITE, 2015).

> O prazo da rescisória é contado da última decisão proferida no processo, mesmo que essa não seja a decisão objeto da rescisória. A última decisão de mérito é que será objeto de rescisão, mas não será o prazo contado dela se existir qualquer outra decisão posterior.

Mas quem pode ajuizar a ação rescisória? Quem detém legitimidade para tanto? A resposta consta no **art. 967 do CPC/2015**, podendo o autor da ação ser:

- Aquele que foi parte ou o seu sucessor a título universal ou singular.
- O terceiro juridicamente interessado.
- O Ministério Público.
- Aquele que não foi ouvido no processo em que lhe era obrigatória a intervenção.

Em relação ao tema legitimidade, apenas uma observação relacionada ao Ministério Público, em decorrência da Súmula 407 do TST, que diz que o órgão poderá ajuizar a rescisória em todas as hipóteses do **art. 966 do CPC/2015**, e não apenas nas situações previstas no art. 967, sendo aquelas apenas situações exemplificativas e não taxativas. Vejamos o entendimento sumulado:

> **Súmula 407 do TST**
>
> A legitimidade *ad causam* do Ministério Público para propor ação rescisória, ainda que não tenha sido parte no processo que deu origem à decisão rescindenda, não está limitada às alíneas *a*, *b* e *c* do inciso III do art. 967 do CPC de 2015 (art. 487, III, *a* e *b*, do CPC de 1973), uma vez que traduzem hipóteses meramente exemplificativas (ex-OJ n. 83 da SBDI-2 – inserida em 13-3-2002).

Vários são os requisitos para o ajuizamento da ação, como o prazo decadencial de 2 anos, o trânsito em julgado etc. Mas será necessário interpor recurso antes de ajuizar a rescisória? A interposição de recursos pode ser considerada necessária antes do ajuizamento da ação? A resposta da Súmula 514 do STF é em sentido negativo, ou seja, não é necessária a interposição de qualquer apelo (SCHIAVI, 2015).

Vejamos sobre a indicação dos vícios do **art. 966 do CPC/2015**, pois a **Súmula 408 do TST** trata da matéria e merece atenção especial. Vejamos: vou ajuizar uma rescisória sob alegação de que o juízo era absolutamente incompetente, situação prevista no inciso II do mencionado artigo. Na hora de redigir a petição inicial, **não mencionei o inciso II ou mencionei o inciso errado.** Serei prejudicado por isto? Não, pois o *Juiz conhece o direito*, ou seja, *iura novit curia*. Não houve menção ao inciso ou o mesmo foi mencionado de forma equivocada, mas o Juiz sabe disso e tem ciência de que a incompetência absoluta é hipótese de ajuizamento da ação em análise. Contudo, há uma situação excepcional, que também consta na **Súmula 408 do TST**, que é a hipótese do **inciso V do art. 966 do CPC/2015**, que trata da violação manifesta à norma jurídica. Na hipótese, seguindo-se o entendimento do TST, o autor da ação **deve mencionar a norma jurídica que entende ter sido violada na hipótese**, pois a análise que será feita pelo tribunal será específica, sobre aquela norma descrita na petição inicial (KLIPPEL, 2016).

No tocante ao procedimento da ação rescisória, alguns aspectos são fundamentais e devem ser relembrados. Vejamos:

- Citação: aplicando-se o **art. 970 do CPC/2015**, extrai-se que o Relator citará o réu para apresentar defesa no prazo que variará de **15 a 30 dias**.
- Contagem do prazo de defesa: apesar da aplicação do CPC/2015 em relação ao prazo de citação, a contagem do mesmo seguirá as regras da CLT, ou seja, serão dias corridos e contados a partir do recebimento e não da juntada aos autos do mandado cumprido.
- Revelia: não há revelia na ação rescisória, conforme **Súmula 398 do TST**, já que a coisa julgada não pode ser desconstituída com base em presunção relativa de veracidade, devendo haver prova do vicio constante no **art. 966 do CPC/2015**.
- Produção de provas: as provas serão produzidas nos termos do **art. 972 do CPC/2015**, pelo órgão de primeiro grau, através da expedição de carta de ordem, devendo ser **produzidas e devolvidas ao Tribunal no prazo de 1 a 3 meses**.
- Razões finais: serão apresentadas por escrito no prazo de 10 dias para cada parte, conforme **art. 973 do CPC/2015**.
- Honorários de sucumbência: conforme entendimento do art. 791-A da CLT, que estipulou a condenação ao pagamento de honorários de sucumbência pela mera sucumbência, o perdedor pagará de 5% a 15% da condenação ou do proveito econômico ao Advogado do vencedor.

20. AÇÕES CIVIS ADMISSÍVEIS NO PROCESSO DO TRABALHO

20.1. Ação de consignação em pagamento

A ação em estudo, **admitida e diversas vezes utilizada no processo do trabalho**, é ajuizada pelo devedor que quer quitar a sua obrigação, mas encontra resistência do credor ou de fato alheio à vontade daquele. Assim, buscando evitar os efeitos danosos da mora, o devedor ajuíza a ação de consignação em pagamento para depositar a quantia devida ou para entregar em juízo a coisa igualmente devida. Essa ação é prevista nos **arts. 539 e s. do CPC**, bem como no **art. 335 do CC**. O Código de Processo Civil trata do procedimento a ser adotado, e o Código Civil traz as hipóteses legais de ajuizamento da referida ação. Não se admite no processo do trabalho a consignação extrajudicial, mas tão somente a judicial e as obrigações de pagamento de quantia ou de entrega de coisa, não sendo possível o ajuizamento para obrigações de fazer e não fazer.

A ação de consignação em pagamento será ajuizada no local da prestação dos serviços, conforme o **art. 651 da CLT**, sendo ajuizada por devedor ou por terceiros, como sucessores, sócios, entre outros. Já o polo passivo será ocupado pelo credor da obrigação.

Em relação ao procedimento é importante destacar que o art. 545 do CPC permite a **complementação do depósito** quando o credor, em sua defesa, alegar que aquele é insuficiente. Além disso, o mesmo credor poderá levantar a quantia ou coisa depositada, por ser incontroversa, continuando o processo em relação à parte controvertida, ou seja, duvidosa. Assim, se alego que a quantia depositada (R$ 10.000,00) é insuficiente porque seria devida quantia superior (R$ 15.000,00), posso sacar o valor originariamente depositado, discutindo-se a diferença de R$ 5.000,00.

20.2. Ação de prestação de contas (ação de exigir contas)

Prevista no **art. 550 e s. do CPC**, a ação de exigir contas, que sempre foi denominada "ação de prestação de contas", será ajuizada por aquele que se afirma titular do direito de exigir contas de outrem, como o empregado que recebe por comissão e não está recebendo informações claras sobre os valores por ele vendidos, o que inviabiliza a fiscalização sobre o valor que lhe é pago.

Na presente ação, o Juiz do Trabalho analisará, em um primeiro momento, se o autor possui o **direito de exigir** contas do réu, determinando ao último que as apresente. Posteriormente, em um segundo momento, o Magistrado decidirá se as contas prestadas estão corretas ou não.

Havendo saldo em favor de uma das partes, a sentença declarará tal fato e se constituirá em **título executivo judicial** em favor do credor.

20.3. Ação monitória

A ação monitória está prevista no **art. 700 do CPC**, sendo utilizada pelo credor que possui prova escrita do débito, mas **sem eficácia de título executivo**. Como exemplos, pode-se citar uma confissão de dívida, uma carta em que o devedor reconhece a dívida, o termo de rescisão do contrato de trabalho (TRCT) que não foi pago, entre outros. A vantagem de ajuizar a ação monitória na hipótese é que não há necessidade de passar por todo o trâmite de uma ação de conhecimento, em que se busca o reconhecimento do direito por sentença, já que na ação monitória já se parte do pressuposto de que a obrigação é devida, o que gera a expedição de mandado de pagamento, entrega de coisa ou a execução da obrigação de fazer ou não fazer, nos termos do art. 701 do CPC. Salienta-se que tal ação é **admitida no processo do trabalho**. Após a notificação, o devedor poderá apresentar embargos para discutir eventual vício no documento apresentado pelo autor. Caso não seja cumprida a obrigação ou apresentados os embargos, será constituído de pleno direito o **título executivo judicial**.

> Lembre-se de que a ação monitória será ajuizada quando a parte tiver documento sem força de título executivo que prove a existência da obrigação. Caso tenha título executivo judicial ou extrajudicial, deverá ajuizar ação de execução.

20.4. Ação de anulação de cláusula de negociação coletiva

Prevista no **art. 83, IV, da LC n. 75/93**, que trata da organização do Ministério Público da União, será ajuizada pelo MPT perante a Justiça do Trabalho para anular cláusula constante em negociação coletiva que **viole as liberdades individuais ou coletivas** ou direitos individuais indisponíveis dos trabalhadores, por exemplo, cláusula que impõe o pagamento de parcelas sem discriminação (salário complessivo), que determina o pagamento de contribuição confederativa a todos os empregados, associados ou não, que disciplina jornada de trabalho extensa, além dos limites legais, entre outras hipóteses.

A ação será ajuizada perante os Tribunais Trabalhistas – **TRTs ou TST** –, a depender da extensão da negociação coletiva, se aplicada dentro ou fora da área de abrangência do TRT do local da prestação dos serviços.

O TST também já decidiu que os **empregados, reunidos em coalizão**, podem ajuizar a referida ação, para pleitear a anulação de cláusula que os prejudique.

> A ação anulatória de cláusulas convencionais é sempre de competência originária dos tribunais trabalhistas, TRTs e TST, não sendo cabível o seu ajuizamento perante as Varas do Trabalho.

20.5. Ação civil pública

A ação civil pública encontra-se prevista na **Lei n. 7.347/85, no art. 129 da CF/88 e no art. 83, III, da LC n. 75/93**, sendo utilizada *"para a defesa de interesses coletivos, quando desrespeitados os direitos sociais constitucionalmente garantidos"*, conforme redação do último dispositivo citado.

A competência é da Vara do Trabalho do **local do dano**, nos termos do art. 2º da Lei n. 7.347/85, complementado pela OJ 130 da SDI-2 do TST, que trata do dano local, regional, suprarregional/nacional. Assim, o entendimento do TST pode ser resumido da seguinte maneira:

- **Dano local:** Vara do Trabalho do local do dano.
- **Dano regional:** qualquer Vara do Trabalho das localidades atingidas.
- **Dano suprarregional/nacional:** qualquer das Varas do Trabalho das sedes do TRTs.

A ação em estudo poderá ser ajuizada pelos legitimados do art. 5º da Lei n. 7.347/85, sendo que, na esfera trabalhista, destacam-se o MPT e os sindicatos. Os últimos não precisam estar constituídos há mais de 1 ano, nem constar em seu estatuto a finalidade de proteção aos interesses discutidos em juízo, pois tal situação já é presumida pelo art. 8º, III, da CF/88.

Por fim, **não há litispendência** entre a ação civil pública e ação individual que busque proteger os mesmos direitos, mas o titular do direito deve suspender a ação individual caso queira se beneficiar da decisão proferida na ação coletiva. Já em relação à coisa julgada, não haverá coisa julgada material quando a ação for julgada **improcedente por insuficiência de provas**, mas a coisa julgada material será formada para os legitimados coletivos na improcedência por outros motivos, podendo o titular do direito ajuizar ação individual para discutir o tema. Já na procedência dos pedidos, a coisa julgada material será formada tanto para legitimados coletivos quanto para os individuais.

> Não há litispendência entre a ação civil pública e ação individual, mas, para que o titular do direito possa se beneficiar da decisão proferida na ação civil pública, deve suspender a ação individual.

REFERÊNCIAS BIBLIOGRÁFICAS

GARCIA, Gustavo Felipe Barbosa. *Curso de direito processual do trabalho.* Rio de Janeiro: Forense, 2012.

KLIPPEL, Bruno. *Direito sumular TST esquematizado.* 6. ed. São Paulo: Saraiva, 2016.

LEITE, Carlos Henrique Bezerra. *Curso de direito processual do trabalho.* 13. ed. São Paulo: Saraiva, 2015.

MIESSA, Elisson. *Processo do trabalho.* 3. ed. Salvador: Juspodivm, 2016.

MOURA, Marcelo. *Consolidação das leis do trabalho para concursos.* 5. ed. Salvador: Juspodivm, 2015.

SARAIVA, Renato; MANFREDINI, Aryanna. *Curso de direito processual do trabalho.* 13. ed. Salvador: Juspodivm, 2016.

SCHIAVI, Mauro. *Manual de direito processual do trabalho.* 9. ed. São Paulo: LTr, 2015.

QUESTÕES

(XIX Exame de Ordem Unificado / FGV) A sociedade empresária Sucos Naturais Ltda., empresa de pequeno porte, teve contra si ajuizada uma reclamação trabalhista, na qual Alice, uma de suas ex-empregadas, postula o pagamento de horas extras. Para a audiência, a sociedade empresária enviou como preposto o empregado que foi contratado para substituir Alice. Em razão disso, o advogado da reclamante protestou contra tal fato, requerendo a aplicação da confissão, pois o preposto não havia presenciado os fatos.

Segundo a sistemática da CLT, assinale a afirmativa correta.

A) A impugnação deve ser acolhida, pois não se pode admitir a existência de um preposto que não tenha testemunhado os fatos.

B) A lei é omissa acerca de o preposto precisar, ou não, ter testemunhado os fatos, daí por que, diante da omissão legislativa, caberá ao juiz definir.

C) A impugnação deve ser acolhida, pois é necessário que o preposto tenha vivenciado os fatos, tanto assim que ele obrigatoriamente deverá ser empregado da empresa.

D) A impugnação deve ser rejeitada, pois o preposto precisa apenas ter conhecimento dos fatos.

RESPOSTA

A) A lei não exige que o preposto tenha presenciado os fatos, mas que tenha apenas conhecimento deles.

B) Se a lei não exige que o preposto tenha testemunhado os fatos, não se pode exigir tal fato, ainda mais porque o legislador deixou claro que o necessário é o conhecimento daqueles.

C) Ser empregado da empresa não é sinônimo de ter vivenciado os fatos, já que o preposto pode ter sido contratado após o reclamante, não havendo qualquer informação na CLT sobre tal exigência. Além disso, o § 3º do art. 843 da CLT, incluído pela Lei n. 13.467/2017 diz que o preposto não precisa ser empregado.

✓ O art. 843, § 1º, da CLT diz que o empregador pode fazer-se representar por preposto **com conhecimento dos fatos**, sem qualquer menção ao fato de ter trabalhado simultaneamente com o reclamante. Assim, a impugnação realizada pelo Advogado do reclamante deve ser rejeitada, já que o preposto, empregado da empresa reclamada, tinha conhecimento dos fatos e isto basta para preencher o requisito legal.

(XIX Exame de Ordem Unificado / FGV) Na fase de execução de uma reclamação trabalhista, as partes se apresentaram ao juiz da causa postulando a homologação de acordo que envolveria 80% do valor que estava sendo executado.

Diante dessa situação, de acordo com a CLT e o entendimento consolidado do TST, assinale a afirmativa correta.

A) O juiz não pode homologar o acordo porque estará violando a coisa julgada, pois o pagamento estará sendo feito em valor inferior àquele determinado pela Justiça.

B) O juiz tem a obrigação de homologar o acordo, se essa é a legítima vontade das partes, sem vícios ou dúvidas.

C) O acordo, uma vez homologado, faz coisa julgada material para todos, sem exceção, somente podendo ser desconstituído por ação anulatória.

D) É possível a homologação do acordo, que pode ser realizado a qualquer momento, mas ficará a critério do juiz fazê-lo à luz do caso concreto.

RESPOSTA

A) Não há violação à coisa julgada, na medida em que não há qualquer norma impedindo a realização do acordo na fase de execução.

B) A Súmula 418 do TST deixa claro que o Juiz não é obrigado a homologar o acordo.

C) A Súmula 259 do TST deixa claro que cabe a ação rescisória para desconstituir o acordo.

✓ O legislador previu dois momentos obrigatórios de conciliação no processo de conhecimento, mas nada impede que em qualquer outra fase, inclusive no processo de execução, as partes levem à análise do Magistrado um acordo, como foi realizado no caso concreto. Assim, em qualquer momento do processo pode ser homologado o acordo. Ocorre que o Juiz não é obrigado a homologar o acordo, conforme a Súmula 418 do TST, que diz ser faculdade a homologação daquele, devendo o Juiz analisar no caso concreto a viabilidade do acordo apresentado.

(XIX Exame de Ordem Unificado / FGV) José ajuizou reclamação trabalhista em face da sociedade empresária ABCD Ltda., requerendo horas extras. A sociedade empresária apresentou contestação negando as horas extras e juntou os cartões de ponto, os quais continham horários variados de entrada e saída, marcados por meio de relógio de ponto. O advogado do autor impugnou a documentação.

Com base no caso apresentado, assinale a afirmativa correta.

A) Na qualidade de advogado do autor, você não precisará produzir qualquer outra prova, pois já impugnou a documentação.

B) Na qualidade de advogado da ré, você deverá produzir prova testemunhal, já que a documentação foi impugnada.

C) Na qualidade de advogado do autor, o ônus da prova será do seu cliente, razão pela qual você deverá produzir outros meios de prova em razão da sua impugnação à documentação.

D) Dada a variação de horários nos documentos, presumem-se os mesmos inválidos diante da impugnação, razão pela qual só caberá o ônus da prova à empresa ré.

RESPOSTA

A) Impugnar a documentação significa afirmar que a mesma não é verídica, o que traz para si o ônus da prova.

B) A prova produzida pelo réu é válida, já que traz horários variados, como geralmente ocorre, não havendo a necessidade de produzir qualquer outro meio de prova.

✓ A questão, muito bem elaborada, traz situação diversa do que geralmente encontramos, pois diz que os cartões de ponto traziam horários variados (e não uniformes, como de costume). Assim, havendo a negativa da prestação das horas extras e a juntada de documentos válidos, o ônus da prova da prestação da jornada extraordinária é do autor, pois o labor extraordinário é um fato constitutivo seu, é um fato que por ele foi levado ao Poder Judiciário e por ele deve ser provado, conforme dispõe o art. 818 da CLT.

D) Os horários variados são válidos, sendo inválidos os horários uniformes, conforme a Súmula 338, III, do TST.

(XIX Exame de Ordem Unificado / FGV) Hudson ajuizou ação na Justiça do Trabalho na qual postula exclusivamente diferenças na complementação de sua aposentadoria. Hudson explica que, durante 35 anos, foi empregado de uma empresa estatal e contribuiu para o ente de previdência privada fechada, da qual a ex-empregadora é instituidora e patrocinadora. Ocorre que, ao longo do tempo, os empregados da ativa tiveram reajustes salariais que não foram observados na complementação da aposentadoria de Hudson, gerando diferenças, que agora o autor cobra tanto da ex-empregadora quanto do ente de previdência privada.

Considerando o caso e de acordo com a CLT, assinale a afirmativa correta.

A) O processo deverá ser remetido pelo Juiz do Trabalho para a justiça estadual.

B) A reclamação trabalhista deverá ser extinta sem resolução do mérito por falta de competência.

C) A ação trabalhista deverá ter curso normal, com citação e designação de audiência para produção de provas.

D) O destino do feito dependerá dos termos da contestação, pois pode haver prorrogação de competência.

RESPOSTA

✓ No caso, em virtude de decisão proferida pelo STF em 2013, cabe à Justiça Comum a análise dos processos em que se discute a complementação de aposentadoria, tendo em vista, no entender do STF, que não há mais vínculo de emprego que atraia a competência da Justiça Trabalhista, conforme transcrição de notícia publicada no site do TST. Trata-se de questão considerada difícil, que foge ao que a FGV vem cobrando em sede de Exame de Ordem em relação ao tema “competência”, por não se tratar de uma ação costumeira para aqueles que iniciam na Advocacia.

B) A incompetência absoluta não gera a extinção do processo, mas a sua remessa para a justiça competente.

C) Se o juízo é absolutamente incompetente, não pode ter seu curso normal.

D) Não há prorrogação da competência quando o critério é absoluto, como na hipótese.

(XIX Exame de Ordem Unificado / FGV) João foi empregado da sociedade empresária Girassol Terceirização Ltda. e trabalhou como vigilante terceirizado na sociedade empresária Passo Fundo Ltda. durante todo o seu contrato. João foi dispensado e não recebeu nenhuma verba da extinção contratual, motivando-o a ajuizar ação contra ambas as sociedades empresárias. Em audiência, a sociedade empresária Girassol Terceirização Ltda. comprovou documentalmente ter sido decretada a sua falência, ao passo que a sociedade empresária Passo Fundo Ltda. comprovou, nas mesmas condições, ter conseguido a recuperação judicial. As partes estiveram regularmente representadas e assistidas, nenhuma delas requereu a sua exclusão da lide e o pedido foi julgado procedente em parte, com condenação principal da sociedade empresária Girassol e responsabilidade subsidiária da sociedade empresária Passo Fundo.

Diante da situação retratada, da previsão legal e do entendimento do TST, considerando que as sociedades empresárias recorrerão, assinale a afirmativa correta.

A) Diante da situação jurídica das sociedades empresárias, elas ficam dispensadas do preparo.

B) A sociedade empresária Girassol precisará realizar preparo, mas a sociedade empresária Passo Fundo, não.

C) Ambas as sociedades empresárias precisarão realizar o preparo integralmente.

D) A sociedade empresária Girassol não precisará realizar preparo, mas a sociedade empresária Passo Fundo, sim.

RESPOSTA

A) Pelo entendimento do TST na Súmula 86, apenas a empresa que teve a falência decretada é que fica isenta do preparo.

B) Nos termos da Súmula 86 do TST, é o contrário, ou seja, a sociedade empresária Girassol não precisa realizar o preparo, enquanto que a sociedade Passo Fundo deverá realizar o preparo recursal.

C) As sociedades empresárias com falência decretada não precisam realizar o preparo, sendo a obrigação prevista para as sociedades em recuperação judicial.

☑ A situação consta expressamente na Súmula 86 do TST, que isenta da realização do preparo a massa falida – no caso a Girassol – mas determina a realização do preparo para aqueles que estão em recuperação judicial, na hipótese a sociedade Passo Fundo.

(XX Exame de Ordem Unificado / FGV) Um determinado empregado é vigilante e, por meio do seu empregador, sempre prestou serviços terceirizados a uma instituição bancária privada. Após ser dispensado, o ex-empregado ajuizou ação contra o seu antigo empregador e a instituição bancária, reclamando horas extras, diferença por acúmulo de funções e indenização por dano moral.

Sobre a situação apresentada, assinale a afirmativa correta.

A) Caso haja sucesso na demanda, a instituição bancária não poderá ser condenada em qualquer nível porque não foi o empregador.

B) A instituição bancária poderá ser condenada de forma solidária pelos créditos porventura deferidos porque terceirizou atividade-fim.

C) O banco poderia ser condenado de forma mista, ou seja, pagaria todos os direitos devidos exceto dano moral.

D) A instituição bancária será condenada de forma subsidiária por todos os créditos porventura deferidos.

RESPOSTA

A) Apesar de não ter sido empregadora, a instituição bancária é responsável por ter sido tomadora das atividades. A responsabilidade é subsidiária, conforme a Súmula 331 do TST.

B) A responsabilidade não é solidária, mas subsidiária, já que o tomador dos serviços somente poderá ser cobrado após ficar demonstrada a impossibilidade de pagamento do débito pelo empregador.

C) O inciso VI da Súmula 331 do TST deixa claro que não existe tal condenação "mista", mas uma condenação subsidiária completa, em todas as verbas.

☑ Está correta a previsão de condenação subsidiária da instituição bancária privada, uma vez que houve terceirização dos serviços e o banco figura como tomador daqueles. Além disso, a Súmula 331, VI, do TST prevê que o tomador será condenado em todas as verbas devidas pelo empregador, ou seja, todos os créditos deferidos ao empregado serão de responsabilidade subsidiária do tomador, sem qualquer exclusão.

(XX Exame de Ordem Unificado / FGV) Paulo é juridicamente pobre, razão pela qual teve a gratuidade de justiça deferida em sede de reclamação trabalhista ajuizada em face de seu empregador, na qual pleiteava adicional de periculosidade. No curso do processo, o perito constatou que o local de trabalho não era perigoso, uma vez que Paulo não trabalhava em condição que ensejasse o pagamento do adicional de periculosidade.

Diante disso, assinale a opção que indica a quem cabe custear os honorários periciais.

A) Paulo deverá realizar o pagamento, pois honorários periciais não se incluem na gratuidade de justiça, que alcança apenas as custas.

B) A sociedade empresária deverá pagar a perícia, já que Paulo não tem condições de fazê-lo.

C) A União será a responsável pelo pagamento dos honorários periciais.

D) O perito deverá se habilitar como credor de Paulo até que esse tenha condição de custear a perícia.

RESPOSTA

A) Os honorários periciais entram no conceito de custas, havendo a isenção do seu pagamento para o benefício da justiça gratuita.

B) A responsabilidade da empresa pelo pagamento não decorre da impossibilidade financeira da outra parte, mas de sua sucumbência, o que não ocorreu na hipótese.

☑ A questão, que não é inédita no Exame de Ordem, trata do pagamento dos honorários periciais pela União, quando o sucumbente na pretensão objeto da perícia está com justiça gratuita deferida, que é o caso em tela. Dispõe a Súmula 457 do TST que a União será a responsável pelo pagamento do valor em referência.

D) Como visto, a solução dada pela Súmula 457 do TST é outra, não havendo habilitação para receber da parte, mas o imediato pagamento pela União.

(XX Exame de Ordem Unificado / FGV) Mário ajuizou reclamação trabalhista em face de seu ex-empregador. No dia da audiência, não compareceu, razão pela qual o processo foi arquivado. Em nova ação proposta em idênticos termos, o juiz extinguiu o feito sem resolução do mérito, pois a ré não foi localizada. Imediatamente, Mário ajuizou a demanda pela terceira vez. Na audiência, com todos presentes, o advogado da sociedade empresária aduziu que o juiz deveria extinguir o processo sem resolução do mérito em razão da perempção, pois não decorreu o prazo de seis meses entre o segundo e o terceiro processo.

Sobre a hipótese apresentada, na qualidade de advogado de Mário, assinale a afirmativa correta.

A) Deverá ser requerido que o juiz apenas suspenda o processo.

B) Deverá desistir da ação para evitar a condenação em custas.

C) Deverá aduzir que o prazo de seis meses é contado da primeira ação.

D) Deverá aduzir que não houve perempção e requerer o prosseguimento do feito.

RESPOSTA

A) Não há previsão legal para a suspensão do processo na hipótese.

B) A desistência da ação depende da vontade da parte, não se podendo falar em hipótese em que o autor tenha que desistir da ação.

C) O prazo é contado do arquivamento da segunda ação, pois é o momento em que a pena processual é aplicada.

✓ Na hipótese não houve perempção, pois não se vislumbra qualquer das hipóteses dos arts. 731 e 732 da CLT. Somente haveria perempção se a ação tivesse sido extinta sem resolução do mérito (arquivada) duas vezes seguidas por ausência do reclamante à audiência, o que não ocorreu no caso narrado. Vejam que o primeiro arquivamento decorreu de ausência do reclamante, mas o segundo não, o que retira a aplicação da CLT em relação à perempção. O Advogado deve aduzir que não houve perempção e, portanto, o processo deve seguir normalmente.

(XX Exame de Ordem Unificado / FGV) Carlos tinha 17 anos quando começou a trabalhar na sociedade empresária ABCD Ltda. No dia seguinte ao completar 18 anos foi dispensado. A sociedade empresária pagou as verbas rescisórias, mas não pagou as horas extras trabalhadas ao longo de todo o contrato de trabalho.

Para o caso apresentado, na qualidade de advogado de Carlos, assinale a afirmativa correta.

A) A ação deverá ser ajuizada no prazo de dois anos contados da dispensa.

B) Sendo Carlos menor na época da contratação e durante quase todo o pacto laboral, não corre prescrição bienal, iniciando-se a quinquenal a partir da data da dispensa.

C) A ação deverá ser proposta no prazo de cinco anos após a dispensa, já que Carlos era menor quando da contratação, não correndo prescrição.

D) Não há prazo prescricional para ajuizamento da ação, pois não corre prescrição para o empregado menor e Carlos trabalhou sempre nessa condição.

RESPOSTA

✓ Na hipótese, Carlos foi demitido com 18 anos, ou seja, maior de idade, o que faz com que já incidam as regras sobre prescrição trabalhista. Se houve a rescisão do contrato, a ação trabalhista deve ser ajuizada normalmente no prazo de até 2 anos, por aplicação do art. 7º, XXXIII, da CF/88, que trata da prescrição bienal.

B) Não há prescrição enquanto menor, por aplicação do art. 440 da CLT. Tornando-se maior, iniciando-se as prescrições bienal e quinquenal.

C) A prescrição após o término do vínculo de emprego é a bienal, e não a quinquenal.

D) Não está correta, pois diz que não há prazo prescricional para o ajuizamento da ação, o que é errado, já que é aplicável a prescrição bienal.

(XX Exame de Ordem Unificado / FGV) Em audiência trabalhista sob o rito sumaríssimo, o advogado da ré aduziu que suas testemunhas estavam ausentes. Sem apresentar qualquer justificativa ou comprovante de comunicação às testemunhas, requereu o adiamento do feito. Diante disso, estando presentes as testemunhas do autor, o juiz indagou do advogado do autor se ele concordava ou não com o adiamento, requerendo justificativa.

Sobre o caso relatado, na qualidade de advogado do autor, assinale a afirmativa correta.

A) Deve concordar com o adiamento, já que, ausentes as testemunhas, essas poderão ser intimadas para comparecimento na próxima audiência.

B) Deve se opor ao adiamento, requerendo o prosseguimento do feito, pois, não havendo comprovação do convite às testemunhas, a audiência não poderá ser adiada para intimação das mesmas.

C) Deve se opor ao adiamento imediato, requerendo a oitiva de suas testemunhas e protestar por depoimentos pessoais para, na próxima audiência, serem ouvidas as testemunhas da ré.

D) Deve concordar com o adiamento, pois a lei não exige justificativa ou comprovação de convite às testemunhas.

RESPOSTA

A) Sem a prova do convite, não há direito à intimação das testemunhas.

✓ A resposta é encontrada no art. 852-H da CLT, que traz regras especiais sobre a produção da prova testemunhal no rito sumaríssimo. O § 3º, que se aplica aqui, diz que a intimação das testemunhas ausentes depende de prova do convite feito a elas, o que não há na hipótese, impedindo o adiamento da audiência para intimação das testemunhas.

C) Não há direito de serem ouvidas as testemunhas da ré na próxima audiência, na medida em que não houve prova do convite.

D) A lei exige a prova do convite para ter direito à intimação das testemunhas.

(XXI Exame de Ordem Unificado / FGV) De acordo com o entendimento consolidado do STF e do TST, assinale a opção que apresenta situação em que a Justiça do Trabalho possui competência para executar as contribuições devidas ao INSS.

A) Reclamação na qual se postulou, com sucesso, o reconhecimento de vínculo empregatício.

B) Ação trabalhista na qual se deferiu o pagamento de diferença por equiparação salarial.

C) Demanda na qual o empregado teve a CTPS assinada mas não teve o INSS recolhido durante todo o contrato.

D) Reclamação trabalhista na qual foi reconhecido o pagamento de salário à margem dos contracheques.

RESPOSTA

A) Esta assertiva trata de sentença meramente declaratória, que não é executada na Justiça do Trabalho para fins de recebimento do INSS.

✓ Nos termos da Súmula Vinculante 53 do STF e Súmula 368, I, do TST, a Justiça do trabalho possui competência para executar as contribuições previdenciárias incidentes sobre condenações pecuniárias, ou seja, quando aquela justiça condena ao pagamento de quantia, o que somente ocorre na alternativa "B", que fala em condenação ao pagamento de diferenças decorrentes de equiparação salarial, isto é, condenação ao pagamento de diferenças salariais. Nas demais situações temos sentenças declaratórias, fugindo à regra dos entendimentos sumulados acima. As demais assertivas trazem situações em que foi proferida uma sentença declaratória, sem condenação pecuniária, sobre a qual não incide contribuição previdenciária.

C) Da mesma forma, não é competente a Justiça do Trabalho, pois não há condenação pecuniária por ela imposta.

D) Se foi reconhecido, é porque a sentença é declaratória, não sendo executada na Justiça do Trabalho para fins de recebimento do INSS.

(XXI Exame de Ordem Unificado / FGV) Em determinada reclamação trabalhista, o empregador foi condenado ao pagamento de diversas parcelas, havendo ainda condenação subsidiária da União na condição de tomadora dos serviços. Na execução, depois de homologado o cálculo e citado o empregador para pagamento, as tentativas de recebimento junto ao devedor principal fracassaram, daí por que a execução foi direcionada contra a União, que agora pretende questionar o valor da dívida.

Diante da situação apresentada, assinale a afirmativa correta.

A) A União pode embargar a execução no prazo legal, após a garantia do juízo.

B) A CLT não permite que a União, por ser devedora subsidiária, ajuíze embargos de devedor.

C) A garantia do juízo para ajuizar embargos de devedor é desnecessária, por se tratar de ente público.

D) A União, por se tratar de recurso, terá o prazo em dobro para embargar a execução.

RESPOSTA

A) A União não precisa garantir o juízo para embargar.

B) Os embargos podem ser apresentados pelo executado, seja principal ou subsidiário.

☑ A União, na qualidade de executada, pode apresentar embargos à execução, nos termos do art. 884 da CLT, para demonstrar eventual ilegalidade no processo de execução. A diferença está no fato de a União não precisar garantir o juízo, conforme a alternativa "C", uma vez que o art. 910 do CPC dispensa tal requisito diante da impenhorabilidade dos bens públicos. Assim, a União poderá ajuizar os embargos sem garantia prévia do juízo.

D) Os embargos à execução não possuem natureza jurídica de recurso, mas de ação, com prazo específico para a Fazenda Pública, que é de 30 dias.

(XXI Exame de Ordem Unificado / FGV) O juiz, em ação trabalhista proposta por Carlos em face da sociedade empresária ABCD Ltda., julgou procedente, em parte, o rol de pedidos. Nenhuma das partes apresentou qualquer recurso. O pedido versava exclusivamente sobre horas extras e reflexos, estando nos autos todos os controles de horário, recibos salariais, o termo de rescisão de contrato de trabalho (TRCT) e demais documentos inerentes ao contrato de trabalho em referência. Todos os documentos eram incontroversos.

Com base no caso apresentado, como advogado(a) de Carlos, assinale a opção que indica a modalidade a ser adotada para promover a liquidação de sentença.

A) Por cálculos.

B) Por arbitramento.

C) Por artigos.

D) Por execução por quantia certa.

RESPOSTA

☑ A liquidação será realizada por cálculos, que é a forma mais simples de liquidação de sentença prevista no art. 879 da CLT. Na situação em tela, verifica-se que há a necessidade de cálculos apenas para se aferir o valor devido, já que os documentos foram juntados aos autos e não há qualquer controvérsia em relação aos mesmos. A ideia, que é sempre vista nos processos reais, é verificar a jornada de trabalho e o valor pago pela hora normal, calcular o valor das horas extras e multiplicar pelas horas extras realizadas, calculando-se os reflexos nas demais verbas trabalhistas. Não há necessidade de realização de perícia ou a apresentação de qualquer outro documento ou fato novo. A única alternativa que traz a liquidação por cálculos é a letra "A".

B) Não há necessidade de realização de perícia técnica que justifique a realização da liquidação por arbitramento.

C) Não há necessidade de apresentação de fatos novos, pois os que constam no processo já são suficientes para se chegar ao valor devido.

D) Não existe a aludida liquidação no processo do trabalho.

(XXI Exame de Ordem Unificado / FGV) Um empregado ajuizou reclamação trabalhista postulando o pagamento de vale-transporte, jamais concedido durante o contrato de trabalho, bem como o FGTS não depositado durante o pacto laboral. Em contestação, a sociedade empresária advogou que, em relação ao vale-transporte, o empregado não satisfazia os requisitos indispensáveis para a concessão; no tocante ao FGTS, disse que os depósitos estavam regulares.

Em relação à distribuição do ônus da prova, diante desse panorama processual e do entendimento consolidado pelo TST, assinale a afirmativa correta.

A) O ônus da prova, em relação ao vale-transporte, caberá ao reclamante e, no tocante ao FGTS, à reclamada

B) O ônus da prova para ambos os pedidos, diante das alegações, será do reclamante.

C) O ônus da prova, em relação ao vale-transporte, caberá ao reclamado e, no tocante ao FGTS, ao reclamante.

D) O ônus da prova para ambos os pedidos, diante das alegações, será da sociedade empresária.

RESPOSTA

A) O ônus da prova é da empresa, conforme as Súmulas 461 e 462 do TST.

B) O ônus da prova é da empresa, nos termos do entendimento sumulado do TST.

C) Nas duas hipóteses o ônus da prova é da empresa, conforme as Súmulas 461 e 462 do TST.

✓ A questão trata das duas últimas Súmulas editadas pelo TST, de n. 461 e 462, que afirmam ser do empregador o ônus de provar que o empregado não faz jus ao vale-transporte e que os depósitos de FGTS foram regulares. Não sendo tais fatos provados, vamos presumir que o vale-transporte era devido e que os depósitos do FGTS não foram realizados regularmente, culminando provavelmente com a condenação.

(XXI Exame de Ordem Unificado / FGV) Em pedido de reenquadramento formulado em reclamação trabalhista, foi designada perícia, com honorários adiantados pelo autor, e ambas as partes indicaram assistentes técnicos. Após a análise das provas, o pedido foi julgado procedente.

Diante da situação, da legislação em vigor e do entendimento consolidado do TST, assinale a afirmativa correta.

A) O autor, tendo se sagrado vencedor, será ressarcido pelos honorários pagos ao perito e ao seu assistente técnico.

B) O autor não terá o ressarcimento dos honorários que pagou ao seu assistente técnico, porque sua indicação é faculdade da parte.

C) O autor, segundo previsão da CLT, terá o ressarcimento integral dos honorários pagos ao perito e metade daquilo pago ao seu assistente técnico.

D) O juiz, inexistindo previsão legal ou jurisprudencial, deverá decidir se os honorários do assistente técnico da parte serão ressarcidos.

RESPOSTA

A) Não há ressarcimento de valores pagos ao assistente técnico.

✓ A situação é simples, já tendo sido cobrada em outras provas da OAB. Os honorários do assistente técnico são de responsabilidade da parte contratante, independentemente do resultado da perícia, uma vez que a contratação é facultativa. Quando se tem a nomeação de perito judicial para a realização de exame judicial, as partes podem indicar assistentes técnicos, caso queiram. Assim sendo, o contratante arca com o pagamento da quantia acordada diretamente com o *expert*, não havendo possibilidade de impor à parte contrária o dever de ressarcir o valor pago, mesmo que a perícia seja favorável, conforme a Súmula 341 do TST. Assim, não se pode confundir a regra de pagamento dos honorários periciais (art. 790-B da CLT) com os honorários do assistente técnico, objeto de questionamento.

C) Não há qualquer ressarcimento dos honorários do assistente técnico, pois contratado pela parte, cabendo o seu pagamento de forma exclusiva ao contratante.

D) Não há ressarcimento, pois a Súmula 341 do TST diz caber o pagamento de forma exclusiva ao contratante.

(XXII Exame de Ordem Unificado / FGV) Lucas é vigilante. Nessa condição, trabalhou como terceirizado durante um ano em um estabelecimento comercial privado e, a seguir, em um órgão estadual da administração direta, no qual permaneceu por dois anos. Dispensado, ajuizou ação contra o ex-empregador e contra os dois tomadores dos seus serviços (a empresa privada e o Estado), pleiteando o pagamento de horas extras durante todo o período contratual e a responsabilidade subsidiária dos tomadores nos respectivos períodos em que receberam o serviço. A sentença julgou procedente o pedido e os réus pretendem recorrer.

Em relação às custas, com base nos ditames da CLT, assinale a afirmativa correta.

A) Cada réu deverá recolher 1/3 das custas.

B) Havendo participação do Estado, ninguém pagará custas.

C) Somente o Estado ficará dispensado das custas.

D) Cada réu deverá recolher a integralidade das custas.

RESPOSTA

A) Não há previsão legal para pagamento de fração de custas processuais.

B) A participação do Estado não isenta outros sujeitos do pagamento de custas processuais.

✓ O art. 790-A da CLT prevê a isenção das custas processuais para as pessoas jurídicas de direito público, como o Estado, que foi condenado subsidiariamente.

D) O Estado não recolherá as custas, por estar isento nos termos do art. 790-A da CLT.

(XXII Exame de Ordem Unificado / FGV) Expedida carta precatória executória numa demanda trabalhista, o juízo deprecante cita o devedor para pagamento, mas ele permanece inerte. Então, o oficial de justiça retorna e penhora um dos imóveis do executado, avaliando-o e garantindo o juízo. Imediatamente o executado ajuíza embargos de devedor, alegando que o bem penhorado foi subavaliado, apresentando a documentação que entende provar que o valor de mercado do bem é muito superior àquele lançado no auto pelo oficial de justiça.

Sobre a hipótese apresentada, de acordo com a legislação em vigor e o entendimento consolidado do TST, assinale a opção que, justificadamente, indica o juízo competente para apreciar os embargos.

A) O juízo deprecante é competente, pois dele se origina a execução.

B) O julgamento poderá competir aos juízos deprecante ou ao deprecado, porque a Lei não traz previsão.

C) O juízo deprecado será competente, porque a matéria se refere a suposto vício na penhora.

D) A Lei e a jurisprudência são omissas a respeito, daí porque a parte poderá escolher qual dos juízos apreciará os embargos.

RESPOSTA

A) A competência não será do juízo deprecante, pois, apesar de a execução se originar naquele, o vício não foi realizado por ele.

B) A lei traz a previsão sobre o juízo competente, que é o deprecado, conforme o art. 20 da Lei n. 6.830/80.

☑ A assertiva está de acordo com o art. 20 da Lei n. 6.830/80, que é a Lei de Execução Fiscal. A competência é do juízo deprecado, já que o vício foi por ele realizado. Será discutida a avaliação realizada no bem pelo oficial de justiça, quando da realização da penhora.

D) Não há a opção para a parte apresentar os embargos, já que a lei define, na hipótese, a competência do juízo deprecado.

(XXII Exame de Ordem Unificado / FGV) Jorge foi dispensado e, no dia designado para homologação da ruptura contratual, a empresa informou que não tinha dinheiro para pagar a indenização. O TRCT estava preenchido, com o valor total de R$ 5.000,00 que Jorge deveria receber. Diante da situação narrada pela empresa e da extrema necessidade de Jorge, o sindicato concordou em fazer a homologação apenas para liberar o FGTS e permitir o acesso ao seguro-desemprego, lançando no TRCT um carimbo de que nada havia sido pago. Jorge, então, ajuizou ação monitória na Justiça do Trabalho, cobrando a dívida de R$ 5.000,00.

Sobre a situação narrada, assinale a afirmativa correta.

A) O comportamento de Jorge é viável, sendo que, nesse caso, o juiz expedirá mandado de pagamento, nos moldes do CPC.

B) Na Justiça do Trabalho, a ação monitória somente é possível em causas de até dois salários mínimos, sendo que da sentença não caberá recurso, o que não é a hipótese retratada.

C) Jorge deveria ajuizar ação de execução de título extrajudicial, que é a natureza jurídica do TRCT preenchido, mas não quitado.

D) Jorge agiu mal, porque não cabe ação monitória na Justiça do Trabalho, em razão da incompatibilidade de procedimentos.

RESPOSTA

☑ A ação monitória é cabível no processo do trabalho quando a parte possuir um documento escrito sem força executiva, conforme o art. 700 do CPC, que é o caso em análise: a parte possui o TRCT reconhecendo o direito ao recebimento de R$ 5.000,00.

B) Não há limitação em relação ao valor da causa para o ajuizamento da ação monitória.

C) O TRCT não possui eficácia executiva, ou seja, não é um título executivo extrajudicial.

D) A ação rescisória é cabível no processo do trabalho, conforme doutrina e jurisprudência pátrias.

(XXII Exame de Ordem Unificado / FGV) A sociedade empresária Sanear Conservação e Limpeza Ltda. ajuizou ação de consignação em pagamento em face do ex-empregado Pedro Braga, afirmando que ele se negava a receber as verbas resilitórias a que faria jus. Citado, Pedro Braga apresentou resposta sob a forma de contestação e reconvenção, postulando diversos direitos alegadamente lesados e incluindo no polo passivo a sociedade empresária Réptil Imobiliária, tomadora dos serviços terceirizados do empregado, requerendo dela a responsabilidade subsidiária.

Diante da situação retratada e da norma de regência, assinale a afirmativa correta.

A) Não é possível, em sede de reconvenção, ajuizar ação contra quem não é parte na lide principal.

B) A pretensão de Pedro somente se viabilizará se a sociedade empresária Réptil Imobiliária concordar em figurar na reconvenção.

C) Não há óbice a se incluir na reconvenção pessoa que não figure na lide original.

D) A Lei processual é omissa a respeito; assim ficará a critério do juiz aceitar a inclusão da sociedade empresária Réptil Imobiliária.

RESPOSTA

A) É possível a inclusão de litisconsorte que não era parte no processo, em sede de reconvenção, conforme o art. 343, § 3º, do CPC.

B) Não há necessidade de concordância do terceiro para ser incluído como réu na reconvenção.

☑ A possibilidade de inclusão de terceiro em reconvenção encontra-se prevista no art. 343, § 3º, do CPC, ou seja, pode o réu apresentar a reconvenção em face do autor e de terceiro, como no caso em estudo.

D) Não há que se falar em critério do juiz, já que o art. 343, § 3º, do CPC, trata da questão, possibilitando-a.

(XXII Exame de Ordem Unificado / FGV) Em reclamação trabalhista que se encontra na fase de execução, o executado apresentou exceção de pré-executividade. Após ser conferida vista à parte contrária, o juiz julgou-a procedente e reconheceu a nulidade da citação e de todos os atos subsequentes, determinando nova citação para que o réu pudesse contestar a demanda.

Considerando essa situação e o que dispõe a CLT, assinale a opção que indica o recurso que o exequente deverá apresentar para tentar reverter a decisão.

A) Apelação.

B) Agravo de Petição.

C) Recurso de Revista.

D) Recurso Ordinário.

RESPOSTA

A) O recurso de apelação não é cabível no processo do trabalho, estando previsto no CPC para impugnar as sentenças proferidas no processo civil.

☑ A previsão legal do agravo de petição encontra-se no art. 897, *a*, da CLT, que prevê o recurso contra decisões proferidas em execução trabalhista, como na hipótese, mesmo que em sede de exceção de pré-executividade. Sendo a exceção acolhida, a parte prejudicada poderá interpor o recurso de agravo de petição para contestar a decisão.

C) Por não se tratar de acórdão do TRT, não há que se falar no cabimento do recurso de revista, previsto no art. 896 da CLT.

D) Na hipótese não há qualquer previsão de utilização do recurso ordinário, conforme o art. 895 da CLT.

(XXIII Exame de Ordem Unificado / FGV) Rômulo ajuizou ação trabalhista em face de sua ex-empregadora, a empresa Análise Eletrônica Ltda. Dentre outros pedidos, pretendeu indenização por horas extras trabalhadas e não pagas, férias vencidas não gozadas, nem pagas, e adicional de periculosidade. Na audiência, foi requerida e deferida a perícia, a qual foi custeada por Rômulo, que se sagrou vitorioso no respectivo pedido. Contudo, os pedidos de horas extras e férias foram julgados improcedentes. Rômulo também indicou e custeou assistente técnico, que cobrou o mesmo valor de honorários que o perito do juízo. Observados os dados acima e o disposto na CLT, na qualidade de advogado(a) que irá orientar Rômulo acerca do custeio dos honorários periciais e do assistente técnico, assinale a afirmativa correta.

A) Tendo Rômulo sido vitorioso no objeto da perícia, não há que se falar em pagamento de honorários periciais e do assistente técnico, pois a ré os custeará.

B) Independentemente do resultado no objeto da perícia, como ao final o rol de pedidos foi parcialmente procedente, Rômulo custeará os honorários periciais e do assistente técnico.

C) Em virtude da aplicação do princípio da celeridade, descabe a indicação de assistente técnico no processo do trabalho, não cabendo a aplicação subsidiária do CPC nesse mister.

D) Tendo Rômulo sido vitorioso no objeto da perícia, os honorários periciais serão custeados pela parte sucumbente no seu objeto, porém os honorários do assistente técnico serão de responsabilidade da parte que o indicou.

RESPOSTA

A) A ré não pagará os honorários do assistente técnico de Rômulo.

B) Os honorários periciais são pagos pela parte sucumbente no pedido relacionado à perícia, independentemente dos demais pedidos. Já o assistente técnico será remunerado pela parte contratante.

C) É possível a indicação do assistente técnico, tanto que a Súmula n. 341 do TST fala da sua remuneração.

✓ Os honorários periciais são pagos, conforme art. 790-B da CLT, pela parte que perde o pedido relacionado à perícia, ou seja, o sucumbente na pretensão objeto da perícia, que na hipótese foi a ex-empregadora. Já em relação aos honorários do assistente técnico, dispõe a Súmula 341 do TST que o valor deve ser pago pela parte contratante, na hipótese, por Rômulo.

(XXIII Exame de Ordem Unificado / FGV) A sociedade empresária Arco Íris Limpeza Ltda. foi citada para pagar o valor de uma dívida trabalhista homologada pelo juiz e, sem apresentar guia de pagamento ou arrolar bens, apresentou embargos de devedor, nos quais aponta diversas inconsistências nos cálculos. Diante disso, de acordo com a CLT, assinale a afirmativa correta.

A) A Justiça do Trabalho passou a adotar o sistema do CPC, pelo qual não há necessidade de garantir o juízo para embargar, de modo que os embargos serão apreciados.

B) A CLT prevê que, para o ajuizamento de embargos de devedor, é necessário garantir o juízo com 50% do valor da dívida exequenda, o que não aconteceu na espécie.

C) Sem a garantia do juízo, o executado não poderá ajuizar embargos de devedor, de modo que as matérias por ele trazidas não serão apreciadas naquele momento.

D) A CLT determina que, havendo ajuizamento de embargos de devedor, o executado é obrigado a declarar o valor que entende devido e a depositar essa quantia à disposição do juízo.

RESPOSTA

A) O art. 884 da CLT continua a prever a garantia do juízo como um dos requisitos para a apresentação dos embargos.

B) A garantia do juízo deve ser integral, já que não há a previsão de garantia parcial no art. 884 da CLT.

✓ Os embargos à execução somente podem ser apresentados após a garantia do juízo, nos termos do art. 884 da CLT, que poderá dar-se com o depósito da quantia executada, indicação de bens à penhora ou penhora dos bens.

D) Não há tais exigências no art. 884 da CLT, devendo o executado depositar a quantia objeto da execução para apresentar os embargos à execução (ou do devedor).

(XXIII Exame de Ordem Unificado / FGV) Rita é engenheira e trabalhou na empresa Irmãos Construtores Ltda. por 3 anos. Ao ser dispensada, ajuizou ação trabalhista em face da ex-empregadora. Como tinha experiência na área de recursos humanos de empregos anteriores, decidiu ela própria fazer sua defesa jurídica, não buscando, portanto, a assistência de advogado ou sindicato. Elaborou a petição inicial, compareceu à audiência e formulou perguntas para testemunhas e para a parte ré. Ao término da instrução o juiz prolatou sentença de improcedência do petitório de Rita, a qual, inconformada, interpôs recurso ordinário, que teve provimento negado, sendo mantida a sentença de primeiro grau. Ainda inconformada, adotando o mesmo sistema, entendendo ter havido violação literal de dispositivo constitucional tanto na sentença de primeiro grau como no acórdão, Rita, da mesma forma e desacompanhada de advogado, interpõe o competente recurso de revista para o TST. Com base na jurisprudência consolidada do TST acerca da postulação em causa própria, assinale a afirmativa correta.

A) O recurso deverá ser conhecido e provido.
B) O recurso deveria ser endereçado ao STF, em razão da alegada violação constitucional.
C) Não cabe mais recurso do julgado.
D) O recurso deverá ter o seguimento negado por irregularidade de representação.

RESPOSTA

A) Não será conhecido e não há elementos para se dizer que o mesmo deve ser provido, já que tal expressão está relacionada ao julgamento de mérito.
B) O recurso de revista, previsto no art. 896 da CLT e de competência do TST, pode ser interposto para alegar a violação da Constituição Federal.
C) Há cabimento do recurso de revista na hipótese, conforme art. 896 da CLT.
✓ O recurso de revista não pode ser conhecido, por faltar o pressuposto de admissibilidade *regularidade de representação*, que consiste no caso em estar assistida por Advogado, já que a Súmula 425 do TST restringiu o *jus postulandi*, afirmando que não se aplica aos recursos dirigidos ao Tribunal Superior do Trabalho.

(XXIII Exame de Ordem Unificado / FGV) Reinaldo, Wilma e Teodoro trabalharam no restaurante Fino Paladar Ltda. Todos procuraram o mesmo advogado para apresentar reclamação trabalhista: Reinaldo diz que não recebeu horas extras, Wilma informa que não recebeu as verbas resilitórias e Teodoro diz que não recebeu a participação nos lucros. Diante da situação retratada, e de acordo com a CLT, assinale a afirmativa correta.

A) Não é possível o ajuizamento de reclamação plúrima, porque os pedidos são distintos.
B) A CLT não traz os requisitos para o litisconsórcio ativo e, por isso, ficará a critério do juiz aceitar o ingresso conjunto.
C) Cabe manejo da reclamação plúrima, porque o empregador é o mesmo.
D) No caso apresentado, caberá o ajuizamento de dissídio coletivo.

RESPOSTA

✓ O litisconsórcio não pode ser formado na hipótese, já que o art. 842 da CLT diz que são requisitos para a reclamação plúrima: pedidos idênticos e mesmos empregados, o que não ocorre, já que são distintos os pedidos dos reclamantes.
B) A CLT trata dos requisitos no art. 842 da CLT.
C) Ser o empregador único é apenas um dos requisitos para a formação do litisconsórcio ativo, conforme art. 842 da CLT.
D) O dissídio coletivo não pode ser ajuizado na hipótese, pois temos pretensões individuais a serem levadas ao Poder Judiciário.

(XXIV Exame de Ordem Unificado / FGV) Um empregado de 65 anos foi admitido em 10-5-2011 e dispensado em 10-1-2013. Ajuizou reclamação trabalhista em 5-12-2016, postulando horas extras e informando, na petição inicial, que não haveria prescrição porque apresentara protesto judicial quanto às horas extras em 04/06/2015, conforme documentos que juntou aos autos. Diante da situação retratada, considerando a Lei e o entendimento consolidado do TST, assinale a afirmativa correta.

A) A prescrição ocorreu graças ao decurso do tempo e à inércia do titular.
B) A prescrição foi interrompida com o ajuizamento do protesto.
C) A prescrição ocorreu, porque não cabe protesto judicial na seara trabalhista.
D) A prescrição não corre para os empregados maiores de 60 anos.

RESPOSTA

✓ A prescrição bienal ocorreu, uma vez que o protesto judicial não foi manejado dentro do prazo de 2 anos a contar da rescisão do contrato. Logo, não houve interrupção da prescrição, devendo ser reconhecida diante da inércia da parte.
B) Não houve a interrupção, pois não houve a apresentação do protesto no prazo da prescrição bienal.
C) A OJ 392 da SDI-1 do TST reconhece a possibilidade de utilização do protesto judicial no processo do trabalho.
D) Não há qualquer regra acerca da matéria envolvendo maiores de 60 anos.

(XXIV Exame de Ordem Unificado / FGV) Jorge trabalhou em uma sociedade empresária francesa, no Brasil. Entendendo que o valor das horas extras não lhe havia sido pago corretamente, ajuizou ação trabalhista. Como impugnara os controles de horário, necessitou apresentar prova testemunhal, porém, sua única testemunha, apesar de trabalhar a seu lado, não fala português. Diante disso, Jorge requereu ao juiz a nomeação de um intérprete. Nesse caso, nada mais estando em discussão no processo, assinale a opção que indica a quem caberá o custeio dos honorários do intérprete.

A) A Jorge, que é a parte interessada no depoimento da testemunha.
B) À União, porque Jorge é autor da ação.
C) Ao réu, já que era empregador de Jorge e da testemunha, que era de nacionalidade igual à da sociedade empresária.
D) O depoimento ocorrerá fora do processo, por tradutor juramentado, custeado pela parte requerente, que depois deverá juntá-lo ao processo.

RESPOSTA

✓ Os custos com o intérprete devem ser pagos pela parte interessada no depoimento, no caso, Jorge. A regra consta o art. 819 da CLT e já havia sido cobrada em exame de ordem anterior.
B) Não, pois cabe ao interessado o pagamento.
C) A empresa ré não é diretamente interessada no depoimento, razão pela qual não deve arcar com o pagamento.
D) Nos termos do art. 819 da CLT, o depoimento ocorrerá no próprio processo, com intérprete pago por Jorge.

(XXIV Exame de Ordem Unificado / FGV) Contra ato de Juiz do Trabalho que determinou a antecipação de honorários periciais do seu cliente, mesmo não tendo ele condições financeiras para arcar com esse custo, você, na defesa dos interesses do cliente, impetrou mandado de segurança contra o ato judicial, mas, por unanimidade, não teve a segurança concedida. De acordo com a CLT, assinale a opção que indica o procedimento a ser adotado para tentar reverter a decisão.

A) Interpor recurso ordinário para o TST.

B) Interpor agravo de instrumento para o STF.

C) Interpor agravo interno para o próprio TRT.

D) Nada mais pode ser feito, porque se trata de decisão irrecorrível.

RESPOSTA

✓ Na hipótese temos a aplicação do inciso II do art. 895 da CLT, que trata do cabimento do recurso ordinário de acórdão proferido pelo TRT, em processos de sua competência originária, como na hipótese, por se tratar de um mandado de segurança. A competência para o recurso ordinário será do TST, uma vez que o acórdão foi proferido pelo TRT.

B) Agravo de instrumento é apenas para a inadmissão de outro recurso, o que não é o caso.

C) Não se trata de decisão monocrática para se interpor o agravo interno.

D) Não se trata de decisão irrecorrível, já que estamos diante de um acórdão.

(XXIV Exame de Ordem Unificado/FGV) Rodolfo Alencar ajuizou reclamação trabalhista em desfavor da sociedade empresária Sabonete Silvestre Ltda. Em síntese, ele afirma que cumpria longa jornada de trabalho, mas que não recebia as horas extras integralmente. A defesa nega o fato e advoga que toda a sobrejornada foi escorreitamente paga, nada mais sendo devido ao reclamante no particular. Na audiência designada, cada parte conduziu duas testemunhas, que começaram a ser ouvidas pelo juiz, começando pelas do autor. Após o magistrado fazer as perguntas que desejava, abriu oportunidade para que os advogados fizessem indagações, e o patrono do autor passou a fazer suas perguntas diretamente à testemunha, contra o que se opôs o juiz, afirmando que as perguntas deveriam ser feitas a ele, que, em seguida, perguntaria à testemunha. Diante do incidente instalado e de acordo com o regramento da CLT, assinale a afirmativa correta.

A) Correto o advogado, pois, de acordo com o CPC, o advogado fará perguntas diretamente à testemunha.

B) A CLT não tem dispositivo próprio, daí por que poderia ser admitido tanto o sistema direto quanto o indireto.

C) A CLT determina que o sistema seja híbrido, intercalando perguntas feitas diretamente pelo advogado, com indagações realizadas pelo juiz.

D) Correto o magistrado, pois a CLT determina que o sistema seja indireto ou presidencial.

RESPOSTA

A) O CPC não se aplica subsidiariamente ao processo do trabalho neste ponto, conforme IN 39/16 do TST.

B) A situação está prevista em dispositivo da própria CLT, a saber, o art. 820 da Consolidação das Leis do Trabalho.

C) Não há previsão para um sistema híbrido, devendo as perguntas ser formuladas pelo Juiz.

✓ O art. 820 da CLT prescreve que o depoimento das testemunhas será feito por intermédio do Juiz, ou seja, as partes não formulam perguntas diretamente às testemunhas, como ocorre no processo civil. Aliás, o art. 459 do CPC não é aplicável ao processo do trabalho, nos termos da IN 39/16 do TST, já que não há lacuna na legislação trabalhista.

(XXIV Exame de Ordem Unificado/FGV) Em sede de processo trabalhista, após o trânsito em julgado da sentença e elaborada a conta de liquidação, foi aberto prazo de 10 dias para que as partes se manifestassem sobre a mesma. Contudo, o réu não se manifestou, e o autor concordou com a conta do juízo, que foi homologada. Considerada essa hipótese, em sede de embargos à execução do réu, interposto 05 dias após a garantia do juízo, este pretende discutir a conta de liquidação, aduzindo incorreção nos valores. Você, como advogado(a) do autor deverá, em resposta,

A) suscitar a preclusão do direito aos embargos à execução e expor as razões pelas quais entende pela validade dos cálculos do juízo.

B) suscitar apenas que a conta está correta.

C) suscitar a intempestividade dos embargos.

D) suscitar apenas que a conta está correta e requerer o levantamento dos valores incontroversos.

RESPOSTA

✓ Na hipótese, por aplicação do art. 879, § 2º, da CLT, houve preclusão para a parte ré, pois a mesma, após intimada para manifestação em 10 dias, não o fez, ou seja, permaneceu inerte. Já o autor, que apresentou manifestação concordando com os cálculos, deve agora reafirmar os seus argumentos, demonstrando que os cálculos são válidos.

B) Deve também alegar a preclusão para o réu.

C) Os embargos são tempestivos, pois apresentados no prazo do art. 884 da CLT, ou seja, em 5 dias a contar da garantia do juízo.

D) Deve também sustentar a preclusão da parte ré, conforme art. 879, § 2º, da CLT.

(XXV Exame de Ordem Unificado/FGV) Silvio contratou você como advogado para ajuizar ação trabalhista em face do empregador. Entretanto, na audiência, o juiz constatou que não havia procuração nos autos. Diante disso, você requereu fosse efetivado registro em ata de audiência no qual Silvio o constituía como procurador. Silvio anuiu com o requerimento. Com base na hipótese narrada, nos termos da CLT, assinale a afirmativa correta.

A) O mandato, no caso, é válido e os poderes são apenas para o foro em geral.

B) O mandato, no caso, é inválido, e seria necessário e obrigatório o requerimento de prazo para juntada de procu-ração.

C) O mandato, no caso, é válido e os poderes são para o foro em geral, bem como os especiais, dentre eles os poderes para transigir.

D) O mandato é válido apenas para a representação na audiência, devendo os demais atos serem regularizados e juntada a procuração para atos futuros.

RESPOSTA

✓ A questão trata do *mandato tácito*, previsto no art. 791, § 3º, da CLT, que consiste na concessão de poderes ao advogado diante da inclusão do seu nome na ata de audiência. Assim, diferentemente do mandato expresso, não há uma "procuração" juntada aos autos. A espécie de mandato exposto na questão é válida, sendo concedidos os poderes gerais ao advogado, que poderá realizar todos os atos normais do processo, inclusive a interposição de recurso, conforme autoriza a Súmula 383 do TST.

B) Não há qualquer irregularidade que gere a necessidade de juntada da procuração "em papel", podendo o advogado permanecer no processo tão somente com o mandato tácito.

C) Os poderes especiais não são conferidos, mas apenas os gerais, tanto que o portador de mandato tácito não pode substabelecer, nos termos da OJ n. 200 da SDI-1 do TST.

D) Não há a necessidade de juntada posterior de procuração "em papel", sendo válido o mandato tácito para a prática dos atos processuais.

(XXV Exame de Ordem Unificado/FGV) Jéssica trabalhou na sociedade empresária Móveis Perfeitos Ltda. por 4 (quatro) anos, quando foi dispensada sem justa causa, sem receber as verbas resilitórias. Em razão disso, ajuizou reclamação trabalhista pelo rito ordinário postulando os direitos relativos à sua saída, além de horas extras, equiparação salarial, adicional de insalubridade e indenização por dano moral porque foi privada da indenização que serviria para pagar as suas contas regulares. Na audiência designada, após feito o pregão, a sociedade empresária informou, e comprovou documentalmente, que conseguira no mês anterior a sua recuperação judicial, motivo pelo qual requereu a suspensão da reclamação trabalhista por 180 dias, conforme previsto em Lei, sob pena de o prosseguimento acarretar a nulidade do feito. Diante da situação concreta e dos termos da legislação em vigor, assinale a afirmativa correta.

A) A sociedade empresária está correta, porque, em havendo concessão de recuperação judicial, a Lei determina a suspensão de todas as ações.

B) A Lei não traz nenhuma previsão a respeito, daí porque ficará a critério do prudente arbítrio do juiz deferir a suspensão processual requerida.

C) A sociedade empresária está equivocada, pois a suspensão da reclamação trabalhista somente ocorreria na fase executória, o que não é o caso.

D) O Juiz do Trabalho, tendo sido deferida a recuperação judicial, deve suspender o processo, declarar sua incompetência e enviar os autos à Justiça Estadual.

RESPOSTA

A) Não há a suspensão de todas as ações, mas apenas da execução, conforme art. 6º da Lei n. 11.101/2005.

B) Não há na hipótese a aplicação do arbítrio do Juiz, já que a Lei n. 11.101/2005 trata do tema especificamente.

✓ Na hipótese narrada pela FGV, a empresa reclamada estava errada, pois pretendia a suspensão da ação trabalhista – processo de conhecimento, mas o que haverá, na verdade, é a suspensão da execução trabalhista. A situação está prevista no art. 6ª da Lei n. 11.101/2005, que trata da falência e recuperação judicial.

D) Não há a remessa dos autos à Justiça Estadual, mas a suspensão da execução trabalhista, ou seja, dos atos executórios.

(XXV Exame de Ordem Unificado/FGV) Em sede de reclamações trabalhista duas sociedades empresárias foram condenadas em primeira instância. A Massa Falida da Calçados Sola Dura Ltda. e a Institutos de Seguros Privados do Brasil, sociedade empresária em liquidação extrajudicial. Acerca do depósito recursal, na qualidade de advogado das empresas você deverá

A) deixar de recolher o depósito recursal e custas nos dois casos, já que se trata de massa falida de empresa em liquidação extrajudicial.

B) deixar de recolher o depósito recursal e as custas no caso da massa falida, mas recolher ambos para a empresa em liquidação extrajudicial.

C) recolher nos dois casos o depósito recursal e as custas, sob pena de deserção.

D) deixar de recolher o depósito recursal no caso da massa falida, mas recolher ambos para a empresa em liquidação extrajudicial e as custas para a massa falida.

RESPOSTA

A) A empresa em liquidação extrajudicial não está isenta do preparo recursal.

✓ Mais uma vez a jurisprudência sumulada do TST foi utilizada pela FGV na prova, especificamente a Súmula 86 do tribunal, que distingue a massa falida e a empresa em liquidação extrajudicial, no que toca à realização do preparo recursal. Consoante entendimento do Tribunal Superior do Trabalho, a massa falida está isenta de preparo, enquanto que a empresa em liquidação extrajudicial não possui tal isenção, o que faz com que a assertiva considerada correta afirme o que segue: "deixar de recolher o depósito recursal e as custas no caso da massa falida, mas recolher ambos para a empresa em liquidação extrajudicial".

C) Não há deserção para a massa falida, uma vez que está isenta do preparo recursal.

D) A massa falida está isenta do recolhimento do preparo, o que engloba o depósito recursal e as custas processuais.

(XXV Exame de Ordem Unificado/FGV) Em reclamação trabalhista já na fase de execução, o juiz determinou que o autor apresentasse os cálculos de liquidação, determinação esta que foi cumprida pelo exequente em fevereiro de 2018. Então, o calculista do juízo analisou as contas e entendeu que elas estavam corretas, pelo que o juiz homologou os cálculos ofertados e determinou a citação do executado para pagamento em 48 horas, sob pena de execução. Considerando a narrativa apresentada e os termos da CLT, assinale a afirmativa correta.

A) Agiu corretamente o juiz, porque as contas foram atestadas pelo calculista como corretas.

B) Equivocou-se o magistrado, porque deveria obrigatoriamente conferir vista dos cálculos ao executado.

C) Uma vez que o juiz do Trabalho tem amplo poder de direção e controle do processo, sua decisão está amparada na norma cogente.

D) O juiz tem a faculdade de abrir vista ao executado por 10 dias, mas não obrigação de fazê-lo.

RESPOSTA

A) Equivocou-se o Magistrado, pois tinha o dever de intimar a parte para manifestação acerca dos cálculos.

✓ A única questão a tratar diretamente de tema modificado pela reforma trabalhista – Lei n. 13.467/2017 – trazia a nova redação do art. 879, § 2º, da CLT, que alterou o procedimento da liquidação por cálculos no que toca à necessidade de intimação da parte contrária. Agora, após a reforma trabalhista, o Magistrado é obrigado a intimar a parte contrária para manifestação, o que não ocorreu no caso concreto. Logo, a assertiva correta dizia que: "Equivocou-se o magistrado, porque deveria obrigatoriamente conferir vista dos cálculos ao executado".

C) Não há mais a hipótese de o Juiz escolher entre intimar ou não a parte, como havia antes da reforma trabalhista, não se aplicando o poder de direção do processo na hipótese.

D) O Juiz tem o dever de abrir vista para as partes pelo prazo de 8 dias.

(XXV Exame de Ordem Unificado/FGV) Em determinada Vara do Trabalho foi prolatada uma sentença que, após publicada, não foi objeto de recurso por nenhum dos litigantes. Quinze meses depois, uma das partes ajuizou ação rescisória perante o Tribunal Regional do Trabalho local, tendo o acórdão julgado improcedente o pedido da rescisória. Ainda inconformada, a parte deseja que o TST aprecie a demanda. Assinale a opção que indica, na hipótese, o recurso cabível para o Tribunal Superior do Trabalho.

A) Recurso Ordinário.

B) Recurso de Revista.

C) Recurso Especial.

D) Agravo de Instrumento.

RESPOSTA

✓ A questão trata do cabimento do recurso ordinário contra acórdão do TRT, proferido em ação de sua competência originária, conforme prescreve o art. 895, II, da CLT. Tendo sido ajuizada uma ação rescisória perante o TRT, do acórdão pode a parte interpor o recurso ordinário, que será julgado pelo TST. Assim, a única assertiva correta tratava do cabimento do recurso ordinário.

B) Não se tem um acórdão em grau de recurso ordinário para ser interposto o recurso de revista, conforme art. 896 da CLT.

C) Não há o cabimento do recurso especial no processo do trabalho.

D) O agravo de instrumento é utilizado no processo do trabalho para impugnar a inadmissão de outro recurso.

Direito Empresarial

Marcelo Sacramone

Doutor e Mestre em Direito Comercial pela USP. Bacharel em Direito pela USP. Juiz de Direito do Tribunal de Justiça de São Paulo em exercício na 2ª Vara de Recuperações, Falências e Conflitos Arbitrais da Capital. Professor de Direito Empresarial da PUC-SP. Professor nos Cursos de Pós-Graduação da Escola Paulista da Magistratura (EPM), da FGV e da Faculdade Autônoma de Direito (FADISP). Professor no Saraiva Aprova. Autor de livros e artigos jurídicos.

Sumário

1. INTRODUÇÃO

1.1. Origem e evolução do direito empresarial

O Direito Empresarial origina-se na Idade Média, com o surgimento da burguesia. Pode-se dividir evolução em três fases:

A primeira fase é chamada subjetivista. Ligada à origem do direito empresarial, a fase subjetivista decorre da aplicação do estatuto das corporações de ofício pelos tribunais consulares apenas aos comerciantes inscritos nas corporações. O direito comercial nasce como um direito corporativo, aplicado apenas aos membros das corporações de ofício.

Com o crescimento da importância das corporações de ofício e dos Tribunais Consulares, passou-se a aplicar esse direito aos comerciantes que não estavam inscritos nas corporações de ofício, bem como em relações entre comerciantes e não comerciantes. A incidência das normas não mais se fazia em razão da inscrição nas corporações de ofício. Importava mais a natureza do ato praticado.

Com o fortalecimento do Estado Nacional e a Revolução Francesa de 1789, que pugnou pelo ideal de igualdade entre todos, surge a fase objetivista. Essa segunda fase do direito comercial, consagrada no Código Comercial Francês de 1807 (Código Napoleônico), limitou os Tribunais do Comércio (sucessor dos tribunais consulares) a apreciarem questões que envolviam os atos de comércio.

No Brasil, o Código Comercial de 1850 adotava esse sistema. Ele estabelecia a aplicação aos que fizessem da mercancia profissão habitual. O Regulamento 737 disciplinava que a mercancia era a prática de atos de comércio e indicava quais eram assim considerados, como a compra e venda, operações de câmbio, banco e corretagem, atividade industrial etc.

Ainda que entendida a enumeração legal como meramente exemplificativa, não existia uma definição clara do que era considerado ato do comércio e do que era considerado ato civil. O desenvolvimento implicava o surgimento contínuo de novas práticas e a adoção de atividades tradicionalmente civis na dinâmica comercial.

Essas críticas fizeram com que, independentemente da identificação do negócio como tipicamente mercantil, fosse caracterizado como mercantil a atividade econômica profissional e organizada para a produção e circulação de bens ou serviços. A partir do Código Civil italiano de 1942 e adotado pelo Código Civil brasileiro de 2002, surge a terceira fase do direito comercial: a empresa.

1.2. Conceito

O Direito Empresarial caracteriza-se pelo conjunto de regras destinado a disciplinar o exercício da atividade econômica profissional e organizada, voltada à produção e circulação de bens e serviços: a empresa. Disciplina também institutos típicos que, ainda que não ligados diretamente à empresa, pois poderão ser realizados por pessoas que não os empresários, possuem características específicas e que exigem regulação peculiar. São exemplos de institutos tipicamente empresariais os títulos de crédito.

Três características básicas identificam o ramo do direito empresarial: o **informalismo**, o **cosmopolitismo** e a **onerosidade**.

O informalismo é característica do direito empresarial. Como esse ramo surge para disciplinar a atividade dos empresários, uma atividade dinâmica e célere no mercado, as normas de direito empresarial devem evitar impor formas solenes e rígidas ou exigências excessivas para a realização dos negócios jurídicos.

O cosmopolitismo é decorrente da necessidade de contratar, independentemente das fronteiras nacionais. O direito empresarial não se restringe às trocas internas a uma nação, mas permite a contratação entre agentes situados em diversos países. A regulamentação dessas trocas é realizada, em diversos desses casos, por convenções internacionais, as quais, de modo a garantir uma abordagem universalista ao direito empresarial, foram reproduzidas em parte na legislação nacional, como as leis uniformes da letra de câmbio, da nota promissória etc.

Por fim, a característica mais importante: a onerosidade. Definida como a disciplina da atividade econômica organizada e profissional voltada à produção e circulação de bens e serviços, pressupõe-se que os atos sejam praticados com a finalidade lucrativa. Como realizada a atividade profissionalmente, o empresário aufere rendimentos em razão desta, de modo que se presume que os diversos atos e contratos celebrados são onerosos.

1.3. Princípios

Alguns princípios básicos orientam a disciplina da atividade desenvolvida pelo empresário. Dentre os princípios mais importantes, despontam a livre-iniciativa, a liberdade de concorrência e a função social da propriedade.

A livre-iniciativa é a ampla possibilidade de criar e explorar uma atividade econômica pelos empresários, os quais apenas poderão ter a liberdade de atuação restrita por lei ou pela própria vontade. Une-se com a livre-iniciativa a liberdade de concorrência. Essa parte do pressuposto de que apenas a livre concorrência entre os diversos agentes permitiria um maior desenvolvimento nacional, com a melhoria dos serviços e produtos e uma redução dos preços, caracteriza-se pela liberdade dos agentes de atuarem economicamente, inclusive disputando mercados com outros agentes.

Ambas as liberdades, entretanto, devem se harmonizar com o princípio da função social da propriedade. A atividade produtiva envolve o interesse de diversas pessoas, as quais sofrem os efeitos da atividade tal como o empresário. O interesse econômico do empresário deve ser harmonizado, nesse ponto, com esses demais interesses, os quais são também protegidos pela legislação durante o desenvolvimento da atividade, como o interesse dos empregados, na manutenção dos postos de trabalho, dos consumidores, com a melhoria dos produtos, da coletividade como um todo, por permitir o desenvolvimento econômico nacional.

1.4. Autonomia do direito empresarial

A teoria da empresa fora consagrada pelo Código Civil brasileiro de 2002, o qual unificou o direito das obrigações. As obrigações contratadas por empresários e por não empresários possuem no Código Civil uma fonte comum.

O Código Civil de 2002, entretanto, não revogou totalmente o Código Comercial de 1850. **O Código Comercial permanece em vigor em sua Parte Segunda, a qual disciplina o comércio marítimo.**

A unificação do direito obrigacional não acabou com a autonomia do direito empresarial. Esse direito permanece com institutos típicos e possui princípios específicos para disciplinar uma atividade que é desempenhada de modo peculiar pelos empresários, com onerosidade e celeridade, sem formalismos.

O direito empresarial continua autônomo e permanece como sistema com princípios próprios e normas específicas de atuação.

1.5. Fontes do direito empresarial

As fontes são os elementos dos quais as normas de direito empresarial podem ser extraídas. Classificam-se em fontes primárias e secundárias.

As fontes primárias são as de aplicação imediata, com preferência sobre as demais fontes. São consideradas fontes primárias a lei. No âmbito do direito empresarial, o Código Civil é o regulamento básico ao disciplinar a empresa em sua Parte Especial, Livro II, e ao regular os títulos de crédito, no Livro I. Há, ainda, diversas legislações esparsas, dentre as quais o próprio Código Comercial de 1850, ao regular, em sua Segunda Parte, o comércio marítimo; a Lei de falências, Lei n. 11.101/2005; a Lei de Sociedade por Ações, Lei n. 6.404/76, dentre outras.

As fontes secundárias, por seu turno, são as aplicáveis na hipótese de lacuna legislativa. Na hipótese de não existir regulamentação legal da questão, são aplicáveis ao caso a analogia, os usos e costumes e os princípios gerais de direito, conforme art. 4º da Lei de Introdução às Normas do Direito Brasileiro.

2. EMPRESA E EMPRESÁRIO

2.1. O conceito de empresa

A empresa não fora definida pelo Código Civil. Como fenômeno econômico, a empresa poderia ser decomposta em diversos perfis e foi utilizada com diversos sentidos nas diversas legislações nacionais, ora como sinônimo de empresário, ora como sinônimo de estabelecimento, ora como instituição.

No Código Civil, o conceito de empresa pode ser apreendido da definição de empresário, como definido no art. 966. Nesse ponto, a empresa pode ser caracterizada como a atividade desempenhada pelo empresário, uma atividade econômica profissional e organizada voltada à produção de bens e serviços.

> Juridicamente, o conceito de empresa não se identifica com seu conceito vulgar, em que se chama de empresa o conjunto de bens ou o estabelecimento. Pelo Código Civil, o conceito preponderante de empresa é o de atividade. *Empresa é a atividade econômica profissional e organizada desempenhada pelo empresário.*

2.2. O conceito de empresário

> O empresário é aquele que desenvolve atividade econômica profissional e organizada para a produção de bens e circulação de serviços (art. 966).

Por atividade, é necessário um conjunto de atos destinados a um fim. Não basta um único ato, mas que sejam praticados continuadamente.

A atividade deve ser econômica. Os atos devem ser destinados a produzir riqueza, de modo que o lucro é pressuposto de seu desenvolvimento. Econômica, também, é a atividade destinada ao mercado. Os bens e serviços produzidos devem ser destinados ao mercado e não à utilização do próprio agente.

Os atos devem ser praticados pelo empresário de

modo profissional. Como profissional, o empresário deve deter o monopólio da informação. Ele deve possuir o conhecimento técnico para a realização da atividade. Outrossim, a profissão também indica atividade não eventual. O empresário faz dessa prática habitual de atos o modo de obter rendimentos ao longo do tempo.

Para o seu desenvolvimento, o empresário deverá organizar os diversos fatores de produção. A organização é da essência dos atos praticados, mas não pressupõe o concurso do trabalho de terceiros. É empresário aquele que desenvolve atividade ainda que sozinho, como uma produção totalmente automatizada. Basta que haja uma organização do empresário de todos os fatores de produção, como máquinas e mercadorias, para a produção do bem pretendido.

2.3. Espécies de empresários

O empresário poderá ser pessoa física ou pessoa jurídica. A pessoa física que exerce a atividade econômica organizada e profissional é chamada de empresário individual. Esse, como não tem personalidade distinta, possuirá responsabilidade ilimitada pelas obrigações contraídas como empresário. O empresário individual poderá ter CNPJ (cadastro nacional de pessoas jurídicas) para se beneficiar de regime fiscal diferenciado, mas ainda assim será pessoa física e não pessoa jurídica.

A atividade empresarial também poderá ser desenvolvida por pessoa jurídica. A pessoa jurídica poderá ser sociedade ou não. É pessoa jurídica, mas não é sociedade, pois é composta por um único integrante, pessoa física, a empresa individual de responsabilidade limitada (EIRELI).

Também poderão ser empresárias as sociedades, quer tenham ou não personalidade jurídica. Fundamental para a consideração da atividade como empresário é o modo pelo qual ela é exercida, e não o registro em si. São sociedades empresárias as sociedades que desempenham atividades típicas de empresário e, portanto, atividade econômica organizada e profissional para a produção e circulação de bens ou serviços.

> Exceção a essa regra ocorre com as cooperativas, as quais serão, independentemente da atividade realizada, sempre pessoas jurídicas não empresárias. Do mesmo modo, nunca serão empresárias as sociedades formadas por advogados, por expressa previsão no Código de Ética. Por outro lado, independentemente também do objeto social, as sociedades anônimas são sociedades sempre empresariais.

2.4. Empresa individual de responsabilidade limitada (EIRELI)

Inserida no Código Civil pela Lei n. 12.441/2011, a empresa individual de responsabilidade limitada foi criada para evitar a prática dos homens de palha nas sociedades, ou seja, a necessidade de pluralidade de sócios provocava a inclusão de algumas pessoas como sócio com capital mínimo e desprezível apenas para preencher o requisito legal.

A EIRELI caracteriza-se por ser pessoa jurídica a ser integrada apenas por uma única pessoa, obrigatoriamente uma pessoa física. Essa pessoa será a titular de todo o capital social, o qual deverá ser superior a 100 salários mínimos e não poderá integrar mais de uma EIRELI.

A EIRELI poderá resultar do fim da pluralidade de sócios de uma sociedade, independentemente da causa, e será regida, supletivamente, pelas normas das sociedades limitadas. Dessa forma, a pessoa física que lhe integra somente responderá nos limites da integralização do capital social pelas dívidas sociais.

Outrossim, diante da aplicação das normas da sociedade limitada, os administradores da EIRELI deverão ser pessoas físicas, mas poderão ser o próprio instituidor ou terceiro.

2.5. Atividades econômicas civis

A prestação de serviços era considerada, antes da unificação do direito obrigacional realizada pelo Código Civil, atividade tipicamente civil. Com o Código Civil, que conceituou como empresarial a atividade econômica profissional e organização para a produção ou circulação de bens ou serviços, os **serviços** também são considerados **atividades tipicamente empresariais**.

Ao conceituar as atividades empresariais, entretanto, o Código Civil as diferenciou de atividades econômicas civis. São esses atos praticados por aqueles que exercem profissão intelectual, de natureza científica, literária ou artística, ainda que com o concurso de auxiliares ou colaboradores, a menos que constitua elemento de empresa.

Por elemento de empresa entende-se que a atividade intelectual é inserida dentro de uma organização maior. A atividade intelectual, com as qualidades pessoais do sujeito que a desenvolve, é inserida como um fator de produção, dentre os demais, para a realização de uma atividade maior, o que descaracteriza essas qualidades pessoais. É a diferença de um médico, o qual, ao exercer atividade intelectual científica, não é considerado empresário. A partir do momento em que está inserido dentro de um hospital, ele se torna elemento de uma empresa, compreendida, no caso, como a atividade hospitalar como um todo.

São atividades econômicas civis as desenvolvidas por profissionais liberais. Os profissionais intelectuais, de natureza científica, literária ou artística, ainda que haja auxiliares, não são empresários, desde que o profissional não seja apenas mais um dos elementos de uma empresa.

2.6. Produtor rural

Em razão da extensão territorial do Brasil e da diversidade entre regiões facultou ao produtor rural, independentemente da complexidade e da organização de sua atividade, caracterizar-se como empresário.

Para se caracterizar como empresário, o produtor rural ou a sociedade que desenvolve atividade rural ou pecuária precisa inscrever-se no Registro Público de Empresas Mercantis.

Sem o registro, ainda que desenvolva sua atividade de modo organizado e profissional, o produtor não se caracteriza como empresário.

A exigência de registro para a caracterização do empresário ocorre apenas para o produtor rural.

Os demais agentes econômicos são empresários apenas se exercerem a atividade econômica organizada e profissional, exceto se profissionais intelectuais. Caso não possuam o registro, que é obrigatório para todos os empresários, continuam a ser caracterizados como empresários, mas serão empresários irregulares.

2.7. Capacidade

A atividade empresarial poderá ser desempenhada apenas por aqueles que estão em pleno gozo da capacidade civil. São absolutamente incapazes de exercer os atos da vida civil os menores de 16 anos, assim como são relativamente incapazes os maiores de 16 e menores de 18 anos, os ébrios habituais e os viciados em tóxico e os que, mesmo que por causa transitória, não conseguem exprimir sua vontade. Ambos não poderão exercer atividades empresariais.

Exige-se para o empresário a capacidade plena. Apenas se excetua o menor púbere que possua estabelecimento comercial que lhe forneça economia própria, pois esse poderá ter capacidade civil plena através da emancipação.

Ainda que para se iniciar a atividade o empresário deva ter capacidade civil plena, possível o exercício por incapaz, desde que a incapacidade seja superveniente ao desenvolvimento da atividade. O incapaz, seja ele relativo ou absoluto, poderá somente continuar a empresa, desde que essa atividade tenha sido exercida antes por ele, enquanto capaz, por seus pais ou pelo autor de herança que lhe beneficia.

Para tanto, esse exercício deverá ser desempenhado por representação do curador, se absolutamente incapaz, ou pela assistência do tutor, se relativamente incapaz.

Para o exercício pelo incapaz, exige-se autorização judicial, desde que, pelo exame das circunstâncias e dos riscos, seja conveniente para o incapaz continuá-la.

A continuidade não prejudica os direitos adquiridos por terceiros, embora não fiquem sujeitos ao resultado da empresa os bens que o incapaz já tinha, desde que estranhos a essa, quando ocorreu a sua incapacidade ou a sucessão daquele que a exercia anteriormente. Essa não submissão pretende preservar os bens do menor de um eventual insucesso da empresa.

2.8. Impedimento

Impedimento é uma impossibilidade pessoal de alguns, em razão da função exercida, de desempenharem a atividade empresarial.

Estão impedidos de a desempenharem os falidos até a extinção das obrigações ou, se condenados por crime falimentar, até cinco anos após a extinção da punibilidade ou reabilitação penal (arts. 102 e 181 da Lei n. 11.101/2005).

Os servidores públicos não podem exercer atividade empresarial nem participar da administração de sociedades. Tampouco podem realizar atividade empresária os magistrados e membros do Ministério Público.

Não a poderão exercer também os deputados e senadores. Esses, além disso, não poderão ser proprietários, controladores ou ter direitos de sociedades que realizem contratos com pessoa jurídica de direito público.

Ainda que impedidos de realizarem a atividade empresarial, caso a realizem, os agentes não ficam isento das obrigações contraídas.

A pessoa impedida de exercer a atividade empresarial, caso a exerça, ficará responsável pelas obrigações contraídas, além de sofrer as sanções em decorrência da proibição do seu exercício.

2.9. Obrigações dos empresários

A lei determina que é obrigatório aos empresários o registro. Como já visto, o registro não é imprescindível para a caracterização do agente econômico como empresário, com exceção do produtor agropecuário, mas sua falta impedirá que o empresário obtenha alguns benefícios legais, como a recuperação judicial, ou que possa requerer a falência de outro empresário. O empresário sem registro continua a ser empresário, embora irregular.

Ao empresário cumpre inscrever-se no Registro Público de Empresas Mercantis. Em sua inscrição, deverá seu requerimento conter nome, nacionalidade, domicílio, estado civil e, se casado, o regime de bens. Além do capital, da firma e o objeto e sede da empresa. Qualquer alteração deverá ser averbada à margem da inscrição.

Além de no Registro Civil, serão arquivados e averbado, no Registro Público de Empresas Mercantis, os pactos e declarações antenupciais do empresário, o título de doação, herança, ou legado, de bens clausulados de incomunicabilidade ou inalienabilidade. Também serão averbados a sentença que decretar ou homologar a separação judicial do empresário e o ato de reconciliação. Tais atos não podem ser opostos a terceiros antes de arquivados e averbados no Registro Público de Empresas Mercantis.

Outrossim, terá a obrigação de escriturar os livros mercantis e deverá levantar balanço patrimonial anualmente.

Enquanto o empresário deverá inscrever-se no Registro Público de Empresas Mercantis, as demais sociedades deverão inscrever seus atos constitutivos no Registro Civil das Pessoas Jurídicas. O registro deverá ocorrer em 30 dias da assinatura do ato, para ter efeitos *ex tunc*. Do contrário, terá efeito apenas *ex nunc*.

Inscrição com mais de 30 dias da assinatura.	Efeitos *ex nunc*: só produzem efeitos a partir do registro.
Inscrição com menos de 30 dias da assinatura.	Efeitos *ex tunc*: retroagem à assinatura do ato.

O Sistema Nacional de Registro de Empresas Mercantis é composto pela Junta Comercial, com atribuição estadual, e pelo Departamento de Registro de Empresas e Integração (DREI), sucessor do antigo Departamento Nacional de Registro do Comércio (DNRC).

A Junta Comercial é subordinada administrativamente ao Governo estadual e, no âmbito técnico, ao DREI.

A função de cada uma das Juntas Estaduais é a de execução, principalmente. Compete às Juntas as matrículas dos auxiliares do comércio, como leiloeiros, tradutores públicos, administradores de armazéns gerais, o arquivamento dos documentos relativos às sociedades mercantis e às cooperativas. Também deverão ser arquivados na Junta os pactos e declarações antenupciais dos empresários, o título de doação, herança, legado, bem como a sentença que decreta ou homologa o divórcio do empresário.

Além do registro do empresário, a Junta Comercial tem atribuição para a autenticação dos livros comerciais. Cumpre às Juntas Comerciais, ainda, o **assentamento dos usos** e **práticas mercantis**.

A Junta não faz apreciação de mérito dos referidos documentos. A análise é apenas formal. Seus atos poderão ser realizados por decisão do Presidente da Junta, por Vogal, ou ainda pelo Plenário ou pelas Turmas. Das decisões singulares dos vogais ou da Turma cabe recurso ao Plenário. As decisões do Plenário são recorríveis ao Ministro de Estado Chefe da Secretaria da Micro e Pequena Empresa da Presidência da República (Instrução Normativa n. 8/2013 do DREI). Todos os recursos possuem o prazo de 10 dias úteis e não terão efeito suspensivo.

O DREI tem por função supervisionar e coordenar as Juntas Comerciais. Sua principal atribuição, contudo, é normativa. É ele quem estabelece as normas e diretrizes ao Registro Público de empresas mercantis.

2.9.1. Escrituração dos livros empresariais

Além do registro, aos empresários é obrigatória a escrituração dos livros empresariais. Os livros podem tomar a forma de fichas, se escrituração mecânica ou eletrônica.

Se regularmente escriturados, os livros provam em favor do empresário. Caso não, apenas contra este. Para isso, precisam ser autenticados pelo Registro Público de Empresas Mercantis.

É livro obrigatório comum a todos os empresários o Livro Diário, em que lançadas diariamente as operações empresariais. Outros livros são obrigatórios apenas se realizadas pelo empresário determinadas atividades. É o caso dos livros de registro de ações nominativas, livro de transferência de ações nominativas, registro de partes beneficiárias, livro de registro de duplicatas. Sem prejuízo, o empresário poderá adotar qualquer outro livro para auxiliar no registro de sua atividade. São os livros facultativos, como o livro-caixa, contas etc.

Em regra, os livros são protegidos a partir do princípio do sigilo. A divulgação de suas informações é restrita, mas poderá ser atenuada por determinação judicial de exibição se houver discussão sobre a sociedade, administração ou em caso de falência.

Por fim, os empresários deverão ainda levantar balanço patrimonial e de resultado, anualmente.

2.9.2. Empresário inativo

A falta de arquivamento pelo empresário durante 10 anos consecutivos na Junta Comercial exige que essa notifique o empresário para se manifestar. Decorrido o prazo atribuído pela própria Junta Comercial sem manifestação do empresário, a Junta Comercial cancelará o registro do empresário.

Cancelado o registro, o empresário passa a ser considerado irregular e perderá a proteção ao nome empresarial.

2.10. Nome empresarial

O nome empresarial permite a identificação do empresário pelos demais envolvidos na atividade empresarial. Pode ser composto por firma ou razão social e por denominação e permite a distinção entre os empresários.

A firma é composta pelo nome civil do empresário individual e poderá ser facultativamente completada pelo gênero da atividade (ex.: João da Silva comércio de brinquedos).

A razão social ou firma social, por seu turno, é a utilização da firma para as sociedades. Ela é composta pelo nome civil de mais de um dos sócios da sociedade, embora não precise ser de todos eles. Basta a inclusão da expressão "e companhia".

As sociedades cujos sócios tiverem responsabilidade ilimitada utilizarão, obrigatoriamente, a razão social.

Na razão social, será incluído o nome dos sócios de responsabilidade ilimitada ou o de um deles acompanhado da expressão "e companhia". São exemplos as sociedades em nome coletivo e a sociedade em comandita simples. Nessa última, como há sócios de responsabilidade limitada e ilimitada, apenas os sócios de responsabilidade ilimitada devem figurar na razão social.

A denominação social, por seu turno, é a segunda forma de composição do nome empresarial. A denominação é integrada por um elemento fantasia e pela atividade a ser desenvolvida. O ramo de atividade é obrigatório na denominação.

Como elemento fantasia, será possível a adoção de qualquer nomenclatura. Poderá também ser utilizado como elemento fantasia o nome de um fundador, acionista ou pessoa que se pretende homenagear por ter auxiliado ou inspirado o desenvolvimento da empresa, ainda que não seja integrante desta.

A sociedade limitada poderá utilizar tanto firma quanto denominação.

Para se diferenciar dos demais tipos, deverá incluir a palavra "limitada" ou "Ltda." ao final do nome.

Essa possibilidade de adoção da firma ou da denominação também é conferida às sociedades em comanditas por ações e às EIRELIs. Nas comanditas por ações, caso adotem firma, os nomes dos sócios diretores, que respondem ilimitadamente pelas obrigações sociais, devem integrar o nome empresarial. Firma ou denominação, o nome empresarial deverá ser acompanhado da expressão "comandita por ações".

As empresas individuais de responsabilidade limitada, por seu turno, deverão ter, ao final do nome empresarial, seja ele firma ou denominação, a expressão EIRELI. Para a formação de seu nome, há uma exceção legal. Caso adote a denominação, o objeto social não é de menção obrigatória, mas apenas facultativa, o que difere da regra geral.

A denominação é de adoção obrigatória apenas nas sociedades anônimas. O elemento fantasia, acompanhado da indicação do objeto social, deverá ser somado à expressão "sociedade anônima" ou "companhia", ou de forma abreviada. A única exceção é que a palavra "companhia" não poderá ser incluída ao final, para distinguir das sociedades que usam razão social. A expressão "sociedade anônima", por seu turno, poderá ser inserida no começo, meio ou fim.

Empresário individual	Obrigatório firma	João da Silva
Sociedade em nome coletivo	Obrigatório firma	João da Silva & Cia.
Sociedade em comandita simples	Obrigatório firma	João da Silva & Cia. (João é sócio comanditado)
Sociedade limitada	Firma	João da Silva & Cia. Ltda.
	Denominação	Mundo do João Comércio de brinquedos Ltda.
EIRELI	Firma	João da Silva EIRELI
	Denominação	Mundo do João EIRELI
Sociedade em comandita por ações	Firma	João da Silva & Cia. Comandita por ações. (João é o diretor)
	Denominação	Mundo do João Comércio de brinquedos Comandita por ações.
Sociedade anônima	Obrigatório denominação	Mundo do João Comércio de brinquedos S.A. Companhia Mundo do João Comércio de brinquedos

2.10.1. Proteção ao nome empresarial

O nome empresarial permite sua utilização exclusiva pelo seu titular, o que impede que consumidores sejam levados a erro por nomes semelhantes entre empresários. Em razão dessa finalidade, o nome empresarial é protegido apenas no ramo determinado de atividade do titular. Nomes idênticos em atividades diversas não permitem o engano dos consumidores.

Essa proteção é feita pela inscrição do empresário ou dos atos constitutivos da sociedade na Junta Comercial. Como os limites de atribuição das Juntas Comerciais são estaduais, a proteção pela utilização é garantida nos limites do Estado em que a inscrição foi feita. A proteção é estendida a outro Estado se houver nele o registro de abertura de filial. Do contrário, se pretende a proteção em outro Estado, o empresário deverá arquivar o nome empresarial nas demais Juntas Comerciais das localidades em que pretende a proteção.

A comparação para evitar nomes idênticos ou próximos é feita entre os núcleos, desde que não sejam de uso generalizado. Nesses casos, a comparação é feita com os nomes por inteiro.

3. ESTABELECIMENTO EMPRESARIAL

3.1. O conceito de estabelecimento empresarial

Para desenvolver a atividade empresarial, o empresário deve organizar os diversos fatores de produção. Estabelecimento empresarial é o complexo de bens utilizado pelo empresário para exercer a empresa. É conhecido também como fundo de comércio.

Não são todos os bens do empresário que compõem o estabelecimento. Apenas os bens organizados para o exercício da atividade é que integram essa universalidade de fato.

Essa universalidade de fato não se confunde com uma universalidade de direito, como o patrimônio. O patrimônio, como conjunto de relações jurídicas de determinada pessoa, em regra, é único e determinado pela própria lei. O estabelecimento empresarial é criado pelo empresário, que organiza o complexo de bens conforme melhor lhe aprouver para o desenvolvimento da atividade. Um único empresário, como poderá ter diversas atividades distintas, poderá ter também diversos estabelecimentos empresariais.

Dentre os elementos que o compõem, podem ser incluídos os bens materiais, tanto coisas móveis quanto imóveis, como os bens imateriais. Integram esses bens imateriais o ponto comercial, direitos sobre propriedades industriais, como patentes de invenções ou modelos de utilidade, e registros de desenhos industriais e de marcas.

Dentre esses elementos imateriais, o ponto comercial possui disciplina peculiar.

O ponto comercial é o local em que está fixado o estabelecimento comercial. O ponto é protegido pela legislação pois garante o reconhecimento pela clientela do local em que se poderia adquirir determinado produto ou serviço do empresário.

Ele pode ter existência real ou virtual e não exige o título de propriedade, eis que o imóvel, por exemplo, em que é desenvolvida a atividade pode ser alugado. Tratando-se de contrato de locação, o ponto comercial é protegido inclusive contra o locador.

Ao locatário, ainda que contrário à vontade do locador, é conferida a proteção ao ponto comercial de modo a permitir a renovação compulsória do contrato de locação não residencial, nos termos do art. 51 da Lei n. 8.245/91.

O contrato de locação deve ter sido estabelecido por escrito e por prazo determinado; o prazo mínimo do contrato deve ser de cinco anos, mas se permite que esse prazo seja composto por uma sucessão de contratos, desde que a soma dos prazos seja ininterrupta. O locatário, ademais, deve explorar no local atividade empresarial no mesmo ramo por, no mínimo, três anos de modo ininterrupto.

Preenchidos os requisitos, poderá ocorrer a renovação do contrato de locação. O prazo decadencial para promover a ação renovatória, contudo, é de um ano a seis meses antes da data de finalização do prazo do contrato.

A renovação apenas não ocorrerá se o locador precisar retomar o imóvel em razão de obrigação imposta pelo poder público de reforma substancial do imóvel ou se, no próprio interesse do locador, aumente significativamente o valor do imóvel; o locador pretender usar o imóvel, com a transferência de seu estabelecimento comercial, de seu cônjuge, ascendentes ou descendente, desde que existente há mais de um ano. Nesse caso, o estabelecimento não poderá ter a mesma atividade do locador.

A renovação ainda não ocorrerá se o locatário não oferecer valor condizente ao preço de mercado ou se houver proposta mais vantajosa realizada por terceiro.

3.2. Atributos do estabelecimento comercial

A organização do complexo de bens pelo empresário garante ao estabelecimento algumas características que lhe tornam peculiar em relação aos demais. Esses atributos podem ser identificados no aviamento e na clientela.

O **aviamento** é a qualidade da organização realizada sobre o complexo de bens empreendida pelo empresário. É a capacidade de essa universalidade de fato produzir lucros. O aviamento determina que o valor do estabelecimento como um todo é diverso da simples soma do valor de cada um dos bens individualmente.

A **clientela**, por seu turno, não é elemento do estabelecimento, mas atributo esperado da organização dos bens. É o resultado do aviamento.

O cliente não se confunde com o freguês. Clientela é o conjunto de pessoas que mantém uma relação continuada com o estabelecimento, uma relação duradoura. Freguês, por outro lado, é o adquirente transitório, ocasional, dos bens do empresário.

A clientela é protegida no campo da concorrência desleal, pois, embora não haja um direito do empresário ao cliente, há direito a que não haja o desvio indevido da clientela esperada.

3.3. Trespasse

O estabelecimento empresarial poderá ser objeto de negócios jurídicos. Para preservar os terceiros, esses contratos somente produzirão efeitos quanto a esses após a sua averbação à margem da inscrição do empresário no Registro Público de Empresas mercantis.

O contrato de trespasse é o contrato pelo qual o estabelecimento é alienado a uma terceira pessoa. Consiste na transferência de todo o estabelecimento mediante o pagamento de um preço. Com a transferência, o adquirente passará a ser proprietário de todos os bens organizados para que possa continuar a desenvolver a atividade empresarial exercida inicialmente pelo vendedor.

Para que isso ocorra, o adquirente se sub-rogará em todas as posições contratuais do vendedor, desde que não tenham caráter pessoal. Os terceiros contratantes poderão rescindir o contrato em 90 dias da averbação da transferência, se ocorrer justa causa.

Se, por ocasião do trespasse, o alienante não possuir mais bens para a satisfação de seus credores, o contrato somente será eficaz perante os credores se houver o pagamento prévio de todos eles, ou se eles manifestarem seu consentimento, expressa ou tacitamente.

Os credores precisarão ser notificados para anuírem com a alienação. Caso, no período de 30 dias da notificação, não se oponham a essa, presume-se que anuíram tacitamente à alienação.

O alienante será responsável pelo prazo de um ano, solidariamente com o adquirente, pelos débitos existentes antes do trespasse. Referido prazo se inicia, quanto aos débitos já vencidos, da data da averbação do contrato de trespasse e, quanto aos vincendos, de seu vencimento.

A responsabilidade do adquirente, contudo, ocorre apenas pelos débitos regularmente contabilizados. Pelas obrigações não contabilizadas, responde apenas o alienante.

Alienante	Débitos contabilizados	Responde solidariamente com o adquirente pelo prazo de 1 ano.
	Débitos não contabilizados	Responde exclusivamente
Adquirente	Débitos contabilizados	Responde solidariamente com o alienante.
	Débitos não contabilizados	Não responde.

4. CONTRATOS EMPRESARIAIS

Dois são os contratos empresariais com maior incidência nos exames: **o contrato de arrendamento mercantil e o contrato de franquia**.

4.1. Contrato de *leasing*

O contrato de arrendamento mercantil é conhecido por ***leasing*** e não possui previsão legal típica. Caracteriza-se por ser um contrato que conjuga o contrato de locação e o contrato de compra e venda. O arrendatário arrenda (loca) o bem do arrendado com a faculdade de, ao término do arrendamento, optar pela aquisição do bem, com o desconto do valor pago pela locação. Ao final do contrato, o arrendatário, caso opte pela aquisição, pagará apenas o "valor residual" da aquisição.

Poderá ser feito na modalidade ***leasing* operacional**, em que o próprio fabricante do bem é o arrendante; ***leasing* financeiro**, tradicional, em que o bem a ser arrendado é comprado pela sociedade financeira intermediária para arrendar ao arrendatário, com a opção de, ao final, o arrendatário adquirir o bem pelo valor residual; e o ***lease back***, em que o bem é vendido pelo próprio proprietário do bem à arrendadora, que arrendará o bem ao antigo proprietário.

4.2. Contrato de franquia

O **contrato de franquia**, por seu turno, é um contrato de colaboração entre empresários disciplinado pela Lei n. 8.955/94. A franqueadora cede o direito de uso de marca ou patente de produtos e serviços e/ou o direito de uso de tecnologia de administração de negócio para o franqueado mediante pagamento de remuneração, sem que fique caracterizado vínculo empregatício.

Embora seja de forma não solene, exige-se a emissão de **circular de oferta de franquia**, documento por escrito que contenha todos os elementos do futuro contrato original. A circular deve ser entregue ao franqueado no prazo de **dez dias antes de ser formulado o contrato de franquia** e deverá conter, obrigatoriamente: histórico, forma societária e nome do franqueador; balanço e demonstrações financeiras da franqueadora; indicação de todas as pendências judiciais sobre a operação e sobre o sistema de franquia; descrição detalhada da franquia; perfil do franqueado ideal; requisitos quanto ao envolvimento direto do franqueado na operação e na administração do negócio; especificações quanto ao total estimado de investimento, valor da taxa inicial de filiação, valor estimado das instalações; informações claras quanto às taxas, períodos e valores a serem pagos pelo franqueado; relação de todos os franqueados; se é garantida ao franqueado **exclusividade territorial**, ou possibilidade de realizar vendas fora de seu território, informações quanto à obrigação do franqueado de adquirir bens e serviços; indicação dos produtos e serviços oferecidos pelo franqueador.

> Na hipótese de não cumprimento, o franqueado poderá arguir a anulabilidade do contrato e exigir a devolução de todas as quantias que houver pago a título de taxa de filiação e *royalties*.

São obrigações do franqueador a disponibilização do produto ou serviço, a assistência técnica, o treinamento do franqueado, o respeito à territorialidade, se fixada e/ou exclusividade. O franqueado é obrigado ao pagamento da remuneração, à aquisição dos produtos do franqueador, à obediência às suas instruções e submissão à sua supervisão, à manutenção da confidencialidade a respeito dos métodos comerciais, dentre as demais condições contratadas.

O contrato de franquia deverá ser sempre escrito e assinado por duas testemunhas. Terá validade independentemente de ser levado a registro no cartório ou órgão público.

4.3. Contrato de corretagem

> O contrato de corretagem está disciplinado pelos arts. 722 e s. do Código Civil. Pelo contrato de Corretagem, o corretor se obriga a obter ao contratante um ou mais negócios, conforme as instruções recebidas.

Por apenas mediar o negócio, o corretor somente responde por perdas e danos se não prestar ao cliente todos os esclarecimentos acerca da segurança ou do risco, das alterações de valores e de outros fatores que possam influir nos resultados do negócio. Responderá, ainda, se não agiu com diligência e prudência na execução da mediação pela qual foi contratado.

O corretor receberá a remuneração se conseguiu o resultado previsto no contrato ou se o contrato não foi celebrado em virtude de arrependimento das partes. Sua remuneração será a convencionada ou, na sua falta, a arbitrada segundo a natureza do negócio e os usos locais. Se o negócio for iniciado e concluído pelas partes, sem a mediação do corretor, a este não será devida remuneração.

Caso o negócio seja concluído posteriormente ao prazo do contrato de corretagem ou, se por prazo determinado, após a dispensa do corretor, será devida a remuneração ao corretor se o negócio se realizou por efeito dos trabalhos iniciais do corretor ou em decorrência de sua mediação.

Poderá, entretanto, ser estabelecido, por contrato escrito, a exclusividade do contrato de corretagem. Nessa hipótese, o corretor terá direito à remuneração, ainda que o negócio tenha se realizado sem a sua mediação, se foi realizado durante o prazo do contrato e desde que não tenha sido demonstrada a inércia ou ociosidade do corretor.

Se o negócio se concluir com a intermediação de mais de um corretor, a remuneração será paga a todos em partes iguais, salvo ajuste diverso incluído no contrato.

4.4. Contrato de abertura de crédito

No contrato de abertura de crédito, uma instituição financeira se obriga a disponibilizar a seu cliente determinada quantidade de recursos financeiros durante determinado tempo ou por prazo indeterminado. Pela utilização dos recursos, o cliente contratante se obriga a devolver o montante, acrescido de juros e correção monetária, ao final do contrato ou em prazo estabelecido.

O contrato de abertura de crédito se diferencia do contrato de mútuo (art. 1.256 do Código Civil), pois, enquanto no mútuo o contrato se aperfeiçoa com a transferência do dinheiro ao mutuário, na abertura de crédito o contrato se aperfeiçoa apenas com a disponibilização dos recursos ao cliente da instituição financeira, ainda que os valores não sejam por ele utilizados.

O STJ firmou posicionamento de que o contrato de abertura de crédito não é título executivo, pois não haveria um valor certo devido, mas simplesmente seria conferida a possibilidade de se utilizar determinada quantia. O contrato asseguraria a disponibilização de valores em uma determinada conta, os quais poderiam ou não ser utilizados. A obrigação de pagar determinada quantia somente existiria, assim, na medida dos valores utilizados e nos termos do contrato celebrado.

Como o montante devido dependeria dos valores utilizados pelo cliente da instituição financeira, não haveria liquidez para a caracterização do título executivo extrajudicial. A despeito do posicionamento de parte da jurisprudência, o STJ determinou que a apresentação dos extratos bancários não supriria essa iliquidez. Por ser documento alheio ao contrato, ser produzido unilateralmente pela instituição financeira e não ter qualquer concordância do cliente contratante, os extratos não poderiam ser considerados integrantes do título executivo extrajudicial.

Nesses termos, a Súmula 233 do STJ esclarece que "o contrato de abertura de crédito, ainda que acompanhado de extrato da conta-corrente, não é título executivo".

Por seu turno, a nota promissória emitida por ocasião da celebração desse contrato não poderia ser utilizada para contornar esse óbice da iliquidez. Sua emissão não gozaria de autonomia em relação ao contrato de abertura de crédito, haja vista que, no momento em que emitida, por ocasião da celebração do contrato de abertura de crédito, não se sabia ainda o valor que seria utilizado pelo cliente e que, portanto, seria por ele devido à instituição financeira. Nesses termos, assentou a Súmula 258 do STJ que "a nota promissória vinculada a contrato de abertura de crédito não goza de autonomia em razão da iliquidez do título que a originou".

5. SOCIEDADES

5.1. Contrato de sociedade

Celebram contrato de sociedade as pessoas que reciprocamente se obrigam a contribuir, com bens ou serviços, para o exercício de atividade econômica e para a partilha, entre si, dos resultados.

A sociedade é formada por um conjunto de pessoas e é decorrente da necessidade de uma pessoa se associar a outra para, unindo esforços, realizar um empreendimento em comum. Para tanto, os sócios celebram um contrato plurilateral, em que cada um dos sócios ocupa um dos polos de uma relação, a qual, portanto, ao contrário de um contrato bilateral, forma uma relação circular e não linear. Não há apenas dois polos contratantes, mas diversos, conforme a quantidade de sócios.

Como qualquer contrato, os contratantes precisam ser capazes para contratar ou devem estar representados ou assistidos. O incapaz, que estava proibido de ser empresário, não está impossibilitado de ser sócio. Em razão da responsabilidade, determinou-se que os menores poderão ser sócios, desde que o capital social esteja totalmente integralizado e eles não participem da administração das sociedades.

Os casados também poderão contrair sociedades. A sociedade, entretanto, não poderá servir para fraudar o regime matrimonial e, entendeu a lei, não poderia ser realizada se houvesse apenas um patrimônio único efetivo, como na comunhão universal.

> Nesses termos, o art. 977 do Código Civil admitiu que os cônjuges podem contratar sociedade entre si ou com terceiros, desde que não tenham contraído matrimônio sobre o regime de bens da comunhão universal de bens ou no de separação obrigatória de bens.

Nesse ponto, cumpre ressaltar que, independentemente do regime jurídico do matrimônio, o empresário individual poderá alienar ou onerar bens sociais independentemente de outorga conjugal, o que é inadmissível se não fosse empresário.

Além de agente capaz, objeto lícito, possível e determinado ou determinável e forma prescrita ou não defesa em lei, o contrato de sociedade exige elementos específicos.

O primeiro desses elementos é a pluralidade de sócios. A sociedade unipessoal não é permitida no direito brasileiro, à exceção da sociedade subsidiária integral, em que será possível ter como acionista uma única sociedade brasileira. A EIRELI, nesse contexto, é pessoa jurídica empresária, mas não consiste em sociedade.

A **unipessoalidade**, entretanto, poderá ser **superveniente** e **temporária**. Durante o desenvolvimento da atividade, a sociedade poderá ficar com um único sócio, independentemente do motivo a tanto. Na sociedade anônima, a sociedade será dissolvida de pleno direito se a pluralidade não for recomposta, após a assembleia que a constatou, até a do ano seguinte. Nas demais sociedades, o Código Civil estabelece que elas se dissolverão se a pluralidade não for recomposta no prazo de 180 dias da redução.

As sociedades também deverão ter capital social. Esse é o montante formal, inserido no contrato de sociedade, referente aos bens conferidos pelos sócios para o desempenho da atividade social.

> O capital social expressa a contribuição inicial dos sócios e é estático, fixo, no contrato social. Ele não se confunde com o patrimônio, que é dinâmico, altera-se a todo momento, pois representa o conjunto de relações jurídicas.

Ainda deve constar no contrato de sociedade a participação dos sócios nos lucros e nas perdas. Pela própria definição do contrato de sociedade, os sócios celebram o contrato para que se beneficiem do resultado da atividade e, em razão disso, participarão de eventuais perdas. Por conta disso, a cláusula que exclui qualquer dos sócios da participação nos resultados ou nas perdas, a chamada sociedade leonina, é nula.

5.2. Microempresa (ME) e Empresa de Pequeno Porte (EPP)

A Microempresa e Empresa de Pequeno Porte foram protegidas pela Constituição Federal, que determinou que elas deveriam ter tratamento diferenciado, com a simplificação de suas obrigações tributárias e administrativas. O mandamento constitucional foi regulado pela Lei Complementar n. 123/2006, que garantiu o tratamento diferenciado a ME e EPP.

Não é a forma de uma pessoa jurídica ou do empresário individual, mas um benefício tributário concedido a esses, os quais preservam sua forma jurídica, como sociedade limitada, empresário individual, EIRELI etc. Acrescenta-se, apenas, ao nome empresarial a expressão ME ou EPP, abreviadas ou por extenso, no registro próprio.

São Microempresas as que possuem receita bruta anual igual ou inferior a R$ 360.000,00, e Empresas de Pequeno Porte as que tenham desse valor até R$ 3.600.000,00 de receita bruta anual. A partir de 1º de janeiro de 2018, esse limite será estendido para R$ 4.800.000,00 de receita bruta anual (LC n. 155/2016). Não podem assim se caracterizar, contudo, as pessoas jurídicas cujo sócio seja outra pessoa jurídica ou se ela participa de outra pessoa jurídica, ou seja filial de outra pessoa jurídica com sede no exterior, que tenha sócio que seja também sócio de outra pessoa jurídica ME ou EPP, cuja receita global supere os limites legais; ou cujo sócio participe com mais de 10% do capital de outra sociedade, cuja receita somada ultrapasse o limite; ou cujo sócio seja administrador de sociedade, cuja receita somada ultrapasse os limites legais. Estão excluídas as cooperativas, exceto as de consumo, as sociedades por ações, que exerçam atividade bancária, de seguros, arrendamento etc., bem como as sociedades resultantes de cisão ou desmembramento nos últimos cinco anos.

As MEs e EPPs podem se beneficiar com uma simplificação do regime de recolhimento tributário e poderão optar pelo SIMPLES nacional.

No âmbito comercial, as EPPs e MEs beneficiam-se com a autorização de que os registros e alterações no Registro Público de Empresas Mercantis se farão sem a apresentação das Certidões Negativas de Débitos. Dispensou-se a realização de assembleia e de reunião para as sociedades, bastando manifestação escrita de todos os sócios. Dispensou-se, ainda, a publicação de qualquer ato societário.

5.3. Classificação das sociedades

O Código Civil não reproduziu a sociedade de capital e indústria existente no Código Comercial de 1850. Previu nove tipos de sociedades: as sociedades em comum, sociedade em conta de participação, sociedade simples, sociedade em nome coletivo, sociedade em comandita simples, sociedade limitada, sociedade anônima, sociedade em comandita por ações e sociedade cooperativa.

5.3.1. Quanto à natureza da atividade

Quanto à natureza da atividade, as sociedades podem ser de forma empresarial ou sociedades simples. A diferença entre sociedade comercial e civil não foi reproduzida, pois a prestação de serviços, considerada como atividade civil anteriormente, é definida como empresarial no Código Civil atual.

A sociedade será empresarial se exercer atividade própria do empresário, ou seja, atividade econômica organizada e profissional voltada à produção de bens ou serviços. São atividades simples as exercidas por profissionais intelectuais, artísticos, científicos, literários, a menos que inseridas em uma atividade empresarial.

As sociedades sob a forma empresarial devem adotar um dos tipos empresariais. São eles: sociedade em nome coletivo, sociedade em comandita simples, sociedade limitada, sociedade anônima ou sociedade em comandita por ações. Nesse caso, as sociedades empresariais deverão inscrever seus atos constitutivos no Registro Público de Empresas Mercantis.

> As sociedades não empresariais ou sob forma simples podem adotar um dos tipos de sociedades empresariais. Caso não o faça, será disciplinado pelo tipo de sociedade simples, o que alguns chamam de sociedade simples pura, para diferenciar o tipo de sociedade da forma não empresarial. Essas sociedades, ainda que adotem um dos tipos de sociedade empresarial, como a limitada, por exemplo, continuarão sendo sociedades não empresariais, o que exige a inscrição no Registro Civil de Pessoas Jurídicas.

Independentemente da atividade desenvolvida, o que é relevante, em regra, para caracterizar a sociedade como empresária ou não empresária, a sociedade por ações, seja ela anônima ou comandita por ações, será sempre empresária e a sociedade cooperativa é sempre sociedade simples.

5.3.2. Quanto à importância dos sócios ou do capital

As sociedades podem ser de pessoas ou de capital. Nas sociedades de pessoa, a qualidade dos sócios, suas características pessoais, são mais importantes do que a contribuição que cada um deles se obriga.

Por conta dessa característica, na sociedade de pessoas os demais sócios podem impedir o ingresso de terceiro, como credor ou herdeiro de sócio falecido, ou mesmo do cessionário. São exemplos as sociedades em nome coletivo e a sociedade simples. Nessas, o ingresso de terceiro exige aprovação dos demais sócios. Na sociedade em comandita, apesar de se caracterizar, a princípio, como sociedade de pessoas, pois aplicável supletivamente às normas da sociedade em nome coletivo, poderá haver o ingresso do herdeiro do sócio falecido, salvo vedação contratual.

Na sociedade de capitais, as contribuições dos sócios para o capital social é mais relevante do que as qualidades dos sócios. Como o que importa é o capital, a transferência de ações é livre para terceiros. Pode ocorrer o ingresso do herdeiro do acionista falecido, a penhora das ações etc. São exemplos a sociedade anônima e a comandita por ações.

A sociedade limitada é tipo misto, ora de capital, ora de pessoas, a depender do contrato social. A sociedade limitada poderá se reger supletivamente pelas normas da sociedade simples ou pelas normas da sociedade anônima. O contrato pode prever a livre transferência das quotas. Caso não o faça, o sócio poderá ceder sua quota a quem seja sócio, independentemente da vontade dos demais, mas apenas poderá ceder a terceiros se não houver oposição de mais de um quarto do capital social (art. 1.057).

5.3.3. Quanto à responsabilidade dos sócios

As sociedades também se classificam quanto à responsabilidade pessoal dos sócios por obrigações sociais.

Um primeiro tipo de sociedade caracteriza-se pelos sócios serem ilimitada e solidariamente responsáveis entre si pelas dívidas sociais. Desde que o patrimônio da sociedade seja insuficiente para satisfazer as obrigações contraídas, o sócio poderá ser responsabilizado pelo pagamento da dívida social, em solidariedade com os demais, até o montante da dívida.

Essa responsabilidade dos sócios é ilimitada e solidária entre si, mas sempre subsidiária em relação à sociedade. Os sócios somente serão responsabilizados pessoalmente se os bens sociais forem insuficientes para a satisfação das obrigações sociais. São exemplos dessas sociedades, as sociedades em nome coletivo, as sociedades simples e as sociedades em comum.

As sociedades também podem ser classificadas conforme seus sócios tenham responsabilidade limitada pelas dívidas sociais.

Na sociedade limitada, o sócio será responsável apenas pela integralização total do capital social subscrito e, na sociedade anônima, o sócio se responsabiliza apenas pela integralização das ações que ele próprio subscreveu.

Caso a sociedade não satisfaça as obrigações sociais com os seus bens, os sócios, desde que o capital social já esteja integralizado ou suas ações, não sofrerão qualquer responsabilidade.

Por fim, há sociedades em que parte dos sócios responde ilimitadamente e parte limitadamente. É o que ocorre na sociedade em comandita simples, por ações e na sociedade em conta de participação.

Na sociedade em comandita simples, o sócio comanditário responde apenas limitadamente ao valor de sua quota, enquanto o sócio comanditado responde ilimitadamente. Na sociedade em comandita por ações, o acionista diretor responde ilimitadamente e os demais acionistas respondem apenas limitadamente pela integralização de suas ações. Nas sociedades em conta de participação, por fim, o sócio ostensivo responde com os bens pessoais pelas dívidas sociais contraídas, porque o foram em nome próprio. O sócio participante não responde perante terceiros, mas apenas perante o ostensivo e nos termos do contrato.

5.3.4. Quanto à aquisição de personalidade jurídica

As sociedades poderão ou não adquirir personalidade jurídica. Caso o façam, surge nova pessoa jurídica, distinta da pessoa dos sócios contratantes e que passa a ser a titular dos direitos e sujeito das obrigações. São sociedades sem personalidade jurídica a sociedade em comum e a sociedade em conta de participação. Com personalidade jurídica são todas as demais.

A aquisição da personalidade jurídica faz-se, para as pessoas privadas, com a inscrição dos atos constitutivos no registro Público de Empresas Mercantis, se sociedades empresárias, ou no Registro Civil das Pessoas Jurídicas. Exceção a tanto ocorre com a sociedade em conta de participação. Ainda que essa possua o registro, seu tipo impede que lhe seja conferida personalidade jurídica.

5.4. Sociedades não personificadas

As sociedades que não possuem personalidade jurídica no direito brasileiro são as sociedades em comum e as sociedades em conta de participação.

5.4.1. Sociedade em comum

São sociedades em comum tanto as sociedades que possuíam atos constitutivos, mas que não estavam inscritos no Registro Público, chamadas antigamente de sociedades irregulares, como as sociedades que sequer tinham ato constitutivo escrito, as chamadas anteriormente de sociedades de fato. Ambas foram consideradas sociedades em comum pelo Código Civil de 2002, que condicionou a concessão da personalidade jurídica à inscrição dos atos constitutivos no registro público competente.

A existência do contrato social, entretanto, é relevante. Os sócios, nas relações entre si ou com terceiros, somente por escrito podem provar a existência da sociedade. Os terceiros, todavia, podem provar a existência da sociedade por qualquer meio (art. 987).

A sociedade existe, porém não tem personalidade jurídica distinta da de seus sócios membros. Como não tem personalidade distinta, os bens sociais e obrigações não pertencem a um sujeito diverso, mas à coletividade dos sócios.

A Lei, entretanto, caracterizou os bens vinculados a essa atividade como patrimônio especial. Patrimônio especial é diverso de autônomo. Ele não se separa totalmente do patrimônio da coletividade dos sócios. Apenas exige que os terceiros, antes de executarem os demais bens particulares de cada um dos sócios, executem primeiro os bens sociais.

Os sócios respondem ilimitadamente pelas obrigações sociais. A responsabilidade é solidária entre si, mas subsidiária em relação à sociedade, cujos bens devem ser primeiramente executados.

Esse benefício de ordem imposto pela lei somente não é exigido em relação ao sócio contratante da obrigação. Em relação a esse sócio, o terceiro pode executá-lo independentemente de ter executado antes os bens sociais.

Na sociedade em comum, qualquer dos sócios poderá vincular os demais sócios em relação aos terceiros com a prática de atos de administração. Os sócios podem estipular que os poderes de gestão sejam atribuídos apenas a alguns ou com limitações. Contudo, referido pacto apenas terá efeitos perante os terceiros se esses conhecessem a convenção ou devessem conhecê-la.

5.4.2. Sociedade em conta de participação

A sociedade em conta de participação também é considerada sociedade sem personalidade jurídica. É a chamada sociedade de gaveta ou sociedade oculta.

O contrato de sociedade em conta de participação não exige formalidade.

Ainda que tenha sido levado a registro, entretanto, não permite o surgimento da personalidade jurídica, pois seu tipo é destinado a não ter personalidade.

A sociedade é destinada a que apenas o sócio ostensivo apareça perante terceiros e contrate com esses. Apenas o sócio ostensivo exerce a atividade e a desempenha em seu nome próprio, com responsabilidade exclusiva perante os terceiros, inclusive ilimitadamente com os seus bens próprios.

O outro tipo de sócio, conhecido como **sócio oculto** ou participante, não contrata nunca com terceiros. Ele permanece oculto e se obriga apenas em face do **sócio ostensivo**, nos termos do contrato social.

O contrato de sociedade vigora apenas entre os sócios e não gera efeitos perante terceiros. Caso o sócio oculto interfira no desenvolvimento da atividade ou contrate com terceiros, o sócio oculto passa a ter responsabilidade ilimitada e solidária com o sócio ostensivo.

Na sociedade em conta de participação, a admissão de novos sócios exige o consentimento unânime de todos. As contribuições dos sócios constituem patrimônio especial, mas apenas para produzir efeitos entre os sócios. Não pode o patrimônio especial ser oposto a terceiro.

A dissolução da sociedade ocorre com a falência do sócio ostensivo, o que exigirá a apuração das contas conforme o contrato de sociedade. A falência de sócio participante poderá não implicar a dissolução da sociedade, pois o contrato poderá ser cumprido pelo administrador judicial da massa falida.

5.5. Personalidade jurídica e desconsideração

A personalidade jurídica permite que o ente torne-se titular de direitos e sujeito de obrigações. A personalidade jurídica é atribuída aos entes de direito privado através da inscrição do ato constitutivo no respectivo registro, nos termos do art. 45 do Código Civil. Se a atividade desenvolvida pela sociedade for empresarial, a personalidade jurídica será obtida com a inscrição dos atos constitutivos no Registro Público de Empresas Mercantis. Se a atividade for a de profissional intelectual, salvo se for elemento de empresa, a inscrição dos atos constitutivos deve ocorrer no Registro Civil de Pessoas Jurídicas.

A personalidade jurídica distingue as pessoas dos sócios e a do ente coletivo. A partir de seu surgimento, a pessoa jurídica passa a ser um sujeito de direito distinto, com patrimônio autônomo e responsabilidade própria em relação aos sócios que integram a sociedade.

A autonomia patrimonial e a distinção de personalidade jurídica para fins de responsabilização dos agentes diante das obrigações contraídas em face de terceiros permitiram o desenvolvimento das atividades e a redução do risco do empreendimento. Entretanto, referidas características essenciais à personalidade jurídica permitiram que alguns agentes utilizassem a personalidade jurídica para prejudicar terceiros.

A teoria da desconsideração da personalidade jurídica surge para evitar que a atribuição da personalidade seja desviada para fins ilícitos nas hipóteses em que houve abuso desse direito.

Pela desconsideração, a personalidade jurídica poderá ser desconsiderada. Não se invalida a atribuição da personalidade, mas ela não produz efeitos em relação a um terceiro.

Duas foram as teorias para a aplicação da desconsideração da personalidade jurídica: a teoria maior e a teoria menor. Pela teoria menor, adotada pelo Código do Consumidor, por exemplo, em seu art. 28, § 5º, exigem-se menos requisitos para se constatar o abuso. Basta que a personalidade jurídica seja um obstáculo ao ressarcimento dos prejuízos causados aos consumidores para que ela seja desconsiderada.

Pela teoria maior da desconsideração, entretanto, teoria adotada pelo Código Civil, em seu art. 50, não basta a insuficiência patrimonial do ente coletivo. Além da demonstração de que o patrimônio da pessoa jurídica é insuficiente para satisfazer a determinada obrigação, é necessária a demonstração de que a personalidade foi utilizada para fraudar os terceiros, em abuso de direito. Determinou o Código Civil que a personalidade jurídica será considerada ineficaz perante o agente que praticou a fraude sempre que houver abuso da personalidade jurídica, caracterizado pelo **desvio de finalidade**, ou pela **confusão patrimonial**.

Desconsiderada a personalidade jurídica, ela se torna ineficaz perante o fraudador, tanto sócios quanto administradores da pessoa jurídica, de modo a permitir que ele seja responsabilizado com os bens pessoais pelas obrigações contraídas pelo ente coletivo.

A desconsideração da personalidade jurídica pode ser inversa.

Desconsideração inversa da personalidade jurídica ocorre nos casos em que a autonomia da pessoa jurídica é utilizada para que o sócio consiga desviar seus bens de seus credores particulares.

Na desconsideração inversa, a personalidade jurídica é desconsiderada para que ela possa ser responsabilizada com seus bens por uma dívida particular do sócio ou do administrador.

O Código de Processo Civil disciplinou como os requisitos da personalidade jurídica poderão ser apreciados. Pelo Código de Processo Civil, a desconsideração da personalidade jurídica exigirá a instauração de um incidente a pedido da parte ou do Ministério Público, quando couber a esse intervir no processo.

O incidente poderá ser instaurado em qualquer fase do processo de conhecimento, no cumprimento de sentença e na execução fundada em título executivo extrajudicial e suspenderá o processo. Apenas não será necessário instaurar o incidente se a desconsideração for requerida na petição inicial, caso em que o sócio ou a pessoa jurídica serão citados.

5.6. Sociedades com personalidade jurídica

São sociedades com personalidade jurídica as sociedades simples, cooperativas, sociedades em nome coletivo, em comandita simples e por ações e a sociedade anônima.

5.6.1. Sociedades simples

O tipo de sociedade simples é um tipo societário subsidiário. As sociedades que não desenvolvam atividade empresarial, como as que exerçam atividade intelectual, de natureza científica, literária ou artística poderão escolher um tipo de sociedade empresarial. Caso assim o façam, serão submetidas à disciplina do tipo societário escolhido, do contrário, serão disciplinadas pelo tipo da sociedade simples.

Esse tipo da sociedade simples fora estabelecido como disciplina geral e suas regras serão aplicáveis supletivamente aos demais tipos societários.

Quanto à sua formação, a sociedade simples exige contrato escrito, que identifique o nome dos sócios, sua qualificação, o objeto e capital social e as obrigações dos sócios. O contrato deverá ser inscrito no Registro Civil de Pessoas Jurídicas no local de sua sede e deverá indicar a participação de cada sócio nos lucros e nas perdas.

O sócio pode ser pessoa jurídica e física. O incapaz poderá ser sócio desde que não exerça a administração da sociedade e o capital esteja totalmente integralizado. Cada um desses sócios deve realizar as contribuições sociais, conforme determinado no contrato. Na sociedade simples, os sócios podem **integralizar as quotas com serviços, bens ou dinheiro**.

As contribuições devem ser realizadas no prazo determinado no contrato social. Decorrido o prazo sem o adimplemento, a sociedade poderá notificar os sócios para a realizarem em 30 dias. Não satisfeita a obrigação, o sócio será considerado remisso e responderá pelos danos causados à sociedade. Em vez de responsabilizá-lo, a sociedade poderá preferir excluir o sócio remisso ou reduzir suas quotas ao montante já integralizado.

Caso o contrato social não discipline qual a participação dos sócios nos lucros e nas perdas, os sócios participarão na proporção das respectivas quotas.

> O sócio que contribuiu em serviços, entretanto, somente participará dos lucros na proporção da média do valor das quotas (art. 1.007).

Na sociedade simples, os sócios respondem ilimitadamente com seus bens pessoais pelas dívidas sociais. A execução dos bens dos sócios, contudo, exige que os bens sociais já tenham sido previamente esgotados.

> A responsabilidade dos sócios é ilimitada, mas sempre subsidiária em relação à sociedade. A responsabilização dos sócios ocorre na proporção em que participem das perdas sociais, exceto se for estabelecida a solidariedade no contrato (art. 1.023).

O sócio que se retira ou é excluído da sociedade permanece responsável pelos débitos sociais existentes do período em que nela participou e dos débitos que surgirem até a data da averbação no Registro Público da alteração contratual. Sua responsabilidade pelos débitos perdura até dois anos após a averbação da modificação do contrato social. Caso tenha cedido sua participação, o cessionário responderá perante a sociedade e terceiros solidariamente com o cedente até dois anos da averbação da modificação do contrato.

Na hipótese de falecimento do sócio, seus herdeiros não se eximem da responsabilidade pelos débitos existentes até a morte do sócio. Os herdeiros permanecem responsáveis pelas obrigações sociais anteriores à morte do sócio até dois anos após a averbação da resolução da sociedade no Registro Público.

Qualquer alteração do contrato na sociedade simples exige a unanimidade de aprovação dos sócios, pois a sociedade simples é sociedade de pessoas. Para que haja a cessão das quotas, por exemplo, exige-se o consentimento unânime dos demais sócios para a alteração contratual, sob pena de ter eficácia perante os sócios e a sociedade (art. 1.003).

Como na sociedade de pessoas há importância para as qualidades dos sócios, o credor particular do sócio não poderá ingressar na sociedade com a penhora da quota do sócio devedor. O credor poderá executar apenas a proporção que caberia ao sócio devedor dos lucros da sociedade ou o montante resultante da liquidação da quota. Da mesma forma os herdeiros do sócio somente podem concorrer à divisão periódica dos lucros, até que se liquide a quota.

Os sócios têm o direito de participar dos lucros da sociedade, de participar das deliberações sociais e de fiscalizar a administração da sociedade.

5.6.1.1. Deliberações sociais

Os sócios deverão deliberar em Assembleias Gerais, por maioria absoluta de votos segundo o valor das quotas. A Lei ou o contrato social podem estabelecer quóruns qualificados.

> Determina a Lei que as modificações do contrato social, dentre as quais as que alterarem os sócios, o objeto social, o capital a participação nos lucros e nas perdas exigem o consentimento unânime dos sócios.

5.6.1.2. Administração da sociedade simples

A manifestação ordinária da vontade social é feita pelos administradores, aos quais são atribuídos os poderes não apenas de representar a sociedade, mas a de gerir seus fatores de produção.

Os administradores devem ser necessariamente pessoas físicas. É vedado administrador pessoa jurídica. Podem ser sócios ou terceiros, desde que a pessoa nomeada não tenha sido condenada à pena que vede o acesso a cargos públicos, ou fora condenada por crime falimentar, prevaricação, corrupção ativa ou passiva, concussão, peculato, crime contra a economia popular, contra o sistema financeiro etc., enquanto perdurarem os efeitos da condenação.

A nomeação do administrador poderá ocorrer por contrato social ou ato em separado. Caso nada determine o contrato social, a administração da sociedade compete isoladamente a cada um dos sócios.

Se nomeado no contrato social, o sócio não poderá ser destituído, pois se exige a unanimidade para alteração do contrato. São irrevogáveis os poderes administrativos atribuídos ao sócio por cláusula do contrato.

São revogáveis, a qualquer tempo, por maioria absoluta do capital social, os poderes administrativos atribuídos aos sócios por ato separado, ou a quem não seja sócio.

5.6.1.3. Resolução e dissolução da sociedade simples

A dissolução da sociedade poderá ser total ou parcial. A dissolução parcial ou resolução do sócio em relação à sociedade ocorre quando da retirada ou exclusão de um dos sócios. Nesse caso, a sociedade continua a desenvolver sua atividade com os sócios remanescentes. Liquida-se a quota apenas do sócio que se retira da sociedade.

O valor da liquidação da quota deverá, a menos que haja disposição em contrato ao contrário, ser aferido mediante balanço patrimonial à data da resolução, e o pagamento deverá ocorrer em dinheiro em até 90 dias.

São hipóteses de resolução parcial:

a) falecimento de sócio, caso os sócios remanescentes não prefiram a dissolução total ou o acordo com os herdeiros para a substituição do falecido;

b) exercício de direito de retirada dos sócios, nas hipóteses em que, se a sociedade for por prazo indeterminado, o sócio notifique sua saída com 60 dias de antecedência. Se prazo determinado, desde que prove judicialmente que tenha ocorrido uma justa causa, como um ato que quebre sua confiança perante os demais;

c) exclusão do sócio. A exclusão poderá ser de pleno direito ou por maioria de votos.

Na exclusão de pleno direito, o sócio será excluído se for declarado falido ou houver a liquidação de sua quota por credores particulares.

A exclusão também pode ocorrer por vontade da maioria dos demais sócios, caso ocorra falta grave no cumprimento de suas obrigações, incapacidade superveniente, ambas mediante ação judicial, ou caso o sócio seja considerado remisso.

Na dissolução total, por seu turno, ocorre o fim da atividade social, com a liquidação das quotas de todos os sócios e a apuração do montante a ser distribuído. Com a dissolução total, liquidam-se os bens para que o produto, após o pagamento dos credores, possa ser distribuído proporcionalmente à participação do capital social aos sócios.

A dissolução total pode ocorrer de pleno direito, sem que haja a apreciação pelo Poder Judiciário. Ocorre, nos termos do art. 1.033 do Código Civil, com: a) o vencimento do prazo de duração, salvo se, vencido este e sem oposição de sócio, não entrar a sociedade em liquidação, caso em que se prorrogará por tempo indeterminado; b) o consenso unânime dos sócios; c) a deliberação dos sócios, por maioria absoluta, na sociedade de prazo indeterminado; d) a falta de pluralidade de sócios, não reconstituída no prazo de 180 dias; e) a extinção, na forma da lei, da autorização para funcionar.

Judicialmente, a dissolução total pode ocorrer com a anulação do ato constitutivo da sociedade, o exaurimento do seu fim social ou a impossibilidade do cumprimento deste.

5.6.2. Sociedade limitada

A sociedade limitada caracteriza-se como o tipo mais frequente de sociedade no Brasil. Sua ampla adoção decorre da limitação da responsabilidade dos sócios.

> A sociedade limitada é regulada pelos arts. 1.052 a 1.087 do Código Civil. Na omissão do capítulo, aplicam-se à sociedade limitada as normas da sociedade simples. O contrato social, contudo, poderá substituir a aplicação suplementar das normas da sociedade simples pelas normas da sociedade anônima.

Caracteriza-se por ser uma sociedade de natureza híbrida. A sociedade limitada não pode nem ser caracterizada como sociedade totalmente de pessoa, em que prevalecem as características pessoais dos sócios, nem como sociedade de capital, em que é relevante apenas a contribuição social, mas não a pessoa do sócio.

Os sócios poderão disciplinar no contrato social quais características preponderantes, ora de uma sociedade de pessoas, ora de uma sociedade de capitais, regerão a vida societária. Podem assim determinar a regência supletiva pelas normas das sociedades anônimas, como uma sociedade de capital, ou podem permitir a livre cessão das quotas dos sócios a terceiros ou imporem maior restrição etc.

5.6.2.1. Constituição

A constituição da sociedade limitada exige contrato escrito, o qual será inscrito no Registro Público. O contrato social deverá estabelecer: I – nome, nacionalidade, estado civil, profissão e residência dos sócios, se pessoas naturais, e a firma ou a denominação, nacionalidade e a sede dos sócios, se pessoas jurídicas; II – nome empresarial, objeto, sede e prazo da sociedade; III – capital social; IV – a quota de cada sócio no capital social e o modo de realizá-la; V – os administradores da sociedade, seus poderes e atribuições; VI – a participação de cada sócio nos lucros e nas perdas.

Como contrato, exige-se a pluralidade de sócios contratantes. Ao menos dois sócios, pessoas físicas ou pessoas jurídicas, devem contratar a sociedade.

5.6.2.2. Obrigações e direitos dos sócios

Como sociedade, os sócios se obrigam a contribuir com seus recursos para o desenvolvimento de uma atividade comum com a partilha entre si dos resultados. Essa contribuição permite a formação do capital social, o qual será dividido em quotas, iguais ou desiguais.

Para essa formação do capital, o sócio poderá contribuir com bens ou com dinheiro. É proibida, na sociedade limitada, a contribuição com serviços. Caso algum dos sócios contribua com bens, todos os sócios respondem solidariamente, até o prazo de cinco anos do registro da sociedade, pela exata estimação dos bens transferidos.

O sócio que não integralizar suas quotas será considerado remisso. Para ser remisso, entretanto, o sócio inadimplente nos termos do contrato social, deverá ser notificado para integralizar a quota no prazo de 30 dias. Apenas após sua inércia é que o sócio poderá ser responsável perante a sociedade pelos danos causados pela sua mora.

Alternativamente à indenização pela mora, a sociedade poderá decidir, por maioria, excluir o sócio remisso ou reduzir o capital ao montante efetivamente integralizado. Na sociedade limitada, outrossim, a sociedade também poderá tomar para si as quotas subscritas pelo sócio remisso ou transferi-las a terceiros, com a exclusão do sócio, mas sem a liquidação da quota. Devolve-se ao sócio remisso apenas aquilo que houver pago, deduzidos juros, despesas e eventuais encargos estabelecidos no contrato.

Além de contribuir, os sócios serão obrigados à reposição dos lucros e das quantias retiradas, a qualquer título, mesmo que autorizados pelo contrato social, quando tais lucros ou quantia se distribuírem com prejuízo do capital social.

O principal direito dos sócios é o de participar dos lucros da sociedade e de, na hipótese de dissolução, participar da partilha dos ativos e apuração de haveres. Além dos direitos patrimoniais, possuem os sócios os direitos de fiscalizar a atividade social, o de participar da administração da sociedade, o de votar nas deliberações.

O sócio tem ainda direito de preferência. Poderá participar, na proporção de suas quotas, de eventual aumento do capital social, desde que exerça seu direito no prazo de 30 dias da deliberação de aumento.

Também terão o direito de recesso.

> O direito de recesso é o direito de se retirar da sociedade, com o pagamento do valor de sua quota pela pessoa jurídica mediante a apuração de haveres.

Se a sociedade tiver prazo indeterminado, o sócio poderá se retirar da sociedade mediante simples notificação da sociedade, com prazo de 60 dias. Caso a sociedade tenha prazo determinado, o direito de retirada ocorre apenas se houver modificação do contrato social, fusão, incorporação de sociedade, e o sócio não tiver concordado com a deliberação que determinou. Apenas diante desse justo motivo, o sócio poderá se retirar da sociedade em 30 dias da deliberação.

Pelo exercício do direito de recesso, será apurado o valor da quota do sócio mediante o levantamento de balanço patrimonial especial na data de sua retirada, exceto se houver previsão em contrário no contrato social. Do mesmo modo, a menos que estabelecido de modo diverso, o sócio deverá ser pago em dinheiro, no prazo de 90 dias, a contar da liquidação.

5.6.2.3. Responsabilidade dos quotistas na sociedade limitada

Na sociedade limitada, o sócio responde pelas obrigações sociais apenas subsidiariamente. Seus bens pessoais poderão ser executados apenas após esgotados os bens da sociedade. Além de subsidiária, **a responsabilidade restringe-se ao montante do capital social a ser integralizado por todos os sócios**. Os sócios respondem pela obrigação que contraíram perante a companhia de contribuir para a integralização do capital social. Somente serão responsabilizados, nesse ponto, pela diferença de valor entre o que prometeram, subscreveram e o que faltou satisfazerem, o que faltou ser integralizado.

A responsabilidade é também solidária entre os sócios. Ainda que o sócio tenha integralizado todas as suas quotas, caso qualquer dos outros sócios não tenha, todos os sócios ou qualquer deles poderão ser responsabilizados com seus bens particulares pelas obrigações sociais na medida do montante remanescente à integralização total do capital social.

5.6.2.4. Modificação do capital social

O capital social expressa a soma das contribuições dos sócios para o desenvolvimento da atividade social, ao menos inicialmente. Durante o desenvolvimento da atividade, embora o capital social seja fixo, ao contrário do patrimônio, poderá ser reduzido ou aumentado.

Como o capital social procura garantir os credores da satisfação de suas obrigações sociais, **a alteração do capital social requer a modificação do contrato de sociedade**. Para majorá-lo, é necessário que já tenha ocorrido a integralização das quotas e que haja deliberação dos sócios.

A redução do capital social poderá ocorrer se:

a) integralizadas as quotas, houver a necessidade de redução em razão de perdas. O valor das quotas será reduzido na proporção da redução do capital social. Apenas é eficaz perante terceiros após a averbação no Registro.

b) delibere-se que o capital social é excessivo em relação ao objeto social. O valor das quotas será reduzido, mas a diferença será restituída aos sócios. Somente será eficaz se não houver impugnação de credores no prazo de 90 dias da publicação da ata da assembleia, ou desde que tenha havido o pagamento da dívida do credor ou o depósito do valor do crédito em juízo.

5.6.2.5. Quotas sociais

O capital social é dividido em quotas sociais, as quais podem ser iguais ou desiguais.

As quotas são indivisíveis em relação à sociedade. Ainda que possa uma única quota ser de propriedade de várias pessoas, os direitos em relação a essa quota são exercidos pelo representante do condomínio dos proprietários, ou pelo inventariante do sócio falecido. Entre os coproprietários, a responsabilidade pela contribuição é solidária. Apenas em relação à transferência é que a quota não é indivisível em relação à sociedade e o sócio poderá transferir a quota ou parte dela a terceiro.

> Nos termos do art. 1.057 do Código Civil, a menos que o contrato estabeleça de modo diverso, o sócio pode ceder sua quota, total ou parcialmente a quem seja sócio, independentemente de consentimento dos demais sócios. Poderá também transferir a terceiros, estranhos à sociedade, mas desde que não haja oposição de titulares de mais de um quarto do capital social.

Perante a sociedade e os terceiros, os efeitos da cessão ocorrerão apenas a partir da averbação do instrumento no registro e desde que acompanhado da anuência dos sócios.

5.6.2.6. Órgãos da sociedade limitada

São órgãos da sociedade limitada a assembleia geral de quotistas, os administradores e o conselho fiscal.

5.6.2.6.1. Assembleia geral de quotistas

As principais decisões da sociedade podem ser tomadas pelos sócios. Na sociedade limitada, as deliberações poderão ocorrer na forma de assembleia ou de reunião, conforme disponha o contrato social. A faculdade de escolha, entretanto, ocorrerá apenas se a quantidade de sócios for inferior a dez. **A deliberação em assembleia será obrigatória se o número de sócios for superior a dez.**

As reuniões possuem menos formalidades de instalação e o próprio contrato social poderá estabelecer as formas de convocação e quórum de instalação. Na assembleia geral, entretanto, as formalidades são as descritas na própria lei. Exige-se a convocação por publicação de anúncio por três vezes, com ao menos oito dias entre a data da assembleia e a data da primeira publicação e de cinco dias para a segunda convocação. As publicações devem ocorrer em jornal de grande circulação e no órgão oficial.

> As formalidades para as convocações são dispensáveis e suas falhas são supridas se todos os sócios comparecerem ou se declararem cientes.

As deliberações vinculam todos os sócios, ainda que não tenham comparecido ou tenham discordado. Caso a deliberação seja contra a Lei ou o contrato social, as deliberações tornarão ilimitadamente responsáveis os sócios que a aprovaram.

Poderão os sócios deliberar, além das matérias previstas no contrato social, sobre: I – a aprovação das contas da administração; II – a designação dos administradores, quando feita em ato separado; III – a destituição dos administradores; IV – o modo de sua remuneração, quando não estabelecido no contrato; V – a modificação do contrato social; VI – a incorporação, a fusão e a dissolução da sociedade, ou a cessação do estado de liquidação; VII – a nomeação e destituição dos liquidantes; VIII – o pedido de recuperação; IX – a remuneração dos membros do conselho fiscal.

A assembleia instala-se com quórum, em primeira convocação, de três quartos do capital social e, nas convocações posteriores, com qualquer número. O quórum de votação é de maioria relativa, ou seja, maioria do capital social presente na assembleia, exceto se o contrato exigir prazo maior.

Exigem quórum qualificado a **modificação do contrato social**, a incorporação, fusão, dissolução da sociedade e a cessação do estado de liquidação. Nessas matérias, o quórum de votação é de, no mínimo, **três quartos do capital social**.

O quórum de votação será de **maioria absoluta**, ou metade mais um do capital social para a **designação dos administradores em ato separado, a destituição dos sócios administradores nomeados em ato separado ou de terceiros estranhos ao quadro social**, o modo de sua remuneração, quando não estabelecido no contrato e o pedido de recuperação judicial.

A assembleia deverá ocorrer ao menos uma vez por ano, nos quatro meses seguintes ao término do exercício social. A assembleia deverá tomar as contas do administrador, deliberar sobre o balanço de resultados e designar os administradores, se for o caso. A ação anulatória da deliberação de aprovação dos balanços extingue-se em **dois anos**.

A deliberação dos sócios será convocada pelos administradores, nos casos previstos na lei e no contrato. Caso não o façam no prazo de 60 dias, poderá ser convocada pelos sócios. Poderá ser convocada também por quaisquer titulares de mais de um quinto do capital social, quando não atendido em oito dias pedido de convocação fundamentado. Pode ainda ser convocada pelo Conselho Fiscal, se a diretoria retardar por mais de 30 dias a convocação anual ou sempre que houver graves motivos.

5.6.2.6.2. Administração da sociedade limitada

Embora tenham sido atribuídas as principais decisões da sociedade à deliberação dos sócios, as decisões ordinárias da sociedade são tomadas pelos administradores, aos quais compete a prática dos atos de gestão e da representação da sociedade perante terceiros.

Os administradores terão poderes para praticar atos de gestão, administração da sociedade internamente, bem como atos de representação, e manifestar a vontade da sociedade perante terceiros. Caso o contrato social nada estabeleça, os administradores poderão atuar isoladamente e cada qual terá poder para representar a sociedade perante terceiros. No exercício dessa função, eles respondem solidariamente entre si pelos prejuízos que causarem a terceiros ou à própria sociedade, desde que tenham agido com culpa.

Os administradores serão sempre pessoas físicas. Não se admite na lei a nomeação de uma pessoa jurídica como administradora. Os administradores podem ser sócios ou não sócios.

> Caso o contrato social atribua a administração a todos os sócios, a determinação não se estende aos sócios que ingressarem na sociedade posteriormente.

A nomeação de terceiros, como administradores, é permitida para aumentar a especialização de funções da administração da sociedade. A nomeação de terceiro, contudo, deve estar aprovada no contrato social. Os quóruns, entretanto, são diversos se o administrador for sócio, ou não sócio.

> O quórum de aprovação será de dois terços para a nomeação de administradores não sócios se o capital já estive integralizado. Se o capital não estiver integralizado, a nomeação exigirá a unanimidade.

Podem os administradores, ainda, serem nomeados no contrato social ou em ato em separado. Se for sócio, o administrador nomeado em ato em separado exige aprovação de maioria absoluta do capital social. A nomeação deve ser averbada no Registro Público no prazo de 10 dias da investidura sob pena de não ter eficácia perante terceiros. Se o sócio for nomeado no contrato social, o quórum de aprovação é de três quartos do capital social.

A cessação das funções do administrador ocorre pela destituição, em qualquer tempo, do titular, ou pelo término do prazo se, fixado no contrato ou em ato separado, não houver recondução.

A destituição mantém o mesmo quórum da nomeação. A única exceção refere-se ao sócio nomeado no contrato social como administrador. **Salvo disposição contratual, referido administrador somente poderá ser destituído por voto de sócios representativos de dois terços do capital social** (art. 1.063, do CC).

Sócio ou não sócio	Quórum de eleição	Quórum de destituição
Administrador sócio nomeado no contrato social	3/4 do capital social	2/3 do capital social
Administrador sócio nomeado em ato em separado	Maioria absoluta	Maioria absoluta
Administrador não sócio se o capital estiver integralizado	2/3 do capital social	2/3 do capital social
Administrador não sócio se o capital não estiver integralizado	Unanimidade dos sócios	Unanimidade dos sócios

A cessação das funções do administrador deverá ser averbada no registro público em 10 dias ao da ocorrência.

Além da destituição e do término do prazo, poderá cessar a função do administrador pela renúncia. A renúncia do administrador torna-se eficaz, em relação à sociedade, desde o momento em que esta toma conhecimento da comunicação escrita do renunciante; e, em relação a terceiros, após a averbação e publicação.

5.6.2.6.3. Conselho fiscal da sociedade limitada

O conselho fiscal tem a atribuição de supervisionar os administradores da sociedade. A ele compete examinar os livros e papéis da sociedade, lavrar no livro de atas do conselho fiscal o resultado dos exames, fornecer parecer sobre os negócios e as operações sociais, denunciar erros, fraudes ou crimes que descobrir, convocar a assembleia dos sócios se a diretoria retardar.

Ele não é obrigatório nas sociedades limitadas, apenas nas sociedades anônimas. A facultatividade de sua instalação é não exigir que a onerosidade de sua criação seja imposta a sociedades limitadas de pequena dimensão e que não exigiriam um controle maior do administrador.

O conselho fiscal deve ser concebido pelo contrato social. Deverá ser composto por, no mínimo, três membros, sócios ou não sócios, desde que residentes no país. Não podem ser administradores da sociedade, nem de sociedades controladas, nem empregados de quaisquer delas ou de seus administradores.

São eleitos pela assembleia geral por quórum de votação de maioria relativa.

> Os sócios minoritários poderão, desde que tenham pelo menos um quinto do capital social, eleger em separado um dos membros.

As atribuições do conselho fiscal não podem ser outorgadas a outro órgão da sociedade. Seus membros respondem apenas por culpa no desempenho de suas funções, quer perante a sociedade, quer perante terceiros.

5.6.2.7. Dissolução da sociedade

A sociedade limitada pode se dissolver total ou parcialmente.

A dissolução parcial é conhecida também por resolução da sociedade em relação a um sócio. Ela pode ocorrer pela retirada do sócio em razão de seu direito de recesso ou pela exclusão, a qual pode ser judicial ou extrajudicial.

A exclusão judicial pode ocorrer nas hipóteses de incapacidade superveniente do sócio ou em razão da demonstração de falta grave desse. Ambas as hipóteses exigem aprovação da maioria dos *demais sócios* e pedido judicial. Nessa hipótese, poderá ocorrer a exclusão do próprio sócio majoritário, pois a deliberação é dos demais sócios.

Para que a **exclusão** possa ser **extrajudicial**, ela precisa ter sido estabelecida no contrato social. Caso exista a possibilidade no contrato, exige-se deliberação da maioria absoluta do capital social, que poderá determinar a exclusão do sócio em razão da prática de um ato de inegável gravidade. Em razão do quórum, apenas o sócio minoritário poderá ser excluído da sociedade. Exige-se que se demonstre que o comportamento do sócio minoritário coloca em risco a continuidade da empresa.

A deliberação da assembleia sobre a exclusão do sócio em razão da falta grave, entretanto, exige prévia possibilidade de o sócio exercer o contraditório. Para tanto, o sócio deve ser previamente cientificado, com tempo hábil para comparecer e se defender, de que deliberação apreciará sua exclusão.

Excluído da sociedade, o sócio terá direito à apuração de seus haveres. A menos que estabelecido de modo diverso no contrato, será levantado balanço especial para apuração.

> Persistirá a responsabilidade do excluído por dois anos após a averbação da resolução pelas dívidas contraídas até o momento da averbação.

A dissolução total, por seu turno, tem as mesmas hipóteses que a sociedade simples. Poderá a sociedade ser dissolvida se vencer o seu prazo de duração, a menos que se prorrogue automaticamente por não ter ocorrido oposição de sócios; pelo consenso dos sócios; por deliberação da maioria absoluta dos sócios, na hipótese de sociedade por prazo indeterminado; pela **falta de pluralidade** de sócios, caso não seja reconstituída em **180 dias;** e pela extinção da autorização para funcionar.

5.6.3. Sociedade anônima

A sociedade anônima é disciplinada pela Lei n. 6.404/64. Caracteriza-se por ter personalidade jurídica e ser necessariamente empresarial, independentemente da natureza da atividade desenvolvida.

A sociedade anônima caracteriza-se, ainda, por ser sociedade tipicamente de capital, em que é mais relevante o montante da contribuição dos acionistas do que suas características pessoais. Nesses termos, seu capital social é dividido em ações, títulos de livre circulação pelos proprietários, independentemente do consentimento dos demais acionistas.

As ações representam frações idênticas do capital social e são livremente circuláveis. Sua circulação não poderá ser restrita de qualquer forma. Em razão de sua natureza como sociedade de capital, a ação das companhias poderá ser objeto de penhora pelos credores particulares dos acionistas, pode ser transferida a terceiros, inclusive *mortis causa* aos herdeiros.

Os acionistas são responsáveis apenas pelo valor das **ações** por eles **subscritas** e ainda não **integralizadas**. Subscrição identifica a promessa de pagamento pelo adquirente do valor das ações à companhia, e esse pagamento é concebido como integralização.

Ainda que os demais acionistas não tenham integralizado, satisfeito, o montante ao qual se vincularam a contribuir para o capital social, o acionista responde apenas pela integralização do valor de sua ação. Caso já o tenha integralizado, ainda que os demais não, e mesmo que não existam bens sociais suficientes para a satisfação das obrigações sociais, o acionista não será responsabilizado.

A lei determina que o objeto social da companhia deve estar definido de modo preciso. O objeto social é a atividade econômica a ser desenvolvida pela companhia, e que não poderá ser contrária à lei, à ordem pública e aos bons costumes (art. 2º da Lei n. 6.404/76).

O objeto social limita a responsabilidade da companhia pelas obrigações contraídas. Isso porque restringe os poderes dos administradores à atividade previamente delimitada. Apenas dentro dessa atividade especificada no objeto social os administradores possuem poderes para fazer presente a companhia e, nesse caso, para vinculá-la pela obrigação contraída perante terceiros.

5.6.3.1. Classificação das Sociedades Anônimas

As sociedades anônimas podem ser fechadas ou abertas. A diferenciação entre ambas refere-se à possibilidade ou não de negociação dos títulos por elas emitidos no mercado de capitais.

As sociedades anônimas abertas são as sociedades cujos valores mobiliários, títulos de emissão pela companhia que fornecem direitos aos adquirentes, são livremente negociados no mercado de capitais, composto pela Bolsa de Valores e Mercado de Balcão.

A Bolsa de Valores poderá ser associação ou sociedade anônima e é integrada por sociedades de corretores. Constitui um mercado secundário, pois não negocia novas ações, mas apenas negocia as ações já titularizadas por acionistas com os adquirentes.

O Mercado de Balcão consiste no conjunto de operações com valores mobiliários realizadas por intermediários do sistema de distribuição. Pode consistir tanto em um mercado primário, em que os títulos são adquiridos diretamente da companhia, como em mercado secundário, em que os títulos são adquiridos de um outro proprietário.

As sociedades anônimas fechadas não possuem seus títulos negociados no mercado de capitais. A negociação dos títulos faz-se diretamente entre o proprietário e o adquirente.

> Nas companhias fechadas, o estatuto pode impor limitações à circulação das ações nominativas, contanto que não impeça a negociação das ações e não sujeite o acionista ao arbítrio dos órgãos de administração da companhia ou da maioria dos acionistas (art. 36 da LSA).

Caso essa limitação ocorra por alteração estatutária, a limitação somente será aplicável às ações cujos titulares expressamente tenham concordado com ela.

5.6.3.2. Constituição da sociedade anônima

Para que ocorra a constituição da sociedade anônima, imprescindível que ocorra a subscrição de pelo menos duas pessoas de todas as ações em que se divide o capital social; pagamento de, no mínimo, 10% em dinheiro do valor do preço de emissão das ações subscritas, com o depósito da referida entrada em estabelecimento bancário pelo fundador no prazo de 5 dias do recebimento das quantias.

A partir do depósito no banco pelo fundador, a companhia terá o prazo de seis meses para se constituir, sob pena de o Banco restituir as quantias depositadas diretamente aos subscritores. Caso adquira a personalidade jurídica, apenas a sociedade poderá levantar os recursos.

O requisito da subscrição de todas as ações poderá ser feito de duas formas: subscrição pública ou subscrição particular.

A **subscrição pública** é exigência para as sociedades anônimas abertas. Requer o intermédio de instituição financeira e o prévio registro da emissão na Comissão de Valores Mobiliários, de modo a disponibilizar as ações para a subscrição pelo público. Por ocasião dessa subscrição, o adquirente pagará o valor mínimo de 10% do preço de emissão das ações em dinheiro à instituição financeira.

Caso ocorra a subscrição de todo o capital social, os fundadores convocarão a **assembleia geral** e os subscritores constituirão a companhia desde que não haja votos contrários por mais da metade do capital social ao projeto de estatuto social. Na assembleia de constituição serão eleitos os administradores e fiscais.

Em vez da subscrição pública, poderá ocorrer uma **subscrição particular** para a constituição da companhia. A subscrição particular é realizada sem maiores formalidades pelas sociedades anônimas fechadas e não exige a intermediação de instituição financeira ou prévio registro na CVM. Faz-se por deliberações dos subscritores em assembleia geral ou por escritura pública.

Em assembleia, o projeto de estatuto deve ser entregue à assembleia com a assinatura de todos os subscritores do capital. Se realizado por escritura pública, ele precisa ser assinado por todos os subscritores e deverá conter a identificação destes, o estatuto da companhia, a relações das ações, o recibo do depósito das entradas das contribuições ao capital social, nomeação dos primeiros administradores e fiscais, se o caso.

Para adquirir personalidade jurídica, os atos constitutivos devem ser inscritos no Registro Público de empresa mercantil e deverão ser publicados na imprensa oficial do local da sede da companhia.

5.6.3.3. Capital social da sociedade anônima

O capital social é o valor expresso no estatuto social e, inicialmente, refere-se ao valor da contribuição dos sócios com bens para o desenvolvimento da atividade empresarial. O capital social permitirá aos terceiros que pretendam contratar com a sociedade aferir um montante aproximado de seu patrimônio, pois o capital social será fixo, estável, enquanto o patrimônio é variável. Permite a determinação da posição do acionista na sociedade também, pois o capital social será dividido em ações atribuídas a cada um dos sócios, os quais, diante do montante por eles detido, poderão exercer determinados direitos.

Compõe-se o capital social, portanto, pela soma das contribuições dos sócios. A integralização das ações subscritas, além da entrada que deve ser feita necessariamente em dinheiro, poderá ser realizada em bens.

> A Lei n. 6.404/76 proibiu a integralização das ações por serviços, mas permitiu que os acionistas conferissem bens para a integralização.

Para que o capital social seja conforme a realidade efetiva dos bens conferidos pelos acionistas ao integralizarem suas ações, a lei determinou que os bens deverão ser avaliados por três peritos ou por empresa especializada, ambos nomeados na assembleia geral de subscritores. O laudo será apresentado à assembleia que, caso o aprove, permitirá a incorporação dos bens ao patrimônio da companhia.

Caso referidos bens sejam imóveis, a transferência dos bens não exige escritura pública. A certidão de arquivamento dos atos constitutivos no Registro Público de Empresas Mercantis é suficiente para a transferência, por transcrição no Cartório de Registro de Imóveis, dos bens que o subscritor tiver contribuído para a formação do capital social (art. 98, § 2º, da LSA).

A responsabilidade civil dos subscritores que contribuírem com bens para a formação do capital social será idêntica à do vendedor. Eles respondem, juntamente com os avaliadores, com culpa ou dolo na avaliação dos bens pelo prejuízo que causarem à companhia ou a terceiros.

Embora o capital social seja fixo, poderá ser reduzido ou aumentado.

O capital poderá ser aumentado por deliberação da assembleia geral ordinária para a correção monetária de seu valor; por deliberação da Assembleia Geral ou do Conselho de Administração para emissão de ações dentro do limite autorizado no estatuto; por conversão de debêntures, partes beneficiárias e bônus de subscrição, em ações; por deliberação da Assembleia Geral Extraordinária, mediante subscrição pública ou particular, desde que depois de três quartos do capital social ter sido integralizado; por capitalização dos lucros e das reservas.

O capital social poderá ser reduzido se a Assembleia Geral aprovar a redução em razão de perdas sociais ou em razão de julgar o capital social excessivo (art. 173 da LSA). Essa redução somente poderá ser eficaz após 60 dias da publicação da ata da assembleia que a tiver deliberado, pois, no prazo, os credores poderão se opor à redução e, caso o façam, o arquivamento da ata apenas poderá ser feita na Junta Comercial caso o pagamento dos credores tenha sido realizado. Caso a companhia tenha emitido debêntures, a redução de capital exige que os debenturistas aprovem a redução.

5.6.3.4. Acionistas da sociedade anônima

O acionista é o proprietário de ações emitidas pela companhia. Como contrato, a sociedade anônima deve possuir ao menos dois acionistas para a sua constituição.

> Excepcionalmente, entretanto, permite-se que a sociedade anônima possua temporariamente apenas um único acionista. A pluralidade de acionistas, todavia, deve ser recomposta da assembleia que constatou que havia apenas um acionista até a assembleia do ano seguinte, sob pena de dissolução da companhia.

A única exceção a essa regra ocorre com a sociedade anônima subsidiária integral. Essa pode ser constituída por escritura pública e pode ter um único acionista consistente numa sociedade brasileira.

Ao se tornar proprietário de ações, o acionista passa a obter direitos e a contrair obrigações perante a companhia. Dentre as obrigações, a principal do acionista é o seu dever de integralizar as ações por ele subscritas, conforme o previsto no estatuto ou no boletim de subscrição.

Caso o acionista não faça o pagamento na data prevista, ficará de pleno direito constituído em mora e se sujeitará ao pagamento de juros, correção e de multa que o estatuto determinar, a qual não poderá ser superior a 10% (art. 106 da LSA). O **acionista em mora** é considerado **remisso**.

Em face do remisso, a companhia poderá cobrar as importâncias devidas e/ou mandar vender as ações em Bolsa de Valores. Caso ainda assim não consiga a integralização das ações, poderá declará-las caducas e fazer suas as entradas realizadas.

Em relação aos direitos, os acionistas são titulares de direitos essenciais que não poderão ser suprimidos nem pela Assembleia Geral, nem pelo próprio estatuto social.

Dentre esses direitos, os acionistas deverão participar nos lucros sociais. Os acionistas têm direito a um dividendo obrigatório, consistente em um montante de lucro estabelecido no estatuto social e, em sua omissão, será a de metade do lucro líquido do exercício, com a dedução daquilo destinado às reservas sociais.

Têm direito os acionistas, ainda, de participar no acervo da companhia em caso de liquidação. Podem fiscalizar a gestão dos negócios sociais e, nesse ponto, poderão requerer a exibição dos livros sociais desde que possuam ao menos 5% do capital social, apontem violações à lei ou ao estatuto ou caso haja suspeita de irregularidades. Terão os acionistas, ainda, direito de preferência para a subscrição de ações, partes beneficiárias conversíveis em ações, debêntures conversíveis e bônus de subscrição.

Garante-se aos acionistas, ademais, direito de retirada.

O direito de retirada consiste em ter suas ações reembolsadas pela companhia, caso discorde de deliberação social que determine a criação de ações preferenciais ou aumento sem guardar proporção com as demais classes de ações preferenciais; alteração nas preferências; criação de classe mais favorecida; redução de dividendo obrigatório; fusão, incorporação, cisão; participação em grupo de sociedade; mudança de objeto da companhia.

As ações conferem, em regra, também direito de voto, o qual, entretanto, poderá ser restrito pela companhia com a emissão de ações preferenciais. Mesmo em relação às ações ordinárias, o estatuto pode estabelecer restrições à quantidade de votos de cada acionista.

As ações de cada classe conferirão iguais direitos aos seus titulares, os quais poderão ser tutelados, inclusive judicialmente. Nada impede que o estatuto da sociedade estabeleça que as divergências entre os acionistas e a companhia ou entre os acionistas não sejam submetidas ao judiciário, mas sejam solucionadas mediante arbitragem.

A cada ação ordinária corresponde um voto nas deliberações da Assembleia Geral. É vedado atribuir voto plural a qualquer classe de ações, o que não significa que não poderá ocorrer o voto múltiplo para a eleição dos membros do Conselho de Administração.

O penhor da ação não impede o voto pelo acionista, mas o estatuto poderá exigir o consentimento do credor pignoratício. O credor garantido por alienação fiduciária não poderá exercer o direito de voto, apenas o devedor – e nos termos do contrato. Caso a ação seja gravada com usufruto, o direito somente poderá ser exercido se houver prévio acordo entre o proprietário e o usufrutuário.

A assembleia poderá suspender o direito de voto dos acionistas, se o acionista não realizar suas obrigações, como, por exemplo, efetuar suas contribuições sociais.

5.6.3.5. Acionista controlador

A lei atribuiu deveres diferentes ao acionista controlador, em razão dos poderes por esse exercidos. É considerado controlador aquele que seja titular de direitos de sócio que lhe assegurem, de modo permanentemente, maioria dos votos nas deliberações sociais, desde que use efetivamente desse poder para dirigir as atividades sociais.

Pode ser acionista totalitário, que possui todas as ações com direito de voto da companhia. Pode ser majoritário, que possui a maioria das ações com direito a voto. Basta, para sua definição, que tenha a maioria efetiva das ações que compareçam à assembleia, ou seja, ainda que minoritário, pode ser controlador desde que suas ações sejam suficientes para predominar na assembleia, de modo não transitório.

Ao controlador foi imposto o dever de agir para proteger os interesses dos demais acionistas e dos interesses das demais pessoas envolvidas com a empresa. Será responsável se orientar a companhia para fim estranho ao objeto social ou promover a liquidação de companhia próspera ou operação societária com o fim de obter vantagem indevida ou de causar prejuízo aos acionistas minoritários; eleger administrador que sabe inapto; contratar com a companhia em condições não equitativas; aprovar contas irregulares de administradores ou não apurar denúncia.

5.6.3.6. Acordo de acionistas

Poderão ser celebrados acordos entre os acionistas para que eles possam exercer maiores poderes na companhia.

> Os acordos de acionistas podem versar sobre compra e venda das ações entre os acionistas; a preferência para aquisição de ações; o exercício do direito de voto e o exercício do poder de controle.

Os acordos de acionistas serão eficazes perante a companhia quando forem arquivados em sua sede social. Para serem eficazes também quanto a terceiros, o que ocorre nos acordos que versam sobre a transferência das ações, os acordos de acionistas deverão ser averbados no livro de registro e nos certificados das ações.

Caso sejam eficazes perante a companhia, a infringência do acordo de voto, com a votação ao contrário do convencionado, exigirá que o presidente da Assembleia ou do órgão colegiado de deliberação não compute o voto proferido.

O acordo de acionistas garante, outrossim, a vinculação dos administradores eleitos nos termos do acordo à convenção. O presidente do Conselho de Administração ou a diretoria, assim como faz o presidente da Assembleia Geral, deverão desconsiderar o voto proferido pelos administradores contrários aos termos do acordo, desde que tenham sido eleitos nos termos desse. Para que possa ser computado o voto a favor do acordo, e não haja simplesmente a desconsideração do voto em contrário, os contratantes do acordo poderão se valer da execução judicial específica do acordo de acionistas.

Caso ocorra a abstenção do voto ou a ausência do acionista ou do administrador à votação, os contratantes do acordo de acionistas poderão exercer diretamente o voto nos termos contratados. Desnecessária a tutela judicial nesse caso.

5.6.3.7. Valores mobiliários

Valores mobiliários são títulos emitidos pelas sociedades anônimas para captarem recursos para o desenvolvimento de suas atividades. Define-se valor mobiliário de modo amplo como todos os títulos ou contratos de investimento ofertados publicamente, que gerem direito de participação ou remuneração, inclusive resultante de prestação de serviços.

Os principais valores mobiliários emitidos pelas sociedades anônimas são as ações, as partes beneficiárias, as debêntures, os bônus de subscrição e o *commercial paper*.

5.6.3.7.1. Ações

Ações são bens representativos do capital social da companhia. Consideradas bens móveis, as ações conferem ao proprietário direitos e deveres como acionista da companhia.

As ações poderão ter valor nominal, preço de emissão e valor patrimonial.

O estatuto determinará se as ações possuirão valor nominal, que é o montante representativo daquela ação em face do valor do capital social. Caso o estatuto social não estabeleça o valor nominal, as ações continuam a conferir os mesmos direitos e deveres, apenas não terão um valor expresso em moeda no título.

Caso tenham expresso o valor nominal, todas as ações deverão ter o mesmo valor. Ainda que a companhia não tenha ações com valor nominal, o estatuto poderá criar uma ou mais classes de ações preferenciais com valor nominal.

O preço de emissão da referida ação, contudo, não se identifica com o seu valor nominal. O preço de emissão é o valor pago como contribuição pelo subscritor e que será fixado pela assembleia na constituição da companhia ou no aumento de seu capital social. Caso o preço de emissão seja superior ao valor nominal, a diferença não formará o capital social, mas constituirá reserva de capital.

O valor patrimonial, por seu turno, é a parcela do patrimônio da companhia. Como o capital social não varia, mas o patrimônio sim, o valor patrimonial da ação poderá ser superior ou inferior ao valor nominal da ação.

Quanto à forma, as ações poderão ser nominativas ou escriturais. Estão proibidas as **ações ao portador**, cujos proprietários não eram identificados. Todas as ações devem ser nominativas.

Na primeira forma de **ação nominativa**, o nome do acionista encontra-se inscrito no livro de Registro de Ações Nominativas. A transferência nessa ocorre mediante termo no livro de transferência de ações nominativas.

As **ações escriturais** são formas também de ações nominativas, pois identificam os acionistas. Não há emissão de certificados. São mantidas as ações escriturais em contas de depósito em nome dos titulares, numa instituição financeira. Prescinde-se, portanto, do livro de transferência, pois a instituição financeira fará o controle de quem é o proprietário das ações. A propriedade é presumida pelo registro na conta de depósito das ações.

As ações podem se diferenciar, também, quanto aos direitos conferidos aos acionistas. Podem ser ações ordinárias, ações preferenciais ou ações de fruição.

As **ações ordinárias** são as ações que conferem direitos comuns aos acionistas. Garantem a esses o direito de voto nas deliberações e o direito de participar dos lucros e das perdas. Apenas nas companhias fechadas podem ser divididas em classes diversas, se permitirem a conversão em ações preferenciais, exigirem nacionalidade brasileira ou permitirem direito de voto em separado para eleger membros dos órgãos de administração.

> As ações preferenciais, por seu turno, podem conferir direito de voto ou não e poderão ser de classes diversas, seja a companhia aberta ou fechada. Caso possuam voto restrito, as ações preferenciais não podem ultrapassar 50% do valor total das ações emitidas.

Podem garantir prioridade na distribuição de dividendo, prioridade no reembolso do capital ou ambos. Caso as ações limitem o direito de voto do acionista, elas precisam garantir a eles um privilégio. Se limitar o direito de voto, a ação preferencial deve garantir o direito de participar do dividendo a ser distribuído e que deve corresponder a, pelo menos, 25% do lucro líquido do exercício; ou direito de recebimento de dividendo por ação preferencial pelo menos 10% maior do que o atribuído a cada ação ordinária; ou direito de serem incluídas na oferta pública de aquisição de controle.

Se a companhia deixar de pagar os dividendos fixos ou mínimos, por prazo previsto no estatuto, mas que não pode ser superior a três exercícios consecutivos, as ações preferenciais com limitação de voto passarão a ter esse direito.

Ações de fruição são as em que já houve a amortização do valor que seria atribuído numa partilha. Os acionistas já foram pagos em relação ao montante a que teriam direito em uma liquidação da companhia. A ação de fruição garante os demais direitos com exceção de participação no acervo por ocasião da partilha dos bens.

5.6.3.7.2. Partes beneficiárias

Não representam fração do capital social e serão de um único tipo. Somente podem ser emitidas pelas companhias fechadas e conferem direito aos titulares para participarem nos lucros anuais. A participação nos lucros não pode ultrapassar 10% do total dos lucros.

Podem ser utilizadas pela companhia para captar recursos ou entregues a fundadores, acionistas ou terceiros como remuneração por serviços prestados.

5.6.3.7.3. Debêntures

Debêntures são valores mobiliários emitidos pela companhia para captação de recursos de longo e médio prazos. Não confere direitos de acionista, mas apenas direitos de crédito em face da companhia.

Podem ser de quatro espécies: com garantia real (o empréstimo tem uma garantia real de pagamento), com garantia flutuante (garantem um crédito com privilégio geral sobre o ativo), quirografárias (não garantem nenhum privilégio aos titulares), debêntures subordinadas (os titulares somente têm preferência sobre os acionistas para receber partilha do ativo, em liquidação, mas menos privilegiada do que os demais acionistas).

O estatuto social poderá garantir que as debêntures possam ser ou não conversíveis em ações, caso o titular prefira, em vez de receber o que lhe fora garantido, converter seu crédito em ação da companhia.

Os debenturistas podem se fazer representar, nas relações com a companhia, por um agente fiduciário. Esse agente terá poderes para proteger os interesses dos debenturistas.

5.6.3.7.4. Bônus de subscrição

São valores mobiliários emitidos apenas pelas sociedades anônimas de capital autorizado, aquelas que já têm um aumento de capital social aprovado. Os bônus de subscrição garantem aos titulares o direito de subscrever ações da companhia por determinado preço. Ficam os bônus limitados ao aumento do capital social.

5.6.3.7.5. *Commercial paper*

São títulos emitidos para a captação de recursos de curto prazo. São promessas de pagamento conferidas aos titulares para pagamento entre 30 e 180 dias pelas companhias fechadas e entre 30 e 360 pelas companhias abertas.

5.6.3.8. Órgãos sociais

Quatro são os órgãos sociais das sociedades anônimas: a assembleia geral, a Diretoria, o Conselho de Administração e o Conselho Fiscal.

5.6.3.8.1. Assembleia geral de acionistas

À assembleia geral foi conferido o poder de decidir sobre as principais decisões da companhia. Nos termos do art. 121 da Lei n. 6.404/76, a Assembleia Geral poderá deliberar sobre todos os negócios relativos ao objeto da companhia.

A assembleia é formada por todos os credores que possuam direito de voto e é órgão hierarquicamente superior a todos os demais da companhia.

Compete *exclusivamente* à Assembleia Geral o poder de: reformar o estatuto social; eleger ou destituir, a qualquer tempo, os administradores e fiscais da companhia; tomar, anualmente, as contas dos administradores e deliberar sobre as demonstrações financeiras por eles apresentadas; autorizar a emissão de debêntures; suspender o exercício dos direitos do acionista; deliberar sobre a avaliação dos bens com que o acionista concorrer para a formação do capital social; autorizar a emissão e partes beneficiárias; deliberar sobre transformação, fusão, incorporação e cisão da companhia, sua dissolução e liquidação, eleger e destituir liquidantes e julgar-lhes as contas; e autorizar os administradores a confessar falência e pedir recuperação. Na hipótese de urgência, os administradores poderão confessar a falência e formular pedido de recuperação, com a concordância do controlador, convocando-se imediatamente a assembleia geral para manifestar-se sobre a matéria.

A assembleia poderá ser ordinária ou extraordinária, conforme a deliberação. Nada impede que haja a cumulação de ambas em uma mesma deliberação.

A assembleia geral ordinária é a que ocorre anualmente, até quatro meses do término do exercício social. Compete à assembleia geral ordinária: apreciação das contas dos administradores; exame das demonstrações financeiras; deliberação sobre a destinação do lucro líquido do exercício; distribuição dos dividendos; eleição dos administradores e membros do Conselho Fiscal.

A assembleia geral extraordinária é a que pode se realizar em qualquer época e apreciará qualquer matéria que não seja atribuição da assembleia geral ordinária.

Poderão convocar a assembleia geral os administradores, o Conselho Fiscal, ou qualquer acionista se os administradores retardarem a convocação por mais de 60 dias nos casos previstos no estatuto ou na lei. **Podem ainda convocar a assembleia os acionistas que representem ao menos 5% do capital social**, se os administradores não atenderem ao pedido feito por eles no prazo de oito dias, ou 5% do capital votante ou 5% do capital sem direito a voto, se os administradores não atenderem a convocação do Conselho Fiscal.

A convocação se fará por publicação por três vezes, ao menos. Nas companhias fechadas, a primeira publicação deverá ser de ao menos oito dias de antecedência da assembleia e a segunda convocação com no mínimo cinco dias. Se a companhia for aberta, 15 dias de antecedência para a primeira convocação e ao menos oito dias para a segunda convocação.

Companhia aberta	15 dias de antecedência para a primeira convocação	8 dias de antecedência para a segunda convocação
Companhia fechada	8 dias de antecedência para a primeira convocação	5 dias de antecedência para a segunda convocação

Ainda que haja irregularidades na convocação, o vício será suprido caso todos os acionistas tenham comparecido à assembleia.

Os quóruns de instalação são de um quarto do capital social com direito a voto em primeira convocação e de qualquer número na segunda convocação. Se a deliberação for de alteração do estatuto, o quórum de instalação é de dois terços em primeira convocação e a segunda convocação tem o quórum de qualquer quantidade de acionistas com direito a voto.

Em regra, o quórum de votação é de maioria de votos dos acionistas presentes. Nas sociedades anônimas fechadas, o estatuto pode aumentar o quórum de algumas matérias.

Exige-se quórum qualificado de maioria absoluta do capital social com direito a voto, se número maior não for exigido pelo estatuto social, para as deliberações sobre: criação de ações preferenciais ou aumento de classe dessas, alteração nas preferências, casos em que o quórum de aprovação será de maioria absoluta de cada classe de ações preferenciais prejudicadas; redução do dividendo obrigatório; fusão da companhia, incorporação e cisão; participação em grupo de sociedade; mudança de objeto da companhia; cessação do estado de liquidação da companhia; criação de partes beneficiárias; dissolução da companhia.

5.6.3.8.2. Administradores

São administradores das sociedades anônimas os membros do conselho de administração e os diretores, ou somente os diretores.

Aos administradores, de modo geral, foi atribuído o dever de agir com diligência, lealdade e sem conflito de interesses.

Com base no **dever de diligência**, o administrador deve empregar a diligência que todo homem ativo e probo costuma empregar na administração de seus próprios negócios. De modo que não pode praticar ato de liberalidade à custa da companhia, salvo autorização da assembleia ou do conselho de administração, tomar por empréstimo recursos ou bens da companhia, usar em proveito próprio os bens ou serviços da sociedade, nem poderá receber de terceiros qualquer vantagem em razão do exercício de seu cargo.

Pelo devedor de lealdade, deve manter reserva sobre os negócios sociais. Não poderá usar em benefício próprio oportunidades comerciais de que tenha conhecimento em razão do cargo nem poderá omitir-se no exercício ou proteção dos direitos da companhia visando à obtenção de vantagens pessoais.

Terá ainda o dever de informar e de sigilo. O administrador deverá comunicar imediatamente à bolsa de valores e divulgar pela imprensa fatos relevantes.

São fatos relevantes qualquer acontecimento que possa influir na decisão dos investidores de comprar ou vender seus valores mobiliários.

Caso a informação possa comprometer a estratégia da companhia, deverá manter sigilo sobre o fato relevante e comunicar à Comissão de Valores Mobiliários sobre a prestação de informações.

É o administrador responsável se violar suas atribuições ou poderes, com culpa ou dolo ou com violação da lei ou do estatuto. Entretanto, o administrador não responde pessoalmente pelas obrigações que contrair em nome da sociedade e em virtude de ato regular de gestão, pois nesse caso age como órgão da companhia, obrigando-a perante terceiros.

5.6.3.8.2.1. Conselho de administração

A lei garantiu uma estrutura administrativa dúplice facultativa. Isso significa que o conselho de administração foi previsto como de adoção apenas facultativa pelas sociedades anônimas.

O conselho de administração será de existência obrigatória apenas nas sociedades anônimas abertas, nas sociedades anônimas de capital autorizado (aquelas em que o aumento de capital já fora aprovado) e nas sociedades anônimas de economia mista.

Os membros do conselho de administração serão eleitos e destituídos pela assembleia geral de acionistas. O estatuto fixará o número de membros do conselho de administração, que deve ser de, no mínimo, três membros, e o prazo de gestão, que não poderá ser superior a três anos.

O estatuto poderá prever a participação de **representantes dos empregados** no conselho de administração. Os membros do conselho de administração poderão ser acionistas ou não acionistas, desde que sejam pessoas naturais.

Para que se garanta a representação das minorias nesse órgão administrativo, a eleição poderá ocorrer por voto múltiplo, desde que requerido por acionistas que representem no mínimo 10% do valor do capital social com direito a voto. Nesse caso, são atribuídos tantos votos quantos sejam os membros do conselho de administração. A destituição de qualquer membro do conselho de administração eleito por voto múltiplo implica a destituição de todos os demais eleitos por essa forma.

Os minoritários poderão, ademais, eleger um dos membros por eleição em separado nas companhias abertas. O direito de votação em separado é atribuído aos titulares de, ao menos, 15% do total das ações com direito a voto. Também poderão eleger um membro em separado os titulares de, ao menos, 10% de ações preferenciais com voto restrito ou sem direito a voto.

Se os percentuais não forem atingidos, os minoritários poderão somar suas participações com os preferencialistas para elegerem um membro do conselho de administração, desde que a soma resulte em 10% ao menos de participação no capital social.

O Conselho de Administração é órgão deliberativo a quem foram atribuídos os poderes de gestão. Não possuem poderes de representar a companhia perante terceiros, o que cabe exclusivamente aos diretores. Foram atribuídos poderes ao conselho de administração para a fixação da orientação geral dos negócios da companhia; a eleição e destituição dos diretores da companhia e a fixação das atribuições destes, conforme dispuser o estatuto; a fiscalização da gestão dos diretores; a manifestação prévia sobre os atos ou contratos; e a autorização para a alienação de bens do ativo permanente, a constituição de ônus reais e a prestação de garantias e obrigações de terceiros.

5.6.3.8.2.2. Diretores

Os diretores são órgãos administrativos que diferem do conselho de administração. A diretoria é sempre obrigatória, enquanto o conselho de administração é facultativo, exceto nas hipóteses legais. Os diretores têm poderes de atuação isolada, salvo se o contrário for estabelecido no estatuto, enquanto o conselho de administração é sempre órgão deliberativo. Salvo se no contrário for estabelecido no estatuto social, a todos os diretores são atribuídos poderes de representação da companhia, enquanto nunca os terão os membros do conselho de administração.

O estatuto estabelecerá a quantidade de diretores, embora a lei imponha o limite mínimo de dois, bem como o prazo de gestão, o qual, todavia, não poderá ser superior a três anos, permitida a reeleição. Poderá o estatuto, ainda, estabelecer quais são as funções de cada um dos diretores.

Na existência do conselho de administração, os diretores serão eleitos pelo Conselho. Caso não exista o conselho de administração, os diretores serão eleitos diretamente pela assembleia geral de acionistas.

Os diretores deverão obrigatoriamente ser pessoas naturais e ter residência no Brasil. Podem ou não ser acionistas. **Poderão ser eleitos como diretores até um terço dos membros do conselho de administração da companhia.**

5.6.3.8.3. Conselho fiscal

O conselho fiscal é de existência obrigatória nas sociedades anônimas, embora a sua instalação seja facultativa, a depender do que dispuser o estatuto social. Caso o estatuto determine que o funcionamento do conselho fiscal não seja permanente, poderão requerer seu funcionamento os acionistas que representem, ao menos, 10% das ações com direito a voto ou 5% das ações sem direito a voto.

Ao conselho fiscal foi atribuído o poder de: fiscalizar os administradores; opinar sobre o relatório anual da administração; denunciar aos demais órgãos os erros e fraudes que descobrirem; examinar o balancete e demais demonstrações financeiras; convocar a assembleia geral ordinária se os órgãos de administração retardarem a convocação por mais de 30 dias ou convocar a assembleia extraordinária sempre que houver motivos graves e urgentes.

Os membros do conselho fiscal devem ser pessoais naturais, residentes no Brasil, acionistas ou não acionistas, e deverão ter curso universitário ou deverão ter exercido no mínimo por três anos o cargo de administrador de empresa. Estão impedidos de exercer a função os membros dos órgãos administrativos da companhia ou de sociedade controlada, ou ainda os cônjuges ou parentes do administrador da companhia.

5.6.4. Sociedade em nome coletivo

Além das sociedades sem personalidade jurídica, das sociedades simples, da sociedade limitada e da sociedade anônima, as diversas outras sociedades no direito brasileiro são utilizadas de modo menos frequente. São elas as sociedades em nome coletivo, as sociedades em comandita simples, as sociedades em comandita por ações, as sociedades cooperativas.

As sociedades em nome coletivo são tratadas nos arts. 1.039 e s. Na lacuna da lei, aplicam-se às sociedades em nome coletivo as normas da sociedade simples.

Podem ser sócios da sociedade em nome coletivo apenas as pessoas físicas. Não são admitidas pessoas jurídicas como sócias.

Característica peculiar é que os sócios da sociedade em nome coletivo têm **responsabilidade ilimitada** pelas obrigações sociais. A responsabilidade, entretanto, é sempre subsidiária. Os sócios respondem solidariamente entre si pelas obrigações sociais, mas apenas após os bens da sociedade já terem sido executados e serem insuficientes para a satisfação de toda a dívida.

Os administradores da sociedade serão eleitos pelos sócios e deverão ser necessariamente sócios. É vedada a eleição de terceiro estranho à sociedade.

5.6.5. Sociedade em comandita simples

A sociedade em comandita simples tem como característica marcante possuir dois tipos de sócios: os sócios comanditários e os sócios comanditados.

> Os sócios comanditários são os sócios que respondem limitadamente pelas obrigações sociais.

A limitação restringe-se ao montante subscrito por cada qual e ainda não integralizado. A responsabilidade é limitada ao valor da quota subscrita e não integralizada por eles. Podem ser pessoas físicas ou pessoas jurídicas. Apenas contribuem para a formação do capital social, mas não poderão ser eleitos para os cargos de administração da sociedade.

> Os sócios comanditados são os que respondem ilimitada e solidariamente entre si pelas obrigações sociais.

Os sócios comanditados são necessariamente pessoas físicas. Aos sócios comanditados fora atribuído o direito de serem eleitos para a administração da sociedade.

Todos os sócios comanditados serão administradores da sociedade e terão poderes para representar a sociedade perante terceiros ou serão administradores apenas os sócios comanditados designados pelo contrato social.

Caso os sócios comanditários e que, portanto, teriam responsabilidade apenas limitada pelas obrigações sociais passem a intervir na administração da sociedade, passarão a ser ilimitada e solidariamente responsáveis perante terceiros, como os sócios comanditados.

A falta da pluralidade dos tipos de sócios por mais de 180 dias, ainda que exista mais do que um da outra categoria, implica a dissolução de pleno direito da sociedade.

5.6.6. Sociedade em comandita por ações

A sociedade em comandita por ações caracteriza-se por ser disciplinada pelo Código Civil apenas nos arts. 1.090 a 1.092. Aplicam-se supletivamente a essas sociedades as normas da sociedade anônima.

Como sociedade de capital, as sociedades em comanditas por ações têm a liberdade de transferência pelos acionistas de suas respectivas ações e há liberdade de ingresso dos acionistas e credores particulares, com a penhora das ações.

A administração da sociedade compete exclusivamente aos acionistas. Os diretores serão nomeados no estatuto social e somente poderão ser destituídos pelo quórum de dois terços do capital social. Os diretores são ilimitadamente responsáveis pelas obrigações sociais. São responsáveis, mesmo se destituídos, pelo prazo de dois anos, desde que pelas obrigações sociais contraídas pela sociedade sob a sua administração. Entre si, os diretores são solidariamente responsáveis.

A responsabilidade dos demais acionistas não nomeados diretores é limitada. O acionista responde apenas pelo valor de suas ações subscritas e não integralizadas.

Peculiar na sociedade em comandita por ações é que a assembleia geral somente poderá alterar o objeto da sociedade, prorrogar seu prazo de duração, aumentar ou diminuir o capital social, criar debêntures ou partes beneficiárias se houver o consentimento dos diretores.

5.6.7. Sociedades cooperativas

Nas sociedades cooperativas, os sócios se reúnem para a melhoria de seus membros. A Lei n. 5.764/71 define-as como as pessoas que reciprocamente se obrigam a contribuir com bens ou serviços para o exercício de uma atividade econômica, de proveito comum, sem objetivo de lucro.

Exige-se o desenvolvimento de uma atividade econômica. Porém, a atividade é desenvolvida sem o intuito lucrativo. Não há lucro pela atividade da cooperativa a ser repartido entre os cooperados. O lucro é obtido pelo cooperado diretamente pelo exercício de sua atividade. Com a atividade da cooperativa, o cooperado se beneficia dos serviços da cooperativa, com a redução de custos de bens ou de serviços. A cooperativa presta serviços ao sócio.

As cooperativas são sempre sociedades não empresárias, ou chamadas sociedades de forma simples. São também consideradas sociedades de pessoas, em que é relevante a qualificação de cada um dos cooperados. Por conta disso, não se admite a transferência das quotas, seja *inter vivos* ou *mortis causa*.

Vigora o princípio das portas abertas, que permite que qualquer pessoa ingresse na companhia, mas desde que preencha os requisitos exigidos para tanto. O ingresso não ocorre em razão da simples cessão da quota.

> Há cooperativas cujos cooperados possuem responsabilidade ilimitada pelas obrigações sociais. Outras, a responsabilidade dos sócios é limitada ao montante de capital subscrito por cada qual.

A sociedade cooperativa não possui capital social fixo. O capital social é variável e sequer precisa ser expresso, ao contrário dos demais tipos sociais.

Os cooperados votam em assembleia independentemente da participação no capital social. O voto é realizado por cabeça e não depende da participação no capital social.

Aplicam-se supletivamente às cooperativas as normas das sociedades simples.

5.7. Operações societárias

As sociedades poderão se extinguir, além do encerramento da liquidação, pela **incorporação, fusão ou cisão**. Poderá ainda ocorrer a **transformação da sociedade**.

A incorporação, fusão ou cisão devem ser deliberadas do modo previsto nos contratos sociais e devem constar de protocolo firmado por órgãos de administração das sociedades.

A incorporação é a operação pela qual uma sociedade é absorvida por outra. A sociedade incorporadora sucede a incorporada em todos os direitos e obrigações. A sociedade incorporada é extinta. A assembleia da incorporadora deve autorizar o aumento de capital com o capital da incorporada. Há direito de recesso do acionista da incorporada, se sua ação não tiver liquidez, mas não há direito de recesso ao acionista da sociedade incorporadora.

Na fusão, duas sociedades se unem para formar uma sociedade nova, que sucederá as antigas em todos os direitos e obrigações. As assembleias deverão aprovar o protocolo de fusão e a avaliação do patrimônio da outra sociedade. Há direito de recesso aos acionistas dissidentes, a menos que haja liquidez para as ações.

A cisão das sociedades transfere parte do patrimônio para uma ou mais sociedades, com a extinção da sociedade cindida, se total, ou com a redução do capital, se cisão parcial. A sociedade que receber parcela do patrimônio sucede nas obrigações e direitos relacionados na cisão. Responderá, entretanto, solidariamente com a cindida perante terceiros por obrigações anteriores à cessão. Se mais de uma sociedade recebeu patrimônio, com a extinção da cindida, essas sociedades sucederão nos direitos e obrigações na proporção do patrimônio recebido, mas serão solidariamente responsáveis perante terceiros pelas obrigações da cindida. Os acionistas da cindida, dissidentes da deliberação, terão direito de recesso.

A transformação não extingue a sociedade. A transformação altera o tipo societário e deverá observar a disciplina para a constituição do tipo a ser adotado. Exigirá o consentimento unânime dos sócios, exceto se previsto em contrário no contrato social, o que garantirá direito do dissidente se retirar. Os credores não ficarão prejudicados com a transformação. Eles continuam com as mesmas garantias até o pagamento integral do seu crédito.

6. FALÊNCIA E RECUPERAÇÃO DE EMPRESAS

6.1. Histórico

O Decreto-lei n. 7.661/45 disciplinava anteriormente a falência e a concordata do empresário.

A concordata era um benefício legal concedido independentemente da vontade dos credores e permitia a dilação do vencimento das obrigações do empresário ou o desconto, remissão parcial de seus valores, conforme o tempo pretendido de pagamento. A concordata podia ser preventiva, quando pretendia evitar a decretação da falência, ou suspensiva, quando a falência já tinha sido decretada e a concordata era concedida para sustar os seus efeitos.

A concordata, entretanto, como não exigia a manifestação dos credores, foi em grande parte desviada para beneficiar empresários cuja crise já era irreversível, o que comprometia, inclusive, o desenvolvimento regular do procedimento falimentar depois de determinado tempo.

A disciplina da falência pelo Decreto-lei n. 7.661/45, por outro lado, também não era eficiente. A lei condicionava a liquidação dos bens à apuração do passivo, criando fases estanques no processo e que comprometiam a celeridade no procedimento. A maior morosidade impedia que a lei promovesse seus objetivos, pois a alienação tardia dos bens provocava grande deterioração na prática, com reduzida satisfação dos credores.

A Lei n. 11.101/2005 procurou tornar o instituto da falência mais célere e eficiente, assim como procurou garantir a efetiva possibilidade de recuperação do empresário sob crise reversível, seja através da estruturação da recuperação judicial, seja da possibilidade de recuperação extrajudicial. Propiciou, para tanto, a possibilidade de intensa participação dos credores durante todo o procedimento, de modo a garantir maior controle do empresário e o atendimento dos interesses de toda a coletividade afetada pela atividade.

6.2. Sujeitos à lei de falência e de recuperação

A Lei de falências e de recuperação judicial apenas se aplica aos empresários e sociedades empresárias, tal como definido nos arts. 966 e 982 do Código Civil.

Embora desenvolvam atividade econômica profissional e organizada voltada à produção e circulação de bens ou serviços e não sejam profissionais intelectuais, artísticos, científicos ou literários, alguns empresários foram excluídos da possibilidade de requererem a recuperação judicial ou extrajudicial e de terem a falência decretada, ao menos por pedido direto de algum credor.

> Estão excluídos da possibilidade de requererem a recuperação judicial, extrajudicial e a falência os não empresários, a empresa pública e sociedade de economia mista, as cooperativas de crédito e as entidades de previdência complementar fechadas.

A lei também excluiu outros empresários, que jamais poderão requerer a recuperação judicial ou extrajudicial, mas que poderão ter a falência decretada após procedimento administrativo apenas. São os empresários relativamente excluídos: as instituições financeiras públicas ou privadas, consórcio, entidade de previdência complementar aberta, sociedade operadora de plano de assistência à saúde, sociedade seguradora, sociedade de capitalização e outras entidades legalmente equiparadas. Estas, entretanto, não estão totalmente excluídas da falência. Podem ter a falência decretada, mas desde que submetidas ao regime de liquidação extrajudicial ou de intervenção determinado por agência reguladora e que autorize o liquidante ou interventor a requerer a autofalência.

6.3. Competência para o processo de falência e de recuperação

É competente para homologar o plano de recuperação extrajudicial, deferir a recuperação judicial ou decretar a falência **o juízo do local do principal estabelecimento do devedor** ou da filial de empresa que tenha sede fora do Brasil.

A doutrina majoritária entende que o **principal estabelecimento** é aquele economicamente mais importante. Local em que a maior quantidade e o maior valor de contratos são celebrados, de modo que a menor quantidade de credores precisará se deslocar para longe do local em que celebraram o contrato.

6.4. Falência

6.4.1. Conceito de falência

A falência é uma execução coletiva dos bens do empresário devedor. Decorre da crise econômico-financeira pela qual passa o empresário a ponto de não mais lhe permitir a satisfação das obrigações contraídas perante seus credores.

Diante de uma crise irreversível do empresário, esse é afastado da condução da atividade empresarial para que não lese mais os contratantes. Nos termos do art. 75 da Lei n. 11.101/2005, a falência, ao promover o afastamento do devedor de suas atividades, visa preservar e otimizar a utilidade produtiva dos bens, ativos, recursos e produtos, inclusive os intangíveis, da empresa.

A falência permite a arrecadação dos seus bens para o pagamento dos credores conforme a ordem legal. Pretende a lei que os credores sejam satisfeitos de modo idêntico, conforme a classe de preferência de cada qual, por meio da liquidação dos bens do empresário devedor.

Para que se possa obter maior valor com a venda dos bens e, portanto, maior satisfação dos credores, o processo de falência atenderá aos princípios da celeridade e da economia processual. Por conta disso, os processos de falência e os seus incidentes preferem a todos os outros na ordem dos feitos, em qualquer instância.

6.4.2. Juízo universal e indivisível

O juízo da falência é universal e indivisível. Universal porque todos os credores passam a concorrer em um mesmo juízo em razão da formação da massa falida subjetiva. Indivisibilidade significa que o juízo da falência é o competente para conhecer de todas as ações em face do falido, de modo a permitir que todos os bens sejam arrecadados e que os credores sejam pagos conforme a ***pars conditio creditorum***, a igualdade de credores da mesma classe.

Não serão atraídas ao juízo as causas trabalhistas, fiscais, as em que a massa falida figure como autora, as ações que demandem quantia ilíquida se tiverem sido promovidas antes da decretação da falência, as ações em que são partes a União Federal, entidade autárquica ou empresa pública federal, cuja competência é da justiça federal.

6.4.3. Autor do pedido de falência

A falência não pressupõe a insolvabilidade do empresário devedor, ou seja, que os bens são insuficientes para a satisfação de todas as suas obrigações. A insolvência necessária para a decretação da falência é apenas a insolvência jurídica, ou seja, que esteja presente uma das situações do art. 94 da Lei de recuperações e falência, ou seja, a impontualidade injustificada, a execução frustrada ou a prática de atos falimentares.

Poderão pedir a falência: o próprio devedor, na hipótese de autofalência; o cônjuge sobrevivente, qualquer herdeiro do devedor ou o inventariante; o quotista ou acionista do devedor na forma da lei ou do ato constitutivo da sociedade; ou qualquer credor.

Se o credor for empresário, deverá demonstrar que desenvolve regularmente sua atividade para pedir a falência do devedor empresário. A regularidade, contudo, para o pedido de falência é apenas do autor. O devedor empresário, ainda que irregular, poderá falir e pedir sua autofalência, embora não possa se beneficiar do instituto da recuperação.

6.4.4. Fundamentos do pedido

O pedido de falência poderá ser motivado na impontualidade injustificada, na execução frustrada ou na prática de atos falimentares.

6.4.4.1. Impontualidade injustificada

> Na impontualidade injustificada, o devedor, sem relevante razão de direito, não paga, no vencimento, obrigação líquida materializada em título ou títulos executivos protestados cuja soma ultrapasse o equivalente a 40 (quarenta) salários-mínimos na data do pedido de falência (art. 94, I, da LRF).

Nessa hipótese, exige-se título executivo, o qual pode ser judicial ou extrajudicial.

O título executivo precisa estar devidamente protestado. O protesto demonstra a mora. Não há necessidade de que o protesto seja para fins falimentares, basta que seja mero protesto cambial. Exige-se, porém, que a notificação do protesto seja encaminhada para a sede do registro do empresário e que haja a identificação de quem a recebeu.

A obrigação constante no título deve ser de valor superior a 40 salários mínimos na data do pedido. A comparação é feita apenas com o valor de face do título, sem atualização ou incidência de juros, com o salário mínimo por ocasião da distribuição do pedido.

Caso o título não possua valor de 40 salários mínimos, a lei permite que os credores se unam em litisconsórcio, a fim de, juntos, possuírem títulos executivos protestados e não satisfeitos em valor somado de mais de 40 salários mínimos.

Por fim, o inadimplemento deverá ter ocorrido sem relevante razão de direito. Precisa ser injustificado. As hipóteses que justificam o inadimplemento são a falsidade do título, a prescrição ou a nulidade da obrigação ou dos títulos ou qualquer outro fato que extinga ou suspenda a obrigação ou não legitime a cobrança do título.

A falência também não será decretada caso seja demonstrado que houve o pagamento da dívida, vício em protesto, se houver a apresentação de pedido de recuperação judicial ou se for demonstrada que houve a cessação das atividades empresariais há mais de dois anos antes do pedido de falência ou se fora a sociedade anônima liquidada e partilhado seu ativo.

6.4.4.2. Execução frustrada

O segundo fundamento para se requerer a falência de empresário devedor é a **execução frustrada**.

O credor já promoveu execução por quantia líquida e **não fora pago, o devedor não efetuou o depósito ou não nomeou bens à penhora** suficientes para a satisfação da dívida dentro do prazo legal.

Diante da não satisfação, o credor requererá a suspensão do processo de execução e, munido de uma certidão que demonstre que os três atos não foram satisfeitos pelo devedor, requererá a falência.

Não há qualquer valor mínimo para o requerimento falimentar. Basta a certidão de que nenhum dos atos fora praticado pelo devedor no processo de execução.

6.4.4.3. Prática de atos falimentares

Poderá ser requerida a falência do devedor pela demonstração de que ele está praticando atos para dificultar a satisfação ou o recebimento dos valores por seus credores.

São atos falimentares a liquidação precipitada dos ativos ou meio ruinosos ou fraudulentos para realizar o pagamento; prática de negócio simulado ou alienação a terceiro para fraudar credores; transferência de estabelecimento a terceiros sem consentimento dos demais credores; concessão de garantia a credor por dívida anterior, sem que restem bens para a satisfação dos demais credores; ausentar-se sem deixar recursos para pagar os credores ou caso as obrigações previstas no plano de recuperação judicial não sejam cumpridas.

6.4.5. Contestação e depósito elisivo

A menos que o pedido de falência seja realizado pelo próprio devedor, autofalência, situação em que poderá ser decretada a falência prontamente, desde que presentes todos os documentos necessários ao pedido, o pedido feito pelos credores exigirá a citação pelo devedor.

O empresário devedor será citado para contestar e/ou realizar o depósito elisivo no prazo de 10 dias. No prazo da contestação poderá formular o réu, também, pedido de recuperação judicial.

Na contestação, o devedor poderá deduzir todos os argumentos para impedir sua decretação de falência. Poderão ser deduzidas todas as matérias defensivas, tanto as de natureza processual como os fatos impeditivos do direito do autor.

Faculta-se ao réu, juntamente com a contestação, ou mesmo sem que essa tenha sido apresentada, realizar o depósito elisivo.

> O depósito elisivo consiste no depósito do valor total do crédito, acrescido de correção monetária, juros e honorários advocatícios.

A realização do depósito sempre impede a decretação da falência, ainda que a contestação não tenha sido apresentada. Caso seja realizado o depósito elisivo, são apreciados os argumentos da contestação. Se eles não forem acolhidos ou se sequer fora apresentada a contestação, o depósito impedirá a decretação da falência, e o valor será levantado pelo autor.

Caso os argumentos da contestação sejam acolhidos, também não será decretada a falência, mas o depósito elisivo será levantado pelo réu devedor, com a condenação do autor nas verbas de sucumbência, diante do princípio da causalidade.

Nos termos do art. 98, parágrafo único, da LRF, o depósito elisivo só é cabível nas hipóteses de pedido de falência baseado em impontualidade injustificada e execução frustrada. Não cabe depósito elisivo no caso de pedido baseado em prática de ato falimentar.

6.4.6. Sentença denegatória da falência

Caso acolhidos os argumentos da defesa ou diante do depósito elisivo, será proferida sentença denegatória da falência, a qual será desafiada pelo recurso de apelação.

Caso o pedido denegado tenha sido realizado por dolo, com o intuito de causar prejuízo ao empresário devedor, o autor poderá ser condenado, na própria sentença que julgar improcedente o pedido, a indenizar o devedor, apurando-se as perdas e danos em liquidação de sentença.

6.4.7. Sentença declaratória de falência

A sentença de falência, apesar do nome, tem natureza constitutiva, pois constitui o falido em um regime diverso, o falimentar, além de declarar a situação de insolvência preexistente. Da sentença de falência cabe recurso de agravo.

A sentença de falência inicia propriamente a fase falimentar, impondo um regime diverso a todas as obrigações e efeitos ao falido, aos seus sócios, eventualmente, às relações celebradas e aos seus bens.

A sentença de falência, além de identificar o falido e seus administradores, fixará o termo legal da falência, ordenará ao falido a apresentação de lista de seus credores no prazo de 5 dias, determinará a suspensão de todas as ações e execuções contra o falido, proibirá a prática de qualquer ato de disposição de bens do falido, ordenará a notação da falência no registro do devedor para que conste a expressão "falido" e nomeará o administrador judicial.

6.4.8. Órgãos da falência

Para o procedimento de arrecadação de todos os bens, sua liquidação e o pagamento com o produto dos credores conforme as referidas classes, atuam diversos órgãos em complementação. São eles o juiz falimentar, o Ministério Público, o Administrador Judicial, a Assembleia Geral de Credores e o Comitê de Credores.

6.4.8.1. O juiz

Ao juiz compete decretar a falência ou conceder a recuperação judicial. Deve ele ainda apreciar todas as deliberações da Assembleia Geral de Credores, ou manifestações de Comitê de Credores, julgar todas as impugnações de crédito, pedidos de restituição, ações revocatórias etc.

Sua função não é apenas jurisdicional no procedimento falimentar. O magistrado também tem função administrativa, de preservar e otimizar a utilização produtiva dos bens da massa falida, fixar o valor da remuneração do administrador judicial, substituí-lo ou destituí-lo etc.

6.4.8.2. O Ministério Público

Embora o art. 4º, que determinava a intervenção do Ministério Público em todo o procedimento tenha sido vetado, a legislação processual que determina a intervenção do Ministério Público nos processos em que há interesse público permanece em vigor. O Ministério Público poderá atuar como *custos legis* ao longo de todo o procedimento. Poderá ainda figurar como parte nas hipóteses de denúncia por crime falimentar ou propositura de ação revocatória.

6.4.8.3. O administrador judicial

O administrador judicial é nomeado por ocasião da sentença de decretação de falência ou, no processo de recuperação judicial, por ocasião da decisão de processamento.

O administrador judicial é auxiliar da justiça. Ele atua com independência ao falido e aos credores de modo a garantir o interesse público de preservação da higidez da atividade econômica.

> O administrador judicial será profissional idôneo, *preferencialmente* advogado, economista, administrador de empresas ou contador. **Poderá, além de pessoa física, ser também uma pessoa jurídica especializada.**

Difere do Decreto-lei n. 7.661/45, em que o síndico deveria ser escolhido necessariamente entre os maiores credores e somente após a recusa seria possível a escolha de um síndico dativo. Na Lei n. 11.101/2005, o administrador judicial deverá ser escolhido entre os profissionais de confiança do juiz.

Não poderá ser impedido. Está impedida de exercer esse múnus a pessoa que foi destituída nos últimos cinco anos do cargo de administrador judicial ou de membro do comitê de credores; aquele que deixou de prestar contas ou teve a prestação desaprovada; o parente ou afim até o terceiro grau do devedor, de seus administradores, controladores ou representantes legais; o amigo, inimigo ou dependente do devedor de seus administradores, controladores ou dos representantes legais.

Suas funções são extensas e previstas no art. 22 da LRF. Podem ser exemplificadas como funções de administração e liquidação da massa falida, durante a falência. Ao administrador judicial compete comunicar os credores sobre o pedido de recuperação judicial ou declaração da falência, proceder à verificação dos créditos; arrecadar, avaliar e liquidar os bens do falido; representará a massa falida em juízo e prestará contas ao final do processo.

Na recuperação judicial, por seu turno, não praticará ordinariamente atos de administração, mas apenas a fiscalização da atividade empresarial do devedor. Isso porque, na recuperação, ao contrário da falência em que o devedor é afastado da condução das atividades administrativas, o devedor continua no comando de seus negócios e apenas será fiscalizado pelo administrador judicial.

Desse modo, compete ao administrador na recuperação judicial, principalmente, a fiscalização das atividades do devedor e a verificação se ele está cumprindo o plano de recuperação judicial. Cabe ao administrador requerer a falência na hipótese de descumprimento e apresentar relatório mensal das atividades do devedor e sobre a execução do plano de recuperação judicial.

O administrador judicial será remunerado conforme a capacidade de pagamento do devedor, o grau de complexidade do trabalho e os valores praticados no mercado para o desempenho de atividades semelhantes. A lei estabeleceu um teto simplesmente.

O valor da remuneração do administrador judicial não poderá ser superior a 5% do valor obtido com a venda dos bens do devedor, no caso de falência, ou do valor de até 5% do valor total do passivo submetido à recuperação judicial, no caso desta.

Quanto à forma de pagamento, a única restrição imposta pela lei é a determinação de que, na falência, 40% da remuneração do administrador judicial deverá ser reservada para pagamento após o julgamento das contas, com a apresentação do relatório final. Os outros 60%, entretanto, poderão ser pagos conforme determinação judicial.

Na falência, a remuneração do administrador judicial será paga pela própria massa falida, enquanto na recuperação judicial a remuneração é paga diretamente pelo empresário devedor.

O administrador judicial poderá ser substituído ou destituído. **A substituição não é pena** e ocorre pelo reconhecimento de impedimento ou de mera quebra de confiança. O administrador faz jus à remuneração proporcional até o momento em que exerceu a atividade, a menos que tenha renunciado de modo injustificado.

A **destituição**, por seu turno, é penalidade ao administrador judicial, em razão de ter descumprido seus deveres no exercício de seu encargo. Como é sanção, exigirá o prévio contraditório. O administrador judicial destituído perderá o direito de recebimento da remuneração e, inclusive, deverá devolver se eventualmente já levantou algum valor em razão do desempenho da atividade. A destituição gera o impedimento de o administrador desempenhar essa função em qualquer outro processo durante o prazo de cinco anos.

O administrador judicial responde com culpa ou dolo pelos prejuízos causados à massa falida, ao devedor ou os credores no desempenho de suas funções.

6.4.8.4. Assembleia geral de credores

Os credores participam da atividade do processo de falência ou de recuperação judicial e podem fazê-lo através da assembleia geral de credores. A assembleia geral de credores manifesta a vontade coletiva desses sempre que eles quiserem decidir sobre questões de seu interesse na falência ou na recuperação judicial.

Terão direito de voto todos os credores cujos créditos tenham sido habilitados até a data da realização da assembleia. Não possuem direito de voto os credores não submetidos à falência ou à recuperação, como os proprietários fiduciários, o arrendador mercantil, o promitente vendedor de imóvel com cláusula de irrevogabilidade, ou o proprietário em contrato de venda com reserva de domínio.

A assembleia será formada por quatro classes de credores: I – titulares de créditos derivados da legislação do trabalho ou acidentes de trabalho (sem limite de valor); II – titulares de créditos com garantia real (até o limite do bem dado em garantia. O remanescente é quirografário); III – titulares de créditos quirografários, com privilégio especial, com privilégio geral ou subordinados; IV – credores microempresários ou empresários de pequeno porte.

A assembleia geral de credores tem a função, na falência, de constituir o Comitê de Credores, de adotar outras modalidades de realização do ativo, desde que haja quórum de dois terços dos créditos presentes, e de deliberar sobre qualquer matéria que possa afetar os interesses dos credores.

Na recuperação judicial, por seu turno, a assembleia aprova ou rejeita o plano de recuperação judicial, constitui o comitê de credores, decide sobre o pedido de desistência do devedor após o processamento da recuperação judicial, indica o gestor judicial e se manifesta sobre qualquer outra matéria de interesse dos credores.

6.4.8.5. Comitê de credores

Os credores, em vez de sempre se manifestarem através de uma assembleia geral de credores, poderão constituir um comitê de credores, com poderes para fiscalização da atuação do administrador judicial durante a falência ou para o acompanhamento da atividade pelo devedor durante o procedimento de recuperação judicial.

A constituição do Comitê de Credores é facultativa e apenas poderá ocorrer por manifestação dos credores em assembleia geral. Qualquer das quatro classes da assembleia poderá deliberar pela constituição do Comitê. A classe votará por maioria de créditos.

A classe que deliberar pela constituição poderá eleger seu representante e dois suplentes. As demais classes não precisarão indicar seus representantes necessariamente. Podem ser eleitos representantes terceiros não credores e pessoas jurídicas. São impedidos de serem eleitos os mesmos impedidos a serem administradores judiciais.

O Comitê funciona como órgão colegiado e as deliberações serão tomadas por maioria de votos dos representantes existentes, pois **não é obrigatório que cada classe tenha nomeado o seu representante**.

Os membros do comitê de credores não serão remunerados pelo devedor em recuperação judicial ou pela massa falida.

A massa falida apenas ressarcirá as despesas para a realização das atribuições, mas não pagará qualquer remuneração aos representantes dos credores.

O representante poderá ser substituído a qualquer momento por deliberação da maioria dos créditos da referida classe. Também poderá ser destituído por decisão do Juiz diante do descumprimento de seus deveres legais.

A responsabilidade dos membros do comitê é subjetiva e solidária pelos danos que causar à massa falida, ao devedor e aos próprios credores.

6.4.9. Efeitos da falência

A decretação da falência submete o falido, seus bens e os credores a um novo regime jurídico: o de execução concursal.

Em face dos credores, a falência provoca o vencimento antecipado de todas as obrigações do falido, a conversão dos créditos em moeda estrangeira, a formação da massa de credores, a suspensão das ações e execuções individuais dos credores com a suspensão da prescrição e da fluência dos juros sobre as obrigações contra a massa falida.

Com a decretação da quebra, todos os credores serão submetidos a um mesmo juízo para serem pagos. Isso exige que as obrigações de todos sejam vencidas para que possam ser equalizadas. Ainda que sejam vincendas, as obrigações se vencerão e serão descontados os juros remuneratórios que incidiriam sobre a obrigação.

A falência provoca a constituição da massa falida subjetiva, reunindo todos os credores do falido. Não integrarão a massa nem poderão exigir o pagamento pela recuperanda, entretanto, os credores de obrigações a título gratuito e as despesas que os credores fizerem para tomar parte na recuperação judicial ou na falência, solvo as custas judiciais decorrentes de litígio com o devedor.

Para que possa arrecadar todos os bens do falido e de modo a que os credores sejam pagos de forma equitativa em cada classe, as ações e execuções individuais em face do devedor são suspensas. As ações promovidas pela massa falida continuam normalmente. Apenas as contrárias à massa são suspensas, pois poderiam reduzir os ativos em benefício de alguns poucos credores e em detrimento de todos.

Não se suspendem, entretanto, as reclamações trabalhistas, as execuções fiscais e as que demandam quantia ilíquida. As reclamações trabalhistas e as ações que demandam quantia ilíquida prosseguirão até o momento em que o crédito em face da massa for apurado. Apurado o crédito, o credor deverá se habilitar no processo falimentar. As execuções fiscais, por seu turno, continuarão no juízo competente, entretanto as alienações dos bens e o pagamento do credor fiscal apenas serão realizados pelo Juízo falimentar.

Em face do falido, a declaração de falência impõe obrigações e submete-o a limitações pessoais.

O falido deverá assinar termo de comparecimento, em que esclarecerá as causas da falência e onde estão seus bens. Deverá, ainda, depositar seus livros. Não poderá ausentar-se do lugar onde se processa a falência sem motivo justo e comunicação expressa ao juiz. Deve comparecer a todos os atos da falência, entregar todos os bens, livros, papéis e documentos ao administrador judicial, prestar as informações reclamadas, auxiliar o administrador judicial com zelo e presteza, e, dentre outros, apresentar a relação de seus credores.

Decretada a falência, além disso, o falido fica inabilitado para exercer a atividade empresarial até a sentença que extingue suas obrigações, perde o direito de administrar e dispor de seus bens, perde a legitimidade *ad causam* nas ações patrimoniais que envolvam a falência e tem suspenso o direito de sigilo de correspondência.

Após a falência, o administrador judicial passa a arrecadar os bens do falido, o qual perde a administração desses. Não poderá, sequer, continuar como representante da massa falida nos processos em que ele figura. O administrador judicial, a partir da falência, passa a ser o único representante dos interesses da massa falida. O falido, se o desejar, poderá apenas ingressar no processo como terceiro interessado.

No tocante aos sócios, **a falência da sociedade empresária acarreta a falência apenas dos sócios ilimitadamente responsáveis**. Os sócios limitadamente responsáveis, como os sócios de uma sociedade limitada ou de uma sociedade anônima não terão a falência decretada por extensão da falência da pessoa jurídica, mas poderão ser responsabilizados, juntamente com os administradores, por atos praticados com dolo ou culpa.

Quanto aos contratos, a decretação da falência provoca o vencimento antecipado das obrigações do falido nos contratos unilaterais. O administrador judicial poderá dar cumprimento ao contrato unilateral se o cumprimento puder reduzir ou evitar o aumento do passivo da massa falida ou for necessário à manutenção ou preservação dos ativos.

Quanto aos contratos bilaterais, em que são imputadas obrigações a ambos os contratantes, os contratos bilaterais não se resolvem por ocasião da falência. O administrador judicial poderá cumprir o contrato se for conveniente à massa falida, ou seja, se permitir a redução do passivo ou o aumento do ativo. Para tanto, o contratante poderá interpelar o administrador judicial em 90 dias para que esclareça se, no prazo de 10 dias, cumprirá ou não o contrato bilateral. O silêncio implica resolução do contrato, com a possibilidade de o contratante pleitear indenização pelo dano sofrido.

No tocante aos atos praticados pelo devedor antes de sua falência ter sido decretada, a lei permitiu a consideração de alguns atos como ineficazes se praticados pelo devedor em termo imediatamente antes do pedido de falência: o termo legal.

O **termo legal** consiste no período de até 90 dias antes do pedido de falência, do pedido de recuperação judicial ou do primeiro protesto por falta de pagamento, o que tiver ocorrido primeiro. Ele é determinado na sentença declaratória de falência e permite a consideração de que alguns atos praticados nesse período são ineficazes perante a massa falida. Não há invalidade, mas apenas ineficácia.

São considerados ineficazes, independentemente da intenção de lesar do devedor: o pagamento de dívidas não vencidas realizado pelo devedor dentro do termo legal por qualquer meio extintivo do direito de crédito; o pagamento de dívidas vencidas e exigíveis realizado dentro do termo legal, qualquer forma diversa da prevista no contrato; a constituição de direito real de garantia, dentro do termo legal, se a dívida tiver sido contraída anteriormente; a prática de atos a título gratuito ou a renúncia a herança ou legado até dois anos antes da decretação da falência; a alienação de estabelecimento comercial feita sem o consentimento expresso e o pagamento dos credores, a qualquer tempo, se não houver bens suficientes para o pagamento do passivo; os registros de direitos reais após a decretação da falência.

Independentemente do termo legal, poderá, por meio da ação revocatória, ser considerado ineficaz o ato celebrado pelo devedor desde que se demonstre sua integração de prejudicar os credores, o conluio fraudulento entre o devedor e o terceiro que com ele contratou e o efetivo prejuízo sofrido pela massa falida.

> Por meio da ação revocatória, são considerados ineficazes os atos praticados desde que demonstrada a intenção dos contratantes de prejudicar os demais credores.

6.4.10. Procedimento falimentar

Ao contrário do Decreto-lei n. 7.661/45, que estabelecia que a apuração do passivo fosse estanque da fase de liquidação dos bens, a Lei n. 11.101/2005 procurou garantir maior celeridade, com a sobreposição dessas fases, que ocorrem simultaneamente.

Decretada a falência, inicia-se a verificação dos créditos para identificar o valor e a natureza dos diversos débitos do falido.

6.4.11. Verificação de créditos

O falido deverá apresentar, no prazo de cinco dias, sua lista de credores e sua qualificação, a qual será publicada. A partir da publicação, os credores poderão, caso discordem do valor, da natureza ou se não estiverem incluídos na lista, apresentar habilitações ou divergência quanto aos créditos relacionados.

Essa primeira fase será administrativa porque a habilitação é submetida à apreciação do administrador judicial, o qual terá o prazo de 45 dias para analisá-las e publicar sua lista de credores.

Publicada a lista de credores do administrador judicial, os credores, o Comitê, o devedor ou o MP terão o prazo de 10 dias para promover impugnações judiciais, caso discordem. A impugnação será apreciada pelo Juiz da falência, mediante contraditório de todos os envolvidos em prazos sucessivos de 5 dias.

Do julgamento de cada impugnação caberá o recurso de agravo, na forma de instrumento, e sem efeito suspensivo.

Com o julgamento de todas as impugnações pelo juiz, o administrador judicial elaborará o quadro geral de credores, o qual deverá ser homologado pelo juiz. O quadro pretende ser definitivo, mas poderá ser alterado, até o encerramento da falência, mediante ação própria de retificação do crédito.

A habilitação que não ocorreu no prazo de 15 dias após a publicação do edital com a relação dos credores apresentada pelo devedor é considerada habilitação retardatária. **Habilitação retardatária** é a que não foi feita no prazo legal. Implica que o habilitante não poderá votar na assembleia geral de credores, exceto se já homologado o quadro geral de credores, com exceção dos retardatários. Também implicará que os titulares perderão eventual direito de crédito sobre os rateios já realizados, exceto se requererem a reserva do valor para a satisfação de seu crédito. Perderão também o direito à correção monetária e aos juros moratórios entre o término do prazo para a habilitação e a efetivação do pedido de habilitação retardatária. Se forem realizadas após a homologação do quadro geral de credores, será processada como ação de retificação do quadro. Caso seja promovida antes, será processada como impugnação de crédito.

6.4.12. Arrecadação e liquidação dos bens

Enquanto se desenvolve o procedimento da verificação de crédito, o administrador judicial deverá arrecadar todos os bens materiais e imateriais. Arrecadam-se todos os bens na posse do falido, quer sejam dele ou de terceiros. Também devem ser arrecadados todos os bens do falido que estejam na posse de terceiros.

A aferição da propriedade dos bens que estão na posse do falido será feita pelo juiz por meio do pedido de restituição.

Pedido de restituição é o pedido realizado pelo terceiro que teve bem de sua propriedade arrecadado pelo administrador judicial e que pretende sua restituição.

Além dos bens arrecadados no processo de falência e pertencentes ao terceiro, também poderão ser objeto de restituição os bens que se encontravam em poder do devedor na data da decretação da falência, ou da coisa vendida a crédito e entregue ao devedor nos quinze dias anteriores ao requerimento de sua falência, se ainda não foi alienada.

Julgado procedente o pedido, a coisa deverá ser restituída ao proprietário. Deverá ser restituído seu valor em dinheiro, apenas se a coisa não mais existir ao tempo de pedido de restituição, ocasião em que o proprietário poderá receber o valor da avaliação do bem ou, na hipótese de venda, o preço. Serão ainda restituídos em dinheiro o valor decorrente de adiantamento a contrato de câmbio para exportação e os valores entregues ao devedor pelo contratante de boa-fé na hipótese de revogação ou ineficácia do contrato.

Após a arrecadação, os bens são de responsabilidade do administrador judicial, que deve tutelar pela sua guarda. Somente não serão arrecadados os bens impenhoráveis.

Os bens deverão ser prontamente avaliados e serão submetidos à liquidação.

A lei estabeleceu formas preferenciais de liquidação dos bens, para que se obtenha o maior valor e para que se permita que o adquirente continue a desempenhar a atividade. Nesses termos, a alienação será preferencialmente da empresa, com a venda de seus estabelecimentos em bloco; alienação da empresa com a venda de suas filiais ou unidades produtivas isoladas; alienação em bloco dos bens que integram cada um dos estabelecimentos; alienação dos bens individualmente considerados.

Importante destacar que o adquirente não responderá pelas obrigações anteriores do falido.

Os bens são transferidos livres de quaisquer ônus aos adquirentes. Ocorrerá sucessão nas obrigações se o arrematante for sócio da sociedade falida, ou sociedade controlada pelo falido; parente ou afim do falido ou de sócio da sociedade falida; preposto do falido com o objetivo de fraudar a sucessão.

Os bens poderão ser vendidos por leilão por lances orais, por propostas fechadas apresentadas em uma determinada data, ou pelo pregão. O pregão é um sistema misto das duas formas anteriores, e consiste inicialmente na possibilidade de apresentação de propostas fechadas. Abertas as propostas, classificam-se para uma segunda fase as propostas em até 90% do valor da melhor proposta. Todas essas serão convocadas para um leilão, com lances orais. O leilão será aberto com o lance da maior oferta dentre os ofertantes presentes. Caso o maior ofertante da fase de proposta fechada não compareça e não seja dado lance igual ou superior, ele fica obrigado a prestar a diferença entre o valor da arrematação e o valor de sua oferta.

Poderão ainda ocorrer formas extraordinárias de venda. Desde que haja requerimento fundamentado do administrador judicial ou do comitê de credores, o juiz poderá autorizar sua realização. Os credores em assembleia geral poderão decidir sobre uma modalidade extraordinária de realização do ativo, desde que tenham deliberado por dois terços dos créditos presentes à assembleia.

6.4.13. Classificação do crédito na falência

Liquidados os bens, o produto da venda é utilizado para pagamento dos créditos, sejam os créditos anteriores à decretação da falência, sejam os posteriores, para que o procedimento falimentar pudesse chegar a contento.

6.4.13.1. Crédito prioritário

O primeiro crédito a ser pago é o crédito prioritário. **São credores prioritários os credores trabalhistas, com crédito salarial, vencidos nos três meses anteriores à decretação da falência e limitados a cinco salários mínimos por trabalhador.** É equiparado a créditos trabalhistas o crédito do representante comercial.

Também serão pagos com prioridade as despesas indispensáveis à administração da falência, assim como os resultantes de pedido de restituição em dinheiro. Caso os bens pertencentes aos credores tenham sido liquidados indevidamente e não possam, portanto, ser restituídos pela massa falida, ou sejam decorrentes de adiantamento de contrato de câmbio ou referentes a valores entregues pelo credor de boa-fé na hipótese de revogação ou ineficácia do contrato, os credores terão o direito prioritário de receber o equivalente em dinheiro.

6.4.13.2. Crédito extraconcursal

Credores extraconcursais são os credores da massa falida, ou seja, os que se tornaram credores após a sentença de falência ter ocorrido. Esses credores deverão ser pagos antes dos credores originais do empresário devedor.

São créditos extraconcursais, a remuneração devida ao administrador judicial e os créditos trabalhistas por serviços prestados após a sentença de falência; as quantias fornecidas à massa pelos próprios credores; as despesas com arrecadação, administração, realização do ativo e distribuição do produto, bem como custas do processo de falência; custas judiciais relativas às ações e execuções em que a massa falida tenha sido vencida; obrigações resultantes de atos praticados durante a recuperação judicial ou após a decretação da falência, assim como tributos relativos a fatos geradores ocorridos após a decretação da falência.

6.4.13.3. Créditos concursais

Os créditos concursais deverão ser pagos após o pagamento dos créditos prioritários e dos extraconcursais. O pagamento é feito por classes. Apenas se passa a classe seguinte caso a classe anterior esteja integralmente satisfeita. Os credores de uma mesma classe são pagos em igual proporção até que sejam integralmente satisfeitos.

São credores concursais:

I – credores trabalhistas e decorrentes de acidente de trabalho. Os créditos decorrentes da legislação de trabalho são limitados a até 150 salários mínimos. O excedente será considerado quirografário.

II – créditos com garantia real. São os créditos garantidos por penhor, anticrese, hipoteca, alienação fiduciária em garantia, caução. Os créditos pertencem a essa classe até o limite do bem gravado. O excedente será considerado quirografário.

III – crédito tributário. Desde que sejam os relacionados a fatos gerados anteriores à sentença de quebra. Os posteriores são extraconcursais. A multa tributária é crédito subquirografário.

IV – Créditos com privilégio especial. São os créditos dos credores por despesa de salvamento, o credor por benfeitoria necessária ou útil, o credor de materiais ou serviços para edificação, o credor por sementes ou instrumentos e serviços à cultura ou colheita sobre frutos agrícolas, o credor de aluguéis e o credor a que a lei confira o direito de retenção. São também os créditos em favor dos microempreendedores individuais e das microempresas e empresas de pequeno porte.

V – Créditos com privilégio geral. São os créditos por despesas de funeral, por despesa com o luto do cônjuge sobrevivo e dos filhos do devedor falecido, o crédito por despesas com a doença de que faleceu o devedor, o crédito pelos gastos necessários à mantença do devedor falecido. Também são créditos com privilégio geral os créditos quirografários sujeitos à recuperação judicial pertencentes a fornecedores que continuarem a prover seus serviços durante a recuperação e na medida do valor dos serviços fornecidos.

VI – Créditos quirografários. São os créditos sem qualquer privilégio, o remanescente dos trabalhistas além dos 150 salários mínimos e o remanescente dos créditos que extrapolem a garantia real.

VII – Multas contratuais e penas pecuniárias.

VIII – Créditos subordinados. São os créditos assim determinados e os créditos dos sócios e dos administradores em razão do *pro labore* e não do capital, desde que não possuam vínculo de emprego.

Caso remanesçam valores, o valor remanescente será rateado conforme a ordem de preferência das classes de credores para o pagamento dos juros vencidos após a decretação da falência.

Se sobrar ainda valores, o remanescente será devolvido ao devedor falido ou aos sócios, na proporção da participação que detinham na sociedade.

6.4.14. Encerramento

A liquidação total do ativo com o rateio entre os credores, ainda que nem todos sejam satisfeitos, provoca o encerramento da falência.

O administrador judicial apresentará suas contas no prazo de 30 dias e elas serão aprovadas ou rejeitadas. Dessa decisão cabe recurso de apelação.

Após apreciação das contas, o administrador apresentará relatório final com o valor do ativo e o produto de sua realização, o valor do passivo e os pagamentos feitos. Com base nisso, o juiz profere sentença de encerramento da falência.

As obrigações do devedor falido somente se extinguirão com o pagamento de todos os créditos. Podem as obrigações ser extintas, também, com a realização de todo o ativo e o pagamento de mais de 50% dos credores quirografários.

São extintas, também, após o decurso do prazo de cinco anos, caso o falido não tiver sido condenado pela prática de crime falimentar, ou após dez anos da sentença de encerramento da falência, caso tenha sido.

6.5. Recuperação judicial

A recuperação judicial foi prevista como alternativa à antiga figura da concordata nas situações de crise reversível do empresário devedor.

Ela procura viabilizar a superação da situação de crise econômico-financeira do devedor, a fim de permitir a manutenção da fonte produtora, do emprego dos trabalhadores e dos interesses dos credores. Promoveria, assim, a preservação da empresa, sua função social e o estímulo à atividade econômica.

Podem requerer a recuperação judicial o devedor empresário que exercer **atividade regular há mais de dois anos**, desde que: não seja falido e, se o foi, estejam declaradas extintas, por sentença transitada em julgado, as responsabilidades daí decorrentes; não ter, há menos de 5 (cinco) anos, obtido concessão de recuperação judicial; não ter, há menos de 5 (cinco) anos, obtido concessão de recuperação judicial de EPP e ME; não ter sido condenado ou não ter, como administrador ou sócio controlador, pessoa condenada por qualquer dos crimes falimentar.

O requerimento da recuperação poderá ser realizado de modo autônomo ou no prazo da contestação de um pedido de decretação da falência do devedor.

6.5.1. Créditos submetidos à recuperação judicial

Estão sujeitos à recuperação judicial todos os créditos existentes na data do pedido, sejam eles vencidos ou vincendos. Esses créditos serão submetidos ao plano de recuperação judicial e poderão ter suas características alteradas pelo plano.

Os credores do devedor conservem seus direitos e privilégios contra os coobrigados, fiadores e obrigados de regresso, exceto se expressamente renunciarem a esses direitos.

Os créditos surgidos posteriormente à recuperação não estão submetidos a essa. Também não estão submetidos à recuperação judicial e serão considerados também como créditos extraconcursais os créditos conhecidos por travas bancárias, que consistem nos créditos dos proprietários fiduciários de bens móveis ou imóveis, do arrendador mercantil, proprietário ou promitente vendedor de imóvel em contrato com cláusula de irrevogabilidade e o proprietário em contrato de venda com reserva de domínio.

Esses credores são, em grande parte, proprietários dos bens que foram contratados com o empresário devedor. Embora não se submetam à recuperação judicial, os credores não poderão retirar esses bens que são de sua propriedade, desde que sejam bens de capital essenciais à atividade e durante o prazo de suspensão de 180 dias a contar do deferimento do processamento da recuperação judicial.

Também não se submetem à recuperação judicial as obrigações a título gratuito e as despesas que o credor fizer para tomar parte na recuperação judicial, exceto custas judiciais em razão de litígio com o devedor. Não são também submetidos à recuperação judicial os créditos de natureza tributária ou as importâncias entregues ao devedor em razão de adiantamento de contrato de câmbio para exportação (ACC).

6.5.2. Processamento da recuperação judicial

O pedido de recuperação deverá ser distribuído para o juiz competente, que é o do principal estabelecimento do devedor.

O pedido deverá ser instruído com os documentos necessários para demonstrar a crise da empresa e quais são as possibilidades de reversão. São documentos que apresentam as demonstrações financeiras dos últimos três exercícios sociais, a relação nominal dos credores, relação dos empregados, certidão de regularidade do devedor, relação dos bens particulares dos sócios, extratos das contas bancárias, certidões de protestos e relação de ações judiciais.

Caso todos os documentos sejam apresentados, o juiz deferirá o processamento da recuperação judicial e nomeará o administrador judicial.

O processamento implica a suspensão de todas as ações ou execuções contra o devedor pelo prazo de 180 dias.

Não são suspensas as ações que demandem quantia ilíquida, as execuções fiscais, as ações dos credores proprietários, como aquele que detém a propriedade fiduciária, ou o vendedor com reserva de domínio etc. Nessa última hipótese, ainda que as ações prossigam, os bens não poderão ser retirados ou vendidos do estabelecimento no prazo de 180 dias, se forem considerados bens de capital essenciais à recuperação. Por conta da suspensão das ações, suspende-se também o prazo de prescrição.

Tratando-se de crédito garantido por penhor sobre títulos de crédito, direitos creditórios, aplicações financeiras ou valores mobiliários, poderão ser substituídas ou renovadas as garantias liquidadas ou vencidas durante a recuperação judicial e, enquanto não renovadas ou substituídas, o valor eventualmente recebido em pagamento das garantias permanecerá em conta vinculada durante o período de suspensão de 180 dias.

Após a decisão de processamento, o devedor somente poderá desistir da recuperação judicial com a anuência dos credores, por decisão de maioria em assembleia geral.

Com o processamento da recuperação judicial, será iniciada a fase de verificação de créditos, que é idêntica ao que ocorre no procedimento falimentar.

6.5.3. Plano de recuperação judicial

> Em 60 dias da publicação da decisão de processamento da recuperação, o devedor deverá apresentar o plano de recuperação judicial. O prazo é improrrogável. Sua não apresentação implica a convolação em falência.

Deverão constar no plano de recuperação os meios pelos quais o empresário devedor pretende se recuperar, bem como demonstração de sua viabilidade econômica e laudo econômico financeiro com a avaliação de seus bens. Como meio de recuperação, a Lei n. 11.101/2005 apenas os estabelece exemplificativamente no art. 50, o qual poderá versar sobre a concessão de prazos de pagamento, operações societárias, aumento de capital, venda parcial de bens etc.

O plano poderá prever a alienação de unidade produtivas isoladas pelo empresário devedor. Caso aprovado o plano, as UPIs poderão ser vendidas livres de ônus para o arrematante dos bens, o qual não ficará responsável pelas obrigações anteriores do empresário, independentemente de sua natureza (trabalhistas, tributárias etc.).

Quanto à alienação de bens, após a distribuição do pedido de recuperação judicial, o devedor apenas poderá alienar ou onerar bens ou direitos de seu ativo permanente se estiverem incluídos no plano de recuperação judicial, e com a aprovação dos credores em Assembleia Geral. Exceção reconhecida é a possibilidade de o juiz, diante da evidente utilidade da alienação ou oneração para a recuperação judicial da empresa, permitir que a alienação e a oneração sejam realizadas (art. 66 da Lei n. 11.101/2005).

> A Lei estabeleceu algumas limitações ao plano de recuperação. O plano não poderá estabelecer: **a supressão de garantia real ou sua substituição sem a aprovação expressa do credor titular da garantia**; a alteração dos créditos em moeda estrangeira exige a manifestação expressa de anuência do credor; **os créditos trabalhistas deverão ser pagos em até um ano da concessão da recuperação judicial.** O crédito trabalhista vencido nos três meses anteriores ao pedido de recuperação judicial, limitado a cinco salários mínimos, deverá ser pago em até 30 dias.

6.5.4. Decisão sobre o plano de recuperação judicial

Apresentado o plano de recuperação judicial, será publicado edital para que os credores, se o desejarem, apresentem suas objeções no prazo de 30 dias. Caso a relação de credores do administrador judicial ainda não tenha sido apresentada, o prazo de objeção ao plano pelos credores conta-se a partir da publicação do edital com a referida lista.

Caso não haja objeções pelos credores, o juiz homologará o plano e concederá a recuperação judicial ao devedor.

Caso tenha ocorrido objeções, deverá ser convocada a assembleia geral dos credores. A Assembleia Geral de Credores deve se realizar em até 150 dias da data do processamento da recuperação judicial. Referida data foi determinada para que as deliberações ocorram ainda dentro do período de 180 dias, em que as ações e execuções contra o empresário devedor estão suspensas.

A Assembleia será composta por todos os credores sujeitos à recuperação judicial e ela apreciará o plano de recuperação do devedor. A Assembleia Geral dos Credores não poderá alterar o plano do devedor. Apenas o devedor poderá alterar seu plano de recuperação, ainda que possa aceitar as sugestões feitas pelos credores em assembleia e desde que não impliquem diminuição dos direitos exclusivamente dos credores ausentes.

Os credores serão divididos em assembleia em quatro classes: titulares de créditos trabalhistas ou decorrentes de acidente de trabalho; créditos com garantia real até o valor do bem dado em garantia; titulares de créditos quirografários, com privilégio especial, com privilégio geral e subordinados; credores Microempresários e Empresários de Pequeno Porte.

Apenas votam na deliberação de apreciação do plano de recuperação judicial os credores submetidos à recuperação e que terão seus créditos alterados pelo plano.

Também não votam os credores impedidos, ou seja, aqueles que possuem relação com o devedor e que, portanto, poderiam ter conflito de interesse ao exercerem seu direito de voto.

São impedidos os sócios do devedor, bem como as sociedades coligadas, controladoras, controladas ou as que tenham sócio ou acionista com participação superior a 10% (dez por cento) do capital social do devedor ou em que o devedor ou algum de seus sócios detenham participação superior a 10% (dez por cento) do capital social.

Também são considerados impedidos o cônjuge ou parente, consanguíneo ou afim, colateral até o 2º (segundo) grau, ascendente ou descendente do devedor, de administrador, do sócio controlador, de membro dos conselhos consultivo, fiscal ou semelhantes da sociedade devedora e a sociedade em que quaisquer dessas pessoas exerçam essas funções.

Os credores impedidos poderão participar da assembleia geral de credores, sem ter direito a voto, e não serão considerados para fins de verificação do quórum de instalação e de deliberação.

> Também não votam e não compõem o quórum de instalação os sócios do devedor, bem como as sociedades coligadas, controladoras, controladas ou as que tenham sócio ou acionista com participação superior a 10% do capital social do devedor. Não votam e não compõem o quórum de instalação as sociedades em que o devedor ou algum de seus sócios detenham participação superior a 10% do capital social.

Em regra, a assembleia geral de credores delibera com quórum de maioria relativa, ou seja, metade do valor total dos créditos presentes à assembleia. Na hipótese de apreciação do plano de recuperação judicial, entretanto, o quórum de aprovação é qualificado.

Para que o plano seja aprovado, todas as classes existentes devem aprovar o plano. A classe I, dos credores trabalhistas, e a classe IV, dos credores Microempresários ou Empresários de Pequeno porte, votam por cabeça, independentemente do valor do crédito. A aprovação de ambas as classes exige apenas o quórum de maioria relativa dos presentes por cabeça.

A classe II, credores com garantia real na medida da garantia, e a classe III, credores quirografários, privilegiados e subordinados, votam tanto por valor de crédito quanto por cabeça. Para que aprovem o plano, deve ocorrer aprovação por maioria dos créditos presentes em cada classe, e por maioria dos credores presentes em cada classe, independentemente do valor dos créditos.

Atingido o quórum, o juiz concederá a recuperação judicial.

Caso não seja atingido, a lei previu um quórum alternativo, conhecido por *cram down* (goela abaixo).

O quórum alternativo requer: voto favorável de mais da metade do valor de todos os créditos presentes à assembleia, independentemente da divisão em classes; aprovação de pelo menos metade das classes de credores (maioria relativa de credores e de créditos na classe dos credores com garantia real e na classe dos quirografários e apenas maioria relativa de credores nas classes de microempresários e empresários de pequeno porte e na classe dos credores trabalhistas); na classe ou nas classes que tiverem rejeitado o plano de recuperação, pelo menos aprovação de um terço dos credores (se classe trabalhista ou EPP e ME) ou de um terço dos credores e um terço dos créditos (se classe dos credores com garantia real ou quirografários).

Aprovado o plano, o juiz concederá a recuperação. A decisão faz título executivo judicial e poderá ser desafiada pelo recurso de agravo.

A recuperação implica a novação dos créditos conforme o estabelecido no plano e é imposta à minoria discordante em razão da aprovação pela maioria. Na recuperação judicial, contudo, a novação não extingue as garantias, que apenas poderão ser extintas se houver aprovação expressa pelo titular. Nem extingue as obrigações dos coobrigados, fiadores e obrigados de regresso. Por seu turno, se houver descumprimento, com a convolação da recuperação judicial em falência, haverá a reconstituição dos direitos e garantias nas condições originalmente contratadas.

6.5.5. Período de fiscalização

Concedida a recuperação judicial, as obrigações previstas devem ser cumpridas pelo devedor no prazo estabelecido. A recuperação judicial, ainda que haja dívidas a se vencerem muito após, perdura por até dois anos após sua concessão.

No período de dois anos, o cumprimento das obrigações previstas no plano de recuperação judicial será acompanhado pelo administrador judicial. Caso tenham sido cumpridas as obrigações vencidas dentro desse período, a recuperação judicial poderá ser encerrada.

6.5.6. Convolação em falência

Durante o período de fiscalização, caso haja o descumprimento de qualquer obrigação pelo devedor prevista no plano, a recuperação judicial será convolada em falência, com o retorno das obrigações dos credores às condições originalmente contratadas.

Caso o descumprimento das obrigações ocorra posteriormente ao encerramento da recuperação judicial, ainda que não haja mais a fiscalização do cumprimento pelo administrador judicial ou pelo Comitê de credores, não ocorrerá a convolação em falência. O credor poderá pleitear a execução individual da obrigação com base no título executivo judicial que detém ou poderá requerer a falência do devedor, com base em ato falimentar, pois o inadimplemento da obrigação assumida pelo plano de recuperação judicial o caracteriza, nos termos do art. 94, III, *g*, da Lei de Falências.

A convolação em falência ocorrerá, além do descumprimento das obrigações vencidas durante o período de fiscalização de dois anos, caso a assembleia geral de credores não aprovar o plano de recuperação, pela não apresentação pelo devedor do plano de recuperação judicial no prazo de 60 dias da decisão que deferir o processamento.

6.5.7. Plano especial de recuperação de EPP e ME

A Lei procurou garantir tratamento favorecido à Microempresa e à Empresa de Pequeno Porte, inclusive para que tenham condições menos onerosas para requerer a recuperação judicial.

Desta forma, referidas empresas poderão requerer, por ocasião do pedido de recuperação, a apresentação de plano especial. A recuperação especial para ME e EPPs assegura que os credores não atingidos pelo plano especial não terão seus créditos habilitados na recuperação judicial.

O plano de recuperação especial deverá ser apresentado em 60 dias da decisão de processamento da recuperação. O plano abrangerá todos os créditos existentes na data do pedido, ainda que não vencidos, excetuados os decorrentes de repasse de recursos oficiais, os fiscais e os dos credores proprietários dos bens.

O pedido de recuperação judicial com base em plano especial acarreta suspensão apenas das ações e execuções, bem como das prescrições, dos créditos abrangidos pelo plano.

> Os meios de pagamento são restritos. **O plano poderá prever o pagamento em até 36 parcelas mensais**, iguais e sucessivas, acrescidas de juros equivalentes à taxa SELIC, podendo ainda conter a proposta de abatimento do valor das dívidas. O primeiro pagamento deverá ocorrer no prazo máximo de 180 dias, contados da distribuição do pedido de recuperação judicial.

Para que o devedor possa aumentar despesas ou contratar empregados, é imprescindível autorização judicial.

Peculiar na recuperação judicial especial da ME e EPP também é a não convocação da assembleia geral de credores. Sua não convocação reduz os custos para o Micro e Pequeno empresário, o que é auxiliado pela limitação máxima dos honorários do administrador judicial em até 2% do valor dos créditos submetidos à recuperação.

Se houver objeções de credores titulares de mais da metade de qualquer uma das classes de credores, o juiz decretará a falência. Do contrário, concederá a recuperação judicial.

6.6. Recuperação extrajudicial

A lei permite que o empresário devedor celebre contratos com os seus credores para compor as suas dívidas. A recuperação extrajudicial é o acordo firmado com os credores, extrajudicialmente, para a resolução da crise pela qual passa a empresa.

Para realizar a recuperação extrajudicial, o devedor deverá possuir os mesmos requisitos do empresário sujeito à recuperação judicial. Além dos requisitos legais, o devedor não poderá requerer a homologação de plano extrajudicial, se estiver pendente pedido de recuperação judicial ou se houver obtido recuperação judicial ou homologação de outro plano de recuperação extrajudicial há menos de dois anos.

> A recuperação extrajudicial **não poderá versar sobre créditos de natureza tributária, trabalhistas ou decorrentes de acidente de trabalho**, créditos de credores proprietários (créditos do titular da posição de proprietário fiduciário de bens móveis ou imóveis, arrendador mercantil, proprietário ou promitente vendedor de imóvel com cláusula de irrevogabilidade ou proprietário em contrato de compra e venda com reserva de domínio) ou decorrentes de adiantamento de contrato de câmbio.

Na recuperação extrajudicial, a homologação da composição entre os devedores e os credores pode ser facultativa ou obrigatória.

Facultativa é a homologação do plano de recuperação em que todos os credores já foram anuentes às condições. O consentimento já é suficiente para que os credores fiquem vinculados à alteração de seus créditos. A homologação judicial torna o acordo título executivo judicial e facilita a execução da obrigação.

A homologação, entretanto, poderá ser obrigatória. É obrigatória a homologação nas hipóteses em que o credor não concordou com a alteração de suas obrigações.

O devedor precisa obter o **consentimento de 60% (três quintos)** dos credores de cada espécie pelo plano atingido. O plano poderá abranger uma ou mais classes. Pode, ainda, abranger apenas grupo de credores de uma mesma classe e que se submete às mesmas condições de pagamento.

O percentual de 60% é composto apenas pelos credores de cada classe abrangidos pelo plano. Os créditos não abrangidos pelo plano não poderão ter suas condições alteradas.

Não serão computados os créditos de sócios do devedor, sociedades coligadas, controladores, controladas, as com sócios com participação superior a 10% do capital social do devedor ou em que o devedor ou algum sócio detenha participação superior a 10% do capital social. Não serão computados, ainda, os créditos de parentes ou afins do devedor ou de órgão da administração desse.

Caso esse percentual seja obtido, a homologação judicial poderá estender as alterações previstas no plano aos demais credores, ainda que sejam discordantes.

O plano, entretanto, não poderá estabelecer tratamento privilegiado a determinado credor em detrimento dos demais nem o pagamento antecipado de dívidas; os credores não sujeitos não poderão sofrer tratamento desfavorável; se crédito em moeda estrangeira, a alteração cambial só poderá ser alterada com a concordância expressa do credor, o que também ocorrer ser for pretendida a alienação do bem objeto de garantia real.

O pedido de homologação do plano de recuperação não suspende as ações e execuções. A distribuição do pedido impede que os credores desistam da adesão ao plano, a menos que haja anuência dos demais signatários.

Feito o pedido, publica-se edital para que os credores impugnem no prazo de 30 dias. A impugnação versará apenas sobre a alegação de que não foi atingido o quórum, o devedor praticou atos falimentares ou qualquer descumprimento de exigência legal. Caso não haja impugnação ou ela seja afastada, o juiz homologa, por sentença, o pedido de recuperação extrajudicial e as obrigações são novadas.

Caso se decrete a falência posteriormente, na hipótese de recuperação extrajudicial, os créditos submetidos ao plano não voltarão às condições originárias.

7. PROPRIEDADE INDUSTRIAL

O art. 5º, XXIX, da Constituição Federal estabeleceu a proteção aos autores de inventos industriais o privilégio temporário para a utilização, bem como a proteção às criações industriais, às propriedades das marcas, tendo em vista o interesse social e o desenvolvimento tecnológico e econômico do país.

Ramos da propriedade intelectual, a propriedade industrial exige que a obra possa ser produzida em escala industrial. Os direitos de propriedade industrial são concedidos e assegurados pelo **Instituto Nacional de Propriedade Industrial (INPI)**, autarquia federal a quem compete a concessão de patentes e de registros. Sua disciplina é regulada pela Lei n. 9.279/96.

Quatro são os bens da propriedade industrial: a concessão de patentes de invenção e de modelo de utilidade; a concessão de registro de desenho industrial; a concessão de registro de marca; a repressão às falsas indicações geográficas.

7.1. Patente

Direito atribuído pelo Estado que garante a utilização exclusiva de uma **invenção** ou de um **modelo de utilidade**. Após a concessão da patente, os terceiros não poderão explorar a invenção ou o modelo de utilidade sem autorização e, caso o façam, poderão ser condenados à indenização por perdas e danos.

A violação à patente não ocorrerá se for realizada em caráter privado e sem finalidade comercial; com finalidade experimental; preparação de medicamentos para casos individuais; atos destinados exclusivamente à produção de informações etc.

> Invenção é a obra criada, que não existia até então, e que possa ser produzida industrialmente (ex.: um lápis, quando foi criado). Modelo de utilidade é o aperfeiçoamento de invenções, que aumentem a utilidade de algo já existente e que possa ser produzido industrialmente (ex.: um lápis borracha, quando foi criado).

São requisitos tanto da invenção quanto do modelo de utilidade: a novidade, que exige que a obra não esteja no **estado da técnica**, ou seja, não seja de conhecimento do público; atividade inventiva; aplicação industrial; e licitude.

Não é patenteável o que é contrário à moral, aos bons costumes, à segurança, à ordem e à saúde pública. Não podem ser patenteáveis qualquer alteração do núcleo atômico, ou todo ou parte dos seres vivos, com exceção dos micro-organismos transgênicos. Não podem também as descobertas, teorias científicas, métodos matemáticos, concepções abstratas, métodos comerciais; obras literárias, arquitetônicas, artísticas, científicas, criação estética; programas de computador; regras de jogo; métodos operatórios; os processos biológicos naturais.

Terá direito de pedir a patente o autor da invenção ou do modelo de utilidade. A invenção será exclusivamente do empregador, se ela for feita pelo empregado em razão do contrato de trabalho. Considera-se feita na vigência do contrato a invenção ou modelo de utilidade cuja patente seja requerida em até um ano após a extinção do contrato de trabalho.

Se não houver contrato para inventar, mas o empregado inventou com a utilização dos recursos do empregador, exceto se estabelecido em contrário, a titularidade do direito de patente será 50% do empregado e 50% do empregador. O direito de exploração da patente, contudo, é atribuído exclusivamente ao empregador, embora a remuneração pela exploração seja dividida.

Se a invenção ou modelo de utilidade foram feitos por duas pessoas, mas de forma independente, terá o direito de explorar a patente aquele que realizar o primeiro depósito do pedido no INPI, ainda que a invenção tenha ocorrido posteriormente à do outro.

Garante-se o direito de prioridade ao pedido de patente depositado em país que mantenha acordo com o Brasil.

A patente sobre invenção terá o prazo de 20 anos. A patente sobre modelo de utilidade terá vigência por 15 anos. Ambos os prazos são contados a partir da data do depósito.

Como o INPI poderá demorar a apreciar o pedido, garante-se prazo nunca inferior a 10 anos para a invenção e 7 anos para o modelo de utilidade a partir da data da concessão.

A patente e o modelo de utilidade podem ser cedidos. Poderá a patente ser voluntariamente licenciada, quando se transfere o direito de explorar a patente a terceiro, mas não sua propriedade.

A licença poderá também ser compulsória. Por essa, transfere-se a exploração da patente por decisão administrativa ou judicial se o titular exercer seu direito contra os fins previstos, para prejudicar a livre concorrência e a livre-iniciativa; se não houver exploração ou a oferta não satisfaça as necessidades do mercado; se houver patente dependente de outra, mas que constitua progresso técnico, e não haja acordo entre os titulares para a exploração da patente anterior; emergência nacional ou interesse público.

7.2. Desenho industrial

A proteção do desenho industrial é feita através de seu registro. Desenho industrial **é a forma plástica ornamental de um objeto** ou o conjunto ornamental de linhas e cores que possa ser aplicado a um produtor, proporcionando resultado visual novo e original, desde que possa servir à fabricação industrial.

A criação é apenas de uma forma nova ao produto. Não é registrável a forma necessária comum do objeto, nem a que afronte a moralidade, os bons costumes, a honra ou imagem das pessoas.

O registro terá vigência de 10 anos, contados da data do depósito, prorrogável por três períodos sucessivos de cinco anos cada. Ele confere o direito de utilização exclusiva daquela forma.

7.3. Marca

É o sinal distintivo de determinado produto ou serviço para que possa ser reconhecido pelos consumidores, ou para que permita o conhecimento de que ele fora produzido de determinada forma, ou por alguém.

Podem ser:

a) Marcas de produto ou serviço: identificam o produto ou serviço;

b) Marca de certificação: identifica o modo de produção do produto ou que o método é conforme determinadas especificações técnicas. Somente pode ser requerida por pessoa que não tenha interesse comercial no produto;

c) Marca coletiva: permite a identificação de produtos de uma determinada coletividade. Apenas pode ser requerida por pessoa jurídica representativa da coletividade;

d) Marca notoriamente conhecida: sinais designativos de produtos ou serviços muito conhecidos *em determinado ramo de atividade*. Ainda que não registrada, goza de notoriedade, a ponto de o INPI indeferir pedido de marca que a reproduza naquele ramo de atividade;

e) Marca de alto renome: é reconhecida no mercado, mas precisa estar registrada. O INPI confere proteção em razão do registro, mas não apenas em relação ao seu ramo de atividade, mas em face de todos os demais ramos.

A marca poderá ser nominativa, figurativa ou mista. Nominativa é a marca formada apenas por letras ou algarismos. Figurativa é a que possui apenas desenhos ou símbolos. Mista é a que possui ambas.

Como requisito, a marca precisa ser original, de modo que não poderá reproduzir sinais distintivos de outra na mesma classe de atividade, com exceção da marca de alto renome, cuja proteção é realizada em todos os ramos de atividade a ponto de impedir a utilização por qualquer outro agente.

O registro assegura o direito de utilização exclusiva da marca em todo o país a partir dele. Garante-se a precedência de terceiros, entretanto, desde que de boa-fé e desde que se utilize, há pelo menos seis meses antes da prioridade ou do pedido de registro, da marca. A prioridade é o direito assegurado pela lei daquele que fez o pedido de registro da marca em país que mantenha acordo com o Brasil.

O registro da marca vige por 10 anos a contar da concessão do registro e o prazo é prorrogável indefinidamente.

7.4. Indicação geográfica

É o sinal designativo de procedência ou de origem do produto. Indica a área geográfica que se tornou conhecida pela produção de determinado produto ou serviço.

Essa indicação é protegida pelo ordenamento jurídico para garantir a identificação do produto e de suas características pelos consumidores.

8. TÍTULOS DE CRÉDITO

É definido como o documento necessário para o exercício do direito literal e autônomo nele incorporado. O título representa um crédito em face de determinada pessoa.

São atributos do título a negociabilidade, que permite ao titular transferir o crédito para obter seus valores, e a executividade, pois a cobrança do título poderá ocorrer diretamente pela via da execução judicial em face do devedor principal ou dos coobrigados.

Suas características são:

a) **Literalidade:** o título confere exatamente o valor expresso no documento.

b) **Cartularidade:** o título se materializa numa cártula. O titular é aquele que detém o documento. Exceção: o Código Civil permitiu a emissão de título de crédito com base em caracteres criados por computador e que prescindem de cártula.

c) **Autonomia:** as obrigações do título são independentes entre si. O vício de uma das obrigações não contamina a outra.

d) **Abstração:** o título se desvincula do negócio que motivou sua emissão. A abstração não é característica de todos os títulos de crédito. Há títulos causais, que somente podem ser emitidos a partir de determinado negócio jurídico. A duplicata é um título causal, que só pode ser emitido em razão da compra e venda de mercadorias ou de um contrato de prestação de serviços. A letra de câmbio, o cheque e a nota promissória são títulos abstratos, que independem da causa que os originou.

e) **Inoponibilidade das exceções pessoais:** as exceções pessoais dos contratantes entre si não podem ser opostas ao terceiro. O devedor ou os coobrigados não podem recusar o pagamento do título em razão de exceções pessoais que tinham em face de um terceiro.

8.1. Classificação

Os títulos de crédito podem ser classificados de diversas formas.

8.1.1. Quanto à natureza

Os títulos podem ser *causais ou abstratos*. Causal é o que somente pode ser emitido em razão de determinado negócio. Abstrato é aquele cujo negócio subjacente é irrelevante. É causal a duplicata mercantil. É abstrato a letra de câmbio, a nota promissória e o cheque.

8.1.2. Quanto à tipicidade

Podem ser os títulos de crédito típicos ou atípicos. Típicos são os definidos em lei, como a nota promissória, o cheque, a duplicata, a letra de câmbio, o conhecimento de depósito etc. O Código Civil permitiu a criação de títulos de crédito atípicos.

8.1.3. Quanto ao modo de circulação

Podem ser ao portador, nominativos ou à ordem.

Os títulos ao portador são transferidos pela mera tradição ou entrega da cártula. Foram proibidos no Brasil porque não permitiam a identificação de todos os que transferiam os títulos. Única exceção é o cheque emitido com valores de até R$ 100,00.

Nominativo é o título que identifique o credor beneficiário, cujo nome conste no registro do emitente. A transferência ocorre mediante termo no registro do emitente. Não basta apenas o endosso.

O título pode ser à ordem. Nesse, não se exige termo de transferência. O título é emitido em benefício de determinada pessoa, que poderá endossá-lo a terceiro. A transferência faz-se por mero endosso.

O título pode ser não à ordem. Essa cláusula inserida no título de crédito impede a transmissão por endosso. O título é transferido apenas por cessão civil. O Código Civil proíbe a cláusula "não à ordem", de modo que ela é inaplicável aos títulos de crédito atípicos. Os títulos de crédito típicos, como a letra de câmbio, nota promissória, cheque, duplicata são regidos por leis especiais que admitem a cláusula.

8.1.4. Quanto ao emissor

Os títulos podem ser públicos ou privados, caso o Emissor seja pessoa jurídica de direito público ou por qualquer pessoa de direito privado.

8.1.5. Quanto à estrutura jurídica

Podem ser ordens de pagamento, em que o título é emitido pelo sacador para pagamento pelo sacado ao beneficiário. São exemplos a letra de câmbio, a duplicata e o cheque. Podem ser promessas de pagamento, em que o sacado é o próprio emitente ou sacador do título. É exemplo a nota promissória.

8.2. Letra de câmbio

A letra de câmbio é ordem de pagamento, à vista ou a prazo. O sacador emite letra de câmbio para que o sacado pague ao beneficiário o valor de uma determinada obrigação. É título abstrato e consiste em ordem de pagamento.

Sua disciplina é feita pelo Decreto n. 57.663/66, que internalizou a Lei Uniforme das Letras de Câmbio e Notas Promissórias estabelecida na Convenção de Genebra.

A letra se forma a partir do **saque, que é o ato de emitir a ordem de pagamento** a uma pessoa, o sacado. Pelo saque, o sacador se obriga do pagamento da letra caso o sacado não pague. O sacado, por seu turno, tem de concordar em se vincular à obrigação de pagar. **Ele concorda com a obrigação ao pôr o *aceite* na cártula**, de modo que se torna o devedor principal a partir de então.

Nada impede que o sacador saque o título contra si mesmo, de modo que seja o próprio sacado da cártula.

São requisitos da letra: a palavra letra de câmbio, a ordem de pagamento incondicionada, o nome do sacado, o nome do beneficiário ou tomador, a indicação da data em que a letra é sacada, a assinatura do sacador. Toda cláusula que exonere o sacador da garantia do pagamento da obrigação é considerada não escrita. Na falta de algum dos requisitos, nada impede que a cambial seja completada pelo credor de boa-fé antes da cobrança ou do protesto.

Não são requisitos essenciais a época do pagamento, pois na omissão o título é a vista; o local de pagamento, pois será o lugar designado ao lado do nome do sacado ou o domicílio desse; o local em que a letra foi sacada, pois na ausência se presume que seja ao lado do nome do sacador ou no domicílio do emitente.

Caso nada seja indicado na letra de câmbio, ela é considerada à vista. Deverá ser paga por ocasião de sua apresentação ao sacado, o que deve ocorrer no prazo de um ano da data da emissão.

> O vencimento da letra poderá ser antecipado se houver recusa total ou parcial de aceite, nos casos de falência do sacado, ainda que esse não tenha aceitado a letra, ou nos casos de falência do sacado se a letra é não aceitável.

O aceite não é obrigatório na letra de câmbio. O sacado somente se obriga se quiser e, caso aponha o aceite, torna-se devedor principal. A mera assinatura do sacado vale como aceite. O aceite é irretratável após a devolução da letra.

A letra poderá ser apresentada para aceite até a data do vencimento. Se a letra de câmbio for à vista, ela não precisa ser apresentada ao sacado para o aceite. A apresentação já provoca o vencimento da obrigação e a necessidade de pagamento.

Caso haja recusa no aceite, ocorre o vencimento antecipado das obrigações. O beneficiário poderá cobrar o sacador.

> Poderá cobrar os demais coobrigados também, como os endossantes e avalistas, mas desde que faça o protesto do título pela recusa do aceite, o qual deverá ser feito no primeiro dia útil seguinte.

O endosso é forma de transferência do título de crédito à ordem. Presume-se, na omissão do título, que esse possa ser transmissível por endosso ou, de outra forma, que possui cláusula à ordem, o que significa que poderá ser transmitido por endosso.

O endosso não pode ser condicionado e o **endosso parcial é nulo.** O endosso é aposto no verso do título mediante a assinatura. Caso seja feito no anverso, exige que conste "endosso". O endosso implica a transmissão do título e que o endossante se responsabiliza pelo pagamento em face do endossatário, caso o devedor principal (sacado) não satisfaça sua obrigação.

Poderá estipular o endossante que não se obriga nem pelo aceite nem pelo pagamento. Trata-se de cláusula de "endosso sem garantia". Pela referida cláusula, o endossante apenas transfere a propriedade do título, mas não se responsabiliza pelo pagamento da cártula pelo devedor principal ou pelo aceite.

A responsabilidade também não ocorrerá se o endosso for efetuado após o protesto por falta de pagamento da letra ou após o prazo para a realização do protesto. É o conhecido como endosso póstumo. **O endosso póstumo tem os efeitos apenas de uma cessão de crédito**, em que não há autonomia das obrigações e o cessionário apenas poderá exigir a satisfação da obrigação do devedor principal. O cedente apenas se obriga pela existência da obrigação, mas não pelo adimplemento.

O endosso poderá ser em branco, em que o beneficiário não é identificado, ou em preto, em que ele o é.

Poderá ser próprio, em que é transmitida a titularidade do crédito, ou impróprio. São impróprios o endosso-mandato, em que são transmitidos poderes apenas de cobrança (o endossatário é mandatário do endossante), e o endosso-caução, que transfere a titularidade apenas para garantir uma obrigação.

Possível a aposição de cláusula de proibição de novo endosso na letra de câmbio. A cláusula de proibição de novo endosso impede que o endossante que após a cláusula seja responsabilizado em face de outras pessoas diversas daquele endossatário imediato a quem transferiu a cártula.

A cláusula de proibição de endosso não impede, propriamente, novos endossos na letra de câmbio. Os novos endossatários do título, entretanto, apenas não poderão cobrar o endossante que após a cláusula de proibição de endosso na cártula.

A cláusula de proibição de endosso é diferente da inserção de uma cláusula não à ordem. Essa última determina que o título de crédito apenas poderá ser transferido por cessão de crédito, e não endosso, de modo que o cedente apenas se responsabiliza perante o cessionário pela existência da obrigação do sacado, mas não por seu adimplemento.

As obrigações poderão ser garantidas por aval. O aval deverá ser incluído no anverso da letra pela mera assinatura do avalista. Se no verso, deverá constar a palavra aval. Deve indicar o avalizado, sob pena de, no silêncio, ser em benefício do sacador. É o chamado aval em branco.

A obrigação do avalista é a mesma do avalizado. É autônoma em relação às obrigações dos demais e, inclusive, em face do avalista. O Código Civil proibiu o aval parcial embora a Lei Uniforme o permita.

A apresentação da Letra de Câmbio para pagamento deverá ocorrer na data de vencimento. **Se não ocorrer nessa data, o beneficiário ou tomador perderá o direito de regresso contra os demais.** Se tiver sido e não foi paga, o tomador poderá cobrar os demais coobrigados, mas apenas após o protesto da letra. **O protesto por falta de pagamento é obrigatório para a cobrança dos coobrigados endossantes, avalistas e sacador.**

O pagamento poderá ser total ou parcial. Feito pelo sacado, extingue a obrigação dos demais. Feito pelos coobrigados, extingue as obrigações dos coobrigados posteriores da relação cambial, mas permite a ação de regresso em face dos anteriores.

Para que possa executar os devedores, o beneficiário terá o prazo prescricional de três anos a contar do vencimento do título para cobrar o aceitante e seus avalistas; um ano a contar do protesto, para cobrar os endossantes, sacador e seus avalistas; seis meses a contar do dia em que o endossante pagou a letra para a ação de regresso em face dos demais endossantes ou do sacador.

8.3. Nota promissória

A nota promissória consiste em **uma promessa de pagamento pelo sacador** ou promitente de quantia determinada ao beneficiário. O sacador é o próprio devedor principal do título, de modo que não há aceite por inexistir ordem de pagamento.

A nota promissória é disciplinada pelos arts. 75 a 78 do Decreto n. 57.663/66 e, em sua omissão, aplicar-se-á a disciplina da letra de câmbio.

Dentre os seus requisitos, precisa constar a expressão nota promissória, a promessa pura e simples de pagar quantia determinada; o nome do beneficiário; a data de emissão e a assinatura do sacador. Caso não seja indicada a data do pagamento, o título será considerado à vista.

Aplicam-se às notas promissórias as mesmas disposições da letra de câmbio quanto ao endosso, aval, pagamento, ressaque, ação cambial e prescrição.

8.4. Cheque

O cheque é título de crédito disciplinado pela Lei n. 7.357/85. Consiste em **ordem de pagamento à vista**.

Consiste na ordem emitida pelo sacador, correntista de uma instituição financeira, para que ela, sacada, pague uma determinada quantia em benefício de terceiro ou dele próprio.

É título de forma vinculada, pois a cártula é fornecida pela própria instituição financeira. Exige também a celebração de um contrato prévio entre o emitente e a instituição financeira de modo que sejam depositados fundos. Diante do requisito do prévio depósito, não há propriamente um crédito a ser realizado pela instituição financeira, pois ela simplesmente paga o montante com os recursos do emitente, o que torna o cheque um **título de crédito impróprio**.

Não há aceite e considera-se não escrita qualquer declaração em contrário. A instituição financeira não precisa aceitar a ordem. Ela é obrigada a pagar desde que haja recursos disponíveis.

A falta de recursos não prejudica a validade do cheque, mas o pagamento não se efetuará se não houver créditos na conta corrente, saldo exigível de conta-corrente ou soma proveniente de abertura de crédito.

São requisitos essenciais ao cheque: a denominação "cheque"; a ordem incondicional de pagar quantia determinada; o nome do sacado e a instituição financeira; a data da emissão e a assinatura do emitente. Caso a instituição financeira não pague a cártula, o emitente é responsável pelo pagamento.

Não são requisitos essenciais o local de pagamento e o local de emissão. Caso não seja indicado, o local de pagamento é o local junto ao nome do sacado. Caso não haja menção do local em que emitido, considera-se que o cheque foi emitido no local junto ao nome do emitente.

8.4.1. Endosso e cessão de crédito

Pode ser ao portador, se até R$ 100,00, e circula por mera tradição. O cheque também poderá ser com cláusula à ordem ou não à ordem.

A cláusula à ordem é presumida no cheque e implica que o título será **transmitido mediante endosso**. Apenas o sacado não pode endossar o título, sob pena de ser nulo. O endosso deve ser feito no cheque, no verso, ou na folha de alongamento.

O endosso poderá ser feito em preto, quando o endossatário é identificado pelo endossante, ou em branco. No caso de endosso em branco, o endossante apenas assina a cártula e não identifica o endossatário. Nesse caso, o título circula da mesma forma que o cheque ao portador, mas poderá ser completado a qualquer momento.

O endosso não poderá ser condicionado, nem poderá ser parcial. **O endosso parcial é nulo.**

O endossante garante o pagamento do título ao endossá-lo. Apenas não garantirá o pagamento se endossar com a cláusula "sem garantia".

Endosso póstumo é o realizado após o protesto ou após o prazo de apresentação. Tem efeitos da cessão civil, de modo que não garante a autonomia das obrigações ou o pagamento da cártula ao cessionário. **O cedente é responsável apenas pela existência do crédito, mas não se torna coobrigado.**

O endosso próprio transfere o crédito ao beneficiário. O endosso impróprio, que não transfere o crédito simplesmente, poderá ser classificado em endosso-mandato, em que o endossatário deve cobrar o valor da cártula, mas não recebe a titularidade do crédito; **o endosso-caução, em que o título é transferido como penhor, garantia ou caução de uma obrigação, não é admitido no cheque, pois o cheque é ordem de pagamento à vista.**

Não há limitação para a qualidade de endossos. **A cláusula não à ordem impõe que o crédito somente será transmitido por cessão civil**.

8.4.2 Aval

O aval é garantia cambiária fornecida pelo avalista ao avalizado. **Pode ser total ou parcial** e é feito no anverso do cheque. Apenas o sacado não pode ser considerado avalista.

O avalista é coobrigado e possui a mesma obrigação do avalizado. Como obrigação cambial, sua obrigação é autônoma, inclusive em relação a esse.

8.4.3. Pagamento

O cheque é ordem de pagamento à vista. Qualquer cláusula que exige sua apresentação em momento posterior é considerada não escrita. O cheque pós-datado, ou conhecido como pré-datado, é pagável antes da data convencionada. Entretanto, por descumprimento de convenção, o contratante poderá ser condenado a indenizar o emitente se na data apresentada não houver fundos e o pagamento tiver sido recusado pelo banco sacado.

O prazo de apresentação é de 30 dias, se tiver sido emitido no mesmo lugar em que houver de ser pago, e de 60 dias, se emitido em local diverso. Decorrido o prazo de apresentação sem que tenha sido feita, o cheque não poderá ser cobrado dos endossantes e avalistas, mas continua a ser exigido do sacado até a prescrição.

Caso tenha sido apresentado na data de apresentação e não pago, o beneficiário poderá executar os coobrigados, os quais respondem solidariamente pela obrigação da cártula.

São coobrigados o emitente e seus avalistas e os endossantes e seus avalistas. Contra os endossantes e avalistas, o tomador deverá demonstrar que o cheque foi apresentado no prazo de apresentação e que não fora pago. A prova é feita com o protesto do título ou pela declaração escrita por câmara de compensação. O protesto poderá ser dispensado para a cobrança desses apenas se houver o endossante aposto cláusula sem despesa ou sem protesto.

Em face do emitente e seus avalistas, o protesto é dispensado, mas o tomador poderá perder o direito de executar se o emitente não tiver mais fundos disponíveis em razão de fato que não lhe possa ser imputável.

8.4.4. Prescrição

Para a execução do emitente e dos avalistas, o cheque prescreve **em 6 meses do término de sua data de apresentação**, ou seja, 6 meses do decurso do prazo de 30 dias, se emitido na mesma praça, e de 60 dias, se emitido em praça diversa. O prazo de regresso para os coobrigados exigirem o pagamento dos demais coobrigados anteriores prescreve em 6 meses da data do pagamento.

Caso o prazo decorra, não mais haverá a possibilidade da execução. Entretanto, poderá ser promovida ação de locupletamento indevido contra o emitente no prazo de dois anos da data em que se consumou a prescrição executiva.

8.4.5. Tipos de cheque

Cheque pós-datado: cheque que possui data futura de apresentação. A cláusula é considerada não escrita e o cheque poderá ser apresentado, pois ordem de pagamento à vista. Embora deva ser pago se apresentado antes da data, o descumprimento da convenção entre o emitente e o beneficiário caracteriza dano moral.

Cheque cruzado: possui duas linhas paralelas na transversal do anverso do cheque. Implica que o cheque somente será pago a um banco ou a um cliente do sacado, mediante depósito em conta.

O cruzamento poderá ser especial ou geral. No cruzamento especial, inclui-se o nome do banco entre os dois traços. O *pagamento pelo sacado somente poderá ocorrer ao banco indicado* ou, se esse banco for o próprio sacado, a cliente seu mediante crédito em conta.

No cruzamento geral, nada é incluído, de modo que o sacado somente poderá pagar a banco ou a cliente do sacado mediante crédito em conta.

> O cheque com cruzamento geral poderá ser convertido em cruzamento especial com a mera indicação do banco dentro do cruzamento, mas o contrário não é possível. O cruzamento não pode ser cancelado. Sua inutilização ou a do nome do banco é considerada inexistente.

Caso sejam vários os cruzamentos especiais, o cheque apenas poderá ser pago pelo sacado no caso de dois cruzamentos, um dos quais para cobrança por câmara de compensação.

Cheque visado: o sacado assegura a disponibilidade de fundos do emitente e garante o pagamento do título. O banco lança visto no cheque para tanto.

Cheque administrativo: é o cheque emitido pelo próprio banco contra ele mesmo em benefício do tomador. É um autossaque.

8.5. Duplicata

A duplicata é título de crédito causal disciplinado pela Lei n. 5.474/68 e consiste em ordem de pagamento.

> Apenas poderá ser emitida em razão de uma compra e venda mercantil ou de um contrato de prestação de serviços.

Ela é sacada a partir da fatura ou notas fiscais faturas. A emissão de duplicata que não corresponda à fatura é crime de emissão de duplicata simulada. O vendedor da mercadoria ou o prestador do serviço sacam a duplicata em face do sacado, que é o adquirente da mercadoria ou dos serviços, para que esse pague o beneficiário, o qual é o próprio vendedor.

São seus requisitos a denominação duplicata, a data de sua emissão e o número de ordem, o número da fatura, a data do vencimento, o nome do vendedor e do comprador, o montante a ser pago e o local, a cláusula à ordem e a assinatura do emitente.

O aceite na duplicata é obrigatório. O sacado somente poderá recusar o aceite se não recebeu a mercadoria, se há vícios na mercadoria ou divergência de prazo e preço. Recebida a duplicata, o sacado deverá devolvê-la em 10 dias com o aceite ou sem o aceite e com a justificativa da razão do não aceite.

Se a duplicata não for devolvida, o sacador poderá extrair a triplicata.

8.5.1. Aval e endosso

A duplicata pode ser garantida por aval. O aval deverá identificar o avalizado e, caso não o faça, será considerado como avalizado o sacado. **O aval posterior ao vencimento produz os mesmos efeitos do anterior**.

Poderá a duplicata ser endossada a terceiro e os endossantes se tornam coobrigados pelo título, conforme a disciplina análoga da letra de câmbio.

8.5.2. Protesto

O protesto pode ser **por falta de aceite, por falta de devolução da cártula e por falta de pagamento**.

O protesto deverá ser realizado no prazo de 30 dias do vencimento. O protesto por falta de devolução da cártula e o protesto por falta de aceite são facultados ao beneficiário, pois a ausência não impedirá o protesto por falta de pagamento.

Se a duplicata não tiver sido aceita, o protesto é obrigatório inclusive para a cobrança do devedor principal, além dos coobrigados.

A ação poderá ser proposta em face desses com a demonstração de que a duplicata ou triplicata foram protestadas, de que há documento hábil comprobatório da entrega e recebimento das mercadorias, e deverá ser demonstrado que o sacado não recusou de modo legítimo o aceite.

Se a duplicata tiver sido aceita, o protesto é imprescindível apenas para a execução dos coobrigados. Na sua ausência, permite-se a execução apenas do sacado e dos avalistas, pois já se obrigaram pela assinatura como devedores principais.

8.5.3. Prescrição

Prescreve em 3 anos, do vencimento do título, a ação contra o sacado e os avalistas; 1 ano, contado do protesto, a ação contra os endossantes e seus avalistas; em 1 ano, contado da data do pagamento, a ação promovida pelo coobrigado contra o sacador ou os endossantes anteriores e avalistas.

QUESTÕES

(XIX Exame de Ordem Unificado / FGV) Xerxes constituiu uma Empresa Individual de Responsabilidade Limitada (EIRELI) com sede na zona rural do município de Vale Real para fabricação de laticínios, cuja matéria-prima será adquirida de produtores rurais da região ou de cooperativas de produtores rurais. A pessoa jurídica será administrada por sua cunhada Ceres e seu instituidor pretende adotar como nome empresarial a espécie denominação.

Com base nessas informações e na disciplina legal da EIRELI, assinale a afirmativa correta.

A) A administração da EIRELI deverá ser exercida em caráter privativo por Xerxes, que poderá designar mandatário em ato separado.

B) Para a constituição da EIRELI não há capital mínimo, no entanto esse deve estar previamente integralizado.

C) A EIRELI em questão adquire personalidade jurídica com a inscrição do ato de constituição no Registro Público de Empresas Mercantis, a cargo das Juntas Comerciais.

D) A EIRELI deverá adotar firma como espécie de nome empresarial, formada pelo patronímico do titular, acrescido do objeto da empresa e da expressão "EIRELI".

RESPOSTA

A) Diante da aplicação supletiva das normas da sociedade limitada, poderia ser nomeado terceiro como administrador da pessoa jurídica.

B) O capital mínimo da EIRELI é estabelecido por Lei em ao menos 100 salários mínimos.

✓ Como toda pessoa jurídica, a personalidade jurídica é adquirida com a inscrição do ato constitutivo no Registro Público e, como empresário, no Registro Público de Empresas Mercantis, a cargo da Junta Comercial.

D) É possível a adoção tanto da firma ou razão social quanto da denominação. Como pretende adotar a espécie denominação, o nome empresarial seria composto por um elemento fantasia, o objeto da empresa seria facultativo e haveria a inclusão da expressão "EIRELI".

(XIX Exame de Ordem Unificado / FGV) Eugênio de Castro é sócio e administrador designado no contrato da sociedade empresária Vale do Taquari Empreendimentos Hoteleiros Ltda. De acordo com cláusula contratual, o referido administrador faz jus à percepção de pró-labore bimestral no valor fixo de R$ 4.000,00 (quatro mil reais). Com a decretação da falência da referida sociedade, sua advogada verificou que não consta o crédito do cliente na relação de credores publicada no Diário Oficial.

Assinale a opção que indica a classificação correta na habilitação de crédito a ser apresentada ao Juízo da falência.

A) Crédito subordinado.

B) Crédito quirografário.

C) Crédito subquirografário.

D) Crédito equiparado ao trabalhista, até o limite de 150 salários mínimos.

RESPOSTA

✓ O pró-labore do sócio é considerado como crédito subordinado, nos termos da Lei n. 11.101/2005, art. 83, VIII, *b*.

B) O crédito quirografário é o que não possui nenhum privilégio.

C) O crédito subquirografário é composto pelas multas contratuais e penas pecuniárias, inclusiva as multas tributárias.

D) O administrador não pode ser considerado empregado, nem a sua remuneração equiparada a trabalhista.

(XX Exame de Ordem Unificado / FGV) Cícero sacou uma letra de câmbio em favor de Amélia, tendo designado como sacado Elísio, que acatou a ordem de pagamento. A primeira endossante realizou um endosso em preto para Dario, com proibição de novo endosso.

Diante do efeito legal da cláusula de proibição de novo endosso, assinale a afirmativa correta.

A) Caso Dario realize um novo endosso, tal transferência terá efeito de cessão de crédito perante os coobrigados e efeito de endosso perante o aceitante.

B) Dario não poderá realizar novo endosso no título sob pena de desoneração de responsabilidade cambial dos coobrigados.

C) Tal qual o endosso parcial, a proibição de novo endosso é nula por restringir a responsabilidade cambiária do endossante e do sacador.

D) Amélia, embora coobrigada, não responde pelo pagamento da letra de câmbio perante os endossatários posteriores a Dario.

RESPOSTA

A) A cláusula de proibição de novo endosso restringe as pessoas que poderão cobrar o endossante. A cláusula não impede o novo endosso, mas apenas impede que o endossante possa ser responsável em face de qualquer pessoa a quem o título foi posteriormente endossado.

B) A cláusula de proibição do endosso apenas não permite que o endossante seja responsável perante os endossatários posteriores. Não interfere, contudo, na responsabilidade dos demais coobrigados.

C) A cláusula proibição de endosso é válida.

☑ O endossante que após a cláusula de proibição de novo endosso apenas poderá ser responsabilizado pelo pagamento pelo seu endossatário imediato.

(XX Exame de Ordem Unificado / FGV) Mostardas, Tavares & Cia Ltda. EPP requereu sua recuperação judicial tendo o pedido sido despachado pelo juiz com a nomeação de Frederico Portela como administrador judicial. Em relação à remuneração do administrador judicial, será observada a seguinte regra:

A) a remuneração não excederá 5% (cinco por cento) do valor devido aos credores submetidos à recuperação judicial.

B) caberá ao devedor arcar com as despesas relativas à remuneração do administrador judicial e das pessoas eventualmente contratadas para auxiliá-lo.

C) a remuneração deverá ser paga até o final do encerramento da verificação dos créditos e publicação do quadro de credores.

D) será devida remuneração proporcional ao trabalho realizado quando o administrador judicial for destituído por descumprimento de deveres legais.

RESPOSTA

A) A remuneração do administrador judicial fica reduzida ao limite de 2% (dois por cento), no caso de microempresas e empresas de pequeno porte.

☑ A remuneração do administrador judicial e de seus auxiliares é suportada pelo devedor diretamente na recuperação judicial.

C) Não há limitação legal à forma de pagamento da remuneração do administrador judicial na recuperação judicial.

D) Na hipótese de destituição por descumprimento de deveres legais, o administrador judicial perde o direito de remuneração pelo trabalho realizado.

(XX Exame de Ordem Unificado / FGV) Maria, empresária individual, teve sua interdição decretada pelo juiz a pedido de seu pai, José, em razão de causa permanente que a impede de exprimir sua vontade para os atos da vida civil.

Sabendo-se que José, servidor público federal na ativa, foi nomeado curador de Maria, assinale a afirmativa correta.

A) É possível a concessão de autorização judicial para o prosseguimento da empresa de Maria; porém, diante do impedimento de José para exercer atividade de empresário, este nomeará, com a aprovação do juiz, um ou mais gerentes.

B) A interdição de Maria por incapacidade traz como efeito imediato a extinção da empresa, cabendo a José, na condição de pai e curador, promover a liquidação do estabelecimento.

C) É possível a concessão de autorização judicial para o prosseguimento da empresa de Maria antes exercida por ela enquanto capaz, devendo seu pai, José, como curador e representante, assumir o exercício da empresa.

D) Poderá ser concedida autorização judicial para o prosseguimento da empresa de Maria, porém ficam sujeitos ao resultado da empresa os bens que Maria já possuía ao tempo da interdição, tanto os afetados quanto os estranhos ao acervo daquela.

RESPOSTA

☑ O art. 975 do Código Civil é expresso ao determinar que se o representante ou o assistente do incapaz for pessoa que, por disposição de lei não puder exercer atividade de empresário, nomeará, com a aprovação do juiz, um ou mais gerentes.

B) Não há a extinção imediata. Poderá o incapaz, por meio de representante ou devidamente assistido, continuar a empresa, desde que autorizado judicialmente, após exame das circunstâncias e dos riscos da empresa, bem como da conveniência em continuá-la.

C) Os funcionários públicos são impedidos de exercerem atividade de empresário. Deverá ser nomeado, com a aprovação do juiz, um ou mais gerentes.

D) Não ficam sujeitos ao resultado da empresa os bens que o incapaz já possuía ao tempo da sucessão ou da interdição, desde que estranhos ao acervo daquela.

(XX Exame de Ordem Unificado / FGV) P. Industrial S.A., companhia fechada, passa momentaneamente por dificuldades financeiras que se agravaram com a crise na atividade industrial do país. A assembleia geral autorizou os administradores a alienar bens do ativo permanente, dentre eles uma unidade produtiva situada no município de Mirante da Serra, avaliada em R$ 495.000.000,00 (quatrocentos e noventa e cinco milhões de reais).

Considerando-se que a unidade produtiva da companhia integra seu estabelecimento, assinale a afirmativa correta.

A) A assembleia geral não pode autorizar a alienação da unidade produtiva. Por ser o estabelecimento uma universalidade de direito, seus elementos devem ser mantidos indivisíveis e unitariamente agregados para o exercício da empresa.

B) A assembleia geral pode autorizar a alienação da unidade produtiva. Por ser o estabelecimento uma universalidade de fato, seus elementos podem ser objeto de negócios jurídicos próprios, translativos ou constitutivos, separadamente dos demais.

C) A assembleia geral pode autorizar a alienação da unidade produtiva. Por ser o estabelecimento um patrimônio de afetação, cabe exclusivamente à companhia a decisão de desagregá-lo e, com isso, limitar sua responsabilidade perante os credores ao valor da unidade produtiva alienada.

D) A assembleia geral não pode autorizar a alienação da unidade produtiva. Por ser o estabelecimento elemento de exercício da empresa, a alienação de qualquer de seus elementos (corpóreos ou incorpóreos) implica a impossibilidade de manutenção da atividade da companhia, operando-se sua dissolução de pleno direito.

RESPOSTA

A) O estabelecimento é uma universalidade de fato e não de direito. Ele é organizado pelo próprio empresário para o desenvolvimento de sua atividade empresarial.

✓ Nos termos do art. 1.143 do Código Civil, o estabelecimento poderá ser objeto unitário de direitos e de negócios jurídicos, translativos ou constitutivos, que sejam compatíveis com a sua natureza.

C) O patrimônio é um conjunto de relações jurídicas, ativas e passivas. O estabelecimento é apenas o complexo de bens e, portanto, uma universalidade de fato.

D) O estabelecimento pode ser objeto unitário de direitos e de negócios jurídicos. Isso implica que ele pode ser alienado como um todo, mas não impede que um bem que lhe seja integrante seja alienado em separado.

(XX Exame de Ordem Unificado / FGV) Na sociedade Apuí Veículos Ltda., a sócia Eva foi eleita administradora, pela unanimidade dos sócios, para um mandato de três anos. Em razão de insuperáveis divergências com os demais administradores sobre a condução dos negócios, Eva renunciou ao cargo após um ano de sua investidura.

A eficácia da renúncia de Eva se dará, em relação à sociedade, desde o momento em que

A) a assembleia de sócios ratifica o ato de Eva; e, em relação a terceiros, após a averbação da renúncia.

B) é designado novo administrador para substituir Eva; e, em relação a terceiros, após a averbação ou publicação da renúncia.

C) esta toma conhecimento da comunicação escrita de Eva; e, em relação a terceiros, após a averbação e publicação da renúncia.

D) o termo de renúncia de Eva é lavrado no livro de atas da administração; e, em relação a terceiros, após a publicação da renúncia.

RESPOSTA

A) A assembleia não precisa ratificar o ato de renúncia de Eva.

B) Ainda que não seja designado imediatamente novo administrador, a renúncia do administrador torna-se eficaz perante a sociedade desde o momento em que ela toma conhecimento da comunicação escrita do renunciante. Em relação a terceiros, os efeitos são produzidos após a averbação e publicação.

✓ Nos termos do art. 1.063, § 3º, do Código Civil, a renúncia de administrador torna-se eficaz, em relação à sociedade, desde o momento em que esta toma conhecimento da comunicação escrita do renunciante; e, em relação a terceiros, após a averbação e publicação.

D) Basta a ciência da comunicação por escrito do renunciante para que a renúncia produza efeitos em relação à sociedade.

(XXI Exame de Ordem Unificado / FGV) Rosana e Carolina pretendem reunir esforços para empreender uma atividade econômica, constituindo uma Empresa Individual de Responsabilidade Limitada (EIRELI).

Essa iniciativa será possível se observada a seguinte condição:

A) Rosana poderá indicar Carolina como administradora, mas somente poderá figurar em uma única empresa dessa modalidade.

B) Rosana e Carolina poderão ser coproprietárias de todas as quotas, mas estas serão indivisíveis em relação a EIRELI, salvo para efeito de transferência.

C) não será cabível a desconsideração da personalidade jurídica da EIRELI, diante da limitação de responsabilidade de Carolina ao valor do capital social.

D) a remuneração decorrente da cessão de direitos patrimoniais de autor, de que sejam detentoras tanto Rosana quanto Carolina, vinculados à atividade profissional de ambas, poderá ser atribuída à EIRELI constituída para a prestação de serviços.

RESPOSTA

✓ A EIRELI será constituída por uma única pessoa (art. 980-A). Como se aplicam as normas da sociedade limitada, possível a nomeação de um administrador não sócio.

B) A EIRELI não poderá ter mais de um sócio.

C) Não há impossibilidade de desconsideração da personalidade jurídica da EIRELI diante da existência dos pressupostos do art. 50 do Código Civil.

D) Nos termos do art. 980, § 5º, é possível a atribuição à EIRELI da remuneração decorrente da cessão de direitos patrimoniais de autor ou de imagem, desde que seja do titular da pessoa jurídica.

(XXI Exame de Ordem Unificado / FGV) A sociedade empresária Monte Santo Embalagens Ltda. EPP requereu homologação de plano de recuperação extrajudicial, que continha, dentre outras, as seguintes disposições:

i) estabelecia a produção de efeitos a partir da data de sua assinatura, exclusivamente em relação à modificação do valor de créditos dos credores signatários;

ii) o pagamento antecipado de dívidas em relação aos credores com privilégio especial, justificando a necessidade em razão do fluxo de caixa;

iii) a inclusão de credores enquadrados como microempresas e empresas de pequeno porte;

iv) previa, como meio de recuperação, o trespasse de duas filiais.

O devedor enviou carta a todos os credores sujeitos ao plano, domiciliados ou sediados no país, informando a distribuição do pedido, as condições do plano e o prazo para impugnação. Você, como advogado(a) de um desse credores, pretende impugnar a homologação porque o plano a ser homologado

A) só deve incluir, como meio de recuperação, o parcelamento ou abatimento de dívidas, com a incidência de juros fixos à taxa de 12% (doze por cento) ao ano.

B) não pode contemplar o pagamento antecipado de dívidas nem tratamento desfavorável aos credores que a ele não estejam sujeitos.

C) não pode prever a produção de efeitos anteriores à sua homologação, ainda que exclusivamente em relação à modificação do valor de créditos dos credores signatários.

D) não pode incluir credores enquadrados como empresas de pequeno porte, porque está limitado às classes de credores com garantia real, com privilégio geral, quirografários e subquirografários.

RESPOSTA

A) A recuperação extrajudicial é regulada nos arts. 161 e s. da Lei n. 11.101/2005. Não há limitação aos meios de recuperação extrajudicial.

✓ A fundamentação legal é o art. 161, § 2º, da Lei n. 11.101/2005.

C) O plano pode prever efeitos anteriores à homologação judicial, desde que exclusivamente em relação à modificação do valor ou da forma de pagamento dos credores signatários (art. 165, § 1º).

D) O credor empresário de pequeno porte tem o crédito considerado privilegiado especial, nos termos do art. 83, IV, *d*. Nada impede, entretanto, que referidos credores sejam submetidos à recuperação extrajudicial. A limitação é apenas para créditos de natureza tributária e trabalhistas ou decorrentes de acidente de trabalho (art. 161, § 1º).

(XXI Exame de Ordem Unificado / FGV) Paula, sócia administradora de Nova Trento Serviços Automotivos Ltda., cujo capital encontra-se parcialmente integralizado, comunica aos demais sócios que pretende se afastar da administração e indicar sua mãe Maria para a administração. O sócio Dionísio consulta seu(sua) advogado(a) para saber a legalidade da indicação e eventual eleição, porque Maria não integra o quadro social.

O(A) advogado(a) respondeu corretamente que a indicação é

A) legal, desde que seja aprovada pela unanimidade dos sócios diante da não integralização do capital social.

B) ilegal, porque não existe no contrato cláusula de regência supletiva pela Lei de Sociedades por Ações.

C) legal, desde que seja inserida no contrato previamente a possibilidade de a administração ser exercida por não sócio.

D) ilegal, pois o capital social deveria estar integralizado para que a indicação seja aprovada por maioria de três quartos do capital.

RESPOSTA

✓ Como o capital social não está totalmente integralizado, é necessário que haja aprovação da unanimidade dos sócios para a nomeação de um terceiro não sócio como administrador (art. 1.061 do Código Civil).

B) O próprio Código Civil regula a possibilidade de, na sociedade limitada, ser nomeado um não sócio como administrador.

C) O art. 1.061 do Código Civil exige apenas a unanimidade dos sócios.

D) É possível a nomeação, ainda que não esteja totalmente integralizado o capital, de terceiro não sócio como administrador, mas o quórum será de unanimidade.

(XXI Exame de Ordem Unificado / FGV) Humaitá Comércio e Distribuição de Defensivos Agrícolas Ltda. sacou 4 (quatro) duplicatas de compra e venda em face de Cooperativa dos Produtores Rurais de Coari Ltda., em razão da venda de insumos para as plantações dos cooperados.

Com base nestas informações, assinale a afirmativa correta.

A) É facultado ao sacador inserir cláusula não à ordem no momento do saque, caso em que a forma de transferência dos títulos se dará por meio de cessão civil de crédito.

B) Por se tratar de sacado cooperativa, sociedade simples independentemente de seu objeto, é proibido o saque de duplicatas em face dessa espécie de sociedade.

C) Lançada eventualmente a cláusula mandato no endosso das duplicatas, o endossatário poderá exercer todos os direitos emergentes dos títulos, inclusive efetuar endosso próprio a terceiro.

D) Sendo o pagamento das duplicatas garantido por aval, o avalista é equiparado àquele cujo nome indicar; na falta da indicação, àquele abaixo de cuja firma lançar a sua; fora desses casos, ao sacado.

RESPOSTA

A) Consta como cláusula essencial na duplicata a cláusula à ordem (art. 2º, § 1º, VII, da Lei n. 5.474/68).

B) Não há qualquer proibição de saque em razão do comprador.

C) No endosso-mandato, não se transfere a titularidade do crédito, de modo que o endossatário mandatário não poderá ceder mais do que tem a terceiro.

✓ O art. 12 da Lei n. 5.474/68 é expresso ao determinar que "o pagamento da duplicata poderá ser assegurado por aval, sendo o avalista equiparado àquele cujo nome indicar; na falta da indicação, àquele abaixo de cuja firma lançar a sua; fora desses casos, ao comprador".

(XXI Exame de Ordem Unificado / FGV) Bernardino adquiriu de Lorena ações preferenciais escriturais da companhia Campos Logística S/A e recebeu do(a) advogado(a) orientação de como se dará a formalização da transferência da propriedade.

A resposta do(a) advogado(a) é a de que a transferência das ações se opera

A) pelo extrato a ser fornecido pela instituição custodiante, na qualidade de proprietária fiduciária das ações.

B) pela inscrição do nome de Bernardino no livro de Registro de Ações Nominativas em poder da companhia.

C) pelo lançamento efetuado pela instituição depositária em seus livros, a débito da conta de ações de Lorena e a crédito da conta de ações de Bernardino.

D) por termo lavrado no livro de Transferência de Ações Nominativas, datado e assinado por Lorena e por Bernardino ou por seus legítimos representantes.

RESPOSTA

A) A transferência ocorre pelo lançamento da transferência em seus livros.

B) Não há livro de registro de ações no caso das ações preferenciais escriturais. O controle é feito todo pela Instituição Financeira, ao contrário das ações nominativas.

✓ Nas ações escriturais, não há a emissão de certificados. Elas são mantidas em contas de depósito na instituição financeira e a propriedade é presumida pelo registro na conta de depósito das ações.

D) O livro de transferência das ações nominativas controla a transferência dessas. Nas ações escriturais, basta o lançamento pela instituição financeira nas contas de depósito em nome dos titulares.

(XXII Exame de Ordem Unificado / FGV) Fagundes e Pilar são noivos e pretendem se casar adotando o regime de separação de bens mediante celebração de pacto antenupcial. Fagundes é empresário individual e titular do estabelecimento Borracharia Dona Inês Ltda. ME.

Celebrado o pacto antenupcial entre os nubentes, o advogado contratado por Fagundes providenciará o arquivamento e a averbação do documento

A) no Registro Público de Empresas Mercantis e a publicação na imprensa oficial.

B) no Registro Público de Empresas Mercantis e no Registro Civil de Pessoas Naturais.

C) no Registro Civil de Pessoas Naturais e a publicação na imprensa oficial.

D) no Registro Público de Empresas Mercantis e no Registro Civil de Títulos e Documentos.

RESPOSTA

A) A questão é respondida expressamente pelo Código Civil, em seu art. 979. Além de no registro civil, serão arquivados e averbados, no Registro Público de Empresas Mercantis, os pactos e declarações antenupciais do empresário. Porém, não há necessidade de publicação na imprensa oficial, pois o Registro Público já tem essa função de ciência a todos os terceiros.

✓ A fundamentação legal é o art. 979 do Código Civil. O dispositivo legal exige que seja arquivado o pacto antenupcial do empresário no Registro Público de Empresas Mercantis para dar conhecimento a todos que com o empresário comercializem. Além de ser arquivado na Junta Comercial, o arquivamento do pacto antenupcial deverá ser feito, como é exigido de todas as demais pessoas e para que se conceda publicidade sobre o regime de bens, no Registro Civil de Pessoas Naturais.

C) Dispensada a publicação na imprensa oficial, e, por ser empresário, imprescindível a averbação no Registro Público de Empresas Mercantis.

D) A averbação deverá ser feita no Registro Público de Empresas Mercantis e no Registro Civil de Pessoas Naturais. Como a alteração é decorrente do estado civil, e não mero documento, o registro fica concentrado no Registro Civil de Pessoas Naturais, e não no Registro de Títulos e Documentos.

(XXII Exame de Ordem Unificado / FGV) Matheus, empresário individual, pretende alugar um imóvel para instalar seu estabelecimento e nele localizar seu ponto empresarial. Antes de celebrar o contrato, ele procura você para, como advogado(a), informar-lhe sobre aspectos concernentes à locação não residencial.

Sobre a locação não residencial, assinale a afirmativa correta.

A) Na ação de despejo que tiver por fundamento exclusivo o término do prazo contratual, tendo sido proposta a ação em até 30 dias do cumprimento de notificação ao locatário comunicando o intento de retomada, será concedida liminar para desocupação em quinze dias, ouvida a parte contrária e se prestada caução pelo autor no valor equivalente a dois meses de aluguel.

B) Na locação não residencial de imóvel urbano, na qual o locador procede à prévia aquisição do imóvel especificado pelo pretendente à locação, a fim de que seja a este locado por prazo determinado, poderá ser convencionado no contrato a renúncia ao direito de revisão do valor dos aluguéis durante o prazo de vigência do contrato.

C) Nas locações de espaço em *shopping centers*, o locador poderá recusar a renovação do contrato pleiteada pelo locatário se o imóvel vier a ser utilizado pelo locador, que não poderá ser destinado ao uso no mesmo ramo da atividade do locatário.

D) Nas locações por prazo determinado de imóveis utilizados por estabelecimentos de ensino autorizados e fiscalizados pelo Poder Público, o contrato poderá ser rescindido por denúncia do locador, a qualquer tempo, independentemente de notificação ou aviso.

RESPOSTA

A) Nos termos do art. 59, VIII, da Lei de Locações, são exigidos três meses de caução para a concessão da liminar para a desocupação do imóvel. Outrossim, para a concessão da liminar de desocupação em razão do término do prazo da locação não residencial, desde que a ação tenha sido proposta em até 30 dias do termo ou do cumprimento de notificação comunicando o intento de retomada, não será necessário ouvir a parte contrária. A liminar poderá ser concedida independentemente da audiência da parte contrária.

✓ A questão trata do contrato *build to suit* (art. 54-A da Lei de Locações). É possível a convenção da renúncia ao direito de revisão durante o prazo de vigência do contrato de locação.

C) O art. 52 da Lei de Locações determina que, nas locações de espaço em *shopping centers*, o locador não poderá retomar o imóvel para utilização por ele mesmo.

D) O art. 53 da Lei n. 8.245/91 determina que o contrato somente poderá ser rescindido de modo fundamentado.

(XXII Exame de Ordem Unificado / FGV) Mauriti & Cia. Ltda. celebrou contrato de alienação fiduciária em garantia com a sociedade empresária Gama. Com a decretação de falência da fiduciante, o advogado da fiduciária pleiteou a restituição do bem alienado, sendo informado pelo administrador judicial que o bem se encontrava na posse do falido na época da decretação da falência, porém não foi encontrado para ser arrecadado.

Considerando os fatos narrados, o credor fiduciário terá direito à restituição em dinheiro do valor da avaliação do bem atualizado?

A) Não, em razão de este não ter sido encontrado para arrecadação.

B) Sim, devendo, para tanto, habilitar seu crédito na falência como quirografário.

C) Sim, mesmo que o bem alienado não mais exista ao tempo do pedido de restituição ou que não tenha sido arrecadado.

D) Não, por não ter a propriedade plena do bem alienado fiduciariamente, e sim resolúvel.

RESPOSTA

A) O art. 85 da Lei n. 11.101/2005 determina que "o proprietário de bem arrecadado no processo de falência **ou que se encontre em poder do devedor na data da decretação da falência poderá pedir sua restituição**". Ainda que o bem não tenha sido arrecadado, portanto, possível sua restituição, se estava em poder do devedor.

B) A restituição, como é possível, não exige a habilitação do crédito. Outrossim, o crédito objeto de restituição não ingressa como crédito quirografário. Ele é satisfeito antes dos demais credores concursais.

✓ O administrador judicial narra no enunciado que o bem estava na posse do falido na época da decretação da falência. Nesses termos, ainda que não arrecadado o bem, o valor deverá ser pago ao credor. Proceder-se à restituição em dinheiro, e o valor da coisa será devidamente atualizado (art. 86, I).

D) Caso não haja o cumprimento da obrigação pelo devedor/falido, torna-se plena a propriedade do credor, o qual poderá reavê-la da posse do devedor.

(XXII Exame de Ordem Unificado / FGV) A instauração do incidente de desconsideração da personalidade jurídica foi requerida em um processo de execução por título extrajudicial. O advogado do executado manifestou-se contrariamente ao pedido, sob a alegação de cerceamento de defesa de seu cliente, somente cabendo a desconsideração se requerida em ação de conhecimento ajuizada especificamente contra o sócio da sociedade empresária devedora.

Sobre a argumentação acima, assinale a afirmativa correta.

A) Procede, porque o pressuposto para a aplicação da desconsideração da personalidade jurídica é sempre a conduta ilícita do sócio perpetrada por meio da personalidade da pessoa jurídica; portanto, é imprescindível a demonstração cabal da culpa em ação de conhecimento.

B) Procede, porque o requerimento de instauração do incidente de desconsideração deve demonstrar o preenchimento dos pressupostos legais específicos, dentre eles o desvio de finalidade da pessoa jurídica, que só pode ser feito em ação de conhecimento, onde estarão preservados o contraditório e a ampla defesa.

C) Não procede, porque, ao contrário do afirmado pelo advogado, o incidente de desconsideração só é cabível no cumprimento de sentença e na execução de título executivo extrajudicial, pois, no processo de conhecimento, a desconsideração só pode ser decretada na sentença de mérito.

D) Não procede, porque o incidente de desconsideração é cabível em todas as fases do processo de conhecimento, no cumprimento de sentença e na execução fundada em título executivo extrajudicial.

RESPOSTA

A) Nos termos do art. 134 do CPC, o incidente de desconsideração é cabível em todas as fases do processo de conhecimento, no cumprimento de sentença e na execução fundada em título executivo extrajudicial.

B) Ainda que se exija a demonstração dos pressupostos legais específicos, como o desvio de finalidade da pessoa jurídica, é possível que a desconsideração seja requerida no cumprimento de sentença ou na execução.

C) Cabível a desconsideração também no processo de conhecimento.

✓ Alternativa de acordo com o art. 134 do Código de Processo Civil. O incidente é cabível tanto nas fases do processo de conhecimento quanto no cumprimento de sentença ou na execução fundada em título executivo extrajudicial.

(XXII Exame de Ordem Unificado / FGV) Luiz emitiu uma nota promissória em favor de Jerônimo. No momento da emissão, ele não inseriu a quantia nem o lugar de pagamento. Na data do vencimento, o subscritor foi procurado por um procurador do beneficiário, que lhe exibiu a cártula com endosso-mandato e exigiu o pagamento. Luiz verificou, então, que o título havia sido preenchido abusivamente, pois constava o valor de R$ 15.000,00 (quinze mil reais), quando o correto seria R$ 1.500,00 (mil e quinhentos reais), e o lugar de pagamento era diverso de seu domicílio, em Cachoeiro de Itapemirim, ES.

Procurado pelo devedor para analisar o caso e ciente de que o pagamento não foi realizado por ele, você, como advogado(a), responde que

A) é possível alegar em juízo, com êxito, a nulidade do título, em razão de o lugar de pagamento ser domicílio diverso do subscritor, caracterizando má-fé do portador atual.

B) não é possível ao subscritor se recusar validamente ao pagamento diante da autonomia das obrigações cambiárias e do endosso-mandato realizado na cártula.

C) é possível ao subscritor da nota promissória opor exceção pessoal ao beneficiário Jerônimo quanto ao conteúdo literal do título, diante do preenchimento abusivo.

D) não é possível a oposição de exceção ao pagamento, porque o subscritor da nota promissória é equiparado ao aceitante da letra de câmbio e, como tal, obriga-se a pagar na data do vencimento.

RESPOSTA

A) O art. 77 do Decreto n. 57.663/66 determina que, na falta de indicação do local de pagamento, será considerado o lugar onde o título foi passado, que, em sua omissão, considera-se como tendo sido o lugar designado ao lado do nome do subscritor. A nota, nesses termos, poderá ser paga no domicílio de terceiro ou em outra localidade (art. 3º).

B) O endosso-mandato não cria relação autônoma com o endossatário mandatário. O endossatário mandatário age em nome e no interesse do mandante

✓ Nos termos do art. 10 do Decreto n. 57.663/66, a letra incompleta poderia permitir a oposição ao portador, desde que ele a tenha adquirido de má-fé ou tenha cometido falta grave. No caso, como houve apenas endosso-mandato, o próprio beneficiário que a preencheu indevidamente receberá a oposição.

D) O devedor pode opor exceção ao beneficiário e ao seu procurador, pois age em nome desse.

(XXIII Exame de Ordem Unificado/FGV) Em 11 de setembro de 2016, ocorreu o falecimento de Pedro, sócio de uma sociedade simples. Nessa situação, o contrato prevê a resolução da sociedade em relação a um sócio. Na alteração contratual ficou estabelecida a redução do capital no valor das quotas titularizadas pelo ex-sócio, sendo o documento arquivado no Registro Civil de Pessoas Jurídicas, em 22 de outubro de 2016.

Diante da narrativa, os herdeiros de Pedro são responsáveis pelas obrigações sociais anteriores à data do falecimento, até dois anos após

A) a data da resolução da sociedade e pelas posteriores e em igual prazo, a partir de 11 de setembro de 2016.

B) a data do arquivamento da resolução da sociedade (22 de outubro de 2016).

C) a data da resolução da sociedade em relação ao sócio Pedro (11 de setembro de 2016).

D) a data do arquivamento da resolução da sociedade e pelas posteriores e em igual prazo, a partir de 22 de outubro de 2016.

RESPOSTA

A) O art. 1.032 do Código Civil estabelece que o sócio que falece não tem sua responsabilidade, ou a de seus herdeiros, eximida pelas obrigações sociais anteriores à morte e até dois anos após a averbação da resolução da sociedade. Logo, os herdeiros são responsáveis pelas obrigações anteriores até dois anos a partir de 22 de outubro de 2016.

✓ A alternativa é conforme o art. 1.032 do Código Civil.

C) Os dois anos em que as obrigações anteriores continuam exigidas dos herdeiros iniciam-se a partir do arquivamento.

D) O art. 1.032 estabelece que, para as hipóteses de retirada e exclusão de sócio, esse será responsável pelas obrigações anteriores à retirada ou exclusão, além daquelas posteriores até a data da averbação da alteração societária. Na hipótese de falecimento, apenas há responsabilização pelas obrigações existentes até a data da morte.

(XXIII Exame de Ordem Unificado/FGV) Brito contratou os serviços da corretora Geru para mediar a venda de um imóvel em Estância. O cliente ajustou com a corretora verbalmente que lhe daria exclusividade, fato presenciado por cinco testemunhas. A corretora, durante o tempo de vigência do contrato (seis meses), anunciou o imóvel em veículos de comunicação de Estância, mas não conseguiu concretizar a venda, realizada diretamente por Brito com o comprador, sem a mediação da corretora.

Considerando as informações e as regras do Código Civil quanto ao pagamento de comissão, assinale a afirmativa correta.

A) A corretora não faz jus ao pagamento da comissão, porque o contrato de corretagem foi celebrado por prazo determinado.

B) A corretora faz jus ao pagamento da comissão, porque a corretagem foi ajustada com exclusividade, ainda que verbalmente.

C) A corretora não faz jus ao pagamento da comissão, porque o negócio foi iniciado e concluído diretamente entre as partes, sem a sua mediação.

D) A corretora faz jus ao pagamento da comissão, porque envidou todos os esforços para o êxito da mediação, que não se concluiu por causa alheia à sua vontade.

RESPOSTA

A) A corretagem somente será devida ao corretor se for por esse mediado o negócio entre as partes ou se for convencionada a exclusividade e o negócio tiver se realizado durante o período previsto. A comissão não é devida por Brito, pois o negócio foi realizado sem a mediação da corretora.

B) A exclusividade exige convenção por escrito. Além disso, para que seja devida a comissão, o negócio tem que ser realizado, ainda que sem sua mediação, durante o período de exclusividade.

☑ A alternativa está correta. A corretagem somente é devida se houver mediação do corretor, haja exclusividade durante o período em que foi realizado ou sua realização foi decorrente dos trabalhos do corretor, ainda que posteriormente ao prazo contratual.

D) A remuneração somente é devida ao corretor se obteve o resultado previsto no contrato de mediação, ou se o negócio não se efetivou em virtude de arrependimento das partes.

(XXIII Exame de Ordem Unificado/FGV) Marcel, durante a realização de seu estágio em um escritório de advocacia, devidamente autorizado por seu chefe, atendeu a uma consulta formulada por um cliente. O cliente desejava esclarecimentos sobre o direito de voto e seu exercício nas companhias. Marcel respondeu, corretamente, que:

A) na eleição dos membros do Conselho Fiscal, o voto poderá ser múltiplo.

B) em caso de penhor da ação, somente o credor pignoratício exercerá o direito de voto.

C) independente da espécie ou da classe de ação, o voto é um direito essencial de todo e qualquer acionista.

D) a qualquer espécie ou classe de ação, é vedado atribuir voto plural.

RESPOSTA

A) A previsão de voto múltiplo ocorre apenas para o Conselho de Administração das Sociedades Anônimas, nos termos do art. 141 da Lei n. 6.404/76.

B) Na hipótese de penhor, não há impedimento para o exercício do voto pelo acionista. Apenas poderá ser exigido, pelo estatuto social, o consentimento do credor pignoratício.

C) O voto não é considerado um direito essencial de todo acionista. Poderá a ação preferencial ter suprimido o direito de voto.

☑ A alternativa está correta. O art. 110, § 2º, da Lei n. 6.404/76 determina que é vedado atribuir voto plural a qualquer classe de ações.

(XXIII Exame de Ordem Unificado/FGV) Pedrinho emitiu quatro cheques em 26 de março de 2017, mas esqueceu de depositar um deles. Tendo um débito a honrar com Kennedy e sendo beneficiário desse quarto cheque, Pedrinho o endossou em preto, datando no verso "dia 20 de maio de 2017". Sabe-se que o lugar de emissão do quarto cheque é o mesmo do de pagamento. Sobre esse endosso, assinale a afirmativa correta.

A) O endosso produz seus efeitos legais porque a transmissão do cheque se deu dentro do prazo de apresentação.

B) No endosso em preto, o endossatário fica dispensado da apresentação em tempo hábil do cheque ao sacado.

C) O endosso do cheque tem efeito de cessão de crédito por ter sido realizado após o decurso do prazo de apresentação.

D) Pedrinho ficou exonerado de responsabilidade pelo pagamento do cheque em razão do caráter póstumo do endosso.

RESPOSTA

A) O prazo de apresentação é de 30 dias, se na mesma praça, e de 60 dias, se praças diversas. O endosso do cheque, nesses termos, foi realizado após a data de apresentação, pois o cheque foi emitido na mesma praça de pagamento. Nos termos do art. 27 da Lei n. 7.357/85, o endosso posterior ao protesto, ou declaração equivalente, ou à expiração do prazo de apresentação produz apenas os efeitos de cessão. Logo, realizado depois da data de apresentação, não são produzidos os efeitos do endosso.

B) O endosso não dispensa o endossatário de apresentar o cheque no tempo hábil.

☑ Realizado após o prazo de apresentação, o endosso foi póstumo e tem efeito de cessão.

D) Ainda que não apresentado a tempo, o emitente do cheque e seus avalistas permanecem obrigados pela cártula até a prescrição, exceto se o emitente não tiver mais fundos disponíveis em razão de fato que não lhe possa ser imputável.

(XXIII Exame de Ordem Unificado/FGV) Você participou da elaboração, apresentação e negociação do plano de recuperação extrajudicial de devedor sociedade empresária. Tendo sido o plano assinado por todos os credores por ele atingidos, seu cliente o contratou para requerer a homologação judicial. Assinale a opção que indica o juízo em que deverá ser apresentado o pedido de homologação do plano de recuperação extrajudicial.

A) O juízo da sede do devedor.

B) O juízo do principal estabelecimento do devedor.

C) O juízo da sede ou de qualquer filial do devedor.

D) O juízo do principal estabelecimento ou da sede do devedor.

RESPOSTA

A) O art. 3º da Lei n. 11.101/2005 determina que é competente para homologar o pedido de recuperação extrajudicial o local do principal estabelecimento do devedor, o que não necessariamente poderá coincidir com a sede do devedor.

✓ A alternativa está correta e é conforme o art. 3º da Lei n. 11.101/2005.

C) O foro competente é o do principal estabelecimento. Apenas se o devedor tiver sede fora do Brasil, o foro competente será o da filial.

D) A competência do principal estabelecimento é absoluta e exclusiva.

(XXIV Exame de Ordem Unificado/FGV) Miguel e Paulo pretendem constituir uma sociedade do tipo limitada porque não pretendem responder subsidiariamente pelas obrigações sociais. Na consulta a um advogado previamente à elaboração do contrato, foram informados de que, nesse tipo societário, todos os sócios respondem

A) solidariamente pela integralização do capital social.

B) até o valor da quota de cada um, sem solidariedade entre si e em relação à sociedade.

C) até o valor da quota de cada um, após cinco anos da data do arquivamento do contrato.

D) solidariamente pelas obrigações sociais.

RESPOSTA

✓ O art. 1.052 do Código Civil determina que na sociedade limitada, a responsabilidade de cada sócio é restrita ao valor de suas quotas, mas todos respondem solidariamente pela integralização do capital social.

B) O sócio responde até o valor de sua quota, mas, caso algum outro sócio não tenha integralizado o capital social, o sócio poderá ser obrigado a ressarcir o terceiro até o limite do capital.

C) Pela integralização do contrato social respondem todos os sócios, solidariamente.

D) A responsabilidade solidaria só ocorre se o capital social não estiver integralizado e até a medida dessa integralização.

(XXIV Exame de Ordem Unificado/FGV) Um cliente apresenta a você um cheque nominal à ordem com as assinaturas do emitente no anverso e do endossante no verso. No verso da cártula, também consta uma terceira assinatura, identificada apenas como aval pelo signatário. Com base nessas informações, assinale a afirmativa correta.

A) O aval dado no título foi irregular, pois, para a sua validade, deveria ter sido lançado no anverso.

B) A falta de indicação do avalizado permite concluir que ele pode ser qualquer dos signatários (emitente ou endossante).

C) O aval dado no título foi na modalidade em branco, sendo avalizado o emitente.

D) O aval somente é cabível no cheque não à ordem, sendo considerado não escrito se a emissão for à ordem.

RESPOSTA

A) O aval poderá ser dado no anverso ou no verso do título. A assinatura do anverso presume-se aval, enquanto no verso presume-se endosso. Entretanto, possível identificar a assinatura no verso como aval, como foi feito.

B) Nos termos do art. 30, parágrafo único, da Lei n. 7.357/85, o aval deve indicar o avalizado. Na falta de indicação, considera-se avalizado o emitente.

✓ Na falta de indicação do avalizado, o aval avaliza o emitente.

D) O cheque à ordem é o que é transmissível mediante endosso. Não há qualquer óbice de que possa ser lançado o aval nesse cheque.

(XXIV Exame de Ordem Unificado/FGV) O administrador da sociedade empresária Dutra & Filhos Comércio de Alimentos Ltda. consulta seu advogado para orientá-lo sobre o contrato apropriado para o aumento de sua capacidade de distribuição. A intenção da pessoa jurídica é celebrar um contrato pelo qual possa receber a posse direta de veículos, que serão indicados por ela ao proprietário, para utilizá-los por prazo determinado, mediante o pagamento de prestações mensais durante a vigência do contrato. Ao termo final, a cliente deseja ter a possibilidade de adquirir os veículos ao invés de ser obrigada a devolvê-los ao proprietário ou renovar o contrato. Assinale a opção que indica o contrato apropriado para a sociedade empresária.

A) Locação a prazo determinado.

B) Cessão de uso a título oneroso.

C) Compra e venda a prazo.

D) Arrendamento mercantil.

RESPOSTA

A) No contrato de locação não há a possibilidade de aquisição dos veículos ao final do contrato.

B) Não há na cessão de uso a possibilidade de compra ao final do bem.

C) No problema descrito, as partes não convencionam a compra dos bens. Há convenção que permite ao contratante adquirir ou não os bens, conforme a sua vontade.

✓ O contrato de arrendamento mercantil, ou leasing, caracteriza-se por ser um contrato que conjuga o contrato de locação e o contrato de compra e venda. O arrendatário arrenda (loca) o bem do arrendado com a faculdade de, ao término do arrendamento, optar pela aquisição do bem, com o desconto do valor pago pela locação. Ao final do contrato, o arrendatário, caso opte pela aquisição, pagará apenas o "valor residual" da aquisição.

(XXIV Exame de Ordem Unificado/FGV) A sociedade empresária Pará de Minas Veículos Ltda. pretende requerer sua recuperação judicial. Ao analisar a minuta de petição inicial, o gerente administrativo listou os impedimentos ao pedido de recuperação. Assinale a opção que apresenta um desses impedimentos.

A) O devedor ter, há menos de 5 (cinco) anos, obtido concessão de recuperação judicial.

B) O devedor possuir ativo que não corresponda a, pelo menos, 50% (cinquenta por cento) do passivo quirografário.

C) O devedor deixar de requerer sua autofalência nos 30 (trinta) dias seguintes ao vencimento de qualquer obrigação líquida.

D) A sociedade ter como administrador pessoa condenada por crime contra o patrimônio ou contra a fé pública.

RESPOSTA

✓ O art. 48 da Lei n. 11.101/2005 determina que não poderá pedir a recuperação judicial o devedor que obteve a concessão de sua recuperação judicial há menos de 5 anos.

B) Não há, na lei, qualquer impedimento referente ao montante do passivo ou do ativo.

C) O requerimento de autofalência não é obrigatório no direito brasileiro.

D) O art. 48 determina como impedimento o empresário individual de responsabilidade ilimitada ou administrador ou sócio controlador da pessoa jurídica devedora condenado por crimes falimentares. Não há impedimento a administradores condenados por crimes contra o patrimônio ou contra a fé pública.

(XXIV Exame de Ordem Unificado/FGV) O empresário individual Ives Diniz, em conluio com seus dois primos, realizou empréstimos simulados a fim de obter crédito para si; por esse e outros motivos, foi decretada sua falência. No curso do processo falimentar, o administrador judicial verificou a prática de outros atos praticados pelo devedor e seus primos, antes da falência; entre eles, a transferência de bens do estabelecimento a terceiros lastreados em pagamentos de dívidas fictícias, com nítido prejuízo à massa. De acordo com o enunciado e as disposições da Lei de Falência e Recuperação de Empresas, o advogado contratado pelo administrador judicial para defender os direitos e interesses da massa deverá

A) requerer, no juízo da falência, a instauração do incidente de desconsideração da personalidade jurídica.

B) ajuizar ação revocatória em nome da massa falida no juízo da falência.

C) ajuizar ação pauliana em nome do administrador judicial no juízo cível.

D) requerer, no juízo da falência, o sequestro dos bens dos primos do empresário como medida antecedente à ação de responsabilidade civil.

RESPOSTA

A) Não há personalidade jurídica a ser desconsiderada, pois o devedor atuava como empresário individual.

✓ O art. 130 da Lei n. 11.101/2005 estabelece que poderá ser revogado os atos praticados com a intenção de prejudicar credores. A ação revocatória é a medida cabível a tanto e deverá ser promovida pela massa falida no juízo da falência.

C) Ao atuar, o administrador judicial o faz como representante da Massa Falida.

D) Caso pretenda a responsabilização de terceiros em razão dos danos causados à massa falida, ela própria, por meio de seu administrador judicial, poderá todas as medidas em face desses terceiros. Contudo, como ação não é tipicamente prevista na lei falimentar e será realizada contra os terceiros, o juízo competente é o juízo cível.

(XXV Exame de Ordem Unificado/FGV) Paulo precisa de um veículo automotor para entregar os produtos de seu estabelecimento aos clientes, mas não tem numerário para adquiri-lo. Ele foi aconselhado por sua advogada a celebrar um contrato de arrendamento mercantil.

Assinale a opção que indica as faculdades do arrendatário ao final desse contrato.

A) Devolver o bem ao arrendador, renovar o contrato ou exercer opção de compra.

B) Subarrendar o bem a terceiro ou exercer opção de compra.

C) Subarrendar o bem a terceiro, renovar o contrato ou exercer opção de compra.

D) Devolver o bem ao arrendador ou renovar o contrato.

RESPOSTA

✓ O contrato de *leasing* ou arrendamento é justamente o contrato que se caracteriza pela possibilidade de o contratante arrendatário locar determinado bem com a opção de adquiri-lo ao final ou de devolver sua posse ao proprietário.

B) O arrendatário poderá optar pela compra, devolver o bem ou renovar o contrato.

C) Como arrendamento é justamente a possibilidade de locar o bem com a opção de compra ao final, não há a possibilidade de subarrendar o bem a terceiro.

D) Na alternativa faltou a opção de compra do bem, a qual é da essência do contrato.

(XXV Exame de Ordem Unificado/FGV) O empresário individual José de Freitas alienou seu estabelecimento a outro empresário mediante os termos de um contrato escrito, averbado à margem de sua inscrição no Registro Público de Empresas Mercantis, publicado na imprensa oficial, mas não lhe restaram bens suficientes para solver o seu passivo.

Em relação à alienação do estabelecimento empresarial nessas condições, sua eficácia depende

A) da quitação prévia dos créditos trabalhistas e fiscais vencidos no ano anterior ao da alienação do estabelecimento.

B) do pagamento a todos os credores, ou do consentimento destes, de modo expresso ou tácito, em trinta dias a partir de sua notificação.

C) da quitação ou anuência prévia dos credores com garantia real e, quanto aos demais credores, da notificação da transferência com antecedência de, no mínimo, sessenta dias.

D) do consentimento expresso de todos os credores quirografários ou da consignação prévia das importâncias que lhes são devidas.

RESPOSTA

A) O Código Civil, em seu art. 1.145, exige a anuência expressa ou tácita de todos os credores existentes ou o seu pagamento. Não há diferenciação entre os credores.

✓ A eficácia do trespasse é condicionada ao pagamento ou à anuência dos credores, a qual poderá ser expressa ou tácita. Na expressa, os credores deverão se manifestar em trinta dias após sua notificação. No silêncio, presume-se a concordância à alienação.

C) Não há diferenciação entre os credores. Todos os credores deverão ou ser satisfeitos ou concordar expressa ou tacitamente com a venda.

D) Novamente, não há diferenciação pela Lei entre os credores. Todos deverão ou ser satisfeitos ou concordar com a alienação, sob pena de ineficácia.

(XXV Exame de Ordem Unificado/FGV) Para realizar o pagamento de uma dívida contraída pelo sócio M. Paraguaçu em favor da sociedade Iguape, Cananeia & Cia Ltda., o primeiro emitiu uma nota promissória à vista, com cláusula à ordem no valor de R$ 50.000,00 (cinquenta mil reais).

De acordo com essas informações e a respeito da cláusula à ordem, é correto afirmar que

A) a nota promissória, na omissão dessa cláusula, somente poderia ser transferida pela forma e com os efeitos de cessão de crédito.

B) a cláusula implica a possibilidade de transferência do título por endosso, sendo o endossante responsável pelo pagamento, salvo cláusula sem garantia.

C) a cláusula implica a possibilidade de transferência do título por endosso, porque a modalidade de vencimento da nota promissória é à vista.

D) tal cláusula implica a possibilidade de transferência do título por cessão de crédito, não respondendo o cedente pela solvência do emitente, salvo cláusula de garantia.

RESPOSTA

A) Na omissão da cláusula à ordem no título, presume-se na nota promissória a possibilidade de ser transmissível mediante endosso.

✓ A cláusula à ordem implica a possibilidade de transferência do título por endosso. No endosso, o endossante é coobrigado pelo título, exceto se houver cláusula que restrinja essa sua obrigação, a cláusula sem garantia.

C) A nota promissória não necessariamente será à vista.

D) A cláusula à ordem significa a possibilidade de transferência do título por endosso. A cláusula não à ordem significa a transferência exclusivamente por cessão de crédito.

(XXV Exame de Ordem Unificado/FGV) Borba Eletrônicos Ltda. celebrou contrato de abertura de crédito em conta corrente com o Banco Humaitá S/A, lastreado em nota promissória emitida em garantia da dívida.

Sobre a nota promissória e o contrato de abertura de crédito em conta corrente, diante do inadimplemento do mutuário, assinale a afirmativa correta.

A) O contrato, ainda que acompanhado de extrato da conta corrente e assinado por duas testemunhas, não é título executivo extrajudicial, e a nota promissória a ele vinculada não goza de autonomia, em razão da iliquidez do título que a originou.

B) O contrato, desde que acompanhado de extrato da conta corrente e assinado por duas testemunhas, é título executivo extrajudicial, porém a nota promissória a ele vinculada não goza de autonomia, em razão da abusividade da cláusula de mandato.

C) O contrato, ainda que acompanhado de extrato da conta corrente e assinado por duas testemunhas, não é título executivo extrajudicial, porém a nota promissória a ele vinculada goza de autonomia, em razão de sua independência.

D) O contrato, mesmo não acompanhado de extrato da conta corrente ou assinado por duas testemunhas, é título executivo extrajudicial, e a nota promissória a ele vinculada goza de executividade autônoma.

RESPOSTA

✓ O STJ firmou posicionamento em duas súmulas de que o contrato de abertura de crédito não é título executivo, pois não haveria um valor devido, com a obrigação de pagar determinado valor, mas simplesmente seria conferida a possibilidade de se utilizar determinada quantia. O contrato asseguraria a utilização de uma conta, mas não geraria uma obrigação de pagar determinada quantia. Súmula 233: "O contrato de abertura de crédito, ainda que acompanhado de extrato da conta-corrente, não é título executivo". Por seu turno, a nota promissória emitida em sua abertura não possuiria liquidez, porque, no momento em que emitida, não se saberia também o valor que seria devido. Súmula 258: "A nota promissória vinculada a contrato de abertura de crédito não goza de autonomia em razão da iliquidez do título que a originou".

B) Nos termos da Súmula 233 do STJ, o contrato de abertura de crédito, mesmo acompanhado do extrato da conta corrente e assinado por duas testemunhas, não é título executivo extrajudicial.

C) A nota promissória vinculada ao contrato de abertura de crédito não possui liquidez, pois não se saberia o valor devido por ocasião de sua emissão.

D) Nos termos da Súmula 233 do STJ, o contrato de abertura de crédito, mesmo acompanhado do extrato da conta corrente e assinado por duas testemunhas, não é título executivo extrajudicial.

(XXV Exame de Ordem Unificado/FGV) Concessionária de Veículos Primeira Cruz Ltda. obteve concessão de sua recuperação judicial. Diante da necessidade de alienação de bens do ativo permanente, não relacionados previamente no plano de recuperação, foi convocada assembleia geral de credores. A proposta de alienação foi aprovada em razão do voto decisivo da credora Dutra & Corda Representações Ltda., cujo sócio majoritário P. Dutra tem participação de 32% (trinta e dois por cento) no capital da sociedade recuperanda.

Com base nesses dados, é correto afirmar que

A) a decisão é nula de pleno direito, pois a pretensão de alienação de bens do ativo permanente, não relacionados no plano, enseja a convolação da recuperação judicial em falência.

B) o voto da sociedade Dutra & Corda Representações Ltda. não poderia ter sido considerado para fins de verificação do quórum de instalação e de deliberação da assembleia geral.

C) a decisão assemblear é anulável, pois a sociedade Dutra & Corda Representações Ltda., como credora, não poderia ter participado nem proferido voto na assembleia geral.

D) a assembleia é nula, pois a autorização para a alienação de bens do ativo permanente, não relacionados no plano de recuperação judicial, é prerrogativa exclusiva do administrador judicial.

RESPOSTA

A) A proposta de alienação de bens de seu ativo permanente é prevista no art. 66 da Lei n. 11.101/2005 e não gera convolação em falência, ainda que não autorizada.

✓ Nos termos do art. 43 da Lei n. 11.101/2005, o credor que possua sócio com participação superior a 10% do capital social do devedor poderá participar da assembleia geral de credores, sem ter direito a voto, e não será considerado para fins de verificação do quórum de instalação e de deliberação.

C) O voto da credora impedida deverá ser desconsiderado.

D) Nos termos do art. 66 da Lei n. 11.101/2005, a alienação de bens do ativo permanente deverá ser ou aprovada judicialmente ou submetida à aprovação dos credores reunidos em Assembleia Geral.

Direito do Consumidor

Renan Ferraciolli

Advogado e Professor de Direito do Consumidor nas FMU-SP e no Saraiva Aprova. Graduado e Mestre em Direitos Difusos e Coletivos pela PUC-SP, foi Assessor-chefe e Diretor de Fiscalização da Fundação Procon-SP, bem como palestrante da Escola Nacional de Defesa do Consumidor da Secretaria Nacional do Consumidor do Ministério da Justiça.

Sumário

1. NOTAS INTRODUTÓRIAS SOBRE A METODOLOGIA ADOTADA

O trecho desta obra destinado ao estudo do Direito do Consumidor terá como foco o direito material explorado pelo Código de Defesa do Consumidor (CDC), que é a referência legislativa cobrada pela Fundação Getulio Vargas nos últimos Exames Unificados de Ordem.

Dessa forma, os temas "Das infrações penais" e "Da defesa do consumidor em juízo" serão mais bem trabalhados nas disciplinas de Direito Penal e Processual Civil desta obra, ainda que minimamente exploradas neste espaço.

Isso porque, em que pese o avanço nos últimos anos, poucas são as faculdades de Direito que incluem o Direito do Consumidor na grade convencional e, assim, faz-se necessária a abordagem integral da disciplina para a efetiva contextualização do candidato a respeito do que poderá vir a ser cobrado no Exame de Ordem.

2. POR QUE EXISTE A NECESSIDADE DE UM CÓDIGO DE DEFESA DO CONSUMIDOR?

2.1. A sociedade de consumo

O estudo desta importante disciplina é indissociável do marco normativo que carrega o seu nome, mas se trata de um fenômeno recente de pouco mais de duas décadas que, se antes chegou a ser colocado em xeque pelo caráter extremamente protetivo que a marca, atualmente chega a se mostrar insuficiente, tamanha a complexidade que caracteriza a sociedade de consumo em que vivemos.

> O termo "sociedade de consumo" pode ser naturalmente empregado pelo fato de estarem presentes os elementos que facilmente a caracterizam: produção em série, distribuição em massa, publicidade em grande escala, contratação por instrumentos de adesão e oferta generalizada de crédito (SODRÉ, 2007, p. 55).

Apesar de tais características serem facilmente identificadas em nosso cotidiano, nem sempre foi assim. Foi só a partir da segunda metade do século XX que os cidadãos passaram a conviver com a complexa sociedade de consumo com esses traços, os quais acentuam o desequilíbrio de forças existente entre os que detêm os meios de produção (fornecedores) e os que deles dependem (consumidores).

2.2. Evolução histórica da legislação em matéria de defesa do consumidor

Trata-se de um panorama que se mostrou semelhante em praticamente todo o globo, com velocidade menor nas nações em desenvolvimento. O Brasil, por exemplo, manteve-se preponderantemente rural até quase a metade do século passado, quando passou a viver um período de forte industrialização e urbanização não planejada, o que reforçou muitos conflitos decorrentes do aludido desequilíbrio, culminando em situações extremas de desabastecimento de itens básicos no mercado nos grandes centros como São Paulo entre o fim da década de 1970 e início da seguinte.

Até a década de 1980, no entanto, a figura do consumidor não encontrava proteção legal específica além de alguns tipos penais criados na década de 1940 para regular o crescente comércio que se tornou organizado, indo além das simples relações de troca entre iguais que aconteciam numa sociedade pouco urbanizada, além dos inúmeros regulamentos intervencionistas cunhados após 1964 para regular a vida em sociedade, que resultaram na criação de sistemas como o de Metrologia Legal, cuja atuação na esfera administrativa acabava reflexamente melhorando a vida dos consumidores.

Mas não era o bastante. O grande diploma que regulava as relações no campo do direito privado era o Código Civil de 1916, concebido para tutelar situações cujo ponto de partida era a igualdade entre as partes, realidade cada vez mais distante na sociedade de consumo da década de 1980, que já trazia praticamente todos os contornos da atual, exceto a oferta generalizada de crédito, impensável num período de hiperinflação como o que marcou esses anos.

Em uma relação naturalmente desequilibrada, como o consumidor provaria a culpa em sentido amplo do fornecedor caso viesse a experimentar dano decorrente de um acidente de consumo, fruto da condução de um automóvel, por exemplo, prova sabidamente complexa e onerosa, mas que ao consumidor competia em razão da ordinária distribuição do ônus da prova na responsabilidade civil subjetiva clássica?

Por esse e tantos outros episódios que tornavam a tão almejada paz social um sonho distante em se tratando da relação entre consumidores e fornecedores é que se fazia necessária a edição de um marco normativo a respeito do tema.

2.3. A Constituição Federal de 1988

E foi justamente o período de maior mobilização social do País até então – o movimento pela redemocratização – que permitiu que a discussão para uma efetiva proteção da parte mais fraca da relação de consumo ganhasse força para ser inserida na Constituinte instalada.

A Constituição Federal de 1988 (CF/88) inaugurou, assim, um novo patamar na proteção e defesa do consumidor, ao estabelecer como um direito fundamental do cidadão a necessidade de o Estado promover a defesa do consumidor, assim como alçá-la a um dos princípios balizadores da ordem econômica.

Ademais, impôs ao legislador ordinário a necessidade de elaboração de um Código de Defesa do Consumidor no prazo de 120 (cento e vinte) dias a contar da promulgação da Carta Maior, prazo que não foi cumprido, mas que ao menos foi fundamental para pressionar o Congresso Nacional a editar a Lei Federal n. 8.078, de 11 de setembro de 1990: o Código de Defesa do Consumidor.

Título II
Dos Direitos e Garantias Fundamentais
Capítulo I
Dos direitos e deveres individuais e coletivos

Art. 5º Todos são iguais perante a lei, sem distinção de qualquer natureza, garantindo-se aos brasileiros e aos estrangeiros residentes no País a inviolabilidade do direito à vida, à liberdade, à igualdade, à segurança e à propriedade, nos termos seguintes:
(...)
XXXII – o Estado promoverá, na forma da lei, a defesa do consumidor;
(...)

Título VII
Da Ordem Econômica e Financeira
Capítulo I
Dos Princípios Gerais da Atividade Econômica

Art. 170. A ordem econômica, fundada na valorização do trabalho humano e na livre iniciativa, tem por fim assegurar a todos existência digna, conforme os ditames da justiça social, observados os seguintes princípios:
(...)
V – defesa do consumidor;

ATO DAS DISPOSIÇÕES CONSTITUCIONAIS TRANSITÓRIAS
(...)
Art. 48. O Congresso Nacional, dentro de cento e vinte dias da promulgação da Constituição, elaborará código de defesa do consumidor.

3. COMO SE ESTRUTURA O CDC?

O CDC foi fruto de alguns Projetos de Lei cuja redação resultou do trabalho de conceituados juristas, do quilate de Ada Pellegrini Grinover, Kazuo Watanabe e Nelson Nery Júnior, membros do Ministério Público à época como José Geraldo Brito Filomeno, Antonio Herman de Vasconcellos e Benjamin, assim como do movimento de defesa do consumidor, a exemplo de Marcelo Gomes Sodré, Marilena Lazzarini, Mariângela Sarrubo Fragata, dentre tantos outros expoentes do Direito pátrio que se sensibilizaram com a causa.

Por ter sido "gestado" no ambiente acadêmico, o CDC recebeu contribuições do que havia de mais avançado no mundo em matéria de proteção e defesa do consumidor, sempre com a preocupação de que o Código não tivesse data de validade, o que explica a escancarada preferência por dispositivos gerais e uma densa carga principiológica.

Outra preocupação dos autores foi com a própria estrutura do Código, para que fosse facilmente compreendido por todos, especialmente pelos consumidores, o que facilitaria o cumprimento da norma em um país em que ainda se fala em leis que "pegam" e leis que "não pegam", como se isso fosse juridicamente possível.

Sendo assim, o CDC traz uma densa parte para tratar do direito material (Título I) – foco dos Exames de Ordem unificados até então – e as demais para abordar os outros temas fundamentais à concretização do direito fundamental previsto na CF/88:

Título	Capítulo	Seção
I – Dos Direitos do Consumidor	I – Disposições Gerais	
	II – Da Política Nacional das Relações de Consumo	
	III – Dos Direitos Básicos do Consumidor	
	IV – Da Qualidade dos Produtos e Serviços, da Prevenção e da Reparação dos Danos	I – Da Proteção à Saúde e Segurança
		II – Da Responsabilidade pelo Fato do Produto e do Serviço
		III – Da Responsabilidade por Vício do Produto e do Serviço
		IV – Da Decadência e da Prescrição
		V – Da Desconsideração da Personalidade Jurídica

	V – Das Práticas Comerciais	**I – Das Disposições Gerais**
		II – Da Oferta
		III – Da Publicidade
		IV – Das Práticas Abusivas
		V – Da Cobrança de Dívidas
		VI – Dos Bancos de Dados e Cadastros de Consumidores
	VI – Da Proteção Contratual	I – Disposições Gerais
		II – Das Cláusulas Abusivas
		III – Dos Contratos de Adesão
	VII – Das Sanções Administrativas	
II – Das Infrações Penais		
III – Da Defesa do Consumidor em Juízo	I – Disposições Gerais	
	II – Das Ações Coletivas Para a Defesa dos Interesses Individuais Homogêneos	
	III – Das Ações de Responsabilidade do Fornecedor de Produtos e Serviços	
	IV – Da Coisa Julgada	
IV – Do Sistema Nacional de Defesa do Consumidor		
V – Da Convenção Coletiva de Consumo		
VI – Disposições Finais		

Destacados os temas que foram cobrados na 1ª fase dos Exames Unificados X a XXIII.

Conhecida a espinha dorsal do Código, passaremos a estudar seus três primeiros capítulos, que formam a sólida base para a compreensão do diploma inteiro: os elementos da relação jurídica de consumo, os princípios que devem nortear a Política Nacional das Relações de Consumo e os direitos básicos do consumidor.

4. OS ELEMENTOS DA RELAÇÃO JURÍDICA DE CONSUMO

O CDC é enfático, logo no seu primeiro artigo, ao destacar que o Código "estabelece normas de proteção e defesa do consumidor, de ordem pública e interesse social".

Ora, se essas **normas essenciais para consagrar o direito fundamental** insculpido no inciso XXXII do art. 5º da CF 88 **não podem ser deixadas de lado quando caracterizada uma relação de consumo (ordem pública) e até mesmo podem prevalecer sobre outras para efetivamente concretizá-lo (interesse social)**, é fundamental identificar os elementos que compõem a relação de consumo, seja na dimensão subjetiva (consumidor e fornecedor), seja na objetiva (que se relacionam por um produto ou serviço).

4.1. Os elementos subjetivos

4.1.1. O conceito padrão de consumidor

O primeiro elemento a ser abordado pelo CDC é justamente o que comportou, ao longo dos anos, mais discussão, sobretudo no âmbito do Judiciário, pois muitos quiseram se valer dos protetivos e avançados institutos do Código para terem suas pretensões satisfeitas: o conceito de consumidor.

Ao estatuir, no art. 2º, que "consumidor é toda pessoa física ou jurídica que adquire ou utiliza produto ou serviço como destinatário final", o legislador foi claro para não reservar o âmbito de aplicação do Código apenas para as pessoas físicas, mas deixou margem de interpretação sobre o que seria a "destinação final" do produto ou serviço.

Para explicá-la, duas correntes logo surgiram a partir da consolidação da jurisprudência e do avanço da doutrina especializada: a maximalista e a finalista.

Os adeptos da **corrente maximalista** entendem que o legislador quis abarcar o maior número de pessoas no conceito padrão de consumidor do *caput* do art. 2º e, assim, **a destinação final remete à ideia de que basta a pessoa** – física ou jurídica, frise-se – **retirar o produto do mercado para ser considerada consumidora** nos termos do Código, o que reforça o **aspecto fático dessa destinação final**. Logo, uma grande indústria, ao comprar matéria-prima para empregar na fabricação dos seus produtos, poderia se valer da proteção do CDC.

Não é preciso avançar muito para perceber que a adoção dessa corrente poderia colocar em xeque todo o aparato estruturado desde a Constituição para a efetiva proteção e defesa daquele que realmente é a parte mais fraca em uma relação jurídica e que não tem meios suficientes para alcançar o equilíbrio com a outra parte, na medida em que possibilitaria o uso quase irrestrito da Lei por aqueles que certamente não seriam os destinatários imaginados, o que poderia resultar até mesmo em jurisprudência contrária ao sentido inicialmente imaginado para alguns dos seus avançados institutos.

Com o passar dos anos, a **corrente finalista**, mais alinhada com o propósito mencionado no parágrafo anterior passou a ganhar força. Segundo seus adeptos, a "destinação final" prevista no conceito padrão de consumidor trata exclusivamente do **aspecto econômico da atividade do consumidor**, ou seja, **o consumidor teria de ser o "fim" do produto ou serviço no mercado**, que serviriam apenas para a satisfação dos seus próprios interesses ou de sua família.

A crítica que usualmente se faz à corrente finalista consiste no fato de que é extremamente restritiva e dificilmente contemplará o consumidor profissional, sobretudo a pessoa jurídica. Assim, uma costureira que teve problemas com a máquina de costura que utiliza no seu ofício certamente ficaria de fora do âmbito de aplicação do CDC, numa aplicação fria da corrente.

Justamente para evitar esse tipo de exclusão é que a **corrente finalista** evoluiu e, sobretudo a partir dos julgamentos (como, por exemplo, no julgamento do REsp 661.145/ES, 4ª Turma, rel. Min. Jorge Scartezzini, j. 22-5-2005) do Superior Tribunal de Justiça – intérprete último de legislação federal, é sempre bom frisar – passou a ser empregada numa versão mais adequada à finalidade para a qual o CDC foi concebido, recebendo o adjetivo **"aprofundada"** ou **"mitigada"**.

Pela teoria finalista aprofundada, **o consumidor é, sim, o destinatário final fático do produto, retirando-o do mercado e, quanto ao aspecto econômico, deverá ser levada em consideração a vulnerabilidade dele**, verdadeira situação de fato e que será adiante melhor explicada.

4.1.2. Os consumidores por equiparação

Isso porque **o CDC não esgota o conceito de consumidor apenas no *caput* do art. 2º**, trazendo outras possibilidades de aplicação do seu espectro de proteção no **parágrafo único do mesmo artigo, no art. 17 e no art. 29, que são os chamados consumidores *bystanders* ou por equiparação.**

O parágrafo único do art. 2º estabelece que se equipara a consumidor **"a coletividade de pessoas, ainda que indetermináveis, que haja intervindo nas relações de consumo"**. Com isso, legitimado fica o Ministério Público para defender os interesses de todos os que foram lesados pela exposição a uma publicidade enganosa, por exemplo.

O conceito trazido no **art. 17** é emblemático para assegurar a efetividade da proposta do CDC: equipara aos consumidores **todas as vítimas de um acidente de consumo**, ou seja, de um fato resultante da utilização do produto ou do serviço que resultou em algum dano à incolumidade física da pessoa.

Foi por intermédio desse tão importante dispositivo que as vítimas da explosão do Osasco Plaza Shopping, ocorrida em 1996, que apenas estavam cortando caminho por dentro dele, sem adquirir qualquer produto ou contratar qualquer serviço, conseguiram se valer do CDC para resguardar seus interesses (*vide* STJ, REsp 279.273/SP, 3ª Turma, rel. Min. Ari Pargendler, j. 4-12-2003).

O derradeiro conceito, previsto no **art. 29 do Código**, equipara aos consumidores **todas as pessoas determináveis ou não expostas às situações previstas nos Capítulos V (Das Práticas Comerciais) e VI (Da Proteção Contratual) da Lei**. Trata-se novamente de um dispositivo bem avançado e que permite uma interpretação extremamente extensiva, o que coloca em risco a efetividade do CDC, pelas mesmas razões já apontadas anteriormente quando da crítica à corrente maximalista. Por isso, a tônica que se dá à interpretação deste artigo é a necessária observância da vulnerabilidade no caso concreto.

4.1.3. O fornecedor

Superada a discussão sobre quem é consumidor, o enquadramento na figura do fornecedor acaba sendo mais simples, pois o legislador foi extremamente detalhista na redação do *caput* do art. 3º, a saber:

> **Art. 3º** Fornecedor é toda pessoa física ou jurídica, pública ou privada, nacional ou estrangeira, bem como os entes despersonalizados, que desenvolvem atividade de produção, montagem, criação, construção, transformação, importação, exportação, distribuição ou comercialização de produtos ou prestação de serviços.

O **principal atributo** que deve ser levado em consideração para evitar o enquadramento equivocado de alguma pessoa no conceito acima é a **habitualidade com que a atividade de vender produtos ou oferecer serviços é exercida**, pois, do contrário, toda vez que alguém fosse vender seu único automóvel, e desde que não sobreviva dessa atividade de compra e venda de veículos, acabaria se sujeitando, na condição de fornecedor, aos ditames do CDC, não sendo essa a intenção do legislador.

Contudo, mesmo na condição de pessoa física e desde que alguma atividade de colocação de produto ou serviço no mercado seja desempenhada com habitualidade, é inegável que a adesão ao conceito de fornecedor ocorrerá.

Por fim, mesmo entes despersonalizados como a massa falida podem ser enquadrados no conceito de fornecedor.

4.2. Os elementos objetivos

Tendo sido conceituados consumidor e fornecedor, os elementos subjetivos da relação de consumo, faz-se necessário complementá-la, por meio do estudo dos elementos objetivos: produto ou serviço.

4.2.1. O produto

O conceito de produto, previsto no § 1º do art. 3º, remete a um instituto que certamente foi trabalhado na parte de Direito Civil desta obra, ao estatuir que "produto é qualquer bem, móvel ou imóvel, material ou imaterial". Por se tratar de um conceito extremamente amplo, não é fácil imaginar algo que por ele não possa ser abrangido.

4.2.2. O serviço

Com relação ao **conceito de serviço** previsto no § 2º do mesmo artigo, no entanto, que "é qualquer atividade fornecida no mercado de consumo, mediante remuneração, inclusive as de natureza bancária, financeira, de crédito e securitária, salvo as decorrentes das relações de caráter trabalhista", a discussão mais frequente repousa na necessária **"remuneração"** para que haja sua qualificação.

Considerando que alguns serviços continuam sendo percebidos pelo consumidor como gratuitos, como o estacionamento de supermercados, *shoppings*, uma primeira interpretação do dispositivo poderia levar à equivocada conclusão de que não se estaria diante de uma relação de consumo por não existir serviço, na medida em que não há remuneração. Ocorre que o legislador **não se restringiu à contraprestação direta ao lapidar o conceito, mas sim a qualquer tipo de remuneração, ainda que pela via indireta**, haja vista que o consumidor, ao realizar compras no estabelecimento ou pelo simples fato de ser impactado pela comunicação de caráter publicitário ali existente, acaba por remunerar o serviço.

Diante do exposto neste tópico, temos a seguinte configuração da relação de consumo:

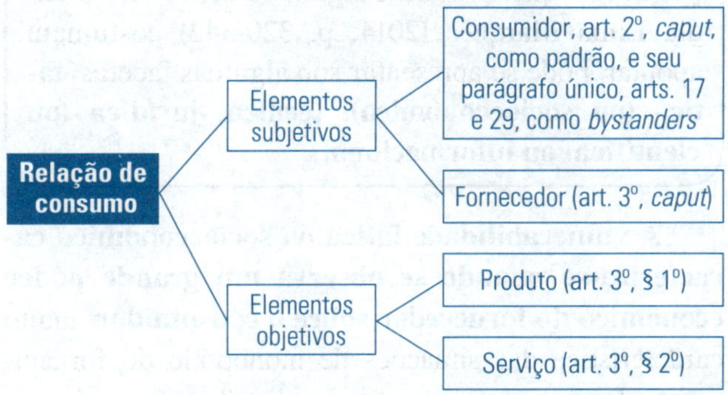

5. OS PILARES DE SUSTENTAÇÃO DO CDC: OS PRINCÍPIOS DA POLÍTICA NACIONAL DAS RELAÇÕES DE CONSUMO (PNRC)

5.1. Os objetivos da PNRC

Mais uma vez demonstrando o avanço que o caracteriza em termos de diploma legal de fácil compreensão, após a qualificação de quem seriam os destinatários da Lei e em quais situações ela seria aplicável, o Código passa a apresentar seus alicerces no art. 4º, que logo no *caput* traz os objetivos da PNRC, que devem pautar a atuação de todos os atores envolvidos, sejam eles fornecedores, consumidores, sociedade civil organizada e entes governamentais responsáveis por zelar pelo cumprimento da Lei.

Esses objetivos são uma síntese da evolução histórica que resultou na necessária proteção desse sujeito de direitos, o que fica evidente na simples leitura deles: "o atendimento das necessidades dos consumidores, o respeito à sua dignidade, saúde e segurança, a proteção de seus interesses econômicos, a melhoria da sua qualidade de vida, bem como a transparência e harmonia das relações de consumo".

5.2. Os princípios da PNRC

Para a concretização desses objetivos, alguns **princípios** precisam ser observados, os quais funcionarão como verdadeiros alicerces para a aplicação da Lei, sem os quais ela não se sustentaria, irradiando efeitos a todo momento.

O primeiro deles – e não à toa – é o **reconhecimento da vulnerabilidade do consumidor** no mercado de consumo (art. 4º, I). Trata-se da afirmação de que o consumidor sempre será a parte mais fraca na relação de consumo, sendo essa uma condição de fato que, conforme alguns autores como Claudia Lima Marques (2014, p. 320-342) costumam apontar, pode se apresentar sob algumas facetas: **fática (ou socioeconômica), técnica, jurídica (ou científica) ou informacional**.

A **vulnerabilidade fática ou socioeconômica caracteriza-se quando se observa um grande poder econômico do fornecedor sobre o consumidor**, muito característica das situações de monopólio do fornecimento de serviços, por exemplo, distribuição de água e energia elétrica.

Quando o consumidor não possui conhecimentos específicos sobre o produto ou serviço pelo fato de que o fornecedor os detém em sua plenitude, está-se diante da **vulnerabilidade técnica**, que é presumida para o consumidor não profissional, algo facilmente notado na velha história da "rebimboca da parafuseta" como diagnóstico que o consumidor recebe em uma oficina mecânica quando leva o veículo para conserto, ocasião em que não consegue questionar o mecânico por não ter o conhecimento específico a respeito do funcionamento pleno do produto.

A vulnerabilidade jurídica ou científica consiste na ausência de conhecimentos jurídicos específicos, de contabilidade ou de economia por parte do consumidor, sendo presumida para o não profissional e para o consumidor pessoa física, e, quanto aos consumidores profissionais e pessoas jurídicas, vale a presunção em sentido contrário, ou seja, que não são vulneráveis juridicamente.

Por fim, a **vulnerabilidade informacional** é a mais básica experimentada pelo consumidor na atualidade, pois **ora há a ausência de informação essencial** para que se porte adequadamente no mercado de consumo, **ora ela é manipulada ou exagerada**, justamente para confundi-lo, sendo a modalidade que mais justifica a proteção do consumidor, pelo fato de a informação inadequada sobre produtos e serviços ser potencial geradora de inúmeros danos.

Percebe-se, dessa forma, que mesmo que o comando legal seja claro no sentido de que a vulnerabilidade do consumidor é uma situação de fato e deve ser reconhecida, em algumas de suas nuances ela pode não se apresentar, o que possibilita a utilização do princípio como um dos traços distintivos para o enquadramento de determinada pessoa – em especial jurídica – no conceito padrão de consumidor trazido pelo *caput* do art. 2º.

Outro princípio que deve ser seguido é o da ação governamental no sentido de proteger efetivamente o consumidor (art. 4º, II) por iniciativa direta (atuação dos Procons, por exemplo), por incentivos à criação e desenvolvimento de associações representativas (Idec, Proteste, dentre outras), pela presença do Estado no mercado de consumo e pela garantia dos produtos e serviços com padrões adequados de qualidade, segurança, durabilidade e desempenho.

Não menos relevante é o **princípio insculpido no inciso III do art. 4º**: "**harmonização dos interesses** dos participantes das relações de consumo e compatibilização da proteção do consumidor com a necessidade de desenvolvimento econômico e tecnológico, de modo a viabilizar os princípios nos quais se funda a ordem econômica (art. 170, da Constituição Federal), sempre com base na **boa-fé e equilíbrio nas relações** entre consumidores e fornecedores".

Busca-se, com tal princípio, assegurar **que a proteção do consumidor não seja um fato impeditivo do desenvolvimento econômico**, mas sim uma baliza para que ocorra sem agravar a situação de desequilíbrio que é o ponto de partida de toda relação de consumo.

Mais do que isso, o princípio em comento traz um importante elemento que deve pautar as relações de consumo: a **boa-fé objetiva**. Esse verdadeiro **dever de lealdade** é um pressuposto que assegura que tanto o fornecedor quanto o consumidor não devem medir esforços para manter uma relação de consumo harmônica e equilibrada, sem armadilhas ou desejo de "tirar vantagem" da outra parte, importando em **reconhecimento de um direito a cumprir em favor do titular passivo da obrigação**.

O inciso seguinte **(IV)** trata do fundamental **princípio da educação e informação de consumidores** e também de **fornecedores** quanto aos seus **direitos e deveres**. Ainda que a Lei de Introdução às Normas do Direito Brasileiro, estudada na parte de Direito Civil desta obra, seja enfática no sentido de que ninguém pode alegar o desconhecimento da lei para não a cumprir, o CDC reconhece a importância da educação dos fornecedores para que apliquem suas disposições na maneira adequada, providência essa que vem sendo adotada por muitos Procons por meio dos cursos voltados a esse público.

A preocupação exacerbada do legislador com um mercado de consumo composto apenas por produtos e serviços adequados e seguros fica evidente no princípio constante do **inciso V do art. 4º**, que tem por fundamento o **incentivo à criação**, por parte dos fornecedores, de **meios eficientes de controle de qualidade e segurança** daqueles, assim como de **mecanismos alternativos de solução de conflitos** de consumo, como forma de evitar a excessiva judicialização das demandas.

Com a disposição constante do inciso seguinte **(VI)**, o legislador abriu um importante canal de diálogo com outros ramos do direito para concretizar o objetivo de **coibir e reprimir todos os abusos praticados no mercado**, ao citar como exemplos a **concorrência desleal** e **utilização indevida de inventos** e criações industriais das **marcas e nomes comerciais** e signos distintivos, desde que possam causar prejuízos aos consumidores. Trata-se de conduta muito frequente, por meio da qual o fornecedor "batiza" o produto com um nome muito próximo ao de outro que é considerado referência no mercado, na maior parte das vezes de qualidade superior e produzido por outro fabricante.

Outro ponto importante para o legislador e que foi alçado ao patamar de princípio é o da necessária **racionalização e melhoria dos serviços públicos (VII)**, cuja delimitação de aplicabilidade do CDC será adiante feita, no estudo do art. 22.

Por fim, em matéria de princípios, o CDC promoveu um enorme avanço ao estruturar, como um dos seus pilares, o **estudo constante das modificações do mercado de consumo (VIII)**, o que foi reforçado quando da edição do Decreto Federal n. 7.963/2013, que estruturou Comitês Técnicos no âmbito do Observatório Nacional das Relações de Consumo justamente para o estudo e estruturação de diretrizes sobre os principais pontos de conflito encontrados no mercado.

5.3. Os instrumentos para a execução da PNRC

O legislador também foi muito feliz ao já definir quais seriam os atores responsáveis por assegurar a aplicação dos princípios estudados no art. 5º: **Procons e Defensoria Pública**, por exemplo, para a devida assistência jurídica, integral e gratuita, para o consumidor carente (I); **Ministério Público**, especialmente por intermédio de Promotorias de Justiça de Defesa do Consumidor (II); **delegacias de polícia especializadas** no atendimento de consumidores vítimas de infrações penais de consumo (III); **Varas Especializadas** para a solução de litígios de consumo (IV); e as **Associações de Defesa do Consumidor** (V), cuja criação precisa de muito estímulo no País, ainda incipiente nesse tema se comparado a outros Países como os Estados Unidos, por exemplo.

6. OS DIREITOS BÁSICOS DO CONSUMIDOR

O Capítulo III do CDC traz um rol de direitos básicos que, como o próprio nome diz, são fundamentais para assegurar que a Lei cumpra seu objetivo maior, constitucionalmente assegurado: defender o consumidor.

Esse rol não foi estruturado a esmo, mas sim a partir da inspiração em dois grandes marcos do movimento de defesa do consumidor no mundo que ousaram estabelecer um elenco de direitos fundamentais para tanto: o discurso do presidente John Fitzgerald Kennedy ao Congresso Norte-americano, em 15 de março de 1962 – data na qual, não por menos, é comemorado o Dia do Consumidor –, e a Resolução n. 39/248 da Assembleia Geral das Nações Unidas, de 16 de abril de 1985.

O elenco previsto no art. 6º do Código é composto por nove incisos, os quais serão estudados minuciosamente adiante, pois os artigos subsequentes do Título I do CDC quase que invariavelmente ocupam-se de detalhá-los.

Como não poderia deixar de ser, o rol de direitos básicos do consumidor é inaugurado com a necessidade de **proteção da vida, saúde e segurança do consumidor** (I), pois são esses os "bens" mais preciosos do ser humano, fundamentais à consagração da dignidade da pessoa humana assegurada pela Constituição Federal.

O direito à **educação e divulgação sobre o consumo adequado dos produtos e serviços** está consagrado no inciso II, pois só com a concretização desse direito ficará assegurada a tão importante **liberdade** consciente **de escolha** do consumidor no mercado e a **igualdade** tão almejada **nas contratações**.

Um dos direitos mais fundamentais do consumidor e ainda tão violado é o previsto no inciso III: o **direito básico à informação adequada e clara sobre os diferentes produtos e serviços**. Ainda que o CDC tenha se preocupado em elencar quais seriam essas informações em um primeiro momento (quantidade, características, composição, qualidade, tributos incidentes e preço, bem como sobre os riscos que apresentem), é fato de que deverão ser prestadas ao consumidor todas as informações necessárias para o adequado atendimento das necessidades dele no mercado de consumo.

O grau de preocupação do legislador com a garantia de um mercado de consumo harmônico foi tamanho que desde os direitos básicos foi consagrada a **proteção contra a publicidade enganosa e abusiva, métodos comerciais coercitivos ou desleais e contra práticas e cláusulas abusivas ou impostas pelos fornecedores** (IV), tópicos que posteriormente foram esmiuçados no Código.

O direito básico previsto no inciso V até hoje é considerado um dos mais avançados dispositivos em matéria de defesa do consumidor, na medida em que assegura a **modificação das cláusulas contratuais que estabeleçam prestações desproporcionais ou sua revisão em razão de fatos supervenientes que as tornem excessivamente onerosas** para ele.

O estudo desse dispositivo passa pelo resgate do momento histórico no qual foi editado o CDC, em plena vigência do Código Civil de 1916, no qual vigia a ideia do *pacta sunt servanda*, ou seja, que o contrato fazia lei entre as partes e não poderia ser facilmente revisto. Não é difícil imaginar que a adoção dessa linha pode levar o consumidor à ruína caso venha a enfrentar uma situação qualquer que torne aquela relação de consumo em andamento excessivamente onerosa para ele, o que não se coaduna com os princípios já estudos, especialmente o que prevê a harmonia, a boa-fé e o equilíbrio na relação entre fornecedores e consumidores.

A ideia do legislador foi preservar o vínculo contratual, seja pela modificação de cláusulas ou pela revisão do contrato como um todo, em homenagem aos pilares da PNRC: o atendimento das necessidades dos consumidores e a proteção de seus interesses econômicos.

Ocorre que o Código Civil de 2002, por sua vez, evoluiu quanto à disciplina anterior e adotou a Teoria da Imprevisão em termos muito próximos, mas com sensíveis diferenças:

	CC/2002	CDC
Principal dispositivo	Art. 478	Art. 6º, V
Tipo de contrato no qual pode ser invocada	Apenas nos contratos de execução continuada ou diferida	Não há limitação
Quanto à onerosidade excessiva	Precisa atingir uma das partes e assegurar extrema vantagem para a outra	Basta que o consumidor passe a se encontrar nessa situação, pouco importando se o fornecedor obteve vantagem com isso
Relação com os fatos supervenientes	Devem ser extraordinários e imprevisíveis	Basta que sejam posteriores à formação do vínculo contratual
Consequência	Resolução do contrato, como regra, observadas as exceções nos arts. 479 e 480	Revisão contratual

Outro direito básico que pode parecer simples em um primeiro momento, mas que traz um grau de proteção gigantesco para o consumidor, é o previsto no **inciso VI**, que assegura "a **efetiva prevenção e reparação de danos** patrimoniais e morais, individuais, coletivos e difusos".

É justamente esse dispositivo, quando trata da efetiva reparação de danos, que **impede a "tarifação" da indenização**, muito comum em alguns serviços como o de transporte aéreo nacional quando ocorre o extravio de bagagem, devendo, assim, ser adequada ao dano efetivamente experimentado pelo consumidor.

O **acesso aos órgãos judiciários e administrativos para a prevenção ou reparação de danos, assegurada a proteção jurídica, administrativa e técnica aos necessitados** (VII), também foi alçado ao patamar de direito básico justamente como forma de garantir o cumprimento dos demais direitos, pois de nada adiantaria o consumidor ter inúmeros avanços nessa seara sem que o caminho para o exercício desses direitos estivesse mais claro e sedimentado para ele.

O direito básico previsto no inciso VIII consiste na "facilitação da defesa de seus direitos, inclusive com a **inversão do ônus da prova**, a seu favor, no processo civil, quando, a critério do juiz, for verossímil a alegação ou quando for ele hipossuficiente, segundo as regras ordinárias de experiências".
Esse dispositivo traz um dos institutos mais festejados do CDC: a inversão do ônus da prova. Ocorre que, diferentemente do que se propaga, ela não é automática e muito menos se aplica a todo e qualquer tipo de demanda envolvendo o consumidor.
Para sua configuração, que dependerá de apreciação no curso de um processo judicial, deverá estar presente **ao menos um dos dois requisitos**: a **verossimilhança da alegação do consumidor** ou, em outras palavras, que os fatos por ele trazidos tenham uma carga de veracidade muito plausível, **ou quando for ele hipossuficiente**, situação de direito processual na qual o consumidor não "tem condições de defesa processual, por razões econômicas, técnicas ou mesmo em face de sua posição jurídica na relação *sub judice* (é o consumidor que não teve acesso à cópia do contrato, por exemplo)" (MIRAGEM, 2014, p. 655).

Hipossuficiência e vulnerabilidade não são sinônimos, sendo a primeira uma situação de direito processual e relacional, ou seja, pode ser que não se apresente no caso concreto, e a segunda uma situação de fato, na qual todos os consumidores se encontram.

O último direito básico, previsto no inciso X, segue a mesma linha do princípio correspondente ao garantir a **adequada e eficaz prestação dos serviços públicos em geral**, observado o necessário recorte sobre qual a natureza de serviço público abrangido pelo CDC, o que será adiante estudado.

Para finalizar este tópico, é fundamental ter em mente que não são só esses os direitos do consumidor, sendo imprescindível a importante disposição do *caput* do art. 7º, *in verbis*:

> **Art. 7º** Os direitos previstos neste código não excluem outros decorrentes de tratados ou convenções internacionais de que o Brasil seja signatário, da legislação interna ordinária, de regulamentos expedidos pelas autoridades administrativas competentes, bem como dos que derivem dos princípios gerais do direito, analogia, costumes e equidade.

Art. 8º Os produtos ou serviços não trarão riscos à saúde ou segurança dos consumidores, exceto aqueles considerados normais e previsíveis (uma faca cortar, por exemplo), obrigando-se os fornecedores sempre a dar informações necessárias e adequadas sobre a correta utilização para evitar qualquer tipo de acidente.

Art. 9º Os produtos ou serviços que forem potencialmente nocivos ou perigosos à saúde ou segurança (medicamentos, fogos de artifício, inseticidas etc.) deverão trazer a informação ostensiva e adequada a respeito dessa nocividade ou periculosidade.

Art. 10. Os produtos ou serviços com alto grau de nocividade ou periculosidade à saúde ou segurança simplesmente não poderão ser colocados no mercado de consumo e, se o fornecedor descobrir esse alto grau após a introdução no mercado, deverá comunicar imediatamente tal fato à sociedade.

Nota-se, dessa forma, que há um aumento na gradação da proteção conferida pelo legislador quanto aos riscos envolvidos, tendo o art. 8º como piso. Ainda sobre esse dispositivo, muito embora o conteúdo já pudesse ser depreendido da redação inicial, a Lei n. 13.486, de 3 de outubro de 2017, acrescentou-lhe o § 2º: "O fornecedor deverá higienizar os equipamentos e utensílios utilizados no fornecimento de produtos ou serviços, ou colocados à disposição do consumidor, e informar, de maneira ostensiva e adequada, quando for o caso, sobre o risco de contaminação".

7.1.1. O procedimento do *recall*

Por mais complexa que possa parecer, a previsão constante do **art. 10** está diariamente em nossas vidas: trata-se do procedimento de ***recall***, de tão comum ocorrência envolvendo veículos, produto extremamente complexo.

Assim, tão logo o fornecedor tenha conhecimento de que o veículo colocado no mercado de consumo apresenta um alto grau de periculosidade ao consumidor (uma roda que pode se soltar, um *airbag* cujo mecanismo de acionamento eletrônico não foi corretamente calibrado etc.), deverá imediatamente levar ao conhecimento dos órgãos de defesa do consumidor (a Portaria n. 487/2012 do Ministério da Justiça disciplina esse procedimento) e dos consumidores de maneira geral, por

7. PROTEÇÃO DA SAÚDE E SEGURANÇA DO CONSUMIDOR E RESPONSABILIDADE PELO FATO DO PRODUTO E DO SERVIÇO

7.1. A escala de proteção dos arts. 8º, 9º e 10

É inegável que o maior bem do ser humano é a própria vida, e o CDC não ignora isso, pelo contrário, dedica três artigos para estabelecer uma escala de proteção a tal bem:

meio de anúncios publicitários por ele custeados na mídia impressa, rádio e televisão.

É importante frisar que **o atendimento ao *recall* não pode acarretar ônus ao consumidor e não tem um prazo de término**, ou seja, sempre o fornecedor deverá atendê-lo e corrigir o problema informado.

7.2. A responsabilidade pelo fato do produto

Apesar de todos os esforços para o atendimento da escala acima, é possível que ainda assim o **consumidor** venha a **experimentar algum tipo de dano** decorrente da **falta de segurança** legitimamente esperada para um determinado produto, que passaria a ser considerado, nos termos do CDC, **defeituoso** (art. 12, § 1º).

Ainda que algumas circunstâncias relevantes devam ser levadas em consideração para que seja correta a afirmação acima, como a apresentação do produto, os usos e os riscos que razoavelmente dele se esperam e a época em que foi colocado em circulação, especialmente porque um produto não pode ser considerado defeituoso pelo fato de outro de melhor qualidade ter sido colocado no mercado, configurado o defeito do produto e a ocorrência do dano, **o fabricante, o produtor, o construtor, nacional ou estrangeiro, e o importador respondem, independentemente da existência de culpa**, pela reparação dos danos causados ao consumidor (art. 12, § 1º e incisos, e § 2º).

Essa responsabilidade objetiva imputada exclusivamente a esses atores, verdadeiros responsáveis pelo projeto, fabricação, construção, montagem, fórmulas, manipulação, apresentação ou acondicionamento de seus produtos, bem como por informações insuficientes ou inadequadas sobre sua utilização e riscos, é uma das grandes inovações trazidas pelo CDC, pois **tira do consumidor o ônus de provar a culpa** (em sentido amplo) do fornecedor, restando-lhe **comprovar o fato, o dano e o nexo de causalidade** entre ambos.

7.2.1. As excludentes de responsabilidade

É forçoso reconhecer que a adoção desse **regime de responsabilidade objetiva** para a reparação dos danos decorrentes de produtos defeituosos é fundamental para proteger o consumidor numa sociedade de massa como a que vivemos, pois **impõe ao fornecedor um dever de segurança de patamar elevado**, sobretudo porque **só conseguirá afastar essa responsabilidade** se comprovar (art. 12, § 3º) – e não o consumidor, frise-se: que **não colocou o produto no mercado**; que, embora haja colocado o produto no mercado, o **defeito inexiste**; ou a **culpa exclusiva** (e não concorrente, é bom deixar claro) **do consumidor ou de terceiro** não envolvido na relação de consumo.

7.2.2. A responsabilidade do comerciante

Isso porque, ainda que não conste do rol inicial de possíveis responsáveis, justamente por não desempenhar alguma das atividades de concepção do produto, **o comerciante** – terceiro envolvido nessa relação de consumo entre fabricante e consumidor – **poderá ser igualmente responsabilizado**, nos mesmos termos até o momento estudado, quando: **o fabricante, o construtor, o produtor ou o importador não puderem ser identificados**; **o produto for fornecido sem identificação clara do seu fabricante, produtor, construtor ou importador**; ou **não conservar adequadamente** os produtos **perecíveis** (art. 13 e incisos). Caso venha a efetivar o pagamento ao consumidor prejudicado, o comerciante "poderá exercer o direito de regresso contra os demais responsáveis, segundo sua participação na causação do evento danoso" (art. 13, parágrafo único).

7.3. A responsabilidade pelo fato do serviço

A mesma disciplina que o CDC impõe para **a responsabilidade pelo dano decorrente do** acidente de consumo envolvendo um produto defeituoso (pelo fato do produto) emprega para a mesma situação envolvendo o **serviço** (pelo fato do serviço, nos termos do art. 14), salvo duas exceções: 1) não existe a excludente de responsabilidade de o fornecedor não ter colocado o serviço no mercado, haja vista que o consumidor tem plenas condições de identificá-lo; e 2) que **a responsabilidade pessoal dos profissionais liberais será apurada mediante a verificação de culpa**, ou seja, volta-se ao regime da responsabilidade subjetiva, que é a regra adotada no Código Civil de 2002 (art. 14, § 4º).

Muita cautela deverá ser adotada na interpretação desta última diferença, pois há muitas situações em que a atuação do profissional liberal é feita no âmbito de outro prestador de serviço que não traz essa característica (médico que opera em um grande hospital, por exemplo), podendo coexistir ambos os regimes de responsabilidade civil (subjetiva e objetiva), a depender do fato que originou o dano e a contribuição de cada um.

7.4. O prazo de prescrição

A pretensão à reparação pelos danos causados por fato do produto ou do serviço prescreve em cinco anos, nos termos do art. 27 do Código, cuja contagem do prazo inicia-se a partir do conhecimento do dano e de sua autoria, não bastando que esteja presente apenas um dos requisitos.

Os crimes tipificados no CDC, como não poderia deixar de ser, seguem a disciplina ordinária do Direito Penal e procedimental do Direito Processual Penal exploradas nesta obra, sendo que especial atenção deverá ser dada ao tópico da responsabilidade penal da pessoa jurídica.

Aqui tem crime:

Art. 63. Omitir dizeres ou sinais ostensivos sobre a nocividade ou periculosidade de produtos, nas embalagens, nos invólucros, recipientes ou publicidade:
Pena – Detenção de seis meses a dois anos e multa.
§ 1º Incorrerá nas mesmas penas quem deixar de alertar, mediante recomendações escritas ostensivas, sobre a periculosidade do serviço a ser prestado.
§ 2º Se o crime é culposo:
Pena – Detenção de um a seis meses ou multa.

Art. 64. Deixar de comunicar à autoridade competente e aos consumidores a nocividade ou periculosidade de produtos cujo conhecimento seja posterior à sua colocação no mercado:
Pena – Detenção de seis meses a dois anos e multa.
Parágrafo único. Incorrerá nas mesmas penas quem deixar de retirar do mercado, imediatamente quando determinado pela autoridade competente, os produtos nocivos ou perigosos, na forma deste artigo.
Art. 65. Executar serviço de alto grau de periculosidade, contrariando determinação de autoridade competente:
Pena – Detenção de seis meses a dois anos e multa.
§ 1º As penas deste artigo são aplicáveis sem prejuízo das correspondentes à lesão corporal e à morte.
§ 2º A prática do disposto no inciso XIV do art. 39 desta Lei também caracteriza o crime previsto no *caput* deste artigo (em ***vacatio legis*** por 180 dias a contar de 31-3-2017).

8. RESPONSABILIDADE PELO VÍCIO DO PRODUTO E DO SERVIÇO

Os problemas mais corriqueiros que o consumidor enfrenta com produtos e serviços não estão relacionados a acidentes de consumo que venham a colocar em risco sua saúde ou segurança, mas sim ao mau funcionamento do produto, à prestação de um serviço que não corresponde ao que foi anunciado, à ausência da quantidade do produto informada na embalagem, dentre outras situações.

O tratamento que o CDC confere a esses casos está prevista nos arts. 18 a 26 e repousa na ideia de **responsabilidade pelo vício do produto ou do serviço**, tornando-os "**impróprios ou inadequados ao consumo** a que se destinam ou lhes diminuam o valor, assim como por aqueles decorrentes da disparidade, com as indicações constantes do recipiente, da embalagem, rotulagem ou mensagem publicitária" (arts. 18, 19 e 20).

Trata-se de uma forma de **responsabilidade civil não culposa, objetivada no produto e no serviço**, decorrente da **Teoria da Qualidade** que teria sido adotada em nosso País, como bem assevera Antonio Herman de Vasconcellos e Benjamin (2013, p. 38-43), por meio da qual o fornecedor – e aqui sim todos estão incluídos, até o comerciante – compromete-se a colocar no mercado apenas produtos de qualidade, que atendam às necessidades dos consumidores, sem que haja a necessidade de perquirir sua culpa para a reparação do produto ou reexecução do serviço caso esse verdadeiro dever de qualidade não seja seguido.

A ignorância do fornecedor sobre os vícios de qualidade por inadequação dos produtos e serviços, inclusive, não o exime de responsabilidade, consoante o disposto no art. 23 do CDC.

8.1. A responsabilidade pelo vício de qualidade do produto

Iniciando na disciplina da responsabilidade pelo vício do produto, mais uma vez o legislador pautou-se pela ideia de **conservação do vínculo contratual**, na medida em que confere ao **fornecedor** a possibilidade **de reparar o vício de qualidade apresentado pelo produto** no prazo máximo de **30 (trinta) dias**, sob pena de, se ultrapassado o prazo e não tiver sido sanado, o **consumidor exigir à sua exclusiva escolha**: a **substituição do produto** por outro da mesma espécie, em perfeitas condições de uso; a **restituição imediata da quantia paga**, monetariamente atualizada, sem prejuízo de eventuais perdas e danos; ou o **abatimento proporcional do preço** (art. 18, § 1º e incisos).

É fundamental ressaltar que, ao preconizar que os **fornecedores responderão solidariamente** pelos vícios de qualidade ou quantidade dos produtos, o CDC permitiu que o consumidor **acione qualquer ator da cadeia de fornecimento** para a adoção da providência estabelecida no parágrafo anterior, **evitando**, assim, o famoso "**jogo de empurra**" do comerciante para o distribuidor, desse para o fabricante, sempre na intenção de se esquivar da queixa do consumidor que, a partir do Código, pode escolher quem irá demandar.

O supracitado **prazo de 30** (trinta) dias para a solução do vício **poderá ser reduzido** para no mínimo **sete** ou **ampliado** para, no máximo, **180** (cento e oitenta) dias, desde que seja **convencionado pelas partes**, o que, em **contrato de adesão**, deverá ser feito em separado, por meio de **manifestação expressa** do consumidor (art. 18, § 2º).

Quando o **vício** for tão **extenso** a ponto de sua reparação comprometer a qualidade, características ou lhe diminuir o valor, poderá ser feito **uso imediato das alternativas** conferidas ao consumidor (art. 18, § 3º), sem que seja necessário aguardar o prazo de 30 (trinta) dias conferido ao fornecedor, mesma solução adotada nos casos em que o **produto** é considerado **essencial**, conceito que o CDC procurou não esgotar para que fosse observado no **caso concreto** (a máquina de costura, para a costureira, é um produto essencial), mas cuja regulamentação prevista no Decreto Federal n. 7.963/2013 assim se propôs, ainda sem avanço, no entanto.

Para reforçar o quão objetivada está a responsabilidade pelo vício do produto, o legislador tirou qualquer carga probatória necessária para a caracterização de um produto impróprio ao consumo nas seguintes circunstâncias, acabando com qualquer discussão se estaria ou não sujeito à disciplina ora sob estudo (art. 18, § 6º e incisos): "os produtos cujos prazos de validade estejam vencidos; os produtos deteriorados, alterados, adulterados, avariados, falsificados, corrompidos, fraudados, nocivos à vida ou à saúde, perigosos ou, ainda, aqueles em desacordo com as normas regulamentares de fabricação, distribuição ou apresentação; e os produtos que, por qualquer motivo, se revelem inadequados ao fim a que se destinam".

8.2. A responsabilidade pelo vício de quantidade do produto

Ao lado do vício de qualidade abordado nos parágrafos anteriores, o **vício de quantidade** é caracterizado pelo fato de o conteúdo líquido do produto for inferior às indicações constantes do recipiente, da embalagem, rotulagem ou de mensagem publicitária, respeitadas as variações decorrentes de sua natureza, ocasião em que o **consumidor poderá exigir** à sua exclusiva escolha e **imediatamente**: o **abatimento proporcional** do preço; a **complementação do peso ou medida**; a **substituição do produto** por outro da mesma espécie, marca ou modelo, sem os aludidos vícios; ou a **restituição imediata** da quantia paga, monetariamente atualizada, sem prejuízo de eventuais perdas e danos.

Outro ponto interessante é a **quebra da regra de solidariedade** quando o fornecedor imediato puder ser identificado, seja no caso da responsabilidade por **vício de qualidade** no fornecimento de **produto *in natura*** (exceto quando identificado claramente seu produtor, nos termos do art. 18, § 5º), seja por **vício de quantidade**, quando fizer a pesagem ou a medição e o **instrumento utilizado não estiver aferido** segundo os padrões oficiais (art. 19, § 2º).

8.3. A responsabilidade pelo vício de qualidade do serviço

A disciplina da responsabilidade pelo **vício do serviço**, por seu turno, ainda que minimamente já descrita acima, traz um importante diferencial ao conceituar como impróprios ao consumo os "serviços que se mostrem **inadequados para os fins que razoavelmente deles se esperam, bem como aqueles que não atendam as normas regulamentares de prestabilidade**" (art. 20, § 2º).

Em que pese a percepção inicial que tal dispositivo pode gerar, não houve a transformação de todo tipo de obrigação de meio em obrigação de resultado, mas tão somente um reforço na necessidade de o fornecedor deixar muito claro no que consistirá o serviço, a fim de não frustrar a legítima expectativa gerada no consumidor.

Caso isso aconteça, poderá o **consumidor exigir**, alternativamente e novamente **à sua exclusiva escolha**: a **reexecução** dos serviços, sem custo adicional e quando cabível, a qual **poderá ser confiada a terceiros devidamente capacitados, por conta e risco do fornecedor**, justamente para evitar novo conflito entre as partes iniciais; a **restituição imediata** da quantia paga, monetariamente atualizada, sem prejuízo de eventuais perdas e danos; ou o **abatimento proporcional** do preço (art. 20, incisos e § 1º).

Ainda quanto à disciplina da responsabilidade pelo vício do serviço, o CDC impõe a obrigação, no **serviço** que tenha por objetivo a **reparação** de algum **produto**, de o fornecedor **empregar** componentes de reposição **originais** adequados e **novos ou que mantenham as especificações técnicas do fabricante**, salvo, quanto a esses últimos, autorização em contrário do consumidor (art. 21). Não é difícil perceber que esse dispositivo é extremamente importante para manter a harmonia numa sociedade de consumo de massa, pois garante tranquilidade ao consumidor de que peças usadas não serão utilizadas nessas situações.

Aqui tem crime:

Art. 70. Empregar na reparação de produtos, peça ou componentes de reposição usados, sem autorização do consumidor:
Pena – Detenção de três meses a um ano e multa.

A propósito, os **fabricantes e importadores** deverão **assegurar** a oferta de componentes e **peças de reposição enquanto não cessar a fabricação ou importação do produto** e, **caso isso aconteça**, tal oferta deverá ser **mantida por período razoável de tempo**, na forma da lei, como estabelecido no art. 32 do CDC, lei essa ainda não editada, fazendo com que, na prática, esse período seja objeto de muita discussão, sobretudo no caso de produtos cuja vida útil depende muito da ação do consumidor, como é o caso de veículos.

8.4. A responsabilidade pelo vício de qualidade no serviço público

O tema ainda traz um importante dispositivo para consagração de um princípio e de um direito básico previsto no Código: a **adequada e eficaz prestação do serviço público**.

Ao estatuir, no art. 22, que "os órgãos públicos, por si ou suas empresas, concessionárias, permissionárias ou sob qualquer outra forma de empreendimento, são obrigados a fornecer serviços adequados, eficientes, seguros e, quanto aos essenciais, contínuos", o Código dirige-se aos serviços públicos **prestados por meio de remuneração direta**, ou seja, pelo **pagamento de tarifa ou preço público**.

Contudo, como ficaria difícil conceber a aplicação da mesma solução da tríplice escolha em caso de vício para os serviços públicos, a solução encontrada foi determinar que, nos "**casos de descumprimento**, total ou parcial, das obrigações referidas, serão as **pessoas jurídicas compelidas a cumpri-las e a reparar os danos causados**", como previsto no parágrafo único do mesmo dispositivo.

> Ademais, sobre a **continuidade** na prestação do serviço considerado essencial, cujo rol pode ser extraído da Lei Federal n. 7.783/89 (Lei de Greve), como tratamento e abastecimento de água, produção e distribuição de energia elétrica, gás e combustíveis, por exemplo, atualmente é pacífica a jurisprudência no sentido de que a **suspensão do fornecimento em razão de inadimplência do consumidor não consubstancia a quebra** dessa regra, em razão do exercício da solidariedade social mínima, desde que haja comunicação prévia (STF, ADC 9/DF, rel. Min. Néri da Silveira, *DJ* de 23-4-2004).

8.5. Os prazos decadenciais no CDC

Para finalizar o tópico, um dos pontos que sempre merece atenção e invariavelmente é cobrado nos Exames de Ordem é o dos prazos de decadência para reclamar do vício do produto ou do serviço, conforme previsto no art. 26.

Os prazos serão obstados quando o consumidor comprovadamente formalizar sua reclamação perante o fornecedor até a resposta negativa correspondente, que deve ser transmitida de forma inequívoca ou quando da instauração de inquérito civil pelo Ministério Público, até seu encerramento.

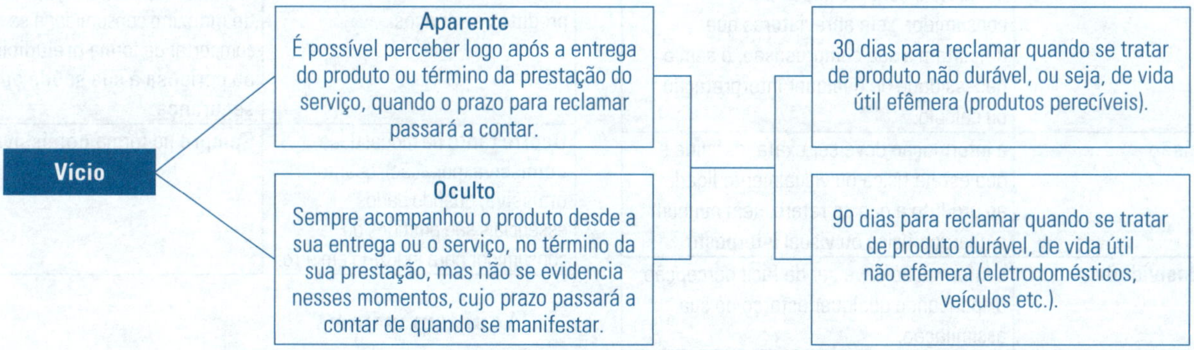

9. OFERTA E PUBLICIDADE

9.1. A disciplina da oferta

> Diferentemente do que ocorre na disciplina civilista clássica, reproduzida no CC 2002 na seção da formação dos contratos (arts. 427 a 435), o CDC não permite que uma **proposta** – aqui tecnicamente tratada como **oferta** – seja revogada ou alterada após a comunicação aos consumidores, justamente para garantir segurança jurídica e evitar conflitos numa sociedade de massa, mesmo que tenha sido feita por prepostos ou representantes autônomos do fornecedor (art. 34).

Se assim não o fosse, o fornecedor atrairia o consumidor valendo-se de muito exagero, fantasia e, no momento da celebração do contrato, simplesmente modificaria tais condições, afastando a promessa inicial que motivou o consumidor.

Trata-se do **princípio da vinculação da oferta**, por meio do qual, desde que suficientemente precisa, ou seja, que traga minimamente os elementos para que o consumidor forme sua convicção, passará a vincular o fornecedor que a fizer veicular e **integrará o futuro contrato a ser celebrado** (art. 30).

> A disciplina do CDC a respeito do tema é tão severa nesse sentido que, no art. 35, acaba dei-

xando mais uma vez à livre escolha do consumidor o que fazer **quando o fornecedor recusar cumprimento à oferta**, apresentação ou publicidade realizada: **exigir o cumprimento forçado da obrigação**, nos termos da oferta, apresentação ou publicidade; **aceitar outro produto ou prestação de serviço equivalente**; ou **rescindir o contrato**, com direito à restituição de quantia eventualmente antecipada, monetariamente atualizada, e a perdas e danos.

9.2. Os requisitos da informação

E, para que não haja dúvidas a respeito da necessidade de que a oferta e a apresentação de produtos ou serviços seja efetivamente compreendida pelo consumidor, o art. 31 do CDC impõe que a mensagem ao consumidor respeite os seguintes requisitos, regulamentados pelo Decreto Federal n. 5.903/2006:

Requisitos de toda informação transmitida ao consumidor	
Correção	a informação verdadeira que não seja capaz de induzir o consumidor em erro.
Clareza	a informação deve ser entendida de imediato e com facilidade pelo consumidor, sem abreviaturas que dificultem a sua compreensão, e sem a necessidade de qualquer interpretação ou cálculo.
Precisão	a informação deve ser exata, definida e que esteja física ou visualmente ligada ao produto a que se refere, sem nenhum embaraço físico ou visual interposto.
Ostensividade	a informação deve ser de fácil percepção, dispensando qualquer esforço na sua assimilação.
Legibilidade	a informação deve ser visível e indelével.

O CDC, no entanto, não se ocupa apenas da informação que acompanha a apresentação dos produtos e serviços ou daquela que consta da embalagem dos primeiros, mas sim de toda forma de comunicação ao consumidor final, inclusive a de caráter publicitário.

9.3. A disciplina da publicidade no CDC

Já no art. 36, estatui que a **publicidade** veiculada pelo fornecedor **deve ser fácil e imediatamente identificada pelo consumidor**, regra que **impede** a utilização de mensagens dissimuladas, **subliminares**, que induzam o consumidor a percebê-las de outra forma que não com a intenção de estimulá-los a adquirir um produto ou contratar um serviço, expediente que foi muito usado em meados do século passado, quando médicos ocupavam páginas inteiras de jornais para falar dos benefícios de determinado medicamento, sem que ao menos houvesse uma advertência ao consumidor de que se tratava de conteúdo publicitário.

Aliás, tudo o que for comunicado ao consumidor deverá ser **passível de prova por parte do fornecedor**, encargo que lhe foi atribuído, em uma verdadeira **inversão *ope legis* do ônus da prova** (art. 38), razão pela qual sempre deverá manter em seu poder os dados fáticos, técnicos e científicos que dão sustentação à mensagem (art. 36, parágrafo único).

O Código veda, ainda, qualquer tipo de publicidade enganosa ou abusiva:

Publicidade	
Enganosa	**Abusiva**
Objetiva, ligada ao produto ou ao serviço.	Subjetiva, pois acaba atingindo valores fundamentais do consumidor.
Inteira ou parcialmente falsa, capaz de induzir em erro o consumidor a respeito da natureza, características, qualidade, quantidade, propriedades, origem, preço e quaisquer outros dados sobre produtos e serviços.	Discriminatória de qualquer natureza, que incite à violência, explore o medo ou a superstição, se aproveite da deficiência de julgamento e experiência da criança, desrespeita valores ambientais, ou que seja capaz de induzir o consumidor a se comportar de forma prejudicial ou perigosa à sua saúde ou segurança.
Ocorre tanto na modalidade comissiva (por ação), quanto omissiva, quando dados essenciais são omitidos do consumidor para induzi-lo em erro.	Sempre na forma comissiva.

Aqui tem crime:

Art. 66. Fazer afirmação falsa ou enganosa, ou omitir informação relevante sobre a natureza, característica, qualidade, quantidade, segurança, desempenho, durabilidade, preço ou garantia de produtos ou serviços:
Pena – Detenção de três meses a um ano e multa.
§ 1º Incorrerá nas mesmas penas quem patrocinar a oferta.
§ 2º Se o crime é culposo;
Pena – Detenção de um a seis meses ou multa.
Art. 67. Fazer ou promover publicidade que sabe ou deveria saber ser enganosa ou abusiva:
Pena – Detenção de três meses a um ano e multa.
Parágrafo único. (Vetado).
Art. 68. Fazer ou promover publicidade que sabe ou deveria saber ser capaz de induzir o consumidor a se comportar de forma prejudicial ou perigosa a sua saúde ou segurança:
Pena – Detenção de seis meses a dois anos e multa:
Parágrafo único. (Vetado).
Art. 69. Deixar de organizar dados fáticos, técnicos e científicos que dão base à publicidade:
Pena – Detenção de um a seis meses ou multa.

10. PRÁTICAS ABUSIVAS, COBRANÇA DE DÍVIDAS E REGULAÇÃO DE BANCOS DE DADOS E CADASTROS

10.1. As práticas comerciais abusivas

Imagine coibir todas as atitudes praticadas no mercado que tenham como foco prejudicar o consumidor, fugir do padrão de conduta esperado para uma equilibrada e harmônica relação de consumo. Pois bem, essa difícil tarefa foi solucionada pelo legislador não por meio de um rol exaustivo de práticas comerciais abusivas – o que fica evidente logo na redação do *caput* do art. 39, em razão do emprego da expressão "dentre outras" –, mas sim com a indicação de apenas algumas situações que, em sua maioria, são bem genéricas:

Prática abusiva	Pontos importantes
I – condicionar o fornecimento de produto ou de serviço ao fornecimento de outro produto ou serviço, bem como, sem justa causa, a limites quantitativos	O inciso traz duas situações muito comuns do nosso cotidiano: a **venda casada** e a imposição de limite mínimo ou máximo, o que ocorre com a prática da **consumação mínima**, por exemplo.
II – recusar atendimento às demandas dos consumidores, na exata medida de suas disponibilidades de estoque, e, ainda, de conformidade com os usos e costumes	Trata-se de importante **medida contra discriminação** no fornecimento de produtos e serviços: existindo disponibilidade, o fornecedor é obrigado a fornecer.
III – enviar ou entregar ao consumidor, sem solicitação prévia, qualquer produto, ou fornecer qualquer serviço	O CDC vai além e, no parágrafo único do mesmo artigo, estabelece que os serviços prestados e os produtos remetidos ou entregues ao consumidor nessa situação equiparam-se às **amostras grátis**, inexistindo obrigação de pagamento.
IV – prevalecer-se da fraqueza ou ignorância do consumidor, tendo em vista sua idade, saúde, conhecimento ou condição social, para impingir-lhe seus produtos ou serviços	O legislador buscou proteger os **hipervulneráveis** neste dispositivo, que mais facilmente acabam sendo vítimas de artimanhas para a agressiva oferta de produtos (muitos ditos milagrosos) ou serviços (como crédito fácil, por exemplo).
V – exigir do consumidor vantagem manifestamente excessiva	Verdadeiro **"guarda-chuva"** estabelecido pelo legislador, possui um parâmetro mínimo de interpretação por analogia no § 1º do art. 51 do próprio Código.
VI – executar serviços sem a prévia elaboração de orçamento e autorização expressa do consumidor, ressalvadas as decorrentes de práticas anteriores entre as partes	Exceto em situações como quando o consumidor sempre utiliza o mesmo serviço do fornecedor (manicure, cabeleireiro etc.), o fornecedor de serviço será obrigado a entregar ao consumidor **orçamento prévio** discriminando o valor da mão de obra, dos materiais e equipamentos a serem empregados, as condições de pagamento, bem como as datas de início e término dos serviços, o qual terá **validade de 10 dias** a partir do recebimento pelo consumidor, **salvo estipulação em sentido contrário** (art. 40, *caput* e § 1º). Além disso, **o consumidor não responderá por quaisquer ônus ou acréscimos** decorrentes da contratação de serviços de terceiros **não previstos** nesse orçamento prévio.
VII – repassar informação depreciativa, referente a ato praticado pelo consumidor no exercício de seus direitos	Proíbe-se, assim, que seja criada lista circulada entre os fornecedores para alertar sobre consumidores "reclamões", que apenas questionaram a qualidade de produto ou serviço no regular exercício dos direitos previstos no CDC.
VIII – colocar, no mercado de consumo, qualquer produto ou serviço em desacordo com as normas expedidas pelos órgãos oficiais competentes ou, se normas específicas não existirem, pela Associação Brasileira de Normas Técnicas ou outra entidade credenciada pelo Conselho Nacional de Metrologia, Normalização e Qualidade Industrial (Conmetro)	Não estão encampadas por este dispositivo apenas as normas compulsórias expedidas por esses entes, mas igualmente as de adesão facultativa, desde que relacionadas à proteção da saúde e segurança do consumidor, o que fica claro na Nota Técnica n. 318/2006 do Departamento de Proteção e Defesa do Consumidor do Ministério da Justiça.
IX – recusar a venda de bens ou a prestação de serviços, diretamente a quem se disponha a adquiri-los mediante pronto pagamento, ressalvados os casos de intermediação regulados em leis especiais	**Proíbe-se**, com esse dispositivo, **a imposição de intermediários** para que o consumidor satisfaça sua necessidade no mercado de consumo, exceto quando tal intermediação é prevista em lei.
X – elevar sem justa causa o preço de produtos ou serviços	Não se trata aqui de impedir a livre dinâmica de uma economia de mercado, mas sim de **evitar abusos** em situações e períodos críticos, como a elevação absurda do valor do galão de água potável em uma região atingida por enchente, por exemplo.
XII – deixar de estipular prazo para o cumprimento de sua obrigação ou deixar a fixação de seu termo inicial a seu exclusivo critério	Trata-se de importante disposição que **impede a falta de precisão** na comunicação entre fornecedor e consumidor que, por exemplo, não pode simplesmente prever, em contratos imobiliários, que a conclusão das obras ocorrerá a partir do término das fundações do edifício.

XIII – aplicar fórmula ou índice de reajuste diverso do legal ou contratualmente estabelecido	É importante frisar, neste dispositivo, que o emprego do singular impede que haja previsão contratual de várias fórmulas ou índices alternativos no mesmo contrato.
XIV – permitir o ingresso em estabelecimentos comerciais ou de serviços de um número maior de consumidores que o fixado pela autoridade administrativa como máximo.	Ainda sob forte influência da tragédia ocorrida na casa noturna Kiss, em 27-3-2013, o legislador inseriu mais essa prática abusiva por meio da Lei n. 13.425/2017, a qual poderia ser tranquilamente absorvida pelo *caput* deste artigo, a fim de não descaracterizar o caráter geral do CDC.

10.2. A cobrança de dívidas no CDC

Ainda no campo das práticas comerciais em desconformidade com o padrão que deve guiar uma saudável relação de consumo, o CDC procurou estabelecer parâmetros para a proteção do consumidor num momento tão delicado quanto o **da cobrança de dívidas**.

Ao estabelecer, no art. 42, que o **consumidor inadimplente não poderá ser exposto a ridículo**, nem ser submetido a qualquer tipo de **constrangimento ou ameaça**, o Código veda a "coação, constrangimento físico ou moral, afirmações falsas incorretas ou enganosas ou de qualquer outro procedimento que exponha o consumidor, injustificadamente, a ridículo ou interfira com seu trabalho, descanso ou lazer", conforme a inteligência do próprio art. 71.

E vai além: para identificar de forma inequívoca o credor originário, o art. 42-A estabelece que "em todos os documentos de cobrança de débitos apresentados ao consumidor, deverão constar o nome, o endereço e o número de inscrição no Cadastro de Pessoas Físicas – CPF ou no Cadastro Nacional de Pessoa Jurídica – CNPJ do fornecedor do produto ou serviço correspondente", haja vista ser muito comum a negociação da dívida original, que passará por vários consumidores que, ao cobrarem o consumidor, passar-lhe-ão a impressão de se tratar de cobrança indevida.

Sobre esse tema – cobrança indevida –, uma das principais queixas registradas pelo consumidor nos Procons de todo o País, o CDC já estabelece uma forma de **punição civil imediata ao fornecedor**, na medida em que, ao ser indevidamente cobrado e efetuar o pagamento dessa quantia, o consumidor passa a ter direito ao **recebimento em dobro do que pagou em excesso**, acrescido de correção monetária e juros legais, salvo hipótese de engano justificável que deverá ser provada pelo fornecedor (art. 42, parágrafo único).

10.3. Os bancos de dados e cadastros

Com relação à regulação dos **bancos de dados e cadastros**, o CDC foi pioneiro ao disciplinar o tema no direito brasileiro, determinando, logo de início, no *caput* do art. 43, a ampla acessibilidade do consumidor a respeito das informações pessoais a ele concernentes, bem como sobre as fontes que originaram tais dados, podendo, inclusive, manejar o remédio constitucional do ***habeas data*** para tanto, pelo fato de que tais bancos de dados e cadastros, assim como os serviços de proteção ao crédito e congêneres **são equiparados a entidades de caráter público** (§ 4º).

A não ser que o próprio consumidor solicite, *a **abertura** de cadastro, ficha, registro e dados pessoais e de consumo **deverá ser sempre comunicada por escrito a ele** (§ 2º), incumbência essa que **cabe ao órgão mantenedor do Cadastro de Proteção ao Crédito** antes de proceder à inscrição **(Súmula 359 do STJ)**, sendo **dispensável o aviso de recebimento** (AR) na carta de comunicação ao consumidor sobre a negativação* **(Súmula 404 do STJ)**.

Além disso, há o **dever de veracidade e exatidão** das informações por parte dos fornecedores (§ 1º) e, caso consumidor identifique alguma impropriedade, poderá exigir sua **imediata correção**, devendo o arquivista, no prazo de **cinco dias úteis**, comunicar a alteração aos eventuais destinatários das informações incorretas (§ 3º), sendo que ***incumbe ao credor a exclusão do registro*** *da dívida em nome do consumidor no cadastro de inadimplentes no prazo de* ***cinco dias úteis****, a partir do integral e efetivo pagamento do débito* **(Súmula 548 do STJ)**.

Como **prazo máximo para a manutenção de informações** negativas do consumidor em tais cadastros e bancos de dados, o CDC trabalha com a regra geral de **cinco anos a contar do vencimento da dívida** (§ 1º). Contudo, o próprio Código traz prazo diverso em seu § 5º, quando estatui que "consumada a prescrição relativa à cobrança de débitos do consumidor, não serão fornecidas, pelos respectivos Sistemas de Proteção ao Crédito, quaisquer informações que possam impedir ou dificultar novo acesso ao crédito junto aos fornecedores".

Ocorre que a interpretação do STJ não foi no sentido de existir uma temporalidade dual, o que fica evidente com a edição da Súmula 323: "a inscrição do nome do devedor pode ser mantida nos serviços de proteção ao crédito até o prazo máximo de cinco anos, independentemente da prescrição da execução" (MIRAGEM, 2014, p. 322).

> Por fim, em se tratando de entendimentos pacificados do referido Tribunal Superior, há a sempre tão questionada Súmula 385 – por nítida colisão com o direito básico previsto no inciso VI do art. 6º do Código –, que assim preconiza: "Da anotação irregular em cadastro de proteção ao crédito, não cabe indenização por dano moral, quando preexistente legítima inscrição, ressalvado o direito ao cancelamento".

Isso porque, é entendimento consolidado do STJ que a própria inclusão ou manutenção equivocada do nome do consumidor em cadastros negativos configura o dano moral *in re ipsa*, ou seja, dano vinculado à própria existência do fato ilícito, cujos resultados são presumidos.

Aqui tem crime:

> **Art. 71.** Utilizar, na cobrança de dívidas, de ameaça, coação, constrangimento físico ou moral, afirmações falsas incorretas ou enganosas ou de qualquer outro procedimento que exponha o consumidor, injustificadamente, a ridículo ou interfira com seu trabalho, descanso ou lazer:
> **Pena** – Detenção de três meses a um ano e multa.
> **Art. 72.** Impedir ou dificultar o acesso do consumidor às informações que sobre ele constem em cadastros, banco de dados, fichas e registros:
> **Pena** – Detenção de seis meses a um ano ou multa.
> **Art. 73.** Deixar de corrigir imediatamente informação sobre consumidor constante de cadastro, banco de dados, fichas ou registros que sabe ou deveria saber ser inexata:
> **Pena** – Detenção de um a seis meses ou multa.

11. A PROTEÇÃO CONTRATUAL DO CONSUMIDOR

11.1. Panorama geral

Diferentemente do que ocorre no CC 2002, em que são estudados todos os momentos do vínculo contratual, da formação à extinção, bem como muitos contratos em espécie e suas peculiaridades, a disciplina do **CDC procura estabelecer a base de proteção necessária** em uma relação de consumo massificada, assegurando ao consumidor garantias mínimas para tanto em qualquer tipo de contrato, **especialmente no de adesão**, que "é aquele cujas **cláusulas** tenham sido aprovadas pela autoridade competente ou **estabelecidas unilateralmente pelo fornecedor** de produtos ou serviços, sem que o consumidor possa discutir ou modificar substancialmente seu conteúdo" (art. 54):

Proteção contratual

- Necessidade de efetivo conhecimento prévio do conteúdo do contrato por parte do consumidor, com explicação clara a respeito do que está sendo contratado, bem como com instrumento contratual redigido de modo a não dificultar a compreensão de seu sentido e alcance, sob pena de o contrato não obrigar o consumidor (art. 46).
- As cláusulas contratuais sempre serão interpretadas de maneira mais favorável ao consumidor (art. 47).
- Todas as declarações de vontade constantes de escritos particulares, pré-contratos, vinculam o fornecedor, ensejando inclusive execução específica (art. 48).
- Os contratos de adesão escritos serão redigidos em termos claros e com caracteres ostensivos e legíveis, cujo tamanho da fonte não será inferior ao corpo doze, de modo a facilitar sua compreensão pelo consumidor (art. 54, § 3º), bem como suas cláusulas que implicarem limitação de direito do consumidor deverão ser redigidas com destaque, permitindo sua imediata e fácil compreensão (art. 54, § 4º).

Além da observância dos pilares supracitados, caso a relação de consumo envolva alguma atividade cujo contrato é típico (ou nominado) nos termos do CC, como é o caso dos contratos de seguro, transporte e locação, as disposições a esses atinentes deverão igualmente ser observadas.

11.2. O direito de arrependimento

Outro importante instrumento de proteção contratual do consumidor é o **"direito de arrependimento"**, consagrado no art. 49. Sendo considerada uma das mais interessantes inovações trazidas pelo CDC, assegura a possibilidade de o consumidor, no prazo de **sete dias** a contar da **assinatura do contrato ou do recebimento do produto ou do serviço**, de desistir do contrato e **receber de volta tudo o que pagou**, a qualquer título (frete, seguro de garantia estendida etc.), sem que haja a necessidade de apresentar qualquer motivo ao fornecedor e desde que a **contratação** tenha ocorrido **a distância**.

O objetivo do direito de arrependimento é garantir ao consumidor que não teve contato com o produto ou serviço numa compra realizada a distância (internet, telefone, catálogo etc.) a possibilidade de **refletir** ao efetivamente ter o produto ou serviço à sua disposição, pois muitas vezes pode ter agido sob impulso ao ser estimulado pelas mais diversas técnicas de marketing, que muitas vezes podem ser exageradas e não corresponder ao que de fato o produto ou serviço pode proporcionar, o que só é possível constatar na presença deles.

11.3. A garantia contratual

Ainda em matéria de proteção contratual, o CDC estatui, no art. 50, que a **garantia contratual** de adequação do produto deverá ser sempre **complementar à legal** (sobre o tema, veja as considerações sobre o prazo para reclamar sobre o vício dos produtos ou serviços), sendo que o **termo escrito** entregue ao consumidor deverá "ser padronizado e esclarecer, de maneira adequada em que consiste a garantia, bem como a forma, o prazo e o lugar em que pode ser exercitada e os ônus a cargo do consumidor, devendo ser-lhe entregue, devidamente preenchido pelo fornecedor, no ato do fornecimento, acompanhado de manual de instrução, de instalação e uso do produto em linguagem didática, com ilustrações".

Aqui tem crime:

Art. 74. Deixar de entregar ao consumidor o termo de garantia adequadamente preenchido e com especificação clara de seu conteúdo;

Pena – Detenção de um a seis meses ou multa.

11.4. As cláusulas abusivas

Por fim, tal qual ocorre na disciplina das práticas comerciais **abusivas**, o CDC traz um rol meramente exemplificativo de **cláusulas contratuais** que são consideradas **nulas de pleno direito** (art. 51), devendo o juiz, de ofício, pronunciar-se a respeito (em que pese a questionável Súmula 381 do STJ, que assim dispõe: "Nos contratos bancários, é vedado ao julgador conhecer, de ofício, da abusividade das cláusulas"). São elas:

I – impossibilitem, exonerem ou atenuem a responsabilidade do fornecedor por vícios de qualquer natureza dos produtos e serviços ou impliquem renúncia ou disposição de direitos. Nas relações de consumo entre o fornecedor e o consumidor pessoa jurídica, a indenização poderá ser limitada, em situações justificáveis;

II – subtraiam ao consumidor a opção de reembolso da quantia já paga, nos casos previstos neste código;

III – transfiram responsabilidades a terceiros;

IV – estabeleçam obrigações consideradas iníquas, abusivas, que coloquem o consumidor em desvantagem exagerada, ou sejam incompatíveis com a boa-fé ou a equidade;

V – (Vetado);

VI – estabeleçam inversão do ônus da prova em prejuízo do consumidor;

VII – determinem a utilização compulsória de arbitragem;

VIII – imponham representante para concluir ou realizar outro negócio jurídico pelo consumidor;

IX – deixem ao fornecedor a opção de concluir ou não o contrato, embora obrigando o consumidor;

X – permitam ao fornecedor, direta ou indiretamente, variação do preço de maneira unilateral;

XI – autorizem o fornecedor a cancelar o contrato unilateralmente, sem que igual direito seja conferido ao consumidor;

XII – obriguem o consumidor a ressarcir os custos de cobrança de sua obrigação, sem que igual direito lhe seja conferido contra o fornecedor;

XIII – autorizem o fornecedor a modificar unilateralmente o conteúdo ou a qualidade do contrato, após sua celebração;

XIV – infrinjam ou possibilitem a violação de normas ambientais;

XV – estejam em desacordo com o sistema de proteção ao consumidor;

XVI – possibilitem a renúncia do direito de indenização por benfeitorias necessárias.

É salutar perceber que novamente o legislador traz algumas **"válvulas de escape"** que permitirão o enquadramento das mais diversas espécies de cláusulas contratuais que minimamente tragam algum conteúdo incompatível com o CDC em uma delas, como é o caso das previstas nos **incisos IV** e **XV**.

12. O SISTEMA NACIONAL DE DEFESA DO CONSUMIDOR (SNDC) E AS SANÇÕES ADMINISTRATIVAS

12.1. A estrutura do SNDC

Para zelar pelo cumprimento do CDC, a própria Lei atribuiu tal incumbência aos órgãos federais, estaduais, do Distrito Federal e municipais e as entidades privadas de defesa do consumidor, todos integrantes do **Sistema Nacional de Defesa do Consumidor** (art. 105).

O organismo de **coordenação do SNDC**, atualmente, criado pelo Decreto Federal n. 7.738/2012, é a **Secretaria Nacional do Consumidor** (Senacon), responsável pelo planejamento, elaboração, coordenação e execução da Política Nacional das Relações de Consumo.

12.2. As sanções administrativas no CDC

Como ferramentas para que as fundamentais disposições do CDC sejam cumpridas pelos fornecedores, tais órgãos devem fiscalizar o mercado de consumo e contam com a possibilidade de aplicar **sanções administrativas** (art. 56), que são, no entendimento de Vitor Morais de Andrade "qualquer ato administrativo pelo qual a autoridade administrativa (elemento subjetivo) aplica uma **penalidade** a terceiros em virtude da inobservância dos deveres legais" (ANDRADE, 2008, p. 14).

Essas sanções podem ser divididas em pecuniária, pessoais, que recaem sobre o sujeito passivo da sanção, ou reais, que incidem sobre o objeto ou coisa causadora do ilícito (ANDRADE, 2008, p. 77):

Pecuniária	Pessoais	Reais
I – multa: pode variar de 200 (duzentas) a 3.000.000 (três milhões) de UFIR, sendo dosada de acordo com a gravidade da infração, a vantagem auferida e a condição econômica do fornecedor;	VI – suspensão de fornecimento de produtos ou serviço;	II – apreensão do produto;
	VII – suspensão temporária de atividade;*	III – inutilização do produto;
	VIII – revogação de concessão ou permissão de uso;*	IV – cassação do registro do produto junto ao órgão competente;
	IX – cassação de licença do estabelecimento ou de atividade;*	V – proibição de fabricação do produto;
	X – interdição, total ou parcial, de estabelecimento, de obra ou de atividade;*	
	XI – intervenção administrativa;*	
	XII – imposição de contrapropaganda.	

* Aplicadas apenas quando o fornecedor reincidir na prática das infrações de maior gravidade previstas no CDC e legislação de consumo (art. 59).

13. A DEFESA COLETIVA DO CONSUMIDOR EM JUÍZO E A CONVENÇÃO COLETIVA DE CONSUMO

13.1. A tutela coletiva do consumidor

Sendo as **relações massificadas** a característica de uma sociedade de consumo, os conflitos dela decorrentes acabam se revestindo do mesmo caráter, o que enseja um **tratamento coletivo** para assegurar a **eficácia** tão desejada pelo legislador.

Foi dessa forma que o CDC privilegiou a sistemática de tutela de direitos a título coletivo, dividindo-a da seguinte forma:

Interesses ou direitos (art. 81, parágrafo único)	Legitimados (art. 82)	Efeitos da coisa julgada (art. 103)
I – **Difusos**: são os **transindividuais**, de natureza **indivisível**, de que sejam titulares pessoas indeterminadas e ligadas por **circunstâncias de fato** (direito do consumidor contra produtos ou serviços perigosos à saúde, por exemplo);	I – o **Ministério Público** (que, se não ajuizar a ação, atuará sempre como fiscal da lei no caso da tutela dos interesses individuais homogêneos; II – a **União, os Estados, os Municípios e o Distrito Federal**;	I – ***erga omnes*, exceto** se o pedido for julgado **improcedente por insuficiência de provas**, hipótese em que qualquer legitimado poderá intentar outra ação, com idêntico fundamento valendo-se de nova prova, sendo que não prejudicarão interesses e direitos

	III – as entidades e **órgãos** da Administração Pública, direta ou indireta, ainda que sem personalidade jurídica, especificamente; **destinados à defesa dos interesses e direitos protegidos pelo CDC**; IV – as **associações** legalmente constituídas há **pelo menos um ano** e que incluam entre seus fins institucionais a defesa dos interesses e direitos protegidos pelo CDC, dispensada a autorização assemblear. O requisito da pré-constituição pode ser dispensado pelo juiz, quando haja manifesto interesse social evidenciado pela dimensão ou característica do dano, ou pela relevância do bem jurídico a ser protegido.	individuais dos integrantes da coletividade, do grupo, categoria ou classe;
II – **Coletivos**: os **transindividuais**, de natureza **indivisível** de que seja titular grupo, categoria ou classe de pessoas ligadas entre si ou com a parte contrária por uma **relação jurídica base** (consumidores de um mesmo plano de saúde, por exemplo);		II – *ultra partes*, mas limitadamente ao grupo, categoria ou classe, **salvo improcedência por insuficiência de provas**, hipótese em que qualquer legitimado poderá intentar outra ação, com idêntico fundamento valendo-se de nova prova, sendo que não prejudicarão interesses e direitos individuais dos integrantes da coletividade, do grupo, categoria ou classe;
III – **Individuais homogêneos**: decorrentes de **origem comum**. Em essência individuais, a proteção pela via coletiva dependerá da homogeneidade do direito e de sua origem comum, que pode decorrer de circunstância de fato ou de direito (vítimas de um acidente aéreo, por exemplo).		III – ***erga omnes*, apenas no caso de procedência do pedido**, para beneficiar todas as vítimas e seus sucessores, sendo que, em caso de improcedência do pedido, os interessados que não tiverem intervindo no processo como litisconsortes poderão propor ação de indenização a título individual.

13.2. A desconsideração da personalidade jurídica

Para a facilitação da defesa dos interesses acima expostos, o CDC trouxe importantes inovações no tocante à **desconsideração da personalidade jurídica**, já abordada na disciplina de Direito Civil desta obra, estabelecendo uma ampliada relação de hipóteses que autorizam tal desconsideração, nos termos do *caput* do art. 28 do Código: "O juiz poderá desconsiderar a personalidade jurídica da sociedade quando, em detrimento do consumidor, houver abuso de direito, excesso de poder, infração da lei, fato ou ato ilícito ou violação dos estatutos ou contrato social. A desconsideração também será efetivada quando houver falência, estado de insolvência, encerramento ou inatividade da pessoa jurídica provocados por má administração".

Além das hipóteses arroladas no *caput* do referido art., seu **§ 5º** traz, como verdadeira regra e não simples exceção, como era de se esperar para um parágrafo, conteúdo **extremamente abrangente** de hipóteses, de certa forma **objetivas**, para a semelhante desconsideração, "sempre que sua personalidade for, de alguma forma, obstáculo ao ressarcimento de prejuízos causados aos consumidores".

13.3. A Convenção Coletiva de Consumo

Por fim, outra importante ferramenta para a proteção coletiva do consumidor é a **Convenção Coletiva de Consumo**, assim descrita pelo CDC:

> **Art. 107.** As entidades civis de consumidores e as associações de fornecedores ou sindicatos de categoria econômica podem regular, por convenção escrita, relações de consumo que tenham por objeto estabelecer condições relativas ao preço, à qualidade, à quantidade, à garantia e características de produtos e serviços, bem como à reclamação e composição do conflito de consumo.
> **§ 1º** A convenção tornar-se-á obrigatória a partir do registro do instrumento no cartório de títulos e documentos.
> **§ 2º** A convenção somente obrigará os filiados às entidades signatárias.
> **§ 3º** Não se exime de cumprir a convenção o fornecedor que se desligar da entidade em data posterior ao registro do instrumento.

REFERÊNCIAS BIBLIOGRÁFICAS

ANDRADE, Vitor Morais de. *Sanções administrativas no Código de Defesa do Consumidor*. São Paulo: Atlas, 2008.

BENJAMIN, Antonio Herman de Vasconcellos e et al. *Comentários ao Código de Defesa do Consumidor*. 4. ed. São Paulo: RT, 2013.

GRINOVER, Ada Pellegrini et al. *Código brasileiro de defesa do consumidor comentado pelos autores do anteprojeto*. 10. ed. Rio de Janeiro: Forense, 2011.

MARQUES, Claudia Lima. *Contratos no Código de Defesa do Consumidor*. 7. ed. São Paulo: RT, 2014.

MIRAGEM, Bruno. *Curso de direito do consumidor*. 5. ed. São Paulo: RT, 2014.

SODRÉ, Marcelo Gomes. *Formação do Sistema Nacional de Defesa do Consumidor*. São Paulo: RT, 2007.

QUESTÕES

(XIX Exame de Ordem Unificado / FGV) Amadeu, aposentado, aderiu ao plano de saúde coletivo ofertado pelo sindicato ao qual esteve vinculado por força de sua atividade laborativa por mais de 30 anos. Ao completar 60 anos, o valor da mensalidade sofreu aumento significativo (cerca de 400%), o que foi questionado por Amadeu, a quem os funcionários do sindicato explicaram que o aumento decorreu da mudança de faixa etária do aposentado.

A respeito do tema, assinale a afirmativa correta.

A) O aumento do preço é abusivo e a norma consumerista deve ser aplicada ao caso, mesmo em se tratando de plano de saúde coletivo e, principalmente, que envolva interessado com amparo legal no Estatuto do Idoso.

B) O aumento do preço é legítimo, tendo em vista que o idoso faz maior uso dos serviços cobertos e o equilíbrio contratual exige que não haja onerosidade excessiva para qualquer das partes, não se aplicando o CDC à hipótese, por se tratar de contrato de plano de saúde coletivo envolvendo pessoas idosas.

C) O aumento do valor da mensalidade é legítimo, uma vez que a majoração de preço é natural e periodicamente aplicada aos contratos de trato continuado, motivo pelo qual o CDC autoriza que o critério faixa etária sirva como parâmetro para os reajustes econômicos.

D) O aumento do preço é abusivo, mas o microssistema consumerista não deve ser utilizado na hipótese, sob pena de incorrer em colisão de normas, uma vez que o Estatuto do Idoso estabelece a disciplina aplicável às relações jurídicas que envolvam pessoa idosa.

RESPOSTA

☑ Presentes os elementos de uma relação de consumo (o consumidor Amadeu, a operadora do plano de saúde, na condição de fornecedor, e o próprio plano, enquanto serviço), forçosa é a aplicação do CDC, cuja proteção pode ser ampliada por outros diplomas como o Estatuto do Idoso, conforme disposto no art. 7º do Código. A conduta reveste-se de abusividade (art. 39, V), por infringir expresso dispositivo do Estatuto do Idoso (art. 15, § 3º) e, se contratualmente prevista, seria considerada cláusula abusiva, nos termos do art. 51, IV, do CDC.

B) Em que pese o necessário equilíbrio contratual, altamente questionável do ponto de vista do consumidor em razão do nítido exagero no aumento realizado, mesmo o plano de saúde coletivo está regulado pelo CDC, tendo em vista a presença de todos os elementos da relação de consumo.

C) Em nenhum momento o CDC autoriza a utilização do critério de faixa etária como parâmetro para reajustes em planos econômicos, o qual está inclusive sob questionamento no STJ (REsp 1.568.244/RJ).

D) Por força da aplicação do art. 7º do CDC, deve ser feita a compatibilização das normas protetivas, que em nenhum momento anulam-se no caso em tela.

(XIX Exame de Ordem Unificado / FGV) Antônio desenvolve há mais de 40 anos atividade de comércio no ramo de hortifrúti. Seus clientes chegam cedo para adquirir verduras frescas entregues pelos produtores rurais da região. Antônio também vende no varejo, com pesagem na hora, grãos e cereais adquiridos em sacas de 30 quilos, de uma marca muito conhecida e respeitada no mercado. Determinado dia, a cliente Maria desconfiou da pesagem e fez a conferência na sua balança caseira, que apontou suposta divergência de peso. Procedeu com a imediata denúncia junto ao Órgão Oficial de Fiscalização, que confirmou que o instrumento de medição do comerciante estava com problemas de calibragem e que não estava aferido segundo padrões oficiais, gerando prejuízo aos consumidores. A cliente denunciante buscou ser ressarcida pelo vício de quantidade dos produtos.

Com base na hipótese sugerida, assinale a afirmativa correta.

A) Trata-se de responsabilidade civil solidária, podendo Maria acionar tanto o comerciante quanto os produtores.

B) Trata-se de responsabilidade civil subsidiária, pois o comerciante só responde se os demais fornecedores não forem identificados.

C) Trata-se de responsabilidade civil exclusiva do comerciante, na qualidade de fornecedor imediato.

D) Trata-se de responsabilidade civil objetiva, motivo pelo qual inexistem excludentes de responsabilidade.

RESPOSTA

A) Por força da aplicação do § 2º do art. 19 do CDC, a responsabilidade, nesse caso, é exclusiva do fornecedor imediato, sendo quebrada a regra de solidariedade prevista no *caput* do mesmo artigo.

B) A responsabilidade, no caso, é direta do comerciante que faz a pesagem na presença do consumidor e não subsidiária, por força da aplicação do § 2º do art. 19 do CDC.

☑ Trata-se de uma das raras exceções na regra de responsabilidade solidária pelo vício do produto estabelecida pelo CDC, pois o § 2º do art. 19 do CDC, ao tratar da responsabilidade pelo vício de quantidade do produto é taxativo ao preconizar que "O fornecedor imediato será responsável quando fizer a pesagem ou a medição e o instrumento utilizado não estiver aferido segundo os padrões oficiais".

D) Ainda que a responsabilidade em questão esteja objetivada no produto, a doutrina dominante entende que as excludentes de responsabilidade previstas no art. 12, § 3º, do CDC seriam aplicadas por analogia.

(XX Exame de Ordem Unificado / FGV) Marieta firmou contrato com determinada sociedade empresária de gêneros alimentícios para o fornecimento de produtos para a festa de 15 anos de sua filha. O pagamento deveria ter sido feito por meio de boleto, mas a obrigação foi inadimplida e a sociedade empresária fornecedora de alimentos, observando todas as regras positivadas e sumulares cabíveis, procedeu com a anotação legítima e regular do nome de Marieta no cadastro negativo de crédito. Passados alguns dias, Marieta tentou adquirir um produto numa loja de departamentos mediante financiamento, mas o crédito lhe foi negado, motivo pelo qual a devedora providenciou o imediato pagamento dos valores devidos à sociedade empresária de gêneros alimentícios. Superada a condição de inadimplente, Marieta quer saber como deve proceder a fim de que seu nome seja excluído do cadastro negativo.

A respeito do fato apresentado, assinale a afirmativa correta.

A) A consumidora deve enviar notificação à sociedade empresária de gêneros alimentícios informando o pagamento integral do débito e requerer que a mesma providencie a exclusão da negativação, o que deve ser feito em até vinte e quatro horas.

B) A consumidora deve se dirigir diretamente ao órgão de cadastro negativo, o que pode ser feito por meio de procuração constituindo advogado, e solicitar a exclusão da negativação, ônus que compete ao consumidor.

C) Após a quitação do débito, compete à sociedade empresária de gêneros alimentícios solicitar a exclusão do nome de Marieta do cadastro negativo, no prazo de cinco dias a contar do primeiro dia útil seguinte à disponibilização do valor necessário para a quitação do débito.

D) Marieta deverá comunicar a quitação diretamente ao órgão de cadastro negativo e, caso não seja feita a exclusão imediata, a consumidora poderá ingressar em juízo pleiteando indenização apenas, pois a hipótese comporta exclusivamente sanção civil.

RESPOSTA

A) A partir do momento da quitação do débito, o fornecedor do produto ou do serviço automaticamente deverá providenciar a exclusão, no prazo de cinco dias úteis (Súmula 548 do STJ).

B) O ônus de excluir tal negativação compete ao credor e não ao consumidor (Súmula 548 do STJ).

✓ O próprio enunciado da questão transmite ao candidato a dica de que cobrará o conhecimento de uma súmula para a correta solução. Trata-se da Súmula 548 do STJ, que assim preconiza: "Incumbe ao credor a exclusão do registro da dívida em nome do devedor no cadastro de inadimplentes no prazo de cinco dias úteis, a partir do integral e efetivo pagamento do débito". A interpretação do STJ decorre da analogia ao prazo indicado no § 3º do art. 43 do CDC para o arquivista comunicar a alteração dos dados inexatos encontrados pelo consumidor aos destinatários das informações incorretas.

D) O ônus de excluir tal negativação compete ao credor e não ao consumidor (Súmula 548 do STJ) e deve ser feita em até cinco dias úteis.

(XX Exame de Ordem Unificado / FGV) Heitor agraciou cinco funcionários de uma de suas sociedades empresárias, situada no Rio Grande do Sul, com uma viagem para curso de treinamento profissional realizado em determinado sábado, de 9h às 15h, numa cidade do Uruguai, há cerca de 50 minutos de voo. Heitor custeou as passagens aéreas, translado e alimentação dos cinco funcionários com sua própria renda, integralmente desvinculada da atividade empresária. Ocorre que houve atraso no voo sem qualquer justificativa prestada pela companhia aérea. Às 14h, sem previsão de saída do voo, todos desistiram do embarque e perderam o curso de treinamento.

Nesse contexto é correto afirmar que,

A) por se tratar de transporte aéreo internacional, para o pedido de danos extrapatrimoniais não há incidência do Código de Defesa do Consumidor e nem do Código Civil, que regula apenas Contrato de Transporte em território nacional, prevalecendo unicamente as Normas Internacionais.

B) ao caso, aplica-se a norma consumerista, sendo que apenas Heitor é consumidor por ter custeado a viagem com seus recursos, mas, como ele tem boas condições financeiras, por esse motivo, é consumidor não enquadrado em condição de vulnerabilidade, como tutela o Código de Defesa do Consumidor.

C) embora se trate de transporte aéreo internacional, há incidência plena do Código de Defesa do Consumidor para o pedido de danos extrapatrimoniais, em detrimento das normas internacionais e, apesar de Heitor ter boas condições financeiras, enquadra-se na condição de vulnerabilidade, assim como os seus funcionários, para o pleito de reparação.

D) por se tratar de relação de Contrato de Transporte previsto expressamente no Código Civil, afasta-se a incidência do Código de Defesa do Consumidor e, por ter ocorrido o dano em território brasileiro, afastam-se as normas internacionais, sendo, portanto, hipótese de responsabilidade civil pautada na comprovação de culpa da companhia aérea pelo evento danoso.

RESPOSTA

A) Tendo sido feita a contratação em território nacional e presentes todos os elementos da relação de consumo, imperiosa é a aplicação do CDC (art. 1º).

B) Os funcionários de Heitor também seriam considerados consumidores, por utilizarem o serviço (art. 2º, *caput*), e o reconhecimento da vulnerabilidade do consumidor é incondicionado, especialmente em se tratando da condição financeira desse (art. 4º, I).

✓ Por se tratar de norma de ordem pública, cogente, o CDC aplica-se ao contrato celebrado em nosso país, ainda que se trate de serviço de transporte aéreo internacional, presentes que estão todos os elementos de uma relação de consumo, tendo o enunciado deixado bem claro que Heitor pagou do próprio bolso as passagens, sem qualquer vinculação à atividade empresária, justamente para que não se discuta sua condição de consumidor padrão do *caput* do art. 2º do Código, sendo reconhecida a vulnerabilidade por força do disposto no inciso I do art. 4º. A reparação dos danos extrapatrimoniais pretendidos encontra amparo no inciso VI do art. 6º do CDC, sendo um direito básico do consumidor.

D) Ainda que haja a disciplina específica do contrato de transporte no Código Civil, caracterizada está a relação de consumo e imperiosa é a aplicação do CDC, cuja responsabilidade civil pelo vício na prestação do serviço está objetivada (art. 20 e s.).

(XXI Exame de Ordem Unificado / FGV) A Pizzaria X fez publicidade comparando a qualidade da sua pizza de mozarela com a da Pizzaria Y, descrevendo a quantidade de queijo e o crocante das bordas, detalhes que a tornariam mais saborosa do que a oferecida pela concorrente. Além disso, disponibiliza para os consumidores o bônus da entrega de pizza pelo motociclista, em até 30 minutos, ou a dispensa do pagamento pelo produto.

A respeito do narrado, assinale a afirmativa correta.

A) A publicidade comparativa é expressamente vedada pelo Código de Defesa do Consumidor, que, entretanto, nada disciplina a respeito da entrega do produto por motociclista em período de tempo ou dispensa do pagamento.

B) A promessa de dispensa do pagamento pelo consumidor como forma de estímulo à prática de aumento da velocidade pelo motociclista é vedada por lei especial, enquanto a publicidade comparativa é admitida, respeitados os critérios do CDC e as proteções dispostas em normas especiais que tutelam marca e concorrência.

C) A dispensa de pagamento, em caso de atraso na entrega do produto por motociclista, é lícita, mas a publicidade comparativa é expressamente vedada pelo Código de Defesa do Consumidor e pela legislação especial.

D) A publicidade comparativa e a entrega de produto por motociclista em determinado prazo ou a dispensa de pagamento, por serem em benefício do consumidor, embora não previstos em lei, são atos lícitos, conforme entendimento pacífico da jurisprudência.

RESPOSTA

A) O CDC em nenhum momento proíbe a publicidade comparativa e dado o caráter geral que o marca, não aborda tema tão específico quanto a entrega de produto por motociclista.

✓ A Lei Federal n. 12.436/2011 proíbe expressamente, sob pena de multa de R$ 300,00 (trezentos reais) a R$ 3.000,00 (três mil reais) ao empregador ou tomador de serviço, oferecer prêmios por cumprimento de metas por números de entregas ou prestação de serviço; prometer dispensa de pagamento ao consumidor, no caso de fornecimento de produto ou prestação de serviço fora do prazo ofertado para a sua entrega ou realização; ou estabelecer competição entre motociclistas, com o objetivo de elevar o número de entregas ou de prestação de serviço. Com relação à publicidade comparativa, como não há vedação no CDC a respeito do tema, ela é admitida, respeitados os parâmetros previstos no próprio Código, sobretudo no princípio insculpido no art. 4º, VI, assim como na legislação correlata.

C) Tendo em vista as disposições da Lei Federal n. 12.436/2011, a referida dispensa de pagamento é ilícita e não há vedação à publicidade comparativa no CDC.

D) A oferta do benefício de dispensa do pagamento é expressamente vedada por lei (Lei Federal n. 12.436/2011).

(XXI Exame de Ordem Unificado / FGV) O Banco X enviou um cartão de crédito para Jeremias, com limite de R$ 10.000,00 (dez mil reais), para uso em território nacional e no exterior, incluindo seguro de vida e acidentes pessoais, bem como seguro contra roubo e furto, no importe total de R$ 5,00 (cinco reais) na fatura mensal, além da anuidade de R$ 400,00 (quatrocentos reais), parcelada em cinco vezes. Jeremias recebeu a correspondência contendo um cartão bloqueado, o contrato e o informativo de benefícios e ônus. Ocorre que Jeremias não é cliente do Banco X e sequer solicitou o cartão de crédito.

Sobre a conduta da instituição bancária, considerando a situação narrada e o entendimento do STJ expresso em Súmula, assinale a afirmativa correta.

A) Foi abusiva, sujeitando-se à aplicação de multa administrativa, que não se destina ao consumidor, mas não há ilícito civil indenizável, tratando-se de mero aborrecimento, sob pena de se permitir o enriquecimento ilícito de Jeremias.

B) Foi abusiva, sujeita à advertência e não à multa administrativa, salvo caso de reincidência, bem como não gera ilícito indenizável, por não ter havido dano moral *in re ipsa* na hipótese, salvo se houvesse extravio do cartão antes de ser entregue a Jeremias.

C) Foi abusiva e constitui ilícito indenizável em favor de Jeremias, mesmo sem prejuízo comprovado, em razão da configuração de dano moral *in re ipsa* na hipótese, que pode ser cumulada com a aplicação de multa administrativa, que não será fixada em favor do consumidor.

D) Não foi abusiva, pois não houve prejuízo ao consumidor a justificar multa administrativa e nem constitui ilícito indenizável, na medida em que o destinatário pode desconsiderar a correspondência, não desbloquear o cartão e não aderir ao contrato.

RESPOSTA

A) O entendimento do STJ, previsto na Súmula 532, é no sentido de que constitui prática comercial abusiva o envio de cartão de crédito sem prévia e expressa solicitação do consumidor, configurando-se ato ilícito indenizável e sujeito à aplicação de multa administrativa.

B) Não existe advertência no rol das sanções administrativas do art. 56 do CDC e, nos termos da Súmula 532 do STJ, a conduta da instituição bancária gera ato ilícito indenizável.

✓ A alternativa corresponde ao teor da Súmula 532 do STJ e as sanções administrativas previstas no CDC, em especial a pecuniária, não revertem para o consumidor.

D) A conduta é abusiva, por força do art. 39, III, do CDC, e constitui ato ilícito indenizável, segundo a inteligência da Súmula 532 do STJ.

(XXI Exame de Ordem Unificado / FGV) A Pizzaria X fez publicidade comparando a qualidade da sua pizza de mozarela com a da Pizzaria Y, descrevendo a quantidade de queijo e o crocante das bordas, detalhes que a tornariam mais saborosa do que a oferecida pela concorrente. Além disso, disponibiliza para os consumidores o bônus da entrega de pizza pelo motociclista, em até 30 minutos, ou a dispensa do pagamento pelo produto.

A respeito do narrado, assinale a afirmativa correta.

A) A publicidade comparativa é expressamente vedada pelo Código de Defesa do Consumidor, que, entretanto, nada disciplina a respeito da entrega do produto por motociclista em período de tempo ou dispensa do pagamento.

B) A promessa de dispensa do pagamento pelo consumidor como forma de estímulo à prática de aumento da velocidade pelo motociclista é vedada por lei especial, enquanto a publicidade comparativa é admitida, respeitados os critérios do CDC e as proteções dispostas em normas especiais que tutelam marca e concorrência.

C) A dispensa de pagamento, em caso de atraso na entrega do produto por motociclista, é lícita, mas a publicidade comparativa é expressamente vedada pelo Código de Defesa do Consumidor e pela legislação especial.

D) A publicidade comparativa e a entrega de produto por motociclista em determinado prazo ou a dispensa de pagamento, por serem em benefício do consumidor, embora não previstos em lei, são atos lícitos, conforme entendimento pacífico da jurisprudência.

RESPOSTA

A) O CDC em nenhum momento proíbe a publicidade comparativa, e, dado o caráter geral que o marca, não aborda tema tão específico quanto a entrega de produto por motociclista.

✓ A Lei Federal n. 12.436/2011 proíbe expressamente, sob pena de multa de R$ 300,00 (trezentos reais) a R$ 3.000,00 (três mil reais) ao empregador ou tomador de serviço, oferecer prêmios por cumprimento de metas por número de entregas ou prestação de serviço; prometer dispensa de pagamento ao consumidor, no caso de fornecimento de produto ou prestação de serviço fora do prazo ofertado para a sua entrega ou realização; ou estabelecer competição entre motociclistas, com o objetivo de elevar o número de entregas ou de prestação de serviço. Com relação à publicidade comparativa, como não há vedação no CDC a respeito do tema, ela é admitida, respeitados os parâmetros previstos no próprio Código, sobretudo no princípio insculpido no art. 4º, VI, assim como na legislação correlata.

C) Tendo em vista as disposições da Lei Federal n. 12.436/2011, a referida dispensa de pagamento é ilícita e não há vedação à publicidade comparativa no CDC.

D) A oferta do benefício de dispensa do pagamento é expressamente vedada por lei (Lei Federal n. 12.436/2011.

(XXI Exame de Ordem Unificado / FGV) O Banco X enviou um cartão de crédito para Jeremias, com limite de R$ 10.000,00 (dez mil reais), para uso em território nacional e no exterior, incluindo seguro de vida e acidentes pessoais, bem como seguro contra roubo e furto, no importe total de R$ 5,00 (cinco reais) na fatura mensal, além da anuidade de R$ 400,00 (quatrocentos reais), parcelada em cinco vezes. Jeremias recebeu a correspondência contendo um cartão bloqueado, o contrato e o informativo de benefícios e ônus. Ocorre que Jeremias não é cliente do Banco X e sequer solicitou o cartão de crédito.

Sobre a conduta da instituição bancária, considerando a situação narrada e o entendimento do STJ expresso em Súmula, assinale a afirmativa correta.

A) Foi abusiva, sujeitando-se à aplicação de multa administrativa, que não se destina ao consunidor, mas não há ilícito civil indenizável, tratando-se de mero aborrecimento, sob pena de se permitir o enriquecimento ilícito de Jeremias.

B) Foi abusiva, sujeita à advertência e não à multa administrativa, salvo caso de reincidência, bem como não gera ilícito indenizável, por não ter havido dano moral *in re ipsa* na hipótese, salvo se houvesse extravio do cartão antes de ser entregue a Jeremias.

C) Foi abusiva e constitui ilícito indenizável em favor de Jeremias, mesmo sem prejuízo comprovado, em razão da configuração de dano moral *in re ipsa* na hipótese, que pode ser cumulada com a aplicação de multa administrativa, que não será fixada em favor do consumidor.

D) Não foi abusiva, pois não houve prejuízo ao consumidor a justificar multa administrativa e nem constitui ilícito indenizável, na medida em que o destinatário pode desconsiderar a correspondência, não desbloquear o cartão e não aderir ao contrato.

RESPOSTA

A) O entendimento do STJ, previsto na Súmula 532, é no sentido de que constitui prática comercial abusiva o envio de cartão de crédito sem prévia e expressa solicitação do consumidor, configurando-se ato ilícito indenizável e sujeito à aplicação de multa administrativa.

B) Não existe advertência no rol das sanções administrativas do art. 56 do CDC, e, nos termos da Súmula 532 do STJ, a conduta da instituição bancária gera ato ilícito indenizável.

✓ A alternativa corresponde ao teor da Súmula 532 do STJ, e as sanções administrativas previstas no CDC, em especial a pecuniária, não revertem para o consumidor.

D) A conduta é abusiva por força do art. 39, III, do CDC e constitui ato ilícito indenizável, segundo a inteligência da Súmula 532 do STJ.

(XXII Exame de Ordem Unificado / FGV) Alvina, condômina de um edifício residencial, ingressou com ação para reparação de danos, aduzindo falha na prestação dos serviços de modernização dos elevadores. Narrou ser moradora do 10º andar e que hospedou parentes durante o período dos festejos de fim de ano. Alegou que o serviço nos elevadores estava previsto para ser concluído em duas semanas, mas atrasou mais de seis semanas, o que implicou falta de elevadores durante o período em que recebeu seus hóspedes, fazendo com que seus convidados, todos idosos, tivessem que utilizar as escadas, o que gerou transtornos e dificuldades, já que os hóspedes deixaram de fazer passeios e outras atividades turísticas diante das dificuldades de acesso. Sentindo-se constrangida e tendo que alterar todo o planejamento de atividades para o período, Alvina afirmou ter sofrido danos extrapatrimoniais decorrentes da mora do fornecedor de serviço, que, ainda que regularmente notificado pelo condomínio, quedou-se inerte e não apresentou qualquer justificativa que impedisse o cumprimento da obrigação de forma tempestiva.

Diante da situação apresentada, assinale a afirmativa correta.

A) Existe relação de consumo apenas entre o condomínio e o fornecedor de serviço, não tendo Alvina legitimidade para ingressar com ação indenizatória, por estar excluída da cadeia da relação consumerista.

B) Inexiste relação consumerista na hipótese, e sim relação contratual regida pelo Código Civil, tendo a multa contratual pelo atraso na execução do serviço cunho indenizatório, que deve servir a todos os condôminos e não a Alvina, individualmente.

C) Existe relação de consumo, mas não cabe ação individual, e sim a perpetrada por todos os condôminos, em litisconsórcio, tendo como objeto apenas a cobrança de multa contratual e indenização coletiva.

D) Existe relação de consumo entre a condômina e o fornecedor, com base da teoria finalista, podendo Alvina ingressar individualmente com a ação indenizatória, já que é destinatária final e quem sofreu os danos narrados.

RESPOSTA

A) Pela teoria finalista, Alvina poderia ser considerada consumidora da prestadora de serviço responsável pela modernização dos elevadores, nos termos do art. 2º, *caput*, do CDC.

B) Há relação de consumo entre Alvina e a prestadora de serviço responsável pela modernização dos elevadores, nos termos dos arts. 2º e 3º do CDC. Ademais, o dano experimentado foi de natureza extrapatrimonial, sofrido exclusivamente por Alvina.

C) A lesão alegada por Alvina foi de natureza extrapatrimonial, e só poderia ser devidamente apurada em sede de ação individual, sendo a reparação a esse tipo de lesão um direito básico do consumidor, assegurado no art. 6º, VI, do CDC.

✓ Alvina é considerada consumidora da prestadora de serviço responsável pela modernização dos elevadores, nos termos do art. 2º, *caput*, do CDC, pela teoria finalista, na medida em que utiliza o serviço em comento na condição de destinatária final, para benefício próprio ou da família, além de ter sofrido os danos alegados, cuja reparação é garantida pelo art. 6º, VI, do CDC.

(XXII Exame de Ordem Unificado / FGV) Mário firmou contrato de seguro de vida e acidentes pessoais, apontando como beneficiários sua esposa e seu filho. O negócio foi feito via telemarketing, com áudio gravado, recebendo informações superficiais a respeito da cobertura completa a partir do momento da contratação, atendido pequeno prazo de carência em caso de morte ou invalidez parcial e total, além do envio de brindes em caso de contratação imediata. Mário contratou o serviço na mesma oportunidade por via telefônica, com posterior envio de contrato escrito para a residência do segurado.

Mário veio a óbito noventa dias após a contratação. Os beneficiários de Mário, ao entrarem em contato com a seguradora, foram informados de que não poderiam receber a indenização securitária contratada, que ainda estaria no período de carência, ainda que a operadora de telemarketing, que vendeu o seguro para Mário, garantisse a cobertura. Verificando o contrato, os beneficiários perceberam o engano de compreensão da informação, já que estava descrito haver período de carência para o evento morte "nos termos da lei civil".

Com base na hipótese apresentada, assinale a afirmativa correta.

A) A informação foi clara por estar escrita, embora mencionada superficialmente pela operadora de telemarketing, e o período de carência é lícito, mesmo nas relações de consumo.

B) A fixação do período de carência é lícita, mesmo nas relações de consumo. Todavia, a informação prestada quanto ao prazo de carência, embora descrita no contrato, não foi clara o suficiente, evidenciando, portanto, a vulnerabilidade do consumidor.

C) A falta de informação e o equívoco na imposição de prazo de carência não são admitidas nas relações de consumo, e sim nas relações genuinamente civilistas.

D) O dever de informação do consumidor foi respeitado, na medida em que estava descrito no contrato, sendo o período de carência instituto ilícito, por se tratar de relação de consumo.

RESPOSTA

A) Informação clara é aquela que pode ser entendida de imediato e com facilidade pelo consumidor, sem a necessidade de qualquer interpretação (art. 2º, § 1º, II, do Decreto n. 5.903/2006), o que não ocorreu no caso sob exame, pois está claro que não foi prestada de maneira a plenamente esclarecer o contratante, ao arrepio do direito básico previsto no art. 6º, III, do CDC.

✓ Prevista no art. 797 do Código Civil, a estipulação dessa cláusula é lícita, mas o problema ocorreu com a transmissão dessa informação, o que reforça a vulnerabilidade informacional do consumidor no caso em questão, reconhecida pelo art. 4º, I, do CDC.

C) O CDC não impede a inserção da cláusula de carência nos contratos dessa natureza, especialmente por existir previsão legal para tanto (art. 797 do Código Civil), mas é fundamental que o consumidor seja clara e adequadamente informado a respeito.

D) O dever de informação não foi respeitado, na medida em que não houve clareza na transmissão do conteúdo dessa importante cláusula por telefone ao consumidor, a qual é plenamente lícita (art. 797 do Código Civil).

(XXIII Exame de Ordem Unificado / FGV) Heitor foi surpreendido pelo recebimento de informação de anotação de seu nome no cadastro restritivo de crédito, em decorrência de suposta contratação de serviços de telefonia e Internet. Heitor não havia celebrado tal contrato, sendo o mesmo fruto de fraude, e busca orientação a respeito de como proceder para rescindir o contrato, cancelar o débito e ter seu nome fora do cadastro negativo, bem como o recebimento de reparação por danos extrapatrimoniais, já que nunca havia tido o seu nome inscrito em tal cadastro.

Com base na hipótese apresentada, na qualidade de advogado(a) de Heitor, assinale a opção que apresenta o procedimento a ser adotado.

A) Cabe o pedido de cancelamento do serviço, declaração de inexistência da dívida e exclusão da anotação indevida, inexistindo qualquer dever de reparação, já que à operadora não foi atribuído defeito ou falha do serviço digital, que seria a motivação para tal pleito.

B) Trata-se de cobrança devida pelo serviço prestado, restando a Heitor pagar imediatamente e, somente assim, excluir a anotação de seu nome em cadastro negativo, e, então, ingressar com a medida judicial, comprovando que não procedeu com a contratação e buscando a rescisão do contrato irregular com devolução em dobro do valor pago.

C) Heitor não pode ser considerado consumidor em razão da ausência de vinculação contratual verídica e válida que consagre a relação consumerista, afastando-se os elementos principiológicos e fazendo surgir a responsabilidade civil subjetiva da operadora de telefonia e Internet.

D) Heitor é consumidor por equiparação, aplicando-se a teoria do risco da atividade e devendo a operadora suportar os riscos do contrato fruto de fraude, caso não consiga comprovar a regularidade da contratação e a consequente reparação pelos danos extrapatrimoniais in re ipsa, além da declaração de inexistência da dívida e da exclusão da anotação indevida.

RESPOSTA

A) É consolidado no STJ o entendimento de que a própria inclusão ou manutenção equivocada do nome do consumidor em cadastro negativo configura o dano moral in re ipsa, ou seja, dano vinculado à própria existência do fato ilícito, cujos resultados são presumidos, portanto, existiria o dever de reparação.

B) Na medida em que o serviço nunca havia sido contratado por Heitor, a cobrança é manifestamente indevida, não existindo obrigação de pagamento por faltar um dos elementos básicos do contrato que é o acordo de vontades.

C) Heitor é sim consumidor por equiparação, nos termos do art. 29 do CDC, exposto à prática comercial lesiva da cobrança indevida e a operadora responde objetivamente pelos danos causados, sendo essa a regra geral do CDC.

✓ Conforme já observado, Heitor é consumidor por equiparação e a operadora somente não suportará os riscos do contrato se comprovar que a contratação ocorrerá de maneira irregular. Caso contrário, terá que o indenizar pelo dano extrapatrimonial presumido (in re ipsa), em razão da irregular anotação em cadastro negativo, além de assegurar a exclusão dessa anotação indevida.

(XXIII Exame de Ordem Unificado / FGV) Vera sofreu acidente doméstico e, sentindo fortes dores nas costas e redução da força dos membros inferiores, procurou atendimento médico-hospitalar. A equipe médica prescreveu uma análise neurológica que, a partir dos exames de imagem, evidenciaram uma lesão na coluna. O plano de saúde, entretanto, negou o procedimento e o material, aduzindo negativa de cobertura, embora a moléstia estivesse prevista em contrato.

Vera o(a) procura como advogado(a) a fim de saber se o plano de saúde poderia negar, sob a justificativa de falta de cobertura contratual, algo que os médicos informaram ser essencial para a diagnose correta da extensão da lesão da coluna.

Neste caso, à luz da norma consumerista e do entendimento do STJ, assinale a afirmativa correta.

A) O contrato de plano de saúde não é regido pelo Código do Consumidor e sim, exclusivamente, pelas normas da Agência Nacional de Saúde, o que impede a interpretação ampliativa, sob pena de comprometer a higidez econômica dos planos de saúde, respaldada no princípio da solidariedade.

B) O plano de saúde pode se negar a cobrir o procedimento médico-hospitalar, desde que possibilite o reembolso de material indicado pelos profissionais de medicina, ainda que imponha limitação de valores e o reembolso se dê de forma parcial.

C) O contrato de plano de saúde é regido pelo Código do Consumidor e os planos de saúde apenas podem estabelecer para quais moléstias oferecerão cobertura, não lhes cabendo limitar o tipo de tratamento que será prescrito, incumbência essa que pertence ao profissional da medicina que assiste ao paciente.

D) O contrato de plano de saúde é regido pelo Código do Consumidor e, resguardados os direitos básicos do consumidor, os planos de saúde podem estabelecer para quais moléstias e para que tipo de tratamento oferecerão cobertura, de acordo com a categoria de cada nível contratado, sem que isso viole o CDC.

RESPOSTA

A) Estando claramente presentes os elementos de uma relação de consumo (consumidor, fornecedor e serviço), não há como se afastar a aplicação do CDC aos contratos de plano de saúde, o que foi ratificado pelo STJ por meio da Súmula 469, que assim dispõe: "Aplica-se o Código de Defesa do Consumidor aos contratos de plano de saúde".

B) Existindo previsão contratual e imposição legal (rol) de cobertura, o plano de saúde não pode se negar a cobrir determinado procedimento, o que seria considerado prática abusiva nos termos do CDC. Ainda que houvesse previsão contratual nesse sentido, essa seria abusiva e nula de pleno direito, nos termos do art. 51 do referido diploma legal.

✓ Respeitada a regulamentação vigente (rol da Agência Nacional de Saúde Suplementar), os planos de saúde podem limitar apenas as moléstias às quais assegurarão cobertura, mas não o tratamento correspondente, sendo esse o posicionamento mais frequente do STJ, até por força de interpretação extensiva da Súmula 302: "É abusiva a cláusula contratual de plano de saúde que limita no tempo a internação hospitalar do segurado".

D) Conforme já indicado, o STJ considera que a limitação ao tipo de tratamento viola o CDC.

(XXIV Exame de Ordem Unificado / FGV) Os arquitetos Everton e Joana adquiriram pacote de viagens para passar a lua de mel na Europa, primeira viagem internacional do casal. Ocorre que o trajeto do voo previa conexão em um país que exigia visto de trânsito, tendo havido impedimento do embarque dos noivos, ainda no Brasil, por não terem o visto exigido. O casal questionou a agência de turismo por não ter dado qualquer explicação prévia nesse sentido, e a fornecedora informou que não se responsabilizava pela informação de necessidade de visto para a realização da viagem.

Diante do caso apresentado, assinale a afirmativa correta.

A) Cabe ação de reparação por danos extrapatrimoniais, em razão da insuficiência de informação clara e precisa, que deveria ter sido prestada pela agência de turismo, no tocante à necessidade de visto de trânsito para a conexão internacional prevista no trajeto.

B) Não houve danos materiais a serem ressarcidos, já que os consumidores sequer embarcaram, situação muito diferente de terem de retornar, às próprias expensas, diretamente do país de conexão, interrompendo a viagem durante o percurso.

C) Não ocorreram danos extrapatrimoniais por se tratar de pessoas que tinham capacidade de leitura e compreensão do contrato, sendo culpa exclusiva das próprias vítimas a interrupção da viagem por desconhecerem a necessidade de visto de trânsito para realizarem a conexão internacional.

D) Houve culpa exclusiva da empresa aérea que emitiu os bilhetes de viagem, não podendo a agência de viagem ser culpabilizada, por ser o comerciante responsável subsidiariamente e não responder diretamente pelo fato do serviço.

RESPOSTA

✓ É direito básico do consumidor que lhe sejam prestadas informações adequadas e claras (art. 6º, III, CDC), o que não ocorreu no caso em tela, situação essa que fez com que o casal experimentasse uma frustração sem igual, pois se trata de uma situação que só ocorre uma vez na vida (lua de mel), existindo claramente o dano extrapatrimonial, sendo igualmente direito básico do consumidor a efetiva reparação desse tipo de dano (art. 6º, VI, CDC).

B) A existência do dano material também pode ser inferida a partir do enunciado, na medida em que é sabido que existem custos no caso do cancelamento dos serviços adquiridos (passagens e hospedagem), os quais não seriam mais fruídos pelo casal.

C) Todo consumidor é reconhecidamente vulnerável (art. 4º, I, CDC) e, assim, cabia à agência de viagem, detentora de todas as informações sobre o pacote e, mais do que isso, conhecedora da dinâmica do serviço, alertar clara, adequada e precisamente aos consumidores a necessidade do visto de trânsito no local de conexão.

D) Não se trata de fato do serviço, mas sim de vício de qualidade do serviço prestado (art. 20, CDC), sendo a responsabilidade civil, nesse caso, solidária, até mesmo por força do art. 25, § 1º, do referido diploma legal.

(XXIV Exame de Ordem Unificado / FGV) Osvaldo adquiriu um veículo zero quilômetro e, ao chegar a casa, verificou que, no painel do veículo, foi acionada a indicação de problema no nível de óleo. Ao abrir o capô, constatou sujeira de óleo em toda a área. Osvaldo voltou imediatamente à concessionária, que realizou uma rigorosa avaliação do veículo e constatou que havia uma rachadura na estrutura do motor, que, por isso, deveria ser trocado. Oswaldo solicitou um novo veículo, aduzindo que optou pela aquisição de um zero quilômetro por buscar um carro que tivesse toda a sua estrutura "de fábrica".

A concessionária se negou a efetuar a troca ou devolver o dinheiro, alegando que isso não descaracterizaria o veículo como novo e que o custo financeiro de faturamento e outras medidas administrativas eram altas, não justificando, por aquele motivo, o desfazimento do negócio.

No mesmo dia, Osvaldo procura você, como advogado, para orientá-lo. Assinale a opção que apresenta a orientação dada.

A) Cuida-se de vício do produto, e a concessionária dispõe de até trinta dias para providenciar o reparo, fase que, ordinariamente, deve preceder o direito do consumidor de pleitear a troca do veículo.

B) Trata-se de fato do produto, e o consumidor sempre pode exigir a imediata restituição da quantia paga, sem prejuízo de pleitear perdas e danos em juízo.

C) Há evidente vício do produto, sendo subsidiária a responsabilidade da concessionária, devendo o consumidor ajuizar a ação de indenização por danos materiais em face do fabricante.

D) Trata-se de fato do produto, e o consumidor não tem interesse de agir, pois está no curso do prazo para o fornecedor sanar o defeito.

RESPOSTA

✓ Trata-se de vício do produto previsto no art. 18 do CDC e, assim, o consumidor deve entregar o produto para que o fornecedor, no prazo de até 30 (trinta) dias, realize o devido reparo, o qual, se não for realizado, resulta na possibilidade de o consumidor se valer da tríplice escolha prevista no § 1º do referido dispositivo, sendo uma delas a troca do produto por outro em perfeitas condições.

B) Como não há qualquer informação na questão sobre o fato de o produto ser defeituoso, ou seja, quando não oferece a segurança que dele legitimamente se espera, não se trata de responsabilidade civil pelo fato do produto (art. 12, CDC), mas sim pelo vício do produto (art. 18, CDC).

C) Em se tratando de responsabilidade pelo vício do produto, o *caput* do art. 18 do CDC é claro ao preconizar que a responsabilidade civil daí decorrente é solidária entre todos os que fazem parte da cadeia de fornecimento, ou seja, tanto a concessionária quanto o fabricante poderiam ser responsabilizados.

D) Como não há qualquer informação na questão sobre o fato de o produto ser defeituoso, ou seja, quando não oferece a segurança que dele legitimamente se espera, não se trata de responsabilidade civil pelo fato do produto (art. 12, CDC), mas sim pelo vício do produto (art. 18, CDC).

(XXV Exame de Ordem Unificado / FGV) Petrônio, servidor público estadual aposentado, firmou, em um intervalo de seis meses, três contratos de empréstimo consignado com duas instituições bancárias diferentes, comprometendo 70% (setenta por cento) do valor de aposentadoria recebido mensalmente, o que está prejudicando seu sustento, já que não possui outra fonte de renda. Petrônio procura orientação de um advogado para saber se há possibilidade de corrigir o que alega ter sido um engano de contratação de empréstimos sucessivos.

Partindo dessa situação, à luz do entendimento do Superior Tribunal de Justiça, assinale a afirmativa correta.

A) Não há abusividade na realização de descontos superiores a 50% (cinquenta por cento) dos rendimentos do consumidor para fins de pagamento de prestação dos empréstimos quando se tratar de contratos firmados com fornecedores diferentes, como no caso narrado.

B) O consumidor não pode ser submetido à condição de desequilíbrio na relação jurídica, sendo nulas de pleno direito as cláusulas contratuais do contrato no momento em que os descontos ultrapassam metade da aposentadoria do consumidor.

C) Os descontos a título de crédito consignado, incidentes sobre os proventos de servidores, como é o caso de Petrônio, devem ser limitados a 30% (trinta por cento) da remuneração, em razão da sua natureza alimentar e do mínimo existencial.

D) Tratando-se de consumidor hipervulnerável pelo fator etário, os contratos dependem de anuência de familiar, que deve assinar conjuntamente ao idoso, não podendo comprometer mais do que 20% (vinte por cento) do valor recebido a título de aposentadoria.

RESPOSTA

A) Os aposentados estão sujeitos à limitação legal de 30% (trinta por cento) do valor dos benefícios imposta pela Lei n. 10.820/2003 quando da contratação de empréstimos consignados, pouco importando a quantidade de fornecedores do crédito, e, se extrapolado tal limite, a instituição financeira correspondente perderá todas as garantias asseguradas pela referida Lei.

B) Como asseverado anteriormente, o limite legalmente estabelecido é de 30% (trinta por cento) do valor dos benefícios e, dessa forma, a condição de desequilíbrio já se apresentaria após a superação desse limite.

✓ A limitação legal de 30% (trinta por cento) do valor dos benefícios imposta pela Lei n. 10.820/2003 tem por objetivo justamente assegurar a dignidade do consumidor e o atendimento das necessidades básicas dele, em consonância com o *caput* do art. 4º do CDC.

D) Não há a exigência de anuência familiar para a contratação desses empréstimos se o consumidor encontra-se no gozo da capacidade civil plena, assim como o limite constante da alternativa está incorreto, em descompasso com a supracitada Lei.

(XXV Exame de Ordem Unificado / FGV) Eloá procurou o renomado Estúdio Max para tratamento de restauração dos fios do cabelo, que entendia muito danificados pelo uso de químicas capilares. A proposta do profissional empregado do estabelecimento foi a aplicação de determinado produto que acabara de chegar ao mercado, da marca mundialmente conhecida Ops, que promovia uma amostragem inaugural do produto em questão no próprio Estúdio Max.

Eloá ficou satisfeita com o resultado da aplicação pelo profissional no estabelecimento, mas, nos dias que se seguiram, observou a queda e a quebra de muitos fios de cabelo, o que foi aumentando progressivamente. Retornando ao Estúdio, o funcionário que a havia atendido informou-lhe que poderia ter ocorrido reação química com outro produto utilizado por Eloá anteriormente ao tratamento, levando aos efeitos descritos pela consumidora, embora o produto da marca Ops não apontasse contraindicações.

Eloá procurou você como advogado(a), narrando essa situação.

Neste caso, assinale a opção que apresenta sua orientação.

A) Há evidente fato do serviço executado pelo profissional, cabendo ao Estúdio Max e ao fabricante do produto da marca Ops, em responsabilidade solidária, responderem pelos danos suportados pela consumidora.

B) Há evidente fato do produto; por esse motivo, a ação judicial poderá ser proposta apenas em face da fabricante do produto da marca Ops, não havendo responsabilidade solidária do comerciante Estúdio Max.

C) Há evidente fato do serviço, o que vincula a responsabilidade civil subjetiva exclusiva do profissional que sugeriu e aplicou o produto, com base na teoria do risco da atividade, excluindo-se a responsabilidade do Estúdio Max.

D) Há evidente vício do produto, sendo a responsabilidade objetiva decorrente do acidente de consumo atribuída ao fabricante do produto da marca Ops e, em caráter subsidiário, ao Estúdio Max e ao profissional, e não do profissional que aplicou o produto.

RESPOSTA

✓ Trata-se claramente de responsabilidade pelo fato e não de responsabilidade pelo vício, na medida em que tanto o produto quanto o serviço não ofereceram a segurança que deles legitimamente a consumidora esperava (arts. 12 e 14 do CDC). Como tanto o fabricante do produto, ainda em fase embrionária no mercado, quanto o salão de beleza que se dispõe a utilizá-lo nesse momento têm sua parcela de contribuição no evento danoso, por força do disposto no parágrafo único do art. 7º do CDC, ambos serão solidariamente responsáveis pela reparação dos danos suportados pela consumidora.

B) O salão não é mero comerciante, mas sim prestador de serviço no caso e, pelo relato, contribuiu para o evento danoso ao recomendar um produto em estágio inicial de mercado para a consumidora que já vinha enfrentando problemas.

C) O profissional que atua no salão não se enquadra na exceção prevista no § 4º do art. 14 do CDC e, dessa forma, a responsabilidade civil seria objetiva e do próprio Estúdio Max.

D) Não há que se falar em mero vício do produto, pois esse não ofereceu a segurança que dele legitimamente a consumidora esperava, o que lhe causou um dano, ensejando a responsabilidade civil pelo fato do produto e do serviço (arts. 12 e 14 do CDC).

Direito Ambiental

Erika Bechara

Doutora e Mestre em Direitos Difusos e Coletivos – Subárea Direito Ambiental – pela PUC-SP. Professora de Direito Ambiental da Graduação e da Especialização da PUC-SP, com diversos livros e artigos publicados sobre o tema. Professora no Saraiva Aprova. Sócia do escritório Szazi Bechara Storto Rosa Figueiredo Lopes Advogados, com atuação preponderante em Terceiro Setor, Meio Ambiente e Responsabilidade Social.

Sumário

rio; 6.2.3. Sanções administrativas ambientais e medidas administrativas acautelatórias; 6.2.3.1. Demolição; 6.2.3.2. Dosagem da sanção; 6.2.4. Prescrição da ação administrativa; 6.2.4.1. Prescrição intercorrente; 6.2.4.2. Prescrição administrativa e reparação do dano; 6.3. Responsabilidade penal ambiental; 6.3.1. Infrações penais ambientais; 6.3.2. Princípio da insignificância aplicado aos crimes ambientais; 6.3.3. Responsabilidade penal da pessoa jurídica; 6.3.3.1. Requisitos; 6.3.3.2. Dupla imputação; 6.3.3.3. Sanções penais aplicáveis às pessoas jurídicas; 6.3.4. Medidas alternativas; 6.3.4.1. Transação penal; 6.3.4.2. Suspensão condicional do processo – 7. Processo civil ambiental: 7.1. Sistema processual coletivo; 7.2. Legitimidade ativa *ad causam*; 7.2.1. Pertinência temática como requisito da legitimidade ativa das associações civis; 7.3. Competência jurisdicional; 7.3.1. Competência da Justiça Federal; 7.4. Inquérito civil; 7.5. Coisa julgada; 7.5.1. Transporte *in utilibus* da coisa julgada coletiva e da sentença penal condenatória; 7.6. Termo de Ajustamento de Conduta – TAC; 7.6.1. Natureza jurídica; 7.6.2. Legitimidade – Referências bibliográficas – Questões.

1. INTRODUÇÃO AO DIREITO AMBIENTAL E PRINCÍPIOS

1.1. Meio ambiente na CF/88

A Constituição Federal de 1988 foi a primeira das oito constituições brasileiras a tratar da defesa do meio ambiente, dedicando todo um capítulo ao tema (art. 225 e parágrafos).

O texto constitucional declara que o meio ambiente ecologicamente equilibrado é **essencial à sadia qualidade de vida**, sendo, por esta razão, um **direito fundamental** de toda a coletividade (direito de 3ª geração), que deve ser garantido para as presentes e futuras gerações (princípio da solidariedade intergeracional).

Para assegurar esse direito, a Constituição impõe ao Poder Público uma série de obrigações, tais como: (i) preservar e restaurar os processos ecológicos essenciais e prover o manejo ecológico das espécies e ecossistemas; (ii) preservar a biodiversidade; (iii) criar espaços territoriais especialmente protegidos; (iv) exigir e publicizar estudo prévio de impacto ambiental para a instalação de obras ou atividades potencialmente causadoras de impacto ambiental significativo; (v) controlar a produção, a comercialização e o emprego de técnicas, métodos e substâncias que comportem risco para a vida, qualidade de vida e meio ambiente; (vi) promover a educação e a conscientização ambiental; (vii) proteger a fauna e a flora, coibindo as práticas que coloquem em risco sua função ecológica, provoquem a extinção de espécies ou submetam os animais à crueldade.

Além disso, estabelece regras de prevenção, reparação e repressão do dano ambiental, dirigidas a pessoas físicas e jurídicas em geral, como: (i) imposição àquele que explorar recursos naturais do dever de recuperar o meio ambiente degradado, conforme solução técnica aprovada pelo órgão público competente; (ii) responsabilização civil, penal e administrativa das pessoas físicas e jurídicas que praticarem atos lesivos ao meio ambiente; e (iii) exigência de que a localização de usinas que operem com reator nuclear esteja prevista em lei. E declara como patrimônio nacional importantes regiões e biomas brasileiros – Floresta Amazônica, Mata Atlântica, Serra do Mar, Pantanal Mato-Grossense e Zona Costeira, determinando que a sua utilização se dará na forma da lei, dentro de condições que assegurem a preservação do meio ambiente.

Cumpre mencionar, ainda, os arts. 215 e 216, que cuidam da proteção do patrimônio cultural material e imaterial (meio ambiente cultural); o art. 182, que trata da política de desenvolvimento urbano, com o objetivo de ordenar o pleno desenvolvimento das funções sociais da cidade e garantir o bem-estar de seus habitantes (meio ambiente artificial); o art. 170, VI, que inclui a defesa do meio ambiente entre os princípios da ordem econômica; o art. 186, II, que atrela o cumprimento da função social da propriedade rural à utilização adequada dos recursos naturais e preservação do meio ambiente; o art. 129, III, que inclui dentre as funções institucionais do Ministério Público a promoção do inquérito civil e ação civil pública para a defesa do meio ambiente; e o art. 5º, LXXIII, que prevê a ação popular ambiental, a ser ajuizada por qualquer cidadão em prol do meio ambiente.

1.2. Legislação ambiental

Não existe no Brasil um "Código Ambiental". Isso não significa que não existe um robusto conjunto normativo destinado à proteção do meio ambiente.

Além da Constituição Federal, há muitas outras leis, decretos e resoluções dos conselhos de meio ambiente, na esfera nacional, estadual e municipal, voltadas à proteção do meio ambiente, cabendo destacar a **Lei da Política Nacional do Meio Ambiente – PNMA (Lei n. 6.938/81)**, que alberga os mais importantes princípios, diretrizes e instrumentos de proteção do equilíbrio ambiental e institui o **Sisnama – Sistema Nacional do Meio Ambiente**, composto pelos órgãos e entidades da União, Estados, DF e Municípios responsáveis pela proteção da qualidade ambiental, mediante a formulação e execução de diretrizes e políticas governamentais para o meio ambiente, estabelecimento de padrões de controle da poluição e fiscalização de atividades capazes de causar degradação ambiental.

Também integram o ordenamento jurídico-ambiental, a título de exemplo, as seguintes leis: Crimes Ambientais (Lei n. 9.605/98); Código Florestal (Lei n. 12.651/2012); Política Nacional de Resíduos Sólidos (Lei n. 12.305/2010); Sistema Nacional das Unidades de Conservação (Lei n. 9.985/2000); Política Nacional de Recursos Hídricos (Lei n. 9.433/97); Biodiversidade (Lei n. 13.123/2015); Agrotóxicos (Lei n. 7.802/89); e Proteção à Fauna (Lei n. 5.197/67).

1.3. Classificação do meio ambiente

A Lei da Política Nacional de Meio Ambiente (Lei n. 6.938/81) define meio ambiente como o "conjunto de condições, leis, influências e interações de ordem física, química e biológica, que permite, abriga e rege a vida em todas as suas formas" (art. 3º, I).

Sem negar a unicidade do meio ambiente, a doutrina o subdivide, para fins de estudo, em meio ambiente natural, meio ambiente artificial, meio ambiente cultural e meio ambiente do trabalho.

O **meio ambiente natural** refere-se ao espaço composto pelos elementos da Natureza, tais como flora, fauna, micro-organismos, águas, atmosfera, solo e subsolo, os quais interagem entre si para assegurar o equilíbrio dos ecossistemas.

O **meio ambiente artificial** refere-se ao espaço construído pelo engenho humano – a cidade –, que proporciona aos seus habitantes as condições para o exercício de funções básicas como morar, trabalhar, circular e recrear-se.

O **meio ambiente cultural** é composto pelos elementos naturais e artificiais, materiais e imateriais, portadores de referências à identidade, à ação e à memória dos grupos formadores da sociedade brasileira, que revelam, portanto, a cultura, a história e a forma de viver, fazer e criar das gerações passadas de nossa civilização.

O **meio ambiente do trabalho** consiste no local onde as pessoas desenvolvem suas atividades laborais, e cuja salubridade deve ser permanentemente mantida com vistas a evitar o desenvolvimento de doenças e preservar a saúde física e mental do trabalhador.

1.4. Princípios ambientais

Os princípios jurídicos veiculam valores fundamentais e, por isso, constituem a **base de um sistema normativo**, que orientam a elaboração, interpretação e aplicação das regras de proteção dos bens jurídicos. Por isso é comum que todos os ramos do Direito tenham seus princípios, que vão nortear as construções doutrinárias e as decisões administrativas e judiciais afetas à área.

O Direito Ambiental, como ramo autônomo do Direito, tem seus próprios princípios, que encontramos ora explícitos nas Declarações Internacionais de Meio Ambiente (Estocolmo/72 e Rio de Janeiro/92), na Constituição Federal e na Lei da Política Nacional do Meio Ambiente (podendo estar também em outras leis específicas), ora implícitos no ordenamento jurídico. Explícitos ou implícitos, todos são de suma importância e devem prevalecer sobre as demais regras jurídicas, em caso de conflito, e devem preencher lacunas em caso de omissão normativa.

Dentre os princípios ambientais conhecidos, merecem destaque:

1.4.1. Desenvolvimento sustentável

As atividades destinadas a atender demandas da sociedade por bens e serviços ou a promover o crescimento econômico, como a mineração, a construção de estradas, rodovias, aeroportos e a supressão de vegetação para o desenvolvimento da agropecuária, podem, por vezes, comprometer a qualidade do meio ambiente e a disponibilidade dos recursos naturais e, consequentemente, a saúde, o bem-estar e a qualidade de vida das pessoas.

Como a coletividade tem a necessidade e o direito inalienável ao desenvolvimento, mas também a necessidade e o direito inalienável ao meio ambiente ecologicamente equilibrado, é preciso buscar e implementar mecanismos que possibilitem a **convivência desses direitos**, já que um não pode se sobrepor ao outro.

Visando a harmonização entre os mencionados direitos, o princípio do desenvolvimento sustentável determina que as atividades e empreendimentos que possam comprometer o equilíbrio ecossistêmico adotem, em sua implantação e operação, as **melhores práticas de gestão ambiental**, impedindo a degradação do meio ambiente, e a mais avançada tecnologia para garantir o **uso racional dos recursos naturais**, evitando o seu esgotamento.

O princípio em questão está positivado na Lei n. 6.938/81, que em seu art. 4º dispõe que a PNMA visará, dentre outros, "à compatibilização do desenvolvimento econômico-social com a preservação da qualidade do meio ambiente e do equilíbrio ecológico" (inciso I), e "à preservação e restauração dos recursos ambientais com vistas à sua utilização racional e disponibilidade permanente, concorrendo para a manutenção do equilíbrio ecológico propício à vida" (inciso VI).

1.4.2. Prevenção

Entendendo que a forma mais eficiente de se resguardar o direito da coletividade ao meio ambiente ecologicamente equilibrado é evitando as ações e omissões de terceiros (aí incluído o Poder Púbico) que possam feri-lo, diminuí-lo ou aniquilá-lo, o princípio da prevenção exige que todas as iniciativas, obras ou atividades que possam causar um dano ambiental sejam impedidas ou interrompidas **antes que o dano se concretize**.

Via de regra, os danos ambientais são irreversíveis ou de difícil reparação. Uma espécie animal ou vegetal que venha a ser extinta, por exemplo, significará um dano incontornável, pois não há medidas que possam ser adotadas para trazê-la de volta; da mesma forma, uma área que venha a ser contaminada por lixo tóxico levará muitos anos para ser saneada, ou uma área de vegetação nativa desmatada levará anos para ser reflorestada e atingir suas feições originais. Se os danos ambientais não forem evitados, como determina o princípio da prevenção, a coletividade sofrerá com a perda da qualidade ecossistêmica por um longo período ou, nos casos mais graves, para sempre.

O princípio da prevenção tem aplicação no campo **legislativo** (em leis que criam instrumentos preventivos, tais como o licenciamento ambiental), **administrativo** (em políticas públicas e ações de fiscalização) e **judicial** (em liminares que determinam a suspensão de obras e atividades diante da probabilidade de dano ambiental).

1.4.3. Precaução

O princípio da precaução, tal como o princípio da prevenção, objetiva **evitar danos ambientais**. Mas os princípios não devem ser confundidos.

> O **princípio da prevenção** incide quando se pode afirmar, em vista do conhecimento científico existente, que ocorrerá um dano ambiental se uma determinada obra ou atividade for realizada. Já o **princípio da precaução** incide quando não se tem a certeza científica sobre o dano, mas, apesar disso, há elementos suficientemente precisos e verossímeis para indicar a probabilidade de sua ocorrência.

Se, em determinadas situações, o estado da arte não permite que se afirme com razoável certeza que uma determinada obra ou atividade trará um dano ambiental, mas também não permite que se afirme com razoável certeza que esta obra ou atividade será inofensiva para o meio ambiente, deve-se adotar a máxima ***in dubio pro ambiente*** para impedir a obra ou atividade que se suspeita lesiva ou determinar seja ela desenvolvida com cautela redobrada e cuidados adicionais, até que se possa constatar a ausência de riscos intoleráveis.

1.4.4. Informação ambiental

O princípio da informação ambiental visa garantir que a coletividade tenha **conhecimento pleno** das questões relacionadas ao meio ambiente, e, com tal conhecimento, possa **formar opinião sobre os problemas ambientais** e participar, de forma consciente e embasada, das discussões e deliberações que possam repercutir no equilíbrio ecossistêmico e em sua qualidade de vida.

Para a efetivação deste princípio cabe ao Poder Público franquear a todos os cidadãos informações claras e objetivas sobre o estado atual do meio ambiente e sobre os eventos, elementos, atividades e decisões que possam ter reflexos ambientais.

Este princípio é instrumentalizado pela Lei n. 10.650/2003, chamada de **"Lei de Acesso à Informação Ambiental"**, que assegura o acesso de qualquer cidadão, **independentemente da comprovação de interesse específico**, aos dados e informações ambientais existentes nos órgãos e entidades integrantes do Sistema Nacional do Meio Ambiente – Sisnama, relacionados, exemplificativamente, a políticas, planos e programas potencialmente causadores de impacto ambiental; acidentes, situações de risco ou de emergência ambientais; emissões de efluentes líquidos e gasosos, e produção de resíduos sólidos; substâncias tóxicas e perigosas; pedidos e concessões de licenças ambientais; autos de infração e respectivas penalidades; celebração de termos de compromisso de ajustamento de conduta; e recursos interpostos em processo administrativo ambiental e respectivas decisões (art. 2º). O acesso à informação somente poderá ser limitado para preservar o **sigilo** comercial, industrial, financeiro ou qualquer outro sigilo protegido por lei, bem como o relativo às comunicações internas dos órgãos e entidades governamentais (art. 2º, § 2º).

Além das informações fornecidas mediante solicitação, a Lei n. 10.650/2003 estabelece que o órgão ambiental deverá publicar no Diário Oficial e disponibilizar no respectivo órgão, em local de fácil acesso ao público, listagens e relações contendo dados sobre pedidos de licenciamento, renovação e concessão; pedidos e licenças para supressão de vegetação; autos de infração e penalidades aplicadas; celebração de termos de ajustamento de conduta; registro de apresentação de estudos de impacto ambiental, sua aprovação ou rejeição etc. (art. 4º).

1.4.5. Participação popular

Se o meio ambiente ecologicamente equilibrado é direito e interesse de todos, é de se esperar que todos possam intervir nas macroquestões ambientais relacionadas à definição e implantação de normas e políticas públicas, e em alguns casos, em microquestões ambientais relacionadas à tomada de decisões administrativas pontuais que terão repercussão positiva ou negativa no ambiente.

Há diversas formas de se assegurar participação da coletividade nas questões ambientais, dentre as quais: reservar assento à sociedade civil organizada nos conselhos de políticas públicas, como o Conselho Nacional de Meio Ambiente (Conama) e nos conselhos estaduais e municipais; outorgar aos indivíduos e às entidades da sociedade civil legitimidade para propositura de ações judiciais ambientais; promover consultas/audiências públicas sobre temas ambientais relevantes (p. ex., criação de unidades de conservação e licenciamento de empreendimentos de significativo impacto ambiental), abrindo-se espaço para a manifestação dos participantes como também levando-se em consideração, nas decisões, as contribuições apresentadas.

1.4.6. Poluidor-pagador

As atividades econômicas e industriais produzem **externalidades positivas e negativas**, entendendo-se como externalidades positivas os **benefícios** gerados à sociedade, sem que se lhes cobre diretamente por isso, e externalidades negativas, os **malefícios** provocados à sociedade, sem compensá-la por isso.

As externalidades ambientais negativas das atividades econômicas e industriais são os danos que a coletividade, mesmo não lhes tendo dado causa, acaba por suportar, pelo fato de o verdadeiro responsável não tê-las internalizado. É o caso da indústria que lança seus efluentes (resíduos) nos rios, sem qualquer tratamento prévio, gerando a contaminação da água e a morte da fauna e flora aquática – quem sofre as consequências deste ato é a coletividade, não a indústria, por isso a poluição, aqui, é considerada uma externalidade ambiental negativa.

Para enfrentar a injustiça da situação que impõe as consequências lesivas de uma atividade àqueles que não foram responsáveis para a sua ocorrência, o princípio do poluidor-pagador determina a **internalização das externalidades ambientais negativas**, de forma que os prejuízos não sejam mais sentidos pela sociedade e sim pelo seu real causador.

Com vistas à internalização das externalidades ambientais negativas, o princípio do poluidor-pagador preconiza que: (i) as medidas de contenção da degradação exigidas dos empreendimentos potencialmente poluidores, por força do princípio da prevenção (cf. item 1.4.2. acima), sejam custeadas pelo próprio empreendedor, e (ii) as medidas de reparação e/ou indenização dos danos ambientais causados, quando a prevenção falhar, sejam suportadas pelo próprio degradador. De forma simplista e certeira, este princípio obriga o poluidor a "a arcar com as despesas de prevenção dos danos contra o meio ambiente e com sua reparação" (FREITAS, 2005, p. 45) – ou, melhor dizendo: os custos da poluição evitada e da poluição causada não cabem ao Estado ou à sociedade, mas ao próprio poluidor.

1.4.7. Usuário-pagador

O princípio do usuário-pagador preceitua que aquele que **utilizar recursos ambientais com fins econômicos ou utilizar de forma privativa recursos ambientais escassos** deve pagar uma contribuição financeira à coletividade, ainda que de forma indireta, pois esta coletividade, verdadeira titular dos bens ambientais, é quem sofre as consequências desse uso privado, seja por deixar de usufruir dos bens que seria de seu direito usufruir, seja por correr o risco de esgotamento desses bens.

O princípio do usuário-pagador está positivado na Lei n. 6.938/81, que afirma que a PNMA visará à imposição, "ao usuário, da contribuição pela utilização de recursos ambientais com fins econômicos" (art. 4º, VII). Mas vale lembrar que o princípio merece uma interpretação mais ampla do que a estabelecida na norma, para também abranger a contribuição pela utilização de recursos ambientais mesmo sem finalidade econômica, quando estes forem finitos ou limitados. Afinal, um dos principais objetivos do princípio em comento é evitar a escassez dos bens ambientais, sendo que o sobreúso, seja ele decorrente das atividades econômicas ou das não econômicas, pode redundar no esgotamento dos recursos naturais.

A contribuição financeira deve ser paga pelo usuário ao Poder Público para que este, na qualidade de gestor dos bens ambientais, possa destinar o valor recebido às medidas de proteção desses bens.

A **cobrança pelo uso da água** (Lei n. 9.433/97, arts. 19 a 22) é o exemplo mais conhecido de aplicação do princípio do usuário-pagador: aquele que captar água para fins industriais, agrícolas, abastecimento público ou utilizar a água para diluição, transporte ou destinação final de resíduos, terá que pagar um valor pelo recurso natural consumido, além da remuneração devida ao Poder Público ou suas concessionárias pelo serviço público de coleta, tratamento e distribuição da água.

O **princípio do usuário-pagador** se distingue do **princípio do poluidor-pagador** na medida em que o primeiro exige uma contribuição financeira daquele que simplesmente utiliza os bens ambientais com fins econômicos, ainda que essa utilização não cause degradação ambiental, enquanto que o segundo exige investimentos daquele que desenvolve uma atividade potencialmente degradadora, para evitar que a degradação em potencial se torne uma degradação concreta e real, assim como exige, daquele que não evitou a degradação, a recomposição do ambiente degradado, tudo para que os custos da poluição sejam suportados por seu causador e não pela sociedade.

2. COMPETÊNCIA AMBIENTAL

As regras sobre fixação e repartição de competência legislativa e administrativas estão nos arts. 21 a 25 e 30 da Constituição Federal.

2.1. Competência e descentralização política

A Federação é a forma de Estado adotada pelo Brasil desde a Proclamação da República (1889), sendo uma de suas principais características a **descentralização política**, ou seja, reconhecimento da autonomia de todos os entes federativos (União, Estados, Distrito Federal e, em nosso país, Municípios) e repartição constitucional de competências legislativas e administrativas entre eles.

2.2. Competência legislativa ambiental

De acordo com a CF/88, a competência legislativa pode ser exclusiva, privativa, concorrente e remanescente, sendo que a competência para legislar sobre meio ambiente, nos termos do **art. 24 do Texto Maior**, é **concorrente**, o que significa dizer que União, Estados e DF podem legislar sobre as "florestas, caça, pesca, fauna, conservação da natureza, defesa do solo e dos recursos naturais, proteção do meio ambiente e controle da poluição" (art. 24, VI); "proteção ao patrimônio histórico, cultural, artístico, turístico e paisagístico" (art. 24, VII) e "responsabilidade por dano ao meio ambiente [...] e a bens e direitos de valor artístico, estético, histórico, turístico e paisagístico" (art. 24, VIII).

Como a competência concorrente autoriza que vários entes políticos editem leis sobre um mesmo assunto, a Constituição delimita os campos de atuação de cada qual, para evitar sobreposição e conflito de normas. Nessa esteira, o art. 24 da CF/88 dispõe caber à União a edição de **normas gerais** (art. 24, § 1º) e aos Estados e DF o exercício da **competência suplementar**. Esta, de seu turno, engloba a **competência complementar**, que prevê o desdobramento das normas gerais, de acordo com a realidade e as especificidades regionais (art. 24, § 2º), e a **competência supletiva**, que prevê o exercício da competência legislativa plena pelos Estados e DF, na ausência de normas gerais nacionais (art. 24, § 3º), mas com a advertência de que a edição posterior de normas gerais pela União sobre o tema determinará a suspensão das normas estaduais ou distritais, naquilo que lhe for contrário (art. 24, § 4º).

As normas gerais ambientais devem veicular princípios, diretrizes e regras que estabeleçam **patamares mínimos de proteção** do meio ambiente, de observância obrigatória em todo o país, por todos os estados e municípios, independentemente de suas peculiaridades e diferenças regionais ou locais. É possível, contudo, que uma norma geral não incida sobre todo o país. Isso ocorrerá quando as situações reguladas pela norma nacional forem verificadas apenas em alguns Estados, Municípios ou regiões mas, mesmo assim, afetarem o interesse geral. Uma norma geral nacional poderá dispor sobre a proteção da Amazônia ou Mata Atlântica ou sobre uma bacia hidrográfica específica ou, ainda, sobre uma espécie animal ou vegetal nativa de um determinado bioma brasileiro, ainda que tais recursos ambientais ocorram em apenas parte do território nacional (MACHADO, 2016, p. 144).

Já as normas suplementares ambientais devem ampliar os patamares mínimos de proteção constantes das normas gerais, **na medida de suas necessidades e particularidades**. Não existe, portanto, hierarquia entre as normas gerais da União e as normas complementares dos Estados e DF, mas sim campos de atuação pré-definidos. Nesse sentido, se a União editar uma norma geral para regular aspectos particulares de um determinado Estado, estará extrapolando a sua competência e invadindo a competência de outro ente político. Logo, a norma geral será inconstitucional por ferir o art. 24, § 1º, da CF.

2.2.1. Competência dos municípios para legislar sobre meio ambiente

Embora os Municípios integrem a Federação, com autonomia política e administrativa e uma série de competências legislativas próprias outorgadas pela Constituição (federalismo de duplo grau), não foram mencionados no art. 24 da CF/88, que disciplina a competência concorrente. Mas alguns fenômenos ambientais ocorrem de forma tão particular e distinta nas diferentes cidades, que somente as esferas municipais poderão lhes dar um tratamento adequado. Por isso, é aceito pela doutrina e jurisprudência dominantes que os **Municípios podem legislar sobre meio ambiente**, seja quando a questão ambiental for de interesse preponderantemente local, nos termos do art. 30, I, da CF/88, seja quando se fizer necessária a complementação das normas gerais ambientais da União e do Estado para atender as peculiaridades locais, nos termos do art. 30, II, da CF/88 (cf. RE 673.681, Rel. Min. Celso de Mello, j. 15-12-2014, e RE 194.704, Rel. Min. Edson Fachin, j. 29-6-2017).

2.3. Competência administrativa ambiental

De acordo com a CF/88, a competência administrativa pode ser exclusiva ou comum, sendo que a competência administrativa ambiental, nos termos do **art. 23 do Texto Constitucional**, é **comum**, o que implica dizer que União, Estados, DF e Municípios podem executar leis e políticas que visem proteger "bens de valor histórico, artístico e cultural, os monumentos, as paisagens naturais notáveis e os sítios arqueológicos" (art. 23, III); "proteger o meio ambiente e combater a poluição em qualquer de suas formas" (art. 23, VI) e "preservar as florestas, a fauna e a flora" (art. 23, VII).

A vantagem do sistema cumulativo de competência é que, caso um dos entes políticos se omita na adoção das iniciativas de resguardo do meio ambiente, outro poderá suprir a omissão, inibindo ou reprimindo as ações degradadoras. A desvantagem é que entes políticos podem pretender atuar ao mesmo tempo em prol do meio ambiente, mas com medidas antagônicas, não trazendo a Constituição um critério claro para determinar qual delas deve prevalecer. O que faz a Constituição é relegar à **lei complementar** a fixação de normas de cooperação entre União, Estados, DF e Municípios, as quais, sem aniquilar a competência dos entes federados, devem estabelecer parâmetros e delimitar espaços de atuação conjunta e não conflitante, no campo da proteção ambiental (art. 23, parágrafo único).

Para disciplinar a cooperação dos entes federados nos assuntos ambientais, foi editada a **Lei Complementar n. 140/2011**, que tem por objetivo, dentre outros, "harmonizar as políticas e ações administrativas para **evitar a sobreposição de atuação** entre os entes federativos, de forma a **evitar conflitos de atribuições** e garantir uma atuação administrativa eficiente" (art. 3º, III) e "garantir a uniformidade da política ambiental para todo o País, respeitadas as peculiaridades regionais e locais" (art. 3º, IV).

A LC n. 140/2011 lista separadamente as ações administrativas da União (art. 7º), dos Estados (art. 8º), dos Municípios (art. 9º) e do Distrito Federal (combinação dos arts. 8º e 9º).

Na definição das competências comuns, a LC n. 140/2011 estabelece os campos de atuação de três formas: (i) **atividades que cabem a todos os entes da Federação**: alguns assuntos, por sua natureza, possibilitam que todos os entes atuem ao mesmo tempo e até em linhas distintas, sem que isso gere conflitos, como, p. ex., promoção de estudos e pesquisas direcionados à proteção e à gestão ambiental, com a divulgação dos resultados obtidos; definição de espaços territoriais e seus componentes a serem especialmente protegidos e promoção da educação ambiental em todos os níveis de ensino e a conscientização pública para a proteção do meio ambiente; (ii) **atividades que cabem a um único ente da Federação**: algumas atribuições devem ser exercidas por apenas um ente pois a atuação conjunta pode trazer conflitos de difícil solução, como, p. ex., o controle da introdução no País de espécies exóticas da flora e da fauna potencialmente invasoras e o controle ambiental sobre o transporte marítimo e o transporte interestadual (fluvial ou terrestre) de produtos perigosos, que são atribuídos apenas à União, e a aprovação do funcionamento de criadouros de fauna silvestre, que pode ser executada apenas pelos Estados e DF; e (iii) **atividades que cabem a todos os entes da Federação, com definição de espaços de atuação específicos para cada qual**: certas atividades podem ser executadas por todos os entes da Federação, mas em níveis distintos, para evitar que as ações se confrontem, como, p. ex., o licenciamento ambiental (União, Estados, DF e Municípios podem licenciar obras e atividades potencial e efetivamente poluidoras, mas cada qual em uma esfera específica, a fim de evitar que um mesmo empreendimento seja submetido a dois licenciamentos ambientais distintos); a autorização de supressão e manejo de vegetação em unidades de conservação (tarefa exclusiva do ente federativo que instituiu a UC); e a fiscalização ambiental (todos os entes podem fiscalizar, respeitadas algumas regras para evitar sobreposição de autos de infração).

2.4. Sistema Nacional do Meio Ambiente – Sisnama

O **Sisnama** foi criado pela Lei n. 6.938/81 (art. 6º), sendo ele uma estrutura político-administrativa oficial e governamental, que representa a "articulação da rede de órgãos ambientais existentes e atuantes em todas as esferas da Administração Pública" (MILARÉ, 2015, p. 646), composto por **órgãos públicos** com poderes normativos, consultivos e executivos das três instâncias federativas – todos eles com a responsabilidade de proteger e melhorar a qualidade ambiental, dentro de suas competências e atribuições.

O órgão superior do Sisnama é o **Conselho de Governo**, com a função de assessorar o Presidente da República na formulação da política nacional e nas diretrizes governamentais para o meio ambiente e os recursos ambientais (art. 6º, I). O órgão consultivo e deliberativo, no âmbito nacional, é o **Conselho Nacional do Meio Ambiente – Conama**, que tem a finalidade de assessorar, estudar e propor ao Conselho de Governo diretrizes de políticas governamentais para o meio ambiente e os recursos naturais e deliberar sobre normas e padrões compatíveis com o meio ambiente ecologicamente equilibrado e essencial à sadia qualidade de vida (art. 6º, II). O órgão central é o **Ministério do Meio Ambiente** (na lei, ainda chamado de Secretaria do Meio Ambiente da Presidência da República), que tem por objetivo planejar, coordenar, supervisionar e controlar a política nacional e as diretrizes governamentais fixadas para o meio ambiente (art. 6º, III). Os órgãos executores, ainda no plano nacional, são o **Instituto Brasileiro do Meio Ambiente e dos Recursos Naturais Renováveis – Ibama** e o **Instituto Chico Mendes de Conservação da Biodiversidade – ICMBio**, tendo ambos a finalidade de executar e fazer executar a política e as diretrizes governamentais fixadas para o meio ambiente (art. 6º, IV). O Sisnama também abriga os **órgãos seccionais e locais**, ou seja, estaduais e municipais, responsáveis pela edição de normas supletivas e suplementares às normas do Conama, e pelo controle e fiscalização de atividades capazes de provocar a degradação ambiental (art. 6º, V e VI e §§ 1º e 2º).

3. LICENCIAMENTO AMBIENTAL E ESTUDOS AMBIENTAIS

3.1. Licenciamento ambiental

As atividades **utilizadoras de recursos ambientais** e/ou **potencialmente poluidoras** que atendam necessidades e demandas da sociedade, como a mineração, indústria, rodovias, portos, aeroportos, exploração florestal etc., poderão ser desenvolvidas, desde que adotem equipamentos, técnicas e procedimentos para o uso racional dos recursos e controle da degradação ambiental, com o objetivo de impedir os impactos negativos do empreendimento ou pelo menos mitigá-los. E o **licenciamento ambiental** é o instrumento da Política Nacional do Meio Ambiente (art. 9º, IV, da PNMA) que tem por finalidade garantir que tais atividades somente sejam implantadas e operadas se respeitarem as condições, restrições e cuidados estabelecidos pela legislação ambiental.

O licenciamento ambiental é o instrumento de **prevenção e controle** de impactos ambientais negativos de obras e atividades que, por sua natureza, possam comprometer a disponibilidade dos recursos naturais e/ou afetar o equilíbrio ambiental. Decorre ele do exercício do **poder de polícia** da Administração Pública, que condiciona o uso da propriedade e o exercício da atividade econômica aos interesses da coletividade.

3.1.1. Exigibilidade

Segundo o **art. 10 da PNMA**, o licenciamento ambiental é exigível para a aprovação de construção, instalação, ampliação e funcionamento dos estabelecimentos e atividades **utilizadores de recursos ambientais**, considerados efetiva ou potencialmente poluidores ou capazes, sob qualquer forma, de causar **degradação ambiental**.

A **Res. Conama 237/97** fornece uma lista **exemplificativa** de obras e atividades sujeitas ao licenciamento ambiental, a partir da presunção de seu potencial degradador, tais como: extração e tratamento de minerais, indústrias, rodovias, ferrovias, hidrovias, marinas, portos, aeroportos, projetos agrícolas, parcelamento do solo e complexos turísticos e de lazer. Por se tratar de um rol meramente exemplificativo, o órgão ambiental licenciador pode exigir o licenciamento ambiental de empreendimentos não listados nesta resolução, se verificar o seu enquadramento em uma das hipóteses previstas no art. 10 da PNMA.

3.2. Licenças ambientais

O licenciamento ambiental é um **procedimento administrativo** no qual são concedidas, via de regra, **três licenças distintas**: (i) Licença Prévia (LP); (ii) Licença de Instalação (LI) e (iii) Licença de Operação (LO).

A licença ambiental é o **ato administrativo** pelo qual o órgão ambiental competente estabelece as condições, restrições e medidas de controle ambiental que deverão ser obedecidas pelo empreendedor para a localização, instalação, ampliação e operação do empreendimento ou atividade sujeito ao licenciamento ambiental (Res. Conama 237/97, art. 1º, II).

A **LP** é concedida na fase preliminar do planejamento do empreendimento, aprovando sua **localização** e **concepção**, atestando a **viabilidade ambiental** e estabelecendo os requisitos básicos e condicionantes a serem atendidos nas próximas fases de sua implementação. A **LI** autoriza a **instalação** do empreendimento de acordo com as especificações constantes dos planos, programas e projetos aprovados, e as medidas de controle ambiental e demais condicionantes. A **LO** autoriza a **operação** do empreendimento instalado, após a verificação do efetivo cumprimento das condicionantes estabelecidas nas licenças anteriores e mediante o estabelecimento das medidas de controle ambiental e condicionantes a serem observadas na fase da operação (Res. Conama 237/97, art. 8º, I, II e III).

3.2.1. Validade e revisão das licenças ambientais

A Res. Conama 237/97 (art. 18, I, II e III) estabelece **prazos de validade** para as três licenças ambientais, sendo eles:

	Licença Prévia	Licença de Instalação	Licença de Operação
Prazo mínimo	o estabelecido pelo cronograma de elaboração dos planos, programas e projetos relativos ao empreendimento	o estabelecido pelo cronograma de instalação do empreendimento	4 anos
Prazo máximo	5 anos	6 anos	10 anos

A LP e a LI, após cumprirem seu objeto, não precisam ser renovadas. Já a LO precisa ser **renovada periodicamente**, enquanto a atividade licenciada permanecer em operação, valendo lembrar que o pedido de renovação deve ser apresentado ao órgão ambiental com antecedência mínima de 120 (cento e vinte) dias da expiração da validade. Respeitado este prazo, a LO ficará **automaticamente prorrogada** até a manifestação definitiva do órgão ambiental.

Apesar de as licenças ambientais terem prazos de validade e certa estabilidade, pode o órgão ambiental, a qualquer tempo e mediante decisão motivada, suspendê-las, cassá-las ou modificar as condicionantes e medidas de controle e adequação nelas estabelecidas se: (i) o empreendedor violar quaisquer condicionantes ou normas legais ou o órgão ambiental constatar que as condicionantes estabelecidas são inadequadas; (ii) o órgão ambiental descobrir que o empreendedor omitiu ou apresentou falsa descrição de informações relevantes que subsidiaram a concessão da licença ou, ainda, (iii) em caso de superveniência de graves riscos ambientais e de saúde (art. 19, I, II e III, da Res. Conama 237/97). As licenças ambientais, portanto, não geram direito adquirido ao empreendedor.

3.2.2. Ausência de licenças ambientais

Os empreendimentos instalados, ampliados ou em operação sem as licenças ambientais exigíveis ficam sujeitos à: (i) **responsabilização penal** (art. 60 da Lei n. 9.605/98: detenção de um a seis meses, ou multa, ou ambas as penas cumulativamente); (ii) **responsabilização administrativa** (art. 66 do Decreto n. 6.514/2008: multa de R$ 500,00 a R$ 10.000.000,00) e (iii) **responsabilização civil**, se a atividade não licenciada causar danos ambientais (art. 14, § 1º, do PNMA).

Além das sanções acima mencionadas, são cabíveis outras sanções destinadas a prevenir ou interromper possíveis danos ao meio ambiente, tais como o embargo de obra, a suspensão da atividade e, nos casos mais graves, a demolição da construção irregular.

3.3. Competência para licenciar

Nos termos do art. 23 da Constituição Federal, União, Estados, DF e Municípios têm competência para proteger o meio ambiente e, consequentemente, para licenciar obras e atividades utilizadoras de recursos ambientais ou potencialmente causadoras de degradação ambiental. Mas para evitar licenciamentos conflitantes e insegurança jurídica, a LC n. 140/2011 determina quais empreendimentos cada ente federativo pode licenciar e arremata que o licenciamento deve se dar **em um único nível** (art. 13), oferecendo ao ente político que não detenha competência para licenciar mas esteja em posição de sofrer os impactos do projeto a oportunidade de tão apenas se manifestar no procedimento, de forma **não vinculante**.

Os empreendimentos e atividades sujeitos ao **licenciamento da União** estão listados no art. 7º, XIV e XV, como, p. ex., os localizados ou desenvolvidos conjuntamente no Brasil e em país limítrofe, ou em dois ou mais Estados ou, ainda, em terras indígenas; os destinados a pesquisar, lavrar, produzir, beneficiar, transportar, armazenar e dispor material radioativo; os que apresentem tipologia estabelecida por ato do Poder Executivo, a partir de proposição da Comissão Tripartite Nacional (*vide* Decreto n. 8.437/2015).

Os empreendimentos e atividades sujeitos ao **licenciamento dos Estados e DF** estão listados no art. 8º, XIV, XV e XVI, como, p. ex., os localizados ou desenvolvidos em unidades de conservação instituídas pelo Estado e DF e todos aqueles que não sejam licenciáveis pela União ou pelos Municípios (competência residual).

Os empreendimentos e atividades sujeitos ao **licenciamento dos Municípios e (também) DF** estão listados no art. 9º, XIV e XV, como, p. ex., os que causem ou possam causar impacto ambiental de âmbito local, conforme tipologia definida pelos respectivos Conselhos Estaduais de Meio Ambiente.

Havendo necessidade de supressão de vegetação nativa para a implantação do empreendimento, o órgão competente para o licenciamento ambiental será também competente para autorizá-la.

3.3.1. Competência para fiscalizar empreendimentos licenciados

O art. 17 da LC n. 140/2011 diz competir ao órgão responsável pelo licenciamento ou autorização de um empreendimento ou atividade, lavrar auto de infração ambiental e instaurar processo administrativo para a apuração de infrações à legislação ambiental cometidas pelo empreendimento ou atividade licenciada ou autorizada. Uma hidrelétrica licenciada pelo IBAMA, portanto, deve ser também fiscalizada pelo IBAMA, da mesma forma que uma indústria licenciada pelo órgão estadual de meio ambiente deve ser por ele fiscalizada.

Isso não impede que, em **situações emergenciais**, os outros entes da Federação atuem diante de um empreendimento ou obra que não tenham licenciado visando controlar um risco ambiental, haja vista a previsão do § 2º do art. 17, de que, na iminência ou ocorrência de degradação da qualidade ambiental, o ente federativo que tiver conhecimento do fato deverá determinar medidas para evitá-la, fazer cessá-la ou mitigá-la, comunicando imediatamente ao órgão competente para as providências cabíveis. Não poderia ser diferente, já que a prevenção de danos ambientais é uma necessidade e não mera conveniência, e exige medidas imediatas do órgão ambiental que, naquele momento, possa enfrentar o problema com mais agilidade.

Não impede também que qualquer ente federativo exerça a competência comum de fiscalização para detectar a conformidade dos empreendimentos e atividades licenciados ou autorizados por outro, inclusive para suprir eventual omissão do ente com "competência preferencial". Mas o § 3º do art. 17 adverte que em caso de duplicidade de autuação, prevalecerá o auto de infração "lavrado pelo órgão que detenha a atribuição de licenciamento ou autorização".

3.4. Estudos ambientais

O órgão ambiental necessita de **subsídios técnicos e científicos** relacionados às características e aos impactos ambientais negativos e positivos do empreendimento, dentre outros aspectos relevantes, para poder deliberar sobre a concessão (ou indeferimento) das licenças ambientais e sobre as condicionantes e medidas de controle e adequação a serem adotadas pelo empreendedor. Por isso, em todo licenciamento ambiental é obrigatória a apresentação, pelo empreendedor, de **estudos ambientais**, ou seja, "estudos relativos aos aspectos ambientais relacionados à localização, instalação, operação e ampliação de uma atividade ou empreendimento, apresentado como subsídio para a análise da licença requerida" (Res. Conama 237/97, art. 1º, III).

Há diversas espécies de estudos ambientais, a exemplo do relatório ambiental preliminar, do plano de manejo, do plano de recuperação de área degradada e do estudo prévio de impacto ambiental (EIA/RIMA).

3.4.1. EIA/RIMA

A Constituição Federal determina que o Poder Público exija estudo prévio de impacto ambiental (o chamado **EIA/RIMA)** "para instalação de obra ou atividade potencialmente causadora de **significativa degradação do meio ambiente**" (art. 225, § 1º, IV).

À luz da CF/88, portanto, o EIA/RIMA é um estudo ambiental abrangente e profundo que deve ser exigido (apenas) no licenciamento ambiental de empreendimentos que tenham um potencial poluidor expressivo, muito grande. No licenciamento de empreendimentos com impacto ambiental de menor intensidade fica dispensado o EIA/RIMA, devendo o órgão ambiental exigir estudos ambientais mais simples.

O EIA/RIMA será feito por uma equipe multidisciplinar, composta de profissionais de várias áreas do conhecimento (p. ex., biólogo, engenheiro florestal, químico etc.). E os seus custos serão suportados pelo empreendedor.

O art. 225, § 1º, IV, da CF exige seja dada **publicidade** ao EIA. E a publicidade deve contemplar dois aspectos: o **acesso material (ou físico)**, que diz respeito à possibilidade de qualquer cidadão consultar os dados e documentos apresentados pelo empreendedor (resguardado o sigilo industrial), e o **acesso intelectual**, que diz respeito à simplificação e "tradução" das informações técnicas e conclusões do estudo, para que o cidadão leigo possa compreender as vantagens e desvantagens do projeto e suas consequências para o meio ambiente. A tarefa de tornar o EIA inteligível à população cabe ao **RIMA** (Relatório de Impacto ao Meio Ambiente) – peça obrigatória que deve acompanhar todo e qualquer estudo prévio de impacto ambiental, nos termos da Res. Conama 001/86 (art. 9º), e que deve ser apresentado de forma objetiva e adequada a sua compreensão, com informações traduzidas em linguagem acessível, ilustradas por mapas, cartas, quadros, gráficos e demais técnicas de comunicação visual.

A coletividade tem ainda o direito de buscar esclarecimentos sobre o EIA/RIMA, apresentar críticas e propor contribuições ao licenciamento em **audiências públicas**, convocadas pelo órgão ambiental sempre que ele julgar necessário, ou quando requerido por entidade civil, Ministério Público ou 50 ou mais cidadãos (Res. Conama 009/87, art. 2º).

3.4.2. EIA e compensação ambiental

A Lei n. 9.985/2000 (SNUC) determina que, em todos os licenciamentos **sujeitos ao EIA/RIMA**, os respectivos empreendedores serão obrigados a "apoiar a implantação e manutenção de unidade de conservação do Grupo de Proteção Integral" (art. 36) ou unidades de conservação do Grupo de Uso Sustentável, caso sejam afetadas pelo empreendimento (art. 36, § 3º).

Trata-se de uma forma de **compensar antecipadamente** os danos **inevitáveis** que o projeto causará ao meio ambiente durante e após a sua implantação, identificados no EIA/RIMA. O valor a ser desembolsado pelo empreendedor será fixado pelo órgão ambiental licenciador conforme o grau de impacto ambiental do empreendimento. Cumpre mencionar que a redação original do art. 36, § 1º, previa que o valor da compensação seria de no mínimo meio por cento dos custos totais de implantação do empreendimento. Entretanto, em ação direta de inconstitucionalidade ajuizada contra a compensação ambiental, o STF reconheceu a constitucionalidade desse instituto mas declarou **inconstitucional** o trecho que estabelecia o cálculo compensatório (cf. ADI 3.378, Rel. Min. Ayres Britto, j. 9-4-2008). O critério atualmente atualizado nos licenciamentos ambientais é o ditado no Decreto n. 6.848/2009 (altera o Decreto n. 4.340/2002 – regulamento da Lei do SNUC), que mantém a fórmula de aplicação de um percentual sobre o custo do projeto e estabelece como **percentual máximo** da compensação o que era, na Lei n. 9.985/2000, o seu percentual mínimo: **meio por cento**.

O órgão ambiental licenciador, com o apoio da Câmara de Compensação Ambiental criada pelo Ministério do Meio Ambiente (ou pelos Estados e Municípios, em suas estruturas administrativas de meio ambiente), deverá definir as unidades de conservação a ser beneficiadas com os recursos da compensação bem como as ações a ser desenvolvidas em prol das UCs beneficiárias com os recursos da compensação ambiental, que englobam, dentre outras, a regularização fundiária e demarcação das terras das UCs; a elaboração, revisão ou implantação de plano de manejo e o desenvolvimento de estudos necessários à criação de nova UC (art. 33 do Decreto n. 4.340/2002).

A compensação ambiental pode ser executada **de forma direta ou indireta**. A **execução direta** ocorre quando o próprio empreendedor realiza as ações em prol das UCs beneficiárias, a partir das determinações ou orientações do órgão ambiental (p. ex., contrata a empresa responsável pela elaboração do plano de manejo da UC). A **execução indireta** ocorre quando, nos termos autorizados pela Lei n. 13.668/2018, o empreendedor deposita o valor da compensação ambiental em um fundo administrado por instituição financeira oficial, para que esta faça a sua gestão e aplicação em benefício das UCs beneficiárias.

3.4.3. EIA e EIV

O EIA não deve ser confundido com o EIV (Estudo Prévio de Impacto de Vizinhança). Este último é um estudo previsto no Estatuto da Cidade (art. 36), exigido pelo Município para a emissão de **licença de construção ou ampliação** de empreendimentos (a ser) instalados na área urbana que possam causar **impactos no entorno (vizinhança)**, em decorrência do adensamento populacional, geração de tráfego e demanda por transporte público, desvalorização imobiliária, insuficiência dos equipamentos urbanos e comunitários etc.

Os empreendimentos privados e públicos sujeitos ao EIV devem estar previstos na legislação municipal.

O EIA é condição para a concessão de **licenças ambientais** de empreendimentos potencialmente causadores de impacto significativo ao meio ambiente. O EIV é condição para a concessão de **licenças urbanísticas** de empreendimentos potencialmente causadores de impacto significativo à vizinhança. São estudos independentes, que visam instruir procedimentos administrativos distintos, tanto é que o Estatuto da Cidade dispõe que a elaboração do EIV não substitui a elaboração e a aprovação de estudo prévio de impacto ambiental (EIA), requeridas nos termos da legislação ambiental (art. 38).

4. SISTEMA NACIONAL DAS UNIDADES DE CONSERVAÇÃO – SNUC

4.1. Espaços Territoriais Especialmente Protegidos (ETEPs) e Unidades de Conservação (UCs)

A CF/88 impõe ao Poder Público o dever de "definir, em todas as unidades da federação, **espaços territoriais e seus componentes a serem especialmente protegidos**" (art. 225, § 1º, III), os quais ficam submetidos a um regime jurídico especial de proteção, que impeça ou restrinja a sua utilização e, assim, garanta a integridade de seus atributos ambientais. Dentre os ETEPs, merecem destaque as **Unidades de Conservação.**

As Unidades de Conservação são espaços territoriais geograficamente delimitados, que apresentam características naturais e/ou paisagísticas relevantes e sobre os quais incidem regras jurídicas rigorosas de proteção e de conservação da biodiversidade e demais riquezas ambientais.

A **Lei n. 9.985/2000** institui o Sistema Nacional das Unidades de Conservação – SNUC, e o **Decreto n. 4.340/2002** a regulamenta.

4.2. Grupos e categorias

O SNUC divide as Unidades de Conservação em dois **grupos**, conforme o grau de proteção e de restrição à utilização de seus recursos naturais: (i) proteção integral e (ii) uso sustentável.

No **grupo de proteção integral** estão as UCs com regime jurídico mais restritivo, que têm por objetivo "preservar a natureza, sendo admitido apenas o uso indireto dos seus recursos naturais" (art. 7º, § 1º). O **uso indireto** é aquele que não envolve consumo, coleta, dano ou destruição dos recursos naturais. Neste grupo estão as seguintes **categorias** de UCs: (i) Estação Ecológica; (ii) Reserva Biológica; (iii) Parque Nacional; (iv) Monumento Natural; e (v) Refúgio de Vida Silvestre.

No **grupo de uso sustentável** estão as UCs com regime jurídico menos restritivo, que têm por objetivo "compatibilizar a conservação da natureza com o uso sustentável de parcela dos seus recursos naturais" (art. 7º, § 2º). O **uso sustentável** envolve a coleta e utilização, comercial ou não, dos recursos naturais, seguindo um modelo de exploração racional que não cause prejuízo para a biodiversidade e demais atributos ecológicos da área. Neste grupo estão as seguintes **categorias** de UCs: (i) Área de Proteção Ambiental (APA); (ii) Área de Relevante Interesse Ecológico; (iii) Floresta Nacional; (iv) Reserva Extrativista; (v) Reserva de Fauna; (vi) Reserva de Desenvolvimento Sustentável; e (viii) Reserva Particular do Patrimônio Natural (RPPN).

A diferença mais importante entre os dois grupos é a **possibilidade de acesso e/ou de uso de seus recursos naturais**: proibida ou severamente limitada no Grupo das Unidades de Conservação de Proteção Integral, e permitida, porém controlada, no Grupo das Unidades de Conservação de Uso Sustentável.

4.3. Criação, ampliação dos limites e mudança de grupo (uso sustentável para proteção integral)

As UCs podem ser **criadas** pelo Poder Público federal, estadual e municipal, **mediante lei** (aprovada pelo Poder Legislativo) ou **mediante decreto** (editado pelo chefe do Poder Executivo). O mesmo se aplica à **ampliação dos limites territoriais da UC** já criada e à **mudança** da UC de uma categoria do grupo de uso sustentável para uma categoria do grupo de proteção integral (art. 22, §§ 5º e 6º, do SNUC), revelando que o intuito da legislação é facilitar e incentivar a instituição e preservação desses espaços.

O SNUC exige que a criação de uma UC seja precedida de **estudos técnicos** e de **consulta pública** (dispensada a consulta apenas para criação de Estação Ecológica e Reserva Biológica), pois eles é que permitirão que o Poder Público identifique a localização, a dimensão e as limitações mais adequadas da área (art. 22, §§ 2º, 3º e 4º). Para a **ampliação dos limites da UC** e **mudança da UC de um grupo menos restritivo para um grupo mais restritivo**, o SNUC exige expressamente apenas a consulta pública, mas, por uma questão lógica, os estudos técnicos são também necessários (podendo, também por uma questão lógica, ser dispensados se os estudos feitos para a criação da UC forem suficientemente abrangentes e atuais para orientar a decisão de ampliação ou alteração).

4.4. Desafetação, redução dos limites e mudança de grupo (proteção integral para uso sustentável)

Com o objetivo de dificultar e desestimular a flexibilização do regime de proteção dos espaços territoriais especialmente protegidos, a CF/88 dispõe que a sua **alteração e supressão serão permitidas somente através de lei** (art. 225, § 1º, III). E esta determinação se aplica mesmo quando o ETEP tenha sido criado por ato normativo hierarquicamente inferior, ou seja, por decreto.

Sendo as UCs espaços territoriais especialmente protegidos, são atingidas pela regra constitucional em questão, de forma que apenas mediante **lei** em sentido formal é que se poderá **revogar** o ato de criação de uma UC (supressão/desafetação), **reduzir os seus limites geográficos** (que nada mais é do que a supressão/desafetação de uma parte da UC) e mudá-la de uma **categoria do grupo de proteção integral para uma categoria do grupo de uso sustentável** (art. 22, § 7º, do SNUC).

Em síntese:

Por lei ou decreto	Somente por lei
▪ criação ▪ ampliação dos limites territoriais ▪ mudança do grupo de Uso Sustentável para Proteção Integral	▪ revogação do ato de criação ▪ redução dos limites territoriais ▪ mudança do grupo de Proteção Integral para Uso Sustentável

Cumpre esclarecer, por fim, que Medidas Provisórias, por não constituírem lei sem sentido formal, não podem desafetar, reduzir os limites ou mudar as UCs do grupo de proteção integral para o grupo de uso sustentável, conforme decidido pelo STF no âmbito da ADI 4.717 (Rel. Min. Cármen Lúcia, j. 5-4-2018).

4.5. Zona de amortecimento

Todas as UCs, à exceção das APAs e RPPNs, devem ter uma **zona de amortecimento**, i.e, uma área no entorno da unidade, "onde as atividades humanas estão sujeitas a normas e restrições específicas, com o propósito de minimizar os impactos negativos sobre a unidade" (art. 2º, XVIII, do SNUC).

A zona de amortecimento protege as UCs das alterações adversas causadas aos seus recursos naturais pelas atividades agropecuárias, industriais, sociais e de lazer realizadas em seu entorno. Admite-se a realização de atividades antrópicas na zona de amortecimento, mas sob **determinadas restrições**, para o resguardo da UC com a qual ela faz limite.

A **extensão** da zona de amortecimento é estabelecida caso a caso, conforme as necessidades de proteção da UC a qual ela está ligada, cabendo ao ato de criação da UC a definição de seus limites ou, no silêncio deste, a ato normativo posterior (art. 25, § 2º, do SNUC).

4.6. Plano de manejo e zoneamento

Todas as UCs, sem exceção, devem dispor de um **plano de manejo** (art. 27 do SNUC) e de um **zoneamento** (art. 2º, XVI, do SNUC).

O **plano de manejo** é o documento técnico que orienta a proteção, utilização e manutenção da UC, estabelecendo o seu zoneamento e as normas sobre o uso da área e o manejo dos recursos naturais, inclusive a implantação das estruturas físicas necessárias à gestão da unidade. Deve ele ser elaborado no prazo máximo de 5 anos, contados da criação da Unidade.

O **zoneamento** consiste na definição de setores ou zonas no interior das UCs, com o objetivo de estabelecer as atividades que poderão ser desenvolvidas em cada uma dessas zonas, impondo maiores restrições nas áreas mais vulneráveis e importantes e menores restrições nas áreas alteradas e antropizadas, com a possibilidade de até mesmo impor restrição total nas áreas em que qualquer intervenção humana possa representar dano ou risco de dano ambiental.

Nessa esteira, pode-se criar nas UCs, a título de exemplo, zonas intangíveis, fechadas para qualquer atividade humana, zonas onde apenas a pesquisa científica seja permitida, zonas em que sejam permitidas a pesquisa e atividades de educação ambiental, zonas em sejam autorizadas atividades turísticas, zonas para receber as instalações administrativas e infraestrutura das UCs. Evitam-se, assim, usos conflitantes entre si e garante-se que as vocações de cada setor da UC sejam respeitadas.

4.7. Titularidade e desapropriação

Os relevantes atributos ambientais que justificam a criação de Unidades de Conservação podem ocorrer tanto em propriedades públicas como em propriedades privadas. Logo, tanto uma como outra podem ser integradas ao perímetro de uma UC.

> Algumas categorias de UCs impõem um grau de restrição tão grande ao imóvel que se tornam incompatíveis com a propriedade privada. Em casos tais, o SNUC expressamente determina que essas UCs sejam criadas em áreas públicas ou que sejam desapropriadas, se criadas em áreas privadas.

As UCs que obrigatoriamente ensejam a desapropriação, quando criadas sobre imóveis privados, são: (i) Estação Ecológica; (ii) Reserva Biológica; (iii) Parque; (iv) Floresta; (v) Reserva Extrativista; (vi) Reserva de Fauna e (vii) Reserva de Desenvolvimento Sustentável.

De acordo com o art. 5º, XXIV, da Constituição, a desapropriação deve se dar mediante indenização justa, prévia e em dinheiro. Se o Poder Público não promover a desapropriação nestes moldes, nas hipóteses previstas no SNUC, restará ao proprietário prejudicado ingressar com **ação de indenização por desapropriação indireta**.

A partir do Código Civil de 2002, a prescrição das ações de desapropriação indireta, que tem natureza real (já que tem como causa de pedir a perda da propriedade), é de **15 ou 10 anos**. Aplica-se a esta ação o prazo prescricional da usucapião extraordinária, que é de 15 anos, podendo ser reduzido para 10 anos se o possuidor (no caso, o Poder Público) houver realizado obras ou serviços de caráter produtivo (art. 1.238 e parágrafo único). Resta, portanto, superada a Súmula 119 do STJ, editada à luz do revogado Código Civil de 1916, que assentava que o prazo prescricional da desapropriação indireta era de 20 anos (cf. REsp 1.300.442/SC, Rel. Min. Herman Benjamin, j. 18-6-2013; REsp 1.276.316/RS, Rel. Min. Eliana Calmon, j. 20-8-2013; e AgRg no AREsp 650.160, Rel. Min. Herman Benjamin, j. 5-5-2015). Referida súmula, contudo, ainda não foi formalmente cancelada pelo STJ e alguns tribunais ainda a aplicam.

4.8. Espaços do "patrimônio nacional"

A CF/88 atribui a designação de **"patrimônio nacional"** a biomas representativos dos ecossistemas brasileiros, a saber: Floresta Amazônica, Mata Atlântica, Serra do Mar, Pantanal Mato-Grossense e Zona Costeira, determinando que a sua utilização se dará na forma da lei, dentro de condições que assegurem a preservação do meio ambiente (art. 225, § 4º). Essa declaração **não torna tais biomas propriedade da União**, mas apenas reconhece o interesse de todo o País na sua conservação.

Os biomas mencionados na CF/88 são protegidos por leis específicas (como a Lei da Mata Atlântica – Lei n. 11.428/2006 e a Lei do Zoneamento Costeiro – Lei n. 7.661/88), leis gerais para proteção da flora e da biodiversidade (como o Código Florestal e a Lei de Proteção à Fauna) e pelo SNUC, caso sejam criadas Unidades de Conservação nas suas áreas mais sensíveis e importantes.

5. FLORA

5.1. A proteção da flora na CF/88

A flora, que engloba as florestas e demais formas de vegetação, cumpre um papel de extrema relevância para a manutenção do equilíbrio ambiental (produção de oxigênio, regulação de processos climáticos, habitat de animais silvestres, controle da erosão do solo, proteção dos recursos hídricos etc.), além de atender uma série de demandas humanas, de ordem econômica, social, medicinal, cultural e recreativa. Por isso, a CF/88 impõe ao Poder Público o dever de preservar e restaurar os processos ecológicos essenciais e prover o manejo ecológico das espécies e ecossistemas (art. 225, § 1º, I); preservar a diversidade e a integridade do patrimônio genético do País – a biodiversidade (art. 225, § 1º, II); criar espaços territoriais especialmente protegidos (art. 225, § 1º, III) e proteger a flora contra as práticas que coloquem em risco sua função ecológica e provoquem a extinção de espécies (art. 225, § 1º, VII).

A lei destinada à proteção das florestas e demais formas de vegetação é o **Código Florestal – Lei n. 12.651/2012** (chamado de **novo** Código Florestal por ter substituído o código anterior, de 1965).

5.2. Área de Preservação Permanente (APP)

A Área de Preservação Permanente (APP) é uma espécie de espaço territorial especialmente protegido (ETEP) existente em imóveis públicos e privados, rurais e urbanos, que deve ser preservada e **permanentemente recoberta de vegetação nativa**, em razão das funções ecológicas que esta vegetação cumpre em prol dos corpos hídricos, do solo, da estabilidade geológica etc.

O Código Florestal prevê dois tipos de APP: (i) legal e (ii) administrativa.

A **APP legal** recebe esse *status* do próprio Código Florestal, que lista diversos acidentes geográficos e ecossistemas em seu art. 4º e declara que as áreas a eles relacionadas, em qualquer parte do território nacional, são de preservação permanente. Sendo a APP criada por lei, não é necessário nenhum ato administrativo que a reconheça ou a demarque. Sua proteção está garantida desde a edição do Código Florestal. Dentre os acidentes geográficos e ecossistemas que fazem da área de uma APP, citamos, exemplificativamente: (i) faixas marginais de qualquer curso d'água natural perene e intermitente numa extensão de 30 a 500 metros em cada margem (a depender da largura do rio); (ii) entorno dos lagos e lagoas naturais, em faixa de 100 metros nas zonas rurais (salvo se o lago ou lagoa tiver até 20 hectares de superfície, quando a APP será de 50 metros) e 30 metros nas zonas urbanas; (iii) entorno de nascentes e olhos d'água perenes e intermitentes, num raio de 50 metros; (iv) manguezais, em toda a sua extensão; (v) topo de morros, montes, montanhas e serras, com altura mínima de 100 metros e inclinação média maior que 25º; (vi) áreas em altitude superior a 1.800 metros, qualquer que seja a vegetação.

A **APP administrativa** só receberá o *status* de "preservação permanente" se um ato específico do Chefe do Poder Executivo (federal, estadual e municipal) a instituir como tal e a delimitar, nas situações previstas de forma abstrata no art. 6º do Código Florestal, tais como: (i) contenção da erosão do solo e mitigação de riscos de enchentes e deslizamentos de terra e de rocha; (ii) proteção de restingas, veredas e várzeas; (iii) abrigo de exemplares da fauna e flora ameaçados de extinção; (iv) proteção de sítios de excepcional beleza ou valor científico, cultural ou histórico.

5.2.1. Titularidade e indenização

Apesar de não ser admitido o uso, tampouco a supressão da vegetação de preservação permanente (salvo em situações excepcionais, para o atendimento de interesses da sociedade), não está o Poder Público obrigado a desapropriar ou indenizar os proprietários de imóveis privados gravados com APP legal.

Trata-se a APP de uma **limitação geral à propriedade**, imposta indistintamente a todos os imóveis que se encontrem na mesma situação, para atendimento de um interesse público. A limitação geral não deve ser entendida como uma restrição ao direito de propriedade mas sim como a própria **definição jurídica do conteúdo do direito de propriedade**. Daí por que a doutrina administrativista e ambientalista afasta a indenização das limitações em geral – dentre elas, as APPs legais.

Nesse sentido, o STJ já assentou que a APP instituída por lei não implica a desapropriação do imóvel, mas mera limitação, que não chega a aniquilar o direito de propriedade e que, portanto, não está sujeita à indenização (cf. REsp 1.362.456/MS, Rel. Min. Mauro Campbell Marques, j. 20-6-2013, e REsp 1.394.025/ MS, Rel. Min. Eliana Calmon, j. 2-10-2013).

Já os imóveis transformados ou abrangidos por uma APP administrativa sofrem uma **restrição específica** ou um sacrifício individual, sendo ela, por esse motivo, indenizável.

5.2.2. Supressão de APP

Como a vegetação das APPs está vocacionada à proteção de acidentes geográficos naturais e ao cumprimento de outras funções ecossistêmicas importantes, o Código Florestal estabelece, como regra, a vedação de sua supressão, admitindo-a, excepcionalmente, nas hipóteses de **utilidade pública, interesse social ou de baixo impacto ambiental** (art. 8º).

As hipóteses de utilidade pública, interesse social e baixo impacto ambiental que autorizam a supressão da vegetação de preservação permanente, mediante autorização do órgão competente, estão previstas no Código Florestal:

Utilidade pública Art. 3º, VIII (*exemplos*)	Interesse social Art. 3º, IX (*exemplos*)	Baixo impacto ambiental Art. 3º, X (*exemplos*)
■ atividades de segurança nacional e proteção sanitária ■ obras de infraestrutura destinadas às concessões e aos serviços públicos de transporte, sistema viário, saneamento, energia, telecomunicações e radiodifusão	■ exploração agroflorestal sustentável na pequena propriedade ou posse rural familiar ou por povos e comunidades tradicionais, desde que não descaracterize a cobertura vegetal existente e não prejudique a função ambiental da área	■ abertura de pequenas vias de acesso interno e suas pontes e pontilhões, quando necessárias à travessia de um curso d'água, ao acesso de pessoas e animais para a obtenção de água ou à retirada de produtos oriundos das atividades de manejo agroflorestal sustentável

Utilidade pública Art. 3º, VIII (*exemplos*)	Interesse social Art. 3º, IX (*exemplos*)	Baixo impacto ambiental Art. 3º, X (*exemplos*)
■ mineração, exceto a extração de areia, argila, saibro e cascalho ■ atividades e obras de defesa civil	■ regularização fundiária de assentamentos humanos ocupados predominantemente por população de baixa renda em áreas urbanas consolidadas ■ atividades de pesquisa e extração de areia, argila, saibro e cascalho	■ implantação de trilhas para o desenvolvimento do ecoturismo ■ construção de rampa de lançamento de barcos e pequeno ancoradouro ■ construção e manutenção de cercas na propriedade ■ pesquisa científica relativa a recursos ambientais

Com relação aos projetos de utilidade pública ou interesse social, não basta que o empreendimento ensejador da supressão da vegetação esteja enquadrado em uma das hipóteses acima. Em ação direta de inconstitucionalidade, o STF determinou que os incisos VIII e IX do art. 3º do Código Florestal recebam interpretação conforme a Constituição Federal, para o fim de condicionar a intervenção em APP por utilidade pública ou interesse social à **inexistência de alternativa técnica e locacional** à atividade proposta (ADI 4.903, Rel. Min. Luiz Fux, j. 28-2-2018).

5.2.2.1. Supressão irregular

A supressão ou intervenção irregular em APP sujeitará o infrator à: (i) responsabilização penal (a Lei n. 9.605/98 prevê quatro crimes relacionados às APPs, nos arts. 38, 39, 44 e 48); (ii) responsabilização administrativa (o Decreto n. 6.514/2008 prevê cinco infrações administrativas relacionadas às APPs, nos arts. 43, 44, 45, 48 e 49) e (iii) obrigação de recomposição da vegetação e indenização pelos danos ambientais não reparáveis *in natura*.

> O proprietário do imóvel pode ser obrigado a recompor a vegetação de preservação permanente, ainda que não tenha sido ele o responsável pelo desmatamento. Trata-se de obrigação *propter rem*, expressamente prevista no art. 7º, § 2º, do Código Florestal, segundo o qual esta obrigação "tem natureza real e é transmitida ao sucessor no caso de transferência de domínio ou posse do imóvel rural".

As edificações porventura erigidas em APPs sem autorização do órgão ambiental competente devem ser demolidas, podendo a demolição ser determinada na **esfera administrativa**, como sanção administrativa ou, nos casos mais urgentes, como medida administrativa acautelatória, ou na **esfera judicial**, em ação que tenha por objeto obrigação de fazer (demolir), com vistas à prevenção ou reparação *in natura* do dano ambiental.

5.3. Reserva Legal (RL)

A Reserva Legal (RL) é a área de **vegetação nativa** localizada no interior das propriedades ou posses rurais, devidamente delimitada e inscrita no Cadastro Ambiental Rural (CAR), que tem por finalidade auxiliar a conservação e a reabilitação dos processos ecológicos, promover a conservação da biodiversidade, servir de abrigo e a proteção à fauna silvestre e flora nativa e assegurar o uso econômico de modo sustentável dos recursos naturais do imóvel e que, por essa razão, está submetida a regime especial de proteção.

> Enquanto a APP incide sobre imóveis rurais e urbanos, a RL incide apenas sobre os imóveis rurais.

5.3.1. Extensão e localização

A **extensão** da Reserva Legal varia conforme a localização do imóvel rural, segundo o disposto no art. 12 do Código Florestal:

Amazônia Legal – área de floresta	80% da área ocupada por florestas
Amazônia Legal – área de cerrado	35% da área ocupada pelo cerrado
Amazônia Legal – área de campos gerais	20% da área ocupada por campos gerais
Demais regiões do País	20% da área total do imóvel

Caso o imóvel situado na Amazônia Legal abrigue vários biomas, o percentual da RL será calculado de forma separada por cada bioma.

Como a RL e a APP cumprem funções ambientais distintas, o Código Florestal de 1965 dispunha que a vegetação da APP não poderia ser computada na RL. O Código Florestal em vigor, porém, segue em outra direção pois admite o **cômputo da APP no cálculo do percentual da RL** desde que este benefício não implique a conversão de novas áreas para o uso alternativo do solo; a área de APP a ser computada esteja conservada ou em processo de recuperação e o proprietário ou possuidor tenha requerido a inclusão do seu imóvel no CAR (art. 15). A vegetação de preservação permanente integrada à RL do imóvel continua subsumida ao regime jurídico mais restritivo das APPs, não podendo, p. ex., ser objeto de exploração econômica mediante manejo florestal sustentável – o que é permitido na RL.

A **localização** da RL no interior da propriedade será proposta pelo proprietário ou possuidor e aprovada pelo órgão ambiental estadual, observando-se, para tanto, os seguintes critérios: (i) o plano de bacia hidrográfica; (ii) o Zoneamento Ecológico-Econômico; (iii) a formação de corredores ecológicos com outra Reserva Legal, com Área de Preservação Permanente, com Unidade de Conservação ou com outra área legalmente protegida; (iv) as áreas de maior importância para a conservação da biodiversidade; e (v) as áreas de maior fragilidade ambiental (art. 14 do Código Florestal).

5.3.2. Constituição

O Código Florestal de 1965 exigia que a RL fosse averbada na matrícula do imóvel.

O Código Florestal atual dispensa expressamente a averbação da RL na matrícula do imóvel, determinando que a área da RL seja obrigatoriamente registrada no órgão ambiental competente por meio de **inscrição no CAR** (art. 18).

Após a inscrição da RL no CAR, não será admitida a alteração de sua destinação, tanto nos casos de transmissão a qualquer título (venda, doação, herança etc.) como nos casos de desmembramento do imóvel.

5.3.3. Usos permitidos

Embora a RL seja uma área destinada à conservação do meio ambiente, o Código Florestal admite o uso racional de seus recursos naturais, nos seguintes termos:

(i) **Coleta de produtos florestais não madeireiros**, tais como frutos, cipós, folhas e sementes, devendo o interessado observar os períodos de coleta e volumes fixados em regulamentos específicos e a época de maturação dos frutos e sementes e empregar técnicas que não coloquem em risco a sobrevivência de indivíduos e da espécie coletada no caso de coleta de flores, folhas, cascas, óleos, resinas, cipós, bulbos, bambus e raízes. Este tipo de coleta é livre – independe de autorização do órgão ambiental competente (art. 21).

(ii) **Manejo florestal sustentável COM propósito comercial**, mediante a adoção de técnicas que impeçam a descaracterização da cobertura vegetal e prejuízos à conservação da vegetação nativa da área; assegurem a manutenção da diversidade das espécies; e conduzam o manejo de espécies exóticas com a adoção de medidas que favoreçam a regeneração de espécies nativas. Esta atividade depende de autorização do órgão ambiental competente (art. 22).

(iii) **Manejo florestal sustentável SEM propósito comercial**, para consumo na própria propriedade, limitado a 20 metros cúbicos por ano. Esta atividade independe de autorização do órgão competente, mas o responsável deve declarar previamente ao órgão ambiental a motivação da exploração e o volume explorado (art. 23).

5.3.4. Desmatamento irregular

Desobedecendo à exigência legal de constituição da Reserva Legal, muitos proprietários e possuidores rurais suprimiram a vegetação nativa de seu imóvel, a ponto de deixá-lo sem vegetação suficiente para atender o percentual de RL determinado pelo Código Florestal. Outros até constituíram a Reserva Legal, mas a desmataram de forma não autorizada e ilegal.

O Código Florestal impõe medidas distintas para a solução desse passivo de RL, a partir da conjugação de um critério temporal com um critério espacial.

Quanto ao critério temporal, distingue o passivo criado antes de 22 de julho de 2008 do passivo criado após esta data (a data em questão coincide com a aprovação do Decreto n. 6.514/2008, que disciplina as infrações administrativas ambientais). E quanto ao critério espacial, distingue os imóveis com até 4 módulos fiscais (pequena propriedade rural) dos imóveis com tamanho superior (média e grande propriedade rural):

Passivo anterior a 22 de julho de 2008	
Imóveis com **até 4 módulos fiscais**	Devem instituir a RL com a vegetação existente no imóvel em 22 de julho de 2008 (art. 67). Se a vegetação não for suficiente para atingir o percentual legal de RL, não precisarão reflorestar áreas para atingi-lo
Imóveis com **mais de 4 módulos fiscais**	Devem recompor a RL ou permitir a regeneração natural da vegetação da RL na própria propriedade ou compensar a RL fora da propriedade (art. 66), mas no mesmo bioma e com a mesma extensão da RL a ser compensada

Passivo posterior a 22 de julho de 2008	
Independentemente do tamanho do imóvel	■ Devem recompor a RL na própria propriedade (vedada, portanto, a compensação), sendo a recomposição iniciada no prazo de 2 anos contados da publicação do Código Florestal (maio/2012) e concluída no prazo estabelecido pelo Programa de Regularização Ambiental (art. 17, § 4º) ■ Devem suspender imediatamente as atividades desenvolvidas na RL

A compensação de RL pode se dar de quatro formas distintas: (i) pelo cadastramento de outra área equivalente e excedente à RL, em imóvel de mesma titularidade ou adquirida em imóvel de terceiro, com vegetação nativa estabelecida, em regeneração ou recomposição; (ii) mediante o arrendamento de uma área em outro imóvel, que esteja sob regime de servidão ambiental ou que tenha área de RL excedente (acima do percentual mínimo exigido por lei, sendo a compensação feita apenas com o excedente); (iii) por meio da aquisição de Cotas de Reserva Ambiental – CRA, emitidas por proprietários de servidão ambiental ou de RL excedente ou de RPPN, sendo que cada CRA corresponde a 1 hectare de vegetação nativa (segundo o STF, a área utilizada na compensação mediante CRA deve ter a mesma identidade ecológica da área desmatada – ADI 4.901, Rel. Min. Luiz Fux, j. 28-2-2018); (iv) doação ao poder público de área localizada no interior de Unidade de Conservação de domínio público pendente de regularização fundiária (art. 66, § 5º).

A obrigação de instituir, recompor e compensar a RL é ***propter rem***, devendo ser cumprida pelo proprietário ou possuidor do imóvel ainda que ele não tenha sido o responsável pelo desmatamento (art. 2º, § 2º, e art. 66, § 1º, do Código Florestal).

5.4. Cadastro Ambiental Rural (CAR)

O **CAR** é um registro público eletrônico de âmbito nacional, obrigatório para todos os imóveis rurais, com a finalidade de integrar as informações ambientais das propriedades e posses rurais. Foi criado pelo Código Florestal de 2012 (art. 29).

Para inscrever o imóvel no CAR o proprietário ou possuidor deverá identificar-se, comprovar a sua propriedade ou posse e identificar o imóvel por meio de planta e memorial descritivo, contendo a indicação das coordenadas geográficas com pelo menos um ponto de amarração do perímetro do imóvel, informando a localização dos remanescentes de vegetação nativa, das Áreas de Preservação Permanente, das Áreas de Uso Restrito, das áreas consolidadas e, caso existente, também da localização da Reserva Legal.

O prazo para inscrição do imóvel no CAR foi prorrogado, pela Lei n. 13.295/2016, até **31 de dezembro de 2017**, e poderá ser novamente prorrogado, por mais um ano, por ato do Chefe do Executivo. Baseado nesta prerrogativa, o Decreto n. 9.395/2018 prorrogou o prazo de inscrição para 31 de dezembro de 2018.

A não inscrição do imóvel rural no CAR impedirá que o proprietário ou possuidor obtenha autorização para supressão de novas áreas de floresta e demais formas de vegetação nativa (quando permitidas por lei, naturalmente), como também impedirá a sua adesão ao Programa de Regularização Ambiental – PRA; a utilização do mecanismo de compensação de RL caso tenha algum passivo (constituído até 22 de julho de 2008); e a obtenção de crédito agrícola junto às instituições financeiras, em qualquer de suas modalidades.

5.5. Exploração de florestas nativas e formações sucessoras

À exceção das APPs e Unidades de Conservação de Proteção Integral, as florestas nativas e formações sucessoras existentes no território nacional podem ser exploradas economicamente, respeitadas as condições e restrições estabelecidas pelo Código Florestal e demais leis aplicáveis, que buscam racionalizar a atividade econômica, evitar a supressão descontrolada e garantir a disponibilidade permanente do recurso florestal.

A exploração regular dependerá da aprovação, pelo órgão ambiental competente, de Plano de Manejo Florestal Sustentável – PMFS que “contemple técnicas de condução, exploração, reposição florestal e manejo compatíveis com os variados ecossistemas que a cobertura arbórea forme” (art. 31 do Código Florestal). A aprovação do PMFS confere ao seu detentor a **licença ambiental para a prática do manejo florestal sustentável**.

Explorar economicamente as florestas e demais formas de vegetação sem a licença do órgão ambiental competente ou em desacordo com o Plano de Manejo aprovado constitui crime ambiental (art. 50-A da Lei n. 9.605/98) e infração administrativa ambiental (art. 51-A do Decreto n. 6.514/2008). E se da exploração decorrer dano ambiental, o responsável deverá repará-lo.

5.5.1. Exploração de florestas nativas e formações sucessoras em Terras Indígenas

A CF/88 reconhece os direitos originários e imprescritíveis dos índios sobre as terras que tradicionalmente ocupam, cabendo à União demarcá-las, proteger e fazer respeitar todos os seus bens (art. 231).

São terras tradicionalmente ocupadas pelos índios as por eles habitadas em caráter permanente, as utilizadas para suas atividades produtivas, as imprescindíveis à preservação dos recursos ambientais necessários a seu bem-estar e as necessárias a sua reprodução física e cultural, segundo seus usos, costumes e tradições (art. 231, § 1º)

Os índios não são proprietários dessas terras, pois elas pertencem à União, nos termos do art. 20, XI, da CF/88. Mas a eles cabe o **usufruto exclusivo das riquezas do solo, dos rios e dos lagos nelas existentes** (art. 231, § 2º).

Daí se extrai que é livre a utilização dos recursos naturais existentes nas Terras Indígenas, pelos próprios índios (e apenas por eles), para atender seus costumes, crenças e tradições. Não precisam eles de autorização do órgão ambiental para, p. ex., cortar árvores para construir casas, canoas, artesanato; suprimir vegetação para fazer roça; caçar animais para se alimentar e captar água dos rios para atender suas necessidades. São atividades tradicionais e de subsistência, não condicionadas ao aval do Poder Público, nem sujeitas a qualquer tipo de restrição.

No entanto, havendo interesse na **exploração comercial** dos recursos naturais, os índios deverão se submeter a todas as normas legais reguladoras de tal atividade, já que esta exploração extrapola a cultura e o costume indígena, identificando-se com uma simples atividade de geração de recursos, própria da sociedade não indígena. Não sendo uma atividade tradicional, não há por que receber um tratamento jurídico diferenciado. Por isso, para a exploração da madeira, por exemplo, os índios deverão elaborar Plano de Manejo Florestal Sustentável e receber a correspondente licença do órgão ambiental competente.

5.5.2. Exploração de florestas públicas mediante concessão florestal

A Lei n. 11.284/2006 dispõe sobre a gestão de florestas públicas, assim entendidas as "florestas, naturais ou plantadas, localizadas nos diversos biomas brasileiros, em bens sob o domínio da União, dos Estados, dos Municípios, do Distrito Federal ou das entidades da administração indireta" (art. 3º, I).

A **concessão florestal** é uma modalidade de gestão de florestas públicas por meio da qual o Poder Público delega a pessoas jurídicas de direito privado (empresas, associações comunitárias, cooperativas etc.) o direito de explorar economicamente tanto os produtos (p. ex., madeira) como os serviços florestais (p. ex., turismo) da vegetação sob domínio público.

A concessão florestal será obrigatoriamente precedida de **licitação, na modalidade concorrência**, estando vedada a declaração de inexigibilidade prevista no art. 25 da Lei n. 8.666/93. Terá **prazo determinado** (máximo de 20 anos nas concessões para exploração de serviços florestais e máximo de 40 anos nas concessões para exploração de produtos florestais) e será **onerosa**, devendo o edital estipular o preço mínimo a ser pago pelo concessionário ao concedente.

O procedimento de concessão florestal será feito em etapas, com destaque para: (i) aprovação do Plano Anual de Outorga Florestal – PAOF pelo poder concedente, contendo a descrição de todas as florestas públicas a serem submetidas a processos de concessão no ano em que vigorar; (ii) outorga da Licença Prévia, pelo órgão competente do Sisnama, autorizando o uso sustentável das florestas objeto da concessão. A LP é requerida pelo poder concedente, mediante apresentação do Relatório Ambiental Preliminar – RAP ou Estudo Prévio de Impacto Ambiental – EIA/RIMA, se a exploração das florestas implicar significativo impacto ambiental, em razão da escala e intensidade do manejo florestal e da peculiaridade dos recursos ambientais; (iii) lançamento do pré-edital de cada lote de concessão florestal e realização de audiência pública para que a sociedade possa ser informada e opinar a respeito; (iv) publicação do edital definitivo de concessão florestal; (v) julgamento das propostas, combinando critérios de melhor preço e melhor técnica (incluindo técnica para redução dos impactos ambientais da exploração); (vi) assinatura do contrato de concessão; (vii) aprovação do Plano de Manejo Florestal Sustentável – PMFS e obtenção da Licença de Operação, pelo concessionário.

A concessão florestal não transfere a propriedade da terra para o concessionário, nem o autoriza a explorar todos os recursos ambientais existentes na área – a lei veda expressamente o acesso ao patrimônio genético para fins de pesquisa e desenvolvimento, bioprospecção ou constituição de coleções; o uso dos recursos hídricos, salvo quantidade considerada "insignificante"; a exploração de recursos minerais, pesqueiros ou da fauna silvestre etc.

6. RESPONSABILIDADE AMBIENTAL

Reza a CF/88 que as condutas e atividades consideradas lesivas ao meio ambiente sujeitarão os infratores, pessoas físicas ou jurídicas, a **sanções penais** e **administrativas**, independentemente da **obrigação de reparar os danos** (art. 225, § 3º).

Significa dizer que as pessoas físicas e jurídicas que causarem danos ao meio ambiente ou colocá-lo em perigo (ameaça de dano) poderão responder penal, administrativa e civilmente, de forma concomitante e sem que isso implique *bis in idem* (repetição de sanção sobre um mesmo fato), já que cada responsabilização tem um fundamento diverso.

6.1. Responsabilidade civil ambiental

A responsabilidade civil é disciplinada pelo Código Civil. A responsabilidade civil ambiental tem um regime próprio, construído a partir da responsabilidade civil clássica, mas com adaptações às necessidades ambientais e aperfeiçoamentos necessários à ampla e efetiva reparação dos danos ao meio ambiente.

6.1.1. Responsabilidade civil

A responsabilidade civil é o instituto destinado a impor ao causador de um dano, o dever de repará-lo para, assim, apagar ou minimizar os efeitos da lesão sofrida pela vítima.

A responsabilidade civil pode ser **subjetiva**, que tem por fundamento a **culpa do agente**, ou **objetiva**, que tem por fundamento o **risco da atividade**, sendo irrelevante a culpa do agente. No Direito Civil, a responsabilidade subjetiva é a regra (art. 927) e a responsabilidade objetiva, a exceção (arts. 927, parágrafo único, 932, 933, 936 etc.). Mas em muitos outros campos do Direito, por exemplo, no Direito do Consumidor e Ambiental, leis específicas têm adotado a responsabilidade civil objetiva.

6.1.2. Elementos da responsabilidade civil ambiental

A responsabilidade civil ambiental é objetiva, ante o disposto no art. 14, § 1º, da PNMA: o poluidor é obrigado, independentemente da existência de culpa, a indenizar ou reparar os danos causados ao meio ambiente e a terceiros, afetados por sua atividade.

Para a responsabilização civil do causador do dano ambiental (poluidor) basta, portanto, a comprovação de três elementos: (i) atividade poluidora; (ii) dano ambiental e (iii) nexo de causalidade entre atividade poluidora e dano ambiental.

6.1.2.1. Atividade poluidora

Atividade poluidora é a que causa degradação ambiental (alteração adversa das características do meio ambiente) e, direta ou indiretamente: (i) prejudica a saúde, a segurança e o bem-estar da população; (ii) cria condições adversas às atividades sociais e econômicas; (iii) afeta desfavoravelmente a biota (flora, fauna e outros organismos vivos); (iv) afeta as condições estéticas ou sanitárias do meio ambiente; ou (v) lança matérias ou energia em desacordo com os padrões ambientais estabelecidos (art. 3º, II e III, da PNMA). Não é necessariamente uma atividade econômica nem mesmo uma atividade de desenvolvimento contínuo. O conceito engloba qualquer evento degradador, tenha ele ocorrido no âmbito de uma atividade econômica ou não econômica, de caráter permanente ou eventual. Nesse sentido, pode ser considerada poluidora, por exemplo, a atividade de lançamento de efluentes industriais sem o devido tratamento num rio (atividade econômica de caráter permanente), assim como a atividade de supressão de vegetação de Área de Preservação Permanente para fins de implantação de uma casa de veraneio (atividade não econômica de caráter eventual).

O responsável pela atividade poluidora – e, portanto, pela reparação do dano ambiental – é chamado pela lei de "poluidor", podendo ele ser **pessoa física ou jurídica, de direito público ou privado** (art. 3º, IV, da PNMA).

Importante ressaltar que mesmo as atividades licenciadas ou autorizadas pelos órgãos competentes podem se tornar fonte de degradação ambiental ou poluição, nos termos do art. 3º, II e III, da PNMA. É dizer: atividades lícitas podem ser atividades poluidoras, sendo que a **licitude da atividade não afasta a responsabilidade civil do poluidor**.

6.1.2.2. Dano ambiental

O dano que enseja a responsabilização civil há que ser um **dano jurídico**, que engloba não apenas o **prejuízo patrimonial ou moral (ou extrapatrimonial)**, mas também a **violação de um direito da vítima**. Em resumo, dano indenizável é a lesão a um bem juridicamente protegido.

O dano ambiental é a **degradação da qualidade do meio ambiente** (prejuízo) que viola o **direito da coletividade ao meio ambiente ecologicamente equilibrado** (interesse juridicamente protegido).

Considerando que o direito ao meio ambiente ecologicamente equilibrado é de titularidade de toda a coletividade, sendo ele um **direito difuso** (art. 81, parágrafo único, I, do CDC), e que a coletividade é, por consequência, a vítima do dano ambiental, pode-se concluir que o dano ambiental é, sempre, um **dano difuso**.

Apesar disso, é possível que pessoas determinadas experimentem **danos em sua esfera individual a partir do dano ambiental**. Não se trata de um dano ambiental propriamente dito, mas de um dano por intermédio do meio ambiente. É o caso, p. ex., do indivíduo internado por problemas respiratórios causados pela poluição atmosférica ou dos pescadores que ficam impossibilitados de exercer sua atividade econômica em razão da poluição hídrica e destruição da fauna aquática decorrentes de vazamento de óleo. Essas vítimas são os "**terceiros afetados pela atividade poluidora**" a que se refere o art. 14, § 1º, *in fine*, da PNMA, os quais terão direito a uma reparação própria (individual), sem prejuízo da reparação ambiental integral (difusa).

6.1.2.3. Nexo de causalidade

O nexo de causalidade é a **relação de causa e efeito** entre a atividade poluidora e o dano ambiental.

Sendo o nexo de causalidade elemento essencial da responsabilidade civil, correto concluir que as pessoas físicas ou jurídicas só serão condenadas a reparar os danos ambientais que tenham sido **causados, direta ou indiretamente**, por sua atividade poluidora.

Tome-se por exemplo uma ação civil pública ajuizada contra uma indústria visando a descontaminação de rio contaminado por mercúrio. Se essa indústria comprovar que, apesar de despejar efluentes industriais sem tratamento no curso d'água, tais efluentes **não contêm mercúrio**, ela **não será civilmente responsabilizada** por este dano ambiental específico, pois não o causou, sequer para ele contribuiu.

Dentre as **teorias do risco** atreladas ao nexo de causalidade na responsabilidade civil objetiva (risco proveito, risco criado, risco da atividade etc.), tem prevalecido na doutrina e jurisprudência que, em sede de responsabilidade civil ambiental, a teoria aplicável é a do **risco integral**, que não aceita as típicas excludentes do dever de reparar, como caso fortuito e força maior, já que elas não rompem o nexo de causalidade e sim operam como uma concausa que, ao lado da atividade poluidora, redunda no dano ambiental.

6.1.3. Solidariedade

Se vários eventos causarem, direta ou indiretamente, o dano ambiental, todos eles serão considerados "atividades poluidoras" para fins de responsabilização civil, e todos, poluidores diretos ou indiretos, poderão ser acionados judicialmente para arcar com a reparação, em regime de **solidariedade.**

Trata-se de **solidariedade legal**, prevista no art. 942 do Código Civil, *in fine*, que dispõe que "se a ofensa tiver mais de um autor, **todos responderão solidariamente pela reparação**". Por se tratar de uma regra geral da responsabilidade civil e não contrariar nenhum princípio nem mesmo a legislação do meio ambiente, aplica-se à responsabilidade civil ambiental.

A solidariedade permite que o autor da ação coletiva ambiental escolha quais poluidores colocará no polo passivo como réus, ficando a seu critério demandar contra todos, alguns ou apenas um poluidor (que sozinho responderá pelo dano integral, podendo ingressar com ação de regresso contra os demais).

6.1.4. Reparação do dano ambiental

É firme o entendimento doutrinário e jurisprudencial que a regra geral da reparação ambiental é a **reparação *in natura***, ou seja, a recomposição do ambiente lesado, a restauração do equilíbrio ecológico anterior ao dano (retorno ao *statu quo ante*). Desmatada uma área de preservação permanente, deve ela ser reflorestada; contaminado o solo, deve ele ser descontaminado, degradado um rio, deve ele ser despoluído; deteriorada uma edificação integrante do patrimônio cultural, deve ela ser restaurada.

Apenas quando não for técnica ou socialmente possível a reparação *in natura* é que se aceitará que o dano ambiental seja reparado mediante uma **compensação pecuniária**, i.e, uma indenização. E como as vítimas do dano ambiental são pulverizadas (dano difuso), esta indenização será revertida para um **fundo** "gerido por um Conselho Federal ou por Conselhos Estaduais de que participarão necessariamente o Ministério Público e representantes da comunidade, sendo seus recursos destinados à reconstituição dos bens lesados" (art. 13 da Lei n. 7.347/85). No âmbito federal foi criado pela Lei n. 9.008/95 o **FDD (Fundo de Defesa dos Direitos Difusos)**, que recebe indenizações pagas em ações civis públicas ajuizadas na Justiça Federal, envolvendo lesão a direitos difusos em geral, e destina os valores recebidos a projetos de entes públicos ou de entidades sem fins lucrativos que tenham por objetivo a proteção do meio ambiente e de bens e direitos de valor artístico, estético, histórico, turístico, paisagístico, e quaisquer outros interesses difusos e coletivos. Diversos Estados também criaram fundos estaduais para recebimento das indenizações pagas no âmbito das ações coletivas ajuizadas na Justiça Estadual.

A reparação *in natura* não deve ser cumulada com indenização, sob pena de *bis in idem*. A exceção a esta regra ocorre quando a reparação *in natura* **não recompõe integralmente o ambiente lesado**, o que significa dizer que apenas parte do dano foi reparada. A parte do dano não reparada pela reparação *in natura* será objeto de indenização, pois só assim se obterá a **reparação integral do dano**.

6.1.5. Desconsideração da personalidade jurídica

É cabível a desconsideração da personalidade jurídica (*disregard doctrine*), com a consequente **extensão dos efeitos da responsabilização civil aos seus sócios e/ou administradores**, caso isso se mostre necessário para garantir a reparação do dano ambiental.

> A Lei n. 9.605/98, estabelece que será desconsiderada a pessoa jurídica sempre que sua personalidade for obstáculo ao ressarcimento de prejuízos causados à qualidade do meio ambiente (art. 4º). Por obstáculo ao ressarcimento, entenda-se: insolvência da pessoa jurídica. Se a pessoa jurídica não dispuser de recursos e patrimônio para arcar com as despesas da reparação do dano ambiental, seus sócios e/ou administradores serão obrigados a fazê-lo, com seus bens particulares.

A desconsideração da personalidade jurídica é aplicável às relações de consumo desde 1990, ante previsão expressa do Código de Defesa do Consumidor (Lei n. 8.078/90) e passou a ser aplicável às relações civis em geral, a partir do Código Civil de 2002. Cumpre destacar, porém, que a Lei n. 9.605/98 adota a **teoria menor da desconsideração**, admitindo a desconsideração mediante a simples insolvência da pessoa jurídica, enquanto que o Código Civil (art. 50) adota a **teoria maior da desconsideração**, admitindo a desconsideração se, juntamente com a insolvência, restar configurado o desvio de finalidade ou a confusão patrimonial (abuso da personalidade jurídica). Já o CDC adota ambas as teorias, pois no *caput* do art. 28 atrela a desconsideração ao "abuso de direito, excesso de poder, infração da lei, fato ou ato ilícito ou violação dos estatutos ou contrato social" e à "falência, estado de insolvência, encerramento ou inatividade da pessoa jurídica provocados por má administração", mas no § 5º possibilita a desconsideração "sempre que sua personalidade for, de alguma forma, obstáculo ao ressarcimento de prejuízos causados aos consumidores".

6.1.6. Prescrição da ação de reparação ambiental

A prescrição é a perda da pretensão à tutela de um direito material violado, em decorrência do não exercício desse direito pelo lapso temporal estabelecido pela lei.

Embora o Código Civil estabeleça que a "pretensão de reparação civil" prescreve em 3 anos (art. 206, § 3º, V), a doutrina e a jurisprudência têm defendido que, diferentemente das ações para a tutela de direitos patrimoniais privados, **a ação de reparação de danos ambientais é imprescritível**, pelo fato de o meio ambiente ser um direito fundamental e indisponível de toda a coletividade e também porque os efeitos do dano ambiental se prolongam no tempo, podendo até mesmo atingir as futuras gerações.

Nesse sentido, o STJ já pontificou em diversos julgados que a ação reparatória ambiental não está sujeita à prescrição:

> Conquanto não se possa conferir ao direito fundamental do meio ambiente equilibrado a característica de direito absoluto, certo é que ele se insere entre os direitos indisponíveis, devendo-se acentuar a **imprescritibilidade** de sua reparação, e a sua inalienabilidade, já que se trata de bem de uso comum do povo (art. 225, *caput*, da CF/1988) (REsp 1.394.025/MS, Rel. Min. Eliana Calmon, j. 8-10-2013).

Já a ação para reparação de dano por intermédio do meio ambiente, passível de ser movida por vítimas determinadas, lesadas em sua esfera individual, está sujeita à prescrição, nos termos do art. 206, § 3º, V, CC (MILARÉ, Édis, 2015, p. 1518).

6.2. Responsabilidade administrativa ambiental

> A responsabilidade por infração administrativa é objeto de estudo do Direito Administrativo, sendo que o Direito Ambiental adota uma série de regras próprias para regular a responsabilidade administrativa ambiental, mas também se vale de princípios e regras do Direito Administrativo, quando não conflitantes com o seu regime específico.

6.2.1. Infrações administrativas ambientais

A infração administrativa consiste no descumprimento voluntário de normas que proíbem ou determinam uma conduta (tipo administrativo) e preveem sanções como consequência desse descumprimento, as quais devem ser aplicadas por uma **autoridade administrativa**, no exercício do **poder de polícia**.

A infração administrativa ambiental consiste na ação ou omissão que viole as regras jurídicas de uso, gozo, promoção, proteção e recuperação do meio ambiente, sujeita às sanções administrativas previstas na 9.605/98 c/c Decreto n. 6.514/2008 e aplicáveis pelos órgãos ambientais competentes.

A **Lei n. 9.605/98** define e trata dos aspectos principais das infrações administrativas ambientais, dos arts. 70 a 76, mas não cria nenhum tipo administrativo específico. Já o **Decreto n. 6.514/2008** prevê diversos tipos administrativos contra a fauna, flora, unidades de conservação, ordenamento urbano e patrimônio cultural e administração ambiental, assim como os de poluição e demais atividades contrárias ao equilíbrio ambiental. As condutas de pessoas físicas e jurídicas que se subsumirem aos tipos administrativos em questão, suportarão as respectivas sanções administrativas.

Há um intenso debate doutrinário e jurisprudencial sobre o caráter objetivo ou subjetivo da responsabilidade administrativa. Para uma corrente, a **responsabilidade administrativa ambiental é subjetiva**, só ocorrendo, portanto, em caso de **culpa ou dolo do infrator**. Para outra, a responsabilidade administrativa se pauta na **mera voluntariedade da conduta ou omissão do agente** – o que a aproxima da responsabilidade objetiva. Recentemente, o STJ proferiu duas decisões filiadas à primeira corrente, defendendo que a responsabilização administrativa do infrator depende da culpa ou dolo (*cf.* AgRg no AREsp 62.584/RJ, Rel. Min. Regina Helena

Costa, j. 18-6-2015, e REsp 1.401.500/PR, Rel. Min. Herman Benjamin, j. 16-8-2016).

6.2.2. Processo administrativo sancionatório

As infrações administrativas serão apuradas em processo administrativo próprio, assegurada a **ampla defesa e o contraditório** (art. 70, § 4º, da Lei n. 9.605/98).

A infração será objeto de **Auto de Infração Ambiental (AIA)** lavrado por funcionário de órgão do Sisnama designado para as atividades de fiscalização, que deverá descrever a conduta, indicar os dispositivos legais infringidos e determinar as sanções cabíveis. O autuado poderá **impugnar o AIA ou apresentar defesa no prazo de 20 dias** contados da data da ciência da autuação. A autoridade competente deverá **julgar o AIA no prazo de 30 dias** contados da lavratura, ainda que o autuado não tenha apresentado impugnação ou defesa (mas a inobservância do prazo para julgamento não torna nula a decisão da autoridade julgadora e o processo, nos termos do art. 124, § 2º, do Decreto n. 6.514/2008). A decisão da autoridade julgadora deverá ser **motivada**, com a indicação dos fatos e fundamentos jurídicos em que se baseia (art. 125 do Decreto n. 6.514/2008). Em caso de decisão condenatória, o autuado poderá **recorrer à instância superior no prazo de 20 dias** contados da notificação sobre o julgamento, ou **pagar a multa no prazo de 5 dias** também contados da notificação, com o desconto de 30% do valor corrigido da penalidade (art. 4º da Lei n. 8.005/90 c/c art. 126, parágrafo único, do Decreto n. 6.514/2008). O **recurso não terá efeito suspensivo**, salvo: (i) na hipótese de justo receio de prejuízo de difícil ou incerta reparação, hipótese em que a autoridade recorrida ou a imediatamente superior poderá, de ofício ou a pedido do recorrente, conceder efeito suspensivo ao recurso e (ii) com relação à penalidade de multa, que não será cobrada enquanto a decisão condenatória não se tornar definitiva (art. 128 do Decreto n. 6.514/2008).

6.2.3. Sanções administrativas ambientais e medidas administrativas acautelatórias

A Lei n. 9.605/98 estabelece que as infrações administrativas ambientais serão punidas com as seguintes **sanções**: (i) advertência; (ii) multa simples (de R$ 50,00 a R$ 50 milhões); (iii) multa diária (quando o cometimento da infração se prolongar no tempo, deixando ela de incidir quando o autuado apresentar ao órgão ambiental documentos que comprovem a regularização da situação); (iv) apreensão dos animais, produtos e subprodutos da fauna e flora, instrumentos, petrechos, equipamentos ou veículos de qualquer natureza utilizados na infração; (v) destruição ou inutilização do produto; (vi) suspensão de venda e fabricação do produto; (vii) embargo de obra ou atividade; (viii) demolição de obra; (ix) suspensão parcial ou total de atividades; (x) restritiva de direitos, a saber: suspensão ou cancelamento de registro, licença ou autorização; perda ou restrição de incentivos e benefícios fiscais; perda ou suspensão da participação em linhas de financiamento em estabelecimentos oficiais de crédito; e proibição de contratar com a Administração Pública, pelo período de até 3 anos (art. 72).

As sanções devem ser aplicadas após a decisão da autoridade julgadora sobre a adequação e correção do AIA lavrado pelo funcionário encarregado da fiscalização – equivale dizer, somente após o exercício do contraditório e da ampla defesa. No entanto, no momento da constatação da infração (antes do julgamento do AIA, portanto) algumas **medidas administrativas acautelatórias (ou preventivas)** podem se mostrar necessárias para "prevenir a ocorrência de novas infrações, resguardar a recuperação ambiental e garantir o resultado prático do processo administrativo" (art. 101 do Decreto n. 6.514/2008). Em casos tais, o agente ambiental poderá, com a **devida fundamentação em formulário próprio**, impor ao infrator uma ou mais das seguintes medidas: (i) apreensão; (ii) embargo de obra ou atividade e suas respectivas áreas; (iii) suspensão de venda ou fabricação de produto; (iv) suspensão parcial ou total de atividades; (v) destruição ou inutilização dos produtos, subprodutos e instrumentos da infração; e (vi) demolição.

As medidas administrativas aplicadas no momento da autuação deverão ser apreciadas e confirmadas no julgamento do AIA, sob pena de ineficácia (art. 124, § 1º, do Decreto n. 6.514/2008).

6.2.3.1. Demolição

A demolição de obra ou edificação constitui sanção administrativa, mas, em casos graves e urgentes, pode ser aplicada como medida administrativa acautelatória, já no momento da fiscalização.

Nos termos do Decreto n. 6.514/2008, a **sanção de demolição** poderá ser aplicada pela autoridade ambiental quando a construção estiver em área ambientalmente protegida, em desacordo com a legislação ambiental, ou quando a construção não atender às condicionantes da legislação ambiental e **não for possível a sua regularização** (art. 19).

A demolição poderá ser efetivada pela administração ou pelo infrator após o julgamento do auto de infração. As despesas para a realização da demolição correrão sempre à custa do infrator, que será notificado para realizá-la ou para reembolsar aos cofres públicos os gastos que tenham sido efetuados pela administração, caso ela tenha se encarregado do ato demolitório (art. 19, §§ 1º e 2º).

A sanção de demolição **não será aplicada** quando laudo técnico comprovar que o desfazimento da obra poderá trazer **piores impactos ambientais** que sua manutenção, caso em que a autoridade ambiental, mediante decisão fundamentada, deverá, sem prejuízo das demais sanções cabíveis, impor as medidas necessárias à cessação e mitigação do dano ambiental (art. 19, § 3º). A não aplicação da sanção de demolição deve estar fundamentada no risco ambiental da medida e não no simples interesse do infrator de manter a construção.

Nos termos do Decreto n. 6.514/2008, a **medida acautelatória de demolição** poderá ser aplicada excepcionalmente no ato da fiscalização quando se constatar que a ausência da demolição importa em iminente risco de agravamento do dano ambiental ou de graves riscos à saúde (art. 112), desde que não se trate de edificação residencial (art. 112, § 3º). As despesas com a demolição serão custeadas pelo infrator, ainda que a Administração Pública execute a medida (neste caso ela deverá ser ressarcida pelo infrator).

> O Decreto n. 6.514/2008 não veda a sanção de demolição de edificações residenciais, nas hipóteses previstas no art. 19. O que essa norma veda é que a demolição de edificações residenciais seja aplicada como medida acautelatória, antes do julgamento do auto de infração, sem que o infrator tenha tido a oportunidade de se defender.

6.2.3.2. Dosagem da sanção

As normas que tipificam a infração administrativa devem estabelecer a sanção aplicável que, via de regra, é de cunho pecuniário (multa), cabendo ao agente autuante definir outras sanções não pecuniárias, conforme as especificidades do caso.

Nas infrações ambientais, a multa é determinada em abstrato, com um valor mínimo e um valor máximo – o valor em concreto será fixado pelo agente autuante e posteriormente confirmado pela autoridade julgadora, que, mediante decisão motivada, poderá manter o valor fixado no AIA, minorá-lo ou aumentá-lo, de ofício ou a pedido do infrator.

Para garantir a necessária **proporcionalidade e razoabilidade da punição**, todas as sanções, e especialmente a multa, devem ser **dosadas** a partir de critérios insculpidos na norma, quais sejam: (i) a gravidade do fato, tendo em vista os motivos da infração e suas consequências para a saúde pública e para o meio ambiente; (ii) os antecedentes do infrator quanto ao cumprimento da legislação de interesse ambiental; (iii) a situação econômica do infrator, no caso de multa (arts. 6º e 72 da Lei n. 9.605/98 c/c art. 4º do Decreto n. 6.514/2008). E tanto a aplicação da sanção como sua dosagem devem ser **motivadas,** sob pena de cerceamento de defesa.

A **reincidência** é outro fator que interfere na dosagem da sanção de multa, que é agravada **com o triplo do seu valor**, em caso de cometimento da **mesma infração ambiental** no prazo de 5 anos contados da lavratura de auto de infração anterior (devidamente confirmado pela autoridade julgadora), ou com o **dobro**, em caso de cometimento de **infração ambiental distinta** no prazo de 5 anos contados da lavratura de auto de infração anterior (art. 11 do Decreto n. 6.514/2008).

6.2.4. Prescrição da ação administrativa

A pretensão do Estado de sancionar o infrator está sujeita a prescrição, a qual pode se verificar em duas fases distintas da persecução administrativa: (i) fase da apuração e aplicação da sanção, que transcorre entre a data da infração e a data do trânsito em julgado da decisão administrativa (prescrição da **pretensão punitiva**) e (ii) fase da execução da sanção, que se inicia após o trânsito em julgado da decisão administrativa (prescrição da **pretensão executória**).

Em consonância com o disposto na **Lei n. 9.873/99** (art. 1º), que disciplina o prazo de prescrição para o exercício de ação punitiva pela Administração Pública Federal, direta e indireta, o Decreto n. 6.514/2008 estabelece que a ação da Administração Pública para apurar a prática de infrações administrativas contra o meio ambiente, caracterizada pela lavratura do Auto de Infração Ambiental, **prescreve em 5 anos contados da data da prática do ato** ou, no caso de infração permanente ou continuada, do dia em que esta tiver cessado (prescrição da pretensão punitiva). Mas se o fato objeto da infração administrativa também constituir crime, a prescrição reger-se-á pelo prazo previsto na lei penal (art. 21).

O prazo prescricional será **interrompido** pelos seguintes eventos: (i) recebimento do auto de infração ou cientificação do infrator por qualquer outro meio, inclusive por edital; (ii) qualquer ato inequívoco da administração que importe apuração do fato (entendendo-se como tal qualquer ato que implique instrução do processo); e (iii) decisão condenatória recorrível (art. 22 do Decreto n. 6.514/2008). Com a interrupção da prescrição, o prazo prescricional recomeça sua contagem do zero.

Transitada em julgado a decisão condenatória com aplicação de multa, a Administração efetuará a sua cobrança mediante envio de boleto ao infrator e, em caso de não pagamento, terá que tomar as medidas necessárias para efetuar a cobrança judicial, mediante ação de execução fiscal. Conforme a Lei n. 9.873/99 (art. 1º-A) e a **Súmula 467 do STJ**, editada em 2010, prescreve em **cinco anos, contados do término do processo administrativo**, a pretensão da Administração Pública a **promover a execução judicial da multa por infração ambiental** (prescrição da pretensão executória).

6.2.4.1. Prescrição intercorrente

Na fase da apuração e aplicação da sanção pode ocorrer a **prescrição intercorrente**, que é uma das modalidades de prescrição da pretensão punitiva.

Na esteira do disposto na Lei n. 9.873/99 (art. 1º, § 1º), o Decreto n. 6.514/2008 aplica aos processos infracionais ambientais a **prescrição intercorrente**, que ocorre durante a sua tramitação, no caso dele ficar **paralisado por mais de 3 anos**, pendente de julgamento ou despacho do órgão competente (art. 21, § 2º). A prescrição decorre da inércia do órgão ambiental no desenvolvimento do processo.

Ocorrendo a prescrição intercorrente, os autos serão arquivados de ofício ou mediante requerimento da parte interessada, sem prejuízo da apuração da responsabilidade funcional dos agentes públicos que deram causa à paralisação.

6.2.4.2. Prescrição administrativa e reparação do dano

Como as responsabilidades civil e administrativa são independentes, a prescrição da pretensão punitiva da Administração pela infração administrativa cometida, aí incluída a prescrição intercorrente, **não elide a obrigação de reparar o dano ambiental** (art. 21, § 4º, do Decreto n. 6.514/2008) – até porque, como visto no tópico da responsabilidade civil, as ações para reparação do dano ao meio ambiente são imprescritíveis.

6.3. Responsabilidade penal ambiental

A responsabilidade por crime ambiental está profundamente relacionada com o Direito Penal. Apesar de haver uma lei específica para tratar dos crimes ambientais (Lei n. 9.605/98), grande parte da teoria geral do direito penal e direito processual penal se aplica aos crimes praticados contra o meio ambiente.

6.3.1. Infrações penais ambientais

A infração penal consiste no descumprimento voluntário de normas que proíbem ou determinam uma conduta (tipos penais) e que estabelecem penas como consequência desse descumprimento, as quais devem ser aplicadas por um **juiz de direito**.

Diferentemente da responsabilidade civil ambiental, a responsabilidade penal por crime praticado contra o meio ambiente é sempre subjetiva, de sorte que só responderá pelo crime o agente que agir com dolo ou culpa (esta última, apenas no caso de tipos penais que prevejam a modalidade culposa).

Os crimes ambientais e respectivas sanções estão previstos, em sua maioria, na **Lei n. 9.605/98 (Lei dos Crimes Ambientais)**, que estabelece crimes contra a fauna, a flora, o ordenamento urbano e patrimônio cultural e administração ambiental, crimes de poluição e crimes relacionados à falta de licenças e autorizações ambientais. Mas algumas leis ambientais específicas também tipificam penalmente condutas lesivas ao meio ambiente como, p. ex., Lei n. 6.453/77 (responsabilidade por danos e atividades nucleares); Lei n. 7.802/89 (agrotóxicos) e Lei n. 6.766/76 (parcelamento do solo urbano).

Os crimes ambientais são sempre de **ação penal pública incondicionada** (o Ministério Público pode iniciar a ação independentemente de requisição do Ministro da Justiça ou de representação do ofendido), a qual seguirá os trâmites estabelecidos no Código de Processo Penal, respeitadas as especificidades processuais da Lei dos Crimes Ambientais.

6.3.2. Princípio da insignificância aplicado aos crimes ambientais

Pelo **princípio da lesividade (ou da ofensividade)** apenas os fatos que importem em lesão ou perigo de lesão a um bem jurídico socialmente relevante é que merecem a repressão penal, devendo o legislador levar este princípio em consideração quando da criação dos tipos penais, assim como os juízes de direito quando de sua aplicação ao caso concreto. E pelo **princípio da insignificância**, não devem ser consideradas criminosas as condutas que, mesmo previstas em um tipo penal, não causem um gravame significativo aos bens jurídicos tutelados pela norma penal (lesividade inexistente ou mínima ofensividade).

Para a teoria finalista da ação, crime é o fato típico e antijurídico. O fato típico contempla a **tipicidade formal** (subsunção do fato ao tipo penal) e a **tipicidade material** (lesividade real ou potencial ao bem jurídico protegido), devendo ambas estar presentes para a caracterização do crime. Por força do princípio da insignificância, a conduta com baixíssima lesividade não preenche a tipicidade material. Por isso, mesmo que ela preencha a tipicidade formal, não constitui crime, pois a falta de tipicidade material torna a conduta **atípica**.

CRIME (teoria finalista da ação)		
Fato típico		Antijurídico
Tipicidade formal (subsunção)	Tipicidade material (lesividade)	Contrariedade da conduta ao ordenamento jurídico

O STF aceita a aplicação do princípio da insignificância aos crimes em geral, sustentando que o postulado da bagatela deve levar em conta quatro aspectos de natureza objetiva: (i) a mínima ofensividade da conduta do agente; (ii) ausência de periculosidade social da ação; (iii) o reduzido grau de reprovabilidade do comportamento; e (iv) a inexpressividade da lesão jurídica causada (cf. HC 84.412/SP, Min. Celso de Mello, j. 19-10-2004).

Transpondo o entendimento do STF aos crimes ambientais, o STJ tem aplicado o princípio da insignificância quando verificada a baixa lesividade da conduta, absolvendo ou trancando ações penais ajuizadas contra infratores flagrados, p. ex., com apenas alguns exemplares de animais silvestres caçados ilegalmente ou pequena quantidade de pescado capturado no período do defeso, ou com poucos exemplares arbóreos, suprimidos sem autorização do órgão competente (cf. HC 128.566/SP, Rel. Min. Maria Thereza de Assis Moura, j. 31-5-2011; REsp 1372370/RS, Rel. Min. Laurita Vaz, j. 27-8-2013; RHC 58.247/RR, Rel. Min. Jorge Mussi, j. 17-3-2016). Outros tribunais de segunda instância têm seguido na mesma direção.

6.3.3. Responsabilidade penal da pessoa jurídica

Rompendo com o dogma de que apenas a pessoa física está sujeita à responsabilização penal, decorrente do princípio *societas non delinquere potest* (= pessoa jurídica não pode cometer delitos), a CF/88 admite a responsabilidade penal da pessoa jurídica (art. 225, § 3º) e a Lei dos Crimes Ambientais a implementa.

Em contraposição à *teoria da ficção*, para a qual a pessoa jurídica não passa de uma abstração, sem capacidade para delinquir por faltar-lhe vontade e ação, a *teoria da realidade,* adotada pelo Código Civil (art. 45), defende que a pessoa jurídica é real e não uma ficção, embora não se trate de uma realidade no mundo natural, mas de uma realidade no mundo jurídico. Sendo real, a pessoa jurídica tem vontade própria e distinta das vontades individuais de seus sócios e administradores, tendo então capacidade para contrair direitos e obrigações, para cometer infrações e também para delinquir.

Ainda encontramos alguns doutrinadores resistentes à responsabilização penal da pessoa jurídica, mas o STJ já pacificou entendimento de que pessoas jurídicas podem cometer crimes ambientais e ser condenadas por isso (cf. REsp 889.528/SC, Rel. Min. Felix Fischer, j. 17-4-2007; REsp 989.089/SC, Rel. Min. Arnaldo Esteves Lima, j. 18-8-2009; EDcl no REsp 865.864/PR, Rel. Min. Adilson Vieira Macabu (Desembargador Convocado do TJRJ), j. 20-10-2011). O STF, mesmo julgando menos casos sobre esta temática, já se manifestou favoravelmente à responsabilização penal da pessoa jurídica (cf. RE 548.181/PR, Rel. Min. Rosa Weber, j. 29-10-2014).

6.3.3.1. Requisitos

A condenação da pessoa jurídica por crime ambiental está condicionada à presença de dois requisitos cumulativos, nos termos do art. 3º da Lei n. 9.605/98: (i) infração cometida por decisão de seu representante legal ou contratual ou de seu órgão colegiado e (ii) infração praticada no interesse ou benefício da empresa.

Com isso, fica afastada a responsabilização do ente coletivo se a conduta for determinada por pessoa ou órgão interno sem poderes estatutários ou contratuais de representação da empresa ou sem mandato ou delegação para a tomada de decisão (primeiro requisito), ou se, mesmo a conduta sendo determinada por representante, o benefício por ela gerado não trouxer proveito à empresa, mas a terceiros, que usaram a empresa para extrair benefício para si próprio (segundo requisito).

6.3.3.2. Dupla imputação

Durante um bom tempo prevaleceu o entendimento de que a pessoa jurídica só poderia ser responsabilizada criminalmente se as pessoas físicas que exteriorizaram a vontade da empresa para a prática da ação criminosa também figurassem no polo passivo da ação penal (dupla imputação).

Ocorre que, em decisão recente, o STF contestou a teoria da dupla imputação, sob o argumento de que "o art. 225, § 3º, da Constituição Federal não condiciona a responsabilização penal da pessoa jurídica por crimes ambientais à simultânea persecução penal da pessoa física em tese responsável no âmbito da empresa. A norma constitucional não impõe a necessária dupla imputação" (RE 548.181/PR, Rel. Min. Rosa Weber, j. 29-10-2014). O STJ, que adotava o princípio da dupla imputação, acabou sendo influenciado pela decisão do STF e reviu o seu posicionamento, declarando que "**modificou sua anterior orientação**, de modo a entender que é possível a responsabilização penal da pessoa jurídica por delitos ambientais independentemente da responsabilização concomitante da pessoa física que agia em seu nome" (RMS 39.173/BA, Rel. Min. Reynaldo Soares da Fonseca, j. 6-8-2015). No mesmo sentido: AgRg no RMS 48.085/PA, Rel. Min. Gurgel de Faria, j. 5-11-2015; RHC 48.172/PA, Rel. Min. Reis Júnior, Sebastião j. 20-10-2015.

O abandono da teoria da dupla imputação decorre da constatação de que, em grandes ou complexas corporações, as atribuições e decisões estão tão descentralizadas e diluídas que muitas vezes se torna impossível identificar os indivíduos que levaram a empresa à prática do delito. Dessa forma, condicionar a persecução penal da pessoa jurídica à persecução das pessoas físicas significa, em termos práticos, impossibilitar, em muitos casos, a responsabilização do ente coletivo.

6.3.3.3. Sanções penais aplicáveis às pessoas jurídicas

A toda evidência, é impossível aplicar às pessoas jurídicas a pena de prisão. No entanto, o art. 21 da Lei n. 9.605/98 prevê diversas sanções penais perfeitamente compatíveis com a natureza da pessoa jurídica. São elas: (i) multa; (ii) restritiva de direitos e (iii) prestação de serviços à comunidade.

A **pena de multa** deve ser dosada segundo os critérios do Código Penal, com a definição da quantidade de dias-multa, entre 10 e 360 dias-multa (art. 49) e, em seguida, fixação do valor do dia-multa, não podendo ser inferior a um trigésimo do maior salário mínimo mensal vigente ao tempo do fato, nem superior a 5 (cinco) vezes esse salário (art. 49, § 1º). Se o juiz considerar que, mesmo aplicada no valor máximo, a multa será ineficaz em virtude da **situação econômica do réu**, poderá aumentá-la até o triplo (art. 60, § 1º). O art. 18 da Lei dos Crimes Ambientais adiciona um novo critério, a ser aplicado após a dosagem orientada pelo Código Penal: possibilidade de aumento da multa até três vezes se ela revelar-se ineficaz, ainda que aplicada no valor máximo, tendo em vista o valor da **vantagem econômica auferida**.

As **penas restritivas de direitos** se desdobram em: (i) suspensão parcial ou total de atividades (quando estas não estiverem obedecendo às disposições legais ou regulamentares ambientais); (ii) interdição temporária de estabelecimento, obra ou atividade (quando estiverem funcionando sem a devida autorização, ou em desacordo com a concedida, ou com violação de disposição legal ou regulamentar); e (iii) proibição de contratar com o Poder Público, bem como dele obter subsídios, subvenções ou doações, cuja duração não poderá exceder o prazo de 10 anos (art. 22).

A **pena de prestação de serviços à comunidade** engloba: (i) custeio de programas e de projetos ambientais; (ii) execução de obras de recuperação de áreas degradadas; (iii) manutenção de espaços públicos; e (iv) contribuições a entidades ambientais ou culturais públicas (art. 23).

6.3.4. Medidas alternativas

O moderno Direito Penal tem um caráter "despenalizador", já que se propõe a evitar a aplicação de penas privativas de liberdade (prisão) a pessoas que cometem infrações penais de pouca lesividade, dando preferência às penas ou medidas alternativas. Nesse sentido, a CF/88 determinou à União, Estados e DF a criação de juizados especiais criminais para o julgamento de crimes de menor potencial ofensivo (art. 98, I), o que foi feito pelas Leis n. 9.099/99 (Juizados Especiais Cíveis e Criminais) e 10.259/2001 (Juizados Especiais Cíveis e Criminais na Justiça Federal).

Dentre as medidas despenalizadoras instituídas pela Lei n. 9.099/95, encontram-se a composição civil (acordo de reparação de danos firmado com a vítima do delito, que acarreta a renúncia ao direito de queixa, nas ações penais privadas, e de representação, nas ações penais condicionadas), a transação penal e a suspensão condicional do processo (*sursis* processual), sendo apenas as duas últimas aplicáveis aos crimes ambientais.

6.3.4.1. Transação penal

A transação penal é aplicável às infrações de **menor potencial ofensivo**, quais sejam: contravenções penais e crimes com **pena máxima, em abstrato, de até 2 anos**, cumulada ou não com multa (art. 61 da Lei n. 9.099/95).

Sujeito à transação penal	Não sujeito à transação penal
Art. 32 da Lei n. 9.605/98: Praticar ato de abuso, maus-tratos, ferir ou mutilar animais silvestres, domésticos ou domesticados, nativos ou exóticos: Pena – detenção, de três meses a um ano, e multa.	Art. 54 da Lei n. 9.605/98: Causar poluição de qualquer natureza em níveis tais que resultem ou possam resultar em danos à saúde humana, ou que provoquem a mortandade de animais ou a destruição significativa da flora: Pena – reclusão, de um a quatro anos, e multa.

Na transação penal, o Ministério Público propõe e o acusado aceita, sem processo e tampouco condenação, a **aplicação imediata** de pena restritiva de direito ou multa – que, em caso de crime ambiental, será uma das penas previstas no art. 8º da Lei dos Crimes Ambientais, para pessoa física (p. ex., prestação de serviços à comunidade consistente na atribuição de tarefas gratuitas junto a parques e jardins públicos e unidades de conservação), ou nos arts. 22 e 23 da mesma lei, para pessoa jurídica (p. ex., manutenção de espaços públicos).

Justamente por dispensar o devido processo e o exercício do contraditório, a transação penal não implica confissão do crime, não importará em reincidência e não constará de certidão de antecedentes criminais – será tão somente registrada para evitar que o benefício seja usufruído novamente no prazo de 5 anos.

A **composição civil** entre o suposto criminoso e a vítima é estimulada pela Lei n. 9.099/95, mas ela não exige que o infrator repare os danos causados à vítima para fazer jus à transação penal. Em linha oposta, a Lei n. 9.605/98, que tem um forte **caráter reparador,** condiciona a transação penal à **prévia composição do dano ambiental**, salvo em caso de comprovada impossibilidade (art. 27) – sendo necessário frisar que a composição é apenas um acordo no qual a parte se compromete a reparar o dano.

O acordo para composição do dano ambiental terá eficácia de **título executivo**, a ser executado no juízo civil competente, em caso de descumprimento (art. 74 da Lei n. 9.099/95).

6.3.4.2. Suspensão condicional do processo

A suspensão condicional do processo (*sursis* processual) é aplicável às infrações de **médio potencial ofensivo**, quais sejam: crimes com **pena mínima, em abstrato, de até 1 ano** (art. 89 da Lei n. 9.099/95).

Sujeito ao *sursis* processual	Não sujeito ao *sursis* processual
Art. 39 da Lei n. 9.605/98: Cortar árvores em floresta considerada de preservação permanente, sem permissão da autoridade competente: Pena – detenção, de **um** a três anos, ou multa, ou ambas as penas cumulativamente.	Art. 69-A da Lei n. 9.605/98: Elaborar ou apresentar, no licenciamento, concessão florestal ou qualquer outro procedimento administrativo, estudo, laudo ou relatório ambiental total ou parcialmente falso ou enganoso, inclusive por omissão: Pena – reclusão, de **3 (três)** a 6 (seis) anos, e multa.

O *sursis* processual, proposto pelo Ministério Público e aceito pelo acusado, implica a suspensão do processo, imediatamente após o recebimento da denúncia pelo juiz, por um período de 2 a 4 anos, no qual o réu ficará submetido a um período de prova e ao cumprimento das condições fixadas pelo juiz, tais como proibição de frequentar determinados lugares e proibição de ausentar-se da comarca onde reside, sem autorização do juiz. Durante a suspensão do processo, o prazo prescricional fica suspenso.

De acordo com a Lei n. 9.099/95, se o benefício não for revogado durante o período de prova, ao término deste o juiz declarará extinta a punibilidade (art. 89, § 5º). Mas a Lei n. 9.605/98, com seu propósito reparador, condiciona a extinção da punibilidade à **reparação do dano ambiental** pelo infrator, salvo impossibilidade de fazê-lo. Por isso, a declaração de extinção da punibilidade, ao término do período de prova, dependerá de **laudo de constatação** de reparação do dano ambiental (art. 28), sendo cabível, inclusive, a prorrogação do período de prova, por duas vezes, até o prazo máximo de 5 anos (art. 28, II e IV), com suspensão do prazo prescricional, quando o dano não tiver sido reparado no prazo original da suspensão. Se no prazo máximo não for comprovada a reparação do dano, a declaração de extinção da punibilidade dependerá de **laudo de constatação** que comprove ter o acusado pelo menos tomado as **providências necessárias** à reparação integral do dano (art. 28, V). Em caso negativo, o processo será retomado.

7. PROCESSO CIVIL AMBIENTAL

> Embora exista um sistema processual coletivo para a defesa dos direitos difusos, como o meio ambiente, as regras do Código de Processo Civil lhe são aplicáveis subsidiariamente, i.e., nas situações não reguladas de forma específica pelo sistema coletivo.

7.1. Sistema processual coletivo

O processo civil clássico não está estruturado para a tutela dos direitos coletivos *lato sensu*, que englobam os direitos difusos, coletivos *stricto sensu* e individuais homogêneos, mas apenas dos direitos individuais puros. Por isso, os direitos coletivos demandam um sistema processual próprio, adaptado às suas particularidades, que possa garantir a defesa e realização dos interesses transindividuais.

O sistema processual coletivo tem sua espinha dorsal na combinação da **Lei n. 7.347/85 (Lei da Ação Civil Pública – LACP)** e do **Título III da Lei n. 8.078/90 (Código de Defesa do Consumidor – CDC)**, combinação essa determinada pelo art. 21 da LACP. Subsidiariamente e naquilo que não conflitar com as leis citadas, aplicam-se os dispositivos do Código de Processo Civil, nos termos prescritos pelo art. 19 da LACP.

Por este sistema é possível tutelar todos os direitos difusos, coletivos e individuais homogêneos, dentre os quais os expressos no art. 1º da LACP: (i) **meio ambiente (direito difuso)**; (ii) consumidor; (iii) bens e direitos de valor artístico, estético, histórico, turístico e paisagístico; (iv) infração da ordem econômica; (v) ordem urbanística; (vi) honra e dignidade de grupos raciais, étnicos ou religiosos; (vii) patrimônio público e social.

7.2. Legitimidade ativa *ad causam*

A legislação processual coletiva utiliza o critério da **representatividade adequada** para definir quais entes têm legitimidade para propor a ação coletiva, equivale dizer, para "representar" os titulares do direito material discutido em juízo. Estão indicados no art. 5º da LACP e art. 82 do CDC: (i) Ministério Público (federal e estadual); (ii) Defensoria Pública (a ADI 3.943, que questionava sua legitimidade, foi julgada improcedente pelo STF, em maio de 2015); (iii) União, Estados, DF e Municípios; (iv) autarquia, empresa pública, fundação ou sociedade de economia mista; (v) entidade e órgão da Administração Pública, direta ou indireta, ainda que sem personalidade jurídica; (vi) associação civil que, concomitantemente: a) esteja constituída há pelo menos um ano nos termos da lei civil, podendo este requisito ser dispensado pelo juiz, quando houver manifesto interesse social evidenciado pela dimensão ou característica do dano, ou pela relevância do bem jurídico a ser protegido; b) inclua, entre suas finalidades institucionais, um ou mais direitos previstos no art. 1º da LACP.

Trata-se de legitimidade concorrente e disjuntiva, podendo a ação ser proposta por um ou mais legitimados, em **litisconsórcio** (facultativo).

Quanto à **pessoa física**, nota-se que nem a LACP nem o CDC lhe outorgam legitimidade ativa para a defesa de direitos coletivos. Vale mencionar, porém, que a CF/88 outorga ao **cidadão** a legitimidade para a propositura da **ação popular ambiental**, que é uma espécie de ação coletiva (art. 5º, LXXIII).

Quanto ao **Ministério Público**, se não intervier no processo como parte, atuará obrigatoriamente como **fiscal da lei**.

> Em caso de desistência infundada ou abandono da ação por um dos legitimados ativos, deverá o Ministério Público assumi-la, sendo dado a qualquer outro legitimado também fazê-lo. Para o Ministério Público a assunção da ação é obrigatória em decorrência do princípio da obrigatoriedade e indisponibilidade das demandas coletivas, salvo se ela for manifestamente improcedente ou temerária, devendo a decisão de não prosseguimento da ação ser ratificada pelo Conselho Superior do MP (REsp 1.372.593/SP, Rel. Min. Humberto Martins, j. 7-5-2013; REsp 200.289/SP, Rel. Min. Vasco Della Giustina, j. 2-9-2010). Para os demais legitimados, a assunção da ação é facultativa.

7.2.1. Pertinência temática como requisito da legitimidade ativa das associações civis

A representatividade adequada das associações civis, para fins de aferição de sua legitimidade ativa, está relacionada também com a **pertinência temática** entre a sua missão estatutária e os direitos defendidos por meio da ação civil pública. Dessa forma, uma associação que tenha por objetivo a defesa do consumidor não é parte legítima para propor ação civil pública para a defesa do meio ambiente.

7.3. Competência jurisdicional

De acordo com o art. 2º da LACP, as ações civis públicas "serão propostas no foro do local **onde ocorrer o dano**, cujo juízo terá competência funcional para processar e julgar a causa".

É inegável que o intuito da lei é fazer com que as ações para a defesa de direitos coletivos tramitem no local onde ocorreu ou ocorrerá o dano, visando facilitar a obtenção das provas e aproximar o juiz dos fatos. Isso explica a adoção da **competência territorial**. No entanto, a competência territorial é relativa e pode ser modificada pelas partes. Para impedir o deslocamento da competência para foros que nenhuma relação têm com o dano, o art. 2º dispõe que a competência é funcional, querendo com isso, na verdade, dispor que a competência é territorial, porém **absoluta**: "não se prorroga e nem pode ser derrogada por convenção entre os litigantes, devendo a incompetência ser declarada de ofício em qualquer tempo e grau de jurisdição" (MIRRA, 2004, p. 178).

O dano pode se estender por toda a comarca ou ultrapassar os seus limites. Neste caso, haverá mais de um foro e juízo competentes para a ação, devendo-se resolver eventual conflito de competências com a orientação do parágrafo único do art. 2º da LACP, que dispõe que "a **propositura da ação prevenirá a jurisdição do juízo** para todas as ações posteriormente intentadas que possuam a mesma causa de pedir ou o mesmo objeto", considerando-se proposta a ação "quando a petição inicial for protocolada", conforme art. 312 do CPC (cf. STJ, CC 126.601/MG, Rel. Min. Mauro Campbell Marques, j. 27-11-2013).

Logo, o foro onde a ação civil pública for primeiramente proposta (= protocolada) é o foro no qual a ação tramitará e em que se dará a reunião de processos por força da conexão e continência, para julgamento simultâneo (no entanto, há quem defenda que as regras sobre prevenção de juízo em caso de conexão e continência são as do CPC, que, em seu art. 59, encerra que é o registro ou a distribuição da petição inicial que torna prevento o juízo e não o simples protocolo da inicial).

7.3.1. Competência da Justiça Federal

A CF/88 estabelece a competência absoluta da Justiça Federal para determinadas causas como, v.g, aquelas em que a União, entidade autárquica ou empresa pública federal forem interessadas na condição de autoras, rés, assistentes ou oponentes (art. 109, I).

Não há incompatibilidade entre o art. 109 da CF/88 com o art. 2º da LACP, extraindo-se da interpretação conjunta de ambos que as ações civis públicas em que a União e suas entidades forem parte serão propostas na **seção judiciária da Justiça Federal do local do dano**, onde se tem que a Justiça Federal é a *Justiça* competente e o local do dano, o *foro* competente.

Contudo, não há seção judiciária da Justiça Federal em todas as comarcas. Se o dano ocorrer justamente em uma dessas comarcas, a ação deve ser proposta na Justiça Estadual do local do dano (fazendo prevalecer a competência ditada pelo art. 2º da LACP) ou na Justiça Federal de outra comarca (fazendo prevalecer a competência ditada pela CF/88)? Amparado no art. 109, § 3º, da CF/88, o STJ entendia que, em casos tais, a ação deveria ser ajuizada no foro do local do dano, conforme a Súmula 183: "Compete ao Juiz Estadual, nas Comarcas que não sejam sede de vara da Justiça Federal, processar e julgar ação civil pública, ainda que a União figure no processo". Todavia, no ano de 2000 a Súmula 183 foi **cancelada** (EDcl no CC 27.676/BA, Rel. Min. José Delgado, j. 8-11-2000), sendo hoje pacífico que as ações civis públicas nas quais a União atue como parte, assistente ou oponente serão propostas na Justiça Federal do local do dano e, não havendo seção judiciária no local do dano, em outra seção judiciária.

7.4. Inquérito civil

Inúmeras denúncias de agressões ao meio ambiente são levadas ao conhecimento do Ministério Público pela população, por entidades ambientalistas e até mesmo pela mídia. Nem todas contêm embasamento suficiente para subsidiar desde logo o ajuizamento de uma ação civil pública. Em casos tais pode o Ministério Público instaurar um **inquérito civil** para apurar os fatos e encontrar os elementos necessários para decidir quais medidas adotar.

O inquérito civil é, portanto, um procedimento administrativo investigativo, de **uso exclusivo do Ministério Público**, previsto nos arts. 8º e 9º da LACP, que se destina à coleta de informações, documentos, testemunhos e outros subsídios relacionados a lesão ou perigo de lesão a bens difusos e coletivos, dentre eles o meio ambiente, para orientar a atuação do *Parquet*.

Não se trata de um procedimento obrigatório, visto que "a ação civil pública pode ser promovida mesmo sem o inquérito civil, se estiver fundada em outros elementos bastantes de convicção" (MAZZILLI, 2014, p. 147).

Por se tratar de um procedimento meramente investigativo e não acusatório, não é necessário assegurar ao investigado o **contraditório** e a **ampla defesa**. Mas há que se lhe garantir acesso aos autos do inquérito civil para o conhecimento pleno de todos os seus termos, em atenção ao **princípio da publicidade**.

Se, esgotadas todas as diligências, o Ministério Público se convencer da inexistência de fundamento para a propositura da ação civil pública, promoverá, de forma fundamentada, o **arquivamento** do inquérito civil (art. 9º da LACP). O arquivamento será submetido ao Conselho Superior do Ministério Público, que o homologará ou rejeitará, sendo que, em caso de rejeição, designará outro membro do Ministério Público para o ajuizamento da ação (art. 9º, § 4º).

O arquivamento do inquérito civil não impedirá que outro colegitimado proponha a ação civil pública com base nos elementos que ele próprio reunir para tal fim.

7.5. Coisa julgada

A coisa julgada é a situação jurídica que torna uma decisão judicial imodificável. A coisa julgada pode ser material ou formal. **Coisa julgada material,** segundo o Código de Processo Civil, é a "autoridade que torna imutável e indiscutível a decisão de **mérito** não mais sujeita a recurso" (art. 502). A **coisa julgada formal** é a autoridade que torna imutável a decisão terminativa do processo proferida **sem análise de mérito,** cujos efeitos estão restritos ao processo em que ela foi proferida, o que permite que a ação seja reproposta sem os vícios que determinaram a extinção prematura da relação processual.

Nas ações coletivas, a coisa julgada não se opera da mesma forma que no processo civil individual, haja vista as peculiaridades desse tipo de demanda e da natureza do direito discutido.

A disciplina da coisa julgada nas ações para a defesa de direitos difusos – dentre as quais, as ações civis públicas ambientais –, é regida pelo art. 103, I, do CDC c/c art. 16 da LACP, que estabelece a coisa julgada *secundum eventum probationis*, ou seja, conforme o sucesso da prova:

Procedência do pedido	Improcedência do pedido por insuficiência de provas	Improcedência do pedido com base nas provas produzidas (suficiência de provas)
Faz coisa julgada material e *erga omnes*	Faz coisa julgada formal, mas não faz coisa julgada material	Faz coisa julgada material e *erga omnes*
A questão de mérito decidida não poderá ser rediscutida nem pelos colegitimados nem pelo réu	A ação coletiva poderá ser reproposta com idêntico fundamento e baseada em novas provas, por qualquer dos colegitimados	A ação coletiva não poderá ser reproposta por nenhum dos colegitimados
As vítimas (e seus sucessores) afetadas em sua esfera particular pelo dano ambiental (= dano por intermédio do meio ambiente) serão beneficiadas com a sentença coletiva, de sorte que poderão liquidá-la e executá-la, comprovando o seu dano individual – **transporte *in utilibus* da coisa julgada coletiva**	As vítimas (e seus sucessores) afetadas em sua esfera particular pelo dano ambiental (= dano por intermédio do meio ambiente) não serão prejudicadas pela sentença coletiva, de sorte que poderão propor ações individuais indenizatórias	As vítimas (e seus sucessores) afetadas em sua esfera particular pelo dano ambiental (= dano por intermédio do meio ambiente) não serão prejudicadas pela sentença coletiva, de sorte que poderão propor ações individuais indenizatórias

Oportuno e necessário que a lei impeça a coisa julgada material das sentenças de improcedência em caso de insuficiência probatória pois, dessa forma, evita-se que os titulares do direito material discutido em juízo sejam prejudicados por possíveis conluios entre o autor e réu da ação coletiva ou até mesmo pela eventual incapacidade ou limitação do autor na produção de provas dos fatos alegados.

7.5.1. Transporte *in utilibus* da coisa julgada coletiva e da sentença penal condenatória

O **transporte *in utilibus*** é um efeito secundário da decisão transitada em julgado, a ser observado nas situações específicas estabelecidas em lei. Legal e perfeitamente aplicável às ações coletivas ambientais, ele permite que

> (...) qualquer pessoa lesada (individual ou coletivamente), reflexamente, pela mesma agressão ambiental já decidida possa ajuizar uma demanda sem a necessidade de provar aquele fato (poluição e nexo com o poluente) que deu origem e foi suporte da demanda coletiva ambiental (RODRIGUES, 2016, p. 293).

O art. 103, § 3º, do CDC prevê o **transporte *in utilibus* da coisa julgada coletiva**, dispondo que a **procedência** do pedido proferido em ação civil pública para a defesa de direitos difusos beneficiará as vítimas e seus sucessores que, em decorrência do mesmo fato, sofreram lesões individuais. Por isso, poderão proceder diretamente à liquidação e à execução da sentença coletiva, nos termos dos arts. 96 a 99 do CDC.

Já o art. 103, § 4º, da mesma lei prevê o **transporte *in utilibus* da sentença penal condenatória** – na verdade, apenas reforça a medida já prevista no art. 63 do Código de Processo Penal, que encerra: "transitada em julgado a sentença condenatória, poderão promover-lhe a execução, no juízo cível, para o efeito da reparação do dano, o ofendido, seu representante legal ou seus herdeiros".

Mencione-se, por fim, que a possibilidade de se aproveitar a decisão condenatória penal no cível está reforçada no art. 935 do Código Civil, que assegura a independência da responsabilidade civil e criminal, mas afirma que não se pode mais questionar "sobre a existência do fato, ou sobre quem seja o seu autor, quando estas questões se acharem decididas no juízo criminal".

Portanto, as vítimas dos danos por intermédio do meio ambiente e seus sucessores poderão buscar a reparação procedendo à liquidação e à execução da sentença de procedência proferida nas ações civis públicas ambientais como também das sentenças condenatórias por crime ambiental, mediante a comprovação da existência e extensão de seu **dano individual**.

7.6. Termo de Ajustamento de Conduta – TAC

A LACP permite que os órgãos públicos legitimados à propositura da ação civil pública tomem dos interessados "compromisso de ajustamento de sua conduta às exigências legais, mediante cominações, que terá eficácia de título executivo extrajudicial" (art. 5º, § 6º), compromisso esse formalizado na forma de um Termo de Ajustamento de Conduta – TAC.

O TAC, portanto, é um instrumento jurídico pelo qual as pessoas físicas e jurídicas cujas condutas estejam em desconformidade com a lei assumem o compromisso de corrigi-las num determinado prazo e sob determinadas condições. É o caso, por exemplo, de uma empresa que se compromete, no TAC, a interromper o despejo de efluentes líquidos sem tratamento no rio, sob pena de multa diária, ou de um proprietário rural que se compromete a restaurar a área de preservação permanente de seu imóvel, irregularmente desmatada, conforme cronograma previamente negociado entre compromitente e compromissário, sob pena de pagamento de uma indenização.

O TAC pode ser celebrado tanto na esfera extrajudicial, com força de **título executivo extrajudicial**, como na esfera judicial. Neste último caso, deve ser homologado pelo juiz de direito para que tenha força de **título executivo judicial**.

Uma das vantagens do TAC é a possibilidade de prevenção ou composição dos danos de forma mais célere e menos litigiosa. Isso porque o TAC celebrado na esfera extrajudicial evita a propositura de uma ação civil pública para apurar e corrigir a lesão (ou ameaça de lesão), e o TAC celebrado na esfera judicial encurta a tramitação de uma ação civil pública já proposta. Seja por evitar, seja por abreviar o litígio judicial, o TAC consegue proteger e/ou recompor, com mais rapidez e efetividade, os direitos difusos ou coletivos ameaçados.

Sendo um acordo bilateral, a sua celebração não é compulsória nem para o compromitente nem para o compromissário. É dizer: a lei permite a utilização do TAC para a composição de litígios, mas não a obriga. Logo, nem os órgãos públicos legitimados são obrigados a propor o TAC para as pessoas que estejam com a conduta desajustada, nem as pessoas com a conduta desajustada são obrigadas a aceitar o TAC proposto pelos órgãos públicos. Propor o TAC é uma faculdade do ente público (não é, por conseguinte, um direito subjetivo do investigado ou réu), e aceitar o TAC é uma faculdade do investigado ou réu.

7.6.1. Natureza jurídica

A doutrina diverge com relação à natureza jurídica do TAC, ora definindo-o como uma transação (com concessões mútuas, nos termos da legislação civil), ora como um ato jurídico unilateral (em que o interessado apenas aceita os termos propostos pelo ente público), ora, ainda, como um acordo em sentido estrito.

Sem adentrar no mérito de cada posicionamento, há que se entender que o TAC é um **negócio jurídico bilateral**, dado que suas cláusulas podem ser discutidas e negociadas pelo compromitente e compromissário, e o instrumento só será assinado se todas as partes estiverem de acordo.

No entanto, o ente público não pode renunciar ou dispor dos direitos objeto do TAC, por serem eles indisponíveis. Isso determina que as negociações entabuladas entre compromitente e compromissário fiquem restritas ao tempo, modo e condições de cumprimento das obrigações destinadas à correção da conduta desajustada, endossando-se aqui a lição de Pedro Lenza de que eventuais concessões feitas neste campo (limitadas à forma e termo do ajuste) não significam "abrir mão do direito material", mas sim proteger o bem difuso em litígio (LENZA, 2008, p. 77).

7.6.2. Legitimidade

Nem todas as pessoas jurídicas com legitimidade para propor ação civil pública, nos termos do art. 5º da LACP, detêm legitimidade para firmar TAC. Isso porque o § 6º do art. 5º da LACP legitima para o TAC apenas os "órgãos públicos", melhor dizendo: as pessoas jurídicas de direito público, tais como Ministério Público, União, Estados, o Distrito Federal, Municípios, autarquias, fundações públicas etc.

Com isso, as associações civis, que são pessoas jurídicas de direito privado, podem ajuizar ação civil pública, mas não podem firmar TAC com as pessoas físicas ou jurídicas cuja conduta esteja em desacordo com a lei.

REFERÊNCIAS BIBLIOGRÁFICAS

FREITAS, Gilberto Passos de. *Ilícito penal ambiental e reparação do dano*. São Paulo: RT, 2005.

LENZA, Pedro. *Teoria Geral da Ação Civil Pública*. 3. ed. São Paulo: RT, 2008.

MACHADO, Paulo Affonso Leme. *Direito ambiental brasileiro*. 24. ed. São Paulo: Malheiros, 2016.

MAZZILLI, Hugo Nigro. *Tutela dos interesses difusos e coletivos*. 7. ed. São Paulo: Saraiva, 2014.

MILARÉ, Édis. *Direito do ambiente*. 10. ed. São Paulo: RT, 2015.

MIRRA, Álvaro Luiz Valery. *Ação civil pública e a reparação do dano ao meio ambiente*. 2. ed. São Paulo: Juarez de Oliveira, 2004.

RODRIGUES, Marcelo Abelha. *Processo civil ambiental*. 4. ed. Salvador: JusPodivm, 2016.

QUESTÕES

(XIX Exame de Ordem Unificado / FGV) Pedro, em visita a determinado Município do interior do Estado do Rio de Janeiro, decide pichar e deteriorar a fachada de uma Igreja local tombada, por seu valor histórico e cultural, pelo Instituto Estadual do Patrimônio Histórico-Cultural – INEPAC, autarquia estadual.

Considerando o caso em tela, assinale a afirmativa correta.

A) Pedro será responsabilizado apenas administrativamente, com pena de multa, uma vez que os bens integrantes do patrimônio cultural brasileiro não se sujeitam, para fins de tutela, ao regime de responsabilidade civil ambiental, que trata somente do meio ambiente natural.

B) Pedro será responsabilizado administrativa e penalmente, não podendo ser responsabilizado civilmente, pois o dano, além de não poder ser considerado de natureza ambiental, não pode ser objeto de simultânea recuperação e indenização.

C) Pedro, por ter causado danos ao meio ambiente cultural, poderá ser responsabilizado administrativa, penal e civilmente, sendo admissível o manejo de ação civil pública pelo Ministério Público, demandando a condenação em dinheiro e o cumprimento de obrigação de fazer.

D) Pedro, além de responder administrativa e penalmente, será solidariamente responsável com o INEPAC pela recuperação e indenização do dano, sendo certo que ambos responderão de forma subjetiva, havendo necessidade de inequívoca demonstração de dolo ou culpa por parte de Pedro e dos servidores públicos responsáveis.

RESPOSTA

A) O meio ambiente cultural integra o conceito de meio ambiente, ao lado do meio ambiente natural, artificial e do trabalho. Portanto, o dano ao patrimônio cultural é um dano ambiental, podendo o seu causador ser responsabilizado nos termos da legislação ambiental.

B) Pedro poderá ser responsabilizado civilmente pelo dano ambiental decorrente da deterioração de bem integrante do patrimônio cultural. A recuperação e a indenização são formas de reparação do dano ambiental, sendo a primeira uma "reparação *in natura*" e a segunda, uma compensação pecuniária. Se a reparação *in natura* recuperar integralmente o bem ambiental danificado, não poderá ser exigida a indenização, sob pena de *bis in idem*. Mas se a recuperação for apenas parcial, será possível cumulá-la com uma indenização, para compensar a perda não reparada.

✓ Pela tríplice responsabilidade ambiental, o causador de um dano ambiental pode ser responsabilizado penal, administrativa e civilmente. Para a reparação do dano ambiental, no âmbito da responsabilidade civil, é cabível o ajuizamento da ação civil pública pelo Ministério Público (e demais colegitimados), que deverá pedir o cumprimento de obrigação de fazer, consistente na recuperação do bem ambiental danificado e, na impossibilidade de recuperação total, o pagamento de uma indenização.

D) A responsabilidade civil ambiental é objetiva, portanto não há que se falar em dolo ou culpa do causador do dano.

(XIX Exame de Ordem Unificado / FGV) Paulo é proprietário de um grande terreno no qual pretende instalar um loteamento, já devidamente aprovado pelo Poder Público. Contudo, antes que Paulo iniciasse a instalação do projeto, sua propriedade foi integralmente incluída nos limites de um Parque Nacional.

Considerando as normas que regem o Sistema Nacional de Unidades de Conservação – SNUC, é correto afirmar que:

A) Paulo deverá aguardar a elaboração do plano de manejo do parque para verificar a viabilidade de seu empreendimento.

B) Paulo poderá ajuizar ação com o objetivo de ser indenizado pelo lucro cessante decorrente da inviabilidade do empreendimento.

C) Caso seu terreno não seja desapropriado, Paulo poderá ajuizar ação de desapropriação indireta em face da União.

D) Paulo não poderá implementar seu loteamento, mas poderá explorar o ecoturismo na área com cobrança de visitação.

RESPOSTA

A) Não é possível implantar um loteamento em parque nacional, pois este é uma unidade de conservação de proteção integral. Logo, o plano de manejo sequer poderá prever este tipo de atividade no parque.

B) Não há lucros cessantes a serem indenizados, tendo em vista que nenhuma atividade econômica estava sendo desenvolvida no momento da criação do parque.

✓ A Lei n. 9.985/2000 determina que o Poder Público desaproprie os imóveis privados inseridos nos parques nacionais. Caso não o faça, caberá ao proprietário ingressar com ação de desapropriação indireta e pleitear uma indenização pelo desapossamento da propriedade.

D) Paulo não poderá desenvolver nenhuma atividade econômica no parque. Resta-lhe apenas a desapropriação.

(XX Exame de Ordem Unificado / FGV) O prefeito do Município Alfa, que conta hoje com 30 (trinta) mil habitantes e tem mais de 30% de sua área constituída por cobertura vegetal, consulta o Procurador-Geral do Município para verificar a necessidade de edição de Plano Diretor, em atendimento às disposições constitucionais e ao Estatuto da Cidade (Lei n. 10.257/2001).

Sobre o caso, assinale a afirmativa correta.

A) O Plano Diretor não é necessário, tendo em vista a área de cobertura vegetal existente no Município Alfa, devendo este ser substituído por Estudo Prévio de Impacto Ambiental (EIA).

B) O Plano Diretor não será necessário, tendo em vista que todos os municípios com mais de 20 (vinte) mil habitantes estão automaticamente inseridos em "aglomerações urbanas", que, por previsão legal, são excluídas da necessidade de elaboração de Plano Diretor.

C) Será necessária a edição de Plano Diretor, aprovado por lei municipal, que abrangerá todo o território do Município Alfa, em razão do seu número de habitantes.

D) O Plano Diretor será necessário na abrangência da região urbana do município, regendo, no que tange à área de cobertura vegetal, as normas da Política Nacional do Meio Ambiente.

RESPOSTA

A) A existência de cobertura vegetal no município não guarda nenhuma relação com a exigência de elaboração do Plano Diretor. Além disso, o Plano Diretor e o Estudo Prévio de Impacto Ambiental (EIA) têm finalidades distintas, não havendo nenhuma hipótese em que um desses instrumentos possa substituir o outro.

B) Não há previsão legal que insira os municípios com mais de 20 mil habitantes em aglomerações urbanas, até porque as aglomerações urbanas não surgem em razão do número de habitantes, mas da conurbação de cidades, em estágio inicial.

✓ O art. 182, § 1º, da CF/88 dispõe que o Plano Diretor, aprovado pela Câmara Municipal, é obrigatório para cidades com mais de 20 mil habitantes. O art. 41 do Estatuto da Cidade (Lei n. 10.257/2001) repete a disposição constitucional (inciso I) e, além disso, torna o Plano Diretor obrigatório em outras 5 situações, como, p. ex., em caso de municípios integrantes de regiões metropolitanas ou aglomerações urbanas e cidades inseridas na área de influência de empreendimentos ou atividades com significativo impacto ambiental de âmbito regional ou nacional (incisos II a VI).

D) De acordo com o art. 40, § 2º, do Estatuto da Cidade, o Plano Diretor deverá englobar o território do Município como um todo (área urbana e rural). Sem prejuízo disso, o Plano Diretor deverá respeitar a Lei da Política Nacional do Meio Ambiente, que é uma norma geral (art. 24, § 1º, da CF/88).

(XX Exame de Ordem Unificado / FGV) No curso de obra pública de construção de represa para fins de geração de energia hidrelétrica em rio que corta dois estados da Federação, a associação privada Sorrio propõe ação civil pública buscando a reconstituição do ambiente ao *status quo* anterior ao do início da construção, por supostos danos ao meio ambiente.

Considerando a hipótese, assinale a afirmativa correta.

A) Caso a associação Sorrio abandone a ação, o Ministério Público ou outro legitimado assumirá a titularidade ativa.

B) Caso haja inquérito civil público em curso, proposto pelo Ministério Público, a ação civil pública será suspensa pelo prazo de até 1 (um) ano.

C) Como o bem público objeto da tutela judicial está localizado em mais de um estado da federação, a legitimidade ativa exclusiva para propositura da ação civil pública é do Ministério Público Federal.

D) Caso o pedido seja julgado improcedente por insuficiência de provas, não será possível a propositura de nova demanda com o mesmo pedido.

RESPOSTA

✓ A Lei da Ação Civil Pública (Lei n. 7.347/85) prevê, em seu art. 5º, § 3º, que "em caso de desistência infundada ou abandono da ação por associação legitimada, o Ministério Público ou outro legitimado assumirá a titularidade ativa".

B) O inquérito civil é apenas um procedimento investigatório, instaurado pelo MP para que ele possa coletar dados, informações e documentos para decidir se proporá ou não a ação civil pública. Não é um instrumento obrigatório e o MP pode propor a ação sem a instauração do inquérito civil. Não sendo obrigatório, não há embasamento legal ou lógico para que a sua instauração suspenda uma ação civil pública em curso.

C) A Lei da Ação Civil Pública não outorga legitimidade ativa exclusiva para nenhuma das pessoas jurídicas legitimadas para a propositura da ação. Portanto, no caso em questão, a associação civil Sorrio poderia propor a ação ou até mesmo um dos Estados envolvidos.

D) Nas ações civis públicas ambientais, a improcedência do pedido por insuficiência de provas não faz coisa julgada material, de sorte que a mesma ação poderá ser reproposta com base em novas provas.

(XXI Exame de Ordem Unificado / FGV) A sociedade empresária Xique-Xique S.A. pretende instalar uma unidade industrial metalúrgica de grande porte em uma determinada cidade. Ela possui outras unidades industriais do mesmo porte em outras localidades.

Sobre o licenciamento ambiental dessa iniciativa, assinale a afirmativa correta.

A) Como a sociedade empresária já possui outras unidades industriais do mesmo porte e da mesma natureza, não será necessário outro licenciamento ambiental para a nova atividade utilizadora de recursos ambientais, se efetiva ou potencialmente poluidora.

B) Para uma nova atividade industrial utilizadora de recursos ambientais, se efetiva ou potencialmente poluidora, é necessária a obtenção da licença ambiental, por meio do procedimento administrativo denominado licenciamento ambiental.

C) Se a sociedade empresária já possui outras unidades industriais do mesmo porte, poderá ser exigido outro licenciamento ambiental para a nova atividade utilizadora de recursos ambientais, se efetiva ou potencialmente poluidora, mas será dispensada a realização de qualquer estudo ambiental, inclusive o de impacto ambiental, no processo de licenciamento.

D) A sociedade empresária só necessitará do alvará da prefeitura municipal autorizando seu funcionamento, sendo incabível a exigência de licenciamento ambiental para atividades de metalurgia.

RESPOSTA

A) O licenciamento ambiental é realizado para avaliar os impactos ambientais de empreendimentos potencialmente degradadores, levando em consideração diversos aspectos relacionados não apenas ao seu porte e sua natureza, mas também à área no qual ele será implantado e ao ecossistema local. Assim, uma indústria licenciada na "área A" pode não ser licenciada na "área B" devido à saturação e das fragilidades ambientais desta última. Por isso que o licenciamento de uma unidade industrial não dispensa o licenciamento de unidade industrial semelhante, ainda que seja do mesmo empreendedor e tenha a mesma natureza e o mesmo porte.

✓ Todo empreendimento que se utilize de recursos ambientais ou seja efetiva ou potencialmente poluidor deve se submeter ao licenciamento ambiental prévio, junto ao órgão ambiental competente, para obtenção das licenças ambientais cabíveis (art. 10, Lei n. 6.938/81).

C) Todo licenciamento ambiental deve conter estudos ambientais, que subsidiarão a decisão do órgão ambiental sobre a concessão ou não das licenças ambientais e condicionantes a serem cumpridas pelo empreendedor. O Estudo Prévio de Impacto Ambiental (EIA/RIMA) poderá ser dispensado se o empreendimento não for causador de impacto ambiental significativo. Mas, neste caso, estudos ambientais mais simples serão exigidos.

D) A atividade de metalurgia é considerada potencialmente causadora de impacto ambiental, conforme Anexo I da Resolução Conama 237/97, de sorte que deve se submeter ao licenciamento ambiental. Não basta, portanto, o alvará da prefeitura municipal autorizando seu funcionamento.

(XXI Exame de Ordem Unificado / FGV) O Governo Federal, tendo em vista a grande dificuldade em conter o desmatamento irregular em florestas públicas, iniciou procedimento de concessão florestal para que particulares possam explorar produtos e serviços florestais.

Sobre o caso, assinale a afirmativa correta.

A) Essa concessão é antijurídica, uma vez que o dever de tutela do meio ambiente ecologicamente equilibrado é intransferível a inalienável.

B) Essa concessão, que tem como objeto o manejo florestal sustentável, deve ser precedida de licitação na modalidade de concorrência.

C) Essa concessão somente é possível para fins de exploração de recursos minerais pelo concessionário.

D) Essa concessão somente incide sobre florestas públicas estaduais e, por isso, a competência para sua delegação é exclusiva dos Estados, o que torna ilegal sua implementação pelo IBAMA.

RESPOSTA

A) A concessão florestal, que autoriza a exploração sustentável de florestas públicas por pessoas jurídicas de direito privado, tem respaldo na Lei n. 11.284/2006, portanto não é antijurídica.

✓ A Lei n. 11.284/2006 exige expressamente que a concessão florestal seja precedida de licitação na modalidade concorrência (art. 13, § 1º).

C) A concessão florestal autoriza apenas a exploração de produtos e serviços florestais. A Lei n. 11.284/2006 expressamente exclui da concessão a exploração dos recursos minerais da área concedida (art. 16, § 1º, IV).

D) A concessão florestal é uma modalidade de gestão de florestas públicas da União, Estados, Municípios, Distrito Federal e entidades da administração indireta (de todas as instâncias federativas). Portanto, cabe ao Poder Público federal a concessão de florestas públicas da União, ao Poder Público estadual a concessão de florestas públicas do Estado, ao Poder Público municipal a concessão de florestas públicas do Município e assim sucessivamente.

(XXII Exame de Ordem Unificado / FGV) Tendo em vista a infestação de percevejo-castanho-da-raiz, praga que causa imensos danos à sua lavoura de soja, Nelson, produtor rural, desenvolveu e produziu de forma artesanal, em sua fazenda, agrotóxico que combate a aludida praga. Mesmo sem registro formal, Nelson continuou a usar o produto por meses, o que ocasionou grave intoxicação em Beto, lavrador da fazenda, que trabalhava sem qualquer equipamento de proteção.

Sobre a hipótese, assinale a afirmativa correta.

A) Não há qualquer responsabilidade de Nelson, que não produziu o agrotóxico de forma comercial, mas para uso próprio.

B) Nelson somente responde civilmente pelos danos causados, pelo não fornecimento de equipamentos de proteção a Beto.

C) Nelson responde civil e criminalmente pelos danos causados, ainda que não tenha produzido o agrotóxico com finalidade comercial.

D) Nelson somente responde administrativamente perante o Poder Público pela utilização de agrotóxico sem registro formal.

RESPOSTA

A) Para fins de responsabilização civil ambiental não importa se a atividade poluidora tinha ou não fins econômicos ou lucrativos ou se o produto poluidor foi produzido com finalidade comercial ou para uso próprio. Já para fins de responsabilização penal e administrativa, necessário analisar se os tipos penais e os tipos administrativos aplicáveis ao fato condicionam a consumação da infração à finalidade comercial do produto. No caso das infrações penais e administrativas relacionadas à produção de agrotóxicos sem autorização do ente competente, a sua consumação independe dos fins comerciais. Em consequência, mesmo que Nelson tenha produzido o agrotóxico para uso próprio, responderá pelo crime (art. 56, Lei n. 9.605/98) e pela infração administrativa ambiental (art. 64, Decreto n. 6.514/2008).

B) O art. 14, alínea *f*, da Lei n. 7.802/89 (Lei de Agrotóxicos) dispõe que o empregador (no caso, Nelson) responde pelos danos causados aos empregados (no caso, Beto) pelo uso de agrotóxicos quando não fornecer e não fizer manutenção dos equipamentos adequados à proteção da saúde dos trabalhadores. No caso em apreço, Nelson realmente não forneceu equipamento de proteção a Beto e deve responder civilmente pelos danos sofridos por este em razão desse fato. Mas não é correto dizer que ele somente responderá civilmente por isso, já que usou um produto sem registro e, portanto, ilegal, sendo responsável civilmente por todo e qualquer dano que dele decorra – inclusive os danos ambientais.

✓ Para fins de responsabilização civil, importa verificar apenas se o produto causou dano ao meio ambiente e a terceiros, sendo irrelevante saber se ele foi produzido ou utilizado com fins comerciais. Já para fins de responsabilização penal, há que se verificar se o tipo penal exige, para a consumação do crime, que o produto lesivo tenha sido elaborado com finalidade comercial. Para o crime aplicável à espécie – art. 56 da Lei n. 9.605/98 (Lei dos Crimes Ambientais) –, a finalidade comercial não é exigida. Portanto, o delito se consuma mesmo que Nelson não tenha produzido o agrotóxico com finalidade comercial (apenas observamos que o crime do art. 56 da Lei n. 9.605/98 não está relacionado aos danos ambientais ou aos danos causados a terceiros, como sugere a alternativa. Está ele relacionado ao simples fato de alguém produzir e usar produto perigoso à saúde e ao meio ambiente sem autorização do órgão competente).

D) Além de responder administrativamente pela utilização de agrotóxico sem registro formal, Nelson responderá criminalmente, nos termos do art. 56 da Lei dos Crimes

Ambientais, pela produção e uso de substância tóxica, perigosa ou nociva à saúde humana ou ao meio ambiente, em desacordo com as exigências legais, podendo também responder civilmente se o produto utilizado causar danos ao meio ambiente e a terceiros (danos por intermédio do meio ambiente), nos termos do art. 14, § 1º, Lei n. 6.938/81.

(XXII Exame de Ordem Unificado / FGV) A sociedade empresária Asfalto Joia S/A, vencedora de licitação realizada pela União, irá construir uma rodovia com quatro pistas de rolamento, ligando cinco estados da Federação.

Sobre o licenciamento ambiental e o estudo de impacto ambiental dessa obra, assinale a afirmativa correta.

A) Em caso de instalação de obra ou atividade potencialmente causadora de significativa degradação do meio ambiente, é exigível a realização de Estudo prévio de Impacto Ambiental (EIA), sem o qual não é possível se licenciar nesta hipótese.

B) O licenciamento ambiental dessa obra é facultativo, podendo ser realizado com outros estudos ambientais diferentes do Estudo prévio de Impacto Ambiental (EIA), visto que ela se realiza em mais de uma unidade da Federação.

C) O Relatório de Impacto Ambiental (RIMA), gerado no âmbito do Estudo prévio de Impacto Ambiental (EIA), deve ser apresentado com rigor científico e linguagem técnica, a fim de permitir, quando da sua divulgação, a informação adequada para o público externo.

D) Qualquer atividade ou obra, para ser instalada, dependerá da realização de Estudo prévio de Impacto Ambiental (EIA), ainda que não seja potencialmente causadora de significativa degradação ambiental.

RESPOSTA

✓ A Constituição Federal dispõe, no art. 225, § 1º, IV, que cabe ao Poder Público exigir, na forma da lei, para instalação de obra ou atividade potencialmente causadora de significativa degradação do meio ambiente, estudo prévio de impacto ambiental. Portanto, o EIA/RIMA é um estudo que deverá necessariamente ser exigido pelo órgão ambiental no licenciamento ambiental de empreendimento que possa causar um impacto ambiental muito grande, expressivo. A falta do EIA/RIMA, em casos tais, implica a nulidade das licenças ambientais porventura concedidas pelo órgão ambiental.

B) De acordo com a Lei n. 6.938/81 (art. 10), estão sujeitas ao licenciamento ambiental todas as obras e atividades potencialmente causadoras de degradação ambiental e/ou utilizadoras de recursos ambientais. Logo, sem o licenciamento ambiental, tais obras e atividades não podem ser construídas, instaladas, ampliadas ou entrar em operação. A construção de uma rodovia com quatro pistas de rolamento ligando cinco Estados da Federação é, a toda evidência, uma obra causadora de degradação ambiental. Isto posto, o licenciamento ambiental desse projeto é obrigatório e não facultativo. Sendo ele causador de impacto significativo/expressivo, o estudo ambiental a ser feito no âmbito do licenciamento é o EIA/RIMA, não podendo ser substituído por estudos mais simples.

C) O RIMA é uma espécie de resumo simplificado do EIA, destinado à "tradução" da linguagem técnica e complexa do EIA para uma linguagem objetiva e simples, que possa ser compreendida pelo leigo – chamado de "público externo" neste teste. Logo, não precisa ter o mesmo rigor científico e linguagem técnica do EIA.

D) A Constituição Federal exige o EIA/RIMA no licenciamento ambiental de obras e atividades causadoras de alto e significativo impacto ambiental. *A contrario sensu*, as obras e atividades causadoras de impacto ambiental de baixa ou média intensidade (ou seja, não causadoras de significativa degradação ambiental) poderão ser licenciadas com base em estudos ambientais mais simples.

(XXIII Exame de Ordem Unificado / FGV) O Município de Fernandópolis, que já possui aterro sanitário, passa por uma grave crise econômica. Diante disso, o prefeito solicita auxílio financeiro do Governo Federal para implantar a coleta seletiva de resíduos sólidos, que contará com a participação de associação de catadores de materiais recicláveis. Sobre o auxílio financeiro tratado, assinale a afirmativa correta.

A) Não será possível o auxílio financeiro, sob pena de violação ao princípio da isonomia com relação aos demais entes da Federação.

B) Não será possível o auxílio financeiro, uma vez que a coleta seletiva de resíduos sólidos do Município de Fernandópolis está sendo realizada parcialmente por associação privada.

C) O auxílio financeiro é possível, desde que o Município possua até 20 mil habitantes ou seja integrante de área de especial interesse turístico.

D) O auxílio financeiro é possível, desde que o Município elabore plano municipal de gestão integrada de resíduos sólidos.

RESPOSTA

A) A concessão de auxílio financeiro a apenas um ou alguns municípios, nos termos da lei, não fere o princípio da isonomia.

B) A Lei n. 12.305/2010 (Política Nacional de Resíduos Sólidos) não proíbe a concessão de auxílio financeiro para municípios que promovam a coleta seletiva em conjunto com associações privadas. Muito pelo contrário, ela diz expressamente que os municípios que implantarem a coleta seletiva com a participação de cooperativas ou outras formas de associação de catadores de materiais reutilizáveis e recicláveis formadas por pessoas físicas de baixa renda, terão prioridade no acesso aos recursos da União (art. 18, § 1º, II).

C) A Lei n. 12.305/2010 não limita o auxílio financeiro da União aos municípios com até 20 mil habitantes ou municípios integrantes de área de especial interesse turístico – logo, todos os municípios têm o direito a receber o auxílio, desde que cumpram as exigências legais. O que a lei diz é que os municípios com até 20 mil habitantes poderão adotar um plano municipal de gestão integrada de resíduos sólidos com conteúdo simplificado (art. 19, § 2º), salvo se forem integrantes de áreas de especial interesse turístico – neste caso terão que adotar um plano municipal de gestão integrada de resíduos sólidos não simplificado, como todos os demais municípios com mais de 20 mil habitantes (art. 19, § 3º, I).

☑ O art. 18 da Lei n. 12.305/2010 é claro: "a elaboração de plano municipal de gestão integrada de resíduos sólidos, nos termos previstos por esta Lei, é condição para o Distrito Federal e os Municípios terem acesso a recursos da União, ou por ela controlados, destinados a empreendimentos e serviços relacionados à limpeza urbana e ao manejo de resíduos sólidos". Portanto, o Município que desejar ter acesso ao auxílio financeiro da União, terá, necessariamente, que elaborar plano municipal de gestão integrada de resíduos sólidos.

(XXIII Exame de Ordem Unificado / FGV) A Lei Federal n. 123, de iniciativa parlamentar, estabelece regras gerais acerca do parcelamento do solo urbano. Em seguida, a Lei Municipal n. 147 fixa área que será objeto do parcelamento, em função da subutilização de imóveis. Inconformado com a nova regra, que atinge seu imóvel, Carlos procura seu advogado para que o oriente sobre uma possível irregularidade nas novas regras. Considerando a hipótese, acerca da Lei Federal n. 123, assinale a afirmativa correta.

A) É formalmente inconstitucional, uma vez que é competência dos municípios legislar sobre política urbana.

B) É formalmente inconstitucional, uma vez que a competência para iniciativa de leis sobre política urbana é privativa do Presidente da República.

C) Não possui vício de competência, já que a Lei Municipal n. 147 é inconstitucional, sendo da competência exclusiva da União legislar sobre política urbana.

D) Não possui vício de competência, assim como a Lei Municipal n. 147, sendo ainda de competência dos municípios a execução da política urbana.

RESPOSTA

A) O art. 24, I, da Constituição Federal dispõe que é competência concorrente da União, Estados e DF legislar sobre direito urbanístico. Portanto, cabe à União estabelecer normas gerais sobre as diretrizes e instrumentos voltados à proteção do meio ambiente urbano/artificial, aí incluído o parcelamento do solo urbano.

B) As leis de iniciativa do Presidente da República estão previstas no art. 61, § 1º, da Constituição Federal. As leis sobre política urbana não estão previstas neste artigo, logo tais leis não são de iniciativa do Presidente da República. E nem faria sentido que fossem, pois é evidente a existência de interesse local neste campo assim como a possibilidade dos municípios legislarem sobre política urbana, não podendo eles ficar à mercê do Presidente da República para terem suas próprias leis e políticas urbanas.

C) A Lei Municipal n. 147 não é inconstitucional, a uma porque a competência para legislar sobre política urbana não é exclusiva da União (e os municípios podem, sim, legislar a respeito, até em razão do interesse local), a duas porque cabe ao Município fixar a área que será objeto do parcelamento em função da subutilização de imóveis. Nesse sentido, cumpre lembrar o art. 182, § 4º, da Constituição Federal, que diz que o Poder Público municipal poderá, mediante lei específica para área incluída no plano diretor [é aqui que se encaixa a Lei Municipal n. 147], exigir do proprietário do solo urbano não edificado, subtilizado ou não utilizado, nos termos da lei federal [é aqui que se encaixa a Lei Federal n. 123], que promova o seu adequado aproveitamento, sob pena de sofrer diversas medidas, dentre elas, o parcelamento ou edificação compulsórios.

☑ A Lei Federal n. 123 não possui vício de competência pois cabe à União estabelecer regras gerais sobre o parcelamento do solo urbano (art. 24, I, Constituição). Da mesma forma, a Lei Municipal n. 147 não possui vício de competência, pois cabe ao Município estabelecer a área que será objeto do parcelamento compulsório, em caso de imóveis subutilizados (art. 182, § 4º, Constituição). Além disso, o art. 182 da Constituição Federal encerra, de forma peremptória, que a política de desenvolvimento urbano será "executada pelo Poder Público municipal".

(XXIV Exame de Ordem Unificado / FGV) Bolão Ltda., sociedade empresária, pretende iniciar atividade de distribuição de pneus no mercado brasileiro. Para isso, contrata uma consultoria para, dentre outros elementos, avaliar sua responsabilidade pela destinação final dos pneus que pretende comercializar. Sobre o caso, assinale a afirmativa correta.

A) A destinação final dos pneus será de responsabilidade do consumidor final, no âmbito do serviço de regular limpeza urbana.

B) A sociedade empresária será responsável pelo retorno dos produtos após o uso pelo consumidor, de forma independente do serviço público de limpeza urbana.

C) A destinação final dos pneus, de responsabilidade solidária do distribuidor e do consumidor final, se dará no âmbito do serviço público de limpeza urbana.

D) Previamente à distribuição de pneus, a sociedade empresária deve celebrar convênio com o produtor, para estabelecer, proporcionalmente, as responsabilidades na destinação final dos pneus.

RESPOSTA

A) O consumidor final de pneus deverá devolvê-los ao distribuidor ou comerciante para que estes os repassem para o fabricante ou importador que, por sua vez, deverão promover a destinação final do resíduo, nos termos do art. 33 da Lei n. 12.305/2010 – Lei da Política Nacional de Resíduos Sólidos. Portanto, não cabe ao consumidor nem mesmo ao serviço público de limpeza urbana a destinação final dos pneus descartados.

✓ A Lei n. 12.305/2010 estabelece a responsabilidade pós-consumo (ou logística reversa) para diversos produtos, tais como pilhas e baterias, óleos lubrificantes e pneus. Nessa esteira, o art. 33, III, da Lei n. 12.305/2010 dispõe que os fabricantes, importadores, distribuidores e comerciantes de pneus (dentre outros bens de consumo) são obrigados a estruturar e implementar sistemas de logística reversa, mediante retorno dos produtos após o uso pelo consumidor, de forma independente do serviço público de limpeza urbana. Por isso, a distribuidora de pneus deverá implantar um sistema para recebimento dos pneus descartados pelo consumidor e posterior remessa de tais resíduos para o fabricante ou importador para que lhes seja dada a destinação final adequada.

C) Como regra, a destinação final dos pneus não se dará no âmbito do serviço público de limpeza urbana, dado que a responsabilidade para tanto é dos fabricantes, importadores, distribuidores e comerciantes (a Lei n. 12.305/2010 prevê uma exceção ao possibilitar que o titular do serviço público de limpeza urbana se encarregue da logística reversa, caso firme um acordo setorial ou termo de compromisso com o setor empresarial, e seja remunerado para tanto). Além disso, a lei fala em responsabilidade compartilhada entre fabricantes, importadores, distribuidores, comerciantes, titulares dos serviços públicos de limpeza urbana e também consumidor, mas não chega a estabelecer responsabilidade solidária entre tais agentes e o consumidor.

D) Não é necessária a celebração de convênio entre o distribuidor e produtos para estabelecer as responsabilidades na destinação final dos pneus, dado que a própria Lei n. 12.305/2010 já define as responsabilidades: os comerciantes e distribuidores deverão efetuar a devolução aos fabricantes ou aos importadores dos produtos e embalagens reunidos ou devolvidos pelos consumidores (art. 33, § 5º) e os fabricantes e os importadores darão destinação ambientalmente adequada aos produtos e às embalagens reunidos ou devolvidos (art. 33, § 6º).

(XXIV Exame de Ordem Unificado / FGV) Damião, proprietário de terrenos não utilizados, mantidos para fins de especulação imobiliária, é notificado pela autoridade pública municipal, uma vez que seu terreno está incluído no plano Diretor do Município XYZ, e a Lei Municipal n. 123 determinou a edificação compulsória e aplicação de IPTU progressivo no tempo. Sobre as possíveis consequências que Damião pode sofrer, assinale a afirmativa correta.

A) Caso não seja cumprida a notificação no prazo estabelecido, o Poder Público procederá à aplicação do Imposto sobre a Propriedade Predial e Territorial Urbana (IPTU) progressivo no tempo, o qual pode ser majorado indefinidamente, até que alcance o valor do bem.

B) Ainda que Damião transfira o imóvel, a obrigação de edificação compulsória é transferida aos adquirentes, sem que haja interrupção dos prazos previamente estabelecidos pelo Poder Público.

C) O Poder Público Municipal poderá desapropriar o imóvel de Damião mediante pagamento de indenização justa, prévia e em dinheiro, que refletirá o valor da base de cálculo do IPTU.

D) Não há consequência jurídica no descumprimento, tendo em vista a não autoexecutoridade nos atos do Poder Público em tema de política urbana, sendo necessária a intervenção do Poder Judiciário.

RESPOSTA

A) O IPTU progressivo no tempo não pode ser majorado indefinidamente, até que se alcance o valor do bem. Segundo o art. 7º da Lei n. 10.257/2001 – Estatuto da Cidade, o IPTU progressivo no tempo poderá ter a alíquota majorada pelo prazo de cinco anos consecutivos. Caso a obrigação de parcelar, edificar ou utilizar não esteja atendida em cinco anos, o Município manterá a cobrança pela alíquota máxima, até que se cumpra a referida obrigação ou poderá desapropriar o imóvel com pagamento em títulos da dívida pública (art. 7º, § 2º, c/c o art. 8º).

✓ O art. 6º do Estatuto da Cidade dispõe que a transmissão do imóvel, por ato *inter vivos* ou causa mortis, realizada posteriormente à data da notificação do proprietário, determinando o parcelamento, a edificação ou a utilização compulsórios do solo urbano não edificado, subutilizado ou não utilizado, transfere aos adquirentes as obrigações de parcelamento, edificação ou utilização, “sem interrupção de quaisquer prazos”.

C) Segundo o art. 182, § 4º, III, da CF, a desapropriação de imóvel não edificado, subutilizado ou não utilizado deve ser paga com títulos da dívida pública de emissão previamente aprovada pelo Senado Federal, com prazo de resgate de até dez anos, em parcelas anuais, iguais e sucessivas, assegurados o valor real da indenização e os juros legais.

D) A execução da política urbana cabe à Administração Pública e não ao Poder Judiciário. Portanto, o Poder Público municipal tem poderes para determinar a edificação compulsória, aplicação de IPTU progressivo no tempo e a desapropriação de imóvel não edificado, subutilizado ou não utilizado, nos termos do art. 182, § 4º, da CF.

(XXV Exame de Ordem Unificado / FGV) Configurada a violação aos dispositivos da Lei do Sistema Nacional de Unidades de Conservação, especificamente sobre a restauração e recuperação de ecossistema degradado, o Estado Z promove ação civil pública em face de Josemar, causador do dano. Em sua defesa judicial, Josemar não nega a degradação, mas alega o direito subjetivo de celebração de Termo de Ajustamento de Conduta (TAC), com a possibilidade de transacionar sobre o conteúdo das normas sobre restauração e recuperação. Sobre a hipótese, assinale a afirmativa correta.

A) Josemar não possui direito subjetivo à celebração do TAC, que, caso celebrado, não pode dispor sobre o conteúdo da norma violada, mas sobre a forma de seu cumprimento.

B) O TAC não pode ser celebrado, uma vez que a ação civil pública foi proposta pelo Estado, e não pelo Ministério Público.

C) Josemar possui direito subjetivo a celebrar o TAC, sob pena de violação ao princípio da isonomia, mas sem que haja possibilidade de flexibilizar o conteúdo das normas violadas.

D) Josemar possui direito subjetivo a celebrar o TAC nos termos pretendidos, valendo o termo como título executivo extrajudicial, apto a extinguir a ação civil pública por perda de objeto.

RESPOSTA

☑ A celebração do TAC não é um direito subjetivo do investigado ou réu. O órgão público tem a faculdade de propô-lo, e o investigado ou réu, da mesma forma, tem a faculdade de aceitá-lo. Como o ente público não pode renunciar ou dispor dos direitos difusos ou coletivos que visa defender, ele não abrirá mão de tais direitos no TAC, mas apenas negociará os prazos, a forma e as condições de cumprimento das obrigações por parte do investigado ou réu.

B) O Estado é pessoa jurídica de direito público e, como tal, tem legitimidade para celebrar termo de ajustamento de conduta, conforme art. 5º, § 6º, LACP.

C) Josemar não possui direito subjetivo a celebrar o TAC, e a não proposição do TAC, pelo órgão público legitimado, não fere o princípio da isonomia.

D) Josemar não possui direito subjetivo a celebrar o TAC. Além disso, se o TAC for firmado em juízo e homologado pelo juiz, ele valerá como título executivo judicial, e não título executivo extrajudicial. E, por fim, sendo o TAC homologado pelo juiz, a ação civil pública será extinta com julgamento de mérito.

(XXV Exame de Ordem Unificado / FGV) Os Municípios ABC e XYZ estabeleceram uma solução consorciada intermunicipal para a gestão de resíduos sólidos. Nesse sentido, celebraram um consórcio para estabelecer as obrigações e os procedimentos operacionais relativos aos resíduos sólidos de serviços de saúde, gerados por ambos os municípios. Sobre a validade do plano intermunicipal de resíduos sólidos, assinale a afirmativa correta.

A) Não é válido, uma vez que os resíduos de serviços de saúde não fazem parte da Política Nacional de Resíduos Sólidos, sendo disciplinados por lei específica.

B) É válido, sendo que os Municípios ABC e XYZ terão prioridade em financiamentos de entidades federais de crédito para o manejo dos resíduos sólidos.

C) É válido, devendo o consórcio ser formalizado por meio de sociedade de propósito específico com a forma de sociedade anônima.

D) É válido, tendo como conteúdo mínimo a aplicação de 1% (um por cento) da receita corrente líquida de cada município consorciado.

RESPOSTA

A) Os resíduos de serviços de saúde fazem parte, sim, da Política Nacional de Resíduos Sólidos – Lei n. 12.305/2010.

☑ Um dos instrumentos da Política Nacional de Resíduos Sólidos é o "incentivo à adoção de consórcios ou de outras formas de cooperação entre os entes federados, visando a elevação das escalas de aproveitamento e a redução dos custos envolvidos" (art. 8º, XIX, Lei n. 12.305/2010). Portanto, o plano intermunicipal de resíduos sólidos não só é válido, como é desejado pela legislação. E como prova disso, a PNRS prevê que os municípios que optarem por soluções consorciadas intermunicipais para a gestão dos resíduos sólidos, incluída a elaboração e implementação de plano intermunicipal, terão prioridade no acesso aos recursos da União (art. 18, § 1º, I, Lei n. 12.305/2010).

C) Os consórcios públicos, regidos pela Lei n. 11.107/2005, serão constituídos na forma de associação pública ou pessoa jurídica de direito privado sem fins econômicos (art. 1º, § 1º, c/c art. 4º, IV). Sendo entidades sem fins econômicos (ou sem fins lucrativos), não podem ter a forma de sociedade de propósito específico ou sociedade anônima.

D) Não existe obrigação legal de aplicação, no consórcio, de 1% da receita líquida de cada município consorciado.

Direito Internacional

Napoleão Casado

Pós-Doutor em Direito Comparado pela Société de Législation Comparée de Paris. Doutor e Mestre em Direito Internacional pela PUC-SP. Professor no Saraiva Aprova. *Fellow* e membro da *Faculty List* do Chartered Institute of Arbitrators de Londres. Advogado em São Paulo, sócio de Clasen, Caribé & Casado Filho Sociedade de Advogados.

Sumário

internacional privado brasileiro: 19.1. Lei de Introdução às Normas do Direito Brasileiro; 19.2. LINDB: personalidade da pessoa física; 19.3. LINDB: casamento; 19.4. LINDB: regime de bens no casamento; 19.5. LINDB: divórcio; 19.6. LINDB: regras subsidiárias para determinação do domicílio; 19.7. LINDB: direitos reais; 19.8. LINDB: obrigações; 19.9. LINDB: sucessão; 19.10. LINDB: personalidade jurídica de pessoas jurídicas; 19.11. LINDB: prova de fatos ocorridos no estrangeiro; 19.12. Quadro-resumo: o Direito Internacional Privado brasileiro segundo a LINDB; 19.13. LINDB: competência de autoridades consulares brasileiras; 19.14. Outras fontes do Direito Internacional Privado brasileiro; 19.15. Prova do direito estrangeiro – 20. Competência internacional do Poder Judiciário brasileiro: 20.1. Competência internacional concorrente do Poder Judiciário brasileiro; 20.2. Competência internacional exclusiva do Poder Judiciário brasileiro; 20.3. Inexistência de litispendência internacional; 20.4. Incompetência internacional do Poder Judiciário brasileiro – 21. Cooperação internacional – 22. Homologação de sentenças estrangeiras – 23. Cumprimento de ordens e decisões estrangeiras – 24. Homologação de sentença arbitral estrangeira – 25. Documentos públicos estrangeiros – Referências bibliográficas – Questões.

1. RAMOS DO DIREITO INTERNACIONAL

A dogmática jurídica convencionou a divisão do estudo do Direito Internacional em dois ramos distintos: (i) o Direito Internacional Público e (ii) o Direito Internacional Privado. O primeiro é o direito internacional por excelência, cujo objeto são as normas efetivamente internacionais, às quais os Estados soberanos se submetem principalmente através do **mútuo consentimento**; já o segundo, apesar do nome, é na verdade **ramo do direito interno** de cada Estado, tendo por objeto as **normas de solução de conflitos entre direitos** (o direito interno, o direito estrangeiro e o direito internacional), a fim de indicar qual direito deve reger determinada relação jurídica.

Em resumo, estes ramos podem ser caracterizados em relação à sua função e às suas fontes, conforme tabela abaixo:

	Direito Internacional Público	Direito Internacional Privado
Função	Regular as relações entre Estados ou entre um Estado e outro sujeito de direito internacional	Indicar qual o direito aplicável em determinada relação jurídica com elemento de conexão internacional (regular o conflito de leis no espaço)
Fontes	Normas e Princípios internacionais	Normas internas dos Estados

Parte da doutrina considera ainda a existência de um terceiro ramo autônomo, qual seja, o Direito Comunitário, voltado especificamente à regulação de fenômenos de integração regional.

Na nossa visão, com a devida consideração das opiniões divergentes, a criação deste terceiro ramo mostra-se imprecisa, pois uma norma do dito Direito Comunitário será também, necessariamente, uma norma ou de Direito Internacional Público (quando se voltar **à regulação das relações entre os Estados-membros**), ou de Direito Internacional Privado (quando se voltar à **definição da lei aplicável** a determinadas relações jurídicas em determinado território). Assim, o conceito de Direito Comunitário estaria mais ligado à finalidade da norma, enquanto os conceitos de Direito Internacional Público e Direito Internacional Privado estariam relacionados à natureza da norma.

> Via de regra, a participação do Estado na relação é essencial à caracterização de uma relação de Direito Internacional Público. No entanto, se a questão envolver o conflito entre direitos aplicáveis, tal questão será de Direito Internacional Privado, ainda que o Estado seja sujeito de tal relação.

2. BREVE HISTÓRICO DO MODERNO DIREITO INTERNACIONAL PÚBLICO

O Sistema Internacional, nos moldes como o conhecemos hoje, tem seu marco inicial nos Tratados (ou Paz) de Westfália, assim denominados o conjunto de tratados celebrados ao final da Guerra dos Trinta Anos (a partir de 1648), que consolidaram, através do consenso das nações, o princípio da soberania do Estado e o conceito de Estado-nação. Para a doutrina majoritária, este foi o marco inaugural das relações diplomáticas modernas.

A Revolução Francesa e o período de guerras originado com a ascensão de Napoleão Bonaparte ao poder gerariam mudanças importantes no Direito Internacional e trouxeram, com a derrota de Napoleão, uma nova deliberação coletiva internacional: a declaração do Congresso de Viena, em 1815, reforçando o reconhecimento da soberania dos Estados através da expressa proibição à guerra para fins de conquista.

Outros congressos e concertos internacionais ocorreriam ao longo dos séculos XIX e XX, destacando-se, entre eles, as Conferências de Paz em Haia, em 1899 e 1907, onde se buscava a criação de meios pacíficos de solução de controvérsias entre os Estados. **A busca pela paz**, a propósito, é uma constante no Direito Internacional, embora tal desejo não tenha impedido a ocorrência de inúmeras guerras ao longo dos últimos séculos. A existência de tais conflitos, todavia, sempre tem gerado respostas e avanços no Direito Internacional.

Ao final da Primeira Guerra Mundial, foi criada, através do Tratado de Versalhes, de 1919, a Sociedade das Nações (ou Liga das Nações), idealizada como uma organização internacional voltada à manutenção da paz. Com a eclosão da Segunda Guerra Mundial, reconheceu-se o fracasso da Sociedade das Nações, sendo esta dissolvida em 1942.

Contudo, o entendimento sobre a necessidade de uma entidade internacional capaz de impedir novos conflitos entre os Estados permanecia vigente. Assim, em 1945, com o final da Segunda Guerra Mundial é estabelecida a Organização das Nações Unidas (ONU) e, em seu seio, a Corte Internacional de Justiça, sediada no Palácio da Paz em Haia, principal órgão do Direito Internacional Público, como se verá no presente capítulo.

2.1. Fundamentos do direito internacional público

Duas principais correntes doutrinárias buscam indicar quais seriam os fundamentos do Direito Internacional Público: a corrente *voluntarista* e a corrente *objetivista*.

Do ponto de vista *voluntarista,* como os Estados ingressam numa ordem jurídica internacional descentralizada, só se submetem a ela os que livremente a reconheceram ou construíram. O problema desta doutrina é a possibilidade de um Estado mudar sua vontade e resolver não mais se vincular ao Direito Internacional. Quem melhor parece fugir a tal problema, entre os *voluntaristas,* é Openheim, em sua Teoria do Consentimento das Nações. Para ele, o fundamento do Direito Internacional é a **vontade majoritária das nações**. Assim, a alteração da vontade de uns poucos Estados não prejudicaria a obrigatoriedade do Direito Internacional.

Do ponto de vista *objetivista,* o Direito Internacional é constituído de princípios e normas superiores ao Direito interno. Para eles, as normas internacionais são autônomas e independentes de qualquer vontade estatal. O problema dos *objetivistas* é que, sendo as normas internacionais autônomas e básicas, o Direito Internacional restaria carente de legitimidade. É evidente que tal legitimidade poderia ser extraída das concepções de Direito Natural, ou de normas fundamentais inerentes à humanidade, mas tal solução, a nosso ver, cria grande insegurança jurídica e, na prática, recorre ao consensualismo para a definição de qual seria este "mínimo natural" de Direito Internacional.

Embora seja mais recente, esta segunda corrente doutrinária parece-nos mais frágil, razão pela qual entendemos que o fundamento do Direito Internacional Público é, de fato, o *consentimento.*

3. SUJEITOS DE DIREITO INTERNACIONAL

Sujeito de direito internacional (ou pessoa jurídica de direito internacional) é aquele capaz de ser **titular de direitos e deveres no plano do Direito Internacional**.

Tradicionalmente, **o Estado** era o único sujeito de direito internacional. Contudo, ao final do século XX, a personalidade jurídica internacional é estendida também às **Organizações Internacionais**. Atualmente, tem-se intensificado o estudo da personalidade jurídica internacional do indivíduo e de coletividades não estatais, especialmente em temas ligados ao Direito Internacional dos Direitos Humanos.

Reservaremos um tópico específico para analisar a relação entre o indivíduo e o Direito Internacional Público.

As coletividades não estatais com maior destaque são: **(i)** a Santa Sé; **(ii)** a Cruz de Malta; **(iii)** os beligerantes; **(iv)** os insurgentes; **(v)** os territórios sobre tutela internacional e os territórios internacionalizados; **(vi)** a Cruz Vermelha Internacional e; **(vii)** Sociedades comerciais internacionais (tendo como maior exemplo a Comunidade Europeia do Carvão e do Aço).

A Santa Sé (o Vaticano) é um sujeito de direito internacional *sui generis*, equiparado a um Estado Soberano, sendo admitida sua participação na ONU e em diversos tratados internacionais, bem como a manutenção, pela Santa Sé, de relações diplomáticas.

Os **grupos beligerantes**, assim entendidos os grupos militares que exercem efetivo poder em determinada parcela do território de um Estado, com finalidade de modificar o seu sistema político, podem ter reconhecida uma personalidade jurídica internacional distinta da do Estado onde atuam, especialmente para fins de aplicação do Direito da Guerra (p. ex.: prisioneiros são tratados como prisioneiros de guerra; navios não podem ser considerados piratas). No caso da **insurgência**, quando, apesar dos movimentos militares, não há relevante exercício de poder do grupo no território, não há, via de regra, o reconhecimento da personalidade jurídica internacional, e a questão é colocada sob a esfera da **jurisdição doméstica** do Estado onde os insurgentes estão localizados.

Para o **reconhecimento internacional**, em ambos os casos, é necessário que **o poder seja reconhecido voluntariamente pela população afetada**, bem como que os insurgentes e beligerantes assumam as tarefas que seriam, via de regra, do Estado onde se encontram.

Um importante efeito prático deste reconhecimento (ou de sua ausência) é o fato de que terceiros Estados, em geral, colocam-se em neutralidade frente aos grupos beligerantes, mas não o fazem em face de grupos insurgentes.

É importante ressaltar que grupos armados como a Al-Qaeda e o Estado Islâmico não são considerados beligerantes ou insurgentes, tendo em vista o exercício de poder somente mediante o uso da força, sem relevante reconhecimento da população afetada. Além disso, como a atuação desses grupos se direciona a civis de várias nacionalidades, e não a um regime ou Estado específico, não é possível reconhecer-lhes personalidade jurídica internacional.

Neste sentido, o reconhecimento destes grupos por um Estado estrangeiro se dá, principalmente, com o objetivo de proteger os interesses dos seus nacionais naquele território, bem como para fins diplomáticos e comerciais relevantes para aquele território (p. ex.: proteção de investimento internacional do Estado ou de seus nacionais, manutenção de trocas comerciais estabelecidas etc.).

É importante lembrar que as *empresas não são sujeitos de direito internacional*, mesmo no caso de empresas estatais ou multinacionais cujo faturamento seja, por vezes, superior ao PIB de diversos Estados.

4. O ESTADO

4.1. Elementos constitutivos do Estado

Todo Estado será sujeito de direito internacional. Há grandes divergências na doutrina acerca de quais seriam os elementos constitutivos do Estado. Traçando uma linha média entre todas as correntes doutrinárias de destaque, chegamos aos três elementos constitutivos mínimos para a verificação de um Estado, quais sejam: **(i)** povo; **(ii)** território; e **(iii)** soberania.

Cuidado para não confundir **povo, população** e **nação**; o *povo* é o conjunto de nacionais de um país, formado pelo conjunto daqueles que detêm um vínculo político-jurídico com o país; a *população* é o conjunto de habitantes que residem no país de forma estável/permanente; já uma *nação* é formada por um conjunto de pessoas com alguma identidade histórica, social, étnica e/ou cultural (p. ex.: os ciganos, os curdos, os palestinos, os indígenas). Por exemplo: um brasileiro que reside na França, com visto de permanência, faz parte, a um só tempo, do *povo* brasileiro e da *população* francesa. Já a nação independe da nacionalidade e do domicílio, por ser um vínculo principalmente cultural a uma determinada comunidade.

O **território** pode ser caracterizado tanto do ponto de vista político quanto do ponto de vista jurídico. No conceito político, território é área contida dentro das fronteiras de um Estado (como reconhecemos nos mapas de geografia política); já no conceito jurídico, território será toda a área em que o Estado pode exercer sua soberania e, consequentemente, aplicar o seu Direito, incluindo, além do território "político", o mar territorial, o espaço aéreo e os navios e aeronaves militares ou civis registrados no Estado.

A **soberania**, por fim, pode ser compreendida como a independência do Estado de qualquer outro poder externo. Parte da doutrina inclui a ideia de governo dentro do elemento "soberania", enquanto outra parte entende que este seria um elemento independente.

Além disso, podemos citar o elemento da "finalidade do bem comum do povo" (DALLARI, 2012), e o da "capacidade para manter relações com outros Estados" (MAZZUOLLI, 2015), como outros elementos identificados pela doutrina.

4.2. Reconhecimento do Estado e reconhecimento do governo

Considerando que o Direito Internacional Público é formado para regular uma sociedade internacional formada por Estados soberanos, é evidente que o consentimento destes Estados é essencial a tal ramo do direito, diante da ausência de um órgão a eles superior. Neste sentido, para que um Estado se caracterize efetivamente como sujeito de Direito Internacional, faz-se necessário que este seja reconhecido como tal pelos demais Estados que compõem a sociedade internacional.

Parte da doutrina caracteriza o Reconhecimento como um elemento constitutivo do Estado. Contudo, em nossa visão, o Reconhecimento tem efeitos meramente declaratórios (e não constitutivos), retroagindo ao primeiro momento em que os elementos constitutivos se fizeram presentes. Vale destacar que o Reconhecimento é um ato unilateral, discricionário, irrevogável e incondicional de cada Estado para com o novo Estado. Atualmente, admitem-se condicionantes ao Reconhecimento, como, por exemplo a concessão de direitos fundamentais ao povo do novo Estado.

Diferente do reconhecimento do Estado é o reconhecimento do governo. A mudança do governo não implica, via de regra, na extinção do Estado. Caso um governo não venha a ser reconhecido internacionalmente – por ser constituído via golpe militar, por exemplo – não cessará o reconhecimento internacional daquele Estado.

5. RELAÇÕES DIPLOMÁTICAS

5.1. Imunidade à jurisdição, relações diplomáticas e relações consulares

Em que pese a soberania implicar a incidência da jurisdição do Estado em todo o seu território, o reconhecimento da soberania de outro Estado implica, logicamente, limitação desta jurisdição. Assim, por serem compreendidas como manifestações da soberania de um Estado, algumas pessoas gozam de **imunidade de jurisdição**, ainda que inseridas no território de outro Estado. São elas, em breve resumo: o Chefe de Estado e o Chefe de Governo; os agentes diplomáticos e consulares; e tropas e oficiais militares, cuja passagem pelo território seja previamente autorizada ou inocente.

Agentes diplomáticos são pessoas nomeadas pelo Estado para sua representação perante o governo de um Estado estrangeiro. Chama-se de "direito de legação" a prerrogativa de enviar e receber agentes diplomáticos. Estes agentes gozam de imunidade penal, civil e administrativa, bem como são fisicamente invioláveis e imunes à tributação do Estado que os recebe.

A **inviolabilidade** é a prerrogativa de não estar sujeito à prisão ou à detenção, e se estende à prerrogativa de não ter violada sua residência, correspondência e documentos.

A Embaixada goza de inviolabilidade, mas não configura território do Estado estrangeiro.

Já *a imunidade* é a prerrogativa de não estar sujeitos a processos administrativos, criminais e cíveis. Contudo, ela não se aplica: **(i)** para propriedades privadas, salvo a residência; **(ii)** atividades profissionais/comerciais privadas; **(iii)** direito de sucessão; **(iv)** se o agente der início ao processo; **(v)** se ele for nacional do país hospedeiro, salvo com relação aos seus atos oficiais.

Além dos membros do quadro diplomático, as imunidades alcançam seus familiares dependentes e o seu quadro administrativo e técnico (p. ex.: tradutores-intérpretes). As demais pessoas que prestam serviços ao quadro diplomático têm imunidade reconhecida quanto aos atos oficiais que pratiquem.

Já os **agentes consulares** são servidores públicos dos Estados que exercem função em Estado estrangeiro para tutela dos interesses dos seus nacionais.

Estas prerrogativas são internacionalmente estabelecidas através da Convenção de Viena sobre Relações Diplomáticas, de 1961 (Decreto n. 56.435/65), e da Convenção de Viena sobre Relações Consulares, de 1963 (Decreto n. 61.078/67).

O Estado que envia o agente diplomático é denominado *acreditante* e o que o recebe é denominado *acreditado*. Para o caso especial da nomeação do chefe da missão diplomática, esta dependerá da anuência discricionária do Estado acreditado. O Estado acreditante pode renunciar expressamente a imunidade de jurisdição com relação a um determinado agente diplomático, a fim de que este seja julgado pelo Estado acreditado. Tal prerrogativa é exclusiva do Estado acreditante, não competindo ao próprio agente diplomático o direito de renúncia. (Tema cobrado no XII Exame).

5.2. Solução diplomática de conflitos internacionais

Uma importante função das relações diplomáticas entre os Estados é a solução pacífica de conflitos.

É importante não confundir o Direito Internacional, ramo da ciência jurídica, com as Relações Internacionais, que envolve aspectos políticos, econômicos e culturais.

Os principais meios diplomáticos de solução de conflitos são: **(i) Negociação Diplomática**, com o objetivo de autocomposição através de contato direito; **(ii) Bons ofícios**, em que um Estado, Chefe de Estado ou Organização internacional atua como moderador do conflito, aproximando as partes para que negociem uma solução pacífica, sem, contudo, apresentar uma solução própria, tampouco indicar sua posição sobre o caso; **(iii) Mediação**, na qual, ao contrário do que ocorre nos Bons ofícios, o mediador é escolhido consensualmente pelas partes e, portanto, está autorizado a sugerir soluções (não vinculantes) para a controvérsia; **(iv) Inquérito**, em que uma comissão busca apurar, de forma independente, os fatos do conflito, podendo ser usado como etapa preliminar para outros meios; **(v) Sistema de Consultas**, que consiste em encontros periódicos para composição de conflitos; e **(vi) Conciliação**, processo formal, que envolve características da mediação e do inquérito, por meio do qual uma comissão analisa os fatos do caso e, com base na posição das partes e nas provas e manifestações por elas apresentadas, elabora um relatório com as conclusões da comissão e com as recomendações para as partes. Assim como na Mediação, o resultado da Conciliação não é vinculante, devendo ser aceito consensualmente pelas partes litigantes.

6. ORGANIZAÇÕES INTERNACIONAIS

Organizações Internacionais são o resultado da associação voluntária de Estados soberanos, através de um ato internacional (em regra, um tratado), com a finalidade de promover a consecução de objetivos comuns dos Estados constituintes.

Costuma-se dizer que os Estados detêm personalidade jurídica originária, enquanto as organizações internacionais têm personalidade jurídica derivada, uma vez que esta resulta da vontade conjugada de um determinado grupo de Estados.

Não confundir Organizações Internacionais intergovernamentais com as organizações não governamentais (ONGs). As ONGs são pessoas jurídicas de direito privado, tendo por membro pessoas físicas, sem personalidade jurídica internacional, enquanto as primeiras (intergovernamentais) são pessoas jurídicas de direito internacional público, regidas por tal direito e constituídas pela reunião de Estados através de tratados multilaterais.

Podemos afirmar que o tratado constitutivo de uma Organização Internacional é mais importante para esta do que uma Constituição para um Estado soberano, uma vez que a existência do Estado não depende da elaboração de uma carta constitucional, enquanto a Organização é necessariamente o resultado de um tratado constitutivo (REZEK, 2005).

Conforme decisão da CIJ no Caso Bernadotte (1949), as Organizações Internacionais possuem personalidade jurídica internacional, mesmo que tal prerrogativa não conste expressamente em seu ato de constituição.

6.1. Solução política de conflitos internacionais

A solução política de conflitos internacionais é aquela alcançada através da atuação dos Estados perante as Organizações Internacionais que compõem. O pedido de intervenção política de uma Organização Internacional pode ser realizado por um Estado litigante, unilateralmente, sendo também cabível, logicamente, a submissão consensual à solução política. No âmbito da ONU, a solução política pode ser também solicitada por um terceiro Estado-membro.

Em casos internacionais de grande relevância ou de alta gravidade, é comum a submissão do conflito tanto à Assembleia Geral da ONU quanto ao Conselho de Segurança, os quais podem emitir recomendações às partes litigantes.

Assim como nos meios de solução diplomática, a solução política também é marcada pela ausência de vinculação das partes às soluções indicadas.

6.2. Uso da força no direito internacional

Como verificamos no tópico sobre a evolução histórica do Direito Internacional Público, este evoluiu para um *status* onde **a guerra e o uso da força nas relações entre os sujeitos de direito internacional é absolutamente rechaçada**. Sendo assim, a movimentação militar de um Estado-membro da ONU depende, necessariamente, de autorização do Conselho de Segurança.

Contudo, a Carta da ONU reserva uma possibilidade de uso legítimo da força, qual seja: **a legítima defesa**.

Ainda assim, o uso da força pelo Estado, na hipótese de legítima defesa, pressupõe (i) **um ataque injusto e atual,** bem como (ii) **a proporcionalidade entre a força empregada na defesa e a força do ataque recebido** (AMARAL JÚNIOR, 2011). Além disso, é rechaçada a possibilidade de legítima defesa preventiva, tese usada pelos EUA para atacar o Iraque durante a Segunda Guerra do Golfo, em 2003.

7. O INDIVÍDUO E O DIREITO INTERNACIONAL

Embora se defenda que o indivíduo seria sujeito de Direito Internacional, tal ideia, a nosso ver, não se sustenta. Para que se reconhecesse a personalidade jurídica do indivíduo, seria necessário que este pudesse reclamar amplamente junto aos foros internacionais e que tivesse deveres diretamente impostos pelo Direito Internacional.

Com a devida consideração das posições contrárias, tais hipóteses só se dão por meio dos Estados aos quais os indivíduos estão submetidos. Mesmo a hipótese bastante citada de postulação individual junto a Cortes de Direitos Humanos internacionais pressupõe que o reclamante seja nacional de um Estado que integre a Corte, o que só se dá através da vontade originária do Estado de onde provém o reclamante. Aliás, a própria concessão de direitos decorrentes de tratados internacionais ao indivíduo também decorre da vontade originária do Estado ao qual este se encontra vinculado.

Por fim, e para considerar todos os argumentos favoráveis à personalidade jurídica internacional do indivíduo, o fato de o indivíduo poder ser réu no Tribunal Penal Internacional (TPI), assim como outros deveres e direitos dos indivíduos decorrentes de normas de Direito Internacional Público, também depende, em última instância, da vontade do Estado em acatá-lo, transferindo-o aos seus nacionais.

Exposto tal posicionamento, é importante indicar que parte considerável da doutrina indica a existência de uma personalidade jurídica parcial (ou fragmentada) do indivíduo, a qual se expressa sempre que este mantiver uma relação direta com um sujeito de direito internacional, seja este um Estado ou uma Organização (ou Corte) Internacional.

8. NACIONALIDADE

Nacionalidade é o nome dado ao vínculo político-jurídico entre um Estado e um indivíduo. Inerente ao conceito de nacionalidade está o conceito de Cidadania, assim compreendida a condição do indivíduo como sujeito de direito e obrigações especiais em determinado Estado, como, por exemplo, os direitos políticos.

Atenção! Este tema é muito recorrente, tendo sido cobrado em 4 dos últimos 12 Exames.

8.1. Meios de aquisição da nacionalidade brasileira

A Constituição Federal estabelece duas formas para aquisição da nacionalidade brasileira: (i) a forma originária ou nata; e (ii) a forma **adquirida** ou **voluntária**. Os brasileiros que adquirem sua nacionalidade através da primeira forma são os chamados **brasileiros natos**; os que o fazem pela segunda forma, por outro lado, são os denominados **brasileiros naturalizados**.

Atenção! A nova lei de migração (Lei n. 13.445/2017), a qual entrou em vigor em novembro de 2017, inclui novas disposições sobre naturalização.

8.2. Brasileiros natos

Como verificaremos, a Constituição brasileira empregou, para a aquisição de nacionalidade originária, tanto o critério do ***ius soli* (territorial)**, quanto o do ***ius sanguinis* (parentesco)**.

A Constituição Federal assim dispõe sobre a aquisição originária de nacionalidade brasileira:

> **Art. 12.** São brasileiros:
> **I** – natos:
> ***a)*** os nascidos na República Federativa do Brasil, ainda que de pais estrangeiros, desde que estes não estejam a serviço de seu país;

Na alínea *a* temos a hipótese de aplicação do *ius soli*. Importante destacar que **a exceção contida na referida alínea se aplica mesmo que apenas um dos pais estrangeiros esteja a serviço de seu país de origem.** Contudo, caso um dos pais seja brasileiro, não há incidência desta exceção.

Vale ressaltar também que o critério da alínea *a* é aplicável mesmo que os pais estrangeiros estejam em situação irregular no Brasil.

Por fim, é importante ter em mente que o território relevante para a incidência desta norma é o território jurídico, incluído assim o mar territorial e o espaço aéreo, bem como as aeronaves e embarcações brasileiras.

> ***b)*** os nascidos no estrangeiro, de pai brasileiro ou mãe brasileira, desde que qualquer deles esteja a serviço da República Federativa do Brasil;

Na alínea *b* temos uma hipótese de aplicação do ***ius sanguinis***. Em congruência com a alínea *a*, basta que apenas um dos pais seja um brasileiro a serviço do Brasil no estrangeiro para que o filho, nascido no estrangeiro, adquira **automaticamente** a nacionalidade brasileira. Esta não é, contudo, a única forma de aquisição originária de nacionalidade brasileira com aplicação do *ius sanguinis*, como veremos a seguir.

> ***c)*** os nascidos no estrangeiro de pai brasileiro ou de mãe brasileira, desde que sejam registrados em repartição brasileira competente ou venham a residir na República Federativa do Brasil e optem, em qualquer tempo, depois de atingida a maioridade, pela nacionalidade brasileira;

A alínea *c* é a que requer maior atenção do intérprete. Ela surgiu por meio da Emenda n. 54/2007 e foi fruto da luta do movimento *Brasileirinhos Apátridas*, eis que o não conhecimento da situação nela contemplada implicava apatridia (ausência de nacionalidade) para alguns filhos de brasileiros nascidos em determinados países no exterior no exterior. Vale lembrar que há um princípio internacional, ligado a questões humanitárias, de *vedação da apatridia*.

A análise da situação tratada nesta alínea pode ser fracionada em três etapas. A primeira etapa consiste na identificação do requisito essencial de que (i) o indivíduo tenha nascido no estrangeiro de pai brasileiro e/ou mãe brasileira e que (ii) nenhum dos genitores brasileiros estava no estrangeiro a serviço do Brasil, pois, neste caso, aplicar-se-ia a alínea *b*, acima.

É importante destacar que, tanto no caso da alínea *b*, como no presente caso, **o nascimento é considerado condição essencial**, sendo que a jurisprudência vem negando o reconhecimento de personalidade nata para estrangeiros adotados por brasileiros, em contradição à previsão, também constitucional, de igualdade entre filhos (art. 227, § 6º). Desta forma, nos casos de adoção, a obtenção da nacionalidade deve se dar através de naturalização.

Feita esta ressalva, e constada a presença deste requisito essencial, a norma nos apresenta a duas hipóteses alternativas.

Na primeira hipótese, caso o indivíduo seja registrado em repartição brasileira competente no estrangeiro (consulado ou embaixada), este será **automaticamente** um nacional brasileiro. Tal registro é possível até os 12 anos de idade do indivíduo, conforme a Lei de Registros Públicos.

Já na segunda hipótese (vir a residir no Brasil), a aquisição da nacionalidade não é automática, dependendo da **vontade** do indivíduo. Para expressar tal pretensão, o indivíduo deve residir no Brasil e ser plenamente capaz, tendo em vista tratar-se de direito personalíssimo. Além disso, nos termos do texto constitucional, tal pretensão é imprescritível.

Nesta segunda hipótese, caso o indivíduo preencha o requisito de parentesco sanguíneo com brasileiro, e já resida no Brasil, é possível que ele requeira um registro provisório, na qualidade de *brasileiro sob condição suspensiva*, mesmo antes de atingir a maioridade. Agindo desta forma, atingida a maioridade, deverá o indivíduo requerer a nacionalidade definitiva, sob pena de perda da nacionalidade brasileira obtida provisoriamente, a qual, para ser readquirida, dependerá de novo processo.

Vale destacar que a aplicação das alíneas do inciso I do art. 12 deve se dar de forma sucessiva. Ou seja, aplicável a alínea *a*, não se fará necessária a análise da alínea *b* e, caso esta última venha a ser aplicada, desnecessária a análise da alínea *c*.

8.3. Brasileiros naturalizados

O procedimento de naturalização é um ato voluntário expresso do indivíduo, não sendo permitida a presunção de sua vontade.

A Constituição Federal indica, no seu art. 12, II, duas formas de aquisição voluntária de nacionalidade brasileira, uma geral e outra específica, para os originários de países de língua portuguesa.

Com o advento da Lei de Migração (Lei n. 13.445/2017), o procedimento de naturalização infraconstitucional – anteriormente regulado pela Lei n. 6.815/80 ("Estatuto do Estrangeiro") – passou a ter novas regras em nosso ordenamento.

Os meios de naturalização podem ser mais bem analisados conforme a seguinte tabela:

Modalidade de naturalização	Requisitos
Naturalização especial para lusófonos CF/88, art. 12, II, *a*	■ Residência ininterrupta no Brasil pelo prazo de 1 ano (permitida a ausência temporária, conforme jurisprudência do STF) ■ *Naturalidade originária de país de língua portuguesa* ■ Idoneidade moral
Naturalização extraordinária CF/88, art. 12, II, *b; e* Lei de Migração, art. 67	■ Residência no Brasil por mais de 15 anos ininterruptos ■ Inexistência de condenação penal, tanto no Brasil quanto no país de origem ■ Demais requisitos gerais da Lei de Migração (ou seja, ausência de impedimentos).
Naturalização ordinária Lei de Migração, art. 65	"Art. 65. Será concedida a naturalização ordinária àquele que preencher as seguintes condições: I – ter capacidade civil, segundo a lei brasileira; II – ter residência em território nacional, pelo prazo mínimo de 4 (quatro) anos; III – comunicar-se em língua portuguesa, consideradas as condições do naturalizando; e IV – não possuir condenação penal ou estiver reabilitado, nos termos da lei."
Naturalização ordinária com prazo reduzido Lei de Migração, art. 66	"Art. 66. O prazo de residência fixado no inciso II do *caput* do art. 65 será reduzido para, no mínimo, 1 (um) ano se o naturalizando preencher quaisquer das seguintes condições: I – (VETADO); II – ter filho brasileiro; III – ter cônjuge ou companheiro brasileiro e não estar dele separado legalmente ou de fato no momento de concessão da naturalização; IV – (VETADO); V – haver prestado ou poder prestar serviço relevante ao Brasil; ou VI – recomendar-se por sua capacidade profissional, científica ou artística."
Naturalização especial Lei de Migração, arts. 68 e 69	"Art. 68. A naturalização especial poderá ser concedida ao estrangeiro que se encontre em uma das seguintes situações: I – seja cônjuge ou companheiro, há mais de 5 (cinco) anos, de integrante do Serviço Exterior Brasileiro em atividade ou de pessoa a serviço do Estado brasileiro no exterior; ou II – seja ou tenha sido empregado em missão diplomática ou em repartição consular do Brasil por mais de 10 (dez) anos ininterruptos. Art. 69. São requisitos para a concessão da naturalização especial: I – ter capacidade civil, segundo a lei brasileira; II – comunicar-se em língua portuguesa, consideradas as condições do naturalizando; e III – não possuir condenação penal ou estiver reabilitado, nos termos da lei."
Naturalização provisória Lei de Migração, art. 70	"Art. 70. A naturalização provisória poderá ser concedida ao migrante criança ou adolescente que tenha fixado residência em território nacional antes de completar 10 (dez) anos de idade e deverá ser requerida por intermédio de seu representante legal."

O texto original da Lei de Migração previa o processo de Naturalização Ordinária com prazo reduzido para originários de países de língua portuguesa e para naturais de Estados-Parte ou associado ao Mercosul, mas tais hipóteses de "aceleração" da naturalização foram vetadas pela Presidência da República.

8.4. Procedimento de naturalização

O Procedimento de naturalização é requerido perante o Ministério da Justiça. Recebido o requerimento e presentes os requisitos da modalidade de naturalização eleita, este fará publicar a portaria de naturalização. Após publicada, a entrega do documento ao naturalizado se realiza em sessão solene da Justiça Federal.

A nova Lei de Migração prevê que "[n]o curso do processo de naturalização, o naturalizando poderá requerer a tradução ou a adaptação de seu nome à língua portuguesa" (art. 71, § 1º), sendo "mantido cadastro com o nome traduzido ou adaptado associado ao nome anterior" (art. 71, § 2º). No mais, o brasileiro naturalizado terá prazo de um ano para regularizar sua situação junto à Justiça Eleitoral (art. 72).

> O ato de naturalização não confere nacionalidade ao cônjuge ou filhos preexistentes do naturalizado. Contudo, uma vez naturalizado, o indivíduo é considerado "pai brasileiro" ou "mãe brasileira" para os fins do art. 12, I, da Constituição Federal.

8.5. Prerrogativas do brasileiro nato

Os brasileiros natos gozam de certas **prerrogativas não estendidas aos brasileiros naturalizados**. São essas:

(1) Direito de ocupar cargos públicos pertencentes à linha sucessória da Presidência da República: **(i)** Presidente; **(ii)** Vice-Presidente; **(iii)** Presidente da Câmara dos Deputados; **(iv)** Presidente do Senado Federal; e **(v)** Ministro do STF;

(2) Direito de seguir carreira diplomática;

(3) Direito de assumir o posto de Oficial das Forças Armadas ou de Ministro da Defesa;

(4) Direito de ser proprietário de empresa de comunicação (direito adquirido pelo naturalizado, após 10 anos);

(5) O Conselho da República (CF/88, art. 89, VII) conterá, necessariamente, 6 brasileiros natos;

(6) A extradição não é possível para brasileiros natos, sendo possível, em casos específicos, para brasileiros naturalizados.

8.6. Perda da nacionalidade

Considerando que a nacionalidade é reconhecida como direito fundamental, conforme disposto pelo Pacto de São José da Costa Rica, a perda da nacionalidade somente é prevista no direito brasileiro em dois casos bem específicos:

(1) Processo de cancelamento de naturalização em decorrência do **exercício de atividade nociva ao interesse nacional**. Consiste em um processo judicial, de competência da Justiça Federal de Primeiro Grau (Constituição Federal, art. 109, X). A nova Lei de Migração indica que o risco de apatridia (ausência de nacionalidade) deverá ser levado em consideração antes da efetivação da perda de nacionalidade, em congruência com os compromissos internacionais do Brasil de erradicação da apatridia (art. 75, parágrafo único).

(2) **Aquisição voluntária de outra nacionalidade**, pelo brasileiro nato ou naturalizado. Via de regra, havendo a naturalização de um brasileiro em outro Estado, este informará o Brasil, dando início ao processo administrativo perante o Ministério da Justiça para a perda da nacionalidade brasileira. Perceba que este processo só é aplicável no caso de aquisição voluntária. **Caso a outra nacionalidade seja originária**, seja por vínculo territorial (*ius soli*), seja por vínculo de parentesco (*ius sanguinis*), **é permitida a dupla nacionalidade**. Da mesma forma, caso a nacionalidade estrangeira do brasileiro seja necessária para o seu exercício de direitos civis ou sua permanência no estrangeiro, a dupla nacionalidade também é admitida. A nova Lei de Migração indica que, cessada a condição de perda da nacionalidade, a pessoa terá o direito de readquirir a nacionalidade brasileira (art. 76).

9. ESTRANGEIROS

A definição de *Estrangeiro* se contrapõe à de *Nacional*. Para o Estado, um indivíduo somente pode ser um nacional ou um estrangeiro. Assim, qualquer um que não for nacional de um determinado Estado será, para aquele Estado, um estrangeiro.

> As expressões **forasteiro** e **alienígena** também são empregadas como sinônimos de estrangeiro.

9.1. O ingresso e a permanência do estrangeiro

A nova Lei de Migração (Lei n. 13.445/2017) foi regulada pelo Decreto n. 9.199/2017, no qual estão contidos os procedimentos e requisitos detalhados para concessão de vistos.

Um ponto importante a ser lembrado quando falamos do ingresso de um estrangeiro no território de outro país é que o Estado receptor não tem obrigação de aceitar a entrada de qualquer estrangeiro em seu território. Dizemos, assim, que **a admissão de estrangeiro é ato discricionário** do Estado que o recebe. Todavia, uma vez que o estrangeiro de fato ingresse no seu território, o Estado receptor passa a ter com ele obrigações decorrentes do Direito Internacional costumeiro. Esses direitos vão variar de acordo com a natureza do ingresso do estrangeiro. Daí a necessidade de tal entrada se dar por meio dos **vistos**.

O visto não poderá ser denegado "por motivo de etnia, religião, nacionalidade, pertinência a grupo social ou opinião política" (art. 1º, § 3º, do Decreto). As hipóteses de denegação de visto são: (i) estar condenado ou respondendo a processo por crimes definidos no Estatuto de Roma (Tribunal Penal Internacional), tais como terrorismo, genocídio e crimes de guerra; (ii) estar condenado ou respondendo a processo em outro país por crime doloso, passível de extradição; (iii) estar inscrito em lista de restrições decorrente de ordem judicial ou de compromissos do Brasil perante órgãos internacionais.

Abaixo, apresentamos um quadro comparativo entre as espécies de visto previstas no antigo Estatuto do Estrangeiro e das novas espécies apresentadas pela nova Lei de Migração:

Estatuto do Estrangeiro (Lei n. 6.815/81, regulada pelo Decreto n. 86.715/81)		Lei de Migração (Lei n. 13.445/2017)	
De Trânsito	Dado ao estrangeiro que, para alcançar seu país de destino, tenha de adentrar no território nacional ("conexão").	De Visita	Os Vistos de Trânsito e de Turismo no regime do Estatuto do Estrangeiro foram consolidados na espécie de Visto de Visita na nova regra da Lei de Migração. Além disso, o Visto de Visita também será concedido para fins de negócios e de atividades artísticas e desportivas, hipóteses anteriormente abarcadas apenas pela espécie de Visto Temporário. O Visto de Visita é concedido a quem venha ao Brasil para "estada de curta duração", sem intenção de residência. Pode ser de: (i) turismo; (ii) negócios; (iii) trânsito; (iv) atividades artísticas ou desportivas. O Visto de Visita não permite a atividade remunerada em território brasileiro.
De Turista	Concedido ao estrangeiro que venha ao país em caráter recreativo ou de visita. Válido por 5 anos para estadas não superiores a 180 dias ao ano.		
Temporário	Destinado ao estrangeiro em viagem de negócios, cultural ou em missão de estudos. É ainda concedido a estudantes, artistas, religiosos ou desportistas.	Temporário	O Visto Temporário será concedido a quem venha ao Brasil com intenção de "residência por tempo determinado", para realização de um rol taxativo de hipóteses (art. 14), dentre as quais destacam-se: trabalho, estudo e pesquisa, tratamento médico, reunião familiar, e investimentos.
Permanente	Destinado a quem pretende se instalar em definitivo no Brasil (residência por prazo indeterminado).	Autorização de Residência	A residência permanente no Brasil deixa de ser regulada por visto, passando a ser objeto de autorização própria (art. 30), com hipóteses e requisitos específicos.
De Cortesia	Concedido, sem consulta, a personalidades e autoridades estrangeiras, para viagens não oficiais ao Brasil, inferiores a 90 dias.	Diplomático, Oficial e de Cortesia	Os Vistos Oficial e Diplomático serão concedidos a "autoridades e funcionários estrangeiros que viajem ao Brasil em missão oficial de caráter transitório ou permanente, representando Estado estrangeiro ou organismo internacional reconhecido" (art. 16). O Visto de Cortesia será concedido a personalidade e autoridades estrangeiras, em viagem não oficial ao País, bem como aos familiares, empregados particulares e trabalhadores domésticos dos detentores de visto diplomático ou oficial. Além disso, este visto pode ser concedido a artistas e desportistas que venham ao Brasil para evento gratuito (sem honorários) ou a outras pessoas, por discricionariedade do Ministério de Relações Exteriores. Obs.: a nova Lei de Migração permite a conversão do Visto Oficial ou Diplomático em Autorização de Residência, hipótese em que cessarão as prerrogativas diplomáticas (art. 15, parágrafo único).
Oficial ou Diplomático	Concedido aos representantes de missões diplomáticas estrangeiras e representantes de organizações internacionais.		

Os vistos são concedidos pelo Ministério das Relações Exteriores, por meio de suas representações no exterior. Trata-se de ato de império do governo que o concede, não cabendo intervenção judicial sobre sua concessão ou não. Assim, não seria juridicamente possível uma ação que pleiteasse que o governo norte-americano, por exemplo, fornecesse um visto de entrada a um cidadão brasileiro ou vice-versa.

Independentemente da forma de ingresso, o Direito Internacional Público garante um grau mínimo de direitos para os estrangeiros que devem ser assegurados pelos Estados receptores, sob pena de serem responsabilizados internacionalmente. A ideia fundamental a respeito do regime jurídico dos estrangeiros é a de que, sendo eles seres humanos, devem ter sua personalidade humana respeitada. Assim, o "pacote mínimo" de direitos fundamentais que lhes é assegurado consiste nos Direitos do Homem e nos princípios gerais adotados nos sistemas jurídicos internos dos Estados. Distinções injustificadas entre nacional e estrangeiro não são aceitas pelo Direito Internacional. No âmbito econômico, o estrangeiro deve ser equiparado ao nacional, não sendo admissível tributá-lo de forma diferente do nacional, por exemplo. Tal fato, todavia, não impede que alguns setores econômicos sejam defesos aos estrangeiros por motivo de segurança nacional. Outro aspecto importante é que, em regra, o estrangeiro não possui direitos políticos. No Brasil, é vedada ao estrangeiro a atividade política *stricto sensu* (candidatura e voto), sendo-lhe garantido o direito a associação para fins culturais, **sindicais e de manifestação política** (estes dois últimos incluídos pela nova Lei de Migração).

> O dispositivo que estendia ao visitante os direitos concedidos ao migrante (§ 4º do art. 4º da Lei de Migração), como acesso ao SUS e à Previdência Social, foi vetado pela Presidência da República, sob a fundamentação de que tal medida traria pressão orçamentária relevante ao Estado brasileiro.

10. FORMAS DE EXCLUSÃO DO ESTRANGEIRO

Em determinadas hipóteses, o estrangeiro poderá ser obrigado coercitivamente a deixar o território do Estado brasileiro. Estudaremos estas hipóteses a seguir:

10.1. Deportação

A deportação é uma **forma de retirada compulsória de estrangeiro que ingressou em determinado território de forma irregular ou cuja situação se tornou irregular com o passar do tempo**. É diferente do impedimento à entrada que ocorre quando se verifica, ainda no procedimento de ingresso, que o estrangeiro não tem visto ou documento válido. Em geral, a deportação ocorre por excesso de prazo ou por exercício de trabalho remunerado por quem não tem visto que o habilita a tal. Vale ressaltar que a deportação só ocorrerá se o estrangeiro não se retirar voluntariamente do país, após ter recebido a notificação da autoridade competente.

A nova Lei de Migração estabelece o direito do estrangeiro a recurso com efeito suspensivo contra a decisão que determinar sua deportação, bem como à assistência da Defensoria Pública da União no referido processo administrativo.

Fica expresso também que a deportação não exclui direitos adquiridos, decorrentes da lei ou de relações contratuais.

Várias são as causas que podem levar à deportação. De forma geral, ela se dá **sempre que houver descumprimento às restrições ou condições impostas aos estrangeiros**. Especificamente, podemos citar como exemplos a mudança, sem autorização do Ministério do Trabalho, da empresa para a qual o estrangeiro veio trabalhar, o exercício de atividade remunerada sem autorização formal e o deslocamento do estrangeiro sem seu documento de viagem e seu cartão de entrada.

A **competência para a deportação** é das autoridades locais. No Brasil, cabe ao **Departamento de Polícia Federal** fazê-lo. A medida, todavia, não tem caráter punitivo e o estrangeiro pode retornar ao país assim que regularizar sua situação, desde que tenha pago a multa e ressarcido o Tesouro Nacional nas despesas incorridas em sua deportação.

10.2. Expulsão

A **expulsão** é, igualmente, uma **forma de retirada compulsória do estrangeiro por iniciativa das autoridades locais.** As hipóteses de sua aplicação, todavia, são mais rígidas e, quando efetivada, **resulta na proibição do retorno ao país por prazo determinado (inclusão da nova Lei de Migração)**. A nova Lei de Migração indica que o prazo de proibição de retorno ao país não poderá exceder o dobro da pena (criminal) aplicada à pessoa expulsa.

De forma geral, para ser expulso, o estrangeiro deve ser condenado, por sentença transitada em julgado, pela prática de: **(i)** crime de genocídio, crime contra a humanidade, crime de guerra ou crime de agressão, nos termos definidos pelo Estatuto do Tribunal Penal Internacional; ou **(ii)** crime comum doloso passível de pena privativa de liberdade, consideradas a gravidade e as possibilidades de ressocialização em território nacional.

A nova Lei de Migração prevê a necessidade de procedimento administrativo com observância de contraditório, bem como o direito do expulsando de deixar voluntariamente o país e de ser assessorado pela Defensoria Pública da União durante o processo de expulsão.

> Não pode ser expulso do país o estrangeiro casado com cidadão brasileiro há mais de cinco anos ou que tenha filho sob sua guarda e que dele dependa economicamente, ou ainda as pessoas que tiverem ingressado no Brasil até os 12 anos de idade ou que tenham mais de 70 anos de idade e residam há mais de 10 anos no Brasil, ressalvados, nesta última hipótese, casos excepcionais.

10.3. Extradição

A **extradição é a transferência de uma pessoa, por um Estado a outro, sendo este último competente para processá-la e puni-la.** Embora seja **ato do Executivo**, a extradição é **vinculada ao Judiciário** em ambos os polos, isto é, seja para requerer ou conceder a extradição. Para *requerer*, é necessário que exista um *processo penal findo ou em curso*. Para *conceder*, o Estado requerido precisa, em geral, de uma *decisão judicial que anua com o pedido do Estado requerente*. No Brasil, cabe ao **Supremo Tribunal Federal** tal mister (CF/88, art. 102, I, *g*).

A extradição pressupõe a existência de crime, não servindo para a busca de devedores, mesmo que de natureza alimentar. Para ocorrer extradição deve existir um **tratado prévio** entre os países, embora o Direito Internacional Público possibilite sua ocorrência mediante a **promessa de reciprocidade futura**. Não havendo tratado, o Estado requerido pode recusar sumariamente o pedido. Havendo tratado, ele se obriga a analisar o pedido por meio do seu Judiciário e, em não concedendo a extradição, a julgá-lo no Brasil (Código Penal, art. 7º, II, *b*). Aqui, enquanto tramita o processo de extradição, o extraditando fica preso (Regimento Interno do STF, art. 213).

O processo de extradição possui alguns princípios básicos. O primeiro deles é a *vedação da extradição do nacional*, aplicado na maioria dos países. No Brasil, a **única exceção** é a **possibilidade de extradição do brasileiro naturalizado por crime anterior à naturalização ou por tráfico de drogas**, hipótese em que a extradição pode ser concedida independentemente da época do crime. Devemos lembrar, ainda, que *o português que gozar dos benefícios do Estatuto da Igualdade só pode ser extraditado para Portugal*.

Um segundo princípio é o da *vedação do "bis in idem"*, proibindo a extradição de pessoa já inocentada ou condenada por Tribunal nacional em decisão transitada em julgado. Temos ainda o *princípio da Especialidade*, pelo qual o pedido de extradição precisa especificar os crimes a que o extraditando responderá, o que faz com que não possa ser punido por fatos não constantes no pedido.

Outro princípio a ser considerado na extradição é o da *Identidade ou da Dupla Incriminação*, pelo qual não se dará a extradição quando no Estado requerido não se considerar crime o ato que fundamenta o pedido extraditório. Pelo mesmo princípio, temos que o extraditado não poderá ser submetido a uma pena que não exista no Estado requerido, devendo constar tal ressalva no ato de transferência.

O processo de extradição se dá no regime de **contenciosidade limitada**, isto é, não é permitido ao Judiciário a análise do mérito da extradição ou da ocorrência ou não do fato delituoso. Cabe ao STF a mera análise dos requisitos para a extradição, disposta, agora, pela nova Lei de Migração.

Os pressupostos ou os fatores que inviabilizam a extradição são:

- Ser o extraditando brasileiro no momento do fato que motivar o pedido – *Princípio da não extradição do nacional*;
- O fato que motivar o pedido não for considerado crime no Brasil – *Princípio da Identidade ou da Dupla Incriminação*;
- Os crimes estarem sujeitos a pena de prisão inferiores a 2 (dois) anos, de acordo com a lei brasileira;
- A ordem provier de processos em que houve violação de direitos e garantias fundamentais, como no caso de tribunais de exceção;
- Questões de humanidade (velhice, grave doença etc.);
- Quando o extraditando for refugiado ou asilado no território brasileiro;
- O Brasil for competente, segundo suas leis, para julgar o crime imputado ao extraditando;
- O fato imputado constituir crime político ou de opinião;
- A punibilidade estiver extinta por prescrição, seja pela lei brasileira ou do Estado requerente;
- O extraditando estiver a responder processo pelo mesmo fato no Brasil ou já houver sido condenado ou absolvido pela Justiça brasileira – *Princípio do "ne bis in idem"*;
- Em havendo pena de morte ou prisão perpétua, o país requerente não se comprometer em comutar a pena por uma restritiva de liberdade de até 30 anos.

Já as condições do 83 da Lei de Migração são:

- O crime ter sido cometido no território do Estado requerente ou serem as leis deste Estado aplicáveis ao extraditando;
- Estar o extraditando respondendo a processo investigatório ou a processo penal ou ter sido condenado pelas autoridades judiciárias do Estado requerente a pena privativa de liberdade.

Além dessas condições, é evidente que a existência de tratado de extradição ou promessa de reciprocidade é condição essencial para concessão de um pedido de extradição.

No ato de transferência do extraditando, o Estado requerente assume alguns compromissos de Direito Internacional, tais como:

- Não punir o extraditado por fatos não constantes do pedido;
- Descontar na pena o período de prisão no Brasil;
- Transformar em pena privativa de liberdade uma eventual pena capital;
- Não transferir o extraditado a terceiro país sem autorização do Brasil;
- Não utilizar a motivação política do crime para agravar a pena do extraditado.

A lei brasileira **proíbe**, ainda, a chamada **extradição dissimulada**, consistente na utilização de outras formas de exclusão do estrangeiro sempre que tais medidas tenham o mesmo efeito prático de uma extradição proibida pelo direito pátrio.

10.4. Repatriação

A **repatriação** é uma nova forma de exclusão do estrangeiro disposta pela Lei de Migração e consiste na devolução da pessoa em situação de impedimento ao país de procedência ou de nacionalidade. Trata-se do caso clássico da pessoa que chega ao país sem portar os documentos necessários para o seu ingresso em território nacional.

A Lei de Migração indica expressamente que **não** ocorrerá a repatriação para pessoa em situação de refúgio ou de apatridia, para o menor de 18 (dezoito) anos desacompanhado ou separado de sua família (exceto nos casos em que se demonstrar mais favorável aos seus interesses), para quem necessite de acolhimento humanitário, ou caso esta medida possa apresentar risco à vida, à integridade pessoal ou à liberdade da pessoa a ser repatriada (art. 49, § 4º).

10.5. Quadro comparativo das modalidades de exclusão

	Iniciativa	Órgão competente	Causa	Consequências para o estrangeiro
Deportação	Autoridades locais	Departamento de Polícia Federal	Entrada ou estada irregular no território	Reentrada condicionada à regularização de sua situação
Expulsão	Autoridades locais	Polícia Federal, de ofício ou a pedido do Ministro da Justiça e Segurança Pública, mediante Inquérito Policial de Expulsão	Atentar contra a segurança nacional, a ordem pública ou ser nocivo à conveniência ou aos interesses nacionais	Proibição de retorno ao país por prazo determinado
Extradição	Estado estrangeiro	Executivo, após autorização do STF	Crime	Ser julgado pelo Estado competente
Repatriação	Autoridades locais	Polícia Federal	Situação de impedimento de ingressar no território brasileiro (art. 45 da Lei de Migração)	Não são indicadas quaisquer consequências pela Lei de Migração.
Entrega ao TPI	TPI	Poder Executivo, após autorização do STF	Crimes incluídos na competência do Tribunal Penal Internacional	Ser julgado pelo Tribunal Penal Internacional

Não confundir a extradição com o procedimento de Entrega ao Tribunal Penal Internacional. Para mais informações sobre o procedimento de Entrega, veja o item **13.3**, abaixo.

10.6. Abdução internacional

A abdução internacional se dá quando a retirada da pessoa requerida se dá à revelia do Estado de refúgio. O caso mais notório é a captura de Adolf Eichmann na Argentina, pelo serviço secreto israelense, em 1960. O entendimento da doutrina é que a ilegalidade da captura não beneficia o indivíduo preso, mas tão somente permite ao Estado ofendido que busque a devida reparação junto ao Estado que perpetrou o ilícito.

10.7. O asilo político e o asilo diplomático

O asilo político é o **acolhimento, por um Estado, de um estrangeiro perseguido em outro Estado por motivo de dissidência política, delitos de opinião ou crimes que não são assim considerados no Direito Penal Comum**. A concessão de asilo político é, inclusive, um dos princípios constitucionais das relações internacionais brasileiras (CF/88, art. 4º, X).

Muitas vezes, o asilado sequer possui documentos, tendo o nosso direito previsto que o Estado brasileiro concederá passaporte especial nessas situações. Caso o estrangeiro em condição de asilo saia do território nacional sem autorização das autoridades brasileiras, entende-se que ele renunciou ao asilo.

O asilo diplomático, **instituição costumeira da América Latina**, é uma espécie de asilo político provisório. Ele consiste em **garantir ao estrangeiro que ingresse em recinto de missão diplomática os mesmos direitos de um asilado político**. Uma vez concedido o asilo diplomático, a missão que o concedeu requer ao Estado acreditado que emita um salvo-conduto para que o asilado possa se retirar em segurança do território com destino ao país que o abrigará em definitivo. A Lei de Migração caracteriza assim os asilos em **diplomático** (quando solicitado fora do território nacional) e **territorial**.

Caso notório é o de Julian Assange (caso *wikileaks*), que teve seu asilo diplomático concedido pela embaixada do Equador em Londres. O Reino Unido, contudo, não emitiu o salvo-conduto e o referido senhor encontra-se dentro da Embaixada desde a concessão, tendo sido criado um verdadeiro impasse diplomático.

O asilo diplomático consiste em "uma exceção à plenitude de competência que o Estado exerce sobre o seu território". Nos países que não reconhecem essa modalidade de asilo, a pessoa que está sendo procurada por autoridade local e que entra em recinto de missão diplomática deve ser de imediato restituída. Por óbvio, a Polícia não ingressaria no local sem autorização do chefe da missão, mas tal refúgio não serviria como forma de escapar à persecução estatal.

O asilo diplomático está previsto nas Convenções de Havana, de 1928, Montevidéu, de 1933 e Caracas, de 1954, tendo sua origem, contudo, no costume internacional dos países latino-americanos.

A Lei de Migração proíbe a concessão de asilo a quem tenha cometido crime de competência do Tribunal Penal Internacional.

10.8. Refúgio

Há muita gente que confunde **asilo diplomático** com **refúgio**. De fato, há algumas semelhanças dos Institutos que levam ao equívoco, mas as suas diferenças merecem análise para que saibamos distingui-los sem maiores problemas.

Ambos são institutos relacionados com a proteção da pessoa vitimada por perseguições e impedem a extradição. São formas de minimizar a intolerância. Todavia, o **asilo** tem caráter pessoal, envolve uma perseguição atual ou iminente. Já o **refúgio**, em geral, se dá quando grandes contingentes populacionais se deslocam por motivos mais amplos (políticos, de saúde pública, em face de catástrofes e de guerras). Basta, para o **refúgio**, que o refugiado tenha justo receio em voltar ao seu país de origem.

O **asilo** configura uma relação do indivíduo perseguido com o Estado que o acolhe. Já o **refúgio** decorre do abalo da estrutura de determinado país ou região, gerando potenciais vítimas de perseguições que têm seus direitos humanos ameaçados, sendo objeto de preocupação da comunidade internacional.

A Lei n. 9.474/97 indica que a situação irregular do estrangeiro no território nacional não impede o seu pedido de refúgio e que, durante o processo de regularização da situação do refugiado, este poderá exercer atividade remunerada no Brasil, inclusive com a emissão de carteira de trabalho, CPF e abertura de Conta Bancária (*vide* Decreto n. 9.199/2017, art. 119).

11. FONTES DO DIREITO INTERNACIONAL PÚBLICO

A **ausência de um ente central** gerador de regras internacionais torna a questão das fontes do direito ainda mais complexa para o direito internacional. Em 1921, ao se criar o primeiro tribunal com competência para resolver questões entre Estados, a Corte Permanente de Justiça Internacional, criada no seio da Liga das Nações, a questão de qual direito seria utilizado para embasar suas decisões surgiu como necessidade premente.

Atualmente, **o rol inserido no art. 38 do Estatuto da Corte Internacional de Justiça** (CIJ), tribunal internacional criado no seio da ONU, como substituto à Corte Permanente, **é aceita como a melhor enumeração das fontes do Direito Internacional Público**. Lá, estão relacionados os **tratados**, os **costumes** e os **princípios gerais do Direito**, como **fontes primárias**. Faz-se ainda referência à **doutrina**, à **jurisprudência** e à **equidade**, como meios auxiliares à solução de um caso (ou **fontes secundárias**).

Neste tópico, trataremos das fontes de direito internacional, salvo pelos tratados, os quais serão especificamente abordados no tópico seguinte.

11.1. Costume internacional

Uma prática geral aceita como sendo o direito é, nos termos do Estatuto da CIJ, um costume internacional. Em qualquer costume temos um **elemento material** e **outro subjetivo**. O elemento material é a recorrência da prática, sua **repetição ao longo do tempo**. O elemento subjetivo, por sua vez, provém da **convicção de que aquela prática é necessária e justa**, o que a torna obrigatória.

Uma mesma norma pode decorrer de um tratado para alguns Estados e de um costume para outros. Um bom exemplo é a Convenção de Viena sobre o Direito dos Tratados, de 1969, norma convencional para os países que a ratificaram e costume para vários outros que não o fizeram. Isso se dá porque tal prática é tão sedimentada no cenário internacional que um país não signatário pode ser cobrado por não seguir normas ali inseridas.

O principal problema do costume é a sua **prova**. Cabe a quem o alega provar sua existência. Isso se faz por meio de atos estatais, como textos legais, decisões judiciárias e documentos diplomáticos. Outro bom acervo de provas para o costume é a jurisprudência internacional, assim como os textos preparatórios de alguns tratados que podem fazer referência ao costume que se quer provar.

Não há hierarquia entre costume e tratado, podendo um derrogar o outro. O fato do Estatuto da CIJ mencionar o costume após o tratado não pressupõe qualquer desnível hierárquico entre eles. Todavia, é inegável que o tratado é bem mais operacional que o costume, dado à facilidade que traz quanto à prova da sua existência, prazo de validade e interpretação.

Assim como nos tratados, **o fundamento de validade do costume é o consentimento dos Estados**.

Embora tal consentimento não precise ser expresso, é necessário que um Estado ao menos aja em conformidade com determinado costume para que este lhe seja vinculante. Se um determinado Estado age de forma diametralmente oposta ao reconhecimento de um costume específico, não se pode falar de costume para aquele país específico (p. ex.: se considerarmos que a proibição à pena de morte é um costume internacional amplamente aceito, países que reiteradamente aplicam a pena capital não podem ser "condenados" por tal fato com base no referido costume, pois agiram em **objeção expressa** a este).

O que não se admite é a negativa oportunista da existência de um costume por um Estado que tenha recorrentemente agido em conformidade com este.

11.2. Princípios gerais do direito

Os princípios gerais do direito, conforme estabelecido no art. 38 do Estatuto da CIJ, são os princípios gerais reconhecidos como direito internacional pelas nações civilizadas.

Podemos citar, principalmente: **(i)** não agressão; **(ii)** primazia da solução pacífica de conflitos; **(iii)** autodeterminação dos povos; **(iv)** desarmamento; **(v)** proibição da propaganda de guerra; **(vi)** prevalência dos direitos humanos; **(vii)** não intervenção nos assuntos internos dos Estados; **(viii)** coexistência pacífica; **(ix)** cooperação internacional; **(x)** igualdade entre Estados soberanos; **(xi)** força vinculante dos tratados ou *pacta sunt servanda*; **(xii)** proibição do uso da força; **(xiii)** boa-fé; e **(xiv)** segurança jurídica.

11.3. Doutrina e jurisprudência como fontes no direito internacional

A doutrina de Direito Internacional Público e a jurisprudência de cortes internacionais são reconhecidas como **fontes auxiliares** de Direito Internacional Público.

Importante destacar que **o Estatuto da CIJ é expresso ao negar o efeito de precedente vinculante aos seus julgados**, indicando que seus efeitos vinculantes se limitam ao caso julgado. Nesse sentido, a Jurisprudência assume um papel de "argumento de autoridade", ao lado dos doutrinadores, não como uma ordem a ser seguida, mas como uma interpretação razoável e aceita sobre uma determinada questão, a qual pode, ou não, auxiliar na solução de um caso concreto.

11.4. Equidade como fonte do direito internacional

A **Equidade é reconhecida como fonte auxiliar de Direito Internacional Público**. Contudo, o art. 38 do Estatuto da Corte Internacional de Justiça é expresso ao **condicionar a aplicabilidade da Equidade ao consentimento expresso das partes**.

A ideia de previsibilidade e *pacta sunt servanda* (obrigatoriedade dos acordos) é extremamente cara à prática de Direito Internacional, de modo que a decisão pautada no sentido de justiça do julgador, em detrimento da análise formal dos direitos e obrigações das partes, tem aplicação absolutamente limitada.

11.5. Outras fontes: decisões de organizações internacionais e atos unilaterais dos Estados

Como explicitado no início do presente tópico, o art. 38 do Estatuto da Corte Internacional de Justiça é considerado como a melhor expressão da enumeração de fontes do Direito Internacional Público. Contudo, tal enumeração não é taxativa.

Existem outras fontes reconhecidas e relevantes para o direito internacional, das quais trataremos a seguir:

A primeira destas fontes são as **Decisões tomadas por Organizações Internacionais**, as quais produzem efeito vinculante para os seus Estados-membros, criando, para estes, direitos e obrigações.

Em segundo lugar, temos os **Atos Unilaterais dos Estados**. Neste caso, é evidente que um ato unilateral somente vincula aquele que o realizou na lógica de Estados soberanos do Direito Internacional Público. Os Atos são considerados fontes em relação ao Estado que os realizou, sendo que a atuação em contrariedade a tal ato implica no descumprimento de uma obrigação internacional.

A título de exemplo, podemos indicar um Estado que declara formalmente que não realizará testes nucleares, mas, alguns meses depois, inicia tal atividade. Neste caso, o Estado pode ser questionado pela violação daquela primeira declaração unilateral que realizou, ainda que não existam outras fontes daquela obrigação de não realizar os testes.

11.6. *Jus cogens*

Com fundamento no art. 53 da Convenção de Viena sobre Direito dos Tratados, o *jus cogens* é caracterizado como **normas imperativas ou inderrogáveis de Direito Internacional, reconhecidas e compartilhadas pela Sociedade Internacional**.

> **Convenção de Viena sobre Direito dos Tratados (promulgada pelo Decreto n. 7.030/2009)**
> **Art. 53:** Tratado em Conflito com uma Norma Imperativa de Direito Internacional geral *(jus cogens)*
> É nulo um tratado que, no momento de sua conclusão, conflite com uma norma imperativa de Direito Internacional geral. Para os fins da presente Convenção, uma norma imperativa de Direito Internacional geral é uma norma aceita e reconhecida pela comunidade internacional dos Estados como um todo, como norma da qual nenhuma derrogação é permitida e que só pode ser modificada por norma ulterior de Direito Internacional geral da mesma natureza.

A principal diferença entre Jus Cogens e Costume Internacional é que o primeiro é **inderrogável**, enquanto o segundo permite **atuação contrária legítima**, através de expressa e recorrente objeção ao reconhecimento do Costume.

12. O TRATADO INTERNACIONAL

Os Tratados são a principal fonte do Direito Internacional. Como a Sociedade Internacional é composta, em sua essência, de Estados soberanos, não há um órgão superior capaz de lhes ditar regras de conduta. Nesse sentido, os compromissos assumidos consensualmente entre os Estados, através de Tratados, ganham relevância, por constituírem a principal fonte de direitos e obrigações dos Sujeitos de Direito Internacional.

Para a corrente doutrinária que confere personalidade jurídica internacional aos indivíduos, o fato destes serem sujeitos de diversos direitos decorrentes de Tratados internacionais se apresenta como um dos mais fortes argumentos. No mesmo sentido, tal corrente costuma falar de uma "personalidade jurídica parcial ou **fragmentada**", justamente pela incapacidade do indivíduo de **celebrar** Tratados internacionais.

12.1. Conceito, terminologia e convenções aplicáveis

> "Tratado" significa um acordo internacional concluído por escrito entre Estados e regido pelo Direito Internacional, quer conste de um instrumento único, quer de dois ou mais instrumentos conexos, qualquer que seja sua denominação específica (Decreto n. 7.030/2009, art. 2, § 1º, *a*).

Tratado internacional é o acordo escrito, firmado entre sujeitos de Direito Internacional, regido pelo direito internacional e que busca a produção de efeitos jurídicos (art. 2º, § 1º, letra "a").

> Importante indagar que a identificação de um Tratado independe do nome dado ao instrumento, sendo comum outras denominações, como Convenção, Acordo, Pacto etc. Independente do nome, tais documentos escritos são Tratados.

Vários termos em nossa língua são sinônimos de tratado, entre eles se destacando: acordo, ajuste, arranjo, convênio, declaração, estatuto, memorando, pacto, protocolo e regulamento. A experiência mostra que tais formas são de uso livre e aleatório, embora alguns autores procurem diferenças terminológicas. O Ministério das Relações Exteriores, por exemplo, os utiliza livremente, não havendo razões para agirmos em contrário. O único termo que possui, de fato, significado distinto é a **concordata**. Trata-se de um tratado com a Santa Sé cujo objeto é disciplinar as atividades da Igreja Católica no Estado copactuante.

Algumas convenções internacionais foram firmadas para regular a forma de fazer tratados. Umas das primeiras foi a Convenção de Havana, de 1929, inspirada no Projeto de Código de Direito Internacional Público do brasileiro Epitácio Pessoa. Tal convenção, todavia, é de menor importância atualmente. Hoje, as

Convenções de Viena sobre o Direito dos Tratados, de 1969 (entre Estados), e a de 1986 (entre Estados e Organizações Internacionais), são a principal referência em legislação internacional sobre o fenômeno convencional, isto é, a produção de tratados.

> Vale ressaltar que enquanto a Convenção de 1969 foi promulgada no Brasil somente em 2009, a Convenção de 1986 ainda não se encontra promulgada em nosso país. Em dezembro de 2015, o texto desta segunda Convenção foi encaminhado ao Congresso Nacional pelo Ministério das Relações Exteriores, sendo que o processo legislativo de promulgação ainda não foi concluído.

Entre as exigências que tais convenções trazem para se ter um tratado, destaca-se a **formalidade**, isto é, o **tratado precisa ser escrito**. Apesar da Convenção de Viena fazer menção a acordos orais, reconhecendo sua vigência (art. 3), estes não são considerados tratados, sendo a forma escrita da essência do instituto.

Apenas podem firmar Tratados os Estados soberanos e as Organização Internacionais, não sendo possível um tratado assinado por uma empresa ou um indivíduo. É necessário, ainda, que o pacto **tenha por objeto a produção de efeitos jurídicos**, não se configurando em tratados as meras declarações de vontade ou comunicados comuns que muitas vezes são emitidos após reuniões de chefes de Estado (podendo, contudo, a depender das formalidades, serem considerados Atos Unilaterais, conforme estudado acima).

Os tratados são objeto de estudo pelo Direito Internacional Público de maneira geral, pois o fenômeno convencional entre Estados é o principal tema desta disciplina. Todavia, como a liberdade de conteúdo é ampla em um tratado, alguns se revelam mais importantes que outros para a disciplina. Assim, os tratados constitutivos de Organizações Internacionais assumem maior relevância para o DIP que um tratado bilateral sobre o comércio de batatas, por exemplo.

12.2. Estrutura dos tratados

Embora inexista regra de DIP que determine uma estrutura específica para os tratados, o costume internacional nos mostra que eles são compostos das seguintes partes:

I) Título – indica a matéria/assunto abordado no tratado.

II) Preâmbulo – composto pelas partes que concluem o tratado.

III) Considerandos – mostra as intenções/necessidades com a celebração do tratado.

IV) Cláusulas – é o corpo efetivo do tratado. Composta normalmente por artigos, aqui ficarão expressas as normas às quais os Estados pactuantes se vincularão.

V) Fecho – indica o local, a data e a(s) língua(s) de celebração.

VI) Assinatura – do chefe de Estado, do Ministro das Relações Exteriores ou de um plenipotenciário.

Alguns tratados contêm anexos, dada sua complexidade ou extensão.

Os tratados, como fenômeno convencional que o são, seguem as técnicas gerais de elaboração de contratos.

12.3. Classificação dos tratados

O ato de classificar é a principal forma que a humanidade dispõe para apreender a realidade. Assim, o Direito dos Tratados também tem suas classificações que em muito ajudam sua compreensão. Em geral, classificam-se os tratados segundo critérios **formais** e **materiais**.

Comecemos nossa classificação pelos critérios **formais:**

I) Quanto ao número de partes, os tratados podem ser **bilaterais** ou **multilaterais**. É importante destacar que um Tratado entre um Estado e uma Organização Internacional é considerado bilateral, lembrando que esta última possui personalidade jurídica independente dos Estados que a constituíram.

II) Quanto ao procedimento, os Tratados podem ser considerados: **(i) Tratados em sentido estrito**, quando celebrados de forma solene, através da dupla expressão de consentimento (assinatura e posterior ratificação); ou **(ii) Acordo de forma simplificada**, também conhecido como *acordos executivos*, que são aqueles concluídos em uma só fase, isto é, basta-lhe a assinatura para a entrada em vigor. Prescindem, portanto, de ratificação. Em geral, são tratados bilaterais de menor relevância, concluídos por meio de troca de notas diplomáticas.

Com relação ao aspecto material, outras são as classificações:

I) Quanto à natureza das normas, os Tratados podem ser: **(i) contratuais**, quando os objetivos das partes são desiguais, embora complementares. Em geral, versam sobre relações de comércio específicas e concretas; **(ii)** Tratados **normativos** as partes estabelecem regras gerais de comportamento. Produzem, como as leis em geral, normas gerais e abstratas.

II) Quanto à execução no tempo, os Tratados podem ser: (i) **transitórios**, quando criam uma relação jurídica objetiva e definida. Embora criem situações que perduram no tempo, têm execução instantânea e imediata (p. ex.: a aquisição do Acre pelo Brasil à Bolívia, conhecido como Tratado de Petrópolis, em 1903); ou (ii) **permanentes**, quando a sua execução se protrai no tempo, não se consumando apenas em um momento específico.

III) Quanto à possibilidade de adesão, os Tratados podem ser: (i) **abertos**, quando há a possibilidade de adesão posterior para os Estados que não o assinaram na primeira oportunidade e/ou nem sequer participaram da sua negociação; ou (ii) **fechados**, quando não permitem qualquer tipo de adesão posterior.

Em resumo:

Classificações formais		
Quanto ao número de partes	Bilateral	Entre dois Estados ou entre um Estado e uma Organização Internacional
	Multilateral	Entre mais de dois sujeitos de direito internacional
Quanto ao procedimento	Tratados em sentido estrito	Procedimento formal, com dupla expressão de consentimento
	Acordos simplificados	Procedimento informal, com expressão única de consentimento e vigência imediata
Classificações materiais		
Quanto à natureza das normas	Contratual	Interesses desiguais, mas convergentes. Normas específicas para determinada relação
	Normativo	Interesses uniformes. Normas gerais
Quanto à execução no tempo	Transitório	Aplicáveis a uma relação jurídica definida, sendo executados em um determinado momento, ainda que tal ato produza efeitos futuros
	Permanente	Sua aplicação se prolonga no tempo, sendo aplicáveis a um número indeterminado de relações jurídicas
Quanto à possibilidade de adesão	Aberto	Permite adesão posterior
	Fechado	Não permite adesão posterior

12.4. A produção dos tratados: a fase de elaboração

O processo de celebração de um tratado possui duas grandes fases: a da **elaboração** e a da **expressão do consentimento**. A primeira se subdivide em **negociação, conclusão e assinatura**. Ou seja, busca-se chegar ao texto físico do acordo. A segunda, por seu turno, consiste em tornar juridicamente **vinculante** as disposições acertadas. Passada essa fase, o tratado entra em vigor e começa a irradiar seus efeitos. Analisemos, pois, cada etapa desse processo.

A **elaboração** inicia-se com a **negociação**. Todavia, precedendo a negociação, as partes precisam ter certeza quanto à representatividade do Estado pactuante. Neste sentido, o art. 7º da Convenção de Viena de 1969 é claro ao prever que as seguintes pessoas podem **representar** o Estado para fins de tratados: (i) os Chefes de Estado; (ii) os Chefes de Governo e os Ministros das Relações Exteriores; (iii) os Chefes de Missão Diplomática e os representantes acreditados de um Estado junto a Conferências e a Organizações Internacionais.

Há de se falar também na figura dos **plenipotenciários**, os quais são terceiros, normalmente um diplomata ou funcionário público, que, munido de uma carta de plenos poderes dirigida à parte (ou às partes) copactuante(s) representa o Estado emissor da carta.

No Brasil, o Presidente da República tem competência privativa para "manter relações com Estados estrangeiros e acreditar seus representantes diplomáticos (CF, art. 84, VII). Todavia, dadas suas inúmeras atribuições, o Presidente costuma delegar tal função ao Ministro das Relações Exteriores.

A fase de **elaboração** de um tratado, em nosso país, é de competência do Poder Executivo. Como esta fase se inicia na **negociação**, é importante lembrar que alguns Decretos que tratam da competência e atribuições do MRE estabelecem que toda negociação de ato internacional deve ser acompanhada por funcionário diplomático.

Finda a **negociação**, passa-se à fase de **redação das cláusulas** do acordo, isto é, à sua **conclusão**. O texto aqui obtido deve passar pelo crivo da Consultoria Jurídica do Itamaraty.

Concluída a redação do instrumento, as partes passam à fase da **assinatura** e **autenticação**. Aqui, elas atestam querer se vincular às normas inseridas no acordo. Como esse vínculo se dará é o que veremos adiante.

12.5. Produção de efeitos dos tratados: monistas e dualistas

É importante fazer menção à existência de duas correntes doutrinárias sobre o tema da expressão do consentimento internacional: os **monistas** e os **dualistas**. Os **monistas** entendem que "a assinatura do tratado já vincula o Estado em definitivo e que o acordo passa a produzir seus efeitos de imediato". Já os **dualistas** entendem que "a assinatura é apenas um aceite precário provisório do tratado, faltando-lhe, ainda, uma aceitação definitiva que viria por meio da **ratificação**".

Com efeito, salvo os acordos executivos, os tratados precisam ser ratificados para se incorporar a nossa ordem jurídica (CF, art. 49, I). Todavia, a assinatura não deve ser considerada um mero "aceite precário", pois ela vincula o Estado signatário perante a Sociedade Internacional em definitivo, não havendo dúvidas que esta já cria obrigações para o Estado. A ratificação diz respeito aos efeitos da norma internacional **dentro do território nacional**. De qualquer forma, temos de afirmar que o Brasil, no que se refere à vigência dos tratados, é um país dualista.

12.6. A produção dos tratados: fase de expressão do consentimento

Após a assinatura, o tratado passa pela fase final de expressão do consentimento estatal que, no Brasil, se dá por meio do Parlamento. Cabe a este confirmar, ou não, a assinatura aposta pelo Executivo. **No Brasil, é necessária a aprovação do texto por ambas as Casas do Congresso.**

Além da assinatura, os Estados podem concluir as fases de negociação e conclusão e se vincular por meio da troca de notas ou notas reversais, comum nos acordos executivos. Rezek (2005) identifica **duas categorias de acordos executivos** que poderiam ser concluídos **sem a intervenção do nosso Congresso** e sem ofensas à Constituição: **(i) o acordo executivo como subproduto de tratado vigente**, visando harmonizar e/ou complementar sua interpretação; e **(ii) acordos executivos de diplomacia ordinária**, que versam sobre o modo de convivência entre delegações diplomáticas.

Após a publicação do decreto legislativo, o Presidente está **autorizado** a ratificar o tratado. Ou seja, embora precise de autorização prévia do Congresso, a ratificação é ato do Presidente da República. A expressão "resolver definitivamente os tratados", extraída do art. 49, I, da CF, ao tratar da competência exclusiva do Congresso, não é, portanto, imune a críticas. O Congresso só resolve definitivamente quando rejeita o tratado. Aprovando-o, cabe ao Presidente da República ratificá-lo ou não, sendo sua, portanto, a palavra final sobre o tratado aprovado.

Chamamos **ratificação** o "ato internacional pelo qual um Estado se submete definitivamente aos termos de um tratado de **cuja elaboração participou**". Ato semelhante é chamado de **adesão** quando o país aderente **não participou do processo de feitura do tratado**.

A ratificação ou adesão só passa a surtir efeitos no direito interno brasileiro a partir de sua publicação no Diário Oficial da União, quando se dá conhecimento à população acerca da existência da norma.

Alguns organismos internacionais, com destaque para a ONU (cf. art. 102 da Carta das Nações Unidas), exercem a função de depositários do tratado, após sua vigência.

É importante lembrar que, em alguns tratados multilaterais, é possível a aprovação ou ratificação **com reservas**, isto é, o Estado pode excluir os efeitos jurídicos de algumas disposições. Tais possibilidades de reservas, via de regra, estão previstas no **próprio texto do Tratado**.

12.7. Incorporação do tratado ao direito interno

Após a publicação da ratificação, o tratado é incorporado ao nosso Direito. **Em regra, o tratado é inserido como lei ordinária**, revogando a lei anterior que lhe seja contrária e sendo revogado por lei interna posterior. Todavia, algumas **exceções** merecem destaque:

- **Tratados versando sobre Direitos Humanos podem alcançar o *status* de Emenda Constitucional (art. 5º, § 3º, da CF, inserido pela Emenda n. 45/2004).**
- Tratados de extradição aplicam-se com primazia à legislação interna, independentemente da data, em face do princípio da especialidade.
- **Os tratados em matéria tributária sobrevivem à legislação contrária posterior (art. 98 do CTN).**

Temas interessantes surgem na incorporação do tratado ao Direito Interno, sobretudo naqueles que tratam de Direitos Humanos. É que haveriam duas classes de tratados sobre Direitos Humanos: os aprovados como Emenda Constitucional e os aprovados sem quórum especial. Parece-me bastante questionável tal entendimento para o mundo jurídico. A alteração trazida pela Emenda n. 45/2004 sem dúvidas buscou prestigiar os Direitos Fundamentais, mas trouxe, concomitantemente, um tema a ser resolvido por nosso Congresso e pelo STF, o que certamente será melhor explorado nos capítulos específicos da presente obra, mais especificamente na parte de Direitos Humanos e Direito Constitucional.

12.8. Extinção do tratado

O tratado se extingue por **ab-rogação** sempre que as partes signatárias assim entenderem. O art. 54 da Convenção de Viena sobre o Direito dos Tratados afirma que o tratado se extingue nos termos de suas disposições ou a qualquer momento, pelo consentimento das partes.

A **denúncia de um tratado é um ato internacional unilateral em que um Estado manifesta sua vontade de não mais se sujeitar aos termos de um tratado**. Em tratados bilaterais, tal ato implica na extinção do tratado. Tratados multilaterais, por sua vez, têm apenas sua composição alterada com a denúncia. O direito à denúncia é consequência imediata do princípio da soberania. No Brasil, segundo Rezek (2005), haveria **competência concorrente do Presidente da República e do Congresso Nacional para denunciar um tratado**. O ilustre internacionalista destaca, no entanto, a dificuldade operacional que o Congresso teria para concluir a denúncia de um tratado.

Presume-se que todo tratado de prazo indeterminado traz, implicitamente, a denominada cláusula *rebus sic stantibus*. Esta cláusula implica que toda convenção deve ser revista ou terminada quando as circunstâncias que lhe deram causa forem substancialmente modificadas de modo imprevisível. A Convenção de Viena sobre o Direito dos Tratados prevê tal hipótese como forma de extinção dos tratados, em seu art. 62.

De forma geral, podemos dizer que um tratado se extingue por:

- Condição resolutória – o prazo do tratado se expira ou outra condição que terminaria a avença acontece.
- Denúncia ou consentimento mútuo.
- Caducidade – o tratado não é aplicado por um longo tempo.
- Execução integral – o fim a que o tratado se destinava se perfaz por completo.
- Guerra ou ruptura das relações diplomáticas ou consulares – nações em guerra não cumprem tratados. A última hipótese só extingue o tratado se as relações diplomáticas forem essenciais ao seu cumprimento.
- Inexecução continuada por uma das partes.

12.9. Nulidade do tratado

Um tratado é nulo, nos termos da Convenção de Viena sobre Direito dos Tratados, quando concluído com **dolo**, **erro** ou **fraude**. Se houver corrupção de um agente estatal ou este for coagido pelo Estado pactuante, a hipótese de nulidade é igualmente aplicável. Além disso, se um Estado obtém o consentimento do outro por meio de uso de força ou ameaça de tal uso (coação), o tratado também não surtirá efeitos.

Por fim, a Convenção estabelece que é nulo um tratado que, no momento de sua conclusão, conflite com uma norma imperativa de Direito Internacional geral (*jus cogens*).

13. PRINCIPAIS CORTES INTERNACIONAIS DE JUSTIÇA

13.1. Corte Internacional de Justiça

A **Corte Internacional de Justiça (CIJ) é o principal foro do Direito Internacional Público**. Como o Estatuto da Corte constitui um anexo à Carta das Nações Unidas, tem-se que todos os membros da ONU estão, expressamente, sob a competência da referida Corte.

Para Finkelstein (2013), ainda que nem a Carta, tampouco o Estatuto, confiram competência absoluta à Corte, é forçoso reconhecer que, anuindo as partes acerca de sua competência, ficam estas obrigadas a cumprir suas decisões, o que, de fato, tem sido verificado na atual prática do Direito Internacional.

É importante destacar também que a submissão à Carta e, consequentemente, ao Estatuto, não é requisito obrigatório para a postulação perante a Corte. Basta a submissão à competência da Corte.

Além da sua **competência contenciosa**, a Corte possui uma **competência consultiva**, podendo emitir **pareceres consultivos** a pedido da Assembleia Geral ou do Conselho de Segurança da ONU, bem como de outros órgãos da ONU, desde que devidamente autorizados pela Assembleia Geral.

Os Estados **não possuem** tal capacidade postulatória.

13.2. Corte Permanente de Arbitragem

A Corte Permanente de Arbitragem não é uma corte propriamente dita, mas sim uma Organização Internacional especializada na administração de casos de arbitragem envolvendo o Direito Internacional Público. Criada em 1899, na Primeira Conferência de Paz de Haia, a Corte Permanente tem sede em Haia, dividindo o Palácio da Paz com a Corte Internacional de Justiça.

As principais funções da Corte, no âmbito do Direito Internacional Público, são: **(i)** administração de arbitragens entre Estados; **(ii)** administração de arbitragens de investimento, entre investidores estrangeiros e um Estado sede dos investimentos; e **(iii)** método alternativo ao Tribunal Internacional do Direito do Mar.

13.3. Tribunal Penal Internacional

O Tribunal Penal Internacional foi estabelecido pelo Estatuto de Roma, de 1998, entrando em vigor em 2002. Sua sede é em Haia (mas não no mesmo Palácio da Paz que abriga a Corte Internacional de Justiça e a Corte Permanente de Arbitragem).

O TPI foi constituído como um foro **supranacional, permanente e autônomo**, destinado a julgar os crimes de maior repercussão internacional e gravidade (como os denominados "crimes contra a humanidade", o genocídio e os crimes de guerra).

O fato de um indivíduo poder ser réu perante o TPI é outro argumento favorável ao reconhecimento de personalidade jurídica internacional para os indivíduos (mesmo que limitada, como já exposto). Isso porque, e é importante destacar, o TPI admite o julgamento de indivíduos, **mesmo que estes sejam nacionais de Estados que não tenham aderido ao Estatuto de Roma**. Caso emblemático é o do Presidente do Sudão (Omar Hassan Al Bashir), que teve sua prisão e entrega solicitada pelo TPI a diversos países, dentre eles, o Brasil.

> **CF, art. 5º, LXXVIII, § 4º:** "O Brasil se submete à jurisdição de Tribunal Penal Internacional a cuja criação tenha manifestado adesão".

O Brasil, como parte do Estatuto de Roma, que instituiu o Tribunal Penal Internacional (TPI), tem por obrigação colaborar com aquela Corte, entregando, quando requerido, estrangeiro ou nacional para que lá seja julgado. Isso é o que diz nossa Constituição Federal, conforme § 4º do inciso LXXVIII do art. 5º, incluído pela Emenda Constitucional n. 45/2004.

Há quem vislumbre um eventual conflito entre o Tratado que prevê a entrega de um nacional com a nossa Constituição, na parte em que esta proíbe a extradição de nacional. O suposto conflito, todavia, é apenas aparente.

Na verdade, a Entrega é instituto totalmente distinto da Extradição. Nesta, o Estado entrega um indivíduo a outro Estado. O fundamento da vedação de extradição de nacional é o receio de que este não tenha, no estrangeiro, um julgamento justo. Na Entrega, por sua vez, o indivíduo é remetido a uma organização internacional da qual o Brasil faz parte, **e à jurisdição da qual este expressamente se submeteu**, não havendo dúvidas de que o nacional entregue enfrentará um julgamento legal e fiscalizado por toda a comunidade de nações.

14. DOMÍNIO PÚBLICO INTERNACIONAL

Entende-se por Domínio Público Internacional, tanto as **áreas que não estão sob a jurisdição de nenhum Estado soberano** (como as águas internacionais e o espaço sideral) quanto aquelas que, mesmo sob a jurisdição de um Estado soberano, **possuem relevância internacional reconhecida**.

14.1. Direito Internacional do Mar

Importante na análise do Domínio Público Internacional é a análise do Direito Internacional do Mar, cujo grande documento é a **Convenção de Montego Bay**, de 1982, promulgada pelo Brasil através do Decreto n. 1.530/95.

Este Tratado Internacional definiu as diversas áreas de domínio público internacional, bem como estabeleceu o Tribunal Internacional do Direito do Mar, como um órgão supranacional independente, especializado em julgar casos decorrentes da interpretação e/ou aplicação da referida Convenção.

14.2. Águas Interiores

São denominadas **Águas Interiores** aquelas situadas **antes da linha de base do mar territorial** (p. ex.: baías, portos etc.), assim entendida a linha natural de terra do baixo-mar.

Tal espaço não comporta, via de regra, **o direito de passagem inocente**, sendo que embarcações devem ter a autorização do Estado para adentrar suas águas internas. A exceção se dá quando determinada área constituía Mar Territorial mas, por uma mudança do traçado da linha de base, passou a ser caracterizada como Águas Interiores.

14.3. Mar territorial

O Mar Territorial é uma **área adjacente ao continente** (ou a uma ilha), **com extensão de 12 milhas marítimas medidas a partir do litoral continental** (da linha de base do mar territorial). **A soberania do Estado se estende ao Mar Territorial**, limitada apenas pelo direito de passagem inocente de embarcações estrangeiras, inclusive as militares, desde que tal passagem seja breve e que não ocorra paradas no percurso.

14.4. Zona contígua

A Zona Contígua deve ser entendida como **Zona Contígua ao Mar Territorial**, com idêntica extensão, **estendendo-se, portanto, entre o limite de 12 milhas marítimas do Mar Territorial e um novo limite de mais 12 milhas marítimas** (totalizando 24 milhas marítimas, contadas desde o litoral continental).

Nesta área, o Estado pode exercer um **direito de fiscalização**, com o objetivo principal de assegurar sua soberania sobre o Mar Territorial, aplicando suas leis e podendo, inclusive, realizar prisões nesta área.

14.5. Zona Econômica Exclusiva

A Zona Econômica Exclusiva é uma **área** estabelecida pela Convenção de Montego Bay, **dentro da qual o Estado costeiro possui o direito exclusivo de exploração econômica de recursos vivos** (pesca, pesquisa científica etc.) **e não vivos** (minerais, criação de plataformas de petróleo etc.).

Esta Zona se estende por **200 milhas marítimas**, desde a linha de base do Mar Territorial. Em outras palavras, esta Zona inclui o Mar Territorial e a Zona Contígua, estendendo-se por mais 176 milhas marítimas.

> A exploração das Zonas Econômicas Exclusivas por outros Estados dependerá de acordo entre estes e o Estado detentor de tal direito.

14.6. Águas Internacionais

Toda faixa marítima que não esteja compreendida pelas três faixas previamente estudadas, compreende as Águas Internacionais. Esta área compreende o Domínio Público Internacional por excelência, tendo em vista sua exploração, para fins pacíficos, estar à disposição de todos os Estados.

Dentre os direitos expressamente estendidos a todos os Estados pela Convenção de Montego Bay, destacam-se: **(i) liberdade de sobrevoo e navegação; (ii) liberdade para construção de ilhas artificiais, plataformas e ductos**; **(iii) liberdade de pesca e pesquisa**.

14.7. Plataforma continental

A plataforma continental é a **faixa de subsolo compreendida desde a linha de base do Mar Territorial até o limite continental natural ou até uma distância de 200 milhas marítimas** (em congruência com a Zona Econômica Exclusiva).

Na plataforma continental, *o Estado possui soberania para a exploração dos recursos naturais*.

14.8. Espaço aéreo

O Espaço Aéreo também é regulado pela Convenção de Montego Bay, sendo outro instrumento internacional importante a Convenção de Chicago, de 1944, conhecido também como Estatuto da Aviação Civil Internacional, a qual constituiu a Organização Internacional de Aviação Civil, ligada à ONU.

Via de regra, **a soberania do Estado**, tanto no seu Território, quanto no Mar Territorial e na Zona Contígua, **estende-se também para o espaço aéreo, assim entendido como a projeção, no ar, do seu território.**

Como pontos de destaque na regulação do espaço aéreo, tem-se a obrigatoriedade de que toda aeronave possua uma nacionalidade, bem como a concessão do direito inocente de passagens para aeronaves estrangeiras.

14.9. Espaço sideral

O Espaço Sideral (ou Espaço Exterior), incluindo a Lua e outros corpos celestes, é regulado atualmente pelo Tratado sobre o Espaço Exterior, de 1967, celebrado durante uma Assembleia Geral da ONU e é entendido, pela doutrina, como o local onde se acaba a atmosfera. Não há uma definição em tratado da altura exata desse limite atmosférico, mas o Espaço Sideral tem sido objeto de alguns tratados que merecem atenção.

Dentre os pontos de destaque na regulação do Espaço Sideral, temos a liberdade de exploração para fins pacíficos pelos Estados e a proibição de apropriação ou anexação. Além disso, a exploração deste Espaço deve ser guiada pela busca do bem comum e do desenvolvimento da humanidade.

Atualmente, este tema tem obtido grande relevância em decorrência dos diversos projetos em andamento para exploração econômica de asteroides, eis que muitos destes possuem composição rica em minerais raros em nosso planeta, como o titânio, além de potencialmente permitirem a subsistência de vida humana fora da terra, através da extração da água neles contida.

15. DIREITO INTERNACIONAL DO MEIO AMBIENTE

O Estudo do Meio Ambiente é um dos que mais nos direcionam a uma análise efetivamente internacional. A atuação de um Estado sobre o Meio Ambiente não se restringe ao seu território e, a longo prazo, afeta todo o planeta.

Nesse sentido, diversas iniciativas internacionais foram desenvolvidas com a finalidade de garantir a proteção deste bem internacional.

Dentre estas, duas merecem o nosso destaque: O PNUMA e o Protocolo de Kyoto.

O PNUMA, ou Programa das Nações Unidas para o Meio Ambiente, é uma agência da ONU responsável por promover a conservação ambiental e o uso sustentável dos recursos naturais.

Já o Protocolo de Kyoto (ou Quioto) é um Tratado Internacional, resultado direto das negociações da ECO-92, no Rio de Janeiro (também conhecida como Cúpula da Terra) e da Convenção-Quadro das Nações Unidas sobre Mudança Climática.

Este protocolo tem por principal objetivo a redução da emissão de gases causadores do efeito estufa, os quais são apontados, pela maioria dos estudos científicos, como a principal causa para o aquecimento global através da atuação da humanidade. Tais temas são tratados nesta obra na seção sobre Direito Ambiental.

16. PROTEÇÃO INTERNACIONAL DOS DIREITOS HUMANOS: BREVES CONSIDERAÇÕES SOBRE A CORTE INTERAMERICANA DE DIREITOS HUMANOS E SOBRE OS EFEITOS DE SUAS DECISÕES

A Corte Interamericana de Direitos Humanos é um órgão judicial supranacional e autônomo, constituído pelo Pacto de San José da Costa Rica (Convenção Americana de Direitos Humanos), de 1969, competente para julgar casos envolvendo a aplicação e/ou interpretação da referida Convenção.

Em que pese os indivíduos ou grupos de pessoas não poderem levar suas queixas diretamente à Corte, elas podem fazê-lo através da Comissão Interamericana de Direitos Humanos, a qual pode, por sua vez, levar o caso à Corte.

A Corte tem competência **consultiva** e **contenciosa**, aplicável esta última para os Estados que formalmente reconheceram a competência da Corte, dentre estes, o Brasil. Tais temas são tratados nesta obra na seção sobre Direitos Humanos.

> É bom lembrar: A Sentença da Corte Interamericana de Direitos Humanos é definitiva e inapelável (tema cobrado no XI Exame da OAB).

17. DIREITO COMUNITÁRIO

O direito comunitário seria o ramo do Direito Internacional destinado ao estudo das normas estabelecidas com o objetivo de **integração** dos Estados. Em que pese parte da Doutrina entender pela existência do Direito Comunitário como ramo independente do Direito Internacional, a nosso ver, o que temos é uma classificação a partir da **finalidade**, contraposta à classificação pela natureza da norma, existente entre os ramos do Direito Internacional Privado e do Direito Internacional Público.

Em outras palavras, uma norma de Direito Comunitário será também, necessariamente, uma norma de Direito Internacional Público ou Privado.

17.1. O Mercosul

O Mercosul (ou Mercado Comum do Sul) foi estabelecido entre Argentina, Brasil, Paraguai e Uruguai através do Tratado de Assunção, de 1991, como uma **iniciativa de aproximação econômica e política dos países integrantes do Cone Sul**.

Os principais objetivos do Mercosul são: **(i) a livre circulação de bens e serviços**; **(ii)** a criação de uma **tarifa externa comum** e a **coordenação na atuação perante os fóruns econômicos internacionais**; e **(iii) coordenação de políticas macroeconômicas**; **(iv) harmonização legislativa**, em áreas relevantes, como direito tributário, direito do trabalho e direito previdenciário.

> Embora constitua um Tratado Aberto, a adesão ao Tratado de Assunção depende da aprovação unânime de seus membros.

O Mercosul tem como **órgão jurisdicional** o **Tribunal Permanente de Revisão**, instalado através do Protocolo de Olivos, de 2002, promulgado no Brasil através do Decreto Legislativo n. 712/2003, com o objetivo de julgar a interpretação e aplicação dos instrumentos celebrados no âmbito do Mercosul, no objetivo final de integração da região.

O TPR também pode emitir Opiniões Consultivas a pedido de um Estado-membro. Estas não são vinculantes.

Sua atividade contenciosa pode se dar como instância única, ou como instância de revisão de laudos arbitrais proferidos por um Tribunal Arbitral *ad hoc* do Mercosul. As decisões do TPR são finais e vinculantes aos Estados.

18. DIREITO INTERNACIONAL ECONÔMICO

O Direito Internacional Econômico consiste em um ramo do Direito Internacional Público voltado à regulação da produção, do consumo e da circulação de bens e serviços pelos Estados-membros e por seus nacionais.

18.1. Contratos internacionais

Embora os Contratos Internacionais sejam, via de regra, expressão da autonomia privada de indivíduos e companhias, o Direito Internacional Público não é indiferente a eles. Isso porque, no intuito de facilitar as relações comerciais internacionais, **diversos Tratados foram celebrados a fim de uniformizar o entendimento** de partes de diferentes nacionalidades, acerca de temas importantes.

Como alguns exemplos temos:

- A **Convenção das Nações Unidas Sobre Contratos de Compra e Venda Internacional de Mercadorias** (ou CISG), de 1980, que busca **uniformizar as questões sobre formação dos contratos internacionais de compra e venda**, direitos e obrigações do comprador e do vendedor e remédios disponíveis no caso de inadimplemento (promulgada no Brasil pelo Decreto n. 8.327/2014).

- A **Convenção de Nova York sobre o Reconhecimento e a Execução de Sentenças Arbitrais Estrangeiras**, de 2002, que buscou **unificar o procedimento de reconhecimento de decisões arbitrais** emitidas por tribunais arbitrais com sede nos países signatários, aumentando a segurança jurídica das partes que escolherem tal meio para a solução de seus litígios internacionais (promulgada no Brasil pelo Decreto n. 4.311/2002).

Após celebradas e devidamente internalizadas aos direitos nacionais dos Estados-partes, estas Convenções extrapolam a esfera do Direito Internacional Público, adentrando a esfera do Direito Internacional Privado de cada um deles, promovendo assim a uniformidade no tratamento de uma matéria específica pelos diversos Estados.

Em outras palavras, e tomando a CISG como exemplo, sempre que a Lei de um Estado-parte for chamada a ser aplicada, e verificar-se a existência de um Contrato de Compra e Venda Internacional abrangido pelas regras da CISG, a CISG se aplicará àquela relação, não como uma norma de Direito Internacional Público, mas sim como uma norma de direito interno, eis que esta será, para todo Estado-parte, a lei especial (*lex specialis*) para aquele tipo de contrato, excluída a aplicação inicial da lei geral, i.e.: as regras de Compra e Venda do Código Civil. Mais sobre isso no quadro do item **19.14**, abaixo.

18.2. *Lex Mercatoria*

Na definição de Huck (1992), poderíamos entender *Lex Mercatoria* como um conjunto de regras uniformes e supranacionais, adequadas para reger todo o comércio internacional, criadas a partir das práticas dos comerciantes internacionais, reiteradas e reconhecidas como direito, a ponto de efetivamente regularem o conjunto de relações comerciais internacionais.

A existência de uma efetiva *Lex Mercatoria* é muito discutível nos dias atuais, tanto do ponto de vista formal – do que constituiria esse conjunto de regras – quanto do ponto de vista material – da real capacidade destas regras para regular todo o comércio internacional.

Por outro lado, em alguns mercados específicos, como o mercado de diamantes, o mercado de algodão e o mercado de relações comerciais envolvendo direitos desportivos de atletas profissionais, podemos verificar algo muito próximo de uma *Lex Mercatoria* "especial", já que, na grande maioria das relações comerciais deste meios, as partes preferem a aplicação de normas setoriais – muitas vezes estabelecidas por entidades privadas do setor (como o *Diamond Dealers Club New York*, a *International Cotton Association* de Liverpool e a FIFA) em troca da legislação nacional de qualquer Estado.

18.3. OMC e sistema de resolução de controvérsias

A Organização Mundial do Comércio foi criada em 1995, a fim de atuar na facilitação do comércio globalizado, sendo a sucessora direita do Acordo Geral de Tarifas e Comércio. O objetivo principal da Organização é servir como um fórum para a negociação e celebração de acordos entre os Estados-partes, bem como órgão de solução de controvérsias oriundas destes acordos.

> Como os acordos são firmados apenas entre Estados, somente estes podem ser **partes** na solução de disputas. Contudo, a OMC permite a atuação de agentes não governamentais (como empresas) na qualidade de ***amicus curiae***.

O sistema de solução de controvérsias da OMC abrange todos os acordos firmados em seu âmbito e estabelece um sistema de exequibilidade que permite que o Estado inocente se defenda contra o Estado que descumprir as decisões, através de retaliações econômicas.

Entre os acordos mais famosos, firmados no âmbito da OMC, está o TRIPS (Acordo sobre Aspectos dos Direitos de Propriedade Intelectual relacionados ao Comércio, promulgado no Brasil através do Decreto n. 1.355/94), que uniformizou o tratamento dos Estados-membros acerca de direitos autorais, propriedade industrial, marcas, indicações geográficas e outras figuras de propriedade intelectual.

E este Acordo já gerou uma disputa entre Brasil e Estados Unidos na OMC, em 2001, já que os EUA entendiam que a possibilidade de licença compulsória de patentes em casos de interesse público, presente na Lei Brasileira, contrariaria as normas de proteção do TRIPS. Importante ressaltar que este caso se encerrou através de uma negociação das partes e que, em 2007, o Brasil efetivamente aplicou tal mecanismo, ordenando o licenciamento compulsório das patentes de medicamentes para tratamento do HIV.

19. DIREITO INTERNACIONAL PRIVADO BRASILEIRO

Como explicamos na introdução deste Capítulo, o Direito Internacional Privado é composto por **normas do Direito interno** de um Estado, voltadas a indicar qual o Direito aplicável a determinada relação jurídica quando esta apresenta algum elemento internacional, seja este elemento a nacionalidade dos sujeitos envolvidos, seus domicílios, o local de determinado ato ou o fato que se realizou etc.

As normas do Direito Internacional Privado brasileiro estão concentradas principalmente na Lei de Introdução às Normas do Direito Brasileiro (LINDB), Decreto-Lei n. 4.657/42 (antiga Lei de Introdução ao Código Civil, reformulada pela Lei n. 12.376/2010).

É importante não confundir **elemento internacional** com **elemento de conexão**. O elemento internacional é o elemento que cria o potencial conflito de leis no espaço, enquanto o elemento de conexão é o elemento escolhido como parâmetro para solucionar tal conflito. Por exemplo, se dois estrangeiros se casam no Brasil, surge a dúvida de qual lei deve reger os eventuais impedimentos para o casamento. Nesse caso, temos como **elemento internacional** a **nacionalidade** dos nubentes. O art. 7º, § 1º, da LINDB indica que o **local de celebração** do casamento é o **elemento de conexão** entre essa relação jurídica e o Brasil, para fins de avaliação dos impedimentos.

19.1. Lei de Introdução às Normas do Direito Brasileiro

A LINDB pode ser dividida em duas partes. A primeira parte, entre os arts. 1º e 6º, trata de **teoria geral do direito**, enquanto a segunda parte, entre os arts. 7º e 19, é a que se concentra efetivamente na regulação do Direito Internacional Privado brasileiro.

Além de normas próprias de Direito Internacional Privado brasileiro, a segunda parte da LINDB trata também da **competência do Poder Judiciário brasileiro** (art. 12), da **execução de sentenças e normas estrangeiras** (arts. 15 a 17), **prova sobre direito estrangeiro** (art. 14).e **competência das autoridades consulares brasileiras** (arts. 18 e 19).

A seguir, vamos identificar e organizar as matérias de Direito Internacional Privado abordadas pela LINDB, tecendo breves comentários sempre que estes se mostrarem oportunos. Ao final, realizaremos um resumo gráfico das normas de Direito Internacional Privado constantes da LINDB.

19.2. LINDB: personalidade da pessoa física

Art. 7º A lei do país em que domiciliada a pessoa determina as regras sobre o começo e o fim da personalidade, o nome, a capacidade e os direitos de família.

O local do domicílio da pessoa física determina diversos direitos relacionados à sua Personalidade. Essa norma se aplica tanto à determinação da Personalidade de um nacional brasileiro em um Estado estrangeiro (aplicável a lei do Estado estrangeiro) quando à determinação da Personalidade de um estrangeiro domiciliado no Brasil (aplicável a Lei brasileira).

19.3. LINDB: casamento

Art. 7º (...)
§ 1º Realizando-se o casamento no Brasil, será aplicada a lei brasileira quanto aos impedimentos dirimentes e às formalidades da celebração.
§ 2º O casamento de estrangeiros poderá celebrar-se perante autoridades diplomáticas ou consulares do país de ambos os nubentes.
§ 3º Tendo os nubentes domicílio diverso, regerá os casos de invalidade do matrimônio a lei do primeiro domicílio conjugal.

O § 2º será aplicado apenas quando ambos os nubentes estrangeiros possuírem a mesma nacionalidade.

19.4. LINDB: regime de bens no casamento

Art. 7º (...)
§ 4º O regime de bens, legal ou convencional, obedece à lei do país em que tiverem os nubentes domicílio, *e*, se este for diverso, a do primeiro domicílio conjugal.
§ 5º O estrangeiro casado, que se naturalizar brasileiro, pode, mediante expressa anuência de seu cônjuge, requerer ao juiz, no ato de entrega do decreto de naturalização, se apostile ao mesmo a adoção do regime de comunhão parcial de bens, respeitados os direitos de terceiros e dada esta adoção ao competente registro.

O regime de bens seguirá a lei do país de domicílio dos nubentes, quando estes tiverem domicílio no mesmo Estado. Em sendo os domicílios anteriores distintos, aplica-se a lei do país do primeiro domicílio conjugal. O **"e"** destacado no texto legal acima deve ser interpretado, na verdade, como um **"ou"**.

19.5. LINDB: divórcio

§ 6º O divórcio realizado no estrangeiro, se um ou ambos os cônjuges forem brasileiros, só será reconhecido no Brasil depois de 1 (um) ano da data da sentença, salvo se houver sido antecedida de separação judicial por igual prazo, caso em que a homologação produzirá efeito imediato, obedecidas as condições estabelecidas para a eficácia das sentenças estrangeiras no país. O Superior Tribunal de Justiça, na forma de seu regimento interno, poderá reexaminar, a requerimento do interessado, decisões já proferidas em pedidos de homologação de sentenças estrangeiras de divórcio de brasileiros, a fim de que passem a produzir todos os efeitos legais.

19.6. LINDB: regras subsidiárias para determinação do domicílio

> § 7º Salvo o caso de abandono, o domicílio do chefe da família estende-se ao outro cônjuge e aos filhos não emancipados, e o do tutor ou curador aos incapazes sob sua guarda.
> § 8º Quando a pessoa não tiver domicílio, considerar-se-á domiciliada no lugar de sua residência ou naquele em que se encontre.

19.7. LINDB: direitos reais

> **Art. 8º** Para qualificar os bens e regular as relações a eles concernentes, aplicar-se-á a lei do país em que estiverem situados.
> § 1º Aplicar-se-á a lei do país em que for domiciliado o proprietário, quanto aos bens móveis que ele trouxer ou se destinarem a transporte para outros lugares.
> § 2º O penhor regula-se pela lei do domicílio que tiver a pessoa, em cuja posse se encontre a coisa apenhada.

O Brasil adota a regra geral de aplicação do Direito da situação do bem. A única exceção a esta regra se dá no caso do bem móvel em transporte para outra localidade (§ 1º), onde se aplica a ficção jurídica de estarem estes na posse de seu proprietário, em seu domicílio. Tão logo os bens alcancem seu destino final, será aplicável o Direito do país em que se situarem (*caput*), salvo se, no destino, o proprietário passar a novamente possuí-los diretamente (§ 1º).

19.8. LINDB: obrigações

> **Art. 9º** Para qualificar e reger as obrigações, aplicar-se-á a lei do país em que se constituírem.
> § 1º Destinando-se a obrigação a ser executada no Brasil e dependendo de forma essencial, será esta observada, admitidas as peculiaridades da lei estrangeira quanto aos requisitos extrínsecos do ato.
> § 2º A obrigação resultante do contrato reputa-se constituída no lugar em que residir o proponente.

Nos casos em que o § 1º for aplicável, a aplicação do Direito brasileiro se limita à verificação de forma essencial do ato. Para as demais questões, o direito estrangeiro será aplicado. A título de exemplo, imagina-se um contrato de compra e venda de um apartamento, onde o vendedor reside no Brasil e o comprador reside na França, sendo lá o contrato assinado. A forma escrita do ato será observada, nos termos da legislação brasileira. Outras questões, como pagamento, preço, deveres acessórios etc. serão regidas pelo Direito Francês, nos termos do *caput*.

O § 2º só é aplicável na regulação de contratos entre ausentes, uma vez que, nos acordos entre presentes, aplica-se a regra do *caput*.

> Quanto ao testamento, a solenidade da Lei Brasileira deve ser observada, a fim de que este seja válido no Brasil. O seu conteúdo, por outro lado, pode ser regido pela lei estrangeira.

19.9. LINDB: sucessão

> **Art. 10.** A sucessão por morte ou por ausência obedece à lei do país em que domiciliado o defunto ou o desaparecido, qualquer que seja a natureza e a situação dos bens.
> § 1º A sucessão de bens de estrangeiros, situados no País, será regulada pela lei brasileira em benefício do cônjuge ou dos filhos brasileiros, ou de quem os represente, sempre que não lhes seja mais favorável a lei pessoal do *de cujus*;
> § 2º A lei do domicílio do herdeiro ou legatário regula a capacidade para suceder.

Nota-se que a regra do art. 10, § 2º, apenas confirma a regra do art. 7º, *caput*.

19.10. LINDB: personalidade jurídica de pessoas jurídicas

> **Art. 11.** As organizações destinadas a fins de interesse coletivo, como as sociedades e as fundações, obedecem à lei do Estado em que se constituírem.
> § 1º Não poderão, entretanto ter no Brasil filiais, agências ou estabelecimentos antes de serem os atos constitutivos aprovados pelo Governo brasileiro, ficando sujeitas à lei brasileira.

A regra de regência da personalidade jurídica das Pessoas Jurídicas segue a mesma lógica daquela das Pessoas Físicas, afinal, o local de constituição das Pessoas Jurídicas nada mais é do que o seu "domicílio". A grande diferença está no fato de, enquanto a Pessoa Física pode mudar de domicílio livremente, a Pessoa Jurídica é vinculada ao Estado onde está constituída, sendo que não é possível uma efetiva "mudança de domicílio", mas sim a extinção da Pessoa Jurídica em um Estado e a (re)constituição da Pessoa Jurídica em um outro Estado.

Nesta mesma lógica, como as filiais das pessoas jurídicas no Brasil são, na verdade, pessoas jurídicas brasileiras com a **participação** de sócios, quotistas, associados ou patrimônio estrangeiro, estas serão regidas pelo direito do local onde foram constituídas, ou seja, o Direito brasileiro.

É importante destacar que, em conjunto à regra de Direito Internacional Privado acima analisada, o art. 11 da LINDB também contém uma norma de direito material, a qual dispõe que os Governos (Estados) estrangeiros, bem como as organizações com fins públicos destes Estados, estão impedidos de adquirir bens imóveis (ou outros bens que possam ser objeto de desapropriação) no Brasil (art. 11, § 2º), salvo aqueles necessários para constituir sede dos representantes diplomáticos e dos agentes consulares (art. 11, § 3º).

■ 19.11. LINDB: prova de fatos ocorridos no estrangeiro

> **Art. 13.** A prova dos fatos ocorridos em país estrangeiro rege-se pela lei que nele vigorar, quanto ao ônus e aos meios de produzir-se, não admitindo os tribunais brasileiros provas que a lei brasileira desconheça.

■ 19.12. Quadro-resumo: o Direito Internacional Privado brasileiro segundo a LINDB

Relação jurídica	Norma aplicável	Elemento de conexão	Direito aplicável
Personalidade e capacidade jurídica da pessoa física *(inclusive capacidade para o casamento e para a sucessão)*	LINDB, art. 7º, *caput* e art. 10, § 2º	Domicílio da pessoa	Direito do Estado do domicílio da pessoa
Impedimentos e formalidades da celebração do *casamento*	LINDB, art. 7º, § 1º	Local da celebração do casamento	Se o casamento for celebrado no Brasil, aplicável o Direito brasileiro
Casamento entre dois estrangeiros da mesma nacionalidade	LINDB, art. 7º, § 2º	Local da celebração do casamento	Se o casamento for celebrado perante autoridade diplomática estrangeira, aplicável o Direito do referido país
Invalidade do casamento	LINDB, art. 7º, § 3º	Primeiro domicílio do casal	Se as partes possuem nacionalidades diferentes, ou em tendo a mesma nacionalidade, possuem domicílio distintos, aplicável o Direito do primeiro domicílio do casal
Regime de bens no casamento	LINDB, art. 7º, §§ 4º e 5º	Domicílio dos nubentes *ou* domicílio do casal	Aplicável o Direito do domicílio dos nubentes *ou* o Direito do primeiro domicílio do casal, se forem diversos os domicílios anteriores
Reconhecimento do *divórcio*	LINDB, art. 7º, § 6º	Local de realização do divórcio	Aplicável a legislação estrangeira, ficando o reconhecimento condicionado à homologação da sentença estrangeira de divórcio pelo STJ *e* ao decurso do prazo de um ano após a sentença estrangeira
Direitos reais sobre bens móveis e imóveis	LINDB, art. 8º, *caput*	Local da situação do bem	Aplicável o Direito do Estado onde se encontrar o bem
Direitos reais sobre *bens móveis em trânsito*	LINDB, art. 8º, § 1º	Domicílio do proprietário	Aplicável o Direito do Estado em que o proprietário tiver o seu domicílio
Penhor	LINDB, art. 8º, § 1º	Domicílio do possuidor da coisa apenhada	Aplicável o Direito do Estado em que o possuidor da coisa apenhada tiver o seu domicílio
Obrigações em geral	LINDB, art. 9º, *caput*	Local de constituição da obrigação	Aplicável o direito do Estado em cujo território se constituiu a obrigação
Obrigações contratuais (entre ausentes)	LINDB, art. 9º, § 2º	Local do domicílio do proponente	Aplicável o Direito do Estado em que o proponente do contrato tiver o seu domicílio
Obrigações a ser executada no Brasil	LINDB, art. 9º, § 1º	Local da execução da obrigação	Se a obrigação tiver de ser executada no Brasil, o Direito brasileiro regulará as formalidade essenciais, aplicável subsidiariamente a lei brasileira para as demais questões da obrigação, nos termos do *caput* ou do § 2º
Sucessão por morte ou por ausência	LINDB, art. 10, *caput*	Local do domicílio do *de cujus*	Aplicável o Direito do Estado em que o *de cujus* possuir o seu domicílio, com prevalência ao Direito da situação dos bens (art. 8º), salvo no caso de bens situados no Brasil (art. 10, § 1º), quando a Lei Brasileira poderá ser aplicada *se* for mais favorável aos sucessores brasileiros
Sucessão de bens de pessoa estrangeira localizada no Brasil	LINDB, art. 10, § 1º	Lei mais favorável ao cônjuge ou filho(s) brasileiro(s)	Será aplicável a lei mais favorável ao cônjuge brasileiro ou aos filhos brasileiros, na análise entre o Direito brasileiro e o Direito que reger a sucessão (art. 10, *caput*)
Prova de fatos ocorridos no estrangeiro	LINDB, art. 13, *caput*	Local onde o fato ocorreu	Serão aplicáveis tanto os meios de prova quanto a distribuição do ônus da prova, segundo o Direito do país onde o fato ocorreu, sendo vedado, contudo, os meios de provas que não tenham equivalência no Direito brasileiro
Personalidade Jurídica de Pessoas Jurídicas	LINDB, art. 11, *caput*	Local onde foi constituída	Aplicável a lei do Estado onde foi constituída. Pela mesma lógica, filiais de pessoas jurídicas estrangeiras, constituídas no Brasil, são regidas pelo Direito brasileiro

19.13. LINDB: competência de autoridades consulares brasileiras

Além das matérias de Direito Internacional Privado acima discutidas, e as matérias de processo civil, que serão abordadas nos títulos seguintes, a LINDB traz ainda mais uma disposição de interesse. O art. 18 e parágrafos e o art. 19 e parágrafo único tratam da competência das autoridades consulares brasileiras no estrangeiro, concedendo-lhes competência para celebrar "o casamento *[e demais]* atos de Registro Civil e de tabelionato, inclusive o registro de nascimento e de óbito de brasileiro ou brasileira nascido no país da sede do Consulado", além do divórcio extrajudicial, respeitados os mesmos requerimentos aplicáveis para sua prática no Brasil.

19.14. Outras fontes do Direito Internacional Privado brasileiro

Além da LINDB, o Direito Internacional Privado brasileiro também possui outras fontes. Como tratamos no item **18.1**, diversos tratados, quando incorporados ao direito brasileiro, trazem consigo normas de direito internacional privado que passam a incorporar tal ramo do direito brasileiro.

Voltando ao exemplo da CISG no item **18.1**, a referida Convenção apresenta regras de Direito Internacional Privado em seus arts. 1 a 3:

> **Art. 1.** **(1)** Esta Convenção aplica-se aos contratos de compra e venda de mercadorias entre partes que tenham seus estabelecimentos em Estados distintos: **(a)** quando tais Estados forem Estados Contratantes; ou **(b)** quando as regras de direito internacional privado levarem à aplicação da lei de um Estado Contratante. **(2)** Não será levado em consideração o fato de as partes terem seus estabelecimentos comerciais em Estados distintos, quando tal circunstância não resultar do contrato, das tratativas entre as partes ou de informações por elas prestadas antes ou no momento de conclusão do contrato. **(3)** Para a aplicação da presente Convenção não serão considerados a nacionalidade das partes nem o caráter civil ou comercial das partes ou do contrato.
>
> **Art. 2.** Esta Convenção não se aplicará às vendas: **(a)** de mercadorias adquiridas para uso pessoal, familiar ou doméstico, salvo se o vendedor, antes ou no momento de conclusão do contrato, não souber, nem devesse saber, que as mercadorias são adquiridas para tal uso; **(b)** em hasta pública; **(c)** em execução judicial; **(d)** de valores mobiliários, títulos de crédito e moeda; **(e)** de navios, embarcações, aerobarcos e aeronaves; **(f)** de eletricidade.
>
> **Art. 3.** **(1)** Serão considerados contratos de compra e venda os contratos de fornecimento de mercadorias a serem fabricadas ou produzidas, salvo se a parte que as encomendar tiver de fornecer parcela substancial dos materiais necessários à fabricação ou à produção. **(2)** Não se aplica esta Convenção a contratos em que a parcela preponderante das obrigações do fornecedor das mercadorias consistir no fornecimento de mão de obra ou de outros serviços.

Neste sentido, **sempre que um contrato de compra e venda internacional de mercadorias** atender aos requisitos dos arts. 1 e 3, sem incorrer nas exceções do art. 2, **a CISG será o Direito aplicável**, em substituição ao Direito dos Estados das partes do contrato.

Ainda neste ponto, há de se destacar também um tratado internacional que, à sua época, tinha por objetivo se tornar um verdadeiro código internacional de Direito Internacional Privado: trata-se do Código de Bustamante (ou *Convenção de direito internacional privado de Havana*), de 1928, promulgado no Brasil através do Decreto n. 18.871/29.

Atualmente, o Código de Bustamante está tacitamente revogado no Brasil, diante do absoluto desuso de suas disposições e da elaboração da LINDB para reger diversas matérias regidas anteriormente pelo código internacional.

> Do ponto de vista do direito positivo, as regras do Código de Bustamante permanecem vigentes e, nos casos em que a LINDB é silente, poderão ser invocadas pelo operador do direito para solucionar eventual conflito de lei no espaço.

19.15. Prova do direito estrangeiro

> **Art. 14.** Não conhecendo a lei estrangeira, poderá o juiz exigir de quem a invoca prova do texto e da vigência.

Sempre que as normas de Direito Internacional Privado indicarem a aplicação do direito estrangeiro, o juiz do caso pode exigir que as partes comprovem o teor e a vigência do direito estrangeiro relevante, a fim de efetivamente aplicá-lo ao caso.

Essa previsão assume maior relevância atualmente, considerando que **o Novo CPC apresenta a possibilidade de eleição do foro brasileiro por contratantes internacionais**, de modo que a necessidade de aplicação do Direito estrangeiro pelos juízes brasileiros pode se tornar mais recorrente a depender da prática contratual futura.

20. COMPETÊNCIA INTERNACIONAL DO PODER JUDICIÁRIO BRASILEIRO

Denomina-se por competência internacional do Poder Judiciário brasileiro sua competência em conhecer e julgar causas que possuam elementos internacionais. O que temos, na verdade, são verdadeiras normas de Direito Internacional Privado *processual*, indicando elementos de conexão que elegem a aplicação do Processo Civil Brasileiro e, consequentemente, da jurisdição brasileira.

20.1. Competência internacional concorrente do Poder Judiciário brasileiro

CPC/2015, art. 21. Compete à autoridade judiciária brasileira processar e julgar as ações em que:
I – o réu, qualquer que seja a sua nacionalidade, estiver domiciliado no Brasil;
II – no Brasil tiver de ser cumprida a obrigação;
III – o fundamento seja fato ocorrido ou ato praticado no Brasil.
Parágrafo único. Para o fim do disposto no inciso I, considera-se domiciliada no Brasil a pessoa jurídica estrangeira que nele tiver agência, filial ou sucursal.
Art. 22. Compete, ainda, à autoridade judiciária brasileira processar e julgar as ações:
I – de alimentos, quando:
a) o credor tiver domicílio ou residência no Brasil;
b) o réu mantiver vínculos no Brasil, tais como posse ou propriedade de bens, recebimento de renda ou obtenção de benefícios econômicos;
II – decorrentes de relações de consumo, quando o consumidor tiver domicílio ou residência no Brasil;
III – em que as partes, expressa ou tacitamente, se submeterem à jurisdição nacional.
LINDB, art. 12. É competente a autoridade judiciária brasileira, quando for o réu domiciliado no Brasil ou aqui tiver de ser cumprida a obrigação.

Os arts. 21 e 22 do Novo CPC indicam as hipóteses de concorrência entre a competência do Poder Judiciário brasileiro e a competência de jurisdições estrangeiras.

Vale ressaltar que o art. 21, I e II, do Novo CPC possuem disposição praticamente idêntica àquela contida no art. 12, *caput*, da LINDB.

Enquanto o art. 21 do Novo CPC é basicamente uma releitura do art. 88 do antigo CPC de 1973, **o novo art. 22 configura uma inovação**, consolidando as hipóteses de competência internacional contidas em outras normas legais, como, por exemplo, o Código de Defesa do Consumidor.

20.2. Competência internacional exclusiva do Poder Judiciário brasileiro

CPC/2015, art. 23. Compete à autoridade judiciária brasileira, com exclusão de qualquer outra:
I – conhecer de ações relativas a imóveis situados no Brasil;
II – em matéria de sucessão hereditária, proceder à confirmação de testamento particular e ao inventário e à partilha de bens situados no Brasil, ainda que o autor da herança seja de nacionalidade estrangeira ou tenha domicílio fora do território nacional;
III – em divórcio, separação judicial ou dissolução de união estável, proceder à partilha de bens situados no Brasil, ainda que o titular seja de nacionalidade estrangeira ou tenha domicílio fora do território nacional.
LINDB, art. 12. (...)
§ 1º Só à autoridade judiciária brasileira compete conhecer das ações relativas a imóveis situados no Brasil.

O art. 23 do Novo CPC atualiza o art. 89 do antigo CPC de 1973. Além da disposição mais clara acerca de ações sucessórias, o **Novo CPC inclui**, no inciso III, **competências que não constavam no Código anterior**, relacionadas **à partilha de bens no divórcio, separação ou dissolução da união estável**.

Nos casos de competência exclusiva, o que se tem não é uma verdadeira proibição para que as partes litiguem no estrangeiro, eis que tal proibição não produziria efeitos nas jurisdições dos demais Estados. O que se tem, na verdade, é o **não reconhecimento de processos e/ou decisões estrangeiras** que versem sobre estas matérias.

20.3. Inexistência de litispendência internacional

Art. 24. A ação proposta perante tribunal estrangeiro não induz litispendência e não obsta a que a autoridade judiciária brasileira conheça da mesma causa e das que lhe são conexas, ressalvadas as disposições em contrário de tratados internacionais e acordos bilaterais em vigor no Brasil.
Parágrafo único. A pendência de causa perante a jurisdição brasileira não impede a homologação de sentença judicial estrangeira quando exigida para produzir efeitos no Brasil.

O art. 24 do Novo CPC é basicamente idêntico ao art. 90 do antigo CPC de 1973, com a exceção da menção expressa às obrigações internacionais do Brasil decorrentes de tratados internacionais, que não constava expressamente do Código anterior.

O parágrafo único, permite expressamente que a Sentença estrangeira seja homologada, mesmo quando versar sobre matéria idêntica à de uma causa pendente na jurisdição brasileira. Tal fato já decorria da inexistência de litispendência internacional, mas fica agora definitivamente esclarecido pelo Novo CPC.

A nosso ver, nos parece adequado que, como regra geral, com a homologação definitiva da sentença estrangeira, as causas pendentes restarão prejudicadas nos limites já decididos pelo *decisum* estrangeiro. Da mesma forma, o trânsito em julgado de determinada matéria no Brasil impede que uma decisão estrangeira sobre a mesma matéria seja homologada pelo STJ.

20.4. Incompetência internacional do Poder Judiciário brasileiro

> **Art. 25.** Não compete à autoridade judiciária brasileira o processamento e o julgamento da ação quando houver cláusula de eleição de foro exclusivo estrangeiro em contrato internacional, arguida pelo réu na contestação;
> **§ 1º** Não se aplica o disposto no *caput* às hipóteses de competência internacional exclusiva previstas neste Capítulo.
> **§ 2º** Aplica-se à hipótese do *caput* o art. 63, §§ 1º a 4º. [que regulam a forma da eleição de foro no Direito brasileiro]

O art. 25 do Novo CPC também é uma **novidade legislativa**, prevendo expressamente a possibilidade de **eleição de jurisdição estrangeira** para disputas que, via de regra, seriam conhecidas e julgadas pelo Poder Judiciário brasileiro.

Esta é uma hipótese de incompetência relativa, que deve ser arguida pelo Réu a fim de se efetivar no caso concreto, não podendo o Juiz conhecê-la de ofício (assim como ocorre quando há cláusula arbitral).

21. COOPERAÇÃO INTERNACIONAL

> **CPC/2015, art. 26.** A cooperação jurídica internacional será regida por tratado de que o Brasil faz parte e observará:
> **I** – o respeito às garantias do devido processo legal no Estado requerente;
> **II** – a igualdade de tratamento entre nacionais e estrangeiros, residentes ou não no Brasil, em relação ao acesso à justiça e à tramitação dos processos, assegurando-se assistência judiciária aos necessitados;
> **III** – a publicidade processual, exceto nas hipóteses de sigilo previstas na legislação brasileira ou na do Estado requerente;
> **IV** – a existência de autoridade central para recepção e transmissão dos pedidos de cooperação;
> **V** – a espontaneidade na transmissão de informações a autoridades estrangeiras.
> **Art. 27.** A cooperação jurídica internacional terá por objeto:
> **I** – citação, intimação e notificação judicial e extrajudicial;
> **II** – colheita de provas e obtenção de informações;
> **III** – homologação e cumprimento de decisão;
> **IV** – concessão de medida judicial de urgência;
> **V** – assistência jurídica internacional;
> **VI** – qualquer outra medida judicial ou extrajudicial não proibida pela lei brasileira.

A cooperação internacional pode se dar de três principais formas.

O **Auxílio Direto** se dá quando a medida pleiteada **não decorrer de decisão judicial estrangeira** (art. 28), em casos previstos em tratados de que o Brasil faça parta, bem como para obtenção de informações sobre o ordenamento jurídico e processos, administrativos ou judiciais, de outro Estado, ou quaisquer outras medidas não proibidas pelo Direito brasileiro (art. 30). A solicitação deverá ser encaminhada diretamente à autoridade central brasileira (art. 29), que se comunicará diretamente com as autoridades estrangeiras (art. 31), e atuará para efetivar o pedido diretamente quando este independer de provimento jurisdicional (art. 32) ou encaminhando-o à Advocacia-Geral da União – ou ao Ministério Público, quando este for a autoridade central – para que requeira as medidas necessárias em juízo, nos casos em que isso se fizer necessário.

Quando, por outro lado, medida pleiteada se originar de provimento judicial estrangeiro, a cooperação poderá se dar por meio de **Carta Rogatória**, para efetivar decisões e ordens **não terminativas** de órgãos jurisdicionais estrangeiros, ou ainda mediante **Homologação de Sentença Estrangeira**, quando a decisão a ser efetivada for terminativa, **produzindo efeitos de coisa julgada**, tanto no Estado estrangeiro quanto no Brasil após sua homologação. Em ambos os casos, salvo disposição em sentido contrário em lei ou tratado, as decisões ou ordens somente produzirão efeitos no território brasileiro após cumpridos os procedimentos judiciais aplicáveis.

A **Carta Rogatória** se processará perante o STJ (art. 36 do CPC/2015), em procedimento contencioso limitado à discussão dos requisitos formais para que o provimento estrangeiro seja acolhido no Brasil (§ 1º), sendo vedada a revisão de mérito (§ 2º).

Decisões interlocutórias estrangeiras poderão ser executadas no Brasil através de Carta Rogatória (art. 960 do CPC/2015), inclusive àquelas concessivas de medidas de urgência (art. 962, *caput* e § 1º), vedada a rediscussão sobre a adequação e necessidade da medida (§ 3º). Medidas concedidas antes da manifestação do Réu (*inaudita altera pars*) são admitidas, desde que seja garantido o contraditório futuro (§ 2º).

Nos casos em que a eventual Sentença estrangeira futura não depender de homologação, a medida de urgência deverá ser validada **diretamente** pelo juiz brasileiro competente para dar-lhe cumprimento, admitida, neste caso e na nossa opinião, a rediscussão do mérito da medida (§ 4º).

Concluído com sucesso o procedimento de cumprimento de Carta Rogatória perante o STJ, este concederá o ***exequatur***, ou seja, a ordem para que a Carta seja cumprida pelo juízo competente no Brasil, sendo necessários para tanto os mesmos requisitos indicados para a homologação de sentença estrangeira (art. 963, parágrafo único, CPC/2015), os quais serão indicados abaixo.

É importante destacar a existência de acordos específicos de cooperação internacional entre o Brasil e diversos outros Estados. Dois importantes exemplos são o *Acordo de Cooperação e Assistência Jurisdicional em Matéria Civil, Comercial, Trabalhista e Administrativa entre os Estados Partes do Mercosul, a República da Bolívia e a República do Chile* (Decreto n. 6.891/2009) e o *Tratado sobre Auxílio Judicial em Matéria Civil e Comercial entre a República Federativa do Brasil e a República Popular da China* (Decreto n. 8.430/2015). Em ambos os casos, por exemplo, fica estabelecido que não poderão ser exigidos depósitos ou caução de estrangeiros para que acessem a justiça brasileira apenas pelo fato de serem nacionais de Estado estrangeiro. Outro exemplo interessante, comum a ambos os casos, é a possibilidade de uma sentença judicial estrangeira ser parcialmente reconhecida quando não puder ser reconhecida completamente (por uma razão de ordem pública, por exemplo).

22. HOMOLOGAÇÃO DE SENTENÇAS ESTRANGEIRAS

LINDB, art. 15. Será executada no Brasil a sentença proferida no estrangeiro, que reúna os seguintes requisitos:
a) haver sido proferida por juiz competente;
b) terem sido as partes citadas ou haver-se legalmente verificado à revelia;
c) ter passado em julgado e estar revestida das formalidades necessárias para a execução no lugar em que foi proferida;
d) estar traduzida por intérprete autorizado;
CPC/2015, art. 963. Constituem requisitos indispensáveis à homologação da decisão:
I – ser proferida por autoridade competente;
II – ser precedida de citação regular, ainda que verificada a revelia;
III – ser eficaz no país em que foi proferida;
IV – não ofender a coisa julgada brasileira;
V – estar acompanhada de tradução oficial, salvo disposição que a dispense prevista em tratado;
VI – não conter manifesta ofensa à ordem pública.

Súmula 420 do STF
Não se homologa sentença proferida no estrangeiro sem prova do trânsito em julgado.

A LINDB apresenta os requisitos para homologação de Sentença Estrangeira no Brasil, os quais são basicamente repetidos pelo CPC/2015, que adiciona um quinto requisito de adequação do julgado estrangeiro à ordem pública brasileira (que consta da LINDB, em seu art. 17).

A ação para homologação de sentenças estrangeiras é de competência do STJ desde a EC n. 45/2004 (antes, era do STF), se processando nos termos do regimento interno daquele Tribunal Superior (art. 961, § 2º, do CPC/2015). Durante este procedimento, o STJ poderá deferir pedidos de urgência e realizar atos de execução provisória.

A reciprocidade não é um requisito essencial para a homologação de sentenças estrangeiras (art. 26, § 2º, do CPC/2015).

Também são passíveis de homologação outras decisões não judiciais que, pela lei brasileira, tenham natureza jurisdicional (ex.: sentença arbitral), bem como decisões estrangeiras para fins de execução fiscal, desde que previstas previamente em tratados ou promessas de reciprocidade.

Não é cabível a homologação de sentença estrangeira, tampouco o cumprimento de Carta Rogatória sobre matérias de competência ***exclusiva*** do Poder Judiciário brasileiro (art. 964 do CPC/2015). No mesmo sentido, não haverá homologação ou cooperação quando as decisões estrangeiras contrariarem a ordem pública brasileira (art. 963, IV, e art. 26, § 3º, ambos do CPC/2015). O Auxílio Direto também será negado sob este mesmo pressuposto (art. 39 do CPC/2015).

Quando apenas parte da Sentença estrangeira contrariar a ordem pública nacional, esta poderá ser parcialmente homologada, produzindo efeito as demais disposições da sentença estrangeira que estiverem em conformidade com a ordem pública brasileira.

23. CUMPRIMENTO DE ORDENS E DECISÕES ESTRANGEIRAS

LINDB, art. 12. (...)
§ 2º A autoridade judiciária brasileira cumprirá, concedido o *exequatur* e segundo a forma estabelecida pela lei brasileira, as diligências deprecadas por autoridade estrangeira competente, observando a lei desta, quanto ao objeto das diligências. (...)
Art. 16. Quando, nos termos dos artigos precedentes, se houver de aplicar a lei estrangeira, ter-se-á em vista a disposição desta, sem considerar-se qualquer remissão por ela feita a outra lei.

Concedido o *exequatur* ou homologada a sentença estrangeira, o seu cumprimento se dará perante **o juízo federal competente** (arts. 34 e 965 do CPC/2015, respectivamente), aplicável a lei estrangeira ao objeto das medidas judiciais.

Na cooperação internacional, a reciprocidade entre o Brasil e o Estado originário da decisão ou ordem estrangeira é **requisito essencial** (art. 26, § 1º), podendo decorrer tanto de tratado quanto da relação diplomática entre eles. Na ausência de disposição específica, o Ministério da Justiça exercerá a função de autoridade central (art. 26, § 4º).

A sentença estrangeira de divórcio consensual produz efeitos no Brasil, independentemente de homologação pelo STJ, podendo, contudo, ser examinada por qualquer juízo, em caráter principal ou incidental, quando essa questão for suscitada em processo de sua competência.

24. HOMOLOGAÇÃO DE SENTENÇA ARBITRAL ESTRANGEIRA

A homologação de decisão arbitral estrangeira é regulada pela Lei n. 9.307/96 (Lei de Arbitragem), nos arts. 34 a 40, sendo aplicáveis, subsidiariamente, as normas do CPC/2015. Aplica-se ainda à homologação a Convenção de Nova York, de 1958.

A homologação somente poderá se denegada em decorrência de vícios formais ou de ofensa à ordem pública brasileira (aqui incluído o caso de sentença arbitral que verse sobre matéria não admitida para a arbitragem no Brasil). A nosso ver, nos termos dos arts. 960, § 3º, e 961, § 2º, do CPC/2015, a Sentença arbitral estrangeira também seria passível de homologação parcial.

25. DOCUMENTOS PÚBLICOS ESTRANGEIROS

É evidente que nas hipóteses de cooperação internacional acima tratadas é de suma importância a verificação da autenticidade dos documentos públicos que instruem tais pedidos.

Essa tarefa foi exponencialmente facilitada através da promulgação no Brasil da Convenção da Apostila de Haia, de 1961 (Convenção sobre a Eliminação da Exigência de Legalização de Documentos Públicos Estrangeiros), através do Decreto n. 8.660/2016, entrando em vigor em 14 de agosto de 2016 (portanto, englobada pelo edital do XXI Exame).

A referida Convenção estabelece que a única formalidade exigível para verificação da autenticidade de documentos públicos estrangeiros é o selo ou carimbo dado pela autoridade competente do país de origem do documento, podendo ser tal formalidade, inclusive, afastada nos casos em que inexistir no país original.

Para operacionalizar tal reconhecimento, a Convenção estabelece uma forma padrão de selo de autenticidade, a ser utilizada pelos países signatários (109, no momento em que esta obra está sendo produzida).

É importante destacar que a Convenção não se aplica a Documentos elaborados pelos agentes diplomáticos ou consulares, tampouco a Documentos administrativos relacionados diretamente com uma operação comercial ou aduaneira (art. 1º).

Não confundir **autenticidade** com **tradução**. A verificação facilitada de autenticidade, nos termos da Convenção, não dispensa a tradução para o português quando esta for exigida pela lei ou por tratado. O art. 41 do CPC/2015 dá presunção de autenticidade, inclusive às traduções para o português, para documentos encaminhados por autoridade central ou por via diplomática.

REFERÊNCIAS BIBLIOGRÁFICAS

AMARAL JÚNIOR, Alberto do. *Curso de direito internacional público*. São Paulo: Atlas, 2011.

DALLARI, Dalmo de Abreu. *Elementos de Teoria Geral do Estado*. São Paulo: Saraiva, 2012.

FINKELSTEIN, Claudio. *Direito internacional*. São Paulo: Atlas, 2013.

HUCK, Hermes Marcelo. *Lex mercatoria*: horizontes e fronteira do comércio internacional. *Revista da Faculdade de Direito da USP*, v. 87. 1992. p. 213-235.

MAZZUOLI, Valério de Oliveira. *Curso de direito internacional público*. São Paulo: RT, 2015.

MENEZES, Wagner. *Tribunais Internacionais*: jurisdição e competência. São Paulo: Saraiva, 2013.

REZEK, José Francisco. *Direito internacional público*: curso elementar. São Paulo: Saraiva, 2016.

QUESTÕES

(XIX Exame de Ordem Unificado / FGV) Ex-dirigente de federação sul-americana de futebol, após deixar o cargo que exercia em seu país de origem, sabedor de que existe uma investigação em curso na Colômbia, opta por fixar residência no Brasil, pelo fato de ser estrangeiro casado com brasileira, com a qual tem dois filhos pequenos. Anos depois, já tendo se naturalizado brasileiro, o governo da Colômbia pede a sua extradição em razão de sentença que o condenou por crime praticado quando ocupava cargo na federação sul-americana de futebol. Essa extradição

A) não poderá ser concedida, porque o Brasil não extradita seus nacionais.

B) não poderá ser concedida, porque o extraditando tem filhos menores sob sua dependência econômica.

C) poderá ser concedida, porque o extraditando não é brasileiro nato.

D) poderá ser concedida se o país de origem do extraditando tiver tratado de extradição com a França.

RESPOSTA

A) O dispositivo normativo relevante à solução desta questão é o inciso LI do art. 5º da CF. O artigo em questão indica os casos em que a extradição do brasileiro pode acontecer.

B) Inexistem exceções às hipóteses de extradição pautadas na existência de dependentes.

✓ A extradição do naturalizado é permitida caso o pedido decorra da condenação deste por um crime comum, praticado antes de sua naturalização.

D) A França não é parte do pedido de extradição. Em casos de extradição de brasileiro, pelo Brasil, deve-se observar a existência de tratado entre o Brasil e o país que a solicitar. No caso da Colômbia, temos o Tratado de Extradição entre o Brasil e a Colômbia, de 1938, promulgado pelo Decreto n. 6.330, de 1940.

(XIX Exame de Ordem Unificado / FGV) Para a aplicação da Convenção sobre os Aspectos Civis do Sequestro Internacional de Crianças, Lígia recorre à autoridade central brasileira, quando Arnaldo, seu marido, que tem dupla-nacionalidade, viaja para os Estados Unidos com a filha de 17 anos do casal e não retorna na data prometida. Arnaldo alega que entrará com pedido de divórcio e passará a viver com a filha menor no exterior.

Com base no caso apresentado, a autoridade central brasileira

A) deverá acionar diretamente a autoridade central estadunidense para que tome as medidas necessárias para o retorno da filha ao Brasil.

B) deverá ingressar na Justiça Federal brasileira, em nome de Lígia, para que a Justiça Federal mande acionar a autoridade central estadunidense para que tome as medidas necessárias para o retorno da filha ao Brasil.

C) não deverá apreciar o pleito de Lígia, eis que a filha é maior de 16 anos.

D) não deverá apreciar o pleito de Lígia, eis que o pai também possui direito de guarda sobre a filha, já que o divórcio ainda não foi realizado.

RESPOSTA

A Convenção sobre os Aspectos Civis do Sequestro Internacional de Crianças, de 1980, também conhecida como Convenção de Haia, de 1980, foi promulgada no Brasil através do Decreto n. 3.413/2000, entrando em vigor em 14 de abril de 2000. Essa questão exigia um conhecimento específico da referida Convenção, podendo, contudo, ser solucionada através de raciocínio jurídico congruente à nossa legislação nacional, a qual elege o marco de 16 anos para diversas questões de capacidade e representação, como, por exemplo: (i) incapacidade relativa para certos atos (CC, art. 4º); (ii) possibilidade de emancipação (CC, art. 5º); e (iii) representação processual (ECA, art. 142).

A) Nos termos do art. 8º da Convenção, a Autoridade Central do Estado de residência habitual da criança possui competência concorrente com qualquer outra Autoridade Central de um Estado Contratante.

B) Nos termos do art. 9º da Convenção, a Autoridade Central acionada deverá transmitir o pedido diretamente à Autoridade Central do Estado onde a criança se encontra.

✓ Nos termos do art. 4º da Convenção, esta não se aplica para crianças maiores de 16 anos.

D) Nos termos do art. 3º, a transferência ou a retenção de uma criança é considerada ilícita se violar o direito de guarda, o qual, nos termos do art. 5º, inclui o "*direito de decidir sobre o lugar da sua residência*". Assim, caso a filha fosse menor de 16 anos, a Autoridade Central deveria apreciar o pedido de Lígia, já que ela exerce conjuntamente com Arnaldo o direito de guarda.

(XX Exame de Ordem Unificado / FGV) Em 2013, uma empresa de consultoria brasileira assina, na cidade de Londres, Reino Unido, contrato de prestação de serviços com uma empresa local. As contratantes elegem o foro da comarca do Rio de Janeiro para dirimir eventuais dúvidas, com a exclusão de qualquer outro. Dois anos depois, as partes se desentendem quanto aos critérios técnicos previstos no contrato e não conseguem chegar a uma solução amigável. A empresa de consultoria brasileira decide, então, ajuizar uma ação no Tribunal de Justiça do Estado do Rio de Janeiro para rescindir o contrato.

Com relação ao caso narrado acima, assinale a afirmativa correta.

A) O juiz brasileiro poderá conhecer e julgar a lide, mas deverá basear sua decisão na legislação brasileira, pois um juiz brasileiro não pode ser obrigado a aplicar leis estrangeiras.

B) O Poder Judiciário brasileiro não é competente para conhecer e julgar a lide, pois o foro para dirimir questões em matéria contratual é necessariamente o do local em que o contrato foi assinado.

C) O juiz brasileiro poderá conhecer e julgar a lide, mas deverá basear sua decisão na legislação do Reino Unido, pois os contratos se regem pela lei do local de sua assinatura.

D) O juiz brasileiro poderá conhecer e julgar a lide, mas deverá se basear na legislação brasileira, pois, a litígios envolvendo brasileiros e estrangeiros, aplica-se a *lex fori*.

RESPOSTA

A) O juiz pode, sim, ser obrigado a aplicar a lei estrangeira.

B) Não há foro obrigatório para matérias contratuais.

✓ O Juiz brasileiro tem competência quando as partes se submeterem ao foro brasileiro (CPC/2015, art. 22, III). As obrigações são regidas pela lei do local onde se constituírem (LINDB, art. 9º).

D) A *lex fori* não é aplicável, sendo aplicável a lei inglesa.

(XX Exame de Ordem Unificado / FGV) Lúcia, brasileira, casou-se com Mauro, argentino, há 10 anos, em elegante cerimônia realizada no Nordeste brasileiro. O casal vive atualmente em Buenos Aires com seus três filhos menores. Por diferenças inconciliáveis, Lúcia pretende se divorciar de Mauro, ajuizando, para tanto, a competente ação de divórcio, a fim de partilhar os bens do casal: um apartamento em Buenos Aires/Argentina e uma casa de praia em Trancoso/Bahia. Mauro não se opõe à ação.

Com relação à ação de divórcio, assinale a afirmativa correta.

A) Ação de divórcio só poderá ser ajuizada no Brasil, eis que o casamento foi realizado em território brasileiro.

B) Caso Lúcia ingresse com a ação perante a Justiça argentina, não poderá partilhar a casa de praia.

C) Eventual sentença argentina de divórcio, para produzir efeitos no Brasil, deverá ser primeiramente homologada pelo Superior Tribunal de Justiça.

D) Ação de divórcio, se consensual, poderá ser ajuizada tanto no Brasil quanto na Argentina, sendo ambos os países competentes para decidir acerca da guarda das crianças e da partilha dos bens.

RESPOSTA

A) A competência internacional para a ação de divórcio é **concorrente**. A competência só é **exclusiva** para fins de partilha de bens situados no Brasil (art. 23, III, do CPC/2015).

✓ Essa competência é exclusiva da justiça brasileira.

C) É verdade que a homologação seria necessária para que a ação de divórcio produza efeito no Brasil. Contudo, como o enunciado indica que a ação foi proposta para partilhar todos os bens do casal, esta sentença jamais produzirá efeitos no Brasil, pois terá sua homologação negada, nos termos do art. 963, IV, CPC/2015.

D) Nos termos já explorados, ambos os países não são competentes para a partilha dos bens.

(XXI Exame de Ordem Unificado / FGV) Aurélio, diplomata brasileiro, casado e pai de dois filhos menores, está em vias de ser nomeado chefe de missão do Brasil na capital de importante Estado europeu.

À luz do disposto na Convenção de Viena sobre Relações Diplomáticas, promulgada no Brasil por meio do Decreto n. 56.435/65, assinale a afirmativa correta:

A) A nomeação de Aurélio pelo Brasil não depende da anuência do Estado acreditado, visto se tratar de uma decisão soberana do Estado acreditante.

B) Mesmo se nomeado, o Estado acreditado poderá considerar Aurélio *persona non grata*, desde que, para tanto, apresente suas razões ao Estado acreditante, em decisão fundamentada. Se acolhidas as razões apresentadas pelo Estado acreditado, Aurélio poderá ser retirado da missão ou deixar de ser reconhecido como membro da missão.

C) Os privilégios e as imunidades previstos estendidos à mulher e aos filhos de Aurélio cessam de imediato, na hipótese de falecimento de Aurélio.

D) Se nomeado, a residência de Aurélio gozará da mesma inviolabilidade estendida ao local em que baseada a missão do Brasil no Estado acreditado.

RESPOSTA

A) Nos termos do art. 4 da Convenção de Viena sobre relações diplomáticas, a nomeação depende da anuência do Estado acreditado, ato unilateral que recebe o nome de *agrément*.

B) Nos termos do art. 10 da Convenção de Viena, tal notificação independe de justificativas por parte do Estado acreditado, sendo ato unilateral e discricionário do Estado acreditado, que poderá exercê-lo a qualquer momento, mesmo antes da chegada do agente diplomático ao território do Estado acreditado.

C) Nos termos do art. 39 da Convenção de Viena, os familiares do agente diplomático permanecerão no gozo dos privilégios e imunidades durante um período razoável que lhes permita deixar o território do Estado acreditado.

✓ Nos termos do art. 30 do Decreto que promulgou a Convenção de Viena sobre Relações Diplomáticas, a residência particular do agente diplomático goza da mesma inviolabilidade e proteção que os locais da missão.

(XXI Exame de Ordem Unificado / FGV) O Acordo de Cooperação e Assistência Jurisdicional em Matéria Civil, Comercial, Trabalhista e Administrativa entre os Estados-partes do Mercosul, a República da Bolívia e a República do Chile, foi promulgado no Brasil por meio do Decreto n. 6.891/09, tendo por finalidade estabelecer as bases em que a cooperação e a assistência jurisdicional entre os Estados-membros será realizada.

A respeito desse instrumento, assinale a afirmativa correta:

A) A indicação das autoridades centrais responsáveis pelo recebimento e andamento de pedidos de assistência jurisdicional é realizada pelo Grupo Mercado Comum.

B) Os nacionais ou residentes permanentes de outro Estado-membro, para que possam se beneficiar do mecanismo de cooperação jurisdicional em determinado Estado-membro, deverão prestar caução.

C) Os procedimentos para cumprimento de uma carta rogatória recebida sob a guarida do Acordo são determinados pela lei interna do Estado em que a carta deverá ser cumprida, não sendo admitida, em qualquer hipótese, a observação de procedimentos diversos solicitados pelo Estado de onde provenha a carta.

D) Uma sentença ou um laudo arbitral proveniente de um determinado Estado, cujo reconhecimento e execução seja solicitado a outro Estado-membro, pode ter sua eficácia admitida pela autoridade jurisdicional do Estado requerido apenas parcialmente.

RESPOSTA

A) Nos termos do art. 2º do Acordo de Cooperação e Assistência Jurisdicional, cada Estado-parte é competente para indicar sua autoridade central.

B) Nos termos do art. 4º do Acordo de Cooperação e Assistência Jurisdicional, nenhuma caução ou depósito poderá ser exigida ou imposta em razão de uma pessoa, inclusive pessoa jurídica, ser nacional, cidadão ou residente de outro Estado-parte.

C) Nos termos do art. 12 do Acordo de Cooperação e Assistência Jurisdicional, ainda que a lei interna seja, de fato, aplicável, o Acordo prevê a possibilidade de o Estado requerente solicitar tramitação especial, admitindo-se o cumprimento de formalidades adicionais que não contrariem a ordem pública do Estado requerido.

☑ Segundo o art. 23 do Decreto n. 6.891/2009, se uma sentença ou um laudo arbitral não puder ter eficácia em sua totalidade, a autoridade jurisdicional competente do Estado requerido poderá admitir sua eficácia parcial mediante pedido da parte interessada.

(XXII Exame de Ordem Unificado / FGV) Walter, estrangeiro, casou-se com Lúcia, por quem se apaixonou quando passou as férias em Florianópolis. O casal tem um filho, Ricardo, de 2 anos. Residente no Brasil há mais de cinco anos, Walter é acusado de ter cometido um crime em outro país. Como o Brasil possui promessa de reciprocidade com o referido país, este encaminha ao governo brasileiro o pedido de extradição de Walter.

Nesse caso, o governo brasileiro.

A) não pode conceder a extradição, porque Walter tem um filho brasileiro.

B) pode conceder a extradição, por meio de ordem expedida por um juiz federal.

C) pode conceder a extradição, desde que cumpridos os requisitos legais do Estatuto do Estrangeiro.

D) não pode conceder a extradição, pois esta só seria possível se houvesse tratado com o país de origem de Walter.

RESPOSTA

A) Entendimento sumulado do STF. Súmula 421: "Não impede a extradição a circunstância de ser o extraditando casado com brasileira ou ter filho brasileiro".

B) A competência para extradição é exclusiva do STF (CF/88, art. 102, I, *g*).

☑ A extradição é possível (Walter não é brasileiro – nem nato, nem naturalizado), desde que cumpra os requisitos do Estatuto do Estrangeiro, ou seja, em apertada síntese, que o crime também seja crime no Brasil e que a extradição não seja uma extradição proibida (art. 5º, LII, da CF/88 e art. 77 do Estatuto do Estrangeiro).

D) A reciprocidade deve existir entre o país requerente e o país requerido (art. 76 do Estatuto do Estrangeiro).

(XXII Exame de Ordem Unificado / FGV) Luca nasceu em Nápoles, na Itália, em 1997. É filho de Marta, uma ilustre pintora italiana, e Jorge, um escritor brasileiro. Quando de seu nascimento, seus pais o registraram apenas perante o registro civil italiano. Luca nunca procurou se informar sobre seu direito à nacionalidade brasileira, mas, agora, vislumbrando seu futuro, ele entra em contato com um escritório especializado, a fim de saber se e como poderia obter a nacionalidade brasileira.

Assinale a opção que apresenta, em conformidade com a legislação brasileira, o procedimento indicado pelo escritório.

A) Luca não tem direito à nacionalidade brasileira, eis que seu pai não estava ou está a serviço do Brasil.

B) Luca não poderá mais obter a nacionalidade brasileira, tendo em vista que já é maior de idade.

C) Luca tem direito à nacionalidade brasileira, mas, ainda que a obtenha, não será considerado brasileiro nato.

D) Luca deverá ir residir no Brasil e fazer a opção pela nacionalidade brasileira.

RESPOSTA

A) O fato de o pai não estar a serviço do Brasil quando do nascimento apenas evitou que a nacionalidade brasileira fosse adquirida automaticamente. Não é um impeditivo para que ela seja obtida de outra forma.

B) Pelo contrário: considerando que ele não foi registrado em repartição brasileira quando menor de idade, aplica-se a segunda parte da alínea *c* do art. 12, I, da CF/88, que tem por requisito, justamente, a maioridade do requerente.

C) Luca será considerado brasileiro nato, por força do art. 12, I, *c*, da CF/88.

☑ Luca será considerado brasileiro nato, por força do art. 12, I, *c*, da CF/88. Como não foi registrado, deve seguir a "segunda parte" da referida alínea.

(XXIII Exame de Ordem Unificado / FGV) Em 22 de julho de 1997, foi promulgada a Lei n. 9.474, que define os mecanismos para implementação da Convenção das Nações Unidas sobre o Estatuto dos Refugiados, da qual o Brasil é signatário.

A respeito dos mecanismos, termos e condições nela previstos, assinale a afirmativa correta.

A) Para que possa solicitar refúgio, o indivíduo deve ter ingressado no Brasil de maneira regular.

B) Compete ao Ministério da Justiça declarar o reconhecimento, em primeira instância, da condição de refugiado.

C) O refugiado poderá exercer atividade remunerada no Brasil, ainda que pendente o processo de refúgio.

D) Na hipótese de decisão negativa no curso do processo de refúgio, é cabível a interposição de recurso pelo refugiado perante o Supremo Tribunal Federal.

RESPOSTA

A) De acordo com o art. 8º da lei, "[o] ingresso irregular no território nacional não constitui impedimento para o estrangeiro solicitar refúgio às autoridades competentes".

B) O Conare (arts. 11 e 12 da lei) é órgão competente para tal declaração e, apesar de ser constituído no âmbito do Ministério da Justiça, não se deve confundir com o próprio Ministério.

✓ O art. 21, § 1º, da lei indica que o mero protocolo do pedido de refúgio "permitirá ao Ministério do Trabalho expedir carteira de trabalho provisória, para o exercício de atividade remunerada no País".

D) De acordo com os arts. 29 e 31 da Lei, o recurso é de competência do Ministro da Justiça e sua decisão não é passível de novo recurso para qualquer outro órgão.

(XXIII Exame de Ordem Unificado / FGV) O mecanismo de solução de controvérsias atualmente em vigor no âmbito da Organização Mundial do Comércio (OMC) foi instituído em 1994 por meio do Entendimento Relativo às Normas e Procedimentos sobre Solução de Controvérsias, constantes do Tratado de Marrakesh, e vincula todos os membros da organização.

A respeito do funcionamento desse mecanismo, assinale a afirmativa correta.

A) Uma vez acionado o mecanismo de solução de controvérsias, os Estados em disputa ficam impedidos de recorrer a formas pacíficas de solução de seus litígios, tais como bons ofícios, conciliação e mediação.

B) A decisão, por consenso, acerca da adoção de um relatório produzido pelo grupo especial, integra o rol de competências do Órgão de Solução de Controvérsias, ainda que as partes em controvérsia escolham não apelar ao Órgão Permanente de Apelação.

C) As recomendações e decisões do Órgão de Solução de Controvérsias poderão implicar a diminuição ou o aumento dos direitos e das obrigações dos Estados, conforme estabelecido nos acordos firmados no âmbito da OMC.

D) As partes em controvérsia e os terceiros interessados que tenham sido ouvidos pelo grupo especial poderão recorrer do relatório do grupo especial ao Órgão Permanente de Apelação.

RESPOSTA

A) Como princípio geral do Direito Internacional, as soluções pacíficas sempre estão disponíveis e serão preferidas frente a qualquer outro método adversarial de solução de disputas. Vale lembrar que o objetivo primeiro do Direito Internacional é a manutenção da Paz, objetivo reforçado quando as Partes atingem a autocomposição.

✓ Essa foi a alternativa indicada como correta no gabarito oficial, mas não sem críticas. É que a hipótese de consenso não seria aplicada para a adoção, mas sim para a rejeição do relatório produzido pelo grupo especial. Em outras palavras, a unanimidade é necessária para a rejeição, e não para a adoção do relatório.

C) As recomendações e decisões do Órgão de Solução de Controvérsias não poderão implicar a diminuição ou o aumento dos direitos e das obrigações dos Estados, conforme estabelecido nos acordos firmados no âmbito da OMC. Apesar desta alternativa exigir conhecimento profundo dos mecanismos da OMC – o que certamente foge ao escopo da preparação para o Exame de Ordem – ela poderia ser descartada com base em princípios gerais do Direito Internacional. É bom recordar que, via de regra, direitos de obrigações de Direito Internacional decorrem da vontade dos Estados soberanos, e não de imposição de terceiros.

D) Os terceiros interessados não podem recorrer do relatório do grupo especial. Alternativa exigia conhecimento profundo dos protocolos da OMC.

(XXIV Exame de Ordem Unificado / FGV) Henrique e Ruth se casaram no Brasil e se mudaram para a Holanda, onde permaneceram por quase 4 anos. Após um período difícil, o casal, que não tem filhos, nem bens, decide, de comum acordo, se divorciar e Ruth pretende retornar ao Brasil. Com relação à dissolução do casamento, assinale a afirmativa correta.

A) O divórcio só poderá ser requerido no Brasil, eis que o casamento foi realizado no Brasil.

B) O divórcio, se efetivado na Holanda, precisa ser reconhecido e homologado perante o STJ para que tenha validade no Brasil.

C) O divórcio consensual pode ser reconhecido no Brasil sem que seja necessário proceder à homologação.

D) Para requerer o divórcio no Brasil, o casal deverá, primeiramente, voltar a residir no país.

RESPOSTA

A) O art. 53, I, do CPC/2015, indica que é competente o foro do último domicílio do casal, caso não exista filho incapaz.

B) Esta alternativa é uma "pegadinha". Perceba que, se o divórcio fosse contencioso, esta alternativa estaria correta. Mas o examinador não indica qual a espécie de divórcio. E, como vemos na alternativa correta, abaixo, o divórcio consensual independe de homologação.

✓ Nos termos do art. 18, § 1º, da LINDB, autoridades consulares brasileiras poderão celebrar o divórcio consensual de brasileiros, desde que não existam filhos menores ou incapazes do casal. No mesmo sentido, o art. 733 do CPC indica que o divórcio consensual pode ser realizado através de escritura pública, dispensada a homologação judicial.

D) Não há prazo mínimo para o requerimento do divorcio após a volta ao Brasil. O único requisito é que tenham seu domicílio no Brasil no momento do requerimento do divórcio.

(XXIV Exame de Ordem Unificado / FGV) Roger, suíço radicado no Brasil há muitos anos, faleceu em sua casa no Rio Grande do Sul, deixando duas filhas e um filho, todos maiores de idade. Suas filhas residem no Brasil, mas o filho se mudara para a Suíça antes mesmo do falecimento de Roger, lá residindo. Roger possuía diversos bens espalhados pelo sul do Brasil e uma propriedade no norte da Suíça.

Com referência à sucessão de Roger, assinale a afirmativa correta.

A) Se o inventário de Roger for processado no Brasil, sua sucessão deverá ser regulada pela lei suíça, que é a lei de nacionalidade de Roger.

B) A capacidade do filho de Roger para sucedê-lo será regulada pela lei suíça.

C) Se Roger tivesse deixado testamento, seria aplicada, quanto à sua forma, a lei da nacionalidade dele, independentemente de onde houvesse sido lavrado.

D) O inventário de Roger não poderá ser processado no Brasil, em razão de existirem bens no estrangeiro a partilhar.

RESPOSTA

A) Nos termos do art. 10 da LINDB, a sucessão por morte obedece a lei do país do domicílio do falecido. Como faleceu no Brasil, aplica-se o direito brasileiro.

✓ Nos termos da LINDB, art. 10, § 2º, a lei do domicílio do herdeiro deve regular sua capacidade para a sucessão.

C) O art. 9º da LINDB indica que as obrigações são regidas pelo direito do local onde forem constituídas. Desta forma, o local da elaboração do testamento não é irrelevante.

D) Pelo contrário, nos termos do art. 23, II, do CPC, o inventário, em relação aos bens situados no Brasil, deve necessariamente ocorrer perante o Poder Judiciário brasileiro.

(XXV Exame de Ordem Unificado / FGV) Paulo, brasileiro, celebra no Brasil um contrato de prestação de serviços de consultoria no Brasil e uma empresa pertencente a François, francês residente em Paris, para a realização de investimentos no mercado imobiliário brasileiro. O contrato possui uma cláusula indicando a aplicação da lei francesa. Em ação proposta por Paulo, no Brasil, surge uma questão envolvendo a capacidade de François para assumir e cumprir as obrigações previstas no contrato.

Com relação a essa questão, a justiça brasileira deverá aplicar:

A) A lei brasileira, porque o contrato foi celebrado no Brasil.

B) A lei francesa, porque François é residente na França.

C) A lei francesa, país onde os serviços serão prestados.

D) A lei francesa, escolhida pelas partes mediante a cláusula contratual expressa.

RESPOSTA

A) Perceba que a matéria a ser discutida não é o negócio jurídico em si, mas a **capacidade** da pessoa que o celebrou. Desta forma, prevê o art. 7º da LINDB que: "A lei do país em que domiciliada a pessoa determina as regras sobre o começo e o fim da personalidade, o nome, a capacidade e os direitos de família". As alternativas A, C e D tratavam do Contrato, e não da Capacidade. A depender do entendimento doutrinário adotado, a lei brasileira poderia de fato ser aplicada ao contrato por ter sido celebrado no Brasil (presume-se que entre presentes), mas esta não era a pergunta.

✓ A justiça brasileira deverá aplicar a lei francesa, já que François é residente na França.

C) Além dos comentários acima, tem-se que o local da execução das obrigações não é um elemento de conexão adotado pela LINDB, salvo no caso de forma essencial de obrigação a ser executada no Brasil, em que será observada tal forma em conjunto à lei estrangeira eventualmente aplicável.

D) Cumpre destacar que a cláusula de eleição de lei estrangeira só tem aceitação pacífica no Brasil no caso da eleição da via arbitral para solução de disputas (art. 2º, § 1º, da Lei n. 9.307/96). De qualquer forma, a cláusula indicaria a cláusula aplicável ao contrato, e não a capacidade dos contratantes.

(XXV Exame de Ordem Unificado / FGV) Ernesto conclui o doutorado em Direito em prestigiosa universidade situada em Nova York, nos Estados Unidos, e pretende fazer concurso para o cargo de professor em uma universidade brasileira. Uma das exigências para a revalidação do seu diploma estrangeiro é que este esteja devidamente legalizado. Essa legalização de documento estrangeiro deverá ser feita mediante:

A) o apostilamento pela Convenção da Apostila de Haia, da qual o Brasil e Estados Unidos fazem parte.

B) a consularização no consulado brasileiro em Nova York.

C) a notarização em consulado norte-americano no Brasil.

D) o apostilamento pela Convenção da Apostila de Haia, no consulado brasileiro.

RESPOSTA

✓ A legalização de documento estrangeiro deve ser feita mediante apostilamento pela Convenção da Apostila de Haia.

B) A questão trata da Convenção da Apostila de Haia, da qual Brasil e EUA são partes signatárias. O Brasil promulgou a Convenção por meio do Decreto n. 8.660/2016. Nos termos do art. 3º da Convenção, o apostilamento passa a ser o único requisito formal para o reconhecimento de documento estrangeiro por um país signatário. Dessa forma, a consularização somente seria exigida para documentos emitidos em Estados estrangeiros não signatários da Convenção.

C) A notarização não é requisito de reconhecimento de documentos estrangeiros. Tem-se apenas dois requisitos: (i) o apostilamento, para documentos originados em países signatários da Convenção; ou (ii) a consularização, para países não signatários da Convenção.

D) O art. 3º da Convenção prevê que a apostila será "emitida pela autoridade competente do Estado no qual o documento é originado", razão pela qual a apostila deve ser emitida pela autoridade local de Nova York.

Estatuto da Criança e do Adolescente

Maíra Zapater

Doutora em Direitos Humanos pela Faculdade de Direito da USP. Especialista em Direito Penal e Processual Penal pela Escola Superior do Ministério Público. Graduada em Direito pela PUC-SP e em Ciências Sociais pela FFLCH-USP. Professora e pesquisadora.

Sumário

1. CONCEITOS INTRODUTÓRIOS

A Constituição Federal de 1988 representa o marco jurídico do processo de redemocratização do Brasil: promulgada após 21 anos de ditadura militar, seu texto alçou o ser humano e a preservação de sua dignidade a posições centrais da nova organização política do Estado brasileiro. Tanto é assim que a dignidade da pessoa humana constitui fundamento da República (art. 1º, III, CF), a promoção do bem de todos sem qualquer distinção ou discriminação é um de seus objetivos (art. 3º, IV, CF) e suas relações internacionais devem ser pautadas pela prevalência dos Direitos Humanos (art. 4º, II, CF). Além disso, os direitos individuais fundamentais são alocados no art. 5º, em posição topográfica privilegiada, a indicar que o texto constitucional prioriza a proteção da pessoa acima de qualquer outro valor político.

Esse processo de valorização dos Direitos Humanos também contou com o reconhecimento expresso de novos sujeitos de Direito: pela primeira vez, mulheres e homens são juridicamente considerados iguais perante a lei, pessoas indígenas ganham capítulo próprio no texto constitucional, e crianças e adolescentes passam a integrar a categoria jurídica de sujeitos.

O novo olhar jurídico lançado pela Constituição Federal sobre as crianças e os adolescentes, somado aos tratados internacionais sobre direitos das crianças e adolescentes que passavam a ser adotados à época[1], tais como as Regras Mínimas das Nações Unidas para a Administração da Justiça da Infância e da Juventude (Regras de Beijing, 1980), a Convenção das Nações Unidas sobre os Direitos da Criança (1989), a Declaração Mundial Sobre a Sobrevivência, a Proteção e o Desenvolvimento da Criança nos anos 90 (1990) e os Princípios das Nações Unidas para a Prevenção da Delinquência Juvenil (Princípios Orientadores de Riad, 1990), formaram o cenário propício para a formulação de uma nova legislação referente ao Direito da Criança e do Adolescente.

Assim, em 1990 é publicada a Lei n. 8.069, o Estatuto da Criança e do Adolescente, alinhada aos tratados internacionais sobre direitos das crianças e adolescentes (em especial a Convenção das Nações Unidas sobre os Direitos da Criança, que seria ratificada pelo Brasil em 1990), inaugurando a doutrina da proteção integral e rompendo com a doutrina da "situação irregular", adotada pelo Código de Menores de 1979, que dispunha "sobre a assistência, proteção e vigilância" a menores "de até dezoito anos de idade, que se encontrem em situação irregular". A Constituição de 1967 também não previa quaisquer direitos, restringindo-se a determinar a instituição por lei de "assistência à maternidade, à infância e à adolescência", ou seja, adotando fundamento assistencialista, e não de juridicização de direitos fundamentais.

Significa dizer que a legislação referente a crianças e adolescentes que vigorara até então não continha qualquer previsão para regulamentar direitos que possibilitassem seu desenvolvimento digno e saudável. A doutrina da situação irregular concebia crianças e adolescentes não como pessoas sujeitos de Direito, mas sim como objetos de tutela e intervenção dos adultos, o que deveria ocorrer em caso de se encontrar o menor de 18 anos na mencionada "situação irregular", definida pelo art. 2º do antigo Código de Menores, como a privação de condições essenciais à sua subsistência, saúde e instrução obrigatória; submissão a maus-tratos ou castigos imoderados; exposição a "perigo moral"; privação de representação ou assistência legal; e ainda incluindo o desvio de conduta "em virtude de grave inadaptação familiar ou comunitária" e a prática de infração penal.

Em outras palavras, a doutrina adotada na legislação anterior albergava sob a mesma categoria jurídica de "situação irregular" duas condições concretas distintas, as quais o Estatuto da Criança e do Adolescente viria a denominar como situação de risco e prática de ato infracional. Além de não estabelecer essa diferenciação (e, consequentemente, não designar medidas jurídicas específicas e individualizadas para cada um dos casos), o Código de Menores continha formulações excessivamente abertas à interpretação e carregadas de conotação moral, tais como o "perigo moral" e o "desvio de conduta", o que acarretou muitas arbitrariedades durante a vigência do Código de Menores de 1979.

A concepção constitucional da criança e do adolescente como sujeitos de Direito representa a ruptura jurídica com a ideia de crianças e adolescentes como objeto de intervenção e tutela do mundo adulto, substituída pela proposta da proteção integral à criança e ao adolescente.

2. A DOUTRINA DA PROTEÇÃO INTEGRAL

A doutrina da proteção integral é adotada expressamente no art. 1º do Estatuto da Criança e do Adolescente:

> **Art. 1º** Esta Lei dispõe sobre a proteção integral à criança e ao adolescente.

[1] Embora seja importante destacar a existência prévia da Declaração dos Direitos da Criança (1959).

A premissa da proteção integral consiste na consideração de crianças e adolescentes como pessoas em peculiar condição de desenvolvimento, a quem se atribui a qualidade de sujeitos de Direito. Esta qualidade os torna titulares de direitos tais como a vida, a liberdade, a segurança, a saúde, a educação etc., como todas as demais pessoas, devendo-se observar suas especificidades decorrentes do processo de desenvolvimento.

A observância desse conjunto de direitos acarreta, em contrapartida, a atribuição de deveres para que possam ser exercidos.

A doutrina da proteção integral distribui solidariamente a responsabilidade por tais deveres entre a família, a sociedade e o Estado, ou seja: tanto nas relações privadas quanto na vida social e na interação com as instituições públicas, cabe a todos observar os deveres a serem cumpridos para que as crianças e adolescentes exerçam plenamente seus direitos.

É importante destacar que a doutrina da proteção integral confere **juridicidade aos direitos** das crianças e adolescentes, o que, por outro lado, determina que os deveres contrapostos a tais direitos não são de natureza meramente moral, mas sim exigíveis dos poderes públicos, instituições e indivíduos mediante direito de ação no Poder Judiciário, como, por exemplo, a impetração de mandado de segurança para garantir a determinada criança o direito a vaga em escola pública.

Além disso, para implementar as diretrizes propostas pela doutrina da proteção integral, o Estatuto da Criança e do Adolescente reformula todo o sistema de políticas públicas e rede de atendimento referentes à criança e ao adolescente, passando a prevê-los de forma municipalmente organizada, contemplando diversas possibilidades de participação da sociedade civil.

A concepção das crianças e adolescentes como sujeitos de Direito independentemente de exposição a situação de risco ou de eventual conflito com a lei – reflexo da doutrina da proteção integral – é perceptível na forma como os dispositivos do Estatuto são organizados: o ECA se divide em uma Parte Geral, na qual são previstos direitos fundamentais (correspondente ao Livro I, subdividido em Título I: Das Disposições Preliminares; Título II: Dos Direitos Fundamentais; e Título III: Da Prevenção), e uma Parte Especial, com disposições pertinentes ao atendimento institucional e o acesso à Justiça (correspondente ao Livro II, subdividido em Título I: Da Política de Atendimento; Título II: Das Medidas de Proteção; Título III: Da Prática de Ato Infracional; Título IV: Das Medidas Pertinentes aos Pais ou Responsável; Título V: Do Conselho Tutelar; Título VI: Do Acesso à Justiça; e Título VII: Dos Crimes e das Infrações Administrativas). É sensível a diferença em relação ao que ocorria no modelo do Código de Menores de 1979, no qual somente a verificação da situação irregular gerava a intervenção do Estado, silenciando tanto a norma legal quanto a Constituição de 1967 quanto a quaisquer previsões de direitos de titularidade de crianças e adolescentes.

Por fim, acrescenta-se que o Estatuto da Criança e do Adolescente constitui-se em instrumento multidisciplinar, articulando em uma única lei normas de Direito Civil, Penal e Administrativo, de forma sistemática com o escopo de estruturas de forma a abranger o conjunto de direitos subjetivos de que são titulares crianças e adolescentes.

Quadro comparativo: doutrina da situação irregular x doutrina da proteção integral

Aspecto	Código de Menores (Lei n. 6.697/79)	Estatuto da Criança e do Adolescente (Lei n. 8.069/90)
Doutrinário	situação irregular	proteção integral
Natureza	filantrópica	política pública
Fundamento	assistencialista	jurídico (direito subjetivo fundamental)
Execução de políticas públicas	União/Estados	Município
Modelo decisório/institucional	Estatal e centralizador	cogestão participativa da sociedade civil
Proposta de gestão	monocrática	democrática

Fonte: Adaptado de BRANCHER, Leoberto Narciso, *Organização e gestão do sistema de garantia de direitos da infância e juventude*, apud AMIN, Andrea Rodrigues, Doutrina da proteção integral (In: *Curso de direito da criança e do adolescente* – aspectos teóricos e práticos, p. 18).

3. DISPOSITIVOS CONSTITUCIONAIS REFERENTES AO DIREITO DA CRIANÇA E DO ADOLESCENTE

Não obstante o Estatuto da Criança e do Adolescente seja o texto legal central do Direito da Criança e do Adolescente, o ordenamento jurídico brasileiro conta com outras normas referentes ao tema, e se deve enfatizar a importância das normas constitucionais a respeito.

O Título VII da Constituição Federal dispõe sobre a Ordem Social, e seu Capítulo VII contém os dispositivos sobre a família, a criança, o adolescente e o idoso. Os arts. 227 a 229 da CF tratam dos direitos fundamentais de crianças e adolescentes, e os correspondentes deveres da família, sociedade e Estado. Assim, os direitos contidos no ECA são fundamentais, e todos têm correspondência ou fundamento constitucional.

Por se localizarem topograficamente fora do rol de direitos individuais fundamentais expressamente identificados como tal no Título II da Constituição Federal, não é incomum que se questione a respeito dos direitos previstos nos arts. 227 a 229 da CF o seguinte: são eles cláusulas pétreas? Prevalece que sim, pois asseguram direitos fundamentais, e, tendo em vista a opção pela primazia dos Direitos Humanos feita pelo constituinte, não há qualquer limitação à previsão de outros direitos fundamentais de forma esparsa no texto constitucional. Como consequência, referentes dispositivos não podem ser alterados, sob pena de inconstitucionalidade, nos termos do art. 60, § 4º, IV, da CF, que veda emenda constitucional tendente a abolir direitos e garantias individuais. Ademais, deve-se observar aqui a proibição do retrocesso em matéria de Direitos Humanos, como determinado pelo art. 5º do Pacto dos Direitos Civis e Políticos (1966) e pelo art. 5º, § 2º, do Pacto Internacional dos Direitos Econômicos, Sociais e Culturais (1966), ambos ratificados pelo Brasil.

Todavia, não se impede a alteração do texto legal para ampliar o espectro de direitos ali assegurados. Dentre as alterações mais recentes, destacam-se as leis abaixo mencionadas, cujos principais pontos de modificação serão comentados ao longo deste capítulo:

(i) **Lei n. 13.509/2017:** traz alterações a regras do ECA sobre entrega voluntária para adoção, destituição do poder familiar, acolhimento, apadrinhamento, guarda e adoção de crianças e adolescentes. Ainda, altera a Consolidação das Leis do Trabalho e o Código Civil;

(ii) **Lei n. 13.440/2017:** perda de bens usados em exploração sexual de menores;

(iii) **Lei n. 13.441/2017:** infiltração policial na internet para investigação de crimes sexuais contra crianças e adolescentes;

(iv) **Lei n. 13.438/2017:** torna obrigatória a adoção de protocolo em consulta pediátrica para detecção de risco ao desenvolvimento psíquico de todas as crianças de até 18 meses;

(v) **Lei n. 13.436/2017:** garante o direito a acompanhamento e orientação à mãe com relação à amamentação;

(vi) **Lei n. 13.431/2017:** estabelece o sistema de garantia de direitos da criança e do adolescente vítima ou testemunha de violência;

(vii) **Lei n. 13.257/2016:** Marco Legal da 1ª Infância, que dispõe sobre as políticas públicas para crianças de até 6 anos;

(viii) **Lei n. 13.010/2014:** reforço à vedação de castigos físicos e de tratamento cruel ou degradante;

(ix) **Lei n. 12.962/2014:** assegura o direito de convivência da criança e do adolescente com os pais privados de liberdade;

(x) **Lei n. 12.594/2012:** institui o Sistema Nacional Socioeducativo (SINASE) e regulamenta a execução de medidas socioeducativas.

A Lei n. 13.509/2017, que entrou em vigor em 22 de novembro de 2017, alterou, além do ECA, a CLT e o Código Civil.

A partir da nova lei, a CLT passa a prever garantias trabalhistas para adolescentes, e o Código Civil, uma nova hipótese de destituição de poder familiar.

4. ESTATUTO DA CRIANÇA E DO ADOLESCENTE: PARTE GERAL

4.1. Disposições gerais: critério legal para definição de criança e adolescente

O art. 2º do Estatuto da Criança e do Adolescente estabelece o critério legal para classificar crianças e adolescentes conforme sua idade:

> **Art. 2º** Considera-se criança, para os efeitos desta Lei, a pessoa até doze anos de idade incompletos, e adolescente aquela entre doze e dezoito anos de idade.
> **Parágrafo único.** Nos casos expressos em lei, aplica-se excepcionalmente este Estatuto às pessoas entre dezoito e vinte e um anos de idade.

O limite etário para a imputabilidade penal aos 18 anos encontra previsão no art. 228 da CF como um dos direitos fundamentais de crianças e adolescentes.

O critério eleito pelo legislador para definir alguém como criança ou adolescente é objetivo e absoluto, não sendo passível de qualquer questionamento em casos concretos. É importante atentar para a distinção estabelecida no art. 2º do ECA, pois a proposta de atender às necessidades distintas e específicas de crianças e adolescentes repercutirá em vários dispositivos ao longo do texto legal, que estipulam diferentes medidas jurídicas para um e outro.

Em relação à aplicação excepcional do ECA para pessoas de até 21 anos, é preciso relembrar que o texto foi escrito na vigência do Código Civil de 1916, que previa a categoria da pessoa com idade entre 18 e 21 anos como relativamente capaz para os atos da vida civil, disposição que repercutia em alguns dispositivos do Estatuto. Com a adoção do Código Civil de 2002, que igualou a maioridade civil à penal aos 18 anos, o parágrafo único do art. 2º passou a ser aplicável somente ao caso de adolescente autor de ato infracional, a quem se imponha medida socioeducativa de internação, e que atinja a maioridade durante o seu cumprimento. Nesse caso, sua liberação compulsória ocorrerá quando completar 21 anos, sendo o ECA a legislação aplicável durante o período.

4.2. Disposições gerais: a criança e o adolescente como sujeitos de direito no ECA

O art. 3º do ECA considera de forma expressa crianças e adolescentes como titulares de direitos iguais aos de qualquer pessoa, observada sua peculiar condição de pessoa em desenvolvimento:

> **Art. 3º** A criança e o adolescente gozam de todos os direitos fundamentais inerentes à pessoa humana, sem prejuízo da proteção integral de que trata esta Lei, assegurando-se-lhes, por lei ou por outros meios, todas as oportunidades e facilidades, a fim de lhes facultar o desenvolvimento físico, mental, moral, espiritual e social, em condições de liberdade e de dignidade.
>
> **Parágrafo único.** Os direitos enunciados nesta Lei aplicam-se a todas as crianças e adolescentes, sem discriminação de nascimento, situação familiar, idade, sexo, raça, etnia ou cor, religião ou crença, deficiência, condição pessoal de desenvolvimento e aprendizagem, condição econômica, ambiente social, região e local de moradia ou outra condição que diferencie as pessoas, as famílias ou a comunidade em que vivem.

A Lei n. 13.257/2016 (o Marco Legal da 1ª Infância) inseriu o parágrafo único nesse artigo, reforçando de forma expressa a vedação a todo tipo de discriminação nos mesmos termos da Constituição Federal (*sexo, raça, etnia ou cor, religião ou crença)*, e especificando ainda a proibição de outras discriminações, tais como *nascimento; situação familiar; condição pessoal de desenvolvimento e aprendizagem; condição econômica; ambiente social; região e local de moradia ou outra condição que diferencie as pessoas, as famílias ou a comunidade em que vivem.*

No mesmo sentido, o art. 5º reforça que é dever de todos prevenir a ocorrência de ameaça ou violação dos direitos da criança ou adolescente, e declara que toda ação ou omissão que atente de qualquer forma contra direitos fundamentais da criança e do adolescente é passível de punição legal, a enfatizar mais uma vez a dimensão juridicizada de tais direitos:

> **Art. 5º** Nenhuma criança ou adolescente será objeto de qualquer forma de negligência, discriminação, exploração, violência, crueldade e opressão, punido na forma da lei qualquer atentado, por ação ou omissão, aos seus direitos fundamentais.

Ambos os dispositivos mencionados são correlatos à previsão constitucional do art. 227, § 4º, da CF, que prevê punição severa para violência sexual contra crianças e adolescentes.

4.3. Disposições gerais: o direito à prioridade absoluta

O art. 4º do ECA reproduz e complementa o art. 227 da CF, dispondo sobre o direito à prioridade absoluta:

> **Art. 4º** É dever da família, da comunidade, da sociedade em geral e do poder público assegurar, com absoluta prioridade, a efetivação dos direitos referentes à vida, à saúde, à alimentação, à educação, ao esporte, ao lazer, à profissionalização, à cultura, à dignidade, ao respeito, à liberdade e à convivência familiar e comunitária.
>
> **Parágrafo único.** A garantia de prioridade compreende:
>
> *a)* primazia de receber proteção e socorro em quaisquer circunstâncias;
>
> *b)* precedência de atendimento nos serviços públicos ou de relevância pública;
>
> *c)* preferência na formulação e na execução das políticas sociais públicas;
>
> *d)* destinação privilegiada de recursos públicos nas áreas relacionadas com a proteção à infância e à juventude.

O texto do art. 4º, portanto, contém a previsão legal expressa do direito à prioridade absoluta.

> O direito à prioridade absoluta é corolário da proteção integral, e decorre da obrigação da família, da sociedade e do Estado de garantir o tratamento prioritário na forma descrita nas alíneas *a*, *b*, *c* e *d* do parágrafo único. É um dos princípios informadores do Direito da Criança e do Adolescente, como reflexo do respeito à condição peculiar de pessoa em desenvolvimento e com âmbito reduzido de autonomia e ingerência de si próprio, que justifica a preferência a ser dada à prática de seus direitos.

É necessário também destacar que tanto o constituinte quanto o legislador exigem que a prioridade absoluta se estenda inclusive à formulação de políticas públicas e destinação de recursos para a área da infância e juventude, o que pode ser exigido judicialmente nos moldes previstos em lei. Por exemplo: admite-se o ajuizamento de ação civil pública por seus legitimados legais em face do oferecimento irregular de serviços essenciais (como saúde e educação) pelo Poder Público pela não priorização de recursos.

4.4. Disposições gerais: a interpretação do ECA

O art. 6º do ECA traça as diretrizes de interpretação do diploma legal a serem seguidos pelo operador do Direito:

> **Art. 6º** Na interpretação desta Lei levar-se-ão em conta os fins sociais a que ela se dirige, as exigências do bem comum, os direitos e deveres individuais e coletivos, e a condição peculiar da criança e do adolescente como pessoas em desenvolvimento.

Trata-se, como visto, de interpretação teleológica: eventuais omissões, contradições e lacunas da lei devem ser interpretadas em consonância com a finalidade da norma de assegurar proteção integral e prioridade absoluta à criança e ao adolescente.

4.5. Os direitos fundamentais: direito à vida e à saúde (arts. 7º a 14)

O direito da criança e do adolescente à vida e à saúde é contemplado de forma interdependente e indivisível, em consonância com os princípios gerais de Direitos Humanos adotados pelos pactos internacionais. O texto do art. 7º deixa clara a articulação do direito à vida (direito humano de 1ª geração) com o direito à saúde (direito de 2ª geração), ao condicionar seu exercício à efetivação de políticas públicas para tanto, em complementação à determinação constitucional específica de aplicação de percentual de recursos para a saúde na assistência materno-infantil e na criação de programas para crianças e adolescentes com deficiência (art. 227, § 1º, I e II, CF):

> **Art. 7º** A criança e o adolescente têm direito a proteção à vida e à saúde, mediante a efetivação de políticas sociais públicas que permitam o nascimento e o desenvolvimento sadio e harmonioso, em condições dignas de existência.

O legislador demonstrou preocupação em garantir tais direitos desde a fase gestacional, e por isso incluiu já no texto original do ECA a atenção à gestante/parturiente/mãe como forma de proteção da infância, prevendo o direito da gestante ao atendimento pré-natal e perinatal. O Marco Legal da 1ª Infância (Lei n. 13.257/2016) ampliou a previsão, passando a incluir o acesso a programas de planejamento reprodutivo como direito de todas as mulheres, acrescentando, ainda, outros direitos às gestantes, parturientes e puérperas:

> **Art. 8º** É assegurado a todas as mulheres o acesso aos programas e às políticas de saúde da mulher e de planejamento reprodutivo e, às gestantes, nutrição adequada, atenção humanizada à gravidez, ao parto e ao puerpério e atendimento pré-natal, perinatal e pós-natal integral no âmbito do Sistema Único de Saúde.

Além de ampliar o leque de direitos previstos no art. 8º, outras alterações trazidas pelo Marco Legal da 1ª Infância incluem assistência psicológica prestada pelo Poder Público para gestantes e mães no período pré e pós-natal, inclusive como forma de prevenir ou minorar as consequências do estado puerperal, abrangendo expressamente as mulheres que desejem entregar seus filhos para adoção e as que estiverem privadas de liberdade (art. 7º, §§ 4º e 5º, ECA). Ainda em relação às mulheres que desejem entregar seus filhos para adoção, estas devem ser obrigatoriamente encaminhadas para a Justiça da Infância e Juventude. O Marco Legal da 1ª Infância estabeleceu o direito de essas mulheres se submeterem ao referido encaminhamento sem qualquer tipo de constrangimento (art. 13, § 1º, ECA).

A garantia de condições adequadas ao aleitamento materno é dever compartilhado entre o Poder Público, as instituições e os empregadores. A essa disposição, prevista no art. 9º do ECA, o Marco Legal da 1ª Infância acrescentou os §§ 1º e 2º, que estabelecem diretrizes para políticas públicas referentes à amamentação:

> **Art. 9º** O poder público, as instituições e os empregadores propiciarão condições adequadas ao aleitamento materno, inclusive aos filhos de mães submetidas a medida privativa de liberdade.
>
> **§ 1º** Os profissionais das unidades primárias de saúde desenvolverão ações sistemáticas, individuais ou coletivas, visando ao planejamento, à implementação e à avaliação de ações de promoção, proteção e apoio ao aleitamento materno e à alimentação complementar saudável, de forma contínua.
>
> **§ 2º** Os serviços de unidades de terapia intensiva neonatal deverão dispor de banco de leite humano ou unidade de coleta de leite humano.

Outras ampliações de direitos relativos à saúde de crianças e adolescentes foram determinadas pelo Marco Legal da 1ª Infância, tais como previsão de cuidados específicos para crianças e adolescentes com deficiência, incluindo atendimento gratuito oferecido pelo Poder Público (art. 11, §§ 1º e 2º, ECA) e ampliação das previsões relativas à assistência médica e odontológica promovida pelo Sistema Único de Saúde (art. 14 e §§ 1º a 4º, ECA). Como já mencionado no tópico 3, a Lei n. 13.436/2017 inseriu o inciso VI no art. 10 do ECA, para incluir o dever de hospitais e estabelecimentos de saúde de "acompanhar a prática do processo de amamentação, prestando orientações quanto à técnica adequada, enquanto a mãe permanecer na unidade hospitalar, utilizando o corpo técnico já existente". E a Lei n. 13.438/2017 acrescentou o parágrafo 5º ao art. 14, determinando a obrigatoriedade de aplicação de protocolo (ou outro instrumento análogo) em consultas pediátricas de acompanhamento de crianças até 18 meses para detecção de risco para o seu desenvolvimento psíquico.

4.6. Os direitos fundamentais: direito à liberdade, ao respeito e à dignidade (arts. 15 a 18-B)

O Capítulo II do Título II do ECA, referente ao direito à liberdade, ao respeito e à dignidade, prevê às crianças e aos adolescentes os direitos humanos de 1ª geração de forma ampliada e adaptada ao seu sujeito de Direito especificado: às liberdades de ir e vir, de opinião e de expressão, de crença e culto religioso e de participar da vida política, na medida cabível à condição de desenvolvimento, acrescentam-se as liberdades de brincar, praticar esportes e divertir-se, participar da vida familiar e comunitária sem discriminação, buscar refúgio, auxílio e orientação, nos termos dos arts. 15 e 16:

> **Art. 15.** A criança e o adolescente têm direito à liberdade, ao respeito e à dignidade como pessoas humanas em processo de desenvolvimento e como sujeitos de direitos civis, humanos e sociais garantidos na Constituição e nas leis.
>
> **Art. 16.** O direito à liberdade compreende os seguintes aspectos:
>
> **I** – ir, vir e estar nos logradouros públicos e espaços comunitários, ressalvadas as restrições legais;
>
> **II** – opinião e expressão;
>
> **III** – crença e culto religioso;
>
> **IV** – brincar, praticar esportes e divertir-se;
>
> **V** – participar da vida familiar e comunitária, sem discriminação;
>
> **VI** – participar da vida política, na forma da lei;
>
> **VII** – buscar refúgio, auxílio e orientação.

O direito ao respeito, previsto art. 17, ECA, agrega sob esta rubrica outros direitos individuais fundamentais, como a inviolabilidade da integridade física, psíquica e moral da criança e do adolescente, abrangendo a preservação da imagem, da identidade, da autonomia, dos valores, ideias e crenças, dos espaços e objetos pessoais.

O art. 18 é mais um exemplo de direito que tem como destinatário específico pessoa em peculiar condição de desenvolvimento, determinando ser dever de todos não expor a criança e o adolescente a tratamento desumano, violento, aterrorizante, vexatório ou constrangedor.

Os arts. 18-A e 18-B foram introduzidos pela Lei n. 13.010/2014, e a inovação legislativa merece uma análise mais detalhada. De acordo com o texto do respectivo projeto de lei, o objetivo da alteração legal é "estabelecer o direito da criança e do adolescente de ser educado sem o uso de castigos corporais ou de tratamento cruel ou degradante".

Por definição, a todo direito se contrapõe um dever: neste caso, segundo os autores do projeto, a tal direito corresponde o dever do Estado de estabelecer políticas públicas aptas a erradicar os castigos corporais. Para compelir o Estado ao cumprimento deste dever, foram criados os arts. 18-A, que contém as definições legais de castigo físico (ação de natureza disciplinar ou punitiva aplicada com o uso da força física sobre a criança ou o adolescente que resulte em sofrimento físico ou lesão) e de tratamento cruel (conduta ou forma cruel de tratamento em relação à criança ou ao adolescente que humilhe; ou ameace gravemente; ou ridicularize), e 18-B, que dispõe sobre as medidas às quais se sujeitam os pais ou responsáveis que dispensarem o tratamento descrito no artigo anterior (são elas: encaminhamento a programa oficial ou comunitário de proteção à família; encaminhamento a tratamento psicológico ou psiquiátrico; encaminhamento a cursos ou programas de orientação; obrigação de encaminhar a criança a tratamento especializado; advertência).

Porém, a Lei n. 13.010/2014 em nada inova o conteúdo original do ECA, uma vez que todos estes mecanismos já se encontram previstos no próprio Estatuto desde sua entrada em vigor, em 1990: o art. 98 trata da questão da criança ou adolescente em situação de risco decorrente da violação de seus direitos, e prevê a possibilidade de aplicação de medidas de proteção à vítima, tais como orientação, apoio e acompanhamento temporários, ou requisição de tratamento médico, psicológico ou psiquiátrico, em regime hospitalar ou ambulatorial (art. 101). O art. 129, por sua vez, já previa medidas pertinentes aos pais ou responsáveis que expusessem crianças ou adolescentes a risco por abuso e maus-tratos, e consistem em ações como encaminhamento a tratamento psicológico ou psiquiátrico e encaminhamento a cursos ou programas de orientação.

Ademais, deve-se ressaltar que a Lei n. 13.010/2014 não inova na proibição de castigos físicos e tratamento cruel, pois, mesmo antes da vigência do Estatuto da Criança e do Adolescente, o Código Penal sempre previu os crimes de lesão corporal (art. 129, CP)[2] e maus-tratos (art. 136, CP)[3], a significar que os castigos físicos aplicados contra crianças e adolescentes sempre ensejaram responsabilização criminal.

Ainda a respeito da inovação legal, cabe destacar que a Lei n. 13.010/2014 ampliou a redação do art. 13, ECA, determinando que os serviços de saúde devem fazer comunicação obrigatória ao Conselho Tutelar no caso de suspeita de castigo físico ou tratamento cruel ou degradante, bem como de maus-tratos, sem prejuízo de outras providências legais (tais como registro de ocorrência policial e ajuizamento de ação de suspensão ou perda do poder familiar).

Outro ponto digno de nota em relação ao direito ao respeito e à dignidade de crianças e adolescentes são as alterações trazidas pela Lei n. 13.431/2017. O texto operou apenas uma alteração no Estatuto da Criança e do Adolescente revogando o art. 248, mas estabeleceu por uma norma própria o sistema de garantias de direitos da criança e do adolescente vítima ou testemunha de violência (art. 1º), sendo facultativa sua aplicação para jovens com idade entre 18 e 21 anos (art. 3º, parágrafo único). Estabelecem-se medidas de assistência e proteção criando mecanismos para prevenir e coibir a violência, com fundamentos tanto na Constituição Federal (art. 227, CF) quanto em normas internacionais de Direitos Humanos, especificamente a Convenção sobre os Direitos da Criança e seus protocolos adicionais, e ainda a Resolução n. 20/2005 do Conselho Econômico e Social das Nações Unidas, sem prejuízo de outros diplomas internacionais pertinentes.

O art. 4º procura proteger as crianças e adolescentes vítimas ou testemunhas de violência, conceito mais abrangente do que crime, uma vez que nem toda conduta violenta caracteriza legalmente um crime, nem todo crime (aqui em referência às condutas legalmente definidas como tais) é praticado mediante violência. O texto da lei indica quatro formas de violência que configuram os casos para sua aplicação: a violência física; a violência psicológica, que inclui, entre outras modalidades, o *bullying* (que é a intimidação sistemática) e a alienação parental (que corresponde à interferência na formação psicológica da criança ou do adolescente, promovida ou induzida por um dos pais, pelos avós ou por quem seja responsável pela criança ou adolescente, criando repúdio ao pai ou à mãe e prejudicando este vínculo); a violência sexual, incluindo o abuso sexual, a exploração sexual comercial e o tráfico de pessoas; e a violência institucional, que é aquela praticada por instituição pública ou conveniada. Considera-se violência institucional inclusive os atos que gerarem revitimização, que, neste contexto, corresponde ao ato de submeter a vítima de uma violência a procedimentos administrativos ou judiciais que poderiam ser dispensados, ocasionando-lhe sofrimento continuado ou repetido em decorrência da lembrança forçada dos atos violentos que sofreu.

Entre os novos mecanismos previstos por essa lei com a finalidade de minimizar o sofrimento, preservar a intimidade, a privacidade e a segurança (art. 5º), além de evitar a revitimização, há as seguintes previsões:

- **Art. 6º:** medidas protetivas contra o autor da violência (porém a lei não esclarece o que fazer se o representante legal for o autor da violência, deixando os casos omissos para serem interpretados à luz da Lei Maria da Penha e do próprio ECA).
- **Art. 7º:** escuta especializada por meio de entrevista com órgão da rede protetiva (c/c art. 10).
- **Art. 8º:** depoimento especializado por meio de oitiva pela autoridade (c/c art. 11).
- **Art. 9º:** resguardo de contato com o agressor (suposto autor/acusado), prevendo possibilidade no § 1º de rito cautelar de prova antecipada para criança menor de 7 anos e para violência sexual. Ainda determina no § 2º que em regra o depoimento não será tomado mais de uma vez.
- **Art. 12:** procedimento do depoimento especial.

A lei prevê a articulação de vários setores, como assistência social, saúde, segurança pública e sistema de justiça, para realização de políticas públicas voltadas integralmente ao tratamento multidisciplinar de crianças e adolescentes vitimados direta ou indiretamente pela violência. Ainda inova ao prever expressamente o direito a "ser resguardado e protegido de sofrimento, com direito a apoio, planejamento de sua participação, prioridade na

---

[2] Art. 129. Ofender a integridade corporal ou a saúde de outrem: Pena – detenção, de três meses a um ano.

[3] Art. 136. Expor a perigo a vida ou a saúde de pessoa sob sua autoridade, guarda ou vigilância, para fim de educação, ensino, tratamento ou custódia, quer privando-a de alimentação ou cuidados indispensáveis, quer sujeitando-a a trabalho excessivo ou inadequado, quer abusando de meios de correção ou disciplina: Pena – detenção, de dois meses a um ano, ou multa. § 1º Se do fato resulta lesão corporal de natureza grave: Pena – reclusão, de um a quatro anos. § 2º Se resulta a morte: Pena – reclusão, de quatro a doze anos. § 3º Aumenta-se a pena de um terço, se o crime é praticado contra pessoa menor de 14 (quatorze) anos.

tramitação do processo, celeridade processual, idoneidade do atendimento e limitação das intervenções".

4.7. Os direitos fundamentais: direito à convivência familiar e comunitária

4.7.1. Conceitos introdutórios

A concepção da convivência familiar e comunitária como um direito decorre da proposta de proteção integral da criança e do adolescente, cujos deveres daí decorrentes são compartilhados entre família, sociedade e Estado. A realização da parcela de direitos cabível à entidade familiar é regulamentada pelos dispositivos previstos no Capítulo III do Título II do ECA.

Para que se possa compreender melhor tais dispositivos, é necessário antes remeter às previsões constitucionais referentes ao tema, que sofreu profundas modificações com o texto de 1988.

A Constituição de 1967, vigente antes da CF/1988, estabelecia em seu art. 167 que a família somente era constituída pelo casamento, sendo este indissolúvel[4]. Já o Código Civil de 1916 (que vigorou até 2002) previa em seu art. 137 que eram "legítimos os filhos concebidos na constância do casamento" (autorizando, todavia, a hipótese de legitimação por reconhecimento voluntário, salvo quanto aos filhos "adulterinos ou incestuosos", cujo reconhecimento de filiação era vedado pelo art. 358, CC de 1916).

Com a promulgação da Constituição de 1988, confere-se maior ênfase aos laços de consanguinidade e afetividade do que apenas ao casamento. Além disso, adota-se a isonomia entre os filhos sem distinção de origem, sendo constitucionalmente vedada qualquer discriminação quanto aos filhos no art. 227, § 6º, CF.

Ainda assim, o art. 358 (que proibia o reconhecimento de filhos adulterinos ou incestuosos) somente foi revogado expressamente pela Lei n. 7.841/89, e o art. 137 do Código Civil de 1916 (que classificava como filhos legítimos somente aqueles havidos na constância do casamento), em 1992, com a Lei de Investigação de Paternidade[5] (embora ambos já tivessem se tornado inconstitucionais desde 1988).

[4] Determinação que perduraria até a aprovação da Lei do Divórcio, em 1977.

[5] Lei n. 8.560/92.

Com a proibição de discriminação entre os filhos, a filiação passa a ser concebida como a relação de parentesco em linha reta de 1º grau e não vinculada ao casamento, de natureza consanguínea (por geração biológica) ou civil (por adoção), e seu reconhecimento passa a ser direito personalíssimo, indisponível e imprescritível, que pode ser oposto contra os pais ou seus herdeiros, sem qualquer impedimento para os filhos havidos fora do casamento, os quais terão os mesmos direitos e qualificações, nos termos dos arts. 20, 26 e 27 do ECA.

4.7.2. Espécies de família

Como já mencionado no tópico 3, o Título VII da Constituição Federal dispõe sobre a Ordem Social, e seu Capítulo VII contém os dispositivos sobre a família, a criança, o adolescente e o idoso. O conceito constitucional de entidade familiar é descrito no art. 226, CF, e abrange como tal o casamento ou união estável, bem como a comunidade formada por qualquer dos pais ou seus descendentes.

O Estatuto da Criança e do Adolescente define e regulamenta três modalidades de entidade familiar: a família natural, a família extensa e a família substituta. Todas as formas de família e de responsáveis têm deveres jurídicos para com crianças e adolescentes.

	Família natural	Família extensa	Família substituta
Definição legal	Comunidade formada pelos pais ou qualquer deles e seus descendentes.	Parentes próximos com os quais a criança ou adolescente convive e mantém vínculos de afinidade e afetividade.	Formada mediante guarda, tutela ou adoção.
Fundamento	Art. 25, ECA	Art. 25, parágrafo único, ECA	Art. 28, ECA

4.7.2.1. O poder familiar

O poder familiar pode ser descrito como um direito-função dos pais/responsáveis, correspondente ao complexo de deveres pessoais e patrimoniais com relação ao filho menor, não emancipado, e que deve ser exercido no melhor interesse deste, conforme regulamentado pelo art. 21 do Estatuto da Criança e do Adolescente:

Art. 21. O poder familiar será exercido, em igualdade de condições, pelo pai e pela mãe, na forma do que dispuser a legislação civil, assegurado a qualquer deles o direito de, em caso de discordância, recorrer à autoridade judiciária competente para a solução da divergência.

No ordenamento jurídico brasileiro anterior a 1988, o Código Civil de 1916 estipulava em seu art. 380 que o pátrio poder seria exercido pelo marido, sendo a mulher mera colaboradora, prevalecendo legalmente a decisão do pai em caso de divergência.

A expressão "poder familiar" substituiu o termo "pátrio poder", como reflexo do reconhecimento da igualdade jurídica entre homens e mulheres feito na Constituição Federal de 1988 e da alteração do Código Civil de 2002. A partir de então, pai e mãe (ou os responsáveis) exercem o poder familiar de forma simultânea e compartilhada, permanecendo os filhos sujeitos ao poder familiar até completarem 18 anos.

Sendo a um só tempo direito e função, o poder familiar impõe deveres a quem o detiver. São eles:

(i) **Dever de sustento:** provisão de subsistência material (até 24 anos, se estiver estudando);
(ii) **Dever de guarda:** direito de o filho conviver com os pais; e de os pais manterem o filho junto de si;
(iii) **Dever de educação:** abrange a educação formal para instrução básica e a familiar.

Não é demais frisar que, por se tratar de deveres jurídicos, com fundamento constitucional (arts. 227 e 229, CF) e legal (art. 22, ECA), seu descumprimento é passível de sanção, podendo gerar responsabilização civil e penal (art. 133, CP – abandono de incapaz; art. 244, CP – abandono material; art. 246, CP – abandono intelectual), bem como dar causa à suspensão ou destituição do poder familiar (art. 129, X, ECA), além da suspensão ou destituição do poder familiar.

A perda e a suspensão do poder familiar são as principais sanções decorrentes do descumprimento dos deveres inerentes ao poder familiar. O art. 24 do Estatuto contém suas hipóteses de cabimento, ressaltando que o procedimento (necessariamente judicial) sempre será submetido ao contraditório:

Art. 24. A perda e a suspensão do poder familiar serão decretadas judicialmente, em procedimento contraditório, nos casos previstos na legislação civil, bem como na hipótese de descumprimento injustificado dos deveres e obrigações a que alude o art. 22.

A legislação civil referida no artigo acima transcrito corresponde ao art. 1.638, Código Civil, que arrola como causas para suspensão ou destituição do poder familiar a aplicação de castigo imoderado, o abandono do filho, a prática de atos contrários à moral e aos bons costumes, e o abuso de autoridade reiterado.

É preciso destacar que a presença de pessoas dependentes de substâncias entorpecentes na família (como constava da antiga redação do art. 19, ECA) e falta de recursos (art. 23, ECA) não constituem motivos isoladamente considerados para suspensão ou perda do poder familiar, como será discutido com maior detalhamento a seguir.

Sendo judicialmente determinado o afastamento temporário da convivência familiar, o Estatuto da Criança e do Adolescente prevê o acolhimento institucional, que consiste no atendimento institucional das crianças ou adolescentes que tiveram seus direitos violados e que necessitaram ser afastados, temporariamente, da convivência familiar (observar que a Lei n. 12.010/2009 substituiu o termo "abrigamento" por "acolhimento institucional"). Trata-se de medida excepcional e provisória, que deve se estender pelo prazo máximo de 18 meses, salvo comprovada necessidade fundamentada pelo juiz (art. 19, § 2º, ECA, conforme redação dada pela Lei n. 13.509/2017), devendo a situação ser reavaliada semestralmente para que se verifique a possibilidade de reintegração familiar (preferencial em relação a todas as demais), ou colocação em família substituta (art. 19, §§ 1º e 3º, ECA).

4.7.2.2. A família natural

A família natural, conceituada no art. 25 do ECA, é a correspondente ao parentesco biológico, ou seja, a comunidade formada pelos pais (ou apenas um deles) que geraram a criança ou o adolescente.

Nos termos do *caput* do art. 19, ECA, a permanência da criança ou adolescente junto à sua família natural é preferencial a todas as demais, e somente em excepcional situação de risco ao seu desenvolvimento será dela retirada.

Tanto é assim que o Estatuto da Criança e do Adolescente sofreu alterações pelas Leis n. 12.962/2014 e

13.257/2016 (Marco Legal da 1ª Infância), que alteraram o texto do ECA para assegurar que a presença de pessoas dependentes de substâncias entorpecentes no ambiente familiar, a carência de recursos materiais e mesmo a condenação criminal dos pais a pena privativa de liberdade não podem constituir fundamento obrigatório ou isolado para retirar a criança ou adolescente do seio familiar, salvo comprovação de comprometimento de seu desenvolvimento saudável ou de risco aos seus direitos fundamentais em decorrência desse motivo. A nova redação do Estatuto reconhece a situação de risco da entidade familiar, determinando a inclusão obrigatória de todos os seus membros em programas oficiais de proteção e apoio.

As leis acima referidas operaram as seguintes alterações no ECA:

> **Art. 19.** É direito da criança e do adolescente ser criado e educado no seio de sua família e, excepcionalmente, em família substituta, assegurada a convivência familiar e comunitária, em ambiente que garanta seu desenvolvimento integral.

A atual redação do art. 19, acima transcrita, decorrente de alteração efetivada pelo Marco Legal da 1ª Infância (Lei n. 13.257/2016), suprimiu a expressão "em ambiente livre da presença de pessoas dependentes de substâncias entorpecentes", constante da redação original. O mesmo artigo recebeu novo parágrafo pela Lei n. 12.962/2014 (que assegura a convivência da criança e do adolescente com os pais privados de liberdade):

> **Art. 19.** (...)
> **§ 4º** Será garantida a convivência da criança e do adolescente com a mãe ou o pai privado de liberdade, por meio de visitas periódicas promovidas pelo responsável ou, nas hipóteses de acolhimento institucional, pela entidade responsável, independentemente de autorização judicial.

A Lei n. 13.509/2017 inseriu os §§ 5º e 6º ao art. 19, passando a prever o direito de convivência também das crianças filhas de adolescentes em acolhimento institucional, com assistência da mãe adolescente por equipe especializada multidisciplinar. Vale ressaltar que, diferentemente do previsto para os genitores adultos, a nova lei somente menciona a mãe adolescente em acolhimento institucional, e não o pai.

A Lei n. 13.509/2017 também alterou o art. 19, modificando a redação de seu § 2º para reduzir o prazo de permanência da criança ou adolescente em programa de acolhimento institucional de 2 (dois) anos para 18 (dezoito) meses, ***salvo comprovada necessidade que atenda a seu superior interesse, devidamente fundamentada pela autoridade judiciária***.

Ainda, essa mesma lei criou o art. 19-A, que estabeleceu regras para **entrega voluntária do filho para adoção antes ou logo após o nascimento**. Ou seja: nos termos da lei, a entrega voluntária do filho para adoção não pode ser realizada em qualquer idade da criança ou a qualquer tempo.

O art. 19-A determina o seguinte procedimento: a gestante ou mãe que desejar entregar voluntariamente seu filho será encaminhada à Justiça da Infância e Juventude, para ser ouvida pela equipe interprofissional. Esta equipe apresentará relatório, cuja elaboração deverá considerar os efeitos da gestação ou puerpério.

O relatório será enviado ao juiz da Infância e Juventude. Uma vez com o relatório em mãos, o juiz poderá encaminhar a mulher – com sua expressa concordância – à rede pública de saúde e à assistência social.

A família extensa (art. 25, parágrafo único, ECA) e o genitor serão preferencialmente procurados para ter a guarda da criança. A família extensa será procurada por até 90 dias, e não há determinação expressa de procura do pai. Somente não havendo indicação de genitor e não sendo encontrada família extensa é que se decretará a extinção do poder familiar, e a criança colocada sob guarda provisória de quem estiver habilitado para adoção ou em entidade especializada. No caso de ser entregue para adotantes habilitados, estes terão prazo de 15 dias para propor a ação de adoção, contado do dia seguinte ao do término do estágio de convivência.

Quando a criança nascer, será designada audiência para que a mãe ou os pais (se houver pai registral ou indicado) manifestem expressamente sua vontade de entregá-la para adoção. A entrega é sigilosa. Está prevista a possibilidade de os genitores desistirem da entrega e, nesse caso, a criança será devolvida aos seus pais biológicos, devendo ser feita nova audiência acompanhada pela equipe multiprofissional, determinando-se o acompanhamento familiar por 180 dias.

A Lei n. 13.509/2017 também inseriu o art. 19-B, estabelecendo regras sobre apadrinhamento. Os programas de apadrinhamento são destinados para crianças e adolescentes em acolhimento institucional, e que tenham chances remotas de serem adotados.

O apadrinhamento afetivo é um programa instituído em 2015 pelo CNJ, voltado para crianças e adolescentes que vivem em situação de acolhimento ou em famílias acolhedoras, com o objetivo de promover vínculos afetivos seguros e duradouros entre eles e pessoas da comunidade que se dispõem a ser padrinhos e madrinhas. Antes da alteração legal, o apadrinhamento afetivo ainda não tinha regulamentação no Estatuto da Criança e do Adolescente, ficando a cargo de cada tribunal ou vara de infância estabelecer ou não o seu funcionamento, embora sempre tenha estado fundamentado no art. 4º do ECA (Art. 4º É dever da família, da comunidade, da sociedade em geral e do poder público assegurar, com absoluta prioridade, a efetivação dos direitos referentes à vida, à saúde, à alimentação, à educação, ao esporte, ao lazer, à profissionalização, à cultura, à dignidade, ao respeito, à liberdade e à convivência familiar e comunitária).

Agora, o art. 19-B determina que o apadrinhamento consiste no estabelecimento de vínculos externos com pessoas voluntárias, que acompanhem e colaborem com seu desenvolvimento social, moral, físico, cognitivo, educacional e financeiro. Também há a possibilidade de pessoas jurídicas fazerem o apadrinhamento financeiro. O programa pode ser executado tanto por órgãos públicos (como já ocorria com os Tribunais de Justiça Estaduais) ou organizações da sociedade civil. Em ambos os casos, os responsáveis pelo programa têm o dever de notificar o juiz da infância e juventude no caso de violação das regras de apadrinhamento.

A prioridade é para crianças e adolescentes com chances remotas de colocação em família substituta.

O art. 23 do ECA, alterado pelo Marco Legal da 1ª Infância e pela Lei n. 12.962/2014, ganhou a seguinte redação:

> **Art. 23.** A falta ou a carência de recursos materiais não constitui motivo suficiente para a perda ou a suspensão do poder familiar.
> **§ 1º** Não existindo outro motivo que por si só autorize a decretação da medida, a criança ou o adolescente será mantido em sua família de origem, a qual deverá obrigatoriamente ser incluída em serviços e programas oficiais de proteção, apoio e promoção.
> **§ 2º** A condenação criminal do pai ou da mãe não implicará a destituição do poder familiar, exceto na hipótese de condenação por crime doloso, sujeito à pena de reclusão, contra o próprio filho ou filha.

As alterações mencionadas evidenciam a intenção do legislador de não discriminar famílias que estejam em vulnerabilidade social, ou que tenham pessoas em situação de dependência química, ou mesmo em cumprimento de pena privativa de liberdade, determinando que esses fatores não podem fundamentar de per si a separação de pais e filhos e propondo outras alternativas de solução pela atuação do Poder Público por meio de programas sociais.

4.7.2.3. A família substituta

> A família substituta é aquela que substitui a natural em caso de excepcional necessidade. O art. 28 do ECA prevê três modalidades: a guarda, a tutela (podem ser temporárias) e a adoção (sempre definitiva), todas condicionadas a decisão judicial, devendo sempre ser avaliado se a família substituta oferece ambiente adequado e compatível com a medida, sob pena de indeferimento (art. 29, ECA).

Considerando o potencial do profundo impacto que a colocação em família substituta pode acarretar ao bem-estar emocional e ao desenvolvimento da criança e do adolescente, o Estatuto determina que a opinião da criança deve ser ouvida sempre que possível por equipe profissional (art. 28, § 1º, ECA); no caso dos adolescentes, seu consentimento é sempre obrigatório (art. 28, § 2º, ECA). Além disso, são considerados na apreciação do pedido o grau de parentesco e a relação de afetividade ou afinidade entre a criança ou adolescente e o adulto envolvidos (art. 28, § 3º, ECA), mantendo-se unidos os grupos de irmãos, como regra, nos encaminhamentos às famílias substitutas, salvo situações excepcionais plenamente justificadas, como risco de abuso (art. 28, § 4º, ECA).

O Estatuto procura ainda considerar fatores decorrentes de diversidade cultural, estipulando que crianças e adolescentes indígenas ou proveniente de comunidade remanescente de quilombo tenham acompanhamento de antropólogos e de agentes da FUNAI como atenção à identidade social e cultural, devendo preferencialmente ser feita a substituição por família da mesma etnia (art. 28, § 6º, I e II, ECA).

A colocação em família substituta estrangeira deve ser medida excepcional, sendo admissível somente para adoção (art. 31, ECA).

a) Guarda

O instituto da guarda é regulamentado pelos arts. 33 a 35 do ECA.

> Vale lembrar que, nos termos do art. 22, ECA, a guarda é um dos deveres inerentes ao poder familiar, e, por isso, a princípio – e preferencialmente – são os pais (da família de origem) que detêm a guarda da criança ou do adolescente.

Sua concepção como modalidade de família substituta está prevista no art. 33, ECA, e pode ser conceituada como a decisão judicial que regulariza a posse de fato da criança ou adolescente, gerando dever de assistência material moral e educacional ao detentor da guarda e assegurando a condição de dependente à criança/adolescente, podendo ser concedida a um dos pais (no caso de separação judicial ou divórcio) ou a terceiros.

É a mais precária dentre as três modalidades de família substituta: embora confira a seu detentor o direito de opor-se a terceiros, inclusive aos pais, **não destitui nem suspende o poder familiar, não impede o direito de visitas, nem suspende o dever de alimentos** (salvo determinação expressa em contrário). Pode ser revogada a qualquer tempo pelo juiz, ouvido o Ministério Público (art. 35, ECA).

b) Tutela

A tutela tem sua regulamentação prevista nos arts. 36 a 38 do Estatuto da Criança e do Adolescente, e também nos arts. 1.728 a 1.734 do Código Civil (que serão examinados em maior profundidade no capítulo referente a esta disciplina). Consiste no poder conferido a uma pessoa capaz para reger um incapaz (menor de 18 anos) e administrar seus bens à falta dos pais.

É subsidiária ao poder familiar, podendo ser decretada judicialmente nas hipóteses de falecimento dos pais (o tutor pode ser nomeado em testamento destes), em caso ou perda ou suspensão do poder familiar.

Nos termos do art. 38 do ECA, dá-se a destituição de tutela mesmas hipóteses da perda/suspensão do poder familiar (art. 24, ECA).

c) Adoção

A adoção, regulamentada pelos arts. 39 a 52 do Estatuto da Criança e do Adolescente, é o instituto que estabelece um vínculo de filiação por decisão judicial. Em outras palavras, o parentesco civil constituído pela filiação por adoção corresponderá a uma relação jurídica (ou seja, em que se estabelecem direitos e deveres recíprocos) análoga à do parentesco biológico, inclusive para fins sucessórios (art. 41, ECA), especialmente em se considerando a proibição de qualquer tipo de discriminação fundada na origem da filiação nos termos da Constituição Federal.

> A adoção de pessoas com menos de 18 anos é tratada exclusivamente pelo Estatuto da Criança e do Adolescente (após a atualização do texto pela Lei n. 12.010/2009), cabendo ao Código Civil regular apenas a adoção dos maiores de 18 anos (salvo na hipótese de o adotando com mais de 18 anos já estar sob guarda ou tutela dos adotantes, nos termos do art. 40 do ECA).

É a única hipótese de colocação definitiva em família substituta, sendo, por essa razão, uma medida excepcional e irrevogável (art. 39, § 1º, ECA).

A Lei n. 13.509/2017 inseriu o § 3º ao art. 39, estabelecendo a primazia dos interesses do adotando no caso de conflito destes com os de outras pessoas, inclusive seus pais biológicos.

> Devido à irrevogabilidade, os laços de parentesco estabelecidos pela adoção não se rompem sequer com a morte dos pais adotivos, e em nenhuma hipótese se restabelece o poder familiar dos pais naturais, determinando-se o desligamento de todos os vínculos em relação a estes (salvo impedimentos matrimoniais, conforme determina o art. 41 do ECA).

Ainda, uma vez constituído o vínculo de adoção por sentença judicial, o registro civil do adotado será alterado por mandado, que fará consignar o nome dos adotantes como pais, sem qualquer observação sobre a origem do ato nas certidões do registro (art. 47, §§ 1º, 2º e 4º, ECA). Porém, assegura-se ao adotado o direito de conhecer sua origem biológica e ter acesso ao processo de adoção após completar 18 anos (art. 48, ECA).

Nos termos do art. 42 do ECA, qualquer pessoa maior de 18 anos pode adotar, independentemente do estado civil, bastando ser ao menos 16 anos mais velho que o adotando, sendo vedada a adoção apenas aos ascendentes e irmãos do adotando (art. 42, § 1º, ECA). Para adoção conjunta, o ECA exige o casamento civil ou união estável, comprovada a estabilidade da família (art. 42, § 2º, ECA), inclusive para casais divorciados ou judicialmente separados (art. 42, § 4º, ECA).

> Não há previsão expressa quanto aos casais homoafetivos, mas a jurisprudência admite a possibilidade (nesse sentido, ver acórdão proferido na Arguição de Descumprimento de Preceito Fundamental n. 132, do STF, sobre o reconhecimento da união estável homoafetiva).

Os pais ou o representante legal do adotando devem consentir na adoção. O consentimento deve ser manifestado em audiência (art. 166, ECA), e somente será dispensado se desconhecidos os pais ou destituídos do poder familiar (art. 45, § 1º, ECA). Exige-se também o consentimento do adotando maior de 12 anos, e recomenda-se a oitiva da criança menor de 12 anos sempre que possível (art. 28, § 1º, ECA).

Como toda colocação em família substituta, a adoção é condicionada a processo judicial, sendo obrigatório estágio de convivência entre adotantes e adotando, o qual pode ser dispensado em face da preexistência de guarda legal ou tutela (a simples guarda de fato não dispensa), nos termos do art. 46 e seus parágrafos do ECA.

A Lei n. 13.509/2017 alterou a redação do *caput* do art. 46, determinando prazo máximo de 90 dias para o estágio de convivência, podendo ser prorrogado por mais 90 dias, desde que fundamentadamente. Na hipótese de adoção internacional (pessoa ou casal residente ou domiciliado fora do país), o estágio de convivência tem prazo especial: mínimo de 30 e máximo de 45 dias, também prorrogável uma única vez, ao final do qual será apresentado laudo fundamentado por equipe multiprofissional, recomendando ou não a adoção (art. 46, § 3º, ECA).

O estágio de convivência deve ser cumprido em território nacional, preferencialmente na comarca onde a criança resida, respeitada a competência do juízo da comarca de residência da criança.

Cabe ao Juízo da Infância e Juventude manter em cada comarca ou foro regional o registro das crianças e adolescentes e postulantes à adoção, cabendo às Autoridades Central Estadual e Federal (órgãos do Poder Executivo) fiscalizar esses cadastros (art. 50 e seus parágrafos, ECA). Antes de solicitarem sua inscrição no referido registro, os postulantes à adoção devem passar por um período de preparação psicossocial e jurídica, orientado pela equipe técnica da Justiça da Infância e da Juventude (art. 50, § 3º, ECA), que incluirá, sempre que possível, o contato com crianças e adolescentes em acolhimento familiar ou institucional em condições de serem adotados (art. 50, § 4º, ECA). A inscrição somente será deferida após prévia consulta aos órgãos técnicos do Juizado e ouvido o Ministério Público; não se deferirá a inscrição se o interessado não satisfizer os requisitos legais, ou verificada qualquer das hipóteses previstas no art. 29 do ECA.

A Lei n. 13.509/2017 determinou no § 10 do art. 47 que a ação de adoção deverá ser concluída no máximo em 120 dias, com a possibilidade de uma única prorrogação, mediante decisão fundamentada do juiz.

O Estatuto também prevê a criação e implementação de cadastros estaduais e nacional de crianças e adolescentes em condições de serem adotados e de pessoas ou casais habilitados à adoção (art. 50, § 5º, ECA), bem como a existência de cadastros distintos para pessoas ou casais residentes fora do País (art. 50, § 6º, ECA), para que se possa exercer a regra de preferência dos adotantes nacionais.

A Lei n. 13.509/2017 estabeleceu, no § 15 do art. 50 do ECA, que, nos cadastros, passa a ter prioridade quem se interessar pela adoção de criança ou adolescente com deficiência, com doença crônica ou outra necessidade específica de saúde, além de grupos de irmãos.

Por fim, a adoção internacional é aquela postulada por pessoa ou casal residente ou domiciliado fora do Brasil. Somente é admitida quando esgotadas as possibilidades de família substituta no Brasil e desde que demonstrado ser essa a solução adequada ao caso concreto, sendo dada preferência para brasileiros residentes no exterior a estrangeiros (art. 51, §§ 1º e 2º, ECA).

A Lei n. 13.509/2017 alterou o art. 51 do ECA, com substituição da expressão "pessoa ou casal postulante" por "pretendente", e incluiu que tanto este quanto a criança a ser adotada devem residir em país parte da Convenção Relativa à Proteção das Crianças e à Cooperação em Matéria de Adoção. No inciso I, substituiu a expressão "família substituta" por "família adotiva" (restrição às modalidades de colocação em família substituta); e, no inciso II, passou a exigir certificação no autos de que não há adotantes habilitados no Brasil com perfil compatível com a criança ou adolescente.

Nos termos do art. 52 do ECA, a adoção internacional fica sujeita ao procedimento judicial da adoção (descrito nos arts. 165 a 170 do ECA) com as seguintes adaptações: o pedido de habilitação deve ser feito na Autoridade Central do país onde reside o adotante, que emitirá relatório e documentação pertinentes para as Autoridades Centrais Estadual e Federal no Brasil. As Autoridades do Brasil devem analisar a documentação e expedir o laudo de habilitação para adoção (validade de 1 ano, com possibilidade de renovação). Somente com o trânsito em julgado da decisão que concede a adoção é expedido o alvará de autorização de viagem do adotando.

Modalidades de família substituta – resumo comparativo

	Guarda	Tutela	Adoção
Previsão legal	Arts. 33 a 35 do ECA	Arts. 36 a 38 do ECA	Arts. 39 a 52 do ECA
Conceito	Regularização da posse de fato da criança ou adolescente por decisão judicial, gerando dever de assistência material moral e educacional ao detentor da guarda e assegurando a condição de dependente à criança/adolescente.	Atribuição por decisão judicial do dever de cuidado de criança/adolescente e administração de seus bens à falta dos pais.	Vínculo de filiação reconhecido por decisão judicial.

Principais características	O detentor da guarda tem direito de opor-se a terceiros, inclusive aos pais; não destitui nem suspende poder familiar; não impede o direito de visitas, nem suspende o dever de alimentos (salvo determinação expressa em contrário).	É subsidiária ao poder familiar, podendo ser decretada judicialmente nas hipóteses de falecimento dos pais (o tutor pode ser nomeado em testamento destes), em caso ou perda ou suspensão do poder familiar.	Relação jurídica análoga à do parentesco biológico, inclusive para fins sucessórios; os laços de parentesco estabelecidos pela adoção não se rompem com a morte dos pais adotivos, e em nenhuma hipótese se restabelece o poder familiar dos pais naturais.
Pode ser revogada?	Sim, a qualquer tempo, por decisão do juiz, ouvido o MP.	Sim, nas mesmas hipóteses de suspensão ou perda do poder familiar.	Não. Trata-se de medida irrevogável, embora seja cabível a suspensão ou perda do poder familiar.

4.8. Os direitos fundamentais: o direito à educação, à cultura, ao esporte e ao lazer (arts. 53 a 59)

Os arts. 53 a 59 contêm previsões referentes a alguns dos direitos econômicos, sociais e culturais de crianças e adolescentes, com especificações decorrentes do reconhecimento da condição peculiar de pessoa em desenvolvimento.

O art. 53 do ECA estabelece que é direito das crianças e adolescentes a igualdade de condições para acesso e permanência na escola, além de ser respeitado pelos educadores, contestar critérios avaliativos, organizar e participar de entidades estudantis. Têm direito, ainda, a escola pública e gratuita perto de sua residência, e os pais ou responsáveis têm direito à ciência do processo pedagógico. Verifica-se nesse artigo a intenção do legislador de criar uma normativa que propiciasse, mais do que o acesso à escola, relações democratizadas de ensino, envolvendo alunos e seus pais ou responsáveis no processo pedagógico.

O art. 54 do ECA estabelece os principais deveres do Estado para realização dos direitos acima enunciados: assegurar ensino fundamental obrigatório e gratuito (inclusive para os que não tiveram acesso na idade própria), bem como progressiva extensão do ensino médio obrigatório e gratuito, além de atendimento especializado às crianças e adolescentes com deficiência. O direito a creche e pré-escola deve ser estendido para crianças de até 5 anos (nos termos da nova redação do parágrafo IV do artigo em referência, após a alteração da Lei n. 13.306/2016, que rebaixou o limite etário para o acesso à creche de 6 para 5 anos). Deve, por fim, ser assegurado o ensino noturno regular para o adolescente trabalhador.

4.9. Os direitos fundamentais: direito à profissionalização e à proteção no trabalho (arts. 60 a 69)

O direito à profissionalização e ao trabalho protegido estão assegurados para os adolescentes nos arts. 60 a 69. O trabalho infantil é proibido, mas o trabalho do adolescente é admitido em determinadas situações, observados critérios específicos. Nesse sentido, vale chamar a atenção para o art. 60 do ECA, redigido nos seguintes termos:

> **Art. 60.** É proibido qualquer trabalho a menores de quatorze anos de idade, salvo na condição de aprendiz.

Uma leitura desatenta poderia conduzir à conclusão equivocada de que menores de 14 anos podem trabalhar na condição de aprendiz. Porém, o art. 60 do ECA deve ser lido de maneira articulada com as previsões da Constituição Federal a respeito do trabalho dos adolescentes. O art. 7º, XXXIII, CF, na redação determinada pela EC n. 20/98, dispõe:

> **Art. 7º** São direitos dos trabalhadores urbanos e rurais, além de outros que visem à melhoria de sua condição social:
>
> **(...)**
>
> **XXXIII** – proibição de trabalho noturno, perigoso ou insalubre a menores de dezoito e de qualquer trabalho a menores de dezesseis anos, salvo na condição de aprendiz, a partir de quatorze anos;

A leitura combinada dos arts. 60, ECA, e 7º, inciso XXXIII, CF[6], permite identificar os seguintes limites etários para o trabalho de adolescentes:

Faixa etária	Tipo de trabalho permitido
Crianças e adolescentes de até 14 anos incompletos	Proibido qualquer tipo de trabalho
Adolescentes entre 14 e 18 anos incompletos	Permitido o trabalho na condição de aprendiz
Adolescentes entre 16 e 18 anos incompletos	Permitido o trabalho executado fora do processo de aprendizagem (salvo perigoso, insalubre e noturno)

Ou seja, 16 anos é a idade mínima para ingresso em qualquer atividade profissional, com vedação ao traba-

[6] Ainda sobre o tema, verificar o disposto nos arts. 402 a 405 da Consolidação das Leis do Trabalho.

lho perigoso, insalubre e noturno. O trabalho infantil e de adolescentes de até 14 anos incompletos é sempre ilegal, não se admitindo quaisquer exceções.

Quanto ao trabalho na modalidade de aprendizagem, permitido para adolescentes a partir dos 14 anos, é definido nos arts. 62 e 63 do ECA, que o descrevem como uma formação técnico-profissional durante a qual se deve garantir o acesso e frequência obrigatória ao ensino regular, em horário compatível com o desenvolvimento do adolescente e em horário especial para exercício das atividades.

O aprendiz tem direito a bolsa-aprendizagem, além de direitos trabalhistas e previdenciários, nos termos dos arts. 64 a 69 do ECA.

4.10. Os direitos fundamentais: a prevenção especial

O Título III, último da Parte Geral do ECA, trata do sistema de prevenção especial, atribuindo a cada um individualmente, à sociedade em geral e ao Estado deveres para prevenir riscos iminentes ou futuros de violação dos direitos de crianças e adolescentes previstos na Parte Geral. Trata-se de deveres jurídicos, cujo descumprimento importa responsabilidade da pessoa física ou jurídica (art. 73, ECA).

A prevenção especial é observada em dimensões da vida social às quais a criança e o adolescente podem ter acesso, porém limitado e regulamentado de forma a não expor a risco os seus direitos fundamentais. O ECA estipula medidas preventivas relativas a informação, cultura, lazer, esportes, diversões e espetáculos (arts. 74 a 80, ECA); a produtos e serviços (arts. 81 e 82, ECA) e a viagens de crianças e adolescentes (arts. 83 a 85, ECA).

Vale ressaltar aqui as alterações trazidas pela Lei n. 13.010/2014, que inseriu o art. 70-A, prevendo a articulação dos órgãos públicos e da sociedade na elaboração de políticas públicas e na execução de ações destinadas a coibir o uso de castigo físico ou de tratamento cruel ou degradante e difundir formas não violentas de educação de crianças e de adolescentes.

Em relação à regulação da informação, cultura, lazer, esportes, diversões e espetáculos, os arts. 74 e 75 do ECA asseguram a toda criança e adolescente o direito a diversões e espetáculos públicos adequados à faixa etária; a adequação será feita pelo poder público, determinando, para tanto, o anúncio prévio obrigatório da classificação etária. Já os arts. 78 e 79 do ECA dispõem que revistas e publicações com material impróprio serão comercializadas em embalagem lacrada e com advertência do conteúdo; e aquelas destinadas ao público infanto-juvenil não poderão conter quaisquer imagens ou referências a bebidas alcoólicas, tabaco, armas e munições, devendo ainda "respeitar os valores éticos e sociais da pessoa e da família". É importante consignar que referida regulamentação não se confunde com a censura prévia exercida em regimes autoritários, consistente em uma violação do direito à liberdade de expressão do pensamento, em especial por motivação política. No caso dos dispositivos do ECA, trata-se de propiciar o acesso adequado de cada faixa etária aos conteúdos veiculados, respeitando as diversas etapas do desenvolvimento da criança e do adolescente, e sua capacidade de discernimento em cada idade.

A prevenção referente a Produtos e Serviços (arts. 81 e 82, ECA) tem por finalidade evitar a exposição da criança ou adolescente a situação de risco decorrente do acesso a armas de fogo e aparatos correlatos, explosivos, bem como a substâncias que causem dependência e publicações de conteúdo inadequado. Também pretende minimizar o risco de crimes como sequestros e outras formas de abuso. Assim, proíbe-se a venda à criança ou ao adolescente de armas, munições e explosivos; bebidas alcoólicas; produtos que causem dependência; fogos de artifício; publicações de conteúdo impróprio; e a hospedagem de criança ou adolescente em hotel, motel, pensão e estabelecimentos congêneres, salvo se autorizado ou acompanhado pelos pais ou responsável.

A prevenção estabelecida pelas regras referentes à autorização para viajar (arts. 83 a 85) divide-se em viagens dentro do território nacional e fora do território nacional.

Para crianças viajarem dentro do território nacional para fora da comarca onde residirem, devem estar:

- acompanhadas dos pais ou responsáveis; ou
- acompanhadas de ascendente ou colateral maior, até o terceiro grau, comprovado documentalmente o parentesco ou de pessoa maior, expressamente autorizada pelo pai, mãe ou responsável, e, nesse caso, somente para comarca contígua na mesma unidade da Federação, ou na mesma região metropolitana; ou
- mediante expressa autorização judicial (que poderá ser válida por até 2 anos, a pedido dos pais).

Adolescentes não precisam de autorização judicial para viajar dentro do território nacional desacompanhados dos pais ou responsáveis, bastando a autorização destes últimos.

Para viagens para fora do território nacional, tanto crianças quanto adolescentes somente podem viajar acompanhados de ambos os pais ou responsável, ou na companhia de um dos pais, autorizado expressamente pelo outro através de documento com firma reconhecida, nos termos do art. 85 do ECA.

Vale mencionar que o tráfico de criança ou adolescente é crime previsto no art. 239 do Estatuto, punido com pena de quatro a seis anos de reclusão e multa.

5. ESTATUTO DA CRIANÇA E DO ADOLESCENTE: PARTE ESPECIAL

Como mencionado no item 2, o Estatuto da Criança e do Adolescente se divide em uma Parte Geral, na qual são previstos direitos fundamentais, e uma Parte Especial, com disposições pertinentes ao atendimento institucional e ao acesso à Justiça. Deste tópico em diante, será apresentado o estudo da Parte Especial do ECA.

5.1. As medidas de proteção

As medidas de proteção, previstas nos arts. 98 a 100 do ECA, podem ser descritas como intervenções das autoridades competentes, quais sejam, o Conselho Tutelar e a Justiça da Infância e da Juventude, exigíveis quando houver ameaça ou lesão efetiva a diretos de crianças e adolescentes.

São duas suas hipóteses de cabimento:

(i) **Para crianças e adolescentes em situação de risco** (ameaça ou lesão a direito);

(ii) **Para crianças autoras de ato infracional** (art. 105, ECA).

O conceito de "situação de risco" é legalmente delimitado pelo art. 98 do ECA, que a descreve como a ameaça ou violação a direitos de criança ou adolescente, seja por ação ou omissão da sociedade ou do Estado; por falta, omissão ou abuso dos pais ou responsável, ou em razão de sua conduta.

As medidas de proteção não correspondem a qualquer tipo de sanção ou punição (inclusive nos casos de criança autora de ato infracional), e sua proposta é de realizar uma intervenção que cesse a violação de direito ou suprima o risco a que a criança ou adolescente esteja exposto. Por isso, podem ser aplicadas isolada ou cumulativamente, bem como substituídas a qualquer tempo, sempre levando em conta as necessidades pedagógicas e a necessidade de fortalecimento dos vínculos familiares e comunitários (arts. 99 e 100, ECA).

A Lei n. 13.509/2017 alterou a redação do inciso X do art. 100 do ECA, substituindo a expressão "família substituta" por "família adotiva", estabelecendo assim uma restrição às modalidades de colocação em família substituta nessa hipótese legal.

O art. 101 do ECA prevê as seguintes espécies de medidas de proteção: encaminhamento aos pais ou responsável; orientação, apoio e acompanhamento temporários; matrícula e frequência à escola; inclusão em programas sociais e para tratamento/apoio em problemas com entorpecentes; requisição de tratamento de saúde mental; acolhimento institucional; inclusão em programa de acolhimento familiar; colocação em família substituta.

A Lei n. 13.509/2017 alterou o § 10 do art. 101, e reduziu o prazo do Ministério Público para ajuizar a ação de destituição do poder familiar de 30 para 15 dias nos casos de criança ou adolescente em situação de risco gerada pelos seus genitores (art. 98, ECA).

Frise-se que as medidas de acolhimento (tanto institucional quanto familiar) são sempre provisórias e excepcionais, e devem corresponder a uma etapa de transição para reintegração familiar ou colocação em família substituta. Devem durar o prazo máximo de 2 anos, devendo a situação ser revista semestralmente para que se verifique a possibilidade de reintegração à família de origem ou, não sendo possível, para colocação em família substituta. Não pode jamais implicar privação de liberdade da criança ou do adolescente.

Não confundir:

	Programa de acolhimento familiar	Colocação em família substituta
O que é?	Medida de proteção específica, na qual a criança ou adolescente é colocado temporariamente aos cuidados de uma família acolhedora inscrita no programa.	Medida de proteção específica, que corresponde às modalidades de família que substituem a família natural à falta desta. Podem se constituir por guarda, tutela ou adoção.
Fundamento legal	Art. 101, VII, ECA (introduzido pela Lei n. 12.010/2009).	Arts. 25 a 52, ECA.
Semelhanças	Ambas correspondem à preferência dada ao convívio familiar, que sempre deve prevalecer em relação ao acolhimento institucional, salvo necessidade comprovada.	
Diferenças	É sempre transição entre a reintegração à família de origem ou colocação em família substituta. Prazo máximo de 2 anos.	Pode ser revogável, mas sem prazo-limite (guarda e tutela), ou irrevogável (adoção).

São autoridades competentes para determinar as medidas de proteção:

- **O Juiz da Infância e Juventude:** detém competência exclusiva para qualquer medida que acarrete o afastamento da criança ou adolescente do convívio familiar – ou seja, as medidas de acolhimento familiar e institucional, além da colocação em família substituta –, devendo ser assegurado aos pais o direito ao contraditório no processo (art. 101, § 2º, ECA);
- **Conselho Tutelar:** pode aplicar todas as demais medidas de proteção.

5.2. As medidas pertinentes aos pais ou responsáveis

As medidas pertinentes aos pais ou responsáveis são intervenções realizadas pelas autoridades quando aqueles oferecerem risco ou violarem direitos de crianças e adolescentes. São regulamentadas pelos arts. 129 e 130 do ECA.

O art. 129 enumera suas espécies: encaminhamento a programas sociais e de tratamento de saúde e para problemas com entorpecentes; encaminhamento a cursos ou programas de orientação; obrigação de matricular a criança ou adolescente sob sua responsabilidade em escola; obrigação de encaminhar a criança ou adolescente a tratamento especializado; advertência; perda da guarda; destituição da tutela; suspensão ou destituição do poder familiar.

Em relação às autoridades competentes para sua decretação, de forma análoga à descrita no item 5.1 (sobre as medidas de proteção para crianças e adolescentes), o Juiz da Infância e Juventude tem competência exclusiva para determinar a perda da guarda; destituição da tutela; suspensão ou destituição do poder familiar (ou seja, para as medidas que acarretem o afastamento da criança ou adolescente do convívio familiar). Deve-se destacar a previsão contida no art. 130 do ECA, a respeito da possibilidade de afastamento por medida cautelar com fixação provisória de alimentos na hipótese de maus-tratos, opressão ou abuso sexual impostos pelos pais ou responsável.

Ao Conselho Tutelar cabe aplicar todas as demais medidas pertinentes aos pais ou responsáveis.

5.3. O conselho tutelar

O Conselho Tutelar é órgão permanente e autônomo, não jurisdicional, encarregado pela sociedade de zelar pelo cumprimento dos direitos da criança e do adolescente, definidos nesta Lei (art. 131, ECA).

Como decorrência dessas características enumeradas no texto legal, não pode ser extinto, renovando-se apenas seus integrantes, e não se subordina a qualquer órgão da hierarquia administrativa (embora seja vinculado à Administração Pública Municipal), tanto que suas decisões somente podem ser revistas pelo juiz, e a pedido de quem tenha legítimo interesse (art. 137, ECA). Não exerce jurisdição, pois se trata de órgão de atribuições administrativas, não sendo competente para atos exclusivos do Juízo da Infância e Juventude.

Sua composição é determinada no art. 132 do ECA: será formado por 5 membros eleitos pela comunidade local para mandato de 4 anos, podendo se candidatar qualquer pessoa com idade superior a 21 anos que resida no município, desde que tenha reconhecida idoneidade moral (art. 133, ECA).

Sua competência territorial é análoga à do juiz da infância, ou seja, no domicílio dos pais ou responsável; pelo lugar onde se encontre a criança ou adolescente, à falta dos pais ou responsável (art. 147, ECA).

Dentre suas principais atribuições estão atender crianças e adolescentes, bem como seus pais e responsáveis; atuar na rede de atendimento (saúde, educação, serviço social, previdência, trabalho e segurança) e com o sistema de justiça (juiz da infância e juventude e MP) no caso de violação de direitos da criança e do adolescente ou de descumprimento de suas decisões.

5.4. A prática de ato infracional atribuído a adolescente

5.4.1. Noções introdutórias

"Ato infracional" é o termo que designa a prática de uma conduta prevista como ilícito penal por pessoa menor de 18 anos. Para que melhor se compreenda a noção de ato infracional, é necessário antes recorrer ao conceito analítico de crime[7], que o descreve como o fato típico (ou seja, correspondente a uma descrição de conduta a princípio proibida pela lei penal), ilícito (por ser praticado sem autorização legal excepcional, e assim guardar relação de contrariedade com o ordenamento jurídico) e praticado por pessoa culpável (que é aquela imputável, consciente da ilicitude que pratica – ainda que de forma apenas potencial – e de quem se poderia exigir conduta diversa da criminosa).

O ato infracional, por sua vez, é o fato típico e ilícito praticado por inimputável, nos termos do art. 103 do ECA:

> **Art. 103.** Considera-se ato infracional a conduta descrita como crime ou contravenção penal.

[7] Adota-se aqui a concepção tripartite, predominantemente adotada pela doutrina penal brasileira.

Trata-se, portanto, de **conduta típica e ilícita,** praticada por pessoa a quem falta uma das **condições para a culpabilidade.** Ato infracional não é sinônimo de crime em seu conceito técnico justamente pela ausência desse elemento, mas o legislador remete à lei penal para indicar que os atos infracionais praticados por adolescentes encontram lá sua tipificação. Dessa forma, a representação que dá início à ação socioeducativa descreverá a conduta praticada pelo adolescente como "ato infracional equiparado ao crime de furto", ou "ato infracional equiparado ao crime de tráfico de entorpecentes", por exemplo.

Em outras palavras, as descrições fáticas das condutas praticadas pelo adulto e pelo adolescente serão idênticas: tanto o crime de furto quanto o ato infracional a ele equiparado consistirão em subtrair, para si ou para outrem, coisa alheia móvel[8]. Porém, pelo fato de a pessoa com menos de 18 anos se encontrar em peculiar condição de desenvolvimento e não possuir as mesmas condições individuais de maturidade emocional e autonomia pessoal que um adulto, reconhece-se a ausência de elemento essencial para a culpabilidade nos termos formulados pela lei penal. Assim, a imputabilidade penal é fixada aos 18 anos no art. 104 do ECA, com correspondências nos arts. 228 da Constituição Federal e 27 do Código Penal:

> **Art. 104.** São penalmente inimputáveis os menores de dezoito anos, sujeitos às medidas previstas nesta Lei.
> **Parágrafo único.** Para os efeitos desta Lei, deve ser considerada a idade do adolescente à data do fato.

Para a doutrina majoritária, a imputabilidade penal aos 18 anos configura direito fundamental, por refletir a isonomia que informa o direito à igualdade, o que significa tratar igualmente os iguais, e desigualmente os desiguais, na medida de suas desigualdades. Sendo crianças e adolescentes pessoas diferentes dos adultos, deve-se determinar consequências jurídicas diferentes para uns e outros.

> O crime e o ato infracional terão, portanto, distintas consequências jurídicas: ao adulto que pratique crime aplicam-se as penas previstas no Código Penal (cujo fundamento decorre da culpabilidade), após o devido processo legal estabelecido pelo Código de Processo Penal. À criança e ao adolescente que pratiquem ato infracional aplicam-se as medidas pertinentes a cada faixa etária (cujo fundamento decorre do dever de proteção integral), após o devido processo legal, tudo conforme as previsões constantes do Estatuto da Criança e do Adolescente.

Para a criança autora de ato infracional, o art. 105 do ECA determina a aplicação das medidas de proteção (art. 101, ECA), e, para os adolescentes, as medidas socioeducativas, mediante procedimento pautado pelo devido processo legal e demais garantias.

São expressamente assegurados direitos individuais (arts. 106 a 109, ECA) e garantias processuais (arts. 110 e 111) aos adolescentes submetidos a procedimento para apuração de ato infracional. Embora não se trate de procedimento da Justiça Criminal, o fato de o ECA constituir o adolescente como sujeito de Direito (e não mero objeto de intervenção) implica a extensão dos direitos e garantias processuais penais, acrescidos de previsões específicas decorrentes de sua condição de pessoa em desenvolvimento, e sob responsabilidade de entidade familiar.

Assim como se dá em relação aos adultos, é direito do adolescente que somente seja privado de liberdade por ordem judicial ou em flagrante de ato infracional, observado ainda seu direito à identificação dos responsáveis pela sua apreensão, e à informação acerca de seus direitos. Acresça-se a determinação de comunicação imediata à família (ou pessoa indicada pelo adolescente) e ao juiz da infância e juventude, para que verifique a possibilidade de liberação imediata (sob responsabilidade de qualquer dos pais ou de um responsável). Ainda, o adolescente civilmente identificado não será submetido a identificação compulsória pelos órgãos policiais, de proteção e judiciais, salvo para efeito de confrontação, havendo dúvida fundada.

A privação da liberdade do adolescente antes de encerrado o procedimento de apuração de ato infracional por internação provisória terá o prazo máximo de 45 dias, exigindo-se indícios suficientes de autoria e materialidade, e somente em caso de necessidade imperiosa da medida.

Quanto às garantias processuais, o ECA prevê expressamente o direito ao devido processo legal, necessariamente judicializado como única forma admissível para determinar a privação de sua liberdade; direito à informação, para que saiba qual o ato infracional atribuído, mediante citação ou meio equivalente; direito à igualdade na relação processual (para que tenha igualdade de oportunidade de manifestação e produção de provas); direito a defesa técnica por advogado: constituído nos autos ou indicado pelo juiz, se necessária assistência judiciária gratuita e integral; direito de ser ouvido

[8] Art. 155 do Código Penal.

pessoalmente pela autoridade competente; e direito de solicitar a presença de seus pais ou responsável em qualquer fase do procedimento.

5.4.2. O procedimento para apuração de ato infracional

A respeito do procedimento para apuração do ato infracional, o art. 152 do ECA determina a aplicação subsidiária das normas gerais previstas na legislação processual pertinente, bem como a observância da prioridade absoluta na tramitação dos processos (parágrafo único). Vale frisar que não há regulamentação para apuração de ato infracional praticado por criança; verifica-se qual a medida de proteção mais adequada, sendo cabível também aplicar medidas pertinentes aos pais ou responsáveis.

O ingresso do adolescente no sistema de justiça juvenil pode se dar de três maneiras:

(i) **Flagrante:** o adolescente é apreendido enquanto pratica o ato ou logo após;

(ii) **Ordem judicial:** o juiz determina a apreensão de adolescente durante procedimento em curso;

(iii) **Indícios de participação em crime de adulto investigado em inquérito policial:** é feita a remessa do relatório das investigações e documentos ao MP.

Quanto à apreensão do adolescente em flagrante de ato infracional, é necessário consignar alguns pontos: embora o adolescente não seja submetido ao procedimento de lavratura de prisão em flagrante previsto no Código de Processo Penal, isso não significa ser proibida sua apreensão no momento da prática do ato infracional, mas apenas que a apreensão, realizada pela autoridade policial, de preferência especializada (não existindo repartição especializada, devem-se separar adolescentes de adultos em suas dependências, no termos do parágrafo único do art. 172, ECA), terá o procedimento específico descrito no art. 173 do Estatuto da Criança e do Adolescente:

> **Art. 173.** Em caso de flagrante de ato infracional cometido mediante violência ou grave ameaça a pessoa, a autoridade policial, sem prejuízo do disposto nos arts. 106, parágrafo único, e 107, deverá:
>
> **I** – lavrar auto de apreensão, ouvidos as testemunhas e o adolescente;
>
> **II** – apreender o produto e os instrumentos da infração;
>
> **III** – requisitar os exames ou perícias necessários à comprovação da materialidade e autoria da infração.
>
> **Parágrafo único.** Nas demais hipóteses de flagrante, a lavratura do auto poderá ser substituída por boletim de ocorrência circunstanciada.

Finalizado o procedimento de apreensão, o adolescente deve ser imediatamente liberado para qualquer dos pais ou responsável, que deverá assinar termo de compromisso para apresentar o adolescente ao representante do Ministério Público no mesmo dia, ou no dia útil imediatamente subsequente (art. 174, ECA). Somente excepcionalmente o adolescente não será liberado, no caso de não comparecimento dos pais, ou se tiver sido apreendido pela prática de ato infracional violento e de repercussão social. Nessa hipótese, a autoridade policial deve providenciar seu encaminhamento imediato ao representante do Ministério Público ou, não sendo possível, à unidade de atendimento em até 24 horas, para que esta o encaminhe à apresentação ao Ministério Público (art. 175, ECA). No caso de não comparecimento do adolescente, o representante do Ministério Público notificará os pais ou responsável para apresentação do adolescente, podendo requisitar o concurso das polícias civil e militar (art. 179, parágrafo único, ECA).

Ao receber o adolescente apresentado, o representante do Ministério Público pode tomar uma dentre as três decisões abaixo (art. 180, ECA):

(i) **Requerer o arquivamento (art. 180, I, ECA):** pedido cabível quando estiver demonstrada, desde logo, a inexistência do fato; ou se não constituir o fato ato infracional; ou ainda quando estiver comprovado que o adolescente não concorreu para a prática do fato. Sendo o pedido homologado pelo juiz, o caso se encerra. Se o juiz discordar do pedido de arquivamento, deverá remeter os autos ao Procurador-Geral de Justiça para que este ofereça representação, designe outro membro do Ministério Público para apresentá-la ou ratifique o arquivamento ou a remissão, hipótese de homologação obrigatória pelo juiz (art. 181, § 2º, ECA).

(ii) **Conceder a remissão (arts. 126 a 128, ECA):** a remissão é uma causa de exclusão do processo, ou seja, a sua concessão obsta ao ajuizamento da ação socioeducativa, havendo previsão para sua concessão tanto no momento da apresentação do adolescente ao membro do Ministério Público (anterior ao início do processo, portanto) quanto no decorrer do procedimento, pela própria autoridade judiciária. Pode ser concedida qualquer que seja a natureza do ato infracional, desde que observados fatores como circunstâncias e consequências do fato, o contexto social, bem como a personalidade do adolescente e sua maior ou menor participação no ato infracional. Não implica reconhecimento ou comprovação de responsabilidade, nem impede a aplicação de medias socioeducativas (com exceção da semiliberdade e da internação).

(iii) **Oferecer representação (art. 182, ECA):** a representação é a peça judicial que dá início à ação socioeducativa. Conterá um breve resumo dos fatos e a classificação do ato infracional, não sendo necessária prova pré-constituída da autoria e materialidade.

Iniciada a ação socioeducativa, há nova possibilidade de remissão pelo juiz. Não ocorrendo a remissão, o advogado do adolescente apresentará defesa prévia (art. 186, § 3º, ECA), seguindo-se oitiva de testemunhas, debates com alegações do representante do MP e defesa (art. 186, § 4º, ECA) e prolação de sentença.

Na sentença, três são as possibilidades de decisão do magistrado:

(i) **Não aplicar qualquer medida (art. 189, ECA):** o juiz não aplicará medida alguma se reconhecer estar provada a inexistência do fato; ou se não houver prova da existência do fato; se não constituir o fato ato infracional; e se não existir prova de ter o adolescente concorrido para o ato infracional. É decisão análoga à sentença absolutória penal (art. 386, CPP).

(ii) **Aplicar remissão (art. 188, ECA):** o juiz pode aplicar a remissão como extinção ou suspensão do processo em qualquer fase da ação.

(iii) **Aplicar uma medida socioeducativa (art. 112, ECA).**

5.4.3. As medidas socioeducativas

As medidas socioeducativas são a consequência jurídica decorrente da atribuição de ato infracional a adolescente. **Não têm natureza de pena** (pois, como visto, falta ao adolescente a imputabilidade, que é elemento da culpabilidade), embora pertençam à categoria de sanção em sentido amplo. Porém, seu fundamento não se encontra na reprovabilidade social da conduta ínsita à culpabilidade do adulto, mas sim deve reverberar o sistema de proteção integral adotado pelo ECA, tendo por fundamento seu caráter pedagógico, visando à reintegração do adolescente em conflito com a lei à vida social, ainda que pela via repressiva.

Os conceitos de crime e de ato infracional guardam semelhanças, mas não devem ser confundidos. O conceito de crime corresponde ao fato típico e ilícito praticado por agente culpável, que pode ser qualquer pessoa imputável (ou seja, maior de 18 anos e em pleno gozo das faculdades mentais). As condutas criminosas são previstas no Código Penal e legislação especial, sendo que para cada crime há uma pena específica como consequência jurídica, fundamentada na reprovabilidade social da conduta (representada pela culpabilidade, ou seja, quanto mais reprovável a conduta, maior a pena aplicada pelo juiz em cada caso concreto). No caso da pena privativa de liberdade, sua duração mínima e máxima estará prevista no tipo penal.

Já o ato infracional é o fato típico e ilícito praticado por pessoa inimputável por idade (ou seja, crianças e adolescentes). As condutas infracionais correspondem às descrições dos crimes constantes do Código Penal e legislação especial, mas não há previsão de sanção específica decorrente do ato praticado, pois a medida socioeducativa se fundamenta na necessidade de proteger e reintegrar a criança ou o adolescente ao convívio social sem conflito com a lei, por meio de ações pedagógicas e educacionais. O juiz deverá avaliar a medida cabível em cada caso concreto, pautado pelos princípios da proteção integral.

Não há correspondência taxativa entre o ato infracional e medidas especificadas (como ocorre com os crimes e as penas no sistema de justiça criminal), pois caberá ao juiz da Infância e Juventude observar em cada caso concreto qual a medida adequada como reprimenda e proteção ao adolescente.

Não sendo condenação criminal, não gera reincidência. Porém, deve-se assinalar aqui que, embora o Estatuto da Criança e do Adolescente não contenha previsão nesse sentido, as medidas socioeducativas estão sujeitas à prescrição penal, conforme reconhecido pelo Superior Tribunal de Justiça na Súmula 338:

> A prescrição penal é aplicável nas medidas socioeducativas (Órgão Julgador: Terceira Seção; Data da Decisão: 9-5-2007).

O art. 112 do ECA contém o rol taxativo de medidas socioeducativas:

> **Art. 112.** Verificada a prática de ato infracional, a autoridade competente poderá aplicar ao adolescente as seguintes medidas:
> **I** – advertência;
> **II** – obrigação de reparar o dano;
> **III** – prestação de serviços à comunidade;
> **IV** – liberdade assistida;
> **V** – inserção em regime de semiliberdade;
> **VI** – internação em estabelecimento educacional;
> **VII** – qualquer uma das previstas no art. 101, I a VI.

Verifica-se pela leitura do inciso VII que as medidas de proteção (art. 101, ECA) também podem ser aplicadas como medida socioeducativa ao adolescente autor de ato infracional.

Vale lembrar que a Lei n. 12.594/2012 institui o Sistema Nacional de Atendimento Socioeducativo (SINASE), regulamenta a execução das medidas socioeducativas destinadas a adolescente que pratique ato infracional, que estabelece, entre outras disposições, os princípios orientadores da execução das medidas socioeducativas, os direitos individuais do adolescente em cumprimento de medida e os procedimentos aplicáveis à execução. O art. 35 do SINASE indica os seguintes princípios como norteadores da execução das medidas socioeducativas:

Art. 35. A execução das medidas socioeducativas reger-se-á pelos seguintes princípios:

I – legalidade, não podendo o adolescente receber tratamento mais gravoso do que o conferido ao adulto;

II – excepcionalidade da intervenção judicial e da imposição de medidas, favorecendo-se meios de autocomposição de conflitos;

III – prioridade a práticas ou medidas que sejam restaurativas e, sempre que possível, atendam às necessidades das vítimas;

IV – proporcionalidade em relação à ofensa cometida;

V – brevidade da medida em resposta ao ato cometido, em especial o respeito ao que dispõe o art. 122 da Lei n. 8.069/1990;

VI – individualização, considerando-se a idade, capacidades e circunstâncias pessoais do adolescente;

VII – mínima intervenção, restrita ao necessário para a realização dos objetivos da medida;

VIII – não discriminação do adolescente, notadamente em razão de etnia, gênero, nacionalidade, classe social, orientação religiosa, política ou sexual, ou associação ou pertencimento a qualquer minoria ou *status*; e

IX – fortalecimento dos vínculos familiares e comunitários no processo socioeducativo.

Quanto aos direitos individuais, o art. 49 da Lei do SINASE traz o seguinte rol, sem prejuízo das garantias já previstas no ECA (conforme disposto no § 1º do mesmo artigo):

Art. 49. São direitos do adolescente submetido ao cumprimento de medida socioeducativa, sem prejuízo de outros previstos em lei:

I – ser acompanhado por seus pais ou responsável e por seu defensor, em qualquer fase do procedimento administrativo ou judicial;

II – ser incluído em programa de meio aberto quando inexistir vaga para o cumprimento de medida de privação da liberdade, exceto nos casos de ato infracional cometido mediante grave ameaça ou violência à pessoa, quando o adolescente deverá ser internado em Unidade mais próxima de seu local de residência;

III – ser respeitado em sua personalidade, intimidade, liberdade de pensamento e religião e em todos os direitos não expressamente limitados na sentença;

IV – peticionar, por escrito ou verbalmente, diretamente a qualquer autoridade ou órgão público, devendo, obrigatoriamente, ser respondido em até 15 (quinze) dias;

V – ser informado, inclusive por escrito, das normas de organização e funcionamento do programa de atendimento e também das previsões de natureza disciplinar;

VI – receber, sempre que solicitar, informações sobre a evolução de seu plano individual, participando, obrigatoriamente, de sua elaboração e, se for o caso, reavaliação;

VII – receber assistência integral à sua saúde, conforme o disposto no art. 60 desta Lei; e

VIII – ter atendimento garantido em creche e pré-escola aos filhos de 0 (zero) a 5 (cinco) anos.

§ 1º As garantias processuais destinadas a adolescente autor de ato infracional previstas na Lei n. 8.069/90, aplicam-se integralmente na execução das medidas socioeducativas, inclusive no âmbito administrativo.

O procedimento aplicável para a execução das medidas é disciplinado pelos arts. 36 a 48 da Lei do SINASE.

O juízo da infância e juventude é o competente para executar as medidas socioeducativas. Sendo um procedimento judicializado, é obrigatória a intervenção da defesa técnica e do Ministério Público, sob pena de nulidade.

A execução das medidas é realizada a partir de um plano individual de atendimento, que é um instrumento de previsão, registro e gestão das atividades a serem desenvolvidas com o adolescente (art. 53, Lei do SINASE), elaborado sob a responsabilidade de equipe técnica com a participação dos pais ou responsáveis (art. 52, parágrafo único, Lei do SINASE). O juiz deve dar vistas (em prazo sucessivo de 3 dias) da proposta do plano tanto ao defensor quanto ao Ministério Público, para que lhes seja dada a oportunidade de requerer complementações ou mesmo impugnar a proposta. Admitida a impugnação (ou se o próprio juiz entender que o plano apresentado pela equipe técnica é inadequado), será designada audiência para tratar da questão, sem suspensão da execução do plano individual, salvo determinação judicial em contrário.

Não havendo impugnação, considerar-se-á o plano individual homologado.

O SINASE determina que as medidas socioeducativas de liberdade assistida, de semiliberdade e de internação deverão ser reavaliadas no máximo semestralmente para que se verifique a possibilidade de liberação do adolescente, ou substituição da medida por outra menos restritiva.

> Vale ressaltar que, nos termos do art. 42, § 2º, Lei do SINASE, a gravidade do ato infracional, os antecedentes e o tempo de duração da medida não são fatores que, por si, justifiquem a não substituição da medida por outra menos grave, pois, não se tratando de pena decorrente de sentença criminal condenatória, não será pautada em termos de proporcionalidade em relação à gravidade da conduta.

A substituição por medida mais gravosa somente ocorrerá em situações excepcionais, após o devido processo legal, inclusive na hipótese de reiteração no cometimento de infrações graves (inciso III do art. 122 do ECA).

Em relação à extinção da medida socioeducativa, o art. 46 a Lei do SINASE determina que esta se dará pela morte do adolescente; pela realização de sua finalidade; pela aplicação de pena privativa de liberdade, a ser cumprida em regime fechado ou semiaberto, em execução provisória ou definitiva; pela condição de doença grave, que torne o adolescente incapaz de submeter-se ao cumprimento da medida; e nas demais hipóteses previstas em lei. Destaque-se que, se durante o cumprimento da medida socioeducativa o adolescente atingir a maioridade e, após completar 18 anos, responder a processo-crime ainda na vigência da medida socioeducativa, o juiz da infância e juventude deverá decidir se extingue ou não a execução, cientificando da decisão o juízo criminal competente (art. 46, § 1º, Lei do SINASE) o eventual tempo de prisão cautelar não convertida em pena privativa de liberdade deve ser descontado do prazo de cumprimento da medida socioeducativa (art. 46, § 2º, Lei do SINASE).

O adolescente interno não pode ser submetido a isolamento como forma de sanção disciplinar. Porém, a Lei do SINASE permite o isolamento a título de exceção, caso seja imprescindível para garantia da segurança de outros internos ou do próprio adolescente sancionado, sendo necessária ainda comunicação ao defensor, ao Ministério Público e à autoridade judiciária em até 24 horas (art. 48, § 2º, Lei do SINASE).

5.4.3.1. Espécies de medida socioeducativa: advertência

A medida socioeducativa de advertência consiste em uma admoestação verbal, que será reduzida a termo e assinada, nos termos art. 115, ECA. Embora não haja medidas socioeducativas especificamente previstas para cada ato infracional, a medida de advertência em geral é aplicada nos casos de infrações consideradas leves pela autoridade judiciária, ou para adolescentes sem histórico de prática de atos infracionais. Sua aplicação pode se dar tanto por ato do Ministério Público (antes de instaurado o procedimento, quando da concessão da remissão) quanto da autoridade judiciária (seja no curso da instrução do procedimento ou na sentença final).

5.4.3.2. Espécies de medida socioeducativa: obrigação de reparar o dano

A obrigação de reparar o dano é a medida socioeducativa prevista no art. 116 do ECA, aplicável aos casos de atos infracionais que causem dano patrimonial. Poderá o adolescente restituir a coisa, reparar o dano ou compensar de qualquer outra forma o prejuízo da vítima. Sendo manifestamente impossível a reparação, a medida poderá ser substituída.

É importante observar que o dever de ressarcir o dano é do próprio adolescente, mas os pais respondem por ele, caso o adolescente esteja sob sua autoridade e em sua companhia, nos termos dos arts. 928 e 932, incisos I e II, do Código Civil.

5.4.3.3. Espécies de medida socioeducativa: prestação de serviços à comunidade

A medida socioeducativa de prestação de serviços à comunidade está descrita no art. 117 do ECA, e consiste na realização de tarefas gratuitas em entidades tais como hospitais, escolas e outros estabelecimentos congêneres, ou em programas comunitários ou governamentais. Nos termos do referido dispositivo legal, a medida não poderá ultrapassar o período de 6 meses, e as tarefas, atribuídas conforme as aptidões do adolescente, devem ser cumpridas durante jornada máxima de 8 horas semanais, aos sábados, domingos e feriados ou em dias úteis, para que não seja prejudicada a frequência à escola ou à jornada normal de trabalho.

5.4.3.4. Espécies de medida socioeducativa: liberdade assistida

A liberdade assistida é a medida regulamentada pelos arts. 118 e 119 do ECA, e consiste na designação de um orientador (a ser recomendado por entidade ou programa de atendimento), que será a pessoa responsável por auxiliar e orientar o adolescente mantido em liberdade, promovendo encontros deste com a família, supervisionando sua frequência escolar, providenciando a profissionalização do adolescente para que ingresse no mercado de trabalho, devendo ainda apresentar relatório sobre o caso. A medida deverá perdurar por, no mínimo,

6 meses, podendo ser revogada ou substituída por outra medida, ouvidos o orientador, o Ministério Público e o defensor.

Acrescente-se que o art. 13 da Lei n. 12.594/2012 (que institui o Sistema Nacional de Atendimento Socioeducativo – SINASE) determina que compete à direção do programa selecionar e credenciar orientadores, designando-os, caso a caso, para acompanhar e avaliar o cumprimento da medida; receber o adolescente e seus pais ou responsável e orientá-los sobre a finalidade da medida e a organização e funcionamento do programa; encaminhar o adolescente para o orientador credenciado; supervisionar o desenvolvimento da medida; e avaliar, com o orientador, a evolução do cumprimento da medida e, se necessário, propor à autoridade judiciária sua substituição, suspensão ou extinção. Essas disposições também se aplicam à medida socioeducativa de prestação de serviços à comunidade, no que couber.

5.4.3.5. Espécies de medida socioeducativa: semiliberdade

O regime de semiliberdade, previsto no art. 120 do ECA, consiste na institucionalização do adolescente, prevendo-se expressamente – e como regra – a realização de atividades externas: nos termos do § 1º do art. 120, são obrigatórias a escolarização e a profissionalização, e, sempre que possível, devem ser utilizados os recursos existentes na comunidade. Aplicam-se as mesmas disposições referentes à internação, com a diferença de que não há prazo determinado (nem mínimo, nem máximo) para a semiliberdade.

5.4.3.6. Espécies de medida socioeducativa: internação

A internação (arts. 121 a 125, ECA) é a medida de privação de liberdade do adolescente em estabelecimento educacional, caracterizada por sua excepcionalidade e brevidade.

> Por ser excepcional, suas hipóteses de cabimento são taxativas (art. 122, ECA), somente podendo ser determinada no caso de ato infracional cometido mediante grave ameaça ou violência a pessoa; reiteração no cometimento de outras infrações graves; ou por descumprimento reiterado e injustificável da medida anteriormente imposta.

Embora não tenha um prazo a ser determinado pelo juiz na sentença da ação socioeducativa, deve ser observado o limite máximo de 3 anos, bem como a reavaliação semestral para avaliar a necessidade de sua manutenção. Expirado esse prazo, o adolescente deve ser liberado (ou colocado em regime de semiliberdade ou de liberdade assistida). Também deve ser determinada a liberação quando constatada a desnecessidade de sua manutenção, e é compulsória se o internado atingir a idade de 21 anos durante o seu cumprimento. Em todos os casos, será ouvido o Ministério Público.

O ECA prevê expressamente, no art. 124, os direitos específicos do adolescente privado de liberdade: entrevista pessoal com o representante do MP; peticionar diretamente a qualquer autoridade; conversa reservada com seu defensor; ser informado de sua situação processual, sempre que solicitada; ser tratado com respeito e dignidade; permanecer internado na mesma localidade ou naquela mais próxima do domicílio de seus pais ou responsável; receber visitas, ao menos, semanalmente; corresponder-se com seus familiares e amigos; ter acesso aos objetos necessários à higiene e asseio pessoal; alojamento em condições adequadas; escolarização e profissionalização; atividades culturais, esportivas e de lazer; acesso aos meios de comunicação social; assistência religiosa (se quiser); posse de seus objetos pessoais; receber seus documentos quando desinternado. A incomunicabilidade é proibida, mas as visitas podem ser suspensas temporariamente, se o juiz da Infância e Juventude entender serem prejudiciais ao adolescente.

Prazos das medidas socioeducativas

Espécie de medida	Prazo mínimo	Prazo máximo
Advertência	não se aplica	não se aplica
Prestação de serviços à comunidade	não há	6 meses
Reparação do dano	não se aplica	não se aplica
Liberdade assistida	6 meses	não há; pode ser prorrogada, revogada ou substituída a qualquer tempo
Semiliberdade	não há	não há
Internação	não há	3 anos

5.4.4. Outros procedimentos judiciais previstos no ECA

Qualquer determinação que acarrete a remoção da criança ou do adolescente de um núcleo familiar para outro, ou para uma instituição, ou desta para uma família substituta, somente pode ser realizada por meio de processo judicializado, sendo o juiz da infância e juventude a autoridade com competência exclusiva para tanto. Assim, o ECA disciplina os procedimentos relativos à perda ou suspensão do poder familiar (arts. 155 a 163, ECA) e à colocação em família substituta (arts. 165 a 170).

É importante ressaltar que a Lei n. 13.509/2017 incluiu o § 2º no art. 152 do ECA, estabelecendo que os prazos para os procedimentos previstos no ECA são contados em dias corridos, excluído o dia do começo e incluído o dia do vencimento, vedado o prazo em dobro para a Fazenda Pública e o Ministério Público.

5.4.4.1. Procedimento relativo à perda ou suspensão do poder familiar (arts. 155 a 163, ECA)

Pode ser iniciado tanto pelo Ministério Público quanto por qualquer pessoa que tenha legítimo interesse (como, por exemplo, um membro pertencente à entidade familiar, ou um dos pais). O juiz, ao receber a petição, pode suspender o poder familiar liminarmente, havendo necessidade (como em casos de pedido de perda ou suspensão do poder familiar em decorrência de atos de violência ou abuso contra criança ou adolescente), ou determinar a citação para resposta escrita em 10 dias.

A Lei n. 13.509/2017 incluiu os §§ 1º e 2º no art. 157 do ECA, que determinam, respectivamente a realização de estudo social ou perícia concomitantemente ao recebimento da inicial e da citação, e a intervenção de órgão indigenista se os pais forem oriundos de comunidades indígenas.

A Lei n. 13.509/2017 também incluiu as modalidades de citação por hora certa (art. 158, § 3º, ECA) e por edital (art. 158, § 4º, ECA) neste procedimento, além de ter alterado a ordem de alguns atos: não tendo sido contestado o pedido da inicial, o Ministério Público só tem vista depois de concluído o estudo social ou perícia (salvo se for o requerente), e, após, o juiz convoca testemunhas que comprovem a presença de uma das causas de suspensão ou destituição do poder familiar. Ainda, deixa de ser obrigatório o comparecimento dos pais quando citados e não comparecem , mesmo que identificados e em local conhecido.

A mesma lei desobriga o juiz de proferir sentença em audiência, podendo fazê-lo o magistrado em até cinco dias, e dispensou a necessidade de nomear curador especial quando o procedimento de destituição de poder familiar for iniciado pelo MP.

Por fim, no art. 163 do ECA – no qual se manteve o prazo máximo de 120 dias para conclusão do procedimento –, a Lei n. 13.509/2017 inseriu a expressão: ***e caberá ao juiz, no caso de notória inviabilidade de manutenção do poder familiar, dirigir esforços para preparar a criança ou o adolescente com vistas à colocação em família substituta***.

5.4.4.2. Procedimento para colocação em família substituta (arts. 165 a 170)

O procedimento para colocação em família substituta é instaurado por petição inicial ajuizada por quem tiver interesse processual na medida (o que dependerá de cada espécie de medida de colocação em família substituta). A inicial poderá conter pedido de guarda provisória e, nos pedidos de adoção, determinação de estágio de convivência (art. 167, parágrafo único, ECA).

É importante ressaltar que, embora pouco usual, o art. 166 do ECA autoriza que o pedido de colocação em família substituta seja formulado em cartório, pelo próprio interessado, quando não existir lide, ou seja, quando não houver necessidade de citação dos pais naturais por serem estes falecidos ou desconhecidos, ou se tiverem sido destituídos do poder familiar, ou se tiverem concordado expressamente com o pedido de colocação da criança ou adolescente em família substituta. Porém é preciso ressaltar que a Lei n. 13.509/2017 acrescentou a obrigatoriedade de assistência de advogado ou defensor público às partes para verificar sua concordância com a adoção no prazo máximo de 10 dias; e somente após declarará a extinção do poder familiar. Ainda, ficam garantidos a livre manifestação ***de vontade dos detentores do poder familiar e o direito ao sigilo das informações*** (art. 166, § 3º, ECA), sendo retratável o consentimento até a audiência, podendo ainda os pais exercer o arrependimento em até 10 dias após a sentença de extinção do poder familiar (art. 166, § 5º, ECA).

Em todos os outros casos, o procedimento será obrigatoriamente judicial, submetido ao contraditório, com intervenção do Ministério Público.

O juiz requererá a realização de estudo social ou perícia por equipe técnica (art. 167, ECA). Uma vez apresentado o relatório social ou laudo pericial, será ouvida a criança (salvo impossibilidade, em razão da pouca idade, por exemplo; vale lembrar que o consentimento do adolescente é indispensável) e dadas vistas do processo ao Ministério Público por 5 dias. Após, o juiz proferirá sentença (em até 5 dias).

5.4.4.3. O sistema recursal do ECA

Em relação ao sistema recursal nos procedimentos da Justiça da Infância e da Juventude (inclusive os relativos à execução das medidas socioeducativas), o art. 198 do ECA determina a adoção do sistema recursal do Código de Processo Civil, com as seguintes adaptações:

> **I** – os recursos serão interpostos independentemente de preparo;
> **II** – em todos os recursos, salvo nos embargos de declaração, o prazo para o Ministério Público e para a defesa será sempre de 10 (dez) dias;
> **III** – os recursos terão preferência de julgamento e dispensarão revisor;
> **(...)**
> **VII** – antes de determinar a remessa dos autos à superior instância, no caso de apelação, ou do instrumento, no caso de agravo, a autoridade judiciária proferirá despacho fun-

> damentado, mantendo ou reformando a decisão, no prazo de cinco dias;
> **VIII –** mantida a decisão apelada ou agravada, o escrivão remeterá os autos ou o instrumento à superior instância dentro de vinte e quatro horas, independentemente de novo pedido do recorrente; se a reformar, a remessa dos autos dependerá de pedido expresso da parte interessada ou do Ministério Público, no prazo de cinco dias, contados da intimação.

Ainda caberá recurso de apelação contra as decisões proferidas com base no art. 149, ECA (referentes à atribuição do juiz da infância e juventude de disciplinar, através de portaria, ou autorizar, mediante alvará, a entrada e permanência de criança ou adolescente, desacompanhado dos pais ou responsável, em ambientes tais como estádios, boates, bailes etc., bem com sua participação em espetáculos e concursos de beleza).

5.5. Do Ministério Público

As atribuições do Ministério Público da Infância e Juventude estão previstas no art. 200 do ECA. Essas disposições decorrem do próprio fundamento de existência da instituição, que é a defesa de interesses sociais e dos interesses individuais indisponíveis. Por isso, o Ministério Público atuará como requerente ou ao menos fiscal da lei em todos os processos que envolverem interesse de crianças e adolescentes (art. 202, ECA). A falta de intervenção do Ministério Público acarreta a nulidade do feito, que será declarada de ofício pelo juiz ou a requerimento de qualquer interessado (art. 204).

5.6. Os crimes praticados contra a criança e o adolescente previstos no ECA

Os crimes praticados contra a criança e o adolescente estão previstos nos arts. 228 a 244 do ECA, sem prejuízo das previsões constantes no Código Penal (arts. 225 e 226, ECA). São crimes de ação pública incondicionada (art. 227, ECA), cujo processamento é regido pelas normas pertinentes contidas no Código de Processo Penal.

Em uma visão panorâmica, esses delitos podem ser descritos como crimes consistentes em violações dos direitos previstos na Parte Geral do ECA, cometidas tanto por ações quanto por omissões, tais como privar a criança ou o adolescente de sua liberdade ilegalmente (crime tipificado no art. 230 do ECA, com pena de detenção de seis meses a dois anos), ou o ato da autoridade competente de não ordenar a imediata liberação ao constatar a ilegalidade (art. 234, ECA, com pena de detenção de seis meses a dois anos). Irregularidades na prestação de serviços dirigidos a crianças e adolescentes também estão tipificadas como crimes, como o caso do art. 228, ECA (deixar o encarregado de serviço ou o dirigente de estabelecimento de atenção à saúde de gestante de manter registro das atividades desenvolvidas, na forma e prazo referidos no art. 10 do ECA, bem como de fornecer à parturiente ou a seu responsável, por ocasião da alta médica, declaração de nascimento, onde constem as intercorrências do parto e do desenvolvimento do neonato: pena – detenção de seis meses a dois anos), e o art. 229, ECA (deixar o médico, enfermeiro ou dirigente de estabelecimento de atenção à saúde de gestante de identificar corretamente, por ocasião do parto, o neonato e a parturiente, bem como deixar de proceder aos exames referidos no art. 10 desta Lei: Pena – detenção de seis meses a dois anos).

Os crimes sexuais contra crianças e adolescentes são previstos tanto no Código Penal quanto no Estatuto da Criança e do Adolescente, e não se pode confundi-los. Sobre esse tema, é importante destacar dois pontos de atenção: primeiro, em relação ao que popularmente (e de forma equivocada) se designa como crimes de "pedofilia"; e, segundo, em relação aos dois tipos penais existentes na legislação sob a rubrica "corrupção de menores".

A pedofilia é descrita pela Organização Mundial da Saúde (OMS), no item F65.4 de sua lista da Classificação Internacional de Doenças (CID-10), como o transtorno psíquico consistente na "preferência sexual por crianças, quer se trate de meninos, meninas ou de crianças de um ou do outro sexo, geralmente pré-púberes ou não". Ou seja, quando isoladamente considerada enquanto transtorno psíquico, não é um fato típico.

Porém, a prática de atos sexuais com criança ou adolescente menor de 14 anos configura o crime de estupro de vulnerável, previsto no art. 217-A do Código Penal (importante destacar, o delito se configura independentemente de o autor da conduta apresentar ou não o transtorno da pedofilia). Já o Estatuto da Criança e do Adolescente traz em seus arts. 240 e 241 tipos penais referentes à produção, veiculação e comercialização de material pornográfico envolvendo criança ou adolescente, bem como o crime de assédio sexual de criança ou adolescente. O art. 241-E do ECA prevê a definição legal da expressão "cena de sexo explícito ou pornográfica":

> **Art. 241-E.** Para efeito dos crimes previstos nesta Lei, a expressão "cena de sexo explícito ou pornográfica" compreende qualquer situação que envolva criança ou adolescente em atividades sexuais explícitas, reais ou simuladas, ou exibição dos órgãos genitais de uma criança ou adolescente para fins primordialmente sexuais.

Em relação ao crime de corrupção de menores, é preciso atentar para o fato de haver duas condutas criminosas sob essa rubrica na legislação brasileira, quais sejam, os arts. 218 e 218-A do Código Penal, e 244-B do ECA. A corrupção de menores prevista no Código Penal é crime contra a dignidade sexual de criança ou adolescente de até 14 anos, consistente na indução da vítima à satisfação das vontades sexuais de terceiro (adulto), ou na prática de ato libidinoso na presença de pessoa menor de 14 anos. Já o Estatuto da Criança e do Adolescente prevê em sua figura de corrupção de menores a conduta de praticar crime com pessoa menor de 18 anos, ou induzir a criança ou adolescente a praticá-lo.

Em 2017, a Lei n. 13.440/2017 alterou a pena do art. 244-A (Art. 244-A. Submeter criança ou adolescente, como tais definidos no *caput* do art. 2º desta Lei, à prostituição ou à exploração sexual), passando a determinar *a perda de bens e valores utilizados na prática criminosa em favor do Fundo dos Direitos da Criança e do Adolescente da unidade da Federação (Estado ou Distrito Federal) em que foi cometido o crime, ressalvado o direito de terceiro de boa-fé*, além da pena de reclusão de quatro a dez anos e multa já previstas na redação original.

Ainda sobre os crimes sexuais praticados contra criança e adolescente, a Lei n. 13.441/2017 inseriu no ECA a Seção V-A e os arts. 190-A, 190-B, 190-C, 190-D e 190-E, contendo as normas que possibilitam a infiltração de agentes policiais na internet para investigação de crimes contra a dignidade sexual de crianças e adolescentes.

A infiltração pode ocorrer em fase de inquérito policial, sempre mediante autorização judicial obtida mediante requisição do Ministério Público ou representação do delegado de polícia. O pedido deve demonstrar a necessidade da infiltração e especificar detalhes das tarefas e pessoas envolvidas, para que a autorização do juiz estabeleça os limites da atuação da polícia. O prazo máximo da autorização para infiltração será de 90 dias, renovável até o limite de 720 dias.

O procedimento correrá em autos apartados e apensos aos do inquérito policial no qual se investigam os crimes contra a dignidade sexual de crianças e adolescentes, e será mantido sob sigilo, somente sendo acessível ao delegado, ao Ministério Público e ao juiz.

Em razão desta previsão legal, que consiste em uma causa excludente de ilicitude, o policial autorizado a se infiltrar na internet com identidade oculta não pratica crime, mas poderá responder por eventuais excessos.

Crimes praticados contra criança e adolescente: comparação entre o Código Penal e o ECA

Crime/previsão correspondente	Código Penal	Estatuto da Criança e do Adolescente	Objetividade jurídica
Estupro de vulnerável	Art. 217-A	Não há previsão correspondente	Dignidade sexual
Produção, veiculação e comercialização de material pornográfico envolvendo criança ou adolescente; e assédio sexual de criança ou adolescente	Não há previsão correspondente	Arts. 240, 241, 241-A, 241-B, 241-C, 241-D e 241-E	Integridade moral da criança e do adolescente
Corrupção de menores	Arts. 218 e 218-A	Art. 244-B	Nas previsões do Código Penal, a dignidade sexual; na previsão do ECA, a incolumidade pública

▪ REFERÊNCIAS BIBLIOGRÁFICAS

CURY, Munir (Org.). *Estatuto da Criança e do Adolescente comentado:* comentários jurídicos e sociais. 10. ed. São Paulo: Malheiros, 2010.

MACIEL, Kátia Regina Ferreira Lobo Andrade (Coord.). *Curso de direito da criança e do adolescente:* aspectos teóricos e práticos. Rio de Janeiro: Lumen Juris, 2006.

MARÇURA, Cury Garrido. *Estatuto da Criança e do Adolescente anotado.* 3. ed. São Paulo: RT, 2002.

PAULA, Paulo Afonso Garrido de. *Direito da criança e do adolescente e tutela jurisdicional diferenciada.* São Paulo: RT, 2002.

▪ QUESTÕES

(XIX Exame de Ordem Unificado / FGV) O adolescente F, 16 anos, filho de Pedro, foi surpreendido por seu pai enquanto falava pela internet com Fábio, 30 anos, que o induzia à prática de ato tipificado como infração penal. Pedro informou imediatamente o ocorrido à autoridade policial, que instaurou a persecução penal cabível.

No caso narrado, ao induzir o adolescente F à prática de ato tipificado como infração penal, a conduta de Fábio

A) configura crime nos termos do ECA, ainda que realizada por meio eletrônico e que não venha a ser provada a corrupção do adolescente, por se tratar de delito formal.

B) não configura crime nos termos do ECA, pois a mera indução sem a prática do ato pelo adolescente configura infração administrativa, já que se trata de delito material.

C) configura infração penal, tipificada na Lei de Contravenções Penais, mas a materialidade do crime com a prova da corrupção do adolescente é imprescindível à condenação do réu em observância ao princípio do *favor rei*.

D) não configura crime nos termos estabelecidos pelo ECA, posto que inexiste tipificação se o ato for praticado por meio eletrônico, não havendo de se aplicar analogia *in malam partem*.

RESPOSTA

☑ O art. 244-B do ECA prevê o crime de corrupção de menores, consistente em praticar infração penal com pessoa menor de 18 anos, ou induzi-la a praticar, inclusive se a conduta se dá por meio de comunicação eletrônico ou por internet, e não sendo necessária a efetiva prática do ato criminoso pelo adolescente para sua consumação.

B) A conduta está tipificada no art. 244-B, ECA.

C) A conduta está tipificada no art. 244-B, ECA, e não na Lei de Contravenções Penais (Lei n. 3.688/41), e, por se tratar de crime formal, não se exige a materialidade do crime como prova da corrupção do adolescente.

D) A conduta está tipificada no art. 244-B, ECA, inclusive sua prática por meio de comunicação eletrônico ou internet.

(XIX Exame de Ordem Unificado / FGV) Marcelo, com 17 anos, e seu irmão Caio, com 20 anos de idade, permanecem sozinhos na casa da família, enquanto os pais viajam por 30 dias em férias no exterior.

Durante tal período, Marcelo, que acabou de terminar o ensino médio, recebe uma excelente proposta de trabalho. Ao comparecer à empresa para assinar o contrato de trabalho, Marcelo é impedido pela falta de um responsável. Marcelo, então, procura orientação de um advogado.

Assinale a opção que apresenta a ação que deverá ser ajuizada, de acordo com o Estatuto da Criança e do Adolescente, para que o adolescente não perca a oportunidade de emprego.

A) Marcelo deve ingressar com ação de emancipação, com pedido de antecipação de tutela.

B) Caio deve ingressar com ação de guarda de Marcelo, requerendo a sua guarda provisória.

C) Caio deve ingressar com ação, objetivando o direito de assistir Marcelo para a prática do ato.

D) Caio deve ingressar com ação de tutela de Marcelo, com pedido liminar.

RESPOSTA

A) Não se trata das hipóteses legais de emancipação (Código Civil, art. 5º, parágrafo único).

B) A guarda é uma modalidade de família substituta que pressupõe a atribuição dos deveres de assistência material, o que não se aplica ao caso descrito.

☑ Caio, por ser plenamente capaz, deve ajuizar uma ação visando assistir, tão somente naquele ato, a assinatura do contrato de trabalho do irmão.

D) A tutela é uma modalidade de família substituta que pressupõe o cuidado e a administração de bens de um incapaz por pessoa capaz, o que não se aplica ao caso descrito.

(XX Exame de Ordem Unificado / FGV) Vanessa e Vitor vivem com o filho Marcelo, criança com 06 anos de idade, na casa dos avós paternos. Em um trágico acidente, Vitor veio a falecer. A viúva, logo após o óbito, decide morar na casa de seus pais com o filho. Após 10 dias, já residindo com os pais, Vanessa, em depressão e fazendo uso de entorpecentes, deixa o filho aos cuidados dos avós maternos, e se submete a tratamento de internação em clínica de reabilitação. Decorridos 20 dias e com alta médica, Vanessa mantém acompanhamento ambulatorial e aluga apartamento para morar sozinha com o filho.

Os avós paternos inconformados ingressaram com Ação de Guarda de Marcelo. Afirmaram que sempre prestaram assistência material ao neto, que com eles residia desde o nascimento até o falecimento de Vitor. Citada, Vanessa contestou o pedido, alegando estar recuperada de sua depressão e da dependência química. Ainda, demonstrou possuir atividade laborativa, e que obteve vaga para o filho em escola. Os avós maternos, por sua vez, ingressam com oposição. Aduziram que Marcelo ficou muito bem aos seus cuidados e que possuem excelente plano de saúde, que possibilitará a inclusão do neto como dependente.

Sobre a guarda de Marcelo, à luz da Proteção Integral da Criança e do Adolescente, assinale a afirmativa correta.

A) Marcelo deve ficar com os avós maternos, com quem por último residiu, em razão dos benefícios da inclusão da criança como dependente do plano de saúde.

B) Marcelo deve ficar na companhia dos avós paternos, pois sempre prestaram assistência material à criança, que com eles residia antes do falecimento de Vitor.

C) Marcelo deve ficar sob a guarda da mãe, já que ela nunca abandonou o filho e sempre cumpriu com os deveres inerentes ao exercício do poder familiar, ainda que com o auxílio dos avós.

D) Em programa de acolhimento familiar, até que esteja cabalmente demonstrado que a genitora não faz mais uso de substâncias entorpecentes.

RESPOSTA

A) Os benefícios da inclusão como dependente em plano de saúde não configuram causa legal para determinação da guarda e não podem ser aplicados como fator isolado nesse sentido.

B) O fato de Marcelo residir com os avós e o devido cumprimento do dever destes de prestar assistência material não afastam o poder familiar de Vanessa.

☑ Os deveres de guarda, sustento e educação inerentes ao poder familiar não foram descumpridos por Vanessa, e, portanto, não há justificativa legal para colocação de Marcelo em família substituta por meio de guarda com os avós paternos, devendo a criança permanecer com sua mãe.

D) O Marco Legal da 1ª Infância (Lei n. 13.257/2016) suprimiu a expressão "em ambiente livre da presença de pessoas dependentes de substâncias entorpecentes" do art. 19 do ECA, que tem a seguinte redação atual: É direito da criança e do adolescente ser criado e educado no seio de sua família e, excepcionalmente, em família substituta, assegurada a convivência familiar e comunitária, em ambiente que garanta seu desenvolvimento integral.

(XX Exame de Ordem Unificado / FGV) Casal de brasileiros, domiciliado na Itália, passa regularmente férias duas vezes por ano no Brasil. Nas férias de dezembro, o casal visitou uma entidade de acolhimento institucional na cidade do Rio de Janeiro, encantando-se com Ana, criança de oito anos de idade, já disponível nos cadastros de habilitação para adoção nacional e internacional. Almejando adotar Ana, consultam advogado especialista em infância e juventude.

Assinale a opção que apresenta a orientação jurídica correta pertinente ao caso.

A) Ingressar com pedido de habilitação para adoção junto à Autoridade Central Estadual, pois são brasileiros e permanecem, duas vezes por ano, em território nacional.

B) Ingressar com pedido de habilitação para adoção no Juízo da Infância e da Juventude e, após a habilitação, ajuizar ação de adoção.

C) Ajuizar ação de adoção requerendo, liminarmente, a guarda provisória da criança.

D) Ingressar com pedido de habilitação junto à Autoridade Central do país de acolhida, para que esta, após a habilitação do casal, envie um relatório para a Autoridade Central Estadual e para a Autoridade Central Federal Brasileira, a fim de que obtenham o laudo de habilitação à adoção internacional.

RESPOSTA

A) O pedido de habilitação deve ser feito na Autoridade Central do país onde reside o adotante.

B) O pedido de habilitação para adoção perante o Juízo da Infância e Juventude somente pode ser feito por postulante residente no Brasil.

C) O art. 46 do ECA determina que a adoção será precedida de estágio de convivência com a criança ou adolescente, sendo incabível a concessão de liminar para guarda provisória.

☑ O art. 52, I, ECA estipula que a pessoa ou casal estrangeiro, interessado em adotar criança ou adolescente brasileiro, deverá formular pedido de habilitação à adoção perante a Autoridade Central em matéria de adoção internacional no país de acolhida, assim entendido aquele onde está situada sua residência habitual.

(XXI Exame de Ordem Unificado / FGV) Maria, mãe de João, criança com nove anos de idade, que está na guarda de fato da avó paterna Luisa, almeja viajar com o filho, que já possui passaporte válido, para os Estados Unidos. Para tanto, indagou ao pai e à avó se eles concordariam com a viagem do infante, tendo o primeiro anuído e a segunda não, pelo fato de o neto não estar com boas notas na escola. Preocupada, Maria procura orientação jurídica de como proceder.

À luz do Estatuto da Criança e do Adolescente, assinale a opção que indica a medida que deverá ser adotada pelo(a) advogado(a) de Maria.

A) Ingressar com ação de suprimento do consentimento do pai e da avó paterna, para fins de obter a autorização judicial de viagem ao exterior.

B) Solicitar ao pai que faça uma autorização de viagem acompanhada de cópias dos documentos dele, pois a criança já possui passaporte válido.

C) Ingressar com ação de guarda de João, requerendo sua guarda provisória, para que possa viajar ao exterior independente da anuência do pai e da avó paterna.

D) Solicitar ao pai que faça uma autorização de viagem com firma reconhecida, pois a criança já possui passaporte válido.

RESPOSTA

A) Embora a avó detenha a guarda da criança, Maria não perdeu o poder familiar sobre João, não sendo necessário o consentimento da avó para que a criança viaje ao exterior.

B) O Estatuto da Criança e do Adolescente não exige a apresentação de documentos dos pais, mas apenas a autorização expressa para viajar.

C) Não é necessária a ação de guarda, uma vez que o fato de avó deter a guarda da criança não interfere no poder familiar de Maria.

☑ Para viagens para fora do território nacional, tanto crianças quanto adolescentes somente podem viajar acompanhados de ambos os pais ou responsável, ou na companhia de um dos pais, autorizado expressamente pelo outro através de documento com firma reconhecida, nos termos do art. 85 do ECA.

(XXI Exame de Ordem Unificado / FGV) Marcelo e Maria são casados há 10 anos. O casal possui a guarda judicial de Ana, que tem agora três anos de idade, desde o seu nascimento. A mãe da infante, irmã de Maria, é usuária de crack e soropositiva. Ana reconhece o casal como seus pais. Passados dois anos, Ana fica órfã, o casal se divorcia e a criança fica residindo com Maria.

Sobre a possibilidade da adoção de Ana por Marcelo e Maria em conjunto, ainda que divorciados, assinale a afirmativa correta.

A) Apenas Maria poderá adotá-la, pois é parente de Ana.

B) O casal poderá adotá-la, desde que acorde com relação à guarda (unipessoal ou compartilhada) e à visitação de Ana.

C) O casal somente poderia adotar em conjunto caso ainda estivesse casado.

D) O casal deverá se inscrever previamente no cadastro de pessoas interessadas na adoção.

RESPOSTA

A) O Estatuto da Criança e do Adolescente não exige haver vínculo de parentesco entre adotante e adotado.

✓ Para adoção conjunta, o ECA exige o casamento civil ou união estável, comprovada a estabilidade da família (art. 42, § 2º, ECA), o que pode ser feito inclusive por casais divorciados ou judicialmente separados (art. 42, § 4º, ECA).

C) Casais divorciados podem adotar em conjunto.

D) Nos termos do artigo 46, §1º, do ECA, "o estágio de convivência poderá ser dispensado se o adotando já estiver sob a tutela ou guarda legal do adotante durante tempo suficiente para que seja possível avaliar a conveniência da constituição do vínculo".

(XXII Exame de Ordem Unificado / FGV) João, criança de 07 anos de idade, perambulava pela rua sozinho, sujo e com fome, quando, por volta das 23 horas, foi encontrado por um guarda municipal, que resolve encaminhá-lo diretamente para uma entidade de acolhimento institucional, que fica a 100 metros do local onde ele foi achado. João é imediatamente acolhido pela entidade em questão.

Sobre o procedimento adotado pela entidade de acolhimento institucional, de acordo com o que dispõe o Estatuto da Criança e do Adolescente, assinale a afirmativa correta.

A) A entidade pode regularmente acolher crianças e adolescentes, independentemente de determinação da autoridade competente e da expedição de guia de acolhimento.

B) A entidade somente pode acolher crianças e adolescentes encaminhados pela autoridade competente por meio de guia de acolhimento.

C) A entidade pode acolher regularmente crianças e adolescentes sem a expedição da guia de acolhimento apenas quando o encaminhamento for feito pelo Conselho Tutelar.

D) A entidade pode, em caráter excepcional e de urgência, acolher uma criança sem determinação da autoridade competente e guia de acolhimento, desde que faça a comunicação do fato à autoridade judicial em até 24 horas.

RESPOSTA

A) O art. 101, § 3º, do ECA determina que as medidas de proteção que envolvam acolhimento institucional necessitam de decisão judicial e expedição de guia de acolhimento , salvo caso de urgência (art. 93, ECA).

B) Embora a regra geral do art. 101, § 3º, do ECA determine que somente a autoridade judiciária pode determinar o acolhimento institucional mediante expedição de guia de recolhimento, há a exceção prevista no art. 93 do ECA, para acolhimento sem prévia determinação judicial e dispensando a expedição da guia de recolhimento, em caráter excepcional e de urgência.

C) Mesmo quando a criança ou adolescente for encaminhado pelo Conselho Tutelar, é imprescindível a decisão judicial e a expedição da competente guia de recolhimento para o acolhimento institucional, salvo em caso de urgência (art. 93, ECA).

✓ O art. 93 do ECA permite que as entidades que mantenham programa de acolhimento institucional acolham, em caráter excepcional e de urgência, crianças e adolescentes sem prévia determinação da autoridade competente, fazendo comunicação do fato em até 24 horas ao Juiz da Infância e da Juventude, sob pena de responsabilidade.

(XXII Exame de Ordem Unificado / FGV) João, maior, e sua namorada Lara, com 14 anos de idade, são capturados pela polícia logo após praticarem crime de roubo, majorado pelo emprego de arma de fogo.

O Juízo da Infância e da Juventude aplicou a medida socioeducativa de internação para Lara, ressaltando que a adolescente já sofrera a medida de semiliberdade pela prática de ato infracional análogo ao crime de tráfico de drogas.

O Juízo Criminal condenou João pelo crime de roubo em concurso com corrupção de menores. João apela da condenação pelo crime de corrupção de menores, sob o argumento de Lara não ser mais uma criança, bem como alegando que ela já está corrompida.

Com base no caso apresentado, assiste razão à defesa de João?

A) Não, pois é irrelevante o fato de Lara já ter sofrido medida socioeducativa.

B) Não, pois Lara ainda é uma criança.

C) Sim, já que o crime de corrupção de menores exige que o menor não esteja corrompido.

D) Sim, visto que no crime de corrupção de menores, a vítima tem que ser uma criança.

RESPOSTA

✓ O art. 244-B do ECA prevê o crime de corrupção de menores e estipula que basta o coautor ser criança ou adolescente com menos de 18 anos, sendo irrelevante a circunstância de Lara já ter sido submetida anteriormente a medida socioeducativa.

B) O art. 2º do ECA estabelece o critério etário para o conceito jurídico de criança (pessoa entre zero e doze anos incompletos) e adolescente (pessoa entre doze e dezoito anos incompletos), e, portanto, Lara (catorze anos) é adolescente. Mas, independentemente da idade de Lara, o crime de corrupção de menores está configurado, pois o coautor pode ser criança ou adolescente (basta ser menor de dezoito anos).

C) O artigo 244-B do ECA não exige qualquer condição subjetiva da criança ou do adolescente, basta ter menos de dezoito anos. Além disso, a Súmula 500 do STJ determina que a configuração desse crime previsto independe da prova da efetiva corrupção do menor, por se tratar de delito formal.

D) O crime de corrupção de menores está configurado, pois o coautor pode ser criança ou adolescente (basta ser menor de dezoito anos).

(XXIII Exame de Ordem Unificado / FGV) Agente público executor de medida socioeducativa de internação, a pretexto de manter a disciplina e a ordem na unidade em que atua, ordena que dois adolescentes se vistam com roupas femininas e desfilem para os demais internos, que escolherão a "garota da unidade".

Em visita à unidade, uma equipe composta pela Comissão de Direitos Humanos da OAB e pelo Conselho Tutelar toma ciência do caso. Segundo restou apurado, o agente teria atuado de tal forma porque os dois adolescentes eram muito rebeldes e não cumpriam regularmente as determinações da unidade.

Com base apenas no Estatuto da Criança e do Adolescente, sem prejuízo de outras sanções, assinale a opção que indica a medida que poderá ser adotada imediatamente pela equipe que fiscalizava a unidade.

A) Transferência imediata dos adolescentes para outra unidade socioeducativa.

B) Advertência do agente público aplicada pelo Conselho Tutelar.

C) Advertência do agente público aplicada pela Comissão de Direitos Humanos da OAB.

D) Transferência imediata do agente público para outra unidade.

RESPOSTA

A) Não há previsão legal nesse sentido.

☑ O art. 18-B do ECA, introduzido pela Lei n. 13.010/2014 ("Lei da Palmada" ou "Lei Menino Bernardo"), determina que os pais, os integrantes da família ampliada, os responsáveis, os agentes públicos executores de medidas socioeducativas ou qualquer pessoa encarregada de cuidar de crianças e de adolescentes, tratá-los, educá-los ou protegê-los que utilizarem castigo físico ou tratamento cruel ou degradante como formas de correção, disciplina, educação ou qualquer outro pretexto estarão sujeitos às medidas de encaminhamento a programa oficial ou comunitário de proteção à família; a tratamento psicológico ou psiquiátrico; encaminhamento a cursos ou programas de orientação; obrigação de encaminhar a criança a tratamento especializado; ou advertência. Todas são de aplicação de competência do Conselho Tutelar.

C) A Comissão de Direitos Humanos da OAB não tem essa atribuição.

D) Não há previsão legal nesse sentido.

(XXIII Exame de Ordem Unificado / FGV) Os irmãos Fábio (11 anos) e João (9 anos) foram submetidos à medida protetiva de acolhimento institucional pelo Juízo da Infância e da Juventude, pois residiam com os pais em área de risco, que se recusavam a deixar o local, mesmo com a interdição do imóvel pela Defesa Civil.

Passados uma semana do acolhimento institucional, os pais de Fábio e João vão até a instituição para visitá-los, sendo impedidos de ter contato com os filhos pela diretora da entidade de acolhimento institucional, ao argumento de que precisariam de autorização judicial para visitar as crianças. Os pais dos irmãos decidem então procurar orientação jurídica de um advogado.

Considerando os ditames do Estatuto da Criança e do Adolescente, a direção da entidade de acolhimento institucional agiu corretamente?

A) Sim, pois o diretor da entidade de acolhimento institucional é equiparado ao guardião, podendo proibir a visitação dos pais.

B) Não, porque os pais não precisam de uma autorização judicial, mas apenas de um ofício do Conselho Tutelar autorizando a visitação.

C) Sim, pois a medida protetiva de acolhimento institucional foi aplicada pelo Juiz da Infância, assim somente ele poderá autorizar a visita dos pais.

D) Não, diante da ausência de vedação expressa da autoridade judiciária para a visitação, ou decisão que os suspenda ou os destitua do exercício do poder familiar.

RESPOSTA

A) Mesmo equiparando a figura do diretor da entidade de acolhimento institucional à do guardião, o artigo 33, § 4º, do ECA determina expressamente que o detentor da guarda não pode impedir o direito de visitação dos pais, salvo se houver decisão judicial em contrário.

B) Não havendo restrição judicial ao poder familiar, os pais não necessitam de qualquer autorização.

C) Não havendo restrição judicial ao poder familiar, os pais não necessitam de qualquer autorização.

☑ O acolhimento institucional é medida de proteção (art. 101, VII, ECA) de natureza provisória e excepcional (§ 1º do mesmo artigo), e que não implica automaticamente na perda ou suspensão do poder familiar. Nesse caso, o direito de visitação dos pais não pode ser impedido.

(XXIV Exame de Ordem Unificado / FGV) Maria, aluna do 9º ano do Ensino Fundamental de uma escola que não adota a obrigatoriedade do uso de uniforme, frequenta regularmente culto religioso afro-brasileiro com seus pais.

Após retornar das férias escolares, a aluna passou a ir às aulas com um lenço branco enrolado na cabeça, afirmando que necessitava permanecer coberta por 30 dias. As alunas Fernanda e Patrícia, incomodadas com a situação, procuraram a direção da escola para reclamar da vestimenta da aluna. O diretor da escola entrou em contato com o advogado do estabelecimento de ensino, a fim de obter subsídios para a sua decisão.

A partir do caso narrado, assinale a opção que apresenta a orientação que você, como advogado da escola, daria ao diretor.

A) Proibir o acesso da aluna à escola.
B) Marcar uma reunião com os pais da aluna Maria, a fim de compeli-los a descobrir a cabeça da filha.
C) Permitir o acesso regular da aluna.
D) Proibir o acesso das três alunas.

RESPOSTA

A) Tanto o Estatuto da Criança e do Adolescente quanto a Constituição Federal asseguram o direito à liberdade religiosa. Por isso, seria ilegal e inconstitucional proibir o acesso da aluna à escola.
B) Em respeito ao direito à liberdade religiosa assegurado pela Constituição Federal e pelo ECA, o diretor não pode compelir os pais a descobrir a cabeça da filha.
✓ O ECA garante o direito à liberdade de religião em seus arts. 3º, parágrafo único (vedação a todo tipo de discriminação contra crianças e adolescentes, inclusive por motivo de religião), e 16, inciso III (direito à liberdade de crença e de culto religioso), tudo em consonância com o art. 5º, VI, da Constituição Federal. Portanto, a decisão correta é permitir o acesso regular da aluna, portando o lenço branco enrolado na cabeça se for sua vontade.
D) Em respeito ao direito à liberdade religiosa assegurado pela Constituição Federal e pelo ECA, seria ilegal e inconstitucional proibir o acesso da aluna praticante da religião afro-brasileira à escola. Não há fundamento legal nem constitucional para proibir o acesso das outras duas alunas.

(XXIV Exame de Ordem Unificado / FGV) Os irmãos órfãos João, com 8 anos de idade, e Caio, com 5 anos de idade, crescem juntos em entidade de acolhimento institucional, aguardando colocação em família substituta. Não existem pretendentes domiciliados no Brasil interessados na adoção dos irmãos de forma conjunta, apenas separados. Existem famílias estrangeiras com interesse na adoção de crianças com o perfil dos irmãos e uma família de brasileiros domiciliados na Itália, sendo esta a última inscrita no cadastro.

Considerando o direito à convivência familiar e comunitária de toda criança e de todo adolescente, assinale a opção que apresenta a solução que atende aos interesses dos irmãos.

A) Adoção nacional pela família brasileira domiciliada na Itália.
B) Adoção internacional pela família estrangeira.
C) Adoção nacional por famílias domiciliadas no Brasil, ainda que separados.
D) Adoção internacional pela família brasileira domiciliada na Itália.

RESPOSTA

A) Nos termos do art. 51, *caput*, do ECA, considera-se internacional a adoção quando o postulante é domiciliado fora do Brasil.
B) Nos termos do art. 51, § 2º, do ECA, os postulantes brasileiros residentes no exterior terão preferência.
C) Nos termos do art. 28, § 4º, do ECA, no caso de colocação em família substituta, os grupos de irmãos serão mantidos juntos, ressalvada a comprovada existência de risco de abuso ou outra situação que justifique plenamente a excepcionalidade de solução diversa, procurando-se, em qualquer caso, evitar o rompimento definitivo dos vínculos fraternais.
✓ Pela combinação dos arts. 28, § 4º (que determina sejam mantidos juntos os grupos de irmãos no caso de colocação em família substituta), e 51, § 2º (que dá preferência a postulantes brasileiros residentes no exterior no caso de adoção internacional), ambos do ECA, a melhor solução para o caso é a adoção internacional pela família brasileira domiciliada na Itália.

(XXV Exame de Ordem Unificado / FGV) Beatriz, quando solteira, adotou o bebê Théo. Passados dois anos da adoção, Beatriz começou a viver em união estável com Leandro. Em razão das constantes viagens a trabalho de Beatriz, Leandro era quem diariamente cuidava de Théo, participando de todas as atividades escolares. Théo reconheceu Leandro como pai.

Quando Beatriz e Leandro terminaram o relacionamento, Théo já contava com 15 anos de idade. Leandro, atendendo a um pedido do adolescente, decide ingressar com ação de adoção unilateral do infante. Beatriz discorda do pedido, sob o argumento de que a união estável está extinta e que não mantém um bom relacionamento com Leandro.

Considerando o Princípio do Superior Interesse da Criança e do Adolescente e a Prioridade Absoluta no Tratamento de seus Direitos, Théo pode ser adotado por Leandro?

A) Não, pois, para a adoção unilateral, é imprescindível que Beatriz concorde com o pedido.
B) Sim, caso haja, no curso do processo, acordo entre Beatriz e Leandro, regulamentando a convivência familiar de Théo.
C) Não, pois somente os pretendentes casados, ou que vivam em união estável, podem ingressar com ação de adoção unilateral.
D) Sim, o pedido de adoção unilateral formulado por Leandro poderá, excepcionalmente, ser deferido e, ainda que de forma não consensual, regulamentada a convivência familiar de Théo com os pais.

RESPOSTA:

A) O Estatuto da Criança e do Adolescente não determina ser imprescindível a concordância do cônjuge ou companheiro no caso de adoção unilateral.
B) A alternativa "B" possibilita interpretação que a torna correta. Ver comentário abaixo.
C) O ECA admite a adoção unilateral.
✓ Alternativa apontada como correta pelo gabarito oficial. Ver comentário abaixo.

Comentário: o gabarito oficial apontou como correta a alternativa a alternativa "D", na qual constava como resposta que "Sim, o pedido de adoção unilateral formulado por

Leandro poderá, excepcionalmente, ser deferido e, ainda que de forma não consensual, regulamentada a convivência familiar de Théo com os pais".

Porém, a alternativa "B" possibilita interpretação que a torna correta. Consta do texto da alternativa: "Sim, caso haja, no curso do processo, acordo entre Beatriz e Leandro, regulamentando a convivência familiar de Théo". A assertiva pode ser lida como: "é possível haver acordo futuro entre Beatriz e Leandro, e regulamentar a convivência familiar de Théo". Ademais, a alternativa "B" não foi formulada no sentido de induzir à interpretação de que o consenso entre o casal seria uma condição, mas apenas uma possibilidade que não impede o reconhecimento da adoção – a única exigência é a regulamentação da convivência familiar, o que consta do texto da alternativa.

É questionável também a interpretação no sentido de que esta questão somente pode ser entendida como um caso de adoção unilateral, pois esta se dá quando um dos cônjuges (ou companheiros) tem um filho biológico que é adotado pelo outro cônjuge ou companheiro. No caso da questão, não é incorreto interpretar o caso como uma adoção conjunta por ex-companheiros separados, já que Beatriz é mãe adotiva, e Leandro será pai adotivo (art. 42, § 4º, ECA).

Além disso, a questão exigia que se apontasse solução que atendesse ao princípio do melhor interesse da criança ou adolescente, o que a alternativa "B" também contempla.

Em suma, é possível interpretar mais de uma alternativa como correta.

(XXV Exame de Ordem Unificado / FGV) Angélica, criança com 5 anos de idade, reside com a mãe Teresa, o padrasto Antônio e a tia materna Joana. A tia suspeita de que sua sobrinha seja vítima de abuso sexual praticado pelo padrasto. Isso porque, certa vez, ao tomar banho com Angélica, esta reclamou de dores na vagina e no ânus, que aparentavam estar bem vermelhos. Na ocasião, a sobrinha disse que "o papito coloca o dedo no meu bumbum e na minha perereca, e dói". Joana narrou o caso para a irmã Teresa, que disse não acreditar no relato da filha, pois ela gostava de inventar histórias, e que, ainda que fosse verdade, não poderia fazer nada, pois depende financeiramente de Antônio. Joana, então, após registrar a ocorrência na Delegacia de Polícia, que apenas instaurou o inquérito policial e encaminhou a criança para exame de corpo de delito, busca orientação jurídica sobre o que fazer para colocá-la em segurança imediatamente.

De acordo com o Estatuto da Criança e do Adolescente, a fim de resguardar a integridade de Angélica até que os fatos sejam devidamente apurados pelo Juízo Criminal competente, assinale a opção que indica a medida que poderá ser postulada por um advogado junto ao Juízo da Infância e da Juventude.

A) A aplicação da medida protetiva de acolhimento institucional de Angélica.

B) Solicitar a suspensão do poder familiar de Antônio.

C) Solicitar o afastamento de Antônio da moradia comum.

D) Solicitar a destituição do poder familiar da mãe Teresa.

RESPOSTA:

A) O acolhimento institucional é sempre excepcional e somente será determinado quando não for possível o emprego de outra medida de proteção.

B) A suspensão do poder familiar de Antônio não é a medida mais adequada para resguardar a integridade física de Angélica, pois dependerá da devida apuração dos fatos narrados.

✓ A Lei n. 13.431/2017, que está em vigor desde 4 de abril de 2018, determina em seu art. 21 que o autor de violência contra criança ou adolescente pode ser afastado do lar e impedido de ter contato com a vítima (incisos I e II). No mesmo sentido, também são aplicáveis os arts. 319, III, do CPP (proibição de contato com pessoa determinada), e 22, II e III, da Lei Maria da Penha: afastamento de Antônio do domicílio e de contato com a ofendida (há relação familiar com vítima do gênero feminino).

D) A suspensão do poder familiar de Teresa não é a medida mais adequada para resguardar a integridade física de Angélica, pois dependerá da devida apuração dos fatos narrados.

Direitos Humanos

Maíra Zapater

Doutora em Direitos Humanos pela Faculdade de Direito da USP. Especialista em Direito Penal e Processual Penal pela Escola Superior do Ministério Público. Graduada em Direito pela PUC-SP e em Ciências Sociais pela FFLCH-USP. Professora e pesquisadora.

Sumário

1. EVOLUÇÃO HISTÓRICA DOS DIREITOS HUMANOS

1.1. Introdução

O que são Direitos Humanos? Embora o termo seja carregado de historicidade (ou seja, terá diferentes acepções a depender da época) e de não haver uma definição categórica, para fins do estudo de seus aspectos jurídicos, é possível descrever os Direitos Humanos como um conjunto de normas jurídicas que regem relações entre indivíduos e instituições, e entre os indivíduos em si considerados.

Como toda norma jurídica, as normas de Direitos Humanos estabelecem direitos e deveres correspondentes entre si. O que distingue os demais tipos de direitos dos Direitos Humanos é que, para ser titular destes, basta ser uma pessoa: por isso em geral se definem os Direitos Humanos como o conjunto de atributos e prerrogativas mínimas inerentes a toda e qualquer pessoa, em decorrência unicamente da sua condição de ser humano. Significa dizer que, por uma série de fatores históricos que serão brevemente abordados a seguir, determinados direitos passaram a ser considerados tão fundamentais para a existência digna da pessoa que se consolidou o entendimento segundo o qual não se exigiria nenhuma condição ou característica específica de quem quer que fosse para que se pudesse ser titular de tais direitos. Passaria a não importar nascer nobre ou nascer plebeu, ser rico ou ser pobre, homem ou mulher, cristão, judeu ou muçulmano, não ter qualquer passagem pelo sistema de justiça ou ser um cidadão condenado por um crime: direitos tais como a vida, a integridade física, a igualdade, a liberdade, a saúde, ou a educação não poderiam ser suprimidos dos ordenamentos jurídicos democráticos, nem negados a pessoa alguma.

Como dito acima, os Direitos Humanos constituem normas que regem relações jurídicas. Isso significa dizer que a cada um dos direitos aqui compreendidos correspondem obrigações: sua positivação implica obrigações ao Estado tanto em garantir o seu exercício quanto em impedir que outrem os viole. Por exemplo: ao direito à vida corresponde o dever do Estado de não matar (e de impedir que outros matem); ao direito à liberdade de ir e vir corresponde o dever do Estado de somente restringi-la no mínimo determinado por lei (quando for necessário impor uma sentença penal condenatória); aos direitos políticos corresponde o dever do Estado de assegurar eleições periódicas e a infraestrutura para a realização do sufrágio, e assim por diante.

Tal formulação foi historicamente construída e adotada com a finalidade de se manter um mínimo ético irredutível, que é a dignidade da pessoa humana. No dizer de Ingo Sarlet (2005), o conteúdo jurídico da dignidade da pessoa humana apresenta-se de forma dúplice ao Estado quando se trata de sua proteção, sendo, a um só tempo, **limite** e **tarefa**: é limite quando estabelece o raio de ação do Estado sobre o indivíduo e estabelece a baliza para o exercício das liberdades civis. E é tarefa quando exige do Estado as prestações e políticas públicas necessárias ao pleno exercício e gozo dos direitos sociais, econômicos e culturais.

1.2. Primeiros documentos

Esses direitos que hoje identificamos como Direitos Humanos nem sempre estiveram positivados e juridicizados, ou seja, previstos em normas jurídicas e passíveis de exigibilidade perante o Poder Judiciário quando violados. Os Direitos Humanos são fruto de uma construção, e, de fato, é historicamente observável que, para cada direito que passa a ser previsto em um ordenamento jurídico, há um determinado contexto político e uma luta social empreendida em sua demanda.

Um dos documentos apontados entre os primeiros produzidos nesse sentido é a Magna Carta (1215, Inglaterra), origem da Constituição consuetudinária do Reino Unido, e que é considerada o primeiro exemplo histórico de documento a limitar o poder do governante pelos direitos subjetivos dos governados (e não mais por um "poder superior" ou "divino", estranho à vontade dos súditos). É na Magna Carta que se reconhecem direitos próprios de determinados estamentos sociais (quais sejam, clero e nobreza), independentemente do consentimento do monarca, o que coloca este último, por sua vez, em posição de submissão às normas postas. Além disso, estão previstos direitos como a liberdade de ir e vir (n. 41), a propriedade privada (n. 31) e a pena proporcional ao delito praticado (ns. 20 e 21). Todavia, embora se reconheça sua relevância no que toca ao ineditismo da limitação jurídica do poder monárquico, não se pode classificar a Magna Carta como uma declaração de Direitos Humanos na concepção contemporânea, visto que o documento não propõe a extensão universal dos direitos ali previstos, que se restringiam somente aos súditos do reino britânico.

1.3. Gerações de direitos

Para fins didáticos, os Direitos Humanos são sistematizados em grupos organizados a partir do critério do momento histórico e político em que foram demandados e incorporados ao ordenamento jurídico. É importante ter em mente a ressalva de que se trata de um processo histórico ocidental e europeu, embora tenha se disseminado como um conjunto de valores universais. Esses grupos são denominados "gerações (ou dimensões) de Direitos".

A 1ª geração de direitos é a dos direitos civis e políticos. Para discorrer acerca destes, é interessante começar por uma delimitação conceitual: "direitos civis" são os direitos do cidadão, e "direitos políticos" são os direitos destes cidadãos de participar da ingerência do poder político sobre suas vidas. Para sua melhor compreensão, faz-se necessário remontar ao contexto histórico em que a relação tradicional até então existente entre súditos e soberanos se transforma na relação jurídica estabelecida entre cidadãos e o Estado, estabelecendo-se deveres e direitos recíprocos. Essa nova configuração social e política baseada no reconhecimento da igualdade entre todos os indivíduos permite ao cidadão definir por quem e como será governado.

Trata-se de examinar em que momento o poder (então) soberano passou a sofrer limitações por demanda dos indivíduos, e como a evolução destas limitações ao poder do Estado passaram a corresponder às liberdades civis. Esse processo, impulsionado pelos filósofos jusnaturalistas (como Thomas Hobbes e John Locke) e iluministas (como Beccaria, Rousseau e Montesquieu), ganha força entre o final do século XVII e início do século XVIII, momento em que as Revoluções Liberais (ou burguesas, quais sejam, as Revoluções Inglesas, no final do século XVII, a Revolução Americana de declaração de independência, em 1776, e a Revolução Francesa, em 1789) eclodirão com o propósito de extinguir os privilégios da nobreza e do clero, em nome dos direitos do cidadão. Isso implicará, de um lado, maior limitação ao poder do Estado, e, de outro, maior liberdade ao indivíduo, sem a interferência do poder estatal senão no mínimo necessário à manutenção do pacto e da paz sociais. A Declaração de Direitos da Virgínia (EUA, 1776) e a Declaração de Direitos do Homem e do Cidadão (França, 1789), produzidas no contexto destas revoluções, são os primeiros documentos jurídicos a proclamar que todos os homens nascem livres e iguais, e declarando que a liberdade e a igualdade são direitos universais extensivos a todos os homens (sem a delimitação da nacionalidade, como a Magna Carta fazia com os ingleses). Tiveram o mérito de delimitar o que se convencionou chamar liberdades negativas, quer dizer, as liberdades do cidadão exercidas dentro dos limites delineados por abstenções estatais: ao direito do cidadão à vida corresponde o dever do Estado de não matar (e ainda de impedir que outro cidadão o faça); ao direito do cidadão de ir e vir corresponde o dever do Estado de não prender arbitrariamente; ao direito à integridade física e psíquica corresponde o dever do Estado de não torturar; ao direito ao livre pensamento e sua expressão do cidadão corresponde o dever do Estado de não o impedir, e assim por diante.

E, do direito à igualdade, decorre o dever do Estado de não fazer qualquer distinção entre os cidadãos. Nessa esteira de raciocínio, se são iguais todos os cidadãos, todos estão legitimados a escolher qual dentre eles deverá exercer as funções de governo, bem como a se candidatar a ser escolhido. É dessa ideia que surgem os direitos políticos, consistentes na possibilidade de votar e ser votado, de modo a se garantir a soberania popular, essencial à democracia.

Essa é a essência dos direitos civis e políticos, classificados como direitos humanos de 1ª geração (ou dimensão). Há que se destacar que, atualmente, entende-se já não ser suficiente à garantia dos direitos civis e políticos a mera abstenção estatal, devendo o poder público empreender ações que visem garantir seu efetivo exercício. Não há que se falar, por exemplo, em liberdade política para escolha de candidatos, mesmo que prevista em lei ou constituição, se o Estado não adotar medidas para que eleições periódicas se realizem; ou como falar em direito à vida se não houver prestações estatais que assegurem o acesso a um sistema de saúde.

Os direitos de 1ª geração integram um contexto político mais amplo, que é o da formação do liberalismo, corrente político-ideológica que então se consolidava (séculos XVII e XIX) e que defende a mínima intervenção do Estado. Tanto é assim que, como visto anteriormente, os direitos demandados nessas circunstâncias exigiam que o Estado não interviesse nas liberdades individuais do cidadão ou em sua integridade física. Como consequência econômica, desenvolveu-se o Estado liberal e a doutrina da não intervenção na economia, segundo a qual o mercado se regularia por si mesmo por meio da livre-iniciativa e da livre concorrência. Essas teorias econômicas se fundamentavam na ideia de que, sendo todos iguais perante a lei (direito conquistado pelas Revoluções Liberais), e sem impedimentos impostos pelo Estado, haveria igualdade de condições para que todos tivessem acesso a uma vida digna.

Porém, a Revolução Industrial que ganharia fôlego, especialmente a partir do século XIX, trouxe outras consequências: o intenso processo de êxodo rural e urbanização desordenada das principais cidades europeias e norte-americanas acarretou uma realidade social de profundas desigualdades de renda e de condições de trabalho nas fábricas que começaram a gerar questionamentos. Nessa época surgem novos movimentos sociais como o sindicalismo (que demandava direitos trabalhistas) e a 1ª onda do feminismo (que demandava o direito ao voto, obtido pelos homens um século antes, e igualdade de direitos em relação aos operários homens no trabalho), e as primeiras leis trabalhistas na Inglaterra e

EUA foram os documentos que inauguraram a previsão legal dos direitos sociais.

Assim como os filósofos jusnaturalistas ofereceriam as bases teóricas para a formulação dos direitos de 1ª geração, os pensadores alinhados ao pensamento de Karl Marx seriam os responsáveis por contestar as relações de igualdade meramente formal do sistema capitalista industrial liberal, e a demanda por igualdade material originaria os direitos de 2ª geração, quais sejam, os direitos econômicos, sociais e culturais.

Os direitos econômicos, sociais e culturais são associados ao direito à igualdade em sua dimensão material com base no princípio da isonomia, segundo o qual se devem tratar igualmente os iguais e desigualmente os desiguais, na medida de suas desigualdades. Ou seja: o conteúdo enunciado no princípio esclarece que a garantia de igualdade perante a lei é insuficiente para assegurar que, na prática, todos os indivíduos tenham igual acesso a bens e direitos, sendo necessário, desta forma, que o Estado tome medidas para reduzir as desigualdades, sendo insuficiente a mera previsão da igualdade formal.

Assim, movimentos sociais como ocorridos no México e Rússia (1917), bem como na Alemanha (1919), lograram produzir documentos (como a Constituição Mexicana, a Constituição do Povo Trabalhador e Explorado da Rússia e a Constituição de Weimar) em que constavam não somente previsões dos direitos de 1ª geração decorrentes de deveres de abstenção do Estado, mas também previsões de prestações positivas do Estado no sentido de assegurar, sempre que necessário, tratamento desigual para os desiguais, sempre com o escopo de reduzir tais desigualdades. São exemplos disso as previsões referentes a direitos dos trabalhadores em decorrência da conclusão que a liberdade formal de contratação não impedia situações abusivas em relação a estes, como ocorreu de maneira inaugural na Constituição Mexicana, ou a estruturação mais elaborada de uma social-democracia com previsões quanto à educação pública e de direitos fundamentais com forte conteúdo social, como feito pela Constituição de Weimar, ou ainda declarações mais radicais, como ocorreu com a abolição da propriedade privada, decretada pela Constituição do Povo Trabalhador e Explorado da União Soviética.

No final do século XX surge a demanda pelo reconhecimento dos direitos que passariam a ser chamados de 3ª geração: atribui-se a Karel Vasak a primeira menção a tais direitos na abertura dos cursos do Instituto Internacional dos Direitos do Homem, em 1979. Assim como os direitos de 1ª geração são identificados como os direitos de liberdade, e os de 2ª geração, direitos de igualdade, os de 3ª geração vêm sendo denominados direitos de solidariedade. Embora ainda não haja uma doutrina consolidada a seu respeito, há certo consenso em indicar o direito à paz, ao desenvolvimento social, ao meio ambiente sadio, ao patrimônio comum da humanidade, à autodeterminação dos povos e à comunicação como os direitos humanos de 3ª geração.

Por fim, é importante ressaltar que a divisão entre gerações (ou dimensões) é feita apenas para facilitar o estudo e a compreensão do processo histórico de construção dos Direitos Humanos. Não há superação de uma por outra, nem hierarquia entre os direitos.

1.4. O processo de internacionalização dos Direitos Humanos

Não obstante todo o percurso histórico acima descrito, o século XX já foi marcado em seu início pela 1ª Guerra Mundial (1914-1918), conflito cuja violência até então inédita (e que somente seria superado em lesividade pelo conflito seguinte, a 2ª Guerra Mundial, como será mencionado a seguir) gerou os primeiros esforços de cooperação internacional para manutenção da paz. No período entre Guerras, podem ser apontados como primeiros marcos o desenvolvimento do Direito Humanitário (correspondente à regulamentação jurídica do uso de violência em situação de guerra e direitos das vítimas de conflitos armados), a criação da Liga das Nações (primeira experiência de relativização da soberania estatal) e a criação da Organização Internacional do Trabalho (que é a primeira organização internacional fundada para proteção dos direitos de pessoas – e não apenas de Estados ou organizações internacionais –, sendo voltada para a promoção de padrões internacionais de bem-estar no trabalho).

Apesar dessas iniciativas pioneiras de uma incipiente comunidade internacional no sentido de evitar novas perdas humanas como as ocorridas na 1ª Guerra Mundial, em 1938 eclode novo conflito de extensão global. A 2ª Guerra Mundial, em razão das violações perpetradas pela Alemanha nazista (que elaborou normas jurídicas fundamentadas em ideologia racista pretensamente científica, e com isso determinou legalmente a perseguição dos cidadãos não arianos) e a bomba atômica contra populações civis japonesas (cujos efeitos de seu alto poder de destruição ultrapassaram em muitas gerações além daquelas atingidas pelo ataque), foi considerada como uma ruptura com todos os antecedentes de direitos fundamentais que vinham se construindo desde o século XVIII. Estes fatos históricos, que significaram total negação do valor inato do indivíduo, levantaram a pergunta: essa situação poderia ter sido evitada (ou minimizada) pela previsão de proteção internacional aos indivíduos que se vissem desprotegidos pelo ordenamento jurídico de seus próprios países (como os judeus na Alemanha), ou por uma limitação ao uso da força contra populações não envolvidas no conflito armado (caso dos civis japoneses atacados em Hiroshima e Nagasaki)?

Esse questionamento cria o ambiente político propício para a criação de sistemas internacionais de proteção aos direitos humanos, que correspondem à articulação de órgãos e instituições nas esferas nacional e internacional que possibilita a demanda jurídica no caso de violação de direitos humanos. No âmbito global, a ONU é fundada em 1948, e nas décadas seguintes são formados sistemas internacionais regionais (europeu, interamericano e africano).

Esse processo histórico é conhecido como internacionalização dos Direitos Humanos, que tem como consequência a relativização do conceito de soberania e a transformação dos indivíduos em sujeitos de Direito Internacional. Os Estados passam a poder integrar sistemas internacionais de Direitos Humanos por meio da assinatura de tratados internacionais, nos quais os Estados limitam seus próprios poderes políticos quando estes violarem direitos fundamentais, e abre a possibilidade de um cidadão seu, que se veja violado em um destes direitos, recorrer a um destes órgãos internacionais para que o país seja responsabilizado. Essa nova configuração acarreta a relativização da soberania como um dos efeitos do processo de internacionalização.

Os tratados internacionais (também chamados de pacto ou convenção) constituem principal fonte de obrigações do Direito Internacional e têm suas regras gerais definidas pela Convenção de Viena sobre o Direito dos Tratados (1969). Consistem em acordos obrigatórios (ou seja, são juridicamente vinculantes) celebrados entre sujeitos de Direito Internacional, que são os Estados-partes aos quais os termos do tratado se aplicam. Quando relativos ao tema dos Direitos Humanos, conterão previsões de direitos para indivíduos, além de obrigações para os Estados que deles fizerem parte.

Ao ratificar o tratado, o país se compromete internacionalmente a adequar sua política e ordem jurídica internas aos termos do pacto (ou seja, fica obrigado a alterar políticas públicas do Poder Executivo, normas produzidas pelo Poder Legislativo e decisões proferidas pelo Poder Judiciário), o que fortalece os sistemas domésticos de proteção aos Direitos Humanos, além de estimular a participação da sociedade civil, que poderá fiscalizar a implementação dos direitos previstos nos tratados ratificados pelos países (por exemplo, produzindo relatórios "sombra" – os *shadow reports* – como análise crítica aos relatórios dos Estados sobre cumprimento de seus próprios pactos). Ainda, submete-se aos mecanismos de controle previstos no tratado e, caso não cumpra com aquilo a que se comprometeu, deverá submeter-se à jurisdição internacional. Cada sistema terá seus requisitos específicos (como será detalhado nos tópicos referentes a esses temas), mas, em geral, exige-se-que já se tenha recorrido a todos os meios jurídicos internos; ou que se demonstre que o Estado está se mantendo inerte para evitar a responsabilização internacional.

Transforma-se, assim, a concepção tradicional do Direito Internacional que entendia como sujeitos de direitos tão somente as pessoas jurídicas dos Estados e organizações na órbita internacional. A participação do indivíduo nessa dinâmica não era problematizada, e, por isso, a busca da paz internacional não passava pela preocupação com a condição dos seres humanos integrantes dos povos dos Estados envolvidos, mas apenas com o dever de não interferência de um Estado na soberania de outro. Com o processo de internacionalização o conceito de soberania estatal passa a ser relativizado, e o indivíduo passa a ser reconhecido juridicamente como sujeito de Direito Internacional, além dos Estados e das organizações internacionais.

Resumindo os principais pontos da concepção internacional dos Direitos Humanos:

O que significa aderir a um pacto internacional de Direitos Humanos?
1 – Comprometimento de adequação interna aos termos do pacto (Executivo + Legislativo + Judiciário) para fortalecimento do sistema doméstico de proteção aos direitos humanos. 2 – Submissão aos mecanismos de controle previstos no pacto para fiscalização de sua implementação. 3 – Submissão à jurisdição internacional em caso de não cumprimento do pacto.

Há fiscalização do cumprimento dos tratados?
– Cada tratado terá mecanismos de monitoramento específicos. – **Exemplos:** comitês especializados para apreciação de relatórios estatais e petições individuais; investigações *in loco*, comunicações interestatais. – **Participação da sociedade civil:** relatórios "sombra" (*shadow reports*).

Como acessar um sistema internacional de proteção aos Direitos Humanos?
– Cada sistema tem seus requisitos específicos. – **Em geral, exige-se:** esgotamento dos meios internos **ou** demonstração de inércia do Estado.

2. CARACTERÍSTICAS DOS DIREITOS HUMANOS

A partir da criação da ONU, em 1945 (processo que será mais detalhado no próximo tópico), os Direitos Humanos passam a ser compreendidos como **universais, indivisíveis e interdependentes, proibindo-se juridicamente seu retrocesso**. Tais características decorrem, principalmente, dos princípios que orientam suas normas.

A Declaração Universal de Direitos do Homem, de 1948 (que será abordada em maior profundidade em tópico mais à frente), é o primeiro documento a contemplar os direitos de 1ª geração (arts. 3º a 21) e 2ª geração (arts. 22 a 28) de forma indivisível.

Em 1993, a Declaração de Viena consignará em seu § 5º: "Todos os direitos humanos são universais, indivisíveis, interdependentes e inter-relacionados", adotando expressamente os princípios da universalidade, indivisibilidade e interdependência:

a) **Universalidade:** implica que os direitos de alcance universal e que todos os indivíduos são deles titulares, não importando nacionalidade, etnia, religião etc.

b) **Indivisibilidade:** consideram-se fundamentais tanto os direitos civis e políticos, quanto os econômicos, sociais e culturais e os de solidariedade, e por isso os Estados não podem se eximir de garantir quaisquer dos direitos, pois são indivisíveis.

c) **Interdependência:** além de indivisíveis, os direitos fundamentais são interdependentes entre si para poderem ser plenamente exercidos, pois os direitos sociais são irrealizáveis sem as liberdades políticas; as liberdades políticas são inúteis sem os direitos sociais; os direitos sociais e as liberdades civis não podem ser exercidos sem os direitos de solidariedade.

> A proibição de retrocesso consiste na inadmissibilidade de restrição ou suspensão de quaisquer direitos humanos fundamentais já reconhecidos no ordenamento jurídico de um país, conforme previsto no artigo 5º do Pacto dos direitos Civis e Políticos (1966), e no artigo 5º, § 2º, do Pacto Internacional dos Direitos Econômicos Sociais e Culturais (1966). Ambos os tratados serão objeto de análise mais detalhada no tópico a seguir.

3. O SISTEMA GLOBAL DE PROTEÇÃO DOS DIREITOS HUMANOS (ONU)

Conforme já examinado no item 1.4, a 2ª Guerra Mundial é considerada a grande ruptura com todos os antecedentes de direitos humanos: a total negação do valor inato do indivíduo representada pelas violações perpetradas pelo nazismo realizadas por ação estatal legalizada em face de seus próprios nacionais é inédita na história da humanidade, assim como o poder de destruição das bombas atômicas jogadas sobre as populações civis de Hiroshima e Nagasaki. Esses episódios passam a gerar questionamentos sobre a sua evitabilidade (ou minimização) pela previsão de proteção internacional.

Uma primeira iniciativa de responsabilização internacional pelos atos praticados pelos nazistas (vale lembrar que não houve qualquer responsabilização dos atos praticados pelos EUA contra as populações civis japonesas) foi o Tribunal de Nuremberg, criado pelo Acordo de Londres, cujos julgamentos ocorreram entre 1945 e 1946. Por ter sido a primeira experiência de uma instância internacional para julgamento por crimes de guerra, as condenações basearam-se não em normas ou tratados, mas no costume internacional (que é fonte do Direito Internacional, desde que haja concordância de um número significativo de Estados; continuidade da prática por certo tempo e aceitação da prática como lei pela comunidade internacional). Houve críticas, todavia, pela violação aos princípios da anterioridade e do juiz natural, o que serviria de base décadas depois para a formação do Tribunal Penal Internacional, como será explicado posteriormente.

> Em 1945, a ONU é fundada com a Carta das Nações Unidas (também conhecida como Carta de São Francisco, por ter sido assinada nessa cidade norte-americana) cria a Organização das Nações Unidas, estabelecendo como objetivos a manutenção da paz e segurança, a cooperação internacional e a promoção dos Direitos Humanos. Além de fixar essas finalidades, cria os principais órgãos da ONU e respectivas atribuições: Assembleia Geral, Conselho de Segurança, Corte Internacional de Justiça, Conselho Econômico e Social, Conselho de Tutela e Secretariado, que corresponde ao aparato institucional.

O aparato jurídico-normativo do sistema global pode ser subdividido em sistema geral e sistema especial. O sistema geral corresponde à Carta Internacional de Direitos (*International Bill of Rights*), que é o conjunto formado pelos documentos generalistas de Direitos Humanos de 1ª e 2ª geração, quais sejam, a Declaração Universal de 1948, o Pacto dos Direitos Civis e Políticos e o Pacto dos Direitos Econômicos, Sociais e Culturais. Já o sistema especial diz respeito aos pactos de Direitos Humanos celebrados em reconhecimento a sujeitos de Direito específicos, pertencentes a minorias políticas ou expostos a determinadas situações de vulnerabilidade.

3.1. O sistema geral de proteção global aos Direitos Humanos: os documentos generalistas

Em 1948 é adotada a Declaração Universal de Direitos do Homem, com a aprovação unânime de 48 Estados (8 abstenções, nenhum voto contra). Como já visto no item 2, contempla direitos de 1ª geração (arts. 3º a 21) e 2ª geração (arts. 22 a 28) de forma indivisível, e é orientada pelos princípios da universalidade, indivisibilidade e interdependência.

Apesar de sua importância histórica e política, o valor jurídico da Declaração foi objeto de muita discussão por ter sido adotada sob a forma de resolução por meio da qual os Estados assinantes declaravam sua aprovação aos princípios básicos de direitos humanos e liberdades, sem que, contudo, tivesse força de lei.

Mesmo que parte dos doutrinadores de Direito Internacional defendesse a força jurídica vinculante da Declaração Universal de 1948 por esta refletir o costume internacional, deliberou-se pela positivação dos direitos enunciados na Declaração por meio de um tratado internacional, que é o acordo de vontades entre Estados e/ou outros sujeitos de Direito Internacional, sob a forma escrita, com força jurídica vinculante.

Porém, o cenário político internacional do período imediatamente após a 2ª Guerra Mundial era o da Guerra Fria, em que a ordem mundial se dividia nos blocos capitalista (alinhado aos EUA) e socialista (alinhado à URSS), o que gerou debates sobre o conteúdo da declaração e sobre prioridades de direitos no processo de juridicização: parte dos Estados afirmava ser impossível prever todos os direitos da Declaração (de 1ª e de 2ª geração) em um mesmo pacto, pois os países de alinhamento capitalista entendiam que somente os direitos civis e políticos teriam aplicação imediata e poderiam ser exigidos juridicamente em um pacto internacional, o que não ocorreria com os direitos econômicos, sociais e culturais, os quais necessitariam de implementação progressiva. Já os países de visão socialista contra-argumentavam que os direitos econômicos, sociais e culturais poderiam ser autoaplicáveis em um regime socialista.

Não obstante houvesse ainda países favoráveis a um pacto único – e que suscitavam a indivisibilidade e interdependência dos direitos – prevaleceu o argumento de elaboração de dois pactos distintos. Em 1966 são adotados o Pacto dos Direitos Civis e Políticos e o Pacto dos Direitos Econômicos, Sociais e Culturais, que são os chamados pactos generalistas. Em seus textos são previstos pela primeira vez os mecanismos de monitoramento de cumprimento dos pactos: relatórios produzidos pelos Estados-partes para informar ao organismo competente o estado de implementação dos direitos ali previstos, comunicações interestatais (por meio das quais os Estados se fiscalizam mutuamente com a possibilidade de efetivar denúncias perante o órgão internacional competente), investigações *in loco* (realizadas por especialistas que integram os órgãos de monitoramento) e petições individuais (que podem ser apresentadas pelos próprios indivíduos que sofram uma violação de direito fundamental previsto no pacto).

Ambos os tratados têm protocolos facultativos relacionados principalmente com seus mecanismos de monitoramento. Os protocolos facultativos também são tratados internacionais, mas são acessórios aos pactos principais e contêm previsões as quais os Estados podem aderir facultativamente, sem precisar abrir mão do conteúdo central estabelecido nos pactos de direitos.

Com a adoção dos pactos generalistas, forma-se a Carta Internacional de Direitos Humanos, composta por 3 documentos: a Declaração Universal de Direitos Humanos de 1948; o Pacto dos Direitos Civis e Políticos (1966) e o Pacto dos Direitos Econômicos, Sociais e Culturais (1966). O aparato normativo composto pelos pactos generalistas é chamado de sistema geral de proteção.

Atenção! Não confundir:

Carta da ONU (1945)	Declaração Universal de Direitos Humanos (1948)	Carta Internacional de Direitos Humanos (*International Bill of Rights*)
Tratado internacional que cria a Organização das Nações Unidas, seus principais órgãos e atribuições.	Declaração de aprovação dos princípios básicos de direitos e liberdades humanas proferida pelas nações que haviam fundado a ONU.	Nome dado ao conjunto de documentos formado pela Declaração de 1948, o Pacto dos Direitos Civis e Políticos (1966) e o Pacto dos Direitos Econômicos, Sociais e Culturais (1966).

3.1.1. Sistema geral de proteção: o Pacto dos Direitos Civis e Políticos

O Pacto dos Direitos Civis e Políticos foi aprovado em 1966 e entrou em vigor em 1976, quando atingiu o número de ratificações necessárias.

Além da força jurídica vinculante inerente a um tratado internacional, contém previsões mais ampliadas em relação à Declaração, estabelecendo aos Estados tanto obrigações de natureza negativa (por exemplo, não torturar) quanto positiva (tais como prover um sistema legal capaz de responder a violações de direitos); imposição aos Estados-partes de implementação imediata dos direitos. Ainda, contempla novos direitos não previstos na Declaração, como a proibição da prisão por dívida, o direito da criança ao nome e à nacionalidade, proibição de propaganda de guerra, entre outros.

> O Pacto dos Direitos Civis e Políticos, por fazer referência às liberdades civis, guarda relação com o Direito Penal e Processual Penal (inclusive no que se refere às garantias constitucionais sobre o tema), por exemplo: proibição de penas cruéis (art. 7º), proibição de prisão arbitrária (art. 9º), direito a informação sobre o motivo da prisão (art. 9º.2), direito a processo e julgamento em prazo razoável (art. 9º.3), direito da pessoa presa a tratamento digno (art. 10).

O PDCP conta com dois protocolos adicionais: o primeiro (que assim como o PDCP foi aprovado em 1966, mas somente passou a vigorar a partir de 1976) prevê o mecanismo de peticionamento individual para o Comitê de Direitos Humanos, e o segundo (aprovado em 1989 e vigente a partir de 1991) foi elaborado com vistas à abolição da pena de morte.

> O Comitê de Direitos Humanos (integrado por 18 membros nacionais dos Estados-partes, por eles eleitos, mas que não os representam, exercendo suas funções a título pessoal) é o organismo especificamente constituído para monitorar o cumprimento do Pacto dos Direitos Civis e Políticos.

As petições individuais ao Comitê de Direitos Humanos devem preencher os seguintes requisitos de admissibilidade: esgotamento prévio de todos os meios domésticos, para tentar reparar a violação do direito, ou demonstração de prolongamento injustificado dos procedimentos nacionais; e ausência de litispendência internacional. Têm legitimidade para peticionar tanto a própria vítima como terceiros ou organizações em seu nome.

Se preenchidos os requisitos mencionados e recebida a petição, o Estado terá prazo de 6 meses para dar explicações; os esclarecimentos serão encaminhados ao autor da petição, que poderá enviar observações adicionais. O Comitê, considerando todas as informações colhidas, proferirá decisão, que será publicada no relatório anual do Comitê à Assembleia Geral da ONU.

Além das petições individuais, o Comitê de Direitos Humanos tem a atribuição de receber outros mecanismos de monitoramento: relatórios estatais sobre medidas legislativas, administrativas e judiciárias; e comunicações interestatais (mecanismo opcional condicionado à elaboração de declaração específica).

É importante esclarecer que, assim como em todos os outros órgãos internacionais de proteção aos Direitos Humanos (com exceção do Tribunal Penal Internacional, que responsabiliza indivíduos e será objeto de tópico próprio mais à frente), essas petições individuais são apresentadas em face de Estados, e não de indivíduos que tenham praticado uma violação de direitos, porque o que justifica a petição é a violação de um dispositivo previsto em um pacto internacional assinado por um Estado. É essa assinatura que fundamenta a responsabilização internacional (daí a exigência dos requisitos acima citados), e por isso a decisão proferida pelo Comitê é de natureza declaratória da ocorrência ou não de violação de direitos. Ou seja: não possui caráter condenatório ou vinculante, não havendo sanção jurídica propriamente dita, mas causa consequências políticas (em geral denominadas genericamente de *power of embarrassment*).

3.1.2. Sistema geral de proteção: o Pacto dos Direitos Econômicos, Sociais e Culturais

Assim como o Pacto dos Direitos Civis e Políticos, o Pacto dos Direitos Econômicos, Sociais e Culturais também foi aprovado em 1966 e atingiu o número de ratificações necessárias para entrar em vigor em 1976; incorporando dispositivos da Declaração Universal sob a forma de preceitos juridicamente vinculantes, o que implica a possibilidade de um cidadão exigir juridicamente prestações do Estado. Ao contrário do Pacto dos Direitos Civis e Políticos, que estabelece direitos aos indivíduos, o Pacto dos Direitos Econômicos, Sociais e Culturais estipulam obrigações aos Estados-partes para que seja garantido um mínimo essencial aos seus respectivos nacionais.

Os direitos econômicos, sociais e culturais são considerados de realização progressiva, até o máximo dos recursos disponíveis no Estado. Vale ressaltar que parte da doutrina entende que os direitos civis e políticos também exigem implementação de políticas públicas para seu pleno exercício (por exemplo, a infraestrutura eleitoral para viabilizar os direitos políticos; aparato de segurança pública para assegurar direito à liberdade e propriedade etc.).

O Pacto dos Direitos Econômicos, Sociais e Culturais prevê apenas os relatórios dos Estados como mecanismo de monitoramento. Mas, diferentemente do Pacto dos Direitos Civis e Políticos (que criou o Comitê de Direitos Humanos com a atribuição específica de administrar seus mecanismos de monitoramento), o Pacto dos Direitos Econômicos, Sociais e Culturais não criou comitê próprio. Seu texto determina que os relatórios produzidos pelos Estados-partes a respeito de sua implementação sejam encaminhados ao Secretário-Geral das Nações Unidas que, por sua vez, os envia ao Conselho Econômico e Social, que é o órgão coordenador do trabalho econômico e social da ONU, das Agências Especializadas e das demais instituições integrantes do Sistema das Nações Unidas, e que concentra diversas outras atribuições além da apreciação dos relatórios estatais, tais como formular recomendações e realizar atividades relacionadas com o desenvolvimento, comércio internacional, industrialização, recursos naturais e outras questões econômicas e sociais.

Em 2008 foi adotado o Protocolo Facultativo ao Pacto dos Direitos Econômicos, Sociais e Culturais, prevendo sistemática de petições individuais, medidas de urgência, comunicações interestatais e investigações *in loco*. Até outubro de 2017, o Estado brasileiro não assinou nem ratificou este protocolo.

3.1.3. Sistema geral de proteção: Declaração e Programa de Ação de Viena

Em 1993 foi realizada a Conferência Mundial dos Direitos Humanos em Viena (Áustria), na qual se produziu uma nova declaração de direitos e um programa de ação para os Estados alcançarem os objetivos ali declarados.

> A Declaração de Viena reproduz os direitos da Declaração de 1948, mas com número superior de ratificações, reafirmando sua indivisibilidade e a ausência de hierarquia entre direitos. Ainda, aponta a democracia como o regime político mais adequado à promoção dos direitos humanos.

3.2. O sistema especial de proteção

Conforme o processo de internacionalização dos Direitos Humanos se desenvolveu ao longo das décadas, foram sendo reconhecidas outras violações de direitos humanos, mais específicas que aquelas dos sujeitos abstratamente considerados nos tratados componentes do sistema geral de proteção.

O reconhecimento dessas vulnerabilidades permitiu delinear sujeitos concretos, com especificidades geradoras da necessidade de se utilizar as diferentes identidades como fator de reconhecimento de direitos.

Assim, construiu-se o sistema especial de proteção, coexistente ao sistema geral, estruturando o arcabouço normativo internacional dos Direitos Humanos em uma rede mais complexa. Passa-se agora ao exame dos principais aspectos dessas convenções que preveem direitos a sujeitos específicos.

> O estudo dos aspectos jurídicos das convenções envolve a atenção a três pontos: **(i)** quem é o sujeito de Direito protegido pelo pacto e quais direitos são positivados em seu texto; **(ii)** quais deveres correspondentes aos direitos são impostos aos Estados-partes, e **(iii)** quais os mecanismos de monitoramento previstos. Vale também frisar a relevância de se verificar se o Brasil possui legislação sobre o tema.

3.2.1. Convenção para Prevenção e Repressão do Crime de Genocídio

A Convenção para Prevenção e Repressão do Crime de Genocídio (aprovada em 1948 e vigente a partir de 1951) foi a primeira a ser adotada após a fundação da ONU, com o reconhecimento inédito do genocídio como um crime que viola o Direito Internacional e que gera, portanto, obrigação da comunidade internacional em sua repressão e prevenção (art. 1º).

A Convenção define o genocídio em seu art. 2º como qualquer ato cometido com a intenção de destruir, no todo ou em parte, um grupo nacional, étnico, racial ou religioso, tal como assassinato de membros do grupo; dano grave à integridade física ou mental de membros do grupo; submissão intencional do grupo a condições de existência que lhe ocasionem a destruição física total ou parcial; medidas destinadas a impedir os nascimentos no seio do grupo; transferência forçada de menores do grupo para outro grupo.

A Convenção para Prevenção e Repressão do Crime de Genocídio também merece destaque por ter sido o primeiro instrumento de Direito Internacional de Direitos Humanos a prever o julgamento de um crime por uma corte internacional (art. 6º) em razão de sua gravidade e da extensão de seus danos em relação à comunidade internacional.

Essa Convenção é considerada um importante precedente histórico da formação do Tribunal Penal Internacional, que ocorreria em 1998, e será objeto do tópico 3.4.

3.2.2. Convenção relativa ao Estatuto dos Refugiados

A Convenção relativa ao estatuto dos Refugiados (aprovada para assinatura em 1951 e vigente desde 1954) foi uma das primeiras convenções de Direitos Humanos a ser adotada pela comunidade internacional representada pela ONU. O contexto do pós 2ª Guerra Mundial acarretou um grande contingente de pessoas que precisaram se deslocar de seus países de origem em razão do conflito, e que necessitavam de reconhecimento jurídico de sua situação peculiar.

O reconhecimento da condição jurídica de refugiado depende do preenchimento de requisitos: estar fora do seu país em razão de fundado temor de perseguição por motivos de raça, religião, nacionalidade, opinião política ou participação em grupos sociais, e que por isso não possa ou não queira retornar. Presentes referidos requisitos, a convenção assegura à pessoa refugiada o direito a asilo seguro no país de sua escolha.

Além de conceder o asilo seguro àqueles que tiverem reconhecida sua condição de refugiado, é também dever dos Estados aplicar o **princípio de *non-refoulement* ("não devolução"), que proíbe expulsar ou "devolver" (*refouler*) um refugiado, contra sua vontade**, em quaisquer ocasiões, para um território onde ele ou ela sofra perseguição. Ainda, estabelece providências para a disponibilização de documentos, incluindo documentos de viagem específicos para refugiados na forma de um "passaporte".

Essa convenção não apresenta mecanismos de monitoramento, pois foi adotada anteriormente à Carta Internacional de Direitos, quando se inseriram tais instrumentos no Direito Internacional dos Direitos Humanos.

3.2.3. Convenção para Eliminação de Todas as Formas de Discriminação Racial

A Convenção para Eliminação de Todas as Formas de Discriminação Racial é adotada pela ONU em 1965 e entra em vigor em 1969. Os debates de sua formulação se dão no contexto dos movimentos pelos direitos civis das populações afrodescendentes que então ocorriam nos Estados Unidos da América. Muito embora o genocídio dos judeus ocorrido na 2ª Guerra Mundial já houvesse suscitado intenso debate para que se superassem as doutrinas do chamado "racismo científico" – que haviam sido utilizadas como fundamento teórico para a política de extermínio de Hitler – os Estados Unidos ainda mantinham leis estaduais de segregação racial e de negação de direitos civis a negros desde o final do século XIX. Com os movimentos sociais dos negros, é adotada nos EUA a Lei dos Direitos Civis em 1964, e, no ano seguinte, entra em vigor a Convenção para Eliminação de Todas as Formas de Discriminação Racial no plano internacional.

O preâmbulo dessa Convenção determina que as doutrinas de superioridade racial são cientificamente equivocadas, e que a diferença deve ser reconhecida como elemento para promoção de direitos. Os direitos previstos para o sujeito ali reconhecido relacionam-se com igualdade perante a lei sem distinção de raça, de cor ou de origem nacional ou étnica. Cabe aos Estados-partes, em contrapartida, combater o racismo, o preconceito e a discriminação tanto na vertente repressiva (punição à discriminação) quanto promocional (ações afirmativas), contemplando tanto a esfera pública quanto a privada.

Quanto aos mecanismos de monitoramento, a Convenção conta com comitê próprio para apreciar relatórios e comunicações interestatais. Também admite o direito de petição individual, mas o Estado-parte deve fazer declaração específica afirmando que reconhece a competência do comitê para apreciação das petições.

3.2.4. Convenção para Eliminação de Todas as Formas de Discriminação contra a Mulher

Assim como a Convenção para Eliminação de Todas as formas de Discriminação Racial, a Convenção para Eliminação de Todas as Formas de Discriminação contra a Mulher (aprovada em 1979 e vigente a partir de 1981) também tem sua origem em uma conjuntura de lutas sociais por direitos: sua adoção guarda estreita relação com os movimentos feministas das décadas de 1960 e 1970. É importante consignar que o texto não aplica o termo *discriminação baseada no gênero,* pois à época o emprego do termo "gênero" ainda não estava incorporado aos textos jurídicos, mas define *discriminação baseada no sexo* (é importante consignar, todavia, os Princípios de Yogyakarta (2007), documento com caráter recomendatório sobre a aplicação da legislação internacional de direitos humanos em relação à orientação sexual e identidade de gênero).

Outra característica é seu elevado número de reservas, especialmente em relação aos dispositivos que estabelecem a igualdade de direitos entre homens e mulheres perante a lei e no casamento.

Como direitos do indivíduo reconhecido como sujeito de Direito, a Convenção assegura o exercício dos direitos humanos e liberdades fundamentais pela mulher em todos os campos da vida pública e privada, independentemente de seu estado civil, com base na igualdade do homem e da mulher. Aos Estados cabe combater a discriminação baseada no sexo tanto na vertente repressiva (punição à discriminação) quanto promocional (ações afirmativas).

A Convenção para Eliminação de Todas as Formas de Discriminação contra a Mulher prevê como mecanismos de monitoramento um comitê próprio, com atribuição de apreciar os relatórios periódicos enviados pelos Estados. Em 1999 foi adotado Protocolo Facultativo prevendo o direito de petição e a investigação *in loco* para os países que o ratificarem.

3.2.5. Convenção contra a Tortura e outros Tratamentos ou Penas Cruéis, Desumanos ou Degradantes

A Convenção contra a Tortura (adotada pela ONU em 1984 e vigente desde 1989) define tortura como inflição deliberada de dor ou sofrimento com finalidade de obter confissão, punir ou intimidar, e praticada por agente do Estado (enfoque da delinquência estatal). De acordo com o texto do pacto, é vedado aos Estados-partes derrogar a proibição à tortura, nos termos de seu art. 2º, § 2º.

A Convenção assegura ser direito do indivíduo não ser submetido a tortura nem a tratamento degradante sob qualquer circunstância. Para tanto, preveem-se aos Estados os deveres de criminalizar todos os atos de tortura, incluindo a responsabilização de mandantes, executores e omitentes que poderiam ter evitado a tortura. Os Estados-partes devem, ainda, adotar a jurisdição compulsória e universal, que obriga os Estados-partes a processar e punir ou a extraditar torturadores que se encontrem em seu território, independentemente da nacionalidade deste ou da vítima.

Como mecanismos de monitoramento, a Convenção cria um comitê próprio, que analisa relatórios, comunicações interestatais e petições individuais (estas últimas, somente mediante declaração específica dos Estados reconhecendo a competência do comitê para tanto).

Em 2002 foi aprovado o Protocolo Facultativo à convenção (entrando em vigor em 2006), determinando que cada Estado-Parte deverá designar ou manter em nível doméstico um ou mais órgãos de visita encarregados da prevenção da tortura e outros tratamentos ou penas cruéis, desumanos ou degradantes (art. 1º do Protocolo).

3.2.6. Convenção dos Direitos da Criança

A Convenção dos Direitos da Criança foi aprovada em 1989, e entrou em vigor em 1990. O texto define seu sujeito de Direito como o ser humano com menos de 18 anos de idade, salvo disposição legal local em contrário.

O texto adota o conceito do desenvolvimento integral, pela qual a criança deve ser reconhecida como sujeito de Direito (e não objeto de tutela), cabendo-lhe tanto os direitos de 1ª e 2ª gerações, assegurados a qualquer pessoa, quanto direitos específicos de sua condição peculiar de desenvolvimento (tais como o direito de entrar e sair de qualquer Estado-parte para fins de reunificação familiar; proteção de não ser levada ilicitamente para o exterior; proteção de seus interesses em caso de adoção etc.). Cabe aos Estados proteger a criança contra todas as formas de discriminação e assegurar-lhe assistência apropriada com absoluta prioridade.

Apenas relatórios estatais, apreciados por comitê próprio, são previstos como mecanismos de monitoramento.

No Brasil, a Convenção da Criança servirá de diretriz internacional para a elaboração do Estatuto da Criança e do Adolescente (Lei n. 8.069/90) e do Marco Legal da 1ª Infância (Lei n. 13.257/2016).

3.2.7. Convenção sobre os Direitos de todos os trabalhadores migrantes e membros de suas famílias

A questão das violações de direitos humanos de pessoas em migração vem suscitando debates no plano internacional desde a década de 1970, quando o Conselho Econômico e Social passou a emitir resoluções sobre a violação de direitos humanos de trabalhadores migrantes (especialmente africanos em países europeus). Desde então, o fenômeno da migração é crescente, e relacionado com questões de desenvolvimento econômico.

Assim, em 1990 é aprovada a Convenção sobre os Direitos de todos os trabalhadores migrantes e membros de suas famílias, mas que somente em 2003 atinge o número mínimo de Estados-partes para entrar em vigor. Seu art. 2º fornece o conceito de "trabalhador migrante" como sendo "a pessoa que vai exercer, exerce ou exerceu uma atividade remunerada em um Estado de que não é nacional".

Embora tenha promulgado a Lei n. 13.445/2017 (Lei de Imigração), Brasil não assina esta Convenção (até outubro de 2017).

3.2.8. Convenção sobre os Direitos das Pessoas com Deficiência

A Convenção sobre os Direitos das Pessoas com Deficiência, (aprovada em 2006 e vigente desde 2008) é o primeiro tratado de Direitos Humanos adotado no século XXI. Representa uma transformação no paradigma de reconhecimento da pessoa com deficiência: se em épocas anteriores as pessoas com deficiência já foram objeto de intolerância, invisibilidade, e, mesmo assistencialismo decorrente de se entender a deficiência como uma enfermidade a ser curada, a Convenção sobre os Direitos das Pessoas com Deficiência propõe reconhecê-las como sujeito de Direito sob a óptica da inclusão, relacionando os obstáculos enfrentados pela pessoa com deficiência ao meio social e ambiental, e que é passível de intervenção do Estado para assegurar a plena convivência e exercício de direitos.

A Convenção sobre os Direitos das Pessoas com Deficiência reconhece que o conceito de "deficiência" não é estanque ou acabado, e o descreve seu sujeito de Direito – as pessoas com deficiência – como as que têm impedimentos de longo prazo de natureza física, mental, intelectual ou sensorial, os quais, em interação com diversas barreiras, podem obstruir sua participação plena e efetiva na sociedade em igualdades de condições com as demais pessoas.

> Aos Estados-partes cabem os deveres de tomar medidas legislativas, administrativas ou de qualquer outra natureza para implementação dos direitos previstos, incluindo ajustes, adaptações ou modificações razoáveis e apropriadas para assegurar o exercício dos direitos humanos às pessoas com deficiência, além do combate à discriminação nas vertentes repressiva (punição à discriminação) e promocional (ações afirmativas).

Quanto aos mecanismos de monitoramento, a Convenção prevê relatórios estatais, apreciados por comitê próprio. Há Protocolo Facultativo adotando o sistema de petições individuais ao comitê, e investigações *in loco* no caso de violações de direitos graves e sistemáticas.

3.2.9. Convenção para Proteção de Todas as Pessoas contra o Desaparecimento Forçado

A Convenção para Proteção de Todas as Pessoas contra o Desaparecimento Forçado é aprovada em 2006 e entra em vigor em 2010. Anteriormente, o sistema global continha previsão a seu respeito no art. 5º do Estatuto de Roma, no rol de crimes de competência do Tribunal Penal Internacional.

O art. 2º da Convenção descreve o "desaparecimento forçado" como a prisão, a detenção, o sequestro ou qualquer outra forma de privação de liberdade que seja perpetrada por agentes do Estado ou por pessoas ou grupos de pessoas agindo com a autorização, apoio ou aquiescência do Estado, e a subsequente recusa em admitir a privação de liberdade ou a ocultação do destino ou do paradeiro da pessoa desaparecida, privando-a assim da proteção da lei. Como se depreende da leitura do texto convencional, o tratado põe seu foco na delinquência estatal.

Além do direito de não ser submetido a desaparecimento forçado, a Convenção prevê, além dos direitos das vítimas diretas do desaparecimento forçado, os direitos à verdade sobre as circunstâncias do desaparecimento forçado e o destino das pessoas desaparecidas. O texto estabelece ainda a existência de um Comitê contra desaparecimentos forçados (mas com competência para atuar apenas em desaparecimentos ocorridos após a entrada em vigor da Convenção), que pode ser acionado para tomar medidas de urgência (art. 30), tais como pedido de busca e localização de uma pessoa desaparecida por seus familiares ou por seus representantes legais, advogado ou qualquer pessoa por eles autorizada, bem como por qualquer outra pessoa detentora de interesse legítimo.

3.2.10. Outros instrumentos internacionais de proteção aos Direitos Humanos

Este tópico aborda os principais pontos de outros instrumentos internacionais do sistema global de proteção aos Direitos Humanos.

Dentre estes, vale aqui mencionar a Convenção Suplementar sobre a Abolição da Escravatura, do Tráfico de Escravos e das Instituições e Práticas Análogas à Escravatura (1956). Esta convenção é digna de nota por complementar conteúdo de tratado anterior à própria criação da ONU, que é a convenção sobre a escravidão e o tráfico de escravos aprovada em 1926 pela Assembleia da Liga das Nações. A Convenção de Genebra de 1926 definia a escravidão como o estado ou condição de um indivíduo sobre o qual se exercem, total ou parcialmente, os atributos do direito de propriedade, e o tráfico de escravos como o ato de captura, aquisição ou cessão de um indivíduo com o propósito de escravizá-lo, assim como em geral todo ato de comércio ou de transportes de escravos.

Em 1956, a Convenção Suplementar sobre a Abolição da Escravatura, do Tráfico de Escravos e das Instituições e Práticas Análogas à Escravatura rearfirma o conceito de "escravidão" e de "tráfico de escravos" acima expostos, acrescentando os conceitos de "pessoa de condição servil", que é a que se encontra no estado ou condição que resulta de alguma destas situações. Define, ainda, as práticas análogas à escravidão, tais como a servidão e o casamento forçado por dívidas, o ato de mutilar, de marcar com ferro em brasa ou por qualquer outro processo um escravo ou uma pessoa de condição servil – para indicar sua condição, para infligir um castigo ou por qualquer outra razão. Por ser anterior à Carta Internacional de Direitos, não prevê mecanismos de monitoramento.

O Código Penal Brasileiro prevê o crime de redução a condição análoga à de escravo. Porém, o tipo penal descreve a situação de forma distinta da convenção, relacionando a prática a condições de trabalho degradantes ou exaustivas:

> **Art. 149.** Reduzir alguém a condição análoga à de escravo, quer submetendo-o a trabalhos forçados ou a jornada exaustiva, quer sujeitando-o a condições degradantes de trabalho, quer restringindo, por qualquer meio, sua locomoção em razão de dívida contraída com o empregador ou preposto.

Também é importante tecer algumas considerações sobre os instrumentos de proteção aos Direitos Humanos de 3ª Geração: como representativas desse grupo, mencionam-se a Convenção para a Proteção do Patrimônio Mundial, Cultural e Natural (UNESCO – 1972), Convenção sobre a Diversidade Biológica (ECO 1992 – Rio de Janeiro) e a Declaração das Nações Unidas sobre os Direitos dos Povos Indígenas (2007).

> As normas de Direito Ambiental se relacionam com a consideração do direito ao meio ambiente sadio como uma dimensão dos Direitos Humanos.
>
> A Convenção para a Proteção do Patrimônio Mundial, Cultural e Natural (UNESCO – 1972) estabelece deveres aos Estados-partes para preservação do patrimônio cultural e natural (foi incorporada pelo Brasil por meio do Decreto n. 74/1977); já a Convenção sobre a Diversidade Biológica (ECO 1992 – Rio de Janeiro) declara como objetivos a conservação da diversidade biológica e seu uso sustentável.

A questão indígena (referente aos debates sobre os direitos das sociedades indígenas) encontra antecedentes no plano internacional em duas convenções da Organização Internacional do Trabalho: primeiro, a Convenção 107 da OIT para proteção das populações indígenas, tribais e semitribais de países independentes (1957), com foco na proposta integracionista (ou seja, de assimilação cultural forçada); e posteriormente a Convenção 169 da OIT (1989), que já indica uma transformação no paradigma relativo à proteção dos direitos humanos dessas populações, trazendo o direito à diversidade e à autodeterminação por meio de consulta e participação.

Em 2007, é aprovada a Declaração das Nações Unidas sobre os Direitos dos Povos Indígenas reconhecendo direitos fundamentais no contexto das culturas, realidades e necessidades indígenas. A Declaração abrange direitos individuais (tais como o direito de viver com integridade física e mental, liberdade e segurança) e coletivos (por exemplo, os direitos culturais e de identidade, os direitos à educação, saúde e emprego, o direito à língua etc.). Além disso, a Declaração afirma que povos e pessoas indígenas têm o direito de não serem forçosamente assimilados ou destituídos de suas culturas, bem como de manter e desenvolver seus sistemas e instituições políticas, econômicas e sociais para assegurar seus próprios meios de subsistência, mantendo ainda seus próprios sistemas de leis, desde que em conformidade com a normativa internacional de direitos humanos.

Por se tratar de uma declaração e não de um tratado, a Declaração da ONU não constitui instrumento juridicamente vinculante, embora sirva para estabelecer diretrizes para as políticas e legislações nacionais que dizem respeito aos povos indígenas. Isso não significa, porém, que os indígenas não sejam titulares dos direitos enumerados nos demais tratados, como o Pacto Internacional de Direitos Econômicos, Sociais e Culturais, o Pacto Internacional de Direitos Civis e Políticos, a Convenção para a Eliminação da Discriminação Racial, a Convenção das Nações Unidas sobre os Direitos da Criança etc. Vale ainda consignar que o Brasil aderiu à Convenção 169 da OIT, promulgada por Decreto presidencial em 2004, e que se aplica aos povos tribais em países independentes, cujas condições sociais, culturais e econômicas os distingam de outros setores da coletividade nacional, e que estejam regidos, total ou parcialmente, por seus próprios costumes ou tradições ou por legislação especial; e aos povos em países independentes, considerados indígenas pelo fato de descenderem de populações que habitavam o país ou uma região geográfica pertencente ao país na época da conquista ou da colonização ou do estabelecimento das atuais fronteiras estatais e que, seja qual for sua situação jurídica, conservam todas as suas próprias instituições sociais, econômicas, culturais e políticas, ou parte delas (art. 1º, *a* e *b*).

Em outubro de 2015, a Assembleia Geral da ONU aprovou o texto das *Regras de Mandela*, que atualiza o documento *Regras Mínimas para o Tratamento de Presos* (1955). As Regras se dividem em duas partes: no capítulo I estão previstos princípios básicos, registros, separação de categorias, acomodações, higiene pessoal, vestuário próprio e roupas de cama, alimentação, exercício e esporte, serviços de saúde, restrições, disciplinas e sanções, instrumentos de restrição, revistas íntimas e inspeção de celas, informações e direitos à queixa dos presos, contato com o mundo exterior, livros, religião, retenção de pertences dos presos, notificações, investigações, remoção de presos, funcionários da unidade prisional e inspeções internas e externas. Já no Capítulo II, há as regras aplicáveis a categorias especiais, tais como presos com transtornos mentais e/ou problemas de saúde, presos sob custódia ou aguardando julgamento, presos civis e pessoas presas ou detidas sem acusação, bem como princípios orientadores para presos sentenciados.

É importante destacar que as Regras de Mandela modificaram a previsão anterior das Regras Mínimas para o Tratamento de Presos em relação ao prazo máximo para o confinamento solitário (modalidade de cárcere em que o preso é mantido longe de contato humano por mais de 22 horas diárias): nas Regras Mínimas de 1955, o isolamento era permitido, sem limite de tempo, desde que houvesse o aval de um médico; a partir das Regras de Mandela, sua aplicação não pode ultrapassar 15 dias. A legislação brasileira ainda não segue essa determinação internacional: o limite estabelecido pela Lei de Execução Penal (Lei n. 7.210/84), em seu art. 52, I, é de 360 dias. Outro ponto digno de nota diz respeito ao tratamento às gestantes, uma vez que os novos parâmetros estabelecidos pelas Regras de Mandela proíbem o uso de algemas em mulheres em trabalho de parto ou pós-parto. Vale lembrar que as Regras de Bangkok (2010), documento específico relativo aos direitos das mulheres presas, contêm disposição no mesmo sentido, adotada pelo Brasil no Decreto n. 8.858/2016, que estabelece em seu art. 3º: *É vedado emprego de algemas em mulheres presas em qualquer unidade do sistema penitenciário nacional durante o trabalho de parto, no trajeto da parturiente entre a unidade prisional e a unidade hospitalar e após o parto, durante o período em que se encontrar hospitalizada.*

Embora as Regras de Mandela não tenham caráter vinculante (conforme parágrafos 5 e 7 do seu preâmbulo), o Brasil já é juridicamente obrigado a cumprir várias de suas normas em razão de a Constituição Federal contemplar em seu art. 5º, desde de 1988, diversas normas contidas no documento, determinando (i) que ninguém será submetido a tortura nem a tratamento desumano ou degradante; (ii) que a pena será cumprida em estabelecimentos distintos, de acordo com a natureza do delito, a idade e o sexo do apenado; (iii) que é assegurado aos presos o respeito à integridade física e moral; (iv) que às presidiárias serão asseguradas condições para que possam permanecer com seus filhos durante o período de amamentação; (v) que ninguém será privado da liberdade ou de seus bens sem o devido processo legal; (vi) que aos litigantes, em processo judicial ou administrativo, e aos acusados em geral são assegurados o contraditório e ampla defesa, com os meios e recursos a ela inerentes; (vii) que são inadmissíveis, no processo, as provas obtidas por meios ilícitos; (viii) que ninguém será considerado culpado até o trânsito em julgado de sentença penal condenatória; (ix) que ninguém será preso senão em flagrante delito ou por ordem escrita e fundamentada de autoridade judiciária competente; (x) que a prisão de qualquer pessoa e o local onde se encontre serão comunicados imediatamente ao juiz competente e à família do preso ou à pessoa por ele indicada; (xi) que o preso será informado de seus direitos, entre os quais o de permanecer calado, sendo-lhe assegurada a assistência da família e de advogado; (xii) que o preso tem direito à identificação dos responsáveis por sua prisão ou por seu interrogatório policial; (xiii) que a prisão ilegal será imediatamente relaxada pela autoridade judiciária; (xiv) que ninguém será levado à prisão ou nela mantido, quando a lei admitir a liberdade provisória, com ou sem fiança.

A Lei de Execução Penal brasileira (Lei n. 7.210/84), assim como as Regras de Mandela, também determina que os presos devem ser separados por categorias (tipo de crime, sexo, idade, provisórios, condenados, jovens, adultos etc.), além de estabelecer exigências de higiene e saúde, devendo ser oferecidas as condições para manutenção da higiene pessoal, vestuário e roupas de cama.

3.3. Principais órgãos não convencionais da ONU

Os órgãos não convencionais são aqueles que integram a estrutura do sistema ONU de proteção aos Direitos Humanos, mas que não foram criados por nenhum dos pactos mencionados nos tópicos anteriores. São órgãos políticos cujo raio de ação não se restringe apenas aos Estados-partes (como ocorre com os comitês criados pelos pactos específicos), podendo atuar em casos de violação de direitos mesmo em que não haja convenção específica sobre um determinado direito violado, ou se, havendo Convenção específica, o Estado-violador não a tiver ratificado.

3.3.1. A Corte Internacional de Justiça (CIJ)

Principal órgão judiciário das Nações Unidas, foi estabelecida em junho de 1945 pela Carta da Nações Unidas e começou a funcionar em 1946. Tem por função solucionar disputas legais submetidas por Estados, além de oferecer pareceres consultivos sobre questões legais apresentadas por órgãos autorizados da ONU e outras agências especializadas. A Corte é composta de 15 juízes, que são eleitos para mandatos de nove anos pela Assembleia Geral da ONU e pelo Conselho de Segurança.

3.3.2. O Alto Comissariado

O Alto Comissariado para Direitos Humanos da ONU é parte integrante do Secretariado da ONU, além de ser o órgão responsável pela supervisão do Conselho de Direitos Humanos.

3.3.3. O Conselho de Direitos Humanos (antiga Comissão de Direitos Humanos)

O Conselho de Direitos Humanos das Nações Unidas foi criado em março de 2006 para suceder a extinta Comissão das Nações Unidas para os Direitos Humanos. É parte do corpo de apoio da Assembleia Geral da ONU, e tem por principais atribuições assumir, revisar, aprimorar e racionalizar os mandatos, os mecanismos, as funções e as responsabilidades da antiga Comissão de Direitos Humanos, tais como relatorias e sistemas de denúncias. Concomitantemente ao Conselho de Direitos Humanos, foi criada a Revisão Periódica Universal (RPU), mecanismo que determina que todos os 193 Estados-membros da ONU sejam submetidos periodicamente a uma revisão de sua situação de direitos humanos a cada quatro anos e meio. De acordo com a Resolução n. 60/251 (2006) da Assembleia Geral e a Resolução n. 5/1 (2007) do Conselho de Direitos Humanos, esta revisão visa avaliar o cumprimento por parte dos Estados das obrigações e compromissos internacionais assumidos em matéria de direitos humanos.

Neste mecanismo, os Estados se avaliam mutuamente, por meio de relatórios de direitos humanos, alertando para violações de direitos humanos onde quer que estas ocorram, gerando um conjunto de recomendações.

As Revisões são conduzidas por Estados que compõem o Grupo de Trabalho da RPU que comporta os 47 membros do Conselho; no entanto, qualquer Estado-membro das Nações Unidas pode ser parte no diálogo com os Estados avaliados.

As Revisões são elaboradas com base em informações providas pelo Estado (governo) sob análise, que pode assumir a forma de "relatório nacional"; informações contidas nos relatórios de peritos/especialistas e grupos independentes de direitos humanos; ou ainda por informações de outras partes interessadas, incluindo instituições nacionais de direitos humanos e organizações não governamentais.

O Primeiro ciclo foi iniciado no ano de 2008, quando todos os Estados-membros das Nações Unidas foram revisados, com 48 Estados avaliados a cada ano. O Segundo ciclo teve início em 2012, e o Terceiro ciclo ocorre entre 2017 e 2021.

O Brasil foi submetido à RPU em abril de 2008, maio de 2012 e maio de 2017. Nesta última, a ONU fez 246 recomendações, nos seguintes temas: o combate à extrema pobreza e às desigualdades socioeconômicas; o combate (intersetorial) à discriminação baseada no gênero, etnia, religião, deficiência, orientação sexual e identidade de gênero; a proteção de crianças contra a violência, exploração sexual, trabalho infantil e sem abrigo; assegurar o direito à terra, aos serviços básicos; direitos dos povos indígenas e quilombolas; combater o uso excessivo da força e os homicídios cometidos pela polícia em "legítima defesa" ou durante a "guerra às drogas"; combater a tortura, os maus-tratos, a violência e a morte em prisões, bem como a superlotação carcerária e as más condições nos lugares de detenção; as medidas tomadas para alcançar uma educação de qualidade, acessível, culturalmente adequada e para todos; combater o trabalho escravo; e proteger os defensores de direitos humanos.

3.4. O Tribunal Penal Internacional

O Tribunal Penal Internacional é um sistema de justiça internacional complementar às cortes nacionais, que tem por principal função o processamento e julgamento de pessoas acusadas de crimes internacionais graves. Encontra precedentes no Tribunal de Nuremberg e na Convenção para Prevenção do Genocídio (ONU) que, como mencionado no tópico 3.2.1, conta com previsão de julgamento por Corte Internacional competente. Além dessa convenção, a Convenção contra a Tortura (ONU) também prevê julgamento por jurisdição universal e compulsória.

O tratado que confere respaldo jurídico ao TPI é Estatuto de Roma, aprovado em 1998 por 120 votos, atingindo o número mínimo de ratificações para entrar em vigor em 2002. Dessa forma, a regra da irretroatividade da lei penal determina que as regras do TPI somente se aplicam a partir do referido ano. Se o Estado aderir ao Estatuto depois desta data, caberá ao próprio Estado decidir se conta a vigência a partir de 2002 ou da ratificação, conforme previsto no artigo 11 do Estatuto.

A proposta do Tribunal Penal Internacional é de constituir uma justiça preestabelecida e permanente, para processar e julgar crimes de guerra específicos (diferentemente do que ocorreu com tribunais *ad hoc* estabelecidos *a posteriori* na ex-Iugoslávia e em Ruanda). Por não possuir polícia nem sistema penitenciário próprios, depende de cooperação dos Estados-partes. Vale frisar que o artigo 120 do Estatuto proíbe a formulação de reservas.

O Brasil reconhece a competência do TPI no art. 5º, § 4º, da Constituição Federal.

Nos termos do art. 5º do Estatuto de Roma, o TPI tem competência material para processar e julgar os crimes de genocídio (o art. 6º do Estatuto adota a definição da Convenção para Prevenção e Repressão ao crime de Genocídio), crimes contra a Humanidade (descritos como ataques generalizados e sistemáticos contra a população civil em modalidades específicas, nos termos do art. 7º do Estatuto), crimes de guerra (previstos no Direito Humanitário e arrolados no art. 8º do Estatuto) e os crimes de agressão, previstos no art. 1º, *d*, 2, do Estatuto. Estes últimos foram definidos em 2010 na Conferência de Kampala (Uganda), e a tipificação vigora a partir de 2017. Consistem na prática de atos que, por sua natureza, gravidade ou impacto, constituem manifesta violação da Carta das Nações Unidas.

Todos os crimes de competência do TPI são imprescritíveis (art. 29 do Estatuto), o que entra em confronto com a Constituição Federal Brasileira, que decreta a imprescritibilidade apenas para o crime de racismo (art. 5º, XLII, CF).

O processamento e julgamento dos crimes pelo TPI é sempre subsidiário em relação aos sistemas de justiça domésticos, sendo necessário o exame dos requisitos de admissibilidade (art. 17 do Estatuto): deve ficar demonstrada a indisposição (por exemplo, demora injustificada no encerramento do caso, ou suspeita de parcialidade) ou a incapacidade (como problemas graves do sistema de justiça doméstico) do Estado-parte em processar e julgar o crime. Em suma, deve-se verificar a presença de uma dentre as três situações a seguir: quando o Estado puder, mas não quiser julgar os crimes; quando o Estado quiser, mas não puder julgar os crimes; e quando o Estado não quiser nem puder julgar os crimes.

É imprescindível ressaltar que, por se tratar de corte penal, o TPI processa e julga **indivíduos** (e não Estados, como ocorre em outros órgãos internacionais de proteção aos Direitos Humanos), o que não impede que mesmo fato gere responsabilidades em diferentes esferas (por exemplo: é juridicamente possível, em face de atos de tortura praticados por agentes do governo, responsabilizar o Estado por violação à Convenção contra a Tortura da ONU, e condenar criminalmente os torturadores no Tribunal Penal Internacional). O Estatuto de Roma não prevê qualquer imunidade, inclusive para chefes de Estado, justamente para evitar que a punição se dê somente em relação aos executores das ordens.

A atuação do Tribunal pode ser provocada nos termos do artigo 13 do Estatuto, que regula o exercício de sua jurisdição prevendo as possibilidades de denúncia a partir de Estados-partes; de atuação de ofício da Promotoria Internacional; ou por ação do Conselho de Segurança da ONU, atuando inclusive em Estados que não sejam parte do Estatuto (com fundamento no Capítulo VII da Carta da ONU).

Por fim, o Tribunal pode condenar a sanções penais (art. 77 – pena privativa de liberdade máxima de 30 anos como regra geral, embora excepcionalmente se admita a prisão perpétua, quando justificada pela extrema gravidade do crime e pelas circunstâncias pessoais do condenado), executando-se a pena no Estado designado pelo TPI, sendo facultado aos Estados se oferecerem em lista prévia (art. 103). Também podem ser impostas sanções civis (art. 75), consistentes em reparações pagas à vítima pelo condenado.

Atenção! Não confundir:

Comitê de Direitos Humanos	Conselho de Direitos Humanos	Corte Internacional de Justiça	Tribunal Penal Internacional
Organismo especificamente criado pelo Pacto dos Direitos Civis e Políticos para monitorar o seu cumprimento pelos Estados-partes.	Parte do corpo de apoio da Assembleia Geral da ONU, substituiu a Comissão de Direitos Humanos, assumindo suas atribuições.	Órgão judiciário das Nações Unidas, com função de solucionar disputas legais submetidas por Estados.	Sistema de justiça internacional para o processamento e julgamento de pessoas acusadas de crimes internacionais graves.

4. SISTEMAS REGIONAIS DE PROTEÇÃO DOS DIREITOS HUMANOS

Após a 2ª Guerra Mundial, concomitantemente à criação da ONU, foram também criados sistemas regionalizados, quais sejam, o sistema regional europeu, o sistema regional africano e o sistema regional interamericano. Têm a finalidade de atender a peculiaridades geográficas e culturais relativas à proteção dos Direitos Humanos e de incentivar os consensos políticos sobre os pactos adotados, tendo em vista serem formados por um número menor de Estados.

Da mesma forma que o sistema ONU, os sistemas regionais podem ser examinados a partir de seu aparato institucional (qual são seus organismos internos) e jurídico-normativo (qual são os pactos internacionais por eles produzidos e aos quais seus Estados-membros se submetem).

É importante destacar que os sistemas regionais coexistem de forma complementar ao sistema global da ONU, não havendo entre eles qualquer relação de hierarquia ou instância.

Aliás, não é raro que os mesmos direitos sejam protegidos em pactos análogos produzidos pelos sistemas: por exemplo, o direito de não ser torturado sob hipótese alguma é assegurado tanto na Convenção das Nações Unidas contra a Tortura e outros Tratamentos ou Penas Cruéis quanto na Convenção Interamericana para Prevenir e Punir a Tortura. Por outro lado, pode haver tratados que protegem determinados sujeitos de Direito com previsões mais genéricas (como a Convenção para Eliminação de Todas as Formas de Discriminação contra a Mulher) e outros mais específicos, em relação ao mesmo sujeito (caso da Convenção de Belém do Pará, que trata especificamente da violência contra a mulher). A opção pela demanda em um ou outro sistema atende, portanto, a critérios que avaliam a melhor estratégia para a litigância internacional: a depender da violação ocorrida deve-se verificar a qual tratado internacional de direitos humanos o caso concreto mais se adequa, quais os mecanismos de reparação da violação mais favoráveis para a vítima, maior facilidade de acesso, entre outros fatores.

Uma vez acessado um sistema, o caso gera litispendência internacional, impedindo novo acesso a qualquer outro sistema de proteção sob o mesmo fundamento.

Os sistemas de monitoramento dos sistemas regionais podem contar com até duas espécies de órgãos: uma comissão de direitos humanos (a qual se pode endereçar uma denúncia de violação de direitos, uma vez percorridas todas as instâncias e instituições no país de origem da pessoa vítima), que emitirá uma decisão declaratória da ocorrência ou não de violação (mas sem força jurídica vinculante), e uma corte regional de direitos humanos, com poderes para emitir sentenças com força jurídica vinculante, pelas quais a vítima de violação pode compelir seu Estado a medidas reparatórias.

Os sistemas regionais aqui mencionados fazem parte de organizações-matrizes com outras atribuições além dos direitos humanos: o sistema europeu integra o Conselho da Europa; o sistema africano, a União Africana (UA); e sistema interamericano, a Organização dos Estados Americanos (OEA). Para os fins propostos nesta obra, serão abordados os principais aspectos dos três sistemas regionais atualmente em funcionamento, e, com maior profundidade, o sistema interamericano, por ser integrado pelo Brasil, e cuja jurisprudência conta com casos brasileiros, com maior repercussão no direito interno nacional.

4.1. O sistema europeu

O sistema europeu de proteção aos Direitos Humanos foi fundado com a aprovação da Convenção Europeia de Direitos Humanos em 1950 (e que entraria em vigor em 1953) como resposta da comunidade internacional aos fatos ocorridos na 2ª Guerra Mundial, o que se deu com maior intensidade naquele continente. Os Estados-membros compõem um sistema caracterizado por grande diversidade cultural e linguística (embora seus idiomas oficiais sejam o inglês e o francês, e as petições individuais são aceitas em idioma nativo). Dentre os principais desafios enfrentados, destaca-se a questão da integração dos países do leste europeu, especialmente os oriundos dos antigos regimes comunistas.

A Convenção Europeia de Direitos Humanos, seu principal tratado, é válida para todas as pessoas que estejam sob jurisdição dos Estados-membros e constitui a base legal do sistema.

Prevê apenas direitos de 1ª geração (civis e políticos), além da criação da Corte Europeia de Direitos Humanos. Outros pactos de temas específicos também foram produzidos pelo sistema europeu, tais como a Convenção Europeia sobre Extradição (aprovada em 1957 e vigente a partir de 1960), o 1º Protocolo à Convenção Europeia para Prevenção da Tortura e de Tratamentos Degradantes (aprovada em 1993 e vigente a partir de 2002) e a Convenção Europeia para Proteção de Minorias Nacionais (aprovada em 1995 e vigente a partir de 1998), entre outros.

Seu sistema de monitoramento é representado pela Corte Europeia de Direitos Humanos, que detém competência contenciosa (aprecia petições individuais e denúncias feitas entre Estados-membros) e consultiva (sobre questões relativas à interpretação da Convenção e seus protocolos).

Desde 1998, esse é o único órgão de monitoramento: até então existia uma Comissão Europeia de Direitos Humanos, que foi abolida mediante o 11º Protocolo à Convenção Europeia de Direitos Humanos, para dar lugar apenas à Corte, que emite decisões de caráter jurídico vinculante, podendo ser ordenada uma "justa compensação".

As denúncias de violação aos direitos previstos na Convenção Europeia de Direitos Humanos podem ser feitas por qualquer Estado-parte (uns contra os outros) ou por petições individuais, o que faz com que esse sistema tenha o maior número de casos de denúncias individuais dentre os sistemas regionais, já que qualquer pessoa, que esteja sob a jurisdição de um Estado-membro pode acessar o sistema alegando ter sido vítima de violação, desde que esgotados todos os meios internos para tentativa de reparação.

4.2. O sistema africano

Fundado em 1981, trata-se do sistema mais recente e incipiente, com dificuldade de implementação das disposições de seus tratados em virtude do baixo grau de institucionalidade na região, em grande medida decorrente das sequelas dos processos de colonização e descolonização relativamente recentes (em 1945, ano de fundação da ONU e marco inicial do processo de internacionalização dos Direitos Humanos, apenas Egito e Etiópia eram independentes).

Seu principal documento generalista e base jurídica é a Carta Africana dos Direitos Humanos e dos Povos (aprovada em 1979 e vigente a partir de 1981), que inaugura um novo paradigma ideológico ao empregar pela 1ª vez surge o termo "dos povos", indicando sua concepção coletivista em oposição aos direitos do "homem" e do "cidadão".

Essa formulação configura uma resposta da comunidade regional composta pelos Estados africanos à sua história de dominação colonial: sua carta de direitos humanos reconhece os povos como iguais em dignidade e direitos, consignando expressamente em seu artigo 20 que "nada pode justificar a dominação de um povo por outro", e que "os povos colonizados ou oprimidos têm o direito de se libertar de seu estado de dominação". Além disso, os povos têm o *status* de entes titulares de direitos tais como o direito à existência, à autodeterminação e à livre disposição de suas riquezas e recursos naturais. Trata-se de um claro exemplo do potencial dos sistemas regionais de atender a demandas culturais, históricas e políticas específicas.

Como exemplos de outros pactos específicos, podem-se mencionar a Carta Africana sobre os Direitos e o Bem-Estar da Criança (aprovada em 1990 e vigente a partir de 1999) e o Protocolo à Carta Africana dos Direitos Humanos e dos povos sobre os Direitos das Mulheres na África (aprovada em 2003 e vigente a partir de 2005).

Seus órgãos de monitoramento são a Comissão Africana de Direitos Humanos e Corte Africana de Direitos Humanos, estabelecida por Protocolo Facultativo à Carta Africana, cuja jurisdição só se aplica aos Estados que ratificaram o referido Protocolo. A Comissão Africana de Direitos Humanos tem função consultiva de interpretação da Carta Africana e avaliação de relatórios estatais. Já a Corte tem competência litigiosa, além da consultiva, podendo emitir parecer sobre qualquer assunto da sua jurisdição.

Ainda quanto à Corte Africana, deve-se ressaltar que sua jurisdição somente se exerce a partir do momento em que o Protocolo do Tribunal entrou em vigor (em janeiro de 2004), exceto nos casos de violações continuadas, que já se estavam ocorrendo antes da criação da Corte e continuaram a existir após o início de seu funcionamento.

Somente os Estados-partes têm legitimidade para levar denúncias à Comissão Africana de Direitos Humanos. Quanto à Corte Africana de Direitos Humanos, tanto os Estados-partes quanto ONGs e indivíduos podem apresentar denúncias, desde que cumpridos os critérios de admissibilidade (esgotamento dos meios internos ou demonstração de demora injustificada para resposta jurídica à violação no país de origem).

4.3. O sistema interamericano

Considera-se fundado o sistema interamericano de proteção aos Direitos Humanos em 1948, com a adoção da Carta da Organização dos Estados Americanos e da Declaração Americana dos Direitos e Deveres do Homem. Porém, a Convenção Interamericana de Direitos Humanos (ou Pacto de São José da Costa Rica), tratado que constituiria sua base legal, somente seria adotada em 1969, e não entraria em vigor até 1978, quando atingiu o número mínimo de ratificações. É necessário considerar que as ditaduras militares, então estabelecidas no Cone Sul, dificultaram a adoção da Convenção em vários países, mas a discussão regional do tema dos direitos humanos contribuiu para a desestabilização desses regimes autoritários. Como principais desafios para esse sistema regional, devem-se citar questões locais como as desigualdades sociais, democracias incipientes e resquícios dos regimes ditatoriais.

A Convenção Interamericana de Direitos Humanos é o tratado que corresponde ao alicerce normativo do sistema interamericano. Além disso, é o seu principal pacto generalista, estabelecendo deveres aos Estados (arts. 1º e 2º, tais como a obrigação de respeitar os direitos e o dever de adotar suas disposições no direito interno), além de direitos aos indivíduos. Vale ressaltar que a Convenção Interamericana contempla direitos civis e políticos (arts. 3º a 25) e direitos econômicos, sociais e culturais, embora quanto a estes últimos o faça apenas de forma genérica no artigo 26. Coube ao Protocolo Facultativo de San Salvador trazer as previsões dos direitos de 2ª geração.

Como pactos específicos do sistema interamericano, podem-se mencionar a Convenção Interamericana de Prevenção e Punição da Tortura (aprovada em 1985 e vigente a partir de 1987), a Convenção Interamericana para Prevenir, Punir e Erradicar a Violência contra a Mulher (Convenção de Belém do Pará, aprovada em 1994 e vigente a partir de 1995), a Convenção Interamericana sobre o desaparecimento forçado de pessoas (aprovada em 1994 e vigente desde 1996) e a Convenção Interamericana para a Eliminação de Todas as Formas de Discriminação contra as Pessoas Portadoras de Deficiência (aprovada em 1999 e vigente a partir de 2001), sobre as quais serão comentados os principais pontos a seguir.

A Convenção Interamericana de Prevenção e Punição da Tortura estabelece aos Estados os deveres de adotar medidas administrativas e legislativas para prevenir e punir a tortura, bem como de tipificar todos os atos que configurem tortura e prever compensação para as vítimas em sua legislação interna. Quanto aos direitos dos indivíduos, determina que nenhuma pessoa pode ser submetida à tortura sob justificativa alguma. Prevê como mecanismos de monitoramento apenas relatórios estatais para a Comissão Interamericana.

A Convenção Interamericana para Prevenir, Punir e Erradicar a Violência contra a Mulher ficou conhecida como Convenção de Belém do Pará, por ter sido assinada nessa cidade brasileira em 1994. Define violência contra a mulher como "qualquer ato ou conduta baseada no gênero, que cause morte, dano ou sofrimento físico, sexual ou psicológico à mulher, tanto na esfera pública como na esfera privada". Impõe aos Estados os deveres de prevenir e punir a violência contra mulheres, inclusive incorporando medidas legislativas no ordenamento jurídico interno, ao mesmo tempo em que assegura às mulheres, sujeitos de Direito reconhecidos na Convenção, o direito de ser livre de violência tanto na esfera pública quanto privada.

Em relação aos mecanismos de monitoramento, a Convenção de Belém do Pará prevê relatórios estatais e petições individuais ou de ONGs para a Comissão Interamericana de Direitos Humanos. Sobre esse tratado, é importante lembrar que a Lei Maria da Penha (11.340/2006) resultou de petição individual encaminhada à CIDH, que gerou o relatório 54/2001, recomendando ao Brasil a adoção de legislação específica para o combate à violência doméstica contra a mulher.

A Convenção Interamericana para a Eliminação de Todas as Formas de Discriminação contra as Pessoas Portadoras de Deficiência define "deficiência" como "uma restrição física, mental ou sensorial, de natureza permanente ou transitória, que limita a capacidade de exercer uma ou mais atividades essenciais da vida diária, causada ou agravada pelo ambiente econômico e social". Cabe aos Estados, além dos tradicionais deveres de prevenir e punir a discriminação, a obrigação prioritária de prevenir as formas de deficiência preveníveis, assegurando detecção e intervenção precoce, além de tratamento e reabilitação. Essa Convenção tem a peculiaridade de não prever expressamente os direitos dos indivíduos por ela contemplados (quais sejam, as pessoas com deficiência), mas os deveres dos Estados asseguram o direito à não discriminação e direitos sociais especificados. Como mecanismos de monitoramento estão previstos apenas relatórios estatais à Comissão Interamericana.

Os principais órgãos que correspondem ao aparato institucional do sistema interamericano de Direitos Humanos são a Comissão Interamericana de Direitos Humanos e a Corte Interamericana de Direitos Humanos. A Comissão tem por função: produzir estudos e relatórios e recomendar medidas aos Estados-partes; apreciar relatórios estatais e comunicações individuais (admissíveis desde que esgotados os meios internos).

Vale consignar a ressalva de que os Estados-partes são automaticamente obrigados a reconhecer a competência da Comissão para apreciação das comunicações individuais, não dependendo de declaração específica na ratificação da Convenção Interamericana de Direitos Humanos, nem de Protocolo Facultativo. As decisões da Comissão são de natureza declaratória, podendo ser emitidas recomendações ao Estado considerado violador de direitos. O não cumprimento de determinação da Comissão será submetido à Corte Interamericana de Direitos Humanos.

Para que a Corte Interamericana de Direitos Humanos exerça sua jurisdição, o Estado-parte precisa emitir declaração específica reconhecendo a cláusula facultativa (art. 62 da Convenção) que estabelece a competência da Corte (ratificada pelo Brasil em 1998). Sua competência é consultiva (interpretação da Convenção Interamericana) e contenciosa, mas em relação a esta última, somente os Estados-partes e a Comissão Interamericana têm legitimidade para submeter casos.

Somente depois de admitido o caso, vítimas e familiares podem apresentar solicitações, argumentos e provas (mas não podem peticionar autonomamente). As sentenças proferidas pela Corte possuem força jurídica vinculante, e por isso valem como título executivo no país de origem.

O Brasil foi denunciado por violações a direitos humanos tanto na Comissão Interamericana quanto na Corte Interamericana. Como exemplos de denúncias em que houve decisão de mérito com responsabilização do Estado brasileiro vale mencionar: os casos Manoel Leal de Oliveira, jornalista assassinado por motivos relacionados ao exercício da profissão (relatório n. 37/2010, Caso 12.308); Simone André Diniz, vítima de discriminação racial em processo seletivo de emprego (relatório n. 66/2006, Caso 12.001); o caso 42º DP Parque São Lucas, em que a superlotação em carceragem da Delegacia (SP) gerou a morte de 18 pessoas por asfixia (relatório n. 40/2003, Caso 10.301); e o caso Maria da Penha Fernandes Maia, cujo relatório n. 54/2001 (emitido no Caso 12.051) recomendou ao Estado brasileiro, entre outras medidas, a promulgação de lei específica para combater a violência doméstica contra a mulher, que viria a ser cumprida pela publicação da Lei Maria da Penha.

Houve também casos brasileiros sentenciados pela Corte Interamericana, remetidos pela Comissão por descumprimento às suas recomendações. O Brasil foi condenado nos casos Gomes Lund (Caso 11.552/2009), por tortura e desaparecimentos forçados na Guerrilha do Araguaia (tendo sido questionada a compatibilidade da Lei de Anistia brasileira com a Convenção Interamericana); Sétimo Garibaldi (Caso 12.478/2007), por não investigar o assassinato de agricultor integrante do movimento dos trabalhadores sem-terra por milícia armada no Paraná; Arley José Escher (Caso 12.353/2007), pela divulgação de interceptação telefônica ilegal em telejornal; Gilson Nogueira de Carvalho (Caso 12.058/2005), pelo assassinato de advogado defensor dos direitos humanos; e Damião Ximenes Lopes (Caso 12.237/2004), pelos maus-tratos e morte de paciente psiquiátrico em hospital do SUS.

A condenação mais recente do Estado brasileiro pela Corte Interamericana de Direitos Humanos ocorreu em 5 de fevereiro de 2018, quando a Corte declarou em sentença que o Estado brasileiro é responsável pela violação do direito à garantia judicial de um prazo razoável e dos direitos à proteção judicial e à propriedade coletiva (arts. 8.1, 21 e 25 da Convenção Interamericana de Direitos Humanos), em detrimento do Povo Indígena Xucuru e seus membros, tendo ordenado ao Estado a adoção de várias medidas de reparação.

Em 2017, o Brasil foi condenado pela Corte Interamericana no caso Favela Nova Brasília, no qual foram submetidas à apreciação da Corte as falhas e a demora na investigação e punição dos responsáveis pelo assassinato de 26 pessoas, tortura e estupros no âmbito das incursões policiais feitas pela Polícia Civil do Rio de Janeiro em 18 de outubro de 1994 e em 8 de maio de 1995 na Favela Nova Brasília. O Brasil foi considerado responsável pela violação do direito às garantias judiciais de independência e imparcialidade da investigação, devida diligência e prazo razoável, bem como pela violação dos direitos à proteção judicial e às garantias judiciais e do direito à integridade pessoal (arts. 5, 8.1 e 25 da Convenção Interamericana de Direitos Humanos), além dos arts. 1, 6 e 8 da Convenção Interamericana para Prevenir e Punir a Tortura, e do o art. 7 da Convenção Belém do Pará.

Em 2016, o Brasil foi condenado no caso Trabalhadores da Fazenda Brasil Verde (Caso 12.066/2015), no qual o Estado brasileiro foi considerado responsável pela existência de trabalho escravo na referida fazenda. A Corte Interamericana entendeu que o Brasil é responsável pela violação do artigo 6.1 da Convenção Interamericana, em decorrência de uma situação de discriminação estrutural histórica, em razão da posição econômica dos 85 trabalhadores identificados no caso, considerados em posição de especial vulnerabilidade. O Brasil é o primeiro país condenado pela OEA nessa matéria.

Além dessas condenações, estão em trâmite perante a Corte outros dois casos contra o Estado brasileiro. Primeiro, o "Super Caso" sobre o sistema prisional, no qual foram aglutinados 4 casos (complexo do Curado – PE, complexo de Pedrinhas – MA, Instituto Penal Plácido de Sá Carvalho – RJ e Unidade de Internação Socioeducativa – ES) de superpopulação carcerária e condições degradantes para demonstrar as violações generalizadas de direitos humanos das pessoas privadas de liberdade, tendo sido emitida pela Corte uma resolução em 13 de fevereiro de 2017 com questionamentos para o Brasil e indicações de medidas concretas. Em março de 2018, a Corte determinou o prazo de três meses para que o Estado brasileiro apresente um diagnóstico técnico e um plano de contingência atualizados para a reforma estrutural e de redução da superpopulação e da superlotação no Complexo Penitenciário de Pedrinhas.

E segundo, o Caso Herzog, para apuração e punição dos responsáveis pela tortura e morte do jornalista Vladimir Herzog em 1975. Esta demanda inclui questionamento da Lei Brasileira de Anistia (1979).

Quadro comparativo resumido dos principais pontos dos sistemas regionais de proteção aos Direitos Humanos

Características	Sistema europeu	Sistema africano	Sistema interamericano
Tratado de base legal	Carta Europeia de Direitos Humanos (1950). Trata apenas de direitos de 1ª geração.	Carta Africana dos Direitos Humanos e dos Povos (1981). Inova o paradigma ideológico dos Direitos Humanos, reconhecendo os povos como entes titulares de direitos.	Convenção Interamericana de Direitos Humanos (ou Pacto de São José da Costa Rica, 1969). Além de prever direitos de 1ª e 2ª geração, estabelece deveres aos Estados.
Possui Comissão de Direitos Humanos?	Não (Protocolo Facultativo extinguiu a Comissão Europeia de Direitos Humanos em 1998).	Sim, com função consultiva de interpretação da Carta Africana e avaliação de relatórios estatais.	Sim, com função de produzir estudos e relatórios e recomendar medidas aos Estados-partes; bem como apreciar relatórios estatais e comunicações individuais.
Possui Corte de Direitos Humanos?	Sim, com competência consultiva e litigiosa. Suas decisões têm força jurídica vinculante.	Sim, com competência consultiva e litigiosa. Suas decisões têm força jurídica vinculante.	Sim, com competência consultiva e litigiosa. Suas decisões têm força jurídica vinculante.

5. SISTEMA DOMÉSTICO: A PROTEÇÃO DOS DIREITOS HUMANOS NO BRASIL

A Constituição Federal de 1988 ficou conhecida como a "Constituição cidadã" por ser, dentre as sete constituições brasileiras, a que tratou os Direitos Humanos de forma mais abrangente, conferindo-lhes maior grau de institucionalização e instrumentos jurídicos para garanti-los perante o Poder Judiciário em caso de violação.

Para uma melhor compreensão da importância da dimensão política e histórica da Constituição Federal de 1988, vale traçar uma breve comparação de suas previsões referentes aos Direitos Humanos com aquelas constantes das constituições brasileiras anteriores, especialmente considerando os recorrentes contextos não democráticos em que foram formuladas.

A Constituição do Brasil Império (1824) previa em seu Título 8º disposições acerca das garantias e direitos civis, tais como a liberdade, a segurança individual e a propriedade. Porém, foi outorgada em um regime monárquico, restringindo as eleições a determinados cargos e de forma indireta, e estabelecendo o voto exclusivamente masculino e censitário (ou seja, condicionado à percepção de uma renda mínima pelo eleitor). Além disso, a adoção do regime escravocrata impunha a negação completa de todos os direitos civis às pessoas afrodescendentes escravizadas.

A Constituição de 1891 é a primeira constituição republicana, e também a primeira a estabelecer igualdade perante a lei. O direito ao voto, porém, continuava a ser exclusivamente masculino, excluindo-se, ainda, os mendigos, os analfabetos, os militares e os religiosos (art. 70). Em relação aos direitos civis houve avanços em relação à Constituição anterior, tendo sido inserida uma Declaração de Direitos que acrescia, além da já mencionada igualdade formal, novos direitos, como a liberdade religiosa decorrente da adoção do Estado laico (deixando de prever o catolicismo como religião oficial, como fazia a Constituição do Império), a garantia de *habeas corpus* e a abolição da pena de morte.

Em 1934, é promulgada a Constituição da Era Getúlio Vargas. Apesar de Vargas chegar ao poder em 1930 de forma ditatorial – o que impedia a realização de eleições para a Presidência da República, em princípio, até 1938, quando deveriam se realizar novas eleições – os direitos políticos foram ampliados pela previsão do voto das mulheres e do voto secreto. Ainda, essa é a primeira Constituição brasileira a introduzir os direitos sociais, em especial aqueles relacionados com os direitos trabalhistas.

Em 1937, todavia, um novo golpe de Estado cancela as eleições de 1938 e mantém Getúlio Vargas na Presidência da República. No mesmo ano, é outorgada a Constituição do Estado Novo, que instituiu uma ditadura civil garantida pelas forças armadas, contabilizando diversas violações a direitos humanos, tais como prisões políticas e torturas. Houve, ainda, severo retrocesso em relação aos direitos civis e políticos no texto constitucional, que previa censura à imprensa, proibição de manifestações e revogação do direito a *habeas corpus*.

Com o fim da ditadura varguista em 1946, o Brasil tem uma relativa experiência democrática: a nova Constituição passaria a prever eleições para todos os cargos, mas vetaria o direito de voto para os analfabetos; o texto traria o retorno das liberdades civis, com exceção do direito de greve.

Em 1964, o golpe militar implicaria novos retrocessos e graves violações de direitos humanos, com torturas, prisões ilegais e arbitrárias, desaparecimentos forçados e censuras. Com a finalidade de aparentar alguma legitimidade e legalidade, o governo ditatorial elabora um novo texto constitucional em 1967. Embora prevísse um rol de direitos e garantias individuais em seu artigo 150, os dezessete Atos Institucionais editados pelos presidentes militares entre 1964 e 1968 limitavam substancialmente seu exercício. A título de exemplo, vale resumir aqui o conteúdo dos primeiros cinco Atos Institucionais: o AI 1 (1964) cassou políticos e cidadãos de oposição; o AI 2 (1965) extinguiu os partidos existentes; o AI 3 (1966) estabeleceu eleições indiretas para os governos dos estados; o AI 4 (1966) compeliu o Congresso a votar o projeto de constituição que seria outorgada em 1967; e o AI 5 (1968) fechou o Congresso, suspendeu garantias constitucionais e deu poder ao Executivo para legislar sobre todos os assuntos. Em relação aos direitos sociais, houve menos retrocessos comparativamente aos direitos civis e políticos, sendo mantido no texto constitucional, por exemplo, o direito à educação e à previdência social.

Foi somente após 21 anos de ditadura militar, com o processo de redemocratização iniciado em 1985, que os direitos humanos seriam novamente contemplados no texto constitucional de 1988.

O sistema doméstico de proteção aos Direitos Humanos encontra-se fundamentado no arcabouço teórico do Direito Constitucional.

A proibição de retrocesso, consistente na inadmissibilidade de restrição ou suspensão de quaisquer direitos humanos fundamentais já reconhecidos no ordenamento jurídico de um país, é prevista expressamente no artigo 5º do Pacto dos Direitos Civis e Políticos (1966) e no artigo 5º, § 2º, do Pacto Internacional dos Direitos Econômicos, Sociais e Culturais (1966), ambos ratificados pelo Estado brasileiro.

A Constituição Federal de 1988 privilegia os direitos humanos e a primazia da dignidade da pessoa humana, sendo esta última fundamento da República Brasileira (art. 1º, III, CF). Além disso, a promoção do bem de todos "sem preconceitos de origem, raça, sexo, cor, idade e quaisquer outras formas de discriminação" é consignada como um dos objetivos da República Brasileira (art. 3º, IV, CF), adotando-se a prevalência dos Direitos Humanos como um dos princípios nas relações internacionais (art. 4º, II, CF).

Um exemplo de mobilização institucional no sentido de dar cumprimento às normas constitucionais e internacionais de Direitos Humanos pode ser observado na decisão da 5ª Turma do Superior Tribunal de Justiça (STJ) no Recurso Especial n. 1.640.084, em dezembro de 2016, na qual este tribunal entendeu que o tipo penal do desacato (art. 331, CP) não pode ser considerado crime. O entendimento foi de que esta tipificação penal está na contramão do humanismo, porque ressalta a preponderância do Estado, personificado em seus agentes, sobre o indivíduo, além de ser "incompatível com a Convenção Americana de Direitos Humanos, que se manifestou no sentido de que as leis de desacato se prestam ao abuso, como meio para silenciar ideias e opiniões consideradas incômodas pelo *establishment*, bem assim proporcionam maior nível de proteção aos agentes do Estado do que aos particulares, em contravenção aos princípios democrático e igualitário". Vale ressaltar, no entanto, que referida decisão configura um parâmetro para os demais julgados, e não equivale a uma alteração legal para descriminalizar a conduta.

5.1. A institucionalização dos direitos e garantias fundamentais na Constituição Federal de 1988

A Constituição Federal de 1988 trouxe inovações, inaugurando um novo paradigma jurídico no Brasil: ampliou o rol de direitos individuais fundamentais, além de conter a primeira previsão expressa de igualdade formal entre homens e mulheres. Contempla expressamente direitos humanos de 1ª e 2ª geração: em seu art. 5º estão arrolados direitos individuais fundamentais (correspondentes aos direitos civis e políticos), e, nos arts. 6º e 7º, os direitos econômicos, sociais e culturais, a indicar a adoção dos princípios da indivisibilidade e da interdependência.

O texto traz, ainda, previsão quanto às garantias aos direitos fundamentais. As garantias podem ser descritas como mecanismos instituídos com a finalidade de assegurar o livre exercício dos direitos fundamentais. Considerando que sua previsão se encontra no art. 5º, CF, as garantias são elas mesmas também direitos fundamentais.

As garantias podem ser examinadas sob duas classificações: as garantias-defesas, consistentes em proibições que visam prevenir violações a determinados direitos (p. ex.: proibição da censura para proteger a liberdade de expressão; proibição da prisão sem mandado ou flagrante para proteger a liberdade de ir e vir etc.) e as garantias instrumentais, correspondentes aos meios jurídicos invocados para obter garantia institucional de proteção a um direito (p. ex.: *habeas corpus*, mandado de segurança, *habeas data*).

5.2. A federalização das questões referentes às violações de Direitos Humanos

A Emenda Constitucional n. 45, de 2004, acrescentou o § 5º ao art. 109 da Constituição Federal, que passou a prever que graves violações de direitos humanos ou violação de obrigação contraída em tratados de Direitos Humanos poderiam ser federalizadas.

A federalização das questões referentes às violações de direitos humanos trata-se, na verdade, de um Incidente de Deslocamento de Competência da Justiça Estadual para a Justiça Federal. Pode ser suscitado ao Superior Tribunal de Justiça pelo Procurador-Geral da República quando as instituições estaduais se mostrarem omissas ou falhas na apuração e punição de graves violações de direitos humanos. Caso deferido o pedido, a violação será processada e julgada perante a Justiça Federal, em razão da pressuposição de um maior distanciamento e imparcialidade de seus órgãos.

5.3. O Brasil e os tratados internacionais de Direitos Humanos

Para uma melhor compreensão sobre as relações do ordenamento jurídico brasileiro com os tratados internacionais, é importante, antes, comentar brevemente o processo de formação dos tratados internacionais, nos termos da Convenção de Viena sobre o direito dos tratados (1969). Tradicionalmente, são identificadas quatro etapas: (i) negociações preliminares; (ii) assinatura do tratado pelo presidente (ato precário), sendo de competência privativa deste; (iii) aprovação da assinatura pelo Poder Legislativo (no caso brasileiro, via decreto legislativo do Congresso Nacional, nos termos dos arts. 49, I, e 59, VI, CF), que autoriza a ratificação do mesmo pelo Presidente; e, por fim, (iv) ratificação do Presidente (no Brasil, ato privativo da Presidência da República, nos termos do art. 84, CF), seguida de troca ou depósito de instrumento de ratificação, que é o ato que confirma definitivamente as obrigações assumidas no tratado com a assinatura.

Feita a ratificação, caberá ao Presidente da República promulgar decreto presidencial que, uma vez publicado no Diário Oficial da União, passa a gerar efeitos no ordenamento jurídico brasileiro.

Uma vez incorporados os tratados de Direitos Humanos ao ordenamento jurídico interno, apresenta-se o questionamento: qual a hierarquia dessas normas internacionais relativamente às normas nacionais?

A esse respeito, a Constituição Federal oferece dois dispositivos, abaixo transcritos:

> **Art. 5º, § 2º, da CF:** os direitos e garantias expressos nesta Constituição não excluem outros decorrentes do regime e dos princípios por ela adotados, ou dos tratados internacionais em que a República Federativa do Brasil seja parte.
> **Art. 5º, § 3º, da CF:** os tratados e convenções internacionais sobre direitos humanos que forem aprovados, em cada Casa do Congresso Nacional, em dois turnos, por três quintos dos votos dos respectivos membros, serão equivalentes às emendas constitucionais.

O § 2º do art. 5º consta da redação original da Constituição Federal de 1988. No ano de 2004, a Emenda Constitucional n. 45 introduziu o § 3º, passando a considerar os tratados e convenções internacionais sobre direitos humanos aprovados com maioria qualificada em cada Casa do Congresso (três quintos dos votos) equivalentes a emendas constitucionais.

O objetivo de propor a um Estado a ratificação de um tratado de direitos humanos é fazer com que seu ordenamento jurídico interno adote sistemas domésticos de proteção destes direitos, em consonância com a normativa internacional. A respeito do art. 5º, § 2º, CF, concernente à interação entre o direito internacional dos direitos humanos e o direito interno, a doutrina majoritária (nesse sentido: Flávia Piovesan, Ingo Sarlet, Antônio Cançado Trindade, André de Carvalho Ramos, entre outros) argumenta que referido dispositivo deve ser interpretado tendo por norte a centralidade conferida à dignidade da pessoa humana na Constituição de 1988, ou seja, que ao incluir os direitos enunciados nos tratados internacionais ratificados pelo país no rol dos direitos constitucionalmente protegidos, a Constituição Federal de 1988 garante aos tratados internacionais de direitos humanos o inédito *status* interno de norma constitucional.

Em outras palavras, isso significa classificar as normas previstas nos tratados internacionais de direitos humanos como possuidoras de hierarquia constitucional no ordenamento jurídico brasileiro desde a entrada em vigor da atual Constituição, por força desta interpretação do art. 5º, § 2º, CF, conferindo aos direitos ali enunciados aplicabilidade imediata.

Tal tratamento jurídico diferenciado se justificaria porque os tratados internacionais de direitos humanos têm por escopo "a salvaguarda de direitos do ser humano, e não de prerrogativas dos Estados" (PIOVESAN, 2009), constituindo normas materialmente constitucionais.

Não obstante, o STF vem manifestando posicionamento tendente a considerar os tratados internacionais de Direitos Humanos como normas supralegais, mas infraconstitucionais. Ainda assim, é importante destacar o julgamento do Recurso Extraordinário 466.343, de 3/12/2008, relativo ao tema da admissibilidade da prisão civil do depositário infiel (vedada pelo Pacto de São José da Costa Rica, mas admitida pela Constituição Federal no art. 5º, LXVII), no qual o ministro Celso de Mello proferiu voto no sentido de que os tratados de direitos humanos devem ter hierarquia materialmente constitucional e, como consequência a prisão do depositário infiel deveria ser considerada inconstitucional. De toda sorte, o Supremo Tribunal Federal ainda não manifestou um posicionamento com vistas a uniformizar a jurisprudência a respeito dos tratados incorporados antes de 2004, quando foi inserido o § 3º no art. 5º.

Porém, todos os tratados incorporados na forma do art. 5º, § 3º, CF, aprovados por maioria qualificada, o texto constitucional é claro quanto à hierarquia constitucional formal e material dessas normas internacionais (atualmente, apenas a Convenção sobre os Direitos das Pessoas com Deficiência). Em relação aos tratados incorporados na forma do art. 5º, § 2º, CF, repita-se, têm hierarquia materialmente constitucional, segundo a doutrina predominante, embora não haja consenso jurisprudencial.

Em resumo, sobre a hierarquia normativa dos tratados de Direitos Humanos no Brasil:

	Tratados incorporados na forma do art. 5º, § 2º, CF	Tratados incorporados na forma do art. 5º, § 3º, CF
Para a Constituição Federal	Não é expressa sobre a hierarquia destes tratados	Hierarquia de emenda constitucional
Para a doutrina majoritária	Normas materialmente constitucionais, em razão de seu conteúdo	Normas material e formalmente constitucionais
Para o Supremo Tribunal Federal	Predomina o posicionamento de serem normas supralegais e infraconstitucionais, embora já tenha manifestado posicionamento sobre a hierarquia ser constitucional	Hierarquia de emenda constitucional

5.4. As principais leis brasileiras relativas a Direitos Humanos

Conforme já mencionado, a criação dos sistemas internacionais de proteção aos Direitos Humanos colaboraram para o fortalecimento dos sistemas domésticos de proteção de seus Estados-partes.

No caso do Brasil, além da Constituição Federal de 1988, com sua ênfase nos direitos e garantias fundamentais após a ditadura militar, diversos textos da legislação esparsa tratam da temática dos Direitos Humanos, e em muitos casos de forma correlata a tratados internacionais ratificados pelo Brasil. Seguem aqui enumerados os principais temas e respectivos instrumentos normativos nesse sentido.

5.4.1. Proteção contra perseguição por discriminação por motivo de origem nacional, étnica, religiosa ou política

A perseguição contra minorias por motivo de origem nacional, étnica, religiosa ou política é tratada pela Lei do Crime de Genocídio (Lei n. 2.889/56) e pela Lei Brasileira de Refúgio (Lei n. 9.474/97)

A Lei n. 2.889/56 define o crime de genocídio nos mesmos termos da Convenção da ONU sobre o tema, descrevendo-o como "a intenção de destruir, no todo ou em parte, grupo nacional, étnico, racial ou religioso" e estabelece as penas para as condutas especificadas.

A Lei Brasileira de Refúgio define os mecanismos para implementação da Convenção da ONU sobre Estatuto dos Refugiados de 1951, estabelecendo em seu art. 1º os critérios para reconhecimento da condição jurídica de refugiado (quais sejam, existência de "fundados temores de perseguição por motivos de raça, religião, nacionalidade, grupo social ou opiniões políticas encontre-se fora de seu país de nacionalidade e não possa ou não queira acolher-se à proteção de tal país; não tendo nacionalidade e estando fora do país onde antes teve sua residência habitual, não possa ou não queira regressar a ele, em função das circunstâncias descritas no inciso anterior; devido a grave e generalizada violação de direitos humanos, é obrigado a deixar seu país de nacionalidade para buscar refúgio em outro país") e o respectivo procedimento perante o Comitê Nacional para os Refugiados (CONARE), que tem por atribuição "analisar o pedido e declarar o reconhecimento, em primeira instância, da condição de refugiado; decidir a cessação, em primeira instância, *ex officio* ou mediante requerimento das autoridades competentes, da condição de refugiado; determinar a perda, em primeira instância, da condição de refugiado; orientar e coordenar as ações necessárias à eficácia da proteção, assistência e apoio jurídico aos refugiados; aprovar instruções normativas esclarecedoras à execução desta Lei" (art. 12 da Lei n. 9.474/97).

5.4.2. Discriminação racial

O Brasil, além de prever na Constituição Federal o racismo como crime imprescritível e inafiançável (art. 5º, XLII), apresenta duas leis sobre o tema: a Lei dos Crimes de Racismo (7.716/89) e o Estatuto da Igualdade Racial (Lei n. 12.288/2010). Vale ressaltar que o direito brasileiro não define o conceito de discriminação racial, mas a Convenção determina, em seu art. 1º, que discriminação é "qualquer distinção, exclusão, restrição ou preferência que tenha como critério a raça e que tenha por objetivo ou resultado anular ou restringir o exercício de direitos".

5.4.3. Direitos Humanos das mulheres

Conforme já mencionado, a Constituição Brasileira de 1988 é a primeira a consignar expressamente a igualdade jurídica entre homens e mulheres, o que repercutiu na legislação infraconstitucional com a criação de normas jurídicas com a finalidade de suprir a desigualdade de gênero construída historicamente.

Nesse sentido, deve-se citar a Lei n. 9.029/95 (que proíbe que empregadores exijam de funcionárias ou de candidatas a vagas de emprego atestados de esterilidade ou de gravidez); a Lei n. 9.504/97 (que determina aos partidos políticos o preenchimento de suas vagas para candidaturas à proporção de ao menos 30% e 70% para cada sexo).

Indispensável mencionar, ainda, a Lei Maria da Penha (11.340/2006), que resultou de petição individual encaminhada à CIDH, que gerou o relatório 54/2001, recomendando ao Brasil a adoção de legislação específica para o combate à violência doméstica contra a mulher. Em 2017, a Lei n. 8.080/90 (que dispõe sobre os serviços de saúde) foi modificada em seu art. 7º, que passou a contar com previsão de atendimento específico para *"mulheres e vítimas de violência doméstica em geral"* no inciso XIV.

> Em 2017, a Lei n. 13.434/2017 alterou o artigo 292 do Código de Processo Penal, acrescentando um parágrafo único ao dispositivo para vedar o uso de algemas em mulheres durante o parto e a fase de puerpério imediato.

5.4.4. Prevenção e combate à tortura

Tanto a Convenção para Prevenção e Combate à Tortura da ONU (art. 4º) quanto a Convenção Interamericana sobre o mesmo tema (art. 6º) contêm um mandado expresso de criminalização do delito de tortura. Sendo o Brasil signatário de ambas, a legislação brasileira contempla o tema na Lei dos Crimes de Tortura (9.455/97), mas com uma diferença fundamental em relação à definição internacional: a lei não exige a prática da conduta por agente estatal (embora seja causa de aumento de pena).

Importante consignar que o Protocolo Facultativo à Convenção da ONU (de 2006, ratificado pelo Brasil em 2007) estabelece o dever de os Estados criarem Subcomitês nacionais para prevenção e combate à tortura, o que levou à criação do Sistema Nacional de Prevenção e Combate à Tortura pela Lei n. 12.872/2013.

5.4.5. Direitos Humanos das pessoas idosas

A Constituição Federal de 1988 prevê a proteção aos idosos no *Título VIII – Da Ordem Social, Capítulo VII – Da Família, do Adolescente, do Jovem e do Idoso,* estabelecendo expressamente no art. 230 o dever da família, do Estado e da sociedade ampararem as pessoas idosas.

Além da Constituição, o Estatuto do Idoso foi criado para regular as especificidades dos direitos das pessoas com idade igual ou superior a 60 anos. O texto legal prevê garantia de prioridade na efetivação de direitos, e contempla direitos de 1ª (arts. 8º ao 10), além de direitos de 2ª geração (arts. 15 ao 42). O Estatuto também prevê medidas de proteção (art. 45) no caso de situação de risco (art. 43) e tipifica crimes contra pessoas idosas (arts. 96 a 108).

O Estatuto do Idoso trata no seu Capítulo III especificamente do dever de alimentos aos idosos, que devem ser prestados na forma da lei civil.

5.4.6. Direitos Humanos das pessoas com deficiência

O **Estatuto da Pessoa com Deficiência – ou Lei Brasileira de Inclusão da Pessoa com Deficiência** (Lei n. 13.146/2015) – foi expressamente elaborado com base na Convenção da ONU sobre os Direitos das Pessoas com Deficiência e seu Protocolo Facultativo (art. 1º, parágrafo único). Traz o conceito de pessoa com deficiência no art. 2º, descrevendo-a como "aquela que tem impedimento de longo prazo de natureza física, mental, intelectual ou sensorial, o qual, em interação com uma ou mais barreiras, pode obstruir sua participação plena e efetiva na sociedade em igualdade de condições com as demais pessoas". A lei ainda prevê direitos fundamentais sob a perspectiva das especificidades das pessoas com deficiência (por exemplo, direito à habilitação e reabilitação nos arts. 14 a 17) e tipifica crimes contra pessoas com deficiência (arts. 88 a 91).

5.4.7. Direitos Humanos das pessoas em fluxos migratórios

Em 2017 foi aprovada a Lei de Migração (Lei n. 13.445/2017), que estabelece em seu art. 1º, § 1º, os conceitos de (i) imigrante: pessoa nacional de outro país ou apátrida que trabalha ou reside e se estabelece temporária ou definitivamente no Brasil; (ii) emigrante: brasileiro que se estabelece temporária ou definitivamente no exterior; (iii) residente fronteiriço: pessoa nacional de país limítrofe ou apátrida que conserva a sua residência habitual em município fronteiriço de país vizinho; (iv) visitante: pessoa nacional de outro país ou apátrida que vem ao Brasil para estadas de curta duração, sem pretensão de se estabelecer temporária ou definitivamente no território nacional; (v) apátrida: pessoa que não seja considerada como nacional por nenhum Estado, segundo a sua legislação, nos termos da Convenção sobre o Estatuto dos Apátridas, de 1954.

A lei determina expressamente a universalidade, indivisibilidade e interdependência dos direitos humanos como diretrizes para as políticas migratórias brasileiras (art. 3º), bem como garante ao migrante em território nacional a inviolabilidade do direito à vida, à liberdade, à igualdade, à segurança e à propriedade, em condição de igualdade com os nacionais (art. 4º).

A Lei de Migração também conta com normas relacionadas ao Direito Internacional, tais como as relativas à entrada e saída no território nacional, medidas de retirada compulsória; e ao Direito Constitucional, quanto à opção à nacionalidade e naturalização.

REFERÊNCIAS BIBLIOGRÁFICAS

CARVALHO RAMOS, André de. *Teoria geral dos direitos humanos na ordem internacional*. Rio de Janeiro: Renovar, 2005.

COLAÇO, Thais Luzia. Os "novos" direitos indígenas. In: *Os "novos" direitos no Brasil*: natureza e perspectivas: uma visão básica das novas conflituosidades jurídicas. In: WOLKMER, Antonio Carlos; LEITE, José Rubens Morato (org.). São Paulo: Saraiva, 2016. p. 101-126.

COMPARATO, Fábio Konder. *A afirmação histórica dos direitos humanos*. São Paulo: LTr, 1998.

HEYNS, Christof; PADILLA, David; ZWAAK, Leo. Comparação esquemática dos sistemas regionais de direitos humanos: uma atualização. *Sur – Revista Internacional de Direitos Humanos*, n. 4, ano 3, 2006.

SARLET, Ingo Wolfgang. *Dimensões da dignidade:* ensaios de filosofia do direito e direito constitucional. Porto Alegre: Livraria do Advogado, 2005.

PIOVESAN, Flávia. *Direitos humanos e o direito constitucional internacional*. São Paulo: Saraiva, 2012.

QUESTÕES

(XIX Exame de Ordem Unificado / FGV) Você, advogado, foi procurado por Maria. Esta relatou que era funcionária de uma sociedade empresária e seu empregador lhe disse que ela estava cotada para uma promoção, mas para tanto deveria entregar um laudo comprovando que não estava grávida. O empregador ainda afirmou que se soubesse, por meio de laudo médico, que ela havia feito algum procedimento que a impedisse de ter filhos, teria a certeza de que Maria estaria plenamente dedicada à sociedade empresária, o que seria muito favorável a sua carreira. Maria terminou o relato que fez a você, informando que se negou a entregar tal laudo e acabou sendo demitida no mês seguinte. Você sabe que o Brasil é signatário da Convenção sobre a Eliminação de Todas as Formas de Discriminação contra a Mulher.

A conduta praticada pelo empregador de Maria pode ser caracterizada como

A) ato moralmente reprovável mas plenamente lícito, uma vez que o empregador agiu na sua esfera de autonomia e dentro do exercício de seu direito potestativo.

B) violação à Convenção sobre a Eliminação de Todas as Formas de Discriminação contra a Mulher, porém sem ensejar consequência jurídica de responsabilização do empregador, uma vez que não há nenhuma outra lei nacional que proteja a mulher trabalhadora em casos como esse.

C) abuso de direito que sujeita o empregador, única e exclusivamente, ao pagamento de indenização pelo dano moral causado à funcionária.

D) violação à Convenção sobre a Eliminação de Todas as Formas de Discriminação contra a Mulher e, também, um crime que pode acarretar ao empregador infrator multa administrativa e proibição de empréstimo, além de ser possível a readmissão da funcionária, desde que ela assim deseje.

RESPOSTA

A) A Lei n. 9.029/95 proíbe a exigência de atestados de gravidez e esterilização, e outras práticas discriminatórias, para efeitos admissionais ou de permanência da relação jurídica de trabalho, e dá outras providências, configurando-se ato ilícito do empregador no caso descrito, além de violar o artigo 11.2 da Convenção sobre a Eliminação de Todas as Formas de Discriminação contra a Mulher.

B) Além de violar o artigo 11.2 da Convenção sobre a Eliminação de Todas as Formas de Discriminação contra a Mulher, a conduta discriminatória descrita configura o crime previsto no art. 2º da Lei n. 9.029/95.

C) A conduta discriminatória enseja responsabilidade criminal nos termos do art. 2º da Lei n. 9.029/95.

☑ A conduta discriminatória descrita configura violação à Convenção sobre a Eliminação de Todas as Formas de Discriminação contra a Mulher e pode corresponder ao tipo penal do art. 2º da Lei n. 9.029/95.

(XIX Exame de Ordem Unificado / FGV) Em dezembro de 2014, a sul-africana Urmila Bhoola, relatora especial das Nações Unidas sobre as formas contemporâneas de escravidão, declarou que "pelo menos 20,9 milhões de pessoas estão sujeitas a formas modernas de escravidão, que atingem principalmente mulheres e crianças". A relatora da ONU, para fazer tal afirmação, considerou o conceito de escravidão presente na Convenção Suplementar sobre a Abolição da Escravatura, do Tráfico de Escravos e das Instituições e Práticas Análogas à Escravatura adotada em Genebra, em 7 de setembro de 1956.

Assinale a opção que apresenta o conceito de escravidão conforme disposto na referida Convenção:

A) Estado ou a condição de um indivíduo sobre o qual se exercem todos ou parte dos poderes atribuídos ao direito de propriedade.

B) Situação em que um indivíduo trabalha em condições precárias e não recebe seus direitos trabalhistas de modo pleno e integral.

C) Relação em que uma pessoa possui o controle físico sobre o corpo de outra pessoa.

D) Condição por meio da qual uma pessoa se encontra psicologicamente constrangida a cumprir as ordens que lhe são dadas por terceiros, ainda que tais ordens sejam contrárias aos seus interesses.

RESPOSTA

☑ O art. 1º da referida Convenção define escravidão como "o estado ou condição de um indivíduo sobre o qual se exercem, total ou parcialmente, os atributos do direito de propriedade".

B) A precariedade das condições de trabalho e a violação dos direitos trabalhistas configura conduta ilícita, mas não corresponde ao conceito convencional de "escravidão".

C) O conceito convencional de "escravidão" diz respeito ao exercício do poder de uma pessoa sobre outra em condições de propriedade. O controle físico não corresponde a esse conceito, mas pode configurar coação física ilícita.

D) O conceito convencional de "escravidão" diz respeito ao exercício do poder de uma pessoa sobre outra em condições de propriedade. O controle físico não corresponde a esse conceito, mas pode configurar coação moral irresistível, que é conduta ilícita.

(XIX Exame de Ordem Unificado / FGV)* Você, na condição de advogado(a), foi procurado por uma travesti que é servidora pública federal. Na verdade, ela adota o nome social de Joana, embora, no assento de nascimento, o seu nome de registro seja João. Ela gostaria de ser identificada no trabalho pelo nome social e que, assim, o nome social constasse em coisas básicas, como o cadastro de dados, o correio eletrônico e o crachá.

Sob o ponto de vista jurídico, em relação à orientação a ser dada à solicitante, assinale a afirmativa correta.

A) A Constituição Federal até prevê a promoção do bem sem qualquer forma de discriminação, mas não existe nenhuma norma específica que ampare a pretensão da solicitante.

B) Não apenas a Constituição está orientada para a ideia de promoção do bem sem discriminação, como a demanda pleiteada pela solicitante encontra amparo em norma infraconstitucional.

C) A solicitante possui esse direito, pois assim está previsto na Convenção das Nações Unidas para os Direitos LGBT.

D) Ainda que compreenda a demanda da solicitante, ela não possui o direito de ser identificada pelo nome social no trabalho, uma vez que é um homem que se traveste de mulher.

* **Questão retificada para respeitar a identidade de gênero, conforme Ofício n. 72/2016 do Conselho Federal da OAB.**

RESPOSTA

A) Justamente em razão de a Constituição Federal prever a promoção do bem sem discriminação de qualquer espécie não seria necessário especificar em norma quem são os titulares do direito à não discriminação. Além disso, o Decreto n. 8.727/2016 assegura o direito ao uso do nome social e o reconhecimento da identidade de gênero de pessoas travestis e transexuais no âmbito da administração pública federal.

☑ A Constituição Federal veda toda e qualquer forma de discriminação, além de eleger a dignidade da pessoa humana com fundamento da República. Soma-se à norma constitucional o Decreto n. 8.727/2016, que assegura o direito ao uso do nome social e o reconhecimento da identidade de gênero de pessoas travestis e transexuais no âmbito da administração pública federal, aplicável ao caso concreto apresentado.

C) Ainda não há no plano internacional uma convenção específica referente à identidade de gênero e orientação sexual, embora o Conselho de Direitos Humanos tenha lançado os Princípios de Yogyakarta (2007), elaborados por especialistas em direitos sexuais, e que oferecem diretrizes para interpretação destes, mas sem vinculação jurídica, pois não foram ratificados por nenhum país.

D) A vedação constitucional a qualquer forma de discriminação, combinada ao Decreto n. 8.727/2016, assegura a Joana o direito ao reconhecimento de sua identidade de gênero como travesti.

(XX Exame de Ordem Unificado / FGV) Considere o seguinte caso: Em um Estado do norte do Brasil está havendo uma disputa que envolve a exploração de recursos naturais em terras indígenas. Esta disputa envolve diferentes comunidades indígenas e uma mineradora privada. Como advogado que atua na área dos Direitos Humanos, foi-lhe solicitado elaborar um parecer. Nesse caso, é imprescindível se ter em conta a Convenção 169 da OIT, que foi ratificada pelo Brasil, em 2002. De acordo com o art. 2º desta Convenção, os governos deverão assumir a responsabilidade de desenvolver, com a participação dos povos interessados, uma ação coordenada e sistemática com vistas a proteger os direitos desses povos e a garantir o respeito pela sua integridade.

Levando-se em consideração esta Convenção e em relação ao que se refere aos recursos naturais eventualmente existentes em terras indígenas, assinale a afirmativa correta.

A) Os povos indígenas que ocupam terras onde haja a exploração de suas riquezas minerais e do subsolo têm direito ao recebimento de parte dos recursos auferidos, mas não possuem direito a participar da utilização, administração e conservação dos recursos mencionados.

B) Em caso de a propriedade dos minérios ou dos recursos do subsolo pertencer ao Estado, o governo deverá estabelecer ou manter consultas dos povos interessados, a fim de determinar se os interesses desses povos seriam prejudicados, antes de empreender ou autorizar qualquer programa de prospecção ou exploração dos recursos existentes.

C) A exploração de riquezas minerais e do subsolo em terras ocupadas por povos indígenas é aceitável e prescinde de consulta prévia desde que se cumpram os seguintes requisitos: preservação da identidade cultural dos povos ocupantes da terra, pagamento de *royalties* em função dos transtornos causados e autorização por meio de decreto legislativo.

D) Em nenhuma hipótese pode haver a exploração de riquezas minerais e do subsolo em terras ocupadas por populações indígenas.

RESPOSTA

A) O art. 15.1 da Convenção 169 da OIT prevê expressamente o direito de participarem da utilização, administração e conservação dos recursos.

✔ A alternativa B reproduz o texto do art. 15.2 da Convenção 169 da OIT, prevê expressamente o direito de participação dos povos interessados, bem como o dever do Estado de consultá-los sobre a realização de atividades de explorarão de minérios ou dos recursos do subsolo.

C) O art. 15.2 da OIT determina que é imprescindível a consulta dos povos interessados.

D) A exploração de riquezas minerais e do subsolo em terras ocupadas por populações indígenas observa as regras do art. 15, ou seja, pode ser feita a exploração de riquezas minerais em terras indígenas, desde que consultados os povos interessados e autorizada sua participação.

(XX Exame de Ordem Unificado / FGV) João e Maria são casados e ambos são deficientes visuais. Enquanto João possui visão subnormal (incapacidade de enxergar com clareza suficiente para contar os dedos da mão a uma distância de 3 metros), Maria possui cegueira total. O casal tentou se habilitar ao processo de adoção de uma criança, mas foi informado no Fórum local que não teriam o perfil de pais adotantes, em função da deficiência visual, uma vez que isso seria um obstáculo para a criação de um futuro filho.

Diante desse caso, assinale a opção que melhor define juridicamente a situação.

A) A informação obtida no Fórum local está errada e o casal, a despeito da deficiência visual, pode exercer o direito à adoção em igualdade de oportunidades com as demais pessoas, conforme previsão expressa na legislação pátria.

B) A informação prestada no Fórum está imprecisa. Embora não haja previsão legal expressa que assegure o direito à adoção em igualdade de oportunidades pela pessoa com deficiência, é possível defender e postular tal direito com base nos princípios constitucionais.

C) Conforme previsto no art. 149 do Estatuto da Criança e do Adolescente, cabe ao juiz disciplinar, por meio de Portaria, os critérios de habilitação dos pretendentes à adoção. Assim, se no Fórum foi dito que o casal não pode se habilitar em função da deficiência é porque a Portaria do Juiz assim definiu, sendo esta válida nos termos do artigo citado do ECA.

D) Como não há nenhuma previsão expressa na legislação sobre adoção em igualdade de oportunidades por pessoas com deficiência e os princípios constitucionais não possuem densidade normativa para regulamentar tal caso, deve-se reconhecer a lacuna da lei e raciocinar com base em analogia, costumes e princípios gerais do direito, conforme determina o art. 4º da Lei de Introdução às Normas do Direito Brasileiro.

RESPOSTA

✔ O Estatuto da Pessoa com Deficiência e a Convenção sobre os Direitos das Pessoas com Deficiência asseguram condições de igualdade às pessoas com deficiência para o exercício dos direitos e das liberdades fundamentais por pessoa com deficiência, visando à sua inclusão social e cidadania, sendo inconstitucional e inconvencional negar ao casal a habilitação ao processo de adoção.

B) Não há qualquer fundamento para embasar postulação no sentido de negar ao casal a habilitação ao processo de adoção tendo por critério a existência de deficiência.

C) Cabe às Autoridades Central Estadual e/ou Federal administrar e alimentar o cadastro de crianças e adolescentes, e de postulantes à adoção.

D) O Estatuto da Pessoa com Deficiência e a Convenção sobre os Direitos das Pessoas com Deficiência asseguram condições de igualdade às pessoas com deficiência, e a Convenção possui força de norma constitucional tanto no aspecto material quanto formal, por ter sido incorporada ao direito nacional nos termos do art. 5º, § 3º, CF.

(XX Exame de Ordem Unificado / FGV) Alguns jovens relataram um caso em que um outro jovem, de origem vietnamita, foi preso sob a alegação de tráfico de drogas. O acusado não conhece ninguém no Brasil e o processo penal já se iniciou, mas ele não compreende o que se passa no processo por não saber o idioma e pela grande dificuldade de comunicação entre ele e seu defensor.

A partir da hipótese apresentada, de acordo com o Pacto de São José da Costa Rica, assinale a afirmativa correta.

A) O acusado tem direito de ser assistido gratuitamente por tradutor ou intérprete, se não compreender ou não falar o idioma do juízo ou tribunal.

B) O acusado tem que garantir por seus próprios meios a assistência de tradutor ou intérprete, mas tem o direito de que os atos processuais sejam suspensos até que seja providenciado o intérprete.

C) A investigação e o processo penal somente poderão acontecer quando o acusado tiver assistência consular de seu país de origem.

D) O Pacto de São José da Costa Rica não dá ao acusado o direito de ser assistido por um intérprete providenciado pelo Estado signatário ou de ter algum rito especial no processo.

RESPOSTA

✓ O art. 8.2.a do Pacto de São José da Costa Rica, ratificado pelo Brasil, assegura expressamente o direito de ser assistido gratuitamente por tradutor ou intérprete, se não compreender ou não falar o idioma do juízo ou tribunal.

B) O art. 8.2.a do Pacto de São José da Costa Rica determina que a assistência de tradutor ou intérprete deve ser garantida gratuitamente.

C) O Pacto de São José da Costa Rica não obriga a assistência consular do país de origem para que seja dado início à persecução penal.

D) O Pacto de São José da Costa Rica garante ao acusado o direito de ser assistido por um intérprete providenciado pelo Estado, mas não determina qualquer rito especial no processo.

(XXI Exame de Ordem Unificado / FGV) Você, na condição de advogado(a) comprometido com os Direitos Humanos, foi procurado por José, que é paraplégico e candidato a vereador. A partir de denúncia feita por ele, você constatou que um outro candidato e desafeto de José, tem afirmado, em programa de rádio local, que não obstante José ser boa pessoa, o fato de ser deficiente o impede de exercer o mandato de forma plena, razão pela qual ele nem deveria ter a candidatura homologada pelo TRE.

Com base na hipótese apresentada, assinale a opção que apresenta a resposta que, juridicamente, melhor caracteriza a situação.

A) O problema é político e não jurídico. José deve ser aconselhado a reforçar sua campanha, a apresentar suas propostas aos eleitores e mostrar que sempre foi um cidadão ativo, de maneira a demonstrar que tem plena condição para o exercício de um eventual mandato, apesar de sua deficiência.

B) A análise jurídica revela um problema restrito ao campo do Direito Civil. O fato é que o desafeto de José não o impediu de candidatar-se, assim não houve discriminação. O procedimento deve ser caracterizado apenas como dano moral, uma vez que José teve sua dignidade atacada.

C) O fato evidencia crime de incitação à discriminação de pessoa em razão de deficiência, com o agravante de ter sido cometido em meio de comunicação, independentemente da caracterização ou não de dano moral.

D) O caso é típico de colisão de princípios em que, de um lado, está o princípio da dignidade da pessoa humana e, do outro, o princípio da liberdade de expressão. Mas não há caracterização de ilícito civil nem de ilícito penal.

RESPOSTA

A) Trata-se de problema jurídico, pois o fato está tipificado como crime na Lei Brasileira de Inclusão.

B) Embora a conduta praticada pelo outro candidato possa gerar responsabilidade no campo civil, o fato não se restringe a esse ponto, pois envolve também a responsabilidade criminal.

✓ A incitação à discriminação de pessoa em razão de deficiência é crime tipificado na Lei Brasileira de Inclusão (Lei n. 13.146/2015), no art. 88.

D) O direito à liberdade de expressão é limitado pela lei e pela Constituição, que veda a veiculação e expressão de ideias discriminatórias.

(XXI Exame de Ordem Unificado / FGV) Maria deu entrada em uma maternidade pública já em trabalho de parto. Contudo, a falta de pronto atendimento levou a óbito tanto Maria quanto o bebê. Você foi contratado(a) pela família de Maria para advogar neste caso de grave violação de Direitos Humanos. Após algumas rápidas pesquisas na Internet, o pai e a mãe de Maria pedem que o caso seja imediatamente encaminhado para julgamento na Corte Interamericana de Direitos Humanos.

Você, como advogado(a) da família, deve esclarecer que

A) é uma ótima ideia e vai peticionar para que o caso seja submetido à decisão da Corte, bem como tomar todas as providências para que o caso seja julgado o mais cedo possível.

B) apesar de ser uma boa ideia, é necessário aguardar que hajam sido interpostos e esgotados os recursos de jurisdição interna para que a família possa submeter o caso à decisão da Corte.

C) não é possível a família encaminhar o caso à Corte, pois somente os Estados-partes da Convenção Americana de Direitos Humanos e a Comissão Interamericana de Direitos Humanos têm direito de submeter um caso à decisão da Corte.

D) não é possível que o caso seja encaminhado para decisão da Corte porque, embora o Brasil seja signatário da Convenção Americana dos Direitos Humanos, o país não reconheceu a jurisdição da Corte.

RESPOSTA

A) Não é possível a família encaminhar o caso à Corte, pois somente os Estados-partes da Convenção Americana de Direitos Humanos e a Comissão Interamericana de Direitos Humanos têm tal legitimidade.

B) Mesmo esgotados os meios internos, a família somente poderia submeter o caso à Comissão Interamericana de Direitos Humanos.

☑ Nos termos do art. 61.1 da Convenção Interamericana de Direitos Humanos, somente os Estados-Partes e a Comissão têm direito de submeter casos à apreciação da Corte. O(a) advogado(a) deve orientar a família a buscar reparação no âmbito do Estado brasileiro e, somente se esgotados todos os meios internos ou no caso de demora injustificada do Estado em responder a demanda é que a família poderá acionar a Comissão Interamericana de Direitos Humanos (mas não a Corte).

D) Para que a Corte Interamericana de Direitos Humanos exerça sua jurisdição, o Estado-parte precisa emitir declaração específica reconhecendo a cláusula facultativa (art. 62 da Convenção) que estabelece a competência da Corte (ratificada pelo Brasil em 1998).

(XXI Exame de Ordem Unificado / FGV) Maria é aluna do sexto período do curso de Direito. Por convicção filosófica e política se afirma feminista e é reconhecida como militante de movimentos que denunciam o machismo e afirmam o feminismo como ideologia de gênero. Após um confronto de ideias com um professor em sala de aula e de chamá-lo de machista, Maria é colocada pelo professor para fora de sala e, posteriormente, o mesmo não lhe dá a oportunidade de fazer a vista de sua prova para um eventual pedido de revisão da correção, o que é um direito previsto no regimento da instituição de ensino.

Em função do exposto, e com base na Constituição da República, assinale a afirmativa correta.

A) Maria foi privada de um direito por motivo de convicção filosófica ou política e, portanto, as autoridades competentes da instituição de ensino devem assegurar a ela o direito de ter vista de prova e, se for o caso, de pedir a revisão da correção.

B) Houve um debate livre e legítimo em sala de aula e a postura do professor pode ser considerada "dura", mas não implicou nenhum tipo de violação de direito de Maria.

C) Embora tenha havido um debate acerca de uma questão que envolve convicção filosófica ou política, não houve privação de direito já que a vista de prova e o eventual pedido de revisão da correção está contido apenas no regimento da instituição de ensino e não na legislação pátria.

D) A solução do impasse instaurado entre a aluna e o professor somente pode acontecer mediante o diálogo entre as duas partes, em que cada um considere seus eventuais excessos, uma vez que o que houve foi um mero desentendimento e não uma violação de direito por convição filosófica ou política.

RESPOSTA

☑ Partindo da premissa de que a negativa do pedido da vista de prova pelo professor se deu em razão de Maria se afirmar como feminista, e admitindo que a militância feminista é uma convicção filosófica, pode-se afirmar que Maria foi privada de um direito por motivo de convicção filosófica ou política, cujo exercício deve ser assegurado pelas autoridades competentes na instituição de ensino.

B) A redação do enunciado não fornece informações que permitam deduzir ter havido um debate livre e legítimo em sala de aula.

C) Independentemente do teor do debate em sala de aula, o regimento da instituição é norma jurídica e, como tal, tem validade e aplicabilidade, salvo na hipótese de conflitar com a legislação ou a Constituição.

D) Partindo da premissa de que a negativa do pedido da vista de prova pelo professor se deu em razão de Maria se afirmar como feminista, e admitindo que a militância feminista é uma convicção filosófica, teria havido violação de direito que Maria poderia submeter até mesmo à apreciação do Poder Judiciário.

(XXII Exame de Ordem Unificado / FGV) O país foi tomado por uma onda de manifestações sociais, que produzem grave e iminente instabilidade institucional, de modo que a Presidência da República decretou, e o Congresso Nacional aprovou, o estado de defesa no Brasil.

Nesse período, você é procurado(a), como advogado(a), para atuar na causa em que um casal relata que seu filho, João da Silva, de 21 anos, encontra-se desaparecido há cinco dias, desde que foi detido para investigação policial. Os órgãos de segurança afirmam não ter informações acerca do paradeiro dele, embora admitam que ele foi interrogado pela polícia.

Ao questionar o procedimento de interrogatório e buscar mais informações sobre o paradeiro de João da Silva junto à Corregedoria da Polícia, você é lembrado de que o país encontra-se sob estado de defesa, existindo, nesse caso, restrição a vários direitos fundamentais.

Sobre a hipótese apresentada, com base na Convenção Interamericana sobre o Desaparecimento Forçado de Pessoas, assinale a afirmativa correta.

A) A Convenção proíbe que os Estados-Partes decretem qualquer tipo de estado de emergência, incluindo aí o estado de defesa ou o estado de sítio, de forma a evitar a gravíssima violação dos direitos humanos, como é o desaparecimento forçado de João da Silva.

B) O caso de João da Silva ainda não pode ser considerado desaparecimento forçado, porque a Convenção afirma que o prazo para que o desaparecimento forçado seja caracterizado como tal deve ser de pelo menos dez dias, desde a falta de informação ou a recusa a reconhecer a privação de liberdade pelos agentes do Estado.

C) O Conselho de Defesa Nacional deliberou que, mesmo no estado de defesa, as autoridades judiciárias competentes devem ter livre e imediato acesso a todo centro de detenção e às suas dependências, bem como a todo lugar onde houver motivo para crer que se possa encontrar a pessoa desaparecida.

D) O Brasil, como Estado-Parte da Convenção, comprometeu-se a não praticar, nem permitir, nem tolerar o desaparecimento forçado de pessoas, nem mesmo durante os estados de emergência, exceção ou de suspensão de garantias individuais.

RESPOSTA

A) Não consta da Convenção qualquer proibição à decretação de estado de sítio ou de defesa.

B) Não há prazo mínimo para que se reconheça o desaparecimento forçado. Nos termos do artigo II da Convenção, Para os efeitos desta Convenção, entende-se por desaparecimento forçado a privação de liberdade de uma pessoa ou mais pessoas, seja de que forma for, praticada por agentes do Estado ou por pessoas ou grupos de pessoas que atuem com autorização, apoio ou consentimento do Estado, seguida de falta de informação ou da recusa a reconhecer a privação de liberdade ou a informar sobre o paradeiro da pessoa, impedindo assim o exercício dos recursos legais e das garantias processuais pertinentes.

C) A Lei n. 8.183/91, que trata da organização e funcionamento do Conselho de Defesa Nacional, não estipula qualquer possibilidade de deliberação neste sentido.

✓ A alternativa "d" corresponde exatamente ao texto do artigo I, inciso "a" da Convenção Interamericana sobre o Desaparecimento Forçado de Pessoas segundo o qual; "os Estados-Partes nesta Convenção comprometem-se a: a) não praticar, nem permitir, nem tolerar o desaparecimento forçado de pessoas, nem mesmo em estado de emergência, exceção ou suspensão de garantias individuais". Além disso, nos termos do artigo X, em nenhum caso poderão ser invocadas circunstâncias excepcionais, tais como estado de guerra ou ameaça de guerra, instabilidade política interna ou qualquer outra emergência pública, para justificar o desaparecimento forçado de pessoas.

(XXII Exame de Ordem Unificado / FGV) Você está advogando em um caso que tramita na Corte Interamericana de Direitos Humanos. O Brasil é parte passiva do processo e, finalmente, foi condenado. A condenação envolve, além da reparação pecuniária pela violação dos direitos humanos, medidas simbólicas de restauração da dignidade da vítima e até mesmo a mudança de parte da legislação interna.

Embora a União tenha providenciado o pagamento do valor referente à reparação pecuniária da vítima, há muito tempo permanece inadimplente quanto ao cumprimento das demais obrigações impostas na sentença condenatória proferida pela Corte.

Diante disso, assinale a afirmativa correta.

A) É necessário ingressar com medida específica junto ao STF para a homologação da sentença da Corte ou a obtenção do *exequatur*, isto é, a decisão de cumprir, aqui no Brasil, uma sentença que tenha sido proferida por tribunal estrangeiro.

B) Não há nada que possa ser feito, já que não há previsão nem na legislação do Brasil, nem na própria Convenção Americana dos Direitos Humanos sobre algum tipo de medida quando do não cumprimento da sentença da Corte pelo país que se submeteu à sua jurisdição.

C) A execução da sentença pode ser feita diretamente no Sistema Interamericano de Direitos Humanos, pois essa é uma das atribuições e incumbências previstas no Pacto de São José da Costa Rica para a Comissão Interamericana de Direitos Humanos.

D) Pode-se solicitar à Corte que, no seu relatório anual para a Assembleia Geral da OEA, indique o caso em que o Brasil foi condenado, como aquele em que um Estado não deu cumprimento total à sentença da Corte.

RESPOSTA

A) A decisão da Corte Interamericana constitui uma sentença internacional (diferente de sentença estrangeira), e não precisa de homologação perante o STJ (nos termos do art. 105, I, *i*, CF, e nem perante o STF, como consta do enunciado), pois já tem força de título executivo no Brasil, que já faz parte da Corte ao aderir a denominada cláusula facultativa de jurisdição obrigatória.

B) Embora não haja previsão específica na legislação brasileira, há previsão no art. 65 da Convenção Interamericana de Direitos Humanos de possibilidade de solicitação à Corte Interamericana de inclusão do não cumprimento da decisão pelo Brasil em seu relatório anual.

C) A execução de sentenças da Corte Interamericana não é atribuição da Comissão Interamericana de Direitos Humanos.

✓ Nos termos do art. 65 da Convenção Interamericana de Direitos Humanos, existe a possibilidade de solicitação à Corte Interamericana de inclusão do não cumprimento da decisão pelo Brasil em seu relatório anual.

(XXII Exame de Ordem Unificado / FGV) Seu cliente possui um filho com algum nível de deficiência mental e, após muito tentar, não conseguiu vaga no sistema público de ensino da cidade, uma vez que as escolas se diziam não preparadas para lidar com essa situação.

Você já ingressou com a ação judicial competente há mais de dois anos, mas há uma demora injustificada no julgamento e o caso ainda se arrasta nos tribunais.

Diante desse quadro, você avalia a possibilidade de apresentar uma petição à Comissão Interamericana de Direitos Humanos.

Tendo em vista o que dispõe a Convenção Americana sobre Direitos Humanos e seus respectivos protocolos, assinale a afirmativa correta.

A) Considerando a demora injustificada da decisão na jurisdição interna, você pode peticionar à Comissão, pois o direito à Educação é um dos casos de direitos sociais previstos no Protocolo de São Salvador, que, uma vez violado, pode ensejar aplicação do sistema de petições individuais.

B) Não obstante a demora injustificada da decisão final do Poder Judiciário brasileiro ser uma condição que admite excepcionar os requisitos de admissibilidade para que seja apresentada a petição, o direito à educação não está expressamente previsto nem na Convenção, nem no Protocolo de São Salvador como um caso de petição individual.

C) Apenas a Corte Interamericana de Direitos Humanos pode encaminhar um caso para a Comissão. Portanto, deve ser provocada a jurisdição da Corte. Se esta entender adequado, pode enviar o caso para que a Comissão adote as medidas e providências necessárias para garantir o direito e reparar a vítima, se for o caso.

D) Em nenhuma situação você pode entrar com a petição individual de seu cliente na Comissão Interamericana de Direitos Humanos até que sejam esgotados todos os recursos da jurisdição interna do Brasil.

RESPOSTA

☑ Embora não estejam previstos na Convenção Interamericana de Direitos Humanos, os direitos humanos de 2ª geração estão previstos no Protocolo de São Salvador, que pode fundamentar a petição perante a Comissão Interamericana de Direitos Humanos, tendo em vista estar satisfeita a condição de demora injustificada do julgamento.

B) O direito à educação é um dos direitos de 2ª geração, e está previsto no Protocolo de São Salvador.

C) A competência para apreciar a petição da parte é da Comissão Interamericana, e não da Corte, que somente pode ser acessada pela própria Comissão ou por Estados-Partes.

D) Pode-se prescindir do esgotamento dos recursos internos se demonstrada a demora injustificada do Estado-Parte na apreciação da demanda.

(XXIII Exame de Ordem Unificado / FGV) Você advoga na Procuradoria Geral do Estado em que reside. Em uma tarde, recebe um telefonema urgente do diretor da Penitenciária Anhanguera, que deseja fazer uma consulta de viva voz. Diz o diretor que está com duas pessoas identificadas como membros do Mecanismo Nacional de Prevenção e Combate à Tortura (MNPCT) e que elas estão requerendo acesso imediato às instalações da penitenciária, onde pretendem gravar entrevistas com alguns presos. Também estão solicitando acesso aos registros relativos ao tratamento conferido aos presos.

Com base nas normas de funcionamento do Mecanismo Nacional de Prevenção e Combate à Tortura, cabe a você informar corretamente ao diretor que

A) os membros do MNPCT não possuem direito de acesso às penitenciárias, devendo a visita ser tratada previamente com a Secretaria de Segurança Pública e Administração Penitenciária do Estado.

B) tanto o acesso à penitenciária quanto o acesso aos registros relativos ao tratamento conferido aos presos dependem de autorização judiciária expedida pelo juiz da Vara de Execução Penal da Comarca onde fica a Penitenciária.

C) o acesso dos membros do MNPCT às instalações da penitenciária deve ser liberado, mas a gravação de entrevistas e o acesso aos registros relativos ao tratamento conferido aos presos devem ser negados.

D) o acesso às instalações da penitenciária aos membros do MNPCT deve ser liberado, bem como fornecidos os registros solicitados e permitida a gravação das entrevistas com os presos.

RESPOSTA

A) Nos termos da Lei n. 12.847/2013, os membros do MNPCT têm livre acesso às penitenciárias e não precisam agendar visita prévia com os órgãos da Administração Pública.

B) Nos termos da Lei n. 12.847/2013, os membros do MNPCT têm livre acesso às penitenciárias e não dependem de autorização judicial.

C) Nos termos da Lei n. 12.847/2013, não há restrição à gravação das entrevistas nem ao fornecimento dos registros.

☑ A Lei n. 12.847/2013 instituiu o Sistema Nacional de Prevenção e Combate à Tortura, que inclui o Mecanismo Nacional de Prevenção e Combate à Tortura, nos termos do Protocolo Facultativo de 2007 da Convenção contra a tortura e outros tratamentos ou penas cruéis, desumanos ou degradantes da ONU (1984). O artigo 10 e seus incisos preveem o livre acesso dos membros do MNPCT às instalações penitenciárias, bem como contato com as pessoas presas e o registro das conversas.

(XXIII Exame de Ordem Unificado / FGV) João sempre agiu de forma prestativa e solidária na comunidade, ajudando todas as pessoas conforme suas possibilidades. Agora, os conhecidos estão revoltados porque ele foi abandonado pelos filhos, quando eles se tornaram adultos. Enquanto os filhos estão empregados, João tem dificuldades financeiras até para comprar comida.

Você foi procurado(a) por um grupo de pessoas que buscam amparo para esse idoso. Tendo em vista a Constituição da República e o Estatuto do Idoso, assinale a afirmativa correta.

A) O dever de amparo, incluindo obrigação alimentar, dá-se apenas dos pais para os filhos; portanto, não se pode exigir juridicamente dos filhos a prestação alimentar para os pais que estejam em necessidade.

B) João pode exigir judicialmente dos filhos prestação alimentar que funcione como amparo, mas caso seus filhos se mantenham omissos, o Poder Judiciário ou o Ministério Público podem determinar medida de orientação e apoio temporários.

C) A pensão alimentícia por parte dos filhos é exigível judicialmente, mas, se houver inadimplência, não há nenhuma medida de proteção que o Poder Judiciário possa determinar, pois se trata de questão privada.

D) Não há alternativa jurídica para o problema de João de acordo com a legislação brasileira, sendo a única solução possível a solidariedade de pessoas próximas e sensíveis.

RESPOSTA

A) O art. 1.696 estabelece que direito à prestação de alimentos é recíproco entre pais e filhos, e extensivo a todos os ascendentes, recaindo a obrigação nos mais próximos em grau, uns em falta de outros.

☑ O Estatuto do Idoso prevê medidas de proteção ao idoso no artigo 45, II. O dever de alimentos é regido pela lei civil, nos termos do art. 11 do Estatuto.

C) O Estatuto do Idoso prevê medidas de proteção nos arts. 43 a 45.

D) O Código Civil e o Estatuto do Idoso combinados contemplam uma solução jurídica para o caso de João.

(XXIV Exame de Ordem Unificado / FGV) Há cerca de três meses, foi verificado que os presos da Penitenciária Quebrantar estavam sofrendo diversas formas de maus-tratos, incluindo violência física. Você foi contratado(a) por familiares dos presos, que lhe disseram ter elementos suficientes para acreditar que qualquer medida judicial no Brasil seria ineficaz no prazo desejado. Por isso, eles o(a) consultaram sobre a possibilidade de submeter o caso à Comissão Interamericana de Direitos Humanos (CIDH).

Considerando as regras de funcionamento dessa Comissão, você deve informá-los de que a CIDH pode receber a denúncia:

A) caso sejam feitas petições individualizadas, uma vez que os casos de violação de direitos previstos no Pacto de São José da Costa Rica devem ser julgados diretamente pela Corte Interamericana de Justiça.

B) caso sejam feitas petições individualizadas relatando a violação sofrida por cada uma das vítimas e as relacionando aos direitos previstos na Convenção Americana; assim, a CIDH poderá adotar as medidas que julgar necessárias para a cessação da violação.

C) caso entenda haver situação de gravidade e urgência. Assim, a CIDH poderá instaurar de ofício um procedimento no qual solicita que o Estado brasileiro adote medidas cautelares de natureza coletiva para evitar danos irreparáveis aos presos.

D) caso entenda haver situação de gravidade e urgência. Assim, a CIDH deve encaminhar diretamente o caso à Corte Interamericana de Justiça, que poderá ordenar a medida provisória que julgar necessária à cessação da violação.

RESPOSTA

A formulação do enunciado pode gerar ambiguidade em sua interpretação: ao se referir de forma genérica às "regras de funcionamento da Comissão Interamericana", sem especificar uma norma de Direito Internacional, o/a candidato/a tanto poderia deduzir se tratar das regras contidas na Convenção Interamericana (arts. 34 a 51) quanto do Regulamento Interno da Comissão Interamericana de Direitos Humanos (em vigor a partir de 2013). A depender da norma adotada, a redação das alternativas poderia dar margem para a interpretação de três alternativas como corretas.

A) Nos termos do art. 61 da Convenção Interamericana de Direitos Humanos (Pacto de São José da Costa Rica), a Corte Interamericana de Direitos Humanos somente podem apreciar casos encaminhados pelos Estados-Partes ou pela Comissão Interamericana de Direitos Humanos. Esta é a única alternativa incabível em qualquer caso.

B) Considerando que por "regras de funcionamento da Comissão Interamericana" se entendam aquelas previstas na Convenção Interamericana de Direitos Humanos, o art. 48 da Convenção estabelece como procederá a Comissão ao receber uma petição, e pode ser interpretado como o fundamento para considerar correta a resposta no sentido de que a CIDH "poderá adotar as medidas que julgar necessárias para a cessação da violação".

✓ Considerando que por "regras de funcionamento da Comissão Interamericana" se entendam aquelas previstas no Regulamento Interno da Comissão Interamericana de Direitos Humanos, o art. 25 do documento prevê medidas cautelares, que podem ser solicitadas de ofício pela Comissão aos Estados-Partes em situações de gravidade e urgência.

D) Considerando que por "regras de funcionamento da Comissão Interamericana" se entendam aquelas previstas na Convenção Interamericana de Direitos Humanos, o art. 62.3 da Convenção estabelece que, em casos de extrema gravidade e urgência, e quando se fizer necessário evitar danos irreparáveis às pessoas, a Corte, nos assuntos de que estiver conhecendo, poderá tomar as medidas provisórias que considerar pertinentes, e caso se trate de assuntos que ainda não estiverem submetidos ao seu conhecimento, poderá atuar a pedido da Comissão. Dessa forma, a alternativa D também admite interpretação como correta.

(XXIV Exame de Ordem Unificado / FGV) Você, como advogada(o) que atua na defesa dos Direitos Humanos, foi chamada(o) para atuar em um caso em que há uma disputa pela terra entre produtores rurais e uma comunidade quilombola.

Você sabe que, de acordo com o Decreto n. 4.887/03 do Governo Federal, "consideram-se remanescentes das comunidades dos quilombos, os grupos étnico-raciais, segundo critérios de autoatribuição, com trajetória histórica própria, dotados de relações territoriais específicas, com presunção de ancestralidade negra relacionada com a resistência à opressão histórica sofrida".

Em relação a essas pessoas remanescentes de quilombos, é correto dizer que a Constituição Federal de 1988

A) assegura o direito às suas tradições, mas não garante a propriedade da terra ocupada por elas.

B) prevê o direito à consulta aos quilombolas sempre que houver proposta oficial de exploração de riquezas minerais de suas terras.

C) afirma o direito à posse da terra quando ocupada de boa-fé por esses grupos.

D) reconhece a propriedade definitiva das terras que estejam ocupando, cabendo ao Estado a emissão dos títulos respectivos.

RESPOSTA

A) O direito à propriedade das terras das comunidades quilombolas é assegurado pelo art. 68 dos ADCT.

B) Não há disposição neste sentido, nem na Constituição Federal, nem no Decreto n. 4.887/2003.

C) A Constituição assegura o direito de propriedade definitiva das terras ocupadas pelas comunidades quilombolas, nos termos do art. 68 dos ADCT.

✓ O art. 68 dos Atos das Disposições Constitucionais Transitórias assegura aos remanescentes das comunidades dos quilombos que estejam ocupando suas terras que seja reconhecida a propriedade definitiva, devendo o Estado emitir-lhes os títulos respectivos.

(XXV Exame de Ordem Unificado / FGV) Você foi procurado, como advogado(a), por representantes de um Centro de Defesa dos Direitos Humanos, que lhe informaram que o governador do estado, juntamente com o ministro da justiça do país, estavam articulando a expulsão coletiva de um grupo de haitianos, que vive legalmente na sua cidade.

Na iminência de tal situação e sabendo que o Brasil é signatário da Convenção Americana sobre os Direitos Humanos, assinale a opção que indica, em conformidade com essa convenção, o argumento jurídico a ser usado.

A) Um decreto do governador combinado a uma portaria do ministro da justiça constituem fundamento jurídico suficiente para a expulsão coletiva, segundo a Convenção acima citada. Portanto, a única solução é política, ou seja, fazer manifestações para demover as autoridades desse propósito.

B) A Convenção Americana sobre os Direitos Humanos é omissa quanto a esse ponto. Portanto, a única alternativa é buscar apoio em outros tratados internacionais, como a Convenção das Nações Unidas, relativa ao Estatuto dos Refugiados, também conhecida como Convenção de Genebra, de 1951.

C) A expulsão coletiva de estrangeiros é permitida, segundo a Convenção Americana sobre os Direitos Humanos, apenas no caso daqueles que tenham tido condenação penal com trânsito em julgado, o que não foi o caso dos haitianos visados pelos propósitos do governador e do ministro, uma vez que eles vivem legalmente na cidade.

D) A pessoa que se ache legalmente no território de um Estado tem direito de circular nele e de nele residir em conformidade com as disposições legais. Além disso, é proibida a expulsão coletiva de estrangeiros.

RESPOSTA

A) Não pode haver decretação de expulsão por qualquer ato do Poder Executivo, pois existe previsão expressa do direito à livre circulação de estrangeiros em situação de legalidade no art. 22 da Convenção Interamericana de Direitos Humanos.

B) A Convenção Interamericana de Direitos Humanos não é omissa quanto a este ponto, uma vez que assegura em seu art. 22 o direito de circulação e residência, inclusive a estrangeiros que estejam legalmente no país, sendo proibida a expulsão coletiva de estrangeiros.

C) É vedada a expulsão coletiva de estrangeiros nos termos da Convenção Interamericana de Direitos Humanos. O art. 22, itens 3 e 4, estabelece que o direito à livre circulação de estrangeiros não pode ser restringido salvo em virtude de lei, para prevenir infrações penais ou para proteger a segurança nacional, a segurança ou a ordem públicas, a moral ou a saúde públicas, ou os direitos e liberdades de terceiros.

✓ A Convenção Interamericana de Direitos Humanos assegura em seu art. 22 o direito de circulação e residência, inclusive a estrangeiros que estejam legalmente no país, sendo proibida a sua expulsão coletiva.

(XXV Exame de Ordem Unificado / FGV) O governo federal autorizou uma mineradora a prospectar a exploração dos recursos existentes nas terras indígenas. Numerosas instituições da sociedade civil contratam você para, na condição de advogado, atuar em defesa da comunidade indígena.

Tendo em vista tal fato, além do que determina a Convenção 169 da OIT Sobre Povos Indígenas e Tribais, assinale a afirmativa correta.

A) O governo deverá estabelecer ou manter procedimentos com vistas a consultar os povos indígenas interessados, a fim de determinar se os interesses desses povos seriam prejudicados e em que medida, antes de empreender ou autorizar qualquer programa de prospecção ou exploração dos recursos existentes em suas terras.

B) A prospecção e a exploração dos recursos naturais em terras indígenas pode ocorrer independentemente da autorização e da participação dos povos indígenas nesse processo, desde que haja uma indenização por eventuais danos causados em decorrência dessa exploração.

C) A prospeção e a exploração das riquezas naturais em terras indígenas podem ocorrer mesmo sem a participação ou o consentimento dos povos indígenas afetados. No entanto, esses povos têm direito a receber a metade do valor obtido como lucro líquido resultante dessa exploração.

D) Se a propriedade dos minérios ou dos recursos do subsolo existentes na terra indígena pertencerem ao Estado, o governo não está juridicamente obrigado a consultar os povos interessados. Nesse caso, restaria apenas a mobilização política como estratégia de convencimento.

RESPOSTA

✓ O art. 15 da Convenção 169 da OIT estabelece que os povos indígenas têm direito a participar dos processos decisórios referentes à utilização dos recursos minerais em suas terras.

B) A prospecção e exploração dos recursos naturais em terras indígenas não podem ocorrer sem autorização dos povos que as ocupam, nos termos do art. 15 da Convenção 169 da OIT.

C) A prospecção e exploração dos recursos naturais em terras indígenas não podem ocorrer sem autorização dos povos que as ocupam, nos termos do art. 15 da Convenção 169 da OIT, independentemente da percepção do lucro da exploração.

D) Ainda que se alegue serem os minérios e recursos minerais do subsolo de propriedade do Estado, o art. 15 da Convenção 169 da OIT estabelece que os povos indígenas têm direito a participar dos processos decisórios referentes à utilização dos recursos minerais em suas terras.

Filosofia do Direito

Clodomiro Bannwart

Pós-Doutor em Filosofia. Graduado em Direito e em Filosofia. Professor dos Programas de Mestrado em Direito e Mestrado em Filosofia na Universidade Estadual de Londrina. Professor no Saraiva Aprova.

Sumário

1. MATRIZES DO PENSAMENTO NA FILOSOFIA DO DIREITO

1.1. Filosofia e Direito: uma relação de proximidade

Para a compreensão da Filosofia do Direito, é fundamental notar a conexão entre a Filosofia e o Direito, acrescida do modelo de sociedade que recepciona as ideias filosóficas e as instituições jurídicas. A Filosofia é fruto de um contexto localizado espacialmente e temporalmente, ao passo que o Direito é consolidado institucionalmente em sociedades concretas.

Filosofia → Direito → Teorias sociais

A tarefa fundamental da **Filosofia**, ao longo da tradição Ocidental, foi a de servir de reservatório conceitual explicativo às indagações colocadas pelo homem. A matéria-prima da Filosofia é formada por conceitos, os quais permitem, mediante atitude crítica e reflexiva, assegurar a inteligibilidade do mundo e aclarar como as coisas são o que são (ser) e como poderiam ser (dever-ser). Sua natureza abstrata busca compreender o mundo conceitualmente de forma desinteressada e pouco prática. Responder a questões acerca do que é a verdade ou a **justiça** configura a pauta da reflexão filosófica.

O Direito, por sua vez, possui um caráter prático, cuja aplicabilidade demanda sua inserção em instituições sociais. A característica do Direito, ao menos na nomenclatura atual, é a de ser uma ciência social aplicada. As instituições jurídicas têm a peculiar tarefa de "**dizer o direito**", o que implica a pretensão de **fazer valer a justiça**. Este propósito do Direito, no entanto, não se realiza sem antes saber o que é a justiça. Daí a missão teórica e prática do Direito. Para compreender a justiça, que é algo abstrato em sua natureza, o Direito se vale da Filosofia, e, ao aplicar o justo ao caso concreto, necessita compreender o contexto valorativo social em que o seu conteúdo normativo está inserido.

Se a Filosofia, por um lado, contribui com o processo explicativo de teorias e, ao mesmo tempo, com a inteligibilidade conceitual, por outro, a Sociologia, estampada em teorias sociais, se ocupa em demonstrar teoricamente as bases das estruturas sociais que permitem alocar as normas jurídicas. O Direito, ao pretender caminhar sozinho, sem levar em consideração a base conceitual da Filosofia e tampouco a realidade empírica das sociedades em que ele se situa, corre o risco de se perder no tecnicismo, girando em falso, sem conseguir penetrar na concretude das demandas sociais. Arruína-se em matéria de fundamento e, igualmente, de legitimidade.

Para que o Direito não caia em um reducionismo interno que o faça caminhar míope, é fundamental sua inserção nas reflexões produzidas pela Filosofia do Direito – que tematiza os fundamentos normativos – e nas investigações das Teorias Sociais (Sociologia do Direito) – que analisam a interação da normatividade social. Enfim, o Direito se vale teoricamente da Filosofia do Direito para refletir a justiça e demais conceitos correlatos, porém sem abrir mão da Sociologia do Direito para auxiliar na aplicação de uma adequada concepção normativa matizada socialmente.

1.2. A contribuição da Filosofia ao Direito

Na história do pensamento ocidental foram três as principais influências que assinalaram a formação do Direito tal como o conhecemos: a tradição judaica, a filosofia grega e a cultura romana. Cada uma dessas tradições estampa uma palavra-chave que resume sua contribuição ao Direito.

Os três pilares do Direito no pensamento ocidental		
Tradição judaica	Tradição grega	Tradição romana
Fé	Natureza	Autoridade

1.2.1. A tradição judaica

Essa tradição formulou uma concepção jurídica pautada na religião monoteísta, aspecto que a diferenciava dos demais povos, ainda politeístas. Responsável por libertar o povo hebraico do Egito, a Bíblia diz que foi Moisés quem recebeu de Deus, no Monte Sinai, as tábuas dos Dez Mandamentos. Para os judeus, o direito é dado por Deus, de forma mandamental. Deus manda, cabendo aos homens obedecer. É a demonstração de que o Deus judaico não confiava no poder de legislação dos homens. As normas eram provenientes de uma única fonte: Deus. O elemento central que assegurava o cumprimento dos **mandamentos divinos** baseava-se na **fé**. A aplicação dos mandamentos e a resolução dos conflitos eram confiadas ao Sinédrio, também conhecido por Tribunal dos Setenta, que compreendia a suprema magistratura dos hebreus. A intepretação da lei escrita – "Torá" – não podia se afastar dos mandamentos imutáveis dados por Deus.

1.2.2. A tradição grega

Por sua vez, a tradição grega não possuía o mesmo pragmatismo que a tradição romana e tampouco a religiosidade monoteísta dos judeus. A originalidade dos gregos assentava-se, sobretudo, na reflexão acerca dos fundamentos últimos das coisas. Indagações a respeito da verdade e da justiça encontram aporte em um pensamento sistematizado que se vale da **razão** e sua capacidade de arquitetar logicamente os conceitos. O politeísmo grego impediu que os filósofos atribuíssem aos deuses do Monte Olimpo o fundamento das normas jurídicas, até porque as divindades gregas eram passionais como os seres humanos. A prática da democracia foi fator preponderante para retirar dos deuses a legitimidade das leis e confiar aos humanos a **capacidade de legislar**. Porém, os gregos não se ocuparam tanto com a questão da aplicação do direito. Debruçaram-se antes a responder indagações atinentes à **legitimidade da lei**, a saber se a lei que é válida e positivada no contexto das cidades (polis) consegue expressar justiça e o que é a justiça.

Foram os gregos que primeiro tematizaram a clivagem entre a lei (legalidade/positividade) e os seus fundamentos (legitimidade/Direitos naturais). A referência fundamental para os gregos desenvolverem a filosofia foi a **natureza** "*physis*". Esta era vista como portadora de ordem "cosmos" que implicava a realização de **fins imanentes** "teleologia". A ordem da natureza fora transplantada para a cidade (ordem social) e para o Direito (ordenamento jurídico). Os gregos nos legaram a formulação da **Filosofia do Direito**.

1.2.3. A tradição romana

Em sua fase imperial, a tradição romana incorpora parte da tradição judaica por intermédio do Cristianismo e também recebe a influência da filosofia grega. Mas a originalidade dos romanos foi a construção de um sólido **sistema jurídico**. É reconhecido que o direito foi o domínio da cultura romana que mais influenciou a posteridade. Não estava no horizonte dos romanos a preocupação com a fundamentação ou conceituação do direito, mas, sim, a sistematização do conjunto das práticas jurídicas, a construção doutrinária e o delineamento de uma literatura jurídica. Os romanos nos legaram a edificação e o desenvolvimento da **teoria do direito**. E isso permite dizer, de forma bem resumida, que os gregos se ocuparam com a parte teórica do direito e os romanos com a sua parte prática.

Outro aspecto a destacar é que os gregos habitavam as polis e havia uma grande quantidade delas que os diferenciavam entre atenienses e espartanos, por exemplo. Os romanos, ao contrário, foram cidadãos que habitaram um Império, que se pretendia universal. Os gregos puderam experimentar a democracia e, consequentemente, as condições propícias para o debate e, inclusive, o questionamento dos fundamentos normativos que regiam suas cidades. Os romanos, ao contrário, se valiam de um único chefe: o Imperador. Daí a noção de o Direito para os romanos ser decorrente da ideia de **autoridade**.

1.3. A delimitação entre razão teórica e razão prática

Na tradição grega, a utilização do termo "**ciência**" não comportava a mesma conotação que hoje possuímos. A melhor forma de demarcar o campo teórico do Direito na tradição grega foi apresentada por Aristóteles ao distinguir duas importantes estruturas da reflexão filosófica: a **razão teórica** e a **razão prática**. No quadro abaixo é possível perceber o enquadramento do campo jurídico.

Razão teórica	Razão prática
Conhecimento	Ação
Verdade	Justiça
Epistemologia	Ética/Moral, Política e Direito
Physis/Natureza	Ethos/Ética
Causalidade	Liberdade
Previsibilidade	Imprevisibilidade

1.3.1. A razão teórica

Trata-se de parte da reflexão filosófica que se ocupa fundamentalmente em analisar as condições de possibilidade do conhecimento humano. As indagações acerca de como se processa o conhecimento, quais os critérios para distinguir o falso do verdadeiro, o que é a verdade e como ela é passível de ser atingida, são questões que a Filosofia se ocupa desde os primórdios de maneira incansável. Portanto, a investigação acerca do **conhecimento** tem como fim (*telos*) alcançar e refletir sobre a **verdade**. A Filosofia e também, mais tarde, a ciência moderna buscaram alcançar, por caminhos diferentes, a verdade. Na Filosofia, esse campo de investigação ficou conhecido por Epistemologia (*episteme* = conhecimento; *logia* = estudo) ou Teoria do Conhecimento. Para os gregos e igualmente para os cientistas modernos o ponto de referência da investigação epistemológica encontra-se dado na **natureza** (*Physis*). A Filosofia nasceu da observação da natureza, da constatação de sua regularidade, da ordem nela inscrita e, acima de tudo, da verificação de que a *Physis* é regida pelo **princípio da causalidade**. O princípio causal é importante ferramenta para epistemólogos e cientistas confirmarem suas hipóteses e assegurar um conhecimento passível de **previ-**

sibilidade. A Filosofia utiliza o princípio de causalidade sob a perspectiva lógica e a ciência moderna a emprega como método de comprovação empírica.

1.3.2. A razão prática

Por sua vez, a razão prática se ocupa em refletir a ação humana, verificando as condições pelas quais o agir humano concretiza a justiça ou a injustiça. Em sentido amplo, o *telos* de investigação da razão prática é a justiça, a correção. Na Filosofia, três são as disciplinas que se ocupam da questão da justiça: a Ética, a Política e o Direito. A **Ética** avalia a ação na perspectiva individual; a Política, na perspectiva coletiva; e o Direito, na perspectiva normativa. Ética é a forma de mensuração da ação do indivíduo dentro da coletividade a que pertence. Na medida em que o indivíduo se relaciona com o outro, forma-se uma inter-*ação* social, que é o campo da **Política**. E as normas que se impõem politicamente sobre o comportamento da coletividade, a saber, as normas jurídicas, são objeto de reflexão do **Direito**. A razão prática é, nesse sentido, complexa ao correlacionar três campos disciplinares que partem do mesmo objeto – a ação humana –, porém, de maneiras distintas. O ponto de referência da razão prática não é a natureza (*Physis*), mas a Ética (Ethos). Ao passo que a natureza nos é dada, o Ethos é fruto do engenho humano, cuja argamassa encontra-se na combinação de três elementos essenciais: **os valores, os costumes e as tradições**. O Ethos é a representação do Bem, aquele horizonte almejado a ser realizado pelo emprego da ação humana. O Bem é uma projeção que, semelhante ao horizonte, exige esforço para alcançá-lo, porém, quanto mais dele se aproxima, mais ele se distancia. É a demonstração de que a essência do Bem necessita ser construída e reconstruída permanentemente. Importante notar que a ação humana não se enquadra plenamente na determinação causal da natureza. O princípio de causalidade não alcança nem determina plenamente a ação humana, deixando uma reserva de **liberdade** à consecução dos atos humanos. O preço que o homem paga pela sua liberdade é a indeterminabilidade e a imprevisibilidade dos seus atos. Para atenuar essa imprevisibilidade, os gregos apostaram no fortalecimento dos valores, costumes e tradições, como condição imprescindível de legitimidade da Ética, da Política e do Direito.

1.4. Nascimento da Filosofia e da Filosofia do Direito

A Filosofia do Direto está intimamente ligada ao nascimento da Filosofia. No esquema a seguir é apresentado o papel ocupado pelo Direito no corpo filosófico.

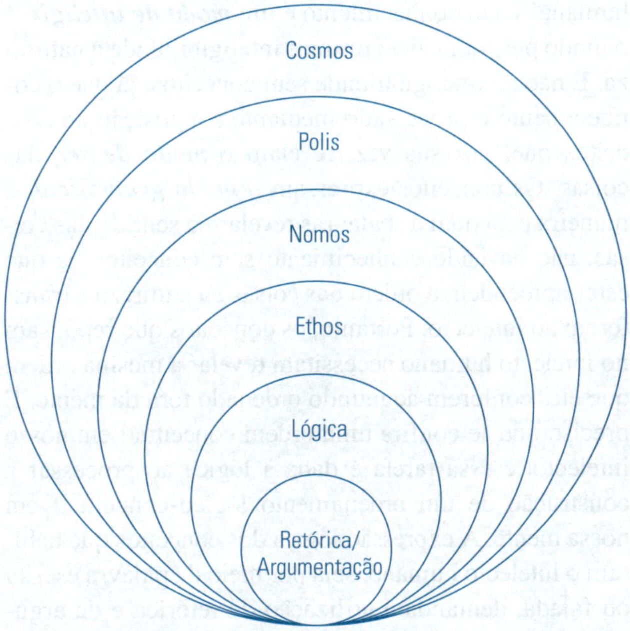

1.4.1. Razão teórica

1.4.1.1. Epistemologia

A Filosofia surge, segundo Aristóteles, do *thauma*, traduzido por espanto, perplexidade. A Filosofia é originária daquilo que capta a nossa atenção e nos põe a refletir, indagar e apontar respostas. A Filosofia não nasce de um superpoder cognitivo, mas da percepção sensorial, do olhar atento à natureza (*Physis*). A natureza desponta como *cosmos* (o todo ordenado), manifestando, num primeiro momento, encanto e beleza (dimensão estética). Daí o termo *cosmética*, associado àquilo que realça a beleza. Num segundo momento, a natureza impõe um questionamento fundamental: qual o princípio (*arché*) mantenedor dessa ordem? Essa é uma indagação que exige conhecimento (dimensão epistemológica), e as respostas que os filósofos deram a esse perturbador questionamento são inúmeras e inconclusas. Da natureza se depreende outra importante observação, assinalada por Aristóteles: não há nada na natureza destituído de finalidade; na natureza tudo concorre à realização de um determinado fim. Ou seja, a natureza realiza um fim (*telos*) que lhe é imanente. Desta pauta inicial da Filosofia, três importantes palavras devem ser registradas, pois guardam relação com o Direito: **ordem** (cosmos), **fim** (*telos/teleologia*) e **princípio** (*arché*).

1.4.1.2. Lógica, retórica e argumentação

É possível ainda acrescentar outra nomenclatura decorrente da natureza que é bastante utilizada no direito. Trata-se da lógica. A natureza para os gregos se apresenta de forma ordenada e com um *modo de ser* que lhe é próprio. A natureza é o que é independente da vontade humana. Todo conhecimento é um ***modo de inteligir***, é o modo pelo qual asseguramos inteligibilidade à natureza. E não há inteligibilidade sem conceitos, já que o conhecimento é processado mediante a aquisição de conceitos que, por sua vez, revelam o ***modo de ser*** das coisas. Os conceitos expressam ***o modo gramatical***, a maneira pela qual as palavras revelam o sentido das coisas, não havendo conhecimento sem conceitos, já que estes apreendem a ordem das coisas na natureza e transferem ao intelecto. Portanto, os conceitos que repousam no intelecto humano necessitam revelar a mesma ordem que eles conferem ao mundo ordenado fora da mente. É preciso que se confira uma ordem conceitual em nosso intelecto, e essa tarefa é dada à lógica ao processar a construção de um ordenamento lógico-conceitual em nossa mente. A expressão lógica dos conceitos que habitam o intelecto humano, seja por meio da palavra escrita ou falada, demanda a utilização da retórica e da argumentação, instrumentais indispensáveis ao Direito. **Lógica, gramática, retórica e argumentação** compõem o campo da linguagem, área que os medievais denominaram Artes Liberais.

1.4.2. Razão prática

1.4.2.1. Política

A natureza, como vimos, é tomada como centro referencial da atividade filosófica, a ponto de a reflexão da ordem esculpida no *cosmos* ser transferida ao mundo social. A pergunta sobre a possibilidade de poder haver uma ***ordem social*** no microcosmo da *Polis*, semelhante à ordem inscrita no *cosmos*, deu ensejo ao nascimento da Filosofia Política.

1.4.2.2. Ética

Nessa mesma perspectiva, o questionamento foi direcionado à ação humana, indagando se esta é fruto do acaso e da contingência ou se é passível de ser enquadrada em uma possível ordem, semelhante à ordem cósmica. O homem como parte da natureza se impõe, nesse sentido, questionamentos de fundo existencial: qual o **fim último** (*telos*) de suas ações? As várias ações realizadas diuturnamente visam à concretização de que propósito e fim? A ação humana é passível de enquadramento em uma ordem social? Tais questionamentos conduziram ao nascimento da reflexão acerca da Ética (*ethos*).

1.4.2.3. Direito

Levando em consideração a possibilidade de uma ordem social (política), na qual as ações humanas se interconectam por meio de uma base comum (*ethos*), o Direito surge como condição de realização da lei (*nomos*). A palavra *nomos* expressa **sentido** e **lei**. O gregos não utilizavam o termo *auto nomos*, como é empregado na Modernidade, sobretudo a partir de Kant. Autonomia (*auto nomos*) é a capacidade de o sujeito dar a si próprio o sentido de sua ação. Trata-se do duplo posicionamento do sujeito que assume a função de legislador e de súdito das suas próprias leis. Para o gregos, o *nomos* é a lei que proclama o sentido último da ação coletiva (política). Na lei está a **validade normativa** extensiva a todos os cidadãos da *Polis*. É a lei que impõe coletivamente e, ao mesmo tempo, expressa o núcleo comum de pertencimento assegurado pelos valores partilhados comumente no *ethos*.

1.4.2.4. Razão prática e tragédia

> Há de se notar que a tríade *polis, ethos e nomos* forma o núcleo da razão prática, área da Filosofia que, como vimos, reflete sobre a ação humana em sua perspectiva individual, coletiva e normativa, valendo-se do olhar do cosmos naquilo que ele oferece: ordem, fim e princípio, menos o determinismo causal. A razão prática reconhece que o espaço da ação humana – individual, coletiva e normativa – não é alcançado pelo determinismo natural imposto pelo princípio de causalidade.

A ação humana é o espaço em que a ordem da natureza não fixou uma economia restrita, determinista. É o espaço em que o homem faz uso da sua liberdade para construir uma ordem artificial, sempre com o olhar voltado à ordem natural. Ele sabe que está abandonado à sua própria sorte. Nem a natureza nem os deuses Olímpicos o auxiliam nessa empreitada de conferir **ordem** às suas ações pessoais, ordem à sociedade e, ainda, construir um ordenamento jurídico.

A razão prática opera em uma zona de instabilidade e de permanente contingência, completamente ausente da ordem natural e de qualquer princípio lógico. Nela impera a liberdade, cabendo ao homem dela se valer para construir culturalmente sua ordem social e jurídica. Antes mesmo de a Filosofia ganhar estatura e maturidade teórica, Homero já alertava que a dimensão mais essencial do ser humano é a sua ação, porém, a mais perigosa. Nele reside a capacidade de deliberação, escolha e *de-cisão*. E toda decisão é um movimento de ação cindida nela própria que desperta escolhas. E escolhas equivocadas podem transformar o homem no palco em que ele encena a sua própria tragédia. Liberdade e tragédia rimam para os gregos; daí a necessidade de a ética, com seus valores, costumes e tradições, corroborar na construção de uma ordem social e jurídica capaz de afastar a tragédia.

1.5. No coração da ética: ensinamentos contemporâneos

O núcleo essencial da razão prática recai na ética. Aqui deve haver o cuidado de não confundir o termo ***ethos*** da tradição grega com o termo latino ***mores***. Até por uma questão cronológica, a expressão *mores* aparece mais tarde, cunhada por Cícero, segundo dados bibliográficos.

> *Ethos* e *mores* são expressões que na cultura greco-romana da Antiguidade e da Idade Média significaram praticamente a mesma coisa. Referiam-se ao conjunto de valores, costumes e tradições comumente partilhados socialmente. Na Modernidade, sobretudo com Kant e Hegel, os termos *ética* e *moral* ganharam significações distintas, e isso impactou significativamente a reflexão jurídica contemporânea (*vide* 1.6.2).

Porém, como estamos tratando do Direito na perspectiva da tradição grega, interessa-nos um olhar mais atento e aprofundado do termo ***ethos***. Veja o quadro a seguir. Nele é possível notar que a referência ao *ethos* vem do período pré-filosófico, havendo dois importantes registros para a caracterização do seu significado, na ótica de dois poetas (*aedos*): Homero e Hesíodo.

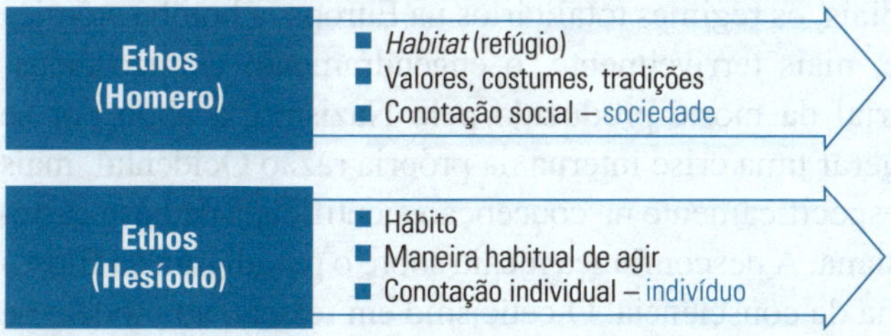

Na concepção de **Homero**, o *ethos* representa o *habitat*, local que se habita coletivamente e onde se partilham comumente valores, costumes e tradições. *Ethos*, nesse sentido, representa o **local comum**, o espaço onde se refugia, a morada protetora daqueles que partilham valores comuns. Para Homero, o *ethos* tem uma conotação **social**; nele são registrados os valores comuns de uma sociedade.

Na visão de **Hesíodo,** o *ethos* ganha outra acepção, significando a maneira habitual de agir. O *ethos* identifica-se com o hábito primeiro adquirido e vivenciado pelo indivíduo. A manutenção dos hábitos depende muito mais do indivíduo do que propriamente do lastro valorativo social. Para Hesíodo, o *ethos* tem uma conotação **individual**.

Abre-se com a explanação desses dois poetas uma visão dicotômica do *ethos*. Afinal, o *ethos* pertence à sociedade ou ao indivíduo? Para os gregos, sobretudo com a sistematização operada no período clássico, o *ethos* é visto sob a insígnia da dialética, não sendo apenas social, tampouco restrito ao indivíduo. O *ethos* implica uma relação **dialética** entre indivíduo e sociedade, operada por meio da ação – individual, coletiva e normativa –, ou seja, abalizada pela razão prática.

Essa questão é fundamental, pois nela se encontra o núcleo das teorias sociais que lidam com a dicotomia entre indivíduo e sociedade. Indaga-se se os valores sociais se impõem ao indivíduo ou se este tem suficiente autonomia para agir independentemente da expectativa valorativa e social.

A relação indivíduo-sociedade não é plenamente equilibrada, e, ao longo da história do Ocidente, é possível notar períodos que superestimam o indivíduo e outros que apreciam a sobreposição dos valores sociais em detrimento do indivíduo. A relação **indivíduo-sociedade** é uma gangorra em constante oscilação e que, por isso, afeta e condiciona a própria razão prática. Veja no gráfico a seguir como a razão prática é condicionada à inconstância do posicionamento das teorias sociais.

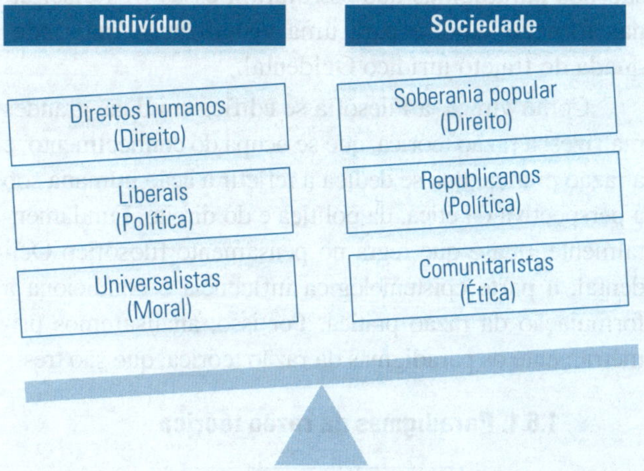

Se em determinado contexto histórico a primazia recair na base individual, certamente haverá uma concepção de razão prática que privilegiará, do ponto de vista moral, a autonomia do indivíduo; do ponto de vista político, uma concepção liberal; e, do ponto de vista jurídico, a preservação dos direitos humanos. Contrariamente, se a primazia recair na dimensão social, então, do ponto de vista ético, será privilegiada a visão comunitarista de base aristotélica-tomista; do ponto de vista político sobressairão visões republicanas e socialistas; e, do ponto de vista jurídico, haverá a valorização da soberania popular. Com isso se demonstra que a visão de ética/moral, política e direito que se forma em determinada constelação histórica depende do pêndulo que movimenta a relação indivíduo-sociedade.

1.6. Paradigmas filosóficos, jurídicos e sociológicos

Para levá-lo ao máximo de aproveitamento e objetividade na compreensão dos conteúdos que envolvem as *Matrizes do Pensamento na Filosofia do Direito* e as *Escolas do Pensamento Jurídico Ocidental*, chamamos sua atenção para o quadro a seguir.

Filosofia		Direito	Teorias sociais
Razão teórica	Razão prática		
Ontologia	Ética teleológica Ética teológica	Jusnaturalismo	Teleologia
Sujeito	Moral deontológica	Juspositivismo	Antropologia Filosofia da História
Linguagem	Moral pós-convencional	Pós-positivismo	Sociedades complexas

Antes de apresentar os autores e os temas abordados pela Filosofia do Direito é importante entender a correlação entre Filosofia, Direito e Teorias Sociais a partir de suas estruturas paradigmáticas. A compreensão dos paradigmas que estruturam essas três disciplinas fornece suporte para uma visualização mais adequada do trajeto jurídico Ocidental.

Como vimos, a Filosofia se edifica em duas grandes matrizes: a razão teórica, que se ocupa do conhecimento; e a razão prática, que se dedica a refletir a ação humana sob a perspectiva da ética, da política e do direito. Fundamentalmente, quase que regra no pensamento filosófico Ocidental, a parte epistemológica influencia e condiciona a formulação da razão prática. Por isso, analisaremos primeiramente os paradigmas da razão teórica, que são três.

1.6.1. Paradigmas da razão teórica

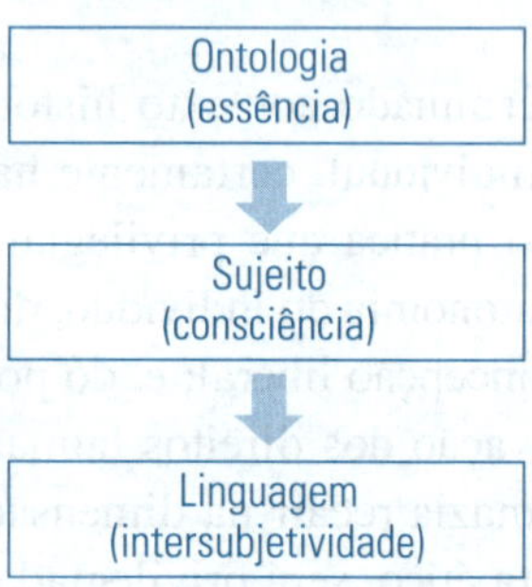

1.6.1.1. Paradigma da essência

Na Antiguidade, a Filosofia foi estruturada com base no paradigma da essência, pautada na ideia de que o homem poderia alcançar o conhecimento do **ser**, fundamento último das coisas, ao desvelar a sua **essência** constitutiva. A verdade e, também, a justiça já estariam fixadas de forma essencial, e a tarefa de alcançá-las era missão conferida à razão, numa exagerada confiança **metafísico-ontológica.** Na Idade Média, a manutenção dos paradigmas da essência e da teleologia permanece basilar na sustentação do fundamento teológico do mundo individual e social.

1.6.1.2. Paradigma do sujeito

Importante mudança paradigmática irá ocorrer na Filosofia, por volta do século XIV, com o Nominalismo, ao negar que o homem possa conhecer a essência do ser, considerando que a verdade não se encontra mais na essência constitutiva das coisas, e sim na capacidade experimental de o homem relacionar-se com a natureza. Assim, o homem passa a ser a proeminente fonte do conhecimento, balizado não mais pelo **caráter metafísico**, e sim pelo **caráter experimental**, aspecto que a **ciência** nascente levaria adiante.

Tal mudança paradigmática, importante para a consolidação filosófica da Modernidade, demonstra que o homem passou a ocupar lugar central na doação de sentido às coisas, além de fundamento do conhecimento (epistemologia) e correção de valores e normas nas esferas da ética, da política e do direito (razão prática).

1.6.1.3. Paradigma da linguagem

No século XX, diante dos acontecimentos que marcaram a sua primeira metade, como as duas guerras mundiais, os regimes totalitários na Europa, a bomba atômica e, mais terrivelmente, o engendramento técnico-industrial da morte produzido pelo Nazismo, acabou por se gerar uma crise interna na própria razão Ocidental, mais especificamente na concepção cientificista de base cartesiana. A desconfiança recaiu sobre o paradigma da filosofia da consciência. O ceticismo em relação ao modelo de racionalidade técnico-instrumental, levado adiante pelo paradigma da filosofia do sujeito/consciência, e a descrença na ideia de realização de progresso culminaram com o surgimento do terceiro paradigma sustentado com base na **linguagem.**

O pós-guerra descortinou, com o apoio da chamada "reviravolta pragmático-linguística", um novo paradigma em condições de mover a reflexão filosófica fora do alcance dos céticos e dos melancólicos pós-modernos. Trata-se do paradigma da comunicação ou linguagem.

1.6.1.4. Síntese

Em síntese, o conhecimento se processa na relação sujeito e objeto. No paradigma da essência, a verdade encontra-se no objeto. No paradigma do sujeito, a verdade está primeiro no sujeito. E, no paradigma da linguagem, ambos os sujeitos buscam a verdade por meio do consenso alcançado linguisticamente.

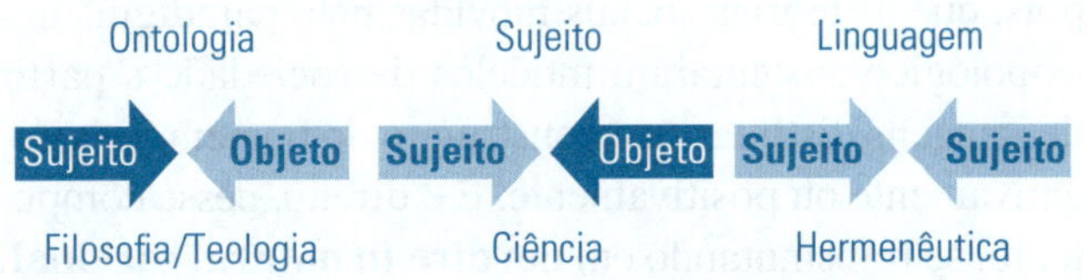

1.6.2. Paradigmas da razão prática

A razão prática se consolida basicamente em torno de quatro grandes paradigmas, conforme se observa na imagem a seguir.

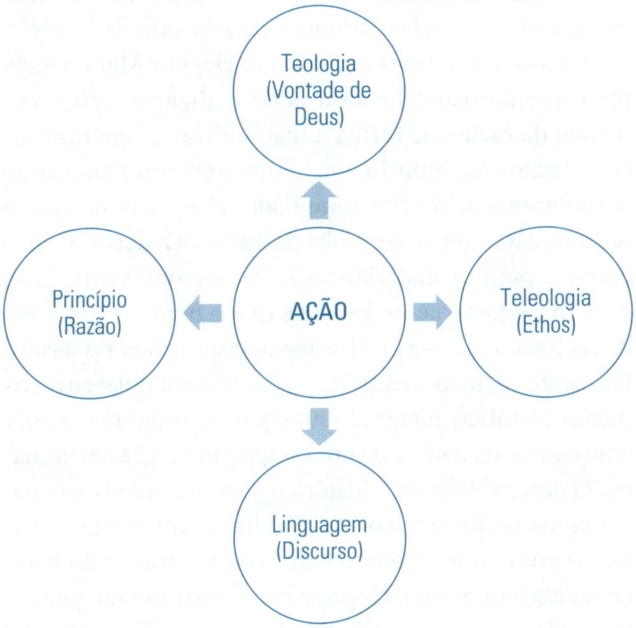

1.6.2.1. Ética teleológica

O primeiro paradigma é o da ética teleológica, sistematizado por **Aristóteles**. Nele, o valor da ação é mensurado pelo fim (*telos*) que se almeja alcançar. O fim ou propósito é o parâmetro que serve de critério para valorar a ação executada. A ética aristotélica não pode ser confundida com a perspectiva da ética pragmática moderna. Na concepção pragmática, o fim a ser alcançado é determinado privativamente pelo agente do ato, que o obriga a selecionar estrategicamente os meios mais adequados à consecução do propósito almejado. Para Aristóteles, o fim a ser alcançado e, ao mesmo tempo, realizado pela ação humana é o *ethos*, ou seja, os valores, costumes e tradições comumente partilhados pela comunidade política. Significa, em termos, que o parâmetro de avaliação da ação ética é sempre coletivo, portanto, político.

1.6.2.2. Ética teológica

O segundo paradigma é concebido pelo Cristianismo, mais especificamente por Santo Agostinho. A fé cristã é anunciada como mensagem de redenção formulada em discurso menos filosófico e mais teológico. A universalidade da mensagem cristã, decorrente da influência estoica e igualmente da visão imperialista romana, é fator preponderante para retirar a avaliação da ação humana de condicionamentos políticos, como sustentado no paradigma anterior. A ação continua tendo um vetor teleológico, porém, não mais amparado na horizontalidade dos valores praticados em uma comunidade política, e sim na relação de verticalidade entre homem e Deus. O fim a ser buscado pelo homem é Deus, sobretudo a realização de sua vontade. O paradigma da ética teológica tem na vontade de Deus o critério para valorar a prática do ato humano.

1.6.2.3. Moral deontológica

Na Modernidade, com Kant, ocorre a chamada **reviravolta copernicana** no âmbito da razão prática. Diante da consciência da diversidade de *ethos*, os valores, costumes e tradições são percebidos de forma relativizada, a ponto de não haver condições de edificar um único modelo de *ethos* que sirva de padrão universal para a mensuração do ato humano. O *Ethos*, ou melhor, a ética, carrega indelével a marca da cultura e da religião, dois elementos que se relativizaram no contexto moderno. Outro aspecto a considerar é o fato de a Modernidade ter passado por intenso processo de secularização ao retirar a religião da base de objetivação social. Não há como sustentar uma sociedade secularizada valendo-se de preceitos divinos para aferir a correção da ação humana.

> Kant rompe com a estrutura **teleológica** da ética e a desloca para o princípio que determina a ação, princípio este que passa a se valer de uma fundamentação pautada na razão e não mais nos valores costumeiros e tradicionais incrustados nas diversas culturas. Inaugura-se, assim, o paradigma da moral **deontológica**.

1.6.2.4. Moral pós-convencional

O quarto paradigma estrutura-se a partir do paradigma da linguagem no século XX. A formulação da moral discursiva é levada adiante por Apel e Habermas, na Alemanha, nas décadas de 1960 e 1970. Parte-se do pressuposto de que a ação é geradora da interação social, sendo esta possível por meio da utilização da linguagem. O homem faz uso da comunicação e interage com o outro, produzindo um processo interacional. A legitimidade dessa interação e das normas que dela possam advir resulta das regras internas que a própria linguagem confere. A linguagem possui um conteúdo normativo próprio que se impõe como condição de possibilidade e, ao mesmo tempo, de legitimidade da interação social. As normas fáticas que resultam do consenso linguístico não são legitimadas por valores éticos, tampouco por uma razão solipsista, mas por meio de consenso linguístico produzido com base em pressupostos normativos oriundos da linguagem. Esta abordagem é o que se convencionou chamar de Ética do discurso e que deu ensejo ao nascimento do paradigma da Moral Pós-convencional.

1.6.3. Paradigmas das teorias sociais

1.6.3.1. Paradigma da teleologia

Quanto a uma "teoria social da Antiguidade", a compreensão da sociedade e do próprio homem estava alinhada à noção de *physis* e, sobretudo, ao conceito de *telos*. A ideia de que nada estaria destituído de finalidade na natureza alcançava o homem e a sociedade. Concebia-se que o homem era portador, em sua própria natureza, de uma peculiar tendência para realizar a sociabilidade. É como se à essência humana atribuísse a realização da sociabilidade, de forma natural, por meio da ação ética, política e jurídica (razão prática). Nesse ínterim, o direito não deixava também de ser teleológico e natural, o que fortalecia a concepção do **jusnaturalismo**.

1.6.3.2. Paradigma da antropologia

O nominalismo no século XIV traz uma nova visão à Filosofia, esvaziando a dimensão essencialista que revestia a natureza, a ponto de desacreditar a ideia que concebia a condição humana como portadora, em potência, da tendência natural (essencial) de realização da sociabilidade. A sociedade passa a ser encarada como uma experiência humana construída artificialmente e, do ponto de vista teórico, justificada a partir de uma visão contratualista, que reposiciona o jusnaturalismo. (*vide* 1.6.4.1)

A **estrutura antropocêntrica** do paradigma filosófico da consciência conduziu, no campo das teorias sociais clássicas da Modernidade, a substituição do paradigma da teleologia pelo paradigma da antropologia. Teóricos sociais como Hobbes, Locke, Rousseau e outros passaram a explicar a sociedade condicionada à visão que antecipadamente construíam acerca do homem (antropologia). E, nesse sentido, leituras que partiam de uma antropologia negativa chegavam a um determinado modelo de sociedade e, portanto, a certa compreensão da ética, da política e do direito. Autores que, ao contrário, baseavam-se em uma antropologia positiva colhiam outra concepção de sociedade e, consequentemente, da própria razão prática (ética, política e direito). Decorre, pois, que as teorias sociais movidas pelo paradigma antropológico sustentaram modelos de sociedade a partir de imagens distintas que construíam do homem, seja negativamente ou positivamente. E o direito, nesse cômputo, foi se transmutando em um **direito natural racional**, desprendido da metafísica que a Filosofia havia sustentado durante a Antiguidade e a Idade Média.

1.6.3.3. Paradigma da filosofia da história

A partir do século XVIII, sobretudo com o Idealismo Alemão, o paradigma da antropologia foi cedendo espaço às concepções oriundas da filosofia da história. Verifica-se em autores como Kant, Hegel e Marx a ideia premente de que a história pode realizar-se sob o comando da razão, de forma a materializar-se em instituições sociais que imprimem, assim, um *telos* racional no desdobramento da temporalidade. É a ideia de que o destino está sob o controle da razão. O destino visto como a própria materialização da racionalidade. Essa concepção gera a convicção de que o homem, por meio da racionalidade – já visivelmente estampada no desdobramento técnico-científico –, conduziria o desenvolvimento histórico integrado à noção de progresso e, por consequência, à ideia de **emancipação** do gênero humano. O desenvolvimento histórico passou a ser visto como sinônimo de **progresso**, e o Direito, nesse contexto, firma-se como importante instituto de realização do Estado na ótica de Kant e Hegel, e como instrumento pejorativo que certifica a legalidade da dominação social exercida estatalmente, na visão de Marx.

Contudo, no final do século XIX e, sobretudo, na primeira metade do século XX, diante de acontecimentos contrários àqueles propugnados pela ideia de progresso e de emancipação da Modernidade, o paradigma da filosofia da história entrou em crise. O binômio desenvolvimento-progresso passou a ser questionado, de tal forma que não apenas o paradigma da filosofia da história foi eclipsado como também a ideia de razão – sustentada pelo paradigma do sujeito –, promotora de emancipação, foi colocada em xeque.

1.6.3.4. Paradigma das sociedades complexas

O novo paradigma a colocar a sociedade contemporânea sob outra ótica reflexiva – conforme expresso por Luhmann – é o das sociedades complexas, o qual, em certo sentido, melhor representaria a pluralidade de eticidades que convive em espaço democrático.

É nesse novo quadrante – entre o paradigma da linguagem e o das sociedades complexas – que o direito é conclamado a refletir sobre si mesmo e o papel que ele exerce na sociedade, revendo, pois, os paradigmas que o sustentaram ao longo da tradição Ocidental, seja por meio do paradigma dos direitos naturais, seja por intermédio do paradigma positivista.

1.6.4. Paradigmas do direito

1.6.4.1. Jusnaturalismo

A natureza é o ponto de referência para o jusnaturalismo, visto que ela é portadora de ordem, cabendo ao homem ocupar uma posição justa dentro dessa ordem. A ordem jurídica construída pelo homem deve espelhar-se na ordem natural. Na Idade Média, compreende-se que a ordem que rege universalmente a natureza vem de Deus, portanto, o fundamento é divino. Na Modernidade, a ordem natural é reconhecida na subjetividade humana. É por meio da razão, parte essencial da natureza humana, que se reconhecem os direitos naturais, os quais estão inscritos de forma racional na natureza externa.

Nota-se que os **direitos naturais** vinculam-se, desde então, a uma **ordem racional inscrita na própria natureza**. Ao passo que o direito criado pela **vontade humana** refere-se ao **direito positivo**.

1.6.4.2. Positivismo jurídico

Corrente de pensamento que se opõe ao jusnaturalismo ao negar que o direito seja dado pela natureza. O positivismo, ao contrário, defende que o direito é construído socialmente, não possuindo vínculos metafísicos e tão menos com os valores. Pode-se dizer que, em relação à metafísica, o positivismo jurídico se apresenta como uma concepção jurídica pós-metafísica. Já em relação ao valores (valor e moral são compreendidos equivocadamente como sinônimos), o positivismo jurídico rompe com os pressupostos valorativos e ideológicos, ao buscar demarcar uma nítida separação entre o direito e a moral, atendo-se apenas à **legalidade**, enquanto quesito essencial da reflexão jurídica.

1.6.4.3. Pós-positivismo

Vide item **1.3.1. Marcos fundamentais para se chegar a um "novo direito constitucional" (neoconstitucionalismo), na disciplina de Direito Constitucional**.

Não cabe aqui discutir se o pós-positivismo consiste em uma revisão de aspectos essenciais do positivismo ou se se trata, de fato, de sua superação. O ponto fundamental do pós-positivismo é a defesa de que direito e moral se relacionam. Tal conexão ocorre por meio de princípios. Entre os defensores do pós-positivismo é corrente a compreensão de que as **normas** são subdivididas em **regras** e **princípios**. A utilização de princípios seria a forma encontrada para dar conta de outro aspecto igualmente importante para os pós-positivistas: a aplicação do direito e, sobretudo, a aplicação referente aos casos difíceis (*hard cases*).

1.7. O nascimento da dicotomia entre legalidade e legitimidade

Sófocles, em *Antígona*, apresenta uma questão fundamental que norteará a reflexão filosófica posterior. Trata-se da dicotomia entre a lei da tradição, assegurada com base em fundamentos religiosos, e a lei da cidade, criada e positivada pelo Estado. A tentativa de assegurar a mediação entre essas duas formas de lei – divina (justa) e humana (positiva) –, evitando radicalismos que concentrem o fundamento da lei ora na tradição religiosa, ora no caráter impositivo de um mandatário de plantão, é o que perpassará a lição de boa parte dos filósofos.

Os primeiros filósofos logo perceberam a fragilidade de fazer repousar a legitimidade da lei nos preceitos religiosos, visto que a religião na Grécia, diferentemente da tradição Judaica, era politeísta e antropomórfica. Havia vários deuses, os quais detinham interferência na natureza e também nas ações humanas. Habitavam o Monte Olimpo sob o comando de Zeus. Porém, os deuses portavam as mesmas características humanas, tanto externamente como internamente. Tinham aparência semelhante aos humanos e sob o aspecto dos sentimentos também não se diferenciavam dos homens. Eram passionais, rancorosos, invejosos e sentiam amor, ódio e ciúme. Com isso, os filósofos perceberam que os deuses eram por demais arbitrários, visto que, em ocasiões coléricas ou de ciúme, os deuses agiam de forma pouco justa, não servindo de arquétipos a serem imitados pelos humanos. A busca por um fundamento que permitisse à lei expressar justiça e que este fundamento não estivesse ligado nem à arbitrariedade dos deuses nem à arbitrariedade de tiranos é o mote que perpassa a reflexão jurídico-filosófica.

1.8. Teoria de Platão

Platão foi discípulo de Sócrates, e o seu pensamento se confunde com o do mestre. É importante notar que Platão teve a influência de dois pensadores pré-socráticos que o antecederam. O primeiro foi **Heráclito**, famoso por afirmar que o homem não pode se banhar duas vezes no mesmo rio, pois, ao entrar no rio pela segunda vez, as águas já não são as mesmas, e tanto o rio como o homem já foram transformados. O segundo foi **Parmênides**, criador do princípio de identidade e não contradição, base da lógica. Muitos autores afirmam que a bomba atômica começou a explodir nos poemas de Parmênides, reforçando que o tecnicismo moderno é resultado da estrutura cientificista proveniente da lógica. Esses dois autores inauguram duas metodologias distintas de pensamento: a **dialética** e a **lógica**.

Ao conceder que os dois possuíam razão naquilo que propunham e buscando preservar as duas metodologias apresentadas, Platão cria dois mundos: o mundo sensível, onde tudo é passageiro, mutável e contingencial, portanto, dialético; e o mundo inteligível, onde tudo é perene, imóvel, imutável e permanente. Este último é o mundo suprassensível, no qual repousam os conceitos lógicos acerca da verdade, da beleza e da justiça. Não é difícil notar que a justiça é buscada em um mundo metafísico, no plano imutável da lógica, ao passo que o direito, enquanto conjunto de normas e prescrições sociais, é construído e reconstruído em meio à mutabilidade contingencial da *vida*. A justiça opera em uma base lógica, e o direito é produto da dialética. Como conectar esses dois mundos e garantir a legitimidade da lei jurídica com base na justiça?

A mediação entre os dois mundos é realizada por meio do condicionamento da lei ao imitar a justiça essencial assegurada no mundo das Ideias. Para Platão, a lei deve buscar sua legitimidade fora dela (mundo das Ideias), mas sem deixar de fazer referência ao interesse da cidade (*polis*) e ao bem comum (ética). A cidade é vista, por um lado, como um microcosmo da natureza que dispõe de finalidades específicas a cada coisa, e, por outro, como ampliação da alma humana. Assim, o princípio fundamental da justiça em Platão é **dar a cada um o que é seu**, de acordo com a sua natureza. A justiça torna-se possível na medida em que cada um possa desempenhar na sociedade a atividade que lhe é peculiar em consonância à aptidão manifesta na natureza de sua alma. Exercer de maneira excelente a função peculiar da alma é o que caracteriza a virtude humana. A justiça perpassa, então, a noção de virtude em harmonia com a totalidade da natureza ordenada (cosmos).

1.9. Teoria sofista

Os sofistas tiveram um papel bastante significativo na reflexão jurídica. Contestaram a natureza (*physis*) como fundamento último da sociabilidade na *polis*. Colocaram o homem como centro da reflexão em detrimento da superioridade da *polis* e, desse modo, inauguraram, de forma inédita, o antropocentrismo na reflexão filosófica antiga. Na relação indivíduo-sociedade, o primeiro passou a ter primazia, expandindo a ideia de que a *polis* havia sido criada para servir ao homem e não o contrário, como defendiam Sócrates, Platão e Aristóteles.

Os sofistas assumiram a defesa da lei como criação humana sem dependência da natureza e tampouco dos deuses. Demonstram confiança na capacidade de legislar do homem, valorizando a prerrogativa humana de criar suas leis, sem qualquer conotação natural ou metafísica.

O homem assume papel primordial na sociedade, e sua capacidade discursiva e argumentativa é valorizada e estimulada como condição de exercer livremente a democracia. O direito natural perde força, pois as leis, para os sofistas, são produzidas em decorrência da habilidade argumentativa empregada no debate público. A lei é, portanto, fruto de convenção admitida como válida em razão do convencimento discursivo e retórico. Não há justiça fora da **convenção**. Na própria convenção estabelecida já está a justiça. Os sofistas fundiram a dicotomia entre legalidade e legitimidade e foram, nesse sentido, os precursores do positivismo moderno.

Em linhas gerais, os sofistas impugnaram a ideia de que por trás da lei positiva encontra-se a lei natural. Aproveitando-se da emergência da democracia no século V a.C., os sofistas souberam priorizar o uso da palavra no debate público e o poder da retórica como método de convencimento. Valorizaram o homem e a utilização de argumentos racionais (*logos*). Se a lei é fruto de uma convenção, esta por sua vez é particular e depõe contra a universalidade e totalidade da natureza. A expressão de Protágoras "O homem é a medida de todas as coisas" sintetiza bem a posição sofística.

1.10. Teoria de Aristóteles

Vide item **2.6. Princípio da Isonomia, na disciplina de Direito Administrativo**.

Aristóteles foi discípulo de Platão e, ao mesmo tempo, crítico do mestre. Discordou de Platão quanto à dualidade dos mundos – sensível e inteligível –, criticando a separação entre a lei (positiva) e a justiça (essência). Para Aristóteles, a essência não deve ser vista como transcendente, mas como imanente. Do contrário, deveria admitir que a justiça da lei não está na lei em si, mas fora dela. A lei, como asseverava Platão, era apenas a imitação da justiça ideal.

Ao introduzir os conceitos de **matéria** e **forma**, Aristóteles demonstra que todo ser é constituído a partir da junção desses dois elementos. Uma escultura só se transforma em obra de arte após o artista conceder forma a uma pedra bruta. A forma é a essência constitutiva das coisas (seres). Aristóteles não abandona a ideia da relação entre direito positivo e direito natural, apenas não admite haver entre os dois uma dicotomia que os separa em mundos distintos como queria Platão. Assim como existe uma variabilidade de cadeiras espalhadas pelo mundo e todas elas distintas entre si pela matéria que possuem, jamais deixarão de ser reconhecidas como cadeiras pela forma. Esse exemplo permite dizer que existe uma variabilidade de leis positivas, distintas entre si pelo conteúdo, mas que conservam entre elas um elemento comum: a forma, a essência do justo. Em Aristóteles, a forma (justiça) é imanente à lei.

Quanto à justiça, Aristóteles a diferencia em dois espaços: o ético e o legal.

> Na esfera ética, o meio-termo é a justa medida para se chegar à virtude da justiça. É a compreensão de que o ato humano não pode pecar nem pelo excesso nem pela falta. Para ser corajoso, por exemplo, é preciso evitar os extremos da temeridade e da covardia. A coragem constitui uma virtude porque se localiza no meio-termo dos extremos.

A justiça no plano ético é resultado da deliberação que compete ao indivíduo realizar no momento oportuno. Na esfera legal, a justa medida é a equidade, o que significa realizar uma repartição igual, porém, não igualitária.

A esfera jurídico-política compreende, pois, duas formas de justiça:

- **Justiça Distributiva (Atributiva)** é a que opera no âmbito da **desigualdade** social e requer uma distribuição geométrica, a saber, a distribuição dos bens deve ser proporcional ao ofício ou honraria que a pessoa ocupa dentro da sociedade. É, portanto, uma justiça pautada no mérito, na **equidade**.
- **Justiça Comutativa (Sinalagmática)** é a que opera no âmbito da **igualdade** e requer uma distribuição matemática. É um modelo de justiça que regula as relações de troca por meio de contratos (promessas futuras) e danos (reparação). A justiça é comutativa quando posiciona as partes em igualdade, havendo entre elas igual comunicação; e a justiça é judiciária quando as partes entram em litígio e dependem de terceiros para resolução do conflito instaurado.

1.11. Teoria de Santo Agostinho

Para Santo Agostinho, que viveu o período da decadência do Império Romano, a fé Cristã era o bálsamo que tendia a apontar a verdade, a felicidade e, também, a justiça no interior do homem. O ponto de partida do pensamento agostiniano é o homem (antropologia) e o seu ponto de chegada é Deus (teologia). Entre homem e Deus há uma travessia feita não apenas pela fé, mas, sobretudo, pela razão. Esta razão transcende os seus próprios limites, na medida em que Deus a ela se revela.

1.11.1. A lei eterna

A lei eterna de Deus é comunicada ao homem, impressa em sua razão. A lei imutável de Deus está gravada na razão, fato pelo qual os homens, que são mutáveis e inconstantes, necessitam instituir leis positivas ou temporais fundadas na **Lei eterna**. É preciso que a lei positiva seja fiel à lei eterna, pois só assim as leis dos homens refletirão a justiça divina. O jusnaturalismo de Agostinho é influenciado pelo pensamento grego, com o detalhe de que o fundamento da lei eterna está estabelecido na vontade de Deus. Agostinho abandona a **tradição racionalista** grega e em seu lugar inaugura a **tradição voluntarista**, baseada na vontade de Deus.

1.11.2. A liberdade da vontade

O livre-arbítrio em Agostinho é decorrência da compreensão de que Deus é livre em sua vontade. Sendo o homem criatura semelhante ao Criador, então a liberdade humana se impõe como consequência direta. Agostinho teve o cuidado de tematizar filosoficamente a vontade humana, esta faculdade de que o homem dispõe para escolher e para determinar-se, sempre ciente de que pode igualmente escolher o contrário do que fez e determinar-se de modo oposto. Apesar de Agostinho refletir acerca da liberdade da vontade sob uma perspectiva religiosa, seu pensamento deixou importante contribuição à distinção entre **livre-arbítrio** e **autodeterminação**.

- **Livre-arbítrio** refere-se à capacidade de **escolha**. Imagine-se em um *self-service*, diante da variedade de pratos à sua disposição. Poderá escolher livremente, porém, a sua liberdade estará condicionada à quantidade de pratos disponibilizados. A liberdade é, nesse caso, limitada, parcial, unilateral, negativa. Uma limitação que é externa ao próprio indivíduo. É possível escolher, porém, somente o que está dado. E o critério de escolha é igualmente condicionado por fatores externos ao indivíduo. Optou-se pelo prato C e não pelo A em razão da estética, do cheiro, do tempero, do sabor, do aroma etc. As caraterísticas que acompanham o prato determinam no indivíduo, de fora para dentro, a deliberação pela escolha de C. Fatores externos influenciaram de forma **heterônoma** a determinação da escolha.

- **Autodeterminação** refere-se à capacidade de o sujeito determinar-se a si próprio, independentemente de fatores externos. A determinação da vontade é executada pela própria razão do sujeito, a saber, pela sua capacidade reflexiva e consciente. Não são fatores externos que influenciam a autodeterminação do indivíduo, mas a sua própria razão. Nesse caso, trata-se de uma liberdade plena, positiva, autônoma. Autodeterminação identifica-se com **autonomia**.

Livre-arbítrio	Liberdade de escolha – Liberdade negativa
Autodeterminação	Autonomia – Liberdade positiva

1.12. Teoria de Tomás de Aquino

Além da arte gótica, o século XIII de Tomás de Aquino viu nascer também as Universidades e nelas a inserção de um profundo debate acadêmico que levou à construção de novos conhecimentos, sobretudo nas áreas de Teologia e Direito. Tomás de Aquino é um aristotélico, e a sua teologia revelou importantes contribuições ao campo jurídico-político.

Aquino segue Aristóteles na defesa de que o **Estado** é condição natural e indispensável da sociabilidade humana. Nesse ponto, ele se distancia de Agostinho, para quem o Estado era uma instituição negativa, fruto do pecado original. Na esteira de Aristóteles, a pretensão de Aquino é a de assegurar ao Estado um papel positivo, permitindo a proteção e a segurança dos seus membros e, fundamentalmente, a promoção do **bem comum**.

Quanto ao direito, Tomás de Aquino confiava na capacidade de o homem elaborar suas leis, distanciando-se da visão judaica na qual Deus mandava, sem qualquer espaço para um direito profano. Ainda que o direito seja visto como um ofício humano, a lei humana não pode estar desvinculada da lei natural e da lei divina. Assim, Tomás de Aquino apresenta uma hierarquização da lei distribuída em três níveis: lei divina, lei natural e lei humana.

- **A lei divina ou eterna** é a própria razão de Deus, que governa toda a criação, sendo em boa medida desconhecida pelos homens. Dela os humanos têm algumas noções quando contemplam a obra da criação e percebem a ordem e a regularidade da racionalidade inscrita nas coisas.
- **A lei natural** é uma decorrência da Lei Eterna e possível de ser compreendida pelo homem, visto que o ser humano, por ser racional, participa da criação e consegue reconhecer a ordem da lei eterna.
- **A lei humana** é a criada pelo homem para a regulação de sua vida na comunidade política ou Estado. Ao conceder ao homem o direito de legislar, Aquino chama atenção para o fato de que a lei criada (positiva) não pode estar em desacordo com a lei natural e a lei eterna. Portanto, se a lei eterna e a lei natural revelam a disposição racional das coisas na ordem da criação, não pode a lei humana expressar a vontade humana, antes deve apreender a disposição racional que permite conferir o bem comum. Aquino vê o mundo disposto racionalmente, sendo para ele a **razão** e não a **vontade** que deve aferir legitimidade à lei positiva.

2. ESCOLAS DO PENSAMENTO JURÍDICO OCIDENTAL

2.1. Evolução histórica do conceito de direito natural

A Modernidade trará modificações profundas em relação às estruturas do mundo greco-romano. Foram vários movimentos teóricos e filosóficos, além de importantes acontecimentos históricos que revolucionaram a maneira de ver o mundo, de relacionar-se com Deus e de o homem ver a si próprio e sua sociedade. O Deus cristão que regia a ordem fixa do universo foi substituído pelo homem. Na Filosofia é inaugurado o **paradigma do sujeito**, fazendo emergir a subjetividade como condição de possibilidade da verdade, da justiça, da correção normativa e do sentido de todas as coisas. A **antropologia** sedimenta-se como base de reflexão da sociedade e nela a ética, a política e o direito. A visão que se constrói do homem – **antropologia positiva ou negativa** – condiciona extensivamente a compressão de todo o resto. Da noção que o homem é mau decorre uma certa concepção de sociedade e de direito; da percepção de um homem bom, constrói-se outra referência de sociedade e de direito.

Alguns aspectos fundamentais devem ser levados em consideração para a compreensão da construção moderna do direito, seja ele natural ou positivo.

2.2. Da teleologia à antropologia: a ideia de contrato

A nova base para se pensar o Estado e o direito é de cunho antropológico e não mais teleológico. No paradigma teleológico, abalizado pela concepção aristotélico-tomista, o Estado era uma unidade social alargada, promovida a partir de uma tendência natural de o homem viver em sociedade. A máxima aristotélica "O homem é por natureza um animal político" fixava a convicção de que já estava dada na essência da natureza humana, em potência, a tendência natural de constituição da vida em coletividade. Havia um *telos* na natureza do homem que o destinava à realização da vida social e política. No paradigma antropológico, com o abandono da metafísica e da ruptura religiosa, o homem se percebe destituído de um *telos* ou essência que o destina à sociabilidade. A sociedade passa a ser justificada como obra do engenho racional do homem, sendo uma construção artificial que depende muito mais do esforço da razão humana do que da própria natureza. E a artificialidade que a razão apresenta para justificar o nascimento da vida social e civil é o **contrato**. O direito a partir daí passa a ser lido, explicado e tematizado em uma perspectiva contratualista.

2.3. A lei natural: da natureza objetivada à razão humana

No direito natural ocorre a substituição da **lei natural** pela **racionalidade natural**.

A lei natural, que, na Antiguidade e na Idade Média, era tomada como estrutura normativa inscrita na ordem objetiva da natureza, cabendo ao homem decifrá-la, passa a ser vista na modernidade como algo natural, alocado na racionalidade humana. É na razão humana, despida de toda pretensão metafísica, que se passa a buscar a reserva fundamentadora das leis naturais. Significa que a lei natural não é mais dada na ordem da natureza, mas reconhecida na **capacidade subjetiva e racional do homem**.

2.4. Teoria de Hugo Grócio

Vide item **2. Breve Histórico do Moderno Direito Internacional Público, na disciplina de Direito Internacional**.

O pensamento de Grócio situa-se entre os dogmáticos cristãos que defendiam a vinculação do direito natural ao direito divino e os racionalistas que buscavam afastar o direito divino da ordem jurídica. Grócio é ainda o precursor do Direito Internacional, na medida em que concebe o Estado moderno desvinculado das duas forças medievais que, até então, equilibravam as relações internacionais: a Igreja e o Império. O repensar do papel dessas duas instituições permite alocar o Estado em posição de destaque, restando, no entanto, saber quais serão os parâmetros, na ausência da Igreja e do Império, a regular as relações entre os Estados. Grócio aponta que tais parâmetros devem ser dados pelo direito, pois é o único capaz de fixar os princípios da regulação internacional dos Estados. "O direito não é outra coisa senão o meio racional e natural (porque conforme a natureza de um ser dotado de razão: o homem) de assegurar a paz" (BILLIER, 2005, p. 136).

Grócio mantém a ideia aristotélica-tomista de que a sociabilidade é uma disposição natural do homem, fazendo, no entanto, desta predisposição natural a condição para a criação das relações jurídicas. A forma jurídica da sociabilidade nasce de um pacto firmado entre os homens, pacto este que é resultado de um ato racional ao visar, em última instância, a **paz**. Grócio, neste aspecto, é um pensador moderno, pois sua construção jurídica está centrada em uma teoria contratualista que credita confiança na inviolabilidade dos contratos para a permanência do lastro político e jurídico dos Estados. Como é possível notar, Grócio é um pensador de transição entre a Idade Média e a Modernidade.

2.5. Teoria de Hobbes

Hobbes é o pensador moderno que transfere o fundamento cósmico e teológico do direito natural para a estrutura racional subjetiva do homem. Considera inerente ao homem o princípio da conservação de si mesmo. É em torno desse princípio que gravitará a naturalidade do direito, ao servir de contributo à conservação do homem. A passagem do **estado de natureza** para o **Estado social**, tido como nova ordem político-jurídica, é mediado por ditames da razão que impõem a formulação de um contrato social realizado por indivíduos e assegurado consensualmente, em condições de levá-los a um modelo social por eles desejados.

Aspecto importante em Hobbes é a constatação de que o poder do soberano no Estado social é derivado do povo. O poder do soberano deixa de ser perpetuado, a expensas das doutrinas monárquicas que justificavam o poder dos reis, derivado de um suposto direito divino. Hobbes rompe com essa estrutura medieval da soberania dos reis ao ressaltar que o poder do soberano, de fato, só existe em razão do pacto acordado pelo povo. O poder soberano passa a ser justificado com base na soberania popular. A herança de Hobbes, segundo Gianluigi Palombella, é a "dessacralização do direito e do poder" (PALOMBELLA, 2005, p. 15).

O contrato, como é possível notar, resulta de uma artificialidade criada pela própria razão e tem como objetivo assegurar a soberania e a lei como condição de realização da justiça. Evidencia, pois, que em Hobbes a lei é a condição da justiça e não o contrário. E a autoridade do soberano não é ilimitada, pois deve estar conformada à realização dos fins propostos pelo pacto, dentre os quais a **paz**, a **ordem** e a **segurança**. Ainda que o soberano detenha o monopólio da força, não significa que no Estado Social haja a prevalência da lei do mais forte. A lei do mais forte era, para Hobbes, a regra presente no estado de natureza. No Estado social prevalece a autoridade do soberano legitimado pelo pacto acordado consensualmente.

Na natureza humana está inscrita a aptidão inata de **conservação**, na qual todos buscam evitar o maior dos males, que é morte. Conservar a vida é considerado um valor absoluto para Hobbes. Desta condição natural assimilada pela razão humana é que brota a necessidade de realização de um pacto que permita estabelecer as condições para a preservação social da vida individual. É da lei natural – desejo de autoconservação – que se origina o fundamento da lei positiva, assegurado pelo **pacto social**. Desrespeitar o pacto (as normas positivas) é, em síntese, desrespeitar a própria lei natural.

2.6. Teoria de Pufendorf

Pufendorf é um intelectual alemão da segunda metade do século XVII que reuniu em seu pensamento ideias tanto de Grócio quanto de Hobbes. Do primeiro ele preserva a concepção já recorrente na tradição aristotélica-tomista, segundo a qual o homem dispõe de uma tendência natural para a vida social. De Hobbes, ele se vale do juízo segundo o qual a sociabilidade só é possível se houver um pacto que institua o Estado para assegurar e manter a paz, a ordem e a segurança. Na visão de Pufendorf, o direito natural é o mantenedor das condições que permitem erigir o direito positivo.

2.7. Teoria de Locke

Locke viveu o contexto da Revolução Gloriosa (1688), responsável pela consagração de direitos ao povo e ao Parlamento na Inglaterra. Sua linha de pensamento passa pela interconexão entre soberania e povo, aspecto que o distancia de Hobbes. Enquanto Hobbes era tido por **absolutista** e favorável à monarquia, Locke era considerado um **liberal democrata**. As diferenças entre os dois são mais acentuadas sobretudo quando se leva em conta o ponto de partida do contratualismo moderno, a saber, o estado de natureza.

Para Locke, no estado de natureza o homem é plenamente sociável, pois considera que dentro do *status naturae* há direitos dados, de forma indisponível, que garantem a sociabilidade. Locke enxerga no estado natural o *locus* dos **direitos fundamentais**, como liberdade, propriedade privada e trabalho. Portanto, a passagem do estado de natureza para o Estado Social tem por objetivo a garantia e a preservação dos direitos fundamentais no âmbito do direito positivo. Dos direitos fundamentais aventados, Locke destaca a liberdade como primordial, pois o objetivo do Estado Social é o de garantir o máximo de liberdade aos indivíduos. O Estado, para Locke, antes de garantir a segurança, como expunha Hobbes, deve servir para preservar a garantia dos **direitos individuais**. Nisso repousa o **liberalismo político e jurídico** de Locke.

A inconteste defesa de que os direitos individuais devem ser preservados politicamente pelo Estado faz igualmente destes direitos a base de legitimidade do exercício da soberania que é dado a um determinado titular. Desse modo, "a violação do pacto e do arbítrio por parte do soberano são razões justificadas para a perda do consenso popular e para o 'recurso ao céu' (**direito de resistência**) que restitui o poder à soberania popular e simboliza a eliminação do tirano" (PALOMBELLA, 2005, p. 32). Em suma, o pacto para Locke se vale de uma relação de confiança, na qual o soberano tem a obrigação de tutelar os direitos individuais, cuja somatória confere o sentido de bem comum. Porém, havendo atitudes arbitrárias da parte do soberano, cabe ao povo o direito de resistência (desobediência civil).

2.8. Teoria de Rousseau

Vide item **1.5. Constitucionalismo e soberania popular na disciplina de Direito Constitucional**.

O pensamento de Rousseau soma-se aos contratualistas e tem como prioridade refletir as condições que permitem "preservar a liberdade natural do homem e ao mesmo tempo garantir a segurança e o bem-estar que a vida em sociedade pode lhe dar" (MARCONDES, 2007, p. 206). Enfim, tematiza as condições de realização da **soberania popular**. A equação dessa problemática é encontrada na **vontade geral**, conceito que não resulta da soma das vontades individuais daqueles que integram a sociedade, mas da vontade expressa pelos cidadãos sob a perspectiva de realizarem o interesse coletivo e o bem comum. Não se alcança a vontade geral sem um efetivo processo educacional capaz de transformar o indivíduo em cidadão. A obra *O Contrato Social*, de 1762, tornou Rousseau um dos teóricos mais influentes do pensamento jurídico moderno, apesar de não ser um jurista propriamente dito.

Na relação indivíduo-sociedade, o peso da balança de Rousseau pendeu mais para sociedade, sustentando um modelo republicano em que a legitimidade do exercício do poder político deve assentar na soberania popular, a saber, na expressão da vontade geral.

O conceito de vontade geral não é empírico, algo passível de constatação na realidade. Ele é, ao contrário, um conceito que se impõe de forma normativa; situa-se no âmbito do *dever-ser*. Não trata daquilo *que* é, mas daquilo que se projeta como *dever-ser*. A vontade geral, nesse sentido, é uma **ideia reguladora** – como expresso mais tarde por Kant – que busca orientar o ajuste do plano empírico das instituições concretas e históricas ao plano normativo, que é a "própria realidade jurídica enquanto pertencente ao plano da ideia e do pensamento" (LIMONGI, 2015, p. 101).

Ao longo da história é possível perceber a incompatibilidade entre a atividade concreta da política, muitas vezes marcada pela irracionalidade e pela dominação, e a pretensão de legitimidade perseguida em acordos e consensos racionais. A vontade geral, enquanto manifestação máxime da soberania popular, impõe-se como uma ideia reguladora "que os homens devem manter no horizonte, como um fim a que buscam e para o qual dirigem as suas ações, ainda que talvez jamais venham a alcançá-lo" (LIMONGI, 2015, p. 106). É como as estrelas no céu a orientar a navegação de um barco em alto mar. É possível garantir segurança à navegabilidade, ainda que o barco jamais alcançará as estrelas. Elas, as estrelas, permanecem no horizonte como condição normativa a orientar o caráter empírico da navegação.

O exercício político a partir do contrato social permite a Rousseau requerer que a legitimidade desta atividade esteja fundamentada à luz da vontade geral, a saber, em uma razão pública. Logo, razão pública e vontade geral são conceitos que expressam uma vontade política soberana, capaz de articular a política (poder) ao direito (legitimidade). A realização da vontade geral não ocorre à margem da **lei**, entendida como imposição de uma generalização coletiva. Decorre, pois, que a lei possui dupla generalidade para Rousseau: "uma **generalidade formal**, que provém da autoridade que a institui, o que implica que a lei vinda de todos é originariamente ligada à **democracia**; e uma **generalidade material**, que ressalta a coisa instituída, o que quer dizer que o *telos* da lei é o **bem comum**" (BILLIER, 2005, p. 151).

A lei, portanto, será sempre um ato da vontade e, no caso de Rousseau, da vontade geral. A lei é a materialização daquilo que se origina de forma coletiva (democracia) e se impõe à realização de um fim coletivo (bem comum), não lhe cabendo pronunciar sobre o particular ou o interesse individual.

2.9. Teoria de Montesquieu

Montesquieu pertenceu ao movimento Iluminista do século XVIII. Este movimento refletia várias áreas do conhecimento humano, incluindo filosofia, literatura, política e teoria jurídica. Seus integrantes apostavam no progresso racional da humanidade, na consciência individual e na igualdade jurídica. A Revolução Francesa (1789) foi, em boa medida, o registro histórico da concretização dos ideais iluministas, expressado no lema "Liberdade, Igualdade, Fraternidade".

O tema da liberdade política foi objeto de reflexão de Montesquieu, em sua obra *O Espírito da Leis*, além de deixar importante legado à Modernidade ao retomar a doutrina da independência dos poderes – Executivo, Legislativo e Judiciário – como forma de garantir o equilíbrio das forças políticas em condições de conferir um governo moderado. "Para formar um governo moderado, é mister combinar os poderes, regulamentá-los, moderá-los e fazê-los agir; oferecer, por assim dizer, um lastro a um para colocá-lo em condição de resistir a outro. É uma obra prima de legislação que o acaso raramente produz" (MONTESQUIEU, 1997, p. 102).

Ao conceber a liberdade política como direito de fazer tudo o que as leis permitem, Montesquieu demonstrou que esta liberdade só é passível de ser encontrada em governos moderados, a saber, em espaços que não promovam a acumulação de poderes em uma mesma entidade. "Para que não se possa abusar do poder é preciso que, pela disposição das coisas, o poder freie o poder" (MONTESQUIEU, 1997, p. 200).

2.10. Fundamentos históricos do positivismo jurídico

2.10.1. Escola histórica

A escola histórica do direito e o positivismo jurídico, segundo Bobbio, não são a mesma coisa, porém a primeira influenciou decisivamente a segunda. O historicismo surge como um movimento que tece profundas críticas ao racionalismo moderno de matriz cartesiana. É bom lembrar que a filosofia racionalista e iluminista deu o substrato teórico a muitos dos conceitos-chave do jusnaturalismo moderno, tais como **estado de natureza, lei natural e contrato social.** Ao criticarem a base do racionalismo iluminista, sobretudo a forma *atemporal* e *a-histórica* que era dada a tais conceitos, os historicistas acabaram por desaguar severas críticas ao jusnaturalismo. Produziram uma espécie de dessacralização dos direitos naturais, o que os vinculou à alcunha de predecessores do positivismo jurídico. Dois nomes importantes da escola histórica e quem devem ser fixados: **Gustavo Hugo** e **Savigny**, ambos alemães e com intensa produtividade na primeira metade do século XIX.

Nas palavras de Norberto Bobbio, "o que caracteriza, portanto, o historicismo é o fato de ele considerar o homem na sua individualidade e em todas as variedades que tal individualidade comporta, em oposição ao racionalismo que considera a humanidade abstrata" (BOBBIO, 2006, p. 48). Paralelamente a essa concepção antirracionalista, o historicismo leva em consideração que o direito positivo é o direito posto pelo Estado, não por um Estado abstrato, mas por este ou aquele Estado particular. Assim como existe uma variedade de línguas, valores e costumes, também há uma variedade de direitos positivados em razão da singularidade de cada Estado. Logo, para o historicismo, não há um direito estável e permanente que se vale de uma natureza ou razão humana imutável. Até porque o historicismo critica o conceito de "homem" por considerar demasiado abstrato. O que há na realidade são homens de carne e osso distintos entre si pela raça, cultura, clima, geografia, língua, costumes e, também, pelo período que ocupam ou ocuparam na história. O direito é resultado desse homem construído historicamente e não do homem abstrato perquirido pelos direitos naturais. E a história, na visão do historicismo, não é resultado de uma construção racional; é antes de tudo o contínuo desdobramento da temporalidade matizada de forma trágica. A história se constrói no caldo de impulsos irracionais que misturam emoções, paixões, ações passionais, sem ou com quase nada de lógica e de racionalidade. Por isso, o **historicista**, ao contrário do **iluminista**, é pouco confiante no progresso da humanidade e muito apegado ao passado, o que confere a ele a marca de **conservador**. O historicista, ao prezar pelo passado e pela tradição, confere aos costumes a peculiar forma de criação do direito: o direito consuetudinário. O direito floresce e se aperfeiçoa com a história e com os costumes de um povo, de tal modo que as normas jurídicas positivas expressam, a cada época, o "espírito do povo" (*Volksgeist*).

2.10.2. Escola da exegese

A escola da exegese nasceu na França como consequência do processo de **codificação** levado adiante por Napoleão, o que, aliado à reforma do ensino jurídico, na época, imprimiu ao trabalho jurídico uma limitada atividade de interpretação passiva do Código.

À luz do código, competia ao operadores do direito tão somente procurar a solução dos problemas jurídicos na literalidade expressa nos artigos do código, deixando de considerar outras importantes fontes para o direito, como os costumes, a jurisprudência e a doutrina. Norberto Bobbio ressalta que a "escola da exegese deve seu nome à técnica adotada pelos seus primeiros expoentes no estudo e exposição do Código de Napoleão, técnica que consiste em assumir pelo tratamento científico o mesmo sistema de distribuição da matéria seguida pelo legislador e, sem mais, em reduzir tal tratamento a um comentário, artigo por artigo, do próprio código" (BOBBIO, 2006, p. 83). A escola da exegese representou, nesse sentido, uma limitação do trabalho da ciência jurídica e teve enorme influência na primeira metade do século XIX.

Algumas características importantes a respeito da escola da exegese, na leitura de Norberto Bobbio, e que ajudam na resolução de questões da prova da OAB, são:

a) **A desvalorização dos direitos naturais**. Não há uma negação explícita dos direitos naturais por parte dos exegetas, porém eles acreditam que os direitos naturais são formados por princípios absolutos, por demais vagos e abstratos, e que pouco contribuem ao jurista quanto à sua aplicabilidade prática. É possível aferir relevância aos direitos naturais somente quando puderem ser incorporados à lei, ao direito positivo. A escola da exegese impugna a ideia corrente de que o direito positivo deve se valer dos direitos naturais. Os exegetas, ao contrário, avalizam que os direitos naturais são passíveis de concretização somente se assimilados a uma legislação escrita (direito positivo).

b) Defendem a concepção segundo a qual **a norma, para ser jurídica, deve ser imposta pelo Estado.** É a compreensão de que o direito é fruto do caráter obrigatório imposto pelo Estado. Cabe ao legislador a tarefa de selecionar, dentre tantas normas – éticas, morais, culturais, religiosas etc. –, aquelas que serão assimiladas como obrigatórias e sancionadas pela lei escrita. A lei, em razão do seu caráter obrigatório e estatal, deve estar acima de todas as demais normas, sendo interpretada na estreita literalidade de seu texto.

c) **Valorizam a lei fundada na intenção do legislador**, ou seja, ao aplicar a lei e esta deixar uma lacuna, a interpretação desta lacuna deve se ocupar em saber qual foi a real intenção do legislador no momento da feitura da lei, sendo, inclusive, tarefa do intérprete desvendar a vontade presumida do legislador. Tudo isso em respeito a este.

d) **O exegeta identifica o direito com o texto da lei**, tendo como máxima "os textos acima de tudo!". Considera como direito o que está escrito na lei, não devendo a interpretação se afastar do texto da lei.

e) **Os exegetas enaltecem o *argumento de autoridade*.** O discurso de autoridade foi muito utilizado na Idade Média, tendo grande aceitação no campo teológico. A concepção X e não a Y era admitida como verdadeira porque fora dita pelo santo tal, pelo filósofo fulano de tal. Referendava-se este ou aquele argumento em função da autoridade de quem o avalizava. Na modernidade, o argumento da autoridade entra em declínio, mas, ainda assim, os exegetas o valorizam ao admitirem que no direito é preciso que alguém diga, de forma obrigatória, o que é justo e lícito e o que não é. A técnica jurídica necessita da autoridade para fazer valer seu caráter obrigatório e mandamental. Além do mais, e isso vale para os nossos dias, os comentadores de códigos são reconhecidos como autoridades no meio jurídico.

2.11. Positivismo jurídico

A influência de três concepções teóricas ao longo do século XIX, com destaque sobretudo ao **historicismo** (Alemanha), **utilitarismo** (Inglaterra) e **positivismo filosófico** (França), foi decisiva para a formatação do positivismo jurídico e seu influxo teórico, que desaguou com força no século XX. O positivismo jurídico é formado por várias concepções teóricas que se identificam quanto à rejeição às teses do jusnaturalismo. Neste aspecto, o positivismo jurídico é considerado uma concepção teórica – abordada, é claro, por vários pensadores – que se diferencia do **direito positivo**, a saber, das leis, decretos e decisões judiciais talhadas socialmente.

Avesso à ideia de um direito dado pela natureza, o positivismo jurídico se distancia do jusnaturalismo, firmando um campo próprio de reflexão assentando em duas teses fundamentais: 1) **o direito é construído socialmente**; 2) **o direito é desconexo da moral**.

Sobressai a necessidade de o positivismo jurídico sistematizar o material jurídico, seja escalonando as regras jurídicas entre si, seja mostrando a relação entre elas, e com mais acuidade ainda evidenciando a vinculação do corpo jurídico a determinados conceitos tidos como fundamentais. O que se busca, na verdade, é a construção de uma ciência jurídica, portadora de autonomia, em que o direito possa ser pensado a partir de sua própria estrutura jurídica, sem se ocupar com questões exógenas de ordem ética, política, social, antropológica ou psicológica. Seguindo os ventos favoráveis do positivismo cientificista de Augusto Comte, que prezava pela **objetividade** construída no campo das **ciências naturais**, a edificação da ciência do direito, também lida como teoria geral do direito, não visava outra coisa senão expurgar os elementos extrajurídicos que minavam a objetividade e a autonomia do direito.

2.11.1. Normativismo de Hans Kelsen

Vide item **2.1.4. Sentido Jurídico na disciplina de Direito Constitucional**.

Kelsen é um pensador do século XX, porém suas ideias não podem ser lidas sem o pano de fundo do século XIX. Uma boa síntese com o escopo de introduzir o pensamento de Kelsen fora realizada por Gianluigi Palombella. "Se o direito até Kelsen fora inteiramente atraído para a órbita do Estado, agora o Estado é inteiramente atraído para a órbita do direito" (PALOMBELLA, 2005, p. 166). O Estado, para Kelsen, é considerado produto da construção jurídica.

Kelsen critica, por um lado, as posições que postulavam a vinculação de dependência do direito ao Estado, como se o direito não pudesse ser pensado sem a força fática do Estado; e, por outro, as posições que pensavam o direito condicionado a concepções ético-políticas. Kelsen quer pensar o Estado normativamente, ou seja, sustentando que a feitura do Estado e as suas ações são decorrentes de uma norma jurídica objetivamente válida. Para isso, alinhado ao positivismo jurídico, Kelsen defende a separação entre direito e moral (não havendo, por derradeiro, uma definição arrematada entre moral e ética).

É clara a demonstração de que o direito em Kelsen deverá buscar em sua própria estrutura interna a pretensão de objetividade, sem se valer de uma teoria da justiça que a remeta aos direitos naturais. E, vinculado a uma teoria normativista, Kelsen quer separar o direito do fato, a saber, separar o direito do poder. Essa separação é fundamental e remonta a Santo Agostinho quando este indaga o que permite distinguir os mandamentos ofertados pelo legislador das ordens dadas por um bando de ladrões. O projeto teórico de Kelsen não deixa de ser audacioso e cumpre em sua obra mais conhecida, *Teoria Pura do Direito*, a intenção de assegurar uma **base científica ao direito.**

Há uma diferenciação fundamental que seguirá o pensamento kelseniano: a separação entre ***normas*** e ***fatos***. O direito (norma) é distinto do poder (fato). Na relação entre normas e fatos, Kelsen faz o peso da balança pender para as normas, o que o torna, nesse sentido, um normativista. O Estado deve ter sua atuação regulada por normas portadoras de objetividade. Contudo, Kelsen não abre mão de entender o direito como resultado da vontade do legislador, o que o coloca muito próximo ao positivismo tradicional. Se a fonte do direito é a vontade e não a razão, então é preciso justificar como essa vontade pode adquirir um caráter objetivo, sem correr o risco de a mesma ser mera expressão da subjetividade manifesta em nome do Estado. Ou ainda, em se tratando da aplicação do direito, evitar o psicologismo daquele que instrumentalmente opera a norma ao caso concreto.

2.11.2. A norma fundamental

Kelsen, ao defender a inexistência de conexão entre **direito e moral**, afirma que não há vínculo entre "aquilo que o direito ordena e aquilo que a justiça exige, ou entre o direito como ele é e como ele deve ser" (ALEXY, 2011, p. 3). Ao definir o direito como "ordenamento normativo coativo", busca firmar que a validade do mesmo se encontra em uma norma fundamental que não é construída nem dada, mas pressuposta. É uma norma meramente pensada. Para usar termos kantianos poder-se-á inferir que a **norma fundamental** é entendida como **condição de possibilidade da própria estrutura normativa**. Ela é formal e neutra quanto aos possíveis conteúdos jurídicos talhados pelo legislador e atribuídos socialmente.

Robert Alexy afirma que para se chegar à norma fundamental basta repercutir a pergunta "por quê" várias vezes. Por que, por exemplo, a ordem de um bandido é diferente da ordem de um funcionário da Receita Federal, já que ambos impõem a terceiros, como ordem mandamental, o fornecimento de certa quantia de dinheiro? A diferença está no fato de que o funcionário público está no cumprimento de um ato administrativo, havendo, para sua ação particular, uma autorização legal. E onde se encontra o fundamento para esta autorização legal? Na Constituição! E a Constituição tem seu fundamento pautado em quê? Nota-se que a imposição dos "por quês" pode levar ao chamado "regresso ao infinito", enfim, a um escalonamento de perguntas que demandariam outras respostas num ciclo sem fim. A norma fundamental seria, portanto, a resposta final a esta série de "por quês".

Seria ela, a norma fundamental, um pressuposto "lógico-transcendental" indispensável para o reconhecimento da validade jurídica das normas positivadas. Num quadrante comparativo, o aspecto transcendental tematizado por Kant em sua *Crítica da Razão Pura*, refere-se não àquilo que está *além*, mas *aquém* do sensível, portanto, àquilo que torna possível a própria experiência. Transpondo comparativamente essa base epistemológica para a dimensão normativa, a norma fundamental apresentar-se-ia como condição de possibilidade da própria juridicidade, ou, melhor dizendo, como condição de possibilidade da validade jurídica das normas positivadas.

2.12. Carl Schmitt

Vide item **2.1.2. Sentido Político na disciplina de Direito Constitucional.**

Se o pensamento de Kelsen é notório pela defesa do normativismo, Carl Schmitt, ao contrário, é conhecido pelo **antinormativismo**. A oposição entre Kelsen e Schmitt que, aliás, ultrapassa o âmbito teórico para aninhar-se na esfera pessoal, pode ainda ser contrastada na polaridade entre o político e o jurídico, uma vez que Schmitt mantém o primado do político sobre o jurídico, ao passo que Kelsen defende justamente o contrário.

Schmitt acredita que Kelsen, ao construir uma ordem jurídica fechada em si mesma e ancorada em uma **norma (dever-ser)** fundamental hipotética, não foi capaz de conceber espaço para a **política (ser)**. O normativismo de Kelsen teria despedido a política como importante componente do **caráter decisional**, sobretudo em se tratando da aplicação de normas.

Schmitt não concebe que a norma em si contenha as condições de sua realização e efetivação. A norma nada realiza sem a participação de alguém que decida. A norma não se autodefine nem se autointerpreta. A norma (dever-ser) para ter efetividade depende de sua aplicação a uma situação concreta e de uma autoridade que decida (ser). É possível notar que Schmitt coloca o peso da atividade jurídica no elemento decisório. "A decisão tomada por uma autoridade torna possível a existência de uma norma, em suma, o próprio fato da norma" (BILLIER, 2005, p. 239). Schmitt quer mostrar que a **decisão** não é simplesmente deduzida da norma, como se fosse possível proceder a uma operação analítica. A **decisão (ser)** não está dissociada da aplicação de uma **norma (dever-ser)** ao caso concreto. Contudo, à decisão convém um certo poder discricionário, algo impensável a um sistema jurídico lógico-formal, tal como projetado por Kelsen, que sequer admite lacunas do direito.

Se no âmbito da aplicação das normas é necessário o caráter decisório, a mesma regra aplica-se quando a questão é relativa ao fundamento da ordem jurídica, a saber, a legitimidade do sistema jurídico. "No topo da ordem jurídica, não se encontra nenhuma norma, menos ainda uma norma fundamental hipotética. No fundamento da ordem jurídica, não se descobre senão a decisão do soberano. **A ordem jurídica repousa sobre uma decisão e não sobre uma norma**" (BILLIER, 2005, p. 240).

2.13. Realismo jurídico

O realismo jurídico é uma corrente teórica que se posiciona como antiformalista. É preciso, então, recordar que a **teoria formalista** justifica o direito como um conjunto de regras, preceitos e conceitos deduzidos de uma norma hipotética, construída mentalmente, e que não está adstrita a nenhuma autoridade ou influência valorativa. O nome por excelência do formalismo, como vimos, é Hans Kelsen, que fala da norma fundamental como norma necessária, ainda que hipotética, para legitimar a validade jurídica de todas as normas que formam o ordenamento jurídico. A norma fundamental é a que assevera a eficácia não só das normas em geral, mas da própria Constituição construída historicamente.

O realismo jurídico é, portanto, uma postura crítica ao formalismo e, consequentemente, ao próprio Kelsen. Nos Estados Unidos, o realismo jurídico serviu de base ao movimento que, mais tarde, na década de 1960, seria conhecido por *Critical legal studies*, tendo como importante representante o brasileiro Roberto Mangabeira Unger. Na Escandinávia, o realismo jurídico ganha projeção com o jurista dinamarquês Alf Ross.

Em linhas gerais, os pontos mais importantes do realismo jurídico apontam para uma concepção jurídica menos formalista e idealista e mais **factual** e **empírica**, além de deslocaram a base do direito do **legislador** para os **tribunais**. Para o realismo, o direito é o que é em função dos julgamentos judiciários formulados de maneira instrumental e funcionalista para atender a políticas de governo. Os realistas voltaram a atenção para a "natureza do raciocínio elaborado pelos juízes" na hora da decisão. Ainda que o direito seja composto de regras que ajudam a balizar a decisão dos juízes, não significa que seja possível esperar dos juízes decisões previsíveis. Os realistas mais céticos em relação à decidibilidade judicial afirmam não haver critérios que permitam esperar uma decisão objetiva; antes, ao contrário, as decisões dos tribunais se reduzem a escolhas arbitrárias dos juízes.

E as regras jurídicas não ajudam a evitar decisões discricionárias porque elas são construídas com o auxílio de termos vagos e indeterminados que, ao serem aplicadas aos casos concretos, abrem um leque muito grande de escolhas ao juiz, que acaba reverberando em arbitrariedades. "O direito, concluem os realistas, não vive nas palavras do legislador, nem nas coletâneas da jurisprudência, mas nas ações concretas dos tribunais e no comportamento dos juízes que fazem o direito" (BILLIER, 2005, p. 256).

Os realistas americanos, em parte influenciados pela filosofia do **Empirismo Lógico** do primeiro Wittgenstein, adotaram uma posição de repúdio a toda e qualquer **metafísica**, motivo pelo qual criticaram o formalismo de Kelsen como construção teórica destituída de lastro empírico. A primazia pelo empírico colocou os realistas próximos a uma ciência descritiva que apenas se ocupa de descrever as coisas como elas são (ser) e não a partir de como deveriam ser (dever-ser). Acabam por esvaziar o direito de seu **aspecto normativo (dever-ser)** e com isso reduzem a reflexão jurídica ao **componente *descritivo***, sem a devida atenção ao **componente *prescritivo***, igualmente importante ao direito. Limitaram por demais a atenção ao caráter psicológico de decisão proferida pelos juízes.

Em síntese, o antiformalismo dos realistas direciona a atenção às decisões jurídicas produzidas pelos tribunais, a saber, os modelos de comportamento adotados pelos juízes em consonância à realidade factual e política a que pertencem. Ao despirem o direito de pressupostos normativos, também se distanciaram dos valores e de qualquer pretensão de elaboração de uma teoria da justiça.

2.13.1. A teoria de Alf Ross

Alf Ross foi aluno de Kelsen e buscou encontrar uma posição intermediária entre seu mestre e os realistas americanos. Em suma, ele procurou um meio-termo entre o formalismo de Kelsen e o antiformalismo dos realistas americanos. Kelsen havia separado o *ser (eficácia)* do *dever-ser (validade)* e valorizado o *dever-ser*, aspecto normativo. Os realistas americanos, ao contrário, desconsideraram o *dever-ser* (normatividade) e ficaram com o *ser* – a dimensão factual empírica. Alf Ross deseja reconectar novamente *ser* e *dever-ser*, evitando a polaridade tomada tanto por Kelsen quanto pelos realistas americanos. Sua posição é a de que a ***validade empírica*** caminha ao lado da ***validade lógica***.

Para Ross, o direito não se limita simplesmente àquilo que é decidido pelos tribunais, como queriam os realistas americanos. O direito é, acima de tudo, um conjunto de normas que detém força obrigatória. "Um sistema jurídico nacional, considerado como sistema válido de normas, pode consequentemente ser como um conjunto de normas que sejam realmente operacionais no espírito do juiz, porque elas são percebidas por ele como socialmente obrigatórias e, portanto, obedecidas" (ROSS, apud BILLIER, 2005, p. 264).

2.14. Reações ao positivismo jurídico

2.14.1. Teoria do neokantismo

O pensamento do filósofo Immanuel Kant teve grande influência na delimitação entre **moral** e **direito**. Conhecido por suas obras críticas, Kant buscou, no âmbito da *Crítica da Razão Prática*, estabelecer o princípio supremo da moralidade assentado na **autonomia da vontade**. A moral se vale da própria razão, na medida em que ela se impõe à vontade, de forma categórica, exigindo que a ação se conforme aos ditames racionais. A razão não fornece nenhum conteúdo valorativo como regra de ação. Fornece, ao contrário, apenas um procedimento formal, que é o **imperativo categórico**, expresso na seguinte formulação: "Age de tal forma que a máxima da tua ação possa se enquadrar em uma legislação universal". Significa que o sujeito, antes de agir, deve confrontar sua máxima de ação (intenção de agir) com o imperativo categórico, verificando se aquilo que ele pretende subjetivamente realizar pode ser universalizável e, desse modo, passível de ser objetivamente realizado por todos.

O imperativo categórico é uma **regra procedimental** dada pela razão que serve para discriminar máximas subjetivas de ação, verificando quais delas são passíveis de universalização. Quando a máxima de ação é reprovada pelo imperativo categórico, não sendo possível sua universalização, e, ainda assim, o sujeito a pratica, significa que a ação realizada foi uma ação imoral. A ação imoral, portanto, é a ação executada subjetivamente, porém reprovada objetivamente pelo imperativo categórico. Quando, no entanto, o imperativo categórico aprova uma máxima de ação, ela se torna uma lei moral, pois assume o *status* de ação que pode ser praticada por todos, dispondo de objetividade e de universalidade. Contudo, o agir de acordo com a lei moral implica uma disposição subjetiva da vontade. Quando a ação é realizada conforme a lei moral, mas subjetivamente o sujeito a pratica motivado por interesses outros, Kant diz que estamos diante de uma ação legal. Quando a ação é realizada conforme a lei moral e o agente em sua subjetividade a realiza pelo estrito **dever** (obrigação) de cumprir o que a lei moral determina, então se está diante de uma **ação moral**. Kant demonstra haver uma distinção fundamental entre legalidade e moralidade (*vide* 3.2).

A separação entre moral e direito e a sua aproximação marcam boa parte do debate no âmbito da Filosofia do Direito. Como já vimos, um dos pilares do positivismo jurídico é a tese da separação entre direito e moral e, inclusive, os positivistas se valem do próprio Kant para demonstrar que o estatuto da legalidade não se confunde com o da moralidade. Porém, entre as reações contrárias ao positivismo jurídico encontra-se a teoria do neokantismo, que retornará a Kant para justificar a tese da correlação entre direito e moral.

Na Itália, **Del Vecchio** se aproxima de Petrone, para quem o direito é resultado da sociabilidade humana dada em uma relação de intersubjetividade entre *ego* e *alter*. Del Vecchio olha o direito na perspectiva sociológica, ao mesmo tempo que tem o pensamento de Kant como horizonte, sobretudo a ideia do imperativo categórico. A concepção kantiana de moral é subjetiva para Del Vecchio, uma vez que o princípio norteador da conduta é primeiramente determinado na consciência do sujeito, porém a dimensão impositiva do *dever* é estendida universalmente a todos, o que faz com que a ação individual já esteja integrada ao escopo social do respeito mútuo. Para Del Vecchio, encontra-se na base da moral kantiana um princípio "ético-jurídico" que norteia a aplicação do direito. Esse princípio não visa outra coisa senão assegurar as condições para que o homem exerça sua liberdade sem denegrir ou afetar a liberdade alheia. Na medida em que o direito assegura a coexistência das liberdades subjetivas, estará ele contribuindo para uma sociabilidade de indivíduos autônomos. Del Vecchio reconecta direito e moral numa relação de complementariedade, o que o torna, nesse aspecto, pelo viés do neokantismo, um crítico do positivismo jurídico.

2.14.2. Pensamento jusfilosófico brasileiro. A teoria tridimensional do direito de Miguel Reale

Miguel Reale, renomado jurista brasileiro do século XX, vincula-se à corrente jurídica que defende ser o direito composto de três dimensões: **normas, fatos e valores**. É a chamada teoria **tridimensionalista** do direito. Há autores que enxergam estas três dimensões do direito em separado, como é o caso do jurista alemão **Gustav Radbruch**. Miguel Reale, ao contrário, analisa essas três dimensões – normas, fatos e valores – interconectadas.

A tríade *norma, fatos e valores* revela que o direito não se solidifica sem a conexão dos três. O direito é constituído primeiramente por um ordenamento jurídico (aspecto normativo). É também o direito um fato que se constrói socialmente e historicamente (aspecto fático). E, por último, o direito busca aferir valor, sobretudo quando assume a pretensão de expressar a justiça (aspecto axiológico).

> Para Reale, o fenômeno jurídico não ocorre desvinculado dos fatos. É preciso que algum fato ocorra no mundo social para que o fenômeno jurídico se manifeste. Porém, é ainda necessário que se dê uma significação aos fatos realizados, que eles possam ser valorados, enfim, possam ter um valor. E a norma é, por sua vez, a dimensão que se apresenta como medida para aferir a relação entre fato e valor. Reale vê uma unidade concreta entre esses três elementos, os quais são firmados num processo de interação dinâmica dentro de uma realidade histórico-cultural.

Afirma Reale que, "desde o aparecimento da norma jurídica – que é a síntese integrante de fatos ordenados segundo distintos valores – até ao momento final de sua aplicação, o Direito se caracteriza por sua estrutura tridimensional, na qual fatos e valores se dialetizam, isto é, obedecem a um processo dinâmico" (REALE, 2012, p. 67). A dialética a que se refere Reale é denominada "dialética de implicação-polaridade", pois fatos e valores se correlacionam de forma mútua (implicação), porém sem se reduzirem um ao outro (polaridade).

Por fim, um conceito que merece ser destacado no pensamento de Reale é o de **nomogênese jurídica.** Este termo é usado para explicar o processo de criação da norma jurídica, que, segundo Reale, tem como ponto de partida os valores que incidem sobre os fatos. Há inúmeros fatos na sociedade e uma expressiva quantidade de valores, dos mais diversos matizes, que buscam atribuir um significado valorativo a esses fatos. Os valores são fortes concorrentes a produzirem proposições normativas. O poder estatal seleciona e determina quais das proposições normativas têm aptidão para serem transformadas em normas jurídicas.

A norma jurídica segundo Miguel Reale

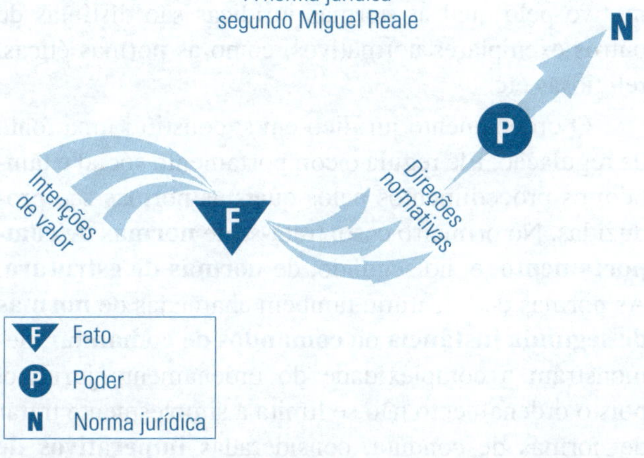

Fonte: BATALHA, Carlos Eduardo; SCHAHIN, Marcos Renato. *Filosofia do Direito*. São Paulo: Saraiva, 2012. p. 54 (Col. Os 10+, v. 20).

2.14.3. Gustav Radbruch

Pensador neokantiano da Escola de Baden, Gustav Radbruch é um jurista com destacada participação no debate jusfilosófico da primeira metade do século XX. Ainda jovem, Radbruch era considerado um positivista. A ascensão do Nazismo na Alemanha e o desdobramento da Segunda Guerra Mundial, como duas experiências trágicas que marcariam a época contemporânea, fizeram com que Radbruch tecesse vultosa crítica ao positivismo jurídico e se aproximasse do **jusnaturalismo**. Denunciou de forma veemente o positivismo jurídico pelas atrocidades ocorridas no Nazismo. Para ele, a arbitrariedade que levou o regime Nazista a cometer um verdadeiro crime contra a humanidade foi endossada pelo modelo de lei e pelo critério de validade fomentados pelo positivismo jurídico.

Após a Segunda Guerra Mundial e na linha oposta ao positivismo jurídico, Radbruch defende que a lei deve conservar um valor que a previna de ser conduzida a arbitrariedades. O direito, para ele, deve congregar três valores: **o bem comum, a segurança jurídica e a justiça**. Ao colocar a justiça no centro de sua reflexão, o autor invoca um direito supralegal, a exemplo dos jusnaturalistas, com vistas a proteger princípios fundamentais que vão além do direito positivo.

Radbruch aponta para a preservação de direitos fundamentais, direitos os quais foram tematizados pelo jusnaturalismo na perspectiva de **direitos naturais** e na ótica de **direitos racionais**. Ainda que não se alcance uma base segura para falar de tais direitos, a experiência histórica conseguiu reuni-los, de forma segura, nas declarações dos direitos do homem. Radbruch é um jurista que, ao refletir as tragédias da primeira metade do século XX, reavivou o jusnaturalismo, defendendo a correlação entre **direito e justiça**, entre **direito e valores**.

2.15. Variações do positivismo jurídico

2.15.1. Herbert Hart

Hart é um positivista que segue próximo à marca normativista de Kelsen, mas que de certo modo introduz aspectos novos na maneira de o direito operar, sobretudo em relação aos casos difíceis. Sua novidade consiste na colocação da ideia de **textura aberta das regras jurídicas**, posicionando-se entre o **formalismo do positivismo jurídico**, que reduzia a aplicação do direito ao emprego do **silogismo**, e o **realismo jurídico**, que declarava considerável dose de **ceticismo** em relação às regras jurídicas.

Para Hart, as regras jurídicas devem ser confeccionadas pelo legislador, pois só a ele cabe a legitimidade de conferir regras que se impõem obrigatoriamente. Contudo, assim como a linguagem tem uma textura aberta que permite ampla margem de interpretação semântica do seu conteúdo propositivo, também a norma jurídica comportaria essa mesma textura aberta, tornando por demais complexa a aplicação do direito, já que não seria possível dar conta plenamente do objetivo proposto pelo legislador fixado no texto de lei.

> As regras jurídicas de textura aberta colocariam, no momento da aplicação, um déficit de clareza. A falta de clareza também se condiciona ao contexto, visto que a variação de um caso para outro pode impor à mesma norma um grau de dificuldade diferente, o que exige intepretação. As regras de textura aberta não comportam apenas dificuldade semântico-linguística, mas também aquelas decorrentes do contexto da aplicação.

Na visão de Kelsen, em casos difíceis cabe à autoridade aplicadora do direito fazer uso do poder discricionário, o que acarreta, sem dúvida, a sobreposição da subjetividade em relação ao caráter objetivo que a regra busca garantir. Hart aponta que há inúmeras fontes, mesmo não jurídicas, que balizariam a deliberação do juiz, permitindo a ele apresentar no contexto mais amplo da sociedade **"razões plausíveis"** de sua decisão. Mesmo assim, Hart não superaria o aspecto discricionário do juiz, visto que, a cada novo caso concreto e a cada nova decisão, o juiz correria o risco de assumir a postura de legislador, exercendo uma atividade destituída de legitimidade para a qual ele não foi chamado.

Hart apresenta dois modelos de regras que compõem o sistema jurídico, a saber: regras de conduta e regras de reconhecimento.

- **Regras de conduta:** são regras aceitas como válidas dentro do sistema de direito, as quais devem ser obedecidas. São chamadas de regras primárias.
- **Regras de reconhecimento:** são regras que incidem no critério de validade das regras de conduta, as quais devem ser reconhecidas pelas autoridades no processo de **criação, modificação ou revogação e aplicação** das regras de conduta. São chamadas de regras secundárias.

As regras de reconhecimento balizam a validade das regras de conduta e de comportamento do sistema de direitos, porém elas mesmas não são mensuradas quanto à sua validade ou invalidade. As regras de reconhecimento encontram-se no mesmo patamar da norma fundamental de Kelsen, cuja validade não é questionada, mas aceita. "O caráter 'obrigatório' das regras de reconhecimento procede unicamente do fato de sua aceitação" (BILLIER, 2005, p. 411).

Ao passo que para Kelsen a norma fundamental é uma ficção criada racionalmente, as regas de reconhecimento, para Hart, decorrem de um fato social, ou seja, elas estão encarnadas socialmente.

2.15.2. Norberto Bobbio

Bobbio é um positivista contemporâneo que se apropria do legado de Kelsen e, ao mesmo tempo, em certos aspectos, dele se distancia. O ponto fundamental de Bobbio é a sua defesa de que o direito não deve ser explicado centrado na norma, mas deve ser compreendido à luz do ordenamento jurídico, a saber, do sistema que reúne o conjunto de normas em determinada ordem jurídica. O direito, para ele, não se define – usando a própria terminologia de Kelsen – a partir da norma isolada (**nomostástica**), mas do conjunto das normas relacionadas entre si (**nomodinâmica**).

Como positivista, Bobbio aponta a importância do poder soberano como fonte legítima para emanar as normas jurídicas, destacando, ainda, o uso da força para o cumprimento das mesmas. É deste poder soberano que deriva a legitimidade não apenas da norma, mas, sobretudo, do ordenamento jurídico.

O sistema jurídico visto como um complexo orgânico de normas impõe o conceito de ordenamento jurídico. Este, na perspectiva de Bobbio, fornece a condição de existir do próprio direito, o que implica dizer que as normas jurídicas existem em razão do ordenamento jurídico, enquanto sanção organizada e institucionalizada, motivo pelo qual as normas jurídicas são distintas de outros exemplares normativos, como as normas éticas, religiosas etc.

O ordenamento jurídico em si constitui uma fonte de regulação. Ele regula o comportamento social e também os procedimentos pelos quais as normas são produzidas. No primeiro caso, trata-se de **normas de comportamento**, e, no segundo, de **normas de estrutura**. As normas de estrutura, também chamadas de **normas de segunda instância** ou **comandos de comandar**, demonstram a complexidade do ordenamento jurídico, pois o ordenamento não se limita a simplesmente tratar de normas de conduta, consideradas **imperativos de primeira instância**.

Na esteira de Kelsen, a norma fundamental é mantida como pressuposto do ordenamento jurídico. A norma fundamental não é expressa, mas pressuposta. Sem ela não haveria possibilidade de falar em normas escalonadas e ordenadas de forma hierárquica, nem mesmo da própria unidade do ordenamento jurídico. Mas, quanto ao fundamento da norma fundamental, nem sequer é uma questão que deve ser colocada, pois se ela fosse fundamentada pressuporia haver outra norma da qual ela dependeria. Não seria, pois, a norma fundamental.

Por considerar o **ordenamento jurídico** uma **totalidade ordenada**, Bobbio recusa a ideia de Kelsen segundo a qual a existência de normas contraditórias não invalidaria o sistema jurídico. Para Bobbio, ao contrário, não podem coexistir normas incompatíveis no ordenamento jurídico.

Abre-se, nesse sentido, o problema das antinomias. Bobbio distingue-as em antinomias aparentes e antinomias reais.

- **Antinomias aparentes** decorrem da incompatibilidade entre duas normas e são passíveis de solução (solúveis) por intermédio de três critérios: 1) **cronológico**, em que prevalece a norma posterior; 2) **hierárquico**, que faz aproveitar a norma superior; 3) **especialidade**, em que, havendo uma norma especial e outra geral, dá-se preferência à norma especial.
- **Antinomias reais** são aquelas consideradas insolúveis, pois não haveria nenhum critério a ser aplicado para resolvê-las. Também chamadas de **antinomias insolúveis**.

Em casos de antinomia, pode o intérprete se valer de três saídas: 1) ***intepretação ab-rogante***, em que se eliminaria uma das normas em conflito; 2) ***dupla ab-rogação***, em que se eliminam as duas normas conflitivas; e 3) ***intepretação corretiva***, em que se busca conservar as duas normas incompatíveis entre si, fazendo valer a coerência corretiva do sistema.

3. DIREITO E MORAL

3.1. Ética utilitarista

O berço do utilitarismo é a Inglaterra e o precursor desta corrente teórica é **Jeremy Bentham** (1748-1832). A indicação geográfica do nascimento do utilitarismo é importante porque o associa, já de saída, ao **empirismo inglês**. O empirismo de Bentham o leva a rejeitar toda e qualquer **metafísica**, motivo pelo qual ele tece críticas ao jusnaturalismo, sobretudo à ideia de que o direito se funda na natureza humana. Para um empirista, a pergunta inevitável é a respeito do lastro empírico do conceito "natureza humana". Não havendo dados empíricos que definam a "natureza humana", o conceito é qualificado como metafísico. Bentham chegou, inclusive, a criticar a Declaração dos Direitos do Homem e do Cidadão por avocar os direitos naturais e ser, por esse motivo, demasiadamente metafísica (BOBBIO, 2006, p. 93).

Referente à ética, Bentham acredita ser possível fundamentar uma ética objetiva, cujas normas tenham validade a todos os seres racionais. Nesse aspecto, Bentham se aproxima de Kant, que também buscava um fundamento para normas de validade universal. O ponto norteador da reflexão de Bentham é o **princípio da utilidade**, pautado na ideia de que todos os homens buscam a própria utilidade. É, portanto, uma ética teleológica, mensurada pelos fins, na medida em que estes fins são buscados em função da utilidade que possuem.

> A utilidade vincula-se ao prazer ou bem-estar que se experimenta, sendo próprio do ser humano buscar o prazer e repelir o desprazer ou a dor. "Uma ação está em conformidade com a utilidade quando a tendência que ela tem a aumentar a felicidade for maior que qualquer tendência que tenha a diminuí-la" (OLIVEIRA, 2012, p. 101).

Essa regra confirma o utilitarismo como uma ética de base empírica e consequencialista, que também lhe permite ser chamada de **consequencialismo ético**. O utilitarismo é aplicado tanto à ética quanto ao direito. No aspecto jurídico, é considerada justa a lei que for capaz de promover o bem-estar (prazer ou felicidade) ao maior número possível de pessoas (maioria).

John Rawls, crítico contemporâneo do utilitarismo, dirá que a realização do bem-estar da maioria não é um critério adequado de justiça, visto que pode desconsiderar ou preterir os direitos individuais ou de minorias. O bem-estar da maioria pode aniquilar ou desrespeitar o bem-estar individual.

3.1.1. John Stuart Mill

John Stuart Mill leva adiante o pensamento utilitarista de seu antecessor, Jeremy Bentham. Em sua obra *Sobre a liberdade*, de 1859, Mill reflete a respeito da relação entre independência individual e controle social, relação esta que foi cobrada no XXI Exame de Ordem Unificado/FGV. Ainda que tenha delineado, em uma base liberal, forte defesa do indivíduo, Mill reconhece a necessidade do controle social, porém afirma que este não deve ser ilimitado. Como então conciliar a relação indivíduo e sociedade? (*Vide* 1.5.)

Ao refletir sobre a liberdade, Stuart Mill não se detém em discorrer sobre a liberdade da vontade em sentido estritamente filosófico, mas trata da liberdade civil, aquela que busca proteger o indivíduo contra a tirania dos dirigentes políticos, da autoridade opressiva, de costumes e valores sociais despóticos, e da própria opinião pública desvirtuada.

A Constituição de 1988, ao dispor sobre os direitos e garantias fundamentais, elenca diversas acepções da liberdade que convêm ao indivíduo. A Constituição resguarda, dentre outras, a liberdade de pensamento (CF, art. 5º, IV), a liberdade de consciência e crença (CF, art. 5º, VI), a liberdade de expressão (CF, art. 5º, IX) e a liberdade de associação (CF, art. 5º, XVII). Em sociedades antigas, destaca Mill, a liberdade individual era quase sempre confrontada com a autoridade e a tirania dos governos. Na Modernidade ocorreu o reconhecimento de certas imunidades que limitaram a ação dos governantes, visando salvaguardar a liberdade individual. Em sociedades democráticas, como é a nossa, o Estado passa a ser o guardião da liberdade e dos direitos individuais. Para isso, no entanto, é indispensável que o poder exercido pelos governantes esteja em consonância com a vontade do povo. E aí nasce o nó górdio para Mill: a representação popular não constituiria uma nova forma de tirania, fundada em uma opinião pública homogênea e uniforme? Não correria o perigo de o indivíduo se tornar refém da tirania da opinião da maioria? A liberdade do indivíduo, nesse caso, deve ser protegida tanto em relação ao poder do Estado quanto em relação às pressuposições majoritárias ostentadas na sociedade. A opinião majoritária enfrenta a tentação de governar todos os aspectos da conduta humana, o que, na reflexão de Mill, é bem típico das religiões quando formatam estruturas de comportamento moldadas no atacado, sem apreço por discussões no varejo. O que almeja Stuart Mill é fazer valer a liberdade do indivíduo a despeito do poder sociopolítico, que se serve grandemente da tirania da maioria como sua base de legitimação.

Há, contudo, um único princípio que justificaria a interferência na liberdade de outrem: a autoproteção. "Pois o único propósito para o qual o poder pode ser legitimamente exercido sobre qualquer membro de uma comunidade civilizada, contra sua vontade, é evitar danos aos outros" (MILL, 2016, p. 22). No tocante ao indivíduo, Mill o defende em sua soberania absoluta. Posiciona-se, desse modo, em meados do século XIX, como importante defensor dos direitos e das garantias individuais.

3.2. Teoria de Immanuel Kant

Kant é considerado um dos pensadores mais influentes da Modernidade. Sua reflexão no campo da razão prática destaca-se por promover a busca do princípio supremo da moralidade, que, segundo ele, encontra-se na autonomia da vontade. A moralidade, para Kant, é revestida de um valor incondicionado, e o conceito de "boa vontade" é o ponto-chave de sua reflexão. Diz Kant: "Praticamente bom é, porém, aquilo que determina a vontade por meio de representações da razão, por conseguinte não só por causas subjetivas, mas objetivamente, quer dizer, por princípios que são válidos para todo ser racional como tal" (KANT, 1998, p. 48). A boa vontade está intrinsecamente relacionada à capacidade de a razão determinar a vontade.

Kant, na verdade, se distancia do utilitarismo, negando que o valor das ações esteja na utilidade ou na realização da felicidade. Caso a finalidade dos seres humanos fosse a felicidade, diz Kant, muito mal teria agido a natureza, dando-nos a razão para a consecução de tal fim. A razão, nesse caso, não seria senão um instinto mais apurado a conduzir a ação humana à realização das forças naturais, que pouco ou quase nada nos distinguiria dos animais.

O formalismo da moral kantiana consiste basicamente em apresentar a razão enquanto princípio que determina a vontade para agir, isenta de qualquer pressuposto natural ou valorativo. A ideia é apresentar a razão como detentora da capacidade de determinação da vontade, segundo uma lei que a razão dá a si mesma de modo ***a priori***. Essa lei dada *a priori* pela razão é o imperativo categórico. "Age de tal forma que máxima de tua ação possa se enquadrar em uma lei universal"; isso significa, segundo Kant, que a vontade, como faculdade humana, ao agir determinada pela razão, estará em condições de concretizar a ação moral.

Porém, a vontade humana não é perfeita, uma vez que em nós, humanos, não há uma identificação perfeita entre vontade e razão. A vontade humana é subjetivamente contingente e só age em consonância à determinação objetiva da razão mediante obrigação (**caráter deontológico**). A mediação do imperativo categórico, enquanto princípio objetivo e obrigante para uma vontade, consolida o perfil da vontade humana, que não é perfeita, mas está a caminho desta. Certamente que o imperativo categórico somente adquire sentido tendo por base a imperfeição da vontade humana. A incompletude desta proporciona condições para que se argumente a favor da coerção racional da vontade como caminho necessário para a realização de uma ação moral (*vide* 2.11.1).

3.3. Princípio universal do direito

Como visto acima, a moral em Kant é fruto do constrangimento que a razão, por meio do imperativo categórico, exerce objetivamente sobre a dimensão subjetiva da vontade. Kant coloca o homem no meio do caminho entre Deus (Divino) e os animais (natureza). Deus dispõe de uma vontade perfeita, na qual vontade e razão se identificam. Os homens têm uma vontade imperfeita, em que a relação entre vontade e razão se dá mediante **obrigação**. E os animais são seres arrastados pelo instinto de conservação, que visam aumentar o prazer e diminuir a dor. Kant constrói sua reflexão sem conceder demasiado ao céu (**idealismo**) e sem restringir tudo à terra (**empirismo**). O homem fica, pois, no meio-termo entre o empirismo e o idealismo. E é nesse meio-termo que também se encontra o direito. Assim como a moral só faz sentido por meio da liberdade plena – autonomia da vontade –, também o direito somente terá significado entre pessoas livres. Essa reciprocidade pela liberdade não é empírica, mas ideal. É por intermédio da liberdade que se asseguram as condições de possibilidade para a realização dos fatos jurídicos (empíricos).

No âmbito da moralidade, o imperativo categórico assegura as condições para o exercício pleno da liberdade – manifestada na determinação racional da vontade –, que Kant chama de autonomia. No direito, a questão é "como assegurar o máximo de liberdade com um mínimo de restrições" (BILLIER, 2005, p. 154). Esse é o papel imperativo do direito. *Se a moral é uma obrigação imperativa interna da consciência, o direito, ao contrário, é uma forma de obrigação que se impõe externamente, mediante a coação.* A obediência às leis jurídicas não é senão o cumprimento da legalidade, o que pode ser feito sem nenhum compromisso moral, uma vez que a moral impõe autonomia e o direito requer o cumprimento de uma norma heterônoma. Como bem destaca Norberto Bobbio, o direito para Kant é "o meio para garantir a coexistência das esferas de liberdade externa de todos os cidadãos" (BOBBIO, 2006, p. 151).

4. DIREITO: COAÇÃO E CORREÇÃO

4.1. Direito e coação

Uma das formas de caracterizar o positivismo jurídico é aquela que defende o binômio direito-coação. Assumir que o direito é uma ordem de coação significa ligar o direito ao poder e, de imediato, ao poder estatal. Logo, a coação é o termo-chave que vincula o direito ao Estado em uma perspectiva que associa a filosofia do direito à filosofia política. Pensar o Estado, na Modernidade, é pensá-lo sob a ótica dos autores contratualistas, que o caracterizaram sob o pano de fundo do estado de natureza. Assegurar o cumprimento de um dever mediante o poder ou o uso da força tem significados distintos no estado de natureza e no Estado civil. No estado de natureza, o indivíduo pode até fazer uso da própria força para garantir o que lhe é devido, mas não deixaria de cometer um ato de violência. No Estado civil é recomendável que se busque o Estado para que este use a força e obtenha a justa reparação nas relações individuais, não sendo a ação estatal considerada violenta, pois é revestida de uma espécie de "**coercibilidade lícita**".

O direito moderno assenta-se em dois aspectos fundamentais: sua positividade e, ao mesmo tempo, sua pretensão de aceitabilidade racional. Em Kant, as normas do direito são perspectivadas como leis de coerção (comportamento conforme a legalidade) e leis da liberdade (reconhecimento do dever moral da lei). Isso demonstra que a tensão entre facticidade e validade em Kant está colocada na relação interna entre coação e liberdade, a saber, na autorização do uso da coerção legitimamente exercida pelo Estado e na coexistência das liberdades dos arbítrios de todos aqueles que estão sob a proteção da norma jurídica.

Enfim, Kant enxerga o direito como portando as condições de garantir a coexistência da liberdade de todos os cidadãos, sem, no entanto, abrir mão do seu caráter peculiar, que é impor a obrigação de forma coativa.

Jürgen Habermas expressará a dualidade kantiana em termos de validade social (fática) e legitimidade. A validade social ou fática é determinada pelo grau de aceitação da norma jurídica no contexto da sociedade. A aceitação normativa não é amparada pela tradição de valores ou costumes, como era comum em sociedades tradicionais, mas pela imposição de sanções aplicadas pelo Judiciário. Resta à legitimidade normativa medir sua força por meio do resgate discursivo de sua pretensão de validade, o que implica dizer que a legitimidade não depende de a norma conseguir impor-se tacitamente, nem se vale de coerção, valores, costumes ou qualquer pretensão metafísica, mas tão somente do resgate discursivo operado em instância processual legislativa, desde que as condições da sua justificação possam perpassar a formulação de discursos assegurados em uma esfera democrática.

A positividade não significa outra coisa senão a criação de uma artificialidade normativa consentida para dar conta de um fragmento da realidade. Via de regra, tal preceito artificial pode ser modificado ou até mesmo revogado. Eis o porquê de Habermas afirmar que "o *pathos* do positivismo jurídico alimenta-se desse voluntarismo da pura criação" (HABERMAS, 1997, p. 60). Ainda assim, a validade do direito exercida sob o caráter impositivo e coercitivo do Estado demanda um processo que o torne racional, isto é, legítimo no sentido de garantir a liberdade de todos os sujeitos de direito no contexto de um Estado que se propõe democrático.

Ao consentir que a coerção configura-se em uma propriedade exclusiva do direito, pode-se correr o risco de colocá-lo a serviço do poder político, instrumentalizando-o a interesses arbitrários de mandatários de plantão. Ao levar em conta que a correção é também uma das propriedades do direito, criam-se as condições para pensá-lo em uma perspectiva de legitimidade.

As duas propriedades – coerção e correção – figuram "numa relação tensa, de tal forma que se for acentuada a propriedade da coerção – como faz o positivismo –, o direito tende a ser servil ao poder, e se for acentuada a validade, o direito tende a ser servil à moral – como nas teorias do direito natural" (DUTRA, 2008, p. 22). O direito vive em uma permanente tensão entre a política e a moral. Quando o peso da balança pende mais à coerção, sobressai a posição positivista; quando, ao contrário, o peso pende mais à moral, a concessão é dada ao jusnaturalismo e, também, ao pós-positivismo.

É importante notar que a teoria da coação se subdivide em clássica e moderna. **Thomasius, Kant e Jhering** são vistos como integrantes da **teoria clássica** – que enxerga a coerção como meio necessário para fazer valer as normas jurídicas. Em outras palavras: na teoria clássica, a validade (eficácia) das normas jurídicas se dá por meio da coerção. A **teoria moderna**, que tem entre seus defensores **Kelsen e Alf Ross**, defende que a coerção é inerente às normas jurídicas, a saber, "o direito é um conjunto de normas que regulam o uso da força coativa" (BOBBIO, 2006, p. 155). Nesse caso, a coerção, como condição própria do direito, cumpre a tarefa de regulamentar o uso da força dentro de uma sociedade, evitando, assim, o retorno ao estado de natureza.

4.2. Direito e correção

A questão da **correção** envolve a **relação entre direito e moral**. É sabido que essa relação constitui um dos pontos fundamentais do debate que demarca a fronteira entre positivistas e não positivistas. O positivismo defende a tese da separação entre direito e moral, resguardando que não haveria qualquer vínculo que demonstrasse a necessidade, nem lógica nem factual, da implicação entre direito e moral. A alegação que há uma conexão entre direito e moral é sustentada pelos não positivistas. Robert Alexy, por exemplo, é um autor que defende a conexão entre direito e moral e reputa que a justificativa para esta defesa se pauta na exigência de correção ao direito. Assim diz: "A pretensão de correção é necessariamente erigida em todos os sistemas jurídicos. Se ela não é erigida, o sistema em questão não é um sistema jurídico" (ALEXY, 2014, p. 53).

Se há uma pretensão de correção que justifica a existência do próprio direito, então a defesa da conexão entre direito e moral seria um passo consequente. A questão, no entanto, é saber se a pretensão de correção é empírica, conceitual ou normativa? Se a correção for uma decisão empírica, então ela não se sustentaria como uma necessidade. A correção se impõe como necessidade em um patamar mais abstrato de reflexão. E isso se dá na medida em que se espera que os atos jurídicos praticados dentro de um sistema de normas sejam corretos. No caso, por exemplo, de uma decisão judicial, espera-se que ela, enquanto ato jurídico, esteja correta tanto do ponto de vista substancial quanto do ponto de vista procedimental. Em tal decisão, além da correção, espera-se que ela possa ser justificada com base em razões e argumentos e que, igualmente, tenha aceitação, ou seja, que atenda à expectativa de comportamento. Então um **ato jurídico**, na visão de Alexy, **deve ser correto, justificável e aceitável**.

Seria, no mínimo, questionável uma sentença que prolatasse a seguinte decisão: "o acusado é condenado por meio deste ato à prisão, apesar de a presente decisão ser incorreta, pois o direito válido foi interpretado incorretamente" (ALEXY, 2014, p. 50). Aparentemente o juiz da decisão incorreu em uma contradição performativa, uma vez que a pretensão de correção inerente ao ato jurídico foi negada de forma explícita ao proferir a decisão. Houve da parte do julgador o descumprimento das regras convencionadas no direito vigente? Foi um mero erro de intepretação das normas ou ato declarado de desonestidade? Parece que em todo ponto de vista conceitual há uma conexão entre correção e direito, a menos que se diga que o direito é meramente expressão de poder, vontade e subjetividade. Nesse caso já não se falaria mais em pretensão de correção, mas em pretensão de poder, o que, aliás, são coisas bem distintas. "Abrir mão da pretensão de correção é abandonar a prática que é definida pelas distinções entre o correto e o incorreto, a verdade e a falsidade, a objetividade e a subjetividade e entre a justiça e a injustiça" (ALEXY, 2014, p. 51).

Abandonar a **pretensão de correção** é demitir o próprio direito e passar a regular as interações humanas com base no arbítrio, no poder e em decisões subjetivas. Sem o direito, não haveria **coordenação de ações** e tampouco a **cooperação social regulada por normas legítimas.** Alexy diz que "a decisão entre a pretensão de correção e sua alternativa é uma decisão existencial" (ALEXY, 2014, p. 52). Se é uma decisão existencial querer ou não a regulação pelo direito, então o liame entre direito e correção não deixa de apresentar-se como uma conexão conceitual que correlaciona direito e moral. A pretensão de correção tem, pois, uma implicação existencial, uma decisão ética, por assim dizer, ao passo que a **pretensão de coerção** que acompanha o direito tem sua necessidade referendada por uma exigência instrumental de fazer prevalecer a **segurança jurídica** e a **eficiência do próprio sistema jurídico**.

5. DIREITO E CIÊNCIA

Na Antiguidade grega, o direito era visto como área de reflexão situada no âmbito da razão prática, e o discurso acerca da esfera jurídica era um discurso prático associado à ética e à política. A ação ética, assim como a ação jurídica, eram muito mais dependentes de **orientações prudenciais** do que propriamente de reflexões teóricas.

No contexto romano, o direito passou a ser visto como técnica de resolução de problemas, havendo a compreensão de que seria necessário um estudo mais aprofundado dos textos legais, assegurando-lhes coerência e, ao mesmo tempo, autoridade para que pudessem se impor socialmente. O direito deixa de ser mera conduta de prudência e se converte em um **saber dogmático**.

Na Modernidade, o direito se aproxima da ciência e passa a requerer que o conjunto de suas leis, normas, doutrina e jurisprudência seja constituído na forma de um **saber científico**. O positivismo jurídico se enquadra neste terceiro momento ao considerar que os fatos jurídicos produzidos socialmente são semelhantes aos fatos que o cientista observa na natureza.

Assim como o cientista mantém uma postura de observador em relação à natureza e descreve suas descobertas de forma neutra, objetiva e avalorativa, o positivismo jurídico também requer ao estudo do direito as mesmas caraterísticas do pesquisador das ciências naturais. A primeira consequência dessa postura é a distinção entre fatos e valores, devendo, pois, o fenômeno jurídico ser analisado despido de qualquer conteúdo valorativo. O direito deve se ater aos fatos, deixando de lado a ética e os juízos de valor. O positivismo jurídico impôs de maneira radical a separação entre direito e moral. A segunda consequência refere-se à validade do direito, que deve se valer da própria estrutura formal jurídica (formalismo jurídico) e não da disposição de valores para a sua legitimidade social.

■ 5.1. A ciência moderna

A Modernidade, em seu projeto inicial, havia determinado como meta principal a realização de uma civilização instaurada na razão, que fosse capaz de efetivar o sentido emancipatório da vida humana. O domínio da natureza, que constituiu a expressão teórica da ciência moderna, engendrou-se como forma de conhecimento que visava contribuir para a concretização de uma sociedade livre de superstições, delegando ao homem a posição de senhor da natureza e dono de seu destino. O conhecimento científico e a apropriação da técnica por meio do positivismo de Augusto Comte suprimiram a aspiração ao conhecimento teórico do mundo, em benefício, quase que exclusivo, de sua utilização técnica.

A objetivação metódica da natureza foi alcançada graças à combinação da matemática com a atitude instrumental, que, por meio da experimentação de seus objetos disponíveis, passou a dispor da natureza para fins de exploração e de manipulação. Desse modo, a ciência moderna, guardiã do **estatuto epistemológico**, acabou por conceder o *status* de conhecimento somente ao conteúdo passível de enquadramento aos requisitos científicos.

A decorrente tecnificação do mundo moderno impôs, também no campo da sociabilidade jurídica, uma racionalidade de índole instrumentalizada que converteu as questões de ordem prática (ética, política e direito) ao âmbito das decisões de ordem técnica. O positivismo jurídico nasceu do esforço de aproximar a investigação jurídica dos padrões operados nas ciências naturais, com uma racionalidade quantificadora de índole técnica.

Atualmente, as correntes que se aproximam do **Pós-positivismo** destacam que o modelo técnico-instrumental da razão não foi capaz de responder satisfatoriamente aos problemas emergidos do âmbito social, mas acabou por reduzi-los à mesma lógica instaurada no exercício de controle e dominação da natureza. O direito busca uma nova reconciliação com a moral, porém, agora, amparada em **princípios**, e com uma preocupação mais voltada à questão da aplicação (*vide* 1.6.2.3 e 1.6.2.4).

■ 5.2. Ciência do Direito como teoria da interpretação

Para Bobbio, "o fato novo que assinala a ruptura do mundo moderno diante das épocas precedentes é exatamente representado pelo comportamento diverso que o homem assumiu perante a natureza" (BOBBIO, 2006, p. 135). E o direito, à medida que se aproximou da ciência, acabou por incorporar ao seu sistema a pretensão de que as normas jurídicas obtivessem correspondência ao âmbito lógico, epistemológico e metodológico. A utilização da lógica científica aplicada à metodologia das ciências sociais, como é o caso do direito, foi uma ideia corrente no século XIX. O positivismo jurídico foi o sustentáculo dessa experiência ao pretender que uma sentença judicial, por exemplo, fosse resultado de um procedimento mecânico, matematizado, lógico e, portanto, científico. Caberia ao juiz partir do texto de lei e realizar uma operação lógico-dedutiva para alcançar o caso concreto, encaixando-o à norma, em um processo denominado **subsunção.**

A aplicação da lógica formal ao direito remonta à composição silogística de Aristóteles e implica, ademais, considerar o direito um sistema formal, cujas normas são estruturadas por princípios lógicos, destituídos de qualquer aspecto valorativo. Essa concepção formalista de direito consubstanciou alguns parâmetros de interpretação.

- **Interpretação gramatical** é a utilização das **regras gramaticais** para extrair o **significado** do texto de lei.
- **Interpretação lógica** é a utilização das **regras lógico-formais** para estruturar o significado da norma, tornando possível a elaboração de uma **argumentação** plausível e racionalmente aceitável.

- **Interpretação histórica** é a busca do sentido originário da norma jurídica, a saber, o sentido que o **legislador** buscou assegurar quando da criação do texto de lei.
- **Intepretação sistemática** é a busca pela unidade das normas jurídicas dentro do **ordenamento jurídico**, considerando que as normas estão dispostas de forma hierárquica e organizada, formando um sistema.

As quatro formas de intepretação visavam, em suma, alcançar a segurança jurídica e, para isso, era fundamental que a intepretação chegasse à real intenção do legislador no momento em que este havia conferido palavras ao texto de lei. O formalismo jurídico cunhou, neste quesito, a **teoria da intepretação subjetiva.** O papel da interpretação, em última instância, deveria ser o de desvelar a intenção do legislador depositada no momento da confecção da lei. Por esse motivo, a teoria da intepretação subjetiva rechaçava os modelos de **interpretação extensiva e restritiva**, ou seja, aqueles modelos que intentavam, respectivamente, ampliar ou limitar o sentido dado ao texto de lei, com o propósito de acomodá-los às circunstâncias dadas. Havia, ainda, na visão dessa corrente teórica, a pretensão de fazer valer a separação dos Poderes, impedindo que o aplicador da lei (Judiciário) se valesse da prerrogativa de intérprete para criar novas normas, assumindo, assim, o lugar do legislador.

5.3. Crítica ao Direito como ciência e nova concepção de intepretação

Na medida que o Direito passa a ser criticado por fazer uso da lógica formal como metodologia que não é peculiar à sua essência, aos poucos ocorre seu distanciamento perante a ciência. Começa a ser notado, de forma crítica, que a atividade jurídica não coaduna com a atividade científica, e que a certeza físico-matemática não se identifica com a condição de probabilidade que acompanha, por exemplo, a intepretação e a decisão judicial a respeito de um caso particular.

Instaura-se a compreensão de que o direito não pode estar vinculado à lógica, mas, sim, aos fatos que são produzidos pela vida.

> Contra o culto da lógica, que pensa fazer da ciência jurídica uma matemática do direito, *Jhering* afirmava que, na verdade, são os conceitos que existem por causa da vida (OLIVEIRA, 2012, p. 123).

> Para Jhering, a norma nasce de um *fim prático*, de um *fim social*, e não de uma estrutura conceitual lógico-formal. A norma, na concepção de Jhering, tem uma função social, portanto, uma característica menos lógica e mais *pragmática*.

Duas correntes teóricas seguiram essa linha pragmática do direito:

5.3.1. Teoria da jurisprudência dos interesses

Entende o direito como resultado da disputa dos diversos interesses que entremeiam a sociedade.

5.3.2. Escola do direito livre

Compreende o direito como fruto de emoções, intuições e pressões daqueles que decidem, ou seja, dos juízes que atuam nos tribunais constitucionais.

5.4. A lógica do razoável

O espanhol **Luis Siches** é outro nome a confirmar que a lógica formal, amplamente utilizada pelas ciências naturais, é insuficiente para dar conta dos problemas originados na sociedade, aqueles produzidos pela ação humana. Para contrapor a lógica formal entalhada na ideia de verdade, Siches cria a lógica do razoável, atrelada à ideia de **equilíbrio, harmonia e moderação de valores**. Desse modo, há uma clara tentativa de se afastar daquele procedimento formal do positivismo jurídico que se limita a subsumir fatos a normas gerais. "A lógica do razoável apoia-se na antropologia filosófica de Ortega y Gasset, segundo a qual a vida humana pertence ao reino da ação, que não se confunde com o campo do puro conhecimento" (OLIVEIRA, 2012, p. 132). (*Vide* 1.3.1 e 1.3.2.)

Siches entende que o direito se forma entremeado aos pressupostos valorativos, os quais se impõem historicamente. Significa afirmar que os valores são modificados com o tempo e transformam a carga semântica das normas jurídicas. Assim, as normas serão sempre passíveis de mudanças e transformações que as deixam reféns do processo dialético da vida, ao mesmo tempo que as circunstâncias fáticas são distintas entre si. As normas não podem estar desprendidas do contexto social e valorativo a que servem, tendo ainda de ser adaptadas aos casos singulares, particularizando-se na peculiaridade de cada caso concreto.

A aplicação da lógica do razoável necessita levar em consideração o contexto histórico e valorativo que o direito opera, analisar os valores implicados nos casos fáticos, suas possibilidades e limites, mensurar a relação dos valores aos fins propostos, enfim, fazer uma interpretação construtiva que privilegie o caso concreto, colocando-o como elemento referencial diante da norma.

5.5. Chaïm Perelman

Perelman é um importante pensador do século XX, com formação em filosofia e em direito, o que lhe permitiu discutir com propriedade o conceito de justiça e, também, os critérios para a tomada de decisão. Tendo como avaliação a impossibilidade de alcançar um conceito universal de justiça, destacou os modelos teóricos de justiça colhidos na tradição Ocidental, avaliando seus aspectos positivos e negativos. Destaca a justiça como: igualdade absoluta; igualdade distributiva; igualdade comutativa; igualdade como caridade; igualdade aristocrática e igualdade formal (CASTILHO, 2016).

Retoma a retórica de Aristóteles, fazendo uma análise sistemática com o objetivo de recolocar o papel da argumentação no processo decisório e evitar o caráter restritivo da lógica formal que havia prevalecido no positivismo jurídico. Perelman é considerado um pós-positivista.

5.6. Racionalidade jurídica

Partindo do pressuposto que o direito é um sistema normativo e está vinculado à regulação das ações produzidas no plano social, a justiça somente se realizará, de fato, se estiver conexa a um caso concreto. Como assegurar que a racionalidade presente na norma jurídica – que dispõe de uma validade geral, extensiva a todos os sujeitos de direito – também se faça presente no caso concreto? Diante da variabilidade dos casos concretos, torna-se praticamente impossível estabelecer uma regra geral que seja capaz de regular a aplicação da norma geral ao caso particular. Esse problema foi enfrentado de maneira distinta pelas correntes teóricas a seguir: hermenêutica jurídica; realismo jurídico; positivismo jurídico; e pós-positivismo.

- **Hermenêutica jurídica.** Aponta que a aplicação do direito, a saber, a relação que se faz entre a norma jurídica e o fato concreto, já está inserida em uma **pré-compreensão de valores** e costumes albergados no contexto histórico-social em que o sistema de direito está localizado. O problema da hermenêutica, segundo Habermas, por exemplo, é que a racionalidade da decisão estaria adstrita aos valores éticos, não sendo compatível com um modelo de **sociedade complexa**, como a atual, que comporta uma expressiva quantidade de valores éticos. A racionalidade da decisão judicial ficaria reduzida ao caráter preferencial de valores.
- **Realismo jurídico.** Compreende existir uma variabilidade de posições ideológicas e políticas, além de interesses diversos dentro da sociedade, o que afetaria a racionalidade da decisão, visto que, a depender da posição ideológica dos juízes, os resultados fatalmente serão diferentes. Em regra, os realistas são **céticos** quanto à racionalidade das decisões judiciais.
- **Positivismo jurídico.** Afirma que o direito é um sistema normativo, com regras e conceitos formais próprios, que permitiria elaborar uma decisão judicial independente de fatores extrajudiciais, tais como valores éticos (**Hermenêutica**) e posições ideológicas e políticas (**Realismo**). A racionalidade da decisão seria decorrência do procedimento formal e sistêmico do direito. Porém, em casos difíceis, não resolvidos com a **subsunção** do caso concreto às normas, o positivismo jurídico abre o expediente da **discricionariedade** do juiz.
- **Pós-positivismo.** Destacamos **Dworkin**, que critica as três correntes anteriores e busca ir além delas. Na concepção de Dworkin, as **normas** são subdivididas em **regras** e **princípios**. As regras são elaboradas pelo legislador e possuem um **caráter binário: válido e inválido**. Os princípios são **comandos normativos** que se impõem motivados pela **justiça** e a **moral**. Dworkin defende que a formulação do sistema de direito incorpora pressupostos deontológicos (justiça), não sendo o sistema todo ele condicionado à ideologia, interesses, valores ou restrito ao formalismo sistêmico. O direito é um processo construtivo e deve ser apreendido como um todo por aquele que o opera e a partir dele efetua a decidibilidade.

"Dworkin pretende que a **interpretação construtiva** seja um método que reconstrua o conteúdo do ponto de referência deontológico, presente no direito como um conjunto coerente de regras e princípios" (DUTRA, 2008, p. 128). Nesse sentido, o juiz deve ser portador de ampla capacidade intelectual. É o juiz Hércules, aquele que é capaz de decidir compreendendo o direito na sua unidade, a saber, na sua **integridade**.

REFERÊNCIAS BIBLIOGRÁFICAS

ALEXY, Robert. *Conceito e validade do direito.* Tradução de Gercélia Batista de Oliveira Mendes. São Paulo: WMF Martins Fontes, 2011.

________. *O conceito e a natureza do direito.* Tradução de Thomas da Rosa Bustamante. São Paulo: Marcial Pons, 2014.

BANNWART JÚNIOR, Clodomiro José; CACHICHI, Rogério Cangussu Dantas (Org.) *Sociologia jurídica.* Belo Horizonte: Arraes Editores, 2015.

BILLIER, Jean-Cassien; MARYOLI, Aglaé. *História da filosofia do direito*. Tradução de Maurício de Andrade. Barueri/SP: Manole, 2005.

BOBBIO, Norberto. *O positivismo jurídico. Lições de filosofia do direito*. São Paulo: Ícone, 2006.

______. *Teoria do Ordenamento Jurídico*. Tradução de Ari Marcelo Solon. São Paulo: Edipro, 2014.

CASTILHO, Ricardo. *Filosofia do direito*. 3. ed. São Paulo: Saraiva, 2016.

DIMOULIS, Dimitri. *Manual de introdução ao estudo do direito*. 6. ed. São Paulo: RT, 2014.

DUTRA, Delamar José Volpato. *Manual de filosofia do direito*. Caxias do Sul/RS: Educs, 2008.

HABERMAS, Jürgen. *Direito e democracia*: entre facticidade e validade. Tradução de Flávio Beno Siebeneichler. Rio de Janeiro: Tempo Brasileiro, 1997.

KANT, Immanuel. *Fundamentação da metafísica dos costumes*. Tradução de Artur Morão. Lisboa: Edições 70, 1995.

LIMONGI, Maria Isabel M. P. Os contratualistas. In: RAMOS, Flamarion Caldeira; MELO, Rúrion; FRATESCHI, Yara (Coord.). *Manual de filosofia política*: para os cursos de teoria do estado e ciência política, filosofia e ciências sociais. 2. ed. São Paulo: Saraiva, 2015.

MACIEL, José Fábio Rodrigues; AGUIAR, Renan. *História do direito*. 2. ed. São Paulo: Saraiva, 2008.

MARCONDES, Danilo. *Iniciação à história da filosofia*. Dos pré-socráticos a Wittgenstein. 2. ed. Rio de Janeiro: Zahar, 2007.

MILL, John Stuart. *Sobre a liberdade*. Tradução de Denise Bottmann. Porto Alegre: L&PM, 2016.

MONTESQUIEU. *O Espírito das Leis*. São Paulo: Editora Nova Cultural, 1997.

OLIVEIRA, André Gualtieri. *Filosofia do direito*. São Paulo: Saraiva, 2012 (Coleção saberes do direito – 50).

PALOMBELLA, Gianluigi. *Filosofia do direito*. Tradução de Ivone C. Benedetti. São Paulo: Martins Fontes, 2005.

REALE, Miguel. *Lições preliminares de direito*. 27. ed. São Paulo: Saraiva, 2012.

VADE MECUM Saraiva. OAB e Concursos. 15. edição atualizada e ampliada. São Paulo: Saraiva, 2018.

QUESTÕES

(XIX Exame de Ordem Unificado / FGV) Segundo o art. 1.723 do Código Civil, "É reconhecida como entidade familiar a união estável entre o homem e a mulher, configurada na convivência pública, contínua e duradoura e estabelecida com o objetivo de constituição de família". Contudo, no ano de 2011, os ministros do Supremo Tribunal Federal (STF), ao julgarem a Ação Direta de Inconstitucionalidade 4.277 e a Arguição de Descumprimento de Preceito Fundamental 132, reconheceram a união estável para casais do mesmo sexo.

A situação acima descrita pode ser compreendida, à luz da *Teoria Tridimensional do Direito* de Miguel Reale, nos seguintes termos:

A) uma norma jurídica, uma vez emanada, sofre alterações semânticas pela superveniência de mudanças no plano dos fatos e valores.

B) toda norma jurídica é interpretada pelo poder discricionário de magistrados, no momento em que estes transformam a vontade abstrata da lei em norma para o caso concreto.

C) o fato social é que determina a correta compreensão do que é a experiência jurídica e, por isso, os costumes devem ter precedência sobre a letra fria da lei.

D) o ativismo judicial não pode ser confundido com o direito mesmo. Juízes não podem impor suas próprias ideologias ao julgarem os casos concretos.

RESPOSTA

☑ A norma não é estática, mas acompanha as mudanças que ocorrem no contexto valorativo-factual. Há, na visão de Reale, uma relação dialética entre fatos, valores e normas, o que o leva a caracterizar o direito como um fenômeno tridimensional, dada a sua natureza histórico-cultural.

B) O direito não é regido pelo caráter discricionário do juiz, até porque, se assim o fosse, o direito seria arbitrário e não respeitaria a divisão dos Poderes. A discricionariedade do julgador é contida para que a segurança jurídica seja preservada.

C) Não há precedência dos fatos sociais ou dos costumes em relação à norma, pois na ótica de Reale a teoria tridimensional do direito aponta haver uma afinidade dialética entre os três elementos.

D) O direito não se vale da manifestação ideológica e pessoal do juiz ao julgar os casos concretos. Ao menos, não é essa a posição defendida por Reale.

(XIX Exame de Ordem Unificado / FGV) Segundo o filósofo Immanuel Kant, em sua obra Fundamentação da Metafísica dos Costumes, a ideia de dignidade humana é entendida

A) como qualidade própria de todo ser vivo que é capaz de sentir dor e prazer, isto é, característica de todo ser senciente.

B) quando membros de uma espécie podem ser considerados como equivalentes e, portanto, iguais e plenamente cooperantes se eles possuem dignidade.

C) como valor jurídico que se atribui às pessoas como característica de sua condição de sujeitos de direitos.

D) como algo que está acima de todo o preço, pois quando uma coisa tem um preço pode-se pôr em vez dela qualquer outra como equivalente; mas quando uma coisa está acima de todo o preço, e portanto não permite equivalência, então ela tem dignidade.

RESPOSTA

A) A dignidade em Kant não se mede pelo sentimento de prazer ou dor, uma vez que esse sentimento é semelhante nos animais. A dignidade é, pois, um referencial que distancia e não iguala o homem aos demais seres da natureza.

B) Não é o pertencimento a uma espécie que assegura a dignidade, pois, se assim fosse, os seres vivos que pertencem à espécie de animais irracionais também seriam portadores de dignidade. Não é essa a compreensão de Kant acerca da dignidade.

C) A dignidade é um conceito que antecede a inserção do homem em uma comunidade jurídica. Não é, pois, um atributo concedido juridicamente. A dignidade é inerente ao homem, na medida em que a sua singularidade comporta a universalidade da humanidade.

✓ A dignidade em Kant está atrelada à ideia de que o ser humano não pode ser tratado como meio, mas sempre como um fim em si mesmo. O homem, portanto, não deve ser manipulado ou explorado como meio para outros fins. Não tem preço. Tem um valor em si mesmo que é, para Kant, a dignidade.

(XX Exame de Ordem Unificado / FGV) A partir da leitura de Aristóteles (*Ética a Nicômaco*), assinale a alternativa que corresponde à classificação de justiça constante no texto: "... uma espécie é a que se manifesta nas distribuições de honras, de dinheiro ou das outras coisas que são divididas entre aqueles que têm parte na constituição (pois aí é possível receber um quinhão igual ou desigual ao de outro)...".

A) Justiça Natural.

B) Justiça Comutativa.

C) Justiça Corretiva.

D) Justiça Distributiva.

RESPOSTA

A) A justiça natural corresponde ao modo de agir que evita a efetivação de extremos, orientando a realização da ação, considerada virtuosa, a partir do meio-termo entre o excesso e a falta. É corajoso, por exemplo, aquele que não é covarde nem temerário.

B) A justiça comutativa compreende haver igualdade no relacionamento interpessoal. Todos são iguais, e as relações praticadas entre os particulares pressupõem uma troca de equivalentes. É um modelo de justiça que pressupõe haver uma igualdade aritmética.

C) A justiça corretiva se aproxima da justiça comutativa, porém busca realizar a reparação de um ato que causou danos ou prejuízos. Serve de baliza à reparação que é devida à vítima e à penalidade que deverá ser suportada por aquele que provocou o dano.

✓ A justiça distributiva leva em consideração a desigualdade existente entre as pessoas, em razão da posição social, da riqueza ou de outros atributos sociais, o que implica distribuir os bens de forma proporcional à desigualdade social.

(XX Exame de Ordem Unificado / FGV) O raciocínio analógico é típico do pensamento jurídico. Esse é um tema debatido por vários teóricos e filósofos do Direito. Para Norberto Bobbio, na obra *Teoria do Ordenamento Jurídico*, trata-se de um método de autointegração do Direito.

Assinale a opção que, segundo esse autor, apresenta o conceito de *analogia*.

A) Subsunção de um caso (premissa menor) a uma norma jurídica (premissa maior) de forma a permitir uma conclusão lógica e necessária.

B) Existindo relevante semelhança entre os dois casos, as consequências jurídicas atribuídas a um caso já regulamentado deverão ser atribuídas também a um caso não regulamentado.

C) Raciocínio em que se produz, como efeito, a extensão de uma norma jurídica para caso não previsto por esta.

D) Decisão, por meio de recurso, às práticas sociais que sejam uniformes e continuadas e que possuam previsão de necessidade jurídica.

RESPOSTA

A) Trata-se da formulação do silogismo aristotélico, em que a relação conferida entre as premissas maior e menor permite deduzir, de forma necessária e lógica, uma conclusão.

✓ É o raciocínio construído por analogia, muito semelhante ao silogismo. Ao passo que no silogismo o termo menor possui identidade com o termo maior, na analogia a identidade é substituída pela semelhança. É um raciocínio lógico, também chamado de interpretação integrativa, visto que deve ocorrer dentro do ordenamento jurídico (*analogia legis*).

C) Trata-se de fazer uma inferência não autorizada, que é a de ampliar o sentido da norma com o propósito de alcançar um caso por ela não previsto.

D) Trata-se de decisões provenientes de tribunais superiores, que se impõem aos demais órgãos jurisdicionais, com o propósito de uniformizar a intepretação de determinada matéria, evitando a multiplicação de posições dissonantes e aumentando a segurança jurídica.

(XXI Exame de Ordem Unificado / FGV) De acordo com o contratualismo proposto por Thomas Hobbes em sua obra Leviatã, o contrato social só é possível em função de uma lei da natureza que expresse, segundo o autor, a própria ideia de justiça.

Assinale a opção que, segundo o autor na obra em referência, apresenta esta lei da natureza.

A) Tratar os iguais e desigualmente os desiguais.

B) Dar a cada um o que é seu.

C) Que os homens cumpram os pactos que celebrem.

D) Fazer o bem e evitar o mal.

RESPOSTA

A) Tratar os iguais e desigualmente os desiguais refere-se à noção de justiça distributiva, conforme pensada por Aristóteles. Para este autor, em um contexto de desigualdade, a distribuição dos bens deve ser proporcional ao ofício ou honra que a pessoa ocupa na sociedade. A justiça se realiza por equidade, havendo, pois, uma repartição igual, porém, não igualitária.

B) Dar a cada um o que é seu é o princípio fundamental de justiça apresentado por Platão. Compreende que cada um, ao desempenhar a atividade que lhe é peculiar em consonância à aptidão inscrita na natureza de sua alma, realizaria ações virtuosas e, portanto, empenhadas de justiça.

✓ Para a preservação de direitos é necessário, segundo Hobbes, um pacto que permita estabelecer as condições para a vida em sociedade. Desse modo, desrespeitar o pacto, que é uma artificialidade criada (norma positiva), significa, em síntese, desrespeitar a própria lei natural, portadora de justiça. O pacto carrega em si a realização da justiça.

D) Fazer o bem e evitar o mal decorre de uma leitura maniqueísta que enxerga o mundo constituído por dois princípios ontológicos: o bem e o mal. O maniqueísmo foi, em parte, assimilado, mas também recusado pelo Cristianismo medievo. Sua influência se estende à Antropologia, sobretudo nas discussões que buscam responder se o homem é bom ou mau em sua natureza.

(XXI Exame de Ordem Unificado / FGV) "Há um limite para a interferência legítima da opinião coletiva sobre a independência individual, e encontrar esse limite, guardando-o de invasões, é tão indispensável à boa condição dos negócios humanos como a proteção contra o despotismo político" (John Stuart Mill). A consciência jurídica deve levar em conta o delicado balanço entre a liberdade individual e o governo das leis. No livro *A Liberdade – Utilitarismo*, John Stuart Mill sustenta que um dos maiores problemas da vida civil é a tirania das maiorias.

Conforme a obra citada, assinale a opção que expressa corretamente a maneira como esse autor entende o que seja tirania e a forma de proteção necessária.

A) A tirania resulta do poder do povo como autogoverno porque o povo não é esclarecido para fazer suas escolhas. A proteção contra essa tirania é delegar o governo aos mais capacitados, como uma espécie de governo por meritocracia.

B) A deliberação de juízes ao imporem suas concepções de certo e errado sobre as causas que julgam, produz a mais poderosa tirania, pois subjuga a vontade daqueles que estão sob a jurisdição desses magistrados. Apenas o duplo grau de jurisdição pode proteger a sociedade desta tirania.

C) Os governantes eleitos impõem sobre o povo suas vontades e essa forma de opressão é a única tirania da maioria contra a qual se deve buscar a proteção na vida social, o que é feito por meio da desobediência civil.

D) A sociedade, quando faz as vezes do tirano, pratica uma tirania mais temível do que muitas espécies de opressão política, pois penetra nos detalhes da vida e escraviza a alma. Por isso é necessária a proteção contra a tirania da opinião e do sentimento dominantes.

RESPOSTA

A) Stuart Mill defende o oposto do que é apresentado na afirmativa, pois reivindica o autogoverno como condição de fazer valer a autonomia individual. Seu posicionamento é contrário à qualquer pretensão de grupos que venham a se sobrepor ao indivíduo, sob o argumento de autoridade ou qualquer outra justificativa que possam diminuir a capacidade individual.

B) Stuart Mill menciona a tirania da magistratura em mais de um momento na referida obra. Em uma ocasião fala da falta de conhecimento da natureza e da vida humana por parte dos juízes, e em outra refere-se ao caráter impositivo da lei, cuja ordem, dada pelos juízes, muitas vezes expressa visões opressivas e equivocadas da sociedade. Em que pese a autoridade dos juízes, os mesmos estariam subjugados aos preceitos emitidos pela sociedade.

C) Prevalece a legitimidade dos governantes quando são eleitos pelo povo e, ademais, cumprem aquilo que declararam anteriormente ao exercício do mandato. Qualquer desvio nesse sentido configura uma forma de tirania que pode ser combatida pela desobediência civil. Em que pese o forte atrativo da afirmativa, a mesma é errada porque o ponto de discussão do autor é a opressão que a maioria exerce sobre o indivíduo, inclusive, por meio da vontade do povo. Este aspecto deveria ter ficado mais claro no comando da questão.

✓ A questão de fundo na reflexão de Stuart Mill perpassa a relação entre controle social e independência individual. Mill é destacado defensor da liberdade individual e busca estabelecer limites que impeçam invasões de lastro social – como opinião coletiva, costumes, práticas religiosas, entre outras – no desenvolvimento e na formação da autonomia da individualidade.

(XXII Exame de Ordem Unificado / FGV) Um sério problema com o qual o advogado pode se deparar ao lidar com o ordenamento jurídico é o das antinomias. Segundo Norberto Bobbio, em seu livro *Teoria do Ordenamento Jurídico*, são necessárias duas condições para que uma antinomia ocorra.

Assinale a opção que, segundo o autor da obra em referência, apresenta tais condições.

A) As duas normas em conflito devem pertencer ao mesmo ordenamento; as duas normas devem ter o mesmo âmbito de validade, seja temporal, espacial, pessoal ou material.

B) Ambas as normas devem ter procedido da mesma autoridade legislativa; as duas normas em conflito não devem dispor sobre uma mesma matéria.

C) Ocorre no âmbito do processo judicial quando há uma divergência entre a decisão de primeira instância e a decisão de segunda instância ou quando um tribunal superior de natureza federal confirma a decisão de segunda instância.

D) As duas normas aplicáveis não apresentam uma solução satisfatória para o caso; as duas normas não podem ser integradas mediante recurso a analogia ou costumes.

RESPOSTA

✓ Em *Teoria do Ordenamento Jurídico*, Norberto Bobbio define antinomia "como aquela situação na qual são positivadas duas normas, das quais uma obriga e outra proíbe, ou uma obriga e outra permite, ou uma proíbe e outra permite o mesmo comportamento". Ademais, para que a antinomia ocorra é imprescindível observar duas condições, a saber: que as duas normas pertençam ao mesmo ordenamento e que ambas tenham o mesmo âmbito de validade, entendendo por validade as dimensões temporal, espacial, pessoal e material.

B) De acordo com o gabarito fica consignado que uma das particularidades da antinomia é a implicação de duas normas conflitivas no mesmo âmbito de validade, como é o caso da validade material. Bobbio exemplifica a antinomia quanto à validade material, correlacionando as seguintes normas: "É proibido fumar charutos" e "É permitido fumar cigarros".

C) Divergência decisional apresentada em diferentes instâncias do Poder Judiciário não caracteriza antinomia, considerando que a antinomia é uma situação criada a partir de normas incompatíveis entre si. Sentenças prolatadas podem gerar decisões distintas em razão da interpretação da norma ao caso concreto, enfim, do vácuo existente entre a norma e o fato. As antinomias, ao contrário, estão instauradas na relação de contraditoriedade ou contrariedade entre duas normas.

D) O fato de as normas aplicáveis a determinado caso não apresentarem solução satisfatória não é decisivo para que haja uma antinomia, até porque em situações assim é possível fazer uso da analogia e dos costumes para dirimir o conflito. Se a situação se valer da autointegração (analogia e princípios gerais do direito), não há de considerar a existência de antinomia. Não podendo aplicar a autointegração, há, ainda, segundo Bobbio, a possibilidade da interpretação como condição de se evitar a antinomia.

(XXII Exame de Ordem Unificado / FGV) A principal tese sustentada pelo paradigma do positivismo jurídico é a validade da norma jurídica, independentemente de um juízo moral que se possa fazer sobre o seu conteúdo. No entanto, um dos mais influentes filósofos do direito juspositivista, Herbert Hart, no seu pós-escrito ao livro "O Conceito de Direito", sustenta a possibilidade de um positivismo brando, eventualmente chamado de positivismo inclusivo ou *soft* positivismo.

Assinale a opção que apresenta, segundo o autor na obra em referência, o conceito de positivismo brando.

A) O reconhecimento da existência de normas de direito natural e de que tais normas devem preceder às normas de direito positivo sempre que houver conflito entre elas.

B) A jurisprudência deve ser considerada como fonte do direito da mesma forma que a lei, de maneira a produzir uma equivalência entre o sistema de *common law* ou de direito consuetudinário e sistema de *civil law* ou de direito romano-germânico.

C) O positivismo brando ocorre no campo das ciências sociais, não possuindo, portanto, o mesmo rigor científico exigido no campo das ciências da natureza.

D) A possibilidade de que a norma de reconhecimento de um ordenamento jurídico incorpore, como critério de validade jurídica, a obediência a princípios morais ou valores substantivos.

RESPOSTA

A) A ideia dos direitos naturais como referência para dirimir conflitos entre normas positivadas remonta ao paradigma jusnaturalista. O positivismo jurídico, ao contrário, defende que o sistema jurídico não deve buscar legitimidade fora da sua própria estrutura normativa.

B) O positivismo jurídico valoriza a dimensão normativa e apresenta a lei envolta em uma estrutura lógica, formal e objetiva como condição de garantir a validade da ordem jurídica. A *common law*, não adstrita a uma estrutura lógico-formal, não se enquadraria nos moldes do positivismo jurídico.

C) O positivismo jurídico priorizou o distanciamento dos pressupostos sociológicos, principalmente de valores éticos e de ideologias políticas, para se aproximar do paradigma das ciências naturais com a pretensão de incorporar à reflexão jurídica os parâmetros científicos da objetividade e da neutralidade.

☑ Hart introduz variações na forma de apreender o positivismo jurídico contemporâneo. Para ele, o sistema jurídico é constituído de regras de conduta e regras de reconhecimento. As últimas, também chamadas regras secundárias, são responsáveis pela validade das regras de conduta (primárias) e do próprio sistema de direitos. O positivismo jurídico defende a separação entre direito e moral. Mesmo situado entre os positivistas, Hart não vê impedimento para que as regras de reconhecimento incorporem princípios morais ou valores substantivos como critério de validade jurídica. Daí o motivo da terminologia "positivismo brando ou inclusivo".

(XXIII Exame de Ordem Unificado / FGV) ... só a vontade geral pode dirigir as forças do Estado de acordo com a finalidade de suas instituições, que é o bem comum...

Jean-Jacques Rousseau

A ideia de vontade geral, apresentada por Rousseau em seu livro *Do Contrato Social*, foi fundamental para o amadurecimento do conceito moderno de lei e de democracia.

Assinale a opção que melhor expressa essa ideia conforme concebida por Rousseau no livro citado.

A) A soma das vontades particulares.

B) A vontade de todos.

C) O interesse particular do soberano, após o contrato social.

D) O interesse em comum ou o substrato em comum das diferenças.

RESPOSTA

A) A vontade geral representa a soberania do Estado que se estrutura e se expressa por intermédio de um direito legítimo. E a legitimidade jurídica só é possível se considerar uma vontade geral, a saber, uma vontade coletiva acima das vontades particulares. Portanto, a vontade geral é anterior à soma das vontades individuais.

B) A vontade de todos resulta de um caráter empírico. A vontade geral, ao contrário, é uma ideia normativa, portanto, reguladora, e que deve ser colocada no horizonte a fim de tornar possível uma ordem político-jurídica portadora de legitimidade.

C) A demonstração de um interesse particular do soberano, entenda-se ato de governo, não é compreendida por Rousseau como uma ação de soberania, uma vez que esta deve ser a expressão da vontade geral e do interesse coletivo.

☑ O conceito de vontade geral é complexo e desaloja-se da perspectiva individual para ser pensado sob a rubrica do coletivo. É um conceito normativo que reflete a política do ponto de vista de como ela deveria ser, não do aspecto descritivo de como ela é. Vontade geral ou interesse comum é uma ideia reguladora a sinalizar como o poder político deve ser exercido, sob lastro jurídico, para ser considerado legítimo.

(XXIII Exame de Ordem Unificado / FGV) A igualdade de recursos é uma questão de igualdade de quaisquer recursos que os indivíduos possuam privadamente.

Ronald Dworkin

A igualdade é um dos valores supremos presentes na Constituição da República e, também, objeto de um debate profundo no âmbito da Filosofia do Direito.

Assinale a alternativa que apresenta a concepção de igualdade distributiva, defendida por Ronald Dworkin em seu livro *A Virtude Soberana*.

A) Circunstâncias segundo as quais as pessoas não são iguais em bem-estar, mas nos recursos de que dispõem.

B) Possibilidade de que todos os membros de uma comunidade política devem ter de usufruir o bem-estar em condição de igualdade.

C) Igual partilha dos poderes políticos e dos direitos individuais em uma dada sociedade.

D) Um conjunto de políticas que assegurem a maximização utilitária do bem-estar em médio a longo prazo para a maior parte da população.

RESPOSTA

☑ Dworkin traça uma diferença conceitual entre os conceitos de "bem-estar" e de "recursos". Parte-se do pressuposto de que o Estado deve igualmente distribuir recursos, por meio de políticas públicas, aferindo condições para que os indivíduos posam perseguir o próprio bem-estar. Desse modo, o autor preconiza uma teoria da igualdade de recursos e não a igualdade de bem-estar.

B) Não há, da parte de Dworkin, a consideração de que haja um conceito de bem-estar válido para todos. A maneira como as pessoas buscam realizar o seu próprio bem-estar demonstra que tal concepção não é igualmente válida para todos. Assim, a pretensão de igualdade de bem-estar não prospera em razão das diferenças peculiares que acompanham os indivíduos.

C) Dworkin tem a concepção de um Liberalismo igualitário que leva em consideração, conforme o gabarito, uma teoria da igualdade de recursos que testemunha não haver, no conjunto da sociedade, uma igualdade em matéria de bem-estar pessoal. Da mesma forma, seria impraticável uma igual partilha dos poderes políticos no conjunto da sociedade.

D) Dworkin considera a necessidade de as pessoas serem tratadas imparcialmente, o que implica que nenhuma pessoa deve valer nem mais nem menos que qualquer outra. Há em Dworkin um pressuposto de igualdade que o utilitarismo condiciona ao "maior número de pessoas" e que, por esse motivo, não contemplaria a integralidade de todos (igualdade) tampouco o respeito e o direito daqueles que não são computados na "maioria".

(XXIV Exame de Ordem Unificado / FGV) É verdade que nas democracias o povo parece fazer o que quer, mas a liberdade política não consiste nisso.

Montesquieu

No preâmbulo da Constituição da República, os constituintes afirmaram instituir um Estado Democrático destinado a assegurar, dentre outras coisas, a liberdade. Esse é um conceito de fundamental importância para a Filosofia do Direito, muito debatido por inúmeros autores. Uma importante definição utilizada no mundo jurídico é a que foi dada por Montesquieu em seu *Do Espírito das Leis*.

Assinale a opção que apresenta a definição desse autor na obra citada.

A) A liberdade consiste na forma de governo dos homens, e não no governo das leis.

B) A disposição de espírito pela qual a alma humana nunca pode ser aprisionada é o que chamamos de liberdade.

C) Liberdade é o direito de fazer tudo o que as leis permitem.

D) O direito de resistência aos governos injustos é a expressão maior da liberdade.

RESPOSTA

A) A liberdade política consiste na possibilidade de os homens serem governados por leis e, no caso de Montesquieu, esta liberdade se desponta na separação dos poderes executivo, legislativo e judiciário, o que assegura a existência de governos moderados.

B) A redação da alternativa refere-se à liberdade filosófica, mais precisamente às condições volitivas de o ser humano agir livremente. Refere-se a um conceito abstrato de liberdade que, segundo Montesquieu, não corresponde à liberdade política.

☑ A concepção de liberdade política em Montesquieu, extraída de sua obra *O Espírito da Leis*, é apresenta de forma literal: "liberdade é o direito de fazer tudo o que as leis permitem". Significa que os homens, ao renunciarem à sua independência natural (liberdade filosófica), passaram a viver sob a égide de leis políticas (liberdade política).

D) O direito de resistência como manifestação da liberdade foge ao comando exigido no enunciado da questão. O foco principal, o conceito de liberdade política, perpassa a justificativa da liberdade sob o ponto de vista da lei e da separação dos poderes.

(XXIV Exame de Ordem Unificado / FGV) O povo maltratado em geral, e contrariamente ao que é justo, estará disposto em qualquer ocasião a livrar-se do peso que o esmaga.

John Locke

O art. 1º, parágrafo único, da Constituição Federal de 1988 afirma que "todo poder emana do povo, que o exerce por meio de representantes eleitos ou diretamente". Muitos autores associam tal disposição ao conceito de direito de resistência, um dos mais importantes da Filosofia do Direito, de John Locke.

Assinale a opção que melhor expressa tal conceito, conforme desenvolvido por Locke na sua obra *Segundo Tratado sobre o Governo Civil*.

A) A natureza humana é capaz de resistir às mais poderosas investidas morais e humilhações, desde que os homens se apoiem mutuamente.

B) Sempre que os governantes agirem de forma a tentar tirar e destruir a propriedade do povo ou deixando-o miserável e exposto aos seus maus tratos, ele poderá resistir.

C) Apenas o contrato social, que tira o homem do estado de natureza e o coloca na sociedade política, é capaz de resistir às ameaças externas e às ameaças internas, de tal forma que institui o direito de os governantes resistirem a toda forma de guerra e rebelião.

D) O direito positivo deve estar isento de toda forma de influência da moral e da política. Uma vez que o povo soberano produza as leis, diretamente ou por meio de seus representantes, elas devem resistir a qualquer forma de interpretação ou aplicação de caráter moral ou político.

RESPOSTA

A) O contratualismo moderno é uma forma de ruptura com a concepção aristotélico-tomista que explicava a sociedade e seus arquétipos baseados no conceito de natureza humana. Logo, a desobediência civil, para Locke, não encontra respaldo nem fundamento na natureza humana.

✓ Locke concebe o Estado de Natureza como portador de direitos fundamentais, dentre os quais, o direito à vida, à propriedade e à liberdade. O Estado social não é senão uma forma mais qualificada de garantir e preservar tais direitos. Contudo, o violação destes direitos por parte do Soberano, dá ao povo a legitimidade do direito de resistência à tirania.

C) A questão exige a compreensão do conceito de direito de resistência à luz dos governados. A alternativa em tela, ao contrário, refere-se aos governantes e, se fosse essa a perspectiva solicitada no enunciado, a afirmativa estaria correta.

D) O pensamento de Locke está inserido em uma base contratualista e busca pensar a configuração do Estado social à luz do contrato. A alternativa em comento trata, ao contrário, da estrutura do positivismo jurídico e da separação que este promove entre o direito e os demais aspectos da razão prática (ética e política), visando dar ao direito um tratamento normativo independente de valores éticos e de ideologias políticas.

(XXV Exame de Ordem Unificado / FGV) A ideia da existência de lacuna é um desafio ao conceito de completude do ordenamento jurídico. Segundo o jusfilósofo italiano Norberto Bobbio, no livro *Teoria do Ordenamento Jurídico*, pode-se completar ou integrar as lacunas existentes no Direito por intermédio de dois métodos, a saber: heterointegração e autointegração.

Assinale a opção que explica como o jusfilósofo define tais conceitos na obra em referência.

A) O primeiro método consiste na integração operada por meio de recursos a ordenamentos diversos e a fontes diversas daquela que é dominante; o segundo método consiste na integração cumprida por meio do mesmo ordenamento, no âmbito da mesma fonte dominante, sem recorrência a outros ordenamentos.

B) A heterointegração consiste em preencher as lacunas recorrendo-se aos princípios gerais do Direito, uma vez que estes não estão necessariamente incutidos nas normas do Direito positivo; já a autointegração consiste em solucionar as lacunas por meio das convicções pessoais do intérprete.

C) O primeiro método diz respeito à necessidade de utilização da jurisprudência como meio adequado de solucionar as lacunas sem gerar controvérsias; por outro lado, o segundo método implica buscar solução da lacuna por meio de interpretação extensiva.

D) A heterointegração exige que o intérprete busque a solução das lacunas nos tratados e nas convenções internacionais de que o país seja signatário; por seu turno, a autointegração está relacionada à busca da solução na jurisprudência pátria.

RESPOSTA

✓ Norberto Bobbio, em sua obra *Teoria do Ordenamento Jurídico*, afirma que "um ordenamento jurídico não é, estaticamente considerado completo, a não ser por meio da norma geral exclusiva, todavia, dinamicamente considerado, é completável" (BOBBIO, 2014, p. 138). O autor infere que um ordenamento jurídico é passível de ser completado, havendo para isso dois métodos distintos: a heterointegração e a autointegração. O primeiro método processa a integração pautada em ordenamentos diversos e em fontes diferentes daquela que é dominante – a lei. O segundo método implica a integração realizada por meio do próprio ordenamento, no âmbito da própria fonte dominante, sem recorrer a outros ordenamentos.

B) Em *Teoria do Ordenamento Jurídico*, Bobbio deixa claro que os princípios gerais do direito configuram importante recurso para o procedimento de autointegração e não de heterointegração. Já a utilização de convicções pessoais do intérprete para solução de lacunas não é razão suficiente a ser preenchida na autointegração, uma vez que Bobbio destaca que este método se vale, sobretudo, da analogia e dos princípios gerais do direito.

C) A heterointegração está autorizada a fazer uso de recursos provenientes de fontes externas ao ordenamento pátrio, valendo-se, ainda, da doutrina, de juízos de equidade e dos costumes do próprio ordenamento, sem, no entanto, orientar-se por jurisprudência. A autointegração, ao permitir o uso dos princípios gerais do direito, abre a possibilidade para a utilização da intepretação extensiva. Nesse sentido, a alternativa é parcialmente correta.

D) Ao condicionar a solução das lacunas aos tratados e convenções internacionais, o problema da heterointegração se limita ao instituto do reenvio, procedimento usado no plano do direito internacional privado. A autointegração busca a solução das lacunas no mesmo ordenamento, apoiando-se nos seguintes procedimentos: analogia, princípios gerais do direito e interpretação extensiva.

(XXV Exame de Ordem Unificado / FGV) Uma punição só pode ser admitida na medida em que abre chances no sentido de evitar um mal maior.

Jeremy Bentham

Jeremy Bentham, em seu livro *Princípios da Moral e da Legislação,* afirma que há quatro casos em que não se deve infligir uma punição.

Assinale a opção que corresponde a um desses casos citados pelo autor na obra em referência.

A) Quando a lei não é suficientemente clara na punição que estabelece.

B) Quando o prejuízo produzido pela punição for maior do que o prejuízo que se quer evitar.

C) Quando o juiz da causa entende ser inoportuna a aplicação da punição.

D) Quando o agressor já sofreu o suficiente em função das vicissitudes do processo penal.

RESPOSTA

A) As leis concorrem para aumentar a felicidade da coletividade e, por esse motivo, em sentido inverso, devem excluir tudo o que tende a diminuir a felicidade. Se a punição que deriva da lei é um ato pernicioso, só pode ser considerada se for para evitar um mal maior. A ausência de clareza na lei não é razão suficiente para evitar a sua aplicação.

✓ Bentham faz a defesa de que a justiça deve promover a felicidade ao maior número possível de pessoas. Logo, o utilitarismo por ele defendido será corroborado quando "a tendência de aumentar a felicidade for maior a qualquer tendência que venha diminuí-la". A partir dessa abordagem, é correto compreender que a punibilidade não pode ser causa de um prejuízo ou mal maior. Em circunstâncias em que tais situações possam ocorrer, a punição deve ser evitada.

C) O critério de aplicação da pena não é discricionário e menos ainda condicionado ao arbítrio do juiz. O parâmetro apontado pelo utilitarismo de Bentham é levar em consideração que a pena a ser aplicada não se sobreponha ao mal que se pretende evitar.

D) A punição não deve ser evitada em razão do sofrimento do agressor durante o processo, mas, sim, quando a pena for sem motivo, ineficaz, inútil, desnecessária e, ademais, quando causar maior mal do que aquele que se busca evitar.